U0462090

中煤大屯志

（1991—2020）

下 册

《中煤大屯志》编纂委员会

中国矿业大学出版社
·徐州·

目　　录

上　　册

序 ……………………………………………………………………………… Ⅰ

凡例 ……………………………………………………………………………… Ⅰ

概述 ……………………………………………………………………………… 1

大事记 …………………………………………………………………………… 11

第一篇　治理体制

第一章　体制 …………………………………………………………………… 69

　　第一节　隶属关系 ………………………………………………………… 69

　　第二节　领导班子 ………………………………………………………… 69

　　第三节　法人治理结构 …………………………………………………… 71

　　第四节　公司上市 ………………………………………………………… 76

第二章　机构 …………………………………………………………………… 84

　　第一节　机构设置 ………………………………………………………… 84

　　第二节　职能部门 ………………………………………………………… 86

　　第三节　所属单位 ………………………………………………………… 100

第三章　战略发展 ……………………………………………………………… 111

　　第一节　战略 ……………………………………………………………… 111

　　第二节　经营模式 ………………………………………………………… 114

　　第三节　发展成果 ………………………………………………………… 115

第二篇　矿区开发

第一章　资源与勘探 …………………………………………………………… 123

第一节　煤炭资源 ··· 123

第二节　地质勘探 ··· 127

第二章　煤矿建设 ··· 137

第一节　新建煤矿 ··· 137

第二节　改扩建煤矿 ··· 154

第三篇　煤炭生产

第一章　开拓与掘进 ··· 173

第一节　开拓 ··· 173

第二节　掘进 ··· 175

第三节　支护管理 ··· 177

第二章　煤炭开采 ··· 180

第一节　采煤方法 ··· 180

第二节　采煤工艺 ··· 181

第三节　采煤装备 ··· 183

第四节　矿压和顶板控制 ··· 186

第三章　生产辅助 ··· 190

第一节　提升运输 ··· 190

第二节　矿井供电 ··· 198

第三节　井下排水 ··· 203

第四节　矿井通风 ··· 206

第五节　压风系统 ··· 211

第四章　地质测量 ··· 214

第一节　矿井地质 ··· 214

第二节　水文地质 ··· 218

第三节　测量控制 ··· 219

第五章　生产调度 ··· 224

第一节　机构与制度 ··· 224

第二节　调度信息化 ··· 225

第四篇　煤炭加工与购销

第一章　煤质管理 ··· 231

第一节　煤质监管 ·· 231

第二节　调运管理 ·· 233

第三节　配煤与副产品综合利用 ·· 235

第二章　洗选加工 ··· 238

第一节　选煤厂及改扩建 ··· 238

第二节　工艺与装备 ·· 243

第三节　生产管理 ·· 252

第三章　煤炭购销 ··· 257

第一节　机构与管理 ·· 257

第二节　计划与市场 ·· 258

第三节　煤炭调运 ·· 262

第四节　煤炭销售 ·· 264

第五节　煤炭采购 ·· 266

第六节　煤款结算 ·· 268

第七节　信息化建设 ·· 269

第五篇　电　　力

第一章　电力生产 ··· 273

第一节　电热公司 ·· 273

第二节　热电厂 ··· 281

第二章　电网与输变电 ·· 285

第一节　电网 ··· 285

第二节　输电线路 ·· 286

第三节　变电站 ··· 289

第三章　电力调度 ··· 295

第一节　调度机构 ·· 295

第二节　调度管理 ·· 295

第三节　调度自动化及通信系统 ·· 297

第四章　供用电 ·· 299

第一节　供用电管理 ·· 299

第二节　电量及负荷 ·· 300

第三节　计量监督 ·· 302

第五章　电力营销 …… 304

　第一节　电价 …… 304

　第二节　电力稽查 …… 307

　第三节　热电整合 …… 307

　第四节　电力市场交易 …… 308

第六篇　铝　　业

第一章　沿革与建设 …… 313

第二章　装备与工艺 …… 316

第三章　产品与研发 …… 323

第四章　改扩建工程 …… 327

第五章　生产管理 …… 328

第六章　经营管理 …… 330

　第一节　苏铝铝业公司 …… 330

　第二节　铝板带厂 …… 334

　第三节　大屯铝业公司 …… 337

第七章　安全环保与质量体系建设 …… 341

　第一节　安全环保管理 …… 341

　第二节　技术研发创新与三体系建设 …… 343

第七篇　运　　输

第一章　铁路运输 …… 349

　第一节　铁路建设 …… 349

　第二节　铁路设施 …… 350

　第三节　铁路运营 …… 356

第二章　汽车运输 …… 362

　第一节　组织机构 …… 362

　第二节　设施建设 …… 363

　第三节　运营 …… 364

　第四节　安全管理 …… 371

第八篇　综合服务

第一章　机械制修 ……………………………………………………… 375

　　第一节　机械制造 ………………………………………………… 375

　　第二节　设备修理 ………………………………………………… 381

第二章　工程咨询 ……………………………………………………… 385

　　第一节　设计 ……………………………………………………… 385

　　第二节　监理 ……………………………………………………… 391

　　第三节　地质勘探防治水 ………………………………………… 395

第三章　电力运维 ……………………………………………………… 400

　　第一节　资质 ……………………………………………………… 400

　　第二节　运营 ……………………………………………………… 400

第四章　水处理运维 …………………………………………………… 404

　　第一节　工艺设备 ………………………………………………… 404

　　第二节　管理运营 ………………………………………………… 407

第五章　铁路运维 ……………………………………………………… 409

　　第一节　建筑施工 ………………………………………………… 409

　　第二节　机电安装 ………………………………………………… 412

　　第三节　铁路建设运营 …………………………………………… 415

第六章　综合经营 ……………………………………………………… 419

　　第一节　创业发展 ………………………………………………… 419

　　第二节　重组整合 ………………………………………………… 422

　　第三节　运营 ……………………………………………………… 424

　　第四节　改制 ……………………………………………………… 427

第七章　职教培训 ……………………………………………………… 430

　　第一节　学历教育 ………………………………………………… 430

　　第二节　技工教育 ………………………………………………… 432

　　第三节　技能培训 ………………………………………………… 435

　　第四节　技能鉴定 ………………………………………………… 437

第八章　设备租赁 ……………………………………………………… 439

　　第一节　管理制度 ………………………………………………… 439

　　第二节　租赁管理 ………………………………………………… 441

第九篇　安全生产

第一章　安全管理 ··· 449

　第一节　组织机构 ··· 449

　第二节　安全制度 ··· 450

　第三节　安全投入 ··· 454

　第四节　安全目标 ··· 456

　第五节　监督检查 ··· 457

　第六节　考核奖惩 ··· 460

　第七节　安全活动 ··· 462

第二章　灾害防治 ··· 466

　第一节　矿井火灾防治 ··· 466

　第二节　矿井瓦斯防治 ··· 469

　第三节　矿井粉尘防治 ··· 472

　第四节　冲击地压防治 ··· 476

　第五节　矿井水害防治 ··· 479

　第六节　矿井热害防治 ··· 483

第三章　标准化 ··· 485

　第一节　标准化体系 ·· 485

　第二节　标准化建设 ·· 487

　第三节　标准化活动 ·· 490

　第四节　标准化成效 ·· 493

第四章　应急救援 ··· 495

　第一节　机构队伍 ··· 495

　第二节　救护装备 ··· 499

　第三节　应急救援预案 ··· 501

　第四节　应急演练与事故救援 ··· 503

第五章　职业健康 ··· 509

　第一节　职业病防治 ·· 509

　第二节　劳动保护 ··· 513

第六章　安全教育与培训 ··· 517

　第一节　安全教育 ··· 517

第二节　安全培训 ………………………………………………………… 518

第七章　安全事故 …………………………………………………………… 522

第一节　事故统计 ………………………………………………………… 522

第二节　事故案例 ………………………………………………………… 531

下　　册

第十篇　经营管理

第一章　计划管理 …………………………………………………………… 537

第一节　工程管理 ………………………………………………………… 537

第二节　造价管理 ………………………………………………………… 542

第三节　招投标管理 ……………………………………………………… 544

第四节　统计管理 ………………………………………………………… 547

第二章　财务管理 …………………………………………………………… 551

第一节　资产管理 ………………………………………………………… 551

第二节　资金管理 ………………………………………………………… 552

第三节　成本管理 ………………………………………………………… 554

第四节　财务监督 ………………………………………………………… 556

第五节　会计核算 ………………………………………………………… 558

第六节　税费管理 ………………………………………………………… 559

第三章　人力资源管理 ……………………………………………………… 562

第一节　人事管理 ………………………………………………………… 562

第二节　薪酬管理 ………………………………………………………… 565

第三节　定额管理 ………………………………………………………… 569

第四节　培训管理 ………………………………………………………… 570

第五节　技能鉴定与职称评聘 …………………………………………… 572

第六节　社会保险 ………………………………………………………… 576

第四章　物资管理 …………………………………………………………… 583

第一节　物资计划 ………………………………………………………… 583

第二节　采购方式 ………………………………………………………… 584

第三节　物资仓储 ··· 587

第四节　信息系统 ··· 592

第五章　质量管理 ··· 594

第一节　管理培训 ··· 594

第二节　标准化管理体系 ··· 596

第三节　质量管理小组 ·· 598

第四节　经济研究 ··· 602

第六章　法务管理 ··· 604

第一节　法治建设 ··· 604

第二节　合同管理 ··· 606

第三节　行政收费审核 ·· 608

第四节　纠纷管理 ··· 610

第五节　工商与授权管理 ··· 612

第六节　风险内控 ··· 613

第七章　审计管理 ··· 617

第一节　组织机构 ··· 617

第二节　制度建设 ··· 617

第三节　审计工作 ··· 618

第八章　行政管理 ··· 623

第一节　综合办公 ··· 623

第二节　档案管理 ··· 624

第三节　办事机构 ··· 626

第九章　内部市场化 ··· 627

第一节　决策与实施 ··· 627

第二节　成效 ··· 629

第十一篇　科技创新与生态保护

第一章　科技创新 ··· 637

第一节　科技管理 ··· 637

第二节　科技项目 ··· 638

第三节　科技成果 ··· 665

第四节　专利管理 ··· 682

第二章 "四化"建设 ·· 694

第一节 机械化 ·· 694

第二节 自动化 ·· 699

第三节 信息化 ·· 703

第四节 智能化 ·· 708

第三章 生态保护 ·· 710

第一节 环保管理 ·· 710

第二节 环境治理 ·· 717

第三节 资源综合利用 ·· 722

第四节 建设项目环保 ·· 723

第四章 节能减排 ·· 727

第一节 节能管理 ·· 727

第二节 节能监测 ·· 731

第十二篇 党群工作

第一章 党的建设 ·· 735

第一节 政治建设 ·· 735

第二节 组织建设 ·· 746

第三节 宣传思想 ·· 757

第四节 纪律检查 ·· 772

第五节 党校工作 ·· 783

第二章 工会工作 ·· 787

第一节 组织建设 ·· 787

第二节 民主管理 ·· 789

第三节 生产保护 ·· 793

第四节 群众安全 ·· 797

第五节 宣教引导 ·· 799

第六节 权益保障 ·· 801

第七节 女工工作 ·· 803

第三章 共青团工作 ·· 808

第一节 组织建设 ·· 808

第二节 思想教育 ·· 814

第三节 青年活动…………………………………………………………… 817

第四章 信访稳定……………………………………………………………… 826

第一节 组织体系…………………………………………………………… 826

第二节 接待与维稳………………………………………………………… 827

第五章 综合治理与人民武装………………………………………………… 832

第一节 社会治安综合治理………………………………………………… 832

第二节 人民武装…………………………………………………………… 835

第十三篇 民生工程

第一章 教育…………………………………………………………………… 841

第一节 学前教育…………………………………………………………… 841

第二节 中小学教育………………………………………………………… 842

第三节 招生考试…………………………………………………………… 846

第四节 中小学移交………………………………………………………… 848

第二章 卫生…………………………………………………………………… 851

第一节 医疗卫生…………………………………………………………… 851

第二节 计划生育…………………………………………………………… 854

第三章 职工住房……………………………………………………………… 855

第一节 住宅建设…………………………………………………………… 855

第二节 住房改革…………………………………………………………… 858

第三节 公积金管理………………………………………………………… 859

第四章 后勤服务……………………………………………………………… 863

第一节 社区管理…………………………………………………………… 863

第二节 "两堂一舍"建设与管理…………………………………………… 868

第三节 "三供一业"移交…………………………………………………… 871

第五章 离退休管理…………………………………………………………… 873

第一节 机构………………………………………………………………… 873

第二节 管理………………………………………………………………… 873

第三节 助老服务…………………………………………………………… 874

第四节 老年活动…………………………………………………………… 875

第六章 矿地关系……………………………………………………………… 877

第一节 土地征用…………………………………………………………… 877

第二节　压煤村庄搬迁 ··· 881

第三节　塌陷地复垦 ··· 884

第十四篇　企业文化与社会责任

第一章　文化创建 ··· 889

第一节　文化传承 ··· 889

第二节　文化重塑 ··· 892

第三节　文化体系 ··· 895

第四节　特色文化 ··· 897

第五节　文学创作 ··· 907

第六节　文化成果 ··· 908

第二章　文明创建 ··· 910

第一节　制度建设 ··· 910

第二节　创建活动及成果 ··· 911

第三章　社会责任 ··· 917

第一节　就业安置 ··· 917

第二节　公益事业 ··· 920

第十五篇　人物与荣誉

第一章　人物 ··· 933

第一节　人物简介 ··· 933

第二节　人物名录 ··· 945

第二章　荣誉 ··· 949

第一节　集体荣誉 ··· 949

第二节　个人荣誉 ··· 967

基层单位简介

一、姚桥煤矿 ··· 1003

二、孔庄煤矿 ··· 1004

三、徐庄煤矿 ··· 1005

四、龙东煤矿 ……………………………………………………………… 1005

五、天山煤电有限责任公司 ……………………………………………… 1006

六、新疆鸿新煤业有限公司 ……………………………………………… 1007

七、玉泉煤业有限公司 …………………………………………………… 1007

八、灵南煤业有限公司 …………………………………………………… 1007

九、电热公司 ……………………………………………………………… 1008

十、热电厂 ………………………………………………………………… 1008

十一、苏铝铝业公司 ……………………………………………………… 1008

十二、铝板带厂 …………………………………………………………… 1009

十三、徐沛铁路管理处 …………………………………………………… 1009

十四、选煤中心 …………………………………………………………… 1010

十五、拓特机械制造厂 …………………………………………………… 1010

十六、铁路工程有限公司 ………………………………………………… 1010

十七、汽车运输分公司 …………………………………………………… 1010

十八、物资贸易部 ………………………………………………………… 1011

十九、煤炭贸易有限公司 ………………………………………………… 1011

二十、工贸实业有限公司 ………………………………………………… 1011

二十一、电力工程有限责任公司 ………………………………………… 1012

二十二、水处理科技有限公司 …………………………………………… 1012

二十三、江苏大屯中能服务公司 ………………………………………… 1013

二十四、金电房地产开发有限公司 ……………………………………… 1013

二十五、中心医院 ………………………………………………………… 1013

二十六、中煤职业技术学院 ……………………………………………… 1013

二十七、工程咨询有限公司 ……………………………………………… 1014

二十八、设备管理中心 …………………………………………………… 1015

二十九、救护大队 ………………………………………………………… 1015

三十、离退休管理中心 …………………………………………………… 1015

三十一、微山湖假日酒店 ………………………………………………… 1016

三十二、大屯铝业公司(注销) ………………………………………… 1016

三十三、煜隆能源有限公司(退出) …………………………………… 1017

三十四、多种经营总公司(重组) ……………………………………… 1017

三十五、中煤大屯矿建工程公司(重组) ……………………………… 1017

三十六、中煤大屯特殊基础工程公司(重组) ………………………… 1018

三十七、中煤大屯建筑安装工程公司（重组） ……………………………… 1018

三十八、上海大屯煤电有限公司（转隶） ………………………………… 1019

三十九、钻井队（重组） …………………………………………………… 1019

四十、地质勘探队（重组） ………………………………………………… 1019

四十一、大屯矿区第一中学（转隶） ……………………………………… 1019

四十二、大屯矿区第二中学（转隶） ……………………………………… 1020

附　　录

附录一　重要文献 ……………………………………………………………… 1023

附录二　公司章程 ……………………………………………………………… 1048

附录三　媒体报道 ……………………………………………………………… 1075

附录四　重要文摘 ……………………………………………………………… 1104

编纂始末 ………………………………………………………………………… 1125

第十篇

经营管理

Jingying Guanli

公司经营管理依据公司总体发展战略目标,全面提升企业管理水平。公司从 1999 年贯彻 GB/T 19001 标准,当年通过质量体系认证,提出卓越绩效模式、流程再造思想,建立了标准化管理体系,成为全国管理体系运用中的创新成果,也是中国质量协会质量保证中心推行的"全面一体化管理体系"的雏形。

推行内部市场化改革,对管理流程和模式进行重塑,形成"价值共创、风险共担、成果共享"的管理机制。不断完善质量管理小组活动体系,可统计登记注册的质量管理小组累计 6 163 个。2019 年实现工业总产值 91.87 亿元,资产总额达到 165.79 亿元。

财务管理建立有完善的规章制度,致力于强化产权管理,确保国有资产保值增值,积极开展闲置资产处置盘活,最大限度防止国有资产流失。强化资金风险管控,开展全面预算管理,实施目标成本管控财务监督管理,建立健全内部管理控制制度,增强风险控制能力。巩固会计核算与财务报告编制,强化会计信息披露。实施纳税筹划与价税管理,积极争取各项税收优惠政策,做好各类涉税风险防控工作。

严格按国家有关税法规定履行企业社会义务,及时向主管税务机关缴纳税款。1991—2019 年,共上缴税费 181.03 亿元,实现利税合计 291.01 亿元。

公司审计管理严格遵照国家相关法律规定和上级要求开展工作,构建了比较健全的审计制度体系。加强财务收支决算、工程投资、预决算、专项审计及清算审计。对公司及所属企业资产、负债、损益真实性及内部控制和风险管理进行审计。2007 年至 2020 年 6 月,公司总部审计机构完成审计项目 226 个,发现主要问题 1 380 个,提出审计意见及建议 861 条。

人力资源管理贯彻落实中煤集团"稳中提质,改革创新"总要求,进行三项制度改革。建立和完善与人才战略相配套的激励和制约机制。严格用工总量控制,推动持续开展人力资源优化配置。实行竞争上岗、以岗定薪、岗变薪变的岗位绩效工资分配制度,形成企业工资标准能高能低、个人收入能增能减的工资分配机制。岗位绩效工资基数由 2004 年的 600 元提高到 2020 年的 1 200 元。

截至 2020 年 6 月,公司在册职工总数为 18 181 人,其中男职工 14 020 人,女职工 4 161 人;生产人员 9 371 人,工程技术人员 1 946 人,管理人员 2 308 人,服务人员 3 299 人,其他人员 1 257 人。

2012 年,公司物资贸易管理完成物资供应系统整合,所属 11 个二级单位的仓储系统先后划转物资贸易部,在公司范围内实行"三集中、六统一"管理体制,各二级单位在紧急需求物资、少量二三类物资及部分非生产性物资方面享有部分采购权。截至 2020 年 6 月,平均库存金额约 5 500 万元,年采购金额超 20 亿元,储备物资约 7 000 种,年配送量约 1 000 吨。

2010 年,公司设立总法律顾问,统一负责公司法律事务和法治建设工作,实现了合同、纠纷、授权委托、证照等业务信息化、规范化和标准化。通过信息系统,年均审查合同达 6 450 余份,标的额达 192.3 亿元。截至 2020 年 6 月,共计审核行政收费 7 357 件,审核金额 10.86 亿元。处理纠纷案件 1 100 余件,涉及标的金额逾 15 亿元,为公司避免或挽回损失达 7 亿元,较好地维护了公司利益。

第一章 计划管理

第一节 工程管理

一、基本概况

1990年,公司基建处下设预算科、机电科、综合科、工程材料研究所。1992年8月,公司成立质量监督站,负有中心站和矿区站的双重职责。公司工程材料研究所,同时是大屯矿区质量监督站的建材实验室。公司加入中煤集团以后,公司质量监督站更名为煤炭工业大屯矿区建设工程质量监督站。1995年9月,公司成立工程监理部。2001年9月,监理部从基建处划归徐州大屯工程咨询有限公司。1996年8月,基建处与质量监督站合署办公。2006年7月,基建处更名为建设管理部,下设机构质量监督站。工程材料研究所(建材实验室)划归徐州大屯工贸实业有限公司。

建设管理部工作职责和业务范围:负责公司新建、改建、扩建及其他工程项目,以及建设项目初步设计和概算、预结算审查、审核;组织对设计方案、初步设计、设计变更、重要技术措施的审查、报批和备案;负责年度建设工程项目资本支出计划的审查及上报,编制年度专项维修工程计划,审批限额以上零星立项维修工程计划;审查开工备案,组织编制单项(单位)工程竣工(预)验收和竣工验收报告;对矿区矿、土、安三类工程实施质量监督,以及所有建设工程的竣工验收备案管理和建设工程质量认证。

二、投资计划管理

公司工程计划分为两类,即资本支出计划和专项费用计划。其中,资本支出计划主要有年度基本建设项目计划、年度煤矿技术改造项目计划、年度小型建筑(维修)改造计划等。专项费用计划主要有年度专项(维修)工程计划以及零星(维修)工程计划等。资本支出计划由公司初审后报中煤集团审批,专项费用计划由公司自行审批。

(1)基本建设项目计划。1991年,建设管理部参与审核,提出专业审查意见后报公司计划主管部门。2013年以后,建设管理部负责审核审查后形成公司建议计划报中煤集团审批。

(2)煤矿技术改造项目计划。2018年,公司首次出现煤矿技术改造项目计划,公司建设管理部作为技术改造项目计划主管部门,负责计划审核后报中煤集团审批。

(3)小型建筑(维修)改造计划。1991—2016年,建设管理部参与审核公司年度小型建筑(维修)改造计划,提出专业建议后报公司计划主管部门。2017年以后,建设管理部负责审核公司年度小型建筑(维修)改造计划,并形成公司初步建议计划报中煤集团审批。

(4)专项(维修)工程计划。1991—2016年,建设管理部参与审核公司年度专项(维修)

工程计划,提出专业建议后报公司计划主管部门。2017年以后,建设管理部负责审核公司年度专项(维修)工程计划,经公司行文下发公司年度计划。

(5)零星(维修)工程计划。1991—2011年,建设管理部参与审批。2012—2016年,建设管理部牵头财务部、经营管理部负责审批。2017年以后,建设管理部牵头财务部负责审批。

三、工程施工管理

(一)工程质量管理

(1)管理制度。1991年以后,逐步推进并实行项目法人责任制、项目经理负责制、工程建设监理制、工程合同制、工程招投标制。

(2)质量管理职责。实行"统一领导,分级管理"体制。公司负责建设项目指导、协调、督促检查等;各建设单位(筹建处、工程建设指挥部)负直接管理责任。建设、设计、施工、监理等单位项目负责人是本单位该项目质量的第一责任人,各单位技术负责人对质量管理承担技术责任。

(二)建设单位质量管理职责

一是建立质量保证体系,制定管理制度。二是按要求办理工程质量监督手续。三是向勘测、设计、施工、监理等单位提供与建设工程有关的原始资料。四是组织和参与工程质量检查、验收。五是委托有资质的检测机构,抽检、复核施工单位上报的试验数据及核查。六是组织或参加工程质量事故调查、处理。

(三)工程安全管理

(1)管理依据。1991—2006年,主管部门为基本建设处;2006年以后,建设管理部负责矿区内基本建设的安全管理,组织全公司范围内基建单位安全检查,制定《大屯煤电集团公司基本建设管理规定》等相关文件制度。

(2)管理方式。根据公司年度工程资本支出计划、专项费用计划及签订的施工合同,全面控制管理各项目及工程的进度完成情况。建设单位每月月底前做好当月项目进度、投资和工程计划完成情况的统计上报。

(四)工程质量监督

1991年,能源部颁发《能源部煤炭工业建设工程质量监督条例》(能源基〔1991〕185号)。1992年8月,公司成立大屯矿区建设工程质量监督站,并于1992年10月领取了由建设部和能源部颁发的第0029号"大屯矿区建设工程质量监督站"。同年12月,公司下发《关于大屯矿区工程质量监督站正式开展工作的通知》。1993年起,公司严格执行《煤炭工业建设工程质量监督条例》等各项文件。

(1)质量监督。受建设行政主管部门委托,依据国家有关法律、法规、标准及批准的工程设计文件,对受监各方质量责任主体及有关机构履行监督管理职责和工程实体质量进行监督检查。

(2)备案认证。依据《建设工程质量管理条例》《关于成立大屯矿区建设工程竣工验收备案管理委员会的通知》要求,经煤炭工业建设工程质量监督总站和江苏省建设工程质量监督总站授权和委托,成立大屯矿区建设工程竣工验收备案管理委员会。2002年2月,矿区站组建大屯电力质量监督站,3月,江苏省电力基本建设工程质量监督中心站批复成立"大屯矿石电厂135兆瓦机组技改工程质量监督站"。2004年4月,大屯站向江苏省建设厅提交《关于申请设立江苏省建设工程质量监督监测站大屯矿区建设工程质量监督分站的请示》,7月,江苏省建设厅以苏建质〔2004〕242号文做了批复"同意设立",文件要求自2004年6月起,大屯站实行双重管理,即接受全国煤炭总站和江苏省建设厅的领导,受江苏省建设厅的委托,依法实施对大屯矿区范围内的煤炭工业和建筑工程项目的质量监督。

四、重点工程

1991年至2020年6月,公司基本建设新建、改扩建及技改项目等重点工程完成情况如下。

（一）姚桥煤矿二期改扩建工程

项目经煤炭工业部以煤生字〔1996〕327号文批准概算为108 520万元,其投资完成总金额为100 190万元(其中矿建工程27 525万元,土建工程15 429万元,安装工程8 793万元,设备购置18 401万元,其他投资7 693万元,贷款利息22 349万元)。

工程于1990年12月20日正式开工,1997年底中央下山采区及地面煤流生产系统建成,联合试运转一次成功并开始试生产。扩建部分放顶煤工作面最高日生产能力达7 500吨/天。劳动安全、环境保护、工业卫生和消防工程相应同步建成,并经联合试运转正常。工程新扩建19个生产系统,共236个单位工程,井巷工程总量29 253米,建筑总面积5 551平方米,设备安装1 986件。1999年底,矿、土、安三类工程全部建成。2000年3月10日通过国家验收委员会竣工验收并投产。

（二）发电厂2×60兆瓦热电技改工程

中煤集团以中煤基建函字〔2006〕第03号文件委托公司审批初步设计概算,公司批复概算投资50 278万元,其投资完成总金额为45 793.31万元(其中固定资产房屋建筑物14 559.48万元,设备30 614.46万元,流动资产159.25万元,尾工工程460.12万元)。工程自2007年7月1日开工建设,于2008年11月17日至12月22日,分别通过72+24小时试运转并交付生产试运行,于2009年11月竣工。

1、2号机组技改工程项目于2009年1月1日转入试生产运行,机组投产后实现了安全稳定运行。

（三）孔庄煤矿改扩建项目(三期)

中煤股份规字〔2007〕146号文批复概算总投资53 173.05万元,完成投资55 641.37万元(其中矿建工程18 761.24万元,土建工程8 547.35万元,安装工程7 043.32万元,设备及工器具购置7 462.46万元,待摊费用13 827万元)。项目共有单位工程117个,其中矿建工程39个,土建工程35个,安装工程43个,安装工程移交设备2 761台(套)。

项目于2007年11月28日正式开工建设,建设工期56个月。2015年4月24日,江苏省发改委能源局组织相关部门、专家及项目建设、设计、施工、监理、质监等单位,共同组成孔庄煤矿井改扩建项目竣工验收委员会对项目进行竣工验收,形成验收鉴定书。

（四）10万吨/年高精度铝板带项目

中煤股份规字〔2008〕66号文批复概算投资170 067万元,除6 653.67万元的未完工程外,项目投资完成总金额为125 767.57万元(其中土建工程29 194.39万元,安装工程7 586.26万元,设备购置77 201.27万元,工器具购置140万元,其他费用11 645.65万元)。

公司成立铝加工筹建处负责铝板带项目组织、实施、管理、协调。于 2009 年 5 月 20 日开工,计划建设期 28 个月,2011 年 5 月 18 日完成调试,同年 8 月 20 日通过项目预验收,2020 年 2 月 3 日通过中煤集团组织的竣工验收。项目共含单位工程 29 个,其中土建工程 17 个,安装工程 12 个。

(五)公司研发中心项目

项目由中煤股份规〔2010〕127 号文件批复同意建设,总投资为 38 516 万元。项目于 2013 年 10 月竣工,投资完成总金额为 38 683.85 万元(其中建筑安装工程 33 633.10 万元,设备及工器具购置 227.90 万元,工程建设其他费用 4 822.85 万元)。

主要建设内容包括:① 研发中心,建筑面积 26 690.00 平方米;② 会议中心,建筑面积 13 200.00 平方米;③ 研发中心附楼及 2 号客房楼附楼,建筑面积 9 810 平方米。项目实际于 2010 年 10 月开工,2013 年 10 月竣工。

(六)玉泉煤业(120 万吨/年)兼并重组整合项目

项目由中煤股份建〔2013〕248 号文件批复,概算投资为 52 250.73 万元。矿井于 2014 年 6 月开工建设,2016 年 4 月因矿井初步设计变更未得到批复以及未得到地方煤管部门复工复产批复,受到查封,被责令停工。2018 年 12 月,经中煤集团审计确认,项目实际投资完成额为 50 211.43 万元。

(七)天山公司 106 煤矿(120 万吨/年)改扩建项目

项目由中煤股份基建〔2015〕194 号文件批复,概算投资为 101 161.38 万元。改扩建工程于 2009 年 9 月 1 日正式开工建设,2014 年 8 月联合试运转,2019 年 11 月通过竣工验收。其工程投资完成总金额为 105 736.65 万元(其中矿建工程 18 603.44 万元,土建工程 28 383.04 万元,安装工程 5 321.47 万元,设备及工器具购置 21 041.61 万元,贷款利息 10 849.23 万元,工程建设其他费用 21 537.86 万元)。

工程于 2014 年 8 月联合试运转,后因故停工,于 2019 年 10 月 9 日开始联合试运转。项目共划分单位工程 92 个,其中矿建工程 27 个,土建工程 39 个,安装工程 26 个。

(八)大屯选煤厂升级改造项目

2012 年 1 月 11 日,中煤股份下发《关于上海大屯能源股份有限公司大屯选煤厂升级改造项目初步设计(代可研)的批复》(中煤股份规〔2012〕8 号),同意大屯选煤厂升级改造后生产能力为 320 万吨/年。上海能源累计下达投资计划 13 088.71 万元,实际完成投资 11 870.28 万元(其中建筑安装工程 6 468.53 万元,设备及工器具购置 4 829.97 万元,工程建设其他费用 571.78 万元)。

工程于 2012 年 8 月 10 日开工建设,2013 年 9 月 17 日进入带负荷生产,实际建设工期为 13 个月。2014 年 11 月 25 日通过中煤集团组织的竣工预验收,具备试生产条件,试运生产后生产系统能力达到设计目标。

(九)孔庄煤矿选煤厂改造项目

2012 年 1 月 11 日,中煤股份下发《关于上海大屯能源股份有限公司孔庄选煤厂升级改造项目初步设计(代可研)的批复》(中煤股份规〔2012〕7 号),同意孔庄选煤厂升级改造后生产能力为 200 万吨/年。上海能源累计下达投资计划 5 266.27 万元,实际完成投资 4 946.60 万元(其中建筑安装工程 2 643.29 万元,设备及工器具购置 1 974.91 万元,工程建设其他费用 328.40 万元)。

工程于 2013 年 10 月 15 日开工建设,2014 年 3 月 13 日进入调试,实际建设工期为 5 个月。2014 年 11 月 25 日通过中煤集团组织的竣工预验收,具备试生产条件。改造完成后生产指标比较稳定,处理量能够稳定在 420 吨/小时,精煤产率达到 78.30%,浮精灰分累计达到 9.35%,中煤灰分达到 31.15%。

(十)姚桥煤矿选煤厂项目

2007 年 6 月 12 日,中煤股份下发《关于同意公司姚桥矿选煤厂项目可行性研究报告的批复》(中煤股份规字〔2007〕88 号)。2007 年 11 月 22 日,下发《关于大屯公司姚桥矿选煤厂项目初步设计的批复》(中煤股份规字〔2007〕178 号),批复初步设计总投资为 13 824.81 万元,其中土建工程 3 155.63 万元,设备购置 5 800.59 万元,安装工程 2 013.31 万元,工程其他费用 1 207.32 万元,工程预备费 730.61 万元,贷款利息 317.14 万元,铺底流动资金 600.21 万元。

工程于 2008 年 9 月 28 日开工建设,2009 年 8 月基本建成,于 2009 年 8 月 6 日进入带负荷联合试运转,具备试生产条件,试生产时间为 1 个月,2009 年 10 月 27 日竣工投产。

江苏省国土资源厅及徐州市国土资源局等地方政府相关部门对项目安全等专项设计方案进行评审和批复。项目工程共计 26 个单位工程,其中土建工程 18 个,安装工程 8 个,经煤炭工业大屯矿区建设工程质量监督站认证组认证为合格工程。

(十一)姚桥选煤厂改造项目

2012 年 1 月 6 日,中煤股份下发《关于上海大屯能源股份有限公司姚桥选煤厂升级改造项目初步设计(代可研)的批复》(中煤股份规〔2012〕3 号),同意姚桥选煤厂升级改造后生产能力为 300 万吨/年。上海能源累计下达投资计划 8 144.55 万元,实际完成投资 6 885.00 万元,其中建筑安装工程 3 789.83 万元,设备及工器具购置 2 719.26 万元,工程建设其他费用 375.91 万元。

工程实际于 2012 年 8 月 31 日开工,于 2014 年 3 月 13 日进入带负荷试生产,实际建设工期为 18 个月。2014 年 11 月 25 日通过中煤集团组织的竣工预验收,具备试生产条件。改造后增加了浮选系统及煤泥压滤系统,各项生产指标达到设计要求。

(十二)10 万吨电解铝及 6.4 万吨阳极碳素项目

中煤集团下发《关于同意大屯煤电(集团)有限责任公司续建完成电解铝项目(含阳极)的批复》(中煤发展字〔2005〕175 号),批准项目投资为 13.5 亿元,其中 10 万吨电解铝工程 100 000 万元,6.4 万吨阳极碳素工程 35 000 万元。实际完成投资 127 916.36 万元,其中电解铝工程 95 084.8 万元,阳极碳素工程 32 831.56 万元。

工程于 2002 年 9 月 28 日开工,2006 年 12 月 28 日竣工,2007 年 5 月 30 日竣工验收。其中电解铝工程于 2002 年 9 月 28 日正式开工,2006 年 8 月 9 日建成投产,共 28 个单位工程,已通过公司组织验收。阳极碳素工程于 2003 年 10 月 11 日开工,于 2006 年 12 月 28 日完成并进行试生产,共 17 个单位工程,已通过公司验收。

(十三)鸿新煤业苇子沟煤矿改扩建项目

项目于 2009 年 11 月 1 日正式开工,2013 年 12 月 13 日因手续不健全停工,2019 年 5 月地面建设复工,10 月 26 日井下复工。项目概算总资金为 197 738.46 万元,截至 2019 年,项目实际完成工程投资额 137 762.32 万元,其中矿建工程 21 480.85 万元,土建工程 22 449.98 万元,安装工程 3 702.80 万元,设备及工器具购置 8 983.62 万元,工程建设其他费用 81 145.07 万元。

（十四）大屯2×350兆瓦热电联产项目

项目于2016年6月15日开工,其中1号机组于2019年1月19日通过168小时满负荷试运行,2019年6月9日正式投产;2号机组于2019年5月24日通过168小时满负荷试运行,2019年7月23日正式投产。项目于2019年12月20日通过了公司组织的预验收,2020年1月起办理项目竣工验收准备工作。项目概算总投资337 725万元,预计完成投资316 559万元,其中建安工程171 234万元,设备购置108 964万元,其他费用31 891万元,铺底流动资金4 470万元。

第二节　造价管理

一、管理概况

1991年以后,执行分级审核制,即建设单位(煤矿、电厂、铁路处等基层单位)初步审核后,报公司基建处审核。1993年以后由公司计划审核。1995年以后,建设单位(煤矿、电厂、铁路处等基层单位)初步审核后,由公司基建处初审,计划处复审,审计处终审。2005年以后,对专业复杂等特殊建设项目,采用集中会审制度,需要委托第三方中介机构的履行委托审核相关程序。2006年以后,建设单位(煤矿、电厂、铁路处等)初步审核后,由建设管理部初审,经营管理部复审,监察审计部终审。2018年以后,建设单位(煤矿、电厂、铁路处等)初步审核后,由建设管理部复审,经营管理部终审。

二、管理依据

（一）审核依据

合同、招标、投标资料,施工图纸、设计变更通知单、工程核定单;现场监理和施工单位共同确认的工程量核定单,施工单位送审的结算书及相关资料。

（二）定额依据

根据国家经济发展,材料市场行情波动,各类工程定额需要及时更新。

1991—1999年,地面民用建筑工程执行江苏省建设厅1990年颁发的《江苏省建筑定额》,矿井工程执行煤炭工业部颁发的《煤炭建设预算定额》。

2000—2004年,地面民用建筑工程执行江苏省建设厅2001年颁发的《江苏省建筑定额》,矿井工程执行中国煤炭建设协会颁发的《煤炭建设工程预算定额(1999基价)》。

2005—2007年,地面民用建筑工程执行江苏省建设厅颁发的《江苏省建筑定额》(苏建定〔2003〕373号),矿井工程执行中国煤炭建设协会颁发的《煤炭建设工程预算定额(1999基价)》。

2008—2015年,地面民用建筑工程仍然执行江苏省建设厅颁发的《江苏省建筑定额》(苏建定〔2003〕373号),矿井工程执行中国煤炭建设协会颁发的《煤炭建设工程消耗量定额(2007基价)》(中煤建协字〔2007〕90号)。

2016—2019年,地面民用建筑工程执行江苏省住房和城乡建设厅颁发的《江苏省建筑定额》(苏建价〔2014〕216号);2016—2018年,矿井工程仍然执行中国煤炭建设协会颁发的《煤炭建设工程消耗量定额(2007基价)》(中煤建协字〔2007〕90号),2019年1月1日起,矿

井工程执行国家能源局批准发布的《煤炭建设工程消耗量定额(2015基价)》。

（三）指导性文件

1991—1999年,地面民用建筑工程执行江苏省建设厅1990—1999年颁发的各类建设工程造价管理文件,矿井工程执行煤炭部颁发的各类建设工程造价管理文件。

2000—2019年,建设工程执行财政部、建设部下发的《建设工程价款结算暂行办法》(财建〔2004〕369号)、江苏省建设厅颁发的《关于〈建设工程工程量清单计价规范〉(GB 50500—2008)的贯彻意见》(苏建价〔2009〕40号)、中煤集团下发的《关于中国中煤能源集团有限公司建设工程造价管理(暂行)办法》(中煤基建〔2009〕520号)以及上海能源印发的《关于调整公司工程造价计价标准的通知》《关于印发公司对外投资项目工程预(结)算管理办法(试行)的通知》《关于印发公司工程建设管理规定(试行)的通知》《关于下发公司工程建设管理规定(试行)的通知》等。

三、管理项目

1991年至2020年6月,负责审核与管理的建设项目为:煤矸石热电厂2×12兆瓦热电联产项目、发电厂2×135兆瓦新建项目、矸石热电厂2×15兆瓦机组改扩建工程(8、9号机组)。住宅项目为:腾飞新村(11村)、团结新村一期及二期(10村)、申江新村扩建(新东1村)、颐园新村(12村)和新城嘉苑。新城嘉苑投资总额为179 691.65万元,其中建筑工程投资174 385.49万元(包括住宅楼、人防地下车库、公共建筑、绿化及其他配套工程),设备投资5 306.16万元。

四、重点工程投资完成情况

（一）姚桥煤矿二期改扩建工程

煤炭部以煤生字〔1996〕327号文件批准概算为108 520万元,项目于2000年3月竣工验收完成,其投资完成总金额为100 190万元(其中矿建工程27 525万元,土建工程15 429万元,安装工程8 793万元,设备购置18 401万元,其他投资7 693万元,贷款利息22 349万元)。

（二）发电厂2×60兆瓦热电技改工程

中煤集团以中煤基建函字〔2006〕第03号文件委托公司审批初步设计概算,公司批复概算投资50 278万元,项目于2009年11月竣工,其投资完成总金额为45 793.31万元(其中固定资产房屋建筑物14 559.48万元,设备30 614.46万元,流动资产159.25万元,尾工工程460.12万元)。

（三）10万吨/年高精度铝板带项目

中煤股份规字〔2008〕66号文批复概算投资170 067万元,于2011年12月完成各个单位工程的竣工验收,除6 653.67万元的未完工程外,该项目投资完成总金额为125 767.77万元(其中土建工程29 194.39万元,安装工程7 586.26万元,设备购置77 201.27万元,工器具购置140万元,其他费用11 645.65万元)。

（四）孔庄煤矿改扩建项目(三期)

项目由中煤股份规字〔2007〕146号文批复概算总投资53 173.05万元。项目于2013年10月联合试运转,2015年4月完成竣工验收,其基本建设投资完成总金额为55 641.37万元(其中矿建工程18 761.24万元,土建工程8 547.35万元,安装工程7 043.32万元,设备及工器具购置7 462.46万元,待摊费用13 827万元)。

（五）公司研发中心项目

项目由中煤股份规〔2010〕127 号文批复同意建设,总投资为 38 516 万元。项目于 2013 年 10 月竣工,投资完成总金额为 38 683.85 万元(其中建筑安装工程 33 633.10 万元,设备及工器具购置 227.90 万元,工程建设其他费用 4 822.85 万元)。

（六）玉泉煤业(120 万吨/年)兼并重组整合项目

项目由中煤股份建〔2013〕248 号文批复,概算投资为 52 250.73 万元。矿井于 2014 年 6 月开工建设,2016 年 4 月因矿井初步设计变更未得到批复以及未得到地方煤管部门复工复产批复,受到查封,被责令停工。2018 年 12 月,经中煤集团审计确认,该项目实际投资完成额为 50 211.43 万元。

（七）天山公司 106 煤矿(120 万吨/年)改扩建项目

项目由中煤股份基建〔2015〕194 号文批复,概算投资为 101 161.38 万元。项目于 2014 年 8 月联合试运转,2019 年 11 月通过竣工验收,其工程投资完成总金额为 105 736.65 万元(其中矿建工程 18 603.44 万元,土建工程 28 383.04 万元,安装工程 5 321.47 万元,设备及工器具购置 21 041.61 万元,贷款利息 10 849.23 万元,工程建设其他费用 21 537.86 万元)。

（八）10 万吨电解铝及 6.4 万吨阳极碳素项目

中煤集团下发《关于同意大屯煤电(集团)有限责任公司续建完成电解铝项目(含阳极)的批复》(中煤发展字〔2005〕175 号),项目批准概算投资为 135 000 万元,其中 10 万吨电解铝工程 100 000 万元,6.4 万吨阳极碳素工程 35 000 万元。实际完成投资 127 916.36 万元,其中电解铝工程 95 084.8 万元,阳极碳素工程 32 831.56 万元。

（九）鸿新煤业苇子沟煤矿改扩建项目

项目于 2009 年 11 月 1 日正式开工建设,2013 年 12 月 13 日因手续不健全停工,2019 年 5 月地面建设复工,10 月 26 日井下复工。项目概算总资金为 197 738.46 万元,截至 2019 年,项目实际完成工程投资额 137 762.32 万元(其中矿建工程 21 480.85 万元,土建工程 22 449.98 万元,安装工程 3 702.80 万元,设备及工器具购置 8 983.62 万元,工程建设其他费用 81 145.07 万元)。

（十）大屯 2×350 兆瓦热电联产项目

本项目 1 号机组于 2019 年 1 月 19 日通过 168 小时满负荷试运行,2019 年 6 月 9 日正式投产;2 号机组于 2019 年 5 月 24 日通过 168 小时满负荷试运行,2019 年 7 月 23 日正式投产。2020 年 1 月起办理工程结算及项目竣工验收的准备工作。该项目概算总投资 337 725 万元,预计完成投资 316 559 万元(其中建安工程 171 234 万元,设备购置 108 964 万元,其他费用 31 891 万元,铺底流动资金 4 470 万元)。

<h2 style="text-align:center">第三节　招投标管理</h2>

一、基本概况

2002—2006 年,公司市场处负责联系招标公司以及招标文件的审核等基础工作。招标范围基本为工程、设备等较大型项目。因中煤集团招标公司路途远、人员紧张,一些大型项目的招标并没有全部交给中煤集团招标公司。2006 年以后,公司经营管理部负责公司招投标业务实施、管理协调和监督检查等。

主要职责:汇总公司招标计划并上报中煤集团;参加招标相关会议,参与审查公司非公开招标事项;备案审核后的招标文件、招标结果;管理物资及生产服务主要招标活动,履行招标活动的现场监督职责;负责须中煤集团定标的生产服务项目定标上报工作;负责与中煤集团、地方政府招标管理部门和招标代理机构的联系。

二、招投标依据

1999 年 8 月,国家颁布了《中华人民共和国招标投标法》,2000 年 1 月 1 日起正式施行。2002 年 6 月,国家颁布了《中华人民共和国政府采购法》,自 2003 年 1 月 1 日起施行。

中煤集团于 2001 年 12 月成立招标公司。2002 年 6 月,中煤集团下发《关于印发中国煤炭工业进出口集团公司招标管理办法(试行)的通知》(中煤投资字〔2002〕158 号),开启了中煤集团系统内自主招标采购的历史。

中煤集团第一版招标管理办法于 2008—2017 年共计进行了 3 次修改,现执行的是 2017 年第四版,即《中国中煤能源集团有限公司招标管理办法》(中煤基建〔2017〕31 号)。

三、招投标管理

(一) 招投标制度

2002 年 2 月起,公司由当时的市场处牵头起草《大屯煤电(集团)有限责任公司招标管理办法》,为公司第一版招标管理办法。2005 年底,公司对 2002 年第一版招标管理办法进行修改完善,于 2006 年 1 月下发。2008 年,中煤集团成立采购中心,负责中煤集团内二级单位大宗物资的集中采购和审批等。同年 8 月,中煤集团招标公司在公司设立常驻机构,即大屯招标办公室,办公地点和人员均设在物资贸易部,公司因此有了自己的内部专家库,并制定了评标专家管理办法等制度。

2014 年 7 月,根据公司管理机构的调整及职责变化,对招标管理办法进行了修订,下发第三版公司招标管理办法。2017 年初,中煤集团再次修订下发《中国中煤能源集团有限公司招标管理办法》(中煤基建〔2017〕31 号),公司及时跟进中煤集团,修订公司招标管理办法,同步修改其中内容,于 2017 年 5 月下发第四版公司招标管理办法。

2018 年,随着公司不断扩充主业和非煤产业范围,采购数量和金额都在持续增加,工程、货物和服务的招标限额,分别从原来的 200 万元、100 万元、50 万元,提高至 400 万元、200 万元、100 万元,公司据此于 2018 年 6 月重新梳理下发第五版招标管理办法,即现行的招标管理办法。

(二) 招标范围

公司招标管理办法中规定的招标范围与中煤集团和国家的法律规定一致。现行公司招标管理办法第三章第十一条规定:公司范围内的工程、货物和服务达到下列标准之一的,原则上必须公开招标,但本办法规定的其他情形除外:

(1) 工程类单项合同估算价在 400 万元人民币以上;

(2) 货物类单项合同估算价在 200 万元人民币以上;

(3) 服务类单项合同估算价在 100 万元人民币以上。

达到招标限额,符合招标条件的项目立项后,进入招标实施环节,完整的招标程序见(三)。

（三）招标程序

（1）依法必须进行招标的项目按照国家有关规定办理项目审批、核准手续；中煤集团公司要求招标的项目应提报招标计划（已批准邀请招标项目）。

（2）委托招标代理机构。

（3）编制招标文件。

（4）发布招标公告或者发出投标邀请书。

（5）发售招标文件。

（6）根据需要，可以组织所有潜在投标人现场踏勘。

（7）澄清或者修改招标文件。

（8）接收投标文件，投标人按照招标文件要求的方式和金额提交投标保证金。

（9）开标。

（10）组建评标委员会。

（11）评标。

（12）评标委员会提交评标报告，招标人确定中标候选人。

（13）公示中标候选人。

（14）确定中标人，发中标通知书。

（15）中标人按照招标文件要求提交履约保证金，签订合同，招标代理机构退还中标人和未中标人的投标保证金。

四、招标实施方式

（一）现场招标

公司招标实施之初，即 2002—2008 年，中煤集团招标公司尚未在大屯设立业务部，多数项目委托中煤集团招标公司在北京进行招标，少数项目委托外部招标公司进行招标。

2008 年下半年，中煤集团招标公司在公司物资贸易部设立招标办。招标办受招标公司和物资贸易部双重管理，负责公司招标项目开评标等一系列工作。招标办成立后，公司开始成立自己的专家库，把符合条件的高级技术管理人员纳入专家库并进行定期培训，在评标时从中抽取相应专家作为评委，由纪委监督，在物资贸易部进行现场开评标。

（二）电子招标

2017 年 1 月，中煤集团第四版招标管理办法中首次提出鼓励推行电子招标，随后的 3 月份，公司积极响应，开始推行电子招标，公示、开标、评标等程序均在线上完成，从根本上改变了招标方式。

同年 11 月，所有招标程序必须参照《中华人民共和国招标投标法》规定执行，原来内部评委制度取消，一律采用中煤集团以外的人员作为评标专家。据此，2017 年以后，公司评标地点由公司改为徐州，评委从徐州专家库中抽取产生。

五、实施效果

2002 年 10 月，公司下发的第一版招标管理办法相对降低了采购资金，节约了生产成本。2006 年 1 月下发的第二版招标管理办法对第一版进行了查漏补缺，使招标管理工作水平上升一个台阶。

2014年,在第二版招标管理办法执行8年以后,公司根据自身的发展情况修订出台了第三版招标管理办法,理顺了各单位、部门之间的关系。2017年5月,公司修订下发了第四版招标管理办法,公司在中煤集团范围内,率先推行电子招标投标和线上开评标。

第四节 统计管理

一、统计机构

1996年,计划统计处和企业管理处合并为计划企管处。1999年,公司设立市场经营处。2006年,公司实行组织机构改革,计划企管处、市场经营处和上海能源计划部合并,成立经营管理部。

经营管理部为公司综合统计主管部门,负责公司统计工作的组织实施、管理协调、业务指导和监督检查,配合政府统计机构开展统计执法检查。

公司有关职能部门负责职责范围内的统计工作,做好与综合统计部门的沟通与协作,对口指导、督促、检查公司所属单位统计工作。

公司所属单位成立统计机构,明确统计业务机构和统计人员,明晰职责和业务分工,对上实行归口管理。不单设统计人员的,指定人员兼职负责统计工作。

二、统计工作

公司统计调查实行周期性普查、重点调查、典型调查和抽样调查相结合的方式,以月报、季报、年报为主,执行上级统计机构下发的统计报表制度、统计标准,保障统计调查采用的指标含义、计算方法、分类目录、调查表式和统计编码等标准化。

根据公司历史沿革和属地管理原则,公司统计管辖权属徐州市统计局,为国家统计局统计联网直报单位,登记统计调查单位名称为大屯煤电(集团)有限责任公司,统一社会信用代码为91320000134780487Y,涵盖公司驻徐州市全部产业活动。

公司作为全国大型煤炭工业企业之一,沿用公司为煤炭行业统计调查单位,执行国家统计局委托中国煤炭工业协会发布的煤炭行业统计报表制度,直报专业范围覆盖综合、生产、运销、劳资、财务、综合利用、节能减排、基本建设八大专业门类30套专业报表,并接受江苏省经济和信息化委员会以及中煤集团的业务指导,根据中煤集团安全生产经营建设管理需要,完成中煤集团统计调查任务。

(一)统计报表编制

统计报表编制能够反映公司经济运行情况。共编报国家统计局、国资委中央企业、煤炭行业、中煤集团等各类报表116种12期约1 500张报表,向政府部门、煤炭协会、中煤集团客观反映公司安全生产经营建设运行状况。同时搜集、整理、汇总、审核各类统计资料,按月编发《统计手册》。

(二)利用信息技术开展统计

全面开展第四次全国经济普查工作。按照徐州市第四次全国经济普查总体方案、工作部署和推进具体要求,公司组织有关部门、结合各普查小区单位分布情况制订公司单位经济普查方案。

利用 PAD 设备,采用人户调查方式,现场实时定位、搜集各单位普查所需资料,进行现场信息确认,制作普查记录台账。将 PAD 设备录入的信息逐条检查、记录,做好备份与留存,确保普查工作不重、不漏、信息准确。共普查公司所属及实际控制的法人单位 16 家,法人分支机构(产业活动单位)34 家,社区居委会 6 家,幼儿园 6 所,律师事务所 1 家,公安分局及派出所 5 家,配合徐州市经普办、沛县经普办完成普查核查、验收工作,圆满完成此次经济普查工作。

(三)经济普查工作

完成公司上报国家统计局统计报表口径调整及上报上海市统计局统计报表专业变更。

按照国家统计局安排,对规模以上非工业子公司需解捆并独立填报统计报表。经与徐州市、沛县统计局各专业处室联络,确定公司及规模以上非工业子公司统计报表填报专业、统计口径,测算完成解捆后非工业子公司工业总产值、营业收入等数据,提交调整统计口径申请报告与解捆前后数据对照表。经市、县统计局审批后,公司作为法人单位继续填报工业类所有统计报表,如煤炭贸易部、咨询公司、铁路工程处等,分别作为独立统计调查对象填报商业、服务业类统计报表,于 2019 年 11 月起调整填报口径。

按照上海市统计局调查单位审核确认工作通知要求,为全面、完整、客观地反映大屯、上海两地各产业生产运营总体状况,按照不重、不漏及属地原则,确定上海能源仍以"上海总部生产经营活动"的口径填报各统计报表,经上海市统计局审批确认,将联网直报平台的统计报表由服务业类调整为商贸业类,提交公司基本信息、调整凭证、历史数据等申报资料后,于 2019 年 11 月起调整填报专业。公司主要经济指标完成情况见图 10-1-1～图 10-1-11。

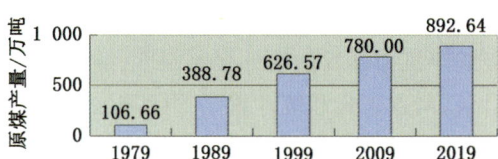

图 10-1-1　1979—2019 年公司原煤产量柱状图

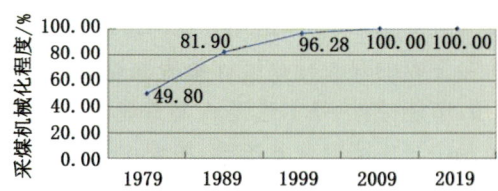

图 10-1-2　1979—2019 年公司采煤机械化程度折线图

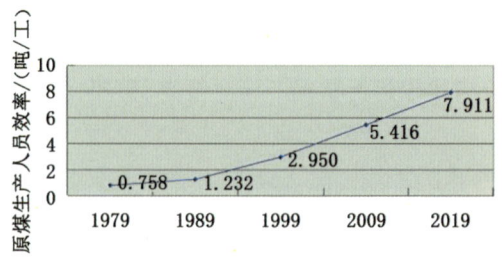

图 10-1-3　1979—2019 年公司原煤生产人员效率折线图

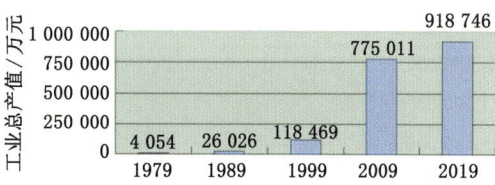

图 10-1-4　1979—2019 年公司工业总产值柱状图

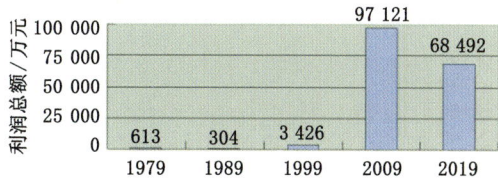

图 10-1-5　1979—2019 年公司利润总额柱状图

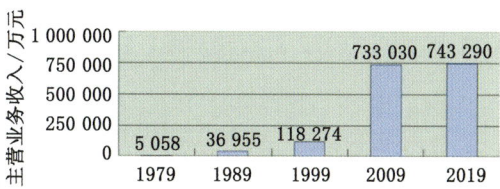

图 10-1-6　1979—2019 年公司主营业务收入柱状图

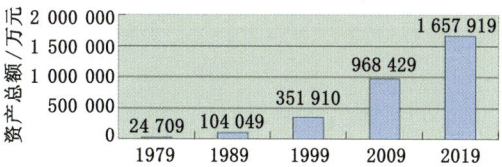

图 10-1-7　1979—2019 年公司资产总额柱状图

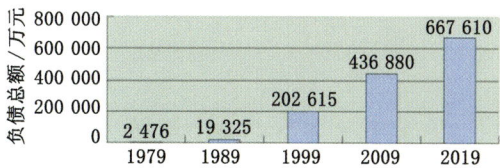

图 10-1-8　1979—2019 年公司负债总额柱状图

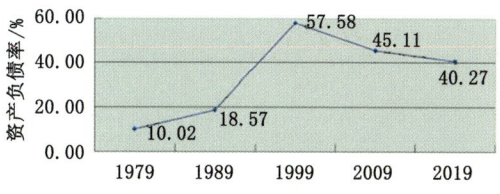

图 10-1-9　1979—2019 年公司资产负债率折线图

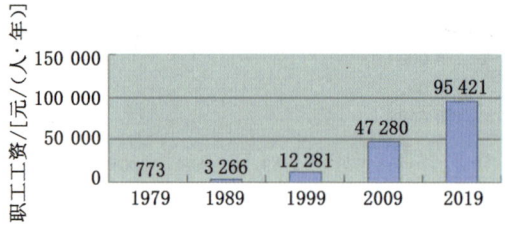

图 10-1-10　1979—2019 年公司职工工资统计柱状图

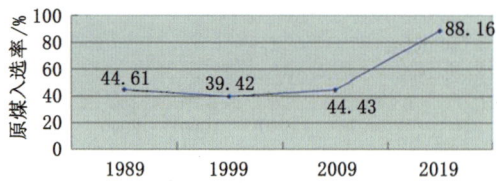

图 10-1-11　1989—2019 年公司原煤入选率折线图

第二章 财务管理

第一节 资产管理

一、基本概况

1991 年以后,公司资产管理执行《煤炭工业基本建设固定资产管理办法》,每季度财务部门会同设备管理部门和使用部门对设备的账、卡、物进行清点核对,做到账、卡、物相符。

1997 年 10 月,公司实行机关"三条线"管理改革,对机构改革分流、合并中所涉及资产管理做了明确规定,要求各单位部门原有办公设备、固定资产不得藏匿、转移、损坏。

2001 年以后,公司制定《公司资产管理办法(暂行)》,对资产管理体制及组织形式、资产清查、清算、重组、盘活、评估、租赁、损失的审批及处理、产权管理等做了系统性规定。

二、固定资产管理

公司财务部门设立固定资产台账,反映资产增减变化情况。按其类别及所属会计科目,予以分类编号并登记,办理资产调拨手续。根据固定资产使用年限及残值率,正确计提折旧。定期组织盘点,对资产报废、处置进行合规审查。

房屋及建筑物等不动产取得所有权后,由房产管理部门统一办理产权登记,计入固定资产卡片。每半年至少盘点一次。固定资产由公司统一管理,各单位受托经营限额以内的部分资产处置,必须报公司批准并备案。

2002 年,公司下发《关于加强固定资产出售和内部调拨管理的通知》,规定公司所属同一法人单位之间的固定资产调拨,通过公司内部银行划账处理,公司所属不同法人单位之间的固定资产调拨,视同出售管理。上述行为均须办理固定资产调拨手续。出售的固定资产必须是闲置资产,任何单位和个人不得擅自出售固定资产。对外出售固定资产,尽可能实行竞价拍卖,购买单位或个人,原则上以现金形式支付价款,出售单位财务部门及时办理价款回收,不得形成应收账款。

2008 年,为加强公司报废资产的处置管理,制定《公司报废资产处置管理办法》,对报废资产处置程序进行规范,报废资产处置遵循统一管理、分级负责的原则。各单位(特别授权单位除外)负责报废资产的收集、整理、维护、申报等。

三、"两金"管理

2000 年,公司制定《公司应收账款管理办法(试行)》,从管理目标、内控制度及奖惩考核等方面做了规范。公司是中煤集团范围内首家制定相关办法的企业。鉴于当时中煤集团所属企业应收账款拖欠严重,因此将该办法在中煤集团范围内转发。

2011年,公司制定《煤炭库存盘点管理办法(试行)》,提高了煤炭库存数据的真实性和准确性。2014年,公司制定《物资领用与新增积压物资专项考核办法》,对物资领用管理进行规范,旨在杜绝各单位产生新的积压物资,提升公司物资库存管理水平。

2019年9月,为加大存货和应收账款管控力度,提升企业资产运营质量,公司开展"两金"专项清理工作,将排查出的严重损毁存货、已落后淘汰丧失生产利用价值存货、长期未使用存货、长期积压产成品和库存商品,以及其他严重跌价滞销存货,列入清理重点。

四、资产处置与盘活

2004年,公司制定《公司账销案存资产管理及责任追究办法》,要求对经批复同意核销的各项资产损失,建立备查账簿,组织力量清理和追索,避免国有资产流失。同年,公司制定《公司闲置报废资产处置管理办法》,加强对各项长期积压的存货以及各种未使用、剩余、闲置或技术淘汰的固定资产、工程物资等实物资产的处置管理。

2006年12月,公司召开财务决算布置工作会议,强调强化履行特殊监督责任。严禁对外借款、对外担保。不得私自开设银行账户,大额资金支出要履行联签制度。2 000万元以上的支出报中煤集团审批。

2014年,公司制定《公司资产损失责任追究暂行办法》,从管理职责、资产损失认定、追究范围、责任划分、处罚标准等方面规范了资产损失责任追究行为。

第二节　资金管理

一、资金账户与资金结算

1998年以前,公司与各内部单位和各内部单位之间的资金结算,均通过内部银行的货币形式进行,各单位由商业银行办理付款时,在公司财务处办理兑换外部货币手续。

同年1月,公司财务结算中心正式运行,负责统一办理公司结算业务,同时负责直接办理公司对外的资金结算业务,公司各单位、处室的资金收付业务均须通过财务结算中心实现。

2001年,公司制定《公司银行账户管理办法》,规定银行账号实行统一归口管理,内部单位实行统一结算,对资金实行集中控制,清理各单位、部门擅自开设的银行账号。公司所属独立法人,根据会计核算要求,允许一个单位保留一个账号。2004年,公司印发《公司资金集中管理办法》,改财务结算中心为资金结算中心,承办公司资金集中管理的具体业务,同时负责检查、监督、指导所属单位资金集中管理。

资金结算中心设在公司财务(部)处,作为财务(部)处的内设机构,在财务(部)处的直接领导下开展工作。各直属单位在资金结算中心开立内部银行账户,均为内部独立核算单位,对各单位所开设的内部存款账户进行分户核算。公司非法人经营单位不设立银行账户,其对外资金收支业务通过资金结算中心办理。子公司可以开设银行账户进行资金自收自支,但其资金收支款项及其资金余额受资金结算中心的监督控制。

各非法人经营直属单位收到银行结算款项,及时到资金结算中心办理收款手续,同时与资金结算中心进行内部结算。收到现金应及时送存银行,严禁坐支现金。收到应收票据,应

及时送交资金结算中心,由资金结算中心根据资金支付的具体情况进行处理。子公司的业务收入可存入其开户银行,闲置资金每日转存资金结算中心,由中煤集团统筹使用。

资金结算中心对银行账户的基本情况履行备案管理,子公司银行账户的开立、变更均须公司审批,银行账户原则上在中煤集团合作银行开立。账户撤销需备案管理,存款余额必须与银行核对无误,各种重要空白凭证交还银行后,再办理销户手续,销户完毕及时报资金结算中心进行注销登记。

二、承兑汇票管理

结合公司内部财务转账 POS 机使用现状,2010 年,公司制定《企业内部财务转账 POS 机管理办法》,对 POS 机配置、管理、使用范围进行规范。

2018 年,公司印发《公司银行承兑汇票管理办法》,规定公司各单位财务部门设专人负责票据管理,进行票据的领取和支付,建立票据管理台账。银行承兑汇票贴现业务由公司财务部统一管理,统一协调。

三、资金预算管理

2006 年,采取逐级编报、逐级审批、流动管理的办法编制日、月度和年度资金预算。各单位采购、生产、销售等业务部门要向财务部门提供准确、完整的业务活动资金流量预算,财务部门汇总平衡后,在编制年度财务预算的基础上,编制年度资金预算和月度资金预算报送资金结算中心。

各直属单位每月 17 日前按照年度现金流量预算编制下月现金流量预算,上报资金结算中心,资金结算中心每月 20 日前进行审批,并将审批后的预算报中煤股份和中煤财务公司,作为额度控制依据。如有特殊原因需变动,应提前一天上报资金调整计划申请,结算中心审批。财务月度及日资金预算均统一在公司资金管理系统中上报、审核、汇总,对日资金预算每笔付款均逐一审核把关,做到无预算、超预算不支付。

四、筹融资管理

2001 年,上海能源上市,公司共募集资金 87 738 万元。为规范募集资金管理和运用,公司制定《募集资金管理办法》。根据募集资金集中存放、便于监督的原则,在银行设立专用账户存储募集资金,并与银行签订募集资金专用账户管理协议。募集资金的使用依据公司募集资金使用计划书。募集资金使用时,使用部门(单位)根据募集资金使用计划书和项目实施进度填写用款计划,用款计划由董事长、总经理和总会计师联签,由财务部门执行;募集资金使用情况由审计部门进行日常监督,独立董事有权对募集资金情况进行检查,监事会有权对募集资金使用情况进行监督。

募集资金使用情况:2001 年 61 018 万元、2002 年 6 007.82 万元、2003 年 3 384 万元、2004 年 7 668.91 万元、2005 年 2 112.05 万元,余额补充流动资金。

为防范财务风险,确保满足公司重点项目建设资金需求,公司以"需要与节约兼顾"为原则,实行资金集中管理,原则上由公司统一办理银行贷款综合授信及银行贷款事宜。子公司在非正常情况下可以自行办理银行贷款,但应事先向公司提出资金筹措方案。

经公司批准,资金周转确有困难的单位可以向资金结算中心申请办理内部贷款。向资

金结算中心申请内部贷款,必须按照中煤集团规定的程序和要求办理。公司对各子公司的贷款,内部贷款申请展期的,必须于贷款到期前15日提出申请。

2011—2018年,通过银行办理委托手续,委托贷款利率按照国家规定的利率范围确定,各子公司按照委托贷款协议确定本金和利息。2018年2月,根据相关法律规定,公司直接对各子公司发放内部贷款,按合同约定确定本金和利息。公司各成员单位之间不得自行拆借资金或变相拆借资金。

五、对外付款审批控制

2001年后,公司下发《关于加强集团公司建设工程进度月报和月度资金管理工作的通知》,规定财务处依据基建处审核确认的工程施工进度月报,根据当月资金情况安排拨付建设工程月度进度款。工程月度进度款的拨付,实行建设工程项目专项拨款制,做到专款专用。

2013年7月,公司下发《关于加强对外付款审核的通知》,进一步规范资金支付的审核流程,明确合同审核、财务入账审核、资金支付审核等内容。

各单位对外投资支出,必须遵循公司审批程序,取得中煤集团批准后方可实施。公司各单位固定资产购建支出,必须严格遵从中煤集团下达的年度投资计划,如属计划外投资支出,必须有完备的报批手续。公司各单位固定资产购建,履行必要的招标、合同签订、质检、工程监理等手续,保证投资支出合理有效。企业对外赞助、捐赠资金支出,按中煤集团规定审批程序办理。

六、资金管理系统

2017年11月,中煤集团下发《关于中煤集团资金管理系统上线试运行及进一步加强资金管理工作相关事宜的通知》,2018年3月开始使用中煤集团统一的资金管理平台,银行账户纳入中煤统一资金平台,月度资金预算按照"结算单位编报、结算中心汇总、中煤集团总部审批"的方式进行,所有账户资金每日归集至公司在中煤集团资金管理平台的账户中。

第三节 成本管理

一、任务目标

1991年以后,公司每年向各单位、部门下达成本、费用计划,严格考核奖罚,成本管理在控制成本费用支出。

1999年,公司制定《公司成本管理办法》,提出成本费用管理基本任务:正确执行成本费用开支范围,准确及时地计算产品成本;全面系统核算各项费用的支出;建立健全成本费用管理责任制;加强成本费用预测、计划、控制、分析和考核;综合反映企业生产经营成果,为经营决策提供可靠的数据和信息;降低成本,挖掘潜力,节约开支,堵漏截流,提高经济效益。

二、成本核算原则

(一)实际成本计价原则

生产费用的汇集和分配,必须按实际成本计价;凡是本期成本负担的费用,不论款项是

否支付,均应计入本期成本;成本与实物转移,必须划清原材料、在产品、产成品三个阶段的成本转移;遵循有用性、合理性、重要性、一致性原则;对计入成本的各种费用,必须符合有关成本开支范围和费用开支标准的规定。

(二)权责发生制原则

必须按月计算产品成本,月度为每月1日至当月月末;可以一次支付分期摊销的费用,应在费用支付时,列作待摊费用,按受益期限确定分摊额;可以由本月成本负担,而在以后月份支付的费用,应在本月提取时列作预提费用,并分别按费用项目计入本月的产品成本;必须按国家规定的提取比例正确计提安全生产费、维简费、工会经费、职工教育经费等。

三、成本、费用管理责任制

(一)成本管理责任制

(1)经理、矿长、厂(处)长负责贯彻执行国家财经法规和有关方针政策,组织和建立各职能部门成本管理、费用控制责任制。

(2)总经济师或行使总经济师职务的经营副局、矿、厂(处)长,协助局、矿、厂(处)长制定并落实企业经营管理工作计划,严格执行财经法规,经常检查各职能部门和矿、厂(处)经营管理工作计划执行情况,并对企业的经济效益负直接责任。

(3)总会计师或行使总会计师职务的副局、矿、厂(处)长,协助局、矿、厂(处)长组织领导企业的成本、费用管理,严格执行国家政策和财经法规。定期检查各职能部门和基层单位的成本管理、费用控制执行情况,准确及时地核算成本、费用,并对企业的经济核算和经济成果负责。

(4)总工程师协助局、矿、厂(处)长在生产技术方面,推行新工艺、新技术,合理组织生产,挖潜改造,做到技术先进、经济合理、成本低,对经济效果负责。

(5)区队和车间领导负责矿、厂(处)下达的成本任务的完成,严格执行财经法规和有关成本管理的规章制度,落实成本管理指标,实行成本责任制,对本单位的经济效果负责。

(6)班组按生产范围使用的工具材料,实行定额控制、限额领用,保证各项消耗定额的完成。

(二)部门成本、费用管理责任制

实行部门成本、费用管理责任制,按成本、费用构成的主要内容,如材料、工资、电力、其他可控费用等,分解为单项成本、费用指标,归口落实到各职能部门,实行单项包干,保证成本、费用计划的实现。财务部门主要职责是:

(1)编制成本、费用计划,分解并协助领导落实各项指标。

(2)参与企业为提高经济效益,降低成本、费用方面的增产节约措施和制度的制定。

(3)参与各项消耗定额和内部自用产品价格的制定。

(4)组织成本、费用的核算,并对基层成本、费用的管理与核算进行指导。

(5)负责检查、分析、考核成本、费用计划的执行情况。

(6)负责各项费用计划的完成,努力降低管理费用。

(7)对成本、费用进行预测、控制、监督、分析,不断提出新的管理目标和方法。

四、成本控制

(1)揭示成本、费用差异,将"四定"(即定额、定量、定限额、定项)控制标准具体落实到各成本责任分管范围,将实际发生的费用与控制标准进行比较,计算成本、费用差异。

(2)成本反馈控制,计算成本、费用差异,及时把信息反映到责任部门。企业领导应及时掌握差异情况,定期召开成本、费用分析会议,分析差异产生原因,确定责任归属,保证最优化成本目标和费用控制指标的完成。

五、成本分析与考核

(一)成本、费用分析方法

根据适合本单位经营需要的分析手段,收集和积累有关生产经营变化和成本、费用耗费情况的信息资料,作为成本、费用综合分析或专题分析的必要依据。

(二)成本、费用分析内容

(1)原煤成本分析。既对原煤单位成本进行分析,又对原选煤总成本进行分析;既对成本项目进行分析,又按费用要素进行分析。采用与预算、同期、环比进行对比的方法,对主要影响因素进行分析。

(2)选煤成本分析。着重分析选精煤回收率变化、综合回收率变化、入选原料煤数量和结构变化。

(3)其他产品成本、费用分析(电力、铁路运输等)。结合各项成本的不同特点,从不同的角度全面分析影响成本、费用变化的因素。

(三)成本考核

公司对成本完成情况进行严格考核,促使企业各个环节和每个职工互相协调完成降低成本任务。2013年,为切实加强原煤成本管控,确保公司年度生产经营目标的实现,公司制定《公司机关生产部室与原煤成本挂钩考核办法(试行)》。

六、"四项费用"管理

"四项费用"也称可控费用,包括差旅费、会议费、办公费、招待费。2012年制定《公司差旅费管理办法》等,对包括城市间交通费、住宿费、伙食补助、公杂费等各项因公外出期间发生的费用制定严格标准,按照公司财务联签办法的规定审批,凭据报销。

2013年,公司下发《关于对〈公司差旅费管理办法〉实际执行中相关问题的解释》。根据中煤集团《关于严格控制业务招待费用的通知》和公司降本增效要求,制定《公司业务招待费管理办法》。2015年,制定《公司机关业务招待费管理办法》。2019年,对原《公司差旅费管理办法》进行修订,印发《公司差旅费支出管理办法》,原办法同时废止。

第四节　财务监督

一、会计负责人委派制

1999年,为加强财务会计管理和监督,公司决定实行会计负责人委派制,并下发《关于对会计负责人实行委派的通知》。委派的范围为公司直属单位(含控股子公司)、公司机关附属单位财务、会计机构负责人,包括总会计师(主任会计师)、副总会计师(副主任会计师)、财务科科长(副科长)、科级单位财务会计机构的财务主管。公司直属委派人员行使《中华人民共和国会计法》赋予的会计监督职能,对被委派单位的日常财务会计业务负责,对被委派单位出现的违规行为,根据情节承担相应的行政责任。委派人员的业务考核和管理由公司财务处负责。委派人员实行定期轮岗制度。

2001年,公司就财务负责人委派工作规定进行补充,下发《进一步实行财务负责人委派的补充规定》,明确提出建立逐级委派体制,要求"谁出资,谁委派;谁委派,谁管理"以及"被委派者向委派者负责"。

2003年,公司制定《财务负责人业务工作考核办法(暂行)》,加强对委派负责人的业务考核。将执行财经纪律、保证财务安全、提高工作效率等作为委派财务人员任免的重要依据。

2006年,公司制定《财务委派人员失职渎职行为责任追究办法》,对失职渎职行为具体表现、轻重分类、责任追究方式、追究程序作了明确规定。

二、财务集中管理

2009年以前,公司所属单位的会计核算业务由各单位财务科独立完成。2009年以后,公司实施财务集中管理,实行集中统一核算,会计核算中心根据各单位业务需要设置相应账簿,对各单位报送的会计业务资料进行会计处理,并根据需要编制会计报表。所属单位不再单独设立会计账簿。

财务集中后各单位原财务科业务量和职能适当调整,财务科更名为"预算管理科"。从记账凭证录入到报表编报的一系列业务核算流程上移到公司财务部会计核算中心管理。预算管理科仍负责会计业务核算基础资料的归集、确认,以及原始凭证的填制、审核工作,同时协助公司财务部负责年度预算的编制、控制、分析等工作。

三、财务大检查

1999年3月,公司下发《关于开展财务专项大检查活动的通知》,就1995—1998年间的主要经营活动开展财务专项大检查,遇有重大问题可追溯到以往年度。2005年下发《关于开展年度财务检查工作的通知》,对2004年度及2005年1—7月的所有经营活动进行检查。

2019年,在中煤集团统一部署下,公司开展企业自查自纠工作,对存在的问题及时纠正,防范类似问题发生,堵塞管理漏洞,清理管理隐患,防范经营风险。

四、内控制度

2003年,公司制定并印发《公司本部财务联签暂行办法》,对借款、费用报销、投资类支出3个方面的联签审批流程进行了详细规范,规范资金和费用支出审批程序。

2006年,公司出台《关于严肃财经纪律严禁设立"小金库"的通知》,对"小金库"行为做了界定:截留、转移、隐匿各种收入款项,即将各种收入不通过或不全部通过本单位财务部门列收;核销虚假费用形成账外款项。

2013年,公司印发《公司财务联签审批办法》,对公务借款、财务付款、特殊事项资金支

付、资产处置4个方面的联签审批流程进行了详细的规范。

2014年,制定《关于修改公司财务联签办法部分条款的通知》。

2016年,公司印发《福利费联签审批办法》,规范福利费列支范围和使用标准。

2018年,公司对各类工资外津补贴的发放进行统一规范,严禁任何单位另立名目发放工资外津补贴,特殊岗位确需发放津补贴,必须经公司审批后,在各单位工资总额中列支。同年,下发《公司ERP财务系统会计基础工作规范》,对会计原始凭证规范、录入规范、审核规范均做了要求。

2019年,公司下发《关于基层工会财务实施代理管理的通知》,将公司各基层工会财务由本单位预算管理科代为管理。同年,公司下发《关于进一步强化财务审核监督职能的通知》,从加强资金支付管理、票据收支管理、落实中央"八项规定"精神的财务监督工作、食堂财务核算监督4个方面对财务工作流程进一步规范。

第五节 会 计 核 算

一、会计政策

公司会计核算工作主要依据《中华人民共和国会计法》《企业会计准则》《企业会计制度》《企业财务通则》等相关法律、行政法规、政策及规定,并结合中煤集团《财务管理办法》《会计核算办法》等内部规定进行。

二、财务核算

1992年11月,财政部发布第4号令《企业财务通则》,同年财政部发布《工业企业会计制度》(财会字〔1992〕第67号文),适用于中华人民共和国境内的所有企业。同年,姚桥煤矿、徐庄煤矿、铁路管理处等5个单位试用中国统配煤矿总公司评审通过的《煤炭工业企业账务处理和会计报表》软件,通过检查验收,中国统配煤矿总公司同意这5个单位从1993年1月1日起采用计算机替代手工记账。

1993年,公司按照《工业企业会计制度》统一了会计科目的编号,并根据自身需要对会计科目进行必要的增减、合并等,增设了"拨付所属资金"科目,"附属企业相应增设"上级拨入资金科目;为企业内部各部门增设了"备用金"科目;为各厂矿的日常材料核算增设了"在途材料"科目;生产成本科目分为"基本生产""辅助生产"两个科目。

1994年,公司组织计算机编程人员,基于Foxbase数据库管理系统,编制《大屯公司财务管理软件2.0》,并组织培训相关软件的操作,包括凭证录入和报表编制。

1995年,公司姚桥煤矿试点使用用友软件进行会计核算的账务处理,报表编报仍使用《大屯公司财务管理软件2.0》。

1996年,公司全面推广使用用友软件进行会计核算处理,报表编制仍使用原系统。

1997年,公司按煤炭部要求开始使用久其报表管理软件进行财务报表的编报,组织业务骨干结合公司实际情况进行报表的格式设计、计算公式定义等,使久其报表管理软件在公司得以普及运用。

1999年12月,以上市公司的标准梳理了会计核算流程及会计核算办法,修订《中煤大屯公司财务制度汇编》。

2001 年,公司制定《大屯公司财务管理办法》,以保证公司系统的会计核算水平和会计信息质量。同年 8 月,上海能源在上海证券交易所挂牌上市交易,完全按照上市公司的要求进行会计核算,对于煤炭企业的土地复垦费、弃置费等进行了预估,按照企业会计制度的要求确认了预计负债和固定资产,并按产量储量法进行了费用摊销。

2002 年,公司推进"学邯钢",深化成本管理体制,建立实施多级"三化"考核机制,建立企业财务收支预算管理体制,做到规范预算审批程序,控制预算外费用支出。公司撤销了包括教育处、股份公司剥离单位共 9 家核算点,规范了股份公司与集团之间的业务往来。

2006 年 2 月,公司组织学习并及时按要求梳理会计核算流程,通过年度审计检查结果,会计核算完全符合《企业会计准则》要求。

2008 年,中煤集团发布了《会计核算办法》和《财务管理办法》,对整个中煤集团范围内的财务工作进行了统一规范,公司严格贯彻执行。

2010 年 1 月,公司会计核算中心正式进行统一集中核算,从 3 月起,公司完全使用 ERP 系统进行会计核算,并陆续上线了各子模块。同时,不断加强和优化已有财务信息系统的建设,以 EXECL 服务器为平台,自行设计开发了内部资金预算上报汇总系统,实现了所属单位在线实时申报、在线复核审批、实时汇总上报、在线历史数据查询等功能。

2018 年,开始执行新收入准则、新金融工具准则等,增加了"合同资产""合同负债"等会计科目。

2019 年,开始执行租赁准则,增加了"使用权资产""租赁负债"等科目。

第六节 税费管理

一、税制改革

1991 年以后,国家多次对财税体制进行改革,每次财税改革都会对公司产生很大影响,必须对此做出相应的调整。

1994 年,国家实行税制改革,建立以增值税为主体的税制体系,设立增值税、消费税、营业税、企业所得税、个人所得税、资源税、城市建设维护税、房产税、印花税等 18 个税种。此外,还有国务院有关部门及地方政府征收的教育费附加、矿产资源补偿费、探矿权使用费、采矿权使用费、政府可持续发展基金等行政收费。

2008 年 1 月 1 日,企业所得税由原税率 33% 调整为 25%。

2014 年 12 月 1 日,煤炭资源税由原从量计征调整为从价计征。

2016 年 5 月 11 日,全面施行营改增政策。

2018 年 1 月 1 日,环境保护费改成环境保护税。5 月 1 日,增值税税率 17%、11% 调整为 16%、10%。

2019 年 4 月 1 日,增值税税率 16%、10%,调整为 13%、9%。

二、税费缴纳

公司对各分公司及子公司的纳税(费)工作进行统一协调、指导及监督,严格按国家有关

税法规定履行,及时向主管税务机关缴纳税款。由公司统一缴纳的税费,各分公司、子公司不单独向税务机关缴纳。各分公司、子公司对外缴纳的各种税费,经公司批准后方可缴纳。1991—2019 年,公司共上缴税费 181.03 亿元。

三、税费优惠

（一）所得税税收优惠

根据浦东开发区企业所得税税收过渡期优惠及《中华人民共和国企业所得税法实施条例》、《国家税务总局关于印发〈企业研究开发费用税前扣除管理办法(试行)〉的通知》(国税发〔2008〕116 号)、《财政部和国家税务总局关于安置残疾人员就业有关企业所得税优惠政策问题的通知》(财税〔2009〕70 号)、《财政部、国家税务总局关于执行环境保护专用设备企业所得税优惠目录、节能节水专用设备企业所得税优惠目录和安全生产专用设备企业所得税优惠目录有关问题的通知》(财税〔2008〕48 号)文件精神,2008 年以来公司享受浦东开发区税收优惠、研发支出加计扣除优惠、残疾人工资加计扣除优惠及三项设备抵减所得税优惠,共享受所得税税收优惠 20 065.64 万元。

（二）资源税税收优惠

公司根据财政部、国家税务总局关于实施煤炭资源税改革文件精神,经江苏省经济和信息化委员会文件苏经信煤炭〔2015〕429 号认定龙东煤矿为衰竭型煤矿,并到税务部门备案,享受 30%的税收优惠。资源税改革以来,公司共享受税收优惠 1 088.86 万元。

1991—2019 年公司历年实现利税情况见表 10-2-1。

表 10-2-1　1991—2019 年公司历年实现利税情况　　　　　　　单位:万元

年份	利润	税金	利税合计
1991	3 720	2 741	6 461
1992	9 140	2 904	12 044
1993	10 516	2 897	13 413
1994	9 533	7 519	17 052
1995	8 740	9 823	18 563
1996	2 442	11 778	14 220
1997	8 500	14 994	23 494
1998	7 071	15 339	22 410
1999	3 426	15 310	18 736
2000	3 003	20 999	24 002
2001	1 556	23 973	25 529
2002	5 764	25 297	31 061
2003	10 279	25 250	35 529
2004	28 358	39 580	67 938
2005	30 253	59 215	89 468
2006	58 141	62 739	120 880

表 10-2-1（续）

年份	利润	税金	利税合计
2007	60 067	69 117	129 184
2008	133 382	113 198	246 580
2009	127 042	124 420	251 462
2010	122 091	105 432	227 523
2011	179 629	175 538	355 167
2012	122 305	148 695	270 999
2013	19 959	120 681	140 640
2014	877	99 543	100 420
2015	3 767	86 541	90 308
2016	12 188	80 349	92 537
2017	33 686	114 700	148 386
2018	47 267	139 136	186 403
2019	37 122	92 583	129 705
合计	1 099 824	1 810 291	2 910 115

第三章　人力资源管理

第一节　人事管理

一、工人管理

1990—2006年,由劳动工资处负责公司工人人事管理,并编制公司年度、季度劳动力计划。根据国家批准的增员计划负责新工人招收、分配及签订劳动合同;根据公司安全生产需要,在确保直接生产、辅助生产和非生产人员比例合理的基础上进行调配,优化劳动组合。

二、干部管理

1990—2006年,由干部处、党委组织部负责干部人事管理,审核各二级单位的机构设置、合并、撤销,控制各二级单位的机构设置及科级以上干部的职数,根据各级各类干部岗位的所需专业、职务、经历要求和现状进行调配,对调入调出干部档案进行审查。针对干部岗位专业需求,制订大中专毕业生需求计划并组织实施。

1999年12月,上海大屯能源股份有限公司成立,2000年3月,设立上海能源人事部,负责股份公司人事管理工作。

三、劳动用工

（一）计划管理

1990年,根据国家相关劳动用工政策,行使劳动用工计划管理职能。负责编制公司年度、季度劳动力计划,以及新工人的招收、分配及签订劳动合同。

2006年以后,根据中煤集团下达的年度职工用工计划(总量控制、减员指标、增员指标),严格用工总量控制。落实减员指标,降低人工成本。按照"严控方向、严设标准、严格程序"要求落实用工补充增员指标。

2019年,按照中煤集团下达的年度职工用工计划及要求严格控制用工总量。

（二）调配管理

1990年,在确保直接生产、辅助生产和非生产人员比例合理的基础上进行调配。对公司外调入的工人,经劳动工资处务会初审,公司经理办公会或分管领导同意后,报江苏省劳动局审批。要求调出公司的工人,须经用人单位同意,经公司分管领导批准再办理调动手续。公司内部工人各二级单位之间调动,由调出单位签署意见,接收单位及分管领导同意后再办理调动手续。

2014年以后,公司印发《大屯公司员工内部调配管理暂行办法》,按照人岗匹配、安全生产、精干高效、有序流动原则,公开招聘、协商调剂、个人申请、直接调动的调配方式和程序,调配管理严格控制员工逆向流动。2019年,按照公司安全生产、高质量发展、智慧矿山建设等要求,科学优化人力资源配置。

（三）劳动合同管理

1995年《中华人民共和国劳动法》、2008年《中华人民共和国劳动合同法》实施以来,公司及时为员工办理新签、续签劳动合同手续以及辞职、解除劳动合同手续。2006年,公司印发《大屯煤电(集团)有限责任公司劳动合同管理办法》,规范劳动合同签订程序,劳动合同签订做到全覆盖,一人一档。

四、制度改革

（一）"三条线"管理改革

根据煤炭部构建"三个一"格局、实行"三条线"管理和以产定人、减人提效的有关规定,1997年10月,公司出台《关于公司机关实行三条线管理和机构改革的实施意见》,按照"煤炭生产、多种经营、后勤服务"三分离的原则,对公司机关机构进行改革。

公司二级单位以产定人、以岗定人、以效定人为原则。煤炭生产主体精干、高效;多种经营逐步实现"自主经营、自我约束、自我发展、自负盈亏";后勤服务对内提供有偿服务,对外扩大创收能力,逐步减少补贴,最终实现自负盈亏。

四座矿以公司下达的1997年承包任务书确定的原煤产量、原煤效率反算原煤生产人员(绩效人员)。大屯选煤厂按照生产班次、选煤产量核岗定员,机关按公司下达的定员标准控制。

多种经营线定员以不亏损并逐步实现"四自"为原则,以压缩管理、服务、勤杂人员为前提,以提高经济效益和安置效益为目的,确定用人数量,并随其生产经营发展和安置能力的提高,逐步充实人员。

电业分公司、铁路管理处、拓特厂、汽车队按效益情况、工作范围、生产规模、工作量、工作复杂程度(技术含量),并参照行业定员标准核定上岗人数。

矿建公司、建安公司、特基公司以效益及产值完成情况为前提,实现"四自"为原则,施工生产与生产辅助人员的定员可采取成本"倒算法"确定。

后勤服务线定员总的原则是推向市场,对内提供有偿优质服务,对外扩大创收能力,逐步实现"四自",既要考虑精干高效,又兼顾人员安置。

对学校、幼儿园、医院、公安等经费单位,结合实际工作需要,严格核定定员。

公司机关机构改革以"三条线"管理为原则,属多种经营和后勤服务线的部门一律划离机关,改革后的机关设职能处室20个,管理人员213人,减员100人,划转分离附属处室及其他单位管理人员839人。

（二）企业分离改革

根据国家经贸委等六部委《关于进一步推进国有企业分离办社会职能工作的意见》(国经贸企改〔2002〕267号文),2003年3月,为加快后勤服务系统改革(包括卫生、房产、物业),公司制定《大屯煤电(集团)有限责任公司后勤服务系统改革总体方案》,对后勤服务系统人、财、物现有资源进行优化重组和配置。

房产开发管理分公司由经费型向经营型二级单位转变。各单位的房产管理部门及人、财、物资源,根据国家有关法律的规定和矿区房产开发、销售、房产交易、办理产权证等实际

需要,改制为具有独立法人资格的子公司,设立江苏金屯房地产开发有限公司(以下简称房产公司)。

职工中心医院更名为大屯煤电(集团)有限责任公司中心医院。中心医院对矿区内各医院统一管理,垂直管理到四座矿、电业分公司成建制医院(卫生所)及其人、财、物资源;拓特厂、铁路管理处、大屯选煤厂卫生所业务上接受卫生处的检查、指导和监督。

物业管理分公司在原有工作业务范围基础上,将中心区的物业系统的人、财、物进行整合,逐步向经营性转变,对四座矿、电业分公司、铁路管理处、拓特厂、选煤厂等单位的物业系统的物业管理相关工作履行业务检查、指导和监督职能。

2003年5月,公司印发《关于深化三项制度改革的指导意见》,按照"精简、高效、合理"原则,对公司机关机构做调整:改革后公司董事会的办事机构5个,公司机关职能部门18个,公司机关服务机构7个。

(三)三项制度改革

2006年5月,公司对公司机关进行改革。组织机构优化后,公司机关职能部门18个,服务中心和下设机构7个,共减少部门21个(考虑变为二级单位管理的部分,实际减少14个);公司机关定员252人(不含6个服务中心和质量监督站人数),其中,部门负责人49人,职能主管70人,专员133人,共减少202人(考虑变为二级单位管理的部分,实际减少81人)。公司印发《关于实行离岗休息制度的规定》,根据公司三项制度改革的总体要求,决定在全公司范围内对接近法定退休年龄的中层(现处级)领导干部实行离岗休息制度:中层正职(现正处级)领导干部距法定退休年龄2年(含2年)以内的,离岗休息;中层副职(现副处级)领导干部距法定退休年龄4年(含4年)以内的,离岗休息。离岗休息人员在离岗休息至正式办理退休手续期间,原岗位工资保留,绩效工资按本单位同类人员的75%计发(今后公司将根据经济状况或其他因素修订该规定,其待遇按修订后的规定执行)。该规定还规定,今后凡到达离岗休息年龄段的中层(现处级)领导干部原则上均实行离岗休息。

2007年5月,公司对下属20家二级单位、驻外企业等单位的组织机构进行了优化,改革后公司9大生产单位平均设置机关职能与后勤部门13个,精简比例达50%,生产单位基本保持不变;总设置管理岗位3 121个,精简比例达11.59%,其中:各二级单位机关职能与后勤部门设置管理岗位1 562个,精简比例达18.86%。

(四)公司机关组织机构优化改革

2015年,公司下发《关于优化组织机构设置助推企业转型发展的通知》,以2006年编制定员为基础重新核定各部门编制定员,设职能部门19个、服务机构(机关直属)8个,公司机关职能部门定员223人、服务机构(机关直属)定员136人;公司机关减少管理部门4个,精减人员74人。

对24家二级单位组织机构及编制定员进行了重新核定,并将各二级单位组织机构优化及编制定员方案予以下达:各二级单位原有科级及以下管理人员3 900人(其中副总师83人、正科级671人、副科级946人、一般管理人员2 200人)。经组织机构优化后,科级及以下管理人员编制定员为3 497人(其中副总师70人、正科级557人、副科级760人、一般管理人员2 110人)。通过组织机构及编制定员后,科级及以下管理人员核减403人(其中副总师13人、正科级114人、副科级186人、一般管理人员90人)。

（五）公司两级机关机构调整改革

2017—2018 年，公司先后印发《公司机关组织机构设置及编制定员方案》《二级单位机关编制定员表》，本着"简政放权、精干高效、一专多能"的原则，压缩公司两级机关组织机构和编制定员，对业务交叉或相近的部门进行合并，对无管理职能的服务机构划转或撤销，突出了机关管理监督和指导服务职能。

调整后的公司机关职能部门共 18 个，服务机构共 5 个。对两级机关管理岗位设置进行梳理，截至 2019 年，公司两级机关共减少机构 74 个，减少科级管理岗位 69 个，减少一般管理岗位 481 个，基层各单位减少操作岗位设置 2 129 个。

（六）深化三项制度改革

2019 年，公司印发《关于印发大屯公司深化三项制度改革专项行动方案的通知》《关于开展劳动纪律专项整治工作的通知》，以控总量、调结构、提素质为重点，做好劳动定员、定额标准修编，从严控制用工总量。

整治清理不在岗人员（长病、长伤、长假、长旷）等。通过协商解除（终止）劳动合同、内部退养、离岗休息、清理长期不在岗人员、转岗分流等方式，将富余人员及老弱病残人员退出岗位。

公司 2019 年计划分流安置 344 人，实际分流安置 1 668 人，占总进度的 484.88%。较年初减员 1 729 人，增员 227 人，净减员 1 502 人，减员完成总进度的 115.26%，净减员完成总进度的 117.99%。

截至 2020 年 6 月底，公司在册职工总计为 18 181 人，其中，生产人员 9 371 人、工程技术人员 1 946 人、管理人员 2 308 人、服务人员 3 299 人、其他人员 1 257 人。

第二节 薪酬管理

一、岗位技能工资制度

根据《转发〈关于岗位技能工资制试点工作有关问题的意见〉的通知》（中煤总劳资字〔1992〕74 号）和《关于印发〈煤炭企业岗位技能工资制试行方案〉的通知》（中煤总劳资字〔1992〕501 号）文件精神，公司于 1992 年开始进行岗位技能工资制度改革，并在姚桥煤矿开展试点。

姚桥煤矿通过建立劳动评价体系，制定《关于下发〈姚桥煤矿岗位技能工资制试行办法〉的通知》，建立了以岗位、技能工资为主要内容，按职工实际劳动贡献（劳动质量和数量）确定劳动报酬的基本工资制度，通过实行岗位工资试岗、上岗、下岗动态管理制度，形成上岗靠竞争、增资靠贡献的分配机制。

1993 年 9 月，根据《关于大屯煤电公司试行岗位技能工资制的批复》（煤厅字〔1993〕第 237 号）文件精神，制定下发《关于全面试行岗位技能工资制的通知》，组织全公司范围内的岗位摸底调查、技术测评、归类、规范。按满负荷要求定编定员定额，将原《煤炭生产企业井上下工人岗位等级工资制》《煤炭企业行政、专业技术干部职务等级工资制》改革为《煤炭企业岗位技能工资制》，将副食品补贴、地区性生活补贴、粮价补贴等纳入岗位工资。

1994 年 7 月，根据《关于深化企业工资改革适当解决部分企业工资问题的意见的通知》（劳部发〔1994〕72 号），制定下发《关于印发〈大屯煤电公司关于适当解决职工工资问题的实

施办法〉的通知》,在岗位技能工资试行的基础上进行了修改完善,实行工资总额和经济效益挂钩考核的办法,将效益工资与其他工资单元的一部分或全部"捆、挂、浮",根据对职工劳动质量和劳动数量的考核,浮动计发基本工资和辅助工资。

1996 年,公司制定下发《关于〈公司工资总额同经济效益挂钩考核实施办法〉的通知》,坚持按照"两低于"原则对职工的收入水平进行调控,即单位达到上年各项经济技术指标时,职工收入维持上年的收入水平;当单位经济技术指标超过上年时,职工收入相应上浮;经济技术指标完成程度低于上年时,职工收入相应下浮。

1999 年,公司学习邯钢"模拟市场核算,实行成本否决"和"实行资产经营"等不同承包经营方式,制定下发了《关于印发〈大屯煤电(集团)有限责任公司奖金考核管理办法〉的通知》,推行模拟市场核算,在指标的分解上"横向到边、纵向到底",在分配政策上向苦脏累险、技术复杂、管理责任重大等岗位倾斜,对少数贡献突出的职工可以实行重奖。

二、岗位绩效工资制度

2003 年 7 月,公司制定下发《大屯煤电(集团)有限责任公司薪酬制度改革暂行办法》,在原岗位技能工资制明确岗位职责和技能要求的基础上,实行竞争上岗、以岗定薪、岗变薪变的岗位绩效工资分配制度。岗位绩效工资制由岗位工资、绩效工资、年功工资、辅助工资、效益工资 5 部分组成,以岗位劳动要素评价结果为依据确定岗位绩效工资标准。职工工资收入与企业经济效益和个人实际贡献挂钩。

2004 年 7 月,公司制定下发《关于印发〈大屯煤电(集团)有限责任公司薪酬制度改革暂行办法〉的通知》,确定岗位绩效工资基数为 600 元,并对各类人员工资待遇做了详细规定:岗位绩效工资共设置工人岗位系列共 11 岗,其中地面工人 6 岗、井下工人 5 岗(空一岗);管理及技术岗位系列共 16 岗,其中副处级及以上人员实行年薪制考核,二级单位副总师比照年薪制考核。随着企业效益的逐步提升,岗位绩效工资基数由 2004 年的 600 元提高到2020 年的 1 200 元。2004—2020 年公司岗位绩效工资基数调整情况见图 10-3-1。公司工人岗位系列情况见表 10-3-1。公司管理及技术岗位系列情况见表 10-3-2。

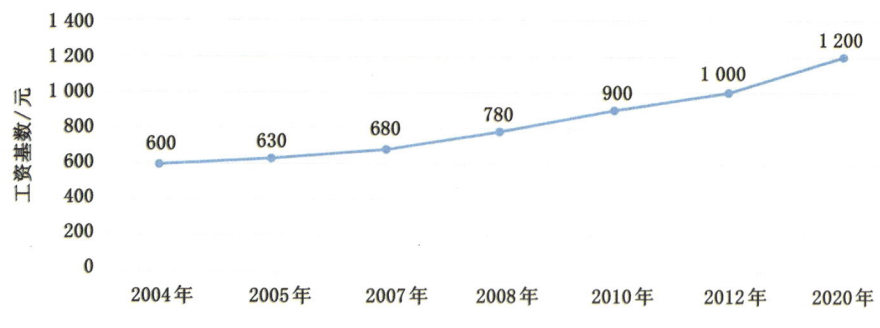

图 10-3-1　2004—2020 年公司岗位绩效工资基数调整情况图

表 10-3-1　公司工人岗位系列情况表

岗级	A01	A02	A03	A04	A05	A06	B07	B08	B09	B10	B11
岗位	试用期		地面 2 岗	地面 3 岗	地面 4 岗	地面 5 岗	井下 5 岗	井下 6 岗	空岗	井下 7 岗	井下 8 岗

表 10-3-2　公司管理及技术岗位系列情况（不含年薪制岗位）

管理岗位	办事员	大专见习	科员	本科见习	研究生见习		副科级（井下副职）	正科级（井下正职）		
专业技术岗位			员级	教医护员级	助理	教医护助理	中级	教医护中级	副高	正高

三、预算控制与考核激励

2014 年，根据《大屯公司收入分配制度改革指导意见》，制定下发《关于印发公司 2014 年人工成本管理办法的通知》，改革薪酬管理为人工成本管理，重新核定各单位劳务费指标，通过强化合同审核和劳务费审批等办法，压缩劳务费用支出。

2017 年 6 月，公司制定下发《关于加快推进公司三项制度改革的通知》，增加二级单位分配自主权。工资总额的下达按照本次定员，做到干部一个任期（3 年）内增人不增工资总额、减人不减工资总额。打破技术等级界线，多劳多得、少劳少得。减少不合理的工资、津贴、奖金发放，将节约下来的工资向苦脏累险、关键岗位和骨干人才、急需人才倾斜，向成本节约、效益提高的单位倾斜。

2018 年 1 月，公司制定下发《关于印发 2018 年公司工资总额管理办法的通知》。在中煤集团下达的年度预算工资总额内公司预留部分工资总额，用于效益挂钩、年度兑现、总经理嘉奖及其他专项考核，余额部分按二级单位性质分类，结合近年来职工的工资收入和公司下达的定编定员，核定各单位年度预算工资总额。根据公司生产经营的不同特点，分为煤矿、地面生产服务、基建和机关部室等板块，工资总额与盈亏指标挂钩考核，根据单位性质和盈亏计划的差异，按不同增盈减亏比例核增工资，工资封顶比例为 20%，未完成盈亏考核计划，则按减盈增亏额的 100% 扣减工资。各单位工资总额与绩效考核挂钩。

工资总额实行月度预算、半年结算、年终总结算制度。人力资源部在每年初，通过网络预算审批系统下达年度工资基数，网络预算审批系统自动将年度基数平均分解成月度工资基数，由各单位自主合理进行内部分配，通过 ERP、朗新系统完成工资做账后，经网络预算审批系统据实提报。

网络预算系统审批流程如下：单位工资员→单位人力资源科科长→单位分管负责人→公司人力资源部→公司财务部。公司总会计师、人力资源部和财务部相关负责人在网络预算审批系统中对审批全过程进行监督。

网络预算系统强化了工资总额的预算、执行、监督、控制职能，进一步规范了工资发放程序，降低了工资审批成本，极大地提高了人力资源管理效率。

2019 年，公司制定下发《关于印发公司加强单项奖金管理有关规定的通知》，对单项奖金的发放范围、发放标准、发放比例、发放程序做了明确，规范了奖金分配秩序。职工人均工资随着企业效益的提高逐年提高，1990 年至 2020 年 6 月公司职工年工资统计见表 10-3-3，1990—2020 年公司年人均工资走势见图 10-3-2。

表 10-3-3　1990 年至 2020 年 6 月公司职工年工资统计表

时间	工资总额/万元	平均人数/人	平均工资/万元
1990 年	10 242	28 884	0.354 6
1991 年	12 147	29 970	0.405 3
1992 年	14 322	30 357	0.471 8
1993 年	17 591	30 494	0.576 9
1994 年	22 186	30 030	0.738 8
1995 年	27 101	29 584	0.916 1
1996 年	30 381	29 391	1.033 7
1997 年	33 745	29 535	1.142 5
1998 年	30 367	28 224	1.075 9
1999 年	33 677	27 424	1.228 0
2000 年	32 058	27 568	1.162 9
2001 年	38 189	28 019	1.363 0
2002 年	41 248	27 682	1.490 1
2003 年	45 139	27 978	1.613 4
2004 年	55 677	28 806	1.932 8
2005 年	66 975	27 806	2.408 7
2006 年	75 963	27 078	2.805 3
2007 年	90 590	27 148	3.336 9
2008 年	110 050	26 469	4.157 7
2009 年	118 749	25 830	4.597 3
2010 年	144 644	25 298	5.717 6
2011 年	164 732	25 254	6.523 0
2012 年	167 292	25 007	6.689 8
2013 年	165 348	24 279	6.810 3
2014 年	155 314	23 480	6.614 7
2015 年	134 824	22 354	6.031 3
2016 年	135 570	21 384	6.339 8
2017 年	148 157	20 375	7.271 5
2018 年	164 397	19 252	8.539 2
2019 年	176 410	17 856	9.879 6
2020 年 1—6 月	98 759.3	18 175	5.433 8

说明:本表人数为全体在册职工,若剔除不在岗人员,2020 年人均工资预计超过 10 万元。

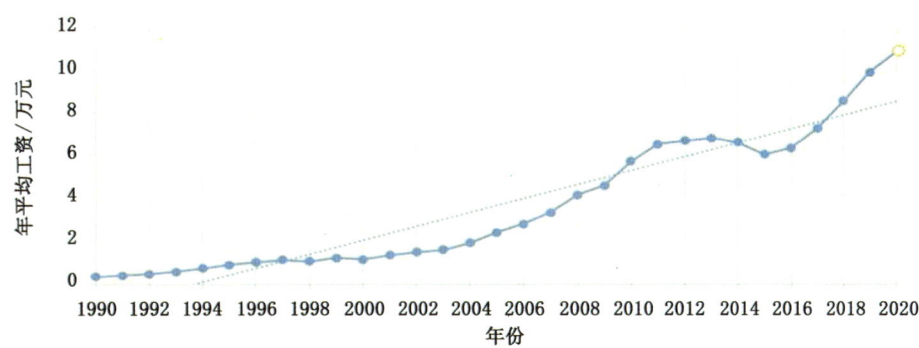

图 10-3-2　1990—2020 年公司年人均工资走势图

第三节　定额管理

一、基本概况

1978 年，劳动工资处下设定员定额管理科。2012 年，人力资源部专门负责定员定额管理。2006 年，国家安全生产监督管理总局、国家煤矿安全监察局、国家发展改革委、劳动和社会保障部又联合下发了《关于加强煤矿安全生产工作 规范企业劳动定员管理的若干指导意见》（安监总矿字〔2006〕216 号），提出健全、完善煤矿企业劳动定员管理相关要求。

二、制度规定

1999 年，公司本着"补充缺项为主，调整结构为辅"的原则，重点解决由于机械装备的改变使劳动定额标准缺项部分，调整了部分劳动定额标准水平。

（一）劳动定员

1990 年以后，公司抽调专人编写劳动定额及劳动定员标准，对参加人员进行专业培训，在确保安全的前提下完成写实测时工作。劳动定额标准、劳动定员标准在劳动标准专业人员的指导下进行应用。公司二级单位严格按照公司定员标准进行人员配备，即工作量、工作内容、工作要求、技术指标、工作现场描述报公司审核批准后，作为单位用工总量控制。

对于新出现的工种或岗位，以及定员标准缺项部分，根据设计说明书或现场工作量、工作内容、工作要求及技术指标、工作写实资料配备临时定员标准报公司备案。对改扩建、新建工程所需人员数，根据施工方案，结合公司定员标准，在劳动标准专业人员指导下进行用工核定，并报公司批准，由公司统一进行统筹调整。

公司人力资源部负责编制计件工资管理办法，制定合理的、符合市场规律的工作物等级标准。公司二级单位根据公司劳动定额标准，结合现场实际配置作业定额，向区队或车间下达劳动定额通知单，并根据工作物等级制定作业单价进行区队工资收入结算，以此作为报公司审批工资总额的依据。

（二）劳动定额

二级单位生产工艺发生改变，由人力资源部组织编制临时劳动定额标准进行试行。对于公司劳动定额标准的缺项部分,二级单位应将缺项名称及编制的临时劳动定额标准报人力资源部备案。

三、标准修订

公司劳动定员定额标准,先后 5 次进行编制与修订,3 次对劳动定员统一标准进行编制与修订,形成了包括公司矿井、地面生产单位、生活服务单位等劳动岗位有量可计的劳动定额定员标准:矿井部分共分采煤、掘进、立井井筒、特殊硐室、修护、运输等部分。地面辅助生产共分电力、铁路、地质勘探、机修制造等部分。劳动定额标准全套标准编分为 3 个分册。

1978 年,大屯煤矿工程指挥部劳动工资处牵头组织孔庄煤矿、徐庄煤矿及相关业务人员编写了《大屯煤炭工程指挥部矿井统一劳动定额标准》。

1983 年,劳动工资处组织各单位人员编写了《煤炭工业部大屯煤电公司劳动定员统一标准》。

1988 年,劳动工资处再次组织人员编写了《大屯煤电公司矿井统一劳动定额标准》,并在矿井生产单位全面恢复计件工资,出台了计件工资管理办法。

1993 年,在 1988 年《大屯煤电公司矿井统一劳动定额标准》基础上,修订编写了《大屯煤电公司统一劳动定额标准》,对原来的定额标准中不适宜的项目进行了调整,对缺项部分进行了补充。定额标准包括矿井、地面辅助生产两大部分:矿井部分共分采煤、掘进、立井井筒、特殊硐室、修护、运输等 9 个部分;地面辅助生产共分电厂、铁路、地质勘探、机修制造 4 个部分。

1999 年,新补充的标准包含了综采放顶煤、高档放顶煤、水采采煤等 33 项,重新修订的有 10 项。

2013 年,重新编写《大屯煤电(集团)有限责任公司统一劳动定员标准》。该修编的定员标准以工人岗位定员为主,涉及基层生产、辅助、服务单位中的管理、技术、服务人员。定员标准修订的范围包括矿业部分的采煤、掘进、生产准备、机电、运输、通风、皮带、煤质运销、地质测量钻探、矿山救护、生活服务、物业管理劳动定员标准以及铁路运输、选煤、发供电、煤机制造、铝冶炼、铝加工、综机管理、物资供应、信息通信劳动定员标准 21 个部分。

2017 年,公司再次修编了《大屯煤电(集团)有限责任公司统一劳动定员标准》。

2018 年,全面开展《大屯煤电(集团)有限责任公司统一劳动定额标准》的修编工作,于当年年底完成了第一分册矿井部分的修编,第二分册发电厂、铁路、选煤、铝加工、服务劳动定额标准和第三分册机修制造劳动定额标准正在修编中。

第四节 培训管理

一、培训机构

1996 年,为适应现代化发展和安全生产要求,提出了"管理、装备、培训并重"的重点培训工作原则。

2004 年,成立上海能源职工安全技术培训中心,培训地点在公司技工学校。2006 年,公司进行组织机构优化及人事制度改革,撤销教育处,成立公司培训中心,职工教育培训管理职能由公司人力资源部负责。

2011 年,江苏煤电高级技工学校与培训中心合署,江苏煤电高级技工学校校长、培训中心主任由公司任命。

2012 年,中煤集团下达了《关于同意筹建中煤职业技术培训基地的批复》(中煤人〔2012〕13 号),批准公司筹建"中煤职业技术培训学院(江苏)"。

2015 年,对公司职工教育培训业务进行整合,将各二级单位职工教育培训业务和职工教育经费使用权统一划归中煤职业技术培训学院,由其统一安排培训任务。4 月,中煤职业技术培训学院中天合创煤炭分公司安全技术培训中心正式挂牌,成立门克庆和葫芦素培训站。为整合教育培训资源,建立"大培训"体系,将公司培训中心、江苏煤电高级技工学校、江苏煤电技师学院整合,合署办公。

公司人力资源部负责培训综合管理工作及日常工作,主要职责是汇总、统计、分析各单位申报的培训需求,结合国家及地方政府的要求和公司人员结构及劳动组织状况,编制培训计划与培训费用预算。

二、管理制度

1998 年,公司印发《关于进一步加强公司职工培训管理工作的通知》,规范培训行为。

2000 年,公司印发《关于加强工人技术培训管理提高技术工人待遇的通知》,在煤炭行业率先实现了技术工人津贴制度。

2005 年,公司印发《大屯煤电(集团)有限责任公司技术工人管理暂行办法》,对技术工人的培训、考核鉴定、聘用、技术待遇做了明确的规定。

2009 年,公司印发《公司职工教育培训经费提取与使用管理暂行办法》,对培训经费的提取比例、列支范围、支出标准做了明确的规定。

2014 年,公司印发《公司员工培训管理暂行办法》,对培训项目开发、培训保障体系、学历教育管理、经费管理、考试管理和外委队伍管理均做了明确规定。

2015 年,公司印发《关于开展公司职工教育培训业务整合工作的通知》,把公司所有教育培训业务、资源和经费统一集中,由中煤职业技术培训学院(公司培训中心)统筹管理使用。

2019 年,依据《国务院关于印发国家职业教育改革实施方案的通知》(国发〔2019〕4 号)、《国务院办公厅关于印发职业技能提升行动方案(2019—2021 年)的通知》(国办发〔2019〕24 号),公司印发《公司职工教育培训经费提取与使用管理办法》等一系列培训管理制度。

三、培训成果

2008 年 3 月,公司培训中心推行"教考分离",全面实行计算机无纸化考试,有 66 名考生参加了考试,62 名考生成绩合格,考试合格率约为 94%。

2011 年,全年共举办各类培训班 919 期,培训各类人员 46 156 人次,完成年度培训计划的 116%。

2012 年,全年共培训各类人员 24 645 人次,完成年度培训计划的 104%。其中,各类职业技能鉴定 2 204 人次,各级各类经营管理人员 5 226 人次,各类专业技术人员 6 322 人次,其他岗位适应性培训 2 469 人次。

2013 年培训总量 26 000 人次。其中,职业技能培训 22 期,培训 975 人次;职业技能鉴定 50 期,鉴定中高级工、技师和高级技师 1 944 人次;党校培训 30 期,培训 5 535 人次;管理人员岗位培训和专业技术人员继续教育 42 期,培训 7 418 人次;其他岗位(资格)适应性培训 28 期,培训 3 320 人次。

2015 年 5 月,职业技能培训 22 期,培训 710 人次;职业技能鉴定 50 期,鉴定中高级工、技师和高级技师 1 847 人次;党校培训 100 期,培训 12 160 人次;管理人员岗位培训和专业技术人员继续教育 40 期,培训 5 837 人次;其他岗位(资格)适应性培训 60 期,培训 8 934 人次。

2016 年,党校(政工)类培训 9 266 人次;管理人员岗位培训和专业技术人员继续教育 4 740 人次;职业技能培训 763 人次;职业技能鉴定 3 634 人次;其他岗位(资格)适应性培训 40 679 人次。

2017 年,党校(政工)类培训 7 307 人次;管理人员岗位培训及专业技术人员继续教育 4 104 人次;职业技能培训 671 人次;职业技能鉴定 3 260 人次;其他岗位(资格)适应性培训 15 636 人次。

2018 年,党校(政工)类培训 14 659 人次;管理人员岗位培训和专业技术人员继续教育 11 019 人次;其他岗位(资格)适应性培训 43 981 人次。

2019 年,党校(政工)类培训 15 045 人次;管理人员岗位培训和专业技术人员继续教育 6 134 人次;其他岗位(资格)适应性培训 11 711 人次。

第五节　技能鉴定与职称评聘

一、技能鉴定

(一)基本情况

公司职业技能鉴定机构现有专兼职工作人员 12 人(专职 4 人,兼职 8 人),负责人由公司人力资源部部长、中煤职业技术培训学院执行院长、分管副院长兼任,配有公司各单位高级考评员 94 人,考评员 216 人。为充分共享使用场地、设备资源,办公地点、主要实操考场均设在中煤职业技术培训学院。另外,为满足职业技能鉴定实操考试的需要,在四座矿、电厂、拓特厂等 13 家单位设有实操考点。

1997 年 5 月,按照国家劳动部《关于同意成立煤炭行业特有工种职业技能鉴定站的批复》(劳部发〔1996〕441 号),公司成立特有工种职业技能鉴定站,开始开展煤炭行业职业工种的职业技能鉴定工作。

2002 年 2 月,公司成立江苏大屯煤电国家职业技能鉴定所,开始开展维修电工等 20 个通用工种的职业技能鉴定工作。

2005 年 7 月,公司成为江苏省直属首批企业内开展职业技能鉴定试点单位,可以开展江苏省职业技能鉴定职业(工种)目录内的各职业工种的职业技能鉴定工作。

2011 年 11 月,公司煤炭行业特有工种职业技能鉴定站通过人力资源和社会保障部的职业技能鉴定质量管理体系认证。

2019 年 3 月,按照《关于公布首批煤炭行业职业技能水平评价中心名单的通知》,公司被批准承建公司煤炭行业职业技能水平评价中心(建设中)。同年11月,按照江苏省和徐州市职业技能鉴定中心批准,公司承建公司职业技能等级认定单位。

（二）制度建设

公司严格按照《中华人民共和国劳动法》《职业技能鉴定规定》,制定了一系列管理制度,开展职业技能鉴定工作。1998年,公司出台《大屯煤电(集团)有限责任公司职业技能鉴定实施办法(试行)》,规范了公司职业技能鉴定工作的实施。

1999年,公司在坚持原有技师津贴不变的情况下,对高级工的技术津贴作了明确规定,其标准为:井下工种每人每月15元,地面工种每人每月10元,同时对部分技术性强且涉及煤矿生产安全的工种实行强制鉴定。

2000年,公司下发《关于加强工人技术管理提高技术工人待遇的通知》,成立了公司职业技能鉴定咨询委员会,下设采掘、机电、通风与安全三个学科委员会。

2001年,制定《大屯煤电(集团)公司职业技能鉴定实施细则》,健全和完善《职业技能鉴定考务管理规程》等20多项配套的规章制度和措施,成立了监督委员会。

（三）职业技能鉴定

自1997年以后,公司职业技能鉴定机构为公司提供聘用依据,为技术工人提供成长通道。从2002年开始,公司的各级各类培训班,凡认定技术等级,核发资格证书者,均由公司职业技能鉴定站按照《国家职业技能鉴定规范》实行统一标准、统一鉴定考核。

2002年,公司承担并完成了职业技能鉴定国家题库煤炭分库《矿井通风工》《矿井维修电工》的编写工作;承担并完成了《采煤工》《采掘电钳工》两个工种题库的审核工作。

2003年,按照技工学校ISO 9001贯标要求,统一通过了ISO 9001质量管理体系认证。自1997年成立技能鉴定站以来,鉴定机构共鉴定31 351人次,其中,初级1 499人、中级15 128人、高级11 209人、技师2 802人、高级技师713人。

2010年5月,公司承担的职业技能培训教材《矿井维修电工》(初级、中级、高级)和《支护工》(初级、中级、高级)由煤炭工业出版社出版。

2013年,组织编写《中国中煤能源集团有限公司技能人才评价(职业技能鉴定)工作手册》,在中煤集团各单位使用。同年,中煤集团在线考试系统成功上线运行。

2016年,组织研发《全国煤炭行业职业技能鉴定考评员信息管理系统》并上线运行,在全国煤炭行业职业技能鉴定机构推广使用。

2018年,组织研发上线中煤集团职称考试系统,完成了中煤集团2018—2019年度政工系列职称专业能力考试、职称计算机考试等学习考试任务。

2019年,组织编写了煤炭行业《矿山生产集控员》职业技能标准。

（四）鉴定成果

2002—2018年,公司4次被煤炭工业职业技能鉴定指导中心评为全国煤炭行业职业技能鉴定优秀鉴定站;2006—2011年,7次被江苏省职业技能鉴定中心评为江苏省省属职业技能鉴定先进单位;2010年,被中煤集团职业技能鉴定中心评为集团公司先进鉴定机构;2013年,被中煤集团职业技能鉴定中心评为中煤集团A级鉴定机构;2016—2018年,2次被煤炭工业协会评为煤炭行业人力资源工作先进单位;2019年,被煤炭工业职业技能鉴定指导中心评为煤炭行业职业技能标准建设先进单位。

职业技能鉴定实操考试如图10-3-3所示。

图 10-3-3　职业技能鉴定实操考试

二、职称评聘

（一）评审机构

1988 年 3 月,煤炭工业部下发《关于成立大屯煤电公司工程和普教、职工中专、技校教师高级职务评审委员会的批复》(煤函字〔1988〕第 77 号)和《关于淮北矿务局、淮南矿务局、大屯煤电公司三单位联合成立经济、会计、统计专业高级职务评审委员会的批复》(煤函字〔1988〕第 87 号)。

1989 年 3 月,中国统配煤矿总公司下发《关于成立大屯煤电公司工程技术、经会统、教育、卫生专业高级技术职务评审委员会的批复》(中煤总人函字〔1989〕第 50 号)。

1991 年,公司印发《关于成立大屯煤电公司经、会、统系列中(初)级评委会的通知》。

1992 年,公司印发《关于重新组建工程技术、经济、卫生、教育等 4 个专业系列中级专业技术职务评审委员会的通知》。为减少评审机构,这 4 个中级评委会还兼作相应专业系列的初级评委会。评委会实行任期制。

1993 年,公司印发《关于组建图书档案群文等专业初级评委会的通知》。同年,中国统配煤矿总公司印发了《关于同意组建大屯煤电公司经济等 3 个系列高级专业技术职务评审委员会的批复》(中煤总人字〔1993〕164 号)。

1995 年,煤炭工业部印发《关于调整高级专业技术职务评审委员会工作的通知》(煤函字〔1995〕第 48 号)。高级专业技术职务评审委员会调整权限由审批改为备案。

1999 年,中煤集团印发《关于职称工作有关问题的通知》(中煤人字〔1999〕225 号)。中煤集团成立了职称工作领导小组,对原成员企业各级、各系列评审组织进行重新组建。高级评委会设在中煤集团,并报人事部和中央宣传部备案,中、初级评委会除极个别系列外尽量设在有关单位,由有关单位提出申请,报中煤集团批准。

2000 年,中煤集团印发《关于同意大屯煤电(集团)有限责任公司组建在关系列中、初级职称评审委员会的通知》(中煤人字〔2000〕23 号),包括工程系列、卫生系列、中学教师系列、技工学校教师系列、政工系列等 5 个系列的中、初级职称评审委员会及小学(幼儿园)教师高

级职称评审委员会。公司保留工程系列、技工学校教师系列中、初级职称评审委员会及小学（幼儿园）教师高级职称评审委员会。

（二）评审制度

1992年，公司印发《关于推荐高、中级专业技术职务人选参加外语考试的通知》。

1993年，经济、会计、统计、审计、计算机软件等系列的中级及以下专业技术资格，由国家统一组织考试。大学毕业从事专业技术工作1年，大专毕业从事专业技术工作2年以上，中专毕业从事专业技术工作4年以上，可晋升助师级；中专毕业1年以上可定为员级。晋升中、高级专业技术职务须参加外语考试。

1994年，公司印发《关于印发一九九四年职称改革工作安排意见的通知》，对专业技术职务任职基本条件作了规定：

（1）晋升中级专业技术职务，学历年限计算公式为：

$$Z/15＋D/7＋B/5 \geqslant 1$$

（2）晋升副高级专业技术职务，学历年限计算公式为：

$$Z/25＋D/15＋B/10 \geqslant 1$$

其中，Z 表示中专毕业后至取得下一学历前从事专业技术工作年限；D 表示大专毕业后至取得下一学历前从事专业技术工作年限；B 表示本科后从事专业技术工作年限。

2002年，中煤集团印发《关于集团公司2002年度职称工作有关问题的通知》（中煤人字〔2002〕203号），其中规定：申报职称的最低学历要求严格执行国家规定，即初级必须具有中专以上学历、中级必须具有大专以上学历、高级必须具有本科以上学历。必须参加中煤集团组织的计算机等级考试。

2007年，根据国人部发〔2007〕37号文件及中煤人力函字〔2007〕73号文件精神，对长期在野外从事采矿、勘探、施工等专业技术工作人员可放宽外语成绩或不参加外语考试。针对公司实际情况，符合上述条件的姚桥煤矿等从事采煤、掘进、机电、通风、运输以及在生产技术科、地质测量科、安检科、生产调度室的工程技术人员，在进行中、高级职称评审时给予外语免试，建安公司在外地项目部工程技术人员参照执行。

2016年12月，中煤集团职称工作领导小组会议纪要中规定职称外语不再作为申报各级别各系列专业技术职务任职资格评审的必要条件。

（三）岗位设置

1994年，公司印发《关于印发大屯煤电公司专业技术岗位设置方案的通知》，共设高级岗位386个，中级岗位1 282个，分别占公司当时专业技术人员总数的9.2％和30.7％，工程技术和经营管理高级专业技术职务原则上只设在矿、厂副总和公司机关处室副主任工程师以上岗位；中级职务设在科级以上单位或部门。

（四）聘任制度

1989年，公司印发《关于下发〈大屯煤电公司专业技术职务聘任办法〉的通知》。1993年，公司印发《关于聘任专业技术职务有关问题的暂行规定》。1995年，公司转发《关于〈获得初级专业技术资格人员聘任职务问题的函〉的通知》。1996年，公司印发《关于专业技术职务评聘管理的补充通知》。1998年，公司印发《关于取得初级专业技术资格人员聘任问题的补充通知》。

（五）奖励制度

1991年，公司印发《关于专业技术资格考试管理工作的通知》，专业技术资格考试的费用均由报考者自理，但经单位同意报考者取得员级资格的奖励50元，取得助理级资格的奖励80元，取得中级资格的奖励100元，取得高级资格的奖励150元。

1994年，凡经单位同意参加国家统一组织职称考试并合格者，取得员级资格的奖励100元，取得助理级资格的奖励150元，取得中级资格的奖励200元，取得高级资格的奖励300元。

（六）津贴标准

1994年，公司印发《关于调整书报费标准的通知》，规定调整后的书报费标准为：高级专业技术人员（含高级技师）及局级干部，每人每月30元；中级专业技术人员（含技师）及处级干部，每人每月20元；助师级专业技术人员及科级干部，每人每月15元；一般干部和工人，每人每月10元；职工同时符合两种条件的，可按其较高的标准执行；离退休职工比照在职职工同类人员的标准执行。

1995年，公司印发《关于对专业技术人员实行岗位津贴制度的通知》，规定受聘担任正高级专业技术职务的人员每人每月120元；担任副高级专业技术职务的人员每人每月100元；担任中级专业技术职务的人员每人每月70元；担任助理级专业技术职务的人员每人每月50元；担任员级专业技术职务的人员每人每月30元。

第六节　社会保险

一、基本养老保险

（一）归属管理

1990—1994年，公司未参加企业职工养老保险制度，职工退休按国发〔1978〕104号文件执行，即男满60周岁、女满50周岁（女干部满55周岁）；特殊工种退休男满55周岁、女满45周岁。

1995年4月，煤炭工业部发布《关于印发〈煤炭行业社会保险制度改革总体方案〉〈煤炭企业职工养老保险行业统筹实施方案〉的通知》。10月，公司印发《关于公司职工养老保险统筹实施方案（暂行）的通知》，启动了煤炭行业统筹养老保险，统筹范围为公司所属全民所有制和集体所有制企业。

1998年底，原实行基本养老保险行业统筹企业的基本养老保险全部移交省（区、市）管理。9月，公司基本养老保险移交江苏省社会保险经办机构，实行属地化管理。

（二）缴费比例

1995年11月，公司养老保险工作正式运行。《公司职工养老保险统筹实施方案（暂行）》于8月经公司第四届职代会审议通过，公司所属全民所有制和集体所有制职工，1995年个人应缴部分暂按本人工资总额的3％缴费，1—6月由公司代缴，7月起由个人缴纳，已退休人员不缴费。各类临时工和合同工10年以内的非城镇用工，个人缴费到合同期满为止。公司各单位按本单位1994年工资总额的12％提取并缴纳养老保险费，企业缴费按9％计入个人账户。

1997 年 4 月,公司养老保险个人缴费比例为 4%,企业划入个人账户比例为 8%,个人账户继续由个人缴费与企业划入构成,规模仍然为 12%。

1998 年,个人缴费比例为 4.5%,相应企业划入比例上半年为 7.5%,下半年为 6.5%,个人账户规模从 7 月起由原来的 12% 变更为 11%。

1999 年上半年,个人账户规模仍然为 11%,个人缴费比例为 5%,企业划入比例为 6%。从下半年起,个人缴费比例变更为 6%,企业划入比例变更为 5%。

2002 年元月,个人缴费和企业划入比例分别变更为 7% 和 4%。

2004 年元月,个人缴费和企业划入比例分别变更为 8% 和 3%。

2006 年 7 月,企业缴费不再划入个人账户,全部由个人缴费 8% 构成。

（三）缴费基数

1995 年 1 月起参加原煤炭行业养老保险,职工工资收入超过行业平均工资 200% 的,按行业平均工资的 200% 作为个人缴费基数;职工收入低于行业平均工资 60% 的,可按行业职工平均工资的 60% 作为个人缴费基数。

1998 年 9 月,公司养老保险移交江苏省级统筹以来,职工缴费基数仍然以上年职工月均工资为准,封顶数由上年社会平均工资的 200% 调整为 300%,保底数仍然为上年社会平均工资的 60%。

（四）统筹外补贴

参加企业年金以前的统筹外补贴,2012 年 1 月前,公司职工退休后,除正常领取养老金之外,按照 6 项补贴领取统筹外养老金,即书报费、洗理费、交通费、住房互助金、公积金、基本工资的 5% 房贴。补贴资金由公司承担。

2011 年,公司参加中煤集团的企业年金计划,将缴费基数定为职工个人上年月均收入,并于每年 7 月调整一次。公司在初次参加企业年金时,按照公司经理层、公司中层干部、科级及以下人员分为 3 个级别,个人按照职工缴费基数的 1.5% 缴费,企业按照职工缴费基数的 5% 缴费(其中 1% 划入公司公共账户,用于参加年金 10 年过渡期内中人退休补贴,4% 计入个人账户),职工缴费时其缴费基数及缴费额均与本人职级系数挂钩。

2017 年 9 月起,取消按级别缴费规定。职工企业年金缴费基数以职工本人上年月均工资为准,不得超过本单位上年月均工资的 5 倍。没有设置保底数额。职工个人缴费比例为 1.5%,公司企业缴费比例为 5%(其中 4% 划入个人账户,1% 计入公司企业年金公共账户)。

公司于 2019 年 1 月向中煤集团企业年金管理委员会上报了《关于大屯公司企业年金缴费比例的报告》,公司补缴了 2018 年 2 月到 12 月期间共 11 个月企业缴费 3%。根据中煤集团人力资源管理部函〔2019〕11 号文件,公司企业年金个人缴费比例从 2019 年 1 月起变更为 2%,企业缴费比例变更为 8%,全部计入个人账户,不再进行公共账户缴费。

2019 年 7 月起,职工缴费基数在满足不超过本单位职工上年月均工资 5 倍的基础上,同时要满足月度个人缴费额不超过上年社会平均工资 3 倍的 4%,执行双封顶政策。个人缴费基数仍然没有设置保底数。

个人缴费及企业划入部分有关扣税,启动时按照工资薪金所得扣除个人所得税,从 2014 年 1 月起,企业划入及个人缴费部分不再扣除个人所得税,均为税前列支。职工如放弃参加需填写"职工放弃参加企业年金声明";放弃后想加入的,需要填写"职工参加企业年金申请表"。由于自身原因,职工可以申请本人中止缴费;原因消失后,可以申请恢复缴费,

恢复缴费后不能补缴中止期间的缴费。

《中国中煤能源集团有限公司企业年金方案》原方案中规定的年限为参加企业年金后为企业服务的年限,新方案为在企业工作的年限。新方案规定的归属比例与原方案不同,原方案规定必须参加年金后为企业服务在10年以上,因个人原因离职才可以100%归属;新方案规定只要在企业工作满8年,离职后就可以100%归属。

新方案强调职工个人缴费不得低于企业为其缴费的25%。单位当期缴费分配至职工个人账户的最高额不得超过平均额的5倍且个人缴费部分不得超过上年社会平均工资3倍的4%,超过部分计入企业公共账户。单位年缴费总额不超过全体职工月平均缴费基数总额的8%。

2012年1月起,在参加企业年金10年过渡期内退休的职工,其个人缴费子账户余额在退休后可选择一次性或分期领取。企业缴费子账户按月领取,先从职工个人账户中的企业缴费子账户领取,企业缴费子账户支付不足时从企业公共账户中继续支付到职工身故。

新方案增加了一项选择:10年过渡期内退休的人员除了按月领取待遇外,也可将本人企业年金个人账户资金全部或者部分购买商业养老保险产品,依据保险合同领取待遇并享受相应的继承权。

企业账户余额分配至职工企业年金个人账户的方式为:企业账户余额×(个人账户余额÷本单位企业年金基金资产总额)。

退休后初次按月领取时因同时一次性领取个人账户中的个人缴费子账户全部余额,所以按月领取的待遇适用的税率较高,之后按规定扣除所得税。按月领取待遇在将企业缴费子账户全部领取结束开始从企业公共账户中领取时将不再扣除所得税。

2014年,公司下发了《关于印发公司企业年金待遇支付暂行办法的通知》,规定凡参加中煤集团企业年金计划的人员,从2012年1月起退休的职工,不再发放原统筹外6项补贴(2011年12月31日前退休的职工仍按原办法支付统筹外6项补贴),改为按公司经理、公司中层干部、科级及以下人员3个级别分别按每月160元、140元及120元发放。

2020年1月起退休的职工,其企业年金支付按照《关于印发大屯公司职工退休后企业年金待遇支付方案的通知》规定,将按如下3个方案执行:一是个人账户中的个人缴费子账户每月支付1 000元,直到余额为零,企业缴费子账户每月支付2 000元,直到余额为零;二是个人账户中的个人缴费子账户每月支付500元,直到余额为零,企业缴费子账户每月支付1 000元,直到余额为零;三是一次性支付职工企业年金个人账户中的所有余额,包括个人缴费子账户及企业缴费子账户全部余额。

(五)公司集体职工养老保险移交

1995年参加养老保险以来,公司集体所有制职工与全民所有制职工同时参加原煤炭行业养老保险。1998年9月,公司养老保险由原煤炭行业移交江苏省社保,因各种原因,江苏省社保中心未同意集体所有制职工一起移交。经过公司原劳动工资处、社保统筹处努力,到2003年,江苏省社保中心同意将集体所有制职工的养老保险一次性移交江苏省级统筹管理。

(六)"家属工"及"五七工"养老待遇

2011年,协助政府从事公司未参保"家属工"及"五七工"一次性补缴养老保险的档案建立、人员核查、基础材料收集整理及退休手续办理,共办理了1 536名已到龄"家属工""五七工"的退休手续,在徐州市办理了1 541名未到龄"家属工""五七工"的参保手续。

二、工伤保险

(一)基本概况

1994年12月前,公司工伤处理执行国家政务院发布的《中华人民共和国劳动保险条例》。1995年1月至1996年9月执行《关于调整国有企业伤亡职工有关待遇的通知》(苏劳险〔1995〕7号)及《关于调整国有企业伤亡职工待遇有关问题的处理意见》(苏劳险〔1995〕24号)规定。1995年实施的《中华人民共和国劳动法》规定把工伤保险作为五项社会保险之一。1996年,劳动部发布《企业职工工伤保险试行办法》,并于1996年10月1日起实施,首次把工伤预防、工伤康复和工伤补偿三项工伤保险的任务结合起来,把工伤保险覆盖面扩大到各类企业及全体职工。同年,国家技术监督局颁布《职工工伤与职业病致残程度鉴定》(GB/T 16180—1996)。公司结合《徐州市城镇企业职工工伤社会保险办法》(徐州市人民政府第57号令)和《徐州市人民政府关于实施〈江苏省城镇企业职工工伤保险规定〉的意见》(徐政发〔2002〕105号)执行。

(二)公司工伤管理制度

2001年,公司制定并印发《关于印发大屯煤电集团公司职工工伤保险试行办法的通知》。为更好地保障职工的合法权益,2002年公司印发《关于进一步加强职工工伤保险管理的通知》。

(三)社会化统筹管理

根据国务院颁布的《工伤保险条例》及《江苏省实施〈工伤保险条例〉办法》,按照属地管理的原则,公司于2005年8月1日参加沛县工伤保险,由企业内部统筹转变为社会统筹。缴费按照上年度个人缴费工资的基数计提。按照行业的不同类别分别按从事原煤生产、地面生产和其他服务3个缴费比例由企业缴费,个人不缴费。

三、生育保险

2006年7月,根据属地原则,公司参加沛县生育保险。按照"以支定收,收支基本平衡"原则,实施社会统筹管理,设立生育保险基金。2006年以后,执行《江苏省劳动和社会保障厅关于进一步加强生育保险工作的指导意见》。2014—2016年,执行《江苏省职工生育保险规定》(江苏省人民政府令第94号),生育保险费缴费比例由0.6%下调至0.5%。

2017年以后,执行苏政函〔2017〕59号,费率由0.5%上调至1%。生育保险按照全部职工工资总额的1.0%的标准提取单独核算,并根据生育保险基金收支情况定期调整费率。生育保险待遇包括生育医疗费用、生育津贴和一次性营养补助金。

企业职工生育医疗费实行"定点医院、定额结算"。女职工生育,按照国家、省、市有关规定享受产假,产假期间单位按照女职工本人原工资发放。地方社保机构按照本人缴费工资的60%以生育津贴形式返还给单位。一次性营养补助金标准为上年度徐州市社会平均工资的3%补偿给生育职工。

生育津贴按照职工产假或者休假天数计发,计发基数为职工所在单位上年度职工月平均工资除以30天。职工产假或者休假期间,享受的生育津贴低于其产假或者休假工资标准的,由用人单位予以补足;高于其产假之前标准的,用人单位不得截留。

职工未就业配偶,按照职工参保地规定的生育保险医疗费用标准的 50％享受生育的医疗费用待遇。公司按照生育保险的征缴比例及时向基层单位划收生育保险基金。公司社保中心定期与地方社保部门做好生育保险基金的结算,使参保职工及时得到经济补偿。

（一）生育保险待遇

生育保险待遇包括生育医疗费用、生育津贴和一次性营养补助。生育保险基金支付的生育医疗费用包括参加生育保险的职工在妊娠和分娩住院期间,因产前检查、住院分娩或者因生育而引起的流产、引产,所发生的符合生育保险规定的医疗费用。生育津贴按照职工产假或者休假天数计发,计发基数为职工所在用人单位上年度职工月平均工资除以 30 天。

（二）生育津贴标准

职工在产假或者休假期间按照以下标准享受生育津贴:

生育享受 98 天的生育津贴,其中难产的,增加 15 天的生育津贴;生育多胞胎的,每多生育 1 个婴儿,增加 15 天的生育津贴;晚育的,增加 30 天的生育津贴。

妊娠不满 2 个月流产的,享受 20 天的生育津贴;妊娠满 2 个月不满 3 个月流产的,享受 30 天的生育津贴;妊娠满 3 个月不满 7 个月流产、引产的,享受 42 天的生育津贴;妊娠满 7 个月引产的,享受 98 天的生育津贴。

实行输卵管结扎手术的,享受 21 天的生育津贴;实行输精管结扎手术的,享受 7 天的生育津贴。

实行输卵管复通手术的,享受 21 天的生育津贴;实行输精管复通手术的,享受 14 天的生育津贴。

放置或者取出宫内节育器的,享受 2 天的生育津贴。

符合国家和省有关规定享受护理假,享受 10 天的生育津贴。

职工生育或者妊娠满 7 个月引产的,发放一次性营养补助,标准为统筹地区上年度城镇非私营单位在岗职工年平均工资的 2％。职工未就业配偶按照职工参保地规定的生育保险医疗费用标准的 50％享受生育保险医疗费用待遇。

四、失业保险

（一）概况

1998 年 1 月 1 日以后,公司参加沛县失业保险。征缴比例:企业现行按照工资总额的0.5％缴纳,职工按照本人工资的 0.5％缴纳,失业保险基金专款专用。鼓励失业人员参加或接续医疗保险,妥善解决失业人员的就医问题。建立正常的失业保险金标准调整机制,明确失业保险缴费年限和申领失业保险金期限。

（二）失业保险费费率调整

《失业保险条例》(国务院令第 258 号)规定失业保险企业按照本单位工资总额的 2％缴纳失业保险费,个人按照本人工资 1％缴纳失业保险费。

2013 年 8 月至 2015 年 12 月执行《江苏省人力资源和社会保障厅、江苏省财政厅关于扩大失业保险基金支出范围试点有关问题的通知》(苏人社发〔2013〕314 号),失业保险征缴比例由 3％降为 2％,其中,用人单位缴费比例为 1.5％,个人缴费比例为 0.5％。

2016 年 1 月至 2018 年 12 月,执行徐州市《关于调整失业保险费率有关问题的通知》(徐人社发〔2016〕114 号),失业保险费率由 2％降为 1.5％,其中,用人单位缴费的比例为

1.0%,个人缴费的比例为0.5%。

2017年1月以后,执行《关于阶段性降低失业保险费率有关问题的通知》(徐人社发〔2017〕80号),失业保险费率由1.5%降为1.0%,其中,用人单位缴费比例为0.5%,个人缴费比例为0.5%。

五、井下意外伤害保险

根据《中华人民共和国煤炭法》《江苏省安全生产条例》相关规定,公司于2005年12月请示中煤集团,为井下职工办理意外伤害保险。中煤集团于2006年2月22日,下发《关于为井下作业职工建立意外伤害保险事宜给大屯公司并各有关单位的批复》(中煤人字〔2006〕61号),同意为井下作业职工办理意外伤害保险。

公司自2006年7月起,在参加属地工伤保险的基础上,为从事井下作业的职工投保了井下意外伤害保险。又于2008年印发《关于进一步加强井下意外伤害保险管理工作的通知》,加强对井下意外伤害保险的组织管理,明确招标方式及安全监察、社保统筹、经营管理、法律事务等部门的具体责任。

公司井下意外伤害保险由中煤集团招标公司统一招标,向商业保险公司投保,公司作为投保人统一支付保险费。当井下发生因工死亡,符合《工伤保险条例》认定范围的,保险赔偿标准由最初投保时的每人8万元,提高到每人30万元。

六、基本医疗保险

(一)基本医疗保险制度

1997年7月26日,公司下发《关于印发〈公司全民职工医疗保险制度改革试行方案〉的通知》,成立公司医疗保险制度改革领导小组,从公司实际出发,在公司范围内建立统筹医疗基金与个人医疗账户相结合的制度,并逐步与国家实行的医疗保障制度改革方案平稳接轨。

1997年8月,公司下发《大屯煤电公司职工医疗保险基金财务制度(试行)》,主要目标为规范公司职工医疗保险基金财务行为,维护公司和职工、离退休人员利益。2006年7月,公司下发《大屯煤电(集团)公司关于印发参加徐州市医疗保险统筹实施方案的通知》。2006年7月1日以后,正式参加徐州市城镇职工基本医疗保险。

基本医疗保险待遇:参保人员在定点医疗机构住院治疗,统筹基金支付医疗费用实行起付标准、最高支付限额及个人分段自付部分医疗费用的管理办法。起付标准:三级医疗机构900元,二级医疗机构600元,一级医疗机构300元,外埠特约医院1 200元;参保人员在本市一年内重复住院的,第二次住院按起付标准的60%执行。统筹基金一年最高支付限额32 000元。个人分段按比例自付:起付标准以上至5 000元部分,个人自付20%;5 000元以上至15 000元部分,个人自付12%;15 000元以上部分,个人自付9%。

退休人员按上述规定的70%自付。医疗费用的结算实行"以收定支,收支平衡"的原则。个人账户支付的费用,由医疗保险经办机构按月与定点医疗机构及定点零售药店结算拨付。住院医疗费用的结算,实行"总量控制、定额管理、预算拨付、年终决算"。

2019年,徐州市颁布《市政府关于印发〈徐州市城镇职工医疗保险办法〉的通知》(徐政规〔2019〕4号),规定参保单位和参保人员双方按规定及时足额缴纳,参保人员应当缴纳的基本医疗保险费由参保单位从其工资收入中代扣代缴。参保单位按职工缴费基数总额的

9％缴纳基本医疗保险费,在职职工按本人缴费基数的2％缴纳基本医疗保险费。个人缴纳的基本医疗保险费,全部划入个人账户;用人单位缴费的一部分划入个人账户,其余的用于建立统筹基金。个人账户以个人缴费基数的一定比例按月划入,划入标准为:35周岁以下划入比例为2.5％;36周岁以上至45周岁划入比例为2.8％;46周岁以上划入比例为3.7％;60周岁至69周岁划入比例为5％;70周岁以上划入比例为6％。自缴纳基本医疗保险费的次月1日起享受职工医保待遇。

（二）基本医疗保险管理

2006年,公司执行国家、江苏省和徐州市人社局和医疗保障局的有关医疗保险政策,指导、检查二级单位的医疗保险工作。

上报徐州市医疗保障局异地人员医药费报销,及时足额缴纳徐州市基本医疗保险费用以及视同缴费。每年6月安排各单位调整公司职工个人医疗保险基数,及时上传徐州市社保中心。每月定期到徐州社保中心办理参保人员增减、视同缴费等各项业务。国家、企业、职工三方面合理负担医疗费用。2017年报销899.05万元,2018年报销601.38万元,2019年报销913.95万元。

第四章 物资管理

第一节 物资计划

一、初期计划

1991—1998年,公司处在经济体制转轨时期,企业生产建设中所需物资,由煤炭工业部物资主管部门按照计划分配供应。公司各使用单位物资管理部门,根据生产、建设计划安排,编制主要物资需求计划报供应处,供应处各分管部门将此计划予以汇总、平衡、利库、代用、调剂后形成年度需求计划,报送至煤炭工业部物资主管部门,煤炭工业部物资主管部门经平衡后确定物资供应指标,并按照平衡后的计划予以供应。其余一般物资由公司自行进行汇总、平衡、利库、代用、调剂后形成年度需求计划,通过每年一至两次由国家主管部委组织的各类专业物资订货会进行订购。

二、集中计划

1998年以后,公司对优质资源进行整合,公司的生产、建设所需物资全部进入市场采购,结束了国家物资主管部门统一管控的管理体制。公司通过对物资供应市场进行调查分析,在全公司范围内实行"三集中、六统一"管理体制,即集中物资管理、集中储备资金管理、集中人员管理;统一采购预算及计划、统一订购、统一配送、统一调拨、统一库存、统一管理,形成了以集中为主、零星为辅、统分结合、分级管理的物资供应管理体制。

物资采购计划以各二级单位需求计划为基础,由物资采购管理相关主管部门依据消耗定额进行汇总、利库、调剂、平衡后形成以年度采购计划为主、零星采购计划为辅的采购计划模式,各采购管理相关主管部门通过系统自行提报年度采购计划和库存补充计划,各使用单位提报月度计划和紧急计划,此时各二级单位在紧急需求物资时,对少量二三类物资及部分非生产性物资享有部分采购权。

2003年以后,公司将除医药类以外的所有物资采购权均集中到物资贸易部统一行使。为适应新形势,将原来的业务科室进行调整,成立了设备科、配件科、材料科、支护科、油脂科和二三类科业务科室,负责全公司各二级单位的物资计划采购供应管理。

2007年9月,公司对业务科室重新整合,成立了设备配件采购站、五交化采购站和材料采购站,后为与中煤集团采购中心对接,五交化采购站更名为非金属采购站,材料采购站更名为金属采购站,仍负责全公司各二级单位的物资计划采购供应管理。物资采购计划由各业务主管站室将各二级单位需求计划进行汇总、利库、调剂、平衡后形成以年度采购计划为主、零星采购计划为辅的采购计划模式,此时物资采购计划和采购工作仍由各业务站室负责。

三、计划改进

（一）职能整合

2012年9月，公司开始对物资系统进行全面整合，将各二级单位库房收回，由物资贸易部统一管理。物资贸易部根据物资系统整合精神，成立计划科统一负责履行，主要职责范围是物资计划和物资储备两大管理职能。其中，计划管理职能主要负责矿区各单位使用计划的汇总平衡、各库站库房库存平衡调剂及代用、物资需求计划的提报、超储积压物资的处理；储备管理职能主要包括物资储备定额的制定、分解与控制，对主要物资制定最低保险储备和最高储备数量，并实时监控；确定寄售或库存物资的范围、品种。通过 ERP 系统提报年度采购计划和库存补充计划，各使用单位通过 ERP 系统，自行提报月度计划和紧急计划。

（二）计划提报

每年12月由各使用单位提报次年年度计划，并签订供需合同以资双方共同遵守执行。每月19日前各使用单位提报次月月度计划，紧急计划可随时提报，规范了计划提报和审批流程。为保证各类计划的严肃性和时效性，对各单位提报的年度计划、月度计划和紧急计划进行全面考核。

（三）储备资金管理

2012年底，把"四降"（降低吨煤材料费、降低储备资金占用、降低材料储备成本、降低实物消耗）作为重点工作。各矿、厂物资部门组织力量积极发展多元化经营，加强修旧利废和自制产品。调整库存结构，平衡利库、调剂、代用。通过3年管控，使库存资金由2012年底的约15 000万元降低到2015年底的6 500万元，后始终保持在5 000万元上下。

2013年开始，对部分物资采用寄售管理方式，制定了寄售物资管理的规章制度，每年对常用物资、通用物资和大宗物资进行归类整理分析，编制寄售物资目录，下达寄售物资完成指标，并下发到各业务站室执行，年底对完成情况进行检查考核。寄售物资品种和寄售额逐年提高，寄售品种由2013年的5 000余种提高到2020年6月的15 000余种，寄售额由2013年的8 000余万元提高到2020年6月的15 000余万元（不含综机配件）。

截至2020年6月，平均库存金额约5 500万元，年采购金额超20亿元，储备物资约7 000种，年配送量约1 000吨。

第二节　采购方式

一、非招标采购方式

（一）管理制度

2008年9月，根据《中国中煤能源集团公司关于物资采购管理的暂行规定》（中煤管字〔2003〕270号）和公司《物资集中采购管理办法》文件精神，制定《物资集中采购实施细则》。

根据《中煤集团物资采购管理办法》（中煤采购〔2010〕866号）及 ERP 系统业务流程的调整，2012年8月，修订了《物资集中采购实施细则（暂行）》。

根据《中煤物资及生产服务类采购管理办法》及《关于印发公司物资及生产服务类采购管理办法的通知》等文件精神，2017年6月，制定《物资贸易部物资采购实施细则（试行）》。

根据《中煤物资及生产服务类采购管理办法》及《关于印发公司物资及生产服务类采购管理办法的通知》等文件精神,2018 年 9 月,制定《物资贸易部物资采购实施细则》。

根据《中煤物资及生产服务类采购管理办法》及《关于印发公司物资及生产服务类采购管理办法的通知》等文件精神,2019 年 11 月,修订了《物资贸易部物资采购实施细则》。

（二）供应商管理制度

根据《大屯煤电(集团)有限责任公司集中采购供应商管理暂行办法》规定,2008 年 9 月,制定《供应商管理实施细则》。

根据《中国中煤能源集团有限公司物资及生产服务供应商管理办法》管理要求,2017 年 6 月至 2019 年 9 月,先后 3 次修订《物资贸易部供应商管理实施细则》。

根据《关于进一步加强中煤集团招标管理工作的通知》(中煤基建〔2017〕659 号)精神,2020 年 1 月,制定《加强供应商管理工作的(补充)规定》。

（三）采购方式

2008 年 9 月,采用竞争性谈判采购、比质比价产品采购、单一来源产品采购、续签合同物资采购、中煤集团及矿区内部产品采购、委托采购等方式。

2012 年 8 月,采用询价比选采购(竞谈、比价)、直接采购(外部、内部)等方式。

2017 年 6 月,采用询价采购、竞争性谈判采购、单一来源采购等方式。

2018 年 9 月以后,采用询价(公开询价、定向询价)采购、竞争性谈判采购、单一来源采购、执行长协采购等方式。

（四）采购流程

使用单位提报原始需求计划〔ERP 线上审批〕→计划科提报需求计划〔ERP 线上审批〕→采购站提报采购方案〔电子商务平台审批〕→商务科编制询价文件〔电子商务平台审批〕→发布采购信息〔电子商务平台〕→评议过程〔电子商务平台〕→采购结果审定〔电子商务平台、经理办公会、专题会议〕→成交结果公示、成交书〔电子商务平台〕→合同签订〔法律事务平台〕→发放采购订单〔电子商务平台〕→到货验收〔ERP 线上〕→结算〔ERP 线上〕。

二、公开(邀请)招标采购

（一）规定依据

2000 年 1 月《中华人民共和国招标投标法》施行,2003 年 1 月起《中华人民共和国政府采购法》施行。

2002 年 6 月,中煤集团下发《关于印发中国煤炭工业进出口集团公司招标管理办法(试行)的通知》(中煤投资字〔2002〕158 号),后经 3 次修改,现执行的是 2017 年版本,为第四版的招标管理办法。

2002 年 10 月,《大屯煤电(集团)有限责任公司招标管理办法》实行。2006 年对第一版的招标办法进行修改完善。2014 年 7 月第三版《公司招标管理办法》和 2017 年 5 月第四版《公司招标管理办法》相继下发。

（二）采购流程

（1）依法必须进行招标的项目按照国家有关规定办理项目审批、核准手续;集团公司要求招标的项目应提报招标计划(已批准邀请招标项目)。

（2）委托招标代理机构。

（3）编制招标文件。

（4）发布招标公告或者发出投标邀请书。

（5）发售招标文件。

（6）根据需要，可以组织所有潜在投标人现场踏勘。

（7）澄清或者修改招标文件。

（8）接收投标文件，投标人按照招标文件要求的方式和金额提交投标保证金。

（9）开标。

（10）组建评标委员会。

（11）评标。

（12）评标委员会提交评标报告，招标人确定中标候选人。

（13）公示中标候选人。

（14）确定中标人，发中标通知书。

（15）中标人按照招标文件要求提交履约保证金，签订合同，招标代理机构退还中标人和未中标人的投标保证金。

（三）系统应用

2008年以后，依据国家、中煤集团及公司相关规定，逐步实行和加大招投标采购力度。2008—2015年招投标采购以传真方式报名、纸质标书现场递交的投标方式进行。2010—2014年启用的老版招投标系统相对功能简单且也多为线下操作。现用的招投标系统是2015年1月正式上线的全流程网上电子操作系统，包括立项、审批、报名、购标、文件发售、澄清、保证金收取、开标、抽取专家、评标、公示、质疑、通知书发放等（投标人无须到现场）。

（四）具体做法

（1）做好采购前准备，招标采购的成功在于"七分准备、三分过程"，既要保证"质量要求"，又要防止"质量过剩"。

（2）科学编制采购方案，依据招标项目的"属性"等特点，对设备类项目引入全寿命周期管理，对材料类项目引入"短名单"长期协议管理。

（3）严格招标文件会审，合理设置投标人资格，避免为特定投标人量身定做技术、业绩要求以及非必须资格证件等。

（4）严格评委评标现场管理，督促评标委员会按招标文件中明确规定的评标办法和打分细则认真评审，避免不必要的质疑与投诉，强调评委法律意识，把"讲规矩、守纪律"作为考核评委的标准。

2009年至2020年6月，公司招标采购成交金额共计709 468.725万元，与预算计划价相比节约金额130 063万元。2009年至2020年6月公司物资招标采购数据统计详见表10-4-1。

表 10-4-1　2009年至2020年6月公司物资招标采购数据统计

时间	项目/个	成交金额/万元	与计划价相比节约资金/万元
2009 年	208	33 978	4 547
2010 年	257	56 134	1 240
2011 年	268	88 375	5 033

表 10-4-1(续)

时间	项目/个	成交金额/万元	与计划价相比节约资金/万元
2012 年	215	70 502	6 444
2013 年	127	36 252	4 041
2014 年	233	80 159	17 078
2015 年	136	37 853	9 997
2016 年	301	96 603	37 663
2017 年	189	56 806	10 056
2018 年	165	70 505	15 077
2019 年	119	53 763	12 749
2020 年 1—6 月	61	28 538.725	6 138
总计		709 468.725	130 063

三、互联网采购

(一)京东商城慧采

2019 年 3 月,公司进行京东商城慧采平台上线培训,3 月 29 日进行通用杂品和办公用品类业务的首单采购,共在京东平台采购 188 项,采购金额 128 万元。

采购流程:依据免招标签订采购协议〔法律事务平台〕→在京东慧采选择商品〔京东商城〕→使用单位提报需求计划〔线下审批或 OA 系统传递〕→使用单位或采购站进行采购并审核〔京东商城〕→传递送货单〔ERP 线下〕→到货验收〔ERP 线下〕→结算〔ERP 线下〕。

(二)"中煤易购"网上商城

2019 年 7 月,下发《关于中煤易购网上商城试点上线运营的通知》(采购中心函〔2019〕49 号文),确定公司及其所属企业为"中煤易购"网上商城第一批试点上线运营单位。2019 年 8 月,公司进行中煤易购平台上线培训,8 月 20 日进行办公用品类业务的首单采购,同年共在中煤易购采购 1 234 项,采购金额 819 万元。

采购流程:依据采购中心文件签订长期采购协议〔法律事务平台〕→在中煤易购选择商品〔中煤易购网上商城〕→匹配或新增物料编码〔ERP 线上审批〕→使用单位提报需求计划〔ERP 线上审批〕→计划科提报需求计划〔ERP 线上审批〕→采购站提报采购订单〔ERP 线上审核〕→系统传送采购订单〔中煤易购网上商城〕→到货验收等〔ERP 线上〕→结算〔ERP 线上〕。

第三节 物资仓储

一、仓储建设

1991 年,公司物资管理采用"两集中,五统一"管理模式。全矿区物资全部集中在仓库,库区总面积达 200 亩。物资进货渠道有零担到货、整车皮到货、自提、厂家直达到货。物资由业务组与保管员共同验收,验收依据合同条款进行。仓库库房分为大型库、小型库、建材库、油库、危险品库。物资保管保养按照煤炭部的标准进行。物资全部手工记账。物资按照"先进先出"的原则发放。

1994年,采用ABC分类法进行管理,对每月的库存资金统计后,填制表格上墙,仓库配备3台计算机,手工做完账后,用计算机统计分析。

1995年10月,煤炭部检查团对公司物资仓库进行检查。检查团对公司孔庄煤矿、徐庄煤矿、龙东煤矿和选煤厂仓库进行了检查,认为大屯矿区仓库库容库貌清洁卫生,五项制度悬挂明显;验收手续完备,到货记录填写认真;物资保管保养做到了"五净""五无""三条线""四号定位""五五堆码";微机应用与管理跨入全国同行业先进水平。同年,全国煤炭系统开展仓库管理评比活动,公司仓库按照评比标准对标,被评为"局级先进仓库"。

2005年,仓库管理启用"大屯矿区物资管理信息系统",物资收、发、存实现计算机管理。物资记账去除了手工记账,逐步实现系统化。

2012年,公司进行仓库整合,各基层单位管理的仓库统一划归公司物资贸易部总仓库,合并后,人员、物资统一由总仓库管理。通过整合,达到了矿区物资资源共享,库存物资资金减少,物资可以互相调剂。

2019年,对总仓库、各分库、车间仓库、区队仓库、班组仓库进行了一次大盘点,将原综机管理中心管理的综机配件库交由总仓库管理,对综机配件库,完善了《物资验收制度》《物资盘点制度》等,做到了账、卡、物三相符。

二、物资验收

（一）基本概况

1991—2012年,公司物资验收工作由物资贸易部所属总仓库物资验收组以及各单位供应科办理。

2012年9月,公司实施仓储业务整合,将各单位的库房集中整合到物资贸易部,由公司总仓库进行管理,相应的入库物资验收管理分别由总仓库物资验收组、各分库保管员以及所在单位供应科人员共同验收入库。物资贸易部成立了质检科,负责总仓库以及各分库所有到货物资的质量检验工作和物资质量问题协调处理,在下属各分库设立兼职质检员对到货物资的质量进行检验,并参与到货物资的验收。

2015年,公司物资贸易部进行深化改革,以大部室管理撤销了质检科,并将之前业务归纳到总仓库的业务范围。

2018年6月,公司下发《关于印发公司集中采购物资验收管理办法的通知》。

（二）验收程序

（1）验收准备,收集、整理并熟悉各项验收凭证、资料和有关验收要求,准备所需计量工具。

（2）核对供货单位提供的验收凭证,包括质量保证书、装箱单、码单、说明书、保修卡及合格证等。

（3）确定验收比例,根据物资的性质、价值、生产技术条件、厂家信誉、包装情况、运输条件、气候变化确定验收比例,验收比例控制在5%～20%。

（4）检验实物。数量验收,一种是计件物资验收,采用点件验收方法;一种是计重验收,采用过磅和理论换算两种方法。质量验收主要有内在质量验收和外在质量验收。内在质量

验收主要是送有资质的检验机构检验;外在质量验收主要是采用感官检验手段。

(5)物资验收中发生问题的处理方法有协商解决、免费维修、更换或退货、扣除质保金、追究违约责任或索赔等。

三、物资保管

(一)普通物资

(1)对有储存期限的物资标有明显的标志,物卡上标明出厂日期和进库日期,分批存放,在达到储存期限三分之二时,保管员提出意见以便及时处理,如过期仍未使用,按废旧物资管理申请报废处理。

(2)金属材料、设备和配件等需要防腐、防锈处理的定期检查保养。

(3)贵重物资由专柜存放并加锁,剧毒品由双人保管。

(4)露天存放的物资,加盖油布、垫高、清除杂草、排水通畅、防止曝晒和受潮。对需要保温(恒温)、干燥保养的物资,采取恒温措施,技术人员定期检查、试验,其结果由仓库保管员备案。

(5)精密零件和电气设备的特殊备件,要注意温度、湿度和阳光照射的影响。

(6)对需要用特殊方式保管的备用物资,由物资部门和专业技术部门共同提出保管措施和技术要求。

(二)危险品类物资

易燃、易爆、易污染、剧毒及放射性物资,设专库存放,采取相应措施,与一般物资隔离储存,专人保管,定期检查,符合安全、健康、环保的相关要求。

四、物资发放

物资发放严格执行"先进先出、推陈储新"原则,易变质、易破坏、易腐败、易老化的物资应加快周转,变质失效的物资不准出库。领料人应履行正式的领料手续,特殊情况必须经有关领导批准后方可发放。

备用物资的领用必须经主管生产领导或总工程师批准。保管员依据物资领料单,对物资的名称、规格型号、数量进行核实、发放,做到准确无误、文明有序。

零星用料要保证随领随发。

大宗材料或成套设备,工程或维护用材、钢材等需直接运到工作现场的物资,保管员必须现场办理领料手续,需用部门现场签字接收。特殊物资(如危化品、贵重金属制品)由用料单位两人以上到库领取。生产急需,领料人写明理由,经计划员和有关领导书面批准,凭领料凭证方可发放。

五、物资盘点

物资盘点采用动态盘点、定期盘点和永续盘点相结合,每月月底进行,保管员核查所管辖物资的实际库存数,填报盘点表,做到账、卡、物三相符。对账实不符的存货,核实盘盈、盘亏和毁损的数量,查明造成盈亏或毁损的原因,提出处理意见及建议并编制盘盈、盘亏表,库存物资不允许有盈亏。

六、库存方式

物资存放做到"三条线""四号定位""五五堆码",即物资堆码一条线、货架摆放一条线、料签悬挂一条线,库号定位、架号定位、层号定位、位号定位,五五成方、五五成串。按照上放轻下放重的要求,不超重量存放,避免架倒伤人、损物,物资的堆码做到合理、牢固、定量、整洁、节约、方便、安全。

七、修旧利废

(一)废旧利用

1991 年以来,供应处设专人负责废旧物资回收、利用、处置。废旧物资进行修复利用时,坚持"技术上可行、经济上合理、质量上可靠"的原则,确保重新投入使用时的安全性,同时完善《关于废旧物资回收、更新、利用的规定》等制度。

2010 年,公司制定《公司修旧利废考核管理办法》,成立了修旧利废考核管理工作小组。物资贸易部负责核定、下达二级单位修旧利废考核指标;检查各单位修旧利废实施情况;负责对修旧利废过程进行监控、对修旧利废工作结果进行考核。修旧利废的品种包括周转使用的小型设备和综合保护装置(不构成资产管理类)、仪器仪表、电工器材、工器具、工矿配件、液压柱、Ⅱ 型钢、工字钢、U 型钢等支护材料。

2014 年,为规范公司修旧利废的管理和考核,发挥广大职工修旧利废工作的积极性,修订了《公司修旧利废管理办法》,扩大了修旧利废物资的范围,完善了修旧利废物资的计价和成本核算,加强了修旧利废物资的再利用、质量及监督管理。

超市式物资管理如图 10-4-1 所示。

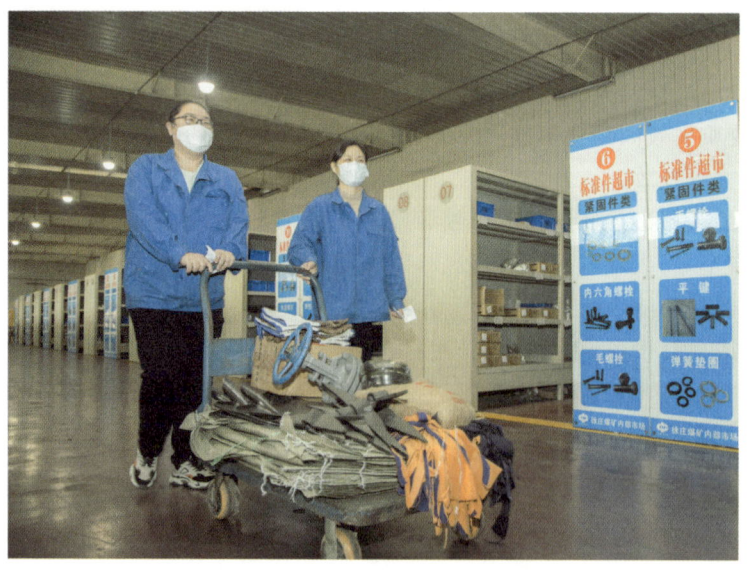

图 10-4-1　超市式物资管理

(二)物资回收

2010 年至 2020 年 6 月,公司废旧物资累计回收 8.07 亿元;修复利用物资价值 5.77 亿

元;废钢铁回收 7.4 万吨;废旧有色金属回收 1 045 吨。2010 年至 2020 年 6 月公司修旧利废情况见表 10-4-2。

表 10-4-2　2010 年至 2020 年 6 月公司修旧利废统计表

时间	回收金额/万元	修复利用金额/万元	废钢铁回收/吨	有色金属回收/吨
2010 年	6 606.3	3 200.2	7 554.5	265.3
2011 年	7 078.1	3 319.4	7 763.0	196.5
2012 年	8 608.1	4 951.8	9 941.9	55.0
2013 年	7 628.6	5 457.2	5 921.6	67.4
2014 年	7 629.0	5 438.5	6 322.4	39.1
2015 年	8 513.2	7 501.8	3 602.2	9.2
2016 年	8 801.9	7 508.2	6 399.7	242.2
2017 年	9 305.4	7 470.3	11 113.1	20.2
2018 年	7 653.0	5 522.2	9 036.9	24.3
2019 年	6 086.6	4 975.2	4 763.2	35.8
2020 年 1—6 月	2 800.0	2 400.0	1 900.0	90.0
合计	80 710.8	57 744.8	74 318.5	1 045.0

（三）废旧物资处置

1991—2000 年,经济体制处于转轨时期,企业生产建设中所产生的废旧物资,统一由供应处按照指导价出售给具有资质的国营物资回收公司。

2000—2010 年,公司的生产、建设所产生的废旧物资,由公司物资贸易部邀请具有物资回收资质的公司,以竞谈方式处置。

2014 年 7 月,为加强公司废旧材料管理,切实做好废旧材料的回收、防止国有资产流失和浪费,制定《公司废旧材料处置管理办法》。物资贸易部成立了废旧材料处置工作小组。

2017 年 4 月,根据《关于印发公司废旧物资管理相关办法的通知》,物资贸易部制定下发《废旧物资处置管理实施细则》。

2019 年 4 月,根据《关于印发中国中煤能源集团有限公司废旧物资处置管理办法的通知》,物资贸易部制定下发《废旧物资处置管理实施细则》,规范废旧物资处置,实行集中统一管理,降低库存积压,提高废旧物资处置率和资金回收率,实现废旧物资处置操作规范化、交易公开化。

2010 年至 2020 年 6 月,公司废旧物资处置累计 2.92 亿元,其中废旧材料处置 1.98 亿元,废旧设备处置 0.94 亿元。2010 年至 2020 年 6 月公司废旧物资处置情况见表 10-4-3。

表 10-4-3　2010 年至 2020 年 6 月公司废旧物资处置统计表　　　　单位:万元

时间	废旧材料处置	废旧设备处置	废旧物资处置总计
2010 年	3 026.0	1 790.0	4 816.0
2011 年	3 163.5	2 106.5	5 270.0
2012 年	2 986.4	1 307.6	4 294.0

表 10-4-3(续)

时间	废旧材料处置	废旧设备处置	废旧物资处置总计
2013 年	1 430.7	975.0	2 405.7
2014 年	1 871.0	483.0	2 354.0
2015 年	565.0	280.0	845.0
2016 年	1 297.0	60.0	1 357.0
2017 年	1 442.0	286.0	1 728.0
2018 年	2 118.0	814.0	2 932.0
2019 年	1 434.0	1 327.0	2 761.0
2020 年 1—6 月	450.0	0	450.0
合计	19 783.6	9 429.1	29 212.7

第四节　信息系统

一、博通系统应用

1990 年以后,公司物资管理系统计算机应用先后经历了单机单项低档次的微机应用、高档次多终端用户的 U6000 小型机系统,最终发展到 NT 网络系统,从简单的业务处理发展到实现对采购过程全生命周期管理和控制。

2002 年 7 月,投资 70 余万元,对公司物资供应系统硬件设施进行了部分更新,建立了矿区物资供应系统的供应链信息系统,局域网内实现线上验收、调拨,数据库本地化,内部业务管理一体化。

2006 年,公司"博通物资采购信息系统"开发上线,实现全矿区计划、订单、验收、调拨、仓储等部分业务的半集成化管理。

二、中煤 ERP 系统应用

2010 年 10 月,中煤 ERP 项目开始建设,历经近 9 个月的建设周期,于 2011 年 6 月上线,上线范围覆盖 29 家库存组织、600 多用户,一次性实现单轨运行,连续平稳月结,与财务、设备、生产系统等模块平稳接轨。

三、电子商务系统应用

(一)系统应用

根据中煤集团采购中心统一部署,物资采购电子商务系统试运行工作于 2014 年 4 月正式启动。通过试用前细致准备和对系统功能的优化,物资采购电商系统顺利上线运行。系统上线运行,采购计划通过 ERP 系统提报审批,批准的采购计划通过数据接口与物资采购电子商务系统集成。物资采购电子商务系统每天自动提取 ERP 所有采购计划,每隔 5 分钟自动更新待办采购计划。

（二）操作方式

按照待办采购计划实施采购寻源，包括招标（公开招标、邀请招标）、询价（比质比价、谈判采购、直接采购）及执行长协采购，均需通过物资采购电子商务系统编制采购方案并按照审核工作流程审批，不再通过 ERP 系统编制采购方案。

（三）应用效果

该系统作为 ERP 系统的辅助系统，实现与 ERP 系统数据的高度集成，完成统一的采购业务流程，从而实现网上采购寻源的全过程管理。通过平台的应用，实现采购业务流程的统一；实现寻源管理要求在系统中的固化；实现与 ERP 系统的紧密集成，建立采购过程的网上信息处理和信息共享。

四、物资管理辅助性决策系统

2019 年 3 月实施物资管理辅助性决策系统建设，8 月正式推广使用。该系统是基于业务管控分析需求，构建服务于本部门的业务辅助分析工具，通过对 ERP、电商平台管理数据的抽取、加工、分析与展现，实现对物资采购业务的流程监控、风险预警，辅助部门领导经营决策；满足用户日常数据分析、查询及展现需求，实现与公司现有系统数据的有效集成与交互。有经营绩效、专题分析、预警分析 3 个展示主题。

五、法律事务管理系统

（一）系统建设及实施

法律事务管理系统于 2012 年 6 月正式上线运行，2019 年 3 月进行系统升级，承续系统原有的基础数据，并对部分模块进行优化处理。

（二）系统流程

合同审批流程一般为：业务采购站提供合同依据→经营管理科合同管理员录入系统→业务采购站审核→预算管理科审核→经营科法务负责人审核→单位主管（分管）领导审签→公司相关部室会审或领导审批。

自法律事务管理系统上线以后，2012 年至 2020 年 6 月采购合同签订数量及采购金额见表 10-4-4。

表 10-4-4　2012 年至 2020 年 6 月采购合同签订数量及采购金额表

时间	合同份数	采购金额/万元
2012 年	2 063	143 153.63
2013 年	2 104	130 617.07
2014 年	2 031	100 776.00
2015 年	2 018	125 766.46
2016 年	2 178	142 714.63
2017 年	2 120	186 425.45
2018 年	2 470	237 478.62
2019 年	2 487	275 197.35
2020 年 1—6 月	920	81 000.00

第五章 质量管理

第一节 管理培训

一、基本概况

公司机修总厂（现拓特厂）、大屯选煤厂（现选煤中心）是较早进行全面质量管理的试点单位。1983年9月，机修总厂正式成立全面质量管理委员会。1984年3月，召开第一次质量管理小组成果发布会。1987年3月，大屯选煤厂为实现产品创国优的质量目标，成立全面质量管理委员会。

1988年，公司质量标准化工作全面启动，各矿、厂、处相继达标，保持了"质量标准化公司"的称号，推动了各单位的升级和现代化建设。

1990年4月，公司成立全面质量管理委员会，下设办公室，负责公司全面质量管理的日常工作。5月，拓特厂通过中国统配煤矿公司全面质量管理达标验收。12月，大屯选煤厂六、九级精煤先后实现创优目标，获省、部级质量管理奖。

1991年12月，江苏省计经委委托徐州市经委和市质协对公司姚桥煤矿、孔庄煤矿、徐庄煤矿、龙东煤矿、铁路管理处和地质队6家单位全面质量管理进行检查评审。验收团认为，公司质量管理各项主要工作基本符合江苏省大中型企业全面管理达标、评审标准，宣布公司所属6家单位全部达标。同年，中国统配煤矿总公司质量标准化及现代化建设检查验收团对龙东煤矿采、掘、机、运、通、调度、地测7个单项按新标准进行检查验收，龙东煤矿全部达到特级，前5项总分为92.06分，取得了质量标准化新标准特级矿井称号。

二、活动方式

（一）学习培训

1990年9月，公司参加江苏省全面质量管理基本知识的培训和统考。至1992年底，培训职工达5 040人，经江苏省统考，培训合格的职工达4 820人，合格率为95.6%。

1990—1991年，公司连续两年被评为"江苏省全面质量管理培训教育先进单位"。

1992年9月，公司参加江苏省组织的全面质量管理基本知识培训和统考，发放《全面质量管理基础知识》教材，要求55岁以下男职工、50岁以下女职工均要参加培训和统考，1 966名职工参加培训和考试。

1993年9月，根据《中华人民共和国产品质量法》，公司成立领导小组，集中组织开展学习和宣传教育活动。

2009年5月，公司在党校举办顾客满意度测评培训班，邀请江苏省质量协会质量管理专家授课，各单位及部门40余名质量管理者和营销人员参加学习培训。10月，公司举办首

期全面质量管理(第二版)知识培训班,来自各单位、机关有关部室中心 40 名学员参加了学习。培训班按照全国全面质量管理(TQM)普及教育培训教学大纲要求,参加全国 TQM 知识普及教育统考。

(二)知识竞赛

2011 年 9 月,根据"质量月"活动安排,组织管理人员学习质量管理知识,组织公司千余名职工,通过网络答题的形式,参加"好孩子杯"质量管理知识竞赛活动,其中有 3 人获得二等奖,9 人获得三等奖。公司获得江苏省质量管理知识竞赛优胜奖。

2012 年 9 月,公司组织参加"日照港杯"全国企业员工质量知识竞赛。

2014 年 9 月,公司组织职工参加"海尔杯"全国企业员工质量知识竞赛。

2018 年 9 月,公司各单位和部室组织管理技术人员参加全国企业员工质量知识竞赛答题活动,有 27 个单位和 20 个部室参加答题,共计 5 100 人参与全面质量管理知识竞赛网上答题活动。11 月,开展全国企业员工质量演讲赛"全国质量月"活动,公司代表煤炭企业员工参赛的选手获得优秀奖。

2019 年 9 月"质量月"活动期间,公司有 26 个单位和 21 个部门,共计 8 081 人参加了答题活动,参与人数超过公司管理技术人员总数,多数单位组织一线员工参与了答题活动。

(三)"质量年"活动

2011 年 5 月,公司组织开展"质量年"活动,以"提升工作质量、创造一流业绩"为主题,创新经营管理模式,促进公司实现转型发展。从 9 月起开展"质量在我心中"演讲比赛活动,开展小建议、小革新、小攻关、小发明、小创造等"五小"活动。10 月,公司组织开展江苏省用户满意服务明星创建活动,煤炭贸易部、铝业公司、四方铝业等单位开展顾客满意度测评,制定顾客满意度测评标准及测评方法,构建公司顾客满意度测评模型。11 月,举办"质量在我心中"演讲比赛,推荐优胜选手参加江苏省质量演讲比赛。

2012 年,公司围绕提高产品质量、工程质量、工作质量,建立了质量管理体系,强化质量培训,实施卓越绩效模式。

(四)成效与荣誉

1995 年 4 月,大屯选煤厂获得江苏省质量管理奖。

1996 年 2 月,公司被评为"江苏省'八五'管理现代化先进企业"。

2000 年,中国企业发展研究中心授予公司"质量服务信誉 AAA 级品牌"。

2001 年,中国煤炭工业协会授予公司"质量标准化企业"荣誉称号。中国质量管理协会授予公司"全国质量效益型先进单位"荣誉称号。

2004 年,江苏省经贸委授予公司"质量标准化公司"荣誉称号。

2005 年,公司洗混中块煤、冶炼用炼焦精煤,被评为"煤炭工业煤炭质量信得过产品"。

2006 年 10 月,公司生产的精煤(五级、六级)和洗选煤(大屯优 1 号、优 2 号)产品,通过国家质量监督检验检疫总局考核,获得 2006—2009 年"产品质量国家免检"荣誉称号。徐庄煤矿、姚桥煤矿优质洗混精煤(大屯优 1 号、优 2 号)列入国家精煤目录,成为全国煤炭行业中首批获得国家免检荣誉的产品。

2009 年 7 月,铝业公司被江苏省质量管理协会授予 2009 年度"江苏省质量管理优秀企业"奖。

2010 年 6 月,公司获得江苏省十佳文明服务满意单位称号。9 月,公司获得江苏省质量管理先进企业、全国煤炭工业质量奖荣誉称号。

2012年,公司先后获得"全国质量管理小组活动先进企业""全国实施卓越绩效模式先进企业""江苏省质量管理先进企业""江苏省质量管理30年优秀企业"等荣誉称号。

第二节 标准化管理体系

一、体系建设

公司从1999年开始贯彻GB/T 19001标准,当年通过质量体系认证,开始建立实施质量管理体系。2002年质量体系换版认证,根据公司发展战略,结合长期的经营管理实践,全面实施质量、环境、职业健康安全3个管理体系。

2006年,公司按照"满足标准,符合实际,职责清晰,逐步提高"的原则,参照国内外优秀的管理模式,提出了综合运用质量管理的原则、职业健康安全管理、环境管理和卓越绩效模式及流程再造思想。

二、体系认证

1996年9月,大屯选煤厂一次通过中国质量协会质量保证中心组织的ISO 9002体系审核认证。

1997年6月,上海质量体系审核中心向龙东煤矿颁发质量体系认证证书,标志着龙东煤矿洗混中块、末煤的生产服务全过程已按照GB/T 9002—94(ISO 9002—94)体系运转。

1999年,上海质量体系审核中心向孔庄煤矿颁发ISO 9002质量体系认证证书和认证旗。同年,中国质量协会质量保证中心质量体系认证审核组,对公司ISO 9002质量体系进行认证审核。公司制定下发《关于印发〈集团公司贯标认证考核办法〉的通知》。

2001年,中国质量协会质量保证中心通过审核,同意向公司、上海能源颁发ISO 9001(2000)版质量体系、ISO 14001环境管理体系和GB/T 28001—2001职业健康安全管理体系认证证书。

2002年11月,中国质量协会质量保证中心对公司及上海能源的环境和职业健康安全管理体系进行第二阶段审核,认为公司环境和职业健康安全管理体系运行正常有效,未发现严重不符合项,同意向中国质量协会质量保证中心推荐认证注册,向上海能源颁发了ISO 9001(2000版)质量体系、ISO 14001环境管理体系和GB/T 28001—2001职业健康安全管理体系认证证书。

2007年9月,中国质量协会质量保证中心对铝业公司标准化管理体系进行预审核,分别对铝业公司销售部、技术生产部、电解部等8个科室、车间的标准化管理体系建设情况进行审核,认为铝业公司质量体系认证工作取得了阶段性成果,对检查中存在的问题作了通报,铝业公司标准化管理体系预审核获得通过。

2009年10月,中国质量协会质量保证中心对铝业公司电解铝产品和阳极碳素的生产、销售及相关的质量、环境和职业健康安全管理活动进行第二次监督审核。专家组认为铝业公司的标准化管理体系运行持续有效,公司产品质量得到客户的认可,经济效益和销售情况良好,宣布铝业公司标准化管理体系第二次审核获得通过。同年11月,中国质量协会质量保证中心对公司标准化管理体系进行监督审核。

2010 年 11 月,中国质量协会质量保证中心对四方铝业质量管理体系运行一年来在过程控制、增强顾客满意度和持续改进等方面的情况进行了增值审核,认为四方铝业建立质量管理体系以来,坚持以顾客为关注焦点,体系运行有效,一致推荐通过认证审核。中国质量协会质量保证中心标准化体系审核专家组通报了对公司标准化管理体系复评审核情况。

中国质量协会质量保证中心审核专家组对公司质量、环境、职业健康安全管理三个管理体系能够按标准良好运行给予充分肯定,认为公司对质量、环境、职业健康安全管理三个体系十分重视,实现了管理的制度化、标准化、规范化,管理基础扎实、管理行为规范。

2012 年 5—9 月,公司外聘认证协会专家在公司举办了新标准培训班,对直属单位的《标准化管理体系工作手册》进行全面换版修订,覆盖公司标准化管理体系范围内的生产、安全、经营、思想政治等管理活动和相关工作场所。11 月,中国质量协会质量保证中心审核专家组对公司标准化管理体系进行监督审核,认为从 1999 年开始贯彻 GB/T 19001 标准以来,公司质量、环境、职业健康安全管理体系每年都通过中国质量协会质量保证中心的监督审核或复评审核。

2013 年 12 月,中国质量协会质量保证中心审核组一致同意推荐公司质量、环境、职业健康安全管理体系继续保持认证注册,认为体系运行有效,从战略管理、目标管理、管理职责、资源保障、过程管控、体系文件化、监测分析改进等 7 个方面进行了评价。公司确定了"12531"发展战略,明确了煤炭主体和煤炭、电力、铝业、物流贸易、机械制造和技术服务 5 大板块。在管理模式上,公司建立适应多元化的管理模式,形成高度统一化和集权化职能型结构、主辅分离精干主体发展辅业型结构、事业部型分权制结构、控股型多元化业务结构、网络型业务外包型结构等组织形态。在安全管理体系上,构建了安全质量标准化管理 4 个体系的顶层设计,确保为基层单位、生产过程提供坚强、充分的组织、技术、体系、资源保证。煤矿安全管理,在体系框架下进行安全机制、职责、流程、制度设计以及手段、方法、措施策划,现场执行责任、支撑、执行、监督 4 个方面和分析、措施、落实、监管、改进 5 个环节实施方法和落实措施。

2014 年 12 月,中国质量协会质量保证中心审核组对公司 2014 年标准化管理体系进行复评审核。

2018 年 12 月,中国质量协会质量保证中心审核组对公司 2018 年标准化管理体系进行监督审核,认为公司推动质量、环境、职业健康安全管理不断完善,在"过程方法、PDCA 循环、基于风险的思维"三大思想指导下,推动公司各项管理工作,重点对公司原煤开采,冶炼精煤、动力精煤和混煤生产,公司内火力发供电,综采、综掘设备,铝板、铝带、铝箔产品加工进行审核。

2019 年 5 月,中军联合(北京)认证有限公司专家到铝板带厂开展国军标质量管理体系第一阶段审核认证,10—12 日,开展国军标质量管理体系第二阶段审核认证,对铝板带厂质量管理体系的建立、实施的有效性等进行了审核认证,认为经过第一阶段和第二阶段审核认证,铝板带厂管理体系健全,运行效果良好,确定推荐认证注册。同年 12 月,中国质量协会质量保证中心管理体系审核组对公司 2019 年标准化管理体系进行监督审核,确认公司标准化管理体系持续运行有效。中国质量协会质量保证中心专家对公司标准化管理体系即质量、环境和职业健康安全管理体系给予积极评价,指出公司有自己的标准化管理体系,并能

与日常工作很好地结合在一起,顺应国家战略,积极推进煤电一体化建设,同时高度重视煤矿安全工作,注重员工培训和业务能力的提升,技术创新工作也持续推进,内审严格认真,公司标准化管理体系持续保持有效运行。

三、卓越绩效

2007年以后,公司推行卓越绩效管理模式,利用优秀管理思想和方法,对公司的经营管理业务流程进行再造和重组。公司将卓越绩效模式作为"一把手工程",依据公司发展战略,制定三年、五年战略目标。每年制定经营绩效考核管理规定,确定年度关键绩效指标,并分解到各单位、各部门。公司与各二级单位签订经营责任书,定期进行测量、分析、考核,衡量公司年度经营目标及战略目标的实现进程。

公司将卓越绩效管理模式应用于企业各项生产、经营活动过程中,注重采煤、掘进、机电、运输、通风、地测、防治水、调度、人力资源、财务、信息化等专业管理,将目标管理、关键绩效指标、全面质量管理、安全生产标准化等管理技术和方法,融入公司的生产经营过程,引进绩效改进系统。

2018年11月,徐州市质量奖评审专家组对公司进行现场评审,对公司发展中存在的问题提出改进意见和建议。

2019年11月,徐州市市长质量奖评审组,听取了公司有关企业组织领导、社会责任情况以及企业发展战略制定和部署情况的介绍,观看了公司宣传片,对公司中高层领导干部进行了卓越绩效基础知识测试,分别召开了中层干部和员工座谈会,同时听取了《徐庄煤矿西翼暗斜井道岔自动集控装置的研制》和《大屯选煤厂五级精煤的洗选与开发》案例发布,对公司卓越绩效管理工作给予肯定,指出公司技术资源储备有一定雄厚的技术优势,高度重视安全管理并取得成效,群众性经济技术创新活动做得非常好,在财务管理上能用信息化手段来控制生产成本,使公司成本费用处在可控范围。评审组一行参观了姚桥煤矿和选煤中心。在姚桥煤矿,评审组参观了井下中央采区、井底车场、集中供液硐室、变电所、中央泵房等地,详细了解了矿井基本情况、安全生产标准化亮点工程、智能化工作面远程供电供液系统等情况,现场了解了生产工艺、流程,认真听取了选煤中心产品质量过程管控的各项措施,深入交流了在生产过程中存在问题的处理方式,肯定了选煤中心五级精煤产品质量管理工作。

第三节　质量管理小组

一、管理概况

1990年以来,公司可统计登记注册的质量管理小组(QC小组)累计6 163个,累计获得省、部级优秀QC小组324个,国家级优秀QC小组48个。公司先后获得"全国质量管理小组活动优秀企业""全国煤炭工业质量奖""全国实施用户满意工程先进单位""全国质量管理小组活动40周年标杆小组"等荣誉称号,先后有25人次获得全国、江苏省、煤炭工业质量小组"活动优秀推进者"和"卓越领导者"荣誉称号。

二、学习培训

2013 年 4 月,公司在中煤职业技术学院组织质量管理小组活动诊断师培训班,聘请中国质量协会高级培训讲师来公司授课。

2015 年 4 月,公司举办"质量管理小组活动诊断师"培训班,中国煤炭工业协会、中国质量协会高级讲师来公司授课,以降本增效工作为重点,让 QC 小组活动成为新常态经济的动力源。公司各单位及部门 166 名管理人员、技术人员参加培训。

2016 年 4 月,在中煤职业技术学院举办 QC 小组活动诊断师培训班,邀请中国质量协会老师授课,以中国质量协会《QC 小组活动基础教材》为主,讲授质量管理与 QC 小组基础理论、QC 小组活动程序、统计方法在 QC 小组活动中的应用、质量改进工具、QC 小组活动成果案例与点评、QC 小组成果报告整理、QC 小组活动成果评审等。

三、活动开展

1991 年 6 月,公司组织召开首届 QC 小组活动成果发表会。11 月,公司组织召开第二次 QC 小组活动成果发表会。

1992 年 6 月,公司组织召开第三次 QC 小组活动成果发表会,授予大屯选煤厂选煤车间乙班运转 QC 小组等 10 个 QC 小组为公司优秀 QC 小组荣誉称号;授予建安公司电厂工程处 QC 小组等 13 个 QC 小组为公司先进 QC 小组荣誉称号。

1993 年 6 月,公司组织召开第四次 QC 小组活动成果发表会,授予大屯选煤厂选煤数量效率 QC 小组等 8 个 QC 小组为公司优秀 QC 小组荣誉称号;授予姚桥煤矿运输科斜巷管理 QC 小组等 15 个 QC 小组为公司先进 QC 小组荣誉称号。同年,公司各单位围绕企业经营机制,提高产品质量,提高工程质量、安全质量和经济效益,共计注册课题 443 个,取得成果 130 个。

1994 年 6 月,公司组织召开第五次 QC 小组活动成果发表会,授予孔庄煤矿选煤厂浮选车间 QC 小组等 6 个 QC 小组为公司优秀 QC 小组荣誉称号;授予姚桥煤矿运输科斜巷管理 QC 小组等 10 个 QC 小组为公司先进 QC 小组荣誉称号。

1997 年 6 月,制定《大屯煤电公司 QC 小组活动评审标准》。

2006 年 4 月,依据国家经贸委等单位《关于推进企业质量管理小组活动意见》文件精神,结合公司质量管理和标准化工作的要求,公司修订《关于印发 QC 小组活动管理办法的通知》,对 QC 小组活动的范围、组建与注册、选题和工作程序、评审表彰和奖励作出规定。

2010 年 4 月,公司修订《QC 小组活动管理办法》。

2011 年 6 月,公司召开 2011 年度 QC 优秀成果发布评审暨省部级优秀 QC 小组选拔会。同年,公司 QC 小组活动推荐中,14 家单位共推荐 66 项 QC 小组成果参加公司评选,共有 25 项优秀成果进入公司成果发表暨省、煤炭工业优秀小组选拔。12 月,公司被命名为"全国质量管理小组活动优秀企业"。龙东煤矿选煤 QC 小组、孔庄矿掘进技术 QC 小组被命名为"全国优秀质量管理小组"。

2012 年 6 月,公司召开 2012 年度 QC 小组活动成果发布暨省部级优秀成果选拔会,会议评选公司优秀 QC 成果和选拔推荐江苏省煤炭工业优秀 QC 小组,公司 14 家单位共推荐 73 项 QC 小组成果参加公司评选,共有 32 项优秀成果进入公司成果发表暨省、煤炭工业优

秀 QC 小组选拔。12 月,中国质量协会煤炭工业分会召开第四届理事会暨 2012 年煤炭工业优秀质量管理小组发布表彰大会,孔庄煤矿掘进技术 QC 小组、选煤中心龙东选煤厂 QC 小组获得"全国优秀 QC 小组"荣誉称号;徐庄煤矿运输科 QC 小组、发电厂热电汽机运行 QC 小组等 11 个 QC 小组获得"煤炭工业优秀 QC 小组"荣誉称号;孔庄煤矿掘进生产技术管理班组获得"煤炭工业质量信得过班组"荣誉称号。煤炭行业 2012 年度质量管理小组成果发布,孔庄煤矿运输科轮转 QC 小组代表公司优秀 QC 小组参加了成果发布。

2013 年 6 月,公司召开 2013 年质量管理小组活动成果发布交流会暨省部级优秀质量管理小组选拔会(图 10-5-1),评审标准以"创新型"和"问题解决型"分类。7 月,公司 QC 小组成果获江苏省、煤炭工业、全国优秀 QC 小组选拔赛佳绩。同年,江苏省、煤炭工业、全国优秀 QC 小组选拔交流发布会上,公司发电厂锅炉本体 QC 小组成果《降低 6 号炉故障停炉时间》、选煤中心大屯厂选煤车间丙班 QC 小组成果《降低工作现场粉尘浓度》,均获得 2013 年度江苏省优秀 QC 小组成果一等奖。12 月,全国第 35 次 QC 小组代表会议召开,姚桥煤矿经营管理 QC 小组、孔庄煤矿黑金 QC 小组、龙东煤矿机电 QC 小组 3 个 QC 小组,分别被授予"全国优秀 QC 小组"称号。

图 10-5-1　质量管理小组活动成果发布交流会暨省部级优秀质量管理小组选拔会

2014 年 6 月,公司 2014 年 QC 小组活动成果发布交流会暨省部级优秀 QC 小组选拔会召开,对 QC 小组成果进行发表评审,选拔优秀的 QC 小组到省、煤炭行业和全国进行交流评审。12 月,公司各单位 QC 小组围绕"增产量、促销售、降成本、保利润"目标,在降本增效、安全环保、节能降耗等方面开展 QC 小组活动攻关。发电厂获得"煤炭行业 QC 小组活动先进企业"荣誉称号;姚桥煤矿掘进三队 QC 小组、孔庄煤矿黑金 QC 小组、龙东煤矿机电 QC 小组、发电厂热电技术室 QC 小组 4 个 QC 小组,获得"国家优秀 QC 小组"荣誉称号。发电厂热电技术室 QC 小组在全国 QC 小组活动现场发表会上获得全国第八名,其成果报告被收入《全国优秀 QC 小组成果集萃》;铁路管理处内燃机车运用管理 QC 小组、选煤中心龙东选煤厂 QC 小组、拓特机械厂腾飞 QC 小组、中煤职业技术学院创新 QC 小组等 11 个 QC 小组,获得"江苏省及煤炭工业优秀 QC 小组"荣誉称号;徐庄煤矿机电科运转车间提升 QC 小组、铁路管理处电务段通信 QC 小组,在江苏省 QC 小组活动现场发表会上获得一等奖的好成绩。

2015 年 12 月,铁路管理处获得"煤炭行业 QC 小组活动先进企业"荣誉称号。3 个 QC 小组获得"全国优秀 QC 小组"荣誉称号,7 个 QC 小组获得"江苏省及煤炭工业优秀 QC 小组"荣誉称号。同年,公司各单位、部门共注册 QC 小组课题 121 个,113 个 QC 小组坚持开展活动,其中降本增效课题占 47%,生产安全管理课题占 32%,提升工作效率课题占 21%,选题的深度、广度都有所提升。有 87 个 QC 小组取得成果,成果率达 76.99%,年创可计算经济效益达 1 963 万元。公司 21 家基层单位、部室中心共推荐 87 项 QC 小组成果参加公司评选,成果涉及煤炭生产、发供电、铝业生产、铁路运输、机械制造、后勤服务等多个方面。经过初评,共有 30 项优秀成果进入公司成果发表暨省、煤炭工业优秀小组选拔。经过选拔,姚桥煤矿扬帆 QC 小组、徐庄煤矿机电科运转提升 QC 小组、信息中心 QC 小组、孔庄煤矿节俭 QC 小组、龙东煤矿煤质管理 QC 小组 5 个 QC 小组获得特等奖,中煤职业技术学院雄鹰 QC 小组等 10 个 QC 小组获得一等奖,铁路管理处行车作业 QC 小组等获得二等奖。

2016 年,公司各单位 QC 小组围绕"标杆引领、扎实推进、开拓创新"主题,强化单耗管理、提高经济效益等方面选题立项,公司各单位、部门共注册 QC 小组课题 103 个,87 个 QC 小组坚持开展活动,其中降本增效课题占 29%,生产安全管理课题占 53.6%,提升工作效率课题占 17.4%。年创经济效益达 1 863.57 万元。在全国、省部级优秀 QC 小组评选中,姚桥煤矿扬帆 QC 小组、孔庄煤矿节俭 QC 小组、徐庄煤矿机电科运转提升 QC 小组、龙东煤矿煤质管理 QC 小组 4 个 QC 小组获得"全国优秀 QC 小组"荣誉称号。姚桥煤矿精睿 QC 小组、孔庄煤矿黑金 QC 小组、铁路管理处内燃机车运用管理 QC 小组、徐庄煤矿皮带管理科 QC 小组、咨询公司机制设计 QC 小组、中煤职业技术学院雄鹰 QC 小组 6 个小组获得"煤炭工业优秀 QC 小组"荣誉称号;徐庄煤矿获得"煤炭工业 QC 小组活动优秀企业"荣誉称号。发电厂二分厂锅炉运行 QC 小组、信息中心 QC 小组、中煤职业技术学院雄鹰 QC 小组 3 个小组获得江苏省 QC 小组成果交流会发布奖一等奖;龙东煤矿机电 QC 小组、中心医院微笑 QC 小组 2 个小组获得"江苏省优秀 QC 小组"荣誉称号。

2017 年,公司各单位、部门共注册 QC 小组课题 103 个,制作 7 期"公司优秀 QC 小组展播"专题片,推广应用优秀 QC 小组成果。84 个 QC 小组取得成果,成果率达 81.6%,年创可计算经济效益 1 860 余万元。6 月,召开"公司 QC 小组活动发表交流会暨江苏省、煤炭行业优秀 QC 小组活动选拔会",选拔推荐 15 个公司优秀 QC 小组参加江苏省、煤炭行业优秀 QC 小组评选,经过江苏省质量管理协会、煤炭行业协会初评,8 个 QC 小组受邀参加了江苏省、煤炭行业 QC 小组发表会,均获得现场发表一等奖;4 个 QC 小组获得"全国优秀 QC 小组"荣誉称号,1 个 QC 小组获得"全国质量信得过班组"荣誉称号,10 个 QC 小组获得"煤炭行业优秀 QC 小组"荣誉称号。

2018 年 5 月,公司召开 2018 年 QC 小组成果发表交流会暨省、煤炭工业优秀 QC 小组选拔会,对公司各矿、厂等单位 QC 小组研究成果进行了评审,并择优推荐优秀的 QC 小组参加省、煤炭行业和全国交流评审。共注册 QC 小组课题 103 个,其中降本增效课题占 25%,生产安全管理课题占 51.8%,提升工作效率课题占 18.5%,年创可计算经济效益达 1 650.45 万元。在全国、省部级优秀 QC 小组评选中,姚桥煤矿获得"煤炭行业 QC 小组活动先进企业"荣誉称号;孔庄煤矿节俭 QC 小组、徐庄煤矿机电运转提升 QC 小组、龙东煤矿地测 QC 小组、中煤职业技术学院雄鹰 QC 小组获得"全国优秀 QC 小组"荣誉称号;姚桥煤矿生产技术科掘进班获得"全国质量信得过班组"荣誉称号。徐庄煤矿生产管理科硕果 QC

小组、孔庄煤矿黑金 QC 小组、咨询公司蓝钻 QC 小组、选煤中心储运车间原煤段 QC 小组、发电厂一分厂汽机运行 QC 小组获得"煤炭行业优秀 QC 小组"荣誉称号。拓特厂把关 QC 小组、信息中心 QC 小组、中煤职业技术学院利能 QC 小组 3 个小组在江苏省 QC 小组成果交流会发布会上获得一等奖;铁路管理处内燃机车运用管理 QC 小组、发电厂二分厂 QC 小组 2 个小组获得"江苏省优秀 QC 小组"荣誉称号。

2019 年 5 月,公司召开 2019 年 QC 小组成果发表交流会暨省、煤炭工业优秀 QC 小组选拔会,对各矿、厂等单位的 QC 小组研究成果进行了认真评审,表彰了获得全国 QC 小组活动 40 周年"标杆 QC 小组"、2018 年全国优秀质量小组、2018 年全国质量信得过班组、江苏省优秀 QC 小组、煤炭行业优秀 QC 小组。公司组织各单位在提高产品、工作和服务质量,降低经营成本,减少责任事故,强化单耗管理、提高经济效益等方面选题立项,公司 19 个单位、3 个部门注册 QC 活动课题 117 个,其中生产安全管理课题占 63.3%,降本增效课题占 15.7%,提升工作效率课题占 10%,提升管理绩效类课题占 11%。通过组织 QC 小组培训班,建立微信群、QQ 群等形式,公司各单位有 80 个小组坚持开展活动并取得了成果。6 月,公司组织召开 QC 小组活动成果发表会,来自各基层单位、部门的 35 个 QC 小组参加了成果发表会。推荐 12 个优秀 QC 小组成果分别参加江苏省、煤炭行业优秀 QC 小组成果评选,公司选煤中心飞翔 QC 小组获得"全国优秀 QC 小组"荣誉称号,中煤职业技术学院雄鹰 QC 小组代表中煤集团,参加全国第二届中央企业 QC 小组发表赛,获得一等奖,且取得前十名的好成绩。龙东煤矿、中煤职业技术学院获得"2019 年煤炭工业 QC 小组活动先进企业"称号;龙东煤矿地测科煤质管理班获得"2019 年全国质量信得过班组"荣誉称号;姚桥煤矿扬帆 QC 小组、孔庄煤矿降患 QC 小组、龙东煤矿地测 QC 小组、徐庄煤矿领旗 QC 小组等 6 个 QC 小组获得"2019 年煤炭工业优秀 QC 小组"荣誉称号,4 个小组成果被评为煤炭行业一级成果;信息中心 QC 小组、拓特机械厂腾飞 QC 小组等 5 个 QC 小组获得"江苏省优秀 QC 小组"荣誉称号。

第四节　经 济 研 究

一、机构沿革

1989 年 4 月,公司企业管理学会成立。

1993 年更名为"企业管理协会"。

1996 年 3 月,公司决定对部分处室的机构进行调整,同年 4 月,公司成立建立现代企业制度、组建企业课题调研改制领导小组,下设办公室,标志着公司建立现代企业制度的调研工作正式启动。

二、活动与成果

1989 年以后经济研究的论文,改在公司刊物《大屯煤炭科技》上发表。自企业管理学会成立以来,开展现代化企业管理理论的研究和传播。

1991 年 3 月,江苏省煤炭企业管理协会授予公司及孔庄煤矿、徐庄煤矿、姚桥煤矿、建安公司、地质队"1990 年度江苏省煤炭工业先进企业"称号。同年 3 月,龙东煤矿被命名为

"现代化矿井";大屯选煤厂被命名为"巩固现代化选煤厂"。龙东煤矿、徐庄煤矿、孔庄煤矿、大屯选煤厂、铁路处、拓特厂被命名为"巩固部特级矿(厂、处)"。姚桥煤矿、地质队达到部特级矿(队)标准。大屯选煤厂达到《选煤厂煤水闭路循环标准》一级标准。龙东煤矿被命名为"煤质管理先进矿"。

1993年3月,公司大力推进技术进步,注重现代化管理方法的推广和应用,组织管理现代化成果申报及评选活动,收到申报成果67项,提交公司管理现代化成果评审委员会评审,通过56项。

1994年12月,煤炭部召开煤炭工业高产高效矿井建设工作会议。公司龙东煤矿在高产高效矿井排行榜上名列第8位。

1995年4月,大屯选煤厂获得江苏省质量管理奖。

1998年5月以后,组织管理现代化成果评审及推荐工作,公司31个单位、部门申报现代化成果91项,经公司现代化管理成果评审委员会审定,69项成果获奖。

2000年5月,中国煤炭工业局公布1999年度全国煤炭工业高产高效矿井名单,公司姚桥煤矿、孔庄煤矿、龙东煤矿均获此殊荣。

2001年5月20日,中国煤炭工业协会通报了2001年度高产高效矿井名单,公司姚桥煤矿、龙东煤矿均榜上有名。

2007年12月,公司徐庄煤矿被中国煤炭工业协会授予"全国煤炭工业行业一级安全高效矿井"荣誉称号。

2008年11月,大屯选煤厂被中国煤炭加工利用协会命名为"2006年度优质高效选煤厂",大屯选煤厂、孔庄煤矿选煤厂、龙东煤矿选煤厂被命名为"2005至2006年度行业级质量标准化选煤厂"。

2009年7月,大屯铝业公司被江苏省质量管理协会授予2009年度"江苏省质量管理优秀企业"奖。12月,中国煤炭工业协会公布2008年度煤炭工业安全高效矿井,公司四座矿均榜上有名。其中,姚桥煤矿为特级安全高效矿井,孔庄煤矿、徐庄煤矿为一级安全高效矿井,龙东煤矿为二级安全高效矿井。

2011年4月,在第十七届国家级企业管理现代化创新成果奖评选中,徐庄煤矿申报的《以安全高效为目标的煤矿优化管理》项目获得二等奖,成为中煤集团唯一获此荣誉的煤矿。5月,中国煤炭工业协会对2010年度煤炭企业管理现代化创新成果进行颁奖,其中物资贸易部完成的《"六位一体"材料成本及单耗管理体系的构建》获得一等奖,大屯选煤厂完成的《选煤厂清洁生产的研究与实践》获得二等奖。

2014年11月,公司3项课题获得2014年煤炭企业管理现代化创新成果奖。大屯公司研究实施的《管理提升模型的研究与应用》《企业文化体系建设研究与实践》获得二等奖,《煤矿精益生产管理成本控制研究与应用》获得三等奖。

2015年3月,姚桥煤矿、徐庄煤矿分别被中国煤炭工业协会评为2012—2013年度双十佳煤矿和先进煤矿。

2018年3月,根据中煤集团公司安排,大屯公司组织申报2017年度煤炭经济研究优秀论文(调研报告),共收到参评论文81篇,经过初评,推荐46篇参加煤炭经济研究优秀论文评选,其中24篇获奖。

第六章　法　务　管　理

第一节　法　治　建　设

一、机构机制建设

1991年7月,公司法律顾问室改名为法律事务处。同月,公司合同管理正式移交法律事务处负责。10月,设立综合科、法律事务科和合同管理科。

1993年,公司法律事务处更名为政策法律处。

2006年,公司人事制度改革,政策法律处更名为法律事务部。

2010年12月,公司设立总法律顾问岗位(总经理助理级)。

2015年12月,公司制定下发《关于统一各单位法律业务管理部门的通知》,将公司各单位的法律(合同)管理统一纳入经营管理部门,实现各单位法律职能从单一合同管理向涵盖整个法律业务的转变。

2016年2月,风险内控管理职能由公司纪委监察审计部划转法律事务部。

2018年5月,法律事务部作为公司机关职能部门,编制定员调整为11人。

主要职责:负责组织审查公司及各单位、部门拟定的合同,参与重大合同事项的调研、论证、谈判和审查;各单位法律纠纷(诉讼)案件管理;公司行政规费审核和行政处罚事项的处理以及提起行政复议等;组织或参与行政收费、行政处罚事项的谈判和协调;公司及有关单位的工商登记、年度报告公示等;管理并办理企业法定代表人(负责人)授权委托业务;参与公司及其子、分公司的设立、重组、产权转让、资产处置等活动;公司及各单位商标、专利等知识产权的法律保护,开展公司证照管理;组织企业信用(合同)等级推选和参与公司客户合同信用等级评定;公司风险内控管理体系建设;跟踪落实公司重大风险管控措施和内控缺陷整改。

截至2020年6月,公司从事专(兼)职法律事务和风险内控的人员有80余人,其中取得法律顾问资格的有16人,具有律师资格的有9人。

二、规章制度

(一)管理制度

1992年5月,为加强公司合同管理,公司制定《大屯煤电公司合同管理办法》。

1993年2月,公司制定《大屯煤电公司合同管理补充规定》《大屯煤电公司法律事务处合同审查规则》《大屯煤电公司签约凭证管理规则》。6月,制定《大屯煤电公司法律事务管理办法》,明确法律工作管理机构、有关人员职责及法律事务纠纷申报程序等。

1994年1月,公司制定《批转政策法律处关于对地方各种收费实行法律审核的意见的通知》。

1995年,根据煤炭部的要求和职责范围,公司制定《关于对文件实行法律、法规审核的通知》。

1999年4月,为规范公司及所属企业登记行为,制定《大屯煤电(集团)有限责任公司企业登记管理办法》。

2013年,公司全面修订《大屯煤电公司合同管理办法》等相关制度,制定《公司授权委托管理办法》等,形成比较完备的企业法律事务管理制度体系。

2017年6月,修订《公司授权委托管理办法》。10月,制定《公司全面风险管理工作考核评价办法》。

2018年,修订《大屯煤电公司合同管理办法》等。

2019年5月,公司制定下发《公司违规经营投资责任追究暂行办法(试行)》。11月,制定《公司法律事务与风险内控管理评价标准》。

(二)规范制度合规管理

2019年,公司制定《关于对公司管理制度进行全面梳理、优化以及组织编制公司重要规章制度汇编的通知》,从合规性、适用性和可操作性等方面着手,查缺补漏、删繁就简,共梳理、分析规章制度300余项。

(三)法律事务信息化建设

1995年,公司与中国矿业大学合作开发《微机合同管理系统》,开始利用现代技术手段管理法律事务。

2003年,组织开展合同管理计算机网络化软件开发研究。2004年,信用合同管理网络软件开发成功并投入运行,实现了合同网上预审查。

2009年,协助中煤集团构建法律事务管理信息系统及流程。2011年,公司积极开展法律事务管理信息系统试运行工作。2012年7月,法律事务管理信息系统正式上线运行。

2014年1月,实现了法律事务管理信息系统与OA办公系统的有效集成。同时,建立公司行政收费和工商登记网上审核流程,实现网上审批系统对公司法律业务体系的全覆盖。

2019年,实现了手机客户端处理法律业务待办事项,法律事务审核能够跨地区即时办公。

三、依法治企

2011年,按照国务院国资委提出的中央企业法制工作第三个三年目标要求,公司制定《大屯公司第三个三年法制工作目标方案》。

2014年,为加强公司依法经营,公司组织开发法律法规数据库系统,6月正式上线运行,能及时提供法律法规数据100万部,案例400多万件,法律文书9 000个。

2015年,为贯彻落实国务院国资委关于全面推进法治央企建设的总体部署,按照中煤集团2015—2019年法制工作五年规划及实施方案要求,公司制定了2015—2019年法治建设五年规划及实施方案。

四、普法宣传教育

1991—1994年,根据基层单位的申请,有针对性地讲授有关法律知识,配合公司工会、宣传部门举办法律知识竞赛,编制法律知识汇编,提供法律咨询服务。

1995年3月,重点对公司党校各类干部培训班、短训班的中层干部和基层单位中层以上干部讲授《中华人民共和国劳动法》等13部专业法律,授课达20场,听课干部达1 000余人。

2006年,公司制定《关于开展法制宣传教育的第五个五年规划》,中期又制定《大屯公司三年法制工作目标和任务》。

"五五普法"期间,公司各单位开展各类法制宣传教育活动392场次,参加总人数超过22 500余人次,其中:组织各种法制培训231次,参加总人数6 930余人次;组织各种法律知识竞赛78次,参加人数12 000余人次;组织法律咨询服务83次,受众人数达3 600人次。

2014—2017年,利用各专项法律的颁布实施及"12·4法制宣传日",开展宣传月、宣传周、宣传日等形式多样的法制宣传教育活动。编发法制宣传短信及电子版的《中煤集团大屯公司"12·4"普法宣传手册》。公司电视台每天编辑播放《今日说法》等法制节目。参与"安全生产月""12·4法制宣传日"的员工累计4 000余人。

2018年,为落实法治建设第一责任人职责,公司制定《关于开展法制宣传教育活动的通知》,举办领导干部专题法制讲座,组织宣讲团到姚桥煤矿等10余家单位开展法制宣讲。组织参加全国普法办、司法部"我与宪法"优秀微视频征集展播活动及法律知识竞赛活动,有7家单位精心制作了宪法宣传微视频参与征集活动,有22个单位、1 000余人参加了网站或微信答题。

第二节　合同管理

一、管理依据

1991年7月,公司合同管理工作正式由审计处移交法律事务处负责。1991年起,公司先后制定《大屯煤电公司合同管理办法》《大屯煤电公司合同管理补充规定》等一系列企业内部管理制度。

2014—2016年,公司先后下发《关于调整公司合同审批范围和分支机构合同专用章限额管理的通知》《合同管理标准化考核标准及评分细则》等制度,从制度上强化了合同管理。2014年3月,将合同管理纳入质量标准化进行考核。

2017—2019年,先后制定下发《关于公司合同风险防范的法律意见书》《关于印发公司合同审批范围与权限的通知》等,对审查和管理中的不规范行为进行规范。

2019年11月,公司制定《公司合同审核部门职责划分规定》,明确各类业务主管部门和职责分工,控制合同风险。

二、合同管理信息化

1995年,公司与中国矿业大学联合开发完成了合同管理微机应用软件课题并在工作中得到应用,通过微机合同管理系统查询公司合同档案和公司供应商资信情况,进行数据统计汇总等一系列工作。

2003—2006年,公司信用(合同)管理网络软件开发成功并投入运行,通过信用(合同)

管理网站,对全公司的信用(合同)管理所形成的数据进行统计汇总、发布信息,传递国家及公司信用(合同)管理文件,传递最新的法律、法规及公司对外签订合同客户的信用情况信息。

2011—2013 年,中煤集团推进法律事务管理信息系统建设,合同管理经过上线试运行,2012 年正式运行。2014 年 1 月,法律事务管理信息系统与办公自动化系统集成,实现了在办公系统处理合同待办业务。

2019 年 3 月,中煤集团新版法律事务管理信息系统上线运行,进一步提升了业务处理速度和审批效率。

三、合同管理方式

公司合同管理坚持事前防范和事中控制为主、事后补救为辅的工作原则,把合同审核和规范管理作为工作重点,侧重对重大事项跟踪做好法律服务。

(一)合同审核

1991 年,公司主要通过线下纸质合同审核做好合同管理工作。贯彻执行公司内部制度,把严格合同审核程序与提高法律服务质量相结合。

2012 年,公司建立合同履行报告制度,各单位每季度上报合同履行情况,由法律事务部进行汇总分析,及时发现合同履行过程中可能存在的法律风险,有针对性地提出法律意见或建议,提前做好法律风险的防范。同年,实现了从线下纸质审核到信息化管理的突破,对合同业务流程中的关键环节进行重点控制。

1991—2001 年,年均审查合同 1 572 份,审查金额 6.85 亿元。

2002—2011 年,初步实现信息化管理,年均审查合同 3 029 份,审查金额 86.6 亿元。

2012 年建立法律事务管理信息系统后,年均审查合同 6 454 份,审查金额 192.3 亿元。

(二)重大事项跟踪

1991—2013 年,持续推进参与重大项目跟踪,先后有姚桥煤矿基建工程、电厂改扩建、大屯铝业大型设备及土建工程、十一村住宅扩建、新疆天山公司 106 煤矿和鸿新苇子沟煤矿开发建设、孔庄煤矿三期建设、新城嘉苑房产开发、铝板带项目建设等,提出法律意见或建议。

2014 年,重点调研选煤中心选煤系统升级改造工程、房产公司新城嘉苑人防地下车库建设开发合同履行情况,对合同履行中出现的问题提出法律意见。

2016 年,侧重对重点项目及重大合同履行进行过程跟踪、风险评估。对公司 2×350 兆瓦热电项目定期和不定期进行法律检查,及时从法律角度提出规范项目管理和防范风险意见。对大屯铝业阴极钢棒合同履行情况进行调查核实。

2017 年,对公司 2×350 兆瓦热电项目主厂房压型钢板采购合同履行中出现的问题,协助热电厂召开专题合同分析会议,提出强化合同履行整改要求和措施。

2018 年,全程参与公司 2×350 兆瓦热电项目,对项目设备材料供应方面出现的问题提出法律风险防范建议。

2019 年,参与公司 2×350 兆瓦热电项目建设、“三供一业”改造工程、驻外机构清撤、重大战略合作项目、山西及新疆等重点投资和清理转让项目。在处理苇子沟煤矿项目、山西煜隆、玉泉煤业合同的解除、变更中,及时出具法律意见。

四、合同示范文本管理

2013年,按照合同类型、交易方式等,制定《修缮修理合同》《房屋租赁合同》等一批合同示范文本,在公司推广使用,规范了合同文本内容,明确了合同法律责任。

2019年,以审计、巡察发现的问题为切入点,结合公司以往在合同签订和履行过程中出现的问题和风险,针对不同的交易类型、交易方式和交易条件,组织法律和业务人员研究制定完成各类型合同示范文本十多项,供各单位使用。

五、成果与荣誉

1995年5月,江苏省工商局组织了11个省辖市的工商局和23家国有大中型企业,共有60多名代表,在公司召开合同管理工作经验交流会,推广公司合同管理经验。《现代经济报》《中国煤炭报》等均专题介绍了公司合同管理的经验和做法。

第三节 行政收费审核

一、实施概况

公司行政收费审核管理涵盖了行政性收费、事业性收费、行政处罚、政府基金4个项目,各种行政性费用,包括基金、资金、保证金、抵押金、质保金等。1994年,公司下发《大屯煤电公司批转政策法律处关于对地方各种收费实行法律审核的意见的通知》,规定公司两级财务部门主管负责各种收费的初审,未经公司政策法律处审核批准的各项收费,两级财务部门不准拨付款项。对政府部门所有收费实行法律审核,不经审核的行政收费一律不准支付。

二、法律依据

1994年,公司制定《大屯煤电公司批转政策法律处关于对地方各种收费实行法律审核的意见的通知》。

1995年,公司先后制定《关于简化部分行政收费手续的通知》《公司行政收费审核管理办法》《关于印发公司行政处罚责任追究管理办法(试行)的通知》等规定。

1998年,国家物价局、财政部制定《关于加强行政事业性收费管理的通知》(价涉字〔1998〕278号)等规定。

2004年,财政部、国家发改委制定《行政事业性收费项目审批管理暂行办法》(财综〔2004〕100号)。

2006年,国家发改委、财政部制定《行政事业性收费标准管理暂行办法》(发改价格〔2006〕532号)等规定。

2015年以后,行政收费实行目录清单制,每年由各省下发年度行政收费目录清单文件。

三、审核模式

行政收费审核管理工作由公司总法律顾问统一负责,公司所属各单位主要负责人或分管法律业务的负责人分工组织,行政收费事务管理职能部门具体实施,有关业务管理部门相互配合。

公司行政收费实行两级审核制度,2013年之前对单项收费金额在3 000元(含3 000元)以下的收费项目,由各单位自行审核,除此之外所有收费项目和处罚事项须上报公司法律事务部审核。2013年以后,公司所有行政收费全部纳入公司审核。公司行政收费实行统一管理、分级审核的工作制度。

（一）网上审核

公司行政收费实行办公系统网上审核审批。各单位法律业务管理部门(专兼职人员)具体负责行政收费自审项目的审核及本单位需要上报公司审核的行政收费的初审,接受公司法律事务部的指导、监督,负责本单位行政收费的统计及有关报表报送工作。

各单位在收到有关行政收费主体签发的收费通知书(收费凭证)后,送交本单位法律部门人员审查,填报《行政收费审核呈报表》,先由本单位法律业务管理部门签署初步审查意见,经单位负责人签批意见后报公司业务主管部门和法律事务部审核。

（二）联签审批

行政收费实行联签审批制度。单项行政收费数额在10万元及以下的,二级单位初审上报后,经公司业务主管部门、财务部门、法律事务部门审核后,报公司总法律顾问、业务分管领导、总会计师审批;数额在10万元以上30万元及以下的报公司总经理审批;数额在30万元以上的报公司董事长审批。

行政处罚实行联签审批制度。单项行政处罚数额在3万元及以下的,经公司业务主管部门、财务部门、法律事务部门审核后,报公司总法律顾问、分管领导、总会计师审批;单项处罚数额在3万元以上10万元及以下的报总经理审批;单项处罚数额在10万元以上的报董事长审批。

（三）报表备案

行政收费统计报表,按照行政收费分类统计,分为资源类、检测类、水利类、工程类、环保类、基金类、其他类;按照行政收费时间统计,分为月报、半年报、年报。

四、业务开展

公司确定法律事务部是行政收费事务管理工作的职能管理部门,具体负责其权限范围内行政收费的审核、重大收费项目的协调、行政处罚的听证、复议等。

行政收费涉及种类繁多,中央、地方收费最多时达到近百种,涉及收费部门几十家,行政收费申报审核率达到100%。1995年至2020年6月公司行政收费审核情况见表10-6-1。

表10-6-1　1995年至2020年6月公司行政收费审核统计表

时间	审核数量/项	审核金额/万元
1995年	396	1 215.16
1996年	526	1 714.67
1997年	396	1 616.65
1998年	356	2 409.64
2001年	323	2 474.85
2002年	396	2 755.11

表 10-6-1(续)

时间	审核数量/项	审核金额/万元
2003 年	372	3 039.63
2004 年	409	4 926.80
2005 年	426	5 682.16
2006 年	409	4 805.62
2007 年	420	5 713.00
2008 年	451	6 418.59
2009 年	396	5 700.00
2010 年	422	5 842.00
2011 年	209	6 433.27
2012 年	239	8 298.67
2013 年	260	8 253.56
2014 年	196	6 524.82
2015 年	144	3 942.28
2016 年	168	6 016.04
2017 年	120	3 321.05
2018 年	175	4 735.01
2019 年	102	5 405.57
2020 年 1—6 月	46	1 360.00

第四节　纠 纷 管 理

一、纠纷种类与依据

公司发生的纠纷诉讼主要涉及劳动争议纠纷、医疗损害赔偿纠纷、煤炭销售纠纷、建设工程合同纠纷、租赁合同纠纷、投资款项纠纷、采煤塌陷财产损害赔偿纠纷、房产权属纠纷、交通事故纠纷、清算责任纠纷、联营合同纠纷以及行政复议、行政诉讼等类型。

1993 年 6 月,公司制定《大屯煤电公司法律事务管理办法》,明确法律事务纠纷申报程序、申报范围和审批程序。

1994 年 9 月,公司制定《关于受理法律事务案件批办程序的意见》,优化案件办理程序。

2013 年,为维护公司合法权益和利益,公司制定《公司法律纠纷案件管理办法》。

2018 年,为强化责任追究,维护公司合法权益,促进建立法律风险防范机制,公司修订《公司法律纠纷案件管理办法》。

二、纠纷管理方式

（一）纠纷上报

1993 年,各单位法律事务纠纷先向业务主管部门或主管领导申报,行政负责人为申报责任人,在3日内向法律事务处申报。情况紧急的,可以口头申报。法律事务处接到申报后报公司法定代表人(或主要负责人)审批。

1994年9月以后,各单位发生的法律事务纠纷,先向公司报告,由公司法定代表人或分管领导批转政策法律处受理。

2013年9月以后,各单位发生的纠纷案件,承办人先向单位负责人报告,同时报送公司办公室,由办公室呈报公司法定代表人批示,法律事务部根据公司领导的批示办理。

2018年11月以后,各单位需要提起诉讼或仲裁的,先向公司报告,法律事务部根据公司领导的批示办理。应诉案件,公司办公室收到应诉通知后,呈报公司法定代表人批示。涉案单位收到应诉通知后,承办人先向单位负责人报告,同时报送公司办公室,由办公室呈报公司法定代表人批示,法律事务部根据公司领导的批示办理。

(二)纠纷审查

1993年,法律事务处接到申报后,及时研究作出答复,认为不需要或不能通过诉讼解决的纠纷,向申报单位说明情况;认为需要通过诉讼解决的纠纷,报公司法定代表人审批。

(三)组织调解

企业内外部发生纠纷的,由公司法律人员在坚持贯彻执行国家法律法规和政策的前提下,注重通过调解的方式解决争议,妥善解决纠纷。

(四)诉讼方式

对重大案件组织召开案情分析会,确定诉讼方案和策略,实行全过程监督管理。在公司煤代油贷款纠纷案件中,公司总法律顾问多次召开案情分析会,在中煤集团的高度重视和协调下,达成调解协议,为公司避免近4亿元的损失。

(五)仲裁方式

在发电厂建设工程施工合同仲裁案中,公司通过协调外聘律师,利用仲裁中的各种程序,抓住时机,为公司避免损失3 082.47万元。在大屯铝业氧化铝采购合同仲裁案中,及时启动强制执行程序,借助国家强制力收回欠款及利息共计3 775万元。

三、清收账款

1990—2000年,公司法律人员积极协助业务和主管部门追还企业欠款,最大限度地实现企业债权,盘活企业资金,降低经营风险。

2003—2004年,公司抽调专人负责有较大风险的逾期应收账款的回收工作,重点剖析额度大、回收风险程度高的款项,通过诉讼、非诉讼回收764.94万元。建安公司、拓特厂、铁路处多种经营公司等单位清欠工作取得积极成效。

2016—2017年,公司积极采取诉讼方式清收欠款,主动在山西、内蒙古、江苏等地法院提起诉讼,通过出具律师函、催告函等方式,向各欠款单位发送催款通知10余份、律师函21份,提起诉讼或仲裁12起,共收回欠款1 370多万元。

截至2020年6月,公司处理纠纷案件1 100余件,涉及标的金额逾15亿元,为公司避免或挽回损失达7亿元。

第五节　工商与授权管理

一、基本概况

（一）大屯公司

1988年9月,大屯公司办理工商登记,注册为全民所有制企业,领取了法人营业执照。1997年11月,煤炭部确定大屯公司改制为大屯煤电(集团)有限责任公司。同年11月,完成了公司制改制,领取了企业法人营业执照。截至2020年6月,公司的注册资本为72 109万元。

截至2020年6月,公司名下登记各类市场主体50家(含二、三级企业),其中分公司20家,全资公司14家,控股公司9家,参股公司5家,事业法人单位2家。

（二）上海能源

1999年12月29日,上海能源由大屯煤电(集团)有限责任公司、中国煤炭进出口公司、宝钢集团国际经济贸易总公司、上海煤气制气物资贸易有限公司以及煤炭科学研究总院共同发起设立,注册地为中华人民共和国上海市浦东新区。公司于2001年8月29日在上海证券交易所挂牌上市交易。截至2020年6月,公司的总股本为72 271.80万元,每股面值1元。

截至2020年6月,公司名下登记各类市场主体18家,其中分公司11家,全资公司2家,控股公司4家,参股公司1家。

二、企业信用体系建设

（一）政策依据

1995年,根据煤炭部的要求和职责范围,公司制定《企业年检登记管理办法》。

1999年,制定《大屯煤电(集团)有限责任公司企业登记管理办法》。

2006年,公司制定下发《关于开展报送证照信息和统计报表工作的通知》,对公司26家单位、11个机关部室、3家驻外单位所涉及的4大类60余小类1 764件证照进行了统计汇总。

2012年7月,法律事务管理信息系统正式上线运行,公司实现了授权委托管理业务的信息化、规范化和标准化。

2013年,制定《公司工商登记管理办法》《公司授权委托管理办法》《公司商标管理办法》,形成比较完备的工商事务管理制度。

2018年11月,修订《公司工商事务及证照管理办法》,进一步提升工商行政管理的服务效能和审批效率,建立了法律事务管理系统中授权委托和证照管理系统,同时工商事务通过办公系统进行网上审核,做到了工商行政管理业务全部网上审批,实现了无纸化办公。

（二）管理模式

按照中煤集团和公司工商登记、授权委托等管理规定,根据《中华人民共和国公司法》《中华人民共和国公司登记管理条例》等法律法规和《中国中煤能源集团有限公司工商登记管理实施细则》,依法进行合规管理,完善风险防范机制。

公司工商事务及证照管理实行统一管理、分级负责制度。公司及所属单位(部门)配备专(兼)职人员,负责工商事务及证照管理工作。公司设立、变更、注销、章程修订等工商事务变动,需要事先通过公司办公系统中《工商事务审核审批表》进行线上审核审批后,方可正式办理。

工商事务内部审批流程:承办人员通过办公系统填列"工商事务审核审批表",并同时上传申报依据及相关附件→承办单位业务、法律、主要负责人核查确认→依据业务分工提交给公司相关职能管理部门审核(如办公室或企业发展部、经营管理部等)→公司法律事务部审核→报公司总法律顾问、分管领导、总经理、董事长逐级联签审批。

(三)企业信息年度报告

从 2014 年开始,营业执照年检开始取消,改为年度报告公示制度。企业在每年 1 月 1 日至 6 月 30 日期间,登录所在地省级工商局建立的"全国企业信用信息公示系统",填报年度报告并依法公示。

截至 2020 年 6 月,上海能源共 18 家单位,通过国家企业信用信息公示系统进行年报公示工作,累计有省级公示企业 11 家、市级公示企业 5 家、县级公示企业 2 家;大屯公司共 50 家单位,通过国家企业信用信息公示系统进行年报公示工作,累计有省级公示企业21家、市级公示企业 12 家、县级公示企业 17 家。

(四)授权委托管理模式

公司授权委托工作实行统一管理、分级负责的管理机制,以法律事务管理系统为主要实施平台,充分发挥信息化作用,提高工作效率和质量。各部门单位行使授权权限时,必须接受公司的统一领导,遵守公司的各项规章制度。

公司根据授权委托事项范围和权限建立相应的授权委托管理流程。审批权限范围内的授权委托管理流程一般为:单位履行其内部审查流程→单位主要负责人确认→公司授权委托主管部门法律审查→公司董事长(法定代表人)审批(办公室盖章)。

涉及公司重大事项或签订重要协议需要办理授权委托书的,经公司董事会、党委会或总经理办公会研究确定后,提出具体的授权事项、权限,公司法律事务部具体办理,由公司法定代表人直接签发授权委托书(办公室盖章)。

第六节 风险内控

一、机制建设

2010 年 3 月,公司纪委监察审计部为风险管理主管部门。2016 年 2 月,根据中煤集团要求,风险管理业务职能划转法律事务部。

公司重视风险管理和内控体系建设,建立了包括董事会、风险管理委员会、总经理、分管领导等在内的风险管理组织机构。董事会是公司全面风险管理工作的领导机构,对公司全面风险管理的有效性负最终领导责任。风险管理委员会是公司风险管理工作的执行机构,组长由公司总经理担任,成员由公司领导班子其他成员组成。风险管理委员会负责公司层面风险管理重大事项的集中审议,根据董事会授权,行使相应的决策职能。总经理拥有风险管理的决策权,可以将部分权力授予风险管理分管领导。

二、规定依据

根据《中国中煤集团有限公司全面风险管理体系建设规划》，公司作为中煤集团全面风险管理体系建设首批试点单位，于2010年2月，印发《关于开展全面风险管理体系建设工作的通知》，实施公司全面风险管理体系建设工作。

三、风险体系建设

2010年3月，公司召开全面风险管理体系建设动员大会，正式启动建立风险管理体系项目。同年10月，公司召开全面风险管理体系建设暨流程梳理项目成果验收会，标志着公司完成了全面风险管理及内部控制体系建设并实施运行。

2011年5月，公司印发《关于印发公司全面风险管理手册和全面风险管理制度以及内部控制管理手册和内部控制更新工作机制的通知》，规范公司全面风险管理体系。大屯铝业作为公司全面风险管理工作的试点单位，于2012年4月10日召开全面风险管理体系建设成果验收会。同年7月，公司召开第二阶段全面风险管理体系建设推进会，启动姚桥煤矿、孔庄煤矿、徐庄煤矿、龙东煤矿、电热分公司、铁路管理处、苏铝铝业7家单位全面风险管理体系建设。

2013年5月31日，公司召开全面风险管理体系建设第三阶段推进会，总结第二阶段全面风险管理体系建设情况，制订第三阶段推进工作方案。同年7月，公司印发《关于开展公司全面风险管理及内部控制体系建设第三阶段工作的通知》，推进铝板带厂、选煤中心等11家单位全面风险管理和内部控制体系建设。同年12月，随着第三阶段各单位全面风险管理体系搭建完成，公司用3年时间完成了从试点单位到主业18家所属单位风险体系全覆盖。

2018年3月，公司风险管理工作实现风险管理信息化。同年8月，修订并下发《公司全面风险管理制度(2018)》《公司全面风险管理手册(2018)》《公司风险评估手册(2018)》，对全面风险管理工作作出补充。

四、风险内控方式

（一）风险评估

（1）风险辨识。自2011年始，公司每年定期组织风险评估，通过对公司面临的内外部环境进行全面分析，整理形成公司风险事件库。2013年，公司风险评估工作的范围覆盖了各职能部门和直属单位共52家。2018年，按照中煤集团部署，公司开展风险管理与内部控制信息系统测试。根据系统线下完成的风险事件的辨识，将973条风险事件和6项重大风险导入系统，并试运行了线上的风险事件评估，其结果与线下的评估结果一致。2011—2020年公司风险辨识情况见表10-6-2。

表 10-6-2　2011—2020 年公司风险辨识汇总表

年度	2011	2012	2013	2014	2015	2016	2017	2018	2019	2020
一级风险	5	5	5	5	5	5	5	5	5	5
二级风险	49	51	51	53	53	53	53	53	81	81
风险事件	624	706	1 074	472	474	441	508	973	1 321	1 540

2015 年以后,公司所属单位、部门根据风险辨识结果,评估出各单位、部门需要重点关注的风险事项,按照公司风险管理工作要求,编制年度单位、部门风险管理报告,对评估出的风险事项制定了风险管控措施,经单位、部门负责人签字后报公司风险管理职能部门备案。

(2)风险应对。坚持以风险管理为核心,建立风险识别、预警和防范体系,实现风险管理的闭环运转,落实重大风险管控职责,辨识关键业务领域风险、重大风险的流程关键控制点,制定切实可行的控制措施。2010—2020 年公司重大风险评估情况见表 10-6-3。

表 10-6-3　2010—2020 年公司重大风险评估汇总表

年度	重大风险	管控措施/条
2010	资源获取风险、投资管理风险、产品产业结构风险、人力资源风险、公共关系风险、生产安全风险、采购管理风险、合同管理风险	42
2011	资源获取风险、产品产业结构风险、安全生产风险、投资管理风险、市场竞争风险、建设项目管理风险、销售管理风险、人力资源风险、采购管理风险、公共关系风险	29
2012	产品产业结构风险、资源获取风险、投资管控风险、技术人才保障风险、安全生产风险、建设项目风险、节能环保风险、销售管理风险、采购管理风险、市场竞争风险	49
2013	产品产业结构风险、资源获取风险、投资决策风险、安全环保风险、建设项目管理风险、销售管理风险、市场竞争风险	39
2014	市场竞争风险、安全生产风险、产品产业结构风险、投资决策风险、企业稳定风险、筹融资风险、信息披露风险	42
2015	安全生产风险、市场竞争风险、企业稳定风险、筹融资风险、应收账款风险、投资管理风险	25
2016	安全生产风险、公司经营风险、技术人才保障风险、现金流风险、稳定风险、合规风险	37
2017	安全生产风险、公司经营风险、市场风险、产品产业结构调整风险、合规风险	19
2018	安全生产环保风险、投资风险、稳定风险、产业结构调整和重组改制风险、现金流风险、人力资源风险	35
2019	安全生产环保风险、资产管理风险、人力资源风险、稳定风险、产业结构调整及改革改制风险	41
2020	安全生产环保风险、人力资源风险、合规管理风险、稳定风险、资金管理风险、投资管理风险	36

(二)内控评价

公司落实内部控制规范实施,每年年底实施内控自评工作,对测评结果采取三级复核制度。内部控制测试采取分组互测的形式,由实施组对公司主要业务流程和评价点的健全性和有效性进行现场测试。评价组对实施组的内部控制测试工作进行复核和评价,最终结果由分管领导审核。2010—2019 年公司内控自评情况见表 10-6-4。

表 10-6-4　2010—2019 年公司内控自评汇总表

年度	测评部门	测试流程及控制关键点数量	测评结果
2010	27 个	1 238 项	发现 6 项一般缺陷
2011	29 个	1 063 项	发现 8 项一般缺陷
2012	全部部室	全部业务流程	发现 4 项一般缺陷
2013	全部部室	211 项	发现 16 项一般缺陷

表 10-6-4(续)

年度	测评部门	测试流程及控制关键点数量	测评结果
2014	全部部室	263 项	发现 4 项一般缺陷
2015	全部部室、单位	全部业务流程	发现 2 项例外事项
2016	全部部室、单位	全部业务流程	发现 2 项例外事项
2017	全部部室、单位	全部业务流程	发现 7 项例外事项
2018	全部部室、单位	全部业务流程	发现 1 项例外事项
2019	全部部室、单位	全部业务流程	发现各二级单位 57 项例外事项;公司层面 2 项例外事项

（三）报告体系

公司每年向中煤集团提交《公司年度风险管理报告》和《公司年度内部控制评价报告》，根据证监会要求对外披露《公司年度内部控制评价报告》。《公司年度风险管理报告》和《公司年度内部控制评价报告》由风险管理部门负责编制，经公司经理层批准上报中煤集团。对外披露《公司年度内部控制评价报告》编制议案，经公司董事会批准，主要内容包括本年度内部控制评价工作总体情况、企业内部控制基本情况、内部控制缺陷认定标准、内部控制缺陷及其认定、上年度内部控制缺陷整改情况、内部控制有效性结论等。《重大风险管理报告》主要内容包括年度重大风险管控成效、年度重大风险剩余风险研判。

公司对内印发《公司年度风险管理报告》《公司年度内部控制评价报告》中评估出的重大风险事项及发现的内控缺陷(例外事项)，进行职责分解，落实责任部门。

第七章　审计管理

第一节　组织机构

1990年11月日起,公司所属主要矿(厂、处)等单位先后设立审计科,与公司总部实行"两级审计体制并行"。

1995年4月,经审计署驻南京特派员办事处批准,公司与江苏金陵审计事务所合作,在大屯矿区设立社会审计机构——江苏金陵审计事务所敬业分所,公司审计处处长兼任敬业分所所长。1998年,因贯彻"企业与其所办社会审计机构必须脱离"的要求,双方合作关系终止,敬业分所注销。

1996年6月,公司审计处撤销,随之成立公司审计工作委员会及其办公室。1998年2月,公司审计工作委员会及其办公室撤销,复成立审计处。

1999年,审计处演变为公司董事会审计部。

2001年7月,公司对所属各企业(单位)审计机构的审计科长、不设审计机构的副科长及以上专职审计人员实行"委派制",被委派人员接受公司董事会的垂直领导。

2006年5月,公司进行组织机构优化及人事制度改革,公司董事会审计部撤销,与纪委、监察部合并成立公司监察审计部。

2008年11月,公司对内部审计业务及人员实施集中管理,所属各企业、单位不再履行审计职能,对应审计机构及岗位予以撤销,同时取消了审计负责人委派制度。机构改革及资源重组后,精减审计机构21个,各级审计人员由46人精减至集中管理后的17人。

2019年5月,公司为落实"转职能、转方式、转作风"工作要求,保证纪检监察机构与审计机构各自独立行使职权,遂撤销监察审计部,成立公司审计中心,审计中心同时行使上海能源内部审计工作职能。

第二节　制度建设

一、制度依据

公司以《中华人民共和国审计法》,中共中央办公厅、国务院办公厅《国有企业及国有控股企业领导人员任期经济责任审计暂行规定》,《审计署关于内部审计工作的规定》,国有资产监督管理委员会《中央企业经济责任审计管理暂行办法》《中央企业经济责任审计实施细则》等国家相关法律、法规,以及中国内部审计协会《中国内部审计准则》,煤炭工业部《加强煤炭行业审计工作的若干规定》《煤炭行业内部审计工作暂行规定》等行业准则,作为规范审计程序、提高内部审计质量的纲要。

二、制度体系

1985年6月起,公司先后制定《关于开展内部审计工作的初步安排意见》《大屯煤电公司矿(厂、处)长离任经济责任审计实施办法》《大屯煤电公司承包经营责任审计实施办法》3项主要制度,公司内部审计工作开始起步。

2004年1月,公司制定《大屯煤电(集团)有限责任公司审计意见整改考核办法》,把对财务收支审计、财务决算审计、经济责任审计、工程投资审计、工程预决算审计、专项审计及清算审计等意见的整改工作全面纳入考核范围,并细化了考核内容。

2008年3月,公司制定《内部审计管理办法》,对内部审计依据、基本原则、审计机构及人员设置、审计任务、审计范围、审计职权、审计程序以及对审计工作的奖惩等内容进行了详细的定义。该办法于2017年3月修订,是公司直至目前开展内部审计工作遵循的基本规范。

2008年12月,公司制定《工程投资审计监督管理办法》,明确了工程投资项目必须以审计后的工程结算书或审计报告作为工程结算、支付工程款的依据,重大投资工程竣工结算实行中介机构审计的重要规定。

2012年12月,公司制定《审计项目计划管理实施细则》等9项制度,与之前的《内部审计管理办法》《工程投资审计监督管理办法》共同构成公司审计制度体系建设的基本框架。

2018年3月,公司制定《公司审计问题整改工作实施细则》,使审计发现问题整改闭环工作更加细致化、标准化和规范化。

2019年底,公司启动了内部审计管理11项重要制度的修订工作,至2020年4月,修订工作已经初步完成。修订后的内部审计管理制度,既保证了与中煤集团相关规定的有效衔接,又保持了与既往内部审计制度及工作惯例的脉络相承。

第三节　审　计　工　作

一、财务决算审计

1986年起,公司生产和基建企业、单位按照"三同步"(布置、编制、送审决算和财务部门同步)的原则,开始与财务部门协作开展年度财务决算审计工作。1999年公司制改革及上市后,严格按照上市公司监管及规范化信息披露要求,聘请具备相应资质的中介机构进行审计,对审计出的问题一律在决算上报前进行纠正、处理,确保公司财务状况、经营成果和现金流量的真实性。

二、经济效益审计

2003年开始,公司内部审计工作由传统的财务收支审计逐步实现向管理与绩效审计转型。2003—2005年,较为密集地对21家企业、单位开展经济效益审计。

2003年6月,对铁路管理处多种经营公司所属华联超市及紫园大酒店进行经济效益审计,揭示其应收账款管理、成本控制、存货管理方面存在的问题,促使其加强管控,合理规避经营风险。

2004 年 2 月,对物业管理分公司进行经济效益审计,加快推进其由计划经济下的经营模式向市场经济下的经营模式转变;对中心医院进行经济效益审计,分析其经营中的致损原因,为其扭亏增盈提供助力。4 月,对建安公司进行经济效益审计,提出主动拓宽行业市场、积极参加社会招标活动、多方面促进效益增长的建议。5 月,对汽车运输分公司进行经济效益审计,促进其资产盘活及产能释放;对徐州科达电器厂进行经济效益审计,为其在新产品研发及理顺企业产权关系方面提供了可行性意见参考。6 月,对大屯煤电设计院有限公司进行经济效益审计,作出业务局限于公司内部、抗风险能力不强、年收入额与单位规模相比偏低的评价。7 月,对科瑞分公司、姚桥煤矿液化气站进行经济效益审计,纠正其投资额与注册资本金不一致、投资主体性质与企业所有制成分不相符的问题。10 月,对徐州天翔机械修造厂进行经济效益审计,对其作出投资收益低、控股方实际控制权丢失的效益评价。11 月,对上海大屯有限责任公司进行经济效益审计,建议其在减少货币资金存量、盘活货币资产的同时,要避免预期无收益的对外投资;对深圳鹏海贸易有限公司进行经济效益审计,披露其在与外资企业合作设立股份制公司时合作方出资不到位的问题。

2005 年 4 月,对孔庄煤矿多种经营公司进行经济效益审计,发现并纠正其投资控股的子公司一直由第三方企业代管经营,双方未签订委托经营协议,控股股东利益无法得到保证的问题。6 月,对金屯房产公司进行经济效益审计,对其收益情况进行"收入—成本模型分析",为其提出增收节支合理化建议。7 月,对徐庄煤矿多种经营公司、姚桥煤矿多种经营公司进行经济效益审计,认为两家公司分别与所在地徐庄煤矿、姚桥煤矿存在空调、车辆等固定资产管理、使用权限混淆不清的问题,两家公司在落实审计意见后,理顺了物权关系。

三、经济责任审计

1996 年,煤炭工业部审计局对公司经理任职期间履行经济责任情况进行审计评议,此后公司经济责任审计工作逐渐步入"常态化"轨道,公司运行形成较为完善的经济责任审计评价机制。从起初的矿(厂、处)长至所属各企业法人、实际负责人,全部列为经济责任审计对象。经济责任审计坚持"离任必审,即离即审"原则,并以两至三年为一个周期开展责任人任期内审计评价。据统计,1998 年至 2020 年 6 月,公司累计开展经济责任审计涉及181 人次。

四、工程投资审计

根据中煤集团《公司工程投资审计监督管理办法》,公司对各类新建、改扩建项目和建筑物装饰、装潢工程等相关的固定资产投资进行审计,保证建设项目投资支出的真实性、合法合规性及效益性。自 1996 年开始,公司对建设项目开展结算审计、竣工决算审计、项目自评价、跟踪审计工作,至 2020 年 6 月底,累计完成 4 200 余项。

1998 年,对姚桥煤矿二期改扩建工程进行结算审计,江苏省审计厅对姚桥煤矿二期改扩建工程项目竣工决算出具审计意见,确认投资额 99 462.75 万元,同时测算该项目的投资利润率为 0.495‰,属于微利项目。

2005 年,对发电厂 135 兆瓦机组技改工程项目进行竣工决算审计,确认投资额 92 461 万元,

较概算总投资 102 636 万元节约 10 175 万元。

2006 年,委托中介机构对 10 万吨/年电解铝前期工程开展工程结算审计,为公司推行竣工结算委托中介机构实施的首例。

2007 年,对矸石热电厂 2×15 兆瓦机组扩建工程项目进行竣工决算审计,确认投资额 21 115.03 万元,较概算总投资 23 936 万元节约 2 820.97 万元。

2009 年,对团结新村扩建工程项目进行工程结算审计,审定金额 5 442.86 万元,审减 242.37 万元;委托中介机构对发电厂 2×60 兆瓦热电技改项目进行工程结算审计,审定金额 15 676.63 万元,审减 210.63 万元;对发电厂 2×60 兆瓦热电技改项目进行竣工决算审计,确认投资额 45 793.31 万元,较动态总投资 50 278 万元节约 4 484.69 万元;委托中介机构对姚桥煤矿选煤厂项目进行工程结算审计,审定金额 4 098.70 万元,审减 80.65 万元。

2010 年,对发电厂 2×60 兆瓦煤矸石机组投资项目开展后评价,从经济效益和可持续发展以及满足矿区建设需要及投资控制等方面,判定该项目建设的必要性和成功性。

2011 年,委托中介机构对公司 10 万吨/年高精度铝板带项目进行工程结算审计,审定金额 35 805.32 万元,审减 1 390.84 万元。

2012 年,委托中介机构对孔庄煤矿改扩建项目进行工程结算审计,审定金额 33 787.56 万元,审减 496.78 万元。

2013 年,对四方铝业 1850 项目进行工程结算审计,审定金额 4 108.94 万元,审减 1 617.57 万元;委托中介机构对公司研发中心项目进行工程结算审计,审定金额 33 633.10 万元;委托中介机构对研发中心项目进行竣工决算审计,确认投资额 38 683.85 万元,较估算投资 38 516 万元超出 167.85 万元。

2014 年,对孔庄煤矿改扩建项目开展后评价,认为项目技术达到了国内先进水平,生产能力达到了既定目标,项目投资得到了有效控制,经济效益和社会效益显著。

2015 年,委托中介机构对新疆天山煤电 106 煤矿改扩建项目进行工程结算审计,审定金额 52 762.38 万元,审减 819.26 万元;委托中介机构对选煤中心所属 3 个选煤厂升级改造项目进行竣工决算审计,确认投资额 23 701.88 万元,与代可行性研究总投资 26 499.53 万元相较,节约 2 797.65 万元。

2015—2018 年,委托中介机构对新城嘉苑住宅项目分阶段进行工程结算审计,累计审定金额 125 752.64 万元,审减 3 374.90 万元。

2016 年、2017 年,连续委托中介机构对新疆鸿新煤业苇子沟煤矿改扩建项目进行划线结算审计,至 2016 年 6 月底,完成投资 100 625.42 万元,达初步设计概算的 50.89%。

2019 年,委托中介机构对新疆天山公司 106 煤矿改扩建项目进行竣工决算审计,确认投资额 105 736.65 万元,较概算投资 101 162.53 万元超出 4 574.12 万元。

除上述重大建设项目投资审计外,还对其他小额固定资产投资、专项工程、零星维修工程等进行结算审计,累计审定金额约 13 亿元、审减金额约 1 500 万元。

五、专项审计及审计调查

1996 年至 2020 年 6 月,累计开展专项审计及审计调查 48 项,发现并整改问题 608 个,其中较为重点的项目如下。

1996年,对公司第三产业开发办公室关于三产建设发展4 700万元贴息贷款项目进展进行审计调查,其中包括使用贴息贷款480万元的新型钻机造孔开发项目、使用贴息贷款920万元的浦东仓储建材厂项目、使用贴息贷款800万元的珠海青岛开发区填海工程项目、使用贴息贷款200万元的青岛增广公司项目以及使用贴息贷款800万元的天力植物油厂项目。

2000年,对各二级单位承包经营者工资总额进行审计调查。

2001年,对公司药品采购进行专项审计。

2005年,对公司安全费用、维简费用提取和使用情况进行专项审计。

2006年,对姚桥煤矿多种经营公司等6家多种经营系统单位存货管理进行专项审计。

2007年,对公司物资采购进行专项审计,为公司修订完善物资采购管理办法提出审计建议;对公司煤炭销售进行专项审计,审查公司制定的各项销售政策的执行情况,审查合同履行、煤质管理、价格调整机制的及时性等;对公司设备修理进行专项审计;对公司地区赔偿进行专项审计,审查采煤塌陷地青苗两季赔偿、土地复垦、迁村、土地征用、地区单项工程等,对规范地区赔偿工作程序提出建议。

2008年,对公司环境管理进行审计调查,及时发现、报告危害环保的主要问题,披露不符合环保标准信息。

2009年,对公司内部控制系统进行专项审计评价。

2010年,对公司成本费用内部控制进行专项审计。

2015年,对公司应收账款管理、教育经费使用进行专项审计。

2019年,对公司薪酬分配、科技项目经费、应收账款进行专项审计;对公司清理拖欠民营企业账款工作进行审计调查。

2001—2008年,公司实行审计负责人"委派制"期间,各下属审计机构亦独立完成专项审计及审计调查项目41项。

六、企业改组清理审计

2001年7月至2005年6月,公司集中对技工学校多种经营公司、技工学校单体维修中心、徐州科达电器厂、上海泰华电站设备修造厂、上海大沪煤电器材公司运输仓储服务部、徐州龙达物资贸易有限公司、徐州三源工贸有限公司、上海浦东三新墙体材料厂、上海大沪建筑设计室、上海深海工贸有限公司、青岛办事处及青岛增广经贸公司、大通电子技术开发公司、上海保灵工贸公司、海门汇能煤电有限责任公司、徐州洁力达洗涤用品有限公司、上海梦彤洗涤用品有限公司、建安公司上海办事处、特基公司上海工程处、上海屯建实业公司、上海利博木业有限公司、上海闵大创建工贸公司、海南金屯房地产开发公司、三亚振龙实业公司等23家三、四级分(子)公司进行清理审计。此次清理审计涉及资产总额7 300余万元,审计后调整资产金额1 012万元,提出意见及建议49条,为公司企业改组清理整改工作提供了客观依据。

2007年至2020年6月,公司总部审计机构完成审计项目226个,发现主要问题1 380个,提出审计意见及建议861条。2007年至2020年6月公司内部审计项目统计见表10-7-1。

表 10-7-1　2007 年至 2020 年 6 月公司内部审计项目统计表

时间	审计项目/个	发现主要问题/个	提出审计意见及建议/条
2007 年	36	68	52
2008 年	22	97	74
2009 年	29	60	34
2010 年	15	42	42
2011 年	17	45	45
2012 年	17	94	81
2013 年	13	60	44
2014 年	14	86	49
2015 年	10	63	42
2016 年	8	67	39
2017 年	9	130	84
2018 年	17	298	163
2019 年	15	213	96
2020 年 1—6 月	4	57	16
合计	226	1 380	861

第八章 行政管理

第一节 综合办公

一、机构沿革

2003年公司机构改革后,办公室未发生变动。2006年公司机构改革,办公室所属信访办职能划归党委系统。信访科于2007年划转党委工作部。2013年中煤集团成立信息机构,公司办公室设立信息科。原公司办公室所属招待所,于2014年公司办公楼搬迁至研发中心后,更名为微山湖假日酒店。原公司办公室所属上海总部办公室,于2014年划转上海大屯煤电公司。原公司办公室所属小车队,于2017年公司机构改革后,划转汽运分公司。原公司办公室所属徐州办事处,于2019年根据中央及中煤集团要求予以撤销。附属机构档案馆、微山湖假日酒店,属于独立经营单位。

二、调研管理

根据公司领导要求和办公室日常工作安排,做好公司领导重要讲话、公司综合性材料和重要文件的起草、审查和修改工作。根据工作需要或要求,做好内外部调查研究工作,及时提供调查报告和情况汇报,提出建设性的意见和建议。做好公司内外的情况汇报、信息传递和经验交流工作。负责催办和督促检查公司会议及领导交办的专项工作的贯彻落实。及时整理组织上报和下发会议纪要。做好其他各项临时性工作,当好领导的参谋和助手。每年编写调研报告上报中煤集团《中煤能源》杂志。

三、信息管理

根据公司领导要求和办公室日常工作安排,做好公司有关政策信息资料的收集、整理,为领导决策提供依据。做好信息资料的编写工作,并按有关要求及时上报。协助做好公司大型会议的会务工作,撰写领导讲话。参加公司召开的各类会议,做好会议记录。及时整理组织上报和下发会议纪要。负责催办和督促检查领导交办的专项工作的贯彻落实情况。负责编发《大屯信息》《政策研究》,并向《中煤信息》报送信息。

四、综合管理

根据公司领导要求和办公室日常工作安排,起草公司法人治理结构方面的管理制度,指导子公司法人治理结构运作。做好公司股东会、董事会的会议筹备工作,负责组织起草、审核相关材料和制度。负责公司发文审核工作。负责公司相关文字材料起草和信息调研。协助做好公司内外的情况汇报、信息传递和经验交流工作。参加公司召开的各种会议,负责做好会议记录、决议整理及下发工作,督办会议决议的贯彻落实。

五、接待管理

根据公司生产经营管理工作需要及外事业务规定和办公室工作安排,负责公司外来贵宾的日常接待业务工作。协助做好小车队、招待所(微山湖假日酒店)的接待服务工作。做好公司会议、重大活动的接待事务工作。负责公司出国人员报批、护照、签证、出国前外事纪律教育等外事工作。

六、文秘管理

根据公司领导要求和办公室日常工作安排,负责机要秘书业务工作,公司文件校稿及行政文件、材料的打印、复印,公司印章和办公室印章的管理和使用,公司上报下发文件的审核工作,公司召开会议的通知及办公室日常事务工作。做好保密工作及有关档案资料的移交工作。

七、住宿接待

微山湖假日酒店成立于2014年7月,由公司招待所变更而来,管理运作模式为商业化独立经营。对内承担公司所有对外住宿、餐饮、会议的接待工作及公司机关工作人员的工作就餐。对外承接客房住宿,餐厅零点、桌餐、婚宴,会议及各项社会活动的接待任务。

第二节　档案管理

一、档案馆

1991年,公司成立档案处。1995年,公司成立档案馆。1996年7月,公司新档案馆开工建设,建筑面积为1 745平方米,工程造价为160万元。1998年11月,新档案馆正式投入使用。2003年,公司办公室设立档案科。

档案馆共4层,共有大小库房14间和240柜密集架。一层2个库房,主要存放部分会计类档案和清撤档案。二层3个库房,存放大屯公司和上海能源的会计档案。三层5个库房,存放科研、地测、基建类和综合机运类、选煤地质类档案以及实物档案、声像档案。四层3个库房,存放公司建矿初期文书档案和2000年以来上海能源文书档案以及部分账簿、报表和工资类档案。各库房均配备了空调设备、除湿设备等。公司各基层单位机关部室设有专兼职档案员50余人。

二、档案管理

(一)档案门类

公司档案馆现保管的各种门类、不同载体的档案材料共计27.5万余件,有文书档案7万余件、科技档案2万余件、会计档案17万余件、声像档案和荣誉实物档案1.5万余件、电子档案13万余件、电子存储超过1 000千兆字节。主要是本公司的党、政、工、团和各处、室、部、委、办,及中煤集团、上海市、江苏省、徐州市、沛县等机关的文件材料。

1990年,文书档案按"年代—作者—问题"等6个特征组卷,会计档案按"年代—类别"组卷,科技档案按工程、课题研究、技术革新等项目组卷。

（二）分类管理

1991年,国家档案局下发《关于印发〈工业企业档案分类试行规则〉的通知》(国档发〔1991〕20号),把工业企业全部档案作为分类对象,设置十个一级类目,即党群工作类、行政管理类、经营管理类、生产技术类、产品类、科学技术研究类、基本建设类、设备仪器类、会计类、干部职工类,简称"十大类"分类法。1992年,开始把全部档案归入"十大类"分类法的管理轨道。

1994年,煤炭工业部颁发《关于印发〈煤炭工业企业档案分类规则〉(试行)的通知》(煤办字〔1994〕第110号),要求全国煤炭行业执行此标准。该规则是在原"十大类"的基础上根据煤炭行业的特点,增设了地质勘探类和特殊载体类,其分类、整理、组卷、排架方法与"十大类"基本一致。

1994年后,按照煤炭部颁发的《煤炭工业企业档案分类规则》(试行)要求组卷,共分十二大类,分别是党群工作类、行政管理类、经营管理类、生产技术类、科研类、基本建设类、产品类、设备类、会计档案类、职工档案类,增设了地质勘探类和特殊载体类。前四类文书档案按问题分类,分到二级类目,编号按年度排流水号。中五类科技档案按项目、种类和型号分类,分到三级类目,编号按年度排流水号。会计档案类按会计年度收集分类,分到三级类目。职工档案类暂由干部人事部门管理。特殊载体类按载体形态分类,分到二级类目。

1998年,公司档案馆按要求装设中央空调,档案库房全部配备了密集架,建立了较大规模的档案实物陈列室,同时投入使用"煤炭档案管理软件"。

2001年8月,制定了《上海能源档案管理规则》。上海能源独立全宗分类组卷,实行"年度—保管期限"的分类方法,将原前四类档案分为党群和综合管理两类。科技、会计档案等其他档案分类仍执行原煤炭部颁布的《煤炭工业企业档案分类规则》(试行)。前四类文书档案按问题分为党群和综合管理两类,每个问题再按保管期限永久、长期、短期编三个流水号。中四类科技档案按项目、种类和型号分类,分列三级类目,编号按年排流水号。会计档案按会计年度收集分类,分列三级类目。职工档案暂由人力资源部门管理。特殊载体类按载体形态分类,分列二级类目。同时,建立实物陈列室,设立奖牌、证书、奖杯、印章、照片和底片等档案。

2008年,档案分类方法与之前相同,只是将文书档案每个问题里按保管期限永久、30年、10年编三个流水号。

（三）信息化管理

2002年,公司档案管理软件进行升级换代,大大提高了档案管理的效率和质量。实行文书立卷改革后,文书档案前四类全部实行按件整理保管。科技档案与会计档案按《煤炭工业企业档案分类规则》(试行)执行。

2005年,公司档案馆与北京量子伟业档案软件公司联合开发了适合公司管理实际的"网络档案管理系统",将公司机关和二级单位所形成的全部类型和载体形式的档案全部输入电脑进行集中数字化管理,大大提高了档案的管理效率和利用效率,初步建成企业级的数字化档案馆。

2015年,根据中煤集团统一要求,公司档案馆对基于J2EE平台、纯B/S结构的档案管

理信息系统进行了升级改造,通过合理地分配数据权限、功能权限及角色管理,对公司存在的文书档案、科技档案、设备仪器档案、照片档案、电子档案类档案数据进行有效的组织、挖掘,建立各类档案信息资源库,实现了整个公司档案的规范化整体化管理。同时将档案信息系统与企业应用系统,如 OA、ERP、人力资源、法律事务管理系统等对接,使 OA 等各应用系统里的文件真正转入档案管理平台。

三、档案利用

为方便查阅和提高档案利用效率,公司先后组织编写了《全宗介绍》《大事记》《组织沿革》《职称汇编》《基础数字汇编》等专项参考资料。

1990 年至 2020 年 6 月,各项档案借阅累计 6 000 余次。公司档案主要为公司每年生产经营中发生的各类纠纷及法律诉讼提供依据;配合审计监察活动提供依据;保障职工利益,为职工离退休工资待遇、房产继承、户口迁移等提供档案证据;为公司服务社会,对公司外部求助需求提供帮助;为公司范围内编撰专业志书或其他各类刊物及内部汇编提供大量资料依据。

第三节 办事机构

为加强企业管理,促进各项工作有序推进,以及大力发展多种经营和第三产业,公司在部分特区和沿海开放城市开办了多种形式的经济实体。为进一步加强与所在地的信息交流和横向经济联系,以适应社会主义市场经济,成立了办事机构。

1978 年 5 月,大屯矿区成立了上海办事处。1992 年 1 月,公司成立了徐州办事处(招待所)。1992 年 10 月,公司成立了深圳办事处。1992 年 11 月,公司成立了珠海办事处。1993 年,公司成立了北京联络处。1994 年 12 月,公司成立了海口办事处、南京办事处等驻外办事机构。

驻外办事机构主要是根据公司要求,做好领导和职工出差接待、预订或代买火车票与机票等服务;根据公司领导指示,做好对外联系、协调工作及其他日常事务;及时了解和掌握当地政府相关政策情况,为公司经营管理决策提供政策依据;做好属地与公司业务相关的信息收集和报送工作;处理公司维稳工作中的突发事件,完成与公司信访部门的对接;管理公司在外有关房产资产等。

2001 年,公司根据国家大型企业工委和中煤集团清理撤销经营性公司和驻外办事机构的要求,撤销了海口办事处、青岛办事处等驻外办事机构,仅保留了上海办事处、北京联络处、南京办事处、徐州办事处 4 家驻外办事机构。

2019 年,公司根据中央及中煤集团要求进一步清理驻外办事机构,对上海办事处、北京联络处、南京办事处、徐州办事处 4 家驻外办事机构予以撤销。

第九章　内部市场化

第一节　决策与实施

一、实施起因与走访调研

多年来,公司整体经济运行保持平稳健康发展,但由于多种因素影响,抗击市场风险能力较低,企业利润来源单一,职工存在等靠要思想,内生动力不足等大企业病凸显。

2017年4月,公司下发《"全面深化改革、促进创新发展"工作指导意见》,全面推进公司内部市场化。同月,公司组织相关人员赴淮北矿业集团、淮南矿业集团、中煤新集能源集团、皖北煤电集团进行调研。公司于17日召开调研专题座谈会,通过对4家单位推行内部市场化管理调研,认为公司推行内部市场化管理势在必行。

公司召开内部市场化调度分析会如图10-9-1所示。

图 10-9-1　内部市场化调度分析会

二、决策实施

（一）开始启动

2017年5月,公司下发《推进公司内部市场化管理工作实施指导意见》,成立组织机构。6月,公司召开内部市场化管理推进会,随之下发《关于印发公司内部市场化管理推进会领导讲话的通知》,标志着公司内部市场化管理工作全面启动。

（二）目标任务

公司根据市场价值理念,对公司管理流程和模式进行重塑,把公司经营管理向精细化、

标准化和市场化管理推进和延伸,形成"价值共创、风险共担、成果共享"的管理机制。促进"六个提升":一是促进公司整体效益提升;二是促进职工经营意识提升;三是促进工作质量和效率提升;四是促进公司管控水平提升;五是促进公司改革创新工作提升;六是促进公司煤炭、电力、铝业、制造加工、运输等板块的专业提升。实现两个目标:一是激发企业活力,推行内部市场化管理,实现职工和企业"共创价值、共担风险、共享成果"的良好局面;二是实现降本提质增效,建立科学、先进的价格体系,实现职工经济利益和单位经济效益紧密挂钩,确保减人提效、降本增效。

（三）实施原则

以最少的投入获取最大的回报为原则;统筹推进市场化管理与推进人力资源优化、薪酬制度等改革;正确处理推进市场化管理与安全、生产、稳定的关系。

三、全面推进

（一）实施步骤

2017年6月,公司层面试点稳步推进,鼓励非试点单位选择个别区队进行试点。将姚桥煤矿、徐庄煤矿2家煤矿单位和苏铝铝业、铝板带厂、拓特厂、汽运分公司4家地面单位纳入试点推行单位。

2018年,第一批6家推行单位各区队(车间)试点全面推进。根据《关于申报推进2018年内部市场化管理工作准入申请的通知》要求,选定孔庄煤矿、龙东煤矿2家煤矿单位和选煤中心、铁路管理处、中煤职院3家地面单位纳入第二批推行单位,年底5家单位所有区队(车间)实现内部市场化结算运行。

2019年,对11家推行单位实现规范深化提升运行,同时将工程咨询公司、铁路工程公司、电力工程公司、水处理公司、热电厂、106煤矿等6家单位纳入内部市场化推行单位。同年下发《公司2019年全面深化提升内部市场化建设实施意见》。

2020年下发《公司2020年全面推行内部市场化建设实施意见》。对17家推行单位进行深化再提升,按照能推尽推的原则将具备条件的二级单位全部纳入内部市场化推进单位,包括实业公司、中能公司、物资贸易部、电热公司、煤质运销管理中心、微山湖假日酒店、设备管理中心等,实现公司内部市场化推行全覆盖。

（二）实施方式

（1）通过流程再造,促进公司经营管理向精细化方向发展,激发职工积极性和公司发展活力,降低成本费用,实现经济效益最大化。

（2）改变公司层级过多、机制不活、职责不清、效率低下等现象。把价格机制、竞争机制和风险机制引入企业内部,以"市场推动"代替"行政命令",实现简政放权。

（3）加强单耗控制,深化修旧利废,降低采购成本,盘活闲置资产,实施低成本发展战略,持续提升公司盈利能力。

（4）通过市场化建设还原市场价值,让职工工资与岗位承担的风险、贡献挂钩,实现劳动力优化组合。

（三）实施保障

一是保障安全生产,处理好推进内部市场化与安全生产的关系,确保安全生产;二是保障职工队伍稳定,处理好推进内部市场化与薪酬分配的关系;三是保障高质量推进,落实公司决策部署。

（四）严格考核

公司各部门定目标、定责任、定措施、定人员、定时间，一级抓一级，一级保一级，层层抓落实。考核督导组按照任务时间节点对各部门、单位进行考核，并把考核结果与单位及个人的绩效挂钩。内部市场化办公室，组织相关部室及二级单位骨干人员，对各推行单位实行月度、季度、年度检查验收考核。

（五）协同推进

公司下发指导意见，构建3大管理体系，建立相关要素市场，涉及安全、生产、经营、财务、人力、信息、采购等多种专业。各部门相互配合，密切协作，形成合力。

第二节 成 效

一、推进效果

（一）业务流程优化

各推行单位开展业务流程再梳理、再完善，按照管服分离、简化流程、提高效率的原则，理顺交易结算链条。减少管理层级，将垂直职能管理向扁平化流程管理转变，逐步解决管理交叉、职能重叠等问题。对劳动用工进行全面分析和定员，减人提效成效突出。

（二）"四定"工作方案得到落实

各单位制订"四定"（定编、定岗、定员、定责）工作方案，核定各二级市场主体定员及管服人员职数。对各班组、业务单元明确岗位工序名称、工作职责范围、定员人数、在册人数、超欠员情况、调查人岗匹配情况。通过落实"四定"工作，解决了部分岗位定员不合理、超定员的情况，面对职工退休、协解等人员逐步减少的情况，通过合理定员达到减人提效的效果。

（三）岗位价值评价逐步完善

制定矿（厂）岗位价值评价实施办法，完善二级市场主体岗位价值评价工作。根据岗位、工序工作内容和工作标准制定评价标准、评价要素及岗位评价权重，形成评价表，分班组组织职工点评确认。根据矿（厂）、区队（车间）两个维度的岗位价值评价结果，形成二、三、四级价格测算依据。

（四）定额体系初步健全

公司多数单位定额标准比较健全且已建立平台信息系统。2018年之前，公司煤矿单位一直沿用1994年劳动定额标准。20多年来随着生产工艺、地质条件、技术水平的变化，原劳动定额存在不适用性。公司于2018年修订了煤矿单位劳动定额标准，煤矿单位根据本矿生产系统，分别编制了人工、电力、材料、设备租赁、装车等定额。

（五）价格体系逐步完善

各级市场依据岗位价值评价结果和定员情况进行测算，形成差异化单价，有量可计的按工作内容或服务项目制定单价。对与生产实际有线性关系的成本要素纳入综合单价测算，没有线性关系的进行定额管控。

（六）薪酬分配价值导向初步形成

煤矿单位未开展内部市场化结算分配以前的"三条线"（矿地面、辅助、生产采掘一线）分配

比例为 1：1.38：1.73 左右。2019 年,煤矿单位"三条线"分配比例年度目标为 1：1.75：2.5,基本实现年度目标。采掘生产一线职工收入大幅提高,各矿呈现出人员向采掘一线回流情况。2020 年,煤矿单位"三条线"分配比例目标为 1：2：3,地面单位以优化产品结构、提高产品附加值为目标体现质优价优,在制定三级单价时,体现向"苦、脏、累、险"和核心技术倾斜,地面推行单位人员向生产一线流动明显。

（七）劳动效率提高

职工思想理念由过去的"企业发工资"向"个人挣工资"转变,实际行动由过去的"等活被动干"向现在的"要活主动干"转变。随着人员的不断减少,通过优化劳动组织,实行一岗多责和"多劳多得,少劳少得,不劳不得"的分配政策,提高了劳动效率。

（八）全要素成本管控考核逐步形成

引入市场机制,干部职工自觉节支降耗,"降成本就是增工资"的理念逐步树立。煤矿单位将人工、电力、材料、设备租赁、装车费等成本要素,纳入综合单价结算或定额考核。材料消耗实行分级管控,即明确各类管控主体、管理范围及每种材料所属管控等级,对矿控材料实行年度总额控制,对区队控材料实行月度定额考核,班组控材料中与生产任务量呈线性消耗关系的实行综合单价结算,且 100％兑现。

（九）区队(车间)管理规范

通过培育标杆区队(车间)建设,结合内部市场化平台建设,规范二级市场主体各流程梳理,各岗位、工序业务范围和内容明确,质量验收严格规范,班组材料领用台账健全,内部奖罚和消耗纳入班清班结,班组计量结算准确及时,单价准确率逐步提高,月度内部奖罚额度严格控制。

（十）平台功能逐步完善

根据二级主体、要素市场深化提升,不断优化信息平台建设,实现人力资源市场、单项工程市场、资金市场、物资市场等要素市场独立流程运行,逐步完善网上审核流程。二级市场主体实现手机 App 查询和相关审批功能。

二、取得成效

（一）姚桥煤矿内部市场化建设

2018 年 2 月、11 月,公司两次在姚桥煤矿召开内部市场化推进会。姚桥煤矿把市场机制引入企业管理,各项管理实行市场化运作,通过内部价格结算,将原来企业内部市场主体间的行政协调关系变为市场运作和行政协调相结合的服务与被服务关系。通过内部市场化管理体系的建立和有效运行,姚桥煤矿实现岗位增值、员工增收、企业增效的目的。

（1）差异化薪酬分配体系已经形成。将全年预算工资总额,按照地面、辅助、采掘三条线,依据一定的分配比例进行切块,在工资切块的基础上测算单价,制定市场化工资分配办法、科(队)业绩考核办法、科级干部业绩考核办法,并严格进行考核,形成了具有姚桥特色的差异化薪酬分配体系。

（2）定额、价格、计量、结算体系不断完善。多次对定额进行修订和补充,制定了人工定额、材料消耗定额、电力消耗定额、设备租赁定额、工器具租赁定额、材料装车标准及定额、车辆使用定额,编制了定额手册。依据定额分别测算人工、材料、电力消耗单价,测算设备、工器具日租金价格。

（3）打造两条生产服务链。先后打造了重车运输、原煤运输服务链,并完善了索责索赔制度。通过服务链的运行,生产服务单位的服务质量提高了,相互推诿的现象减少了,生产事故率降低了,矿井高效生产得到了保证。

（4）强化标杆模型建设和推广。建立采煤、综掘、岩巷掘进、机电、皮带系统标杆模型,其中采煤、综掘、岩巷掘进标杆模型已经推广,机电标杆模型正在向皮带推广。

（5）初步形成了岗位价值评价体系。依据各岗位的不同特点和岗位价值,制定了差异化薪酬分配办法,将工资总额分岗位进行切块,形成各系统、各单位的切块工资,据此测算二级单价。

结合实际,分别制定了岗位价值评价办法,并开展岗位价值评价。按系统分专业将岗位价值评价结果运用到三、四级价格测算中,形成了采煤、掘进、修护、生产辅助岗位价值评价体系。通过收入分配向苦脏累险和技术岗位倾斜,严格按价格进行结算,实现多劳多得,出现部分辅助单位职工向采掘一线回流的现象。

（二）徐庄煤矿内部市场化建设

（1）内部市场化工资结构趋于合理。机电科、运输科、皮带科、运销科均实现了二级结算以价格结算为主,体现了内部市场化工资结算与工作量挂钩,提高了各二级市场主体工作积极性。

（2）实行月度统计分析制度。对主体工程、单项工程、机关绩效考核、链式结算(原煤运输、重车运输)、其他项目(津补贴、劳务费、考核奖罚、其他)、定额项目(机电设备租赁、工器具租赁、定额材料、综机配件)等各项目占比进行异常情况分析,查找原因,制定措施。通过数据统计分析,结算管理体系逐渐走向规范化、科学化、清晰化。

（3）结算准确率提高。内部市场化工资结算 19 家单位,正常情况下结算在工资指导线上下规定了浮动范围。通过结算准确率超出范围分析,完善价格体系,规范结算管理,结算准确率明显提高。

（4）结算偏差率(修正系数)缩小。内部市场化工资结算 19 家单位,大部分单位均能够控制在偏差范围之内,出现偏差率较大情况时,及时分析原因,采取措施。通过结算管理体系不断规范,结算偏差率明显缩小。

（5）价格准确率较为精准。二、三级价格准确率标准不低于 85%,三、四级价格准确率标准不低于 90%,各二级市场主体各层级价格准确率基本控制在标准之内,当出现不符合标准现象时,均在月度运行分析时开展原因查找、分析,同时市场办督促、协助进行问题整改。经多次验证、修改,价格准确率均符合标准。

（6）三、四级结算较为规范。明确三、四级价格测算思路和方法,结合实际情况,建立三、四级价格体系。通过三、四级结算,班组实现了日清日结,岗位(个人)实现了班清班结,体现了内部市场化理念及价值导向。

（7）重车、原煤两大生产服务链运行效率提高。生产管理中心负责重车、原煤两大生产服务链运行,市场办负责月度二级结算,分析对各二级市场主体结算的影响,验证定额、价格准确性。两大链条运行效率明显提高,事故率明显降低。

（8）内部市场化实施。矿井综合管理能力显著提高,安全保障能力增强,生产组织主动有序,标准化工作再上新台阶。科(队)完成了从纯生产型向生产经营型过渡;班组以完成任务为目的的单一型主体,转变为具有成本经营管理职能的综合体;岗位(个人)与当班经营成果挂钩,树立了"浪费就是扣工资,节约就是得工资"的理念。

(三)铁路管理处内部市场化建设

(1)推动职工思想理念转变。通过实行"分项定价计量,量价结合计资"的市场化工资结算原则,大部分岗位实行以量计资,调动和发挥了职工的积极性和主动性,职工思想理念由过去的"企业发工资"向"个人挣工资"转变,实际行动由过去的"要我干,不干不行"向"我要干,非干不可"转变,工作积极性由过去的"等活被动干"向现在的"要活主动干"转变。

(2)提高劳动生产率。2019年退休44人,协议解除劳动合同19人,随着退休和协解等原因的自然减员,生产、辅助单位缺员已达72人。由于实行一岗多职和"多劳多得,少劳少得,不劳不得"的分配政策,整体工作未受到影响。以电务段为例,该段定员111人,现员89人,缺员22人,属于缺员最多的单位。围绕解决作业人员减少较多、用工严重不足、技术断层、年龄偏大等结构矛盾,电务段将9个班组合并成5个班组,采取电力、通信、信号3个专业岗位交叉交流实训、师带徒岗位培训等措施,初步建成用工满足生产需要、结构合理、素质优良的复合型专业技能人才队伍。

(3)降低运输成本。通过贯彻"降成本就是增工资"管理理念,各级市场主体均能自觉把生产经营过程中所发生的各类费用视为自己的费用,由"大手大脚"向"精打细算"转变,从而达到降低生产成本的目的。2019年,货运量完成比上一年度增加了50万吨,提高了3.76%;燃油消耗量减少了20万升,下降了8.85%。采用分级、分类和分期管控,以单耗管理为重点,将指标细化到生产单位班组,各级管控全部纳入内部市场化考核结算。车辆修理厂充分发挥修制班组作用,减少设备、车辆配件外委维修及制作,自行加工车辆配件9 685件次,节约成本近6万元;供应科通过物资流向监督检查,修订废旧物资回收、修旧利废和自制产品管理办法,完成废旧物资回收114.84万元,修旧利废107.83万元,自制产品加工22.07万元;工务工程段、电务段、生活服务中心等单位自行承担自修工程及零活23项,节约外委施工费用近170万元;车务段等生产单位将国铁车辆使用费纳入市场化结算要素考核,节约车辆使用费近10万元。全处可控成本(办公费、差旅费、运输费、能耗)比推行市场化建设前节约153万元左右。通过降本增效,职工收入增幅明显,2019年职工月工资平均增长率比2018年提高19.36%。

(4)确立正确的价值导向。对全处96个岗位按既定的评价要素进行打分、排序和分类,合理拉开差距,确定各岗位指导工资,最高岗位指导工资(月度)与最低岗位指导工资相差1 600元,从源头上拉开工资收入档次。岗位价值评价结果得到较好运用,2019年有59名职工主动申请改变岗位或实行跨系统、跨专业一岗多职,其中电务段8名职工取得了异岗操作证(如电力工取得了通信工操作证);车辆段7名职工成功实行了跨系统一岗多职(调车员兼检车员)作业;车务段本段职工由货运员转助理值班员兼货运员9人,提职和改职17人,调入车辆段检车员2人,调入工务段线路工1人;生活中心职工调入车辆段检车员岗位4人,调入工务段线路工岗位3人,调入车务段调车员岗位1人,调入电务段电力工岗位1人;工务段线路工调入机务段机车司机岗位6人。岗位的变化由市场需求确定,劳动力得以自然流动。

(四)苏铝铝业公司内部市场化建设

苏铝铝业公司在推进内部市场化建设过程中,坚持理念引导、宣传先行、完善机制、措施并重。结合铝加工行业特点,根据大屯公司对苏铝铝业以减亏增盈为主的绩效考核要求,建

立了以差价、质量等指标为主的二级市场主体目标责任考核体系,激励员工不仅要"干得多"而且要"干得好",以此提高经营业绩和员工收入,实现了从"要我干"到"我要干"的转变,使内部市场化建设成为干部员工自觉自愿的行动。

(1)坚持减人不减资。推行减人不减资考核机制,有力推进了减员增效工作的实施。苏铝铝业各下属单位以前推行减员增效,面临重重阻力和很大困难。推行"减人不减资"以后,2018 年全年减员 106 人,2019 年一季度减员 50 多人,广大干部职工对人员减少不仅不抱怨,反而积极想办法提高生产效率、工作效率,千方百计克服人员减少导致的工作量增加等困难,并享受内部市场化减人不减资政策带来的红利。浴室内部市场化改革前,浴室24 小时开放,浴室管理实行四班三运转,每班 3 人(2 男 1 女),班长 1 人,合计 13 人,改革后,进行岗位承包,浴室管理人员减少为 2 人(现减少为 1 人),现管理模式也随之改进,浴室分 4 个时段定点开放,浴室用水量由每月 800 吨左右减少到 450 吨左右。

(2)深化修旧利废。内部市场化改革前,苏铝铝业包装铝卷的木托、钢套筒基本外购,每月需要 15 万元左右的费用,改革后,"省的"就是"挣的"市场化理念深入人心,物资管理科、生产服务中心、营销部、小车班等部门工作人员主动上位,对外购原料供应商丢下不要的木托、客户处积存的木托、钢套筒等积极进行收集、整理、修理。该公司下发《苏铝铝业包装物修旧利废管理办法》,规范了相关流程,每月可为企业节省采购成本 5 万元左右。

(3)推行内部承包。推行单项工程内部承包制度,激励大家找活干、抢活干。推行内部市场化以前,一些苦脏累险的工作,大家都不愿干,经常要交给外部承接,是"人叫人干人不干"。推行内部市场化后,企业推行单项工程内部承包制度,谁干活谁拿钱,谁干得多谁拿得多,谁干得好谁拿得好,大大调动了职工的工作积极性。

(4)倡导一专多能。推行一专多能,打破班组岗位界限。为配合企业推进减员增效,深入推进内部市场化建设,新材车间等单位减员 10% 以上。为保证正常生产,积极研究对策,根据现有人员的个人能力、工作量和综合素养,打破班组岗位界限,推行一人多岗和一专多能,体现了内部市场化管理的制度优势。磨床车间内部市场化改革前,有 3 台磨床设备,负责 4 个生产车间工作辊、支撑辊等的磨削工作,磨工 9 人(每台 3 人),科级管理人员 2 人,合计 11 人,辊子磨削不及时,辊子质量影响生产的情况时有发生。改革后,进行岗位评价后,配备磨工 3 人(每台 1 人),后 2 人协解,2 名科级管理人员打破身份界限,兼职磨工,现 3 人(1 名磨工、2 名科级管理人员)负责 3 台磨床,工作效率大幅提升,辊子质量大幅提升。

(5)注重降本增效。注重宣传落实"降成本就是增效益"和"提质增效"等理念,引导员工精打细算,严控生产成本,保证产品质量,努力提高产品成材率,多渠道开展降本增效活动。在控制能源消耗方面,通过加强检查和考核,严控各机组和各环节的电耗,控制风、水、油、电等资源的消耗,并通过优化工艺、设备提速、修旧利废、避峰就谷等措施,努力降低能耗成本,使产品成本单耗迅速向行业先进指标靠拢,其中天然气单耗已超过行业先进水平,大大降低了能源成本。细化工作流程,通过固化最优工艺参数,制定和完善相关制度,提高了生产效率。通过建立和完善质量考核制度,加大质量监管力度,强化激励机制,提高了员工的质量意识,增强了员工的工作责任心,为提升产品质量提供了有力保证。新材车间多措并举,推进降本提质增效,2018 年实现产量 21 539 吨,比 2017 年增产 5 000 多吨,产品成材率提高了 1.21%,吨产品电力消耗降低了 15.77%,降本增效近 200 万元,员工收入得到了相应增加。

第十一篇

科技创新与生态保护

Keji Chuangxin Yu Shengtai Baohu

公司牢固树立"科学技术是第一生产力"的思想,始终坚持"科技兴企"发展战略,紧紧围绕"科技安企、科技强企、科技兴企"三大主题,不断推进科技创新工作。

公司加快煤炭开采、发供电、铁路运输、信息化建设、新兴产业、能源科技前沿等领域的关键核心技术攻关,提升企业自主创新能力;加快科技成果转化与推广,依托企业研发机构、基层创新工作室、创新团队,搭建成果转化及产业化通道,将成果转化为现实生产力,转化为市场竞争优势;加大研发投入,实行研发投入的经营考核机制,多渠道筹集国家科技项目和双创资金,争取国家和地方政府创新创业基金支持;深化科技奖励制度改革,每两年召开一次科技大会,表彰奖励为科技创新做出贡献的项目团队和个人;树立人才是公司科技创新第一资源的战略定位,强化科技领军人才引进和培养,健全人才激励机制和制度体系,营造了包容宽松、有利于创新的良好氛围和环境,激发了创新活力。在发挥自身科研力量进行技术创新的同时,借助国内一批实力雄厚的高等院校和科研院所的力量,结合公司生产实际进行科研合作攻关与开发,创建了产学研合作创新模式,构筑了具有大屯特色的技术创新体系。1991年至2020年6月,公司直接用于科技进步方面的投入达42亿元,申请并承担国家重点技术创新项目6项,其中5个项目作为股份公司上市项目募集资金1.1亿元。

公司重视科技情报信息工作,2004年始,每月定期编辑一期《信息参考》。1980年创刊综合技术性刊物《大屯煤炭科技》,2005年始在江苏省新闻出版局注册登记为内部连续资料性出版物。

公司狠抓"机械化、自动化、信息化、智能化"的"四化"建设,坚持"安全可靠、技术先进、减人提效"的原则,谋划中长期发展规划,以各板块高质量发展需求和生产实际问题为导向,围绕公司改革发展大局,结合经营生产实际状况制定智慧矿山建设和"一优二补三减四化"中长期发展,引进先进、成熟技术和工艺,实现"机械化换人、自动化减人",助推公司逐步由大变强,引领煤矿创新发展,开辟新时代高质量发展之路。

公司遵循"控制源头、清洁生产、和谐发展"的原则,以建设资源节约型、环境友好型企业为主线,以提高资源利用效率为核心,以资源节约、资源综合利用、清洁生产为重点,不断推广先进的开采技术、工艺和装备,提高煤炭资源回收率,加大对废渣、废水、废气进行循环再利用的力度,从而在实现煤电运产业链扩张与强化的同时,努力转变经济增长方式,缓解资源约束,减轻环境压力,为大屯矿区的可持续发展,实现经济效益、社会效益和环境效益的三赢提供了可靠保障。矿区生活污水全部经过处理并得到了复用,工业用水实现了循环利用,烟尘经脱硫、脱硝和除尘排放全部达标。

第一章　科 技 创 新

第一节　科 技 管 理

一、组织机构

1984 年 5 月,公司成立科技环保处。

1991 年 1 月,成立科技情报处,与科技环保处、标准计量处合署办公。

1996 年,科学技术协会并入科技环保处。

1998 年,科技环保处更名为技术中心(原环保、计量处牌子保留)。

2000 年 1 月,技术中心被国家经贸委、财政部、国家税务总局、海关总署认定为国家级企业技术中心。

2002 年,根据公司第一届董事会 2002 年度第四次临时会议决议,公司成立上海大屯能源股份有限公司技术中心。

2012 年 1 月,成立科技环保部,与技术中心一套机构,两块牌子。

2017 年 6 月,公司调整机构,技术中心(科技环保部)职责发生变化,保留科技管理、情报信息、综合计量业务,与徐州大屯工程咨询有限公司合署办公。

2018 年 10 月,公司印发《关于技术中心有关机构设置及人员职务调整的通知》,对技术中心有关机构设置及人员进行调整。

2018 年 10 月,公司下发《关于公司有关机构调整及编制定员的通知》,成立科技环保部,资源环保部的环保、节能、资源综合利用相关业务划转至科技环保部。

二、管理制度

1995 年 11 月,为加强公司科学技术成果的确认工作,使成果管理更加科学化和规范化,公司下发了《关于印发〈大屯煤电公司科学技术成果确认办法〉(试行)的通知》。

1996 年 2 月,为更好地贯彻落实"科教兴矿"的方针,充分调动广大科技人员的积极性和创造性,促进公司科技进步工作的开展和经济效益的提高,公司下发了《关于印发〈大屯煤电公司科学技术进步奖励办法〉(试行)的通知》。

1999 年 5 月,为做好技术中心建设,结合公司实际情况,公司下发了《关于印发〈大屯煤电(集团)有限责任公司技术中心管理办法〉(试行)的通知》,对技术中心的职责、技术中心机构设置、技术中心的运行机制、科技经费的筹集以及技术中心的考核评价等做出了规定。

2001 年,公司连续下发《大屯煤电公司技术中心管理暂行办法》《大屯煤电集团公司科学技术经费管理办法》《大屯煤电集团公司科学技术成果确认办法》《大屯煤电集团公司科学技术进步奖励办法》《大屯煤电集团公司科技横向合作及难题招标管理办法》,对原有相关管

理办法进行了修订,原办法废止,规范了公司科技经费使用、科技成果确认、科技成果奖励、横向合作及难题招标、技术中心管理理念和管理流程。

2005年4月,公司下发《大屯煤电(集团)有限责任公司专利工作暂行管理办法》,对专利管理机构设置、管理职责、专利申请的管理、专利权产权的管理、专利技术实施管理、专利权保护、专利信息的应用、奖励和有关费用等做出了规定。

2009年7月,公司下发《关于印发〈公司科技创新工作管理办法〉的通知》《关于印发〈公司专利工作管理办法〉的通知》《关于印发〈公司科学技术进步奖励办法〉的通知》,对公司科技创新项目的管理、自主研发项目的管理、技术开发经费的管理、科技成果鉴定(验收)的管理、专利的管理、科技创新工作的奖励等做出了规定。

2012年1月,公司下发《关于印发〈公司科学技术进步奖励办法〉的通知》《关于印发〈公司科技创新工作管理办法〉的通知》,对原有管理办法进行了修订,原管理办法废止。

2014年12月,公司下发《关于印发〈公司科学技术进步奖励办法〉的通知》,对奖励办法进行了修订,原办法废止,规范了科技成果评审程序及管理流程。

2015年,公司下发《关于印发〈公司科技创新工作管理办法〉的通知》,对原有管理办法进行了修订,原管理办法废止,规范科技创新管理,提升科技工作质量和效率。

2018年8月,公司为认真贯彻落实中煤集团科技工作和生态环保要求,组织召开了科技创新暨节能环保工作会议,制定出台了《公司关于全面加强科技创新工作的实施意见》《公司2018—2022年科技创新项目指南》,明确了科技工作方向和目标。

第二节　科技项目

一、管理制度

1991—1997年,公司的科技项目管理按照1988年2月下发的《大屯煤电公司科技开发费使用管理暂行办法》和1989年1月下发的《关于印发〈大屯煤电公司科技管理工作条例〉的通知》文件执行。

1998年4月,为实施"科教兴煤"战略,使科技横向合作、难题招标以及经费管理更加制度化、规范化,公司下发了《关于印发〈大屯煤电(集团)有限责任公司科学技术经费管理办法〉(试行)的通知》《关于印发〈大屯煤电(集团)有限责任公司科技横向合作及难题招标管理办法〉(试行)的通知》《大屯煤电(集团)有限责任公司科技横向合作项目及难题招标评分细则》。

2007年1—7月,公司下发了《大屯煤电(集团)有限责任公司技术创新项目管理办法》《大屯煤电(集团)有限责任公司技术开发费管理办法》《大屯煤电(集团)有限责任公司自主研发项目管理考核暂行办法》《大屯煤电(集团)有限责任公司科学技术进步奖励办法》,对科技创新项目的立项、实施、经费使用,项目验收、监督检查与目标考核,成果管理、知识产权保护以及项目后评价做了具体规定,对科技成果奖励办法进行了修订,原有的奖励办法同时废止。

2018年3月,公司下发了《关于印发〈公司科技项目管理办法〉的通知》《关于印发〈大屯公司科技项目实施考核细则〉的通知》,规范了科技创新项目管理程序,细化了工作流程,加

大科技创新项目管控力度,对提高自主创新以及推广和转化先进科技创新成果能力起到了积极的促进作用。

2020年4月,公司下发《关于印发公司科技项目管理办法(修订)的通知》,对原《公司科技项目管理办法》进行修订,理顺公司科技项目管理,规范工作流程,提高科技项目实施率和完成率。

二、资金投入

公司的科技创新项目经费投入的资金基本上来自本企业自筹资金。

1996年,公司设立科技进步奖,每年评审一次,对有突出贡献的单位和个人实行奖励。公司重视科技成果转化为知识产权的工作,重点做好专利的申报和保护,并对获得国家授权专利的完成人进行奖励。

1998年4月,公司下发了《关于印发〈大屯煤电(集团)有限责任公司科学技术经费管理办法〉(试行)的通知》,明确规定按不低于销售额的0.5%~1%安排科技经费,财务部门单独列账,各内部核算单位按实列支。

2006年,公司研发费加计扣除抵免税工作的研究与实施自在公司内部全面展开,通过对《企业研究开发费用税前扣除管理办法(试行)的通知》《关于完善研究开发费用税前加计扣除政策的通知》等政策的研究。公司统一科技研发费核算科目设置与核算范围口径,制定严格的研发费用报销入账制度,对研发费的核算进行持续性的监控,实时掌握科技研发费的发生额状况等,申报抵免税。截至2020年6月共计为企业减免税所得13 567.76万元。

2009年7月,公司下发了《关于印发〈公司科技创新工作管理办法〉的通知》,规定列入中煤集团的重点科技创新项目,当年完成的项目技术开发经费将视同企业当年的利润指标,中煤集团在每年年终考核时予以调整。

2014年6月,公司下发《关于印发专项预算工作考核办法的通知》,规定科技项目经费纳入年度财务预算和资本支出计划预算考核中。公司自筹经费由公司财务部门负责管理,科技管理部门负责编报月度使用计划,所发生的技术开发经费,在财务部门设立专门科技经费科目。

2018年3月,公司下发了《关于印发〈公司科技项目管理办法〉的通知》明确规定科技项目经费实行年度预算和决算制度,各项目承担单位应按照"专款专用、单独核算、注重绩效"的原则使用和管理。

公司2003—2020年科技项目计划经费投入情况见表11-1-1。

表11-1-1 2003—2020年科技项目计划经费投入情况表

年份	项目数与金额	国家及中煤集团项目	公司项目	合计
2003	项目数/个	0	22	22
	金额/万元	0	247.1	247.1
2004	项目数/个	4	39	43
	金额/万元	1 030	631.7	1 661.7
2005	项目数/个	1	72	73
	金额/万元	275	1 907	2 182

表 11-1-1(续)

年份	项目数与金额	国家及中煤集团项目	公司项目	合计
2006	项目数/个	9	112	121
	金额/万元	1 805	4 447	6 252
2007	项目数/个	11	116	127
	金额/万元	2 273	4 193	6 466
2008	项目数/个	10	106	116
	金额/万元	4 189	4 432	8 621
2009	项目数/个	18	89	107
	金额/万元	4 482	3 597	8 079
2010	项目数/个	13	56	69
	金额/万元	4 875	3 293	8 168
2011	项目数/个	12	77	89
	金额/万元	5 525	6 763	12 288
2012	项目数/个	11	60	71
	金额/万元	5 500	5 262	10 762
2013	项目数/个	9	65	74
	金额/万元	6 739	5 387	12 126
2014	项目数/个	3	30	33
	金额/万元	3 720	2 940	6 660
2015	项目数/个	3	26	33
	金额/万元	2 800	3 608	6 408
2016	项目数/个	2	26	28
	金额/万元	3 180	1 319	4 499
2017	项目数/个	4	30	34
	金额/万元	1 050	1 628	2 678
2018	项目数/个	5	46	51
	金额/万元	9 910	2 612	12 522
2019	项目数/个	3	48	51
	金额/万元	22 610	3 329	25 939
2020	项目数/个	3	50	53
	金额/万元	22 670	3 381	26 051

三、重点项目

(一)煤炭技术研发

1. 煤炭安全开采技术研发

(1)炮采煤层轻型款顶煤液压支架。1999 年列为国家计委高技术产业化推进项目。

公司由于矿井地质条件的变化,开采强度的加大、产量的提高,现有生产系统和装备已不能适应矿井正常生产,为提高矿井生产能力,通过研制适用于矿区地质条件的放顶煤支架等开采设备达到提高产量的目的。

(2) 不稳定难采煤层经济高效开采技术开发。2001 年列为度国家重点技术创新项目计划,与中国矿业大学共同研究开发。针对大屯矿区大功率综放经验缺乏的现状,研究适合姚桥煤矿 7# 煤层地质条件的新型综放工作面配套装备,针对工作面煤层的赋存特点,研究确定工作面合理的"三机"配套及运输顺槽设备配置。该项目获得 2004 年度上海市科学技术奖三等奖。

(3) 大屯矿区深部支护关键技术及应用研究。2006 年列为中煤集团重点科技创新项目。该项目对矿井深部开采、支护的基本理论、设计方法、配套技术进行系统性研究。

(4) 岩巷机械化掘进工艺的研究与应用。2008 年列为中煤集团重点科技创新项目。该项目是为提高岩巷机械化施工技术水平、工效和单进而进行的掘进工艺革新。2008 年11 月至 2009 年 12 月,岩巷机械化掘进设备在徐庄煤矿-750 米水平西大巷掘进工作面进行井下工业试验,在使用过程中,掘进工作面单进提高 30%。

(5) 复杂地质条件及边角块段煤的开采工艺研究与应用。2010 年列为中煤集团重点科技创新项目。重点针对大屯矿区矿井尤其是龙东煤矿,复杂地质构造条件及边角煤的安全高效开采进行研究,分析不规则区、断层构造区、高温高压区、大倾角区、承压水体区及小块段煤炭开采的可行性,提出适合矿区各矿复杂地质环境的科学开采工艺技术。

(6) 深部煤矿复杂条件下安全高效开采关键技术研究。2013 年列为中煤集团重点科技创新项目。该项目通过对矿井深部开采勘探方法、矿压显现规律、瓦斯涌出及自然发火规律、深部水文地质、冲击地压等进行系统研究,形成较为系统的高精度探测体系,全面掌握深部开采基本规律,防治深部开采带来的各类灾害(冲击地压、煤与瓦斯突出、煤层自燃、水害、井下高温)。

(7) 中厚煤层综采及厚煤层综放条件下切顶卸压沿空留巷技术研究与应用。2016 年列为中煤集团重点科技创新项目。该项目通过研究临近工作面巷道超前回采 100 米施工高强锚索对顶板进行支护,并在回采过程中对留巷侧顶板进行切顶保护,作为临近工作面的回采巷道使用。项目目标:全年留巷试验 2 000 米以上,同比减少巷道掘进成本 30%。

(8) 姚桥煤矿煤巷掘锚一体化研究与实施。2018 年中煤集团重点科技创新项目。该项目分析姚桥煤矿地质条件、系统配套、技术水平等状况,对姚桥煤矿掘锚一体机应用进行可行性分析,研究确定可行性方案,促进掘锚一体机在姚桥煤矿的推广。

(9) 深部复杂地质条件下智能工作面成套装备及关键技术研发。2019 年中煤集团重点科技创新项目。该项目研究在东部复杂地质条件下(顶板压力大、断层构造复杂、采空区多等)煤矿智能工作面建设关键技术,实现煤矿工作面一键启动功能,满足工作面集控中心及地面监控系统对各种综采设备进行集中自动化控制。

2. 矿井通风、防灭火、瓦斯治理技术研发

(1) 矿井通风系统优化与智能控制技术。2001 年列为国家技术创新项目。该项目与中国矿业大学共同研发,是研究矿井通风系统优化及相关技术装备,提高矿井通风网络可靠性,形成矿井通风智能化监控体系,开发防尘、防灭火材料并实现产业化。

(2) 矿井高效防火抑尘新材料开发。2002 年列为国家技术创新项目。该项目对国内

外相关阻化、吸湿保湿材料进行了分析实验。项目研究成果已在公司内部4个矿井、淮北矿业集团公司的2个矿井、山西潞安矿业(集团)有限责任公司的2个矿井、河北金牛能源股份公司及抚顺西露天矿等8个矿井和1个露天煤矿得到了推广应用。该项目于2006年度获国家安全生产科技成果二等奖。

(3)矿井风网监控关键技术研究。2005年列为国家技术创新项目。该项目是由技术中心、生产技术部、姚桥煤矿三家单位联合中国矿业大学共同合作开发的。该项目以矿井通风监测为切入点,开发矿井工业以太网和基于CANBUS总线式的矿井风网监测与优化调控关键技术,开发矿井风网监测与调控系统配套软件。

(4)矿用新型胶体及封堵材料的开发与应用。2006年列为国家技术创新项目。该项目研究开发的新型矿用封堵材料与水混合胶凝后能封堵松散煤体裂隙,减少漏风,防止煤体自燃。研究开发高效能悬浮剂和胶凝剂两类复合胶体防灭火材料,并研究开发两类复合胶体的应用工艺和设备。

(5)姚桥煤矿通风系统改造及矿井综合自动监控信息系统。2007年列为国家煤矿安全改造国债专项资助项目和中煤集团重点项目。项目以姚桥煤矿西风井主扇、电控设备及主扇变频调速设备等改建,能够实时、动态、直观地监测矿井的风网变化,实现风网特征参数的安全评价及异常报警。

(6)煤矿深部开采瓦斯突出危险性预测及防治技术的研究。2009年列为中煤集团重点创新项目。该项目是在深部水平瓦斯参数测定的基础上,对煤与瓦斯突出危险性进行评价分析,确定煤与瓦斯突出可能性及危险等级。

(7)矿井综合防尘系统化技术装备的研究与应用。2012年列为中煤集团重点技术创新项目。该项目针对大屯矿区生产矿井采掘工作面防尘系统存在的问题,结合井下现场生产实际情况,采用理论分析、数值模拟、实验室测试、现场观测相结合的方法,通过对采掘工作面主要产尘工序粉尘的微观学基本特性的全面研究,着手研发成套的粉尘高效抑尘技术装备,最终形成针对大屯矿区采掘面粉尘高效抑制技术与系列装备。

(8)大屯矿区深部开采通风系统优化、简化研究。2015年列为公司技术创新项目。随着大屯矿区矿井进入深部和边远区域进行生产,通风系统日趋复杂。该项目在充分考虑矿井水平延伸、新采区开拓、采掘接续,矿井集中生产的前提下,通过风网模拟解算,进行通风网络调节优化,掌握大屯矿区矿井通风阻力分布和主要通风机性能参数,在中、长期系统优化研究的基础上制定矿井通风系统最佳优化、简化实施方案。

(9)采空区压注二氧化碳防火合理工艺参数的优化选择及其分布规律研究。2016年列为公司技术创新项目,该项目和华北科技大学共同研究。项目通过井下探测手段,建立数学模型、分析不同压注条件下二氧化碳气体的分布赋存规律。该成果获2018年度中国职业安全健康协会二等奖。

(10)大屯矿区深部奥灰岩溶发育特征及其水害防治对策研究。2017年列为中煤集团重点技术创新项目。项目以基础地质研究为先导,以现有资料为基础,运用水文地质学和岩体工程地质力学原理,系统地分析矿区地质与水文地质特征,重点阐述奥灰岩溶发育规律、奥灰含水层的富水性,以及各含水层之间的水力联系,获得煤底板岩层的结构、岩性、厚度等的分布特征,评价底板奥灰水突水危险性,制订相应的水害防治技术方案。

3. 矿井机电辅助运输系统技术研发

（1）矿井提升机制动性能监测及保护系统。2004 年列为公司技术创新项目。该项目在实验室试验的基础上研制一套高性能的在线监测制动装置,应用后能够提高提升机安全运行的可靠性,避免重大提升事故的发生。

（2）斜巷提升综合信号装置。2005 年列为公司技术创新项目。该项目研究将斜巷各种保护装置规范为一套斜巷运输综合监控系统,适合于各种斜巷轨道运输系统的系列产品。

（3）矿井主排水泵软启动及远程集中控制系统研究与应用。2007 年徐州市指导性科技计划项目。开发应用高压软启动装置,降低启动电流,改善电网运行工况;开发应用信息采集、PLC 和计算机网络等技术,根据水位、电网峰谷和水泵运行工况等参数,以操作自动化、管理装备数字化为目标,实现中央泵房智能化远程监控。

（4）轨道斜巷架空乘人装置的推广应用。2008 年列为中煤集团重点技术创新项目。可摘挂式架空乘人装置可安装在现有的轨道运输巷内,不需要设置专用运输巷道。

（5）大屯矿区矿井轨道运输系统技术改造的研究与应用。2009 年列为中煤集团重点技术创新项目。该项目通过对大屯矿区原有的综采运输平板车加装卡轨装置,解决采区轨道系统人员、材料和大型设备运输时所可能产生的脱轨、斜巷车辆放大滑、系统运输效率低下等安全隐患。

（6）综采工作面自动化集成电控系统研究与应用。2011 年列为公司技术创新项目。综采工作面自动化集成电控系统是将综采工作面采煤机监控定位、系统各设备运行、数字高清图像、危险气体与矿压监测等信息汇总电控站,并通过高速宽带网络实时传送至地面,扭转工作面生产运行及安全信息反馈迟缓、指挥决策滞后的被动局面,使现有综采工作面电控系统全面实现自动化、数字化、信息化、集成化,提高现有综采工作面生产管理水平和运行效率。

（7）斜巷轨道运输监视系统的研究与应用。2012 年列为公司技术创新项目。项目研究应用了斜巷轨道运输监控系统,通过无线传输技术,实现多地点实时监控。通过在斜巷运输系统中安装防爆电脑控制装置、系统主控器、语音声光报警器、司控道岔装置、热释红外线、对射红外线及车辆传感器等,减少矿井运输事故。

（8）智能无人蓄电池充电硐室的研究与应用。2018 年列为公司技术创新项目。研究建设无人矿用蓄电池充电硐室,使充电过程智能化、信息化、自动化,实现井下充电硐室无人（少人）。

（9）多绳摩擦提升机监测及自动润滑系统的研究与应用。2019 年列为公司技术创新项目。项目通过研究,实现了天轮、主轴装置轴承等运行参数的实时监测、远程显示、故障诊断和智能预警,主轴装置轴承远程自动化定量润滑维护。

公司 1991—2019 年煤炭技术研发项目汇总见表 11-1-2。

表 11-1-2　1991—2019 年煤炭技术研发项目汇总表

年份	项目名称	实施单位
1991	采煤机液压系统的检测	拓特机械制造厂
1992	液压支架立柱拆卸机的改造	拓特机械制造厂
1993	煤水泵的技术改造及研制	拓特机械制造厂

表 11-1-2(续)

年份	项目名称	实施单位
1994	高抗磨煤水泵过流件的研制	拓特机械制造厂
1996	矿车碰头座、轴卡加工高效专用机床研制	拓特机械制造厂
1996	针对煤水泵泵体、采煤机壳体的加工对落地镗床技术改造	拓特机械制造厂
1997	大倾角胶带机的设计与制造	拓特机械制造厂
1998	SZBY-880/350 型工作面多功能自动转载机	拓特机械制造厂
1999	ZY300-1.45/2.2 型液压支架改为放顶煤支架的研究	拓特机械制造厂
1999	7123 面近松散层开采地表沉陷规律研究	龙东煤矿
2000	龙东煤矿东西翼通风网络联网的研究和实施	龙东煤矿
2000	龙东煤矿新风井注浆流量及风参数的监测	龙东煤矿
2000	独山集村庄下煤层开采技术方案的研究	龙东煤矿
2000	龙东煤矿东风井锁口、风道、安全出口及基础爆破工程	龙东煤矿
2000	矿山液压设备 CAT 综合试验台	拓特机械制造厂
2000	煤矿用带式输送机交流电动机调压软启动装置的推广应用	拓特机械制造厂
2001	龙东煤矿上限区域锚网(索)支护	龙东煤矿
2001	龙东煤矿井下胶带输送机集中控制系统	龙东煤矿
2001	矿井通风系统优化与智能控制技术	生产技术部
2001	电器设备自动控制综合试验台	拓特机械制造厂
2002	无极绳牵引双速运输绞车	拓特机械制造厂
2002	矿井高效防灭火新材料开发	生产技术部
2002	综采工作面端头液压支架的研究	生产技术部
2002	大屯矿区村庄下采煤技术经济研究	矿地关系部
2002	液压驱动刮板输送机的研究	龙东煤矿
2002	大屯龙东煤矿采场覆岩导高观测研究	龙东煤矿
2002	7126 轻型放顶煤开采综合技术研究——7126"两带"观测研究	龙东煤矿
2002	7126 轻放面综合防灭火技术研究	龙东煤矿
2002	7126 轻放工作面煤层开采地表沉陷规律研究	龙东煤矿
2003	西一采区开采方案研究	龙东煤矿
2003	7317 面底含下轻型放顶煤防砂岩柱及开采高度研究	龙东煤矿
2003	矿井水仓煤泥自动清挖回收工艺与装备	龙东煤矿
2003	姚桥煤矿高压供电系统谐波分析与补偿研究	姚桥煤矿
2003	煤层斜巷网壳锚喷支护研究	姚桥煤矿
2003	立井罐道差动连接装置推广应用	姚桥煤矿
2003	西冀采区开采方案研究	龙东煤矿
2003	7141 工作面浅煤层开采地表及抗变形楼房移动变形规律研究	龙东煤矿
2003	孔庄煤矿 7339 工作面地表移动观测设计、分析与评价	孔庄煤矿
2003	Ⅰ6 采区提高开采上限可行性研究	孔庄煤矿

表 11-1-2(续)

年份	项目名称	实施单位
2003	孔庄煤矿矿井通风系统合理性研究与应用	孔庄煤矿
2003	孔庄煤矿水采区两带观测分析研究	孔庄煤矿
2003	7339 综采面冲击地压及瓦斯综合治理技术研究	孔庄煤矿
2003	孔庄煤矿深部综合开采技术研究	孔庄煤矿
2003	采煤机高效喷雾降尘装置系统化研究设计	生产技术部
2003	龙东煤矿受奥灰水威胁的 21 号煤开采可行性研究	地质测量部
2003	矿用行星轮传动系列无极绳连续牵引车研究开发	拓特机械制造厂
2004	南风井 GAF25-12.5-1 风机噪声治理	徐庄煤矿
2004	徐庄煤矿－750 米皮带大巷西段四灰赋水性探测	徐庄煤矿
2004	龙东煤矿井下变电所自动监测与控制系统	龙东煤矿
2004	龙东西辅采区顶板控制及设备造型研究	龙东煤矿
2004	姚桥煤矿湖下近距离 7、8 煤层露头区开采上限确定研究	姚桥煤矿
2004	龙东西辅采区顶板控制及设备选型研究	龙东煤矿
2004	井下采区变电所自动监测与控制	龙东煤矿
2004	集中应力下回采防冲击地压的研究	龙东煤矿
2004	高沼气工作面出口综合技术研究	龙东煤矿
2004	孔庄煤矿中长期通风系统优化与方案选择的研究	生产技术部
2004	矿区锚网支护巷道顶板隔离层界限值的研究	生产技术部
2004	防灭火注浆流量监测系统的研究与实施	生产技术部
2004	大屯矿区中深部四灰含水层赋水规律研究	地质测量部
2004	矿井提升机制动性能监测及保护系统	技术中心
2004	40 千瓦绞车液压制动系统改造	技术中心
2004	煤矿井下机车气动制动系统开发应用	技术中心
2004	矿用无极绳连续牵引车的研究与应用	拓特机械制造厂
2004	电动机 CAT 加载试验台的研制	拓特机械制造厂
2004	液压支架测试台的研制	拓特机械制造厂
2005	安全生产信息管理资源共享系统	生产技术部
2005	主扇性能、风阻测试及通风系统方案研究与应用	生产技术部
2005	阻燃粉应用工艺及喷撒装置的研究与实施	生产技术部
2005	煤体温度检测数据与安全监测系统并网的研究与应用	生产技术部
2005	综采面矿压监测系统的开发与应用	生产技术部
2005	地质数据采集与处理系统	地质测量部
2005	大屯矿区村庄压煤与小城镇建设的调查与研究	地质测量部
2005	大屯矿区井筒安全监测系统完善及井壁破坏预测预报研究	地质测量部
2005	龙东井田奥灰水文地质补充勘探方案设计及实施	地质测量部
2005	徐庄煤矿井下奥灰探放水研究与设计及实施	地质测量部

表 11-1-2(续)

年份	项目名称	实施单位
2005	MG160/380-WD 电牵引采煤机推广应用	设备租赁站
2005	S100 掘进机技术改进	设备租赁站
2005	KBZ-200(350、400)矿用隔爆型真空馈电开关研制	设备租赁站
2005	矿用隔爆型兼本质安全型交流软/直启动器系列研制	设备租赁站
2005	矿用隔爆型可逆真空电磁启动器开发与应用	设备租赁站
2005	矿车连接装置静拉力试验机的设计制造	技术中心
2005	斜巷运输安全综合监控系统	技术中心
2005	数控提升机安全保护测试	技术中心
2005	矿井主通风机性能在线监测、故障诊断及其安全保护系统的开发与应用	技术中心
2005	设备综合信息网络管理系统的研究与开发	技术中心
2005	徐庄煤矿主井提升能力的研究	技术中心
2005	井下考勤识别系统的开发与应用	技术中心
2005	矿井生产管理系统优化与研究	技术中心
2005	630 A/1 140 V 矿用隔爆型智能化馈电开关、200 A/660 V 矿用隔爆型提升机专用变频装置	技术中心
2005	隔爆智能型手提开关系列研究	技术中心
2005	煤矿"粉煤灰复合胶体"防灭火材料及装备的研究与开发	技术中心
2005	选煤厂煤泥合理利用的研究与应用	技术中心
2005	锚杆钻机的研制	技术中心
2005	岩巷控制爆破与快速掘进施工技术研究	姚桥煤矿
2005	姚桥煤矿 1# 主井提升系统超载监视保护技术	姚桥煤矿
2005	姚桥煤矿冲击地压观测及其数据分析研究	姚桥煤矿
2005	综放工作面支架联动喷雾一体阀的研究与应用	姚桥煤矿
2005	姚桥新井圆尾绳及其连接装置的应用	姚桥煤矿
2005	主副井提升绳连接铝套压接装置	姚桥煤矿
2005	综放工作面上下隅角一氧化碳防治技术及装备研究	姚桥煤矿
2005	7171 综放面跳面及开采期间综合防灭火措施的研究	徐庄煤矿
2005	井下皮带运输巷通风抗灾系统研究	徐庄煤矿
2005	徐庄煤矿地温监测及热害防治技术研究	徐庄煤矿
2005	徐庄煤矿工业广场生产布置与环境建设优化设计与实施	徐庄煤矿
2005	反风风量监测系统的研制与实施	龙东煤矿
2005	西辅采区 7142 工作面对新村和工业广场影响的观测和分析	龙东煤矿
2005	厚层状复合顶下综采工艺研究	龙东煤矿
2005	强风化带支护理论及其配套施工技术和大倾角煤层开采的研究与应用	龙东煤矿
2005	龙东煤矿西翼采区 7 号煤顶板砂岩含水层水地质条件研究及治理	龙东煤矿
2005	龙东煤矿风氧化带及 7# 煤层开采上限附近煤层自燃趋势与对策研究	龙东煤矿

表 11-1-2（续）

年份	项目名称	实施单位
2005	高应力等复杂条件下巷道支护技术的研究	孔庄煤矿
2005	孔庄煤矿深部采区综放面瓦斯及自燃发火的研究与治理	孔庄煤矿
2005	7431 工作面开采沉陷研究	孔庄煤矿
2005	深井煤巷三维支护与卸压技术的研究应用	孔庄煤矿
2005	综放工作面端头放顶煤技术的研究与实施	孔庄煤矿
2005	液压支架密封件试验系统	拓特机械制造厂
2005	减速器加载试验台的研制	拓特机械制造厂
2005	煤巷耙装机的研制	拓特机械制造厂
2005	皮带机设计程序的研究与应用	拓特机械制造厂
2005	JWB 型无极绳绞车系列开发	拓特机械制造厂
2005	拓特机械制造厂 ERP 系统实施	拓特机械制造厂
2006	徐庄煤矿通风系统优化与方案选择的研究	生产技术部
2006	姚桥煤矿东一东二风井主扇测试技术的研究	生产技术部
2006	围岩破碎巷道施工和支护技术的研究	生产技术部
2006	工作面作业规程编制软件的研究	生产技术部
2006	MTC 钢丝绳安全检测仪的研究与应用	龙东煤矿
2006	大倾角、坚硬顶板工作面回采工艺及设备造型研究	龙东煤矿
2006	龙东煤矿主要皮带巷火灾防治预案的研究	龙东煤矿
2006	西翼采区 CO 涌出规律和 7162 工作面综合防灭火措施的研究	龙东煤矿
2006	沿空巷道加固、堵漏及堵水技术的研究应用	姚桥煤矿
2006	上运带式输送机断带保护装置	姚桥煤矿
2006	姚桥煤矿治安巡逻人员跟踪定位系统	姚桥煤矿
2006	超声波二相流喷雾降尘设备	姚桥煤矿
2006	炮采放顶煤回采工艺应用研究	徐庄煤矿
2006	新型井下牵引电机车研制	徐庄煤矿
2006	徐庄煤矿煤的着火特性及防灭火措施的研究	徐庄煤矿
2006	徐庄煤矿主要通风机检测系统的研制	徐庄煤矿
2006	煤矿安全管理信息系统的开发与实施	徐庄煤矿
2006	程控机房环境监测及智能化系统	孔庄煤矿
2006	矿井改扩建过渡期系统优化综合研究	孔庄煤矿
2006	孔庄井田开采沉陷规律研究	孔庄煤矿
2006	安全监测信号的 SMS 报警系统	孔庄煤矿
2007	煤矿综合自动化系统的开发与应用	姚桥煤矿
2007	矿井主扇风机变频及在线监控技术的开发与应用	姚桥煤矿
2007	开采扰动下村庄和湖堤沉降规律及其煤炭开采技术研究	姚桥煤矿
2007	煤矿采场全景监控应用系统研究	姚桥煤矿

表 11-1-2（续）

年份	项目名称	实施单位
2007	矿井电网谐波治理的研究	姚桥煤矿
2007	煤炭装车集中化网络监视系统	姚桥煤矿
2007	西翼采区坚硬顶板矿压预测预报技术研究	姚桥煤矿
2007	"四新"技术试验应用	姚桥煤矿
2007	煤矿主排水泵软启动应用及远程监控系统研究	徐庄煤矿
2007	矸石山绞车深度指示器数字化研究	徐庄煤矿
2007	小斜巷一体化安全操作装置的推广应用	徐庄煤矿
2007	煤炭装车集中化网络监视系统	徐庄煤矿
2007	井下自燃火灾防治技术研究	徐庄煤矿
2007	"四新"技术试验应用	徐庄煤矿
2007	井下皮带系统防灾应急系统的研究与应用	龙东煤矿
2007	开采扰动下村庄和湖堤沉降规律及其煤炭开采技术研究	龙东煤矿
2007	奥灰水威胁煤层开采方案研究	龙东煤矿
2007	煤矿主排水泵软启动应用及远程监控系统研究	龙东煤矿
2007	煤炭装车集中化网络监视系统	龙东煤矿
2007	煤矿安全生产保障体系与防灾减灾模式研究	龙东煤矿
2007	矿井低压电网安全监测监控系统的研究	龙东煤矿
2008	深部破碎顶板注浆锚杆的应用研究	姚桥煤矿
2008	提高采区、工作面回采率技术研究	姚桥煤矿
2008	发电厂余热降温技术研究	姚桥煤矿
2008	湖下采区 8 号煤开采防灭火技术的研究与应用	姚桥煤矿
2008	姚桥煤矿 7 号、8 号煤层瓦斯赋存规律研究	姚桥煤矿
2008	姚桥煤矿建立本质安全型矿井管理体系	姚桥煤矿
2008	孔庄煤矿混合井壁监测系统	孔庄煤矿
2008	孔庄煤矿 F6-6 断层上盘煤柱留设研究	孔庄煤矿
2008	矿井掘进面隐伏断层趋势（产状要素）探测研究	孔庄煤矿
2008	混合井与主副井贯通测量及矿井控制布设技术	孔庄煤矿
2008	通防安全可视化智能监测平台研究	孔庄煤矿
2008	四绳同测钢丝绳无损检测和管理系统	孔庄煤矿
2008	徐庄煤矿深部采区充水条件研究及水害防治	孔庄煤矿
2009	主副井稳车集中控制系统的设计与应用	姚桥煤矿
2009	8 号煤开采防火与防止上部采空区遗煤自燃措施的研究与应用	姚桥煤矿
2009	节能减排综合改造方案及管理机制研究	姚桥煤矿
2009	深部煤巷锚网索耦合支护及动态监测	徐庄煤矿
2009	提高采掘工作面爆破安全性技术研究	徐庄煤矿
2009	徐庄煤矿－750 米西大巷底板四灰水富水性探测及评价	徐庄煤矿

表 11-1-2(续)

年份	项目名称	实施单位
2009	液态二氧化碳防治煤层自然发火工艺研究及应用	徐庄煤矿
2009	聚能切缝爆破在井巷成型上的应用研究	孔庄煤矿
2009	孔庄煤矿深部改扩建主要通风机并网运行关键技术研究	孔庄煤矿
2009	主煤流自动控制系统	孔庄煤矿
2009	深部巷道矿压显现规律及支护技术研究	孔庄煤矿
2009	东、南风井的主扇风机性能评价及通风系统优化	孔庄煤矿
2009	21 煤试采区防治水技术方案研究	龙东煤矿
2009	西翼采区首采 7183 面大倾角坚硬顶板下煤层开采地表沉陷规律研究	龙东煤矿
2009	7312-2 轻放面防灭火技术研究	龙东煤矿
2009	西一采区坚硬顶板弱化技术研究	龙东煤矿
2009	西风井高压柜远程自动控制系统的应用	龙东煤矿
2009	21# 煤瓦斯、煤尘、煤层自燃等基础参数测定及防治措施的研究	龙东煤矿
2010	深部大倾角高产高效工作面开采技术研究与应用	姚桥煤矿
2010	深部跨大巷回采期间的防灭火和高倍惰性阻化泡沫的应用	姚桥煤矿
2010	姚桥煤矿地面煤流系统自动化控制改造与完善	姚桥煤矿
2010	煤矿井下变频调速装置谐波干扰的抑制	姚桥煤矿
2010	综采工作面全景图像与采煤机定位监控系统	姚桥煤矿
2010	姚桥西六采区隐伏构造研究	姚桥煤矿
2010	轻放工艺在 8# 煤层的适应性研究	徐庄煤矿
2010	岩巷综掘机除尘降尘技术的研究与应用	徐庄煤矿
2010	下分层布置的采掘工作面瓦斯防治技术	徐庄煤矿
2010	孔庄煤矿主煤流自动化控制系统的开发与应用	孔庄煤矿
2010	深部启封综放面回采期间瓦斯与火灾综合防治技术研究	孔庄煤矿
2010	水采煤泥水井下处理技术研究与应用	孔庄煤矿
2010	21 煤层首采区开采上限研究	龙东煤矿
2010	7 煤层回采对回填后的中央风井井筒破裂机理研究	龙东煤矿
2010	东二采区开采经济可行性研究	龙东煤矿
2010	薄煤层开采对卞庄新村抗变形房屋影响分析与研究	龙东煤矿
2010	综采工作面水处理技术开发与应用	龙东煤矿
2011	姚桥煤矿数字化矿井建设体系的研究	姚桥煤矿
2011	矿井大巷移动式自动洒水冲洗装置的研制	姚桥煤矿
2011	孔庄煤矿深水平开采通风系统优化研究	孔庄煤矿
2011	孔庄煤矿深部采面区段合理煤柱留设及支护技术参数研究	孔庄煤矿
2011	液态二氧化碳防灭火技术研究与实施	孔庄煤矿
2011	深部启封综放面回采期间瓦斯与火灾综合防治技术研究	孔庄煤矿
2011	徐庄煤矿防灭火注浆系统优化与改造	徐庄煤矿

表 11-1-2(续)

年份	项目名称	实施单位
2012	姚桥煤矿数字化矿井建设体系的研究	姚桥煤矿
2012	姚桥煤矿东翼8煤露头区防隔水煤柱的留设研究	姚桥煤矿
2012	大倾角坚硬顶板综放工作面"三带"的划分与防火研究与应用	龙东煤矿
2012	东二采区开采安全经济可行性研究	龙东煤矿
2012	龙东煤矿安全生产预控与闭环管理体系研究与应用	龙东煤矿
2012	孔庄煤矿深水平开采通风系统优化研究	孔庄煤矿
2012	孔庄煤矿深部采面区段合理煤柱留设及支护技术参数研究	孔庄煤矿
2012	液态二氧化碳防灭火技术研究与实施	孔庄煤矿
2012	水采煤泥水井下处理技术研究与应用	孔庄煤矿
2012	深部启封综放面回采期间瓦斯与火灾综合防治技术研究	孔庄煤矿
2013	外因火灾控制系统及深部综合防灭火技术研究与应用	姚桥煤矿
2013	顺槽无极绳绞车牵引卡轨车系统的研究与应用	姚桥煤矿
2013	深部开采煤层瓦斯参数测定及瓦斯防治技术研究	姚桥煤矿
2013	姚桥煤矿近距煤层联合开采易极易离层垮冒复合顶板巷道围岩控制技术研究	姚桥煤矿
2013	绳式过道岔推车机的研制与应用	姚桥煤矿
2013	超视距视觉巡视监控系统的研究	徐庄煤矿
2013	西一采区"三下"采煤地表沉陷预计和停采线位置优化	龙东煤矿
2013	西一采区风氧化带安全开采可行性研究	龙东煤矿
2013	Ⅱ5采区高压供水、压滤系统、煤水提升系统综合远程集中自动化控制系统的研究与应用	孔庄煤矿
2014	小煤柱沿空掘巷矿压显现规律及支护技术的研究与应用	姚桥煤矿
2014	中深部采动对采区煤柱的影响及研究对策(徐庄煤矿深部复杂地质、采动应力条件下采区煤柱变形机理与控制技术研究)	徐庄煤矿
2014	千米混合立井提升技术及主煤流系统优化研究	孔庄煤矿
2014	千米深井瓦斯与冲击矿压灾害综合治理关键技术研究	孔庄煤矿
2014	掘进巷道分类分级和深部巷道合理支护研究	孔庄煤矿
2015	徐庄煤矿厚硬岩层、复杂构造影响下孤岛工作面冲击矿压防治技术研究	徐庄煤矿
2015	徐庄煤矿井上下供水系统自动化研究	徐庄煤矿
2015	箕斗提升载荷监视保护装置研究	龙东煤矿
2015	Ⅱ5采区高压供水、压滤系统综合远程集中自动化控制系统的研究与应用	孔庄煤矿
2016	姚桥煤矿中央、西翼深部高应力区开采冲击地压防治技术研究	姚桥煤矿
2016	采空区压注二氧化碳防火合理工艺参数的优化选择及其分布规律研究	姚桥煤矿
2016	Ⅱ3下大倾角上运胶带研究与应用	机电部、徐庄煤矿
2016	热交换站无人值守控制与应用	龙东煤矿
2016	副井罐帘井口远程控制与信号安全闭锁技术研究与应用	龙东煤矿
2016	矿井生产系统优化研究与实施	孔庄煤矿

表 11-1-2(续)

年份	项目名称	实施单位
2016	孔庄煤矿 F6-2 断层防水煤柱留设及 Ⅲ4 采区灰岩突水危险性评价研究	孔庄煤矿
2017	姚桥煤矿安全高效矿井建设的研究与应用	姚桥煤矿
2017	钢管混凝土支架现场应用与研究	姚桥煤矿
2017	基于无线通信技术综合防尘控制系统及装备的研究与应用	姚桥煤矿
2017	基于数据挖掘与信息融合的矿业大数据协同分析系统研发和应用	姚桥煤矿
2017	中央采区极破碎围岩冲击段巷道控制与复合支护技术	姚桥煤矿
2017	7008、7265 工作面冲击地压防治技术研究与应用	姚桥煤矿
2017	深部煤矿开采多场耦合条件下热害致灾规律的研究	徐庄煤矿
2017	7162 工作面防灭火技术研究与应用	龙东煤矿
2017	Ⅳ3 采区煤与瓦斯突出危险性鉴定及瓦斯防治技术研究	孔庄煤矿
2017	孔庄煤矿 7301、7434 工作面开采冲击地压监测预警、防治技术研究与应用	孔庄煤矿
2018	姚桥煤矿煤巷掘锚一体化研究与实施	姚桥煤矿
2018	采空区二氧化碳封存及防灭火机理研究与应用	通风管理部
2018	姚桥煤矿采空区干冰相变防灭火及降温技术研究	姚桥煤矿
2018	中央采区深部复杂应力下大变形沿空(掘)巷道覆岩卸压与支护(新)技术研究	姚桥煤矿
2018	7013 跳采工作面断层群及不规则煤柱影响区冲击地压防治技术	姚桥煤矿
2018	简易端头支架的研制和应用	姚桥煤矿
2018	斜巷轨道行车与行人综合安全监控系统	姚桥煤矿
2018	姚桥煤矿东一风井技术改造方案论证	姚桥煤矿
2018	徐庄煤矿 7313 工作面采动对−750 米大巷扰动影响规律及加固技术研究	徐庄煤矿
2018	徐庄煤矿煤柱结构触发冲击机理、CT 预警及防控技术与应用	徐庄煤矿
2018	徐庄煤矿混合式通风系统运行状态模拟预测与应用研究	徐庄煤矿
2018	徐庄煤矿 7、8 号煤层自燃预报及早期预报体系研究	徐庄煤矿
2018	孔庄煤矿 Ⅲ4 采区及 Ⅳ1 采区工作面跨大巷回采技术研究与应用	孔庄煤矿
2018	孔庄煤矿生产系统再造与集约高效矿井创建研究与实施	孔庄煤矿
2018	孔庄煤矿 Ⅲ5 采区瓦斯参数测定研究及矿井瓦斯地质图完善项目	孔庄煤矿
2018	机电安全生产 VR 培训系统	孔庄煤矿
2018	大倾角厚煤层一次采全高工艺可行性与设备配套研究与应用	孔庄煤矿
2019	多绳摩擦提升机监测及自动润滑系统的研究与应用	姚桥煤矿
2019	姚桥煤矿智慧矿山顶层设计研究和实践	姚桥煤矿
2019	带式输送机群智能监测与优化节能控制系统研发	姚桥煤矿
2019	姚桥煤矿基于云平台技术的机电设备状态集中管控系统(手机端)	姚桥煤矿
2019	姚桥煤矿太原组灰岩含水层研究与对策	姚桥煤矿
2019	姚桥煤矿 7263 坚硬顶板孤岛工作面冲击地压防治关键技术	姚桥煤矿
2019	徐庄煤矿井下供水在线监测系统研究	徐庄煤矿
2019	井下带式输送机巡检机器人研发与应用	徐庄煤矿

表 11-1-2(续)

年份	项目名称	实施单位
2019	大倾角单轨吊智能遥控操车与远程监控研究与应用	徐庄煤矿
2019	孔庄煤矿基于云平台的生产安全大数据集成分析平台及预控预警系统研究与应用	孔庄煤矿
2019	孔庄煤矿－1000 米水平以下深部开采安全风险评价	孔庄煤矿
2019	孔庄煤矿 7303、7436、7375 工作面冲击地压防治技术研究与应用	孔庄煤矿
2019	多水平复杂通风网络通风系统优化模式及方案研究	孔庄煤矿
2019	106 煤矿瓦斯赋存规律及防治技术研究	天山公司
2019	浅埋煤层综放工作面三维漏风规律及自然发火防治技术研究	天山公司

（二）电力技术研发

（1）发电厂 7# 锅炉气力除灰系统改造。2006 年列为公司技术创新项目。大屯发电厂 7# 锅炉气力除灰系统，因除尘器灰斗积灰，高压柜投不上，影响静电除尘器的安全运行，改进后原系统改成仓泵气力除灰系统。

（2）大屯电网电能量平衡管理及监督系统。2008 年列为中煤集团重点技术创新项目。该项目根据矿区电网实际情况，采用现代信息技术改造原有管理模式，提高对电网用电侧管理的实时性和有效性，提高电网的安全、经济运行水平和供电可靠性。

（3）循环流化床锅炉应用复合相变换热器技术的研究。2011 年列为中煤集团重点技术创新项目。该项目通过复合相变换热技术，采用了热管的原理，以"相变段""壁面温度"作为换热器最基本的设计参数，利用"相变段"将被加热介质（如空气、水）的温度适当提高。预热的空气可以保证下级空预器的安全，解决了低温腐蚀问题，同时，被加热的水回收了烟气中的余热，实现了节能的目的。

（4）CFB 锅炉（9# 炉）燃烧过程数值模拟与特性试验研究。2011 年列为公司技术创新项目。该项目与中国矿业大学合作，完成了三个工况下的主要风量测量装置标定，可靠地测量风道以及流化风量，掌握了炉膛内以及烟道内风量分布、烟气流速。

（5）炉内喷钙与尾部脱硫系统运行优化技术的研究与应用。2015 年列为公司技术创新项目。项目的研究与应用，降低了脱硫剂的使用成本，各台锅炉的 SO_2 排放浓度能够符合国家环保排放要求，降低 SO_2 排放量，获得国家脱硫环保补贴电价。

（6）空压机冷却水及化学制水综合水质分析与运行优化技术研究与实施。2016 年列为公司技术创新项目。在保证发电厂机组安全运行前提下，通过对空压机冷却水及化学制水系统的综合水质分析与优化研究，实施后降低发电厂用水量，降低发电厂生产成本。

公司 1991—2017 年电力技术开发项目汇总见表 11-1-3。

表 11-1-3　1991—2017 年电力技术研发项目汇总表

年份	项目名称	实施单位
1991	2# 炉燃烧工况调试	发电厂
1991	2# 炉点火装置改进	发电厂
1991	2# 除氧水箱进水装置改进	发电厂

表 11-1-3（续）

年份	项目名称	实施单位
1991	2#主变 110 千伏套管改进	发电厂
1992	灰库改进（粉煤灰工程）	发电厂
1992	电动单侧固定式犁式卸料器调整位置	发电厂
1992	6#给水泵出口法兰壳体裂纹现场处理	发电厂
1992	生产统计日报表电算化	发电厂
1993	1#、2#电动波泵机械密封改进	发电厂
1993	110 千伏 106 线路二次信号回路改进	发电厂
1993	3#机组电动阀门电气回路更改	发电厂
1993	1#、2#主变 110 千伏中性点加装放电间隙	发电厂
1993	3#炉 MFT 投用及改进	发电厂
1994	1#机辅助机冷却水管道改进	发电厂
1994	无阀滤池反冲洗装置更改	发电厂
1994	2#机 KFD-3 型相交励调整、更换、投用	发电厂
1994	3 排粉机叶轮改造	发电厂
1995	带压管道堵漏带水管道泄露处理	发电厂
1995	1#、3#粗粉分离器改进、更新	发电厂
1995	在备用支线 110 千伏出口等加装电度表，二次回路改进	发电厂
1995	3#机前轴封更新改造	发电厂
1995	2#机高加输水管更新改造	发电厂
1996	1#、2#灰浆泵进口阀门调型	电业分公司
1996	4#排粉机机壳内部改造	电业分公司
1996	3#减温水管路改造	电业分公司
1996	3#机抽汽管道加装伸缩节	电业分公司
1996	补充水泵取水口技术改造	电业分公司
1997	灰浆泵电气改造工程	电业分公司
1997	1#主变防渗漏、防爆炸改造	电业分公司
1997	2#蓄电池组及 1#充电装置的调试投用	电业分公司
1997	新老泵浆泵房灰水管道联通	电业分公司
1997	1#、2#、3#炉灰水系统整体技术改造	电业分公司
1998	1#、2#碎渣机电气回路改造	电业分公司
1998	UDZ-S-17 电接点水位计报警值保护值设定	电业分公司
1998	2#炉除尘器更新改造	电业分公司
1998	1#炉向空排汽二次阀电动装置的改造	电业分公司
1998	2#炉水冷壁下联箱的改进	电业分公司
1998	4#给水泵改造	电业分公司
1999	110 千伏母线充电保护合闸回路改进	电业分公司

表 11-1-3(续)

年份	项目名称	实施单位
1999	3#炉水冷壁爆原因分析及预防措施	电业分公司
1999	5#给泵出口止回阀改造	电业分公司
1999	湖边泵房投用方案的制定	电业分公司
1999	3#炉出渣系统技术改造	电业分公司
2001	110千伏系统微机母线保护的研究与应用	电业分公司
2001	高频保护在110千伏输电线中的研究与应用	电业分公司
2001	4#循环流化床锅旋风分离器内衬技术改造	电业分公司
2001	主汽管系、给水管系支吊架检查修复与校核	电业分公司
2001	3#机组锅炉掺烧煤泥资源综合利用技术改造	电业分公司
2001	3#机组静电除尘器改造	电业分公司
2003	3#机组通流部分增容降耗技术改造	电业分公司
2003	3#炉静音除尘器改造	电业分公司
2003	110千伏系统间隔优化调整	电业分公司
2003	1#、2#机组技改工程前期工作的研究与应用	电业分公司
2005	35千伏母线室整体技术改进	发电厂
2005	6#炉系统综合改造技术的应用	发电厂
2005	3#汽轮机汽缸技术改进	发电厂
2005	BG-75/5.29-M1循环流化床锅炉受热面防磨的研究与应用	发电厂
2005	热电厂4#锅炉风系统变频技术研究与应用	发电厂
2005	3#机组发电机变压器组微机保护技术的研究与应用	发电厂
2005	变电站及大用户用电信息远程集抄系统的开发	发电厂
2005	班组安全管理体系的研究与应用	发电厂
2005	大屯电网电力应用一体化主站系统的开发与应用	发电厂
2005	电业分公司质量标准化优化整合的研究	发电厂
2005	矿区6千伏变电站负荷控制系统的研究与应用	发电厂
2005	循环流化锅炉运行技术研究	发电厂
2005	电业分公司消防监控系统开发与建设	发电厂
2005	两票自动操作系统开发与应用	发电厂
2005	6#炉布风装置技术改进	发电厂
2005	电业分公司自动化远动系统研究及应用	发电厂
2005	反渗透水处理装置的技术改进	发电厂
2005	重大危险源应急预案的研究与应用	发电厂
2006	大屯矿区需求侧管理系统的研究与应用	发电厂
2006	7#锅炉气力除灰系统改造	发电厂
2006	110千伏升压站整体技术改进	发电厂
2006	7#锅炉原煤仓改造	发电厂

表 11-1-3(续)

年份	项目名称	实施单位
2006	6#、7#机组运行小指标经济研究	发电厂
2007	6#、7#机组资源综合利用的研究与应用	发电厂
2007	降低厂用电耗技术的研究与应用	发电厂
2007	135兆瓦循环流化床仿真机系统优化与升级研究	发电厂
2007	6#机组水汽质量在线监控系统	发电厂
2007	电能计量管理系统	发电厂
2007	输煤系统保护和监控系统完善	发电厂
2007	变电站高压供电设备发热缺陷早期诊断技术应用与研究	发电厂
2008	电厂锅炉提高静电除尘器效率的研究及应用	发电厂
2008	电网供电可靠性研究	发电厂
2008	提高发电厂辅机可靠性的研究与应用	发电厂
2009	发电厂余热利用技术的研究	技术中心
2009	D151汽轮机运行优化及降低汽耗的研究	发电厂
2010	7#机组凝结器防腐蚀及提高寿命的研究与实施	发电厂
2010	发电厂化水系统技术研究与应用	发电厂
2010	75吨/小时CFB锅炉燃烧过程CFD数值模拟与特性试验的研究	发电厂
2011	260吨/小时CFB锅炉膜法富氧及化学助剂燃烧集成技术的研究	发电厂
2011	循环流化床锅炉应用复合相变换热器技术的研究	发电厂
2013	大屯矿区电网短路电流分析与整定要求	发电厂
2013	煤矸石综合利用电厂入炉煤燃料在线监控系统	发电厂
2015	炉内喷钙与尾部脱硫系统运行优化技术的研究与应用	发电厂
2016	空压机冷却水及化学制水综合水质分析与运行优化技术研究与实施	发电厂
2017	锅炉生物质气化耦合发电技术的研究与实施	发电厂

（三）铝业技术研发

（1）铝用阳极综合自动化监控技术开发与应用。2005年,该项目对铝用阳极生产流程的最佳工艺过程、铝用阳极综合自动化控制技术所需的专用现场测控计算元器件及智能仪表进行了研究。研究试验最佳计算机智能控制系统。

（2）大屯铝业提高阳极组装工艺综合效益的研究与创新。2006年该项目通过对2.0吨中频电炉炉衬砌筑工艺优化、磷生铁配方优化、加装使用碳素保护环的研究,优化阳极组装工艺,取得综合经济效益1 000万元/年。

（3）工业铝电解槽温度监测与分析系统应用。2008年,该项目采用具有存储功能的红外测温技术,同时结合计算机数据处理技术和网络技术,通过快速检测温度、传递保存数据和网络化、图形化分析数据,对电解槽槽壳温度进行严密监测。

（4）装饰箔及电容器外壳用铝带材产品开发。2009年列入中煤集团重点科技创新项目。研究装饰箔及电容器外壳用铝带产品技术、生产工艺,使产品的成分控制、组织优化、冷轧工艺参数、中间退火工艺的设定等达到国内领先技术水平。装饰箔生产所用坯料为公司自产。

（5）5052牌号高品质氧化料产品研发与运用。2014年,项目采用国产结晶器,优化铸造工艺,生产出成分均匀,晶粒一级且表面无拉裂或通裂、悬挂的5系合金铸锭。

（6）热轧板型及表面质量控制技术。2017年,该项目对2400热轧机轧制热轧卷表面存在黑点黑线、板型不好、易出现两边波浪及中厚板平直度不好等问题,通过对优化乳液配比和维护工艺的研究,优化轧制工艺,减少外部环境对IMS凸度仪影响,优化轧辊辊型与铸锭宽度匹配。该项目完成后提高热轧版型及表面质量,保证了冷轧后续加工质量。

（7）6061铝合金扁锭铸造防通裂研究与应用。该项目主要针对6061合金属与可热处理强化铝合金进行研发,通过研究铸造工艺,如温度、铸造速度、冷却水质及冷却量变化等内容。使铸锭通裂率由4%降到2%以下。按每月1 500吨6061产品计算,每年减少废品量约350吨,产生经济效益约50万元。2019年底完成项目验收。

公司2005—2019年铝业技术研发项目汇总见表11-1-4。

表 11-1-4　2005—2019 年铝业技术研发项目汇总表

年份	项目名称	单位
2005	铝用阳极综合自动化监控技术开发与应用	大屯铝业公司
2005	烟气净化系统主排风机冷却水循环系统开发与应用	大屯铝业公司
2005	电解质破碎及储运系统开发与研究	大屯铝业公司
2006	新型打壳锤头的研究	大屯铝业公司
2006	电解铝生产技术条件优化研究	大屯铝业公司
2006	真空抬包吸铝管自动清理设备研制	大屯铝业公司
2006	220 kV综合自动化改造	大屯铝业公司
2006	电解多功能机组技术改造	大屯铝业公司
2006	空压机站压缩空气管路改造	大屯铝业公司
2006	空压机集控系统	大屯铝业公司
2006	整流循环水系统改造	大屯铝业公司
2006	大屯铝业提高阳极组装工艺综合效益的研究与创新	大屯铝业公司
2006	电解控制系统软件的改造	大屯铝业公司
2006	硼化钛阴极涂层应用试验	大屯铝业公司
2007	提高槽控机电流效率降低电能消耗技术的研究	大屯铝业公司
2007	延长阳极周期,防止阳极钢爪侵蚀技术	大屯铝业公司
2007	氟化盐上槽加料系统的应用	大屯铝业公司
2007	基于伪B/S模式的电解控制系统网络软件的开发	大屯铝业公司
2008	工业铝电解槽温度监测与分析系统应用	大屯铝业公司
2008	氧化铝连续下料系统的研究与开发	大屯铝业公司
2008	铝业实验室提高能力建设与认证	大屯铝业公司
2008	江苏大屯铝业有限公司整流控制稳流技术的研究	大屯铝业公司

表 11-1-4（续）

年份	项目名称	单位
2009	铝电解低阳极效应系数生产工艺技术研究与应用	大屯铝业公司
2009	铝电解生产中 TiB$_2$ 阴极涂层及复合抗氧化阳极涂层技术研究与应用	大屯铝业公司
2010	铝电解生产自动控制系统升级及控制策略优化	大屯铝业公司
2011	双零箔坯料开发	四方铝业
2013	铝板带产品定位研究	铝业管理部
2013	大屯铝板块企业套保方案研究	铝业管理部
2013	高强高韧性容器及包装工业用铝材技术研发与应用	铝板带厂
2013	上部圆台形铝用预焙阳极炭块技术应用	大屯铝业公司
2014	5052 牌号高品质氧化料产品研发与运用	铝板带厂
2015	2 300 毫米六辊冷轧机高速轧制下铝卷板形及厚度控制	铝板带厂
2015	高光板、合金板、双零箔坯料新产品研发	四方铝业
2017	3003 铝合金动力电池外壳材料的开发	技术中心
2017	5005 氧化用幕墙板产品开发	苏铝公司板带厂
2018	防火铝芯结构板芯材的开发	苏铝铝业
2018	高档家电板用铝基材的开发	苏铝铝业
2018	5182 罐盖料开发	铝板带厂
2018	复合轧制制备轻质高强铝/泡沫铝/铝材料研究与应用	科技环保部、铝板带厂
2019	6061 铝合金扁锭铸造防通裂研究与应用	铝板带厂
2019	铣面机铸锭铣削质量改进与应用	铝板带厂
2019	热轧宽幅坯料(宽>2 000 毫米)板型控制研究与应用	铝板带厂
2019	5005 氧化卷材生产技术研究与应用	铝板带厂

（四）铁路运输技术研发

（1）铁路运输设备运用、管理系统的研制开发。2004 年列为公司科技创新项目。该项目将通过计算机系统对矿区铁路运输所有设备及器材进行动态跟踪管理,可提高矿区铁路运输的总体自动化管理水平。

（2）徐沛铁路安全信息及预警系统的研究和开发。2006 年,该项目研究探索适合煤矿铁路运输安全评价和预警的理论方法,开发适合煤矿铁路运输安全信息及预警系统。通过改造现有铁路信号机的显示状态,减少维修周期,提高列车通过的能力和安全性,节省电能。

（3）徐沛铁路运输生产系统安全评估及预警系统的研究与开发。2007 年,该项目研究探索出适合煤矿铁路运输安全评价和预警的理论方法,可以对现有的运输系统的安全隐患和安全管理重点进行动态预警,减少事故的发生。

（4）新式加长加宽型嵌丝橡胶道口板的推广应用。2009 年,该项目对新式加长加宽型嵌丝橡胶道口板进行研究和推广。新型道口橡胶铺面板采用新型橡胶嵌丝合成材料制成,该产品已在国铁及专用线平交道口广泛使用。

（5）徐沛铁路扩能增效技术研究。2011 年,该项目通过对徐沛铁路扩能增效技术改造

的研究,建立一个适合徐沛铁路的集行车指挥控制、通信、无线调车作业管理与防护、货运管理、智能化铁路道口预报警安全系统、供电远程监控等为一体的现代化铁路指挥系统。

(6)智能无线车载道口报警系统的应用。2013年,该项目通过智能无线车载道口报警系统在机车接近道口时自动启动道口报警设备,并将道口设备工作状态通过语音和文字告知乘务人员,预防道口发生交通事故。

(7)斜角道口轮缘槽装置研究与应用。2014年,该项目研制安装覆盖道口轮缘槽设备,该设备应用液压系统,在没有机车通过道口时,装置覆盖道口轮缘槽,与公路面为同一平面,不产生道口轮缘槽。机车通过道口时,液压系统将该装置升起,产生轮缘槽,使机车安全通过。

公司历年铁路运输技术开发项目汇总见表11-1-5。

表 11-1-5　铁路管理处铁路运输技术研发项目汇总表

年份	项目名称
1992	电子高压脉冲轨道电路接收器
1995	ZTL-3型机车自动停车装置在行车中的应用
1995	机车自动信号装置的推广应用
1995	固定资产微机管理系统的开发应用
1996	光纤数字中继传输系统
1998	深井潜水泵及污水泵全自动控制装置
1999	大屯矿区铁路运输信息管理系统
2000	徐沛铁路管理处调度监督系统的开发应用
2002	锅炉燃烧变频调节系统研制应用
2002	沛屯-沙塘货运传输系统
2003	高压电力线路防窃电技术开发应用
2004	徐沛铁路管理处变频调速恒压供水自动测控系统
2004	铁路运输设备运用、管理系统的研制开发
2004	计轴自动站间闭塞系统的引进应用
2005	铁路车站微机监测系统应用
2005	TWD-3FS型数字式铁路平面无线指挥系统的应用
2005	彩铝门窗生产线的引进应用
2006	徐沛铁路安全信息及预警系统的研究和开发
2006	环保型水性环氧地坪涂料的研制
2006	YCDD-140LED信号单元在铁路信号系统中的应用
2006	双向闸瓦间隙自动调整器
2007	徐沛铁路运输生产系统安全评估及预警系统的研究与开发
2007	铁路红外线轴温探测系统
2008	徐沛铁路车站信号微机监测系统应用
2008	机车走行部车载故障诊断系统

表 11-1-5（续）

年份	项目名称
2008	管内货运制票系统
2009	新式加长加宽型嵌丝橡胶道口板的推广应用
2010	内燃机车接近道口自动报警装置引进应用
2010	内燃机车油耗记录分析系统的开发及应用
2011	铁路道口预警安全系统的开发与应用
2011	徐沛铁路扩能增效技术研究
2013	内燃机车燃油低烧 1# 推广应用
2013	智能无线车载道口报警系统的应用
2014	斜角道口轮缘槽装置研究与应用

（五）综合服务能力研发

（1）无压重介旋流器开发项目。1999 年列为国家级科技重点项目，由大屯选煤厂承担并开展实施。改造完成后，姚桥选煤厂达到优化系统、为后续工艺改造创造条件的目的。该项目获 2004 年徐州市科技进步二等奖。

（2）矿井水净化及资源化成套技术与装备的开发。1999 年 5 月，项目启动主要研制开发井下专用矿井水处理设备和工艺，研究开发矿井水放射性专用吸附剂生产工艺和与之相配套的吸附材料。处理后的矿井水达到工业用水标准，部分达到饮用水标准。该项目获 2003 年中国煤炭工业科学技术奖一等奖。

（3）声、光、电三维动画安全宣传教育系列片的开发。2004 年，项目针对煤矿井下的特殊作业环境，对井下实时进行模拟，制定三维图片，配声、光、电及解说文字，进行宣传教育。

（4）上海大屯能源股份有限公司人力资源网络系统。2004 年，项目研究开发了具有易用性、灵活性、开放性、自助性、可视性、安全性、专业性的管理系统，从根本上解决以往各单位数据分散、不安全、报表数据不准确不及时等各种问题。

（5）知识产权保护及其战略研究。2004 年，该项目配合江苏省知识产权推进计划项目，对国内外相关领域知识产权现状和战略进行分析研究，参照公司实际，提出公司知识产权保护及战略的具体意见和策略。

（6）大屯矿区信息化建设规划研究。2008 年，该项目研究电子信息技术改造传统工业，提升企业生产装备的综合自动化水平，使其生产流程控制程序化、集成化、网络化，提高矿井集约化水平，提高安全装备的综合自动化水平，提高安全监控系统可靠性、可用性，确保了生产安全和高产高效。

（7）远程实时互动多媒体培训系统开发及应用。2008 年，该项目基于 Web 的现代网络通信技术和实时交互多媒体通信技术，将先进性与实用性相结合，将已开发的模拟煤矿井下以往发生的具有代表性的采、掘、机、运、通各类专业事故案例教育动画片，煤矿设备、仪器、仪表学习多媒体课件，公司多年的培训经验等进行整合，设计开发基于桌面的实时课堂培训系统，并以其为核心，开发具有实时、交互、多媒体特性的协作式教学工具平台。

（8）大屯矿区物资分类及编码的研究与实践。2009 年，该项目针对大屯矿区物资分类及编码所存在的主要问题，进行科学、合理、规范、实用的体系设计，确定大屯矿区各类物资

的分类,制订大屯矿区具体的编码规则,规避采购过程中出现的混乱、物资无人采购或重复采购的现象。

(9)污泥掺烧发电技术的研究与应用。2009 年,项目根据污水处理率的不断升高,生活污泥的污染隐患日益凸显等问题,研究实施后,污泥烘干后发热量达到 2 000～2 500 千卡,满足掺入原煤作为发电厂燃料使用条件。

(10)QBZ 真空防爆开关实训教学模拟平台。2010 年,该项目以教学大纲为指导,以实训教材为依据,开发符合教学大纲和实训教学的要求,符合 QBZ 真空防爆开关工作原理和技术参数的要求的模拟教学平台。

(11)矿区污染源自动在线监测系统开发。2011 年,该项目通过建立污染源自动监控系统,对公司污染源(废水、废气、噪声)、地表水、环境空气实现对等实时监测和数据的远程传输,为排污收费和环保管理提供科学有效的动态监测数据。

(12)浮选工艺优化的研究与应用。2015 年,通过项目研究实现二次浮选及直接浮选的切换,可以根据生产、煤质及客户需求进行生产。利用现有设备资源,提高选煤中心整体处理能力、选煤效率、选煤效益和质量标准化水平。

(13)水处理膜技术研究与产品开发。2018 年,项目通过研发生产中空纤维超滤膜,利用超滤膜的过滤精度,去除水中胶体、悬浮物等相对微小的非溶解物,提高后续系统进水水质,掌握水处理先进膜法技术及产品。

公司 2002—2019 年综合服务能力研发项目汇总见表 11-1-6。

表 11-1-6 2002—2019 年公司综合服务能力研发项目汇总表

年份	项目名称	单位
2002	180 千伏安 380 升 660 实用教学三相电源	技工学校
2003	煤矿地质测量信息系统	地质测量部
2003	公司煤炭销售及质量管理 ERP 系统	煤炭贸易部
2004	煤矿"四级"安全培训体系有效运行研究	安全监察部
2004	声、光、电三维动画安全宣传教育系列片的开发	安全监察部
2004	上海大屯能源股份有限公司人力资源网络系统	人事部
2004	大屯矿区物资供应管理信息系统	物资贸易部
2004	科技管理系统开发	技术中心
2004	知识产权保护及其战略研究	技术中心
2004	企业科技培训网络系统建设	技术中心
2004	质量技术监督管理系统开发	技术中心
2005	公司中小学生成长在线网站的开发及应用	教育卫生处
2005	制作井下电钳工、采煤机司机技能培训课件	教育卫生处
2005	矿区中小学生心理健康研究	教育卫生处
2005	公司职业技术技能鉴定题库的开发建设	劳资处
2005	抢救硬脑膜下血肿病人技术开发与应用	中心医院
2005	基因诊断技术(PCR 技术)在临床上的应用	中心医院

表 11-1-6(续)

年份	项目名称	单位
2005	幽门螺旋杆菌检测及其诊治方案优选	中心医院
2005	等离子体切割系统经尿道前列腺切除术	中心医院
2005	办公自动化及信息管理平台的研究与开发	通信计算机处
2005	纯净水矿化项目的开发	物业管理分公司
2005	无烟末煤制取煤球用于煤气生产	物业管理分公司
2005	基本建设管理系统	基本建设处
2005	学案教学法在高中物理教学改革中的应用	第一中学
2005	摄制煤炭安全事故案例电教片	第一中学
2005	中水应用技术研究与实施	技术中心
2005	循环经济研究	技术中心
2006	股份公司机关办公用品计算机管理系统	行政管理部
2006	中心区污水厂转刷曝气机变频调速控制	物业管理分公司
2006	机关浴室集中式太阳能工程	物业管理分公司
2006	制作瓦检工爆破工绞车司机安全技能多媒体培训教材	教卫处
2006	公司职业技能竞赛题库的开发建设	劳资处
2007	煤炭装车集中化网络监视系统	煤炭贸易部
2007	招待所旅客管理及会议室多媒体系统	行政办公室
2007	人口管理系统	保卫部
2007	GPRS 车载定位系统	汽车运输分公司
2007	新型手持式气动钻机的研制	技工学校
2007	耙装机新型操纵装置研制	技工学校
2008	大屯矿区信息化建设规划研究	信息中心
2008	远程实时互动多媒体培训系统开发及应用	培训中心
2008	煤矿区队"三个一"安全培训多媒体系统的开发及应用	培训中心
2008	涂塑技术在煤矿应用的可行性研究	技术中心
2009	龙东煤矿 21# 采掘工艺及沿空留巷技术研究	生产管理部、龙东煤矿
2009	大屯矿区坐标系统转换的研究与实施	生产管理部
2009	大屯矿区地测资料优化管理系统研究	生产管理部
2009	大屯矿区物资分类及编码的研究与实践	物资贸易部
2009	矿井安全生产评估体系的研究与应用	安全监察部
2009	机关处室 Web 网站应用集成技术	信息中心
2009	应用软件开发完善	信息中心、技术中心
2009	污泥掺烧发电技术的研究与应用	技术中心
2009	科技管理费用	技术中心
2010	液压调速直流架线电机车的应用	机电管理部
2010	煤矿变电虚拟现实仿真系统的研究与应用	安全监察部、发电厂

表 11-1-6(续)

年份	项目名称	单位
2010	QBZ 真空防爆开关实训教学模拟平台	技术工学校
2011	矿区污染源自动在线监测系统开发	技术中心、信息中心
2011	生活污水深度处理供井下用水技术研究	技术中心
2011	高性能矿用巷道灯的研发	技术中心
2011	大屯公司节能环保"十二五"规划研究	技术中心
2011	煤矿技术专业(高级工)常设课程习题册及题库开发	技工学校
2012	班组管理体系研究与应用	公司工会
2013	大屯公司产业结构发展方向的研究	企业发展部
2013	大屯公司地质钻孔信息图形化管理系统	地质测量部
2013	治理"三违"体系的研究和开发	安全监察部
2013	水处理装备的研究与应用	技术中心
2018	智能无人蓄电池充电硐室的研究与应用	设备管理中心
2018	水处理膜技术研究与产品开发	技术中心、实业公司
2019	液压支架仿真实训装置	中煤职院
2019	瓦斯检查工 VR 实训教学平台	中煤职院
2019	煤矿防治水 VR 虚拟仿真实训操作系统	中煤职院

四、交流与合作

(一)科技交流

1991 年 6 月 3 日,苏联斯科琴斯基矿业研究院副院长布利诺夫为首的 7 人代表团来公司考察指导工作。11 月 2 日,以朝鲜煤炭部技术局局长金洁泽为团长的钻井罚凿井技术考察团一行 8 人来公司参观考察大钻机钻井技术。

1992 年 4 月 20 日,俄罗斯莫斯科煤炭科学院一行 7 名专家来公司访问。5 月 26 日,莫斯科近郊煤炭设计院一行 4 人来公司交流技术。

1995 年 3 月 31 日,应煤炭科学总院和公司邀请,德国沙尔夫公司总裁沙尔夫先生一行 5 人来公司参观考察,了解公司的综合实力,拟联合生产民用电梯。

1996 年 3 月 19 日,波兰采矿工程和技术协会理事长塔各乌施·泽卡得沃维茨先生等波兰矿业考察团一行 6 人来公司考察参观。

1997 年 5 月 13 日,奥地利普拉塞公司技术顾问葛庆汀博士一行 2 人来公司,就铁路设备维护、保养等进行技术交流。6 月 22 日,英国芬拿公司翰维·斯特、约翰·昆德尔先生来公司进行阻燃胶带技术服务。

1998 年 2 月 20 日,日本国际贸易开发株式会社专务取缔役营业本部长高山直一一行 4 人,来公司考察矿井水处理技术合作事宜。

2002 年 9 月 26 日,波兰采矿专家团斯塔尼斯瓦夫·龚赛克一行 11 人来公司进行技术交流。

2019 年 4 月 9 日,日本大阪藕状材料研究有限公司 CEO 中岛英雄教授、东北大学罗洪杰教授等一行 3 人来公司就藕状铝和泡沫铝产品开发进行交流访问。

（二）科技合作

1998 年 6 月,公司技术中心与煤炭科学研究总院杭州环境保护研究所联合成立"新型矿井水处理技术研究所"。

1998 年 7 月,公司技术中心与中国矿业大学科研联合成立"安全技术研究院"。

1999 年 3 月,公司技术中心与煤炭科学研究总院上海分院电气自动化研究所联合成立"矿用电气产品开发研究所"。

1999 年 6 月,公司技术中心与煤炭科学研究总院上海分院科技信息服务中心签订信息咨询服务。

1999 年 12 月,公司技术中心与山东科技大学联合成立"煤矿开采与环境治理研究所"和"机电一体化及自动化研究所"。

1999 年,公司与中国矿业大学共建"技术中心"。

2000 年 3 月,公司技术中心与沈阳煤炭科学研究院联合成立"煤矿采掘机械产品开发研究所"。

2000 年 11 月,公司与中国矿业大学共建"洁净煤制备工程研究中心"。

2018 年 8 月,公司与煤炭工业规划设计研究院有限公司签订战略合作协议。

2019 年 4 月,公司与中国矿业大学签订战略合作框架协议。

公司合作开发机构完成并应用的开发项目见表 11-1-7。

公司已应用的新产品、新技术、新工艺及软科学项目信息见表 11-1-8。

表 11-1-7 公司合作开发机构完成并应用的开发项目表

项目名称	合作机构名称	应用情况
矿井水净化及资源化成套技术与装备的开发	新型矿井水处理研究所	公司应用
大屯 440 吨/小时超高压再热循环流化床	机电一体化研究所	发电厂应用
安全生产检测系统	安全技术研究所	公司应用
铁路正西线微机联锁系统	安全技术研究所	铁路处应用
不稳定难采煤层经济高效开采技术	安全技术研究所	孔庄煤矿应用
预应力钢丝绳锚杆支护技术研究	机电一体化及自动化研究所	姚桥煤矿应用
孔庄煤矿深部水平复杂地质条件下煤层自然发火的研究与对策	机电一体化及自动化研究所	孔庄煤矿应用
电子高压脉冲轨道电路的引进应用	安全技术研究所	铁路处应用
"粉煤灰复合胶体"防灭火材料	安全技术研究所	姚桥煤矿应用
孔庄煤矿 7338 工作面地表移动观测设计、分析与评价	安全技术研究所	孔庄煤矿应用
孔庄煤矿系统优化、资源配置及矿井可持续发展研究	安全技术研究所	孔庄煤矿应用
姚桥煤矿通风系统优化选择及东二风井主扇更换选型	安全技术研究所	公司应用
3# 炉掺烧煤泥资源综合利用技术	机电一体化及自动化研究所	发电厂应用
采准巷道竹锚杆支护技术研究	机电一体化及自动化研究所	公司应用
三相泡沫防灭火材料的研究与应用	安全技术研究所	姚桥煤矿应用

表 11-1-7(续)

项目名称	合作机构名称	应用情况
新型防坠托罐装置研究与应用	安全技术研究所	姚桥煤矿应用
矿区煤炭资源合理开发规模与后续发展战略研究	安全技术研究所	公司应用
大屯矿区采区地震勘探综合研究	安全技术研究所	公司应用
大屯矿区村下采煤技术经济研究	安全技术研究所	公司四矿应用
煤巷锚网支护参数设计施工研究	安全技术研究所	公司四矿应用
膜生物反应器成套设备技术	水处理技术研究所	姚桥煤矿应用
煤炭成浆性试验研究	安全技术研究所	公司应用
沛屯—沙塘货运传输系统	煤炭科学技术研究所	铁路处应用
徐庄煤矿一、二水平联合开采期间通风系统优化	安全技术研究所	徐庄煤矿应用
手控自动闭锁风门的研制	安全技术研究所	公司四矿应用
大屯矿区奥陶系岩溶发育特征及富水规律	安全技术研究所	公司应用
井下变频器热管散热装置的应用	机电一体化及自动化研究所	公司应用
公司内部控制问题研究	安全技术研究所	公司应用
下分层巷道支护型式研究与开发	煤矿开采与环境治理研究生	姚桥煤矿应用
井下胶带输送机集中控制体统	安全技术研究所	龙东煤矿应用
孔庄煤矿陷落柱构造探测与研究	安全技术研究所	孔庄煤矿应用

表 11-1-8　公司已应用的新产品、新技术、新工艺及软科学项目信息表

项目名称	合作单位
矿井水一体化处理设备	煤炭科学研究总院杭州环保处
企业招标管理系统	中国矿业大学
大屯矿区地震勘探综合研究	中国矿业大学
大屯矿区底板奥陶灰岩溶发育特征及富水规律研究	中国矿业大学
膜生物反应器成套设备技术开发	中国科学院生态环境研究中心
井下防爆变频控制器研究	东南大学
不稳定难采煤层经济高效开采技术	中国矿业大学
无压重介旋流器开发	株洲选煤厂
难采煤层轻型放顶煤液压支架	北京煤机厂
大屯矿区煤炭资源合理开发规模与后续发展战略研究	中国矿业大学
提升机综合保护研制	南京电器厂
智能井下高压检漏装置开发应用	煤科总院
公司四矿井壁监测研究	中国矿业大学
公司 Web 站点的设计与开发	中国矿业大学
姚桥煤矿新主井提升绳更换工艺	中国矿业大学
废旧钢丝绳的综合利用	山东科技大学
姚桥通风系统优化及主扇更换选型	中国矿业大学

表 11-1-8（续）

项目名称	合作单位
手控自动闭锁风门的研制与应用	中国矿业大学
三相泡沫防灭火材料的研究与应用	中国矿业大学
下分层巷道支护形式的研究与开发	山东科技大学
千伏级智能开发	煤科总院上海分院
电机黑匣子保护开发研究	沈阳煤炭科学研究所
无极绳牵引双速运输绞车	山东科技大学
电器设备自动控制综合试验台	煤科总院上海分院
煤炭灰复合胶体防灭火材料开发	西安科技学院
新型托罐装置的应用研究	中国矿业大学
预应力钢丝绳锚杆支护技术	山东科技大学
采准巷道竹锚杆支护技术研究	煤炭总院杭州环保所
矿用支护带钢成型机的研究	山东科技大学
7126 轻型放顶煤开采综合技术研究	山东科技大学
井下风量实时监测系统的研究与实施	中国矿业大学
胶带输送机集控及监测系统的研究	中国矿业大学
徐庄煤矿一、二水联合开采期间通风系统优化	安徽理工大学
孔庄煤矿 7338 轻放综合技术研究	中国矿业大学
孔庄系统优化、资源配置及矿井可持续发展研究	中国矿业大学
深部水平复杂地质条件下的煤层自燃发火的研究	安徽理工大学

第三节　科技成果

一、奖励办法

1990 年，公司依据《中华人民共和国科学技术进步法》《国家科学技术奖励条例》《中国中煤能源集团有限公司科学技术进步奖励办法（修订）》，制定了《公司科学技术进步奖励办法》，对科技进步奖的奖励范围和申报条件、奖励等级和评审标准、申报程序、评审机构、评审程序等做了具体的规定。

1993 年，公司决定设立优秀科技人才奖。结合专业技术人员年度考核，每年表彰奖励 30 名在企业生产、经营、教育和医疗等专业领域作出突出贡献和取得优秀成绩的中青年科技人才。一等奖获得者将获 1 万元奖金。

二、获奖情况

（一）获公司外部科技奖励项目

1991—2019 年，公司共获得公司以外科技奖励共 316 项，其中国家级 3 项，省部级 102 项，地市级 143 项，中煤集团 68 项。

1991—2019年,公司获国家级科技成果奖、地市级及以上特等奖、一等奖科技成果汇总见表11-1-9。

1991—2019年,公司获地市级及以上二、三等奖科技成果汇总见表11-1-10。

表11-1-9　1991—2019年公司获国家级科技成果奖、地市级及以上特等奖、一等奖科技成果汇总表

年份	获奖项目	获奖等级	课题组成员				
国家级科技成果奖							
1992	含水砂层井壁后注浆工艺	国家发明四等奖	曾秀荣	高一峰			
1997	特殊地层条件下井壁破裂的机理与防治技术	国家科学技术进步二等奖	黄定华 李现春	孟以猛 陈德胜	崔广心 祝嘉铺	杨俊杰 程锡禄	耿德庸
2001	平顶山、大屯矿区综合开发与技术改造研究与应用	国家科学技术进步二等奖	王立杰 聂光国	赵铁锤 张　启	曹祖民 张铁岗	丁日佳 牛光辉	刘雨忠
省部级科技成果奖							
1995	特殊地层条件下井壁破裂的机理与防治技术的研究	煤炭工业部科技进步特等奖	黄定华 李现春 刘全林 孙文若 杨录益 曹云清	孟以猛 陈德胜 虞咸祥 李本连 马嘉荣 刘志德	崔广心 祝嘉铺 张正新 周国庆 陈希东	杨俊杰 程锡禄 杨维好 郭西亚 李　毅	耿德庸 喻怀君 郁楚侯 许延春 杭新社
2000	深厚表土层、含水层注浆加固参数与井壁竖直附加力变化规律的研究	中国煤炭工业科学技术奖一等奖	曹祖民 黄家会 陈先德	崔广心 刘德平 王以全	刘普地 吕恒林 程锡禄	周国庆 杨维好 宋　雷	于远成 王建华 王衍森
2000	高分辨率地震勘探技术在煤矿基建、生产中的应用	中国煤炭工业科学技术奖一等奖	倪　斌 唐建益 时作舟	张爱敏 杜兴亚 孙茂也	魏子荣 董守华 陈立良	方　正 汤英侠 勾精为	刘天放 郑兆兴 赵　镨
2001	大屯矿区技术改造与综合开发研究	中国高校科学技术进步一等奖	曹祖民 张　启 范　迅	王立杰 牛光辉 王　军	孙明珊 王玲丁 王明山	丁日佳 于远成 高　鹤	刘雨忠 翁庆安 杜爱静
2002	轻型低位放顶煤液压支架	教育部提名国家科学技术发明奖一等奖	吴　健 邹兆仲 郭夕祥	董志峰 沈立山 张　勇	孟宪锐 詹家驹 张忠温	刘雨忠 冯学武 秦凤华	赵景礼 张宝立 闫保金
2003	矿井水净化及资源化成套技术与装备的开发	中国煤炭工业科学技术奖一等奖	曹祖民 牛光辉 陈维维	周如禄 魏德江 王允杰	刘雨忠 于远成 徐楚良	崔　岗 朱留生 高道云	高　亮 冯学武 许之前
2009	复杂地层条件下冻结法凿井设计理论与施工关键技术	江苏省科技进步一等奖	杨维好 李海鹏	黄家会 杜　勇	沈慰安 林鸿苞	许大雄 张　超	宋　雷
2015	水体下薄基岩厚煤层组安全开采关键技术及微山湖区应用	国家安全生产科学技术奖一等奖	袁秋冬 禹云雷	谢小锋 薛黎明	张沛顶 路丰光	刘德平	柳昭星
2015	大屯公司井下紧急避险系统建设及示范工程	中国职业安全健康协会科学技术奖一等奖	姜　华 魏茂坤 李吉田	金龙哲 陈为信 邵福兵	吴继忠 陆祖和 李顺文	于远成 李亚明	宋忠应 冯德清

表 11-1-9(续)

年份	获奖项目	获奖等级	课题组成员
中煤集团科学技术进步奖			
2007	大屯矿区资源集约化综合利用关键技术研究与应用	特等奖	刘雨忠　李新宝　祁和刚　徐国栋　邵仲明 牛光辉　张　超　刘清春　郭夕祥　卫荣章 刘德平　王宜刚　孙建训　于远成　张　彬
2007	近松散层及风化覆岩条件下近水平煤层提高上限开采技术研究与实践	一等奖	刘雨忠　殷东平　刘德平　宋中应　计　平 韩　云　彭志宏　马宏元　王建华
2007	大屯公司专利开发保护与应用研究	一等奖	牛光辉　于远成　马枫林　李　化　管增伦 张世忠　高正祥　王海燕　王思彬
2008	铝电解工艺优化与节能环保技术创新及应用	一等奖	张毅勤　华桂林　杜学军　王冬顺　李来宝 李金鹤　芮　智　李　俊　邵　勇
2008	矿区铁路安全管理体系建设	一等奖	徐国栋　徐培忠　顾正洪　刘培根　方席礼 陈松辉　许建中　刘　波　武　伟
2010	大屯矿区深部开采工程关键技术及应用研究	一等奖	吴继忠　孙金龙　傅清国　马小钧　冯玉峰 陈季斌　高建团　于远成　窦红平　李常玉
2010	大屯矿区土地复垦与生态重建研究与应用	一等奖	戴光明　丁义志　薛世新　祁永川　唐绍梅 时洪超　戴宝根　孙自强　侯建国　王庙春 肖　军　徐国庶　苏福东
2013	大屯矿区井下紧急避险及皮带火灾事故灾害应急救援系统的研究与应用	一等奖	姜　华　吴继忠　丁仁刚　宋忠应　任宝宏 魏茂坤　于远成　陈为信　陆祖和　姚向东 冯德清　李顺文　祝　琳　邵福兵　李　波
2013	综放俯采工作面顶板强补给含水层防治水技术的研究与应用	一等奖	吴继忠　马文智　刘德平　温德华　石德虎 李德学　张兆全　谢进国　张永兵　徐绍际 明图武　董敬源　黄又华　任宪勇　唐晓明
2013	煤矿井下紧急避险系统空气再生技术与装置研究及工程示范（第三完成单位）	一等奖	丁仁刚　宋忠应
2016	高产尘强度煤矿粉尘治理关键技术研究与应用示范	一等奖	吴继忠　宋忠应　任宝宏　蓝箭增　吴奎斌
2018	复杂构造多煤层高应力区叠加冲击地压防治技术研究	一等奖	吴继忠　李跃文　刘德平　李吉田　董敬源 周长峰　谷　雨　唐晓明　罗运栋　郭殿有 张　超　李后杰　刘庆民　王胜康　王　尧
地市级及行业科技成果奖			
1995	冻结管射孔注浆技术研究与应用	江苏省煤炭工业科技进步一等奖	虞咸祥　陈　恂　贾政和　刘　敏　居宪博 平　俊
1999	三维地震勘探小断层解释方法的研究与应用	江苏省煤炭工业科技进步一等奖	刘雨忠　刘德平　孟宪丰　刘天放　宋中应 钱建伟　计　平
1999	龙东煤矿主井绞车控制自动化	江苏省煤炭工业科技进步一等奖	谢维宣　张同庄　李生虎　芮　智　于胜东

表 11-1-9(续)

年份	获奖项目	获奖等级	课题组成员
2001	矿井综合防灭火技术的研究与应用	江苏省煤炭工业科技进步一等奖	刘祥来 曹大成 任宝宏 金龙哲 吴吉南 卫功柱 李张全
2003	矿井主提升机电控系统控制数字化技术	江苏省煤炭工业科技进步一等奖	刘雨忠 姜 华 马文智 邵仲明 陈 叶 陈述勇 谢文龙
2005	水采工作面采煤与疏水技术研究	江苏省煤炭工业科技进步一等奖	刘雨忠 祁和刚 吴继忠 吴加林 杨明华 张芝玉 于远成
2005	大屯矿区铁路运输新技术集成化应用研究	江苏省煤炭工业科技进步一等奖	刘雨忠 李连福 牛光辉 刘培根 王喜富 许建中 吴宏军
2005	煤炭安全生产长效机制的研究与应用	江苏省煤炭工业科技进步一等奖	刘雨忠 徐国栋 魏伦先 赵光俭 刘德金 石德虎 郝允共
2014	大屯公司井下紧急避险系统建设及示范工程	江苏省煤炭工业科技进步一等奖	姜 华 金龙哲 吴继忠 于远成 宋忠应 魏茂坤 陈为信
2014	姚桥煤矿立体综合防尘体系与关键技术的建立与应用	江苏省煤炭工业科技进步一等奖	吴继忠 张沛顶 李 波 刘贵成 姚宏章 董 旗 王西峰
2014	液态二氧化碳防治煤层自然发火工艺研究及应用	江苏省煤炭工业科技进步一等奖	刘德平 刘运华 李东良 熊正湖 刘洪启 张中国 孙 斌
2015	煤矿深部开采岩巷底板稳定性控制关键技术的研究	江苏安全生产科学技术奖一等奖	吴继忠 张全平 杨高干 李常玉 李吉田
2017	选煤厂职业危害现状调查及健康损害早期筛查指标研究	江苏省煤炭学会煤炭科学技术进步奖一等奖	朱宝立 沈欢喜 窦建瑞 顾呈华 韩 磊 汪书萍 张恒东
2019	复杂构造多煤层高应力区叠加冲击地压防治技术研究	江苏省煤炭学会煤炭科学技术进步奖一等奖	吴继忠 李跃文 刘德平 李吉田 董敬源 周长峰 谷 雨

表 11-1-10 1991—2019 年公司获地市级及以上二、三等奖科技成果汇总表

年份	获奖项目	获奖等级
省部级科技成果奖		
1991	大屯矿区冻结井壁受力试验研究	江苏省科技进步三等奖
1991	湖上勘探及大屯矿区水上与沼泽地煤田地质勘探	能源部煤炭工业科技进步三等奖
1992	矿区电力调度系统自动化	能源部煤炭工业科技进步三等奖
1992	钻井井壁内外力测试的研究	能源部煤炭工业科技进步三等奖
1992	含水砂层井壁后注浆工艺	能源部煤炭工业科技进步三等奖
1994	姚桥煤矿二水平回采巷道支护改革研究	煤炭工业部科技进步三等奖
1994	高强度液压螺母及螺栓	煤炭工业部科技进步三等奖
1995	MJY 型系列多用金属模板	煤炭工业部科技进步二等奖
1995	开创煤电路一体化的大屯模式,实现煤炭企业高效益	煤炭工业部科技进步二等奖
1995	KD-1 型耐磨堆焊焊条及刮板输送机中部槽大面积耐磨堆焊新工艺	煤炭工业部科技进步三等奖

表 11-1-10（续）

年份	获奖项目	获奖等级
1996	MG200/475-W 型采煤机	煤炭工业部科技进步二等奖
1997	高潜水位大型户群村庄下采煤技术	煤炭工业部科技进步三等奖
1997	姚桥煤矿井筒冻结管射孔注浆技术的研究	煤炭工业部科技进步三等奖
1998	高产高效水力采煤生产系统优化研究	煤炭工业部科技进步三等奖
1998	通风管理 FPVS 系统及其应用研究	煤炭工业部科技进步三等奖
1998	RQJS-2×260/660S 矿用隔爆兼本安型输送机软启动装置	煤炭工业部科技进步三等奖
1998	采矿工程成套软件的研制与应用	煤炭工业部科技进步三等奖
1998	微山湖上地震勘探及袁堂断层充水性研究	江苏省科技进步三等奖
1998	圆盘过滤机组合弹性自动脱饼器	江苏省科技进步三等奖
2000	水上、陆地三维地震勘探小断层解释方法研究及应用	江苏省科技进步二等奖
2000	ϕ3 米大型旋流微泡浮选柱研究	江苏省科技进步二等奖
2000	大屯矿区改造与综合开发研究	江苏省科技进步三等奖
2000	立井井筒快速施工技术的完善与推广应用	中国煤炭工业科学技术奖二等奖
2000	煤炭工业可持续发展几个重要领域的研究	中国煤炭工业科学技术奖二等奖
2000	用于缓倾斜厚煤层放顶煤面的 ZWM-1800 网格式放顶煤支架	中国煤炭工业科学技术奖三等奖
2001	大屯矿区冲击地压防治研究	江苏省科技进步三等奖
2003	姚桥煤矿湖下防治水文地质综合勘探技术	中国煤炭工业科学技术奖三等奖
2003	大屯选煤厂精煤除杂系统	中国煤炭工业科学技术奖三等奖
2003	煤巷锚网索支护理论研究及其复杂条件下的应用	国家安全生产科技成果三等奖
2004	火区及动压下煤层开采技术的研究与应用	江苏省科技进步三等奖
2004	不稳定难采煤层经济高效开采技术	上海市科学技术奖三等奖
2004	火区及动压下煤层开采技术的研究与应用	国家安全生产科技成果三等奖
2004	姚桥煤矿湖下防治水、水文地质综合勘探技术	国家安全生产科技成果三等奖
2005	孔庄煤矿选煤厂技术改造工程	中国煤炭工业科学技术奖二等奖
2005	不稳定难采煤层经济高效开采技术	中国煤炭工业科学技术奖三等奖
2005	大屯矿区铁路运输新技术集成化应用研究	中国煤炭工业科学技术奖三等奖
2005	煤矿"四级"安全培训体系管理和发展的研究及应用	中国煤炭工业科学技术奖三等奖
2005	水采锚网索支护技术研究与实施	中国煤炭工业科学技术奖三等奖
2006	大屯公司技术创新体系及能力建设研究与应用	中国煤炭工业科学技术奖二等奖
2006	大屯矿区井筒井壁安全综合监测研究及应用	中国煤炭工业科学技术奖三等奖
2006	矿井高效防火抑尘新材料开发	国家安全生产科技成果二等奖
2006	煤矿企业培训体系创新及其"四级"安全培训管理的研究及应用	国家安全生产科技成果二等奖
2006	深部大倾角综放开采关键技术研究	国家安全生产科技成果三等奖

表 11-1-10(续)

年份	获奖项目	获奖等级
2006	厚松散层下开采地表沉陷规律研究及应用	国家安全生产科技成果三等奖
2006	大屯矿区煤层自然发火防治技术研究与应用	国家安全生产科技成果三等奖
2006	大屯矿区井筒井壁安全综合监测研究及应用	国家安全生产科技成果三等奖
2006	矿井提升系统性能优化成套技术及装备的开发与应用	国家安全生产科技成果三等奖
2007	大屯矿区循环经济建设的关键技术研究与应用	中国煤炭工业科学技术奖二等奖
2007	2×135兆瓦CFB机组稳定运行与优化改造的研究与实施	中国煤炭工业科学技术奖三等奖
2007	大屯矿区井筒井壁安全注浆治理研究及应用	中国煤炭工业科学技术奖三等奖
2007	近松散层及风化覆岩条件下近水平煤层提高上限开采技术研究与实践	中国煤炭工业科学技术奖三等奖
2007	煤矿机械产品质量测控技术研究	中国煤炭工业科学技术奖三等奖
2007	煤矿井下智能喷雾降尘系统的研究	中国煤炭工业科学技术奖三等奖
2008	姚桥煤矿立井提升装备技术研究及应用	中国煤炭工业科学技术奖三等奖
2008	孔庄煤矿Ⅱ5采区底板水综合探测及奥灰防水岩柱留设研究	中国煤炭工业科学技术奖三等奖
2008	深部区域瓦斯赋存及涌出规律的研究与治理	国家安全生产科技成果三等奖
2008	复杂地质、应力环境下综放沿空掘巷围岩稳定机理与控制技术	国家安全生产科技成果三等奖
2010	大屯矿区深部开采工程关键技术及应用研究	中国煤炭工业科学技术奖二等奖
2010	矿区污废水处理利用技术研究与示范	中国煤炭工业科学技术奖二等奖
2010	石油焦煅烧烟气废热回收及就地转化利用技术	中国煤炭工业科学技术奖三等奖
2010	大屯矿区土地复垦与生态重建研究与应用	中国煤炭工业科学技术奖三等奖
2011	大屯矿区深部开采工程关键技术及应用研究	国家安全生产科学技术奖三等奖
2011	孔庄煤矿深部围岩巷道喷射高韧性纤维混凝土支护技术研究	国家安全生产科学技术奖三等奖
2011	矿井胶带输煤系统结构优化和地面集中控制技术的研究与应用	国家安全生产科学技术奖三等奖
2011	龙东井田下组煤水文地质条件研究	国家安全生产科学技术奖三等奖
2011	煤矿井下人员安全管理与救援支持系统	国家安全生产科学技术奖三等奖
2012	厚表土井壁受力过程状况与破裂临界信息研究与实施	中国煤炭工业科学技术奖二等奖
2012	姚桥煤矿西翼采区水害防治技术	中国煤炭工业科学技术奖二等奖
2012	深部区域瓦斯赋存及涌出规律的研究与治理	中国职业安全健康协会科学技术奖三等奖
2013	矿用蓄电池电机车关键技术的研发与应用	上海市科学技术奖三等奖
2013	综放俯采工作面顶板强补给含水层防治水技术的研究与应用	中国煤炭工业科学技术奖三等奖
2013	煤矿井下皮带火灾事故自主动态救援系统研究	中国煤炭工业科学技术奖三等奖
2014	水体下薄基岩厚煤层组安全开采关键技术及微山湖区应用	中国煤炭工业科学技术奖二等奖

表 11-1-10（续）

年份	获奖项目	获奖等级
2014	矿井局扇通风智能控制系统	中国煤炭工业科学技术奖三等奖
2015	矿井避难与钻孔逃生救援系统研究及应用	中国煤炭工业科学技术奖二等奖
2015	深井极脆围岩开采巷道失稳机理、监控关键技术研究与应用	中国煤炭工业科学技术奖三等奖
2015	大屯公司井下紧急避险系统建设及示范工程	国家安全生产科学技术奖三等奖
2015	深井极脆围岩开采巷道失稳机理、监控关键技术研究与应用	中国职业安全健康协会科学技术奖二等奖
2015	岩巷聚能切缝爆破成型技术研究及应用	中国职业安全健康协会科学技术奖三等奖
2015	矿井综合防尘系统技术装备工艺及其装备示范	中国职业安全健康协会科学技术奖三等奖
2015	复杂条件下极高应力区开采技术研究	中国职业安全健康协会科学技术奖三等奖
2018	粗、细煤泥高效分选提质增效技术研究及应用	中国煤炭工业科学技术奖二等奖
2018	深部长工作面安全高效关键技术研究与实施	中国煤炭工业科学技术奖三等奖
2019	矿山提升系统重大风险防控关键技术与应用	江苏省科技进步三等奖
2019	大屯矿区煤层底板奥灰突水机理及评价预测	中国煤炭工业科学技术奖二等奖
2019	大屯矿区深部煤层开采冲击地压机理与监控防治技术研究	中国煤炭工业科学技术奖二等奖
2019	深部矿井瓦斯赋存规律及治理技术研究与应用	第一届安全科技进步奖三等奖
2019	精准化职业性尘肺病防治体系关键技术的研究与应用	中国职业安全健康协会科学技术奖二等奖
2019	采空区压注二氧化碳防灭火工艺参数优化及分布规律研究	中国职业安全健康协会科学技术奖二等奖
2019	矿井深部热害控制与降温技术研究与实施	中国职业安全健康协会科学技术奖三等奖
2019	大屯矿区深部长工作面安全回采关键技术的探索与实践	中国质量技术奖三等奖
中煤集团科学技术进步奖		
2007	煤矿井下智能喷雾降尘系统的研究	二等奖
2007	深部区域瓦斯赋存及涌出规律的研究与治理	二等奖
2007	轻型综采放顶煤端头及过渡液压支架的研制及现场应用	二等奖
2007	2×135 兆瓦 CFB 机组稳定运行与优化改造的研究与实施	二等奖
2007	楼房抗变形结构技术的研究与应用	二等奖
2007	大屯煤矿安全培训体系的创新与应用	二等奖
2007	岩巷控制爆破技术研究与应用	三等奖
2007	综放工作面上下隅角一氧化碳防治技术及装备	三等奖
2007	煤矿机械产品质量测控技术研究	三等奖
2007	铝电解全数字整流控制系统开发与应用	三等奖
2007	井下供电远程自动监测集控系统的研究与应用	三等奖
2007	火车车皮自动采样机的技术应用	三等奖
2008	复杂地质、应力环境下综放沿空掘巷围岩稳定机理与控制技术	二等奖
2008	矿用新型封堵材料的开发与应用	二等奖

表 11-1-10（续）

年份	获奖项目	获奖等级
2008	孔庄选煤厂节能降耗提质增效的研究与实践	二等奖
2008	深部综放面瓦斯及冲击矿压等灾害综合治理技术研究	二等奖
2008	煤矿安全动画系列片的开发及应用	三等奖
2008	高效水炮泥及渗透棒技术的研究与开发应用	三等奖
2008	优化复杂地质条件下的煤层开采技术研究	三等奖
2008	煤矿井下支护用新型钢塑复合网的研究与应用	三等奖
2008	孔庄煤矿Ⅱ5采区底板水综合探测及奥灰防水岩柱留设研究	三等奖
2008	注浆加固井壁技术的应用	三等奖
2008	姚桥煤矿立井提升装备技术研究及应用	三等奖
2008	提高大屯电网供电安全可靠性研究与应用	三等奖
2008	技术开发费核算规范统计和税前抵免所得税的研究与应用	三等奖
2008	铝塑复合板用铝带的开发	三等奖
2008	3102空调箔的开发与应用	三等奖
2008	大屯矿区工业噪声控制技术研究及应用	三等奖
2008	6#机组风机变频和凝汽器真空节能技术的研究与实施	三等奖
2010	龙东井田下组煤水文地质条件研究	二等奖
2010	徐庄煤矿自燃火灾防治技术研究	二等奖
2010	孔庄副井井壁受力过程状况与破裂临界信息研究	三等奖
2010	西翼采区坚硬顶板矿压预测预报技术研究	三等奖
2010	大功率矿用无极绳调速机械绞车	三等奖
2010	矿井防火制浆工艺和注浆参数远程监控系统的研究与应用	三等奖
2010	煤矿井下排水泵自动控制和信息管理系统	三等奖
2010	综采下分层工作面端头及超前液压支架的研制与应用	三等奖
2010	碳素成型系统糊料冷却新工艺研究与应用	三等奖
2010	生活污水残余COD、氨氮高级氧化削减技术研究	三等奖
2013	大屯矿区深部复杂地质安全高效综放开采工艺及装备的优化研究	二等奖
2013	集团公司防治水技术管理体系建设	二等奖
2013	姚桥煤矿西翼采区水害防治技术	二等奖
2013	细粒煤回收工艺的研究与应用	三等奖
2013	发电厂点检定修设备管理模式的研究与实践	三等奖
2013	班组管理体系研究与应用	三等奖
2013	阳极配方优化研究与应用	三等奖
2013	孔庄煤矿深部围岩巷道喷射高韧性纤维混凝土支护技术研究	三等奖

表 11-1-10(续)

年份	获奖项目	获奖等级
2013	矿井胶带输煤系统结构优化和地面集中控制技术的研究与应用	三等奖
2013	深部区域瓦斯赋存及涌出规律的研究与治理	三等奖
2013	复杂地质、应力环境下综放沿空掘巷围岩稳定机理与控制技术研究	三等奖
2016	大屯矿区原煤全入洗升级改造研究与实施	二等奖
2016	徐庄煤矿复杂地质构造极高应力冲击地压区域开采技术研究	三等奖
2016	大屯矿区辅助运输单轨吊技术研究及应用	三等奖
2018	大倾角、长距离、下运带式输送机技术的研究和应用	二等奖
2018	矿井深部热害控制与降温技术研究与实施	二等奖
2018	循环流化床脱硫除尘工艺运行优化技术的研究与实施	三等奖
地市级及行业科技成果奖		
1992	钻井法凿井重大塌方的处理与控制技术	徐州市科技进步二等奖
1992	龙东煤矿 7121 试采面及整个矿井提高开采上限的度验研究	徐州市科技进步二等奖
1992	免剥离钢筋混凝土预制桩的研究与实施	徐州市科技进步三等奖
1992	大屯一机多屏系统	徐州市科技进步三等奖
1994	BLFR-3 型冰冷防热服	徐州市科技进步二等奖
1994	开创煤电路一体化的大屯模式,实现煤炭企业高效益	徐州市科技进步二等奖
1995	竖井钻井机新型电控系统研究	江苏省煤炭工业科技进步二等奖
1995	ZYDC 综采支架工作阻力远距离监测系统	江苏省煤炭工业科技进步三等奖
1995	水采巷道支护系统优化研究	江苏省煤炭工业科技进步三等奖
1995	对旋轴流式高效低噪节能风机的推广及长距离供风的研究	江苏省煤炭工业科技进步三等奖
1997	大屯矿区可持续发展研究	江苏省煤炭工业科技进步二等奖
1997	ZWM 网格式放顶煤支架及其在倾斜缓倾斜煤层开采中的应用研究	江苏省煤炭工业科技进步二等奖
1997	大屯矿区铁路信号微机联锁综合控制系统	江苏省煤炭工业科技进步二等奖
1997	企业科技管理系统	江苏省煤炭工业科技进步三等奖
1997	矿井防灭火灌浆参数遥测系统	江苏省煤炭工业科技进步三等奖
1997	解决 3# 机几项重大隐患、恢复 55 兆瓦出力的技术改造	江苏省煤炭工业科技进步三等奖
1997	助力驱动胶带输送机的设计与应用	江苏省煤炭工业科技进步三等奖
1999	姚桥煤矿生产系统优化与 8 号煤层开采方案研究	江苏省煤炭工业科技进步二等奖
1999	姚桥煤矿注浆防火新技术的研究与应用	江苏省煤炭工业科技进步二等奖
1999	污水处理厂氧化沟污水处理新技术的研究	江苏省煤炭工业科技进步二等奖
1999	徐庄煤矿主井绞车电控系统改造	江苏省煤炭工业科技进步二等奖

表 11-1-10(续)

年份	获奖项目	获奖等级
1999	综放切眼锚索支护技术	江苏省煤炭工业科技进步三等奖
1999	钻井法凿井塌方埋钻处理技术	江苏省煤炭工业科技进步三等奖
1999	机械选矸系统的研究及推广应用	江苏省煤炭工业科技进步三等奖
1999	XC 型自动设备识别系统的应用	江苏省煤炭工业科技进步三等奖
1999	信息管理在孔庄煤矿安全、生产过程中的应用	江苏省煤炭工业科技进步三等奖
1999	矿用金属支架防倒器及临时支护器的研制	江苏省煤炭工业科技进步三等奖
1999	深井下微裂隙岩体防渗注浆材料及注浆工艺研究	江苏安全生产科学技术奖三等奖
2001	大屯矿区冲击地压防治技术研究	江苏省煤炭工业科技进步二等奖
2001	大屯选煤厂精煤除杂系统	江苏省煤炭工业科技进步二等奖
2001	徐庄煤矿副井罐道改造	江苏省煤炭工业科技进步二等奖
2001	结构房屋抗变形技术的研究与应用	江苏省煤炭工业科技进步二等奖
2001	龙东煤矿西风井钻井可缩井壁的研究与应用	江苏省煤炭工业科技进步三等奖
2001	大屯矿区通风系统安全可靠性评价及改进措施的研究	江苏省煤炭工业科技进步三等奖
2001	采煤机载多管负压引射降尘技术与装置的研究	江苏省煤炭工业科技进步三等奖
2001	大屯选煤厂煤炭洗选加工技术综合开发与应用研究	江苏省煤炭工业科技进步三等奖
2001	DS6-11 型微机连锁系统在煤矿大型铁路场的应用	江苏省煤炭工业科技进步三等奖
2001	煤矸石湖西大堤徐庄煤矿区段复滩工程的应用	江苏省煤炭工业科技进步三等奖
2001	锅炉燃烧优化调整技术的研究与应用	江苏省煤炭工业科技进步三等奖
2001	姚桥煤矿水化学及环境同位素测试研究	江苏省煤炭工业科技进步三等奖
2001	煤矿智能调度装备系统	徐州市科技进步三等奖
2003	孔庄煤矿深部水采复杂地质条件下煤层自然发火的研究与对策	江苏省煤炭工业科技进步二等奖
2003	不稳定难采煤层经济高效开采技术	江苏省煤炭工业科技进步二等奖
2003	姚桥煤矿优化选择通风系统及东二风井主扇更换选型	江苏省煤炭工业科技进步二等奖
2003	龙东煤矿井下胶带输送机集中控制系统	江苏省煤炭工业科技进步三等奖
2003	水采巷道锚网支护技术的研究与实践	江苏省煤炭工业科技进步三等奖
2003	徐庄煤矿一、二水平联合开采期间通风系统优化	江苏省煤炭工业科技进步三等奖
2003	液压设备 CAT 综合测试台	江苏省煤炭工业科技进步三等奖
2003	电气设备综合试验系统	江苏省煤炭工业科技进步三等奖
2003	矿用工字钢小曲率拱形支架的研究与应用	江苏省煤炭工业科技进步三等奖
2003	FL-1 型井下风量监测系统研制	江苏省煤炭工业科技进步三等奖
2003	无泵循环分体式膜生物反应器成套设备技术	江苏省煤炭工业科技进步三等奖
2003	大屯矿区煤炭资源合理开发规模与后续发展战略	江苏省煤炭工业科技进步三等奖
2003	大屯矿区能源股份公司内部控制问题研究	江苏省煤炭工业科技进步三等奖
2003	龙东煤矿井下胶带输送机集中控制系统	徐州市科技进步二等奖
2003	矿井水净化及资源化成套技术与装备的开发	徐州市科技进步三等奖

表 11-1-10（续）

年份	获奖项目	获奖等级
2004	火区及动压下煤层开采技术的研究与应用	徐州市科技进步二等奖
2004	不稳定难采煤层经济高效开采技术	徐州市科技进步二等奖
2004	无压重介旋流器开发	徐州市科技进步二等奖
2005	7317 面底含下轻型放顶煤防砂岩柱及开采高度研究	江苏省煤炭工业科技进步二等奖
2005	大倾角复杂综采技术的研究与应用	江苏省煤炭工业科技进步二等奖
2005	新型综采液压支架的研制以及在大屯矿区 8# 、7# 煤层现场应用	江苏省煤炭工业科技进步二等奖
2005	矿用系列无极绳连续牵引车开发与应用	江苏省煤炭工业科技进步二等奖
2005	煤矿"四级"安全培训体系管理和发展的研究及应用	江苏省煤炭工业科技进步二等奖
2005	边角煤开采技术的研究与应用	江苏省煤炭工业科技进步三等奖
2005	综放工作面边回采边加支架工艺回采	江苏省煤炭工业科技进步三等奖
2005	等强锚杆的研制与应用	江苏省煤炭工业科技进步三等奖
2005	6 千伏高压线路防窃电系统的研究与实施	江苏省煤炭工业科技进步三等奖
2005	煤炭运销网络 K3/ERP 网络信息系统	江苏省煤炭工业科技进步三等奖
2005	ZQ-ⅡA 型矿井水仓煤泥自动清挖回收工艺与设备	江苏省煤炭工业科技进步三等奖
2005	副井电控系统 PLC 全数字技术应用	江苏省煤炭工业科技进步三等奖
2005	矿井机车运输监控系统	江苏省煤炭工业科技进步三等奖
2005	"汇流式、分权制、预算化、集约化"采购模式的研究及在大屯矿区的应用	江苏省煤炭工业科技进步三等奖
2005	后腹腔镜肾囊肿去顶手术	江苏省煤炭工业科技进步三等奖
2005	水采锚网索支护技术研究与实施	徐州市科技进步二等奖
2005	大屯矿区铁路运输新技术集成化应用研究	徐州市科技进步三等奖
2005	水采工作面采煤与疏水技术研究	徐州市科技进步三等奖
2005	矿用系列无极绳牵引车开发与应用	徐州市科技进步三等奖
2007	煤矿机械产品质量测控技术研究	徐州市科技进步二等奖
2007	2×135 兆瓦 CFB 机组稳定运行与优化改造的研究与实施	徐州市科技进步三等奖
2007	楼房抗变形结构技术的研究与应用	徐州市科技进步三等奖
2007	煤矿井下智能喷雾降尘系统的研究	徐州市科技进步三等奖
2011	姚桥煤矿局部降温技术开发与应用	江苏安全生产科学技术奖三等奖
2011	徐庄煤矿深部瓦斯参数测定与瓦斯涌出规律研究	江苏安全生产科学技术奖三等奖
2011	提升载荷动态无线检测系统	江苏安全生产科学技术奖三等奖
2011	大屯矿区深部开采工程关键技术及应用研究	徐州市科技进步二等奖
2011	大屯矿区土地复垦与生态重建研究与应用	徐州市科技进步三等奖
2012	大屯矿区深部泵房吸水井硐室群稳定性控制技术研究	江苏安全生产科学技术奖二等奖
2012	孔庄煤矿深水平煤与瓦斯突出危险性评价及防治对策研究（混合井部分）	江苏安全生产科学技术奖三等奖

表 11-1-10(续)

年份	获奖项目	获奖等级
2012	厚表土井壁受力过程状况与破裂临界信息研究与实施	徐州市科技进步三等奖
2012	阳极碳素生产废热综合利用	徐州市科技进步三等奖
2014	Ⅳ1采区首采面开采关键技术研究与应用	江苏省煤炭工业科技进步二等奖
2014	异形轨绳牵引卡规车运输系统在大屯矿区的研究及应用	江苏省煤炭工业科技进步二等奖
2014	综放俯采工作面顶板强补给水含水层防治技术的研究与应用	江苏省煤炭工业科技进步二等奖
2014	千米混合立井提升技术的研究	江苏省煤炭工业科技进步三等奖
2014	煤矿井下高效精准超前钻探技术研究与应用	江苏省煤炭工业科技进步三等奖
2014	特殊工况条件下架空乘人装置的设计与安装	江苏省煤炭工业科技进步三等奖
2014	一体化挡车栏的研制与应用	江苏省煤炭工业科技进步三等奖
2014	大屯矿区无尘化矿井建设实践	江苏省煤炭工业科技进步三等奖
2014	大屯公司井下紧急避险系统建设及示范工程项目	江苏省煤炭工业科技进步三等奖
2014	煤矿应急救援通信模式的研究与示范	江苏省煤炭工业科技进步三等奖
2014	大屯公司井下紧急避险系统建设及示范工程项目	徐州市科技进步二等奖
2014	煤矿应急救援通信模式的研究与示范	徐州市科技进步三等奖
2015	复杂条件下极高应力区开采技术研究	江苏安全生产科学技术奖三等奖
2015	大屯矿区辅助运输单轨吊技术研究及应用	江苏安全生产科学技术奖三等奖
2015	矿井综合防尘系统技术装备的研究与应用	江苏安全生产科学技术奖三等奖
2017	千米采深工作面瓦斯抽放技术研究与应用	江苏省煤炭学会煤炭科学技术进步奖二等奖
2017	煤层气动注液泵的研发与应用	江苏省煤炭学会煤炭科学技术进步奖三等奖
2017	管路机器人在主排水管路堵塞清理中的研究和应用	江苏省煤炭学会煤炭科学技术进步奖三等奖
2017	大屯矿区原煤全入洗升级改造研究与实施	江苏省煤炭学会煤炭科学技术进步奖三等奖
2018	复杂构造多煤层高应力区叠加冲击地压防治技术研究	淮海科技奖三等奖
2018	复杂结构多煤层高应力叠加冲击地压防治技术研究	徐州市科技进步三等奖
2018	水体下薄基岩厚煤层组安全开采关键技术及微山湖矿区应用	徐州市科技进步三等奖
2019	高应力大采深强变形工作面近距离跨采巷道围岩加固技术研究与分析	江苏省煤炭学会煤炭科学技术进步奖二等奖
2019	徐庄煤矿东九采区巷道修复与治理技术研究	江苏省煤炭学会煤炭科学技术进步奖二等奖
2019	深部矿井瓦斯赋存规律及治理技术的研究与应用	江苏省煤炭学会煤炭科学技术进步奖三等奖
2019	姚桥煤矿中央、西翼深部高应力区开采冲击地压防治技术研究	江苏省煤炭学会煤炭科学技术进步奖三等奖
2019	孔庄煤矿 F6-2 断层防水煤柱留设及4Ⅲ采区灰岩突水危险性评价研究	江苏省煤炭学会煤炭科学技术进步奖三等奖
2019	基于 CFB 锅炉半干法脱硫除尘工艺技术的研究与实施	江苏省煤炭学会煤炭科学技术进步奖三等奖
2019	徐庄煤矿主井提升系统优化改造	江苏省煤炭学会煤炭科学技术进步奖三等奖

（二）公司科技进步奖

1990—2019 年，公司在科技创新评比中，根据《公司科学技术进步奖励办法》，严格把握申报条件和评选标准，共评出科技进步奖 2 760 项。

1990—2017 年公司科技进步奖（一等奖以上）见表 11-1-11。

表 11-1-11 1990—2017 年公司科技进步奖（一等奖及以上）

年份	项目名称	完成单位	公司科技进步奖
1990	新型破岩刀具的研制与使用	钻井队	一等奖
1991	龙东煤矿 7121 试采工作面及北辅采区提高开采上限试验研究	地测处、龙东煤矿	一等奖
1992	调整优化系统布局，提高矿井整体效益	姚格矿	一等奖
1992	生产管理科学化，一面年产破百万	龙东煤矿	一等奖
1992	大屯矿区主采煤层工作面底板分类	生产处	一等奖
1992	采用"三新"优质高效建成 110 千伏变电站	电业处	一等奖
1992	主井绞车接触器真空化成套装置的研制与应用	孔庄煤矿	一等奖
1993	煤水泵的研制	拓特机械制造厂	一等奖
1993	大屯矿区程控通信工程	计通中心	一等奖
1993	手持式乳化液钻的研制与应用	姚桥煤矿	一等奖
1993	将 3# 机提高到额定出力的技术研究与实施	发电厂	一等奖
1993	对徐庄煤矿 2000 年前矿井所面临的通风问题及其对策的研究	徐庄煤矿、通风处	一等奖
1993	ND-1 型大型竖井钻机电气传动智能化的研究与应用	铁路工程处	一等奖
1993	依靠科技进步、优化施工方案、快速优质建成龙东选煤厂	建筑安装公司	一等奖
1993	依靠科技进步，达到公司原煤全部入洗能力	运销处	一等奖
1993	搞好干部核编定岗、推行岗位技能工资制	干部处	一等奖
1993	BLFR-3 型冰冷防热服	救护大队、科技环保处、多种经营公司	一等奖
1994	依靠技术进步和科学管理，建设高产高效矿井	龙东煤矿	一等奖
1994	XYDC-1 综采支架工作阻力远距离监测系统	生产处	一等奖
1994	副井口安全门及操车设备电液集控装置的研制	机电处	一等奖
1994	生产管理科技化检修安排合理化全年超发过亿度	发电厂	一等奖
1994	计算机辅助设计（CAD）的普及应用	设计处	一等奖
1994	1# 机炉大修中的全面技术改造及组织实施	发电厂	一等奖
1994	大流量高扬程煤水泵遥串提升系统	设计处、孔庄煤矿	一等奖
1994	雷达监测柔性跑车防护装置的研制	机电处	一等奖
1994	110 千伏变电站直流电源技术改造	电业处	一等奖
1994	深厚表土层中井壁受力、井壁结构的设计	大屯煤电公司	一等奖
1994	姚桥新副井冻结管破管注浆工艺研究与应用	矿建公司	一等奖

表 11-1-11（续）

年份	项目名称	完成单位	公司科技进步奖
1994	DSFA 系列对旋轴流式局扇推广应用的可行性研究及实施	通风处、科技环保处	一等奖
1994	徐庄煤矿煤层自然发火规律研究与五字方针防治对策	徐庄煤矿	一等奖
1994	开创煤电路一体化的大屯模式，实现煤炭企业高效益	大屯煤电公司	一等奖
1994	适应煤炭市场形势，建立合理的价格机制	运销处	一等奖
1995	水力运煤溜槽的研究和现场工业性试验	孔庄煤矿	一等奖
1995	龙东煤矿主井轻型箕斗的应用及液压卸载系统的研究	龙东煤矿	一等奖
1995	全数字化交-交变频器低频拖动装置	孔庄煤矿	一等奖
1995	MG475 采煤机的研制及应用	综机站、龙东煤矿	一等奖
1995	煤矿井下微裂隙岩体防渗透注浆材料的研制与应用	矿建公司	一等奖
1995	矿井通风系统图的绘制及火灾时井下风流状态的动态模拟	通风处	一等奖
1996	ZWM 网格式放顶煤支架在倾斜缓倾斜煤层中的开采实践	孔庄煤矿、生产处	特等奖
1996	解决 3# 机几项重大隐患，恢复 55 兆瓦出力的技术改造	电业公司	一等奖
1996	姚桥煤矿生产水平与二期开拓水平通风系统联网技术	姚桥煤矿	一等奖
1996	Steffee 手术和 G-K 带锁髓内钉手术在骨科临床中的应用	职工中心医院	一等奖
1997	姚桥煤矿 7509 工作面综采放顶煤工艺回采成功	姚桥煤矿	特等奖
1997	依靠科技进步，走水采高产高效之路	孔庄煤矿	一等奖
1997	姚桥煤矿新主井井架开发制造	拓特机械制造厂	一等奖
1997	龙东煤矿主井绞车控制自动化	龙东煤矿	一等奖
1997	姚桥煤矿胶带火灾救灾决策与实施研究	姚桥煤矿	一等奖
1999	水力采煤高产高效关键技术研究与应用	孔庄煤矿	特等奖
1999	集团公司质量体系贯标认证	贯标办	一等奖
1999	大屯矿区冲击矿压防治技术研究与应用	生产调度处、孔庄煤矿、姚桥煤矿、徐庄煤矿、龙东煤矿	一等奖
1999	加强承包考核工作，确保 99 年经营承包管理方案顺利实施	考核办	一等奖
1999	煤矸石在湖西大堤徐庄煤矿区段复滩工程中应用	地区处、徐庄煤矿	一等奖
1999	动筛跳汰机和在线测灰仪的配合使用以及机械排矸系统的研究及推广应用	运销处、规划设计处、姚桥煤矿、徐庄煤矿	一等奖
2000	结构房屋抗变形技术的研究与应用	龙东煤矿、地区处	特等奖
2000	副井罐道改造	徐庄煤矿、规划设计处	一等奖
2000	沛屯站一站三场信号技术改造工程	铁路管理处	一等奖

表 11-1-11(续)

年份	项目名称	完成单位	公司科技进步奖
2000	ZFS300-1.5/22 型轻型放顶煤液压支架	设备租赁分公司、拓特机械制造厂、姚桥煤矿	一等奖
2001	依靠科技进步,实现当年达产	姚桥煤矿	特等奖
2001	姚桥煤矿 1# 主井、孔庄煤矿主井提升机电控系统计算机控制数字化改造	机电处、姚桥煤矿、孔庄煤矿	特等奖
2001	姚桥煤矿 1# 主井开设卸压槽治理井壁破裂技术	基建处、姚桥煤矿、建安公司	一等奖
2001	煤巷锚网锚索支护理论研究及其复杂条件下的应用	生产技术部	一等奖
2001	电厂技改立项前期工作研究与实施	电厂技改办公室、基建处	一等奖
2002	火区及动压下煤层开采的研究与应用	徐庄煤矿	特等奖
2002	集团公司债转股方案的研究与应用	财务处	特等奖
2002	综采放顶煤条件下杨屯河地涵保护研究	姚桥煤矿	一等奖
2002	深部水平复杂地质条件下煤层自然发火的研究及氧化区治理技术	孔庄煤矿	一等奖
2003	大倾角复杂综采技术的研究与应用	孔庄煤矿	特等奖
2003	无压重介旋流器开发	煤炭贸易部、孔庄煤矿、技术中心	一等奖
2003	ZF2800-16/26 轻放支架的研制及应用	生产技术部、设备租赁站	一等奖
2003	不稳定难采煤层经济高效开采技术	生产技术部、技术中心、孔庄煤矿、姚桥煤矿	一等奖
2003	7317 面底含下轻型放顶煤防砂岩柱及开采高度研究	龙东煤矿、地质测量处	一等奖
2003	姚桥煤矿—650 米皮带监控系统的改造	姚桥煤矿	一等奖
2004	综采液压支架选型及 8 号 7 号煤开采的研究与应用	生产技术部、设备租赁站、徐庄煤矿、龙东煤矿	特等奖
2004	7339 综采面冲击地压及瓦斯综合治理技术研究	孔庄煤矿	一等奖
2004	基于 SIEMENS 技术的铝电解全数字整流系统	大屯铝业公司	一等奖
2004	煤矿安全生产长效机制的研究与应用	安全监察局、生产技术部、机电处、四矿	一等奖
2005	特厚松散层下提高开采上限研究与实践	龙东煤矿、生产技术部、地质测量部	特等奖
2005	6# 炉系统综合改造技术的研究与应用	大屯发电厂	特等奖
2005	井下供电远程自动监测集控系统的研制及应用	龙东煤矿、徐庄煤矿、姚桥煤矿、孔庄煤矿	一等奖
2005	条基-刚性疏桩复合基础综合研究与应用	徐州大屯工程咨询有限公司	一等奖
2005	集团公司内部资本运作研究与实践	财务处、财务部、资产经营部、证券部	一等奖
2006	轻型综采放顶煤端头和过渡液压支架的研制与应用	生产管理部、设备租赁站、姚桥煤矿	特等奖

表 11-1-11(续)

年份	项目名称	完成单位	公司科技进步奖
2006	大屯选煤厂无压重介选煤技术	选煤中心	特等奖
2006	大屯矿区井筒井壁安全注浆治理技术研究与应用	工程咨询公司、徐庄煤矿、建设管理部	一等奖
2006	斜巷防跑车及跑车防护技术的研究与应用	机电管理部	一等奖
2006	大屯公司计算机网络系统	信息中心	一等奖
2006	企业廉政文化建设管理模式的研究与应用	监察审计部	一等奖
2006	矿区高考质量提高对策创新研究与应用	第一中学	一等奖
2007	新型综采放顶煤端头及过渡液压支架的研制及现场应用	生产管理部、姚桥煤矿、设备租赁站	特等奖
2007	姚桥煤矿立井提升装备技术研究及应用	姚桥煤矿	一等奖
2007	创建本质安全型煤炭铁路运输企业的探索和实践	铁路管理处	一等奖
2007	铝电解工艺优化与节能环保技术创新及应用	大屯铝业公司	一等奖
2007	腹腔镜、胆道镜联合治疗胆总管结石的手术研究	中心医院	一等奖
2008	大屯矿区深部开采工程关键技术及应用研究	生产管理部	特等奖
2008	龙东井田下组煤水文地质条件研究	龙东煤矿、生产管理部	一等奖
2008	复杂地质条件下综采(放)回采技术研究与应用	生产管理部、龙东煤矿、孔庄煤矿、徐庄煤矿	一等奖
2008	烟气余热导热油加热炉技术开发与应用	大屯铝业公司	一等奖
2008	热电厂 MNS 煤泥输送系统技术优化与完善的研究与应用	发电厂	一等奖
2008	安全质量标准化体系的完善与实施	经营管理部、生产管理部、机电管理部、通风管理部	一等奖
2009	矿井胶带输煤系统结构优化和地面集中控制技术的研究与应用	机电管理部、龙东煤矿、姚桥煤矿、徐庄煤矿、孔庄煤矿	特等奖
2009	SQ 系列无极绳绞车(自主研发项目)	拓特机械制造厂	特等奖
2009	依靠科技进步 建设特级安全高效矿井	姚桥煤矿	一等奖
2009	公司协同办公管理系统	办公室、信息中心	一等奖
2009	孔庄副井井壁受力过程状况与破裂临界信息研究	生产管理部、孔庄煤矿	一等奖
2009	装饰箔及电容器外壳用铝带材产品开发(自主研发项目)	四方铝业公司	一等奖
2010	大屯矿区四矿瓦斯地质图的编制与研究	通风管理部	一等奖
2010	徐庄煤矿山西组煤层顶板砂岩富水性研究与水害治理	徐庄煤矿	一等奖
2010	煤矿"四大机械"安全检测检验的研究与应用	技术中心	一等奖
2010	DSJ120/120/2×500 伸缩带式输送机的研制	拓特机械厂、设备租赁站、姚桥煤矿	一等奖
2010	2×135 兆瓦纯凝机组供热改造技术的研究与实施	发电厂、建设管理部、电厂筹建处	一等奖

表 11-1-11(续)

年份	项目名称	完成单位	公司科技进步奖
2010	热电厂 8# 、9# 机组节能降耗运行调控技术的研究及应用	发电厂	一等奖
2010	公司全面风险管理体系建设	监察审计部	一等奖
2011	7199 工作面防治水技术研究与应用	徐庄煤矿	特等奖
2011	大屯公司井下紧急避险系统建设及示范工程	实业公司、安全监察部、技术中心、徐庄煤矿、孔庄煤矿	特等奖
2011	大屯矿区安全高效综采放顶煤开采工艺及设备的优化研究	生产技术部、姚桥煤矿、综机管理中心	一等奖
2011	大屯矿区井下皮带事故灾害应急救援系统的研究与应用	通风管理部、孔庄煤矿、龙东煤矿	一等奖
2011	细粒煤回收工艺的研究与应用	选煤中心	一等奖
2011	综放工作面提高资源回收率的研究与应用(自主研发项目)	姚桥煤矿	一等奖
2011	极复杂地质条件下回采关键技术的研究与应用(自主研发项目)	孔庄煤矿	一等奖
2011	市场还原模型在评价和提升企业创效能力中的应用	财务部、办公室、经营管理部	一等奖
2012	大屯矿区无尘化厂矿建设与关键技术研究与应用	通风管理部、安全监察部、实业公司、龙东煤矿等	一等奖
2012	大屯公司煤矿技术管理体系建设研究与实施	总工程师办公室、生产技术部、机电管理部、通风管理部、地质测量部	一等奖
2012	孔庄煤矿Ⅳ1 采区瓦斯综合治理技术研究与应用	孔庄煤矿	一等奖
2012	发电厂点检定修设备管理模式的研究与实践	发电厂、信息中心	一等奖
2012	公司选煤板块专业化管理模式的研究与应用	企业发展部、选煤中心	一等奖
2013	水体下薄基岩厚煤层组安全开采关键技术及微山湖矿区应用	地质测量部、姚桥煤矿、徐庄煤矿、技术中心	一等奖
2013	Ⅳ1 首采面开采关键技术研究与应用	孔庄煤矿、生产技术部、通风管理部	一等奖
2013	姚桥煤矿新东四采区 7 号、8 号煤露头区安全煤(岩)柱的合理留设	姚桥煤矿、地质测量部	一等奖
2013	千米混合立井提升技术的研究	孔庄煤矿	一等奖
2013	山西阳泉盂县玉泉煤业重组方案的研究及应用	企业发展部、财务部、法律事务部	一等奖
2014	大屯矿区矿井技术优化研究与实施	生产技术部、四矿	一等奖
2014	徐庄煤矿冲击地压防治技术的研究与应用	徐庄煤矿	一等奖
2014	债务融资工具发行的研究与实施	财务部	一等奖
2014	大屯矿区原煤全入洗研究与应用	选煤中心、煤炭贸易部	一等奖
2014	矸石抛矸机成套技术设备的研制与应用	龙东煤矿	一等奖

表 11-1-11（续）

年份	项目名称	完成单位	公司科技进步奖
2015	千米采深工作面瓦斯抽放技术研究与应用	孔庄煤矿	一等奖
2015	三电平高压组合变频器在大功率刮板输送机上的研究和应用	姚桥煤矿、设备管理中心	一等奖
2015	大倾角斜井提升皮带机可控启动传输系统综合应用	徐庄煤矿	一等奖
2015	水处理技术装备开发与应用	实业公司、技术中心、物业分公司	一等奖
2015	矿井深部热害控制与降温技术研究与实施	通风管理部、孔庄煤矿、实业公司	一等奖
2016	大屯矿区深部长工作面安全回采关键技术的探索与实践	姚桥煤矿	一等奖
2016	复杂构造多煤层高应力区叠加冲击地压防治技术研究	徐庄煤矿	一等奖
2016	姚桥选煤厂浮选工艺的优化与升级	选煤中心	一等奖
2016	中小型企业多元化经营模式的探索与实践	实业公司	一等奖
2016	徐庄煤矿井上下供电系统优化与升级	徐庄煤矿	一等奖
2016	铝加工企业市场化经营模式的研究与实践	四方铝业公司	一等奖
2017	大屯选煤厂浮选新工艺的研究与应用	选煤中心	一等奖
2017	徐庄煤矿东九采区巷道修复与治理技术研究	徐庄煤矿	一等奖
2017	主井提升系统优化改造	徐庄煤矿	一等奖
2017	基于燃用高硫煤条件下的 CFB 锅炉燃烧运行调控和环保监督技术的研究与实施	发电厂	一等奖

（三）科技论文奖励

为加强公司科学技术总结与推广，鼓励广大科技工作者认真总结经验，积极撰写学术论文，及时报道和推广科研成果，提高学术活动质量，推动学科发展，促进公司科技人才的成长和科学技术进步，公司制定了《优秀科技论文评选办法》对优秀科技论文的申报、评审、奖励等作出了规定，2012 年此文修订并入《关于印发科技创新工作管理办法的通知》。2008 年开始，公司一直坚持开展优秀科技论文的评选，至 2017 年度共评选优秀论文 485 篇。

第四节　专利管理

一、管理机构

1991—2000 年，公司的专利技术申报和外部科研机构的专利联合申报按照国家的规定执行。

2001 年，公司把专利管理申报工作纳入管理的议事日程。同年，科技管理部门组织了专利相关工作的调研，与徐州三联专利事务所建立业务合作关系，并申请实用新型专利 5 项、发明专利 1 项。

2009 年，在对国内其他企业调研的基础上，制定了《公司专利管理办法》，规范了公司专利管理工作，对专利管理机构职责、专利申请管理、专利产权管理、专利技术实施管理、专利权保护、专利奖惩措施等进行了明确规定。

2009年10月,公司与原国家安全生产监督管理总局信息研究院合作开发完成了《中煤集团大屯煤电公司专利发展战略》。

2010年,根据上海市《关于申报2010年专利工作试点企业申报的通知》文件要求,公司开展了组织申报,2010年上海市下发了《关于下发2010年上海市专利工作试点企业名单的通知》,公司于当年通过试点企业认定,2011年通过专利试点企业验收,获试点企业专利资助16万元。

2011年,公司研究并实施了国家专利费用减缓政策,享受国家专利申请费、年费等费用减缓70%优惠政策;同年,公司着手申请江苏省专利资助政策,每年可获专利资助3万元左右。

2018年,公司与江苏圣典律师事务所联合申请了日本和美国国际发明专利"一种交通互联网络系统"[专PCT/CN2017/079069(100081961)]。

二、专利申报与授权

2001—2019年,公司共向国家专利局申请专利482项,其中已获得授权的专利有344项,发明专利28项。

2001—2019年公司专利申请和授权统计见表11-1-12。

2001—2019年公司已授权专利统计见表11-1-13。

表 11-1-12　2001—2019 年公司专利申请和授权统计表

年份	申请专利	其中发明专利	授权专利	其中发明专利
2001	6	1	5	
2002	5	2	3	
2003	2	1	2	
2004	4		4	
2005	23	3	18	
2006	16		11	
2007	13	2	5	
2008	34	3	18	
2009	30	8	30	
2010	33	7	24	1
2011	41	8	30	1
2012	38	8	28	2
2013	36	8	28	5
2014	38	6	30	2
2015	30	5	10	6
2016	26	7	22	5
2017	26	5	20	1
2018	34	6	32	4
2019	47	7	24	1

表 11-1-13　2001—2019 年公司已授权专利统计表

发明创造名称	授权专利号	类型
复合雾化振弦自激消烟除尘脱硫设备	01244698.X	实用新型
自动液力循环清仓机	01244697.1	实用新型
单侧受弯满堂建筑基础结构及施工工艺	01113796.7	实用新型
矿用变频器的隔爆热管散热装置	01245013.8	实用新型
一种适合于矿井水处理的组合式净水设备	01254393.4	实用新型
跳汰机精煤除杂装置	01273073.4	实用新型
通用液压支架立柱拆装机	02258269.X	实用新型
小曲率拱形支架	02287695.2	实用新型
矿井抽风机风量装置	02287695.2	实用新型
斜巷架空人车安全保护装置	ZL200320120512.9	实用新型
利用胶体泥浆法防治煤炭自燃的自动定量加料装置	ZL 03 152963.1	发明专利
矿车防脱销装置	ZL200420079169.2	实用新型
自动复位机械闭锁阻车器	ZL200420079167.3	实用新型
组合式轨道托绳装置	ZL200420079170.5	实用新型
矿用电磁启动器用组合显示模块	ZL200520042825.6	实用新型
小型集成化矿用隔爆兼本质安全型多功能真空电磁启动器	ZL200520042828.X	实用新型
矿用隔爆型软启动器用数字化控制保护器	ZL200520042823.7	实用新型
手提隔爆型启动器用保护器	ZL200520042827.5	实用新型
矿用隔爆型馈电开关用数字化保护器	ZL200520042826.0	实用新型
气体固体颗粒喷洒器	ZL200520042824.1	实用新型
激光坡度规	ZL200520041116.6	实用新型
一种液压弯道机	ZL200520041115.1	实用新型
矿用 KBD 系列空气馈电开关主回路出线板	ZL200520041113.2	实用新型
KBD 系列矿用隔爆型馈电开关加设过电流保护系统	ZL200520041111.3	实用新型
可控硅固定装置	ZL200520041112.8	实用新型
真空交流接触器主电路折弯形电源板	ZL200520041109.6	实用新型
矿用隔爆型开关数字化保护器	ZL200520041110.9	实用新型
手提式隔爆型电磁启动器用一体化互感器	ZL200520041114.7	实用新型
液压牵引采煤机无线遥控装置	ZL200520040296.6	实用新型
矿用乳化液自动配比装置	ZL200520040295.1	实用新型
斜巷防跑车安全保护装置	200620045699.4	实用新型
综采综放支架及放煤联动喷雾一体阀	200620045700.3	实用新型
钢丝绳连接装置	200620043623.8	实用新型
水循环利用装置	200620041292.4	实用新型
真空电磁启动器上级电气闭锁装置	200620045701.8	实用新型
矿车保险绳固定装置	200620045702.2	实用新型

表 11-1-13(续)

发明创造名称	授权专利号	类型
组合式电车接触线固定装置	200620045703.7	实用新型
锚喷巷道简支梁式临时执护装置	200620043622.3	实用新型
吸铝管清理装置	200620043619.1	实用新型
降尘罐	200620043621.9	实用新型
气流脉动液压风机	200620043620.4	实用新型
综采工作面喷雾除尘智能控制系统	200720075782	实用新型
斗提式皮带头部采制样机	200720075783.5	实用新型
靶装机伸缩护栏	200720070383.5	实用新型
煤矿喷浆、放炮连锁喷雾器	200720070384.X	实用新型
无极绳绞车转向装置	200720066247.9	实用新型
矿车成型机	200720066248.3	实用新型
一种木螺钉锚固结构	200720066246.4	实用新型
矿井采煤工作面单轨吊装置	200720075784X	实用新型
绞车自动排绳装置	200820154739.8	实用新型
绞车排绳装置	200820154740	实用新型
矿用专用装卸机	200820154744.9	实用新型
靶装机拉力器	200820154743.4	实用新型
锚杆开眼器	200820154741.5	实用新型
铸轧辊辊面喷涂运行机构	200820154738.3	实用新型
胶带自动翻面装置	200820154742.X	实用新型
凿岩机消音装置	200820153240.5	实用新型
钢塑施合网连接装置	200820153241.X	实用新型
煤矿井口测酒仪	200820153242.4	实用新型
螺栓压板固定木轨枕轨道	200820151918.6	实用新型
煤矿大倾角轻放支架防倒滑结构	200820151919	实用新型
涨缩卷筒	200820151917.1	实用新型
液压拔锚器	200820151916.7	实用新型
矿用激光测距式煤仓煤位传感器	200820059845.8	实用新型
圆盘真空过滤机自动降水清扫装置	200820059858.5	实用新型
大巷淋水引流棚架	200820059854.7	实用新型
上部圆台形铝用预焙阳极炭块	200820059853.2	实用新型
耙装机装车自动喷雾装置	200820059857	实用新型
扒液力联轴器和刹车盘的专用工具	200820059856.6	实用新型
移动式风包	200820059844.3	实用新型
微型联轴器	200820059848.1	实用新型
锚杆机钻杆、钻头连接装置	200820059855.1	实用新型

表 11-1-13(续)

发明创造名称	授权专利号	类型
弹性柱销联轴器	200820059847.7	实用新型
活动盖板溜槽	200820059846.2	实用新型
装卸用方便钳	200820059864	实用新型
一种电解槽阳极大母线位置指示装置	200820056924.3	实用新型
煤矿喷浆、爆破连锁喷雾器	200820056928.1	实用新型
便携式移动配电盘	200820056927.7	实用新型
喷浆加压器	200820056926.2	实用新型
煤矿耙装机使用的带保护装置的滑轮	200820056925.8	实用新型
空调箔及其制备方法	200810039083.X	发明专利
一种空调散热器铝箔的退火工艺	200810041650.5	发明专利
液压支架立柱连接耳防断装置	200920075194.6	实用新型
矿用无极绳绞车驱动器	200920075195	实用新型
混凝土喷浆机增湿装置	200920075193.1	实用新型
减速设备加油放气散热装置	200920075191.2	实用新型
绞车自动排绳装置	200920077584.7	实用新型
矸石、中煤托介筛传动轴连接结构	200920073277.1	实用新型
一种改进的胶带运输机导料槽	200920073276.7	实用新型
皮带轮与轴连接的新型锲键	200920073278.6	实用新型
一种新型降噪隔声窗	200920072873.8	实用新型
绞车稳绳自动加油装置	200920070642.3	实用新型
气动远控常闭式挡车装置	200920070641.9	实用新型
采煤工作面割煤用两道防尘水幕	200920075192.7	实用新型
带绝缘护垫的穿墙套管	200920209939.3	实用新型
家电语音控制器	200920209937.4	实用新型
往复运动绞车排绳机构	200920077585.1	实用新型
试验用连接线卡	200920209935.5	实用新型
钢制打包带存取装置	200920211840.7	实用新型
热交换站自动控制系统	200920211838.X	实用新型
一种改进的剥线钳	2009202099389	实用新型
防堵型播煤口	200920068595.9	实用新型
锅炉原煤仓防堵落煤管	200920068594.4	实用新型
高阻力恒阻大幅度让压锚索	200920003238.4	实用新型
锚杆托盘加工用复合模具	200920003239.9	实用新型
喷射混凝土水和料充分搅拌的方法	200910055284.3	发明专利
旧铸轧辊轴承座的修复方法	200910196164.5	发明专利
矿山岩巷掘进迎头调整体车场及移动方法	200910196165.X	发明专利

表 11-1-13(续)

发明创造名称	授权专利号	类型
汽车油箱封口罩	201020032929.1	实用新型
一种方便移动的矿山岩巷掘进迎头调车车场	201020032930.2	实用新型
在钻床或铣床上镗削内孔沟槽的刀具	201020032928.5	实用新型
控制磁性物测定仪磁选管内页面高度的装置	201020145862	实用新型
压绳轮弹簧的装配装置	201020235840.3	实用新型
快速充气装置	201020235830.X	实用新型
键槽对中夹具	201020235858.3	实用新型
一种高强耐磨漏斗	201020530430.1	实用新型
碳素阳极生产线螺旋糊料输送机	201020530376	实用新型
皮带运输机输送带跑偏报警器	201020530414.2	实用新型
一种改进的铝卷材退火料架	201020530398.7	实用新型
煤矿掘进临时支护器	201020530407.2	实用新型
电焊机节能安全控制器	201020598555.8	实用新型
托辊除锈机	201020598449.X	实用新型
矿用平板车车架连接结构	201020598481.8	实用新型
倾斜井巷双轨道变坡自动导绳装置	201020598565.1	实用新型
一体化橡胶道口板	201020530383.0	实用新型
矿用耙装机	201020598505.X	实用新型
气动锚杆钻机除油马达消音器	201020598574	实用新型
煤矿用管道 C 型吊挂装置	201020145856.5	实用新型
活动电缆钩	201020598520.4	实用新型
冲击式卡盘扳手	201020598470.X	实用新型
矿灯电缆头夹具	201020598493	实用新型
钢梁压力机	201020598609	实用新型
内孔沟槽镗削刀具	201010022661.6	发明专利
柱销联轴器挡销装置	201120040132.9	实用新型
喷水装置杂物过滤器	201120040124.4	实用新型
一种矿用气动制动梭车	201120040122.5	实用新型
带式运输机输送带自动纠偏装置	201120040110.2	实用新型
原煤仓下料设备	201120040102.8	实用新型
倾斜式铸轧机前箱	201020598540.1	实用新型
矿井安全监测系统线路查询器	201010022663.5	发明专利
外圆磨床楔式自动夹紧装置	201120120423.9	实用新型
用于 T 型槽快速装夹工件的装置	201120120424.3	实用新型
一种填充混凝土的矿用钢管支架	201120120432.8	实用新型
聚能爆破切缝管装置	201120231871.6	实用新型

表 11-1-13(续)

发明创造名称	授权专利号	类型
快速拆装轨枕	201120231866.5	实用新型
矿井胶鞋清洗装置	201120231875.4	实用新型
一种内涨冲击式拉拔器	201120401449	实用新型
取卷机防划伤涨力装置	201120401444.8	实用新型
铝箔轧机支撑辊清辊器	201120401412.8	实用新型
皮带运输机调整丝杆	201120401402.4	实用新型
起重机无线对讲急停闭锁装置	201120401397.7	实用新型
铝铸轧前箱铝熔体液面监测器	201120401400.5	实用新型
蓄电池电机车用永磁同步牵引电动机四象限调速器	201120401388.8	实用新型
封车器防脱销连接装置	201120401403.9	实用新型
一种加工企业提升物料用的装置	201120415593.X	实用新型
水油泵专用工具	201120401401.X	实用新型
防脱钩装置	201120401413.2	实用新型
阳极导杆自动切割设备	201110380761	发明专利
脏杂煤处理系统	201110407107.4	发明专利
点焊网机电机块调节装置	201220255776.4	实用新型
组合接杆式供水器	201220421613.9	实用新型
矿用液压支架侧护板装配装置	201220323318.X	实用新型
铝纵剪出口板型调节压辊	201220421205.3	实用新型
矿用无极绳连续牵引车道岔	201220288946.9	实用新型
矿用运输设备万向连接设置	201220286101.6	实用新型
一种分岔溜槽翻板	201220248463.6	实用新型
一种划制玻璃用自动翻转工作台	201220456026.3	实用新型
变温管道自由伸缩的双层减振装置	201210079892.X	发明专利
LARS石墨转子连接装置	201220574209.5	实用新型
矿用双速绞车驱动装置	201220621405.3	实用新型
一种快速测量滚轮罐耳调校工具	201220574190.4	实用新型
能够壁后填充的U型棚	201220574523.3	实用新型
空气净化处理装置	201220528993.6	实用新型
旧胶带切边机	201220574524.8	实用新型
一种井下压缩氧气控制装置	201220422324	实用新型
一种巷道表面收敛测站	201220529455.9	实用新型
局扇双电源远程自动控制装置	201220541488.5	实用新型
能抑制钢爪变形的电解铝阳极	201210032796.X	发明专利
划制玻璃用自动翻转工作台	201210330672.X	发明专利
皮带集中控制系统对地检测装置	201210200486.4	发明专利

表 11-1-13（续）

发明创造名称	授权专利号	类型
一种煤矿用破碎装载巷道修护机	201210382687	发明专利
一种压风制冷装置	201320135516.8	实用新型
自动剪板送料装置	201320135520.4	实用新型
煤矿井下气体喷淋装置	201320135469.7	实用新型
矿用湿式离心捕尘装置	201320137441.7	实用新型
一种坡口成型机	201320137408.4	实用新型
耙斗装岩机气动控制支撑固定装置	201320135018.3	实用新型
新型积煤除煤铲	201320378887.9	实用新型
绳牵引吊轨人行车	201320378877.5	实用新型
高强度混合式铝合金平巷人车车厢	201320407984.6	实用新型
矿用隔爆型锂离子电源	201320435662.6	实用新型
两环水平选转硬连接装置	201320568242.1	实用新型
矿用隔爆型锂离子电源控制装置	201320627779	实用新型
用于铝热粗轧机板面的自动吹扫装置	201320604789.2	实用新型
煤仓仓壁保护装置	201320603053.3	实用新型
带式输送机防纵撕装置	201320552293.5	实用新型
阳极糊料用多孔冷却管	201320604101	实用新型
一种前翻卸矸车	201320582032.8	实用新型
煤矿用复合式给煤机生产能力调整装置	201320585063.9	实用新型
一种喷浆管用增压接头	201320604083.6	实用新型
井下水泵底座防水盒	201320626397.6	实用新型
钢制打包带使用装置	201320671258.5	实用新型
一种用于井下溜槽起吊装车的设备	201320626454	实用新型
新型结构溜槽翻板	201320726156.9	实用新型
内燃机车车钩扁销防脱落装置	201320726134.2	实用新型
熔炼炉炉口钎	201320612480.8	实用新型
一种原孔位多次应力解除法的地应力测试方法	201310046338.6	发明专利
一种顶板安全矿压监测方法及装置	201310184292.4	发明专利
可调节式吊轮装置	201310472473.7	发明专利
一种采动三向应力场的测试方法	201310185727.7	发明专利
行星差速传动机构	201310451499.3	发明专利
采动覆岩破坏水平变形的双探头探测装置	201420010932.X	实用新型
锚索自动切割机	201420300405.2	实用新型
煤矿用湿式气动泵振弦除尘器	201420314571.8	实用新型
单卧轴强制式搅拌机	201420295296.X	实用新型
煤矿用气动喷涂泵	201420314201.4	实用新型

表 11-1-13(续)

发明创造名称	授权专利号	类型
矿车可变向连接装置	201420417229	实用新型
用于煤仓口防漏风、防尘的自动封闭装置	201420398617.9	实用新型
钢绞线自动切割机	201420398470.3	实用新型
煤矿掘进巷水沟成形浆料机	201420398456.3	实用新型
用于井下压风回路的简易型疏水装置	201420398457.8	实用新型
一种 40 溜槽挡煤板	201420295270.5	实用新型
重锤式风门闭锁装置	201420647550.8	实用新型
一种使用铣削头加工固定轴外圆的装置	201420661316	实用新型
一种铝电解多功能天车吸尘布料系统	201420636309.5	实用新型
一种可调大角度坡口铣边机装置	201420661166.3	实用新型
一种矿用新型轨道复轨装置	201420667463.9	实用新型
光电式气动阀限位开关	201420647644.5	实用新型
定位销拆卸装置	201420647689.2	实用新型
铸轧辊面清洁器	201420370755.6	实用新型
一种轻型轨道拖车上下道装置	201420667486.X	实用新型
一种轧机板过走纸机构胀轴装置	201420669106.6	实用新型
矿用平斜巷应急救援人车	201420728884.8	实用新型
装车系统自动关仓液压系统	201420736961.4	实用新型
一种新型铝厚箔剪卷轴的轴向固定装置	201420714364.1	实用新型
一种深孔圆螺母工具	201420661354.6	实用新型
架棚巷道防片帮临时支护装置	201420687238.1	实用新型
交流耐压操作箱	201420737894.8	实用新型
矿用折返代步机	201420667426.8	实用新型
新型无极绳绞车压绳轮	201420647551.2	实用新型
皮带卷起吊展放装置	201420666903.9	实用新型
采动覆岩破坏水平变形的双探头探测方法	201410008789.5	发明专利
矿用双球阀智能喷雾控制装置	201420657584.5	实用新型
聚氨酯托辊烘箱	201420666902.4	实用新型
一种铝电解多功能天车吸尘及布料系统	201410593490	发明专利
斜巷轨道防护型托绳装置	201520452308.X	实用新型
抛矸皮带机	201520491589.X	实用新型
架空乘人装置用越位保护装置	201520647576.7	实用新型
导向套型圈安装夹	201520647025	实用新型
利用矸石填充井下废弃巷道的成套装置	201520491845.5	实用新型
伸缩皮带机	201520491529.8	实用新型
一种上下高度可调皮带机	201520491826.2	实用新型

表 11-1-13（续）

发明创造名称	授权专利号	类型
一种矿井下局部无电软化水系统	201520452297.5	实用新型
一种防止箕斗重复装煤的装置	201520452570.4	实用新型
一种换热器堵头拔除器	201520482823.2	实用新型
一种煤矿井下采煤机用防滑电缆夹板	201521113893.7	实用新型
矿用无极绳绞车托绳轮加油装置	201520648417.9	实用新型
伸缩皮带机游动小车双向导向装置	201520717869.8	实用新型
销轴防脱逃装置	201520711906.4	实用新型
用于轴类或套类零件端面加工的工装	201520966182.8	实用新型
一种矸石装载点调车装置	201520962744.1	实用新型
新型锁紧门把手	201520755360.2	实用新型
可拆卸式移动吊装装置	201520981358.7	实用新型
数控压辊磨床活动顶尖装置	201520884912.X	实用新型
可调节型圆弧成型模	201520884824.X	实用新型
斜巷轨道防护型托绳装置	201520898416.X	实用新型
新型射吸式溶解加药装置	201520711594.7	实用新型
煤仓含煤量的检测与控制系统	201520971708.1	实用新型
笼式旋转车床加工不旋转轴类零件的装置	201520764992.5	实用新型
利用矸石填充井下废弃巷道的成套装置	201510399488.4	发明专利
一种锚喷网支护施工工艺	201510365687.3	发明专利
一种改进的井下自动风门电磁阀	201620377327.5	实用新型
井巷掘进专用调节伸缩式组合照明灯	201620094958.6	实用新型
易拆可旋转水枪固定架	201620568064.6	实用新型
用于煤矿井下压风回路的疏水装置	201620581137.5	实用新型
机床半用自动板牙连接套	201620661847.9	实用新型
一种矿用小车用的梭子	201621186679.9	实用新型
液压捣固机用防松导柱	201621152040.9	实用新型
矿山用锚杆拉直机	201620662427.2	实用新型
压绳轮装置	201621079142.2	实用新型
可调式卡绳簧槽镗刀	201621079283.4	实用新型
自动往复式给料装置	201621145638.5	实用新型
一种平板车有腹开口碰头	201621171028.2	实用新型
一种采煤机用防滑电缆夹板	201621152081.8	实用新型
数控轧辊磨床平行砂轮修端器	201621152008	实用新型
全自动无源液压纠偏装置	201621151970.2	实用新型
综采液压支架防架间防漏煤矸装置	201620662565	实用新型
一种矸石筛分器	201621136422.2	实用新型

表 11-1-13(续)

发明创造名称	授权专利号	类型
一种新型钢丝绳悬挂装置的承力结构	201621026227.4	实用新型
一种新型钢丝绳悬挂装置的调绳器	201621026121.4	实用新型
一种铝冷轧机轧制花纹板表面除油装置	201621188466.X	实用新型
一种自动往复式给料装置	201610919050.9	发明专利
具有声光报警功能的风门开关传感装置	201610946672	发明专利
一种矿用小车用的梭子	201610960939.1	发明专利
卡轨式双向阻车器	201720456377.7	实用新型
卡绳器安装工具	201720437931.7	实用新型
耙斗式装岩机导绳轮	201720733610.1	实用新型
钢丝绳芯胶带接头剥胶专用刀具	201720732548.4	实用新型
一种聚氨酯托辊液压脱模机	201720812288.1	实用新型
一种新型的矿用隔爆型摄像仪	201720942304.9	实用新型
一种胶带运输机新型全自动无源液压纠偏装置	201720986865.9	实用新型
一种下水管道散水接头	201721050708.3	实用新型
一种液压支架换向阀防泄压装置	201721215994.4	实用新型
一种架空乘人装置用断轴保护装置	201721200789	实用新型
一种煤矿用的多功能捕尘器	201721542473.X	实用新型
一种循环流化床锅炉给煤系统	201721334479.8	实用新型
一种自动注油重车调车机拨车臂销轴	201721487493.1	实用新型
铝箔轧机除油斑装置	201721568287.3	实用新型
动滑轮提升专用连接装置	201721614725.5	实用新型
一种轻轨压板固定装置	201721303664	实用新型
一种用于装配的自动对中装置	201721624181	实用新型
一种离心释放器测速装置	201721848666.8	实用新型
一种新型的矿用隔爆型电力采集分站	201721413078.1	实用新型
一种新型矿用视频监视系统	201721258566.X	实用新型
一种刮板输送机拉斜保护装置	201721614694.3	实用新型
一种处理煤仓发生卡仓的方法	201710327982.9	发明专利
一种应用于连续轨道运输系统的带活动搭角的旋卸式矿车	201721927683	实用新型
一种梯形金属可伸缩性支架	201820475355.X	实用新型
一种钻孔送管装置	201820500993.2	实用新型
一种高水压钻孔孔口防喷装置	201820481201.1	实用新型
一种钻孔滑动止水装置	201820480842.5	实用新型
一种调度绞车钩头快速连接装置	201821167029.9	实用新型
一种煤矿水文观测孔用孔盖	201821042579.8	实用新型
一种煤矿井筒内施工用电缆安装工具	201821043956.X	实用新型

表 11-1-13(续)

发明创造名称	授权专利号	类型
煤矿井下管道固定装置	201821060398.8	实用新型
煤矿井下空气质量检测装置	201821061000.2	实用新型
煤矿井下降氧装置	201821060999.9	实用新型
一种新型带式输送机	201821322388.7	实用新型
一种底角锚杆带角度安装装置	2018211536919	实用新型
一种可拆移式全角度旋转吊架	201821155745.5	实用新型
一种手工齿轮倒角装置	201821205458	实用新型
一种斜巷提升导向兼耙装机防滑装置	201821205429.4	实用新型
一种采煤工作面除尘装置	201821479604.9	实用新型
一种用于罐笼内部的新型阻车器	201821268697	实用新型
一种煤矿井底通风装置	201821049842.6	实用新型
一种煤矿井筒移动检查装置	201821042535.5	实用新型
一种煤矿井下渗水漏水检测系统	201821043909.5	实用新型
一种煤矿井下运煤轨道清理装置	201821042539.3	实用新型
一种矿井密闭墙防漏风反水装置	201821633158.2	实用新型
煤矿固式矿车底盘装配工装	201821496996.X	实用新型
一种冷轧带材板面吹扫装置	201821633741.3	实用新型
一种新型利浦式水池基础	201821373845.5	实用新型
一种新型转子式混凝土喷射机组	201821931739.4	实用新型
一种支架牵引装置	201920605519	实用新型

第二章 "四化"建设

第一节 机 械 化

一、姚桥煤矿机械化建设

1992年,一种新型集控和6条总长约5 109米的强力皮带,经过近四个月的安装和调试,于2月26日在姚桥煤矿试用并投入生产,这套现代化设备从西安煤机设计院引进。该设备每小时可运输原煤达350吨。

1992年9月21日,姚桥煤矿东翼大巷平巷人行车一次试运行成功。

1996年,井下YJV铝芯高压电缆更换为MYJV22型铜芯高压电缆。

1997—1999年,井下高压油断路器开关更换为高压真空开关。

1999—2003年,井下油浸式变压器更换为矿用隔爆干式变压器。

1999年11月16日至11月17日,更换1#主井主滚筒。

2001年9月27日至10月18日,姚桥煤矿1#主井电控系统改造,提升能力由120万吨/年增加到155万吨/年。

2001—2002年,姚桥煤矿1#主副井将主滚筒衬垫改型为GM-3材质的高摩衬垫。

2003年7月1日和7月23日,姚桥煤矿1#主井对卸载系统进行了改造,同时,将2台箕斗改造为侧底上开式扇形门,解决了老式箕斗扇形门易在运行过程中自行打开而损坏井筒装备的问题。

2004年12月12日至12月22日,姚桥煤矿1#副井机械及电控系统改造,主轴中心提高150毫米,主电机更换为Z560A型800千瓦直流电动机,减速器更换为XP800型行星齿轮减速器,液压站更换为TK083DG型,盘型制动器更换为TP1型。

2005年5月23日,姚桥煤矿2#副井制动系统升级改造,更换成TS164型液压站。12月,安装斜巷上下口的调车机。

2006年9月27日,姚桥煤矿2#副井尾绳由扁尾绳更换成圆尾绳,同时,更换掉了尾绳连接装置及卸力旋转装置,调整了悬挂装置的连接方式以及尾绳的形式,减少悬挂部件的故障率,减少扁尾绳的易翻转和易散花的情况。全面引进弗兰德、SEW等进口减速机,体积减小,运行稳定。6月,姚桥煤矿1#主井更换减速器(ZHD2R-120K),将高速轴轴承由滑动轴承改为滚动轴承;2#主井箕斗由外动力卸载方式改为曲轨自卸方式。1#主井装载用无触点开关替代磁力启动器。

2007年,公司在姚桥煤矿7519工作面首次进行3 300伏电压等级成套设备应用。

2008年,姚桥煤矿主井6千伏配电站整体改造切转,新建主井6千伏配电站投运,将高压开关柜更换为江苏西门控电器有限公司8BK88型真空断路器式开关柜。

2008—2011 年,先后投用 6 部架空乘人装置,解决了井下长距离运输,大垂度运送人员问题。

2012 年 10 月—2013 年 6 月,对姚桥煤矿 1# 主井提升系统进行分期改造。2012 年 10 月定量斗由 9 吨改为 10 吨,12 月对提升机、减速箱进行了更换,将软齿面齿轮改为硬齿面齿轮。2013 年 3 月将 9 吨箕斗更换为 10 吨箕斗,5 月 1# 主井更换防过卷缓冲装置,6 月制动系统更换为进口 ABB 恒减速制动系统。

2013 年,姚桥煤矿对西风井主扇风机进行全面改造,选用 FBCDZ 系列煤矿地面用防爆抽出式对旋轴流通风机,选用北京利德华福公司高压变频器拖动。系统选用 KJZ-5 型通风机监控系统。

2014 年,在掘进三队施工的 7706 综掘工作面新安装了 KCG-300D 干式收尘器。

2015 年,姚桥煤矿在 8519 工作面首次使用无极绳牵引卡轨车。

2018 年 9 月 30 日—10 月 2 日,姚桥煤矿 2# 副井更换上天轮,新天轮采用 ABB 产品,同时增加了两侧轴承的宽度,增加天轮与轴承座的接触面积。公司引进 ZF9000/18/35 型放顶煤液压支架在 7721 工作面投入使用。公司引进使用工作面安装拆除装备,在姚桥煤矿 7721 工作面进行液压支架组装和安装工作。

2019 年 7 月至 8 月,主副井变电所更换"五防"功能高压柜。公司引进 ZH5600/25/38D 型滑移式超前支架和 ZQ4000/22/44 型单元式超前支架,在 7263 工作面进行使用。引进煤巷快速掘进装备形成掘、锚、支、运一体化快速煤巷掘进作业线,在姚桥煤矿 7703 工作面进行煤巷掘进作业,最高月进尺达 628 米。主运胶带首次使用永磁电动机,取消减速箱。9 月,主井 35 千伏变电站 35 千伏高压开关柜改造,更换 14 台 35 千伏高压开关柜,优化 35 千伏供电系统,针对性加强设备设计。11 月 29 日至 12 月 1 日。姚桥煤矿 2# 主井闸控系统和高压柜升级改造,闸控系统改为恒减速系统。12 月,35 千伏系统保护、主变保护、备自投、电压并列等装置升级改造,优化保护屏柜布置,可靠提高备自投、电压并列等装置的稳定性。

2020 年,姚桥煤矿与国内知名煤矿设备生产厂商洽谈合作,研发、引用 DQD10/20 气动单轨吊车。

二、孔庄煤矿械化建设

1991 年 11 月,水力提升系统作为水力采煤工艺配套的系统正式投产使用。东一采区 7211 工作面为第一个水采工作面,采用大颗粒全水提技术,设计提升能力 60 万吨/年。

1995 年,Ⅱ3 泵房及筛分硐室投产。

1997 年,Ⅲ2 泵房及筛分硐室投产。

2002 年,由佳木斯煤矿机械有限公司生产制造的 S100 型掘进机在孔庄煤矿 Ⅱ₁ 采区 7339 刮板输送机道投入使用,替代了原有的煤巷爆破采煤工艺。7 月,孔庄煤矿首个轻型放顶煤工艺工作面 7338 工作面投产,工作面主要采用 MG160/380-WD 型采煤机落煤、YF2800-16/26 型轻型放顶煤支架支护,工作面前后刮板输送机均采用 SGZ764/400 型刮板运输机运煤。

2003 年 5 月,首个综采工作面 8331 工作面投产,工作面采用 MG200 型采煤机落煤、BY3300-13/33 型综采支架支护、采用 SGZ-760/400 型刮板输送机运煤。

2005 年 6 月至 2019 年 4 月，先后安装及改造斜巷提升机 6 部（含地面矸石山），由原来的液压绞车更换为变频绞车。

2007 年至 2012 年，井下所有电阻调速的电机车全部更换为变频电机车。

2015 年，引入了 BJC 型支架拆除机械手，在孔庄煤矿多个工作面应用，该套装置通过机身自带的各类千斤顶配合使用，利用链条带动设备上提和迁移，可实现液压支架的移动和调向功能。

2017 年，水采关闭，水提系统同年关闭，原煤提升任务主要由老主井和混合井主井承担。

2018 年，公司引进岩巷掘进装备在孔庄煤矿－1 015 米水平大巷进行岩巷掘进工作，最高月进尺达 120 米。5 月，孔庄煤矿首套岩巷快速掘进系统在－1 015 米水平轨道大巷形成。7303 材料道安装 1 部卡轨车并投入运行，形成一个有卡轨车担负工作面巷道内物料、设备、人员的辅助运输体系，实现了工作面顺槽的一站式运输。

2019 年，中部槽安装单臂吊在 7375 工作面的成功应用。

三、徐庄煤矿 械化建设

1994 年，东五采区安装机械提升绞车。该绞车采用双力线中心驱动减速器，通过继电器控制串、并电阻方式控制绞车运行。

1995 年 6 月，采用 YSP45 型单体式锚杆机。

1998 年 9 月，首次使用 MG200/475-W 型液压牵引采煤机，该煤机采用多电机横向布置，多部件具有相对独立性。

2002 年 2 月，推行使用 S100 型掘进机，替代了原有的煤巷爆破采煤工艺，巷道成型规则。

2005 年 4 月，公司第一台遥控变频电牵引采煤机 MG250/630-D1.1 在徐庄煤矿投入使用，逐渐淘汰原液压采煤机。

2006 年 8 月，所有采煤工作面乳化液供液系统正式改成远程供液系统。

2009 年 5 月，徐庄煤矿第一台 EBZ200H 型岩巷掘进机在－750 米水平东翼轨道大巷安装使用，替代了原有的岩巷爆破采煤工艺。

2013 年 9 月，采用单轨吊远程运输，减少工作面无极绳运输方式。同年 12 月，在 Ⅱ(3) 轨道上山分别进行多项运载试验。

2014 年 4 月，单轨吊在 7332 材料道吊运 5200 型液压支架试运行成功后开始应用。该矿在采区内实现了单轨吊一站式运输方式，并减少把钩工等多人。此后，在 Ⅱ(3) 采区的 7333 工作面、7335 工作面及 Ⅱ1 采区的 7313 工作面等采用单轨吊运输。

2018 年，公司引进岩巷掘进装备在徐庄煤矿西翼－750 米水平大巷进行岩巷掘进工作，最高月进尺达 120 米。7 月，BPJV1-2X1600/3.3 型矿用隔爆兼本质安全型高压组合变频器在 7335 工作面安装使用。8 月，首套岩巷快速掘进系统在－750 米水平西翼轨道大巷投入，月进尺可达 120 米。自行设计一套胶带卷带机，用于暗斜井胶带机更换胶带工作。10 月，对－750 米水平泵房高压开关柜进行了升级改造。

2019 年，公司引进 ZH5600/25/38D 型滑移式超前支架和 ZQ4000/22/44 型单元式超前支架，在 7313 工作面进行使用。公司引进了具有掘、锚功能的 EBZ200M-2 型新型掘进

机,在 7436 工作面刮板道煤巷掘进使用。

四、龙东煤矿械化建设

1992 年 12 月,投运了东翼 4 条带式输送机。

1999 年 10—11 月,西一采区安装 2 部矿山架空乘人索道。

2004 年,西 4 胶带首次使用变频器,实现了皮带软启动。同时,西 4 胶带采用了钢丝绳芯皮带。

2007 年 12 月,副井上下井口安装操车机。

2012 年 12 月—2013 年 4 月,主井装载硐室更换为甲带式给煤机。给煤效率由 50% 提高到 100%,电机功率降低 70%,每台给料机每年节约电量 7.7 万千瓦·时。成为全公司首家井下成功应用甲带式给煤机的单位。

2012 年,西 1、2 胶带由原带宽 800 毫米的 150 皮带改造为带宽为 1 000 毫米的 200 胶带,并对控制开关进行了升级,采用了软启动器。

2013 年 12 月,西一轨道下山上车场安装推车机。

2014 年,掘进一队施工东二机轨合一大巷、掘进二队施工回风大巷时,采用调车盘配合扒矸机进行出矸。

2017 年,由龙东煤矿生产管理科、机修厂自行设计生产的缓冲储煤仓装置在东二大巷末端由掘进五队施工使用。

2018 年 4 月,7164 工作面安装,首次使用风动起吊葫芦。6 月,7162-2 工作面拆除,首次使用机械臂、配合三台掩护支架进行工作面回撤,老塘采用点柱代替木垛。公司引进使用工作面安装拆除装备,在龙东煤矿 7161-2 工作面进行液压支架组装和安装工作。

2019 年,掘进六队在西辅回风内卧底扩大通风断面,卧底出来的矸石使用第四代抛矸系统就近充填在一250 米水平回风联络巷内。

五、一〇六煤矿

2013 年,副平硐大巷投入使用 2 台 CTY8/6GP 和 2 台 CTL8/6GB 型蓄电池电机车进行物料和人员运输。

2013 年,主斜巷轨道上山安装投用了 1 部功率为 450 千瓦的 JKB-3×2.2P 型防爆单绳缠绕式提升机进行提升运输,并建立了完善的斜巷安全设施。在斜巷轨道上山安装了 1 部 RJY45-30/1700(A) 型可摘挂钩架空乘人装置。

2019 年 6 月,安装调试完成 ZDC30-2.5"常闭式"、全断面自动跑车防护装置。公司引进 ZH5600/25/38D 型滑移式超前支架和 ZQ4000/22/44 型单元式超前支架,在 703 工作面进行使用。

1992—2019 年公司主要采掘设备更新时间节点见表 11-2-1。

表 11-2-1 1992—2019 年公司主要采掘设备更新时间节点

年份	液压支架型号	采煤机型号	刮板输送机型号	掘进机型号
1992	ZY3300/13/33 型掩护式液压支架	MXA-300 型采煤机	SGZ764/264 型刮板输送机	AM50 型国产掘进机

表 11-2-1(续)

年份	液压支架型号	采煤机型号	刮板输送机型号	掘进机型号
1993		AM500 型采煤机	SGZ764/400 型刮板输送机	
1994		MG200/475-W 型、MG300 型采煤机		
1995	ZFSB4400/16/28 型综采放顶煤液压支架			
1996		6MG200-W 型双滚筒采煤机	SGZ764/630 型刮板输送机	
1999	ZY3000-2.3/4.5 型综采液压支架			S100 型国产掘进机
2001			SGZ630/220 型刮板输送机	
2002	ZF2800/16/26 型放顶煤液压支架			
2003	ZY3600/16/36 型掩护式液压支架		SGZ630/400 型刮板输送机	
2004	ZF5200/16/28H 型放顶煤液压支架	MG160/380-WD 型电牵引采煤机；MGTY250/600-1.1D 型电牵引采煤机		
2005				EBZ135 型掘进机
2006	ZY5200/16/33 型掩护式液压支架	MGTY300/730-1.1D 型电牵引采煤机		
2007	ZF3200/16/33 型放顶煤液压支架	MG300/700-WD 型电牵引采煤机		EBZ160 型掘进机
2010	ZFY6800/16/28 型放顶煤液压支架	MG400/930 型电牵引采煤机、SL300 型采煤机	SGZ800/1050 型刮板输送机	
2011	ZF6200/16/28H 型放顶煤液压支架	MG200/468 型电牵引采煤机		
2013	ZY6000/17.5/38 型掩护式液压支架			
2018	ZF9000/18/35 型液压支架			EBZ200 型掘进机
2019	ZY10000/24/50D 型综采掩护式液压支架；ZFY10000/20/38D 型放顶煤液压支架	MG750/1860-WS 型电牵引采煤机；MG650/1510-WD 型电牵引采煤机	SGZ1000/1710 型刮板输送机；SGZ1000/1400 型刮板输送机	EBZ200M-2 型掘进机

2020年3月，拓特厂首次攻关 ZF6200、ZFG7200 及 ZY6000 支架升级电液控制系统改造，见图11-2-1。

图 11-2-1　拓特厂电液控制系统升级改造

第二节　自　动　化

一、姚桥煤矿自动化建设

1991年，主井6千伏配电站安装视频摄像头，强化站内24小时监护及设备运行监护，实时监测设备运行情况。

1996年，主井35千伏变电站安装视频摄像头，强化站内24小时监护及设备运行监护，实时监测设备运行情况。

1997年，主井35千伏变电所采用GPS数字时钟，将后台各系统统一对时，解决了后台系统时间冲突问题。

2003年，实现主运胶带机地面集中控制，配套视频监控系统。

2006年，井下KJ213供电监控系统投入运行，增加了设备监控。逐渐减少中夜值班人员。

2008—2019年，通过对架空乘人装置电控系统的升级改造，6部架空乘人装置已全部实现无人值守。

对3个水平的排水系统分别进行自动化改造，系统通过现场压力、水位、流量、电流等传感器实现了现场模拟数据的收集，利用西门子可编程控制器对主排水泵的开启与停运进行程序化控制，并通过光纤向地面传送数据，在姚桥煤矿机电调度实现井下主排水系统的远程监控。

2010年，主井装卸载系统经过系统改造，实现了主井提升的在提煤工况下的全自动运行。副井提升系统在提人时为手动操作，提物时实现了半自动操作。

2011年，井下供电系统升级改造为用 KJ316 型矿用变电所远程自动监控系统，用于煤矿井下变电所高压供电系统中实时过程测量、控制及监视。

2012年，集控系统升级改造，全部使用西门子 S7-300 系列产品，胶带集控从嵌入式转为 PLC 控制模式，视频监控系统由多模光纤升级为单模光纤。

2013年，主井 35 千伏变电站 6 千伏 Ⅱ 段安装 SVG 动态无功补偿装置，全年运行可提高供电效能 40%。

2015 年 1 月，引进高压组合变频器在姚桥煤矿 7011 工作面 SGZ800/1050 型刮板输送机上使用，公司首次实现变频调试技术在刮板输送机上应用。该矿新井压风机及东二风井压风机集控系统均升级为上海英格索兰投资有限公司的 ACS4000 空压站房集中控制系统，具有远程监控功能以及完善的次序控制功能，监控系统具备无人值守功能。

2016 年，主井 35 千伏变电站 6 千伏 Ⅰ 段安装 SVG 动态无功补偿装置。5 月，姚桥煤矿－400 米水平泵房自动化控制系统改造安装。改造后系统具有数据自动采集、泵阀自动控制、系统自动控制、动态显示及故障记录报警等功能。

2018 年，姚桥煤矿视频系统升级改造，全部使用数字化摄像头。引进成套自动化远距离供液系统，在姚桥煤矿 7721 工作面安装使用。在 8539 掘进工作面 EBZ200 掘进机上应用遥控装置。

2019 年，姚桥煤矿主运系统智能煤流试点运行，减少了系统空载损耗。12 月，对矸石山提升机电控系统的改造，全面布置有效的传感器，视频监控等装置，实现矸石山提升机岗位无人化操作。公司推广建设清洁供液系统，在姚桥煤矿西 9 采区建成采区集中供液系统，实现工作面集中供液的自动化和清洁化，无人值守。公司引进永磁同步变频驱动技术在姚桥煤矿 7263 工作面 DSJ120/180/2×400 胶带机上应用。

二、孔庄煤矿自动化建设

2002 年，主运胶带集控系统投入使用，实现了井下主运胶带运行的地面集中控制，对胶带运行参数的监测和记录和运行状况的实时监控。

2004—2012 年，－375 米水平大巷安装了 KJ15A 和 KJ293A 信集闭系统，替代了原有的继电器信集闭控制系统。

2006 年，主井 35 千伏变电站监控系统改造。安装 KJ316 井下电力集控系统，此电力监控系统主要由电调中心、信息通道、远动装置三部分组成。井下中央变电所及采区变电所的高低压开关实现了远程监测、采集、控制、存储、查询等功能。

2008 年，在老 35 千伏变电站西侧建设一座新 35 千伏变电站，2009 年 5 月投入运行。35 千伏变电站自动化监控系统采用国电南自 EYEwin 2.0 自动化监控系统，配合国电南自 PSL690 系列综合保护装置。

2010 年 6 月份，孔庄煤矿开始使用混合井三期工程，原矸石山拆除，向北搬迁延伸排矸线路 600 米，提升机由原来的电阻调速绞车更换为变频调速，所有的运行线路、翻车机房和绞车房均安装了视频监控系统。

2010 年 9 月和 2011 年 4 月，孔庄煤矿改扩建工程投入运行了新建的东风井主通风系统和南风井主通风系统，两套主通风系统均安装电控系统。控制器与上位机之间，通过网络交换机集中监视和管理，在上位机可实现通风机"一键倒机"和"一键反风"功能。

2011 年和 2012 年，孔庄煤矿分别对－375 米水平中央泵房及－1 015 米水平泵房集控

系统进行了升级改造,实现了 PLC＋上位管理计算机的远程集控。

2012—2020 年 6 月,通过对架空乘人装置电控系统的升级改造,孔庄煤矿 4 部架空乘人装置已全部实现无人值守。

2013—2018 年,−785 米水平和−1 015 米水平安装了 KJ539 信集闭系统,系统的使用使机车的运行状况、信号区间的闭锁、进路的开放、转辙机的自动转换、信号灯的转换全部由系统自动生成。

2013 年,孔庄煤矿老主井提升系统系统改造,实现了主井提升设备的自启停智能控制和装载、卸载点视频监视下的无人值守。12 月,孔庄煤矿老副井对在用直流提升机电控系统进行升级改造,安装采用 DCS800 直流调速装置构成的整流柜、励磁柜以及主回路切换柜。

2015 年,孔庄煤矿主井压风机房空气压缩机采用智能集中控制系统,实现无人值守。

2018 年,孔庄煤矿井下电力监控系统进行升级改造,升级为 KJ487 电力监控系统,该系统具备井下供电系统实时监控及远程控制、数据分析等功能。

2019 年,主井 35 千伏变电站升级改造,升级为四腾电气 TX-5300 自动化监控系统。

三、徐庄煤矿自动化建设

1992 年,徐庄煤矿引进一种适用于井下供电线路中起保护作用的 BJJ 选择继电器,在该矿−400 米水平大巷变电所使用。

1998 年 9 月,徐庄煤矿主运系统集中控制系统建立。井下与地面的煤运控制系统由原来的胶带机综合保护装置改造为胶带机集中控制系统,胶带机的启停控制实现地面集中控制。

2003 年 10 月,徐庄煤矿主井 35 千伏变电所采用 PCS-9000 厂站监控系统运行,2015 年 12 月,升级为 PCS-9700 厂站监控系统,值班员在监控室就可以查看变电所开关设备的运行状态,并能实现远程参数查看、整定、分合闸操作,具备了无人值守功能。

2005 年,徐庄煤矿井下供电系统开始采用 KJ316 远程电力监测监控系统,通过不断升级改造,对井下中央变电所及采区变电所的高低压开关实现远程监测、采集、控制、存储、查询等功能,缩短停电恢复时间,实现井下各变电所无人值守功能。

2008 年 6 月,东九矿山架空乘人索道安装无人值守及远程监控系统。

2010 年 6 月,西翼矿山架空乘人索道电控改造,实现远程监控无人值守。

2016 年,徐庄煤矿主运集中控制系统升级改造。

2018 年,采购 2 台机械密封式水泵,在−400 米水平中央泵房及−750 水平中央泵房各安装,使用后减小维护工作量。该矿对主井卸载站操作台进行改造设计,利用组态软件将操作按钮集成至绞车房组态画面,在提煤状态下设计了信号自动状态保持功能,提煤过程中实现了自动化提煤。

2019 年,通过对东九、Ⅱ(3)上、Ⅱ(3)下采区架空乘人装置无人值守电控改造,统一了井下 6 部架空乘人装置无人值守电控系统,并对架空乘人装置远程监控、无人值守进行系统集成,使系统更单一,方便维护。8 月,空压机房已实现无人值守。空压机设备通过 ACS4000 集控系统和组态软件,通过设定压力上限、下限、机组切换顺序及时间控制,实现了空压机的自动开启、停止。10 月,西风井 35 千伏变电所采用 SL300AB 厂站监控系统,实现远程参数查看、整定、分合闸操作,具备了无人值守功能。徐庄煤矿分别对−400 米水平中央泵房及−750 米水平泵房集控系统进行了升级改造,实现了水泵远控开启以及水位控制水泵自动开停。井下中央泵房全部实现无人值守。

四、龙东煤矿自动化建设

1992 年 7 月,井下中央变电所首次安装配备了 KGTB 新型高压接地保护装置。其主要性能是在计算机控制下对两段高压线、20 路馈出线进行监测。

2002 年,投运井下胶带地面集控。由原胶带人工控制系统向自动化转变。

2004—2007 年,井下变电所高低压开关远程集控改造,实现了井下 10 个变电所高低压开关地面远程集控。

2006 年 11—12 月,西一泵房自动化改造,实现无人值守。

2007 年 6 月,中央泵房远程自动化改造,实现无人值守。

2008 年 4 月,空压机安装集控系统。采用上海英格索兰公司开发 ACS4000 集中控制系统。7 月,龙东煤矿 35 千伏供电设备升级改造完成,改造后 KYN61-40.5 型高压开关柜实现远程操作集控和无人值守。

2010 年 9 月,主通风机自动化控制系统改造。采用中国矿大研发的通风机全自动控制系统,S7-300 控制器,集控室有控制计算器。12 月,主井提升机直流电控改造。

2012 年 8 月,副井提升机直流电控改造。10—11 月,龙东煤矿西一采区两部矿山架空乘人索道电控系统改造。实现了矿山架空乘人索道地面监控、无人值守及自动开车功能。

2013 年 11 月,龙东煤矿中央变电所 6 千伏开关柜升级改造。12 月,龙东煤矿 35 千伏变电所 6 千伏新开关站投运,6 千伏新开关站停送电自动化控制。

2016 年 7 月,空压机集控系统升级。在原控制系统的基础上,将集控端移至机电调度,由调度员监控、操纵空压机,空压机房实现无人值守。

2018 年 8 月,龙东煤矿井下架空线完成自动停送电开关安装。实现了架线逐段自动停电。引进成套自动化远距离供液系统,在龙东煤矿 7161-2 工作面安装使用。在 7161-2 工作面 ZF9000 型液压支架上应用电液控制技术。引进 QJGR-2×250/3300 型高压软启动器在龙东煤矿 7161-2 工作面进行使用,采用高、低速软启动方式驱动转载机。

2019 年 12 月,西一泵房集控系统升级改造。采用中国矿大研发的矿井排水监控系统,安装新控制柜,实现现场数字监控操作。公司推广建设清洁供液系统,在龙东煤矿 7161-2 工作面建成采区集中供液系统,实现工作面集中供液的自动化和清洁化。

五、106 煤矿自动化建设

2019 年,对 I1 采区集中辅运轨道上山 RJY45-30/1700(A)摘挂式架空乘人装置进行了控制系统升级改造工作。现场运行情况在线监控,并能够对故障精确定位,故障复位。对井下胶带运输机控制系统进行了全面改造,以工业以太环网为核心,将胶带系统运行状态通过矿井工业以太光纤网向地面进行传输,实现胶带系统的远程操作、运行状态监视、运行故障综合监控;实现了地面对井下胶带运输机的各种保护,胶带电机电流、电压等参数的实时监测。对提升绞车原有闸瓦间隙保护装置改造,改变过去需要人工测量,存在测量误差等情况。安装调试完成东翼集中辅运大巷及 I1 采区集中辅运上山司控道岔,实现煤矿井下轨道运输自动化,无须人工搬道岔。对井下中央变电所及采区变电所进行改造,实现在矿调度指挥控制中心对各变电所数据进行实时监测,达到无人值守的要求。

第三节　信　息　化

一、通信系统建设

1993—1996 年,公司在中心区、姚桥煤矿、孔庄煤矿、徐庄煤矿、龙东煤矿、发电厂、铁路管理处都使用 iSDX 用户数字程控电话交换机建立通信系统,公司合计装机容量 12 000 门。公司各矿厂通信站与中心区通信总站建立微波传输通道。

1997 年末,公司采用大唐电信 SP30CN 局用交换机建立新的通信系统。

1998 年初,公司作为省内第一家通信专网接入徐州本地电信网。

1999—2004 年,公司各通信站(姚桥煤矿、孔庄煤矿、徐庄煤矿、龙东煤矿、大屯发电厂、铁路管理处)也使用 SP30CN 局用交换机,升级换代各通信节点,合计装机容量 3 万门。同时建立 SDH 光路数字传输系统。

2013 年,建立 NGN 新一代通信框架,采用中兴 SS1B 软交换设备建立了公司通信系统升级换代的基础,使用华为 GPON 接入设备提供公司研发中心的办公通信需求。

2016—2019 年,公司使用中兴 OLT-C300 型 GPON 接入设备改造中心区通信系统。

2018 年,公司使用中兴 OLT-C320 型 GPON 接入系统,改造姚桥煤矿、孔庄煤矿、徐庄煤矿、龙东煤矿、发电厂、铁路管理处通信系统,新建了热电厂通信节点。

截至 2020 年 6 月,公司办公通信基本完成了新一代通信系统的建设。

二、计算机网络系统建设

2000 年,公司总部办公局域网建成。

2001 年至 2003 年,4 个矿和各单位的办公局域网建成。

2004 年,公司 2.5 G 容量 SDH 光路传输系统建设完成,实现了姚桥煤矿、孔庄煤矿、徐庄煤矿、龙东煤矿、铁路处、发电厂的办公网络互连互通。初步建成公司语音、视频和数据广域网网络,出口带宽 10 M。各煤矿通过普通交换机建立了用于局部生产控制和信息传输的局域网。

2005 年,形成以总部为核心、各矿厂为汇聚的大型星型网络,达到 1 000 M 带宽,2010年,对矿区办公网络核心设备进行全面升级改造,到各煤矿链路带宽达到双万兆。

2007 年,姚桥煤矿建成了井下千兆工业环网,2010 年,孔庄煤矿、徐庄煤矿建成了井下千兆工业环网,2019 年,龙东煤矿建成万兆工业环网。

2012—2018 年,在井下工业网络的基础上,对井下局部无线通信系统进行整合扩建,建成全矿井的无线通信网络,实现井下移动语音通信。

2020 年,为适应煤矿智能化发展的需要,对矿井基础网络进行升级改造。

三、生产监控、管理信息系统建设

(1)矿区统一办公自动化系统。2008 年,涵盖大屯矿区所有单位的办公自动化系统启动建设,2009 年 1 月,正式上线应用。

(2)公司 ERP 系统。2009—2013 年,公司按照中煤集团的统一安排和部署,对分散的

财务管理系统、物资采购系统、朗新管理系统、销售管理系统、设备管理等进行整合,先后完成了 ERP 系统一期、二期、三期建设。

(3)矿区工业视频监控系统。2005 年,各矿采用模拟视频采集一些重要生产场所的工业视频,集中到各矿调度室,通过模拟视频矩阵选送到调度大屏显示。

2011 年 3 月,完成各矿采煤工作面视频信号传输到本矿调度室的集成,采用流媒体形式采集各矿视频信号到公司调度。

2012 年 6 月,新建海康威视 8600 视频监控平台(矿级工业视频流媒体服务系统平台),完成矿井安全生产视频监控系统集成。各单位调度室、办公用户能够就地访问本单位的视频系统。公司调度中心及领导能浏览实时生产现场视频图像,中煤集团总调度和领导能通过 VPN 通道或宽带专线能浏览实时生产现场视频图像。

2018 年,对矿区模拟工业视频系统进行高清数字化改造,将海康威视 8600 视频监控平台升级为 9800 视频监控平台,重要场所的工业视频全部实现高清化改造。

四、矿井单位信息化建设

(一)姚桥煤矿信息化建设

1991 年,该矿 1# 主井 6 千伏配电站投入使用模拟屏,更直观地显示设备运行状态及操作状态。

1992 年,姚桥煤矿举行了"学习应用计算机汇报表演",对矿山压力、主井绞车、生产、空压机运转以及劳动工资等 10 多个系统应用了电子计算机管理。

2001—2007 年,该矿 2 对主副井提升建立了监控系统。

2002 年,该矿地面行政系统安装了上海大唐电信股份有限公司生产的 SP30CN 数字程控交换机;2018 年升级为中兴通讯股份有限公司生产的 ZXA10 C320 光接入局端汇聚设备,实现了数字软交换。

2003 年,该矿建设井下胶带集控系统,通过监控平台实现对井下胶带的监测监控,2012年集控系统升级改造,胶带集控从嵌入式转为 PLC 控制模式,可以在调度中心实现对井下胶带的堆煤、跑偏、速度、烟雾、温度、开停指示等参数进行监测。同年,安装 SH 核子秤计量系统。为适应环保的需要,2014 年用电子秤替代了核子秤,安装了 KJ318 矿用带式输送机称重系统,对井下原煤生产实现了动态实时计量。

2004 年,该矿矿井安装了 KJ31-600 安全监控系统,2007 年升级为 KJ65N 型煤矿安全生产监控系统,2019 年升级为 KJ95X 安全监控系统,从传感器采集到数据传输实现了数字化。12 月,该矿 2# 副井电控系统改造,增强设备运行可靠性。

2006 年,姚桥煤矿建设了井下变电所电力监控系统,井下共有变电所 22 个,全部实现远程供电自动化。

2007 年,该矿建成了井下千兆工业环网,2012 年进行了升级。2007 年 12 月 16—25日,姚桥煤矿 2# 主井电控系统、闸控系统、主电机和信号系统升级改造,提升能力由 180 万吨/年提升到 225 万吨/年。

2008—2020 年 6 月,该矿通过对架空乘人装置电控系统的升级改造,6 部架空乘人装置都实现了井下自动控制。

2009 年,该矿主井 6 千伏配电所更新改造变电所自动化系统,采用 iES-SL300 监控系

统,作为变电站自动化信息处理的中心,对变电站的现场实时数据及实时数据运算参数,显示接线图并实时更新数据、具备"三遥"功能,即遥测、遥信、遥控,具备无人值守功能。姚桥煤矿灯房引进矿灯自动充电架,建成了无人值守系统。自动充电架的使用提升了矿灯的免维护功能,每年至少可节约维修费用6万余元。

2010年,该矿由积成电子公司完成iES-SL300变电站监控系统平台建设。通过信息平台对监测数据的管理分析,为提高供电的可靠性提供了指导依据。

2012年,姚桥煤矿建设了井下人员定位系统。其基站分布覆盖主副井口、各生产采区及采掘工作面等作业场所。人员定位系统实现对井下矿工的分布情况分区域实时监测。

2012年12月,该矿在井下安装使用了KT109R无线通信系统,使WiFi对全矿井下主要运输大巷及斜巷进行信号全覆盖,实现通信的移动化、一体化。下半年,该矿建设了井下水文监测系统。

2012—2014年,该矿在−400米水平中央泵房、−650米水平和−850米水平中央泵房三个泵房,逐步安装了排水监控系统,具备自动排水功能,具备无人值守条件。

2012年,完成井下千兆视频环网及监控平台建设,并建立了海康威视8000视频监控平台,2018年升级为9800视频监控平台。

2013年2月,完成KT199型应急数字广播系统建设,具有智能语音告警功能。

2018年,该矿安装微震监测系统。

2019年11月29日—12月1日,姚桥煤矿2#副井电控系统、闸控系统和高压柜升级改造。

（二）孔庄煤矿信息化建设

2001年,孔庄煤矿提升机采用全数字电控装置和晶闸管整流器构成直流传动系统,通过PLC通信功能,实现提升工艺控制、监视、保护等。

2005年,安装了KJ65安全监控系统,从传感器采集到数据传输全部实现数字化,提升系统的抗干扰能力、系统的稳定性、数据的及时性、可靠性。

2012年3月,首套集控装置在Ⅳ1采区7433工作面投入使用,每隔15米安装一个"组合扩音电话",替代了原有的人工传话方式,解决了工作面沟通困难、无法有效闭锁设备的难题。

2013年11月,通过KT156无线通信系统的投入使用,使WiFi信号实现了全矿井下主要运输大巷及部分架空乘人装置斜巷信号的覆盖,实现通信的移动化、一体化,并利用其丰富的网络化功能解决矿井语音通讯、数据综合传输和控制等综合应用问题。

（三）徐庄煤矿信息化建设

1991年,徐庄煤矿计算机网站围绕公司提出的"两年起步,三年推广"的指导方针,在财务、运销、计划、安全、统计和机电设备管理等方面开发移植、推广应用软件达30项,在13个科室应用。该矿开发的软件在公司各矿、淮南矿务局推广应用。

1997年,该矿主井电控系统由继电器控制模拟系统改为基于西门子S5PLC全数字直流控制系统,电控系统具有了通信功能,提高了系统响应速度和安全可靠性。

2005年,该矿搭建了由本矿连接公司信息中心的局域网,传输线路为光纤,传输速率达到千兆,采用瑞星杀毒软件进行防病毒保护,建立了视频会议系统,使用百兆互联网线路。

2005年,该矿安装KJJ65型安全监控系统,2018年升级为KJ95X数字型安全监控

系统。

2005年,该矿安装DH-2000型程控调度交换机,2019年升级为KTJ220型软交换调度程控机,主要用于井下调度通讯。

2006年,该矿建设20千伏安UPS后备电源,2019年升级为40千伏安UPS后备电源,主要用于市电停电的情况下,可以保证矿调度指挥系统、网络、通信、安全监控等系统正常运行。

2007年,该矿建设了背投式DLP拼接调度大屏,2013年升级改造为LCD液晶拼接显示大屏。调度员通过大屏及时了解各自动化系统的运行情况及重要场所作业状况,达到实时监测和集中调度的目的。

2008年,建设了企业门户网站,2017年对该网站进行升级,其以各种静态、动态网页为信息发布手段,为各单位、各部门间的有关安全生产等信息交流提供了一个快捷方便的平台。

2010年,该矿建设了井下人员定位系统。实现对井下矿工的分布情况分区域实时监测。

2013年,建设了井口全彩LED显示大屏,主要用于显示领导带班、下井人员信息、宣传标语等安全内容。

2013年8月,徐庄煤矿井下安装使用了KT156无线通信系统,使WiFi对全矿井下主要运输大巷、架空乘人装置巷道、地面工业广场、井下人行车库、主副井等区域进行信号覆盖,实现通信的移动化、一体化。

2014年,该矿建设了工业视频系统,2018年升级为数字高清工业视频系统,主要安装在采煤工作面、中央泵房、变电所、炸药库等重要场所。该矿自主研制的主井箕斗防存煤在线监测系统投入使用。

2017年,该矿建设了调度信息化集成系统,积极配合公司完成对安全监控、人员定位、工业视频、胶带集控、主副井提升、压风、排水、水纹检测等系统调度集成工作。

2018年,该矿建设了矿井灾害处置方案信息化及灾害处理调度指挥系统,事故发生后第一时间通过短信、电话、APP、视频的形式向不同岗位的人员及时有效的传递事故内容、应急预案内规定的相关岗位职责和应对措施等信息。

2019年,该矿建设了江苏煤矿安全生产风险监测预警系统,积极配合江苏煤矿安全监察局完成对安全监控、人员定位、工业视频、风险管控、主井提升、压风、排水等系统的集成工作。

2019年,该矿井下主运胶带巷建立无线通信系统。在胶带机各关键点安装红外监控摄像头并统一集成到司机岗位点的监控屏幕上,使井下胶带司机能够同时观察到多个地点状况。

(四)龙东煤矿信息化建设

2005年,龙东煤矿搭建了由本矿连接公司信息中心的局域网,传输线路为光纤,传输速率达到千兆,采用瑞星杀毒软件、硬件防火墙等进行防病毒保护。该矿安装了KJ65型安全监控系统,2007年升级为KJ65N型安全监控系统,2018年底升级为KJ95X数字型安全监控系统,主要用来监测甲烷、一氧化碳氧气、二氧化碳、氢气、风速、温度、馈电、风门、风筒开关、各类设备开停等浓度或状态,并实现超限声光报警和甲烷电断电控制等功能。该矿安装了SP30CN型数字程控行政交换机,矿井地面通信系统实现了由人工向自动转接的飞跃;

2018 年升级为 ZXA10 C320 型光接入局端汇聚设备,实现了数字软交换。该矿安装了 DH-2000 型程控调度交换机,2019 年升级为 KTJ220 型数字程控调度交换机,主要用于井下调度通讯。

2006 年,龙东煤矿建设了 20 千伏安 UPS 后备电源,2017 年升级为 40 千伏安 UPS 后备电源,主要用于双路电源停电的情况下,可以保证矿调度指挥中心及网络、通信、安全监控等系统正常运行。

2008 年,该矿建设了背投式 DLP 拼接调度大屏,2019 年升级改造为 LCD 液晶拼接显示大屏。调度员通过大屏及时了解各自动化系统的运行情况及重要场所作业状况,达到实时监测和集中调度的目的。龙东煤矿建设了企业门户网站,2014 年对该网站进行升级,其以各种静态、动态网页为信息发布手段,为各单位、各部门间的有关安全生产等信息交流提供了一个快捷方便的平台。

2009 年,该矿建设了调度信息化集成系统,完成了对安全监控、人员定位、工业视频、胶带集控、主副井提升、压风、排水等系统调度集成工作。

2012 年,龙东煤矿建设了 KJ133C 型井下人员定位系统。其设备分布覆盖主副井口、各生产采区及采掘工作面等重要作业场所。实现了对井下矿工的分布情况实时监测。龙东煤矿建设了 KT199 型应急数字广播系统。其设备分布覆盖主副井口、井底车场、采掘工作面等重要作业场所。该设备具有语音提醒等功能。

2013 年初,龙东煤矿完成了水文监测系统的安装及调试工作,系统主要包括地面长观钻孔 4 个、降雨量观测站 1 个、井下涌水量观测站 4 个、井下水仓水位监测点 4 个;实现了对井田范围内主要含水层、突水点的水位、水温、水量等进行长期观测,并可以实时在线查看。6 月,副井应用提升张力与安全制动监测系统。

2013 年 9—10 月,井下运输信集闭监控系统改造,实现了机车位置显示、道岔状态、信号灯指示等功能,实现了大巷安全高效运输。

2014 年,龙东煤矿建设了井口全彩 LED 显示大屏,主要用于显示领导带班、下井人员信息、宣传标语等安全内容。该矿建设了工业视频系统,2019 年逐步升级为数字高清工业视频系统,主要安装在采煤工作面、中央泵房、变电所、炸药库等重要场所。信号已集成到矿调度指挥中心并通过专网传输至公司、集团公司调度,实现了信号同步。

2015 年,该矿配合江苏煤矿安全监察局建设了江苏煤矿安全生产风险监测预警系统,完成了对通讯联络、安全监控、人员定位、工业视频、风险管控等系统的集成工作。

2018 年,该矿井下安装使用了 KT109R 型无线通信系统,对全矿井下主要运输大巷、架空乘人装置巷道、地面工业广场、井下人行车库、主副井等区域进行信号覆盖,实现通信的移动化、一体化。5 月,对西一 7164 两道无极绳绞车安装无极绳绞车移动视屏。绞车操纵人员可通过监视器实时且动态的查看绞车梭车沿途的视频图像信息,直观监视轨道情况、车辆状态等运行情况。

2019 年,龙东煤矿完成井下万兆环网建设。采用万兆交换机组环网,千兆交换机为辅的结构。解决了困扰矿井多年来井下数据如何高速上传的瓶颈问题。10 月,调度室更换办公地点,移到矿调度指挥中心,具备了对矿井生产系统调度指挥、远程监控的功能。

(五)106 煤矿信息化建设

2019 年,对 I1602 工作面两道无极绳绞车系统安装了车载视频监控系统,通过车载的本安型摄像机、本安型无线基站、矿用隔爆电源,经矿用阻燃光缆、信号接收分站传输到视频监控平台控制软件、经视频解码器解码,时时显示车辆运行状态,每班减少跟车工1名。

第四节　智　能　化

一、公司智能化建设进程

2017年,公司下发《关于印发公司2017—2020年"四化"发展规划方案的通知》。

2018年,公司引进成套国产智能化装备,以国内智能化开采技术为基础,采用"记忆割煤、视频监视、人工远程控制"等成熟技术,实现"自动控制为主,人工干预为辅,无人跟机作业,有人安全巡视,地面远程监控"的智能化开采模式。在姚桥煤矿、106煤矿建设两个智能化工作面。截至2020年6月,完成两矿智能化工作面设备的选型配套及地面的联合调试,逐步进行设备井下安装。

2019年8月19日,公司召开智能化开采工作面研究所建设专业会。听取中煤职业技术学院关于智能化开采工作面研究所建设实施方案的汇报,与会部门就相关工作进行了讨论研究,并提出相应建议。12月19日,公司召开智能化工作面(2020—2022年)规划建设专题会。公司实现本部地面车间及井下硐室关键岗位的无人值守系统和集中管控。设备管理中心完成对两矿智能化工作面设备的选型配套,并落实了设备采购相关工作。

2020年,公司下发《大屯公司2020年度智慧矿山建设及"一优二补三减四化"工作指导意见》。该意见以智慧化矿山建设和持续推进"一优二补三减四化"为抓手,加快实施煤矿智慧化建设和智能化改造,提高安全生产和"四化"水平,减轻职工劳动强度,实现公司的安全发展、绿色发展和高质量发展。

2020年3月3日,公司召开智能化矿井建设推进会议,听取各矿井单位智能化建设进展情况汇报,安排部署公司智能化矿井建设推进工作。

二、矿井单位智能化建设

(一)姚桥煤矿智能化建设

2018年10月,启动7263智能化工作面建设,至2020年4月调试试生产。

2019年7月,该矿组织8人在北京天玛公司进行为期一周的智能工作面理论知识培训,同年9月组织12人在山西崖坪煤矿进行为期10天的现场实操培训,10月10日至11月5日在北京煤机厂对姚桥煤矿智能工作面设备进行联合调试和现场培训,参与人员达20人。姚桥煤矿建成井下违章智能监控系统。该矿与海康威视合作,应用AI人工智能技术,应用井下数字视频监控系统,通过对井下相关违章行为数字建模,实现了对井下超挂车、行车行人、蹬钩头、越界(进入违禁区域)四种违章行为的自动抓拍。姚桥煤矿委托中国矿业大学编制《姚桥煤矿智慧矿山顶层设计研究和实践规划方案》。该矿智慧矿山建设将在物联网技术基础上,实现矿山"人、机、环"数据智能化精准采集、网络化传输、规范化集成;建立统一的集成控制平台,实现生产全过程一体化智能控制、经营全流程一体化协同管理;建设基于大数据中心的安全生产信息云服务系统;实现煤炭无人(少人)开采与灾害防控一体化的智能化采矿;实现原煤运输、供电、排水、通风、压风等环节远程智能控制、无人值守。

2020 年 6 月 18 日,姚桥煤矿举办智能工作面开采启动仪式。该矿 7263 作为中煤首个复杂条件下的智能工作面正式启动运行。

(二)孔庄煤矿智能化建设

2018 年,孔庄煤矿混合井主井提升系统安装提升系统全状态监测平台一套,可以实现提升机关键数据参数(轴承温度和振动、天轮偏摆、悬绳偏摆、钢丝绳张力等)的检测和监控。

2019 年 12 月,该矿在暗斜井轨道安装一套斜巷运输安防系统,该系统的安装能实现人员闯入报警、自动定速运行、自动给定速度运行、手动给定速度运行等功能。

2020 年,在 7436 智能化工作面机设备配套升级的技术上,利用计算机技术、自动化控制技术、通信技术、传感技术等,采用"记忆割煤、视频监视、人工远程控制"等技术手段,达到采煤工作面"自动控制为主,人工干预为辅,无人跟机作业,有人安全巡视,地面远程监控"的智能化开采模式,实现煤矿少人化开采。

(三)徐庄煤矿智能化建设

2018 年,徐庄煤矿机电各要害岗位、固定场所、关键部分等地点实现红外线高清晰的实时监控。

2019 年,该矿研究智慧矿山建设,以运用物联网、大数据、云计算、移动互联等技术手段,通过数据挖掘、知识发现、专家系统等横向集成和纵向互通人工智能技术,建设"监、测、管、控一体化"智慧化矿山。

2020 年,徐庄煤矿 7431 材料道建设成掘锚护一体化生产线,使用具备人员防误入和短距离遥控操作功能物探掘进机,成为首个智能化掘进工作面。该矿把 8331 综采工作面建设成首个该矿智能化工作面,引进成套国产智能化装备,以国内智能化开采技术为基础,采用"记忆割煤、视频监视、人工远程控制"等成熟技术,实现"自动控制为主,人工干预为辅,无人跟机作业,有人安全巡视,地面远程监控"的智能化开采模式。

(四)龙东煤矿智能化建设

2019 年 6 月,该矿主井采用箕斗提升载荷监视保护装置。可对提升超载、卸煤不净等故障进行报警,轻松实现矿井提升安全的在线监测,并能及时预警危险情况。

2019 年 12 月,该矿地面、井下各变电所进行矿井 6 千伏智能化变电所改造。安装防越级跳闸保护、电能计量、远方漏电、小电流接地选线等装置。

(五)106 煤矿智能化建设

2018 年 10 月,启动 I1703 智能化工作面建设。围绕矿井"安全、智慧、绿色、高效"的发展理念,以适应经济发展、社会发展、企业发展的迫切需要,解决矿区发展过程中面临的安全、人员等问题,以技术支持和装备升级不断提高企业的核心竞争力。

2019 年 7 月,组织第一批 10 人在北京天玛公司进行为期一周的智能工作面理论知识培训。8 月组织第二批 10 人在中煤职业技术学院进行为期一月的智能工作面理论知识培训。9 月组织 24 人在北京煤机厂对 106 煤矿智能工作面设备进行联合调试和现场培训,为 2020 年 703 智能化工作面建设做好充分准备。

2019 年,106 煤矿建成井下违章智能监控系统。为提高矿井安全管理的水平,提高矿井安全管理的信息化水平,通过对井下相关违章行为数字建模,实现了对井下超挂车、行车行人、蹬钩头、越界(进入违禁区域)四种违章行为的自动抓拍,提高了安全管理的时效性、准确性、客观性、威慑性,进一步规范了职工的操作行为,提高了安全意识,提高了矿井安全管理水平。

第三章 生态保护

第一节 环保管理

一、管理制度

1993年，公司印发《大屯煤电公司环境保护工作规定》，包括环境保护工作规定及环境保护设施管理办法。

1995年，公司印发《大屯煤电公司环境保护产业管理暂行办法》。加强环境保护产业监督管理，促进环境保护产业的健康发展。公司印发《大屯煤电公司环境保护工作考核奖罚办法》。加强对各单位环境保护工作的考核，完成中煤及地方下达的任务和目标。

1997年，修编下发《大屯煤电公司环境保护工作考核奖罚办法》。补充1995年下发的考核奖罚办法。

1998年，公司印发《公司关于切实搞好工程建设项目"三同时"管理办法》。加强对建设项目环保监督管理，做好建设项目事前、事中、事后监管。

2005年，公司印发《大屯煤电(集团)有限责任公司环境保护管理办法》。根据最新法律法规和公司污染治理实际情况，提出水、气、声、渣、等污染治理措施。

2006年，公司印发《煤炭副产品综合利用管理办法》。界定了煤矸石综合利用的范围，提出坚持"因地制宜、积极利用"的指导思想，明确了相关优惠政策及管理措施，促进了煤矸石综合利用健康发展。

2010年，公司印发《公司考核管理办法》，包含《公司节能减排工作考核管理办法》。

2018年8月，修编下发《公司环境保护管理办法》。办法含环境保护责任制、环境保护问责制、建设项目环境保护管理、排污许可管理、环境保护税管理、环境信息公开管理等内容。修编下发《公司节能环保考核评价管理办法》。办法采用日常抽查与定期考评相结合的方式，细化问责，量化评分。

2019年6月，修订下发《关于印发科技环保计量质量标准化管理考核评分细则的通知》，结合公司实际，对标准化管理考核修改完善，细化评分细则。

二、资金投入

公司环保管理实施年度计划管理。对环境治理项目严格管理、合理组织，防范环保风险，全面落实责任，科学合理安排计划实施进度，做好项目方案比选优化工作，确保工艺可靠、投资合理、达到预期的环保治理效果(图11-3-1)。1991年至2020年6月环保治理累计投入5.09亿元。

1991—2020年，公司环保资金投入情况汇总见表11-3-1。

图 11-3-1　绿色矿山

表 11-3-1　1991—2020 年公司环保资金投入情况汇总表

年份	文件名称	投资金额/万元
1991	《关于下达一九九一年环境保护治理项目计划的通知》	65
1992	《关于下达一九九二年环境保护治理项目计划的通知》	65
1993	《关于下达一九九三年环境保护治理项目计划的通知》	110
1995	《关于印发一九九五年度环境保护治理项目计划的通知》	337
1996	《关于印发大屯煤电公司一九九六年度环境保护治理项目环补计划的通知》	104
1997	《关于印发大屯煤电公司一九九七年度环境保护治理项目环补计划的通知》	80
1998	《关于印发大屯煤电(集团)有限责任公司一九九八年环境保护治理项目环补计划的通知》	48.6
1999	《关于下达一九九九年科技、环保、节能项目计划的通知》	100
2000	《关于印发 2000 年"三废"治理环补计划的通知》	94.5
2001	《关于下达 2001 年集团公司环境保护治理项目计划的通知》	130
2002	《关于下达 2002 年集团公司环境保护治理项目计划的通知》	102.5
2003	《关于下达 2003 年环境治理补助计划的通知》	78.85
2004	《关于下达 2004 年节能环保项目计划的通知》	79.9(环补资金 69.9)
2005	《关于下达 2005 年节能环保项目计划的通知》	436.3
2005	《关于下达 2005 年节能环保项目计划的通知》	69.38
2006	《关于下达 2006 年节能环保项目投资计划的通知》	225.25
2006	《关于下达 2006 年节能环保项目投资计划的通知》	35.4
2007	《关于下达 2007 年度节能环保项目投资计划的通知》	249
2008	《关于下发公司 2008 年节能减排项目投资计划的通知》	7 049.5
2009	《关于下达 2009 年度节能和环保资本支出计划的通知》	4 765

表 11-3-1(续)

年份	文件名称	投资金额/万元
2010	《关于下达 2010 年度节能和环保资本支出计划的通知》	1 063.6
2011	《关于下达 2011 年度节能和环保资本支出计划的通知》	1 495
2012	《关于下达 2012 年度节能和环保资本支出计划的通知》	3 978
2013	《关于下达 2013 年度节能和环保资本支出计划的通知》	9 808
2014	《关于下达公司 2014 年度节能和环保资本支出计划的通知》	5 743
2015	《关于下达公司 2015 年度节能和环保资本支出计划的通知》	933
2016	《关于下达公司 2016 年度节能和环保资本支出计划的通知》	904
2017	《关于下达公司 2017 年度节能和环保资本支出计划的通知》	4 435.6
2018	《关于下达公司 2018 年度节能和环保资本支出计划的通知》	3 995
2019	《关于下达公司 2019 年度节能和环保资本支出计划的通知》	12 209.7
2020	《关于下达公司 2020 年度各项资本支出计划的通知》	7 309(计划)

1991 年至 2020 年 6 月,公司实施的环保重点项目见表 11-3-2。

表 11-3-2 1991 年至 2020 年 6 月公司实施的环保重点项目

年份	项目名称	实施单位	应用及效果
1991	曝气机更新	龙东煤矿	增加充氧量增大提升力
1991	再生废水综合处理	发电厂	再生废水综合处理
1991	副井绞车房噪声治理	姚桥煤矿	副井绞车房噪声治理
1991	冲天炉消烟除尘装置	机修总厂	冲天炉消烟除尘装置
1992	建乳化油沉淀池	第一中学	回收乳化油
1992	医院污水处理	徐庄煤矿	消毒新工艺,50 吨/天
1992	增设除渣装置	龙东煤矿	增设除渣装置,机械清理固形物
1993	发电厂锅炉除尘器改造	电业分公司	选用高效除尘器
1993	铁路管理处锅炉除尘器改造	铁路管理处	选用多管组合式除尘器
1993	医疗废水处理站改造	职工医院	新增医疗废水处理量 320 吨/天
1994	姚桥煤矿主井、副井绞车房噪声治理	姚桥煤矿	降低车间噪声
1995	生活污水厂扩建	徐庄煤矿	采用接触氧化法,日处理能力 2 500 立方米
1995	电镀废水处理系统改造	拓特厂	采用化学法加电解处理工艺
1995	复垦造田工程	地区处	利用煤矸石、粉煤灰充填复土
1995	锅炉除尘器改造	科技环保处	选用高效多管组合式除尘器或脱硫除尘器
1996	冲灰水研究	电业分公司	冲灰水闭路循环和降低 pH 值可行性研究
1996	锻造炉治理	矿建公司	锻造炉改造大修
1996	七村水泵房噪声治理	生活服务公司	降低生活区噪声
1997	医疗废水处理站改造	龙东煤矿	医疗废水处理站改造

表 11-3-2(续)

年份	项目名称	实施单位	应用及效果
1997	磨煤机本体降噪	电业分公司	磨煤机本体降噪
1997	制氧机组噪声治理	总厂	制氧机组噪声治理
1998	矿区环境本底监测和研究	科技环保处	矿区环境本底监测和研究
1998	制粉系统控制室隔音降噪工程	电业分公司	制粉系统控制室隔音降噪工程
1998	煤气厂锅炉脱硫除尘治理	生活服务公司	煤气厂锅炉脱硫除尘治理
1999	3#炉除尘器改造	发电厂	改造文丘里淋水槽水头分别,使除尘器均匀挂膜
1999	2#排水管网改造	发电厂	将排污口合并,避开养殖区河段
1999	主井锅炉房除尘器改造	孔庄煤矿	推广应用冲激式一体化脱硫除尘器
1999	中心医院锅炉烟道消声处理	中心医院	采用线源消声器削减烟道传声量
2000	生活污水泥水分离系统改造	徐庄煤矿	增扩二沉池有效容积,提高泥水分离效率,保证出水达标
2000	生活污水深度处理中试设备	姚桥煤矿	对污水厂出水进行深度处理中试
2000	铁路含油废水回用处理	铁路管理处	采用絮凝、气浮技术去除机修厂废水浮游并回用
2001	4 台 10 吨每小时水膜除尘器改造	姚桥煤矿	提高除尘效率,保证烟尘达标排放
2001	医疗废水处理系统更新	徐庄煤矿	购置一套 500 克/小时产量的次氯酸钠发生器,更新原有加氯消毒设备
2001	电凝聚法生产 PAC 样机开发及工业性试验	技术中心	购置配件原料,研制电化学法制取氯化铝设备并对其所产药剂,组织工业性试验
2001	煤质分析室消音、降噪治理	选煤中心	延长分析设备使用寿命,改善工作环境
2002	杨屯新村生活污水处理	龙东煤矿	采用高效、无动力、地埋式一体化污水处理成套设备,使小区生活污水达标排放
2002	膜生物反应器样机制安与工业性试验	姚桥煤矿	按中科院提供的专利技术与设计资料,制作安装吨每小时的膜生物反应器成套设备样机,并组织工业性试验
2002	配备环境监测仪器	技术中心	添置原子吸收分光光度计
2003	矿井水深度处理项目	孔庄煤矿	委托煤炭科学总院杭州环境保护研究所补套设计,对净化处理后的矿井水进一步深度处理利用,作为洗浴生活及锅炉生产用水,解决缺水问题
2003	医疗废水处理	孔庄煤矿、龙东煤矿	各更换加氯消毒设备 1 台
2003	招待所锅炉烟尘处理	招待所	对 2 台 2 吨/小时锅炉更新多管旋风除尘器
2003	虹杨宾馆主楼减振与降噪	虹杨宾馆	水泵基础减振、泵房、锅炉房烟道消声
2003	配置原子吸收分析光谱仪	技术中心	购置 1 条原子吸收分析光谱仪,开展重金属监测
2004	矸石热电厂改扩建项目废气治理	发电厂	增加静电除尘器。

表 11-3-2(续)

年份	项目名称	实施单位	应用及效果
2004	孔庄煤矿锅炉房改扩建	孔庄煤矿	采用 3 台 10 吨/小时锅炉(沛 3 台水膜除尘器),代替 12 台小型锅炉,实现集中供汽、供暖,减少污染物排放
2004	冲灰水综合利用	发电厂	增加 2 台灰水泵,架设 1 路灰管,在厂内建筑贮水池,实现灰水闭路循环
2004	固体废物综合利用	公司	采用煤矸石、粉煤灰加固堤坝、充填塌陷区、井下注浆等综合利用
2005	3#炉电除尘器改造干式气力出灰改造	发电厂	将 3#炉静电除尘器的水力出灰改为干式出灰,减少水资源的浪费和冲灰水的排污费
2005	6#炉石灰石系统改造	发电厂	通过设置石灰石粉库,安装大功率吸尘泵,对石灰石系统进行改造,降低二氧化硫排放
2005	环境监测数据处理及管理软件开发	技术中心	开发环境监测数据处理及管理系统软件
2005	环保管理软件开发	技术中心	开发环保管理软件
2006	噪声治理	物业公司	供暖队 1#热交换站设备在运行时产生对周围环境影响较大的噪声,拟采取消声、吸声、隔声和减振等措施进行治理
2006	生活污水处理厂水质在线检测仪安装	物业公司、四矿	根据市环保局和培训环保局的相关政策,安装水质自动在线监测装置,实现污染物的在线监测
2007	四矿、发电厂水质在线监测装置	技术中心	根据省、市、县环保部门要求,安装水质在线监测系统,实现污染物的在线监测
2007	生活污水处理厂改造	徐庄煤矿	原有污水处理工艺设施老化,处理能力低,污水超标排放,对生活污水处理厂进行改造,确保污水达标排放
2007	热电分厂工业废水处理及回用工程	发电厂	热电分厂原有 3 000 立方米/天工业废水直接排放,没有循环利用,经过技术调研后确定方案实施
2007	0#、4#、5#炉烟气在线监测系统安装	发电厂	根据省、市、县环保部门要求,安装烟气在线监测系统,实现烟气数据在线实时监测
2008	孔庄煤矿井改扩建(三期)工程	孔庄煤矿	改扩建配套工程,矿井水、生活污水处理后达标排放
2008	发电厂 1#、2#机组改造	发电厂	采用电除尘器及脱硫设备,减少粉尘、SO_2 排放提高脱硫率
2008	姚桥煤矿发电余热利用	姚桥煤矿	采用发电厂余热供暖,实现余热综合利用,节约能源
2009	发电厂烟气在线监测装置程序升级	发电厂	烟气在线监测系统(CEMS)增加一级烟气处理装置,提高分析仪表分析气室的使用寿命,并显著提高系统的可靠性和稳定性

表 11-3-2(续)

年份	项目名称	实施单位	应用及效果
2009	大屯铝业公司中水回用工程	大屯铝业公司	深度处理处理后的水作为余热发电冷却水的补充水和煅烧冷却补充水,实现闭路循环,污水不外排
2009	中心区 1# 热交换站噪声治理	物业公司	采用吸声、隔声等综合降噪技术作降噪治理,改善区域噪声环境
2010	姚桥煤矿选矸楼除尘	姚桥煤矿	粉尘由 15 毫克/立方米降为 4 毫克/立方米
2010	选煤系统噪声治理、1# 副井绞车房噪声治理	姚桥煤矿	噪声达标
2010	矿井水处理厂扩建	孔庄煤矿	新增处理能力 6 000 立方米/天,矿井水达标排放
2010	工业广场锅炉烟道除尘脱硫改造	龙东煤矿	减少 SO_2 排放 10 吨/年
2010	电镀废水处理系统改造	拓特厂	废水达标排放,确保电镀废水处理正常运行
2011	姚桥污水处理厂自动控制系统	姚桥煤矿	保证环保设施正常运行
2011	大屯铝业公司焙烧重油燃烧系统天然气改造	大厅内铝业公司	减少 SO_2 排放量 42 吨/年
2011	发电厂 6#、7#、5#、0# 锅炉烟气在线监测装置改造	发电厂	实现污染源自动监控
2012	孔庄煤矿生活污水深度处理回用	孔庄煤矿	年减少 SS 排放 6 吨、COD 排放量 28 吨
2012	孔庄煤矿工业广场矿井水(中水)回用管网建设	孔庄煤矿	提高中水利用率
2012	龙东煤矿选煤厂集中泵房噪声治理	龙东煤矿	噪声达标
2012	大屯铝业公司电解槽大修渣无害化处理	大屯铝业公司	电解槽大修渣无害化、资源化
2012	大屯铝业公司 6.4 万吨/年碳素回转窑烟气脱硫	大屯铝业公司	减少 SO_2 排放 824 吨/年,确保污染物达标排放
2013	龙东煤矿、姚桥煤矿矿井水处理厂填料更换	龙东煤矿 姚桥煤矿	确保设施运行正常
2013	发电厂锅炉烟气脱硫除尘改造	发电厂	烟尘减排 1 733 吨,SO_2 减排 11 836.99 吨
2013	发电厂锅炉烟气脱硝改造	发电厂	NO_x 减排 1 364.44 吨
2014	徐庄煤矿生活污水、矿井水深度处理系统更新	徐庄煤矿	更换水处理系统填料、反渗透膜组,确保水处理稳定运行
2014	中心区生活污水厂提标改造	物业公司	建设 8 000 立方米/天的提标工程,以确保出水水质达到《城镇污水处理厂污染物排放标准》(GB 18918—2002)中一级 A 标准
2014	发电厂锅炉烟气脱硫除尘改造	发电厂	烟尘减排 1 733 吨,SO_2 减排 11 836.99 吨
2014	发电厂锅炉烟气脱硝改造	发电厂	NO_x 减排 1 364.44 吨
2015	发电厂燃煤机组脱硫脱硝除尘实时在线监控系统联网	发电厂	满足环保部、江苏省环保厅要求

表 11-3-2（续）

年份	项目名称	实施单位	应用及效果
2015	龙东煤矿生活污水处理填料更换	龙东煤矿	对填料、曝气系统等进行更换
2015	中心区生活污水厂提标改造	物业公司	建设 8 000 立方米/天的提标工程，以确保出水水质达到《城镇污水处理厂污染物排放标准》（GB 18918—2002）中一级 A 标准
2016	更新锅炉排放口烟气在线监测系统	发电厂	环保部华东督查中心检查要求整改，满足环保监控要求
2016	中心区水处理厂澄清池斜管、GAC 滤池滤料更换	发电厂	更换水处理系统填料、斜管，确保水处理稳定运行
2016	燃煤锅炉烟气脱硫除尘系统改造	龙东煤矿	达到新锅炉烟气排放标准
2016	矿井水深度处理工艺更新	姚桥煤矿	连续运行了长达 15 年之久，急需把电渗析系统更换为反渗透系统
2017	姚桥煤矿高效澄清池斜管及无阀滤池滤料更换	姚桥煤矿	生活污水最终出水符合电厂中水标准，矿井水一级处理出水满足后续深度水处理工艺要求
2017	中心区水处理厂氧化沟工艺系统更新	水处理厂	保证氧化沟工艺的处理水质达标和安全运行，保证处理的水量能在回用和外排之间灵活调节
2018	大屯公司发电厂 1#、2# 锅炉超低排放改造	发电厂	发电厂 1#、2# 机组被列入"徐州市煤电减排升级改造计划表"
2018	徐庄煤矿及孔庄煤矿生活水机矿井水处理厂滤料、填料更换	徐庄煤矿、孔庄煤矿	更换水处理系统填料、斜管，确保水处理稳定运行
2018	孔庄煤矿燃煤锅炉改造	孔庄煤矿	满足地方政府环保政策要求，规避环保政策风险
2019	发电厂一分厂环保视频监控系统建设	发电厂	根据《徐州市火电行业大气污染治理技术规范》要求，建设一分厂视屏监控系统（扬尘点监控），可与环保部门联网。安装电子公示牌。安装 4 台 PM2.5 监测仪
2019	铁路管理处污水处理系统提标改造	铁路管理处	处理后出水水质达到《城镇污水处理厂污染物排放标准》（GB 18918—2002）一级 A 标准
2019	姚桥煤矿、徐庄煤矿储煤棚建设	姚桥煤矿、徐庄煤矿	新建储煤棚，满足环保要求
2020	姚桥煤矿、徐庄煤矿储煤棚建设	姚桥煤矿、徐庄煤矿	新建储煤棚，满足环保要求
2020	姚桥煤矿、徐庄煤矿、龙东煤矿雨污分流改造	姚桥煤矿、徐庄煤矿、龙东煤矿	对矿工业广场内的雨水管道施工，及部分排水管道整治工程
2020	姚桥煤矿、徐庄煤矿矸石山环境治理	姚桥煤矿、徐庄煤矿	在矸石山周边建防风抑尘网，对堆场周边道路进行路面硬化
2020	106 矿锅炉环保设施改造		改造现有锅炉的脱硫脱硝及除尘设施。达到环保排放标准
2020	大屯厂原煤系统、老翻车机粉尘治理系统	选煤中心	对大屯厂老翻车机、原煤系统的破碎、转载、手选、入洗皮带等部位进行综合治理

第二节 环 境 治 理

一、废气治理

公司推进矿区集中供暖,采用矸石热电厂、发电厂机组余热,修建公司中心居住区、铁路、铝厂、姚桥煤矿、徐庄煤矿、新城嘉园集中供暖管网,替代各供暖小锅炉,采用低氮燃烧技术,烟气污染物达到《锅炉大气污染物排放标准》(GB 13271—2014)。

2009 年 10 月,姚桥煤矿 4 台 10 蒸吨燃煤锅炉停用,采用发电厂余热集中供暖。

2012 年 11 月,委托徐州市环境科学研究所编制了发电厂环保改造项目环境影响报告书。12 月,徐庄煤矿 1 台 2010 蒸吨、2 台 1010 蒸吨燃煤锅炉停用,采用发电厂余热集中供暖。

2013 年 1 月,发电厂环保改造项目获徐州市环保局批复。一期 6#、7# 锅炉 SNCR 环保脱硝工程,于 2013 年 6 月开工建设,2014 年 1 月 SNCR 环保脱硝系统启动,并通过 168 小时实验,6 月沛县环境监测站对该项目出具了监测报告,7 月通过沛县环保局竣工环保验收。

2015 年 5 月,发电厂环保改造项目二期工程 1#、2#、4#、5#、0#、8#、9# 锅炉 SNCR 环保脱硝工程完成 168 小时实验。6 月沛县环境监测站对该项目出具了监测报告并通过沛县环保局竣工环保验收。

2016 年 6 月 26 日,江苏中煤大屯热电"上打压小"新建项目环境影响报告书获得环保部批复。该项目于 2015 年 1 月 28 日,江苏省发改委同意对项目予以核准。1# 机组、2# 机组分别于 2019 年 6 月 9 日和 7 月 23 日试生产。大气污染物排放达到《火电厂大气污染物排放标准》(GB 13223—2011)。

2017 年 11 月,发电厂,6#、7# 燃煤机组超低排放改造项目开工建设,6# 机组与 2018 年 2 月完成改造,4 月通过 16 小时试运行性能考核试验;7# 机组于 2018 年 3 月完成改造,5 月通过 16 小时试运行性能考核试验,2018 年 7 月通过沛县环保局组织验收,污染物排放达到《火电厂大气污染物排放标准》(GB 13223—2011)。

2018 年,龙东煤矿 2 台 10 蒸吨燃气炉安装在原燃煤锅炉房,替代原有 3 台 10 吨燃煤锅炉。孔庄煤矿投资 786 万元,完成燃煤锅炉改造项目。10 月 20 日,发电厂 1#、2# 锅炉超低排放改造项目开工建设。2019 年 3 月 31 日,具备整套启动试运行条件。5 月 6 日通过 168 小时试运行考核试验。5 月 30 日召开项目竣工环境保护验收会,通过专家组验收。

二、废水治理

(一)姚桥煤矿废水处理

1997 年,姚桥煤矿生活污水处理厂开工建设,1999 年投产,采用两段生物接触氧化法处理工艺,设计水处理量 4 500 吨/天,出水水质达到排放标准。根据国家节能减排要求,2010 年建成生活污水深度处理系统,处理能力 4 500 立方米/天,深度处理后的水执行电厂《工业循环冷却水处理设计规范》标准。

2000 年,该矿矿井水处理厂开工建设,2002 年投产,采用混凝、沉淀、过滤、杀菌的净化处理工艺,处理能力 9 000 立方米/天,处理后的矿井水用于选煤厂闭路循环水(图 11-3-2)、东风井注浆、地面煤流系统防尘、矸石山冲山等,剩余矿井水达标外排。

图 11-3-2　选煤厂闭路循环水

2005年，该矿矿井水深度处理工程开工建设，2006年投产，采用电渗析工艺，处理能力1 800立方米/天，深度处理后的矿井水用于职工洗浴、洗衣房、单宿冲厕等，浓水用于选煤循环水。

2016年，该矿对矿井水深度车间升级改造，由电渗析工艺更新为反渗透装置在制水工艺上利用膜分离技术，解决了老系统运行年限长、矿井水水质差、无法满足生产生活对水量和水质等要求的问题。

（二）孔庄煤矿废水处理

1991年10月，孔庄煤矿生活污水处理厂正式投产，为孔庄煤矿二期工程的"三同时"项目，总投资为215万元，日处理能力为1 500吨。

1994年，该矿生活污水处理厂处理工艺改造为"生物接触氧化法"，使日处理能力由1 500吨扩大到2 000吨，出水水质经沛县环保局及公司技术中心环境监测站检测，均符合排放标准，1995年5月通过沛县环境保护局验收。

1999年11月，孔庄煤矿建成设计处理能力4 000立方米/天的矿井水处理厂，处理后矿井水用于洗煤厂洗煤、矸石山冲山降尘等。

2004年，该矿投资240余万元，建成矿井水深度处理车间，采用反渗透技术，处理后的出水供锅炉房锅炉用水。2011年，该矿投资550万元新建处理能力10 000立方米/天的矿井水处理站，采用高密度迷宫斜板沉降技术，出水水质达到《地表水环境质量标准》Ⅲ类标准的要求。

2010—2011年，为达到环评批复要求，新建一座生活污水处理站及配套深度处理工程，生活污水处理采用氧化沟工艺，日处理能力4 500立方米，取代原日处理能力2 000立方米生活污水处理厂。深度处理后水质能达到《城市污水再生利用城市杂用水水质》（GB/T 18920—2002）标准，满足中水回用要求，全部回用，主要用于选煤厂洗煤补充水、井下黄泥灌浆、矸石转运场降尘等。

（三）徐庄煤矿废水处理

1986 年,徐庄煤矿生活污水处理厂建成投产,设计处理能力 1 500 立方米/天,采用活性污泥法中的表曝工艺。

1997 年,徐庄煤矿生活污水处理厂第一次扩建,设计处理能力 3 000 立方米/天,采用生物接触氧化法。

2004 年,徐庄煤矿投资 276 万元,新建设计处理能力 4 000 立方米/天的矿井水处理厂,采用絮凝、沉淀工艺。处理后用于井下注浆、办公楼卫生水、地面绿化水等用水点。

2008 年,徐庄煤矿生活污水处理厂第二次改扩建,投资 823 万元,设计处理能力 5 000 立方米/天,采用氧化沟工艺。

2010 年,为满足环保排放标准,徐庄煤矿新建深度处理系统,设计处理能力 4 500 立方米/天,采用曝气生物流化池工艺,深度处理后水质达到《城镇污水处理厂污染物排放标准》一级 A 标准。

（四）龙东煤矿废水处理

1987 年 6 月,龙东煤矿生活污水处理厂建成投运,投资 280 万元,采用活性污泥法处理能力 1 350 立方米/天。

2005 年 1 月,龙东煤矿矿井水处理厂建成投运,投资 500 万元,采用混凝沉淀消除工艺,处理能力 4 000 立方米/天,处理后的矿井水用于选煤厂循环水、井下注浆等。

2006 年 3 月,龙东煤矿扩建工厂污水处理厂,新建杨屯新村污水处理厂,投资 650 万元,采用 A/O 接触氧化法新增处理能力 1 650 立方米/天、200 立方米/天。

（五）中心区污水厂废水处理

1995 年,随着生活区居民及周边企业增多,按照中心区 2000 年和 2020 年供水规划,污水厂处理能力需提升至 1.5 万立方米/天。公司采用氧化沟工艺,扩建工程方案、建设项目环境影响报告表于 9 月通过徐州市环保局审批。

1996 年 2 月,公司中心区污水处理厂扩建工程开工建设,1998 年建成,实际投资 1 476 万元,1998 年 10 月进水试运转,经沛县环境保护监测站检测出水水质达到《污水综合排放标准》一级排放标准,1998 年 12 月通过徐州市环境保护局环保竣工验收。

2006 年,为提高资源综合利用,公司续建运行中水深度处理系统,设计处理能力 1 万立方米/天,处理后水质达标,出水全部供矸石热电厂做循环冷却补充用水、锅炉用水及大屯洗煤厂洗煤补充用水。

2014 年,公司对中心区污水厂进行提标改造,采用 SBR 处理工艺、混凝过滤一体化工艺新增处理能力 8 000 立方米/天,处理后出水水质达到城镇生活污水处理厂污染物排放标准一级 A 标准。

三、噪声治理

1991—1999 年,公司采取隔音、吸声、减振等综合措施重点对姚桥煤矿主井、副井绞车房,孔庄煤矿水厂、清水泵房,徐庄煤矿风井污水厂风机,龙东煤矿空压机房,电业公司给水泵房、磨煤机本体、制粉系统控制室,选煤厂振动筛、准备车间溜槽、鼓风机房值班室,拓特厂制氧机组,生活服务公司煤气厂风机房、七村泵房,中心医院锅炉房等单位和地点进行了降噪处理。

2000 年,徐庄煤矿通过敷设吸声材料、安装隔声门窗、换气消声器等方式将污水厂风机房噪声降至 70 分贝以下;姚桥煤矿通过吸声、减振、安装隔声门窗及换气消声器等方式对污水厂风机房降噪。

2001 年,电业分公司采取隔音、吸声、减振等综合措施对 3# 机组司炉集控室进行降噪;大屯选煤厂对煤质分析室作隔振、隔尘、吸声、降噪综合治理,保护仪器分析精度;技术中心采用隔声、消音、减振措施对办公楼风机进行降噪;物管公司采用减振、隔声、消音措施,对三村、二村水泵房进行降噪,使厂界噪声达标。

2003 年,大屯选煤厂采取隔音、吸声、减振等综合措施消减罗茨风机房噪声,确保厂界噪声达标;虹杨宾馆采用基础减振、泵房、锅炉房烟道消声等降噪措施;物管公司采用吸声、隔音措施,将六村热交换站运行噪声对六村住户影响控制在标准范围内。

2004 年,电业分公司采取隔音、吸声措施对焊培中心噪声进行治理;物业管理分公司采用隔声、消音措施对煤气厂厂界进行噪声治理,项目完成后噪声达标排放。

2005 年,公司噪声治理项目 3 项,主要有:发电厂采取隔音、吸声措施对冷却塔噪声进行治理项目,孔庄煤矿采取隔音、吸声措施对污水厂噪声治理项目,大屯选煤厂采取隔音、吸声、减振等综合措施对真空泵噪声治理项目。

2013 年,选煤中心采取隔音、吸声、减振等综合措施对姚桥选煤厂生产车间进行噪声治理。

2014 至 2020 年 2 月,公司各单位厂界噪声基本达到《工业企业厂界噪声标准》标准。公司在生产建设、建筑施工过程中均采取了噪声治理措施,使各厂界噪声达标,没有发生噪声扰民事件。

四、固废治理

公司主要固体废物有煤矸石、粉煤灰、锅炉炉渣及生活垃圾。

1991—2003 年,公司加强危险废物的贮存、处置管理,确保危险废物的贮存、处置规范化,固体废弃物严格按环境保护管理办法要求执行。

2004 年,公司 4 个矿年产煤矸石 80 余万吨,用于回填地面和加固大坝;龙东煤矿基本消灭了矸石山;电厂粉煤灰、炉渣,用于采空区的填充、井下注浆以及修路等;医疗垃圾集中运到职工中心医院专用焚烧炉进行安全焚烧;危险废物采用临时储存或安全处置,拓特机械厂电镀废渣采用封闭储存。

2005 年,公司技术中心开展煤矸石、粉煤灰制砖、制新型防灭火材料研究;粉煤灰制新型防火注浆材料项目列入上海市浦东新区科技发展基金项目,粉煤灰制蒸压砖项目进入设计阶段;煤泥、洗选矸被用作发电燃料,掘进矸则用于回填地面和加固大坝。全年公司年产煤矸石 150 余万吨,年进行综合利用矸石达到 120 万吨;公司产生的各类垃圾基本达到国家固体废弃物安全处置、无害化处理的要求。

2007 年,公司利用煤矸石对煤矿附近的微山湖西大堤进行加固,累计利用煤矸石 500多万吨,加固大堤 12 次,加固长度 8.1 千米;开发粉煤灰胶体泥浆技术,将粉煤灰用于煤矿井下注浆防灭火,每年利用粉煤灰灌浆 10 万吨。

2008 年,公司对煤矿产生的矸石,一是用于受采煤影响的微山湖大堤加固,提高防洪防汛能力,共加固大堤长度 8.1 千米,使大堤顶宽由原来的 3~4 米变成现在的 10 米,大堤高

度比原来提高 2～3 米,防洪能力由 10 年一遇提高到 50 年一遇;二是用于采煤塌陷地和湖堤外侧塌陷滩地治理,采取矸石充填、地表覆土的方式,共复垦 4 000 多亩。

2009—2018 年,公司四矿煤矸石、电厂粉煤灰、炉渣,用于采空区的填充、井下注浆以及修路等;四矿、铝板带厂、四方铝业废矿物油按规定在本单位暂存,由物资贸易部统一申报,交由淮安市德开再生资源实业有限公司处置;拓特机械厂产生的电镀废渣,交由常州鸿德环保工程有限公司处置;公司医疗垃圾年底集中由中心医院交于徐州市危险废物处置中心进行处置;铝板带厂废硅藻土、含油过滤布按规定暂时贮存管理,批量委托河南润隆公司处置。转移联单、委托合同、接收单位资质全部齐全。存量危废全部按规定安全贮存;发电厂脱硫灰委托有关单位妥善处置;选煤中心的煤泥用于中心区煤矸石热电厂做燃料;生活垃圾及时清扫、及时清运,堆放在临时贮存场,对贮存场地进行了维护管理,每天集中运往沛县垃圾处理站进行安全处置;建筑垃圾做到了工完、料尽、场地清。

2019 年,公司全年排矸量 72.5 万吨,年综合利用矸石固堤、修路 55 万吨;年产炉渣1.9 万吨,全部用作建筑基础材料;年产粉煤灰 18.6 万吨,用作水泥熟骨料、井下注浆材料10 万吨;年产生活垃圾 6.7 万吨,全部集中清运,堆放在临时贮存场并对贮存场地进行了维护管理;建筑垃圾做到了工完、料尽、场地清;医疗垃圾集中运到职工中心医院专用焚烧炉进行安全焚烧;危险废物采用临时储存或安全处置,拓特机械厂电镀废渣采用封闭储存,原大屯铝业公司库存的 250 吨危废委托有资质的单位处理完毕。

五、环保补助

公司跟踪国家环保相关政策,申报国家及地方政府项目补助资金,获国家与地方的支持,1996—2019 年获补助资金 1 560 万元,主要构成如下:

1996 年,公司获得地方环境保护治理项目环补资金 104 万元。

1997 年,公司获得地方环境保护治理项目环补资金 80 万元。

1998 年,公司获得地方环境保护治理项目环补资金 48.6 万元。

2000 年,公司获得地方"三废"治理环补资金 94.5 万元。

2003 年,公司获得地方环境保护治理项目环补资金 78.85 万元。

2004 年,公司获得地方环境保护治理项目环补资金 69.9 万元。

2012 年,孔庄煤矿新建生活污水处理工程获得地方环保补助资金 100 万元。

2013 年,大屯铝业公司重油燃烧系统天然气改造工程获得地方环保补助资金100 万元。

2014 年,发电厂 1#、2#、6# 锅炉烟气脱硫除尘改造工程获得地方环保补助资金100 万元。

2016 年,发电厂锅炉烟气在线监测系统更新工程获得地方环保补助资金 50 万元。

2017 年,中心区污水处理厂氧化沟系统工艺改造工程获得地方环保补助资金100 万元。

2018 年,孔庄煤矿、龙东煤矿燃煤锅炉改造获得江苏省省级财政燃煤锅炉整治补助资金 216.51 万元。

2019 年,发电厂 1#、2# 超低改造工艺改造工程获得地方环保补助资金 417.87 万元。

第三节　资源综合利用

一、发电厂热电机组热能利用

大屯矿区的余热主要来源于公司所属发电厂 2 台 60 兆瓦热电联产机组和中心区热电厂 2 台 12 兆瓦热电联产机组、2 台 15 兆瓦热电联供机组。

2000 年,公司中心区矸石热电厂投入运行,一期为三炉二机(3×75 吨/小时 CFB 锅炉＋2×12 兆瓦热电联产机组),其中 1 台锅炉为备用。

2004 年 11 月开始建设的 8 号、9 号机组为 2×15 兆瓦热电联供机组＋2×75 吨/小时 CFB 锅炉(5.3 兆帕,450 ℃),可供抽出的蒸汽为 4×50 吨/小时,汽轮机最大可抽汽量 200 吨/小时。

2008 年建成的 2 台 60 兆瓦机组,配套 2 台 260 吨/小时 CFB 循环流化床锅炉(9.81 兆帕、540 ℃),实行热电冷联供,抽汽量 2×100 吨/小时,抽汽温度 289.2 ℃。同步建设了向姚桥煤矿输送蒸汽的管道,取消这两个煤矿总计 80 吨/小时的工业锅炉,并为年产 8 万立方米高密度草木复合板项目、2×6 000 万块标准煤矸石砖项目、年产 50 万吨水泥掺和料项目供热。

公司根据矿区热能利用规划陆续建设 7 条蒸汽输送管道用于发电厂热能的利用,共取消分散工业供热 60 多台。蒸汽输送管道主要有:

2000 年后中心区热管网采用一条直径为 625 毫米主管道,由物业分公司通过 5 个热交换站向中心区居民住宅、公司老机关办公区、部分地方单位等进行供热。大屯选煤厂热管网采用一条直径为 159 毫米管道向厂内供热,主要用于食堂、浴室用汽及办公区采暖向徐州大屯工贸实业公司建材生产的供热管网,采用一条直径为 200 毫米管道,用于对粉煤灰砖生产供热。

2009 年,建成向铁路管理处、大屯铝业公司供热管网,采用一条直径为 350 毫米管道,用于对办公及住宅采暖、食堂、浴室、碳素生产系统重油保温及焙烧供热。

2010 年,建成 2 条直径为 426 毫米的蒸汽管,向姚桥煤矿生产及生活用热进行供汽。

2012 年,建成 2 条直径为 426 毫米的蒸汽管,向徐庄煤矿生产及生活用热进行供汽。

2016 年,建成 2 条直径为 1 200 毫米的低温循环水管道,向新城嘉苑职工住宅小区进行热水供暖。

二、废热烟气余热利用工程

2007 年 12 月,大屯铝业公司余热发电综合利用项目由省环保厅批准建设,2008 年 3 月开工建设,2008 年 12 月经省环保厅核准投入试生产。2009 年 9 月通过沛县环保局竣工环境保护验收。

为回收利用该部分烟气中丰富的余热,公司通过采用热交换方式,将烟气中的余热传导给导热油,然后通过循环泵、循环管路、用热设备、控制阀等所构成的闭路循环系统,实现对用热负荷的连续供热。该工艺系统主要由烟气导热油炉、变频引风机、除尘器、烟气引入及导出装置、热油循环泵、注(返)油泵、热油贮槽、过滤器、循环管路、电器设备、用热设备等组

成。该项目总投资 200 万元。

2008 年 11 月底完成安装调试投入正常运行。该项目不仅供热量和供热温度均能满足生产用热的要求,而且故障率低,便于维护,运行效果良好。

2013 年 3 月,随着大屯铝业公司电解铝的逐步关停,余热发电关停,人员分流至其他岗位。

三、资源综合利用补助

公司 1991 至 2020 年 2 月获得资源综合利用补助累计 21 953 万元,主要构成如下:

(1)资源综合利用及热电联产机组认定。发电厂 4#、5# 机组 2004—2015 年通过江苏省经济和信息化委员会资源综合利用电厂(机组)认定;发电厂 8#、9# 机组自 2008—2013 年度通过江苏省经济和信息化委员会热电联产企业(机组)认定。根据《关于资源综合利用及其他产品增值税政策的通知》规定,1991 年至 2020 年 2 月获得相关税费优惠 19 783 万元。

(2)国家财政部资金补助。2008 年,根据国家发展改革委组织申报资源节约和环境保护中央预算内投资备选项目的要求,公司对矿区矿井水和中水综合利用项目进行集成、申报。通过发改委审查,并获得财政部中央预算内资金补助 370 万元。

2011 年 7 月 18 日,公司《提高洗煤副产品利用率系统改造》获国家财政部奖励资金 800 万元。"矿山废水循环供热深度应用"被财政部列为矿产资源节约与综合利用示范工程,获得补助资金 1 000 万元。

第四节 建设项目环保

一、煤炭企业

1986 年 12 月,姚桥煤矿改扩建工程环境影响报告书取得徐州市环境保护局批复,该项目于 1999 年 9 月通过徐州市环境保护局环保设施竣工验收。

1991 年 9 月,龙东煤矿新建 60 万吨/年选煤厂项目,采用筛分、跳汰、压滤工艺,总投资 940 万元,环保投资 77.7 万元,该项目建设项目环境影响评价报告表由徐州市环境保护局批准建设。

2004 年 9 月,孔庄煤矿井改扩建项目取得国家环境保护总局批复孔。该项目 2007 年 11 月开工,2013 年 4 月建成,经江苏省环境保护厅同意于 2013 年 5 月投入试运行,2015 年 1 月 6 日公司孔庄煤矿井改扩建工程竣工环保验收通过国家环境保护部验收合格。

2004 年,徐庄煤矿矿井改扩建项目 2004 年 3 月获得国家发展和改革委员会批复,生产能力由 90 万吨/年改扩建到 210 万吨/年,2004 年 5 月编制完成环境影响评价报告书上报,2004 年 9 月,国家环境保护总局批复徐庄煤矿矿井改扩建项目环境影响评价文件。

2007 年 6 月,姚桥煤矿新建年洗 300 万吨选煤厂被徐州市发展和改革委员会批准立项。2007 年 8 月 21 日,取得沛县环保局建设项目环境影响报告表(试行)审批意见。2009 年 10 月通过沛县环保局组织的环保"三同时"验收。

2009 年,山西省煤矿企业兼并重组整合工作领导组办公室下发《关于阳泉市盂县煤矿

企业兼并重组整合方案的补充批复》,2009 年 11 月 10 日,山西省煤炭工业厅下发《关于山西阳泉盂县玉泉煤业有限公司等 3 处矿井调整变更产能的批复》。2011 年 9 月 9 日,山西省发展和改革委员会下发企业投资项目备案证;2012 年 7 月,山西阳泉盂县玉泉煤业有限公司兼并重组整合及配套选煤项目环境影响报告书取得山西省环境保护厅批复。

2014 年 1 月,天山公司 106 煤矿改扩建项目取得新疆维吾尔自治区兵团环保局批复,同年 10 月兵团工业和信息化委员会通过《中煤能源新疆天山煤电有限公司 106 煤矿改扩建项目初步设计说明》(兵工信煤电〔2014〕188 号)进行批复,于 2019 年 8 月通过竣工并进行备案。

2019 年,苇子沟矿改扩建项目由原生产能力 0.09 万吨/年提高到 3.0 万吨/年,当年编制完成项目环境影响评价书,2019 年 8 月 28 日取得国家生态环境部环评批复文件。

二、电力企业

1996 年 12 月,矸石热电厂一期 2×75 蒸吨循环流化床锅炉及配套机组(4#、5# 机组)被徐州市环保局批复通过,于 2001 年 10 月通过徐州市环保局组织的环保"三同时"验收。

2001 年 4 月和 2002 年 12 月,2×440 蒸吨 CFB 锅炉＋2×135 兆瓦机组(6#、7# 机组)建设项目环境影响报告书分别获得江苏省环境保护厅和国家环境保护总局批复,分别于 2003 年 12 月和 2005 年 3 月竣工并投入运行。2006 年 1 月受江苏省环保厅委托,徐州市环保局组织有关单位对公司发电厂 2×440 蒸吨 CFB 锅炉＋2×135 兆瓦机组工程环境保护设施进行竣工验收,并通过验收。

2003 年 6 月,发电厂 1#、2# 机组热电技改工程被江苏省经济贸易委员会批准立项。2004 年 10 月徐州市环境保护局批复环评报告书。于 2009 年 8 月,通过了徐州市环保局组织环保"三同时"验收。

2003 年 11 月,大屯坑口环保发电有限责任公司 4×600 兆瓦工程初步可行性研究报告通过华东电网有限公司审查,环境影响评价大纲的评估意见 2003 年 4 月由国家环境保护总局签发,2003 年 11 月,江苏省环境保护厅同意大屯坑口环保发电有限责任公司 4×600 兆瓦工程环境影响评价执行标准,一期 2×60 兆瓦机组工程总投资 48.4 亿元,环保投资 5.67 亿元,项目环境影响报告书于 2005 年 3 月完成编制上报,4 月获国家环境保护总局批复。

2004 年 1 月,矸石热电厂二期 2×75 蒸吨循环流化床锅炉＋15 兆瓦机组(8#、9# 机组)经徐州市环保局批准同意建设,2006 年 9 月经核准该项目投入试生产,2007 年 12 月通过徐州市环境保护局竣工环保验收。

2006 年 7 月,发电厂 3# 机组锅炉掺烧煤泥综合利用技改工程通过徐州市经济贸易委员会验收。

2012 年 4 月 14 日,国家能源局同意江苏中煤大屯热电"上打压小"新建项目开展前期工作。

2016 年 6 月 26 日,江苏中煤大屯热电"上打压小"新建项目环境影响报告书获得国家环保部批复。2015 年 1 月,江苏省发改委同意对项目予以核准。1# 机组、2# 机组分别于 2019 年 6 月 9 日、2019 年 7 月 23 日开始试生产。

2018 年 10 月,热电厂委托江苏苏力公司协助办理环保验收事宜。2019 年 3 月,获取排污许可证。2019 年 11 月,完成了 2 台机组大气在线监测的施工验收。2019 年 12 月完成自

主验收、第三方比对验收、专家现场验收及苏力公司的验收检测。2020 年 2 月,获得地方环保行政部门出具的建设项目环境监察报告。

三、铝板块企业

大屯铝业有限公司项目建设分三个阶段完成:一期起步阶段共建设 2.5 万吨/年电解铝、3.2 万吨/年阳极生产线,项目环境影响报告书取得江苏省环保厅批复;一期第二阶段新增 2.5 万吨/年电解铝生产能力及阳极生产能力 3.2 万吨/年。新增项目环境影响报告书获得江苏省环保厅批复后开工建设,项目建设完成后分别于 2006 年 4 月、2007 年 11 月通过了江苏省环境监测中心会同徐州市环境监测中心站对 5 万吨/年电解铝、6.4 万吨/年阳极项目的验收。

2003 年 4 月,公司连轧连铸高精度铝热轧卷坯生产线、冷轧合金铝板带生产线、年产 2 万吨高精度铝箔生产线项目建议书由江苏省发展计划委员会批复,建设项目环境影响申报表 2003 年 4 月通过江苏省环境保护厅审批。同年 12 月,编制完成连轧连铸高精度铝板带、高精度铝箔生产线项目环境影响报告书上报。

2007 年 9 月 19 日,公司建设高精度铝板带项目在江苏省发展和改革委员会备案。

2008 年 6 月 13 日,年产 11.3 万吨高精度铝板带项目环境影响报告书获得江苏省环保厅批复。

2015 年 2 月,高精度铝板带通过江苏省环境保护厅验收。

四、其他项目

1993 年 9 月,公司矿医医疗废水净化消毒站改建项目开工,11 月建成,总投资 11 万元,环保投资 7.5 万元,处理能力 50 吨/小时,1994 年 12 月通过沛县环境保护局验收。

1996 年 1 月,徐州洁力达洗涤用品有限公司梦彤牌(消毒)无磷洗衣粉被中国环境标志产品认证委员会授予环境标志产品认证证书,梦彤牌(消毒)无磷洗衣粉扩建项目 1996 年 12 月开工建设,1997 年 7 月建成,生产规模 1.5 万吨/年,环保投资 10 万元,1997 年 9 月沛县环境保护局环保验收后投入生产。1996 年 8 月,徐州市北联塑料制品有限公司开工建设,9 月建成,总投资 100 万元,环保投资 2 万元,11 月沛县环境保护局环保验收后投入生产。1996 年 8 月,拓特机械厂电镀废水治理设施建成,总投资 4 万元,处理能力 1 吨/小时,出水水质经沛县环境保护监测站检测合格,10 月通过沛县环境保护局验收。1996 年 9 月,公司矿建公司锻造炉更新项目完成建设,总投资 1.68 万元,更新后烟尘、格林曼黑度均低于国家标准,12 月沛县环境保护局环保验收后投入生产。1996 年 10 月,龙东煤矿杨屯新村新建年产蒸汽 3 000 吨锅炉房开工建设,1997 年 2 月建成,总投资 150 万元,烟气排放经沛县环境保护监测站检测合格,1997 年 4 月通过沛县环境保护局验收后投入使用。

1997 年 1 月,公司宏大塑料门窗厂由沛县环境保护局环保验收后投入生产。6 月,公司天力植物油厂新建香油车间总投资 4.5 万元,环保投资 1.2 万元,开工建设,经沛县环境保护监测站烟气排放达标,10 月通过沛县环境保护局验收后投入使用。

1998 年 8 月,徐沛铁路管理处沛屯中心站至机关之间新建 2 台 6 段蒸汽锅炉替代小锅炉,并采用文丘里麻石水膜除尘,污水闭路循环。该项目 1998 年 8 月开工建设,1999 年 1 月建成,经沛县环境保护监测站检测烟尘、格林曼黑度均达标,2000 年 1 月通过沛县环境保护局验收后投入使用。

1999年6月,孔庄煤矿新建矿井水处理厂建设项目环境影响申报表被沛县环境保护局批准,总投资175万元。7月,公司新建十二村小区建设项目环境影响申报表由徐州市环境保护局批准,计划投资9 000万元。

2000年2月,徐庄煤矿锅炉房改扩建项目建设项目环境影响登记表由徐州市环境保护局批准。总投资1 000万元,环保投资50万元。5月,江苏煤电高级技工学校新建2台KSG-1000-A型燃煤茶水炉建设项目环境影响登记表被沛县环境保护局批准,总投资0.8万元。11月,矿井水净化及资源化成套及设备的开发(孔庄煤矿矿井水厂现有处理能力4 000立方米/吨为示范基地)建设项目环境影响申报表由徐州市环境保护局批准,总投资2 750万元。孔庄煤矿选煤厂细煤泥降水脱水技术与装备开发新建项目建设项目环境影响申报表由徐州市环境保护局批准,投资总额2 000万元。孔庄煤矿选煤厂无压重介旋流器的开发技改项目建设项目环境影响申报表由徐州市环境保护局批准,投资总额1 100万元。5月,汽车队新建1台CL-800型燃煤茶水炉建设项目环境影响登记表被沛县环境保护局批准,总投资0.55万元。第二中学新建2台CL-800型燃煤茶水炉建设项目环境影响登记表由沛县环境保护局批准,总投资1.1万元。9月,大屯高新材料有限责任公司新建钕铁硼永磁材料项目建议书由徐州市计划委员会、徐州市对外经济贸易委员会批复,建设项目环境影响报告表2000年11月取得江苏省环境保护厅审批,总投资17 007万元,环保投资100万元。

2001年10月,姚桥煤矿4台10吨/小时锅炉水膜除尘器改造项目开工建设,12月完成,总投资7.92万元,2002年1月通过技术中心验收(沛县环境监测站出具监测报告)。

2005年4月,公司中心区垃圾中转站技改项目建设项目环境影响登记表由沛县环保局审批,总投资280万元,环保投资280万元。

2013年,公司编制了徐州大屯工贸实业公司矿用产品加工利用项目环境影响报告表,2013年7月获得沛县环境保护局审批意见。2013年8月开工建设,2017年9月竣工,共计投资2 000万元,其中环保投资180万元,2019年9月通过沛县生态环境局验收。

2019年6月,公司编制了拓特机械制造厂铸造车间项目环境影响报告表,12月获得沛县环境保护局审批意见。

第四章　节能减排

第一节　节能管理

一、组织机构

1996 年，公司下达了《关于调整大屯煤电公司节约能源领导小组成员的通知》，成立了节能领导小组，下设办公室，负责节能领导小组日常工作。节能办公室设在计划企管处。

1997 年 11 月，公司下达了《关于节能管理(服务)业务划转的通知》，节能管理业务划转环保(计量)处。

2000 年，公司下达了《关于加强矿区节能管理工作的通知》对公司节约能源领导小组进展了调整，下设节能办公室，负责节能领导小组日常工作。节能办公室设在技术中心。

2005 年，公司下达了《关于调整集团公司节约能源管理领导小组成员的通知》下设节能办公室，负责节能的日常管理工作。节能办公室设在技术中心。

2017 年 6 月，公司印发《关于加快推进公司三项制度改革的通知》，技术中心(科技环保部)节能环保业务与公共协调部业务合并成立资源环保部，其他业务与徐州大屯工程咨询有限公司合署，保留技术中心牌子。

2018 年 1 月，公司下达了《关于印发公司常设议事协调机构的通知》，成立了环保与节能减排工作领导小组，下设办公室在资源环保部，负责节能的日常管理工作。

2018 年 10 月，科技与节能环保业务合并成立了科技环保部。

二、管理制度

1996 年，公司下达了《关于加强用水管理的规定》。加强节约用水管理，保护和合理利用水资源，促进公司经济发展。制定了《大屯煤电集团节约能源管理办法》。坚持"开发与节约并重，把节约放在首位"，依靠科学管理和技术进步，降低能源消耗，提高经济效益。

1999 年公司制定了《大屯煤电集团公司供、节水管理规定(试行)》。加强供水、用水管理，科学合理利用水资源。修订了《大屯煤电(集团)有限责任公司节约能源管理办法》。

2008 年，公司印发《公司节能减排工作实施方案》。加强节能减排工作，提出年度总体目标和节能减排工作要求。制定了《公司节能减排工作考核办法》。强化节能减排工作管理，创新节能减排工作思路，提升节能减排效果。下发《公司节能减排工作评优管理办法》，奖励在节能减排工作中有突出贡献的单位、部门和个人，推动公司节能减排工作。

2010 年，公司下达《公司考核管理办法》包含《公司节能减排工作考核管理办法》，实行抽查和年度考核相结合，作为年终考核时的依据。

2012 年 2 月，公司修订《能源节约管理办法》，办法规定了职能部室岗位职责，提出节能目标和指标管理、节能资本支出项目管理、固定资产投资项目管理要求,从源头控制能源浪费,提高能源利用效率。

三、资金投入

公司节能技措实行计划管理,即每年年末制定年度计划审核后实施,1991—1995 年度计划没有以公司正式文件形式下发,之后均以公司正式文件形式下发,1996 年至 2020 年 6 月合计资金投入 2.5 亿元。

1996—2020 年 6 月,公司节能资金投入情况汇总见表 11-4-1。

1999—2020 年 6 月,公司实施的节能重点项目见表 11-4-2。

表 11-4-1　1999—2020 年 6 月公司节能环保资金投入情况汇总表

年份	文件名称	投资金额/万元
1996	《关于下达一九九六年节能技措调整计划的通知》	308.1
1997	《关于下达一九九七年节能技措调整计划的通知》	343.6
1998	《关于下达一九九八年节能技措计划的通知》	291.6
1999	《关于下达一九九九年节能技措调整计划的通知》	297.1
1999	《关于下达一九九九年科技、环保、节能项目计划的通知》	174.5
2000	《关于下达 2000 年节能技措计划的通知》	143
2000	《关于下达 2000 年节能技措调整计划的通知》	97
2001	《关于下达 2001 年节能技措计划的通知》	647.5
2001	《关于下达 2001 年节能技措调整计划的通知》	71.95
2002	《关于下达 2002 年节能技措调整计划的通知》	47
2003	《关于下达 2003 年节能技措调整计划的通知》	66.3
2004	《关于下达 2004 年节能环保项目计划的通知》	329
2005	《关于下达公司 2005 年度节能技措项目计划的通知》	49
2005	《关于下达 2005 年节能技措项目计划的通知》	108
2005	《关于下达 2005 年节能环保项目计划的通知》	77.7
2005	《关于下达 2005 年节能环保项目计划的通知》	34.9
2006	《关于下达 2006 年节能环保项目投资计划的通知》	3 540.76
2006	《关于下达 2006 年节能环保项目计划的通知》	85
2006	《关于调整 2006 年节能技措项目投资计划的通知》	63
2007	《关于下达 2007 年度节能环保项目投资计划的通知》	867
2007	《关于下达 2007 年度节能环保资本支出计划的通知》	132
2008	《关于下发公司 2008 年节能减排项目投资计划的通知》	7 049.5
2009	《关于下达 2009 年度(节能和环保)资本支出计划的通知》	4765
2010	《关于下达 2010 年度节能和环保资本支出计划的通知》	1 477.5
2011	《关于下达 2011 年度节能和环保资本支出计划的通知》	1 495
2012	《关于下达 2012 年度节能和环保资本支出计划的通知》	417

表 11-4-1（续）

年份	文件名称	投资金额/万元
2013	《关于下达 2013 年度节能和环保资本支出计划的通知》	111
2014	《关于下达公司 2014 年度节能和环保资本支出计划的通知》	233
2015	《关于下达公司 2015 年度节能和环保资本支出计划的通知》	44
2016	《关于下达公司 2016 年度节能和环保资本支出计划的通知》	15
2017	《关于下达公司 2017 年度节能和环保资本支出计划的通知》	1 437
2018	《关于下达公司 2018 年度节能和环保资本支出计划的通知》	115
2019	《关于下达公司 2019 年度节能和环保资本支出计划的通知》	75
2020	《关于下达公司 2020 年度各项资本支出计划的通知》	1 576（计划）

表 11-4-2　1999—2020 年 6 月公司实施的节能重点项目

年份	项目名称	实施单位	应用及效果
1999	供水计量网络改造	铁路处	Dg15-50 水表 444 只，Dg80-200 水表 12 只，砌造水表井池 35 座，改造给水管路 0.8 千米
1999	输煤系统照明改造	电厂	安装集中控制台 2 个，186 盏节能灯
1999	单宿供电系统改造	电厂	安装限电装置 8 个
2000	精煤运输节能净化系统	大屯选煤厂	安装 2 台高效净化器及管路
2000	矿业机电设备测试仪	公司本部	购置绞车、风机、空压机、主排水泵测试仪器
2001	工人村供水管网	孔庄	供水管网改造及增建蓄水池
2002	能源统计报表软件更新	公司本部	更新能源统计报表软件
2002	供水调度系统改造	物业管理分公司	自来水厂供水调度系统更新改造
2003	矸石热电厂供水系统改造	发电厂	年节水 18 万立方米
2003	中水回用工程	大屯选煤厂	年节水 25 万立方米
2003	工业广场浴室热供水系统改造	孔庄煤矿	自动控制汽/水直接热交换改造，提高热交换效率
2004	拓特厂照明系统改造	拓特厂	对称件照明系统改造，安装节能灯具，降低电耗
2004	姚桥煤矿水源井恒压供水	姚桥煤矿	水源井采用变频调速自动控制系统，节约用电
2005	矸石热电厂供水系统改造	发电厂	年节水 18 万立方米
2005	中水回用工程	大屯选煤厂	年节水 25 万立方米
2005	工业广场浴室热供水系统改造	孔庄煤矿	自动控制汽/水直接热交换改造，提高热交换效率
2005	选煤厂合格介质泵高压变频改造	大屯选煤厂	对大屯选煤厂合格介质泵进行高压变频改造，调节重介旋流器的入料压力，降低电耗
2005	缓冲泵恒压供料节能改造	公司本部	对缓冲泵进行高压变频调速技术改造，根据浮选工艺要求自动控制煤泥水流量，降低电耗
2006	水源井水泵节电改造	物业公司	项目实施后节电 5%
2006	中心区 1# 热交换站增加自动控制系统	物业公司	根据室外气温的变化来控制蒸汽供给的压力、温度和流量，自动调节室内温度
2006	能源管理系统软件开发	技术中心	开发能源管理系统软件，及时掌握公司能源

表 11-4-2（续）

年份	项目名称	实施单位	应用及效果
2007	中心区 1# 热交换站 PLC 自动控制系统	物业分公司	对中心区 1# 热交换站 PLC 自动控制系统进行改造,自动调整供热参数,达到最佳理想的供热效果,年节点 10 万千瓦时,年约费用 7.4 万元
2007	节水型社区创建	物业分公司	对公司十一村、十二村现有高耗水老式用水器具及绿化用水进行改造,为公司申请创建节水型社区提供条件
2007	能源管理系统软件开发	技术中心	开发能源管理系统软件,及时掌握公司能源利用和消耗情况
2008	孔庄煤矿变压器更新改造	孔庄煤矿	淘汰落后设备,节约能源
2008	发电厂 7# 风机变频改造	发电厂	风机实施变频改造,增加变频控制装置,提高设备能源利用效率
2008	龙东煤矿选煤厂照明改造	龙东煤矿	年节电约 10 万千瓦·时
2009	徐庄煤矿胶带输送机无功补偿	徐庄煤矿	对−400 米胶带主运煤巷的 3#、4# 胶条胶带机主电机安装矿用防爆无功补偿装置,提高功率因数,降低线路和变压器损耗。年节电 21.5 万千瓦·时
2009	铁路处热交换站改造	铁路处	对铁路处 6 吨/小时锅炉房原热交换系统作交换器、配电、水循环、水处理等改造,提高供热效果
2009	大屯选煤厂介质泵高压变频技术改造	大屯选煤厂	对选煤准备车间 6# 450 千瓦介质泵采用高压变频控制技术,实现设备节能经济运行
2009	铝熔铸生产线节能技术改造	四方铝业公司	优化现有 5 条熔铸钛生产线布局,缩短铝铸钛线与电解铝线距离,充分利用铝水资源,节约铝锭运输与重熔能耗。年节约能耗成本 1 500 万元
2010	矿井压风机变频改造	徐庄煤矿	年节电 65 万千瓦·时
2010	孔庄煤矿煤泥掺配洗混煤	孔庄煤矿	在现有生产条件的基础上进行洗混煤掺配煤泥工艺改造,将压滤煤泥均匀地掺入洗混煤之中,增加洗混煤的产量,减少煤泥的销量
2010	2×135 兆瓦机组供热改造工程	发电厂	年节煤 10 650 吨标煤
2010	4#、5# 锅炉掺烧黏稠煤泥技术改造工程	发电厂	年回收利用煤泥 9 200 吨标煤
2011	姚桥煤矿装车系统变频改造	姚桥煤矿	年节电 36 万千瓦·时
2011	二级泵房水泵恒压供水	龙东煤矿	节电 25%～31%
2012	上仓胶带系统变频技术应用	徐庄煤矿	年节电 26 万千瓦·时
2012	0 号锅炉一次风机变频改造	发电厂	年节电 45 万千瓦·时
2012	7 号炉静电除尘器脉冲供电技术改造	发电厂	年节电 126 万千瓦·时
2013	井下就地动态补偿及抗变频器干扰系统应用	徐庄煤矿	年节电 34 万千瓦·时

表 11-4-2(续)

年份	项目名称	实施单位	应用及效果
2013	绿色照明灯具推广应用	公司本部	年节电 14 万千瓦·时
2014	空压机节能改造	铝板带厂	根据空压机工作效率低、耗电量大等现状,拟安装使用高压节电保护器,提高电机功率因数和利用效率,达到节电目的。节约 140 吨标煤
2014	2013 年度公司能源审计	公司本部	年节电 14 万千瓦·时
2014	降低铸轧卷气耗研究与实践	四方铝业公司	采用先进的前箱稳流器和第二代燃烧控制系统相结合,达到降低铸轧卷气耗的目的,而且降低生产成本的同时更环保。节约 140 吨标煤
2015	2014 年度公司能源审计	公司本部	分析用能单位能源利用状况,掌握用能单位管理水平,寻找节能方向
2015	绿色照明灯具推广应用	公司本部	年节电 10 万千瓦·时
2016	2015 年度公司能源审计	公司本部	分析用能单位能源利用状况,掌握用能单位管理水平,寻找节能方向
2017	8#、9# 锅炉烟风系统二次风机智能化数字化优化改造	发电厂	应用烟风系统模块化智能化数字化改造,电机驱动方式从液力偶合器的改为永磁调速。因节能效果不明显停止实施
2018	发电厂节能诊断	发电厂	通过对发电厂 2×135 兆瓦机年能耗现状进行计算、分析和诊断,得到影响机组经济性的主要因素,并提出相应的节能降耗措施,推动机组节能降耗目标的实现
2019	板带车间厂房照明改造	铝板带厂	更换节能灯具
2019	电厂碳排放盘查	发电厂	指导企业解决在盘查过程中遇到的问题,并提醒有待注意的事项
2020	能源审计及管理体系评价	公司本部	公司被列为江苏省重点能源消耗千家企业
2020	能源在线监测系统建设		
2020	姚桥煤矿、徐庄煤矿空压机余热回收系统	姚桥煤矿、徐庄煤矿	减少原有系统蒸汽的使用量,提高空压机气电比,延长空压机使用寿命
2020	孔庄煤矿、龙东煤矿洗浴废水余热利用	孔庄煤矿、龙东煤矿	投入污水源热泵机组,提取回收当天洗浴废水的热量,机组做功输入电能转化为水的热能,为次日洗浴热水提供热量

第二节　节　能　监　测

一、建设进程

1994 年 3 月,公司节能技术服务站获得煤炭工业部节约能源办公室颁发的二级节能技术服务站认证书。

2001 年 8 月,根据工作需要,公司下达了《关于技术中心设立技术监测室的通知》。

2006 年至 2014 年,委托中国矿业大学节能技术服务站对公司进行能源审计并获得政府认可。

2007 年 10 月,成立公司检测中心。检测中心挂靠公司技术中心,主要职能为:根据国家有关规定,整合矿区实验检测资源;承担原材料、产品、设备及作业场所安全生产检测检验项目的检测检验工作;根据政府授权,开展环境检测、计量鉴定及节能监测等工作。

2009 年,公司检测中心取得全国煤炭行业二级节能技术服务中心资质,而且通过了中国合格评定国家认可委员会实验室 CNAS 认可资格审核。

2010 年,分别通过了江苏省计量局组织的计量认证现场评审,江苏省煤矿安全监察局组织的安全检验检测机构乙级资质的现场评审,并取得资质。接受徐州市经信委委托,组织开展了徐州市 25 家单位能效电厂项目的测试与评估工作,项目的顺利完成得到了被测试单位和徐州市经信委高度好评。

2012 年,徐庄煤矿、龙东煤矿污染源自动监测系统通过市环保局验收。根据环境保护部 2012 年度重点国控污染源,徐庄煤矿、龙东煤矿生活污水处理厂被列为重点国控污染源,为确保按期完成国控污染源污水自动监控设施安装要求,公司对两矿污水排放情况及污染源在线监测系统进行了调研,建立了在线监测监控系统,实现了 COD、氨氮、流量等指标的自动在线监测。

2013 年,根据中煤集团转发环境保护部《国家重点监控企业自行监测及信息公开办法(试行)》和《国家重点监控企业污染源监督性监测及信息公开办法(试行)》的通知要求,公司积极推进环境监测能力建设,对污染源自行监测情况进行调查,为满足办法要求,并于 9 月份通过了江苏省技术监督局的现场审核。计量认证的通过,使公司环境监测站具备了第三方监测的资质,可开展对外监测业务。

2019 年,根据《关于做好重点用能单位"百千万"行动工作的通知》《关于加快推进重点用能单位能耗在线监测系统建设的通知》及《关于印发"百千万"行动重点用能单位双控目标责任考核实施方案的通知》等文件要求,公司增补 2019 年节能资本支出计划,委托专业公司建设能耗在线监测系统并计划 2020 年接入江苏省级重点用能单位能耗在线监测平台。

二、节能补助

公司 1991 年至 2020 年 2 月获得节能补助资金 244 万元,主要由以下几部分组成:

2008 年,公司节能项目《铝用阳极碳素煅烧系统烟气废热综合利用》,被国家发改委列为 2008 年节能技术改造财政奖励项目实施计划(第二批),奖励资金额度根据《节能技术改造财政奖励资金管理暂行办法》规定的奖励标准确定,奖励资金 214 万元。

2013 年,大屯铝业公司电解铝降低槽电压节能技术改造项目。2019 年,获得江苏省节能专项资金 30 万元。8 月 6 日,徐州市经信委委托第三方对项目进行了审计并提出了完善意见。

第十二篇

党群工作

Dangqun Gongzuo

30 年来,公司党委坚决贯彻执行党的路线方针政策,坚持围绕中心服务大局,不断加强和改进公司党的建设。党的十八大以来,特别是全国国有企业党的建设工作会议召开后,坚持以习近平新时代中国特色社会主义思想为指导,深入贯彻新时代党的建设总要求,认真履行从严管党治党责任,不断探索实践党的领导和党建工作新机制、新方法,以高质量党建引领改革发展,为公司做强做优做大提供了坚强保证。

各级党组织坚持把政治建设摆在首位,坚决贯彻党中央重大决策部署,扎实开展党内集中教育,加强理论武装,推进学习型党组织建设。加强党的理想信念、优良传统、作风纪律教育,引导党员干部筑牢"四个意识"、坚定"四个自信"、做到"两个维护"。坚持民主集中制,严肃党内政治生活,高质量召开领导班子民主生活会,规范基层党支部组织生活和民主评议党员工作,增强党组织解决自身问题的能力。坚持党管干部、党管人才原则,坚持正确选人用人导向,严格选人用人程序,突出政治标准,营造积极健康的政治生态。

30 年来,公司不断探索创新党的建设工作。2016 年以来,落实"两个一以贯之"要求,将党建工作写进公司章程,为党组织发挥"把方向、管大局、保落实"作用提供机制保障。深化基本组织、基本队伍、基本制度建设,实施"四五四"党建工程、标准化党支部建设、示范品牌党支部建设,推进党员责任区、示范岗、先锋队创建,创新党员评星定级、积分管理、亮牌示范、承诺践诺等新机制,提升党建科学化水平。

坚持深入推进党风廉政建设和反腐败工作,构建完善工作制度,推动了党委主体责任、书记第一责任人责任和纪委监督责任贯通联动一体落实。持之以恒贯彻落实中央八项规定精神,坚决整治"四风"问题。坚持挺纪在前,充分运用监督执纪"四种形态",开展廉洁警示教育,强化监督执纪审查,严肃处理各类违规违纪违法行为。

30 年来,坚持党管意识形态,加强公司宣传思想文化工作。定期进行职工思想动态分析,广泛建立领导干部联系点、支部联系班组、党员联系群众等制度,坚持做到"六必访六必谈"。推进凝心聚力工程,深入开展形势任务教育,凝聚人心力量。

坚持加强对统战扶贫和群团工作的领导,纳入公司党建一体化管理,推动党的群众路线在企业落实。两级工团组织紧紧围绕企业中心工作,开展技术比武、劳动竞赛和群众性文化活动,"大学校、大家庭、大舞台"作用得到充分发挥。公司党委坚决贯彻落实党中央扶贫工作重大部署,积极参与地方定点帮扶,彰显了央企担当。

第一章 党的建设

第一节 政治建设

一、党内集中教育

（一）"三讲"教育活动

2001年8月9日开始至10月12日，公司党委根据中煤进出口集团公司党委的统一部署，在公司领导班子及成员中开展以"讲学习、讲政治、讲正气"为主要内容的"三讲"教育活动。中煤进出口集团党委副书记白石带领指导组入驻大屯公司全程督导。

公司党委坚持把理论学习贯穿于"三讲"教育活动全过程，系统学习中央领导有关企业"三讲"教育活动的重要讲话精神、《江泽民在庆祝建党八十周年大会上的讲话》、《国有企业"三讲"学习教育活动必读》、党的十五届四中五中六中全会精神、《中共中央关于加强和改进党的作风建设的决定》，每位领导干部都写了近万字的读书笔记，并撰写心得体会，进行专题发言。

坚持以整风精神开展"三讲"教育，坚持党的群众路线，广泛征求意见，网站、报纸、电视开设专栏，广泛宣传动员干部职工投入到"三讲"教育活动，征求到对领导班子的意见180条，对领导班子成员的意见530条。召开了7个座谈会，征求意见建议172条。领导班子成员到联系点当面征求意见建议234条。公司领导班子及成员自我总结形成后，进行了民主评议，再次征求到对领导班子的意见建议68条，对领导班子成员的意见建议420条。

坚持开展积极健康的思想斗争，开好领导班子专题民主生活会。会前开展了谈心活动，会中开展了严肃认真的批评和自我批评，会后制定了整改落实方案，对领导班子集体总结中找出的6个方面问题细化分解为73个小问题，逐项落实整改，找准了影响企业改革发展的突出问题和主要矛盾，增强了做强做优做大企业的信心。10月12日，召开"三讲"学习教育活动总结大会。

（二）保持共产党员先进性教育活动

2005年6月，公司党委根据中煤进出口集团公司党委的部署要求，成立保持共产党员先进性教育活动领导小组，制定实施方案。7月14日，公司党委在姚桥煤矿会议中心召开动员大会，贯彻中央"提高党员素质、加强基层组织、服务人民群众、促进各项工作"总体目标要求，结合公司实际，提出了"六个建设、六个促进"的目标任务。中煤进出口集团公司党委先进性教育活动督导组组长李连敏带领督导组成员全程督导。

7月11日至8月1日为学习阶段。公司各级党组织认真落实中心组学习制度、"三会一课"制度，分类别、分层次组织了三个专题集中学习和研讨，举办了专题培训、专题党课、形势任务报告。广大党员围绕"什么是党员先进性、怎样体现党员先进性、如何保持党员先进

性"这一主题展开讨论,对照党员八项义务和六项基本条件,结合本单位和个人的思想工作实际,展开讨论、撰写体会、查改不足。

8月2日,教育活动转入分析评议阶段。公司党委开展了党风廉政建设专题教育活动,完成"开展谈心活动、撰写党性分析材料、开好专题组织生活会和民主生活会、提出和反馈评议意见、通报评议情况"五个环节工作。公司党委采用各种方式广泛征求群众意见,共征求到对公司领导班子的意见109条,对领导班子成员的意见48条,对党委的意见22条,基本找出了影响企业改革发展稳定的突出问题。9月9日,公司领导班子召开专题民主生活会,开展了严肃的批评和自我批评,查摆和发现主要问题涉及企业改革、企业发展、班子建设、党风廉政建设、安全生产、经营管理、企业稳定、党组织自身建设、群众生活等9个方面。

9月11日,进入整改阶段。公司对影响企业改革发展的问题进行研究,重点解决党风廉政建设问题、加强各方面的制度建设。9月23日,国务院国资委党委督导13组金继启一行5人,来公司听取保持共产党员先进性教育活动开展情况汇报。10月22日,召开了公司保持共产党员先进性教育活动总结大会。这次集中性教育,公司21个基层党委、306个基层党支部、6 401名党员参加了学习教育,占党员总人数的96.69%。通过群众满意度测评,职工群众对先进性教育活动的满意度达到99.22%。各单位结合生产经营服务,广泛开展"一个党员一面旗"、党员责任区、党员攻关小组、党员突击队、党员便民服务等主题实践活动,党支部战斗堡垒作用和党员先进性得到体现。公司《大屯工人报》先后刊发矿区保持共产党员先进性教育巡礼系列报道5篇。

(三)深入学习实践科学发展观活动

2009年3月10日,中煤集团党委召开深入学习实践科学发展观活动动员大会。按照国资委党委、中煤集团党委的要求,公司党委决定从3月17日到6月底,在全体党员中开展深入学习实践科学发展观活动。中煤集团公司副总经理洪宇等3人组成的第五指导检查组,负责联系和督导公司等3个单位。

3月17日,公司召开深入学习实践科学发展观活动动员大会。这次教育实践活动,高举一面旗帜,就是中国特色社会主义伟大旗帜;突出一个主题,就是深入学习实践科学发展观;围绕一个总要求,就是"党员干部受教育,科学发展上水平,人民群众得实惠";把握一条主线,就是"统一发展思想,明晰发展思路,解决发展问题,实现科学发展";掌握四个规律,就是科学发展规律、企业发展的一般规律、煤炭行业的发展规律、集团公司自身发展规律。提升党建工作水平,为企业科学发展提供有力的理论、制度、思想、政治、组织保证。

各级党组织以党委中心组集体学习会、周四政治学习、党支部"三会一课"、自学和专题辅导相结合等形式,认真读好《毛泽东邓小平江泽民论科学发展》《科学发展观重要论述摘编》和《深入学习实践科学发展观活动领导干部学习文件选编》三本书,学习《中共中央关于开展深入学习实践科学发展观活动的意见》等"七个文件"专题学习材料。坚持理论联系实际,党员领导干部撰写心得体会992篇。公司及基层各单位共举办形势报告会和党课报告会40多场次。公司领导班子成员确定8个调研课题,基层领导班子成员共完成163个专题调研报告。在充分调查研究、广泛征求意见和建议、召开民主生活会的基础上,形成了公司领导班子分析检查报告,经80多名代表测评,综合满意率为93.33%。基层各单位领导班子分析检查报告的综合满意率均在90%以上。基层党支部召开组织生活会,全体党员开展

批评和自我批评,查摆思想、作风、纪律和作用发挥等方面存在的问题。在整改阶段,公司党委针对公司发展、安全管理、体制机制、职工福利、党的建设等五个方面 46 个具体问题,制定和落实整改方案,重点抓好解决突出问题、完善体制机制两项重点工作,逐步形成科学发展的长效机制,从而对企业科学发展起到政治引领作用。7 月 1 日,大屯公司隆重召开学习实践活动总结暨"七一"表彰大会。

(四)创先争优活动

2010 年 7 月开始,公司党委在公司各级党组织和党员中深入开展以"创建先进基层党组织,争做优秀共产党员"为主要方式的创先争优活动。7 月 15 日,公司党委召开动员大会,印发了公司党委深入开展创先争优活动实施方案,明确了主要内容、阶段步骤、工作要求等,成立了活动领导小组并明确联系点和主要职责,明确了推进学习型党组织建设、深化"四好"领导班子建设、争创"五好"先进基层党组织、争做"五带头"优秀共产党员的基本要求及主要途径。7 月中旬至月底,组织广大党员认真学习胡锦涛在全党深入学习实践科学发展观活动总结大会上的讲话以及中共中央、国资委、中煤集团公司党委、徐州市委深入开展创先争优活动动员部署会议精神及相关文件。8 月起,公司创先争优活动进入"全面争创,扎实推进"阶段,各级党组织深入组织开展"党性教育"活动、"作风建设"活动、"强基固本"活动、"亮牌示范"活动。

2011 年 2 月下旬至 3 月上旬,采取集中点评、个别点评、现场点评、随机点评的方式,分层次全覆盖开展了创先争优活动领导点评工作。在"七一"表彰大会上对前两个阶段创先争优活动情况进行了总结。7 月,公司创先争优活动进入第三阶段工作。10 月 8 日,对深入推进创先争优活动做出安排,围绕"对标定位,全面提升"的目标任务,各级党组织开展"为民服务创先争优"活动。

2012 年 1 月,组织开展创先争优活动群众评议工作。7 月底,公司各级党组织对开展创先争优活动进行了系统全面的总结。

(五)党的群众路线教育实践活动

2014 年 3 月,根据党中央统一部署以及中煤集团党委《关于开展第二批党的群众路线教育实践活动的指导意见》要求,公司党委从 2014 年 3 月起利用 3 个月时间在公司开展党的群众路线教育实践活动,紧紧围绕保持和发展党的先进性和纯洁性,以"为民、务实、清廉"为主题,以"照镜子、正衣冠、洗洗澡、治治病"为总要求,以贯彻落实中央八项规定精神为切入点,坚决反对"形式主义、官僚主义、享乐主义和奢靡之风"。

3 月 11 日,公司召开动员大会,中煤集团第五督导组到会督导。3 月 12 日印发《公司党的群众路线教育实践活动实施方案》,成立了领导小组及其工作机构,编制了指导手册。党员干部认真研读中央规定的《论群众路线——重要论述摘编》《党的群众路线教育实践活动学习文件选编》《厉行节约 反对浪费——重要论述摘编》三本书及两本辅导材料。公司党委先后安排 12 次集体学习活动,举办 2 场领导干部专题知识讲座,集中观看《周恩来的四个昼夜》《焦裕禄》等 9 部影片,参观淮海战役纪念馆和沛县反腐倡廉教育基地,开展"我是谁、为了谁、依靠谁"宗旨意识大讨论和"养成两个习惯,践行群众路线"主题教育。

组织党员干部、职工代表对领导班子作风建设情况进行民主评议,认为公司领导班子作风建设"好"的占 77.01%,对公司领导班子专题民主生活会的满意率达到 96%。中煤集团

党委书记李延江确定公司龙东煤矿为教育实践活动联系点,5月23日调研指导了龙东煤矿教育实践活动。

10月19日,公司党委召开了党的群众路线教育实践活动总结大会。

（六）"三严三实"专题教育

2015年6月,根据党中央统一部署以及中煤集团党委部署要求,公司党委在公司领导班子成员、中层副职及以上人员中开展"三严三实"专题教育。6月1日,制定了工作方案,6月8日召开了启动大会。公司党委围绕"严以修身,加强党性修养,坚定理想信念,把牢思想和行动的'总开关'""严以律己,严守党的政治纪律和政治规矩,自觉做政治上的'明白人'""严以用权,真抓实干,实实在在谋事创业做人,树立忠诚、干净、担当的新形象"三个主题,开展4次专题学习研讨,举办2期领导干部专题知识讲座,组织党员干部参观陈云生平业绩纪念展,公司及所属单位党组织书记为党员干部上了专题党课,两级领导班子召开了"三严三实"专题民主生活会。

（七）"两学一做"学习教育

2016年4月,根据党中央统一部署,按照中煤集团党委以及江苏省委、徐州市委部署要求,公司党委在全体党员中开展以"学党章党规、学系列讲话,做合格党员"为内容的"两学一做"学习教育。

4月18日,公司党委印发实施方案,成立领导小组及其工作机构。4月21日,召开了动员部署会。党员干部逐字逐句研读《中国共产党章程》《中国共产党廉洁自律准则》《中国共产党纪律处分条例》《习近平总书记系列重要讲话读本（2016年版）》等,公司党委安排集体学习8次、专题学习交流活动3次,举办专题辅导讲座8场。组织参加"新时期共产党员思想行为规范""学习习近平总书记系列讲话、增强四种意识""做'四讲四有'合格党员"三个专题大讨论。

开展党员组织关系集中排查、党代会代表和党员违纪违法未给予相应处理情况排查清理、基层党组织按期换届专项检查、党费收缴工作专项检查等。在党员中开展"选择并做成一件事"活动,组织参加"共产党员关爱帮扶专项行动",4481名党员捐款32.7万元。

2017年6月,根据中央《关于推进"两学一做"学习教育常态化制度化的意见》及集团公司党委、徐州市委的要求,公司党委制定了《推进"两学一做"学习教育常态化制度化的工作措施》。

（八）"不忘初心、牢记使命"主题教育

2019年6月,上海能源公司党委根据党中央统一部署以及中煤集团党委要求,分两批开展"不忘初心、牢记使命"主题教育。

第一批从6月中旬开始到8月底基本结束,以公司领导班子成员、机关部门负责人为重点,全体党员参加。公司党委成立了领导小组及其办公室,编制了计划实施表。坚持把学习教育、调查研究、检视问题、整改落实贯穿主题教育全过程,公司领导班子和机关党员干部原原本本学习研读党的十九大报告和党章党规以及《习近平关于"不忘初心、牢记使命"重要论述选编》《习近平新时代中国特色社会主义思想学习纲要》《习近平关于国有企业改革发展和党建论述摘编》3本辅导书籍,及时跟进学习习近平总书记重要讲话精神及"四个到位""四个注重"重要指示精神。公司领导班子围绕初心和使命、高质量发展、增强企业内生动力等主题,聚焦安全生产经营、改革发展党建具体业务,开展集中学习研讨活动14次,结合学习教育体会收获讲专题党课 8 场次,开展实地调研 51 次,形成 7 个调研报告,召开了成果分享会。邀请党建党史专家为党员干部作专题辅导 3 次,组织党员干部到淮海战役纪念馆追寻党的初心使命、汲取奋进的力量,到山东运河监狱开展警示教育,筑牢防腐拒变的精神防线,到公司发展史陈列馆接受企业传统教育。召开"对照党章党规找差距"专题会议和主题教育专题民主生活会,领导班子查摆检视问题 45 条,班子成员查找检视问题 189 条,相互批评意见 67 条,编制了检视问题整改台账。聚焦八项整治任务,排查梳理 28 项突出问题,研究制定 81 条整改措施。机关各党支部组织开展了形式多样的学习讨论会、"微调研"活动,形成"微调研"成果 29 项,召开了专题组织生活会和民主评议党员工作。8 月下旬,开展了第一批总结评估和测评工作。

9 月 16 日,公司党委印发公司第二批"不忘初心、牢记使命"主题教育工作方案,成立了 3 个指导组,编制了指导组工作手册。第二批主题教育期间,基层各单位班子累计集中学习研讨时长达 132.5 天,形成调研成果 158 个,班子成员讲党课 168 场次。扎实推进党支部"五个一",对党支部书记进行一次轮训、党支部书记讲一次专题党课或者向所在支部报告一次个人学习体会、党员至少参加一次志愿服务、为身边职工群众至少办一件实事好事、党支部组织召开一次专题组织生活会并进行民主评议党员。11 月 24 日,公司党委印发通知,对开好第二批"不忘初心、牢记使命"主题教育专题民主生活会、专题组织生活会和开展民主评议党员工作进行部署安排,27 家基层单位累计检视问题 1 662 条,严格按照要求召开了领导班子专题民主生活会和党支部组织生活会,并开展了民主评议党员。第二批主题教育基本结束后,公司组织 887 人对 27 家第二批主题教育基层单位进行了测评,测评结果都在"较好"以上。

二、参与重大决策

1991 年大屯煤电公司党委印发《关于进一步加强领导班子建设的意见》,明确提出加强党的领导,保证党的政治核心地位,加强各级班子成员的选拔、任用、教育、培养是公司和各级党组织的重要政治责任。各级领导班子要坚决贯彻党的民主集中制原则,在选用干部问题上必须充分协商、集体研究。在决定本单位重大问题时,必须注意调查研究,广泛听取意见,在党政主要领导统一思想后,按照规定程序进行决策。对领导班子实行年度申报考核制度。

1995 年 5 月 19 日,公司党委印发《关于坚持和健全民主集中制的意见》,该意见明确规定,坚持民主集中制、坚持集体领导和个人分工负责相结合的原则,不断增强班子的凝聚力和战斗力,发扬党内民主,调动全体党员的积极性,保证党的方针政策和上级指示决议在各单位认真贯彻执行,加强和健全党内监督,严肃党的纪律。

1999 年,公司党委出台《中共大屯煤电(集团)有限责任公司委员会工作暂行规定》,对参与重大问题决策的内容、途径和方法做出明确规定,党员董事以董事身份参加会议参与重要问题决策,并积极发表意见和建议,党组织负责人参加经理办公会议,董事会、经理、厂(矿、处)长在对重大问题决策前,应听取党委的意见,重大决策执行情况,应向党委通报。

2012 年 11 月 27 日,公司党委出台《公司贯彻落实"三重一大"决策制度的实施办法》,对"三重一大"事项的主要范围、决策程序、组织与监督、责任追究等做出明确规定。

2015 年 5 月 25 日,公司党委制定出台《中共大屯煤电集团公司委员会工作规则》,明确

公司党委发挥政治核心作用,对党委会、党政联席会、党委书记办公会、党委书记例会、民主生活会等会议制度以及请示报告制度、公文审批制度、组织制度、学习制度、作风和纪律做出具体规定。

2016年10月,全国国有企业党的建设工作会议召开后,公司党委深入学习贯彻会议精神,在加强党的领导与完善公司治理相统一方面积极探索实践。2017年3月,修订公司章程以及党委会、董事会、总经理办公会工作规则,依法推进党建工作进章程;出台《中共大屯煤电集团公司委员会议事决策规则》,对党委议事决策遵循的原则、议事决策的范围、决策前的协商和酝酿、议事决策的方法程序、决策的执行和监督、文件审批等做出规定和规范,建立健全党组织发挥把方向、管大局、保落实作用的机制,将党组织的职责定位、机构设置、运行机制、基础保障等制度化,从领导机制上确保了党的领导与董事会、经理层决策的深度融合。公司党委中心组学习见图12-1-1。

图12-1-1 公司党委中心组学习

2018年2月,经中煤集团党委研究决定,中共上海大屯能源股份有限公司临时委员会成立,代管中共大屯煤电集团公司委员会,理顺了上市公司和存续企业的治理关系。7月5日,根据党的十九大通过的《中国共产党章程》第三十三条规定,公司党委印发《中共上海大屯能源股份有限公司委员会工作规则》,明确公司党委发挥领导作用,把方向、管大局、保落实,依照规定讨论和决定公司重大事项,凡是涉及党的建设的重大问题、干部管理的重要事项,一律由党委会"研究决定";凡是涉及生产经营、改革发展等需要董事会和经理层决策的重大问题,特别是涉及企业改革的深层次问题、转型发展的战略性事项,全部提交党委会前置"研究讨论"。按照新时代党的建设总要求,坚持党要管党、全面从严治党,不断提高党的建设质量和水平,实现对企业的政治领导、思想领导、组织领导。

2019年10月,根据国务院国有资产监督管理委员会制定的国资监管信息化建设2018—2020年"三年行动计划"及系列配套文件要求,以及中煤集团关于建设"三重一大"决策运行监管系统有关要求,公司党委完成了党的十九大以来涉及企业改革发展以及党的建设的"三重一大"议题的分类录入、导入核对等工作。

三、组织生活制度

（一）党组织换届选举

公司党委每届任期五年，任期届满按期进行换届选举。各单位党组织每届任期四年，任期届满应按期进行换届选举。如需延期或提前进行换届选举，应报公司党委批准。延长期限一般不超过一年。换届选举严格执行《中共共产党章程》《中国共产党基层组织选举工作暂行条例》，严格遵守换届纪律，认真做好会前沟通、请示报告、代表选举、"两委"人选酝酿推荐、"两委"工作报告、会务等各项工作，保证工作质量，确保换届选举合规、有效。基层党支部每届任期三年，任期届满应按期进行换届选举。党支部有党员 7 人以上的设立支部委员会，支部委员会一般由 3～5 人组成；党员人数不足 7 人的党支部，不设支部委员会，可设党支部书记 1 人，必要时增选副书记 1 人。

（二）谈心谈话

党组织领导班子成员之间、班子成员和党员之间、党员和党员之间开展经常性的谈心谈话，坦诚相见，交流思想，交换意见。领导干部要带头谈，也要接受党员、干部约谈。做到"五个谈透"，即班子的问题谈透、个人的问题谈透、双方的问题谈透、相互批评意见谈透、改进的措施谈透。对存在问题又缺乏认识的党员要反复谈，帮助提高认识、正视问题；对平时有分歧的党员要通过谈心消除隔阂、增进了解；对外出流动、挂靠党员要通过电话、网络等方式了解思想和工作情况；对困难党员、年老体弱党员要上门谈心，主动关怀，听取意见；各单位党组织对存在突出问题的党支部班子成员，有针对性地谈话提醒。谈心谈话活动可结合组织生活会集中安排，也可根据需要随时进行。

（三）"三会一课"

基层党支部党员大会原则上每季度至少召开一次；支部委员会会议原则上每月召开一次；党小组会原则上每月至少召开一次。党课由党支部根据不同时期的形势和任务，结合本单位实际和党员思想状况有针对性地组织进行，全体党员和入党积极分子参加，每年不少于四次，原则上每季度举行一次。坚持党员领导干部讲党课，党委书记每年至少为基层党员讲一次党课，鼓励普通党员轮流上台讲党课。"三会一课"要突出政治学习和教育，突出党性锻炼，坚决防止表面化、形式化、娱乐化、庸俗化。

（四）民主生活会和组织生活会

公司两级领导班子民主生活会和党支部组织生活会每年召开一次，一般于当年底或次年初集中进行。根据实际需要，也可以随时召开。党委领导班子民主生活会一般应包括学习研讨、征求意见、谈心谈话、撰写班子对照检查材料和个人发言提纲、开展批评和自我批评、整改落实 6 个环节。党支部组织生活会一般包括组织集中学习、开展谈心谈话、广泛征求意见、查找突出问题、开展批评和自我批评、抓好问题整改 6 个环节。严格各项程序和标准，上级党组织加强对下级党组织的督导，确保会议质量。党员领导干部落实双重组织生活制度，以普通党员身份参加所在党支部的组织生活会。

（五）民主评议党员

民主评议党员一般每年开展一次，可结合党支部年度组织生活会进行。党员一般应按照党组织隶属关系，参加所在党支部的民主评议。按照个人自评、党员互评、民主测评、组织评定的程序，对党员进行评议。党员人数较多的党支部，个人自评和党员互评可

分党小组进行。督促党员对照党章规定的党员标准、对照入党誓词、联系个人实际进行党性分析,强化党员意识、增强党的观念、提高党性修养。党支部综合民主评议情况和党员日常表现,按照优秀、合格、基本合格、不合格,确定党员评议等次。参加民主生活会的党员领导干部,可不参加民主评议。预备党员参加民主评议,但不评定等次。对评为优秀等次的党员,党支部通过适当方式进行表扬。公司各级党组织表彰优秀党员,一般应从党支部评为优秀等次的党员中产生。对评为合格等次的党员,引导其向优秀党员学习,不断提升自己。对评为基本合格等次的党员,党支部书记要与其谈话,严肃指出不足,帮助改正缺点。对评为不合格等次的党员,及时进行批评教育,根据其表现和态度,采取限期改正、劝退、除名等方式进行组织处置。上级党组织要对下级党组织年度民主评议党员结果进行综合评估和审核把关。

(六)党委中心组学习

公司两级党委中心组学习原则上每季度至少集中学习一次,特殊情况可酌情调整。集中学习有专题发言,中心组成员围绕主题开展研究讨论。结合思想和工作实际,中心组成员每年要撰写学习心得体会,并在中心组内有组织地进行交流。要注重学用结合,把理论学习和统一思想、分析形势、推进工作、转变作风等相结合,推动学以致用,确保学习实效。

(七)党费收缴使用管理

党员应当增强党员意识,主动按月足额交纳党费。遇到特殊情况,经党支部同意,可以每季度交纳一次党费,也可以委托其亲属或者其他党员代为交纳或者补交党费。补交党费的时间一般不得超过 6 个月。对不按照规定交纳党费的党员,其所在党组织应及时对其进行批评教育,限期改正。各级党组织要严格按照有关标准,准确核定党员交纳党费的计算基数和数额,不得垫交或扣缴党员党费。按照统筹安排、量入为出、收支平衡、略有结余的原则,在规定的范围内合理使用党费。严格党费专账管理、专人负责制度,严格定期公示、年终报告制度,确保党费管理工作透明、公开。

(八)党员发展

发展党员必须把政治标准放在首位,经过党的支部,坚持个别吸收的原则。严把"入口关","成熟一个发展一个",防止突击发展,确保发展质量。规范党员发展工作流程,认真做好申请入党、入党积极分子的确定和培养教育、发展对象的确定和考察、预备党员的接收、预备党员的教育考察和转正 5 个程序、25 个步骤各项具体工作。做好发展党员过程记录,规范完善党员档案材料,形成规范有效的党员档案管理机制。

(九)党组织关系管理

按照有利于党组织管理,有利于党员参加活动,有利于发挥党员作用的原则,规范和理顺党组织隶属关系,确保每个党员都能纳入党的一个支部的管理之中。党员外出地点或工作单位相对固定,外出时间 6 个月以上的,一般应当将组织关系转出。加强对挂靠党员党组织关系接转的管理和服务工作。协解、外派、挂职的党员干部应当及时接转党组织关系,不得无故拖延。

(十)请示报告

各级党组织必须如实向上级党组织请示报告工作、反映情况、分析问题、提出意见和建议。党员领导干部必须强化组织观念,工作中重大问题和个人有关事项必须按规定按程序

向组织请示报告,离开岗位或工作所在地事先向组织请示报告。对无正当理由不按时报告、不如实报告或隐瞒不报的,必须严肃处理。

四、从严管党治党

1991 年 6 月 10 日,公司党委印发《关于加强矿风建设的意见》,明确提出学习弘扬石圪节精神,建设具有大屯矿区特色的矿风,并把矿风建设列入精神文明建设和党委工作目标管理,定期进行检查考核,"艰苦创业、改革创新、团结奉献"的大屯精神逐渐成为广大职工的共识。9 月,公司党委开展纠正行业不正之风工作。

1992 年 1 月 3 日,公司党委印发《关于认真贯彻执行中办国办〈通知〉严禁公款吃喝送礼和滥发钱物的通知》,明确必须充分认识严禁公款请客送礼、滥发钱物和公费旅游等是加强党风和廉政建设、密切党同人民群众联系所采取的重要措施,把贯彻执行规定提高到执行党的纪律、与党中央保持一致、增强反"和平演变"自觉性的战略高度来认识。

2000 年 4 月,公司党委在两级领导班子中开展"全心全意依靠工人阶级"学习研讨活动,召开了"全心全意依靠工人阶级"理论与实践研讨会。5 月,公司党委在全公司党员干部中开展"保廉洁、干实事、塑形象、作表率"主题教育活动,推动了公司"管理质量效益年"活动的开展。10 月 2 日,公司党委印发《贯彻中共中央、国务院〈关于实行党风廉政建设责任制的规定〉实施细则的通知》,实施细则共 5 章 59 条,对责任内容、责任考核、责任追究等做出了明确规定。

2003 年 4 月 7 日,公司党委印发《关于在全公司党员领导干部中开展"两个务必"主题教育活动的实施意见》,深入学习毛泽东、邓小平、江泽民、胡锦涛关于坚持"两个务必"的重要论述,学习《"两个务必"主题教育学习材料》,开展以"从我做起、向我看齐、对我监督""管好自己、管好配偶子女、管好身边工作人员""廉内助、廉管家、廉助手"为内容的"三我三管三廉"系列教育活动等,教育引导党员干部特别是领导干部都能真正懂得"越是改革开放和发展社会主义市场经济,越要弘扬艰苦奋斗精神"的深刻道理,永远保持艰苦奋斗的政治本色。

2004 年 3 月,公司党委在全公司党员领导干部中开展"增强纪律观念,自觉接受监督"主题教育活动;6 月在全公司党员领导干部中开展反腐倡廉系列教育活动。4 月 14 日,印发《关于学习宣传贯彻〈中国共产党党内监督条例(试行)〉和〈中国共产党纪律处分条例〉的意见》。8 月起,在领导班子和领导干部中开展公开诺廉工作。12 月 28 日,公司党委印发《关于在领导班子和领导干部中开展述廉评廉考廉工作的暂行办法》。

2006 年 1 月 23 日,公司党委印发《关于加强公司机关工作作风建设的若干意见》,从加强机关工作作风建设的领导、严格机关工作作风建设的考核、加强机关党风廉政建设、创建学习型的机关、加强机关劳动与工作纪律、勤政务实做好服务工作等方面,完善制度、转变作风、强化监督检查。同年先后印发《关于领导干部职务消费的暂行规定》《关于加强对党政"一把手"监督的实施意见》《关于建立对党政"一把手"监督工作联席会议制度的实施细则》,加强对"一把手"的监督管理。

2008 年 5 月 30 日,公司党委印发《关于贯彻落实中煤集团党委在组织人事部门开展"讲党性、重品行、作表率,树组工干部新形象"活动意见的通知》,公司两级组织人事部门深入学习党的十七大精神和党章,学习中国特色社会主义理论体系特别是科学发展观,学习胡锦涛关于加强党性修养和品德修养等方面的有关论述,交流学习体会,广泛开展自查和征求

意见、谈心谈话等工作,召开了部门专题民主生活会。

2011年3月至6月,公司党委在全公司科级以上领导干部中开展学习《关于实行党风廉政建设责任制的规定》专题教育活动。

公司党委坚持贯彻执行中央八项规定精神。2013年2月22日,制定出台《关于进一步改进工作作风厉行勤俭节约的具体措施》(屯能司〔2013〕94号),对提升调查研究工作质量、精简会议活动和文件、规范因公出国(境)管理、改进新闻宣传工作、厉行勤俭节约、牢固树立服务意识、扎实抓好督促落实等方面做出规定。4月2日,印发《关于印发公司进一步规范管理规定的通知》(屯能司党〔2013〕151号),进一步对规范公司决策程序、加强工作的前瞻性预见性计划性、不断转变工作作风、规范办事程序、严格人力资源管理、加强检查考核和严格责任追究等做出规定。2014年12月2日,公司党委制定出台《关于落实党风廉政建设主体责任的意见》(屯煤电司党〔2014〕142号),明确规定党委廉政建设责任主体、党组织班子集体责任、领导班子成员的个人责任。2015年1月25日,印发《关于进一步规范公司领导干部外出请假制度的补充通知》。5月15日,印发《公司领导人员履职待遇、业务支出管理办法》,对公司领导人员公务用车、办公用房、培训、业务接待、国内差旅和因公临时出国(境)、通信、预算管理等事项做出规定。8月起,公司党委在全公司范围内部署开展中央八项规定精神贯彻落实情况监督检查。

2015年5月22日,中煤集团党委第一巡视组召开巡视大屯公司动员会,正式进驻公司开展"工程劳务分包"专项巡视,全面监督检查领导班子及其成员对本单位工程项目分包、劳务分包管理情况、外委队伍清理整顿情况,重点了解在招(投)标管理、工程项目分包、劳务分包、工程结算等方面有无违规违纪、权力寻租、权力腐败等问题。8月25日,巡视组召开通报会,向公司反馈了5个方面主要问题和7项具体问题。10月9日,公司党委印发《中共大屯煤电集团公司委员会关于印发〈中煤集团党委第一巡视组工程劳务分包专项巡视反馈意见整改工作措施〉的通知》。12月14日至30日,中煤集团党委第一巡视组对大屯公司巡视整改情况进行"回头看"。

2016年1月25日,公司党委向中煤集团党委报告了专项巡视反馈意见整改情况。2月下旬至4月上旬,公司党委部署开展"四风"问题整治情况"回头看"工作。2月22日,公司机关党委制定出台《公司机关作风效能建设十条规定》。3月中旬,国资委第六巡视组巡视中煤集团党委期间赴公司进行调研,听取了公司2013年以来工作情况汇报,与公司领导班子成员、部分中层干部进行个别谈话。8月11日,公司纪委印发《关于严禁党员领导干部大操大办"升学宴""状元酒""谢师宴"的通知》。

2017年1月12日,公司印发《关于印发进一步改进工作作风厉行勤俭节约的具体措施(修订)的通知》,对提升调查研究工作质量、精简会议活动和文件、规范因公出国(境)管理、提升新闻宣传质量、厉行勤俭节约、牢固树立服务意识、扎实抓好督促落实等事项做出规定。8月28日,公司印发《关于重申有关规定严明劳动纪律提高工作效率的通知》,对执行请销假制度、严格劳动纪律管理、加强各项工作及责任落实、切实转变机关作风方面做出重申。8月31日,制定出台《贯彻落实习近平总书记"三个区分开来"重要思想、建立公司领导干部及管理人员容错纠错机制的实施办法》。10月上旬,部署开展干部作风督查工作,采取现场督查和来信来访督查方式,重点督查公司中层干部、机关全体工作人员遵守劳动纪律、请销假制度、值班带班制度、遵守会风会纪情况。

2018年,公司党委贯彻全面从严治党要求,推动党要管党、从严治党向纵深推进、向基层延伸,3月至11月在全公司范围内部署开展巡察自查自纠工作,全面自查自纠2015年1月至2017年12月以来在党建工作、主体责任落实、监督责任落实、"三重一大"集体决策制度执行、工程建设等18个方面可能存在的117项问题。5月下旬至9月底,按照中煤集团党委统一部署和要求,公司党委在全公司开展领导干部工作作风专项整治工作。10月30日起,认真贯彻落实习近平总书记关于坚决整治形式主义、官僚主义的一系列重要讲话和批示精神,按照中煤集团党委要求,开展集中整治形式主义、官僚主义工作。11月上旬至12月底,部署开展领导干部生活作风集中整治专项活动。

2019年3月5日至5月20日,集团公司党委第一巡视组对大屯公司所属24个基层党组织进行了全覆盖巡察,反馈立行立改问题141条,反馈主要问题6项,移交查办具体问题22个。公司党委高度重视,把巡察反馈意见整改作为重要政治任务,认真履行全面从严治党主体责任,督促和指导所属基层党委开展整改工作,坚持举一反三,突出标本兼治。5月15日,巡视组向公司所属党组织反馈了立行立改问题。5月16日,公司党委随即召开整改落实部署会,制定整改方案、明确整改时限、建立整改台账,被巡察单位党组织作为整改主体,全盘认领、照单全收、逐项销号。5月20日,公司下发《关于切实做好集团公司党委巡察移交问题整改工作的通知》(屯能司临委〔2019〕44号),对公司两级党组织落实整改任务提出明确要求,公司层面发挥统管督办、调度协调作用,成立案件核查问责、问题整改落实、内控管理提升三个工作组,公司纪委书记、党委副书记、总会计师分别担任组长,被巡察单位同步成立整改工作机构,压实责任、落到人头。5月29日至30日,公司党委领导全程参加各单位巡察整改现场反馈会,对做好整改工作进行督查。6月14日至15日,公司召集专门会议,逐一听取被巡察单位整改工作汇报,对各单位整改措施及落实情况进行审核把关,保证事事有着落、整改有效果。6月26日至28日,安排专人全程配合巡察整改督导,整改工作取得良好效果。公司及所属单位建立(修订)制度、流程282项,对巡察移交转办问题线索进行认真调查核实后,给予党政纪处分15人,挽回经济损失71.65万元。巡视组向大屯公司所属基层党组织共反馈立行立改问题141条,已整改完成140条,1条正在整改之中。11月13日至14日,配合做好国资委党委第三巡视组巡视中煤集团党委期间对大屯公司开展的延伸巡视,全面汇报了公司工作情况。巡视组与公司领导班子、中层干部进行了个别谈话,调阅了公司党的建设资料,深入姚桥煤矿组织召开了一线党员、职工群众座谈会。

2019年4月12日,公司党委印发《关于落实全面从严治党党委主体责任、纪委监督责任的实施意见》,进一步明确细化落实全面从严治党主体责任和监督责任的总体要求、党委领导班子集体责任、党委书记责任、党委领导班子成员个人责任、纪委监督责任以及保障措施,制定出台《大屯公司支持配合国资委党委巡视组开展巡视监督工作实施办法》,明确了配合巡察的工作联系机制、信息资料报送、重要事项通知、巡视整改事项等方面内容。

2020年1月,公司党委印发《关于深入开展巡察自查自纠工作的通知》,成立自查自纠工作领导小组及办公室,分自查自纠、整改落实及总结报告、重点抽查3个阶段开展。各单位对照梳理出的6个方面68条问题开展自查自纠并形成整改报告,公司督查组深入9家基层单位进行现场督查,并形成督查情况报告。3月26日,公司党委召开整改督查专业会,听取了关于巡察自查自纠、集团公司党委巡察反馈问题、审计问题整改和责任追究工作落实督查情况的汇报,指出了存在的3方面问题,提出了对照整改要求再梳理、严格进行审核把关、

做好问题反馈整改、严肃纪律要求等 4 方面具体要求,并形成纪要下发。4 月 23 日,公司党委书记会听取了徐庄煤矿、实业公司关于巡察自查自纠、巡视巡察和审计整改落实及督查反馈问题整改情况的汇报。

第二节 组织建设

一、公司党委

1991 年初,公司党委在任领导:书记王振国,副书记黄乐儒,委员孟以猛、侯作顺、纪瑞华、杨绪武、牛爱清。纪委在任领导:书记孙明珊。

1994 年 7 月,孙明珊任中共大屯煤电公司委员会副书记,颛孙正宗为大屯煤电公司工会主席,王庆先为大屯煤电公司调研员。

1995 年 10 月,孙明珊任中共大屯煤电公司委员会书记。于反修任中共大屯煤电公司纪委书记。增补曹祖民、王金余、张其廉、颛孙正宗、于反修为中共大屯煤电公司委员会委员。

1997 年 5 月 8 日,中共大屯煤电公司第二次代表大会召开。大会选举于反修、王金余、孙明珊、纪四平、吴建国、张其廉、黄乐儒、曹祖民、颛孙正宗(以姓氏笔画为序)为中共大屯煤电公司第二届委员会委员,孙明珊为书记,黄乐儒为副书记;选举于反修、马品贤、朱建伟、庞振芬、郭秉平、高丕银、唐宝祯(以姓氏笔画为序)为中共大屯煤电公司纪律检查委员会委员,于反修为书记。11 月 28 日,大屯煤电(集团)有限责任公司正式揭牌成立,组建中共大屯煤电(集团)有限责任公司委员会,书记孙明珊,副书记曹祖民、黄乐儒,委员于反修、颛孙正宗、纪四平、刘雨忠、王金余、张其廉、吴建国。中共大屯煤电(集团)有限责任公司纪律检查委员会由原中共大屯煤电公司纪律检查委员会委员组成,于反修任书记。大屯煤电(集团)有限责任公司工会委员会由大屯煤电公司工会委员会委员组成,颛孙正宗任主席。

2004 年 10 月 27 日至 28 日,中共大屯煤电(集团)有限责任公司第一次代表大会召开。大会选举王金余、刘雨忠、于反修、蒋韬、纪四平、殷华东、徐国栋、许大雄、祁和刚、姚惠兴、刘永利 11 人为中共大屯煤电(集团)有限责任公司第一届委员会委员,王金余为书记,刘雨忠、于反修、蒋韬 3 人为副书记;选举于反修、张开新、刘永利、向开满、王明山、黄新、王晓翌 7 人为中共大屯煤电(集团)有限责任公司纪律检查委员会委员,于反修为书记,张开新为副书记。2006 年 5 月,中煤集团党委任命刘雨忠为大屯煤电(集团)有限责任公司董事长、党委书记。12 月,任命张天森为大屯煤电(集团)有限责任公司党委副书记、纪委书记。

2009 年 5 月,中煤集团党委任命义宝厚为大屯煤电(集团)有限责任公司党委书记。6 月,任命李馥友为大屯煤电(集团)有限责任公司董事长、总经理、党委副书记,任命梁云为大屯煤电(集团)公司纪委书记。2010 年 8 月,中煤集团党委任命李占福为大屯煤电(集团)有限责任公司党委副书记、纪委书记。

2011 年 8 月 18 日至 19 日,中共大屯煤电(集团)有限责任公司第二次代表大会召开。大会选举丁仁刚、义宝厚、许大雄、李占福、吴继忠、张毅勤、姜华、姚惠兴、倪宝新、梁云(以姓氏笔画为序)为中共大屯煤电(集团)有限责任公司第二届委员会委员,义宝厚为书记,李占福为副书记;选举王夺穆、李占福、宣卫东、倪宝新、曹建明、梁伟刚、曾现周(以姓氏笔画为

序)为中共大屯煤电(集团)有限责任公司纪律检查委员会委员,李占福为书记,曾现周为副书记。

2013年3月,中煤集团党委任命姜华为大屯煤电(集团)有限责任公司党委副书记。2015年3月,任命牛旭亭为大屯煤电(集团)有限责任公司党委副书记、纪委书记。2016年10月,任命赵兴旺为大屯煤电(集团)有限责任公司党委副书记、纪委书记。

2016年12月8日至9日,中共大屯煤电(集团)有限责任公司第三次代表大会召开。大会选举义宝厚、马文智、王树斌、许之前、吴继忠、赵兴旺、姜华、唐召信、薛柏会(按姓氏笔画为序)为中共大屯煤电(集团)有限责任公司第三届委员会委员,义宝厚为书记,姜华、赵兴旺为副书记;选举王明山、向开满、赵兴旺、段建军、顾宏彬、倪宝新、魏伟(按姓氏笔画为序)为中共大屯煤电(集团)有限责任公司第三届纪律检查委员会委员,赵兴旺为书记,王明山为副书记。

2017年2月,中煤集团党委任命包正明为大屯煤电(集团)有限责任公司党委副书记、副董事长。9月,任命包正明为大屯煤电(集团)有限责任公司党委书记、董事长、总经理。

2018年2月24日,中煤集团党委印发《关于成立上海大屯能源股份有限公司临时党委、临时纪委及包正明等7名同志任职的通知》,成立上海大屯能源股份有限公司临时党委,任命包正明、毛中华、吴继忠、马文智、薛柏会、王树斌、唐召信为党委委员,包正明为书记,毛中华为副书记。上海大屯能源股份有限公司临时党委管理大屯煤电(集团)有限责任公司党委。3月,任命孙凯为公司党委委员。4月,任命徐宏伟为公司党委委员、纪委委员、纪委书记。6月,任命向开满为公司党委副书记。

2019年12月,任命吉春来为公司党委委员、纪委委员、纪委书记。

2020年1月,任命张沛顶为公司党委委员。

二、党群部门机构

1994—2006年,公司党群组织机构有党委办公室、党委组织部、党委宣传部、纪委、团委、工会、武装部(公安保卫)、党校、新闻中心。

2006年5月,公司印发《关于公司机关改革的通知》,成立监察审计部(纪委),负责纪检监察和内部审计;成立保卫部(武装部);成立企业文化部,负责企业文化建设、宣传调研,管理新闻中心;成立党委工作部(组织部),负责综合管理、组织、机关党委、团委;成立工会,负责综合管理、组织宣传教育、职工生活、民管法律、生产保护。党校培训职能设在培训中心。

2006年9月,公司党委下发《关于调整公司机关有关组织机构的通知》(煤电司委〔2006〕75号),公司党校与培训中心合署,公司纪委与监察审计部合署。

2010年8月,公司党委印发《关于单独成立公司团委的通知》,团委机构及编制从党委工作部(组织部)划出,独立设置团委。9月,公司党委印发《关于调整公司信访工作隶属关系的通知》,信访工作职能由办公室划至党委工作部(组织部)。

2017年7月,保卫部(武装部)与物业管理分公司(现中能服务公司)合署办公。

2018年5月,团委与党委工作部合署,人力资源部干部管理职能划归党委工作部(组织部)。

2019年3月,公司信访工作职能由党委工作部(组织部)划至离退休管理中心。

2019年6月,公司成立审计中心,审计职能从纪委监察审计部划出,公司成立纪委机关。

2020年3月,撤销公司企业文化部,职责并入公司党委宣传部,由公司党委宣传部统一负责宣传思想教育工作和企业文化建设工作。

三、公司所属党组织

1990年以来,公司党委认真贯彻落实《中国共产党章程》规定,坚持企业发展到哪里党的组织就建设到哪里,伴随着企业改革、改制、发展等过程,及时成立、调整、撤销所属基层企业党组织,党组织建设与企业改革发展实现了"四同时""四对接"。

1992年3月成立徐州办事处临时党支部,5月成立铁路工程处党总支,钻井队党支部由公司党委直属划归铁路工程处党总支领导。

1995年2月撤销大沪公司党总支,上办党委直接领导党支部工作。

2000年10月成立中国共产党上海大屯能源股份有限公司委员会、纪律检查委员会,12月党组织关系转入上海市工业党委。

2003年5月成立大屯公安分局党委、纪委。原汽车队已更名为汽车运输分公司,汽车队党总支更名为汽车运输分公司党委。

2004年6月成立江苏大屯铝业公司党委,成立煤炭贸易部党总支,成立江苏煤电高级技工学校党委;11月成立江苏煤电技师学院党委。

2005年4月,成立物资贸易部党委。

2006年9月成立离退休管理中心党总支;11月成立徐州大屯工贸实业公司党委、纪委。12月成立江苏煤电高级技工学校党委、纪委。

2007年9月成立朔州项目部党委、纪委;11月成立徐州四方铝业集团有限公司党委、纪委。

2010年3月撤销朔州项目部党委;8月成立铝板带厂党委、纪委。

2011年5月成立教育卫生办公室党总支;9月成立徐州大屯工程咨询有限公司党总支。10月成立鸿新煤业有限公司直属党支部;12月成立选煤中心党委、纪委,撤销选煤厂党委、纪委。

2012年4月成立中煤职业技术学院党委、纪委,撤销江苏煤电高级技工学校党委、纪委。

2013年12月成立汽车运输分公司党委,成立离退休管理中心党委。撤销汽车运输分公司党总支、离退休管理中心党总支。

2014年4月成立山西阳泉盂县玉泉煤业有限公司党委。

2015年1月成立苏铝公司党委、纪委,撤销徐州四方铝业集团有限公司党委、纪委,撤销铝板带厂党委、纪委。

2017年2月,成立热电项目筹建处直属党支部,原隶属发电厂党委的热电项目筹建处党支部自然撤销。

2018年1月成立江苏大屯电力工程有限责任公司党总支,撤销上海大屯煤电有限公司党委。3月成立江苏大屯水处理工程有限责任公司党总支。5月更名为江苏大屯水处理科技有限公司党总支,徐州大屯工程咨询有限公司党总支升格为党委。6月撤销江苏大屯铝业有限公司党委,中小学管理中心党委、第一中学党总支、第二中学党总支党组织关系转出到沛县。8月成立中煤大屯铁路工程有限公司党委、纪委,撤销中煤大屯建筑安装工程公司党委、纪委。10月撤销煤炭贸易部党总支。

2019年3月,江苏大屯电力工程有限责任公司党总支升格为党委。6月成立救护大队党总支,成立设备管理中心直属党支部。9月撤销上海办事处党支部。11月,中煤能源新疆鸿新煤业有限公司直属党支部升格为党委,成立江苏大屯煤炭贸易有限公司党总支,成立徐州大屯工贸实业有限公司党委、纪委,撤销徐州大屯工贸实业公司党委、纪委。11月撤销公安保卫党委,大屯公安分局党组织关系转出到徐州市公安局党委。12月成立中共江苏大屯电热有限公司党委、纪委,撤销发电厂党委、纪委。

2020年4月,热电厂直属党支部升格为党委。

截至2020年6月,公司共有基层党委26个,党总支2个,直属党支部1个,基层党支部434个,共有党员7 526人,在职党员4 914人。基层党组织分布及党员数量详见表12-1-1。

表 12-1-1 2020 年公司基层党组织分布情况表

序号	党组织名称	党支部数	党员数	2019年发展新党员数
1	姚桥煤矿党委	38	539	24
2	孔庄煤矿党委	34	471	19
3	徐庄煤矿党委	32	517	19
4	龙东煤矿党委	23	368	11
5	电热公司党委	21	223	12
6	热电厂党委	5	65	1
7	苏铝铝业公司党委	17	425	3
8	铝板带厂党委	10	90	3
9	铁路管理处党委	17	261	6
10	选煤中心党委	20	309	9
11	拓特厂党委	15	150	3
12	铁路工程公司党委	15	105	3
13	汽运分公司党委	8	94	1
14	物资贸易部党委	15	93	4
15	实业公司党委	23	255	7
16	电力工程公司党委	11	82	5
17	水处理公司党委	9	97	2
18	中能服务公司党委	20	156	2
19	中心医院党委	15	134	3
20	中煤职业技术学院党委	11	141	3
21	工程咨询公司党委	9	85	5
22	离退休管理中心党委	21	2 347	5
23	鸿新煤业公司党委	4	31	0

表 12-1-1（续）

序号	党组织名称	党支部数	党员数	2019 年发展新党员数
24	天山煤电公司党委	9	100	0
25	玉泉煤业公司党委	2	8	0
26	机关党委	23	310	8
27	救护大队党总支	4	30	1
28	煤炭贸易公司党总支	2	14	0
29	设备管理中心直属党支部	1	26	1

四、党组织管理体系

1991 年 2 月，公司党委出台关于推行党支部工作目标管理和党员目标管理的意见，对全矿区基层党支部工作和党员的政治、组织、思想、作风等情况进行综合目标管理和考核。年初，在姚桥煤矿召开了实行"双目标"管理工作现场会。"双目标"管理经验在总公司和徐州市党建工作经验交流会上做了介绍。6 月 10 日，公司党委印发《关于加强"六好"区队（车间）建设的意见》（屯电司委〔1991〕45 号），明确班子素质好、队伍作风好、思想政治工作好、安全生产好、民主管理好、经济效益好的"六好"标准。公司党委印发《六好区队考核细则》。11 月 23 日，公司党支部党员"双目标"管理等 3 篇经验材料在华东地区煤炭企业党建工作会上进行了交流。

1992 年 4 月 22 日，公司党委印发《党委工作目标管理考核细则》（屯电司委〔1992〕22 号），在总结经验基础上，进一步明确了年度党委工作目标、实现目标及保障措施和落实部门。10 月，公司制定《组织员工作条例》共 7 章 20 条，加强对发展党员工作的领导，保证发展党员质量；该条例明确了组织员的设置、任免、职责和权力、奖惩等内容。

1997 年，继续开展以"双目标"管理为核心的创先争优活动。

1998 年 4 月，公司党委根据中共中央关于进一步加强和改进国有企业党的建设工作的通知精神，修订党委目标管理细则，印发《集团公司党委（总支）工作目标管理考核标准》。

2001 年 2 月，公司党委印发《关于改进党员领导干部民主生活会的意见》，将原来的一年召开两次改为一年召开一次，时间安排在每年 7 月。对会前准备、会中开展批评与自我批评、会后整改和有关材料的上报工作等任务、程序、标准进行规范，公司党委加强对基层单位党委（总支）民主生活会的指导。党支部民主生活会一年召开两次，时间安排在每年的 1 月份和 7 月份，基层单位党委（总支）加强对党支部民主生活会的指导。11 月，印发《关于加强和改进集团公司两级党委中心组学习的实施意见》。12 月，制定《两级领导班子成员开展谈心活动的制度》。

2002 年，公司党委加强支部建设，先后印发《关于在基层区队（科室、车间）推行思想政治工作"一岗两责"的意见》《党支部工作实施细则》。孔庄煤矿党委、物资部党总支、徐沛铁路管理处党委、第一中学党总支、第二中学党总支、江苏煤电高级技工学校党总支、汽车队党总支换届选举。

2003 年，公司党委开展创建"学习型组织"活动，基层单位广泛开展了以"创先争优"为主题的"一旗三能八在前""三区一岗""争当改革创新排头兵"等活动。4 月，公司在全公司

党员领导干部中开展"两个务必"主题教育活动。9月,公司在组织人事系统开展"树组工干部形象"活动。

2004年7月,公司党委印发《关于加强党组织活动管理的通知》,加强对党组织活动的领导,规范党组织活动及经费使用的管理。当月,公司制定印发了《关于加强党组织活动经费管理的通知》。

2006年8月,公司党委开展创建"四好"领导班子活动,成立了活动领导小组,制定了"四好"领导班子活动考核细则。2007年12月,围绕创建"四好"领导班子(政治素质好、经营业绩好、团结协作好、作风形象好)和"四有"党组织活动(有地位、有能力、有保障、有作为),制定了考核细则,每年考核一次。

2009年,制定了"453"("四有"党组织、"五好"党支部、"三高"党员队伍建设)党建工程实施办法和考核标准。

2010年5月19日,公司党委印发《关于进一步加强和改进党建工作的意见》(屯电司委〔2010〕36号),对党的建设工作做出全面规划,主要包括推进学习型党组织创建,着力加强思想建设;深化"四五四"党建工程,着力加强组织建设;抓班子、带队伍、聚人才,着力加强领导班子和队伍建设;参与企业重大问题决策,着力发挥党组织政治核心作用;推行党内民主,着力加强作风建设;完善惩防体系,着力加强反腐倡廉建设;构建特色文化,着力加强企业文化建设;健全责任机制,着力加强对党建工作的领导等八个方面内容。

2011年1月,公司党委印发《大屯煤电集团公司党建工作考核综合评价体系》,制定了党建考核综合评价细则、评价流程、信息采集管理、民主测评、创新成果评审办法等配套文件;印发了《关于推进学习型党组织建设的实施意见》;全面推行"标准化党支部"创建工作,印发了《关于开展创建"标准化党支部"工作的实施意见(试行)》,制定党支部工作标准和考核细则,实行党支部工作清单化管理,创建工作每半年进行一次检查考核。

2012年4月,公司党委印发《党务公开工作实施办法》,明确了党务公开的内容、程序、责任和管理要求,纳入党建考核。8月,公司开展各级党组织书记轮训工作。

2012—2013年,公司党委贯彻党中央"基层组织建设年"要求,开展了所属基层党组织分类定级工作,建立完善了"三会一课""民主评议党员""支部换届选举"等基层组织系列制度。

2013年,公司党委印发《公司推进学习型党组织建设考评办法》,明确了学习型党组织建设考评基本指标、考评标准、组织机构、基本要求。

2017年3月,公司党委制定出台《贯彻落实全国国有企业党的建设工作会议精神28项重点任务》,明确加强和改进公司党的建设的具体任务、责任部门,围绕把加强党的领导和完善公司治理统一起来、建设高素质国有企业领导人员队伍、把国有企业基层党组织建设成为坚强战斗堡垒、加强对国有企业党的建设的领导等方面,加强制度建设和体制机制创新,逐项落实推进,提高党建科学化水平。当月,制定出台党组织书记抓党建工作述职评议考核工作方案,建立完善述评考用机制,分批开展了基层单位党组织书记抓党建现场述职评议考核工作。10月,对"标准化党支部"创建工作进一步深化,下发了《关于进一步深化标准化党支部建设的通知》,明确了班子建设好、队伍建设好、廉政建设好、宣传工作好、制度建设好、作用发挥好、阵地建设好、台账资料好8个方面创建内容,细化为27项具体工作,每半年进行一次检查考核,每年命名一次。创新采用"理论+实操"方式,开展党支部书记轮训,将党支

部换届改选、接收预备党员、支部组织生活会、处置不合格党员等支部工作梳理出规范的工作流程和工作标准,开展情景模拟演练。

2018年7月19日,印发《上海能源公司党建工作考核管理办法》,将党建考核得分按照"考核结果÷90×100"公式进行折算,以20%的权重纳入企业负责人年度经营业绩考核。12月,在上半年党建综合考核基础上,进一步修订完善考核管理办法,以"党建考核得分/基准分"作为系数调节基层单位领导班子经营业绩考核兑现。2019年度党建考核按照新办法运用考核结果,对13家二级单位班子成员给予薪酬兑现正激励、6家二级单位领导班子成员薪酬兑现负激励。

2018年9月,公司党委启动示范品牌党支部建设工作,印发了《关于实施示范品牌党支部建设工程 开展示范品牌创建三年行动的通知》,将政治引领力强、推动发展力强、改革创新力强、凝聚保障力强、选配好书记、建设好班子、打造好队伍、构建好机制、创造好业绩、有场所、有设施、有经费、有制度、有活动、有形象"四强五好六有"创建内容量化为8个部分,梳理明确29项具体任务,对公司示范品牌党支部建设做出总体部署。

2019年1月,印发《2019年度公司示范品牌党支部建设工程实施方案》,配套制定示范品牌党支部活动室建设方案,按步骤分批次为基层党支部配备一体机、党员学习书柜等设备设施,为党支部开展活动创造条件。培育出"千米井下钢铁舰队""煤海深处精品岩巷""红色风锤""通防红盾""塔尖舞者""车辆大夫""国优精品""精测细检走在前""定向钻探"等59个示范品牌党支部,给予了命名授牌表彰,其中姚桥煤矿采煤二队"千米井下钢铁舰队"党支部荣获中央企业先进基层党组织称号,被中煤集团集团党委命名品牌党支部,经验材料入选《基层党组织书记案例选编(国企版)》,国务院国资委党建局领导到姚桥煤矿采煤二队调研品牌党支部创建工作,见图12-1-2。

图12-1-2　国务院国资委党建局领导到姚桥煤矿采煤二队调研品牌党支部创建工作

2019年6月,公司党委印发《关于加强公司两级机关党建工作的通知》(屯能司临委〔2019〕53号),明确机关部门正式党员达到3人以上的,成立独立党支部,不足3人的与业务相近、工作联系较多的部门成立联合党支部,做到应建必建。公司机关设机关党委办公室、机关纪委办公室,配备专职工作人员。

2020 年,公司党委深入学习贯彻《中国共产党国有企业基层组织工作条例(试行)》,巩固提升"不忘初心、牢记使命"主题教育成果,持续加强新形势下公司基层党建工作,3 月,印发《关于实施公司基层党建"书记项目"工程的通知》,各基层党组织围绕增强政治功能、提升组织力,以提高基层党建工作质量为主线,以服务改革发展和生产经营为导向,针对本单位党建工作的重点和难点、短板和弱项,着眼切口小、有难度、能抓实的工作,申报 27 个"书记项目"工程开展重点攻关。印发了公司领导班子成员党建工作联系点的通知,对党员班子成员履行"一岗双责"进一步做出明确规定。4 月,印发《关于认真学习贯彻〈中国共产党国有企业基层组织工作条例(试行)〉的通知》,对标全面开展自查自纠。

五、党费收缴使用管理

公司党委认真执行中组部《关于中国共产党党费收缴、使用和管理的规定》《关于进一步规范党费工作的通知》,在规定银行建立了党费专户,并有专人管理,专款专用,遵守党费各项管理制度。目前,公司基层党支部按月全额向党委组织科交纳党费,各单位党委每半年按党员缴纳总额的 70% 向公司党委缴纳党费,公司党委每年按党员缴纳总额的 40% 向徐州市委组织部缴纳党费。截至 2019 年 12 月 31 日,公司累计结存 2 599 995.11 元。2009—2019 年党费收缴、支出、结存情况详见表 12-1-2。

表 12-1-2　公司 2009—2019 年党费收缴与使用情况表　　　　单位:元

年份	基层党组织上缴公司党委	公司党委上缴徐州市委组织部	支出	累计结存
2009	380 409.20	218 000.00	142 164.90	399 354.32
2010	351 755.50	200 000.00	105 997.00	454 317.57
2011	365 062.45	208 000.00	166 975.60	446 815.47
2012	380 465.78	217 000.00	182 050.00	430 440.07
2013	386 734.00	220 000.00	165 547.30	433 278.64
2014	391 591.90	223 000.00	193 404.90	410 219.02
2015	393 422.40	225 000.00	222 549.45	372 594.19
2016	4 180 768.99	225 000.00	353 107.77	4 433 821.84
2017	1 385 722.20	2 800 000.00	4 704 886.36	1 172 842.53
2018	1 257 909.10	729 207.00	1 107 098.00	1 387 798.91
2019	1 612 370.88	0	509 800.08	2 599 995.11

六、干部人才队伍建设

公司各级党组织始终坚持"党管干部""党管人才"原则,从干部选拔任用、监督管理、考核激励、培养教育等各个方面,不断强化党对干部和人才的管理。

（一）干部选拔任用

1991—1997 年,公司干部管理实行党政分管、下管一级的管理制度。公司经理由上级主管任命;公司副经理、"三总师"由经理提名,经组织和干部部门考察,党委讨论后,报上级

和主管部门审批;正副处级由公司主管;矿、厂、院、校、队长由组织、干部部门考察,党委扩大会研究后由公司经理聘任;直属单位副职和"三总师"由本单位正职提名,报公司审批,正副科级由直属单位管理任免,并报公司组织部或干部处备案。公司机关行政科级干部由干部处协助经理管理。

1998年12月14日,公司党委印发了《大屯煤电(集团)有限责任公司公开选拔领导干部试行办法》,规定可以公开选拔公司范围内处级干部和科级干部,包括实行委任制、聘任制的领导干部,以及实行选任制的领导干部候选人,公开选拔领导干部包括公开推荐、统一考试、组织考察、决定任用等程序。

2011年9月22日,公司党委出台了《中煤集团大屯公司中层管理人员管理暂行办法》,对公司中层干部职位任期、条件资格、选拔任用、薪酬待遇、考核奖惩、培训交流、退出岗位等方面内容做了详细规定。

2015年8月3日、2019年4月16日,又先后两次对中层管理人员管理办法进行了修订,完善调整了相关内容。

2016年4月18日,公司党委下发了《关于规范党委会研究干部问题的通知》(屯煤电司党〔2016〕33号),要求干部问题必须由党委会研究决定,不得以党政联席会或其他会议方式代替党委会研究干部问题。

2017年8月10日,公司党委转发了中煤集团党委《关于进一步加强干部选拔任用纪实工作的通知》(屯煤电司党〔2017〕98号),明确了干部选拔的程序和纪实内容要求,在动议提名、组织考察、讨论决定等环节制作了模板文本,规范了公司干部选拔工作程序。

2018年3月11日,公司出台了《大屯公司公开招聘和竞争上岗工作管理办法(试行)》,进一步规范公开招聘和竞争上岗选拔干部程序,加大内部公开竞聘和社会化招聘力度。

2018—2019年,大屯公司新选拔二级单位副总师以上干部中,通过内部公开竞聘选拔39名,通过社会化招聘选拔紧缺专业干部人才9名,占比47%。

截至2019年底,大屯公司共有中层干部(正、副处级)221人。其中年龄40岁及以下16人,占比7.2%;41~45岁27人,占比12.2%;46~50岁66人,占比30%;51~55岁96人,占比43.4%;55岁以上16人,占比7.2%。研究生及以上学历23人,占比10.4%;本科学历190人,占比86%;专科学历8人,占比3.6%。具有高级及以上专业技术职称189人,占比85.5%;具有中级专业技术职称的30人,占比13.6%;具有初级专业技术职称的2人,占比0.9%。

(二)干部考核工作

1992年1月16日,公司党委下发了《关于对公司直属单位领导班子及副处级及以上干部进行考核的通知》,明确考核目的、考核范围、考核内容、考核步骤相关要求。

1997年,为贯彻落实中共中央组织部、国家经贸委、人事部、全国总工会《关于做好国有企业领导班子考核建设工作的通知》精神,公司党委印发了《大屯煤电公司职工代表大会民主评议干部实施办法》,规定民主评议干部主要从干部德、能、勤、绩四个方面进行,以评议工作实绩为主,以新时期党对干部的基本要求为标准,结合领导干部职责范围、任期责任完成情况进行评议。

2010年1月10日,公司党委印发了《公司管理部门负责人年度考核办法(试行)》《公司所属二级单位负责人年度考核办法(试行)》,明确规定了考核原则、考核范围、考核方式、考

核结果应用等内容,考核结果与干部选拔任用、岗位调整、年终兑现挂钩。

2018年7月23日,上海能源临时党委印发了《公司中层管理人员年度考核办法》(屯能司临委〔2018〕76号)的通知,进一步完善了考核原则、考核范围、考核要素及考核方法,并将年度重点工作、经营指标、安全指标、党建工作等内容一并纳入考核范围。该办法更加突出考核结果应用,规定机关、二级单位班子前5名,给予班子2万元奖励;机关正职前5名、副职前10名,二级单位正职前10名、副职前20名,给予1万元奖励。对年度考核结果排名在所在类别后2%的负责人给予黄牌警告,公司领导对其进行诫勉谈话。对考核结果"不称职"或连续两年考核"基本称职"的负责人、连续两年在所在类别后2%的负责人,给予调整、降级或免职处理。

(三)干部监督管理

2001年1月31日,公司党委按照《关于领导干部报告个人重大事项的规定》(中办发〔1997〕3号)要求,印发了《大屯煤电公司公司关于处级干部报告个人重大事项的实施办法》,对领导干部重大事项报告内容、报告时间以及报告人员范围作了具体规定。

2013年8月16日,公司党委下发了《大屯公司中层管理人员报告个人有关事项》的通知,明确领导干部要申报的八项"家事"、六项"家产"具体内容,以及申报流程步骤和相关纪律要求。在对公司党委管理的中层干部实行报告的基础上,延伸报告范围,将基层单位副总师、组织人事纪检科室主要负责人纳入了报告范围。

2014年12月4日,公司党委印发了《公司中层管理人员因私申请出国(境)证件管理办法》,对领导干部因私出国(境)证件申请办理、领取使用、集中保管等做出具体要求,严肃相关工作纪律。

2018年5月29日,上海能源临时党委制定了《大屯公司重点廉洁风险岗位人员交流管理办法(试行)》。2019年,在经营、财务、人力、组干、纪检、办公室等六个系统,全面开展重点廉洁风险岗位管理人员交流工作。

2018年7月10日,公司党委转发了中煤集团党委《关于严格执行领导干部个人有关事项即时报告的通知》,规定领导干部个人重要事项发生变化后,应在事后30日内按照规定报告。同时要求各单位副总师和组织、人事、纪检部门主要负责人,在提任期间填报个人有关事项,作为干部选拔任用必经程序。

2018年12月23日,公司党委印发了《公司干部选拔任用"一报告两评议"工作实施办法(试行)》,规定在特定会议上,由各单位党组织书记对本单位年度干部选拔任用工作情况进行专题报告,并接受与会人员对干部选拔任用工作和新提拔任用干部的评议。在2018年度干部考核工作中,首次同步开展了公司干部选拔任用"一报告两评议"工作。

2019年5月13日,公司党委印发了《上海能源(大屯煤电)领导干部任职和工作回避暂行办法》,对领导干部任职回避、工作回避提出要求,并明确相关监督处罚和工作纪律。

(四)干部人才培养

1996年10月23日,公司党委印发了《关于建设高素质干部队伍的意见》,对干部政治理论学习、培训教育、选拔任用、监督管理,以及领导班子建设、后备人才培养等工作提出要求。

1997年4月27日,公司党委下发了《大屯煤电公司后备干部工作"九五"规划》的通知,提出"九五"期间,全公司所属单位处级后备干部要达到450人,40岁左右的要达到70%;科

级后备干部要达到 1 272 人,30 岁左右的要达到 70%。在处级后备干部中,大专以上文化程度的要达到 90%。

2001 年,根据中共中央《2001—2005 年全国干部教育培训规划》的精神,公司制定了《2001—2005 年大屯煤电集团公司干部教育培训规划》,提出培养一支具备领导组织能力、决策协调能力、创新识别能力、把握机遇能力的领导干部队伍,搭建"理论基础、党性锻炼、业务能力"为主的教育培训框架,形成"分层次、分类别、多渠道、多形式、重实效、充满活力"的干部教育培训格局。1991 年以来,公司先后在上海、北京、南京、中国矿业大学、公司党校举办副处级以上干部学习班、中青年干培训班、青年干部培训班、优秀青年专业人才培训班、公司中层副职培训班、党组织书记素质提升班、中层干部领导力培训班等各类培训班 120 余期,培训各类干部人才 6 000 余人次。从 2009 年开始,公司定期举办领导干部专题知识讲座。2019 年在江苏省委党校举办中层干部领导力培训班,见图 12-1-3。

图 12-1-3　2019 年在江苏省委党校举办中层干部领导力培训班

2011 年 9 月 21 日,公司党委制定了《中煤集团大屯公司中层管理人员后备人才暂行管理办法》,提出培养造就一支政治素质好、业务能力强、年轻优秀的高素质中层管理人员后备人才队伍。

2018 年 3 月 21 日,公司下发了《大屯公司首席专家管理办法(试行)》,规定首席专家应具有较高专业技术水平、良好的职业道德、丰富的实践经验、扎实的理论基础,具有良好的工作业绩并享有较高声望,并对首席专家资格条件、聘任程序、职责权利、考核管理等做出明确规定。2019 年,公司选聘了首批生产技术、"一通三防"、地测防治水、机电运输、安监 5 个专业首席专家。为推进技能人才队伍建设,弘扬劳模精神、工匠精神和劳动精神,2019 年 5 月 9 日,公司印发了《关于开展"大屯工匠"选树活动的通知》,规定了"大屯工匠"选树原则、标准、程序,明确"大屯工匠"聘任、考核、待遇及有关事项。2019 年度评选出"大屯工匠"5 人。

2018 年 3 月 28 日,公司党委印发了《上海能源公司加强和改进优秀年轻干部培养选拔工作的实施办法》,主要目标是"整体素质进一步提高,数量规模进一步合理,队伍结构进一步优化",通过 2～3 年时间,建设一支素质过硬、规模合理、结构优化的优秀年轻干部队伍。

12 月 6 日,公司印发《公司社会化引进人才管理办法》,允许各分公司、全资及控制子公司通过社会化招聘,引进公司各产业急需的经营管理、专业技术和技能类具有较高业务水平和丰富实践经验的优秀人才。

2019 年 4 月 17 日,公司印发《关于实施"千百十"人才培养计划的通知》,"千百十"人才培养计划,即利用 1～3 年时间,培养 1 000 名高技能人才,每个单位根据自身实际选取 10 个专业培养 10 名高技术人才,全公司培养 10 个高水平创新团队,努力建成数量充足、结构合理、素质优良的高技能型、高技术型、高素质管理型人才队伍。

2020 年 3 月,公司党委印发了《关于开展优秀年轻干部挂职锻炼和岗位交流工作的通知》,对优秀年轻干部挂职范围、方向、方式、待遇及程序等做出明确规定,鼓励年轻干部到艰苦岗位磨砺锤炼,加快优秀年轻干部锻炼成长。

第三节 宣传思想

一、思想理论武装

1991 年 1 月 28 日,公司党委印发《关于认真学习党的十三届七中全会精神的通知》,明确了学习内容、形式、方法和做到"五个结合"的要求,突出党员和党员干部这条主线,坚持以两级党校为阵地,以脱产办班、辅导演讲和电化教育为主要形式,广泛组织宣传,深入进行教育。

1992 年 3 月 27 日,根据中共中央以中央 2 号文件下发的《关于传达学习邓小平同志重要讲话的通知》精神,公司党委印发《关于认真组织学习邓小平同志重要谈话的通知》,结合学习《全民所有制工业企业转换经营机制条例》,举办了"深化企业改革教育"轮训班,把矿区党员、干部和青工基本轮训了一遍。10 月 20 日,公司党委就学习贯彻党的十四大精神发出通知,明确了学习的重大意义、学习内容和学习要求。

1993 年,公司党委认真学习贯彻党的十四大精神,用邓小平建设有中国特色的社会主义理论统一广大党员干部、职工的思想和行动。两级党委以党校、政校为阵地,举办了党的十四大学习班 56 期,近 3 000 人参加了学习。公司举办了两期中青年干部学习班,68 名中青年干部参加了学习。

1994 年,党的十四届四中全会《中共中央关于加强党的建设几个重大问题的决定》和《邓小平文选》第三卷发表后,公司党委及时下发了学习安排意见,召开了学习贯彻动员会,举办副中层以上领导干部《邓小平文选》学习班 6 期,251 名中层副职以上干部和 15 名宣传科长接受了培训,基层单位对党员和职工开展了政治轮训,学习中国特色社会主义理论、经济法律法规与市场经济知识。

1995 年 9 月 19 日,公司党委批转《关于在全公司党员中开展学理论、学党章活动的三年计划》的通知,规定副中层以上党员干部参加培训的时间不得少于 15 天,其他党员参加培训时间 5～10 天。1995 年轮训党员 50%,1996 年轮训党员 30%,1997 年轮训党员 20%。公司以抓好两级党委中心组和副中层以上领导干部的学习为重点,制定下发了《关于进一步健全党委中心组学习制度的意见》,公司党校举办了中层副职以上干部学习班 6 期,党支部书记学习班 5 期,中青年干部培训班 3 期,共有 600 人参加了学习培训。

1996 年 10 月 16 日,公司党委印发《关于认真学习贯彻党的十四届六中全会精神的通知》,以抓好两级党委中心组学习为重点,以两级党校和政校为阵地,组织广大党员干部学习了邓小平建设有中国特色社会主义理论、党的十四届五中六中全会精神、江泽民《领导干部一定要讲政治》《努力建设高素质的干部队伍》及《关于国民经济和社会发展"九五"计划和2010 年远景目标纲要的报告》,把思想统一到党的十四届六中全会精神上来,引导党员干部深入推进"三整顿""四个会战"工作。

1997 年,公司印发《关于学习六中全会精神的通知》和《学习宣传贯彻党的十五大报告精神的通知》,对有关学习内容、形式、时间、措施、方法进行了部署和安排。分别举办了 6 期中层干部学习党的十四届六中全会精神培训班和学习党的十五大报告培训班,对矿区326 名中层干部全部轮训一遍。

1998 年 8 月 4 日,公司党委在中层副职以上领导干部中深入开展"讲学习、讲政治、讲正气"为主要内容的集中教育。突出抓好两级中心组的学习和公司党校脱产培训两个环节,举办 7 期中层干部学习班,将公司中层干部轮训一遍。组织播放党的十五大和邓小平理论专题录像讲座 10 场次,30 余篇体会文章和论文在省部级以上刊物发表,有力推动各矿区广大党员、干部的理论学习。制定《对基层单位党委中心组学习和领导干部在职自学进行考核的办法》。自此,宣传部门逐月下达中心组学习计划。

2000 年 6 月,公司党委组织党员干部开展"三个代表"重要思想学习教育,牢牢把握精神实质,用"三个代表"思想推动各项工作。11 月 27 日,公司党委对学习党的十五届五中全会精神做出安排,围绕全面加强党的建设"七个专题"开展学习和研讨。12 月,举办了 5 期中层干部(包括宣传科长、政工科长)学习党的十五届五中全会精神培训班。

2000 年,公司党委认真落实《两级党委中心组规范化建设的意见》,抓好两级党委中心组理论学习,形成了"一级抓一级,一级带一级"和"学习一个专题,调研一个课题,解决一个问题,推动一项工作"的学习机制。对《党委(总支)中心组"三个代表"重要思想专题学习计划》做出安排,组织学习《毛泽东 邓小平 江泽民论干部监督》、WTO 知识和股份制知识。开展"讲廉洁、干实事、塑形象、做表率"专题教育和"依靠方针"、企务公开、公仆意识教育。两级中心组成员共撰写理论文章和心得体会 213 篇,有 30 余篇在市省部级以上刊物发表。

2001 年,公司在领导班子及成员中开展"三讲"学习教育活动。

2002 年 12 月 9 日,公司党委印发《关于认真学习贯彻党的十六大精神的意见》,组织党员干部认真学习贯彻党的十六大精神。组建由公司领导成员组成的学习贯彻党的十六大精神宣讲团,赴各单位开展宣讲工作。针对全体党员和各级领导干部的思想实际,重点开展了"当初入党为什么、现在应该做什么、将来身后留什么"的大讨论和"争当改革创新排头兵"活动。次年 2 月 18 日起,举办 6 期中层干部"三讲"教育培训班。

2003 年 7 月 9 日,公司党委印发《关于迅速兴起学习贯彻"三个代表"重要思想新高潮的通知》《关于在全公司党员领导干部中开展"两个务必"主题教育活动的实施意见》,在全体干部职工中开展了题为《以十六大精神为统领,全面推进集团公司改革发展》的宣讲活动。11 月起,举办了 2 期学习贯彻十六届三中全会精神中层干部轮训班。基层单位中心组成员有 57 人次在公司开展的文明创建理论研讨、新时期共产党员先进性征文、创建学习型企业征文、"三个代表"重要思想征文中获奖,召开学习心得交流会 31 次。

2004 年,公司党委认真落实中煤集团党委《关于加强和改进集团公司两级党委中心组

学习的实施意见》《关于公司两级党委（总支）学习中心组规范化建设的意见》和领导干部"三学"制度,把学习贯彻好党的十六届三中、四中全会精神作为学习的主要内容。2004年10月14日,公司党委印发《关于认真学习贯彻党的十六届四中全会精神的通知》,认真学习研读《中共中央关于加强党的执政能力建设的决定》。11月起举办了5期学习贯彻十六届四中全会精神中层干部轮训班。

2005年,公司党委根据中煤集团党委安排,从7月14日开始至10月22日,在各级党组织和广大党员中开展保持共产党员先进性集中教育活动,历时100天。11月12日,公司党委印发《关于学习贯彻十六届五中全会精神的通知》,在科级以上干部中开展了学习争先进、思想争进步、创新争效益、安全比效果、学用比结合、工作比干劲的"三争三比"活动。

2006年从3月初至年底,公司党委分集中学习、对照检查、巩固提高三个阶段,开展深入学习贯彻"三个代表"重要思想、学习党章工作。9月25日,对学习《江泽民文选》做出安排,重点围绕分五个专题开展学习和研讨。11月2日,部署开展学习贯彻党的十六届六中全会精神。

2007年3月27日,公司党委印发《关于认真学习贯彻胡锦涛同志在中央纪委第七次全会上重要讲话精神 切实加强领导干部作风建设的通知》。11月16日,印发《关于学习宣传贯彻党的十七大精神的通知》,在全体党员干部中掀起学习贯彻党的十七大精神热潮。

2009年,公司党委按照集团党委统一部署,开展深入学习实践科学发展观活动。

2010年,公司党委下发《公司党员教育培训工作规划》,规划了党员5年学习目标,明确了学习内容和任务、学习方式及保障措施。7月开始,公司党委在公司各级党组织和党员中深入开展创先争优活动。每季度编发《党委中心组学习计划安排表》,每月下发《党委中心组学习材料》,每周编发《学习文稿》,供广大党员干部学习参考。

2011—2012年公司继续学习实践科学发展观,开展以"创建先进基层党组织,争做优秀共产党员"为主要方式的创先争优活动,调动基层党组织和广大的党员的积极性和创造性,涌现出一批服务生产经营、促进企业和谐、保障企业科学发展的示范品牌和特色载体。

2012年12月5日,公司党委印发《关于认真学习贯彻党的十八大精神的通知》,组织广大党员干部、职工群众深入学习党的十八大精神。

2013年4月,公司党委印发《关于开展"学习党章、遵守党章、贯彻党章、维护党章"主题教育活动的通知》,在全体党员中集中开展以党章学习月行动、知识考试竞赛、专题组织生活会、党性实践月活动为内容的"四个一"活动。

2014年3月,公司党委根据党中央统一部署以及中煤集团党委部署要求,利用3个月的时间在公司开展党的群众路线教育实践活动。

2014年12月,印发《公司两级党委中心组学习制度》。2015年开始,公司党委每年下发《党员干部理论教育工作意见》,明确全年理论学习重点和要求。2017年8月,对两级党委中心组学习制度进行修订,从组织职责、学习内容形式与要求、学习管理考核与问责等方面进一步规范党委理论学习中心组学习。

2014年6月,根据党中央统一部署以及中煤集团党委部署要求,公司党委开展"三严三实"专题教育。

2017年11月20日,公司党委印发《关于认真学习宣传贯彻党的十九大精神的通知》《关于开展党的十九大精神宣讲活动的通知》,成立以公司党委书记为团长的宣讲团。12月

5日至22日,宣讲团成员赴各基层单位开展11场次集中宣讲。举办了5期领导干部专题知识讲座,邀请专家做党的十九大精神专题辅导。

2018年,公司党委坚持把学习贯彻习近平新时代中国特色社会主义思想和党的十九大精神作为首要政治任务,把《习近平谈治国理政》第一卷、第二卷作为党员干部必读书目,跟进学习习近平总书记最新重要讲话精神。4月26日至28日,组织公司党员干部参加中煤集团"学习贯彻党的十九大精神主题培训班"。7月,在全体党员干部中开展对纪实文学《梁家河》的学习宣传工作,探寻习近平新时代中国特色社会主义思想的历史起点、实践起点和情感起点,激励党员干部不忘初心、牢记使命。

2019年6月,上海能源公司党委根据党中央统一部署以及中煤集团党委要求,分两批在全体党员干部职工中开展"不忘初心、牢记使命"主题教育。党委成立了讲师团,成员包括公司领导班子成员、公司党群部门负责人和各单位党委负责人,向广大干部职工宣讲。

2020年2月,公司党委下发了理论学习中心组年度计划和年度党员干部理论教育意见,明确了学习重点、学习内容和学习考核方式。从4月开始,着力抓好"学习强国"平台学习使用,不定期通报学习情况,学习参与度达到80％以上。

二、形势任务教育

1992年,两级党委认真贯彻落实公司提出的"产量350万吨,安全力争向零进军,提高单产单进,努力提高经济效益"这个中心任务,充分运用报纸、电视、广播、演讲、文艺汇演等丰富多彩的形式,广泛宣传发动。各单位党政领导带头深入一线,广大政工干部积极参与安全生产、企业改革的全过程,把握职工思想脉搏,使思想政治工作进区队、入班组、到人头,调动了职工的积极性。

1993年,公司党委提出"面对市场经济,围绕中心任务"的总体要求,两级党组织突出抓好四个教育:一是深化改革教育,把握职工思想脉搏,有针对性地宣传改革,回答职工问题,增强职工思想承受能力;二是学习贯彻《全民所有制工业企业转换经营机制条例》,使广大干部职工领会条例精神实质,转换国有企业经营机制,围绕把企业推向市场这一中心环节,加快企业改革;三是安全生产方针教育,举行了安全知识竞赛和安全教育展览,组织职工代表安全巡视,加强了安全网员岗员建设;四是质量教育,教育职工摆正质量与安全、质量与效益的关系,克服重产量轻质量的思想,增强以质量占领市场的竞争能力。

1995年,公司顺应市场经济的新形势,围绕企业发展目标,开展思想政治工作,加大改革、安全生产、质量标准化、扭亏增盈和建设高产高效矿井的宣传教育力度,保证了公司房改、劳动保险改革方案的顺利出台实施和生产建设任务的完成。

1996年,按照"三改一加强"建立现代企业制度的要求,加大改革的宣传教育力度。针对职工在改革中思想上的热点和难点,采取现场办公、开座谈会等形式,对职工讲解宣传政策,使职工明确目的意义,帮助职工理顺情绪。相继开展《中华人民共和国煤炭法》、安全月宣传教育,举办了安全月宣传一条街系列活动。

1997年,围绕公司确立的生产、安全、质量标准化等内容,全年电视宣传78次,广播宣传108次,报纸专题宣传8次,悬挂横幅34条,刷写标语牌板24块,利用黑板报宣传7次共84块,开展"三五"普法活动。

1998年,针对严峻的经济形势和企业深化改革的特点,在职工中开展了"认清形势、明

确任务、振奋精神、共渡难关"的主题教育。针对部分职工实施煤电铝一体化经营发展战略的重要性认识不够深入，利用各种会议、班组学习时间，职工政校培训等方法不断加大学习宣传教育力度，统一职工思想认识。

1999年，围绕"管理效益年"主题在职工中广泛开展了"三看、三增强"主题教育活动：看东南亚和全国形势，增强紧迫感；看煤炭行业形势，增强危机感；看矿区形势，增强工作责任感。开展了"不窃电、不为窃电行为提供便利条件"的千人责任状签字活动，组织在校学生开展向家长做反窃电宣传教育活动。

2000年，在职工中开展了"四讲清、四增强"形势任务教育活动，讲清企业面临的严峻形势，增强责任感；讲清企业深化改革的政策和措施，增强参与意识；讲清完成改革任务存在的困难和有利条件，增强同舟共济的决心和信心；讲清企业改革取得的成就和发展思路，增强干好本职工作的主动性；讲清职工在改革中的作用和肩负的任务，增强岗位奉献精神。6月5日，公司党委印发《关于开展学习推广亚星经验、深化改革、加强管理专题宣传教育活动的通知》，形势任务教育的重点转为"学亚星，学邯钢，倒推成本"上，促进企业在管理创新和制度创新上迈出实质性步伐。围绕公司开发建设30周年开展了以"忆历史、颂成就、展未来、讲奉献"为主题的十项系列宣传教育活动。

2001年，公司党委开展"珍惜生命、抓好安全"主题教育活动，宣传党的"安全第一"方针为指针，学习贯彻党和国家领导人关于安全工作的重要讲话和指示、公司安全工作会议精神、安全生产责任制、煤矿工人安全生产十项权利等，提高广大职工的自主保安意识，落实安全生产责任制，强化现场管理，整改安全隐患，实现安全生产。围绕"管理改革创新年"，在广大职工中深入开展"四讲清、四增强"主题教育活动，公司电视台、《大屯工人报》和各基层广播站等设立专题、开辟专栏，编发专题教育动态简报，宣传"管理改革创新年"的目标任务，宣传推广各单位的新鲜经验。

2002年，开展"三讲清、三树立、三增强"主题教育活动，讲清开展"管理改革调整年"活动的意义，牢固树立市场意识和大局意识，增强贯彻公司各项政策的自觉性；讲清企业的改革任务和发展目标，牢固树立艰苦奋斗和过"紧日子"意识，增强实现生产经营和改革发展各项目标的信心和决心；讲清广大职工的职责和使命，牢固树立责任意识，增强工作积极性、主动性、创造性。

2003年，围绕"管理改革发展年"目标任务，在干部职工中开展了"向管理质量要效益"、"向管理改革要效果"及"为什么要建立和完善企业内控管理体系""为什么要推行以细化分解指标、量化考核绩效、刚化兑现奖罚为核心的'三化'管理"的大宣传、大讨论、大宣讲活动，激发干部职工主动参与的责任感。抓住电厂技改、铝厂开工兴建的有利时机，全面宣传公司建设国内一流的煤电铝运一体化经营特大型企业远景规划、今后五至十年的发展战略，宣传建设"学习型、科技型、科学管理型、绿色环保型、协调和可持续发展型"大型企业集团的奋斗目标和方向，激发职工改革创新艰苦创业的热情。

2004年，中共大屯煤电集团公司第一次党员代表大会召开，公司编发了宣传提纲，各级党组织以学习贯彻党代会精神为动力，改进加强党建和宣传思想工作，动员干部职工落实工作责任，抓好安全生产、推动企业发展。

2005年，公司开展了第十七届"科普宣传周"宣传活动，下发了文件，举办了科普黑板报展评，开展公司"科普一条街"宣传活动。

2008年,公司党委下发了《关于开展纪念改革开放30周年活动的通知》。活动以学习贯彻党的十七大精神和科学发展观为主线,大力宣传改革开放的重大意义,讴歌改革开放的辉煌成就。大力宣传中煤集团和公司改革发展的成就和经验以及在党建、思想政治工作、精神文明建设方面取得的新进展、新成效,通过座谈会、文艺演出、展板宣传、演讲、征文、研讨等有效形式,发挥各种媒介的作用,进行了广泛的群众性宣传教育活动。

2011年,开展了以"讲成果、讲形势、讲任务、讲责任、讲落实、讲贡献"为内容的"六大讲"活动,编发了《形势任务宣讲材料》。制订并下发了《关于认真做好迎接公司第二次党代会召开宣传教育工作的通知》,向职工讲清公司年度发展目标,以及所面临的困难挑战和发展机遇,教育引导职工直面困难、勇担责任,为公司党代会的召开创造良好氛围。

2012年,把管理提升作为年度形势任务教育主题,及时宣传公司和各二级单位开展活动的工作部署和措施、各阶段工作进展情况及活动动态、典型事迹和经验做法。

2013年,开展了以"保安全、保生产、保民生、保稳定、抓改革、促发展"为内容的"四保一抓一促"主题宣传教育活动,引导和动员干部职工主动应对挑战、攻坚克难,以实际行动维护公司利益,共促发展。开展了"解放思想提升管理降本增效大家谈"征文活动,《大屯工人报》《新屯煤》、公司内网刊发优秀征文53篇,刊发"降本增效小故事"50余篇。开展了"我为降本支一招""反对浪费随手拍"活动。

2014年,组织开展"追求大屯梦,争当忠诚员工"主题教育活动,组织干部职工畅谈公司及本单位开展精益管理、降本增效、转型发展、走出去发展的认识和体会,充分认清当前形势,进一步增强危机意识和责任意识。组织开展了"关注铝板块生存和发展"电视大讨论,并在《大屯工人报》开设"市场直通车"专栏,刊登《兖矿沉浮》《铝业冰与火》等热点透视文章并展开讨论。

2015年,公司党政联合下发《关于深入开展形势任务教育活动的通知》。党委书记义宝厚为中层及以上干部作企业形势任务报告。各二级单位近50名党政主要领导干部开展116次宣讲,受众近14 760余人。

2016年,公司成立形势任务宣讲团,在公司党委的领导下开展宣讲工作。公司党委副书记任宣讲团团长,公司领导班子成员、公司有关部室中心与有关单位领导任宣讲团成员。公司党委宣传部(企业文化部)负责宣讲团日常工作。

2017年,发挥公司宣讲团优势,结合年初公司"四会"精神,组织宣讲团到矿井和地面生产单位进行形势任务巡回宣讲,组织宣讲18场次,受众2 000余人次。做好全面深化改革、内部市场化改革宣传工作,向基层单位下发形势任务系列宣讲材料。围绕"12433"发展战略和"两商"愿景,组织开展了"十三五"发展规划学习和研讨征文活动。

2018年,重点围绕安全生产、全面深化改革特别是内部市场化改革、创新发展、"三供一业"分离和公共设施移交等重点工作,公司编发系列《形势任务宣讲材料》,组建形势任务巡回宣讲团,先后到25家单位集中宣讲22场次,受众2 560余人。制作完成了2018年形势任务巡回宣讲视频,在公司电视台滚动播出,各媒体同步推送,同时在"大屯大宣传"QQ群发布文字、PPT和视频资料,供各二级单位特别是驻外公司使用。组织开展了"改革再深入创新再努力""感恩大屯珍惜单位"两个大讨论活动和"解放思想大讨论"活动,设置12个话题,组织干部职工开展讨论,共收到干部职工讨论材料50余份。

2019年,公司以"高质量发展年""提升执行力""民生工程暖人心"等为主要内容,编发

系列《形势任务宣讲材料》并制作 PPT。组织宣讲团到本部 23 家基层单位巡回宣讲,组织宣传队奔赴晋陕蒙新 10 多个项目基地开展巡回宣传慰问活动,举办宣讲会和心理咨询活动各 6 场,参加人员 620 人次,发放奖品 300 份,录制《千万里传家话》三集。

2020 年,按照《关于开展机关部长宣讲中煤集团和公司工作会暨职代会精神活动的通知》要求,公司成立了由纪委书记和党委副书记任组长的 2 个公司宣讲活动领导小组,以"学精神、鼓士气,明目标、增信心,强担当、再奋进"为宣讲活动主题,到 24 家基层单位开展现场宣讲,教育引导干部职工增强信心、担当作为,确保完成公司 2020 年各项目标任务,以优异成绩向公司开发建设 50 周年献礼,在中煤集团迈进世界 500 强、加快推进高质量发展进程中贡献大屯智慧和力量。

三、意识形态工作

1991—1993 年,公司党委加强意识形态领域的领导,旗帜鲜明地开展反"全盘西化""和平演变"意识形态斗争,公司广泛开展了以"社会主义好"为主题的宣传教育,增强了职工信心,坚定了走社会主义道路的信念。组织党员干部职工系统学习科学社会主义理论,先后召开 100 多场次的座谈会。

1993 年,公司把宣传毛泽东思想同宣传邓小平建设有中国特色社会主义理论紧密结合起来,使公司 50 000 名职工家属受到了一次深刻的马列主义、毛泽东思想教育和爱国主义、集体主义、社会主义教育。

1994 年,公司认真贯彻中央《爱国主义教育实施纲要》精神,广泛开展"爱我中华"系列活动,弘扬时代主旋律。成立了"爱我中华"读书小组 296 个,举办了"十一歌会","百首优秀歌曲"演唱比赛,并组织 150 人的合唱团参加了徐州市庆祝建国 45 周年国庆歌会。技(职)工学校、第一中学把"爱国主义教育"定为学生的必修课,弘扬爱国主义精神。公司开展爱国主义教育活动先后在《人民日报》《新华日报》进行了报道。

1995 年,组织开展了纪念抗日战争 50 周年、建矿 25 周年系列活动,突出宣传报道建矿 25 年来的成就和以全国劳动模范谢国如为代表的一批先模人物,邀请全国煤炭工业劳模事迹报告团来矿区做报告,激发了广大职工学先模、赶先进、爱岗位、做贡献的热情。

1997 年,香港顺利回归祖国怀抱。公司党委围绕"一国两制""爱岗爱国"进行主题教育,举办了系列教育、庆祝活动。

1998 年,中央做出取缔"法轮功"的决定后,公司各级党组织分系统、分层次、有重点的在广大党员、干部和工人中开展了揭批"法轮功"歪理邪说,进一步加强马克思主义唯物论和无神论的思想教育活动。此后,"反邪教"成为每年意识形态工作的重要组成部分。

1999 年,开展庆祝五四运动 80 周年、庆祖国 50 年华诞和迎澳门回归活动,激发职工的爱国热情。

2000 年,公司在职工中开展了"五讲清、五增强"形式任务教育,讲清企业面临的严峻形势,增强责任感;讲清企业深化改革的政策和措施,增强参与意识;讲清完成改革任务存在的困难和有利条件,增强同舟共济的决心和信心;讲清企业改革取得的成就和发展思路,增强干好本职工作的主动性;讲清职工在改革中的作用和肩负的任务,增强岗位奉献精神的形势任务教育活动。

2001 年,认真组织开展了以"争当改革创新排头兵"为主题的建党 80 周年系列庆祝活

动。通过召开座谈会、举办"在我身边的共产党员"演讲比赛、开展征文活动及党建理论研讨、举办电影电视周和"光辉的历程"歌咏大会以及庆祝建党八十周年图片展等多种形式,讴歌中国共产党建党八十周年的光辉历程和丰功伟绩,展示大屯矿区开发建设30多年来取得的辉煌成就,激发广大职工"爱党、爱国、爱岗"的热情。

2004年,建立了职工思想动态信息搜集、汇报制度和425人组成的两级信息员网络队伍,首次把网络舆情、意识形态监管纳入日常管理范畴。

2006年,公司党委印发了《关于开展社会主义荣辱观宣传教育活动的安排意见》,在全公司范围内开展以"八荣八耻"为主要内容的社会主义荣辱观宣传教育活动。

2010年,公司党委下发《关于学习宣传"双百"人物的通知》。广泛开展以"学英雄,做贡献"为主题的宣传教育活动深入开展群众性爱国主义教育,引导职工群众学习身边的先进典型,践行社会主义核心价值体系。

2010年,公司党委印发《公司新闻发布工作制度》和《公司突发事件新闻处置应急预案》。启动网络舆情监控,提前介入,主动化解,防止舆情的积聚的演变。2012年,建立了网络舆情员队伍,完善了网络舆情的收集、报送、分析、反馈和周汇报工作制度。

2014年,加大对大屯煤电贴吧、QQ群、微信群等网络舆情监测力度。重新调整了40余人的网评员队伍,规范网络舆情监测报送流程,实行舆情分级管理,对一些不良舆情及时引导和处置。

2017年,公司党委下发《大屯煤电集团公司党委意识形态工作责任制实施办法》。成立公司意识形态工作领导小组。各级党组织负主体责任,党组织书记履行"第一责任人"的职责,坚持每半年听取宣传思想工作专题汇报。组织开展专题培训,指导基层党组织把意识形态工作作为党的建设的重要内容,纳入党建工作责任制,纳入领导班子、领导干部目标管理。下发《关于严格互联网网站信息发布管理有关事项的通知》,加强对网络媒体的舆情监督,对热点问题采取蓝色、黄色、橙色和红色四级预警,编发6期《网络舆情快报》。

2019年,公司党委下发《公司党委意识形态工作责任制实施办法》《公司党委意识形态工作责任制2019年度任务清单》,制定《公司新闻发布工作管理办法》《公司舆情风险管理及处置办法》,完善了舆情风险管理及处置工作机制。当年,针对"三供一业"移交地方后的小区改造、新城嘉苑职工住宅小区的物业服务、实业公司改制、发电厂小机组关停后人员的转岗分流安置等公司职工关注的问题,发布官方消息,主动释疑解惑。公司党委印发《关于隆重庆祝中华人民共和国成立70周年广泛组织开展"我和我的祖国"群众性主题宣教活动的通知》。以"我和我的祖国"为主题,在全公司广泛开展形式多样、内容丰富的群众性主题宣教活动,讲好中国故事,讲好中国共产党故事,讲好中煤大屯故事,引导广大职工不忘初心、牢记使命,立足本职岗位争做贡献,为建设"五型"新大屯、中煤集团挺进世界500强、实现中华民族伟大复兴而不懈奋斗。

2020年,公司党委对年度意识形态工作任务进行细化分解,印发《公司党委意识形态工作责任制2020年度任务清单》,进一步加强和改进意识形态工作。注重主流意识形态建设,深入学习宣传贯彻习近平新时代中国特色社会主义思想和党的十九大、十九届四中全会等精神,精心谋划组织党委中心组学习和"三会一课"党员活动。强化疫情防控工作的宣传和舆情引领,公司各媒体开辟"防疫情 守安全 保供应 做贡献"专题专栏,公开透明地发布相关信息,防止炒作和不实报道,引导广大干部不造谣、不传谣、不信谣,形成打赢疫情防控攻坚

战的良好态势。

四、新闻宣传工作

（一）新闻工作

1992 年，公司电视台加大宣传力度，对矿区重点工程、重点项目组织系列报道，加大经济新闻的含量，开设了《经济纵横》等专栏。《大屯工人报》注重提高办报质量，在徐州市报纸编校质量评审中名列第一，并有 4 篇新闻获全国煤炭系统企业报好新闻奖。《党的工作》以月刊形式编发，开辟了 10 多个栏目，达到了传递信息、交流经验，指导工作的目的。

1993—1996 年，《大屯工人报》围绕党的中心工作和安全生产开辟专版、专栏，及时报道两个文明建设中的新人新事。

1997 年，党委宣传部门编发宣传提纲，两级党组织开展了"回顾历程、硕果累累，励精图治、再创辉煌，以两个文明建设的优异成绩迎接公司第二次党代会的召开"主题宣传活动。围绕企业改制、实行"三条线"管理等工作，制作专题电视宣传材料 18 篇、专题广播稿件 17 篇进行反复播放，利用报纸进行专题资料宣传 18 次，印发宣传简报 1 000 份，并将公司进行改制的有关内容对外进行了报道。

1998 年，两级宣传部门充分发挥广播、电视、报刊等各种媒体的作用，广泛宣传集团公司的近期目标任务和长远发展战略，宣传建立现代企业制度的新思路、新举措。针对扭亏增盈形势及时开展了"话改革、看成就、做贡献"和"回眸 28 再铸辉煌"纪念建矿 28 周年活动。在广大党员中开展了"企业有困难，我该怎么办？"和"我为企业发展献一计"活动。

1999 年，公司获得"五一劳动奖状"后，《解放日报》出专版，上海东方明珠电视台连续半个月对公司的整体情况进行了全面报道。中央电视台《新闻联播》节目专题报道了公司"学邯钢、降成本"的成功经验。中央电视台摄制的《煤炭工业五十年》和《改革中的中国企业》系列专题片中介绍了公司深化改革、科技兴矿等方面取得的成就。《徐州日报》专版详细报道了"奋进中的大屯煤电集团公司"在"抓改革、降成本，加强企业两个文明建设，发挥党委政治核心作用"等有关情况。

2001 年，利用上海能源股票成功发行上市的有利时机，先后在全国和省部级报刊、电视台发表相关报道 60 余篇，树立了企业新形象。

2004 年，公司党委印发《关于进一步加强新闻舆论监督管理的意见》，制定了《集团公司大型文化活动抽调人员（演员）管理及补助暂行办法》，从制度上、措施上保证和加强了宣传教育管理，开始逐步规范宣传教育行为。

2006 年，由《大屯工人报》主编的大型文集《回眸》面世。新闻中心 7 篇作品获中国煤炭新闻奖。

2008 年，新闻中心荣获"中国电视艺术家协会企业电视分会最佳企业电视台"称号。

2010 年 12 月 22 日，《大屯工人报》、大屯电视台被江苏省企事业新闻工作者协会分别评为"江苏省十佳企事业媒体"。

2011 年，开展了建党 90 周年系列活动，重点开展了"警示三月行""质量年""创先争优"活动和企业转型发展、"十二五"规划宣传、建设"和谐、发展、活力、平安、文化"五位一体新大屯系列宣传。开通了手机信息平台，创办了《宣传通讯》等新的宣传载体。

2012 年，中宣部《党建》杂志刊登介绍公司党建工作的经验文章《创新"小改变"做活党

建"大文章"》。中央电视台在新闻频道《朝闻天下》栏目中报道了大屯公司避难硐室建设情况。《人民日报》刊发《中煤集团大屯公司——倾心聚力改善民生》。《中国能源报》以"追求新跨越 打造新亮点"为题,用纪实的手法专版报道了大屯公司"安全、发展、民生"情况。《中煤集团大屯公司——"一纵五横"循环经济模式助推企业科学发展》稿件在《人民日报》发表。江苏电视台公共频道播出专题片《中煤集团大屯公司推动企业转型发展跨越发展》,反映公司关爱老年人工作的专题栏目《矿区晚晴》在中央电视台10套《夕阳红》栏目播出。党的十八大期间,在人民网发表了《中煤大屯煤电集团公司着力加强基层党组织建设》《中煤大屯煤电集团公司"五抓五提"做好宣传思想工作》等文,被中国网、网易等多家媒体等转载。

2013年,新闻中心制作播出公司民生工作回顾电视专题、策划制作《看得见、摸得着、暖在心——大屯公司公司民生工作回顾》《新城嘉苑验房工作启动》专题宣传片,在电视台滚动播出。公司四大媒体重点报道了公司中心区净化水工程以及最新监测结果,对新城嘉苑、管网改造等重大民生工程进行了不定期采访。

2014年,国家安监总局《安全发展之路》摄制组采访公司安全管理、安全生产特色工作,拍摄了电视纪录片。公司总经理姜华接受了《今日中国》杂志专访,介绍公司安全生产建设经验。吴友良、马吉国事迹入选"央企最美一线工人故事"征文。公司安全专题纪录片、通讯《30年坚守护佑平安》、安全书法作品入选"2011—2013年度江苏省安全宣传十佳作品",14件作品获江苏省企事业新闻工作者协会2013年度好新闻奖。组织精干力量,远赴新疆、山西、内蒙古现场采访,撰写长篇通讯和"走四方"系列报道,拍摄制作《大漠旗帜》多部专题片,全方位、多角度报道了在外创业人员的工作和生活。

2015年,人民网等媒体刊发《"逆流击水方显强——中煤大屯煤电集团公司全员降本显成效"》,在《思想政治工作研究》《国企》《班组天地》等杂志刊发公司在企业文化建设、走出去发展、践行社会责任方面的多篇文章,树立了企业良好的外部形象。

2016年,突出抓好公司第三次党代会宣传,从"喜迎党代会""聚集党代会""宣贯党代会"三个维度开展主题宣传。拍摄制作《中煤大屯党旗红》专题片7集,《中煤大屯公司党建工作永远在路上》《中煤大屯党旗红》分别在光明网、中国能源网发布。策划开展了"回眸2015"主题宣传、"回眸·感恩·励志"主题征文等宣传活动。开展规范管理和"三供一业""公司物业集中管理"政策宣传活动。中宣部《思想政治工作研究》《企业改革与管理》《中国煤炭报》《中国能源报》刊发文章,对公司"双创"、降本增效、企业党建和文化建设取得的经验成效进行了报道。组织开展了影视协会会员摄影摄像作品展,网站发布文化作品20余组,大屯电视台制作播出《光影天地——美丽大屯》摄影摄像作品展5集。

2017年,组织开展"回眸发展路,喜迎党代会"主题宣传教育活动,以开设专栏专题、编发微型党课、制作刊发图解、巡回图片展、有奖问答等形式,对党代会精神进行宣传。《中国煤炭报》在头版头条对公司全面深化改革进行了报道。拍摄制作《内部市场化管理模式》《建设中的公司热电厂项目》等专题片。

2018年,开展了庆祝改革开放40周年主题宣传活动,如召开公司宣传工作会议,见图12-1-4。记录公司改革开放40周年的文章《大屯公司:回眸改革发展路,逐梦笃行谱新篇》在《中国中煤》《中国煤炭工业》杂志刊登。为进一步规范企业宣传工作,公司党委制定下发了《大屯公司宣传工作管理办法》《公司宣传思想文化工作考核办法》,从组织领导、制度建设、理论学习、意识形态、宣传思想、舆情管理、企业文化、文明创建、新闻宣传、思想研究、队

伍能力等方面制定了详细的工作考核细则。公司宣传重大新闻和重要政策,采用"大屯联播"的方式,两级媒体统一步调集体发声。12月4日,央视财经频道《第一时间》报道了公司党委书记、董事长包正明畅谈改革开放40周年感言。

图 12-1-4 2018 年公司宣传工作会议

2019 年,开展了"不忘初心、牢记使命"主题教育宣传活动。围绕庆祝中华人民共和国成立 70 周年,在矿区开展"我和我的祖国"主题宣教活动。举办"五型"新大屯影像展,开展"我和我的祖国"一句话微视频展播、"礼赞新中国奋进新时代"征文活动、《我和我的祖国》快闪。《大屯工人报》设立庆祝中华人民共和国成立 70 周年专刊。公司在《中国中煤》共刊发了 107 篇稿件和图文,其中头版头条刊发了《探索新模式 开启新征程——大屯公司跨越发展纪实》等稿件。《中国煤炭报》一版刊发《不止于过得去,坚定改革转型——中煤大屯公司改革发展纪实》、七版整版刊发了《给老资源一个新舞台——中煤集团大屯公司品牌项目创建纪实》等。《中国能源报》刊发了《大屯公司党委书记、董事长包正明:发电"煤炭当家"格局短期难改变》等。《人民日报》客户端、《江苏经济报》刊发了《从"一商"到"两商"——来自中煤集团大屯公司的国企创新样本》。制作播出了专题片《天山深处展旌旗——走进天山煤电公司 106 煤矿》《壮志豪情谋跨越——走进鸿新煤业公司苇子沟煤矿》。

2020 年,大屯公司报刊台网新媒体及户外媒体六大媒体,分别开设了"大屯这一年""新年新政""平安一季度""'学法规、抓落实、强管理'活动"等专题专栏,共刊发动态消息 100 余条。《中国矿业报》头版头条刊发了《在战"疫"中开拓市场》,《国企·党建》第二期刊发了《打造品牌党支部、激发党建新活力》,《中国煤炭报》刊发了《中煤大屯公司超额完成湖北客户保供计划》《中煤大屯公司:全面开展员工素质提升工程》等,《企业家日报》刊发了《中煤大屯公司完成厂办大集体"回归式"改制》等,截至 6 月,外部报刊、网站等媒体共刊发了公司改革创新、党的建设、安全生产等 100 余篇稿件、图文及视频等。

(二)阵地建设

按照"站稳传统媒体、巩固主流媒体、用好户外媒体、建好新兴媒体"的思路,全面加强"报、刊、台、网、户外媒体、新媒体"六大阵地建设工程,不断探索媒体融合发展,唱响主旋律、弘扬正能量、讲好大屯故事,不断丰富矿区广大职工家属的文化生活。

1.《大屯工人报》

2006年由原8开小报改为4开版面。2007年10月1日《大屯工人报》开通电子版。2011年3月2日为更好地发挥报纸宣传、教育、凝聚、引导和服务的作用,《大屯工人报》进行改版,实行全彩印刷。改版后仍为每周二刊(周三、周五出报)。版面分为【一版】要闻,【二版】安全·经营·质量,【三版】党建·民生·社区,【四版】文艺副刊/百姓生活。四大媒体、报纸、杂志全面改版。

2.《新屯煤》

2003年1月,公司决定将《党的工作》《大屯工会》《政工研究》等期刊整合为《大屯政工》月刊。2005年1月,将《大屯政工》更名为《新屯煤》,紧紧围绕"报道新动态、宣传新知识、拓宽新视野、确立新理念"的要求,在编排和报道中,既注重持续的动态性报道,又注重深度的典型经验的总结推广。2011年,《新屯煤》全面改版实行全彩印刷。2013年,《新屯煤》改为电子版发行。

3.大屯电视台

1994年努力改善宣传手段,扩充节目容量,矿区有线电视收视节目由8套增至18套,本台节目专栏由2个扩充为6个,24小时节目不间断播出。1996年,公司电视台开通了四套加密频道,自办两套节目同时开播,开通了到各厂、矿的信号,开辟了安全生产、英模风采、煤海短波等栏目,公司广播电视大楼动土新建。1999年2月8日,公司电视大楼暨演播大厅落成使用。2004年,投入使用非线性编辑设备。2007年,电视台播出采用硬盘播出系统。2011年,新闻中心演播大厅购置了40平方米的LED大屏幕和滚动显示屏,提升了舞台的整体档次和演出效果。2012年公司投入使用媒资管理系统、虚拟演播室、现场播控系统等先进的媒体技术,提高了工作效率和效果。2014年,开播安全文艺频道,以播出安全教育类节目为主要内容,打造安全文化建设新阵地。2019年公司给各单位配备高清摄像机。2020年1月1日,大屯电视台高清频道正式开播,大屯电视台新闻综合频道、文化教育频道也全新改版。投入使用了高清编辑制作系统、虚拟演播室、播出系统。开办了《大屯新闻》《特别关注》《文化生活》《安全警钟》《大屯剧场》《大屯影院》等栏目。

4.公司内部网站

随着网络信息的发展,大屯公司网站应运而生,2000年9月30日,公司内部网站投入运行。2004年制定《大屯煤电集团公司对外宣传网站管理暂行办法》,规范外宣网站的运行和管理行为,保证网站所发布的信息遵守国家的各项规定。2009年9月16日,公司内外门户网站改版完成后投入运行。下发了《大屯公司门户宣传网站管理办法》,确定了公司门户宣传网站及宣传内容。上海大屯能源股份有限公司网站,主要任务是股份公司内部信息披露和发布。大屯煤电(集团)有限责任公司网站(以下简称外宣网站),主要任务是宣传和展示企业形象。大屯公司网站(以下简称内宣网站),主要是对内宣传。规范了门户宣传网站的运行和管理。2012年策划实施了公司内外部网站改版,将报纸、电视和刊物聚合到网站平台。2019年3月1日,"大屯人"互联网社区网站(www.datunren.com)正式开通运营,建设大屯人互动社区。内网开通了"大屯人热线",倾听职工心声,畅通沟通渠道。

5.微信公众号

2014年3月12日,"大屯之声"(微信号:datunvoices)微信公众平台正式上线运营,以"传播大屯好声音,汇聚网络正能量"为宗旨,用最直接的方法向员工和家属发布公司最新、

最及时、最权威的新闻、信息和公告。2016 年 4 月,成功加入中国煤炭企业微信影响力排行榜,仅一个月时间成功跻身前 20 名,并于 11 月 21 日荣获"能源行业最具成长性微信公众平台"和"能源企业百强微信公众号"称号。2018 年 7 月,被评为融媒体语境下企业文化与品牌传播创新优秀媒体。开设"主题教育""一线故事""特别关注""专题栏目""微型党课""图片故事""新班组""内部市场化""大家说安全"等栏目。至 2020 年 6 月,发布微信 1 140 期,各类信息达 10 000 余条,开展互动活动 40 余次,关注人数 4 200 多人。

6. 户外媒体

公司在中心区设有数百米画廊,每年不定期发布重大题材的宣传图板。2019 年在公司俱乐部广场设置大屏幕,大力宣传社会主义核心价值观、上级指示精神和我公司各项重点工作,增强公司宣传文化工作的覆盖面、影响力,美化社会环境,树立企业形象。

(三)队伍建设

各级党委及其宣传部门着重抓公司、直属单位、区队(车间)三级通讯员的建设,加强新闻宣传工作。多年来,坚持采取"外培内训实战"等形式,每年举办宣传思想文化培训班和通讯员培训班。

2012 年,成立了公司外宣骨干队伍和网络宣传队伍,建立了制度,制定了具体活动办法。

2013 年以前,每年总结评选公司新闻报道工作先进集体、优秀新闻工作者、优秀通讯员,并通过召开记者节座谈会或新闻工作表彰会予以表彰。2016 年以来,每年评选表彰优秀通讯员、大屯好新闻,并在公司宣传思想工作会议上表彰。

2015 年成立公司作家协会,2016 年成立公司影视协会,不定期举办各类采风活动,丰富群众文化生活,树立企业正面形象。

2018 年以来,在公司宣传系统以"讲政治、善写作、能讲演、会拍摄、懂网络、有才艺"六项全能为目标,持续加强宣传队伍六项全能素质建设。连续举办新闻实战训练营,深入基层现场,边讲边练,边评边改,极大地提高了宣传系统个人写作、摄影、摄像等基础能力。定期评选表彰宣传思想工作先进集体、先进个人、优秀通讯员和"大屯好新闻",队伍素质能力不断增强。

2020 年,在强化"六能"的基础上,坚持给宣传思想文化工作者赋能,不断增强"脚力、眼力、脑力、笔力"四力,做好宣传思想文化工作经常性检查评比和交流工作。

五、思想政治研究

为有效应对和切实解决企业发展中遇到的新情况、新问题,公司党委坚持加强和改进思想政治研究工作,积极探讨新形势下党建思想政治工作的特点,努力提升职工思想政治工作科学化水平。

公司每年组织论文征集研讨评选活动,对优秀论文作者进行表彰奖励,选择优秀论文在会刊上发表。先后编辑出版了《大屯政工研究论文集 1—2》《实践与研究》《党建思想政治工作优秀成果集 2009—2012》。2011 年以来,先后参与中国煤炭职工思想政治工作研究会(简称中煤政研会)和江苏省、徐州市职工思想政治工作研究会组织开展的活动重点立项课题研究。

1991 年,公司思想政治工作研究会召开常务理事会议,讨论修订了研究会的章程,协商通过了新的研究会理事人选,产生了研究会新的领导机构。公司研究会申请加入江苏省职

工思想政治工作研究会,成为其正式团体会员。公司研究会相继获得徐州市和中国统配煤矿总公司优秀思想政治工作研究会称号。

1994年,公司荣获徐州市"91—94年思想政治工作优秀企业"称号。

1995年,公司被评为徐州市思想政治工作优秀企业。

1996年,公司出版了《思想政治工作论文集》,有21个思想政治工作先进集体、45名优秀思想政治工作者受到了表彰。公司被评为江苏省思想政治工作优秀企业。

1997年,公司在矿区宣传部门干部中开展了精神文明建设论文研讨征集活动,编印了《精神文明建设论文集》一书。

2002年,建立完善了"三个程序"(立项程序、研究程序、验收程序)、"九个步骤"(选题、申报、审批立项、调研、撰写报告、实验、申请验收、专家评审、推广运用)的思想政治工作重点立项课题基本研究方法,扎实推进了思想政治工作重点立项课题研究的深入开展。《网络技术在煤炭企业思想政治工作中的应用》被中煤政研会立项,《新形势下落实领导干部联系点制度的实践研究》和《企业思想政治工作"一岗两责"的研究与实践》被中煤政研会立项。

2014年8月,江苏省培育和弘扬社会主义核心价值观现场交流会在公司召开。公司董事长、党委书记义宝厚撰写的《化育精神世界,引领企业发展》一文,在中宣部主办的《思想政治工作研究》2014年第11期发表,同时在北京市委宣传部主办的《中外企业文化·智库》2014年第10期发表。

2017年,大屯公司荣获"中国煤炭工业思想政治工作2015—2016年度先进集体"荣誉称号,并在第二届中国煤炭工业党委书记论坛会上做经验交流。

2018年,《中煤集团大屯公司企业文化体系建设》《"6+6+6"安全文化建设模式的探索与实践》《以子文化建设促进企业文化落地生根》三项成果,入编《改革开放40周年企业文化建设优秀成果选编》。

2019年,公司参与了中国文化管理协会《新时代国有企业党建+企业文化工作指南》标准起草工作,荣获"新时代党建+企业文化创新实践标杆"荣誉称号,《根深枝繁叶更茂和谐大屯硕果丰》荣获中国文化管理协会"新时代党建+企业文化实践创新成果"。12月18日,江苏省煤炭工业协会思想政治工作研究分会成立大会在公司召开。会议审议并通过了江苏省煤炭工业协会思想政治工作研究分会工作规则,选举产生了分会第一届领导机构。2002—2019年公司课题研究成果获奖情况详见表12-1-3。

表12-1-3　2002—2019年大屯公司课题研究、创新成果获奖情况统计表

序号	课题(成果)名称	获奖情况	课题组主要成员
1	纪检监察工作如何为企业经济效益做贡献	2002年10月,中央企业纪工委、中国监察杂志社组织的加强国企党风廉政建设有奖征文活动获得一等奖	刘潮、张玉党
2	大屯煤电集团公司企业文化体系建设研究与实践	2013年度江苏省思想政治工作课题研究优秀成果一等奖 中国思想政治工作研究会2013年课题研究成果三等奖 2014年获中国煤炭职工思想政治工作研究会优秀研究成果一等奖	义宝厚、姜华、李占福、张进、马靖、张开戈、戚良登、李震奇

表 12-1-3(续)

序号	课题(成果)名称	获奖情况	课题组主要成员
3	落实党管安全责任体系化建设实践与研究	中国思想政治工作研究会 2013 年课题研究成果三等奖 2014 年获中国煤炭职工思想政治工作研究会优秀研究成果一等奖	义宝厚、姜华、李占福、倪宝新、张进、金道平、马靖、吴国齐、苏珂
4	中煤大屯公司加强企业基层党组织建设实践与研究	2014 年获中国煤炭职工思想政治工作研究会优秀研究成果二等奖	义宝厚、李占福、倪宝新、张进、金道平、马靖、聂中维、付裕
5	中煤大屯公司党建工作考核综合评价体系研究和实践	2014 年获中国煤炭职工思想政治工作研究会优秀研究成果二等奖	义宝厚、李占福、倪宝新、张进、马靖、金道平
6	大屯煤电集团培育和弘扬社会主义核心价值观的实践和思考	2014 年度江苏省思想政治工作课题研究优秀成果一等奖	义宝厚、李占福、张进、马靖、张学农、李震奇
7	党建工作考核综合评价体系的研究和实践	中国煤炭协会 2012 年管理现代化创新成果三等奖	义宝厚、李占福、许之前、倪宝新、张进、李志祥、马靖、金道平、崔瞳、公祥新
8	公司 4344 班组管理法研究与实践	中国煤炭协会煤炭企业管理现代化创新成果 获中煤集团管理现代化创新成果	义宝厚、姚惠兴、张进、李志祥、张淑萍、马靖、崔瞳、王诗合、王安友、公祥新、刘昌亮
9	中煤大屯公司"4455"宣传思想工作法	2014 年获中国煤炭职工思想政治工作研究会优秀研究成果二等奖	李占福、张进、马靖、张学农、陈敦海、戚良登、李震奇
10	"5455"宣传思想工作法	2014 年度全省宣传思想文化工作创新奖提名奖	李占福、张进、马靖、张学农、陈敦海、戚良登、李震奇
11	中煤大屯公司加强网络舆情监控的研究和应用	2014 年获中国煤炭职工思想政治工作研究会优秀研究成果二等奖	李占福、张进、马靖、张学农、李震奇
12	大屯煤电集团公司企业文化体系建设研究与实践	2013—2014 年度中央企业党建思想政治工作研究会优秀研究成果三等奖	义宝厚、姜华、李占福、张进、马靖、张学农、李震奇
13	安全文化体系建设研究与实践	2015 年中国煤炭工业协会煤炭企业管理现代化创新成果二等奖	牛旭亭、唐召信、张进、石德虎、张学农、陈敦海、郝允共、戚良登、李震奇、马慧、魏蕾、田礼芹
14	全面风险管理建设的研究与实践	2015 年中国煤炭工业协会煤炭企业管理现代化创新成果一等奖	义宝厚、姜华、牛旭亭、王明山、李志祥、张进、潘文生、张学农、崔瞳、席媛媛、冯道建
15	做好煤炭企业特困形势下职工宣传思想工作的实践与研究	2016 年度江苏省思想政治工作课题研究优秀成果一等奖 2016 年中国煤炭职工思想政治工作研究会全国煤炭行业优秀政研会成果二等奖	牛旭亭、张进、张学农、陈敦海、李震奇
16	安全文化体系建设研究与实践	2016 年中国煤炭职工思想政治工作研究会全国煤炭行业优秀政研会成果一等奖	牛旭亭、唐召信、张进、张学农、陈敦海、戚良登、李震奇

表 12-1-3（续）

序号	课题（成果）名称	获奖情况	课题组主要成员
17	管理提升模型的研究与应用	2014 年中国煤炭工业协会煤炭企业管理现代化创新成果二等奖	义宝厚、许之前、姜华、李志祥、崔瞳、郑静静、李桂华、段建军、任艳杰、马靖、许吉明
18	企业文化体系建设研究与实践	2014 年中国煤炭工业协会煤炭企业管理现代化创新成果二等奖	义宝厚、姜华、李占福、张进、李志祥、马靖、张学农、崔瞳、戚良登、李震奇、王晓东
19	加强心理疏导 注重人文关怀的研究与实践	2017 年获中国煤炭职工思想政治工作研究会优秀研究成果三等奖	张学农、马慧、宗慧芹
20	企业转型发展中外部创业人员宣传思想工作的研究与实践	2018 年度江苏省思想政治工作课题研究一等奖	张进、张学农、宗慧芹
21	"6＋6＋6"安全文化建设模式的探索与实践	2018 年度江苏省思想政治工作课题研究二等奖	张进、张学农、马慧
22	大屯公司企业文化重塑理论研究与实践	2019 年度江苏省思想政治工作课题研究二等奖	张进、张学农、马慧、魏蕾

第四节　纪律检查

公司纪律检查委员会是公司党内监督专责机关，主要任务是：维护党的章程和其他党内法规，检查党的路线、方针、政策和决议的执行情况，协助公司党委推进全面从严治党、加强党风廉政建设和组织协调反腐败工作。

一、制度建设

1992 年 7 月，公司纪委下发了《关于纪检机关进一步为安全生产服务的几点意见》，组织基层纪委围绕安全生产开展多种形式的竞赛活动。8 月，为了及时有效地查处违反政纪案件，促进公司系统的行政工作人员廉洁奉公，遵纪守法，制定下发了《大屯煤电公司关于监察部门直接行使行政处分权的程序问题的规定》。

1993 年 1 月，公司纪委、监察处制定了《关于经营活动中有关违纪与非违纪的几个界限的暂行规定》，明确区分违纪与非违纪的 5 条原则，划定生产经营活动中应注意区分的 8 个界限。10 月，公司纪委印发了《大屯煤电公司党风廉政监督员管理办法》，对党风廉政监督员的权益和义务等 17 条进行规定，促进公司党风廉政监督工作规范化、制度化。

1994 年，公司纪委印发《关于纪委 监察处 干部处 建立联席会议制度的规定》。为进一步贯彻落实中共中央纪律检查委员会第三次全国纪检信访工作会议精神和《中国共产党纪律检查机关控告申诉工作条例》，印发《大屯煤电公司纪检、监察信访工作目标管理考核评分标准》。印发《关于做好受处分党员、干部回访教育工作的通知》，加强对受处分党员、干部的思想教育工作，体现党的"惩前毖后，治病救人"教育为主的方针。印发《中共大屯煤电公司纪律检查委员会案件审理工作制度（试行）》，明确工作职责，保证办案质量，提高工作效率和

工作规范化程度。为保障党内外群众充分行使民主权利,健全完善举报制度,印发《大屯煤电公司纪检监察机关奖励举报有功人员暂行办法》。

1998年4月,为进一步提高工作质量和规范工作程序,公司纪委制定《党风廉政建设基础工作管理办法》,明确5项职责23项工作规范。10月,制定了《大屯煤电(集团)公司两级纪检监察机关对违纪违法款物的收缴和管理制度》,规范了违纪违法款物的收缴和管理。

1999年3月,公司印发《大屯煤电集团公司领导干部廉政勤政的若干规定(试行)》,加强制度建设,构建监督制约机制,从源头上预防和治理腐败。为规范工作程序、提高信访和办案质量,公司先后印发《党纪政纪案件处理工作指导手册》《大屯煤电集团公司纪委、监察处信访工作管理办法》。

2000年3月,公司纪委下发了《关于公司纪委监察处同组织部、干部处、法律处、公安处、审计处及地方检察机关建立联席会议制度的规定》。6月,下发了《关于实行案件调查主办责任人制度的通知》,明确规定,在纪委书记、监察处(科)长的领导下,案件主办人独立行使调查权并承担相应责任。同年,公司党委制定《党风廉政建设责任制的规定实施细则》,明确党政领导班子和领导干部对党风廉政建设应负的责任,从责任内容、责任考核、责任追究等5个方面19条进行了规范。

2001年9月,公司纪委下发了《关于严禁各级领导干部接受和赠送现金、有价证券和支付凭证的通知》,对有令不行、有禁不止,按照"一律"的原则严肃处理。为进一步加强查办案件工作,印发了《关于在集团公司纪检监察系统实施案件检查工作目标考核的意见》。根据干部管理体制改革的精神和《中国共产党纪律检查机关案件检查工作条例》相关规定,印发了《关于集团公司委派人员及基层副总违反党纪、政纪立案调查权限的暂行规定》。

2003年2月,根据徐州市纪委监察局通知精神,结合公司实际情况,公司纪委下发了《关于执行署实名举报实行双向承诺办理的暂行规定的通知》,从11个方面进行了规定。

2004年11月,公司纪委印发《大屯煤电集团公司纪委、监察部信访件办理质量考核标准(试行)》,做好基层信访举报工作,提高信访件办理质量,减少重复信访件和越级上访。11月,下发《关于实行"一案两报告"制度的通知》,强化了案件查办的组织领导和组织监督。

2005年2月,为认真贯彻《中国共产党党员权利保障条例》,保障违纪党员和监察对象的合法权利不因违纪受到侵害,公司纪委下发了《违纪案件公开审理试行办法》。

2006年4月,根据中煤集团党委有关文件精神,公司党委印发了《公司贯彻落实〈建立健全教育、制度、监督并重的惩治和预防腐败体系实施纲要〉实施办法的通知》及《公司贯彻落实〈实施纲要〉的实施办法任务分解表》,并将其作为公司当前和今后一个时期深入开展党风廉政建设和反腐败工作的指导性文件。同年,下发了《关于加强对"一把手"监督的实施意见》。为建立防范的长效机制,杜绝"小金库"的滋生,公司印发了《关于严肃财经纪律严禁设立"小金库"的通知》。

2007年6月,为坚持党的民主集中制的组织原则,完善和规范纪委的议事决策和请示报告等程序,公司纪委印发了《中共大屯煤电(集团)有限责任公司纪律检查委员会工作(议事)规则(试行)》。同月,印发了《关于充分发挥查办案件治本功能作用的实施办法》,推行了"1+4"工作法,严明依法办案、严格办案程序,扩大办案的政治、经济、社会效果。9月,修订了《大屯煤电集团公司纪检监察组织案件检查工作目标考核细则》。

2008年7月,公司党委印发了《关于认真贯彻落实国有企业领导人员廉洁自律七项要求有关事项的通知》。2009 年 11 月，公司纪委印发了《关于进一步规范和完善领导干部廉政档案的通知》。

2011 年，为加强对企业领导人员的日常教育、管理与监督，增强廉洁自律意识，促进廉洁从业，公司党委制定下发《大屯煤电（集团）有限责任公司廉洁从业谈话和函询办法》。印发《关于实行党风廉政建设责任制的实施细则》，加强公司及所属单位党风廉政建设，明确领导班子和领导人员在党风廉政建设中的责任。

2012 年 11 月，公司党委印发《公司关于加强廉洁风险防控工作实施办法》，扎实推进公司惩治和预防腐败体系建设，切实防控公司各级领导人员和重要领域关键岗位工作人员可能发生的廉洁风险。

2014 年 8 月，公司纪委印发了《公司纪检监察部门案件档案管理办法》，加强公司纪检监察部门案件档案的科学化、规范化管理。

2015 年 7 月，公司纪委印发《纪委书记约谈制度》，对约谈对象、谈话人、约谈形式、约谈的审批和程序、约谈材料的整理及归档六个方面提出具体要求，切实做到对领导干部的教育和监督，抓早抓小，防微杜渐。9 月，印发了《关于进一步规范反映领导干部问题线索处置工作的通知》，明确规定了受理的范围、受理的权限、处置方式和标准、办理的期限，规范公司反映领导干部问题线索处置工作。10 月，印发了《关于规范党员领导干部操办婚丧嫁娶等事宜的通知》，深入贯彻落实中央八项规定精神，反对"四风"，形成移风易俗、勤俭节约、健康向上的良好风气。11 月，印发《关于进一步规范纪检监察部门监督事项的通知》，落实十八届中央纪委第三次全体会议提出的纪委工作实行转职能、转方式、转作风的"三转"精神，对参与监督的事项进行明确、规范。

2016 年 4 月，公司纪委印发《关于党员领导干部操办婚丧嫁娶等事宜实行报告备案制度的通知》，强化制度监督，坚决纠正"四风"问题。5 月，印发了《党员领导干部谈话函询（暂行）办法》，积极践行"四种形态"，严格规范谈话函询工作，进一步强化对领导干部的教育、管理和监督。

2017 年 3 月，公司党委印发《办案人才库管理办法》，公司纪委集中整合内部资源，遴选精干力量，建立办案人才库，充实办案人员力量，实现交叉办案、资源共享，进一步强化监督执纪问责。印发《党员领导干部操办婚丧喜庆事宜管理办法》。4 月，公司党委印发《公司进一步加强制度建设着力构建"不能腐"的体制机制实施办法》，注重查找体制机制漏洞和制度薄弱环节，加强制度建设，完善监督机制，抓好廉洁风险防控，强化制度执行，着力构建"不能腐"的体制机制。5 月，公司纪委印发了《开展干部清廉、管理清正、政治清明"三清大屯"建设主题教育活动实施方案》，强化党风廉政教育监督，筑牢"不敢腐""不能腐""不想腐"的思想堤坝。同月，公司纪委印发《中共大屯煤电公司纪律检查委员会议事规则》，坚持民主集中制原则，实现重大事项决策的民主化、规范化、科学化。8 月，印发了《基层纪委向公司纪委报告工作制度》，进一步落实"两个为主"要求，推动党风廉政建设主体责任和纪委监督责任的落实，加强公司纪委对基层纪委的领导。同月，公司党委印发《纪委对同级领导班子成员落实党风廉政建设责任制提醒告知制度（试行）》，充分运用"四种形态"，切实发挥纪委的监督作用，促进两级党组织领导班子及其成员履行党风廉政建设主体责任、第一责任和"一岗双责"。11 月，公司印发《公司基层纪委书记考核办法（修订）》。

2018 年 1 月，公司纪委印发《大屯公司"五位一体"监督工作联席会议制度》，构建"五位

一体"大监督工作格局,建立信息共享、部门协同、上下联动、有机衔接的监督工作机制。5月,公司党委制定《公司构建"不能腐"体制机制实施工作方案》,坚持问题导向,立足体制机制创新,以制约和监督权力运行为核心,以岗位风险防控为基础,以加强制度建设为重点,着力构建"不能腐"体制机制。

2018年8月,公司党委印发了《大屯公司重点廉洁风险岗位人员交流管理办法(试行)》。2019年1月,印发《2019年公司重点风险岗位管理人员交流实施意见》,加强公司廉洁风险岗位管理,健全和完善干部交流管理机制,强化对权力运行的监督和制约,促进依法依规治企。

2019年1月,公司党委印发《大屯公司"三清示范区"建设实施方案》,力争通过三年努力,树立"管理清正"的大屯标杆,打造"干部清廉"的大屯典范,铸就"政治清明"的大屯品牌,将大屯公司建设成主题突出、内涵丰富、特色鲜明、成效良好的"三清示范区"。5月,印发《上海能源(大屯煤电)公司领导干部任职和工作回避暂行办法》。9月,印发《公司纪检监察体制改革方案》,优化职能配置、改革机构设置、创新管理体制,进一步强化公司两级纪委的监督执纪工作,强化公司纪委对所属单位纪委的领导,强化自上而下的组织监督。

2020年2月,公司纪委印发《信访举报调查核实结果进行反馈的工作规定》,规范纪检机关处理检举控告工作,要求信访件调查核实结果应在被检举控告人所在单位(部门)党委、班子、支部等范围内进行反馈。4月,印发了《关于对受处分处理人员回访教育工作办法》,按干部管理权限,由各级党组织开展回访教育,加强对受处分处理人员的教育管理,及时做好受处分处理人员的思想转化工作,鼓励受处分处理人员放下思想包袱、增强工作信心。同月,印发了《大屯公司廉洁从业谈话实施办法》,明确了谈话对象、谈话要求和组织形式,以加强对各级干部和管理人员、重点风险岗位人员的廉洁教育和监督管理,增强廉洁意识,筑牢拒腐防变思想防线。

二、党风监督

(一)党风廉政宣传教育

1991年,公司纪委组织开展中纪委七个条例和十项纪律的教育,摸索出一专题一辅导一活动、一纪一案一教和一阶段一检查一总结的教育方法,累计购买辅导教材4 100多册,培训各类骨干1 140人次,各单位集中辅导26课,支部上党课530课次,累计14 137人次参加,举办学习班61期,脱产轮训干部2 800多人次,普纪教育率达96.38%。

1992年,巩固普纪教育成果,开展多种形式的党风党纪教育。历时三个月举办了"党风廉政建设书画展",涉及近500名参与创造者和近6 000名职工群众,70%以上党员干部受到教育。

1995年,开展了以处级干部为重点的反腐倡廉教育,编发《企业反腐倡廉教育读本》等学习材料,在《大屯工人报》开辟了党风廉政教育专栏。举办了6期处级干部学习班,重点学习四中全会和中纪委五次全会精神。

1996年5月,以提高党员干部素质为主线,突出处级领导干部思想道德教育的重点,开展了学习党的好干部孔繁森、曹克明活动,开展了党纪政纪条规专题教育活动。在《大屯工人报》连载了《条规知识问答》,有8 228人参赛,正确率为94.1%。

1997年,以"三讲""四自"为主要内容组织开展"树形象、做表率、创新风"勤廉主题教育

活动,突出"学、看、唱、赛、谈、查、评、讲"八个字;学习江泽民在中央纪委八次全会上的讲话,中共中央《关于党政机关厉行节约 制止奢侈浪费行为的若干规定》等党纪党规准则;收看《党的忠诚卫士》《铁窗泪》等8部反腐倡廉电教片;唱《廉政歌》;开展知识竞赛;写心得、谈体会;进行个人自查自纠;评勤廉好干部;举办廉政教育演讲会。

1998年4月,以"学条规、树形象"为主题,有步骤、有系统地开展党性党风党纪教育六项活动:学好六个文件;看好五部录像片;开好一个"七起领导干部违法违纪案例"通报会;办好一次以案说纪巡回展;开展好领导干部反腐倡廉一席谈;举办好一次知识竞赛;共有13 000多人观看了巡回展,1 726名党员群众参加了知识竞赛。

1999年,深入开展"学习理论、增强党性、艰苦奋斗、促进稳定"的主题教育活动,各单位认真组织广大党员干部学习有关条规文件,收看电教片,写心得,找差距。

2000年,开展了以领导干部和人财物部门管理人员为重点的"讲廉洁、干实事、塑形象、作表率"主题教育。在《大屯工人报》开办了领导干部党风廉政建设一席谈,组织17 000余人观看反腐倡廉影片《生死抉择》,167名处级干部写了心得体会,495人参加廉政勤政教育学习班,6 500名党员参加党纪条规考试,1 400余人签订了"廉政勤政承诺书"。网站开辟了纪检监察主页,设8个专栏。

2002年,开展了"牢固树立正确的权力观"主题教育活动。建立廉政谈话制度,分别对中层干部和新聘任干部进行廉政谈话。建立领导干部廉政档案,对300名处级干部和2 000余名副科级以上干部建立了廉政档案,逐步将廉政档案纳入计算机管理。

2003年,深入开展"两个务必"主题教育活动,学习贯彻"三个代表"重要思想。在党员干部中开展以"从我做起、向我看齐、对我监督""管好自己、管好配偶子女、管好身边工作人员""廉内助、廉管家、廉助手"为内容的"三我、三管、三廉"活动。

2004年,开展了"增强纪律观念,自觉接受监督"主题教育活动。组织190余人在徐州监狱参加了警示教育大会,在《大屯工人报》开辟了《廉政纵横》栏目,开展"一把手走上廉政讲台"活动。

2005年,在保持共产党员先进性教育期间,以理想信念为教育重点,分专题讨论、自查自纠、整改处理三个阶段开展反腐倡廉专题教育。组织2 500余人参观徐州市反腐倡廉警示教育展,公司党政主要领导上反腐倡廉党课3次,邀请上海市委、江苏省委党校、徐州市检察院等专家学者讲课3人次,党员领导干部3 200人次受到教育。会同公司宣传部、新闻中心、姚桥矿在《新屯煤》、大屯电视台、《大屯工人报》共同开辟《廉政视窗》栏目。

2006年,进一步完善反腐倡廉大宣教工作格局,开展了"自觉接受监督、主动实施监督"的主题教育和反腐倡廉教育活动,开展"五个一"活动,即上一堂反腐倡廉专题党课,组织观看一次警示教育专题片,剖析一起严重违纪违法典型案件,组织一次专题讨论活动,两级领导班子召开一次专题民主生活会。

2007年,开展了创建"廉洁大屯"活动。公司党委下发了《关于开展创建"廉洁大屯"活动的意见》,成立了领导小组,制定了创建"廉洁大屯"活动考评办法,明确了创建目标、任务和责任,建立了考核机制。与沛县纪委、团委、检察院、预防职务犯罪协会共同举办了"沛县·大屯共话廉洁"演讲比赛。

2008年,公司党委根据中煤集团党委关于党风廉政建设责任制考核办法和有关规定,在党风廉政建设责任书中增加问责条款:将未能履行责任书要求的,追究有关负责人的责任,凡班子成员中有违反责任目标规定行为的,一律先免职后查处,或责令其辞职。同时,视情节轻重,将扣罚相关责任人当年绩效工资的20%～50%,问题特别严重的,扣罚当年绩效工资的50%～100%,并酌情扣罚单位主要负责人当年绩效工资的10%～50%。7月份开始,在全公司领导干部及家庭中开展了以"立廉政家规、做廉洁家人、树清廉家风"为主要内容的构建家庭"护廉网"活动。

2009年,公司党委以"讲党性、树三观、促勤廉、保发展"为主题开展党性党风党纪教育。在二级单位全体党员干部和人、财、物管理岗人员中开展了以"明勤政目标、订勤政措施、创勤政业绩、立廉洁誓言、找廉洁差距、做廉洁表率"为内容的岗位勤廉教育活动,1 331人参与活动。印发《2009年度创建"勤廉大屯"活动考评细则》。2009年4月,公司被徐州市委、市政府评为创建"廉洁徐州"活动先进单位。

2011年,公司开展了"学习规定,强化执行,提高质量,促进发展"主题教育活动,组织公司领导班子成员和中层副职以上人员学习警示教育片《镜鉴》,撰写心得体会186篇,组织100余名中层副职以上领导干部旁听沛县人民法院关于涉嫌招标受贿案的公开庭审。组织开展"十个一"系列活动:纪委书记讲一次党课,为党员领导干部办公桌上送一本廉洁台历,每月和重大节日向领导干部及重要岗位人员编发一条廉洁短信,在内部媒体开辟一个廉洁文化专栏,举办一次预防职务犯罪警示教育,组织一次廉洁文化书法漫画展,举办一次理论研讨活动,开展一次廉洁文化进车厢活动,对新任职务的领导干部进行一次集体廉政谈话,开辟一个廉洁文化宣传长廊。

2012年,公司深化廉洁文化教育"十个一"活动,开展了"习惯在监督的环境下工作、习惯在法制的轨道上用权"主题教育活动和"监督、查处与关爱党员干部的关系"大讨论,举办了以"拒贪腐、树清廉、促发展"为主题的《清风颂》大型廉洁文艺汇演。组织两级纪委书记上廉政大课50次,参加人数6 000余人次;组织开展专题教育248场次,参加人数3 379人次。共上交礼品、礼金和有价证券30.68万元。

2013年,公司开展了"学习党章、遵守党章、贯彻党章、维护党章"主题教育,深化"两个习惯"主题教育。组织开展反腐倡廉教育活动172场次,参加人数17 234人次,其中组织开展宣传学习中央八项规定教育67场次,参加人数5 579人次;警示教育69场次,参加人数6 905人次。纪委书记上廉政大课50余次,3 600余人受到教育。各级领导干部主动上交礼品、礼金折合人民币35万余元。

2014年,结合党的群众路线实践教育活动,开展了"养成两个习惯、践行群众路线"主题实践活动。组织55名中层以上干部参观淮海战役纪念馆"一切为了人民"廉政教育基地。开设廉洁文化报纸专栏,编发《廉文荐读》12期,编印《违反八项规定精神典型案例通报》2期,开展了廉洁文化进机关、进社区、进家庭、进学校、进车间活动。

2016年,组织开展各种形式的反腐倡廉教育活动46场次,参加人员5 361人次。举办了5期专题学习辅导讲座、编发了12期廉文荐读。对297名领导干部开展了廉洁自律准则、纪律处分条例测试,对26名新任中层干部开展了任前廉政考试。党员领导干部主动上交礼品、礼金折合人民币2万余元。

2017年,开展了"三清大屯"主题教育活动,实施15项具体工作;组织2 100名党员干部签订了廉洁从业承诺书;组织党员干部上廉政大课58次,参加人员5 436人次;组织党员干部观看廉政警示教育片52次,参加人员8 346人次;下发典型案例通报11次。党员干部主

动上交礼品礼金价值 16.35 万元。

2018 年,组织实施了遵守党的纪律、提高规矩意识等 12 个方面的主题教育。组织 256 名党员干部开展了《中华人民共和国监察法》学习测试,开展了党规党纪知识专题辅导,基层单位纪委书记讲廉政大课 41 次,编发廉文荐读 8 期,配发廉洁教育书籍 700 多册,通过微信发送廉文信息 300 多篇。对有子女升学、结婚等事宜的 60 名管理人员进行了廉政提醒谈话。组织 300 多名管理人员到监狱接受现场警示教育。组织 8 300 多人次观看了《褪色的人生》《堕落与忏悔》《小官贪腐》等警示教育片。通报违反中央八项规定精神的典型案例 7 次。各级领导干部主动上交礼品礼金价值 12.9 万元。

2019 年,召开了警示教育大会,通报违规违纪典型案例 10 起。组织 174 场次共 6 690 人次观看恒天集团张杰案、《堕落与忏悔》等警示教育片。在徐州监狱、山东运河监狱、沛县看守所建立了警示教育基地,累计组织 34 批次 1 531 名干部和重点风险岗位人员接受警示教育。在各基层单位建立了各具特色的廉洁教育室、栏、窗、廊。举办廉政大课、干部大讲堂 43 场次,3 599 人次接受教育。举办了“三清大屯”廉政书画展,在 19 家单位进行了巡展。

2020 年上半年,公司纪委组织 160 名党员干部观看《叩问初心》等警示教育片。对 15 起违反中央八项规定精神典型问题进行了通报。元旦、春节前及时下发保廉文件,重申纪律要求。为党员干部配发廉洁教育书籍 307 本。组织开展各级管理人员子女升学、拟操办婚宴等事项事前报备工作。各级管理人员签订廉洁自律承诺书 1 883 份。对 14 名新提拔的干部进行了任职廉洁谈话,对 15 名拟提拔干部进行了任前廉洁考试。对“三清大屯”网站和微信公众号进行了优化,累计发布纪检信息 515 篇。

(二)党风廉政建设责任制

1991—1998 年,公司各级党组织依据《党章》和党内法规制度,将作风建设、纪律建设作为党的建设重要任务,完善党风廉政建设责任制,把党风廉政建设和反腐败工作牢牢抓在手上。不断加强领导班子和干部队伍建设,监督保证党和国家路线方针政策的贯彻落实,加强党风、作风、纪律监督检查问责,为企业改革发展创造风清气正的政治生态。

1999 年,党中央、国务院颁布《关于实行党风廉政建设责任制的规定》,公司党委制定了《贯彻中共中央、国务院〈关于实行党风廉政建设责任制的规定〉实施细则和党风廉政建设责任书》。

2001 年,公司党委对党风廉政建设责任制内容进行修订完善,制定了《贯彻中共中央国务院〈关于实行党风廉政建设责任制的规定〉实施细则考核表》《党风廉政建设责任制考核办法》,建立党风廉政责任制评价体系。公司领导和 16 个单位党政正职、所属单位正职与副职、副职与分管部门领导之间共 894 名干部相互签订党风廉政建设责任书 2 033 份。

2003 年,公司制定了党风廉政建设工作责任分解意见,将党风廉政建设的 35 项工作逐一分解,落实到公司领导和有关部门,明确了公司领导班子成员和有关部门在党风廉政建设工作中的责任。

2005 年,对党风廉政建设责任书进行修改和完善。公司党政主要领导同直属单位党政正职重新签订了 23 份党风廉政建设责任书,1 063 名科级以上领导人员签订了党风廉政建设责任书,对落实党风廉政建设责任制不力、负有责任的 6 名领导人员进行了责任追究。

2006 年,加大对党风廉政建设责任制落实情况的监督检查力度,抓好组织领导、责任分级、责任考核、责任追究、奖惩兑现五个环节工作,把责任制落实情况的考核结果作为干部业

绩评定与选拔任用的重要依据,对考核结果较差的领导干部给予批评教育乃至纪律处分。

2011—2015年,不断完善党风廉政建设责任制,明确公司党政班子成员党风廉政建设责任,将党风廉政建设责任制考核与"文明单位创建""党建工作综合评价"考核相结合,与领导班子和领导干部考核相结合,与民主测评、民主评议领导干部相结合。每年层层签订党风廉政责任书。

2016年,公司党委落实党风廉政建设主体责任,签订党风廉政建设责任书765份,召开党委(扩大)会42次,其中13次涉及党风廉政建设方面的议题。党委主要领导落实第一责任人责任,批示问题线索15件。班子成员坚持履行"一岗双责",做到"三个不打招呼",切实抓好各自分管范围内的党风廉政建设工作。纪委认真落实监督责任,积极运用"四种形态",先后对14人进行了函询,对9人进行了提醒和诫勉谈话。

2017年,公司党委制定落实党风廉政建设主体责任的实施意见,把落实"两个责任"的要求量化细化为党风廉政建设目标责任书的考核内容,层层签订目标责任书,首次实现全覆盖。党委会研究党风廉政议题39项,专题听取、研究党风廉政建设工作2次;党委书记带头履行"第一责任人"职责,批示信访件19件,对公司中层干部提醒约谈、诫勉谈话23人。纪委认真落实监督责任,制定了纪委监督责任清单,明确了8个方面共24条具体工作任务。建立实施了纪委对同级领导班子成员落实党风廉政建设责任制提醒告知制度,向公司班子成员提醒告知5人次。

2018年,全覆盖签订了党风廉政建设责任书,2 100名党员签订了廉洁自律承诺书。党委会研究党风廉政建设议题38项,专题听取纪委工作汇报2次。党委书记批示信访件17件,对公司中层干部提醒约谈、诫勉谈话11人次,班子其他成员提醒约谈43人次。党委中心组集体学习党风廉政方面的内容8次。纪委向公司班子成员提醒告知7人次,向组织人事部门函复了107名干部廉洁自律意见。将"两个责任"落实情况纳入班子成员年度绩效考核,对违反党风廉政建设责任制的2家单位"一票否决"。

2019年,公司党委安排45项党风廉政建设具体任务,制定了61项落实措施。组织34个基层单位和21个机关部室签订了党风廉政建设责任书。党委会研究有关党风廉政建设议题17项,党委中心组集中学习涉及党风廉政建设主题9次。党委书记批示信访件5件,约谈41人次。班子成员认真履行"一岗双责",讲专题党课8次,对干部工作约谈、提醒谈话111人次。纪委向党委提出党风廉政建设和反腐败工作意见建议13条,向公司班子成员就分管范围内存在的廉洁风险和管理问题提醒告知8次,组织2 261名干部和重点岗位人员签订了廉洁从业承诺书,参与人事酝酿29次,对63名干部出具了廉洁自律意见,对45名干部进行了任前廉洁谈话和考试,见图12-1-5。

2020年,公司纪委确定了5个方面54项工作,共有115项工作举措,层层签订党风廉政建设责任书319份。针对近年来巡视巡察、审计监督和日常监督管理中反映的突出问题,开展了党风廉政建设现状问卷调查,共7 034名干部职工参加了网络问卷调查,提供问题线索和意见建议3 137条,配合纪检干部下基层接访工作,对龙东煤矿和选煤中心党风廉政建设现状进行了专项问卷调查。

(三)干部作风监督检查

1994年,公司纪委认真贯彻中央"两办"《关于1994年元旦、春节期间严禁用公款吃喝、送礼、铺张浪费的通知》精神,以领导干部廉洁自律自查自纠情况、中央"两办"通知和"两公

图 12-1-5　公司领导干部任前集体廉洁谈话

开一监督"制度执行情况、领导干部勤政廉政情况为主要内容,对基层单位进行半年一次的党风廉政检查,起到一定的教育、监督作用。

1997 年,公司党委制定了落实中央八条规定实施细则,纪委对执行情况进行监督检查,对副科级以上干部婚丧嫁娶大操大办进行清理,下发了严禁在国庆期间大办婚嫁喜庆事宜的通知,在国庆期间分四个组到各单位进行检查,并将检查情况通报全矿区。

1998 年,公司纪委认真贯彻落实中央关于厉行节约制止奢侈浪费三项重点工作,加强对落实三项重点工作的监督检查。清理了公费配备通信工具,规范了通信工具管理办法;严格控制各种会议,实行会议审批制度;严格控制业务招待费。

2006 年,公司党委建立健全领导干部作风建设的领导机制和工作机制,检查督促领导人员按照"八个坚持、八个反对"的要求,认真解决在思想作风、学风、工作作风、领导作风、生活作风方面存在的突出问题,大力弘扬"讲实话、求实效、办实事"的工作作风,加强监督检查,保证政令畅通。

2013—2015 年,公司纪委以贯彻落实中央八项规定精神为切入点,坚决整治"四风"。成立贯彻落实中央八项规定精神领导小组和监督检查小组,制定了公司落实中央八项规定精神监督检查工作方案,设立了举报电话和电子邮箱。持续开展落实中央八项规定精神、党员干部违规吃喝、公款为领导人员办理各种消费卡、值班带班纪律、领导干部大操大办问题等专项检查。

2016 年,开展了"四风"问题整治回头看活动,对领导干部办公用房、公车使用等问题整改情况进行复查。针对"四风"问题隐蔽性、反复性、变异性的特点,提出了"八个严禁"要求,先后 9 次对各单位内部食堂、招待所及周边饭店突击检查违规公款吃喝、公车私用等问题。

2017 年,对党员领导干部落实中央八项规定精神、带班值班等情况进行专项检查 18 次,电话检查 1 000 余人次。开展了群众身边不正之风专项整治,梳理排查突出问题 51 项,完成整改 48 项。对落实中央八项规定精神等 18 个方面可能存在的 91 个问题进行了自查自纠,查出问题 166 个,制定整改措施 222 项,完成整改 150 个,堵塞管理漏洞 117 项。

2018 年,开展了领导干部工作作风专项整治,查摆问题 1 133 条,制定整改措施 1 210 条。开展了形式主义、官僚主义专项整治和领导干部生活作风集中整治、群众身边不正之风和腐败问题专项治理。组织作风检查 46 次,涉及值班带班干部 1 755 人次、公车 353 辆,电话查岗 1 281 人次。对 9 家单位重点工作落实情况进行了督查并通报。

2019 年,深化形式主义、官僚主义集中整治,两级组织和党员干部查摆问题 1 718 条,全部完成整改。开展了办公用房、经费使用、薪酬发放、公务用车、不给好处不办事、驻外机构和重点工作落实等专项整治,督促公务车管理问题 2 项,驻外机构和重点工作落实问题 134 项,查处不给好处不办事突出问题 5 起并处理 6 人。组织工作作风、劳动纪律检查 38 次,涉及管理人员 1 258 人次。

2020 年 1 月至 4 月,在疫情防控工作中履行监督职责,到各单位现场督查 21 次。纪委机关成立了 9 个工作督查"包保"组,每 2 天全覆盖开展 1 轮电话督查,形势好转后每周督查 1 次。对 1 名违反疫情防控工作规定的人员给予行政记过处分。开展作风督查 13 次,累计涉及值带班人员 238 人次、公务车 88 辆,对个别单位疫情防控措施落实不到位、值班人员随意替班换班、临时外出不履行请假手续等问题进行了通报。

三、惩防体系

2006 年 4 月,公司党委印发《公司贯彻落实〈建立健全教育、制度、监督并重的惩治和预防腐败体系实施纲要〉实施办法》的通知及实施办法任务分解表。主要目标:2005—2006 年,公司及所属单位结合实际,做好惩防体系的基础工作,制定实施办法和具体措施,分解落实目标和任务,各项工作有序开展;2007 年,建立健全反腐倡廉基本制度,教育、制度、监督等工作逐步深化,责任机制、保障机制和考核机制逐步形成;至 2010 年,基本完成廉洁从业教育的长效机制、反腐倡廉制度体系和权力运行监控机制,形成符合公司实际的惩防体系。

2008 年,公司党委全面贯彻党的十七大精神,围绕中煤集团"六个必须"的发展要求,制定了《关于贯彻落实建立健全惩治和预防腐败体系 2008—2012 年工作规划的实施意见》,坚持党委统一领导、党政齐抓共管、纪委组织协调、部门各负其责的领导体制和工作机制,由党政主要领导负总责,充分发挥纪委的协调作用,建立"包保"机制,确保工作落到实处。

2009 年 12 月,公司党委下发了《关于做好 2009 年度推进惩治和预防腐败体系建设检查相关工作的通知》,要求各单位党委着重对发现的问题和工作措施运用进行整改落实,并报送整改落实情况报告。各部室中心对照《关于贯彻落实建立健全惩治和预防腐败体系 2008—2012 年工作规划的实施意见》的要求,每年制定年度工作任务分解表,明确责任分工,推进反腐倡廉建设。

2014 年 9 月,公司党委印发《建立健全惩治和预防腐败体系 2013—2017 年工作规划》及任务分工方案,明确各相关部门在惩防体系建设中的责任、工作要求和进度安排,将反腐倡廉建设纳入部分负责人年度考核内容,确保负责人在抓好业务工作的同时,加强对工作范围内党员干部的教育、管理和监督,切实抓好惩防体系建设,形成人人肩上有担子,个个身上有责任的工作格局。同时通过个别谈话、集体座谈、民主评议等方式,检查落实情况,强化党员干部的责任意识,及时发现问题、解决问题、改进机制,使惩防体系建设落到实处。

四、执纪审查

（一）查办案件

1990—1996年，公司纪委共受理来信来访694件（次），立案99件，结案99件，党纪政纪处分89人。查获违纪款物折计15 570.93元，挽回经济损失达18.3万元，查案中体现了"查处违纪者，保护改革者，帮助失误者，鼓励创新者"的精神，处分中贯彻了"教育为主，预防为主"的原则，把好错误事实和证据关、处理关、手续关，认真做好受处分党员回访教育。

1997—2003年，公司纪委发挥信访案源主渠道的作用，重视群众来信来访，共受理来信来访945件（次），立案155件，结案153件，销案2件，给予党纪政纪处分157人，其中，处级干部12人、科级干部64人，受到司法机关处理的35人，通过办案为企业挽回经济损失86 928万元。在办案中，严格遵循"二十四字"办案基本要求，实行办案人员统一调动，集中力量快查快结，加强案件审理工作，严把案件质量关。坚持查防并举，重视发挥办案的综合效应，结案后，分析查找发生案件的原因，建章立制，加强管理，堵塞漏洞。

2004—2011年，共受理来信来访498件（次），做到件件有落实，事事有回音。实行了举报奖励、举报人保护制度。立案50件，结案50件，给予党纪处分34人，政纪处分33人，其中双重处分17人，司法机关追究刑事责任14人，为企业挽回经济损失1 500余万元。推进保证案件质量、保障党员监察对象合法权利"双保"工程，规范审理程序，提高办案质量。坚持"一案两报告"制度，发挥查办案件治本功能，注重转化办案成果，注意总结典型案件发案特点和规律，分析、查找问题原因，完善监管制度、措施和风险防范机制，有针对性地做好预警防范。

2012—2016年，公司纪委强化信访线索处置，严格办案程序，坚持依法依纪办案，正确处理惩处与保护的关系，认真受理党员的控告和申诉，确保办案质量。共受理来信来访322件（次），立案95件，结案95件，给予党纪处分30人，政纪处分82人，其中双重处分18人，司法机关追究刑事责任14人，追缴涉案违规违纪金额359万元。

2017—2019年，公司纪委不断规范信访线索处置，定期对问题线索进行分析，认真落实"两个为主"、"一案双查"要求，积极践行"四种形态"，依法依纪规范办案程序，重点查处党的十八大以来不收手、不收敛，问题线索反映集中、职工群众反映强烈，以及违反八项规定精神、涉及"四风"的违规违纪案件。共受理来信来访253件（次），立案55件，结案55件，给予80人党政纪处分，扣罚绩效薪金216.83万元，追缴违规违纪资金130.91万元。

（二）追责问责

2016—2019年，公司两级纪委根据国资委纪委、中煤集团纪委要求，对国资委、中煤集团巡视巡察，以及中煤集团公司原总经理王安离任审计、大屯公司原董事长义宝厚离任审计、国家审计署对中煤集团审计中移交的问题线索开展追责、问责工作。在查办移交问题线索中，公司两级纪委机关依规依纪、认真履责、干净担当，坚持"三个区分开来"和"三看"原则，在公司纪检系统开展了为什么要追责、问责，如何追责、问责的大讨论，对巡视巡察、审计反馈移交的问题线索做到精准追责、问责，严禁问责泛化、简单化，共立案24件，给予党政纪处分29人，给予组织处理86人，追缴违规违纪所得33.19万元，挽回经济损失71.49万元，扣罚薪酬12.75万元。

五、"三清大屯"建设

2017年,公司纪委以党的十八届六中全会精神和中纪委七次会议精神为指导,按照公司第三次党代会和公司党风廉政建设和反腐败工作会议的部署和要求,制定了开展干部清廉、管理清正、政治清明"三清大屯"建设主题教育活动实施方案,实施了廉政专题知识讲座、廉政提醒谈话、征文及理论研讨、构建"不能腐"体制机制等15项具体工作。

2018年,公司纪委到徐矿集团、徐州市纪委调研论证,统筹谋划"三清示范区"建设。重点以构建"不能腐"的体制机制为切入点,梳理排查制度466项,新建和修订完善202项、废止53项;以廉洁风险防控为切入点,编制风险防控管理手册,实施重点廉洁风险岗位人员交流管理,强化作风监督、执纪问责;以强化责任落实为切入点,突出落实党委纪委"两个责任"、党组织书记第一责任、班子成员"一岗双责"。

2019年,全面启动"三清大屯"建设,确立了一年建成体系、两年创新升级、三年铸就品牌的工作规划,计划基层单位"三清示范区"达标率第一年达20%、第二年达50%、第三年达100%,评选表彰了5个"三清示范党委"。制定了"三清示范区"实施方案、三清示范党委考核细则;初步建成了组织体系、目标体系、环境体系、措施体系、文化体系、评价体系等六大体系,实施了干部执行力提升工程、党性教育工程、"破零"工程、正风肃纪工程等四大工程。初步构建了"不能腐"的体制机制、廉洁风险可控的体制机制、全方位监督的体制机制等"三项机制"建设,促进管理清正;实施了严教育增强党员干部"不想腐"的思想自觉、严管理提高党员干部综合素质形象、严监督促进党员干部作风改进的"三严标准",促进干部清廉;深入开展强化执纪问责实现"不敢腐"的常震慑、强化责任落实实现权责统一、强化廉洁文化建设提高干部拒腐防变能力的"三个强化"工作,促进政治清明。

第五节 党校工作

一、机构设置

1986年5月,经公司党委批准成立公司党校,公司党委书记兼任党校校长(此后一直延续),教学和办公地点在技工学校。

1991年,党校设立办公室、教务科、学员科、总务科四个科室,有教职工18人。

2006年5月,根据《公司机关机构改革的通知》(屯煤电司〔2006〕136号)精神,成立公司培训中心,党校与之合署,党校原职能不变,培训中心主任任党校副校长,设置党校教学主管岗位1人,教学管理专员岗位1人,学员管理专员岗位1人。2011年8月,公司培训资源整合,党校、培训中心、江苏煤电高级技工学校合署(屯能司〔2011〕451号)。2012年4月,成立中煤职业技术学院。党校仍是公司党委的职能部门,人事关系和培训业务并入中煤职业技术院,党校副校长由中煤职业技术学院执行院长兼任。中煤职业技术学院设立党校培训部,设置主任岗位1人,副主任岗位1人,一般管理人员岗位2人。

二、特色工作

党校坚持办学的政治方向,坚持党校姓党,以党的旗帜为旗帜,以党的意志为意志,坚持

实事求是、与时俱进,坚持从严治校、从严管理,坚持理论联系实际的马克思主义学风,努力提高运用马克思主义立场、观点、方法分析和解决问题的能力,在长期办班过程中逐步形成了"多层级、全覆盖、不间断"的党员干部教育培训模式。

（一）中青年干部培训

1992年4月,根据《中共中央关于加强党校工作的通知》精神,公司党委决定将中青年干部培训纳入党校主体班次,举办第一期中青年干部培训班。

中青年干部培训班学制每期2至3个月（脱产）,培训对象为公司45周岁以下中青年干部,课程设置分理论教学与社会实践两个方面,学习内容涉及党史、党规、党的基本理论、形势任务、企业经营管理知识、领导科学、人文修养等;组织学员到苏南、上海等地参观考察,学习先进企业的管理理念和经验,感受改革开放带来的变化。培训班师资以公司内部专兼职教师为主,适当聘请外部专家教授。截至2008年底,共举办中青年干部培训班48期,培训学员1 918人,为矿区建设培养人才,增强发展后续动力。

2010年,公司党委印发《关于举办2010年度中青年管理骨干培训班的通知》,2010年5月开始举办第一期中青年管理骨干培训班,培训对象为在安全生产、经营管理、党务工作等方面的中青年管理骨干。培训时间一个月（脱产）,教学地点设在公司党校颐园教室,培训班开设了党的十七大精神、科学发展观、党史党建知识、领导方法与领导艺术、现代企业管理知识、安全文化建设等23个专题,配备了以上海市委党校、中国矿业大学为主的高水平师资队伍。组织学员参观了中国2010年上海世界博览会。到2011年6月共举办三期,128名学员以调学的形式参加了培训。

2011年11月,根据公司党委安排,举办公司第一期青年专业干部培训班,培训对象为在安全生产、经营管理、党务工作等方面35周岁以下青年专业干部。培训时间一个月（脱产）,系统学习了中国特色社会主义基本理论、党的十七大精神、党史党建知识、公司形势任务、团队建设、法律法规等方面知识。截至2012年11月,共举办培训班3期,培训学员129人。

2017—2019年,公司党委决定举办青年干部培训班。2017年8月,举办第一期青年干部培训班,培训对象为40周岁以下青年管理骨干、青年优秀专员技术人员。培训时间一个月（脱产）,教学内容包括党的十九大精神、习近平中国特色社会主义思想、社会主义核心价值观、企业治理现代化、领导方式方法、企业发展与青年成长成才等。除了理论教学,还组织学员到新集集团参观中国第一对智能化矿井口孜东煤矿。参观安徽省首座百万千瓦级煤电一体化的板集利辛电厂;到延安老区进行红色教育,在梁家河重走习总书记成长路;到台儿庄战役纪念馆接受了爱国主义教育;到山东运河监狱接受了廉政警示教育。培训班师资主要依托江苏省委党校、中国矿业大学等知名院校的专家教授,公司领导、部分机关部室主要负责人和管理人员也承担了一定的教学任务。截至2019年,已连续举办青年干部培训班5期,培训学员234人。

（二）公司中层干部培训

1991—2003年,共举办处级干部轮训班77期,主要是依据上级党委和公司的安排,以政治学习为主,系统学习党的全会精神、《邓小平文选》、"七一"讲话精神、党史、党建等内容,授课地点在公司本部,授课任务由公司党校教师承担。

自2007年始,为了提升公司中层管理人员职业素养和能力,公司党校采取"走出去"的

培训模式,依托上海市委党校、江苏省委党校、清华大学、复旦大学、同济大学、中国矿业大学等知名高校优质教育资源,对公司中层以上管理人员进行企业管理、领导力、创新思维、人力资源等方面知识培训。

2007—2009 年在上海虹杨宾馆举办公司中层干部培训班 7 期,参培 284 人。2012—2013 年在上海虹杨宾馆举办 3 期公司中层副职培训班,参培 114 人。主要开设煤炭经济形势、创新思维与创新方法、提高领导者的决策能力、人力资源管理、市场营销、财务报表分析、心理调适等课程,并组织学员参观了党的"一大"会址,到宝钢集团、振华港机、通用汽车公司、洋山港码头、夏普公司、外高桥造船厂、上海创新科教园区等先进企业进行学习交流。

2012 年 5 月、10 月,公司分两批次选派 20 名中层干部参加清华大学经济管理学院脱产学习经理发展课程,课程采取互动式教学和案例讨论相结合的教学方式,讲授了人力资源、市场营销、财务管理、企业发展战略、领导力开发等 16 个专题,帮助学员建立系统的管理知识框架,了解企业管理的各项职能,提升管理能力和执行能力。

2019 年 5 月,公司在江苏省委党校举办公司党组织书记素质提升班,各单位党委书记、党委副书记、纪委书记及公司机关部门负责人共 38 人参加培训。系统学习了党的十九大精神、党内法规、党史、国家经济政策、国企改革等课程,并到南京云创大数据中心、苏宁集团等先进企业进行实地参观学习,为改进和加强基层党建和为深入推进"不忘初心、牢记使命"主题教育提供理论支持。

2019 年 6 月,公司委托中国矿业大学举办中层干部领导力培训班,各单位及公司机关部门共 47 人参加培训。学习了全国党建工作会议精神、煤矿安全生产管理新理论及方法、"供给侧"改革背景下煤炭经济形势分析、安全生产应急救援与典型事故案例分析等课程,并到京东客服大数据中心、徐矿热电厂及淮海大数据中心、徐工基础公司对标学习先进企业发展理念、管理模式,为公司如何提升安全生产水平、如何转型创新发展提供思路。

（三）党支部书记轮训

按照党和国家不同时期形势任务的新要求,结合公司安全生产经营实际,围绕支部工作基本要求、政治思想工作方法、党的全会精神、党的基本理论、实务操作、形势任务教育等方面内容。每 3～5 年不定期开展党支部书记轮训,每 1～2 年对新任党支部书记开展任职培训。1993—2020 年共举办党支部书记培训班 60 期,累计培训 3 261 人次。

（四）领导干部专题知识讲座

根据党委安排,公司党校采取"请进来"的培训模式,以专题讲座的形式对公司领导班子成员、各二级单位领导班子成员、机关各部室负责人,党务、纪检、人财物岗位及与课程内容相关的管理人员进行学习辅导。

专题讲座先后聘请中央党校(国家行政学院)、上海市委党校、江苏省委党校、清华大学、复旦大学、中国人民大学以及知名企业、科研机构的专家教授和部分公司领导授课。学习内容涵盖中央全会精神、党的理论法规、思想政治教育、宏观经济形势、行业发展趋势、管理学知识、传统文化等。

2018 年,公司党委制定了《领导干部专题知识讲座学员考核管理办法》等制度,将学员出勤、遵守纪律等情况纳入本单位作风督查和党建工作综合考核,定期通报考核情况。

公司领导干部专题知识讲座于 2009 年 10 月第一次举办,到 2019 年底已举办 85 期,累计听课人数达 40 284 人次,已经成为公司干部教育培训工作的特色品牌。

（五）其他人员培训

根据公司党委年度计划安排,公司党校每年开展党工系统业务培训、宣传思想文化培训、入党发展对象培训、纪检监察人员业务培训、团干部培训、工会干部业务培训、大学生入职培训等各类党群系统培训班等,年培训量上千人次。

三、主要荣誉

2001 年 12 月,荣获江苏省 1998—2000 年度红旗基层党校。

2004 年 11 月,荣获江苏省 2001—2003 年度红旗基层党校。

2007 年 1 月,荣获江苏省 2004—2007 年度红旗基层党校。

第二章 工 会 工 作

第一节 组 织 建 设

1978 年 12 月 21 日,大屯煤矿工程指挥部首届工会会员代表大会召开,选举产生了第一届工会委员会,隶属中国煤矿地质工会。

1993 年 12 月 6 日,大屯矿区工会第四次代表大会召开,319 名会员代表和特邀(列席)代表出席会议。大会选举产生了大屯矿区第四届工会委员会委员 31 人,常委 9 人,工会经费审查委员会委员 7 人。

1994 年 7 月,经组织任命和履行有关程序,颛孙正宗任大屯煤电公司工会主席、张清福任工会副主席。

1998 年 2 月,经组织任命和履行有关程序,任正军任工会副主席。

2003 年 9 月 13 日,当选中国工会十四大代表的龙东煤矿技术科女职工钱永霞赴京参会。

2004 年 6 月 17 日,经公开竞聘、组织任命和履行有关程序,姚惠兴任大屯煤电(集团)有限责任公司工会第四届委员会委员、常委、主席。

2005 年 6 月 6 日,经公司党委批复同意,大屯煤电公司第一次会员代表大会、上海大屯能源公司第一次会员代表大会召开,224 名会员代表参加会议,选举产生公司第一届工会委员会委员 33 人、常委 11 人,姚惠兴当选工会主席,任正军、李成国当选工会副主席。选举产生经费审查委员会委员 7 人。上海市总工会和徐州市总工会有关领导参加会议。

2011 年 11 月 28 日,公司第二次会员代表大会召开,230 名会员代表参加会议,选举产生公司第二届工会委员会委员 29 人、常委 9 人,姚惠兴当选工会主席,李成国当选工会副主席,选举产生经费审查委员会委员 7 人。

2013 年 9 月,公司工会召开第二届第十次全委会,增补任进泉为工会第二届委员会委员,并选举其为常委、副主席。

2014 年 3 月 13 日,公司工会召开第二届第十四次全委扩大会议,增补李占福为公司工会委员会委员,并选举其为常委、主席。

2014 年 6 月 6 日,公司工会召开第二届第十六次全委会,增补刘冬冬为公司工会第二届委员会委员,并选举其为常委、副主席。

2015 年 3 月 25 日,公司工会召开第二届第十九次全委会议,增补牛旭亭为公司工会第二届委员会委员,并选举其为常委、主席,增补金志宏为公司工会第二届委员会委员,并选举其为常委、副主席。

2016 年 10 月至 2017 年 1 月,唐召信任工会主席(代管)。

2017 年 1 月 26 日,公司工会召开第二届第二十六次全体委员会扩大会议,增补马振欣

为公司工会第二届委员会委员,并选举其为常委、主席。

2017年9月22日,公司第三次会员代表大会召开,选举产生了公司工会第三届委员会委员31人、常委9人,马振欣当选工会主席。选举产生了经费审查委员会委员7人。

公司两级工会组织根据《中华人民共和国工会法》《中国工会章程》,结合单位实际,建立健全工会组织,按时召开工会会员代表大会。公司基层单位在基层区队、车间成立基层分会或工会小组,并配备了专兼职负责人。截至2019年底,大屯公司共有基层工会24个,车间工会294个,工会小组867个,工会专职干部97人,工会兼职干部295人,工会会员1.8万余人,其中女职工4 699人,会员入会率100%。2019公司工会组织及相关人员分布情况,详见表12-2-1。

表12-2-1　2019年公司工会系统组织状况表

单位	职工人数	会员人数	女工人数	机关工会干部人数 总人数	机关工会干部人数 科级	机关工会干部人数 其他	主席人数 正	主席人数 副	委员会人数	经审委员数	代表团组长人数	专门委员会个数	兼职工会干部人数	科队(车间)工会总数	工会小组数
姚桥煤矿	2 279	2 279	268	9	4	5	1	1	19	4	26	5	24	26	116
孔庄煤矿	2 158	2 158	267	7	3	4	1	1	7	4	22	3	22	22	66
徐庄煤矿	2 042	2 042	229	11	4	7	1	1	9	5	22	3	21	22	69
龙东煤矿	1 508	1 508	163	10	7	3	1	2	7	4	10	2	21	16	75
电热公司	907	907	266	7	3	4	1	1	20	5	11	7	11	11	84
热电厂	195	195	28	2	1	1	1						2	2	2
苏铝公司	762	762	155	3	2	1	1		10	3	16	3	16	16	22
铝板带厂	326	326	106	2	1	1	1		10	3	7	5	6	7	28
铁路管理处	884	884	190	2	1	1	1		15		12	5	6	11	62
选煤中心	995	995	194	5	4	1	1	2	5	4	12	5	11	12	54
拓特厂	405	405	89	2	1	1	1		7	3	10	4	10	10	28
铁路工程	180	180	36	1	1	0	1		12	3		4	18	15	15
汽车队	252	252	31				1		26				4	4	4
煤炭贸易公司	70	70	22	1		1	1		6	2		2	8	3	11
物资贸易部	292	292	136	1		1	1		7		6	4	6	6	16
实业公司	2 260	2 260	1 228	5	2	3	1		19	5	20	6	19	18	50
电力工程	383	383	73	2	2		1		11	3			1	8	8
水处理	311	311	152	2	1	1	1	0	9	3	1	3	7	8	8
中能公司	595	595	206	3	1	2	1		28		25	1	24	24	49
中心医院	413	413	309	2	1	1	1		15	5		4	8	8	39
中煤职院	288	288	186	2	1	1	1		13	5		5	15	11	11
咨询公司	200	200	30	2	2		1	1	5	3	4	3	3	4	20
147队	248	248	45	2	2		1	1	8	4		2	8	6	6
公司机关	930	930	290	4	4		1						24	24	24
合计	18 883	18 883	4 699	97	53	44	23	21	268	82	212	76	295	294	867

第二节　民主管理

一、职工代表大会

1991 年 7 月 26 日,大屯煤电公司召开三届一次职工代表大会。至 1995 年先后召开 7 次职工代表大会,依法履行民主管理、维护职能,每年听取《行政工作报告》,先后审议通过了《公司住房改革方案》《公司岗位技能工资制试行办法》《公司关于适当解决职工工资问题实施办法》《公司劳动保护监督检查实施办法》《大屯煤电公司职工劳动保护监督检查实施办法》等。

1995 年 8 月 7 日,公司召开四届一次职工代表大会,253 名职工代表参加。审议通过了《公司职工养老保险统筹实施方案》和《公司深化住房改革实施方案》。

1996 年 8 月 8 日,公司召开四届三次职工代表大会,254 名职工代表参加,审议通过了《大屯煤电公司"九五"计划和 2010 年远景规划纲要的报告》《大屯煤电公司实行劳动合同制试行办法》《大屯煤电公司企业内部下岗待业管理暂行办法》《大屯煤电公司加强在沪职工住房管理办法》《大屯煤电公司民主评议干部实施办法》四项决议。

1997 年 8 月 14 至 15 日,公司召开四届五次职工代表大会,253 名职工代表参加,签订了公司第一轮集体合同,首次对公司领导班子成员进行民主评议。

1998 年 3 月 27 日,大屯煤电集团首届一次职工代表大会召开,225 名职工代表参加。会议听取并审议通过了《行政工作报告》及职工福利资金使用情况、安全技措完成情况等工作报告,审议通过了《公司女职工劳动保护实施细则草案》。8 月 31 日,公司首届二次职工代表大会召开,223 名职工代表参加,审议通过了《关于实施产业结构战略调整组建煤电铝运经营企业方案》。

2000 年 3 月 19 日,大屯煤电集团二届一次、上海能源一届一次职工代表大会召开,224 名职工代表参加会议,听取并审议通过了《行政工作报告》《职工代表大会工作报告》及职工福利资金使用情况、业务招待费使用情况、安全技措资金使用情况的报告。

2001 年 2 月 26 日,大屯煤电集团二届二次、上海能源一届二次职工代表大会召开,审议通过了公司用工、人事、收入分配制度"三项制度"改革方案,全面推进企业运行机制改革。

2004 年 3 月 14 日,大屯煤电集团三届一次、上海能源二届一次职工代表大会召开,257 名职工代表参加会议,审议通过了《行政工作报告》《职工代表大会工作报告》及福利资金使用情况、安全技术措施计划完成情况的报告。审议通过了《薪酬制度改革暂行办法的说明》《房改方案的说明》《财务决算情况的报告》《公司产业结构调整情况的报告》《业务招待费使用情况的报告》《提案征集情况的说明》等十项重大事项。

2005 年 2 月 28 日,大屯煤电集团三届二次、上海能源二届二次职工代表大会召开,321 名代表参加。会议首次以无记名投票方式审议通过了《关于职工福利资金使用情况的报告》《关于安全技措资金计划执行情况的报告》《集团公司扶贫济困"职工一日捐"制度实施办法》《集团公司职工特种重病互助医疗保障基金管理试行办法》《集团公司劳动合同管理办法》《集团公司集体合同草案》《公司女职工权益保护专项集体协议草案》七项议案。与会代表对公司领导班子成员进行了民主评议。

2008年3月19日,大屯煤电集团四届一次、上海能源三届一次职工代表大会召开,225名职工代表参加,审议通过了《行政工作报告》《关于职工教育培训计划情况的报告》《关于职工福利资金使用情况的报告》《煤矿安全生产费用情况的报告》《公司职工带薪年休假暂行办法》《公司岗位设置调整方案》《公司集体合同》《公司女职工特殊权益专项集体合同》。

2009年3月25日,大屯煤电集团四届二次、上海能源三届二次职工代表大会召开,221名职工代表参加,审议通过了《行政工作报告》《关于职工教育培训情况的报告》;投票表决通过了《关于职工福利资金预算情况的报告》《关于煤炭生产安全费用情况的报告》《公司员工手册》《公司住房出售办法》四项议案,并对2008年厂务公开先进单位进行了表彰。

2011年1月23日,大屯煤电集团五届一次、上海能源四届一次职工代表大会召开,214名职工代表参加,投票表决通过了《公司住房出售办法》等四项议案,签订了公司第六轮《集体合同》。

2014年1月20日,大屯煤电集团五届四次、上海能源四届四次职工代表大会召开,208名职工代表参加,签订了公司第七轮《集体合同》。

2017年1月20日,大屯煤电集团五届七次、上海能源四届七次职工代表大会召开,189名职工代表参加,签订了公司第八轮《集体合同》《女职工专项集体合同》。

2017年6月28日,大屯煤电集团五届八次、上海能源四届八次职工代表大会召开,164名职工代表参加,投票表决通过了《大屯公司职工转岗分流安置暂行办法》《大屯公司协商解除(终止)劳动合同方案》。

2018年2月7日,大屯煤电集团六届一次、上海能源五届一次职工代表大会召开,220名职工代表参加会议,民主评议了公司领导班子成员。

2020年1月8日,大屯煤电集团六届三次、上海能源五届三次职工代表大会召开,202名职工代表参加,签订了公司第九轮《集体合同》《女职工专项集体合同》,民主评议了公司领导班子成员。

截至2020年,公司各基层工会单位在本级党委的领导下,建立健全了职工代表大会制度,坚持每三年至五年进行一次换届、每年召开一次职工代表大会,按程序选举职工代表和职工代表大会专门委员会。会议听取并审议行政工作报告、职工代表大会工作情况报告、财务预决算报告、业务招待费使用情况报告、上届职工代表大会职工提案落实情况报告,每两年民主评议班子成员,讨论通过涉及企业和员工利益的重大决策、重大问题的解决方案等。职工代表大会闭会期间,日常工作由工会负责组织各专门委员会对职工提案的落实情况进行监督,确保职工提案的落实。完善区队(车间)职工大会制度,班组成立职工民主管理委员会或民主管理小组,坚持召开职工大会,向职工报告区队(车间)、班组的各项工作,凡涉及工资奖金分配、班组长任免、职工奖惩等关系职工切身利益的重大问题都提交职工大会讨论通过,为职工参与企业民主管理提供了制度和机制保障。

二、厂务公开

1990年6月,公司下发了《关于公司和各直属单位施行政务和经济公开的办法》,规定10个方面的公开内容,即承包集团成员工资奖金、任免干部、"农转非"、晋升工资、住房分配、职工评先、在职干部进修、疗养、招工招生和征兵公开。

1991年2月,公司下发了《大屯煤电公司关于经济分配公开的规定》,明确规定了"分配

问题"必须交职工代表大会或职代会代表团(组)长会议讨论,并在公开栏公开。全国天津厂务公开会议后,公司公开近 30 项内容。为落实中共中央、国务院有关通知精神,公司又制定了《大屯煤电公司厂务公开一览表》,明确了 37 项公开内容,形成了公司、矿(厂处)、车间(区队)三级厂务公开体系。

1992 年 2 月,公司获省工会民主管理先进单位称号,姚桥煤矿获徐州市民主管理达标先进单位称号,矿建公司、建安公司获徐州市民主管理达标合格单位称号。

1995 年,制定公司职工代表大会工作规范,印发《公司关于业务招待费使用情况向职工代表大会报告的实施办法》,规范职工代表大会程序,促进落实职工代表大会职权。

1997—1999 年,公司先后出台《公司职工代表大会民主评议干部实施办法》《关于在矿区建立平等协商签订集体合同制度的意见》《集团公司关于全心全意依靠职工办企业的若干意见》,对厂务公开进行规范。

1999 年 7 月,公司党委下发了《关于进一步实行企务公开的意见》,成立了企务公开领导小组。企务公开办公室设在工会,工会副主席任正军任主任。公司形成了党委统一领导、党政共同负责、工会负责日常工作、有关部门具体承办、纪委监督检查、职工群众广泛参与的领导体制和工作格局。

2000 年 6 月,公司党委下发了《关于进行企务公开考核的通知》。

2005 年,公司党委下发《职工代表大会民主评议干部办法》,明确了民主评议干部的对象为公司领导班子成员和基层单位领导班子成员,民主评议干部的内容包括"德、能、勤、绩、廉"五个方面,分为优秀、称职、不称职三个档次。民主评议干部工作原则上每两年进行一次。

2007 年 8 月 3 日,公司下发了《关于印发〈中煤集团大屯公司职工代表大会操作规范〉的通知》。

2010—2016 年,公司按照《关于印发〈公司深化厂务公开实施办法〉的通知》,强化对厂务公开民主管理的领导和制度建设,建立党委统一领导、党政共同负责、工会负责日常工作、有关部门具体承办、纪委监督检查、职工群众广泛参与的工作机制。明确了厂务公开的形式有职工代表大会、职工代表大会代表团(组)长会议、公开栏、局域网、经济工作会议、报刊、电视、橱窗等形式,规范了厂务公开的公开程序和监督考核办法,并对基层单位厂务公开工作提出相关要求。

2017 年 4 月 10 日,公司修订深化厂务公开实施办法,进一步完善领导机制和工作机制。制定《厂务公开一览表》《厂务公开考核办法》《厂务公开评分表》,对企业重大问题、经营管理、职工利益、领导班子等 4 个方面,从公开项目、责任部门、公开形式、公开时间等方面进行规范,采取多种形式进行综合测评考核。

2019 年 7 月 8 日,公司工会下发了《关于完善各单位及所属区队(车间)厂务公开工作的通知》,将区队(车间)年度考核方案、区队(车间)月度职工工资分配及考核奖惩情况等事项列入厂务公开内容。

2019 年 11 月 6 日,公司修订并出台职工代表大会操作规范,明确了职工代表大会的性质是公司实行民主管理的基本形式,是协调劳动关系的重要制度,是职工行使民主管理权利的机构,是厂务公开的主要载体。职工代表大会的形式主要有职工代表大会、职工大会。厘清了党委、行政、工会在职工代表大会中应承担的主要职责。对职工代表大会的机构设置、

职工代表的产生及权利、职工代表大会的权利、职工代表大会的召开、职工代表大会的工作制度进行规范。

三、其他民主管理形式

（一）职工代表大会团（组）长联席会议制度

职工代表大会闭会期间，除法律法规规定应当提交职工代表大会审议通过的事项外，对需要及时处理的重要事项，如住房改革方案、医疗制度改革方案、工资改革、职工福利、员工奖惩管理办法等涉及面广、关系职工切身利益的公司出台的重大改革措施，经职代会代表团（组）长联席会议讨论审议通过，并在下一次职工代表大会上进行确认。

2009年8月19日，公司召开职工代表大会代表团（组）长会议，表决通过了大屯煤电集团公司转让四方铝业股权的方案。

2011年，公司先后召开两次职工代表大会代表团（组）长会议，表决通过了《〈公司出售办法〉部分条款的释疑》《关于职工补充医疗保险报销办法》。

2012年，公司召开职工代表大会代表团（组）长会议，通过投票选举的方式，选举宣卫东、王夺穆为股份公司第五届职工监事。

2012年，公司先后召开两次职工代表大会代表团（组）长会议，表决通过了《关于调整岗位工资系数的意见》《公司深化工资收入分配制度改革指导意见》《公司开展优化劳动用工推进减人提效工作的指导意见》。

2013年，公司先后召开两次职工代表大会代表团（组）长会议，表决通过了《公司2012年职工补充医疗保险实施细则》《公司职工监事报告制度》。

2014年，公司先后召开三次职工代表大会代表团（组）长会议，表决通过了《关于调整新职工住房补贴有关规定》《公司企业年金待遇支付方案》《关于实行弹性工作制度的指导意见》《公司调出住房出售补充办法》。

2015年，公司召开职工代表大会代表团（组）长会议，选举宣卫东、向开满为上海大屯能源股份有限公司第六届监事会职工代表监事。9月23日，公司召开职工代表大会代表团（组）长会议，表决通过了《公司职工福利费管理办法》。

2016年，公司先后召开三次职工代表大会代表团（组）长会议，表决通过了《大屯公司"十三五"发展规划（讨论稿）》《大屯公司人力资源优化配置工作实施意见（讨论稿）》《中煤集团大屯公司员工手册（修改稿）》。

2017年5月5日，公司召开职工代表大会代表团（组）长会议，表决通过了《公司安全生产"双42条"特别严重"三违"行为界定标准（初稿）》。

2018年5月7日，公司召开职工代表大会代表团（组）长会议，选举向开满、刘冬冬为上海大屯能源股份有限公司第七届监事会职工代表监事。6月25日，公司召开职工代表大会代表团（组）长会议，选举产生马振欣、王磊（姚桥）、包正明、孙莉娟、杨烈福为中煤集团第三次职工代表大会的职工代表。

2019年公司先后召开三次职工代表大会代表团（组）长会议，表决通过了《大屯公司关于调整企业年金方案》《大屯公司供暖补贴发放议案》等。

（二）职工代表提案征集及落实制度

在召开职工代表大会之前，向全体职工代表征集提案，由提案审查委员会进行审核、分

类汇总,根据不同的处理范围分别上报公司领导和下发各有关二级单位进行落实解决。1991—2018 年,公司工会征集到职工代表提案 1 172 条,全部落实或给予答复,提案落实及反馈率为 100%。

（三）职工代表巡视制度

在每届职工代表换届大会上选举产生安全生产工作委员会、经营管理工作委员会、生活福利工作委员会、民主评议干部工作委员会、提案审查工作委员会五个职工代表大会专门委员会。职工代表大会专门委员会采用职工代表巡视的方式开展民主管理和民主监督工作,职工代表巡视每半年进行一次,巡视的内容是检查各单位职工代表大会决议和职工代表提案的落实情况。根据企业当前的形势和任务,关注职工中的"热点"和"难点"问题,采用听取巡视单位汇报,查阅资料、召开座谈会、现场查看、问卷调查、民意检测等方式进行检查、调研。

（四）职工代表大会民主评议干部制度

1991 年 7 月 26 日,公司三届一次职工代表大会,成立第三届职工代表大会评议监督干部工作委员会。1992 年 1 月 30 日,在公司三届二次职工代表大会上进行领导干部民主测评。

1996 年 8 月 8 日,公司四届三次职工代表大会审议通过了《大屯煤电公司民主评议干部实施办法》,成立了由党、政、工、组干、纪监部门主要领导参加的领导小组,明确了民主评议干部专门委员会由同级工会、组织、干部、纪监部门人员及职工代表组成,成员 7～13 人。公司职工代表大会主要评议公司副局级以上领导干部、各直属单位副处级以上领导干部在本单位职工代表大会上进行评议。

公司民主评议领导干部工作,每两年在公司职工代表大会上进行一次。

第三节　生产保护

一、技能大赛

为全面实施职工素质工程,推动公司技能人才队伍建设,建设"四个一流"职工队伍,依照国务院和全国总工会的要求,在全面总结以往劳动竞赛和技术比武的基础上,创新采用奥运会形式,弘扬"更快、更高、更强"的奥林匹克精神深入开展岗位练兵、技术比武活动,激发会员学技术、学业务的热情。

1994 年 10 月,公司举办了以提高"劳动效益 经济效益"为主题的首届职工技能奥运会,矿区共有 10 000 余人次参加了 160 多个工种的技术大比武。在此基础上,从 18 个基层单位产生的 28 个工种 415 名选手参加了公司技奥会决赛。职工技能奥运会把运动会的形式与群众经济技术工作结合在一起,开创了工会群众经济工作的新路子。

1994—2019 年,公司结合生产实际,每三年举办一届职工技能奥运会,设立技能竞赛工种 30～80 个,在非职工技能奥运会年度,每年举办 10 个以上工种的技能竞赛、技术比武活动。共举办了 9 届职工技能奥运会和 17 次技能竞赛、技术比武活动,参与技能竞赛的职工总数累计达 18.5 万人次。竞赛工种涉及煤矿、电力、铁路、机械制造、煤炭洗选等主要生产岗位,涌现出一大批岗位技术标兵和技术能手。公司职工历届奥林匹克技能竞赛工种数量

和获奖选手数详见表 12-2-2,参赛工种类别及名称详见表 12-2-3。

表 12-2-2　公司职工历届奥林匹克技能竞赛工种和人员数量表

届次	举办时间	大赛工种/个	获奖选手人数/人	评选技术能手人数/人
第一届技能奥运会	1994 年 10 月	28	113	28
第二届技能奥运会	1997 年 10 月	35	105	35
第三届技能奥运会	2000 年 9 月	23	69	23
第四届技能奥运会	2003 年 10 月	37	116	37
第五届技能奥运会	2006 年 10 月	33	99	33
第六届技能奥运会	2009 年 10 月	64	193	64
技能竞赛年	2011 年 10 月	10	30	10
第七届技能奥运会	2012 年 11 月	80	244	53
技能竞赛年	2013 年 10 月	10	30	10
技能竞赛年	2014 年 10 月	10	30	10
第八届技能奥运会	2015 年 10 月	23	69	23
技能竞赛年	2016 年 10 月	10	30	10
技能竞赛年	2017 年 10 月	10	30	10
第九届技能奥运会	2018 年 9 月	38	114	38
	2019 年 10 月	10	30	10

表 12-2-3　公司职工奥林匹克技能竞赛工种类别表

类别		工种数量/个	工种名称
煤炭行业特有及通用工种（53个）	综合类通用工种	21	维修电工、机修钳工、电焊工、车工、计算机操作工、大车驾驶员、行车工、叉车工、中式烹调师、变电站值班员、小车驾驶员、管工、调度员、通信线务工、废水处理工、水泵工、护士、幼教、会计、仓库保管员、冷作工（铆工）
	采掘类	7	支护工、巷道掘砌工、采煤机司机、综掘机司机、液压支架工、采煤工、抓岩机司机
	机电运输类	14	采掘电钳工、矿井维修电工、矿井维修钳工、综采维修电工、综采维修钳工、液压支架（支柱）修理工、主提升机操作工、矿井轨道工、电机车司机、电机车修配工、钢缆皮带操作工、矿灯管理工、绞车操作工、主扇风机操作工
	通风安全类	6	安全仪器监测工、瓦斯检查工、矿井通风工、矿山救护工、爆破工、火药库管理工
	地质测量类	2	矿山测量工、井下钻探工
	煤质化验类	3	装车工、采制样工、煤质化验工

表 12-2-3(续)

	类别	工种数量/个	工种名称
独有工种(27个)	发电厂独有工种	6	汽轮机运行值班员、电气运行值班员、锅炉运行值班员、电气试验继电保护工、机炉检修工、热工仪表检修工
	铁路管理处独有工种	6	内燃机司机、调车员、车站值班员、线路工、信号工、检车员
	铝业公司独有工种	6	铝电解工、多功能机组操作工、化学分析工、焙烧工、净化工、成形工
	四方铝业公司独有工种	3	冷压延工、立(纵)剪工、铸轧操作工
	拓特机械制造厂独有工种	4	锻造工、刨工、型砂工、铸造工
	选煤中心独有工种	2	重介质分选工、浮选工

二、劳动竞赛

1992 年,公司工会开展以提高劳动效率和经济效益为目标的"双效"竞赛,围绕解决生产经营中的难点、重点任务,导入工程设计、实施、管理、验收项目管理机制,分为"攻坚""突击""经营""关键""技能"等五种类型展开竞赛。全年开展各类竞赛 60 多种次,1 000 余人次参加,参赛率在 95％以上。姚桥煤矿一个综采队、二个采掘队创造了矿区月产月进最高纪录。

1995 年,公司劳动竞赛从"生产型、产量型"转到"生产经营型、效益型"上,抓生产中的主要矛盾,把提高效益作为劳动竞赛的最终目的,把推动管理作为劳动竞赛的根本措施。

1996 年,根据公司"二次创业"部署要求,工会组织全体会员开展建功立业活动,按照公司"九五"发展规划目标要求,动员全体职工重点开展了群体管理工程、双效竞赛工程、技能素质工程、献计献策工程、职工形象工程等五项工程竞赛活动,引导和组织广大职工参与改革、参与管理,努力为实现公司"九五"发展规划多做贡献。

1999 年,公司荣获全国"五一劳动奖状"。

2001 年,重点开展"提质增效"劳动竞赛,以"立足岗位做贡献,节约成本出效益"为主题,以"一天发现一个问题,解决一件事情"及"运行小指标竞赛活动"为主要内容,将员工的经济收入与劳动付出以及工作业绩挂钩,形成有效的激励和约束机制,激发职工的工作热情和创造力,有效提升了公司管理质量和产品质量。

2006—2010 年,公司开展了"建功'十一五',为企业改革发展做贡献"劳动竞赛活动,公司认真谋划、统筹安排,在急、难、险、重工程上开展了采煤安全创高产竞赛、采煤工作面抢工期保接续、掘进增进尺保接续等劳动竞赛活动,单产单进水平屡创新高。

2011 年,公司制定《公司劳动竞赛管理办法》《公司劳动竞赛实施办法》,围绕公司工作思路和发展目标,以安全和效益为重点开展一系列劳动竞赛活动。

2014 年 5 月 22 日,公司印发了《关于印发公司劳动竞赛管理考核办法的通知》,由公司党政领导担任委员会主任,工会主席担任副主任。对劳动竞赛的内容和形式进行了调整、充实和规范,对劳动竞赛项目从立项、审核、实施到验收考核评定进行全过程管理。

三、技术创新

1991年4月，公司印发了《关于开展群众合理化建议活动的意见》，成立了群众合理化建议委员会，对群众合理化建议活动进行规范。当年征集合理化建议项目3 200项。截至2000年，大屯公司各基层单位累计征集职工合理化建议项目3.7万项，表彰优秀合理化建议成果450项。

2001年2月，公司工会根据《中华全国总工会关于实施群众性经济技术创新工程的意见》精神，印发了《关于实施群众性经济技术创新工程，组织职工为企业改革和发展建功立业意见》，对职工技术创新活动内容和措施、考核办法进行规范化管理，建立了激励机制。

2001—2019年，公司工会始终坚持以职工群众为主体，以促进技术创新、管理创新、服务创新等为内容，以劳模创新工作室、技术创新工作室为引领，组织职工立足岗位开展技术攻关、技术创新、劳动竞赛和技术比武活动，积极转化职工"六小"技术创新成果，调动了广大职工立足岗位创新的积极性，初步形成了具有公司特色的"1361"群众性技术创新工作思路。公司工会每年征集职工技术创新成果300项，评比表彰优秀创新成果100项，举办优秀创新成果发布会，并印发《大屯公司职工年度百项技术创新成果集》，进行成果推广应用。

2005年，公司工会积极搭建职工技术创新平台，以全国劳模吴友良名字命名的"吴友良劳模创新工作室"挂牌成立，同年，各基层工会建立各类劳模创新工作室5个，完成技术创新成果22项。

2006—2013年，公司先后制定下发《关于印发技术创新项目管理办法的通知》《关于进一步深化群众性经济技术创新工程活动的通知》《公司职工"六小"技术创新活动管理办法》《大屯公司劳模创新工作室管理办法》，进一步对公司职工技术创新活动进行规范化管理，发挥劳模创新工作室的聚力引领作用，带动职工开展小发明、小改造、小革新、小设计、小建议、小攻关"六小"技术创新活动。

截至2019年，大屯公司累计完成职工"六小"技术创新成果19 200余项，表彰奖励公司级优秀职工技术创新成果1 903项，其中63项技术创新成果获得全国能源化工会、上海市总工会、中煤集团和徐州市总工会奖励。

四、大屯工匠

为进一步推进矿区技能人才队伍建设，培养造就一支技艺精湛的高技能人才队伍，助推公司高质量发展，为公司"十三五"发展提供人才保障。2019年5月9日，公司下发《关于开展"大屯工匠"选树活动的通知》，以高标准、高质量、高要求的评选原则，聚焦一线职工，坚持先进性与代表性相结合进行评选。对当选的"大屯工匠"采取能进能出的聘任制，由公司工会按照岗位履职、名师带徒、革新成果、工作室创建等方面组织专业人员进行考核。大屯工匠原则上每年评5人。

2020年1月12日，公司印发《关于聘任张团结等6人为公司"大屯工匠"的通知》，聘任张团结、吴国庆、张忠坦、武庆平、王鹏、刘勇建6人为大屯公司首届"大屯工匠"。

第四节 群众安全

一、安康杯竞赛

1999 年,以"消除隐患,确保安全,保障稳定,促进发展"为主题,各生产单位建立群众安全保证体系,强化群监员安全岗位检查,组织广大会员排查安全生产中存在的隐患。全年上报各类隐患 25 826 条,整改率达 97%。完善职工代表安全巡视制度,全年进行安全巡查 56 次,查出隐患 2 100 余条,确保了企业稳定和安全生产。

2000 年,公司及基层单位以"我懂安全、我要安全、从我做起、保证安全"为主题,组织开展"安全流动杯"竞赛活动,建立"月评明星季表彰,年评安全卫士"激励机制,调动群监员的积极性。全年,上报各类隐患 25 000 条,整改率达到 99%,杜绝重大事故隐患 28 起。

2001 年,以"我要安全、我懂安全、人人尽责、确保安全"为主题,加大职工代表安全巡视的力度和密度,量化领导干部的安全责任制,加强对矿(处)领导和区队干部的安全管理行为的监督检查,听取干部安全述职报告。全年,职工代表安全视察 95 次,查处安全隐患 1 880 条,整改率到达 99%。

2002—2006 年,以"加强宣传培训、促进安全生产""掌握安全生产知识争做安全生产标兵""全面树立以人为本思想,切实加强安全知识教育"等主题,加大安全教育培训力度,开展会前教育、班前教育、井前教育"三前"安全教育,广泛开展安全签名、安全文艺节目、"安全在我心中"演讲、安全知识竞赛、安全有奖问答、安全隐患排查竞赛、安全合理化建议、安全现场慰问、安全现场督查、安全祝福等群众安全活动,调动职工学习安全知识的积极性,提高职工的安全素养和自我保安能力。

2007 年,以"以人为本、安全发展、提高素质、促进和谐"为主题,组织职工开展"学一本安全生产知识的书、提一条安全生产建议、查一起事故隐患或违章行为、写一篇安全生产体会、做一件预防事故的实事、看一场安全生产录像或电影、接受一次安全生产知识培训、回忆一次自己的经验教训、当一天安全检查员、开展一次安全生产签名活动""十个一"活动,营造"关注安全、珍爱生命"的安全文化氛围。

2008—2009 年,分别以"提高安全健康整体素质,实现安全健康科学发展"和"科学发展抓预防,预防为主重教育"为主题,开展职工安全、健康(卫生)、消防知识培训和普及教育活动。

2010—2012 年,分别以"加强班组安全建设、强化一线教育管理""抓班组提高管理水平,重教育推进安全文化"等为主题,积极创建"安全生产 1 000 班组活动",进一步推进区队班组安全文化建设,加强安全生产管理和群众监督,夯实安全生产的基础。

2013 年,以"科学发展抓预防,预防为主重教育"为主题,把岗位作业标准化作为"安康杯"竞赛活动的一项重要内容,加强区队班组安全文化建设,大力推行岗位标准化作业程序、现场精细化管理,创新井下班前会,组织开展一日一题、每周一案、每月一考"三个一"活动,规范班组危险预知,确保生产安全。

2014 年,以"广泛发动排隐患,齐抓共管促安全""扩面提质强基础,文化引领增素质"为主题,加强职工安全健康知识的培训和普及教育力度,认真组织职工学习和掌握安全生产知

识,创新开展了新的"十个一"活动,即写一封安全家书、唱一首安全歌曲、发一条安全短信、编一则安全警语、剖析一个事故案例、掌握一项安全技能、搞一次安全小革新、开展一次安全竞赛、参加一次事故预想、开展一次隐患危害排查治理;创建"五个一"区队班组安全文化活动,推行"1+3"安全监控工作体系。

2016年,以"教育培训强基础,隐患排查保安康"为主题,深入宣传和贯彻落实《中华人民共和国劳动法》(以下简称〈劳动法〉)《中华人民共和国工会法》《中华人民共和国安全生产法》《中华人民共和国职业病防治法》等相关法律法规,进一步增强职工职业安全卫生法制意识,引导职工自觉抵制"三违"行为,做到"三不伤害"。广泛开展群众性事故隐患和职业病危害源点排查活动,按照"定责任、定措施、定期限"的要求,抓好整改治理。

2017年,以"安全培训提素质,班组管理强基础"为主题,进一步加强班组安全建设,积极创建"安全生产1000班组"、"五型班组"和"无三违"班组,加强班组安全管理成果推广应用工作,推进企业安全生产标准化及班组安全标准化建设。

2018—2019年,公司以"落实全员安全责任,促进企业安全发展"为主题,明确所有层级、各类岗位从业人员的安全生产责任,通过加强教育培训、强化管理考核和严格奖惩等方式,建立安全生产工作"层层负责、人人有责、各负其责"的工作体系。大力推广应用职业安全卫生防护"工具包",即举办一次专项培训、召开一次联席会议、组织一次现场检查、开展一次急救培训、促进一次项目交流、实施一次项目评估,有效预防和控制职业病危害,切实保障职工职业健康权益。

1999—2019年,公司共有12个单位累计120次获公司"安康杯"竞赛优胜单位,5个单位累计5次获全国"安康杯"竞赛优胜企业,3个班组获全国"安康杯"竞赛优秀班组。

二、群监员管理

1991—1998年,依据中华全国总工会提出的群防群治思想及国家安全法律法规相关要求,公司工会成立了群监员队伍,建立了井口接待站,通过会员群众查隐患、找"三违",协助行政进行安全检查,逐步建立群众安全监督管理网络。

1991年,公司工会建立《群众安全月报表》制度。5月,江苏省总工会劳动保护经验交流现场会在大屯公司召开,公司工会和徐庄煤矿、孔庄煤矿等6家单位作了经验介绍。公司电视台摄制了纪录片《真正的铜墙铁壁——大屯矿区劳动保护纪实》。

1994年,公司工会制定了《大屯煤电公司职工劳动保护监督检查实施办法》,群众安全工作的重点向监督检查转移,与党政达成共识,建立了劳动保护监督检查"四项接轨"新机制,即工会劳动保护监督检查与国家法律法规接轨,与职代会的权力接轨,与行政安全管理接轨,宏观监督与微观监督接轨。完善职工代表安全巡视制度,当年矿区共进行安全巡视66次,查出隐患2 300条,通过群监员日常汇报隐患28 586条,整改率100%。

1995年,公司组织开展"为零争百创六好"竞赛,工会组织按照"四项接轨"机制将其列为职工代表安全视察的内容,全年共进行安全巡视11次,查出隐患36余条,排除重大安全隐患25起。中华全国总工会在《新华月刊》上介绍了公司"四项接轨"的经验。同年,公司工会制定《职工代表安全视察表》,对安全巡视六个方面工作实行百分制考核,把安全巡视的方向和着力点放在领导安全责任制的落实和执行方面。

1997年12月,公司工会下发《关于开展劳动保护"为零争百创六好"活动的通知》及检查评分表,从组织建设、监督检查、信息反馈、安全活动、议案提案、联席会议等 6 个方面 31 项内容进行打分评定。每半年进行一次评比,考核结果同工会建家工作挂钩,实行否决制,促进了"为零争百创六好"活动在基层单位的全面展开。

1998 年 7 月,公司工会印发群监员安全监督检查手册,加强了群监员队伍的规范化和科学化管理,提高了群监员反馈安全信息的质量。

1999 年 10 月 6 日,公司下发了《关于下发〈大屯煤电(集团)有限责任公司职工安全生产十项权利实施办法〉的通知》,规定了"四不生产原则",即"不安全不生产、隐患不排除不生产、安全措施不落实不生产、不达标不生产",明确了职工安全生产十项权利及相应的奖惩措施,鼓励职工行使"安全生产十项权利",保护职工职业安全健康,筑牢安全生产防线。

2001 年 10 月 10 日,下发《关于强化群监员井口接待站职能作用的意见》,规定了机构设置办法,明确了群监员的管理职能、安全信息的处理流程、隐患的整改办法及对"三违"人员的处理原则。

2006—2012 年,公司工会转发了《中华全国总工会 国家煤矿安全监察局特聘煤矿安全群众监督员实施办法》,各基层单位认真实施,在生产一线特聘群众安全监督员,制定管理制度与考核办法,赋予群众安全监督员安全监督权利。定期召开群众安全工作会议,总结表彰群众安全工作先进单位和优秀群监员。公司各生产煤矿强化了群监员井口接待站职能,对群监员隐患排查信息及时进行汇总整理并上报整改,使群众安全工作上了一个新台阶。

2013 年,公司工会转发了中煤集团工会《中煤集团群众安全工作管理办法》,完善了群众安全工作组织建设和工作制度职责,加强了群监员队伍建设,对群监员实行选拔、培训、考核全过程管理,积极落实群监员和协管员待遇,充分调动群监员和协管员的工作积极性。

2018 年,公司工会开展职工"安全隐患随手拍"活动,以"安全隐患随手拍、齐心协力保安康"为主题,强化红线意识,充分发挥职工的安全生产主体积极作用,立足岗位,用手中的镜头,排查隐患促安全,治理危害保健康,征集作品 330 多件。

截至 2019 年底,公司共有群监分会 22 个,选聘群监员 1 028 名,家属安全协管员 352 人,构建了从公司到班组的四级群众安全网络,形成了群策群力、群防群治、综合治理、一级抓一级、一级保一级的群众安全工作管理模式。公司工会每年下发群众安全和劳动保护工作安排意见,坚持每年完成群监员的调整充实和培训工作,每年参加群监员培训 1 000 余人,培训率达到 100%;职工代表安全视察、群监员监督安全、女工家属协管安全形成长效机制,内容、形式不断创新,群众安全三支队伍作用得到充分发挥。到 2019 年底,各级工会共发放各类安全宣传材料 3 万多册,悬挂、张贴各类安全生产标语、标志 2.2 万幅,10.2 万人次参加安全知识竞赛,11.8 万人次参加安全签名活动;组织群众安全生产大检查 3 000 多次,收集安全生产合理化建议 3 万余条,查处"三违"1.2 万件。

第五节 宣教引导

一、会员活动

1991 年 5 月,根据徐州市总工会的"红五月"安排,公司工会开展了"会员活动月"活动,以"质量、品种、效益"为目标,组织广大工会干部和会员努力做到"十个一":提一条合理化建

议、参加一次岗位练兵、攻克一个生产难题、不出一件次品、工作不出一点差错、安全不出一次事故、每班节约100元、争做一件好事、每一天提前一小时完成任务、为美化环境参加一次义务劳动。

1994年5月,开展了以"主人翁精神与产品成本"为主题的"会员活动月"活动,征集合理化建议6 000余条,经筛选后,采用1 000余条。

1995年,印发了《关于进一步加强和改进合理化建议管理的意见》,明确了合理化建议的征集、立项、登记、审评、实施、成果申报及鉴定、奖励、推广等工作的流程,突出活动的重点和主题,对合理化建议进行规范。至此,公司固定将每年5月作为全体会员"合理化建议月",实现了常态化管理。

2015年5月,公司工会将"合理化建议月"任务职责进行拓展,首次开展以"铭记教训 防范事故 人人有责"为主题的"会员活动月"活动。广大会员和群众安全群监员、协管员、视察员三支队伍,从岗位、从身边、从作业环境等方面,查找现场管理、设备管理、作业行为等方面查隐患、提建议。活动期间,征集合理化建议2 710余条,基层形成了星级班组创建、教练式班组管理、"三查三防"安全大讨论等工作经验。

2016年,公司工会将"会员活动月"活动与"警示三月行"结合起来,会员活动时间延长至一个季度,首次开展以"你我同心、安全生产、降本增效"为主题的"安全与效益"会员季活动。活动期间,查找各类安全隐患2 063条,提出合理化建议1 849条,"五小"创新成果218项,修旧利废165项。基层形成了"争当五项能手"、创新成果发布会、"好矿嫂"安全文化宣传队等先进做法的良好局面。自此每年一个主题的"会员季"活动形成长效机制。

2017年,公司工会开展"凝心聚力 筑牢防线 创新创效"为主题的"安全与效益"会员季活动,围绕"强化会员履责意识、强化安全守章意识、强化节约创新意识、全员参与、全员落实、全员共享"目标,开展"人人都是安全员""我为企业献一计""金点子成果推广""文明窗口优质服务"等活动,通过交流会、分享会、推进会等形式,推广先进做法,不断强化车间班组工会建设,促进了"一工会一品牌"创建。

2018年3月,公司工会开展"以人为本 群防群治 创新创效"为主题的"安全与创新"会员季活动,围绕"安全生产'五零'"目标、杜绝三违行为、实现标准化作业、"全员管控成本"目标,打造安全"五进、五融"、提高会员"四个意识"、建设安全监督"三支队伍",对安全隐患做到闭环管理。号召基层工会以"品牌工作"创建活动,找定位、制方案、创实效,增强工会组织的吸引力、凝聚力、战斗力。

2019年3月,公司工会开展"筑牢安全防线 坚持高质高效 人人担当奉献"为主题的"安全与质量"会员季活动,围绕"安全生产'五零'目标、杜绝三违行为、实现标准化作业、全员管控成本"目标,组织开展"全员安全隐患大排查活动""我为公司高质量发展献一计活动""合理换建议征集活动""服务会员品牌创建活动"。

2020年3月,公司工会开展围绕"落实防控措施保障职工身心健康,执行安全规程实现安全'五零'目标、提高工作质量完成生产工作指标"为目标的"回顾辉煌五十年、建设百年新大屯"主题会员季活动。组织会员围绕"走过五十年、建设新大屯"开展系列活动,开展"学规程、抓落实、强管理"活动和"安全大整顿"活动,开展班组现场安全监督检查活动、"安康杯"竞赛、"安全生产月"活动、"金点子"合理化建议征集等特色群众安全活动。

二、建家工作

1991 年,公司工会贯彻落实中国工会十一次全国代表大会印发的《关于深入开展建设职工之家的决定》部署要求,深入推进工会建家工作全面起步、重点突破。在公司党委的支持下,邀请矿区基层党委书记、工会主席赴徐州庞庄煤矿参观、学习建家工作。

1994 年,在矿区两级工会开展"工会工作大家谈"活动,建立工会常委联系点和现场办公制度,抓点带面,促进建家工作全面开展。当年,制定《车间(区队)建小家考核细则》。

2001 年 2 月 11 日,根据中华全国总工会提出的在国有企事业单位和建立现代企业制度的单位深入开展建设"职工之家"活动的要求,公司工会制定了建家考核细则,建立了组织建设、生产保护、宣传引导、民主管理、女工维权、生活保障、法律监督等 7 方面 56 项建设标准,按 1 000 分制进行考评打分。规定了工会班子不团结、未坚持职工代表大会制度的、应建立而未建立平等协商和集体合同制度的、未建立互助互济组织的、煤矿发生死亡事故地面发生重伤事故的、未按规定收缴工会经费的(含大集体经费)等一票否决条件。

2001—2019 年,公司工会坚持每年根据工会工作重点工作任务,修订建家考核细则小项内容,每半年督查一次,年底检查验收,指导基层工会抓好建家工作,将工会建设成职工会员满意的温暖之家、民主之家、和谐之家,获得一系列荣誉称号。

1991 年,中华全国总工会授予公司工会女工委员会"全国工会女职工先进集体"称号;2006 年,中国化学能源工会全国委员会授予公司工会女工委员会为"先进女职工委员会"。

1993 年、2015 年,中华全国总工会授予公司工会"全国模范职工之家"称号;2013 年,上海市总工会授予公司工会"上海市模范职工之家"称号。

2003 年,中央工委授予公司"厂务公开先进单位"称号;2013 年,全国厂务公开协调办授予公司"厂务公开民主管理先进单位"称号。

2012 年,上海市总工会授予上海能源公司"上海市五一劳动奖状"。

2004 年、2005 年,中华全国总工会授予公司"全国安康杯竞赛优胜企业";2007 年,上海市总工会授予上海能源公司"安康杯竞赛优胜单位"。

2012 年,中国煤矿体协授予公司"全民健身优秀组织单位"称号;2013 年 8 月,国家体育总局授予公司"2009—2012 年度全国群众体育先进单位"。

第六节 权益保障

一、集体合同

为进一步贯彻落实《劳动法》,深化企业劳动制度改革,根据煤炭部《煤炭工业企业全面实行劳动合同制的实施意见》(煤炭部煤劳字〔1995〕58 号),大屯公司实施劳动用工制度改革。1996 年 8 月 8 日,大屯煤电公司四届三次职工代表大会通过了《大屯煤电公司实行劳动合同制试行办法》。

1997 年 8 月 14 日,大屯公司召开四届五次职工代表大会,工会代表职工方与劳资方签订了公司第一轮《集体合同》。首轮集体合同分 8 章 32 条,明确了劳动报酬、劳动用工、工作时间、和休息、休假、劳动安全卫生、保险福利、职工培训及奖惩等方面对劳方和职工双方的权利和义务。首轮集体合同有效期自 1997 年 8 月 15 日至 1998 年 12 月 31 日。

1997 年,公司印发《关于在矿区建立平等协商签订集体合同制度的意见》。

1999 年 3 月 24 日,大屯煤电(集团)有限责任公司首届三次职工代表大会,听取审议了《关于集团公司集体合同履行情况的报告》,通过了第二轮《集体合同(草案)》,并签订了第二轮《集体合同》。

2001 年,中华全国总工会办公厅转发《全总平等协商签订集体合同工作协调领导小组关于推行平等协商和集体合同制度工作的意见》,公司工会根据《中华人民共和国劳动法》《集体合同规定》等相关法律法规,及时修订《集体合同》文本,认真做好集体合同的起草、协商、签订工作。

2002 年 3 月 9 日,大屯煤电(集团)有限责任公司二届三次职工代表大会,通过了第三轮《集体合同(草案)》,并签订了第三轮《集体合同》。

自 1999 年始,公司每三年进行 1 次签订《集体合同》,至 2020 年公司已签订了第九轮集体合同。

二、帮扶救助

从解决困难职工群众最关心、最直接、最现实的问题入手,按照"主动帮、全覆盖、不遗漏、求实效"的要求开展调查研究,制定帮扶措施,对患病职工、生活困难职工和遭遇突发事件的困难职工家庭给予及时的帮扶救助。

1994 年起,公司先后设立大病救助基金、女职工特殊疾病救助基金,下发《职工扶贫助困一日捐办法》,各基层工会建立了助学、助困、助病"三助基金"。

2018 年,公司下发《大屯公司职工互助保障基金使用管理办法》,将原"大病基金""一日捐基金""女职工特殊疾病基金"梳理整合形成"职工互助保障基金",降低审批门槛,扩大救助范围,提高救助标准,实现精准帮扶。

三、会员保障

2017 年,在公司党政领导的关心重视下,公司工会与上海市总工会积极协调沟通,不断创新服务方式,拓宽服务途径,切实为广大职工办实事、办好事,争取上海市总工会各项惠民政策在大屯生根落地。经公司党委(扩大)会议研究同意,决定集中为公司工会全体会员办理上海工会会员服务卡,集中参加 B 类专享保障(重大疾病 2 万元,疾病身故 1 万元,意外身故 3 万元)。

2017—2019 年,公司为符合条件的 243 名职工申请 B 类专享保障金合计 427 万元。2017—2020 年,公司累计办理上海工会会员服务卡注册 86 306 人次。

四、劳动争议调解

根据省总工会、劳动局、人事局《关于抓紧建立劳动争议调解委员会的通知》精神,1991 年 2 月 1 日,公司二届七次职工代表大会,选举产生公司二届职工代表大会劳动争议调解委员会。至此,公司职工代表大会都在换届选举时,同时选举产生劳动争议调解委员会。

1997 年 7 月 6 日,公司工会下发《关于印发〈大屯煤电公司劳动争议调解委员会工作规则〉的通知》,明确公司劳动争议调解委员会的职能、人员构成及调解程序。成立了公司劳动争议调解委员会、工会平等协商签订集体合同委员会及平等协商签订集体合同监督检查小组,以上各委员会办公室均设在公司工会。

1997年8月12日,公司工会成立大屯矿区工会劳动法律监督委员会,制定下发《大屯矿区工会劳动法律监督试行办法》,明确工作原则、监督机构、监督程序。

2001年4月28日,公司工会建立劳动关系预警机制,制定《大屯煤电公司工会建立劳动预警机制的实施细则》,明确组织机构,建立"预测、预审、预报、预防"的工作内容,上报流程。公司劳动争议调解工作委员会成立以来,积极参与监督公司劳动用工的管理工作,消除、化解公司因劳动合同引起的争议。

2004年6月22日,大屯煤电(集团)有限责任公司三届一次职工代表大会、上海大屯能源股份有限公司二届一次职工代表大会,选举产生了参加公司劳动争议调解委员会中的职工代表,选举产生了参加公司平等协商的职工代表。

2018年2月7日,大屯煤电(集团)有限责任公司六届一次、上海大屯能源公司五届一次职工代表大会,选举产生参加公司平等协商委员会职工方代表9人。

五、职业病防治监督

公司工会及各基层工会抓好职业卫生监管队伍建设,以监督检查为手段,全面开展职业卫生宣传教育培训,加强职业健康监护和职业危害因素检测,推进职业危害申报工作,编制职业危害事故应急预案,每年组织一次职业危害事故应急演练,提高职业危害事故应急处置能力。消除危险源和职业危害因素,建立了职业健康检查监护制度和职业病防护用品发放使用制度,全面促进职业卫生工作的开展。

1999年起,公司工会和各基层工会结合"安康杯"竞赛活动,把职业病防治监督作为"安康杯"竞赛活动的主要内容,开展职业病防治宣传教育活动,提高职工防范职业病的意识。同时加强职业病防治的监督检查,开展"十个一"活动,确保存在的问题及时得到整改。

2002年5月1日,公司两级工会认真开展学习宣传贯彻《中华人民共和国职业病防治法》活动,制定了职业病防治计划和实施方案,建立、健全职业卫生监督管理制度和操作规程,代表职工与公司签订《劳动安全卫生专项集体合同》,及时反映有关职业病防治的问题并进行协调,督促解决,要求单位提供符合防治职业病要求的职业病防护设施和个人使用的职业病防护用品,改善工作条件。

2008年,公司每两年为职工进行一次健康体检。

2011年,公司工会代表职工与公司签订的劳动安全卫生专项集体合同中,明确了职业健康体检条款,从法律上维护了职工健康权益。

2019年开始,公司制定每年为全体职工进行一次健康体检的制度。

第七节 女工工作

一、女工组织

1994年3月,公司党委批准大屯矿区工会《关于调整大屯煤电公司女职工委员会的请示》,自此,大屯煤电公司女职工委员会正式建立。同年6月,"中国煤矿地质工会大屯矿区工会女职工委员会"印章启用。

1994年4月，公司党委组织部下发《关于工会女职工委员会主任享受待遇问题的通知》，处级单位当选的女职工委员会主任任职期间享受科级或正科级待遇，科级单位当选的女职工委员会主任任职期间享受一般干部待遇。

截至2019年底，大屯公司共有在册女职工4699人，约占职工总数的27%。现有基层女职工委员会24个，专、兼职女职工委员182人。24个基层单位中，20家单位女工主任享受副科级及以上待遇。

二、女工权益

1991—1998年，为维护矿区女职工的合法权益，减少和解决女职工在劳动和工作中因生理特点造成的特殊困难，保护其健康，公司女职工委员会依据《女职工劳动保护规定（1988版）》《江苏省女职工劳动保护办法》（苏政发〔1989〕24号）等，加强与相关部门联系，确保女职工孕、产、哺期的劳动保护、工资及休息休假待遇等得到落实。

1998年4月，公司制定《大屯煤电（集团）有限责任公司〈女职工劳动保护规定实施细则〉》，共计20条，涉及女职工劳动保护权益、保健措施、经期孕期产期哺乳期保护、薪酬、权益等多方面。

2002年，女职工委员会通过开展知识竞赛、有效问答、普法讲座等形式，认真做好《中华人民共和国婚姻法》《中华人民共和国妇女权益保障法》《中华人民共和国妇女儿童权益保护法》等的宣传和落实工作。

2008年7月，印发了《女职工特殊重大疾病基金使用管理办法（修订）》。

2005—2020年，公司工会代表女职工与企业签订《大屯公司女职工权益保护专项集体合同》（每三年为一个周期），维护女职工合法权益和特殊利益；女职工委员会充分发挥维护、服务、发展、凝聚职能，积极参与企业涉及女职工权益保护的规章制度的制定和修改；定期对各单位的劳动场所、作业环境、劳动保护、培训发展以及女职工"六期"保护执行情况进行督查，全面维护女职工的合法权益。

2008—2017年，积极开展女职工健康维护服务，坚持每两年组织全体女职工免费开展一次妇科病及乳腺病筛查；2018年7月《江苏省女职工劳动保护特别规定》（省政府令第122号）施行后，公司女职工体检周期调整为一年一次，主要项目在原有的妇科病和乳腺病基础上，增加了宫颈癌HPV筛查，真正实现早发现、早预防。

2008—2020年，工会积极落实女职工卫生费事宜，得到公司党政的理解和支持，卫生费给付标准保持每三年调整一次，分别从8元/人·月、12元/人·月、26元/人·月、30元/人·月调整到2020年的100元/人·月。

2011年6月，公司女职工委员会开展了"女职工特殊疾病基金"的第二轮募捐工作，按照公司工会拨款一部分、基层工会为每位女职工（30元/人）赞助一部分，女职工个人捐款（30元/人）一部分，构成本轮女职工特殊疾病基金。

2017年，公司工会梳理整合各类救助基金，将"公司三助基金（2014修订）""大病基金（2005年）""一日捐困难补助""女职工特殊疾病基金（2008年）"等，整合为"公司职工互助保障基金"，制定了《大屯公司职工互助保障基金管理办法》，将女职工特殊疾病救助列为五类救助对象的其中之一。2018—2019年，互助保障基金救助特殊疾病女职工73人次，救助金额 10 万元。

2018 年 7 月,《江苏省女职工劳动保护特别规定》(省政府令第 122 号)施行,女职工委员会及时宣传贯彻。2020 年 1 月,公司将下列有关新增条款写入《公司女职工权益保护专项集体合同(2020—2022)》中:① 增加女职工痛经假期、明确哺乳假期与哺乳时间、女性更年期保护、职场"性骚扰"保护等条款;② 延长哺乳假的情形及相应工资待遇;③ 倡导母婴设施建设,依托社会专业机构创办早教托幼机构;④ 妇科常见病及"两癌"普查由原来的两年一次调整为一年一次;⑤ 明确将用人单位履职情况纳入社会信用体系等变化。

2020 年 3 月,公司工会下发了《关于认真做好〈公司女职工权益保护专项集体合同〉学习宣传贯彻和新冠肺炎疫情防控期间女职工关心关爱工作的通知》,切实发挥工会组织维护作用,开展了疫情期间孕期、哺乳期女职工在岗情况调查摸底工作,宣传新型冠状病毒的传播及防控知识,积极推动用人单位落实疫情期间有关政策,加强劳动保护,倡导以居家远程办公、弹性工作时间、调休或工友互助换班等方式给予孕期、哺乳期女职工以关爱;开展了复工后的女职工关心关爱工作。

三、巾帼建功

1991 年以来,公司工会女职工委员会根据女职工岗位特点,围绕安全生产,组织和动员女职工积极参加劳动竞赛、合理化建议等活动,充分发挥女职工在企业安全生产中的"半边天"作用,为公司发展建功立业。

1994—1996 年,女职工委员会在全公司范围内组织开展了"文明新风家庭"创建活动,调动广大女职工的积极性,提高家庭成员整体素质,促进了矿区两个文明建设。

1997 年,公司女职工委员会积极响应妇联和上级女职工委员会号召,开展"巾帼文明岗""巾帼标兵岗"创建活动,广大女职工围绕中心、服务大局、立足岗位、建功立业,一批批优秀女性在社会经济建设和企业安全生产中脱颖而出。

2000 年,公司女职工委员会广泛开展"四自"教育,引导女职工做"四有"职工。成立女职工周末学校,定期邀请资深教师授课;积极开展女职工技术比武,鼓励女职工岗位成才;充分利用图书馆、活动室、职工之家等文化阵地,带动女职工学文化、学技能,提高综合素质。

2007—2012 年,公司女职工委员会每年召开庆祝"三八"表彰会,并组织女工开展中华医学健舞比赛、中国民族民间优秀舞蹈比赛、"庆三八 颂祖国 展风采"赛诗会、文艺汇演、知识竞赛、"巾帼绘和谐"橱窗展、趣味运动会等活动,展示当代女性新形象,见图 12-2-1。

2013—2017 年,公司女职工委员会围绕企业改革发展重点工作,先后开展"巾帼绘和谐、降本增效益、添彩大屯梦""巾帼绘和谐、岗位做贡献、助力谋发展""巾帼绘和谐、助力新发展"巾帼建功活动。从 2013 年开始,连续八年组织动员广大女职工积极参加全国"书香三八"读书征文活动。

2018 年,公司女职工委员会开展"美丽绽放新时代 巾帼建功新征程"巾帼建功活动,倡导建功立业、素质提升;普及权益维护知识,宣传公司幸福关爱政策,深化女职工"温暖之家"建设。开展了公司"最美家庭"评选,10 名孝老爱亲、邻里互助、书香润德、教子有方、爱心奉献的女职工脱颖而出;举办了第一届"慧心巧手"烹饪大赛;开设了书法、国画、插花"博雅女性"兴趣课堂,2 000 余人次参加培训。

2019 年,公司女职工委员会开展了"建功新大屯、奋斗最美丽"主题巾帼建功活动。推

图 12-2-1　公司第三届"悦动杯"女职工趣味运动会

进"培育好家风——女职工在行动"主题实践活动,组织矿区女职工"定家规、立家训,书写家国情怀、弘扬时代新风",征集"我的家规家训故事"作品 80 余个、微视频 20 余条。建立了"爱·悦读"读书活动阵地,通过运用网络平台、微信群等方式组织女职工参与读书荐书,实现线上"共读"、线下分享,提升女职工阅读兴趣和阅读能力。

2019—2020 年,公司女工委积极探索新时代新征程中的"巾帼文明岗""巾帼标兵岗"创建方法和途径,制订了公司巾帼文明岗、巾帼标兵岗创建办法,梳理创建流程,规范创建工作,建立季度督导年度考评机制,引领广大女性努力提高思想道德、职业道德和职业技能水平,为促进经济发展和社会文明进步做贡献。

四、协管安全

1994 年 8 月,根据煤炭工业部《煤矿女职工协管安全委员会工作条例》,公司制定出台了《关于下发〈大屯煤电集团公司煤矿女职工家属协管安全委员会工作条例〉的通知》,对女职工协管会的机构设置、参与人员、服务对象、工作职责、管理及表彰等方面做出规定。9月,公司成立了由党委、行政、工会等有关方面负责人组成的协管委员会,设立了由公司工会女职工委员会主任为负责人的日常办事机构。之后,矿(处)协管会陆续成立,逐步形成了公司协管会、矿(处)协管会、车间(区队)协管分会、班组协管小组四级管理体系。

1995—2010 年,公司女职工家属协管会根据人员变动情况和工作实际,定期调整充实协管组织;发挥女职工和煤矿家属的作用,定期组织开展家访和职工家属安全讲座等,让职工家属筑牢安全生产第二道防线。自 2008 年始,女职工家属协管会深入各基层区队班组、一线工作面,开展"亲情嘱咐安全、共建和谐家园"亲情活动,组织安全宣讲、有奖知识问答、安全文艺演出等活动,鼓励职工学安全、讲安全、重安全,逐步形成工作品牌。每年组织"好矿嫂""优秀协管员"评选活动。

自 2011 年始,两级女职工家属协管会逐步建立了组织体系,完善了相关制度。每年组织协管员进行安全知识和协管业务培训。开展协管安全签约活动,组织生产一线男职工与其家属统一签订《夫妻安全协管公约》；开展协管安全服务、"送嘱"活动，组织女工协管员在元旦、春节、端午、中秋、国庆等节假日，结合"平安一季度""警示三月行""安全生产月""决战一百天"等活动主题，"冬送温暖、夏送清凉"，为一线职工送姜茶、绿豆汤、菊花茶、冰糕、牛奶、水饺、元宵、香粽、月饼等食品，同时以女性的关爱和真情送上安全叮嘱和祝福；开展安全宣讲，组织女工协管员进区队、进班组集中宣讲新《中华人民共和国安全生产法》和《安全生产条例》等法律法规、政策措施和技能知识。组织协管安全文艺小分队将自编自演的快板、安全小品、安全歌曲送到区队、班组、车间。

2012 年 3 月，公司女职工家属协管会开展了"万对夫妻安全协管签约"活动，通过亲情力量，增强职工安全责任感，促进职工家庭无事故、更安全。

2012 年 8 月，公司女职工委员会落实中国能源化学工会精神，组织广大女工家属向全国五一劳动奖章获得者、全国"十佳矿嫂"党素珍，全国"十佳好矿嫂"侯秀荣，全国煤矿好矿嫂、全国煤矿女工家属安全工作先进个人展延兰学习的活动。

2014 年 2 月，根据《全国煤炭系统工会群众安全工作条例》和中煤集团工会相关要求，公司女职工家属协管会积极推进协管安全工作的规范化、长效化建设，命名姚桥煤矿、孔庄煤矿、徐庄煤矿、龙东煤矿女工家属协管安全进口服务站等 4 个进口服务站为大屯公司女工家属协管安全示范站。

2016 年以来，公司女工家属协管会制定了评比办法，开展了协管安全工作评比，促进了协管会的组织建设。注重督导各基层协管会，围绕企业中心工作、重点任务，创新和深化协管安全活动载体，努力拓展工作领域，丰富活动内涵，创建了"安全家书三进保安全""千米巷道寻亲诉衷肠""父亲节诵心愿触动心弦""走千米巷道、知亲人辛苦"等一批特色活动，形成安全文化品牌。

2019 年，公司女工家属协管安全委员会连续开展"安全生产月 女职工在行动"主题活动，在开展传统协管活动的同时，大胆探索协管安全爱心帮教和"三违"职工过"妻关"等活动，提高女工协管安全活动的影响力和实效性，筑牢安全生产的第二道防线。

第三章　共青团工作

第一节　组织建设

一、共青团代表大会

1993年4月27日,共青团大屯煤电公司第五次代表大会召开,出席会议的正式代表186人,选举产生了本届委员会委员20人,吴建国为书记,鄂眉峰为副书记。

1997年4月1日,共青团大屯煤电公司第六次代表大会召开,出席会议的正式代表182人,选举产生了本届委员会委员21人,鄂眉峰为书记,顾宏彬为副书记。

2002年6月18日,共青团大屯煤电集团公司第一次代表大会召开,出席会议的正式代表190人,选举产生了本届委员会委员19人,顾宏彬为书记,程辉为副书记。

2011年11月18日,共青团大屯煤电集团公司第二次代表大会召开,出席会议的正式代表120人,选举产生了本届委员会委员9人,刘琴为书记,张鸣为副书记。

2016年4月13日,共青团大屯煤电集团公司第三次代表大会召开,出席会议的正式代表90人,选举产生了本届委员会委员9人,张鸣为书记。

2019年11月26日,共青团上海大屯能源股份有限公司第一次代表大会召开,出席会议的正式代表90人。选举产生了本届委员会委员9人,那才兴为书记,张献为副书记。

截至2019年底,除新成立的新疆天山煤电公司、新疆鸿新煤业公司、热电厂尚未成立共青团组织机构,其他二级单位矿(厂、公司)均设立了团组织,在同级党委和公司团委的领导下开展各项工作。2019年公司基层团组织数量详见表12-3-1。

表 12-3-1　2019 年公司团委直属团组织统计表

序号	团组织	团总支数	团支部数
1	姚桥煤矿团委		18
2	孔庄煤矿团委		16
3	徐庄煤矿团委	3	18
4	龙东煤矿团委		10
5	电热公司团委		9
6	苏铝铝业团委		1
7	铝板带厂团委		7
8	铁路管理处团委		5
9	选煤中心团委		4

表 12-3-1(续)

序号	团组织	团总支数	团支部数
10	拓特机械制造厂团委		6
11	铁路工程公司直属团总支	1	1
12	汽运分公司直属团支部		1
13	物资贸易部直属团总支	1	4
14	实业有限公司团委		10
15	电力工程公司直属团总支	1	4
16	水处理公司直属团支部		1
17	中能服务公司团委		1
18	中心医院团委		2
19	中煤职业技术学院团委		1
20	工程咨询公司团委		2
21	救护大队直属团支部		1
22	设备管理中心直属团支部		1
23	公司机关团委		2
	总计	6	125

二、组织建设

（一）建设与管理

1992 年 3 月,公司团委转发共青团中央制定的《中国共产主义青年团基层组织选举规则(暂行)》,加强团内民主建设,规范基层组织选举程序。

1994 年,公司团委学习贯彻《中国共产主义青年团发展团员工作细则(试行)》,印发《关于调整矿区团组织活动经费的通知》,进一步规范公司共青团发展团员经费管理等基层基础工作。

1996 年 2 月,公司团委制定目标管理考核细则,各基层团委完善团支部目标管理,实施动态考核。同年 3 月,公司团委为各单位配备了团务用品,使共青团工作的硬件设施得到改善。

1997 年 5 月,公司团委下发《共青团大屯煤电公司委员会议事规则》,明确议事原则、议事内容、团委会的准备、团委会的召开及决定决议的实施与监督等 5 个方面内容。

2001 年 3 月,公司团委对全矿区基层团组织进行整顿,各单位根据统一部署,从基层组织设置及团委领导班子建设、团支部建设、团员队伍管理、团费收缴等方面进行调查摸底、排查问题、组织整改。通过近三个月的组织整顿,摸清团建工作现状的同时,完善了"三会一课"、团费收缴、推优入党等制度。

2002 年,公司团委印发《关于加强和改进团的作风建设的意见》,进一步加强了团的理论学习、工作考核和团员干部队伍建设。认真做好"推优"工作,积极向党组织推荐优秀团员作为党的发展对象 140 人次,52 名优秀团员加入了党组织。

2003 年,公司团委拟定《关于开展创建学习型团组织、争做学习型团干部的通知》,为基

层团组织配备了《第五项修炼》《学习型团组织知识读本》等学习材料,在"大屯青年"网页上开设了专栏进行共享、交流。

2004年,公司团委下发《关于调整集团公司团委常委、委员分工情况的通知》,落实民主集中制、团组织班子建设得到加强。

2006年2月,公司团委制定《大屯公司共青团工作量化考核办法》,根据工作性质、工作条件的不同,将基层单位划分为四大类,考核办法分为基础工作、月度工作、年度重点工作和附加项四个方面,分类考核,鼓励各单位创造性开展工作的同时,形成良性竞争机制。

2009年2月,公司团委开展共青团组织状况和重点工作调研,基本摸清团的组织设置、工作方式、活动方式和经费来源,团干部选拔、使用、培养、转岗等方面的新情况、新经验。同年2月,在全矿区团支部中开展"一团一品"创建活动,推进团的建设活动载体创新,基层团的工作形成"百花齐放"的良好格局。

2012年2月,公司团委印发《共青团大屯煤电(集团)有限责任公司委员会工作规则》。

2013年,公司团委根据集团公司团委《关于做好集团公司团建信息管理模块数据录入工作的通知》,完成团组织、团干部基本信息、共青团组织机构及人员情况登记表的信息录入工作。

2014年,公司团委下发《关于开展"赢在基层"团支部竞赛活动的通知》,通过团务知识考试、微博试题、面试答辩、团支部亮点工作展示四个环节,推动基层团支部动起来、工作活起来。

2015年,公司团委举办专题学习和主题读书班,深入学习贯彻党的十八届五中全会精神、中央党的群团工作会议精神和《中共中央关于加强和改进党的群团工作的意见》,交流、研讨落实中央精神的创新做法及举措。

2016年1月,公司团委下发《大屯公司共青团工作量化考核办法》。

2017年,公司团委转发共青团中央《中国共产主义青年团基层组织选举规则》的通知。重新对《大屯公司共青团工作量化考核办法》进行修订,根据工作性质、工作条件,将基层单位划分为三大类别进行分类考核,提升公司团建科学化水平。

2018年5月,公司团委开展"青春之家"团支部创建工作,为创建团支部配备团支部工作手册。各"青春之家"创建团支部积极落实"三个一"活动,即每季度开展一次团课、一次主题活动、一次文体活动,并结合单位实际,制定分批推进计划,以点带面,较好发挥了优秀团支部的示范引领作用,基层团支部基础建设工作水平得到进一步提升。

2019年3月,根据共青团中央《基层团组织"三会两制一课"实施细则》要求,公司团委以示范(品牌)团支部建设为契机,下发《关于规范基层团支部"三会两制一课"的通知》,积极推动"三会两制一课"制度落实。10月,转发了《共青团中央关于印发〈共青团推优入党工作实施办法(试行)〉的通知》。

(二)创建与表彰

1991—2009年,公司团委以广大团员青年为主体,根据公司党委和上级团组织的工作部署,加强青年思想政治教育,推进岗位练兵和技术比武等活动,围绕"青"字号创建要求,全面服务公司中心工作,较好发挥了团员青年在矿井安全生产工作中的生力军和突击队作用,涌现出一大批先进人物和先进群体。为选树典型,表彰先进,公司团委每年召开表彰大会,表彰序列包括:红旗团委、红旗团支部、先进团委(总支)、优秀团干部、优秀共青团员、红旗青

岗总岗、先进青岗分岗、优秀青岗员、优秀青年突击队、优秀青年文明岗等。

1998年5月,公司团委分别被共青团中央、江苏团省委授予全国煤炭"争当青年岗位能手活动"优秀组织奖、"争当青年岗位能手活动"先进集体。

2001年5月,姚桥煤矿采煤二队、铁路管理处车辆段旅客列车等21个青年集体被中国煤炭进出口集团公司团委授予"青年文明号"荣誉称号;选煤中心机电自动化班被江苏团省委授予"青年文明号"荣誉称号;姚桥煤矿团委、电业分公司团委、拓特机械制造厂团委被中央企业团工委授予"五四红旗团委创建单位"荣誉称号。

2003年5月,姚桥煤矿团委被中央企业团工委授予"五四红旗团委创建单位"荣誉称号;姚桥煤矿采煤二队被共青团中央授予"青年文明号生产线"荣誉称号。

2005年5月,公司团委被共青团中央授予"五四红旗团委"荣誉称号。

2010年5月,公司团委被江苏团省委授予"五四红旗团委"荣誉称号。

2011年3月,公司团委开展"我身边的好青年"评选活动。同年5月,公司团委被中央企业团工委授予"五四红旗团委"荣誉称号。

2013年,公司团委被中央企业团工委、中煤集团团委分别授予"五四红旗团委"荣誉称号。9月,公司党委下发《关于规范公司评比、表彰活动的通知》,自此共青团系统表彰变更为每两年一次。

2015年5月,公司团委在新闻中心举办"奋斗的青春最美丽"成长分享会。

2016年5月,公司团委召开纪念五四运动97周年暨五四表彰会,公司青年结合安全生产、降本增效、素质提升、创新创业等方面自导自演5个情景故事,演出中穿插着为7个"五四红旗团委"、20个"五四红旗团支部"、25名"优秀共青团干部"和50名"优秀共青团员"颁奖。

2017年,姚桥煤矿采煤三队机电班被共青团中央授予"青年安全生产示范岗"荣誉称号;公司团委被中煤集团团委授予"五四红旗团委"荣誉称号。五四期间,公司团委举办"青春的力量"五四主题活动,引导矿区广大青工树立勤奋工作、敢于担当的责任意识。

2018年5月,公司团委下发《关于表彰2016—2017年度公司共青团系统先进集体、优秀个人的决定》,表彰37个先进集体和60名先进个人。公司团委被中煤集团团委授予"五四红旗团委"荣誉称号。

2020年5月,公司团委下发《关于表彰2018—2019年度公司共青团系统先进集体和优秀个人的决定》,共评选表彰"五四红旗团委"6个、"五四红旗团支部"20个、"青年文明号"6个、"青年安全生产示范岗"6个、优秀共青团员50名、优秀共青团干部25名。公司大爱志愿者服务队被全国煤炭行业共青团工作指导和推进委员会授予"疫情防控全国煤炭青年五四奖章"荣誉称号,公司团委被江苏省委授予"五四红旗团委"荣誉称号,铁路管理处车务段团支部被江苏省委授予"五四红旗团支部"荣誉称号,龙东煤矿马乐乐被共青团中央授予"全国青年岗位能手"荣誉称号。

三、队伍建设

1993年2月,公司团委制定《关于做好1993年有关基层团委换届选举工作的办法》,积极协助基层党委把好团委书记候选人的政治素质关和业务能力关,指导和督促孔庄煤矿等7个单位的换届改选工作。5月,建立业余青工政校,自办专职团干部培训班,组织39名团

干部赴上海青年干部管理学院进行培训。8月,建立基层团委书记(副书记)考核制度。

1996年8月,公司团委下发《关于下发〈加强流动团员管理暂行条例〉的通知》,建立动态开放、协作式的流动团员管理机制,探索新型经济体制中的团建模式,确保有团员的地方就有团组织,有团组织的地方就有团的活动。

2002年4月,公司团委抓住纪念建团80周年有利契机,广泛开展团员先进性主题教育,以"永远跟党走"为主题,组织开展演讲比赛、知识竞赛、主题征文等系列活动。

2005年9月,公司团委在矿区全体团员和各级专、兼职团干部中开展以学习实践"三个代表"重要思想为主要内容的主题教育活动。11月,根据江苏团省委、徐州团市委《关于举办"新时期企业团员标准"网上论坛的通知》要求,公司团委组织公司团员团干围绕"全面增强自主创新能力对团员提出的新要求""企业实施青工技能振兴计划的重要性和必要性""加强企业团的工作和团的建设的建议"等三个研讨题目参与网上大讨论活动。

2006年4月,公司团委举办矿区骨干团干部培训班,培训采取全脱产、讲学与团课观摩交流相结合的方式,系统学习党章、共青团工作实务、新闻宣传与写作等知识,提高团干部的政治理论水平和业务能力。

2008年,公司团委尝试将"素质模型"引入专职团干部评价体系,建立一套兼顾个人能力素质与工作业绩成果的科学评价模型。

2010年,公司团委加强学习型团干部队伍建设。建立健全团干部绩效考核评价机制,通过定期培训、专题讲座、会前学习等形式,提高团干部的学习能力、工作思维能力、创新能力、协调能力、写作能力,特别是增强广大团干部独立思考问题和自行设计、开展工作的能力。

2011年6月,公司团委印发《关于在团组织和团员中深入开展创先争优活动实施方案的通知》,学习贯彻党的十七大、十七届五中全会和团的十六大会议精神,引导团员增强政治意识、组织意识和模范意识,在工作、学习和生活中发挥先锋作用。

2012年6月,公司团委制定进一步加强团干部队伍作风建设的措施,以制度建设为基础、机制创新为动力、量化考核为依据、青年满意为目标,解决新形势下团干部作风建设中存在的现实问题。

2013年7月,公司团委举办团的十七大精神座谈交流会,时任团委书记刘琴作为中煤集团唯一一名团的十七大代表,就如何深入学习贯彻团的十七大精神与团员团干进行座谈交流,并分享个人参会感受。会议号召广大团员青年要坚持中国青年运动的时代主题,以青春之我、奋斗之我为企业发展壮大贡献青春力量;2018年7月,公司团委邀请团的十八大代表、中煤集团地煤公司团委书记蒋江为中青班学员、广大团员、团干部做团的十八大精神宣讲。

2015年,公司团委举办2期专兼职团干部培训班,组织团干部针对公司当前形势任务和转型发展等开展讨论,为企业转型发展建言献策。

2016年6月,公司团委下发《关于开展增强团员意识主题教育活动的实施意见》,开展优良传统我继承、形势任务我明确、红色教育我反思、劳模精神我对标、团员标准我践行、企业发展我献策、团员身份我彰显、团旗添彩我当先8个方面主题活动。

2017年5月,公司团委开展"团员,归队!"系列活动,进一步提升团员的思想政治性、组织生活规范性、作用发挥示范性,教育引导广大团员自觉听党话、跟党走,在公司全面深化改革、促进创新发展进程中发挥生力军和突击队作用。

2018 年 6 月 29 日,公司团委通过"大屯公司青视野"编发新团章学习材料,第一时间组织全体团员、团干部进行专题学习。根据集团公司团委《关于做好"智慧团建"系统团员团干信息采集录入工作的通知》安排,公司团委完成了各级团组织设置、团员团干基本信息的采集录入工作,录入覆盖率达到 100%。2019 年团员青年分布情况详见表 12-3-2。

表 12-3-2　2019 年大屯公司团员青年分布情况统计表

单位	团员数	青年数
姚桥煤矿	148	614
孔庄煤矿	117	797
徐庄煤矿	100	215
龙东煤矿	70	159
电热公司	37	171
热电厂	33	33
苏铝铝业	3	55
铝板带厂	23	240
铁路管理处	54	87
选煤中心	32	137
拓特机械制造厂	22	62
铁路工程公司	4	30
汽运分公司	6	11
物资贸易部	15	71
实业有限公司	43	125
电力工程公司	37	97
水处理公司	9	19
中能服务公司	11	45
中心医院	7	32
中煤职业技术学院	40	34
工程咨询公司	19	54
救护大队	13	37
设备管理中心	3	12
公司机关	14	57
总计	860	3 194

四、少先队

1991 年,公司团委在少先队系统以"学雷锋、学赖宁、做党和人民的好孩子"为主线,开展"我在学赖宁"、"红领巾纠察队"、"儿童手工制作大赛"、"知我大屯、爱我大屯"演讲赛、矿区"第四届鼓号队"比赛等一系列活动。同时,结合"百日安全"竞赛活动,组织少先队进行安

全专题演出 2 场,写安全信 182 封,制作安全卡 934 件。

1993 年,公司团委在抓好少先队活动的基础上,开展"达标创优"活动,制定《少先大队辅导员考评制度》和《标准化队室考核细则》。全年共有 4 个集体、3 名个人受到了上海团市委表彰。

1995 年 11 月,公司团委开展公司首届"苗苗小能手"评选活动,对在"雏鹰行动"中涌现出来的 15 名"苗苗小能手"予以表彰,调动少先队员争做"跨世纪小主人"的积极性和创造性。

1997 年 8 月,公司团委下发《关于成立小红星儿童团的通知》,成立小红星儿童团,发挥少先队组织的特殊教育作用,加强对低年级儿童的组织教育,开发集体和个人的潜能。

1998 年 9 月,根据中国省年先锋队全国工作委员会对基层少年先锋队工作委员会每三年召开一次少代会的规定,召开大屯煤电(集团)有限责任公司首届少先队代表大会,成立大屯煤电集团首届少先队工作委员会和集团公司首届少先队总队部。

2001 年 9 月,公司团委下发《关于举办"新世纪我能行"体验展示活动的通知》,以体验教育的思想指导活动设计,创设生动多样的活动课题,为广大少先队员提供了展现创造力的舞台。

2008 年 2 月,公司成立中小学管理中心,少先队管理工作至此移交至中小学管理中心统一管理。

2013 年 3 月,公司团委联合矿区中小学管理中心、公司教卫办公室、矿区少工委选取部分基层团委作为矿区各中、小学少先队组织的对口单位,聘请公司相关单位优秀团干部担任各校的少先队志愿辅导员。

第二节 思想教育

一、政治引领

1992 年 1 月,公司团委下发《关于广泛开展反"和平演变"系列教育活动的通知》,以读书活动为龙头,抓好"五项教育"工作,即爱国主义教育,党的基本路线教育,艰苦奋斗、无私奉献教育,普法教育,"学雷锋精神,做四有新人"教育,提高广大团员团干的思想认识和政治理论素质。

1994—1996 年期间,公司两级团委把学习《邓小平文选》第三卷放在思想教育工作的首位,团委中心组学习、"三学"小组活动进一步加强。

1997 年 9 月,公司团委下发《关于认真组织团员青年学习党的十五大精神的通知》,实行团委委员分片包干,承包团支部,有计划、分层次地利用"三会一课""三学"小组等形式,重点学习贯彻江泽民总书记工作报告。

2000—2003 年,公司团委组织团员青年认真学习贯彻江泽民"三个代表"重要思想、江泽民在庆祝中国共产党成立八十周年大会上的重要讲话和党的十五届六中全会精神。

2006 年 4 月,公司团委下发《关于开展"学习党章,紧跟党走"主题教育活动的通知》,要求团员青年主动在思想觉悟、工作能力、作为贡献等方面向党员标准看齐,向共产党员学习,向党组织靠近,争取早日加入党组织,成为合格共产党员。

2008 年,公司团委深入学习贯彻党的十七大精神,开展"立足新起点,创造新业绩"主题教育实践活动。

2011 年 7 月,公司团委在公司第二次党代会即将召开之际,下发《关于开展"高举团旗跟党走,青春献礼党代会"主题活动的通知》,开展了全团"学党史、知党情、跟党走"五四主题团日活动、"追访先烈足迹,争当'给力'青年"爱国主义教育活动、"永远跟党走"主题红歌会活动和"红领巾心向党"活动。

2012 年 11 月 8 日,中国共产党第十八次全国代表大会在北京胜利召开。公司团委组织广大团员青年积极收看党的十八大召开盛况,特别是习近平报告中对青年人提出的殷切希望,让广大团员青年深感振奋、备受鼓舞。

2013 年,公司团委按照团中央的要求,组织团员青年利用网络观看《团萱漫话——感悟十八大》《在党的指引下奋勇前行》《学习十八大 给力新征程》《我们走在小康路上》等党的十八大精神网络宣传片。各单位团组织结合"平安一季度""警示三月行"安全宣讲活动,对"两会"及企业面临的形势进行了宣贯活动。

2014 年 8 月 4 日,根据共青团中央《全团学习贯彻习近平总书记重要批示精神》通知要求,公司团委召开学习习近平总书记重要批示精神专题学习会。各单位团组织负责人上交学习心得 19 篇。8 月 15 日前,公司各二级单位团组织积极通过中心组学习、座谈会、主题团日等形式开展学习交流活动,将批示精神和工作交流会精神传达到每一位团干部。活动期间,各单位共召开中心组学习 9 次,座谈会 17 次,主题团日活动 40 余次。

2017 年 12 月,公司团委转发了中国共产主义青年团中央企业工作委员会(简称"中央企业团工委")《关于在全团开展以"践行新思想 拥抱新时代"为主题的组织生活会的通知》(中青办发〔2017〕16 号),公司 109 个团支部积极行动,严格按照要求,认真抓好专题学习、集中宣讲、示范学习、支部大会、教育评议、结果运用 6 个方面工作。

2018 年 5 月,公司团委下发《关于印发〈大屯公司"青年大学习"行动的实施方案〉的通知》,突出理论武装和思想引导,通过构建"导学、讲学、研学、比学、践学、督学"六位一体的学习体系,学习党的十九大精神和习近平新时代中国特色社会主义思想。7 月,开展"青年大学习·诵读《梁家河》"活动,通过团支部集体学习、网络展示、诵读演出等形式,引导广大团员青年积极践行总书记身处逆境不忘读书修身、追求真理的精神。

2019 年,按照集团公司团委统一部署,公司团委认真落实"六大行动",承办了集团公司团委"青春心向党·建功新时代"五四活动。4 月 25 日,集团 53 名专兼职团干部前往淮海战役烈士纪念塔开展"青春心向党·建功新时代"主题团日活动,实地接受一次沉浸式的仪式教育;4 月 26 日在公司俱乐部成功举办集团微视频大赛,大屯公司选送的微视频《一个》荣获一等奖;4 月 30 日,组织团员青年收看纪念五四运动 100 周年大会直播,认真学习习近平总书记在纪念五四运动 100 周年大会上的重要讲话。会后,公司团委组织开展交流座谈。

2020 年 3 月,公司团委下发《关于开展"最燃"微团课展评活动的通知》(屯能司团〔2020〕10 号),围绕"庆祝大屯公司开发建设 50 周年"、党史团史、团的基础教育等主题,面向公司各级团组织,全体团员、团干部征集微团课。各单位共上报 26 部微团课视频,通过评选,"学习时代楷模 传承五四精神""铁路精神"等一批优秀微团课通过《大屯公司青视野》栏目进行了展播。

二、爱国教育

1994年5月,公司团委下发《关于在矿区青少年中开展"爱我中华"读书活动的通知》,积极探索新时期青少年爱国主义教育的新路子,与党委宣传部、工会等部门联合举办"百首优秀革命歌曲演唱比赛""爱我中华"知识竞赛等活动。各单位团组织相继开展"爱我中华"知识竞赛、演讲、征文及爱国主义影片影视评等活动。

1996—1998年,公司团委制定大屯煤电公司爱国主义教育三年规划。期间,公司各级团组织和团员青年深入学习贯彻中共中央、国务院印发的《爱国主义教育实施纲要》,引导团员青年热爱祖国,热爱企业、爱岗敬业、建功立业。

2001年7月,以"党在我心中"为主题,公司两级团组织认真组织开展党史知识竞赛、"颂歌向党唱"歌咏比赛等活动,集中唱响共产党好、社会主义好、改革开放好的主旋律。

2006—2009年,公司团委连续三年开展"与祖国共奋进,与中煤同发展""与祖国共奋进,与大屯同发展"等主题教育实践活动,开展青年话题大讨论,举办青年风采展示,组织巡回宣讲等活动,弘扬以爱国主义为核心的民族精神和以改革创新为核心的时代精神,深入开展社会主义荣辱观教育活动,引导青年坚定永远跟党走的信念,热爱祖国,热爱企业,爱岗敬业,为将中煤集团建设亿吨级煤炭大集团做出青春贡献。

2013年,公司团委贯彻落实共青团中央关于"用最有用的思想逻辑、最有用的载体、最有用的活动"相关要求,在青年中广泛开展"三观、三热爱"主题教育活动,通过"三观、三热爱"主题教育座谈会、"青春梦·中国梦"演讲比赛等活动,唤醒团员青年心中的民族自豪感,点亮大家心中的"中国梦"。

2015年,公司团委落实共青团中央《关于开展"诵经典·讲礼仪·传美德"中华传统文化经典诵读活动的通知》要求,广泛开展"文化经典诵讲传""好文荐读"等活动,引导团员青年通过吟诵中华传统经典诗文,加深对中华优秀传统文化的热爱。

2019年,公司团委按照公司党委转发《关于隆重庆祝中华人民共和国成立70周年广泛组织开展"我和我的祖国"群众性主题宣传教育活动的通知》精神,组织团员青年参与"我爱我的祖国"一句话微视频活动,开展"不忘跟党初心,牢记青春使命"七一主题团日活动和纪念中华人民共和国成立70周年主题团日活动62次。9月13日,举办大屯公司2019年入职大学生"不忘初心、牢记使命"文艺汇报演出,大学生们通过朗诵、视频、舞蹈、舞台剧等形式,回顾展示了一代代中国青年在中国共产党的领导下,用满腔热血和激情奋斗谱写出的一首首壮美的青春史诗。

三、企情教育

1993年10月,公司团委以"改革与责任"为主题,在团内大兴调研之风。公司各级团组织广泛组织开展大型问卷调查活动,系统分析了矿区团员青年的基本特点,为科学决策提供了可靠依据。全年,矿区各级团组织共有16篇调查报告在不同范围内得到了交流,部分调研成果在全矿区进行推广和运用。

1996年6月,公司团委认真贯彻落实公司党委关于开展"讲文明、讲道德、塑造企业形象工程"活动要求,下发《关于开展"讲文明、讲道德、塑造青年形象"活动的实施意见》,以共青团"三学"小组为组织网络,从基础教育入手,倡导"六讲六不"行为规范(文明守则)。

2002 年 4 月,公司团委征集建矿以来先进青年投身企业改革发展的典型事迹 86 篇,编发《青春的足迹》纪念册,引导公司广大团员青年扎根一线、敬业奉献、担当作为、履职尽责,为企业发展做出积极贡献。

2006—2007 年,公司团委先后开展以"和谐大屯·激情青春""爱我大屯·共创和谐"为主题的五四系列纪念活动,通过"企业发展责在你我"一人一计、青年志愿者服务、青春风采征文及图片展等活动,动员团员青年继承五四光荣传统,投身企业改革建设大局,以勤于学习、善于创造、甘于奉献的实际行动在公司又好又快发展的进程中建功立业。

2012 年 2 月,公司团委举办了以"我心中的中煤文化"为主题的演讲比赛,深入挖掘各单位先进人物践行"争创闯"精神、传承中煤文化的感人事迹,展示新时代大屯青年立足本岗、创先争优、勇于作为的时代风貌,宣贯了中煤集团企业精神、企业理念、企业使命、企业愿景;自编自导自演青春励志喜剧《梦想与现实的故事》,近 2 500 名团员青年通过网络、电视和现场收看。话剧引发团员青年对"梦想"与"现实"的大讨论,帮助青年树立正确的人生观与价值观。

2012—2015 年,公司团委围绕"安全、发展、民生"三件大事,连续举办 4 期"企业发展与青年责任"主题辩论赛,充分调动广大团员青年参与企业发展实践活动的积极性和主动性。

2014 年,公司团委率先入驻微信公众平台,开通"大屯公司青视野"微信订阅号,以"打造活力团形象,网络青春好声音"为目标,创建网络团青工作新阵地,为青年打造出一个活跃在指尖上的共青团。截至 2020 年 2 月,"大屯公司青视野"微信订阅号的关注人数已达 17 000 余人,有效实现了大屯公司青年的"全覆盖"。

2017 年 7 月,随着公司"全面深化改革、促进创新发展"工作的深入推进,公司团委积极发挥广大团员青年思维活跃、认知开放的特点,举办"全面深化改革·促进创新发展"辩论赛系列活动,通过基层团支部开展"2000 团员话改革"主题团日活动、"我对改革有话说"暨改革创新辩论赛预选赛、"全面深化改革·促进创新发展"辩论赛等活动,引导团员青年在主动思辨中加深对公司改革创新发展的紧迫性、必要性认识,积极主动支持和参与企业改革发展。

2018 年 3 月,公司团委举办"建设五型新大屯·砥砺奋进新征程"学习贯彻党的十九大精神暨大屯公司重要工作会议精神知识竞赛,姚桥煤矿等 8 支代表队同场竞技,微信平台进行现场直播,矿区 2 500 余名团员青年同时在线观看。

2019 年,公司团委线上结合线下同步开展"一战到底"暨公司 2019 年度工作会议学习竞赛活动,各基层单位以团支部为单位,组织团员青年认真学习公司工作会议、党委工作会议等重要会议精神 186 场次;公司团委根据公司工作会议精神编写共计 800 道题目,在"大屯公司青视野"微信订阅号上开展"一战到底"会议精神学习竞赛活动,604 名青工线上参与答题。

第三节 青年活动

一、青工安全

1991 年 9 月,公司团委建立健全岗员队伍考核制度及《青岗工作条例》,对 46 名青岗分

岗长进行岗位培训,为各青岗分岗查"三违"和"零点行动"提供了全面保障。"零点行动"成为共青团参与安全管理的品牌。

1994年3月,公司团委贯彻实施共青团中央提出的"跨世纪青年文明工程",在全矿区开展创建"青年文明号"活动,以青年为主体,在矿区生产车间(区、队、段)交通运输、医疗卫生、商业经营、井口服务等各行各业广泛展开,逐步形成每个单位、行业特色"青年文明号"岗位。

1996—1998年,拓特机械制造厂动力车间连续3年被江苏团省委授予"青年文明号"荣誉称号。

1998年1月,公司团委下发《关于在全矿区青岗系统深化"学规程、反'三违'、查隐患、保安全"竞赛活动的通知》,增强广大青工安全意识和自保互保能力,促进青工岗位工作标准化。

1999—2000年,公司团委下发《关于深化和规范"青年文明号(生产线)"创建活动的通知》,对"青年文明号(生产线)"创建活动进行规范。2000年5月,命名孔庄煤矿医院等6个青年集体,重新认定龙东煤矿医院等13个青年集体为1999年度集团公司"青年文明号生产线",取消原建安公司第二分公司六村项目部的"青年文明号生产线"的荣誉称号。

2001年5月,公司团委落实共青团中央、国家安全生产监督管理局《关于在全国企业中开展创建"青年安全生产示范岗"活动的通知》(中青联发〔2001〕24号)精神,以青年职工为主体,以安全生产示范为导向,以安全思想教育、安全技能培训、安全监督管理为内容,以确保企业安全生产为目的,开展"青年安全生产示范岗"创建活动。

2002年4月,发电厂电力生产线被共青团中央授予"青年文明号生产线"荣誉称号。

2003年4月,姚桥煤矿采煤二队被共青团中央授予"青年文明号生产线"荣誉称号。

2004年3月,公司团委下发《关于做好2004年矿区青工系统总评工作的通知》(煤电司团〔2004〕32号),共评选表彰2个红旗青岗、3个先进青岗、30名优秀青岗员、15个先进分岗、8个"青年安全生产示范岗"、10个"青年文明号生产线"。

2005年,物业分公司第七居委会分别被中煤集团团委授予"青年文明号"荣誉称号。

2007年,龙东煤矿选煤厂被中央企业团工委授予"青年文明号"荣誉称号;孔庄煤矿供应科被江苏团省委授予"青年文明号"荣誉称号。

2008年,徐沛铁路管理处旅客列车被中央企业团工委、江苏团省委分别授予"青年文明号"荣誉称号。

2009年3月,公司团委贯彻落实"安全质量标准化年"要求,加强青年安全监督岗的建设与管理,举办四矿青岗员安全技能大赛,四矿采、掘、机、运、通五大系统全体青岗员参与其中,涉及《安全生产法》《煤矿安全规程》《煤矿安全生产操作规程》及各专业技术管理规定等内容,大赛采取机考和现场答辩方式,切实提高广大青岗员的责任意识和安全监督的专业化水平。

2013年10月,公司团委落实江苏团省委《关于迅速推进全省青年文明号"号号开博"工作的通知》精神,要求各单位"青年文明号"创建单位依托腾讯或新浪微博开通各创建集体的机构微博,每天定时发布或转播、评论他人微博,运用微博适时开展微活动、微调查、微访谈等活动,助推公司"青年文明号"创建工作。编制下发《青工安全避险常识手册》与《青岗员安全技能掌中宝》。

2016 年,公司团委将青岗员培训与青岗安全活动相结合,在"安全生产月""百日安全"活动期间,分采煤、掘进、机电、运输等专业,分批次组织四矿青岗员 100 名前往四矿井下开展一线现场教学。通过专家跟班、现场点评、综合评比,对青岗员排查隐患的能力进行全面考察指导,有效提升青岗员安全技能水平。

2018 年 1 月,公司团委下发《关于开展"与安全同行"青工主题系列教育活动的通知》,各单位团组织立足新形势、贯彻新要求,做好"两节""两会"期间青年安全生产稳定工作的同时,通过开展"青春与安全同行"承诺签名、安全事故案例教育进支部、"与安全同行,向违章说不"主题团日等活动,提升青工安全意识,营造浓厚安全氛围。

2019 年,公司团委开展以"青工行为规范达标,青岗品牌活动作用发挥明显"为主题的青年安全宣教活动。

2020 年 1 月,公司团委下发《关于认真做好 2020 年青工安全工作的通知》,从加强青工安全宣教、强化青岗组织建设、提升青工安全技能、深化青年安全品牌四个方面对公司青年安全工作进行了整体安排和部署。

二、青工素质提升

1992 年 6 月,公司团委举办矿区首次青年掘进工技术大比武,广大青年掘进工以交流技艺、强化素质、提高水平、团结进取为宗旨,勤学苦练、取长补短,掀起了学理论、学文化、学技术的热潮。8 月,对在矿区青年掘进工技术比武中取得优异成绩的 3 个集体和 4 名个人进行了表彰。

1994 年,公司团委以"青工技能月"活动为契机,"五小"科技攻关为抓手,岗位练兵、技术比武为主阵地,实施"跨世纪青年人才工程",与劳资处联合制定下发《关于在矿区青工中开展"敬业爱岗创一流,争当岗位能手"活动的通知》,为广大青工的成长成才提供了政策保证,积极营造争当青年岗位能手的浓厚氛围。

1998 年,公司团委按照共青团中央关于在国有大中型企业中开展"青年岗位能手兴质量"活动要求,结合创建"青年文明号生产线"和"青年文明号"活动,广泛建设青年示范群体,发挥青年岗位能手示范带动作用。

2002 年,公司团委深化青年岗位能手活动,加强广大青工的岗位业务技术素质锻炼,要求各单位团组织广泛开展导师带徒活动,徐庄煤矿、龙东煤矿、电业分公司、铁路管理处、大屯选煤厂等单位团委组织签订导师带徒合同 94 份,积极探索了加强青工岗位业务技能锻炼的新途径;技术比武活动形成常态化、制度化。姚桥煤矿、孔庄煤矿、一四七队等单位团组织围绕本单位生产重要工种,共开展 38 项近千名青工参加的技术比武活动。

2003 年,公司团委与机电处联合开展斜巷挡车装置专题攻关活动,广泛发动、组织四矿机电、运输及相关专业工程技术人员和青工业务骨干,分阻车器、大斜巷联动挡车栏、小斜巷联动挡车栏、斜巷跑车防护装置等四类开展专题调研、设计和技术攻关,共征集设计方案 25 份,为公司解决和规范矿井斜巷挡车装置做出了积极贡献。

2005 年 8 月,公司团委举办维修电工、电焊工、工具钳工、车工和计算机操作员 5 个工种青年技能大赛,141 名青工积极参与。组织参加徐州市青年职业技能大赛,3 名选手荣获技术能手称号,公司团委荣获优秀组织奖。

2008 年,公司团委开展首届"十佳创新青年人才"评选活动。通过综合网络投票和专家

意见,授予李波等十人"十佳创新型青年人才"称号,授予谢积明等十人"创新型青年人才"称号。

2009年,公司团委以培养造就高素质的岗位拔尖人才为目标,大力开展新知识、新技能培训,深化青年岗位能手活动,一大批品德优良、技能精湛、锐意创新、成绩突出的优秀青年人才脱颖而出。

2010年2月,公司团委不断深化团组织育人功能,制定下发《关于实施大屯公司青年素质提升工程的通知》,以提升青年思想道德素质,提升青年学习、实践、创新能力,推进共青团育人工作力度为基本任务,加强青年素质提升培训工作,拓展青年建功实践平台,引领团员青年树立"行行能成才、人人争成才、学习助成才、实践促成才"的新型青年成长观。

2013年,公司团委举办青工职业技能挑战赛。3月,举办第一季暨青年AutoCAD技能大赛,共有来自矿区13家单位的近100名青年选手参加;二季度,举办第二季暨青年维修电工技能竞赛。通过先培训再竞赛的方式,60余名青工进行了理论与操作竞赛。

2014年3月,公司团委举办"大屯青年AutoCAD冠军挑战赛",61名青工参与。

2016年9月,公司团委在煤矿单位新进团员青年中实施"一线青工技能提升计划",计划为期两年,通过摸底建档、定制培训、成果考核、选树推优四个阶段,帮助新进青工快速进入工作角色,积极承担生产任务,努力实现岗位成才。四座矿全年累计完成新进青工培训12 000余人次。

2017年5月,公司团委对"一线青工技能提升计划"第一阶段评选出的20名优秀青年职工进行表彰颁奖,获奖青工家长一同上台领奖,极大地增强了矿区广大青年立足岗位、勤奋学习的意识。

2018—2019年,公司团委按照公司党委"留人、留心"原则,认真抓好新毕业大学生入职培训工作,对新入职大学生实行全程跟踪管理模式,每天跟班观察,记录学员综合表现,并加强夜间学员宿舍的巡视、考勤等工作。通过拓展训练、红色教育、企情教育、实地参观、专业知识培训等帮助大学生们尽快完成从大学生到职业人的转变。

2019年7月,公司团委落实《关于举办第十五届"振兴杯"全国青年职业技能大赛的通知》精神,举办"青春心向党·建功新时代"青年井下电钳工技术比武,选拔1名同志作为代表参加了煤炭行业初赛,并取得维修电工第三名的好成绩,公司团委获优秀组织奖。

2020年1月,公司团委积极响应公司"千百十"人才培养计划,依托"大屯公司青视野"微信订阅号,设计打造大屯公司青年网络学习平台,平台由专题学习、岗位技能学习两个版块构成,分为简单模式、中等模式、困难模式,以四矿为试点,引导团员青年利用业余时间学习岗位知识,提升操作技能,营造了学、比、赶、超的良好学习氛围。

三、青年突击队

1982—1987年,公司各级团组织围绕生产中"急、难、险、重、新"任务,开展"新长征突击手"竞赛活动,相继成立青年突击队。

1991年,矿区青年突击队在企业生产建设和达标晋级中共组织了72次突击义务劳动。地质队尖兵突击队一个月清理垃圾200余吨,修房屋500平方米,架浮桥100米,为确保地质队通过标准化部特级验收做出贡献。公司团委突击总队被徐州团市委授予"新长征突击队"称号,马东洲等五名突击队员受到徐州团市委表彰,龙东煤矿李实金、建安公司唐永刚被

共青团中央和国家计划委员会授予"共和国重点工程建设青年功臣"荣誉称号。

1992—1996年,龙东煤矿综采队"蛟龙"青年突击队连续五年创造了百万吨"五连冠"的佳绩,在全国打响"百万吨采煤队"品牌。

1993年,四矿团委广泛开展以"赛进尺、保安全;赛速度、保质量"为主要内容的竞赛活动,广大突击队员继承和发扬煤矿工人"特别能战斗"的精神,使公司一度面临的掘进被动状况得以扭转。

1996年,建安公司"劲风"青年突击队在徐州市汉都商场建筑工程中,高标准、严要求,确保工程的进度,质量始终保持优良标准,为大屯青年树立了良好的形象。

1997年5月,公司团委下发《关于在公司青工中广泛开展"九五建功业"青年突击队竞赛活动的通知》,坚持以经济建设为中心,以培育爱矿山、做主人的"四有"新人为根本任务,围绕"成本、效益"工作重点,成立"九五建功业"大屯煤电公司青年突击总队,总队下辖20支公司级青年突击队。

1998年,电业分公司成立清灰青年突击队,围绕热网集中隐患排查、机组冷渣器的事故放渣清理、脱硫系统积灰清理等急、难、险、重任务,开展突击劳动,充分缓解了发电厂的生产压力,确保了机组的稳定运行。

2000年6月,电业分公司团委针对发电用水量严重不足的情况,开展"一争二保三比"竞赛活动,组织青年突击队开展突击活动22次。孔庄煤矿团委针对选矸系统出现突发故障,造成旱提系统瘫痪影响正常生产的情况,组织15名突击队员人工选矸,共选主井提升的原煤157勾。

2001年,公司两级团组织开展井下清理、废旧回收、地面突击活动119次,参加人员达6 000人次。

2003年6月,公司团委接到电业分公司紧急救援电话,组织四矿、技校、拓特机械制造厂、物业公司等单位180余青年突击队员,在135兆瓦机组建设工地上,圆满完成5根400余米长的动力、控制电缆铺设任务,为工程安装赢得了宝贵时间。

四、青年创新创效活动

1992年,公司团委下发《关于施行青年科技成果奖,鼓励青工岗位成才的意见》(煤电司团字〔1992〕12号),对青年"五小"科技攻关活动及奖励进行了规范。

1993—1998年,公司团委组织矿区广大青年职工认真实施公司"科技兴矿、科教兴煤"战略部署,围绕企业安全生产经营等中心工作深入开展"五小"科技攻关活动,经公司"五小"评审委员会评审,共完成"五小"攻关项目1 907项,发挥了青年创新创业生力军作用。

2000年,公司团委被江苏团省委授予"青年职工创新创效活动"最佳组织奖。

2006—2012年,公司团委动员矿区广大青工积极投身科技兴企实践、立足岗位、勤学善思,深入开展"五小"科技攻关活动,在精细管理、安全生产、装备工艺、稳定质量、提升效益等方面积极开展创新创效活动,共完成公司"五小"攻关项目1 004项。

2007年,公司团委、技术中心联合举办的青年科技论坛,矿区广大青工紧紧围绕公司"十一五"发展规划,以"双增双节双降"为目标,积极探索和研究公司和单位安全、改革、发展、管控及和谐稳定等方面新思路新举措,提交论文94篇。

2009年2月,公司团委鼓励和支持各级团组织探索开展富有创新意义的共青团工作,

在矿区团组织中开展共青团工作"首创奖"评选活动,其中有 11 项成果获得首创奖。

2013 年公司团委依托青年人力资源优势,以项目研发和创新团队建设为基础,以培养青工创新精神和创新能力为核心,构建青年人才培养新模式、新机制,分别在实业公司、中煤职院搭建两个青年"创新梦工厂",组织构成为梦想推手、技术智库、创客团队三个部分,为青工科技攻关提供了实现自身价值的平台。

2014—2015 年,面对煤炭行业的严峻形势,公司团委积极引导团员青年牢固树立降本增效意识,调动团员青年参与修旧利废的积极性和主动性,在四矿机电科分区、运输科分区、通风科分区、皮带科分区、生产准备科分区等五个分区建立青工修旧利废基地。各分区团支部青年职工利用周末休息时间共开展修旧利废活动 56 次,各类设备 4 000 余件。

2015 年,公司团委瞄准青工技术开发潜能,调整创新攻关方向、确定成果产业化目标,联合技术中心与实业公司推出一项全新的青年创新活动——矿用机电产品的开发与改进设计大赛。大赛创下了最高的创新难度、最严的技术把关、最牛的评审阵容、最大的创新平台四个"史上之最",设备集成管理、电气自动化、技术障碍扫除、产品自主研发等创新命题,提高了青年技术攻关的"门槛"。56 个技术团队的 128 名技术青工加入"创新者联盟",几乎囊括了公司煤矿机电领域的骨干人才,《井下 DJS20/127L(A)隔爆型 LED 巷道矿用灯创新》《启动高频振动器》《运输系统矿车安全复轨装置设计》等创新成果 56 项,经过严格初审,15 项创新成果进入项目发布会,最终评选出"最佳设计方案奖""最具开发潜力奖""最具推广价值奖"共 6 项成果。

2017 年 6 月,公司团委继续深化青年"五小"科技攻关活动,举办青年"五小"创新周活动。公司团委把历年征集到的优秀"五小"科技成果制作成展板,在各单位巡展;同时制作了20 个优秀"五小"视频集锦,利用四矿井口大屏幕播放,鼓励更多青年职工加入"五小"科技创新队伍。

2018 年 6 月,公司团委举办"五小"科技成果评审发布会,各单位团员青年共发布采煤、掘进类"五小"成果 22 项,机电、运输类"五小"成果 54 项。

2019 年 3 月,围绕智慧矿山、绿色开采、水处理、电力运维等方面,公司广大青年职工共完成采掘、机电运输、通风地测、铁路、电力、煤炭洗选、综合 7 大类青年"五小"科技项目173 项。

五、青年文化活动

(一)青年文体活动

1991—1999 年,公司团委根据团员青年兴趣爱好,因地制宜地开展丰富多彩的文体活动,每年举办青年桥牌赛、围棋赛、象棋赛,适时举办体育活动,排练文艺节目赴各单位演出,得到广大团员青年的积极响应。

2000—2001 年,公司各级团组织举办"青年文明社区大家乐"、篮球比赛、乒乓球比赛、足球赛、卡拉 OK 比赛等文体活动,丰富了矿区团团员青年业余文化生活。

2005—2006 年,公司团委组织连续两年举办青少年文化艺术节,先后组织"活力大屯·和谐矿区""和谐大屯,激情青春"矿区青少年广场文艺演出。2006 年 9 月,举办"快乐运动,健康生活"青年羽毛球比赛,来自矿区 20 余家团员青年队伍报名参赛。

2010 年 8 月,公司团委举办大屯青年风尚节之水上趣味运动会,17 家代表队 130 余名团员青年参与水上角逐。

2011年,公司团委下发《关于开展"欢庆两节,爱在身边"活动的通知》,各基层团组织广泛开展跳绳、乒乓球、象棋、扑克、跳棋、套圈等丰富多彩的文体活动,在广大团员青年中营造了欢乐、祥和的节日氛围。

2013年,公司团委举办DOTA电子竞技比赛,丰富团员青年业务文化生活,来自各单位16支队伍参与同场竞技。配合做好徐州"三重一大"慰问演出工作,30名志愿者提供现场服务。

2014—2016年,公司团委连续举办3届"我们共成长"亲子运动会,420个家庭、1200余人参加,营造和谐大家庭的环境与氛围。

（二）青年联谊活动

2003年,公司团委为解决矿区大龄未婚青年婚姻问题,组织开展"月圆今夜、情满大屯"矿区青年中秋联欢会,150名余名未婚青年通过游戏、才艺展示等形式相互认识和了解。国庆前夕,组织前往徐州市泉山森林公园开展青年联谊活动,44名未婚青年相聚、相识、相知。

2004年,公司团委举办"携手迎新年"元旦联欢晚会。

2010年8月,公司团委举办"浪漫七夕·牵手大屯"单身青年联谊会,38名单身青年参与。

2011年,公司团委举办大屯青年新春联欢会。7月,组织7对新人参加徐州市"三重一大"一线青年集体婚礼。

2013年,公司团委举办金蛇狂舞贺新春——大屯公司2013年专兼职团干迎新春联欢会,来自公司23个单位150名专兼职团干部参加。

2014年,公司团委举办"牵手七夕,爱在大屯"单身青年联谊活动,40余名单身青年参与。

2019年2月,公司团委在商务中心举办"相聚大屯 青春同行"新入职大学生元宵联欢会,公司领导到场向新入职大学生致以节日的祝福,鼓励大家尽快了解大屯、热爱大屯、融入大屯。85名新入职大学生现场互动。

2019年9月,公司团委在中煤职院为新入职大学生举办集体生日会,为"小寿星"送生日祝福,切生日蛋糕。举办"情暖中秋·欢聚大屯"大学毕业生中秋联欢会,诚邀2018、2019年入职的大学毕业生100余人欢聚一堂,让大学生们感受到"家"的温暖。

2019年11月,龙东煤矿、热电厂积极与属地团组织联系,举办"青春有约·缘来是你""初心有约·缘来是你"青年联谊会,80余名单身大学生参与其中,为团员青年搭建了交流、交友的平台。

六、青年志愿活动

1994年3月,矿区志愿者服务活动蓬勃开展,公司团委扎实推进跨世纪青年文明工程,结合矿区实际下发《关于开展青年志愿者服务活动的通知》（煤电司团〔1994〕11号）,并于3月5日学雷锋奉献日成立公司青年志愿者服务总队,拉开了青年志愿者服务活动的序幕。

1996年,矿区青年志愿者服务活动在坚持每季开展一次大型上街为民服务活动的基础上,各单位团组织积极展开调查摸底,确定了48个被帮扶对象,相应成立了48个服务小组,为矿区离退休人员中有特殊困难的职工提供爱心服务。

2000年,公司团委组织医疗志愿者服务队和农忙时节"助收"服务队奔赴农村开展服务活动。

2001年,18支青年志愿者队伍走进社区开展便民服务活动43次。孔庄煤矿团委成立青年志愿者服务站,四矿团委井口缝补工作服、送水到一线工作面活动长年坚持不断。"阳光工程——助一进家庭"服务活动在19个团支部中深入开展。

2003年"非典"期间,公司团委"迎击非典、微笑人生"温情短语征集活动共收到问候语、祝福语等短语600多条,凝聚起爱心和亲情。职工医院团委制作预防"非典"专题宣传片,普及科学防治"非典"知识。姚桥煤矿团委开展"抗'非典'、改陋习"主题教育活动,龙东煤矿团委到井口送中药汤。"非典"后,公司团委发起"文明健康伴我行——矿区青少年共建文明社区"活动,号召矿区青少年保持良好习惯,开展社区健身,加强社区志愿服务。

2004年,公司团委启动造血干细胞捐献志愿者招募活动,号召广大团员青年和青年志愿者积极投身中华造血干细胞捐献事业,用大爱为白血病患者传递"生命的火种"。自招募活动开展以来,公司共有826位青年志愿者捐献者信息成功录入中华骨髓库,25人初步配型成功,5人成功捐献,在全国捐献造血干细胞的企业中位列第一。

2006—2007年,公司团委开展"请让我来帮助你"、"阳光工程"、志愿服务一条街、安全宣传服务等主题活动,在入井口为一线职工送温暖、在社区里为居民排忧解难,用行动积极践行社会主义荣辱观。姚桥煤矿团委资助4名家庭困难学生继续学业。孔庄煤矿马吉国同志作为沛县第一例造血干细胞捐献者与一名白血病患者配型成功并实施捐献,挽救了患者生命。

2008年,公司团委积极动员广大团员青年向四川省汶川地震灾区伸出援手,捐款帮助灾区渡过难关。公司11 486名团员青年捐款23.9万元,2 752名团员青年缴纳特殊团费7.3万元。

2009年3月,选煤中心陈磊与一名白血病患者配型成功并实施捐献。

2010年,公司团委开展"希望春雨慰西南"活动,号召广大团员青年向西南旱区人民伸出援手,募集捐款68 499.8元。

2011年,徐庄煤矿刘国防、姚桥煤矿许洪分别与白血病患者配型成功并实施捐献。

2012年,公司团委组织开展郭明义爱心团队无偿献血活动,125名青年志愿者共计献血36 000毫升。马吉国被中央企业团工委授予中央企业"金牌青年志愿者"荣誉称号。

2013年,公司团委开展"传承雷锋精神、彰显道德力量、共建美好大屯"献血活动,161名志愿者共计献血44 600毫升。

2014年,公司团委开展"希望工程——手拉手关爱行动",定向资助丰县贫困儿童32名。在"弘扬雷锋精神·展现青春风采"志愿服务活动中,组织义务献血32 000毫升。

2015年2月,孔庄煤矿保卫科一名职工子女被确诊为白血病,住院期间已花掉所有积蓄。公司团委通过"大屯公司青视野"微信订阅号推送《一个大屯父亲的求救》一文,发起捐款活动,单条消息浏览量40 733人次,募集善款61 531.1元。

2016年3月,公司团委开展"学习雷锋榜样、践行大屯精神、彰显道德力量"青年志愿者服务活动,组织义诊、维修、理发等5个便民服务项目,为矿区400余名职工提供免费健康咨询和便民服务,53名矿区青年义务献血13 200毫升。姚桥煤矿、徐庄煤矿、发电厂、选煤中心等单位坚持资助慰问贫困学童4名,为贫困儿童送去生活和学习用品,体现大屯青年对社

会责任的担当。同年 11 月,铝板带厂陈幸幸同志与一名白血病患者配型成功并实施捐献,被中华骨髓库授予"全国无偿捐献造血干细胞奖奉献奖"。

2017 年 3 月,公司团委开展"学习雷锋精神·汇聚道德力量·共建和谐大屯"青年志愿者活动,开展社区便民服务、爱眼日爱牙日义诊、资助失学儿童、美化矿(厂)区等志愿服务活动 21 次。活动累计献血 18 400 毫升,500 余名职工家属接受了义诊服务。公司"造血干细胞志愿捐献"项目被评为徐州市优秀青年志愿服务项目。2018 年 3 月,公司团委对矿区原有志愿者服务队进行调整和整合,并举办大屯公司青年志愿者服务队成立仪式,为 12 支青年志愿者服务队授旗,见图 12-3-1。

图 12-3-1 青年志愿者服务队授旗

2019 年,随着公司转型发展的迫切需要和生产经营范围的扩展,外出创业的队伍在不断壮大。公司团委及时成立大爱志愿者服务队,设立专项服务电话,下辖 7 个服务小组,为公司外出创业人员家庭提供服务,减轻家庭负担。6 月,联合公司宣传部前往新疆、内蒙古、陕西等外部项目场点,开展志愿服务宣传、心理健康辅导等活动,共计发出志愿者服务队联系卡 600 张。

2020 年 1 月,新型冠状病毒肺炎疫情全面暴发,公司团委积极响应上级团组织号召,成立了 6 支疫情防控青年突击队,做好新型冠状病毒肺炎防控知识宣传、环境卫生整治与消毒、出入人员体温测量与登记、通勤车辆消毒、社区巡查、楼道消毒等工作。2 月,受疫情影响,徐州市红十字血液中心采供血量急剧下降,公司团委第一时间广泛发动,组织 308 名团员青年与青年志愿者无偿献血超过 90 000 毫升。

2020 年 2 月,公司团委积极响应共青团中央和集团公司团委号召,组织开展"关爱抗疫一线医务人员子女"和"因疫致困青少年"爱心捐款活动,775 名团员青年共计捐款 36 613.68 元。

第四章　信访稳定

第一节　组织体系

大屯公司信访稳定工作坚持以党的群众工作为统领,以创建"和谐大屯"为目标,认真落实国家《中华人民共和国信访条例》(以下简称《信访条例》)和上级工作安排部署,开门办信访,切实畅通信访渠道,以人为本,带着真情做好信访工作,依法依规解决职工群众合理诉求,维护职工合法权益,妥善化解矛盾纠纷,为企业安全生产、改革发展营造和谐稳定的环境,确保企业和社会大局和谐稳定。

2010 年以前,公司信访工作归口公司办公室负责,维稳工作归口公司党委工作部(组织部)负责。为整合工作资源,更好地发挥职能作用,9 月 10 日,公司党委印发了《关于调整公司信访工作隶属关系的通知》,信访工作隶属关系从办公室调整到党委工作部,将信访职能和维稳职能有效整合。11 月 25 日,公司成立信访稳定工作领导小组,公司党委书记、总经理任组长,办公室设在党委工作部,形成了信访稳定工作以党委主要领导负总责,党政班子成员全员齐抓,公司领导班子成员坚持"一岗双责",负责做好分管领域的信访稳定工作,信访稳定办公室负责日常工作,相关部门根据职责协调配合的工作组织体系和工作机制。

公司信访稳定工作领导小组代表公司负责对重大职工群众集体上访或突发性信访问题的协调与处理。信访稳定工作办公室的职责是:负责办理职工群众来信,接待职工群众来访,受理职工群众提出的信访事项;承办上级机关和本单位领导交办处理的信访事项;开展调查研究,组织排查突出信访问题,研究分析信访情况,向领导提出处理信访问题的建议,及时解决信访突出问题;督促检查信访事项的处理,协调处理重要信访事项;对所属基层单位的信访稳定工作进行指导、协调、监督、检查和考核;定期做好信访情况统计分析工作;《信访条例》规定的其他工作。

2011 年 9 月 27 日,公司党委工作部根据公司党政联席会议研究决定,印发了《关于公司二级单位信访稳定岗位设置的通知》,将公司所属二级单位信访工作职能调整到各单位党委(群)工作科,整合了二级单位信访和维稳工作职能。根据二级单位的大小、人数多少、信访维稳工作的难易程度等情况,增设信访副科长 11 名、专职信访专员 8 名,明确对未设置专职信访稳定工作人员的单位,须安排一名兼职工作人员负责信访维稳工作。

2016 年 8 月 25 至 27 日,公司承办了中煤集团信访维稳保卫培训班,来自中煤集团各所属单位的 46 名信访维稳保卫工作人员参加了培训。自此,大屯公司坚持每年举办 1 期信访工作人员培训班;同时,积极组织安排信访工作人员参加上级有关单位组织的信访稳定工作业务培训,提高各级信访工作人员做好信访工作的能力水平。

2017 年 11 月 30 日,根据《中共中央办公厅、国务院办公厅印发〈关于进一步加强信访干部队伍建设的意见〉的通知》《关于印发〈中煤集团信访保卫工作绩效考核暂行办法的通

知〉》的要求,公司明确从 2018 年 1 月 1 日起,每月对专职信访稳定工作人员发放 235 元信访岗位津贴,提高了信访稳定工作人员待遇。

2018 年 1 月 7 日,公司印发了《关于印发公司常设议事协调机构的通知》,调整了公司信访稳定小组成员,明确由公司党委书记任组长、党委副书记任常务副组长,公司领导班子其他成员任副组长。

2019 年 3 月 11 日,公司信访稳定工作办公室与离退休管理中心合署。

第二节　接待与维稳

一、管理机制

1993 年 4 月 3 日,公司党委转发了《徐州市关于加强信访工作的通知》,印发了《大屯煤电公司 1993 年信访工作安排意见的通知》,切实加强领导,抓好信访部门建设、抓住重点,妥善做好信访事项的预防、化解,加强信访基础工作和做好年度信访稳定工作。

1995 年 1 月 27 日,为明确信访部门及工作人员职权范围,公司印发了《大屯煤电公司信访部门及工作人员职权范围》和《公司信访领导小组会议纪要》。

2002 年 4 月 19 日,公司党委印发《转发中煤集团公司党委关于切实做好稳定工作的通知》,认真贯彻落实中煤集团文件精神,切实维护职工队伍、企业和社会稳定,稳步推进"管理改革调整年"各项工作。

2005 年 5 月 16 日,为全面贯彻落实《信访条例》,公司党委印发了《关于做好〈信访条例〉宣传教育工作的通知》,认真学习贯彻《信访条例》,做好宣传教育工作,进一步规范信访秩序,提高信访工作的水平和质量。

2006 年 3 月 14 日,公司党政印发了《公司维护稳定工作领导小组及其办公室工作规则》,成立了公司维护稳定工作领导小组和维稳办公室,明确了工作职责任务,制定了会议制度、领导干部信访接待日制度、工作汇报制度、行文制度;原则上把每月的 10 日、25 日定为公司领导干部信访接待日,每月的 5 日、20 日定为公司所属二级单位信访接待日,并对接访人员范围、时间安排、接待地点要求等均做了明确规定。

2009 年 5 月 2 日,公司党委印发了《转发集团公司党委〈关于 2009 年维护稳定工作的意见〉的通知》。9 月 7 日,公司党委印发了《关于加强维护稳定和信访工作的实施办法(试行)》,明确了信访稳定工作的指导思想和主要任务,要求各单位完善责任体系,建立维护稳定工作新格局,加强形势任务宣传,注重情报信息收集,切实加强信访工作,努力化解矛盾纠纷,建立健全维稳工作预案,增强突发事件应对处置能力,进一步加强信访队伍建设,严格考核和奖惩。

2011 年 8 月 11 日,公司党委印发了《大屯公司信访事项复查复核实施细则(试行)》的通知》,规范信访事项复查、复核工作程序,对逐级办理信访事项做了明确规定。

2012 年,公司党委对信访工作提出"只有做不到的事,没有暖不热的心"的工作理念,要求信访工作人员相信大多数信访事项是有具体原因的,相信大多数职工群众是通情达理的,切实把信访人员的问题解决好。

2012 年以前,公司党委每年与各单位签订《信访维稳暨社会治安综合治理责任书》。从

2012 年起,为切实加强信访稳定工作,公司党委每年年初与各单位单独签订《信访稳定工作责任书》,明确了各单位信访稳定工作责任、目标和具体工作要求。

2013 年 5 月 22 日,公司根据《关于公司 2013 年工资总额及考核分配管理的实施意见》,出台了《大屯公司信访稳定考核工作管理办法》,将信访工作考核纳入各单位月度绩效工资考核体系,与各二级单位党政主要领导、分管领导当月工资挂钩,年度考核纳入党建工作综合考核及文明单位考核内容,根据年度考核情况给予一定的奖励。

2014 年 12 月 4 日,公司信访稳定工作领导小组印发了《日常信访接待工作管理办法》和《领导干部信访接待日管理办法》,进一步规范领导干部信访接待和日常接访工作。

2015 年 1 月 4 日,公司信访稳定工作领导小组印发了《关于 2015 年公司领导干部信访接待日安排的通知》,规定公司领导干部信访接待日活动原则上每月 1 次,并把每月的 16 日定为公司领导信访接待日。3 月 9 日,公司党委转发了《中央企业规范信访事项受理办理程序引导来访人依法逐级走访实施细则(试行)》,进一步规范信访事项办理工作程序和信访工作秩序。10 月 29 日,公司党委工作部印发了《信访稳定工作情况管理办法》,信访稳定办公室每月编发信访稳定工作情况通报,向领导和有关部门通报信访信息,督促有关单位落实。12 月 18 日,公司党委印发了《公司信访稳定工作职责范围》。

2016 年 3 月 30 日,公司党委印发了《公司信访稳定工作应急预案》,成立应急组织机构,明确责任和应对措施,对突发事件预防、应急、处置、分工均作了明确规定。

2017 年,公司党委对信访稳定工作提出"零集访零越级访"工作目标,要求各单位坚决守住稳定不出乱的底线,切实维护企业和社会大局和谐稳定。

2017 年 10 月,公司党委印发了《关于认真学习贯彻〈信访工作责任制实施办法〉的通知》,对贯彻落实信访工作责任制、严格履职、加强督查问责提出具体要求。

2019 年 7 月 25 日,为进一步强化领导干部信访接待工作,畅通信访渠道,公司党委印发了《关于进一步做好领导干部信访接待工作的通知》,对领导干部信访接待的工作原则、接访安排等工作提出要求。

二、工作成效

1991—2006 年,公司职工队伍比较稳定,历史遗留问题也相对较少,一些信访问题得到了有效解决和化解,大屯公司总体和谐稳定。

2007 年以来,随着企业改革发展过程中所面临的新变化、新情况、新问题,与一些历史遗留问题相互交织,带来一系列不稳定因素和风险,信访稳定工作面临较大的压力。

2007 年 6 月 30 日,建安公司"建筑分校"300 余名学生围堵公司办公大楼,造成交通堵塞,并冲进办公楼,要求解决就业、户口等问题。集访历时 44 个小时,给大屯公司造成严重影响。事情发生后,公司安排工作人员做解释、疏散和劝返工作。随后,立即召开紧急会议,研究具体解决措施,成立了现场工作班和情况调查组,通过认真细致的教育疏导和思想政治工作,7 月 2 日早 7 时,上访人员被劝返,平息了事态。

2009 年 4 月 13 日,公司极少数职工要求增长工资,通过串联方式到公司办公楼前集访,"五七工"、工伤亡家属等极少数人员也参与了集访,上访人员采取围堵公司办公楼大门、冲闯办公楼、喊口号、打横幅等极端方式要求解决各自的诉求,其中个别人员借机蓄意闹事,严重影响了企业办公秩序,给企业和地方政府造成了恶劣影响。事情发生后,公司迅速组织

人员赶到现场做教育疏导和疏散劝返工作。同时,立即向中煤集团、徐州市政府汇报情况,在中煤集团、徐州市委市政府的正确领导下,果断采取有效措施,迅速开展化解处置工作,事态得到了平息。事态平息后,大屯公司多次召开专门会议,安排部署稳定措施,做好相关政策正面宣传和解释工作,得到了大多数职工群众的理解。

2010年,公司成立信访稳定工作办公室。以创建"和谐大屯"为目标,在信访工作上不回避、争主动,坚持开门办信访,采取有效措施,加大信访接待工作,转变接访观念,变被动接访为主动创稳,认真组织开展领导干部信访接待日活动,畅通信访渠道,实行领导办案、包案制度,确保问题得到有效解决。加强信访信息工作,超前预防、快速反应,力争将矛盾化解在基层,将不稳定因素化解在萌芽,确保问题不上交;充分发挥职能部门解决问题的合力作用,不断加强与地方政府公安、信访等部门的沟通联系,争取理解和支持,推动信访问题的解决。

2011年,公司进一步加大化解矛盾纠纷的工作力度,积极妥善解决信访突出问题。针对"五七工"群体因历史遗留问题没有参加社会基本养老保险,多次到公司集访要求解决生活费的诉求,公司党委书记义宝厚多次接访,听取情况,并亲自带领公司人力资源部负责人到江苏省社会保障厅反映情况、咨询政策。通过多次沟通协调,江苏省下发了《关于解决未参保城镇集体企业退休人员基本养老保障等遗留问题实施办法的通知》(苏人社发〔2011〕282号)(苏财社〔2011〕116号),公司严格按照政策协助江苏省社保部门完成了1 536名到龄家属工的参保工作。对部分提前离岗休息和内退人员多次聚集上访要求增加工资的要求,公司党政主要领导多次接访,认真做政策解释工作。经过公司研究,将离岗休息人员月度绩效标准工资由75%调整到100%,同时,考虑到内退职工实际情况,每月给予100元生活补助。按照中煤集团认真化解信访积案的工作要求,公司信访部门认真梳理信访积案,了解情况、协调有关单位座谈交流,集思广益,寻找化解积案的突破口,积极引导信访人通过法律途径解决问题,化解了1起信访积案,此后,又通过司法调解等方式化解了3起信访积案。

2012年,公司根据地方政府的安排,按照江苏省印发《关于解决未参保城镇集体企业退休人员基本养老保障等遗留问题实施办法的通知》精神,积极协助地方政府做好未到龄家属工参加社会养老保险工作,完成了1 519名未到龄家属工参加社会养老保险工作。

2013年,承担公司商务中心工程施工单位和新城嘉苑住宅工程施工单位因拖欠施工队农民工工资,引发农民工多次到公司采取围堵办公楼大门、打横幅等方式讨薪。事情发生后,公司从稳定大局出发,多次召开维稳工作会议研究化解措施,努力做好上访人员的教育疏导,并积极协调地方政府采取措施、化解矛盾,妥善解决了农民工讨薪问题。同时,针对农民工在网上发帖所谓"大屯公司拖欠农民工工资""农民工讨薪被打伤"等问题,公司召开会议就澄清问题、说明事实真相、严肃应对等方面的工作进行安排部署。通过积极有效、耐心细致的沟通协调及法制教育,集访得到了平息。公司也形成了完整材料,上报有关部门,说明真相,同时在相关网站就集访问题的真相进行了澄清。

2014年以来,退役士兵及家长、技校毕业生及家长多次到公司集访,采取围堵办公楼大门、打横幅、冲闯办公楼等方式要求解决就业问题。虽然要求就业问题没有政策依据,但是公司坚持以人为本、以解决问题为目的,多次接访,对国家政策和企业用工规定做解释说明和思想疏导引导工作。召开专题会议,研究部署化解措施,并积极向中煤集团汇报退役士兵、技校毕业生要求解决就业问题,争取上级支持。通过采取有效措施和深入细致的思想政治工作,获得了大部分上访人员的理解。

2015年,公司被国务院国资委授予"中央企业信访工作先进集体"。

2017年10月,公司于3月、9月先后两次召开信访稳定综治保卫工作会议,对做好企业信访稳定综治保卫工作和党的十九大期间稳定工作进行部署,见图12-4-1。2017年10月14日,公司党委印发了《党的十九大期间信访维稳工作预案》《党的十九大期间公司领导干部信访安排的通知》,强化信访维稳应急管理,进一步畅通信访渠道,妥善解决问题。10月18日,1名被姚桥煤矿解除劳动合同的人员在北京地铁四号线西单站滋事扰序,公司配合地方政府妥善做好了处置工作。

图12-4-1　公司召开信访稳定综治保卫工作会议

2017年12月,由于2002年公司企业公安改制后成立了徐州市公安局大屯分局,公司职工及家属户籍由沛县管辖转由大屯公安分局管理,属于徐州市市辖区户籍,没有具体的区或县人民政府户籍管辖,导致公司职工家属享受不到政府的福利待遇。为解决这一历史遗留问题,公司党委书记包正明及分管领导等多次与徐州市主要领导及分管领导沟通交流、反映情况,公司按照徐州市政府的要求,开展了"大屯煤电公司户籍"转隶沛县管辖稳定风险评估工作,为徐州市政府将大屯矿区户籍转隶沛县管辖提供了依据。2019年1月1日,徐州市政府将大屯煤电公司职工家属户籍转隶沛县政府管理。

2017年以来,公司信访稳定工作坚持服务企业改革发展大局,高度重视公司深化改革期间的稳定工作,妥善做好宣传引导、教育疏导等工作,先后做好了"三供一业"与"市政及社区职能"分离移交、实业公司改制、公司后勤服务业务整合及人员分流安置、发电厂自备机组关停、公司供暖价格调增暨供暖补贴发放等期间的信访稳定工作,为企业安全生产改革发展营造和谐稳定的环境,保障了各项改革发展平稳推进。

2019年,公司按照国家政策将冬季供暖工作移交沛县政府管理,因取暖价格按照市场化收费,价格上涨幅度很大,涉及职工家属利益的调整,为避免引发信访问题,维护公司大局和谐稳定,公司多次召开专题会议研究供暖补贴问题,积极向中煤集团汇报情况。经研究,公司出台了《供暖补贴发放实施细则(暂行)》,为符合条件的职工等人员发放了供暖补贴,减轻公司职工家庭负担,避免了信访问题的发生。

2011 至 2020 年 6 月,公司信访办公室接待来访总量为 931 批次 6 983 人次;具体信访类型及数量详见表 12-4-1。

表 12-4-1　2011 年至 2020 年 6 月公司接待信访群众来访统计表　　　　单位:人次

时间	工伤待遇及医疗保险	就业	劳资纠纷	住房及物业	工病亡遗属	教师移交	"五七工"	历史遗留	涉法涉诉	其他	合计
2011 年	57	—	181	351	371	—	559	42	5	81	1 647
2012 年	61	—	114	370	104	24	332	—	17	61	1 083
2013 年	29	—	50	30	7	—	38	—	35	154	343
2014 年	15	196	69	175	135	5	—	1	7	43	646
2015 年	114	441	15	38	13	3	—		153	174	951
2016 年	2	584	27	95	11	—	—	3	15	66	803
2017 年	3	512	13	32	38	—	—	17	3	35	653
2018 年	10	283	165	5	5	—	—	2	—	84	554
2019 年	4	125	44	—	3	4	64	—	—	3	247
2020 年 1—6 月	3	10	—	25	3	4	—	—	1	10	56
合计	298	2 151	678	1 121	690	40	993	65	236	711	6 983

第五章 综合治理与人民武装

第一节 社会治安综合治理

一、组织机构

1982年,经上海市政府批准成立大屯公安处,下设侦查科、治安科、交通科、社会治安综合治理科、户政管理科、消防队、经济民警中队及姚桥、孔庄、龙东、铁路、徐庄、电厂6个派出所,其中经济民警中队下设矿区各单位保卫科。

2002年11月27日,徐州市公安分局大屯分局成立,大屯公安处更名为大屯公安分局,纳入徐州市公安局建制序列。按照"精简、高效、合理"的原则,公司人民武装部与保卫处合署,成立保卫处(武装部),负责矿区内部治安、生产保卫和人民武装工作,下设综合管理科、治安科、经济民警管理科、消防队、车辆管理科和生产保卫科。

2006年8月,公司机关组织机构优化,保卫处更名为保卫部,武装部与保卫部合署,负责公司治安管理、生产保卫及人民武装工作。经济民警管理科改为经济民警护卫队,增设特勤队。

2011年11月9日,公司消防中队从救护大队划拨到保卫部,为保卫部下属管理单位。

2014年9月17日,保卫部消防队划归救护大队管理。

2017年7月7日,公司加快推进三项制度改革,保卫部与物业管理分公司合署办公。保卫部原业务职能由物业管理分公司统一领导,对外保留保卫部、武装部两块牌子,对外有关工作业务职能,其内部管理机构纳入物业分公司一元化整合。保留车辆管理科、武装科,撤销原综合管理科、生产保卫科、经济护卫科、组建治安管理科,与610办公室合署,组建火工(危化)品管理科。

2019年4月2日,物业管理分公司和保卫部更名为中能服务公司(保卫部),6月底对矿区地面单位保卫科业务整合,下设综合管理科、治安管理科、火工(危化)品管理科、车辆管理科、人民武装科、机关保卫科、铁路保卫科、选煤保卫科、东部保卫科、西部保卫科10个科室。

2020年4月初,电热公司保卫科和房产公司保卫科纳入保卫部管理。上海大屯能源股份有限公司社会治安综合治理委员会办公室、上海大屯能源股份有限公司防范和处理邪教问题领导小组办公室设在保卫部,为两个常设机构,办公室主任、副主任分别由保卫部部长和副部长兼任。

二、公安工作

矿区公安保卫部门围绕保卫矿区的经济建设和改革开放,把同违法犯罪行为做斗争放在首位。为做好治安防范工作,采取人防和技防相结合的原则,陆续安装无线、有线报警器,建立治安联防队,进行经常性执勤巡逻,设岗堵卡,建立矿地联防机制,共同维护矿区社会

治安。

1991 年 3 月 2 日,江苏省政法委书记、徐州市政法委书记一行 7 人来矿区检查矿区社会治安综合治理工作。同年 12 月,开展以反盗窃斗争为突破口的社会治安综合治理宣传教育月活动,以稳定压倒一切为指导思想,实行"打防并举,标本兼治,重在治本"的方针,侦破一批案件,打击一批犯罪分子,遏制了违法犯罪上升的势头,发案率同比下降 25%。职工、学生、青少年犯罪呈下降趋势。

1993 年 4 月,由沛县县委县政府组织领导,大屯公安处密切配合,开展为期一个月的大屯矿区打击哄抢煤炭专项斗争,抓获哄抢现行违法人员 5 人,查处哄抢煤炭人员近百人,20 名哄抢人员投案自首,同时侦破纵火、盗窃等各类刑案 6 起,摸出刑案线索 4 条,挖出盗窃团伙 3 个。

1995 年,大屯公安处在公司党政和上级公安机关的领导下,按照市局"打现行、强基础、抓队伍、保稳定"的工作思路,开展打击刑事犯罪活动、政治道路交通秩序、政治哄抢煤炭歪风、建"安全文明小区"、建"安全合格单位"、建"五好派出所"、"一打二整三建"活动。购置、配备了各种类型灭火器 1 008 只、消防箱 286 只,安装保险柜套 276 只,同时加强了技防设备的运用,安装 10 余套电话智能防盗报警装置。全年共查处各类隐患 538 条,发《整改通知书》30 份,经督促验收,整改落实 523 条。加强重点人口管控,重点人口的列管率占矿区人口的 14‰。7 月,开展为期一个月的矿区治安整顿活动,破获了一批重大刑事案件,铲除了一批扰乱矿乡经济建设和社会秩序的违法犯罪份子,王大山等 16 名案犯被公开处理,受到法律制裁。全年接到报警案件 614 起,立为刑事案件 86 起,破重大案件 21 起,查获案犯 99 人,其中依法逮捕 28 人,劳教 2 人。全年全矿区立治安案件 251 起,已查破 115 起,共治安处罚违法人员 166 人,其中治安拘留 54 人,治安罚款 107 人。

1999 年,大屯公安处履行国庆五十周年、迎澳门回归政治保卫使命,积极开展调查取缔"法轮功"工作,缴获"法轮功"各种出版物 470 件。加强教育管控,"法轮功"练习者赴宁进京上访闹事。全年,立为刑事案件 72 起,破 45 起,破积案隐案 6 起,抓获犯罪嫌疑人 51 人。加强重点人口列管,列管重点人口 265 人。完成暂住人口登记 2 909 人,输入微机管理 2 909 人,办理居住证 2 114 人。开展反窃电斗争,拆除私拉乱接电源 260 处,剪除收缴私拉乱接电线电缆 22 800 余米,打击处理 3 名人员。

2000 年,根据徐州市公安局统一部署,大屯公安处于 3 月 1 日至 5 月 31 日在矿区开展为期三个月的反盗窃专项斗争。同年 12 月 5 日,在市局和公司党委直接领导下,大屯公安处成立"法轮功"案件领导小组,参战干警全力以赴进行案件侦破工作,挖出"法轮功"痴迷者 6 名,查获大量"法轮功"书籍、录像带、录音带等"法轮功"反动宣传品 20 余种。

三、治安保卫

2002 年以来,公司保卫处在公司党委领导下,负责维护公司内部的治安秩序、落实治安防范措施,积极配合公安机关打击违法犯罪。认真执行"因地制宜,自主管理,积极防范,保障安全"的治保工作方针,落实"谁主管谁负责"原则,履行治安保卫职权,与党、政、工、团、宣传、教育等部门密切配合,对职工进行"四有"教育、法制教育、规章制度教育,逐级落实治安安全责任制,做好防火、防盗、防破坏、防灾害事故的"四防"工作,维护公司内部治安稳定,为公司经济建设创造良好的内部治安环境。

2007年,为全力做好党的十七大期间的稳定工作,公司保卫处落实公司党的十七大期间维护稳定工作方案和公司稳定工作会议精神,特勤组加强对基层工作检查,加强重点上访人员监控,维护了中心区治安稳定和政治稳定。

2008年,根据国家颁布的《中华人民共和国突发事件应对法》(中华人民共和国主席令第六十九号),制定《公司内部治安突发事件应急预案》。8月份,为维护奥运会期间社会治安大局的持续稳定,保卫部与公安分局联合下发《关于进一步加强内部安全防范》的紧急通知。

2009年,保卫部先后组织开展了"反盗窃抓现行"系列活动以及"反窃电、反哄抢煤炭、反盗剥井下电缆、架空线"等破坏生产设施的专项治理,全年抓获各类犯罪人员247人,挽回直接经济损失百万元。伏击守候,现场破获电瓶车盗窃团伙1个,缴获电瓶车4辆、作案汽车1辆,抓获犯罪嫌疑人4人。

2012年,全国两会和党的十八大期间,保卫部落实公司稳定工作预案,对矿区70名"法轮功"人员、35名"两劳"人员、13名精神病患者、22名重点不稳定人员和9个不稳定群体采取了稳控措施,没发生一起有影响的政治事件。在元旦万人长跑、正月十五烟花燃放、第七届职工技能奥林匹克运动会等重大活动期间,保卫部制定落实安保方案,设卡点、护秩序,先后出动警力1000余人次做好了各项安保工作。全年,消防接出警82次,抢险救援4起,参与社会服务5次,出动消防车125台次,消防指战员532人次,解救被困人员4人,疏散保护物资财产近1000万元。

2013年11月6日,保卫部消防队选拔8名业务骨干队员组队在徐州市消防队伍业务比武中荣获第一名的好成绩。12月11日,为进一步提高企业员工消防安全素质,保卫部联合大屯公安分局绣绮园派出所在体育场举行"防事故、保安全"消防大演练活动,来自20个易燃易爆部位及人员密集场所的150余人参加。

2017年,公司在全矿区组织开展"反盗窃、抓现行"专项行动,保卫部协调铁路部门及微山县警方,组织开展了反盗窃专项治理,全年共护送精煤车1300余列,800余万吨,共抓获违法犯罪行为20多起,打击铁路沿线盗扒煤10余起,在治安复杂路段共投入巡逻警力150余人次,保证了铁路沿线运输的安全。

2019年,公司开展"反盗窃专项行动",保卫部协助大屯分局,侦破孔庄煤矿1台瓦斯抽放泵及6台空冷器盗窃案件、设备管理中心连接环等价值数百万元物资盗窃案,完成姚桥矿西风井价值200余万元窃电事件追查,为企业挽回了重大经济损失。7月份,协助电厂派出所连续2次对电厂工房私自安装的比特币机进行收缴,共收缴42台。

四、社会治安综合治理

1985年6月,公司成立社会治安综合治理领导小组,日常工作由大屯公安处负责。公司下属单位均建立了社会治安综合治理领导小组。

2001—2005年,公司实施社会治安综合治理"四个工程"建设,即齐抓共管的群防工程,标本兼治的法制工程,强化基础的细胞工程,化解矛盾的鱼水工程,维护了矿区的和谐稳定大局。

2006年,按照市委610办公室和公司党委安排部署,公司成立反邪教办公室,简称610办公室,办公室设在保卫部。反邪教办公室自成立以来,先后制定了《公司重点人员稳控预案》

《公司涉及"法轮功"等邪教组织突发事件应急预案》《公司重点人员参加法制学习班预案》等一系列防范和处置措施,全面开展大屯矿区防范处理其他邪教组织攻坚工作,并指导基层单位开展宣传教育、清查、梳理等整治,做好教育转化工作。重视加强对重点人员和重点对象的管控,特别是做好重大节假日和重要会议期间的防控,有效遏制了邪教组织的犯罪活动。建立健全了防范处理邪教工作的长效机制,确保了矿区平安。2014年起,610办公室更名为防范和处理邪教问题领导小组办公室。截至2017年,公司"法轮功"人员中53人顺利转化,转化率为96%。

2007年9月6日,公司印发《沛县政法委、大屯煤电集团公司综治委、沛县公安局、大屯公安分局关于妥善处置群体性事件的协作意见》,形成妥善处置群体性事件多方联防协作机制。成立处置群体性事件应急指挥部,办公室设在公司综治委。

2009年7月31日,为改善矿地关系增进矿地友谊,维护企业与当地村民双方利益,创建和谐矿区,公司综治委与中共沛县县委政法委、中共微山县委政法委签订《关于建立处置群体性事件协作机制的意见》的三方协议。

2013年6月,根据危险化学品安全管理有关规定,联合徐州大屯分局对长期不被领用的剧毒品做无害化安全处理,销毁剧毒物品7.02千克,实现公司剧毒物品零库存。制定《公司火工品安全管理办法》和《公司危化品管理办法》,规范公司火工品和危化品的贮存、发放、领取、运送和使用等标准。近二十年来,全公司每年平均安全使用雷管约700 000发,炸药约300 000公斤,没有发生火工品、危化品被盗、流失事件和爆炸事故。同意公司保留徐州市道路交通安全协会、徐州市民用爆炸物品行业公共安全协会会员资格。

2018—2019年,公司根据中共中央、国务院《关于开展扫黑除恶专项斗争的通知》部署,在全矿区大力开展扫黑除恶专项斗争。保卫部与大屯公安分局密切协作,制定了严密的专项斗争行动计划和措施,认真排查和打击高利贷、黄赌毒等各类违法犯罪行为,依法从重从快打击各类涉黑涉恶犯罪行为。

2020年初,新型冠状病毒肺炎在全国暴发,保卫部领导高度重视,精心部署,全体保卫人员闻令而动,服从指挥,勇挑重担,积极配合政府,尽责履职,为守护一方平安,奋战在疫情防控第一线。

第二节　人民武装

一、民兵建设

（一）民兵组织建设

公司人民武装部成立于大屯矿区开发建设初期。在中国人民解放军江苏省军区、徐州军分区、沛县人民武装部的直接指导和公司党委的正确领导下,公司人民武装部以规范化、正规化、制度化建设为基础,以建设一支规模适当、编组科学、结构优化、布局合理、管理有序的民兵队伍为目标,从提高退役军人预备役管理和民兵军事化素质这个高度出发,进一步健全和完善民兵组织机构,严格组织民兵训练和高中、技校新生军训。平时积极发挥民兵应急抢险中的突击队作用,实行24小时备勤,执行急、难、险、重任务,为企业的生产建设提供了安全保障,见图12-5-1。

图 12-5-1　公司民兵值班备勤整装待发

2004 年度和 2005 年度,公司人武部连续两年评为全县武装工作先进单位和征兵工作先进单位。

2006 年,公司人民武装部按照徐州沛县人民武装部关于民兵整组的安排,通过整组,共编入普通民兵 2 500 名,基干民兵 960 名,结构基本合理,综合素质高,圆满完成上级整组任务。

2009 年,公司整组后的民兵总数为 637 人,其中重点建设型队伍 362 人,登记储备型队伍 275 人。

2011 年以后,公司按照上级人民武装部的总体部署,每年开展一次民兵整组点验,组织军事训练。截至 2019 年,整组后的基干民兵为 143 名。其中应急队伍 140 人,特殊队伍 3 人(网络舆情引导员 2 名,情报信息员 1 名)。期间先后组织内外民兵军事训练 30 余次,受训民兵 2 000 多人次。

2020 年初,在抗击新型冠状病毒肺炎疫情工作中,广大民兵在公司人民武装部的统一指挥下,发扬"召之即来、来之能战、战之能胜"优良作风,奋斗在疫情防控一线,为矿区抗击疫情做出了积极贡献。

(二)基层武装部规范化建设

2006 年初,公司人民武装部以基层规范化建设为契机,按照市军分区要求,狠抓软硬件的建设,改善了办公条件。在提高专职人民武装干部工作能力的基础上,加强管理,明确了国防教育、中学生军训、抗洪抢险、治安联防等几个小组的分工与职责。

2009 年 11 月 16 日,江苏省军区党委常委、后勤部长常高潮一行在徐州军分区、沛县县委书记等人的陪同下来大屯检查指导人民武装工作。

2010 年 4 月 17 日,江苏省军区参谋长庞士勇率领省军区工作组一行五人来公司检查人民武装工作,来自矿区 5 个民兵连的 420 名民兵接受了江苏省军区首长的点验。

2010 年 11 月 23 日,江苏省委常委、省军区政委李笃信少将一行来公司人民武装部检查指导工作。

2011 年 4 月,江苏省军区党委通报表扬公司人民武装部规范化建设和民兵队伍建设的做法,对公司基层武装工作在企业经济发展、抢险救援、维护稳定、优抚安置等方面的作用和成绩给予较高评价,并授予中煤大屯公司人民武装部"基层武装部规范化建设先进单位"称号。

2012年4月25日,江苏省军区副司令员戴陆伟少将一行5人,来公司人民武装部检查指导工作。

2013年以来,大屯公司党政领导高度重视人民武装工作规范化建设,先后投资200余万元为两级武装部门添置装备,改善办公条件,为新时期人民武装工作的进一步规范提供了有力保障。

2019年,公司人民武装部加强民兵阵地和装备建设,建立了民兵活动室、民兵学习室和民兵装备库。根据上级武装部门《关于组织开展新兴领域民兵建设试点调研的通知》精神,制定基层武装部规范化建设考核细则,与公司党建工作同步部署同落实。

（三）抢险救灾

2008年7月,为切实加强公司防汛抢险救灾工作,公司人民武装部按照"安全第一、常备不懈、预防为主、全力抢救"的防汛抢险方针,制定《民兵防汛抢险行动方案》,并认真组织实施,全力保障矿区安全生产,确保国家财产和职工群众的生命、财产安全。

2013年11月25日下午,接上级命令,公司人民武装部民兵应急连80余人接到紧急集结的命令后,10分钟集结完毕,并迅速赶往沛县新城区文化中心东大门脚手架倒塌多人被埋现场,开展抢险救援,充分展现了公司民兵队伍"召之即来,来之能战,战之必胜"的过硬作风,受到县领导的高度赞扬,树立了良好的社会形象。

2013年,民兵队伍先后多次执行应急任务,协助公安、保卫机关积极维持矿区治安稳定,妥善处置姚桥煤矿、铝业公司等单位群体性突发事件23起,抓获偷盗铁路运输煤炭、电缆、电瓶车等违法嫌疑人156人,缴获赃物折款100余万元。

2017年6月,为切实做好"雨季三防"工作,制定下发《2017年度中煤大屯公司民兵防汛抢险行动方案》,组织民兵按预案进行演练;组织专职人民武装干部和民兵骨干参加了县人武部组织的对微山湖防洪大堤5大险滩险段的防汛勘察工作。7月8日至9日连续强降雨期间,组建的125人的应急救援队伍进入24小时一级备勤,时刻做好抢险救灾准备,为企业的正常生产提供安全保障。

二、国防教育与兵役

（一）国防教育

2008年,在八一建军节、国防日和征兵期间,公司人民武装部与企业文化部、新闻中心联合开展"庆祝建军81周年"系列活动,出版了一期《新屯煤》武装专刊杂志,在报纸开辟一个专栏报道军人事迹,制作一期"廉洁征兵"电视专题片,各单位利用宣传橱窗、板报等形式,大力宣传矿区军人风采,广泛宣传军队现代化建设成果,宣传长征精神,有效增强矿区干群的国防意识,提高了国防观念。

2013年,公司人民武装部与企业文化部、新闻中心专门联合开展了"庆祝建军86周年"系列活动,在报纸开辟专栏以"退伍军人在生产第一线骨干"为主题进行宣传,鼓励广大退伍军人退伍不褪色,保持和发扬我军光荣传统,岗位建功立业。

2015年7月30日,公司人民武装部邀请沛县人民武装部政委陈刚来公司举办庆八一爱国主义专题教育讲座,公司专职人民武装干部及骨干民兵150余人参加了专题讲座,接受爱国主义思想教育。

(二)征兵工作

2006年,公司人民武装部按照沛县人民武装部的安排,严格执行"八不准""三公开""三监督""五公布"的征兵工作纪律,提前做好适龄应征青年的国防知识教育和宣传发动,严抓廉洁征兵工作,设立了兵役登记办公室和流动兵役登记站,经过调查摸底、体检、政审,全公司参加兵役登记386人,其中应征99人。

2008年,全面贯彻《中华人民共和国兵役法》,突出兵员质量这一核心,采取灵活多样的形式宣传《中华人民共和国国防法》《中华人民共和国兵役法》和《中华人民共和国民兵工作条例》等法律法规,增强全民国防意识,动员适龄青年积极踊跃参军入伍、报效祖国。加强征兵期间的廉洁教育,开展廉洁征兵承诺活动,自觉接受监督,并严格应征青年体检关、政审关,被徐州市政府、徐州军分区授予"征兵工作先进单位"称号。

截至2018年12月底,公司共为海军、陆军、空军、武警、消防五个兵种累积征集600名优秀士兵,做到无一例退兵。

第十三篇

民生工程

Minsheng Gongcheng

民生连着民心,民心凝聚民力,做好保障和改善民生工作,事关群众福祉、社会和谐稳定。公司始终坚持"全心全意依靠职工办企业"的方针,兴办实事好事、解决急事难事,让生活在大屯矿区的职工、家属更多更好地享受改革发展成果,过上学有所教、劳有所得、病有所医、老有所养、住有所居的幸福生活。

教育是民生之基,公司持续投入资金整修校舍,添置教学设备,改善了办学环境。维持中小学平稳过渡,职工子女参加上海高考时间延长至 2025 年,做好移交地方管理工作。适龄儿童入学率 100%,高中阶段入学率 99% 以上,矿区中、高考达线率逐年上升。

公司坚持"预防为主,防治结合"的原则,不断加大投入,开展疾病预防控制、爱国卫生运动、计划生育管理工作。建有医疗设备先进、初具规模的二级甲等综合性职工中心医院,先后购置 300 余台先进医疗器械,开办特色专科、专家门诊,医疗服务水平稳步提升。

为了提高职工生活质量,公司完善公积金管理制度,逐步建立起以廉租住房和经济适用住房为主、老小区危旧房改造、新小区房产开发等多种形式为补充的住房保障体系。把棚户区改造和"三供一业"维修改造分离移交纳入"安居工程",新建腾飞新村小高层、新城嘉苑等职工住宅 885 709.27 平方米,6 582 户职工家庭喜迁新居。人均住房面积由 20 世纪 90 年代初的 8.36 平方米,提高到 20.25 平方米,基本实现了"居者有其屋"的目标。

公司高度重视老龄事业的发展,围绕"六个老有"工作目标,不断完善管理机制和服务体系,通过加强以老年大学、老龄社团及基层老年活动室为基础的老年文化阵地建设,开展丰富多彩、有益身心的活动,提高离退休职工的生活质量。

公司注重做好矿地关系协调,充分利用各项优惠政策,加快推进征地审批流程,积极争取用地指标,做好塌陷地复垦工作,实现矿山企业发展、矿区民众受益、矿地关系和谐。

后勤服务系统逐步启动水、电、物业等市场化运作,"两堂一舍"设施和服务提档升级。相继实施天然气、水质净化、恒压供水、供暖管网改造等"民心工程",图书馆、俱乐部、颐园、体育场等公共服务场所陆续投用。矿区环境面貌焕然一新,绿化覆盖率达到 40%,人们生活幸福感、获得感持续增强。

第一章 教　　育

第一节　学前教育

一、概况

20 世纪 90 年代初,公司各矿井单位均按标准建有托儿所、幼儿园,生活、学习、游戏娱乐设施齐全,实现了全日制托管。

公司有 11 所幼儿园,其中中心区 5 所:零村、三村、七村、八村、十村幼儿园,位于各居民小区院内。厂矿单位 6 所:姚桥煤矿、孔庄煤矿、徐庄煤矿、龙东煤矿、发电厂、铁路管理处幼儿园,均位于各单位工人村内。中心区幼儿园先后由公司教育处、教育卫生处、教卫办公室直接管理,厂矿幼儿园由各单位后勤部门管理,业务先后由公司教育处、教育卫生处、教卫办公室负责指导。

公司中心区职工家属入住率提高后,幼儿园师资与幼儿人数发生明显变化,厂矿幼儿园幼儿人数日趋减少,公司开始逐步对幼儿教育资源进行调整:2002 年 7 月,中心区七村幼儿园关闭;2008 年,中心区零村、三村、八村、十村幼儿园实施改造,扩大招生规模;2011 年 8 月,龙东煤矿幼儿园关闭;2014 年 8 月 1 日,铁路管理处幼儿园关闭;2015 年 7 月 1 日,姚桥煤矿、徐庄煤矿、孔庄煤矿、发电厂等单位幼儿园实施资源整合,划归教卫办公室管理;2017 年 9 月,发电厂幼儿园关闭;2018 年 3 月,徐庄煤矿幼儿园关闭;2018 年 10 月,姚桥煤矿幼儿园关闭。厂矿幼儿园关闭后,涉及的教职工和幼儿安排到中心区各幼儿园。

截至 2020 年 6 月,公司中心区零村、三村、八村、十村和孔庄煤矿等 5 所幼儿园有 21 个班级,幼儿 518 人,在册教职工 122 人。

二、幼儿园

(一)孔庄煤矿幼儿园

1974 年 9 月成立,园址位于孔庄煤矿馨园小区内。占地面积 3 082 平方米,建筑面积 1 890 平方米。2008 年 1 月被评为"上海市二级二类幼儿园"。2008 年 10 月被评为"徐州市示范幼儿园"。截至 2020 年 6 月,开设 2 个班级,幼儿 28 人,教职工 16 人。

(二)三村幼儿园

1977 年 12 月成立,园址位于煤城新村院内。占地面积 3 036 平方米,建筑面积 785 平方米。2002 年评为"上海市二级一类幼儿园"。2008 年 10 月评为"徐州市示范幼儿园"。截至 2020 年 6 月,开设 3 个班级,幼儿 80 人,教职工 18 人。

(三)零村幼儿园

1984 年 9 月成立,园址位于太阳新村内。占地面积 3 010 平方米,建筑面积 1 678 平方

米。2008 年 1 月被评为"上海市二级一类幼儿园"。2008 年 10 月被评为"徐州市示范幼儿园"。2011 年 7 月被评为"江苏省优质幼儿园"。2017 年 11 月通过"江苏省优质幼儿园"复审验收。2018 年 6 月被"中国少年儿童美术教育学会"授予"全国少儿美术教育示范单位"。截至 2020 年 6 月,开设 3 个班级,幼儿 56 人,教职工 18 人。

（四）八村幼儿园

1990 年 10 月成立,园址位于独秀新村内。占地面积 4 134 平方米,建筑面积 2 424 平方米。2000 年 6 月被评为"上海市二级一类幼儿园"。2008 年 6 月被评为"徐州市示范幼儿园"。2009 年 9 月被评为"徐州市模范学校"。2011 年被评为"江苏省优质幼儿园"。2017 年 11 月通过"江苏省优质幼儿园"复审验收。截至 2020 年 6 月,开设 6 个班级,幼儿 165 人,教职工 34 人。

（五）十村幼儿园

1997 年 9 月成立,园址位于团结新村内。占地面积 3 100 平方米,建筑面积 1 348 平方米。2002 年 6 月被评为"上海市二级一类幼儿园"。2007 年 12 月被评为"江苏省优质幼儿园"。2013 年 5 月,被徐州市教育局、徐州市广播电视台授予"徐州市庆六一活动先进集体"。2013 年 6 月被"中国少年儿童美术教育学会"授予"全国少儿美术教育示范单位"。2017 年 11 月通过"江苏省优质幼儿园"复审验收。截至 2020 年 6 月,开设 7 个教学班,幼儿 185 人,教职工 36 人。

三、幼教管理

公司幼教管理工作一直注重幼儿健康成长,各幼儿园通过开展家长开放日、六一画展、大班毕业典礼、节日汇报展演等活动,为幼儿提供展示的舞台,促进幼儿良好个性和身心健康发展。

1991—2011 年,公司各幼儿园进一步规范办园行为,强化安全管理,重视教学安全,食品安全管控,持续改善办学条件。通过教师骨干以老带新、园区间手拉手结对子、示范课分享等活动,促进幼儿园之间的交流。

2012 年以后,公司各幼儿园根据自身传统、优势和发展潜力,实行师生互动、动静结合、动画演示、实物与主体教育相结合的模式,呈现文化、环境、教育思想、教育理念等不同的办园风格和特征,三村幼儿园拓展体育特色;八村、孔庄煤矿幼儿园开创早期阅读特色;零村、十村幼儿园打造美术特色。2005—2013 年,6 人次获得"上海市中青年教师教学评比三等奖"。2014—2019 年,矿区先后有 120 幅幼儿作品获得"全国少儿书画大赛"金奖,5 人次获得"全国少儿书画作品指导一等奖"。在"江苏省基础教育数字化优质教育资源评比"及"江苏省幼教科研优质课竞赛"活动中,4 人次获得二等奖、1 人次获得三等奖。

第二节　中小学教育

一、概况

公司有中小学 10 所,其中小学 4 所:第一小学、第二小学、第三小学、电业分公司职工子弟小学(2004 年 6 月因拆迁撤销)。九年一贯制学校 4 所:姚桥煤矿、龙东煤矿、孔庄煤矿、

徐庄煤矿职工子弟学校,其中姚桥煤矿、徐庄煤矿、龙东煤矿职工子弟学校因教育资源整合予以撤并,孔庄煤矿职工子弟学校仅设小学部(初中部 2009 年 8 月合并到第二中学)。初级中学 1 所:第二中学。高级中学 1 所:第一中学。在职教职工常年稳定在 650 人左右,在校中小学生 6 000 人左右。

公司教育处、教育卫生处、教卫办公室先后负责矿区中小学的管理。公司中小学教育移交社会管理前,大屯矿区的教育体制、管理机制、课程体系、教育科研、师资培训、招生考试等沿用上海市教育教学管理模式运作。公司普及九年义务教育,通过开展"名师工程""矿区优秀学科带头人""矿区优秀教育工作者""教师基本功竞赛"和业务考核等活动,推动矿区中小学教育的发展。矿区适龄儿童入学率 100%,巩固率在 99% 以上,高中阶段入学率 99% 以上。

2007 年 5 月,根据国务院办公厅《关于第二批中央企业分离办社会职能工作有关问题的通知》精神和公司与徐州市人民政府有关协议,学校移交地方人民政府管理。

二、学校

(一)第一小学

校址位于中心区上海路东侧,煤城新村内。该校始建于 1973 年,占地面积 16 660 平方米,建筑面积 5 863 平方米。学校建有科学实验室、科学探究室、器材室、书画室、陶艺作坊、计算机教室、多媒体教室、音乐教室和 8 间心理健康专用教室。建成校园网站、OA 办公系统、图书电子借阅系统、智慧校园管理平台、电子档案管理系统、校园安全监控系统、班级安全电子监控系统等,打造数字信息化校园,第一小学校园一隅见图 13-1-1。

图 13-1-1 第一小学校园一隅

学校心理健康教育工作逐步走向专业化,成为全国心理健康教育特色学校。有 13 位教师获得"心理辅导专业证书""心理辅导资格证书",出版《小学生心理成长自助读本》丛书(6 本)在徐州地区推广使用。

第一小学先后获得"全国百家艺术教育名校""全国中小学心理健康教育特色学校""上

海市心理健康教育实验校""上海市普教系统德育工作先进集体""江苏省义务教育现代化学校""江苏省科技教育特色学校""江苏省中小学心理健康教育示范校""煤炭系统标准化中小学""上海市优秀家长学校""徐州市中小学心理健康教育示范校""徐州市模范学校"等荣誉称号。截至 2020 年 6 月,学校设有 30 个教学班,学生 1 220 人,教职工 102 人。

（二）第二小学

校址位于中心区南京路西侧,文明新村内。该校始建于 1978 年,占地面积 10 800 平方米,建筑面积 4 660 平方米。学校校园整体布局合理,基础设施完善,各种功能教室齐全,设有书法教室、儿童画室、艺雕坊、舞蹈房、剪纸室、微机室、科学实验室、科学探究室、心理咨询室、多功能厅、多媒体教学全自动录播教室,实现校园互联网全覆盖。

第二小学先后获得"全国煤炭基础教育先进单位""煤炭系统标准化中小学""全国素质教育先进单位""江苏省教育现代化学校""全国书法教育实验校""上海市书法教育实验学校""安塞腰鼓进校园示范校""上海市《少年日报》小伙伴记者站""江苏省青少年科技教育特色学校""全国中小学生金钥匙科技竞赛先进学校""徐州市师德建设先进集体""徐州市教育科研先进单位""徐州市依法治校示范校"等荣誉称号。截至 2020 年 6 月,学校设有 20 个教学班,学生 715 人,教职工 78 人。

（三）第三小学

校址位于中心区北京路与煤电路交汇处,太阳新村南面。该校始建于 1990 年,占地面积 11 592.40 平方米,建筑面积 4 069 平方米。学校教学楼主体呈蝴蝶形,设有计算机教室、舞蹈教室、书法教室、乒乓球馆、心理辅导配套教室、劳技室、科学探究室、少先队活动室、多功能教室、智能录播教室及全国普教系统唯一的一座煤炭知识展览馆。

学校把科普教育作为学校办学特色,自 2010 年开始连续 10 年报送校园电视专题片参加中央电教馆举办的全国校园影视大赛,分获金奖、一等奖奖项,学校"萤火虫"电视台被中央电教馆评为"全国校园百佳电视台"。

第三小学先后获得"煤炭部标准化学校""江苏省义务教育现代化学校""江苏省科学教育特色学校""徐州市模范学校""上海市书法实验学校""江苏省金钥匙优秀组织单位""徐州市园林学校""全国校园影视教育研究实验学校""上海市红领巾读书读报奖章活动先进集体""江苏省优秀少先队集体"等荣誉称号。截至 2020 年 6 月,学校设有 18 个教学班,学生 716 人,教职工 77 人。

（四）孔庄煤矿职工子弟学校

校址位于孔庄煤矿工人村内,该校始建于 1972 年,占地面积 20 896.34 平方米。学校基础设施完善,各种功能教室齐全,设有书法教室、音乐教室、微机室、乒乓球室、图书阅览室、科学实验室、多媒体教学全自动录播教室。曾获得"全国煤炭教育先进教务管理单位""上海少工委优秀社会服务队"等荣誉称号。2009 年 8 月,孔庄煤矿职工子弟学校初中部合并到第二中学。截至 2020 年 6 月,孔庄学校小学部设有 6 个教学班,学生 138 人,教职工 33 人。

（五）第一中学

第一中学原名大屯煤矿工程指挥部第一中学(简称煤指一中)。煤指一中创办于 1974 年 3 月。1997 年底,公司把煤指一中分为第一中学和第二中学。2001 年,第一中学和第二中学的初中部和高中部分别合并重组,高中部成立高级中学,即第一中学(简称一中)。一中迁至中心区北京路东段,占地面积 27 821.5 平方米,建筑面积 11 515 平方米。学校基础设施建设完善,现代化教学设备配套齐全。学校有专门实验室 7 个,其中生物实验室 1 个,化学实验室 2 个,物理实验室 3 个,演示实验的阶梯教室 1 个。设有劳技室、多媒体教学全自动录播教室、现代化语音室、微机室等专用教室,1 座能容纳 280 多人的阶梯会议室和 1 个多功能厅。有 12 间教室配备电脑、音响、投影机等现代化教学设备。

一中先后获得"煤炭系统标准化中小学""江苏省青少年科技教育特色学校""江苏省实施素质教育先进学校""上海市优秀家长学校""全国煤炭教育先进单位""全国煤炭教育先进教务管理单位""全国煤炭教育先进单位"等荣誉称号。截至 2020 年 6 月,该校有教学班 19 个,学生 888 人。教职工 74 人。

（六）第二中学

1997 年底,公司把煤指一中分为第一中学和第二中学。2001 年,公司实行初高中分设,第一中学和第二中学两校初中部和高中部分别合并重组,初中部成立初级中学,即第二中学（简称二中）。二中校址迁至中心区上海路路南,占地面积 29 827.9 平方米,建筑面积 13 202 平方米。

二中有教学楼 3 幢,教室 32 间,配有物理实验室、化学实验室、生物实验室、劳技实践室、计算机教室、专用书法教室、图书馆、多功能厅、生态园、地震台。

二中先后获得"上海市红旗大队""江苏省现代化学校""江苏省优秀少先队集体""江苏省体育工作先进学校""江苏青少年科技教育先进学校""徐州市体育传统项目学校""江苏省科学教育特色学校""江苏省艺术教育特色学校""上海市书法教育实验学校""全国家庭教育实验学校""全国中学生啦啦操比赛冠军""全国写作教学示范学校"等荣誉称号。2009—2014 年,二中先后合并了孔庄煤矿、龙东煤矿、徐庄煤矿、姚桥煤矿 4 所职工子弟学校的初中部。截至 2020 年 6 月,二中有 30 个教学班,学生 1 300 人,教职工 163 人。

三、学校撤并

（一）煤指一中

1974 年 3 月,大屯煤矿工程指挥部第一中学（简称煤指一中）成立,原校址即现大屯矿区第二中学校址。1997 年底,公司把煤指一中（含初中高中）分设为大屯煤电公司第一中学和大屯煤电公司第二中学两个完全中学,煤指一中撤销。

（二）电业分公司职工子弟小学

校址位于现电热公司发电运行部生产区内,创办于 1972 年,学校占地面积 600 平方米。2004 年,由于扩建 2 台 135 兆瓦机组需要,西生活区和学校拆迁。同年 7 月,电业分公司职工子弟学校正式撤销,18 名教师中 16 人分流到公司各校,2 人予以企业安置,6 个班 106 名学生转学。

（三）龙东煤矿职工子弟学校

校址位于龙东煤矿工人村内,创办于 1987 年,学校占地面积 20 810 平方米。2007 年 11 月,移交地方人民政府管理。

（四）徐庄煤矿职工子弟学校

校址位于徐庄煤矿工人村内,创办于 1980 年,学校占地面积 13 700 平方米。2007 年 11 月,移交地方人民政府管理。

（五）姚桥煤矿职工子弟学校

校址位于姚桥煤矿工人村内,创办于 1973 年 3 月,学校占地面积 25 936 平方米。2007年 11 月,移交地方人民政府管理。

第三节　招生考试

一、招考概况

公司作为上海市"三线单位"基地之一,一直采用上海市教育教学管理模式,公司中考、高考招生工作由公司教育处普通教育管理科负责。1985 年起,上海市实行高考单独命题,公司初、高中毕业生按照上海市招生要求参加上海市中、高考,按照上海市区招生标准在大屯矿区招考大、中专学生。

1995 年,公司招生办公室正式成立,专门负责矿区中、高考招生工作,同年秋季,矿区学校不再使用全国统编教材,开始使用上海市一期课改教材。

2000 年,上海市取消会考制度,改为综合能力考试。公司高中学生开始参加上海"3＋综合＋1"或"3＋综合"高考。报考本科院校的考试科目是"3＋综合＋1",报考高职院校的考试科目为"3＋综合"。上海进行春季招生改革试点,开始探索一年两次高考。公司高考生参加上海市春季高考和秋季高考。

2006 年 12 月,中煤集团与上海市教育委员会签署《关于大屯煤电(集团)有限责任公司中小学移交后教育教学问题的商谈纪要》,考虑公司中小学自创办以来一直采用上海市教育教学管理模式,为保证学校教育教学工作的平稳过渡,移交前在籍的中小学生(以 2005 学年度统计数据为准)仍然执行上海市的课程计划,使用上海市教材,参加上海市的中考和高考。

2008 年,根据上海市统一要求,矿区高考生实行高考平行志愿投档录取模式,学生按上海高考平行志愿要求进行志愿填报。

2009 年,公司中、高考考场通过上海市教育考试院标准化考场验收。

2010 年,上海市开始实行高中学业水平考试,公司高一学生参加上海市高中地理和信息技术学科学业水平考试。招生办公室对保密室进行升级改造,安装保密室巡查系统。

2012 年 2 月,鉴于同属上海三线单位的南京梅山铁矿集团公司与上海市签订移交管理协议时,约定该公司职工子女参加上海市高考招生的结束时间为 2025 年。公司向上海市教委递交《关于延长大屯煤电(集团)有限责任公司职工子女使用上海教材年限的请示》。招生办公室健全综合业务系统,相继建成考生身份验证系统与考场监控系统。

2013 年 5 月,上海市教委参照南京梅山铁矿集团公司的协议,同意大屯公司、鲁中张家洼铁矿公司职工子女参加上海高考时间延长至 2025 年。9 月,全矿区学生的学籍管理工作确定由公司招生办公室牵头负责。

2014 年 3 月,上海市教委同意公司职工子女初中毕业生报考中高职贯通培养模式招生专业。

2016—2017 年,公司招生办公室连续两年荣获上海市教育发展基金会华强教育专项基金"华强奖"。

2019 年 12 月,上海市教育考试院同意在大屯考点设立日语考场。

二、中高考录取

1991—2019 年,大屯矿区共 20 851 人参加中考,12 450 人被各类高中录取。11 783 人参加高考,8 818 人考入各级各类大学,平均高考录取率 74.84%,其中清华 5 人、北大 3 人、复旦 37 人、交大 38 人、南大 19 人、浙大 7 人、中科大 5 人。1991—2019 年大屯矿区历年中、高考录取情况详见表 13-1-1。

表 13-1-1 1991—2019 年大屯矿区历年中、高考录取人数统计一览表

年份	中考情况			高考情况		
	考生人数	录取人数	录取率/%	考生人数	录取人数	录取率/%
1991	676	155	22.93	65	48	73.84
1992	682	135	19.80	63	20	31.75
1993	744	196	26.34	76	28	36.84
1994	797	182	22.84	59	39	66.10
1995	909	243	26.73	79	24	30.38
1996	1 032	255	24.71	94	41	43.62
1997	1 063	247	23.24	150	53	35.33
1998	814	378	46.44	200	67	33.50
1999	846	673	79.55	300	144	48.00
2000	758	622	82.06	420	188	44.76
2001	833	683	81.99	438	265	60.50
2002	988	650	65.79	513	341	66.47
2003	1 032	683	66.18	531	388	73.07
2004	1 003	837	83.45	508	373	73.43
2005	1 048	794	75.76	577	479	83.02
2006	892	627	70.29	758	603	79.55
2007	763	556	72.87	910	744	81.76
2008	662	487	73.56	795	708	89.06
2009	643	430	66.87	627	431	68.47
2010	623	380	61.00	649	467	71.96
2011	519	406	78.23	607	551	90.77
2012	472	337	71.40	478	407	85.15
2013	562	354	62.99	483	368	76.19
2014	574	539	93.90	519	351	67.63
2015	398	293	73.62	369	314	85.10
2016	375	328	87.47	399	371	92.98
2017	378	349	92.33	496	467	94.15
2018	366	298	81.42	272	227	83.46
2019	399	333	83.46	348	311	89.36
合计	20 851	12 450	59.71	11 783	8 818	74.84

第四节　中小学移交

2005年1月,国务院办公厅下发《关于第二批中央企业分离办社会职能工作有关问题的通知》,将中煤集团等74家中央企业所属的全日制普通中小学和公检法等职能单位,一次性全部分离并按属地原则移交所在地(市)或县级人民政府管理。中煤集团同年制定《中国中煤能源集团公司分离办社会职能工作方案》,落实分离办社会职能工作。公司所属中小学列入本次移交范围。

公司普通中小学移交工作涉及9所中小学,在职及离退休教职工900余人。按照《关于第二批中央企业分离办社会职能工作有关问题的通知》文件规定,必须按属地原则移交所在地人民政府管理。

2005年2月,为保证移交工作稳妥进行,公司成立分离办社会职能工作领导小组,统筹负责中小学移交工作的组织与协调。由公司资产经营部牵头,教育、干部、财务、劳资、人事等相关处室参与,负责具体移交工作。4月,公司分离办社会职能工作领导小组召开专题工作会议,研究制定公司分离办社会职能工作,制定矿区中小学移交上海管理方案。公司向徐州市委副书记陈美行就公司中小学教育移交上海情况进行汇报,得到徐州市人民政府的理解与支持。5月,中煤集团总经理经天亮一行与公司总经理刘雨忠、公司党委书记王金余,拜访上海市副市长周禹鹏、上海市政府副秘书长姜平,就公司所办中小学移交问题作专题汇报。6月,公司多次召开分离办社会职能专业会议,研究制定分离办中小学建议方案后报中煤集团。6月下旬,上海市人民政府办公厅将《关于鲁中冶金矿业集团公司等三家中央企业要求将其所属普通中小学移交上海市管理或维持原管理模式事宜的协调意见》函至大屯公司。12月,上海市教委副主任瞿钧向公司党委书记王金余一行,正式通报上海市人民政府关于大屯教育移交工作的意见:大屯矿区中小学根据国务院文件精神进行属地化移交,设置一定过渡期,过渡期间继续保持和上海教育的教学与科研关系,保持矿区高中毕业生参加上海高考的时间到2017年。经与上海市、江苏省有关部门多次沟通与协商,确定移交过渡期内,公司中小学教育教学关系继续挂靠上海市黄浦区教育局,人员与资产交由地方人民政府管理。中煤集团和江苏省人民政府签署《大屯公司中小学、公安机构的分离移交协议》,得到了财政部、国资委的批准。

2006年3月,徐州市副市长段雄来大屯矿区考察,就公司教育移交问题进行沟通和协商。7月,公司参加徐州市分离办社会职能工作会议,多次与中煤集团有关领导一起同上海市教委、江苏省、徐州市有关部门进行沟通协商,就公司教育移交专题向徐州市委书记徐鸣进行汇报。中煤集团向江苏省人民政府递交了《中国中煤能源集团公司关于在苏两家企业分离办社会职能有关问题的请示》。10月,江苏省、徐州市两级人民政府在综合考虑各方面的因素后,初步确定大屯公司中小学移交人员范围:具有中小学教师资格或教师职称的在职及内退人员;具有职(执)业资格的中小学在职与内退后勤服务人员;从中小学抽调到公司教研室从事上海教学研究的在职与退休教师。12月,《上海市教育委员会、江苏省教育厅、中煤能源集团公司三方商谈纪要》签署。考虑大屯公司中小学自创办以来一直采用上海市教育教学管理模式,为保证学校教育教学工作的平稳过渡,移交前在籍的中小学生(以2005学年度统计数据为准)仍然执行上海市的课程计划,使用上海市教材,参加上海市的中、高考。

中小学教学业务继续挂靠上海市黄浦区教育局,教学科研、师资培训、考试评价等教学业务的开展维持原模式不变。同时确定了公司所属中小学移交过渡期为 2005—2017 年,2017 年后将完全属地化管理。

2007 年 5 月,公司与徐州市人民政府签订《中小学移交协议》,明确移交内容和移交过渡期内的管理问题。6 月,中央财政转移支付的 4 346 万元补助经费,划转至沛县财政。7 月,徐州市人民政府下发《关于大屯煤电(集团)有限责任公司所属中小学移交过渡期内管理的意见》(徐政发〔2007〕105 号),敲定移交过渡期为 2006—2017 年。10 月,地方人民政府完成公司移交人员套改地方工资工作。11 月,移交教职工工资待遇按照套改的徐州市本级工资标准发放,与企业工资体系完全脱离。

2008 年 1 月,按照《市政府办公室关于成立大屯矿区中小学管理中心的通知》(徐政办发〔2008〕3 号),徐州市大屯矿区中小学管理中心设立银行专用账户。2 月 18 日,徐州市大屯矿区中小学管理中心在公司俱乐部举办揭牌仪式,所属中小学移交地方管理工作基本结束。

在中小学移交过程中,公司与上海市、江苏省、徐州市相关部门商谈 40 余次,草拟协议 9 份,召开相关专业会议 10 余次,起草分析汇报材料 20 余份,共移交在职教职工 745 人,离退休教师 137 人,移交资产净值 3 928 万元。中央财政转移支付的经费补助金额为 4 346 万元/年。中小学移交时公司各学校班级、教职工及学生数详见表 13-1-2;移交土地面积 169 040.53 平方米,各校移交土地面积详见表 13-1-3。

表 13-1-2 中小学移交时各校班级、教职工及学生数统计表

学校名称	班级数/个 2008 年 1 月	教职员工数/人 合计	其中:移交人员数 男	女	2008 年 1 月在校学生数/人
第一中学	30	101	62	39	1 572
第二中学	30	119	50	69	1 302
第一小学	28	84	18	66	946
第二小学	19	67	18	49	538
第三小学	17	56	9	47	560
姚桥煤矿学校	18	86	31	55	470
孔庄煤矿学校	14	70	35	35	267
徐庄煤矿学校	15	71	35	36	385
龙东煤矿学校	15	81	42	39	314
电业分公司小学	0	1	0	1	0
教研室	0	8	6	2	0
合 计	186	744	306	438	6 354

表 13-1-3　中小学移交时各校移交土地面积统计表

学校名称	面积/平方米	坐落地址	土地性质
第一中学	27 821.50	沛县大屯街道办事处	国有划拨
第二中学	29 827.90	沛县大屯街道办事处	国有划拨
第一小学	12 267.30	沛县大屯街道办事处	国有划拨
第二小学	8 608.50	沛县大屯街道办事处	国有划拨
第三小学	11 592.40	沛县大屯街道办事处	国有划拨
姚桥煤矿学校	25 936.70	沛县沛北开发区	国有划拨
孔庄煤矿学校	20 896.34	沛县沛城街道办事处	国有划拨
徐庄煤矿学校	13 777.29	沛县大屯街道办事处	国有划拨
龙东煤矿学校	18 312.60	沛县龙固镇	国有划拨
合　计	169 040.53		

2018 年 2 月,公司与沛县人民政府签署《关于大屯矿区已移交中小学纳入沛县管理的协议》,除中、高考继续由大屯公司负责外,矿区中小学完全纳入沛县人民政府管理。

第二章　卫　　生

第一节　医疗卫生

一、概况

1991—2002 年，公司卫生处负责矿区医疗卫生管理工作，业务接受地方卫生行政部门指导。卫生处设医政科、防疫科、妇保所、计划生育办公室等行政职能科室。管理公司 22 家医疗卫生机构：中心医院、4 家煤矿医院、6 家卫生所、10 家卫生保健室和 1 家防疫站。

2003 年，卫生处与教育处合并，更名为教育卫生处。

2006 年，教育卫生处更名为教卫办公室，管理二级甲等医院中心医院及 5 家煤矿分院、3 家卫生所、10 家卫生保健室，徐州市卫生监督所大屯煤电集团公司卫生监督分所、徐州市疾病预防控制中心大屯煤电集团公司分中心。

2014 年末，公司妇幼保健所划归教卫办公室管理。

2017 年，教卫办公室与中煤职业技术学院合署办公。

2018 年，撤销徐州市卫生监督所大屯煤电集团公司卫生监督分所。

2019 年，徐州市疾病预防控制中心大屯煤电集团公司分中心和妇幼保健所管理职能重新划归中心医院管理。妇保计生管理部和卫生疾控管理部合并为医疗卫生管理部，承担全公司 5 万职工家属医疗卫生、职业健康、爱国卫生、红十字会、计划生育的行政职能。

二、医院医疗

（一）医院

中心医院始建于 1972 年，占地面积 55 332.34 平方米。1995 年，首次通过国家二级甲等医院和爱婴医院评审。1998 年 1 月，更名为大屯煤电（集团）有限责任公司职工中心医院。2003 年 5 月，根据拓宽医疗市场需要，更名为大屯煤电（集团）有限责任公司中心医院。2003 年 9 月，公司实行医疗卫生垂直管理，四矿医院、电业分公司卫生所、铁路管理处卫生所划归中心医院管理，并更名为姚桥分院、龙东分院、孔庄分院、徐庄分院、电业分院、铁路卫生所。2016 年，通过徐州市卫计委二级甲等医院复审。2019 年，成为淮海地区肿瘤筛查基地。中心医院作为徐州医学院附属医院集团和安徽理工大学医学院教学医院成员之一，是徐州市职工医保定点医院、沛县城镇职工医保定点医院，也是沛县、鱼台县、微山县城乡居民医保定点医院。

1991 年以后，中心医院通过深化服务理念、邀请知名专家等方式，打造大专科小综合发展格局，为公司职工、家属及周边百姓提供更加优质便捷的医疗服务。医院床位由最初的30 余张增加到 412 张，医院设有内科、外科、骨科、妇产科、儿科、耳鼻喉科、药剂科、放射科、

CT 室、功能检查科、中医科、传染科等 30 余个医技临床科室。

2000—2019 年,集医疗、预防、保健于一体的职工中心医院(图 13-2-1)。紧密结合公立医院改革,构建医院质量效益型的精细化管理机制与服务模式,加大科技创新力度,加深对外学术交流与医疗合作,引进新技术、新理念和新项目,陆续开办微创外科、妇产科、眼科、体检中心、重症医学科、血液透析中心、糖尿病、脑卒中护理门诊等多个专科专家门诊,积累了丰富的抢救危重工伤、交通事故、中毒等意外伤害事故的经验。

图 13-2-1　集医疗、预防、保健于一体的职工中心医院

（二）医疗

医疗设备是医院建设的物质基础,是进行临床诊断和治疗的必备条件。中心医院在医疗设备方面坚持高精尖引进、高标准配置、高效率使用原则,先后引进 300 余台先进医疗设施,包括美国爱尔康超声乳化白内障治疗仪、血气分析仪、运动平板、彩色多普勒;德国沃尔福公司产三晶片腹腔镜、MGB 电子腹腔镜;法国产五分类血球仪;英国佳乐等离子前列腺电切镜;意大利 GT 数字化乳腺摄片机、彩色多普勒超声机;日产东芝 64 排螺旋 CT 机、NSK 种植机、数字化 X 线胃肠机、富士能 99 型电子胃镜和肠镜、奥林巴斯超声刀及纤维胆道镜、幽门杆菌检测仪;钾钠分析仪;血气分析仪;肺功能仪;动态血压检测仪;床边 B 超机;脑彩超;瑞典产人工肾机等医疗设备。

2002 年,中心医院首次实施腹腔镜外科手术,开展产钳术在剖宫产、难产中的临床应用。

2004 年,完成腹腔镜下卵巢囊肿剥出术、输卵管部分切除术等微创手术。

2005 年,成功实施痔上黏膜环状切除术、宫腔镜检查及宫腔镜异物取出及输卵管通液等手术。

2008 年,开展多例 LEEP 刀微创手术及宫颈锥切术。

2014 年底,中心医院正式成立微创外科、普外科。在开展普外科传统手术的基础上,成熟实施腹腔镜胆囊切除术、胃穿孔修补术、肠粘连松解术、阑尾切除术、结肠直肠癌根治术、食道裂孔疝修补、腹腔镜下疝无张力修补术、双侧精索静脉曲张高位结扎术、后腹腔镜肾上腺肿瘤、肾癌切除术等。

2015年7月,中心医院与北京新仁仁医疗科技有限公司合作引进联影uMR1.5T超导型磁共振并正式投入使用。全面放开二胎政策后,妇产科成功完成各类高危、复杂性剖宫产术,并开展无痛人流、导乐、自由体位、无痛分娩等新技术、新项目。

1991年至2020年6月,中心医院收治门诊、急诊人数4 139 191人,住院人数168 925人,累计实施手术31 524例。

三、公共卫生

公司高度重视公共卫生工作,始终坚持"预防为主,防治结合"的原则,以预防和控制传染病、职业病为重点,不断加大物力、财力和人力投入,全方位开展疾病预防控制、爱国卫生运动和卫生管理工作。

1992—1996年,公司卫生防疫部门连续四年开展脊髓灰质炎强化免疫行动,对矿区所有0～4岁儿童进行脊髓灰质炎疫苗普服工作。

1994年9月,公司卫生处发出紧急通知,要求做好预防肠道传染病和食物中毒工作。

1995—1996年,公司开展爱国卫生运动,发动群众治脏治乱,综合治理环境卫生。

1997年5月,香港、广州等地先后发现H5N1、H9N2、H7N7等禽流感病毒感染人的病例。公司卫生防疫部门通过广播、电视、报纸、板报开设"生活与健康"专栏,刊登保健常识,广泛宣传禽流感病毒引起的各类病症预防知识。

2000—2002年,公司卫生防疫部门逐级加大对各级公共卫生管理、爱卫管理、物业管理、病媒消杀等人员的技能培训,加大社区居民传染病、职业病防制知识的宣传力度。

2003年,在矿区抗击"非典"过程中,公司及时制定《预防控制非典型肺炎实施方案》与《关于进一步加强预防控制非典型性肺炎工作的紧急通知》等文件,建立检测严密的指挥协调体系和防治控制网络,提出"高度集中收治、严格观察隔离"方针,在中心区设立两个隔离区,中心医院开办发热门诊、观察室,完善一系列非典防治措施。2003年8月1日公司召开防控"非典"表彰大会,公司防疫站获记"防控非典集体二等功"。

2005年9月,公司撤销卫生防疫站,成立徐州市卫生监督所大屯煤电公司分所、徐州市疾病预防控制中心大屯煤电公司分中心。

2006—2007年,公司卫生防疫部门针对职工各类人群现状和不同季节特点进行卫生健康教育知识宣传,重点针对妇女病"五期"保护、儿童计划免疫及疫苗接种、老年人疾病预防、慢性病、非传染性疾病等做好监测、治疗和预防工作。

2008—2018年,公司每两年组织1次全员体检。2019年开始,每年组织1次全员体检。

2019年5月28日,十村幼儿园发现手足口病患儿10例,公司防疫部门及时进行疫情干预和处置,实施班级停课、隔离、消毒剂喷洒消毒措施,做好卫生工作,切断传染源。

2020年春节期间,新型冠状病毒感染肺炎疫情发生以后,公司卫生防疫部门按照"坚定信心、同舟共济、科学防治、精准施策"总体要求,把疫情防控作为首要政治任务,制定预案,严防死守,矿区5万职工家属实现"零感染",保证了矿区正常的生产生活秩序。

截至2020年6月,公司公共卫生工作完成职业健康体检近30万人次,配合红十字会,每年组织无偿献血和造血干细胞捐献活动。公司先后获得"徐州市无偿献血先进集体""江苏省级爱国卫生先进星级单位""江苏省职业卫生管理先进单位""全国煤矿职业安全健康先进单位"等荣誉称号。

第二节　计划生育

一、概况

公司一直重视和加强计划生育工作,将计划生育工作融入企业精神文明建设的总体规划,坚持党政一把手亲自抓、负总责,实行"一票否决"制,做到认识到位、责任到位、宣传教育到位、措施到位。

公司计划生育办公室全面负责矿区人口和计划生育工作。根据公司人口和计划生育工作要点和目标管理考核办法,认真落实"两坚持一否决",即坚持第一胎持证生育,坚持第二胎持证怀孕;因重视不够、管理不到位,出现计划外生育、无正当理由终止妊娠、对举报案件不按时按要求认真调查核实、出现恶性案件及非正常上访的,实行"一票否决"。力争实现"三无一杜绝"目标,即无早婚早育、无隐性婚姻生育、无选择性别引产、杜绝计划外生育。1991—2013年,公司先后15次获"徐州市人口和计划生育工作先进单位"称号。

二、计生工作

1991—1992年,公司发放持有《独生子女父母光荣证》的在岗职工奖励金每人每年20元。1993—2006年,奖励金提高到每人每年30元。

2001年,公司下发《贯彻落实〈江苏省计划生育条例〉实施办法的通知》文件,按照文件规定,夫妻双方为本公司职工,职工所在单位支付百分之百奖励金,报销全部入托、入园、入学和医疗费用。夫妻一方为本公司职工,另一方为农业人口,城镇待业居民或劳教、劳改人员,由职工所在单位支付百分之百奖励金,报销入托、入园、入学和医疗费用的50%。凡领取《独生子女父母光荣证》,按规定年龄退休的职工,加发5%的退休金。

2007年,公司下发《关于印发人口与计划生育管理实施办法的通知》,对持有《独生子女父母光荣证》的在岗职工奖励金提高到每年100元。报销独生子女入托、入园、医疗费,医疗费报销至18周岁止。

2007—2015年,公司每年召开计划生育工作会议,实施目标管理考核,加快信息反馈交流和有效处置,形成指导到位、管控有力、督查有效的工作机制。坚持考核一票否决不动摇,狠抓落实,完成徐州市下达的人口和计划生育各项考核指标。

2008年,公司下发《关于持有独生子女父母光荣证的退休职工一次性奖励的通知》,一次性奖励对象为1999年1月1日以后退休,但未享受加发5%退休金待遇的持有效《独生子女父母光荣证》的正式退休职工。持有效《独生子女父母光荣证》的职工一次性奖励3 600元。

2016年,国家全面放开二胎政策,计划生育工作由管理转化为服务。7月,公司下发《关于印发人口与计划生育管理实施办法的通知》,从2016年1月1日起,自愿终生只生育一个子女的夫妻,不再发放《独生子女父母光荣证》,独生子女父母奖励金由每人每年100元减至30元,不再报销独生子女的相关费用。

截至2020年6月,公司计划生育办公室累计办理独生子女证7 480个,一胎证9 068个,二胎证2 280个,办理流动人口婚育证明1 546人次,为30名独生子女伤残死亡家庭申报办理特别扶助。

第三章 职工住房

第一节 住宅建设

一、概况

江苏金屯房地产开发有限公司前身为公司房产处,成立于 1993 年,主要职能是管理公司职工福利住房。1996 年,房产处与公司公用事业处、后勤处合并为生活服务公司。1999 年,生活服务公司拆分为房产开发管理分公司和物业管理分公司。2003 年 8 月,根据大屯公司主辅分离走向市场要求,在江苏省工商局注册登记,房产开发管理分公司改制组建为江苏金屯房地产开发有限公司,为大屯公司的全资子公司,具有国家二级房地产开发资质。主要从事大屯矿区棚户区改造、职工经济适用房等开发建设。2020 年 2 月 24 日,房产公司与中能服务公司合署办公。

截至 2020 年 6 月,大屯矿区建有职工住宅 581 栋,建筑面积 1 943 487.43 平方米。其中公司中心区职工住宅为 296 栋,建筑面积 753 136.94 平方米;姚桥、徐庄、龙东煤矿工人村,孔庄煤矿馨园小区、铁路管理处工人村、电业新村等职工住宅为 218 栋,建筑面积 371 102.43 平方米;新城嘉苑职工住宅为 67 栋,建筑面积 868 651.67 平方米。

二、矿区住宅

20 世纪 80 年代,公司建造的住宅多为室内自用厕所小厅。每套建筑面积平均 50 平方米。90 年代建筑的住宅多为大厅大厨房花式阳台,每套建筑面积平均 65 平方米。矿区住宅型号有大屯-Ⅰ型、大屯-Ⅱ型;82-1 型、82-2 型、82-90 型、82-91 型;83-1 型、83-2 型、83-3 型;84-2 型、84-5 型;86-1 型、86-2 型;87-1 型、90-A 型等 45 种。

1991 年以后,公司为改善职工住房条件,充分利用公司国有存量闲置土地和符合规划适当的新征土地,分期分批对中心区、四矿等住宅小区进行扩建和开发,随着职工住房建设进度加快,住宅型号也不断改变,逐步向大户型转变,结构设计趋于合理化,使用适宜方便化。

绣绮园新村建造住宅工程 28 栋(系四/五层砖混结构),建成住房 775 套,建筑面积 45 230 平方米,其中 1991 年竣工 4 栋、1992 年竣工 7 栋、1993 年竣工 9 栋、1994 年竣工 5 栋、1999 年竣工 4 栋。

徐庄煤矿工人村建造住宅工程共 13 栋(系二/三/四/五层砖混结构),建成住房 484 套,建筑面积 31 203 平方米,其中 1991 年竣工 3 栋、1994 年竣工 2 栋、1995 年竣工 1 栋、1996 年竣工 2 栋、1998 年竣工 1 栋、2006 年竣工 4 栋。

龙东煤矿工人村建造住宅工程共 5 栋(五/六层砖混结构),建成住房 118 套,建筑面积

7 378 平方米,其中 1992 年竣工 3 栋、1996 年竣工 2 栋。杨屯新村建造简易住宅工程共 11 栋(系二层简易砖混结构),建成住房 124 套,建筑面积 7 340 平方米,其中 1993 年竣工 6 栋、1994 年竣工 3 栋、1995 年竣工 2 栋。

孔庄煤矿馨园小区建造住宅工程 11 栋(系五层砖混结构),建成住房 330 套,建筑面积 11096 平方米,其中 1992 年竣工 6 栋、1997 年竣工 3 栋、1994 年竣工 3 栋、1998 年竣工 2 栋。

铁路管理处工人村建造住宅工程 8 栋,建成住房 212 套,建筑面积 15 087 平方米,其中 1992 年竣工 2 栋、1994 年竣工 2 栋、1999 年竣工 1 栋、2006 年竣工 1 栋。铁路管理处沛县管理段建造住宅工程 3 栋,建成住房 82 套,建筑面积共 6 419 平方米,于 1998 年竣工 1 栋, 2000 年竣工 2 栋。

煤城新村建造住宅楼 1 栋(系五层砖混结构),建成住宅 30 套,建筑面积 1 848 平方米, 于 1993 年竣工。

友谊新村建造住宅楼 1 栋(系六层砖混结构),建成住宅 20 套,建筑面积 1 139 平方米, 于 1994 年竣工。

电业新村建造住宅工程 5 栋(五层混合结构),建成住房 160 套,建筑面积 9 303 平方米,于 1994 年竣工 2 栋、1996 年竣工 2 栋、1998 年竣工 1 栋,2007 年因发电厂扩建 5 栋住宅楼拆除。

申江新村建造住宅楼 14 栋:东一村住宅扩建工程 12 栋(系六层砖混结构),建成住房 462 套,建筑面积 42 781 平方米。于 1994 年竣工 2 栋、2006 年竣工 10 栋。西一村建造住宅楼 2 栋(均是五/七层砖混结构),建成住房 58 套,建筑面积 4 652 平方米,分别于 1996 年、1998 年竣工。

姚桥煤矿工人村建造住宅工程共 7 栋(五/六层砖混结构),建成住房 420 套,建筑面积 34 192 平方米,其中 1995 年竣工 4 栋、2006 年竣工 3 栋。

南洋新村建造住宅楼 1 栋(系五层砖混结构),建成住房 30 套,建筑面积 2 193 平方米, 于 1996 年竣工。

团结新村住宅扩建工程建造住宅楼 41 栋(系五/六层砖混结构),建成住房 1 150 套,建筑面积 111 479 平方米,其中 1995 年竣工 11 栋、1997 年竣工 11 栋、2009 年竣工 19 栋。

腾飞新村住宅工程建造住宅楼 31 栋(两栋 11 层高层系框架结构,其余系六/七层砖混结构),建成住房 1 590 套,建筑面积 113 003 平方米,其中 1997 年竣工 15 栋、1998 年竣工 4 栋、1999 年竣工 10 栋、2011 年 2 栋 11 层高层竣工。

颐园新村住宅工程建造住宅楼 36 栋(系六层砖混结构坡屋面带阁楼),建成住房 1 494 套,建筑面积 169 899 平方米,其中 2004 年竣工 21 栋、2006 年竣工 14 栋、2011 年竣工 1 栋。

三、新城嘉苑

2009 年,公司为改善职工住房条件,成立民生工作小组,定期召开会议,加大协调攻关力度,严格按时间节点,启动了新城嘉苑职工住宅建设工程。

新城嘉苑住宅区项目(包括 A、B、C、D、E 五个住宅区),2009 年由中煤西安设计工程有限责任公司着手规划设计,施工图分别由厚石建筑设计(上海)有限公司(A、E 区)、工程咨询公司(B 区)、徐州久鼎工程设计咨询有限公司(C 区)、徐州瀚艺建筑设计有限公司(D 区)

和上海都市建筑设计有限公司(园林绿化)设计,主要施工单位为南通华荣建设集团有限公司(A区A段)、江苏大汉建设实业集团有限责任公司(A区B段、B区)、中煤建安集团有限公司(C区、E区D段)、北京中煤正辰建设有限公司(D区A段)、中煤建设集团工程有限公司(D区B段)、南京凯盛建设有限公司(E区C段)和建安公司(综合商业楼、幼儿园以及物管用房等零星工程)共七家单位。主要监理单位为工程咨询公司(A区A段、B区)、徐州正大建设项目管理有限公司(A区B段)、徐州中国矿业大学建筑设计咨询研究院有限公司(C区、E区C段)、苏州联信工程管理咨询有限公司(D区)和徐州华夏建设监理有限公司(E区D段)五家单位。

2010年3月31日,公司召开新城嘉苑小区项目规划设计审查会。10月28日,公司举行新城嘉苑小区开工暨行政研发中心奠基典礼。2011年2月28日,新城嘉苑住宅项目B、C、D区工程正式破土动工,2013年12月竣工。二期AE区工程于2012年11月开工建设,2015年12月竣工。

新城嘉苑小区住宅共建造楼房67栋,其中25层13栋,18层23.5栋,16层7.5栋,13层6栋、11层17栋,总居住户数6 422户。户型分为A型、B型、C型、D型、E型和G型。其中A户型568套,占比16.4%;B户型514套,占比7.4%。C户型900套,占比14.0%。D户型450套,占比7.0%。E户型2 160套,占比31.3%和G户型1 830套,占比29.8%。地下车库10座,建筑面积53 989平方米,停车位1 491个。新城嘉苑住宅群航拍图见图13-3-1。

图13-3-1　新城嘉苑住宅群航拍图

四、房产证办理

公司首次房产调查登记发证工作始于1989年,经过两年的努力,共测量绘制原图117张,调查出公司工业、民用房屋2 403栋,总建筑面积为127.65万平方米。1992年10月15日,公司召开房屋登记发证总结大会,大屯建矿以来首次房产登记发证工作经徐州市房管局一次验收合格,从而以法律的形式确立了公司对房屋的所有权。

公司职工住房的房产证、土地证原由房产公司集中管理。2018年6月1日,公司启动职工住房产权证发放工作,按照先中心区后厂矿单位的模式,按住宅小区和楼号顺序依次发

放。2019年6月30日,房产公司正式启动新城嘉苑不动产权证发放工作。截至2020年6月,已发放新城嘉苑住户不动产首次登记权属证明书4 850户。中心区及各厂矿共有职工住宅6 604套,已发放房产证6 010套,发放率达91%以上。剩余住户正在分批分期办理。

第二节　住房改革

公司住房制度改革从1992年国务院批准行业房改方案开始,根据国家不同历史时期的房改政策,结合本企业实际制定并经上级有关部门批准后实施。这一时段也是公司职工住房建设投入资金大、建房面积多、建设速度快、解决职工住房好的时期。

1992年9月14日,公司召开矿区住房制度改革动员会。出台了经徐州市房改领导小组同意及总公司房改领导小组批准的《公司住房制度改革实施方案》,鼓励职工购买现住房。

1993年7月20日,公司房产管理处成立。8月23日,公司房产管理处正式挂牌,全面负责公司职工住房建设。

1995年,公司中心区住宅工程施工进度加快,团结新村11栋楼交付使用,腾飞新村开建19栋楼。腾飞新村住宅区占地203亩,新建职工住宅25栋,居民住宅为姚桥型、82-1型、83-1型三种型号五层混合建筑,户总数为1 600户,建筑面积为12.2万平方米,总投资6 000万元。

1992—1995年,公司明确把向职工出售新旧住房作为推动住房商品化的基本措施之一,把合理调整公房租金作为住房制度改革的核心环节;在提高公有住房租金标准的同时,给予职工适当补贴。提租标准根据住房不同结构、新旧程度、设施等因素确定,补贴标准采取补贴额按本人月标准工资及5元副食品补贴总和的5%计算。

1996年,公司制定印发《关于印发大屯煤电公司深化住房制度改革实施方案的通知》,明确提出建立与市场经济相适应的住房新体制,先后建立完善了住房公积金制度,出售职工现住房等制度也开始逐步施行。

1998年以后,公司以住房分配体制改革为核心,逐步取消福利分房,坚持提租、售房、开放公有住房二级市场、完善住房公积金制度四项改革整体推进,做好新老房改政策的衔接工作,推行公有房屋租金改革。公有住房租金根据住房的新旧程度、地域、层次等因素确定五级收费标准(按使用面积计价)为0.65~1.3元/平方米。

1999—2003年,为了缓解职工住房紧张局面,公司先后在中心区、四矿、铁路管理处、电业分公司建造住宅楼68栋,把房改重点放在公有住房出售和危旧房改造上,每年都有一批无房户、住房困难户、动迁户乔迁新居。公司多次修订完善房改方案,相继推行了集资建房、租赁保证金、出售公有住房等一系列住房制度改革,对新建住房和腾空旧房实行先售后租的方法,新建住房统一按标准价出售,标准价(按建筑面积计价)为548元/平方米。购房时给予一次性付款、工龄、现住房、大中专毕业生、劳模等相应折扣。优先出售给无房户和住房困难户,既实现了住房建设、分配、管理、维修服务社会化、专业化、商品化的目标,又减少了企业对职工住房的暗补,大大减轻了企业经济负担。

进入2004年以后,公司实施住房开发接续规划,充分利用存量土地开发经济适用住房。逐步解决住房供需矛盾、突出问题,使职工居住条件得到明显改善。先后实施团结新村、申江新村扩建,腾飞新村扩建、其他存量土地开发、旧房改造翻建等。鼓励支持公司房产开发

单位降低造价,提高质量,加快建设速度,加强协调,改观房产开发内外部环境,建设功能齐全、结构合理的住房。适当开发、适当放开套型面积,取消小户型,新开发两室一厅,每套建筑面积不小于 80 平方米。三室一厅,每套建筑面积 100~120 平方米。建造一批设计一流、质量优良、价格合理、环境更加优美的住宅工程。

2004 年 7 月 20 日,公司印发《关于印发大屯煤电(集团)有限责任公司深化住房制度改革实施方案的通知》,标志着公司彻底停止了住房以实物分配的方式,取而代之的是以货币化和准市场化为主体的供应体制。8 月 13 日,公司《关于做好住房分配货币补贴发放工作的通知》的决议草案在大屯公司三届、上海能源二届职代会代表团(组)长扩大会议通过。如果住房户面积达不到标准的,可获公司一次性货币补贴。10 月 15 日,上海能源第二届董事会第十二次会议、第二届监事会第八次会议审议通过了关于职工住房货币化补贴的议案。同日,大屯公司召开第二届董事会 2004 年第四次临时会议,审议通过了《关于职工住房货币化补贴的议案》。11 月 18 日,上海能源召开 2004 年第二次临时股东大会,审议通过实施住房货币补贴的议案,住房补贴发放资金总额约 1.4 亿元。12 月 20 日,公司印发《关于做好住房分配货币化补贴发放工作的通知》,推行成本价出售新建经济适用住房,完成由标准价售房向成本价过渡,开始建立新房新制度,企业给予职工住房补贴。

2004—2006 年,公司按国家规定建造经济适用住房 38 栋,出售对象为符合企业房改规定条件的公司职工,按成本价出售,基价(按建筑面积计价)为 818 元/平方米。

2006 年 3 月 6 日,公司三届三次暨上海能源二届三次职工代表大会审议通过了《公司经济适用住房出售方案》。

2009 年 3 月 25 日,公司四届二次、上海能源三届二次职工代表大会审议通过了《公司住房出售办法》四项议案。

2011 年,为彻底解决矿区职工的住房困难,公司开工建设新城嘉苑商品住宅群,由 A、B、C、D、E 五个地块组成,共 67 栋楼。住宅建成后,均按准市场价格出售给职工,实现了市场化运作。

《房屋所有权证》《国有土地使用证》齐备的房改房,可在矿区内部房地产交易市场进行置换或交易。交易实行准入制,买卖双方议定,公司房管部门及沛县房产管理部门审批同意后进行交易,并按规定办理房屋产权变更。

第三节 公积金管理

一、概况

公积金管理中心负责公司住房公积金全面管理工作,按照《住房公积金管理条例》组织编制住房公积金的归集、使用计划;负责记载职工住房公积金的缴存、提取、使用等情况;负责制定住房公积金会计核算及财务管理办法,保证住房公积金的完整并促进其保值增值。由集团公司财务部和江苏省住房公积金监管处监督管理。

公积金管理中心先后开发公积金管理系统软件、配备住房公积金自助查询回单机、实现 12329 公积金短信息推送、开通公司局域网公积金查询、推出"委托逐月提取还贷"、"一站式"面签等一系列便民利民新政策、为民惠民新举措,最大限度地为职工提供方便,着力打造

"阳光公积金"服务品牌。

二、管理工作

公司于 1996 年开始建立职工住房公积金,和住房基金一并由公司财务处负责管理运作,公积金核算由生活服务公司财务科负责。最初的住房公积金使用仅限于退休、调离和死亡等条款。

1999 年 4 月,随着国务院《住房公积金管理条例》的颁布实施,住房公积金的管理步入法制化、规范化管理轨道。1999 年 5 月,经煤炭部住房制度改革小组批准,成立大屯公司住房公积金管理中心,机构设在生活服务公司,由公司房改办领导小组直接负责,具体业务由房改领导小组下设的住房基金管理中心办理,核算工作由生活服务公司财务科负责。

2000 年,公司房产开发管理分公司成立,具体业务由房改领导小组下设的住房公积金管理中心办理,财务核算工作由房产管理分公司财务部负责核算。6 月,由公积金管理中心主持设计住房公积金业务管理流程,开发出第一代住房公积金管理系统软件,实现了住房公积金归集及使用业务的电子化管理。

2001 年,根据财政部下发的《住房公积金财务管理办法》和《住房公积金核算办法》,公司将住房公积金的核算从房产开发管理分公司财务部剥离,进行单独核算。

2003 年 5 月,住房公积金中心隶属于房产开发管理分公司,机构和人员独立运作,公积金财务独立核算。

为充分发挥住房公积金的住房保障作用,2004 年 1 月,公司印发《已购房职工住房公积金提取办法(暂行)的通知》,规定 2003 年 12 月 31 日前购置唯一自住房职工,提供相关购房手续可提取其公积金账户金额,本人向所在单位提出提取申请,各单位受理后集中报公积金管理中心,经审核无误后,以提取人的名义开具银行存折,由各单位统一领取后发放。本次办理为集中一次性办理,累计提取人数 15 060 人,提取金额 11 673.74 万元。

为进一步加强住房公积金使用贷款管理,稳步提高住房公积金使用效率,加大对中低收入职工住房消费的支持力度,完善住房公积金提取和贷款政策,2004 年 7 月和 10 月分别出台《大屯煤电(集团)有限责任公司职工住房公积金贷款暂行办法》《关于住房公积金管理中心开始受理住房公积金贷款申请的通知》,重点支持职工购买中小型、中低价位自住住房,特别是在徐州行政区域内购买自住房职工,可直接向住房公积金中心申请办理住房公积金贷款,最高贷款额度 25 万元。

2009 年 4 月,《公司住房公积金提取管理办法补充规定》再次拓宽住房公积金的使用范围:一是职工本人、配偶及子女患重大疾病,造成家庭生活困难的职工,可提取本人及配偶公积金账户余额,减轻患病职工的生存压力。二是增加利用公积金逐年还贷的条款,缓解职工购房资金的压力,提高住房公积金的使用效率。9 月,公司下发《公司住房公积金贷款管理补充规定》,规范住房公积金贷款管理,维护借贷双方合法权益,明确规定借款人还款年龄执行国家法定退休年龄。职工贷款年限一般不超过 15 年,最长不超过 20 年。

2010 年 1 月,公积金管理中心与徐州市工商银行联合开发的新公积金管理系统软件投用。

2011 年 1 月,公司下发《关于印发公司住房公积金提取管理办法的通知》,再次拓宽提取范围,职工凡在老家建造、大修、翻建自住住房的,提供相关资料可以办理公积金提取。

2011 年 5 月,印发的《关于调整住房公积金个人住房贷款政策的通知》明确规定:办理第二套住房公积金贷款,购房首付款比例不低于 50%,贷款利率不低于同期首套住房公积金个人住房贷款利率的 1.1 倍,停止发放第三套及以上住房公积金个人住房贷款。

2012 年 9 月,根据工作需要,公积金管理中心脱离江苏金屯房地产开发有限公司(原房产管理分公司),机构和人员独立,公积金业务由公积金管理中心独立办理,财务独立核算。

2014 年 4 月,公积金管理中心与房产公司合署办公,机构和人员独立运作,公积金财务独立核算。公司出台《住房公积金管理中心委托提取住房公积金还贷暂行管理规定》,职工可以逐月提取住房公积金归还公积金贷款,即每月直接从借款人及配偶公积金缴存账户中提取公积金用于归还上月贷款本息。充分发挥住房公积金对职工个人住房消费的保障作用,切实减轻职工的还款压力。

2017 年 3 月,公司提高公积金贷款额度,最高贷款额为 40 万元。取消住房公积金贷款个人担保收费项目,担保费用由公积金管理中心承担,减轻购房者的费用支出。用商业性贷款购房的职工,可以用住房公积金偿还商业性贷款。购买自住住房的职工,允许父母、子女提取其住房公积金用于支付购房款。

2017 年 4 月,公积金管理中心接入全国住房公积金异地转移接续平台,实现全国范围内的公积金通过平台转入转出,方便办理住房公积金异地转移接续业务。5 月,公积金管理中心加快推进住房公积金行业信息化建设,投用 12329 短信服务平台。6 月,公司决定对长期未使用住房公积金的职工实行补贴。截至 2020 年 6 月底,共有 3 444 人享受到补贴,金额为 515.09 万元,人均 1 496 元。

2017 年 7 月,公司公积金业务系统第三次升级改造完成,实现统一银行账户管理、统一资金调拨、统一资金结算。业务办理实现汇缴实时分解、提取实时入卡、贷款实时发放、账户实时监控、业务实时结账。

2018 年 5 月,开通公司局域网公积金查询业务,实现住房公积金信息多渠道查询功能。10 月,根据工作需要,公积金管理中心隶属于公司财务部,财务核算由公积金管理中心独立核算。

截至 2020 年 6 月,公司上缴住房公积金的单位共有 42 个,为 2.6 万职工在工商银行开设了住房公积金账户。缴存总额 555 119.15 万元,累计支取公积金总额为 394 754.92 万元,发放个人住房贷款 9 415 笔,发放个人住房贷款总额 163 477.34 万元,缴存余额 160 364.23 万元。自开展业务以来公积金的归集率一直保持在 100%,充分发挥了住房公积金保障和改善民生的重要作用。

2003 年至 2020 年 6 月公司住房公积金归集提取及贷款使用情况见表 13-3-1。

表 13-3-1 2003 年至 2020 年 6 月公司住房公积金归集及使用情况统计表　　单位:万元

时间	归集额	提取额	贷款额
2003 年	4 381.94	76.63	0.00
2004 年	8 288.42	11 931.20	115.30
2005 年	12 204.20	826.11	1 063.00
2006 年	13 508.54	1 271.74	1 942.84
2007 年	19 764.83	4 111.74	3 899.70

表 13-3-1(续)

时间	归集额	提取额	贷款额
2008 年	27 257.46	3 388.57	1 230.90
2009 年	28 642.18	10 951.63	8 713.10
2010 年	29 663.01	11 207.23	6 796.08
2011 年	37 833.34	14 252.41	5 999.70
2012 年	44 622.40	29 410.80	6 627.79
2013 年	47 429.91	38 609.90	44 120.84
2014 年	46 037.14	50 739.59	39 993.10
2015 年	42 738.05	30 970.71	5 658.00
2016 年	41 045.35	38 341.33	6 859.60
2017 年	39 138.71	42 619.59	5 888.10
2018 年	40 182.91	50 392.93	10 787.45
2019 年	44 215.96	47 072.54	12 299.70
2020 年 1—6 月	10 668.32	8 168.50	1 590.50

第四章 后勤服务

第一节 社区管理

一、概况

公司最初的生活后勤服务由原后勤处负责管理。1996年3月,公共事业处、后勤处和房产管理处合并成立生活服务公司。先后承担社区物业、自来水供应、热力供暖、转供电、公共文体场所、绿化管理、环卫保洁、垃圾清运、市容管理等工作。

1999年12月,根据企业改革与发展的需要,撤销生活服务公司,成立物业管理分公司、房产开发管理分公司。

2016年3月24日,根据《关于矿区生活后勤集中管理改革的指导意见》精神,矿区物业后勤集中接管工作正式启动。姚桥、徐庄、孔庄、龙东煤矿,以及发电厂、徐沛铁路管理处物业后勤板块,从人员、资产、设备、历史遗留问题和职工队伍等五个方面进行系统对接,2016年4月初整合完毕。

2017年7月,物业管理分公司与公司保卫部合署办公。

2019年3月29日,物业管理分公司(行政服务中心)更名江苏大屯中能服务公司。

2019年7月,完成铁路管理处、选煤中心等地面单位的后勤、保卫业务集中管理。

2020年4月,电热公司保卫科、后勤科划转中能服务公司。

二、社区民生

20世纪90年代初,公司生活后勤系统以"两公约一活动"为载体,广泛推行居民文明公约,教育和引导社区居民文明有礼、遵守公德,促进社区文明、邻里和谐。宣传物业服务公约,明确界定物业公共服务与用户自主维修范围,通过建立服务价格目录体系,规范内部服务市场,探索物业服务市场化。实施"百姓办事零障碍"活动,从服务态度、品质、时效等方面进行提升,实行亲情服务、阳光服务。

1994年,公司房产管理处办公室本着既体现时代风貌和大屯特色,又尊重历史和鼓舞士气的原则,对中心区0~11村开展村名征集活动。经广泛征询意见后,0~11村分别更名为:太阳新村、申江新村、友谊新村、煤城新村、南洋新村、康乐新村、绣绮园新村、创业新村、独秀新村、文明新村、团结新村、腾飞新村。

1997年,中心区新建广益纯净水厂。团结新村供水站、南部变电站、煤气调压站等工程相继竣工。部分住宅小区推广垃圾袋装化,取消垃圾桶,日清日运,改善环境。

1998年,做好公司2、4号路扩建相关协调和工程质量把关。独秀新村、申江新村、太阳新村、团结新村、俱乐部广场实施绿化改造。

2005年,中心区颐园新村(12村)一期居民陆续入住;物业管理分公司持续开展文化进社区活动,在各居民小区开展社区安全文化建设巡回演出,播放红色电影,开展居民消防安全演习。

2006年11月1日,广益纯净水厂停产,正式引进徐州胡大祥牌桶装水投入中心区。

2007年3月,各社区居民住户更换智能电表。

2008年6月份,姚桥煤矿、孔庄煤矿、龙东煤矿居民住户用电表实施改造。

2010年5月,物业客服中心正式挂牌。

2010年9月至12月,物业管理分公司40余名人口普查员秉承"持续改进,热情服务,安全和谐"的服务理念,有条不紊地进村入户,认真做好人口普查工作。

2012—2013年,物业管理分公司先后实施中心区水质净化工程、恒压供水工程、供暖系统改造工程、更换智能水表工程、新城嘉苑热力管网工程等民生工程建设。

2014年,中心区绿化和公共场所实施整体规划改造,扩充360余个停车位,增设活动场所,创造良好的生活环境。新城嘉苑B、C、D三个社区陆续接管,物业管理分公司成立维修大队。

2015年,先后实施采暖外网改造、公共场所整修等工程。成立收费中心,将原自来水厂、热力工程队等各项单一收费业务集中管理,实现一站式交费服务。

2016年3月24日,矿区物业后勤集中接管工作正式启动,年内先后实施中心区东片局部污水管网整修、屋面漏雨维修等民生工程。

2018年,物业管理分公司开展"优质服务年"活动,全面推行首问负责制、承诺服务制、挂牌责任制、考评淘汰制和质效评价制。

1991—2018年,公司社区管理多次获得"徐州市文明小区""徐州市园林式单位""徐州市文明社区""江苏省城市物业管理优秀住宅小区""江苏省文明社区"等荣誉称号。

三、公共服务

1991年后,公司为推进社区公共服务体系建设,打造高品质社区服务环境,满足居民群众日益增长的公共服务需求,明确"以人为本、服务至上"的服务理念,变单纯给社区下派任务、下达指标为向社区提供更多支持、更好服务,妥善处理社区居民日益增长的公共服务需求,实现公共服务项目全覆盖。

(一)供气

煤气厂位于公司中心区北京路北侧,1986年5月开工建设,1987年4月,公司中心区煤气厂工程竣工。中心区4 500户约2万居民用上了管道煤气。1991年末,实际供给煤气的家属户有5 900户,食堂8所。1993年,总投资450万元的"煤气厂两万立方大气柜"投入运行,全年生产煤气360万立方米。1995年,完成480万立方米的造气任务。2004年,公司投资600万元实施水煤气系统改造工程,半水煤气、液化气掺混新气源热值提高到4 300千卡/立方米。2006年8月28日,引入市场机制对中心区居民住户生活燃气进行整体改造,改用清洁、高效、安全、优质的管道天然气。中心区燃气改造结束后,四矿燃气改造工程随之展开。2007年,孔庄煤矿、徐庄煤矿、姚桥煤矿完成燃气改造。5月,煤气厂关停,改由地方企业中燃伟业公司供应天然气。2008年,龙东煤矿完成燃气改造。矿区彻底告别水煤气和钢瓶液化气,职工住户全部用上安全、清洁、环保、便捷的天然气。2017年,公司煤气交由港华燃气公司供气。

（二）供暖

公司中心区供暖系统始建于1984年,由公用事业处中心区供暖队管理。1994年,中心区拆除4 000米旧供暖管道,安装5 800米新管道,六村锅炉房新安装4台10吨大型卧式锅炉。1995年,供暖队完成4 000米的外网架设任务。1996年,划归生活服务公司管理。1999年,更名为物业管理分公司供暖队。2009年5月,供暖队对太阳新村、独秀新村等33幢居民楼增设楼前管路控制阀,对申江新村及煤城新村部分居民楼的供暖管道进行改造。2011年8月,中心区热力工程队利用3个月时间对中心区供暖系统实施改造,工程总投资约1 400万元,新建腾飞新村热交换站,共改造中心区主干管1 200米、小区支管2 700米,管道保温2 200米,采取地埋、架空两种铺设方式,全面提高了供暖水平。2012年,投资1 200万元对中心区暖气系统进行后续改造,保证了居民采暖需求。投入7 500万元建设研石热电厂至新城嘉苑供暖一级管网工程,采用低温循环水技术,供热方式是将循环水带到冷却塔排入大气中的热量,通过适度降低汽轮机尾部真空,提高循环水温度(60～65 ℃)对用户直接供热,有效减少了电厂的冷源损失,将热能利用率从40%提高到70%。2015年10月,新城嘉苑B、C、D区三个混水站开始为3 400户居民住户供暖。2016年新城嘉苑A、E区两个混水站正式投入使用。2017年,热力工程队担负公司中心区60余万平方米居民供热,系统设计总供热量为9 000万千卡/小时,5万余平方米企业机关供热,4万余平方米地方供热任务,新城嘉苑A、B、C、D、E区供暖面积78万平方米。8月,中心区热力工程队划归实业公司。2019年随着"三供一业"分离移交,供暖委托专业机构运营。

（三）供水

中心区自来水厂于1980年正式投入使用。建厂初期下设两个供水站,均采用一级供水方式,供水压力依靠150吨水塔调节。1993年,中心区自来水厂供水量达426.23万吨。1995年,自来水厂全年供水467万吨,节水64万吨。1996—2005年,自来水厂除严格落实《安全生产管理制度》《供水安全考核制度》等10余项岗位责任制度外,还制订完善了应对突发事件的《中心区饮用水源污染事故应急预案》《传染性疫情处理应急预案》等6项具有可操作性的预案,配备应急队伍,并定期组织应急演练,加大对水源井、蓄水池、过滤池、二级泵、供水管道的巡查力度,做好防投毒、防破坏、防污染工作,确保水源安全。2010年9月27日,公司颐园新村新水源井正式并网投用。2010—2012年,中心区周边新建5座水源井。2012年11月,公司投入约2 800万元用于水质净化工程。2013年2月,中心区水质净化工程并网使用,净水站实现自动运行,日净水生产能力达到7 000吨。自来水各项指标均符合并优于国家《生活饮用水卫生标准》(GB 5749—2006)。2015年末,自来水厂有20座水源井,管辖5个供水站和3个净水站,供水管线长约40千米,负责中心区各单位生产和1万余户居民的生活用水。2016年12月26日,公司中心区全面启用地表水,水量、水质都有了可靠保证,中心区自来水厂关停。随着"三供一业"分离移交,由沛县兴蓉水务发展有限公司负责供水。

（四）绿化

1990年末,全矿区拥有绿化面积55万平方米,公用事业处园林组负责矿区绿化业务技术的指导和中心区绿化工作。1992年,全矿区有树木12.6万棵,花坛1 198个,喷泉、假山、花架、雕塑、温室等133处。矿区各类绿化总面积89.3万平方米,职工人均绿地28.5平方米,绿化覆盖率34.2%。1993年,外购21.5万元苗木,成活率90%以上,荣获"全国造林绿

化先进单位"荣誉称号。1995年,栽种各种花木4.18万株,种植草坪4600平方米。1999年,公司绿化委员会办公室职能划归物业管理分公司。2000—2005年,公司绿化委员会办公室推行花草树木绿化养护精细化管理。2008年,矿区绿化业务划入实业公司,成立徐州大屯园林工程有限公司,注册资本200万元,具备城市园林绿化企业三级资质证书。2009年,园林公司专门成立绿化抗旱应急队伍,落实专人养护,定点定量全方位管理。2010—2014年,针对病虫害滋生严重现象,园林公司进一步加大树木养护力度,及时采取修剪和清理虫源木、喷洒药剂等治理措施,提高树木的抗病能力。2015年末,矿区绿化面积102万平方米,中心区公共绿化面积31.4万平方米,绿化覆盖率40%。2016年1月,园林工程公司重新划归物业管理分公司,更名为园林绿化管理中心,负责绿化设计规划、种植、施工及后期日常养护工作。截至2020年6月,园林绿化管理中心在册职工27人,拥有草坪车2辆,草坪机4台,油锯2台,打药机2台,割灌机15台,绿篱机6台,承揽矿区绿化管护113.8万平方米。其中生活小区及公共绿地41.5万平方米,道路绿化4.6万平方米,厂矿单位绿化看护67.6万平方米。

（五）环卫

20世纪90年代初期,公司环境卫生工作由公用事业处管辖,具体承担中心区各单位和铁路管理处生活垃圾清运任务。1996年,公用事业处绿化环卫科并入生活服务公司。1999年,物业管理分公司汽车队负责中心区垃圾清运。2005年4月,物业管理分公司成立环卫中心,负责公司中心区道路、各居民小区的清洁卫生。2005年8月,建成垃圾中转站。2015年,环卫中心开辟周边垃圾清运业务,承揽新区垃圾清运任务。2017年,环卫系统干部职工积极响应"三城同创"号召,在提升城市环境卫生和垃圾分类行动中,大力推进"定点收集、桶车对接、公交化运输"的垃圾直运模式,对环卫中心及中转站设备进行日常维护保养工作,检查区域内的卫生状况,发现问题及时整改,确保环卫中心车队及中转站的正常运转。环卫工人实行全天候作业,每天对道路进行随时人工清扫,外加环卫中心洒水车早晚两次路面冲刷。30余辆垃圾车对分类垃圾做到日产日清,努力为居民营造更加舒适宜居的市容环境。2019年6月底,随着"三供一业"分离移交,撤销环卫中心。

（六）市政、道路管理

2003年8月,物业管理分公司将市政大队更名为市政管理科,组建了一支年纪轻、素质高的城管执法队伍,负责中心区市容市貌管理。2004年起,市政管理大队按照"全面覆盖,不留死角,长效管理,永久保洁"的管理方针,强化市政管理督查权、考核权,实现了从单兵作战到"矿地联动、齐抓共管"的转变,提高了市政管理的效率。2005—2006年,市政管理部门推行首次违章不处罚、违法行为提前告知等措施,耐心解释《中心区市政管理的有关规定》,杜绝脏、乱、差现象。2007年,根治部分路段车乱停、摊乱摆等问题,强制取缔一批长期占道乱摆、欺行霸市、不服管理的商贩摊位。2008—2009年,动态管理渣土运输,重点监控扬尘工地,全面加强中心区的市容环卫管理。2011年7月,市政管理科更名为市政管理大队。2011—2014年,市政管理专门人员在中心区值勤巡逻,及时做好背街小巷、城郊接合部、违章摊点、流动摊贩、校园周边、占道烧烤等的管理工作,对加水洗车、打场晒粮等违法行为加以整治和规范,确保中心区市容市貌整洁有序。2015年12月7日,撤销市政管理大队,与文体中心组建公共管理中心。2018年4月8日,公司与沛县人民政府签订市政、社区管理等资产及职能移交协议,标志着公司退出市政管理。

物业管理分公司道路工程队主要承担中心区道路、桥梁、管道、人行道的日常维修、养护工作。1993 年,公司新建柏油路 2 300 平方米,泥石路 3 000 平方米,矸石路 4 000 平方米,大修沥青路面 23 700 平方米。1995 年,累计修复路面 3 236 米,铺设下水管道 3 300 米。1996 年 4 月,中心区对主要道路开展整顿,清理二号、四号、六号路南北走向主干道 300 余户违章建筑,实行"门前三包""四不准"。2010 年 10 月,物业管理分公司道路工程队开展"百日安全"专项行动,对公司中心区各条道路进行安全隐患排查,从细节抓起,力争最大限度地减少道路安全隐患。2011 年 12 月,物业管理分公司道路工程队先后对中心区二号路、三号路、四号路等 9 处坑洼路段进行了翻新修理。2012 年 7 月,对中心区各主要雨水、污水排水口进行逐一检查清理,保证了中心区各主要雨水、污水排水口的畅通。2013 年,物业管理分公司道路工程队按照"一路一责任人"落实管养任务,采用机械和人工相结合的方式,清理道路边沟、培修路肩及护坡等养护工作,保持路容整洁。2014 年 10 月 29 日,物业管理分公司道路工程队撤销。随着剥离国有企业办社会职能,市政管理、道路养护划归地方政府管理。2018 年 5 月,道路资产移交沛县国资委。

(七)社区管理

1998 年 9 月,矿建工程公司成立社区服务站。1999 年 12 月,社区服务站并入物业管理分公司,负责居民小区设备设施的维护、车棚看护、综治管理及小区内民事纠纷的调解工作。2004 年 8 月,中心区先后挂牌成立了 7 个社区居民委员会。2009 年 10 月 16 日,中心区合并成六个社区居委会。2012 年 10 月,成立新城嘉苑社区管理中心,负责新城嘉苑各小区门卫日常管理和监督,雨污水管道的维护和疏通,道路、人行道的日常维护和保养,小区内电梯,消防、装修、车辆、综治管理、业主民事纠纷的调解及研发中心日常管理。2016 年 8 月 2 日,撤销物业(社区)管理中心,整合第一至第六物业(社区)管理站。2017 年 1 月 3 日,新城嘉苑社区管理中心与机关事务管理中心合署办公。2018 年 2 月 5 日,撤销新城嘉苑管理中心,由沛县彩生活物业负责接管。2018 年各社区管理站因"三供一业"分离移交,陆续撤出。

(八)图书馆

公司图书馆始建于 1975 年。1985 年 1 月,公司新图书馆开工,同年 12 月竣工。造价 12 万元,建筑面积 2 029 平方米。设有综合办公室、采编室、外借室、阅览室、图书资料室和报纸库。1991—2008 年,图书馆按照上海市振兴中华读书指导委员会工作要求,指导、管理图书流通和全矿区职工读书活动,做好厂矿单位 13 所图书室业务指导工作。2009 年,图书馆专门开设少儿书架、新书推荐书架等,倡导家庭阅读、全民阅读。2010 年,图书馆加强业务和图书资料管理,藏书按中华人民共和国国家标准《中国图书馆分类法》进行分类,以《普通图书著录规则》(GB/T 3792.2—2006)为标准著录,书库排架为分类排架,提高了馆藏文献等原始资料的利用率。2012 年,图书馆开展"铭记教训、防范事故"主题教育征文活动,收到应征作品 171 篇,营造了人人"讲安全、抓安全、保安全"的强大声势。2014 年春节期间,图书馆推出以"读书有礼马年送福"、馆藏文献展览、字谜有奖竞猜、益智游戏竞技等为主题的"文化马年"系列活动。2015 年以后,根据中华全国总工会《全国职工素质建设工程五年规划(2015—2019)》要求,图书馆以培育和践行社会主义核心价值观为主线,以增强职工职业精神、职业能力、职业素养为重点,运用"互联网+"思维,对接上海市总工会"申工社"平台,开通工会会员在线阅读功能,万余册电子图书对矿区职工开放。并坚持开展好书荐读、经典阅读书评、演讲会、世界读书日有奖征文、送图书进基层等特色活动,拓展图书馆的影响

力与覆盖面。截至 2020 年 6 月,图书馆藏书 25.3 万余册,期刊 187 种,报纸 121 种。阅览室接待读者 50 余万人次,资料室接待社会查阅资料 798 人次。累计外借图书 150 余万册,服务读者 68 万余人次。

（九）颐园

颐园占地面积约 20 000 平方米,于 2000 年 6 月设计,2003 年 4 月建成,7 月 1 日正式对公众开放。是大屯矿区规模最大,娱乐项目最全,日接游客量最多,绿化密度最大,花草树木品种最集中的免费开放休闲场所。主要景点有陶情院、藏春苑、活动管理楼、荷塘、千步廊、望夕亭、贤清亭、春晖亭、大型音响喷泉、假山、休闲广场。2013 年 5 月,颐园实施亮化美化改造,在道路两旁及运动场地安装投光灯 9 盏,在草坪、广场内安装太阳能草坪灯 154 盏、庭院灯 5 盏,在人工湖、中心广场、长廊、喷泉假山等处安装 LED 激光彩管、LED 洗墙灯、软灯带、护栏灯和电光源。2018 年 5 月,随着"三供一业"分离移交,颐园交由地方政府管理。

（十）体育场

体育场占地约 10 000 平方米,建成于 1986 年。场内主要设施有足球场、跑道、游泳池、灯光球场、篮球场 4 个、网球场 2 个、门球场、溜冰场、健身器材等。可供大型集会和文艺演出使用,是矿区群众性体育比赛活动的主要场所之一。1995 年,公司投资 700 万元对体育场西南部体育馆进行扩建,设有 2 500 个座位,可举行羽毛球、排球、篮球、乒乓球比赛等大型文体活动。2001 年,针对健身场地不足的实际,公司投入资金改扩建体育广场 150 余平方米。安装太空漫步机、"健康之路"、腰背按摩器、伸背器等健身器材 24 件。新建门球场地 456 平方米、键球场地 650 平方米和 6 个羽毛球场地。体育场先后承办了公司首届艺术节开幕式、职工田径运动会、"中煤杯"职工篮球巡回赛、"乌金杯"篮球赛、大型文艺演出、庆典活动。体育场原由物业管理分公司文体中心负责管理。2015 年 12 月 7 日,撤销文体中心,与市政管理大队组建为公共管理中心。2018 年 5 月,随着"三供一业"分离移交,体育场交由地方政府管理。

第二节 "两堂一舍"建设与管理

一、设施建设

"两堂一舍"建设即企业职工的食堂、澡堂和宿舍建设。大屯公司开发建设初期,为了能够使一线职工有一个好的生活环境,四矿、铁路管理处、发电厂等单位在进行基本建设时,将"两堂一舍"作为配套辅助设施与矿山建设工程同时设计、同时施工、同时投入使用。

1991 年以后,为了提高职工的生活质量,创造良好的休息、就餐、业余文化生活环境,公司各基层单位逐步加大后勤服务设施的投入,提高了建设标准,对旧澡堂、旧食堂、宿舍进行了改造装修。从职工最关心的饮食问题入手,对食堂环境卫生、原材料购买、食用油选用、食品价格、口味、质量、花样、供应时间等方面进行规范管理,提供优质饮食服务。在全面提高职工澡堂卫生标准的基础上,对澡堂进行改建施工,改造洗澡水自动加压控制装置,提供舒适洗浴服务。完善职工宿舍"旅馆化""公寓化"服务流程,改善住宿条件,全力抓好卫生清洁,提供健康住宿环境,受到了广大职工的欢迎。

二、设施管理

(一)食堂管理

大屯矿区开发建设之初,各煤矿和建设单位的职工食堂相对简陋,饭菜简单,管理和服务比较粗放。后随着新食堂的陆续建成投用,各单位职工食堂设餐厅、操作室、仓库(粮油与蔬菜分设),配备了冰柜、和面机、压面机、馒头机、烤箱、绞肉机、豆浆机、消毒柜等现代化厨房设备,主副食加工全部实现机械化和电气化。餐厅配备就餐桌椅、电视机、饮水机、空调,并摆放鲜花绿植,为职工创造了良好的就餐环境。

1992年,徐庄煤矿投资19万元对主井和工房的食堂进行整修和扩建。2004年,再次对职工食堂进行装修改造。2007年10月,该矿食堂结束大功率电炉炒菜历史,开始使用清洁能源天然气。

2003年,孔庄煤矿食堂实施整修,设有大锅菜、中锅菜、小炒、快餐等窗口,可同时容纳600余名职工就餐。

2007年,龙东煤矿对职工食堂进行大修改造。

2011年,投入资金264万元对公司机关食堂进行整修。

2012年,姚桥煤矿加大食堂改造力度,将原设计局部三层改为整体三层,建筑面积7 262平方米。

2013年9月,106煤矿职工食堂投入使用,建筑面积648.71平方米,可同时容纳200余人就餐。

2019年5月6日,孔庄煤矿新建食堂开工建设,总工期为18个月,计划投资2 800余万元。

为提高职工食堂的饭菜质量和服务水平,进一步改善职工生活,确保职工身心健康,各厂矿后勤管理部门在职工食堂开展了流动红旗、职工食堂达标、文明窗口、服务之星等竞赛活动。严格执行《中华人民共和国食品安全法》和卫生"五四制",抓好食堂卫生,做到主、副食分库存放,生、熟食隔离,无蝇、无虫、无鼠、无蟑螂,操作间及餐厅窗明几净、四壁无尘、物见本色、摆放整齐,坚持餐具消毒,确保卫生隔离达到标准要求。职工食堂精心搭配菜肴见图13-4-1。

图 13-4-1 职工食堂精心搭配菜肴

职工食堂按照煤炭部《职工生活福利达标标准》，实行独立核算，配有会计、出纳、保管、采购管理员，推行小班成本核算，坚持日清、旬结、月公布，将钱粮盈亏分别控制在 10% 和 5% 之内。成立班中餐食堂，24 小时有人值班，保证员工随时就餐，对三班倒职工，食堂还将班中餐送到井下工作现场。

自 1999 年起，部分厂矿单位引进竞争机制，将职工食堂承包给有资质的餐饮企业经营，通过走承包经营的路子，较好地满足了职工生活的需要。

（二）浴室（澡堂）管理

大屯矿区开发建设初期，由于基本建设条件限制，浴室多为临时性、应急性设施，简陋拥挤，管理方面主要以打扫卫生为主。

1991 年以后，各煤矿单位加大资金投入，实施浴室改扩建工程，新建的设施陆续投入使用，职工浴室内设更衣室、烘干箱、穿衣镜。洗浴室内设喷淋间、温水洗浴池，入井人员在淋浴后，可以在温水浴池内泡洗休息。公司机关单宿楼建有机关浴室，发电厂、选煤厂、铁路管理处等单位也都建有职工浴室。

1992 年，徐庄煤矿投资 26 万元改建矿内 3 处浴室，并对矿内洗衣房实施扩建。

2001 年，徐庄煤矿对男、女浴室装修改造，更换更衣箱 1 160 套。

2003 年，孔庄煤矿扩建整修浴室 800 平方米，安装抽湿系统。

2006 年，龙东煤矿对矿内 4 个浴室实施大修改造。

2008 年，公司机关浴室更换管道，加装太阳能热水器。

2010 年，孔庄煤矿三期工程新建浴室 1 400 平方米，增加热交换系统。

2011 年 11 月，公司机关浴室重新进行整修，总费用 74 万元。

2012 年，徐庄煤矿职工浴室改造安装红外线感应淋浴喷头 117 套。

2018 年，106 煤矿投入 44.6 万元进行男、女浴室改造，更换设备设施，改善职工洗浴环境。

为节约水资源，各单位后勤服务管理部门制定了严格的浴室管理制度、卫生管理制度、浴室人员岗位责任制、浴室看管员岗位责任制、浴室消毒制度和卫生标准。全天候向职工开放，24 小时提供热水，保证下井职工随时洗浴。坚持每班清扫更衣室、烘干室和洗浴室，定期对浴室进行消毒，为职工洗涤、缝补工作服。

（三）公寓（宿舍）管理

20 世纪 80 年代末至 90 年代初，各单位单身宿舍比较简陋，部分单身职工住在基本建设时期建设的简易房里，单身楼房间无卫生间、无保洁员，卫生由住宿职工个人打扫。

1991 年，徐庄煤矿、姚桥煤矿、发电厂等厂矿单位单身宿舍继续实行"旅馆化"管理模式。

1993 年，孔庄煤矿 7 栋单身宿舍楼投用，为长期住宿职工配备被褥、凉席、洗脸盆、盆架、拖鞋、水瓶、茶壶、蚊帐等生活必需品。

2000 年开始，各单位陆续对单身宿舍进行室内外整修，房间配有空调、饮水机、衣柜、床头柜等。

2013 年，公司后勤系统推行单身宿舍公寓化标准管理，按照公寓标准配备了各种设施，宿舍内的床上用品由单位统一配置，配备了电视机、被褥、洗脸盆、烧水壶、插线板、拖把、扫把等生活必需品。建立健全了完善的管理制度和卫生、治安等制度，配备专人为职工开门、打扫卫生、拆洗被褥。

2009 年,龙东煤矿对 5 栋单身宿舍楼进行大修改造。

2011—2012 年,先后对机关单身宿舍楼"人才公寓"暖气、配电设施、数字电视进行整修维护,粉刷外墙。

2013 年,106 煤矿 4 栋宿舍楼投入使用,共计 396 间房,分别设有套间、单间、标间。

2018 年,对机关单身宿舍楼"人才公寓"1 号楼进行整修。

2019 年 9 月,投入资金 180 万元对"人才公寓"2 号楼进行整修,安装了壁挂式空调、复合地板、LED 圆形吸顶灯、防盗门、塑钢推拉窗。每个厕所增加一台洗衣机及用水刷卡控制器。

2019 年末,106 煤矿在原有 4 栋职工公寓楼基础上新增 1 栋,累计单身公寓达到 483 间,房间配备安装了网络电视和无线网络。

为了强化"两堂一舍"管理,公司先后制定《"两堂一舍"监督管理制度》,配套相关管理制度、卫生制度、消防制度、考核制度及考核标准。公司工会每年定期组织职工生活福利委员会对各单位"两堂一舍"进行监督检查。采取"四不两直"方式,主要以看现场、查资料、满意度测评、意见反馈等方式进行,按照《中华人民共和国食品安全法》规定,对照检查食堂的相关卫生证照、环境设施、食品卫生安全、食堂采购等环节。浴室检查重点针对浴室门、窗、墙面、设备设施等完备情况,跑冒滴漏现象提出整改要求。职工宿舍主要抽查内部装修、使用器具、相关设施配套、细化和规范单宿管理制度、消防管理制度提出指导性意见。从精细化程度、过程控制、必要投入、人文关怀、文化氛围等方面,综合评价考核,现场打分,对存在问题将下发整改建议通知书,要求限期整改。同时,倡导各单位生活后勤系统积极开展"生活一条龙""文明窗口、优质服务"劳动竞赛,促进服务质量、服务态度、服务水平的改善提高。

第三节　"三供一业"移交

一、概况

"三供一业"分离移交改造是一项复杂的系统工程,改造项目主要包括物业、供水、供暖、供电项目。物业部分包括:路面改造,小区屋面防水,外立面改造,健身活动器材安装及绿化改造,小区停车场、非机动车棚改造,小区门禁和监控系统。供水部分包括:供水压力管道维修更换,户外单元楼道内供水压力管道维修更换及增添控制阀门。供暖部分包括:热交换站及供暖管网维修改造,新建户外单元楼道内供暖管道增设分户控制设备阀至户外。供电部分包括:对供电线路进行升级改造,启用峰谷电表。

公司先后建设了 26 个小区,面积 2 069 496 平方米,住户 23 937 户。涉及的"三供一业"资产账面原值 17 172.24 万元,账面净值 11 825.88 万元。

二、移交工作

根据《国务院办公厅转发国务院国资委、财政部关于国有企业职工家属区"三供一业"分离移交工作指导意见的通知》(国办发〔2016〕45 号),要求国有企业在 2018 年底前,全部完成分离移交供水、供电、供暖及物业管理职能和业务。

公司抓住"三供一业"移交机遇,第一时间启动实施"三供一业"分离移交工作,改造资金预算 144 015.26 万元。

2016 年 8 月 4 日,公司印发《关于转发中煤集团企业管理部关于加快推进"三供一业"分离移交工作的通知》。11 月 7 日,公司印发《关于成立公司"三供一业"分离移交领导小组的通知》。11 月 28 日,公司印发《关于开展"三供一业"资产清查的通知》成立"三供一业"资产清查工作组对涉及"三供一业"资产进行清查。

2017 年 1 月 3 日,公司印发《关于印发公司"三供一业"、"市政及社区职能"分离移交工作实施方案的通知》,物业管理分公司组建"三供一业"工作推进办公室,与生产技术科合署办公。4 月 28 日,公司与国网沛县供电公司签订"三供一业"供电分离移交框架协议。

2018 年 2 月 1 日,公司组织相关部门对供电改造初设进行审查,形成《大屯煤电(集团)有限责任公司"三供一业"分离移交工作供电改造初步设计(代可研)审查意见》。3 月 29 日,公司与沛县人民政府举行签订"三供一业"分离移交正式协议仪式。4 月至 5 月,公司与沛县人民政府先后签订大屯公司家属区"三供一业"供水、供暖、物业管理项目分离移交正式协议,协议维修改造资金 55 664.00 万元。7 月,公司与沛县人民政府签订供暖、供水、物业管理过渡期委托管理补充协议。双方明确大屯公司物业管理和供水业务运行至 2018 年 12 月 31 日,供暖业务运行至 2019 年 3 月 15 日,到期退出。8 月 27 日,大屯公司授权电热公司与国网沛县供电公司签订《"三供一业"职工家属区供电设施资产移交协议》与《"三供一业"职工家属区供电设施资产移交合作备忘录》。9 月 17 日,公司将"三供一业"改造资金 16 003.4 万元转账给国网沛县供电公司。10 月 22 日,"三供一业"供电分离移交项目招标采购活动在徐州市政服务中心举行开标仪式。12 月,沛县"三供一业"改造工程施工开工,公司社区改造正式开始,家属区供电、供水、供暖、雨水、污水、屋面、外墙、景观、道路等维修升级改造全面铺开。12 月 21 日,签订《大屯煤电(集团)徐州职工家属小区物业管理移交协议》。

2019 年 4 月底,供电改造进入设备安装阶段。7 月底至 8 月初,配合国网沛县供电公司完成公司家属区用电切转收资的工作。8 月底高压部分全部结束,2019 年 9 月份正式开始切换。10 月底至 11 月初,完成公司所辖单位非居民用户的供暖管网对接工作,完成"三供一业"供暖和物业资产现场移交工作。12 月,完成公司所辖单位非居民用户供电转资工作。12 月 24 日,公司"三供一业"社区改造完成。

截至 2020 年 6 月,公司"三供一业"移交改造工程完成硬化道路 159 449.06 平方米,停车位 4 001 个,非机动车棚 607 个,自来水管网长度 64 484.5 米,雨水管网长度 70 084 米,污水管长度 40 312 米,供热管道 82 368 米。

第五章 离退休管理

第一节 机 构

一、概况

公司离退休管理中心的前身为大屯煤电公司党委组织部老干部管理科,成立于1982年4月。主要职责是负责公司中心区全体离休老干部、公司机关处级退休干部的服务管理工作。1990年4月,公司成立了退休职工管理委员会,下设办公室。各直属单位根据退休职工情况相应建立专、兼职管理部门。1994年,公司成立退休职工管理工作办公室,主要职责是管理服务公司总部机关退休的职工。1995年底,老干部活动室与退休职工管理工作办公室合并,成立离退休职工管理处,主要职责是管理服务公司总部机关离退休的干部和职工。2006年5月,更名为大屯煤电(集团)有限责任公司离退休管理中心。2009年,公司把驻地在公司总部的二级单位离退休职工纳入退管中心管理服务。2016年8月,公司离退休职工全部纳入退管中心集中管理,退管中心负责所有离退休职工的服务管理事务。2019年3月,公司信访办与退管中心合署办公,同时负责公司的信访稳定工作。

二、管理机构

公司的离退休职工管理服务工作按《中华人民共和国劳动法》有关政策运作。对离退休人员的手续办理由公司人力资源部门具体负责,职工退休后,直接进入社会劳动保险系统管理。退管中心设置5个机关管理科室,9个分支机构(具体是8个退管服务站、1个离退休干部管理所)。退管中心及各退管服务站(所)、服务点均拥有固定的办公场所及现代化的办公设备。分布在公司本部及部分二级单位,分别设乒乓球室、台球室、麻将、扑克牌室、阅览室等活动室。

截至2020年6月,退管中心在职人员105人,直管服务离退休人员18 396人,其中离休人员34人,副高职称及副处级以上退休干部590人,退休男职工12 486人,退休女职工5 910人。

第二节 管 理

一、离退休人员管理

退管中心在全力保障离退休职工养老、医保的基础上,不断完善管理机制和服务体系,把离退休人员管理和服务工作纳入公司安全生产、和谐稳定大局中来谋划和推进。

退管中心依托人事档案充实基础信息资料,分职级职别建立离退休人员信息台账,根据人员变动,进行动态完善。收集电话号码、身份证号码、家庭住址、子女联系方式完善老同志的生活信息,通过入户了解、电话了解、视频通话方式实时掌握离退休人员生活状况、健康状况、生活需求、子女生活状况等最新信息。

针对退休党员年龄偏大、居住地分散的特点,退管中心采取集中学习与通过微信群、QQ 群发送学习资料个人自学相结合的办法,深化理论武装。围绕安全生产、小区安全和谐稳定方面,充分发挥老党员余热,组织退休党员与子女签订《安全联保协议》。2007 年以后,退管中心组织开展"离退休老党员教育子女监督安全生产"活动,每年有 200 多名老党员与在生产一线、要害岗位工作的子女签订《安全联保责任书》,以"老人言"和亲情的方式约束规范子女、教育子女遵章守纪、规范操作、牢记安全、避免"三违",筑起家庭安全教育监督亲情防线。挑选热心、热情的老党员参加小红帽社区巡视活动,在公司中心区 13 个社区、9 个离退休党支部建立老党员小区巡视小组,在龙东煤矿、姚桥煤矿、徐庄煤矿等工人村成立"创文明、促和谐"老党员安全巡视队,以协助维护小区治安、环境卫生、调解邻里纠纷为主要内容,为社区建设发挥余热。

二、移交地方

根据《国务院关于印发加快剥离国有企业办社会职能和解决历史遗留问题工作方案的通知》(国发〔2016〕19 号)文件精神,国有企业须在 2020 年底前完成退休人员由企业管理服务移交为地方政府管理服务工作。

2017 年,公司积极组织开展"江苏省企业退休人员社会化管理服务中心"申报工作,积极推进退休人员社会化管理工作。2018 年初,公司退管工作严格按照省级管理服务中心创建工作考核细则和验收标准的要求,从基础工作、管理制度、台账、开展活动等方面入手,突出重点、细化方案、创新思路、健全制度、完善台账、弥补欠账。2018 年 11 月,退管中心顺利通过江苏省社保中心组织的检查评审,达到了省级管理服务中心标准要求。2019 年初,获得了江苏省社保中心的经费支持。2019 年 4 月,退管中心被江苏省社保中心授牌为"企业退休人员社会化管理服务中心",标志着公司退休人员实行社会化管理迈出了重要的一步。

为保证移交工作的快捷、顺利进行,退管中心在制定方案、明确责任、把握节点、加强检查协调的基础上,对所有离退休人员的数据化信息进行规范化梳理,将所有离退休职工档案集中管理,设计企业内部离退休人员管理工作信息平台,健全完善标准化工作手册、工作流程及各项管理标准,做好离退休人员基本信息的补充、变更和完善工作。加强档案管理,严格按照社会化档案管理标准,分类清楚、编号清楚有备份,按照政策规定和公司要求,积极协调江苏省社保部门,认真做好离退休人员社会化管理移交前准备,各项移交工作正在有序进行中。

第三节　助老服务

一、关爱帮扶

公司退管工作坚持以"服务与保障"为重点,针对退休职工居住地分散、年龄大、行走不便等现状,在为部分老同志提供助餐、助洁、助购、助医服务的基础上,成立矿区"金手杖"助老服务中心,发放数千张敬老、助老联系卡,落实责任人,开展上门维修、理发、保健等服务。对外出创业的职工家庭老人进行"2帮1"活动,设立"关爱联系卡",开展定期走访、定期问候、定期帮扶事务,确保外出创业职工无家庭后顾之忧。针对一部分孤寡、病残、高龄、空巢等特困老人的实际,通过"结对子"、"爱心敲门"、"爱心话聊"、代理事务等活动,用亲情帮扶的方式慰藉其心灵。

二、健康体检

公司始终关注、关心、关爱离退休职工的健康状况,坚持把离退休职工健康体检与在职职工同等标准对待。每两年对全体离退休职工进行一次全面健康体检。每两年对全体离退休女职工进行一次妇科体检、乳腺体检。每年对相关离退休职工进行一次矽肺病体检。每年组织做好慢性病鉴定、老工伤重新鉴定等工作。安排专人、专车陪同对部分离休老同志、原局级老干部赴上海进行体检。退管中心社保预算科统一管理离退休职工体检情况,所有检查结果拷贝存档。各管理站(所)根据退休职工体检结果、医药费报销情况,将退休职工慢性病、大病等情况建立档案,并及时进行更新。

三、敬老助老

退管中心经常聘请徐州及矿区健康专家举办健康讲座和医疗进社区咨询服务。弘扬"新二十四孝",持续开展评选矿区"十大孝星"和"助老之星"活动。节日期间走访慰问老劳模、老干部、老工伤、老病号、老工人等,寄发慰问信,发放慰问金、慰问品,为生活困难老职工办理困难补助。每年为70周岁和80周岁的老人送上生日蛋糕和祝寿金。为数千名矿区离退休人员办理江苏省敬老证,每年为近千名离退休老同志办理和更换矿区公交免费乘车证。与徐州俏夕阳旅行社长期合作,组织部分离退休老同志去各地旅游,为老同志晚年游览观光提供了方便。

第四节　老年活动

一、老年大学

大屯矿区老年大学创办于2011年5月,始终坚持"老有所学、增长知识,老有所乐、促进健康,老有所为、服务社会"的办学宗旨,完善基础设施建设,增加教学设备,改善办学条件。新增560平方米装修一新的教室,配备32台电脑,设立多媒体教室,配备投影仪等教学设施,调整、充实师资队伍和专业管理人员。在教学内容上,老年大学针对老同志的特点,迎合老年学员的需求,因需施教、因地制宜、先易后难、循序渐进,先后开设电脑、音乐、舞蹈、器乐、剪纸、书法、绘画、太极拳、养生保健、文学讲座等13门课程,共培养学员4681人。老年大学日常教学达到12个班。2012年3月中央电视台拍摄的大屯公司老年大学教学过程与成果在《夕阳红》栏目播出;2017年1月被评为"徐州市示范老年大学"。

二、老龄社团

在秉持自我管理、自我教育、自我保护、自我服务的"四自"原则前提下,成立以老同志自我管理为主的合唱团、书画、舞蹈、太极、乒乓球、台球、戏曲、民俗、钓鱼等13个老年协会,退管中心把矿区离退休职工中有共同爱好的老同志组织起来,引导参加向上向善、丰富多彩、有益老年人身心健康的活动。在场地有限的情况下,想方设法、合理安排协调,做到文体协会各项工作有人抓,长年活动不断线。

三、老年活动室

公司把老龄工作纳入民生工程的议事日程,为充分发挥老干部活动中心主阵地作用,先后对星移园、老干所活动室进行装修改造,在活动场所、硬件设施上下功夫,购置健身器材、设置棋牌室、乒乓球室、阅览室。2015年,为了方便老同志就近活动,新开设绣绮园新村与申江新村活动室。2016年以后,全矿区10余个老年活动场所相继开设报刊阅览、麻将、桌球、健身等10余个项目,满足广大离退休老同志的活动需要。退管中心工作人员不断提高服务水平,改进服务方式,做好室内外卫生清洁,每日正常开放,把老年活动阵地建设成为老同志休闲、谈心、交友、沟通的驿站。

四、文体活动

退管中心根据老年人的特点,在发挥老年大学、社团协会等老年群体组织作用的同时,注重老年文体活动层次的提高。先后举办了矿区老年艺术节、离退休职工运动会、百人老年大合唱、老年舞蹈大赛、老年书法绘画作品矿地联展、老年才艺展演大赛等大型活动。除了在元旦、春节、中秋、国庆、重阳、"七一"等重大节日举办联欢会、迎春文艺汇演,为老同志提供展示才华的舞台之外,退管中心还多次与沛县邮局联合举办广场舞大赛,牵头组织参加公司、沛县、徐州和上海等地的各类赛事,取得良好社会反响。2018年,为庆祝改革开放40周年暨重阳节的文艺汇演成功举办,见图13-5-1。

图13-5-1 庆祝改革开放40周年暨重阳节文艺汇演

第六章 矿地关系

第一节 土地征用

一、土地征用

（一）征地程序

（1）申请用地。建设单位持经批准的设计任务书或初步设计、以及地方政府规定需提交的相应材料、证明和图件，向土地所在地的县级以上地方人民政府土地管理部门申请建设用地，同时填写《建设用地申请表》。

（2）受理申请。县级以上人民政府土地管理部门负责建设用地的申请、审查、报送工作。

（3）审批用地。有批准权的人民政府土地管理部门，收到上报土地审批文件，征求有关部门意见后，实行土地管理部门内部会审制度审批土地。

（4）征地实施。经批准的建设用地，由被征用土地所在地的县市人民政府组织实施，张贴征地公告，支付土地补偿费、地上附着物和青苗补偿费，安置农业人口，征收用地单位税费。

（5）签发用地证书。有偿使用土地的，签订土地使用合同。以划拨方式使用土地的，向用地单位签发《国有土地划拨决定书》和《建设用地批准书》，用地单位持使用土地证书办理土地登记。

（6）征地批准后的实施管理。会同有关部门落实安置措施，督促被征地单位按期移交土地，处理征地过程中的各种争议，填写征地结案报告。

（7）颁发土地使用证。用地单位向当地土地管理部门提出土地登记申请，经测绘部门测绘，核定用地面积、确定用地权属界限，地籍管理部门注册登记后，由人民政府颁发土地使用证，作为使用土地的法律凭证。

（二）征地明细

1995年3月2日，公司征用微山县境内土地101.51亩，使用权类型为划拨，用于孔庄煤矿东风井建设。

1995年7月26日，公司征用铜山县境内土地28.12亩，使用权类型为出让，用于徐沛铁路正线废黄河故道段线路建设。

1998年11月8日，公司征用土地60.13亩，使用权类型为划拨，用于龙东煤矿杨屯新村建设。

1999年12月22日，公司征用土地21.25亩，使用权类型为划拨，用于孔庄煤矿主井至工房道路及中小学扩建。

2000年7月31日,公司征用土地90.16亩,使用权类型为划拨,用于姚桥煤矿矸石山扩建。

2001年3月2日,公司征用土地13.8亩,使用权类型为划拨,用于孔庄煤矿储煤场建设。10月18日,公司征用土地85.05亩,使用权类型为划拨,用于龙东煤矿风井建设。

2002年6月10日,公司征用土地15.65亩,使用权类型为划拨,用于姚桥煤矿矿区道路建设。7月8日,公司征用土地14.28亩,使用权类型为划拨,用于姚桥煤矿水厂建设。公司征用土地31.2亩,使用权类型为划拨,用于姚桥煤矿工人村广场建设。

2003年3月10日,公司征用土地1 104.8亩,使用权类型为出让,用于大屯铝业公司厂区建设。

2005年6月7日,公司征用土地50.36亩,使用权类型为划拨,用于孔庄煤矿矸石山扩建。征用土地100.5亩,使用权类型为出让,用于电业分公司矸石热电厂建设。征用土地3.27亩,使用权类型为出让,用于发电厂南部35千伏变电站建设。征用土地482.17亩,使用权类型为出让,用于发电厂4号灰池建设。7月14日,公司征用土地94.70亩,使用权类型为划拨,用于徐庄煤矿摩托车棚、新工业广场建设。

2008年7月15日,公司征用土地397.44亩,使用权类型为出让,用于铝板带厂厂区一期工程建设。铝板带项目为沛县招商引资重点项目,享受沛县招商引资优惠政策,沛县人民政府零地价提供净地。

2009年6月15日,公司征用土地23.37亩,使用权类型为划拨,用于姚桥选煤厂建设。6月30日,公司征用土地9.54亩,使用权类型为出让,用于发电厂原煤仓改造。

2010年3月17日,公司征用土地78.69亩,用于铝板带厂区二期工程建设。铝板带项目为沛县招商引资重点项目,享受沛县招商引资优惠政策,沛县人民政府零地价提供净地。

2012年5月18日,公司征用土地196.4亩,使用权类型为划拨,用于孔庄煤矿三期工程建设。10月16日,公司征用土地9.56亩,使用权类型为划拨,用于选煤中心厂区外停车场建设。

2013年4月11日,公司征用土地99.46亩,使用权类型为划拨,用于研发中心建设。

2015年1月20日,公司征用土地26.3亩,使用权类型为划拨,用于徐庄煤矿综采场地建设。6月17日,公司征用土地100.01亩,使用权类型为出让,用于实业公司工业园区一期工程建设。

2016年4月28日,公司征用土地58.58亩,使用权类型为出让,用于商务中心建设。8月30日,公司征用土地344.67亩,使用权类型为出让,用于2×350兆瓦热电厂建设。11月8日,公司征用土地41.24亩,使用权类型为划拨,用于徐庄煤矿西风井建设。

2017年6月9日,公司征用宝鼎三角地63.18亩,使用权类型为划拨。10月30日,公司征用土地57.2亩,使用权类型为出让,用于实业公司工业园区二期工程建设。

2018年2月2日,公司征用土地39.12亩,使用权类型为出让,用于实业公司工业园区三期工程建设。9月7日,公司征用土地12.37亩,使用权类型为出让,用于2×350兆瓦热电联产机组补水泵房建设。

2019年7月24日,公司征用土地170.87亩,使用权类型为划拨,用于2×350兆瓦热电联产机组铁路专用线建设。

1991年至2020年6月,大屯矿区共征用土地4 024.95亩,具体征地汇总详见表13-6-1。

表 13-6-1　1991 年至 2020 年 6 月大屯矿区征地汇总表　　　　单位：亩

序号	单位	徐州境内		济宁境内	合计
		沛县	铜山县	微山县	
		面积	面积	面积	面积
	总计	3 895.32	28.12	101.51	4 024.95
1	公司本部	221.22			221.22
2	姚桥煤矿	174.66			174.66
3	徐庄煤矿	162.24			162.24
4	龙东煤矿	145.18			145.18
5	孔庄煤矿	281.81		101.51	383.32
6	热电厂	357.04			357.04
7	电热公司	595.48			595.48
8	实业公司	196.33			196.33
9	铝板带厂	476.13			476.13
10	大屯铝业公司	1 104.8			1 104.8
11	铁路管理处	170.87	28.12		198.99
12	选煤中心	9.56			9.56

二、土地变更

为进一步规范国有土地管理工作，1988 年，国家土地管理局印发《关于国家建设用地审批工作的暂行规定》（国土建字〔1988〕第 169 号），该文件规定：建设项目竣工验收后，由用地单位向县、市土地管理部门进行土地登记申请，经土地管理部门审核、注册登记后，颁发土地使用证，作为使用土地的法律凭证。

1990 年，国家土地管理局印发《关于认真做好地籍调查、土地证发放等工作的通知》（国土籍字〔1990〕第 45 号）及《土地登记规则》后，公司开始着手办理 1990 年前已征土地的申报工作。公司地区处负责向江苏省徐州市、沛县、铜山县及山东省微山县土地管理部门申请土地登记，提交申请资料。土地管理部门根据申请资料，组织地籍调查，对土地权属、面积、用途等逐宗进行全面审核，填写审批表。土地管理部门对登记申请的审核结果进行公告，公告期内，可以向土地管理部门申请复查。公告期满，对登记申请的审核结果未提出异议的，报经人民政府批准后，进行注册登记。申请单位交纳土地登记发证费用，由市、县人民政府颁发土地证书。

1999 年 9 月，公司由于股份制改制工作需要，委托江苏省苏地房地产咨询评估有限责任公司和江苏金宁达土地评估有限公司对已征 73 宗划拨土地进行评估，为企业股份制改制提供土地价格依据。11 月 10 日，沛县国土管理局（甲方：出让方）和铜山县国土管理局（甲方：出让方）与大屯煤电（集团）有限责任公司（乙方：受让方）签订《国有土地使用权出让协议书》，甲方以协议出让方式出让给乙方，乙方补交土地出让金，出让年限为 50 年。沛县国土管理局出让 65 宗土地，面积为 1 680 680.2 平方米，合 2 521 亩。铜山县国土管理局出让 8 宗土地，面积为 427 061.6 平方米，合 640.6 亩。2000 年 3 月，公司取得 73 宗出让地新土地证。

2000 年 6 月，因资产处置需要，公司委托江苏省苏地房地产咨询评估有限责任公司评

估姚桥煤矿变电所、新煤仓、办公楼(通信调度楼)、新主副井、污水厂5宗国有划拨土地,总面积48 403.9平方米,为企业处置土地资产提供土地价格依据。2001年2月15日,沛县国土管理局(甲方:出让方)与上海大屯能源股份有限公司(乙方:受让方)分别签订姚桥煤矿变电所、新煤仓、办公楼(通信调度楼)、新主副井、污水厂5宗土地《国有土地使用权出让合同》,甲方以协议出让方式出让给乙方,乙方补交土地出让金,出让年限为50年。2002年5月,公司取得该5宗出让地新土地证。

2001年12月,因资产处置需要,公司委托江苏省苏地房地产咨询评估有限责任公司评估拓特厂厂部、拓特厂设备库2宗国有划拨土地,为企业处置土地资产提供土地价格依据。2002年2月4日,江苏省国土资源厅印发《关于核准大屯煤电(集团)有限责任公司两宗土地使用权处置方案的函》(苏国土资产函〔2002〕4号),同意公司提出的土地使用权处置方案,即大屯煤电(集团)有限责任公司以补办出让方式取得土地使用权,然后转让给上海大屯能源股份有限公司。5月16日,沛县国土管理局(甲方:出让方)与大屯煤电(集团)有限责任公司(乙方:受让方)分别签订《国有土地使用权出让合同》,甲方以协议出让方式出让给乙方,乙方补交土地出让金,出让年限为50年。大屯煤电(集团)有限责任公司取得2宗出让土地,然后办理土地使用者变更手续,即大屯煤电(集团)有限责任公司土地转让给上海大屯能源股份有限公司。2002年5月,公司取得该2宗出让地新土地证。

2004年,因上海大屯能源股份有限公司收购大屯煤电(集团)有限责任公司电力及有关资产项目需要,大屯煤电(集团)有限责任公司拟以协议出让方式取得国有土地使用权,然后转让给上海大屯能源股份有限公司。10月,大屯煤电(集团)有限责任公司委托江苏省苏地房地产咨询评估有限责任公司对拟收购的22宗国有划拨土地价格评估。沛县国土管理局(甲方:出让方)与大屯煤电(集团)有限责任公司(乙方:受让方)分别签订《国有土地使用权出让合同》,补交土地出让金,然后办理土地使用者变更手续。2005年6月,公司取得该22宗出让地新土地证。

2007年6月11日,沛县人民政府(甲方)与上海大屯能源股份有限公司(乙方)签订《修建天津路东延伸段及使用两三角地协议书》。协议约定,沛县人民政府修建天津路东延伸段占用上海大屯能源股份有限公司土地27.513亩,由县政府在西三角地以同等土地面积置换,乙方征收两宗土地面积52.037亩,合计面积79.55亩,扣除等价置换27.513亩土地费用,乙方按协议约定于2007年已支付征地费用,甲方将两宗土地以商住划拨地给乙方使用,乙方办理完毕国有土地使用证后向甲方支付余款。办理土地使用证过程中发现,拟开发用途(商住用地)与规划用途(绿化用地)不符,两宗三角地征地问题被搁置。经双方多次沟通协商后达成共识,东三角地16.37亩(大屯镇绿化占用)等面积置换给实业公司工业园区,剩余63.18亩按规划用途公园绿化划拨给乙方。2017年5月,公司支付剩余款项和后续证照办理费用。6月,公司取得东三角土地证。

2010年11月,沛县人民政府致函大屯公司,拟将姚桥煤矿西风井约47亩土地置换给沛县杨屯镇,用于徐州市苏鲁粮食现代物流中心建设,沛县人民政府将沛县经济开发区土地同等面积置换给公司,用于实业公司工业园区建设。2011年1月,公司复函同意沛县人民政府土地置换方案。2012年3月,实业公司和沛县经济开发区管委会签订《投资合同书》,合同约定:原杨屯镇开发区内姚桥煤矿西风井47亩地及公司东三角地16.37亩在本项目中等面积置换(提供净地263.37亩,按200亩收取相关费用)。2019年1月10日,公司取得

16.37 亩不动产权证,使用权类型为出让。

2017 年,因中心医院改制工作需要,公司拟将中心医院现占用的土地用途由工业划拨土地变更为医疗卫生划拨土地,同时将中心医院西北侧物业管理分公司所属的芳草园 7 840 平方米工业划拨土地一并予以变更,共同作为医疗卫生用地,将两宗土地合并办理成单独的土地使用证。中心医院及芳草园两宗土地使用证号为沛土国用〔2005〕字第 0374 号,土地使用者为大屯公司,土地用途为工业用地,使用权类型为国有划拨。9 月 26 日,公司致函沛县国土资源局《关于申请变更大屯煤电(集团)有限公司中心医院土地用途及土地独立分宗的函》,并按照变更土地用途及独立分宗的要求,对需分宗土地进行地籍测绘,填报《地籍调查表》,提交相关材料。得到了沛县国土资源局的大力支持。12 月 20 日,公司取得中心医院不动产权证,土地用途变更为医卫慈善用地。

由于大屯铝业公司注销,2018 年 12 月 26 日,大屯铝业公司 906.67 亩土地变更至大屯公司名下,剩余的 7 号路(中心区宝鼎—铁路火车站)、铝厂北门外广场共 198.13 亩土地在公司“三供一业”移交时移交给沛县人民政府。

第二节　压煤村庄搬迁

公司压煤村庄搬迁采用“先搬后采”的模式,根据生产接续规划,开采前 3～5 年组织实施压煤村庄搬迁,由煤炭企业与搬迁村庄隶属的镇级地方政府(或村委会)签订搬迁承包协议,煤炭企业承担搬迁补偿费用,地方政府组织实施。压煤村庄搬迁村庄的选址原则为不压或少压煤,不做二次搬迁。符合土地利用总体规划和县域村镇体系规划、尊重群众意愿、便利群众生产生活、有利于节约用地、优先利用非耕地等要求。新村址的面积,按照当地政府的文件执行。新村址用地由煤炭企业征用,并在老村址中以相等面积抵补采煤塌陷地,征地费用包括在迁村总费用内。

1992 年 11 月 30 日,姚桥煤矿与沛县杨屯镇西姚桥村民委员会签订《西姚桥村拆建承发包协议》。1996 年 2 月,签订《关于西姚桥村拆建承发包协议的补充协议》。该村位于姚桥煤矿西五采区上方,就地重建抗变形房屋。搬迁 549 户,人口 2 273 人,总迁建面积 18.67 万平方米,解放煤量 299.9 万吨。

1994 年 8 月 4 日,龙东煤矿与沛县杨屯镇旧姚桥村民委员会签订《杨屯镇旧姚桥村拆迁承发包协议》。1997 年 8 月,签订《关于处理旧姚桥村搬迁遗留问题的协议》。该村位于龙东煤矿东一采区上方,迁至老村址西南。搬迁 149 户,人口 815 人,总迁建面积 7.67 万平方米,解放煤量 130.98 万吨。

1996 年 1 月 19 日,龙东煤矿与沛县杨屯镇卞庄村民委员会签订《沛县杨屯镇卞庄村拆迁协议书》。2001 年 12 月,签订《关于卞庄村搬迁遗留问题处理协议》。该村位于龙东煤矿东辅采区上方,就地重建抗变形房屋。搬迁 1 396 户,人口 5 585 人,总迁建面积 56.27 万平方米,解放煤量 477.95 万吨。

2001 年 6 月 8 日,龙东煤矿与沛县龙固镇镇东居委会签订《沛县龙固镇镇东居委会后三里村、张庙村拆迁(建)压煤村庄搬迁补偿合同》。2003 年 12 月,签订《关于处理西辅迁村遗留问题协议》。后三里村、张庙村位于龙东煤矿西辅采区上方,就地重建抗变形房屋。搬迁 786 户,人口 2 752 人,总迁建面积 20 万平方米,解放煤量 400.32 万吨。

2004 年 10 月 16 日,姚桥煤矿与沛县杨屯镇张街居民委员会签订《沛县杨屯镇张街、公庄村拆迁(建)压煤村庄搬迁补偿合同》。2014 年 1 月,签订《关于张街搬迁遗留问题处理承包协议书》。张街、公庄村位于姚桥煤矿西五、西九采区上方,就地重建抗变形房屋。搬迁 712 户,人口 2 492 人,总迁建面积 18.67 万平方米,解放煤量 205.9 万吨。

2005 年 6 月 4 日,姚桥煤矿与沛县杨屯镇彭官屯村民委员会签订《杨屯镇彭官屯村压煤村庄搬迁补偿合同》。2011 年 9 月,签订《关于彭官屯迁村相关事项补偿的协议》。该村位于姚桥煤矿西九采区上方,迁至杨屯新区。搬迁 605 户,人口 2 116 人,总迁建面积 14.67 万平方米,解放煤量 122.18 万吨。

2008 年 2 月 22 日,龙东煤矿与沛县龙固镇奚阁村民委员会签订《龙固镇周庄村搬迁补偿合同》。2014 年 12 月 23 日,签订《沛县龙固镇周庄村搬迁遗留问题处理承包协议书》。2016 年 2 月,签订《龙固镇周庄搬迁终结补偿协议》。该村位于龙东煤矿西一采区上方,迁至老村址西 100 米。搬迁 191 户,人口 669 人,总迁建面积 4.67 万平方米,解放煤量 92.36 万吨。

2008 年 12 月 20 日,姚桥煤矿与沛县杨屯镇人民政府签订《杨屯镇张庄搬迁补偿总承包协议书》。2012 年 8 月,签订《杨屯镇张庄村搬迁遗留问题终结处理协议书》。该村位于姚桥煤矿西六采区上方,迁至旧村址东南方向刘官屯新村。搬迁 443 户,人口 1 631 人,总迁建面积 14.33 万平方米,解放煤量 415.63 万吨。

2010 年 3 月 11 日,大屯公司、徐矿集团召开共同搬迁杨屯镇西仲山村协调会,就共同出资对西仲山村实施整体异地搬迁有关事项达成共识:三河尖煤矿承担搬迁总费用的 65%,姚桥煤矿承担搬迁总费用的 35%。

2011 年 8 月 2 日,姚桥煤矿、徐矿集团三河尖煤矿共同与沛县杨屯镇人民政府签订《沛县杨屯镇西仲山村搬迁补偿总承包协议书》。西仲山村位于三河尖、姚桥两井田交界处,压覆徐矿集团三河尖煤矿和大屯公司姚桥煤矿的煤炭资源,因受徐矿集团三河尖煤矿开采影响,造成西仲山大部分村址塌陷下沉、民房开裂。为了村民生命财产的安全,杨屯镇人民政府和西仲山村民强烈要求对该村庄整体异地搬迁。鉴于西仲山村部分村庄位于姚桥煤矿井田上方,徐矿集团与大屯公司商定联合对西仲山村进行搬迁。该村位于姚桥煤矿西十一采区上方,迁至杨屯新区。搬迁 996 户,人口 3 486 人,总迁建面积 9.53 万平方米,解放煤量 427.97 万吨。

2011 年 8 月 9 日,孔庄煤矿与微山县高楼乡人民政府签订《微山县高楼乡聂庄铺村危房处理协议书》。2017 年 5 月 4 日,孔庄煤矿与微山县高楼乡人民政府签订《微山县高楼乡聂庄铺村搬迁框架协议》。2018 年 8 月 9 日,孔庄煤矿与微山县高楼镇人民政府签订《支付聂庄铺村搬迁启动资金协议》,启动孔庄煤矿Ⅲ4 采区上方聂庄铺村搬迁。

2011 年 10 月 25 日,姚桥煤矿与沛县杨屯镇人民政府签订《沛县杨屯镇北孔庄、欢口、后屯等 3 村新址内地面附着物补偿协议》和相关搬迁补偿承包协议书。北孔庄村位于姚桥煤矿中央Ⅱ采区和西十采区上方,迁至杨屯新区。搬迁 1 400 户,人口 4 899 人,总迁建面积 42.93 万平方米,解放煤量 668.93 万吨。欢口村位于姚桥煤矿西十采区和中央Ⅱ采区上方,迁至杨屯新区。搬迁 864 户,人口 3 024 人,总迁建面积 26.67 万平方米,解放煤量 355.02 万吨。后屯村位于姚桥煤矿西十采区上方,迁至杨屯新区。搬迁 933 户,人口 3 266 人,总迁建面积 30.67 万平方米,解放煤量 234.8 万吨。

2012 年 2 月 24 日,孔庄煤矿与微山县赵庙乡人民政府签订《微山县赵庙乡王庄和南挖工庄两村签订搬迁框架协议书》。2014 年 3 月 4 日,孔庄煤矿与微山县赵庙镇人民政府签订《微山县赵庙镇王庄和南挖工庄两村搬迁补偿承包协议书》。王庄、南挖工庄村位于孔庄煤矿Ⅳ1、V1工作面上方,迁至赵庙镇湖西花园社区。搬迁1 143户,人口4 200人,总迁建面积48.58万平方米,解放煤量1 510.48万吨。2月28日,姚桥煤矿与沛县杨屯镇人民政府签订《沛县杨屯镇杨屯等三村新址内地面附着物补偿的协议》。3月25日,姚桥煤矿与沛县杨屯镇人民政府签订《沛县杨屯镇蒋海村搬迁补偿承包协议书》。该村位于姚桥煤矿西十采区上方,迁至杨屯新区。搬迁1 006户,人口3 519人,总迁建面积24.8万平方米,与杨屯村及镇区共解放煤量987.46万吨。姚桥煤矿与沛县杨屯镇人民政府签订《沛县杨屯镇杨屯村搬迁补偿承包协议书》。该村位于姚桥煤矿西十采区上方,迁至杨屯新区。搬迁1 656户,人口5 794人,总迁建面积50.79万平方米,与蒋海村、杨屯村及镇区共解放煤量987.46万吨。

2013年2月1日,姚桥煤矿与沛县杨屯镇人民政府签订《沛县杨屯镇镇区人口搬迁补偿承包协议书》《杨屯镇镇区公共设施搬迁补偿承包协议书》《杨屯镇政府直属单位搬迁补偿承包协议书》。

2014年4月25日,姚桥煤矿与沛县杨屯镇人民政府签订《杨屯镇中小学搬迁补偿承包协议书》。该镇区位于姚桥煤矿西十采区上方,迁至杨屯新区。搬迁947户,人口3 313人,总迁建面积170.01万平方米,与杨屯村、蒋海村共解放煤量987.46万吨。8月12日,龙东煤矿与鱼台县人民政府签订《鱼台县老砦镇韩庄和独山两村压煤搬迁补偿承包协议书》。两村位于龙东煤矿西一采区上方,韩庄村迁至老村址东、独山村迁至老村址北。搬迁512户,人口1 792人,总迁建面积11.23万平方米,解放煤量338.27万吨。

2018年8月22日,徐庄煤矿与沛县大屯街道办事处签订《沛县大屯街道办事处乡村振兴战略实施暨徐庄煤矿压煤村庄搬迁合作框架协议》。2019年12月31日,徐庄煤矿与沛县大屯街道办事处签订《沛县大屯街道办事处贾庙、朱大庄等7个压煤村庄搬迁补偿承包协议书》,搬迁贾庙、土楼、王楼、狄路、张老庄、朱大庄、陈楼7个村庄。2020年1月7日,徐庄煤矿与沛县大屯街道办事处签订《沛县大屯街道办事处贾庙、朱大庄等7个压煤村庄新村征地附着物补偿、个体工商(专业)户搬迁包干经费补偿协议书》,压煤村庄位于徐庄煤矿Ⅱ6采区、Ⅱ4下采区上方,新址迁至沛县大屯街道办事处郝尧村。搬迁2 016户,人口7 056人,总迁建面积61.83万平方米,解放煤量924万吨。

1991—2020年大屯矿区压煤村庄搬迁明细详见表13-6-2。

表13-6-2 1991—2020年大屯矿区压煤村庄搬迁明细表

矿别	搬迁时间	搬迁村庄名称	人口	户数	迁建面积/万平方米	解放煤量/万吨
姚桥煤矿	1992—1997	杨屯镇西姚桥村	2 273	549	18.67	299.9
	2003—2014	杨屯镇张街村、公庄	2 492	712	18.67	205.9
	2004—2015	杨屯镇彭官屯村	2 116	605	14.67	122.18
	2008—2012	杨屯镇张庄村	1 631	443	14.33	415.63
	2010—2015	杨屯镇西仲山村	3 486	996	9.53	427.97
	2011—2016	杨屯镇北孔庄村	4 899	1 400	42.93	668.93
	2011—2016	杨屯镇欢口村	3 024	864	26.67	355.02
	2011—2016	杨屯镇后屯村	3 266	933	30.67	234.8

表 13-6-2(续)

矿别	搬迁时间	搬迁村庄名称	人口	户数	迁建面积/万平方米	解放煤量/万吨
姚桥煤矿	2012—2015	杨屯镇蒋海村	3 519	1 006	24.80	987.46
	2012—2016	杨屯镇杨屯村	5 794	1 656	50.79	
	2012—2020	杨屯镇区	3 313	947	170.01	
龙东煤矿	1994—1995	杨屯镇旧姚桥村	815	149	7.67	130.98
	1996—2000	杨屯镇卞庄村	5 585	1 396	56.27	477.95
	1998—2004	龙固镇张庙、后三里村	2 752	786	20.00	400.32
	2004—2016	龙固镇周庄村	669	191	4.67	92.36
	2005—2014	鱼台县老砦镇韩庄、独山村	1 792	512	11.23	338.27
孔庄煤矿	2010—2015	微山县赵庙镇王庄、南挖工庄村	4 200	1 143	48.58	1 510.48
徐庄煤矿	2018—2022	沛县大屯街道办事处贾庙、土楼、王楼、狄路、张老庄、朱大庄、陈楼	7 056	2 016	61.83	924
合计			58 682	16 304	631.97	7 700.15

第三节 塌陷地复垦

一、塌陷区

从 1978 年大屯矿区开始发生采煤塌陷至 2020 年 6 月,全矿区采煤塌陷区累计 68 640.71 亩(塌陷地 37 392.63 亩,塌陷湖区 31 248.08 亩)。其中:1991 年之前形成塌陷区 12 819.93 亩(塌陷地 12 319.93 亩,塌陷湖区 500 亩)。1991 年至 2020 年 6 月,形成塌陷区 55 820.78 亩(塌陷地 25 072.7 亩,塌陷湖区 30 748.08 亩)。公司本部四矿根据国家、地方有关塌陷地补偿政策,对不具备治理、征收条件的塌陷地逐年进行两季补偿,对塌陷湖区进行一次性补偿。

(一)姚桥煤矿塌陷区

1978 年至 2020 年 6 月,采煤塌陷区累计 30 825.13 亩(塌陷地 17 090.26 亩,塌陷湖区 13 734.87 亩)。其中,1991 年之前形成塌陷地 6 151 亩(江苏省境内 3 983 亩,山东省境内 2 168 亩)。1991 年至 2020 年 6 月,形成采煤塌陷区 24 674.13 亩,其中塌陷地 10 939.26 亩(江苏省境内 8 149.69 亩,山东省境内 2 789.57 亩);塌陷湖区 13 734.87 亩(江苏省境内 1 467.32 亩,山东省境内 12 267.55 亩),均已进行一次性补偿处理。未塌陷前农田为稻、麦两熟耕作,湖区为水产养殖。

(二)孔庄煤矿塌陷区

1978 年至 2020 年 6 月,采煤塌陷区累计 15 008.48 亩(塌陷地 7 295.22 亩,塌陷湖区 7 713.26 亩)。其中:1991 年之前形成塌陷地 2 853.45 亩(江苏省境内 13.39 亩,山东省境

内 2 840.06 亩）。1991 年至 2020 年 6 月,形成采煤塌陷区 12 155.03 亩,其中塌陷地 4 441.77 亩(江苏省境内 203.14 亩,山东省境内 4 238.63 亩);塌陷湖区 7 713.26 亩,均在山东境内,均已进行一次性补偿处理。未塌陷前农田为稻、麦两熟耕作,湖区为水产养殖。

（三）徐庄煤矿塌陷区

1980 年至 2020 年 6 月,采煤塌陷区累计 12 542.72 亩(塌陷地 2 837.77 亩,塌陷湖区 9 704.95 亩)。其中,1991 年之前形成塌陷区 2 523.58 亩(塌陷地 2 023.58 亩均在江苏省境内,塌陷湖区 500 亩均在山东省境内)。1991 年至 2020 年 6 月,形成采煤塌陷区 10 019.14 亩,其中塌陷地 814.19 亩(江苏省境内 585.57 亩,山东省境内 228.62 亩);塌陷湖区 9 204.95 亩(江苏省境内 2 867.55 亩,山东省境内 6 337.4 亩),均已进行一次性补偿处理。未塌陷前农田为稻、麦两熟耕作,湖区为水产养殖。

（四）龙东煤矿塌陷区

1988 年至 2020 年 6 月,矿井采煤塌陷区累计 10 264.38 亩(塌陷地 10 169.38 亩,塌陷河滩地 95 亩)。其中 1991 年之前形成塌陷地 1 291.9 亩均位于江苏省境内;1991 年至 2020 年 6 月,形成采煤塌陷区 8 972.48 亩,其中江苏省境内 8 277.79 亩(含河滩地 95 亩)、山东省境内 694.69 亩。2011 年,对沛县龙固镇前程子村 95 亩河滩地进行一次性补偿。

二、大堤加固

大屯矿区毗邻微山湖,并有杨屯河、大沙河、苏北堤河流经矿区。煤矿井下开采造成微山湖西大堤及河堤塌陷,为保证堤防安全,合理解放地下压煤,公司采取预加固的方式进行堤防加固。在井下开采前委托有资质的科研单位,根据井下开采规划编制受采煤影响段堤防下沉预计分析报告,预测下沉及影响情况,确定预加固范围;再委托有资质水利勘测设计单位,根据下沉预计分析结果及相关防洪标准,编制下一步开采受影响段堤防预加固方案,并委托有资质的施工队伍实施。竣工验收前委托有资质的单位进行工程质量检测,经水利管理部门验收合格后交付使用。对采煤塌陷影响的农田水利设施、生产路、桥等,按照受影响情况进行修复或补偿。

（一）姚桥煤矿加固

1991 年至 2020 年 6 月,加固湖(河)堤长度 27 523 米(湖堤 11 940 米,杨屯河堤 15 583 米),加固土方量 563.68 万立方米(湖堤 316.27 万立方米,杨屯河堤 247.41 万立方米)。

（二）孔庄煤矿加固

1993 年至 2020 年 6 月,加固湖堤长度 7 006 米,加固土方量 70.19 万立方米。挖工庄东闸重建情况:2018 年 8 月,孔庄煤矿与淮河工程集团公司签订挖工庄东闸拆除重建工程施工协议。2019 年 6 月,主体工程竣工。7 月 2 日,通过沂沭泗水利管理局、南四湖水利管理局等水利管理部门防汛阶段验收。

（三）徐庄煤矿加固

1991 年至 2020 年 6 月,加固湖西大堤长度 5 204 米,加固土方量 188.6 万立方米。

（四）龙东煤矿加固

1991 年至 2020 年 6 月,加固大沙河河堤长度 6 795 米,加固土方量 177.41 万立方米。

1991 年至 2020 年 6 月,大屯矿区累计加固大堤总长度 46 528 米,加固总土方量 999.88 万立方米,灌浆总长度 35 153 米,对损坏的塌陷区水系、道路、桥涵等及时予以修复。

三、复垦

为加强土地复垦管理,提高土地利用的社会效益、经济效益和生态效益,公司根据《中华人民共和国土地管理法》《土地复垦条例》《土地复垦条例实施办法》有关规定,按照"谁损毁,谁复垦"的原则,有序开展塌陷地复垦工作,1994年至2020年6月,大屯矿区复垦采煤塌陷地共计9 469.04亩。

（一）姚桥煤矿复垦

1994年至2020年6月,复垦塌陷地5 281.42亩,其中江苏省沛县境内1 658.47亩,山东省微山县境内3 622.95亩。1994年,复垦微山县张楼镇陶官屯村100亩。1995年,复垦沛县东姚桥村、彭官屯村295亩,微山县张楼镇陶官屯村33亩。1997年,复垦沛县孟店村362.2亩。1999年,复垦微山县张楼镇陶官屯村230.4亩。2000年,复垦微山县张楼镇张楼村629.34亩。2001年,复垦沛县孟店村、张庄村237.08亩。2005年,复垦微山县张楼镇陶官屯村597.78亩。2008年,复垦微山县张楼镇张楼村47.5亩。2009年,复垦微山县张楼镇张楼村75亩。2012年,复垦微山县张楼镇陶官屯村167.8亩。2013年,复垦微山县张楼镇张楼村611.57亩。2019年,复垦沛县杨屯镇南仲山村、蒋海村、杨屯村、孔庄村、西姚桥村、东姚桥村764.19亩,微山县张楼镇张楼村1 130.56亩。

（二）孔庄煤矿复垦

2005年至2020年6月,复垦塌陷地1 096.41亩,其中江苏省沛县境内98.4亩,山东省微山县境内998.01亩。2005年,复垦微山县赵庙镇王庄村597.8亩。2006年,复垦沛县北孔庄村塌陷地98.4亩。2008年,复垦微山县赵庙镇赵庙村400.21亩。

（三）徐庄煤矿复垦

2001年至2020年6月,复垦2 535.45亩,其中江苏省沛县境内2 462亩,山东省微山县境内73.45亩。2001年,复垦沛县大屯镇大菜村78.95亩。2006年,复垦沛县大屯镇587.55亩。2007年,复垦沛县关庄村33.9亩。2008年,复垦沛县大屯镇1 750.05亩。2012年,复垦沛县徐庄村11.55亩。2018年,复垦微山县六营村73.45亩。

（四）龙东煤矿复垦

2005年至2020年6月,复垦塌陷地555.76亩,均位于江苏省沛县境内。2005年,复垦杨屯镇卞庄村182亩。2008年,复垦杨屯镇刘屯村119.2亩。2008年,复垦龙固镇镇东居委会207.44亩。2010年,复垦龙固镇镇东居委会20亩。2013年,复垦杨屯镇西仲山村27.12亩。

第十四篇

企业文化与社会责任

Qiye Wenhua Yu Shehui Zeren

企业文化是推动企业不断发展的基因灵魂和动力源泉。50年来,大屯公司的企业文化与企业发展与时俱进、相辅相成、相生相伴。大屯文化蕴涵着大屯公司的企业精神、核心价值观、企业使命,凝聚着大屯公司的数万干部职工,指引着大屯公司的发展追求。优秀的大屯文化是大屯公司行稳致远的根本保障,高质量发展的大屯公司创造了璀璨夺目的大屯文化。

公司自1970年开发建设以来,企业文化经历了自发阶段的创业文化、自为阶段的创新文化、自觉阶段的创造文化和自新阶段的文化重塑四个阶段。

建矿初期,老一辈建设者自力更生、艰苦奋斗,"煤、电、运"综合经营的"大屯模式"享誉全国,提炼形成了"艰苦创业 改革创新 团结奉献"的企业精神(2013年后作为企业传统)。公司加入中煤集团后,主动将大屯文化融入中煤文化,开展中煤企业精神宣贯,制定了公司企业文化建设五年规划及远景目标和2008—2011年企业文化建设实施规划,逐步形成了以"安全、质量、绿色、创新、和谐"为特征,以讲文明、有素质、能包容、敢创新为鲜明特色的大屯文化。2013年,公司召开企业文化建设推进会,明确了"14371"企业文化建设工作思路,深化安全文化、提升质量文化、打造和谐文化、推进廉洁文化、加强班组文化、活跃群众文化、拓展老年文化,使企业文化建设在公司发展进程中发挥了巨大的推动作用。

依据公司"4411"转型发展思路和建设"五型"新大屯的美好愿景,2018年,企业文化重塑工作全面展开,以"143105"为工作思路,以"六巩固四构建"为重点,建设创新文化、创业文化、管理文化、感恩文化、安全文化、质量文化、和谐文化、廉洁文化、班组文化、群众文化共10个专项(子)文化。成立了大屯文化研究会,修改并发布公司《企业文化手册(Ver2018)》。先后举办了两届大屯文化节,承办了中煤集团首届"国企开放日"。公司被授予"中国企业文化建设优秀单位""十三五开局企业文化建设安全文化优秀单位""新时代企业文化建设优秀单位""中国企业文化管理创新典范单位"等称号。

30年来,公司始终坚持深化文明单位创建,深化6S管理,培育出了多个全国煤炭行业和省、市文明单位、文明社区。加强"四德"教育,弘扬传统文化,倡导文明新风,践行社会主义核心价值观,激发向上、向善正能量。"吉国利民志愿者服务队""郭明义爱心团队"和志愿者们活跃在矿区各个角落,拾金不昧、爱心捐款层出不穷,见义勇为、捐资助学的事迹广为传扬,"大爱捐衣坊"向南疆地区捐赠衣物3 200多件,开展"道德讲堂"活动,先后举办十届新人新事评选,选树了一批模范并制作专题片《我们的榜样》,营造出学习先进、感恩大屯、报效企业的浓厚氛围。

30年来,公司坚持认真履行央企社会责任,主动担当经济责任、安全责任、环境责任、创新责任、员工责任、社区责任、扶贫责任和党建责任。把就业安置放在重要位置,把扶贫助困和抗洪、抗震救灾当成企业的职责使命,使热心公益活动成为广大干部职工的自觉行动。尤其是近年来,公司在对口扶贫、帮困济贫、捐资助学、抗击疫情等方面做了大量工作,树立了公司良好的社会形象。2018年、2019年,公司连续在北京人民大会堂发布社会责任报告,两次获得"全国煤炭工业社会责任报告发布优秀企业"称号。

第一章　文 化 创 建

第一节　文化传承

公司的发展史,也是企业文化的演进史。

广义上的大屯文化包括精神文化、制度文化、行为文化和物质文化等 4 个层面。狭义上的大屯文化特指公司的精神文化,即以"科学发展、安全高效、和谐共赢"为核心的理念体系。

公司自 1970 年开发建设以来,经历了从计划经济到市场经济的转变,从"煤电运"到"煤电铝运"一体化经营模式的转变。伴随着公司的发展壮大,企业文化经历了自发阶段的创业文化、自为阶段的创新文化、自觉阶段的创造文化和自新阶段的文化重塑四个阶段,从点到面、从模糊到清晰、从专项到体系、从全面到纵深的演变发展壮大,积淀了深厚的文化底蕴。在中煤文化的指引下,公司将大屯特色的文化理念渗透融合到企业发展进程中,形成了以"安全、质量、绿色、创新、和谐"为特征,以讲文明、有素质、能包容、敢创新为鲜明特色的大屯文化,创建了全国第一个"煤、电、运"综合经营的能源企业模式。

一、艰苦创业,形成大屯模式(1970—1977)

1970 年,五湖四海的建设者来到微山湖畔,传承和发扬煤矿工人"特别能吃苦、特别能战斗、特别能奉献"的精神,以"有条件要上,没有条件创造条件也要上"的谋略胆识,开煤矿、建电厂、筑铁路,经过 8 年艰苦奋斗,形成了煤矿、电厂、铁路运输一体化综合经营的格局,在全国煤炭行业开创了煤电运联营的先河,被誉为"大屯模式"。大屯人艰苦创业、团结奉献的优秀品质不断发扬光大,形成了公司建矿初期的创业文化。

二、改革创新,积淀厚重文化(1978—1997)

改革开放以来,公司从计划经济步入市场经济,建立起一系列管理制度,进行市场化、规范化运作。全员劳动合同制、倒推成本、"5S"管理、标准化管理、质量管理体系认证、政工体系贯标、一岗双责等先进管理理念、方法应运而生,企业文化得到了创新发展。

1985 年,公司提炼形成了"艰苦创业、改革创新、团结奉献"的企业精神。

1990 年,公司制定了员工守则和"六讲十不"行为规范。公司所属各单位相继制定出各岗位工种的职工道德规范和行为规范。

1991 年,公司确定了企业歌和企业标志。在大屯矿区开发建设 21 周年之际,词曲作家凯传、刘奇为电视纪录片《新型矿区——大屯》创作了主题歌《大屯的歌》。这首歌经彭丽媛演唱后,在矿区广为传唱,成为 20 世纪 90 年代大屯人深刻的记忆。

随着现代企业制度的建立以及市场经济的日趋完善,企业管理越来越需要文化的参与和渗透。公司把培育具有行业特色的企业精神作为创建企业文化的"重头戏",弘扬"艰苦创

业、改革创新、团结奉献"的企业精神,克服重重困难,创造了辉煌业绩。公司开展爱国主义、集体主义和社会主义教育,举办看百部优秀影片、读百部优秀图书、唱百首优秀歌曲的"三百"活动和讲文明、讲道德、塑造企业形象活动以及群众性企业文化建设活动,成立职工业余艺术团,举办矿区艺术节和技能奥林匹克运动会等,成立文学创作、摄影、书法、集邮、音乐、舞蹈等10多个协会。几年间,文学作品、书法、美术、音乐等项目有40多人次在徐州市和煤炭部比赛中获奖,8部电视专题片、系列片及40多篇新闻作品在全国和省市评比中获奖。公司先后被授予"全国煤矿体育工作先进单位"和"全国群众体育先进单位"等称号。

1997年,开展企业文化建设系列活动,举办纳凉晚会等文艺演出,开展全民健身月、"讲文明、树新风"活动,征集大屯企业精神修改方案,开展"升、唱、戴"系列教育活动。设计制作企业旗台、企业旗,公司机关和各单位定期举行升国旗、企业旗活动,确定了企业歌曲并进行广泛教唱,设计、定制了两套企业徽章共8万枚,发放到每个职工手中,要求人人佩戴、人人熟知企业徽章图案的含义。

三、全面融合,彰显特色文化(1998—2012)

1999年,公司划归中煤集团管理,主动将企业文化融合到中煤文化中,开展中煤企业精神、核心理念、企业作风、员工行为规范的宣贯工作,强力推行中煤企业标志、企业旗等形象视觉识别系统,培育员工做中煤人的认同感、责任感和自豪感。在融入中煤过程中,公司的技术、管理、人才源源不断走出矿区,服务于中煤发展;公司企业文化不断丰富和完善,尤其是安全文化、班组文化形成了自身特色,闻名中煤内外。

2000年,公司以矿区开发建设30周年为契机,以"忆历史、颂成就、展未来、讲奉献"为主题,开展了演讲比赛、"30回眸"图片展和"30年抒怀"诗歌朗诵会等十项庆祝活动。

2001年,公司开展建党80周年系列庆祝活动。开展"争当改革创新排头兵"活动,召开座谈会,举办演讲比赛、征文、党建理论研讨、电影电视周、歌咏大会、图片展等活动。有9个文艺节目、28幅文艺作品分别获徐州市少儿艺术和徐州市首届社区文化艺术节一、二、三等奖。

2003年,公司制定了企业文化建设5年规划及远景目标,成立了领导机构,编印了《企业文化建设指导手册》,提出要利用5至7年的时间,规范企业文化,提高整体水平,建立起具有大屯特色的企业文化体系。

2004年11月4日,公司党政联合下发《关于推进安全文化建设的意见》,标志着安全文化建设工作正式启动。"安全为天、生命至尊"安全核心理念以及安全管理观、安全行为观、安全价值观、安全效益观形成。

2005年,公司提出了统一安全理念、规范视觉系统、深化安全活动、对安全文化建设工作实施考核等一系列措施,安全文化建设运行机制基本形成,制定了《公司安全文化建设考核评估细则》。

2006年初,公司向13家基层单位下达了安全档案管理、安全大家谈、安全师带徒等安全文化研究课题。10月,公司有6个课题参与发布并在各单位推广应用。

2007年底,制定了《安全文化建设质量标准化标准及考核评分办法》,纳入公司安全质量标准化考核。每季度举办一次安全文化建设交流评比。

2008年,制定了《关于推进公司企业文化建设的实施方案》《2008—2011年企业文化建

设实施规划》,宣贯企业文化知识,明确安全文化建设责任体系。编发了《安全文化建设实用手册》等,规范中煤企业标志及标准色在公司标识系统中的应用,形成了安全警示视觉识别系统。

2009年,公司编发了《安全文化建设资料汇编》。

2010年,以庆祝大屯矿区开发建设40周年为契机,开展了一系列文化活动。公司出台《关于全面推进企业文化建设的实施意见》,召开了动员大会,普及基本知识、开展专业知识培训,重新梳理公司价值理念体系。学习《中煤集团企业文化手册》,编印《公司企业文化手册》《公司企业文化标识系统规范手册》;征集企业歌;制定专项文化建设实施方案并组织实施;开展理论研讨和成果转化应用,交流、总结和推广开展企业文化建设的好经验;制定了《公司企业文化建设测评办法》。

2011年,修改公司《企业文化建设手册》《企业形象视觉识别系统(VIS)》,编辑出版了《企业文化建设优秀成果集》《安全文化建设标识系统(第二版)》。有3个基层单位制定了3至5年企业文化、品牌文化建设规划。8月30日,召开了安全文化建设暨精细化管理推进会。大屯铝业公司、姚桥煤矿分别获得"全国企业文化建设示范基地""全国安全文化建设示范企业"称号。

2012年,先后两次召开企业文化建设座谈会,修改完善《公司深入推进企业文化建设实施意见》《企业形象视觉识别系统(VIS)》《企业文化手册》《企业文化建设成果集》,征集企业文化故事40余篇并编辑成册。公司"和"文化研究被列入中煤集团2012年度研究课题。抽调专门人员,成立公司发展史陈列馆筹建工作小组,推进前期设计、实物征集、资料准备等各项工作。

四、深入推进,铸就文化品牌(2013—2017)

2013年10月29日,公司召开企业文化推进会,发布了《关于深入推进企业文化建设的实施意见》《企业形象视觉识别系统(VIS)》《企业文化手册》等企业文化建设成果,明确了"14371"工作思路,按照"六阶十步"深入推进企业文化建设。大屯公司发展史陈列馆建成开馆。

企业文化建设总体思路为"14371",具体描述如下:

"1"——坚定一个目标,即按照中煤集团企业文化建设总体要求,分步实施,狠抓落实,有序推进,努力建设融入中煤文化、体现历史积淀、凸显公司特色的大屯文化,以文化建设促进文化管理,构建企业核心价值观,促进员工良好行为养成,树立高度的文化自觉和文化自信。

"4"——构建四个层面,即精神层、制度层、行为层、物质层。

"3"——抓实三项工程,即"三基"工程、"三行"工程、"两管"工程。

"7"——深化七项子文化建设,即安全文化、质量文化、和谐文化、廉洁文化、班组文化、群众文化和老年文化。

"1"——合力共筑一个梦想,即企业关爱员工,员工忠诚企业,合力共筑"大屯梦"。

第二节　文化重塑

2018年,公司进入了转型发展的关键期,明确了"4411"发展战略和"五型"新大屯美好愿景。为传承和发扬优秀传统,摒弃与时代要求、企业发展、职工心声不相适应的负面元素,赋予大屯文化时代内涵,公司组织开展了企业文化重塑工作。明确"建设'五型'新大屯,合力共筑'大屯梦'"为新的企业追求,企业文化重塑以"143105"为工作思路,着重抓好"六坚持、六巩固"和"四破除、四构建",突出创新文化、创业文化、管理文化和感恩文化创建。

一、文化重塑思路

企业文化重塑工作思路"143105"的含义如下:

"1"——坚定一个目标,即建设历史积淀丰富、时代特征显著、代表中煤文化、彰显企业特色的文化大屯。

"4"——构建四个层面,即精神层:全面宣贯中煤集团和公司企业精神、传统、使命、愿景、追求等,形成全体职工普遍认同和共同遵守的企业核心价值观,铸造企业"灵魂";制度层:健全完善的制度体系和科学有效的考评机制,有效规范企业管理行为,提高企业管理的科学化水平;行为层:抓好职工日常行为规范和岗位作业规范,推动职工一言一行讲标准,一举一动守标准;物质层:规范企业各类标识,运用物质形象建设手段,营造企业整体文化氛围,提升公司整体形象。发挥公司发展史陈列馆作用,促进企业文化传承和发展。

"3"——抓实三项工程,即抓实"三基"工程(基层、基础、基本功),促进企业文化在基层一线落地;抓实"三行"工程(行为禁忌规范、日常文明行为规范、"6S"基本职业行为养成),促进企业文化在职工行为上落实;抓实"三管"工程(精细化管理、干部走动式管理、内部市场化管理),促进企业文化在现场管理上生根。

"10"——深化10项专项(子)文化建设,即着力推动安全文化、质量文化、管理文化、创新文化、创业文化、感恩文化、和谐文化、廉洁文化、班组文化和群众文化十项专项(子)文化建设。

"5"——建设"五型"新大屯,合力共筑"大屯梦",即:①建设基业长青型新大屯——产业发展布局合理、基础产业转型升级、新兴产业不断壮大、产业规模不断提升、协同发展效益显著、可持续发展和抗风险能力明显增强;② 建设与时俱进型新大屯——与党的思想始终保持一致、与时代发展始终保持同步、与集团战略始终保持同向、与现代企业始终保持同行;③ 建设充满活力型新大屯——产业发展充满生机、管理机制内生动力、党员干部忠诚担当、技术人才锐意进取、职工人人奋发图强、工作生活充满希望;④ 建设公正清明型新大屯——党内民主化、学习常态化、管理法治化、决策科学化、政务公开化、考核公平化;⑤ 建设富裕美丽型新大屯——产值效益不断提升、职工享受发展成果、美好生活愿望实现、工作环境稳定和谐、文化生活丰富多彩。

合力共筑"大屯梦"——企业关爱职工,职工忠诚企业,合力共筑"提升技能素养的大学校、劳动成长成才的大舞台、温暖忠诚和谐的大家庭"的"大屯梦"。

二、文化重塑基础

强化理念宣贯,规范标识系统,开展文化培训,抓实"三基"工程,抓好"三行"工程,推行

"三管"工程。

三、文化重塑重点

（1）坚持安全为天、生命至尊，巩固安全文化建设。

（2）坚持质量为本、追求卓越，巩固质量文化建设。

（3）坚持人和道和、业和行和，巩固和谐文化建设。

（4）坚持遵纪守法、廉洁从业，巩固廉洁文化建设。

（5）坚持爱岗精业、务实创新，巩固班组文化建设。

（6）坚持丰富多彩、自娱自教，巩固群众文化建设。

（7）破除因循守旧、墨守成规思想，构建大屯特色创新文化。

（8）破除故步自封、守土恋家思想，构建大屯特色创业文化。

（9）破除粗放经营、平均主义思想，构建大屯特色管理文化。

（10）破除牢骚满腹、怨天尤人思想，构建大屯特色感恩文化。

四、文化重塑实践

2018 年，公司企业文化重塑工作全面启动，成立了大屯文化研究会，开展了企业文化建设问卷调查，187 名企业文化内训师通过了资格考试。以"曾经在大屯，一生爱大屯，合力建大屯"为主题的"老家大屯"文化传播活动吸引了海内外数千名"大屯人"的关注，制作播出了"老家大屯"MV 及专题片，召开了大屯英才外地代表新春座谈会，举办了"天南地北大屯人"征文、"老家大屯"主题设计活动和以"解放思想、深化改革、促进发展、感恩大屯"演讲比赛、"醉美大屯"影像作品展、"改革开放 40 年"书画展、"放歌新时代、辉煌与梦想"歌咏大会（图 14-1-1）、"大屯巧手"手工艺作品展为主要内容的首届大屯文化节。8 月，安全文艺小分队历时 19 天，辗转近 2 万里，走进中天合创门克庆煤矿、葫芦素煤矿和西北能源伊化矿业公司、蒙大矿业公司以及天山煤电 106 煤矿和东沟煤矿，进行了 6 场安全文艺演出（图 14-1-2），近万人次现场观看，近4 000 人次同步观看网络直播。11 月初，"阳光大屯"职工心理咨询服务中心的咨询师赴内蒙古、新疆，为 2 000 余名员工讲授心理健康知识、提供个案咨询和心理援助。

图 14-1-1　首届大屯文化节"放歌新时代 辉煌与梦想"歌咏大会

图 14-1-2　安全文艺巡演

2019 年,召开了大屯文化研讨交流会(图 14-1-3),包正明为《企业文化手册(Ver2018)》揭幕(图 14-1-4),推进《企业文化手册》学习宣贯到班组。开展"大家说安全""安全微视频"、我的"安全大整顿"宣言微信点赞接龙等安全文化活动,设计更新中心区橱窗"安全生产月"宣传图片展板 39 块。举办安全生产法制宣传教育一条街活动,92 块展板在各单位巡展。举办第 16 届安全文艺大赛和安全文艺专场演出 2 场,进行了网络直播,1.3 万余人次参与网络投票。剪辑制作《安全文艺节目展播》6 期并通过微信展播。孔庄煤矿获得"全国安全文化建设示范企业"称号。制作了公司领导、各基层单位领导班子、干部职工新春大拜年节目;举办公司机关新春联欢会。制作播出大屯电视春晚并进行了网络直播。"大屯之声"微信举办"欢乐大屯"网络答题活动,3 万余人次参与答题。召开了 2019 大屯英才外地代表新春座谈会。承办了中煤集团首届"国企开放日"活动,邀请了 30 名院校师生代表和 8 名媒体代表参加活动,让公众看到了中煤集团及大屯公司在践行企业责任过程中做出的努力和贡献。

图 14-1-3　公司召开文化研讨交流会(2019 年)

图 14-1-4　包正明为《企业文化手册(Ver2018)》揭幕

2020 年上半年启动第二届大屯文化节,以"壮丽 50 年·奋进新时代·建设新大屯"为主题,开展《中煤大屯志(1991—2020)》编纂、"我和我的大屯"主题征文和微言微语微视频活动、编印了"光影 50 年"画册并组织影像展、摄制了 50 年庆典主题宣传片、举办了"50 年百件事"评选、网络有奖答题和电视知识竞赛等 15 项系列活动,设计发布公司 50 周年 LOGO (图 14-1-5),营造浓厚喜庆氛围。在 6 月份开展的"安全生产月"活动期间,公司各媒体开设专栏,对安全生产工作进行动态报道;制作完成了"2020 年安全警示教育大讲堂"专题片,举办了第 17 届安全文艺大赛,更新了机关橱窗展板,在"大屯之声"微信公众号开展了安全生产法制宣传教育一条街线上图板展和"学法规、抓落实、强管理"在线有奖答题;剪辑制作了 4 部安全警示教育系列宣教片与各单位共享并在电视台循环播出,营造出线上线下浓厚的安全生产氛围;制作完成了《中煤集团"3·28"事故十周年警示教育片》。完成了《2019 上海大屯能源股份有限公司社会责任报告》。

图 14-1-5　公司开发建设 50 周年 LOGO

第三节　文 化 体 系

公司企业文化体系包含理念体系、制度体系、行为体系和物质体系等 4 个部分。经过数十年探索实践,到 2013 年基本建设完备,2018 年进行重塑再造后巩固成型。

一、理念体系

企业文化理念是企业自身特有的企业精神、作风传统、使命愿景、价值观念和道德行为准则的综合,坚持继承与发展、融合与创造,既保障母子文化的有机统一,又富有时代精神、彰显大屯特色。

（1）企业精神：敬业、求实、创新、争先。

（2）企业传统：艰苦创业 改革创新 团结奉献。

（3）企业核心价值观：科学发展、安全高效、和谐共赢。

（4）企业愿景：建设全国一流的清洁能源供应商和能源综合服务商。

（5）企业使命：提供优质能源，促进行业发展，创造美好生活。

（6）企业作风：恪尽职守，办事高效，运转协调，管理规范，从严治企，清正廉洁。

（7）企业追求：建设"五型"新大屯，合力共筑"大屯梦"。

二、制度体系

（1）健全和完善生产管理制度、安全管理制度、财务管理制度、人事行政管理制度、岗位考核制度、物资采购制度、成本定额管理制度等基本管理体系。

（2）健全和完善与之相配套的安全、生产、经营、改革、发展以及文化风险预警、预防、预控体系。

（3）健全和完善与之相配套的考核、绩效评价体系，不断深化、优化企业管理体制机制。

三、行为体系

抓实"三基"工程，抓好"三行"工程，推行"三管"工程。

四、物质体系

（1）企业形象视觉识别系统。《企业形象视觉识别系统（VIS）》分基础系统、办公系统、环境系统3个部分，对应用规范、企业标志、色彩应用、辅助图形等做了明确规定，是公司企业形象视觉的根本规范。

（2）公司发展史陈列馆（图14-1-6）。2012年8月开始筹建，2013年10月底建成开馆，是一座集历史、文化、教育于一体的多功能陈列馆。突出"艰苦创业、改革创新、团结奉献"的企业传统和"敬业、求实、创新、争先"的企业精神，展示大屯开发建设40多年的光辉历程、主要成就和几代大屯人的精神风貌。主要收藏、整理企业发展过程中的图片、文字、音像和实物，历史文物、名人名家题词等，浓缩历史、见证历史，教育、激励员工，让各级领导、社会各界人士认识和了解大屯，关心和支持大屯。2014年3月，公司发展史陈列馆被命名为徐州市爱国主义教育基地。截至2020年6月，累计接待3.2万余人次参观。

图 14-1-6　公司发展史陈列馆

第四节 特色文化

专项(子)文化是企业文化的具体体现和有效延伸。在中煤集团"和"文化的统领下,公司培育构建了具有大屯特色的十个专项(子)文化。

一、安全文化

坚持"安全为天、生命至尊"核心理念,"安全是最大的政治、最高的责任、最佳的业绩、最好的和谐"安全哲学,坚持"严预防、严措施、严过程、严落实、严考核、严问责""六严"安全管理标准,向"零死亡、零超限、零涉险、零着火、零矿震""五零"安全奋斗目标迈进。从严追责向严过程管理、严超前预防管理转变,追求生产过程中员工无违章、设备无缺陷、环境无隐患、管理无漏洞。员工安全行为进一步规范,打造高素质安全型员工队伍。做好自保、互保和联保,以个人保班组、班组保科室、科室保单位、单位保公司,形成环环相扣、层层负责的安全生产管理保障机制,安全管理水平进一步提升,打造安全保障型企业。

(1) 安全文化固于制。2004 年 2 月 24 日,召开了安全文化研讨会。11 月 4 日,公司党政联合下发《关于推进安全文化建设的意见》,明确了推进安全文化建设的指导思想和原则、组织机构和主要工作目标,成立了安全文化建设推进委员会。公司党政领导任主任,下设两个专业指导小组,制定了《公司安全文化建设分阶段目标和主要任务》,标志着安全文化建设工作正式启动。同年,在全矿区开展安全理念、安全价值观、安全行为规范、安全格言征集活动,公司提出的安全核心理念和"安全第一,生产第二"安全管理观、"做安全事,当安全人"安全行为观、"安全为生命,平安保幸福"安全价值观、"安全是最大的效益"安全效益观被确定为中煤集团安全理念在全集团广泛推广。2005 年,公司党政联合下发《关于 2005 年安全文化建设的实施意见》,标志着安全文化建设运行机制基本形成。同年,公司党委下发《关于进一步推进安全文化建设工作的意见》,成立安全文化建设办公室,在原党委宣传部设立企业文化科,使安全文化建设工作有了明确的工作机构。这两个文件构建了公司安全文化建设工作的基本思路和总体框架。建立健全"纪委管党、工会管网、团委管岗、女工管防"的安全教育管理机制,制定了《公司安全文化建设考核评估细则》,从 2005 年第 3 季度开始,将安全文化纳入安全质量标准化考核体系进行统一检查,检查结果与质量标准化季度奖励挂钩。2013 年 12 月,公司通过了质量、环境、职业健康安全管理体系认证注册,构建了安全质量标准化管理 4 个体系,并将其纳入安全文化建设范畴。

(2) 安全文化形于眼。按照统一规划、统一安装、档案管理、制度考核的原则,建立规范安全视觉识别系统,井下突出安全警示系统,地面突出安全文化氛围。在工业广场、区队车间、井下场所等安装牌板、灯箱、标语、标识,形成安全文化长廊,构筑安全文化环境宣传网络体系;设立班组安全文化墙,张贴员工全家福和安全嘱托,提醒职工关爱生命、关注安全。公司安全思想教育和宣传长年不断线,坚持开展"平安一季度""警示三月行""安全生产月""安全大整顿""百日安全"等安全宣传教育活动;广播电视、报纸、杂志、画廊、橱窗、板报、室外电子屏幕等传统媒体和新媒体优势互补,打造"互联网＋安全"学习模式,开设安全专栏,开展"安全微视频"、我的"安全大整顿"宣言微信点赞接龙、安全隐患随手拍等活动;组织拍摄了《岗位安全警示教育宣传片》13 部,在电视台循环播放并下发至各单位组织观看;《安全红

线》等警示教育片在电视台滚动播出,同时在网站和微信发布。组织矿井单位收看《煤矿安全规程》专题视频讲座。开展了"安者为王"安全知识电视挑战赛,在每年安全生产月期间举办"话安全、演安全、颂安全、保安全"安全文艺电视大赛,至2020年已连续举办17届;组织安全文艺专场演出、安全文艺小分队下基层赴内蒙古、陕西、新疆巡回演出,安全事故案例展览、安全法律法规咨询暨宣传教育一条街宣教活动,打好安全教育组合拳。

(3)安全文化融于口。开展安全巡回演讲、"安全为了谁"大讨论、"安全大家谈"、安全大讲堂、安全双向承诺、安全宣讲、安全知识竞赛等活动;发挥女工家属安全协管作用,形成了"候罐大厅亲情文化""安全教育亲子文化""安全教育暖心文化"。公司多次召开研讨会、课题评审发布会、推进会、座谈会,党政联合发文,先后对班前会、党员安全联保、宣讲会、讨论会和安全活动日等10余项安全教育形式和活动载体进行规范,征集安全格言警句,推行班组危险预知、员工安全档案、安全论坛、井下班前会、手指口述法等宣教形式,形成了安全文化人人讲,安全宣教常态化,员工积极参与的局面。

(4)安全文化记于心。统一印发了《安全理念宣传卡》《安全视觉识别系统手册(煤矿部分)》《安全文化培训手册》并组织学习宣传。开展安全征文、"千人安全承诺"签名、"三个一"学习、"离退休老党员教育子女监督安全生产""小红帽"社区巡视等活动。老党员与子女签订安全联保责任书,共同维护矿区安全稳定。

(5)安全文化化于行。公司坚持"安全第一、预防为主、综合治理"的安全生产方针,秉持"安全为天、生命至尊""安全是最大的政治、最高的责任、最佳的业绩、最好的和谐"的理念,把安全工作放在"高于一切、重于一切、先于一切、压倒一切"的高度抓好抓实。通过推进安全质量标准化、精细化、无尘化管理,强化"手指口述"法、标准化作业程序、规范员工行为等方式,培育安全文化,提升员工的安全意识、安全素质。

二、质量文化

坚持"质量为本、追求卓越"理念,确立了质量工作目标,即全体员工质量意识明显增强,各级管理者管理水平明显提高,各单位、各部门工作作风明显转变,管理短板或薄弱环节明显改进,形成企业重视质量、追求质量,人人崇尚质量、关心质量的良好局面。

(1)加强教育培训。宣贯"产品即人品""追求零缺陷""质量是发展、质量是效益、质量是生命"等质量理念,将质量意识贯穿到企业计划、重大决策和经营管理中,将质量价值观融入技术设计、生产制造、质量管理、产品销售各环节中,使重视质量、追求质量、崇尚质量、关心质量成为行动共识。

(2)健全质量制度。建立质量分析制度,完善全面质量审核体系,使之贯穿于整个业务和工作流程之中。抓好安全质量标准化工作,完善标准化管理体系和规章制度建设,确保质量管理融入企业管理全过程。推广和创新"6S"现场管理办法、精益管理等质量管理方法,企业的质量标准化、精细化和无尘化("三化")建设走在中煤集团前列。

(3)全面质量控制。改进质量信息管理手段,完善质量管理信息平台,推广和创新安全质量标准化、精细化管理、"6S"现场管理办法、目视管理、全面生产维护、精益管理、六西格玛等质量管理方法,提高产品质量、工作质量和服务质量,把质量作为提高顾客满意度、扩大市场占有率、提高竞争能力的手段。

(4)丰富质量活动。发挥QC(质量控制)小组作用,开展小建议、小革新、小攻关、小发

明、小创造等"五小"活动和"读一本质量书籍、组织一次 QC 小组活动、提一条合理化建议、分析一次质量事故案例、举办一次质量培训"等"五个一"活动。每年组织开展质量管理小组活动成果发布交流。自 1990 年以来,公司登记注册的质量管理小组达 6 163 个,其中 324 个为省、部级优秀 QC 小组,48 个为国家级优秀 QC 小组。各单位的 QC 小组围绕优化生产组织、降低采购成本、强化单耗管理、降低材料消耗、实现扭亏增盈等选题立项,抓住难题搞攻关,探准原因求对策,打造了"大屯煤""大屯铝""苏铝"等产品品牌,获得国家产品认证 200 余项、技术专利 300 多项。在保证上海宝钢用煤的前提下,大屯煤还出口到日本。相关机械产品落地于新疆、山西、陕西、河南、内蒙古等地。公司先后有 25 人次获得全国、江苏省、煤炭工业质量小组活动优秀推进者、卓越领导者称号;公司先后获得全国重合同守信用企业、全国煤炭工业质量奖、上海企业百强、江苏省先进单位、江苏省质量管理优秀企业、全国质量管理小组活动优秀企业、全国实施用户满意工程先进单位、全国质量管理小组活动 40 周年标杆小组、徐州市质量管理奖、徐州市质量奖等荣誉称号。

三、管理文化

坚持"市场导向　规范高效"理念,以经营机制转换为核心,以企业增效、岗位增值、员工增收为目标,以内部市场化建设为重点,规范完善市场化管理体系,拓展延伸市场化运作领域,建立"市场体系全覆盖、基础体系完善、支撑体系健全、运行成效彰显"的内部市场化管理体系。

(1)开展学亚星、学邯钢活动。1996—2000 年,公司实施"学亚星、学邯钢"倒推成本工作,主要领导带队前往潍坊亚星集团有限公司(简称亚星)、邯郸钢铁总厂(简称邯钢)以及兖州矿务局学习,随后制定了加强内部成本管理配套措施并在全矿区实施。2000 年 6 月 5 日,公司党委印发《关于开展学习推广亚星经验,深化改革、加强管理专题宣传教育活动的通知》。此后,降本增效活动在矿区持续开展,从未断线。

(2)推行内部市场化管理。2017 年,公司对标国内一流企业,导入精细化管理思想,以推行内部市场化管理为切入点,以市场机制撬动管理升级,对管理和激励机制进行革新。5 月 25 日,下发《推进公司内部市场化管理工作实施指导意见》,明确了实施步骤,成立了组织机构。6 月 14 日召开推进会,公司内部市场化管理工作全面启动,在首批试点单位推行以"内部市场化"为核心的精细化管理。建立了定额管理、价格管理、计量管理、结算管理等 4 大体系,把市场价值和价格理念引进企业管理中,对公司管理的流程和模式进行重塑,把经营管理向精细化、标准化、市场化管理推进和延伸。

(3)加强全面风险管理。2010 年 2 月,公司印发《关于开展全面风险管理体系建设工作的通知》,组建了领导小组、协调小组和工作小组,公司主要领导任组长。同年 3 月 9 日,召开全面风险管理体系建设动员大会,标志着风险管理体系项目正式启动。通过宣传道德诚信准则和风险意识,开展风险培训,培育风险管理文化,使员工树立"风险无处不在,风险无时不在,严格防控纯粹风险,合理利用机会风险,岗位上的风险管理责任重于泰山"的风险意识和管理理念。

(4)推行干部走动式管理。各级领导干部、管理人员把主要精力放在作业现场,按照精细化标准对作业现场、岗位操作实行全时空、全天候、全过程走动式管理,进行无死角、无缺漏的现场流程控制。制定走动式管理标准体系和调控考核体系,进行点线面分级认定、走动

时段与走动区域的时空闭合、责任落实考核及互动反馈,把干部跟班上岗提升为严密闭环的精细走动管理,依托信息化手段,促进现场管理科学化。

四、创新文化

坚持"科技创新、引领发展"理念,按照中煤集团"两商"战略及公司"4411"转型发展战略,深化科技体制机制改革,开展"双创"工作,加强国家级技术中心科技创新平台建设,加大研发投入,突破关键核心技术,加速科技成果转化,打造高水平科技人才队伍,持续提升自主创新、协同创新能力,开创公司科技工作新局面。

(1)依靠体系创新,提高自主创新水平。围绕主业,坚持关键技术创新,持续保障科技投入,推进创新体系能力建设,组织开展群众性岗位技术创新活动,形成了较为完备的技术创新体系。公司技术中心是煤炭行业首批国家级企业技术中心,是中煤集团内部3家国家级企业技术中心中唯一涉及煤炭生产技术研发的企业。所属实业公司建成了省级研发中心、省重点企业研发机构、省研究生工作站、国家认可实验室和市重点实验室等。公司取得煤矿、电力主要设备安全检修检测、技术服务等各类资质及生产许可证128项、安标310项。工程咨询公司拥有固体矿产勘查甲级、地质钻探甲级资质的优势以及"地质勘探"品牌影响力,在山西、蒙陕、新疆等地承揽的工程均赢得客户好评。构建了产学研用产业链创新体系。公司分别与中国矿业大学、安徽理工大学、山东科技大学等17所高校和科研院所建立产、学、研合作关系,重点在深部开采、湖下开采、冲击地压防治、井下辅助运输、矿井综合防尘等方面开展关键技术攻关;与中南大学签订铝合金产品研发协议,与东北大学签订科技合作协议,不断提升科技创新优势,提高市场竞争能力,推动产品结构调整升级。

(2)依靠机制创新,引领企业科技进步。公司采用"安全科技、经济科技、发展科技"的思路,对科技管控、科技项目管理、科技创新体系和研发平台建设、科技领军人才和创新团队建设等进行了全面梳理与优化,对科技管理制度和工作流程进行了修改和完善,形成了具有大屯特色的"经济科技"创新管理模式。

(3)依靠路径创新,推动企业安全发展。2005年,公司将党管安全纳入党委重要工作。2006年下发了《关于进一步落实党管安全责任的意见(试行)》,标志着公司开始对党管安全工作进行探索实践。2012年,对党管安全"为什么管""管什么""怎么管"等问题进行了专项课题研究,提出了"安全是最大的政治、最高的责任、最佳的业绩、最好的和谐""四最"安全政治理念(即安全哲学)。2014年4月,公司下发《关于进一步落实党管安全责任,促进安全生产工作的意见》,明确提出实施安全保障工程目标,创新建立党管安全的领导组织体系、目标管理体系、制度标准体系、投入保障体系、责任落实体系、评价激励体系六大保障体系,构建了"八管八抓"工作路径,即"管方向,抓保证监督;管干部,抓作风建设;管党员,抓作用发挥;管行为,抓素质提升;管思想,抓宣传教育;管引领,抓安全文化;管基础,抓班组建设;管群防,抓群众安全"。党管安全与安全生产标准化实现了四个同步,形成党政齐抓共管、工团紧密配合、全员参与的工作格局。2017年,公司确立了"五零"安全奋斗目标和"六严"安全管理标准。

(4)依靠方法创新,改进宣传思想工作。坚持围绕中心、内提品质、外树形象,融入管理、继承创新、构建和谐的思路,实施"五纵五横""五抓五提"四个"五"宣传思想工作法。"五纵五横",即以"安全、发展、改革、民生、党建"为五条主线,把握不同时期、不同阶段的工作重

心,发挥报纸、电视、杂志、网络、新媒体"五大媒体"特色功能,形成媒体联动、立体式宣传格局。"五抓五提",即在"抓引领,提升干部思想境界;抓教育,提升职工认识水平;抓典型,提升先模示范作用;抓研判,提升思想工作针对性;抓监控,提升网络舆情导控力"上下功夫,凝心聚力,服务企业发展。

五、创业文化

坚持"集智创业、共享发展"理念,优化煤炭主业,培育和建立核心竞争力,促进矿井持续稳定发展。培育接替产业,发展壮大非煤主导产业。以"两商"战略为依托,加快推进 11 个品牌项目建设,促进企业转型发展,打造新的利润增长点。

(1)艰难困苦创大屯。1970 年,建设者们在条件极其艰苦的情况下,不讲待遇、不讲条件、不等不靠,没有条件就创造条件,一人干两人活,一天当两天用,掀起了会战高潮。当年 10 月 3 日,机修总厂首先破土动工,发电厂、铁路处、徐庄煤矿等单位相继开工、投产。1987 年 11 月 20 日龙东煤矿的建成投产,标志着大屯矿区一期工程基本完成。"煤电运"综合经营模式享誉全国,被誉为"大屯模式"。

(2)第一轮走出去创业。2006 年,公司实施"走出去"发展战略。11 月 20 日,龙东煤矿赴内蒙古罐子沟煤矿创业的 56 名职工成为该矿"走出去"的第一支队伍。公司不断强化"走出去"发展意识,加快外出创业步伐,支持所属各单位走出去发展,从大屯本部外出山西、新疆等地创业的各类人员近千人。实业公司、发电厂、建安公司、工程咨询公司、铁路管理处等单位积极推进外部交流合作,扩大业务范围,主动承揽外部业务,拓宽了增收渠道,为确保企业不亏损做出了贡献。

(3)第二轮走出去创业。2013 年起,公司加快"走出去"创业步伐,鼓励职工"走出去"创业。煤炭板块近 500 人进驻门克庆煤矿、葫芦素煤矿项目,承包生产运营;电力板块赴新疆、山西、陕西等地区参与中煤集团电厂项目建设、维修维护等业务;实业板块承接了中煤鄂尔多斯能源化工有限公司脱盐水项目,标志着水处理业务从矿井水、生活污水处理延伸到化工水处理业务;铁路板块参与中煤集团鄂尔多斯大化肥铁路线建设;工程咨询板块承揽煤矿勘探、防治水等业务;建筑安装、培训等业务板块也积极组织人员走出去创业创收。

(4)第三轮走出去创业。2016 年初,中煤集团提出"两商"战略,为公司转型发展、提质增效、开拓非煤领域、创新商业模式指明了方向。2017 年,中煤集团党委书记、董事长李延江来公司调研,提出了"稳住本部、优化外部、努力转型、区域融入"的要求。2018 年 12 月,公司将"4411"确定为发展战略,以打造电力运维、水处理运维、铁路运维、地质勘探防治水、检验检测、产业园区、教育培训等 11 个品牌项目为抓手,坚持"专业化、品牌化、高端化"发展原则,内整资源,外拓市场,探索创新,提高了核心竞争力。先后制定下发了《关于加强专业化品牌项目建设 促进公司转型发展的通知》《关于公司 2018 年"品牌项目建设、促进转型发展"工作的实施意见》及配套管理考核办法,明确建设目标、节点任务及责任人,建立"月度总结,季度、年度考评通报"考核机制,确保品牌项目建设稳步有序推进。各品牌项目不断发展壮大,业务范围辐射淮海、蒙陕、山西、安徽、新疆等地区。

2018 年,公司成立电力工程公司、水处理科技公司、铁路工程公司,提升资质水平,开拓山西、内蒙古、陕西、新疆等区域市场。电力运维、铁路运维、水处理运维、地质勘探防治水、

检测检验等品牌共承揽外部项目 120 余项,实现营业收入 12 亿元,利润超过 1 亿元。

2019 年,公司明确了品牌项目发展方向,加快推进、提档升级。全年签订合同 288 份,合同金额达 7.12 亿元,其中外部合同 122 份,金额 3.22 亿元。电力工程公司成功签订和续签大同能源公司煤矸石发电厂机组 A 级检修等合同 26 份。铁路工程公司签订中煤西北能源公司尿素铁路专用线维保等合同 40 份。工程咨询公司签订平朔一矿奥灰水治理工程等 91 个合同。水处理科技公司签订了沛县市政污水运维等合同 18 份。中煤职业技术学院在公司本部承接了中煤集团法律培训等 14 个培训班,在新疆呼图壁县的 106 煤矿,山西省晋中市的中煤晋中能化公司以及内蒙古鄂尔多斯市的葫芦素煤矿、门克庆煤矿设立了培训站点。

2018—2019 年,能源综合服务业收入达 45 亿元,占比达 23.8%,其中品牌项目单位承揽外部项目 120 余项,产值 8.5 亿元,利润突破 5 000 万元。截至 2019 年底,能源综合服务业 95 项产品列入中煤集团内产物资生产与认证目录,25 项设备与资产维修、生产运营、技术咨询服务项目列入 2019 年中煤集团生产服务目录,拥有各类资质及生产许可 80 余项,安标 310 项,资产达到 11.3 亿元以上,从业人员 7 000 余人,其中外出人员 2 600 余人。

2020 年,公司进一步深入推进品牌项目建设,印发品牌项目提升工作方案和季度任务分解表。截至 3 月底,7 家品牌专业化公司新签订合同 76 份,合同金额 29 564.13 万元,其中外部合同 21 份,合同金额 8 894.4 万元。

六、和谐文化

坚持"人和、道和、业和、行和"理念,初步建立适应社会主义市场经济发展和煤炭市场竞争需要,符合企业中长期发展战略,体现先进生产力发展要求和公司员工根本利益,具有公司特色的和谐文化管理体系。

(1)培育"和"文化理念,夯实"和"文化根基。按照"反映时代精神、融入中煤文化、体现历史积淀、凸显大屯特色"的原则,宣贯社会主义核心价值观,培育塑造"和"文化理念,强化"人和、道和、业和、行和"的文化意识。坚持企业即人、文化是魂、人企合一的理念,从企业和员工尊重包容、信任支持、合心合拍、和谐发展以及实现员工价值出发设计企业发展战略框架,构建员工与企业命运共同体,培育和睦和谐、尊重包容、并蓄兼容、共进共赢等观念,把生产建设和企业改革发展的实践作为培育"和"理念的课堂,建立和健全和谐文化建设领导体系、责任体系、教育培训机制、考核评价机制、资金保障机制和成果转化机制并进行检查、指导和督促。

(2)完善"和"文化制度,强化"和"文化管理。在"和"文化建设中赋予制度的规范性,促进"和"文化与企业规章制度相辅相成。在人和方面,健全完善思想教育、人才培养、工资增长、福利待遇、扶贫帮困、走访慰问等制度;在道和方面,健全完善风险决策评估、集体领导、集体决策、"三重一大"等制度;在业和方面,建立健全民主管理、厂务公开、资源开发、节能减排、环境保护、投资兼并、战略合作等方面制度;在行和方面,健全完善队伍建设、行为规范、激励约束的各项规章制度。

(3)开展"和"文化教育,促进"和"行为养成。突出精神引领、行为规范、形象塑造,以"和"凝心、以"和"聚力、以"和"兴业,广泛开展行为规范的教育、养成活动,使行为规范深入人心、广大职工耳熟能详、身体力行,形成讲团结、讲包容、讲协作、讲正气、和谐共生、和谐共

赢的氛围。加强人文关怀,注重心理疏导,成立"阳光大屯"心理咨询服务机构,定期开展现场咨询服务活动,对员工心理进行调查分析,对重点关注人员建档,及时进行心理干预,帮助员工舒缓情绪,释放压力,使之契合于企业的主流价值观。利用班前会、周会等形式,组织职工学习企业价值观、企业战略愿景、企业经营理念,利用重大节日举行升旗仪式,利用会议播放企业歌曲等,不断强化大屯人"人和、道和、业和、行和"的文化意识。

(4)抓好塑形工程,壮大"和"品牌效应。开展道德讲堂、"和谐人生"教育。"精神文明建设新人新事"评选是公司深化文明创建、推动和谐大屯建设的主打品牌。2002年,公司举办了首届精神文明建设新人新事评选,截至2019年共举办了10届,跨越18个年头,共评选产生了96名先进个人和集体。健全和完善了员工培训中心、传统教育基地、文化体育场所、图书馆等文化设施,设立了和谐文化广场,坚持每年举办"和"文化纳凉晚会,经常开展和谐文化征文、书画展、演讲比赛、文艺演出等活动。在民生工程建设上,建造了6 400余套新城嘉苑安居住房,同时谋划建设3 000套保障房,解决公司职工住房难的问题。近年来,每年推出"十大民生工程",解决职工生活难题,打造宜居环境,提升职工生活品质。主动承担并认真履行社会责任,广泛开展"一日捐"、扶贫济困送温暖、"金秋助学"等活动,实行大病基金救助,帮扶弱势群体,塑造勇于担当、服务社会、报效国家的良好企业形象。公司被评为全国职业健康先进单位、全国"安康杯"优胜企业、全国厂务公开先进单位、中国扶贫基金会爱心包裹项目突出贡献奖、江苏省思想政治工作优秀企业、中央企业厂务公开先进单位。姚桥煤矿、徐庄煤矿、龙东煤矿成为首批进入"中国最美矿山"名录的企业。

七、廉洁文化

坚持"遵纪守法、廉洁从业"理念,持续提升各级领导干部和广大员工的廉洁从业和廉洁自律意识,使廉洁文化核心理念内化于心、固化于制、外化于行,将廉洁文化软实力转化为企业竞争优势,为打造"三清"大屯提供文化支撑。

(1)制定工作规划。1991年以来,公司坚持把党风廉政建设作为公司健康发展的前提,把党风廉政建设责任制融入安全生产、经营管理全过程,坚持同部署、同落实、同检查、同考核。2019年,公司启动"管理清正、干部清廉、政治清明"的"三清示范区"建设,以系统性、创造性、实效性为基本原则,将廉洁文化建设贯穿始终,制定"三清示范区"建设动态指标评价体系,开展定性定量考核,初步建成了六大体系,实施了干部执行力提升、党性教育、"破零"、正风肃纪等四大工程,选树和推广了一批有特色、有效果的"三清示范区"。

(2)完善制度措施。先后建立了《合同履行报告制度》《年报信息披露重大差错责任追究制度》《国有企业领导人员廉洁从业若干规定的实施办法》等内控管理制度,规范了党员干部从业用权行为,形成了廉洁文化建设长效机制。

(3)发挥廉政教育基地作用。2009年,公司首个廉政教育基地在拓特厂落成,公司纪委分批组织中层干部前往接受廉政勤政教育,开展领导干部任前教育。2017年以来,公司在徐州监狱、山东运河监狱(图14-1-7)、沛县看守所建立了廉政警示教育基地,两级党委分批组织党员领导干部和人财物关键岗位人员到监狱、看守所及沛县检察院廉政展厅接受教育,组织干部代表观看庭审现场。

(4)丰富活动载体。抓好廉洁文化景观标识系统建设,设立廉洁文化活动场所和设施,在各单位建立了廉洁教育室、栏、窗、廊,打造廉洁文化示范窗口和平台。组织开展新任中层

图 14-1-7　2018 年 8 月,公司组织机关人财物管理人员到山东运河监狱接受廉政勤政教育

干部及人财物重要岗位人员集体廉洁谈话,开展廉洁承诺,分层签订《廉洁从业承诺书》,不断丰富廉洁文化建设活动载体。

（5）开展廉洁文化活动。组织廉洁题材的文艺、文学、微视频、书法、绘画、摄影作品、短信、格言、警句等创作活动,通过廉洁文艺演出、征文、书画摄影展、微视频作品展播、演讲比赛、廉政党课等形式,增强廉洁文化的影响力和感染力。开展"诚信守法经营,共谋企业发展""讲法制,树新风""法在心中,文明出行"等法制专题活动,在党员领导干部中开展"监督、查处与关爱党员干部的关系"大讨论,2 000 余人参加讨论并撰写了心得体会。长年开展以"纪委书记讲一次廉洁党课""举办一次预防职务犯罪警示教育"等为主要内容的廉洁文化"十个一"系列活动。

八、班组文化

坚持"爱岗精业、务实创新"理念。以实现持续安全生产为核心,以激发基层活力、提升综合素质能力为重点,创建"体系化建设、全员化落实、自主化管理、常态化创新、品牌化模式"的班组,培养一支技术精、管理强、素质高、作风硬的基层队伍,将班组打造成为员工的"成长舞台、成就摇篮、精神家园和乐业福田"。

（1）加强班组文化建设。推广班组职工岗位"手指口述"法,开展了"上标准岗、干标准活、做安全人"和班组团队建设活动,形成了班组文化建设模式。建立班组文化名片,引导员工建立统一的愿景和价值观。加强员工关爱,关注一线员工日常思想动态,满足员工合理需求。立足班组实际,组织开展各类文化活动,提升班组凝聚力。

（2）加强班组制度建设。相继出台了《班组管理实施办法》《班组管理考核细则》《班组管理规章制度》等 10 多个规范性文件,实现了班组管理流程化、制度化、科学化、信息化。创建安全合格班组率达到 100%、优秀班组率达到 50% 以上。各基层单位建立完善了班组管理季度例会、月度抽查、季度考核、科队月度例会、月度检查考核等 10 多项班组管理规定。

（3）加强班组组织建设。建立从公司到车间的三级班组管理指导委员会，形成了工会牵头主抓，有关部门协调配合，基层科队落实，全员参与的新格局。截至2019年年底，公司共有班组1 480个，科队级班管委260个，厂矿级班管委19个。实施以"4344"为主要内容的班组管理法，形成了公司、厂矿处、科队、班组"四级阶梯"管理模式，建立了公司、二级单位、班组三个层级的垂直管理制度，严把准入关、培训关、聘用关、考核关"四个关口"，建立了班组数字化综合管理平台、班组定期检查制度、班组考核通报制度、班组评比奖惩制度，不断完善"四个程式"的奖惩考核机制。研发了班组数字化网络综合管理系统，实现了班组台账无纸化、管理规范化、班组信息化、内容系统化、考核数据化、评比公开化。开展班组质量标准化达标竞赛活动，公司及8家二级单位先后获得全国"安康杯"竞赛优胜企业称号，7家二级单位获得江苏省、上海市"安康杯"竞赛优胜企业称号，20多个班组获得省、市级"安康杯"竞赛优秀班组称号。姚桥煤矿采煤三队班长闫凡华被授予"全国煤炭行业十佳班组长"，并获得"全国五一劳动奖章"；徐庄煤矿赵呈坤班连续35年未发生二级以上机械设备和人身伤亡事故，年年超额完成任务，被授予"全国煤炭行业十佳班组"荣誉称号。

（4）推行新班组建设。2017年9月20日，公司召开新班组建设启动会，明确了"以党建为统领、以安全为核心、以文化为主线、以班建为抓手"的工作思路。

2018年初，公司新班组建设项目获得了中煤集团的批准。3月起，公司安全监察局主抓新班组建设工作，确定以徐庄煤矿、发电厂、铝板带厂、选煤中心4家单位为试点单位。6月20日，印发了《公司试点单位新班组建设实践转化阶段工作方案》。6—12月，共召开公司层面的主题推进8次，相继出台《公司新班组建设实施阶段工作指导意见》《关于贯彻落实公司新班组建设试点单位中期兑标观摩会议精神的通知》《关于进一步促进新班组建设工作的通知》等文件。10月19日，在徐庄煤矿召开新班组建设中期兑标观摩会，对4家试点单位10个优秀推进班组、9名优秀组织推进人员进行了表彰。

2019年初，公司分三个层级确定新班组建设试点单位：第一层级试点单位（徐庄煤矿、发电厂、铝板带厂、选煤中心）、第二层级试点单位（姚桥煤矿、孔庄煤矿、龙东煤矿）和第三层级试点单位（其他生产建设单位）；印发《2019年全面推进新班组建设管理工作实施考核办法》和5项主要的配套考核评价标准。1—5月开展了为期63天的脱产专项培训，1 400余人参培。5月10日印发《公司第二层级单位新班组建设实践转化阶段实施方案》。5月24日召开新班组建设成果总结会，对第一层级4家试点单位、10个优秀推进班组和13名优秀组织推进人员进行了表彰。6月，对公司第二层级单位矿长、书记等共计70人进行了培训。开展了第二层级单位班前会创标建模分享会、新班组建设组织推进专项培训、推进团队专项沟通会、兑标分享会。

从2020年一季度开始，公司安监局坚持开展月度检查和季度考评，表彰优秀，推动创建。

九、群众文化

坚持"全员参与、自娱自教"理念，以"节日大型文艺活动为主，小型文艺活动不断线；体育赛事月月有，扩大员工参与面"为原则，以"促进交流、陶冶情操、快乐工作、提升形象、培育精神、凝聚人心"为目标，提升群众文化建设的覆盖面和共享度，通过丰富多彩的群众文体活动，唱响主旋律、传递正能量，提升广大职工的归属感、荣誉感、获得感和幸福感。

（1）加强阵地建设，整合文化资源。整合文化阵地，加强广场、主要街道及居民区的牌板环境建设，先后在12个居民小区建立了文化活动室，以车间、区队、厂矿、社区活动中心为主阵地开展文化活动。通过整合文化资源，完善了培训中心、文体场馆、图书室和多功能活动室等文化设施，投资100余万元改造了3D电影院，完善了体育场、颐园、文体馆等活动场所。

（2）发挥协会作用，丰富文化生活。建立健全了体育协会、作家协会、影视协会、书画协会、音乐舞蹈协会、演讲、桥牌、集邮、信鸽、老年、篮球、象棋围棋、羽毛球、乒乓球协会等，成立心理咨询服务团队，实施"职工阳光心理工程"，发挥图书馆、俱乐部、职工之家、老年活动中心、社区文化场所的作用，定期开展职工书画展、摄影展、集邮展等，每年举办元旦万人长跑活动、职工田径运动会、"乌金杯"篮球赛等群众文化活动。截至2019年，"乌金杯"篮球赛已举办40届，"高伦杯"桥牌比赛已举办38届。此外，"夏夜纳凉电影放映季"、职工钓鱼比赛、游泳比赛、趣味运动会、职工运动会、拔河跳绳等活动也深受职工群众欢迎。龙东煤矿等多家单位获得"全国煤矿全民健身活动先进单位"称号，公司获得国家体育总局颁发的2009—2012年度"全国群众体育先进单位"称号。

（3）深化文化活动，打造亮点品牌。拓展群众文化形式和内涵，提高文化活动的质量和品位，逐步形成了以纳凉晚会、"乌金杯"篮球赛、春节大型民俗活动、"职工健步走全民健身活动"等为内容的广场群众文化，以职工业余艺术团、职工合唱团为主体的团队群众文化，以文体馆、多功能厅为阵地的场馆群众文化，打造了颐园文化广场、体育活动广场、大屯电视春晚、安全文艺大赛、联欢晚会、歌咏大会、焰火晚会、大型灯会、广场舞等群众文化活动品牌。

（4）创办老年大学，拓展老年文化。2011年5月，创办老年大学，设立多媒体教室，配备投影仪等教学设施，先后开设电脑、音乐、舞蹈、器乐、剪纸、书法、绘画、太极拳、养生保健、文学讲座等13门课程，日常教学达到12个班级，截至2020年3月底共培养学员4 681名。2013年，中央电视台慕名而来，录制了老年大学教学过程、成果并在《夕阳红》栏目播出。2017年1月，老年大学被评为徐州市示范老年大学。公司成立了矿区"金手杖"助老服务中心，开展"爱心敲门""爱心话聊"、代理事务等活动，提供助餐、助洁、助购、助医服务，形成了居家养老模式。成立老年合唱团和老年书画、舞蹈、太极、乒乓球、台球、戏曲、民俗、钓鱼等13个老年协会，每年举办1至2次大型老年文体活动，重大节日举办联欢会、迎春文艺汇演。2008年至2019年底，先后举办矿区老年艺术节、离退休职工运动会、百人老年大合唱、老年舞蹈大赛、老年书法绘画作品矿地联展、老年才艺展演大赛，公司活跃着民俗、舞蹈、戏曲、器乐、大合唱、太极拳、乒乓球、门球、书画、杂耍等多支老年文体队伍。30多个老年活动场所全年全天候开放，开设报刊阅览、棋牌、麻将、球类、健身等10多个项目，成为老年人谈心、交友、沟通的乐园。关心关爱退休职工，节日期间，对老劳模、老干部、老工伤、老病号、老工人进行走访慰问，寄发慰问信，发放慰问金、慰问品，为老年群体办实事，为生活困难的老职工办理困难补助；每年为70周岁和80周岁的老人送生日蛋糕和祝寿金；先后为4 000多名离退休人员办理了江苏省敬老证，每年为千余名离退休老同志办理和更换公司公交免费乘车证。与徐州"俏夕阳"旅行社长期合作，组织去台湾、港澳等地旅游，使公司离退休职工老有所养、老有所医、老有所教、老有所学、老有所为、老有所乐。

（5）培育文艺人才，活跃矿区舞台。1990年12月，举办了矿区首届声乐大奖赛，至2019年，共举办了18届。举办声乐舞蹈和器乐培训班，选拔年轻职工接受专业培训，培养、

培训后备人才 100 余名。

十、感恩文化

坚持"情义在心、感恩在行"理念，企业感恩员工的信任和支持，不断健全规章制度，改善工作环境，提高薪酬待遇，办好民生工程，创造美好生活，使全体员工共享企业发展成果。员工感恩企业提供就业机会和施展平台，关心企业发展，践行爱岗敬业，积极投身改革，讲求无私奉献，努力为企业创造更多价值。员工之间相互关心、相互理解、相互帮助、相互支持、相互感恩，对工作积极支持，对过失宽厚包容，对帮助心存感激，对进步加油点赞，努力营造团结互助、重情重义、荣辱与共、和谐向上的良好人际关系氛围。

（1）突出感恩主题，营造文化氛围。2018 年，开展"感恩大屯、珍惜单位"大讨论活动。9 月，举办"解放思想、深化改革、促进发展、感恩大屯"主题演讲比赛，选手们以鲜活故事讲述大屯人在应对挑战、攻坚克难、推动企业发展中的引领和示范作用，歌颂爱国爱党、爱岗敬业、奋力拼搏、无私奉献的高尚情怀和优秀品质，展望公司光明前景，表达爱国爱企心和感恩之情。

（2）主打情感路线，凝聚大屯力量。2018 年、2019 年坚持开展"老家大屯"主题文化传播活动，制作外地英才名录，建立"老家大屯"人员联系群 22 个，开展了"天南地北大屯人"有奖征文、"老家大屯"主题设计竞赛，制作播出了"老家大屯"MV 及专题片，圆满召开了两次大屯英才外地代表新春座谈会，来自北京、上海、新疆、香港及海外的英才代表汇聚一堂，为企业发展建言献策。

第五节　文　学　创　作

1985 年初，公司工会文化馆创办的内部报刊《采光》创刊，成为公司文学爱好者最初的创作园地。

1990 年 7 月 18 日，大屯矿区开发建设 20 周年，《大屯工人报》创刊，从此，副刊成为大屯职工学习交流创作的主阵地。30 年来，该报共出版 2 921 期，副刊发表文学作品 23 000 多篇。报社经常举办各类文学作品征文，推出散文诗歌小说等专版并进行年度评奖。《工人日报》《中国煤炭报》曾对大屯职工的文学创作进行报道。

2015 年 12 月 25 日，公司作家协会成立，标志着大屯公司的文学创作进入了新的发展时期。中国煤矿作家协会主席、著名作家刘庆邦，中国煤矿作家协会秘书长姚喜岱，《中国煤炭报》副刊部孙宝福专程到会祝贺。张进担任作协主席，张玉党、吴允锋、陈敦海、张国志担任副主席，协会会员 50 余人。作家协会每年组织 2 次文学创作沙龙，定期出版文学刊物《微山湖畔》。

2018 年，公司作家协会推荐 5 名作者参加了鲁迅文学院和煤矿作家协会联合举办的高研班，学员们均在《阳光》杂志发表了作品（图 14-1-8）。

2019 年初，公司作协与沛县作协联合举办了"奔向春天"诗歌朗诵会及庆祝新中国成立 70 周年等活动。

大屯文学事业的蓬勃发展，吸引了国内外知名作家的关注，刘庆邦、叶辛、赵本夫、梁晴、凌鼎年、徐迅、赵瑜、王周生等先后到大屯授课。《中国煤炭报》推出了大屯文学创作专版。

图 14-1-8　大屯作协鲁迅文学院首届煤矿作家高研班学习成果分享会

　　大屯的作家和文学爱好者热爱生活,他们扎根矿山、讴歌时代、勤奋笔耕,在全国各地媒体发表了大量文学作品。

　　中国作家协会会员张国志(笔名白丁)出版了小说集《结束或者开始》《握住你的手》,散文集《我的太阳》《辞旧迎新》;完成了长篇烈士传《信仰的力量》。2019 年,张国志参加中国作家协会组织的定点深入生活活动,前往新疆煤矿工作、生活了 4 个多月,完成了长篇纪实文学《春回矿山》,受到中国作协创联部表彰。有 4 篇作品获全国煤矿文学乌金奖,1 篇作品获江苏省文学最高奖——紫金山文学奖。

　　江苏省作家协会会员出版作品集的有:吴允锋出版诗集《沉浸》《次悲伤》,获上海诗歌奖;孙文娟(笔名如月)出版诗集《低飞的词语》,获阳光文学奖、水利部征文奖;侯宪英出版散文集《随遇而安》。中国煤矿作家协会理事古红香出版了作品集《纤纤兰花指》。还有部分作者的作品在《新华文摘》《小说选刊》《中国作家》《诗刊》等国内知名文学期刊刊载。

　　截至 2020 年 6 月,大屯公司共有中国作家协会会员 2 人,江苏省作家协会会员 4 人,中国煤矿作家协会会员 30 余人。

第六节　文化成果

　　2013 年,公司发布了《企业文化手册》《企业形象视觉识别系统(VIS)》《企业文化建设优秀成果集》《煤城故事》和《我们的榜样》新人新事专题片。同年,《大屯煤电集团公司企业文化体系建设研究与实践》获得中国思想政治工作研究会优秀研究成果三等奖、中国煤炭企业管理现代化创新成果二等奖、江苏省 2013 年优秀课题一等奖、江苏省政研会优秀研究成果一等奖,并参加了中央企业第 12 课题组进行了成果交流。《安全文化体系建设研究与实践》获得中煤政研会优秀研究成果一等奖、煤炭企业管理现代化创新成果二等奖。《思想政治工作研究》杂志介绍了公司"五项工程"推进企业文化落地经验。以"最美矿山"姚桥煤矿、"我们的榜样"新人新事评选、煤矿安全系列警示教育片、最具感染力企业故事《大漠旗帜》、"煤亮子"组合央视展演、广场纳凉晚会等文化符号为代表,各项子文化建设卓有建树,公司企业

文化建设品牌享誉全国。

2015年,公司被中国文化管理协会授予"中国企业文化建设优秀单位"荣誉称号,歌曲《和谐中煤一家亲》和《美丽大屯》分别荣获"最美企业之声"银奖和铜奖,《大漠旗帜》被评为"最具感染力企业故事"。摄制的中煤集团宣传片《梦想中煤》,得到了中煤集团领导的肯定。

2016年,《公司创新文化的探索和实践》入选国资委《中央企业创新文化优秀案例》,并在《中国企业文化》上刊载。

2018年,公司获得中国企业文化研究会颁发的"融媒体语境下最具品牌传播力企业""融媒体语境下企业文化与品牌传播创新优秀单位""融媒体语境下企业文化与品牌传播创新优秀媒体"3项大奖;获得"新时代企业文化建设优秀单位"荣誉称号。同年12月,中国企业文化促进会召开年会,公司选送的《中煤集团大屯公司企业文化体系建设》《以子文化建设促进企业文化落地生根》《"6+6+6"安全文化建设模式的探索与实践》三项成果,入编《改革开放40周年企业文化建设优秀成果选编》。《"6+6+6"安全文化建设模式的探索与实践》获得2018年度"全国安全文化优秀论文一等奖"。

2019年,公司参与了中国文化管理协会《新时代国有企业党建＋企业文化工作指南》标准的起草工作,获得了"新时代党建＋企业文化实践创新标杆"称号,《根深枝繁叶更茂 和谐大屯硕果丰》获得中国文化管理协会"新时代党建＋企业文化实践创新成果"。《企业转型发展中外部创业人员宣传思想工作的研究与实践》获得江苏省思想政治工作课题研究优秀成果一等奖。

2018年、2019年,包正明代表上海能源在北京人民大会堂发布了上海大屯能源股份有限公司社会责任报告。公司两次获得"全国煤炭工业社会责任报告发布优秀企业"称号。

2020年6月,制作完成《2019上海大屯能源股份有限公司社会责任报告》。

第二章 文明创建

第一节 制度建设

从 20 世纪 80 年代起,文明单位创建工作在矿区全面开展。20 世纪 90 年代,文明单位建设和企业达标升级紧密结合,既有中短期规划,又有年度创建要点。

1990 年,公司被授予江苏省文明单位之后,制定出《1990—1992 年社会主义精神文明建设规划》,从培育"四有"职工队伍、加强职业道德建设、开展法制纪律教育、发展科技教育事业、开展文化体育活动等 10 个方面绘制了现代化新型矿区蓝图。

1991 年,为落实《1990—1992 年社会主义精神文明建设规划》,公司制定了《精神文明单位验收标准及考核办法》。同年 6 月,公司党委下发《关于加强矿风建设的意见》,倡导和培育爱矿如家之风、甘于奉献之风、艰苦创业之风等"八风"建设。10 月 4 日,公司获得"江苏省文明单位"称号。

1992 年 2 月 26 日,公司成立文化工作委员会,下设文学创作、美术书法、音乐舞蹈、摄影、集邮、演讲、桥牌、信鸽等 10 余个兴趣协会。同年,公司制定了地面单位六好区队考核标准及评分办法并下发施行。

1993 年,公司把精神文明建设规划纳入总体发展规划,修订了文明单位考核标准和六好区队考核办法,在 4 个煤矿建立"自我约束机制、民主管理机制、齐抓共建机制、利益驱动机制、思想保证机制、平等竞争机制""六种机制",初步形成了"四、五、六"系统工程。把综合治理工作作为精神文明建设的主要内容来抓,实行综合治理一票否决制。

1994—1995 年,修订文明单位建设考核细则,同步推进创建六好区队、文明单位和培育四有职工队伍,开展"优质服务文明窗口竞赛"等活动,制定职业道德规范和文明职工守则。

1996—1997 年,开展了精神文明建设现状调研活动,制定"九五"精神文明建设规划(草案),公司和各单位建成了一批体育、文娱场所。下发了《公司"九五"期间社会主义精神文明建设规划》,对精神文明建设总体目标、培育"四有"职工队伍等 9 个方面、38 项工作进行了安排部署。同年,建立起精神文明建设管理和运行机制,明确了党委、行政、工会、团委、精神文明建设指导委员会和创建办公室的 6 项主要职责。

1998—1999 年,制定了《创建文明矿(单位)的实施意见》,把各项检查、评比统一纳入创建文明矿(单位)的 12 个方面,初步实现了两个文明建设一起部署、一起检查、一起评比表彰。出台了《创建文明小区实施意见》,开展了创建文明村、文明楼、文明户活动,孔庄煤矿被江苏省授予"安全文明小区"称号。重新修订文明矿(单位)考核实施细则和"六好"区队考核实施细则。基层单位将考核内容层层分解,在抓好"六好"区队、"五好"班组建设和培育"四有"职工队伍及落实本单位创建目标任务上下功夫,形成了良好的领导机制、考核机制、包保机制和运行机制。

2000 年,公司开展"倡导文明新风,共建美好家园"活动,把"管理质量效益年"和庆祝大屯矿区开发建设 30 周年活动相结合,突出思想道德教育主线,建立健全小区志愿者服务网络、文体活动网络和科普宣传网络,开展了"三德"教育、"家庭读书竞赛"活动。

2001—2005 年,公司下发《关于建立公司精神文明建设指导委员会专业指导组的通知》,成立了文明单位创建、理论学习与宣传教育、企业文化建设、青少年学生教育、社会治安综合治理、文明小区建设、科技教育环保卫生、党风廉政教育、离退休人员教育、群众文体工作 10 个专业指导组并明确了职责,形成了以建设"四有"职工、"五好"班组、"六好"区队为主要内容的包保机制。4 个矿、地面生产单位和辅助单位开展红旗"六好"区队、星级班组、首席技工评先等创建活动。坚持月检查考核、季评比,并把多种评比纳入"六好"区队创建活动中。

2006—2010 年,公司明确了精神文明建设 4 大工作目标,提出了 8 大工作任务,分解任务到单位、明确责任到部门。起草了联合开展文明单位(矿)检查评比的意见并开展了检查验收,按照《江苏省文明行业、文明单位创建管理规定及测评标准》,修订了《文明创建考核实施细则》。

2011—2015 年,修订完善了《公司创建文明矿(单位)考核细则》,编制了工作计划,确定了 8 项活动和 4 项保障措施,对考核排名靠前的 12 个单位授予文明单位,首次命名表彰了 2 个文明单位标兵。

2014—2017 年,调整了精神文明建设指导委员会,评选出 5 家公司级文明单位,3 家江苏省文明单位在江苏风采在线平台发布了社会责任报告。选煤中心获得 2017 年"全国职工书屋示范点"称号。

2018 年下发了《关于新时代下深化群众性精神文明创建活动的实施意见》《关于成立文明城市创建工作领导小组的通知》《公司文明单位考核办法》等文件,启动深化"6S"管理、"最美大屯"文明单位创建工作。

2019 年,公司提出创建全国文明单位的目标,启动"最美大屯"文明单位创建工作,成立检查组不定期赴基层单位检查、督导。同步建立"最美大屯"文明单位创建网络平台,及时推介优秀创建做法,曝光创建中出现的问题,与企业所在地"三城同创"协调配合。同年,公司及姚桥煤矿分别获得"江苏省文明单位"称号。

2020 年,根据《全国文明单位测评体系(2017 年版)》,公司制定下发《2020 年文明单位创建工作方案》《公司文明单位考核细则(试行)》,分为理想信念教育、社会主义核心价值观宣传教育、思想道德建设、党组织建设和党风廉政建设、文明优质服务、学雷锋志愿服务、诚信建设、文明风尚行动、家庭文明建设、法治建设、文化体育活动、优美环境建设、帮扶共建活动、保障员工权益、创建工作机制共 15 个方面,采用百分制、每半年进行一次集中考核,将被考核单位分为三档,一票否决扩充到 10 项,明确三档考核加分项。

第二节　创建活动及成果

1991 年,公司分三个层次、四个阶段开展"社会主义好"宣教活动,举办"社会主义大家谈""社会主义在家乡"等一系列专题活动。各单位从基层区队入手,扩大教育面,加强考核,广播播出"社会主义好"主题稿件 1 546 篇,展出黑板报 402 期,下发调查问卷上万份,先后

进行演讲 336 场次,4 493 人参加了知识竞赛,收到论文、征文 771 篇,办班培训 108 期。8 月 9 日,召开"社会主义好"宣传教育总结交流会,姚桥煤矿、龙东煤矿、徐庄煤矿等单位做了经验介绍。

1992 年,公司开展职业道德、文明礼貌和争创文明窗口、文明职工活动,举办科技宣传周,组织文艺小分队深入车间、区队演出 15 场次。春节期间,各单位开展游艺、体育和民间艺术活动,举办灯展和焰火晚会。工会、党委宣传部、电视台、团委联合举办了纪念毛主席《在延安文艺座谈会上的讲话》发表 50 周年大型文艺演出。龙东煤矿、机修总厂、建安公司和选煤厂被评为徐州市精神文明先进单位。

1993 年,开展了"学雷锋、树新风、做文明职工"和"文明用语、文明乘车、文明就餐、文明服务、文明生产、文明一条街、争创一流水平"等活动。制定文明职工手册和职工行为规范。开展"纪念毛泽东同志诞辰一百周年"活动,举行纪念大会和各种座谈会,编排文艺节目,摄制《心中的太阳永不落》电视片,举办电视周、集邮展、毛泽东同志诗词书法展等活动。添置活动器械,开辟活动场所,全年开展 10 多个项目近 200 场次文体活动。抓好综合治理,开展普法教育,订购 8 000 册《经济法律法规》并组织职工学习《全民所有制工业企业转换经营机制条例》。召开文明单位座谈会,对龙东煤矿等 8 家单位进行了表彰,推荐徐庄煤矿等 4 个单位为徐州市文明单位。7 月 10 日,公司获得 1991—1992 年度江苏省文明单位称号。同年,公司被评为全国群众体育工作先进单位。

1994 年,在节假日或重大庆典活动中举办文艺汇演、电视周和各种兴趣活动。对中心区的村名、路名进行了征集和命名,中心区各村实行了公寓化管理。矿区有线电视收视节目由 8 套增至 18 套,公司电视台节目专栏由 2 个扩充为 6 个,做到 24 小时节目不间断。《党的工作》实现月刊,开辟 10 多个栏目。对哄抢煤炭的行为实行专项治理,规范中心区道路秩序,整顿内部治安,打掉了 4 个流氓团伙,破获刑事案件 43 起,查处治安案件 190 起,治安处罚 258 人次。公司设立"见义勇为奖",严格后进帮教,56 名重点帮教对象转化明显。举办了第六届科普宣传周,召开了"六好"区队建设座谈会,成立了"学理论、学文化、学技术""三学"小组和"科技、社区服务、医疗保健"等 16 支青年志愿者服务队,公司青年团员为"希望工程"捐款 1 325 元、捐助学习用品 4 000 余件。

1995 年,举办了首届家庭演唱会、《欢乐大世界》综艺晚会等活动。开展住宅区绿化美化工作,增设宣传画廊,为矿区文化宫添置娱乐设施。《大屯工人报》改为周二刊,电视频道从 14 个扩充到 19 个。开展科普宣传教育活动。制定了《关于处理大屯矿区突发事件的预案》。表彰了"二五"普法先进单位和个人。公司成立见义勇为基金会,设立了 20 万元基金。

1996 年,广泛开展文明单位暨"四五六"创建活动,与经济挂钩,评出公司级文明单位 6 个、"六好"区队 16 个、"五好"班组 108 个、"四有"职工 233 人。加强文化阵地建设,公司电视台开通了四套加密频道,自办两套节目同时开播,开通了到各厂、矿的信号,开辟了安全生产、英模风采、煤海短波等栏目,广播电视大楼开工建设。《大屯工人报》开辟专版、专栏,报道两个文明建设中的新人新事。"严打"期间共破获刑事案件 46 起,缴获赃物折款 8.4 万元,对 16 名见义勇为职工进行了表彰。公司获得煤炭部"二五"普法先进单位称号。10 月 6 日,公司获得 1993—1994 年度江苏省文明单位称号。

1997 年,开展了"迎回归、爱祖国"知识竞赛、迎回归书画展,举办黑板报展评一条街、"迎回归、庆七一"千人歌咏大会、图片展、电影电视周等活动,召开了"庆贺党的生日,不忘国

耻"离退休职工座谈会。组织 200 人的合唱队参加徐州市举办的"庆回归、颂祖国"歌咏大会。选送的 30 人舞蹈"忘不了你啊香江"参加了徐州市电视台举办的"迎回归歌舞晚会"。开展社会公德、职业道德、家庭美德教育、艰苦奋斗优良传统教育,弘扬"艰苦奋斗、勤俭办矿"的石圪节精神和公司企业精神,树立爱岗敬业、无私奉献的先进典型,宣传劳模事迹。实施"定、学、赛、评"职业道德建设工程、"升、唱、戴"系列教育工程、"两讲五创一争"文明创建工程活动。

1998 年,以纪念党的十一届三中全会召开 20 周年系列活动为主题,开展爱国主义教育活动。举办"回眸 28,再铸辉煌""庆祝国庆 49 周年暨纪念党的十一届三中全会召开 20 周年"和"爱我中华"大型歌舞晚会等活动。开展遵守《职工守则》《职工文明行为规范》和"创企业精神,树主人翁形象"达标竞赛活动,举办职工道德培训班 44 期,并把对职业道德建设的检查考核纳入"六好"区队建设范畴。组织文艺小分队下基层慰问演出,举办矿区第 5 届卡拉 OK 电视大赛、首届电视声乐大赛和第 4 届"夕阳红"电视大赛。举办第 6 届田径运动会、第 18 届"乌金杯"篮球赛和迎春长跑、游泳比赛等文体活动。开展"严打"斗争和"破案防范竞赛"活动,全年共立刑案 67 起,破获 47 起。召开了文明矿创建活动座谈会。选拔优秀选手参加全国煤炭系统优秀青年歌手比赛,获得 1 个三等奖、2 个优秀歌手奖。

1999 年,开展"三讲""两学"、创建文明矿(单位)等 9 项活动。开展"讲文明、树新风"活动,突出抓好文明礼貌、助人为乐、团结协作和见义勇为"四个教育"。坚持教育与管理相结合,认真落实《职工文明行为规范》和《职工守则》。开展创建文明小区活动,召开了创建文明矿(单位)工作经验交流会。龙东煤矿、孔庄煤矿参加了全国煤炭系统召开的创建文明矿专题经验交流会,龙东煤矿在会上做经验介绍。10 月,公司被评为江苏省文明单位。

2000 年,公司在江苏省文明新风家庭活动交流会上介绍了开展争当"文明新风家庭"活动的经验。同年,公司获得全国"五一劳动奖状"并被评为江苏省优秀企业。

2001 年,公司有 9 个文艺节目、28 幅文艺作品分别获徐州市少儿艺术和徐州市首届社区文化艺术节一、二、三等奖。组织了中煤集团上海工作会议的文艺演出。举办了第 13 届科普宣传周。制定了公司"四五"普法规划,开展普法宣传月、宣传周、法制宣传一条街和"万家学法"活动。公司被授予"江苏省文明单位标兵"。龙东煤矿、铁路管理处被评为"江苏省文明单位",姚桥煤矿被评为"全国文明煤矿"。孔庄煤矿工人村、铁路管理处工人村、中心区绣绮园新村被评为"江苏省文明小区"。

2002 年,扎实开展"创文明单位、创文明小区、创文明区队、创文明班组"和"争当文明职工""四创一争"活动,涌现出 4 个公司级文明单位、52 个"六好"区队(车间)、117 个"五好"班组、214 名文明职工、155 个文明户、187 个文明示范窗口,公司有 5 个小区通过徐州市和江苏省文明小区验收,有 4 个单位通过徐州市文明单位验收。公司举办首届"精神文明建设新人新事"评选活动,评选表彰了 10 名新人(新事),基层单位评选表彰职业道德标兵 43 人。举办了中学生艺术节、青年歌手大奖赛、青年交友联谊会。

2003 年,倡导和弘扬"恪尽职守、办事高效、运转协调、管理规范、从严治企、清正廉洁"的中煤企业作风和"艰苦创业、改革创新、团结奉献"的大屯精神,广泛开展文明窗口、文明列车、文明家庭、文明职工评选、尊师重教活动。公司一中刘春萍、孔庄煤矿严正、徐庄煤矿王国良被中煤集团评为优秀员工。铁路管理处工人村等 6 个小区被评为徐州市文明小区。深入贯彻落实《公民道德建设实施纲要》,开展讲社会公德做一个好公民,讲职业道德做一个好

职工,讲家庭美德做一个好成员的"三讲三做"活动,抓好职业规范、职业纪律、职业技能教育,先后涌现出 195 个文明区队(车间)、317 个文明班组和红旗"五好"班组、214 名文明职工、487 个文明户、281 个文明示范窗口、143 名职业道德标兵。举办了第 7 届职工田径运动会和第 23 届"乌金杯"篮球赛;举办广场文艺演出 15 场次,大型文艺演出 6 场次、多次广场电影播放,春节文艺巡回演出;中煤集团在大屯举办了首届声乐大赛,公司获得 3 个个人一等奖。公司第二次获得"文明单位标兵"称号,龙东煤矿、姚桥煤矿、铁路管理处、拓特厂获"江苏省文明单位"称号。

2004 年,《徐州日报》刊出《大屯矿区文明创建工作》专版,全面报道公司创建经验做法。开展公司第二届"精神文明建设新人新事"评选、推荐参加徐州市第七届新人新事评选。涌现出一批省市级先进集体和个人:张晓林被评为江苏省读书自学积极分子和上海职业道德先进个人,雷继红、吴吉南被评为上海市百佳新人新事。公司获得 2001—2002 年"江苏省文明单位标兵"称号,龙东煤矿、姚桥煤矿、铁路管理处、拓特厂获得 2001—2002 年度"江苏省文明单位"荣誉称号。

2005—2009 年,公司举办"深化文明创建最佳方案设计"评比活动,将优秀方案印制成册下发基层。实施文明创建"百千万"工程,开展了"争创文明班组"和"文明窗口"示范活动。开展法制宣传教育。加强对外宣传,先后在《中国煤炭报》《中国管理科学文献》《人民日报市场报》《中国当代改革者》等报纸杂志上发表反映公司两个文明建设的文章。发电厂检修分场电焊班副班长吴友良获得江苏省"十佳文明职工"称号;拓特厂职工侯汝芳获徐州市第 9 届"精神文明建设新人新事"当选者称号;徐庄煤矿、大屯铝业公司、拓特厂、江苏煤电高级技工学校获得 2004—2005 年度"徐州市文明单位"荣誉称号。

2010 年,公司先后举办第 16 届职工声乐比赛、公司首届离退休职工运动会等 13 项文化体育活动;承办了"中煤杯"职工篮球巡回友谊赛;筹办老年大学,开设书法、绘画、电脑、声乐、舞蹈等培训班。对公司内道路、漏雨屋面、供暖管网进行了整修、改造,对工业广场、职工住宅小区进行绿化美化。公司拥有青年志愿者组织 21 个,志愿者 4 521 名,全年服务居民达 8 620 余人次。

2011 年,公司对获得江苏省文明单位的大屯铝业公司、江苏省文明社区孔庄煤矿馨园社区、江苏省先进社区姚桥煤矿等单位的事迹进行了宣传。组织开展了公司第 6 届"精神文明建设新人新事"评选。成立了社区志愿者服务队,全年服务居民近万人次。

2012 年,公司加强社会公德、职业道德、家庭美德、个人品德教育。成立了 93 人组成的"吉国利民志愿者服务队"、组建"郭明义爱心团队"。公司共有 680 名志愿者加入中华骨髓库,7 人初步配型成功,4 人成功捐献,在全国捐献造血干细胞的企业中位列第一。孔庄煤矿马吉国获得"中央企业青年志愿者"荣誉称号。

2013 年,举办了第 7 届"精神文明建设新人新事"颁奖晚会,晚会视频在中煤集团网站展播。制作《我们的榜样》专题电视节目 12 期。组织参加"最美中煤人"评选,向国资委新闻中心报送全国劳动模范吴友良、"马吉国爱心团队"的先进事迹。建立"江苏省文明单位风采平台",丰富完善"文明单位上线材料"内容,更新文明创建等各类信息 500 余条。孔庄煤矿马吉国获得"江苏省优秀青年志愿者"称号。

2014 年,以实践"大屯梦"为抓手,开展"践行核心价值观,做最美大屯人"岗位实践活动。督导各单位开展"煤海书香"系列宣传活动。在基层单位试点推行道德讲堂,开展"唱道

德歌曲、看道德影片、讲道德故事、颂道德经典、谈道德感悟、强道德责任""六个一"活动。江苏省委宣传部培育和弘扬社会主义核心价值观企业现场会在公司召开,董事长义宝厚介绍了公司的经验做法,《化育精神世界,引领企业发展》在中宣部《思想政治工作研究》2014年第 11 期发表。姚桥煤矿通过了全国安全文化示范单位复审。姚桥煤矿、发电厂获得全国文明煤矿和煤炭系统文明单位荣誉称号。

2015 年,开展了第 8 届新人新事评选活动。起草下发了《关于开展"道德讲堂"建设的通知》,在徐庄煤矿举办以"忠诚、担当、奉献"为主题的道德讲堂活动,组织 10 多个单位宣传科负责人现场观摩。下发《关于加强人文关怀、注重心理疏导、做好思想工作的通知》,制作播出《特别关注——公司各单位"员工心理疏导"工作纪实》《公司员工心理疏导,从"心"开始》等专题片。以"讲好大屯故事,展现大屯文化"为主线,抓好典型人物宣传,公司职工吴友良事迹入选国资委《一线英雄传》,推荐徐庄煤矿武庆平、姚桥煤矿杨敬诚、龙东煤矿程言侠等申报中央企业高技能人才、"最美央企人"和"劳动最美丽一线工程师故事"。公司被评为江苏省思想政治工作优秀基层单位。2015 年,公司倡导"绿色矿山行"活动,"学雷锋、树新风"主题实践活动在公司蓬勃开展。

2016 年,制定并组织实施《培育和践行社会主义核心价值观行动方案》,"写春联、送祝福"活动送出社会主义核心价值观、企业文化等主题春联 140 幅。徐庄煤矿、选煤中心获2013—2015 年度"江苏省文明单位"荣誉称号,颐园社区获"江苏省文明社区"荣誉称号。成立了"阳光大屯"职工心理咨询服务中心,举办了现场咨询服务活动,发放心理健康宣传资料 400 余份,设计制作展板,传播心理健康知识。在基层单位组织开展"道德讲堂""文明风尚随手拍"等活动。

2017 年,举办第 9 届"精神文明建设新人新事"颁奖晚会,对 10 名当选者进行表彰,表彰了 25 个"践行核心价值观——寻找身边最美故事"案例。开展"我与大屯这 5 年"照片征集活动。举办"阳光大屯"职工心理咨询服务现场活动,开展"心理健康进矿山"活动。落实沛县"三城同创"相关工作。

2018 年,组织 6 000 多名党员干部职工分 8 个场次集中观看电影《厉害了,我的国》,集中发布优秀观后感。开展"道德讲堂"评比活动。"阳光大屯"职工心理咨询服务首次前往内蒙古、新疆等大屯项目部、天山公司等外部创业基地,为 2 000 余名员工讲授心理健康知识,为 100 多名员工及家属提供个案咨询,进行心理危机干预和心理援助。对公司 19 名全国、省部级劳模、先进个人事迹进行了采写,并全部入编《榜样中煤》,为中煤所属单位中入编最多的二级企业。

2019 年,组织开展第十届"精神文明建设新人新事"评选,举办了颁奖典礼。对标全国文明单位测评体系,抓好《公司文明单位考核办法》《关于全面推行 6S 管理争创"最美大屯"文明单位的通知》文件精神的落实,做到定期检查和动态抽查相结合、明察与暗访相结合,通过微信群及时发布检查通报和整改动态。开展义务献血、便民服务、义诊等各种形式的学雷锋志愿者活动。公司、姚桥煤矿获得 2018—2019 年度江苏省文明单位称号。组织姚桥煤矿、徐庄煤矿、龙东煤矿做好江苏省 2019 年度绿色矿山遴选工作,并被成功列入国家级绿色矿山名录。

2020 年,下发了《公司 2020 年文明单位创建工作方案》,明确创建目标,开展理想信念教育、社会主义核心价值观教育、诚信建设、文明风尚行动、家庭文明建设帮扶共建等 14 项

活动。3月,公司文明办发布《大屯文明20条》并拍摄公益广告,推出漫画版本,公司上下联动争创全国文明单位。

公司开展法制宣传教育,1991—2020年共实施了6个"五年普法规划"。30年间,利用宣传月、宣传周、"12·4"全国法制宣传日等,广泛开展法律咨询服务、法律宣传一条街、法律知识宣讲等宣传教育活动,利用媒体营造学法用法的氛围,掀起全民学法用法的热潮,推动了依法治企。2006年、2015年,公司先后被评为国资委中央企业法制宣传教育先进单位。2011年,公司分别被国资委和江苏省评为"五五普法"先进单位。

第三章　社会责任

第一节　就业安置

一、促进就业

（1）社会就业。公司自1970年开发建设以来，根据上级主管单位下达的招工指标，大量招收农村及城镇劳动力，同时根据国家政策重点招收征地、迁村农民，解决了他们的就业问题，带动了地方经济发展，50年来共安置就业4万余人。

（2）职工子女就业。为解除职工的后顾之忧，技工学校（现为中煤职业技术学院）于1984年开始对职工子女进行技工教育招生，对历届公司技校培养的中技、高技毕业职工子女，通过双向选择、竞争上岗的方式并结合所学专业在矿井或地面生产单位安置就业。1991年至2020年6月共安置7 394名技校生就业。

（3）大学生就业。公司主动承担社会责任，特别是在1996年国家取消大学生包分配制度、2000年全面停止大学生包分配制度之后，公司依旧积极接收国内高校毕业生。2005年4月6日出台了《公司紧缺人才安家费管理办法》，对煤矿主体及相关专业按照学历层次给予2万元至4万元不等的安家费；2018年加大人才引进和培养力度，印发了《关于进一步加强大学生招聘培养工作的通知》，对引进大学生实行薪酬保底政策，在正常出勤、无违章违纪的情况下，井下采掘一线岗位应发薪酬不低于12万元/年，井下辅助岗位应发薪酬不低于9万元/年，地面生产一线岗位应发薪酬不低于7万元/年，见习期间（一年）应发工资不低于应用岗位薪酬标准的80%。同时对公司主业需要的特殊人才实行一次性给予5万元至10万元不等的安家费政策。1991年至2020年6月共招收安置3 403人。

（4）复转、退役士兵安置。2011年11月1日《退役士兵安置条例》施行之前，公司按照江苏省政府退役士兵安置部门下达的年度退役士兵接收计划安置退役士兵（主要为公司职工子女在公司人武部入伍2年后的复转退役士兵），1991年至2010年共接收安置633人，2011年11月1日《退役士兵安置条例》实施后至2020年6月，公司接收安置退役士兵共457人。

1991年至2020年6月招收、分配大中专生、技校生、退伍军人人数见表14-3-1。

表14-3-1　1991年至2020年6月招收、分配大中专生、技校生、退伍军人人数统计表

时间	大中专毕业生	技校生分配	退伍军人安置	小计
1991年	228	149	40	417
1992年	178	155	0	333
1993年	93	118	50	261

表 14-3-1(续)

时间	大中专毕业生	技校生分配	退伍军人安置	小计
1994 年	225	137	0	362
1995 年	267	140	8	415
1996 年	238	238	57	533
1997 年	269	166	0	435
1998 年	207	228	0	435
1999 年	134	410	0	544
2000 年	98	246	0	344
2001 年	91	259	0	350
2002 年	50	34	24	108
2003 年	83	182	44	309
2004 年	73	187	51	311
2005 年	56	378	45	479
2006 年	70	288	55	413
2007 年	64	322	59	445
2008 年	77	438	55	570
2009 年	144	467	74	685
2010 年	106	583	71	760
2011 年	115	466	98	679
2012 年	219	496	61	776
2013 年	37	436	55	528
2014 年	7	67	8	82
2015 年	2	307	106	415
2016 年	1	479	72	552
2017 年	2	18	51	71
2018 年	115	0	4	119
2019 年	104	0	2	106
2020 年 1—6 月	50	0	0	50
合计	3 403	7 394	1 090	11 887

二、职工分流安置

党的十八大以来,国有企业改革不断深入,供给侧结构性改革、去产能政策等一系列措施相继实施。综合国家密集的改革政策、行业调整的严峻形势、企业发展的迫切要求,公司实施三项制度改革,加快人员结构调整,应对生存发展困境。2017 年,公司下发《关于加快推进公司三项制度改革的通知》《公司职工转岗分流安置暂行办法》《公司协商解除(终止)劳动合同方案》《公司内部人力资源市场管理办法》等文件方案,稳慎推进各项转岗分流措施实施。通过协商解除(终止)劳动合同、内部退养、离岗休息、清理长期不在岗人员、转岗分流等方式,使富余人员及老弱病残人员退出岗位,最大限度精减人员。同时引导后勤服务和管理人员有序向生产一线岗位流动,对不适应岗位要求的人员及时调整岗位。

(1) 接近退休人员安置。及时为符合法定条件的人员办理正式退休手续。2017 至 2020 年 6 月,共有 3 770 人办理了退休手续。

(2) 内部退养安置。符合下列条件之一的在岗富余职工,可以申请内部退养:① 距法定退休年龄 5 年以内的;② 男性工龄满 30 周年、女性工龄满 25 周年的;③ 其他符合内部退养条件的人员。2017 至 2020 年 6 月,共有 946 人办理了内部退养手续。

(3) 待岗培训安置。对 8 种符合条件的人员进行待岗培训,培训考核合格后,根据工作实际安排上岗。待岗期限一般为 3 个月,最长不超过 6 个月。待岗人员两次拒不参加单位组织的转岗培训,或者不服从单位工作安排的,单位可以依法解除(终止)劳动合同。

三、职工就业创业

2017 年,公司开展就业创业工作,拓宽就业渠道,逐步减少外部劳务用工总量,用单位内部富余人员替代外委队伍和劳务派遣人员。落实"两商"战略部署和"十三五"规划,加快转型发展步伐,推进外部基地和项目建设,创造新的就业岗位;继续发挥煤矿生产、铁路建设和发供电技术、管理与人才优势,利用中煤集团一体化发展战略,以承包经营、技术服务或劳务承揽的方式,争取更多合作项目,提供更多就业机会。鼓励各单位利用人力、物力、财力等生产要素资源,探索发展混合所有制经营模式,引进战略合作伙伴和社会资金参与企业改革发展,培育新的经济增长点,创造更多就业岗位,吸纳富余人员。通过内外部人力资源市场运作,依托新项目开发、技术转让、工程承包、劳务输出等方式,按照择优自愿的原则匹配上岗,实现再就业。

发挥技术和人才优势,推进人力资源共享。长期以来,公司认真落实中煤集团内部一体化发展战略和"两商"战略的要求,发挥自身在井工开采、坑口发电等方面的管理、技术和人才优势,实施走出去发展战略,为富余人员分流安置提供了途径,同时也支持了兄弟企业专业化生产和劳动用工。

公司以龙东煤矿、实业公司为平台,先后组建专业化队伍,到中煤平朔集团井工三矿、山西中煤东坡煤业有限公司、中煤华晋集团王家岭矿、中天合创煤炭分公司门克庆和葫芦素煤矿从事煤矿井下采掘、运输等生产任务;工程咨询公司承揽了中煤集团内部多家企业的井下超前探放水、顶板卸压孔、瓦斯抽放孔工程施工、工程设计、监理等业务;电力工程公司承揽了多家电力企业日常维保、锅炉供暖等业务;水处理公司承揽了多家煤矿企业和煤化工企业的化学污水和矿井水处理业务;铁路工程公司承揽了多家企业自营铁路线的建设施工和运维业务;实业公司承揽了多家矿井的机械修理、检测检验、支护产品生产等业务。

近年来,公司推行内部市场化管理,建立了内部人力资源市场,制定了《公司内部人力资源市场管理办法》,提高人力资源配置效率。以业务承揽的方式,对生产、经营、技术、咨询、后勤服务等业务范围内的单项工程、业务单元、岗位或工作量等进行承揽或承包,变企业发工资为职工挣工资,激发了员工积极性、主动性。

第二节 公益事业

一、对外捐赠

公司坚持"依法组织,广泛参与,坚持自愿,鼓励奉献"的原则,专门成立了工作小组,公司党委工作部、工会等部门负责扶贫捐赠和慈善活动的组织、开展和落实,一方面在民政部门的统一安排下开展工作,另一方面自行组织开展扶贫济困送温暖活动,推动了公司慈善公益事业扎实深入开展。

1991年7月11日,公司向江苏遭遇洪涝灾害地区自愿捐款11.4万元,并无偿支援江苏2 000吨煤炭。7月15日,向受灾的淮南矿务局捐赠价值3万余元的食物药品。7月份,在完成国家煤炭计划的情况下,公司又拿出22 300吨超产煤炭,让利100万元,支援江苏灾区,8月9日将救灾煤送达江苏省委、省政府。江苏省接收救灾捐赠办公室向公司颁发了"救灾捐赠证书"。8月13日,黄乐孺、徐敏等5人赴江苏省淮阴、扬州、南通、无锡、苏州等地区慰问并支援煤炭5 500吨,让利25万元。8月21日,公司第二次向江苏省重灾区、贫困地区定向捐款人民币24万元、粮票9.5万斤,无偿支援徐州市煤炭1 000吨。

从1991年起,公司坚持开展"希望工程""1+1"助学助教活动,帮助失学儿童重返校园。

1996年,公司为贫困地区捐款10多万元,捐物1.6万余件,为"希望工程"捐款5.4万元。干部及单位捐款53万元,建立了公司扶贫解困基金。

1997年11月,为沛县贫困地区人民捐款7.5万元、捐赠衣物1万多件,当月送达沛县民政局,沛县政府向公司赠送了"扶贫送温暖 友谊情更长"的锦旗。

1998年夏天,长江流域发生了特大洪涝灾害。公司及时发动职工以实际行动支援灾区抗洪斗争。在企业经济效益下降、资金周转困难、职工收入减少的情况下,广大职工踊跃捐款捐物,向灾区捐款110多万元,捐物价值70多万元(图14-3-1),并于8月21日下午送达重灾区江西省九江市。九江市委、市政府举行赈灾接受仪式,向公司颁发了捐款赈灾荣誉证书。

图14-3-1 公司组织为九江市灾区捐款捐物

2002 年 1 月 16 日,公司党委组织部、团委在全体党员、团员中开展"吃水不忘挖井人,爱心献给老党员"募捐活动,25 日举行捐赠仪式。矿区党团员共捐款 106 749.04 元,全部上交给了徐州市民政局。

2003 年,公司组织职工向徐州灾区捐款 31 万多元,捐赠御寒衣服 43 117 件。12 月 26日送达沛县民政局,并于当天发放到安国等地的灾民手中。

2006—2007 年,公司合计为徐州市、沛县慈善协会捐款 60 万元。

2008 年 5 月 12 日汶川大地震发生后,广大职工踊跃捐款,33 593 名职工参与捐款,捐款总额为 108.89 万元。公司通过上海市总工会向上海市红十字会捐款 20 万元支援灾区。5 727 名党员缴纳特殊党费 115.13 万元,其中缴纳千元以上党费的党员达 311 人。

2009 年 6 月,公司共募集学生型"爱心包裹"4 506 份、学校型"爱心包裹"122 份,价值50 余万元捐赠给四川灾区。7 月 28 日,公司获得中国扶贫基金会颁发的"爱心包裹项目突出贡献奖"。7 月 7 日,公司向沛县人民政府捐款 50 万元,用于沛县地区遭受强风暴雨袭击后的灾后重建。

2010 年 4 月,公司组织职工为青海玉树地震灾区捐款 49.42 万元。7 月,为四川绵竹儿童募集学生型包裹 3 450 份、学校型包裹 168 份,价值 51.3 万元。公司再次被中国扶贫基金会授予"爱心包裹项目突出贡献奖"。8 月,为甘肃舟曲灾区捐款 53.72 万元。在"希望春雨慰西南"活动中,团员青年捐款 6.85 万元,获得江苏省"抗震救灾先进共青团组织"称号。同年,向沛县慈善基金会捐款 160 万元,向丰县捐赠扶贫资金 25 万元。

2011 年,公司向中国煤矿尘肺病治疗基金会捐赠 10 万元,向徐州市民政局捐款 10 万元,被徐州市授予"最具爱心慈善捐赠企业"。4 月 19 日,公司领导在北京参加了爱心包裹项目 2011 年启动仪式暨 2010 年总结表彰大会,被中国扶贫基金会第三次授予"爱心包裹项目突出贡献奖"。

2012 年,公司以"爱心包裹"形式向社会贫弱群体捐款 46.83 万元(图 14-3-2),向沛县见义勇为基金会捐款 100 万元,向徐州市红十字会捐款 5 万元,向徐州市民政局(捐助中心)捐款 10 万元。

图 14-3-2　大屯公司 2012 年"爱心包裹"捐赠仪式

2013 年,公司为雅安灾区募集捐款 8.1 万元,向徐州市民政局(市捐助中心)捐款 5 万

元。"一日捐"活动共收到捐款 53.68 万元,所捐款项全部用于救助困难职工。开展了青年文明号"暖冬"行动,向魏庙镇敬老院 142 名"五保"老人捐赠大米 65 袋。

2014 年,为支持江苏省第十八届运动会的顺利召开,公司向徐州市政府赞助 150 万元。开展了"希望工程——手拉手"爱心帮扶行动,为丰县广宇小学、欢口中心小学、华山中心小学的 32 名贫困学生送去了学习文具、学杂费和油、米等物品。

2015 年,公司向丰县捐扶贫款 50 万元。11 月 1 日,举办"大爱捐衣坊"活动(图 14-3-3),向新疆贫困地区捐赠衣物 78 袋,共计 3 200 余件(图 14-3-4)。

图 14-3-3　举办"大爱捐衣坊"活动

图 14-3-4　向新疆贫困地区捐赠衣物 78 袋,共计 3 200 余件

2016 年,开展了共产党员关爱帮扶专项行动,公司党员捐款 32.7 万元。响应江苏省五方帮扶政策要求,委派一名党员干部到帮扶对象江苏省睢宁县农村帮扶并下拨扶贫资金 60 万元。

2018 年 10 月 17 日,全国扶贫日期间,公司设置 26 个捐赠点。13 600 余名党员干部职工共捐款 478 924 元(图 14-3-5),其中 20 万元上交中煤集团统筹使用。

2019 年,公司响应国家"援疆"工作号召,新疆基地的天山煤电、鸿新煤业参与当地"访

图 14-3-5　扶贫日捐款

民情、惠民生、聚民心"活动,采取投入帮扶资金、派驻社区工作队、与贫困少数民族结亲、与贫困户结对子、吸纳当地群众就业等方式帮助困难群众,两个煤矿共为当地中小学捐赠图书款 1.3 万元,为红十字会捐款 1 万元。

2019—2020 年,公司共招录新疆、甘肃、云南、贵州等经济欠发达地区高校毕业生 29 人。支持南疆企业发展,从 2020 年起,公司新疆两家煤矿的工装由南疆企业生产,每年 1 500 套。

2020 年初,国内爆发"新冠肺炎"疫情。2 月,公司动员共青团员为"关爱抗疫一线医务人员子女"和"因疫致困青少年"募捐,775 人共捐款 36 613.68 元。3 月,组织党员自愿捐款,公司 4 514 名党员共捐款 424 373.66 元。

2020 年 5 月 29 日,天山煤电向新疆天山雀尔沟镇中心小学捐赠课桌椅 330 套(图 14-3-6),呼图壁县教育局、雀尔沟镇党政领导和师生们向天山煤电赠送了"支持教育、爱心永驻"的锦旗(图 14-3-7)。

图 14-3-6　天山煤电向新疆天山雀尔沟镇中心小学捐赠课桌椅 330 套

图 14-3-7　呼图壁县教育局及受赠单位给天山煤电送锦旗

二、定点扶贫

公司认真履行央企政治责任、社会责任，将扶贫作为分内之事、应尽之责，主动担当作为，在人财物等方面全力支持脱贫攻坚，展现了公司的责任担当。2007 年至 2010 年 11 月，公司累计向徐州慈善总会、沛县、丰县的社会公益事业、重点扶贫项目捐赠衣物、书籍以及现金 370 多万元。

公司是江苏省委扶贫工作领导小组指定的"五方挂钩"帮扶协调小组成员单位，2010—2015 年定点帮扶丰县，2016—2019 年定点帮扶睢宁县。

（1）定点帮扶江苏省丰县。2010—2015 年，公司每年向丰县捐助帮扶资金，支持丰县扶贫工作，2010 年、2011 年分别捐助 25 万元；2012 年、2013 年、2014 年分别捐助 30 万元；2015 年捐助 50 万元。公司累计向丰县捐助帮扶资金 190 万元。

（2）定点帮扶江苏省睢宁县。2016 年，委派一名党员干部到睢宁县农村帮扶，并拨付扶贫资金 60 万元。

2017 年，公司向睢宁县帮扶工作队拨付帮扶资金 60 万元。当年，公司积极参与徐州市委"百千万"集中走访帮扶活动，选派 12 名干部配合沛县政府部门到龙固镇走访帮扶困难群众。8 月，公司牵头在龙固镇开展金秋助学活动，捐助龙固镇 12 名贫困大学生 3.6 万元。

2018 年，公司党委书记、董事长包正明接待了江苏省发改委副巡视员、江苏省委驻睢宁扶贫工作队队长尹建庆一行。公司纪委书记徐宏伟参加省委"五方挂钩"工作会议。公司向江苏省委驻睢宁扶贫工作队拨付帮扶资金 100 万元。选派胡涛到睢宁县姚集镇蛟龙村任驻村第一书记，开展为期 2 年的扶贫帮扶工作。对经济薄弱村实施项目资产收益扶贫，帮助 12 名贫困户就业、80 名贫困人口脱贫、兜底保障 8 人。包正明到睢宁县姚集镇蛟龙村调研走访，实地察看了扶贫工作开展情况。

2019 年，公司召开党委会研究部署扶贫具体工作，党委领导多次到睢宁县调研，走访慰问困难群众，实地查看扶贫工作开展情况。公司向江苏省委驻睢宁扶贫工作队拨付帮扶资金 100 万元。通过成立项目、整合资源、发展教育等举措，村集体收入首次超过 50 万元，创

历史最高水平,脱贫率实现 100%,全面完成"户摘帽、村出列"的目标,驻村干部连续 2 年获得"优秀第一书记"称号。春节前夕,公司向睢宁县姚集镇蛟龙村党支部捐赠了办公电脑。

2020 年,委派新一轮帮扶工作队员到睢宁县任驻村第一书记。公司党委副书记向开满到睢宁县慰问扶贫工作队,研究制定了年度扶贫工作方案。

(3) 参与中煤集团扶贫。公司认真落实国家消费扶贫政策,推动贫困地区农产品销售,支持中煤集团开展扶贫工作,在对各单位采购需求进行摸底排查的基础上制定采购计划,2018 年、2019 年从中煤集团定点帮扶单位河北省蔚县、赵家蓬区和贵州省印江县采购茶叶、小米、蜂蜜等特色农产品共计 31.44 万元。2020 年,公司进一步加大采购力度,从以上定点帮扶单位购买了茶叶、香菇、小米、绿豆、蜂蜜等共计 161.489 4 万元。同时,公司积极推进党建扶贫、扶志工作,与河北省蔚县开展支部共建,选派优秀青年干部到蔚县实地参观调研,开展主题党日活动;捐赠了价值约 5 万元的党建报刊、书籍;向河北省赵家蓬区爱心公益超市捐赠了价值 2 万元的生活用品。

(4) 帮扶附近乡镇。2017 年,按照徐州市委安排部署,对公司附近的龙固镇开展工作组对接会暨"集中进驻日"活动,12 名党员全部入村入户进行了实地走访调查,开展"集中走访月"活动,共走访困难群众 72 家,困难企业 5 家。梳理出困难救济、劳动就业、农业生产、公共服务、企业生产等 5 类突出问题,对部分问题提出了解决建议,其他问题按照规定程序提交给地方相关单位和部门协调解决。开展"百千万"金秋集中助学,资助贫困大学生12 名,共 3.6 万元。

三、帮扶济困

公司从解决困难职工群众最关心、最直接、最现实的问题入手,按照"主动帮、全覆盖、不遗漏、求实效"的要求开展调查研究、制定帮扶措施,对患病职工、生活困难职工和遭遇突发事件的困难职工家庭给予及时的帮扶救助。通过春节走访慰问,探望困难大病职工、劳动模范、工亡家庭、离退休人员、住院职工等方式,送去慰问金、慰问品和组织的温暖。

1994 年,公司工会通过调查摸底,建立特困、贫困档案;开展了众人献爱心活动,为特困职工捐款 140 474 元,物品 547 件;调整提高了工亡、病亡职工遗属津贴;扶持特困职工自办服务经营项目 10 余个,帮助部分职工脱贫。

1996 年,公司下发《关于对矿区特困职工家庭进行扶助解困的通知》,按当地政府最低生活保障线标准,对特困职工家庭实行定期困难补助,按月补足保障线差额;在企业招用临时工、合同工时,优先安排特困职工子女就业;对特困职工子女升学给予补助,中专补助1 000 元,大专补助 2 000 元,大学本科补助 2 500 元。

1997 年,公司下发《关于进一步做好职工困难补助工作的通知》,采取定期补助和应急补助两种方式。特困职工家庭的定期补助凭特困证按月领取;应急补助由职工本人提出申请,车间分会、基层工会、公司工会逐级审批。

1998 年,公司下发《困难职工家庭"希望"基金使用管理办法》,组织公司职工募捐,为困难职工子女就学提供资助,不让任何一个职工家庭的孩子因为困难上不起学。资助标准为:小学阶段每学年 100 元;初中阶段每学年 150 元;高中阶段每学年 200 元;中专、大专、本科分别给予一次性资助 500 元、800 元、1 000 元。同年,公司组织为贫困职工子女上学捐款,共募集资金 8.75 万元,共为 39 户、42 名学生发放资助金 1.1 万元。公司每年开展秋季助学活动,按标准向困难职工家庭子女升学发放帮困助学金。

针对特殊困难群体,公司设立大病救助基金、女职工特殊疾病救助基金,定期开展"一日捐"救助活动。1999—2006年,成立职工重大特殊疾病基金,下发《职工扶贫助困"一日捐"办法》,各基层工会建立了"助学、助困、助病""三助"基金,募集400余万元,救助近2万人次。

2007年,下发《公司职工特种重病互助医疗保障基金管理补充办法》,公司工会为81名困难职工子女发放助学金16.75万元,还为5名孤儿、特殊在校生发放助学金1.5万元。

2008年,为筹集扶贫济困资金,救助困难职工和家庭,公司党委下发关于开展"一日捐"活动的通知,并形成制度化,由工会具体牵头实施。截至当年11月,共捐款464 030元。

2009年,公司采取"职工个人捐一点、企业行政拨一点、工会经费出一点"的方式,建立"三助"基金和大病基金,当年救助大病职工81人,共支付58.7万元;"一日捐"募集资金53万元,为46人发放救助金7.8万元;秋季助学73人,共支付12.7万元;慰问贫困、住院职工和困难党员计572人,共支付25.2万元;为工亡职工家属发放慰问金共10.95万元。

2010年,建立"三助"基金和使用管理办法,深入开展扶贫济困送温暖活动,提高了慰问标准。仅春节期间就对280户特困、贫困家庭发放救助款26.56万元;公司及各二级单位救助大病职工253人,共支付96.5万元;公司扶贫基金救助41人,共支付6.5万元;各二级单位困难补助10 351人次,共支付209万元;金秋助学593人,共支付72.65万元;"一日捐"救助34人,共支付5万多元;女职工特殊疾病基金救助65人,共支付7万余元。

2011年,下发了《关于对患大病职工一次性救助的通知》,对在职职工患文件所列七类重大疾病的一次性救助6 000元。对280户困难家庭发放救助款26.56万元。两级工会大病救助、"一日捐"救助、秋季助学985人次,用款191.2万元。

2012年,春节慰问277人次,共支付45.3万元;"一日捐"活动募集资金54.67万元;困难补助8 424人次,共支付119.65万元,救助大病职工291人次,共支付86.8万元,金秋助学591人共62.05万元。

2013年大病救助73人次,共支付43.8万元;困难补助5 983人次,共支付189.1万元;秋季助学549人次,共支付51.6万元;春节慰问248人次,共支付35.8万元。对于人均收入低于510元的特困户,积极联系当地民政部门纳入最低生活保障。

2014年,春节"扶贫济困送温暖"活动分两批救助308人,共支付34.2万元。对126名贫困大中专新生和特别困难的往届生进行救助,共发放救助款18.75万元。扶贫济困和大病基金、"一日捐"共救助大病职工78人次,共计46.8万元;"一日捐"救助58人次,共支付6.08万元。与沛县民政局联系,核实、确定公司低保户25户、45人,同时为2户特困职工家属申报了低保待遇。女职工特殊疾病基金救助61人,共计9.3万元。

2015年,公司工会对180名大病、特困、女职工特殊疾病职工进行救助,用款41万元;春节慰问困难职工107人次,共支付16万元;慰问住院职工319人,共支付6万余元。各基层单位累计救助大病、特困、助学800人次,共用款90多万元,累计慰问帮扶职工3 000多人次,共用款210余万元。

2016年节假日慰问、扶贫济困送温暖等活动共发放救助金145万余元。其中:救助大病职工40人,共用款23.9万元;"一日捐"救助40人,共用款4万元;对矿区特困职工家庭、工亡职工家庭、市级以上困难劳模、外出创业人员等2 000余人进行慰问,共用款112.3万

元;慰问住院职工102人,共用款2.04万元;女职工特殊疾病基金救助28人共2.8万元。定期为全体职工健康体检,为矿区近3 000名家属工办理了养老保险,为22 559名职工办理了上海市会员保障服务卡。

2017年,加大了帮扶慰问力度。根据困难职工帮扶条件和标准,为26名职工申请公司大病救助金共15.6万元,为96名职工申请公司"一日捐"救助共9.8万元,为高温慰问拨款59万元。两级工会组织帮扶救助慰问职工7 086人次,共用款270万元。落实上海市总惠民政策,为22 979名职工办理了上海工会会员服务卡,集中参加B类保障,包括:12类重大疾病保障金给付标准为2万元;意外全残(身故)保障金给付标准为3万元;疾病身故保障金给付标准为1万元。当年为41名职工申请大病定向帮扶金共3.28万元,为140名职工申请一次性生活帮扶慰问金共7万元,为36名符合申报条件的患病(身故)职工申请上海会员保障金共54万元,申请大病慰问金共1.8万元,为36名晋升技师、46名晋升高级技师的职工申请上海市总工会奖励,共6.4万元。

2018年,下发《大屯公司职工互助保障基金使用管理办法》,将公司原"大病基金""一日捐基金"梳理整合形成"职工互助保障基金",降低审批门槛,扩大救助范围,提高救助标准,实现精准帮扶,全年为289人办理互助金,共用款46.4万元;原"三助基金"帮扶职工117人,共用款16.7万元。春节、中秋节期间为481户工亡家庭发放慰问金,共用款76.08万元。为21 757名职工办理了2018年上海工会会员卡;为75人申请上海救助金共126万元,疾病慰问金共3万元;为晋升技师、高级技师的职工申请奖励共10.5万元。

2019年,公司职工互助保障基金救助职工431人次,共发放救助金75.4万元;各基层工会累计慰问困难职工1 809人次,共用款70.12万元;为100名患病(身故)职工申请上海市工会会员专享补助保障金共178万元。

2017—2019年,为符合条件的243名职工申请B类专享保障金,合计427万元。2017—2020年,累计办理上海市工会会员注册86 306人次。

公司各单位也采取多种措施帮扶困难职工和家属。

1999年8月,电业分公司电热分场的120名职工为患病且家庭困难的女工张树兰捐款4 450元。

2000年7月,龙东煤矿一集体女工程萍患尿毒症,生命垂危,该矿党政领导带头捐款,仅用三天就募得捐款13 961元;该矿还通过其他形式,凑齐了全部医药费6万余元。

2005年6月24日,姚桥煤矿工会为孤儿兄弟捐赠600元救济款,该矿领导又组织全矿党政工领导、中层干部及全体党代表进行了现场捐款,共募捐5 810元。6月28日,徐庄煤矿采煤一队干部职工为身患重病的矿工卢振武捐款,第一天就收到捐款2 000多元。

2007年5月9日,公司第二小学600名师生为学生刘训吾捐款5 506.87元。

2008年4月,龙东煤矿综安队职工吕心红的小儿子得了乳腺癌和白血病,综安队发出募捐倡议,4月22日,第一笔4 000元捐款就送到了徐州医学院附属医院。

2014年上半年,孔庄煤矿职工吴同谨12岁的儿子吴伟钰数次被下达病危通知书,吴同谨所在区队的领导和工友自发捐款6 000元,吴伟钰所在学校师生自发捐款4 000多元。12月该矿为其捐款53 130元。

四、无偿献血、造血干细胞捐献

1995 年 9 月 26 日,公司组织 413 名职工进行义务献血。从 1990 年起连续 5 年被徐州市政府评为无偿献血先进集体。

1996 年,公司 410 名职工参加了义务献血活动。

2011 年,公司近 500 名团员青年加入中国造血干细胞捐献资料库。

2012 年,组织开展了郭明义爱心团队捐献活动,对 75 名志愿者进行造血干细胞采样,125 名志愿者共采集鲜血 36 000 毫升。

2013 年,开展了"传承雷锋精神,彰显道德力量,共建美好大屯"献血、捐献造血干细胞等志愿者活动,共献血 64 000 毫升;715 名中国造血干细胞捐献者中,有 27 人初配成功。

2014 年,开展了献血、捐献造血干细胞活动,为 35 名志愿者进行造血干细胞采样。161 名志愿者共献血 44 600 毫升。

2015 年,组织参加"希望工程——手拉手关爱""弘扬雷锋精神展现青春风采"大型献血和造血干细胞捐献活动,志愿者累计献血超过 35 000 毫升。活动期间发放各类宣传册 8 000 余份。截至 2015 年年底,已有 826 名志愿者加入中国造血干细胞捐献者资料库,其中 25 人初配成功,4 人成功捐献。

2020 年,"新冠肺炎"疫情发生后,徐州市红十字血液中心采供血量急剧下降。公司广泛动员,职工积极响应,300 余名志愿者累计献血达 90 000 毫升。

五、救灾救援

2009 年,公司消防队参与地方灭火救援 28 起,出动指战员 211 人次,成功扑救各类火灾 21 起,保护物资价值 200 余万元。

2010 年,参与地方灭火救援 15 起,出动指战员 150 人次,成功扑救各类火灾 10 起,抢救物资财产价值近 500 万元。"3·28"王家岭煤矿透水事故发生后,公司成立了 26 人的工作组前往山西协助开展善后工作。3 月 30 日,新疆沙吉海煤矿发生冒顶事故,公司当日便指派在疆项目工作组积极参加救援,并于次日从公司本部抽调专家和技术工人,连夜赶赴新疆救援,进行现场技术指导、安全监督和质量控制。

2011 年,消防出警 68 队次、498 人次,消防车辆 96 台次。

2012 年,协助地方救援火灾 57 起,解救被困人员 4 人,保护物资财产近 1 000 万元。

2013 年,协助地方救援火灾 54 起,保护物资财产近 2 000 万元。

2014 年,协助地方救援 89 起,其中火灾 56 起,成功解救被困人员 8 人,保护物资财产 2 500 余万元。

2015 年,协助地方救援 150 起,其中火灾 145 起,抢险救援 4 起,社区服务 1 起,保护物资财产 3 000 余万元。

2018 年 8 月,公司救护大队出动两批次共 25 人参加山东寿光防汛抢险,共排水 71 510 立方米,连接排水管路 1 640 米,铺设电缆 616 米,抢救大棚 12 个。

2019 年 3 月,公司救护大队出动三批次共 29 人参加响水"3·21"爆炸事故抢险。经过 6 天的连续奋战,圆满完成了抢险救援任务,被当地干部群众赞为一支"拉得出、冲得上、打得赢,上级信任、群众满意"的应急铁军。

六、抗击疫情

（1）抗击"非典"。2003 年春夏之交突发"非典"疫情，公司的改革发展和职工生活面临严峻威胁。公司集中精力抓"非典"防治和爱国卫生运动宣传教育，下发了《关于开展"讲究卫生，预防'非典'，保障健康"宣传教育活动的通知》《预防非典型肺炎 20 问》等宣传材料，从宣传和防治入手，针对铝厂、电厂工程外来人员多、人员流动大的特点，制定预案，严防死守，保持了人心安定、队伍稳定和企业生产建设、经营活动的正常进行，将"非典"影响降至最低。

（2）抗击"新冠肺炎"。2020 年初，面对突发的"新冠肺炎"疫情，公司及时召开疫情防控视频会，传达上级关于做好疫情防控和安全生产工作有关精神，安排部署疫情防控各项工作。

公司成立疫情防控领导小组，在公司党委领导下开展工作，指挥部设在教卫办，各单位也成立了相应的组织机构，负责疫情监测，排查密切接触人员，落实疫情防控措施，严格控制传播途径。公司多次召开视频会，听取各单位、各部室及疫情防控办公室的工作汇报，就做好公司疫情防控和安全生产工作进行再动员、再部署。

公司内部严格控制大型会议，原则上取消非生产性的大型会议，取消所有大型文体活动，严格控制生产性会议的人数和规模；做好人员管控，严控外部人员的来访和接待工作；要求职工严格做好自我防护、居家隔离，符合条件的居家办公；相关部门做好防疫物资采购发放等相关工作，不间断对办公场所、宿舍、食堂、车辆等进行消毒和卫生防疫工作。天山煤电、鸿新煤业、灵南煤业、玉泉煤业也按照公司要求认真做好疫情防控各项工作，做好信息的报告、协调和监督工作。

公司加强与政府部门的协调、沟通，及时反馈防疫动态，抽调职工参与地方政府治安保卫、社区防控等工作。

各媒体开辟抗疫专题专栏，编发"新冠肺炎"防护知识等宣传材料，挖掘抗疫工作中涌现的先进典型，弘扬"战疫"正能量。制作播出《特别关注——新型冠状病毒感染肺炎防控专题》及疫情防控公益宣传广告片两部。开展"阳光大屯""战疫"线上心理健康服务；对公司援鄂医护人员家属进行了拍摄采访。强化疫情期间舆论监控、分析和研判，及时发布官方信息，引导干部职工不造谣、不传谣、不信谣。

新冠肺炎疫情防控期间，公司严格按照上级要求，周密部署防控疫情，保证了舆情平稳、职工队伍稳定、生产生活秩序井然。

截至 2020 年 6 月，公司未发现确诊病例。

第十五篇

人物与荣誉

Renwu Yu Rongyu

第一章　人　　物

第一节　人物简介

一、公司领导

孟以猛　男，汉族，1935年3月生，黑龙江庆安人。1953年4月加入中国共产党，1954年7月参加工作。西安矿业学院机电专业毕业，大专学历，高级工程师，享受国务院政府特殊津贴。

1977年7月至1978年3月，任大屯煤矿工程指挥部党政领导主要负责人之一；1978年3月至1980年11月，任大屯煤矿工程指挥部副指挥、党委委员；1980年12月至1983年1月，任大屯煤矿工程指挥部党委副书记、副指挥；1983年1月至1983年4月，任大屯煤矿工程指挥部指挥、党委副书记；1983年4月至1987年12月任大屯煤电公司经理、党委副书记；1987年12月至1995年10月，任大屯煤电公司经理、党委委员。

王振国　男，汉族，1937年4月生，山东汶上县人。1956年10月加入中国共产党，1958年10月参加工作。北京煤炭管理干部学院政工专业毕业，大专学历，高级政工师。

1983年1月至1983年4月，任大屯煤矿工程指挥部党委副书记；1983年4月至1987年10月，任大屯煤电公司党委副书记；1987年10月至1995年10月，任大屯煤电公司党委书记；1995年10月至1997年7月，任大屯煤电公司调研员。

曹祖民　男，汉族，1952年3月生，江苏南京人。1973年9月加入中国共产党，1971年6月参加工作。中国矿业大学矿山工程专业毕业，在职研究生学历，硕士学位，教授级高级工程师，享受国务院政府特殊津贴。

1990年10月至1995年10月，任大屯煤电公司副经理；1995年10月至1997年11月，任大屯煤电公司经理；1997年11月至2004年3月任大屯煤电（集团）有限责任公司董事长、总经理、党委副书记；1999年12月至2004年3月，任上海大屯能源股份有限公司董事长。

孙明珊　男，汉族，1943年12月生，河南淅川人。1974年12月加入中国共产党，1968年8月参加工作。河南焦作矿业学院矿井地质专业毕业，大学本科，高级政工师，享受国务院政府特殊津贴。

1990 年 10 月至 1994 年 7 月,任大屯煤电公司纪委书记;1994 年 7 月至 1995 年 10 月,任大屯煤电公司党委副书记、纪委书记;1995 年 10 月至 1997 年 11 月,任大屯煤电公司党委书记;1997 年 11 月至 2004 年 3 月,任大屯煤电(集团)有限责任公司党委书记、副董事长;1999 年 12 月至 2004 年 3 月,任上海大屯能源股份有限公司党委书记、副董事长。

刘雨忠　男,汉族,1955 年 10 月生,江苏丰县人。1985 年 6 月加入中国共产党,1982 年 8 月参加工作。中国矿业大学采矿工程专业毕业,大学本科学历,教授级高级工程师,享受国务院政府特殊津贴。

1997 年 11 月至 2000 年 1 月,任大屯煤电(集团)有限责任公司副总经理、总工程师;1999 年 12 月至 2004 年 3 月,任上海大屯能源股份有限公司董事、总经理;2000 年 10 月至 2004 年 3 月,任大屯煤电(集团)有限责任公司董事;2004 年 3 月至 2006 年 5 月,任大屯煤电(集团)有限责任公司董事长、总经理、党委副书记;2004 年 7 月至 2009 年 6 月,任上海大屯能源股份有限公司董事长;2006 年 5 月至 2009 年 5 月,任大屯煤电(集团)有限责任公司董事长、党委书记;2009 年 5 月至 2009 年 6 月,任大屯煤电(集团)有限责任公司董事长、党委副书记。

王金余　男,汉族,1957 年 3 月生,安徽桐城人。1983 年 12 月加入中国共产党,1982 年 1 月参加工作。淮南矿业学院采矿工程专业毕业,大学本科学历,学士学

位,教授级高级工程师,享受国务院政府特殊津贴。

1994 年 7 月至 1997 年 11 月,任大屯煤电公司副经理;1997 年 11 月至 2004 年 3 月,任大屯煤电(集团)有限责任公司副总经理;2004 年 3 月至 2006 年 5 月,任大屯煤电(集团)有限责任公司党委书记、副董事长。

李新宝　男,汉族,1955 年 1 月生,江苏南京人。1986 年 3 月加入中国共产党,1971 年 6 月参加工作。中国矿业大学矿业工程专业毕业,在职研究生学历,硕士学位,教授级高级工程师,享受国务院政府特殊津贴。

2002 年 6 月至 2004 年 7 月,任大屯煤电(集团)有限责任公司副总经理;2004 年 3 月至 2004 年 7 月,任大屯煤电(集团)有限责任公司董事、上海大屯能源股份有限公司董事长;2006 年 5 月至 2009 年 6 月,任大屯煤电(集团)有限责任公司董事、总经理、党委副书记,上海大屯能源股份有限公司总经理。

义宝厚　男,汉族,1963 年 9 月生,山西阳曲人。1985 年 11 月加入中国共产党,1982 年 8 月参加工作。河北建筑工程学院结构工程专业毕业,在职研究生学历,硕士学位,高级工程师,教授级高级政工师。

2009 年 5 月至 2017 年 9 月,任大屯煤电(集团)有限责任公司党委书记;2009 年 5 月至 2013 年 2 月,任大屯煤电(集团)有限

责任公司副董事长;2009 年 7 月至 2017 年 9 月,任大屯煤电(集团)有限责任公司总经理,上海大屯能源股份有限公司董事;2009 年 8 月至 2013 年 2 月,任上海大屯能源股份有限公司副董事长;2013 年 2 月至 2017 年 9 月,任大屯煤电(集团)有限责任公司董事长,上海大屯能源股份有限公司董事长。

李馥友 男,汉族,1955 年 12 月生,辽宁丹东人。1975 年 11 月加入中国共产党,1974 年 1 月参加工作。哈尔滨师范大学经济管理专业毕业,大学学历,教授级高级工程师,享受国务院政府特殊津贴。

2009 年 6 月至 2009 年 7 月,任大屯煤电(集团)有限责任公司董事长、总经理、党委副书记;2009 年 7 月至 2010 年 10 月,任大屯煤电(集团)有限责任公司董事长、党委副书记,上海大屯能源股份有限公司董事长、总经理。

姜　华 男,汉族,1960 年 9 月生,山东招远人。1993 年 12 月加入中国共产党,1982 年 8 月参加工作。中国矿业大学工程专业毕业,在职研究生学历,硕士学位,教授级高级工程师,享受国务院政府特殊津贴。

2006 年 12 月至 2011 年 3 月,任大屯煤电(集团)有限责任公司安监局局长;2009 年 7 月至 2017 年 2 月,任大屯煤电(集团)有限责任公司董事;2011 年 3 月至 2013 年 3 月任上海大屯能源股份有限公司副总经理;2013 年 3 月至 2017 年 2 月,任大屯煤

电(集团)有限责任公司党委副书记、上海大屯能源股份有限公司总经理;2014 年 8 月至 2017 年 2 月,任上海大屯能源股份有限公司副董事长;2015 年 9 月至 2017 年 2 月,任大屯煤电(集团)有限责任公司副董事长。

包正明 男,汉族,1963 年 8 月生,安徽六安人。1996 年 6 月加入中国共产党,1987 年 7 月参加工作。安徽理工大学矿业工程专业毕业,在职研究生学历,工程硕士学位,教授级高级工程师。

2017 年 2 月至 2017 年 8 月,任大屯煤电(集团)有限责任公司副董事长、党委副书记,上海大屯能源股份有限公司总经理、副董事长;2017 年 9 月至 2018 年 2 月,任大屯煤电(集团)有限责任公司董事长、党委书记,上海大屯能源股份有限公司董事长、总经理;2018 年 2 月至今,任上海大屯能源股份有限公司董事长、临时党委书记,大屯煤电(集团)有限责任公司董事长、党委书记。

毛中华 男,汉族,1966 年 10 月生,湖南澧县人。2001 年 3 月加入中国共产党,1988 年 7 月参加工作。中国矿业大学采矿工程专业毕业,在职研究生学历,硕士学位,高级经济师。

2018 年 2 月至今,任上海大屯能源股份有限公司总经理、副董事长、临时党委副书记,大屯煤电(集团)有限责任公司副董事长、党委副书记。

纪四平 男,汉族,1956 年 10 月生,安徽天长人。1992 年 6 月加入中国共产党,1974 年 5 月参加工作。淮南煤炭学院采矿工程专业毕业,大学专科学历,高级工程师。

1995 年 10 月至 1997 年 11 月,任大屯煤电公司副经理;1997 年 11 月至 2009 年 7 月,任大屯煤电(集团)有限责任公司副总经理;1997 年 11 月至 2011 年 8 月,任大屯煤电(集团)有限责任公司党委委员;2004 年 3 月至 2010 年 3 月任大屯煤电(集团)有限责任公司董事,上海大屯能源股份有限公司董事、副总经理;2014 年 12 月至 2015 年 3 月,任大屯煤电(集团)有限责任公司董事(正职待遇)。

王庆德 男,汉族,1931 年 11 月生,安徽枞阳人。1956 年 12 月加入中国共产党,1949 年 8 月参加工作。安徽省立安庆高级工业职业学校毕业,大专学历,高级工程师。

1977 年 7 月至 1978 年 3 月,任大屯煤矿工程指挥部党政领导主要负责人之一;1978 年 3 月至 1983 年 4 月,任大屯煤矿工程指挥部副指挥、党委委员;1983 年 4 月至 1987 年 7 月,任大屯煤电公司副经理、党委委员;1987 年 9 月至 1992 年 9 月任大屯煤电公司调研员。2017 年 2 月去世。

徐 敏 男,汉族,1933 年 4 月生,江苏无锡人。1951 年 6 月加入中国共产党,1950 年 5 月参加工作。初中学历。

1978 年 3 月至 1980 年 12 月,任大屯煤矿工程指挥部党委委员;1980 年 12 月至 1983 年 4 月,任大屯煤矿工程指挥部副指挥;1983 年 4 月至 1987 年 12 月,任大屯煤电公司党委委员、副经理;1987 年 12 月至 1994 年 11 月,任大屯煤电公司副经理。2001 年 1 月去世。

侯作顺 男,汉族,1937 年 3 月生,辽宁营口人。1956 年 5 月加入中国共产党,1953 年 3 月参加工作。北京煤炭管理干部学院煤炭经济专业毕业,大专学历,高级工程师。

1983 年 1 月至 1983 年 4 月,任大屯煤矿工程指挥部副指挥兼姚桥煤矿党委书记;1983 年 4 月至 1985 年 7 月,任大屯煤电公司副经理兼姚桥煤矿党委书记;1987 年 7 月至 1994 年 12 月,任大屯煤电公司第一副经理;1988 年 1 月至 1994 年 12 月,任大屯煤电公司党委委员。

李宝藏 男,汉族,1937 年 1 月生,江苏宜兴人。1972 年 12 月加入中国共产党,1955 年 8 月参加工作。西安矿业学院电气专业毕业,大专学历,高级工程师。

1983 年 1 月至 1983 年 4 月,任大屯煤

矿工程指挥部副指挥;1983年4月至1987年7月,任大屯煤电公司副经理;1987年7月至1990年7月,任大屯煤电公司副经理兼安监局局长;1990年7月至1995年10月任大屯煤电公司安监局局长;1995年10月至1997年2月,任大屯煤电公司调研员。2016年12月去世。

赵明干 男,汉族,1934年9月生,山东淄博人。1966年6月加入中国共产党,1948年8月参加工作。合肥工业大学采矿工程专业毕业,大学本科学历,高级经济师。

1983年1月至1983年4月,任大屯煤矿工程指挥部副指挥;1983年4月至1994年11月,任大屯煤电公司副经理。

黄乐孺 男,汉族,1941年12月生,湖南长沙人。1975年12月加入中国共产党,1964年9月参加工作。湖南师范学院政治教育专业毕业,大学学历,高级政工师。

1985年1月至1997年11月,任大屯煤电公司党委副书记;1997年11月至2002年8月,任大屯煤电(集团)有限责任公司董事、党委副书记。

刘正修 男,汉族,1930年7月生,山东昌邑人。1981年9月加入中国共产党,1953年9月参加工作。中国矿业学院采煤专业毕业,本科学历,教授级高级工

程师。

1985年3月至1991年1月,任大屯煤电公司总工程师。2001年12月去世。

王庆先 男,汉族,1935年12月生,江苏徐州人。1956年7月加入中国共产党,1954年12月参加工作。初中学历,高级工程师。

1985年9月至1994年7月,任大屯煤电公司副经理;1994年7月至1996年6月,任大屯煤电公司调研员。2004年7月去世。

张其廉 男,汉族,1940年10月生,江苏武进人。1970年11月加入中国共产党,1966年7月参加工作。北京矿业学院材料技术供应专业毕业,大学本科,高级经济师。

1987年9月至1994年7月,任大屯煤电公司总经济师、副经理;1994年7月至1997年11月任大屯煤电公司副总经理;1997年11月至2000年11月任大屯煤电(集团)有限责任公司董事、副总经理、党委委员。

祝嘉镛 男,汉族,1937年8月生,北京宣武人。1960年12月加入中国共产党,1962年9月参加工作。北京矿业学院采煤系地下开采专业毕业,大学本科学历,教授级高级工程师,享受国务院政府特殊津贴。

1990年7月至1997年12月,任大屯煤电公司总工程师。

颛孙正宗 男，汉族，1943年11月生，安徽萧县人。1966年4月加入中国共产党，1966年7月参加工作。山东煤矿学院矿井建设专业毕业，大学本科学历，高级政工师。

1994年7月至1997年11月，任大屯煤电公司工会主席；1997年11月至2004年3月，任大屯煤电（集团）有限责任公司董事（职工代表）、工会主席、党委委员。

于反修 男，汉族，1946年10月生，山东牟平人。1979年4月加入中国共产党，1971年1月参加工作。上海财贸干部管理学院行政管理专业毕业，大专学历，高级政工师。

1995年10月至1997年11月，任大屯煤电公司党委委员、纪委书记；1997年11月至2004年3月，任大屯煤电（集团）有限责任公司党委委员、监事、纪委书记；1999年12月至2006年12月，任上海大屯能源股份有限公司监事会主席；2004年3月至2006年12月，任大屯煤电（集团）有限责任公司党委副书记、监事、纪委书记。

宋振德 男，汉族，1941年12月生，黑龙江虎林人。1964年8月加入中国共产党，1960年4月参加工作。淮南矿院采矿工程专业毕业，大专学历，高级工程师，享

受国务院政府特殊津贴。

1995年10月至2002年6月，任大屯煤电公司、大屯煤电（集团）有限责任公司安全监察局局长。

翁庆安 男，汉族，1956年3月生，江苏南京人。1994年8月加入中国共产党，1971年6月参加工作。海军指挥学院军事指挥与管理专业毕业，大学本科学历，高级会计师。

2000年9月至2006年8月，任大屯煤电（集团）有限责任公司总会计师；2004年3月至2006年8月，任大屯煤电（集团）有限责任公司董事。

殷华东 男，汉族，1953年5月生，江苏泰州人。1979年7月加入中国共产党，1974年4月参加工作。复旦大学工业经济管理专业毕业，大学本科学历，高级经济师。

2000年10月至2005年12月，任大屯煤电（集团）有限责任公司副总经理；2004年10月至2005年12月，任大屯煤电（集团）有限责任公司党委委员。

徐国栋 男，汉族，1959年4月生，江苏丰县人。1988年9月加入中国共产党，1982年8月参加工作。中国矿业大学控制工程专业毕业，在职研究生学历，硕士学位，教授级高级工程师。

2004 年 3 月至 2008 年 7 月,任大屯煤电(集团)有限责任公司副总经理;2004 年 10 月至 2008 年 7 月,任大屯煤电(集团)有限责任公司党委委员。

许大雄 男,汉族,1955 年 4 月生,安徽巢湖人。1989 年 7 月加入中国共产党,1982 年 1 月参加工作。中国矿业大学矿建工程专业毕业,在职研究生学历,硕士学位,教授级高级工程师。

2004 年 3 月至 2009 年 7 月,任大屯煤电(集团)有限责任公司副总经理;2009 年 7 月至 2014 年 2 月,任大屯煤电(集团)有限责任公司董事、上海大屯能源股份有限公司副总经理;2010 年 3 月至 2014 年 2 月,任上海大屯能源股份有限公司董事;2004 年 10 月至 2014 年 2 月,任大屯煤电(集团)有限责任公司党委委员。

祁和刚 男,汉族,1959 年 1 月生,江苏建湖人。1997 年 6 月加入中国共产党,1975 年 4 月参加工作。清华大学高级工商管理专业毕业,在职研究生学历,硕士学位,教授级高级工程师。

2004 年 3 月至 2006 年 7 月,任大屯煤电(集团)有限责任公司总工程师;2004 年 10 月至 2006 年 7 月,任大屯煤电(集团)有限责任公司党委委员。

蒋韬 男,汉族,1955 年 5 月生,安徽萧县人。1982 年 4 月加入中国共产党,1982 年 7 月参加工作。淮北煤炭师范学院中文专业毕业,大学本科学历,学士学位,高级政工师。

2004 年 3 月至 2005 年 11 月,任大屯煤电(集团)有限责任公司党委副书记。

姚惠兴 男,汉族,1961 年 11 月生,江苏常熟人。1993 年 12 月加入中国共产党,1982 年 7 月参加工作。中国矿业大学采矿工程专业毕业,在职研究生学历,硕士学位,高级工程师。

2004 年 6 月至 2014 年 2 月,任大屯煤电(集团)有限责任公司职工董事、工会主席,上海大屯能源股份有限公司董事、工会主席;2004 年 10 月至 2014 年 2 月,任大屯煤电(集团)有限责任公司党委委员。

金晨钟 男,汉族,1953 年 1 月生,江苏苏州人。1973 年 7 月加入中国共产党,1969 年 12 月参加工作。江苏广播电视大学企业管理专业毕业,大学专科学历,高级经济师。

2005 年 4 月至 2009 年 7 月,任大屯煤电(集团)有限责任公司副总经理;2009 年 7 月至 2010 年 8 月,任大屯煤电(集团)有限责任公司董事,上海大屯能源股份有限公司董事、副总经理。

曹元福 男,汉族,1955年2月生,山西大同人。1985年6月加入中国共产党,1973年12月参加工作。中央党校函授学院政治理论和经济管理专业毕业,本科学历,注册会计师、高级会计师。

2006年8月至2007年6月,任大屯煤电(集团)有限责任公司总会计师。

张天森 男,汉族,1964年4月生,山东淄博人。1984年1月加入中国共产党,1984年7月参加工作。中国矿业大学(北京)管理科学与工程专业毕业,博士研究生学历,教授级高级工程师。

2006年12月至2009年5月,任大屯煤电(集团)有限责任公司党委副书记、纪委书记。

许之前 男,汉族,1962年1月生,安徽肥西人。2011年4月加入中国共产党,1983年8月参加工作。中国矿业大学成人教育学院工商管理专业毕业,本科学历,高级会计师。

2007年6月至2009年7月,任大屯煤电(集团)有限责任公司总会计师;2009年5月至2016年12月,任大屯煤电(集团)有限责任公司董事;2010年11月至2016年12月,任上海大屯能源股份有限公司董事。

梁 云 男,汉族,1962年5月生,江苏扬州人。2000年11月加入中国共产党,1983年7月参加工作。上海复旦大学马克思主义理论与思想政治教育专业毕业,在职研究生学历,高级政工师。

2009年6月至2010年8月,任大屯煤电(集团)有限责任公司党委副书记、纪委书记;2009年7月至2010年8月,任大屯煤电(集团)有限责任公司监事会主席;2010年8月至2014年5月,任大屯煤电(集团)有限责任公司董事、上海大屯能源股份有限公司副总经理;2011年8月至2014年5月,任大屯煤电(集团)有限责任公司党委委员。

吴继忠 男,汉族,1962年5月生,江苏南京人。1997年9月加入中国共产党,1984年8月参加工作。中国矿业大学采矿专业毕业,在职研究生学历,硕士学位,教授级高级工程师。

2010年3月至2018年3月,任大屯煤电(集团)有限责任公司董事,上海大屯能源股份有限公司副总经理、总工程师;2011年8月至2018年3月,任大屯煤电(集团)有限责任公司党委委员;2018年2月至2018年3月,任上海大屯能源股份有限公司临时党委委员。

张毅勤　男，汉族，1958年2月生，江苏睢宁人。1980年6月加入中国共产党，1976年3月参加工作。中国矿业大学控制工程专业毕业，在职研究生学历，工程硕士学位，高级工程师。

2010年3月至2016年7月，任大屯煤电（集团）有限责任公司董事、上海大屯能源股份有限公司副总经理；2011年8月至2016年7月，任大屯煤电（集团）有限责任公司党委委员。

李占福　男，汉族，1956年8月生，河北馆陶人。1979年3月加入中国共产党，1975年12月参加工作。中央党校政治专业毕业，本科学历，高级政工师。

2010年8月至2015年3月，任中煤大屯煤电（集团）有限责任公司党委副书记、纪委书记、监事会主席，并兼任本公司机关党委书记；2014年3月至2015年3月，任本公司工会主席，并兼任上海市总工会委员和江苏省徐州市总工会委员。2015年3月，按中煤集团文件规定提前离任。

丁仁刚　男，汉族，1955年8月生，江苏昆山人。1991年11月加入中国共产党，1971年6月参加工作。武汉理工大学矿业工程专业毕业，在职研究生学历，硕士学位，教授级高级工程师。

2011年3月至2014年2月，任大屯煤电（集团）有限责任公司董事、上海大屯能源股份有限公司安监局局长；2011年8月至2014年2月，任大屯煤电（集团）有限责任公司党委委员。

马文智　男，汉族，1963年6月生，甘肃灵台人。2006年3月加入中国共产党，1984年8月参加工作。中国矿业大学电力传动及自动化毕业，在职研究生学历，硕士学位，教授级高级工程师。

2013年8月至今，任大屯煤电（集团）有限责任公司董事、上海大屯能源股份有限公司副总经理；2016年12月至今，任大屯煤电（集团）有限责任公司党委委员；2018年2月至今，任上海大屯能源股份有限公司临时党委委员。

薛柏会　男，汉族，1967年7月生，山东沂水人。1992年6月加入中国共产党，1987年7月参加工作。武汉理工大学矿业工程专业毕业，在职研究生学历，硕士学历，高级工程师。

2013年8月至2019年5月，任大屯煤电（集团）有限责任公司董事、上海大屯能源股份有限公司副总经理；2016年12月至2019年5月，任大屯煤电（集团）有限责任公司党委委员；2018年2月至2019年5月，任上海大屯能源股份有限公司临时党委委员。

王树斌 男,汉族,1963年1月生,黑龙江呼兰人。1986年9月加入中国共产党,1984年7月参加工作。中国矿业大学采矿工程专业毕业,在职研究生学历,硕士学位,高级工程师。

2014年2月至2018年3月,任大屯煤电(集团)有限责任公司董事、上海大屯能源股份有限公司副总经理;2016年12月至2018年3月,任大屯煤电(集团)有限责任公司党委委员;2018年2月至2018年3月,任上海大屯能源股份有限公司临时党委委员。

唐召信 男,汉族,1963年10月生,江苏沛县人。1990年9月加入中国共产党,1981年10月参加工作。武汉科技大学工商管理专业毕业,本科学历,高级工程师。

2014年2月至今,任大屯煤电(集团)有限责任公司董事、上海大屯能源股份有限公司安监局局长;2016年12月至今,任大屯煤电(集团)有限责任公司党委委员;2018年2月至今,任上海大屯能源股份有限公司临时党委委员。

牛旭亭 男,汉族,1963年2月生,山西长治人。1988年8月加入中国共产党,1981年12月参加工作。中央党校函授学院经济管理专业毕业,大学本科学历,高级政工师。

2015年3月至2016年10月,任大屯煤电(集团)有限责任公司党委副书记、纪委书记,监事、监事会主席;上海大屯能源股份有限公司工会主席、监事、监事会主席。

赵兴旺 男,汉族,1963年6月生,山西永济人。1987年5月加入中国共产党,1985年8月参加工作。中央党校函授学院经济管理专业毕业,本科学历,高级经济师。

2016年10月至2018年2月,任大屯煤电(集团)有限责任公司党委副书记、纪委书记。

任艳杰 女,汉族,1965年12月生,黑龙江讷河人。1988年7月参加工作。1988年7月毕业于中国矿业大学财务会计专业,大学学历,2002年6月获得中国矿业大学高级工商管理硕士学位,高级会计师。

2017年3月至2019年12月,任大屯煤电(集团)有限责任公司董事、上海大屯能源股份有限公司总会计师。

孙凯 男,汉族,1972年2月生,安徽萧县人。1997年2月加入中国共产党,1997年7月参加工作。中国矿业大学采矿工程专业毕业,在职研究生学历,硕士

学位,教授级高级工程师。

2018年3月至2019年8月,任上海大屯能源股份有限公司副总经理、总工程师,临时党委委员;2018年6月至2019年8月,任大屯煤电(集团)有限责任公司党委委员;2018年9月至2019年8月,任大屯煤电(集团)有限责任公司董事。

徐宏伟 男,汉族,1965年10月生,江苏盐城人。1986年4月加入中国共产党,1988年7月参加工作。中国矿业大学建筑与土木工程专业毕业,在职研究生学历,工学硕士学位,教授级高级工程师。

2018年4月至2019年11月,任上海能源股份有限公司临时党委委员、临时纪委书记;2018年6月至今,任大屯煤电(集团)有限责任公司党委委员;2018年9月至今,任大屯煤电(集团)有限责任公司董事;2019年12月至今,任上海大屯能源股份有限公司副总经理。

向开满 男,汉族,1966年4月生,湖南常德人。1988年6月加入中国共产党,1988年7月参加工作。中国矿业大学管理工程专业毕业,大学学历,管理学学士,高级经济师。

2018年6月至今,任上海大屯能源股份有限公司临时党委委员、副书记,大屯煤电(集团)有限责任公司党委副书记。

吉春来 男,汉族,1979年5月生,江苏滨海人。2001年11月加入中国共产党,2002年8月参加工作。中国矿业大学行政管理专业毕业,在职研究生学历,公共管理硕士,高级政工师。

2019年12月至今,任上海大屯能源股份有限公司临时党委委员,纪律检查委员会委员、书记。

张沛顶 男,汉族,1976年7月生,江苏沛县人。1998年4月加入中国共产党,1999年7月参加工作。中国矿业大学采矿工程专业毕业,大学学历,工程学士,高级工程师。

2020年1月至今,任上海大屯能源股份有限公司总工程师、临时党委委员。

二、全国劳模

吴修伦 男,1930年11月出生,1949年1月参加工作,中共党员。先后任煤炭工业部第二十七工程处"革委会"副主任,大屯煤矿工程指挥部副指挥,基本建设工程兵第四十三支队副支队长,第三建设公司工会主席、安监局局长等职。1991年1月退休。1959年被授予"全国劳动模范"称号。

他长期战斗在煤炭基本建设第一线。他转战祖国南北,先后奋战在安徽、江苏、四川、贵州、山东、陕西、江西等省,参加过 26 对矿井的建设,6 次刷新中华人民共和国立井和平巷掘进最高纪录。1975 年,在煤炭部全国掘进队长会议上,他所带领的掘进队被授予"打不烂、拖不垮的钢铁掘进队"光荣称号,成为全国煤炭战线"十面红旗"之一。他先后多次被评为安徽省、江苏省和煤炭部先进生产工作者;12 次参加全国群英会和劳模表彰大会,10 多次受到毛泽东、刘少奇、周恩来等党和国家领导人的接见。1977 年,荣获煤炭部授予的"劳动英雄"光荣称号。中国共产党第十一次全国代表大会代表、中国工会第八次全国代表大会代表。曾任中国人民政治协商会议江苏省委员会第二届、第三届委员,江苏省第五届人大常委会委员。2004 年 2 月去世。

谢国如 男,1951 年 6 月出生,1976 年 9 月参加工作。高中文化。徐庄煤矿采煤一队煤机维护员,工人技师,2006 年退休。1988 年被授予"能源工业部劳动模范",1995 年荣获"全国劳动模范"称号。

他长期从事煤机维护工作,有非常丰富的实践经验,能从煤机各个部分震动的声音变化、润滑油的颜色变化发现问题,是闻名矿区的"煤机大夫"。他善于学习,刻苦钻研业务,学以致用,读书和工作笔记记了十几万字。他勇于小改小革,所改进的 MG-150 型牵引操作把手、MG-150 型煤机千斤顶护罩、底托架连接螺丝防松装置等十几个项目,极大地改进了工艺水平,解决了安全生产中的难题。在煤机维修和管理上,他提出的三个新观点:超前介入、全过程管理、全矿一体化,收到了明显成效。1994 年,徐庄煤矿凭着两台老掉牙的煤机,创出了三项历史之最:最高年产量 104 万吨,最高月产量

107 660 吨,最高日产量 5 102 吨,使矿井高产高效建设有了良好的开端。

常学亮 男,1957 年 2 月出生,1981 年 3 月参加工作。中共党员,中专文化,曾任姚桥煤矿采煤一队队长。2005 年 4 月荣获"全国劳动模范"称号。

他勇立潮头擎大旗,大胆改革立新功。在他的带领下,姚桥煤矿采煤一队克服了工作面调面、对接、倾角大、顶板破碎等重重困难,连续 7 年达到了百万吨高产高效队,并实现 18 年安全生产无事故。他在矿区第一个组织开展"技术强队、素质强队"技能练兵比武活动,在全队掀起了"精一门、懂两门、会三门"技术学习热潮。推行设备、材料"节点控制"法,每年能为煤矿节约 40 多万元。在工作中,常学亮是下井上中夜班最多、节假日值班最多、全年义务奉献工日最多的一个,每逢急难险重的关键时刻,他都在最前面。他所在的区队也成为大屯矿区赫赫有名的采煤"王牌军"。他先后 4 次被评为公司劳动模范,2 次被评为徐州市劳动模范,2 次被评为全国煤炭工业"十佳"采煤队长。2004 年,被授予上海市劳动模范。2012 年 8 月去世。

吴友良 男,1968 年 2 月出生,1991 年 8 月参加工作。中共党员,大专文化,现任热电厂生产技术部副部长。2010 年 4 月荣获"全国劳动模范"称号。

从学徒到全国劳动模范,从初中毕业的农村青年到江苏省专家级电焊高级技师,他立足岗位,学习钻研,练就了一身绝技。他在

实践中总结和撰写的《垂直位置巴氏合金烧镀法堆焊技术》和《带压堵漏操作法》被评为徐州市十大操作法和先进操作法且被广泛应用。他以"吴友良劳模创新工作室"为平台，敢于在技术禁区创新尝试。在上百次机组大小修和抢修中，他先后攻克了30多项重大技术焊接难关，解决了上百项特殊焊接难题，为企业创造了巨大的经济效益。在他的影响带动下，班里17名成员有5人取得了江苏省焊工培训指导教师资格，拥有1名高级技师、10名技师、3名高级工，并在各类技能大赛中屡获佳绩。以"吴友良焊工培训学校"为基地，他悉心传授技艺，分享学术成果，为矿区内外培养了数百名电焊人才。

第二节　人物名录

一、公司副总师级人员名录
（以姓氏笔画为序）

于远成　马振欣　王文涛　王永年
王夺穆　王明山　司马建锋
吕振先　刘冬冬　刘朋中　刘绍雄
刘祥来　刘德平　孙金龙　任宝宏
李寿章　李崇光　李新华　宋忠应
宋朝忠　吴福根　陈志平　张圣强
邹兆仲　段建军　宣卫东　赵本科
凌永华　凌锡华　秦杰　符小民
黄士祥　戚后勤　曹建明　越景林
鲁德朝　曾宪周　傅清国　温德华
虞咸祥　潘文生

二、公司中层管理人员名录
（以姓氏笔画为序）

丁义志　丁卫东　丁长忠　丁长庚
丁传宏　丁作启　丁钟宇　丁莲英
于士芹　于怀忠　于趁意　卫永源
卫世明　卫荣章　马骏　马靖
马慧　马小钧　马伟忠　马忠祥

马金利　马炎昌　马枫林　马树申
马品华　马品贤　王军　王利
王岩　王磊　王小永　王飞挺
王天福　王长生　王允杰　王玉瑛
王正忠　王平炎　王生余　王付伟
王冬顺　王汉泉　王吉党　王再龄
王兴仁　王先鹤　王传伟　王传辉
王传鑫　王向英　王合廷　王庆云
王孝明　王来富　王启超　王明光
王明同　王明亮　王忠宁　王忠军
王忠坤　王育芳　王育瑞　王宜刚
王建义　王建军　王俊芳　王思锦
王品纪　王祖发　王振华　王晓东
王晓翌　王起震　王雪萍　王维峰
王道贤　王弼发　王新平　王瑞庆
王慎虎　王福田　王德荣　王毅民
井玉库　韦玉沛　尤云根　牛光辉
牛爱清　牛锡平　毛士敏　毛建良
毛秋远　卞清川　亢俊明　方莽军
尹少章　尹宜宝　孔繁珠　左泉
石润清　石德虎　龙志凌　龙宏江
平俊　平惠琛　史斌黔　卢子义
卢如意　卢秀林　卢英明　卢锡焜
叶广　田占荣　田仲庆　田承信
乐亚乃　冯长萍　冯玉峰　冯传荣
冯华瑞　冯守廉　冯国才　冯学武
冯胜利　冯希民　冯维明　冯锡选
冯德清　宁道营　吉南　巩合华
达泰山　成玉华　师以珩　光治学
曲大新　曲荣廉　吕长禄　吕康健
朱林　朱一龙　朱为新　朱西荣
朱仲银　朱庆堂　朱庆富　朱金圣
朱念民　朱宝山　朱宝湖　朱建伟
朱树根　朱贵新　朱淮柏　朱登来
任正军　任进泉　任忠卫　任金道
华宏年　华茂标　华桂林　庄敬业
刘远　刘荣　刘跃　刘琴
刘潮　刘广朝　刘元芳　刘文彬
刘书文　刘中民　刘世林　刘立达

刘玉珊	刘永利	刘亚民	刘兴杰	吴 宇	吴 军	吴开志	吴少先
刘传颂	刘庆恩	刘运书	刘运华	吴少华	吴少奎	吴允锋	吴加林
刘体贤	刘学坤	刘其长	刘忠远	吴庆超	吴成璋	吴尚德	吴建国
刘金山	刘金磊	刘念珠	刘建平	吴洪智	吴润金	吴裕华	吴耀宗
刘洪年	刘洪箴	刘春明	刘祝国	吴耀英	何 杰	何晓储	何家骏
刘晓飞	刘素平	刘继儒	刘培根	余 静	余宁伟	余达桂	余益协
刘富堂	刘清春	刘敬福	刘普地	邹 荣	邹文堂	邹朝阳	邹福根
刘德江	刘德金	齐玉平	齐德峰	闵建中	汪东升	汪传祁	汪启恩
关文厂	关文斌	江 骏	江祖新	汪茂根	汪晓松	沈小光	沈中珏
安法春	安保堂	许 旺	许 辉	沈永康	沈树根	沈振家	沈斌礼
许正龙	许自豪	许庆波	许来有	宋 凯	宋 森	宋传法	宋继安
许颂华	孙 方	孙 耀	孙九皋	宋焕武	迟贵森	张 军	张 迅
孙怀茂	孙君莲	孙秀仙	孙金洪	张 进	张 鸣	张 俊	张 祥
孙建训	孙统富	孙莉娟	孙家骥	张 超	张 锐	张 强	张一璞
孙清岭	孙德胄	纪天成	纪瑞华	张万华	张开戈	张开新	张天麟
李 平	李 华	李 军	李 英	张少军	张长寿	张水平	张水坤
李 启	李 波	李 信	李 俊	张文权	张文桥	张心海	张立德
李 洋	李 哲	李 超	李义民	张立华	张玉党	张玉宽	张世富
李天雷	李天鹏	李长才	李月球	张丕荣	张永兵	张永清	张芝玉
李书亭	李玉宝	李正庭	李正标	张存宏	张全平	张兆全	张兆河
李世民	李世勇	李本连	李石地	张传礼	张汝强	张兴华	张志明
李永明	李汉昌	李军军	李吉田	张克习	张茂永	张英柱	张国钧
李成永	李成国	李成银	李庆南	张忠温	张金璋	张念保	张学农
李来正	李志信	李志祥	李连福	张学增	张宗岳	张定台	张弥宪
李秀云	李迪林	李和伟	李金才	张树林	张树钦	张晋昌	张厚云
李学勤	李绍文	李明亮	李步全	张晓华	张晓林	张铁民	张效东
李顺文	李宣奎	李桂生	李桂先	张清福	张淑萍	张维标	张敬法
李桂华	李继光	李跃文	李培征	张新军	张新峰	张肇基	张德建
李崇位	李维让	李富学	李锡九	张德贯	张攀瑜	陆永文	陆永宝
李新荣	李德玉	李德龙	李德林	陆金华	陆宗平	陆奎平	陆祖和
李德学	汤永飞	汤秀林	汤庭均	陆贵雄	陆雪剑	陆善斌	陆新华
汤能贵	汤继文	汤福贵	汤嘉浩	陆殿清	陆龙庆	陈 叶	陈 明
祁永川	祁建华	那 毅	那才兴	陈 实	陈 恂	陈 勇	陈 峰
邢守廉	邢刚果	严 雁	杜守元	陈 涛	陈 祥	陈 超	陈 辉
杜学军	杜建辉	杨少和	杨传法	陈太恒	陈仁良	陈文明	陈文明
杨延林	杨仲如	杨作兴	杨希圣	陈为信	陈向阳	陈希东	陈茂德
杨明才	杨明华	杨明途	杨春芳	陈松辉	陈述勇	陈国奎	陈明睿
杨树勤	杨保国	杨继存	杨绪武	陈季斌	陈河力	陈学福	陈宗宝
肖心治	肖秀文	肖履栋	时喜清	陈定永	陈建康	陈孟雄	陈海根

陈荣樵	陈海钰	陈家亮	陈培银	奚水兵	翁荣生	高斌	高一峰
陈惠杰	陈景振	陈敦海	陈锡君	高凤翔	高玉和	高正祥	高丕洲
陈鹏飞	邵占彬	邵仲明	邵伯平	高丕银	高建团	高敦肃	高善兴
邵建华	邵振强	邵培藻	邵福兵	高道云	高熙明	唐大林	唐式松
武方奇	武发明	武国华	武贵平	唐宝祯	谈建德	展海军	郭超
武维全	苗在宽	欧学忠	罗勇	郭澍	郭广忠	郭义平	郭夕祥
罗圣山	罗良友	罗彩云	罗慧燕	郭从华	郭成志	郭传彬	郭连和
岳金榜	金苏	金元宪	金志宏	郭秉平	郭金龙	郭宝兴	郭宝学
金明达	金道平	周永	周全	郭宜岭	郭根宝	郭晓明	郭德社
周士仪	周士彦	周卫东	周长斌	陶春玉	陶洪臣	黄松	黄钟
周以山	周双庆	周田澍	周伟林	黄涛	黄新	黄禾田	黄如科
周兆瑞	周志勇	周承忠	周建农	黄更生	黄启廷	黄惠新	黄耀盟
周建忠	周脉延	周洪福	周恩溢	曹阳	曹丕兴	曹传胜	曹志龙
周家华	周银千	周遇祥	郑思华	曹跃雷	曹维鹤	曹德坤	威加隆
郑家茂	林长贵	宗国生	孟唐	盛建新	常立华	鄂生太	鄂眉峰
孟庆福	孟宪丰	孟宪和	郎桂林	崔岩	崔瞳	崔汉钟	崔海林
项开琳	赵伟	赵义志	赵云路	鹿启伟	章忠良	章梓钧	阎宝付
赵玉章	赵光俭	赵秀琴	赵金明	梁芹	梁杰	梁勇	梁峰
赵金泽	赵建伟	赵联玺	郝允共	梁伟刚	梁承春	梁建宁	梁济棠
郝凌云	郝继林	郝敬坤	胡昕	扈克昌	屠雨迅	彭文	彭龙现
胡勇	胡骏	胡玉田	胡传龙	彭连章	葛海平	董立华	董星万
胡传宝	胡志东	胡志忠	胡荣胜	董洪科	董恒贤	董敬源	蒋学权
胡维荣	胡斯琪	庞振芬	柯尊平	韩云	韩友峰	韩慧冰	韩磊光
柏长志	段玉柏	侯文其	俞世敏	惠明春	景维湖	喻士东	稽杰夫
施锦超	姜峰	姜广洲	姜怀章	程茹	程辉	程庆田	程茂玖
姜学治	洪怀安	洪明显	洪祖光	程衍海	程祥武	焦守银	焦友彬
宫尚禹	祝琳	查富魁	姚平	曾凡炯	曾永志	游庆来	谢一选
姚镭	姚向东	姚志明	姚宏章	谢长瑞	谢国振	谢维宜	蓝箭增
姚明曾	姚焰辉	郦明正	秦杰	訾玉成	鲍长君	解德华	靖大同
秦建清	秦景民	秦德忠	袁辉	满其昌	满桂常	窦广平	窦红平
袁忠琦	袁显芳	袁秋冬	耿波	褚杰	蔡岳来	蔡诚忠	蔡振东
聂中维	夏建平	夏德凯	顾红哨	裴久慎	廖勇	阚子艳	阚子铎
顾宏彬	顾培忠	容学抒	钱乐生	谭会议	缪广甫	颛孙信	颜廷民
钱德兴	钱德洪	倪宝新	倪新华	颜承强	潘杰	潘建明	燕浩
徐勇	徐悦	徐友素	徐宁斌	薛文林	薛世新	薛永康	薄建刚
徐时清	徐快群	徐财源	徐学党	戴一平	戴士桃	戴光明	戴志伟
徐荣庆	徐树君	徐思平	徐炳芳	戴国兴	藏以全	檀士林	魏伟
徐培中	徐超民	徐新国	徐锡镇	魏伦先	魏志成	魏茂坤	魏贤宏
殷政	殷东平	殷忠良	栾桂云	魏忠厚	魏魁文	魏德公	糜世鸢

瞿谷生

三、享受国务院政府特殊津贴人员名录
（以姓氏笔画为序）

王永年	王文涛	王金余	平　俊
孙明珊	孙德胄	刘雨忠	刘书文
李新宝	李馥友	陈太恒	宋振德
孟以猛	祝嘉镛	姜　华	倪永录
徐快群	高一峰	曹祖民	虞咸祥

四、正高职称人员名录
（以姓氏笔画为序）

教授级高级政工师

义宝厚

教授级高级工程师

丁仁刚	马文智	王云泉	王金余
韦玉沛	平　俊	包正明	卢秀林
李义民	李跃文	李新宝	李馥友
冯学武	冯胜利	孙　凯	孙金龙
许大雄	吕振先	曲荣廉	祁和刚

吴继忠	吴福根	宋忠应	宋朝忠
宋继安	刘正修	刘雨忠	刘忠远
刘绍雄	刘清春	刘德平	陈季斌
邹兆仲	张天森	张全平	姜　华
胡志东	祝嘉镛	祝　琳	徐宏伟
徐国栋	徐培中	符小民	郭夕祥
殷东平	曹祖民	傅清国	温德华
越景林	谢维宜	虞咸祥	

主任医师

马全才	王　军	王立仁	王启为
王相鹏	叶德寿	成美华	朱兮瑜
许　旺	冯锡选	李　英	李　挥
李　健	李月球	孙序银	吴　薇
吴金荣	陈孟雄	张文权	张心海
张立华	张永化	张年生	周春生
赵金泽	禹和英	郭秀芝	唐　辉
钱叶江	陶洪臣	黄大祥	鲁立文
景　石	董志勇	裴厚霜	檀士林
魏少琳			

第二章　荣　　誉

第一节　集体荣誉

一、公司荣誉(表 15-2-1)

表 15-2-1　公司荣誉汇总表

荣誉称号	授奖部门	年份
质量标准化矿务局	中国统配煤矿总公司	1991
全国煤矿思想政治工作优秀企业	能源部	1991
全国造林绿化先进单位	全国绿化委员会	1991
全国煤炭系统思想政治工作优秀企业	中国煤炭政研会	1991
利税总额行业排序十强企业	国家统计局	1992
安全生产先进单位	中国统配煤矿总公司	1992
中国 500 家最大经营规模工业企业第 337 名	国务院发展研究中心	1992
全国煤炭采选 50 家最大经营规模工业企业第 26 名	国务院发展研究中心	1992
全国煤炭采选业 50 家最佳经济效益工业企业第 5 名	国务院发展研究中心	1992
国家大型企业	能源部	1992
国家二级节能企业	国家计划委员会和国务院生产办公室	1992
煤炭审计工作先进单位	中国统配煤矿总公司	1992
材料统计先进单位	中国统配煤矿总公司	1992
全国造林绿化先进单位	全国绿化委员会	1993
煤炭质量信得过单位	中国统配煤矿总公司	1993
主要经济指标排序中国行业一百强	国家统计局	1993
江苏省文明单位	江苏省委 省政府	1993
企业管理优秀企业	中国企业管理协会	1994
煤炭工业先进单位	中国煤炭企业管理协会	1994
中国煤炭工业优秀企业(金石奖)	中国煤炭工业协会	1994
煤炭质量信得过单位	国家经贸委质量司	1994
首批重合同守信用企业	江苏省人民政府	1995
江苏省文明单位	江苏省委省政府	1995
全国煤炭系统优秀企业	煤炭工业部	1995

表 15-2-1(续)

荣誉称号	授奖部门	年份
党风廉政教育活动先进集体	中共江苏省纪委	1995
国有企业 500 强(净资产排序)310 位	国有资产管理局	1995
煤炭质量信得过单位	国家经贸委质量司	1993—1996
煤炭工业综合利用多种经营先进公司	煤炭工业部	1996
质量标准化矿务局	煤炭工业部	1997
思想政治工作优秀企业	中共江苏省委宣传部	1997
国有煤矿科技进步十佳企业	煤炭工业部	1997
"八五"管理现代化先进企业	江苏省计划与经济委员会	1997
质量标准化矿务局	煤炭工业部	1997
模范职工之家	中华全国总工会	1998
全国部门造林绿化 400 佳单位	全国绿化委员会	1998
江苏省文明单位	江苏省精神文明建设指导委员会	1999
五一劳动奖状	中华全国总工会	1999
质量无投诉单位	中国质量无投诉活动委员会	1999
1999 年度管理先进企业	江苏省计划与经济委员会	2000
全国部门造林绿化 400 佳单位	全国绿化委员会	2000
煤炭系统造林绿化先进单位	国家煤炭工业局绿化委员会	2000
煤炭工业科技进步十佳企业	煤炭工业技术委员会	2000
质量效益型先进企业	中国质量管理协会	2000
国有煤矿科技进步十佳企业	煤炭工业技术委员会	2001
全国绿化先进集体	全国绿化委员会	2001
质量标准化企业	中国质量管理协会	2001
思想政治工作优秀企业	中共江苏省委	2002
江苏省文明单位标兵	江苏省委省政府	2002
第七届全国煤炭工业优秀企业	中国煤炭工业协会	2002
全国内部审计先进单位	审计署	2002
煤炭行业质量信得过单位	中国质量管理协会	2002
全国企业职工培训先进单位	中国职工教育和职业培训协会	2002
国有煤炭生产企业科技进步十佳企业	煤炭工业技术委员会	2003
全国煤炭工业优秀企业	中国煤炭工业协会	2003
江苏省文明单位标兵	江苏省委省政府	2003
全国煤炭工业优秀企业	中国煤炭工业协会	2003
厂务公开先进单位	中央企业厂务公开协调小组	2003
全国煤矿安全技术培训先进集体	全国煤矿安全技术培训委员会	2004
全国"安康杯"先进单位	中华全国总工会	2004
全国依法生产先进煤矿	国家发展和改革委员会	2005

表 15-2-1（续）

荣誉称号	授奖部门	年份
全国"安康杯"先进单位	中华全国总工会	2005
思想政治工作优秀企业	江苏省政研会	2005
全国内部审计先进单位	审计署	2005
质量管理先进企业	中国质量管理协会	2005
全国依法生产先进煤矿	国家发展和改革委员会	2005
煤矿安全质量标准化公司	江苏煤矿安全监察局	2005
产品质量国家免检单位	国家质量监督局	2006
矿产资源合理开发利用先进矿山企业	国土资源部	2006
中央企业法制宣传教育先进单位	国有资产监督管理委员会	2006
先进矿山企业	国土资源部	2006
中国煤矿康居建设小康局	中国煤炭建设协会	2006
全国煤炭工业质量奖	中国质量管理协会	2007
质量标准化矿务局	煤炭工业部	2007
质量管理先进企业	江苏省质量管理协会	2007
质量管理 30 年优秀企业	江苏省质量管理协会	2008
全国绿化模范单位	全国绿化委员会	2008
安全质量标准化公司	江苏煤矿安全监察局	2008
全国资源综合利用先进单位	国土资源部	2009
安全生产先进单位	江苏煤矿安全监察局	2009
安全质量标准化公司	江苏煤矿安全监察局	2009
全国煤炭工业质量奖	中国质量管理协会	2010
全国软件正版化示范单位	国家版权局	2010
全国煤矿职业安全健康先进单位	国家煤矿安全监察局	2010
质量管理先进企业	江苏省质量管理协会	2010
十佳文明服务满意单位	江苏省质量监督局	2010
全国煤炭经济研究先进单位	中国煤炭经济研究会	2010
安全生产先进单位	江苏煤矿安全监察局	2010
"五五普法"先进单位	江苏省经济与信息化委员会	2011
"五五普法"先进单位	国有资产监督管理委员会	2011
五一文化奖	上海市总工会	2011
全国质量管理小组活动优秀企业	中国质量管理协会	2012
煤矿安全培训示范基地	国家安全生产监督管理总局	2012
首批示范职业技能鉴定站	人力资源与社会保障部	2012
五一劳动奖状	上海市总工会	2012
"十一五"综合利用先进企业	国土资源部	2012
煤炭行业工程造价管理优秀单位	中国煤炭建设协会	2013

表 15-2-1(续)

荣誉称号	授奖部门	年份
全国群众体育先进单位	国家体育总局	2013
厂务公开民主管理先进单位	全国厂务公开协调小组	2013
安康杯竞赛优胜单位	江苏省总工会	2013
争创中国名牌先进单位	中国质量管理协会	2014
煤炭工业统计工作先进单位	中国煤炭工业协会	2014
中央企业法制宣传教育先进单位	国有资产监督管理委员会	2015
全国煤炭行业实习实训基地	中国煤炭工业协会	2015
思想政治工作优秀基层单位	江苏省政研会	2015
中国工业综合指数(ICI)填报工作先进单位	中国工业经济联合会	2016
政研会系统先进集体	江苏省政研会	2016
职工教育培训示范点	中华全国总工会	2016
信访工作先进集体	国有资产监督管理委员会	2016
守合同重信用企业	上海市工商局	2002—2017
新时期企业文化建设优秀单位	中国文化管理协会	2018
煤炭工业社会责任报告发布优秀企业	中国煤炭工业协会	2018
文化网络宣传先进单位	中国煤矿文化网	2018
优秀守合同重信用企业	上海市合同信用促进会	2019
企业宣传思想文化先锋70强	中国文化管理协会	2019
江苏省文明单位	江苏省精神文明建设指导委员会	2019
新时代党建＋企业文化示范单位	中国文化管理协会	2019
煤矿文化网络宣传先进单位	中国煤矿文化网	2019
管理体系优秀实践企业	中国质量协会质量保证中心	2019
高质量发展标杆企业	新华报业传媒集团	2019
煤炭工业社会责任报告发布优秀企业	中国煤炭工业协会	2019
重合同守信用企业	国家工商总局	2002—2019
职业卫生管理先进单位	江苏省疾病预防控制中心	2007—2019
全国煤炭青年"疫情防控"五四奖章	煤炭行业共青团工作委员会	2020

二、公司下属各单位(部门)荣誉(表 15-2-2)

表 15-2-2 公司下属各单位(部门)荣誉汇总表

获奖单位	荣誉称号	授奖部门	年份
大屯选煤厂	设备管理优秀单位	能源部	1991
大屯选煤厂	煤炭行业一级选煤厂	中国统配煤矿总公司	1991
地质队	煤炭工业先进企业	江苏省煤炭企业管理协会	1991
发电厂	标准化自备电厂(特级)	中国统配煤矿总公司	1991

表 15-2-2(续)

获奖单位	荣誉称号	授奖部门	年份
机修总厂	质量标准化达标特级单位	中国统配煤矿总公司	1991
公司工会女工委员会	女职工先进集体	中华全国总工会	1991
公司审计处	煤炭内审先进单位	中国统配煤矿总公司	1991
公司政研会	优秀思想政治工作研究会	中国煤炭政研会	1991
建安公司	煤炭工业先进企业	江苏省煤炭企业管理协会	1991
四方铝业机修车间钳工班	青年文明号	共青团江苏省委	1991
孔庄煤矿	思想政治工作优秀企业	能源部	1991
姚桥煤矿	煤炭工业先进企业	江苏省煤炭企业管理协会	1991
孔庄煤矿	煤炭工业先进企业	江苏省煤炭企业管理协会	1991
徐庄煤矿	煤炭工业先进企业	江苏省煤炭企业管理协会	1991
铁路管理处	设备管理优秀单位	能源部	1991
物资贸易部总仓库	全国煤矿先进总仓库	中国统配煤矿总公司	1991
徐庄煤矿	先进矿级仓库	中国统配煤矿总司	1991
徐庄煤矿	国家节能二级企业	能源部	1991
公司安监局	先进安监局	中国统配煤矿总公司	1991
姚桥煤矿	煤炭行业特级矿(处)	中国统配煤矿总公司	1991
地质队	煤炭行业特级矿(处)	中国统配煤矿总公司	1991
龙东煤矿	煤质管理先进矿	中国统配煤矿总公司	1991
公司调度室	煤炭行业特级调度室	中国统配煤矿总公司	1991
孔庄煤矿安监站	先进安监站	中国统配煤矿总公司	1992
龙东煤矿安监站	先进安监站	中国统配煤矿总公司	1992
大屯选煤厂	国家一级节能企业	国家计划委员会和国务院生产办公室	1992
姚桥煤矿	国家级节能二级企业	国家计划委员会和国务院生产办公室	1992
孔庄煤矿	国家级节能二级企业	国家计划委员会和国务院生产办公室	1992
徐庄煤矿	国家级节能二级企业	国家计划委员会和国务院生产办公室	1992
发电厂	国家级节能二级企业	国家计划委员会和国务院生产办公室	1992
机修总厂	国家级节能二级企业	国家计划委员会和国务院生产办公室	1992
机修总厂	江苏省文明单位	江苏省精神文明建设指导委员会	1992
建安公司	全国五百家大型建筑企业	国务院经济发展中心	1992
救护大队	标准化矿山救护队	中国统配煤矿总公司	1992
发电厂	中国煤矿二级企业	中国煤炭工业协会	1992
孔庄煤矿	江苏省文明社区	江苏省精神文明建设指导委员会	1992
孔庄煤矿采煤二队	模范职工之家	中国煤矿地质工会	1992
龙东煤矿综采队	模范职工之家	中国煤矿地质工会	1992
大屯选煤厂	现场管理先进单位	煤炭工业部	1993
公司工会	模范职工之家	中华全国总工会	1993

表 15-2-2(续)

获奖单位	荣誉称号	授奖部门	年份
矿建公司掘进三队车间工会	模范职工之家	中华全国总工会	1993
龙东煤矿多种经营公司	全国煤炭多种经营先进企业	煤炭工业部	1993
三小	红旗大队	共青团上海市委	1993
救护大队	标准化矿山救护队	中国统配煤矿总公司	1993
二中	红旗大队	共青团上海市委	1994
救护大队	标准化矿山救护队	中国统配煤矿总公司	1994
铁路管理处	煤炭工业现场管理先进单位	中国煤炭工业协会	1994
徐庄煤矿	煤炭工业现场管理先进单位	中国煤炭工业协会	1994
大屯选煤厂	质量管理奖	江苏省质量管理协会	1995
姚桥煤矿工会	群众文化工作先进单位	中国煤矿地质工会	1995
一小	标准化学校	煤炭工业部	1995
一中	标准化学校	煤炭工业部	1995
救护大队	标准化矿山救护队	中国统配煤矿总公司	1995
建安公司(龙东选煤厂工程)	优质工程奖	煤炭工业部	1995
龙东煤矿	企业管理优秀奖	煤炭工业部	1995
铁路管理处	质量标准化单位	煤炭工业部	1995
铁路管理处	现场管理最佳企业	煤炭工业部	1995
徐庄煤矿	现场管理先进单位	煤炭工业部	1995
徐庄煤矿综采队	煤炭工业先进集体	煤炭工业部	1995
大屯选煤厂	节能先进单位	煤炭工业部	1995
建安公司	煤炭先进施工企业	中国煤炭建设协会	1996
孔庄煤矿	煤矿地质系统先进工会	中国煤矿地质工会	1996
矿建公司	工程质量管理先进企业	煤炭工业部	1996
龙东煤矿	全国五一劳动奖状	中华全国总工会	1996
铁路管理处	现场管理先进单位	煤炭工业部	1996
拓特厂动力车间	青年文明号	共青团江苏省委	1996
徐庄煤矿	煤炭系统环境保护十佳企业	煤炭工业部	1996
物质贸易部总仓库	煤炭物资系统局级先进仓库	中国煤炭物资总公司	1996
拓特厂	设备管理先进单位	中国煤炭工业协会	1996
大屯选煤厂	煤炭工业优秀企业(金石奖)	煤炭工业部	1997
大屯选煤厂	用户满意服务单位	中国质量管理协会	1997
二中	优秀少先队集体	江苏省教育厅	1997
公司审计处	审计工作先进集体	煤炭工业部	1997
公司政研会	优秀思想政治工作研究会	中共江苏省委宣传部	1997
孔庄煤矿	煤炭工业优秀企业(金石奖)	煤炭工业部	1997
拓特厂动力车间	青年文明号	共青团江苏省委	1997

表 15-2-2（续）

获奖单位	荣誉称号	授奖部门	年份
孔庄煤矿	先进职工政校	中共江苏省委宣传部	1997
铁路管理处	煤炭工业优秀企业（金石奖）	煤炭工业部	1997
公司工会	模范职工之家	中华全国总工会	1998
大屯选煤厂	用户满意服务单位	中国质量协会用户委员会	1998
三小	红旗大队	共青团上海市委	1998
一中	青少年科技教育特色学校	江苏省教育委员会	1998
一中	实施素质教育先进学校	江苏省教育委员会	1998
发电厂	造林绿化四十佳单位	煤炭工业部	1998
孔庄煤矿	安全文明小区	江苏省社会治安综合治理委员会	1998
拓特厂动力车间	青年文明号	共青团江苏省委	1998
公司团委	五四红旗团委	共青团江苏省委	1999
二中	体育工作先进学校	江苏省教育厅	1999
发电厂电力生产线	青年文明号生产线	共青团江苏省委	1999
龙东煤矿党委	先进基层党组织	中共江苏省委	1999
姚桥煤矿	全国五一劳动奖状	中华全国总工会	1999
大屯选煤厂	园林式单位	江苏省建设委员会	1999
姚桥煤矿	全民健身活动先进单位	国家体育总局	2000
姚桥煤矿工会	煤炭地矿系统先进基层工会	中国煤矿地质工会	2000
建安公司（综机站设备库）	全国煤炭行业优质工程	中国煤炭建设协会	2000
二中	青少年科技教育先进学校	江苏省教育厅	2000
一小	优秀家长学校	上海市教育委员会	2000
一小	青少年科技教育特色学校	江苏省教育厅	2000
发电厂	江苏省文明单位	江苏省精神文明建设指导委员会	2000
铁路管理处	设备管理优秀单位	煤炭工业局	2000
大屯选煤厂机电自动化班	青年文明号	中央企业团工委	2001
一中	优秀家长学校	上海市教育委员会	2001
发电厂继保班	五一文明示范岗	江苏省总工会	2001
公司党校	红旗基层党校	中共江苏省委宣传部	2001
公司团委	五四红旗团委创建单位	共青团中央	2001
拓特厂	设备管理优秀企业	中国煤炭工业协会	2001
拓特厂团委	五四红旗团委创建单位	中央企业团工委	2001
发电厂	五四红旗团委	中央企业团工委	2001
姚桥煤矿团委	五四红旗团委	中央企业团工委	2001
铁路管理处车辆段旅客列车	青年文明号	共青团江苏省委	2001
姚桥煤矿	造林绿化先进单位	国家煤炭工业局绿化委员会	2001
二小	红旗大队	江苏省少工委	2002

表 15-2-2(续)

获奖单位	荣誉称号	授奖部门	年份
二小	青少年科技教育先进单位	江苏省教育厅	2002
发电厂团委	青年文明号	共青团中央	2002
发电厂	江苏省文明单位	江苏省精神文明建设指导委员会	2002
发电厂工会	模范职工之家	江苏省总工会	2002
发电厂继保班	五一文明示范岗	江苏省总工会	2002
发电厂电力生产线	青年文明号生产线	共青团中央	2002
建安公司	AAA级重合同守信用企业	江苏省人民政府	2002
铁路管理处	江苏省文明单位	江苏省精神文明建设指导委员会	2002
龙东煤矿	江苏省文明单位	江苏省精神文明建设指导委员会	2002
绣绮园新村	江苏省文明小区	江苏省人民政府	2002
孔庄煤矿工人村	江苏省文明小区	江苏省人民政府	2002
铁路管理处工人村	江苏省文明小区	江苏省人民政府	2002
姚桥煤矿	文明煤矿	中国煤炭政研会	2002
姚桥煤矿	煤炭工业双十佳煤矿	中国煤炭工业协会	2002
姚桥煤矿采煤二队	青年安全生产示范岗	共青团中央	2002
姚桥煤矿工会	模范职工之家	上海市总工会	2002
拓特厂动力团支部	青年文明号	共青团江苏省委	2002
三小	红旗大队	共青团上海市委	2003
发电厂	质量管理体系认证获证单位	中质协质量保证中心	2003
发电厂工会	模范职工之家	江苏省总工会	2003
姚桥煤矿团委	五四红旗团委创建单位	中央企业团工委	2003
姚桥煤矿采煤二队	青年文明号生产线	共青团中央	2003
龙东煤矿	煤炭工业双十佳煤矿	中国煤炭工业协会	2003
姚桥煤矿	全国五一劳动奖状	中华全国总工会	2003
姚桥煤矿	科技进步双十佳矿井	煤炭工业技术委员会	2003
姚桥煤矿灯房班	巾帼示范岗	江苏省总工会	2003
姚桥煤矿	江苏省文明单位	江苏省精神文明建设指导委员会	2003
设计院	质量管理优秀企业	江苏省质量管理协会	2003
三小	优秀少先队集体	共青团江苏省委	2004
公司党校	红旗基层党校	中共江苏省委宣传部	2004
江苏煤电高级技工学校	煤炭教育先进单位	中国煤炭教育协会	2004
徐庄煤矿	煤矿安全培训工作先进集体	江苏煤矿安全监察局	2004
孔庄煤矿	中央企业先进集体	国资委	2004
龙东煤矿掘进二队	模范集体	上海市人民政府	2004
铁路管理处党委	先进基层党组织	中共江苏省委	2004
铁路管理处车辆段	模范集体	上海市人民政府	2004

表 15-2-2（续）

获奖单位	荣誉称号	授奖部门	年份
徐庄煤矿工会	模范职工之家	中国能源化学工会	2004
姚桥煤矿	科技进步双十佳矿井	煤炭工业技术委员会	2004
姚桥煤矿	江苏省文明单位	江苏省精神文明建设指导委员会	2004
龙东煤矿	江苏省文明单位	江苏省精神文明建设指导委员会	2004
铁路管理处	江苏省文明单位	江苏省精神文明建设指导委员会	2004
拓特厂	江苏省文明单位	江苏省精神文明建设指导委员会	2004
姚桥煤矿	环境保护优秀单位	中国煤炭工业协会	2004
姚桥煤矿采煤一队	模范集体	上海市人民政府	2004
一小	红旗大队	中国少年先锋队全国工作委员会	2005
一小	红旗大队	共青团上海市委	2005
一小	普教系统德育工作先进集体	上海市教育委员会	2005
发电厂	用户满意企业	中国企业文化全国商业信息中心	2005
发电厂工会	模范职工之家	江苏省总工会	2005
孔庄煤矿工会	模范职工之家	上海市总工会	2005
孔庄煤矿	煤炭工业双十佳矿井	煤炭工业技术委员会	2005
孔庄煤矿	文明煤矿	中国煤炭政研会	2005
孔庄煤矿	科技创新型煤矿	煤炭工业技术委员会	2005
拓特厂动力车间	模范职工小家	上海市总工会	2005
铁路管理处	江苏省文明单位	江苏省精神文明建设指导委员会	2005
徐庄煤矿	煤炭工业双十佳煤矿	中国煤炭工业协会	2005
姚桥煤矿灯房班	巾帼文明岗	国资委	2005
姚桥煤矿	煤矿安全生产先进矿井	江苏煤矿安全监察局	2005
公司团委	五四红旗团委	共青团中央	2005
建安公司（南京航空航天大学服务中心）	煤炭建设工程质量奖（太阳杯）	中国煤炭建设协会	2005
姚桥煤矿灯房班	模范集体	上海市人民政府	2006
姚桥煤矿掘进三队机电维修班	学习型红旗班组	国资委	2006
大屯选煤厂	和谐劳动关系模范企业	江苏省总工会	2006
大屯选煤厂选煤车间乙班洗煤一班	质量信得过班组	中国质量协会	2006
二中	科学教育特色学校	江苏省教育厅	2006
一小	心理健康教育实验校	上海市中小学心理辅导协会	2006
发电厂	综合利用多种经营先进企业	中国煤炭工业协会	2006
发电厂	电力行业统计工作先进单位	江苏省电力协会	2006
江苏煤电高级技工学校	煤炭教育先进单位	中国煤炭教育协会	2006
拓特厂	五四红旗团委创建单位	共青团江苏省委	2006

表 15-2-2(续)

获奖单位	荣誉称号	授奖部门	年份
拓特厂总装车间	青年文明号	共青团江苏省委	2006
徐庄煤矿女工家属协管会	煤炭系统先进协管会	中国能源化学工会	2006
铁路管理处	法制宣传教育先进单位	国资委	2006
徐庄煤矿	煤矿安全培训工作先进集体	江苏煤矿安全监察局	2006
徐庄煤矿团委	五四红旗团委标兵	共青团江苏省委	2006
徐庄煤矿采煤二队	青年安全生产示范岗	共青团江苏省委	2006
徐庄煤矿女子注浆班	五一巾帼奖	上海市总工会	2006
姚桥煤矿	煤矿安全生产先进矿井	江苏煤矿安全监察局	2006
大屯铝业公司电解二车间	模范集体	上海市人民政府	2007
公司安全培训中心	煤矿安全培训先进集体	江苏煤矿安全监察局	2007
大屯铝业公司	企业文化建设优秀单位奖	中国企业文化研究会	2007
大屯选煤厂工会	模范职工之家	上海市总工会	2007
二中	艺术教育特色学校	江苏省教育厅	2007
公司党校	红旗基层党校	中共江苏省委宣传部	2007
拓特厂	现场管理先进单位	中国统配煤矿总公司	2007
孔庄煤矿供应科	青年文明号	共青团江苏省委	2007
龙东煤矿	安全生产工作先进单位	江苏煤矿安全监察局	2007
龙东煤矿	煤炭系统安全生产先进矿	江苏省经济贸易委员会	2007
龙东煤矿选煤厂	青年文明号	中央企业团工委	2007
铁路管理处工会	模范职工之家	上海市总工会	2007
徐庄煤矿采煤二队	模范集体	上海市人民政府	2007
徐庄煤矿	煤炭系统安全生产先进矿	江苏省经济贸易委员会	2007
姚桥煤矿工会	模范职工小家	上海市总工会	2007
姚桥煤矿	煤炭系统优秀政研会	中国煤炭政研会	2007
姚桥煤矿掘进三队	模范集体	上海市人民政府	2007
建安公司(南京航空航天大学住宅楼)	煤炭行业优质工程	中国煤炭建设协会	2007
姚桥煤矿	安全生产先进集体	江苏煤矿安全监察局	2008
龙东煤矿	安全生产先进集体	江苏煤矿安全监察局	2008
公司安全培训中心	煤矿安全培训先进集体	江苏煤矿安全监察局	2008
大屯铝业公司	冶金工业十强企业	江苏省冶金工业协会	2008
发电厂	综合利用与多种经营先进企业	中国煤炭工业协会	2008
江苏煤电高级技工学校	职工教育先进单位	中国煤炭教育协会	2008
孔庄煤矿综采二队	工人先锋号	上海市总工会	2008
孔庄煤矿团委	五四红旗团委创建单位	共青团江苏省委	2008
拓特厂	全国文明单位	中央精神文明建设指导委员会	2008

表 15-2-2(续)

获奖单位	荣誉称号	授奖部门	年份
拓特厂	江苏省文明单位	江苏省精神文明建设指导委员会	2008
铁路管理处旅客列车	青年文明号	共青团江苏省委	2008
铁路管理处旅客列车	青年文明号	中央企业团工委	2008
徐庄煤矿	江苏省文明单位	江苏省精神文明建设指导委员会	2008
徐庄煤矿	群众性经济技术创新工程先进单位	江苏省总工会	2008
姚桥煤矿	煤炭工业双十佳煤矿	中国煤炭工业协会	2008
姚桥煤矿工会	模范职工之家	江苏省总工会	2008
姚桥煤矿	安全生产先进集体	江苏煤矿安全监察局	2008
姚桥煤矿	职工书屋示范点	中华全国总工会	2009
大屯铝业公司	青年文明号	中央企业团工委	2009
大屯铝业公司	质量管理先进企业	江苏省质量管理协会	2009
大屯铝业公司	重合同守信用单位	江苏省人民政府	2009
大屯铝业公司	创业文化建设十强	中国文化管理学会	2009
公司培训中心	煤矿安全培训先进集体	江苏煤矿安全监察局	2009
拓特厂工会	模范职工之家	上海市总工会	2009
徐庄煤矿	煤矿安全培训先进集体	江苏煤矿安全监察局	2009
铁路管理处车辆段旅客列车班组	青年文明号	共青团中央	2009
徐庄煤矿机电科机厂车间	青年文明号	中央企业团工委	2009
徐庄煤矿	中央企业先进集体	国资委	2009
徐庄煤矿	安全生产诚信企业	江苏煤矿安全监察局	2009
徐庄煤矿掘进四队赵呈坤班	工人先锋号	中华全国总工会	2009
姚桥煤矿采煤二队	高产高效采煤队	中华全国总工会	2009
孔庄煤矿	安全生产先进集体	江苏煤矿安全监察局	2009
孔庄煤矿团委	五四红旗团委创建单位	中央企业团工委	2009
机电管理部	设备管理优秀单位	中国煤炭工业协会	2009
大屯铝业公司	江苏省文明单位	江苏省精神文明建设指导委员会	2010
龙东煤矿	安全生产先进集体	江苏煤矿安全监察局	2010
武装部	基层武装部规范化建设先进单位	江苏省军区司令部	2010
公司团委	五四红旗团委	共青团江苏省委	2010
公司培训中心	煤矿安全培训先进集体	江苏煤矿安全监察局	2010
孔庄煤矿	煤矿安全培训先进集体	江苏煤矿安全监察局	2010
龙东煤矿	煤矿安全培训先进集体	江苏煤矿安全监察局	2010
龙东煤矿工会	模范职工之家	上海市总工会	2010

表 15-2-2（续）

获奖单位	荣誉称号	授奖部门	年份
龙东煤矿综采队	模范集体	上海市人民政府	2010
信息中心	煤炭工业信息化先进单位	中国煤炭工业协会	2010
铁路管理处车辆段旅客列车乘务组	模范集体	上海市人民政府	2010
徐庄煤矿供应科仓库班组	上海市文明班组	上海市总工会	2010
徐庄煤矿掘进四队赵呈坤班	全国优秀班组	中华全国总工会	2010
姚桥煤矿	安全生产诚信企业	江苏省安全生产监督管理局	2010
姚桥矿运输科生产二班	中央企业红旗班组	国资委	2010
姚桥煤矿采煤三队一班	五佳优秀安全班组	江苏省煤矿安全监察局	2010
颐园新村	物业管理优秀住宅小区	江苏省住房和城乡建设厅	2010
孔庄煤矿信息科技环保科	质量信得过班组	中国质量协会	2010
公司安监局	安全生产先进监察部	江苏省经济贸易委员会	2007—2010
孔庄煤矿生产技术管理班	质量信得过班组	中国质量协会	2011
大屯铝业公司	江苏省文明单位	江苏省精神文明建设指导委员会	2011
大屯铝业公司	重合同守信用企业	江苏省人民政府	2011
发电厂送变电工区	工人先锋号	中国能源化学工会	2011
公司工会	全国煤炭行业先进工会	中国能源化学工会	2011
公司团委	五四红旗团委	中央企业团工委	2011
孔庄煤矿馨园社区	江苏省文明社区	江苏省精神文明建设指导委员会	2011
姚桥煤矿工会	职工书屋示范达标单位	中华全国总工会	2011
姚桥煤矿工人村社区	创建文明社区工作先进社区	江苏省精神文明建设指导委员会	2011
姚桥煤矿机电科矿灯房	巾帼文明岗	江苏省总工会	2011
技术中心	优秀企业技术中心	江苏省经信委	2011
姚桥煤矿生活科食堂班	上海市文明班组	上海市总工会	2011
姚桥煤矿运输科生产二班	红旗班组	国资委	2011
姚桥煤矿	科技创新示范矿	中国煤炭工业协会	2011
姚桥煤矿	安全文化建设示范企业	国家安全生产监督管理总局	2011
大屯铝业公司电解部四区一班	团队创先特色班组	上海市总工会	2012
大屯铝业公司	企业文化管理创新十佳单位	中国文化管理学会	2012
发电厂	全民健身活动先进单位	中国煤矿体育协会	2012
发电厂热电运行分场	工人先锋号	上海市总工会	2012
公司安全培训中心	煤矿安全培训示范基地	国家安全生产监督管理总局	2012
公司安全培训中心	煤矿安全培训先进集体	江苏煤矿安全监察局	2012
孔庄煤矿	全民健身活动先进单位	中国煤矿体育协会	2012
孔庄煤矿综采一队	工人先锋号	上海市总工会	2012
公司工会	女工家属协管安全示范站	中国能源化学工会	2012

表 15-2-2（续）

获奖单位	荣誉称号	授奖部门	年份
公司工会	新闻宣传先进单位	江苏省总工会	2012
龙东煤矿女工家属协管会	全国煤炭行业先进协管会	中国能源化学工会	2012
徐庄煤矿	中国最美矿山	能源局	2012
徐庄煤矿	江苏省园林先进单位	江苏省住房和城乡建设厅	2012
徐庄煤矿采煤一队生产一班	上海市团队创先特色班组	上海市总工会	2012
徐庄煤矿机电科机厂车间	青年文明号	共青团江苏省委	2012
徐庄煤矿	安全文化建设示范企业	江苏煤矿安全监察局	2012
姚桥煤矿女工家属井口服务站	女工家属协管安全示范站	中国能源化学工会	2012
姚桥煤矿运输科井口信号班女工小组	五一巾帼奖（集体）	上海市总工会	2012
姚桥煤矿采煤二队党支部	优秀基层党组织	国资委党委	2012
姚桥煤矿工会女工委	十佳女职工工作品牌	上海市总工会	2012
拓特机械制造厂金工车间	青年安全生产示范岗	江苏团省委	2012
技术中心	中国煤炭学会先进集体	中国煤炭学会	2012
姚桥煤矿采煤二队	煤炭行业先进区队	江苏省煤炭工业协会	2013
姚桥煤矿掘进五队	江苏省优秀区队	江苏省煤炭工业协会	2013
公司团委	五四红旗团委	中央企业团工委	2013
拓特厂	全民健身活动先进单位	中国煤矿体育协会	2013
公司安全培训中心	煤矿安全培训先进集体	江苏煤矿安全监察局	2013
建设管理部	工程造价管理优秀单位	中国煤炭建设协会	2013
大屯铝业公司	党建文化十佳单位	中国文化管理协会	2013
发电厂	安全文化十佳单位	中国文化管理协会	2013
发电厂	质量管理小组活动优秀企业	中国煤炭工业协会	2013
选煤中心	全国煤炭工业十佳选煤厂	中国煤炭工业协会	2013
选煤中心	全民健身活动先进单位	中国煤矿体育协会	2013
发电厂工会	模范职工之家	上海市总工会	2013
发电厂团委	五四红旗团委	全国煤炭行业共青团工作指导和推进委员会	2013
建安公司	重合同守信用企业	工商行政管理总局	2013
孔庄煤矿	职工书屋示范达标单位	中华全国总工会	2013
龙东煤矿	煤炭工业先进煤矿	中国煤炭工业协会	2013
龙东煤矿	五一劳动奖状	上海市总工会	2013
龙东煤矿	中国最美矿山	能源局煤炭司	2013
龙东煤矿	安全文化建设示范企业	国家安全生产监督管理总局	2013
龙东煤矿	国家级绿色矿山（试点单位）	国土资源部	2013
龙东煤矿	煤炭工业先进煤矿	中国煤炭工业协会	2013

表 15-2-2(续)

获奖单位	荣誉称号	授奖部门	年份
龙东煤矿	全民健身活动先进单位	中国煤矿体育协会	2013
徐庄煤矿	江苏省文明单位	江苏省精神文明建设指导委员会	2013
徐庄煤矿	全国五一劳动奖状	中华全国总工会	2013
徐庄煤矿	煤炭工业先进煤矿	中国煤炭工业协会	2013
徐庄煤矿	国家级绿色矿山(试点单位)	国土资源部	2013
徐庄煤矿	科技创新示范矿	中国煤炭工业协会	2013
徐庄煤矿采煤二队	青年安全生产示范岗	共青团中央	2013
姚桥煤矿	中国最美矿山	能源局煤炭司	2013
姚桥煤矿	江苏省文明单位	江苏省精神文明建设指导委员会	2013
姚桥煤矿	中央企业先进集体	国资委	2013
姚桥煤矿采煤二队	工人先锋号	中华全国总工会	2013
姚桥煤矿采煤二队生产三班	团队创先特色班组	上海市总工会	2013
工程咨询公司	工程质量"太阳杯"	中国煤炭建设协会	2013
颐园社区	江苏省文明社区	江苏省精神文明建设指导委员会	2013
发电厂检修分厂锅炉本体班	质量信得过班组	中国质量协会	2013
公司工会	模范职工之家	上海市总工会	2013
发电厂工会	模范职工之家	上海市总工会	2014
发电厂	文明单位	中国煤炭政研会	2014
发电厂	全民健身活动先进单位	中国煤矿体育协会	2014
孔庄煤矿团委	五四红旗团委创建单位	共青团江苏省委	2014
公司安全培训中心	煤矿安全培训先进集体	江苏煤矿安全监察局	2014
孔庄煤矿	五一劳动奖状	江苏省总工会	2014
铁路管理处	五一劳动奖状	江苏省总工会	2014
拓特厂电修车间电工班	团队创先特色班组	上海市总工会	2014
徐庄煤矿机电科机厂车间	青年文明号	共青团江苏省委	2014
姚桥煤矿	文明煤矿	中国煤炭政研会	2014
姚桥煤矿采煤二队	工人先锋号	江苏省总工会	2014
姚桥煤矿采煤二队	五一劳动奖状	上海市总工会	2014
姚桥煤矿采煤一队	五一劳动奖状	上海市总工会	2014
中煤职院杨古荣工作室	技能大师工作室	中国煤炭工业协会	2014
选煤中心(姚桥选煤厂)	工人先锋号	上海市总工会	2015
选煤中心	重合同守信用企业	江苏省人民政府	2015
发电厂运行分场	模范集体	上海市人民政府	2015
发电厂	全民健身活动先进单位	中国煤矿体育协会	2015
孔庄煤矿生活科	青年文明号	共青团江苏省委	2015
设备管理中心	设备管理优秀单位	中国设备管理协会	2015

表 15-2-2（续）

获奖单位	荣誉称号	授奖部门	年份
徐庄煤矿	煤炭工业先进煤矿	中国煤炭工业协会	2015
徐庄煤矿团委	五四红旗团委	煤炭行业共青团工作委员会	2015
徐庄煤矿团委	五四红旗团委创建单位	中央企业团工委	2015
姚桥煤矿运输科井口信号班	巾帼文明岗	江苏省总工会	2015
公司工会	模范职工之家	中华全国总工会	2015
姚桥煤矿	煤炭工业双十佳煤矿	中国煤炭工业协会	2015
姚桥煤矿皮带管理科	青年文明号	共青团江苏省委	2015
姚桥煤矿生活科	青年文明号	共青团江苏省委	2015
中煤职院	煤炭行业实习实训基地	中国煤炭工业协会	2015
拓特厂	五四红旗团委创建单位	中央企业团工委	2015
徐庄煤矿	江苏省文明单位	江苏省精神文明建设指导委员会	2015
选煤中心	江苏省文明单位	江苏省精神文明建设指导委员会	2015
选煤中心	全民健身活动先进单位	中国煤矿体育协会	2015
实业公司	全民健身先进集体	中国煤矿体育协会	2015
姚桥煤矿团委	五四红旗团委	共青团江苏省委	2015
公司图书馆	职工书屋示范点	中华全国总工会	2016
职业技能鉴定部	人力资源工作先进单位	中国煤炭工业协会	2016
工程咨询公司机械设计管理小组	优秀质量管理小组	中国煤炭工业协会	2016
孔庄煤矿	安全文化建设示范企业	江苏省安全生产监督管理局	2016
孔庄煤矿综采一队	工人先锋号	中华全国总工会	2016
汽运分公司客运队驾驶一班	工人先锋号	上海市总工会	2016
选煤中心	职工职业道德建设先进单位	上海市总工会	2016
中煤职院	职工教育培训示范点	中华全国总工会	2017
选煤中心	劳模创新工作室	上海市总工会	2017
选煤中心	五一劳动奖状	上海市总工会	2017
选煤中心	职工书屋示范点	中华全国总工会	2017
职业技能鉴定部	人力资源工作先进单位	中国煤炭工业协会	2017
电力工程公司	重质量守信誉施工单位	江苏省工程建设监督管理办公室	2017
电力工程公司	工人先锋号	江苏省总工会	2017
发电厂	江苏省电力行业统计工作先进单位	江苏省电力行业协会	2017
发电厂一分厂电气运行丁班	工人先锋号	上海市总工会	2017
孔庄煤矿	五一劳动奖状	上海市总工会	2017
铝板带厂	五一劳动奖状	上海市总工会	2017
铁路管理处车辆段检修班组	工人先锋号	上海市总工会	2017

表 15-2-2(续)

获奖单位	荣誉称号	授奖部门	年份
徐庄煤矿供应科	全国青年文明号	共青团中央	2017
姚桥煤矿	五一劳动奖状	上海市总工会	2017
姚桥煤矿采煤二队	工人先锋号	上海总工会	2017
姚桥煤矿采煤二队三班	全国工人先锋号	中华全国总工会	2017
姚桥煤矿工会	模范职工之家	上海市总工会	2017
建安公司	工人先锋号	江苏省总工会	2017
姚桥煤矿生产技术班	质量信得过班组	中国质量管理协会	2017
姚桥煤矿采煤三队机电班	青年安全生产示范岗	共青团中央	2017
中煤职院	职工教育培训示范点	中华全国总工会	2017
职业技能鉴定部	人力资源工作先进单位	中国煤炭工业协会	2018
职业技能鉴定部	职业技能鉴定优秀鉴定站	煤炭工业职业技能鉴定指导中心	2018
江苏煤电技师学院	国家技能人才培育突出贡献单位	人力资源和社会保障部	2018
孔庄煤矿综采二队	工人先锋号	上海市总工会	2018
徐庄煤矿掘进三队徐龙扬班	工人先锋号	上海市总工会	2018
徐庄煤矿武庆平技师创新工作室	职工(技师)创新工作室	上海市总工会	2018
实业公司工会	模范职工之家	江苏省总工会	2018
姚桥煤矿采煤二队三班	工人先锋号	上海市总工会	2018
姚桥煤矿采煤三队机电班	全国青年安全生产示范岗	共青团中央	2018
铝板带厂	五一劳动奖状	上海市总工会	2018
中煤职院	成人教育先进单位	中国煤炭教育协会	2018
徐庄煤矿机电科运转提升班	质量信得过班组	中国质量管理协会	2018
工程咨询公司监理分公司	煤炭行业十佳监理部	中国煤炭建设协会	2018
职业技能鉴定部	职业技能鉴定先进单位	煤炭工业职业技能鉴定指导中心	2019
孔庄煤矿	安全文化建设示范企业	中国文化管理协会	2019
保卫部	治安保卫工作先进集体	江苏省公安厅	2019
龙东煤矿	五一劳动奖状	上海市总工会	2019
铝板带厂工会	模范职工之家	江苏省总工会	2019
天山公司	职工书屋	中华全国总工会	2019
姚桥煤矿	江苏省文明单位	江苏省精神文明建设指导委员会	2019
姚桥煤矿	安全文化示范企业	国家安全生产监管总局	2019
姚桥煤矿采煤二队	中央企业优秀基层党组织	国资委党委	2019
姚桥煤矿运输科井口信号房	巾帼文明岗	中华全国妇女联合会	2019
龙东煤矿地测煤质管理班	质量信得过班组	中国质量管理协会	2019
中煤职院	教育工作先进单位	中国煤炭教育协会	2019

表 15-2-2（续）

获奖单位	荣誉称号	授奖部门	年份
工程咨询公司	工人先锋号	江苏省总工会	2019
龙东煤矿	五一劳动奖状	上海市总工会	2019
人力资源部社保中心	社保先进单位	江苏省社保中心	2017—2019
公司团委	五四红旗团委	共青团江苏省委	2020
天山公司	模范集体	上海市人民政府	2020
实业公司团委	五四红旗团委	全国煤炭行业共青团工作指导和推进委员会	2020

三、优秀质量控制（QC）小组（表 15-2-3）

表 15-2-3　优秀质量控制（QC）小组汇总表

获奖单位	荣誉称号	授奖部门	年份
大屯选煤厂选煤车间 QC 小组	全国优秀 QC 小组	中国质量协会	2001
孔庄煤矿掘进技术 QC 小组	全国优秀 QC 小组	中国质量协会	2010
选煤中心龙东选煤厂 QC 小组	全国优秀 QC 小组	中国质量协会	2012
孔庄煤矿掘进技术 QC 小组	全国优秀 QC 小组	中国质量协会	2012
龙东煤矿机电 QC 小组	全国优秀 QC 小组	中国质量协会	2013
姚桥煤矿经营管理科 QC 小组	全国优秀 QC 小组	中国质量协会	2013
孔庄煤矿黑金 QC 小组	全国优秀 QC 小组	中国质量协会	2013
姚桥煤矿综掘 QC 小组	全国优秀 QC 小组	中国质量协会	2014
龙东煤矿机电 QC 小组	全国优秀 QC 小组	中国质量协会	2014
孔庄煤矿黑金 QC 小组	全国优秀 QC 小组	中国质量协会	2014
铁路管理处电务段通信 QC 小组	全国优秀 QC 小组	中国质量协会	2015
徐庄煤矿皮带管理科 QC 小组	全国优秀 QC 小组	中国质量协会	2015
发电厂锅炉辅机 QC 小组	全国优秀 QC 小组	中国质量协会	2015
姚桥煤矿扬帆 QC 小组	全国优秀 QC 小组	中国质量协会	2016
徐庄煤矿机电运转提升 QC 小组	全国优秀 QC 小组	中国质量协会	2016
孔庄煤矿节俭 QC 小组	全国优秀 QC 小组	中国质量协会	2016
龙东煤矿煤质管理 QC 小组	全国优秀 QC 小组	中国质量协会	2016
徐庄煤矿机电运转提升 QC 小组	全国优秀 QC 小组	中国质量协会	2017
姚桥煤矿扬帆 QC 小组	全国优秀 QC 小组	中国质量协会	2017
中煤职业技术学院雄鹰 QC 小组	全国优秀 QC 小组	中国质量协会	2017
龙东煤矿煤质管理 QC 小组	全国优秀 QC 小组	中国质量协会	2017
孔庄煤矿节俭 QC 小组	全国优秀 QC 小组	中国质量协会	2017
孔庄煤矿降患 QC 小组	全国优秀 QC 小组	中国质量协会	2018
龙东煤矿地测 QC 小组	全国优秀 QC 小组	中国质量协会	2018

表 15-2-3(续)

获奖单位	荣誉称号	授奖部门	年份
选煤中心飞翔 QC 小组	全国优秀 QC 小组	中国质量协会	2019
中煤职院雄鹰 QC 小组	全国优秀 QC 小组	中国质量协会	2019
选煤厂选煤车间甲班洗煤 QC 小组	江苏省优秀 QC 小组	江苏省质量管理协会	1996
选煤厂煤质科化验室 QC 小组	江苏省优秀 QC 小组	江苏省质量管理协会	2008
选煤厂选煤车间乙班洗煤 QC 小组	江苏省优秀 QC 小组	江苏省质量管理协会	2008
发电厂热电运行锅炉 QC 小组	江苏省优秀 QC 小组	江苏省质量管理协会	2010
孔庄煤矿技改创新小组 QC 小组	江苏省优秀 QC 小组	江苏省质量管理协会	2010
物业分公司文体中心 QC 小组	江苏省优秀 QC 小组	江苏省质量管理协会	2010
选煤厂选煤车间乙班原煤 QC 小组	江苏省优秀 QC 小组	江苏省质量管理协会	2010
龙东煤矿机电 QC 小组	江苏省优秀 QC 小组	江苏省质量管理协会	2011
热电运行锅炉 QC 小组	江苏省优秀 QC 小组	江苏省质量管理协会	2011
铝业公司碳素部焙烧 QC 小组	江苏省优秀 QC 小组	江苏省质量管理协会	2011
发电厂锅炉本体 QC 小组	江苏省优秀 QC 小组	江苏省质量管理协会	2013
铁路管理处电务段通信 QC 小组	江苏省优秀 QC 小组	江苏省质量管理协会	2013
铝业公司电解部电解一车间 QC 小组	江苏省优秀 QC 小组	江苏省质量管理协会	2013
孔庄煤矿运转 QC 小组	江苏省优秀 QC 小组	江苏省质量管理协会	2013
发电厂热电技术室 QC 小组	江苏省优秀 QC 小组	江苏省质量管理协会	2014
徐庄煤矿机电科运转车间提矿升 QC 小组	江苏省优秀 QC 小组	江苏省质量管理协会	2014
铁路管理处电务段通信 QC 小组	江苏省优秀 QC 小组	江苏省质量管理协会	2014
拓特机械厂腾飞 QC 小组	江苏省优秀 QC 小组	江苏省质量管理协会	2014
中煤职院创新 QC 小组	江苏省优秀 QC 小组	江苏省质量管理协会	2014
信息中心信息 QC 小组	江苏省优秀 QC 小组	江苏省质量管理协会	2015
铁路管理处内燃机车运用管理 QC 小组	江苏省优秀 QC 小组	江苏省质量管理协会	2015
物业分公司自来水厂 QC 小组	江苏省优秀 QC 小组	江苏省质量管理协会	2015
发电厂常青藤 QC 小组	江苏省优秀 QC 小组	江苏省质量管理协会	2015
中心医院骨科起航 QC 小组	江苏省优秀 QC 小组	江苏省质量管理协会	2015
发电厂二分厂锅炉运行 QC 小组	江苏省优秀 QC 小组	江苏省质量管理协会	2016
信息中心 QC 小组	江苏省优秀 QC 小组	江苏省质量管理协会	2016
龙东煤矿机电 QC 小组	江苏省优秀 QC 小组	江苏省质量管理协会	2016
中煤职业技术学院雄鹰 QC 小组	江苏省优秀 QC 小组	江苏省质量管理协会	2016
中心医院微笑 QC 小组	江苏省优秀 QC 小组	江苏省质量管理协会	2016
拓特厂把关质量管理小组	江苏省优秀 QC 小组	江苏省质量管理协会	2017
中煤职院利能质量管理小组	江苏省优秀 QC 小组	江苏省质量管理协会	2017
信息中心质量管理小组	江苏省优秀 QC 小组	江苏省质量管理协会	2017
铁路管理处内燃机车运用管理 QC 小组	江苏省优秀 QC 小组	江苏省质量管理协会	2017
发电厂二分厂运行分场汽机运行质量管理小组	江苏省优秀 QC 小组	江苏省质量管理协会	2017

表 15-2-3(续)

获奖单位	荣誉称号	授奖部门	年份
发电厂二分厂锅炉运行 QC 小组	江苏省优秀 QC 小组	江苏省质量管理协会	2018
中心医院返航 QC 小组	江苏省优秀 QC 小组	江苏省质量管理协会	2018
信息中心 QC 小组	江苏省优秀 QC 小组	江苏省质量管理协会	2018
拓特机械厂腾飞 QC 小组	江苏省优秀 QC 小组	江苏省质量管理协会	2018
发电厂探索 QC 小组	江苏省优秀 QC 小组	江苏省质量管理协会	2019
中心医院救生圈 QC 小组	江苏省优秀 QC 小组	江苏省质量管理协会	2019
信息中心 QC 小组	江苏省优秀 QC 小组	江苏省质量管理协会	2019
拓特机械厂腾飞 QC 小组	江苏省优秀 QC 小组	江苏省质量管理协会	2019
拓特机械制造厂铸工钢造 QC 小组	煤炭工业部优秀 QC 小组	煤炭工业部	1995
建安公司一处 QC 小组	煤炭工业部优秀 QC 小组	煤炭工业部	1996

第二节 个人荣誉

一、全国劳动模范(表 15-2-4)

表 15-2-4 全国劳动模范汇总表

姓名	工作单位	荣誉称号	授奖部门	年份
谢国如	徐庄煤矿	全国劳动模范	国务院	1995
常学亮	姚桥煤矿	全国劳动模范	国务院	2005
吴友良	发电厂	全国劳动模范	国务院	2010

二、全国五一劳动奖章(表 15-2-5)

表 15-2-5 全国五一劳动奖章统计表

姓名	工作单位	荣誉称号	授奖部门	年份
唐式松	姚桥煤矿	全国五一劳动奖章	中华全国总工会	1991
郭本超	孔庄煤矿	全国五一劳动奖章	中华全国总工会	1993
徐培中	孔庄煤矿	全国五一劳动奖章	中华全国总工会	1998
赵学柱	铁路管理处	全国五一劳动奖章	中华全国总工会	1999
曹祖民	大屯公司	全国五一劳动奖章	中华全国总工会	2001
章丽琴	拓特厂	全国五一劳动奖章	中华全国总工会	2006
孙清岭	孔庄煤矿	全国五一劳动奖章	中华全国总工会	2008
闫凡华	姚桥煤矿	全国五一劳动奖章	中华全国总工会	2010

三、省部级劳动模范(表 15-2-6)

表 15-2-6　省部级劳动模范统计表

姓名	工作单位	荣誉称号	授奖部门	年份
姜宪驹	四方铝业	劳动模范	江苏省人民政府	1991
曹祖民	大屯公司	劳动模范	江苏省人民政府	1991
郭本超	孔庄煤矿	劳动模范	江苏省人民政府	1993
胡克志	矿建公司	劳动模范	煤炭工业部	1994
韩德印	孔庄煤矿	劳动模范	江苏省人民政府	1995
甄再学	姚桥煤矿	劳动模范	煤炭工业部	1996
赵学柱	铁路管理处	劳动模范	江苏省人民政府	1996
丁长忠	孔庄煤矿	劳动模范	江苏省人民政府	1998
李新宝	姚桥煤矿	劳动模范	江苏省人民政府	2001
韩德印	孔庄煤矿	劳动模范	江苏省人民政府	2001
常学亮	姚桥煤矿	劳动模范	上海市人民政府	2004
张召彬	徐庄煤矿	劳动模范	上海市人民政府	2004
戴洪标	龙东煤矿	劳动模范	上海市人民政府	2004
章丽琴	拓特厂	劳动模范	上海市人民政府	2004
吴友良	发电厂	劳动模范	国资委	2004
吴友良	发电厂	劳动模范	江苏省人民政府	2006
黄　松	大屯选煤厂	劳动模范	江苏省人民政府	2006
曹建明	徐庄煤矿	劳动模范	上海市人民政府	2007
刘军贵	龙东煤矿	劳动模范	上海市人民政府	2007
李宗奎	姚桥煤矿	劳动模范	上海市人民政府	2007
孙清岭	孔庄煤矿	劳动模范	上海市人民政府	2007
张毅勤	大屯铝业公司	劳动模范	中国有色金属协会	2009
周脉好	姚桥煤矿	劳动模范	国资委	2009
陈洪钟	姚桥煤矿	劳动模范	上海市人民政府	2010
孙虎山	徐庄煤矿	劳动模范	上海市人民政府	2010
张召彬	徐庄煤矿	劳动模范	上海市人民政府	2010
吴友良	发电厂	劳动模范	上海市人民政府	2010
章丽琴	拓特厂	劳动模范	上海市人民政府	2010
丁仁刚	大屯公司	劳动模范	上海市人民政府	2010
张昭战	龙东煤矿	劳动模范	江苏省人民政府	2011
孙士厂	徐庄煤矿	劳动模范	江苏省人民政府	2012
吴　涛	发电厂	劳动模范	上海市人民政府	2014
杨敬诚	姚桥煤矿	劳动模范	上海市人民政府	2015
宋炳雷	孔庄煤矿	劳动模范	上海市人民政府	2015

表 15-2-6（续）

姓名	工作单位	荣誉称号	授奖部门	年份
彭龙现	徐庄煤矿	劳动模范	上海市人民政府	2015
宋忠应	龙东煤矿	劳动模范	上海市人民政府	2015
韩 岧	姚桥煤矿	劳动模范	江苏省人民政府	2016
王 磊	姚桥煤矿	劳动模范	国资委	2019
韩 勇	姚桥煤矿	劳动模范	上海市人民政府	2020
杨烈福	拓特厂	劳动模范	上海市人民政府	2020

四、省部级及以上个人荣誉（表 15-2-7）

表 15-2-7　省部级以上个人荣誉汇总表

姓名	工作单位	荣誉称号	授奖部门	年份
郭本超	孔庄煤矿	安全卫士	江苏煤矿安全监察局	1991
唐式松	姚桥煤矿	工会先进工作者	中华全国总工会	1991
吴 迪	一小	优秀园丁	上海市教育委员会	1991
朱念民	一中	优秀园丁	上海市教育委员会	1991
邱兆兰	三小	优秀教育工作者	上海市教育委员会	1991
王传伟	中煤职院	优秀教育工作者	江苏省劳动局	1991
孟以猛	大屯公司	中国煤炭工业优秀企业家（金钟奖）	中国煤炭工业协会	1992
姜怀章	孔庄煤矿	煤炭工业优秀矿长	中国煤炭工业协会	1992
唐式松	姚桥煤矿	全国煤矿优秀体育工作者	中国煤矿地质工会	1992
徐德享	一中	优秀体育工作者	上海市教育委员会	1992
张 波	中煤职院	优秀教育工作者	江苏省劳动局	1992
郭本超	孔庄煤矿	全国优秀生产（工作）者	中国煤炭工业协会	1993
邵培藻	大屯选煤厂	全国煤炭系统优秀企业家（金钟奖）	中国煤炭工业协会	1993
宋振德	龙东煤矿	煤炭工业优秀企业家	中国煤炭工业协会	1993
张彩霞	三小	优秀园丁	上海市教育委员会	1993
李新殿	一中	优秀园丁	上海市教育委员会	1993
丛奉滋	中煤职院	优秀教师	江苏省劳动局	1993
侯作顺	大屯公司	全国煤炭工业优秀企业管理工作者	中国煤炭企业管理协会	1994
孟以猛	大屯公司	优秀企业家	江苏省计划与经济委员会	1994
曹传胜	公司机关	全国煤炭工业优秀企业管理工作者	中国煤炭企业管理协会	1994
任宪君	孔庄煤矿	全国优秀采煤队长	煤炭工业部	1994
赵义志	铁路管理处	全国煤炭系统优秀企业家（金钟奖）	中国煤炭工业协会	1994
王金余	徐庄煤矿	全国煤炭系统优秀企业家（金钟奖）	中国煤炭工业协会	1994
张国志	新闻中心	中国煤炭报全国十佳作者	中国煤炭报社	1994
蒋慎法	物业分公司	全国绿化奖章	全国绿化委员会	1995
徐桂芹	二中	优秀园丁	上海市教育委员会	1995
金淑荣	二中	优秀园丁	上海市教育委员会	1995

表 15-2-7（续）

姓名	工作单位	荣誉称号	授奖部门	年份
宋振德	龙东煤矿	全国煤炭系统十佳矿长	中国企业管理协会	1995
赵学柱	铁路管理处	全国煤炭青年岗位能手	共青团中央	1995
唐宝祯	拓特厂	全国煤炭系统优秀企业家	中国企业管理协会	1995
薛永康	姚桥煤矿	中国煤炭工业优秀矿长	中国煤炭工业协会	1995
高丕银	政策法律处	全国"二五普法"先进个人	国资委	1995
郝敬坤	姚桥煤矿	纪检监察系统先进工作者	煤炭工业部纪检组	1995
牛光辉	科技环保部	科技信息系统先进工作者	国家科学委员会	1996
许大雄	矿建公司	全国优秀施工企业经营者	中国施工企业管理协会	1996
朱一龙	龙东煤矿	优秀党务工作者	中共江苏省委	1996
王翠玲	物质供应处	优秀信息工作者	中国煤炭物资总公司	1996
曹祖民	大屯公司	煤炭工业优秀企业经营者	中国煤炭企业管理协会	1997
王小平	大屯选煤厂	全国煤炭青年岗位能手	共青团中央	1997
徐培中	孔庄煤矿	煤炭工业优秀企业经营者（金钟奖）	中国煤炭企业管理协会	1997
许大雄	矿建公司	全国优秀施工企业经营者（金钟奖）	中国施工企业管理协会	1997
周海培	龙东煤矿	全国煤炭杰出青年岗位能手	共青团中央	1997
朱一龙	龙东煤矿	中国煤炭工业石圪节精神奖	中国煤炭工业协会	1997
蒋生明	物质供应处	煤炭物资工作先进个人	中国煤炭物资总公司	1997
王丛浩	姚桥煤矿	杰出青年岗位能手	共青团江苏省委	1997
崔继凤	一小	优秀园丁	上海市教育委员会	1997
贺敬霞	公司幼儿园	优秀园丁	上海市教育委员会	1997
赵呈凤	孔庄子弟学校	优秀辅导员	共青团上海市委	1998
吴黎明	龙东煤矿	优秀共青团员	共青团上海市委	1998
刘绍安	物质供应处	供应管理工作先进个人	中国煤炭物资集团公司	1998
李辉	物质供应处	供应管理工作先进个人	中国煤炭物资集团公司	1998
郭永娥	物质供应处	电子信息应用先进个人	煤炭工业部	1998
陆善斌	一中	优秀教育工作者	上海市教育委员会	1998
曹祖民	大屯公司	优秀企业经营管理者	江苏省计划与经济委员会	1999
孙明珊	大屯公司	中国煤炭工业石圪节精神奖	中国煤炭工业协会	1999
徐培中	孔庄煤矿	全国煤矿十佳矿长	中国煤炭工业协会	1999
刘普地	龙东煤矿	全国煤矿十佳矿长	中国煤炭工业协会	1999
沈中珏	选煤中心	全国十佳选煤厂厂长	中国煤炭工业协会	1999
龙志凌	一中	优秀园丁	上海市教育委员会	1999
巴尧	中煤职院	优秀教师	江苏省劳动厅	1999
张春莉	二小	园丁奖	上海市教育委员会	1999
李绍文	离退休管理处	中国煤炭工业石圪节精神奖	中国煤炭政研会	2000
李忠伟	四方铝业	优秀共青团干部	共青团江苏省委	2000
李新宝	姚桥煤矿	全国煤矿十佳矿长	中国煤炭工业协会	2000

表 15-2-7（续）

姓名	工作单位	荣誉称号	授奖部门	年份
孙明珊	大屯公司	优秀思想政治工作者	中共中央宣传部	2001
于反修	大屯公司	纪检监察先进工作者	中共江苏省委	2001
尤云根	发电厂	优秀党务工作者	中共江苏省委	2001
鲁德朝	铁路管理处	十佳铁路运输处长	中国煤炭工业协会	2001
马振欣	拓特厂	十佳机械制修厂厂长	中国煤炭工业协会	2001
常学亮	姚桥煤矿	五一劳动奖章	江苏省总工会	2001
马正喜	姚桥煤矿	基层党校优秀教员	中共江苏省委宣传部	2001
魏忠厚	姚桥煤矿	煤炭工业造林绿化先进工作者	国家煤炭工业局	2001
孟凡荣	一中	园丁奖	上海市教育委员会	2001
张立志	一中	园丁奖	上海市教育委员会	2001
江芹	二小	百佳金鹰中队辅导员	上海市教育委员会	2001
王春杰	公司幼儿园	优秀园丁	上海市教育委员会	2001
曹祖民	大屯公司	煤炭工业优秀企业家	中国煤炭工业协会	2002
王良华	公司机关	煤炭工业设备管理先进工作者	中国煤炭工业协会	2002
韩德印	孔庄煤矿	优秀采煤队长	中国煤炭工业协会	2002
彭传伯	四方铝业	五一劳动奖章	江苏省总工会	2002
祁和刚	姚桥煤矿	双十佳煤矿矿长	中国煤炭工业协会	2002
常学亮	姚桥煤矿	十佳采煤队长	中国能源化学工会	2002
曹祖民	大屯公司	青年科技奖	中国煤炭工业协会	2003
牛光辉	科技环保部	技术创新优秀人才	中国煤炭工业协会	2003
孙登堂	孔庄煤矿	煤炭工业优秀班组长	中国煤炭工业协会	2003
周脉好	姚桥煤矿	煤炭工业模范班组长	中国煤炭工业协会	2003
马龙水	姚桥煤矿	煤炭工业优秀班组长	中国煤炭工业协会	2003
马犁峰	龙东煤矿	煤炭工业优秀班组长	中国煤炭工业协会	2003
周传利	徐庄煤矿	煤炭工业优秀班组长	中国煤炭工业协会	2003
王允福	孔庄煤矿	全国煤炭先进采掘队长	中国煤炭工业协会	2003
章丽琴	拓特厂	全国三八红旗手	中华全国妇女联合会	2003
张晓林	姚桥煤矿	青年岗位能手	中央企业团工委	2003
李宝军	二中	园丁奖	上海市教育委员会	2004
王新荣	发电厂	电力行业统计先进工作者	江苏省电机工程学会	2004
张玉党	龙东煤矿	煤炭系统优秀政工干部	中国煤炭政研会	2004
张晓林	姚桥煤矿	读书自学积极分子	江苏省总工会	2004
张晓林	姚桥煤矿	职业道德先进个人	上海市总工会	2004
曹维鹤	孔庄煤矿	全国煤矿十佳矿长	中国煤炭工业协会	2004
王清侠	三小	园丁奖	上海市教育委员会	2004
常学亮	姚桥煤矿	十佳采煤队长	中国能源化学工会	2004

表 15-2-7(续)

姓名	工作单位	荣誉称号	授奖部门	年份
丁国广	姚桥煤矿	煤矿安全技术培训先进工作者	江苏煤矿安全监察局	2004
王允福	孔庄煤矿	全国煤炭先进采掘队长	中国煤炭工业协会	2004
武维全	一中	优秀教育工作者	上海市教育委员会	2004
郝会东	中煤职院	煤矿安全培训先进工作者	江苏煤矿安全监察局	2004
曾现周	中煤职院	优秀教育工作者	江苏省教育厅	2004
曾现周	中煤职院	煤炭职业技术教育先进个人	中国职业教育协会	2004
曾现周	中煤职院	煤炭教育先进工作者	中国煤炭教育协会	2004
李宏伟	公司幼儿园	优秀园丁	上海市教育委员会	2004
王新荣	发电厂	电力优秀科技工作者	江苏省电机工程学会	2005
梁 杰	公司机关	优秀共青团干部	共青团江苏省委	2005
乔 宁	救护大队	全国矿山救援工作先进个人	国家安全生产监督管理总局	2005
牛光辉	科技环保部	科技管理先进个人	中国煤炭工业协会	2005
曹建明	徐庄煤矿	五一劳动奖章	上海市总工会	2005
曹建明	徐庄煤矿	全煤系统双十佳矿长	中国煤炭工业协会	2005
吴仁平	姚桥煤矿	煤炭行业优秀技术能手	中国煤炭工业协会	2005
吴仁平	姚桥煤矿	全国技术能手	国资委	2005
王前进	中煤职院	优秀教育工作者	江苏省广播电视大学	2005
金晨钟	大屯公司	康居工程建设特殊贡献奖	中国煤炭建设协会	2006
王庆云	房产公司	康居工程建设标兵	中国煤炭建设协会	2006
李 波	姚桥煤矿	职工科技创新标兵	上海市总工会	2006
程开献	发电厂	科技管理优秀人才	煤炭工业技术委员会	2006
吴友良	发电厂	十佳文明职工	江苏省总工会	2006
吴友良	发电厂	突出贡献技师	江苏省人民政府	2006
孟 祥	公司机关	青年岗位能手	共青团江苏省委	2006
马枫林	技术中心	科技管理优秀人才	中国煤炭工业协会	2006
黄玉岭	孔庄煤矿	职工科技创新标兵	上海市总工会	2006
孙清岭	孔庄煤矿	优秀掘进队长	中国能源化学工会	2006
王 凯	龙东煤矿	青年岗位能手	共青团江苏省委	2006
李震奇	新闻中心	青年岗位能手	共青团江苏省委	2006
陈建菊	姚桥煤矿	五一巾帼标兵	江苏省总工会	2006
陈建菊	姚桥煤矿	全国五一巾帼标兵	中华全国总工会	2006
吴仁平	姚桥煤矿	青年岗位能手	中央企业团工委	2006
高丕银	政策法律处	优秀法律工作者	国资委	2006
郝会东	中煤职院	煤矿安全培训先进工作者	江苏煤矿安全监察局	2006
曾海振	中煤职院	先进教育工作者	全国煤炭教育协会	2006
李 艳	徐庄煤矿	百名优秀志愿者	共青团江苏省委	2006

表 15-2-7(续)

姓名	工作单位	荣誉称号	授奖部门	年份
李　波	姚桥煤矿	生产一线青年科技工作者	中国煤炭学会	2007
程言彪	二中	优秀少先队辅导员	上海市教委	2007
程开献	发电厂	能源计量工作先进个人	江苏省质量技术监督局	2007
王新荣	发电厂	电力行业统计工作先进工作者	江苏省电力行业协会	2007
刘冬冬	法律事务部	依法经营先进个人	江苏省经信委	2007
丁仁刚	孔庄煤矿	煤炭工业优秀矿长	中国煤炭工业协会	2007
王孟才	拓特厂	感动中国百名矿工	中国煤矿安全管理总局	2007
仇存厚	姚桥煤矿	岗位技术能手	中国煤炭工业协会	2007
刘洪礼	姚桥煤矿	煤矿安全群众监督员	中华全国总工会	2007
马正喜	姚桥煤矿	煤炭系统优秀政研干部	中国煤炭政研会	2007
郝会东	中煤职院	煤矿安全培训先进工作者	江苏煤矿安全监察局	2007
张开新	多种经营总公司	综合利用与多种经营优秀经理	中国煤炭工业协会	2008
肖心治	发电厂	综合利用与多种经营优秀经理	中国煤炭工业协会	2008
吴晓峰	法律事务部	依法治企先进个人	江苏省经贸委	2008
郭　明	孔庄煤矿	五一巾帼奖	上海市总工会	2008
马乐乐	龙东煤矿	五一劳动奖章	上海市总工会	2008
韦玉沛	龙东煤矿	五一劳动奖章	上海市总工会	2008
韦玉沛	龙东煤矿	安全生产先进个人	江苏煤矿安全监察局	2008
唐大林	龙东煤矿	安全生产先进个人	江苏煤矿安全监察局	2008
王美玲	徐庄煤矿	五一巾帼奖	上海市总工会	2008
张永进	孔庄煤矿	生产一线青年科技工作者	中国煤炭学会	2008
王仁英	姚桥煤矿	安全培训优秀教师	江苏煤矿安全监察局	2008
曹云慧	中煤职院	安全培训优秀教师	江苏煤矿安全监察局	2008
郝会东	中煤职院	职工教育统计工作先进工作者	中国煤炭教育协会	2008
郝会东	中煤职院	安全培训先进工作者	江苏煤矿安全监察局	2008
郝允宝	中煤职院	安全培训优秀个人	江苏省安全生产管理局	2008
魏　伟	保卫部	国防后备力量建设十大新闻人物	中国人民解放军总参谋部	2009
胡　勇	大屯选煤厂	优质高效选煤厂厂长	中国煤炭加工利用协会	2009
吴友良	发电厂	突出贡献高级技师	江苏省人民政府	2009
刘冬冬	法律事务部	合同信用先进个人	江苏省经信委	2009
赵呈忠	救护大队	消防先进个人	武警江苏省消防总队	2009
丁仁刚	孔庄煤矿	煤炭工业双十佳矿长	中国煤炭工业协会	2009
孙清岭	孔庄煤矿	煤矿安全忠诚卫士	江苏煤矿安全监察局	2009
孙清岭	孔庄煤矿	煤炭系统优秀安全生产先进个人	江苏省安全生产监督管理局	2009
秦言和	龙东煤矿	优秀安监员	江苏煤矿安全监察局	2009
谷广明	徐庄煤矿	职业病防治先进个人	江苏省总工会	2009

表 15-2-7(续)

姓名	工作单位	荣誉称号	授奖部门	年份
吴继忠	姚桥煤矿	五一劳动奖章	上海市总工会	2009
徐建玉	姚桥煤矿	培训工作先进个人	江苏煤矿安全监察局	2009
于德庆	姚桥煤矿	安全生产青年示范岗	江苏省安全生产监督管理局	2009
郝会东	中煤职院	安全培训先进工作者	江苏煤矿安全监察局	2009
李馥友	大屯公司	煤炭工业节能减排先进个人	中国煤炭工业协会	2010
毛中华	大屯公司	中央企业优秀党务工作者	国资委	2010
刘冬冬	公司工会	工会优秀经审工作者	上海市总工会	2010
张永进	孔庄煤矿	青年岗位能手	共青团江苏省委	2010
张兆河	孔庄煤矿	优秀工会积极分子	上海市总工会	2010
王学峰	龙东煤矿	优秀安全班组长	江苏煤矿安全监察局	2010
马吉国	孔庄煤矿	优秀志愿者	共青团江苏省委	2010
宋忠应	安全监察局	安全培训先进个人	江苏煤矿安全监察局	2010
刘体民	安全监察局	安全生产先进个人	江苏省经济贸易委员会	2010
郝允共	安全监察局	安全生产先进个人	江苏省经济贸易委员会	2010
马金利	安全监察局	优秀安监员	江苏省经济贸易委员会	2010
刘勇建	拓特厂	优秀职工标兵	国资委	2010
陈敦海	新闻中心	优秀企业新闻编辑(记者)	江苏省企业报协会	2010
李志祥	信息中心	煤炭工业信息化先进个人	中国煤炭工业协会	2010
武庆平	徐庄煤矿	安全生产十佳班组长	江苏省总工会	2010
张忠坦	徐庄煤矿	煤矿优秀群监员	江苏省总工会	2010
王仁英	姚桥煤矿	安全培训先进工作者	江苏煤矿安全监察局	2010
闫凡华	姚桥煤矿	五佳优秀安全班组长	江苏省总工会	2010
闫凡华	姚桥煤矿	煤炭系统优秀班组长	中国煤炭工业协会	2010
闫凡华	姚桥煤矿	全国煤矿十佳班组长	中华全国总工会	2010
周利东	姚桥煤矿	安全培训先进工作者	江苏煤矿安全监察局	2010
牛建军	中煤职院	煤矿安全培训先进工作者	江苏煤矿安全监察局	2010
毛中华	大屯公司	全国煤炭经济研究优秀个人	中国煤炭经济研究会	2011
李新荣	法律事务部	法律事务先进工作者	国资委	2011
陈敏科	孔庄煤矿	优秀区队长	中国煤炭工业协会	2011
温大雷	孔庄煤矿	工人技术创新能手	上海市总工会	2011
张永进	孔庄煤矿	青年五四奖章	中央企业团工委	2011
孙清岭	孔庄煤矿	煤炭行业技能大师	中国煤炭工业协会	2011
黄彩琴	拓特厂	全国三八巾帼标兵	中华全国妇女联合会	2011
魏迎秋	物业分公司	我身边的好青年	共青团江苏省委	2011
卞清玲	徐庄煤矿	安全生产十佳贤内助	江苏省总工会	2011
陈建菊	姚桥煤矿	全国五一巾帼标兵	中华全国总工会	2011

表 15-2-7（续）

姓名	工作单位	荣誉称号	授奖部门	年份
丁国广	姚桥煤矿	煤矿安全培训先进个人	江苏煤矿安全监察局	2011
丁佐云	姚桥煤矿	煤炭经济研究会先进个人	中国煤炭经济研究会	2011
唐金珍	姚桥煤矿	培训工作先进个人	江苏煤矿安全监察局	2011
王士振	姚桥煤矿	煤炭工业百名优秀青年矿工	中国煤炭工业协会	2011
郝会东	中煤职院	煤矿安全培训先进工作者	江苏煤矿安全监察局	2011
刘冬冬	拓特厂	工会积极分子	江苏省总工会	2012
吴允锋	实业公司	工会积极分子	江苏省总工会	2012
张 卉	大屯铝业公司	五一巾帼奖	上海市总工会	2012
范建标	大屯选煤厂	全煤行业技术能手	中国煤炭工业协会	2012
曹 阳	公司机关	中央企业优秀信访办主任	国资委	2012
卞松浩	发电厂	优秀共青团干部	全国煤炭行业共青团工作指导和推进委员会	2012
陈敏科	孔庄煤矿	优秀区队长	江苏煤矿安全监察局	2012
刘 玮	孔庄煤矿	煤炭系统优秀协管员	中国能源化学工会	2012
温大雷	孔庄煤矿	青年岗位能手	共青团江苏省委	2012
刘召礼	龙东煤矿	优秀群监员	江苏煤矿安全监察局	2012
张昭战	龙东煤矿	优秀区队长	江苏省煤炭工业协会	2012
蒋学珍	徐庄煤矿	优秀安全协管员	中国能源化学总工会	2012
马吉国	孔庄煤矿	中央企业青年志愿者	中央企业团工委	2012
刘国防	徐庄煤矿	全国无偿捐献造血干细胞奉献奖	中国红十字会	2012
李 峰	徐庄煤矿	煤炭系统技术创新能手	中国能源化学总工会	2012
唐召信	姚桥煤矿	五一劳动奖章	上海市总工会	2012
徐建玉	姚桥煤矿	培训工作先进个人	江苏煤矿安全监察局	2012
杨 兵	姚桥煤矿	优秀区队长	江苏省煤炭工业协会	2012
周利东	姚桥煤矿	培训工作先进个人	江苏煤矿安全监察局	2012
张 伦	姚桥煤矿	江苏好青年	共青团江苏省委	2012
陈 光	中煤职院	全国技能大赛优秀裁判员	中国煤炭教育协会	2012
陈树强	中煤职院	煤矿安全培训先进个人	江苏煤矿安全监察局	2012
丁朱娥	中煤职院	煤矿安全培训先进个人	江苏煤矿安全监察局	2012
李成银	中煤职院	煤矿安全培训先进个人	江苏煤矿安全监察局	2012
王世寅	中煤职院	优秀辅导员	中国煤炭职教学会学生管理研究会	2012
王 霞	中煤职院	煤矿安全培训先进个人	江苏煤矿安全监察局	2012
张爱芹	中煤职院	煤矿安全培训优秀教师	国家煤矿安全监察局	2012
许之前	大屯公司	质量管理小组活动卓越领导者	中国质量管理协会	2013
许之前	大屯公司	质量管理小组活动卓越领导者	江苏省质量管理协会	2013
雍有刚	发电厂	全民健身活动先进个人	中国煤矿体育协会	2013

表 15-2-7(续)

姓名	工作单位	荣誉称号	授奖部门	年份
刘冬冬	公司工会	优秀领导干部	江苏省总工会	2013
刘永利	徐庄煤矿	煤炭企业优秀党委书记	中国煤炭政治思想研究会	2013
李祥军	孔庄煤矿	优秀班组长	江苏煤矿安全监察局	2013
李祥军	孔庄煤矿	煤炭行业优秀班组长	中国煤炭工业协会	2013
马吉国	孔庄煤矿	优秀青年志愿者	中央企业团工委	2013
王 焕	孔庄煤矿	全国煤矿优秀班组长	中国煤炭工业协会	2013
张全平	孔庄煤矿	职工科技创新标兵	上海市总工会	2013
郝敬闯	龙东煤矿	安全生产十佳忠诚卫士	江苏煤矿安全监察局	2013
华绍峰	龙东煤矿	安全生产十佳群监员	江苏煤矿安全监察局	2013
谢美琴	龙东煤矿	优秀协管员	中国能源化学工会	2013
马文智	徐庄煤矿	煤炭工业双十佳矿长	中国煤炭工业协会	2013
孙士厂	徐庄煤矿	五一劳动奖章	江苏省总工会	2013
高 斌	姚桥煤矿	安全培训先进个人	江苏煤矿安全监察局	2013
徐建玉	姚桥煤矿	安全培训先进个人	江苏煤矿安全监察局	2013
王仁英	姚桥煤矿	安全培训先进个人	江苏煤矿安全监察局	2013
张二超	姚桥煤矿	职工科技创新新人奖	上海市总工会	2013
张 珂	中煤职院	煤炭职业院校优秀辅导员	中国煤炭教育协会	2013
赵 杰	中煤职院	煤矿安全培训先进个人	江苏煤矿安全监察局	2013
曹云慧	中煤职院	煤矿安全培训先进工作者	江苏煤矿安全监察局	2013
宣卫东	法律事务部	全国"六五普法"先进个人	国资委	2014
张 进	公司机关	中央企业优秀党务工作者	国资委党委	2014
张 祥	科技环保部	煤炭工业节能减排先进个人	中国煤炭工业协会	2014
龙周彪	孔庄煤矿	优秀共青团员	共青团江苏省委	2014
张景年	孔庄煤矿	五一劳动奖章	上海市总工会	2014
霍建祥	龙东煤矿	全国优秀班组长	中国能源化学工会	2014
孙 春	铝板带厂	全民健身活动先进个人	中国煤矿体育协会	2014
武庆平	徐庄煤矿	全国煤炭行业技能大师	中国煤炭工业协会	2014
武庆平	徐庄煤矿	煤矿安全生产十佳班组长	江苏煤矿安全监察局	2014
孙士厂	徐庄煤矿	标准化示范班组创建活动优秀班组长	中国安全生产协会	2014
黄国锋	徐庄煤矿	我们身边的好青年	共青团江苏省委	2014
马永青	姚桥煤矿	煤矿安全生产十佳群监员	江苏煤矿安全监察局	2014
沈 君	姚桥煤矿	煤矿安全生产十佳青年岗位标兵	江苏煤矿安全监察局	2014
张沛顶	姚桥煤矿	中国青年五四奖章	共青团中央	2014
巴 尧	中煤职院	全民健身活动先进个人	中国煤矿体育协会	2014
丁桂花	中煤职院	全国优秀裁判员	中国煤炭工业协会	2014
丁朱娥	中煤职院	煤矿安全培训先进个人	江苏煤矿安全监察局	2014

表 15-2-7（续）

姓名	工作单位	荣誉称号	授奖部门	年份
郝会东	中煤职院	煤矿安全培训先进个人	江苏煤矿安全监察局	2014
蒋庆鸿	中煤职院	全国优秀裁判员	煤炭工业职业技能鉴定指导中心	2014
杨古荣	中煤职院	煤炭院校技能大赛优秀指导教师	中国煤炭教育协会	2014
杨古荣	中煤职院	煤炭行业技能大师	中国煤炭工业协会	2014
阎 增	铁路管理处	中国书法进万家先进个人	中国书法家协会	2014
刘冬冬	公司工会	优秀经审工作者	上海市总工会	2015
张 鸣	公司机关	优秀共青团干部	共青团江苏省委	2015
刘 琴	公司机关	优秀共青团干部	中央企业团工委	2015
王 兴	孔庄煤矿	青年岗位能手	共青团江苏省委	2015
倪志强	设备管理中心	设备管理优秀工作者	中国设备管理协会	2015
刘忠远	徐庄煤矿	五一劳动奖章	上海市总工会	2015
闫大鹏	徐庄煤矿	优秀共青团干部	煤炭行业共青团工作委员会	2015
马吉国	孔庄煤矿	五星级志愿者	中国造血干细胞捐献者资料库管理中心	2015
黄 卫	徐庄煤矿	职业病防治先进个人	江苏省疾病预防控制中心	2015
秦汉忠	徐庄煤矿	职业病防治先进个人	江苏省疾病预防控制中心	2015
谷广明	徐庄煤矿	职业病防治先进个人	江苏省疾病预防控制中心	2015
董恒贤	选煤中心	全国十佳选煤厂厂长	中国煤炭工业协会	2015
陈建菊	姚桥煤矿	全煤系统优秀协管员	中国能源化学工会	2015
杨敬诚	姚桥煤矿	五一劳动奖章	上海市总工会	2015
张素贞	姚桥煤矿	职业病防治先进个人	江苏省疾病预防控制中心	2015
左 含	姚桥煤矿	职业病防治先进个人	江苏省疾病预防控制中心	2015
杨中峰	龙东煤矿	全民健身活动先进个人	中国煤矿体育协会	2015
巴 尧	中煤职院	全民健身活动先进个人	中国煤矿体育协会	2015
杨古荣	中煤职院	技工院校专业带头人	江苏省人力资源和社会保障厅	2015
张素贞	姚桥煤矿	职业病防治先进个人	江苏省疾病预防控制中心	2015
黄 松	大屯选煤中心	优质高效选煤厂厂长	中国煤炭加工利用协会	2016
刘冬冬	公司工会	先进工作者	中国煤矿体育协会	2016
张 进	公司机关	政研会系统先进个人	江苏省政研会	2016
张 进	公司机关	企业文化建设优秀管理者	中国文化管理协会	2016
王 兴	孔庄煤矿	五一劳动奖章	上海市总工会	2016
杨 鹏	龙东煤矿	中央企业技术能手	国资委	2016
陈幸幸	铝板带厂	优秀红十字会志愿者	共青团江苏省委	2016
李玉芝	物业分公司	五一巾帼标兵	江苏省总工会	2016
武庆平	徐庄煤矿	全国技术能手	人力资源社会保障部	2016
谷广明	徐庄煤矿	职业病防治先进个人	江苏省疾病预防控制中心	2016

表 15-2-7(续)

姓名	工作单位	荣誉称号	授奖部门	年份
蔡 东	姚桥煤矿	中央企业技术能手	国资委	2016
张团结	姚桥煤矿	上海工匠提名奖	上海市总工会	2016
陈 光	中煤职院	煤炭职业院校技能大赛优秀裁判员	中国煤炭教育协会	2016
徐卫东	中煤职院	技能大赛优秀裁判员	中国煤炭教育协会	2016
杨古荣	中煤职院	创新工作室领办人	上海市总工会	2016
曾海振	中煤职院	煤炭行业人力资源工作先进个人	中国煤炭工业协会	2016
吉春来	大屯公司	全国纪检监察工作先进个人	中纪委	2017
义宝厚	大屯公司	履行社会责任优秀企业家	江苏省经信委	2017
鲁继亮	发电厂	五一劳动奖章	上海市总工会	2017
王新荣	发电厂	电力行业统计工作先进个人	江苏省电力行业协会	2017
刘冬冬	公司工会	优秀工会工作者	上海市总工会	2017
杨焕河	公司机关	五一劳动奖章	上海市总工会	2017
马乐乐	龙东煤矿	五一劳动奖章	上海市总工会	2017
陈幸幸	铝板带厂	全国无偿捐献造血干细胞奉献奖	中国红十字会	2017
贾 巡	铝板带厂	五一劳动奖章	上海市总工会	2017
王 永	铁路管理处	五一劳动奖章	上海市总工会	2017
刘勇建	拓特厂	五一劳动奖章	上海市总工会	2017
魏全全	拓特厂	青年岗位能手	中央企业团工委	2017
刘永利	徐庄煤矿	五一劳动奖章	上海市总工会	2017
秦汉忠	徐庄煤矿	职业病防治先进个人	江苏省总工会	2017
徐 辉	姚桥煤矿	五一劳动奖章	上海市总工会	2017
曹丽娟	中煤职院	技工院校专业带头人	江苏省人力资源和社会保障厅	2017
丁桂花	中煤职院	全国优秀指导教师	中国煤炭工业协会	2017
丁桂花	中煤职院	全国优秀裁判员	中国煤炭工业协会	2017
刘永霞	中煤职院	技工院校专业带头人	江苏省人力资源和社会保障厅	2017
唐金丹	中煤职院	技能大赛优秀指导教师	中国煤炭教育协会	2017
徐卫东	中煤职院	技能大赛优秀指导教师	中国煤炭教育协会	2017
李 响	科技环保部	煤炭工业节能减排先进个人	中国煤炭工业协会	2018
黄 卫	徐庄煤矿	职业病防治先进个人	江苏省总工会	2018
燕志永	选煤中心	五一劳动奖章	上海市总工会	2018
周家华	选煤中心	工会积极分子	中华全国总工会	2018
杨 光	龙东煤矿	青年岗位能手	中央企业团工委	2018
杨 光	龙东煤矿	中央企业技术能手	国资委	2018
张素贞	姚桥煤矿	职业病防治先进个人	江苏省疾病预防控制中心	2018
巴 尧	中煤职院	成人教育先进个人	中国煤炭教育协会	2018
丛奉滋	中煤职院	成人教育先进个人	中国煤炭教育协会	2018

表 15-2-7(续)

姓名	工作单位	荣誉称号	授奖部门	年份
丁浩浩	中煤职院	职业技能鉴定优秀考评员	中国煤炭工业协会	2018
韩怀志	中煤职院	职业技能鉴定优秀考评员	煤炭工业职业技能鉴定指导中心	2018
杨古荣	中煤职院	职业技能鉴定优秀考评员	煤炭工业职业技能鉴定指导中心	2018
曾海振	中煤职院	全国煤炭行业技能鉴定先进个人	煤炭工业职业技能鉴定指导中心	2018
包正明	大屯公司	新时代企业党建文化先进工作者	中国文化管理协会	2019
包正明	大屯公司	最受尊敬的杰出苏商	新华报业传媒集团	2019
向开满	大屯公司	新时代企业党建文化先进工作者	中国文化管理协会	2019
刘冬冬	法律事务部	合同信用先进个人	上海市市场监督局	2019
刘冬冬	法律事务部	全国"七五普法"先进个人	国资委	2019
曹德坤	工程咨询公司	先进工作者	中国煤炭工业协会	2019
包正明	公司机关	最美企业主人翁	中国文化管理协会	2019
贾厚建	公司机关	信息工作先进个人	国资委	2019
张　进	公司机关	最美企业文宣工作者	中国文化管理协会	2019
张　进	公司机关	全国煤炭行业优秀新闻工作者	中国煤炭记协	2019
张牧颖	公司机关	全国煤炭行业优秀新闻工作者	中国煤炭记协	2019
宗慧芹	公司机关	全国煤炭行业优秀新闻工作者	中国煤炭记协	2019
宗慧芹	公司机关	优秀通讯员	中国煤炭工业协会	2019
段　龙	孔庄煤矿	五一劳动奖章	上海市总工会	2019
马乐乐	龙东煤矿	全国青年岗位能手	共青团中央	2019
马乐乐	龙东煤矿	中国青年五四奖章	全国煤炭行业共青团工作指导和推进委员会	2019
张　献	龙东煤矿	优秀共青团干部	中央企业团工委	2019
张素贞	姚桥煤矿	职业病防治先进个人	江苏省总工会	2019
丁浩浩	中煤职院	煤炭行业技能大师	中国煤炭工业协会	2019
韩怀志	中煤职院	职业技能标准建设先进个人	煤炭工业职业技能鉴定指导中心	2019
蒋庆鸿	中煤职院	优秀高级考评员	煤炭工业职业技能鉴定指导中心	2019
曾海振	中煤职院	煤炭行业人力资源工作先进个人	煤炭工业职业技能鉴定指导中心	2019
曾海振	中煤职院	煤炭行业职业技能鉴定优秀工作者	煤炭工业职业技能鉴定指导中心	2019
张　珂	中煤职院	煤炭职业优秀辅导员	中国煤炭教育协会	2019
张　珂	中煤职院	全国煤炭优秀教育工作者	中国煤炭教育协会	2019
马乐乐	龙东煤矿	全国青年岗位能手	共青团中央	2020
那才兴	公司团委	优秀共青团干部	全国煤炭行业共青团工作指导和推进委员会	2020

五、中煤集团劳动模范(表 15-2-8)

表 15-2-8　中煤集团劳动模范汇总表

姓名	工作单位	荣誉称号	授奖部门	年份
张晓华	大屯选煤厂	劳动模范	中煤集团	2007
周脉好	姚桥煤矿	劳动模范	中煤集团	2007
陶灯红	徐庄煤矿	劳动模范	中煤集团	2007
任宪义	姚桥煤矿	劳动模范	中煤集团	2009
刘进全	孔庄煤矿	劳动模范	中煤集团	2009
张昭战	龙东煤矿	劳动模范	中煤集团	2009
王传伟	建安公司	劳动模范	中煤集团	2009
魏衍栋	徐庄煤矿	劳动模范	中煤集团	2011
张沛顶	姚桥煤矿	劳动模范	中煤集团	2011
燕艳峰	徐庄煤矿	劳动模范	中煤集团	2013
龙鹏飞	选煤中心	劳动模范	中煤集团	2015
王　磊	姚桥煤矿	劳动模范	中煤集团	2017
刘光道	徐庄煤矿	劳动模范	中煤集团	2019

六、中煤集团个人荣誉(表 15-2-9)

表 15-2-9　中煤集团个人荣誉汇总表

姓名	工作单位	荣誉称号	授奖部门	年份
储茂顺	孔庄煤矿	青年岗位能手	中煤进出口总公司团委	2001
李　烨	孔庄煤矿	青年岗位能手	中煤进出口总公司团委	2001
刘建新	孔庄煤矿	青年岗位能手	中煤进出口总公司团委	2001
吕团结	孔庄煤矿	青年岗位能手	中煤进出口总公司团委	2001
徐思超	孔庄煤矿	青年岗位能手	中煤进出口总公司团委	2001
张　明	孔庄煤矿	青年岗位能手	中煤进出口总公司团委	2001
张兆河	孔庄煤矿	青年岗位能手	中煤进出口总公司团委	2001
窦红平	矿建公司	青年岗位能手	中煤进出口总公司团委	2001
李来才	矿建公司	青年岗位能手	中煤进出口总公司团委	2001
沈忠祥	矿建公司	青年岗位能手	中煤进出口总公司团委	2001
崔洁红	龙东煤矿	青年岗位能手	中煤进出口总公司团委	2001
龚光德	龙东煤矿	青年岗位能手	中煤进出口总公司团委	2001
华德宏	龙东煤矿	青年岗位能手	中煤进出口总公司团委	2001
钱永霞	龙东煤矿	青年岗位能手	中煤进出口总公司团委	2001
王建军	龙东煤矿	青年岗位能手	中煤进出口总公司团委	2001
王守河	龙东煤矿	青年岗位能手	中煤进出口总公司团委	2001

表 15-2-9(续)

姓名	工作单位	荣誉称号	授奖部门	年份
王友健	龙东煤矿	青年岗位能手	中煤进出口总公司团委	2001
徐建宏	龙东煤矿	青年岗位能手	中煤进出口总公司团委	2001
许西斌	龙东煤矿	青年岗位能手	中煤进出口总公司团委	2001
薛柏会	龙东煤矿	青年岗位能手	中煤进出口总公司团委	2001
张召西	龙东煤矿	青年岗位能手	中煤进出口总公司团委	2001
朱成忠	龙东煤矿	青年岗位能手	中煤进出口总公司团委	2001
何金全	拓特厂	青年岗位能手	中煤进出口总公司团委	2001
梁永强	拓特厂	青年岗位能手	中煤进出口总公司团委	2001
王德森	拓特厂	青年岗位能手	中煤进出口总公司团委	2001
许勤生	拓特厂	青年岗位能手	中煤进出口总公司团委	2001
周锦林	拓特厂	青年岗位能手	中煤进出口总公司团委	2001
樊福汉	徐庄煤矿	青年岗位能手	中煤进出口总公司团委	2001
范爱国	徐庄煤矿	青年岗位能手	中煤进出口总公司团委	2001
宫克松	徐庄煤矿	青年岗位能手	中煤进出口总公司团委	2001
季中平	徐庄煤矿	青年岗位能手	中煤进出口总公司团委	2001
孔 军	徐庄煤矿	青年岗位能手	中煤进出口总公司团委	2001
李常山	徐庄煤矿	青年岗位能手	中煤进出口总公司团委	2001
李印楼	徐庄煤矿	青年岗位能手	中煤进出口总公司团委	2001
王广平	徐庄煤矿	青年岗位能手	中煤进出口总公司团委	2001
王桂山	徐庄煤矿	青年岗位能手	中煤进出口总公司团委	2001
王宜放	徐庄煤矿	青年岗位能手	中煤进出口总公司团委	2001
张金虎	徐庄煤矿	青年岗位能手	中煤进出口总公司团委	2001
蔡成功	姚桥煤矿	青年岗位能手	中煤进出口总公司团委	2001
冯占领	姚桥煤矿	青年岗位能手	中煤进出口总公司团委	2001
姜丽萍	姚桥煤矿	青年岗位能手	中煤进出口总公司团委	2001
李明山	姚桥煤矿	青年岗位能手	中煤进出口总公司团委	2001
马千里	姚桥煤矿	青年岗位能手	中煤进出口总公司团委	2001
王玉成	姚桥煤矿	青年岗位能手	中煤进出口总公司团委	2001
吴吉南	姚桥煤矿	青年岗位能手	中煤进出口总公司团委	2001
徐敦超	姚桥煤矿	青年岗位能手	中煤进出口总公司团委	2001
张晓林	姚桥煤矿	青年岗位能手	中煤进出口总公司团委	2001
章新祥	姚桥煤矿	青年岗位能手	中煤进出口总公司团委	2001
刘 潮	发电厂	优秀共产党员	中煤集团党委	2002
季中平	公司机关	杰出青年	中煤集团	2002
周海培	公司机关	杰出青年	中煤集团	2002
刘春萍	一中	优秀员工	中煤集团	2003

表 15-2-9(续)

姓名	工作单位	荣誉称号	授奖部门	年份
严 正	孔庄煤矿	优秀员工	中煤集团	2003
王国良	徐庄煤矿	优秀员工	中煤集团	2003
曹跃雷	公司机关	优秀共产党员	中煤集团党委	2004
汪书萍	中煤职院	优秀共青团员	中煤集团团委	2004
黄卫冲	大屯选煤厂	优秀共产党员	中煤集团党委	2005
单 琦	姚桥煤矿	巾帼建功标兵	中煤集团	2005
单 琦	姚桥煤矿	先进女职工工作者	中煤集团	2005
吴友良	发电厂	优秀共产党员	中煤集团党委	2006
赵振超	龙东煤矿	优秀共产党员	中煤集团党委	2006
燕 浩	徐庄煤矿	杰出青岗位能手	中煤集团团委	2006
张连利	徐庄煤矿	优秀共青团干部	中煤集团团委	2006
王 磊	发电厂	岗位能手	中煤集团	2008
邵建华	公司机关	优秀党务工作者	中煤集团党委	2008
唐金萍	实业公司	优秀共青团员	中煤集团团委	2008
张明海	朔州项目部	优秀共产党员	中煤集团党委	2008
魏光洪	徐庄煤矿	优秀团干部	中煤集团	2008
李民海	姚桥煤矿	优秀党务工作者	中煤集团党委	2008
张心海	中心医院	先进生产(工作)者	中煤集团	2008
吴 华	大屯铝业公司	先进生产(工作)者	中煤集团	2009
吴友良	发电厂	先进生产(工作)者	中煤集团	2009
彭德罡	孔庄煤矿	优秀共青团员	中煤集团团委	2009
智永健	铁路管理处	先进生产(工作)者	中煤集团	2009
章丽琴	拓特厂	先进生产(工作)者	中煤集团	2009
张自群	选煤中心	先进生产(工作)者	中煤集团	2009
伊胜东	姚桥煤矿	优秀共青团干部	中煤集团团委	2009
黄大祥	中心医院	先进生产(工作)者	中煤集团	2009
张心海	中心医院	先进生产(工作)者	中煤集团	2009
毛中华	姚桥煤矿	优秀党务工作者	中煤集团党委	2010
李艳秋	发电厂	优秀共产党员	中煤集团党委	2010
吴友良	发电厂	先进生产(工作)者	中煤集团	2010
彭德罡	孔庄煤矿	创先争优先进个人	中煤集团	2010
余达桂	孔庄煤矿	优秀共产党员	中煤集团党委	2010
王保旭	龙东煤矿	优秀共产党员	中煤集团党委	2010
张昭战	龙东煤矿	先进生产(工作)者	中煤集团	2010
李艳梅	铁路管理处	先进生产(工作)者	中煤集团	2010
王守强	铁路管理处	优秀共产党员	中煤集团党委	2010

表 15-2-9（续）

姓名	工作单位	荣誉称号	授奖部门	年份
刘勇建	拓特厂	技术能手	中煤集团	2010
尹宜宝	拓特厂	优秀党务工作者	中煤集团	2010
章丽琴	拓特厂	先进生产（工作）者	中煤集团	2010
魏衍栋	徐庄煤矿	优秀共产党员	中煤集团党委	2010
张开戈	徐庄煤矿	优秀党务工作者	中煤集团党委	2010
张连利	徐庄煤矿	创先争优先进个人	中煤集团	2010
张连利	徐庄煤矿	青年岗位能手	中煤集团团委	2010
陈洪钟	姚桥煤矿	先进生产（工作）者	中煤集团	2010
伊胜东	姚桥煤矿	创先争优先进个人	中煤集团	2010
黄大祥	中心医院	先进生产（工作）者	中煤集团	2010
石树旺	发电厂	优秀共产党员	中煤集团党委	2011
王明同	孔庄煤矿	优秀党务工作者	中煤集团党委	2011
马允刚	孔庄煤矿掘进三队	优秀班组长	中煤集团	2011
张昭战	龙东煤矿	先进生产（工作）者	中煤集团	2011
尹国新	徐庄煤矿	优秀共产党员	中煤集团党委	2011
胡春银	姚桥煤矿	优秀党务工作者	中煤集团党委	2011
陈敏科	孔庄煤矿	先进生产（工作）者	中煤集团	2012
马吉国	孔庄煤矿	优秀青志愿者	中煤集团团委	2012
黄彩琴	拓特厂	先进工作者	中煤集团	2012
刘需玲	拓特厂	优秀共青团干部	中煤集团团委	2012
刘　歌	大屯铝业公司	优秀共产党员	中煤集团党委	2013
张　进	公司机关	优秀党务工作者	中煤集团党委	2013
郑　辉	龙东煤矿	先进生产（工作）者	中煤集团	2013
董　旗	姚桥煤矿	生产一线技术创新标兵	中煤集团	2013
于德庆	姚桥煤矿	先进生产（工作）者	中煤集团	2013
张　珂	中煤职院	优秀共青团员	中煤集团团委	2013
孙照引	工程咨询公司	优秀共产党员	中煤集团党委	2013
吴　涛	发电厂	先进生产（工作）者	中煤集团	2014
宋荣光	孔庄煤矿	青年岗位能手	中煤集团团委	2014
刘庆奎	徐庄煤矿	优秀群监员	中煤集团	2014
于德庆	姚桥煤矿	先进生产（工作）者	中煤集团	2014
陈建菊	姚桥煤矿	优秀协管工作者	中煤集团	2014
金道平	党委工作部	优秀党务工作者	中煤集团党委	2015
王永伟	工作单位	优秀共产党员	中煤集团党委	2015
叶　军	铁路管理处	优秀共产党员	中煤集团党委	2015
李常旺	徐庄煤矿	先进生产（工作）者	中煤集团	2015
刘光道	徐庄煤矿	最美一线青工	中煤集团团委	2015

表 15-2-9（续）

姓名	工作单位	荣誉称号	授奖部门	年份
蔡 东	姚桥煤矿	岗位技术能手	中煤集团	2015
孟凡武	孔庄煤矿	先进生产（工作）者	中煤集团	2016
张仰强	铝板带厂	优秀共青团员	中煤集团团委	2016
沈 君	姚桥煤矿	先进生产（工作）者	中煤集团	2016
沈 君	姚桥煤矿	技术创新标兵	中煤集团	2016
徐 辉	姚桥煤矿	青年岗位能手	中煤集团	2016
赵辉龄	新闻中心	优秀通讯员	中煤集团	2016
杜 渐	新闻中心	优秀通讯员	中煤集团	2016
甘秀启	徐庄煤矿	优秀通讯员	中煤集团	2016
吴 烁	发电厂	优秀共青团干部	中煤集团团委	2016
朱成忠	选煤中心	先进生产（工作）者	中煤集团	2017
邓元纯	发电厂	优秀共产党员	中煤集团党委	2017
张明林	徐庄煤矿	优秀共产党员	中煤集团党委	2017
魏 伟	孔庄煤矿	优秀党务工作者	中煤集团党委	2017
张 宏	龙东煤矿	优秀党务工作者	中煤集团党委	2017
任 昂	公司机关	生产一线技术创新标兵	中煤集团	2018
慈鹏芬	姚桥煤矿	生产一线技术创新标兵	中煤集团	2018
王 焕	孔庄煤矿	先进生产（工作）者	中煤集团	2018
姚 平	实业公司	先进生产（工作）者	中煤集团	2018
李浩然	龙东煤矿	优秀共青团员	中煤集团团委	2018
马乐乐	龙东煤矿	青年岗位能手	中煤集团团委	2018
高夫民	拓特厂	技术能手	中煤集团	2018
王怀杉	拓特厂	优秀共青团干部	中煤集团团委	2018
张素贞	姚桥煤矿	职业病防治先进个人	江苏省疾病预防控制中心	2018
宗慧芹	公司机关	优秀通讯员	中煤集团	2018
刘继丰	拓特厂	技术能手	中煤集团	2018
杨烈福	拓特厂	先进工作者	中煤集团	2019
孟祥宇	发电厂	先进生产（工作）者	中煤集团	2019
赵 飞	工程咨询公司	先进生产（工作）者	中煤集团	2019
蔡春城	孔庄煤矿	优秀共产党员	中煤集团党委	2019
邵 勇	热电厂	优秀共产党员	中煤集团党委	2019
段 龙	孔庄煤矿	先进生产（工作）者	中煤集团	2019
任进泉	铁路管理处	优秀党务工作者	中煤集团党委	2019
李桂斌	物质贸易部	技术能手	中煤集团	2019
朱文东	选煤中心	优秀共青团干部	中煤集团团委	2020
徐兴可	实业公司	优秀共青团员	中煤集团团委	2020

七、徐州市劳动模范(表 15-2-10)

表 15-2-10   徐州市劳动模范汇总表

姓名	工作单位	荣誉称号	授奖部门	年份
李大义	四方铝业	劳动模范	徐州市人民政府	1991
丛培路	孔庄煤矿	劳动模范	徐州市人民政府	1992
李宗奎	姚桥煤矿	劳动模范	徐州市人民政府	1992
戚达平	拓特厂	劳动模范	徐州市人民政府	1993
施建忠	拓特厂	劳动模范	徐州市人民政府	1995
宋 伟	建安公司	劳动模范	徐州市人民政府	1995
高同津	发电厂	劳动模范	徐州市人民政府	1995
韩德印	孔庄煤矿	劳动模范	徐州市人民政府	1995
宋 伟	建安公司	劳动模范	徐州市人民政府	1995
赵学柱	铁路管理处	劳动模范	徐州市人民政府	1995
甄再学	姚桥煤矿	劳动模范	徐州市人民政府	1995
周永臣	龙东煤矿	劳动模范	徐州市人民政府	1995
谢国如	徐庄煤矿	劳动模范	徐州市人民政府	1995
简胜富	四方铝业	劳动模范	徐州市人民政府	1995
石 英	中心医院	劳动模范	徐州市人民政府	1996
王厚立	建安公司	劳动模范	徐州市人民政府	1996
朱广荣	四方铝业	劳动模范	徐州市人民政府	1996
王小平	大屯选煤厂	劳动模范	徐州市人民政府	1997
戴洪标	龙东煤矿	劳动模范	徐州市人民政府	1997
王孟才	拓特厂	劳动模范	徐州市人民政府	1997
王清侠	三小	劳动模范	徐州市人民政府	1997
常学亮	姚桥煤矿	劳动模范	徐州市人民政府	1998
侣传友	徐庄煤矿	劳动模范	徐州市人民政府	1998
陈孔雷	姚桥煤矿	劳动模范	徐州市人民政府	1998
韩庚河	四方铝业	劳动模范	徐州市人民政府	1998
刘天荣	发电厂	劳动模范	徐州市人民政府	1998
王广荣	徐庄煤矿	劳动模范	徐州市人民政府	1998
王厚立	姚桥煤矿	劳动模范	徐州市人民政府	1998
闫毫志	铁路管理处	劳动模范	徐州市人民政府	1998
戴洪标	龙东煤矿	劳动模范	徐州市人民政府	2000
丁长忠	孔庄煤矿	劳动模范	徐州市人民政府	2000
裴厚霜	中心医院	劳动模范	徐州市人民政府	2000
彭传伯	四方铝业	劳动模范	徐州市人民政府	2000
李建华	四方铝业	劳动模范	徐州市人民政府	2000

表 15-2-10(续)

姓名	工作单位	荣誉称号	授奖部门	年份
章丽琴	拓特厂	劳动模范	徐州市人民政府	2000
常学亮	姚桥煤矿	劳动模范	徐州市人民政府	2001
庞作云	姚桥煤矿	劳动模范	徐州市人民政府	2001
闫毫志	铁路管理处	劳动模范	徐州市人民政府	2001
彭传伯	四方铝业	劳动模范	徐州市人民政府	2001
徐洪达	四方铝业	劳动模范	徐州市人民政府	2001
庄德国	发电厂	劳动模范	徐州市人民政府	2001
陶洪臣	中心医院	劳动模范	徐州市人民政府	2003
张昭战	龙东煤矿	劳动模范	徐州市人民政府	2003
王正忠	孔庄煤矿	劳动模范	徐州市人民政府	2004
魏衍明	徐庄煤矿	劳动模范	徐州市人民政府	2004
吴迪	一小	劳动模范	徐州市人民政府	2004
吴友良	发电厂	劳动模范	徐州市人民政府	2004
张召彬	徐庄煤矿	劳动模范	徐州市人民政府	2004
周脉好	姚桥煤矿	劳动模范	徐州市人民政府	2004
崔彦会	四方铝业	劳动模范	徐州市人民政府	2006
卫荣章	发电厂	劳动模范	徐州市人民政府	2006
何广银	实业公司	劳动模范	徐州市人民政府	2007
尹国新	徐庄煤矿	劳动模范	徐州市人民政府	2007
李亚明	实业公司	劳动模范	徐州市人民政府	2009
吴华	大屯铝业公司	劳动模范	徐州市人民政府	2009
张自群	大屯选煤厂	劳动模范	徐州市人民政府	2010
吴华	姚桥煤矿	劳动模范	徐州市人民政府	2011
龙鹏飞	大屯选煤厂	劳动模范	徐州市人民政府	2012
陈敏科	孔庄煤矿	劳动模范	徐州市人民政府	2012
常生林	龙东煤矿	劳动模范	徐州市人民政府	2013
韩岿	姚桥煤矿	劳动模范	徐州市人民政府	2013
马文智	徐庄煤矿	劳动模范	徐州市人民政府	2013
朱树根	拓特厂	劳动模范	徐州市人民政府	2015
张玉党	公司机关	劳动模范	徐州市人民政府	2016
曹兴振	选煤中心	劳动模范	徐州市人民政府	2016
马红涛	姚桥煤矿	劳动模范	徐州市人民政府	2019
王永	铁路管理处	劳动模范	徐州市人民政府	2019
张全平	孔庄煤矿	劳动模范	徐州市人民政府	2019

八、徐州市个人荣誉(表 15-2-11)

表 15-2-11　徐州市个人荣誉汇总表

姓名	工作单位	荣誉称号	授奖部门	年份
曹德坤	工程咨询公司	先进生产(工作)者	徐州市人民政府	1991
梁林虎	孔庄煤矿	新长征突击手	共青团徐州市委	1991
彭永飞	大屯选煤厂	见义勇为奖	徐州市人民群众见义勇为基金会	1993
刘含水	大屯选煤厂	见义勇为奖	徐州市人民群众见义勇为基金会	1993
刘晓波	大屯选煤厂	见义勇为奖	徐州市人民群众见义勇为基金会	1993
刘　健	大屯选煤厂	见义勇为奖	徐州市人民群众见义勇为基金会	1993
骆　骏	大屯选煤厂	见义勇为奖	徐州市人民群众见义勇为基金会	1993
曹德坤	工程咨询公司	优秀共产党员	中共徐州市委	1994
褚茂顺	孔庄煤矿	青年岗位能手	共青团徐州市委	1994
王玉成	姚桥煤矿	青年岗位能手	共青团徐州市委	1994
徐培中	孔庄煤矿	杰出青年企业家	共青团徐州市委	1995
赵学柱	铁路管理处	优秀共产党员	中共徐州市委	1996
俞金海	大屯选煤厂	优秀共产党员	中共徐州市委	1996
徐鼎璜	孔庄煤矿	优秀共产党员	中共徐州市委	1996
卞炳侠	徐庄煤矿	优秀共产党员	中共徐州市委	1996
李忠伟	四方铝业	优秀共青年团干部	共青团徐州市委	1996
彭　娟	公司机关	优秀共青年团干部	共青团徐州市委	1996
崔军立	建安公司	新长征突击手	共青团徐州市委	1996
施卫忠	姚桥煤矿	新长征突击手	共青团徐州市委	1996
张道明	拓特厂	新长征突击手	共青团徐州市委	1996
巫忠伟	矿建公司	新长征突击手	共青团徐州市委	1996
黄　涛	龙东煤矿	优秀共青团员	共青团徐州市委	1996
王兆彪	徐庄煤矿	优秀共青团员	共青团徐州市委	1996
杨西岭	建安公司	青年岗位能手	共青团徐州市委	1997
杨西岭	建安公司	十佳青年建设功臣	共青团徐州市委	1997
李晓宇	铁路管理处	优秀共青团干部	共青团徐州市委	1997
郦秋萍	公司团委	新长征突击手	共青团徐州市委	1997
张绪敏	姚桥煤矿	送温暖工程先进个人	徐州市总工会	1997
乔　明	一中	优秀共青团员	共青团上海市委	1997
唐昭信	姚桥煤矿	优秀共产党员	中共徐州市委	1998
赵学柱	铁路管理处	优秀共产党员	中共徐州市委	1998
孙自立	孔庄煤矿	优秀共产党员	中共徐州市委	1998
齐心喜	徐庄煤矿	优秀共产党员	中共徐州市委	1998
马品玲	姚桥煤矿	优秀共产党员	中共徐州市委	1998
李忠伟	四方铝业	优秀青年志愿者	共青团徐州市委	1998

表 15-2-11(续)

姓名	工作单位	荣誉称号	授奖部门	年份
刘进全	孔庄煤矿	十佳青年工人	共青团徐州市委	1998
顾宏彬	公司团委	优秀共青团干部	共青团徐州市委	1998
侯建民	实业公司	优秀共青团干部	共青团徐州市委	1998
陈宗宝	孔庄煤矿	优秀共青团员	共青团徐州市委	1998
李大莲	徐庄煤矿	优秀共青团员	共青团徐州市委	1998
陈 进	徐庄煤矿	十佳青年志愿者	共青团徐州市委	1998
张道明	拓特厂	十佳青年志愿者	共青团徐州市委	1998
戴兴龙	建安公司	优秀共产党员	中共徐州市委	1999
马正喜	姚桥煤矿	优秀宣传工作者	中共徐州市委	1999
董华江	建安公司	新长征突击手	共青团徐州市委	1999
常学亮	姚桥煤矿	徐州市文明职工	徐州市总工会	1999
吴吉南	姚桥煤矿	十佳青年工程师	共青团徐州市委	1999
李忠伟	四方铝业	优秀共青团干部	共青团徐州市委	1999
李 恒	一中	优秀共青团员	共青团上海市委	1999
李 梅	铁路管理处	优秀共青团员	共青团徐州市委	1999
郦秋萍	公司团委	优秀辅导员	共青团江苏省委	1999
张绪敏	姚桥煤矿	送温暖工程先进个人	徐州市总工会	1999
郑兆近	教卫办公室	优秀辅导员	共青团徐州市委	1999
张淑敏	二小	星星火炬奖	共青团徐州市委	1999
唐召信	姚桥煤矿	优秀共产党员	中共徐州市委	2000
丁长忠	孔庄煤矿	优秀共产党员	中共徐州市委	2000
王传伟	建安公司	十大杰出青年	共青团徐州市委	2000
陆广辉	铁路管理处	新长征突击手	共青团徐州市委	2000
解德华	实业公司	优秀共产党员	中共徐州市委	2000
高东明	大屯选煤厂	优秀共产党员	中共徐州市委	2000
宋忠应	龙东煤矿	十佳青年科技创新能手	共青团徐州市委	2000
辛德全	发电厂	优秀共青团干部	共青团徐州市委	2000
李忠伟	四方铝业	优秀青年志愿者	共青团徐州市委	2000
马东洲	四方铝业	新长征突击手	共青团徐州市委	2000
陆广辉	铁路管理处	新长征突击手	共青团徐州市委	2000
王 琳	选煤中心	新长征突击手	共青团徐州市委	2000
李德芳	徐庄煤矿	优秀共青团员	共青团徐州市委	2000
蔡 强	拓特厂	优秀共青团员	共青团徐州市委	2000
黄 岚	一中	优秀共青团员	共青团上海市委	2000
李忠伟	四方铝业	优秀青年志愿者	共青团徐州市委	2000
张 伟	二小	十佳优秀辅导员	共青团徐州市委	2000
吴敦然	姚桥煤矿	优秀党务工作者	中共徐州市委	2001

表 15-2-11（续）

姓名	工作单位	荣誉称号	授奖部门	年份
韩德印	孔庄煤矿	优秀共产党员	中共徐州市委	2001
黄卫冲	大屯选煤厂	优秀共产党员	中共徐州市委	2001
张召彬	龙东煤矿	优秀共产党员	中共徐州市委	2001
夏龙雨	龙东煤矿	优秀共青团员	共青团徐州市委	2001
蔡　强	拓特厂	优秀共青团员	共青团徐州市委	2001
王广平	徐庄煤矿	新长征突击手	共青团徐州市委	2001
刘宝玉	姚桥煤矿	优秀共青团干部	共青团徐州市委	2001
王广平	徐庄煤矿	新长征突击手	共青团徐州市委	2002
曾海振	中煤职院	技术能手	徐州市劳动和社会保障局	2002
李跃文	姚桥煤矿	优秀共青团员	共青团徐州市委	2002
张　栋	发电厂	新长征突击手	共青团徐州市委	2003
蒋庆鸿	中煤职院	优秀骨干教师	徐州市劳动与社会保障局	2003
王世寅	中煤职院	优秀班主任	徐州市劳动与社会保障局	2003
刘宝玉	姚桥煤矿	优秀共青团员	共青团徐州市委	2003
常学亮	姚桥煤矿	优秀共产党员	中共徐州市委	2004
鹿启伟	发电厂	十大杰出青年	共青团徐州市委	2004
白叙友	铁路管理处	优秀共产党员	中共徐州市委	2004
曾海振	中煤职院	技术能手	徐州市劳动和社会保障局	2004
李常旺	徐庄煤矿	优秀团干部	共青团徐州市委	2004
于凤美	中煤职院	校优秀教师	徐州市劳动与社会保障局	2004
赵玉森	中煤职院	优秀教师	徐州市劳动与社会保障局	2004
刘夏生	建安公司	优秀共产党员	中共徐州市委	2004
王尚玉	姚桥煤矿	优秀党务工作者	中共徐州市委	2004
曾海振	中煤职院	优秀教师	徐州市劳动与社会保障局	2004
肖长红	姚桥煤矿	文明新风家庭	徐州市总工会	2005
赵玉柱	姚桥煤矿	优秀共产党员	中共徐州市委	2005
丁浩浩	中煤职院	技术能手	徐州市劳动和社会保障局	2005
丁浩浩	中煤职院	青年岗位能手	共青团徐州市委	2005
贾　建	姚桥煤矿	新长征突击手	共青团徐州市委	2005
孙　凯	姚桥煤矿	新长征突击手	共青团徐州市委	2005
李跃文	姚桥煤矿	优秀共青团员	共青团徐州市委	2005
丁浩浩	中煤职院	优秀共青团员	共青团徐州市委	2005
肖长红	姚桥煤矿	文明新风家庭	徐州市总工会	2005
马正喜	姚桥煤矿	政研会优秀工作者	徐州市思想政治工作研究会	2005
丁浩浩	中煤职院	青年岗位能手	共青团徐州市委	2005
徐卫东	中煤职院	市优秀教师	徐州市劳动与社会保障局	2005

表 15-2-11(续)

姓名	工作单位	荣誉称号	授奖部门	年份
吴仁平	姚桥煤矿	技术能手	徐州市劳动和社会保障局	2006
王结流	姚桥煤矿	新长征突击手	共青团徐州市委	2006
刘晓寒	二中	新长征突击手	共青团徐州市委	2006
严 雁	公司机关	优秀共青团员	共青团徐州市委	2006
卫荣章	发电厂	十大杰出青年	共青团徐州市委	2006
卢玲玲	公司机关	优秀共青团员	共青团徐州市委	2006
鲍师齐	公司机关	优秀党务工作者	中共徐州市委	2006
陶洪臣	中心医院	优秀共产党员	中共徐州市委	2006
王尚玉	姚桥煤矿	优秀共产党员	中共徐州市委	2006
孙 凯	姚桥煤矿	新长征突击手	共青团徐州市委	2007
黄西礼	大屯铝业公司	新长征突击手	共青团徐州市委	2007
蒋庆鸿	中煤职院	技工院校优秀教师	徐州市劳动与社会保障局	2007
黎克银	中煤职院	技工院校优秀教师	徐州市劳动与社会保障局	2007
赵玉森	中煤职院	技工院校优秀教师	徐州市劳动与社会保障局	2007
刘永霞	中煤职院	技工院校优秀教师	徐州市劳动与社会保障局	2007
朱本亮	姚桥煤矿	五一劳动奖章	徐州市总工会	2008
鲁继全	姚桥煤矿	五一劳动奖章	徐州市总工会	2008
冯 强	徐庄煤矿	五一创新能手	徐州市总工会	2008
曹学伟	徐庄煤矿	五一创新能手	徐州市总工会	2008
张连利	徐庄煤矿	五一创新能手	徐州市总工会	2008
王建党	徐庄煤矿	五一创新能手	徐州市总工会	2008
盛在庆	徐庄煤矿	技术能手	徐州市劳动和社会保障局	2008
曹学伟	徐庄煤矿	技术能手	徐州市劳动和社会保障局	2008
王建党	徐庄煤矿	技术能手	徐州市劳动和社会保障局	2008
冯 强	徐庄煤矿	技术能手	徐州市劳动和社会保障局	2008
张连利	徐庄煤矿	技术能手	徐州市劳动和社会保障局	2008
张 松	救护大队	技术能手	徐州市总工会	2008
葛维营	救护大队	技术能手	徐州市总工会	2008
盛在庆	徐庄煤矿	五一劳动奖章	徐州市总工会	2008
丁浩浩	中煤职院	技术能手	徐州市劳动和社会保障局	2008
丁浩浩	中煤职院	五一劳动奖章	徐州市总工会	2008
陈建菊	姚桥煤矿	优秀共青团员	共青团徐州市委	2008
石 囡	汽运分公司	优秀共青团员	共青团徐州市委	2008
张 松	救护大队	五一劳动奖章	徐州市总工会	2008
赵 清	物业分公司	优秀共青团员	共青团徐州市委	2008
周 琪	物业分公司	优秀共青团干部	共青团徐州市委	2008

表 15-2-11（续）

姓名	工作单位	荣誉称号	授奖部门	年份
刘琴	中煤职院	先进工作者	徐州红十字会	2008
孙振	姚桥煤矿	巾帼标兵	徐州市总工会	2009
鲁继全	姚桥煤矿	五一劳动奖章	徐州市总工会	2009
张开戈	徐庄煤矿	优秀党务工作者	中共徐州市委	2009
吴友良	发电厂	优秀共产党员	中共徐州市委	2009
蒋庆鸿	中煤职院	技术能手	徐州市劳动和社会保障局	2009
肖运奉	姚桥煤矿	优秀共产党员	中共徐州市委	2009
王世寅	中煤职院	优秀教师	徐州市劳动与社会保障局	2009
蒋庆鸿	中煤职院	技术能手	徐州市劳动与社会保障局	2009
陈磊	孔庄煤矿	优秀共青团员	共青团徐州市委	2009
戴光明	地区处	矿乡协调工作先进个人	徐州市人民政府	2010
郜威力	大屯铝业公司	新长征突击手	共青团徐州市委	2010
李莹	拓特厂	优秀共青团员	共青团徐州市委	2010
李志闯	大屯选煤厂	优秀共青团员	共青团徐州市委	2010
刘田田	姚桥煤矿	青年岗位能手	共青团徐州市委	2010
孙莉娟	发电厂	优秀共青团员	共青团徐州市委	2010
于琨	中煤职院	优秀教师	徐州市劳动与社会保障局	2010
邢士美	中煤职院	优秀教育工作者	徐州市劳动与社会保障局	2010
陈进	徐庄煤矿	五一劳动奖章	徐州市总工会	2011
孙春	铝板带厂	三八红旗手	徐州市总工会	2011
卞松浩	发电厂	优秀共青团干部	共青团徐州市委	2011
高井斌	大屯选煤厂	优秀共产党员	中共徐州市委	2011
王梅	中煤职院	技工院校优秀教师	徐州市劳动与社会保障局	2011
徐卫东	中煤职院	技工院校优秀教师	徐州市劳动与社会保障局	2011
王金燕	中煤职院	技工院校优秀教师	徐州市劳动与社会保障局	2011
李建东	发电厂	"五五普法"先进个人	徐州市总工会	2011
丁晓伟	姚桥煤矿	文明职工	徐州市精神文明建设办公室	2012
刘玮	孔庄煤矿	五一巾帼标兵	徐州市总工会	2012
杨古荣	中煤职院	技工院校优秀教师	徐州市劳动与社会保障局	2012
祁永川	地区处	矿乡协调工作先进个人	徐州市人民政府	2012
郭东坡	中煤职院	技工院校优秀教师	徐州市劳动与社会保障局	2012
刘三喜	中煤职院	技工院校优秀教师	徐州市劳动与社会保障局	2012
闫大鹏	徐庄煤矿	优秀团干部	共青团徐州市委	2012
杜明飞	保卫部	保卫工作先进个人	徐州市人民政府	2012
李志闯	大屯选煤厂	优秀共青团员	共青团徐州市委	2012
刘泰雄	工程咨询公司	五一劳动奖章	徐州市总工会	2013

表 15-2-11(续)

姓名	工作单位	荣誉称号	授奖部门	年份
戴光明	地区处	矿乡协调工作先进个人	徐州市人民政府	2013
祁永川	地区处	矿乡协调工作先进个人	徐州市人民政府	2013
吴澎洋	选煤中心	优秀共青团员	共青团徐州市委	2013
王恒乐	发电厂	优秀共青团员	共青团徐州市委	2013
樊福海	徐庄煤矿	优秀工会工作者	徐州市总工会	2013
那才兴	大屯铝业公司	优秀共青团干部	共青团徐州市委	2013
赵 飞	工程咨询公司	优秀共青团干部	共青团徐州市委	2013
龙周彪	孔庄煤矿	优秀共青团员	共青团徐州市委	2013
张林侠	中煤职院	技工院校优秀教师	徐州市劳动与社会保障局	2013
赵 飞	工程咨询公司	青年岗位能手	徐州市劳动和社会保障局	2014
杨古荣	中煤职院	五一劳动奖章	徐州市总工会	2014
李向梅	中煤职院	优秀教育工作者	徐州市劳动与社会保障局	2014
徐卫东	中煤职院	技工院校优秀教师	徐州市劳动与社会保障局	2014
陈雪原	孔庄煤矿	优秀共青团员	共青团徐州市委	2014
唐中猛	实业公司	优秀共青团员	共青团徐州市委	2014
段 龙	孔庄煤矿	文明职工	徐州市精神文明建设办公室	2015
刘永利	徐庄煤矿	优秀党务工作者	中共徐州市委	2015
苗在宽	电热公司	优秀工会工作者	徐州市总工会	2015
邓 磊	选煤中心	优秀党务工作者	中共徐州市委	2015
唐 晖	四方铝业	优秀共产党员	中共徐州市委	2015
安增权	姚桥煤矿	优秀共青团干部	共青团徐州市委	2015
唐金丹	中煤职院	技工院校优秀教师	徐州市劳动与社会保障局	2015
王世寅	中煤职院	优秀教育工作者	徐州市劳动与社会保障局	2015
陈 洲	徐庄煤矿	五一劳动奖章	徐州市总工会	2016
吴国齐	公司机关	优秀党务工作者	中共徐州市委	2016
唐诒彬	建安公司	优秀共产党员	中共徐州市委	2016
嵇杰夫	物业分公司	优秀共产党员	中共徐州市委	2016
夏亭亭	实业公司	优秀共青团员	共青团徐州市委	2016
张 政	铁路管理处	优秀共青团员	共青团徐州市委	2016
唐金丹	中煤职院	技工院校优秀班主任	徐州市劳动与社会保障局	2016
王金燕	中煤职院	技工院校优秀班主任	徐州市劳动与社会保障局	2016
王艳秋	中煤职院	技工院校优秀教师	徐州市劳动与社会保障局	2016
曹丽娟	中煤职院	技工院校优秀教师	徐州市劳动与社会保障局	2016
王金燕	中煤职院	技工院校专业带头人	徐州市人力资源和社会保障厅	2016
唐绍梅	公共协调部	矿乡协调工作先进个人	徐州市人民政府	2016
孙屯先	公共协调部	矿乡协调工作先进个人	徐州市人民政府	2016

表 15-2-11（续）

姓名	工作单位	荣誉称号	授奖部门	年份
孙照引	工程咨询公司	五一劳动奖章	徐州市总工会	2017
陈幸幸	铝板带厂	五一巾帼标兵	徐州市总工会	2017
陈幸幸	铝板带厂	优秀青志愿者	共青团徐州市委	2017
张 政	铁路管理处	优秀共青团员	共青团徐州市委	2017
赵 余	姚桥煤矿	青年岗位能手	共青团徐州市委	2017
杨艳丽	中煤职院	优秀教师	徐州市劳动与社会保障局	2017
赵 芬	中煤职院	优秀教师	徐州市劳动与社会保障局	2017
包正明	大屯公司	十佳优秀企业家	徐州市人民政府	2018
赵 余	姚桥煤矿	青年岗位能手	共青团徐州市委	2018
刘福伟	孔庄煤矿	五一劳动奖章	徐州市总工会	2018
陈 洲	徐庄煤矿	五一创新能手	徐州市总工会	2018
陈超群	孔庄煤矿	青年岗位能手	共青团徐州市委	2018
马乐乐	龙东煤矿	青年岗位能手	共青团徐州市委	2018
张 献	龙东煤矿	优秀共青团干部	共青团徐州市委	2018
石跃奎	徐庄煤矿	优秀共青团员	共青团徐州市委	2018
韩怀志	中煤职院	技术能手	徐州市劳动与社会保障局	2018
王安友	公司工会	优秀工会工作者	徐州市总工会	2018
张喜亮	铁路管理处	优秀工会积极分子	徐州市总工会	2018
杨烈福	拓特厂	优秀工会积极分子	徐州市总工会	2018
那才兴	公司机关	优秀共青团干部	共青团徐州市委	2019
陆 林	姚桥煤矿	五一劳动奖章	徐州市总工会	2019
李德海	孔庄煤矿	五一劳动奖章	徐州市总工会	2019
薛世新	资源协调部	矿乡协调工作先进个人	徐州市人民政府	2019
祁永川	资源协调部	矿乡协调工作先进个人	徐州市人民政府	2019
孙屯先	资源协调部	矿乡协调工作先进个人	徐州市人民政府	2019
刘 会	孔庄煤矿	五一劳动奖章	徐州市总工会	2019
张国志	公司机关	十佳阅读职工	徐州市总工会	2019
刘泰雄	工程咨询公司	优秀共产党员	中共徐州市委	2019
金道平	公司机关	优秀党务工作者	中共徐州市委	2019
王玉卿	龙东煤矿	优秀共青团员	共青团徐州市委	2019
赵存生	徐庄煤矿	见义勇为先进分子	徐州市人民政府	2019
阎 增	铁路管理处	文艺工作突出贡献奖	徐州市文学艺术界联合会	2019
乔莹莹	电热公司	优秀共青团干部	共青团徐州市委	2020

九、大屯公司劳动模范(表 15-2-12)

表 15-2-12　大屯公司劳动模范汇总表

姓名	工作单位	荣誉称号	授奖部门	年份
宋丛立	姚桥煤矿	劳动模范	大屯公司	1991
徐三三	姚桥煤矿	劳动模范	大屯公司	1991
郭本超	孔庄煤矿	劳动模范	大屯公司	1991
任宪君	孔庄煤矿	劳动模范	大屯公司	1991
谢国如	徐庄煤矿	劳动模范	大屯公司	1991
于成君	徐庄煤矿	劳动模范	大屯公司	1991
唐召信	龙东煤矿	劳动模范	大屯公司	1991
钱存法	龙东煤矿	劳动模范	大屯公司	1991
胡　勇	大屯选煤厂	劳动模范	大屯公司	1991
胡克志	矿建公司	劳动模范	大屯公司	1991
奚中刚	发电厂	劳动模范	大屯公司	1991
张荣华	铁路管理处	劳动模范	大屯公司	1991
戚达平	机修总厂	劳动模范	大屯公司	1991
宋　伟	建安公司	劳动模范	大屯公司	1991
曹德坤	地质队	劳动模范	大屯公司	1991
甄再学	姚桥煤矿	劳动模范	大屯公司	1995
邵仲明	姚桥煤矿	劳动模范	大屯公司	1995
韩德印	孔庄煤矿	劳动模范	大屯公司	1995
刘凤路	孔庄煤矿	劳动模范	大屯公司	1995
谢国如	徐庄煤矿	劳动模范	大屯公司	1995
周仿濂	徐庄煤矿	劳动模范	大屯公司	1995
李吉田	龙东煤矿	劳动模范	大屯公司	1995
周永臣	龙东煤矿	劳动模范	大屯公司	1995
胡克志	矿建公司	劳动模范	大屯公司	1995
高同津	发电厂	劳动模范	大屯公司	1995
赵学柱	铁路管理处	劳动模范	大屯公司	1995
宋　伟	建安公司	劳动模范	大屯公司	1995
俞金海	大屯选煤厂	劳动模范	大屯公司	1995
施建忠	拓特厂	劳动模范	大屯公司	1995
石　英	中心医院	劳动模范	大屯公司	1995
洪惠忠	姚桥煤矿	劳动模范	大屯公司	1997
刘庆恩	姚桥煤矿	劳动模范	大屯公司	1997
徐鼎璜	孔庄煤矿	劳动模范	大屯公司	1997
姚辉亮	孔庄煤矿	劳动模范	大屯公司	1997
卞炳侠	徐庄煤矿	劳动模范	大屯公司	1997

表 15-2-12（续）

姓名	工作单位	荣誉称号	授奖部门	年份
王广荣	徐庄煤矿	劳动模范	大屯公司	1997
薛柏会	龙东煤矿	劳动模范	大屯公司	1997
张明海	龙东煤矿	劳动模范	大屯公司	1997
李贯田	矿建公司	劳动模范	大屯公司	1997
胡 勇	大屯选煤厂	劳动模范	大屯公司	1997
高同津	发电厂	劳动模范	大屯公司	1997
赵学柱	铁路管理处	劳动模范	大屯公司	1997
宋 伟	建安公司	劳动模范	大屯公司	1997
陈孟雄	中心医院	劳动模范	大屯公司	1997
王孟才	拓特厂	劳动模范	大屯公司	1997
李 纯	姚桥煤矿	劳动模范	大屯公司	1999
蔡成功	姚桥煤矿	劳动模范	大屯公司	1999
常学亮	姚桥煤矿	劳动模范	大屯公司	1999
韩德印	孔庄煤矿	劳动模范	大屯公司	1999
王福岭	孔庄煤矿	劳动模范	大屯公司	1999
张召彬	徐庄煤矿	劳动模范	大屯公司	1999
杨建国	徐庄煤矿	劳动模范	大屯公司	1999
唐召信	龙东煤矿	劳动模范	大屯公司	1999
戴洪标	龙东煤矿	劳动模范	大屯公司	1999
朱生宝	矿建公司	劳动模范	大屯公司	1999
刘天荣	发电厂	劳动模范	大屯公司	1999
黄 松	大屯选煤厂	劳动模范	大屯公司	1999
闫毫志	铁路管理处	劳动模范	大屯公司	1999
韩继光	拓特厂	劳动模范	大屯公司	1999
王厚立	建安公司	劳动模范	大屯公司	1999
姚建新	中心医院	劳动模范	大屯公司	1999
常学亮	姚桥煤矿	劳动模范	大屯公司	2001
张晓林	姚桥煤矿	劳动模范	大屯公司	2001
董淑文	姚桥煤矿	劳动模范	大屯公司	2001
丁长忠	孔庄煤矿	劳动模范	大屯公司	2001
顾罗交	孔庄煤矿	劳动模范	大屯公司	2001
唐金奎	徐庄煤矿	劳动模范	大屯公司	2001
张召彬	徐庄煤矿	劳动模范	大屯公司	2001
薛柏会	龙东煤矿	劳动模范	大屯公司	2001
戴洪标	龙东煤矿	劳动模范	大屯公司	2001
黄 松	大屯选煤厂	劳动模范	大屯公司	2001
庄德国	电业分公司	劳动模范	大屯公司	2001

表 15-2-12(续)

姓名	工作单位	荣誉称号	授奖部门	年份
解德华	铁路管理处	劳动模范	大屯公司	2001
董华江	建安公司	劳动模范	大屯公司	2001
章丽琴	拓特厂	劳动模范	大屯公司	2001
李 明	中心医院	劳动模范	大屯公司	2001
吴友良	电业分公司	劳动模范	大屯公司	2003
陶洪臣	中心医院	劳动模范	大屯公司	2003
杨建国	汽车队	劳动模范	大屯公司	2003
吴 迪	一小	劳动模范	大屯公司	2003
张绪亮	姚桥煤矿	劳动模范	大屯公司	2005
常学亮	姚桥煤矿	劳动模范	大屯公司	2005
马龙水	姚桥煤矿	劳动模范	大屯公司	2005
王正忠	孔庄煤矿	劳动模范	大屯公司	2005
尹彦海	孔庄煤矿	劳动模范	大屯公司	2005
齐心喜	徐庄煤矿	劳动模范	大屯公司	2005
尹国新	徐庄煤矿	劳动模范	大屯公司	2005
张宜明	龙东煤矿	劳动模范	大屯公司	2005
关瑞军	龙东煤矿	劳动模范	大屯公司	2005
徐平强	大屯选煤厂	劳动模范	大屯公司	2005
吴友良	电业分公司	劳动模范	大屯公司	2005
赵学柱	铁路管理处	劳动模范	大屯公司	2005
章丽琴	拓特厂	劳动模范	大屯公司	2005
尹华兴	汽运分公司	劳动模范	大屯公司	2005
李月球	中心医院	劳动模范	大屯公司	2005
李 伟	一中	劳动模范	大屯公司	2005
张晓林	姚桥煤矿	劳动模范	大屯公司	2007
李宗奎	姚桥煤矿	劳动模范	大屯公司	2007
周脉好	姚桥煤矿	劳动模范	大屯公司	2007
王正忠	孔庄煤矿	劳动模范	大屯公司	2007
孙清岭	孔庄煤矿	劳动模范	大屯公司	2007
陶灯红	徐庄煤矿	劳动模范	大屯公司	2007
王国良	徐庄煤矿	劳动模范	大屯公司	2007
黄志强	龙东煤矿	劳动模范	大屯公司	2007
刘军贵	龙东煤矿	劳动模范	大屯公司	2007
张晓华	大屯选煤厂	劳动模范	大屯公司	2007
吴友良	发电厂	劳动模范	大屯公司	2007
黄西礼	大屯铝业公司	劳动模范	大屯公司	2007
赵学柱	铁路管理处	劳动模范	大屯公司	2007

表 15-2-12（续）

姓名	工作单位	荣誉称号	授奖部门	年份
章丽琴	拓特厂	劳动模范	大屯公司	2007
陈　康	中心医院	劳动模范	大屯公司	2007
于定跃	一中	劳动模范	大屯公司	2007
周志明	姚桥煤矿	劳动模范	大屯公司	2009
陈　祥	姚桥煤矿	劳动模范	大屯公司	2009
仇存厚	姚桥煤矿	劳动模范	大屯公司	2009
张全平	孔庄煤矿	劳动模范	大屯公司	2009
韩　菲	孔庄煤矿	劳动模范	大屯公司	2009
孙虎山	徐庄煤矿	劳动模范	大屯公司	2009
曹裕标	徐庄煤矿	劳动模范	大屯公司	2009
张昭战	龙东煤矿	劳动模范	大屯公司	2009
顾晓春	龙东煤矿	劳动模范	大屯公司	2009
吴友良	发电厂	劳动模范	大屯公司	2009
吴　华	大屯铝业公司	劳动模范	大屯公司	2009
张统义	四方铝业	劳动模范	大屯公司	2009
胡九明	铁路管理处	劳动模范	大屯公司	2009
张自群	大屯选煤厂	劳动模范	大屯公司	2009
章丽琴	拓特厂	劳动模范	大屯公司	2009
康昭河	中心医院	劳动模范	大屯公司	2009
蒋庆鸿	技工学校	劳动模范	大屯公司	2009
朱建华	物业分公司	劳动模范	大屯公司	2009
闫凡华	姚桥煤矿	劳动模范	大屯公司	2011
王小永	姚桥煤矿	劳动模范	大屯公司	2011
杨敬诚	姚桥煤矿	劳动模范	大屯公司	2011
李学法	孔庄煤矿	劳动模范	大屯公司	2011
刘进全	孔庄煤矿	劳动模范	大屯公司	2011
魏启杰	徐庄煤矿	劳动模范	大屯公司	2011
尹国新	徐庄煤矿	劳动模范	大屯公司	2011
张昭战	龙东煤矿	劳动模范	大屯公司	2011
关瑞军	龙东煤矿	劳动模范	大屯公司	2011
吴友良	发电厂	劳动模范	大屯公司	2011
吴　华	大屯铝业公司	劳动模范	大屯公司	2011
刘　海	四方铝业	劳动模范	大屯公司	2011
李艳梅	铁路管理处	劳动模范	大屯公司	2011
王安国	大屯选煤厂	劳动模范	大屯公司	2011
刘勇建	拓特厂	劳动模范	大屯公司	2011
李继光	实业公司	劳动模范	大屯公司	2011

表 15-2-12(续)

姓名	工作单位	荣誉称号	授奖部门	年份
曹德坤	工程咨询公司	劳动模范	大屯公司	2011
张心海	中心医院	劳动模范	大屯公司	2011
倪振法	物业分公司	劳动模范	大屯公司	2011
王德朝	姚桥煤矿	劳动模范	大屯公司	2013
徐元刚	姚桥煤矿	劳动模范	大屯公司	2013
于德庆	姚桥煤矿	劳动模范	大屯公司	2013
宋荣光	孔庄煤矿	劳动模范	大屯公司	2013
陈敏科	孔庄煤矿	劳动模范	大屯公司	2013
燕艳峰	徐庄煤矿	劳动模范	大屯公司	2013
赵呈坤	徐庄煤矿	劳动模范	大屯公司	2013
张昭战	龙东煤矿	劳动模范	大屯公司	2013
刘二军	龙东煤矿	劳动模范	大屯公司	2013
龙鹏飞	选煤中心	劳动模范	大屯公司	2013
吴涛	发电厂	劳动模范	大屯公司	2013
吴华	大屯铝业公司	劳动模范	大屯公司	2013
杨保国	四方铝业	劳动模范	大屯公司	2013
胡九明	铁路管理处	劳动模范	大屯公司	2013
韩方琳	拓特厂	劳动模范	大屯公司	2013
李国生	实业公司	劳动模范	大屯公司	2013
鲁辉	建安公司	劳动模范	大屯公司	2013
裴厚霜	中心医院	劳动模范	大屯公司	2013
孙照引	工程咨询公司	劳动模范	大屯公司	2013
刘晓飞	姚桥煤矿	劳动模范	大屯公司	2015
沈君	姚桥煤矿	劳动模范	大屯公司	2015
姚宏章	姚桥煤矿	劳动模范	大屯公司	2015
李和峰	孔庄煤矿	劳动模范	大屯公司	2015
孟凡武	孔庄煤矿	劳动模范	大屯公司	2015
刘光道	徐庄煤矿	劳动模范	大屯公司	2015
黄国锋	徐庄煤矿	劳动模范	大屯公司	2015
陈慕学	龙东煤矿	劳动模范	大屯公司	2015
王绵春	龙东煤矿	劳动模范	大屯公司	2015
曹久平	发电厂	劳动模范	大屯公司	2015
路培军	四方铝业	劳动模范	大屯公司	2013
陈大刚	铝板带厂	劳动模范	大屯公司	2015
胡九明	铁路管理处	劳动模范	大屯公司	2015
曹兴振	大屯选煤厂	劳动模范	大屯公司	2015
尹德兵	建安公司	劳动模范	大屯公司	2015

表 15-2-12（续）

姓名	工作单位	荣誉称号	授奖部门	年份
黄彩琴	拓特厂	劳动模范	大屯公司	2015
陈俊华	实业公司	劳动模范	大屯公司	2015
赵夫建	汽运分公司	劳动模范	大屯公司	2015
孙照引	工程咨询公司	劳动模范	大屯公司	2015
孙书兰	物业分公司	劳动模范	大屯公司	2015
王　磊	姚桥煤矿	劳动模范	大屯公司	2017
韩　勇	姚桥煤矿	劳动模范	大屯公司	2017
李向征	姚桥煤矿	劳动模范	大屯公司	2017
王　兴	孔庄煤矿	劳动模范	大屯公司	2017
方志伟	孔庄煤矿	劳动模范	大屯公司	2017
刘光道	徐庄煤矿	劳动模范	大屯公司	2017
路万忠	徐庄煤矿	劳动模范	大屯公司	2017
李敬凯	龙东煤矿	劳动模范	大屯公司	2017
宫尚禹	龙东煤矿	劳动模范	大屯公司	2017
鲁继亮	发电厂	劳动模范	大屯公司	2017
陈爱华	苏铝铝业	劳动模范	大屯公司	2017
贾　巡	苏铝铝业	劳动模范	大屯公司	2017
孙新奎	选煤中心	劳动模范	大屯公司	2017
王　永	铁路管理处	劳动模范	大屯公司	2017
姚　平	实业公司	劳动模范	大屯公司	2017
张兴荣	拓特厂	劳动模范	大屯公司	2017
刘慧斌	建安公司	劳动模范	大屯公司	2017
赵夫建	汽运分公司	劳动模范	大屯公司	2017
刘泰雄	工程咨询公司	劳动模范	大屯公司	2017
王忠军	物业分公司	劳动模范	大屯公司	2017
张玉槐	姚桥煤矿	劳动模范	大屯公司	2019
徐元刚	姚桥煤矿	劳动模范	大屯公司	2019
刘　华	姚桥煤矿	劳动模范	大屯公司	2019
蔡春城	孔庄煤矿	劳动模范	大屯公司	2019
段　龙	孔庄煤矿	劳动模范	大屯公司	2019
刘光道	徐庄煤矿	劳动模范	大屯公司	2019
林具雷	徐庄煤矿	劳动模范	大屯公司	2019
王兔桂	龙东煤矿	劳动模范	大屯公司	2019
周洪民	龙东煤矿	劳动模范	大屯公司	2019
张小军	天山公司	劳动模范	大屯公司	2019
鲁继亮	电热公司	劳动模范	大屯公司	2019
孟祥宇	热电厂	劳动模范	大屯公司	2019

表 15-2-12（续）

姓名	工作单位	荣誉称号	授奖部门	年份
孙会锁	选煤中心	劳动模范	大屯公司	2019
徐继根	苏铝铝业	劳动模范	大屯公司	2019
金继勇	苏铝铝业	劳动模范	大屯公司	2019
王 永	铁路管理处	劳动模范	大屯公司	2019
赵夫建	汽运分公司	劳动模范	大屯公司	2019
孙光邦	电力工程公司	劳动模范	大屯公司	2019
杨古荣	职业学院	劳动模范	大屯公司	2019
罗时旺	工程咨询公司	劳动模范	大屯公司	2019
马福禄	中心医院	劳动模范	大屯公司	2019
肖运奉	实业公司	劳动模范	大屯公司	2019
杨烈福	拓特厂	劳动模范	大屯公司	2019
姚彩玮	铁路工程公司	劳动模范	大屯公司	2019
姚 刚	物业分公司	劳动模范	大屯公司	2019
樊忠良	姚桥煤矿	劳动模范	大屯公司	2020
张二超	姚桥煤矿	劳动模范	大屯公司	2020
郝敬伦	孔庄煤矿	劳动模范	大屯公司	2020
甄在本	孔庄煤矿	劳动模范	大屯公司	2020
安太会	徐庄煤矿	劳动模范	大屯公司	2020
蒋正金	徐庄煤矿	劳动模范	大屯公司	2020
张体臣	龙东煤矿	劳动模范	大屯公司	2020
张昭战	龙东煤矿	劳动模范	大屯公司	2020
张玉刚	电热公司	劳动模范	大屯公司	2020
汪孟琪	热电厂	劳动模范	大屯公司	2020
曹振亚	铁路管理处	劳动模范	大屯公司	2020
许乃建	选煤中心	劳动模范	大屯公司	2020
蔡可颂	选煤中心	劳动模范	大屯公司	2020
张 磊	拓特厂	劳动模范	大屯公司	2020
李 印	汽运分公司	劳动模范	大屯公司	2020
朱天树	物资贸易部	劳动模范	大屯公司	2020
朱 磊	煤炭贸易公司	劳动模范	大屯公司	2020
李洪伟	电力工程公司	劳动模范	大屯公司	2020
杨立俊	新疆天山公司	劳动模范	大屯公司	2020
王广站	新疆天山公司	劳动模范	大屯公司	2020
蔡承田	实业公司	劳动模范	大屯公司	2020
任宪卫	中能服务公司	劳动模范	大屯公司	2020
孙序银	中心医院	劳动模范	大屯公司	2020

基层单位简介

Jiceng Danwei Jianjie

一、姚桥煤矿

主采煤层为 7 号煤、8 号煤,开采品种主要以气煤、1/3 焦煤为主,主要作为炼焦配煤用煤和动力用煤。矿井于 1971 年 4 月动工,1976 年 12 月建成投产,设计生产能 120 万吨/年;通过二期改扩建后,2000 年核定矿井生产能力 300 万吨/年;2009 年,通过系统改造,矿井核定生产能力为 445 万吨/年;2019 年,根据国家煤矿安监局通知要求,原煤产量调整为 440 万吨/年。矿井采用立井多水平开拓方式,井田内现有 7 个井筒,分别为 1#主井、2#主井、1#副井、2#副井、东一风井、东二风井、西风井。开采深度从 −200 米水平至 −800 米水平。共划分为 −400 米、−650 米两个开采水平,通风方式为中央分列两翼对角式,通风方法为抽出式,瓦斯等级为低瓦斯矿井。

1991 年以后,矿井主要采煤工艺是走向长壁、综采放顶煤采煤法,全部垮落法管理顶板。1996 年 11 月,矿区第一个综采放顶煤工作面 7509 工作面顺利投入生产,1997 年 12 月,二期工程首采面 7005 综放工作面试产出煤。矿井坚持"安全、高效、绿色、智能"的开采方向,以"一优二补三减四化"推动生产效率提升,加快新装备、新技术和新工艺应用进度。机械化方面,1991 年,主井 6 千伏配电站投入使用模拟屏,1992 年,东异大巷平巷人行车一次试运行成功,2001 年,对 1#主井电控系统改造,提升能力由 120 万吨/年增加到 155 万吨/年;2007 年,对 2#主井电控系统、闸控系统、主电机和信号系统升级改造,提升能力由 180 万吨/年提升到 225 万吨/年;2008 年,对主井 6 千伏配电站整体改造切转;2013 年,1#主井更换防过卷缓冲装置,制动系统更换为进口 ABB 恒减速制动系统;2015 年,8519 工作面首次使用无极绳牵引卡轨车,解决了工作面顺槽长距离运送人员的难题;2019 年,对 2#副井电控系统、闸控系统和高压柜升级改造,系统构成为"全数字 DCS800 直流调速 +S7-1500PLC 位置控制和工艺控制 +PROFINET 网络 + 远程以太网诊断 + 上位管理计算机"。在自动化方面,先后引进端头液压支架、大功率采煤机、综掘机、胶带软启动、自动卷带机、智能防尘喷雾、采区破碎机、除铁器、单轨吊等自动化新技术、新装备 60 多项,推广掘锚一体机、超前泄压、远距离供电供液喷浆、上料机器人、自移式抽架滑板平台等新技术、新工艺 20 多项,锚网锚索支护、先喷后锚施工等 160 多项新技术投入生产经营。2013 年,主井 35 千伏变电站 6 千伏 Ⅱ 段安装 SVG 动态无功补偿装置;2016 年,主井 35 千伏变电站 6 千伏 Ⅰ 段安装 SVG 动态无功补偿装置。信息化建设方面,2012 至 2014 年,姚桥煤矿在 −400 米水平中央泵房、−650 米水平和 −850 米水平中央泵房三个泵房,逐步安装了排水监控系统,具备了自动排水功能和无人值守条件。智能化方面,2018 年 10 月份起启动 7263 智能化工作面建设,采用"采煤机记忆截割 + 支架自动作业 + 人工远程视频监控干预"智能化开采工艺,努力打造中煤特色复杂条件下智能化工作面的开采模式。2019 年,建成井下违章智能监控系统。姚桥煤矿坚持"安全第一,预防为主,综合治理"的方针和"管理、装备、素质、系统"并重的原则,树立"五零"安全目标理念,落实"六严"安全工作要求,截至 2019 年 7 月,矿井实现安全生产 5 周年。1991—2019 年,姚桥煤矿共生产原煤 96 391 265 万吨,完成进尺 419 195 米,实现利润 1 549 218 万元。

姚桥煤矿先后承担了中煤"煤矿井下'采选充留'一体化开采技术研究与应用"、国家重点科技攻关项目《深部支护技术的研究》、国家 863 重点资助项目、国家发改委科技攻关项目《矿井风网关键技术》、教育部科技攻关项目《轻型综采放顶煤支架的研究》等国家级科技攻

关项目,还承担了江苏省科委等省部级与中煤集团和公司级科研项目几十项,完成了《深部跨大巷开采技术研究》《1#主井井塔结构安全性和抗震性能鉴定检测》等十多个技术项目。矿井被评为"全国科技创新示范矿"。截至2019年年末,姚桥煤矿累计生产原煤11 094.5万吨,进尺646 967米,实现利润1 549 424万元。

二、孔庄煤矿

主采煤层为7号煤、8号煤,7号煤层以气煤为主,局部为1/3焦煤;8号煤层以1/3焦煤为主,局部为气煤。发热量普遍较高,属于特高热值和燃烧性能较好的煤。1973年10月动工建设,1977年7月建成投产。矿井初步设计能力60万吨/年,第一水平西翼在开拓中遇到火成岩侵入,暂不可采,储量封存,1978年,经煤炭部核准第一水平设计能力为45万吨/年。二期扩建工程于1989年1月1日开工,1991年11月30日竣工,生产能力增至105万吨/年。三期(深部水平)改扩建工程于2007年11月28日开工,2012年11月25日试运转,生产能力达到180万吨/年。2019年,根据深部开采中击地压矿井减产能要求,原煤产量调整为144万吨/年。

孔庄煤矿采用立井多水平开拓,开采深度从−150～−1 300米。现有五个井筒,划分为−375米、−620米、−785米、−1 015米等4个开采水平,分别为矿车主运煤水平、煤水提升主运输水平、胶带主运煤水平和深部改扩建水平。其中−620米水平已于2017年2月份关闭,−375米水平计划于2020年7份关闭。通风方式为中央边界单翼混合式,通风方法为抽出式,瓦斯等级为低瓦斯矿井。采煤工艺先后采用了爆破采煤、水采、网格式放顶煤、综采(掘)、综放,均为全部垮落法管理顶板。爆破采煤工作面使用单体液压支柱支护,SGZ80输送机运输。网格式放顶煤工作面采用ZWM支架、MG-150煤机、SGW-220刮板输送机。1992年10月份水采投产,2017年8月份水采淘汰。2002年7月份轻型放顶煤工艺投产。2003年5月份综采工艺投产。2014年6月份采用ZY6000/17.5/38大采高液压支架,配套MG400/930采煤机、SGZ800/1050刮板输送机。

孔庄煤矿坚持"安全、高效、绿色、智能"开采方向,以"一优二补三减四化"推动效率提升。2012年,综采工作面推广应用远程供液系统。2017年,−1 015米水平轨道大巷掘进引进气动调车盘和P90B型耙装机,提高了出矸效率,引进使用JPS7I-L型湿式喷浆机,2018年该型喷浆机全矿推广,逐步淘汰了PZ-5B型喷浆机。2017年,引进使用ZGJFH型自动隔爆装置,打破了传统井下以水灭火的思维模式,弥补了隔爆水袋、水槽、岩粉棚等传统灭火抑爆产品的不足。2012—2018年,架空乘人装置使用无人值守及远程监控系统。2013—2018年,−785米水平和−10 15米水平使用KJ539信集闭系统。2018年,井下电网升级为KJ487电力监控系统,井下变电所实现无人值守。2018年,在Ⅳ3采区掘进中构建胶带出矸系统,在−1 015米水平轨道大巷掘进引进液压钻车机械化作业线。2019年,KJ65N型煤矿安全监控系统更换为KJ95X型煤矿安全监控系统。2019年10月,完成应急救援指挥中心平台建设。2019年初,孔庄煤矿多次调研大采高智能化工作面建设,11月,孔庄煤矿首个大采高智能化工作面7436综采工作面完成设计,在两道的掘进中,引进掘锚一体机,提高矿井单进水平。2019年12月,孔庄煤矿基于云平台的生产安全大数据集成分析平台及预控预警系统项目正式启动,此系统能够完成矿井所有数据的精准实时采集、高可靠网络化传输、规范化集成融合、可视化展现和实时动态分析,实现生产过程自动化、安全监控数字化、数据应用模型化、生产管理可视化、过程管控智能化。截至 2020 年 4 月,实现安全生产 8 周年。1991 年至 2019 年原煤产量总计 3 835.78 万吨,掘进进尺总计 378 993 米,利润总计 202 515.46 万元。

三、徐庄煤矿

主采煤层为 7 号煤、8 号煤,开采品种主要以气煤、气肥煤为主,7 号、8 号煤层定为气煤(QM),含少量 1/3 焦煤(1/3JM),17 号煤层为气煤(QM),局部气肥煤(QF),21 号煤层为气肥煤(QF),主要作炼焦配煤和动力用煤。矿井于 1970 年 10 月动工,1979 年 12 月建成投产,设计生产能力 90 万吨/年;通过改扩建后,2006 年核定矿井生产能力 150 万吨/年;2009 年,通过系统改造,矿井核定生产能力为 180 万吨/年。2019 年,根据国家煤矿安监局通知要求,原煤产量调整为 175 万吨/年。矿井采用立井多水平开拓方式,井田内现有 4 个井筒,分别为主井、副井、南风井和西风井。开采深度从 −60～−1 300 米。共划分为 −400 米和 −750 米两个开采水平,通风方式为混合式,通风方法为抽出式,瓦斯等级为低瓦斯矿井。

1991 年以后,矿井主要采煤工艺是综采、综放采煤法,采用走向长壁采煤方法,全部垮落法处理顶板,后退式开采。1991—1998 年期间矿井以高档普采、综合机械化采煤工作面为主,1998 年开始尝试采用综采放顶煤采煤方法,并逐步淘汰高档普采,自此矿井在采煤方法上均采用长壁综合机械化开采。1998—2020 年期间矿井以综放工作面为主,综采工作面为辅,小块边角煤仍采用爆破采煤工艺,逐步淘汰落后采煤工艺和设备。2014 年,矿井最后一个爆破采煤工作面 7196 下分层回采结束,自此徐庄煤矿结束了炮采工作面历史。徐庄煤矿以“一优二补三减四化”推动生产效率提升,加快新装备、新技术和新工艺应用进度。在机械化方面,2014 年 4 月,在采区内实现单轨吊一站式运输方式;2018 年 8 月,首套岩巷快速掘进系统在 −750 米西翼轨道大巷投入。自动化方面,2016 年,对主运集中控制系统升级改造,实现远程故障处理和分析;2018 年,对主井卸载站操作台进行改造,实现自动化提煤;2019 年 10 月,西风井 35 kV 变电所实现无人值守。信息化方面,2014 年,建设了工业视频系统,2018 年,升级为数字高清系统;2019 年,建设安全生产风险监测预警系统,完成了对安全监控、人员定位等系统的集成工作;2019 年,井下主运胶带巷建立无线通信系统。智能化方面,2018 年,各要害岗位、固定场所、关键部分等地点实现了红外线高清晰的实时监控;2020 年,将 7431 材料道建设成掘锚护一体化生产线,在 8331 综采工作面建设成首个智能化工作面。科技成果方面,2010—2018 年,徐庄煤矿获得大屯公司科技进步奖 65 项,市级以上科技进步奖 19 项,其中中煤集团 4 项,中国职业安全健康协会 1 项,煤炭协会 2 项,江苏省煤炭学会 6 项,其他 7 项。徐庄煤矿坚持“安全第一,预防为主,综合治理”的方针和“管理、装备、素质、系统”并重的原则,树立“五零”安全目标理念,落实“六严”安全工作要求。截至 2020 年 6 月,矿井实现安全生产 3 周年。1991—2019 年,徐庄煤矿共生产原煤 4 081.42 万吨,完成进尺 337 269 米,实现利润 138 776.53 万元。

四、龙东煤矿

7 号、21 号煤层为主要可采稳定型煤层,7 号煤层为气煤,以低灰煤为主(10%～15%),属低硫分煤(0.98%);21 号煤层为气肥煤,以低中灰煤为主(10%～25%),属高硫煤

(3.76%),主要可作为炼焦配煤和动力用煤。矿井于 1981 年 4 月 20 日开工建设,1987 年 11 月 20 日建成投产,矿井年设计生产能力 90 万吨,2009 年核定矿井生产能力 130 万吨/年,2020 年核定生产能力 105 万吨/年。矿井采用立井开拓方式,矿井布置 3 个立井井筒,其中主井、副井位于工业场地内,井筒深度分别为 373.1 米和 345.0 米;西风井位于风井场地,井筒深度为 257.82 米。矿井划分为一个水平,水平标高为 −285 米。矿井采用中央边界抽出式通风方式,瓦斯等级为低瓦斯矿井。龙东煤矿自投产以来一直是 7 号煤层开采,沿用走向长壁采煤方法,全部垮落法处理顶板,后退式回采。1991 年采用分层式开采,2015 年结束;2002 年开始尝试采用综采放顶煤采煤方法,一直沿用至今。

龙东煤矿以"一优二补三减四化"推动生产效率提升,加快新装备、新技术和新工艺应用进度。机械化方面,2004 年,西 4 胶带第一次使用变频器,实现了胶带软启动,2015 年,使用 ZF5200/16/28H 型综放液压支架支护顶板。2018 年,使用 ZF6200/16/28H 型综放液压支架支护顶板。2019 年,使用 ZF9000/18/35 型综放液压支架支护顶板。自动化方面,2006 年,西一泵房自动化改造,实现无人值守。2007 年,中央泵房远程自动化改造。2016 年空压机集控系统升级,空压机房实现无人值守。2019 年,西一泵房集控系统升级改造,实现现场数字监控操作。信息化方面,2009 年,建设了调度信息化集成系统。2012 年,建设了 KJ133C 型井下人员定位系统、KT199 型应急数字广播系统。2013 年,建成副井应用提升张力与安全制动监测系统、完成井下运输信集闭监控系统改造。2015 年,建设了安全生产风险监测预警系统。2018 年,对西一 7164 两道无极绳绞车安装移动视频,提高了绞车运行效率。2019 年,完成井下万兆环网建设。智能化方面,2019 年,主井采用箕斗提升载荷监视保护装置,实现矿井提升安全的在线监测。2019 年,地面、井下各变电所进行矿井 6 kV 智能化变电所改造,引进智能化监控系统。龙东煤矿响应大屯公司走出去发展战略,2006 年 11 月,有 56 名职工远赴内蒙古自治区罐子沟煤矿创业,这是龙东煤矿实现走出去战略的第一支队伍。2007 年 11 月,综采一队赴山西东坡煤矿创业。同时,先后派出 189 人赴山西平朔创业。2016 年,抽调 20 人赴东坡煤矿进行工作,同年 4 月,第一支采煤队伍组建,派出 650 余人到门克庆煤矿创业。2017 年,从掘进二队选派输送了 63 名职工到 106 煤矿创业。

1993 年 12 月,龙东煤矿建成了华东第一支百万吨采煤队,被《人民日报》广为宣传。截至 2020 年 4 月,矿井实现安全生产 12 周年。2012 年 12 月 26 日,江苏省煤矿无尘化管理现场推进会在龙东煤矿召开。2017 年 10 月 14 日,成为江苏省首家国家一级安全生产标准化矿井。1991—2019 年,龙东煤矿共生产原煤 3 398.3 万吨,完成进尺 222 142 米,实现利润 59 388.26 万元。

五、天山煤电有限责任公司

改扩建工程项目于 2009 年 9 月开工建设,建设规模 180 万吨/年(一期 120 万吨/年)。矿井于 2019 年 9 月 20 日获颁《采矿许可证》;11 月 16 日通过竣工验收;11 月 14 日通过验收,达到省一级安全生产标准;11 月 20 日获颁《安全生产许可证》;2020 年 4 月,为国家一级安全标准化矿井。

天山公司井田总体构造形态为北北东倾斜的单斜构造,倾向 5°～16°,地层倾角 15°～17°,井田地质类型划分为中等。井田面积约 9.586 7 平方千米,地质储量 1.70 亿吨,可采储量 1.02 亿吨,矿井设计服务年限为 61 年。主要含煤地层为中侏罗统西山窑组(J2x),井田内可采煤层共 4 层,分别为 5～8 号煤层,厚度在 13.56～23.4 米。煤种为低灰、低硫、特低磷、高发热量 31BN 不粘煤。矿井采用平硐开拓加回风斜井布置。矿井首采区 6# 煤层布置 3 个回采工作面,采用一次采全高综合机械化回采工艺。

六、新疆鸿新煤业有限公司

2009 年 8 月 7 日,集团公司批准由上海大屯能源股份有限公司和新疆鸿新建设集团共同出资组建中煤能源新疆鸿新煤业有限公司,对原 9 万吨/年的小煤矿进行 300 万吨改扩建。上海大屯能源股份有限公司持股 80%,新疆鸿新建设集团持股 20%。项目于 2011 年 10 月开工建设。2013 年 12 月 13 日因项目手续不全停工。2018 年 9 月自治区自然资源厅对划定矿区范围进行了批复。2019 年 1 月 29 日项目经过国家能源局核准,产能为 240 万吨/年(一期)。2019 年 9 月 5 日取得采矿权许可证。2019 年 5 月地面恢复施工。2020 年 9 月 20 日,取得呼图壁县发改委复工通知书,10 月 26 日井下恢复施工。先后完成宿舍楼、办公楼的施工。升级了井下监测监控系统、安装了架空乘人装置及运输系统、形成了供电系统。项目计划于 2022 年年底全面建成,实现联合试运转。

鸿新煤业煤质为 31BN,煤的发热量在 28.35～29.86 兆焦/公斤。各煤层属容易自燃煤层、各煤层的煤尘具有爆炸性,矿井瓦斯等级为高瓦斯矿井;矿井水文地质类型初步划分复杂型;井田采用斜井开拓方式,初期共布置有 3 个井筒。工业场地内共布置 2 个井筒,分别为主斜井、副斜井,风井场地内布置有 1 个井筒。全井田共划分为 3 个主生产水平,分别为一水平标高+1010 米,二水平标高为+600 米,三水平标高为+250 米。井田共划分为 4 个采区。

七、玉泉煤业有限公司

2009 年 11 月 5 日,重组玉泉煤业,重组整合后矿井生产规模为 150 万吨/年。2011 年 9 月 9 日,矿井生产规模由 150 万吨/年调整为 120 万吨/年。2014 年 6 月,山西省煤炭工业厅以《关于山西阳泉盂县玉泉煤业有限公司矿井兼并重组整合矿井重新开工建设的批复》(晋煤办基发〔2014〕679 号)同意开工建设。2013 年 2 月 25 日,玉泉煤业开展"四通一平"、项目招标等前期准备。2014 年 6 月 4 日,取得山西省煤炭厅重新开工报告的批复,8 月正式开工建设。截至目前,已累计完成矿建工程 4 987 米,土建工程已完成主井井口房等 14 个单位工程,安装工程已完成主斜井胶带安装等 10 个单位工程。截至 2017 年 10 月底,项目建设完成总投资的 77%,2016 年 4 停建。2017 年 8 月进入转让退出程序。

八、灵南煤业有限公司

灵台南煤田资源量丰富,煤层倾角小,地质复杂程度中等,水文地质条件中等复杂,瓦斯含量高,煤尘有爆炸危险性,易自燃,煤层埋深大,煤质优良,属中灰、低硫、中高挥发分高热值不粘煤,是良好的发电、气化及民用煤,是甘肃省陇东地区未开发资源中条件相对较好的资源,具备建设大型矿井的条件。灵南煤田先后完成了勘探(精查)、矿权出让,《地质报告》评审备案,《矿区总体规划》报批,项目可行性研究等工作,取得了《国家能源局关于唐家河煤矿开展前期工作的复函》。2020 年 1 月 10 日,大屯煤电(集团)公司与山东能源集团签订协议,协议约定,双方按照煤电一体化模式,在甘肃省平凉市灵台矿区唐家河煤矿 500 万吨/年、南川河煤矿 400 万吨/年和灵台 4×1 000 兆瓦电厂项目建设中建立全面合作关系，加快"陇电入鲁"工作落地实施，实现双方互利共赢。

九、电热公司

2016 年 9 月，根据售电侧改革需要，成立江苏大屯电热有限公司，注册资本金 1 亿元。作为参与我国第三次电力体制改革而成立的企业，是江苏省内第一家获得供电业务许可证的非电网控股存量配电网企业，第六家获取供电类拥有配电网经营权的售电公司。电力发、供、销业务沿袭自大屯发电厂、电业分公司和上海能源发电厂，最高总装机容量 499 兆瓦。近年来，电热公司以"营销为龙头，供电为保障、发电为基础"为经营理念，逐步形成完整的发电、供电（热）、售电（热）产业布局。主要从事电力生产和供应；热力生产和供应；电气设备修理；电力、热力建筑设施的建设、运营、维护和管理；电力、热力设备及器材的销售、租赁；电力、热力的技术开发、技术培训和技术服务；节能技术推广服务；电力、热力工程设计服务等业务。

截至 2019 年年底，企业总资产 17.72 亿元，固定资产 5.4 亿元，年产值 7.47 亿元。装备有两台 60 兆瓦自备火力发电机组，年发电能力 6.5 亿千瓦·时，最大供热蒸汽量100 吨/小时，年售电能力 16 亿千瓦·时。自营电网配备 220 千伏、110 千伏、35 千伏、10 千伏、6 千伏五个电压等级的变电站 75 座，线路近 230 千米。1991—2019 年，累计完成发电 472.73 亿千瓦·时，供（售）电超过 423 亿千瓦·时；2003—2019 年，累计完成供热3 114.8 万吉焦。

十、热电厂

现有 2 台 350 兆瓦循环流化床超临界发电机组，配套建有脱硫脱硝除尘环保设施。2012 年 4 月，获得国家能源局下发文件，同意开展前期工作，2016 年 6 月 15 日开工建设，2019 年 1 月 19 日 1 号机组完成 168 小时试运行，5 月 24 日 2 号机组完成 168 小时试运行。12 月 20 日通过上海能源组织竣工预验收。热电厂国产超临界循环流化床热电机组年发电量 31.5 亿千瓦·时，工业供汽及采暖供热量 670 万吉焦生产能力，生产产出灰渣、石膏等副产品综合利用，全厂废水零排放，主要环保技术指标符合超净排放要求。热电厂生产运行采取全能值班体系，汽机、锅炉、电气主设备由厂内职工操作运行，核心控制系统和设备由厂内专业技术人员负责，输煤、除灰、供水及脱硫脱硝辅助系统和所有设备设施外委运维。2019 年，热电厂完成发电量 19.78 亿千瓦·时，实现销售收入 63 648.47 万元。

十一、苏铝铝业公司

公司年生产高精铝板带箔 5 万吨，其中，铝箔 1 万吨，铝板带 3 万吨，铸轧卷 1 万吨，机加工年产能 10 万吨。主要产品为装饰板箔、空调箔、电容器料、铝箔坯料及包装箔等。高精铝板带箔产品市场销售区域主要在长三角地区的外资企业和民营企业，且多为行业龙头。如国内装饰板行业知名企业上海华源，电子器材行业知名台资企业苏州福弘电子等。2012年度江苏省 AAA 级"重合同、守信用"企业，2012 年"苏铝"商标获得江苏省著名商标称号。博斯特公司为美国卡特彼勒公司银牌供应商，现又成为美国爱科农机公司产品供应商。

苏铝铝业公司现有 2 台 1 600 毫米双辊铸轧机，分别配套形成 2 条铸轧生产线，2004 年投产，年产能 1.6 万吨。苏铝铝业现有 4 台铝板带箔轧机：1 台 1400 冷轧机，年产量 1 万吨;1 台 1500 冷轧机,2003 年投产,年产量 2 万吨;1 台 1550 箔材铝箔轧机,2005 年投产,年产量 1 万吨;1 台 1850 冷轧机,2013 年投产,年产量 4 万吨。

十二、铝板带厂

2009 年 5 月开工建设,于 2012 年 2 月投入试生产。主要经营铝及铝合金的延压加工生产、销售,铝加工技术服务,自营和代理各类商品及技术的进出口业务。2012 年,试生产期间年产量 18 020 吨,销量 7 166 吨。随着工艺技术的进步和职工操作水平的不断提高,2019 年产量达到 76 046 吨,销量 72 679 吨。现主打产品为装饰板、中厚板、合金板,产品销往江、浙、沪、鲁、粤等地区。2012 年至 2019 年,铝板带厂共生产铝加工产品 383 101 吨,销售 313 716 吨。铝板带厂拥有先进的生产设备,现有 CVC6 辊 2 300 毫米冷轧机、2 300 毫米高速切变线、75 吨内导式液压半连续铸造机、75 吨固定式燃气熔炼炉、75 吨动式燃气保温炉以及国内外领先的扁锭高速立式锯切机、四辊单机架双卷取可逆热轧机组、立推式铸锭加热炉、数控龙门铝锭组合铣床、铝带拉弯矫直机组、重型轧辊磨床、60 吨铝卷材退火炉、2 300 毫米重卷机等。

据市场需求,铝板带厂不断加大新产品研发力度,先后研发出铝塑复合板广告板、动力电池料、灯头料、五金料、电子材、电缆带、瓶盖料、原片料等多品种产品,受到客户欢迎。热轧中厚板产品质量控制技术,获得公司科技进步二等奖;工程用屋面板的开发与应用、加热炉温度均匀性控制技术等多项成果获得公司科技进步三等奖。2015—2016 年获得三体系认证。2019 年 5 月,通过了国军标质量管理体系第一阶段和第二阶段审核认证,获准推荐使用武器装备质量管理体系证书。2019 年 6 月 24 日,取得武器装备质量管理体系认证证书,具备了直接向武器装备生产企业供货资格。

十三、徐沛铁路管理处

正线在国铁陇海线沙塘站接轨,线路区域位置横穿江苏、山东两省、三县区(徐州沛县、铜山区,山东省微山县)。线路铺轨全长 188.29 千米,其中正线 72.46 千米,其他线长 115.83 千米。主要担负大屯公司四矿、三厂、徐矿集团、东原港煤炭及周边地区地方物资的运输业务,货物运输直通全国各运营车站。客运担负徐州—沛县旅客运输业务,纳入国家铁路旅客列车运行图,2012 年 7 月 20 日,旅客运输业务停运。

截至 2019 年底,徐沛铁路管理处拥有固定资产净值 2.08 亿元,有内燃机车 9 台,重型轨道车 3 台,自备货车 330 辆。徐沛铁路建路时,年设计运量为 600 万吨,现年均运输能力超 1 350 万吨,最高(2014)年运量 1 607 万吨。1991—2019 年,徐沛铁路累计完成货运量 3.29 亿吨,运输收入 48.87 亿元,利润 3.15 亿元。1991—2012 年,铁路客运累计发送旅客 556.74 万人次,年平均发送旅客量 26.40 万人次。近年来,徐沛铁路逐步对微机联锁、调度指挥系统进行更新换代,提升铁路运输调度智能化、信息化水平,引进了奥地利产线路综合维护车。目前绝大部分站场采用了微机联锁,实行了平面灯显调车系统、无线列调,通讯干线实现光缆传输,设施设备实现远程监控。经过 50 年的发展,形成了具有矿区铁路运输特色,机、车、工、电、辆、修理厂门类齐全的煤炭自营铁路,多年来持续保持企业铁路Ⅰ级标准,始终处于国内同行业管理领先水平。

十四、选煤中心

该中心为全国选煤行业首批4座达到洗水一级闭路循环的选煤厂之一。2011年12月30日,由原大屯选煤厂、姚桥煤矿选煤厂及运销系统、孔庄煤矿选煤厂及运销系统整合而成,主要负责大屯矿区煤炭洗选加工工作。2005年,选煤中心实施重介洗选技术改造,将跳汰选煤改为重介+浮选联合工艺流程。2009年,为进一步提升洗选效率,实施了浮选系统改造。2011年12月,选煤中心整合后,设计生产能力为600万吨/年,于2011年开始扩能改造工程,2014年核定生产能力达到820万吨/年,实际年入洗能力可达到900万吨。2014—2016年,对所辖三座选煤厂进行了二次浮选改造。选煤中心出产的"大屯煤"是经国家工商总局注册的一个很受用户信赖的优良品牌,主要产品为五至十级1/3焦精煤、洗混煤,建立和执行ISO 9000、ISO 14001和GB/T 28001"质量管理体系",并获得CNAS认证。精煤产品获得煤炭行业产品质量最高奖国家银质奖和部优产品。从1991年到2019年底,选煤中心共入洗原煤1.37亿吨,生产精煤0.80亿吨,年产销率均在98%以上。

十五、拓特机械制造厂

1971年7月建成投产,开始承担机械修理和工具检修任务。1980年,对综采设备进行修理,同时开展研发制造。拓特厂年产值由建厂初期的20多万元经过三个阶段的发展已增长近2.3亿元,全年完成设备制修量达1.95万吨。主要生产刮板输送机系列,液压支架系列、胶带机及配套装置、无极绳连续牵引车等系列产品,产品已销往山东、河南、内蒙古等10多个省及大型国有煤业集团。近年来,拓特厂拓展了消失模铸造生产线、电镀生产线、进口减速器修理等业务,成了企业新的经济增长点。获得ISO 9002质量体系认证证书,顺利通过质量、职业安全健康、环境三体系贯标认证,120多个产品取得"煤安"标志,获得国家专利58项。

十六、铁路工程有限公司

公司具有建筑工程施工、矿山工程施工、市政公用工程施工总承包贰级,铁路工程施工总承包叁级,地基基础工程、建筑装修装饰工程、建筑机电安装工程专业承包贰级,输变电工程专业承包叁级。经营范围包括:铁路、道路、隧道和桥梁工程建筑,铁路运输维护,铁路货物运输,铁路运输辅助,货运火车站(场)建设和运营,土木工程建筑,室内外装饰工程,道路桥梁工程,线路、管道、设备安装,水泥制品、锯削工具、钢材、建筑五金销售,木制品加工,磨具租赁,地质勘探,工程勘察,地质工程测绘,市政公用工程,矿山工程,电梯安装、维修、保养,国内贸易等,注册资金5 000万元。

1991—2019年,实现产值共305 078.94万元,利润9 367.22万元。主要承建完成重大工程有:大屯公司本部矿井、电力、铝业等生产设施改扩建、住宅及配套设施建设。外部项目有徐州云龙山隧道施工、鄂尔多斯沙母巴站至母杜柴登装车站铁路线路工程、中煤尿素铁路专用线和中煤陕西榆林能化铁路专用线运维项目。

十七、汽车运输分公司

公司是大屯矿区唯一的一家专业汽车运输、维修企业,承担着大屯矿区生产建设所需物资的运输、职工上下班客车通勤运输以及汽车、工程机械的维修任务。经过多年的积累和滚动发展,截至2019年12月末,固定资产净值为3 179.33万元,建成生产厂房3 059平方米、大型车库3 106平方米、停车场地9 837平方米。发展成为拥有客运通勤车辆50部、货运车辆106部和129辆公务车辆装备总规模。矿区内部营运线路20余条,日发班次254个,日运送职工2万余人次,日营运里程达6 000多千米,公交网络覆盖中心区以外矿区所有建制单位,保障职工通勤。货运队承载了大屯矿区生产建设快速发展的大部分运输量,主要负责矿区内部大型设备的吊装、运输,公司新疆、内蒙古等外部基地生产建设物资的长途运输任务,以及普通货物、氧化铝产品、粉煤灰运输和矿区内矸石回填等土石方工程。大修厂具有江苏省交通厅核准的一类甲级汽车维修资质,拥有各类维修设备(设施)40余台套,技术力量雄厚,是一汽客车的特约维修站。主要从事矿区内部客车、汽车、轿车和各类型工程机械的大修和各级维护任务。2016年初,与徐州沪彭合作成立了轿车维保中心,对外开展轿车维保业务。

十八、物资贸易部

物资采购实行集中统一管理模式,采购方式主要有招标、询价、竞争性谈判和单一来源。20世纪90年代末,物资采购管理实现信息化。2018年以来,推行了"京东慧采"、"中煤易购"等"互联网+采购"采购方式,采购效率逐年提高。物资贸易部负责公司物资集中储备及统一配送工作。2012年以来,公司仓储模式由原来的分散、多级储备转变为集中管理,优化了库存储备结构,实现了联储共备,有效降低了储备资金。废旧物资实行集中管理、集中处置,普遍实行进场交易、拍卖等竞争性强的处置方式,实现了废旧物资价值最大化。2012年起,实现了所有物资报表信息化,系统自动生成,报表编制时间由原来的五天缩短到一天,为采购管理决策提供了坚实依据。公司物资消耗定额品种也由原来的42种调整到50种,并不断对标先进,加强管控,50个定额品种完成率每年均在90%以上。

十九、煤炭贸易有限公司

始终坚持"以市场为导向,以客户为中心"的经营理念,以"稳定地生产、稳定地供给、稳定的质量、优质的服务"向客户负责,着力打造优质"大屯煤"品牌。销售市场以江苏、上海、山东为主,覆盖至浙江、安徽、福建、广东等十多个省份,1995年开辟了出口煤市场,1995—2002年,公司煤炭产品出口至日本。1991—2019年,共销售商品煤16 559.35万吨,累计实现营业收入777.6亿元。2004年开展煤炭贸易业务以来,共完成贸易量958.94万吨,销售额79.09亿元,实现利润7 157.6万元。

二十、工贸实业有限公司

公司是中煤大屯公司能源综合服务商建设的骨干单位,主要经营矿山设备、防爆电器、环保设备的制造、销售、安装、维修及技术服务;采矿建筑设施,密封用填料生产、销售及技术服务;机电设备安装;建筑材料、橡胶塑料制品、金属制品及非金属制品矿物制品的生产、销售、安装、维修及技术服务;劳保用品生产、加工等业务;培育了电力工程、水处理等品牌项目,建立了大屯本部、蒙陕、山西、新疆等生产服务基地。拥有国家实验室认可CNAS资质、B级起重机制造许可、防腐保温工程专业承包、建筑工程施工总承包(叁级)、矿山工程施工

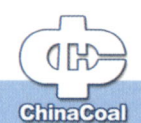

总承包(叁级)、市政公用工程施工总承包(叁级)等各类资质及生产许可证、安标近300项，取得新型矿用视频监控系统、聚氨酯托辊液压脱模机、胶带运输机新型全自动无源液压纠偏装置、新型矿用隔爆型电力采集分站等国家授权专利近50个。具有国家级高新技术企业、省级研发中心、省重点企业研发机构、省研究生工作站等各类研发平台，与国内众多科研院所建立了技术合作关系。开发的煤矿井下供电监控系统、煤矿图像监视等六大系统软硬件产品，为提高煤矿安全装备水平，推行无人值守智能化矿山建设储备了充足的技术。研发的CTL8/6GP和CTL12/6GP型防爆特殊型蓄电池电机车，取得了国家安全生产矿用设备检测中心的合格证和国家矿用产品安全标志证书，填补了中煤集团相关产品生产的空白。截至2019年末，实业公司资产总额从成立之初的29万余元增加到6亿余元，年收入从最初的3 600万元增加到9亿余元，注册资本金由组建时的180万元增加到2.2亿元。通过自筹资金，在沛县购置了263亩土地并建成了4座总面积为4.5万平方米的现代化厂房。

二十一、电力工程有限责任公司

公司经营范围主要有电力设备维修、锅炉设备、汽轮机、电气设备的运行，锅炉安装、改造、维修、调试，机电设备、压力管道安装、维修，环境污染治理设施管理，技术服务等业务。拥有《中华人民共和国特种设备安装改造维修许可证(压力管道安装 GB2(2)、GC2、GD2级)》《中华人民共和国特种设备安装改造维修许可证(锅炉安装改造3级、锅炉维修1级)》《承装(修、试)电力设施许可证(承装类四级、承修类四级、承试类四级)》《建筑业企业资质证书(建筑机电安装专业承包叁级)》《建筑业企业资质证书》(资质类别及等级：电力工程施工总承包三级)等资质证书。2017—2019年，取得三体系认证。电力工程公司先后承接公司内部大屯发电厂全部机组检修维保项目、2×350兆瓦热电项目生产准备服务等项目，外部项目主要包括中天合创、榆林能源化工分公司、大同能源有限公司等多家电厂运行营运、设备维护保养、改造维修等项目。2018年，电力工程公司全年完成产值6 700万元，到2019年，电力工程公司全年产值较2018年翻了近一番，完成产值1.287亿元。

电力工程公司利用中煤两商平台，依托江苏省第一工业设计院有限责任公司、山东济南设计院、邯郸设计院工程有限责任公司等设计院，并先后与中国能源建设集团江苏省电力建设工程有限公司、上海亮翔电力工程有限公司、山东电建建设集团有限公司、上海发电设备成套设计研究院有限责任公司、东方锅炉股份有限公司、北京国能中电节能环保技术股份有限公司等多家公司，就火力发电厂检修、运维工程、拓展中煤集团内部电力市场检修、运维领域业务等服务领域加强合作等内容签订战略合作框架协议。

二十二、水处理科技有限公司

水处理业务始于20个世纪80年代，主要设施为中心区污水处理厂。水处理科技公司现从事矿井水、生活污水及再生利用、化工废水、医疗废水以及其他工业废水等水处理设施运维和环保项目，具备水处理设备的集成与制造、配套材料生产、专用复合药剂研发等能力，拥有水处理科技研发及各类运行人员。公司主研发、设计、改造并建成了SBR工艺、A/O-MBR工艺，具备一体化水处理设备、全自动溶药加药设备、高效过滤器、无阀快速过滤系统、矿井水处理专用高效系列设备的加工制造能力。

公司成立以来，成功运营了大屯公司全部的矿井水处理、沛县大屯矿区5座生活污水处理、内蒙古中天合创葫芦素煤矿和门克庆煤矿、新疆106煤矿、苇子沟煤矿及矿井水、电厂锅炉、生活污水处理业务;中煤鄂尔多斯能源公司、中煤蒙大新能源公司、中煤陕西榆林能源公司化工水处理系统以及徐州医科大学附属医院等业务;中天合创门克庆煤矿地面生活水EPC项目建设及运营。

二十三、江苏大屯中能服务公司

公司担负多种后勤服务职能。1987年5月,煤气厂正式投产(2007年5月关停)。供暖队负责中心区居民住户提供暖气,2017年8月划归实业公司,2019年随着"三供一业"分离移交。环卫中心负责道路、各居民小区的清洁卫生,2019年6月随着"三供一业"分离移交。自来水厂,负责中心区生产、生活自来水的生产、储存、输送,2016年12月26日,启用地表水,解散自来水厂。文体中心负责颐园和体育中心公共娱乐场所、游泳池的日常管理,社区管理站1998年9月成立,2018年随"三供一业"分离移交。机关事务管理中心负责研发中心综合治理、防火防盗、维修、消防、服务等工作。园林绿化管理中心承揽大屯公司范围各种规模及类型的园林绿化施工及养护管理工程。公共服务中心负责大屯公司后勤维修服务、单宿管理、中能公司车辆管理工作。

二十四、金屯房地产开发有限公司

公司隶属江苏大屯中能服务公司。主要从事大屯矿区棚户区改造、职工经济适用房等开发建设。一般经营项目:物业管理,房地产中介,公路工程、桥梁工程、管道工程、市政公用工程、建筑装修装饰工程施工,建筑五金、水暖器材、厨房、卫生间用具、日用杂品的销售。房产公司充分利用公司国有存量闲置土地和符合规划适当的新征土地,对中心区、煤矿、电厂等生活小区进行扩建和开发,并开发经济适用住房。在徐州和沛县两级政府的大力支持下,大规模开发建设新城嘉苑普通商品住宅;出售对象为集团公司符合房改规定条件的本公司职工,彻底解决职工的住房困难。现已按市场价格出售给职工,实现市场化运作。

二十五、中心医院

中心医院始建于1972年,占地面积55 332.34平方米。是一所以创伤外科为主,集医、教、研、防、保为一体的综合性二级甲等医院。医院床位由最初的30余张增加到412张。特色科室设有呼吸内科、微创外科、重症医学科、骨科、口腔科、眼科、血液透析中心、重症医学科(ICU),积累了丰富的抢救危重工伤、交通事故、中毒等意外伤害事故的经验,与上海、北京、徐州等地大医院挂钩,建立人才培养基地。为徐州医学院、安徽理工大学医学院教学医院、徐州医学院附属医院集团成员之一,是徐州市职工医保定点医院、沛县城镇职工医保定点医院,沛县、鱼台县、微山县城乡居民医保定点医院。定期邀请专家、学者来院讲学,举办各种形式的培训班和业务讲座等,先后开展"十佳医院"创建活动、"三优三满意"创建活动、"文明窗口"竞赛活动、"星级护士"评比活动和温馨病房评比活动等。

二十六、中煤职业技术学院

该学院为大屯公司综合性培训基地,集中煤集团党校培训、安全培训、技能培训、技工教育、成人学历教育、职业技能鉴定、煤矿安全生产考试等职能于一体,在煤炭、电力专业具有

30 多年的教育培训经验,先后开设了机电一体化、综合机械化采煤等近 40 个专业,其中省级技工院校重点专业 3 个,市级技工院校重点专业 5 个,示范专业 3 个,名牌专业 1 个,精品课程 4 个。是以中煤集团井工开采、电力板块高级技能人才培养、培训为主的职业教育技术院校,具备技师学院、江苏省三级煤矿安全培训、江苏省非煤行业三级安全生产培训、中煤大屯煤电(集团)公司特有工种职业技能鉴定、江苏大屯煤电国家职业技能鉴定、煤炭行业职业技能评价中心等资质优势,开展业务覆盖中煤集团井工、电力、基建、销售、管理、党务等各板块,年培训量达 5 万人次,是国家技能人才培育突出贡献单位、中央企业应急救援培训演练基地、国家煤矿安全培训示范基地、国家首批示范职业技能鉴定站、江苏省高技能人才培养示范基地、省级职业教育实训基地建设项目学校、江苏煤矿安全生产考试考核中心、江苏省创业培训实训示范基地。

坚持德育为先,在学生中常年开展第二课堂序列教育活动,主编的《采煤机》《综采电气设备检修工艺》《矿井维修电工》《支护工》等由煤炭工业出版社出版,作为全国技工学校通用教材或职工培训教材。2015 年,承担了中国矿业大学网上教学任务。2020 年 2 月,《煤矿防治水 VR 培训系统软件》获得国家版权局计算机软件著作权登记证书。积极创建"互联网＋培训"模式,开发远程教育,适应不同培训需求。

二十七、工程咨询有限公司

该公司业务及资质情况包括地质勘查(国土资源部颁发的固体矿产勘查甲级、地质钻探甲级、水工环地质调查乙级、地球物理勘查丙级)、工程勘察(江苏省住建厅颁发的岩土工程、工程测量、水文地质勘察乙级、勘察劳务)、地质灾害防治丙级(勘查、设计、施工)、工程测绘(控制测量、地形测量、建筑工程测量、线路工程测量、矿山测量乙级,地籍测绘、房产测绘丙级)资质;工程设计(建筑工程乙级、煤炭矿井工程乙级、市政工程道路热力丙级)资质;工程监理(住建部颁发的矿山工程监理甲级、房屋建筑工程甲级、中国煤炭建设协会颁发的煤炭监理甲级、地质监理甲级、江苏省住建厅颁发机电安装工程监理乙级、电力工程监理乙级、市政公用工程监理乙级、江苏省质监局颁发的设备监理乙级、江苏省民防局颁发的人防工程监理丙级);工程造价咨询乙级等资质,涵盖了工程建设技术服务的大部分领域。目前,配备煤矿用双履带式 4 000~13 000 扭矩全液压定向钻机 4 台套、履带式 1 200~4 200 扭矩全液压坑道钻机 36 台套、100~1 000 米各式井下探放水常规作业钻机等 70 台套、井下全方位钻孔测斜仪 10 套,YCS 2000 矿用瞬变电磁仪、WKT-E 无线电波透视仪、WDZ-32 直流电法仪等 5 台套物探装备,为矿井灾害的区域化治理工程和五大灾害综合治理、为矿井安全生产提供准确地质资料和地质技术服务。工程咨询公司参与了大屯公司、伊朗塔巴斯、平朔集团、华晋公司、中天合创能源、伊化矿业、蒙大矿业、华润集团、国投哈密能源、永泰能源、东坡煤业等国内重点煤炭工程建设。拓展了上海、南京、珠海、昆山、黄岩、徐州、宿迁等市政、房建、设计、监理及测绘工程等众多领域建设。截至 2019 年末,已完成各类钻探工程量 350 余万米,井筒注浆加固工程 8 项,测绘 1 900 标准平方千米,先后提交各类地质报告 130 余件。开展的多项地质勘探成果获得国家能源部科技进步奖、全国煤炭地测勘探专业优秀技术成果一等奖等多项大奖,获得地质勘探防治水相关专利 12 项。收到了来自伊化矿业、东坡煤业、新集一矿等合作单位的致谢函。

公司是中煤集团唯一的一家拥有地质矿产勘查和地质钻探甲级资质单位,是科学技术部认定的"高新技术企业",也是中国矿业大学"产学研"基地。长期以来,公司坚持"做精做优工程设计、做大做强地勘和监理"的工作思路,坚持外部发展、延伸发展、差异化发展工作方向,坚持抓好"优化提升、合作发展"工作要求,使各项工作取得了显著成效;2008 年至 2019 年累计营业收入 95 623.1 万元,外部收入 53 853.39 万元,利润总额 16 119.26 万元;尤其 2019 年,工程咨询公司钻探总进尺迈上了 60 万米台阶,地勘产值突破了 1 亿元大关,安全、生产、经营各项指标均创出历史新高。

二十八、设备管理中心

设备管理中心是大屯公司综机及十二类设备的职能管理部门,负责综采、综掘、矿井十二类设备的资产管理、设备配套及"新设备、新技术、新材料"的推广应用。主要负责设备的调研选型、计划编制、技术要求、验收入库、配置出库、设备租赁、设备回收、设备修理、仓储保管、设备报废等整个生命周期的管理,保障大屯公司采掘工作面的设备接续和配置,从而保障公司的采掘生产。具体业务范围:编制并实施公司综机及十二类设备发展规划、综采综掘三年设备配置计划、固定资产投资计划、设备修理计划及补套材料计划,对公司本部四矿及新疆 106 煤矿开展设备租赁业务。与矿井单位签订设备租赁合同,办理设备出库及交接手续,按月收取设备租赁费用;与承修单位签订设备修理合同,组织设备管理及技术部门进行出厂验收;编制实施配件需求计划并监督矿井单位配件的使用和管理;监督设备现场使用、维护、保养管理,组织技术攻关,解决技术难题、处理设备故障,为矿方提供技术指导和技术服务。

设备管理中心占地面积 43 295 平方米,建筑面积 31 997 平方米,共有 9 幢设备库,2 幢配件库,1 幢办公楼,1 幢辅助用房。截止至 2019 年 12 月底,设备管理中心固定资产原值 31.59 亿元。拥有综采成套设备 16 套 3 200 余台,综掘成套设备 20 套,矿井十二类设备 8 400 余台。

二十九、救护大队

该大队是集矿山救援和消防为一体的应急救援队伍,连续 29 年被华东区矿山救护协作网评定为国家特级质量标准化矿山救护大队。1974 年 8 月建队,2014 年开始国家央企应急救援队伍建设,2018 年 1 月,被国家安全生产应急救援指挥中心规范命名为"国家矿山应急救援中煤大屯队"。救护大队自建队以来,先后参加 54 次矿井瓦斯煤尘爆炸、火灾、水灾、冒顶等各类矿山灾害事故处理,共救出遇险人员 189 人,搬运遇难人员 108 人。2013 年 12 月央企应急救援队伍建设项目获批,2016 年 10 月开始建设配套央企应急救援大型装备库,2017 年 10 月大型装备库投入使用。被命名为国家级救援队伍以来,救护大队 2 次受上级调遣跨区域参加应急救援工作,分别是 2018 年 8 月前往山东寿光抗洪抢险,2019 年 3 月前往江苏响水化工爆炸现场排除河道污水。

三十、离退休管理中心

该中心负责大屯公司所有离退休职工的服务管理事务。2019 年 3 月公司信访办与离退休管理中心合署办公,同时负责公司的信访稳定工作。退管中心主要是落实离退休职工的两费发放工作。执行国家及企业养老、医保政策,落实离退休职工各项待遇,较好地完成养老金和医疗报销费及时足额发放、遗属供养费用的申领、异地门诊、住院医药费报销、变更地址信息等业务;落实离退休管理中心日常党建工作的同时,每年组织退休党员与子女签订安全联保协议,共筑安全生产防线;精心挑选热心、热情的老党员参加小红帽社区巡视活动,共同打造平安和谐社区;落实社会保险政策咨询的宣传解释工作,以及相关政策、证件办理的查询、咨询工作;每年坚持节日走访慰问老同志、生活困难职工,做好两年一次的离退休职工的全体健康体检、退休女工乳腺、妇科体检等工作;帮助死亡离退休人员家属做好相关后事处理工作,使助老服务工作落到实处。所属的老年大学创办于 2011 年 5 月,为徐州市示范老年大学,先后开设电脑、音乐、舞蹈、书画、养生保健、文学讲座等 13 门课程,共培养学员4 681 名。2012 年 3 月中央电视台《夕阳红》栏目专门拍摄报道。所属的书法协会、合唱团、阳光艺术团等 13 个老龄文体协会,不定期开展文艺汇演、"纳凉晚会"等大型演出活动,多次赴沛县、徐州和上海等地参加各种演出竞赛活动,并取得优异成绩。退管中心每年举办游园、厂矿参观、老年趣味运动会活动,每年组织召开老干部迎新春和重阳节座谈会,按照社会化管理要求正在着手移交前准备工作。

三十一、微山湖假日酒店

该酒店是沛县境内一家综合型精品商务酒店,对内承担公司所有住宿、餐饮、会议等接待工作,对外承接客房住宿,餐厅零点、宴会,各类会议等社会活动的接待。假日酒店以淮扬菜为主,结合当地特色,汇聚各地美食,专业的酒店管理使您尽享舒适快捷的个性化服务。酒店内设餐饮豪华包间 12 个,以花卉名称命名,象征着微山湖假日酒店四季如春,朝气蓬勃。可容纳 350 人的宴会大厅 1 个,东自助餐厅 1 个,员工餐厅 1 个,多功能餐厅 1 个;设有5 个中、小型会议室,接待室 2 个,设备齐全,满足客人的不同需求。同时设有大型报告厅,可同时满足 300 人左右会议、用餐等不同活动的需求;客房楼设有豪华套房 2 间、商务套房17 间、商务大床房 49 间、商务标间 20 间、家庭房 22 间,共 110 间,为客人提供不同层次的住房需要。酒店先后获得江苏省餐饮示范店、餐饮服务食品安全监督量化分级管理 A 级单位、诚信经营示范店等称号。微山湖假日酒店始终以"宾客至上,服务至佳"为服务理念,热诚为顾客服务,打造集特色餐饮、住宿、会务于一体的商务型酒店,是商务接待、婚礼庆典、家庭聚会的上佳之选。

三十二、大屯铝业公司(注销)

该公司位于天津路西段、铁路管理处南侧,建于 2002 年 4 月,由上海能源及中煤能源香港有限公司共同出资建设,注册资本金总额为 2 366 万美元。2019 年 3 月 29 日完成企业注销。大屯铝业公司前期 5 万吨电解铝项目于 2004 年 10 月 22 日投入生产。其续建工程于2006 年 6 月 11 日正式送电试生产。阳极碳素工程于 2006 年 12 月 28 日进入试生产阶段。2007 年 8 月 2 日,经过综合评估,10 万吨电解铝及 6.4 万吨阳极碳素项目顺利通过了中煤集团组织的竣工验收,项目总投资 13.5 亿元,厂区占地面积 1 105 亩。大屯铝业公司正式投产标志着大屯公司煤、电、铝、运经营战略形成了一体化。公司所生产的"大屯"牌铝锭全部达到或超过 99.70A 的国际标准,2005 年 7 月 15 日,首批 1 000 吨铝锭远销挪威。2007年 2 月 6 日,首批 1 000 吨代焙阳极炭块出口阿联酋。大屯铝业公司曾多次被中铝网评为"中国十佳铝锭供应商"。由于国家宏观政策调整,全国电解铝全行业亏损,自 2013 年 12 月起,先后关停了10万吨电解铝生产线和6.4万吨配套阳极生产线。2014年底将650名职工进行转岗分流,2018年初对置留善后人员全部转岗安置。

三十三、煜隆能源有限公司(退出)

山西中煤煜隆能源有限公司(以下简称煜隆公司)位于山西省吕梁市石楼县灵泉镇马门庄村,由上海能源对山西石楼煜隆煤气化有限公司实施企业重组形成。2012年8月21日,公司名称变更为山西中煤煜隆能源有限公司,注册资本为7 500万元,其中上海能源占80%股份、自然人股东刘小军占20%股份。重组完成后,煜隆公司主要开展了山西省河东煤田石楼后庄勘查区普查勘探、煤炭资源开发配套项目(100万吨/年焦化项目、石楼煤炭集运站项目)前期工作、获取吕梁市境内其他煤炭资源。2013年3月,上海能源党政联席会议做出决定,对山西石楼项目暂缓投入。从2016年4月开始上海能源部署退出山西煜隆公司,要求做好焦化产能指标、土地等资产处置工作。

重组后煜隆公司下设综合管理部、财务部、企业管理部、建设管理部、公共协调部等五个职能管理部门,员工34人。经过裁员、分流,到2019年12月底,共有职工4人。普查勘探自2012年9月到2013年3月,完成了14个钻孔,合计工程量18 735.75米,估算勘查区煤炭资源量3.4亿吨。

三十四、多种经营总公司(重组)

多经总公司成立于1987年1月,各二级单位相应成立了多种经营分公司。多经总公司下设办公室、劳动人事科、财务科、生产技术科、计划开发科等11个科室。1996年是发展鼎盛时期,有30多个法人单位、170多个经营网点、5 600多名从业人员。全年实现总产值1 988万元、销售收入17 488万元、利税1 385.12万元,固定资产7 286万元。2000年5月25日,大屯公司成立多种经营管理处,管理多经总公司及各二级单位多种经营分公司。2000—2003年,多经公司相对独立经营,相关生产、经营厂点按行政单位划转归属到各二级单位并纳入各分公司管理。多种经营管理处统一管理全矿区集体企业。2006年5月,随着多种经营业务的重组整合,大屯公司多种经营管理处撤销。2007年8月,大屯公司制定《关于矿区多种经营公司重组工作实施方案》,同年8月底下发《关于印发公司多种经营系统重组整合工作指导意见的通知》,成立徐州大屯工贸实业公司,多种经营总公司完成历史性使命。多种经营产业以"安置人员、服务矿区"为原则,走过了一条从服务、安置型到安置、效益型再到维持型的曲折发展之路。

三十五、中煤大屯矿建工程公司(重组)

公司前身为1988年10月成立的大屯煤电公司矿建工程公司。1997年3月,更名为中煤大屯矿建工程公司。1999年12月,与中煤大屯建筑安装工程公司、特殊基础工程公司重组,成立中煤大屯工程公司,主要经营矿山建筑施工,是徐州工矿工程建筑行业知名企业。

矿建公司设有18个科室、6个掘进队,1990年3月,有职工1980名。承担姚桥煤矿改扩建工程于1990年12月30日正式开挖姚桥煤矿新主井筒,1994年6月,主副井贯通、副井掘砌到底,1997年,姚桥煤矿二期工程正式投产。所属6支掘进队同时在矿区四个煤矿作业施工。1992年5月,矿建公司投标河北邯郸云驾岭矿注浆项目并中标。1993年3月,

矿建公司与山东"七五"煤矿达成协议,组建七五工区进驻该矿,用了将近五年时间,完成了"七五"煤矿2条上千米的下山、主井与新风井贯通、风井井筒施工等工程。1995年10月24日,成立新杨项目部,承担淮北矿务局杨庄矿井施工。1998年5月,梦彤洗衣粉厂移交矿建公司管理。1995年5月,在"上纲要,破纪录"竞赛中,掘进五队创造了岩巷独头月进186米的纪录;1997年12月—1998年12月,矿建公司职工先后进行了三次大的转岗分流,干部职工先后分流至本部四矿、职工中心医院、汽车队、生活服务公司等7家单位。

三十六、中煤大屯特殊基础工程公司(重组)

公司前身是由地质勘探工程处和铁路工程处灌桩施工一队(前身为钻井队)于1994年1月合并成立的大屯煤电公司特殊建筑基础工程总公司。1997年3月,更名为中煤大屯特殊基础工程公司。1999年12月,与中煤大屯建筑安装工程公司、矿建工程公司重组,成立中煤大屯工程公司。是集特凿钻井、地质勘探、工程测量、高楼和路桥建筑桩基施工为一体基建企业。

1999年12月重组前,特基公司设有特凿处、地质勘探处、经纬公司、机修厂、运输处、第1—4基础工程处和岩土工程勘察公司共10个基层施工单位。有职工近千人,拥有各类专业技术人员180余人,其中,有高级技术职称30余人,中级职称人员100余人。特基公司在二十多年里承担过矿区地质补勘工程,姚桥矿东风井、孔庄矿西风井、龙东矿西风井建设工程,地质勘探施工40余万米。国内市场完成了浙江省上虞市人民路大桥、温州市瓯江大桥、杭州市留下立交桥桩基工程,江苏省南京市中山东路新世纪广场、徐州市成功大厦桩基工程、云龙山索道工程、广东省珠海市横琴岛大桥工程、上海市肇家浜路桩基工程等。1992年6月在国际招中,一举中标伊朗塔巴斯地质勘探施工,一年完成21 000米工程量。工程施工期间,时任伊朗总统拉夫桑贾尼亲临施工现场视察,工程质量赢得伊方的高度赞扬。

三十七、中煤大屯建筑安装工程公司(重组)

公司始建于1972年3月,原名为大屯煤矿工程指挥部建筑工程大队。1978年12月,更名为建筑工程处。1988年,定名为大屯煤电公司建筑工程处。1997年1月,更名为中煤大屯建筑安装工程公司。1999年12月,中煤大屯建筑安装工程公司、矿建工程公司、特殊基础工程公司进行重组,成立中煤大屯工程公司。2001年12月,注销中煤大屯工程公司,成立中煤大屯建筑安装工程公司。2005年12月,与大屯铁路工程处合并,实行"一套班子、两块牌子"模式运行。2018年8月,更名为中煤大屯铁路工程有限公司。建安公司可承接地面100米以下、地下800米以上范围的各类型工业民用建筑、安装、市政管线、桩基施工地勘探、矿井隧道开拓、地层注浆、冻结等工程,具有二级装饰装潢、公路和三级园林建设资质。

建安公司先后承建过4对大型矿井、3座大型选煤厂、2座火力发电厂的工业与民用建筑安装工程。1991年后,承揽大屯公司一村、十村、十二村等多个居民小区建设项目。在煤炭系统之外,先后在上海、南京、苏州、徐州、连云港、东营等地承接施工了多项高层建筑、大型厂房、住宅小区、宾馆装潢和公路建设工程,多次获得国家、省部级和建设单位所在地市的优质工程和优秀管理奖,连续5年被江苏省建设行评为信用等级AAA单位,连续3年被评为重合同守信用企业。1997年通国ISO 9002国际质量认证。

三十八、上海大屯煤电有限公司（转隶）

公司是由大屯公司出资，于 1998 年 9 月注册成立，注册资本 3 000 万元。整合了原大屯公司在沪的三产单位，包括上海大沪煤电器材公司、上海深海工贸公司、上海大沪储运公司、上海大沪建筑设计室和上海虹杨宾馆。2018 年 1 月 1 日，大屯公司将股权划转到上海中煤物资有限公司。主要业务包括房地产租赁、宾馆管理、工矿配件贸易、大屯公司及上海大屯能源股份有限公司在沪房产代管等。下属上海大沪储运公司，上海泰华实业有限公司 2 家控股子公司，虹杨宾馆，仓储分公司，浦西分公司 3 家分公司。上海大屯公司本部设办公室、财劳科、经营管理科、物业管理科、工会等 5 个职能部门。

上海大沪储运公司成立于 1993 年 9 月，位于浦东新区江东路 1685 号，占地面积 30.51 亩，注册资本 400 万元；上海泰华实业有限公司成立于 1992 年 7 月，位于浦东新区曹路镇顾三村东蔡家宅 1 号，占地面积 70.5 亩，注册资本 1 000 万元；上海大屯煤电有限公司虹杨宾馆成立于 2006 年 5 月（前身是大屯招待所 1985 年建成并投入使用），位于杨浦区仁德路 67 弄 12 号，占地面积 10.9 亩；仓储分公司成立于 1999 年，位于上海市宝山区真大路 306 号，建筑面积 1 953 平方米；浦西分公司成立于 1999 年，位于上海市仁德路 67 弄 12 号 2501 至 2503 室。

三十九、钻井队（重组）

指挥部钻井队，1992 年 4 月，成建制划入铁路工程处。随着钻井队业务变化及大屯公司发展需要，实施了并转。钻井队有员工约 150 人，管技人员约 20 人。拥有直径 7.4 米特殊凿井设备（大钻机）和 150 型工程钻机 6 台，完成的公司内部工程有徐庄煤矿副井、姚桥煤矿西风井、龙东煤矿东风井等施工任务。公司外部工程主要有山东龙口梁家煤矿风井，以及广东省珠海市、浙江省上虞市、江苏省南京市等城市桩基工程项目。

四十、地质勘探队（重组）

该队前身为成立于 1971 年 12 月的大屯煤矿工程指挥部地质队。1972 年 4 月，地质勘探设计大队成立。1983 年 4 月更名为地质勘探队。1992 年 1 月，成立大屯煤电公司地质勘探基础工程处。1994 年 2 月，与铁路工程处灌桩施工一队并入大屯煤电公司特殊建筑基础工程总公司。地质勘探队具有水上、沼泽地、陆地勘探能力，先后完成了姚桥煤矿、徐庄煤矿、孔庄煤矿和张双楼煤矿井田精查地质报告等主要项目。

四十一、大屯矿区第一中学（转隶）

该中学前身为 1974 年 3 月成立的大屯煤矿工程指挥部第一中学（简称煤指一中），1997 年底，煤指一中分为大屯煤电公司第一中学和大屯煤电公司第二中学两个完全中学。2001 年，第一中学和第二中学的初中部和高中部分别合并重组，第一中学迁至大屯矿区中心区北京路东段。公司分离办社会职能后，2008 年 1 月，更名为大屯矿区第一中学。大屯矿区第一中学占地面积 27 821.5 平方米，建筑面积 11 515 平方米。截至 2020 年 3 月，有教学班 19 个，学生 888 人，教职工 74 人。学校基础设施完善，现代化教学设备配套齐全，围绕"德育为核心，教学为中心，质量争一流，管理现代化"的办学思路，不断提高教育教学质量，形成

了"文明、协作、务实、创新"的校风,"敬业、爱生、善导、求真"的教风,"勤奋、谦恭、精思、博学"的学风,成为文体艺俱全的特色学校。

四十二、大屯矿区第二中学(转隶)

该中学前身为1974年3月成立的大屯煤矿工程指挥部第一中学。1997年底,煤指一中分为大屯煤电公司第一中学和大屯煤电公司第二中学两个完全中学。2001年,第一中学和第二中学的初中部和高中部分别合并重组,第二中学校址迁至公司中心区上海路路南。2009—2014年,分别合并了孔庄煤矿、龙东煤矿、徐庄煤矿、姚桥煤矿等4所职工子弟学校的初中部。公司分离办社会职能后,2008年1月,更名为大屯矿区第二中学。大屯矿区第二中学占地面积29 827.9平方米,有教学楼3幢,教室32间。截至2020年3月,有30个教学班,学生1 300人,教职工163人。坚持开展素质教育,形成了以"厚蕴至理"校训、"团结、奉献、敬业、博学"的教风、"重德、勤学、尊师、守纪"的学风、"求真、务实、争先、创优"的校风。

附 录

Fulu

附录一　重要文献

煤炭工业部部长业务办公会议纪要

〔1997〕第 19 号　　签发：张宝明

1997 年 8 月 4 日下午，张宝明副部长在部 306 会议室主持召开部长业务办公会议，研究大屯煤电公司建立现代企业制度、进行公司制改组问题。部办公厅、政策法规司、规划发展司、财务劳资司、人事司、多种经营司、审计局、社保中心的负责同志和有关人员出席了会议。大屯煤电公司总经理曹祖民汇报了建立现代企业制度的准备工作和企业近期经济运行情况。

会议认为，大屯煤电公司是煤炭行业煤电路综合经营的示范性企业，近几年来，按照建立现代企业制度的方向，加大了转换经营机制的力度，着力实施"三改一加强"战略，企业总体素质和经济运行的质量、效益有明显提高，已经具备建立现代企业制度、进行公司制改组的条件。

会议议定如下事项：

一、原则同意大屯煤电公司制订的建立现代企业制度实施方案，同意大屯煤电公司依法改制为大屯煤电（集团）有限责任公司。

二、在改制过程中，要下功夫抓好公司治理结构的建设。特别是要把董事会建设好，使董事会起到决策中心的作用，搞好资产重组、资产运作、资本运营和企业的发展战略。同时要把经理班子建设好，把党委班子建设好，把监事会建设好。

三、要加快母子公司体制的构建，搞好企业组织结构的重组。集团公司（母公司）要起到资产经营中心、投资决策中心的作用。子公司、分公司设置的总的原则是要适应两个根本性转变的需要，适应发展社会主义市场经济的需要，体现规模经营、整体效益，走专业化、集约化、科技化的路子，机构要精干，要实现减人提效。

四、建立现代企业制度与企业发展要同步进行，要有一个积极可行的发展战略、发展规划。在煤、电、路综合发展的基础上，大力发展其他产业。到 2000 年，大屯煤电公司要努力实现"35158"的奋斗目标，即经营总收入 30 亿元，原煤全员工效 5 吨，人均年收入 1.5 万元以上，人均住房面积 8 平方米以上。

五、集团公司组建后，要认真研究上市问题，目前要积极开展前期准备工作。上市的立足点是转变机制，融通资金，加快大屯的发展。

六、对改制中需解决的政策性问题，属于煤炭部和国家有关部门权责的，按有关规定办；属于地方政府权责的，要积极进行协商，争取妥善解决。

出席人员：刘玉华、马德庆、姜庆俊、谢玉清、吕世兴、苏立功、曹景全、王晓琪、曹祖民、孙明珊等。

煤炭工业部办公厅秘书处
1997 年 8 月 18 日印发

煤炭工业部文件
关于大屯煤电公司建立现代企业制度有关问题的批复
煤办字〔1997〕403 号

大屯煤电公司：

你公司《关于大屯煤电公司建立现代企业制度的请示》(屯煤电司(1997)209 号)收悉。现批复如下：

一、同意大屯煤电公司依照《公司法》改建为国有独资公司，更名为大屯煤电(集团)有限责任公司。

二、经认真论证和审查，原则同意《大屯煤电公司建立现代企业制度实施方案》和《大屯煤电(集团)有限责任公司章程》。

三、在国家新的规定未出台前，部代表国家对大屯煤电(集团)有限责任公司暂行出资者职能，授权大屯煤电(集团)有限责任公司经营公司范围内的国有资产，公司负有保值增值的责任。部对集团公司经营国有资产的状况实施管理和监督。集团公司经营国有资产的收益，其税后利润除提取法定公积金、公益金和向部上缴出资者应得的收益外，全部留给企业，以增强还贷和自我发展能力。

四、集团公司内部的组织结构为"母子制"。集团公司(母公司)行使资产经营中心、投资决策中心、财务决算中心、企业战略发展中心的职能。根据规模经营、总体效益原则设置子公司、分公司。集团公司对子公司依据产权联结，享有资产受益、重大决策和选择企业领导人等权利。

五、集团公司设立董事会，由 7 人组成。董事长为公司法定代表人，由部指定。董事会成员由部委派(其中职工代表董事须经职工代表大会民主选举产生)。董事长与总经理原则上分设，如需兼任，须经部同意。监事会由部根据《国有企业财产监督管理条例》适时派出。依照《中国共产党章程》建立公司党的组织。按照《工会法》组织公司工会。

六、部对企业拟上市发行股票工作给予支持。

七、部对企业调整产业结构、发展三产继续给予扶持。

八、关于煤矿基本建设"拨改贷"资金、经营基金贷款转为国有资本金问题，即将根据国家的有关政策规定作出安排，请做好准备工作。

九、关于新建项目的国有资本金比例问题，按今后国务院批准的煤炭行业有关政策和国家投资体制改革政策办理。

十、建立现代企业制度是对传统企业体制的重大改革，请你们加强领导，并在地方人民政府及有关部门的支持下，积极稳妥地做好大屯煤电(集团)有限责任公司的组建工作。

中华人民共和国煤炭工业部

1997 年 8 月 18 日

国家煤炭工业局文件

关于印发将大屯煤电(集团)有限责任公司
交由中国煤炭工业进出口集团公司管理会议纪要的通知

煤办字〔1998〕431 号

中国煤炭工业进出口集团公司、大屯煤电(集团)有限责任公司:

　　根据《国务院关于改革国有重点煤矿管理体制有关问题的通知》(国发〔1998〕22 号文件)精神,国家经贸委、国家煤炭工业局和财政部、劳动保障部、中国人民银行等有关部门组成的国有重点煤矿下放领导小组办公室与中国煤炭工业进出口集团公司、大屯煤电(集团)有限责任公司有关人员于 1998 年 9 月 5—9 日在北京召开会议,研究大屯煤电(集团)有限责任公司交由中国煤炭工业进出口集团公司管理问题。现将《关于大屯煤电(集团)有限责任公司交由中国煤炭工进出口集团公司管理的会议纪要》印发给你们,望遵照执行。

国家煤炭工业局

1998 年 9 月 17 日

关于大屯煤电公司(集团)有限责任公司
交由中国煤炭工业进出口集团公司管理的会议纪要

　　根据《国务院关于改革国有重点煤矿管理体制有关问题的通知》(国发〔1998〕22 号文件)精神,国有重点煤矿下放领导小组办公室于 1998 年 9 月 5—9 日在北京召开会议,研究大屯煤电(集团)有限责任公司由中国煤炭工业进出口集团公司管理问题。国有重点煤矿下放领导小组办公室、中国煤炭工业进出口集团公司、大屯煤电(集团)有限责任公司有关人员参加了会议。现将会议研究的有关事宜纪要如下:

　　一、根据国务院国发〔1998〕22 号文件精神以及大屯煤电(集团)有限责任原由上海投资建设和地处江苏、跨江苏与山东两省开采的特殊情况,确定将大屯煤电(集团)有限责任公司及其资产、劳动工资交由中国煤炭工业进出口集团公司管理。人事管理按国家煤炭工业局有关规定办理。

　　二、根据《国务院关于实行企业职工基本养老保险省级统筹和行业统筹移交地方管理有关问题的通知》(国发〔1998〕28 号文件)规定,经与劳动保障部商定,将大屯煤电(集团)有限责任公司的养老保险移交给江苏省社会保险经办机构管理。

　　三、根据国务院〔1998〕22 号文件规定,将大屯煤电(集团)有限责任公司利润全部留给企业,企业依法缴纳所得税,所得税返还问题另行研究处理。

　　四、大屯煤电(集团)有限责任公司使用原煤炭部统贷的工行三产贴息贷款余额 4 600 万元,按银行有关规定划转大屯煤电(集团)公司。

　　五、大屯煤电(集团)有限责任公司交由中国煤炭工业进出口集团公司管理后,仍为中央财政工业企业及集团公司，执行中央财政工业企业政策和国家对集团公司的政策。

六、1983 年上海市人民政府将大屯煤电公司交给煤炭部管理，原煤炭部先后与上海市人民政府、江苏省人民政府签署的〔1983〕煤办字 376 号、沪府〔1983〕36 号和〔1983〕煤办字第 449 号、苏政发〔1983〕48 号文件，对大屯煤电（集团）有限责任公司的有关政策继续执行。

七、其他有关政策。

（1）继续执行对国有重点煤矿的转产贴息贷款政策。

（2）使用原国家能源投资公司向中国建设银行统贷的煤炭基建投资贷款和储备贷款，随企业一并划转，未尽事宜按国家有关部门协调确定的意见办理。

（3）对基建投资贷款的财政贴息，继续按财政部有关规定办理。

（4）原煤炭部与大屯煤电（集团）有限责任公司的债权债务，由国家煤炭工业局负责继续清理。

1998 年 9 月 9 日

附：参加会议人员名单

参加会议人员有：

国有重点煤矿下放领导小组办公室

张宝明、王君、刘玉华、苏立功、谢玉清、张继武、潘跃龙

中国煤炭进出口公司（集团）公司

王长春、宋勤、陈玉文

大电煤电（集团）公司

曹祖民、孙明珊

国家煤炭工业局文件

关于大屯煤电（集团）有限责任公司煤电铝运一体化

经营发展规划的批复

煤规字〔1998〕第 447 号

大屯煤电（集团）有限责任公司：

你公司《关于实施〈大电煤电（集团）有限责任公司一体化经营发展规划〉的请示》（屯煤电司〔1998〕242 号）收悉，经研究，现批复如下：

一、原则同意你公司发挥资源、区位等方面的优势，通过兼并重组、技术改造、多方筹资等措施，在煤电运的基础上向煤电铝运方向发展，以实现资源优化配置，提高企业经济效益和市场竞争能力的规划发展思路。该发展思路符合党的十五大精神，符合煤炭工业以煤为本、多种经营、综合发展的方针。

二、请你公司遵循市场经济规律，对各规划项目进行充分市场调研和科学的技术经济论证，做好项目的前期工作，确保项目的科学性、可行性、可靠性。

三、各规划项目要严格按审批权限和程序报批。项目可以通过地方人民政府申报或审批。

国家煤炭工业局

1998 年 10 月 6 日

江苏省计划与经济委员会文件
关于大屯煤电集团有限责任公司苏港合资建设电解铝节能
与环境治理技改项目可行性研究报告的批复

苏计经技发〔1998〕2352 号

徐州市经委：

你委以徐经技〔1998〕090 号文上报的《关于报批大屯煤电(集团)公司合资建设电解铝节能与环境治理技术改造项目可行性研究报告的请示》收悉。经与省冶金厅研究，批复如下：

一、为进一步调整产业结构，发挥地区优势，同意大屯煤电集团有限责任公司与通过与香港远东有限公司合资建设大屯新世界铝业有限公司，对原江苏铝厂的电解铝生产线进行移地改造。该项目采用技术先进的大型预焙槽电解铝生产工艺和设备，形成年产电解铝 2.5 万吨生产能力。

二、项目的主要内容：(1) 采用 200 千安大型预焙阳极槽电解铝生产工艺和全套设备；(2) 采用干法净化技术设备进行电解烟气净化处理；(3) 建设相应的生产车间和水、电、气等配套设施，土建面积 87 520 平方米。

三、项目总投资 2 967 万美元，注册资本 1 386 万美元。其中：大屯煤电集团有限责任公司(甲方)出资 554.4 万美元，占注册资本的 40％；香港远东有限公司(乙方)出资 831.6 万美元，占注册资本的 60％；双方均以现金投入，总投资与注册资本间差额由合资企业筹措解决。

四、项目应本着"三同时"的原则组织实施。项目所需水、电、汽及原辅材料由你市协助企业平衡解决。

五、合资期限：二十年。

六、合资公司经营范围：生产、销售电解铝及铝深加工产品。

七、项目建成投产后可实现新增销售收入 3.66 亿元，利税 7 944 万元。

接文后，请协助企业积极做好项目征地手续等开工前的各项准备工作，委托专业持证单位编制项目初步设计方案，报省冶金厅审批，抄我委备案。

江苏省计划与经济委员会

1998 年 11 月 26 日

国家经济贸易委员会文件
关于印发第二批国家重点技术改造
"双高一优"项目导向计划的通知

国经贸投资〔2001〕1000号

各省、自治区、直辖市、计划单列市及新疆生产建设兵团经贸委（经类）、信息产业部、国防科工委，有关计划单列企业集团：

为贯彻实施"十五"工业结构调整规划，加大企业技术改造力度，加快企业技术进步和产业升级步伐，根据国家产业政策和当前结构调整需要，我委在组织实施了第一批高新技术产业化、高新技术改造传统产业、优化重点产品和技术结构（以下简称"双高一优"）项目的基础上，为应对我国加入世贸组织后的激烈市场竞争的新形势，着力解决重点行业结构调整存在的突出问题，组织编制了第二批国家重点技术改造"双高一优"导向计划（其中符合国债专项资金支持技术改造内容的项目已下达计划），现将第二批"双高一优"项目导向计划印发你们，并就有关问题通知如下：

一、坚决制止重复建设，各地区和有关部门要按"十五"结构调整规划的总体要求，在支持一批市场有需求、产品技术含量高、改造后能形成新的竞争优势的企业同时，下决心淘汰一批落后企业和落后产品，凡是涉及淘汰落后生产能力的项目，必须将淘汰方案上报我委，并将淘汰方案作为各级经贸委审批项目可行性研究报告的依据，各级经贸委在组织项目实施时，必须严格执行淘汰方案，并按照先淘法后建设的原则进行，

二、凡列入导向计划的项目均视同立项，可据此编制项目可行性研究报告。

三、项目可行性研究报告要由有资质的设计单位编制，并严格按现行审批程序进行审批，不得化整为零或越权审批。任何单位不得擅自改变项目的改造内容和产品纲领；确需进行调整的，要按企业隶属关系，由地方经贸委或部门报我委核准。

四、使用银行贷款的项目，按照银企"双向选择"的原则确定承贷银行，支持银行独立审贷。企业自有资本金，要严格按照国务院国发〔1996〕35号文件规定的标准执行，由银行在科学评估的基础上，根据企业资信等级及项目的市场风险状况，与企业协商确定项目资金构成比例，对已承诺贷款的项目，银行按照项目进度和自筹资金到位情况及时发放贷款。

五、必须严格履行开工手续，未经批准不得擅自开工。

六、在导向计划实施过程中，对于产品市场发生变化、若继续实施将导致重复建设的，或承担企业的状况发生重大变化的项目，其主管部门要及时上收我委，我委将视情况进行清理。

七、严格实行项目法人责任制，按照《国家重点技术改造项目管理办法》（国经贸投资〔1999〕886号）的规定，企业法人代表对项目建设、资金使用、达产达效承担终身责任，各级政府主管部门要切实加强对项目的监督检查，发现违规问题要及时采取措施并上报我委，我委也将会同各地经贸委对项目进行监督检查。

八、对违反审批程序的项目、银行不得发放贷款，各级经贸委不予办理进口设备减免税和国产设备减免新增所得税的确认手续。对于擅自开工的项目，一经发现，立即停止下达年度计划，对违反上述规定而造成新的重复建设的项目，要追究相应地方经贸委（部门）和项目

承担企业的责任,停止安排企业所在省区市(部门)的重大技术改造项目,取消其享受技术改造相关优惠政策的资格并通报批评。触犯法律的,要追究其法律责任。

请按以上要求抓紧做好项目前期工作,使项目尽快实施。

附件:一、第一批"双高一优"

二、第二批国家重点技术改造"双高一优"项目导向计划

中华人民共和国国家经济贸易委员会

2001 年 11 月 7 日

(注:6、7 号机组 2×135 兆瓦列入国家"双高一优"项目,后实际列入的是 2×125 兆瓦)

中国煤炭工业进出口集团公司文件

关于大屯煤电(集团)有限责任公司实施煤电铝运一体化经营发展战略的批复

中煤投资字〔2001〕290 号

大屯煤电(集团)有限责任公司:

你公司《关于实施煤电铝运一体化经营发展战略的请示》(屯煤电司〔2001〕238 号)收悉。经研究,现批复如下:

一、同意你公司实施煤电铝运一体化经营发展战略。

二、同意你公司建设 10 万吨电解铝项目(其中,一期工程 5 万吨/年电解铝及 3.2 万吨阳极,投资 7 亿元人民币,其中注册资本金不低于总投资的 30%)。鉴于该项目前期工作由地方政府批准,今后该项目的审批工作仍报地方政府批准,但需先报中煤集团公司审核同意后,再报地方政府审批,并将该项目的所有相关文件报集团公司存档。

三、同意你公司开展该电解铝项目的初步设计。

四、同意该电解铝项目按中外合资方式进行,具体的合作方式要进一步研究,提出方案后报集团公司审定。

五、你公司要深入研究电解铝项目存在的风险,并着手研究原材料供应及产品市场的开发工作,研究、制定规避风险的措施。

六、该电解铝项目的实施单位——你公司控股的上海大屯能源股份有限公司要按照上市公司的有关要求,规范工作程序。

特此批复。

中国煤炭工业进出口集团公司

2001 年 11 月 16 日

国家经济贸易委员会 国家发展计划委员会文件
关于下达2002年国家重点技术改造项目计划
(第七批国债专项资金项目)的通知

国经贸投资〔2002〕408号

各省、自治区、直辖市、计划单列市及新疆生产建设兵团经贸委(经委)、计委,信息产业部、国防科工委,有关计划单列企业集团:

现将2002年国家重点技术改造项目计划(第七批国债专项资金项目)下达你们。凡列入本计划的项目均视同立项。企业要抓紧编制项目可行性研究报告,按照现行技术改造项目审批程序和规定报批,并按照国家经贸委《国家重点技术改造项目管理办法》(国经贸投资〔1999〕886号)的规定,落实项目法人责任制,严格实行项目全过程跟踪管理。

接此通知后,请协助项目实施企业尽快开展前期工作,保证项目顺利实施。

中华人民共和国国家经济贸易委员会

中华人民共和国国家发展计划委员会

2002年6月13日

(注:6、7号机组2×135兆瓦列入国债专项资金项目,后实际列入的是2×125兆瓦)

江苏省经济贸易委员会文件
关于大屯煤电(集团)有限责任公司发电厂3#机组
锅炉掺烧煤泥综合利用技改工程初步设计的批复

苏经贸资源〔2003〕414号

徐州市经贸委:

你委《关于请求审查〈大电煤电(集团)有限责任公司发电厂3#机组掺烧煤泥综合利用技术改造工程初步设计〉的请示》(徐经贸资源〔2003〕36号)收悉,经我委组织审查后,设计单位根据审查意见,对初步设计进行了修改补充,经研究,现批复如下:

一、主要建设内容

同意在大屯煤电(集团)有限责任公司发电厂内实施3#机组掺烧煤泥综合利用技改工程,建设煤泥碎干生产线、锅炉除尘器改造,煤泥滤饼经碎干机烘干,使煤泥含水率下降至13%以下、3#机组锅炉掺烧煤泥比例达60%以上。

二、主要工艺技术和设备

1. 新增2台JDSG13860×1500型煤泥滤饼碎干机,2台RFL-8型热风炉,配套1台SW-10型湿式除尘器,形成湿基滤饼处理能力32～40吨/小时的煤泥碎干生产线。

2. 将3#机组锅炉现有水膜式除尘器改造为双室三电场电气除尘器,烟气处理量427 500立方米/小时,除尘效率99.5%,除尘器采用水力除渣系统,但预留干式除灰接口,以便将来利用135兆瓦机组的干灰贮存输送系统进行干式除灰。

三、平面布置

1. 煤泥滤饼碎干车间布置在孔庄选煤厂内空地。经碎干后的煤泥由自备铁路运至电厂干煤棚。

2. 电除尘器在原水膜除尘器位置建设,电除尘器配电装置布置在原汽机维修间。

四、工程总投资概算为 1 887.18 万元,资金由企业自筹解决。

五、项目建成后年综合利用煤泥 9 万吨,新增利润 190 万元。

六、项目实施过程中应坚持环保、消防、安全和劳动卫生"三同时"原则,确保达到国家有关规定和标准的要求。

附:《〈大屯煤电(集团)有限公司发电厂 3# 机组锅炉掺烧煤泥综合利用技术改造工程初步设计〉审查会专家组评审意见》

江苏省经济贸易委员会
2003 年 4 月 16 日

江苏省经济贸易委员会文件
关于大屯煤电(集团)有限责任公司发电厂 1#
机组锅炉综合利用技术改造项目建议书的批复
苏经贸资源〔2003〕631 号

徐州市经贸委:

你委《关于申报大屯煤电(集团)有限责任公司发电厂 1# 机组的锅炉综合利用技术改造工程项目建议书的请示》(徐经贸资源〔2003〕208 号)收悉。经研究,现批复如下:

一、大屯煤电(集团)有限责任公司发电厂为利用公司煤炭生产中废弃的煤矸石资源,对 1# 机组的锅炉进行综合利用改造,有利于提高资源的利用率,减少环境污染,符合国家有关政策。原则同意大屯煤电(集团)有限责任公司发电厂 1# 机组的锅炉进行综合利用技术改造项目的建设。

二、主要改造内容:利用现有锅炉房场地建设 1 台 220 吨/小时循环流化床锅炉,旋风除尘器改为电除尘器。

三、项目总投资估算为 4 900 万元,其中:设备投资 4 300 万元,土建投资 200 万元,设备安装及其他费用 400 万元。资金由企业自筹解决。

四、项目建成后,每年可综合利用煤矸石 20 万吨,具有较明显的经济效益和社会效益。

请协助企业做好项目前期准备工作,委托具备资质的设计单位编制项目可行性研究报告,按程序报批。

江苏省经济贸易委员会
2003 年 6 月 23 日

江苏省经济贸易委员会文件

关于大屯煤电(集团)有限责任公司发电厂 2# 机组锅炉综合利用技术改造工程项目建议书的批复

苏经贸资源〔2003〕651 号

徐州市经贸委:

你委《关于申报大屯煤电(集团)有限责任公司发电厂 2# 机组的锅炉综合利用技术改造工程项目建议书的请示》(徐经贸资源〔2003〕209 号)收悉。经研究,批复如下:

一、大屯煤电(集团)有限责任公司发电厂为利用公司煤炭生产中废弃的煤矸石资源,对 2# 机组的锅炉进行综合利用改造,有利于提高资源的利用率,减少环境污染,符合国家有关政策。原则同意大屯煤电(集团)有限责任公司发电厂 2# 机组的锅炉进行综合利用技术改造项目的建设。

二、主要改造内容:利用现有锅炉房场地建设 1 台 220 吨/小时循环流化床锅炉,旋风除尘器改为电除尘器,除尘效率可达 99.5%。

三、项目总投资估算为 4 950 万元,其中:设备投资 4 350 万元,土建投资 200 万元,设备安装及其他费用 400 万元。资金由企业自筹解决。

四、项目建成后,每年可综合利用煤矸石 20 万吨,具有较明显的经济效益和社会效益。

请协助企业做好项目前期准备工作,委托具备资质的设计单位编制项目可行性研究报告,按程序报批。

江苏省经济贸易委员会

2003 年 6 月 23 日

江苏省经济贸易委员会文件

关于大屯煤电(集团)有限责任公司发电厂 1# 机组锅炉综合利用技改工程项目可行性研究报告的批复

苏经贸资源〔2004〕78 号

徐州市经贸委:

你委《关于审查大屯煤电(集团)有限责任公司发电厂 1# 机组锅炉综合利用技改工程可行性研究报告的请示》(徐经贸资源〔2003〕449 号)收悉。经组织审查,批复如下:

一、大屯煤电(集团)有限责任公司发电厂为利用公司煤炭生产中产生的煤矸石资源,对 1# 机组的锅炉进行综合利用改造,有利于提高资源的利用率,减少环境污染,符合国家有关政策。同意大屯煤电(集团)有限责任公司发电厂 1# 机组的锅炉进行综合利用技术改造项目的建设。

二、主要改造内容。利用现有锅炉房场地建设 1 台 240 吨/小时循环流化床锅炉,旋风除尘器改为电除尘器。

三、总投资估算为 4 789 万元,其中:设备及安装投资 4 184 万元,土建及其他投资 605 万元。资金由企业自筹解决。

四、项目建成后,每年可综合利用煤矸石和劣质煤 28 万吨,具有较明显的经济效益和社会效益。

五、项目实施过程中应坚持环保、消防、安全和劳动卫生"三同时"原则,并达到国家有关规定和标准的要求。

请协助企业委托具备资质的设计单位做好项目的初步设计,并由你委审批。

附件:《〈大屯煤电(集团)有限责任公司发电厂 1#、2# 机组锅炉综合利用技术改造项目可行性研究报告〉审查会会议纪要》

江苏省经济贸易委员会
2004 年 2 月 10 日

江苏省经济贸易委员会文件

关于大屯煤电(集团)有限责任公司发电厂 2# 机组锅炉综合利用技改工程项目可行性研究报告的批复

苏经贸资源〔2004〕79 号

徐州市经贸委:

你委《关于审查大屯煤电(集团)有限责任公司发电厂 2# 机组锅炉综合利用技改工程可行性研究报告的请示》(徐经贸资源〔2003〕450 号)收悉。经组织审查,批复如下:

一、大屯煤电(集团)有限责任公司发电厂为利用公司煤炭生产中产生的煤矸石资源,对 2# 机组的锅炉进行综合利用改造,有利于提高资源的利用率,减少环境污染,符合国家有关政策。同意该项目的建设。

二、主要改造内容,利用现有锅炉房场地建设 1 台 240 吨/小时循环流化床锅炉,旋风除尘器改为电除尘器,80 米烟囱改为 120 米高烟囱。

三、项目总投资估算为 4 946 万元,其中:设备及安装投资 4 188 万元,土建及其他投资 758 万元。资金由企业自筹解决。

四、项目建成后,每年可综合利用煤矸石和劣质煤 28 万吨,具有较明显的经济效益和社会效益。

五、项目实施过程中应坚持环保、消防、安全和劳动卫生,"三同时"原则,并达到国家有关规定和标准的要求。

请协助企业委托具备资质的设计单位做好项目的初步设计,并由你委审批。

附件:《〈大屯煤电(集团)有限责任公司发电厂 1#、2# 机组锅炉综合利用技术改造项目可行性研究报告〉审查会会议纪要》

江苏省经济贸易委员会
2004 年 2 月 10 日

江苏省发展和改革委员会文件
省发改委关于大屯煤电(集团)有限责任公司
矸石热电厂二期扩建工程可行性研究报告的批复

苏发改基础发〔2004〕589 号

徐州市计委:

你委徐计工业〔2004〕394 号《关于呈报大屯煤电(集团)有限责任公司矸石热电厂二期扩建工程可行性研究报告的请示》收悉,省电力公司以苏电计〔2004〕1240 号文件向我委报送了该项目可研报告的审查意见。经研究,现批复如下:

一、为综合利用煤矸石资源,同时满足大屯矸石热电厂供热范围内的热用户要求,实行集中供热,热电联产,以节约能源,同意建设大屯煤电(集团)有限责任公司矸石热电厂二期扩建工程。

二、本期工程建设规模为 2 台 75 吨/小时循环流化床锅炉,配置 2 台 15 兆瓦抽凝式供热机组及相应辅助设施。

三、本项目所需煤矸石、煤泥和洗次煤由大屯煤电(集团)公司提供,利用原有输煤系统运煤;电厂冷却用水取大屯煤电(集团)公司物业管理分公司污水处理厂再生工业用水,化学补充水取自地下水;灰渣实施综合利用;烟尘通过高效静电除尘器排放;电厂以 35 千伏接入电网;供热管网同步建成。

四、本期工程投资估算约 1.58 亿元。其中,资本金占总投资的 30％,由大屯煤电(集团)有限责任公司出资,其余资金由项目业主融资解决。

五、原则同意招标专章的内容,请项目业主按照招标法和国家计委 2001 年 9 号令的要求,公开、公平、公正地进行项目建设的招标工作。

六、其他事项请按本项目可研报告审查意见逐项落实。

特此批复。

江苏省发展和改革委员会

2004 年 9 月 18 日

国家发展和改革委员会文件
国家发展改革委关于上海大屯能源股份有限公司
徐庄矿井改扩建项目核准的批复

发改能源〔2005〕494 号

中国中煤能源集团公司:

你公司《关于核准上海大屯能源股份有限公司徐庄矿井改扩建项目的请示》(中煤办字〔2004〕478 号)收悉。经研究,现就核准事项批复如下:

　　一、为了缓解华东地区煤类供应紧张状况,扩大企业生产规模,同意上海大屯能源股份有限公司徐庄矿井改扩建,生产能力由 90 万吨/年改扩建到 210 万吨/年,净增 120 万吨/年。

　　二、同意在现有工业场地西北部新建主立井和副立井,分别装备箕斗和罐笼,担负深部水平生产提升和通风任务。

　　三、要充分利用矿区现有设施配套完善煤炭生产及洗选系统。井下以新增一个生产采区,一个综采放顶煤工作面达到设计生产能力。

　　四、煤类产品采用铁路运输方式,经矿区现有徐(州)沛(屯)铁路支线至陇海线运出。矿井扩建后,新增用水利用现有水源解决,新增用电可通过改造现有变电所解决。

　　五、项目总投资 48 645 万元。其中项目资本金为 17 026 万元,占总投资的 35%,由上海大屯能源股份有限公司自有资金解决,资本金以外 31 619 万元申请国家开发银行贷款解决。

　　六、本着"预防为主、防治结合、综合治理"的原则,严格按照有关法律、法规和规章的规定,切实防止瓦斯、煤尘爆炸和自然发火等灾害的发生;综合治理煤尘、粉尘和有害气体,保障职工生命健康安全。

　　七、在项目建设和生产过程中,要注重提高煤炭开采技术水平和资源回收率,严格按照环保等法规要求,加强生态环境保护,做好采煤沉陷区综合治理。

中华人民共和国国家发展和改革委员会

2005 年 3 月 28 日

国家发展和改革委员会文件

国家发展改革委关于上海大屯能源股份有限公司
孔庄矿井改扩建项目核准的批复

发改能源〔2005〕496 号

中国中煤能源集团公司:

　　你公司《关于核准上海大屯能源股份有限公司孔庄矿井改扩建项目的请示》(中煤办字〔2004〕457 号)收悉。经研究,现就核准事项批复如下:

　　一、为了缓解华东地区煤类供应紧张状况,扩大企业生产规模,同意上海大屯能源股份有限公司孔庄矿井改扩建,生产能力由 105 万吨/年改扩建到 180 万吨/年,净增 75 万吨/年。

　　二、同意新建 1 个混合立井,装备箕斗和罐笼,担负深部水平主、副提任务兼进风。下一阶段,可根据深部煤炭资源勘探情况,合理优化矿井开拓方式。

　　三、要充分利用矿区现有设施配套完善煤炭生产及洗选系统。井下以新增一个生产采区,一个综采放顶煤工作面达到设计生产能力。

　　四、煤炭产品采用铁路运输方式,经矿区现有徐(州)沛(屯)铁路支线至陇海线运出。矿井扩建后,新增用水利用现有水源解决,新增用电可通过改造现有变电所解决。

　　五、项目总投资 43 924 万元。其中项目资本金为 15 373 万元,占总投资的 35%,由上海大屯能源股份有限公司自有资金解决。资本金以外 28 551 万元申请国家开发银行贷款解决。

六、本着"预防为主、防治结合、综合治理"的原则,严格按照有关法律、法规和规章的规定,切实防止瓦斯、煤尘爆炸和自然发火等灾害的发生;综合治理煤尘、粉尘和有害气体等,保障职工生命健康安全。

七、在项目建设和生产过程中,要注重提高煤炭开采技术水平和资源回收率,严格按照环保等法规要求,加强生态环境保护,做好采煤沉陷区综合治理。

中华人民共和国国家发展和改革委员会
2005 年 3 月 28 日

江苏省发展和改革委员会文件
省发展改革委关于上海大屯能源股份有限公司在徐州市建设高精度铝板带项目备案的通知

苏发改工业发〔2007〕1091 号

徐州市发展改革委:

你委《关于上海大屯能源股份有限公司高精度铝板带项目申请备案的请示》(徐发改工业〔2007〕497 号)及企业投资项目备案申请表等相关附件收悉。

根据《国务院关于投资体制改革的决定》及其附件,你委代为转报并申请备案的该项目属地方政府投资主管部门备案管理的项目。经研究,按照《国家发展改革委关于实行企业投资项目备案制指导意见的通知》和《江苏省企业投资项目备案暂行办法》的有关规定,本委接受该项目备案申请,并确认该项目备案自此成立。现就有关事项通知如下:

一、大屯煤电(集团)有限责任公司经原省发展计划委员会批复的大屯公司冷轧铝板带项目(苏计产业发〔2004〕38 号)和连铸连轧铝板卷坯项目(苏计产业发〔2004〕39 号)批文废止。为延伸煤电铝产业链,发挥企业自产电解铝液的资源和节能优势,上海大屯能源股份有限公司可在当地城市总体规划允许的范围内,按已经报送本委备案的内容,建设高精度铝板带项目。项目建成后,形成年产 PS 版基 1 万吨、铝箔坯料 8 万吨、装饰用板带材 1 万吨、热轧卷 1.3 万吨,合计 11.3 万吨的生产能力。

二、经本委备案的该项目,以上海大屯能源股份有限公司电解铝厂生产的电解铝液为主要原料,采用铸锭、单机架双卷取热轧、冷轧生产工艺。项目购置 90 吨矩形燃气熔铝炉 2 台、90 吨倾动式燃气保温炉 2 台、铸锭加热炉 2 座、2 400 毫米四辊热轧机 1 组、退火炉 8 台、引进 90 吨液压半连续铸造机 1 台、铝熔体在线处理系统 1 套、铸锭铣面机 1 台、2 300 毫米六辊冷轧机 1 台、2 300 毫米重卷切边机组 1 组、拉矫机组 1 组等设备;建设生产车间及配套公辅设施。项目建设期 2 年。

三、该项目估算总投资 161 137 万元,其中,建设投资 130 516 万元(含外汇 6 732 万美元),建设期利息 5 301 万元,流动资金 25 320 万元。项目资本金 62 334 万元,其余 98 803 万元由企业向银行申请贷款解决。

四、项目建设地点拟选址位于你市沛县经济开发区内,项目建设用地约 502 亩,拟建场地为建设预留地,按备案类项目用地管理的有关规定另行向国土部门申报,并以国土部门依法核定的用地规模为准。

五、该项目应注重选用先进适用技术,不得选用国家法律法规和《产业结构调整指导目录(2005 年本)》及其他情况产业政策明令禁止、淘汰、限制的工艺、技术和设备,不得生产法律法规和产业政策禁止、淘汰和限制的产品。严格执行《国务院关于加强节能工作的决定》(国发〔2006〕28 号)和《省政府关于加强节能工作的意见》(苏政发〔2006〕152 号)的规定,按节能评审专家意见,落实各项节能降耗措施。按国家和省有关法律、法规的规定,做好环保、消防、安全生产、职业卫生等其他相关工作。

六、请通知该企业根据本备案通知,抓紧向省国土厅、环保厅等有权行政主管机关申请办理建设项目用地预审、环境影响评价等批准程序。在办结各类相关手续并且满足国家发展改革委等五部门《关于印发新开工项目清理工作指导意见的通知》(发改投资〔2006〕1538号)和省发展改革委等五部门《关于加强固定资产投资新开工项目管理的通知》(苏发改投资发〔2006〕1088 号)等文件所列新开工项目开工条件后,本项目方可开工建设。

七、本备案通知有效期 2 年,自签发之日起计算。项目建设过程中,该企业应自觉接受并主动配合本委及江苏省、市其他相关部门依法实施的监督和管理。建设期间,如项目法人、总投资、建设规模、主要建设内容、产品技术方案和建设地点等备案内容发生变化(其中总投资、建设规模的变化超过 20%),该公司应事先通过你委书面报告本委及其他有关部门;如前述变化导致本备案通知赖以成立的前提消失,本通知将自动失效。

江苏省发展和改革委员会
2007 年 9 月 19 日

山西省煤矿企业兼并重组整合工作领导组办公室文件
关于阳泉市盂县煤矿企业兼并重组整合方案的补充批复
晋煤重组办〔2009〕73 号

阳泉市人民政府、山西煤炭运销集团有限公司、阳泉煤业(集团)有限责任公司:

你们《关于阳泉市煤矿企业兼并重组整合方案的报告》(阳政字〔2009〕37 号)、《关于阳泉市煤矿企业兼并重组整合部分方案调整变更的请示》(阳政函〔2009〕62 号)、《山西煤炭运销集团有限公司参与阳泉市资源整合情况的报告》(晋煤销项目字〔2009〕146 号)、《关于阳泉煤业集团有限责任公司作为主体拟整合阳泉市地方煤矿的请示》(阳煤发〔2009〕562 号)收悉,盂县《煤矿企业兼并重组整合方案》及调整方案已于 2009 年 7 月 3 日、10 月 30 日经省煤矿企业兼并重组整合工作领导组审查通过。现批复如下:

一、同意阳泉市人民政府、阳泉煤业(集团)有限责任公司提出的盂县《煤矿企业兼并重组整合方案》(部分)。

同意阳泉煤业集团有限责任公司兼并重组盂县 1 处煤矿单独保留,矿井能力由 90 万吨/年增加到 120 万吨/年,阳泉煤业集团有限责任公司对山西圣天宝地清煤矿有限公司重组整合移交时间双方协商后确定。

同意阳泉市上社二景煤炭有限责任公司兼并重组盂县 2 处煤矿为 1 处,矿井能力由

45万吨/年增加到60万吨/年。

同意山西晋盂煤业有限公司兼并重组盂县29处煤矿为12处,矿井能力由726万吨/年增加到1 020万吨/年。

同意山西南娄集团股份有限公司兼并重组盂县9处煤矿为5处,矿井能力由204万吨/年增加到360万吨/年。

同意山西阳泉盂县玉泉煤业有限公司4处煤矿整合保留为1处,矿井能力由69万吨/年增加到150万吨/年。

重组整合后矿井名单为:

(1)山西圣天宝地清城煤矿有限公司(暂定名,矿井能力120万吨/年);

(2)山西阳泉盂县新胜煤业有限公司(暂定名,矿井能力60万吨/年);

(3)山西阳泉盂县玉泉煤业有限公司(暂定名,矿井能力150万吨/年);

(4)山西阳泉盂县石店煤业有限公司(暂定名,矿井能力90万吨/年);

(5)山西阳泉盂县南湾煤业有限公司(矿井能力90万吨/年);

(6)山西阳泉盂县东坪煤业有限公司(暂定名,矿井能力120万吨/年);

(7)山西阳泉盂县众诚煤业有限公司(矿井能力60万吨/年);

(8)山西阳泉盂县兴发煤业有限公司(暂定名,矿井能力60万吨/年);

(9)山西阳泉盂县路家村煤业有限公司(暂定名,矿井能力60万吨/年);

(10)山西阳泉盂县万和兴煤业有限公司(矿井能力60万吨/年);

(11)山西阳泉盂县清城煤业有限公司(矿井能力60万吨/年);

(12)山西阳泉盂县跃进煤业有限公司(暂定名,矿井能力120万吨/年);

(13)山西阳泉盂县兴峪煤业有限公司(暂定名,矿井能力90万吨/年);

(14)山西阳泉盂县坤宁煤业有限公司(暂定名,矿井能力150万吨/年);

(15)山西阳泉盂县新源煤业有限公司(暂定名,矿井能力60万吨/年);

(16)山西阳泉盂县东地煤业有限公司(矿井能力60万吨/年);

(17)山西南娄集团阳泉盂县秀南煤业有限公司(矿井能力60万吨/年);

(18)山西阳泉盂县金恒煤业有限公司(矿井能力60万吨/年);

(19)山西阳泉盂县坡头煤业有限公司(矿井能力60万吨/年);

(20)山西南娄集团阳泉盂县大贤煤业有限公司(矿井能力120万吨/年)。

二、重组整合关闭以下26处矿井:

(1)盂县路家村镇杨家坪煤矿;

(2)盂县北下庄乡龙凤煤矿;

(3)盂县秀水镇东横煤矿;

(4)山西盂县宏昌泰煤业有限公司;

(5)盂县秀水镇泥河村煤矿;

(6)盂县李家沟煤业有限公司;

(7)盂县玉西煤矿;

(8)盂县万泉煤矿;

(9)盂县秀寨经济开发中心秀寨煤矿;

(10)盂县秀水镇上南庄煤矿;

(11) 盂县南关煤矿；

(12) 盂县孙家庄镇神益沟煤矿；

(13) 盂县秀水联营煤矿；

(14) 盂县共池镇王村煤矿；

(15) 山西盂县寨沟煤业有限公司；

(16) 山西通燃煤业有限公司；

(17) 盂县北娄煤矿；

(18) 山西大寨沟煤业有限公司；

(19) 盂县仙人乡东庄头煤矿；

(20) 山西盂县顺安煤矿；

(21) 山西恒盛泰煤业有限公司；

(22) 盂县南娄煤矿；

(23) 山西盂县东星煤业有限公司；

(24) 盂县东方振兴煤业有限公司振兴二矿；

(25) 盂县南社煤矿(15#)；

(26) 山西恒源泰煤业有限公司。

《方案》批复后，山西省有关部门立即注销以上 26 处矿井的相关证照。

2009 年底前关闭的盂县路家村镇杨家坪煤矿等 4 处矿井(名单见附表)，在整合改造建设矿井中明确不利用的井筒，盂县人民政府按"六条标准"实施关闭到位。

盂县秀水镇东横煤矿等 22 处矿井(名单见附表)2010 年底前关闭。在兼并重组整合期间生产的，需按过渡期间生产的有关条件和程序办理；达不到过渡期间生产条件的，不利用的井筒要及时关闭。

三、对列入"十关闭"的煤矿，按照晋政办发〔2008〕60 号文要求，省有关部门立即吊销相关证照，2009 年底前盂县人民政府按"六条标准"实施关闭到位。

四、本《方案》确定的矿区范围、矿区面积和开采煤层原则上不予变动，如遇特殊情况确需要调整，以《采矿许可证》载明为准。国有大集团、大公司(5＋3)重组整合保留矿井变更为其他企业重组整合的，新增井田面积和资源/储量应重新核实调整。

五、《方案》批复后，盂县人民政府、阳泉煤业(集团)有限责任公司应按照省政府晋政办函〔2008〕168 号及晋政办发〔2009〕100 号文的规定，尽快办理资产评估、名称预核准和各类许可证、照变更等工作，各类许可证、照变更以工商登记的企业预核准名称为准。

六、你市要根据省政府晋政发〔2008〕23 号和晋政发〔2009〕10 号文精神，精心组织，周密部署，认真按批复落实好《方案》。

特此批复

附表：1. 阳泉市盂县煤矿企业兼并重组整合方案矿井明细表(补充)

　　　 2. 阳泉市盂县煤矿企业兼并重组整合方案关闭煤矿明细表(补充)

山西省煤矿企业兼并重组整合工作领导组办公室

2009 年 11 月 5 日

国家发展和改革会员会文件
关于新疆昌吉白杨河矿区总体规划的批复

发改能源〔2011〕2865 号

新疆自治区发展改革委：

你委《关于审批呼图壁白杨河矿区总体规划的请示》(新发改能源〔2008〕1624 号)收悉。经研究，现批复如下：

一、为了合理开发利用矿区煤炭资源，白杨河矿区开发以大型煤矿建设为主。本规划是矿区煤炭资源开发的指导性文件，是矿区煤矿项目开展前期工作和项目核准的依据。

二、矿区东部以呼图壁县与昌吉市行政区划边界为界，与硫磺沟矿区相邻；西部以涝坝湾沟为界，与塔西河矿区相邻；南部以 B1、B2 露头或煤层火烧区边界为界；北部以 B7 煤层＋250 米底板等高线为界。矿区东西长 40 千米，南北宽 4～6 千米，面积 231 平方千米，资源储量 74.9 亿吨。

三、矿区划分 12 个井田、1 个中小煤矿开采区和 3 个勘查区，建设总规模 2 670 万吨/年。其中：

规划整合矿井 6 处，建设规模 870 万吨/年，分别为西沟煤矿 240 万吨/年、小甘沟煤矿 150 万吨/年、小东沟矿井 120 万吨/年、一〇六团矿井 180 万吨/年、石梯子西沟矿井 90 万吨/年、石梯子东沟矿井 90 万吨/年。

规划改扩建矿井 1 处，为宽沟矿井由 150 万吨/年改扩建到 400 万吨/年。

规划新建矿井 5 处，建设规模 1400 万吨/年，分别为铁列克矿井 300 万吨/年、天业矿井 240 万吨/年、白杨河矿井 500 万吨/年、苇子沟矿井 300 万吨/年、石梯子马道沟矿井 60 万吨/年。

小西沟北、宽沟北、大滩勘查区待进一步勘查后确定开发方式。矿区范围及井田划分详见附件一和附件二。

四、新建、改扩建和整合煤矿必须配套建设相应规模的选煤厂，对原煤进行洗选。选煤工艺及产品方案，在下一阶段设计时结合用户市场论证确定。

五、矿区生产的煤炭产品主要供应附近的电厂和煤化工项目，部分经兰新铁路外运。

六、矿区供电电源引自规划扩建的河源 220 千伏变电站。供水水源取自第四系潜水，生产用水优先利用矿井排水。矿区开发应采取保水、节水措施。

七、矿区辅助、附属企业布置在铁列克井田和天业井田境界外以北约 3 千米处，根据生产开发需要配套建设。生活服务设施尽量依托社会。

八、矿区生产建设中，要加强矿区安全生产管理，做好矿区环境保护，防止水土流失。加强煤矸石、矿井水等资源综合利用。要注重提高煤炭开采技术水平和资源回收率。

九、请你们会同有关部门，按照一个矿区原则上由一个主体开发的要求，以呼图壁县白杨河煤业开发集团有限公司为主体，推进矿区煤炭企业的联合与重组。依法关闭淘汰布局不合理、破坏浪费资源和没有安全保障的小煤矿，促进煤炭资源合理、有序开发。

十、白杨河矿区为国家规划矿区，矿区内新建、改扩建煤矿项目开发进度必须符合国家煤炭工业发展规划，项目开展前期准备工作须经我委确认，并报我委核准。

附件：一、白杨河矿区范围及井田划分图
　　　二、白杨河矿区范围及井田业标表

中华人民共和国国家发展和改革委员会
2011 年 12 月 5 日

国家能源局文件

国家能源局关于同意江苏中煤大屯热电"上大压小"
新建项目开展前期工作的复函

国能电力〔2012〕111 号

江苏省发展改革委、中国中煤能源集团有限公司：

报来《关于上海大屯能源股份有限公司 2×350 兆瓦热电联产"上大压小"项目开展前期工作的请示》（苏发改能源发〔2011〕1827 号）、《关于上海大屯能源股份有限公司 2×350 兆瓦热电联产"上大压小"项目开展前期工作的请示》（中煤办〔2011〕841 号）及有关材料收悉。经研究，现函复如下：

一、为落实国务院国发〔2007〕2 号文件精神，促进小火电机组关停工作，增加城市集中供热能力，提高能效，改善环境，同意江苏大屯热电"上大压小"新建项目开展前期工作。

二、本项目建设 2 台 35 万千瓦国产超临界燃煤热电机组，同步安装烟气脱硫、脱硝装置，配套建设热网工程，相应关停 32.5 万千瓦小火电机组（详见附表），占用江苏省"十二五"火电建设规模 5 万千瓦。项目投产后，形成 1 200 万平方米供暖能力，并拆除供热区内 38 台燃煤分散小锅炉。

本项目由中国中煤能源集团有限公司牵头开展前期工作。

三、请按照国家节能减排、电力产业发展政策和抗灾能力建设等有关要求，对项目技术经济可行性进行论证。

四、请按照国家有关规定，进一步落实电厂外部建设条件，做好规划选址、土地利用、环境保护、水土保持、电厂接入和银行贷款等工作，并取得相关部门和单位的同意文件。

五、请按照《关于印发热电联产和煤矸石综合利用发电项目建设管理暂行规定的通知》（发改能源〔2007〕141 号）的有关规定，开展热电联产相关工作，并取得相应文件。

六、请江苏省发展改革委会同有关单位，做好小机组关停善后工作，确保社会稳定。

请按以上原则开展下一步工作，待条件具备后，按规定履行核准程序。未经核准，项目不得开工建设。

附：江苏中煤大屯热电"上大压小"新建项目关停小机组表

国家能源局
2012 年 4 月 14 日

新疆生产建设兵团工业和信息化委员会文件
关于中煤能源新疆天山煤电有限责任公司
106 煤矿 120 万吨/年改扩建项目核准的批复

兵工信煤电〔2013〕71 号

六师工业局：

你局《关于申请核准中煤能源新疆天山煤电有限公司 106 煤矿改扩建项目的报告》（师工业发〔2013〕16 号）收悉。现就该项目核准事项批复如下：

一、该项目符合国家产业政策和资源综合利用政策，符合自治区和兵团煤炭工业发展规划，布局合理。同意建设中煤能源新疆天山煤电公司 106 煤矿 120 万吨/年改扩建项目。

项目建设单位为中煤能源新疆天山煤电有限责任公司。

二、项目建设地点为新疆呼图壁县雀尔沟镇。

三、项目主要建设内容、建设规模、主要设备选型项目建设规模为生产能力 120 万吨/年。

主要建设内容：矿井采用平硐开拓，分+1 273 米和 1 100 米两个水平、四个采区；布置两条集中大巷，主、副平硐布置在 8 号煤层底板，通过煤仓及采区车场与 11 采区的集中上下山连接。采区集中运输上山、集中辅运上山沿 7 号煤层顶板布置，通过采区中部车场的集中区段石门沟通各煤层。采区回风上山沿 6 号煤层顶板布置。根据煤层条件，设计 5、6 号煤层采用综采一次采全高采煤方法，7、8 煤层采用综采放顶煤开采方法。矿井通风方法为抽出式，采用中央分列式通风方式。

主要设备选型：主平硐选用 1.2 米的带式输送机；副平硐装备 CDXT2-12J 型蓄电池电机车。通风设备选用 FBCDZ-8-№24 型矿用防爆对旋轴流式通风机，配风机专用防爆变频电动机，2×250 千瓦、660 伏、740 转/分钟，采用变频调速控制；矿井首采区采用自流排水，矿井涌水通过主、副平硐自流，汇集后进入井下水处理站；空气压缩设备选用 MM200-2S 型固定式风冷型螺杆空气压缩机四台，其中 3 台工作，1 台备用。

四、项目总资金 94 124.46 万元。项目股东构成及出资比例情况：农六师国有资产经营有限责任公司出资 5 390 万元，占注册资本的 49%，上海大屯能源股份有限公司出资 5 610 万元，占注册资本的 51%。

五、建设项目节能审查

项目设计采用平硐开拓，减少了主排水及辅助提升设备。整个主、辅运输系统转载、折返环节少，机电设备占用数量少。采掘工作面所选主要设备均为国内技术先进的设备，效率较高，节能效果显著。采掘设备功率选择合理，符合节能要求。符合国家相关节能标准和节能规范。

六、建设项目环保和资源利用方案

坚持项目环保设施与主体工程按照"三同时"的要求进行建设和管理。锅炉房锅炉烟气治理采用水浴脱硫除尘器处理；生产期掘进矸石和选矸均排至临时排矸场处置，服务期满后复垦为草地。矿井排水、生活污水必须经处理达标后排放；尽量选用低噪声设备；对首采区内沉陷土地资源的保护采用人工修复与自然稳定恢复相结合的方式。对沉陷区产生的地表裂缝应进行综合整治，及时堵塞裂缝，平整沉陷台阶，以防止沉陷区的水土流失。矿井绿化范围包括工业场地以及场外公路两侧。水土保持措施场地内雨水采用明沟排水方式;场地外截水沟采用梯形断面,浆砌片石砌筑,水土保持方面考虑建井期和运营期防洪、植被恢复、水保矿区及周边生态功能保持等。

七、招标内容

项目招标严格按照法律规定和程序开展,招标内容及结果均在兵团网上公示公告。招标范围包括:勘查招标、设计招标、施工招标,重要设备材料采购招标及工程建设监理招标等。

八、核准项目的相关文件如下

(1)城乡规划:新疆维吾尔自治区人民政府办公厅《关于开仁托让格露天煤矿等69个煤矿建设项目列入自治区煤炭工业十一五发展规划的函》(新政办函〔2008〕6号)。

(2)水土保持:新疆生产建设兵团水利局文件《关于中煤能源新疆天山煤电有限责任公司106煤矿改扩建水土保持方案的批复》(兵水保〔2009〕141号)。

(3)土地使用证:《中华人民共和国国有土地使用证》呼国用〔2009〕第0282号(住宅),呼国用〔2009〕第0281号(工业)。

(4)环评批复:新疆生产建设兵团环境保护局文件《关于中煤能源新疆天山煤电有限责任公司106煤矿改扩建项目环境影响报告书的预审意见》(兵环审〔2009〕150号)。

九、如需对本项目核准文件所规定的有关内容进行调整,请及时以书面形式向我委报告,并按照有关规定办理。

十、本核准文件有效期限为2年,自发布之日起计算。在核准文件有效期内未开工建设项目的,应在核准文件有效期届满30日前向我委申请延期。项目在该准文件有效期内未开工建设也未申请延期的,或虽提出延期申请但未获批准的,本核准文件自动失效。

新疆生产建设兵团工业和信息化委员会

2013年4月3日

江苏省发展和改革委员会文件

江苏省发展改革委关于核准中煤大屯热电"上大压小"新建项目的批复

苏发改能源发〔2015〕114号

徐州市发展改革委:

你委报来《关于中煤大屯热电"上大压小"新建项目申请报告核准的请示》(徐发改能源发〔2014〕350号)及相关支持性文件收悉。经研究,现对该项目予以核准,并就有关事项批复如下:

一、为增强城市集中供热能力,提高能效,改善环境,促进小火电机组关停,同意建设中煤大屯热电"上大压小"新建项目。项目单位为上海大屯能源股份有限公司。

二、本项目建设地点位于江苏沛县大屯镇许园村。

三、本项目建设2台350兆瓦国产超临界燃煤热电机组及相关辅助设施。相应关停32.5万千瓦小火电机组(详见附件1)。

机组采用自然通风冷却塔循环供水系统,水源取自南四湖下级湖地表水和沛县三环水务公司污水处理厂再生水。机组投产后,设计年耗煤306万吨,设计煤种为煤矸石、洗中煤和煤泥,由上海大屯能源股份有限公司下属徐州大屯工贸实业公司供应,通过铁路运输至厂。电厂所排灰渣全部综合利用,孟店村灰场作为事故周转灰场。电厂以220千伏电压等级接入汪塘变电站。送出工程由电网企业投资建设,具体方案另行审定。

四、按照国家发展改革委、环境保护部《关于严格控制重点区域燃煤发电项目规划建设有关要求的通知》(发改能源〔2014〕411号)要求,煤炭等量替代未落实的,电网企业不得对其进行并网调度。请你委责成并协助业主按照国家前述要求,在项目并网前落实煤炭替代量,并于并网发电前,督促项目业主提交煤炭替代落实情况报告,经你委审核确认后,报送我委。项目投产后纳入你市煤炭消费总量统一控制。请你委督促项目业主于项目建成后3个月内,关停上海大屯能源股份有限公司6、7号共计27万千瓦小火电机组,并做好职工安置和供热替代;按环评批复规定的期限关停供热范围内现有38台分散燃煤小锅炉。

五、本项目动态投资34.52亿元,其中项目资本金6.9亿元,占动态投资的20%,由上海大屯能源股份有限公司出资建设。资本金以外所需资金由中国工商银行贷款解决。

六、本项目在设计、建设和运行过程中要做到大气污染物和水污染物等达标排放。项目运行中,业主要加强节能管理,确保各项能耗指标控制在设计水平。

七、在项目建设中,应严格执行《招标投标法》等有关法律法规,认真组织项目招标投标工作。

八、项目核准所需的相关文件由国家、省、市、县(市)级有关部门或单位出具,分别是沛县规划局沛规〔2015〕03号规划选址意见、国土资源部国土资预审字〔2014〕97号用地预审意见和沛土国用〔2005〕字第0389号土地证、环保部环审〔2014〕160号环境影响报告书批复、国家发展改革委发改办环资〔2013〕3113号节能评估报告审查意见、水利部淮委许可〔2014〕95号取水许可意见、水利部水保函〔2013〕265号水土保持方案批复、沛县人民政府社会稳定风险评估意见。项目业主还取得了国家电网发展函〔2013〕102号接入电网意见、中国工商银行工银贷函〔2014〕53号贷款承诺函等文件。

九、如需对本项目核准文件所规定的有关内容进行调整,请按照《政府核准投资项目管理办法》的有关规定,及时以书面形式向我委提出调整申请,我委将根据项目具体情况,出具书面确认意见或者重新办理核准手续。

十、请项目业主根据核准文件,办理规划许可、土地使用、资源利用、安全生产等相关手续。

十一、本核准文件自印发之日起有效期限2年。在核准文件有效期内未开工建设的,项目单位应在核准文件有效期届满前30个工作日之前向我委提出延期申请。项目在核准文件有效期内未开工建设也未按规定申请延期的,或虽提出延期申请但未获批准的,本核准文件自动失效。

附件:1. 中煤大屯热电"上大压小"新建项目关停小机组表
      2. 中煤大屯热电"上大压小"新建项目招标事项核准意见表

江苏省发展和改革委员会

2015年1月28日

国家发展和改革委员会文件
国家发展改革委关于甘肃灵台矿区总体规划的批复

发改能源〔2015〕1840 号

甘肃省发展改革委：

你委《关于甘肃灵台煤田矿区总体规划批复的请示》（甘发改能源〔2011〕660号）收悉。经研究，现批复如下：

一、为合理开发利用灵台矿区煤炭资源，促进区域经济和社会发展，原则同意矿区以建设大型煤矿为主的开发思路。本规划是矿区煤炭资源开发的指导性文件，是矿区煤矿项目开展前期工作和项目核准的重要依据。

二、矿区东以甘陕省界为界与彬长矿区相邻，南以甘陕省界为界与永陇矿区麟游区相邻，北以福银高速公路为界，西以矿区主采煤层 8 煤层埋深 1 200 米线为界。矿区南北长约 51 千米，东西宽约 29 千米，面积约 854 平方千米，煤炭资源总量约 63 亿吨。

三、矿区划分为 7 个井田，规划建设总规模 2 720 万吨/年。其中：邵寨矿井 120 万吨/年、唐家河矿井 500 万吨/年、南川河矿井 400 万吨/年、安家庄矿井 500 万吨/年、灵北矿井 400 万吨/年、高平南矿井 300 万吨/年、高平北矿井 500 万吨/年。

矿区范围及井田划分详见附件 1、附件 2。

四、新建煤矿必须配套建设相应规模的选煤厂，对原煤进行洗选，选煤工艺及产品方案，在下一阶段设计时结合用户市场论证确定。

五、矿区生产的煤炭产品，部分就地转化，部分通过矿区铁路专用线经宝（鸡）—中（卫）铁路外运。

六、矿区供电电源主要引自朝阳（灵台）330 千伏变电站、什字 110 千伏变电站、长庆桥 110 千伏变电站以及规划新建的灵台东 110 千伏变电站。生活用水取自地下水，生产用水优先利用处理后的矿井排水和生活污水。矿区开发应采取保水、节水措施。

七、矿区辅助、附属企业集中布置在灵台县城以东的达溪河附近，矿区生活服务设施就近依托灵台县城、泾川县城解决。

八、矿区生产建设中，要注重提高煤炭开采技术水平和资源回采率，加强安全生产管理，重点做好瓦斯、煤尘等灾害的防治。要做好生态环境保护，防止水土流失，以及煤矸石、矿井水等资源综合利用。

九、要合理留设保护煤柱，避免煤炭开采造成高压输电线路、油气管道受损。在矿区内规划建设公用工程或其他工程要避免压覆煤炭资源，确需压覆的要与相关企业充分协商，并履行相关程序。

十、请你们会同有关部门，按照一个矿区原则上由一个主体开发的要求，以甘肃灵南煤业有限公司为主体，推进矿区内煤炭企业的联合与重组，做好矿区供水、供电、救护等公用工程建设，促进煤资源合理、有序开发。

十一、灵台矿区为国家规划矿区，矿区内规划新建煤矿项目开发进度必须符合国家煤炭工业发展规划，严格履行煤矿项目建设程序。

附件:1. 灵台矿区范围及井田划分图
   2. 灵台矿区范围及井田坐标表

中华人民共和国国家发展和改革委员会
2015 年 8 月 10 日

国家能源局文件
国家能源局关于新疆昌吉白杨河矿区苇子沟煤矿
一期工程项目核准的批复
国能发煤炭〔2019〕8 号

新疆维吾尔自治区发展改革委,中煤能源集团有限公司:

报来《关于申请核准新疆昌吉白杨河矿区苇子沟矿井一期工程项目的请示》(新发改能源〔2018〕1167 号)、《关于新疆昌吉白杨河矿区苇子沟矿井及选煤厂一期项目核准的请示》(中煤办〔2018〕647 号)及相关材料收悉。经研究,现就项目核准事项批复如下。

一、为推进新疆大型煤炭基地建设,保障能源稳定供应,优化煤炭产业结构,同意实施煤炭产能置换,建设苇子沟煤矿一期工程项目(项目代码:2015-000291-06-02-500195)。

项目单位为中煤能源新疆鸿新煤业有限公司。

二、项目建设地点位于新疆维吾尔自治区昌吉回族自治州呼图壁县。

三、苇子沟煤矿一期工程建设规模 240 万吨/年,配套建设选煤厂。工业场地位于井田北部、苇子沟与香房沟交汇处。矿井采用斜井开拓,中央分列式通风方式,投产时布置 1 个综采工作面。井下煤炭运输采用带式输送机,辅助运输采用绞车和无极绳连续牵引车。煤炭洗选采用动筛跳汰选煤工艺。煤矿双回路电源分别引自矿区 110 千伏变电站和 106 煤矿 35 千伏变电站。

四、项目总投资 19.83 亿元(不含矿业权价款),其中,资本金 5.95 亿元,占总投资的 30%,由项目单位以企业自有资金出资;资本金以外的 13.88 亿元,申请银行贷款解决。

五、项目单位要从严控制建设用地规模,做到节约集约用地,不得超标准用地;要采取节能措施,优化工程设计,选用节能设备,强化节能管理,各项能耗指标必须达到规定标准。

六、项目建设要认真落实环境保护措施,严格执行环境保护设施与主体工程同时设计、同时施工、同时投入使用的"三同时"制度,项目环境影响评价文件未经审查批准不得开(复)工建设。要进一步优化设计,提高煤炭资源回收率,加强煤层气、矿井水、煤矸石等资源综合利用。

七、项目单位要严格遵守安全生产有关法律法规和规程规范,落实安全生产主体责任,建立健全管理制度,落实矿井瓦斯、水害、火灾、地压、煤尘等灾害防治措施,保证煤矿建设和生产期间安全生产。

八、项目单位要严格执行国家有关招标投标的规定,项目的勘察、设计、施工、监理以及与工程建设有关的重要设备、材料等采购要全部进行招标,招标方式为公开招标,招标组织形式为委托招标。

九、项目单位要做好项目建设生产过程中征地、搬迁、生态保护等工作,妥善处理好项目建设与外部环境的关系,有效预防和化解可能产生的社会风险。

十、核准项目的相关支持文件分别是新疆维吾尔自治区住房和城乡建设厅《关于对中煤能源新疆鸿新煤业有限公司苇子沟煤矿 300 万吨/年改扩建项目选址的意见》(新建规函〔2013〕451 号)、《关于同意中煤能源新疆鸿新煤业有限公司苇子沟煤矿改扩建项目变更规模的函》(新建规函〔2017〕172 号)、自然资源部《关于新疆昌吉白杨河矿区苇子沟矿井(一期)240 万吨/年项目建设用地预审意见的复函》(自然资预审字〔2018〕121 号)等。

十一、如需对项目核准文件所规定的建设规模、重大技术方案等有关内容进行调整,请及时以书面形式向我局报告,并按照有关规定办理。

十二、项目按 240 万吨/年进行煤矿产能登记公告,不得批小建大、超能力生产。

十三、本项目属未经核准擅自开工建设的违规煤矿,项目单位要深刻吸取教训,严格执行煤矿项目基本建设程序,杜绝此类行为再次发生,有关部门和单位要按规定进行处罚和问责。

十四、请项目单位根据本核准文件,办理资源开采、安全生产等相关手续。

请据此开展下一步工作。

国家能源局

2019 年 1 月 29 日

国务院国有资产监督管理委员会
关于甘肃灵南煤业有限公司国有股权划转的复函

国源时代煤炭资产管理有限公司:

你公司《关于甘肃灵南煤业有限公司 80％国有股权无偿划转至中煤集团的请示》(国源字〔2019〕36 号)收悉。根据 2019 年 5 月 7 日国资委《关于研究中央企业煤炭资源整合工作专题会议纪要》(第 170 期)精神,经研究,现函复如下:

原则同意你公司将甘肃灵南煤业有限公司 80％国有股权无偿划转至中煤集团所属大屯煤电(集团)有限责任公司,请按照有关规定抓紧办理后续产权、工商变更等手续。

国务院国有资产监督管理委员会

2019 年 7 月 11 日

附录二 公司章程

上海大屯能源股份有限公司章程
（经公司第七届董事会第十二次会议审议通过）

第一章 总 则

第一条 为维护公司、股东和债权人的合法权益,规范公司的组织和行为,根据《中华人民共和国公司法》(以下简称《公司法》)、《中华人民共和国证券法》(以下简称《证券法》)、《中国共产党章程》(以下简称《党章》)和其他有关规定,制订本章程。

第二条 本公司系依照《公司法》和其他有关规定成立的股份有限公司(以下简称"公司")。

公司系经国家经济贸易委员会《关于同意设立上海大屯能源股份有限公司的复函》(国经贸企改〔1999〕1263号)批准,以发起设立方式设立;并于1999年12月29日在上海市工商行政管理局注册登记,取得营业执照,营业执照号:3100001006294。

第三条 公司于2001年7月13日经中国证券监督管理委员会(以下简称"中国证监会")批准,首次向社会公众发行人民币普通股10 000万股,于2001年8月29日在上海证券交易所上市。

第四条 公司注册名称:

中文全称:上海大屯能源股份有限公司

英文全称:SHANGHAI DATUN ENERGY RESOURCES CO.,LTD.

第五条 公司住所:上海浦东新区浦东南路256号,邮政编码:200120。

第六条 公司注册资本为人民币柒亿贰仟贰佰柒拾壹万捌仟圆(￥722 718 000元)。

第七条 公司为永久存续的股份有限公司。

第八条 董事长为公司的法定代表人。

第九条 公司全部资产分为等额股份,股东以其认购的股份为限对公司承担责任,公司以其全部资产对公司的债务承担责任。

第十条 本公司章程自生效之日起,即成为规范公司的组织与行为、公司与股东、股东与股东之间权利义务关系的具有法律约束力的文件,对公司、股东、董事、监事、高级管理人员具有法律约束力的文件。依据本章程,股东可以起诉股东,股东可以起诉公司董事、监事、总经理和其他高级管理人员,股东可以起诉公司,公司可以起诉股东、董事、监事、总经理和其他高级管理人员。

第十一条 本章程所称其他高级管理人员是指公司的副总经理、安监局局长、董事会秘书、财务负责人。

第十二条　根据《党章》规定,设立中国共产党的组织,党委发挥领导核心作用,把方向、管大局、保落实。公司要建立党的工作机构,配备足够数量的党务工作人员,保障党组织的工作经费。

第二章　经营宗旨和范围

第十三条　公司的经营宗旨:以市场和国家产业政策为导向,以追求效益最大化为目标,发挥煤电铝运一体化综合优势,采用先进科技,组织专业化大生产,增强企业的科技创新能力,实现经营机制和经济增长方式的根本转变,创建高效率、高效益、高技术,跨地区、跨行业的世界一流企业。

第十四条　经依法登记,公司的经营范围:煤炭开采,洗选加工,煤炭销售,铁路运输(限管辖内的煤矿专用铁路),矿山采掘设备、洗选设备、交通运输设备、普通机械、电器机械及设备的制造、维修、销售,实业投资,国内贸易(除专项审批项目),普通货物运输,建筑工程用机械修理,技术开发与转让,货物及技术进出口业务,自有房屋出租(上述经营范围涉及许可经营的凭许可证经营),班车客运及汽车大修、维护、小修、总成修理(限汽车运输分公司经营),火力发电、电力、热力供应以及电力、热力生产、供应设备的运营、检修、技术服务(限分支机构经营),危险品2类1项、危险品2类2项、危险品3类、危险品8类运输(限分支机构经营),铝及铝合金的压延加工生产、销售(限分支机构经营),氧气充装(限分支机构经营)(依法须经批准的项目,经相关部门批准后方可开展经营活动)。

第三章　股　　份

第一节　股份发行

第十五条　公司的股份采取股票的形式。

第十六条　公司股份的发行,实行公开、公平、公正的原则,同种类的每一股份应当具有同等权利。

同次发行的同种类股票,每股的发行条件和价格应当相同;任何单位或者个人所认购的股份,每股应当支付相同价额。

第十七条　公司发行的股票,每股面值人民币壹元。

第十八条　公司发行的股份,在中国证券登记结算有限责任公司上海分公司集中存管。

第十九条　公司发起人为:大屯煤电(集团)有限责任公司、中国煤炭进出口公司、上海宝钢国际经济贸易有限公司(原名为"宝钢集团国际经济贸易总公司")、上海煤气制气物资贸易有限公司、煤炭科学研究总院。

公司成立时,上述发起人认购的股份数分别为28 266万股、975万股、715万股、130万股、65万股。

出资方式:大屯煤电(集团)有限责任公司以净资产出资,其他发起人均以现金出资。

出资时间:1999年12月22日。

第二十条　公司股份总数为722 718 000股,公司的股本结构为:普通股722 718 000股。

第二十一条　公司或公司的子公司(包括公司的附属企业)不以赠予、垫资、担保、补偿或贷款等形式,对购买或者拟购买公司股份的人提供任何资助。

第二节　股份增减和回购

第二十二条　公司根据经营和发展的需要,依照法律、法规的规定,经股东大会分别作出决议,可以采用下列方式增加资本:

(一)公开发行股份;

(二)非公开发行股份;

(三)向现有股东派送红股;

(四)以公积金转增股本;

(五)法律、行政法规规定以及中国证监会批准的其他方式。

第二十三条　公司可以减少注册资本。公司减少注册资本,应当按照《公司法》以及其他有关规定和本章程规定的程序办理。

第二十四条　公司在下列情况下,可以依照法律、行政法规、部门规章和本章程的规定,收购本公司的股份:

(一)减少公司注册资本;

(二)与持有本公司股票的其他公司合并;

(三)将股份奖励给本公司职工;

(四)股东因对股东大会作出的公司合并、分立决议持异议,要求公司收购其股份的。

除上述情形外,公司不进行买卖本公司股份的活动。

第二十五条　公司收购本公司股份,可以选择下列方式之一进行:

(一)证券交易所集中竞价交易方式;

(二)要约方式;

(三)中国证监会认可的其他方式。

第二十六条　公司因本章程第二十四条第(一)项至第(三)项的原因收购本公司股份的,应当经股东大会决议。公司依照第二十三条规定收购本公司股份后,属于第(一)项情形的,应当自收购之日起10日内注销;属于第(二)项、第(四)项情形的,应当在6个月内转让或者注销。

公司依照第二十四条第(三)项规定收购的本公司股份,将不超过本公司已发行股份总额的5%;用于收购的资金应当从公司的税后利润中支出;所收购的股份应当1年内转让给职工。

第三节　股份转让

第二十七条　公司的股份可以依法转让。

第二十八条　公司不接受本公司的股票作为质押权的标的。

第二十九条　发起人持有的本公司股份,自公司成立之日起1年内不得转让。公司公开发行股份前已发行的股份,自公司股票在证券交易所上市交易之日起1年内不得转让。

公司董事、监事、高级管理人员应当向公司申报所持有的本公司的股份及其变动情况,在任职期间每年转让的股份不得超过其所持有本公司股份总数的25%;所持本公司股份自公司股票上市交易之日起1年内不得转让。上述人员离职后半年内,不得转让其所持有的本公司股份。

第三十条　公司董事、监事、高级管理人员、持有本公司股份5%以上的股东,将其持有的本公司股票在买入后6个月内卖出,或者在卖出后6个月内又买入,由此所得收益归本公司所有,本公司董事会将收回其所得收益。但是,证券公司因包销购入售后剩余股票而持有5％以上股份的,卖出该股票不受 6 个月时间限制。

公司董事会不按照前款规定执行的,股东有权要求董事会在 30 日内执行。公司董事会未在上述期限内执行的,股东有权为了公司的利益以自己的名义直接向人民法院提起诉讼。

公司董事会不按照第一款的规定执行的,负有责任的董事依法承担连带责任。

第四章　股东和股东大会

第一节　股　东

第三十一条　公司依据证券登记机构提供的凭证建立股东名册,股东名册是证明股东持有公司股份的充分证据。股东按其所持有股份的种类享有权利,承担义务;持有同一种类股份的股东,享有同等权利,承担同种义务。

公司应当与证券登记机构签订股份保管协议,定期查询主要股东资料以及主要股东的持股变更(包括股权的出质)情况,及时掌握公司的股权结构。

第三十二条　公司召开股东大会、分配股利、清算及从事其他需要确认股东身份的行为时,由董事会或股东大会召集人确定股权登记日,股权登记日收市后登记在册的股东为享有相关权益的股东。

第三十三条　公司股东享有下列权利:

(一)依照其所持有的股份份额获得股利和其他形式的利益分配;

(二)依法请求、召集、主持、参加或者委派股东代理人参加股东大会,并行使相应的表决权;

(三)对公司的经营进行监督,提出建议或者质询;

(四)依照法律、行政法规及本章程的规定转让、赠予或质押其所持有的股份;

(五)查阅本章程、股东名册、公司债券存根、股东大会会议记录、董事会会议决议、监事会会议决议、财务会计报告;

(六)公司终止或者清算时,按其所持有的股份份额参加公司剩余财产的分配;

(七)对股东大会作出的公司合并、分立决议持异议的股东,要求公司收购其股份;

(八)法律、行政法规、部门规章或本章程规定的其他权利。

第三十四条　股东提出查阅前条所述有关信息或者索取资料的,应当向公司提供证明其持有公司股份的种类以及持股数量的书面文件,公司经核实股东身份后按照股东的要求予以提供。

第三十五条　公司股东大会、董事会决议内容违反法律、行政法规的,股东有权请求人民法院认定无效。

公司控股股东、实际控制人不得限制或者阻挠中小投资者依法行使投票权,不得损害公司和中小投资者的合法权益。

股东大会、董事会的会议召集程序、表决方式违反法律、行政法规或者本章程,或者决议内容违反本章程的,股东有权自决议作出之日起 60 日内,请求人民法院撤销。

第三十六条　董事、高级管理人员执行公司职务时违反法律、行政法规或者本章程的规定,给公司造成损失的,连续 180 日以上单独或合并持有公司 1％以上股份的股东有权书面请求监事会向人民法院提起诉讼;监事会执行公司职务时违反法律、行政法规或者本章程的

规定,给公司造成损失的,股东可以书面请求董事会向人民法院提起诉讼。

监事会、董事会收到前款规定的股东书面请求后拒绝提起诉讼,或者自收到请求之日起30日内未提起诉讼,或者情况紧急、不立即提起诉讼将会使公司利益受到难以弥补的损害的,前款规定的股东有权为了公司的利益以自己的名义直接向人民法院提起诉讼。

他人侵犯公司合法权益,给公司造成损失的,本条第一款规定的股东可以依照前两款的规定向人民法院提起诉讼。

第三十七条　董事、高级管理人员违反法律、行政法规或者本章程的规定,损害股东利益的,股东可以向人民法院提起诉讼。

第三十八条　公司股东承担下列义务:

(一)遵守法律、行政法规和本章程;

(二)依其所认购的股份和入股方式缴纳股金;

(三)除法律、法规规定的情形外,不得退股;

(四)不得滥用股东权利损害公司或者其他股东的利益;不得滥用公司法人独立地位和股东有限责任损害公司债权人的利益;

公司股东滥用股东权利给公司或者其他股东造成损失的,应当依法承担赔偿责任。

公司股东滥用公司法人独立地位和股东有限责任,逃避债务,严重损害公司债权人利益的,应当对公司债务承担连带责任。

(五)法律、行政法规及本章程规定应当承担的其他义务。

第三十九条　持有公司5%以上有表决权股份的股东,将其持有的股份进行质押的,应当自该事实发生当日,向公司作出书面报告。

第四十条　公司的控股股东、实际控制人不得利用其关联关系损害公司利益。违反规定的,给公司造成损失的,应当承担赔偿责任。

公司控股股东及实际控制人对公司和公司社会公众股股东负有诚信义务。控股股东应严格依法行使出资人的权利,控股股东不得利用利润分配、资产重组、对外投资、资金占用、借款担保等方式损害公司和社会公众股股东的合法权益,不得利用其控制地位损害公司和社会公众股股东的利益。

第二节　股东大会的一般规定

第四十一条　股东大会是公司的权力机构,依法行使下列职权:

(一)决定公司的经营方针和投资计划;

(二)选举和更换非由职工代表担任的董事、监事,决定有关董事、监事的报酬事项;

(三)审议批准董事会的报告;

(四)审议批准监事会报告;

(五)审议批准公司的年度财务预算方案、决算方案;

(六)审议批准公司的利润分配方案和弥补亏损方案;

(七)对公司增加或者减少注册资本作出决议;

(八)对发行公司债券作出决议;

(九)对公司合并、分立、解散、清算或者变更公司形式作出决议;

(十)修改本章程;

(十一)对公司聘用、解聘会计师事务所作出决议;

（十二）审议批准第四十二条规定的担保事项；

（十三）审议公司在一年内购买、出售重大资产超过公司最近一期经审计总资产 30％的事项；

（十四）审议批准变更募集资金用途事项；

（十五）审议股权激励计划；

（十六）审议法律、行政法规、部门规章或本章程规定应当由股东大会决定的其他事项。

上述股东大会的职权不得通过授权的形式由董事会或其他机构和个人代为行使。

第四十二条　公司下列对外担保行为，须经股东大会审议通过。

（一）本公司及本公司控股子公司的对外担保总额，达到或超过最近一期经审计净资产的 50％以后提供的任何担保；

（二）公司的对外担保总额，达到或超过最近一期经审计总资产的 30％以后提供的任何担保；

（三）为资产负债率超过 70％的担保对象提供的担保；

（四）单笔担保额超过最近一期经审计净资产 10％的担保；

（五）对股东、实际控制人及其关联方提供的担保；

（六）按照担保金额连续 12 个月内累计计算原则，超过公司最近一期经审计净资产的 50％，且绝对金额超过 5 000 万元以上；

（七）法律法规、上海证券交易所及公司章程规定的其他担保。

除上述情形外，其余情形的对外担保授权董事会审批，但必须经出席董事会会议的三分之二以上董事审议同意并做出决议。

第四十三条　股东大会分为年度股东大会和临时股东大会。年度股东大会每年召开 1 次，应当于上一会计年度结束后的 6 个月内举行。

第四十四条　有下列情形之一的，公司在事实发生之日起 2 个月以内召开临时股东大会：

（一）董事人数不足《公司法》规定的最少人数 5 人时；

（二）公司未弥补的亏损达实收股本总额 1/3 时；

（三）单独或者合计持有公司 10％以上股份的股东请求时；

（四）董事会认为必要时；

（五）监事会提议召开时；

（六）法律、行政法规、部门规章或本章程规定的其他情形。

第四十五条　本公司召开股东大会的地点为：公司住所地和公司生产所在地。

股东大会将设置会场，以现场会议形式召开。公司还可利用有关监管部门认可的网络平台为股东参加股东大会提供便利。股东通过上述方式参加股东大会的，视为出席。

股东参加网络会议应符合有关监管部门认可的网络平台或其他方式对其合法有效的股东身份的确认。

第四十六条　本公司召开股东大会时将聘请律师对以下问题出具法律意见并公告：

（一）会议的召集、召开程序是否符合法律、行政法规、本章程；

（二）出席会议人员的资格、召集人资格是否合法有效；

（三）会议的表决程序、表决结果是否合法有效；

（四）应本公司要求对其他有关问题出具的法律意见。

第三节　股东大会的召集

第四十七条　独立董事有权向董事会提议召开临时股东大会。对独立董事要求召开临时股东大会的提议,董事会应当根据法律、行政法规和本章程的规定,在收到提议后 10 日内提出同意或不同意召开临时股东大会的书面反馈意见。

董事会同意召开临时股东大会的,将在作出董事会决议后的 5 日内发出召开股东大会的通知;董事会不同意召开临时股东大会的,将说明理由并公告。

第四十八条　监事会有权向董事会提议召开临时股东大会,并应当以书面形式向董事会提出。董事会应当根据法律、行政法规和本章程的规定,在收到提案后 10 日内提出同意或不同意召开临时股东大会的书面反馈意见。

董事会同意召开临时股东大会的,将在作出董事会决议后的 5 日内发出召开股东大会的通知,通知中对原提议的变更,应征得监事会的同意。

董事会不同意召开临时股东大会,或者在收到提案后 10 日内未作出反馈的,视为董事会不能履行或者不履行召集股东大会会议职责,监事会可以自行召集和主持。

第四十九条　单独或者合计持有公司 10% 以上股份的股东有权向董事会请求召开临时股东大会,并应当以书面形式向董事会提出。董事会应当根据法律、行政法规和本章程的规定,在收到请求后 10 日内提出同意或不同意召开临时股东大会的书面反馈意见。

董事会同意召开临时股东大会的,应当在作出董事会决议后的 5 日内发出召开股东大会的通知,通知中对原请求的变更,应当征得相关股东的同意。

董事会不同意召开临时股东大会,或者在收到请求后 10 日内未作出反馈的,单独或者合计持有公司 10% 以上股份的股东有权向监事会提议召开临时股东大会,并应当以书面形式向监事会提出请求。

监事会同意召开临时股东大会的,应在收到请求 5 日内发出召开股东大会的通知,通知中对原提案的变更,应当征得相关股东的同意。

监事会未在规定期限内发出股东大会通知的,视为监事会不召集和主持股东大会,连续 90 日以上单独或者合计持有公司 10% 以上股份的股东可以自行召集和主持。

第五十条　监事会或股东决定自行召集股东大会的,须书面通知董事会,同时向公司所在地中国证监会派出机构和证券交易所备案。

在股东大会决议公告前,召集股东持股比例不得低于 10%。

召集股东应在发出股东大会通知及股东大会决议公告时,向公司所在地中国证监会派出机构和证券交易所提交有关证明材料。

第五十一条　对于监事会或股东自行召集的股东大会,董事会和董事会秘书将予配合。董事会应当提供股权登记日的股东名册。

第五十二条　监事会或股东自行召集的股东大会,会议所必需的费用由本公司承担。

第四节　股东大会的提案与通知

第五十三条　提案的内容应当属于股东大会职权范围,有明确议题和具体决议事项,并且符合法律、行政法规和本章程的有关规定。

第五十四条　公司召开股东大会,董事会、监事会以及单独或者合并持有公司 3% 以上股份的股东,有权向公司提出提案。

单独或者合计持有公司 3% 以上股份的股东,可以在股东大会召开 10 日前提出临时提案并书面提交召集人。召集人应当在收到提案后 2 日内发出股东大会补充通知,公告临时提案的内容。

除前款规定的情形外,召集人在发出股东大会通知公告后,不得修改股东大会通知中已列明的提案或增加新的提案。

股东大会通知中未列明或不符合本章程第五十三条规定的提案,股东大会不得进行表决并做出决议。

第五十五条　召集人将在年度股东大会召开 20 日前以公告方式通知各股东,临时股东大会将于会议召开 15 日前以公告方式通知各股东。

公司在计算起始期限时,不应当包括会议召开当日。

第五十六条　股东大会的通知包括以下内容:

(一)会议的时间、地点和会议期限;

(二)提交会议审议的事项和提案;

(三)以明显的文字说明:全体股东均有权出席股东大会,并可以书面委托代理人出席会议和参加表决,该股东代理人不必是公司的股东;

(四)有权出席股东大会股东的股权登记日;

(五)会务常设联系人姓名,电话号码。

股东大会通知和补充通知中应当充分、完整披露所有提案的全部具体内容。拟讨论的事项需要独立董事发表意见的,发布股东大会通知或补充通知时将同时披露独立董事的意见及理由。

股东大会采用网络方式的,应当在股东大会通知中明确载明网络方式的表决时间及表决程序。股东大会网络方式投票的开始时间,不得早于现场股东大会召开前一日下午3:00,并不得迟于现场股东大会召开当日上午 9:30,其结束时间不得早于现场股东大会结束当日下午 3:00。

股权登记日与会议日期之间的间隔应当不多于 7 个工作日。股权登记日一旦确认,不得变更。

第五十七条　股东大会拟讨论董事、监事选举事项的,股东大会通知中将充分披露董事、监事候选人的详细资料,至少包括以下内容:

(一)教育背景、工作经历、兼职等个人情况;

(二)与本公司或本公司的控股股东及实际控制人是否存在关联关系;

(三)披露持有本公司股份数量;

(四)是否受过中国证监会及其他有关部门的处罚和证券交易所惩戒。

除采取累积投票制选举董事、监事外,每位董事、监事候选人应当以单项提案提出。

第五十八条　发出股东大会通知后,无正当理由,股东大会不应延期或取消,股东大会通知中列明的提案不应取消。一旦出现延期或取消的情形,召集人应当在原定召开日前至少 2 个工作日公告并说明原因。

第五节　股东大会的召开

第五十九条　本公司董事会和其他召集人将采取必要措施,保证股东大会的正常秩序。对于干扰股东大会、寻衅滋事和侵犯股东合法权益的行为,将采取措施加以制止并及时报告有关部门查处。

第六十条 股权登记日登记在册的所有股东或其代理人,均有权出席股东大会。并依照有关法律、法规及本章程行使表决权。

股东可以亲自出席股东大会,也可以委托代理人代为出席和表决。

第六十一条 个人股东亲自出席会议的,应出示本人身份证或其他能够表明其身份的有效证件或证明、股票账户卡;委托代理他人出席会议的,应出示本人有效身份证件、股东授权委托书。

法人股东应由法定代表人或者法定代表人委托的代理人出席会议。法定代表人出席会议的,应出示本人身份证、能证明其具有法定代表人资格的有效证明;委托代理人出席会议的,代理人应出示本人身份证、法人股东单位的法定代表人依法出具的书面授权委托书。

第六十二条 股东出具的委托他人出席股东大会的授权委托书应当载明下列内容:

(一)代理人的姓名;

(二)是否具有表决权;

(三)分别对列入股东大会议程的每一审议事项投赞成、反对或弃权票的指示;

(四)委托书签发日期和有效期限;

(五)委托人签名(或盖章)。委托人为法人股东的,应加盖法人单位印章。

第六十三条 委托书应当注明如果股东不做具体指示,股东代理人是否可以按自己的意思表决。

第六十四条 代理投票授权委托书由委托人授权他人签署的,授权签署的授权书或者其他授权文件应当经过公证。经公证的授权书或者其他授权文件,和投票代理委托书均需备置于公司住所或者召集会议的通知中指定的其他地方。

委托人为法人的,由其法定代表人或者董事会、其他决策机构决议授权的人作为代表出席公司的股东大会。

第六十五条 出席会议人员的会议登记册由公司负责制作。会议登记册载明参加会议人员姓名(或单位名称)、身份证号码、住所地址、持有或者代表有表决权的股份数额、被代理人姓名(或单位名称)等事项。

第六十六条 召集人和公司聘请的律师将依据证券登记结算机构提供的股东名册共同对股东资格的合法性进行验证,并登记股东姓名(或名称)及其所持有表决权的股份数。在会议主持人宣布现场出席会议的股东和代理人人数及所持有表决权的股份总数之前,会议登记应当终止。

第六十七条 股东大会召开时,本公司全体董事、监事和董事会秘书应当出席会议,总经理和其他高级管理人员应当列席会议。

第六十八条 股东大会由董事长主持。董事长不能履行职务或不履行职务时,由副董事长主持,副董事长不能履行职务或者不履行职务时,由半数以上董事共同推举的一名董事主持。

监事会自行召集的股东大会,由监事会主席主持。监事会主席不能履行职务或不履行职务时,由半数以上监事共同推举的一名监事主持。

股东自行召集的股东大会,由召集人推举代表主持。

召开股东大会时,会议主持人违反议事规则使股东大会无法继续进行的,经现场出席股东大会有表决权过半数的股东同意,股东大会可推举一人担任会议主持人,继续开会。

第六十九条 公司制定股东大会议事规则,详细规定股东大会的召开和表决程序,包括通知、登记、提案的审议、投票、计票、表决结果的宣布、会议决议的形成、会议记录及其签署、公告等内容,以及股东大会对董事会的授权原则,授权内容应明确具体。股东大会议事规则应作为章程的附件,由董事会拟定,股东大会批准。

第七十条 在年度股东大会上,董事会、监事会应当就其过去一年的工作向股东大会作出报告。每名独立董事也应作出述职报告。

第七十一条 董事、监事、高级管理人员在股东大会上就股东的质询和建议作出解释和说明。

第七十二条 会议主持人应当在表决前宣布现场出席会议的股东和代理人人数及所持有表决权的股份总数,现场出席会议的股东和代理人人数及所持有表决权的股份总数以会议登记为准。

第七十三条 股东大会应有会议记录,由董事会秘书负责。会议记录记载以下内容:

(一)会议时间、地点、议程和召集人姓名或名称;

(二)会议主持人以及出席或列席会议的董事、监事、总经理和其他高级管理人员姓名;

(三)出席会议的股东和代理人人数、所持有表决权的股份总数及占公司股份总数的比例;

(四)对每一提案的审议经过、发言要点和表决结果;

(五)股东的质询意见或建议以及相应的答复或说明;

(六)律师及计票人、监票人姓名;

(七)本章程规定应当载入会议记录的其他内容。

第七十四条 召集人应当保证会议记录内容真实、准确和完整。出席会议的董事、监事、董事会秘书、召集人或其代表、会议主持人应当在会议记录上签名。会议记录应当与现场出席股东的签名册及代理出席的委托书、网络方式表决情况的有效资料一并保存,保存期限不少于 10 年。

第七十五条 召集人应当保证股东大会连续举行,直至形成最终决议。因不可抗力等特殊原因导致股东大会中止或不能作出决议的,应采取必要措施尽快恢复召开股东大会或直接终止本次股东大会,并及时公告。同时,召集人应向公司所在地中国证监会派出机构及证券交易所报告。

第六节 股东大会的表决和决议

第七十六条 股东大会决议分为普通决议和特别决议。

股东大会作出普通决议,应当由出席股东大会的股东(包括股东代理人)所持表决权的1/2 以上通过。

股东大会作出特别决议,应当由出席股东大会的股东(包括股东代理人)所持表决权的2/3 以上通过。

第七十七条 下列事项由股东大会以普通决议通过:

(一)董事会和监事会的工作报告;

(二)董事会拟定的利润分配方案和弥补亏损方案;

(三)董事会和监事会成员的任免及其报酬和支付方法;

（四）公司年度预算方案、决算方案；

（五）公司年度报告；

（六）聘用或解聘会计师事务所；

（七）除法律、行政法规规定或者本章程规定应当以特别决议通过以外的其他事项。

第七十八条 下列事项由股东大会以特别决议通过：

（一）公司增加或者减少注册资本；

（二）公司的分立、合并、解散和清算；

（三）本章程的修改；

（四）公司在一年内购买、出售重大资产或者担保金额超过公司最近一期经审计总资产30％的；

（五）股权激励计划；

（六）发行公司债券；

（七）变更募集资金用途；

（八）法律、行政法规或本章程规定的，以及股东大会以普通决议认定会对公司产生重大影响的、需要以特别决议通过的其他事项。

第七十九条 股东（包括股东代理人）以其所代表的有表决权的股份数额行使表决权，每一股份享有一票表决权。

股东大会审议影响中小投资者利益的重大事项时，对中小投资者的表决应当单独计票。单独计票结果应当及时公开披露。

公司持有的本公司股份没有表决权，且该部分股份不计入出席股东大会有表决权的股份总数。

董事会、独立董事和符合相关规定条件的股东可以征集股东投票权。

征集股东投票权应当向被征集人充分披露具体投票意向等信息。禁止以有偿或者变相有偿的方式征集股东投票权。公司不得对征集投票权提出最低持股比例限制。

第八十条 股东大会审议有关关联交易事项时，关联股东不应当参与投票表决，其所代表的有表决权的股份数不计入有效表决总数；股东大会决议的公告应当充分披露非关联股东的表决情况。

股东大会审议有关关联交易事项时，关联股东的回避和表决程序如下：

（一）拟提交股东大会审议的事项如构成关联交易，召集人应及时事先通知该关联股东，关联股东亦应及时事先通知召集人；

（二）股东大会审议有关关联交易事项时，与该关联交易事项有关联关系的股东（包括股东代理人）可以出席股东大会，但应主动向股东大会申明此种关联关系；

（三）关联股东可以参加讨论涉及自己的关联交易事项，并可就该关联交易产生的原因、交易基本情况、交易是否公允合法及事宜等向股东大会作出解释和说明，但在投票表决时应回避表决，其所代表有表决权的股份数不计入有效表决股份总数；

（四）如出现股东大会出席的股东只有关联股东等特殊情况，使关联股东无法回避表决时，公司在征得监管部门的同意后，可以按照正常程序进行表决，并在股东大会决议中作出详细说明。

第八十一条 公司应在保证股东大会合法、有效的前提下，通过各种方式和途径，优先提供网络形式的投票平台等现代信息技术手段,为股东参加股东大会提供便利。

第八十二条　除公司处于危机等特殊情况外,非经股东大会以特别决议批准,公司将不与董事、总经理和其他高级管理人员以外的人订立将公司全部或者重要业务的管理交予该人负责的合同。

第八十三条　董事、监事候选人名单以提案的方式提请股东大会表决。

股东大会就选举董事、监事进行表决时,根据本章程的规定或者股东大会的决议,可以实行累积投票制。

前款所称累积投票制是指股东大会选举董事或者监事时,每一股份拥有与应选董事或者监事人数相同的表决权,股东拥有的表决权可以集中使用。董事会应当向股东公告候选董事、监事的简历和基本情况。

(一) 董事提名的方式和选举程序

(1) 首届董事候选人名单由发起人提出,并提交公司创立大会选举产生;

(2) 在章程规定的人数范围内,董事候选人由董事会提名,单独或者合并持有公司发行在外有表决权股份总数 3% 以上的股东也可以临时提案方式书面提名;

(3) 在股东大会召开之前,公司应向股东提供候选董事的详细资料;

(4) 董事候选人应作出书面承诺,同意接受提名,承诺公开披露的董事候选人的资料真实、完整并保证当选后切实履行董事职责;

(5) 独立董事的提名方式和程序应按照法律、行政法规及部门规章的有关规定执行;

(6) 股东大会审议选举董事议案时,应对每个董事候选人逐个进行表决;

(7) 董事候选人或独立董事候选人为 2 人以上时,选举实行累积股票制;

(8) 选举董事议案获得通过后,新任董事在会议表决通过并宣布当选时立即就任。

(二) 监事提名的方式和选举程序

(1) 首届监事候选人名单由发起人提出,并提交公司创立大会选举产生;

(2) 在章程规定的人数范围内,股东代表出任监事的建议名单由监事会提名,单独或者合并持有公司股份总额 3% 以上的股东也可以临时提案方式书面提名;

(3) 在股东大会召开之前,公司应向股东提供候选监事的详细资料;

(4) 股东大会审议选举监事议案时,应对每个监事候选人逐个进行表决;

(5) 监事候选人为 2 人以上时,选举实行累积股票制;

(6) 选举监事议案获得通过后,新任监事在会议表决通过并宣布当选时立即就任;

(7) 监事会中的职工代表担任的监事由公司职工通过职工代表大会、职工大会或者其他形式民主选举产生,直接进入监事会。

(三) 累积投票制操作细则

(1) 每一有表决权的股份拥有与拟选出的董事、监事人数相同的表决权;

(2) 股东可以自由地在董事、监事候选人之间分配其表决权,既可分散投于多人,也可集中投于一人;股东可以把投票的表决权集中选举一位候选人,也可以分散选举数人或全部候选人;

(3) 股东对某一个或某几个董事、监事候选人集中行使了其持有的每一股份所代表的与拟选出的选董事、监事人数相同的全部表决权后,对其他董事候选人即不再拥有投票表决权;

（4）股东对某一个或某几个董事、监事候选人集中行使的表决权总数,多于其持有的全部股份拥有的表决权时,股东投票无效,视为放弃表决权;股东对某一个或某几个董事、监事候选人集中行使的表决权总数,少于其持有的全部股份拥有的表决权时,股东投票有效,差额部分视为放弃表决权;

（5）按照董事、监事候选人得票多少的顺序,从前往后根据拟选出的董事、监事人数,由得票较多者当选;

（6）独立董事和其他董事应分别计算以保证独立董事的比例。

第八十四条 除累积投票制外,股东大会将对所有提案进行逐项表决,对同一事项有不同提案的,将按提案提出的时间顺序进行表决。除因不可抗力等特殊原因导致股东大会中止或不能作出决议外,股东大会将不会对提案进行搁置或不予表决。

第八十五条 股东大会审议提案时,不能对提案进行修改,否则,有关变更应当被视为一个新的提案,不能在本次股东大会上进行表决。

第八十六条 同一表决权只能选择现场、网络表决方式中的一种。同一表决权出现重复表决的以第一次投票结果为准。

第八十七条 股东大会采取记名方式投票表决。

第八十八条 股东大会对提案进行表决前,应当推举两名股东代表参加计票和监票。审议事项与股东有利害关系的,相关股东及代理人不得参加计票、监票。

股东大会对提案进行表决时,应当由律师、股东代表与监事代表共同负责计票、监票,并当场公布表决结果,决议的表决结果载入会议记录。

通过网络方式投票的公司股东或其代理人,有权通过相应的投票系统查验自己的投票结果。

第八十九条 股东大会现场结束时间不得早于网络方式,会议主持人应当宣布每一提案的表决情况和结果,并根据表决结果宣布提案是否通过。

在正式公布表决结果前,股东大会现场、网络表决及其他方式中所涉及的公司、计票人、监票人、主要股东、网络服务方等相关各方对表决情况均负有保密义务。

第九十条 出席股东大会的股东,应当对提交表决的提案发表以下意见之一:同意、反对或弃权。

未填、错填、字迹无法辨认的表决票、未投的表决票均视为投票人放弃表决权利,其所持股份数的表决结果应计为"弃权"。

第九十一条 会议主持人如果对提交表决的决议结果有任何怀疑,可以对所投票数组织点票;如果会议主持人未进行点票,出席会议的股东或者股东代理人对会议主持人宣布结果有异议的,有权在宣布表决结果后立即要求点票,会议主持人应当立即组织点票。

第九十二条 股东大会决议应当及时公告,公告中应列明出席会议的股东和代理人人数、所持有表决权的股份总数及占公司有表决权股份总数的比例、表决方式、每项提案的表决结果和通过的各项决议的详细内容。

第九十三条 提案未获通过,或者本次股东大会变更前次股东大会决议的,应当在股东大会决议公告中作特别提示。

第九十四条 股东大会通过有关董事、监事选举提案的,新任董事、监事就任时间在股东大会表决通过并宣布当选时立即就任。

第九十五条　股东大会通过有关派现、送股或资本公积转增股本提案的,公司将在股东大会结束后 2 个月内实施具体方案。

第五章　党　　委

第九十六条　公司设立党委。党委设书记 1 名,其他党委成员若干名。董事长党委书记原则上由一人担任,设立主抓企业党建工作的专职副书记,符合条件的党委委员可以通过法定程序进入董事会、监事会、经理层,董事会、监事会、经理层成员中符合条件的党员可以依照有关规定和程序进入党委,同时按规定设立纪委。

第九十七条　公司党委根据《党章》等党内法规履行职责。

（一）保证监督党和国家方针政策在公司的贯彻执行,落实党中央、国务院重大战略决策,国资委党委以及上级党组织有关重要工作部署。

（二）坚持党管干部原则与董事会依法选择经营管理者以及经营管理者依法行使用人权相结合,党委对董事会或总经理提名的人选进行酝酿并提出意见建议或者向董事会、总经理推荐提名人选;会同董事会对拟任人选进行考察,集体研究提出意见建议。

（三）研究讨论公司改革发展稳定、重大经营管理事项和涉及职工切身利益的重大问题,并提出意见建议。

（四）承担全面从严治党主体责任。领导公司思想政治工作、统战工作、精神文明建设、企业文化建设和工会、共青团等群团工作。领导党风廉政建设,支持纪委切实履行监督责任。

第六章　董　事　会

第一节　董　　事

第九十八条　公司董事为自然人,有下列情形之一的,不能担任公司的董事:

（一）无民事行为能力或者限制民事行为能力;

（二）因贪污、贿赂、侵占财产、挪用财产或者破坏社会主义市场经济秩序,被判处刑罚,执行期满未逾 5 年,或者因犯罪被剥夺政治权利,执行期满未逾 5 年;

（三）担任破产清算的公司、企业的董事或者厂长、总经理,对该公司、企业的破产负有个人责任的,自该公司、企业破产清算完结之日起未逾 3 年;

（四）担任因违法被吊销营业执照、责令关闭的公司、企业的法定代表人,并负有个人责任的,自该公司、企业被吊销营业执照之日起未逾 3 年;

（五）个人所负数额较大的债务到期未清偿;

（六）被中国证监会处以证券市场禁入处罚,期限未满的;

（七）法律、行政法规或部门规章规定的其他内容。

违反本条规定选举、委派董事的,该选举、委派或者聘任无效。董事在任职期间出现本条情形的,公司解除其职务。

第九十九条　董事由股东大会选举或更换,任期 3 年。董事任期届满,可连选连任。董事在任期届满以前,股东大会不能无故解除其职务。

董事任期从就任之日起计算,至本届董事会任期届满时为止。董事任期届满未及时改选,在改选出的董事就任前,原董事仍应当依照法律、行政法规、部门规章和本章程的规定,

履行董事职务。

董事可以由总经理或者其他高级管理人员兼任,但兼任总经理或者其他高级管理人员职务的董事,总计不得超过公司董事总数的1/2。

本公司董事会成员没有职工代表担任的董事。

第一百条 董事应当遵守法律、行政法规和本章程,对公司负有下列忠实义务:

(一)不得利用职权收受贿赂或者其他非法收入,不得侵占公司的财产;

(二)不得挪用公司资金;

(三)不得将公司资产或者资金以其个人名义或者其他个人名义开立账户存储;

(四)不得违反本章程的规定,未经股东大会或董事会同意,将公司资金借贷给他人或者以公司财产为他人提供担保;

(五)不得违反本章程的规定或未经股东大会同意,与本公司订立合同或者进行交易;

(六)未经股东大会同意,不得利用职务便利,为自己或他人谋取本应属于公司的商业机会,自营或者为他人经营与本公司同类的业务;

(七)不得接受与公司交易的佣金归为己有;

(八)不得擅自披露公司秘密;

(九)不得利用其关联关系损害公司利益;

(十)法律、行政法规、部门规章及本章程规定的其他忠实义务。

董事违反本条规定所得的收入,应当归公司所有;给公司造成损失的,应当承担赔偿责任。

第一百零一条 董事应当遵守法律、行政法规和本章程,对公司负有下列勤勉义务:

(一)应谨慎、认真、勤勉地行使公司赋予的权利,以保证公司的商业行为符合国家法律、行政法规以及国家各项经济政策的要求,商业活动不超过营业执照规定的业务范围;

(二)应公平对待所有股东;

(三)及时了解公司业务经营管理状况;

(四)应当对公司定期报告签署书面确认意见。保证公司所披露的信息真实、准确、完整;

(五)应当如实向监事会提供有关情况和资料,不得妨碍监事会或者监事行使职权;

(六)法律、行政法规、部门规章及本章程规定的其他勤勉义务。

第一百零二条 董事连续两次未能亲自出席,也不委托其他董事出席董事会会议,视为不能履行职责,董事会应当建议股东大会予以撤换。

第一百零三条 董事可以在任期届满以前提出辞职。董事辞职应向董事会提交书面辞职报告。董事会将在2日内披露有关情况。

如因董事的辞职导致公司董事会低于法定最低人数时,在改选出的董事就任前,原董事仍应当依照法律、行政法规、部门规章和本章程规定,履行董事职务。

除前款所列情形外,董事辞职自辞职报告送达董事会时生效。

第一百零四条 董事辞职生效或者任期届满,应向董事会办妥所有移交手续,其对公司和股东承担的忠实义务,在任期结束后并不当然解除,其对公司商业秘密保密的义务在其任职结束后仍然有效,直至该秘密成为公开信息;其他忠实义务的持续期间应当根据公平的原则决定,视事件发生与离任之间时间的长短,以及与公司的关系在何种情况和条件下结束而定。

第一百零五条　未经本章程规定或者董事会的合法授权,任何董事不得以个人名义代表公司或者董事会行事。董事以其个人名义行事时,在第三方会合理地认为该董事在代表公司或者董事会行事的情况下,该董事应当事先声明其立场和身份。

第一百零六条　董事执行公司职务时违反法律、行政法规、部门规章或本章程的规定,给公司造成损失的,应当承担赔偿责任。

第一百零七条　独立董事应按照法律、行政法规及部门规章的有关规定执行。

第二节　董事会

第一百零八条　公司设董事会,对股东大会负责。

第一百零九条　董事会由6名董事组成,设董事长1人,副董事长1人。

第一百一十条　董事会行使下列职权:

(一)召集股东大会,并向股东大会报告工作;

(二)执行股东大会的决议;

(三)决定公司的经营计划和投资方案;

(四)制订公司的年度财务预算方案、决算方案;

(五)制订公司的利润分配方案和弥补亏损方案;

(六)制订公司增加或者减少注册资本、发行债券或其他证券及上市方案;

(七)拟订公司重大收购、收购本公司股票或者合并、分立、解散及变更公司形式的方案;

(八)在股东大会授权范围内,决定公司对外投资、收购出售资产、资产抵押、对外担保事项、委托理财、关联交易等事项;

(九)决定公司内部管理机构的设置;

(十)聘任或者解聘公司总经理、董事会秘书;根据总经理的提名,聘任或者解聘公司副总经理、安监局局长、财务负责人等高级管理人员,并决定其报酬事项和奖惩事项;

(十一)制订公司的基本管理制度;

(十二)制订本章程的修改方案;

(十三)管理公司信息披露事项;

(十四)向股东大会提请聘请或更换为公司审计的会计师事务所;

(十五)听取公司总经理的工作汇报并检查总经理的工作;

(十六)法律、行政法规、部门规章或本章程授予的其他职权。

超过股东大会授权范围的事项,应当提交股东大会审议。

第一百一十一条　董事会行使职权应当与党委发挥领导核心作用相结合,为党组织参与企业重大问题决策以及监督党和国家方针政策在企业的贯彻执行提供保障。董事会决定公司重大问题,应当事先听取公司党委的意见。

第一百一十二条　公司董事会应当就注册会计师对公司财务报告出具的非标准审计意见向股东大会作出说明。

第一百一十三条　董事会制定董事会议事规则,以确保董事会落实股东大会决议,提高工作效率,保证科学决策。

董事会议事规则详细规定董事会的召开和表决程序。董事会议事规则应作为章程的附件,由董事会拟定,股东大会批准。

第一百一十四条　董事会应当确定对外投资、收购出售资产、资产抵押、对外担保事项、委托理财、关联交易的权限,建立严格的审查和决策程序;重大投资项目应当组织有关专家、专业人员进行评审,并报股东大会批准。

董事会有关对外投资、收购出售资产、贷款审批、资产抵押、对外担保事项、委托理财、关联交易的权限如下:

(一)对外投资

董事会具有单项投资不超过公司最近一期经审计的净资产的 30% 的对外投资权限;

公司在一个会计年度内分次进行的对外投资,以其在此期间的累计额不超过上述规定为限。

(二)收购出售资产

董事会具有单次不超过公司最近一期经审计的净资产的 30% 的收购出售资产权限;

公司在一个会计年度内连续对同一资产或相关资产分次进行的收购或出售,以其在此期间的累计额不超过上述规定为限。

(三)资产抵押

董事会具有单次不超过公司最近一期经审计的总资产的 30% 的资产抵押权限;

公司在一个会计年度内分次进行的资产抵押,以其在此期间的累计额不超过上述规定为限。

(四)对外担保事项

董事会在符合下列条件下,具有单笔担保额不超过最近一期经审计净资产 10% 的对外担保权限:

(1)对外担保的对象不是股东、实际控制人及其关联方、资产负债率超过 70% 的被担保方;

(2)公司及其控股子公司的对外担保总额,未超过最近一期经审计净资产的 50%;

(3)公司对外担保在一个会计年度内,未超过公司最近一期经审计总资产的 30%。

(五)委托理财

董事会具有单次委托理财不超过公司最近一期经审计的净资产的 30% 的权限;

公司在一个会计年度内分次进行的委托理财,以其在此期间的累计额不超过上述规定为限。

(六)关联交易

董事会审议关联交易的权限按照法律、行政法规及部门规章的有关规定执行。

第一百一十五条 董事会设董事长 1 人,副董事长 1 人。董事长和副董事长由董事会以全体董事的过半数选举产生。

第一百一十六条 董事长行使下列职权:

(一)主持股东大会和召集、主持董事会会议;

(二)督促、检查董事会决议的执行;

(三)不超过公司上一年度经审计的净资产的 15%(含 15%)的投资,经董事长批准后即可实施,其中包括:全资投资项目、控股投资项目、参股投资项目、合作投资项目、国债、公司债券、基金等;

(四)在发生特大自然灾害等不可抗力的紧急情况下,对公司事务行使符合法律规定和公司利益的特别处置权,并在事后向公司董事会和股东大会报告;

（五）董事会授予的其他职权。

第一百一十七条　公司副董事长协助董事长工作,董事长不能履行职务或者不履行职务的,由副董事长履行职务;副董事长不能履行职务或者不履行职务的,由半数以上董事共同推举一名董事履行职务。

第一百一十八条　董事会每年至少召开两次会议,由董事长召集,于会议召开 10 日以前书面通知全体董事和监事。

第一百一十九条　代表 1/10 以上表决权的股东、1/3 以上董事或者监事会,可以提议召开董事会临时会议。董事长应当自接到提议后 10 日内,召集和主持董事会会议。

第一百二十条　董事会召开临时董事会会议的通知方式为:专人送达、邮寄、电子邮件或者传真;通知时限为:至少于会议召开 5 日以前通知全体董事和监事。

因发生紧急情况而召开的临时董事会会议,经全体董事同意的,可随时以电话或其他口头方式通知召开。

第一百二十一条　董事会会议通知包括以下内容:

（一）会议日期和地点;

（二）会议期限;

（三）事由及议题;

（四）发出通知的日期。

第一百二十二条　董事会会议应有过半数的董事出席方可举行。董事会作出决议,必须经全体董事的过半数通过。

董事会决议的表决,实行一人一票。

第一百二十三条　董事与董事会会议决议事项所涉及的企业有关联关系的,不得对该项决议行使表决权,也不得代理其他董事行使表决权。该董事会会议由过半数的无关联关系董事出席即可举行,董事会会议所作决议须经无关联关系董事过半数通过。出席董事会的无关联董事人数不足 3 人的,应将该事项提交股东大会审议。

第一百二十四条　董事会决议表决方式为:举手表决或投票表决。

董事会临时会议在保障董事充分表达意见的前提下,可以用传真方式进行并做出决议,并由参会董事签字。

第一百二十五条　董事会会议,应由董事本人出席;董事因故不能出席,可以书面委托其他董事代为出席,委托书中应载明代理人的姓名,代理事项、授权范围和有效期限,并由委托人签名或盖章。代为出席会议的董事应当在授权范围内行使董事的权利。董事未出席董事会会议,亦未委托代表出席的,视为放弃在该次会议上的投票权。

第一百二十六条　董事会应当对会议所议事项的决定做成会议记录,出席会议的董事应当在会议记录上签名。

董事会会议记录作为公司档案保存,保存期限不少于 10 年。

第一百二十七条　董事会会议记录包括以下内容:

（一）会议召开的日期、地点和召集人姓名;

（二）出席董事的姓名以及受他人委托出席董事会的董事(代理人)姓名;

（三）会议议程;

（四）董事发言要点;

（五）每一决议事项的表决方式和结果（表决结果应载明赞成、反对或弃权的票数）。

第七章 总经理及其他高级管理人员

第一百二十八条 公司设总经理1名，由董事会聘任或解聘。

公司根据工作需要设副总经理、安监局局长、财务负责人（总会计师）、总工程师，由总经理提名，董事会聘任或解聘。

公司总经理、副总经理、安监局局长、财务负责人（总会计师）、总工程师和董事会秘书为公司高级管理人员。

第一百二十九条 本章程第九十八条关于不得担任董事的情形，同时适用于高级管理人员。

本章程第一百条关于董事的忠实义务和第一百零一条（四）～（六）关于勤勉义务的规定，同时适用于高级管理人员。

第一百三十条 在公司控股股东、实际控制人单位担任除董事以外其他职务的人员，不得担任公司的高级管理人员。

第一百三十一条 总经理每届任期3年，总经理连聘可以连任。

第一百三十二条 总经理对董事会负责，行使下列职权：

（一）主持公司的生产经营管理工作，组织实施董事会决议，并向董事会报告工作；

（二）组织实施公司年度经营计划和投资方案；

（三）拟订公司内部管理机构设置方案；

（四）拟订公司的基本管理制度；

（五）制定公司的具体规章；

（六）提请董事会聘任或者解聘公司副总经理、安监局局长、财务负责人；

（七）决定聘任或者解聘除应由董事会决定聘任或者解聘以外的负责管理人员；

（八）本章程或董事会授予的其他职权。

总经理列席董事会会议。

第一百三十三条 总经理应制订总经理工作细则，报董事会批准后实施。

第一百三十四条 总经理工作细则包括下列内容：

（一）总经理会议召开的条件、程序和参加的人员；

（二）总经理及其他高级管理人员各自具体的职责及其分工；

（三）公司资金、资产运用，签订重大合同的权限，以及向董事会、监事会的报告制度；

（四）董事会认为必要的其他事项。

第一百三十五条 总经理可以在任期届满以前提出辞职。有关总经理辞职的具体程序和办法由总经理与公司之间的劳务合同规定。

第一百三十六条 公司副总经理、安监局局长由总经理提名，总经理可以提请董事会聘任或者解聘副总经理、安监局局长。副总经理、安监局局长协助总经理的工作。在总经理不能履行职权时，由总经理或董事会指定1名副总经理理代行职权。

第一百三十七条 公司设董事会秘书，负责公司股东大会和董事会会议的筹备、文件保管以及公司股东资料管理，办理信息披露事务等事宜。

董事会秘书经董事长提名，由董事会聘任或解聘；董事会秘书是公司高级管理人员，对董事会负责并报告工作。任期与董事任期相同,任满可以续聘。董事会如发现董事会秘书有失职或不称职行为,经考核属实的,可以将其解聘。

董事会委任证券事务代表,在董事会秘书不能履行职责时代为其行使职责。

董事会秘书应具备以下条件:

(一)应由具有大学专科以上学历,从事秘书、管理、股权事务等工作三年以上的自然人担任;

(二)应掌握有关财务、税收、法律、金融、企业管理等方面专业知识,具有良好的个人品质,严格遵守有关法律、法规及职业操守,能够忠诚地履行职责,并具有良好的沟通技巧和灵活的处事能力。

本章程第九十八条之规定不得担任公司董事的情形适用于董事会秘书。

董事会秘书的主要职责是:

(一)准备和递交国家有关部门要求的董事会和股东大会出具的报告和文件;

(二)筹备执行董事会会议和股东大会,并负责会议记录和会议文件、会议决议的保管及向国务院主管部门、证监会和公司股票交易的证券交易所的报备工作;

(三)负责公司信息披露事务,组织制定和执行信息披露管理制度和重大信息的内部报告制度,督促公司和相关当事人依法履行信息披露义务,保证公司信息披露的及时、准确、合法、真实和完整;

(四)负责公司与投资者关系管理工作,建立健全投资者管理工作制度,通过多种形式加强各类股东的沟通和交流;

(五)本章程和监管部门所规定的其他职责。

公司应为董事会秘书履行上述职责提供条件。

公司董事或者其他高级管理人员可以兼任公司董事会秘书。公司聘请的会计师事务所的注册会计师和律师事务所的律师不得兼任公司董事会秘书。

董事兼任董事会秘书的,如某一行为需由董事、董事会秘书分别作出时,则该兼任董事及公司董事会秘书的人不得以双重身份作出。

董事会秘书应遵守法律、行政法规、部门规章及本章程的有关规定。

第一百三十八条 高级管理人员执行公司职务时违反法律、行政法规、部门规章或本章程的规定,给公司造成损失的,应当承担赔偿责任。

第八章 监 事 会

第一节 监 事

第一百三十九条 本章程第九十八条关于不得担任董事的情形、同时适用于监事。

董事、总经理和其他高级管理人员不得兼任监事。

第一百四十条 监事应当遵守法律、行政法规和本章程,对公司负有忠实义务和勤勉义务,不得利用职权收受贿赂或者其他非法收入,不得侵占公司的财产。

第一百四十一条 监事的任期每届为 3 年。监事任期届满,连选可以连任。

第一百四十二条 监事任期届满未及时改选,或者监事在任期内辞职导致监事会成员低于法定人数的,在改选出的监事就任前,原监事仍应当依照法律、行政法规和本章程的规定,履行监事职务。

第一百四十三条 监事应当保证公司披露的信息真实、准确、完整。

第一百四十四条 监事可以列席董事会会议,并对董事会决议事项提出质询或者建议。

第一百四十五条 监事不得利用其关联关系损害公司利益,若给公司造成损失的,应当承担赔偿责任。

第一百四十六条 监事执行公司职务时违反法律、行政法规、部门规章或本章程的规定,给公司造成损失的,应当承担赔偿责任。

第二节 监 事 会

第一百四十七条 公司设监事会。监事会由 5 名监事组成,监事会设主席 1 人。监事会主席由全体监事过半数选举产生。监事会主席召集和主持监事会会议;监事会主席不能履行职务或者不履行职务的,由半数以上监事共同推举一名监事召集和主持监事会会议。

监事会应当包括股东代表和适当比例的公司职工代表,其中职工代表的比例不低于 1/3。监事会中的职工代表由公司职工通过职工代表大会、职工大会或者其他形式民主选举产生。

第一百四十八条 监事会行使下列职权:

(一)应当对董事会编制的公司定期报告进行审核并提出书面审核意见;

(二)检查公司财务;

(三)对董事、高级管理人员执行公司职务的行为进行监督,对违反法律、行政法规、本章程或者股东大会决议的董事、高级管理人员提出罢免的建议;

(四)当董事、高级管理人员的行为损害公司的利益时,要求董事、高级管理人员予以纠正;

(五)提议召开临时股东大会,在董事会不履行《公司法》规定的召集和主持股东大会职责时召集和主持股东大会;

(六)向股东大会提出提案;

(七)依照《公司法》第一百五十二条的规定,对董事、高级管理人员提起诉讼;

(八)发现公司经营情况异常,可以进行调查;必要时,可以聘请会计师事务所、律师事务所等专业机构协助其工作,费用由公司承担。

第一百四十九条 监事会每 6 个月至少召开一次会议。监事可以提议召开临时监事会会议。

监事会决议应当经半数以上监事通过。

第一百五十条 监事会制定监事会议事规则,明确监事会的议事方式和表决程序,以确保监事会的工作效率和科学决策。

监事会议事规则规定监事会的召开和表决程序。监事会议事规则应作为章程的附件,由监事会拟定,股东大会批准。

第一百五十一条 监事会应当将所议事项的决定做成会议记录,出席会议的监事应当在会议记录上签名。

监事有权要求在记录上对其在会议上的发言作出某种说明性记载。监事会会议记录作为公司档案至少保存 10 年。

第一百五十二条 监事会会议通知包括以下内容:

(一)举行会议的日期、地点和会议期限;

(二)事由及议题;

（三）发出通知的日期。

第九章　财务会计制度、利润分配和审计

第一节　财务会计制度

第一百五十三条　公司依照法律、行政法规和国家有关部门的规定,制定公司的财务会计制度。

第一百五十四条　公司在每一会计年度结束之日起 4 个月内向中国证监会和证券交易所报送年度财务会计报告,在每一会计年度前 6 个月结束之日起 2 个月内向中国证监会派出机构和证券交易所报送半年度财务会计报告,在每一会计年度前 3 个月和前 9 个月结束之日起的 1 个月内向中国证监会派出机构和证券交易所报送季度财务会计报告。

上述财务会计报告按照有关法律、行政法规及部门规章的规定进行编制。

第一百五十五条　公司除法定的会计账簿外,将不另立会计账簿。公司的资产,不以任何个人名义开立账户存储。

第一百五十六条　公司分配当年税后利润时,应当提取利润的 10％列入公司法定公积金。公司法定公积金累计额为公司注册资本的 50％以上的,可以不再提取。

公司的法定公积金不足以弥补以前年度亏损的,在依照前款规定提取法定公积金之前,应当先用当年利润弥补亏损。

公司从税后利润中提取法定公积金后,经股东大会决议,还可以从税后利润中提取任意公积金。

公司弥补亏损和提取公积金后所余税后利润,按照股东持有的股份比例分配,但本章程规定不按持股比例分配的除外。

股东大会违反前款规定,在公司弥补亏损和提取法定公积金之前向股东分配利润的,股东必须将违反规定分配的利润退还公司。

公司持有的本公司股份不参与分配利润。

第一百五十七条　公司的公积金用于弥补公司的亏损、扩大公司生产经营或者转为增加公司资本。但是,资本公积金将不用于弥补公司的亏损。

法定公积金转为资本时,所留存的该项公积金将不少于转增前公司注册资本的 25％。

第一百五十八条　公司股东大会对利润分配方案作出决议后,公司董事会须在股东大会召开后 2 个月内完成股利（或股份）的派发事项。

第一百五十九条　公司实施连续、稳定的利润分配政策,在满足公司正常生产经营的资金需求情况下,公司将积极采取现金方式分配利润。

（一）利润分配原则

公司应当重视对投资者的合理投资回报,以可持续发展和维护股东权益为宗旨,保持利润分配的连续性和稳定性,不得损害公司持续经营能力,并符合法律、法规的相关规定。公司利润分配不得超过累计可供分配利润的范围。

股东存在违规占用公司资金情况的,公司应当扣减该股东所分配的现金红利,以偿还其占用的资金。

（二）利润分配的决策机制和程序

利润分配预案由经营管理层根据公司当年的经营业绩、未来经营计划及资金需求状况

提出,经董事会审议以及独立董事对利润分配预案发表独立意见后提交股东大会审议批准。

董事会在制订利润分配政策过程中,应当充分考虑公司正常生产经营的资金需求、投资安排、公司的实际盈利状况、现金流量情况、股本规模、公司发展的持续性等因素,并认真研究和论证公司现金分红的时机、条件和最低比例、调整的条件及其决策程序要求等事宜,独立董事应当发表明确意见。

独立董事可以征集中小股东的意见,提出分红提案,并直接提交董事会审议。

股东大会对现金分红具体方案进行审议前,公司应当通过多种渠道主动与股东特别是中小股东进行沟通和交流,充分听取中小股东的意见和诉求,及时答复中小股东关心的问题。

公司应当在定期报告中详细披露现金分红政策的制定及执行情况。公司当年盈利,但董事会未提出以现金方式进行利润分配预案的,应说明原因以及未用于现金分红的资金留存公司的用途和使用计划,并由独立董事对此发表独立意见并及时披露;董事会审议通过后提交股东大会审议,同时在召开股东大会时,公司应当提供网络投票等方式以方便中小股东参与股东大会表决。

(三)利润分配政策的调整机制

若公司外部经营环境发生重大变化,或现有的利润分配政策影响公司可持续经营时,公司董事会可以根据内外部环境的变化向股东大会提交修改利润分配政策的方案。公司董事会提出修改利润分配政策,应当以股东利益为出发点,注重对投资者利益的保护,并在提交股东大会的利润分配政策修订议案中详细说明原因,修改后的利润分配政策不得违反中国证监会和上海证券交易所的有关规定。

公司利润分配政策的修改应当经过董事会审议通过后提交股东大会审议,独立董事应当发表独立意见。股东大会审议时,应当由出席股东大会的股东(包括股东代理人)所持表决权的三分之二以上通过。利润分配政策的修改应当通过多种形式充分听取中小股东的意见。

(四)利润分配政策

(1)公司可以采取现金方式、股票方式或者现金与股票相结合的方式分配股利。公司在盈利且现金流能满足正常经营和持续发展的前提下,应当积极推行现金分配方式。公司董事会认为必要时,可以在满足上述现金股利分配之余,提出并实施股票股利分红。

(2)现金分红的条件

① 公司该年度或半年度实现的可分配利润(即公司弥补亏损、提取公积金后所余的税后利润)为正值且现金流充沛,实施现金分红不会影响公司后续持续经营;

② 公司累计可供分配利润为正值;

③ 审计机构对公司的该年度财务报告出具标准无保留意见的审计报告;

④ 公司无重大投资计划或重大现金支出等事项发生(募集资金项目除外);

重大投资计划或重大现金支出是指:公司未来十二个月内拟对外投资、收购资产或者购买设备的累计支出达到或者超过公司最近一期经审计净资产的20%;

⑤ 公司当年度经营性现金流量净额或者现金流量净额为正数;

⑥ 公司最近一期经审计的期末资产负债率低于70%。

(3)股利分配的时间间隔:在符合现金分红条件情况下,公司原则上每年进行一次现金分红。在有条件情况下,公司董事会可以根据公司的资金状况提议中期现金分红。

现金分红的比例规定:根据《公司法》和《公司章程》的规定提取各项公积金、弥补亏损后,公司当年可供分配利润为正数时,在满足公司正常生产经营的资金需求情况下,公司应当采用现金方式分配利润。现金分红的比例原则上在最近三年以现金方式累计分配的利润不得少于最近三年实现的年均可分配利润的百分之三十,具体每个年度的分红比例由董事会根据年度盈利状况和未来资金使用计划作出决议。

公司董事会应当综合考虑所处行业特点、发展阶段、自身经营模式、盈利水平以及是否有重大资金支出安排等因素,区分下列情形,并按照本章程规定的程序,提出差异化的现金分红政策:

(1)公司发展阶段属成熟期且无重大资金支出安排的,进行利润分配时,现金分红在本次利润分配中所占比例最低应达到80%;

(2)公司发展阶段属成熟期且有重大资金支出安排的,进行利润分配时,现金分红在本次利润分配中所占比例最低应达到40%;

(3)公司发展阶段属成长期且有重大资金支出安排的,进行利润分配时,现金分红在本次利润分配中所占比例最低应达到20%;

公司发展阶段不易区分但有重大资金支出安排的,可以按照前项规定处理。

第二节　内部审计

第一百六十条　公司实行内部审计制度,配备专职审计人员,对公司财务收支和经济活动进行内部审计监督。

第一百六十一条　公司内部审计制度和审计人员的职责,应当经董事会批准后实施。审计负责人向董事会负责并报告工作。

第三节　会计师事务所的聘任

第一百六十二条　公司聘用取得"从事证券相关业务资格"的会计师事务所进行会计报表审计、净资产验证及其他相关的咨询服务等业务,聘期1年,可以续聘。

第一百六十三条　公司聘用会计师事务所必须由股东大会决定,董事会不得在股东大会决定前委任会计师事务所。

第一百六十四条　公司保证向聘用的会计师事务所提供真实、完整的会计凭证、会计账簿、财务会计报告及其他会计资料,不得拒绝、隐匿、谎报。

第一百六十五条　会计师事务所的审计费用由股东大会决定。

第一百六十六条　公司解聘或者不再续聘会计师事务所时,提前30天事先通知会计师事务所,公司股东大会就解聘会计师事务所进行表决时,允许会计师事务所陈述意见。

会计师事务所提出辞聘的,应当向股东大会说明公司有无不当情形。

第十章　通知和公告

第一节　通　知

第一百六十七条　公司的通知以下列形式发出:

(一)以专人送出;

(二)以邮件方式送出;

(三)传真方式送出;

(四)以公告方式进行;

(五)本章程规定的其他形式。

第一百六十八条 公司发出的通知,以公告方式进行的,一经公告,视为所有相关人员收到通知。

第一百六十九条 公司召开股东大会的会议通知,以公告方式进行。

第一百七十条 公司召开董事会的会议通知,以专人送出、邮件或传真方式进行。

第一百七十一条 公司召开监事会的会议通知,以专人送出、邮件或传真方式进行。

第一百七十二条 公司通知以专人送出的,由被送达人在送达回执上签名(或盖章),被送达人签收日期为送达日期;公司通知以邮件送出的,自交付邮局之日起第 5 个工作日为送达日期;公司通知以传真方式送出的,发出之日为送达日期;公司通知以公告方式送出的,第一次公告刊登日为送达日期。

第一百七十三条 因意外遗漏未向某有权得到通知的人送出会议通知或者该等人没有收到会议通知,会议及会议作出的决议并不因此无效。

第二节 公告

第一百七十四条 公司指定《上海证券报》《证券时报》和上海证券交易所网站(www.sse.com.cn)为刊登公司公告和其他需要披露信息的媒体。

第十一章 合并、分立、增资、减资、解散和清算

第一节 合并、分立、增资和减资

第一百七十五条 公司合并可以采取吸收合并或者新设合并。

一个公司吸收其他公司为吸收合并,被吸收的公司解散。两个以上公司合并设立一个新的公司为新设合并,合并各方解散。

第一百七十六条 公司合并,应当由合并各方签订合并协议,并编制资产负债表及财产清单。公司应当自作出合并决议之日起 10 日内通知债权人,并于 30 日内在本章程第一百七十四条中规定的媒体上公告。债权人自接到通知书之日起 30 日内,未接到通知书的自公告之日起 45 日内,可以要求公司清偿债务或者提供相应的担保。

第一百七十七条 公司合并时,合并各方的债权、债务,由合并后存续的公司或者新设的公司承继。

第一百七十八条 公司分立,其财产作相应的分割。

公司分立,应当编制资产负债表及财产清单。公司应当自作出分立决议之日起 10 日内通知债权人,并于 30 日内在本章程第一百七十四条中规定的媒体上公告。

第一百七十九条 公司分立前的债务由分立后的公司承担连带责任。但是,公司在分立前与债权人就债务清偿达成的书面协议另有约定的除外。

第一百八十条 公司需要减少注册资本时,必须编制资产负债表及财产清单。

公司应当自作出减少注册资本决议之日起 10 日内通知债权人,并于 30 日内在本章程第一百七十四条中规定的媒体上公告。债权人自接到通知书之日起 30 日内,未接到通知书的自公告之日起 45 日内,有权要求公司清偿债务或者提供相应的担保。

公司减资后的注册资本将不低于法定的最低限额。

第一百八十一条 公司合并或者分立,登记事项发生变更的,应当依法向公司登记机关办理变更登记;公司解散的,应当依法办理公司注销登记;设立新公司的,应当依法办理公司设立登记。

公司增加或者减少注册资本,应当依法向公司登记机关办理变更登记。

第二节　解散和清算

第一百八十二条　公司因下列原因解散:

(一)本章程规定的营业期限届满或者本章程规定的其他解散事由出现;

(二)股东大会决议解散;

(三)因公司合并或者分立需要解散;

(四)依法被吊销营业执照、责令关闭或者被撤销;

(五)公司经营管理发生严重困难,继续存续会使股东利益受到重大损失,通过其他途径不能解决的,持有公司全部股东表决权 10%以上的股东,可以请求人民法院解散公司。

第一百八十三条　公司有本章程第一百八十二条第(一)项情形的,可以通过修改本章程而存续。

依照前款规定修改本章程,须经出席股东大会会议的股东所持表决权的 2/3 以上通过。

第一百八十四条　公司因本章程第一百八十二条第(一)项、第(二)项、第(四)项、第(五)项规定而解散的,应当在解散事由出现之日起 15 日内成立清算组,开始清算。清算组由董事或者股东大会确定的人员组成。逾期不成立清算组进行清算的,债权人可以申请人民法院指定有关人员组成清算组进行清算。

第一百八十五条　清算组在清算期间行使下列职权:

(一)清理公司财产,分别编制资产负债表和财产清单;

(二)通知、公告债权人;

(三)处理与清算有关的公司未了结的业务;

(四)清缴所欠税款以及清算过程中产生的税款;

(五)清理债权、债务;

(六)处理公司清偿债务后的剩余财产;

(七)代表公司参与民事诉讼活动。

第一百八十六条　清算组应当自成立之日起 10 日内通知债权人,并于 60 日内在本章程第一百七十四条中规定的媒体上公告。债权人应当自接到通知书之日起 30 日内,未接到通知书的自公告之日起 45 日内,向清算组申报其债权。

债权人申报债权,应当说明债权的有关事项,并提供证明材料。清算组应当对债权进行登记。

在申报债权期间,清算组不得对债权人进行清偿。

第一百八十七条　清算组在清理公司财产、编制资产负债表和财产清单后,应当制定清算方案,并报股东大会或者人民法院确认。

公司财产在分别支付清算费用、职工的工资、社会保险费用和法定补偿金,缴纳所欠税款,清偿公司债务后的剩余财产,公司按照股东持有的股份比例分配。

清算期间,公司存续,但不能开展与清算无关的经营活动。公司财产在未按前款规定清偿前,将不会分配给股东。

第一百八十八条　清算组在清理公司财产、编制资产负债表和财产清单后,发现公司财产不足清偿债务的,应当依法向人民法院申请宣告破产。

公司经人民法院裁定宣告破产后,清算组应当将清算事务移交给人民法院。

第一百八十九条 公司清算结束后,清算组应当制作清算报告,报股东大会或者人民法院确认,并报送公司登记机关,申请注销公司登记,公告公司终止。

第一百九十条 清算组成员应当忠于职守,依法履行清算义务。

清算组成员不得利用职权收受贿赂或者其他非法收入,不得侵占公司财产。

清算组成员因故意或者重大过失给公司或者债权人造成损失的,应当承担赔偿责任。

第一百九十一条 公司被依法宣告破产的,依照有关企业破产的法律实施破产清算。

第十二章 修改章程

第一百九十二条 有下列情形之一的,公司应当修改章程:

(一)《公司法》或有关法律、行政法规修改后,章程规定的事项与修改后的法律、行政法规的规定相抵触;

(二)公司的情况发生变化,与章程记载的事项不一致;

(三)股东大会决定修改章程。

第一百九十三条 股东大会决议通过的章程修改事项应经主管机关审批的,须报主管机关批准;涉及公司登记事项的,依法办理变更登记。

第一百九十四条 董事会依照股东大会修改章程的决议和有关主管机关的审批意见修改本章程。

第一百九十五条 章程修改事项属于法律、法规要求披露的信息,按规定予以公告。

第十三章 附 则

第一百九十六条 释义

(一)控股股东,是指其持有的股份占公司股本总额50％以上的股东;持有股份的比例虽然不足50％,但依其持有的股份所享有的表决权已足以对股东大会的决议产生重大影响的股东。

(二)实际控制人,是指虽不是公司的股东,但通过投资关系、协议或者其他安排,能够实际支配公司行为的人。

(三)关联关系,是指公司控股股东、实际控制人、董事、监事、高级管理人员与其直接或者间接控制的企业之间的关系,以及可能导致公司利益转移的其他关系。但是,国家控股的企业之间不仅因为同受国家控股而具有关联关系。

第一百九十七条 董事会可依照章程的规定,制订章程细则。章程细则不得与章程的规定相抵触。

第一百九十八条 本章程以中文书写,其他任何语种或不同版本的章程与本章程有歧义时,以在上海市工商行政管理局最近一次核准登记后的中文版章程为准。

第一百九十九条 本章程所称"以上""以内""以下",都含本数;"不满""以外""低于""多于"不含本数。

第二百条 本章程由公司董事会负责解释。

第二百零一条 本章程附件包括股东大会议事规则、董事会议事规则和监事会议事规则。

第二百零二条 本章程自股东大会审议通过之日起生效施行。

附录三　媒　体　报　道

凝心聚力事业兴——访大屯煤电（集团）有限责任公司

新说起来令人难以置信，一个有近 3 万名职工的煤电企业。建厂 30 多年，从来没有亏损过，而且日子越过越红火。上海人认为它是江苏的企业，因为它坐落在江苏省徐州市境内；江苏人认为它是上海的企业，因为建厂初期由上海投资，但事实上它是中国煤炭进出口集团公司的直属企业。这个企业自 1970 年以来，凭借严格的管理和良好效益，成为煤炭行业的排头兵。尤其是近年来，在全国大部分煤炭企业陷入困境的情况下，该公司不仅保证了职工收入的稳步提高，而且每年实现利润 3 000 多万元，去年仅交给江苏沛县的税收就达 2.1 亿元。来过这个公司的人，一般都会提到三个问题：这个公司既不靠城也不靠市，职工为什么如此安心，凝聚力为何如此强；全国煤炭企业大多亏损，该公司为何一天比一天红火；随着国有企业的改制，许多大型国有企业为下岗职工发愁，该公司为何没有一个人下岗。带着这些疑问，记者走进了大屯煤电集团公司。

科学管理是永恒的主题

大屯煤电集团公司拥有固定资产 37.4 亿元，由 4 个煤矿、3 座选煤厂、2 个发电厂、173 千米铁路线，以及 10 000 多吨级的机械制造厂组成。这里最不可思议的是，4 座煤矿的办公区花团锦簇、窗明几净。如果不到井口亲眼看一看，你根本不知道这是个煤矿。集团公司董事长曹祖民讲了两个字"管理"，他对管理的理解是："管"就是要管好人才，管住资产，通过制定严格的规章制度，合理的运行机制，靠制度与机制约束人。"理"就是理顺职工情绪，理清企业生产经营发展思路，树立全新的理念。这种"管"与"理"的结合，便是企业永恒的主题。

企业的管理，大量的工作是平淡无奇的，既琐碎又严密，大屯煤电人从最基础的工作做起：建立交接班、巡回检查制度、实施车间工作标准化、学邯钢降成本增效益。推新全员经济责任制，加强设备技术各项专业管理，提升干部职工队伍素质；他们以现代企业管理为本。改革创新，锐意进取实现了从苦干型向管理型、从经验型向科学型、从治表型向标本兼治型的转变；根据外部市场价值和目标利润，倒推成本和费用，按照生产建设单位考核成本和利润、事业型单位实行经费承包、机关部门控制管理费指标、经济实体考核利润的原则，分类别分层次制定了实施办法，通过与二级单位机关处室，面对面充分磋商做到既合情合理，又切实可行。并由集团公司总经理与各有关单位行政负责人分别签订了承包责任书。

在成本管理方面，按照横向到边，纵向到底的原则，做到成本分解不留死角、不留空白点，降低成本落实到每个员工的头上。由于人人身上都有成本费用，多年来，大屯煤电人没有像以往生产管理那样，又是层层召开动员会，又是派驻工作组，但煤电运产量年年递增，成本逐年下降。1999 年比 1998 年原煤成本降低 13.35 元/吨,供电成本下调 0.02 元/千瓦时、铁路运输成本减少 0.03 元/吨,消化了近 5 000 万元增支减利因素,原因就是得益于这种日常的持之以恒的动态管理。他们围绕"管理"二字大做文章,所有文章的主题都做在"激发人的潜能"上。在大屯煤电集团公司采访的日子里,有两件事让我们难以忘怀。

大屯煤电集团公司所属的姚桥煤矿是江苏境内规模最大的特大型矿井,累计生产原煤 3 135 万吨,上缴国家利税 2 亿多。刚进姚桥工业区矿办公大院,服务员马上跑到一位吸烟的同志面前,指指门前的禁烟标志,委婉地"劝阻"。"煤矿禁烟"记者表示怀疑,一位姓张的副矿长很肯定地说,近两年内,没有一个人在这幢办公楼里抽过烟,不论上面来的领导还是下矿井的职工,无一人例外。大屯煤电集团公司所有大车小车都是统一管理,实行成本倒推,无论上级领导还是客户上门,车辆绝对保证安全、卫生、整洁,但你会发现大屯煤电公司的小车只要空车往返,无论再热的天气,司机都不会开空调。车队的同志讲,成本倒推的制度,已经成为职工的自觉行为。

几万人的企业,职工管到这个份上,确实令我们折服。事情的发展就是这样:新的原则在荡涤腐旧之后,就一定会留存下来,启示人们精神的更新。现在在大屯煤电集团公司,"制度就是习惯""产品就是人品""企业就是家业"这样的观念,已经深入人心,融进血液,成为推动企业进步的动力之源。

实事求是地讲,大屯煤电集团公司已经站到了"管理"这一企业的制高点上。

创新是企业进步的灵魂

从传统企业向现代化企业转型,是许多企业面临的一道坎:走好了,海阔天空;走不好,可能就是万丈深渊。大屯煤电集团公司以科技创新为动力,以资本经营为依托,两翼齐飞,不仅成功地转型,而且还在市场上巩固了自己的地位。多年来,大屯煤电集团公司的科技贡献率都达到 40% 以上。每年直接用于科技进步方面的投入都在 3 000 万元以上,每年取得 100 余项科技成果,有些还获省部和国家级科技成果奖及国家专利。公司连年被评为煤炭工业科技进步十佳企业,企业技术中心被认定为国家级技术中心。

在各项创新中,思路创新是重头戏,而这出戏的精彩之处就在于,大屯煤电集团公司创造了煤、电、运一体化综合经营的"大屯模式"。大屯矿区开发建设以来,始终坚持"以煤为主、综合经营"的发展方针,大力弘扬"艰苦创业、改革创新、团结奉献"的企业精神,敢于打破传统的煤矿建设模式,在全国煤炭系统第一次提出并实践了煤炭、电力、铁路运输综合开发的新路子,率先推行矿井建设、生产配套工程、生活福利设施同步设计、同步施工的战略措施,打破了传统煤炭生产的单一模式,优化了生产要素和生产结构,堪称煤炭生产建设发展史上的一个奇迹。特别是 1996 年来,集团公司大量采用高新技术改造传统产业。采用综采放顶煤、高档放顶煤、水力采煤等生产工艺,实施矿井集约化生产,建设高产高效矿井,使矿区煤炭生产能力净增 240 万吨;研制和采用了国内领先的浮选柱等高效洗选设备和大功率动筛跳汰机,使煤炭的洗选能力和产品质量大幅度提高;采用具有国际先进水平的设备和技术,对电厂机组进行技改,建设了矸石热电厂,使发电装机容量净增了 74 兆瓦;大量采用国铁实用技术进行技改,使铁路运量净增 340 万吨;开发研制了矿井水和生活污水复用技术,使处理过的矿井水大量用于工业和民用,使处理后的生活污水用于热电厂,为企业节约了大量费用;利用矿区电力资源优势,大力发展高耗能产业及下游产品。经过几年来的艰苦努力,煤电运综合经营的模式重新焕发了活力。

质量是企业发展的生命

"你的产品就是你的人品,人品决定产品,产品体现人品"。这是大屯煤电人的名言。在同样设备技术条件下,人品和产品是成正比的,堂堂正正的人,生产出的产品质量就是好;正正派派的人,做出的活儿就让人放心。

走进大屯煤电集团公司的矿区、工厂、车间,人们会发现,"质量标准化,安全创水平""祝贺通过 ISO 质量验证体系""用户的需要就是我们的质量目标"等标语。集团公司董事长曹祖民告诉记者,"权力就是责任,就是要把工作干好,把企业办好。而要把企业办好,就必须将质量作为保安全增效益的重心来抓。"

安全生产是煤矿的"天字号"大事。我们在一份报告上看到,大屯煤电集团公司 2000 年原煤百万吨死亡率为 0.15,质量标准化达到行业级标准,取得了集团公司近年来最好的安全成绩。

六级冶炼精煤是公司的拳头产品,是全国煤炭洗选加工工业第一个"一级企业"。"从严管理、精心操作、争创优质、满足顾客"是他们的治厂方针。贯彻 ISO 9002 标准,他们的理解是:该说的要说到,说到的一定要做到,标准严就要执行制度严。为保产品质量,他们紧紧把住"三关",即空车、重车入厂关;质量跟踪检查关;产品出厂关。产品质量好坏用户说了算,在对用户走访时,上海宝钢燃料部副部长张振生说:"大屯煤质量好,没有发生过质量争议,是信得过的产品。"上海煤气制气集团公司副总经理王钰初说:"大屯煤不愧是优质产品"。还有什么能比用户的肯定更令人满意的呢? 大屯煤电集团公司就是以这样严格的管理,求真务实的精神,保证了产品的质量,从而赢得了用户,占领了市场。

巨大的荣誉,崇高的使命,从来就是与巨大的责任与智慧相伴而行的,被授予全国"五一劳动奖章"、江苏省劳动模范、煤炭行业优秀企业家称号的曹祖民,是和公司一同成长起来的,他把知识、青春及对人生价值的追求全都融入了公司的事业中。在他的带领下,领导班子全体成员,团结协作,群策群力,驾驭着企业这艘航船,在市场经济的大潮中,乘风破浪,奋勇前进。

"高科技低成本的采煤,用自己的煤发电,再用自己的电发展低耗能高科技产业",这是作为传统煤炭产业的大屯煤电集团公司的经营思路。实践表明,这种良性互动无疑是一条康庄大道,也给国有企业的改革和发展提供了有益的启示。

(载于 2001 年《新华日报》)

中煤集团大屯公司党委:创新"小改变"做活党建"大文章"

经典做法

◆党建工作考评结果,与党组织工作评先挂钩,与班子成员和领导干部工作评价挂钩,与领导班子成员年度绩效薪金挂钩。

◆每半年进行一次检查考核,两次考核平均得分在 85 分以上的由上级党组织挂牌命名

为标准化党支部。

◆公司党群部门全部在局域网设立专业网站,利用网络的快捷性、传播性和互动性开展网络党建。

创新,是理念也是实践,是视野也是境界。

在苏鲁交界的江苏省沛县境内,中煤集团大屯公司党建工作风生水起,赢得了多项荣誉:企业先后获得"全国五一劳动奖状"、全国模范职工之家、国资委厂务公开先进单位、江苏省思想政治工作优秀企业荣誉称号,公司党委被中煤集团评为先进党委,领导班子被中煤集团评为"四好班子"……

中煤集团大屯公司的党建工作通过内容和形式的完善,抓住党建工作的"牛鼻子",创造性地通过党建工作体制机制、方式方法的"小改变",做活了企业党建这篇大文章,推动了企业科学发展。

加强"四强党组织"建设。公司党委明确学习内容,更新学习理念,创新学习形式,建立了学习交流、述学评学等9项学习制度。完善党委中心组学习制度,定期召开集体学习会,组织好中心发言、学习交流、专题调研等活动。组织开展"新知识新视野"读书活动和"新思路新发展"调研活动。为各基层党支部配发了"党员书屋"书柜和学习书籍。

建设标准化党支部。公司党委下发了《关于开展"标准化"党支部工作的实施意见》和《标准化党支部考核细则》,规范了组织建设、硬件设施等党支部建设标准。每半年进行一次检查考核,两次考核平均得分在85分以上的由上级党组织挂牌命名为标准化党支部。在此基础上,各基层党组织开展了丰富多彩的"五好"党支部建设活动。通过党员重温入党誓词、领导干部上党课,以及讲学、评学、述学、考学等活动,对党员普遍进行党性教育。

规范党建工作运行方式。公司党委将党建工作按照工作计划、组织实施、考核评价、提升激励四个步骤进行,实行公司党委、基层党委(总支)两级负责,公司党委、公司党群部门、基层党委(总支)、基层党群部门、基层党支部分层运行。党委工作计划分为四年规划、年度计划、季度任务、月度任务四类,制定工作规划坚持调查研究、上下沟通、研究讨论、审定确认四个步骤。在组织实施过程中,重点把握分解计划、明确职责、落实责任、沟通协调、督促检查五个环节。

构建党建工作考核评价体系。将党建工作分为"抓班子、强组织、带队伍、促发展、建和谐"五大内容进行评价,每半年考核评价一次,年终进行总体评价。同时,注重考评结果的运用,做到"三挂钩":一是与党组织工作评先挂钩,二是与班子成员和领导干部工作评价挂钩,三是与领导班子成员年度绩效薪金挂钩。

探索建立网络党建工作模式。主动应对计算机网络发展对党建和思想政治工作带来的挑战,公司党群部门全部在局域网设立专业网站,宣传上级精神,报道工作动态,公布企业规章制度和党务公开相关内容,开展专题教育和讨论,组织网络调查和投票活动,利用网络的快捷性、传播性和互动性开展网络党建,用积极向上的网络文化引导教育职工。

保障党务活动经费预算管理。在公司两级党组织中推行党务活动经费预算管理,年末由党委职能部门,根据下一年度党务活动工作计划,编制项目经费预算和季度资金使用计划,经公司党政领导联席会研究决定,列入公司下一年度管理费用指标和财务资金计划,保障了党务活动经费的来源渠道,规范了审批使用程序。仅2011年,公司党务活动经费预算总额就达1 222万元。

(载于 2012 年《党建》第 1 期)

中煤集团大屯公司——倾心聚力改善民生

"收入一年比一年高,手头宽裕了,咱矿工的日子越来越有底气了!"2月28日,刚刚升井的中煤集团大屯公司孔庄煤矿采煤一队队长陈爱军对记者说,去年他的收入比前年涨了一万多元,从前年底才发的年终奖,如今半年就发一次。作为一家驻江苏徐州的中央企业,中煤集团大屯公司倾心聚力改善民生,一项项民生工程扎实向前推进。

中煤集团大屯公司是20世纪70年代建设的老煤企,早期"先生产后生活"的发展思路,令住房难成为一直困扰干部职工的民生难题。2011年,大屯公司领导决定全力推进职工住房工程,新建的新城嘉苑小区项目总建筑面积近100万平方米,可建房6 000余套。与此同时,本着"公平、公正、公开"的原则,大屯公司加快住房出售,近7 000套现房和期房房源逐步分到职工手中。今年,大屯公司还将利用中心区闲置土地开发建设3 000套保障房。

"钱袋子"鼓不鼓,直接关系到职工的幸福指数。2011年,大屯公司确定了"用外部挣来的钱改善公司本部生活质量"的思路,力争效率和效益双提高,确保职工收入稳定、持续增长。公司按照上年同期水平每月加发50%岗位工资,将职工工资基数从1 100元增长到1 200元,提高了井下工作津贴和中夜班津贴标准,逐步增加井下职工工资收入,2011年职工人均收入同比增长超过10%。

老矿区基础设施陈旧落后,大屯公司进行大规模更新换代,积极打造生活宜居环境。中心区供暖系统始建于1983年,部分管道锈蚀严重,供暖期间经常出现爆管和不热现象。公司投入近1 400万元,对中心区供暖管网进行改造,新建11村热交换站,改造供暖主干管、小区支管等6 100余米……

去年以来,大屯公司组织各类慰问,发放慰问款1 764万元,深入开展扶贫济困送温暖活动,助病、助学、助困436.8万元。公司离退休管理中心成立的"金手杖助老服务中心",为孤寡老职工提供上门送餐、家政、代购和医疗等服务,让许多老同志由衷地感到活得有尊严、舒心、安心。

（载于 2012 年 3 月 19 日《人民日报》）

中煤集团大屯公司"一纵五横"构建循环经济新格局

中煤集团大屯公司(以下简称"大屯公司")始建于20世纪70年代初期,曾在全国煤炭行业率先创立煤、电、运一体化经营的"大屯模式",引起行业瞩目。2011年,大屯公司煤炭产量、发电量、电解铝产量、铝材加工产量、铁路货运量、设备制修量、资产总额、营业收入、经济效益等主要生产经营指标大幅提升,公司先后荣获全国"五一劳动奖状""全国质量管理小组活动优秀企业""全国煤炭工业科技创新先进企业"等荣誉称号,公司创造的"一纵五横"循环经济示范工程入选国家工信部公布的首批23项工业循环经济重大示范工程名录。

近年来,煤炭生产伴生物,煤矿坑口发电带来的炉渣、粉煤灰等处理任务日益艰巨,产业发展面临瓶颈。领导班子确立了新的发展理念来破解难题,即以资源循环高效利用为核心,

着力推进"一纵五横"循环经济模式,把清洁生产、环境污染治理、节能降耗等技术,引进应用于循环经济产业链中,以最小的环境资源代价实现经济效益最大化。

探索"一纵五横"新模式

大屯矿区已进入中度资源枯竭期。为破解资源瓶颈,经过调研论证,公司上下形成共识:突出煤炭产业作为催生非煤产业发展壮大的"酵母"作用,积极推进技术进步,大力开展资源综合利用,依靠有规模、有影响、集约化的非煤产业项目,着力构建循环经济框架,基本形成了大屯特色的"一纵五横"循环经济发展模式。

一纵,是指以煤为主带动电、铝、运产业链综合经营的主干线。五横,就是在"煤电铝运"产业链中,拓展"煤矸石、煤泥——发电""矸石——充填复垦""粉煤灰——防灭火材料""粉煤灰、灰渣——建材""矿井水和生活污水——中水回用"五条发展耦合性好、结构性强的横向耦合共生链条,不断推广先进的开采技术、工艺和装备,提高煤炭资源回收率,加大对废渣、废水、废气进行循环再利用的力度,在产业链扩张与强化的同时,努力转变经济增长方式,缓解资源约束,减轻环境压力,努力建设资源节约型、环境友好型企业。

构建"一纵五横"新局面

为做实"一纵",公司确立了三大重点,最大程度提高煤炭资源的利用率。

从源头上提高煤炭资源的回收率。不断探索改进采煤工艺,通过推广应用综放工作面端头支架,工作面回采工效提高 10% 以上;通过积极构建综放、普通综采、高档普采、条带式开采等多工艺并举的开采格局,在提高工作面单产能力的同时,加大边角煤、薄煤层的开采力度;通过量化矿井资源回收管理工作评价和考核,确保资源回收。公司采区煤炭回收率始终稳定在 81% 以上,部分工作面回采率达到 90%。

加大煤炭洗选力度。先后建设四座选煤厂和二套动筛系统,采用无压重介选煤工艺,为社会提供"精品"煤炭,洗选产生的煤泥、煤矸石等副产品全部回收用作坑口循环流化床机组发电。

实施洗选煤副产品综合利用。研究煤泥脱水与中煤按比例掺混技术,洗选煤矸石与劣质煤、中煤等进行掺和作为发电燃料技术。开发煤泥管道泵送直供循环流化床锅炉燃烧发电技术,提高了坑口电厂对煤泥、煤矸石等洗选附产品与废弃物的"吃干榨尽"能力。

为打造"五横",公司建设横向耦合共生链,将工业废弃物进行综合治理、再生利用,在改善矿区生态环境的同时,取得良好的经济效益。

煤矸石固坝复垦。将原煤开采产生的煤矸石,用于加固微山湖大堤与采煤塌陷区覆地造田。近年来,共加固防洪湖堤 8.1 千米,大堤顶宽由原来的 3～4 米变成现在的 10 米,高度比原来提高 2～3 米;采用"吹填法"造田作业,累计复垦土地 6 581 亩。

粉煤灰制砖注浆。建设年产 8 000 万块高掺量粉煤灰蒸压砖项目,每年可利用粉煤灰 10 万吨、炉渣 3 万吨;直接将粉煤灰用于四个矿井下注浆防灭火,每年利用量在 10 万吨左右。开发粉煤灰胶体注浆技术,解决了粉煤灰离析沉淀难题。

烟气回收余热供暖。坑口发电蒸汽余热,用于生产保温与矿区供暖。铝用阳极煅烧烟气废热经回收,用于带动 1×3 兆瓦凝汽式低温发电机组发电与取代阳极碳素生产线 2.91 兆瓦导油热煤炉重油燃料,烟气废热年发电可达 1 800 万千瓦·时。

水资源综合利用。除加强工业循环冷却水管理外,重点实施了煤矿矿井水、生活污水处理与再生利用。矿井水资源化工程被列为 2005 年国家科技部重大新技术推广项目。

拓展"一纵五横"新内涵

"十二五"时期,大屯公司正不断丰富和发展"一纵五横"内涵,以科技创新为助力,坚持"高标准、严要求、广覆盖、硬约束",运行"结构、管理、技术"三驾马车,纵深推进循环经济发展模式。

——大力开发应用煤矸石井下充填技术,努力实现煤矸石不升井,直接充填采空区,最大限度地解放煤炭储量,减少煤炭开采造成的地表塌陷。

——加速推进 2×350 兆瓦煤矸石热电联产项目进程,加大煤矿可燃矸、洗选矸、煤泥等劣质燃料就地发电转换消化能力,开拓发电余热余汽利用途径与发电粉煤灰建材产业,尽快建成电厂发电余汽管道工程,提高坑口发电伴生产品的附加值。

——拓展煤矿资源概念的外延,开发矿井深部地热应用、光伏玻璃太阳能应用等资源;强化管理,继续推行资源、能源梯级应用,循环利用,追求投入最小化、污染零排放。

——积极推进发电厂循环水供热的可行性研究与应用,降低机组运行能耗。通过循环经济建设,提高资源和能源的利用效率逐步缓解因资源、生态和环境等问题所造成的生产成本上升问题,推进低碳运行,提升市场竞争力。

(载于 2012 年 5 月 29 日《人民日报》)

中煤大屯煤电公司:齐心共筑"大屯梦"

出江苏省徐州,沿京杭大运河溯流而上,就来到苏、鲁、豫、皖四省的交界之地——沛县。"千古龙飞地、帝王将相乡",2 200 多年前的汉高祖皇帝刘邦和 600 年前明太祖朱元璋,赋予了这个古县独有的神韵。

走出历史光环,作为我国沿海地区主要的煤炭基地之一,沛县更有着不可替代的经济地位:已探明储量 24 亿吨,可均衡开采 100 年,开采量是全省煤炭总量的 40%。而在此承担主要开发建设任务的是中煤集团所属大屯煤电集团公司。

大屯矿区 1970 年由上海市开发建设,经过近 40 年的发展,已形成集煤炭、电力、铝业、铁路运输一体化综合经营的产业链,是国内一流的综合性能源企业。

同众多煤企一样,大屯公司在"忐忑不安"中度过了 2012 年后,又迎来了更为艰难的 2013 年。面对逆转的市场形势,该公司围绕"保安全、保生产、保民生、保稳定、抓改革、促发展"目标,全力做好"安全、发展、改革、民生"四件大事,为"大屯梦"的实现奠定坚实的基础。

"不安全不生产"落到实处

2013 年,持续低迷的煤炭市场揪着中国煤炭企业的心,而更让人揪心的是接二连三的煤矿安全事故。安全是煤企的命脉,大屯公司持续多年来将安全作为企业发展的头等大事来抓,将"不安全不生产"真正落到了实处。

安全是煤矿生产的先决条件。大屯公司坚定不移地把安全工作放在各项工作的首位，深刻认识到安全就是最大的政治、最好的和谐、最高的责任、最佳的政绩。在严格贯彻落实上级及中煤集团有关安全生产的各项规定的基础上，认真组织开展"吸取教训、规范行为""安全生产月"等活动，营造了人人讲安全、人人保安全、人人能安全的强烈氛围。同时，进一步加强隐患排查治理和责任体系建设，全面落实安全质量标准化新标准。为了提高安全检查的针对性，该公司提出要强化现场安全管理，组织开展安全专项整治活动，以"三铁"精神查隐患、反三违。

为了不断提高风险预控和防范能力，确保全年实现安全生产，该公司强化安全风险管理，全面辨识本单位的各种危险源，以风险预控为手段，预防事故的发生。

"我们要统一思想，凡是没有完全安全把握的，宁可放弃也不能盲目开采。"大屯公司董事长、党委书记义宝厚坚定地说。

外延与内涵发展并重

煤炭形势的持续不乐观让各煤炭企业倍感压力，也对国内煤炭企业的发展模式提出了更高的要求。中煤集团大屯公司从自身实际和市场要求出发，提出了积极稳慎地加快发展步伐、实现外延内涵协调发展的新思路。

"小的资源、小矿井不能从根本上解决大屯的问题，又会带来安全管理上的极大风险。这不是我们解决资源接续的根本途径。"在如何"走出去"问题上，义宝厚表示，大屯公司在"走出去"发展和重大项目建设方面要积极、更要稳慎，决不能因投资失误造成公司资金损失，带来新的压力和包袱。同时该公司以落实推进一体化经营战略为抓手，加快完善板块整合，推动业务单元协同发展，构建产业链，实行生产、综机、采购、招标、信息化一体化经营模式。

抓改革破解发展难题

改革是企业不竭发展的动力，而对于长期以资源取胜的煤炭企业来说，得到的重视似乎并不够。拿大屯公司来说，"改革"在历年来并没有列入其中，属于首次"当选"，这也可以看出大屯公司对企业改革势在必行的清醒认识。

发展可以解决问题，但只有改革才能解决难题。推进改革，就是要冲破思想观念的障碍和利益固化的藩篱，拿出"长痛不如短痛"的勇气。该公司2013年提出要坚定不移地推进公司改革，最大程度解决发展难题。首先在组织结构和薪酬制度方面，该公司实行放权而不放任，自主管理但不放松民主的考核分配制度，推行"三人工作两人干"的理念，真正做到减人提效、激发活力，保持队伍稳定。其次是启动水、电、暖、物业管理等改革，逐步分离企业社会功能，减轻企业负担。同时探索试行产权制度改革，对公司长期亏损的产业板块和业务通过转让、合资、参股等方式，把部分资产推向市场，让有经营头脑和有能力的人去经营，利用社会资源、技术、人脉实现双赢。

民生音符奏和谐乐章

"一切为了员工"。多年来，大屯公司的种种"大事"始终没有离开过民生，为职工办实事、办好事，着力提升职工幸福指数，营造了和谐安全的矿区环境，将"以人为本"的理念贯彻到了点滴实处。

2013 年,面对煤炭市场的风谲云诡,面对公司效益的整体下滑,该公司在民生工程项目中却丝毫没有怠慢。经济适用房建设按承诺推进、友谊新村扩建积极进行、二手房分配加快落实、环境治理改造有条不紊……让好事惠及职工家属以及公司职工的子孙后代,让更多职工享受公司发展的福利。大屯煤电公司总经理姜华自信地告诉记者,"只要我们真心实意为职工谋福利,坚持正义、坚守原则、公道办事、落实责任,就可以赢得绝大多数职工的理解支持,就有信心和能力保持矿区的整体和谐稳定。"

梦想是我们前进道路上的"维生素",是激励人们奋发向上的精神动力。当一种梦想能够将一个集体、一个团队的期盼与追求凝聚起来的时候,这种梦想就有了共同愿景的深刻内涵,就有了动员全员为之坚毅持守、慷慨趋赴的强大感召力。我们国家有着"中国梦"——实现中华民族伟大复兴;中煤集团有着"中煤梦"——建设世界一流能源企业;大屯煤电公司亦有着"大屯梦"——企业健康发展、职工安居乐业、环境和谐稳定。

"大屯公司不只是能盈利,还应该是一个很好的家庭,在这个家庭里面,作为每个成员尽心尽力的工作;作为公司,就像一个大家庭,能够提供各种温暖,不能让一个家庭因为困难看不起病,不能让一个家庭因为困难孩子上不起学。这里是一个很好的舞台,因为有着一块资源为依托,把相关的产业发展好,让每一个职工人尽其才,创造更多的财富,我们一块打拼天下,有个更大的发展空间。这里是一个很好的学校,不仅在这里工作,我们的能力、技能、业务水平得到提升、得到锻炼,而且能够在人文素养、涵养方面也有一个很大的进步,将来也有一个很好的发展。"义宝厚说。

(载于 2013 年 7 月 8 日《中国能源报》第 16 版)

中煤大屯党旗红

黄淮平原,大汉之源,微山湖畔,能源重镇。

中煤大屯煤电集团公司,坐落在风景如画的微山湖西岸,江苏省沛县境内。

经过 46 年的开发建设,公司在井工开采、坑口发电方面具有管理、技术、人才优势,安全质量标准化、经营管理、科技创新等方面在中煤集团和全煤行业始终处于领先地位。公司先后荣获"全国五一劳动奖状",全国产值利税最佳企业、煤炭工业优秀企业、江苏省思想政治工作优秀企业、江苏省文明单位、文明单位标兵等数百个荣誉称号。

从 2012 年开始,一场突如其来的经济寒流席卷整个煤炭行业,煤炭价格断崖式下滑,跌入低谷,煤炭企业步入整体亏损的边缘。有的欠薪降薪,有的裁员分流,还有的甚至关井停产。

多年来,面对极度严酷的市场形势,中煤大屯煤电集团公司党委坚持"把好方向、融入中心、发挥优势"的工作方针,始终以经济建设为中心,"抓班子管干部带队伍,议大事理思路参决策,转观念变作风求发展,做实事聚人心保稳定,抓文明建文化促和谐",充分发挥各级党组织的政治核心作用、战斗堡垒作用和广大党员的先锋模范作用,团结带领广大党员和干部职工,勠力同心,奋勇拼搏,安全生产保持了良好态势,走出去发展迈开了坚定步伐,经营管

理实现了46年不亏损的辉煌业绩。公司先后获得全国守合同重信用企业、全国企业文化建设优秀单位、全国群众体育先进单位、全国厂务公开管理先进单位、中央企业信访工作先进集体、煤炭工业科技创新先进企业、江苏省思想政治工作研究优秀单位等荣誉称号。

微山湖畔,中煤大屯,发展之路,党旗鲜红。

抓班子,整体功能发挥好

早在2011年煤炭行业还处于黄金期的时候,公司领导班子就敏锐地意识到企业面临的严峻挑战与诸多困难。党委书记义宝厚在公司第二次党代会报告中指出:"当前,公司最高的责任是一如既往地抓好安全生产;最迫切的任务是获取资源;最大的难题是产业链的协调发展;最高的风险是盈利渠道单一,盈利水平与煤炭市场价格波动相关性过强……这些矛盾和问题,历史地摆在了我们面前,必须勇于面对、接受挑战,不负重托、不辱使命。"

企业好不好,关键在领导,核心在领导班子。公司领导班子的清醒、坚定与担当,是大屯人福祉所在。

多年来,公司党委把班子建设作为事业之基、发展之要,牢牢抓在手中,努力发挥好领导班子整体功能。

一抓领导班子思想建设。把理想信念教育贯穿于领导班子建设的始终,规范两级党委中心组学习,定期召开党委中心组集体学习会,举办领导干部专题知识讲座40期,深入学习领会党的十八大和历次全会精神,以及习近平总书记系列重要讲话精神。扎实开展群众路线教育实践活动,两级党委主要领导严格把关,两级班子成员带头参加。公司领导班子征求意见建议,查摆归纳出"四风"问题,提出相互批评意见。认真制定了公司"两方案一计划",按计划有序推进整改落实。

二抓领导班子组织建设。坚持正确的用人导向,坚持党管干部原则,认真把好资格审查、民主评议、组织考察、任前公示等关键环节和程序,根据岗位需要合理配置干部,公司中层干部减少40多人,减少管理部门6个,机构改革初见成效。注重培养选拔优秀人才,推荐中层干部参加了清华大学短期培训班,举办了中层干部上海培训班培训学员。举办青年专业人员管理知识培训班,为公司快速发展储备了一批优秀管理人才。

三抓领导班子作风建设。扎实开展"三严三实"专题教育,两级党组织书记为党员干部上专题党课,组织党员干部参观陈云生平业绩纪念展。围绕"三严三实"主题,精心编制学习材料,开展学习研讨。坚持问题导向,结合教育实践活动整改问题、党建检查反馈问题、专项巡视反馈问题及内部审计发现问题,班子成员带头查摆分析"不严不实"问题,整改办公用房面积超标问题。

四抓领导班子民主建设。定期召开公司领导班子专题民主生活会,以"转变作风、提升管理、推动发展"为主题,征集各部室中心和基层各单位对公司的意见或建议,党政主要负责同志与班子成员进行了深入的谈心交流,严肃认真的开展批评与自我批评,取得了统一思想、增进理解、增强合力的效果,得到了中煤集团的肯定。

五抓参与重大问题决策。制定了党委工作规则和"三重一大"事项集体决策制度,明确了党委会、董事会、党政联席会、总经理办公会的职责任务。决策之前,班子成员之间,尤其是党政主要领导之间,充分沟通情况,统一思想。公司重大民生工程、重大建设项目、干部任用、走出去发展等重要决策,都按程序体现了党委的决策意见。

固基本，组织建设评价高

2015年12月16日，公司党委召开支部建设交流观摩会，来自姚桥煤矿等单位的党支部代表就做好党支部建设做了交流发言。与会代表参观了基层党支部建设成果展。

2016年6月30日，公司董事长、党委书记义宝厚在庆祝中国共产党成立95周年大会上指出："公司有20多个党委、300多个基层党支部，8 000多名党员，5 000多名在职党员，这是极其宝贵的组织资源和政治优势，是战胜各种艰难险阻的有力保证。"

多年来，公司党委始终高度重视基层党组织和党员队伍建设，不断增强创造力、凝聚力、战斗力，在保障安全生产、推动企业发展、服务职工群众中积极创先争优。

一是着力开展主题教育实践活动。把深入开展党的群众路线教育实践活动作为重大政治任务，紧紧围绕为民务实清廉主题，把握总要求，高标准开展，高质量推进。扎实开展公司"两学一做"学习教育，思想上提高认识，组织上落实责任，方法上结合实际，效果上相互促进。

二是着力加强党建工作管理。坚持按期召开党委书记季度例会、党支部书记月度例会和党群部门月度例会，研究部署党组织工作。定期开展党建工作考核，推行持表检查，同时将检查与调研结合起来，与单位绩效、班子评价和个人业绩相挂钩。

三是着力加强党支部书记和党员队伍建设。配齐配强了一批业务强、素质高、思路新的党支部书记。支部书记轮训和积极分子培训，由公司统一组织，加强了培训效果。注重从生产一线、空白班组发展党员，规范程序，严格标准，新党员素质不断提升。

四是着力加强标准化党支部建设。开展"对标定位、晋位升级"，对300多个基层党支部进行了科学分类定级，93.7%的党支部达到"好"和"较好"格次，评审命名首批40个标准化党支部，召开了党支部建设经验交流观摩会，开展了"强基固本、坚强堡垒"党支部建设成果巡展工作。

五是着力加强创先争优活动。围绕安全生产、降本增效发挥党员作用，开展了"企业渡难关，党员展风采"主题活动。开展了"一支部一品牌"创建活动和党员星级管理。建立了星级党支部建设、党员责任区、党员先锋岗、党员亮牌示范、党代表巡视、党员素质登高等工作的常态化长效化运行机制，激发调动了各级党组织和党员干部"创先创新创优"的积极性。

强责任，八管八抓安全保

2014年4月，全国思想政治工作研究权威机构——中国思想政治工作研究会发布表彰决定，《中煤大屯落实党管安全责任体系化建设实践与研究》课题荣获优秀研究成果三等奖。

多年来，公司党委全面落实党管安全责任，着力推进安全保障工程。公司上下统一认识，形成了"安全是最大的政治、最好的和谐、最高的责任、最佳的政绩"的安全"四最"观。明确了党组织在安全工作上的七项责任、八条途径和措施。党管安全纳入安全质量标准化考核体系，季度检查考核兑现。各单位加大反"三违"、查隐患、抓整改的力度，保证了公司安全形势总体平稳。

一管方向，抓保证监督。将安全生产作为两级班子履行职责的首要任务。扎实开展"警示三月行""质量年"活动、安全生产月、百日安全、创建安保型企业等活动，党组织积极参与安全生产重大决策。

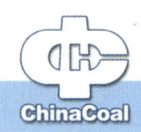

二管干部,抓作风建设。建制度,先后出台了《安全生产特别规定》《领导干部安全包点》等一系列制度。抓督查,成立突击检查小组检查干部值班、下井带班情况。重示范,四矿班子成员分早中夜三班下井带班。公司领导经常深入四矿和联系点单位指导检查安全工作。严问责,对相关事故责任人进行严肃处理。

三管党员,抓作用发挥。抓好党员安全学习,将安全知识、安全技能列入党员活动日和党支部"三会一课"学习内容。深入开展党员安全联保、党员示范岗、党员责任区、党代表安全巡视等活动。离退休老党员与子女签订安全联保责任书。

四管思想,抓宣传教育。宣传造势,报纸、电视、网络开办安全专栏,标语、宣传栏、电子屏形成视觉冲击。活动引导,开展安全大讨论、算安全账、安全知识竞赛、安全书画展安全演讲、安全曲艺大赛。

五管引领,抓安全文化。培育安全理念,举办安全文化讲座、安全大讲堂活动,教育引导职工。构建安全警示视觉系统,规范载体建设,对手指口述、"三个一"活动等安全文化载体进行发布推广。拍摄了《岗位安全警示教育宣传片》13部,开展了安全生产优秀文艺作品创作征集活动、安全法律法规宣传教育一条街暨咨询日服务活动,以及安全文艺电视大赛。姚桥煤矿、龙东煤矿被评为全国安全文化建设示范基地。

六管群防,抓群众安全。开展"安康杯"竞赛活动和女工安全活动,组织"冬送温暖、夏送清凉、叮嘱安全""走千米巷道、知亲人辛苦"活动,签订夫妻安全约定,女工协管安全被评为上海市总工会"特色品牌"工作。青年安全工作,井口安全宣讲、便民服务、送安全家书等活动长年不断线。

七管基础,抓班组建设。建立了从公司到班组四级班组管理例会制度、考核制度等100多项管理制度。形成了"4344"班组创建法和"8655"班组管理法,涌现了一批"五型""四化""星级"特色班组。徐庄煤矿赵呈坤班被评为"全国煤炭系统十佳班组",姚桥煤矿闫凡华被授予"全国煤炭行业十佳班组长"。开发班组信息化管理系统,实现了班组台账网络化管理。

八管行为,抓素质提升。强化安全技能培训和自主培训,开展"名师带徒"活动。强化技术练兵,开展"百工种比武,千人比赛,万人练兵"活动。定期举办技奥会,选拔职工参加全国性技能大赛,涌现出一大批先模人物。

聚人心,宣传文化展新貌

2013年4月,在公司一季度经济运行分析会上,公司董事长、党委书记义宝厚,提出了"企业梦"的构想:"近一段时间我一直在思考,公司发展到今天,也应该有一个'企业梦'。这个'企业梦'至少包含'企业健康发展、职工安居乐业、环境和谐稳定'三个要素"。

2013年5月,在公司先模表彰暨群众性经济技术创新表彰大会上,总经理姜华提出了忠诚员工六条标准:"一是能够自觉维护企业形象;二是能够自觉遵守企业的规章制度;三是工作始终保持一种创新热情;四是发现隐患第一时间向上级汇报;五是对本岗位所面临的困难勇于担当;六是企业效益滑坡时所采取的改革等措施能够理解和支持。"

2013年10月29日,公司召开企业文化建设推进会,发布了公司《企业形象识别系统》《企业文化手册》等一批企业文化建设成果,就深入推进企业文化建设工作进行动员和部署。"大屯梦"成为全体大屯人共同追求:企业关爱员工,员工忠诚企业,合力共筑"提升技能素养的大学校、劳动成长成才的大舞台、温暖忠诚和谐的大家庭"的"大屯梦"。

2014 年 8 月 27 日,江苏省培育和弘扬社会主义核心价值观现场交流会在我公司召开,义宝厚同志做了《化育精神世界,引领企业发展》的主题发言。

2015 年 1 月,江苏省委宣传部发布通报,大屯公司"5455"宣传思想工作法,荣获全省宣传思想文化工作创新提名奖,这是唯一一家企业获此殊荣。

2016 年 9 月 27 日,公司"煤亮子"组合闪耀央视大舞台,一举夺得人气王,展示了大屯职工的文化素养、艺术水准和不畏艰难、顽强拼搏、乐观向上的精神风貌。

多年来,宣传思想文化工作,紧紧围绕公司党政中心任务,突出抓好宣传思想工作,深入推进企业文化建设,广泛开展精神文明创建活动,凝聚人心、鼓舞士气、树立形象,为推动公司健康稳定和谐发展作出了积极贡献。

着力强化形势任务教育,经常抓、氛围浓。一是形势任务教育深入基层、活动广泛。公司领导班子成员和各二级单位主要负责人相继走上讲台,进行企业形势任务宣讲。成立了公司形势任务宣讲团,深入各单位巡回宣讲,指导协调各单位下基层区队宣讲。开通《市场直通车》栏目,及时把煤炭市场的行情、兄弟单位的现状、我们面临的压力传递给职工。二是大讨论活动提振人心、凝聚共识。根据公司发展形势变化,先后组织了"管理提升""四保一抓一促""迎难而上,稳中有为"等大讨论活动,公司报刊台网微信等媒体分别开设专题专栏,刊发干部职工展开大讨论活动情况。在讨论中统一思想、明确任务、提振信心,并收集金点子、好建议。三是降本增效和"双创"宣传快速有力、形成声势。重点突出公司和各单位降本增效活动典型报道。"特别关注"拍摄制作降本增效专题节目,以深度报道的方式为干部职工提气鼓劲。各媒体分别开设了"双创大看台""双创金点子"栏目,发布各类降本增效报道和"双创"故事。组织"走四方"采访活动,对大屯公司晋陕蒙等地的项目基地进行全景扫描和深度报道。《中国能源报》等媒体以"逆流击水方显强"报道了大屯公司全员降本增效的经验。

高度重视宣传思想工作,抓矛盾、重引领。一是注重抓好党员干部学习教育。每年制定下发《党员干部理论教育工作意见》,进一步健全落实各项学习制度。制定《公司两级党委中心组学习计划安排表》,编发了《党委中心组学习材料》81 期、《学习文稿》254 期,在微信平台开设了"理论微讲堂"栏目。二是注重及时把握职工思想动态。定期开展职工思想状况调查和职工思想动态分析,基层党支部与职工面对面交流沟通,及时把握热点难点问题。加强网络舆情监测和舆情引导,通过网络平台了解职工思想动态,定期编写员工思想动态分析报告,为公司决策层提供工作依据。三是注重心理疏导和人文关怀。思想工作注重加强人文关怀和心理疏导,针对十类服务对象开展调查分析,建立职工心理档案。要求做到"六必谈六必访",成立"阳光大屯"职工心理咨询服务中心,帮助职工消除思想困扰,预防极端问题发生。四是注重思想政治工作理论研究。多年来,先后有《党建工作考核综合评价体系研究和实践》《培育和弘扬社会主义核心价值观的实践和思考》《"5455"宣传思想工作法》《做好煤炭企业特困形势下职工思想政治工作的实践与研究》等 10 多项研究成果,分别获得中国政研会、中国煤炭工业协会、中国煤炭政研会、江苏省政研会表彰奖励。公司被评为江苏省思想政治工作研究先进单位。

深入推进企业文化建设,工作实、成效好。做好企业文化顶层设计,在公司主要领导和班子成员的坚强领导下,充分明确并坚决执行"6 大原则""14371"思路"4 层体系"和"6 阶 10 步"推进步骤,确立了体系构成、支撑、运作、保障、评价等诸元完备的企业文化体系。抓好企

业文化落地生根,大力实施文化塑企、文化治企、文化强企战略,抓实"七项工程":一抓"脑子"工程,强化核心理念认同;二抓"面子"工程,规范企业形象标识;三抓"里子"工程,提升职工基本素质;四抓"身子"工程,规范生产管理行为;五抓"样子"工程,弘扬核心价值观念;六抓"柱子"工程,巩固专项文化支撑。深化安全文化,提升质量文化,推进廉洁文化,加强班组文化,活跃群众文化,拓展老年文化,激励创新文化;七抓"尺子"工程,健全考核评价体系。以"企业健康发展、职工安居乐业、环境和谐稳定"为内涵的"大屯梦",将企业建成一个大家庭、大舞台、大学校,得到了广大干部职工的普遍认同。干部职工人人"争当忠诚员工",主动出点子想办法,为企业操心出力。文化品牌活动群星闪耀,开展了纪念大屯矿区开发建设45周年系列活动。作家协会、影视协会等以展现大屯文化为主线,努力讲好大屯故事。发展史陈列馆接待2万多人次参观,成为徐州市爱国主义教育基地。"安者为王"电视挑战赛、"煤海春潮"歌会、"大屯好声音""煤亮子组合"成为大屯的文化品牌。《美丽大屯》MV获得"最美企业之声"称号,专题片《大漠旗帜》被评为"最具感染力企业故事"。

不断加强精神文明建设,树新风、立榜样。开展道德讲堂建设,制定了开展"道德讲堂"建设的实施方案,组织职工"唱歌曲、学模范、读经典、谈感悟、送吉祥、行善事"。开展志愿公益活动,成立了郭明义爱心团队,经常性开展志愿者服务活动,发动职工捐赠爱心包裹帮助失学儿童,成立"大爱捐衣坊"向南疆地区捐赠衣物3 200多件。开展忠诚职工活动,引导职工忠诚企业、建功立业。涌现了以全国劳模吴友良、"治水专家"张文民、"矿山发明家"张二超等为代表的一大批忠诚职工。开展新人新事评选,选树了80多位矿区道德模范,王继贵、商金凤、"吉国利民"服务队等感人事迹拍摄成《我们的榜样》,传播大屯好声音,激发社会正能量。

反腐败,惩防并举"四风"扫

2014年,在党的群众路线教育实践活动期间,大屯公司领导班子明确提出了"三个不打招呼"的工作纪律,即:"不在用人提干上打招呼、不在产品采购上打招呼、不在工程建设上打招呼",公开承诺,接受监督。

2015年6月8日,义宝厚同志给公司中层以上领导干部上了一堂题为《心无旁骛地按照"三严三实"要求为人做事》的专题党课。他强调:"一个人,一个党员干部如何为人做事?最根本的就是要按照'三严三实'要求去做。如何按照'三严三实'要求去做? 就是要做到心无旁骛,也就是心思集中、专心致志、坚持不懈,一辈子做下去,尽自己最大的努力把'人'字的一撇一捺写端正,尽自己一生的精力把每件事做对、做好、做到极致。"

2016年7月21日,大屯公司召开内部审计通报会,通报了内部控制、招投标管理、经营财务、基本建设等方面的存在问题46项,极大地警醒了公司经营管理层。

多年来,公司党委着力强化反腐倡廉工程,建立体系、狠抓教育、健全制度、监督惩处,推进党风廉政建设不断深入,全面落实中央"八项规定",坚决扫除"形式主义、官僚主义、享乐主义、奢靡之风"等不正之风,为公司改革发展营造了风清气正的良好氛围。

一是全面落实主体责任。出台了落实党委主体责任、纪委监督责任的意见,制定了惩治和预防腐败体系2013—2017年工作规划实施细则。研究建立党组织书记、纪委书记约谈制度,定期报告落实主体责任的情况,定期开展廉政谈话,对出现苗头性问题的人员及时进行警示、提醒和帮助。明确公司二级单位纪委书记、副书记提名和考察以公司纪委会同组织人事部门为主。召开落实党风廉政建设"两个责任"交流研讨会。

二是积极开展廉洁教育。建设廉洁文化景观标识系统和教育基地,精心打造廉洁文化示范窗口和平台。开展了廉洁文化建设"五进""十个一""监督查处与关爱干部的关系"大讨论、"养成两个习惯,践行群众路线"等主题教育活动。组织党员干部到徐州、沛县廉政教育基地接受廉政教育,并开展谈话提醒和诫勉谈话。通过教育和警示,各级领导干部戒贪反腐意识明显增强,多年来主动上交礼品礼金折合人民币 115.732 万元。

三是建立健全制度保障。加强重点领域、关键环节廉洁风险防控,制定了《工程项目建设责任追究办法》《资产损失责任追究暂行办法》《废旧物资管理相关办法》《物资招标管理实施细则》等管理制度。公司领导班子"不在用人提干、产品采购、工程建设上打招呼"的公开承诺树立了榜样。加大重点工程项目廉洁风险管控力度,严格执行"两必须两严禁"规定,即所有项目工程事关设备物资采购、工程发包等事宜必须领导班子集体研究,必须按基本建设、设备物资采购决策流程规范操作;严禁各级领导插手和参与工程招投标和设备物资采购等事宜,严禁多级工程转包和分包。

四是努力抓好监督审计。公司党政联席会定期听取审计工作汇报,坚决整改审计发现的问题,召开内部审计通报会,突出问题进行通报和分析。加强招投标和废旧物资处置等工作的监督,多年来参与 723 个项目的招标监督,招标金额 36.77 亿元,降低计划投资金额 6.89 亿元,终止投标项目 85 个;参与报废设备等资产处置 71 次监督,通过拍卖、竞谈、内部调拨等方式处置资产收入 2 468.4 万元;参与 101 次废旧物资处置,处置收入金额 1 492 万元。

五是主动查办各类案件。重点做好上级交办案件、工程领域违纪案件、工作失职案件、违反八项规定案件的查处工作。多年来立案 95 件,结案 95 件,给予党纪处分 30 人,政纪处分 82 人,其中双重处分 18 人,司法机关追究刑事责任 14 人,为企业挽回经济损失 359.17 万元。

架桥梁,工团组织枝叶茂

2013 年 5 月,中央企业团工委发布表彰决定,大屯公司团委获得"中央企业五四红旗团委"荣誉称号。

2015 年 10 月,公司成功举办第八届"职工技能奥运会",来自基层 17 家单位的 368 名职工参加了 23 个工种的技能竞赛决赛,有 8 300 多名职工参加了培训练兵比武活动。

多年来,公司党委坚持党建带工建、带团建,工团组织坚持融入中心、服务大局,充分发挥桥梁和纽带作用,努力调动职工的主人翁意识和劳动创造热情加强职工思想引领,组织职工建功立业,服务青年成长成才,形成了推动企业发展的强大合力。

以民主管理为抓手落实依靠方针。坚持全心全意依靠职工群众办企业,每年定期开展职工代表大会、座谈会、听证会等,集体讨论、审议表决涉及企业的重大事项、重要制度以及关系职工切身利益的事项,切实维护了职工的民主权利。深化厂务公开工作,畅通职工群众反映意见的渠道,定期开展职工代表视察。公司被授予"全国厂务公开民主管理工作先进单位"称号。

以劳动竞赛为抓手提升职工技能。每三年举办一次技奥会,每年举办 10 个工种技术比武,群众性技术创新、技术攻关、劳动竞赛、合理化建议征集等活动贯穿全年。围绕企业改革发展、经营管理和安全生产的难点、重点,开展"急、难、险、重"工程、节能减排、节支降耗、回收复用、修旧利废、双增双节等劳动竞赛,评选"六小"技术创新成果,每年从职工创新成果中

精选 100 项编辑成册。开展了以"安全生产、降本增效"为主题的会员月活动,征集合理化建议。创建劳模创新工作室,涌现出了一批全国劳模、上海市劳模、徐州市劳模以及各类先进个人。姚桥煤矿采煤二队被中华全国总工会授予"工人先锋号"、龙东煤矿综采队被中国能源化学工会授予"工人先锋号"、选煤中心大屯厂选煤车间被江苏省授予"工人先锋号"、拓特厂铆焊车间被上海市授予"工人先锋号"。

以班组建设为抓手夯实管理基础。制定了公司班组建设管理办法,推进"五型"班组建设,组织参观交流发电厂"星级班组"管理法、姚桥煤矿采煤三队班长闫凡华"5 字"工作法。徐庄煤矿采煤一队生产一班荣获全国安全标准化示范班组称号,孔庄煤矿水采队掘进班、徐庄煤矿供应科更新班、龙东煤矿掘进一队生产三班荣获江苏省煤炭工业先进班组称号。徐庄煤矿掘进四队赵呈坤班组被全煤系统派往美国交流经验。公司《班组管理体系研究与应用》课题,荣获集团公司科学技术进步三等奖,《"4344"班组管理法的研究与实践》荣获中国煤炭工业协会煤炭企业管理现代化创新成果三等奖。

以激发活力为抓手做好青工工作。坚持思想引领,结合团员青年特点,创新宣传教育方法,利用大屯青视野微信平台,开展了"屯青热议工作会"、"为我心中的榜样点赞"、"赢战"安全知识竞答赛等线上活动。注重工作创新,开展了青春励志故事访谈、"寻找一线好青年"等活动,举办了"奋斗的青春最美丽"成长分享会、"企业发展与青年责任"辩论赛。开展了"五四红旗团支部"总评答辩会、"五四红旗团委工作汇报会"、"赢在基层"团支部竞赛,激发了基层团支部工作活力。推动素质工程,持续推进"青工岗位技校"活动,聘请技术"大拿"现场授课,开展青工技能挑战赛活动,吸引青工广泛参与。着力品牌创建,创建了"青工修旧利废基地"、"青工修旧利废示范岗"等 5 个特色品牌,举办了"降本增效青年当先"、"修旧利废大比拼"、"我不能解决的生产难题"攻关等节支降耗主题活动;上百项优秀"五小"科技成果为公司节约大量资金。公司团委先后荣获中央企业五四红旗团委、全国煤炭行业五四红旗团委、江苏省五四红旗团委等荣誉称号。

重民生,和谐稳定显成效

2013 年 6 月,一条牵扯到千家万户的喜讯,在大屯的职工家属中传开:上海市教育委员会下发文件,明确同意延长公司职工子女使用上海版教材的年限,至 2013 学年的小学一年级学生截止。人们争相传告,欢欣无比。

从 2014 年下半年开始,分到新房的公司职工家属,陆续搬进新城嘉苑宽敞明亮的新居,困扰公司十多年的职工住房问题得到了根本性解决。噼里啪啦的鞭炮声中,洋溢着职工满意的笑声。

在 2015 年公司上半年经济运行分析会上,公司董事长、党委书记饱含深情地说:"歌曲《江山》唱到,'老百姓是地,老百姓是天,老百姓是共产党永远的挂念……'大屯公司的职工就是我们的天、我们的地,大屯公司的全体干部职工、老同志及家属的安危冷暖就是我们各级党员干部的牵挂,实现美好大屯梦、建成'提升技能素养的大学校、劳动成长成才的大舞台、温暖忠诚和谐的大家庭',打造'百年老店'就是我们两级班子持之以恒的追求,让大屯公司这片我们赖以生存的热土,因为有我们这代人的存在,变得更加公平、友善;因为有我们这代人的作为,能够渡过难关、走出困境;因为有我们这代人的坚守,朝着正确的方向、走上健康发展的道路,这就是我们工作的全部意义。"

多年来,无论煤炭经济形势多么严峻,无论公司经济运营多么困难,公司领导班子始终把职工群众的安危冷暖记在心里,抓在手上,落到实处。大力推进民生工程建设,全面落实信访稳定责任,把民生工程和信访稳定,作为构建和谐大屯的两个轮子牢牢抓住,保障大屯公司走稳走远走得更好。

推进民生工程解决职工共性需求。面对降本增效和职工物质文化需求的双重压力,公司始终把保企业生存、保职工收入作为最大的民生工程来抓。在公司效益大幅下滑、支出压力加大的情况下,坚持有序推进民生项目。定期召开民生工作协调会议。房产公司按期交付了新城嘉苑新房,开展绿化景观及辅助工程建设。物业管理分公司先后实施了饮用水、采暖外网改造、公共场所整修等工程。努力解决职工后顾之忧,加强与上海市教委及高等院校协调,拓宽了职工子女升学渠道。争取政策妥善安置了技校毕业生和复退军人。中心医院引进社会资源成立眼科中心,新建 ICU 病区,改善了医疗条件。宽带网络、数字电视实现升级。用好职工福利费用,工团组织广泛开展了困难救助、岗位慰问、秋季助学、文体比赛等活动。

加强社会治安综合治理创造平安环境。全力维护矿区正常生产、生活和办公秩序,本着预防为先,综合治理的原则,切实加强矿区治安防范和内部保卫工作,查基层领导值班,查治安防范措施落实情况;完善技防设施,提高防控能力。开展了"打盗窃、挖隐案、抓现行、堵漏洞"专项治理活动,维护了矿区平安。切实加强武装工作,提高了民兵队伍应对和处置突发事件的能力。做好对各类邪教问题的防范,矿区无邪教事件发生。

做好信访稳定解决职工个性问题。压实责任,制定信访稳定部门负责人季度例会管理办法,经常听取信访部门工作汇报,研究分析突出问题,制定解决方案,重大节日期间专题部署信访稳定工作。畅通渠道,坚持信访部门敞开大门日常接待,领导干部定期信访接待,对职工家属来访反映问题,做到热情接待、详细记录,耐心细致地进行解释及疏导。化解积案,妥善处理和解决历史遗留问题,与老信访户签订了司法调解协议书。公司信访总量大幅下降,没有发生造成较大影响的集访、闹访事件,矿区保持了较好的稳定态势。

多年来,煤炭行业遭遇寒冬,煤炭企业惨淡经营,煤矿工人风雨飘摇;中煤大屯万众一心,顽强拼搏砥砺奋进,经济向好企业和谐。

潮平两岸阔,风正一帆悬。展望未来,大屯公司将在中煤集团的正确领导下,深入学习贯彻党的十八大及历次全会精神,全面落实习近平总书记系列重要讲话,特别是在全国国有企业党的建设工作会议上的讲话精神,充分发挥党组织的领导核心和政治核心作用,把方向、管大局、保落实,团结和带领广大干部职工,着力实施"十三五""12433"发展战略,为建设较强竞争力的清洁能源供应商、能源综合服务商和转型发展示范企业而努力奋斗!

（载于 2016 年 11 月 24 日《中国能源报》）

中煤大屯公司:居安思危 深改上路

10 月以来,中煤集团上海大屯能源股份有限公司姚桥煤矿掘进三区核算员闫奇多了一项新工作——把工友每天的任务完成量输入工资核算系统里。输入数据后,工人每天拿的

工资数就直接显示出来了。

"现在还处于试运行阶段。以后,职工就能通过手机 APP 查看自己每天的收入了。"指着电脑屏幕上的数据,12月11日闫奇告诉记者。

这是大屯公司今年以来全面深化改革带给闫奇最直观的变化。

强基固本,应对下次暴风雨的洗礼

因有较好的经营管理基础、地处淮海经济区核心的区位优势、"煤-电-运"产业布局合理,大屯公司的经营质量一直比较好。

大屯公司董事长包正明提供的一组数据很能说明问题。自成立以来,大屯公司连续47年没有亏损,即便是在行业形势最困难的 2015 年、2016 年上半年,亦是如此;企业资产负债率在 40% 左右,远低于煤炭企业 60% 左右的资产平均负债率。今年,该公司所属的 4 个煤矿全部达到国家一级安全生产标准化水平。

在发展中,大屯公司也累积了一些问题。作为老企业,大屯公司历史负担重;本部井下地质条件复杂、系统复杂、机械化水平不高;体制机制过于固化、辅助人员相对较多,人员结构不合理,产业互补优势不明显。

"煤炭企业内部自成体系,一直以来又都活得不错,职工的思想比较保守,生产经营管理方式与行业领先企业存在一定的差距。"包正明说,"虽然现在经营状况不错,但若下一场暴风雨来临,我们能不能立得住? 在效益好的时候强基固本、深化改革,才能跳出'效益不好时不敢改,效益好转时不想改'的怪圈。"

为此,顺应国企改革的趋势、按照中煤集团的总体部署,自今年 3 月起,大屯公司启动了全面深化改革工作。

稳步推进,改革就要一步一个脚印

包正明向记者介绍,经过走访调研,大屯公司进行了人力资源优化、内部市场化、薪酬制度化和生产系统优化等,落实法人治理结构完善、资本结构调整、企业转型升级、"三供一业"分离移交、公务车使用等 10 大方面的改革任务。每项任务又有更具体的落实细则。

今年,大屯公司将改革的重点聚焦在"三项制度"改革、"三供一业"分离移交、生产系统优化以及内部市场化改革上。在具体落实上,通过试点先行的方式,稳步推进。

今年,大屯公司出台了"三项制度"改革 1+7 配套文件,机关部门、所属机构在 2015 年被压减的基础上再减少 4 个,二级单位减少管理岗位编制 161 个。该公司全面清理长病长假、矿工人员,全年预计实现净减员 1 700 人,分流安置 3 104 人。据了解,大屯公司所属苏铝铝业公司针对生产效率偏低、人工成本居高不下等问题,通过采取清理长病长假、竞争上岗、协商解除劳动合同等方式,人员由原来的 910 人精减到 585 人,每年仅人工成本就减少2 000 万元以上。

在"三供一业"分离移交方面,大屯公司积极与地方政府协商,目前已签订了"一大四小"正式协议,行政执法、社区管理等企业办社会职能即将剥离。

大屯公司还增加了在生产系统优化上的投入。2017 年至 2018 年,大屯公司将投入2.3 亿元用于提高井下机械化水平,优化生产系统。据介绍,到 2020 年,他们将共投入5.2 亿元,完成"一优二补三减四化"改革任务,以全面提升煤矿机械化水平、安全管理水平。

而在众多的改革措施中,让职工感受最深的还是内部市场化改革。

内部市场化,让管理再精细一些

在大屯公司拓特机械制造厂制造中心,该中心主任邵良友向记者展示了一沓沓工作记录单,单子上记录着每道工序的工时、完成该工序职工的名字。根据难易程度不同,职工获得的工时不同。到月底时,职工就能拿着这些单子,根据记录的工时之和兑现工资。

在一张金工车间 2017 年 11 月工资公示的单子上,记者看到 11 月职工工时最多的有 948 小时,最少的为 163 小时,对应的工资多的与少的相差 2 000 多元。

拓特机械制造厂是大屯公司内部市场化改革的六家试点单位之一。"其实我们以前工人就拿计件工资,但相对比较粗糙,没有现在这么细致。"拓特机械制造厂厂长颜廷民说。

而在姚桥煤矿总会计师袁显芳看来,从"发工资"到"挣工资"还是最近的事。姚桥煤矿也是大屯公司内部市场化改革的试点之一,袁显芳专门负责试点工作的落实推进。

以前姚桥煤矿的考核主要以科室区队为单位,在个人层面的考核不够细,绩效工资所占比例较小,存在"干与不干一个样,干好干孬一个样"的问题;在辅助和地面岗位,也存在人浮于事、工作量不饱和的情况。"甚至有人为了不干某项比较复杂的工作,故意不取得该岗位的资格证。"袁显芳说。

在实际工作中,有的单位为了方便,避免因设备故障影响自己工作,会故意多占用一台设备,但这却会使得单位白白多了许多物料消耗。"现在我们不仅核算干了多少活儿,还会核算消耗了多少材料,挣的和消耗的相减,就是能拿到的工资。"袁显芳说。

十九大报告提出,要完善各类国有资产管理体制,改革国有资本授权经营体制,加快国有经济布局优化、结构调整、战略性重组,促进国有资产保值增值,推动国有资本做强做优做大。

"在今年改革创新取得成效的基础上,明年我们将进一步落实提出的 10 方面 23 项 37 个改革创新任务,对已经启动实施的改革创新工作的关键词是:巩固、提升、见成效;对没有启动的改革创新工作的关键词是:启动、推进、求突破。"包正明说。

（载于《中国煤炭报》2017 年 12 月 20 日第 1 版头条）

不止于过得去,坚定改革转型
——中煤大屯公司改革发展纪实

地处苏北的中煤大屯公司,明年就要迎来 50 岁生日了。从最初隶属上海市政府,到现在归属中煤集团旗下,大屯公司在煤炭行业,一直是一个比较特别的存在。

如今,该公司本部尚有 20 多年可采储量,在新疆正建 2 对矿井,资源接续不算特紧张;煤电加铝板材,产业结构不算很单一;2 万人左右的职工总数,人员包袱不算太沉重……加上地处淮海经济区和背靠中煤集团"宽阔"胸怀,日子按部就班过下去,即使不太宽裕,也不会太艰难。

但令人意外的是,该公司在 2017 年煤炭行业全面回暖复苏之际,非常坚定地启动深化改革,谋求转型发展。2年过去了,改革还在继续,新气象已悄然遍布企业各个领域。

如今在大屯公司,"4411"和"品牌项目"是人人耳熟能详的词。2017年,该公司提出"4411"转型思路,即做强4个产业、建设4个基地、创建11个品牌项目。

该公司党委书记、董事长包正明说:"中煤集团提出打造'清洁能源供应商'和'能源综合服务商'的'两商'战略。大屯公司的优势是'两商'都有,而且起步较早,只是有些产业方向不清晰,发展缓慢。"

于是,大屯公司确定了煤、电、铝、能源综合服务4大产业,并从技术力量、业务能力、发展前景等方面进行考量,在能源综合服务领域梳理出11个品牌项目。

"煤炭板块在科技创新上做工作,今年姚桥煤矿和新疆的106煤矿要上智能化工作面,前段时间我们还去考察了井下机器人。"包正明介绍道,少人化、无人化是煤矿发展的必然方向。本部老矿应该通过技术改造推进自动化、智能化,新疆矿井的区位条件决定了无法配备很多工人,起步就该高标准。

在电力板块,新电厂正在试运行。大屯公司还准备向售电领域延伸,不久前刚拿到了江苏省首张非电网企业售电许可证。

"售电是轻资产运营,我们准备专门成立一个公司,明年售电计划达到50亿千瓦·时。"包正明说。

大屯公司的电解铝产业原本在煤炭企业中起步较早。但该公司现在规划的铝板块,着重发展附加值较高的铝板材,高耗能的电解铝产业前几年已全面退出。

据介绍,大屯公司下属的苏铝铝业去年扭亏为盈,铝板带厂上个月首次实现了月度盈利。

变化最大的是"4411"战略中"升格"为主业的能源综合服务板块。该公司通过整合资源,组建专业化公司,通过给予人财物支持和激励政策的方式,为电力运营维护、水处理、地质勘探、教育培训等传统辅助单位,注入了强大的发展动力。

"我们今年的产值有望突破1亿元,计划到2021年达到2亿元。"2018年初重组的电力工程公司的总经理陈为信说。

电力运维作为大屯公司品牌项目中第一大品牌,抓住中煤集团大力发展煤电产业链的机遇,目前业务已扩展到山西、陕西、新疆、内蒙古地区。

成立刚满1年的水处理科技公司,也在外打拼下不少项目。水处理科技公司总经理李俊说:"虽然目前我们公司还在刚破壳之后的壮大期,但我们对未来很有信心。"

一样有劲头的还有地质勘查工程公司。去年该公司在新疆维吾尔自治区哈密市完成了一个地面精查项目,沙漠中艰苦的环境磨炼了年轻的队伍。今年这个团队入围大屯公司"十大新人新事",拼搏的精神感动了全公司上下。

据悉,2018年,大屯公司能源综合服务利润4 087万元。其中,品牌项目利润2 185万元。该公司企业发展部部长乐亚乃表示,能源综合服务业从业人员有7 000多人,在品牌项目带动下,已有约2 600人"走出去"创业了。

"我们的品牌项目数量是动态的,今后也许不止11个。"包正明表示,例如,他们正在考虑发展储能产业,本部的龙东煤矿过几年将面临资源枯竭的挑战,该公司已与中国矿业大学签署了合作协议,研究废弃矿井储能前景。

对老煤炭企业来说,转型的关键是通过发展其他产业,将煤炭产值的占比逐渐降下来。

据介绍,大屯公司的目标是到 2025 年,综合服务业产值比现在翻一番,占到企业总产值的 30%。

"因为有中煤集团内部协同的支持,我们现在转型有优势。我们会抓住机会,发展壮大能源综合服务产业,逐步走向外部市场。"包正明表示。

(载于《中国煤炭报》2019 年 5 月 23 日第 1 版头条)

从"煤电运综合经营"到"能源综合服务"
——中煤集团大屯公司改革发展纪实

煤炭行业受市场影响,波动较大。然而在这样的波动下,以煤炭为主业的中煤集团大屯公司自开发建设以来,一直保持盈利。他们的"秘诀"就是不断深化内部改革,挖掘自身潜能。

按照中煤集团提出的"两商"战略,大屯公司调整企业重心和产业发展方向,着力破解产业结构单一难题,发挥传统产业优势,以打造能源综合服务商为目标,开始了从"一商"到"两商"的蝶变。

开创"煤电运"综合经营模式

"刚到大屯时,这里是一片荒地,到处都是芦苇荡,连个像样的住的地方都没有。我们就向当地人借了驴棚,打扫干净,铺好芦苇、稻草,就算安上家了。"已退休多年的大屯公司职工徐兴林说。他是大屯公司开发建设大军中的一员。

大屯公司第一代建设者以"我们也有两只手,自力更生样样有"的精神开始了矿区建设。没有工厂,自己盖;没有铁路,自己修;没有电厂,自己建。

1970 年 10 月 3 日,大屯公司机修总厂率先破土动工,发电厂、徐沛铁路、徐庄煤矿等单位相继开工建设、投入生产。1987 年 11 月 20 日,龙东煤矿建成投产。这标志着大屯矿区一期工程基本完成。

经过 10 余年的奋斗,大屯公司职工在昔日的芦苇荡和荒地上,建起一座座井塔、一排排厂房。大屯公司也形成了包含 4 座生产矿井、1 座选煤厂、1 座装机容量 80 兆瓦的火力发电厂和长 171.3 千米的自营铁路专用线等在内的较完整的产业链。一个以煤为主,"煤电运"综合经营的新型矿区基本建成。

大屯公司把煤电运结合在一起,统一规划、统一设计、统一管理、统一经营,生产要素实现优化组合,效益大大提高。如煤矿和电厂相距不远,共用一套煤炭储装系统,既减少了远距离运输,又节省了电厂储料系统投资;煤矿的矿井水可供电厂使用,电厂的灰渣也可用于矿井充填和沉陷区复田造地,电厂不需另建储灰场,减少了耕地占用和环境污染;煤矿和电厂的公用设施及生活设施等也可以共同使用,避免各搞一套,重复建设。

在大屯矿区的开发建设中,大屯公司职工自己动手建设新矿区,探索出一套煤电联营经验。煤电运不分家,不仅可以节约资源,还可以提高效率,最重要的是能够互保。20 世纪 80 年代末至 20 世纪 90 年代初,在全国大多数煤矿亏损的情况下,大屯公司的日子过得还不错。这主要是因为大屯公司用铁路运输、电厂和选煤厂的盈利,弥补了煤矿的亏损。

在不断改革探索中,大屯公司综合实力逐渐增强,"煤电运"综合经营模式更加成熟。

改革创新中求生存

在国有企业改革大潮中,大屯公司一手抓生产建设,一手抓改革创新,企业不断发展壮大。

从 1988 年开始,大屯公司实施了二期改扩建工程,先后对孔庄煤矿、发电厂、姚桥煤矿进行了二期工程改扩建,并新建了孔庄煤矿、龙东煤矿、姚桥煤矿 3 座选煤厂和中心区矸石热电厂。1997 年,姚桥煤矿二期工程正式投产,标志着大屯矿区二期改扩建任务基本完成。

虽然大屯矿区进行了二期改扩建,但随着时间推移,产能小、资源储量少、富余人员多等问题日益凸显。大屯公司直面挑战和压力,发挥优势与潜力,提出了"走出去"发展战略。他们先后在新疆、山西投资开发建设苇子沟煤矿、玉泉煤矿等,初步形成了 1+N 的发展格局。

与此同时,大屯公司依托中煤集团,结合宏观政策、外部环境和自身实际,创新企业发展理念,谋划转型升级。2000 年,大屯公司矸石热电厂工程通过竣工验收;2003 年,第一台 135 兆瓦机组投入商业运营;2004 年,电解铝一期工程投产;2007 年,完成徐州四方铝业重组;2008 年,发电厂 1 号、2 号机组投入运行;2009 年,10 万吨高精度铝板带项目通过竣工验收;2014 年,孔庄煤矿三期改扩建工程通过竣工验收;2019 年,2×350 兆瓦热电项目 1 号机组并网。

无论是在开发建设还是在改革发展中,大屯公司没有一成不变的管理模式,每次面对新形势、新挑战,总是主动调整、自我革新。

2001 年,上海能源上市,促进了大屯公司体制、机制创新。2006 年,该公司全面推进"三项制度"改革,打破了传统的管理格局,初步建立起管理人员能上能下、职工能进能出、收入能升能降的新机制和新体制。

2013 年,遭遇煤炭市场"寒冬"时,大屯公司明确了"做精煤业、发展电业、外出创业、改制铝业、壮大实业、转型辅业"的产业转型调整战略,进一步深化内部改革,挖掘自身潜能,经受住了煤炭市场全面下滑的严峻考验。在这样的市场环境下,大屯公司依然保持盈利。

2018 年,大屯公司编制下发相关文件,改革工作不断深化。他们实施了内部市场化、"三项制度"等改革,移交企业办社会职能,在新的历史征程中,轻装上阵。

加强品牌建设,发展能源综合服务业

外部项目探放水钻孔、煤体泄压钻孔钻探总进尺 61 139.5 米、纳林河煤矿顶板疏放水工程中标、第一台千米定向钻机在孔庄煤矿自主完成 2 项工程……这是刚满月的大屯地质勘查工程公司提交的第一张月度成绩单。

2018 年 8 月 1 日,大屯公司对徐州大屯工程咨询有限公司地质勘测院进行改组,更名为大屯地质勘查工程公司,依托中煤集团内部市场,将其建设成在中煤集团和本区域具有一定影响力、具有专业特色的综合服务类企业。

近年来,大屯公司在坚持获取煤炭资源、做强煤炭主业的基础上,积极发展综合能源服务业,逐渐明确了煤炭、电力、铝加工、能源综合服务四大产业,形成了江苏本部、新疆、内蒙古陕西甘肃地区以及淮海四大产业基地,水处理运维、电力运维、地质勘探等 11 个品牌项目已见成效,由过去单一的生产供应向综合服务转型。

"我们把品牌项目建设作为打造集团公司'两商'典范企业的重点,推进优质品牌做强做优做大。"大屯公司党委书记、董事长包正明说。

大屯公司加快 11 个品牌项目建设速度,不断提升核心竞争力,努力将能源综合服务业打造成为企业新的支柱产业和经济增长点。

大屯公司提出建设 11 个品牌项目。他们根据各品牌自身优势,对电力运维、水处理、铁路运维等业务进行了整合,先后组建了电力工程公司、水处理科技公司、铁路工程公司等 6 家品牌项目专业化公司,从队伍、技术、装备、资金等方面给予支持,打造专业化品牌项目。

随着品牌项目建设取得成果,大屯公司又在谋划着检验检测、产业园区等品牌的产业升级。他们与徐州市鼓楼区政府签约产业园项目,与沛县政府合作创建高等职业院校,奠定企业多元化发展基础。

如今,大屯公司煤炭服务板块逐步壮大,专业化品牌项目走了出去。

大屯电力工程公司除了维护大屯本部矿区的 3 个电厂项目,在山西、陕西、新疆、内蒙古还有 4 个项目。大屯水处理科技公司业务已经扩展到江苏、山西、陕西、内蒙古、新疆、安徽。铁路工程公司作为中煤集团唯一一家拥有铁路施工与运维资质的企业,市场不断扩大。

新时代,围绕高质量发展目标,大屯公司稳定煤电产业规模,做强能源综合服务业,从承接低端劳务运维向高端项目承包、技术外包服务转变。

目前,大屯公司正在编制品牌项目 3 年发展规划,实施差异化发展战略,加快能源综合服务商"双创"基地建设。

(载于 2019 年 10 月 28 日《中国能源报》)

从"一商"到"两商"

——来自中煤集团大屯公司的国企创新样本

12 月 4 日—6 日,由中国煤炭工业协会主办、以"互利共赢,高质量发展"为主题的 2020 年度全国煤炭交易会在山东日照举行。会上,多位业内人士表示,虽然煤炭行业在探索我国能源结构转型升级方面取得了可喜成绩,做出了积极贡献,但明年即将告别已经实行了 15 年的煤电联动机制,如何进一步提升产业基础能力和产业链现代化水平,将是整个行业面临的首要考验。

"作为中煤集团旗下的老企业,大屯公司见证了国家煤炭产业的起步、兴盛、衰落以及转型发展的全过程,同时作为中煤集团骨干企业,也担负着为中煤集团迈入世界 500 强贡献力量的责任。"大屯公司党委书记、董事长包正明在接受记者采访时表示,面对新的挑战,大屯公司已经做好准备,在中煤集团提出的"清洁能源供应商和能源综合服务商"的战略框架下,审时度势、整合资源、转型升级,朝着"基业长青"的目标,走出了一条"与时俱进、充满活力"的高质量发展之路。

基业长青——大屯,写进了共和国建设的史册

1970 年,国务院批准由上海市开发建设位于江苏沛县的大屯煤矿。第一批到达大屯的

老员工,放眼望去,只有芦苇荡与荒地。"跟当地人借了驴棚,铺上稻草、芦苇,就算是安家了。"已经退休的老员工忆起当年的艰苦条件,一笑而过。"我们也有两只手,自力更生样样有"。这片大地上千百年来藐视困难、无所畏惧的两汉文化,造就了大屯第一代建设者刻在骨子里的韧性——没有工厂,自己盖;没有铁路,自己修;没有电厂,自己建。

机修总厂、发电厂、徐沛铁路、徐庄煤矿相继开工建设。6 年过去,大屯矿区的第一座生产矿井姚桥煤矿正式投产;之后,孔庄、徐庄、龙东 3 座煤矿先后建成投产;年复一年的建设,昔日的芦苇荡与荒地,被一座座井塔和一排排厂房代替。17 年的艰苦创业,大屯在微山湖畔建立起一座新兴的现代化矿区;海纳百川、兼容并蓄的上海文化,则让大屯走出了一条特有的"煤电运"一体化道路——4 座生产矿井、1 座选煤厂、1 座装机容量 80 兆瓦的火力发电厂和长 171.3 千米的自营铁路专用线形成了一条完整的产业链。

统一规划、统一设计、统一管理、统一经营的"煤电运",实现了生产要素的优化组合,提高了生产效率,减少了资源的浪费——煤矿和电厂共用煤炭储装系统减少了运输和建设费用,矿井水和电厂灰渣二次使用减少了占地和污染,公用和生活设施共用避免了重复建设——更重要的是,提高了大屯的抗风险能力,使得以煤炭起家的大屯,不仅只有煤炭一根主心骨。20 世纪 80 年代末,煤炭行业进入亏损周期,大屯却依靠铁路运输、电厂和选煤厂的盈利维持了总体的平稳发展。80 年代末 90 年代初,大屯特色的"煤电运"综合经营模式享誉大江南北。

1997 年,大屯矿区二期改扩建任务完成,生产能力快速提升,为大屯的转型升级奠定了基础。1999 年,以大屯煤电(集团)有限责任公司为主发起人,发起设立上海大屯能源股份有限公司;2001 年,上海能源 A 股股票在上海证交所发行上市。迈入发展高速路的大屯,开始扩张自己的产业链。本部 4 对和外部新疆 2 对矿井年核定生产能力达到 1 285 万吨,电力领域总装机容量达到 710 兆瓦,自营铁路运输能力超过 1 300 万吨。

与时俱进——大屯,精采创新引领行业变革

产业链的完整与产能的提高,进一步提高了大屯抗风险的能力。然而,居安思危,大屯开始了新一轮的改革——从"一商"迈向"两商",即从单纯的能源供应商,变身清洁能源供应商和能源综合服务商。

从能源供应商,到清洁能源供应商,两字之差,却是高技术含量的艰难转型。为此,大屯选择以"围绕煤、发展煤、延伸煤"为主题,内外兼修。

对内,大屯一方面投入 6 亿元,以"稳产、精采"为原则,设定了系统最优化、巷道最简化、采煤自动化、掘锚一体化、运输连续化、值守无人化、矿井智能化"七化"标准,积极推进转型。另一方面,大屯不断加大对创新研发的投入,在国家级技术中心的框架下成立专业研究院广招人才,设立科技创新团队,攻克了包括深部开采、大倾角开采、湖下开采以及冲击地压、防治水和火灾治理在内的多项技术和安全生产难题,解决了传统开采方式效率低、安全性差和污染大的问题,实现了洗精煤从无到有的突破,逐渐具备所有原煤都能入洗的能力,有效延长了矿井的服务年限。

对外,大屯积极寻求新资源的突破。新疆基地 106 煤矿于 11 月 16 日正式生产,年产量为 120 万吨;苇子沟煤矿项目建设顺利,预计 2022 年投产,年产预计 240 万吨;甘肃配置 2 对矿井项目,目前已进入设计评审阶段,即将投入开发。

同时,在电力领域,大屯以"整合发电、做强供暖、做优运维、做大售电、尝试储能"为思路,升级产业,构建发供电、售配电、供热、电力工程运维全产业链;通过对发电、供热比例结构的调整,实现了现有机组效益最大化,发电机容量增长 13 倍。

相较于向清洁能源供应商的转型,成为能源综合服务商,对大屯而言,无异于二次创业。这一次,敬业、求实、创新、争先的中煤精神给了大屯再出发的勇气。

成立电力工程公司、水务处理科技公司、铁路工程公司、地质勘查工程公司和检验检测公司,建设队伍、开发技术、投入装备资金、发挥现有资质优势,并提档升级,近三年来,大屯在产业链的上下游全面开花,从单纯的提供资源,转变为同时配套各项服务,距离"两商"的目标,越来越近。

充满活力——大屯,品牌烙在产业链的每一环

为了高质量完成从"一商"到"两商"的转型,大屯制定了"4411"发展战略,即建设江苏(本部)、新疆、蒙陕甘、淮海 4 大基地,优化煤炭、电力、铝加工、能源综合服务业"四大产业",以及打造电力运维、水处理运维、铁路工程、地质勘探防治水、检验检测、教育培训等 11 个品牌项目。

"找准适合自己转型发展的业务领域与产业方向,我们要让大屯的品牌烙在产业链的每一环。"包正明表示,近三年来,大屯的品牌项目建设日新月异——在"外部创利、事先算赢"的原则下,承揽行业全产业链外部项目 130 多项,产值达到了 52 亿元。

品牌的建设,与过硬的技术能力分不开。38 天完成原定 45 天的陕西榆林能源化工热电中心 3 号机组大修,大屯的电力运维队伍,第一炮就打出了金字招牌。不仅榆林能源宣布今后发电机组检修全部免招标交给大屯,且新疆、陕西、山西等地的电力运维等业务不断"找上门来",电力运维成为大屯当之无愧的第一品牌。

电力运维开了个好头,其他品牌建设也铆足了劲。成立仅 1 个月的大屯地质勘查工程公司,完成了外部项目探放水钻孔、煤体泄压钻孔钻探总进尺 61 139.5 米,中标纳林河煤矿顶板疏放水工程,在孔庄矿自主完成第一台千米定向钻机。2018 年 8 月,大屯工程咨询有限公司地质勘测院更名为大屯地质勘查工程公司,立志建成产值超亿元的专业化服务队伍。

随着品牌项目的不断增加,大屯这一品牌在多个领域获得认可,号召力也在不断增强。2018 年年末,大屯整合优势资源,以实业公司工业园区 4 个车间为主体,重组了江苏大屯科技产业园发展有限公司,通过引进高新技术,将业务覆盖到机械制造维修、智能电器开发、电机修理、橡胶制品等产品和服务等 100 多个方面。

从精准定位到全力推进,大屯的品牌建设初见成效——水处理运维向高技术环保工程、环保制造、环保咨询服务转变,铁路工程公司取得西北能源尿素线维保、榆林化工铁路专用线等业务;教育培训品牌完成了中煤集团"乌金蓝领精英"班、党务建设、高级经理人、青年安全示范岗、工程技术人员等培训班次,共计 7 800 余人次——多个行业留下了大屯的口碑,大屯因此成为中煤集团内部和能源企业转型升级的成功范例。

大,蕴含超越;屯,聚集力量。走过近半个世纪的大屯公司,在微山湖畔建立起一座新兴的现代化矿区,也走出了一条国企创新的"大屯之路"。

(载于《江苏经济报》2019 年 12 月 10 日第 8 版)

中煤集团大屯公司:打造品牌党支部 激发党建新活力

"千米煤海钢铁舰队""通防红盾""国优精品"……这一个个响亮的名字,听起来让人为之一振。今年中煤集团大屯公司评选命名了10个品牌党支部,他们聚焦目标重点、凸显特色亮点,叫响自己的"品牌"。

党支部作为党组织的最基础"细胞",是党的全部工作和战斗力的基础。大屯公司党委聚焦全面加强基层党组织建设,全面启动实施示范品牌党支部建设三年行动计划,持续加大软硬件投入力度、标准化推进力度、示范品牌选树力度,在标准化党支部建设的基础上,开展示范党支部创建和品牌党支部打造,开展示范品牌创建三年行动,选树了一批示范党支部,打造了一批品牌党支部,不断提升基层党支部创建水平,努力把党建成果转化为发展成果,引领矿井高质量发展。

"新模式"激发"新动能"

大屯公司围绕矿井"高质量发展年"目标,以基层党支部建设提档升级为抓手,开展夯实党建基础向基层延伸以来,各二级单位结合各自实际积极探索不同的落实方案与措施,把基层党建创新方法有效融入煤矿安全生产实际中,以"引领+"工作模式为驱动,积极树立和培育党支部品牌。

引领+学党课。将理论学习与生产实际相结合,将讲政治要求与具体工作相结合,大屯公司实施"三会一课"考勤制,合理安排"三会一课"时间,规范学习课时,确保充电充满。制定党支部学习清单,党员对照党支部学习清单,自行拟定差异化的学习清单,全方位学习十九大精神及上级文件精神,形成党支部特有的支委带头学、创新方式学、围绕主题学、结合生产学的"四学"特色。如:今年把学习党的十九大精神内容列出学习计划清单,每月学习两次,保证了学习效果。

引领+抓安全。大屯公司充分发挥党员的先锋作用,带头做好安全生产工作。开展好党员示范岗、示范班创建活动,落实党管安全教育责任,抓好不放心人排查,落实好防范措施,杜绝身体不好、精神不在状态人员上岗作业。坚持做到"四带头",即:带头参与安全管理,带头履行安全岗位责任制,带头参加安全联保活动,带头反"三违",真正做到了党员身边无违章,党员班组无事故。

引领+提素质。大屯公司充分利用"三会一课"、班前会等载体抓好集中学习,并开设"素质提升讲堂",在每周五安全会前由党支部书记带头上讲台,班组长、技术大拿轮流讲授,主要学习党的知识和岗位业务知识。针对煤矿面广、岗位分散的特点,创建了党员班组学习点,以支委为组长,设立了党员轮值学习委员,重点学习政治理论知识、安全应知应会知识,确保了党员学习全覆盖,综合素质也得到了进一步提升。

引领+创效益。大屯公司不断强化党员干部的担当意识,围绕自身现状与未来发展面临的风险矛盾,立足技术管理破解发展难题,积极推动智慧矿山建设,加大"机械化换人、信息化减人"投入,减轻职工劳动强度,提高劳动效率,由追求产量最大化向追求效益最大化转变。孔庄矿首次采用4米大采高综采工艺,工作面单产从6万吨/月升至10万吨/月;姚桥矿针对深部开采小煤柱留设引起的小矿压大变形现象,推广预卧底强支护技术,创出工作面单产23万吨的好成绩;大屯发电厂应用循环流化床锅炉半干法脱硫除尘工艺,提高了脱硫除尘效率……保证哪里有重点工程、有安全生产难题,党员就出现在哪里,发挥了党组织加油站、鼓风机的作用。

引领＋做表率。牢固树立职工利益无小事的指导思想,大屯公司坚持工作重心下移,细心帮助职工解决实际问题,凡是职工住院、天灾人祸及个人思想问题等情况必访,凡是职工反映的问题,做到件件有回音,切实在职工中树立良好的形象。开展事故案例教育,用身边事教育身边人;召开"面对面"座谈会,向大家解疑释惑。同时加强党员队伍建设,坚持将那些责任心强、思想品德好、有一定文化水平、井下生产经验丰富、敢于大胆管理的党员充实到班队长队伍中来。

大屯公司通过"引领＋"品牌党支部的创建,基层各党支部在学党课、抓安全、提素质、创效益、做表率五个方面发力,有效促进了中心工作,发挥了品牌党支部的战斗堡垒作用。

"软实力"锻造"硬队伍"

大屯公司深入推进"两学一做"学习教育常态化制度化,坚持党的一切工作到支部的导向,持续深化品牌党支部创建,不断夯实基层党建"三基建设"。

健全选优强保障。按照"应建必建"原则和"四个同步、四个对接"要求,大屯公司坚持业务发展到哪里,党组织就建设到哪里,党建活动就开展到哪里,党旗就在哪里飘扬。实现了所有生产区队、车间、科室以及机关部室中心全覆盖,实现了新疆、山西、内蒙古等外部单位以及外出创业项目部全覆盖。严格党支部书记的选拔任用关,坚持把党性强、素质高、有经验的同志选配到党支部书记岗位。通过健全组织、配强书记,保证了基层党支部工作有人管、有人干、能干好。

演练竞赛提素质。大屯公司高度重视党支部书记素质提升,坚持每年开展党支部书记培训,创新采用"政策理论＋实务操作"的方式开展专项培训,重点突出实务操作培训,对支部换届、党员发展、党员转正、民主评议、组织生活会等程序化工作,采取情景模拟的方法,让支部书记分角色扮演,既检验了支部书记理论水平,又锻炼了支部书记实际能力,取得了良好效果。创新开展"党支部书记的一天"履职信息反馈、党支部书记履职尽责"七个做在前"、党支部书记"五项技能"竞赛、党支部书记"15分钟微党课""我是党课主讲人"专项竞赛活动,党支部书记推动发展、解决问题、团结群众、教育党员的能力水平明显提升。

创先争优显特色。大屯公司着力党建创新、特色发展,在标准化党支部创建的基础上提档升级,组织开展争创星级党支部、争当星级共产党员的"双星"创建活动、"一支部一品牌"创建活动、示范党支部创建活动,进一步培育打造特色鲜明、成效卓著的党建品牌,以典型示范带动整体提升,持续增强党建工作的创造力凝聚力战斗力。不断巩固优化近年来创先争优活动载体,广泛开展党员"发挥带头作用、推动改革发展"先锋行动,持续推进以"党员责任区、党员示范岗、党代表巡视、党员联保、职工代表视察、群监员查隐患、女工安全协管、青岗零点行动"为内容的"一区一岗六行动",党支部战斗堡垒作用和党员先锋模范作用得到较好发挥。

表彰评比增动力。大屯公司不仅对经过检查考核被评为示范党支部、品牌党支部进行命名与授牌,而且对已命名的示范党支部、品牌党支部不定期抽检、考核、复查,不符合条件

的及时摘牌,促进形成比学赶超、创先争优的良好局面。坚持宁缺毋滥原则,大屯公司对第一批示范、品牌党支部进行检查验收,对第一批 10 个品牌党支部、20 个示范党支部进行授牌表彰。召开示范品牌党支部建设现场推进会,组织开展现场观摩学习,推进基层党支部相互学习、共同提高。认真总结提炼基层党支部经验典型,梳理一批有亮点、有效果、可复制、可推广的经验成果,编印《公司基层党组织书记工作案例选编》,发放到每一个党支部,促使基层党支部学有样板、做有示范。各单位创新"星级党支部"、"一支部一特色一品牌"、党员素质登高计划等创先争优载体,打造了一批党建特色品牌。

大屯公司在品牌党支部创建上下足真功夫,深化拓展品牌党支部建设的广度和深度,创特色、建亮点、挖潜力、树典型,着力打造拿得出、叫得响、过得硬,体现大屯特色、代表中煤水平的品牌党支部,形成一支部一特色、一支部一品牌的党建格局,确保品牌党支部创建见实效,不断提升基层党支部创建水平,引领矿井高质量发展。

"品牌化"催生"党建强"

大屯公司从 2018 年全面启动实施示范品牌党支部建设三年行动计划,纳入公司年度十大工程之一重点推进,持续加大软硬件投入力度、标准化推进力度、示范品牌选树力度,共培育出 50 多个示范品牌党支部,这是该队党支部守初心、担使命的生动写照,也是大屯公司党委扎实推进示范品牌党支部建设工程的丰硕成果。

发挥"1+1>2"作用。七一前夕,在国资委党委召开的表彰会议上,姚桥煤矿采煤二队"千米煤海钢铁舰队"品牌党支部被授予"中央企业先进基层党组织"称号。面对井下断层多、地温高、冲击地压等工作条件,该队党支部以大屯公司推进示范品牌党支部建设工程为切入点,坚持融入中心抓党建、抓好党建促发展。这支队伍一次次刷新矿区安全、成本、单产纪录,年年超额完成各项指标任务。在该队党支部荣誉墙上,"全国工人先锋号""全国青年安全示范岗""中国中煤先进党支部"等荣誉奖牌,彰显了大屯公司基层党建工作与生产经营深度融合、同频共振的骄人业绩。"党建实了、安全稳了,干劲足了,实现基层党建与安全生产互促共进,呈现出'1+1>2'的倍增效应。"姚桥煤矿采煤二队队长肖斌由衷地说。

发挥战斗堡垒作用。我们党支部以把基层党建创新方法有效融入煤矿安全生产实际中,有效发挥党员身先士卒、率先垂范作用,让党支部真正在实际生产中发光、发热,带动大家以饱满的热情,投入到煤矿安全生产中去,有效夯实安全生产基础。龙东煤矿通风科"通防红盾"品牌党支部书记解瑞刚介绍,通过品牌党支部的创建,该党支部在学党课、抓安全、提素质、创效益、做表率五个方面发力,有效促进了通风科安全管理,使全科上下干群一心、团结协作,出色地完成了各项任务,发挥了品牌党支部的战斗堡垒作用。

发挥党管安全作用。锚杆成行成线,管线吊挂平直有序,物料码放整齐……走进孔庄煤矿掘进一队,高质量的标准化创建工作都会让人赞叹不已。孔庄煤矿是大屯公司乃至中煤集团采深靠前的矿井,井下地质构造复杂多变,冲击地压、地热及瓦斯突出等多种自然灾害并存,在这种"先天不足"的情况下,掘进一队"煤海深处精品岩巷"品牌党支部充分发挥党管安全的作用,以新班组建设为安全管理的有利抓手,从区队文化、质量标准化和科技创新等方面下功夫,以极致精神不断追求卓越,这支永不止步的掘进先锋,成为大屯公司当之无愧的标杆区队。

"我们去年选树了 50 个示范党支部,打造了 5 个品牌党支部,姚桥煤矿采煤二队党支部就是其中之一；今年选树了 100 个示范党支部，打造一批品牌党支部；明年公司所有党支部均要达到示范党支部水平，品牌党支部的数量和影响力进一步扩大。"大屯公司党委工作部部长金道平信心满满地说。那时，党支部的战斗堡垒作用得到充分发挥，基层党支部真正成为团结群众的核心、教育党员的学校、攻坚克难的坚强战斗堡垒。

开展示范品牌创建三年行动，大屯公司党委从思想、组织、作风、制度等各方面全面加强和改进党支部工作，使基层党支部组织健全、工作规范、制度完善、活动正常、效果明显，进一步增强党支部的凝聚力、吸引力和战斗力，让党的旗帜在每一个基层阵地上高高飘扬。

（载于 2020 年《国企·党建》杂志第 2 期）

附录四　重要文摘

认真贯彻新要求 抓住发展新机遇

打造能源综合服务商主力军

大屯公司党委书记、董事长　包正明

今年初,在集团公司工作会暨职工代表大会上,李延江董事长描绘了建设具有全球竞争力的世界一流清洁能源供应商和能源综合服务商的"两商"美好战略愿景,对两大业态进行了准确表述,重新明确了六大区域布局,尤其根据国家"两个一百年"战略目标,对集团公司"两商"战略进行了重新规划,划分了两个阶段目标。第一阶段目标是到 2020 年,做强做优做大各主业板块,跨入世界企业 500 强,为建设具有较强国际竞争力的清洁能源供应商和能源综合服务商奠定基础。第二阶段目标是到 2025 年,初步建成业务成熟、稳健经营、业绩良好的煤电、煤化工、能源综合服务等三大产业平台,整体发展质量得到全面提升,为建设具有全球竞争力的世界一流清洁能源供应商和能源综合服务商奠定基础。我们通过学习和领会,认为集团公司"两商"美好战略愿景和两个阶段目标的制定,站位高远,定位精准,目标清晰,备受鼓舞,尤其对大屯公司这样的老企业,全面推进高质量转型升级发展具有十分重要的指导意义。

2018 年以来,我们以多种方式组织认真学习和研究集团公司工作会议暨职工代表大会精神,按照李延江董事长"两商"战略愿景和两个阶段目标部署的新要求,发挥大屯优势,尤其在推进能源综合服务业发展方面,成立了工作领导组,组织专题会议进行研究,科学谋划,明确了发展思路,制定了行动计划,并迅速推进落实,着力打造集团公司能源综合服务商主力军,为下一个 50 年更高质量发展奠定基础,全面实现基业长青型、与时俱进型、充满活力型、公正清明型、富裕美丽型"五型"新大屯发展愿景与目标。

一、抓住机遇,增强发展能源综合服务商的责任感和紧迫感

围绕集团公司"两商"战略布局和两个阶段目标,大屯公司将认真贯彻新要求,抓住发展新机遇,找准定位,加强能源综合服务商建设,全面推进大屯公司高质量转型升级发展。

(一)发展能源综合服务商是适应国家宏观经济发展方向和产业政策变化的重要举措。能源综合服务商本质就是由新技术革命、新能源崛起、绿色发展引发的能源产业结构重塑,以技术提升和改革创新为驱动,继而推动新兴业态、商业模式、服务方式的创新发展。集团公司能源综合服务商旨在打造工程建设、装备制造、设计研发、资产运营管理、能源综合开发等服务业新业态,具有综合、高效、合作、共享的特点。综合就是煤炭全产业链服务的综合化、服务方式的综合化、定制解决方案的综合化等。高效是指通过系统优化配置实现人才、技术、资产等资源的高效利用,直接向用户提供高效服务,实现服务增值。合作就是同类企

业的合作、不同领域企业的合作,以跨界、混搭的组合方式呈现。共享是通过集团公司内部的综合管理平台,实现信息、客户、价值的交换与互动,打造更高效的服务体系。这些符合国家五大发展理念的要求,符合宏观经济由高速增长阶段转向高质量发展阶段的需要,是适应国家供给侧结构性改革、能源革命的最佳选择。所以,大屯公司必须主动适应国家经济发展和产业发展趋势,抓住集团公司做优做强做大能源综合服务产业的机遇,谋求新转型、夺取新发展、实现新突破。

(二)发展能源综合服务商是集团公司引领煤炭行业发展的重要环节。正如集团公司李延江董事长强调的,集团公司是唯一煤炭央企,唯一从事全产业链的煤炭企业,唯一产销全国布局且煤种齐全的煤炭企业,唯一承担引领行业发展使命的煤炭企业。集团公司在行业甚至全国具有煤炭装备、建设、设计、研发、服务等方面的主动权,有能力、有资源发展能源综合服务商是集团公司区别于神华和一些地方煤炭企业的独特优势。大屯公司拥有集团公司全产业链服务业务的基础,地处经济和交通运输发达的华东地区,最具辐射山西、内蒙古、陕西、新疆、安徽、江苏六大基地的条件;并且,近年来通过不断优化整合人才、技术、管理等力量,已有 2 000 余人在集团公司内外从事能源综合服务产业,众多服务领域已形成品牌。尤其是在资质方面,具有国家实验室认可 CNAS 资质、特种设备安装改造维修、承装修试电力设施许可和环境污染治理设施运营、电力总承包、矿山工程施工总承包、环保工程专业承包、危化品生产许可证等资质及生产许可证 75 个,安标 203 项,部分资质现在办理非常困难甚至已停止办理。所以,大屯公司必将成为集团公司能源综合服务商的重要力量,必将为集团公司"两商"战略布局和两个阶段目标的实现贡献更大力量。

(三)发展能源综合服务商是推进大屯公司高质量转型升级发展的必然选择。大屯公司经过了 47 年的发展,形成了煤、电、铝加工和能源综合服务商产业发展模式,曾经取得过骄人的业绩。但随着国家经济发展方向、产业政策和能源结构调整的巨大变化,加之国有企业改革进程不断推进,大屯公司以往的优势逐步弱化甚至变成劣势,一煤独大、煤炭资源少、产业互补优势不明显、盈利渠道单一、抵御市场风险能力不强以及人员多、效率低等问题突出,尤其社会发展进入新时代,在国家高质量发展、推动供给侧结构改革的大形势下,走"铺摊子、上项目"粗放式发展的老路已行不通。此时,集团公司为我们指明了转型的方向,只有依托集团公司一体化战略,通过推进能源综合服务商建设,充分发挥自身优势,进一步整合人力、技术、管理等资源,变包袱为财富,推动质量变革、效率变革、动力变革,打造"精干高效"的煤、电、铝加工和能源综合服务商专业化产业,才能向更高质量、更高效益、更高效率、更大规模、更有活力、更加安全、更可持续的方向发展。

二、谋篇布局,确定大屯公司能源综合服务商发展方向

(一)确定能源综合服务商发展思路的背景和内容。自 2017 年以来,我们在认真分析国家宏观经济政策、行业发展规律、集团公司对大屯公司的产业定位的基础上,聘请国务院发展研究中心专家对公司产业结构进行了梳理和诊断;2017 年 10 月,集团公司李延江董事长来大屯公司调研,对大屯公司整体工作进行了把脉问诊,提出了"稳住本部、优化外部,努力转型、区域融入"的具体要求,并为大屯公司转型发展指明了方向。我们结合公司实际,对转型发展思路进行了调整,形成了"4411"转型发展思路。

第一个"4":是指即做强做精煤炭、电力、铝加工和能源综合服务商 4 大产业。煤炭——

以煤炭产业作为转型发展的基础和支撑,并逐步推进煤炭产业向"安全、高效、优质、低本、绿色"可持续发展。电力——扩大电力产业规模,同时以国家电力体制改革为契机,以大屯周边供电区域为依托,积极规划拓展售电业务,形成集"发电—供电—售电—电力运维"为一体的电力服务全产业链,深度挖掘创效潜力、提高发展质量。铝加工——推进铝加工产业优化升级,整合铝加工产业资源,发挥苏铝品牌优势,按照国资委和集团公司"处僵治困"工作要求,大力减亏扭亏,确保2018年实现扭亏为盈目标,并逐步打造成为大屯公司转型发展重要支柱产业。能源综合服务商——围绕集团公司六大区域布局和煤电化产业链,发挥大屯公司服务产业以及区位、管理、技术、队伍、资质等方面优势,以推进品牌项目建设为主线,全力推进能源综合服务商快速发展。

第二个"4":是指建设江苏、新疆、蒙陕、淮海4大基地。江苏——成为煤、电、铝加工和能源综合服务商产业化发展基地;人力资源、技术、管理、队伍培养基地;产业引进的孵化、生产、研发和建设基地。新疆——成为煤炭生产、能源综合服务商发展基地;成为公司人才培养的新基地。蒙陕——成为新的煤炭开发基地、能源综合服务商发展基地、技术服务的输出基地。淮海——抓住淮海经济圈战略和智慧徐州建设机遇,利用苏铝铝业公司土地,开发产业园区,辐射江苏、山东、安徽、河南四省,能源综合服务商融入地方,设立公司"双创"基地、"两商"战略研究基地,开发新成果,加快应用转化,促进转型发展。

"11"是指创建电力运维、水处理运维、防治水及灾害治理、检验检测、智能制造和节能环保、产业园区建设、煤矿运维、铁路运维、培训教育、新能源开发服务、物流供应链服务等11个品牌项目,制定品牌项目建设方案,成立专业化公司,利用集团公司"一体化"战略优势,逐项抓好推进和落实,打造大屯公司综合能源服务商特色品牌。

(二)发展能源综合服务商的行动计划。围绕集团公司两个阶段目标,我们将能源综合服务商的行动计划定义为公司的转型发展期,分为三个阶段实施。

一是转型奠基阶段。时间从2017—2020年,主要目标是完成改革创新和"4411"转型发展布局。到2020年末,新疆两矿全部投产,煤炭板块产能得到充分释放,铝加工达到20万吨,发电装机容量达到110万千瓦,营业收入突破100亿元;电力运维、水处理运维、防治水及灾害治理、检验检测、智能制造和节能环保、产业园区建设6项品牌项目形成一定规模。其中第一品牌"电力运维"承担集团公司内部2 000万千瓦机组的运维任务,并逐步走出集团,从业人员达2 000人左右,年收入10亿元以上;第二品牌"水处理运维"承担集团公司煤矿、电力、化工等水处理工程和业务,全面占领集团公司内部市场,并向外部市场延伸,从业人员达1 000人左右,年收入10亿元;"防治水及灾害治理"全面承担集团公司内部地质勘探、探放水、监理工程业务,其他3个品牌项目也要全面做成占领集团公司内部市场并走出集团,能源综合服务产业营业收入占比突破20%;职工收入达到集团公司的平均水平。

二是巩固发展阶段。时间从2021—2025年,主要目标是传统产业和新兴产业同步发展,争取集团公司配置新的煤炭发展基地开发建设,营业收入突破150亿元,11项品牌项目协同发展,占领集团公司内部市场,并走出集团,能源综合服务产业营业收入占比突破25%;职工收入达到集团公司的中等水平。

三是突破发展阶段。时间从2026—2030年,主要目标是形成徐州、新疆、内蒙古三大煤炭生产基地,煤炭、电力、铝加工不断壮大,营业收入突破300亿元、11个品牌项目全部形成规模,集团内外全面发展,能源综合服务产业营业收入占比突破30%;公司在集团公司主要生产企业中排在前列。职工收入达到集团公司的中上等水平,实现"五型"新大屯愿景目标。

这是大屯公司在新时代背景下,认真贯彻集团公司"12355"发展思路和"两商"战略两个阶段新要求,对未来发展的新思考、新抉择、新目标。实现三个阶段的目标任务,符合党的十九大精神的要求,符合集团公司进军世界 500 强目标的要求,符合公司改革创新和转型发展的实际,符合公司广大干部职工的共同愿望。

三、推动落实,打造集团公司能源综合服务商主力军

发展能源综合服务业是一项系统工程,我们将紧紧围绕目标和任务,以 2018 年推进"三项制度"、内部市场化管理、业务整合、授权管理等 10 项改革创新工作为契机,确保各项目标任务落到实处、见到实效,激发企业发展活力,实现能源综合服务商高效发展。

(一)坚持高质量转型升级发展,着力做优做强做大能源综合服务商。一是制定能源综合服务商发展规划。根据新时代国家宏观经济、政策导向以及集团公司"12355"发展思路和"两商"战略两个阶段目标,结合"4411"转型发展思路,将能源综合服务业发展规划融入公司"十三五"发展规划中,组织班子进行充分研究和讨论,进一步完善、明确转型发展三个阶段目标和措施。二是推进四大产业、四大基地协调发展。审视公司煤、电、铝加工和能源综合服务商四大产业发展现状,不断优化布局,形成江苏、新疆、蒙陕、淮海四大发展与产业协调发展的良好局面。三是加快推进和落实重点品牌项目建设。在目前已完成的电力运维、水处理运维、防治水及灾害治理、检验检测、智能制造和节能环保、产业园区建设 6 项品牌项目方案和规划的基础上,年内再完成煤矿运维、铁路运维、教育培训、新能源开发服务、物流供应链服务 5 项品牌推进方案制定,发挥人才、队伍、技术、管理优势,逐步完善资质许可,加快完善组织架构,建立健全制度体系,培养锻炼核心队伍,掌握提升关键技术,加强技术市场合作,拓展服务市场份额,确保 2018 年实现能源综合服务业营业收入、效益增长 15% 以上,尤其是电力运维在 2017 年营业收入 3 500 万元的基础上,力争 2018 年实现翻两番、水处理运维营业收入超过 1 亿元。

(二)坚持精干高效原则,着力构建符合发展需要的组织机构体系。一是加强组织领导。建立以公司领导牵头的品牌项目建设包保机制,及时召开协调会,解决品牌项目建设推进过程中管理、市场、考核等环节出现的问题。二是成立专业化公司。从公司层面于 1 月 22 日和 4 月 10 日成立了江苏大屯电力工程有限公司和江苏大屯水处理工程有限公司,确立了两家单位管理体系和制度、组织架构,明确经营范围,整合了两项业务的市场和队伍,在此基础上谋划防治水及灾害治理、检验检测、智能制造和节能环保、产业园区 4 项品牌项目实施主体,为其他品牌建设管理积累经验。三是配齐、配足力量。按照"机构精干、人员高效"的原则,优化、配齐品牌项目班子力量,结合公司推进矿井单位地面人员和地面后勤单位人员优化调整工作,根据需要、身体和技能状况向井下生产一线调整、向外部项目和品牌项目单位调整;采取"轻机关、重项目"的管理机制,实行项目管理负责制,实现管理和工作高效,打造"分工专业化、管理板块化、管控差异化、服务标准化"的发展格局。

(三)坚持专业化发展方向,着力培育高素质人力资源队伍。一是整合专业化队伍。按照"减少总量、优化结构、提升素质"的原则,根据"4411"转型发展需要,对公司相关的业务板块进行全面梳理,整合各品牌项目业务的技术、人员、队伍、管理、设备、资质等资源,实行产业化运作,实现资源高效利用。同时,使煤、电主业专业化更加突出,实现主业减负提效。二

是加快专业化队伍裂变,发挥专业化管理优势,加强教育培训,完善人才培养机制,做好"传帮带",尤其围绕品牌项目核心业务培育首席工程师、首席技师、首席技能大师,快速打造高素质专业化团队。三是多渠道建立用工服务机制,采取"自有骨干队伍+招聘高校毕业生补充+社会化用工"的方式,计划招聘150名以上大学生,补充到品牌项目建设以及各产业管理、技术、生产一线,满足品牌项目和公司发展需要。

(四)坚持推进体制机制创新,着力激发发展活力。一是制定品牌项目发展授权管理办法和方案,按照市场化、社会化运作方式,明确职责权限、监督方法、考核办法等,简化工作流程,增强品牌项目发展的主观能动性和灵活性,同时加大监督管理力度,保证依法依规经营。二是主动与国内同行业、同性质先进标杆企业对标,改进管理方式,健全管理制度,完善工作流程,提高运作效率。三是拓展资质体系。根据能源综合服务商发展规划和品牌项目建设情况,抓好已有资质的升级和未获资质的获取工作,为下一步发展打好基础。四是加大经营和利润考核力度,增加2018年6项重点品牌项目经营和利润考核压力,进一步压实责任,增强提升品牌项目发展的紧迫感。五是建立完善激励机制。推进公司优化和完善考核及薪酬制度改革,提高品牌项目公司利润提奖比例,探索员工持股等激励措施,提高贡献度大、能干多干和出效益人员的收入水平,激发员工干事创业的积极性。

(五)坚持优势互补、利益共享的导向,着力实现合作共赢。利用自身优势,引进集团公司内外部战略合作方,与西北能源公司、江苏省安监局、南京高精传动、同济大学等企业、高校在检验检测、水处理、智能制造等品牌项目建设方面开展合作,实现优势互补,快速提升品牌项目运营能力、资质水平等,增强市场竞争力,不断提高市场份额。探索"国有+国有、国有+私营"等多种混合所有制合作方式,以慧著智能制造公司为试点,向高、精、尖服务产业延伸,迈入中高端市场,提高工作效率和产品附加值,提升大屯公司能源综合服务业品牌价值。

(六)坚持围绕能源综合服务商又好又快成长,着力提供坚强可靠保障。一是加强企业党建工作。同步成立品牌公司党委,抓好党风廉政建设和反腐败工作,发挥"把方向、管大局、保落实"作用,提供坚强组织保障。二是强化机关服务职能。按照"制定政策、监督协调、指导服务"12字原则,对两级机关的机构、业务、人员进行优化调整,实行大部室制,同时实施公司机关及两级单位班子考核优化改革,将管理力量向二级单位、生产一线和品牌项目调整;并强化机关服务品牌建设职能,加强监督指导,提供优质服务保障。三是发挥上海能源公司资本优势,收购品牌公司,提供充沛资金保障。四是将品牌公司纳入公司安全管控范围,实行安全垂直监管,实现"零死亡、零超限、零涉险、零着火、零矿震""五零"目标延伸至品牌建设各个环节,提供可靠安全保障。五是加大品牌建设宣传力度。加强过程管控,确保业务整合过程中的安全生产、和谐稳定,提供和谐环境保障。

在国家新时代发展的形势下,大屯公司实现高质量转型升级发展任重道远,只有认真贯彻集团公司发展的新要求,抓住发展新机遇,做优做强做大能源综合服务商,才能开创美好未来,促进高质量转型升级发展,将大屯公司建成基业长青、与时俱进、充满活力、公正清明、富裕美丽"五型"新大屯,为集团公司实现"十三五"规划和"两商"战略新目标、迈向世界500强贡献最大力量。

(本文发表于2018年5月《中煤能源》总第105期)

关于大屯公司高质量发展的调研与思考

大屯公司党委书记、董事长　包正明

　　按照集团公司"不忘初心、牢记使命"主题教育工作要求,我们重点围绕"高质量发展"主题,结合"4411"转型发展实际,通过学习党的理论、研究国家政策、下基层查实情、听取干部职工建议、集体专题研讨等方式,先后到 8 家单位进行调研,就公司高质量发展优势、面临的瓶颈问题、工作目标和措施等问题,面对面听取了干部职工的想法和意见。综合调研情况,我们认为大屯公司未来的高质量发展必将按照集团公司"两商"战略和"稳定一方、融入一方、带动一方"的要求,推进"4411"转型发展思路,全力破解瓶颈问题,推动大屯公司向"更高质量、更高效率、更优结构、更可持续"的高质量发展目标迈进,为集团公司进入世界 500 强、推动高质量发展贡献力量。

一、审时度势,准确把握大屯公司推动高质量发展的必然性和优劣势

　　(一)推动高质量发展是企业发展的必然选择。习近平总书记在党的十九大报告中指出:"我国经济已由高速增长阶段转向高质量发展阶段,正处在转变发展方式、优化经济结构、转换增长动力的攻关期"。标志着经过改革开放 40 年的高速增长以及党的十八大以来的政策探索与调整之后,高质量发展成为未来一段时期我国经济发展的前进方向。李克强总理在 2019 年政府工作报告指出,"更多采取改革的办法,更多运用市场化、法治化手段,巩固'三去一降一补'成果,增强微观主体活力,提升产业链水平,畅通国民经济循环,推动经济高质量发展。"微观主体就是企业,企业的发展关系到高质量发展的成败。国有企业作为企业中的"主力军",必须担负起推动国家高质量发展的历史使命,尤其是中央企业,更要体现责任担当,在国家高质量发展的过程中走在国有企业前列。目前,集团公司正处于迈进世界 500 强的冲刺期、高质量发展的关键期,大屯公司作为集团公司的重要企业,只有推动高质量发展,才能适应国家高质量发展的要求,才能在大浪淘沙的市场竞争中立于不败之地,才能跟上集团公司发展步伐,为国家、为社会、为集团公司做出更大的贡献。

　　(二)大屯公司高质量发展的优势。实现高质量发展,就必须将自身优势更好地发挥出来,通过调研和梳理,主要有以下优势:

　　一是拥有难得的发展机遇优势。当前,我国仍将长期处于重要战略机遇期,经济持续向好基本面没有变,能源需求将保持增长,煤炭将长期保持主体能源地位。尤其有集团公司的坚强后盾,为公司配置煤炭资源,解决长远接续难题;同时集团公司坚持推进"两商"战略和"一体化"政策,为大屯公司能源综合服务商品牌项目发展提供了机遇。有地方发展的有利环境,有较好的区域优势,地处淮海经济圈中心地带,为公司发展提供更好的发展机遇。

　　二是拥有明显的产业发展优势。大屯公司经过近 50 周年的发展,形成了煤、电、铝、能源综合服务的产业发展模式。煤炭、电力产业结构互补,煤炭板块煤质好,具有全入洗的优势,煤炭产品结构多样、灵活;电力板块发、供、配、售、运维全产业链发展;铝加工属于朝阳产业,每年以 15% 以上的速度增长,发展前景广阔。在能源综合服务方面,拥有集团公司全产业链服务业务的基础,资质优良,最具辐射山西、内蒙古、陕西、新疆、安徽、江苏六大基地的条件。

三是拥有扎实的管理基础优势。在公司的发展历程中,曾经作为一个煤炭系统的一面旗帜,创造了许多成功的管理经验、完备的技术体系。在煤炭行业率先推行"煤、电、运"综合经营模式,率先推行管理体系贯标,率先推行精细化管理,率先推行流程化管理,在煤炭生产洗选加工、煤矿建设、坑口发电、铝加工、铁路运输、机械制造以及相关工程技术服务等方面都具有良好的管理基础。

四是拥有优良的资产信誉优势。保持了近50周年持续不亏损的业绩,资产负债率低,盈利能力较强,在经营实践中通过积极探索拓宽融资渠道,逐步形成了以生产经营积累为主,银行信用、资本市场、中煤内部借款等多种渠道为辅的筹资模式。公司利用上市公司信用优势,具有较强的融资能力。

五是拥有过硬的职工队伍优势。打造了一支技术硬、素质高、敢担当、能吃苦、善奉献的干部职工队伍,创建的"打不烂、拖不垮的钢铁掘进队"被树为全国煤炭战线十面红旗之一。尤其在集团公司重组20周年以来,为集团公司输出了大量的井工矿技能、技术、管理型人才。近年来,我们重视干部职工质培养,使用了一批素质高、作风好、能力强的中层干部,培养了一批高技能型、高技术型、高素质管理型人才队伍,公司发展具有坚强的组织保障。

六是拥有优秀的文化传统优势。公司的企业文化与企业发展相生相伴、相辅相成,公司员工来自五湖四海,带来了不同地域文化之间的碰撞与交融,使得大屯文化从一开始就具有开放性、包容性和规范性。尤其是深受中煤"和"文化、上海海派文化和苏沛地方文化的影响,使得大屯人有一种待人热情、包容大度、工作精细认真的特质,具有艰苦创业、改革创新、团结奉献的大屯文化传统。

(三)影响大屯公司高质量发展的主要瓶颈。调研中干部职工认为,目前大屯公司进入了转型发展的转折点、关键期,必须保持清醒头脑,充分认识和解决好影响高质量发展的瓶颈问题。

一是安全生产风险日益加大。影响安全发展的因素主要有:一是自然灾害突出。本部四矿深部开采进入常态化,水、火、瓦斯、高温、冲击地压等灾害叠加,特别是冲击地压风险尤为突出。二是管控难度加大。随着新疆两矿投产、复工,未来甘肃项目的开发建设,安全管理点多面广、战线延伸,增加了管理的难度。三是安全高压政策。国家和地方政府对煤矿特别是深部开采矿井政策收紧,本部四矿地处经济发达的江苏,外部矿井地处政治稳定要求高的新疆,一旦发生事故面临关停风险。目前,设备装备上的欠账、人员队伍素质退化、技术管控的薄弱环节等,已成为制约大屯安全发展的瓶颈。

二是煤炭资源接续日趋紧张。大屯作为开发建设近50年的老矿区,面临的资源枯竭问题十分严峻,本部可开采资源量剩余1亿吨左右,同时面临开采难、风险多、成本高等诸多难题。同时,新疆106煤矿、苇子沟煤矿投产后产量不足400万吨,规模相对较小;甘肃资源手续办理、开发建设等还有待时日,短期内不足以对公司形成支撑。

三是产业发展不平衡不充分。现有的煤炭、电力、铝、综合服务四大产业具有一定优势,但距高质量发展水平还有差距。一是从内部看,主要存在发展不平衡的问题,煤炭产业占比过高,"煤电运"模式联动效应逐渐弱化,其他产业不足以支撑公司发展。二是与外部比,主要存在发展不充分的问题,对比集团内部兄弟单位和行业同类型企业,产业发展规模、发展程度都有差距。

四是人力资源结构矛盾突出。公司近2万职工,人力资源总量大,但分配不均衡、配置不合理,结构性矛盾突出。一是辅助岗位、后勤服务岗位人员普遍富余。二是一线技术工人紧缺,年龄老化问题严重,新员工补充不足。专业技术人员相对短缺,关键岗位的核心技术人才匮乏。三是人员储备不足,煤矿企业吸引力不强,高校毕业生、高技能人才到煤矿工作意愿不强,近年来人员引进得少、流失得多,后备人才不足。

五是管理机制不够灵活。尤其是对市场化程度较高的企业授权不够,一定程度上影响了市场的开拓。特别是物资采购、招投标等审批事项流程复杂、周期过长,基层在小型配件、备品备件的采购上缺少自主权。

六是思想作风不够严不够实。一是少数干部职工存在满足于现状和既有成绩的心态,改革发展的紧迫感、危机感、责任感不强。二是少数干部职工身体进入新时代,思想停留在过去时,习惯于用传统思维、固有模式思考、解决问题,接受新事物、新技术观念落后。三是工作作风不扎实,少数干部存在执行力不强、钉钉子精神不够、工作标准不高的问题。

二、谋篇布局,研究明确大屯公司高质量发展目标、思路和方向

目标引领未来,思路决定出路。我们按照集团公司"两商"发展布局,结合公司发展实际,进一步谋划高质量发展布局,明确高质量发展的目标和方向,全面推进大屯公司高质量发展。

（一）大屯公司高质量转型发展的三个阶段目标

（1）转型奠基阶段。主要对公司原"十三五"规划进行了调整和完善,把 2017 年到 2020 年确定为公司转型发展奠基阶段,其中:2017—2018 年为改革创新年,2019—2020 年为高质量发展年,主要目标任务是完成历史遗留问题的处理,深化改革创新,完成"4411"转型发展布局,奠定高质量发展基础。到 2020 年末,公司四矿保持稳定生产,确保新疆 106 煤矿达产,力争苇子沟煤矿投产,公司煤炭板块总产能达到 1 300 万吨,启动和加快甘肃两个煤矿建设;按照"整合发电、做强供暖、做优运维、做大售电、尝试储能"电力发展思路,构建电力集"发供电、售配电、供热、电力工程运维全产业链"的发展模式。合理调整发电、供热比例结构,发挥现有机组的效益最大化,加强售电服务水平,力争年售电量达到 50 亿度以上。进一步扩展电力运维业务,逐步提高资质和业务水平,力争 3～5 年承担集团公司内部电厂外委的电力运维业务;开发苏铝铝业园区建设,实现铝板带扭亏为赢,谋划好博斯特(为卡特比勒生产半成品材料)的生产经营实现效益最大化;电力运维、水处理运维、地质勘探防治水、检验检测、铁路运维、教育培训、产业园区建设等 7 个品牌项目形成一定规模,能源综合服务产业营业收入和利润占比突破20%;公司整体营业收入突破 150 亿元,利润总额达到 15 亿元以上。

（2）巩固发展阶段。时间从 2020 年到 2025 年,主要任务是:保证本部四对矿井"稳产、均产、精采、细采",通过产能核定,提高新疆基地产能,保持内外部矿井总生产能力不变。甘肃基地投产一个 500 万吨矿井,内外部总产能规模达到 1 800 万吨。集团配置的达海庙矿区进行前期准备工作。不断巩固"发供电、售配电、供热、电力工程运维全产业链"发展模式,提升电力产业规模。逐步扩大能源综合服务板块,完成苏铝铝业中煤数字化产业园区和大屯铝厂高新技术产业园区建设,建成高职院校,电力运维、水处理运维、铁路运维、地质勘探防治水、检验检测形成规模效应,能源综合服务产业营业收入和利润占比突破 25%。到 2025 年末,公司总营业收入达到 200 亿元,利润总额达到 20 亿元。

（3）突破发展阶段。从 2026 年到 2035 年,主要任务是:2030 年形成江苏、新疆、甘肃三

大煤炭生产基地,煤炭板块产能达到2 200万吨。集团配置的达海庙矿区能够开始建设。电力、铝加工同步发展;项目品牌全部形成规模,集团内外全面发展,能源综合服务产业营业收入占比突破30%。公司总营业收入达到300亿元,利润总额达到30亿元;公司在集团公司主要生产企业中排在前列,实现"五型"新大屯愿景目标。2030年至2035年集团配置的达海庙矿区开工建设并实现投产,大屯公司形成江苏(本部)、新疆、甘肃、内蒙古四大煤炭生产基地,煤炭板块产能达到3 000万吨,公司总营业收入突破400亿元,利润总额达到30亿元。

(二)公司高质量发展思路和方向

我们根据集团公司高质量发展要求和公司高质量发展方案,聚力推动八个方面高质量发展。

(1)坚定不移抓好安全生产,聚力推动安全发展高质量。始终将安全作为企业最大的效益、职工最大的幸福、干部最大的政治、企业的生命线。结合当前公司生产面临的新形势、新特点,做到五个坚持、六个依靠、一个确保。即:坚持安全"五零"目标不动摇,树立安全事故可防、可控的坚强信念;坚持安全垂直管理,强化各单位安全主体责任;坚持安全生产标准化,筑牢安全管理基础;坚持以新班组建设为抓手,提升现场安全管控能力和职工安全素质;坚持科技兴安方针,提高安全保障能力。同时依靠严格管理规范现场作业,依靠装备升级改善生产环境,依靠技术手段防范重大事故,依靠素质提升夯实安全基础,依靠系统优化降低安全风险,依靠精准问责推动责任落地,确保安全长治久安。

(2)坚定不移抓好提质增效,聚力推动经济运行高质量。坚持以经济效益为中心,不断增强公司持续盈利能力。一是全力争取煤炭产业效益最大化。本部坚持"稳产、均产,精采、细采"原则,并加快推进外部煤矿项目建设,通过推进"一优二补三减四化",通过提高单产单进水平,通过优化煤炭产品结构和提升产品质量,实现煤炭产品效益最大化。二是全力提升电力板块经济支撑力。整合现有电力业务,全面开展售配电、供"汽"热业务,力争发电、供电、售配电、供"汽"热、电力运维等业务效益最大化。三是全力打赢铝板块扭亏增盈攻坚战。坚定2020年实现扭亏为盈目标的信心,通过调结构、提质量、增产量、多销售,提高经营水平;加快苏铝公司园区建设。四是全力推动能源综合服务业成为新的经济增长点。以打造品牌、培育品牌、发展品牌为主线,全力推进品牌项目建设,推动产业模式从低端向高端、从单一向综合、从劳务输出向高技术服务转变,提高核心竞争力。

(3)坚定不移抓好产业布局,聚力推动转型升级高质量。我们把转型升级作为实现高质量发展的重要前提。一是加快产业布局转型升级。采取"二进二退二启动"的思路,做优汰劣,加快推进新疆两个煤矿项目,退出山西的玉泉煤业、煜隆公司两个煤矿项目,启动甘肃两个煤矿建设,形成新的煤炭基地。二是加快产业结构转型。发挥公司传统产业优势,对煤、电、铝以外的所有产业进行整合,采取"整合一批、改制一批、移交一批、剥离一批"的思路,整合与煤炭服务相关的产业形成综合能源服务业,改制中心医院和以大集体人员为主的实业公司,移交生活后勤为主的"三供一业"和外部房产等业务,剥离离退休、幼儿园等业务,让企业轻装上阵。三是加快煤炭开采技术转型升级。按照系统最优化、巷道最简化、采煤自动化、掘锚一体化、运输连续化、值守无人化、矿井智能化,规模最佳、系统最优、装备精良、管理最好、效益最高的"七化五优"方向,从传统煤炭开采方式向智能开采方向转型升级。

　　（4）坚定不移抓好企业改革,聚力推动改革创新高质量。发展出题目,改革做文章。我们坚持以推进"1＋10＋47"改革创新工作,把改革创新推向精细、深入。一是持续深化企业内部改革。按照"完善治理、强化激励、突出主业、提高效率"的要求,持续推进"三项制度"改革、内部管理体制改革、经营机制转换,力争取得新的突破。深化企业内部"放管服"改革,按照"放得下、管得住"的原则,减少审批事项,优化审批流程,增加基层自主权,实行差异化管理;深化内部市场化改革,坚持注重贡献、兼顾公平的原则,构建差异化薪酬分配模式,体现多劳多得的价值导向。加快推进中心医院改制、厂办大集体改制,推动企业转换经营机制、增强市场竞争力。二是持续推进专项改革部署。加快推进山西玉泉项目、山西煜隆项目处置退出,积极做好离退休管理、幼儿园等企业办社会化职能剥离,减轻企业包袱,提高运行效率。三是持续提升企业创新水平。全方位构建"企业＋高校＋科研院所"的创新体系,高质量打造"一中心一基地两园区"创新平台,做实国家级技术中心、中煤集团第六个"双创"基地、徐州和沛县产业园区,推动项目在园区落地、科技成果在企业转化。

　　（5）坚定不移抓好"四化"建设,聚力推动智慧矿山建设高质量。一是提高站位、解放思想。瞄准行业最先进的方向和技术,高质量推进智慧矿山建设,通过系统优化、装备升级、技术提升,提高矿井"四化"建设水平。二是坚持试点、全面推进。加快智慧矿山和"四化"建设进度,以姚桥煤矿智能开采为试点,建成集团公司第一个复杂地质条件下、连续运转的智能工作面,力争2年内创建成"国家级智慧矿山"。同时发挥好示范带动、总结经验的作用,力争106煤矿投产就达到智能开采水平。其他单位分步骤、分阶段推进实施。三是结合实际、注重实效。充分考虑各矿系统布局、地质条件以及备品备件的匹配问题,加强设备运行情况的调研分析和可行性评估,加强现场作业小型工具的更新换代,降低职工劳动强度,提高生产效率。

　　（6）坚定不移抓好素质提升,聚力推动人才培养高质量。人才是推动高质量发展的实施者和关键。一是全面加强人才培养和引进。研究制定并落实好人才引进来、用得好、留得住的优惠政策。按照"自主培养一批、高校招聘一批、外部引进一批"的思路,着力解决人才短缺特别是关键技术岗位人才紧缺的问题。二是推进人才战略工程。实施公司"三大体系"、"千百十"、大屯工匠建设,配套制定人才培养、人才引进的激励体制机制,开展中层干部、青年干部、党建干部和大学生培训,利用3年时间,实现人才队伍素质提档升级。三是全面抓好教育培训工作。坚持问题导向、实践导向,顶层规划好职工教育培训工作方案,探索创新教育培训的方式、方法,激发基层一线职工参加培训的积极性;建立"变招工为招生"模式,与中国矿大等院校合作,定向培养一线岗位技术工人。

　　（7）坚定不移抓好民生工作,聚力推动和谐稳定高质量。牢固树立以职工为中心的发展思想,抓好"十大民生工程",让职工的工作生活质量和水平年年都有新变化、一年更比一年好。一是稳步提升职工收入水平。坚持职工收入与贡献大小、效益提升挂钩,千方百计推进减人提效、降本增效、提质增效工作,确保职工收入增幅与企业经济增长保持同步。二是稳步提升职工生活水平。积极推进中心区棚户区改造工作,加快完成供暖管网建设工程,督促地方政府加快推进"三供一业"分离移交改造工程,为职工提供更加优质舒适的生活环境。三是稳步提升职工福利保障水平。坚持开展职工免费健康体检、职工"荣誉疗休养",加强扶贫济困送温暖、党内关爱帮扶工作,让企业经营成果惠及职工,让职工更有归属感。

　　（8）坚定不移抓好党的建设,聚力推动党建保障高质量。一流企业需要一流党建,一流党建引领一流企业。增强政治意识，认真贯彻落实新时代党的建设总要求和党的组织路线，加强对公司党建工作的统筹谋划、顶层设计、指导推进，研究制定新形势加强和改进公司党建具体措施，全面提升党要管党、从严治党的质量和效果，为高质量发展提供高质量保障。着力提升政治建设质量。高质量落实党的组织生活制度，高质量开展党委中心组理论学习，高质量坚持民主集中制，高质量推进"三清大屯"建设，培厚良好政治生态土壤。着力提升党建基层基础。落实"三基建设"要求，建强基层组织，配强组织机构和工作人员，推动党建工作正常化、标准化。以打造国家、集团示范品牌党支部建设为抓手，增强党组织战斗力，发挥党员先进性。

三、加强保障，确保大屯公司高质量发展落到实处、取得实效

企业高质量发展是大势所趋，也是干部职工的迫切希望，必须举全公司之力保障公司高质量发展各项任务稳步推进、取得实效。

一是加强顶层设计。大屯公司高质量发展是全面的高质量发展，必须树立全局观念、系统思维，按照"兼顾全面、突出重点"的原则，认真研究和准确把握各项任务之间的联系性、系统性，做好顶层设计和整体规划。

二是持续解放思想。思想是行动的先导，没有新思想、新理念的引领，就难以实现高质量的发展。持续深入开展"思想解放大讨论"等活动，引导干部职工勇于破除传统发展模式依赖、政策依赖、惯性思维，敢于正视自身问题不足，在谋划发展任务、落实发展举措、推动改革创新上大胆想、积极试、勇敢闯，力争走出一条产业转型的新路子。

三是优化干事环境。研究制定激励党员干部担当作为的有效办法，贯彻落实"三个区分开来"的要求，进一步细化容错纠错的范围，营造不怕事、想干事、能干事、干成事的浓厚氛围。认真落实为基层减负措施，深入开展形式主义、官僚主义集中整治，务求实效精简文件、压减会议、规范督查检查考核创建活动，帮助干部职工卸下包袱、放开手脚、轻装上阵，腾出更多时间精力抓工作落实。

四是强化推进措施。坚持目标导向和结果导向，制定高质量发展重点任务推进路线图、时间表、责任状，定期照单验收。加强工作推进管理，建立完善日常协调、专题推进、重点督查"三大体系"，加强联动协调、工作督办，发挥合力效用。加强高质量发展考核，用好干部作风测评、重点工作抵押、干部综合考核"三大考核手段"，树立鲜明导向，弘扬实干作风。

我们将按照集团公司的工作部署和要求，凝心聚力、同心同德，推进和落实高质量发展"三个阶段"的工作任务，使"五型新大屯"落地生根，"4411"转型发展思路开花结果，促进大屯公司向"更高质量、更高效率、更优结构、更可持续"的高质量发展目标迈进，为集团公司迈进世界500强、推动高质量发展贡献力量。

（本文发表于 2019 年 11 月《中煤能源》总第 119 期）

坚持以习近平总书记对国有企业的要求为指导
促进公司各项工作取得扎实成效

大屯公司总经理　毛中华

在开展"不忘初心、牢记使命"主题教育期间,本人认真学习了习近平总书记对国有企业的要求,并结合集团公司彭总来屯调研的要求和党课上的讲话,结合到基层单位调研的情况,进行了一些思考和感悟。

习近平总书记高度重视国有企业的发展与改革。从党的十八大以来,他多次亲临国有企业一线实地调查研究,先后参观、考察了 23 个省、市、自治区近 30 家国有企业和地方企业。从广东到福建、从河南到青海、从东北到宁夏、从福建到江西、从江苏到上海都留下了总书记的足迹。习近平总书记关于国企的系列重要讲话内涵丰富、思想深邃,具有很强的思想性、理论性、指导性和针对性,也可以说这些讲话是总书记治国理政的新理念、新思想、新战略形成的重要基础支撑,也是重要组成部分。我们要重点学习、领会和掌握习总书记对国企地位、国企改革、国企发展和国企党建这四个方面内容和要求,这对我们进一步完善经营机制、提升经营质量、深化企业改革、加快转型发展有十分重要的意义,可以说学习掌握了这四个方面主要精神,我们的各项工作就找准了方向、找到了遵循,更加明确了底线、标准和目标。

一、要正确把握国有企业的定位,始终保持公司正确的发展方向

习总书记强调,国有企业是中国特色社会主义的重要物质基础和政治基础,关系公有制主体地位的巩固,关系我们党的执政地位和执政能力,关系我国社会主义制度。由此可见,国有企业在国家政治、经济中的重要位置,是国民经济的主导力量,也是引领国家经济发展的主导力量,是推动经济发展当之无愧的主力军、排头兵和突击队。有人把国有企业比喻为共和国的长子,国有企业承担了国家经济不可替代的责任和使命。总书记用了"成为六个力量"来给国有企业定位:一是成为党和国家最可信赖的依靠力量;二是成为坚决贯彻执行党中央决策部署的重要力量;三是成为贯彻新发展理念、全面深化改革的重要力量;四是成为实施"走出去"战略、"一带一路"建设等重大战略的重要力量;五是成为壮大综合国力、促进经济社会发展、保障和改善民生的重要力量;六是成为我们党赢得具有许多新的历史特点的伟大斗争胜利的重要力量。这"六个力量"既是对我们工作的方向和要求,也是目标和任务,更是责任和追求。

对照习总书记的要求,我们公司如何落实总书记对国有企业的定位。具体应该抓好以下方面:一是我们必须坚持国有企业的地位不能动摇,我们所做的各项工作都要对党、对国家、对国资委、对集团公司负责,同时要对职工负责。总书记在武汉调研时强调,必须毫不动摇巩固和发展公有制经济,坚持公有制主体地位,发挥国有经济主导作用,不断增强国有经济活力、控制力、影响力。二是我们必须坚持贯彻党中央和上级的重大部署,积极响应党中央、国资委、集团公司的号召,在重大问题上保持清醒头脑,不能把国有企业引向邪路。总书记在广东调研时说,我们要坚持改革开放正确方向,敢于啃硬骨头,敢于涉险滩,既勇于冲破思想观念的障碍,又勇于突破利益固化的藩篱,既不走封闭僵化的老路,也不走改旗易帜的

邪路。三是我们必须坚持承担起国有企业的责任和使命。首先要发展好经济。具体到公司就是要组织好煤炭、电力、铝加工等主业的生产,全面完成集团公司下达的经济技术指标,为保障国家经济建设做出我们应有的贡献。其次要抓好安全工作。我们所有的工作必须把安全放在首位,自觉树立安全发展理念,弘扬生命至上、安全第一的思想,坚决遏制较大安全事故,确保公司安全生产。再次要履行社会责任,重点要落实好环保政策、精准扶贫、支持地方经济发展等方面的工作。这些都是我们必须做好的。

二、要正确把握国企改革的要求,精准高效扎实地推进公司改革

从党的十八大以来,国家出台了国有企业改革的指导意见和一系列配套文件以及国资委的"双百"行动、混合所有制改革等举措,今年 4 月 30 日又出台了《改革国有资本授权经营体制方案》。近期集团公司也相继下发了"三项制度"改革专项行动方案、高质量发展特别奖励办法等改制改革的文件。我们必须要认真学习和贯彻这些文件精神,推动公司改革向更深层次、更加精准高效,促进经营管理机制不断创新。我们在改革的进程中,必须把握以下几点:

一是要坚定改革的信心。国有企业不改革肯定不行,只有改革才能激发活力,才能赢得发展的机遇。习近平在山东调研时指出,要搞好国有企业,就一定要改革,抱残守缺不行,改革能成功,就能变成现代企业。他希望要再接再厉,一鼓作气,一气呵成,一以贯之,朝着既定的目标奋勇直前。目前,我们重点要加快推进和落实"三项制度""三供一业"和剥离社会职能、处僵治困等改革任务。尤其是处僵治困工作,难度很大,任务很重,必须要统一思想,坚定信心,要摸准实情,弄清亏损真正的根源,然后一项一项去解决。

二是要把握改革的目的。习近平早在 2014 年 7 月就强调"要把提高效率、增强活力作为国有企业改革的目标,推动国有企业做强做优做大"。这个论述和要求更具体、更有指导性。我们所有的改革必须做到能够提高效率、增强活力。近几年我们进行了许多探索,比如这次在调研中基层反映较多的专业化、一体化的问题,如何把握好扁平化与专业化、条与块的划分等关系,如何把握好市场化与一体化之间的关系,关键要看是不是提高效率、增强活力。这个应该成为检验我们改革成效的标准。

三是要把握改革的原则。对国企改革的一些原则性和方向性的问题,习近平总书记明确提出"三个有利于"和"两个一以贯之"。落实到我们的工作中,就是要遵循市场经济规律的原则,能够提高工作的效率的原则,能够实现国有资本保值增值的原则,能够提高企业竞争力的原则,能够调动干部职工积极性的原则。我们必须坚持这五项原则,只有这样,才能通过改革激发企业发展的活力。

四是要把握改革与创新、创新与继承的关系。对我们不合理的产业结构、管理制度、管理机制等既要改革,也要创新,集团公司彭总在公司上党课中讲得很到位,创新不是否定传统,要继承我们的传统,保持我们好的做法,在这个基础上进行改革和创新。因此,我们必须在继承中创新,在创新中发展。

三、要正确把握国企发展的要求,认真谋划好公司未来发展战略

发展是解决我国一切问题的关键和基础。从我国经济新常态到供给侧结构性改革,从新发展理念到高质量发展,这些关于发展的新思想,应该都是习近平新时代中国特色社会主

义思想的重要组成部分。大屯公司要实现安全发展、创新发展、绿色发展、开放发展、共享发展、协调发展和和谐发展的要求,必须抓好以下方面工作。

一是要坚持以经济建设为中心不动摇。这是我们发展的基础和前提,如果离开这个中心谈发展就是空话。"一个中心、两个基本点"是我们党在总结新中国成立以来正反两方面经验教训的基础上提出的一项重要国策。习总书记在庆祝改革开放 40 周年大会上的讲话中也强调这一点。回顾改革开放 40 周年的历程,正是因为我国始终坚持以经济建设为中心不动摇,才实现了国内生产总值由 3 679 亿元增长到 2018 年的 90.03 万亿元的举世瞩目的成就。我国现在是世界第二大经济体、制造业第一大国、货物贸易第一大国、商品消费第二大国、外资流入第二大国,我国外汇储备连续多年位居世界第一。我国之所以取得这些成绩,都离不开经济建设和发展。当前,我们要根据集团公司高质量发展奖励特别办法和新调整的指标,完善公司的指标和考核机制,提高公司的盈利能力,提高净资产收益率,不折不扣完成各项重点工作,为提高职工收入水平创造条件,也为我们今后发展找到依据和信心。

二是要以编制公司"十四五"发展规划为契机,认真谋划公司的发展战略。大的方面把"成为六个力量"作为企业发展的目标。这是国有企业性质决定的,也是新时代国有企业的使命担当。但具体的要谋划好煤炭、电力、铝加工和综合能源服务业的发展。这很关键,关系到公司的未来生存与发展。煤炭板块要做强做大。目前已经形成了三足鼎立,特别是甘肃两个煤矿资源的获取,对公司的长远发展提供了强有力的支撑。我们要在稳定公司本部资源的同时,把新疆、甘肃的项目开发好、建设好,早日让项目建成见效。本部要"稳",稳安全、稳产量、稳队伍,始终把本部作为公司走出去发展的有力支撑;新疆煤矿项目要"快",经过前期的努力,取得了进展,目前就是"最后一公里",不能松懈,应该加快推进。甘肃煤矿项目要"高",起点要高、标准要高、目标要高,要借鉴后发优势,把甘肃两个煤矿建成安全、高效、绿色、智能的现成代的矿井。电力板块要做精做优。发电、售电(热)、运维三位一体化发展符合公司的电力当前现状,历史上电力板块对公司产业链一直是有互补作用的。要认真思考和谋划小机组关停后发电厂业务、人员整合、地方供电等问题,加强热电项目效益测算,保证效益最大化。铝加工板块要做盈做稳。铝板块要发展盈是前提,产业上能不能向下游发展,值得研究。如果只做中间环节,短期内靠上量、靠公司的内部政策支持,实现了账面盈利,长久下去,很难生存。必须要加强对铝加工行业的研究,对亏损的根源找准,并且解决好,保证质量稳、队伍稳、销量稳,铝板块才能发展好。综合能源板块要做活做精。按照集团公司"两商"的要求,我们有很多优势,也能做很多事,但我们的品牌优势是什么,拳头产品优势是什么,如果我们什么都想做,很难做出成效来。综合能源业必须要有自己的定位,要立足大屯、面向中煤、走向社会。必须做到"四个转变":从目前的劳务承包向工程承揽,向整体运行承包转变,从目前的低端业务向高端业务转变,从以公司内部业务为主向以中煤集团或社会业务为主进行转变,从遍地开花向拥有自己的核心技术、拳头产品和特色服务转变。尤其人力资源方面。既要面向未来,对未来 5 年需要的管理人才、技术人才、技能人才等状况都要超前进行规划。又要立足当前,对公司目前所有的干部、技术人员、技能人才分布情况进行分析。具体要抓好以下四个方面工作:第一要着手编制好公司人力资源的规划;第二要落实好"千百十"人才培养工程计划;第三要制定有效的激励政策,鼓励各单位在盘活人力资源自主脑筋、想办法,把现有的人力资源发挥好;第四是要进一步明确二级单位的主体责任,根据本单位的实际有针对性进行人力资源的优化、调整,保证公司各产业的核心队伍

稳定。

三是坚持以新发展理念引领经济发展新常态。从国家层面要进一步加快转变经济发展方式、调整经济发展结构、提高发展质量和效益，着力推进供给侧结构性改革，推动经济更有效率、更有质量、更加公平、更可持续地发展。具体到我们公司就是要实现安全发展、创新发展、绿色发展、协调发展、开放发展、和谐发展。这项工作公司已经进行了分解，关键我们要一项一项抓好落实。尤其在煤炭开采方面，我们必须坚持智能开采的方向，把后发优势发挥到最大化，高标准、高要求建设集团公司首个复杂条件下的智能工作面，从装备、技术、队伍等方面必须同步推进，为公司实现安全、高效开采奠定基础和做好引领，为106煤矿以及甘肃煤矿项目提供借鉴，成为公司推进创新发展的一个亮点。在安全发展、绿色发展、协调发展、开放发展、和谐发展方面都能找到1至2个亮点，如安全发展突出冲击地压防治、深部开采支护方面，形成大屯特色的、能在行业具有指导意义的防治措施。

四是要坚持以人民为中心的发展理念。第一，是践行我们党为民服务宗旨的集中体现。党的根本宗旨就是全心全意为人民服务。第二，是习近平新时代中国特色社会主义思想的核心要义。总书记强调："为人民谋幸福，是中国共产党人的初心"。我们要时刻不忘这个初心，永远把人民对美好生活的向往作为奋斗目标。第三，是坚持群众路线与群众始终保持鱼水关系的内在需要。总书记指出，"人民对美好生活的向往，就是我们的奋斗目标。"坚持以人民为中心的发展思想，要求我们着力解决好人民群众最关心最直接最现实的利益问题。我们必须坚持发展是为了职工，发展必须依靠职工，团结和带领职工加快发展，让公司广大职工过上更加美好的生活，让公司发展得更好。尤其要通过主题教育切实把职工关心的难点问题解决好。

四、要正确把握国企党建的要求，为公司各项工作取得成效提供坚强保证

"坚持党的领导、加强党的建设，是我国国有企业的光荣传统，是国有企业的'根'和'魂'，是我国国有企业的独特优势，坚持党对国有企业的领导是重大政治原则，必须一以贯之；建立现代企业制度是国有企业改革的方向，也必须一以贯之。"这是习总书记对国有企业党建的总要求。我们如何落实这个总要求，结合学习习总书记对国有企业党建工作的要求，应抓好以下方面工作。

一是要加强党对国有企业的政治领导。首先要坚持以习近平新时代中国特色社会主义思想为指导，不折不扣地贯彻好党的方针政策和各项工作部署，让企业始终与党的要求同向同步。其次必须把加强党的领导与完善法人治理有机结合起来，明晰"把方向、管大局、保落实"在国有企业中的具体途径，从而确保企业发展方向正确，经营活动合规合法，实现国有资产保值增值。再次要开展好"不忘初心、牢记使命"主题教育，要做到主题教育与公司工作相结合，相互促进，相互提高，以公司安全生产经营等工作的实际成效来检验主题教育的效果。

二是要加强党对国有企业的思想领导。具体要在统一和解放职工思想上下功夫、在提高干部职工队伍素质和能力上下功夫、在解决职工关注的热点难点问题上下功夫、在与中心工作融合上下功夫，尤其要通过宣传思想工作进一步凝聚广大干部职工，与公司成为命运共同体。

三是要加强党对国有企业的组织领导。要建立健全党建工作责任制，坚持党管干部原则，履行好管党治党的职责，严格政治纪律和政治规矩，尤其要把习总书记强调的国有企业

领导人员必须做到"对党忠诚、勇于创新、治企有方、兴企有为、清正廉洁"的要求落到实处，成为每一位干部的自觉行动，着力提升各级干部的政治素质和担当精神，真正营造出干事创业、风清气正的良好氛围。

学习的目的在于提高、指导和运用，学习研讨的目的在于交流、研究和讨论，从而达成共识，更好地指导公司的各项工作。以上这些思考不一定完全成熟，所以请各位共同思考，共同研讨，真正做到学习理论有收获，通过学习和研讨，提升我们的党性修养，增强"四种意识"，坚定"四个自信"，坚决做到"两个维护"；通过学习和研讨，更好地指导我们的工作，指导公司高质量发展，促进公司各项工作取得扎实成效。

（本文发表于 2019 年 8 月《中煤能源》总第 117 期）

高标准推进　严要求落实
不断巩固提升安全生产标准化整体水平

大屯公司总经理　毛中华

根据集团公司的工作部署，今天在我公司召开安全生产标准化现场推进会。尤其是国家局、省市、集团公司的领导在百忙之中莅临我公司检查指导工作，充分体现了各级政府和集团公司对安全生产标准化工作的高度重视；集团公司所属企业分管领导和煤矿代表前来参加这次会议，给我们带来了许多宝贵的先进经验。这次现场推进会对提升我公司安全生产标准化和安全水平都将产生十分重要的意义。

我公司始终把安全生产标准化作为提高安全生产管理水平的生命工程、基础工程常抓不懈，先后经历了环境达标、质量达标、行为达标、内涵达标四个阶段，坚持秉承了"高标准推进、严要求落实"的历史传承，为公司安全发展奠定了基础。2017 年，公司本部四矿全部获得国家一级安全生产标准化煤矿称号，救护大队达到国家特级质量标准化水平；公司实现了安全生产年，被集团公司授予"安保型"企业称号。现将我公司安全生产标准化的主要做法汇报如下：

一、高度重视，健全组织，保证安全生产标准化常抓不懈

坚持从贯彻国家安全生产方针和依法治安的高度，从保证我公司系统复杂条件下安全生产的需要，不断增强各级干部抓好安全生产标准化的信心和决心。

（1）不断提高思想认识。我公司历届主要领导始终高度重视安全生产标准化，保持了"干一辈子煤矿，抓一辈子安全生产标准化"历史传统，形成了"让安全生产标准化成为大屯安全文化、让安全生产标准化成为职工自觉行动"和"人人重视、人人参与、人人有责、人人担责"的浓厚氛围，并坚持与时俱进，在巩固中逐步提升。新标准颁布后，公司迅速掀起了学标准、抓对标、找短板、争达标的高潮，以达标为目标提升安全生产管理水平。

（2）建立健全组织机构。建立了公司、矿、区队和班组四级标准化管理组织体系，从公司到各矿专门成立了标准化领导小组，最初设立采、掘、机、运、通、地测、调度 7 个专业组。在新标准调整到 11 个专业的基础上，我们又增加了党管安全、煤质管理等 5 个专业组。同

时明确安监部门为安全生产标准化归口管理部门,设立标准化办公室,统筹负责日常管理和考核检查等工作。

(3)两级领导高度重视。我公司始终把安全生产标准化作为"一把手"工程,从公司到各矿明确总经理、矿长负总责,分管领导具体抓,各有分工、各有侧重。坚持每年初研究制定安全生产标准化工作计划,每年设立安全生产标准化专项奖励资金,做到安全生产标准化与安全生产管理同规划、同布置、同落实、同考核。坚持领导包保机制,深入矿井现场,帮助解决推进过程中遇到的困难和问题。尤其新标准颁布后,公司主要领导多次组织召开专题会议,明确了力争四矿一次全部达标的努力方向,研究落实对标措施,推行安全监管垂直管理,有力保证了安全生产标准化整体推进。

二、坚持高标准严要求,不断完善安全生产标准化管理体系

按照"高于标准、严于标准"的原则,不断修订和完善安全生产标准及考核体系,为我公司高标准推进安全生产标准化奠定了基础。

(1)建立健全标准体系。先后4次修订完善了公司安全生产标准化体系,每一次都在国家颁布标准的基础上重新细化和提高。在推进过程中不断把公司各矿井长期实践中形成的好经验、好做法上升为标准,让四矿相互学习、相互促进、相互提高。目前,累计新增环境保护、信息化等5个专业,细化管理实施标准238项,真正做到了既高于标准,又严于标准,内容更加具体,要求更加细化,责任更加清晰。

(2)完善检查考评体系。不断修订完善安全生产标准化检查考核办法,实行检查方案制和小组预审制,坚持每次检查前召开预备会,保证检查人员稳定,做到现场必到、制度必审、措施必查。实行每季动静持表检查、综合打分和末位淘汰制,对矿井前三名,分别按矿井系统复杂程度的系数与奖励基数综合进行奖励,明确国家一级安全生产标准化矿井被降级的将加重处罚。

(3)坚持严管理严考核。严格执行标准及考核体系,注重把实现安全生产作为标准化的前提,只要安全上出现伤亡事故,严格按集团公司要求一票否决,一律严问责、严考核;加大"两动一静"检查力度,动态检查不打招呼、不定路线、不定头面,静态检查实行全覆盖,对标准化查出的问题分系统进行通报,在责任追究和联责考核的同时,坚持定责任、定措施、定资金、定时间、定预案"五定"原则,确保问题整改到位。

三、加大投入,优化系统,从源头上保障安全生产标准化

坚持以"一优二补三减四化"为抓手,通过优化和改造各生产系统,加快装备升级改造,规范生产设计和原材料供应,保障安全生产标准化水平不断提升。

(1)加强系统优化建设。我公司已开发建设近48年,矿井生产呈现多水平、多采区、大倾角、战线长、系统复杂等现状,其中孔庄煤矿采深超过千米、在用巷道长达130千米,安全生产压力逐年加大。近5年来,我们持续加强系统优化、简化工作,先后关闭了四矿17个采区,累计封闭巷道超过48千米;高标准优化系统整合,开展了姚桥和徐庄采区整合、姚桥"东风西调"、孔庄Ⅲ5采区独立通风系统建立等重点工程,减少了7个采掘头面,进一步简化了生产系统。其中,加快收缩姚桥煤矿8煤老采区;淘汰孔庄煤矿水采工艺,加快封闭−375米水平;关闭徐庄煤矿−400米主运系统,实现−750米单水平主运系统。通过优化使四矿安全生

产系统更加安全可靠。

（2）严格系统设计标准。坚持从设计源头就充分考虑安全生产标准化，为生产组织和职工规范作业创造条件。大到系统设计严格履行标准流程，超前考虑通风、机电、运输、安全监测监控、综合防尘等系统以及冲击地压、瓦斯、水害等灾害预防；小到单项工程设计均超前考虑职工施工的可行性和安全性，为安全生产标准化创造了前提条件。

（3）加快装备升级改造。加快实施"机械化、自动化、信息化、智能化"建设，积极应用新技术、新工艺、新装备，有针对性、有计划地淘汰了煤矿技术落后、低效高耗的生产装备。引进大功率采煤机、大倾角采煤机，克服公司大倾角、断层多等复杂地质条件给矿井生产带来的不利影响。新增微震监测、矿井水文自动监测、顶板应力监测系统等，提高了安全生产标准化基础水平。公司本部矿井主排水、压风、主运胶带系统及斜巷架空乘人装置全部实现了无人值守，井下供电系统实现了地面远程集控等，努力将"机械化换人、自动化减人"落到实处。

（4）规范材料供应标准。提高物资供应质量对安全生产标准化可起到事半功倍的作用。近年来，我们坚持从井下所有材料的采购、参数、施工、验收四个环节加强标准化控制，并分类制定管理标准，逐步实现了现场设备、配件型号、规格的标准化、统一化，不仅保证了各类材料从源头达到安全生产标准化的要求，而且为现场推行精益生产、规范材料管理、美化作业环境等奠定了基础。

四、强化过程管控，扎实推进安全生产标准化动态达标

坚持从过程管控入手，把高标准推进、严要求落实贯彻到安全生产的各个环节，努力实现安全生产标准化动态达标。

（1）打造精品工程。坚持把精品工程作为高标准推进的体现、严要求落实的检验。按照"安全第一、实用第二、亮化第三"的要求，通过对四矿生产系统和基础设施进行完善和升级，打造了一批井下标准化大巷、候车室、变电所等系统和基础性精品工程，如：姚桥煤矿东六Ⅱ回风巷、孔庄煤矿－1 015 米轨道大巷等。对所有标准化工程一律实行"挂牌施工、终身负责"和"一工程一验收"，对工程验收进行签字存档，确保经得起"看"，经得起"查"，经得起"量"。特别是在所有头面推广了人员操作程序化、施工作业流程化、工程质量优良化、管线吊挂线性化、设备管理责任化、材料码放定置化"六化"管理法，使生产现场更加整洁、标准，为安全过程管控提供可靠保障。

（2）深化隐患排查治理。坚持把隐患排查治理作为安全生产过程管控的重中之重。在制度上，建立健全两级生产安全事故隐患排查治理办法。公司层面坚持季前排查、落实顶层设计，月度总结、强化过程控制，每周通报、及时掌握动态；矿上坚持每月全面排查、每旬专业排查、每天班中巡查、每班随时排查。在专业上，强化业务保安管理，对矿井"一通三防"等6 大专业的隐患排查治理，实行职能部室月度表格化梳理、跟踪督办和盯防管理，确保不发生重大系统性安全问题。在现场上，出台了《公司加强井下非常规作业现场安全监管规定》，针对巷道贯通、启封盲巷等 40 项高风险作业，一律实行矿领导或安全生产专业管理人员全程跟班盯防，对特殊时段、特殊人群、特殊地点重点关注。在治理上，常年不间断开展顶板、防治水等专项整治活动，并严格按照安全隐患闭环管理要求，从严从细进行梳理、排查和整改，提供资金、物资、人员保证，真正做到排查不留死角、整治不留后患。在监管上，实行重大

安全风险和较大隐患挂牌督办,风险消除和隐患治理后,经验收合格才能销号,真正做到矿井安全风险和隐患可防、可控、可治。

(3)推广优秀经验做法。坚持以点带面、整体推进,注重培育和挖掘先进典型,宣传推广安全生产标准化好的经验和做法。重点推广精细化管理,完善出台了《公司精细化管理标准》,涵盖安全生产 11 个专业,涉及班前会、文明生产、挂图牌板等 79 项具体内容,从职工入井矿灯、矿帽的正确佩戴到各工种如何作业等都有明确的标准和要求,细到操作的工具、距离、大小、注意事项,并附有图纸,易学易懂。推广了无尘化建设,从工作面到大巷每个转折点都配备防尘设施,定期冲尘,把职业健康防护要求落实到现场,采掘工作面降尘率达到92%以上。

(4)坚持一次做好一次达标。坚持把一次做好、一次达标作为降本增效、过程控制的重要环节,在施工现场严格按设计、措施和标准进行施工,严格过程管控,确保施工每一道工序一次完成、一次达标。同时坚持"上道工序为下道工序服务",上道工序必须考虑下道工序的标准和要求,保证干一项工程就要一次成型、整体达标,杜绝二次投入或返工。

五、强化培训,提升素质,打牢安全生产标准化管理基础

坚持把人的素质和行为规范作为安全生产的管理基础,以人的素质、行为达标推进安全生产标准化向内涵达标转变。

(1)强化教育培训。坚持把提高职工素质作为安全生产标准化的第一道防线。内容上,一是开展职工岗位应知应会教育培训,保证持证上岗率达 100%;二是开展管理人员能力培训,提升安全管理经验和水平;三是开展公司安全技能取证培训,提升职工安全操作水平;四是开展职工年度再教育培训,分系统、分专业提升业务管理能力;五是开展标准、规程专题学习培训,掌握安全生产标准内涵。形式上,一是发挥中煤职业技术学院和培训基地的优势,做到学习与实践相结合;二是创新教学模式,聘请专家开展安全大课堂,组织技术骨干和副总工程师定期进行专业授课,增强教育培训的实效性;三是长期坚持一日一题、一周一案、一月一考"三个一"学习教育活动,提升职工安全知识水平;四是实行教考分离和安全培训"一人一档"管理,严格落实安全培训主体责任;五是组织收看和学习《岗位安全风险警示教育片》《安全管理手册》《应知应会题库》等,不断提升职工安全生产技能。

(2)加强班组建设。坚持把安全生产作为班组建设的核心。一是明确班组长准入条件,必须懂安全、懂标准化的职工才有资格参与班组长竞聘。二是以推进内部市场化管理为抓手,将班组管理纳入内部市场化管理考核体系,实行安全生产标准化班组量化、细化考核,形成了"抓好安全生产标准化就是挣工资"的氛围。三是坚持把班组建设作为实现安全生产标准化内涵达标的基本保障,以推进新班组建设为载体,导入班组管理和建设模式,注重提高职工素质,培养选拔"兵头将尾",努力把班组打造为"上标准岗、干标准活"的第一课堂、第一阵地,打牢安全生产"基础、基层、基本功"。

(3)规范职工行为。以推进职工岗位作业标准为切入点,不断规范职工行为。制定了采煤、掘进 86 个岗位标准化作业程序,覆盖了生产及辅助单位主要岗位工种,让职工上岗后知道做什么、怎么做、做到什么程度,养成"上岗就干标准活、不按标准绝不干"的良好习惯,鼓励和提倡职工用心做事,把事做好。同时出台了《公司安全生产"双 42 条"特别严重"三违"行为界定标准》,加大典型"三违"指标化考核力度,让职工知道什么不能做,发挥安监人

员现场"查、盯、防"的作用,形成规范行为的高压态势;只要触碰了红线,轻则罚款、考核安全账户,重则停岗培训、解除合同。通过标准正面引导和制度反面约束,促进职工在任何时候、任何环境下都能做到"上标准岗、干标准活",逐步实现员工行为达标和内涵达标。

六、推进安全生产标准化建设的几点体会

安全生产标准化是践行党的十九大"生命至上、安全第一"理念的具体体现,是国家持续提升煤矿安全保障能力的有效办法,是加强安全基础管理、实现安全生产的重要法宝。通过多年的探索实践,我们有以下几点体会:

(1)领导重视是推进安全生产标准化的重要前提。只有各级领导始终自觉把安全生产标准化作为企业的基础工程、生命工程、效益工程常抓不懈,不搞"一阵风",持之以恒,始终在人、财、物上给予保证,才能不断巩固和提升安全生产标准化水平。

(2)务求实效是推进安全生产标准化的根本所在。安全生产标准化事关职工生命健康,事关企业安全发展,必须坚持"朴素、简洁、实用、高效"的方向,一切从解决安全生产中存在的实际问题出发,一步一个脚印、一年一个台阶,不断夯实安全生产基础。

(3)精细标准是推进安全生产标准化的重要途径。只有始终坚持高于标准、严于标准,不断对国家颁布的安全生产标准进行再细化、再提高,把高标准贯穿于安全生产管理的每一个环节,才能不断提升安全生产标准化整体水平。

(4)严格考核是推进安全生产标准化的关键环节。严不起来、落实不下去,再好的标准也只能是一纸空文。只有通过严密的制度、严细的管理、严格的考核,加强过程管控和精益生产,才能保证执行标准不走样,真正实现动态、内涵、本质达标。

(5)提升素质是推进安全生产标准化的本质要求。安全管理本质是人本管理,人是抓好安全生产标准化的决定因素。只有不断提高职工安全素质,提供职工尽心尽责、用心做事的平台,才能推动安全生产标准化向更高层次迈进。

尊敬的各位领导:虽然我们在安全生产标准化方面取得了初步成效,但与国家和集团公司的要求,与先进单位相比仍有差距。我们将以此次会议为契机,在思想认识上再提高,过程管控上再强化,责任落实上再细化,认真贯彻落实上级安全生产标准化的新要求,始终以高于标准、严于标准的原则,不断提升安全生产管理水平,持续夯实安全管理基础,为我公司巩固提升国家一级安全生产标准化水平,保持集团公司"安保型"企业称号,为集团公司安全发展、早日迈进世界 500 强做出我们积极的贡献。

(本文为 2018 年 6 月 12 日毛中华在中煤集团安全生产标准化现场推进会上的发言材料)

编 纂 始 末

　　一部百余万字的皇皇巨著——《中煤大屯志(1991—2020)》如期与大家见面了。这是继《大屯煤电公司志(1970—1990)》之后,续修的又一部反映大屯公司历史与现状的文献著作,是大屯矿区文化建设的一件大事,恰逢全国抗击新冠肺炎疫情工作取得阶段性的重要成果,意义非凡,令人鼓舞。

　　2019年底,经公司领导研究决定,编纂一部记录公司近30年辉煌发展史的史志著作,作为纪念大屯矿区开发建设50周年的重点项目。

　　2019年12月31日,公司党委下发文件,成立《中煤大屯志(1991—2020)》续编工作领导小组。公司党委书记、董事长包正明与总经理毛中华担任组长,党委副书记向开满担任常务副组长,其他班子成员担任副组长。同时,公司成立史志办,由党委宣传部负责人兼任主任、副主任,各单位和部室设立史志工作小组,具体负责史志续编日常业务工作。

　　2020年1月7日,公司史志办16名成员、各史志工作小组130多名工作人员全部到位,编纂工作正式启动。

　　要在不到4个月的有限时间内完成编纂任务,面临的困难很多,尤其是30年的时间跨度大、涉及面广,史料严重缺失。在公司党政班子坚强有力的领导下,史志办和工作小组全体人员,精心组织、细致工作、倒排节点,力争编纂一部经得起时间检验的精品志书。

　　史志办成员首先学习了《修志指要》《平朔矿区志》《中煤新集志》《大屯煤电公司志》,并邀请中国煤炭工业协会文献委员会办公室副主任于海宏,对编纂人员进行当面授课和网络辅导。大家集思广益,经过10多次研究讨论,最终确定了编写大纲。

　　2020年1月16日,《中国煤炭工业志》编纂委员会组织有关专家对《中煤大屯志(1991—2020)》编写大纲进行了评审。

　　为加快编纂进度,在大纲评审的同时,史志办安排相关篇章责任到人,同步启动资料收集和史料长编工作。

　　编纂工作遇到的最大困难是资料收集。1991—2020年是公司历史发展变化最大的时期,由于一些单位撤销并转、办公地点搬迁、人员退休等,加之1991—2000年尚未普及电脑办公,一些文档资料缺失严重,难以征集。2020年春节期间,一场突如其来的新冠肺炎疫情席卷全球,造成一段时期内停工、停产、停课,各地封城、封路,部分人员被隔离在外地或家中,正常工作和生活秩序受到严重影响,使原本就很紧张的史志编纂工作面临更大的困难和挑战。

　　关键时期,公司主要领导高度重视,及时对志书编纂工作提出指导意见,对重要编纂原则问题把关定向。常务副组长在资料收集、内部审核等关键节点两次主持召开专业会议,进行动员部署,明确时间节点,落实责任到人,并制定了严格的考核措施。公司党委就志书编纂、资料收集整理和报送发出通知,根据编写大纲和责任分工对各单位、部室中心收集整理资料的内容、格式和上报时间等提出了明确要求。各单位和部门的同志在提供资料、修改完

善史料长编方面给予了大办支持和积极配合。有的单位和部门召开专门会议部署工作,面对疫情及时调整、充实史料收集人员,主要领导亲自过问或参与编纂工作,确保每个时间节点任务落实。史志办工作人员克服疫情影响,坚持轮流集中或居家办公,不分8小时内外,没有双休日和节假日,经常加班加点,有时通宵达旦;多次召集部分公司老领导和原老单位的负责同志举行座谈会,收集了相关资料;联系上海等外地的离岗、退休的老同志和上海大屯煤电有限公司的同志,为史书的编纂补充了大量宝贵的资料。公司上下,分工明确,责任到人,团结协作,举全公司之力,本着对历史负责的精神,用一丝不苟、精益求精的态度,确保了史志编纂工作按照时间节点保证编纂进度。

2020年2月26日起,《中煤大屯志(1991—2020)》资料收集告一段落,进入编纂阶段。3月15日形成了第一稿约180万字。4月1日,精简修改后形成第二稿约160万字,下发各部室和单位第一次全面征求意见。4月16日,史志办根据汇总反馈意见,修改完善后形成第三稿约140万字,第二次全面征求意见的反馈情况,进一步修改完善并汇总排版。4月17日,《中煤大屯志(1991—2020)》完成第四稿(送审稿)约140万字并打印成册。

2020年4月28日,《中国煤炭工业志》编纂委员会组织专家采用网络视频方式召开《中煤大屯志(1991—2020)》评审会。评审组认为,大屯公司高度重视修志工作,抓紧落实,精准推进,各部门和所属单位积极配合编纂工作。编纂人员在疫情期间勤恳敬业、甘于奉献,按时完成了送审稿编纂任务。《中煤大屯志(1991—2020)》编纂指导思想正确,特色鲜明;篇目设置合理,体裁完备;资料丰富,语言朴实,符合志书编纂规范。该志是煤炭行业在抗击新冠肺炎疫情期间率先完成且用时最短的一部企业志书。会议同意《中煤大屯志(1991—2020)》通过评审。

根据评审组的修改意见和建议,史志办编纂人员加班加点学习讨论、认真领会,对书稿进行修改完善。2020年5月3日,将《中煤大屯志(1991—2020)》书稿交中国矿业大学出版社出版发行。

《中煤大屯志(1991—2020)》是镌刻大屯公司辉煌发展史的一部宝贵志书,是献给大屯矿区开发建设50周年的一份厚礼,凝聚了公司党政领导和广大干部职工的智慧和汗水。众多人士都参与了编写和资料提收集工作,因为篇幅有限未能一一列出,在此谨致衷心感谢和诚挚敬意!

由于时间跨度大,资料收集难,编纂时间紧,加上编纂人员水平所限,史料遴选难免挂一漏万,编写中疏漏之处在所难免,敬请读者予以批评指正。

《中煤大屯志(1991—2020)》编纂办公室

2020年6月

中煤大屯志

（1991—2020）

上 册

《中煤大屯志》编纂委员会

中国矿业大学出版社

·徐州·

图书在版编目(CIP)数据

中煤大屯志:1991—2020/《中煤大屯志》编纂委

员会编.—徐州:中国矿业大学出版社,2020.7

ISBN 978 - 7 - 5646 - 4758 - 2

Ⅰ.①中… Ⅱ.①中… Ⅲ.①煤炭工业—企业集团—

概况—沛县—1991—2020 Ⅳ.①F426.21

中国版本图书馆 CIP 数据核字(2020)第 089489 号

书　　名　中煤大屯志(1991—2020)

编　　者　《中煤大屯志》编纂委员会

策划编辑　王加俊

责任编辑　黄本斌　李　敬　徐　玮　张海平

出版发行　中国矿业大学出版社有限责任公司

　　　　　(江苏省徐州市解放南路　邮编 221008)

营销热线　(0516)83884103　83885105

出版服务　(0516)83995789　83884920

网　　址　http://www.cumtp.com　E-mail:cumtpvip@cumtp.com

印　　刷　江苏苏中印刷有限公司

开　　本　787 mm×1092 mm　1/16　印张 72.75　插页 40　字数 1823 千字

版次印次　2020 年 7 月第 1 版　2020 年 7 月第 1 次印刷

定　　价　598.00 元(上、下册)

(图书出现印装质量问题,本社负责调换)

《中煤大屯志》编纂委员会

主　　　任	包正明	毛中华			
常务副主任	向开满				
副　主　任	马文智	唐召信	徐宏伟	吉春来	张沛顶
成　　　员	潘文生	马振欣	李崇光	刘冬冬	段建军	刘德平
	任宝宏	温德华	张圣强	游庆来	金道平	刘元芳
	乐亚乃	冯传荣	齐玉平	袁显芳	吴　宇	罗良友
	罗彩云	袁　辉	张　进	薛世新	光治学	胡志东
	黄耀盟	嵇杰夫	靖大同	倪宝新	高　斌	顾宏彬
	展海军	曹　阳	刘朋中	曾凡炯	李志祥	任进泉
	黄　松	石德虎	崔　岩	鄂眉峰	李　平	陈海钰
	吴允锋	李义民	闵建中	张　祥	谭会议	王传辉
	魏茂坤	李吉田	邵占彬	李和伟	张万华	欧学忠
	周　澎					

《中煤大屯志》编纂办公室

总　　　纂	向开满				
主　　　编	张　进				
副　主　编	张学农				
编　　　辑	邹　荣	马　靖	马正喜	张国志	吴晓峰	王广超
	郁正红	吴国齐	刘国远	韩正昌	魏　蕾	李　阳
	王怀乐	李新建				

《中煤大屯志(1991—2020)》

参加编写人员名单：（按姓氏笔画排序）

丁 凯	丁朱娥	于华春	马 慧	马千里	马丕德	王飞挺	王凤兰
王吉党	王亚辉	王安友	王明炎	王忠伟	王建贵	王桂芝	王晓东
王海涛	毛占荃	公祥新	甘秀启	左 泉	石 磊	龙宏江	史朝阳
丛奉滋	冯玉峰	曲大新	吕 华	朱文军	朱清华	朱琦勇	朱增涛
任 昂	刘 琴	刘义成	刘正平	刘兴杰	刘体民	刘建平	江夏进
汤建兵	许自豪	许连根	那才兴	那存才	孙秀仙	孙 儒	孙莉娟
孙敬伟	孙照引	阳朝容	芦宇兰	杜 红	李 肖	李 鹏	李 腾
李少波	李书亭	李成永	李青松	李明传	李建东	李桂先	李寅靖
杨锦海	吴登坤	何 杰	余承纪	宋明华	张 宏	张 峰	张 焕
张 献	张开戈	张水平	张分中	张传建	张自胜	张兆河	张明浩
张建军	张煜煜	陆洪伦	陈 艳	陈 莉	陈 凌	陈 辉	陈立才
陈向阳	武耀文	苗永清	林洪海	郁海华	周 永	周 杨	周士彦
周星星	庞金卫	郑静静	宗 辉	宗慧芹	郎桂林	赵 伟	赵 猛
赵 敬	赵 想	赵建伟	赵施洋	郝凌云	柯尊平	段玉柏	姜 伟
姜 咏	姜 奎	姚向东	姚忠军	贺修武	袁秋冬	耿 奇	耿 亮
聂中维	贾厚建	夏传军	顾志勇	凌杰春	高正祥	高京伟	郭 颂
郭 澍	郭迎秋	郭金龙	唐绍梅	黄 涛	曹志强	常树阳	崔军舰
崔海林	庹仓斌	梁 杰	韩 瑜	韩友峰	韩桂芬	程 刚	程 红
鲍 雨	褚 杰	蔡洪冲	颜 飞	燕敦珍	戴兴忠	戴湘萍	瞿谷生

提供资料人员名单：

王宜刚	孙明珊	李长才	李 超	吴少奎	沈振家	张新华	郦秋萍
黄启庭	缪广甫	周 超	靳西平	刘利顺	王宏震	沈 烨	吕建平

1995年11月，煤炭工业部原部长于洪恩（前左三）到公司调研

1993年8月，煤炭工业部副部长张宝明（前左二）到公司调研

2009年9月，江苏省委副书记、省长罗志军（左一）到公司调研

2011年6月，江苏省委副书记、省长李学勇（左一）到公司调研

2006年3月，江苏省委副书记冯敏刚（左三）到公司调研

2006年5月，江苏省副省长黄莉新（左二）到公司调研

　　2007年3月，江苏省副省长张卫国（右二）到公司调研

　　2009年2月，江苏省副省长徐鸣（右一）到公司调研

　　2009年3月，江苏省委副书记、组织部部长王国生（左三）到公司调研

　　2009年4月，江苏省人大常委会副主任丁解民（右一）到公司调研

　　2012年4月，江苏省军区副司令员戴陆伟到公司调研

　　2020年3月，徐州市委书记周铁根（前左二）到公司检查疫情防控、复工复产工作

2005年10月，中煤集团董事长、总经理经天亮出席公司建矿35周年庆祝大会

2009年2月，中煤集团党委书记纪喜来（前右二）到公司检查指导工作

2019年3月，中煤集团党委书记、董事长李延江（左三）到公司检查指导工作

2010年5月，中煤集团原党委书记宋勤（前左二）到公司参观考察

2013年9月，中煤集团董事长吴耀文（前左二）到公司检查指导工作

2010年7月，中煤集团总经理王安（左一）到公司检查指导工作

2019年7月，中煤集团总经理彭毅（前左三）到公司检查指导工作

团结奋进的公司领导班子
左起：向开满　徐宏伟　马文智　包正明　毛中华　唐召信　吉春来　张沛顶

公司发展战略："4411"

4大基地	江苏基地、新疆基地、蒙陕甘基地、淮海基地

4大产业

煤炭	电力	铝加工	能源综合服务

11品牌

电力工程　水处理　铁路工程　地质勘探防治水

智能制造与节能环保　检验检测　教育培训　产业园区

煤炭物流　新能源　煤矿运维

公司追求:建设"五型"新大屯，合力共筑"大屯梦"

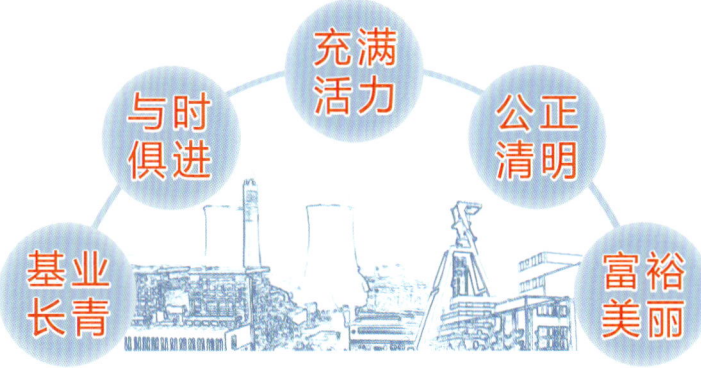

充满活力　与时俱进　公正清明　基业长青　富裕美丽

大屯矿区平面图

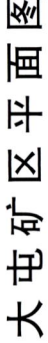

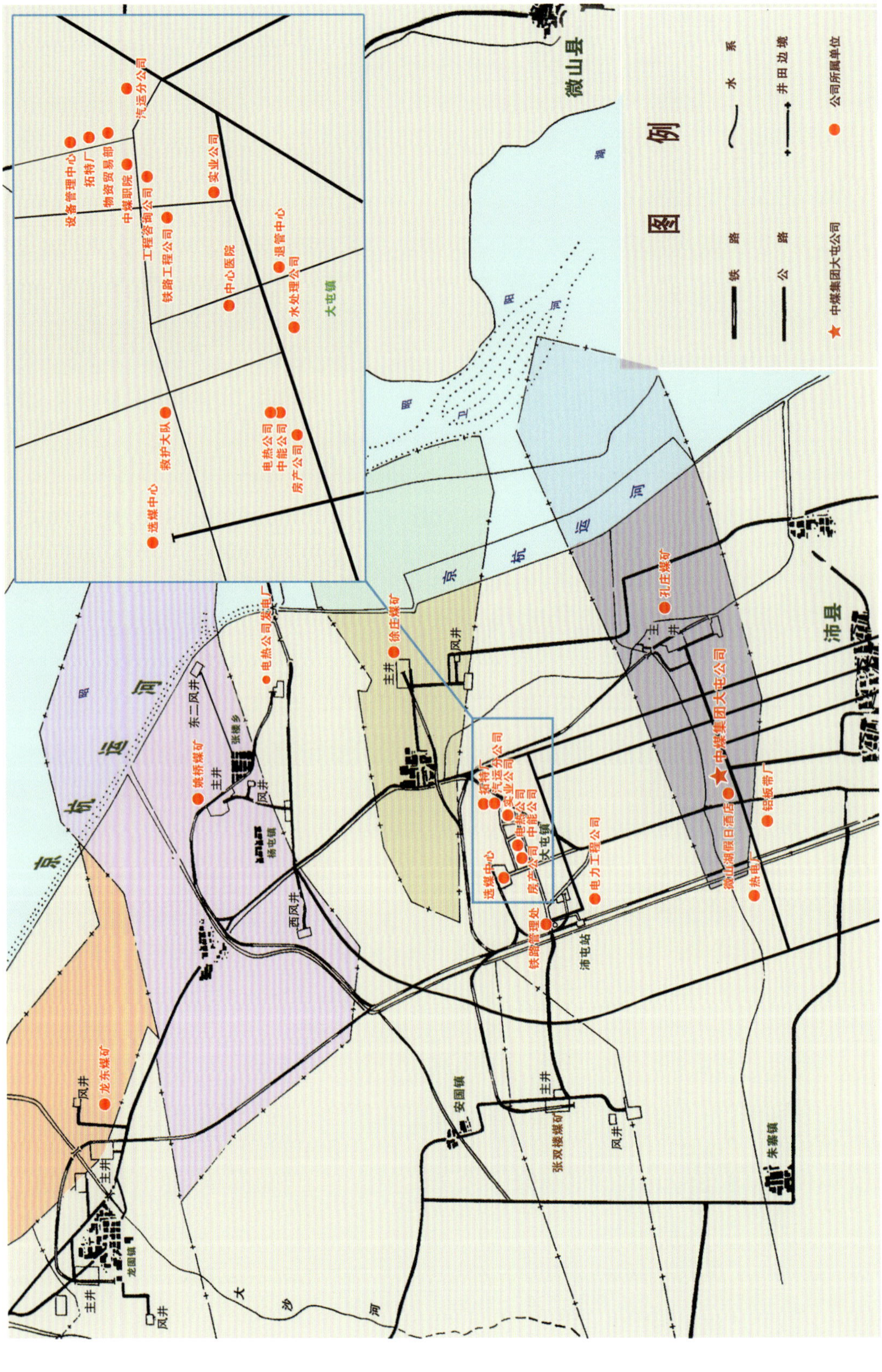
图例
铁路
公路
水系
井田边境
中煤集团大屯公司
公司所属单位
微山县
沛县
京杭运河
昭阳湖
微山湖
中煤集团大屯公司
龙东煤矿
姚桥煤矿
徐庄煤矿
孔庄煤矿
张双楼煤矿
电热公司发电厂
选煤中心
救护大队
电热公司
中能公司
房产公司
中心医院
水处理公司
退管中心
铁路工程公司
工程咨询公司
中煤职院
物资贸易部
拓特厂
设备管理中心
汽运分公司
实业公司
大屯镇
铁路管理处
电力工程公司
沛屯站
微山湖假日酒店
铝板带厂
热电厂
安国镇
朱寨镇
杨屯镇
张楼乡
龙固镇
大沙河
东二风井
西风井
主井
风井

姚桥煤矿（2020年）

孔庄煤矿（2020年）

徐庄煤矿（2020年）

龙东煤矿（2020年）

2×350兆瓦热电厂（2020年）

大屯选煤中心（2019年）

铝板带厂（2019年）

铁路管理处（2020年）

1997年11月，大屯煤电（集团）有限责任公司揭牌仪式

1999年12月，上海大屯能源股份有限公司揭牌仪式

2001年8月，上海能源在上海证券交易所上市

2015年9月，公司召开优化组织机构助推企业转型发展动员大会

2017年9月，公司召开新班组建设启动会

2018年3月，公司召开改革创新暨重点工作推进会

1991年1月，姚桥煤矿改扩建工程开工剪彩仪式

2002年9月，铝业公司开工奠基仪式

2007年11月，孔庄矿井改扩建工程开工庆典

2009年7月，公司年产10万吨高精度铝板带项目开工典礼

2015年8月，2×350兆瓦热电项目建设启动会

2017年6月，徐庄煤矿西风井工程开工典礼

天山公司（2019年）

鸿新煤业（2019年）

唐家河煤矿选址（2019年）

南川河煤矿选址（2019年）

公司现代化调度指挥系统（2018年）

煤矿现代化调度指挥系统（2018年）

现代化快速掘进系统（2018年）

地测（2019年）

施工帮部锚杆眼（2014年）

机械化采煤（2013年）

井下无人值守泵房（2011年）

提升系统（2018年）

主排水泵抽真空系统（2018年）

局部通风系统（2018年）

智能开采工作面（2020年）

井下高标准通防系统（2018年）

孔庄煤矿扩建及选煤厂工程建设竣工试生产剪彩仪式（1991年）

选煤中心揭牌仪式（2011年）

精煤浮选机（2012年）

煤炭装车（2012年）

分选旋流器（2012年）

煤炭外运（2020年）

2×350兆瓦热电厂（2020年）

大屯发电厂鸟瞰图（2010年）

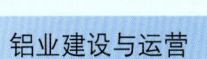

铝板带厂鸟瞰图（2019年）

铝板带厂冷轧车间（2019年）

铝锭出口（2005年）

苏铝铝业全貌（2010年）

徐沛铁路位置图

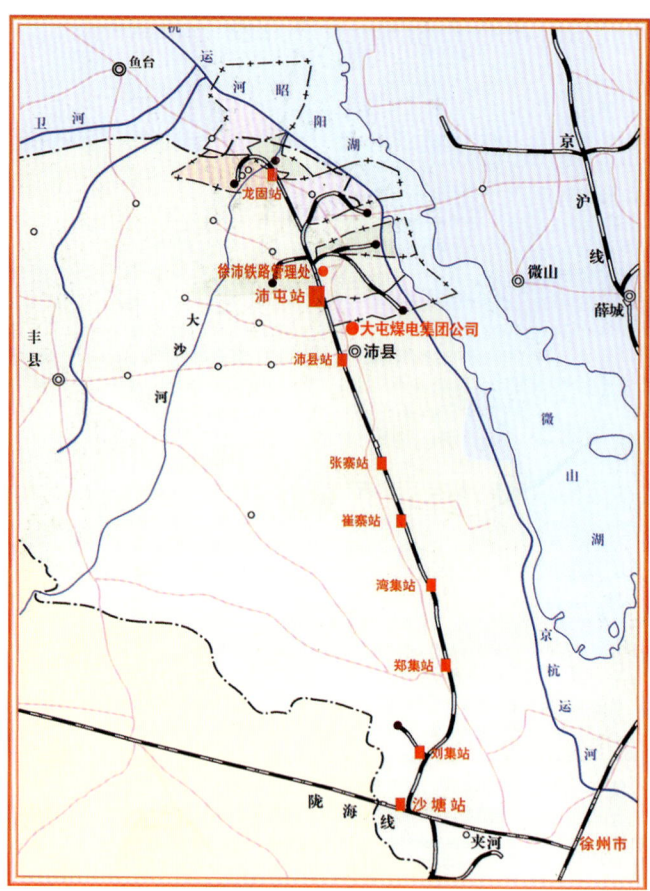

沛屯火车站（2007年）

蒸汽机车（2002年）

更换内燃机车（2003年）

货运列车（2017年）

公路客车（2020年）

专用货车（2006年）

检验检测（2018年）

铁路运维（2017年）

发电机组大修（2016年）

皮带机生产（2013年）

机电一体化培训（2015年）

水文地质补勘和构造探查（2017年）

实业公司产业园区机加工车间（2016年）

水处理运营（2016年）

2011年6月，江苏煤矿重大突水事故应急演练在公司举行

2018年6月，中煤集团安全生产标准化现场推进会在公司举行

2019年5月，公司召开安全约谈会议

安全一条街（2018年）

2019年7月，公司举办第16届安全文艺电视大赛

"安者为王"挑战赛（2012年）

2012年2月，孔庄煤矿I6采区避难硐室载人试验成功

公司推进无尘化矿井建设（2011年）

现场安全检查（2019年）

安全大讲堂（2016年）

安全宣誓（2018年）

救援演练（2011年）

"手指口述"法应用（2018年）

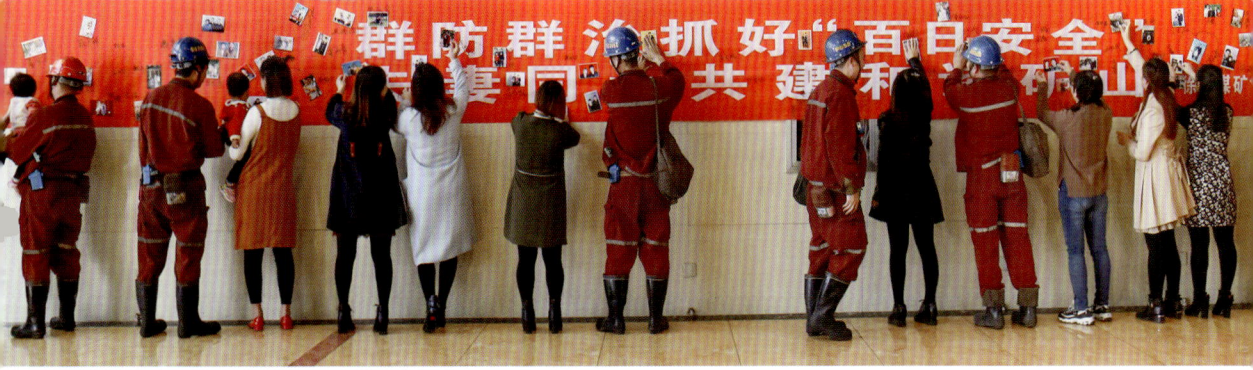

职工家属协管安全活动（2017年）

公司召开经济运行分析会（2007年）

公司召开内部市场化建设推进会（2018年）

公司召开新班组建设中期兑标观摩会（2018年）

2018年12月4日，包正明在央视财经频道
《第一时间》栏目畅谈改革开放40周年

公司召开工作会议暨职工代表大会（2020年）

公司召开"全面深化改革、促进创新发展"工作动员大会（2017年）

井下安全文化长廊（2018年）

井下管线安装一条线（2018年）

包正明被授予"第三届徐州市十佳优秀企业家"称号（2019年）

煤矿安全生产标准化检查（2018年）

2005年4月，公司召开技术创新大会

2014年6月，单轨吊在姚桥煤矿、徐庄煤矿应用

2017年10月，公司召开科技创新工作总结表彰大会

2019年7月，公司下属三家煤矿通过绿色矿山评审

矿区生态环境持续改善（2019年）

2020年3月，公司召开智能化矿井建设推进会

2005年3月，公司召开保持共产党员先进性教育活动总结大会

2009年3月，公司召开深入学习实践科学发展观活动动员大会

2014年10月，公司召开党的群众路线教育实践活动总结大会

2015年6月，公司召开"三严三实"专题教育启动会

2016年4月，公司召开"两学一做"学习教育动员部署会

2019年6月，公司举办"不忘初心、牢记使命"主题教育集中学习专题讲座

2018年9月，"诵读《梁家河》追寻领袖初心"主题党日活动

2019年9月，庆祝中华人民共和国成立70周年歌咏大会

2018年5月，公司领导干部工作作风专项整治动员大会

2019年7月，重温入党誓词

2016年12月，中国共产党大屯煤电（集团）有限责任公司第三次代表大会

2018年8月，公司安全文艺走进蒙大矿业公司慰问演出

2019年6月，公司宣传队走进西北能源公司项目基地

2020年1月，公司迎春长跑活动

2018年9月，大学毕业生入职培训

2011年4月，警民共建安康和谐社区启动仪式

2015年，公司新城嘉苑6 000套职工住宅建成入住

2018年3月，"三供一业""市政社区职能"分离移交

2020年1月，首届"大屯工匠"人物发布暨颁奖典礼

慰问劳动模范（2018年）

全员免费健康体检（2017年）

助学捐赠（2010年）

新冠肺炎疫情防控（2020年）

公司定期开展荣誉职工疗（休）养活动

2013年10月，公司召开企业文化建设推进会

2014年8月，江苏省企业培育和弘扬社会主义核心价值观现场交流会在公司召开

2016年8月，公司"煤亮子"组合登上央视舞台

2019年2月，公司举办大屯英才外地代表新春座谈会

2019年5月，包正明在北京人民大会堂发布《上海大屯能源股份有限公司社会责任报告》

2019年4月，公司举办第十届精神文明建设新人新事颁奖典礼活动

2019年11月，中煤集团在公司举办首届国企开放日活动

1998年8月，公司向九江洪涝灾区捐赠款物182万元

2009年6月，公司向四川地震灾区捐款

2013年3月，公司组织义务献血活动

2018年9月，公司为睢宁县捐赠扶贫基金100万元

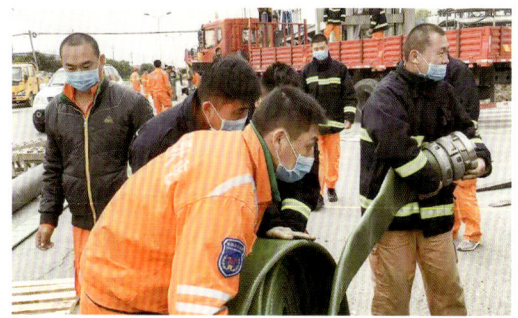

2019年3月，公司救护大队奔赴盐城化工厂爆炸事故现场参加抢险救灾

2019年10月，公司拍摄首部快闪作品《我和我的祖国》，庆祝祖国70周年华诞

2019年12月，公司开展"阳光大屯"心理健康咨询服务活动

奖状

大屯煤电公司被评为能源部全国煤炭系统思想政治工作优秀企业，特此表彰。

國務院經貿辦等六部委批准

國家大型企業

中華人民共和國能源部
一九九二年

一九九二年利稅總額行業排序

十強企業

中華人民共和國
國家統計局

大屯煤电公司

中国500家最大工业企业
第352名

国务院发展研究中心
国家统计局
1993年

科技进步奖证书

为表彰在促进科学技术进步工作中做出重大贡献者，特颁国家科技进步奖证书，以资鼓励。

获奖项目：特殊地层条件下井壁破裂的机理与防治技术

获奖单位：大屯煤电公司

奖励等级：二等奖

奖励时间：一九九七年十二月

证书号：12-2-003-02

中华人民共和国
国家科学技术委员会主任 宋健

国家科学技术进步奖证书

为表彰国家科学技术进步奖获得者，特颁发此证书。

项目名称：平顶山、大屯矿区综合开发与技术改造的研究及应用

奖励等级：二等

获奖者：大屯煤电（集团）有限责任公司

中华人民共和国国务院

证书号：J-210-2-01-D02

授予

模范职工之家

中华全国总工会
一九九八年十月

五一劳动奖状
（先进企事业）

中华全国总工会
1999年4月

全国煤炭工业

科技进步
十佳企业

煤炭工业技术委员会
二〇〇〇年二月

全国绿化

先进集体

全国绿化委员会
人事部
国家林业局
二〇〇一年

江苏省
文明单位标兵
THE BEST OF THE CIVILIZED UNITS JIANGSU PROVINCE
（2001-2002）

中共江苏省委
JIANGSU PROVINCIAL COMMITTEE OF C.P.C
江苏省人民政府
JIANGSU PROVINCIAL PEOPLE'S GOVERNMENT

1999—2001年度

江苏省
思想政治工作优秀企业

中共江苏省委组织部　中共江苏省委宣传部
江苏省发展计划委员会　江苏省经济贸易委员会
江苏省人事厅　江苏省总工会
二〇〇三年十二月

授予：中国煤炭工业进出口集团公司
大屯煤电集团有限责任公司
中央企业厂务公开
先进单位

中央企业厂务公开协调小组
2003年1月

全国依法生产

先进煤矿

国家发展和改革委员会
二〇〇五年一月

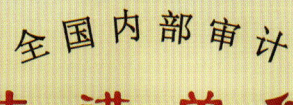

全国内部审计
先 进 单 位
2002—2004
中华人民共和国审计署
二〇〇五年四月

全国五四红旗团委

共青团中央
二〇〇五年十二月

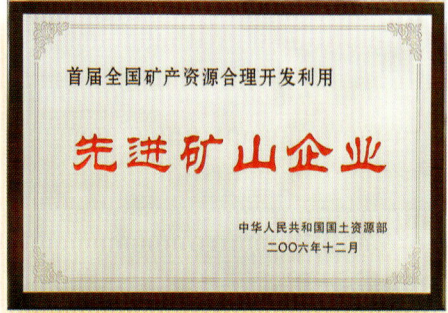

首届全国矿产资源合理开发利用
先进矿山企业
中华人民共和国国土资源部
二〇〇六年十二月

授予：徐州市沛县大屯煤电（集团）有限责任公司
爱心包裹项目突出贡献奖
中国扶贫基金会
2009年8月4日

China Coal
安全生产先进企业
中国中煤能源集团公司
2009年2月

全国"安康杯"竞赛优胜企业
中华全国总工会
国家安全生产监督管理总局
二〇一〇年一月

2008-2009年度
全省脱贫攻坚工作先进单位
江苏省扶贫工作领导小组
二〇一〇年一月

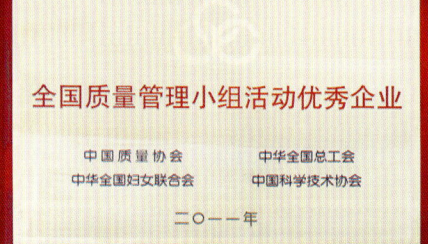

全国质量管理小组活动优秀企业
中国质量协会　　中华全国总工会
中华全国妇女联合会　中国科学技术协会
二〇一一年

国家认定
企业技术中心
国家经贸委 财政部 国家税务总局 海关总署

全国守合同重信用企业
NATIONAL ENTERPRISE OF "KEEPING PROMISE & HONOURING CONTRACTS"
中华人民共和国国家工商行政管理总局
STATE ADMINISTRATION FOR INDUSTRY AND
COMMERCE OF THE PEOPLE'S REPUBLIC OF CHINA

国有重点煤矿
质量标准化矿务局
煤炭工业部

首批示范职业技能鉴定站
国家人力资源与社会保障部
二〇一二年十二月

一级安全生产标准化煤矿
国家安全监管总局 国家煤矿安监局
二〇一八年一月

新时代企业文化建设
优秀单位
中国文化管理协会
二〇一八年十月
2018中国文化管理协会企业文化管理年会

全国煤炭工业社会责任报告发布
优秀企业
中国煤炭工业协会
2019年5月

新时代党建+企业文化
实践创新标杆
中国文化管理协会
企业文化管理专业委员会
二〇一九年六月

《中煤大屯志》续编工作动员会（2020年1月）

《中煤大屯志》评审会（2020年4月）

《中煤大屯志》编纂办公室人员合影（2020年5月）

以史为镜　不忘初心　再创辉煌

——《中煤大屯志（1991—2020）》序

　　习近平总书记曾多次强调，历史是最好的教科书，是最好的老师，可以把历史智慧告诉人们，启迪后人。2020 年是大屯公司开发建设 50 周年。50 年改革发展，走过的历程千辛万苦，取得的成就千真万确，带来了矿区的千变万化，回望历史让人感慨万千。作为大屯公司的建设者、参与者、见证者和记录者，对这极不平凡的 50 年，我们每个人都会有自己的经历和感悟。真实记录大屯公司的发展历程，把这段历史完整地展示给后人，高标准、高要求、高质量编纂《中煤大屯志（1991—2020）》是功在当代、利在千秋的大事，是一种历史的责任。鉴于公司已经对 1970 年至 1990 年的企业志进行了编制，本次编纂《中煤大屯志（1991—2020）》，其深刻意义在于总结回顾大屯公司 30 年来改革发展的成功与失败、经验与教训，让大家能够"穿越时空"，在审视大屯公司发展大气磅礴、色彩绚丽的精美画卷中，继承和发扬大屯公司的精气神，更激发所有大屯人不忘初心、牢记使命，承前启后、继往开来，筑牢"百年大屯"的发展基础，成就更加宏伟的大屯发展事业。

　　这 30 年是大屯公司致力于不断发展壮大、取得辉煌成就的 30 年。30 年来，大屯公司产业实现了从煤—电—运模式到煤—电—铝—运模式再到煤—电—铝—能源综合服务业模式的转变。产业规模不断壮大，原煤生产能力增长 3 倍，实现了原煤全入选；发电量增长 7 倍；铝材加工量 2019 年达到 11.83 万吨，为历史最好水平；铁路货运量增长 2.5 倍。公司创造了全国煤炭行业企业自生产运营以来连续保持盈利的"奇迹"：总资产增长 16 倍；营业收入增长 25 倍；利润增长近 200 倍；利税总额增长 41 倍。职工年人均收入增长 22 倍。先后荣获全国五一劳动奖状、全国产值利税最佳企业、全国煤矿思想政治工作优秀企业、"AAA"资信企业、煤炭工业优秀企业、质量效益型先进企业、上海市优秀守合同重信用企业、中煤集团安保型企业等数百个荣誉称号，得到了社会和行业

的广泛赞誉。所以说,这30年是大屯公司为国家和地方经济建设做出巨大贡献的30年,也是职工享受企业发展成果的30年。

这30年是大屯公司致力于提升管理水平、实现精益求精的30年。大屯公司在煤炭行业率先推行管理体系,率先推行精细化管理,率先推行流程化管理。30年来,安全管理不断上台阶。自安全生产标准化工作推行以来,始终坚持"高于标准、严于标准"全方位夯实安全管理基础,成为中煤集团的窗口和标杆企业;2017年国家实施安全生产标准化新标准,5对生产矿井全部达到国家一级安全生产标准化水平。生产管理不断上台阶。不断引进新理念、新装备、新技术、新工艺、新材料,提高生产效率。30年来,原煤生产效率从1.429吨/工提高到7.911吨/工,采煤工作面单产从2.59万吨/(个·月)提高到15.79万吨/(个·月),掘进工作面单进从145.17米/(队·月)提高到248.22米/(队·月)。经营管理不断上台阶。率先推行全面预算管理,做到了所有的指标都有预算计划,所有的支出都在预算控制内,全面预算管理延伸到车间、班组。坚持推行以资金、销售、采购、投资四大集约化管理和以成本倒推、比价采购为重点的成本动态控制机制,形成了具有大屯特色的细化指标分解、量化考核绩效、刚化兑现奖罚"三化模式"。2017年,公司推进内部市场化管理,通过实行"四定"和构建内部市场机制,优化收入分配模式,充分体现"多劳多得、少劳少得、不劳不得"价值导向。质量管理不断上台阶。始终秉承"质量是生命"的理念,强化产品过程管控,公司率先整体通过中国质量协会质量体系认证,"大屯煤"品牌享誉大江南北。人力资源管理不断上台阶。始终加强人才队伍建设,为煤炭行业和中煤集团输送了大量井工矿管理人才和技术人才;提出了"管理、技术、技能"人才三体系建设、"千百十"人才培养计划,促进了公司人才梯队接续;涌现了全国煤炭战线十面红旗之一的"打不烂,拖不垮的钢铁掘进队",全国劳模、煤机"大夫"谢国如,全国劳模、百万吨采煤队队长常学亮,全国劳模、金牌焊工吴友良等一大批优秀人才和先进典型。

这30年是大屯公司致力于不断深化改革、促进创新发展的30年。大屯公司的发展史就是一部改革创新史。回顾大屯公司的改革创新历程,公司在行业内率先实行工资计时以及土建工程单项承包,全面推进经营承包责任制和厂长经理负责制。1997年推进煤炭生产、非煤生产与后勤服务三条线管理;2001年

"上海能源"股票上市,标志着公司法人治理结构改革取得突破;2006年全面推进"三项制度"改革,所有科级及以上干部全部重新竞聘上岗,推进岗位绩效工资考核;2011年以来先后对洗选加工、污水处理、机电设备、库存仓储、电力检修、职工培训、离退休、后勤物业、机电设备维修加工与制造等业务进行整合;2017年启动"全面深化改革,促进创新发展"工作,第一次通过顶层设计系统地推进了"1+10+37"改革指导意见和改革方案,改革力度空前;2018年根据工作实际,调整至47项改革方案。"三项制度"改革、"三供一业"分离移交、大集体改制、企业办社会职能剥离等一批改革取得突破,为大屯公司推进高质量发展奠定了坚实的基础。同时,大屯公司拥有国家级技术中心,先后在煤炭生产、洗选加工、发供电等领域获得千余项国家、省部级和中煤集团的科技创新成果奖,展现了大屯公司的科技创新水平。正是因为持续深化改革和坚持科技创新,为公司安全生产和经营管理提供了强有力的支撑,公司才能在破解历史难题、激发新的发展活力等方面取得新的突破。

这30年是大屯公司致力于提升企业文化、彰显人文关怀的30年。 大屯公司在创造物质财富的同时,坚持把企业文化建设融于安全生产、经营管理、改革创新与发展之中,在井工开采、火力发电、企业党建、思想政治工作等方面积累了许多宝贵的经验,形成了具有大屯特色的企业文化,先后提炼出"艰苦创业、改革创新、团结奉献"的企业精神,并在公司发展中不断赋予新的内涵,其中包含了打不烂拖不垮的钢铁精神,特别能战斗、特别能吃苦、特别能奉献的精神,高于标准、严于标准的高质量精神,止于至善、精益求精的精神,敢为人先、勇争一流的创新精神。1998年划入中煤集团以后,在中煤文化的引领下,大屯文化得到了进一步提升。特别是在中煤"和"文化的引领下,大屯公司单位与单位、干部与职工、职工与职工之间都形成了非常好的文化氛围,把中煤文化融入大屯公司生产经营之中。建成了图书馆、俱乐部、新闻中心、大屯发展史陈列馆等文化活动场所,开办了《大屯工人报》、大屯电视台。2018年大屯公司以"六个坚持、四个构建"为核心,组织开展了企业文化重塑工作,促进中煤"和"文化、大屯文化更加紧密地融合,形成了安全、质量、和谐、廉洁等10个子文化建设。特别是大屯公司及二级单位因地制宜地开展了丰富多彩、职工喜闻乐见的文化活动。启动推进"十大民生关爱工程",让发展成果更多、更公平地惠及职工。所

有这些为公司适应新形势、把握新特点,探索公司进入新时代改革创新再出发提供了精神力量和文化支撑。

这30年是大屯公司致力于提升发展质量、推进转型升级的30年。 发展是解决一切问题的基础和关键。大屯公司历届领导班子始终坚持把建设大屯、发展大屯作为不可推卸的责任,运筹帷幄,精心描绘着大屯的发展蓝图。在公司老一代创业人完成煤炭、电力等配套设施基本建设的基础上,不断壮大发展"煤、电、运"综合经营。从1991年完成孔庄煤矿二期改扩建,1992年发电厂3号机组并网发电,到1997年姚桥煤矿二期工程正式投产,标志着大屯矿区二期改扩建任务基本完成。随着企业不断发展壮大,公司调整"煤、电、铝、运"产业结构和产业规模,2000年矸石热电厂工程通过国家竣工验收;2003年第一台135兆瓦机组投入商业运行;2004年电解铝一期工程投产;2005年第二台135兆瓦机组投入商业运行;2007年徐州四方铝业公司顺利完成重组;2008年发电厂1、2号机组顺利投入商业运行;2012年铝板带厂通过竣工验收;2014年孔庄煤矿三期投入运行,煤炭产量向1 000万吨迈进。尤其自2017年以来,公司转型发展进入一个新的阶段,公司主动适应国家、中煤集团的要求,按照"两商"战略以及"稳住本部、优化外部、努力转型、区域融入"和"稳定一方、融入一方、带动一方"的思路,加快推进"4411"转型发展战略,着力打造江苏(本部)、新疆、蒙陕甘、淮海四大基地,全力发展煤炭、电力、铝加工、能源综合服务四大产业,积极推进电力运维、水处理运维、铁路运维、地质勘探防治水、检验检测、培训教育、产业园区建设、节能环保、煤矿运维、新能源开发服务、物流供应链服务11个品牌建设,初步形成了新的产业格局。特别是历时10年的煤矿、电力项目突破停产停建的瓶颈,2019年新疆106煤矿通过竣工验收并投入生产,新疆苇子沟煤矿复工建设,2×350兆瓦热电项目投入商业运行;获取了甘肃灵南煤业公司17.8亿吨整装煤炭资源。这些不仅标志着大屯公司整体发展水平迈上了新的台阶,而且为公司高质量发展和"百年大屯"建设奠定了坚实基础,更为把公司建设成为"基业长青、与时俱进、充满活力、公正清明、富裕美丽"五型新大屯,打造中煤集团"两商"典范企业提供了坚强保证。

以史为鉴,可以知兴替。《中煤大屯志(1991—2020)》全面、系统、客观地回顾了大屯公司30年来发展进程中取得的宝贵经验和成就,是大屯公司一笔宝贵

的财富。此志必将时刻警醒我们决不能因为昨天的胜利而骄傲,决不能因为成就而懈怠;必将时刻激励我们勇于改革创新,勇于迎难而上,勇于担当尽责,推动大屯公司高质量发展;必将时刻提醒我们不忘初心、牢记使命、继续前进,为打造大屯"百年老店"而努力奋斗,为中煤事业兴旺发达而努力奋斗,为中华民族复兴而努力奋斗。

　　谨以此志献礼大屯公司开发建设 50 周年,并向所有曾参与、支持、帮助、推动大屯公司发展的各级领导、社会各界人士及全体干部职工和家属致以崇高的敬意和衷心的感谢!

　　是为序。

2020 年 6 月

凡　　例

一、本志以马克思列宁主义、毛泽东思想、邓小平理论、"三个代表"重要思想、科学发展观、习近平新时代中国特色社会主义思想为指导，坚持辩证唯物主义和历史唯物主义立场、观点和方法，全面、客观、系统地记述公司 30 年来的改革发展历程。

二、本志按照国务院《地方志工作条例》规定，遵循中国地方志指导小组制定的《地方志书质量规定》，坚持志书横排竖写、述而不论、实事求是的编纂要求。

三、本志为《大屯煤电公司志(1970—1990)》续志。时间断限上起 1991 年初，下至 2020 年 6 月底，部分内容根据实际适当上溯。

四、本志体裁以志为主，辅以述、记、志、传、图、表、录。全书由序、概述、大事记、各专业篇、人物与荣誉、单位简介、附录、编撰始末等组成。

五、大事记采用编年体，适当结合纪事本末体，记述公司的重要事件。

六、人物与荣誉篇中，收录了市级及以上先进集体、先进个人和公司劳动模范。

七、本志采用语体文，表述力求准确、客观、严谨、朴实。语言文字、标点符号、专业名词、计量单位等，按国家标准执行。采用公元纪年。

八、附录收录重要文献、公司章程、重要媒体报道、重要文摘。

九、有关单位名称的表述，首次出现时一般使用全称，后使用简称。

十、本志资料主要来源公司各时期出版的报刊书籍、各业务部室和基层单位提供的资料、档案馆资料、部分人员口述或提供资料，一般不注明出处。

目　录

上　册

序 ……………………………………………………………………… I

凡例 ……………………………………………………………………… I

概述 ……………………………………………………………………… 1

大事记 ………………………………………………………………… 11

第一篇　治理体制

第一章　体制 …………………………………………………………… 69

　　第一节　隶属关系 …………………………………………………… 69

　　第二节　领导班子 …………………………………………………… 69

　　第三节　法人治理结构 ……………………………………………… 71

　　第四节　公司上市 …………………………………………………… 76

第二章　机构 …………………………………………………………… 84

　　第一节　机构设置 …………………………………………………… 84

　　第二节　职能部门 …………………………………………………… 86

　　第三节　所属单位 ………………………………………………… 100

第三章　战略发展 …………………………………………………… 111

　　第一节　战略 ……………………………………………………… 111

　　第二节　经营模式 ………………………………………………… 114

　　第三节　发展成果 ………………………………………………… 115

第二篇　矿区开发

第一章　资源与勘探 ………………………………………………… 123

第一节　煤炭资源 ………………………………………………… 123

第二节　地质勘探 ………………………………………………… 127

第二章　煤矿建设 ………………………………………………… 137

第一节　新建煤矿 ………………………………………………… 137

第二节　改扩建煤矿 ……………………………………………… 154

第三篇　煤　炭　生　产

第一章　开拓与掘进 ……………………………………………… 173

第一节　开拓 ……………………………………………………… 173

第二节　掘进 ……………………………………………………… 175

第三节　支护管理 ………………………………………………… 177

第二章　煤炭开采 ………………………………………………… 180

第一节　采煤方法 ………………………………………………… 180

第二节　采煤工艺 ………………………………………………… 181

第三节　采煤装备 ………………………………………………… 183

第四节　矿压和顶板控制 ………………………………………… 186

第三章　生产辅助 ………………………………………………… 190

第一节　提升运输 ………………………………………………… 190

第二节　矿井供电 ………………………………………………… 198

第三节　井下排水 ………………………………………………… 203

第四节　矿井通风 ………………………………………………… 206

第五节　压风系统 ………………………………………………… 211

第四章　地质测量 ………………………………………………… 214

第一节　矿井地质 ………………………………………………… 214

第二节　水文地质 ………………………………………………… 218

第三节　测量控制 ………………………………………………… 219

第五章　生产调度 ………………………………………………… 224

第一节　机构与制度 ……………………………………………… 224

第二节　调度信息化 ……………………………………………… 225

第四篇　煤炭加工与购销

第一章　煤质管理 ………………………………………………… 231

第一节　煤质监管 ·· 231

第二节　调运管理 ·· 233

第三节　配煤与副产品综合利用 ······················· 235

第二章　洗选加工 ··· 238

第一节　选煤厂及改扩建 ··································· 238

第二节　工艺与装备 ·· 243

第三节　生产管理 ·· 252

第三章　煤炭购销 ··· 257

第一节　机构与管理 ·· 257

第二节　计划与市场 ·· 258

第三节　煤炭调运 ·· 262

第四节　煤炭销售 ·· 264

第五节　煤炭采购 ·· 266

第六节　煤款结算 ·· 268

第七节　信息化建设 ·· 269

第五篇　电　　力

第一章　电力生产 ··· 273

第一节　电热公司 ·· 273

第二节　热电厂 ··· 281

第二章　电网与输变电 ······································ 285

第一节　电网 ·· 285

第二节　输电线路 ·· 286

第三节　变电站 ··· 289

第三章　电力调度 ··· 295

第一节　调度机构 ·· 295

第二节　调度管理 ·· 295

第三节　调度自动化及通信系统 ······················· 297

第四章　供用电 ··· 299

第一节　供用电管理 ·· 299

第二节　电量及负荷 ·· 300

第三节　计量监督 ·· 302

第五章　电力营销 ……………………………………………………… 304

第一节　电价 ……………………………………………………… 304

第二节　电力稽查 ………………………………………………… 307

第三节　热电整合 ………………………………………………… 307

第四节　电力市场交易 …………………………………………… 308

第六篇　铝　　业

第一章　沿革与建设 ………………………………………………… 313

第二章　装备与工艺 ………………………………………………… 316

第三章　产品与研发 ………………………………………………… 323

第四章　改扩建工程 ………………………………………………… 327

第五章　生产管理 …………………………………………………… 328

第六章　经营管理 …………………………………………………… 330

第一节　苏铝铝业公司 …………………………………………… 330

第二节　铝板带厂 ………………………………………………… 334

第三节　大屯铝业公司 …………………………………………… 337

第七章　安全环保与质量体系建设 ………………………………… 341

第一节　安全环保管理 …………………………………………… 341

第二节　技术研发创新与三体系建设 …………………………… 343

第七篇　运　　输

第一章　铁路运输 …………………………………………………… 349

第一节　铁路建设 ………………………………………………… 349

第二节　铁路设施 ………………………………………………… 350

第三节　铁路运营 ………………………………………………… 356

第二章　汽车运输 …………………………………………………… 362

第一节　组织机构 ………………………………………………… 362

第二节　设施建设 ………………………………………………… 363

第三节　运营 ……………………………………………………… 364

第四节　安全管理 ………………………………………………… 371

第八篇 综合服务

第一章 机械制修 ······ 375

第一节 机械制造 ······ 375

第二节 设备修理 ······ 381

第二章 工程咨询 ······ 385

第一节 设计 ······ 385

第二节 监理 ······ 391

第三节 地质勘探防治水 ······ 395

第三章 电力运维 ······ 400

第一节 资质 ······ 400

第二节 运营 ······ 400

第四章 水处理运维 ······ 404

第一节 工艺设备 ······ 404

第二节 管理运营 ······ 407

第五章 铁路运维 ······ 409

第一节 建筑施工 ······ 409

第二节 机电安装 ······ 412

第三节 铁路建设运营 ······ 415

第六章 综合经营 ······ 419

第一节 创业发展 ······ 419

第二节 重组整合 ······ 422

第三节 运营 ······ 424

第四节 改制 ······ 427

第七章 职教培训 ······ 430

第一节 学历教育 ······ 430

第二节 技工教育 ······ 432

第三节 技能培训 ······ 435

第四节 技能鉴定 ······ 437

第八章 设备租赁 ······ 439

第一节 管理制度 ······ 439

第二节 租赁管理 ······ 441

第九篇　安　全　生　产

第一章　安全管理 ··· 449

　　第一节　组织机构 ··· 449

　　第二节　安全制度 ··· 450

　　第三节　安全投入 ··· 454

　　第四节　安全目标 ··· 456

　　第五节　监督检查 ··· 457

　　第六节　考核奖惩 ··· 460

　　第七节　安全活动 ··· 462

第二章　灾害防治 ··· 466

　　第一节　矿井火灾防治 ····································· 466

　　第二节　矿井瓦斯防治 ····································· 469

　　第三节　矿井粉尘防治 ····································· 472

　　第四节　冲击地压防治 ····································· 476

　　第五节　矿井水害防治 ····································· 479

　　第六节　矿井热害防治 ····································· 483

第三章　标准化 ··· 485

　　第一节　标准化体系 ······································· 485

　　第二节　标准化建设 ······································· 487

　　第三节　标准化活动 ······································· 490

　　第四节　标准化成效 ······································· 493

第四章　应急救援 ··· 495

　　第一节　机构队伍 ··· 495

　　第二节　救护装备 ··· 499

　　第三节　应急救援预案 ····································· 501

　　第四节　应急演练与事故救援 ······························· 503

第五章　职业健康 ··· 509

　　第一节　职业病防治 ······································· 509

　　第二节　劳动保护 ··· 513

第六章　安全教育与培训 ······································· 517

　　第一节　安全教育 ··· 517

第二节　安全培训 …………………………………………………… 518

第七章　安全事故 ……………………………………………………… 522

第一节　事故统计 …………………………………………………… 522

第二节　事故案例 …………………………………………………… 531

下　册

第十篇　经营管理

第一章　计划管理 ……………………………………………………… 537

第一节　工程管理 …………………………………………………… 537

第二节　造价管理 …………………………………………………… 542

第三节　招投标管理 ………………………………………………… 544

第四节　统计管理 …………………………………………………… 547

第二章　财务管理 ……………………………………………………… 551

第一节　资产管理 …………………………………………………… 551

第二节　资金管理 …………………………………………………… 552

第三节　成本管理 …………………………………………………… 554

第四节　财务监督 …………………………………………………… 556

第五节　会计核算 …………………………………………………… 558

第六节　税费管理 …………………………………………………… 559

第三章　人力资源管理 ………………………………………………… 562

第一节　人事管理 …………………………………………………… 562

第二节　薪酬管理 …………………………………………………… 565

第三节　定额管理 …………………………………………………… 569

第四节　培训管理 …………………………………………………… 570

第五节　技能鉴定与职称评聘 ……………………………………… 572

第六节　社会保险 …………………………………………………… 576

第四章　物资管理 ……………………………………………………… 583

第一节　物资计划 …………………………………………………… 583

第二节　采购方式 …………………………………………………… 584

第三节　物资仓储 ⋯⋯⋯⋯⋯⋯⋯⋯⋯⋯⋯⋯⋯⋯⋯⋯⋯⋯⋯⋯⋯⋯ 587

第四节　信息系统 ⋯⋯⋯⋯⋯⋯⋯⋯⋯⋯⋯⋯⋯⋯⋯⋯⋯⋯⋯⋯⋯⋯ 592

第五章　质量管理 ⋯⋯⋯⋯⋯⋯⋯⋯⋯⋯⋯⋯⋯⋯⋯⋯⋯⋯⋯⋯⋯⋯⋯⋯ 594

第一节　管理培训 ⋯⋯⋯⋯⋯⋯⋯⋯⋯⋯⋯⋯⋯⋯⋯⋯⋯⋯⋯⋯⋯⋯ 594

第二节　标准化管理体系 ⋯⋯⋯⋯⋯⋯⋯⋯⋯⋯⋯⋯⋯⋯⋯⋯⋯⋯ 596

第三节　质量管理小组 ⋯⋯⋯⋯⋯⋯⋯⋯⋯⋯⋯⋯⋯⋯⋯⋯⋯⋯⋯ 598

第四节　经济研究 ⋯⋯⋯⋯⋯⋯⋯⋯⋯⋯⋯⋯⋯⋯⋯⋯⋯⋯⋯⋯⋯⋯ 602

第六章　法务管理 ⋯⋯⋯⋯⋯⋯⋯⋯⋯⋯⋯⋯⋯⋯⋯⋯⋯⋯⋯⋯⋯⋯⋯⋯ 604

第一节　法治建设 ⋯⋯⋯⋯⋯⋯⋯⋯⋯⋯⋯⋯⋯⋯⋯⋯⋯⋯⋯⋯⋯⋯ 604

第二节　合同管理 ⋯⋯⋯⋯⋯⋯⋯⋯⋯⋯⋯⋯⋯⋯⋯⋯⋯⋯⋯⋯⋯⋯ 606

第三节　行政收费审核 ⋯⋯⋯⋯⋯⋯⋯⋯⋯⋯⋯⋯⋯⋯⋯⋯⋯⋯⋯ 608

第四节　纠纷管理 ⋯⋯⋯⋯⋯⋯⋯⋯⋯⋯⋯⋯⋯⋯⋯⋯⋯⋯⋯⋯⋯⋯ 610

第五节　工商与授权管理 ⋯⋯⋯⋯⋯⋯⋯⋯⋯⋯⋯⋯⋯⋯⋯⋯⋯⋯ 612

第六节　风险内控 ⋯⋯⋯⋯⋯⋯⋯⋯⋯⋯⋯⋯⋯⋯⋯⋯⋯⋯⋯⋯⋯⋯ 613

第七章　审计管理 ⋯⋯⋯⋯⋯⋯⋯⋯⋯⋯⋯⋯⋯⋯⋯⋯⋯⋯⋯⋯⋯⋯⋯⋯ 617

第一节　组织机构 ⋯⋯⋯⋯⋯⋯⋯⋯⋯⋯⋯⋯⋯⋯⋯⋯⋯⋯⋯⋯⋯⋯ 617

第二节　制度建设 ⋯⋯⋯⋯⋯⋯⋯⋯⋯⋯⋯⋯⋯⋯⋯⋯⋯⋯⋯⋯⋯⋯ 617

第三节　审计工作 ⋯⋯⋯⋯⋯⋯⋯⋯⋯⋯⋯⋯⋯⋯⋯⋯⋯⋯⋯⋯⋯⋯ 618

第八章　行政管理 ⋯⋯⋯⋯⋯⋯⋯⋯⋯⋯⋯⋯⋯⋯⋯⋯⋯⋯⋯⋯⋯⋯⋯⋯ 623

第一节　综合办公 ⋯⋯⋯⋯⋯⋯⋯⋯⋯⋯⋯⋯⋯⋯⋯⋯⋯⋯⋯⋯⋯⋯ 623

第二节　档案管理 ⋯⋯⋯⋯⋯⋯⋯⋯⋯⋯⋯⋯⋯⋯⋯⋯⋯⋯⋯⋯⋯⋯ 624

第三节　办事机构 ⋯⋯⋯⋯⋯⋯⋯⋯⋯⋯⋯⋯⋯⋯⋯⋯⋯⋯⋯⋯⋯⋯ 626

第九章　内部市场化 ⋯⋯⋯⋯⋯⋯⋯⋯⋯⋯⋯⋯⋯⋯⋯⋯⋯⋯⋯⋯⋯⋯⋯ 627

第一节　决策与实施 ⋯⋯⋯⋯⋯⋯⋯⋯⋯⋯⋯⋯⋯⋯⋯⋯⋯⋯⋯⋯ 627

第二节　成效 ⋯⋯⋯⋯⋯⋯⋯⋯⋯⋯⋯⋯⋯⋯⋯⋯⋯⋯⋯⋯⋯⋯⋯⋯ 629

第十一篇　科技创新与生态保护

第一章　科技创新 ⋯⋯⋯⋯⋯⋯⋯⋯⋯⋯⋯⋯⋯⋯⋯⋯⋯⋯⋯⋯⋯⋯⋯⋯ 637

第一节　科技管理 ⋯⋯⋯⋯⋯⋯⋯⋯⋯⋯⋯⋯⋯⋯⋯⋯⋯⋯⋯⋯⋯⋯ 637

第二节　科技项目 ⋯⋯⋯⋯⋯⋯⋯⋯⋯⋯⋯⋯⋯⋯⋯⋯⋯⋯⋯⋯⋯⋯ 638

第三节　科技成果 ⋯⋯⋯⋯⋯⋯⋯⋯⋯⋯⋯⋯⋯⋯⋯⋯⋯⋯⋯⋯⋯⋯ 665

第四节　专利管理 ⋯⋯⋯⋯⋯⋯⋯⋯⋯⋯⋯⋯⋯⋯⋯⋯⋯⋯⋯⋯⋯⋯ 682

第二章 "四化"建设 694

   第一节 机械化 694

   第二节 自动化 699

   第三节 信息化 703

   第四节 智能化 708

第三章 生态保护 710

   第一节 环保管理 710

   第二节 环境治理 717

   第三节 资源综合利用 722

   第四节 建设项目环保 723

第四章 节能减排 727

   第一节 节能管理 727

   第二节 节能监测 731

第十二篇 党 群 工 作

第一章 党的建设 735

   第一节 政治建设 735

   第二节 组织建设 746

   第三节 宣传思想 757

   第四节 纪律检查 772

   第五节 党校工作 783

第二章 工会工作 787

   第一节 组织建设 787

   第二节 民主管理 789

   第三节 生产保护 793

   第四节 群众安全 797

   第五节 宣教引导 799

   第六节 权益保障 801

   第七节 女工工作 803

第三章 共青团工作 808

   第一节 组织建设 808

   第二节 思想教育 814

第三节　青年活动…………………………………………………817

第四章　信访稳定…………………………………………………826
第一节　组织体系…………………………………………………826
第二节　接待与维稳………………………………………………827

第五章　综合治理与人民武装………………………………………832
第一节　社会治安综合治理………………………………………832
第二节　人民武装…………………………………………………835

第十三篇　民　生　工　程

第一章　教育………………………………………………………841
第一节　学前教育…………………………………………………841
第二节　中小学教育………………………………………………842
第三节　招生考试…………………………………………………846
第四节　中小学移交………………………………………………848

第二章　卫生………………………………………………………851
第一节　医疗卫生…………………………………………………851
第二节　计划生育…………………………………………………854

第三章　职工住房…………………………………………………855
第一节　住宅建设…………………………………………………855
第二节　住房改革…………………………………………………858
第三节　公积金管理………………………………………………859

第四章　后勤服务…………………………………………………863
第一节　社区管理…………………………………………………863
第二节　"两堂一舍"建设与管理…………………………………868
第三节　"三供一业"移交…………………………………………871

第五章　离退休管理………………………………………………873
第一节　机构………………………………………………………873
第二节　管理………………………………………………………873
第三节　助老服务…………………………………………………874
第四节　老年活动…………………………………………………875

第六章　矿地关系…………………………………………………877
第一节　土地征用…………………………………………………877

第二节 压煤村庄搬迁 …………………………………………………………… 881

第三节 塌陷地复垦 ………………………………………………………………… 884

第十四篇 企业文化与社会责任

第一章 文化创建 …………………………………………………………………… 889

第一节 文化传承 …………………………………………………………………… 889

第二节 文化重塑 …………………………………………………………………… 892

第三节 文化体系 …………………………………………………………………… 895

第四节 特色文化 …………………………………………………………………… 897

第五节 文学创作 …………………………………………………………………… 907

第六节 文化成果 …………………………………………………………………… 908

第二章 文明创建 …………………………………………………………………… 910

第一节 制度建设 …………………………………………………………………… 910

第二节 创建活动及成果 …………………………………………………………… 911

第三章 社会责任 …………………………………………………………………… 917

第一节 就业安置 …………………………………………………………………… 917

第二节 公益事业 …………………………………………………………………… 920

第十五篇 人物与荣誉

第一章 人物 ………………………………………………………………………… 933

第一节 人物简介 …………………………………………………………………… 933

第二节 人物名录 …………………………………………………………………… 945

第二章 荣誉 ………………………………………………………………………… 949

第一节 集体荣誉 …………………………………………………………………… 949

第二节 个人荣誉 …………………………………………………………………… 967

基层单位简介

一、姚桥煤矿 ……………………………………………………………………… 1003

二、孔庄煤矿 ……………………………………………………………………… 1004

三、徐庄煤矿 ……………………………………………………………………… 1005

四、龙东煤矿 ··· 1005

五、天山煤电有限责任公司 ·································· 1006

六、新疆鸿新煤业有限公司 ·································· 1007

七、玉泉煤业有限公司 ······································· 1007

八、灵南煤业有限公司 ······································· 1007

九、电热公司 ··· 1008

十、热电厂 ··· 1008

十一、苏铝铝业公司 ··· 1008

十二、铝板带厂 ·· 1009

十三、徐沛铁路管理处 ······································· 1009

十四、选煤中心 ·· 1010

十五、拓特机械制造厂 ······································· 1010

十六、铁路工程有限公司 ···································· 1010

十七、汽车运输分公司 ······································· 1010

十八、物资贸易部 ··· 1011

十九、煤炭贸易有限公司 ···································· 1011

二十、工贸实业有限公司 ···································· 1011

二十一、电力工程有限责任公司 ······························ 1012

二十二、水处理科技有限公司 ·································· 1012

二十三、江苏大屯中能服务公司 ······························ 1013

二十四、金屯房地产开发有限公司 ···························· 1013

二十五、中心医院 ·· 1013

二十六、中煤职业技术学院 ···································· 1013

二十七、工程咨询有限公司 ···································· 1014

二十八、设备管理中心 ·· 1015

二十九、救护大队 ·· 1015

三十、离退休管理中心 ·· 1015

三十一、微山湖假日酒店 ······································ 1016

三十二、大屯铝业公司(注销) ······························· 1016

三十三、煜隆能源有限公司(退出) ··························· 1017

三十四、多种经营总公司(重组) ····························· 1017

三十五、中煤大屯矿建工程公司(重组) ······················ 1017

三十六、中煤大屯特殊基础工程公司(重组) ·················· 1018

三十七、中煤大屯建筑安装工程公司(重组) ·················· 1018

三十八、上海大屯煤电有限公司(转隶) ·················· 1019

三十九、钻井队(重组) ·················· 1019

四十、地质勘探队(重组) ·················· 1019

四十一、大屯矿区第一中学(转隶) ·················· 1019

四十二、大屯矿区第二中学(转隶) ·················· 1020

附　录

附录一　重要文献 ·················· 1023

附录二　公司章程 ·················· 1048

附录三　媒体报道 ·················· 1075

附录四　重要文摘 ·················· 1104

编纂始末 ·················· 1125

概　述

Gaishu

中煤集团大屯煤电公司(简称"公司")地处黄淮海平原,居长江流域与黄河流域气候过渡地带,域内地势平坦,一马平川。矿区总面积为245平方千米,在苏鲁交界的微山湖畔,江苏省沛县境内,京杭大运河从它的东部蜿蜒流过,距徐州市72千米,地跨两省三县,四通八达,交通便利。沛县是汉高祖刘邦的故乡,人杰地灵,英雄辈出。20世纪70年代,在这片古老的土地上,一座现代化的新型矿区——大屯矿区拔地而起,开启了一段艰辛而辉煌的历史。

一、发展沿革

1970年2月,全国计划工作会议期间,由上海市、江苏省和燃化部共同商定,决定江苏省沛县煤田由上海市组织开发。7月18日,上海市革命委员会决定成立大屯煤矿工程指挥部,关系隶属于上海市人民政府。1983年4月5日,经煤炭工业部与上海市人民政府协商并征得国家经济委员会同意,决定组建煤炭工业部大屯煤电公司。大屯煤矿工程指挥部由上海市属企业改为煤炭工业部直属企业,人、财、物、产、供、销由煤炭工业部统一管理。党的领导及工、青、妇、政法等关系由上海市委划归江苏省徐州市委。大屯煤矿工程指挥部改变体制后仍按地师级单位管理。1997年8月18日,煤炭工业部同意大屯煤电公司依照《公司法》改建为国有独资公司,更名为大屯煤电(集团)有限责任公司(简称"大屯煤电公司")。1998年9月17日,国家煤炭工业局确定将大屯煤电公司及其资产、劳动工资交由中国煤炭工业进出口集团公司管理。人事管理按国家煤炭工业局有关规定办理。1999年11月8日,大屯煤电公司为主发起人,联合中国煤炭进出口公司、宝钢集团国际经济贸易总公司、上海煤气制气物资贸易有限公司和煤炭科学研究总院共同设立上海大屯能源股份有限公司(以下简称"上海能源公司")。2001年8月29日,上海能源公司1.1亿股A股股票在上海证券交易所上市交易。2006年5月12日,中国中煤能源集团有限公司(以下简称"中煤集团")同意将大屯煤电公司、中国煤炭进出口公司所持有的上海能源国有股权无偿划转到中国中煤能源股份有限公司(以下简称"中煤能源公司"),上海能源公司成为中煤能源公司控股子公司。大屯煤电公司成为中煤集团的全资子公司。

二、产业规模

经过近30年的发展,公司形成了集煤炭、电力、铝加工和能源综合服务一体化综合经营的产业链。

煤炭。煤炭资源主要分布在江苏大屯矿区、新疆白杨河矿区、山西阳泉矿区、甘肃灵南矿区。截至2019年年底,公司累计查明煤炭资源储量37.4亿吨,保有煤炭资源储量34.2亿吨。其中,大屯矿区累计查明煤炭资源储量12.4亿吨,保有煤炭资源储量9.3亿吨,剩余可采储量2.6亿吨;白杨河矿区累计查明煤炭资源储量6.7亿吨,保有煤炭资源储量6.6亿吨,剩余可采储量3.8亿吨;阳泉矿区累计查明煤炭资源储量0.5亿吨,保有煤炭资源储量0.5亿吨;灵南矿区累计查明煤炭资源储量17.8亿吨,保有煤炭资源储量17.8亿吨。

江苏大屯矿区资源处于江苏省徐州市沛县与山东省济宁市微山县境内,包括姚桥、孔庄、徐庄、龙东井田,核定生产能力为925万吨/年。新疆白杨河矿区资源处于昌吉回族自治

州呼图壁县境内,包括106煤矿[①]、苇子沟煤矿,核定生产能力为360万吨/年。山西阳泉矿区资源处于山西盂县境内,包括山西玉泉煤矿,核定生产能力为120万吨/年。甘肃灵南矿区位于平凉市灵台县,规划有唐家河、南川河井田,规划生产能力为900万吨/年。姚桥煤矿经过系统升级改造,核定生产能力为445万吨/年。孔庄煤矿经二、三期改扩建工程建设后,矿井设计生产能力增加到180万吨/年。徐庄煤矿核定生产能力为180万吨/年。龙东煤矿核定生产能力120万吨/年。新疆106煤矿设计生产能力120万吨/年。新疆苇子沟煤矿设计生产能力240万吨/年。唐家河煤矿设计生产能力500万吨/年。南川河煤矿设计生产能力400万吨/年。

电力。发电厂一期工程1、2号机组为两台40兆瓦纯凝式汽轮发电机组。1992年5月,3号机组并网发电,矿区电力装机容量达到135兆瓦。1996年公司实施机构重组改革,成立电业分公司,开启了紧锣密鼓的电力技改征程。1998—2006年9月,矸石热电厂4、5、8、9号机组,有着国内第一批135兆瓦循环流化床锅炉之称的发电厂6、7号机组相继投产发电。2007年7月1日,发电厂1、2号机组技改工程项目开工,2008年12月26日竣工投产。至2008年年底,大屯电力产业共有9台运行发电机组,总装机容量499兆瓦;年发电量从最初的1.1亿千瓦·时,攀升至27.7亿千瓦·时,既保证了矿区生产、生活用电以及供热和转供电的需要,也为地方经济建设做出了积极贡献。2010年以后,公司落实国家环保和电力工业"上大压小"的发展要求,先后关停了1台网上机组、6台自备机组,合计容量379兆瓦。从2015年开始动工建设的2×350兆瓦热电项目分别于2019年6月9日、9月26日正式进入商业运行,为大屯矿区电力产业发展书写了崭新的一页。截至2019年年底,大屯电力产业发电总装机容量820兆瓦,年发电35亿千瓦·时。

铝业。公司依托电力产业优势,谋划延伸企业产业链,1998年8月决定筹建铝板块产业,实施"煤、电、铝、运"一体化经营模式,寻求新的经济增长点。2001年11月公司出台了《实施"煤、电、铝、运"一体化经营发展战略的可行性报告》,以此为标志,铝板块产业建设逐步拉开序幕。2002年4月成立江苏大屯铝业有限公司,设计产能10万吨/年电解铝及6.4万吨/年阳极碳素,分两期建设。2003年9月筹建10万吨/年高精度铝板带项目,采用单机架双卷取热轧、冷轧工艺,生产铝板带材。2006年12月徐州市政府常务会议研究决定"将四方铝业国有净资产无偿划转给大屯煤电公司",四方铝业公司铝板带箔加工能力10万吨/年。受国家宏观经济影响,江苏大屯铝业有限公司经营持续亏损,于2014年6月关停了所有生产线。

能源综合服务。围绕中煤集团六大区域布局和煤电化产业链,发展能源综合服务产业。发挥公司服务产业以及区位、管理、技术、队伍、资质等方面优势,创建电力运维、水处理运维、地质勘探防治水、检验检测、铁路运维、培训教育等品牌项目单位。公司拥有自营铁路专用线186千米,在徐州以西18千米的沙塘站与陇海线接轨,主要承担煤炭、地方货物的运输,年设计运输能力为1 100万吨,实际能力达到1 300万吨以上。矿区多种经营诞生于20世纪90年代,2000年以后由各矿厂多种经营系统重组整合而成的实业公司,2019年经改制后成为大屯煤电公司全资子公司。另外,公司还有拓特机械制造厂、中煤职业技术学

---

① 106煤矿的前身为新疆生产建设兵团农六师一〇六团煤矿,于2008年8月21日由中煤股份和农六师共同出资对其进行改扩建,自此变更为此名称。

院、汽运分公司、中能服务公司等 20 余家服务单位。

公司先后荣获全国五一劳动奖状、全国产值利税最佳企业、全国煤矿思想政治工作优秀企业、"AAA"资信企业、煤炭工业优秀企业、质量效益型先进企业、上海市优秀守合同重信用企业、中煤集团安保型企业等数百个荣誉称号,得到了社会和行业的广泛赞誉。30 年来,公司累计生产原煤 20 333.43 万吨,生产精煤 8 438.49 万吨;发电 472.76 亿千瓦·时;铝产品 81.77 万吨,铝加工产品 135 万吨。公司总资产 189.6 亿元,上缴税金 181.03 亿元,实现利税合计 291.01 亿元。

三、科技创新

30 年来,公司直接用于科学技术方面的投入达 42 亿元,在煤炭生产、分选加工、发供电等领域取得了千余项的创新和科技成果。申请并承担国家重点技术创新项目 6 项;获得外部科技资金 9 664 万元;申请科技税收优惠,抵免或减免企业所得税 24 421.76 万元;开展公司级科技项目 1 142 个;荣获国家科技进步奖 3 项、省部级科技成果奖 103 项、地市级科技成果奖 147 项、中煤集团科技进步奖 45 项,共申请国家专利 482 项,授权 344 项。

煤矿开采技术。所属矿井在 1991—2002 年间以高档普采、综采工艺为主,2002 年以后以综采(综放)一次采全高工艺为主,期间辅以水采和炮采工艺,均采取走向长壁采煤方法,全部垮落法处理顶板,后退式开采。采区内各煤层开采顺序为下行开采。煤矿岩巷掘进大多采用炮掘工艺进行施工,煤巷施工主要采用综掘机掘进工艺。岩巷掘进方面使用潮喷工艺对围岩进行加固,探索使用湿喷工艺和薄喷工艺。1991 年以后,公司大力推进高产高效采掘队建设,采掘工作面单产单进水平逐年提高。30 年来,原煤生产效率从 1.429 吨/工提高到 7.911 吨/工,采煤工作面单产从 2.59 万吨/(个·月)提高到15.79万吨/(个·月),掘进工作面单进从 145.17 米/(队·月)提高到 248.22 米/(队·月)。

选煤技术。采用跳汰主、再洗+煤泥半直接浮选联合工艺,主要分选精煤产品为6级和9级炼焦精煤。2006 年,通过技改升级工艺流程为无压不脱泥三产品重介旋流器分选、煤泥直接浮选工艺,设计分选 5~12 级炼焦精煤,主要以分选生产 6 级炼焦精煤为主。2011 年进行扩能升级改造,采用自动化集中控制和信息化管理模式,产量、工效、成本等主要经济技术指标均处于行业前列,"大屯煤"品牌享誉大江南北。

电力技术。大屯电力产业为"发—供—售—运维"综合发展的模式。发电机组初期采用纯凝式汽轮发电机组,2012 年以后建设均为循环流化床锅炉机组。2×135 兆瓦机组为超高压循环流化床机组。2×350 兆瓦热电机组为超临界循环流化床机组。供电拥有 220 千伏、110 千伏、35 千伏、6 千伏 4 个电压等级供配电技术与工艺。2019 年,公司获得了售电类电力业务许可证,具备增量配电供电业务资格,是江苏省第六个、非电网第一家获得增量配电供电业务许可的企业。电力运维业务始于 1993 年发电厂设备维保业务,2016 年成立电力工程公司,实现电力运维业务专业化运营,具有电力工程施工总承包三级资质,从事电力设备维修、锅炉设备、汽轮机、电气设备运行,锅炉安装、改造、维修、调试,机电设备、压力管道安装、维修,环境污染治理设施管理、技术服务等。

铝加工技术。主要生产工艺为:以铝锭等固体料为主要原料,采用国内先进的全自动铸造机生产大板锭,单机架双卷取热轧供坯,进口国际领先的 6 辊 CVC 冷轧机高速冷轧,再经过热处理及精整工序,生产高精度铝带。其中,"苏铝"品牌商标获江苏省著名商标。

综合服务技术。拥有各类资质及生产许可证150个,安标367项。拓特机械制造厂拥有制造、铸造、锻造、电镀、进口减速机维修等专业技术,承担安全生产机械设备制造加工和修理。工程咨询公司拥有固体矿产勘查、地质钻探、工程监理等10项甲级资质、15项乙级资质、8项丙级资质。水处理公司掌握水处理、环保设施运营维保、环保项目施工和提标改造、设备制造集成及复合药剂生产等技术与工艺,成为中煤集团具有专业技术和综合服务能力的标杆企业。铁路工程公司具有房屋建筑总承包2级资质以及地基与基础工程、矿建工程、输变电安装、建筑装修装饰等专业承包2级资质,也是中煤集团唯一一家拥有铁路施工与运维铁路工程总承包3级资质的企业。实业公司主要技术产品和服务为矿山配件、支护材料、机械制造与维修、新型建材、劳务派遣、服装加工、印刷服务、技术服务、资源循环利用等。

四、管理制度

在煤炭行业发展的历程中,公司曾经作为煤炭系统的一面旗帜,创造了许多成功的管理经验、完备的管理体系。在煤炭行业率先推行"煤、电、运"综合经营模式,率先推行管理体系,率先推行精细化管理,率先推行流程化管理,在经营管理、财务管理、安全管理、人才队伍管理等方面都具有良好的管理基础。

经营管理。公司在煤炭行业率先推行管理体系,从1999年开始贯彻GB/T 19001标准,并通过中国质量协会质量体系认证,是煤炭行业率先通过认证的3家单位之一。提出了卓越绩效模式、流程再造思想,建立了标准化管理制度体系,成为全国管理体系运用中的创新成果,也是中国质量协会质量保证中心目前推行的"全面一体化管理体系"的雏形。在中煤集团第一批推行全面预算管理,做到了所有的指标都有预算计划,所有的支出都在预算控制内,全面预算管理延伸到车间、班组。实行了以资金、销售、采购、投资四大集约化管理和以成本倒推、比价采购为重点的成本动态控制机制,形成了具有大屯公司特色的细化指标分解、量化考核绩效、刚化兑现奖罚的"三化模式"。2017年,公司推进内部市场化管理,通过实行"四定"和构建内部市场机制,优化收入分配模式,建立"多劳多得、少劳少得、不劳不得"的价值导向。

财务管理。公司对所属单位会计人员、会计核算实行集中统一管理,中介机构每年进行内部控制专项审计,积极完善内部控制制度,发挥财务审核监督职能。建立健全内部资产管理制度,对资产管理体制和组织形式及资产清查、清算、重组、盘活、评估、租赁等进行规范,提高资产使用效率;强化资金管理,降低资金成本,保证资金安全运行。

安全管理。公司坚持"安全为天、生命至尊"的方针,树立"零死亡、零超限、零涉险、零着火、零矿震"的"五零"安全目标理念,落实"严预防、严措施、严过程、严落实、严考核、严追责"的"六严"安全工作要求,强化安全管理体制机制建设,全面落实安全责任。坚持安全生产"党政同责、一岗双责、齐抓共管、失职追责",建立健全覆盖全员的安全生产责任制,实施安全目标管理,构建安全生产标准化建设的长效机制,尤其推行安全质量标准化工作以来,始终坚持"高于标准、严于标准"全方位夯实安全管理基础,成为中煤集团的窗口和标杆企业。2017年,国家实施安全生产标准化新标准,5座生产矿井全部达到国家一级安全生产标准化水平。公司被煤炭工业部评为"质量标准化矿务局",中煤集团"安保型"企业。公司安全生产标准化水平总体上处于煤炭行业先进水平和中煤集团领先水平。

人才队伍管理。公司建立和完善与人才战略相配套的激励和制约机制,实行竞争上岗、以岗定薪、岗变薪变的岗位绩效工资分配制度。形成企业工资标准能高能低，个人收入能增能减的工资分配机制。先后提出了"管理、技术、技能"人才三体系建设、"千百十"人才培养计划等，促进了大屯公司人才的梯队接续，为行业和集团公司输送了大量井工矿人才。涌现了全国煤炭战线十面红旗之一的吴修伦"钢铁"掘进队，全国劳模、煤机"大夫"谢国如，全国劳模、百万吨采煤队队长常学亮，全国劳模、金牌焊工吴友良等一大批优秀人才和先进典型。

五、企业改革

公司改革伴随着国家改革开放的全进程，在行业内率先实行计时工资以及土建工程单项承包，全面推进经营承包责任制和厂长经理负责制。尤其是近 30 年来，企业改革力度不断加大。1997 年 3 月 14 日，公司推进煤炭生产、非煤生产与后勤服务三条线管理。2001 年 8 月 29 日，上海能源股票上市，标志着公司法人治理结构改革取得突破。2006 年 5 月 20 日，公司全面启动推进"三项制度"改革，所有科级以上干部全部重新竞聘上岗，推进岗位绩效工资考核。2011—2018 年，公司推行分选加工、污水处理、机电设备、库存仓储、电力检修、职工培训、离退休、后勤物业、机电设备维修加工与制造业务等整合。2017 年 4 月 5 日，公司启动"全面深化改革，促进创新发展"工作，第一次通过顶层设计系统地推进了"1＋10＋37"改革指导意见和改革方案；2018 年根据工作实际，调整至 47 项改革方案，改革力度空前，解决了许多多年来想解决而没解决的难题，尤其在"三项制度"改革、"三供一业"分离移交、厂办大集体改制、企业办社会职能剥离等一批体制性历史遗留问题的改革上取得了突破，为公司高质量发展奠定了坚实的基础。

六、项目建设

随着国有企业加快发展大潮的推进，大屯人勇立潮头，迎难而上，一手抓生产，一手抓建设。在公司老一代创业人完成煤炭、电力等配套设施基本建设的基础上，不断发展壮大"煤电运"综合经营。1991 年 12 月，孔庄煤矿扩建及选煤厂建设工程竣工。1992 年 5 月，发电厂 3 号机组并网发电。1997 年 12 月，姚桥煤矿二期工程正式投产，标志着大屯矿区二期改扩建任务基本完成。随着企业不断发展壮大，公司调整"煤、电、铝、运"产业结构和产业规模，2000 年 10 月，矸石热电厂工程通过国家竣工验收。2003 年 12 月，第一台 135 兆瓦发电机组投入商业运行。2004 年 10 月，电解铝一期工程 5 万吨项目建成投产。2005 年 3 月，第二台 135 兆瓦机组投入商业运行。2006 年 12 月，电解铝二期工程 5 万吨项目建成投产。2007 年 10 月，徐州四方铝业公司完成重组。2008 年 11 月和 12 月，发电厂 1、2 号机组分别投入商业运行。2012 年 2 月，公司年产 10 万吨高精度铝板带项目顺利通过中煤集团竣工验收。2014 年 11 月，孔庄煤矿完成三期项目改造，公司煤炭年产量向 1 000 万吨迈进。自 2017 年以来，公司发展进入了一个新的阶段，初步形成了新的产业格局。特别是历时 10 年的煤矿、电力项目突破停产停建的瓶颈，2019 年，2×350 兆瓦热电项目 1、2 号机组分别圆满完成了"168 小时"试运行并进入商业运行，新疆苇子沟煤矿取得采矿许可证并恢复建设，106 煤矿通过竣工验收并正式转为生产矿井，公司正式获得甘肃灵南煤业有限公司 80％的股权，这些不仅标志着公司整体发展水平迈上了新的台阶，而且为公司高质量发展和"百年大屯"建设奠定坚实基础，更为把公司建设成为"基业长青、与时俱进、充满活力、公正清

明、富裕美丽"五型新大屯,打造中煤集团"两商"典范企业提供了坚强保证。

七、社会责任

公司坚持把履行企业社会责任融入公司战略体系和日常运营,认真践行"履行央企责任,奉献优质能源,打造绿色生态,和谐共赢发展"的社会责任理念,持续完善经营绩效、安全生产、科技创新、生态环保、员工责任、社会贡献等方面的社会责任体系指标,保证了公司履行社会责任的扎实有效及社会责任报告指标的可比性、真实性和有效性。公司已连续12年发布社会责任报告,特别是2017、2018年公司在北京人民大会堂发布了社会责任报告,获得2018、2019年度全国煤炭工业社会责任报告发布优秀企业。在落实经济责任方面,千方百计强管理、降成本、提销售、增效益,实现了国有资产保值增值。在落实安全责任方面,公司原煤百万吨死亡率均处于国内同期先进水平,其中共有10年百万吨死亡率为0,2011—2013年、2017—2019年分别连续3年实现百万吨死亡率为0。在落实环境责任方面,大力推进绿色矿山建设,大屯矿区治理土地9 469.04亩,对1.22万亩采煤塌陷地进行征收,公司"一纵五横"循环经济模式入选国家工信部首批工业循环经济重大示范工程,未发生过较大环保事件。在落实创新责任方面,建立健全了公司科技管理制度,加大了与高校、科研院所的产学研合作关系,大力开展关键技术攻关,原煤生产效率、采煤工作面单产、掘进工作面单进等水平大幅度提高,解决了制约安全生产的一系列技术难题。在落实员工责任方面,不断加大人才培养力度,推行了"千百十"人才培养计划;畅通人才晋升渠道,建立了"管理、技术、技能"人才三体系;公司累计安置就业4万余人。在落实社区责任方面,最大程度地让改革成果惠及广大职工,共为职工及家属开发建设26个居民生活小区、634栋楼房、23 598户、面积达206万平方米,实施了职工安居、环境健康、生活提升、扶贫济困、素质提升等"十大民生关爱"工程,职工年人均收入增长22倍,极大增强了职工对企业的归属感、自豪感、获得感和幸福感。在落实精准扶贫方面,坚决贯彻落实党中央关于扶贫工作的重大决策部署,积极参与地方定点帮扶工作,选派扶贫干部、拨付扶贫资金,累计向各方捐款1 400余万元以及3万余吨煤炭,全力支持贫困地区脱贫,彰显了央企担当。

八、企业文化

30年来,公司的企业文化与企业发展相生相伴、相辅相成,公司员工来自五湖四海,带来了不同地域文化之间的碰撞与交融,使得大屯文化从一开始就具有开放性、包容性和规范性。尤其是深受中煤"和"文化、上海海派文化和徐沛地方文化的影响,大屯人有一种待人热情、包容大度、工作精细认真的特质,具有艰苦创业、改革创新、团结奉献的大屯文化传统。1998年,公司划归中煤集团管理,将大屯文化融合到中煤文化中,大力开展中煤企业精神宣贯。2003年,公司制定了企业文化建设五年规划及远景目标。2008年,公司制定了《2008—2011年企业文化建设实施规划》。2013年,公司明确了"14371"企业文化建设工作思路。2013年,公司发展史陈列馆建成开馆,2014年5月被列为徐州市爱国主义教育基地。2017年,公司确定了"4411"转型发展思路和建设"五型"新大屯的美好愿景,提出企业文化重塑再造。2018年,企业文化重塑工作全面展开,以"143105"为工作思路,以"六巩固四构建"为重点,着力建设创新文化、创业文化、管理文化、感恩文化、安全文化、质量文化、和谐文化、廉洁文化、班组文化、群众文化十个专项文化,修改并发布《公司企业文化手册(2018

版)》。2018 年和 2020 年,公司启动开展了第一届和第二届大屯文化节,开展《中煤大屯志(1991—2020)》编纂等工作。公司被授予"中国企业文化建设优秀单位""十三五开局企业文化建设安全文化优秀单位""新时代企业文化建设优秀单位"荣誉称号。

九、企业党建

公司党委始终坚持发挥政治核心作用,加强党的思想、政治和组织领导。30 年来,公司党委坚决贯彻执行党的路线方针政策,紧紧围绕企业生产经营等中心工作,不断加强和改进公司党的建设,持续推动党建工作科学化水平提升,为公司做强做优做大提供了坚强保证。坚持把政治建设摆在首位,坚决贯彻党中央重大决策部署,扎实开展党内集中性教育,加强党的理论武装,严肃党内政治生活,突出政治性、时代性、原则性、战斗性,营造了积极健康的政治生态。坚持党的领导、加强党的建设不动摇,完善了党组织发挥作用的保障机制。把握新时代党的建设和全面从严治党要求,突出增强政治功能和提升组织力,深化基本组织、基本队伍、基本制度建设,根据改革发展情况健全各级党组织,实现了"应建尽建",完善了党建工作各项制度。围绕提升党建工作科学化水平,推进实施"四五四"党建工程、标准化党支部建设、示范品牌党支部建设,健全党建目标管理、党建"述评考用"等机制,提高了党建基层基础工作质量。截至 2019 年 12 月 31 日,公司共有基层党委 25 个,党总支 2 个,直属党支部2 个,基层党支部 428 个,共有党员 7 526 人,在职党员 4 914 人;2019 年姚桥煤矿采煤二队"千米煤海钢铁舰队"党支部荣获中央企业先进基层党组织称号,被命名为中煤集团品牌党支部,工作经验入选了全国党员培训教材《基层党组织书记案例选编》。坚持党管干部、党管人才原则,坚持从发展事业的角度出发选人用人,为公司持续健康发展提供坚强组织保证和人才支撑。坚持"政治素质好、经营业绩好、团结协作好、作风形象好"的"四好"班子标准,对照国有企业领导人员"对党忠诚、勇于创新、治企有方、兴企有为、清正廉洁"20 字要求,持续加强领导班子自身建设,提高了推动企业改革发展的能力本领。坚持持续深入推进党风廉政建设和反腐败工作,一体推进不敢腐不能腐不想腐体制机制建设,构建完善了责任落实、廉洁教育、作风建设、监督管理、执纪审查、追责问责等工作制度,推动了党委主体责任、书记第一责任人责任和纪委监督责任贯通联动、一体落实。持续深化作风建设,持之以恒贯彻落实中央八项规定精神,坚决整治"四风"问题,起到了明显的正风肃纪效果。坚持挺纪在前,充分运用监督执纪"四种形态",常态化开展廉洁警示教育,强化监督执纪审查,严肃处理各类违规违纪违法行为,强化了各级党员领导干部规矩意识、纪律意识,营造了风清气正的干事创业环境。

坚持加强群团工作的领导,公司将群团工作纳入党建一体化管理,推动党的群众路线在企业落实。两级工会紧紧围绕企业中心工作,切实发挥工会作为党联系职工群众的桥梁和纽带作用,深化民主管理,开展技术比武、劳动竞赛、劳模(职工)创新工作室、工匠大师工作室建设,举行形式多样的群众性文化活动,"大学校、大家庭、大舞台"作用得到充分发挥。各级团组织以青年思想引领为出发点,以强化自身建设为着力点,以服务青年成长成才为切入点,以关心关爱青年生活为契合点,全面加强团组织自身建设,开展了一系列富有时代气息、适应青年特点、符合企业需求的活动,团组织的一线覆盖力、思想号召力、活动影响力和组织执行力不断提升。截至 2019 年 12 月 31 日,公司工会现有会员 1.8 万余人,基层工会24 家。截至 2019 年底,除新成立的新疆天山煤电公司、新疆鸿新煤业公司、热电厂尚未成

立共青团组织机构,其他二级单位(矿、厂、公司)均设立了团组织,在同级党委和公司团委的领导下开展各项工作。

十、企业发展

公司始终将发展作为解决一切问题的基础和关键。30 年来,公司先后实施了"1231""12531""一极两地、一带三群"等发展战略,为公司阶段发展明确了重点、指明了方向。尤其是 2017 年,公司转型发展进入了一个新的阶段,公司在习近平新时代中国特色社会主义思想和党的十九大精神指引下,全面落实"创新、协调、绿色、开放、共享"新发展理念和高质量发展要求,提出了"4411"转型发展战略,即:着力打造江苏(本部)、新疆、蒙陕甘、淮海四大基地,全力发展煤、电、铝、能源综合服务四大产业,积极推进电力运维、水处理运维、铁路运维、地质勘探防治水、检验检测、培训教育、产业园区建设、节能环保、煤矿运维、新能源开发服务、物流供应链服务 11 个品牌建设,把大屯公司建设成为"基业长青、与时俱进、充满活力、公正清明、富饶美丽"五型新大屯,为打造大屯"百年老店"而努力奋斗,为中煤事业兴旺发达而努力奋斗,为中华民族复兴而努力奋斗。这是大屯公司在新时代背景下对未来发展的新思考、新抉择、新目标,符合党中央的要求,符合国有企业改革的要求,符合中煤集团发展的要求,符合大屯公司改革创新和转型升级的实际,符合广大干部职工的共同愿望,也必将指引大屯公司开创发展的新辉煌。

大事记

Dashiji

1991 年

1 月 2 日 根据中国统配煤矿总公司（以下简称总公司）关于集资开发并建立中煤深圳公司的要求，中国统配煤矿总公司大屯煤电公司（以下简称公司）指导下属大沪煤电器材公司召开董事会，以暂名为大沪实业公司（筹）参与深圳开发。到 1991 年底，公司在深圳投资 1 059 万元，购置房屋 6 600平方米。

1 月 28 日 江苏省人民政府春节煤矿慰问团来大屯矿区慰问。

2 月 2 日 徐庄煤矿、姚桥煤矿通过总公司验收，达到了煤炭行业二级企业标准。

3 月 31 日 总公司在河北省开滦矿务局召开会议，公司被命名为"1990 年质量标准化矿务局"；龙东煤矿被命名为"现代化矿井"；选煤厂被命名为"巩固现代化选煤厂"，龙东煤矿、徐庄煤矿、孔庄煤矿、选煤厂、铁路管理处、机修总厂被命名为"巩固部特级矿（厂、处）"；姚桥煤矿、地质勘探队达到"部特级矿（队）"；选煤厂达到《选煤厂煤水闭路循环标准》一级标准厂；龙东煤矿被命名为"煤质管理先进矿"；公司调度室被命名为"特级局调度室"。

5 月 27 日 总公司二级企业检查验收团和江苏省煤炭总公司、江苏省煤炭企业管理协会、江苏省劳动局来屯进行检查验收，公司晋升国家二级企业。

6 月 3 日 苏联斯阔琴斯基矿业研究院副院长布利达诺夫率领的 7 人代表团来大屯矿区进行考察。

6 月 7 日 总公司电视制作中心来公司拍摄有关煤、电、运综合经营的专题片。

本月 经江苏省新闻出版局审核同意，《大屯工人报》获江苏省内部报刊准印证 JSX（B）第 220 号。7 月 18 日，《大屯工人报》第一期出版。

8 月 28 日 《大屯工人报》被中国煤炭系统新闻工作者协会接纳为团体会员。

9 月 21 日 经总公司批准，公司为全矿区 1989 年 9 月 30 日在册的正式职工（包括固定工、全民合同工、农民轮换工和计划内临时工，不包括 1989 年 9 月 30 日前尚未转正、定级的人员）晋升半级标准工资。自 1991 年 1 月 1 日执行。

9 月 27 日 总公司授予选煤厂"煤炭行业一级选煤厂"称号。

9 月 29 日 公司首届艺术节在中心区体育场拉开序幕。艺术节组委会特邀请上海乐团、上海沪东工人文化宫等文艺团体来大屯矿区同台演出。参加活动的人数达 1 000 多人，观众达 3 万多人次，历时 1 个月。

本月 公司被总公司评为"1990 年度整顿劳动组织提高全员效率工作成绩突出单位"和"'七五'期间提高原煤全员效率先进单位"。

10 月 1 日 建筑安装工程公司通过总公司检查验收，晋升为煤炭行业二级企业。

10 月 15 日 江苏省审计局和国家能源投资公司组成联合审计组，对孔庄煤矿二期改扩建工程进行审计。

10 月 27 日 公司承建的伊朗塔巴斯煤田勘探工程合同在伊朗德黑兰签字。

10 月 31 日 经总公司评估验收，公司技工学校跨入了一类技校的先进行列。

11 月 9 日 公司有线电视台正式成立。本月 20 日公司有线电视台通过了江苏省广播电视厅代表国家广播电视部的验收。

12 月 9 日 孔庄煤矿扩建及选煤厂建设工程竣工。

1992 年

1 月 8 日 发电厂扩建工程 3 号机组 230 吨锅炉首次点火成功。

2 月 17 日 公司参加伊朗塔巴斯煤电地质勘探的先遣人员正式启程。

2 月 26 日 公司文化工作委员会成立，下设文学创作、美术书法、音乐舞蹈、摄影、集邮、演讲、桥牌、信鸽等十余个兴趣协会。

3 月 19 日 总公司生产工作会议上，龙东煤矿、铁路管理处、机修总厂、公司调度室达质量标准化特级标准，孔庄煤矿获"现代化矿井称号"，并达到质量标准化部二级矿井。

3 月 26 日 总公司支护会议上，龙东煤矿、姚桥煤矿被评为"支护工作标兵煤矿"，孔庄煤矿、徐庄煤矿被评为"支护工作优秀煤矿"。

4 月 3 日 公司在海南省海口市成立海南大沪工贸公司。

4 月 10 日 由中国地质工会和能源部联合举办的 1991 年全国统配煤矿矿际竞赛评比会在大屯矿区召开。

同日 公司决定将钻井队合并于铁路工程处。

4 月 18 日 俄罗斯莫斯科煤炭科学院博士、研究员等一行 7 人来到大屯矿区进行访问和考察。

5 月 11 日 公司驻伊朗塔巴斯矿区的赵云路一行 5 名专家代表，受到伊朗伊斯兰共和国总统阿克巴尔·哈什米·拉夫桑贾尼接见。

5 月 25 日 发电厂 3 号机组举行投产典礼。

7 月 22 日 中国煤炭青少年科技夏令营一行 220 人来大屯矿区活动。

8 月 20 日 由团中央、总公司等五个单位联合发起的青工技术比武表演团来大屯矿区活动。

9 月 14 日 公司召开矿区住房制度改革动员会，出台了《公司住房制度改革实施方案》，矿区房改正式启动。

10 月 10 日 公司第一个水力采煤工作面——孔庄煤矿东一采区 7215 水采面顺利投产。

10 月 15 日 公司召开房屋登记发证总结大会。公司首次房产调查登记发证工作从 1989 年开始，历经两年，调查公司现有工业、民用房屋 2 403 栋，总建筑面积为 127.65 万平方米。公司首次房产登记发证工作经徐州市房地产局一次验收合格，以法律的形式确立了公司对房屋的所有权。

11 月 18 日 经总公司批准，公司在珠海设立办事处。

12 月 5 日 公司决定，自 1992 年 6 月份起将原效益浮动工资转标准工资，再奖励上浮一级。

12 月 25 日 龙东煤矿综采队年产突破百万吨。总公司和共青团江苏省委发来贺电。

1993 年

3 月 5 日 姚桥煤矿召开三项制度改革动员会，改革方案正式出台。姚桥煤矿从 1991 年开始被总公司和公司指定为劳动、工资、人事三项制度改革的试点单位。

3 月 16 日 公司纪委、监察处开始合署办公，履行党的纪律检查和行政监察两种职能。

3 月 19 日 机修总厂更名为"拓特机械制造厂"。

3 月 23 日 总公司总经理王森浩来矿区指导工作。

本月 能源部撤销，分别组建电力工业部、煤炭工业部（以下简称煤炭部），同时撤销中国统配煤矿总公司。

3月28日　经煤炭部批准,中国统配煤矿总公司大屯煤电公司更名为大屯煤电公司(以下简称公司)。

4月18日　共青团大屯煤电公司第五次代表大会召开。

4月21日　公司设立优秀科技人才奖。每年表彰奖励30名在企业生产、经营、教育和医疗等专业领域作出突出贡献和取得优异成绩的中青年科技人才,一等奖奖金1万元。

4月28日　公司在地质队举行欢迎赴伊朗塔巴斯煤田地质钻探施工人员回国大会。该项目从1992年5月11日工程正式开工,到1993年3月27日最后一个钻孔通过验收,历时10个月零17天,累计完成钻孔45个,钻探总进尺21 079.10米。

5月3日　发电厂1、2号机组因乙磨制粉系统爆炸而发生停运事故。

6月8日　公司销售总公司成立,张其廉任总经理,周士仪任常务副总经理。

6月16日　1992年中国500家最大工业企业评价结果揭晓,公司名列第352位。

7月28日　公司通信工程试开通成功。公司对外通信由原先5对增至60对,总机容量达2 000。

7月29日　孔庄煤矿实现安全生产2 000天(1988年2月7日—1993年7月29日),累计生产原煤263万吨。煤炭部特向该矿发来了贺电。

8月6日　铁路管理处实现安全运输3 000天。

8月23日　公司房产管理处成立。

9月4日　经煤炭部批准并经公司第三届职工代表大会第五次会议讨论审议通过,公司从7月1日起全面实行岗位技能工资制。

10月2日　公司首届优秀科技人才奖颁奖大会举行,23名1993年度优秀科技人

员获奖。

11月25日　公司召开龙东选煤厂工程竣工验收鉴定会和投产典礼大会。

12月6日　大屯矿区工会第四次代表大会在公司俱乐部召开。

12月24日　公司荣获全国绿化委员会颁发的"全国造林绿化先进单位"称号。

12月25日　龙东煤矿综采队以年产原煤100.6万吨的成绩,写下了华东地区一矿一队采煤新纪录。

1994 年

1月18日　地质勘探队、铁路工程处两家单位合并,共同组成特殊建筑基础工程公司。

1月24日　祝嘉铺、王永年、王文涛、高一峰、陈太恒五位获1993年度政府特殊津贴,每月发给特殊津贴50元,退休后继续享受。

同日　公司成立南京办事处。

7月25日　大屯矿区二期工程总体设计审查会在公司招待所召开,来自国务院有关部委、有关地方政府、设计单位的领导、专家等50余人参加了会议。

9月9日　公司召开调资会议,出台新的工资实施办法,理顺和完善岗位技能工资制,原则上各种工种岗位归类不作修改变动。

10月1日　大屯矿区首届职工技能奥林匹克运动会开幕。

12月28日　龙东煤矿荣获煤炭部"高产高效矿井"称号。

同日　姚桥煤矿从1995年起试行职工带薪年休假制。

本月　公司被中国企业管理协会命名为"优秀企业"。

1995 年

2 月 6 日 公司技术经济咨询委员会成立。

3 月 17 日 1994 年公司纪委、公司党委组织部、宣传部联合组织的"党风廉政主题宣教活动"，受到江苏省纪委、省委组织部、宣传部表彰，公司被授予党风廉政教育活动"先进集体"称号。

3 月 31 日 德国沙尔夫公司总裁沙尔夫一行 5 人来公司参观考察，了解公司的综合实力，拟联合生产民用电梯。

4 月 25 日 公司召开 1993—1994 年劳动模范、先进集体、先进生产者表彰大会。

7 月 18 日 庆祝大屯矿区开发建设 25 周年大会在公司俱乐部举行。25 年来，公司累计完成工业总产值 28.78 亿元，完成基本建设投资 15.6 亿元。1974—1995 年上半年累计生产原煤 4 866 万吨，发电 111.18 亿千瓦·时，铁路货运 8 441.37 万吨，机械制修完成产值 2.5 亿元。

7 月 26 日 大屯选煤厂 1 万吨六级精煤出口日本，这是公司煤炭产品首次出口。

8 月 4 日 大屯矿区人民群众见义勇为基金会成立。

9 月 8 日 龙东煤矿党委收到中国少年发展基金会 44 张救助卡，龙东煤矿与云南福贡县、泸水县及贡山自治县的 44 名失学儿童正式建立了救助关系。

9 月 14 日 公司召开反腐倡廉工作会议，出台了《关于副处级以上领导干部收入申报的规定》《关于内部往来实行工作餐的规定》《关于禁止副科级以上领导干部在婚丧嫁娶事务中大操大办的规定》三项新规定。

9 月 21 日 公司建设工程监理部成立。

10 月 6 日 煤炭部对公司领导班子进行调整：曹祖民任公司经理；孙明珊任公司党委书记，免去其纪委书记职务；纪四平任公司副经理；宋振德任公司安全监察局局长（副局级）；于反修任公司纪委书记。增补曹祖民、王金余、张其廉、颞孙正宗、于反修为公司党委委员。王振国任公司调研员；李宝藏任公司调研员，免去其安监局局长职务；免去孟以猛公司经理职务，退休。

10 月 12 日 日本国丸红株式会社资源开发部长川原后土一行 4 人来大屯矿区考察，洽谈出口煤事宜。

10 月 28 日 煤炭部原副部长、中国公共关系协会执行主席张超一行 3 人来公司，就"搞好矿乡关系，共建双文明，共同富裕"课题进行调研。

11 月 1 日 由国家国有资产管理局、中国经济效益纵深行组委会联合举办的"中国的脊梁"——国有企业 500 强评选揭晓，按净资产排序，公司名列第 310 位。

11 月 7 日 第六届中国煤炭工业优秀企业、优秀企业家、首届十佳矿长命名表彰大会在公司召开。

同日 全国人民代表大会常务委员、中国煤炭工业企业管理协会名誉会长、煤炭部原部长于洪恩到发电厂、龙东煤矿、选煤厂指导工作。

11 月 10 日 《公司职工养老保险统筹实施方案（暂行）》实施细则正式执行。

12 月 5 日 姚桥煤矿井下东翼皮带巷发生一起重大火灾事故，死亡 27 人。

12 月 8 日 由煤炭部、江苏省劳动厅、总工会、检察院，徐州市劳动局、总工会、检察院，沛县检察院，公司共 20 人组成的"12·5"事故调查组，进驻公司开始事故调查。

12 月 17 日 铁路管理处多种经营公司综合修理厂副厂长赵学柱荣获煤炭部青年岗位能手称号。

1996 年

1 月 2 日　公司原技术经济开发办公室更名为第三产业办公室。公司社会保险统筹处成立，与劳资处合署办公。公司科学技术协会与科技环保处合署办公。

1 月 8 日　徐州市天源律师事务所正式成立挂牌开业。

1 月 10 日　公司召开 1996 年度安全工作会议，思想、作风、劳动纪律"三整顿"正式开始。

1 月 11 日　因"12·5"事故停产的姚桥煤矿东翼采区恢复生产。

2 月 1 日　姚桥煤矿新风井投入使用。

2 月 10 日　职工中心医院举行国家二级甲等医院揭牌仪式。

2 月 14 日　公司第四届职工代表大会第二次会议及工作会议召开。

3 月 4 日　煤炭部和江苏省劳动厅分别对姚桥煤矿"12·5"事故作出结案批复和处理决定。

3 月 13 日　发电厂与电业处合并，更名为电业公司；公用事业处、后勤处、房产管理处合并，更名为生活服务公司；计划处与企业管理处合并，更名为计划企业管理处；成立离退休职工管理处；综采机械租赁站划归机械动力处管理。

3 月 19 日　以波兰采矿工程和技术学会理事长塔各乌施·泽卡得沃维茨为首的波兰矿业考察团一行 6 人来大屯矿区参观考察。

4 月 29 日　龙东煤矿荣获中华全国总工会颁发的"全国五一劳动奖状"。

4 月 30 日　公司成立建立现代企业制度、组建企业集团课题调研改制领导小组，下设办公室，标志着公司建立现代企业制度的调研工作启动。

6 月 7 日　中央电视台、中国国际广播电台《外国人看中国》栏目摄制组一行 5 人抵达龙东煤矿，采访拍摄专题片。

同日　公司召开深入开展"三整顿"和"四大会战"动员大会。

6 月 26 日　公司决定撤销审计处，成立公司审计工作委员会，下设审计办公室。

8 月 8 日　公司召开第四届职工代表大会第三次会议。

8 月 9 日　基本建设处与质量监督站合署。总工程师办公室设计行政业务、计划企管处工程造价预决算业务划归基本建设处。

8 月 23 日　公司首套综采放顶煤设备在姚桥煤矿地面进行三机配套试运转取得成功。

9 月 8 日　曹祖民、孙明珊率领公司团队，参加了在厦门举行的第十届福建投资贸易洽谈会。10 日，曹祖民、中国煤炭综合利用节能开发总公司经理李钟奇和德国韦巴公司经理罗兹，代表三方在合资建设大屯第二电厂投资意向书上签字。

9 月 19 日　选煤厂一次通过中国质量管理协会质量促进认证中心 ISO 9002 体系审核认证，10 月 8 日取得了质量体系认证书和注册证书。

11 月 3 日　由马切·柴米尔尼斯为团长的波兰采矿工程部协会代表团一行 10 人，来大屯矿区考察并进行技术交流。

11 月 14 日　大屯矿区第一个综采放顶煤工作面——姚桥煤矿 7509 工作面试采一次成功，当天生产原煤 1 700 吨。

11 月 20 日　以劳动部职业技能开发司原司长李享业为首的专家评审组一行 8 人，对公司技工学校申请国家级重点技校进行评估验收。

12 月 3 日　公司在大屯选煤厂召开公司实行劳动合同制动员大会。公司法人代表曹祖民与 4 个矿的党委书记、矿长、工会主席分别签约，标志着公司劳动合同制正式启动。

1997 年

1 月 20 日 经上海市杨浦区工商行政管理局批准,原公司上海招待所更名为上海虹杨宾馆。

1 月 28 日 江苏省人民政府春节慰问团来到大屯矿区慰问。

2 月 12 日 经国家工商局核准,公司原建筑安装工程公司、矿建工程公司、特殊建筑基础工程总公司和电业公司名称分别变更为中煤大屯建筑安装工程公司、中煤大屯矿建工程公司、中煤大屯特殊基础工程公司和电业分公司。

3 月 3 日 劳动部批准公司技工学校为国家级重点技工学校。

3 月 14 日 公司把实行"三条线"管理和以产定人作为 1997 年改革攻坚的重点工作。生产、多种经营、生活后勤服务系统,都要以经济效益为中心,以产量或工作量倒算上岗人数,分流人员。

3 月 24 日 公司召开 1995—1996 年度先代会。

4 月 1 日 共青团大屯煤电公司第六次代表大会在选煤厂召开。

4 月 11 日 公司发布《职工守则》和职工行为规范。

5 月 8 日 中国共产党大屯煤电公司第二次党代会胜利召开,大会选举产生了新一届中共公司委员会和纪律检查委员会。

5 月 13 日 奥地利普拉赛公司技术顾问葛庆汀博士一行 2 人来大屯矿区,就铁路设备维修、保养等进行技术交流。

5 月 21 日 公司技工学校进入煤炭系统 123 所技校 10 强,成为"国家级重点技校"和"特有工种技能鉴定站"。

5 月 30 日 公司荣获 1994—1996 年度江苏省"思想政治工作优秀企业"称号,公司政研会被授予江苏省职工思想政治工作优秀研究会。

6 月 20 日 煤炭部政策法规司司长马德庆等来大屯矿区指导企业改制及公司上市的准备工作,并给矿区处级以上干部做报告。

6 月 25 日 上海质量体系审核中心向龙东煤矿颁发质量体系认证证书,标志龙东煤矿洗混中块、末煤的生产服务全过程已按 GB/T 19002—1994(ISO 9002:1994)体系运转。

7 月 4 日 公司出台《公司职工养老保险制度改革方案》。

8 月 8 日 公司出台《公司全民职工医疗保险制度改革试行方案》,自 1997 年 4 月 1 日起执行。

8 月 14 日 公司第四届职工代表大会第五次会议在俱乐部召开。

8 月 18 日 煤炭部同意大屯煤电公司依照《中华人民共和国公司法》改建为国有独资公司,更名为大屯煤电(集团)有限责任公司。原则同意《公司建立现代企业制度实施方案》和《公司章程》。

9 月 8 日 由煤炭部国际合作司、日本新能源产业技术综合开发机构联合举办的中日技术交流事业培训班在大屯矿区开课。矿区 18 名学员参加培训。9 月 24 日结束。

11 月 28 日 大屯煤电(集团)有限责任公司正式揭牌成立。煤炭部、江苏省人民政府、上海市计经委、徐州市人民政府等 101 个单位的领导和嘉宾参加大会。公司董事会组成人员:董事长曹祖民,副董事长孙明珊,董事黄乐孺、王金余、张其廉、颛孙正宗(职工代表)。公司监事会组成人员:主席马德庆,秘书长江祖新,成员曹景全、路德信、彭宝成、于反修、张清福(职工代表)、张福华(职工代表)。公司总经理曹祖民,副总经理王金余、张其廉、纪四平、刘雨忠,总工程师刘雨忠(兼),安监局局长宋振德。中共大屯煤电(集团)有限责任公司委员会名单:

书记孙明珊,副书记曹祖民、黄乐孺,委员于
反修、颛孙正宗、纪四平、刘雨忠、王金余、
张其廉、吴建国。中共大屯煤电(集团)有限
责任公司纪律检查委员会由原中共大屯煤
电公司纪律检查委员会委员组成,于反修任
书记。大屯煤电(集团)有限责任公司工会
委员会由原大屯煤电公司工会委员会委员
组成,颛孙正宗任主席。

1998 年

1 月 23 日　大屯煤电(集团)有限责任
公司(以下简称公司)决定将原矿区内部电
话交换机并入沛县邮电局公用电话网,原公
司内部 5 位电话号码升至 7 位,并于 26 日
举行了开通仪式。

2 月 13 日　孔庄煤矿运用高档放顶煤
技术于 1996 年 12 月创出月产 30 983 吨的
全国"高放"纪录,1997 年全年共生产原煤
285 933 吨,年产量创出"高放"倾斜煤层全
国纪录,质量标准化保持部级标准。

3 月 20 日　公司董事会召开第一次董
事会会议,研究增加公司注册资本、增加公
司经营范围、制订公司章程修正案等事宜。

3 月 27 日　公司召开首届职工代表大
会第一次会议。

4 月 20 日　日本国际贸易开发株式会
社专务取缔役营业本部长高山直一一行 4
人,来大屯矿区考察矿井水处理技术合作
事宜。

5 月 4 日　公司与 13 个分流部门的负
责人签订承包经营责任书,标志着分流部门
开始走上不吃企业大锅饭、逐步实行自负盈
亏的轨道。

5 月 11 日　公司机构调整:成立董事会
秘书处;计划企管处与综合利用多种经营处
合并,成立发展计划处;生产技术处与调度室
合并,成立生产调度处;科技开发公司更名为
技术中心(原环保、计量处牌子保留)。

7 月 4 日　经国家机械工业质量认证
中心专家组评审,拓特机械制造厂(简称拓
特厂)通过 ISO 9002 国际标准认证。

7 月 5 日　龙东煤矿西风井工程发生
井筒坍塌和埋钻事故。公司领导会同煤科
院及淮北专家制定了一系列有效措施,牙轮
钻头于 10 月 17 日被打捞上来。

7 月 9 日　电业分公司焊工考评委员
会通过江苏省劳动厅和徐州市劳动局审查
鉴定,成为徐州地区 10 家由省劳动部门认
可的焊工培训考试基地之一。

8 月 6 日　公司矸石电厂工程开工建
设。该厂占地面积 6.71 公顷,总投资 2.22
亿元,工期 2 年,建设规模为 3 台 7.5 吨/时
循环流化床锅炉和 2 台 12 兆瓦抽气冷凝式
汽轮发电机组。该工程由江苏省电力设计
院设计,江苏省电力监理部监理,土建施工
由建安公司和河南省第二建筑有限责任公
司承担。投产后可供热面积达 120 万平方
米,年发电量可达 1.2 亿千瓦·时。

8 月 29 日　上海市浦东新区考察团团
长、中共浦东新区工作委员会副书记张黎
明,浦东新区管理委员会副主任王德安,带
队来到大屯矿区考察,对上海煤电有限公司
在上海浦东注册、税收等方面的问题,以及
制度创新、股票上市提供帮助和支持。

9 月 17 日　国家煤炭工业局下发《关
于印发将大屯煤电(集团)有限责任公司交
由中国煤炭工业进出口集团公司管理会议
纪要的通知》(煤办字〔1998〕第 431 号),将
公司及资产、劳动工资交由中国煤炭工业进
出口集团公司(简称中煤进出口集团)管理,
人事管理按国家煤炭工业局有关规定办理。

10 月 16 日　公司出台了《矿井质量标
准化考核管理办法》,对矿井采煤、掘进、机
电、运输、通风 5 个系统质量标准化考核管
理工作做了详细明确的评分规定,并将考核
结果与结构工资挂钩。

10 月 28 日　公司第二中学成立。该

校始建于 1996 年,占地 400 多亩,拥有 2 500平方米的办公楼和6 067平方米的教学实验楼。

1999 年

1月8日 公司召开纪检监察工作会议。1998 年受理群众来信来访 166 件次,办结 166 件,立案查处 25 件,结案 24 件,处分 29 人,为企业挽回经济损失 20 余万元。

2月26日 国家劳动和社会保障部、国家煤炭工业局在大屯矿区召开专门会议,决定从 1999 年 1 月 1 日起,公司职工养老保险统筹由国家煤炭工业局行业统筹移交江苏省管理,直接参加省级统筹。

3月15日 国家煤炭工业局认定公司技术中心为煤炭行业企业技术中心。

5月1日 中国煤矿地质工会在大屯职工俱乐部举行公司荣获全国五一劳动奖状颁奖仪式。中国煤矿地质工会主席赵永金宣读表彰决定。铁路管理处赵学柱获得了"全国五一劳动奖章"。

5月21日 国务院和中共中央大型企业工作委员会发出任职通知,任命公司董事长、总经理曹祖民为中煤进出口集团董事。

同日 我国"九五"重点科技攻关项目——3 米直径大型旋流微泡浮选柱研究,在大屯选煤厂获得成功。国家煤炭工业局组织选煤专家组进行评议,该浮选柱技术达到了国际先进水平。该技术由大屯选煤厂和中国矿业大学从 1996 年 2 月开始研究。浮选柱生产的精煤比浮选机精煤灰分平均降低 1.2%,且节电 1/3 左右,浮选精煤质量升至 2 级。

7月9日 龙东煤矿党委荣获江苏省先进基层党组织称号。公司党委副书记黄乐孺、纪委书记于反修前往该矿授牌。

8月11日 发电厂技改工程规模论证报告通过专家审查。

8月19日 中煤进出口集团领导经天亮、李钟奇、范宝山、王剑宇到公司检查指导工作。

9月8日 公司作出决定,适当增加职工技能工资,时间从 1999 年 7 月 1 日起补发。

9月24日 公司作出决定,提高 1999 年在大屯离退休人员的基本养老金。

10月9日 国家煤炭工业局局长张宝明一行 6 人来大屯矿区考察姚桥煤矿和电业分公司。

11月23日 中国质量管理协会质量保证中心质量体系认证审核组组长钱敏一行 7 人来大屯矿区,对公司 ISO 9002 质量体系进行认证审核。经过 4 天认真审核,专家组一致认为公司的质量体系基本符合标准要求,并向中国质量协会质量保证中心推荐认证注册。

12月8日 生活服务公司撤销,成立物业管理分公司、房产开发管理分公司;建筑安装工程公司、矿建工程公司、特殊基础工程公司合并重组,成立中煤大屯工程公司。

12月28日 上海大屯能源股份有限公司在上海召开创立大会暨第一届股东大会。经股东大会投票选举曹祖民等 11 人为董事,于反修等 7 人为监事。在第一届董事会、监事会第一次会议上,曹祖民、孙明珊分别当选董事长和副董事长,于反修当选为监事会主席。董事会根据《上海大屯能源股份有限公司章程(草案)》,决定聘任刘雨忠为上海大屯能源股份有限公司经理。

2000 年

1月14日 从 2000 年 1 月 1 日起,公司将月度奖改为效益奖。

同日 姚桥煤矿老年活动室被江苏省民政厅、江苏省老龄委联合授予"文明老年活动室"荣誉称号。

同日 国家煤炭工业局副局长王显政一行4人来大屯矿区指导。

1月24日 国家经贸委、财政部、国家税务总局、海关总署评定公司技术中心为"国家级企业技术中心"。

2月10日 公司召开第一届董事会第九次会议。会议审议通过了《上海梦彤洗涤用品有限公司自然人股权由公司出资收购的议案》《公司向多种经营总公司投资的议案》《关于公司财务人员委派制度的议案》《公司向天地科技股份有限公司出资的议案》《关于公司机构重组的议案》等。

3月7日 公司召开第二届职工代表大会第一次会议。

3月10日 国家"九五"重点建设项目——姚桥煤矿改扩建工程通过国家验收委员会验收。该工程由北京煤炭设计研究院设计,设计能力由120万吨/年扩建到300万吨/年,总投资108 520.03万元。姚桥煤矿改扩建工程于1990年12月20日正式开工。

3月17日 公司荣获"江苏省基本养老保险管理工作先进单位"称号。

3月24日 根据《公司法》要求,大屯煤电(集团)有限责任公司与上海大屯能源股份有限公司财务分账、资产分离、人员分离的"三分开"工作开始。大屯煤电(集团)有限责任公司简称为"大屯煤电",上海大屯能源股份有限公司简称为"上海能源",两者合称为"大屯公司"或"公司"。

同日 公司技工学校更名为"江苏煤电高级技工学校"。

4月8日 上海大屯能源股份有限公司成立揭牌仪式在浦东新区环球广场举行。参加揭牌仪式的领导有上海浦东新区党工委书记、上海市政府副市长周禹鹏,中纪委委员、国家煤炭工业局党组成员濮洪九,上海市浦东新区党工委副书记张黎明,浦东新

区管委会副主任王安德,国家煤炭工业局体改司副司长徐汉才,中煤进出口集团董事长经天亮等。

同日 公司离退休职工管理处处长、原建安公司党委书记李绍文,被授予中国煤炭工业第五届石圪节精神奖。

5月23日 公司在招待所召开下岗分流自谋职业动员会议,决定对富余人员实行"下岗进中心,离岗自谋职业和退岗提前修养"等办法。

5月25日 公司成立多种经营管理处。

5月28日 公司召开三产工作会议,将在沪直属三产企业包括独资、控股公司的资产重组给上海大屯煤电有限公司,将在深圳、海南的直属三产企业重组给鹏海工贸公司。

5月30日 公司召开建功立业工作会议暨总结表彰大会。

6月8日 中共中央宣传部原副部长、中国职工思想政治工作研究会常务副会长徐惟诚,在中国煤炭职工思想政治工作研究会会长马德庆的陪同下,来大屯矿区指导。

6月15日 上海南市区教育局对矿区幼儿园进行评级定类。矿区7所幼儿园达到了上海市二级幼儿园标准。

7月18日 公司召开庆祝大屯矿区开发建设30周年大会。自建矿以来,累计生产原煤7 120万吨,发电144亿千瓦·时,完成货运量1.23亿吨,实现利润8.68亿元,上缴税款9.32亿元。公司已发展成为资产总额35.19亿元的大型企业集团。庆祝大会结束后,公司举行了"奉献者之歌"文艺演出和大屯矿区开发建设30周年成就展览。

9月30日 公司中心医院举行徐州医学院教学医院揭牌仪式。

10月24日 公司煤泥矸石热电厂工程通过竣工验收。

10 月 25 日　中煤进出口集团任命纪四平、刘雨忠为公司董事会董事。

11 月 8 日　中煤进出口集团任命殷华东为公司副总经理。

2001 年

1 月 5 日　公司召开第一届董事会第十一次会议。董事长曹祖民主持了会议,会议审议通过了总经理工作报告等 17 个议案。

1 月 21 日　公司召开会议,全面安排布置清理整顿经营性公司及驻外办事机构工作。

2 月 4 日　全国煤炭订货会在烟台召开,公司副总经理纪四平参加了会议。公司在会上订货量为 626 万吨。

2 月 9 日　公司荣获国家煤炭工业局技术委员会 2000 年国有煤矿科技进步十佳企业。

2 月 26 日　公司第二届职工代表大会第二次会议在俱乐部召开。

4 月 3 日　公司被全国绿化委员会、中华人民共和国人事部、国家林业局联合授予"全国绿化先进集体"荣誉称号。截至 2000 年底,矿区绿化整体面积达 120 万平方米,人均占有绿地 20 平方米,绿化覆盖率达 36.96%。

6 月 28 日　上海能源股票发行上市申请获中国证券监督管理委员会批准通过。

7 月 17 日　江苏省、徐州市出入境检验检疫局考核组来大屯矿区,对公司申请出口煤质量许可证进行考核验收,公司获得了江苏省出口煤质量许可证。

7 月 26 日　国家安全生产监督管理局党组成员、副局长赵铁锤一行来大屯矿区考察姚桥煤矿、电业分公司。

7 月 31 日　上海能源股票发行及发行方案经中国证监会指令,国有股存量发行方

案获财政部批准,在《中国证券报》《上海证券报》和《证券时报》上刊登了招股说明书,同时开通了股份公司网站(www. sdtny. com)。本次上网定价发行社会公众股(A 股)10 000 万股,国有股存量发行 1 000 万股,共计 11 000 万股,每股面值 1.00 元,发行价格每股 9.00 元,股票简称"上海能源",证券代码:600508。

8 月 29 日　上海能源 1.1 亿股 A 股股票在上海证券交易所上市交易。开盘价 13.2 元。在上市仪式上,中央纪律检查委员会委员、国家安全生产监督管理局党组成员濮洪九,主承销商华夏证券公司副总裁谢朝斌,中煤进出口集团董事长经天亮等分别致辞,公司董事长曹祖民代表上海能源讲话并敲响上海能源股票上市开市锣。

9 月 10 日　徐州大屯煤电设计院有限公司(简称设计院)正式成立并开始运转。该院由公司和铁路工程处共同投资 200 万元,业务范围包括工程设计、工程监理、工程勘察、地质勘探、工程测绘等。

10 月 24 日　波兰采矿工程师和技术人员协会雷卜尼克分会代表团一行 11 人参观了选煤厂和姚桥煤矿。公司与波方商定,以现行交换代表团和专家的方式,以及对等接待的原则,将双方合作延续 3 年。曹祖民代表公司与波兰代表团签订了中波技术交流与合作延续 3 年协议和中波互设科研所协议。

同日　国务院向中煤进出口集团派驻的监事会成员一行 5 人来大屯矿区对公司进行监督检查。

11 月 2 日　从 2001 年 11 月起,公司离退休职工的养老金实施社会化发放,由江苏省劳动厅社保基金中心委托邮局或银行发放。从 2002 年元月起,所有离退休人员养老金统一由邮局发放,发放日统一定为每月 18 日。

12 月 18 日　公司党委书记孙明珊荣

获"全国企业优秀思想政治工作者"称号。

12月26日 公司矸石电厂135兆瓦机组技改工程开工。该工程由江苏省电力设计院与西北电力设计院联合设计,上海国际能源装备工程有限公司配套施工。土建施工由河南省第二建筑有限责任公司和江苏南通三建公司承担。安装由山西省电力建设二公司承担。整个工程建设工期为20个月。

2002 年

1月13日—16日 摩尔多瓦共和国边防军歌舞团到大屯矿区访问演出。

1月16日 公司党委组织部、团委组织全体党员、团员开展"吃水不忘挖井人,爱心献给老党员"募捐活动,25日在公司办公楼举行捐赠仪式,共捐款106 749.04元,全部上交给徐州市民政局。

1月24日 公司在姚桥煤矿召开2002年工作会议。曹祖民总经理做行政工作报告、孙明珊书记作党委工作报告;王金余副总经理对公司"十五"发展规划作说明。曹祖民分别与各单位行政主要负责人签订了经营责任书,孙明珊、曹祖民分别与各单位党政主要负责人签订了党风廉政建设责任书。

1月30日 委内瑞拉玻利瓦尔共和国驻华大使胡安·德赫苏斯·蒙利蒂亚先生来大屯矿区访问,参观了矸石热电厂、电业分公司和姚桥煤矿。

3月15日 徐州市市委书记何权,市委常委、秘书长肖俊率领徐州市有关部门负责人来到大屯矿区考察工作。

3月29日 上海能源2001年度股东大会在上海虹杨宾馆召开。会议审议通过了上海能源2001年度报告、关于收购公司拓特厂的方案等9项议案。

4月10日 公司成立江苏大屯铝业有限公司。

4月18日 国家重点技术创新项目——公司"矿井水净化及资源化成套技术与装备的开发",通过国家验收委员会验收。

4月29日 公司第一届董事会2002年第二次临时会议审议通过《关于转让公司持有的江苏大屯铝业有限公司股权议案》,公司将持有的江苏大屯铝业有限公司75%股权中的46.67%转让给山西神州煤电焦化股份有限公司。转让后,公司持有江苏大屯铝业有限公司40%的股权、山西神州煤电焦化股份有限公司持有35%的股权、澳大利亚华光资源有限公司持有25%的股权。

5月25日 上海能源召开第一届董事会第十次会议,审议通过了修改公司章程、修改股东大会会议规则、制定公司信息披露制度、增补公司独立董事、公司独立董事年度津贴、公司独立董事工作细则、变更公司董事会秘书、任免公司高级管理人员、变更公司经营范围和召开2002年第一次临时股东大会等11项议案。

6月10日 公司第一届董事会2002年第四次临时会议审议通过《关于李新宝、宋振德职务任免的议案》,聘任李新宝为公司副总经理,免去宋振德公司安全监察局局长职务、退休。

6月18日 共青团大屯煤电(集团)有限责任公司第一次代表大会在姚桥煤矿召开。会议选举顾宏彬为共青团大屯煤电(集团)有限责任公司第一届委员会书记,程辉为副书记。

7月9日 公司召开质量、环境、职业健康安全管理体系文件发布动员会,安排部署三个体系文件的运行工作。

7月11日 上海能源被上海重组办、上海证券交易所、上海上市公司董事会秘书协会评选为2001年度上海本地上市公司盈利15强。

8月3日 上海市总工会主席、上海市人民代表大会常务委员会副主任包信宝一行 7 人来公司慰问贫困职工及家属，并与劳模代表座谈。

9月26日 波兰采矿专家团斯塔尼斯瓦夫·龚塞克一行 11 人来大屯矿区进行技术交流。

9月28日 公司在铝厂工地举行江苏大屯铝业公司揭牌暨铝用阳极项目开工典礼仪式。中国煤炭工业协会第一副会长、党委书记濮洪九，中煤进出口集团总经理、党委书记经天亮等领导出席。整个工程分二期建设，一期工程年产电解铝 5 万吨、6.4 万吨铝用阳极生产线一次建成。项目总投资 5.65 亿元。建设周期为 24 个月。

同日 中国煤炭工业协会第一副会长、党委书记濮洪九来大屯矿区指导。

10月20日 中国质量协会质量保证中心质量体系认证审核组对公司质量环境职业健康安全管理体系进行认证审核。经过 5 天审核，审核组一致认为，公司质量管理体系能够满足 ISO 9001：2000 标准和公司质量管理体系文件的要求，并向中国质量协会质保中心推荐认证注册。公司环境、职业健康安全管理体系运行效果基本正常，推荐在 11 月份对公司环境、职业健康安全管理体系进行第二阶段认证审核。

10月30日 中央企业厂务公开第十考核组在组长钱毅的率领下，一行 6 人来大屯矿区检查考核厂务公开工作。公司制订了《公司厂务公开一览表》，明确了 37 项公开内容。公司及 16 个基层单位 248 个车间（区队）都制定了厂务公开实施办法，形成公司、矿（厂处）、车间（区队）三级厂务公开体系。

11月19日 国家经济贸易委员会同意公司债转股方案，国家开发银行、中国信达资产管理公司与公司的协议转股额共计 49 341 万元。

11月27日 原大屯公安处更名为徐州市公安局大屯分局，纳入徐州市公安局建制序列，徐州市公安局大屯分局揭牌。

11月29日 江苏省劳动和社会保障厅发文《关于大屯煤电（集团）有限责任公司原集体职工养老保险有关问题的复函》，同意公司原集体职工参加江苏省城镇企业职工养老保险，并由省级养老保险经办机构直接管理。

12月9日 经中国质量协会质保中心审核通过，公司、上海能源获得了 ISO 9001：2000 质量体系、ISO 14001 环境管理体系和 GB/T 28001—2001 职业健康安全管理体系认证证书。

12月30日 上海能源第二届董事会第一次会议、第二届监事会第一次会议在上海虹杨宾馆召开，选举曹祖民为公司第二届董事会董事长，孙明珊为公司第二届董事会副董事长，继续聘任刘雨忠为公司经理，于反修为第二届监事会主席。

2003 年

1月27日 公司召开第一届董事会第十六次会议，审议通过了《公司机关改革实施方案》《后勤服务系统改革总体方案》《设立江苏金屯房地产开发有限公司》《职工中心医院更改名称》《增加徐州大屯煤电设计院有限公司注册资本金》《对深圳鹏海贸易公司进行规范改组》等议案。

2月10日 公司根据《债券转股权协议书》和国家经济贸易委员会的批复，召开了股东首次会议，审议并通过了《大屯煤电（集团）有限责任公司章程》和《关于变更公司工商登记的议案》。

同日 公司召开第二届董事会第一次会议，选举曹祖民为公司第二届董事会董事长，选举孙明珊、夏胜云为公司第二届董事会副董事长。聘任曹祖民为公司总经理，聘任王金余、纪四平、殷华东、李新宝为公司副总经理,聘任翁庆安为公司总会计师。监事会第一次会议选举于反修为监事会主席。

4月23日 江苏省委书记李源潮一行在徐州市委书记徐鸣、市长潘永和的陪同下来到公司江苏大屯铝业公司建设工地视察。

5月16日 公司办公会作出决定,为荣获全国五一劳动奖状,对企业建设和发展做出较大贡献的姚桥煤矿进行嘉奖。凡2002年末在册并在姚桥煤矿工作满一年的已转正定级的职工(含合同期三年以上的农民轮换工),从2003年6月1日起均晋升一档技能工资。

5月19日 公司召开机关改革动员大会,下发《公司机关改革实施方案》。该方案对机构设置及编制定员等做了明确规定,并出台了竞聘上岗实施办法和评议规则。改革后公司董事会办事机构5个、机关职能部门18个、机关服务机构7个(不列入机关编制)。

6月25日 上海能源召开2002年度股东大会。

6月30日 江苏大屯铝业有限公司电解铝及阳极碳素续建工程在铝厂工地开工。续建工程总投资7亿元,将建成年产5万吨电解铝和6.4万吨阳极碳素的工程项目。2004年底完工。

7月29日 国务院国有资产监督管理委员会任命曹祖民为中国中煤集团副总经理。

7月31日 中煤集团党委书记、副总经理纪喜来率领党委工作部、组织部、团委等部门负责人一行4人来大屯矿区调研工作。

8月1日 公司召开防止非典表彰大会,表彰在防治"非典"工作中作出突出贡献的人员。4月起,公司严格按上级要求防治非典,共投入资金200多万元,隔离562人,未发现非典患者和疑似病例。

9月1日 公司第二台135兆瓦发电机组开工典礼在第一台135兆瓦发电机组主厂房举行。机组静态总投资达4.6亿元,计划工期16个月。

同日 中国国际工程咨询公司组织中国采煤专家组对徐庄煤矿、孔庄煤矿改扩建工程项目进行评审。确定徐庄煤矿矿井设计生产能力由90万吨/年扩建为210万吨/年,项目总投资为52 693.78万元。确定孔庄煤矿矿井设计生产能力由105万吨/年扩建为180万吨/年,项目总投资为37 383.27万元。

9月26日 上海能源召开2003年第一次临时股东大会。

10月10日 由公司、香港协鑫集团公司、苏源发电公司、沛县计经委联合投资建设的大屯坑口环保4×600兆瓦发电机组项目,在南京举行投资协议签字仪式。

10月28日 龙东煤矿在公司党委书记孙明珊的带领下,创造性地把ISO 9000国际质量标准导入政工系统工作,建立了政工质量管理体系。这一成果被评为全国思想政治工作优秀成果一等奖,颁奖仪式在人民大会堂举行。

12月19日 全国煤炭工业改革与发展会议在北京西郊宾馆和人民大会堂召开。公司被评为2002年度"全国煤炭工业优秀企业",公司董事长、总经理曹祖民被授予"全国煤炭工业优秀企业家"称号,并获青年科技奖。龙东煤矿被授予"全国煤炭工业'双十佳'煤矿"称号,姚桥煤矿矿长祁和刚被授予"全国煤炭工业'双十佳'煤矿矿长"称号。

12月22日 公司第一台135兆瓦发电机组,在完成了"72+24"小时满负荷试运转后正式投入商业运行。

2004 年

1月23日 电业分公司在组织人员进行原煤仓余煤清理时,6号机组主控室顶部突然垮塌,值班人员被压埋,造成5人死亡。

3月5日 由公司房地产开发公司改制设立的江苏金屯房地产开发有限公司正式揭牌成立。该公司出资2 000万元,江苏省建设厅批准资质为二级房地产开发企业。

3月12日 中煤集团党委任命王金余为公司党委书记,刘雨忠、于反修、蒋韬为公司副书记,于反修为纪委书记;免去孙明珊党委书记职务,免去曹祖民党委副书记职务。

3月19日 中煤集团在公司招待所召开干部大会,宣布了关于调整公司领导班子的任免名单。委派刘雨忠、王金余、李新宝、纪四平、殷华东、翁庆安为公司董事;职工董事待公司依法定程序选举产生后,报股东会备案;中煤集团还将另行委派3名董事。推荐刘雨忠为公司董事会董事长,王金余为副董事长。刘雨忠为公司总经理建议人选,李新宝、纪四平、殷华东、徐国栋、许大雄为副总经理建议人选,祁和刚为总工程师建议人选。委派翁庆安为公司总会计师。建议李新宝任上海能源董事长。

4月24日 公司召开2003年度股东会。会议决定免去曹祖民、孙明珊、颛孙正宗公司董事会董事职务。

同日 公司召开第二届董事会第二次会议,审议通过了董事会工作报告等18项议案。会议决定免去曹祖民公司第二届董事会董事长职务,免去孙明珊公司第二届董事会副董事长职务;选举刘雨忠为公司第二届董事会董事长,选举王金余为公司第二届董事会副董事长;免去曹祖民公司总经理职务,聘任刘雨忠为公司总经理;聘任徐国栋、许大雄为公司副总经理,祁和刚为公司总工

程师。

4月28日 公司在姚桥煤矿召开薪酬制度改革动员大会。

5月10日 江苏省劳动和社会保障厅同意江苏煤电高级技工学校增挂江苏煤电技师学院牌子。

6月16日—24日 上海市总工会、中煤集团工会、徐州市总工会分别同意补选姚惠兴为上海能源工会第四届委员会委员、常委、主席。颛孙正宗不再担任上海能源工会主席、常委、委员。

7月9日 上海能源第二届董事会第九次会议同意曹祖民辞去公司第二届董事会董事长职务,选举李新宝为公司第二届董事会董事长。同意曹祖民、孙明珊、颛孙正宗、张启辞去公司董事职务,提名殷华东、翁庆安、蒋韬为公司第二届董事会非独立董事候选人,提交公司股东大会批准。

7月13日 国务院国有资产监督管理委员会监事会主席贾成炳一行5人来大屯矿区检查工作。

7月26日 中煤集团在公司招待所召开会议,总经理经天亮宣布了有关人事任免。委派曹祖民、彭宝成、赵丽萍为公司董事。免去李新宝公司董事、副总经理职务,另有任用。建议刘雨忠任上海能源董事长,免去李新宝上海能源董事长职务。

8月1日 公司股东会召开2004年第一次临时会议,选举曹祖民、彭宝成、赵丽萍为公司董事、姚惠兴为公司董事会职工代表,免去李新宝公司董事职务。

8月6日 上海能源召开第二届董事会第十次会议,选举刘雨忠为公司第二届董事会董事长、王金余为公司第二届董事会副董事长,免去李新宝公司第二届董事会董事长、董事职务,提名姚惠兴为公司第二届董事会非独立董事候选人。

8月13日 公司《关于做好住房分配货币补贴发放工作的通知》的决定草案,在

公司第三届、上海能源第二届职代会代表团(组)长扩大会议通过。住房面积达不到标准可获公司一次性货币补贴。

8月17日 上海能源召开2004年第一次临时股东大会,审议通过了修改公司章程等4项议案。选举殷华东、翁庆安、蒋韬为公司第二届董事会非独立董事,免去曹祖民、孙明珊、颛孙正宗、张启董事职务。选举徐国栋、许大雄、祁和刚为公司第二届监事会职工代表监事,免去殷华东、翁庆安监事职务。

8月24日 江苏省副省长吴瑞林一行来大屯矿区视察。

9月22日 江苏省建设厅作出批复,同意单独设立大屯矿区建设工程质量监督专业站,接受省建设厅的统一领导和管理。并从2004年6月28日起受国家发展和改革委员会和省建设厅委托,依法实施对大屯矿区范围内的煤炭工业和建筑工程项目的质量监督。

同日 波兰采矿协会雷布尼克分会专家访华团一行11人来大屯矿区,进行安全管理、采煤工艺、科技兴矿等方面的技术交流,并举行了互访纪要签署仪式。

10月15日 上海能源第二届董事会第十二次会议、第二届监事会第八次会议在江苏分公司会议厅召开。会议审议通过了成立上海能源职工安全技术培训中心、成立上海能源煤矿井口急救站和《上海能源住房货币化补贴实施办法(草案)》等。

同日 公司召开第二届董事会2004年第四次临时会议,审议通过了《关于职工住房货币化补贴的议案》。

10月22日 江苏大屯铝业有限公司电解铝项目投产典礼在铝业公司举行。该项目设计规模为10万吨/年电解铝及配套6.4万吨/年阳极碳素,概算投资12亿元。于2002年9月28日开工建设,2004年9月7日,电解铝系统开始受电调试。

10月28日 中国共产党大屯煤电(集团)有限责任公司第一次代表大会在姚桥煤矿举行。大会选举于反修、王金余、刘永利、刘雨忠、祁和刚、许大雄、纪四平、姚惠兴、徐国栋、殷华东、蒋韬为中共公司第一届委员会委员。王金余为党委书记,刘雨忠、于反修、蒋韬为副书记。选举于反修、王明山、王晓塑、向开满、刘永利、张开新、黄新为中共公司纪律检查委员会委员。于反修为纪委书记,张开新为副书记。

11月18日 上海能源召开2004年第二次临时股东大会。同意李新宝不再担任公司董事职务,选举姚惠兴为公司第二届董事会非独立董事;审议通过《实施住房货币补贴的议案》,住房补贴发放资金总额约1.4亿元。

12月12日 公司制定出台了《内部职工家属户籍管理暂行规定》。明确公司保卫处是管理企业内部职工家属户籍的主管部门,各单位保卫科是本单位户籍管理的职能部门。该规定自12月1日起执行。

12月14日 公司股东大会召开2004年第二次临时会议,审议通过《关于公司减资回购国家开发银行股权的议案》,决定由公司以1.5亿元的价格减资回购国家开发银行股权。

2005 年

1月11日 国家安全生产监督管理局党组成员、副局长赵铁锤,率领安全质量标准化专家组数十人,来大屯矿区检查指导安全质量标准化工作。

1月12日 国家级质量标准化公司(局)核准组对公司进行核查。公司姚桥煤矿、龙东煤矿通过核准,具备国家一级质量标准化矿井资格。

2月28日 公司第三届职工代表大会第二次会议、上海能源第二届职工代表大会

第二次会议在徐庄煤矿召开，首次以无记名投票方式审议通过了《公司扶贫济困"职工一日捐"制度实施办法》《公司职工特种重病互助医疗保障基金管理试行办法》等7项议案。公司领导先后在会上作述职报告，与会代表进行民主评议。

3月14日　公司董事会2005年第一次临时会议决议，将电力及有关资产转让给上海能源。

本月　国家发展和改革委员会下发《关于上海能源孔庄矿井改扩建项目核准的批复》，"同意新建1个混合立井，装备箕斗和罐笼，担负深部水平主、副提升兼进风。同意上海能源孔庄矿井改扩建，生产能力由105万吨/年改扩建到180万吨/年，净增75万吨/年"。

4月10日　公司邀请国家有关部委专家学者，共同研讨建设循环经济课题。

4月11日　大屯铝业公司一期5万吨电解铝产能形成，84台电解槽全部投入生产。

4月13日　中煤集团任命金晨钟为公司副总经理。

6月6日　公司工会、上海能源工会第一次会员代表大会在姚桥煤矿举行。工会常委会选举姚惠兴为工会委员会主席。

7月13日　公司出台《公司节约能源管理办法》。

7月15日　大屯铝业公司首批1 000吨铝锭远销挪威。铝锭质量全部达到国家标准GB/T 1196—2002，各项技术指标都优于协议规定要求。

8月15日　公司开展党风廉政建设专题教育活动，分大讨论、自查自纠、整改处理3个阶段，为期45天。

9月6日　江苏省委副书记张连珍一行40余人到江苏大屯铝业有限公司调研工作。

9月10日　即日起至2006年1月25日，上海能源实施股份分置改革。股份分置改革实施后，股票简称变更为"G上能"，总股票40 151万股不变，全部具有流通权，其中有限售条件的流通股25 851万股，无限售条件流通股14 300万股。

9月23日　国务院国有资产监督管理委员会党委保持共产党员先进性教育活动督导13组金继启一行5人，来大屯矿区听取保持共产党员先进性教育活动开展情况汇报。公司21个基层党委、306个基层党支部、6 401名党员参加了学习教育活动，占党员总人数的96.69%。

9月28日　徐州市卫生监督所公司分所、徐州市疾病预防控制中心公司分中心正式成立。

12月20日　中国信达资产管理公司将持有的公司11.43%的股权以12 355.70万元的价格转让给中国煤炭进出口集团公司。转让后，公司注册资本不变，为154 435万元，其中中国中煤能源集团公司持有136 784万元，占注册资本的88.57%。中国煤炭进出口集团公司持有17 651万元，占注册资本的11.43%。

2006 年

1月6日　中质嘉信管理咨询有限公司专家组与公司三体系整合办公室共同开展为期9天的现状调查，标志着公司质量、环境、职业健康安全管理体系整合工作正式启动。

2月8日　公司工会召开首届会员代表大会第二次会议。

2月16日　上海能源召开第三届董事会第二次会议、第三届监事会第二次会议。

3月6日　公司第三届第三次暨上海能源第二届第三次职工代表大会在徐庄煤矿中心会议室召开，258名职工代表出席会议。会议审议通过了《公司"十一五"规划》

的决议等。以无记名投票方式，通过了《公司经济适用住房出售方案》《公司工伤(亡)事故善后处理和待遇支付管理办法》等议案。

3月8日 江苏省委副书记冯敏刚一行10余人视察铝业公司电解车间、铸造车间。

3月13日 中煤集团将中国煤炭进出口公司持有的大屯煤电(集团)有限责任公司11.43%的股份划归中煤集团，大屯煤电(集团)有限责任公司变更为中煤集团独资的有限责任公司。

3月22日 上海能源召开2005年度股东大会，大会审议并通过《公司2005年度董事会工作报告》《公司2005年度监事会报告》《公司2005年年度报告的议案》《公司2005年底利润分配预案的议案》等8项议案。

3月25日 公司首次召开采掘与一通三防专业学术报告会。

3月29日 公司党委在孔庄煤矿召开安全文化建设推进会。刘雨忠主持会议，王金余讲话，于反修总结2005年安全文化建设工作并安排下一步推进任务，徐国栋宣读《关于进一步落实党管安全责任的意见(试行)》。

3月31日 大屯选煤厂召开重介工程竣工总结会。至此，该厂历时6个多月的重介技术改造工程全面竣工，为期3个多月的重介选煤试生产圆满结束。从4月1日开始，大屯选煤厂重介选煤正式投入生产。

4月4日 国家煤矿安全监察局副局长付建华、国家安全生产监督管理总局监察专员章苏东率领国家安全生产监督管理总局重大隐患排查整改组，来大屯矿区检查指导工作。4月7日，在公司招待所召开会议，对公司重大隐患排查整改组情况进行了评价。

5月12日 中煤集团研究决定，王金余不再担任公司党委书记、副董事长职务，另有任用。

同日 上海能源召开第三届第四次会议董事会、第三届监事会第四次会议。

5月16日 中煤集团在龙东煤矿召开精细化管理推进会，会上宣读了公司《关于开展精细化管理的通知》。

5月20日 公司在姚桥煤矿召开机关改革动员大会。改革后公司机关职能部门18个，服务中心和下设机构7个，共减少部门21个(考虑变为二级单位管理的部分，实际减少14个)；机关总定员252人(不含6个服务中心和质量监督站人数)，共减少202人(考虑变为二级单位管理的部分，实际减少81人)。组织机构优化后，部门负责人49人，职能主管70人，工作人员133人。

5月23日 公司在招待所召开中层干部会议，中煤集团党委书记纪喜来主持会议。中煤集团委派李新宝为公司董事会董事，建议聘任为总经理；建议免去刘雨忠公司总经理职务。刘雨忠任中共大屯煤电有限责任公司委员会书记，李新宝任副书记。

5月31日 江苏省副省长黄莉新在市县领导的陪同下到铝业公司视察工作。

本月 中煤集团将公司持有的上海能源60.35%的股权以2006年3月31日为基准日划转到中国中煤能源集团公司。划转后，公司注册资本由154 435万元减为13 757万元。

6月6日 美国博地国际能源公司的矿井专家在中煤集团有关人员的陪同下，来大屯矿区考察矿井水采新工艺，双方就煤矿水采工作面的开采技术、生产费用、矿井回收率等问题进行了交流。

6月16日 上海能源召开第一次临时股东大会，大会审议并通过了关于修订《上海大屯能源股份有限公司章程》《上海大屯能源股份有限公司股东大会议事规则》《上海大屯能源股份有限公司董事会议事规则》

《上海大屯能源股份有限公司监事会工作(议事)规则》、签订电力资产收购补充协议等议案。

同日 上海能源召开第三届董事会第五次会议,会议审议通过了关于增补李新宝为上海能源第三届董事会董事的议案;审议通过了关于调整上海能源内部管理机构的议案。

6月17日 波兰采矿协会雷布尼克分会一行11人来大屯矿区,就煤矿开采工艺进行技术交流。

6月29日 公司召开纪念建党85周年暨"七一"表彰大会。

7月18日 公司召开医保统筹会议,传达了公司《关于参加徐州市医疗保险统筹的实施方案》,公司职工医保参加徐州市统筹。

8月 公司中心区燃气改造全面开展。公司引入市场机制对中心区居民住户所使用的生活燃气进行整体改造,改用清洁、高效、安全、优质的管道天然气。

9月1日 公司在办公大楼门前广场举行第五届技奥会启动仪式。该届技奥会有1 100多名选手参加,其中通用工种36个,独有工种25个。

9月16日 大屯铝业公司举行阳极碳素工程投产仪式。阳极碳素生产系统是电解铝项目的配套工程,年生产能力6.4万吨。该工程自2003年6月30日奠基,历经3年的建设,正式投产。

11月26日 公司组建徐州市大屯工贸实业公司。

12月21日 国家整顿和规范矿产资源开发秩序检查组,在国土资源部国际合作与科技司副司长、检查组成员孙宝亮的率领下,到大屯矿区检查工作。

12月22日 由江苏省文联组织的"文艺家'五走进'文化为民活动"走进了大屯矿区,百余名文艺工作者奉献了精彩的演出,

书画家挥毫泼墨,把艺术作品献给大屯矿工。

12月25日 中国煤矿文工团来大屯矿区慰问演出,著名歌唱家、国家一级演员蒋大为、杭天琪参加演出。

12月28日 上海市总工会茉莉花艺术团一行80多人来到公司,为大屯矿区职工慰问演出。

12月30日 大屯发电厂举行8、9号机组竣工投产典礼。12月13日,8、9号机组开始启动试运行,12月21日、27日,8、9号机组分别一次并网发电成功。

12月30日 公司董事长、党委书记刘雨忠签发了《公司标准化管理手册》发布令,标准化管理体系工作自2007年1月1日试运行。

本月 公司生产的精煤(5级、6级)和分选煤(大屯优1号、优2号)产品通过国家质量监督检验检疫总局考核,获得2006—2009"产品质量国家免检"荣誉称号。徐庄煤矿、姚桥煤矿优质洗混精煤大屯优1号、优2号列入国家精煤目录,成为全国煤炭行业中首批获得国家免检荣誉的产品。

2007 年

1月1日 中煤集团党委研究决定,任命张天森为公司党委副书记兼任纪委书记。免去于反修公司党委副书记、纪委书记职务,退休。中煤集团委派姜华为公司安全监察局局长。

2月6日 铝业公司首批1 000吨代焙炭块出口阿联酋。

3月9日 江苏省副省长张卫国率领省市县相关部门一行40余人,到铝业公司参观电解车间和铸造车间。

3月21日 "大屯"牌铝锭在国家商标局注册成功,这标志着江苏大屯铝业公司从2007年1月1日起拥有自己的品牌。

3月22日 公司召开第三届职工代表大会第四次会议,公司董事长刘雨忠作题为《抢抓机遇,迎接挑战,为开创公司改革发展新局面而努力奋斗》的工作报告。

4月17日 上海能源召开第三届董事会第九次会议、第三届监事会第七次会议。

4月29日 中煤集团批准公司重组兼并徐州四方铝业公司。

5月3日 公司二级单位组织机构优化和人事制度改革工作会议在招待所召开,公司二级单位机构优化和人事制度改革工作正式进入准备阶段。

5月18日 上海能源2006年度股东大会在上海虹杨宾馆召开。会议审议并通过股份公司2006年度董事会工作报告、监事会工作报告、年度报告、财务决算报告等。

本月 公司随中煤集团首次进入新疆寻求合作开发资源,成立新疆项目部,与新疆生产建设兵团农八师协商新疆铁列克井田。

6月22日 公司与新疆生产建设兵团签署共同开发铁列克井田的协议。承包平朔3号井、中煤进出口集团公司东坡矿也基本达成一致意见。

同日 波兰采矿工程师和技术人员协会雷布尼克分会代表团来大屯矿区进行技术交流,双方举行了互访纪要签字仪式。

8月8日 徐州大屯技术服务有限公司正式通过国家工商部门注册登记。

9月19日 德国DBT公司代表安德瑞埃斯·菲利皮亚克一行来公司交流采煤新技术、新工艺。

同日 中煤集团副总经理都基安,党委副书记、纪委书记王晞率领人事、监察等部门主要负责人来大屯矿区调研。

9月21日 上海能源朔州项目部成立,负责管理公司在朔州承揽的3号井工矿、东坡煤矿等项目。

10月9日 上海能源检测中心成立。

本月 公司新疆项目部转至与新疆生产建设兵团农六师协商一○六团煤矿改扩建项目,后项目部业务划归中煤新疆分公司。

2008 年

1月2日 公司成立有线电视系统数字化改造工作领导小组,公司数字电视改造工作启动。

1月4日 上海能源技术中心被上海市浦东新区科学技术委员会认定为浦东新区企业研发机构。

1月7日 徐州市政府国资委、公司在徐州开元名都大酒店联合举行中煤集团重组徐州四方铝业公司新闻发布会。公司与徐州市国资委6月26日正式签署《企业国有产权无偿划转协议》,国有产权划转范围包括四方公司及下属企业,划转基准日为2007年1月1日。国务院国有资产监督管理委员会于2007年10月11日正式批复同意四方铝业集团公司国有产权划入公司。

2月18日 徐州市大屯矿区中小学管理中心成立暨揭牌仪式在公司俱乐部举行。标志着大屯矿区中小学从企业管理移交到地方管理工作顺利完成。

2月19日 中煤集团在南京主持召开《上海大屯能源股份公司10万吨/年高精度铝板带工程初步设计》审查会,该设计通过审查。

同日 公司公布《非伤亡事故责任追究规定》及有关附件。

3月12日 公司召开办公自动化建设启动大会。公司办公自动化系统分三期实施:一期以公司局域网为基础,以公文处理的网络流转为主,初步形成集日常网上公文草拟、流转审批、传阅及会议通知、信息浏览等功能于一体的网络办公平台,逐步实现无纸化办公;二期实现公司已有专业系统的集

成和整合,建设更广泛的信息服务和办公自动化平台;三期进行相关功能的深化运用。

3月19日 公司第四届职工代表大会第一次会议、上海能源第三届职工代表大会第一次会议在俱乐部召开。大会通过了《行政工作报告》《公司职工带薪年休假暂行办法》《公司岗位设置调整方案》《公司集体合同》《公司女职工特殊权益专项集体合同》等。

3月24日 上海能源2008年第一次临时股东大会在上海虹杨宾馆召开。会议通过《关于改聘公司2007年度审计机构及审计费用的议案》。

同日 上海能源第三届董事会第十四次会议、监事会第十三次会议在上海虹杨宾馆召开。会议审议并通过《关于继续对江苏大屯铝业有限公司提供委托贷款的议案》等。

3月25日 原属济南铁路局管辖的徐州铁路各站段正式划归上海铁路局管辖。3月27日上海铁路局一行8人到铁路管理处进行考察。

4月17日 中国中煤能源股份有限公司(简称中煤股份)下发文件,同意上海能源与上海铁路局、丰县经济开发区投资发展有限责任公司、沛县国有资产经营有限公司在江苏省徐州市,共同出资设立丰沛铁路股份有限公司。

4月18日 公司召开2007年度群众性经济技术创新工程表彰暨节能减排动员大会。

4月26日 公司在全矿区开展大反思、大讨论,铁腕反"三违"、安全承诺活动。

5月6日 公司召开签订《遵守安全生产规章制度特别约定》会议。

5月9日 上海能源召开2007年度股东大会。

5月27日 公司5 596名党员为汶川大地震缴纳"特殊党费"1 111 056.24元。

6月18日 中煤股份同意上海能源出资设立江苏大屯煤炭贸易有限公司。

6月21日 公司召开组织人事系统干部动员大会,从2008年开始,利用3年时间,在公司组织人事部门开展"讲党性、重品行、做表率"教育实践活动。2008年为"集中活动年",2009年为"深化拓展年",2010年为"巩固提高年"。

6月29日 公司召开纪念建党87周年暨"七一"表彰大会。

9月28日 姚桥煤矿举行姚桥选煤厂工程开工典礼。该选煤厂固定资产投资1.38亿元,建筑面积7 053平方米,建设规模为年处理原煤300万吨。

10月13日 徐庄煤矿第一个百万吨综采放顶煤工作面——7195工作面试采成功。

10月24日 上海能源召开第三届董事会第十九次会议,会议审议并通过了公司第三季度报告、投资建设10万吨/年高精度铝板带项目、参股丰沛铁路项目建设及召开2008年第二次临时股东大会等议案。

10月30日 中煤集团总经理王安,副总经理曹祖民,中煤股份公司副总裁李馥友一行来大屯矿区调研。

11月17日 中煤集团董事长吴耀文一行4人来屯,深入姚桥煤矿、发电厂、铝业公司等单位考察调研,指导工作。

同日 徐州市委书记徐鸣到四方铝业公司就严峻经济形势下企业生产经营情况进行调研。

12月19日 上海能源2008年第二次临时股东大会在上海虹杨宾馆召开。

2009年

1月22日 公司召开2009年工作会议。会议传达贯彻中煤集团工作会议暨职代会精神,简要回顾2008年工作,安排部署

2009 年重点工作,动员公司全体干部职工进一步认清形势,明确任务,狠抓各项重点工作和措施的落实,确保全面完成中煤集团下达的各项工作任务。

1 月 23 日—24 日 中煤集团总经理王安到基层指导工作并慰问一线干群。

3 月 18 日 江苏省委副书记、组织部部长王国生来屯视察大屯铝业生产经营情况。

3 月 25 日 大屯煤电(集团)公司第四届职工代表大会第二次会议、上海大屯能源股份公司第三届职工代表大会第二次会议在公司职工俱乐部召开,大会审议通过了《行政工作报告》《公司员工手册》《公司住房出售办法》等,并对 2008 年厂务公开先进单位进行了表彰。

3 月 27 日 上海能源第三届董事会第十二次会议和第三届监事会第十九次会议在上海虹杨宾馆召开。会议审议并全票通过了《公司 2008 年度总经理报告》《公司 2008 年度董事会报告》《公司 2008 年度报告及摘要》等 19 项议案。

5 月 13 日 中煤集团总会计师彭毅来大屯矿区调研。

6 月 9 日 中煤集团调整公司领导班子,委派李馥友为公司董事长(兼),并担任总经理;免去刘雨忠的董事长、董事职务,另有任用;免去李新宝的董事、总经理职务,另有任用。李馥友兼任公司党委副书记;梁云任公司党委副书记、纪委书记。免去刘雨忠、李新宝副书记职务,另有任用。

6 月 23 日 公司召开中层干部大会,公司董事长、总经理李馥友讲话,党委书记义宝厚对党建工作提出新要求。

7 月 27 日 上海能源第四届董事会第二次会议在上海召开。李馥友、义宝厚、金晨钟、姚惠兴,董事杨世权,独立董事贾成炳、董化礼、刘炯天出席会议。会议由金晨钟主持,审议通过了《关于调整公司第四届董事会部分成员的议案》《关于召开公司

2009 年第一次临时股东大会的议案》。

7 月 28 日 公司第四届董事会第一次会议在公司召开。李馥友主持会议。会议审议并通过了《关于公司董事会换届的议案》《关于选举公司第四届董事会董事长、副董事长的议案》等 5 项议案。

8 月 14 日 上海能源 2009 年度第一次临时股东大会、第四届董事会第二次会议、第四届监事会第二次会议在上海虹杨宾馆召开。2009 年第一次临时股东大会审议通过《关于调整公司第四届董事会部分成员的议案》,选举李馥友、义宝厚为公司第四届董事会非独立董事。第四届董事会第三次会议审议通过《关于选举公司第四届董事会董事长的议案》,选举董事李馥友为公司第四届董事会董事长;审议通过《关于选举公司第四届董事会副董事长的议案》,选举董事义宝厚为公司第四届董事会副董事长;审议通过《关于调整公司第四届董事会战略委员会成员的议案》,李馥友担任主任委员,贾成炳、吴跃武、祁和刚、义宝厚任委员;审议通过《关于聘任公司总经理的议案》,聘任李馥友为公司总经理;审议通过《关于投资设立中煤新疆鸿新煤业有限公司的议案》《关于投资设立中煤新疆松树头煤业有限公司的议案》等。第四届监事会第二次会议审议通过《关于选举公司第四届监事会主席的议案》,选举梁云为公司第四届监事会主席;审议通过《关于投资设立中煤新疆鸿新煤业有限公司监事意见的议案》《关于投资设立中煤新疆松树头煤业有限公司监事意见的议案》等。

8 月 21 日 公司成立劳动模范协会。

8 月 28 日 公司举行第六届技奥会启动仪式。

8 月 30 日 公司在职工俱乐部召开科技创新与节能减排工作会议。

9 月 10 日 上海能源第四届董事会第四次会议、第四届监事会第三次会议在上海

虹杨宾馆顺利召开。第四届董事会第四次会议审议通过了《关于收购徐州四方铝业集团有限公司股权的议案》和《关于成立新疆分公司的议案》，董事长李馥友主持会议，独立董事贾成炳、董化礼、吴跃武，董事纪四平、金晨钟、姚惠兴出席会议；公司部分监事和总经济师、董事会秘书、四方铝业公司主要负责人列席会议。第四届监事会第三次会议审议通过了《关于收购徐州四方铝业集团有限公司股权监事意见的议案》，监事会主席梁云主持会议，监事胡敬东、宣卫东、刘冬冬、任艳杰、王夺穆、高道云出席会议。

9月23日　中共江苏省委副书记、省长罗志军一行到公司调研。

10月31日　波兰采矿工程师和技术人员协会雷布尼克分会一行11人到公司进行友好访问。

11月2日　华东区救护协作网组长单位福建省煤管局救护质量标准化检查团对公司应急救援工作和救护质量标准化工作进行检查验收。

11月13日　公司标准化管理体系通过中国质量协会质保中心监督审核。

11月30日　中煤集团总经理王安、总会计师彭毅一行到公司调研。

本月　姚桥煤矿被中国煤炭加工利用协会授予"2007—2008年度煤炭工业行业级煤质管理标准化矿井"称号。

本月　公司数字电视整体平移工作圆满结束。

12月17日　上海能源高精度铝板带项目协调会在洛阳有色金属设计院召开。

12月18日　上海能源第四届董事会审计委员2009年度第一次会议在南京召开。审议并原则同意普华永道中天会计师事务所对公司2009年年度报告审计计划的安排。独立董事、审计委员会主任委员董化礼主持会议。

2010年

1月1日　公司召开ERP系统上线工作布置会。

1月29日　公司召开2010年工作会议暨职工代表大会。义宝厚传达了中煤集团2010年工作会议暨职工代表大会精神，李馥友代表公司作了《立足新起点 再创新佳绩 迈向新跨越 为实现五年再造一个新大屯宏伟目标而努力奋斗》的工作报告，梁云作了《关于2009年公司领导班子成员廉洁从业规定执行情况的报告》，姚惠兴作了《关于公司厂务公开的工作报告》，许之前作了《关于公司财务情况的报告》，义宝厚最后作了《增强信心 拓宽思路 狠抓落实 为全面完成2010年目标任务而努力奋斗》的总结讲话。李馥友、义宝厚分别与各单位签订了《2010年经营责任书》、《2010年重点建设项目业绩责任书》和《2010年党风廉政建设责任书》。

2月1日　公司召开了新疆苇子沟矿井可行性研究报告审查会议。

2月9日　公司召开工会首届会员代表大会第六次会议暨先进表彰大会。

本月　四方铝业博斯特公司通过美国卡特彼勒公司优秀供应商银牌认证。博斯特公司是徐州唯一一家通过卡特彼勒公司银牌认证的企业。

3月5日　中煤能源新疆鸿新煤业有限公司（简称鸿新煤业）苇子沟矿井可行性研究报告通过中煤集团组织的专家评审。

4月8日—9日　上海能源2×300兆瓦煤矸石综合利用热电联产"上大压小"项目初步可行性研究报告通过审查。

4月22日　上海能源第四届董事会第六次会议在上海虹杨宾馆召开。会议审议通过了上海能源2009年年度报告、董事会报告、独立董事报告、利润分配预案、调整公司第四届董事会部分成员、聘任公司副总经理、2010 年第一季度报告及召开公司 2009 年度股东大会等 23 项议案。

本月　经江苏省人力资源和社会保障厅批准,技工学校被定为省级职业教育实训基地建设项目学校。

5 月 20 日　上海能源 2009 年度股东大会在上海虹杨宾馆召开,李馥友主持会议。会议审议并通过了上海能源 2009 年度董事会报告、监事会报告、独立董事报告、年度报告、利润分配预案以及独立董事津贴、第四届董事会部分成员调整、修改公司章程等 12 项议案。

6 月 5 日　中煤集团全国劳模先进事迹巡回报告会在公司举行。

6 月 29 日　公司召开纪念建党 89 周年暨"七一"表彰大会。李馥友主持会议,义宝厚讲话。会议对公司 2009 年度先进党组织、优秀共产党员和优秀党务工作者,2009 年度文明单位、文明单位标兵,2009 年度宣传思想工作者、先进单位、先进集体和优秀宣传思想工作者进行了表彰。

本月　公司通过国家 AAA 级"重合同守信用"企业复审认定。公司 16 家基层单位参加了江苏省"重合同守信用"企业评审工作,江苏大屯铝业有限公司等 5 家单位通过省 AAA 级"重合同守信用"企业复审认定,拓特机械制造厂等 10 家单位通过省 AA 级"重合同守信用"企业认定。

7 月 18 日　公司在体育场举行庆祝矿区开发建设 40 周年庆典活动。整个活动分为庆祝大会、文艺演出和焰火晚会 3 个部分。中煤集团副总经理洪宇及有关部室负责人,上海能源独立董事,沛县、微山县、鱼台县、丰县有关领导,公司老领导,公司领导班子全体成员出席活动。

本月　公司通过国家发展和改革委员会 2009 年千家企业节能目标考核。公司节能目标完成进度为 154.83%,列入超额完成等级。

8 月 13 日　上海能源召开第四届董事会第七次会议和第四届监事会第六次会议。会议审议通过了《关于公司 2010 年半年度报告的议案》《关于投资建设研发中心项目的议案》《关于公司与中煤平朔煤业有限责任公司签订关联交易协议的议案》等 3 项议案。

9 月 26 日　中煤集团总会计师彭毅一行到公司开展经济运行调研、企业经营管理基础工作督导检查。并带领"小金库"专项治理检查组对公司进行检查。

9 月 29 日　中煤集团对姚桥选煤厂项目进行竣工验收。验收组认为项目已按设计内容全部建成,并通过安全、环保、消防和职业卫生专项设施验收,工程建设档案资料齐全,工程质量认证等级为合格,同意通过竣工验收。

10 月 15 日　公司召开中层干部大会。中煤集团党委书记、副董事长纪喜来出席会议并讲话。会议宣布了任命公司新董事长的决定。

10 月 26 日　公司第四届董事会第八次会议在公司招待所召开。义宝厚主持会议。独立董事贾成炳、董化礼,董事许大雄、许之前、梁云、张毅勤、李占福、姚惠兴以及外部董事杨世权先生出席了本次会议,公司第四届监事会部分成员列席了本次会议。会议审议并通过了《关于公司 2010 年第三季度报告的议案》等 9 项议案,并决定 2010 年 11 月 12 日召开 2010 年度第一次临时股东大会。

10 月 26 日　公司召开了第四届监事会第七次会议。梁云主持会议,对公司 2010 年第三季度报告发表了监事会意见,审议通过了《关于调整公司第四届监事会成员的议案》。

10 月 28 日　公司举行新城嘉苑小区开工暨行政研发中心奠基典礼。

11 月 5 日 公司救护大队通过国家矿山救护队质量标准化特级达标检查验收。

11 月 12 日 上海能源第四届董事会第九次会议在上海虹杨宾馆召开。公司独立董事贾成炳、董化礼,公司董事许之前、姚惠兴出席会议,监事李占福以及公司第四届监事会部分成员列席了本次会议。会议审议并通过了《关于调整公司第四届董事会专门委员会成员的议案》等议案。会议对公司董事会战略委员会、薪酬与考核委员会、审计委员会的成员进行了调整。上述人员的任期与公司第四届董事会任期一致。

同日 公司召开了第四届监事会第八次会议。李占福主持会议,审议并通过了《关于选举公司第四届监事会主席的议案》。会议选举李占福为公司第四届监事会主席,任期与公司第四届监事会任期一致。

11 月 18 日 江苏省委常委、省军区政委李笃信少将一行来屯视察。

12 月 27 日 公司召开"十二五"发展规划修编会议。

2011 年

1 月 23 日—24 日 公司在徐庄煤矿召开 2010 年工作会议暨职工代表大会。中煤集团党委书记纪喜来出席会议。义宝厚主持会议,传达了公司工作会议暨职工代表大会领导讲话精神,并作总结讲话。公司与各单位分别签订了 2011 年度经营责任书、2011 年度党风廉政建设责任书。纪喜来还到公司有关单位走访慰问。

2 月 3 日 公司举行"和谐大屯"民俗活动。

2 月 18 日 公司工会召开首届第七次会员代表大会暨工会系统先进表彰会。

2 月 28 日 新城嘉苑住宅建设项目破土动工仪式在新城嘉苑 3 号地块举行,新城嘉苑住宅项目设计单位、勘察单位、施工单位、监理单位人员参加了活动。

3 月 2 日 义宝厚主持召开公司信访稳定工作会议,李占福、姚惠兴参加会议。

3 月 3 日 公司召开法律事务管理信息系统建设启动会,中煤集团总法律顾问周立涛出席会议并提出要求。

3 月 7 日 中煤集团"警示三月行"宣讲会在徐庄煤矿举行。中煤集团副总经理都基安对"警示三月行"活动作了宣讲,中煤集团总法律顾问周立涛出席会议。

3 月 8 日 姜华主持召开井下紧急避险系统启动会。北京科技大学金龙哲教授及有关专家对国外矿山避难场所建设情况以及公司 4 座煤矿建设井下紧急避险系统方案进行了介绍。实业公司对井下紧急避险系统前期准备工作进行了汇报。

3 月 17 日 中煤集团党委副书记、纪委书记王晞主持召开公司中层干部大会。宣布公司经理层有关人员职务调整的意见,就推荐考核工作对公司提出了具体要求。

同日 新疆鸿新煤业公司苇子沟矿井 300 万吨改扩建项目可行性研究报告通过新疆煤炭工业管理局专家评审。

3 月 22 日 上海能源第四届董事会第十次会议在上海虹杨宾馆召开。会议审议通过 2010 年度总经理工作报告、董事会报告、固定资产投资计划等 18 个议案,并形成了上海能源第四届董事会第十次会议决议。

同日 上海能源第四届监事会第九次会议在上海虹杨宾馆召开。会议审议通过了 2010 年度监事会报告等 7 项议案,并形成了第四届监事会第九次会议决议。

本月 公司生产的主要煤炭产品"大屯牌精煤"被江苏省名牌战略推进委员会评为"江苏省名牌产品"称号。

4 月 1 日 中煤集团董事长吴耀文、副总经理都基安在徐庄煤矿为公司中层以上负责人作专题报告。

4 月 7 日 《中国国防报》头版头条发

表了以《兴武强企一肩挑——大屯公司加强民兵队伍建设纪实》为题的长篇通讯,报道了公司加强武装部和民兵队伍规范化建设的经验。

4月8日 公司召开2011年煤质选煤工作会议,总结分析了公司2010年煤质选煤工作,部署了2011年煤质选煤工作,表彰了公司2010年度煤质选煤管理先进单位和个人。

4月12日 发电厂8号、9号机组通过徐州市经济和信息化委员会、徐州市电力公司、沛县发展改革与经济贸易委员会组成的专家审查组热电联产初审。

4月24日 江苏省委常委、省委组织部部长石泰峰一行到铝板带厂考察。

4月25日 公司2009—2010年度先模表彰大会在俱乐部召开。

4月27日 上海能源2010年度股东大会、第四届董事会第十二次会议、第四届监事会第十次会议在上海虹杨宾馆召开。会议审议通过了公司2010年度董事会报告、监事会报告、年度报告等10项议案。公司董事长主持第四届董事会第十二次会议。会议审议并通过了公司2011年第一季度报告、修订公司章程等3项议案。公司监事会主席李占福主持上海能源第四届监事会第十次会议。会议审议并通过了公司2011年第一季度报告审核意见的议案。

5月6日 公司举行共青团纪念五四运动92周年暨先进颁奖典礼。

5月7日 公司"质量年"活动动员大会在铝业公司召开。中煤集团副总经理洪宇出席会议并作了题为《抓住机遇,强势推进,确保"质量年"活动取得实效》的讲话。

本月 工程咨询公司地质勘查资质通过了国土资源部部级审查核准程序,地质勘查资质由乙级顺利晋升甲级。

5月12日 姚桥煤矿西翼压煤村庄(杨屯镇区)搬迁工作正式启动。

5月27日 国家煤矿安全监察局行业管理司和煤炭行业煤矿安全标准化技术委员会在北京组织召开会议,公司主编的《煤矿主要普工安全技能考核标准》通过审查。

6月8日 公司召开"十二五"规划座谈会,听取煤炭工业规划设计研究院关于公司"十二五"规划主要内容的汇报。

6月17日 中煤集团煤矿井下紧急避险系统永久避难硐室建设现场会在公司徐庄煤矿召开。国家煤矿安全监察局科技装备司副司长郑行周、中煤集团副总经理洪宇作重要讲话。国家安标中心副主任杨大明就煤矿井下紧急避险系统永久避难硐室建设提出指导性意见。北京科技大学金龙哲教授针对煤矿井下固定避险硐室作了专题讲座。与会人员还深入徐庄煤矿井下现场参观了中煤集团首个永久避难硐室。

6月20日 公司举办庆祝中国共产党成立90周年领导干部专题知识讲座。华东师范大学政治学系教授萧延中作了题为《毛泽东与中国共产党》的专题讲座。

本月 实业公司工程质量技术检测业务获得新疆煤炭工业工程质量监督中心站批准。

6月29日 公司在俱乐部召开纪念建党90周年暨"七一"表彰大会。义宝厚作了题为《追寻党的足迹,积聚前进动力,为公司转型发展、跨越发展、和谐发展提供坚强保证》的讲话,李占福宣读了表彰决定。

7月21日 吴继忠陪同印度辛格南尼煤炭公司高产高效考察团到徐庄煤矿参观考察。

7月28日 义宝厚、梁云出席中心医院体检中心正式启用仪式。

8月16日 上海能源在南京召开第四届董事会第十三次会议。会议审议通过了上海能源2011年半年度报告、"十二五"发展规划、重组山西阳泉盂县玉泉煤业有限公司及山西鑫磊电石集团有限公司、中煤能源

新疆天山煤电有限责任公司增加注册资本金、中煤能源新疆天山煤电有限责任公司提供委托贷款、董事会秘书工作制度等6项议案。上海能源副董事长义宝厚,独立董事贾成炳、董化礼,董事许大雄、姜华、许之前、杨世权出席会议;上海能源监事会主席李占福,部分监事,董事会秘书,董事会秘书处处长列席会议。

同日　上海能源在南京召开第四届监事会第十一次会议,上海能源监事会主席李占福主持会议。会议审议通过了上海能源2011年半年度报告审核意见、2011年上半年董事高级管理人员执行公司职务意见、重组山西阳泉盂县玉泉煤业有限公司及山西鑫磊电石集团有限公司监事意见、中煤能源新疆天山煤电有限责任公司增加注册资本金监事意见等议案。上海能源部分监事出席会议,董事会秘书列席会议。

8月18日—19日　中国共产党大屯煤电(集团)有限责任公司第二次代表大会在俱乐部召开。大会回顾总结公司第一次党代会以来的主要工作和基本经验,分析面临的形势和任务,部署今后一个时期公司党建工作,选举产生中国共产党大屯煤电(集团)有限责任公司第二届委员会和中国共产党大屯煤电(集团)有限责任公司纪律检查委员会,以及公司出席徐州市第十一次党代会的代表。

本月　上海能源获得"央视财经50·十佳责任公司"称号。

本月　义宝厚荣获第十届石圪节精神奖(全国煤炭系统优秀思想政治工作者)。

9月2日　中煤集团总经理王安,副总经理曹祖民,总经理助理、安全监察局局长刘雨忠一行来公司检查指导工作。

9月9日　公司有关领导在山西省太原市参加第六届中国中部投资贸易博览会阳泉市招商引资项目签约仪式。公司与山西省阳泉市盂县人民政府签订了战略合作

框架协议。签约仪式由阳泉市市长李栋梁主持,山西省委副书记、省长王君,省委常委、常务副省长李小鹏,省委常委、副省长高建民出席签约仪式。

9月29日　徐州市人力资源和社会保障局组织专家组,对技工学校进行检查评估,授予"优秀"等级称号。

10月1日　公司将原与技术中心合署办公的检测中心业务、人员整体划入实业公司。

10月19日　义宝厚、姚惠兴出席公司2011年职工技术比武实际操作比赛(龙东赛区)开幕式。中煤集团工会副主席乔云海应邀出席开幕式。来自4个煤矿、32名参赛选手参加了岩巷打眼工、井下电钳工2个工种的角逐。

10月21日　上海能源第四届董事会第十四次会议、第四届监事会第十二次会议在公司招待所召开。董事会审议通过了公司2011年第三季度报告、为中煤能源新疆鸿新煤业公司提供委托贷款、提名宋密为公司第四届董事会独立董事候选人、调整公司部分管理机构、召开公司2011年第一次临时股东大会等5项议案。独立董事董化礼、吴跃武,董事许大雄、姜华、许之前、姚惠兴出席会议;独立董事候选人宋密、监事会主席李占福、安监局局长丁仁刚、公司部分监事、董事会秘书列席会议。监事会主席李占福主持监事会,审议通过了公司2011年第三季度报告审核意见的议案。公司部分监事出席会议,董事会秘书列席会议。

同日　许之前陪同上海能源独立董事候选人宋密、独立董事董化礼、吴跃武到铝业公司、铝板带厂和行政研发中心、新城嘉苑小区建设工地考察。

本月　铝业公司荣获"中国铝业杯"第五届全国有色金属行业职业技能竞赛团体优秀奖。

11月18日　上海能源2011年第一次

临时股东大会在上海虹杨宾馆召开。会议审议通过了关于选举宋密为公司第四届董事会独立董事、修订公司章程两项议案。董事长主持会议，副董事长义宝厚，独立董事贾成炳、董化礼，董事姜华、许之前、姚惠兴，监事会主席李占福，部分股东代表，公司部分监事，董事会秘书和有关部门负责人出席会议。

11月21日 公司第二次团代会在徐庄煤矿召开，会议总结了2002年以来公司共青团的工作，对未来5年共青团工作的总体思路和主要任务进行安排部署，选举产生了共青团公司第二届委员会。徐州市团委书记张克，义宝厚出席会议并讲话，李占福、姚惠兴出席会议。

本月 全国首例吊轨人行车落户姚桥煤矿。

11月26日—27日 公司职业技能鉴定站通过国家职业技能示范鉴定站质量管理体系认证。

11月28日 上海能源工会、公司工会第二次会员代表大会在俱乐部召开。会议回顾了公司工会过去6年的主要工作和基本经验，分析面临的形势和任务，安排部署未来5年工会工作目标和措施，审议通过了《工会工作报告》《财务工作报告》《经费审查工作报告》，表彰了工会先进集体和个人，选举产生了新一届工会委员会。

12月21日 张毅勤在上海参加2012年路企战略合作座谈会暨签字仪式。

12月22日—23日 中煤集团党委书记李延江一行到公司检查指导工作。

12月27日 公司与盂县人民政府签署《中煤集团上海能源与山西省阳泉市盂县人民政府合作框架协议》。

12月28日—29日 张毅勤在上海出席公司2012年度煤炭供需衔接会。

12月30日 公司选煤中心揭牌仪式在大屯选煤厂举行。

本月 上海能源及其江苏分公司变更经营范围，增加了"铝及铝合金的压延加工生产、销售"并取得了增加经营范围的法人营业执照。

2012 年

1月1日 公司举行"健康快乐，你我同行"庆元旦长跑健身活动。

1月12日—13日 公司在俱乐部召开2012年工作会议暨职工代表大会。

1月17日 中煤集团副总经理、总会计师彭毅到公司进行春节走访慰问。

本月 中煤集团下达了《关于同意筹建中煤职业技术培训基地的批复》，批准公司筹建"中煤职业技术培训学院（江苏）"。

本月 孔庄煤矿永久避难硐室通过公司达标验收。

2月3日 公司10万吨高精度铝板带项目通过中煤集团竣工验收。

2月14日 公司组织召开党管安全座谈会。义宝厚主持会议并作重要讲话，李占福、姚惠兴出席会议。

2月16日 公司举行姚桥选煤厂整合划转交接仪式。整合划转交接仪式在姚桥煤矿举行，姜华出席仪式并讲话，张毅勤主持仪式。

2月24日 公司召开工会群众安全工作会。义宝厚出席会议并讲话，姜华宣读了《关于表彰2011年度群众安全工作先进集体、先进个人的决定》，姚惠兴作了2011年工会群众安全工作报告。会议对"安康杯"竞赛优胜单位、劳动保护先进个人、安全协管好矿嫂、优秀协管员、十佳安全班长、十佳群监小组、十佳安全信息化管理小组、先进群监员等进行了表彰。

3月5日 公司举行孔庄选煤厂整合划转交接仪式。姜华出席仪式并讲话，张毅勤主持仪式。

3月9日—13日　中央电视台《夕阳红》栏目组来公司拍摄老年工作专题片。栏目组以离退休管理中心开办的老年小餐桌、"金手杖"助老服务、离退休党员"小红帽"小区巡视、离退休党员与子女安全联保、老年大学、老年文体活动等为亮点进行了拍摄工作。

3月13日　公司召开党员安全联保工作会议。李占福对2011年党员安全联保工作进行总结，对2012年党员安全联保工作提出要求。丁仁刚宣读了《关于表彰党员安全联保先进集体和个人的决定》。

3月15日　公司组织开展领导干部及管理人员安全知识大普及专题讲座。

3月16日　公司举行龙东选煤厂整合划转交接仪式。姜华出席仪式并讲话，许之前主持仪式。

3月27日　上海能源第四届董事会第十六次会议、第四届监事会第十三次会议在上海虹杨宾馆召开。董事会会议审议通过了公司2011年度总经理工作报告、董事会报告、独立董事报告、年度报告及摘要、内部控制自我评价报告、履行社会责任报告、财务决算、利润分配预案，2012年度财务预算、生产经营计划、固定资产投资计划、内部控制规范实施工作方案，2011年日常关联交易执行情况及2012年日常关联交易安排、续聘公司2012年度审计机构及审计费用、公司年报信息披露重大差错责任追究制度、召开公司2011年度股东大会等16项议案。

监事会会议审议通过了公司2011年度监事会报告、年度报告及摘要审核意见、利润分配预案监事意见、财务报告监事意见、董事高级管理人员执行公司职务意见、公司日常关联交易情况监事意见等6项议案。

本月　公司获得2012年国家环保部第一批除尘脱硫甲级环境污染治理设施运营资质。

本月　新疆煤炭工业协会在乌鲁木齐组织召开中煤能源新疆鸿新煤业有限公司苇子沟煤矿改扩建初步设计、安全专篇、选煤厂设计评审会，评审结果为同意通过。

本月　公司"煤炭企业'六位一体'材料成本管理体系建设"项目荣获全国企业管理现代化创新成果奖二等奖，这是中煤集团唯一的获奖项目。

4月8日　中煤职业技术学院揭牌仪式在公司俱乐部举行。中煤集团副总经理都基安作重要讲话并为中煤职业技术学院揭牌。义宝厚主持揭牌仪式。许大雄和尹新平、姜华和尹增德、张毅勤和黄和平分别为中国矿业大学、山东科技大学、中南大学与中煤集团联合培训的3处基地揭牌。

4月27日　上海能源召开2011年度股东大会、第五届董事会第一次会议、第五届监事会第一次会议。股东大会审议通过了公司2011年度董事会报告、2011年度监事会报告、2011年度独立董事报告、2011年年度报告、2011年度财务决算报告、2011年度利润分配预案、2012年度财务预算报告、2011年日常关联交易执行情况、2012年日常关联交易安排、续聘公司2012年度审计机构及审计费用、公司董事会换届选举、修订公司章程、修改公司监事会工作（议事）规则、监事会换届选举等13项议案。

董事会会议审议通过了选举公司第五届董事会董事长、副董事长，公司第五届董事会专门委员会成员，聘任公司总经理、公司副总经理、总会计师、安监局局长、董事会秘书，审议通过了公司2012年第一季度报告等7项议案。

本月　公司"一纵五横"循环经济模式入选国家工信部首批工业循环经济重大示范工程。"一纵五横"循环经济示范工程是"煤、电、铝、运"一体化发展的循环经济产业链。"一纵"是以"煤、电、铝"为主产业链；"五横"包括"煤矸石、煤泥—发电""掘进矸—充填复垦""粉煤灰—防灭火材料""灰、渣—建材""矿井水、生活污水—中水回用"五条横向耦合共生链条。

5月30日 中煤集团副总经理、总会计师彭毅一行到公司调研指导管理提升活动开展情况。

6月9日 上海学校思想政治教育教师社会实践公司基地揭牌仪式在俱乐部举行。

6月14日 中煤集团党委书记李延江到新疆鸿新煤业公司和天山煤电公司检查指导工作。

6月30日 公司庆祝中国共产党成立91周年暨"七一"表彰大会在俱乐部召开。

7月13日 公司与山西石楼煜隆煤气化公司签署《山西石楼煜隆煤气化有限公司股权转让暨增资扩股协议》。

本月 实业公司顺利通过江苏煤监局煤矿四级安全培训机构资质认证。

8月21日 上海能源在山东枣庄召开第五届董事会第二次会议、第五届监事会第二次会议。

董事会会议审议通过了公司2012年半年度报告、整合重组山西石楼煜隆煤气化有限公司等2项议案;通报了公司1至7月安全情况、"4·10"事故处理情况以及下一步安全工作措施等。

监事会会议审议通过了公司2012年半年度报告审核意见、2012年上半年董事和高级管理人员执行公司职务意见、公司整合重组山西石楼煜隆煤气化有限公司监事意见3项议案。

9月7日 上海能源与山西石楼煜隆煤气化有限公司签署项目合作协议。

本月 公司培训中心被国家安全生产监督管理总局确定为中央企业应急救援培训演练基地。

10月23日—24日 波兰采矿工程师和技术人员协会雷布尼克分会帕拉尔茨克·安

哲依一行到公司访问。

12月11日 中煤集团副总经理都基安一行到公司开展2012年度党建工作检查。

12月12日 培训中心被国家安全生产监督管理总局、国家煤矿安全监察局命名为"煤矿安全培训示范基地"。

12月25日 上海能源第五届董事会审计委员会2012年度第二次会议在南京召开。会议听取了普华永道中天会计师事务所关于上海能源2012年度审计计划安排的汇报,监察审计部关于公司2012年度审计工作、内部控制规范实施和风险管理情况的汇报,并给予充分肯定,要求各相关人员要独立、勤勉、公允地做好审计工作,关注经济萧条时期财务报表的真实性、企业购并过程中财务及税务制度的规范、内部控制的规范等。

2013 年

1月22日 公司2013年工作会议暨职工代表大会在徐庄煤矿召开。会议表决通过了《中心区调出住房和剩余期房出售办法》等,公司与各单位分别签订了2013年度经营责任书、2013年度党风廉政建设责任书。

同日 公司2013年党建工作会议在徐庄煤矿召开。

2月19日 公司"一通三防"工作会议在龙东煤矿召开。

2月26日 义宝厚主持召开公司稳定工作会议。

2月28日 中煤集团副总经理洪宇出席公司干部大会。中煤集团任命义宝厚为公司董事长。

3月11日 公司召开2013年董事会第一次临时会议,审议通过了关于义宝厚担任公司董事长、修订公司章程两项议案。

3月12日 公司召开干部大会,中煤集团建议姜华为上海能源总经理人选,任命姜华担任公司党委副书记。

3月15日 上海能源第五届董事会第四次会议、第五届监事会第四次会议在公司招待所召开。

董事会会议由义宝厚主持。选举义宝厚为公司第五届董事会董事长,聘任姜华为公司总经理,调整公司第五届董事会战略委员会。审议通过了公司2012年度总经理工作报告、2012年度董事会报告、2012年度报告及摘要、召开公司2012年度股东大会等19项议案。独立董事贾成炳、董化礼、宋密;董事姜华、许大雄、许之前、姚惠兴、杨世权出席会议。公司监事会主席李占福,张毅勤、丁仁刚及部分监事、高管人员,董事会秘书处主要负责人及有关人员列席会议。

监事会会议由李占福主持,审议通过了关于公司2012年度监事会报告、2012年度报告及摘要审核意见、2012年度利润分配预案监事意见等6项议案。

3月26日 公司召开ERP系统二期工程大屯项目验收会,同意通过验收。

3月28日 公司采掘专业会议在孔庄煤矿召开,姜华出席会议并作重要讲话。会议通报了公司2012年度采掘作业规程、生产科室、工作面设计评比情况,对2012年度公司12个安全高效采掘队进行了表彰。

本月 公司荣获全国2010—2011年度"守合同重信用企业"称号。

本月 救护大队荣获"2012年度国家特级质量标准化矿山救护大队"称号。

4月2日 公司在实业公司召开机电运输专业会议。会议对公司2012年度机电运输工作进行了总结,对2013年重点工作进行了部署。

4月6日—8日 中煤集团党委书记李延江到公司调研。

4月8日 公司召开中煤集团ERP人力资源管理系统薪酬模块用户培训及公司试运行启动会。

4月25日 中煤集团"管理诊断下基层"生产组织管理(大屯公司)启动会在龙东煤矿召开。

4月26日 上海能源2012年度股东大会、第五届董事会第六次会议、第五届监事会第五次会议在上海召开。股东大会由义宝厚董事长主持,独立董事贾成炳、董化礼,独立董事候选人金太,董事杨世权、许大雄、许之前、姚惠兴,公司监事会主席李占福,煤科总院股东代表张永刚,公司监事宣卫东、王夺穆、曾现周,董事会秘书戚后勤,公司副总会计师、财务部部长任艳杰,董事会秘书处处长段建军,上海联合律师事务所律师曹志龙、黄妍参加会议。大会审议通过了公司2012年度董事会报告、2012年度监事会报告、2012年度独立董事报告、2012年度报告、2012年度财务决算报告、2012年度利润分配预案、2013年度财务预算报告、2012年日常关联交易执行情况及2013年日常关联交易安排、续聘公司2013年度审计机构及审计费用、选举金太为公司第五届董事会独立董事等10项议案。

第五届董事会第六次会议由董事长义宝厚主持,独立董事贾成炳、董化礼、金太,董事杨世权、许大雄、许之前、姚惠兴参加会议;公司监事会主席李占福,监事宣卫东、王夺穆、曾现周,董事会秘书戚后勤,公司副总会计师、财务部部长任艳杰,董事会秘书处处长段建军列席会议。会议审议通过了公司2013年第一季度报告的议案。

第五届监事会第五次会议由公司监事会主席李占福主持,公司监事宣卫东、王夺穆、曾现周出席会议;董事会秘书戚后勤,公司副总会计师、财务部部长任艳杰,证券事务代表黄耀盟列席会议。会议审议通过了公司2013年第一季度报告审核意见的议案。

4 月 28 日　公司召开"五四"表彰大会。义宝厚、李占福出席大会,为获得"五四"红旗团委、"五四"红旗团支部荣誉称号的先进集体颁奖。会议总结了 2012 年团委工作亮点,安排了 2013 年重点工作,还表彰了公司优秀共青团员、优秀团干部。

本月　徐庄煤矿被授予 2013 年"全国五一劳动奖状"。

5 月 7 日—8 日　公司在南京召开了上海能源 2×350 兆瓦热电联产"上大压小"可行性研究报告审查会。

7 月 1 日　公司在职工俱乐部召开开展中央八项规定落实情况监督检查工作动员会。义宝厚作了动员讲话,姜华主持会议并提出要求,李占福宣读《公司关于开展中央八项规定贯彻落实情况监督检查的通知》。

本月　拓特机械制造厂新研发的平板车、回柱绞车、双速多用绞车获得国家煤安标志证书。

8 月 20 日　上海能源召开第五届董事会第七次会议、第五届监事会第六次会议。会议以通讯表决的方式进行,董事会会议审议通过了公司 2013 年半年度报告和关于为参股子公司丰沛铁路股份有限公司提供担保两项议案;监事会会议审议通过了公司 2013 年半年度报告审核意见等议案。

8 月 27 日　中煤集团副总经理都基安来屯宣布干部任职,任命薛柏会、马文智为公司副总经理。

本月　新疆鸿新煤业公司取得苇子沟矿改扩建项目工业广场项目选址意见书和技术审查意见书。

10 月 14 日　公司召开 2013 年第二次临时董事会。会议由董事长义宝厚主持,会议审议通过了关于修订公司章程和董事会成员两项议案。

10 月 15 日　中煤集团副总经理、总会计师彭毅到公司调研全面预算编制工作。

本月　上海能源召开第五届董事会第八次会议、第五届监事会第七次会议。董事会会议审议通过了《关于公司 2013 年第三季度报告的议案》《关于聘任公司副总经理的议案》等议案,监事会会议审议通过了《关于公司 2013 年第三季度报告审核意见的议案》。

10 月 29 日　公司企业文化建设推进会在会议中心召开。会议发布企业文化建设成果,就深入推进企业文化建设工作进行动员和部署。

本月　公司行政中心研发大楼正式启用。

11 月 26 日　公司召开大屯矿区 1:2 000比例尺数字地形图(航测)工程项目验收会。

11 月 28 日　新城嘉苑小区 A、E 区期房开始预售。

12 月 10 日　召开上海能源第五届董事会审计委员会 2013 年度第二次会议。

12 月 26 日　苇子煤矿初步设计专业审查会在北京召开。

12 月 27 日—29 日　国家安全生产监督管理总局大型纪录片《安全发展之路》摄制组王育华一行来屯摄制采访,重点推广公司党管安全经验。

本月　上海能源荣获"2013 年度煤炭行业工程造价管理优秀单位"荣誉称号,建设管理部王以磊被评为 2013 年度煤炭行业工程造价管理优秀造价员。

本月　四方铝业公司博斯特公司研发的 374、390 系列钢结构样件通过美国卡特彼勒公司验收。

本月　国家发展和改革委员会对公司 2×350 兆瓦"上大压小"热电项目节能环保报告进行批复。原则同意公司 2×350 兆瓦"上大压小"热电项目节能环保报告,并从优化用能工艺、选用高效节能设备、加强节能管理 3 个方面提出了改进意见。

2014 年

1月9日　公司物资贸易部荣获中国煤炭工业协会物资流通分会 2013 年度"煤炭物资供应物流贸易先进管理模式"荣誉称号。

1月20日　公司 2014 年职工代表大会暨工作会议在商务中心召开。会议审议了《行政工作报告》《关于职工教育培训情况的报告》等 13 个报告;对公司领导班子成员进行了民主测评;对"十佳查隐患能手"和"精细化管理采掘区队"进行了表彰;公司领导与各单位签订了经营业绩、党风廉政建设、安全生产、信访稳定以及社会管理综合治理责任书。

1月21日　中煤集团党委书记李延江来屯进行春节慰问,在公司领导班子的陪同下参观了公司发展史陈列馆,慰问了公司困难职工,并到龙东煤矿进行了调研。

本月　龙东煤矿原煤产量 14.5 万吨,再创历史新高。

2月19日　救护大队被国家安全生产应急救援指挥中心评为"2013 年度国家特级质量标准化矿山救护大队"。

2月28日　2×350 兆瓦"上大压小"热电项目可行性研究报告通过中国国际工程咨询公司评审。

3月10日　拓特机械制造厂自主研制的顺槽刮板式转载机顺利通过国家安全生产矿用设备太原检测中心现场检测。

3月11日　公司召开党的群众路线教育实践活动动员会,中煤集团第五督导组组长杨列克出席会议并讲话,义宝厚作公司党的群众路线教育实践活动动员报告,姜华主持会议。

3月12日　公司官方微信公众号"大屯之声"(datunvoices)上线运行。

3月26日　义宝厚、姜华、吴继忠与中煤炭地质总局胡善亭、孙升林,江苏省煤炭地质局邱增果、潘树仁一行举行座谈,就大屯矿区周边资源探矿权转让,探、采一体化发展,新能源开采合作及煤炭企业下一步如何改革突围等事宜进行了交流。

3月25日　公司领导到河北省邯郸市、内蒙古鄂尔多斯市,山西省吕梁市、河津市、阳泉市盂县、晋中市和顺县考察调研。

3月28日　选煤中心孔庄选煤厂升级改造工程完成联合试运行。

3月30日　公司煤炭化验中心顺利通过国家实验室认可现场评审。

本月　上海市教育委员会同意公司职工子女初中毕业生报考中高职贯通培养模式招生专业。

4月3日　上海能源门克庆项目部成立。

4月8日　中煤集团党委书记李延江一行到山西玉泉煤业公司调研。

4月11日　中煤集团总经理王安一行来屯调研,在义宝厚、姜华、吴继忠、王树斌的陪同下先后到孔庄煤矿、铝板带厂调研。

4月14日　2×350 兆瓦项目取得了《国家能源局关于同意江苏中煤大屯热电"上大压小"新建项目开展前期工作的复函》,项目正式落地。

4月25日　上海能源 2013 年度股东大会、第五届董事会第十次会议、第五届监事会第九次会议在上海虹杨宾馆召开。

同日　公司领导在上海会见了上海铁路局党委书记黄殿辉一行。

4月25日—26日　中国煤炭建设协会在珠海召开煤炭行业工程造价工作会议,上海能源荣获"2013 年度煤炭行业优秀工程造价管理企业"荣誉称号。

4月29日　公司召开"中国梦 劳动美"劳模座谈会。

本月　新疆天山煤电公司 106 煤矿井下安全避险"六大系统"设计方案、120 万吨改扩建初步设计安全专篇通过专家评审。

本月 拓特机械制造厂通过国家安标中心年度产品安标监督评审。

本月 中煤职业技术学院职业技能鉴定站被中煤集团评为 A 级鉴定机构。

5 月 4 日 公司团委召开"奋斗的青春最美丽"成长分享会。

5 月 26 日 建安公司承建的鄂尔多斯铁路沙母巴站工程开工建设。

本月 徐庄煤矿荣获第三届"中国煤炭工业科技创新示范矿"荣誉称号。

6 月 5 日 公司发电厂职工参加 2014 北京"嘉克杯"国际焊接技能大赛获得了优秀团体奖，并通过了德国 GSA 国际焊工证考试，获得了"优秀选手"称号。

6 月 26 日 2×350 兆瓦"上大压小"热电项目环境影响报告书获环保部同意批复。

6 月 30 日 2×350 兆瓦"上大压小"热电项目建设用地通过国土资源部预审。

本月 公司党委宣传部、企业文化部部长张进，被国务院国有资产监督管理委员会党委授予"中央企业优秀党务工作者"称号，作为先进代表在国务院国资委党委表彰会上发言，并接受"中经网""七一"特别节目专访。

7 月 10 日 国家环保检查组到姚桥煤矿进行环境保护和废水治理工作专项检查。

7 月 31 日 上海市总工会秘书长张立群一行来屯进行高温慰问。

本月 公司两项研究成果"公司企业文化体系建设研究与实践""落实党管安全责任体系化建设实践与研究"获得 2013 年中国思想政治工作课题研究成果三等奖。

8 月 7 日 选煤中心创下单日入选原煤 31 864 吨，生产精煤 23 251 吨的历史最好产量纪录，实现了原煤入选、精煤生产双突破，日产再创新高。

8 月 12 日 公司承担的国家煤矿安全科技"四个一批"项目"矿井综合防尘系统技术工艺及其装备示范"和公司重点科技项目"大屯矿区辅助运输单轨吊技术研究及应用"，通过国家煤矿安全科技"四个一批"项目等成果验收专家组验收。

8 月 14 日 玉泉煤矿通过山西省阳泉市安全生产监督管理局组织的联合验收组复工复产验收。

8 月 15 日 上海能源召开第五届董事会第十二次会议，审议通过了《关于公司 2014 年半年度报告的议案》等 9 项议案。上海能源召开第五届监事会第十次会议，审议通过了《关于公司 2014 年半年度报告审核意见的议案》等 3 项议案。

8 月 21 日 中煤集团投资项目经济评估中心调研组来公司调研 2×350 兆瓦"上大压小"热电项目拟关停机组情况。

8 月 26 日—27 日 江苏省企业培育和弘扬社会主义核心价值观现场交流会在公司召开。江苏省委宣传部副部长、省思想政治工作研究会常务副会长焦建俊出席会议并作了题为《当代中国核心价值观：兴国圆梦之魂》报告。义宝厚致欢迎辞，并作了题为《化育精神世界，引领企业发展》的主题发言。

本月 拓特机械制造厂自制产品 GDS1/6/1/2 型立井多绳单层罐笼、JDS9/135×4 型立井多绳提煤 9 吨箕斗通过国家安全生产抚顺矿用设备检测检验中心检测。

本月 四方铝业博斯特公司顺利通过美国卡特彼勒公司 APQP（新产品过程控制）体系审核，并获中国 8 家企业 APQP 体系审核最高分。

本月 选煤中心创下 8 月份累计实现原煤入选 74.7 万吨、生产精煤 52.4 万吨，月平均精煤产率达 70.15% 的历史最好产量纪录，生产指标再创新高。

9 月 5 日 上海能源 2014 年第一次临时股东大会在上海虹杨宾馆召开。审议通过了关于投资建设 2×350 兆瓦"上大压小"

热电联产机组等 5 项议案。

9 月 10 日　公司召开优化组织机构助推企业转型发展动员大会。

10 月 9 日　公司召开党的群众路线教育实践活动总结大会。中煤集团领导杨列克出席会议并讲话。

10 月 10 日　中煤集团副总经理、总会计师彭毅到公司孔庄煤矿、铝板带厂进行调研,并在行政研发中心听取了公司经营工作汇报。

10 月 16 日　工程咨询公司通过房屋建筑工程监理甲级核准。

10 月 24 日—25 日　中煤集团党委书记、总经理李延江到公司姚桥煤矿、徐庄煤矿、铝板带厂调研,深入到各单位主要生产场所进行了查看,并听取了公司工作汇报。

本月　中国煤炭工业协会职业技能鉴定指导中心顾问杨松梅到徐庄煤矿、中煤职业技术学院调研技能大师工作室评选工作。

11 月 4 日　公司微山湖假日酒店委托经营管理签约。义宝厚代表公司与上海煤炭大厦公司董事长陈志京共同签署了《微山湖假日酒店委托经营管理协议》。

11 月 26 日—27 日　选煤中心系统升级改造项目通过中煤集团竣工预验收。

12 月 10 日　上海能源被中信泰富特钢集团授予 2014 年度四家“五星供应商”之一。

12 月 12 日　国家煤矿安全监察局副局长杨富一行到龙东煤矿调研。

同日　华东环境保护督查中心处长徐亦钢一行来屯进行孔庄煤矿改扩建工程竣工环境保护验收。

同日　公司被评为第六届全国煤炭经济研究优秀论文组织单位,游庆来、李世勇、丁佐云等撰写的 16 篇论文分别获得一、二、三等奖。

同日　由公司建安公司鄂尔多斯分公司负责承建的鄂尔多斯呼吉尔特矿区铁路专用线建筑工程全面启动,工程造价 7 800 万元。

同日　公司举办“同心谋发展 共筑大屯梦”演讲比赛。

12 月 18 日　公司在厦门召开 2015 年度煤炭供需衔接会,义宝厚等参加并与各主要客户逐家进行了交流。

12 月 19 日　公司通过中国质量协会质量保证中心标准化体系审核专家组复评审核。

12 月 24 日　徐州市总工会党组书记、常务副主席刘玥到公司铁路管理处颁发江苏省“五一劳动奖状”。

12 月 26 日　江苏省煤炭工业协会第二届理事会第四次会议在公司召开。中国煤炭工业协会副会长姜智敏出席会议并作重要讲话,江苏省安全生产监督管理局(江苏煤矿安全监察局)局长王向明主持会议。公司领导义宝厚、姜华、许之前、张毅勤、唐召信参加接待,义宝厚致辞,并陪同参观公司陈列馆。

同日　姜华、张毅勤在上海参加上海铁路局 2015 年路企战略合作座谈会。会上张毅勤代表公司与上海铁路局签署了《铁路货运大客户年度互保框架协议》。

12 月 28 日　公司举办“同心谋发展 共筑大屯梦”迎新春健身长跑活动。

本月　姚桥煤矿荣获“一级安全质量标准化矿井”称号。

本月　国家发展和改革委员会对公司 2×350 兆瓦“上大压小”热电项目节能环保报告作批复,原则同意该报告。

2015 年

1 月 1 日　公司 2×350 兆瓦“上大压小”热电项目设计院招标结果在中煤集团定标会议上通过。

1 月 4 日　江苏煤矿安全生产培训考

试中心大屯考点完成首次考试任务。此次考试是来自矿区的 30 名叉车司机培训班结业考试,为今后考点全面承担丰沛十矿特种作业人员、部分管理人员及各类安全培训考试任务奠定了基础。

1 月 13 日　公司 2015 年工作会议暨职工代表大会在商务中心召开。

1 月 16 日　中煤集团董事长王安一行来屯,先后到中煤职业技术学院、孔庄煤矿、发电厂 2×350 兆瓦"上大压小"热电项目选址现场进行了查看,听取了 3 家单位在经营、管理等方面工作情况的汇报,并听取了公司工作汇报。

同日　美国 GE 公司到公司孔庄煤矿、姚桥煤矿调研。

1 月 28 日　公司召开 2015 年"一通三防"工作会议,吴继忠出席会议。

同日　江苏省发展和改革委员会正式批复,同意公司建设 2×350 兆瓦"上大压小"热电项目。至此项目取得了前期所有支持性文件,转入建设阶段。

1 月 29 日　公司整合铝业板块成立苏铝公司。

1 月 30 日　公司及其分支机构已全部更换新版营业执照。

2 月 4 日　公司召开新城嘉苑小区土地增值税和徐州、连云港房产处置专业会议。

2 月 6 日　公司召开办公用房整改专业会。

2 月 26 日　义宝厚、姜华、吴继忠、马文智、唐召信到徐庄煤矿祝贺实现安全生产 12 周年。

同日　新疆呼图壁县人民政府对苇子沟煤矿 300 万吨/年改扩建项目社会稳定评估报告出具了评估函,同意项目实施。

同日　经江苏省质量技术监督局核准,工程咨询公司获得乙级设备监理单位资质,新增电力工业、环保工程、铁路与城市轨道交通工程、热力与燃气工程等 4 项监理专业范围。

本月　公司开展"迎难而上,稳中有为"大讨论活动。

3 月 3 日　中煤集团副总经理都基安主持公司中层干部大会,宣布关于牛旭亭担任公司党委副书记、纪委书记、监事会主席职务的决定,与会人员就中煤集团重要二级企业后备干部人选进行了推荐。

3 月 6 日　公司召开工会第二届会员代表大会第四次会议暨"三八"表彰会。

同日　ZY6000/17.5/38 型两柱新型较大采高综采液压支架及其配套装备在孔庄煤矿得到成功应用。

3 月 11 日　龙东煤矿 7163 大倾角工作面试生产成功。

3 月 15 日　发电厂 4、5 号机组通过资源综合利用认定,可享受国家和江苏省资源综合利用有关鼓励和扶持政策。

3 月 16 日　徐庄煤矿西风井建设项目职业病防护设施设计专篇通过江苏煤矿安全监察局评审。

3 月 19 日　上海能源第五届董事会审计委员会 2015 年度第一次会议在商务中心召开。

3 月 20 日　上海能源召开第五届董事会第十六次会议、第五届监事会第十二次会议。董事会会议审议通过了公司 2014 年度总经理工作报告、董事会报告、年度报告及摘要、独立董事报告、内部控制自我评价报告、企业社会责任报告、财务决算报告、利润分配预案及 2014 年度财务预算报告、生产经营计划、固定资产投资计划等 14 项议案。

监事会会议审议通过了公司 2014 年度监事会报告、年度报告及摘要审核意见、利润分配预案监事意见、财务报告监事意见、董事高级管理人员执行公司职务意见、公司日常关联交易情况监事意见等 6 项议案。

3 月 25 日　公司召开工会第二届委员

会第十九次全委会。牛旭亭被选举为公司工会第二届委员会委员、常委和主席。

本月 姚桥煤矿、徐庄煤矿分别被中国煤炭工业协会评为 2012—2013 年度"双十佳煤矿"和"先进煤矿"。

本月 公司"培育和弘扬社会主义核心价值观的实践和思考"课题荣获江苏省思想政治工作研究会优秀成果一等奖。

4 月 13 日 义宝厚、姜华、唐召信到孔庄煤矿颁发安全生产 3 周年嘉奖。

4 月 19 日 2×350 兆瓦"上大压小"热电项目送出工程通过江苏省电力公司专家评审。

4 月 20 日 山西玉泉煤矿安全监控、人员定位系统与公司本部联网运行。

同日 拓特机械制造厂"MA"获证产品顺利通过国家安标中心监督评审。

4 月 24 日 义宝厚在上海拜会了第二军医大学校长孙颖浩少将，就中心医院和上海第二军医大学双方合作进行了探讨和交流。

同日 义宝厚在上海拜会了上海铁路局党委书记黄殿辉，就开展现代物流合作交换了意见。

同日 孔庄煤矿矿井改扩建工程项目通过竣工验收。

4 月 28 日 公司召开第一季度经济运行分析会暨先模表彰大会。

同日 义宝厚、薛柏会接待了 IEM 国际能源管理联盟中国区首席代表秦杨、德国国际合作机构江苏低碳发展项目高级项目经理胡其颖。

4 月 30 日 义宝厚、姜华、唐召信到龙东煤矿颁发安全生产 7 周年奖励。

同日 姜华出席上海市劳动模范、先进工作者表彰大会。

5 月 6 日 公司 2×350 兆瓦"上大压小"热电机组三大主机项目招标获得中煤集团定标会议同意。

5 月 26 日 姜华、薛柏会接待了来屯调研的山东省煤炭工业局副书记于秀忠、山东省压煤村庄搬迁办公室主任赵富一行。

本月 公司荣获"中央企业信访工作先进集体"荣誉称号。

6 月 1 日 公司开展"三严三实"专题教育。

6 月 2 日 选煤中心创造了单日入选原煤 32 596 吨，生产精煤 23 597 吨的历史最好产量纪录，实现了原煤入选、精煤生产双突破。

同日 发电厂机组脱硫除尘环保电价通过沛县环保局确认。

6 月 11 日—12 日 公司煤炭化验中心通过国家级实验室认可现场监督评审。

6 月 15 日 物资贸易物资采购电子商务系统正式上线。

6 月 17 日 义宝厚、薛柏会在乌鲁木齐会见了新疆生产建设兵团党委书记田建荣等。

同日 义宝厚、薛柏会在乌鲁木齐会见了新疆维吾尔自治区国土资源厅书记何深伟。反映了 106 煤矿和苇子沟煤矿因存在白杨河矿区矿权设置方案问题长期未能报备。何深伟表示，此事已经列为国土资源厅重点工作，有关协调工作正在积极推进中。

同日 张毅勤在蚌埠参加了上海铁路局八大矿大客户运输座谈会。介绍了公司 2015 年上半年铁路运输互保协议及"一口价"运量完成情况，下半年生产、检修安排及铁路运输需求。

6 月 25 日 江苏煤矿安全监察局党组书记、局长陈正邦一行来屯开展千名干部与万名矿长谈心对话活动。义宝厚、姜华、唐召信参加了谈心对话活动。

6 月 26 日 公司召开"七一"表彰大会，义宝厚讲话。

同日 王树斌主持公司幼儿园整合专项会议，确定于 7 月 1 日开始幼教资源划转

工作。

7月1日 中心医院与沛县120急救中心举行加入沛县120急救中心网络签约仪式。

同日 义宝厚、姜华、王树斌在北京参加了2×350兆瓦"上大压小"热电项目初步设计原则协调会。中煤集团外部董事那希志出席会议,副总经理李馥友主持会议。

7月7日 公司举办"颂成就 树信心 聚能量 保效益"演讲比赛。

7月8日 中心医院正式加入微山县基本医疗保险定点医院。

7月16日 选煤中心承包运营的东原选煤厂实现超设计能力生产。连续一周实现日生产精煤3 700吨,小时处理量达230吨,比设计小时处理量提高59吨,日产量超设计能力1 000吨。

同日 龙东煤矿通过江苏省经济信息化委员会资源衰竭期矿井认定。

同日 徐庄煤矿通风系统安全改造项目获江苏省经济信息化委员会同意。

7月18日 公司举办纪念大屯矿区开发建设45周年"煤海颂歌"歌咏大会和《变迁——纪念大屯矿区开发建设45周年图片展》。

7月20日—21日 义宝厚、姜华、马文智接待了来屯洽谈电解铝合作事宜的鄂尔多斯市达拉特旗政府副旗长刘继英一行。双方就推动达拉特旗开发区90万吨电解铝项目有关产能指标承接合作事宜进行了座谈交流,就大屯铝业10万吨/年电解铝产能指标转移至鄂尔多斯达拉特旗开发区方案进行了讨论。

8月1日 姜华主持公司机关编制定员会议,宣布了关于机关机构优化和编制定员工作部署。

8月18日 中煤集团召开2×350兆瓦热电项目初步设计审查会。经过审查,专家组一致同意2×350兆瓦热电项目初步设计方案通过审查。

8月21日 上海能源召开第六届董事会第二次会议、第六届监事会第二次会议。董事会会议审议通过了《关于公司2015年半年度报告的议案》以及《修订公司章程的议案》。监事会会议审议通过了《关于公司2015年半年度报告审核意见的议案》以及《关于2015年上半年董事高级管理人员执行公司职务意见的议案》。

同日 公司举办"爱我大屯"电视知识竞赛。

8月24日 中煤集团党委书记李延江到孔庄煤矿8107工作面现场检查了安全生产工作情况,听取了公司工作汇报,并就实现全年经营不亏损、安全不出事的目标提出要求。

8月25日 公司召开2×350兆瓦热电项目建设启动会。中煤集团党委书记李延江出席会议并宣布项目开工,副总经理李馥友出席会议并讲话。徐州市市委常委、统战部部长袁丁,沛县县委书记李晓雷、县长吴卫东应邀出席会议。义宝厚致辞,姜华主持会议。

本月 救护大队被国际安全生产应急救援指挥中心评定为特级救护大队。

本月 公司职工吴友良事迹入选国务院国有资产监督管理委员会新闻中心编写的《一线英雄传》一书。

9月22日 中国东方资产管理公司、深圳宏事达能源科技有限公司代表来屯洽谈合作事宜。

10月18日 实业公司与外部企业合作签约。实业公司与山东国耀矿山设备有限公司对江苏德信中大能源科技发展有限公司进行增资扩股;与徐州大亚工贸有限公司共同出资成立江苏德信中大洗选装备有限公司,实业公司对两家股份公司均持股60%。这是实业公司机制体制改革的一次积极探索,也标志着混合所有制改革在实业

公司拉开序幕。

10月30日 姜华、张毅勤、牛旭亭、王树斌参加伟大光辉的一生——陈云生平业绩全国巡展（公司）暨上海学校思想政治教育教师社会实践基地建设活动开展仪式。

11月1日 公司文明办举办"情系南疆 大爱中煤"主题募捐活动。

11月5日—6日 吴继忠接待了2011、2012年矿产资源节约与综合利用以奖代补奖励资金项目验收组。

11月15日 公司被评为"中国企业文化建设优秀单位"，歌曲《和谐中煤一家亲》和《美丽大屯》分别荣获"最美企业之声"银奖和铜奖。

12月4日 公司荣获中央企业信访工作先进集体称号。

同日 牛旭亭陪同徐州市总工会副主席王建民一行到徐庄煤矿颁发"全国安康杯竞赛优胜单位"奖牌。

12月16日 义宝厚、薛柏会接待了来屯洽谈水处理合作的LG集团研发中心总经理彭培源、IEM国际能源管理联盟中国区首席代表秦杨一行。

同日 义宝厚、王树斌接待了来屯调研2×350兆瓦热电项目和公司2016年基本建设计划的中煤集团基本建设管理部总经理朱杰利一行。

同日 义宝厚、牛旭亭参加公司党支部建设交流观摩会。

12月23日 上海能源召开2015年第一次临时股东大会。上海能源董事会审计委员会召开2015年第二次会议。

12月25日 公司作家协会成立大会在研发中心举行。中国煤矿作家协会主席刘庆邦到会祝贺并授课。

本月 大屯公司获得"2011—2015年中央企业法制宣传教育先进单位"荣誉称号。

2016 年

1月1日 公司举办"聚力十三五 活力新大屯"迎新长跑健身活动。

1月8日 公司召开2016年安全工作会议。

1月20日 义宝厚、姜华、马文智在徐州出席上海能源、沛县人民政府、浙江鼎胜集团公司合作签约仪式。

1月22日 公司召开2016年工作会议暨职工代表大会。

1月23日 中煤集团董事长、党委书记李延江来屯慰问。

1月25日 公司召开领导班子"三严三实"专题民主生活会。

同日 苏铝公司四方铝业公司再签"直购电"合同，全年用电成本预计再降30万元。

同日 姚桥煤矿采煤二队连续7年实现安全高效特级采煤队。

本月 义宝厚、姜华荣获"中煤集团2015年度优秀经营管理者"称号。

2月1日 公司领导班子参加公司党风建设和反腐败工作会议。

同日 义宝厚、牛旭亭参加公司工会第二届会员代表大会第五次会议。

同日 徐州大屯物业管理有限公司正式启动运营。

2月2日 公司领导班子成员在新闻中心演播大厅参加机关迎新春联欢会。

义宝厚、姜华、张毅勤参加离退休老同志迎新春座谈会。

2月3日 姜华到南京参加江苏省发展和改革委员会主持召开的关于制定全省化解煤炭过剩产能初步方案工作会议。

同日 公司获得"2014—2015年度江苏省政研会系统优秀基层单位"荣誉称号。

2月17日—18日 2×350兆瓦热电

项目设计试桩报告通过专家评审。

2月23日 发电厂特种设备焊工考试机构列入江苏省质量技术监督局公布的省特种设备焊工考试机构重新确定名单。

2月25日 张毅勤参加在微山湖假日酒店召开的中煤集团煤炭产运销专题协调会。吴继忠陪同中煤集团总工程师祁和刚到龙东煤矿调研。唐召信参加在公司行政研发中心举办的江苏省煤矿企业安全监察部长例会。

3月4日 义宝厚、姜华、唐召信到徐庄煤矿颁发安全生产13周年奖励。

3月11日 公司影视协会成立。

3月16日 选煤中心大屯厂新建精矿池投入使用。

3月18日 新疆鸿新煤业公司苇子沟煤矿节能评估报告获国家发展和改革委员会评审。

3月21日 上海能源召开第六届董事会审计委员会第一次会议。

3月22日 上海能源召开第六届董事会第五次会议及第六届监事会第五次会议。

4月1日 拓特机械制造厂获全国工业产品生产许可证书。

4月19日—20日 义宝厚、姜华接待了来屯调研的中国职业安全健康协会理事长、原国家十届政协常委,原国家安全生产监督管理局局长、党组书记张宝明一行。

4月27日 上海能源召开第六届董事会第六次会议、第六届监事会第六次会议和2015年度股东大会。

同日 姜华、王树斌接待了来屯进行电力项目建设进展情况核查的江苏发展和改革委员会、国家能源局江苏监管办吴彦、江苏省能源局戚玉松一行。

本月 公司开展"两学一做"学习教育活动。

5月12日 中煤集团总经理彭毅一行听取公司工作汇报并与公司中层管理干部进行座谈。

同日 2×350兆瓦热电项目施工图审查会议召开。

5月18日 发电厂6号机组再次刷新连续在网安全运行纪录。截至5月18日,该机组实现在网连续安全运行191天,累计发电5.028 7亿千瓦·时。

5月20日 上海能源召开2016年第一次临时股东大会。

同日 苏铝公司铝板带厂冷轧车间单班产量再创新高。创下单班生产牌号1100成品卷18卷220吨、中退2道次的成绩,超越了2015年单班生产成品卷11卷140吨的最好成绩。

5月24日 龙东煤矿全面完成7163工作面压煤村庄搬迁工作。

6月2日 孔庄煤矿荣获徐州市"十佳书香企业"称号。

同日 2×350兆瓦热电项目土方开挖。

6月6日 公司举行参加2×350兆瓦热电项目第一罐混凝土浇筑仪式。

6月30日 公司召开庆祝中国共产党成立95周年大会。

本月 公司职工艺术团赴晋陕蒙开展"和谐中煤一家亲"巡回慰问演出。

7月3日—4日 义宝厚、薛柏会一行到中煤新疆分公司拜访,就公司承包运营中煤新疆准东五彩湾北二电厂2×660兆瓦发电机组项目事宜进行了交流。

7月4日 2×350兆瓦热电项目1号机组汽轮机房土建开挖正式开始。

同日 公司获得全国"守合同重信用企业"荣誉称号。

同日 苏铝公司博斯特公司再获美国卡特彼勒(徐州)公司优秀供应商银牌认证。

7月12日 义宝厚、姜华、王树斌接待了中煤集团外部董事那希志一行。

8月8日—9日 义宝厚、薛柏会在新

疆分别拜会了自治区发展改革委员会主任张春林和国土资源厅党组书记任辉,分别会见了新疆生产建设兵团第六师师长张顺帮、副师长董庆利和新疆鸿新建设集团董事长梁成。

8月9日 王树斌出席姚桥煤矿等单位离退休职工移交管理签字仪式。

同日 孔庄煤矿SOS微震监测系统进入正常运行阶段。

8月22日 选煤中心姚桥选煤厂创日产新高。创造了单日入选原煤 12 045 吨,产精煤 8 480 吨,精煤班灰 8.83%,平均小时处理量 574 吨的历史新纪录。

本月 公司四矿获评 2015 年度国家一级安全质量标准化矿井。

9月7日 义宝厚、姜华、许之前、吴继忠、马文智接待了国务院国有资产监督管理委员会改组局局长李冰、副局长胡书东一行。李冰局长一行来屯督导调研化解过剩产能、处置"僵尸企业"、特困企业专项治理和"三供一业"移交工作情况。

本月 公司"煤亮子"组合在央视综艺频道"群英汇"栏目展演,一举夺得人气王。

10月12日 义宝厚接待了上海劳动报社党委书记邵新宇一行。

同日 江苏煤矿安全监察局对龙东煤矿 2016 年度安全生产专项资金煤矿重大灾害治理项目进行验收。

10月19日 中心医院与徐州市肿瘤医院签订对口帮扶框架协议及合作协议。

同日 孔庄煤矿荣获"2015 年度江苏省安全文化建设示范企业"称号。

同日 选煤中心被上海市总工会授予 2015—2016 年度"上海市职工职业道德建设先进单位"称号。

同日 苏铝公司博斯特公司获美国卡特彼勒(徐州)公司质量认可活动首届"质量卓越奖"。

10月24日 公司 2×350 兆瓦热电项目冷却塔桩基施工圆满结束。经过近 3 个月 24 小时不间断施工,冷却塔灌注桩工程于 10 月 24 日圆满。

10月27日 王树斌出席苏铝公司铝板带厂陈幸幸赴宁捐献造血干细胞欢送会。

10月28日 上海能源召开第六届董事会第九次会议及第六届监事会第九次会议。

同日 义宝厚、姜华、许之前、吴继忠、马文智、薛柏会、赵兴旺参加公司内部审计情况通报会暨廉洁从业教育讲座。

本月 公司"阳光大屯"职工心理咨询服务中心成立。

11月21日 公司微信公众号"大屯之声"荣获"能源行业最具成长性微信公众平台"和"能源企业百强微信公众号"称号。

11月29日 公司举办"党旗红·大屯梦"喜迎公司第三次党代会图片展。

同日 公司图书馆荣获"2016 年全国职工书屋示范点"称号。

12月8日—9日 中国共产党大屯煤电(集团)有限责任公司第三次代表大会召开。

12月9日 姜华、薛柏会、唐召信接待了国务院安全督导委员会督查组组长王力争一行。

同日 公司特有工种职业技能鉴定站被评为煤炭行业人力资源工作先进单位。

同日 工程咨询公司苏铝项目荣获 2014—2015 年度江苏省优质工程奖"扬子杯"称号。

12月26日 上海能源召开 2016 年第二次临时股东大会。

12月30日 拓特机械制造厂无极牵引单轨吊电控装置联合技术开发项目通过公司验收。

2017 年

1 月 4 日—5 日 徐庄煤矿荣获"煤炭工业质量管理先进企业"称号。

1 月 6 日 薛柏会在北京参加 2×350 兆瓦热电项目脱硫脱硝 EPC 招标定标会。中煤集团总经理彭毅主持会议,杨列克、牛建华参加了会议。

1 月 20 日 公司召开 2017 年工作会议暨职工代表大会、党建工作会议和安全工作会议。

2 月 9 日 中煤集团副总经理都基安主持召开大屯公司干部大会,宣布对公司领导班子调整决定。包正明担任公司总经理、党委副书记,姜华另有任用。

2 月 14 日 唐召信出席实业公司江苏大屯检测检验有限公司与江苏省特种设备安全监督检验研究院点战略合作签约仪式。

3 月 14 日 中煤集团总经理彭毅到公司督导"警示三月行"并进行工作调研。

3 月 21 日 上海能源召开第六届董事会 2017 年第一次审计委员会会议。

3 月 22 日 上海能源召开第六届董事会第十一次会议及第六届监事会第十一次会议。

4 月 5 日 公司召开"全面深化改革、促进创新发展"工作动员大会。义宝厚主持会议,并作题为《认清形势,把握方向,重点突破,扎实推进公司改革创新工作》的总结讲话;包正明作题为《坚定信心,改革创新,为公司加快转型发展提供保证》改革动员讲话;马文智宣读了公司《关于"全面深化改革,促进创新发展"工作指导意见》。

4 月 14 日 义宝厚、包正明、唐召信到孔庄煤矿颁发安全生产 5 周年嘉奖令。

4 月 27 日 上海能源召开 2016 年度股东大会。股东代表、董事长义宝厚,独立董事袁永达、谢桂英,公司总经理包正明、总会计师任艳杰、股东代表李光琦,公司监事宣卫东、向开满、王明山,董事会秘书戚后勤以及部分小股东出席了会议。

上海能源召开第六届董事会第十三次会议以及第六届监事会第十二次会议。公司董事长义宝厚,董事、总经理包正明,董事、总会计师任艳杰,独立董事袁永达、谢桂英出席董事会,公司监事宣卫东、向开满、王明山列席董事会会议。

5 月 16 日 中煤集团党委书记、董事长李延江在中煤新疆分公司听取天山煤电公司和鸿新煤业公司工作情况汇报。

同日 包正明、唐召信陪同江苏省安全生产监督管理局、江苏煤矿安全监察局党组书记、局长陈正邦一行到姚桥煤矿检查指导工作。

5 月 26 日 徐庄煤矿供应科机厂车间荣获"2015—2016 年度全国青年文明号"称号。

6 月 28 日 公司召开专题职工代表大会,采用无记名投票方式表决通过了《公司职工转岗分流安置暂行办法》《公司协商解除(终止)劳动合同方案(草案)》。

7 月 25 日 义宝厚、包正明、唐召信到姚桥煤矿颁发安全生产 3 周年嘉奖令。

8 月 11 日 公司召开改革创新暨重点工作推进会。

同日 新疆鸿新煤业公司苇子沟煤矿改扩建项目被列入"十三五"新疆规划建设煤矿项目名单。

8 月 13 日 公司 2×350 兆瓦热电项目灰库工程 3 号库顺利完成封顶,工程正式转入安装施工阶段。

8 月 21 日 新疆天山煤电公司获得新疆生产建设兵团第六师安监局恢复生产批复文件。

同日 拓特机械制造厂研制的煤矿固定抱索器架空乘人装置顺利通过上海矿用设备检测检验中心检验。

8月22日　上海能源2017年第一次临时股东大会、第六届董事会第十五次会议、第六届监事会第十四次会议在上海虹杨宾馆召开。

9月12日　中煤集团副总经理都基安出席公司干部大会，宣读了公司有关人事任免决定，包正明任公司党委书记、董事长，义宝厚另有任用。

9月22日　赵兴旺参加公司工会第三次会员代表大会。上海市总工会副主席吴萌，徐州市总工会党组成员、副主席潘华，公司党群工作部副主任徐婧出席大会。大会选举产生了公司工会第三届委员会和第三届经费审查委员会。

同日　拓特机械制造厂顺利通过国家矿用产品安全标志中心现场监督评审。

10月3日—4日　中煤集团党委书记、董事长李延江深入姚桥煤矿井下进行现场调研，听取了公司工作情况的汇报，对相关工作提出了要求。

10月13日—14日　国家煤矿安全监察局行业管理司处长井健一行到龙东煤矿进行检查考核，现场确定该矿通过国家一级安全生产标准化煤矿检查考核。

10月18日　徐州市市长周铁根、沛县县委书记李淑侠在包正明陪同下到热电厂调研。

11月15日　包正明、吴继忠参加公司与上海同济环境工程科技有限公司战略合作协议签约仪式。

11月27日　包正明、赵兴旺出席公司"庆祝党的十九大，砥砺奋进新大屯"书画摄影作品展。

同日　工程咨询公司承担监理的亚洲最大直径钢筋混凝土穿顶结构在热电厂施工完成。

12月6日　王树斌主持公司供暖改革及运营、市政移交、矿区中小学纳入地方管理工作布置会。

12月23日　中煤职业技术学院荣获"全国职工教育培训示范点"称号。

2018年

1月1日　公司举办2018年"深化改革促发展，建设'五型'新大屯"迎新春长跑活动。

1月12日—13日　吴继忠在北京参加新疆鸿新煤业公司苇子沟煤矿改扩建项目（240万吨一期）可行性研究报告和项目申请报告专家评审会。

1月13日　工程咨询公司入选"江苏省装配式建筑部品部件监理企业名录（首批）"。全省共有88家监理企业入选，其中徐州市监理企业4家。

1月18日　公司与沛县政府相关单位签订剥离企业办社会职能移交协议。

1月26日　吴继忠在北京参加国土资源部组织的公司四矿《地质环境保护与土地复垦方案》专家评审会，4个方案一次性通过了专家评审。

2月6日　公司与沛县人民政府签署大屯矿区中小学纳入沛县管理协议。

2月7日　公司召开2018年职工代表大会暨工作会议。包正明主持会议，并作了题为《紧扣新时代要求，稳中提质上台阶，为推进公司改革创新转型发展而努力奋斗》的工作报告，与各单位签订了2018年经营业绩责任书，最后作了总结讲话。会议通报了公司2017年度二级单位及领导班子、管理部门及负责人考核情况；表彰奖励了2017年安保型企业、特级安全生产标准化企业、国家一级安全生产标准化单位；表彰了先进单位、"改革创新"部室、2016—2017年度公司劳动模范和先进工作者。

2月19日　公司举行"老家大屯"主题文化传播活动，召开大屯英才外地代表新春座谈会。

2月26日 中煤集团副总经理都基安出席公司干部大会,宣布上海能源党组织设立和毛中华任上海能源总经理决定,并就公司二级单位主要领导、公司安全监察局主要负责人、上海能源相关负责人的补充人选进行了组织推荐。

同日 救护大队被命名为国家矿山应急救援中煤大屯队。

3月2日 公司组织党员干部和职工观看大型纪录片《厉害了,我的国》。

3月13日 拓特机械制造厂生产的矿用无极绳调速机械绞车、无极绳连续牵引车等43个系列产品取得矿用产品安全标志证书。

3月18日 上海能源第六届董事会审计委员会召开2018年度第一次会议。

3月19日 上海能源召开第六届董事会第二十次会议。公司董事长包正明出席并主持会议,独立董事谢桂英、袁永达、董事任艳杰参加会议,公司监事会主席王文章,公司高级管理人员毛中华、马文智、薛柏会,监事向开满、王明山、刘冬冬列席会议。

3月25日 任艳杰出席公司"建设'五型'新大屯·砥砺奋进新征程"学习贯彻党的十九大及重要工作会议精神知识竞赛。

3月29日 公司与沛县人民政府签署"三供一业""市政及社区职能"分离移交正式协议。

4月10日 毛中华、薛柏会出席江苏大屯水处理工程有限公司揭牌仪式。

4月25日 公司召开"三供一业"分离移交资产与业务移交启动会,与接收方就移交工作达成一致意见。

4月26日 上海能源召开2017年度股东大会。上海能源召开第六届董事会第二十一次会议。

4月27日 集团公司纪委领导刘晓阳来屯,宣布徐宏伟任公司党委委员、纪委书记。

同日 公司完成四个矿、一厂、一处及中心区各社区供水、供暖及物业资产和业务分离移交工作。

5月7日 公司召开2×350兆瓦热电项目"保安全、保质量、保双投"推进会。

5月12日 包正明在人民大会堂参加中国煤炭工业协会组织召开的2018年煤炭行业社会责任报告发布会,公司被评为"全国煤炭工业社会责任报告发布优秀企业"。

5月30日 毛中华、任艳杰接待了中煤销售公司副总经理李长立、新集公司副总经理赵洪波一行。双方就托管协议的签订、托管后的供销体制改革、定价委员会成员的构成和管理等问题进行了深入交流和探讨,并针对产、销、贸对接过程中存在的主要问题及相关建议交换了意见。

6月12日 中煤集团总经理彭毅到公司热电厂调研,听取了热电项目建设进展情况的汇报,详细了解了施工组织、安全措施落实、存在问题的解决办法。

同日 中煤集团安全生产标准化现场推进会在公司召开。中煤集团总经理彭毅、副总经理刘勇出席会议并讲话,安全总监周亚东主持会议。国家煤矿安全监察局行业管理司巡视员孙庆国出席会议。

6月13日 中煤集团总经理彭毅听取公司工作汇报。

7月22日 中煤集团董事长、党委书记李延江到天山煤电公司调研指导工作,包正明、薛柏会陪同深入106煤矿实地察看了矿井建设和井下试生产情况,并就相关工作作了汇报。

本月 大屯公司斩获"融媒体语境下最具品牌传播力企业""融媒体语境下企业文化与品牌传播创新优秀单位""融媒体语境下企业文化与品牌传播创新优秀媒体"3个奖项。

8月9日 包正明、毛中华、唐召信接待了来大屯矿区进行汛期安全生产督查的

中煤集团安全总监周亚东一行,并到姚桥煤矿、徐庄煤矿进行微山湖堤、采煤沉陷段、大屯闸巡视,详细了解了大堤加固和防汛工作情况。出席了救护大队"国家应急救援中煤大屯队"揭牌仪式。

8月18日 大屯热电 2×350 兆瓦机组 220 千伏及厂用电系统倒送电一次成功。

8月22日 上海能源召开第七届董事会第二次会议以及第七届监事会第二次会议。会议以通讯表决的方式召开。董事会会议审议通过了《关于 2018 年半年度报告的议案》,监事会会议审议通过了《关于公司 2018 年半年度报告审核意见的议案》《关于 2018 年上半年董事高级管理人员执行公司职务意见的议案》。

8月26日 公司矿山救护大队指战员紧急驰援山东寿光受灾地区。

本月 公司安全文艺小分队分别走进中天合创门克庆煤矿、葫芦素煤矿和西北能源伊化矿业公司、蒙大矿业公司以及新疆天山煤电、鸿新煤业、东沟煤矿进行慰问演出。安全文艺万里行,打造了大屯安全文化品牌,传播了中煤形象。

9月1日 公司举办"诵读《梁家河》,追寻领袖初心"主题党日活动。

9月16日 公司第九届职工奥林匹克运动会开幕。

9月21日 公司召开"百日安全"活动动员会。包正明传达了中煤集团公司"百日安全"活动暨生态环保工作会议精神,毛中华总结公司近期安全生产工作,分析了面临的形势和任务。唐召信安排部署公司"百日安全"活动及下一步安全工作。

9月28日 公司为睢宁县捐赠精准扶贫基金 100 万元。

同日 公司举办"解放思想 深化改革 促进发展 感恩大屯"主题演讲比赛。

10月8日 新疆天山煤电有限责任公司采矿权获得自治区国土资源厅核准。

10月17日 北京煤炭工业规划设计研究院总经理王岩一行来屯,公司领导听取了北京煤炭工业规划设计研究院关于公司中长期发展战略及 2018—2020 年发展规划编制情况的汇报,并就进一步修改完善提出意见和要求。

同日 公司开展 2018 年"扶贫日"捐款活动。

10月19日 公司举办纪念改革开放 40 周年、展望"五型"新大屯美好愿景——"醉美大屯"影像作品展。

10月30日 热电厂 1 号锅炉点火一次成功。

10月31日 包正明、毛中华、薛柏会、任艳杰听取上海慧著智能科技公司工作汇报。

中煤职业技术学院被评为国家技能人才培育突出贡献单位。

本月 公司荣获"新时代企业文化建设优秀单位"称号。

11月2日 毛中华、孙凯接待了中煤集团科技环保部副总经理吴继忠一行。听取了姚桥煤矿、孔庄煤矿、徐庄煤矿关于煤巷掘锚一体机可行性研究与应用、井下"采选充留"一体化开采技术研究与应用等 5 项中煤集团 2018 年度重点科技创新项目进展情况及 2019 年度重点科技项目申报情况的汇报。

11月9日 公司举办"辉煌与梦想"庆祝改革开放 40 周年歌咏大会。

11月16日 新疆鸿新煤业顺利摘牌空白区煤矿普查探矿权。

11月18日 龙东煤矿通过国家煤矿安全监察局安全生产标准化煤矿第二阶段抽查组复查验收。

11月25日 大屯矿区家长教育指导中心成立。

11月26日—27日 毛中华在上海参加中国铁路上海局集团有限公司 2019 年大

客户运输座谈会,并代表公司与中国铁路上海局集团有限公司共同签订了2019年度《铁路货运大客户年度运量互保协议》。

同日　薛柏会在北京参加国家煤矿安全监察局监察司组织召开的新疆苇子沟煤矿项目安全核准审查会。

11月28日　电热公司获取国家能源局江苏监管办颁发的省内第一张非电网企业电力业务许可证(供电类),公司电力产业进入融发电、供配电、电力运维为一体的新阶段。

11月29日　公司鉴定站荣获"全国煤炭行业人力资源工作先进单位"称号。

12月1日　电视剧《人民的财产》在姚桥煤矿取景拍摄。包正明前往拍摄现场看望慰问演职人员,与该剧编辑著名作家周梅森,实力派演员靳东、耿乐等进行交流。

12月3日　公司组织观看《我们一起走过——致敬改革开放40周年》大型电视纪录片。

同日　唐召信参加公司2018年标准化管理体系监督审核首次会议。

12月4日　中央电视台财经频道《第一时间》报道包正明畅谈改革开放40周年感言。

本月　公司选送的《中煤集团大屯公司企业文化体系建设》《"6+6+6"安全文化建设模式的探索与实践》《以子文化建设促进企业文化落地生根》3项成果,光荣入编《改革开放40周年企业文化建设优秀成果选编》一书。

12月17日　热电厂取得电力业务许可证(发电类)。

12月18日—19日　中煤集团纪委领导刘晓阳一行到公司进行2018年党建工作考核,观看了公司党建成果图片展,查阅了党建工作资料,与公司班子成员、党员干部和职工代表进行了座谈交流,并深入基层单位实际了解了公司党建工作情况。

12月19日　公司举办中长期发展战略及2018—2020年发展规划评审验收会,公司领导听取了发展规划编制情况的汇报,并提出指导性评审意见。

12月26日　上海能源董事会审计委员会召开2018年度第二次会议。审计委员会成员谢桂英、任艳杰,德勤华永经理李小晋出席会议。

12月28日　热电厂2×350兆瓦热电项目1号机组并网调度协议签署。

同日　公司与沛县人民政府正式签订"大屯煤电户籍"属地管理协议。

同日　公司荣获第四届上海上市公司企业社会责任"绿色发展奖"。

2019 年

1月2日　公司召开大屯文化研讨交流会。

1月4日　公司鉴定站荣获"全国煤炭行业职业技能鉴定先进单位"称号,曾海振荣获"全国煤炭行业职业技能鉴定优秀鉴定工作者"称号。

1月6日　包正明参加徐州市第三届徐州经济年度人物颁奖典礼,被授予徐州市2018年"十佳优秀企业家"荣誉称号。

1月20日　热电厂1号机组完成168小时满负荷试运行交接。

1月23日　天山煤电公司采矿权获公示。

1月25日　包正明、毛中华、唐召信在徐州参加全省煤矿企业主要负责人2019年度安全生产目标责任书签订会议。江苏省应急管理厅厅长陈忠伟、江苏煤矿安全监察局副局长徐林、总工程师杨树民出席会议。

1月29日　公司领导班子接待了来访的沛县领导班子。双方互致节日祝福,简要介绍了沛县和公司2018年改革、发展等工作取得的成绩,并就下一阶段地企共建、共

荣发展工作进行了交流。

1月31日 包正明参加沛县第二届"经济年度人物"、"十佳优秀企业家"和"优秀民营企业家"颁奖晚会,并被授予沛县2018年"经济年度人物"荣誉称号。

新疆鸿新煤业公司苇子沟煤矿一期项目核准取得国家能源局批复。

2月8日 公司召开2019年大屯英才外地代表新春座谈会。

2月15日 包正明、唐召信到中煤职业技术学院出席江苏省煤矿《其他作业人员培训大纲、考核标准及题库》审定工作预备会。江苏煤矿安全监察局徐州分局局长赵宝华、副局长李明武参加会议,调研员葛兴红主持会议。

2月21日 公司与沛县举行创建高职院校战略合作协议签约仪式。

2月28日 江苏大屯矿业设备有限公司首次被认定为国家高新技术企业。

3月2日 公司与中煤建安公司在河北省邯郸市签署战略合作框架协议。

3月6日 国务院国有资产监督管理委员会党委书记郝鹏在中煤集团考察调研时,与正在井下带班的姚桥煤矿采煤三队队长张玉槐视频连线,询问了井下安全管理、生产组织和人员出勤情况,对生产一线的干部职工及家属表示亲切的慰问。

3月8日 公司召开"建功新大屯,奋斗最美丽"纪念"三八妇女节"109周年庆祝大会。

3月12日 公司机关召开第一次党员代表大会。

3月13日 上海能源董事会审计委员会召开2019年度第一次会议。审计委员会成员谢桂英、任艳杰出席会议,上海能源监事会主席王文章,上海能源董事会秘书段建军、德勤华永经理李小晋列席会议。谢桂英主持会议。

3月14日 上海能源召开第七届董事会第七次会议。公司董事长包正明,副董事长、总经理毛中华,公司董事、总会计师任艳杰,公司独立董事谢桂英出席会议。公司董事长包正明主持会议。

同日 上海能源召开第七届监事会第七次会议。监事会主席王文章,监事向开满、刘冬冬、刘元芳出席了会议。

3月18日—19日 中煤集团党委书记、董事长李延江到徐州市拜访徐州市委书记周铁根、市长庄兆林,包正明、毛中华等陪同。李延江还深入徐庄煤矿检查指导工作,并听取公司工作汇报。

3月25日 救护大队指战员奔赴盐城市响水县爆炸现场进行抢险救援。

4月10日 孔庄煤矿顺利实现安全生产7周年,创造了该矿井安全生产历史最长、最好水平记录。

4月19日 热电厂2号机组首次并网一次成功。

4月22日 龙东煤矿实现安全生产11周年。

4月23日 上海能源以通讯表决的方式召开了第七届董事会第八次会议和第七届监事会第八次会议。会议分别审议通过了《关于公司2019年第一季度报告的议案》《关于公司2019年第一季度报告审核意见的议案》。

4月25日 上海能源召开2018年度股东大会。公司董事长包正明主持会议,副董事长、总经理毛中华,股东代表、监事林宏志,独立董事谢桂英、魏臻,董事、总会计师任艳杰,公司董事会秘书段建军,公司监事会主席王文章、监事刘冬冬、刘元芳参加了会议。

4月25日—26日 薛柏会出席新疆鸿新煤业公司苇子沟煤矿环境影响报告书技术评估会,原则上通过环评文件技术评审。

4月26日 中煤集团在公司举办"青春心向党·建功新时代"微视频大赛。

同日 公司与中国矿业大学战略合作框架协议签署仪式在中国矿业大学举行。

4月27日 公司举办庆祝五一国际劳动节暨先模表彰大会。上海市总工会常委、经审委主任丁巍,工人文化宫党委书记谢鹰到会祝贺。上海市总工会茉莉花艺术团进行了慰问演出。

5月7日 发电厂1、2号机组全停检修及超低排放改造项目顺利通过168小时试运行。

5月6日—7日 中煤集团专题调研组马世志、朱林、吴继忠一行来大屯矿区调研,听取了公司关于技术、科技环保、防冲等方面工作的汇报。

5月7日 中军联合(北京)公司专家由刚、陈玉峰到铝板带厂开展国军标质量管理体系第一阶段审核认证。

5月10日 毛中华、孙凯接待了中国矿业大学研究生院院长张东升一行,双方就专业学位硕士研究生联合培养等事宜进行了沟通交流。

5月11日 包正明在京接受《能源》杂志副社长张伟一行采访。

5月12日 包正明在北京人民大会堂参加中国煤炭工业协会组织召开的2018年煤炭行业社会责任报告发布会,作了题为《勇于担当企业社会责任,开创高质量发展新局面》的主题发言。公司获得2018年度"全国煤炭工业社会责任报告发布优秀企业"荣誉称号。

5月13日 包正明、马文智和沛县有关领导在南京拜会了江苏省发改委副主任、能源局局长杭海。包正明就公司350兆瓦机组建设对公司发展的重要性进行了说明,并就国家煤电一体化政策在大屯新建机组的可行性进行了咨询。杭海局长表示,在国家政策允许的范围内,省能源局将尽力予以帮助,并在公司落实煤炭联营政策方面作进一步咨询和研究。

同日 2×350兆瓦热电项目机组原料煤掺配工程可行性研究报告专家评审会在北京召开,原则通过项目可行性研究评审。

同日 上海市教育考试院党委书记刘玉祥一行深入大屯考区保密室、考务办、考场、总指挥室,对保密柜、消防设施、监控设备及相关记录进行了检查。

5月14日 包正明、马文智在南京拜会了江苏能源监管办公室专员宋传坤,公司向江苏能源监管办公室赠送了锦旗。

5月16日 包正明、毛中华、任艳杰接待了中煤资产管理公司陈建新、郝精明、周银平一行。包正明介绍了公司基本情况,就非生产经营性房产规范管理工作与中煤资产管理公司领导进行了交流和沟通。

同日 发电厂顺利完成2017年度环保电价核查工作。

5月24日 包正明、毛中华、唐召信、向开满参加公司新班组建设成果总结会。会议展示了第一层级单位建设成果,表彰了新班组建设优秀推进单位、标杆班组和优秀教练员。北京89点管理咨询公司总裁江广营出席会议。

5月25日 包正明、毛中华、唐召信到龙东煤矿颁发安全生产11周年嘉奖令。

同日 包正明、毛中华、唐召信到孔庄煤矿颁发安全生产7周年嘉奖令。

同日 马文智出席2×350兆瓦热电项目2号机组完成168小时满负荷试运转庆祝仪式。

同日 姚桥煤矿《采空区压注二氧化碳防灭火工艺参数优化及分布规律研究》荣获2018年度中国职业安全健康协会科学技术成果二等奖。

5月27日 孔庄煤矿荣获"全国安全文化建设示范企业"称号。

5月28日 包正明接待了中煤科工集团重庆研究院有限公司销售总公司总经理张鹏一行。双方就瓦斯治理、通风、煤矿钻

探等方面技术进行了沟通交流。

同日 包正明接待了浙大网新集团副总裁黎恒一行。双方就高新技术园区策划方案等工作进行了沟通交流。

5月30日 包正明、毛中华接待了中国煤炭工业协会副会长王广德一行。双方就煤炭掘进遥控相关技术进行了座谈交流。

同日 新疆天山煤电公司《地质环境保护与土地复垦方案》通过审查并公告。

同日 工程咨询公司中标鄂尔多斯市伊化矿业资源有限责任公司母杜柴登矿井30202工作面顺槽帮部卸压孔工程项目。中标金额为1 279.68万元。

同日 新疆鸿新煤业公司苇子沟煤矿顺利通过地面复工验收。

同日 办公室负责人到中煤华晋公司参加公司档案工作现场推进会暨座谈交流会。

6月2日 包正明、毛中华、孙凯接待了中国煤炭工业协会副会长王虹桥一行。双方就煤炭经济运行形势进行了座谈交流。

6月7日—8日 包正明、毛中华、徐宏伟巡视2019年上海市大屯考区高考工作。徐宏伟与上海市副市长陈群进行了视频通话,汇报了大屯考区高考基本情况以及考试保障工作情况。

6月11日—26日 公司党委宣传部组织宣传小分队奔赴新疆天山公司、鸿新煤业公司、咨询公司华晋项目部、陕西项目基地、内蒙古项目基地等十多个驻外项目基地开展形势任务宣讲和心理健康咨询服务活动,受众近700人。

6月16日 公司举办2019年安全生产法制宣传教育一条街暨咨询日服务活动。

6月19日 包正明、徐宏伟、任艳杰接待了安徽建工集团党委委员、安徽水利开发公司董事长王厚良一行。双方相互介绍了各自企业的基本情况,就公司棚户区改造等相关事宜进行了座谈交流。

6月19日—20日 包正明、徐宏伟、任艳杰接待了中核医疗总经理姜忠一行。双方就中心医院合作相关事宜进行了座谈交流。

6月20日 江苏煤矿安全监察局副局长徐林在唐召信陪同下到徐庄煤矿进行雨季"三防"及防治水工作专项监察。

同日 任艳杰接待了中煤一建公司副总经理牛旭亭一行。双方就仓储管理制度、业务流程,内产物资采购管理,信息化的运用等问题进行了交流。

同日 中煤职业技术学院在2019年第七届全国煤炭职业院校技能大赛中创佳绩,荣获煤矿综采电气维修(中职组)二等奖和三等奖,煤矿综采电气维修(高职组)三等奖以及煤矿瓦斯检查(中职组)两个三等奖的好成绩。

6月25日 公司举办"不忘初心、牢记使命"主题教育集中学习专题讲座,中国矿业大学教授胡琼授课。

6月27日 中煤集团首席专家、电力管理部总经理李玉峰一行在包正明、毛中华陪同下到热电厂调研。听取了热电厂近期安全、生产、经营工作的汇报,深入生产现场察看了机组运行状况,对现场安全生产标准化推进工作进行了指导。

同日 铝板带厂喜获武器装备质量体系证书。

6月29日 大屯公司代表队斩获上海市职工安全生产知识大赛二等奖。

本月 公司荣获"新时代党建＋企业文化创新实践标杆"称号,《根深枝繁叶更茂和谐大屯硕果丰》被评为中国文化管理协会"新时代党建＋企业文化实践创新成果"。包正明、向开满荣获"新时代企业党建文化先进工作者"称号。

本月 江苏省社保中心授牌公司离退休管理中心为省级管理服务中心。

本月 公司开展"不忘初心、牢记使命"

主题教育。

7月2日　中煤集团总经理、党委副书记彭毅一行由包正明、毛中华、马文智、孙凯陪同到姚桥煤矿、热电厂、铝板带厂调研。

同日　向开满在徐州中汇国际会议中心参加公司中层干部领导力培训班结业典礼。

7月4日　中煤集团总经理、党委副书记彭毅来大屯矿区听取公司工作汇报，并对公司班子成员和中层干部进行"不忘初心、牢记使命"专题党课辅导。

同日　救护大队通过国家矿山救护队安全生产标准化检查，保持"国家特级安全生产标准化救护大队"称号。

7月6日　全国绿色矿山建设评估专家组来大屯矿区考察评估，同意姚桥、徐庄、龙东煤矿列入国家级绿色矿山名录。

7月10日　包正明、任艳杰到甘肃灵台县灵南矿区现场考察。在平凉市委常委、副市长袁状和灵台县委书记刘凯、县长崔仁杰的陪同下，会同国源时代能源公司党委书记、总经理陈庆良一起，分别到位于灵台县东南的唐家河煤矿和南川河煤矿规划区进行了现场察看，听取了灵台县有关负责人关于矿区规划、地质条件、工业广场设置及配套政策等情况的介绍，就共同关心的相关问题进行了深入交流。

7月19日　公司召开主题教育党课，包正明、毛中华、马文智、任艳杰、孙凯、向开满参加学习。包正明以《感悟初心使命，继承光荣传统，努力在高质量发展进程中担当作为》为题作主题教育专题党课。中煤集团"不忘初心、牢记使命"主题教育第四指导组副组长武义明出席。

7月25日　向开满接待了徐州市政府副秘书长张安永、沛县常务副县长张长缨一行。听取了公司有关户籍落地政策待遇问题和老年人、退役军人及残疾等弱势群体优抚补助问题的汇报，并就相关问题的尽快解决落实进行了沟通协调。

7月31日　包正明陪同中煤集团党委书记、董事长李延江和总会计师赵荣哲在甘肃兰州市拜会了甘肃省省委常委、常务副省长宋亮。李延江简要介绍了中煤集团基本情况、在甘肃投资发展情况和下一步发展设想。

8月7日　包正明陪同中煤集团总经理、党委副书记彭毅到新疆天山公司调研。彭毅听取了新疆天山公司矿井基本概况、生产布局、当前任务指标所采取的具体措施等方面情况的汇报，深入11602工作面进行了检查指导，实地查看了工作面生产系统、安全设施设备运行情况，

同日　苏铝铝业公司博斯特公司通过美国卡特彼勒公司焊接认证审核。

8月19日　苏铝铝业公司博斯特公司正式成为美国卡特彼勒公司青州工厂供应商。

8月23日　包正明、马文智接待了中煤科工集团上海公司副总经理蒋卫良一行。听取了上海煤科有关产业技术情况的介绍，就相关合作事宜进行了洽谈交流。

同日　拓特机械制造厂顺利通过国家矿用产品安全标志中心现场监督评审。

同日　公司举办"我和我的祖国"歌舞晚会。

8月28日　新疆苇子沟煤矿获得国家生态环境部环评批复文件。

同日　中煤职业技术学院荣获2019年"全国优秀质量管理小组"称号。

8月30日　热电厂2号机组顺利取得发电业务许可证。

9月4日　新疆鸿新煤业公司苇子沟煤矿取得采矿许可证。

9月18日　马文智代表公司与东方电气集团东方锅炉有限公司签订战略合作协议。东方锅炉股份有限公司副总经理霍锁善出席活动。

同日　救护大队通过华东区矿山救护队质量标准化考核验收,再次达到"国家特级质量标准化救护大队"标准。

同日　公司与中煤科工集团上海有限公司签订战略合作协议。

同日　公司举办李斌同志先进事迹报告会。

9月27日　公司举行"礼赞七十年 奋进新时代"——庆祝中华人民共和国成立70周年歌咏大会。

9月29日　孔庄煤矿的冲击地压治理示范项目通过江苏煤矿安全监察局验收。

本月　新疆天山公司取得采矿许可证。

本月　鸿新煤业公司收到呼图壁县发改委复工通知书。

10月1日　公司举行《我和我的祖国》快闪,献礼祖国70华诞。

10月9日　新疆天山公司106煤矿顺利实现复工复产。

10月15日　任艳杰荣登2019年度挖贝网A股上市公司优秀CFO Top100第12名,A股采掘行业优秀CFO Top5第3名。

同日　"大屯榜样"先模事迹巡回报告团前往姚桥煤矿举行首场报告会。

10月22日　上海能源董事会秘书、证券事务代表参加了上海上市公司协会在上港集团国际港务大厦召开的2018年度会员大会。

10月31日　毛中华、马文智在沛县人民政府参加大屯自供区和国网沛县北网电价调整及规范用电方案专题会。

同日　发电厂6号机组关停。至此,7、4、5、8、9、6六台机组分别于4月和10月全部关停。

本月　公司被评为"全国煤矿文化网络宣传先进单位"。

11月6日　包正明、向开满参加中煤集团首届"国企开放日"活动。国资委新闻中心副主任张义豪,中煤集团党委宣传部副部长武义明,《中国煤炭报》《中国能源报》《新华网》《中国新闻网》《江苏卫视》《徐州日报》《徐州电视台》等媒体代表,中国矿业大学师生、中煤职业技术学院学生、大屯矿区中小学学生代表40余人参加了活动。

11月14日—20日　新疆天山公司106煤矿顺利通过新疆生产建设兵团一级安全生产标准化矿井验收,"安全生产许可证"获批。该矿120万吨/年改扩建项目已顺利取得安全生产所需的"三证一照",成为证照齐全、依法合规正常生产矿井。

11月15日　中煤职业技术学院荣获"2019年全国煤炭教育工作先进单位"称号。

11月28日　甘肃灵南煤业有限公司在屯召开首次股东会会议、第一届董事会第一次会议和第一届监事会第一次会议。包正明出席并主持股东会和董事会第一次会议。

12月5日　中煤职业技术学院荣获"2018—2019年度煤炭行业职业技能标准建设先进单位"称号。

12月11日　上海能源、姚桥煤矿喜获"江苏省文明单位"荣誉称号。

12月17日　新疆天山公司106煤矿一次性顺利通过国家一级安全生产标准化矿井验收,成为公司当年投产、当年达标以及新疆生产建设兵团煤矿系统中首个国家一级安全生产标准化达标企业。

12月18日　江苏省煤炭工业协会思想政治工作研究分会成立大会在大屯公司召开。

12月20日　中煤大屯热电"上大压小"新建项目通过竣工预验收。

12月24日　公司荣获中国质量协会质量保证中心"管理体系优秀实践企业"称号。

本月　苏铝铝业获得科研土地用途批复。

本月 公司党委宣传部张进、宗慧芹、张牧颖荣获"第七届全国煤炭行业优秀新闻工作者"称号。

2020 年

1 月 1 日 徐州大屯工贸实业有限公司揭牌成立。

1 月 6 日 中煤大屯国企开放日活动荣列 2019 年煤炭企业十大新闻之二。

1 月 9 日 公司荣获"庆祝新中国成立 70 周年·江苏高质量发展标杆企业"称号，公司党委书记、董事长包正明同时被授予"最受尊敬的杰出苏商"称号。

1 月 10 日 公司与山东能源集团合作开发甘肃省平凉灵台矿区煤电"一体化"项目签约仪式在兰州举行。甘肃省委常委、常务副省长宋亮，公司领导包正明、徐宏伟，山东能源集团张寿利、孙春江等出席仪式。平凉市市委副书记、市长王奋彦主持签约仪式。根据协议约定，双方将充分发挥各自产业及技术等方面优势，按照煤电一体化模式，在甘肃省平凉市灵台矿区唐家河煤矿 500 万吨/年、南川河煤矿 400 万吨/年和灵台 4×1 000 兆瓦电厂项目建设中建立全面合作关系，加快"陇电入鲁"工作落地实施，实现双方互利共赢。

1 月 13 日 公司召开《集体合同》《女职工权益保护专项集体合同》签约仪式。

1 月 14 日 包正明、徐宏伟接待了江苏省煤炭地质局党委书记、局长蔡卫明一行。双方就地质勘探等相关合作业务进行了探讨交流。

同日 马文智接待了广东领丰汽车科技实业有限公司总经理席伟科。双方深入铝板带厂熔铸、热轧、冷轧车间进行了参观，就合作投资事宜进行了洽谈。

1 月 20 日 首届"大屯工匠"颁奖典礼在新闻中心举行。

1 月 23 日 大屯公司发布《关于做好新型冠状病毒感染的肺炎防控工作的紧急通知》和《大屯公司新型冠状病毒感染的肺炎疫情防控工作方案》，随文附件转发《致全县居民的一封信》。

1 月 24 日 公司召开新型冠状病毒感染肺炎防控工作紧急会议，徐宏伟主持此次会议，传达国务院国有资产监督管理委员会、中煤集团关于做好新型冠状病毒感染肺炎疫情防控工作的紧急通知精神，传达包正明、毛中华有关工作要求，研究讨论了《公司新型冠状病毒感染的肺炎疫情防控工作方案（试行）》。

1 月 26 日 公司在中心医院组织召开新型冠状病毒感染肺炎防控工作会议。向开满听取了疫情防控工作汇报，决定成立公司新型冠状病毒感染的肺炎防控指挥部，指挥部设在公司教卫办。

1 月 28 日 公司召开疫情防控工作会议，包正明主持此次会议，安排部署公司疫情防控工作。成立由包正明和毛中华任组长的大屯公司疫情防控领导小组，在公司教卫办公室成立疫情防控指挥部，向开满担任组长，全面协调、联系、安排部署疫情防控日常工作。各单位成立以党委书记为组长的疫情防控领导小组，并明确一名副职领导为副组长，负责疫情防控的日常工作，同时相应成立疫情防控办公室。

1 月 30 日 公司发布《关于成立公司应对新型冠状病毒感染肺炎疫情工作领导小组的通知》，加强疫情防控工作领导。公司纪委发布《关于进一步严明纪律做好新型冠状病毒感染肺炎疫情防控工作的通知》，严明疫情防控纪律要求。

1 月 31 日 毛中华主持召开公司新型冠状病毒感染的肺炎防控工作会议，传达了江苏省政府办公厅关于延迟企业复工的通知要求，听取了本部四矿关于停工停产计划安排的汇报，对四矿停工停产与公司新型冠

状病毒肺炎疫情防控工作进行安排部署。

本月 公司2019年十大新闻发布。

2月1日 公司召开新型冠状病毒防控工作调度会议,向开满听取各单位防疫工作汇报,并对疫情防控工作进行了分工部署,启动"沛县疫情系统"系统上报来沛人员信息,建立了疫情防控调度例会制度。

2月4日 公司发布《关于切实做好复工复产与疫情防控信息填报工作的通知》,做好《徐州市工业企业春节后复工复产申请表》《复工工业企业疫情防控工作信息表》的填报工作。

2月7日 公司发布《关于做好节后复工复产疫情防控工作的通知》,安排布置节后复工复产疫情防控工作。

2月9日 公司防控指挥部发布《关于做好春节返回公司职工隔离工作的通知》,随文转发《职工健康登记表》《人才公寓单身职工隔离流程》《各单位单身职工隔离流程》《隔离告知书》等附件,对春节返回公司职工实施隔离。启动微山湖假日酒店作为集中隔离点,对原居住在人才公寓返回大屯矿区的单身职工实施14天集中隔离和临床医学观察,其他返回大屯矿区职工各单位安排集中隔离场所实施14天集中隔离和临床医学观察。

2月11日 中心医院开始对湖北返回大屯矿区人员、密切接触者开始实施核酸检测。

2月12日 江苏煤矿安全监察局徐州分局局长赵宝华一行由唐召信陪同,到姚桥煤矿8539、7013工作面进行现场检查。

同日 公司启动徐州市"自疫区来徐回徐人员上报系统"上报来沛人员信息。

2月18日 公司防控指挥部发布《关于对外地返屯职工进行核酸检测的通知》,对外地返屯职工进行核酸检测。

2月19日 工程咨询公司取得江苏省住建厅颁发的工程造价咨询企业乙级资质证书,工程造价咨询市场业务启动。

2月27日 公司党委组织动员党员捐款支持新冠肺炎疫情防控。包正明、毛中华等公司领导带头捐款。

本月 公司开发建设50周年活动标识和《大屯文明20条》正式发布。

3月3日 徐州市委书记周铁根一行在包正明、毛中华陪同下,到铝板带厂调研检查疫情防控、复工复产和安全生产情况。徐州市委、市政府领导王剑锋、吴新福、王浩及沛县县委县政府领导李淑侠、苏伟、张长缨陪同调研。

3月15日 公司召开新型冠状病毒肺炎疫情防控工作会议,包正明部署研究新型冠状病毒肺炎疫情防控工作事宜,成立向开满任组长的涉外回屯人员疫情防控工作领导小组,下设涉外疫情防控办公室,办公室设在公司教卫办公室。

同日 新疆鸿新煤业公司防疫和安全措施通过新疆呼图壁县发改委检查验收,准许3月16日正式复工。

3月17日 包正明检查疫情防控指挥部疫情防控工作,听取有关疫情排查、复工复产、人员安排、物资储备、境外人员摸排和返回人员隔离等方面情况的汇报,要求继续做好"内防扩散,外防输入"工作。

3月19日 上海能源召开第七届董事会第十三次会议。受疫情防控影响,本次董事会以现场＋视频的方式召开。公司董事长包正明,副董事长、总经理毛中华,独立董事魏臻在现场参加会议,独立董事谢桂英、董事杨世权通过视频方式参加会议。

同日 上海能源召开第七届监事会第十一次会议。受疫情防控影响,本次监事会以现场＋视频的方式召开。公司监事会主席王文章、监事林宏志通过视频方式参加会议,监事向开满、刘冬冬、刘元芳在现场参加会议。

本月 工程咨询公司获高新技术企业认定。

4月2日 公司防控指挥部发布《关于继续做好新冠肺炎防控工作的通知》，继续摸排公司在册与离退休职工直系亲属在国外的情况，加强对湖北地区返回人员的排查和管控。

4月3日 公司召开灵南煤田唐家河南川河井田开拓方案设计分析讨论会。

4月5日 徐宏伟陪同新疆生产建设兵团第六师五家渠市党委常委、副市长刘敬海一行到新疆天山公司进行疫情防控和铁厂沟"4·4"事故专项检查。听取了新疆天山公司对疫情防控、近期工作和机电运输系统安全隐患排查等情况的汇报。深入井下 I1702 进风巷、I1703 测风巷、I1602 工作面对现场安全管理和机电运输规程措施落实兑现等情况进行了检查。

4月10日 毛中华、唐召信接待了徐州市人民代表大会常务委员会副主任、市人民代表大会社会建设委员会主任委员陈新生一行。陈新生带领检查组对公司贯彻实施《中华人民共和国安全生产法》《江苏省安全生产条例》《徐州市安全生产条例》情况进行执法检查。

4月15日 包正明、唐召信陪同江苏煤矿安全监察局副局长徐林一行到龙东煤矿进行安全投入专项监察。听取了龙东煤矿安全投入和近期安全生产情况的汇报，深入井下 7161-2 工作面现场进行检查，对查出的问题提出了整改意见和建议。

4月15日—16日 包正明、毛中华、马文智接待了集团公司首席专家李玉峰一行。马文智陪同李玉峰一行到电热公司、热电厂开展电力企业"警示三月行"活动回头看暨复工复产安全督导检查。

4月17日 徐宏伟拜访了新疆昌吉州自然资源局局长付岩林，介绍了公司本部及外部基地发展情况，感谢昌吉州自然资源局对公司一如既往的支持，希望付岩林局长能够在新疆基地两矿采矿证延期、证照办理等

工作中给予更多支持，推动企业发展。

同日 上海铁路监督管理局一处处长张春明到铁路管理处检查指导工作。

4月21日 包正明、毛中华到孔庄煤矿颁发安全生产8周年嘉奖令。

4月21日 徐宏伟在新疆生产建设兵团第六师副师长宋学华的陪同下拜访了呼图壁县县委书记丁彦明。

本月 4座煤矿2019年度矿山储量年报通过江苏省自然资源厅组织的评审验收。

5月5日 包正明、毛中华、唐召信到龙东煤矿颁发安全生产12周年嘉奖令。

5月7日 公司大爱志愿者服务队被全国煤炭行业共青团工作指导和推进委员会授予"疫情防控全国煤炭青年五四奖章"荣誉称号。

5月14—15日 毛中华、唐召信接待了江苏省发展和改革委员会副主任、省能源局局长季鸣一行。季鸣局长一行到孔庄煤矿、龙东煤矿进行安全生产标准化动态检查。孔庄煤矿、龙东煤矿分别达到了国家一级安全生产标准化水平。

苏铝铝业公司磨床经营部职工创新成果——"一种数控轧辊磨床中心架快移装置"获国家知识产权局专利授权。

5月16日 公司团委被共青团江苏省委授予"江苏省五四红旗团委"荣誉称号。

5月29日 包正明陪同中煤集团总经理彭毅、副总经理马刚在北京会见了平凉市政府王奋彦市长一行。

6月5日 包正明、徐宏伟、张沛顶、潘文生出席公司与中煤天津设计工程公司战略合作协议签署仪式。

6月12日 包正明、吉春来、向开满出席公司品牌服务项目与服务单位党建和党风廉政建设一体协同监督工作推进会。

6月11—12日 铝板带厂顺利通过武器装备质量管理体系年度审核，获准保持使用武器装备质量体系认证证书。

6月18日 包正明、毛中华、马文智、张沛顶在姚桥煤矿出席集团公司首个复杂条件智能工作面开采启动仪式。江苏煤矿安全监察局党组成员、一级巡视员杨树民,装备处处长徐海云,徐州煤监分局局长赵宝华、党总支书记张士成,徐州市发展和改革委员会副主任陈志伟,徐州市应急管理局副局长戴明泉,沛县县委书记吴昊出席启动仪式。

第一篇

治理体制

Zhili Tizhi

1983 年 4 月,大屯煤矿工程指挥部由上海市属企业改为煤炭工业部直属企业。1991—2020 年,伴随着国务院机构改革与调整,先后隶属于中国统配煤矿总公司、煤炭工业部、国家煤炭工业局。1998 年,成为中国煤炭工业进出口集团公司(2003 年在中煤建设集团公司并入后,更名为中国中煤能源集团公司)下属企业。

30 年间,继矿井建设初期的"煤电运"综合经营模式之后,从 20 世纪 90 年代末开始,在探索的基础上,公司逐步走出了"煤电铝运"和"4411"发展之路。新的经营模式使产业链延长,不同产业间形成互补,增强了企业的抗风险能力。其中,在 1998 年遭受全球性金融危机,2012 年开始延续五年的煤炭行业低谷时,公司通过自我加压、内部挖潜、加强管理、机制革新,守住了企业经营无亏损的底线。在矿井获取方面,新增了新疆天山煤电、鸿新煤业和甘肃唐家河煤矿、南川河煤矿。

30 年间,随着企业改制,法人治理结构发生变化。1997 年,完成公司制改造建立起现代企业制度。1999 年 12 月,创立股份公司。党组织的作用以及"三会一层"的决策权、管理权、监督权贯穿在企业安全生产、经营管理等工作全过程,党建工作围绕生产经营中心工作开展。

30 年间,实现股票上市融资。1999 年 12 月,公司作为主发起人,联合公司等四个公司共同发起设立上海大屯能源股份有限公司,并随即开展股票上市前期筹备工作。2001 年 8 月 29 日,上海能源 A 股股票在上海证券交易所挂牌交易,在此后近 20 年的时间里,发挥着向市场融资的作用,在为公司发展注入资本的同时,也为股民带来回报。

30 年间,公司制订了 6 个五年发展规划,顺势调整发展战略。"十一五"期间,公司明确"1231"发展战略;2015—2017 年,提出"12433"发展战略;在"十三五"后三年滚动规划、中长期发展战略(2018—2030 年)中着力推进"4411"发展战略,建设"五型"新大屯,打造中煤集团"两商"战略典范企业。

30 年间,不断推进内部改革。本着适应市场化和自身发展的需要,公司进行了多轮内部改革。1997 年实行"三条线"管理、推行机构改革,使"三条线"分离经营、分灶吃饭。2003 年 3 月,加快后勤服务系统改革,逐步分离企业办社会职能。2006 年 5 月至 2007 年末,实施"三项制度"改革,在机构部门整合的基础上,进行了功能重新定位。2017 年,对机关组织机构、编制定员、职责范围再次进行梳理,根据国家相关政策规定,对企业办社会职能中涉及的公安、教育和"三供一业"均完成分离移交。

注释:"4411"——建设江苏、新疆、蒙陕甘、淮海"四大基地",发展煤炭、电力、铝加工、能源综合服务业"四大产业",打造电力运维、水处理运维、铁路运维、地质勘探防治水、园区等"十一"个品牌项目;"两商"——清洁能源供应商和能源综合服务商;"五型"——基业长青、与时俱进、充满活力、公正清明和富裕美丽型;"三条线"——生产线、经营线、后勤服务线。

第一章 体 制

第一节 隶属关系

1970 年 10 月,根据《国务院关于建设沛县煤矿问题的批复》(国发电〔1970〕34 号),大屯煤矿由上海市开发建设,大屯煤矿工程指挥部隶属于上海市人民政府领导。

1983 年,煤炭工业部、上海市人民政府下发《煤炭工业部、上海市人民政府关于大屯煤矿交接事项商谈纪要》,决定将大屯煤矿工程指挥部改为煤炭工业部直属企业。3 月,煤炭工业部、江苏省人民政府联合下发《煤炭工业部、江苏省人民政府关于调整大屯矿区管理体制、组建煤炭工业部大屯煤电工业公司商谈纪要》,同意组建煤炭工业部大屯煤电工业公司。

1988 年,煤炭工业部撤销,组建中国统配煤矿总公司,大屯煤电工业公司随之更名为中国统配煤矿总公司大屯煤电公司。

1993 年 3 月,中国统配煤矿总公司撤销,恢复煤炭工业部,大屯煤电公司回归煤炭工业部。

1997 年,根据煤炭工业部《关于大屯煤电公司建立现代企业制度有关问题的批复》(煤办字〔1997〕第 403 号),大屯煤电公司改制为国有独资公司,更名为大屯煤电(集团)有限责任公司。

1998 年,煤炭工业部撤销,成立国家煤炭工业局。同年,国家煤炭工业局《关于印发将大屯煤电(集团)有限责任公司交由中国煤炭工业进出口集团公司管理会议纪要的通知》(煤办字〔1998〕第 431 号)批准将大屯煤电(集团)有限责任公司归属中国煤炭工业进出口集团公司(2003 年在中煤建设集团公司并入后,更名为中国中煤能源集团公司,简称"中煤集团公司")。

第二节 领导班子

1991 年初,公司在任领导班子成员:孟以猛任经理,王振国任党委书记,侯作顺任第一副经理,徐敏、赵明干、曹祖民任副经理,黄乐孺任党委副书记,张其廉任总经济师,祝嘉镛任总工程师,李宝藏任安监局局长,孙明珊任纪委书记,王庆德为调研员。1 月,刘正修退休。

1992 年 9 月,王庆德离休。

1994 年 7 月,王金余、张其廉任公司副经理,孙明珊任公司党委副书记,颢孙正宗任公司工会主席,王庆先为调研员。11 月,徐敏退休,赵明干离休。12 月,侯作顺调出。

1995 年 10 月,孟以猛退休,王振国为公司调研员,曹祖民任公司经理,孙明珊任公司党委书记,纪四平任公司副经理,宋振德任公司安监局局长,于反修任公司纪委书记,李宝藏为公司调研员。

1996年6月,王庆先退休。

1997年2月,李宝藏退休。7月,王振国退休。11月,曹祖民任公司董事长、总经理、党委副书记,孙明珊任公司副董事长,王金余、张其廉、纪四平任公司副总经理,刘雨忠任公司副总经理、总工程师。12月,祝嘉镛退休。

1999年12月,曹祖民任上海能源董事长,刘雨忠任上海能源董事、总经理,孙明珊任上海能源党委书记、副董事长。

2000年9月,翁庆安任公司总会计师。10月,张其廉退休,殷华东任公司副总经理。

2002年6月,宋振德退休,李新宝任公司副总经理。8月,黄乐孺退休。

2004年3月,曹祖民调出,孙明珊、颛孙正宗退休,刘雨忠任公司董事长、总经理、党委副书记,王金余任公司副董事长,李新宝任上海能源董事长,徐国栋、许大雄任公司副总经理,祁和刚任公司总工程师,王金余任公司党委书记,刘雨忠、于反修、蒋韬任公司党委副书记,于反修任公司纪委书记。6月,姚惠兴任公司工会主席、上海能源工会主席。7月,李新宝调出,刘雨忠任上海能源董事长。

2005年4月,金晨钟任公司副总经理。11月,蒋韬调出。12月,殷华东调出。

2006年5月,王金余调出;刘雨忠任公司党委书记;李新宝任公司董事、党委副书记、总经理,上海能源总经理。7月,祁和刚调出。8月,翁庆安调出,曹元福任公司总会计师。12月,于反修退休,张天森任公司党委副书记、纪委书记,姜华任公司安监局局长。

2007年6月,曹元福调出,许之前任公司总会计师。

2008年7月,徐国栋调出。

2009年5月,义宝厚任公司党委书记。6月,刘雨忠、李新宝、张天森调出,李馥友任公司党委副书记、董事长、总经理,梁云任公司党委副书记、纪委书记。7月,义宝厚任公司副董事长、总经理,李馥友任上海能源董事长、总经理。

2010年3月,纪四平调出;张毅勤任公司董事、上海能源副总经理;吴继忠任公司董事,上海能源副总经理、总工程师。8月,金晨钟调出;梁云任公司董事、上海能源副总经理;李占福任公司党委副书记、纪委书记、监事会主席,上海能源监事会主席。10月,李馥友调出,中煤集团任命了公司、上海能源新的董事长。

2011年3月,丁仁刚任公司董事、上海能源安监局局长。

2013年2月,公司、上海能源董事长调出,义宝厚任公司董事长、上海能源董事长。3月,姜华任公司党委副书记、上海能源总经理。8月,马文智、薛柏会任公司董事、上海能源副总经理。

2014年2月,姚惠兴调出,许大雄、丁仁刚按中煤集团文件规定提前离任,王树斌、唐召信任公司董事,王树斌任上海能源副总经理,唐召信任上海能源安监局局长。3月,李占福任公司工会主席、上海能源工会主席。5月,梁云调出。8月,姜华任上海能源副董事长。12月,纪四平任公司董事(正职待遇)。

2015年3月,李占福按中煤集团文件规定提前离任;牛旭亭任公司党委副书记、纪委书记、工会主席、监事会主席,上海能源工会主席、监事会主席。4月,许大雄退休。8月,丁仁刚退休。9月,姜华任公司副董事长。

2016年7月,张毅勤离职。8月,李占福退休。10月,纪四平退休,牛旭亭调出,赵兴旺任公司党委副书记、纪委书记。12月,许之前调出。

2017年2月,包正明任公司党委副书记、副董事长,上海能源副董事长、总经理。3月,任艳杰任上海能源董事、总会计师。9月,义宝厚调出,包正明任公司董事长、上海能源董事长。10月,姜华调出。

2018年2月,包正明任上海能源临时党委书记;毛中华任上海能源副董事长、总经理、临时党委副书记,公司副董事长、党委副书记;赵兴旺调出。3月,上海能源临时党委任命包正明为公司党委书记,王树斌、吴继忠调出,孙凯任上海能源副总经理、总工程师。4月,徐宏伟任上海能源临时纪委书记。6月,向开满任上海能源临时党委副书记、公司党委副书记。

2019年5月,薛柏会调出。10月,孙凯调出。12月,吉春来任上海能源临时纪委书记,徐宏伟任上海能源副总经理,任艳杰按中煤集团文件规定提前离任。

2020年1月,张沛顶任上海能源总工程师。

注:1983年4月至1997年10月大屯煤电公司和1997年11月以后大屯煤电(集团)有限责任公司简称"公司";1999年12月以后上海大屯能源股份有限公司简称"上海能源"。

第三节　法人治理结构

一、经理负责制

1991年至1997年8月,根据中央精神,作为国有独资有限责任公司,公司实行经理负责制,公司经理是企业的法人代表,对企业负有全部责任,对公司生产指挥和经营管理工作统一领导、全面负责。经理对公司的生产经营活动和行政工作统一指挥安排,并对煤炭部负责。副经理、总工程师、总会计师在经理指导下工作,按原各自的分工完成经理交给的任务,并对经理负责。

公司设立管理委员会,经理任管理委员会主任,公司直属矿、厂、处、队、院、校长与多种经营公司经理根据经理授予的职权,对本单位生产指挥和经营管理工作统一领导、全面负责。

党委把保证和监督贯穿于企业经济活动的全过程。党委对经理在企业生产经营重大问题上的决策积极支持,保证实现。党委对经理的决策有不同意见的,及时提出,报告上级主管机关或上级党组织。

职工代表大会接受企业党委的思想政治领导,实行民主集中制,支持厂长行使经营管理决策和统一指挥生产活动的职权。行使下列职权:定期听取总经理的工作报告,审议企业的经营方针、长远和年度计划、重大技术改造和技术引进计划、职工培训计划、财务预决算、自有资金分配和使用方案,提出意见和建议,并就上述方案的实施作出决议;审议通过总经理提出的企业的经济责任制方案、工资调整计划、奖金分配方案、劳动保护措施方案、奖惩办法及其他重要的规章制度;审议决定职工福利基金使用方案、职工住宅分配方案和其他有关职工生活福利的重大事项;评议、监督企业各级领导干部,并提出奖惩和任免的建议。

二、大屯公司法人治理

1997年8月至2020年6月，根据国家债转股政策，国家开发银行、中国信达资产管理公司在公司的债权转为股份。又根据公司与国家开发银行的股权回购协议和中国信达资产管理公司、中国煤炭进出口公司、中煤集团的股权转让协议，国家开发银行、中国信达资产管理公司在公司的股权全部退出，公司股东变更为中煤集团、中国煤炭进出口公司。再根据中煤集团将中国煤炭进出口公司持有的公司股权无偿划给中煤集团的决定，公司变更为中煤集团独资的有限责任公司，股东中煤集团以其出资额（股权）为限对公司承担责任，公司以其全部资产对公司债务承担责任。公司按照现代企业制度建立和完善党委、董事会、经理层、监事会及职工代表大会，构建起了有中国特色的国有企业治理结构。公司党委发挥领导作用，把方向、管大局、保落实，依照规定讨论和决定公司重大事项。公司实行董事会领导下的总经理负责制，在领导班子组成模式上遵循公司法人治理结构的要求，设立了公司党委、董事会、经理层、监事会。党委书记、董事长由一人担任。

股东会 1998年3月20日至2003年2月10日，公司作为国有独资公司由原中国煤炭工业进出口集团公司出资设立，不设股东会。2002年11月19日，国家经济贸易委员会批准同意国家开发银行、中国信达资产管理公司对公司的债权进行转股。2003年2月10日，中煤集团与国家开发银行、中国信达资产管理公司签订《大屯煤电（集团）有限责任公司章程》，公司设立股东会，并在同日召开了公司首次股东会，审议通过了《大屯煤电（集团）有限责任公司章程》并选举曹祖民、孙明珊、夏胜云、顾正龙、周顺顺、王金余、纪四平、刘雨忠、殷华东、李新宝、翁庆安、颛孙正宗组成公司第二届董事，选举于反修、郁伟、叶方明、王军、任艳杰、王明山、刘冬冬组成公司第二届监事会。2005年4月20日，股东会审议通过《关于中国信达资产管理公司股权退出的议案》，中国信达资产管理公司同意将其阶段性持有的公司17 651万元的股权全部退出，并由中煤集团受让该股权，公司注册资本减少31 690万元，变为154 435万元。2005年12月5日，公司召开股东会2005年第一次临时会议，审议《关于中国信达资产管理公司股权转让给中国煤炭进出口公司的议案》，同意将中国信达资产管理公司持有公司11.43%的股权以12 355.70万元的价格转让给中国煤炭进出口公司。2006年3月10日，公司召开股东会2006年第一次临时会议，审议通过《关于修改公司章程的议案》，国家开发银行、中国信达资产管理公司在公司的股权全部退出，公司股东变更为中煤集团、中国煤炭进出口公司，各股东以其出资额（股权）为限对公司承担责任，公司以其全部资产对公司债务承担责任。目前，公司是中煤集团的全资子公司，依据规定，公司不设股东会，由中煤集团行使股东权利，并授权公司董事会行使股东会的部分职权，中煤集团依照法律、法规和公司章程行使职权。

董事会 1998年3月20日，第一届董事会第一次会议审议通过《关于变更集团公司注册资本金的议案》《关于变更公司经营范围的议案》《关于分公司作规范登记的议案》，其中《关于分公司作规范登记的议案》中将分支单位原名称中的"大屯煤电公司"变更为"大屯煤电（集团）有限责任公司"。公司设董事会，第一届董事会成员为曹祖民、孙明珊、王金余、颛孙正宗、张其廉、黄乐孺。其中，曹祖民为第一届董事会董事长。1998年8月27日，第一届董事会第二次会议审议通过《关于大屯煤电公司董事会工作暂行办法》《关于大屯煤电公司总经理工作暂行办法》《关于集团公司董事会成立战略发展策划委员会、审计考核委员会、国有资产管理委员会的议案》，公司成立董事会下设的 3 个委员会。1998 年 12 月 16 日，董事会临时会议审议通过《关于大屯煤电(集团)有限责任公司股改上市申请方案》。1999 年 11 月 19 日，第一届董事会第七次会议审议通过《关于股份公司股本结构、注册地选择、采矿权处置及发起人协议草案的议案》《关于股份公司章程草案的议案》，规定股份公司股本结构为：总股本 30 550 万股，其中，公司为 28 665 万股，占总股本的 93.83%；煤炭进出口公司为 975 万股，占总股本的 3.19%；宝钢集团经济贸易总公司为 715 万股，占总股本的 2.34%；上海煤气物资贸易有限公司为 130 万股，占总股本的 0.43%；煤炭科学总院为 65 万股，占总股本的 0.21%。1999 年 12 月 27 日，第一届董事会第八次会议审议通过《上海大屯能源股份有限公司筹备工作报告》《上海大屯能源股份有限公司章程(草案)》《上海大屯能源股份有限公司筹备费用的报告》《关于设立上海大屯能源股份有限公司议案(草案)》《上海大屯能源股份有限公司在适当时候申请公开发行社会公众股(A 股)的议案(草案)》《大屯煤电(集团)有限责任公司实物资产折股作价议案》《关于推荐江苏天街会计师事务所为设立上海大屯能源股份有限公司及发行社会公众股(A 股)的财务审计机构的议案》，并同意以上议案提交上海能源股东大会审定。审议通过委派王金余、纪四平、刘雨忠、孙明珊、张其廉、宋振德、黄乐孺、颛孙正宗、曹祖民为上海能源第一届董事会董事，并推荐曹祖民为董事长、孙明珊为副董事长；委派于反修、刘冬冬、殷华东、翁庆安、高丕银为上海能源第一届监事会监事，并推荐于反修为监事会主席；委派凌永华为上海能源第一届董事会秘书；推荐刘雨忠为上海能源经理、张启为副经理兼总经济师、符小民为副经理兼总工程师、许之前为总会计师。2000 年 10 月 27 日，第一届董事会第十次会议审议通过《关于变动集团公司董事会机构设置的议案》，董事会设 3 个专门委员会，即发展战略委员会、国有资产管理委员会、审计考核委员会。董事会原设置的秘书处及在秘书处设置的发展战略部、资产经营部、审计考核部 4 个工作机构，变更为董事会秘书处、发展战略部、资产经营部、审计部和监察部 5 个独立的工作机构。董事会秘书处与公司办公室合署，监察部仍与公司纪委合署。2018 年 11 月 19 日，第六届董事会第一次会议完成了董事会的换届选举工作，选举包正明、毛中华、马文智、薛柏会、唐召信、徐宏伟、任艳杰、孙凯、向开满为公司董事；选举包正明为公司第六届董事会董事长，毛中华为公司第六届董事会副董事长。当前，公司董事会成员有包正明、毛中华、马文智、唐召信、徐宏伟、向开满，高级管理人员包括吉春来、张沛顶。

经理层 1998 年 3 月至 2017 年 9 月，公司设总经理 1 人，副总经理若干人，由中煤集团任免；总经理在公司董事会的领导下，主持公司的日常基本建设、生产经营、安全生产管理工作，组织实施董事会决议、公司年度经营计划和投资方案等工作。2017 年 9 月 5 日，中煤集团下发了《关于包正明、义宝厚职务任免的通知》，委派包正明为公司董事长。鉴于中煤集团没有任命公司总经理以及经营层的实际情况，公司利用落实党建工作纳入公司章程的时机，对公司章程进行了修订：为避免公司高级管理人员与关联上市公司上海能源高管层交叉任职，公司设总经理 1 人，由董事长兼任，公司日常经营管理工作由董事长委托各位董事代行经理层职责。

监事会 公司设监事会向股东负责并报告工作。1998 年 3 月 20 日，公司召开第一届监事会第一次会议。公司监事会成员由中煤集团委派和职代会选举职工监事组成，代表中煤集团对国有资产保值增值情况进行监督。公司第一届监事会到第五届监事会基本上都是

由公司有关人员组成,监事会主席一般由公司党委副书记、纪委书记担任。2017年,中煤集团分别向子(分)公司派出监事。2017年4月27日,中煤集团下发了《关于王文章等3人任职的通知》,委派时任中煤集团监察审计部副主任、中煤股份审计部经理的王文章为公司监事并提名为监事会主席人选。2018年11月19日,公司召开了第六届监事会第一次会议,完成了监事会的换届选举工作,选举王文章、马振欣、刘冬冬、刘元芳、潘文生为公司监事,其中刘冬冬、潘文生为公司职工监事;选举王文章为公司监事会主席。

党委 公司设立党委,设书记1名,其他党委成员若干名,设主抓企业党建工作的专职副书记,符合条件的党委委员可以通过法定程序进入董事会、监事会、经理层,董事会、监事会、经理层成员中符合条件的党员可以依照有关规定和程序进入党委,同时按规定设立纪委。党委职责:加强公司党的政治建设,坚持和落实中国特色社会主义根本制度、基本制度、重要制度,教育引导全体党员始终在政治立场、政治方向、政治原则、政治道路上同以习近平同志为核心的党中央保持高度一致;深入学习和贯彻习近平新时代中国特色社会主义思想,学习宣传党的理论,贯彻执行党的路线、方针、政策,监督、保证党中央重大决策部署以及国资委党委、中煤集团党委和上级党组织决议在公司贯彻落实;研究讨论公司重大经营管理事项,支持董事会、监事会和经理层依法行使职权;加强对企业选人用人的领导和把关,抓好公司领导班子建设和干部队伍、人才队伍建设;履行公司党风廉政建设主体责任,领导、支持纪检组织履行监督、执纪、问责职责,严明政治纪律和政治规矩,推动全面从严治党向基层延伸;加强基层党组织建设和党员队伍建设,团结带领职工群众积极投身企业改革发展;领导公司思想政治工作、精神文明建设、统一战线工作,领导公司工会、共青团、妇女组织等群团组织。

三、上海能源法人治理

1999年12月,经国家经贸委批准,由公司作为主发起人,联合中国煤炭进出口公司、宝钢集团国际经济贸易总公司、煤炭科学研究总院、上海煤气制气物资贸易有限公司等共同发起设立上海大屯能源股份有限公司并在上海召开了创立大会。2001年6月28日,上海能源股票发行方案获中国证券监督管理委员会证监发行字〔2001〕43号文批准。2001年8月,上海能源股票在上海证券交易所上市,股票简称为上海能源,代码为600508。作为一家上市公司,根据有关规定,公司建立和完善了党委、董事会、监事会、股东大会、经理层等法人治理结构。上海能源股东大会、董事会、经理层,实行层层负责制,一级对一级负责,能够按国家法律法规、上交所上市公司规则等规定和公司章程规范运行,定期不定期按程序召开董事会、监事会会议和股东大会,审议重大事项,公开、及时、完整地披露定期报告和重大事项信息,保障了社会投资者对公司的知情权及公司经营管理的规范性。公司股东大会、董事会、监事会、经理层职责清晰,权责分明,控制有力,运行有效。

股东大会 依法行使下列职权:决定公司的经营方针和投资计划;选举和更换非由职工代表担任的董事、监事,决定有关董事、监事的报酬事项;审议批准董事会的报告;审议批准监事会的报告;审议批准公司的年度财务预算方案、决算方案;审议批准公司的利润分配方案和弥补亏损方案;对公司增加或者减少注册资本作出决议;对发行公司债券作出决议;对公司合并、分立、解散、清算或者变更公司形式作出决议;修改公司章程;对公司聘用、解聘会计师事务所作出决议;审议批准有关担保事项;审议公司在一年内购

买、出售重大资产超过公司最近一期经审计总资产 30％的事项；审议批准变更募集资金用途事项；审议股权激励计划；审议法律、行政法规、部门规章或公司章程规定应当由股东大会决定的其他事项。股东大会的职权不得通过授权的形式由董事会或其他机构和个人代为行使。

董事会 设立董事会，1999 年 12 月 28 日召开的上海能源创立大会暨第一次股东大会明确，上海能源第一届董事会共由 11 名董事组成，其中曹祖民为公司董事长，孙明珊为公司副董事长，黄乐孺、王金余、纪四平、刘雨忠、颛孙正宗、宋振德、张其廉、张振声（宝钢集团国际经济贸易有限公司）、杨列克为公司董事。2002 年 6 月 14 日，选举范维唐（中国煤炭工业协会）、王忠民（中煤信托投资有限公司）为公司第一届董事会独立董事。2002 年 6 月 28 日，第一次临时股东大会审议并通过《关于修改上海大屯能源股份有限公司董事会工作规则的议案》《关于上海大屯能源股份有限公司独立董事工作细则的议案》。董事会下设 3 个委员会，分别为审计委员会、战略委员会以及薪酬与考核委员会，其中审计委员会、薪酬与考核委员会的主任委员由公司独立董事担任。上海能源贯彻落实全国国有企业党建工作会议精神以及中煤集团的要求，积极推进党建主体地位的落实，将党建工作纳入上海能源章程中，2018 年 1 月 24 日，上海能源召开 2018 年第一次临时股东大会，审议通过《关于修订公司章程的议案》，在章程中明确增加党委一章：公司设立党委。党委设书记 1 名，其他党委成员若干名。董事长、党委书记原则上由一人担任，设立主抓企业党建工作的专职副书记，符合条件的党委委员可以通过法定程序进入董事会、监事会、经理层，董事会、监事会、经理层成员中符合条件的党员可以依照有关规定和程序进入党委，同时按规定设立纪委。根据《关于加快推进企业党建工作进章程有关事项的通知》（中煤法〔2018〕355 号）要求，2018 年 11 月 8 日，公司董事长、党委书记包正明，纪委书记徐宏伟，党委副书记向开满主持召开专题会议，研究上海能源全资子公司和控股子公司将党建工作纳入章程中事宜，并下发《关于印发公司全资及控股企业在公司章程中增加党建工作指导文本的通知》。根据《关于在上市公司建立独立董事制度的指导意见》《关于进一步规范党政领导干部在企业兼职（任职）问题的意见》，公司独立董事董化礼、宋密、贾成炳先后辞去公司独立董事职务，并于 2015 年 4 月 24 日，第五届董事会第十七次会议选举郭伟华、袁永达、谢桂英为独立董事候选人。上海能源历届董事会组成中，董事人数最多时高达 15 人。截至 2020 年 6 月，第七届董事会已下降到 6 人，其中 4 名董事由股东单位推荐产生，分别为中煤集团推荐的包正明、毛中华、任艳杰和宝钢集团国际经济贸易总公司推荐的杨世权，2 名独立董事分别为谢桂英和魏臻。

监事会 上海能源根据《中华人民共和国公司法》《中华人民共和国证券法》《上海大屯能源股份有限公司章程》等设立了监事会，监事会成员由股东委派以及职工代表大会推选产生，分为股东监事和职工监事。上海能源第一届监事会共由 7 名监事组成，分别为于反修、翁庆安、殷华东、高丕银、刘冬冬、敬守廷、李玉峰，其中于反修担任第一届监事会主席。上海能源从第一届监事会到第六届监事会，监事会主席均由公司党委副书记、纪委书记担任，直到第六届监事会第十四会议，根据中煤集团推荐意见，监事会选举中煤集团监察审计部副主任、中煤股份审计部经理王文章为公司第六届监事会主席，并连任第七届监事会主席。为不断推进监事会精干高效，持续提高决策效率，上海能源历届监事会组成中，监事人数最多时高达 11 人。截至 2020 年 6 月，第七届监事会已下降到 5 人，其中，中煤股份委派股东代表

监事 2 人,分别为王文章、刘元芳,煤炭科学研究总院委托股东代表监事林宏志和职工代表监事向开满、刘冬冬,以代表不同的监督层面。

经理层 公司设总经理 1 名,由董事会聘任或解聘。1999 年 12 月 28 日,上海能源召开第一届董事会第一次会议,聘任刘雨忠为公司经理、张启为副经理兼总经济师、凌永华为董事会秘书、符小民为公司副总经理兼总工程师、许之前为公司总会计师。总经理对董事会负责。总经理列席董事会会议。上海能源董事长和总经理原则上是分别设置的,高管层在董事会任职人数也没有超过 1/2,避免了董事会和高管层的高度重合,强化了决策层对经营层的制约。截至 2020 年 6 月,公司经理层共有 5 人,其中,公司副董事长毛中华兼任公司总经理,副总经理为马文智、徐宏伟,安全监察局局长为唐召信,总工程师为张沛顶。公司董事会秘书为段建军。

党委 公司设党委,设书记 1 名,其他党委成员若干名,设立主抓企业党建工作的专职副书记,符合条件的党委委员可以通过法定程序进入董事会、监事会、经理层,董事会、监事会、经理层成员中符合条件的党员可以依照有关规定和程序进入党委,同时按规定设立纪委。党委职责:加强公司党的政治建设,坚持和落实中国特色社会主义根本制度、基本制度、重要制度,教育引导全体党员始终在政治立场、政治方向、政治原则、政治道路上同以习近平同志为核心的党中央保持高度一致;深入学习和贯彻习近平新时代中国特色社会主义思想,学习宣传党的理论,贯彻执行党的路线、方针、政策,监督、保证党中央重大决策部署以及国资委党委、中煤集团党委和上级党组织决议在公司贯彻落实;研究讨论公司重大经营管理事项,支持股东会、董事会、监事会和经理层依法行使职权;加强对企业选人用人的领导和把关,抓好公司领导班子建设和干部队伍、人才队伍建设;履行公司党风廉政建设主体责任,领导、支持纪检组织履行监督、执纪、问责职责,严明政治纪律和政治规矩,推动全面从严治党向基层延伸;加强基层党组织建设和党员队伍建设,团结带领职工群众积极投身企业改革发展;领导公司思想政治工作、精神文明建设、统一战线工作,领导公司工会、共青团、妇女组织等群团组织。

上海能源上市之初,梳理、整理、建立包括公司章程、董监事会工作议事规则、股东大会议事规则、总经理工作规则、煤炭电力生产安全和经营管理在内的各项规章制度达 200 项以上。近年来,随着国家对上市公司监管体系的完善,上海能源公司章程修订已达 21 次,先后建立了关联交易管理办法、信息披露制度、投资者关系管理制度、内幕知情人管理制度等,同时公司日益重视风险预控管理,并在实际工作中结合巡视巡查、审计发现的问题,强化督查和整改落实,将制度内化于心,外化于行,保障企业经济稳健运行。

第四节 公司上市

一、设立上海能源

1999 年 7 月 1 日,中国证券监督管理委员会发布《关于大屯煤电(集团)有限责任公司申请公开发行 A 股股票的函》(证监函〔1999〕113 号文),同意先行设立股份有限公司并规范运行一年后,由公司注册地的中国证监会派出机构对公司改制情况进行调查,若属规范化的股份有限公司,将视市场情况受理公司的发行上市申请。10 月 21 日,财政部以财评函字

〔1999〕648 号文同意公司拟发起设立股份有限公司资产评估项目立项。11 月 8 日,公司、中国煤炭进出口公司、宝钢集团国际经济贸易总公司、上海煤气制气物资贸易有限公司和煤炭科学研究总院共同签署《上海大屯能源股份有限公司的发起人协议》。12 月 1 日,国土资源部以国土资矿认字〔1999〕第 39 号、第 40 号、第 41 号、第 42 号文确定中介机构对姚桥煤矿、孔庄煤矿、徐庄煤矿、龙东煤矿的采矿权价值评估结果。12 月 8 日,国土资源部以国土资函〔1999〕第 671 号文确认设立股份公司所涉土地使用权的评价结果并批准了该等土地使用权的处置方案。12 月 21 日,中国煤炭工业进出口集团公司批准发起设立股份公司的可行性报告。12 月 27 日,国家经贸委以国经贸企改〔1999〕1263 号文批准设立上海大屯能源股份有限公司,财政部批准股份公司国有股权管理方案。12 月 28 日,上海能源在上海召开创立大会暨第一届股东大会,审议通过《上海大屯能源股份有限公司筹备工作报告》《上海大屯能源股份有限公司章程(草案)》等议案,决议设立股份公司。12 月 29 日,上海能源在上海市工商局注册登记成立。

公司作为主发起人,联合中国煤炭进出口公司、宝钢集团国际经济贸易总公司(后更名为上海宝钢国际经济贸易有限公司)、上海煤气制气物资贸易有限公司和煤炭科学研究总院共同发起,以公司所属的姚桥煤矿(老井)、孔庄煤矿、徐庄煤矿、龙东煤矿、大屯选煤厂、徐沛铁路管理处及销售分公司、供应处(以下简称"四座矿、一厂、二处、一公司")为主体,以发起方式设立上海大屯能源股份有限公司。公司总股本 30 151 万股。公司所属的"四座矿、一厂、二处、一公司"经评估确认后的生产经营性净资产为 43 485.80 万元,按 65％的折股比例折为 28 266 万股;中国煤炭进出口公司以现金出资 1 500 万元,按 65％的折股比例折为 975 万股;宝钢集团国际经济贸易总公司以现金出资 1 100 万元,按 65％的折股比例折为 715 万股;煤炭科学研究总院以现金出资 100 万元,按 65％的折股比例折为 65 万股。上述股权性质均为国有法人股。上海煤气制气物资贸易有限公司以现金出资 200 万元,按 65％的折股比例折为 130 万股,为法人股。

1999 年上海能源发起人持股情况见表 1-1-1。

表 1-1-1　1999 年上海能源发起人持股情况表

发起人单位	持股数量/万股	占总股本比例/％
大屯煤电(集团)有限责任公司	28 266	93.75
中国煤炭进出口公司	975	3.23
宝钢集团国际经济贸易总公司	715	2.37
煤炭科学研究总院	65	0.22
上海煤气制气物资贸易有限公司	130	0.43
合计	30 151	100

二、股票上市

2001 年 6 月 28 日,上海能源股票发行方案获中国证券监督管理委员会证监发行。8 月

7日,上海能源公开发行了人民币普通股11 000万股,发行价格为9.00元/股。根据国务院发布的《减持国有股筹集社会保障资金管理暂行办法》,并经财政部《关于上海大屯能源股份有限公司国有股存量发行有关问题的函》(财企便函〔2001〕59号)的批复,在上海能源首次向社会公开发行10 000万股股票的同时,按照股份公司首次公开发行融资总额的10%减持国有股1 000万股,由公司、中国煤炭进出口公司、宝钢集团国际经济贸易总公司、煤炭科学研究总院分别将其所持有的国有股943万股、32万股、23万股、2万股划拨给全国社会保障基金理事会,由其委托股份公司在该次公开募股时一并出售。

2001年上海能源首次股票公开发行前的股权结构见表1-1-2。2001年上海能源首次股票公开发行后的股本结构见表1-1-3。2001年上海能源首次股票公开发行后前十名股东持股情况见表1-1-4。

表1-1-2 2001年上海能源首次股票公开发行前的股权结构表

股东情况	持股数量/万股	持股比例/%	股权性质
大屯煤电(集团)有限责任公司	27 323	90.62	国有法人股
中国煤炭进出口公司	943	3.13	国有法人股
宝钢集团国际经济贸易总公司	692	2.30	国有法人股
煤炭科学研究总院	63	0.21	国有法人股
全国社会保障基金理事会	1 000	3.31	国家股
上海煤气制气物资贸易有限公司	130	0.43	法人股
合计	30 151	100	

经上海证券交易所《上市通知书》(上证上字〔2001〕128号)同意,公司11 000万股A股于2001年8月29日在上海证券交易所挂牌交易。

表1-1-3 2001年上海能源首次股票公开发行后的股本结构表

	股东单位	股本性质	发行后股本结构/万股	比例/%
非流通股	大屯煤电(集团)有限责任公司	国有法人股	27 323	68.05
	中国煤炭进出口公司	国有法人股	943	2.35
	宝钢集团国际经济贸易总公司	国有法人股	692	1.72
	煤炭科学研究总院	国有法人股	63	0.16
	上海煤气制气物资贸易有限公司	法人股	130	0.32
小计			29 151	72.60
流通股			11 000	27.40
合计			40 151	100.00

表 1-1-4　2001 年上海能源首次股票公开发行后前十名股东持股情况表

股东名称	持股数量/万股	持股比例/%
大屯煤电(集团)有限责任公司	27 323	68.05
中国煤炭进出口公司	943	2.35
宝钢集团国际经济贸易总公司	692	1.72
上海煤气制气物资贸易有限公司	130	0.32
国通证券	76.1	0.19
中信证券	70.8	0.18
广发证券	67.7	0.17
煤炭科学研究总院	63	0.16
国信证券	59.4	0.15
华安证券	54.4	0.13
合计	29 479.4	73.42

三、股权分置改革

根据国务院《关于推进资本市场改革开放和稳定发展的若干意见》(国发〔2004〕3 号)、《关于上市公司股权分置改革的指导意见》(证监发〔2005〕80 号)、《上市公司股权分置改革管理办法》(证监发〔2005〕86 号)、《关于上市公司股权分置改革中国有股股权管理有关问题的通知》(国资发产权〔2005〕246 号)等文件的精神,上海能源的全体非流通股股东支持上海能源进行股权分置改革,于 2005 年 10 月共同签署《上海大屯能源股份有限公司非流通股股东关于进行上市公司股权分置改革的协商意见的备忘录》,同意启动股权分置改革工作,并委托上海能源董事会办理有关事宜。

2005 年 11 月 2 日,上海能源通过实际控制人——中煤集团向国务院国资委报送此次股权分置改革有关的申报资料。12 月 15 日,董事会决定于 2006 年 1 月 18 日召开相关股东会议。2005 年 12 月 16 日,国务院国资委向上海能源出具了《上市公司股权分置改革国有股股权管理备案表》,原则意向性同意上海能源的股权分置改革。

2006 年 1 月 9 日,公司股权分置改革方案取得国务院国有资产监督管理委员会《关于上海大屯能源股份有限公司股权分置改革有关问题的批复》(国资产权〔2006〕19 号)。1 月 16 日,公司 A 股市场相关股东会议审议通过股权分置改革方案。股权分置改革方案要点如下:

(一)对价

非流通股股东同意按其各自持有的股份比例向流通股股东支付对价,以换取其持有的非流通股股份的 A 股市场上市流通权。方案实施股权登记日登记在册的流通股股东每持有 10 股流通股将获得非流通股股东支付的 3.0 股股票,非流通股股东共计向流通股股东支付 33 000 000 股股票。非流通股股东执行对价安排情况见表 1-1-5。

表 1-1-5　非流通股股东执行对价安排情况表

非流通股股东名称	执行对价前		执行对价股份数/股	执行对价后	
	持股数/股	占总股本比例/%		持股数/股	占总股本比例/%
大屯煤电(集团)有限责任公司	273 230 000	68.05	30 930 637	242 299 363	60.35
中国煤炭进出口公司	9 430 000	2.35	1 067 511	8 362 489	2.08
上海宝钢国际经济贸易有限公司	6 920 000	1.72	783 369	6 136 631	1.53
上海煤气制气物资贸易有限公司	1 300 000	0.32	147 165	1 152 835	0.287
煤炭科学研究总院	630 000	0.16	71 318	558 682	0.139
合计	291 510 000	72.60	33 000 000	258 510 000	64.38

（二）非流通股股东做出的承诺事项

（1）公司作为上海能源唯一持有公司股份 5％以上的非流通股股东，做出如下特别承诺：公司持有的上海能源非流通股股份自上海能源改革方案实施之日起，至少在 36 个月内不上市交易或者转让，在前项承诺期期满后，通过证券交易所挂牌交易出售原非流通股股份，出售数量占上海能源股份总数的比例在 12 个月内不超过 10％。

在禁售和限售期间，公司持有的上海能源股份数量如果发生变动且变动股份数量达到上海能源股份总数的 1％，将自该事实发生之日起两个工作日内做出公告。

（2）其他非流通股股东（中国煤炭进出口公司、上海宝钢国际经济贸易有限公司、上海煤气制气物资贸易有限公司、煤炭科学研究总院）承诺，其所持有的非流通股股份自获得上市流通权之日起，至少在 12 个月内不上市交易或者转让。

（三）股权分置改革方案具体实施日期

（1）方案实施的股权登记日：2006 年 1 月 23 日。

（2）对价股票上市流通日：2006 年 1 月 25 日。

（四）非流通股股东流通上市

非流通股股东上海宝钢国际经济贸易有限公司、上海煤气制气物资贸易有限公司、煤炭科学研究总院履行承诺后，所持公司股份于 2007 年 1 月 25 日正式流通上市。

控股股东中煤能源持有公司股权 451 191 333 股（公司控股股东变更情况见下文"上海能源控制权转移"）于 2009 年 10 月 19 日正式流通上市。

四、股本扩张及历年分红

（一）股本扩张

2006 年 3 月 22 日，公司 2005 年度股东大会审议通过公司 2005 年度利润分配及资本公积金转增股本方案为：以 2005 年底总股本 40 151 万股为基数，向公司全体股东按每 10 股派发现金红利 4.00 元（含税），每 10 股送红股 2 股（含税），共送出现金红利 16 060.4 万元，股票红利 8 030.2 万元。以 2005 年 12 月 31 日股本 40 151 万股为基数，向全体股东以资本公积金每 10 股转增 6 股。

上述方案于 2006 年 4 月实施。实施完成后，公司总股本扩张至 72 271.80 万股。此后，公司总股本再无扩增。

（二）公司分红

上市后，上海能源注重回报投资者，于 2001 年上市后的 19 个会计年度中，除 2013—2015 年三年间因煤炭经营困难、投资项目多、现金流紧张外，坚持高现金分红，累计现金分红达 24.84 亿元，是募集资金总额（9 亿元）的 2.76 倍。

2001—2019 年上海能源上市后分红情况见表 1-1-6。

表 1-1-6 2001—2019 年上海能源上市后分红情况表

分红年份	分红方案	总股本	分红金额/元
2019	每 10 股分红 2.39 元	722 718 000.00	172 729 602.00
2018	每 10 股分红 2.8 元	722 718 000.00	202 361 040.00
2017	每 10 股分红 2.2 元	722 718 000.00	158 997 960.00
2016	每 10 股分红 1 元	722 718 000.00	72 271 800.00
2015	0		
2014	0		
2013	0		
2012	每 10 股分红 4.0 元	722 718 000.00	289 087 200.00
2011	每 10 股分红 3.0 元	722 718 000.00	216 815 400.00
2010	每 10 股分红 2.5 元	722 718 000.00	180 679 500.00
2009	每 10 股分红 1.5 元	722 718 000.00	108 407 700.00
2008	每 10 股分红 1.0 元	722 718 000.00	72 271 800.00
2007	每 10 股分红 0.7 元	722 718 000.00	50 590 260.00
2006	每 10 股分红 2.0 元	722 718 000.00	144 543 600.00
2005	每 10 股送股 2.0 股 每 10 股转增 6.0 股 每 10 股分红 4.0 元	401 510 000.00	160 604 000.00
2004	每 10 股分红 6.0 元	401 510 000.00	240 906 000.00
2003	每 10 股分红 3.8 元	401 510 000.00	152 573 800.00
2002	每 10 股分红 3.5 元	401 510 000.00	140 528 500.00
2001	每 10 股分红 3.0 元	401 510 000.00	120 453 000.00
合计			2 483 821 162.00

五、上海能源控制权转移

2006 年 5 月 12 日，中煤集团出具《关于划转大屯煤电（集团）有限责任公司所持上海大屯能源股份有限公司股权的通知》（中煤发展字〔2006〕219 号）、《关于划转中国煤炭进出口公司所持上海大屯能源股份有限公司股权的通知》（中煤发展字〔2006〕220 号），决定将其全资子公司大屯煤电、中国煤炭进出口集团所持有公司国有股权无偿划转到中煤集团，并由其投入中国中煤能源股份有限公司。

2006年8月3日,国务院国有资产监督管理委员会出具《关于中国中煤能源股份有限公司国有股权管理有关问题的批复》(国资产权〔2006〕944号),同意上海能源的上述股权变动。

2006年9月29日,收到公司的实际控制人中煤集团转发的中国证券监督管理委员会《关于同意中国中煤能源集团公司、中国中煤能源股份有限公司公告上海大屯能源股份有限公司收购报告书并豁免其要约收购义务的批复》,同意豁免中煤集团因行政划转持有上海能源451 191 333股股份(占总股本的62.43%)而应履行的要约收购义务;同意豁免中煤股份因中煤集团以股权出资而持有上海能源451 191 333股股份(占总股本的62.43%)而应履行的要约收购义务。

2006年10月19日,上述股权过户相关手续在中国证券登记结算有限责任公司上海分公司办理完毕。大屯煤电、中煤进出口集团已不再持有上海能源股份;中煤能源持有上海能源股权451 191 333股(占总股本的62.43%),成为控股股东;中煤集团为中煤股份的控股股东,上海能源的实际控制人没有发生变化,仍为中煤集团。

六、上海能源公司资产收购重组

2001年9月,对大屯煤电姚桥新井资产实施了收购,收购价格确认为53 854.87万元。

2002年2—3月,收购大屯煤电拓特厂的资产及相应负债,收购价格为9 548.59万元。

2003年8—9月,收购大屯煤电持有的江苏大屯铝业有限公司75%的股权,用自有资金15 052.10万元。

2005年3—4月,公司收购大屯煤电电力及有关资产,收购价款为62 625.29万元;核准孔庄矿井三期改扩建项目,项目总投资53 173万元。

2007年7月,批准投资建设姚桥选煤厂项目,项目设计年入选原煤处理能力300万吨,总投资为10 518.66万元。

2008年6月,决定设立江苏大屯煤炭贸易有限公司,注册资本1 000万元人民币,全部以现金方式出资。

2008年10—11月,通过独资建设10万吨/年高精度铝板带项目的议案,项目计划总投资170 067万元;同意参股丰沛铁路项目建设,出资5 600万元。

2009年8月,同意与新疆鸿新建设集团有限公司共同投资设立中煤能源新疆鸿新煤业有限公司,注册资本为5亿元,其中,公司以现金出资4亿元,占合资公司注册资本的80%;新疆鸿新建设集团有限公司以现金出资1亿元,占合资公司注册资本的20%。合资公司设立后,投资建设苇子沟煤矿项目。苇子沟煤矿项目总投资额为151 736万元,后期调整为197 738万元。

2009年10月,收购关联方大屯煤电所持有的徐州四方铝业集团有限公司100%股权,收购价款为9 319.76万元。

2009年12月,出资5 610万元收购了新疆兵团农六师国有资产经营有限公司持有的新疆天山煤电有限责任公司51%股权,成为控股股东。负责所属106煤矿项目开发建设。106煤矿项目总投资101 163万元。

2010年8月,投资建设研发中心项目,项目估算总投资为38 516万元。

2014年8—9月,同意采取"上大压小"方式投资建设2×350兆瓦超临界热电联产机

组。项目总投资 34.52 亿元,其中项目资本金为 6.9 亿元。

2015 年 12 月,将持有的江苏大屯铝业有限公司 75％股权转让给关联方大屯煤电,双方确定的收购价款为 26 823.63 万元。

2016 年 8 月,公司设立江苏大屯电热有限公司,为公司全资子公司,注册资本 1 亿元。

2016 年 4—5 月,将持有的徐州四方铝业集团有限公司 100％股权转让给关联方大屯煤电。本次股权转让价格即四方铝业 100％股权转让价款确定为人民币 1.00 元。

2016 年 12 月,将龙东煤矿(含龙东选煤厂)资产及负债转让给关联方大屯煤电,转让价款为 23 658.00 万元。

2018 年 1 月,将玉泉煤业 70％股权及相关债权在北京产权交易所首次挂牌,12 月进行二次挂牌。

2018 年 3 月,转让所属市政社区设施资产、"三供一业"资产给大屯煤电。大屯煤电向上海能源支付总价款为 15 570.61 万元,其中:11 673.10 万元为大屯煤电向上海能源支付的"三供一业"资产的转让价格;3 897.51 万元为大屯煤电向上海能源支付的市政社区设施资产的转让价格。

2018 年 12 月,解散清算煜隆公司。2019 年 3 月,第七届董事会第七次会议审议并通过《关于中止解散清算山西中煤煜隆能源股份有限公司的议案》,为保障山西煜隆公司进行公开挂牌交易主体资格的合法性,暂时中止解散清算山西煜隆公司,待其焦化产能指标挂牌转让完成后,再开展解散清算山西煜隆公司工作。

第二章 机 构

第一节 机 构 设 置

1991—2020 年间,公司根据不同阶段的发展需要,对所直属机构和职能、人员进行了调整,其中规模较大、涉及人员较多的机构改革有四次。

一、1997 年机构改革

1997 年 7 月,公司制定了《关于实行"三条线"管理和减人提效的实施意见》,将公司下属的各单位、各部门依其业务范围和工作内容,分别划分为煤炭生产线、多种经营线和后勤服务线。公司机关实行定编定员大瘦身,管理定员 213 人,减员 100 人,"三条线"划转分离附属处室及其他单位管理人员 839 人;销售分公司等 4 个部门不列入机关职能处室编制;通信计算机开发公司等 13 个部门列入多种经营线;公司教育培训中心及所属单位等 7 个部门列入后勤服务线,对公司所属二级单位全部实行定编定员。

二、2003 年机构改革

(1) 公司机构和人事制度改革。2003 年 5 月,公司下发《关于深化三项制度改革的指导意见》,制订了公司机构改革的实施方案,撤并 9 个部门。改革后,公司董事会办事机构 5 个、机关职能部门 18 个、机关服务机构 7 个,并进行了相应定员。

(2) 公司后勤服务系统改革。2003 年 3 月,公司下发《大屯煤电(集团)有限责任公司后勤服务系统改革总体方案》,房产开发管理分公司改制为具有独立法人资格的子公司,设立江苏金屯房地产开发有限公司;职工中心医院更名为大屯煤电(集团)有限责任公司中心医院;物业管理分公司实行集中管理,逐步向经营性转变。

三、2006—2007 年机构改革

(1) 机关机构和人事制度改革。2006 年 5 月,公司下发《关于公司机关改革的通知》,对公司机关组织机构进行优化,确定职能部门 18 个、服务中心和下设机构 7 个,实际减少部门 14 个,实际减少定员 81 人。

(2) 基层单位改革。2007 年,公司下发《公司二级单位组织机构优化和人事制度改革指导意见》,改革后,二级单位整体机构精简 30%,重新划分和定位职能;减少了二级单位职能管理和后勤服务管理人员,20 家单位管理技术人数减少近 20%。

四、2017—2018 年机构改革

2017 年,公司下发《关于"全面深化改革,促进创新发展"工作指导意见》,改革后,公司

机关职能部门共 18 个,服务机构共 5 个。公司两级机关共减少机构 74 个,减少科级管理岗位 69 个,减少一般管理岗位 481 个,基层各单位减少操作岗位设置 2 129 个。

2020 年 6 月,大屯煤电(集团)有限责任公司组织机构图如图 1-2-1 所示,上海大屯能源股份有限公司组织机构图如图 1-2-2 所示。

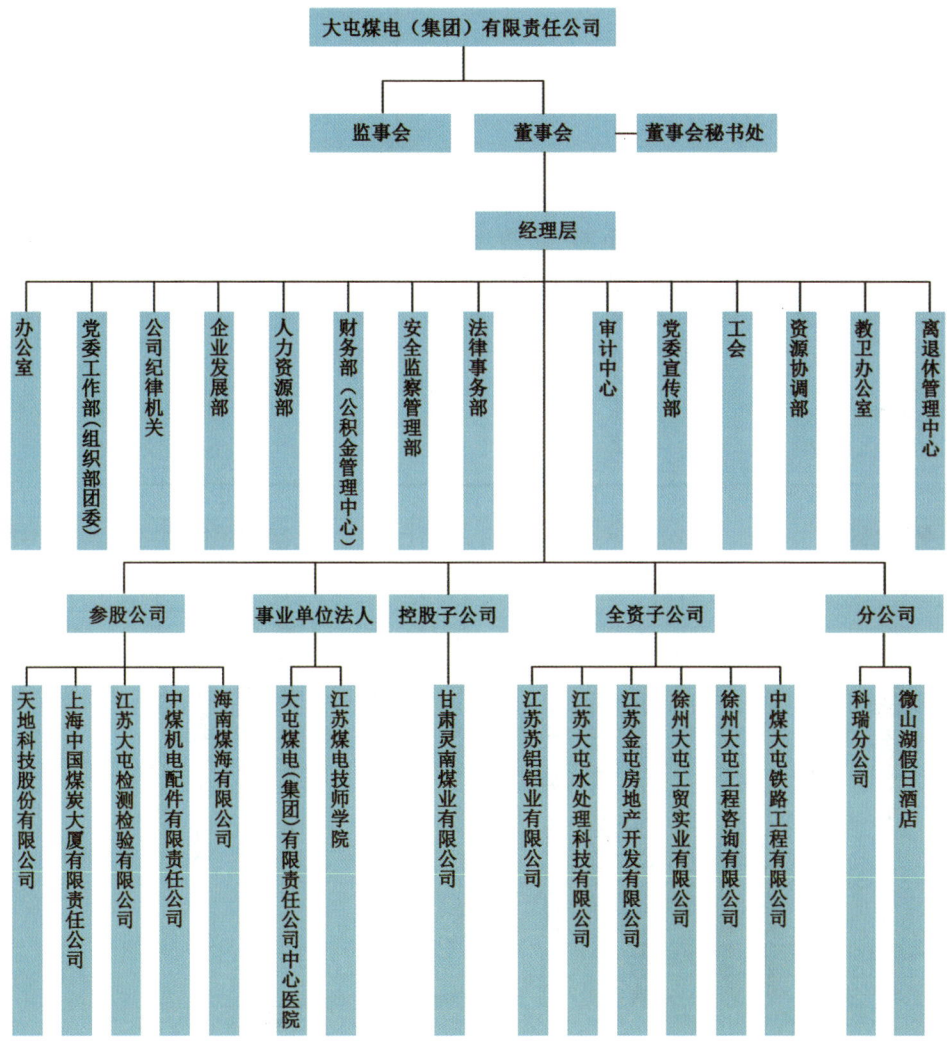

图 1-2-1 2020 年 6 月大屯煤电(集团)有限责任公司组织机构图

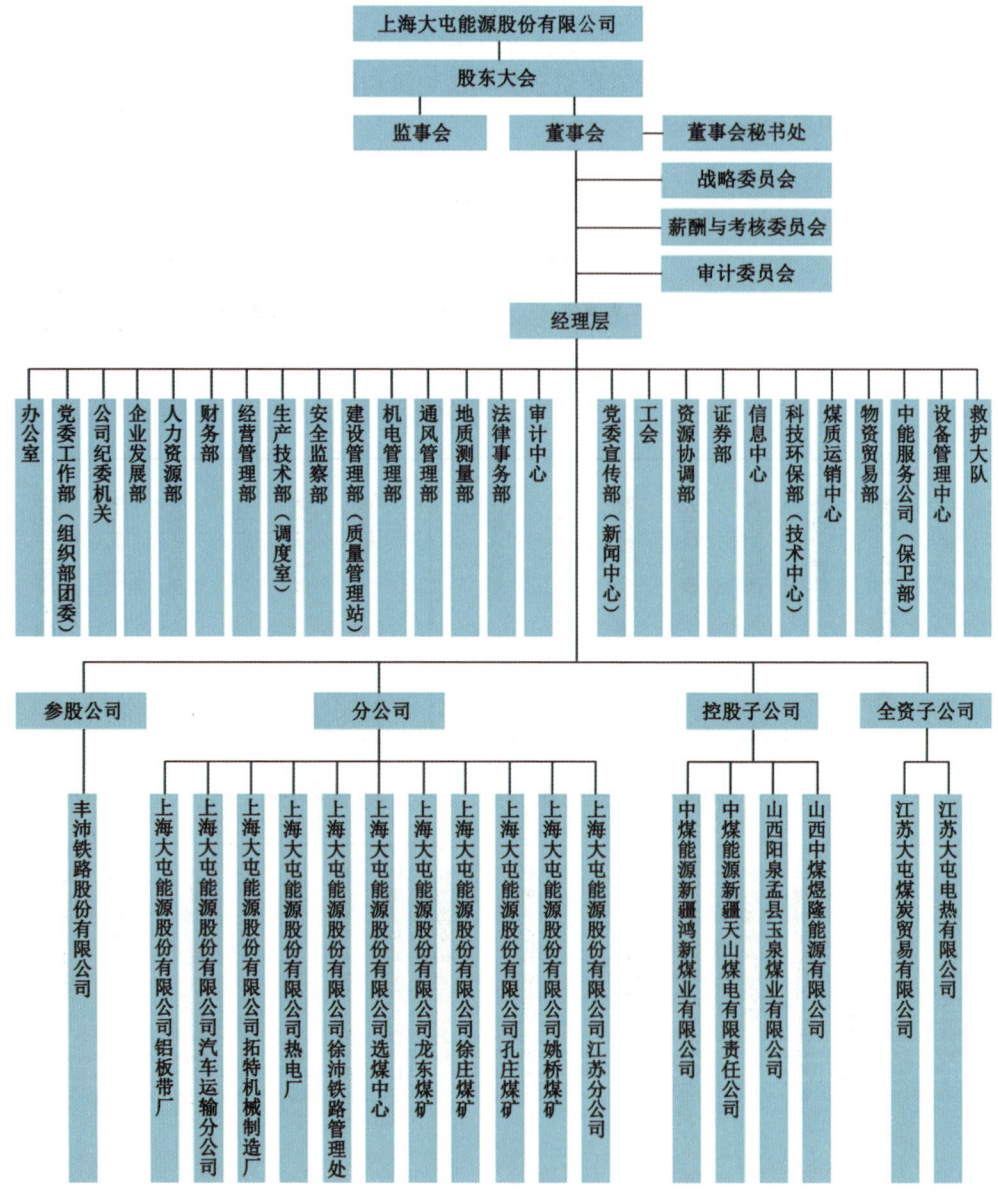

图 1-2-2　2020 年 6 月上海大屯能源股份有限公司组织机构图

第二节　职能部门

一、办公室

（1）机构沿革：前身为建矿初期大屯煤矿工程指挥部成立的办事组，后更名为办公室；2006 年，信访办职能划转党委工作部、史志办职能划入；原所属的招待所于 2014 年更名为微山湖假日酒店；原所属的上海总部办公室于 2014 年划转上海大屯煤电公司；原所属的小

车队于 2017 年划转汽运分公司;原所属的徐州办事处于 2019 年撤销。

(2) 队伍建设:截至 2020 年 6 月,办公室下设调研科、文秘科、综合科、信息科、接待科。在岗职工 9 人,其中,部门正职 2 人(上海能源董秘、董事会秘书处处长),主管 4 人,主管助理 1 人,专员 1 人,其他人员 1 人;男职工 7 人,女职工 2 人,本科学历 7 人,大中专学历 1 人,高中及以下学历 1 人;高级职称 5 人,中级职称 2 人,初级职称 1 人。

(3) 业务职责:做好公司有关政策、制度的制定、审核、修正工作;做好公司有关会议的组织工作,检查和督促公司各项决议的执行情况;做好公司综合报告和公司领导讲话等文字材料的起草工作,协助公司领导处理日常事务;做好公司董事会秘书处工作,按照上市公司的规范要求做好各项工作;组织公司重要工作的调查研究、信息收集、整理、报送、下发,全面掌握公司生产、经营、管理等各方面信息,为公司领导提供决策参考;做好公司公务接待、外事管理工作,加强公务接待管理,积极开展对外交流工作;做好公司领导和部门公务用车的管理工作;负责做好档案管理工作。

二、党委工作部(组织部)

(1) 机构沿革:前身主体为 1970 年 5 月 12 日成立的大屯煤矿工程指挥部政工组、1975 年 9 月成立的组织组(1983 年 4 月 25 日分别更名为党委办公室、组织部)、1987 年 7 月成立的干部处;2006 年 7 月,党委办公室、组织部与团委合并组成党委工作部;2010 年 8 月,团委机构及编制划出独立;2010 年 9 月,公司信访办职能转入党委工作部(组织部);2014 年 12 月,机关党委并入合署办公;2018 年 5 月,原人力资源部负责的干部管理业务划转党委组织部管理,团委并入合署办公;2019 年 3 月,公司信访职能划出。

(2) 队伍建设:截至 2020 年 6 月,党委工作部下设组织、干部、文秘、调研、机关党建、青年工作、综合 7 个业务板块。职工人数 12 人,其中,部长 1 人,副部长 2 人(1 人兼任团委书记),主管 4 人,主管助理 4 人,专员 1 人;男性 10 人,女性 2 人;平均年龄 39.1 岁;全部为中共党员,具备大学本科学历;具有高级职称 3 人,中级职称 8 人,助理职称 1 人。

(3) 业务职责:党委办公室主要负责起草党委文件材料,深入开展调查研究,做好来文来函处理,组织筹办党委各种会议,开展党委决议决定和领导要求的督查督办,做好机要保密工作。党委组织部主要负责贯彻执行党的组织路线,做好干部人才队伍建设、党组织建设、党员教育管理、政工职称评审以及扶贫、统战和地方政府人大、政协等工作。机关党委负责公司机关党的建设全面工作,履行机关党组织建设、党员教育管理等职责。团委主要负责公司团组织建设、团员青年队伍建设,做好青年思想政治教育,围绕生产经营等中心任务开展团的工作。

三、纪委机关

(1) 机构变革:前身为 1980 年 9 月成立的大屯煤矿工程指挥部纪委;1994 年 2 月,与监察处合署办公,成立纪委(监察处);2006 年 9 月与监察审计部合署;2019 年 5 月撤销监察审计部;2019 年 7 月撤销纪检监察部;2019 年 9 月成立公司纪委机关。

(2) 队伍建设:截至 2020 年 6 月,部门设有纪委办公室、监督检查室、案件管理审理室、党风监督室 4 个科室。职工人数 11 人(含机关纪委 1 人),其中,部门正职 1 人,副职 2 人,主管 3 人,主管助理 3 人,专员 2 人;男职工 9 人,女职工 2 人(含机关纪委 1 人);职工平均

年龄 40 岁;研究生学历 1 人,本科学历 10 人;高级政工师 3 人,高级经济师 1 人,政工师 6 人,助理政工师 1 人。

(3)业务职责:负责拟定公司惩防体系工作规划实施细则、公司年度党风廉政建设和反腐败工作计划,协助党委组织开展年度党风廉政建设责任书签订和党风廉政建设考核工作。对落实中央八项规定精神、纠正"四风"工作进行监督检查,做好公司党风廉政建设和反腐败宣传教育工作。受理群众的来信、来访和来电,对违规违纪问题进行调查、处理,受理党员不服党纪处分的申诉,通报违规违纪典型案例。制定和完善公司案件管理制度,配合集团纪委对相关案件的调查及取证工作。对专项整治工作、公司的重点与创新工作进行督查,配合巡视、巡察工作,定期组织开展自查自纠工作。对违反党章党规党纪、履行职责不力、失职失责的党组织和党员依规依纪开展问责。

四、企业发展部

(1)机构沿革:2000 年,设立发展战略部;2006 年,更名为企业发展部。

(2)队伍建设:截至 2020 年 6 月,企业发展部下设战略规划、企业改革、投资管理、投资计划 4 个业务科室。职工人数 7 人,其中,部门正职 1 人,副职 1 人,主管 3 人,主管助理 1 人,专员 1 人;男职工 5 人,女职工 2 人;平均年龄 40 岁;硕士研究生学历 2 人,本科学历 5 人;高级工程师 2 人,高级经济师 1 人,工程师 3 人,经济师 1 人。

(3)业务职责:研究公司战略规划,提出实施方案,并实施战略控制;指导审查公司所属分(子)公司的发展规划,监督其方案的实施;研究制订公司产业结构调整方案,组织策划新建、重大技改项目的投资论证,办理投资项目核准、备案的报批等事项;编制公司股权项目投资年度计划,强化股权项目投资管理;组织拟订和审查公司及分(子)公司改制方案;负责公司内外部的撤并、转让、改组中的整体运行事宜;制订、审核新设公司方案,报董事会审批;推动产权制度改革、资产重组、主辅分离、企业改制工作,报董事会审批等。

五、人力资源部

(1)机构沿革:1978 年 8 月成立劳动工资处;1987 年 7 月成立干部处;1999 年 12 月股份公司成立,2000 年 3 月成立股份公司人事部;2003 年劳动工资处下设再就业中心;2006 年 5 月,撤销劳动工资处、干部处、股份公司人事部、再就业中心,成立人力资源部。

(2)队伍建设:截至 2020 年 6 月,人力资源部下设薪酬福利、绩效考核、劳动定员定额、科技与综合管理、人力规划、培训发展等业务板块。职工人数 12 人,其中,部长 1 人,副部长 2 人,主管 3 人,主管助理 4 人,专员 2 人;男职工 12 人;职工平均年龄 44.8 岁;本科学历 12 人;高级经济师 7 人,高级讲师 1 人,经济师 4 人。

(3)业务职责:制定公司薪酬政策并组织实施,制定公司考勤、休假、管理等制度并监督落实,制定员工激励政策并组织实施;负责人力资源综合统计、成本分析和控制;制定公司人才开发战略;制定公司相关人事制度,组织公司职称评定工作;拟订各单位内设机构、岗位编制方案;制订公司劳动用工计划、负责人员招聘,办理员工的调配,组织人员分流和再就业管理;负责人事档案管理;制订公司培训计划;指导、协调、管理各单位或部门开展员工培训;制订煤矿安全资格培训计划,并协助有关部门抓好落实;负责职业技能鉴定管理,制订鉴定计划并组织实施;制定和修订公司的劳动定额标准,并组织实施;做好定额完成情况统计分析工作;负责公司劳动保护工作。

人力资源部下设专业机构:社保统筹中心

(1) 机构沿革:1996 年 1 月 2 日,成立大屯煤电公司社会保险统筹处,与劳动工资处合署办公。2006 年 5 月 18 日,更名为社保统筹中心,隶属人力资源部。

(2) 队伍建设:截至 2020 年 6 月,社保统筹中心下设养老保险、医疗保险、工伤失业和生育保险、基金管理等业务板块。职工人数 10 人,其中,中心主任 1 人,主管 4 人,主管助理 2 人,专员 3 人;男职工 5 人,女职工 5 人;职工平均年龄 46 岁;本科学历 10 人;高级经济师 6 人,高级会计师 1 人,经济师 3 人。

(3) 业务职责:制定公司参加养老保险、医疗保险、工伤保险、生育保险、失业保险、井下意外伤害保险、补充医疗保险等社会保险实施细则,并不断修订完善。抓好基本养老保险、基本医疗保险、大病和补充医疗保险、工伤保险、失业保险及生育保险基金的足额征收并按时做好与地方社保主管部门的结算工作。做好公司补充医疗保险基金、工伤、硅肺病人员医疗费支出及职工家属、子女医疗费等费用支出的控制工作。做好职工退休报批工作,做好退休职工统筹外待遇及企业年金支付前的审核工作。做好工亡人员供养遗属及在职、离退休病亡人员供养遗属的有关待遇支付审核工作。做好五大社会保险、企业年金和补充医疗保险的收支预算及年终决算工作。做好公司社保统筹系统人员的业务培训工作。

六、财务部

(1) 机构沿革:前身为成立于 1972 年的计划财务处;1974 年 8 月,财务与计划分开,成立财务组;1978 年 8 月,成立财务处;1999 年,成立上海能源财务部;2006 年,股份公司财务部与集团财务处合并,设立财务部。

(2) 队伍建设:截至 2020 年 6 月,财务部下设财务管理、资金管理、会计核算、财务监控 4 个业务板块。职工人数 43 人,其中,部门正职 1 人,副职 2 人,主管 9 人,主管助理 12 人,专员 19 人;男职工 25 人,女职工 18 人;职工平均年龄 40 岁;研究生学历 1 人,本科学历 36 人,专科学历 6 人;助理会计师 16 人,会计师 12 人,高级会计师 15 人,其中注册会计师 2 人。

(3) 业务职责:负责公司的财务会计系统工作,组织实施财务管理和财务监督,贯彻落实国家和上级有关财务会计、财税管理等方面的方针、政策、法规、条例,根据国家法律、法规、公司发展战略,制定、完善财务管理规章制度;参与公司重大政策的制定,参与公司重大会计事项的控制;拟订公司的年度财务收支、现金流量、资金需求、成本费用、利润等计划,参与制订公司的经营计划;掌握税收政策,负责与税收机关的协调,组织做好税费的缴纳与管理;参与公司工程投资、招投标、合同、科技环保管理;负责进行筹融资管理,组织统一调度公司资金;参与财务委派人员的岗位设置和人员管理,做好后备人员的培养、推荐和选拔工作;落实完成公司其他财务方面的工作。

财务部下设专业机构:公积金管理中心

(1) 机构沿革:1996 年开始建立职工住房公积金制度,核算工作由原生活服务公司财务科负责;1999 年 5 月,成立住房公积金管理中心;2000 年,住房公积金管理中心设在房产分公司;2001 年,住房公积金单独核算;2003 年 5 月,住房公积金中心隶属于房产开发管理分公司;2012 年 9 月,公积金中心机构和人员独立;2014 年 4 月,与江苏金屯房产开发有限

公司合署办公,公积金财务独立核算;2018年10月,隶属于公司财务部,公积金中心独立核算。

(2)队伍建设:截至2020年6月,公积金管理中心下设财务、公积金贷款、公积金提取3个业务板块。职工人数8人,兼职人员1人,其中,部门正职1人(兼),副职1人,主管2人,主管助理1人,专员4人;男职工3人,女职工6人;本科学历7人,专科学历1人,高职1人;高级职称4人,中级职称1人,初级职称2人。

(3)业务职责:负责大屯煤电公司住房公积金全面管理工作,按照《住房公积金管理条例》组织编制住房公积金的归集、使用计划;负责记载职工住房公积金的缴存、提取、使用等情况;负责制定住房公积金会计核算及财务管理办法,保证住房公积金的完整并促进其保值增值。由集团公司财务部和江苏省住房公积金监管处监督管理。

七、经营管理部

(1)机构沿革:前身为1978年成立的计划统计处;1987年增加了企业管理职能,成立了计划企管处;1990年计划和企管分离,成立了计划统计处和企业管理处;1996年,计划统计处和企业管理处合并为计划企管处;1999年公司设立市场经营处,下设计划部;2006年,计划企管处、市场经营处和上海能源股份有限公司计划部合并成立为公司经营管理部。

(2)队伍建设:截至2020年6月,经营管理部下设综合计划科、绩效考核科、市场管理科、企业管理科、造价审核科、综合统计科、内部市场化办公室7个科室。职工人数18人,其中,部门正职1人,副职2人,主管5人,主管助理5人,专员5人;男职工13人,女职工5人;职工平均年龄42岁;本科学历18人;高级经济师7人,高级工程师4人,高级会计师1人,高级统计师1人,经济师1人,工程师4人。

(3)业务职责:制定并执行《生产经营计划管理标准》,审查二级单位生产经营建议计划并监督执行;组织编制投资年度计划,监督计划完成情况,控制工程造价,提高投资效益;做好工程造价管理,开展事前控制、事中控制和事后控制,对工程项目预结算进行审核;编制公司年度经营管理总体方案,开展绩效考核;编报各类报表,不定期进行统计分析与预测;对标准化管理体系进行策划,并牵头实施;分析公司各单位企业管理方面存在的问题,开展企业信用等级评价体系的运行、改进工作以及管理制度的建立、修订工作;进行煤炭市场分析、采购监管、销售监管、招标监管、价费管理、内部产品市场管理,规范内部交易;编制年度内部市场化建设实施意见,开展验收考核。

八、生产技术部

(1)机构沿革:前身为1970年12月成立的生产准备组;1972年3月更名为生产组;1974年8月更名为安全组;1977年12月成立生产技术组;1978年8月成立指挥部生产技术处;1998年5月并入调度协调职能,更名为生产调度处;2000年3月并入通风管理职能,更名为生产技术部;2003年5月更名为生产管理部;2006年5月并入地质测量职能;2008年1月通风管理职能划出;2011年4月调度室职能划出;2011年10月地质测量职能划出,更名为生产技术部;2014年2月并入总工程师办公室职能;2015年7月并入调度室职能。

(2)队伍建设:截至2020年6月,生产技术部下设采煤、掘进、冲击地压防治、生产准

备、调度协调、统计分析 6 个业务科室。职工人数 20 人,其中,部门正职 1 人,副职 4 人,主管 6 人,主管助理 4 人,专员 5 人;全部为男职工;职工平均年龄 46 岁;本科学历 18 人,大专学历 2 人;助理工程师 2 人,工程师 8 人,高级工程师 10 人。

(3)业务职责:负责采区方案设计审批,保持采区接续和水平接替的科学合理,抓好开拓重点工程及其形象进度与巷修的管理考核工作。负责组织综采工作面设计、采区首采面设计、新型支护设计和特殊技术措施的审批,抓好生产技术规程和设计方案要求在现场的落实和兑现;负责顶板管理工作,抓好公司支护材料及支护设备选型,制定、修订公司支护技术管理的有关制度并监督实施。负责冲击地压防治工作,制定相关技术管理文件、规定,并监督各矿搞好矿压观测与冲击地压防治工作;负责矿井采掘生产的新技术、新工艺、新设备、新材料的推广应用工作,不断提升矿井的高产高效水平;负责采煤工作面的安装和拆除的检查验收,提交生产情况分析报告。

九、安全监察管理部

(1)机构沿革:前身为 1983 年 3 月 28 日成立的安全监察局;2003 年 12 月,撤销安全监察局,设立安全监察部;2009 年,安全质量标准化业务划入安全监察部;2011 年 1 月,职业卫生监管业务划入安全监察部;2017 年 12 月 4 日,撤销安全监察部,成立安全监察局,对安监系统全面实行安全监管垂直管理;2018 年 3 月,新班组建设工作划入安全监察局;2020 年 4 月,撤销安全监察局,设立安全监察管理部。

(2)队伍建设:截至 2020 年 6 月,安全监察管理部下设安全生产标准化、采掘安全、地面安全、职业健康、机运安全、应急与通防、安全协调、新班组建设、防冲安全 9 个业务板块。职工人数 17 人,其中,副部长(主持工作)1 人,副部长 3 人,主管 5 人,主管助理 4 人,专员 4 人;部门男职工 17 人;职工平均年龄约为 41 岁;本科学历 17 人;高级工程师 8 人,工程师 8 人,政工师 1 人。

(3)业务职责:对公司全面贯彻执行国家有关安全生产的方针、政策、法律、法规、条例、规程等行使监察权;负责组织制定公司安全生产管理制度、管理规定,并监督贯彻执行;组织开展各项安全监察活动,对各单位和部门存在的安全问题和重大事故隐患提出整改意见并督促限期整改;监督生产安全事故应急救援预案的制定和演练,参与审查灾害预防处理计划;按有关规定对安全生产重大事故隐患、"三违"人员和安全事故责任者进行责任追究;负责事故追查分析,并提出处理意见;参与死亡事故的调查、分析、处理工作;负责人身伤亡事故档案管理及事故上报工作;建立并完善重大危险源档案,监督重大危险源监控措施的落实情况;负责安全生产标准化的日常管理和检查验收工作;参与安全培训计划的制订,并监督实施;积极推广安全管理的各种先进经验,提高安全管理水平。

十、建设管理部

(1)机构沿革:前身为基本建设处,1996 年 8 月,与质量监督站合署办公;2006 年 7 月,更名为建设管理部;2007 年 8 月,工程材料研究所从基本建设处划归徐州大屯实业公司。

(2)队伍建设:截至 2020 年 6 月,建设管理部下设计划协调科、施工管理科、造价管理科 3 个业务科室。职工人数 11 人,其中,部门正职 1 人,部门副职 2 人,主管 4 人,主管助理 2 人,专员 2 人;男职工 9 人,女职工 2 人;职工平均年龄 45 岁;研究生学历 1 人,本科学历

10 人;工程师 2 人,高级经济师 1 人,高级工程师 8 人。

(3)业务职责:负责基本建设项目初步设计和概算、预结算审查、审核;重大工程项目前期方案审查,组织对建设工程设计方案、初步设计、设计变更、重要技术措施的审查、报批和备案,推广新技术、新工艺、新材料和新结构。负责建设工程项目前期行政许可管理。负责建设工程项目的设计、施工、监理、工程所属材料和设备配件及其相关技术服务的招投标管理工作;负责年度建设工程项目资本支出计划的审查及上报,编制年度专项维修工程计划,审批限额以上零星立项维修工程计划。审批或备案施工组织设计。审查开工备案,组织建设工程安全、质量检查及验收,组织编制单项(单位)工程竣工(预)验收和竣工验收报告;组织建设项目竣工验收。安排年度工程预结算及重点项目的结算审核工作。负责公司造价专业人员管理。

十一、质量监督站

隶属建设管理部。

(1)机构沿革:1992 年 8 月 7 日,成立建设工程质量监督站;1995 年 9 月,成立工程监理部,由质量监督站负责管理;1996 年 8 月,质量监督站与基本建设处合署办公;2001 年 9 月,监理部从质量监督站划归徐州大屯工程咨询有限公司;2006 年 7 月,基本建设处更名为建设管理部,质量监督站属于其直属服务机构;2007 年 8 月,工程材料研究所从基本建设处划归徐州大屯实业公司。

(2)队伍建设:截至 2020 年 6 月,质量监督站下设质量监督、备案认证 2 个业务板块。职工人数 5 人,其中,部门副职 1 人,主管 1 人,主管助理 2 人,专员 1 人;男职工 5 人;职工平均年龄 47 岁;研究生学历 1 人,本科学历 4 人;工程师 1 人,高级工程师 4 人。

(3)业务职责:负责对大屯矿区矿、土、安三类工程实施质量监督,负责大屯矿区所有建设工程的竣工验收备案管理和建设工程质量认证。参与受监工程图纸会审,编制监督工作方案并依据监督工作方案实施监督;对工程质量实体监督,对工程竣工验收监督,参与或组织对受监工程质量事故的调查处理,编制工程质量监督报告。在进行监督工作中,发现参与建设各方有关问题时,有权采取责令改正、局部暂停施工等强制性措施;对需要实施处罚的工程和参与建设各方,提请上级主管部门按有关法规、规章及规定进行处罚。参与重大质量事故的处理,负责质量争端的仲裁。

十二、机电管理部

(1)机构沿革:前身为 1978 年成立的机械动力处;1996 年,综采机械租赁站划归机械动力处管理;2002 年,综采机械租赁站与机械动力处分离,成立设备租赁站;2003 年,机械动力处更名为机电处;2006 年,机电处更名为机电管理部;2015 年,机电管理部与设备管理中心合署;2019 年,机电管理部与设备管理中心分设。

(2)队伍建设:截至 2020 年 6 月,机电管理部下设计划协调、固定设备、动力运行、运输管理、电力运行 5 个业务科室。职工人数 14 人,其中,部门正职 1 人(兼),副职 3 人,主管 5 人,主管助理 4 人,专员 1 人;男职工 13 人,女职工 1 人;职工平均年龄 40 岁左右;全部为本科学历;高级工程师 9 人,工程师 5 人。

(3)业务职责:负责公司机电、运输和电力、铝业及机电制修等系统的技术管理工作;负

责机电、运输等生产设备的技术选型、安全使用、合理维护、适时检修、合法调剂、即时报废等技术业务管理工作;组织制订公司年度设备大修理计划,并督促落实和实施;参与公司长远规划的编审工作,负责编制机电、运输系统技术装备的中长远发展规划;加大技改力度,不断强化工艺流程和管理流程的科学性;负责机电、运输系统安全生产标准化检查验收;抓好矿井和地面单位生产设备的计划性检修工作,负责审查矿井停产检修计划和大型检修项目的安全技术措施,并监督落实;推广应用新技术、新工艺、新材料及新装备,积极开展技术革新活动,提高矿区机电系统职工的安全技术水平和系统装备的现代化水平。

十三、通风管理部

(1)机构沿革:前身为1986年1月成立的通风救护处;1988年4月,成立通风实验室;1990年9月,更名为通风处;2000年,并入生产管理部;2008年1月,通风管理部独立。

(2)队伍建设:截至2020年6月,通风管理部下设通风瓦斯科、防尘防火科、监测调度科3个业务科室。职工人数6人,其中,部门正职1人,副职1人,主管4人;均为男职工;职工平均年龄48岁;均为本科学历,均为采矿或通风安全工程专业;高级工程师5人,中级工程师1人。

(3)业务职责:制定部门分管业务范围内的通风、瓦斯、煤尘、煤炭自燃方面的管理标准、技术标准,并督促各矿贯彻执行;组织隐患排查、安全生产标准化检查等工作,对通风、瓦斯、煤尘、煤炭自燃方面的风险进行认真检查,对于存在问题下发整改通知单,指导、督促隐患单位进行整改,直至消除隐患,达到风险可控状态。

十四、地质测量部

(1)机构沿革:前身为1977年12月建设指挥部成立的地质测量组;1978年8月,更名为地质测量处;1990年,地质测量处设地质科、测量科、"三下"采煤科;2006年,地质测量处与生产管理部合并;2011年10月,重新设立地质测量部。

(2)队伍建设:截至2020年6月,地质测量部下设防治水、地质、测量、储量4个业务科室。职工人数8人,其中,部门正职1人,副职2人,主管3人,主管助理2人;均为男职工;职工平均年龄49岁;本科学历7人,大专学历1人;助理工程师1人,工程师2人,高级工程师4人,教授级高级工程师1人。

(3)业务职责:负责公司各矿地测防治水技术业务全面管理;研究并贯彻落实国家有关煤矿地测防治水工作的安全生产方针、政策、法律、法规和行业标准;贯彻落实上级有关加强地测防治水工作管理的要求;制定并及时更新完善公司地测防治水技术管理体系、制度;指导、监督、检查各矿做好地测防治水技术业务管理和井下现场的工作落实;研究矿权管理政策,负责大屯矿区采矿权延续、变更、注销和价款、使用费的评估、缴纳;负责审查公司资源勘探、地质水文补充勘探设计,以及勘探报告、建井地质报告、隐蔽致灾地质因素普查报告等各类地质报告;编制审查防治水中长期规划、年度地测防治水计划与措施、年度地质勘探与测量工程计划等;组织重大地质、防治水等技术难题专家会诊、技术会商;组织开展地质灾害防治与测量标准化检查、防治水专项检查及公司雨季"三防"工作;参加事故抢险、调查,为救援方案提供相关技术支持。

十五、法律事务部

(1)机构沿革:前身为1989年成立的法律顾问室;1991年7月,更名为法律事务处;1993年,更名为政策法律处;2006年,更名为法律事务部;2015年12月,公司各单位的法律(合同)管理统一纳入经营管理部门;2016年2月,全面风险管理与内部控制管理业务转至法律事务部。

(2)队伍建设:截至2020年6月,法律事务部下设法律事务科、合同管理科、行政收费科、工商事务科和风险内控科。职工人数11人,其中,公司总法律顾问1人,部门正职1人,主管4人,主管助理3人,专员2人;男职工9人,女职工2人;职工平均年龄44岁;大学及以上学历11人;高级职称6人,中级职称3人,初级职称2人。

(3)业务职责:负责建设法治企业,依法维护企业权益;负责全面开展法律事务工作,提供法律服务。对公司重要经营决策、规章制度进行法律审核,提出法律意见和建议。组织审查公司及各单位、部门拟定的合同。组织或参与重大合同事项的调研、论证、谈判和审查活动;负责公司及各单位的法律纠纷(诉讼)案件管理,组织和指导律师参加诉讼、仲裁、听证等庭审活动;负责开展公司行政规费审核管理和行政处罚事项的处理以及提起行政复议等。组织或参与行政收费、行政处罚事项的谈判和协调;负责公司及有关单位的工商登记、年度报告公示等工作。管理并办理企业法定代表人(负责人)授权委托业务。参与公司及其子、分公司的设立、重组、改制、清算、投融资、担保、租赁、产权转让、资产处置等活动;负责公司及各单位商标、专利等知识产权的法律保护,组织开展公司证照管理。组织企业信用(合同)等级推选和参与公司客户合同信用等级评定。管理公司企业法律顾问(律师)队伍。组织企业法治和风险内控业务培训,参与企业"普法"宣传教育活动;负责组织开展公司及所属单位风险内控管理。

十六、审计中心

(1)机构沿革:前身为1985年6月成立的审计处;1990年11月起,公司所属主要单位先后设立审计科,与公司总部实行"两级审计体制并行";1995年4月,经审计署驻南京特派员办事处批准,在大屯矿区设立社会审计机构"江苏金陵审计事务所敬业分所"(1998年注销);1996年6月,公司审计处撤销,成立审计工作委员会及其办公室;1998年2月,机构撤销,复成立大屯煤电公司审计处;1997—2000年公司制改革,更名为董事会审计部;2001年7月,实行审计"委派制",接受公司董事会的垂直领导;2006年5月,审计部与纪委、监察部合署;2008年11月,实施集中管理;2019年5月,成立审计中心。

(2)队伍建设:截至2020年6月,审计中心下设经济责任审计室、专项审计室、工程审计室、综合室4室。职工人数13人,其中,部门正职1人,主管4人,主管助理3人,专员5人;男职工8人,女职工5人;职工平均年龄41岁;全部具有本科学历;高级职称8人,中级职称5人。

(3)业务职责:负责公司内部审计制度、工作规划及年度工作计划的制定和实施;负责对公司及所属企业资产、负债、损益真实性和合法性进行审计,对所属企业主要负责人履行经济责任情况进行审计,对工程投资进行审计,对内部控制进行审计,对领导关注职工关心的经营管理问题进行审计或监督检查;负责对审计意见整改落实情况进行监督及审计结果

公布、审计成果推广应用等。

十七、党委宣传部

（1）机构沿革：前身为 1971 年 1 月成立的大屯煤矿工程指挥部政工组下属的宣传组；1976 年 6 月，划归办事组，更名为情况组；1978 年 8 月，成立党委宣传处；1983 年 4 月，成立党委宣传部；1988 年 10 月，成立公司宣传处，与公司党委宣传部合署办公；1989 年 10 月，撤销宣传处；1997 年 10 月，《大屯工人报》社和大屯电视台合并为公司新闻中心；2006 年 5 月，设立企业文化部，新闻中心划归公司企业文化部（党委宣传部）管理；2009 年 8 月 11 日，成立公司党委宣传部，与企业文化部合署办公；2020 年 3 月 9 日，撤销企业文化部，职责并入党委宣传部。

（2）队伍建设：截至 2020 年 6 月，党委宣传部下设理论综合科、企业文化科、宣传调研科 3 个业务科室。职工人数 8 人，其中，部门正职 1 人，副职 1 人，主管 1 人，主管助理 3 人，专员 2 人；男职工 2 人，女职工 6 人；职工平均年龄 43 岁；研究生学历 1 人，本科学历 6 人，大专学历 1 人；高级政工师 3 人，政工师 5 人。

（3）业务职责：负责宣传党的路线、方针、政策，宣传中煤集团和公司各项部署要求；负责规划部署公司宣传思想工作并组织推进实施；负责公司意识形态管理工作；负责公司党员干部思想政治理论教育工作；负责公司思想政治工作研究，承担对公司政研会管理职责；负责公司内部新闻工作，管理报纸、电视台、内外网站、内部刊物、微信公众号、大屯发展史陈列馆、党员主题教育中心等宣传教育阵地，承担对公司新闻中心管理职责；负责公司对外新闻宣传和新闻发布工作，指导公司所属单位开展对外宣传；负责公司舆情风险监测、研判、处置及形象维护，指导所属单位开展舆情应对处置工作；负责宣传思想文化领域重要文件的起草、重要会议的组织工作；负责公司企业文化建设工作，做好公司价值理念、企业精神、发展愿景和企业形象、标识系统等策划、推广和传播工作；负责公司精神文明建设；负责公司社会责任报告的编制和发布。

党委宣传部下设专业机构：新闻中心

（1）机构沿革：前身为大屯电视台和《大屯工人报》社，1990 年 9 月，大屯电视台与《大屯工人报》社合并而成；1991 年 11 月，电视台与《大屯工人报》社分设；1997 年 10 月，《大屯工人报》社和大屯电视台合并成立公司新闻中心；2006 年 5 月，公司机关改革，合并到企业文化部，隶属企业文化部（党委宣传部）管理至今；2008 年 10 月，印刷厂业务交实业公司；2009 年，公司完成数字电视改造，于 2011 年 6 月，数字电视播出业务交科瑞公司。

（2）队伍建设：截至 2020 年 6 月，新闻中心下设报刊科、电视新闻科、专题文艺科和工程技术科 4 个科室。职工人数 24 人，其中，部门负责人（兼）1 人，主管 4 人，主管助理 4 人，专员 12 人，工人 4 人；男职工 13 人，女职工 11 人；职工平均年龄 46 岁；本科学历 14 人，大专学历 9 人，高中学历 1 人；助理政工师 5 人，政工师 3 人，高级政工师 2 人，工程师 1 人，高级工程师 3 人，助理记者 1 人，记者 1 人，编辑 2 人，主任编辑 1 人，员级 1 人，高级工 3 人，中级工 1 人。

（3）业务职责：宣传公司的发展战略，公司生产、建设、经营形势和"两个文明"建设成就，宣传矿区职工的良好精神风貌，传播科技知识；贯彻落实上级新闻出版、节目转播方面的方针、政策，搞好宣传报道工作，组织稿件，总结交流采写经验，表彰优秀通讯员，按时发放稿

费;定期组织完成《大屯工人报》的编辑、审定、印刷、发行工作;定期组织完成《大屯新闻》、专栏节目和专题片的采、编、播工作;搞好大屯电视台节目的采集、制作、上传、节目编排和安全播出工作;搞好公司有关文艺活动的策划、排演、录播等工作;开展公司宣传报道通讯员业务培训;定期开展新闻报道评比活动,总结经验,宣传先进,树立典型;坚持正面宣传,严把宣传报道政治关、校对关。

十八、工会

(1) 机构沿革:前身为1978年12月21日成立的大屯煤矿工程指挥部工会,后随公司名称相应变更为中国煤矿地质工会大屯矿区委员会、大屯煤电(集团)有限责任公司工会、上海大屯能源股份有限公司工会。

(2) 队伍建设:截至2020年6月,工会下设组织宣教、生产保护、民管法律、生活保障、女工、财务、综合管理(经审委)等7个部室,下辖文体中心、图书馆两个业务部门。职工人数9人,其中,部门正职1人,副职1人,主管5人,主管助理1人,其他人员1人;男职工6人,女职工3人;职工平均年龄49岁;研究生学历1人,本科学历7人,大专学历1人;政工师2人,高级政工师3人,高级会计师1人,高级工程师2人,其他1人。

(3) 业务职责:起草工会重要会议报告、领导讲话,负责公司工会文件核稿、收文的处理,做好重点工作的督查督办和工会信息、网站的编辑管理;组织好劳动竞赛、技术比武、合理化建议征集、群众经济技术创新工程及职工素质工程、班组建设,抓好劳动模范评选管理及待遇落实、劳动保护的监督检查以及群众安全管理工作;开展工会会员会籍管理和"建家"工作,做好民主管理、厂务公开和职代会、集体合同等工作;实施职工法律援助和普法教育;建立健全职工生活保障制度及日常服务工作;组织职工疗(休)养、送温暖活动、扶贫济困工作等;做好工会经费收缴、管理及使用工作;做好女职工权益的维护和落实、女工组织的建设、女工家属协管安全工作等;组织开展读书、文化、体育、娱乐等活动。

十九、团委

与党委工作部合署办公。

(1) 机构沿革:前身为指挥部共青团工作组,1978年12月,共青团指挥部第一次代表大会选举产生了第一届委员会;1983年,更名为大屯煤电公司团委;2002年6月,更名为大屯煤电(集团)公司团委;2019年11月,更名为上海大屯能源股份有限公司团委。

(2) 队伍建设:截至2020年6月,职工人数3人,其中,团委书记1人,团委副书记1人(主管),专员1人;男职工2人,女职工1人;职工平均年龄33岁;本科学历3人;助理政工师1人,政工师2人。

(3) 业务职责:负责共青团工作和青年队伍的建设和管理,团费的收缴、管理与使用;负责深入基层调查研究,分析了解青年团员的思想动态,针对性开展青少年思想政治工作;负责围绕公司党政中心工作,结合青年需求,开展形式多样的青春岗位建功成才活动;负责检查、指导基层团的工作,总结、交流、推广团的工作经验,指导、帮助基层做好团代会、团员大会的筹备召开及换届选举工作,表彰、奖励在生产建设、思想教育等方面涌现出的青年先进个人和集体。

二十、资源协调部

（1）机构沿革：前身为1983年成立的地区处；2003年12月，成立矿地关系部，地区处继续保留；2006年7月，更名为公共协调部，地区处继续保留；2017年6月，节能环保业务与公共协调部业务合并，成立资源环保部；2018年10月，成立资源协调部。

（2）队伍建设：截至2020年6月，资源协调部下设迁村科、土地管理科、复垦科、综合科等4个业务科室。职工人数7人，其中，部门正职1人，主管4人，主管助理1人，专员1人；男职工6人，女职工1人；职工平均年龄45岁；本科学历7人；工程师3人，高级工程师3人，高级经济师1人。

（3）业务职责：负责管理压煤村庄搬迁、土地征用与管理、采煤塌陷地复垦、采煤塌陷地农作物补偿、采煤塌陷湖（河）堤加固及水利设施修复、采煤塌陷地耕地占用税缴纳等业务；协调矿地关系，联络地方政府及其相关职能部门，保持公司对外协调、沟通的顺畅；参与协调处理地区矛盾；负责本系统业务工作的指导、协调、管理及费用审核等；参与公司各单位的生产、建设、改（扩）建项目的审议，各矿采区设计审查和公司有关中长期规划、年度计划的编审工作。

二十一、证券部

（1）机构沿革：2000年成立至今，办公地点为上海浦东公司注册地。

（2）队伍建设：截至2020年6月，证券部下设资本运作科室。职工人数5人，其中，部门正职1人，副职1人，主管1名，主管助理1人，专员1人；男职工3人，女职工2人；职工平均年龄43岁；本科学历5人；高级会计师1人，会计师2人，助理经济师2人。

（3）业务职责：负责临时公告制作及披露管理；定期报告制作及披露管理；投资者关系管理；证券市场信息收集管理；规范化运作管理。

二十二、信息中心（科瑞分公司）

（1）机构沿革：前身为电子计算机中心，隶属总工办，1987年11月划出；1991年4月，电子计算机中心更名为计算机通信中心，公用事业处的电讯队及矿区有关通信业务归计算机通信中心管理；1994年10月，更名为通信计算机处；1998年1月，更名为通信计算机开发公司；1999年3月，更名为科瑞分公司；2006年5月，成立信息中心，与科瑞分公司合署办公。

（2）队伍建设：截至2019年末，信息中心（科瑞分公司）下设综合管理科、应用开发科、监测监控科、传输科、交换科、线务科、数字电视科、经营管理科等8个业务科室。职工人数38人，其中，部门正职1人，副职1人，主管7人，主管助理6人，专员10人，其他人员13人；男职工28人，女职工10人；职工平均年龄44岁；研究生学历1人，本科学历24人，大专学历5人，中技、中专学历8人；一般管理人员2人，助理工程师2人，工程师7人，高级工程师14人，一般工作人员11人，技师1人，高级技师1人。

（3）业务职责：全面负责公司信息化的职能管理工作；贯彻执行国家及中煤集团有关政策、法规、规定及标准、条例，推进公司信息化建设；负责公司信息化规划编制、修订和实施工作，指导、审核所属单位信息化规划；负责组织公司信息化应用系统的建设；负责制定和实施

公司信息化相关管理制度和标准;负责公司信息化年度资本性支出计划编制工作,审核所属单位信息化年度资本性支出计划;负责审核所属单位重点信息化项目建设方案及预算;负责矿区电话用户、光缆、通信线路的规划、建设和维护,承担现场管理和技术服务;负责公司通信交换系统、专网话费系统、对外通信链路的管理,承担现场管理和技术服务;承担矿区通信、计算机网络、数字电视网络的应急故障抢修与处理;跟踪信息技术发展动态,组织信息新技术、新设备、新系统的推广应用;加强信息资源的开发和利用;组织信息技术培训工作。

二十三、科技环保部

(1)机构沿革:前身为1984年5月成立的科技环保处;1991年1月,成立科技情报处,与科技环保处、标准计量处合署办公;1996年,科学技术协会并入科技环保处,节能管理业务由计划处划归科技环保处;1998年,更名为技术中心,原科技环保处、标准计量处牌子保留;2000年1月,被国家经贸委、财政部、国家税务总局、海关总署认定为国家级企业技术中心,享受国家科技立项、税收、补贴等优惠政策;2002年12月,成立股份公司技术中心;2010年10月,技术中心计量检定、环境监测业务划归徐州大屯工贸实业公司;2012年1月,重新成立科技环保部,和技术中心一套班子两块牌子;2017年6月,技术中心环保节能业务合并入新成立的资源环保部,技术中心其他业务与咨询公司合署,保留技术中心牌子;2018年10月,重新成立科技环保部,原技术中心环保节能和科技等业务重新合并。

(2)队伍建设:截至2020年6月,科技环保部下设综合计量科、科技管理科、节能环保科、情报信息科4个业务科室。职工人数16人,其中,部门正职1人,副职1人,主管4人,主管助理6人,专员4人;男职工9人,女职工7人;职工平均年龄46岁;本科学历15人,大专学历1人;高级工程师13人,工程师2人,助理工程师1人。

(3)业务职责:主要负责公司技术创新体系建设、科技计划、科技成果、科研经费、节能、环保、资源综合利用、情报信息、计量管理、知识管理、专利、"双创"、科技创新绩效考核等管理工作以及技术中心日常管理工作。

二十四、煤质运销管理中心

(1)机构沿革:煤质运销管理中心是公司煤质运销管理工作的综合管理部门。2018年5月,中煤集团公司启动了煤炭营销体系战略重构工作;2018年10月25日,煤质运销管理中心成立。

(2)队伍建设:截至2020年6月,煤质运销管理中心下设综合管理科、质量管理科、调运管理科、经营管理科等4个业务科室。职工42人,其中,部门正职1人,副职1人,主管4人,主管助理3人,专员17人,其他人员16人;男职工33人,女职工9人;职工平均年龄44岁;本科学历25人,大专学历11人,高中学历2人,初中及以下学历4人;专业技术人员21人,其中助理工程师2人,工程师4人,助理经济师1人,经济师2人,高级工程师6人,高级经济师6人。

(3)业务职责:负责公司煤炭质量管理、调运、4座煤矿入选原煤管理、电厂用煤调配管理、煤炭副产品综合利用管理、煤炭销售协调等工作;代表公司负责在疆企业煤炭营销活动,负责贯彻执行公司煤炭营销政策,开展煤炭营销业务,新疆煤炭销售科是煤质运销管理中心派驻新疆的办事机构,严格按照管理规定办理业务;负责拟订公司在疆企业年度营销方案,

拟订销售政策、计划管理、合同管理、价格管理、客户管理、市场信息管理等,负责上报煤炭营销事项。

二十五、保卫部(武装部)

与江苏大屯中能服务公司合署办公。

(1)机构沿革:于矿区开发建设初期成立;1982年,经上海市政府批准成立大屯公安处;2002年11月27日,更名为徐州市公安局大屯分局,纳入徐州市公安局建制序列,人武部与保卫处合署,成立保卫处(武装部);2006年8月22日,更名为保卫部(武装部);2010年8月5日,公司消防中队从救护大队划拨到保卫部(武装部);2014年9月17日,消防队划归救护大队管理;2017年7月7日,保卫部(武装部)与物业管理分公司合署办公。保卫部(武装部)设公司社会治安综合治理委员会办公室和公司防范和处理邪教问题领导小组办公室两个常设机构。

(2)队伍建设:保卫部(武装部)现下设6个职能科室、6个基层单位,管理以上人员51人,其他人员215人。截至2020年6月,职工人数266人,其中,部门正职1人(兼)、副职1人;男职工234人,女职工32人;职工平均年龄46岁;本科学历43人,大专学历71人,高中学历38人,中技、中专学历30人,初中及以下学历84人;专业技术人员47人,其中助理政工师17人,政工师20人,工程师3人,高级政工师3人,高级经济师1人,高级工程师3人。

(3)业务职责:作为矿区社会治安、武装保卫工作的综合管理部门,担负着矿区内部治安保卫和人民武装工作。负责维护矿区治安稳定,开展治安防范监督检查;负责对公司二级单位保卫部门进行业务指导,指挥协调矿区突发事件的处置;负责公司研发中心的治安维稳;负责矿区社会治安综合治理、反邪教日常业务的组织实施;负责矿区火工品、要害部位、危化品的监督管理和业务指导工作;负责公司机动车辆和驾驶员的管理;负责协助公安机关开展社会治安稳定工作;负责协助做好社区矫正和矛盾纠纷调解工作;负责制定并实施人民武装工作制度;负责制定并实施战备预案、抗洪抢险、应急救援等各措施;负责指导基层武装部开展民兵整组、军事训练和政治教育;负责组织开展拥军优属活动。

二十六、教卫办公室

(1)机构沿革:教卫办公室前身为1975年9月成立的大屯煤矿工程指挥部教育卫生组;1978年10月,变更为教育卫生处;1984年8月,撤销原教育卫生处,分别建立教育处和卫生处;2003年,教育处与卫生处合并更名为教育卫生处;2006年5月,更名为教卫办公室;2014年底,徐州市卫生监督所大屯公司卫生监督分所(徐州市疾病预防控制中心大屯公司分中心)和妇幼保健所划归教卫办公室管理;2017年7月,与中煤职业技术学院合署办公,内设幼教管理部、基教管理部、卫生健康管理部。

(2)队伍建设:截至2020年6月,教卫办公室机关在岗职工9人,人均年龄50岁,其中,男性4人,女性5人;本科学历7人,大专学历1人,中专学历1人;高级职称4人,中级职称4人,初级职称1人。

(3)业务职责:负责对公司各单位职业卫生、医疗卫生、公共卫生、爱国卫生、计划生育、学前教育以及红十字会、各医疗机构的工作进行管理;协助上海市教育有关部门组织实施大

屯考区的招生考试等工作。学前教育工作:管理公司幼儿园园所资源,配备足够的师资和设施,保证职工子女入园率达到100%,提高了职工子女享受优质学前教育的幸福感;十村幼儿园、零村幼儿园、八村幼儿园被评为江苏省优质幼儿园。中、高考工作:1972年第一所小学创办以来,一直采用上海市教育教学管理模式,学生参加上海市的中、高考招生考试。1991—2019年,中考共录取考生12 450人,平均录取率59.71%;高考共录取考生8 818人,平均录取率74.84%。2019年12月,经招生办争取,上海市教育考试院同意在大屯考点设立日语考场。医疗卫生工作:1991年至今,每年对接触职业病危害因素的职工进行职业健康体检,共体检近30万人次。1991年起,公司成立尘肺病诊断组(1998年撤销),承担公司尘肺病诊断工作,自建矿至今,共诊断尘肺病病人541例。计划生育工作:1991年以来,办理独生子女证7 479个,一胎证9 044个,二胎证2 240个,为30名独生子女伤残死亡家庭申报办理特别扶助。

第三节 所属单位

一、姚桥煤矿

姚桥煤矿位于江苏省沛县杨屯镇与山东省微山县张楼乡境内,南临大屯矿区徐庄煤矿,北临大屯矿区龙东煤矿,西北与徐州矿务集团三河尖煤矿毗邻,东邻崔庄煤矿。井田走向13.70千米,倾向4.65千米,面积63.758 1平方千米。截至2020年6月,姚桥煤矿设有12个管理职能科室、4个生产辅助单位、14个生产单位、8个生产服务单位、2个后勤及地面单位。在册职工2 195人,其中研究生学历7人,本科学历323人,大专学历411人,中专及以下学历1 454人;专业技术人员272人,其中高级职称65人,中级职称127人,初级职称80人;男职工1 940人,女职工255人,平均年龄43岁;生产单位687人,辅助单位730人,生产服务单位344人,后勤及地面单位216人,其他人员218人。矿井保有资源储量31 446.86万吨,可采储量14 533.14万吨,剩余服务年限为23.6年,核定生产能力为445万吨/年。

二、孔庄煤矿

孔庄煤矿位于大屯矿区最南端,地处江苏省沛县和山东省微山县境内,主井位于微山湖西岸、沛县城北4千米处,井田采矿登记边界东西走向约12.98千米,南北平均宽约3.40千米,面积44.134 5平方千米。截至2020年6月,孔庄煤矿设有10个管理职能科室、10个生产辅助单位、10个采掘单位、9个后勤和地面单位。在册职工2 158人,其中研究生学历9人,本科学历280人,大专学历510人,中专及以下学历1 359人;专业技术人员227人,其中高级职称34人,中级职称129人,初级职称64人;男职工1 891人,女职工267人,平均年龄40岁;采掘单位456人,辅助单位1 075人,后勤及地面单位627人。2019年末,矿井保有资源储量15 325.36万吨,可采储量6 124.45万吨,剩余服务年限为30.3年,核定生产能力为180万吨/年。

三、徐庄煤矿

徐庄煤矿位于江苏省沛县大屯镇与山东省微山县西平乡境内,南临大屯公司孔庄煤矿,北临大屯公司姚桥煤矿,西与徐州矿务集团张双楼煤矿毗邻,东与山东省付村井田高庄煤矿接壤。井田东西走向 10 千米,南北倾向 3.8 千米,面积 38.442 平方千米。截至 2020 年 6 月,徐庄煤矿设有 11 个管理职能科室、7 个生产辅助单位、8 个采掘单位、6 个后勤及地面单位。在册职工 2 021 人,其中研究生学历 7 人,本科学历 272 人,中专及大专学历 570 人,高中学历 162 人,技校学历 444 人,初中及以下学历 566 人;专业技术人员 243 人,其中高级职称 60 人,中级职称 135 人,初级职称 48 人;男职工 1 793 人,女职工 228 人,平均年龄 38.54 岁;采掘单位 647 人,辅助单位 747 人,后勤及地面单位 548 人,其他人员 79 人。矿井保有资源储量 23 209.7 万吨,可采储量 5 268.76 万吨,剩余服务年限为 21.5 年,核定生产能力为 180 万吨/年。

四、龙东煤矿

龙东煤矿地处苏鲁交界的微山湖畔,井田内大部分属于江苏省沛县龙固镇与杨屯镇范围,小部分属山东省微山县张楼乡管辖,其东北方向与山东柴里矿隔湖相望,南、西与徐州矿务集团三河尖煤矿毗邻,东南与姚桥煤矿接壤,北西和江苏天能集团龙固煤矿相邻。井田走向长 13 千米,倾斜宽 1～3 千米,面积 24.95 平方千米。截至 2020 年 6 月,龙东煤矿设有 12 个管理职能科室、6 个生产辅助单位、5 个采掘单位、6 个后勤及地面单位。在册职工 1 508 人,其中本科学历 175 人,大专学历 332 人,中专及以下学历 1 001 人;专业技术人员 155 人,其中高级职称 29 人,中级职称 70 人,初级职称 56 人;男职工 1 347 人,女职工 161 人,平均年龄 44 岁;采掘单位 373 人,辅助单位 481 人,后勤及地面单位 291 人,其他人员 363 人。矿井地质储量 1.4 亿吨,可采储量 6 500 万吨,核定生产能力为 105 万吨/年。

五、天山煤电有限责任公司

天山煤电有限责任公司(以下简称天山公司)位于新疆维吾尔自治区呼图壁县雀尔沟镇大河坝,由中煤能源和新疆生产建设兵团六师国资公司共同出资组建。2008 年 4 月,双方签订合作协议。2008 年 6 月,签订出资人协议书,中煤集团公司注册资金 11 000 万元,占注册资本的 51%;六师国资公司出资 5 390 万元,占注册资本的 49%。2008 年 8 月 21 日,天山公司正式成立。2009 年 7 月 17 日,中煤集团将股权转让给大屯公司。2009 年 12 月 25 日,完成股权转让手续,天山公司成为上海能源的控股子公司。天山公司共设有 21 个部门和单位,其中职能科室 9 个,生产单位 4 个,生产辅助、生产服务及地面单位 8 个。截至 2020 年 6 月,在册职工有 449 人。专业技术人员 82 人,其中具有中高级专业技术职称的 48 人;工人 284 人,特殊工种人员 140 人。井田面积约 9.586 7 平方千米,地质储量 1.70 亿吨,可采储量 1.02 亿吨。矿井设计服务年限为 61 年,建设规模为 180 万吨/年(一期为 120 万吨/年)。

六、新疆鸿新煤业有限公司

新疆鸿新煤业有限公司苇子沟煤矿(以下简称"鸿新煤业")位于新疆维吾尔自治区呼图

壁县南 55 千米处天山北麓的石梯子乡,东邻石梯子西沟煤矿,西接 106 煤矿。该矿原属 9 万吨生产规模的小煤矿,2009 年 8 月 7 日,中煤集团批准由中国中煤能源股份有限公司和新疆鸿新建设集团共同出资组建中煤能源新疆鸿新煤业有限公司,对其进行 300 万吨改扩建,中煤能源新疆鸿新煤业有限公司控股 80%,新疆鸿新建设集团持股 20%。鸿新煤业共有 6 个生产科室、8 个机关及辅助科室。截至 2020 年 6 月,共有职工 60 人,其中男职工 53 人,女职工 7 人,全部是全民所有制职工,平均年龄 42 岁;本科以上学历 41 人,大专学历 17 人,中专学历 2 人;高级工程师 10 人,高级会计师 2 人,工程师 13 人,经济师 2 人,政工师 1 人,讲师 1 人,助理工程师 8 人,助理经济师 2 人,助理医师 1 人,其他人员 20 人。采矿许可证核发面积为 22.226 4 平方千米,保有地质资源/储量 488.19 兆吨,服务年限为 84.7 年。鸿新煤业设计生产能力 300 万吨/年,经新疆维吾尔自治区煤炭工业"十三五"规划调整为 240 万吨/年(一期)。

七、玉泉煤业有限公司

玉泉煤业有限公司(以下简称"玉泉煤业")位于山西省盂县县城南 8 千米处观沟村南部,井田面积 6.58 平方千米,矿井生产规模为 120 万吨/年,设计可采储量 1 600 万吨,预计可采储量 1 010 万吨,矿井服务年限为 9.5 年。公司于 2012 年 12 月底收购,注册资金 2 亿元。截至 2020 年 6 月,共有职工 37 人,其中大屯公司 8 人。2011 年 9 月 9 日,矿井生产规模由 150 万吨/年调整为 120 万吨/年。

八、甘肃灵南煤业有限公司

甘肃灵南煤业有限公司位于甘肃灵台矿区。2010 年 4 月,甘肃省政府决定将灵台南煤田配置给原中国水利水电建设集团开发建设,2011 年 11 月,原中国水利水电建设集团出资 1 000 万元在甘肃省平凉市注册成立了甘肃灵南煤业有限公司(以下简称"灵南煤业公司"),按照国家化解产能过剩有关政策,2019 年 3 月,交国源时代煤炭资产管理有限公司管理,2020 年 1 月 16 日,移交大屯煤电(集团)公司管理。项目处于前期工作阶段。灵南煤业公司设有 3 个管理职能部门,在册职工 8 人,其中研究生学历 1 人,本科学历 6 人,大专学历 1 人;专业技术人员 8 人,其中高级职称 2 人,中级职称 3 人,初级职称 3 人;男职工 7 人,女职工 1 人,平均年龄 42 岁。规划建设唐家河和南川河两对矿井,其中,唐家河矿井井田面积 176 平方千米,资源量 8.75 亿吨,规划设计生产能力 500 万吨/年,服务年限 60.6 年,初步规划 2026 年建成投产;南川河矿井井田面积 88 平方千米,资源量 9.05 亿吨,规划设计生产能力 400 万吨/年,服务年限为 71.8 年,初步规划 2027 年建成投产。

九、电热有限公司

电热有限公司(以下简称"电热公司")成立于 2016 年 9 月,注册资本金 1 亿元,其前身为 1970 年 11 月开工的大屯发电厂。1996 年 3 月,发电厂同电业处合并,成立大屯煤电(集团)公司电业分公司。1998 年 4 月,公司矸石热电厂筹建处划入。2016 年,同江苏大屯电热有限公司合署办公。电热公司设有 8 个管理部门、10 个生产部门。截至 2020 年 6 月,在册职工 893 人,其中男职工 632 人,女职工 261 人;专业技术人员 255 人,其中高级职称 92 人,中级职称 116 人,初级职称 47 人;技能职工 547 人,其中高级技师 49 人,技师 106 人,高级工 254 人,中级工 138 人,其他 91 人;研究生学历 3 人;本科学历 258 人,专科学历 264 人,中专学历 40 人,技校学历 202 人,高中学历 26 人,其他学历 100 人;35 岁以下职工 181 人,35~45 岁 412 人,45 岁以上 300 人,职工平均年龄 41.85 岁。电热公司是集发电、供电、供热、售电、售热为一体的电力企业。

十、热电厂

热电厂位于江苏省徐州市沛县经济开发区萧何路、汉润路路口。2012 年 4 月,获得国家能源局下发文件,同意开展前期工作;2013 年 2 月,成立 2×350 兆瓦热电项目筹建处;2014 年 6 月,和发电厂合署办公;2016 年 6 月 15 日,开工建设;2017 年 6 月,更名为上海大屯能源股份有限公司热电厂;2019 年 1 月 19 日,1 号机组完成 168 小时试运行,5 月 24 日 2 号机组完成 168 小时试运行。截至 2020 年 6 月,热电厂在岗职工 198 名,其中男职工 169 人,女职工 29 人,平均年龄 35 岁,均为合同制职工;专业技术人员 95 人,其中高级职称 34 人,中级职称 31 人,初级职称 30 人。

十一、苏铝铝业公司

苏铝铝业公司主体位于江苏省徐州市鼓楼区琵琶街道中山北路延长段,其前身为徐州铝厂,始建于 1958 年;1988 年更名为江苏铝厂;2001 年企业改制,组建徐州四方铝业集团公司,先后隶属于徐州市经贸委、国资委管理;2007 年 3 月 17 日,划转大屯煤电(集团)有限责任公司;2015 年 1 月,成立苏铝公司,下辖四方铝业和上海能源铝板带厂;2017 年 5 月,四方铝业下辖江苏苏铝铝业有限公司、徐州博斯特机械有限公司两个子公司。苏铝铝业公司下辖 6 个主要生产车间、3 个辅助单位、12 个职能科室。截至 2020 年 6 月,在岗职工 444 名,平均年龄 44 岁,其中男职工 378 名,女职工 66 名;本科学历 59 名,专科学历 84 名,中专学历 10 人,技校学历 76 人,高中学历 113 人,初中学历 99 人,小学学历 3 人。专业技术人员 79 人,其中高级职称 3 名,中级职称 48 名,初级职称 28 名;技能职工 122 人,其中高级技师 1 名,技师 8 名,高级工 52 名,中级工 61 名。苏铝铝业公司主要产品为铝板、铝带、铝箔。

十二、铝板带厂

铝板带厂位于江苏省徐州市沛县萧何路和汉兴路交会处,与铝产业园区其他铝加工企业形成铝产业群,占地 534 亩,总建筑面积 90 532.3 平方米。2003 年 9 月,成立铝加工筹备处;2009 年 5 月,开工建设;2011 年底,全面建设完成;2012 年 2 月,投入试生产;2015 年 1 月,成立苏铝公司,下辖四方铝业和上海能源铝板带厂;2017 年 7 月,苏铝公司撤销,铝板带厂重新纳入上海大屯能源股份有限公司江苏分公司序列。铝板带厂设有管理部门 5 个、营销部门 1 个、生产部门 3 个、生产车间 3 个,定员 450 人。截至 2020 年 6 月,有在职在岗全民工 320 人,平均年龄 33 岁,其中男职工 214 人,女职工 106 人;专业技术人员 41 人,其中高级职称 15 人,中级职称 15 人,初级职称 11 人;技能职工 247 人,其中技师 4 人,高级工 158 人,中级工 85 人;本科及以上学历 94 人,专科及以上学历 139 人,技校学历 75 人,其他学历 12 人。铝板带厂主要经营铝及铝合金的延压加工生产、销售和铝加工技术服务,自营和代理各类商品及技术的进出口业务。

十三、徐沛铁路管理处

徐沛铁路管理处(以下简称"铁路管理处")于 1970 年由上海市投资建设,同年 7 月 26 日,大屯煤矿工程指挥部徐沛铁道工程指挥部成立;1973 年,更名为徐沛铁路工程管理处;1976 年 10 月 1 日,徐沛铁路全线通车运营,同时,第一列大屯工程煤发往上海,徐州—沛屯间往返客运列车也同时开行;1978 年,徐沛铁路结束临管进入自管自营阶段,更名为徐沛铁路管理处。铁路管理处下辖 6 个生产单位、6 个服务机构、8 个职能科室。截至 2020 年 6 月,有在职在岗全民工 811 人,平均年龄 44.6 岁,其中女职工 154 人,男职工 657 人;本科以上学历 160 人;专业技术人员 139 人,其中高级职称 47 人,中级职称 56 人,初级职称 36 人;持能职工 643 人,其中技师、高级技师 44 人,高级工 205 人,中级工 157 人,初级工 237 人。铁路管理处线路铺轨全长 188.29 千米,主要担负大屯公司 4 座煤矿、选煤厂、热电厂等单位以及徐矿集团、东原港煤炭及周边地区地方物资的运输业务,货物运输直通全国各运营车站。

十四、选煤中心

选煤中心前身主体为 1982 年 9 月投产的大屯选煤厂,是我国选煤行业首批 4 座达到洗水一级闭路循环的选煤厂之一;2011 年 12 月 30 日,整合原大屯选煤厂、姚桥煤矿选煤厂及运销系统、孔庄煤矿选煤厂及运销系统、龙东煤矿选煤厂及运销系统,成立公司选煤中心(龙东煤矿选煤厂于 2016 年 7 月停选,并于 2016 年 12 月 31 日全部划转龙东煤矿),下辖大屯选煤厂、姚桥选煤厂、孔庄选煤厂 3 个分厂,5 个生产辅助部门,1 个项目部,12 个职能科室。截至 2020 年 6 月,有在职在岗全民工 903 人,平均年龄 46 岁,其中男职工 722 人,女职工 181 人;本科以上学历 142 人;专业技术人员 141 人,其中高级职称 38 人,中级职称 60 人,初级职称 43 人;技能职工 760 人,其中技师、高级技师 118 人,高级工 425 人,中级工 150 人,初级工 67 人。选煤中心主要负责大屯矿区原煤准备、洗选加工、产品装车外运等工作。

十五、拓特机械制造厂

拓特机械制造厂(以下简称"拓特厂")前身为 1970 年 10 月 3 日破土动工的机修总厂;1971 年 7 月建成投产,开始承担机械修理和工具检修任务;1980 年开始对综采设备进行修理,同时开展研发制造;1993 年更名为大屯煤电公司拓特机械制造厂。拓特厂机关职能科室共 9 个,生产车间(含销售中心)共 6 个,服务机构共 4 个。截至 2020 年 6 月,有在岗职工 363 人,平均年龄 44 岁,其中男职工 282 人,女职工 81 人;本科学历 102 人,专科学历 109 人,技校学历 76 人,高中学历 13 人,初中学历 63 人;专业技术人员 101 人,其中高级职称 34 人,中级职称 41 人,初级职称 26 人。拓特厂是一家集研发、生产、维修、销售为一体的煤矿机械设备制修企业。

十六、铁路工程有限公司

铁路工程有限公司(以下简称"铁路工程公司")始建于 1972 年 3 月,原名为大屯煤矿工程指挥部建筑工程大队;1978 年 12 月,更名为建筑工程处;1988 年,定名为大屯煤电公司建筑工程处;1994 年 1 月,地质勘探队与大屯煤电钻井队合并成立为大屯煤电公司特殊建筑基础工程总公司;1997 年 1 月,大屯煤电公司建筑工程处更名为中煤大屯建筑安装工程公司;1999 年 12 月,中煤大屯建筑安装工程公司、矿建工程公司、特殊基础工程公司进行重组,成立中煤大屯工程公司;2001 年 12 月,注销中煤大屯工程公司,成立中煤大屯建筑安装工程公司;2005 年 12 月,与大屯铁路工程处合并,实行"一套班子、两块牌子"模式运行;2018 年 8 月,更名为中煤大屯铁路工程有限公司。铁路工程公司设有机关部室 8 个、中心 3 个、分公司 7 个;设有机关部室中心党支部 8 个、基层党支部 7 个。截至 2020 年 6 月,共有在岗职工 175 人,其中男职工 147 人,女职工 28 人,平均年龄 42.5 岁;研究生学历 2 人,本科学历 70 人,专科学历 45 人,高中学历 7 人,高中以下学历 51 人;专业技术人员 84 人,其中高级职称 28 人,中级职称 26 人,初级职称 30 人;技能职工 63 人,其中高级技师 1 人,技师 7 人,高级工 15 人,中级工 12 人,初级工 28 人;并有一级建造师 14 人,二级建造师 33 人。经营范围包括铁路、道路、隧道和桥梁工程建筑,铁路运输维护,铁路货物运输,土木工程建筑等。

十七、汽车运输分公司

汽车运输分公司(以下简称"汽运分公司")始建于 1975 年,前身为大屯煤矿工程指挥部材料设备组所属汽车队;1983 年 5 月,划归供应公司;1984 年 5 月,直属公司领导;2004 年进入上海能源序列;2011 年 11 月,纳入公司二级单位正级别管理。汽车运输分公司设有 9 个职能科室、3 个生产单位。截至 2020 年 6 月,汽运分公司共有在岗职工 226 人,其中全民合同工 207 人,集体工 19 人(实业公司劳务派遣);男职工 196 人,女职工 30 人,平均年龄 47 岁;专业技术人员 38 人,其中高级职称 13 人,中级职称 7 人,初级职称 18 人;技能职工 106 人,其中技师 4 人,高级工 86 人,中级工 16 人。汽运分公司是大屯矿区唯一一家专业汽车运输、维修企业,承担着大屯矿区生产建设所需物资的运输,职工上下班客车通勤运输以及汽车、工程机械的维修任务。

十八、物资贸易部

物资贸易部前身为大屯煤矿工程指挥部器材供应组、器材供应处。1983 年 4 月,成立供应公司;1984 年 4 月,更名为大屯公司物资供应公司;1989 年 9 月,更名为物资供应处;1997 年 11 月,更名为供应处;2003 年 8 月,更名为上海大屯能源股份有限公司物资贸易部;2012 年,完成大屯公司物资系统整合,公司所属 11 个二级单位的仓储系统先后划转物资贸易部。物资贸易部职能部室有 16 个,总仓库下设 8 个分库。截至 2020 年 6 月,职工总人数 286 人,其中男职工 144 人,女职工 142 人,平均年龄 44 岁;研究生学历 1 人,本科学历 97 人,大专学历 80 人,中专学历 9 人,技校学历 39 人,高中及以下学历 60 人;专业技术人员 92 人,其中初级职称 16 人,中级职称 41 人,高级职称 35 人;技能职工 176 人,其中初级工 75 人,中级工 56 人,高级工 42 人,技师 3 人;正式工 263 人,大集体 23 人。物资贸易部负责大屯公司物资采购供应管理、物资集中储备、物资统一配送、修旧利废及废旧物资处置、公司生产单位物资消耗统计及消耗定额管理等工作。

十九、煤炭贸易有限公司

煤炭贸易有限公司(以下简称"煤炭贸易公司")成立于 2008 年 6 月,其前身是大屯煤电

公司运销处、上海大屯能源股份有限公司运销部、煤炭贸易部;1993 年 4 月,成立大屯煤电公司销售总公司(1996 年变更为销售分公司),与大屯煤电公司运销处属一个机构两块牌子;2000 年更名为上海大屯能源股份有限公司运销部;2002 年,销售分公司注销;2003 年 8 月,更名为上海大屯能源股份有限公司煤炭贸易部,增加煤炭贸易业务;2008 年 6 月,成立江苏大屯煤炭贸易有限公司,与煤炭贸易部属一个机构两块牌子;2018 年 5 月,中煤集团启动煤炭营销体系重构,2018 年 11 月煤炭贸易部撤销,原煤炭贸易部所属业务分别由江苏大屯煤炭贸易有限公司及煤质运销管理中心负责。煤炭贸易公司现有 5 个科室,截至 2020 年 6 月,在岗职工 28 人,其中男职工 15 人,女职工 13 人;本科学历 21 人,专科学历 1 人,中专学历 1 人,初中学历 5 人;专业技术人员 23 人,其中高级职称 11 人,中级职称 9 人,初级职称 3 人。煤炭贸易公司负责公司煤炭贸易业务。

二十、大屯工贸实业有限公司

大屯工贸实业有限公司(以下简称"实业公司")成立于 2019 年 11 月 22 日,由徐州大屯工贸实业公司改制而来,注册资金 2.2 亿元。其前身为 20 世纪 80 年代初成立的集体企业管理处,后改为多种经营总公司,下属各单位相应成立多种经营分公司;2000 年 12 月,大屯公司对原多种经营总公司实施重组,将所属厂点整合至各矿厂多种经营公司,成立多种经营管理处;2006 年 5 月,撤销多种经营管理处;2006 年 11 月,成立徐州大屯工贸实业有限公司。实业公司下辖 9 个分公司以及 9 个子公司、2 个生产辅助部门、10 个职能科室。截至 2020 年 6 月,在册职工 2 421 名,平均年龄 45 岁,其中男职工 1 248 人,女职工 1 173 人;管技人员 225 人,技能职工 760 人;本科以上学历 172 人;专业技术人员 225 人,其中高级职称 66 人,中级职称 96 人,初级职称 63 人;技能职工 349 人,其中高级技师、技师 25 人,高级工 111 人,中级工 213 人。实业公司主要经营设备的制造、销售、安装、维修及技术服务;采矿建筑设施、密封用填料生产、销售及技术服务;机电设备安装;建筑材料、橡胶塑料制品、金属制品及非金属制品矿物制品的生产、销售、安装、维修及技术服务;劳保用品生产、加工等业务。

二十一、电力工程有限责任公司

电力工程有限责任公司(以下简称"电力工程公司")前身为大屯煤电公司发电厂火电设备维修公司,始建于 1993 年,2008 年划归大屯工贸实业公司;2013 年,更名为江苏德信中大火电设备维修公司;2016 年,更名为江苏大屯电力工程有限责任公司;2018 年 1 月 3 日,正式成立江苏大屯电力工程有限责任公司;2018 年 4 月,原发电厂检修部成建制地并入电力工程公司,完成了电力工程公司基本组织架构的整合。截至 2020 年 6 月,电力工程公司下设 10 个管理部门、6 个项目部。截至 2020 年 6 月,电力工程公司共有全民工 291 人,其中男职工 247 人,女职工 44 人,平均年龄 41.5 岁;本科以上学历 1 人,本科学历 71 人,大专学历61 人;专业技术人员 69 人,其中高级职称 21 人,中级职称 27 人,初级职称 21 人;技能职工 164 人,其中高级技师 23 人,技师 36 人,高级工 76 人,中级工 29 人。电力工程公司经营范围主要有电力设备维修、锅炉设备、汽轮机、电气设备的运行,锅炉安装、改造、维修、调试,机电设备、压力管道安装、维修,环境污染治理设施管理,技术服务等业务。

二十二、水处理科技有限公司

水处理科技有限公司(以下简称"水处理公司")前身为徐州大屯工贸实业公司下属的水处理分公司。水处理业务始于 20 世纪 80 年代,主要设施中心区污水处理厂始建于 1978 年,1979 年建成投入运行,隶属原大屯煤电公司公用事业处。污水处理厂先后隶属生活服务公司、物业管理分公司和徐州大屯工贸实业公司。2012 年 9 月,大屯煤电公司下属本部 4 座矿污水处理和矿井水处理设施统一划归徐州大屯工贸实业公司管理;2018 年 4 月,成立江苏大屯水处理科技有限公司。水处理公司下设 4 个机关部室、4 个辅助部门中心,有 4 个外部基层生产单位。截至 2020 年 6 月,水处理科技公司在册人数 256 人,其中男职工 139 人,女职工 117 人,平均年龄 44 岁;研究生学历 2 人,本科学历 47 人,大专学历 55 人,中专学历 10 人,技校学历 26 人,高中学历 20 人,高中以下学历 96 人;专业技术人员 56 人,其中高级职称 15 人,中级职称 23 人,初级职称 18 人。水处理公司从事工业废水、化工水、医疗水、生活污水及再生利用水等水处理运维和环保工程。

二十三、中能服务公司

中能服务公司(以下简称"中能公司")是大屯公司后勤服务单位。1996 年 3 月,大屯煤电公司公用事业处、后勤处、房产管理处合并,成立大屯煤电公司生活服务公司;1999 年 12 月,重新组建物业管理分公司和房产开发管理分公司两个独立单位;2016 年 3—4 月,矿区物业后勤系统第一轮集中整合;2017 年 7 月,物业管理分公司与公司保卫部合署办公;2019 年 4 月 2 日,中能服务公司正式揭牌;2019 年 7 月,完成地面单位的后勤、铁路、选煤中心保卫业务集中管理;2020 年 2 月 24 日,房产公司与中能服务公司合并;2020 年 4 月,电热公司保卫科、后勤科划转中能服务公司。中能公司现有 9 个机关科室、14 个中心。保卫部(武装部)下设 10 个科室。截至 2020 年 6 月,有在岗职工 559 人。专业技术人员 108 人,其中高级职称 19 人,中级职称 38 人,初级职称 51 人;技能职工 438 人,其中高级技师 1 人,技师 4 人,高级工 63 人,中级工 51 人,初级工 319 人。中能公司根据公司发展和服务职工群众的需要,担负着多种后勤服务职能。

二十四、金屯房地产开发有限公司

金屯房地产开发有限公司(以下简称"房产公司")隶属江苏大屯中能服务公司,前身为大屯公司房产处。1993 年 8 月 23 日,大屯公司房产管理处成立;1996 年 3 月 13 日,公司房产管理处与公司公用事业处、公司后勤处合并为生活服务公司;1999 年 12 月 8 日,撤销生活服务公司,拆分为房产开发管理分公司和物业管理分公司;2004 年 3 月 5 日,大屯煤电(集团)有限责任公司房地产开发公司改制,并正式揭牌成立房产公司;2020 年 2 月 24 日,与中能服务公司合并。截至 2020 年 6 月,房产公司在职人数 58 人,其中部门正职 1 人,副职 1 人;男职工 45 人,女职工 13 人;研究生学历 1 人,本科学历 30 人,大专学历 19 人,中专学历 1 人,技校学历 4 人,高中学历 3 人;专业技术人员 29 人,其中高级职称学历 8 人,中级职称 10 人,初级职称 11 人;技能职工 6 人,其中助理政工师 3 人,高级工程师 3 人。房产公司主要从事大屯矿区棚户区改造、职工经济适用房等开发建设。

二十五、中心医院

中心医院始建于1970年,上海市卢湾区中心医院16人医疗小分队首批进驻建矿施工现场,同年9月进行矿工医院筹建工作,1972年12月竣工投入使用;1984年,更名为大屯煤电公司职工中心医院;2003年5月,更名为中心医院;2003年9月,大屯煤电(集团)公司实行医疗卫生垂直管理后,4座矿的医院及电厂卫生所划归中心医院管理。中心医院现有临床科室23个、医技科室11个、医疗辅助科室8个、职能科室11个、后勤服务单位2个、分院4个、卫生所1个。截至2020年6月,中心医院在册职工381人、在岗职工381人,其中研究生学历2人,本科学历263人,专科学历46人,中专学历46人,高中以下学历6人;专业技术人员297人,其中高级职称108人,中级职称152人,初级职称37人。中心医院是一所以创伤外科为主,集医、教、研、防、保为一体的综合性二级甲等医院,肩负着大屯矿区及周边三县60余万人的医疗重任及分级诊疗,是徐州市及周边三县医保定点医院。

二十六、中煤职业技术学院

中煤职业技术学院(以下简称"中煤职院")前身为大屯煤电公司职工学校、大屯煤矿技工学校。1981年,筹建技工学校;1982年4月,成立职工学校;1984年,技工学校正式招生,和职工学校属于一套班子,两块牌子;1992年,大屯煤矿技工学校建成省(部)级重点技工学校,更名为大屯煤电公司技工学校;1996年建成国家级重点技工学校;1999年建成高级技工学校,更名为江苏煤电高级技工学校;2004年,增挂江苏煤电技师学院牌子;2019年变更为江苏煤电技师学院法人资质,目前是徐州市仅有的5所技师学院之一,具备事业单位法人资质,可面向社会培养中高级技术人才,开展中、高级技工、技师培训;2012年4月,经中煤集团批准,整合江苏煤电技师学院、大屯公司培训中心、大屯公司党校等各类教育、培训资源,成立中煤职业技术学院,时任中煤集团副总经理都基安兼任院长;2017年7月,中煤职业技术学院与公司教卫办公室合署办公。截至2020年6月,中煤职院有15个部室中心,在岗职工283人,其中男职工121人,女职工162人;本科学历148人,专科学历106人,技校学历14人,高中学历6人,初中学历9人;高级职称74人,中级职称115人,初级职称21人,其中2名全国煤矿安全培训优秀教师,15名江苏省优秀培训教师,8名企业科研带头人,行业大师工作室3个。中煤职院为大屯公司综合性培训基地,集中煤集团党校培训、安全培训、技能培训、技工教育、成人学历教育、职业技能鉴定、煤矿安全生产考试等职能于一体。

二十七、徐州大屯工程咨询有限公司

徐州大屯工程咨询有限公司(以下简称"工程咨询公司")是大屯公司集工程设计、工程监理、造价咨询、地质勘探、工程测绘于一身的综合性技术服务型企业,前身是1970年7月成立的指挥部设计组;1974年10月,正式定名为大屯煤矿工程指挥部设计室;1981年,更名为大屯煤矿工程指挥部设计科研所;1983年5月,更名为大屯煤电公司设计科研所;1985年6月,大屯煤电公司将设计与科研分立,成立大屯煤电公司设计处;1990年8月,更名为大屯煤电公司设计规划处;1997年10月,更名为大屯煤电(集团)有限责任公司规划设计处;1999年12月,更名为大屯煤电设计院;2001年8月,与大屯煤电公司建设工程监理部合并,

更名为徐州大屯煤电设计院有限公司;2005 年 7 月,更名为徐州大屯工程咨询有限公司。监理分公司前身是大屯煤电公司建设工程监理部,成立于 1995 年 9 月;1997 年 2 月,监理业务开始拓展到矿区以外建设工程市场;2001 年 5 月,建设工程监理部合并到设计院有限公司。地质勘查工程公司前身为大屯煤矿工程指挥部地质队,成立于 1971 年 12 月;1983 年 4 月,更名为地质勘探队;1994 年 1 月,地质勘探队与大屯煤电钻井队合并成立为大屯煤电公司特殊建筑基础工程总公司;1999 年 12 月,建筑安装工程公司、矿建工程公司、特殊基地工程公司合并重组,成立中煤大屯工程公司;2001 年 12 月,中煤大屯工程公司更名为中煤大屯建筑安装工程公司,成立地勘测绘工区;2005 年 11 月,中煤大屯建筑安装工程公司地勘测绘工区整体划拨并入工程咨询公司,成立地质勘测院;2018 年 8 月,地质勘测院更名为地质勘查工程公司。设计院工程咨询公司现有 10 个机关科室、3 个基层单位、9 个党支部。截至 2020 年 6 月,在岗职工 189 人,平均年龄 40 岁,其中男职工 158 人,女职工 31 人;本科学历 115 人,专科学历 24 人,技校学历 19 人,高中学历 6 人,初中学历 18 人;专业技术人员 97 人,其中高级职称 55 人,中级职称 33 人,初级职称 9 人;各类工程注册人员 114 人,同时拥有一批创新成绩突出的专利带头人及科研院所的专家团队。

二十八、设备管理中心

上海大屯能源股份有限公司设备管理中心,隶属于中煤集团大屯公司,主要负责大屯公司综采、综掘及矿井十二类设备的集中管理。设备管理中心前身是 1981 年 4 月成立的国内第一家矿区综机设备统一租赁的管理部门,原名为大屯煤矿工程指挥部综机租赁站;1998 年 2 月,根据大屯公司体制改革需要,更名为大屯煤电(集团)有限责任公司设备租赁分公司;2002 年 1 月,更名为上海大屯能源股份有限公司江苏分公司设备租赁站;2011 年 12 月,为强调综机设备管理职能,更名为上海大屯能源股份有限公司综机管理中心;2014 年 4 月,根据公司要求 4 座矿十二类设备统一集中管理,更名为上海大屯能源股份有限公司设备管理中心,新增十二类设备的资产管理和租赁管理业务,负责配置接续计划、设备更新投资计划、改造计划、大修理计划的编制实施。

设备管理中心现设中心主任 1 名兼直属党支部书记,副主任 2 名,下设综合科、财劳(预算)科、技术科、设备一科、设备二科、配件科及库管科等 7 个科室。截至 2020 年 6 月,在岗职工 68 人,平均年龄 44 岁,其中男职工 57 人,女职工 11 人;大学本科学历 36 人,专科学历 11 人,中专学历 4 人,技校学历 6 人,高中学历 5 人,初中学历 6 人;专业技术人员 39 人,其中高级职称 10 人,中级职称 22 人,初级职称 7 人。

二十九、救护大队

救护大队建队于 1974 年 8 月(独立中队编制),隶属安全检查组;1990 年 9 月,扩建为救护大队;1997 年 10 月,搬入新址江苏省徐州市沛县大屯矿区北京路西;2001 年 3 月,公司消防救火业务由大屯公司公安处划归救护大队;2011 年 11 月,救护大队消防救火业务划转到保卫部,成立消防队;2014 年 10 月,消防队划归救护大队管理;2014 年,开始国家央企应急救援队伍建设;2018 年 1 月,被国家安全生产应急救援指挥中心规范命名为"国家矿山应急救援中煤大屯队";2018 年 8 月,国家矿山应急救援中煤大屯队揭牌。救护大队现有 7 个科室。截至 2020 年 6 月,在岗职工 105 人,其中男职工 98 人,女职工 7 人;本科学历 28 人,大专学历 45 人,中等学历 27 人,初中学历 5 人;专业技术人员 18 人,其中高级职称 4 人,中级职称 9 人,助理职称 5 人;平均年龄 36 岁,35 岁以下 60 人,36～45 岁 21 人,46 岁以上 24 人。救护大队是集矿山救援和消防为一体的应急救援队伍。

三十、离退休管理中心

离退休管理中心(以下简称"退管中心")的前身为大屯煤电公司党委组织部老干部管理科,成立于 1982 年 4 月;1990 年 4 月,公司成立了退休职工管理委员会,下设办公室,各直属单位根据退休职工情况相应建立专、兼职管理部门;1994 年,公司成立退休职工管理工作办公室,主要职责是管理服务公司总部机关退休的职工;1995 年底,老干部活动室与退休职工管理工作办公室合并,成立离退休职工管理处;2006 年 5 月,更名为大屯离退休管理中心;2009 年,公司把驻地在公司总部的二级单位离退休职工纳入离退休管理中心管理服务;2016 年 8 月,公司离退休职工全部纳入大屯离退休管理中心集中管理,大屯离退休管理中心负责所有离退休职工的服务管理事务;2019 年 3 月,公司信访办与大屯离退休管理中心合署办公,同时负责公司的信访稳定工作。退管中心现设有 5 个机关管理科室、9 个分支机构,下辖 8 个退管服务站、1 个离退休干部管理所。退管中心共有在职人员 105 人,其中男职工 49 人,女职工 56 人;本科学历 39 人,专科学历 42 人,中专学历 3 人,高中学历 5 人,初中及以下学历 16 人;专业技术人员 44 人,其中高级职称 9 人,中级职称 20 人,初级职称 15 人。退管中心主要职责是做好中心区全体离休老干部、公司机关处级退休干部的服务管理工作。

三十一、微山湖假日酒店

微山湖假日酒店(以下简称"假日酒店")前身为公司招待所,位于江苏省徐州市沛县新城区萧何路 1 号。2010 年开始筹建,2013 年 10 月 18 日正式开业,2014 年 7 月 9 日变更为微山湖假日酒店,成为商业化模式运作独立经营的酒店。假日酒店现有餐饮部、房务部、采购部、后勤保障部等 7 个部门。截至 2020 年 6 月,在岗职工 119 人,其中正式职工 25 人(男职工 16 人,女职工 9 人);本科学历 11 人,专科以下学历 14 人;专业技术人员 7 人,其中高级职称 1 人,中级职称 5 人,初级职称 1 人;技能职工 8 人,其中高级技师 2 人,技师 2 人,高级工 4 人;平均年龄 42 岁。假日酒店劳务用工 94 人,其中男职工 26 人,女职工 68 人。假日酒店是沛县境内一家综合型精品商务酒店,对内承担公司所有住宿、餐饮、会议等接待工作,对外承接客房住宿,餐厅零点、宴会,各类会议等社会活动。

第三章 战略发展

第一节 战 略

一、战略目标

公司在不同的发展阶段,根据国家宏观经济形势并结合自身情况制定了阶段性的发展战略。

"一大二高"战略 2001年提出"一大二高"发展战略,即培育建设大型企业集团,发展高新技术和高耗能产业。总体发展思路是:大力进行产业结构调整,建立科学合理的产业链。发展高耗能及劳动密集型产业,构筑煤电铝运一体化经营产业链;充分利用上海的人才优势、技术优势,发展高新技术产业。适时筹建企业技术研发中心,为在浦东发展高新技术产业做好技术储备。建立健全适应市场经济发展的管理体系和创新体系,不断增强发展活力,保持持续、稳定、健康发展。

"1231"战略 2008年提出"1231"战略,即突出一个核心主业(煤炭核心主业),立足内外两地发展(大屯矿区、"走出去"),实现三大目标(力争"十一五"规划期末,公司资产总额和销售收入双超百亿,利润总额超十亿),再造一个新大屯。

"12531"战略 2011年提出"12531"战略,即突出一个煤炭主业,立足两地发展,发展煤炭、电力、铝业、物流贸易、机械制造五大板块,实现资产总额、煤炭产能、利润三大指标突破,把公司建成一流的综合性能源企业。着力创新"大屯模式",建设一流的大型综合型能源企业,为中煤集团建设具有国际竞争力的大型能源集团做出贡献。

"12433"战略 2015年提出"12433"战略,即突出发展煤-电一体化,立足大屯内外发展,着力发展煤炭、电力、综合服务、加工制造四大板块,积极培育节能环保、资本运作及新材料等战略性新兴产业,建设具有较强竞争力的清洁能源供应商、能源综合服务商和转型发展示范企业。

"4411"战略 2017年提出"4411"战略,即建设江苏、新疆、蒙陕甘、淮海"四大基地",发展煤炭、电力、铝加工、能源综合服务业"四大产业",打造电力运维、水处理运维、铁路运维、地质勘探防治水、园区等"十一个品牌项目"。着力开创基业长青、与时俱进、充满活力、公正清明和富裕美丽的新局面,为建设"五型"新大屯,打造中煤集团"两商"战略典范企业夯实基础,为中煤集团建设较强国际竞争力的清洁能源供应商和能源综合服务商及跻身世界企业500强而努力奋斗。

二、发展规划

"八五"规划(1991—1995年) 基本建设投产60万吨、续建180万吨、新开工两处

180 万吨,增加选煤能力 105 万吨和 18 项矿区补套工程;原煤年产量由 340 万吨到 380 万吨,发电量由 4.5 亿千瓦·时到 6.5 亿千瓦·时;4 座矿补勘 10 个采区;"三下"开采工程湖堤加固 53.6 万立方米,迁村 5 个 2 639 户,解放储量 2 367.9 万吨;矿井"四大件"改造;多种经营集体经济发展安排待业人员由 3 700 人增加到 6 500 人,经营项目新增 45 项,工业总产值由 1 530 万元增加到 2 050 万元。

"九五"规划(1996—2000 年) 重点实施"2、3、4、4、6、1"工程。即:2000 年比 1995 年实现销售收入和利润总额两个翻一番;煤炭产量比原设计能力增加 300 万吨;建成 4 个百万吨综采队;非煤产业销售收入的比重达到 40% 以上;煤矿净减 6 000 人;百万吨死亡率控制在"1"以下。

"十五"规划(2001—2005 年) 产品销售收入:在 2000 年 13 亿元的基础上,到 2005 年最终实现 30 亿元以上;煤炭生产:保持在 700 万吨/年左右的水平;电力生产:到"十五"期末装机容量确保 199 兆瓦,力争达到 324 兆瓦。铁路运输:年货运能力力争达到 1 200 万吨。实现利润:到 2005 年,年最终实现利润 1 亿元以上。职工收入:"十五"时期职工平均收入年均增长 5% 左右。

"十一五"规划(2006—2010 年) 2010 年底确保销售收入、利润总额翻一番,力争销售收入过百亿元,利润总额超 10 亿元;煤炭总生产能力 1 800 万吨;发电产业完成 2×300 兆瓦机组项目前期核准工作,公司总装机容量达到 789 兆瓦;电解铝生产能力确保达到 11 万吨,力争达到 23 万吨;高端铝加工能力确保达到 10 万吨,低端铝加工能力确保达到 4 万吨;铁路运输能力达到 1 500 万吨;原煤生产百万吨死亡率低于 0.5;职工收入年增长 10%,职工居住环境明显改善。

"十二五"规划(2011—2015 年) 2015 年末实现:原煤产量 3 000 万吨,精煤产量 530 万吨;电力装机容量 1 009 兆瓦,发电量 57.74 亿千瓦·时;电解铝 12 万吨,铝板带箔 22 万吨;机械制造 100 580 吨,煤机维修量 11 420 吨;运输物流 2 000 万吨,贸易物流 67 亿元,物资供销物流 12 亿元,物流地产 14 亿元。

"十三五"规划(2016—2020 年) 到 2020 年末实现:原煤产量 2 010 万吨,精煤产量 1 534 万吨;电力装机容量 1 144 兆瓦,发电量 57.2 亿千瓦·时;铝板带箔 19 万吨;机械制修量 6.6 万吨;铁路运输量 1 650 万吨。力争到 2025 年,营业收入在 2015 年基础上翻两番,利润突破 20 亿元。

中长期发展战略(2018—2030 年) 分两个阶段:第一阶段(2018—2025 年)为建设扩张发展阶段。力争到 2025 年,公司总体收入在 2018 年基础上翻一番,超过 200 亿元,利税总额超过 30 亿元。第二阶段(2026—2030 年)为规模高效发展阶段。力争到 2030 年,公司煤炭产能突破 3 000 万吨,公司总体收入在 2018 年的基础上翻两番,达到 400 亿元规模,利税总额超过 40 亿元,能源综合服务业营业收入占比突破 30%,公司在中煤集团主要生产企业中排在前列,员工收入达到中煤集团中上等水平。

三、战略合作

(一)国际战略合作

1991—1993 年,承接伊朗塔巴斯煤田勘探工程,共完成 45 个钻孔,钻探总进尺 21 079.10 米;与波兰在煤炭开采和洗选领域进行深入合作交流始于 20 世纪 80 年代,

2001 年10 月 24 日,签订了中波技术交流与合作延续 3 年协议和中波互设科研所协议,双方在煤矿安全生产与管理、采煤工艺及科技兴矿等方面开展了长达十余年的合作交流。

(二)国内战略合作

1. 校企合作

2008 年 10 月 11 日,东北大学部分专家、学者在公司参加了上海能源-东北大学校企合作座谈会;2010 年 12 月 8 日,签署上海能源-东北大学全面战略合作协议书;2019 年 4 月 9 日,日本大阪藕状材料研究有限公司 CEO 中岛英雄教授、东北大学罗洪杰教授等一行 3 人来公司就藕状铝和泡沫铝产品开发进行交流访问,合作推进产品开发和应用。

2012 年 4 月 8 日,中国矿业大学、山东科技大学、中南大学和中煤集团联合培训基地在中煤职业技术学院揭牌。2012 年 4 月至 2019 年 12 月,中煤集团与中国矿业大学联合举办 5 届"乌金蓝领精英班",总共培养了 407 位毕业生。2012 年 3 月,公司委托山东科技大学培养采矿工程专业学员 90 人;2013 年 3 月,培养地质工程专业学员 69 人。2012 年以来,公司函授站多次被中国矿业大学评为优秀函授站;2015 年被山东科技大学评为优秀函授站。

2019 年 4 月 26 日,公司与中国矿业大学签订战略合作框架协议,为集团公司提供人才培养服务,为国家级企业技术中心建设提供技术支撑,参与科技发展战略规划的决策咨询。

2. 院企合作

2016 年 10 月 19 日,中心医院与徐州市肿瘤医院签订对口帮扶合作框架协议。徐州市肿瘤医院每周派驻骨科、妇产科、外科主任专家到中心医院坐诊、培训、会诊及进行相关指导,使周边群众在家门口即可享受徐州专家的服务,还提高了医院的美誉度和业务水平;同时与徐州市肿瘤医院开展血透室业务技术合作,营业收入从每年 100 多万元提高到每年 800 余万元,提高了医院的知名度和收入。

2018 年 7 月 31 日,公司与煤炭工业规划设计研究院有限公司签订战略合作框架协议,公司委托其编制完成《大屯公司 2018—2020 年三年滚动发展规划》《大屯公司 2018—2030 年中长期发展战略》,双方将在公司发展战略及规划编制方面继续展开合作。

2019 年 9 月 19 日,公司与中煤科工集团上海有限公司签订战略合作框架协议,下属的实业公司所属江苏省大屯科技产业园发展有限公司与其进一步商谈,于 2019 年 11 月 6 日签订了产品开发及项目合作协议,就矿用张紧绞车及配套产品进行深度合作。

2019 年 9 月 26 日,公司与中煤科工集团重庆研究院有限公司签署战略合作框架协议,双方在高瓦斯、突出矿井"一通三防"、防治水、矿山救护、防冲及智能化技术方面展开多层级合作。

3. 企企合作

2014 年 12 月 26 日,公司领导在上海参加上海铁路局 2015 年路企战略合作座谈会,并代表公司与上海铁路局签署了《铁路货运大客户年度互保框架协议》,双方继续开展路企战略合作。

2017 年 11 月 15 日,公司与上海同济环境工程科技有限公司签署战略合作框架协议,双方就大屯公司水处理转型升级研究展开合作,编制了《大屯公司水处理产业转型升级可行性研究及战略规划》;就公司固废利用开展研究,形成《大屯公司一般固体废弃物水热固化综

合处置利用可行性报告》,供公司决策参考。

2019年3月2日,公司与中煤建安公司签署战略合作框架协议,实业公司所属江苏大屯矿业设备有限公司经过与中煤建安洗选公司接洽,根据市场化招标,陆续供应选煤配件产品,目前,产品辐射全国4个省市和地区,其中,中煤建安的20多家洗选厂都已经更换为公司产品。

2019年9月18日,公司与东方电气集团东方锅炉股份有限公司签署战略合作框架协议,双方积极在发电厂相关结构件加工、工程安装、技术改造及技术指导、培训等方面开展合作,曾共同完成热电厂轻钢结构加工,发电厂6#、7#锅炉超低排放改造,榆林项目部1#、2#机组锅炉超低排放改造等工程。

2020年1月10日,公司就合作开发甘肃省平凉市灵台矿区煤电"一体化"项目与山东能源集团共同签署合作框架协议书。根据协议约定,双方将充分发挥各自产业及技术等方面优势,按照煤电一体化模式,在甘肃省平凉市灵台矿区唐家河煤矿500万吨/年、南川河煤矿400万吨/年和灵台4×1 000兆瓦电厂项目建设中建立全面合作关系,加快"陇电入鲁"工作落地实施,实现双方互利共赢。

2020年5月6日,公司与煤炭工业合肥设计研究院有限责任公司签署战略合作框架协议,双方在煤矿、煤炭洗选、电力等项目建设、安全生产领域,矿井绿色开采、智能开采、深部开采及灾害治理等领域,电力运维、水处理运维、地质勘探防治水、检测检验、铁路运维、培训教育、节能环保等能源综合服务领域开展合作。

2020年5月6日,公司与中国中铁四局集团有限公司签署战略合作框架协议,双方围绕铁路等领域的投资、建设、运营进行多层次、多渠道、多模式合作。

4.政企合作

2011年12月27日,公司与盂县人民政府签署《中煤集团上海大屯能源股份有限公司与山西省阳泉市盂县人民政府合作框架协议》。

2018年5月30日,公司与徐州市鼓楼区政府就苏铝铝业场地开发签署合作协议书,双方加快推进苏铝园区土地性质变更、园区开发建设等工作。

2019年2月21日,公司与沛县人民政府举办创建高职院校战略合作协议签约仪式,双方强化沟通联系,就规划用地选址和面积已达成一致意见,将进一步完善规划设计,推进高职院校建设。

第二节　经营模式

一、"煤电运"模式

20世纪70年代初,在建设煤矿的同时,兴建发电厂、修筑铁路,形成了煤炭生产、煤炭加工、电力生产及铁路运输并举、综合经营的新格局。同时,兴建居民住宅区,完善配套设施建设,形成了"煤电运"大屯模式。

二、"煤电铝运"模式

1998年,公司提出二次创业的口号,"煤电铝运"模式逐步进入实施阶段。2003年是煤电铝运一体化综合经营格局初步形成的一年;第一台 135 兆瓦发电机组投入商业运营,电厂 3# 机组完成改造任务,1#、2# 机组和矸石电厂新增两炉两机项目完成立项工作;4×600 兆瓦机组完成项目建议书上报工作;5 万吨/年电解铝工程具备调试和试生产条件;徐庄矿和孔庄矿改扩建工程上报国家发展和改革委员会立项审批。2005 年,第二台 135 兆瓦发电机组投入运营;2005 年 12 月,6.4 万吨/年阳极碳素配套工程投产;铁路用蒸汽机车改为内燃机车,到 2005 年全部完成。2006 年,2×15 兆瓦矸石发电机组投产。2008 年,发电厂 1#、2# 机组技术改造完成投入运营,2×60 兆瓦机组发电。

三、"两商"与"4411"模式

2016 年初,中煤集团提出"两商"战略;2017 年,结合"依托中煤、立足本部、融入地方、面向淮海"的指示精神,公司新一届领导班子提出"4411"转型发展思路;2018 年 12 月,将"4411"确定为公司发展战略;2017—2019 年,公司不断优化整合在能源综合服务商方面的人才、技术、资质、管理与运维经验等优势资源,打造 11 个品牌项目。

第三节 发展成果

一、"八五"规划期间

(1) 生产任务。累计生产原煤 1 933 万吨,1995 年生产原煤 410 万吨,比 1990 年增长 44 万吨;累计完成选煤产量 842 万吨,1995 年选煤 181 万吨,比 1990 年增加 38 万吨;累计发电 35.2 亿千瓦·时,1995 年发电 8.37 亿千瓦·时,比 1990 年增加 3.73 亿千瓦·时;累计完成货运量、机械制修量分别为 3 633 万吨和 44 963 万吨。

(2) 经济效益。1995 年销售收入 8.82 亿元,实现利润 8 740 万元;工业增加值 1995 年达到了 52 663 万元。"八五"期间完成固定资产投资 10.40 亿元,比"七五"期间增长 67.4%。

(3) 职工生活。1995 年,职工人均收入达到 9 161 元,比"七五"期末增加 5 616 元;职工人均居住面积达到 7.6 平方米;电话普及率达到了 23%。

(4) 科教文卫事业。1995 年,矿区拥有各类专业技术人员 4 823 人,比"七五"期末增加了 1 286 人;"八五"期间共完成科研项目 524 项,其中获得部、省、市级科技进步奖 33 项;科技进步对经济增长的贡献率为 30%。

(5) 多种经营第三产业。累计完成投资 1.47 亿元。1995 年生产经营总额 2.1 亿元,实现利税 1 449 万元,安置人员 5 672 人。

二、"九五"规划期间

(1) 主营业务。累计生产原煤 2 725 万吨,比"八五"期间增长 792 万吨;2000 年生产原煤 666 万吨,比 1995 年增加 256 万吨;精煤产量累计完成 665 万吨;累计完成发电量 35 亿千瓦·时,比"八五"期间略有增长;累计完成铁路货运量 4 489 万吨,比"八五"期间增长 856 万吨,2000 年铁路货运量完成 1 036 万吨,首次突破千万吨大关;机械制修量累计完成 43 709 吨。

（2）经济效益。累计实现产品销售收入 58.86 亿元，比"八五"期间增加 25.33 亿元，增幅为 75.54%；共实现利税 9.35 亿元，比"八五"期间增加 2.43 亿元，增幅为 35.12%；到"九五"期末公司资产总额为 36.7 亿元，比"八五"期末增长 19.3 亿元，增幅为 110.92%。

（3）职工居住。房屋竣工面积 10 万平方米，人均居住面积达到了 8 平方米。

（4）企业改革。1997 年 11 月，公司改制为有限责任公司；1998 年，划归中煤进出口集团管理；1999 年 12 月，公司发起设立上海能源；对公司投资的驻外三产企业进行了全面重组；实施了对基本建设队伍及多种经营企业的重组。

（5）科教文化。共取得国家、省部级科技进步奖 27 项，科技进步对经济发展的贡献率达到 40% 以上；成功推广放顶煤开放新技术、锚塑支护工艺；通过在岗培训、继续教育、学历教育，全员培训率达到 80%，有 2 565 人取得了学历证书。

三、"十五"规划期间

（1）煤电铝运一体化经营发展思路基本确立。建成投产了两台 135 兆瓦发电机组，开工建设了 2×15 兆瓦热电联供发电机组；10 万吨电解铝项目及其配套阳极项目开始推进，并已形成了 5 万吨电解铝生产能力。

（2）多元融资。成功实现了股票上市，净融资 87 738 万元；完成了姚桥煤矿新井项目、拓特厂机修项目、电解铝股权项目、发电资本项目 4 个收购项目，收购资金 14.84 亿元。

（3）生产经营。累计生产原煤 3 568 万吨，比"九五"期间增加 843 万吨，增幅为 30.94%；累计完成发电量 64.47 亿千瓦·时，比"九五"期间增加 28.98 亿千瓦·时，增幅为 81.66%；累计完成铁路货运量 5 659.08 万吨，比"九五"期间增加了 1 170.48 万吨，增幅为 26.08%；累计完成机械制修量 69 130 吨，比"九五"期间增加 25 421 吨，增幅为 58.16%。"十五"期间，公司累计实现产品销售收入 111.51 亿元，比"九五"期间增加 52.65 亿元，增幅为 89.45%；共实现利润 8.12 亿元，比"九五"期间增加 5.68 亿元，增幅为 232.79%；"十五"期末公司资产总额 63 亿元，比"九五"期末增长 71.66%。

（4）重点项目建设。完成了孔庄煤矿、徐庄煤矿改扩建项目政府核准工作；实施了发电机组技术改造工程，建成两台 135 兆瓦发电机组；10 万吨电解铝项目及其配套阳极项目开始推进，并形成 5 万吨电解铝生产能力。

四、"十一五"规划期间

（1）主业规模逐年壮大。实施"1231"发展战略，基本实现"十一五"预期目标，详见表 1-3-1。

（2）发展质量。利润总额、净利润和净资产等主要效益指标年平均增长率均在 20% 以上；总资产报酬率、净资产收益率总体上保持增长态势，资产负债率保持在合理水平且以平均 12.32% 的幅度逐年下降；科技投入逐年增长，技术投入比高于集团公司平均水平；原煤生产百万吨死亡率逐年下降。主要经济指标完成情况见表 1-3-2。

表 1-3-1　公司"十一五"期间主要产业总量指标完成情况表

序号	指标	2005年完成量	"十一五"分年度完成量					年均增长率/%
			2006年	2007年	2008年	2009年	2010年	
1	原煤产量/万吨	713.00	760.00	780.00	780.00	861.00	909.22	4.98
2	精煤产量/万吨	178.06	189.99	214.57	223.70	277.40	344.90	14.14
3	发电量/(亿千瓦·时)	20.50	22.61	23.61	23.45	27.74	27.64	6.16
4	电解铝产量/万吨	4.53	6.66	9.81	10.00	10.70	10.87	19.13
5	铝加工产量/万吨	0	0	4.98	4.64	4.09	5.30	2.10
6	铁路货运量/万吨	1 138	1 167	1 157	1 203	1 301	1 346	3.41
7	机械制修量*/吨	13 068	13 287	13 653	15 666	16 239	17 693	6.25

注：* 未包括博斯特机械公司的产量。

表 1-3-2　公司"十一五"期间主要经济指标完成情况表

序号	指标	2005年完成量	"十一五"分年度完成量					年均增长率/%
			2006年	2007年	2008年	2009年	2010年	
1	营业收入/亿元	38.03	43.97	61.28	77.13	73.30	88.59	18.43
2	利润总额/亿元	5.38	7.16	6.89	13.04	12.65	17.42	26.49
3	净利润/亿元	4.04	5.39	5.06	10.36	9.50	13.32	26.95
4	资产总额/亿元	50.06	50.14	60.72	74.11	83.39	89.87	12.42
5	净资产额/亿元	21.37	24.21	28.98	39.27	47.48	60.04	22.95
6	总资产报酬率/%		13.54	14.04	21.52	16.50	15.57	3.55
7	净资产收益率/%	20.42	23.72	18.27	30.39	21.80	24.79	3.95
8	资产负债率/%		50.53	48.67	43.40	41.23	29.87	−12.32
9	所有者权益总额/亿元	21.37	24.21	28.98	39.27	47.48	63.03	24.15
10	职工人数/万人		2.38	2.29	2.18	2.42	2.61	2.33
11	技术投入比/%	5.73	4.87	3.92	5.65	4.54	4.35	−5.36
12	百万吨死亡率	0.421	0.384	0.128	0.120	0	0.11	−23.54

五、"十二五"规划期间

（1）主要产品产量。"十二五"期末公司煤炭产量901.08万吨，与"十一五"期末产量持平；精煤产量从"十一五"期末的344.90万吨，增长到620.59万吨；已完工和在建煤矿新增煤炭产能675万吨/年；新增选精煤产量约300万吨/年。详见表1-3-3。

表 1-3-3　公司"十二五"期间主要产业总量指标完成情况表

序号	指标	2010 年完成量	"十二五"分年度完成量					年均增长率/%
			2011 年	2012 年	2013 年	2014 年	2015 年	
1	原煤产量/万吨	909.22	893.15	924.54	955.26	1 010.51	901.08	−0.18
2	精煤产量/万吨	344.90	390.67	456.91	463.58	546.39	620.59	12.47
3	发电量/(亿千瓦·时)	27.64	26.33	26.87	23.22	22.38	23.13	−3.50
4	电解铝产量/万吨	10.87	11.00	11.25	5.71	1.22	0	−42.12
5	铝加工产量/万吨	5.30	4.88	4.99	6.09	7.09	6.04	2.65
6	铁路货运量/万吨	1 346.41	1 407.59	1 506.65	1 502.02	1 607.11	1 541.98	2.75
7	机械制修量/吨	17 693	18 526	20 692	21 520	19 146	18 191	0.56

（2）电力装机容量。2015 年底，公司电力装机容量为 444 兆瓦，与前一规划期持平；2015 年，发电量 23.13 亿千瓦·时；2015 年，2×350 兆瓦新建项目热电联产机组已经开工建设。

（3）"走出去"发展。为集团公司三大基地建设，提供了煤矿承包运营、锅炉检修维保、矿井探放水、检测检修、矿用支护材料等技术服务和物资。

（4）投资完成情况。累计投资 49.82 亿元。其中，煤炭板块累计完成投资 37.68 亿元，电力板块累计完成投资 5.61 亿元，铝板块累计完成投资 2.28 亿元，其他板块累计完成投资 4.25 亿元。

（5）主要经济效益指标。"十二五"期末，公司实现营业收入 49.77 亿元，完成利润总额 4 500 万元，资产总额 141.62 亿元。公司"十二五"期间主要经济指标完成情况见表 1-3-4。

表 1-3-4　公司"十二五"期间主要经济指标完成情况表

序号	指标	2010 年完成量	"十二五"分年度完成量					年均增长率/%
			2011 年	2012 年	2013 年	2014 年	2015 年	
1	营业收入/亿元	88.59	100.81	97.23	84.61	63.52	60.41	−7.37
2	利润总额/亿元	17.42	18.87	12.53	2.02	0.27	0.03	−72.00
3	净利润/亿元	13.32	14.18	9.22	1.53	0.48	−0.18	−142.28
4	资产总额/亿元	89.87	104.51	112.98	131.17	140.36	157.20	11.83
5	净资产额/亿元	60.04	72.63	79.47	79.56	79.70	85.83	7.41
6	总资产报酬率/%	15.57	14.74	8.60	1.11	0.12	0.15	−60.49
7	净资产收益率/%	24.79	21.37	12.13	1.92	0.61	−0.21	−138.51
8	资产负债率/%	29.87	27.36	25.89	36.23	39.17	45.40	8.73
9	所有者权益总额/亿元	63.03	75.92	83.73	83.65	85.37	85.83	6.37
10	职工人数/万人	2.61	2.59	2.56	2.43	2.33	2.25	−2.92
11	技术投入比/%	4.35	4.15	4.10	4.20	4.65	3.81	−2.62
12	百万吨死亡率	0.11	0	0	0	0.108	0	−0.46

六、"十三五"规划期间

(1)主要产品产量。2019 年原煤产量为 892.64 万吨,预计 2020 年煤炭产量为 974.00 万吨。2019 年,2×350 兆瓦新建项目热电联产机组建成投产,退出装机容量 324 兆瓦,电力装机容量由前一规划期的 444 兆瓦提高到 820 兆瓦,2020 年计划发电量达36.50 亿千瓦·时,较 2015 年增长 57.80%。"十三五"期间,铝板带厂通过技术改造和管理提升,产能得到释放,产量逐年提高,2020 年计划产量 10.00 万吨,年均增长率达 40.45%,预计"十三五"期末实现扭亏。2016—2019 年,苏铝公司铝加工量基本保持稳定,因苏铝园区建设,关停部分车间。综合服务业规模不断增加,营业收入稳步提升,年均增长率达 1.33%。公司"十三五"期间主要产业总量指标完成情况见表 1-3-5。

表 1-3-5　公司"十三五"期间主要产业总量指标完成情况表

板块	指标	2015 年完成量	"十三五"分年度完成量					年均增长率/%
			2016 年	2017 年	2018 年	2019 年	2020 年(计划数)	
煤炭产业	原煤/万吨	901.08	838.76	891.18	920.78	892.64	974.00	1.57
	精煤/万吨	620.59	591.80	541.62	520.69	499.98	495.00	−4.42
电力产业	总装机容量/兆瓦	444	444	444	444	820	820	13.05
	发电量/(亿千瓦·时)	23.13	23.49	23.02	22.91	34.88	36.50	9.55
铝加工产业	苏铝公司/万吨	4.21	4.62	3.72	4.22	4.24	3.00	−6.55
	铝板带厂/万吨	1.83	1.86	2.41	4.97	6.98	10.00	40.45
综合服务业收入/亿元		20.28	14.26	19.69	23.312	20.58	21.67	1.33

(2)主要经营指标。"十三五"期间,公司销售收入、利润总额和资产总额较"十二五"期末呈现平稳增长。2019 年,公司完成销售收入 97.34 亿元,利润总额 3.71 亿元,资产总额达到 189.77 亿元。预计 2020 年实现销售收入 107.12 亿元,利润总额为 6.04 亿元。通过不断优化人力资源结构,职工人数逐年减少,2019 年职工人数较"十二五"期末减少 5 000 余人。2016—2019 年,公司累计投资 72.39 亿元,其中,煤炭产业累计完成投资 35.45 亿元,电力产业累计完成投资 31.00 亿元,铝加工产业累计完成投资 0.56 亿元,综合服务业累计完成投资 2.65 亿元,其他产业累计完成投资 2.73 亿元。公司"十三五"期间主要经济指标完成情况见表 1-3-6。

表 1-3-6　公司"十三五"期间主要经济指标完成情况表

序号	指标	2015 年完成量	"十三五"分年度完成量				年均增长率/%
			2016 年	2017 年	2018 年	2019 年	
1	营业收入/亿元	60.41	60.40	83.53	91.52	97.34	12.67
2	利润总额/亿元	0.03	1.40	3.69	4.73	3.71	233.47
3	净利润/亿元	−0.18	0.60	1.49	4.25	2.07	88.03
4	资产总额/亿元	157.20	163.15	171.42	168.10	189.77	4.82

表 1-3-6（续）

序号	指标	2015年完成量	"十三五"分年度完成量				年均增长率/%
			2016年	2017年	2018年	2019年	
5	净资产额/亿元	85.83	88.09	87.52	85.06	87.98	0.62
6	总资产报酬率/%	0.15	1.32	2.77	3.63	2.52	102.45
7	净资产收益率/%	−0.21	0.68	1.70	4.93	2.39	87.58
8	资产负债率/%	45.40	46.01	47.08	49.40	53.64	4.26
9	所有者权益总额/亿元	85.83	88.09	87.52	85.06	87.98	0.62
10	职工人数/万人	2.25	2.15	2.03	1.82	1.67	−7.18
11	技术投入比/%	3.81	3.43	3.54	3.84	3.54	−1.82
12	百万吨死亡率	0	0.12	0	0	0	—

（3）改革创新工作。2017年以来，"三项制度"改革、内部市场化改革等40余项改革创新工作得到落实和深化，完成集团公司减人提效目标、"三供一业"分离移交后改造工作、厂办大集体改制工作以及地面单位后勤、保卫、发供售电等工作。

（4）业务重组工作。争取到中煤集团第六个"双创"示范基地，组建防冲研究院。

（5）"两商"与"4411"战略引导产业结构加速调整。2017年，公司开始撤出山西煤炭项目，以规避风险；2019年，新疆106煤矿投产，新增产能120万吨/年，苇子沟煤矿建设加快；2019年，在西北地区获取新资源的工作取得突破，取得灵南煤田18亿吨整装煤炭资源，煤炭产业西移格局正在形成；2019年，2×350兆瓦热电新机组建成投产，总装机容量增加到820兆瓦；电解铝业务完全退出，铝加工产业减负扭亏初见成效；综合服务业全面开拓，正在努力建成中煤集团"两商"战略的典范企业。

整体来看，"十三五"期间，公司煤炭产业占比适度下调，非煤主业电、铝、综合服务适度提升，引导主业平衡发展的产业格局，公司煤炭、电力、铝加工和能源综合服务业四大产业格局更加清晰；江苏、新疆、蒙陕甘、淮海四大基地布局蓝图基本形成；电力运维、水处理运维等11个品牌项目建设稳步推进。

第二篇

矿区开发

Kuangqu Kaifa

公司煤炭资源主要分布在江苏大屯矿区、新疆白杨河矿区、山西阳泉矿区、甘肃灵南矿区。其中江苏大屯矿区处于江苏省徐州市沛县与山东省济宁市微山县境内,包括姚桥井田、孔庄井田、徐庄井田和龙东井田。新疆白杨河矿区处于昌吉回族自治州呼图壁县境内,包括106井田和苇子沟井田。山西阳泉矿区玉泉井田位于阳泉市盂县境内。甘肃灵南矿区位于平凉市灵台县,规划有唐家河井田和南川河井田。

1990年以后,各井田都进行多次地质勘查工作。截至2019年底,公司累计查明煤炭资源储量37.4亿吨,保有煤炭资源储量34.2亿吨,剩余可采储量6.6亿吨。其中大屯矿区累计查明煤炭资源储量12.4亿吨,保有煤炭资源储量9.3亿吨,剩余可采储量2.6亿吨。白杨河矿区累计查明煤炭资源储量6.7亿吨,保有煤炭资源储量6.6亿吨,剩余可采储量3.8亿吨。阳泉矿区累计查明煤炭资源储量0.5亿吨,保有煤炭资源储量0.5亿吨,剩余可采储量0.1亿吨。灵南矿区累计查明煤炭资源储量17.8亿吨,保有煤炭资源储量17.8亿吨。

大屯矿区可采煤层4层,分别为二叠系山西组7号、8号煤层,石炭系太原组17号、21号煤层,7号煤层以气煤为主,有少量1/3焦煤,8号煤层主要为1/3焦煤,局部为气煤,17号煤层主要为气煤,局部为气肥煤,21号煤层以气肥煤为主。白杨河矿区可采煤层4层,分别为侏罗系西山窑组5~8号煤层,均为不黏煤。阳泉矿区主要可采煤层为石炭系太原组15号煤层,主要为高热值贫煤和少量无烟煤。灵南矿区可采煤层3层,分别为侏罗纪延安组5号(南川河井田分岔为5-1、5-2、5-3)、8-1号、8-2号煤层,主要为不黏煤。

公司先后对大屯矿区姚桥、孔庄、徐庄、龙东四座矿井进行改扩建,新建新疆106煤矿、苇子沟煤矿和山西玉泉煤业有限公司,规划建设山西煜隆能源有限公司和灵南煤业唐家河、南川河煤矿项目。

2016年4月,玉泉煤业有限公司因矿井初步设计变更未得到批复,以及未得到地方煤矿管理部门复工复产批复,受到查封,被责令停工。2018年11月1日,经中煤集团批准,公开挂牌转让其股权及债权。煜隆能源有限公司鉴于井田煤炭资源埋藏较深,结合国家逐步出台的能源政策,该资源不具备开采条件,不进行开采。2019年4月2日,煜隆能源有限公司焦化产能指标在山西产权交易市场公司公开挂牌。

第一章 资源与勘探

第一节 煤炭资源

一、煤炭资源分布

公司位于江苏省沛县境内,煤炭资源主要分布在江苏大屯矿区、新疆白杨河矿区、山西阳泉矿区和甘肃灵南矿区。

(一)大屯矿区区域

大屯矿区中心区位于江苏省沛县境内,距徐州72千米,矿区总面积245平方千米。东部与山东滕州煤田相连,南部为沛县县城,西临江苏省丰县煤田,北与山东省鱼台县接壤。资源处于江苏省徐州市沛县与山东省济宁市微山县境内,包括姚桥井田、孔庄井田、徐庄井田和龙东井田。矿区地势平坦,西高东低,为滨湖冲积平原,地面标高+32.2~+38.0米。矿区交通方便,有徐(州)沛(屯)铁路专用线,在沙塘与陇海铁路接轨。区内公路四通八达,徐州—济宁省级公路纵贯矿区南北,矿区内连通中心区和各矿的公路、铁路通畅。京杭大运河从矿区东部通过,可供100吨级机船常年航行,水路交通也较方便。井田地貌属黄淮冲积平原,为第四系地层覆盖地区,地势较平坦,地表广泛分布古黄河泛滥的砂质黏土,地形西高东低。本区属黄河流域与长江流域过渡性气候,为季风型大陆性气候,冬季严寒干燥,夏季炎热多雨。

(二)白杨河矿区区域

白杨河矿区位于准南煤田中部,昌吉回族自治州呼图壁县城南西200°方位、直线距离83千米,行政区划属呼图壁县管辖。北距呼图壁县雀尔沟镇约20千米,S101省道相通,经雀尔沟镇、大丰镇到呼图壁县城,交通便利。呼图壁河由南向北从矿区流过,形成南北向狭窄的山谷。地形总趋势为南高北低,东西高中部低。地表多被黄土及腐殖土所覆盖,植被发育,高处绿草如茵,为优良牧场。呼图壁河是井田西部唯一常年性河流,是当地林场、煤矿和牧民的生活用水水源,源于天山融雪水和大气降水的补给,水质优良。呼图壁河水位高程1 223米,在矿区北部下游5千米处已建成一水库,水库设计库容水位标高1 240米,洪峰期最大蓄水位标高1 250米。本区域具有大陆性干旱气候条件下的山地气候特点,冬季多雪,夏秋季多雨,昼夜温差大,属山地半湿润气候区。区内基岩裸露,局部被第四系残坡积松散沉积物覆盖,地表植被发育,泥石流、滑坡、地面沉降、地裂缝等地质灾害不发育,自然条件较好,仅在呼图壁两岸高陡处时有岩块崩塌。井田内冲沟发育,多为雨季山洪暴发形成。

(三)阳泉矿区区域

阳泉矿区位于山西省盂县县城南8千米处观沟村南部,行政区划属盂县路家村镇管辖。井田面积6.581 8平方千米,井田北距盂县县城8千米,北侧4千米处有盂(县)—阳(泉)公

路通过,其间有三级柏油路面公路连接,由井田处向西北可到盂县县城,向西南可至寿阳县城与石太铁路和太旧高速公路连接,交通运输较为便利。井田属中低山丘陵地貌,沟谷发育,地形复杂,总体地势为西南高东北低,井田内地形最高点为西部的山梁处,标高1 176.2米,地形最低点为井田东北边界处招山河河床,标高955.0米,地形高差221.2米。井田内地表河流主要为招山河,于井田东部由南向北流过,发源于井田南部的高家沟一带,为季节性河流,属海河流域滹沱河水系,温河上游支流,井田其他沟谷平时均干涸无水,仅雨季时,才汇积洪水流入招山河。本区属温带大陆性季风气候,四季分明。冬季寒冷,春季多风,夏季炎热,秋季多雨凉爽。

（四）灵南矿区区域

灵南矿区属陇东黄土高原的东南部,行政区划属甘肃省灵台县,具典型的黄土塬区地形地貌特征,主要由黄土塬、梁、峁、坡、沟谷等组成,地形复杂。地势北低南高,海拔920～1 340米,地形起伏大,相对高差一般在200～400米之间。水系属黄河流域泾河水系,本区位于泾河的二级支流达溪河以南。达溪河由西向东流经勘查区北侧,在陕西省长武县以南注入黑河。达溪河年平均流量5.8立方米/秒。区内沟谷支流均由南往北流入达溪河,较大河沟有南川河和寺沟河,均为季节性河流。气候区划属温带半湿润大陆性气候区。年降水量445.1～906.1毫米,平均634.5毫米,七、八、九三个月降水量占全年的55.2%;年均蒸发量1 419.68毫米,是降水量的2.24倍;年均气温8.5 ℃,一月为－4.8 ℃,七月为21.1 ℃;最大冻结深度0.2～0.5米。本区林木茂盛,植被较好。2019年底公司煤炭资源分布情况见表2-1-1。

表 2-1-1　2019 年底公司煤炭资源分布情况表

行政区	煤田	矿区	煤矿	开发公司
江苏省	丰沛煤田	大屯矿区	姚桥煤矿、孔庄煤矿、徐庄煤矿、龙东煤矿	大屯公司
新疆维吾尔自治区	准南煤田	白杨河矿区	106 煤矿、苇子沟煤矿	天山公司、鸿新煤业有限公司
山西省	沁水煤田	阳泉矿区有限公司	玉泉煤业有限公司	玉泉煤业有限公司
甘肃省	灵台煤田	灵南矿区	唐家河煤矿（规划）、南川河煤矿（规划）	灵南煤业有限公司

二、煤炭资源储量

截至 2019 年底,公司各矿煤炭资源储量统计见表 2-1-2。

表 2-1-2　截至 2019 年底公司各矿煤炭资源储量统计表　　　　　单位:万吨

矿区	开发程度	煤矿名称	累计查明资源储量	保有资源储量	剩余可采资源储量
大屯矿区	生产煤矿	姚桥煤矿	54 267	40 389	14 533
		孔庄煤矿	22 529	16 838	6 124
		徐庄煤矿	35 419	28 602	5 268
		龙东煤矿	12 172	7 451	456

表 2-1-2(续)

矿区	开发程度	煤矿名称	累计查明资源储量	保有资源储量	剩余可采资源储量
白杨河矿区	生产煤矿	106 煤矿	17 569	16 823	10 069
	在建煤矿	苇子沟煤矿	48 819	48 819	28 473
阳泉矿区	停建煤矿	玉泉煤业有限公司	4 930	4 930	954
灵南矿区	规划煤矿	唐家河煤矿	87 580	87 580	
		南川河煤矿	90 584	90 584	

注:唐家河煤矿和南川河煤矿处于可研阶段,剩余可采储量未定。

三、地层

(一)大屯矿区地层

本区在太古界的结晶基底上沉积震旦系、寒武系、中下奥陶统地层。由于加里东运动影响,上奥陶统至下石炭统地层缺失,在中奥陶统的侵蚀面上,广泛沉积中上石炭统、二叠系、侏罗白垩系(地层不全)、古近系、新近系、第四系等地层。石炭系厚度 180～200 米,平均厚 190 米(下石炭统缺失)。中统本溪组厚约 30 米,岩性主要为灰白色灰岩夹薄层泥岩;上统太原组厚约 160 米,为海陆交互相沉积,由泥岩、砂质泥岩、灰岩组成,夹 6～15 层煤层,其中可采煤层 1～3 层,由南往北煤层变厚,可采层数增多,灰岩层厚度逐渐变小。与上覆地层呈整合接触。二叠系山西组为主要含煤地层,厚度 70～148 米,平均厚 110 米。由灰色、深灰色砂质泥岩、泥岩、砂岩组成,含煤 3～4 层,沉积了本区主要可采煤层。

(二)白杨河矿区地层

区域出露的地层有古生界石炭系中统前峡群、中生界侏罗系下统的八道湾组、三工河组、侏罗系中统的西山窑组、头屯河组、侏罗系上统的齐古组、喀拉扎组、白垩系下统的吐谷鲁群。主要含煤地层为中侏罗统西山窑组,为河流相、湖泊相及泥炭沼泽相含煤建造,由一套中粗粒长石岩屑砂岩、砂砾岩、细砂岩、粉砂岩、粉砂质泥岩、煤层及烧变岩组成,含丰富动植物化石,厚 179～1 503 米。

(三)阳泉矿区地层

玉泉井田位于阳泉矿区北部,井田大部为第四系黄土覆盖,分布有小片二叠系山西组、上下石盒子组和石炭系太原组地层,根据地表出露和钻孔揭露资料,井田内沉积地层由老至新有:奥陶系、石炭系、二叠系和第四系。石炭系本溪组假整合于上马家沟组灰岩之上,为海陆交互相沉积,常夹有 2～3 层薄煤层,本组厚度 50～60 米,平均 53.5 米;上统太原组为井田主要含煤地层,厚度 105.26～151.75 米,平均厚 122.60 米。二叠系下统山西组与下伏太原组地层呈连续沉积,以厚层状中粗粒石英砂岩为底界,属陆相沉积。岩性主要为砂岩、砂质泥岩、泥岩、煤层交互沉积,本组含煤层 3～4 层,均不可采,地层厚度 45～58 米,平均 51.50 米;下统下石盒子组为一套陆相碎屑岩地层,全组厚度 110～140 米,平均 130 米,井田内本组上部多被剥蚀,最大残留厚度 100 米左右。

(四)灵南矿区地层

区域内出露的地层有晚古生界及以前的地层、三叠系、侏罗系、白垩系下统及新近系、第四系。其中侏罗系及以前的地层在矿区没有出露,分布较广泛,自下而上划分为下统富县

组,中统延安组、直罗组、安定组,上统芬芳河组。延安组在盆地分区除个别隆起区外,几乎全区分布,岩性主要为灰、灰黑色粉砂岩、泥岩及浅灰、灰白色砂岩,中夹碳质泥岩及煤层,其中,底部往往赋存有厚煤层或特厚煤层,局部夹油页岩,根据掌握的资料含可采煤层3层,分别为侏罗纪延安组5号煤层(南川河井田分岔为5-1、5-2、5-3)、8-1号煤层和8-2号煤层。

四、煤类与煤质

（一）大屯矿区煤类与煤质

大屯矿区可采煤层4层,分别为二叠系山西组7号、8号煤层,石炭系太原组17号、21号煤层,7号煤层以气煤为主,有少量1/3焦煤,8号煤层主要为1/3焦煤,局部为气煤,17号煤层主要为气煤(QM),局部为气肥煤(QF),21号煤层以气肥煤(QF)为主。本区煤层属于中等偏低变质的烟煤,挥发分产率普遍较高,17号、21号煤层的平均挥发分产率明显高于7号、8号煤层,各煤层灰分变化在平面上无明显规律,原煤灰分普遍较低,7号煤层以低灰为主,其次为中灰煤,平均灰分为14.43%,8号煤层属特低灰分煤～低灰分煤,平均灰分在11.47%左右,17号煤层为低～中灰分煤,平均灰分在15.87%左右,21号煤层为特低灰分～低灰分煤,平均灰分12.52%;煤中的全硫含量由7号煤层向21号煤层逐渐升高,原煤中的硫分主要以有机硫和黄铁矿形式存在,7号、8号煤层原煤全硫含量均小于1%,为特低硫煤层,17号煤层为中硫煤层,21号煤层全硫含量大于2.5%,为高硫煤层。

（二）白杨河矿区煤类与煤质

白杨河矿区可采煤层4层,分别为侏罗系西山窑组5～8号煤层,均为不黏煤。各煤层原煤干燥无灰基挥发分产率平均值27.61%～35.56%;浮煤干燥无灰基挥发分产率平均值27.32%～32.62%,属中挥发分煤。除6号煤层原煤干燥基灰分产率两极值3.80%～35.26%,平均值12.94%,浮煤干燥基灰分产率两极值1.45%～16.76%,平均值5.58%,属低中灰分煤外,其余各煤层原煤干燥基灰分产率平均值3.77%～7.80%,浮煤干燥基灰分产率平均值1.64%～2.59%,属低、特低灰分煤。各煤层原煤干燥基全硫平均含量0.12%～0.35%,浮煤干燥基全硫平均含量0.12%～0.38%,各煤层总体属特低硫煤层,个别样点达到低硫煤层。

（三）阳泉矿区煤类与煤质

井田内8号、9号煤层已全部采空,可采煤层仅有15号煤层,15号煤层组分以亮煤为主,夹有镜煤条带和少量暗煤,基本属光亮型煤。原煤平均挥发分12.37%、平均灰分15.43%、平均全硫2.39%,为低灰～中灰、中高硫、高热值～特高热值贫煤和少量无烟煤。

（四）灵南矿区煤类与煤质

灵南矿区可采煤层3层,分别为侏罗纪延安组5号煤层(南川河井田分岔为5-1、5-2、5-3)、8-1号煤层和8-2号煤层,主要为不黏煤。根据《中国煤炭分类》(GB/T 5751—2009)以及《煤炭质量分级》对煤类和煤的质量分级进行评定,5号煤层为中灰、中硫(1.12%)、中高挥发分、低磷、高热值不黏煤,8-1号、8-2号煤层为中灰、低硫、中高挥发分、低磷、高热值不黏煤。煤层原煤全硫含量平均值,5号煤层为1.12%,属中硫煤;8-1号煤层为0.70%,8-2号煤层为0.55%,均属低硫煤。各可采煤层原煤的干燥基高位发热量平均值比较接近,其中5号煤层为27.13兆焦/千克,8-1号煤层为27.23兆焦/千克,8-2号煤层为27.31兆焦/千克,各可采煤层均属高热值煤。具体煤质情况见表2-1-3。

表 2-1-3 公司煤质情况汇总表

矿区	可采煤层编号	灰分 (A_d)/%	挥发分 (V_{daf})/%	全硫 ($S_{t,d}$)/%	发热量 ($Q_{net,d}$)/(兆焦/千克)
大屯矿区	7	6.39～33.20	22.56～45.02	0.17～2.57	21.45～32.30
	8	4.87～40.32	33.54～41.48	0.10～2.38	20.24～32.10
	17	6.05～39.02	35.49～59.32	0.62～6.05	20.08～35.55
	21	3.50～36.19	31.45～49.46	1.36～7.69	20.30～33.30
白杨河矿区	5	3.39～16.71	26.05～34.32	0.18～0.28	25.33～29.42
	6	1.47～35.26	24.51～55.73	0.12～0.91	17.82～32.77
	7	3.31～21.99	25.31～42.23	0.10～0.66	21.73～31.55
	8	3.50～20.22	25.68～40.76	0.11～0.49	22.97～31.75
阳泉矿区	15	5.98～10.48	9.92～11.45	1.69～1.97	33.39～35.96
灵南矿区	5-1	4.49～37.84	30.96～40.46	0.27～1.89	19.12～31.82
	5-2	4.82～32.98	29.41～42.69	0.18～3.26	21.56～31.92
	5-3	5.30～26.68	31.5～47.76	0.19～1.85	22.34～32.56
	8-1	4.99～25.52	28.72～41.89	0.12～2.16	22.04～31.85
	8-2	5.65～31.52	31.28～47.28	0.21～5.65	21.81～32.16

第二节 地质勘探

一、大屯矿区生产阶段地质补勘

（一）姚桥煤矿地质补勘

1998 年 6 月—2000 年 8 月,江苏省煤田地质勘探第二队、山东省煤田地质局第一勘探队、特基公司等单位,共同承担湖下袁堂断层附近水文地质补充勘探的野外施工,勘探面积约 17.2 平方千米,共施工水上钻孔 10 个,陆地钻孔 1 个,工程量 7 366.23 米,施工井下钻孔 9 个,工程量 487.72 米,抽(注)水 11 段,其中 976 号孔进行流速流量测井工作,7 号、8 号煤层新增 B 级储量分别为 2 144.6 万吨和 1 089.3 万吨,并与中国矿业大学、淮南工业学院、煤炭科学研究总院西安分院等单位一起完成奥陶系分层分组分段及含水性评价、水化学及环境同位素特征、脉冲干扰试验等三个专门试验报告,于 2000 年 12 月提交《湖区开采水文地质补充勘探试验研究报告》,进一步查明湖区奥陶系地层及太原组 L4 灰岩的水文特征以及袁堂断层的赋存、导水、阻水情况。

2000 年 3 月,特基公司在姚桥煤矿工业广场施工 Zj 号长观孔,孔深 180.00 米,抽水 1 段。

2003 年 3 月,建安公司在姚桥井田施工 02-1 底含长观孔 1 个,工程量 152.00 米,提交钻孔单孔资料,由于底含静止水位较深没有做抽(注)水试验。同年 8—9 月,建安公司在姚桥井田施工 04-1 底含长观孔 1 个,工程量 184.80 米,提交钻孔单孔资料,简易抽水 1 次。

2006年12月—2007年1月,工程咨询公司在姚桥井田施工06-1底含长观孔1个,工程量143.75米,提交钻孔单孔资料,由于底含静止水位较深没有做抽(注)水试验。

2007年4—7月,工程咨询公司在姚桥井田施工07-1奥灰水文长观孔1个,工程量659.00米,提交钻孔单孔资料,简易抽水1次。

2007年11月—2008年10月,工程咨询公司施工YS1、YS2、YS3钻孔,工程量2 634.15米,基本控制姚桥煤矿中央二采区附近的F_{19}断层及7、8号煤层的深度、厚度和结构。

2012年11—12月,由江苏煤炭地质勘探二队施工姚桥煤矿东翼露头区水文地质补勘孔2个,工程量411.63米,进一步控制东翼露头区水文地质条件。

2017年4月,工程咨询公司在姚桥井田西风井施工17-1底含水文长观孔1个,工程量195.09米,提交钻孔单孔资料,简易抽水1次。

(二)孔庄煤矿地质补勘

1990年8月、1991年1月和1993年2月,大屯地质队在孔庄井田14～15勘探线间施工长观孔3个,工程量611.27米,抽水1段,注水2段,提交钻孔单孔资料和抽(注)水试验成果资料。

1991年1月—1992年3月,大屯地质队对该井田三水平进行补充地质勘探,经过一年多的施工共施工钻孔8个,工程量6 808.12米,于1992年12月提交《大屯矿区孔庄井田三水平11线～F_{6-2}断层补充勘探地质资料》,弥补孔庄井田三水平勘探程度较低的问题。

2000年6—8月,工程咨询公司在孔庄煤矿8～9勘探线间工业广场附近,施工基岩水准点孔1个,工程量200.45米,并提交钻孔单孔资料和孔内结构情况资料。

2002年2—4月,建安公司在孔庄井田14～15勘探线间东风井附近,施工奥灰长观孔1个(东风井奥灰孔),工程量552.26米,简易抽水1段,提交钻孔单孔资料和抽水试验成果资料。

2003年11月,建安公司在孔庄井田8～9勘探线间工业广场内施工底含长观孔1个(GG-1号孔),工程量170.00米,提交钻孔单孔资料,由于静止水位较深没有做抽(注)水试验。

2005年6—12月,江苏煤炭地质勘探二队在孔庄井田8～9勘探线间施工混合立井检查孔1个(井检孔),工程量1 172.00米,抽水试验3段,注水试验1段。于2006年2月提交《孔庄煤矿混合立井检查孔地质报告》。

2005年12月,工程咨询公司在孔庄井田14～15勘探线间施工底含长观孔1个(DFJ-1孔),工程量151.40米,提交单孔资料,由于静止水位较深没有做抽(注)水试验。

2005年10月—2007年1月,江苏煤炭地质勘探二队和山东省煤田地质局第二勘探队,根据《大屯矿区孔庄煤矿深部改扩建地质勘查设计》的要求,在孔庄井田F_{5-1}断层以东,7号煤层的－1 000～－1 300米水平范围内,共施工钻孔9个(SG-1～SG-9号钻孔),工程量10 619.98米,于2007年1月提交《江苏省大屯矿区孔庄煤矿深部延深勘探报告》。

2008年11月—2009年5月,工程咨询公司在孔庄井田西部施工有效钻孔3个,工程量2 946.70米,并于2009年6月提交《上海大屯能源股份有限公司孔庄煤矿西翼补充地质勘探(一期)资料》,该资料通过公司组织的验收。

2011年3月—2012年1月,由江苏省煤炭地质勘探二队施工孔庄井田东深部$F_{徐庄}$断层

探测孔 4 个,完成钻探工程量 3 925.48 米。

（三）徐庄煤矿地质补勘

1990 年 4—6 月,煤炭工业部 147 勘探队在徐庄煤矿工人村公园内(8、9 勘探线间)施工奥灰长观孔 1 个(8704 号孔),工程量 529.45 米,正式抽水 1 段。

2000 年 3 月,工程咨询公司在徐庄井田东部湖区施工 2 个底含长观孔,孔号分别为补 1 和补 2,工程量分别为 97.40 米和 133.18 米,简易抽水 2 次。

2003 年,建安公司在徐庄煤矿工业广场施工主副井底含长观孔 1 个,工程量 162.89 米,简易抽水 1 次。

2006 年 12 月—2007 年 1 月,工程咨询公司在徐庄煤矿工业广场施工 06-1 底含长观孔 1 个,工程量 159.61 米,简易抽水 1 次。

2006 年 12 月—2008 年 3 月,由江苏长江地质勘查院在徐庄煤矿西部(深部)进行补充地质勘查,2008 年 5 月由工程咨询公司提交《上海大屯能源股份有限公司徐庄煤矿深部补充地质勘探报告》,该报告通过公司组织的评审。

2010 年 9 月,工程咨询公司在徐庄井田施工 10-1 底含长观孔 1 个,工程量 198.10 米,简易抽水 1 次。

2012 年 10—12 月,工程咨询公司在徐庄煤矿工业广场内北侧,矸石山西侧施工侏罗白垩纪砾岩含水层长期水文观测孔 1 个(孔号 KJ-1),工程量 440.00 米。由于钻孔出水量小,不具备进行正常抽水试验条件,钻孔没有进行抽水试验。同年 12 月 24 日,提交《徐庄煤矿工业广场 KJ-1 号水文观测孔施工总结》及相关资料,健全徐庄煤矿侏罗白垩纪砾岩含水层长期水文观测网络。

2013 年 7 月—2014 年 2 月,工程咨询公司在徐庄煤矿西翼施工西翼风井井筒检查孔 1 个,工程量 636.45 米,抽水试验 2 段[上侏罗～下白垩统底部砾岩含水层、二叠系(下石盒子～山西组)混合段砂岩含水层],并提交徐庄煤矿西翼风井井筒检查孔地质报告。

2019 年 11 月 12 日—12 月 26 日,为建立井田西翼侏罗白垩纪砾岩含水层长期水文观测孔,工程咨询公司在徐庄煤矿西风井院内西北侧施工西风井侏罗白垩纪砾岩含水层长观孔,钻孔终孔深度 385.0 米,对含水层段进行 1 个降程的抽水试验。

（四）龙东煤矿地质补勘

1991 年 5 月,大屯地质队在龙东井田第 20 勘探线施工 3 个钻孔,查清原西风井附近构造及层位,总工程量 966.60 米,注水试验 1 次。

1992—1993 年,大屯地质队为确定龙东煤矿西风井井位进行补充勘探,共施工 3 个钻孔,工程量 1 082.55 米,于 1993 年 3 月提交龙东煤矿西风井附近补孔总结。

1991 年 3 月—1994 年 7 月,大屯地质队在龙东煤矿东翼进行补充勘探,施工钻孔 16 个,工程量 9 523.63 米,简易水文观测孔 16 个,抽水试验 3 次,于 1994 年 1 月 23 日提交补充勘探报告。

1990—1994 年,大屯地质队对龙东煤矿西翼进行水文地质补充勘探,共施工钻孔 14 个,工程量 5 377.68 米,正抽(注)水试验、简抽(注)水试验 9 次,放水试验(L12 灰)1 次,于 1994 年 6 月编成报告,经公司组织审查批准。

1988—1995 年,在龙东井田零星补孔,共施工两个水文孔:LSG-1(212.98)、LSG-3(245.11),总工程量 458.09 米。

2004年3—4月,工程咨询公司在龙东井田施工底含水文孔1个(04-1孔),工程量215.20米,简易抽水1次。

2006年8月—2007年7月,工程咨询公司对龙东西一采区进行补充勘探,共施工5个钻孔,工程量1 292.66米,抽水试验5段,其中正抽4次,简抽1次,于2007年8月提交勘查地质报告。

2008年6—8月,工程咨询公司在龙东井田F_8断层附近进行补充勘探,共施工2个钻孔,工程量905.92米。

2010年4—6月,工程咨询公司在龙东井田施工10-1、10-2钻孔2个,工程量495.31米,并对底含简易抽水1次。

2012年9月,工程咨询公司施工西风井Q-1号底含水文观测孔,工程量212米,于同年10月提交《龙东煤矿西风井Q-1号底含水文观测孔施工总结》及其配套资料,为长期观测、总结第四系底部含水层水位情况提供了较好条件。

野外地质勘探如图2-1-1所示。

图2-1-1　野外地质勘探

二、大屯矿区专项地球物理勘探

（一）姚桥煤矿地球物理勘探

1995年12月—1996年1月,山东省煤田地质局物探测量队在中央采区进行三维地震勘探,勘探区实际施工面积5.7平方千米,测线长度35.92千米,物理点2 877个,成品率达到99.5%,并于1996年7月提交《中央采区三维地震勘探报告》。为姚桥煤矿中央采区采掘工程的合理布置和矿井扩建的顺利达产提供依据。

为查明姚桥煤矿湖区袁堂断层和东七采区地质构造,确保采掘工程的正确布置,1996年9—10月、1997年5月,山东省煤田地质局物探测量队分两次在姚桥湖下扩区的东北部进行二维地震勘探工作,勘探面积大约12平方千米,共完成物理点5 268个,测线长度75.71千米,并于1997年6月提交《湖区高分辨地震勘探报告》。

1998年9—10月,胜利油田地球物理科技开发公司在东六采区进行三维地震勘探工

作,共完成物理点 2 864 个,合格率 100%,测线长度 239.80 千米,并于 1999 年 7 月提交《东六采区三维地震勘探报告》。

2001 年 12 月—2002 年 9 月,山东省煤田地质局物探测量队在中央二采区进行三维地震勘探工作,勘探面积 2.9 平方千米,测线长度 18.06 千米,物理点 2 503 个,提交了《中央二采区三维地震勘探报告》。

2004 年 2—7 月,中国煤炭地质总局地球物理勘探研究院在西九采区进行三维地震勘探工作,勘探面积 3 平方千米,测线长度 30.21 千米,物理点 2 232 个,提交了《姚桥煤矿西九采区三维地震勘探报告》一件。

2006 年 1—7 月,中国煤炭地质总局地球物理勘探研究院在西六采区进行三维地震勘探工作,勘探面积 3.9 平方千米,物理点 2 778 个,提交了《姚桥煤矿西六采区三维地震勘探报告》。

2007 年 3—12 月,河北省煤田地质局物测地质队在西翼深部采区进行三维地震勘探。全区共完成三维地震物理点 6 784 个,有效控制面积 8.44 平方千米,提交了《姚桥煤矿西翼深部采区三维地震勘探报告》。

2019 年 10 月,为进一步查明构造复杂程度与煤层赋存状况,为矿井开拓和生产提供可靠地质的依据,中国矿业大学对西十采区三维地震叠后资料进行二次处理后进行多属性二次精细解释,于 2019 年 12 月提交《姚桥煤矿西十采区三维地震勘探精细解释成果报告》,并通过公司组织的审查验收。

（二）孔庄煤矿地球物理勘探

2002 年 2—3 月,胜利油田地球物理科技开发公司对孔庄煤矿深部采区进行三维地震勘探,勘探范围为南到 7 号煤层−800 米等高线,北到 7 号煤层的−1 200 米等高线,东、西分别为 17、12 勘探线。实际勘探面积约 2.25 平方千米,共完成三维地震测线 24 束,物理点 2 173 个。于 2004 年 5 月提交《上海大屯能源股份有限公司孔庄煤矿深部采区三维地震勘探报告》,该报告通过了公司组织的评审验收。

2005 年 6—8 月,山东中煤物探测量总公司对孔庄煤矿 8～12 勘探线 7 号煤层的−800～−1 300 米范围内进行三维地震勘探,共完成野外测线 9 束,物理点 3 749 个,地震施工面积 9.37 平方千米,控制面积约 3.8 平方千米。经施工单位按部颁《煤炭、煤层气地震勘探规范》验收,物理点甲级率 68.1%,成品率 99.6%。于 2005 年 12 月提交《上海大屯能源股份有限公司孔庄煤矿中深部三维地震勘探报告》,该报告通过了公司组织的评审验收。

2006 年 5—7 月,山东中煤物探测量总公司对孔庄煤矿的东部湖区进行三维地震勘探工作,其勘探范围为:南到 7 号煤层的−400 米标高线,北为徐庄断层或 7 号煤层的−1 300 米标高线,东为井田边界,西到京杭大运河的东岸。勘探实际控制面积约 6.14 平方千米,共获三维生产物理点 5 316 个,实验物理点 24 个,共计物理点 5 340 个。在 5 316 个生产物理点中,甲级 1 607 个,乙级 3 682 个,废品 27 个,甲级率 30.23%,合格率 99.5%。于 2006 年 11 月提交《上海大屯能源股份有限公司孔庄煤矿东深部采区三维地震勘探报告》,该报告通过了公司组织的评审验收。

（三）徐庄煤矿地球物理勘探

1990 年 4 月,安徽省煤田地质局物探测量队对徐庄煤矿下山采区进行地震补充勘探,

共计布置 15 条测线,测线长 23.61 千米,物理点 838 个,于 1990 年 8 月提交《大屯煤电公司徐庄煤矿下山采区地震补充勘探报告》。

1996 年 12 月—1997 年 10 月,山东省煤田地质局物探测量队对徐庄煤矿东七、东九等采区进行三维地震勘探,共完成三维束线 40 束,施工面积 7.0 平方千米,有效控制面积 3.69 平方千米,物理点 8 834 个;完成二维测线 5 条,测线长度 6.09 千米,物理点 481 个;试验及低速带调查工作完成物理点 520 个。全区共完成物理点 9 835 个,物理点甲级率 58.86%,成品率 99.92%,丢炮率小于 2%。于 1998 年 4 月提交《大屯煤电(集团)有限责任公司徐庄煤矿三维地震勘探报告》,该报告通过了山东省煤田地质局和公司组织的评审验收。

2007 年 10 月—2008 年 3 月,河北省煤田地质局物测地质队对徐庄煤矿西部采区进行三维地震勘探,施工面积 25.98 平方千米,有效面积 12.4 平方千米,共完成三维束线 20 束,时间剖面长度 466.24 千米,总计物理点 10 382 个,物理点甲级率 62.2%,乙级率 37.8%,于 2008 年 7 月提交《上海大屯能源股份有限公司徐庄煤矿西部采区三维地震勘探报告》,该报告通过公司组织的评审验收。

(四)龙东煤矿地球物理勘探

1992—1993 年,由中国矿业大学和山东省煤田地质局物探测量队联合对龙东煤矿东一采区进行高分辨率地震勘探,施工 25 条测线,测线长 33.11 千米,物理点 1 526 个,并提交了《大屯煤电公司龙东矿东翼采区地震勘探报告》。

1995 年 3—11 月,山东省煤田地质局物探测量队对龙东西一采区进行物探工作,共施工测线 32 条,测线总长 38.89 千米,完成物理点 2 216 个,报告通过山东省煤田地质局和公司组织的评审验收。

1997—1998 年,山东省煤田地质局物探测量队在龙东煤矿西辅块段进行了三维地震勘探,共施工测线 17 条,测线总长 20.79 千米,完成物理点 2 260 个,提交了《中央采区西辅块段三维地震勘探报告》,并通过公司组织的评审验收。

1999—2000 年,河南省煤田地质局物探测量队在龙东煤矿西二采区进行三维地震勘探,测线总长 41.9 千米,完成物理点 2 295 个,提交《龙东煤矿西二采区三维地震勘探报告》,并通过公司组织的评审验收。

2007 年 4—5 月,河北省煤田地质局物测地质队对龙东煤矿东二采区进行三维地震勘探,测线总长 99.23 千米,合计物理点 4 020 个,并提交《龙东煤矿东二采区三维地震勘探报告》,于 2008 年 2 月通过公司组织的评审验收。

2007 年 12 月—2008 年 7 月,江苏煤炭地质物测队对龙东煤矿 21 煤层试采区进行三维地震勘探及水文物探工作,共施工测线 32 束,完成物理点 3 449 个,水文物探完成物理点 2 481 个,完成测线长度 71.48 千米,提交了《上海大屯能源股份有限公司龙东煤矿东 21 煤层试采区三维地震勘探及水文物探报告》,于 2008 年 8 月通过公司组织的评审验收。

2018 年 6 月,为进一步查明构造复杂程度与煤层赋存状况,为矿井开拓和生产提供可靠地质的依据,中国矿业大学对龙东煤矿东二采区三维地震叠后资料二次处理后,并进行了多属性二次精细解释,于 2019 年 10 月提交了《龙东煤矿东二采区三维地震勘探资料精细解释报告》,并通过公司组织的评审验收。

三、白杨河矿区资源勘探

（一）106 煤矿资源勘探

矿区位于准南煤田西段的雀尔沟煤矿区，地质研究工作程度较高，1981 年以后，新疆维吾尔自治区地质矿产勘查开发局（以下简称"新疆地矿局"）所属单位与煤田地质局所属单位等在此开展过专门的地质研究及地质普查、详查和勘探工作。

1990—1992 年，新疆天山工程地质公司 161 队工程处，在远景调查的基础上，对雀尔沟矿区进行普查找煤工作，并提交了《新疆呼图壁县白杨沟矿区普查找煤地质报告》。106 团煤矿位于普查区 56 与 52 勘探线之间的浅部，由于当时的采矿区范围没有正式确定，井田范围内的储量没有单独计算，普查报告中按照一类一型的勘探类型，将各煤层＋1 400 米水平以上有钻孔控制的储量均划为 C 级储量，报告获自治区煤炭厅批准。

2003 年，新疆地矿局第九地质大队在本井田以西的宽沟煤矿区及其外围进行详查勘探，并于同年 11 月提交了《新疆呼图壁县宽沟煤矿区首采区勘探及外围详查报告》。所施工的 ZK701、ZK901 孔位于一井田北部界外。

2004 年 5—8 月，新疆哈密矿务局勘查设计院利用勘查成果和生产井的巷道资料，提交《新疆呼图壁县农六师 106 团煤矿二井田生产地质报告》，该报告根据拟建的水库情况对 1 247.56 米水平标高以上资源量进行估算，新国土资储评〔2004〕146 号文批准矿界内 6、7、8 号煤层煤炭资源储量（122b）＋（333）3 009 万吨。

2004 年 12 月—2005 年 3 月，新疆地矿局第九地质大队通过收集以往勘查成果，并结合生产井的巷道资料，提交《新疆呼图壁县九号井（农六师 106 团煤矿）生产地质报告》（为农六师 106 团煤矿一井田），该报告根据拟建的水库情况对 1 247.56 米水平标高上下资源量分别进行估算，新国土资储评〔2005〕041 号文批准矿界内 5、6、7、8 号煤层煤炭资源储量（122b）＋（333）3 725 万吨，其中（122b）资源量 2 354 万吨，333 资源量 1 371 万吨，另估算采动影响资源量 300 万吨，河床煤柱压覆资源量 380 万吨，预测的 334 资源量 498 万吨。其利用的 ZK701、ZK901、ZK521 钻孔，虽然各孔中部分煤层及顶底板采取率偏低，但各孔均经过电测井，采用的煤层厚度基本可靠。最终 3 个钻孔成果被新疆维吾尔自治区矿产资源储量评审中心予以认可。

2006 年 6 月—2007 年 4 月，新疆地矿局第十一地质大队对农六师 106 团煤矿一、二井田开展勘探工作，分别提交《新疆呼图壁县农六师 106 团煤矿一井田勘探报告》《新疆呼图壁县农六师 106 团煤矿二井田勘探报告》，新疆维吾尔自治区矿产资源储量评审中心分别以新国土资储评〔2007〕267 号、新国土资储评〔2007〕450 号批准该报告。新疆维吾尔自治区国土资源厅准予备案。评审批准一井田：探明的内蕴经济资源量（331）3 362.96 万吨，其中限采标高 1 200 米以上 1 689.93 万吨，限采标高 1 200 米以下 1 673.03 万吨；控制的内用经济的资源量（332）1 441.89 万吨，其中限采标高 1 200 米以上 783 万吨，限采标高 1 200 米以下 658.89 万吨；推断的内蕴经济资源量（333）272.77 万吨，其中限采标高 1 200 米以上 245.64 万吨，限采标高 1 200 米以下 27.13 万吨。评审批准二井田：探明的内蕴经济资源量（331）8 760.74 万吨，其中＋1 300 米标高以上 3 361.35 万吨（探矿权范围内 2 805.57 万吨，隔离带内 555.78 万吨），＋1 300 米至拟建水库库容水位＋1 250 米标高 787.4 万吨（探矿权范围 411.29 万吨，隔离带内 376.11 万吨），＋1 250 米以下拟建水库压覆资源量

4 611.99 万吨（采矿许可证范围内 1 981.52 万吨，探矿权范围内 1 962.99 万吨，隔离带内 667.48 万吨）；控制的内蕴经济资源量（332）4 867.61 万吨，其中＋1 300 米标高以上 191.38 万吨（探矿权范围内 170.56 万吨，隔离带内 20.82 万吨），＋1 300 米至拟建水库库容水位＋1 250 米标高 141.31 万吨（探矿权范围 106.83 万吨，隔离带内 34.48 万吨），＋1 250 米以下拟建水库压覆资源量 4 534.92 万吨（采矿许可证范围内 2 108.76 万吨，探矿权范围内 2 104.40 万吨，隔离带内 321.36 万吨）；推断的内蕴经济资源量（333）3 515.27 万吨，其中＋1 300 米标高以上 2 330.38 万吨（探矿权范围内 1 978.74 万吨，隔离带内 351.64 万吨），＋1 300 米至拟建水库库容水位＋1 250 米标高 170.62 万吨（探矿权范围 41.34 万吨，隔离带内 129.28 万吨），＋1 250 米以下拟建水库压覆资源量 1 014.27 万吨（采矿许可证范围内 678.59 万吨，探矿权范围内 254.80 万吨，隔离带内 80.88 万吨）。

2006 年 8 月，新疆地矿局第十一地质大队对新疆呼图壁县农六师 106 团煤矿二井田进行高精度磁法勘查工作，在其指定范围内进行 1∶5 000 物探测网布设和高精度磁法勘探。磁法勘探工作的目的是采用高精度磁法进行 1∶5 000 的面积工作，了解火烧区的分布范围及延深情况。通过高精度磁法勘探工作，基本查清测区内火烧区的分布范围。

2008 年 3 月，新疆地矿局第十一地质大队完成《新疆呼图壁县农六师 106 团煤矿勘探报告》编制，并通过评审备案。

2009 年 6 月—2010 年 3 月，安徽省煤田地质局物探测量队在首采区进行三维地震勘探的同时又在原勘探网度的基础上增布 2 个钻孔，以提高首采区资源量级别，探明火烧区范围，提供了可靠的地质资料，从而保证 180 万吨/年矿井建设。本次三维地震勘探查明测区内 5、6、7、8 煤层落差 8 米以上断层，对断层的展布状况和分布规律做了深入细致的研究，对落差 5～8 米的断层进行解释；控制煤系地层的起伏形态和次一级褶曲的发育情况；预测 5、6、7、8 号煤层的厚度变化趋势，圈定主要煤层的火烧区范围。

2012 年 4—11 月，甘肃九州岩土工程有限公司按照天地科技股份有限公司的设计，对呼图壁河两岸水平标高在＋1 220～＋1 250 米范围内的老硐进行封堵施工，修筑防水闸墙，防止水库蓄水后河水沿老硐进入矿井。

2019 年 6 月，由天山公司委托工程咨询公司实施 106 煤矿呼图壁河东岸水文地质补充勘探工程，布设 10 个钻孔，钻探工程量 5 192.93 米，其中地质孔 5 个，完成钻探工程量 2 795.58 米；水文孔 5 个，完成钻探工程量 2 397.35 米，保留水文长观孔 5 个，野外施工于 2019 年 12 月全部完工，编制提交《106 煤矿呼图壁河东岸水文地质补充勘探报告》。

（二）苇子沟煤矿资源勘探

井田位于准南煤田西段的雀尔沟煤矿区，地质研究工作程度较高。1975 年以后，新疆地矿局所属单位、煤田地质局所属单位、核工业部所属地质单位及其他地质单位等在此开展过专门的地质研究及地质勘查。

2002 年苇子沟兴隆煤矿为进行年产 9 万吨矿井技术改造，委托新疆地矿局第九地质大队进行生产地质勘查工作。完成 1∶5 000 地形地质、水文地质测量 1.77 平方千米，实测勘探线剖面 2 490 米，测量生产井 2 个，并提交《新疆呼图壁县苇子沟兴隆煤矿生产地质报告》。

2002 年，呼图壁县石梯子西沟煤矿为进行年产 9 万吨矿井技术改造提供所需地质资料，由新疆地矿局第九地质大队在其矿权范围内开展勘查工作，完成 1∶10 000 地形地质、水文地质测量 2.0 平方千米,实测勘探线剖面 3 740 米,生产井调查 2 个,井巷测量 3 790 米,采集测试样品 14 件,并提交生产地质报告,初步查明矿区水文地质、工程地质条件及火烧范围。

2006—2007 年,新疆地矿局第十一地质大队对呼图壁县农六师 106 团煤矿二井田开展勘探工作,通过 1∶10 000 地形地质测量、1∶10 000 水文地质测量、1∶5 000 磁法勘探、施工 8 个钻孔等工作,编制《新疆呼图壁县农六师 106 团煤矿二井田勘探报告》。本次工作通过 1∶10 000 水文地质测量对井田的水文地质条件有一定的认识。

2007—2010 年,鸿新煤业有限公司为新疆呼图壁县苇子沟煤矿进行年产 300 万吨矿井建设提供矿山可行性研究和初步设计的基础地质资料,由核工业二一六大队在其探矿权范围内开展勘查工作,完成 1∶5 000 地形测量 18.05 平方千米,1∶10 000 地质、水文地质测量 18.05 平方千米,1∶5 000 磁法测量 4.3 平方千米,二维地震测量物理点 3 714 个;勘线剖面测量 29.76 千米,钻探 26 孔共 18 537.28 米,水文孔 4 个共 2 257.55 米,工程点测量 25 个,各类样品 360 件,编制完成《新疆准南煤田呼图壁县苇子沟井田勘探报告》,详细查明井田水文地质条件和工程地质条件。

2010 年 4 月 20 日,河北省煤田地质局物测地质队受鸿新煤业有限公司委托,开展呼图壁苇子沟井田首采区三维地震勘探工作,完成的实物工作量如下:施工面积为 7.76 平方千米,控制面积为 4.33 平方千米,共计完成物理点 5 388 个,并编制《中煤能源新疆鸿新煤业有限公司苇子沟井田首采区三维地震勘探报告》。区内共解释断层 30 条,其中正断层 15 条,逆断层 15 条。按照可靠程度分为:可靠断层 16 条,较可靠断层 5 条,控制较差断层 1 条,未评级断层 8 条。按照落差分为:落差大于或等于 50 米的断层 1 条,落差大于或等于 20 米小于 50 米的断层 7 条,落差大于或等于 8 米小于 20 米的断层 14 条,落差小于 8 米的断层 8 条。此次勘探质量满足相关规范要求,勘探成果可作为防治水工作依据。

2010 年 6 月 1 日,中国煤炭地质总局第三水文地质队受鸿新煤业有限公司委托,开展呼图壁县苇子沟井田首采区水文地质补充勘查工作,完成钻探施工 3 孔,总进尺 1 306.47 米,水文地质测井 1 263.85/3 孔,洗井 5 次/3 孔,单孔抽水试验 2 层次,孔组抽水试验 2 层次,水质全分析 7 组,岩石物理力学样测试 40 组,工程测量 3 孔,水泥砂浆封孔 2 孔。提交《新疆准南煤田呼图壁县苇子沟井田水文地质补充勘查报告》。

2013 年 6 月,四川省煤田地质工程勘察设计研究院受鸿新煤业有限公司委托,在以往水文地质资料综合分析的基础上,结合在矿区建设过程中揭露的水文地质特征,针对 +1 000 米水平水文地质情况进行水文地质条件综合分析研究,阐明了 +1 000 米水平开采时存在的主要水害类型,并进行相应评价;结合矿井开拓方案,对首采面涌水量进行预计;并为 +1 000 米水平防治水工作提出建议和治理措施。

四、阳泉矿区玉泉煤业有限公司资源勘探

1955 年以后,为了满足矿区开拓规划和指导井下生产需要,进行了一定的矿井地质工作。2002 年 11 月,重组整合后,在以往勘查成果和煤矿以往矿井地质报告,以及各煤矿实际生产资料的基础上,经过综合分析、研究,加上对矿井采空区积水、积气和火区情况进行的调查,2010 年 1 月编制了《山西阳泉盂县玉泉煤业有限公司兼并重组整合矿井地质报告》,

估算 15 号煤层资源储量,获得井田 15 号煤层保有资源储量为 4 289 万吨,其中 111b 为 4 143 万吨。

五、甘肃灵南矿区资源勘探

1955 年以后,石油、地质、煤炭系统的地质部门相继在本区及外围开展地质工作。

2010 年 4—10 月,甘肃煤炭地质勘查院在灵台县南部勘查区进行煤炭详查,共完成地震物理点 6 103 个,钻孔 58 个总进尺 64 936.42 米,测井 58 孔实测 64 592.80 米,采集测试各类样品 639 个(组),完成了详查设计的各项地质任务。提交《甘肃省灵台县南部勘查区煤炭详查地质报告》,获得煤炭资源量 12.89 亿吨。国土资源部矿产资源储量评审中心于 2011 年 9 月 8 日对报告组织会审后,下达评审意见书并进行备案。

唐家河井田勘探野外工作自 2011 年 3 月开始,12 月结束全部野外施工。同年 12 月 31 日完成本勘探报告编制工作,估算本井田可采煤层探明的、控制的和推断的资源量 92 256.68 万吨。其中,探明的内蕴经济资源量(331)15 616.29 万吨,占资源总量的 16.93%;控制的内蕴经济资源量(332)17 497.01 万吨,占资源总量的 18.97%;探明的和控制的资源量(331+332)33 113.30 万吨,占资源总量的 35.89%。推断的内蕴经济资源量(333)59 143.38 万吨。

南川河井田勘探野外工作自 2011 年 4 月开始,共调集 49 台钻机进行野外施工,至 2012 年 1 月结束野外施工。完成主要实物工作量:钻孔 90 个,总进尺 106 599.10 米;测井 90 孔,完成实测 106 016.62 米,采集测试各类样品 505 个(组),全面完成勘探设计的各项地质任务。2012 年 2 月完成本勘探报告编制工作,估算本井田可采煤层探明的、控制的和推断的资源量 68 880.98 万吨。其中,探明的内蕴经济资源量(331)9 823.67 万吨,占资源总量的 14.26%;控制的内蕴经济资源量(332)13 854.24 万吨,占资源总量的 20.11%;探明的和控制的资源量(331+332)23 677.91 万吨,占资源总量的 34.38%。推断的内蕴经济资源量(333)45 203.07 万吨。先期开采地段内共获得煤炭资源量 19 010.58 万吨,其中,探明的内蕴经济资源量(331)9 648.21 万吨,占先期开采地段总资源量的 50.75%;控制的内蕴经济资源量(332)4 379.92 万吨;探明的和控制的内蕴经济资源量(331+332)14 028.13 万吨,占先期开采地段总资源量的 73.79%;推断的内蕴经济资源量(333)4 982.45 万吨。

六、山西省河东煤田石楼县后庄勘查区煤炭资源普查

后庄勘查区位于石楼县县城以北 7 千米处,行政区划属石楼县,呈不规则长条状南北向展布,南北长约 16 千米,东西宽约 4.5 千米,面积约 62.625 平方千米。2012 年 8 月,由煜隆能源有限公司委托山西地科勘察有限公司实施普查工程,布设 14 个钻孔,钻探工程量 18 735.75 米,野外施工于 2013 年 3 月底全部完工。编制完成《山西省河东煤田石楼县后庄勘查区煤炭普查地质报告》,并通过山西地科勘察有限公司聘请的专家组评审。求得 4 号、9 号煤层资源量[333+334(?)]34 462 万吨,其中无烟煤(WY)11 454 万吨,贫煤(PM)18 449 万吨,焦煤(JM)3 805 万吨,1/3 焦煤(1/3JM)754 万吨。推断的资源量(333)31 438 万吨,预测的资源量[334(?)]3 024 万吨。

第二章 煤矿建设

第一节 新建煤矿

一、106 煤矿

（一）地理位置

106 煤矿位于呼图壁河两岸，属白杨河矿区。井田北侧有 S101 省道（国防公路）通过，矿井向西经雀尔沟镇、大丰镇至呼图壁县城的距离为 83 千米；矿井向东经石梯子乡至呼图壁县城的距离为 74 千米；矿井沿 S101 省道（国防公路）向东至乌鲁木齐市的距离为 102 千米。矿井对外交通较为方便。井田东侧为鸿新苇子沟煤矿、井田南侧以火烧区为界，井田西侧以呼图壁河为界、井田北侧为 S101 省道。

（二）开发进程

106 煤矿原属新疆生产建设兵团农六师国资公司年产 3 万吨小煤矿，2008 年 8 月 21 日，由中煤股份和农六师国资公司共同出资对其进行改扩建，注册资金 11 000 万元，其中：中煤股份货币出资 5 610 万元，占注册资本的 51%；六师国资公司以 106 煤矿作为投资，评估净资产 5 513 万元中的 4 390 万元和现金 1 000 万元，共 5 390 万元，出资作为资本金投入天山煤电有限责任公司（以下简称"天山公司"），占注册资本的 49%。2010 年 7 月，天山公司双方出资股东按原出资比例对天山公司增资 10 000 万元，增资后天山公司注册资本为 21 000 万元。2011 年 9 月，天山公司双方出资股东按原出资比例对天山公司再次增资 3 000 万元，增资后天山公司注册资本为 24 000 万元。公司原注册地址为五家渠市，根据呼图壁县人民政府的要求变更为呼图壁县。改扩建项目设计生产能力 180 万吨/年。后经新疆维吾尔自治区煤炭工业管理局批准分期建设（新煤规发〔2013〕141 号）一期 120 万吨/年，二期 180 万吨/年。

2006 年 3 月，中煤集团与新疆生产建设兵团签署战略合作框架协议。按照框架协议，双方主要就新疆生产建设兵团区域内的煤炭资源勘探和开发、煤炭资源转换、煤炭综合利用及相关产业的发展进行全面合作。

2007 年 3 月 15 日，新疆维吾尔自治区煤炭工业管理局下发《关于农六师大黄山煤矿七号井、106 团煤矿一号井、二号井列入自治区煤炭工业"十一五"发展规划的意见》（新煤规发〔2007〕165 号）文件。

2008 年 1 月 3 日，新疆维吾尔自治区人民政府办公厅发出《关于开仁托让格露天煤矿等 69 个煤矿建设项目列入自治区煤炭工业"十一五"发展规划的函》（新政办函〔2008〕6 号）。6 月 4 日，新疆维吾尔自治区煤炭工业管理局下发《关于 106 团煤矿一号井和二号井调整建设规模的意见》（新煤规发〔2008〕301 号）文件。7 月 23 日，昌吉回族自治州呼图壁河

流域管理处下发《关于农六师 106 煤矿申请 180 万吨/年矿井建设生产、生活申请用水的批复》(呼河政发〔2008〕30 号)和《关于农六师 106 煤矿修建跨河大桥请示的批复》(呼河政发〔2008〕31 号)文件。8 月,中煤股份和六师国资公司共同出资组建天山公司,负责投资建设规模为 180 万吨/年的 106 煤矿改扩建项目。8 月 7 日,昌吉电业局市场营销部发《关于对农六师 106 煤矿 35 千伏变电所申请第二电源的答复函》。8 月 11 日,新疆维吾尔自治区国土资源厅下发《关于〈新疆准南煤田呼图壁县农六师 106 团煤矿勘探报告〉矿产资源储量评审备案证明》。8 月 18 日,呼图壁县草原监理所发放《新疆维吾尔自治区临时使用草原许可证》(呼草监临许字〔2008〕第 014 号)。9 月 1 日,呼图壁县人民政府做出《关于同意兵团农六师 106 煤矿生产、生活区用地的批复》(呼县政发〔2008〕102 号)。9 月 5 日,新疆电力设计院有限公司发出《呼图壁县 106 煤矿 2×12 500 千伏安配电工程设计评审意见书》。9 月 17 日,新疆生产建设兵团发展和改革委员会做出《关于中煤能源新疆天山煤电有限责任公司 106 煤矿改扩建可行性研究报告的批复》(兵发改能源〔2008〕1037 号)文件。9 月 26 日,中煤股份对 106 煤矿改扩建可研做出《关于新疆天山煤电公司 106 煤矿改扩建可行性研究报告的批复》(中煤股份〔2008〕162 号)文件。10 月 13 日,收到《新疆准南煤田呼图壁县农六师 106 团煤矿勘探报告汇交证书》(新国土资汇〔2008〕386 号)。12 月 10 日,呼图壁县城乡规划管理局做出《关于中煤能源新疆天山有限责任公司 106 煤矿改扩建项目规划选址情况说明》。12 月 31 日,国家煤矿安全监察局安全监察司发回《煤矿建设项目安全评价报告备案(回执)》。

2009 年 2 月 23 日,新疆维吾尔自治区地震局发出《关于同意〈中煤能源新疆天山煤电有限责任公司 106 煤矿 180 万吨/年改扩建项目工程场地地震安全性评价报告〉的函》(新震函〔2009〕24 号)。3 月 16 日,新疆维吾尔自治区水利厅下发《关于中煤能源新疆天山煤电有限责任公司 106 煤矿改扩建工程水资源论证报告的批复》(新水办政资〔2009〕11 号)文件。2 月 4 日、3 月 27 日,新疆生产建设兵团环境保护局先后发出《关于中煤能源新疆天山煤电有限责任公司 106 煤矿改扩建项目污染物总量指标的确认函》(兵环函〔2009〕16 号)和《关于确定〈中煤能源新疆天山煤电有限责任公司 106 煤矿改扩建项目〉环境影响评价标准的函》(兵环函〔2009〕13 号)。3 月 23 日,昌吉回族自治州国土资源局下发《中煤能源新疆天山煤电有限责任公司申请划定矿区范围的调查意见》(昌州国土资发〔2009〕146 号)。3 月 4 日,呼图壁县国土资源局发出《关于中煤能源新疆天山煤电有限责任公司申请划定矿区范围的审查意见》(呼国土资发〔2009〕17 号)。4 月 17 日,新疆生产建设兵团发展和改革委员会下发《关于加快开展中煤能源新疆天山煤电有限责任公司 106 煤矿改扩建项目有关前期工作的通知》(兵发改能源〔2009〕327 号)。4 月 20 日,中国工商银行股份有限公司新疆维吾尔自治区分行发出《贷款意向书》(工银新函〔2009〕15 号)。5 月 27 日,中煤股份对 106 煤矿改扩建初步设计做出《关于新疆天山煤电有限责任公司 106 煤矿改扩建初步设计的批复》(中煤股份规〔2009〕104 号)。6 月 4 日,新疆生产建设兵团水利局批复《关于中煤能源新疆天山煤电有限责任公司 106 煤矿改扩建水土保持方案的批复》(兵水保〔2009〕141 号)。7 月 17 日,新疆维吾尔自治区煤炭工业管理局下发《关于中煤能源新疆天山煤电有限责任公司 106 煤矿可行性研究报告的意见》(新煤规发〔2009〕206 号)。8 月 25 日,六师五家渠市人民政府办公室发出《关于中煤能源新疆天山煤电有限责任公司 106 煤矿改扩建项目初步设计评审有关情况的请示》(师市办发〔2009〕76 号)。8 月 26 日,新疆生产建设兵团环境保护局回复《关于中煤能源新疆天山煤电有限责任公司 106 煤矿改扩建项目环境影响报告书的预审意见》(兵环审〔2009〕150 号)。8 月 31 日提交开工报告。12 月 25 日,中煤能源将持有的天山公司股权转让给上海大屯能源股份有限公司,天山公司成为上海大屯能源股份有限公司控股子公司。

2010 年 4 月 14 日,新疆维吾尔自治区国土资源局下发《关于中煤能源新疆天山煤电有限责任公司申请矿区划定范围的意见》(新国土资函〔2010〕267 号)。12 月 30 日,中华人民共和国环境保护部下发《关于新疆准南煤田呼图壁白杨河矿区总体规划环境影响报告书的审查意见》(环审〔2010〕434 号)。

2011 年 12 月 5 日,取得《国家发展改革委关于新疆昌吉白杨河矿区整体规划的批复》(发改能源〔2011〕2865 号)。12 月 12 日,昌吉回族自治州呼图壁河流域管理处、呼图壁河开发建设管理局发出《关于呼图壁河石门水库水位确认的函》(呼河政函〔2011〕76 号)。

2013 年 4 月 3 日,取得新疆生产建设兵团工业和信息化委员会《关于中煤能源新疆天山煤电有限责任公司 106 煤矿 120 万吨/年改扩建项目核准的批复》(兵工信煤电〔2013〕71 号)。5 月 21 日,取得《关于中煤能源新疆天山煤电有限责任公司 106 煤矿"十一五"规划项目分期建设的意见》(新煤规发〔2013〕141 号)。

2014 年 7 月 4 日,取得新疆生产建设兵团煤矿安全监察局《关于中煤能源新疆天山煤电有限责任公司 106 煤矿 120 万吨/年改扩建项目安全设施设计的批复》(兵煤监局发〔2014〕25 号)。10 月 13 日,取得新疆生产建设兵团工业和信息化委员会《关于中煤能源新疆天山煤电公司 106 煤矿 120 万吨/年改扩建项目初步设计的批复》(兵工信煤电〔2014〕188 号)。

2016 年 9 月 5 日,取得昌吉回族自治州政府《关于同意中煤能源新疆天山煤电有限责任公司为呼图壁白杨河矿区规划 106 团 180 万吨/年矿井开发业主的批复》(昌州政函〔2016〕72 号)。10 月 11 日,取得新疆生产建设兵团工业和信息化委员会《关于中煤能源新疆天山煤电公司 106 煤矿 120 万吨/年改扩建项目核准延续的批复》(兵工信煤电〔2016〕163 号)。

2019 年 1 月 21 日,取得新疆维吾尔自治区自然资源厅《关于〈新疆呼图壁县白杨河矿区 106 团煤矿资源储量核实报告〉矿产资源储备评审意见书》(新国土资储备字〔2019〕004 号)。同年 5 月 14 日,取得新疆生产建设兵团发展和改革委员会《关于中煤天山煤电 106 煤矿 120 万吨/年改扩建项目初步设计变更的批复》(兵发改能源发〔2019〕138 号),顺利获得土地使用证和中华人民共和国采矿许可证。

(三)地质概况

本区构造形成于燕山期末、喜山期初,从而使本区结束沉积阶段褶皱隆起,遭受剥蚀,受喜山构造运动的影响,使山区缓慢抬升,新的盆地缓慢下降。井田内无岩浆岩分布。井田构造较简单,总体为一单斜构造,岩层倾向北东,倾角 15°～17°。

本区含煤地层为中侏罗统西山窑组,含煤地层平均厚度 445.27 米,煤层平均总厚度 20.13 米,含煤系数 4.52%。井田内可采煤层共 4 层,分别为 5、6、7、8 号煤层。

5 号煤层平均 2.22 米,结构简单,不含夹矸,煤层顶板为泥岩、粉砂岩,煤层底板岩性为泥岩、粉砂岩、粗砂岩,与下部 6 号煤层间距 6.97～25.50 米,平均 13.56 米。

6 号煤层平均 2.73 米,结构简单,含 0～3 层夹矸,单层夹矸最大厚度 0.21 米,岩性为

碳质泥岩,煤层顶板为碳质泥岩、细砂岩、粗砂岩,煤层底板岩性为粗砂岩、细砂岩、碳质泥岩,与下部 7 号煤层间距 12.64～35.62 米,平均 18.82 米。

7 号煤层平均 9.24 米,结构简单,含 0～4 层夹矸,夹矸厚度 0.05～0.77 米,岩性为碳质泥岩、粉砂质泥岩。煤层顶板为碳质泥岩、泥质粉砂岩、粗砂岩,煤层底板岩性为碳质泥岩、细砂岩、粗砂岩,与下部 8 号煤层间距 15.03～33.97 米,平均 23.40 米。

8 号煤层平均 5.03 米,结构简单,含 0～1 层夹矸,夹矸厚度 0.44 米,岩性为高碳质泥岩,煤层顶板为粗砂岩、砂岩、细砂岩,煤层底板岩性为细砂岩、粗砂岩。

本区各可采煤层煤质变化较小,其煤质以低水分为主,灰分产率为特低灰～低灰,中挥发分,特低硫～低硫,特低磷～低磷,钙质灰分、高熔灰分为主,特高热值,含油,中等热稳定性,难磨细,弱结渣性、低腐殖酸,不具黏结性的 1/3 不黏煤。

依据勘探报告设计矿井浅部(首采区)矿井正常涌水量为 50 立方米/小时,最大涌水量为 80 立方米/小时。进入深部采区(接替采区)后,随着开采范围的增加及石门水库水的侧向渗透,本矿井的涌水量将进一步增加。深部区域的矿井涌水量可参照比拟法预测的矿井涌水量(9 024.66 立方米/天)及水库水对本矿井侧向补给分析确定,取 380 立方米/小时。

2014 年由中煤科工集团重庆研究院为本矿井出具的煤层自然发火实验报告显示,6 号煤层最短自然发火期 31 天,7 号煤层最短发火期 38 天,自燃倾向性等级是 Ⅰ 类,属容易自燃煤层;8 号煤层最短发火期 46 天,自燃倾向性等级是 Ⅱ 类,属自燃煤层。

2018 年矿井瓦斯等级鉴定,全矿井瓦斯相对涌出量 0.77 立方米/吨,瓦斯绝对涌出量 1.85 立方米/分钟,采煤工作面最大绝对瓦斯涌出量 0.67 立方米/分钟,掘进工作面最大绝对瓦斯涌出量 0.13 立方米/分钟,矿井为低瓦斯矿井。

(四)井田开拓与开采

(1)井田境界。依据新疆维吾尔自治区国土资源厅批复的划定矿区范围,矿区范围由 7 个拐点连线圈定,井田面积为 9.586 7 平方千米。变更后井田范围的拐点坐标见表 2-2-1。

表 2-2-1　2018 年 106 煤矿井田范围拐点坐标表

拐点编号	北京 54 直角坐标系		西安 80 直角坐标系		CGCS2000 直角坐标系	
	X	Y	X	Y	X	Y
1	4 848 299.82	29 466 229.41	4 848 227.00	29 466 112.19	4 848 265.68	29 466 205.54
2	4 847 042.49	29 465 997.10	4 846 969.68	29 465 879.89	4 847 008.36	29 465 973.25
3	4 847 005.56	29 465 889.61	4 846 932.75	29 465 772.40	4 846 971.43	29 465 865.76
4	4 846 603.54	29 465 817.87	4 846 530.73	29 465 700.67	4 846 569.41	29 465 794.03
5	4 845 394.63	29 466 244.06	4 845 321.83	29 466 126.88	4 845 360.50	29 466 220.24
6	4 844 430.80	29 468 900.16	4 844 358.00	29 468 783.00	4 844 396.68	29 468 876.37
7	4 848 299.82	29 468 900.20	4 848 227.00	29 468 783.00	4 848 265.69	29 468 876.36

(2)资源储量。根据新疆地矿局第十一地质大队按新边界编制的《新疆呼图壁县白杨河矿区 106 团煤矿资源储量核实报告》,本井田可采煤层地质资源储量为 17 003.45 万吨,其中探明的内蕴经济资源量(331)为 8 646.27 万吨;控制的内蕴经济资源量(332)为 4 915.26 万吨,推断的内蕴经济资源量(333)为 3 441.92 万吨。全矿井设计可采储量为

10 249 万吨。

（3）设计生产能力及服务年限。矿井设计生产能力为 120 万吨/年。根据矿井设计可采储量计算，考虑 1.4 的储量备用系数，矿井服务年限为 61 年。一水平服务 I_1 采区，服务年限为 20.09 年；二水平服务 I_2 采区，服务年限为 13.88 年；三水平服务 I_3 采区，服务年限为 27.03 年。

（4）井田开拓方式。工业场地分为西岸场地和东岸场地。东岸工业场地布置空压机房、变电站、井下水处理站等与井下紧密相关的建筑，此外东岸还布置有东回风斜井工业场地；其他地面设施和生活福利建筑均布置在西岸场地。东西工业场地之间通过公路桥联系，桥长 128.48 米，宽 10 米，钢筋混凝土呈"T"形结构。

井田开拓方式采用平硐开拓方式。主平硐及东翼运输大巷 1 358 米，副平硐及东翼辅助运输大巷 1 322 米。共划分为 3 个水平，+1 273 米水平、+1 100 米水平、+950 米水平。按水平标高划分采区，+1 273 米及以上划分为 I_1 采区，+1 100～+1 273 米水平划分为 I_2 采区，+950～+1 100 米划分为 I_3 采区。采区按水平标高顺序开采。

（5）采区设计。I_1 采区内可采煤层有 3 层。6 号煤、8 号煤采用综采一次采全高回采工艺；7 号煤采用综采放顶煤回采工艺。矿井首采区为 I_1 采区，该采区为单翼采区，东翼布置多煤层的采煤工作面。西翼为火烧区边界，I_1 采区可采储量 2 148 万吨，采区服务年限 20.09 年，联合试运转的工作面布置在 I_1 采区 6 号煤中。在 I_1 采区集中大巷的东翼布置 1 个综采工作面（即 $I_1$602 在采工作面）和 1 个综放工作面（$I_1$703 备用工作面）。2 个工作面的产能达到 120 万吨/年的设计产量。

沿 8 号煤底板布置两条主要大巷，东翼集中运输大巷和东翼辅助运输大巷，通过采区下部车场连接主要大巷和采区巷道。I_1 采区布置三条上山巷道，沿 6 号煤布置采区集中回风上山、沿 7 号煤布置采区集中运输上山和集中辅助运输上山。在集中辅助运输上山施工车场石门与工作面巷道连接。集中辅助运输上山上部布置有采区绞车房、采区变电所等硐室。

井巷工程主要有主平硐、副平硐、东翼回风斜井、3 条采区上山、首采面巷道等，井巷工程量总计 11 917 米。地面土建工程主要有井口房、联合建筑、空气加热室、压缩空气站、水处理及管网改造系统、机修车间、地面生产系统、排矸系统、供电系统、黄泥注浆站、工业广场道路等；安装工程主要有轨道上山缠绕式提升机安装、主平硐带式输送机设备安装、加热系统、变电所及采区安装等工程。

矿井投产时布置 1 个采区，首采区（I_1）布置在+1 273 m 水平，采区内布置一个综采工作面、3 个掘进工作面。采区布置 3 条（轨道、运输、回风）上山。改扩建工程首采面采用一次采全高采煤法，首采工作面布置在 6 号煤层中，工作面走向长度 1 250 米，倾向长度 220 米，煤层厚度 2.81～3.05 米，平均厚度 2.92 米，煤层倾角 15°～17°，平均 16°，工作面回采煤量 98.5 万吨，采用全部垮落法管理顶板。采煤工作面选用 MG400/930-WD 无链牵引型采煤机、ZY6000/17/34 型综采液压支架、SGZ900/1050 型刮板输送机等设备。

主平硐担负本矿井井下煤炭出井运输任务，主平硐与东翼集中运输为同一条大巷，设置一台带式输送机，本输送机出平硐口之后，再延伸 164 米至地面 1 号转载点，担任主要运输任务。

副平硐及东翼集中辅运大巷与地面轨道系统标高一致，运送矸石、材料及设备，人员均采用 CTL8-6GP 型蓄电池电机车。I_1 采区集中辅运上山选用 JKB-3×2.2/35.5E 型防爆

变频单绳缠绕式提升机。在 I_1 采区集中辅运上山巷道中,设置 1 台循环式架空乘人装置担负采区人员输送任务。

矿井通风方式为中央分列式,由主、副平硐进风,东翼回风斜井回风,东翼回风斜井位于井田矿区走向中部。主要通风机工作方式为抽出式,各掘进工作面均采用压入式对旋轴流局部通风机通风。掘进工作面局部通风机按规定设置在进风流新鲜风流处,实现双风机双电源自动切换。

106 煤矿总用水量为 2 806.4 立方米/天,用水取自呼图壁河,通过给水处理站将水压至东翼回风井,风井工业场地建有 700 立方米静压水池,再通过矿井防尘供水管路系统向各作业地点供水降尘;矿井建立防尘供水系统,对风流采用水幕净化;采掘机采用内外喷雾;输送机巷道采用喷雾,运输大巷采用冲尘、刷白、洒水;接触粉尘工人的个体防护采用佩戴防尘口罩;配备粉尘监测仪器;在主要运输和回风巷、相邻煤层、相邻采区间及采掘工作面进、回风巷设置隔爆水棚。矿井初期开采为上山开采,采区标高为 +1 278～+1 700 米,高差 422 米,处理后的井下排水自流至 400 立方米清水池,由供水泵经井下巷道敷设管道供至风井场地标高 +1 774 米处 2×300 立方米生产、消防水池,水池出水由回风井自流至井下,用于井下消防、洒水。灌浆站供水由水泵供给。矿井后期开采为下山开采,采区标高为 +1 278 米以下,可在井下适当标高设蓄水仓,供井下消防、洒水,以节约电能。

地面建设 1 座注浆站,1 座空气压缩站。矿井设有完善的束管监测系统,采用 ASZ-Ⅱ型煤矿束管色谱检测系统,其作为安全监测监控的一个子系统,纳入全矿井安全监测监控系统。井上、下按照《矿井防灭火规范(试行)》配备完整的消防洒水系统、消火栓以及各种灭火器等。

矿井两回电源分别引自河源及新建矿区 110 千伏变电站 35 千伏母线段。工业场地有 1 座空压机房,安装了 4 台 SRC-330SAD 型螺杆式空压机,地面建有 SZL4-1.25-AⅡ型双锅筒纵置式链条炉排蒸汽锅炉 1 台和 SZL10-1.25-AⅡ型双锅筒纵置式链条炉排蒸汽锅炉 2 台。主井口、副井口空气加热设备选用 KJZ 型矿井专用空气加热设备,满足生产要求。

设计新建一套原煤输送、储装系统,主要由动筛车间、带式输送机栈桥、3 个产品仓、1 个矸石仓、1 个转载点等组成,并与井下生产系统衔接,系统在功能上满足原煤入洗及精煤入仓、汽车外运等要求。

矿井配套建设辅助、生活设施。具体土建工程建筑物见表 2-2-2。

表 2-2-2　2019 年 106 煤矿土建工程建筑物统计表

序号	名称	建筑面积/平方米	结构类型	建筑高度/米	层数
1	1 号宿舍楼及招待所	3 051.28	砖混结构	13.80	四层
2	2 号宿舍楼及招待所	3 051.28	砖混结构	13.80	四层
3	3 号宿舍楼及招待所	3 064.56	砖混结构	13.80	四层
4	4 号宿舍楼及招待所	3 064.56	砖混结构	13.80	四层
5	综合办公楼	2 772.52	框架结构	15.45	四层
6	消防救护队车库	749.06	框架结构	7.20	二层
7	职工食堂、浴室	1 081.76	框架结构	4.65	一层

表 2-2-2(续)

序号	名称	建筑面积/平方米	结构类型	建筑高度/米	层数
8	动筛车间	1 998.00	框架结构	24.90	五层
9	机修车间	2 881.00	钢筋混凝土钢架结构	12.68	一层
10	35 千伏变电所	1 031.70	砖混结构	9.80	三层
11	产品仓	754.39	钢筋混凝土	32.80	
12	动筛车间至产品仓带式输送机栈桥	124.63	钢筋混凝土钢架结构		
13	动筛车间至矸石仓带式输送机栈桥	49.28	钢筋混凝土钢架结构		
14	矸石仓	213.76	钢筋混凝土	17.65	
15	给水处理站	615.66	钢筋混凝土钢架结构	6.50	一层
16	锅炉房	2 249.00	框架结构	13.10	三层
17	回风井场地生产消防水池	315.99	钢筋混凝土	4.40	一层
18	回风井黄泥灌浆站	604.80	框架结构	5.50	一层
19	回风井通风机房	428.60	框架结构	5	一层
20	空气加热室	1 032.00	框架结构	8.70	二层
21	矿井水处理站	764.025	钢筋混凝土钢架结构	6.50	一层
22	联合建筑	3 645.00	框架结构	20.10	四层
23	配电室	129.60	框架结构	3.60	一层
24	器材库、木材加工房	993.00	钢筋混凝土钢架结构	7.15	一层
25	设备机房、油脂库	219.35	砖混结构	5.40	一层
26	工业广场污水处理站	681.23	钢筋混凝土钢架结构	6.00	
27	生活办公区给水消防水池及泵房	394.00	钢筋混凝土	4.40	一层
28	压缩空气站	525.15	钢筋混凝土钢架结构	6.60	一层
29	一号转载点	616.40	框架结构	5.20	三层
30	一号转载点至动筛车间带式输送机栈桥	111.47	钢筋混凝土钢架结构		一层
31	主平硐口至一号转载点带式输送机栈桥	156.00	钢筋混凝土钢架结构		一层
32	生活区污水处理站	591.85	钢筋混凝土钢架结构	8.00	一层
33	生活区换热站	105.00	砖混结构	6.00	一层
34	门卫	36.19	砖混结构	4.00	一层
35	工业场地给水消防水池及泵房	394.00	钢筋混凝土	4.40	一层
36	四合一公用大桥	128.00	钢筋混凝土		

（五）主要工程量

矿井移交生产及达到设计产量时，总井巷工程量为 12 706 米，总掘进体积 196 484 立方米，矿井总占地面积 45.25 公顷。

（六）项目投资

设计概算投资为 101 161.38 万元。矿井静态投资 83 638.21 万元，选煤厂静态投资

5 888.79万元,建设期贷款利息 10 948.88 万元,铺底流动资金 685.50 万元。

（七）建设情况

2009 年 9 月 1 日正式开工建设(图 2-2-1),历经 32 个月,完成矿井的基本建设。质量监督由煤炭工业新疆生产建设兵团建设工程质量监督站负责。建设单位组织设计、监理、施工、勘察单位对所有竣工单位工程进行了竣工验收,并通过煤炭工业新疆生产建设兵团建设工程质量监督站单位工程质量认证,认证质量均为合格。

图 2-2-1 建设中的 106 煤矿

（八）联合试运转

2013 年 7 月 21 日,矿井实现全矿井负压通风;7 月 24 日,完成量采工作的全部安装任务;7 月 28 日,完成地面生产系统调试和井下运输系统调试,供电系统、监测监控系统、人员定位系统、供水系统等已全部投入运转;8 月 1 日,106 煤矿组织联合试运转庆典。

2014 年 10 月 13 日,矿井被责令停工。直至 2018 年 2 月,经批准恢复井下作业。

2019 年 9 月 23 日,天山公司按程序向上级行业主管部门报送单项工程联合试运转方案,10 月 9 日开始单项工程联合试运转,11 月 9 日编制完成《中煤能源新疆天山煤电有限责任公司 106 煤矿联合试运转报告》。

（九）验收情况

2019 年 3 月 16 日,完成水土保持设施竣工验收;4 月 1 日,在新疆生产建设兵团水利局完成竣工验收备案工作;5 月 16 日,完成消防设施竣工验收;5 月 17 日,在呼图壁县消防大队完成竣工验收备案;8 月 3 日,完成环保设施竣工验收;10 月 30 日,在新疆生产建设兵团第六师环境保护局完成竣工验收备案工作;11 月 8 日,完成项目档案专项验收;11 月 11 日,取得第六师五家渠市档案馆验收意见,同意 106 煤矿改扩建项目档案通过专项验收。同日完成安全设施和职业病防治专项验收;11 月 12 日,向新疆生产建设兵团煤矿应急管理局报备安全设施竣工验收报告书;11 月 13 日,向第六师及兵团卫健委报备了职业病防护设施竣工验收过程工作报告及竣工验收意见书;11 月 16 日,通过竣工验收;12 月 17 日,矿井通过国家一级安全生产标准化矿井验收。至此,106 煤矿成为中煤集团和上海大屯能源股份有限公司在新疆投资建成的第一座煤矿,并实现了当年竣工投产、当年达到国家一级安全生产标准化矿井,也是新疆生产建设兵团和新疆昌吉回族自治州第一座国家一级安全生产标准化矿井。

（十）投资完成情况

2019年11月,江苏金陵会计师事务所对天山公司106煤矿改扩建项目竣工决算进行审核,并出具审核报告。经审核,截至2019年11月10日,该项目实际完成工程投资额105 736.65万元,其中矿建工程费18 603.44万元,土建工程费28 383.04万元,安装工程费5 321.47万元,设备及工器具购置费21 041.61万元,工程建设其他费用32 387.09万元。

（十一）主要参建单位

工程由中煤第五建设有限公司、昌吉州玉阳建筑安装有限责任公司、新疆天力建工集团有限公司、建安公司等单位施工;煤炭工业新疆生产建设兵团建设工程质量监督站负责质量监督;北京康迪建设监理咨询有限公司负责工程监理。

二、苇子沟煤矿

（一）地理位置

苇子沟煤矿位于新疆呼图壁县境内,县道147、153与省道S101交叉口的中间,北距呼图壁县城约55千米的天山北麓苇子沟内,行政区域归属呼图壁县石梯子乡和南山牧场管辖。

（二）开发进程

苇子沟煤矿原为9万吨生产规模的地方小煤矿。2009年5月,中煤集团新疆分公司与呼图壁县人民政府签署战略合作框架协议,双方主要就呼图壁县区域内的煤炭资源勘探和开发及下游产业的发展进行全面合作。8月,中煤股份和新疆鸿新建设集团共同出资组建鸿新煤业有限公司。10月,由公司控股80％和新疆鸿新建设集团有限公司合资对其进行改扩建,负责投资建设规模为300万吨/年的苇子沟煤矿改扩建项目。《新疆维吾尔自治区煤炭工业发展"十三五"规划》中调整为240万吨/年。

2010年9月1日,收到新疆维吾尔自治区国土资源厅下发《矿井储量评审备案证明、矿井储量评审意见》（新国土资储联评〔2010〕004号）。9月30日,收到新疆维吾尔自治区人民政府办公厅下发《关于中电投准东煤田黑梭井等19个煤矿建设项目列入自治区煤炭工业"十一五"发展规划的函》（新政办字〔2010〕216号函）。7月13日完成了《中煤能源新疆鸿新煤业有限公司苇子沟建设工程地质灾害危险性评估报告》备案。10月8日,收到新疆维吾尔自治区文物局下发《关于已完成昌吉州呼图壁县中煤能源新疆鸿新煤业有限公司煤矿改扩建工程涉及古墓葬保护工作的意见函》。12月14日,收到新疆维吾尔自治区地震局下发《苇子沟煤矿300万吨/年改扩建工业场地地震安全性评价报告》（新震安发〔2010〕73号）的评审意见和《关于同意〈苇子沟煤矿300万吨/年改扩建工业场地地震安全性评价报告〉的函》（新震函〔2010〕224号）。12月30日,收到国家环境保护部《关于新疆准南煤田呼图壁县白杨河矿区总体规划环境影响报告书的审查意见》（环审〔2010〕434号）。

2011年12月5日,国家发展和改革委员会作了《关于新疆昌吉白杨河矿区总体规划的批复》（发改能源〔2011〕2865号）。12月6日,收到新疆维吾尔自治区林业厅使用林地审核同意书。

2012年4月19日,收到新疆维吾尔自治区国土资源厅作出《关于新疆呼图壁县苇子沟煤矿改扩建矿井新工业广场建设项目压覆主要矿产资源有关问题的函》(新国土资函〔2012〕611号)。10月17日,收到《关于中煤能源新疆鸿新煤业有限公司苇子沟煤矿项目职业病危害预评价备案的通知》(新煤安调发〔2012〕188号)。

2013年9月29日,收到新疆维吾尔自治区建设厅《苇子沟改扩建项目工业广场项目选址意见书》(新建规函〔2013〕451号)。

2014年7月16日,收到中煤股份《关于中煤能源新疆鸿新煤业有限公司苇子沟煤矿及选煤厂初步设计的批复》(中煤股份基建〔2014〕155号)。

2015年2月16日,收到呼图壁县人民政府《关于中煤能源新疆鸿新煤业有限公司苇子沟煤矿300万吨/年改扩建项目社会稳定风险评估的函》(呼县政函〔2015〕24号)。

2016年2月3日,收到国家发展和改革委员会《关于对苇子沟300万吨/年改扩建项目节能评估报告的评审意见》》(水保函〔2016〕285号)。6月28日,收到《水利部关于对中煤能源新疆鸿新煤业有限公司苇子沟煤矿300万吨/年矿井改扩建项目水土保持方案的批复》(水保函〔2016〕274号)。10月24日,取得昌吉回族自治州政府《关于同意中煤能源新疆鸿新煤业有限公司为呼图壁白杨河矿区规划苇子沟煤矿300万吨/年矿井开发业主的批复》(昌州政函〔2016〕92号)。

2017年8月9日,收到国家发展和改革委员会、国家能源局《关于新疆"十三五"煤炭规划建设生产有关工作方案的复函》(发改能源〔2017〕1484号)。11月2日,收到《关于中煤能源新疆鸿新煤业有限公司苇子沟煤矿240万吨/年改扩建项目社会稳定风险评估的函》(呼县政函〔2017〕205号)。12月13日,收到《关于同意中煤能源新疆鸿新煤业有限公司苇子沟煤矿改扩建项目变更规模的函》(新建规函〔2017〕172号)。

2018年5月11日,中国国际工程咨询有限公司给出《关于中煤能源新疆鸿新煤业有限公司苇子沟煤矿可行性研究报告的审查意见》(咨能源〔2018〕735号)。同年9月,新疆维吾尔自治区自然资源厅(原国土资源厅)对划定矿区范围进行批复(新国土资采划〔2018〕017号),面积为25.2983平方千米(扣除石门子水库重叠区),采矿许可证核发面积为22.2264平方千米(扣除南部水源涵养区影响的无煤区)。矿井全部建设用地项目27.59公顷,其中矿井工业场地占地面积15.21公顷。11月28日,收到自然资源部《关于新疆昌吉白杨河矿区苇子沟煤矿(一期)240万吨/年项目建设用地预审意见的复函》(自然资预审字〔2018〕121号)。12月15日,收到新疆维吾尔自治区自然资源厅《关于〈新疆呼图壁县白杨河矿区苇子沟井田矿井煤炭储量核实报告(2018度)〉矿产储量评审意见书》(新国土资储评〔2018〕076号)。

2019年1月29日,收到国家能源局《关于新疆昌吉白杨河矿区苇子沟煤矿一期工程项目核准的批复》(国能发煤炭〔2019〕8号)。4月,《职业病防护设施设计专篇》通过专家审查并取得复核意见。6月3日,收到新疆维吾尔自治区地质学会关于对《中煤能源新疆鸿新煤业有限公司苇子沟煤矿矿产资源开发利用方案》(新自然资开审发〔2019〕010号)专家意见的认定。6月17日,收到新疆煤矿安全监察局《关于新疆吉白杨沟矿区苇子沟煤矿一期工程安全设施设计的批复》(新煤安监发〔2019〕108号)。7月30日,收到新疆维吾尔自治区发展和改革委员会《关于新疆昌吉白杨河矿区苇子沟煤矿一期工程和配套选煤厂初步设计批复》(新发改能源〔2019〕680号)。8月26日,收到国家生态环境部《关于昌吉白杨河矿区苇

子沟煤矿一期工程环境影响报告书的批复》(环审〔2019〕110 号)。

2020 年 2 月 3 日,收到国家发展和改革委员会办公厅、国家能源局综合司下发《关于新疆"十三五"煤炭规划建设项目调整有关事宜的复函》。

矿井顺利取得土地使用证和中华人民共和国采矿许可证。

(三)地质概况

本井田探矿权范围南北长 1.40~5.55 千米,东西宽 2.60~5.60 千米,呈"T"字形;矿区划定范围南北长 2.20~6.60 千米,东西宽 2.80~7.20 千米。保有地质资源/储量 48 819 万吨,可采储量为 28 473 万吨,服务年限为 84.7 年。井田含煤地层总体上为构造简单的单斜带,地层近东西走向,倾向 350°~10°,倾角 12°~28°。井田西部和南部产状平缓,向东北部逐渐变陡。

区内控制的全区可采、大部可采、局部可采煤层 5 层,自上而下依次编号为 5、6、6下、7、8 号煤层,累计全层平均纯煤厚度 21.14 米,累计纯煤可采平均厚度 20.84 米。井田内均未见煤层露头,南侧浅部煤层已火烧。

5 号煤层属较稳定的大部可采煤层,可采面积约 7.88 平方千米,在 2 线以西和南部有分布,分布区煤层厚度变化较大,总体以中厚煤层为主,局部为薄煤层和厚煤层。全层纯煤厚 0.29~5.01 米,平均 2.74 米。在 2 线以西和井田南部可采,可采面积 7.88 平方千米,可采范围内煤层可采纯煤厚 1.04~5.01 米,平均 2.90 米。煤层结构简单,不含夹矸。顶板岩性为粗砂岩、中砂岩、泥岩、碳质泥岩;底板岩性为泥岩,局部为粉砂质泥岩。与下部 6 号煤层间距 2.42~29.61 米,平均间距 15.56 米,由西向东煤层间距逐渐加大,靠近 5 号煤层分布边界线附近煤层间距达到最大。

6 号煤层属稳定的全区可采煤层,可采面积约 19.10 平方千米。煤层厚度变化较大,但厚度变化趋势明显,由北西向南东煤层厚度由薄变厚,北西部以中厚煤层为主,南东部煤层以厚煤为主,局部中厚煤层。6 号煤层在 ZK201、ZK303、ZK404、ZK502 沿线以北煤层分岔增厚,将下分岔煤编号为 6下 号煤层。全层煤厚 0.97~6.49 米,平均 3.21 米;可采纯煤厚 0.97~6.49 米,平均 3.13 米。煤层结构简单,含 0~1 层夹矸,夹矸厚度 0.27~0.52 米,平均夹矸厚度 0.39 米,夹矸岩性泥岩、碳质泥岩。顶板岩性为泥岩,粗砂岩为主,个别为粉砂质泥岩、碳质泥岩;底板岩性为泥岩,碳质泥岩为主,个别为粉砂质泥岩。与下部 6下 号煤层间距 0.58~18.51 米,勘查区由南向北煤层间距逐渐加大。

6下 号煤层为 6 号煤层的下分岔煤层,属较稳定的局部可采煤层,可采面积约 6.87 平方千米。煤层分布在 ZK201、ZK303、ZK404、ZK502 四孔连线以北,分布区煤层厚度变化较稳定,中部以中厚煤层为主,局部为薄煤层,西部以薄煤层为主,局部中厚煤层。全层煤厚 0.28~2.92 米,平均 1.47 米;纯煤厚 0.28~2.92 米,平均 1.41 米;可采纯煤厚 0.84~2.92 米,平均 1.71 米。煤层结构简单,含 0~1 层夹矸,夹矸厚度 0.25~0.98 米,平均夹矸厚度 0.60 米,夹矸岩性为泥岩。6下 号煤层顶板岩性泥岩为主,个别为碳质泥岩、粉砂质泥岩、细砂岩;底板岩性以泥岩为主,个别为碳质泥岩、粉砂质泥岩。与下部 7 号煤层间距 2.23~19.24 米,平均间距 6.32 米,煤层间距变化无规律。

7 号煤层属稳定的全区可采煤层,可采面积约 19.07 平方千米。煤层厚度变化较小,由北东向西南逐渐变厚,由厚煤层过渡到特厚煤层,东部、北东部以厚煤为主,西部、西南部为特厚煤层,中北部 ZK203 钻孔煤层最厚达 21.59 米,纯煤厚 18.57 米,中部 ZK404 钻孔煤层

最薄为 4.53 米。7 号煤层全层厚度 4.53～21.60 米,平均 8.38 米;可采纯煤厚 4.13～18.57 米,平均 7.93 米。煤层结构简单～较简单,含 0～2 层夹矸,夹矸厚度 0.34～3.03 米,平均夹矸厚度 0.97 米,夹矸岩性以泥岩为主,个别为碳质泥岩。顶板岩性以泥岩和碳质泥岩为主,个别为粉砂质泥岩和粗砂岩;底板岩性以泥岩为主,个别为碳质泥岩、粉砂质泥岩和细砂岩。与下部 8 号煤层间距 3.78～42.35 米,平均间距 15.23 米,煤层间距的变化无规律。

8 号煤层属稳定的全区可采煤层,可采面积约 19.02 平方千米。西北局部和东南部一带以大于 5 米的厚煤层为主,局部为特厚煤层,其他地段以 3～5 米的厚煤层为主。煤层全层厚 3.29～13.90 米,平均 5.34 米;可采纯煤厚 3.29～12.72 米,平均 5.20 米。煤层结构简单,含 0～2 层夹矸,夹矸厚度 0.45～1.18 米,平均夹矸厚度 0.78 米,夹矸岩性以泥岩为主,局部为碳质泥岩。顶板岩性以粗砂岩为主,个别为泥岩、碳质泥岩;底板岩性以泥岩为主,个别为粉砂质泥岩、粗砂岩。与上部 7 号煤层间距 3.78～42.35 米,平均间距 15.23 米,煤层东部和西南部煤层间距差异大。

各煤层的物理性质基本相同,煤层为沥青光泽,黑色,条痕黑褐色。节理较发育,断口以参差状为主,局部呈贝壳状和平整状,煤层呈条带状结构,层状构造,煤的质地较硬,但较脆,易破碎。5、6、6$_\text{下}$、7、8 号煤层平均视相对密度分别为 1.33 吨/立方米、1.35 吨/立方米、1.35 吨/立方米、1.37 吨/立方米、1.35 吨/立方米。总体属于不黏煤(31BN,局部 21BN),煤的发热量在 28.35～29.86 兆焦/千克。全区为特低灰煤、特低硫分集、特低磷分～低磷分煤、高热值～特高热值煤、气化指标较好的富油～高油煤,勘查区的煤是良好的工业动力发电、民用煤,也可作为气化用煤和化工用煤。

井田内地层主要由第四系松散岩类、侏罗系沉积碎屑岩类组成,划分的依据主要以岩性组合特征、地层富水性及地层垮落带及导水裂隙带作为含(隔)水岩组(层)的划分依据。井田共划分 4 个隔水层,3 个含水层,首采区矿井正常涌水量为 725 立方米/小时,最大涌水量 1 160 立方米/小时,矿井水文地质类型为复杂型。

矿井瓦斯等级为突出危险性矿井,中煤科工集团重庆研究院有限公司于 2018 年 8 月编制了《中煤能源新疆鸿新煤业有限公司苇子沟煤矿煤层突出危险性评估报告》,认为矿井开采范围内的 5、7 号煤层不具有煤与瓦斯突出危险性;矿井开采范围＋450 米以下的 6、6$_\text{下}$ 号煤层具有煤与瓦斯突出危险性;矿井开采范围＋1 000 米以下的 8$^\text{上}$、8、9 号煤层具有煤与瓦斯突出危险性。各煤层属容易自燃煤层,各煤层的煤尘具有爆炸性。

(四)矿井设计

该矿瓦斯等级为高瓦斯矿井,矿井水文地质类型初步划分复杂型,井田采用斜井开拓方式,布置有主斜井、副斜井、回风井三个井筒。矿井工业场地由矿井及选煤厂联合工业场地、回风井工业场地组成。矿井及选煤厂联合工业场地布置在井田北部,距离井田北部边界约 800 米的苇子沟与香房沟交汇处,主要分为生产区(含选煤厂)、辅助生产区、行政公共区等三个大的功能分区。

采用斜井开拓方式,投产初期在工业场地新开凿主斜井、副斜井各一个,在原苇子沟煤矿工业场地开凿 1 个回风斜井。主斜井井筒净宽 5.4 米,净高 3.7 米,断面形状为半圆拱,净断面积 16.9 平方米。井筒倾角 2.5°～16°,总长度为 1 592 米。副斜井井筒净宽 5.4 米,净高 4.5 米,断面形状为半圆拱,净断面积 21.2 平方米,倾角 18°,斜长 1 250 米。回风井井

筒净宽 5.4 米,净高 4.7 米,断面形状为半圆拱,净断面积 22.3 平方米,倾角 16°,总长 556 米。

根据煤层赋存条件及各煤层间距,全井田划分为三个水平和一个辅助水平,分别为一水平标高＋1 010 米(副斜井井底车场落底水平),二水平标高为＋600 米(后期进、回风立井井底车场标高),三水平位于采区最低处,水平标高为＋250 米。辅助水平为一、二采区接力车场处,水平标高为＋1 305 米。

主、副斜井两条井筒落底后,沿井田西部边界向南布置一组上山,开拓井田一、二采区;沿井筒保护煤柱向东北布置一组下山,至井田北部边界,开拓井田三、四、五采区。每组采区巷道为三条,分别为辅运上山、运输上山及回风上山。在二采区 6 号煤层采区上部,回风斜井井底附近布置首采工作面,采用走向长壁一次采全高采煤法,全部垮落法管理顶板。中后期开采 7、8 号煤层时,根据煤与瓦斯突出危险性评估结果确定采煤方法。

矿井主运输采用带式输送机。矿井通风方式为中央分列式通风,通风方法为地面抽出式。由主斜井、副斜井进风,回风井回风。瓦斯抽采系统分为高负压和低负压两个抽采系统。

（五）苇子沟煤矿选煤厂

同步建设相同规模的选煤厂一座,设计规模 300 万吨/年,服务年限 59.1 年。50～300 毫米块煤采用动筛跳汰排矸,煤泥采用快开式压滤机回收。一次分级筛下－50 毫米筛下物进入筛孔为 φ25 毫米的香蕉筛进行二次筛分,动筛系统产生的煤泥水经过分级旋流器分级浓缩后溢流进入浓缩机,底流与斗子一次脱水后的透筛物一起进入高频筛脱水。浓缩机溢流作为循环水使用,实现厂内洗水闭路循环。主要设备选型见表 2-2-3。

表 2-2-3　2013 年苇子沟煤矿选煤厂主要设备选型表

序号	设备名称	型号及规格	台数/台
1	原煤一次分级筛	香蕉筛 3073,F＝21.9 平方米,入料端筛孔 φ50 毫米;出料端筛孔 φ300 毫米,筛面长 1.2 米	1
2	原煤二次分级筛	香蕉筛 3061,F＝18.3 平方米,筛孔 φ25 毫米	1
3	液压动筛跳汰机	TDY20/4,F＝4 平方米	1
4	块精煤破碎机	2PGL-400×1 000,Q＝160 吨/小时,出料粒度≤50 毫米	1
5	旁路破碎机	2PGCQ-500X1500,Q＝160 吨/小时,出料粒度≤50 毫米	1
6	煤泥压滤机	KZG150,F＝150 平方米,工作压力 0.8～1.0 兆帕	1
7	浓缩机	NZ-9,φ＝9 米,F＝63.5 平方米,中心传动	1

选煤厂主要建构筑物为:1 座直径 18 米原煤缓冲仓、1 座直径 18 米块煤仓、2 座直径 22 米混煤仓、1 座 7 米×7 米矸石仓、1 座 78 米×46.5 米的封闭式储煤场及相关连接栈桥。

（六）行政、生活福利设施

工业场地主要行政、生活福利设施为联合建筑、综合办公楼、食堂、职工宿舍、探亲楼等。联合建筑的建筑面积为 4 584 平方米,主要包括区队办公室、任务交代室、保健急救室、浴室、存灯房、自救器室、等候室等。综合办公楼建筑面积为4 074平方米,主要由行政办公、通信调度中心、计算机中心等组成。职工食堂建筑面积为1 550平方米,内部设有主副食加工间、大餐厅等。职工宿舍建筑面积为15 100平方米,共3栋,每栋共5层,采用公寓式管理方式。探亲楼建筑面积为2 123平方米,主要由客房、自助餐厅、厨房、雅间、车库等组成。

(七)项目投资概算及资金来源

项目概算总资金为197 738.46万元,其中:矿井143 456.61万元,选煤厂14 334.38万元,矿业权价款24 000.00万元,收购原苇子沟煤矿费用12 000.00万元;矿区110千伏变电站专项设计概算3 947.47万元。

(八)建设情况

2011年10月1日正式开工建设,2013年12月13日因手续不健全停工,2019年5月地面建设复工,10月26日井下复工。截至2020年3月底,项目实际完成工程投资额138 619万元,其中矿建工程费21 481万元、土建工程费22 450万元、安装工程费3 703万元,设备及工器具购置费8 984万元,工程建设其他费用82 001万元(包括贷款利息、矿权价款及老矿转让费用)。预计至2020年6月底,累计可完成投资额142 819万元。

(九)主要参建单位

工程由中煤第一建筑工程有限公司、新疆鸿新建设集团有限公司、甘肃省第二安装工程公司、青岛水利工程有限公司、建安公司等单位施工;煤炭工业新疆生产建设兵团建设工程质量监督站和中煤新疆分公司质量监督站负责质量监督;北京康迪建设监理咨询有限公司负责工程监理。

三、玉泉煤业有限公司

(一)基本情况

玉泉煤业有限公司位于山西省盂县路家村镇观沟村南部,北距盂县县城8千米。2004年改制为私营独资企业,2009年11月5日,山西省煤矿企业兼并重组整合工作领导组办公室《关于阳泉市盂县煤矿企业兼并重组整合方案的补充批复》(晋煤重组办〔2009〕73号),同意由原盂县玉泉煤业、万泉煤矿、仙人乡东庄头煤矿、北下庄乡龙凤煤矿和已关闭的兴寨煤业有限公司重组整合为玉泉煤业有限公司,重组整合后矿井生产规模为150万吨/年。2011年9月9日,山西省煤炭工业厅《关于山西阳泉盂县玉泉煤业有限公司等3处矿井调整变更产能的批复》(晋煤规函〔2011〕1294号),将玉泉煤业有限公司矿井生产规模由150万吨/年调整为120万吨/年。2012年12月15日,大屯公司、玉泉煤业有限公司、山西鑫磊电石集团有限公司共同签订了玉泉煤业有限公司合资合作协议,协议约定由公司主导,山西鑫磊能源集团公司协作,共同建设玉泉煤业有限公司,注册资金20 000.00万元,其中公司持有70%股份,山西鑫磊能源集团公司持有30%股份。

(二)开发进程

2009年11月5日,收到《关于阳泉市盂县煤矿企业兼并重组整合方案的补充批复》(晋煤重组办发〔2009〕73号)。

2011年9月9日,收到《关于山西阳泉盂县玉泉煤业有限公司等3处矿井调整变更产能的批复》(晋煤规函〔2011〕1294号)。

2012年2月7日,收到《关于山西阳泉盂县玉泉煤业有限公司矿井兼并重组整合项目

初步设计的批复》（晋煤办基发〔2012〕124 号）。

2013 年 10 月 9 日，收到《关于山西阳泉盂县玉泉煤业有限公司矿井兼并重组整合项目初步设计的批复》（中煤股份建〔2013〕248 号）。

2014 年 6 月 4 日，收到《关于山西阳泉盂县玉泉煤业有限公司矿井兼并重组整合矿井重新开工建设的批复》（晋煤办基发〔2014〕679 号）。

（三）矿井设计

（1）煤炭生产系统。矿井建设规模 120 万吨/年，服务年限 9.5 年。采用斜井开拓方式，利用在原龙凤煤矿工业场地已新开凿主、副斜井，及在原龙凤矿、玉泉矿中间、简易公路右侧已新开凿回风立井。主斜井倾角 23°，斜长 408 米，井筒方位角 180°，落底于 15 号煤层底板（＋802 米），建井底煤仓。井筒净宽5.0 米，净断面积 16.8 平方米。井筒装备 1 000 毫米宽带式输送机和架空乘人器，承担矿井提煤和人员输送，兼作进风井和安全出口。副斜井倾角 23°，斜长 340 米，井筒方位角 180°，落底于 15 号煤层底板（＋854 米），井筒净宽5.0 米，净断面积 17.3 平方米。井筒装备 1 部 JK-3.0×2.2 型单滚筒提升机车，配用电机功率为 450 千瓦，采用单钩串车提升方式，担负矿井辅助提升，兼作进风井和安全出口。回风立井垂深 138 米，落底于 15 号煤层中部（＋862 米），净直径 5.5 米，净断面积 23.7 平方米，装备有梯子间，担负矿井回风，兼作安全出口。全井田以一个水平（标高＋854 米）开拓15 号煤层。

开拓大巷为 3 条，即运输大巷、辅运大巷和回风大巷，大致位于井田南北向的中间地段。运输大巷，从主斜井井底煤仓上口向正东沿煤层底板布置运输大巷，长度 311 米，净宽4.4 米，净断面积 11.4 平方米；辅运大巷，从副斜井井底车场沿煤层底板向正东（与运输大巷平行）布置辅运（轨道）大巷，长度 388 米，净宽 4.3 米，净断面积 13.3 平方米；回风大巷，从回风立井向正东沿煤层顶板以 0.3％下坡掘回风大巷，长度 126 米，净宽 5.2 米，净断面积 20.8 平方米。

采区上山为 3 条，分别为轨道上山、回风上山和运输上山，顺南北方向布置，与东西方向的 3 条井底开拓大巷相接，向北为一采区上山，向南为二采区上山。轨道上山，沿煤层底板布置，巷道净宽4.3 米，净断面积 13.3 平方米；运输上山，沿煤层底板布置，巷道净宽4.3 米，净断面积 11.4 平方米；回风上山，沿煤层顶板布置，巷道净宽 5.2 米，净断面积20.8 平方米。

运输大巷铺设带式输送机，另一侧设置检修道；辅运大巷铺设双轨，采用无极绳连续牵引车运输；回风大巷为专用回风巷，设置洒水管进行清洗。井下煤炭运输采用带式输送机的运输方式。辅助运输采用无极绳连续牵引车牵引矿车的运输方式。

15 号煤层采用综采放顶煤一次采全高工艺，顶板管理为全部垮落法。采用中央并列式、机械抽出式通风方式。设计选用 3 台 MD155-30×6 型水泵，正常涌水时 1 台工作，1 台备用，1 台检修；最大涌水时 2 台工作，1 台备用。设计在工业场地设 1 座固定式压风机站。新建地面瓦斯抽采泵站，采用本煤层、邻近层、采空区抽采的瓦斯抽采方法。利用主、辅运输大巷之间的联络巷作为消防材料库、医疗急救硐室和永久避难硐室联合布置。

（2）煤炭筛选系统。分为原煤准备系统、主洗系统及煤泥水处理系统。原煤首先经过一次 80 毫米分级，筛上＞80 毫米的大块经手选除去杂物和铁器后，破碎至 80 毫米以下，与筛下 80～0 毫米原煤汇合再经过 13 毫米的分级筛。筛上＞13 毫米原煤进入主洗系统，筛

下-13毫米进入末煤棚。>13毫米原煤给入跳汰机后分选出精、中、矸三种,精煤经过固定筛预先脱水后进入一台双层脱水筛,上层筛孔为13毫米,下层0.5毫米,分出80～13毫米混煤、13～0.5毫米末精煤和粗煤泥筛下水三部分。其中,80～13毫米的精煤入块精煤棚上再次分级为80～50毫米、50～25毫米、25～13毫米三种产品。13～0.5毫米末精煤用离心机最终脱水后和煤泥混合落地。矸石段通过斗提机筛子脱水后运往矸石仓。精、中、矸筛下水汇集后采用旋流器截粗,底流粗煤泥用高频筛脱水,筛上也进入末煤离心机,进入末精煤产品。煤泥旋流器溢流,高频筛筛下水进入一台直径18米浓缩池,浓缩底流用压滤机回收,煤泥掺入末精煤。浓缩池溢流作为循环水使用。浓缩池下方设事故水池,当浓缩机出现故障时,可容纳全部煤泥水量,以确保煤泥厂内回收和洗水闭路循环。

(四)建设情况

矿井于2014年6月开工建设,2016年4月因矿井初步设计变更未得到批复,以及未得到地方煤管部门复工复产批复,受到查封,被责令停工。建设项目概算总资金52 250.73万元,矿井概算总资金48 502.50万元(其中井巷工程11 483.15万元,土建工程6 525.83万元,机电设备购置11 333.22万元,安装工程3 832.92万元,其他基本建设费6 716.78万元,预备费2 792.43万元,瓦斯抽采系统投资909.00万元,建设期采矿权价款3 328.00万元,建设期利息509.17万元,铺底流动资金1 072.00万元),选矸筛分系统概算总资金3 748.23万元。截至2018年12月31日,经中煤集团审计确认,该项目实际投资完成额为50 211.43万元(不含工程煤收入1 235.44万元冲减的待摊投资),其中:建筑安装工程投资完成额16 217.97万元,设备投资完成额4 888.75万元,待摊投资10 383.75万元,其他投资18 720.96万元(均为采矿权价款)。

2018年11月1日,中煤股份《关于同意上海大屯能源股份有限公司对外公开转让山西阳泉盂县玉泉煤业有限公司70%股权及相关债权的批复》(中煤股份财〔2018〕240号),同意在北京产权交易所公开挂牌转让玉泉煤业有限公司股权及债权。

(五)主要参建单位

项目由山西源通煤矿工程设计有限公司、中煤邯郸岩土工程有限责任公司设计;中煤第一建设有限公司、沛县大屯矿区中大注浆工程有限公司、厦门凯瑞尔数字环保科技有限公司、阳泉市聚源电力实业有限公司、中煤邯郸岩土工程有限责任公司,以及大屯公司建安公司、工程咨询公司等单位施工;山西省煤炭建设监理有限公司、山西建达电力工程建设监理有限公司等单位监理;阳泉市地方煤矿工程质量监督站进行质量监督。

四、煜隆能源有限公司

(一)项目概况

2010年底,经中煤集团同意,公司在山西吕梁地区开展获取煤炭资源工作。

2010年11月29日,石楼县人民政府、大屯公司和山西石楼煜隆煤气化有限公司签订《合作框架协议》,以重组山西石楼煜隆煤气化公司为平台,合作开发石楼县境内煤炭资源,建设煤气化及城市供热、供气项目。

2012年5月19日,中煤集团党政联席会议研究并原则同意以大屯公司为主体,重组原煜隆能源有限公司(以下简称"煜隆公司")。

2012年7月13日,公司与原煜隆公司股东刘小军、许秀明签订《山西石楼煜隆煤气化

有限股权转让暨增资扩股协议书》。中煤煜隆公司注册资本为7 500万元,其中公司占80%股份、刘小军占20%股份。

(二)经营定位

煜隆公司从勘探获取山西省石楼县境内煤炭资源为起点,扩大其他优质煤炭资源获取,借助山西中南铁路煤焦大通道,建设煤焦集运站,最终形成煤炭—焦化—集运站—物流一体化综合经营的公司。

(三)业务开展

重组完成后,煜隆公司主要开展石楼后庄勘查区煤炭资源勘探、100万吨/年焦化项目及煤炭集运站等项目前期工作。

2013年7月15日,公司党政联席会议听取煜隆公司《关于石楼后庄井田煤炭资源勘探和资源开发技术经济评价情况的汇报》。鉴于山西石楼后庄井田煤炭资源埋藏较深,结合国家逐步出台的能源政策,会议研究决定:根据对山西石楼后庄井田煤炭资源勘探和资源开发技术经济评价情况,认为此井田煤炭资源不具备开采条件,不进行开采。

(四)退出情况

2018年10月26日,经公司研究后,决定采取解散清算方式注销山西煜隆公司,并以《关于解散清算山西中煤煜隆能源有限公司的请示》上报中煤集团审批,同年11月22日,中煤股份以《关于解散清算山西中煤煜隆能源有限公司的复函》(股份公司财务部函〔2018〕23号),同意公司开展解散清算前期工作。

2019年1月20日,公司向中煤集团上报《关于公开挂牌转让山西中煤煜隆能源有限公司焦化产能指标的请示》。同年2月20日,中煤集团以《关于公开挂牌转让山西中煤煜隆能源有限公司焦化产能指标的批复》(中煤股份财〔2019〕45号),同意煜隆公司通过山西省产权交易市场有限责任公司,向符合国家法律法规及产业政策的合格受让方公开挂牌转让焦化产能指标,待煜隆公司焦化产能指标处置完成后,再开展清算注销工作。

同年4月2日,煜隆公司焦化产能指标在山西产权交易市场公司公开挂牌。截至2020年2月17日,仍在征集意向受让方。

2019年10月14日,吕梁市政府向山西省上报《关于焦化行业压减过剩产能打好污染防治攻坚战推动产业转型升级实施方案的报告》(吕政报〔2019〕45号),煜隆公司60万吨焦化产能指标列为吕梁市2019年度压减过剩产能计划。

同年12月,煜隆公司焦化指标被列为吕梁市2019年度压减过剩产能范围。

2020年1月,按照新出台的焦化产能压减政策,煜隆公司向吕梁市工业及信息化局发函,申请对压减的60万吨焦化产能指标给予经济补偿。

五、灵南煤业唐家河、南川河煤矿项目

(一)项目概况

灵台南煤田位于灵台矿区南部,行政区划属甘肃省灵台县。井田面积295.5平方千米,详查及出让煤炭地质储量12.98亿吨,国土资源部核实备案储量为17.8亿吨。规划建设唐家河和南川河两对矿井,其中:唐家河矿井井田面积188.4平方千米,煤炭资源量8.75亿吨,设计可采储量4.24亿吨,规划设计生产能力500万吨/年,服务年限60.6年,采用立井开拓,矿井配套设计选煤厂。南川河矿井井田面积107.1平方千米,煤炭资源量9.05亿吨,

设计可采储量 4.02 亿吨,规划设计生产能力 400 万吨/年,服务年限 73.5 年,采用立井开拓,矿井配套设计选煤厂。

以上两个煤炭项目的煤炭资源丰富,煤质好,为低灰、低硫、中高挥发分、低磷分、高热值不黏煤和弱黏煤,适宜做动力、液化、气化及化工用煤,煤层多为近水平煤层、构造少,主要可采煤层厚度 3 米左右,适合开发建设大型矿井。但受埋藏较深影响,矿井生产过程中将出现高压、高温、涌水量较大等风险,未来安全管理难度较大。其中,唐家河井田位于灵台矿区东南部,井田可采煤层共 3 层,分别为 5、8-1 和 8-2 煤层,平均厚度为 1.98 米、3.24 米和 4.91 米。南川河井田处灵台煤田的西南部,可采煤层共 5 层,分别为 5-1、5-2、6-2、8-1 以及 8-2 煤层,其中 5-1、5-2、6-2 煤层为大部可采较稳定煤层,平均厚度分别为 2.51 米、2.64 米和 1.24 米;8-1、8-2 煤层为全区可采稳定煤层,平均厚度为 2.24 米和 3.07 米。

(二)开发进程

2011 年 11 月,中电建甘肃能源公司出资 1 000 万元在平凉注册成立灵南煤业,先后完成勘探(精查)、矿权出让,勘探地质报告评审备案,矿区总体规划报批,项目可行性研究等工作,取得《国家能源局关于唐家河煤矿开展前期工作的复函》,并积极开展唐家河煤矿核准、备案及开工准备等工作。2016 年受国家煤炭去产能政策影响,灵南煤田有关手续暂停审批。

2019 年 7 月 30 日,公司组织有关部室、单位听取中国煤炭科工集团武汉设计研究院有限公司关于唐家河、南川河矿井可研汇报,并提出修改建议。

2019 年 11 月 28 日,公司组织有关专家对唐家河项目开拓设计方案进行评审。中国煤炭科工集团西安设计研究院有限公司根据评审意见对原设计方案进行修改。

2020 年 1 月 3 日,公司组织有关部门对唐家河开拓设计进行再次审查。1 月 9 日甘肃灵南煤业完成法人及营业执照工商变更。1 月 10 日,公司与山东能源集团有限公司在兰州签署灵南煤电项目合作开发协议。

(三)股权划转情况

2019 年 7 月 11 日,取得国务院国有资产监督管理委员会《关于甘肃灵南煤业有限公司国有股权划转的复函》,将国源公司持有的灵南煤业 80％国有股权无偿划转给公司。

2019 年 7 月 17 日,中煤集团党委会同意将灵南煤业划转至公司。

2019 年 11 月 20 日,大屯公司和国源公司签订股权划转协议。

第二节 改扩建煤矿

一、姚桥煤矿改扩建

(一)矿井概况

1988 年 2 月,煤炭工业部审查后下达《关于姚桥矿井改扩建工程初步设计的批复》(煤生字〔1988〕第 116 号),姚桥煤矿改扩建工程正式立项。该批复对姚桥煤矿扩建的规模、主要内容和技术原则作明确的规定,批准扩建后的生产能力为 300 万吨/年,增设－650 米水平,与－400 米水平同时实行上下山开采。批准井巷工程量 28 128 米,建筑总面积 139 898 平方米,其中住宅 82 210 平方米。

1991 年,北京煤炭设计研究院对初步设计再次进行修改(修改第三版)。煤炭工业部《关于姚桥矿改扩建工程设计修改的批复》(煤办字〔1993〕第 361 号)正式批复,批准修改的初步设计概算静态总投资为 49 692.37 万元,其中国家贷款 46 882.38 万元,批准修改的概算井巷总工程量 28 283 米;建筑面积 143 843 平方米,其中生产建筑 21 553 平方米,非生产建筑 122 290 平方米(其中住宅 82 498 平方米)。根据 1995 年煤炭工业部颁发的煤规函字〔1995〕第 319 号文,北京煤炭设计研究院又编制"调整概算书"(总概算为 119 448.87 万元),煤炭工业部对此进行批复,批复后总概算为 108 520.03 万元,其中,国家贷款105 155.71 万元。

1995 年,经北京煤炭设计研究院对建设方案进行优化,投产水平为－650 米水平,中央下山采区作为投产采区,确定已完成采区上山工程的东四采区作为生产接续采区,两者各布置一个综采放顶煤工作面;缓建食堂工程,取消姚徐联合居住区。

1996 年 8 月,北京煤炭设计研究院补编并提交姚桥煤矿改扩建劳动安全、环境保护、工业卫生和消防专篇,徐州市劳动局总工会等有关单位于 1997 年 12 月对专篇进行专题审查,并提出书面审查意见。

截至 2019 年 12 月底,矿井共有 7 个井口(两对主副井和三个风井),－400 米和－650 米生产水平共 4 个生产采区。工作面布置方式为走向长壁,采煤工艺为综采放顶煤,掘进工艺煤巷为综掘。形成"一矿、两井、三面"生产格局。

(二)矿井建设情况

矿井扩建设计生产能力由原来的 120 万吨/年增加到 300 万吨/年,净增 180 万吨/年,服务年限为 75 年。2009 年,经过系统升级改造,核定生产能力为 445 万吨/年。生产采区以中央下山采区为主采用立井多水平、上下山同时开采。在现有工业场地北部一侧增建一对立井,其中:主井净直径 5.5 米,井深 685 米,安装 1 对 20 吨箕斗,井底标高－650 米,箕斗装载为上装式;副井净直径 6.8 米,井深 715 米,安装 1 个加宽的和 1 个普通的双层四车(1 吨矿车)罐笼,井底进出罐标高－650 米,在－400 米水平增建该副井的中间车场。除矿井现有的－400 米水平外,再增建－650 米水平,两个水平同时生产。新建－650 米水仓有效容量 5 790 米,新增泵房安装 5 台 PJ200×8 型水泵,担负－650 米水平及各下山涌水的直排任务,按总涌水量 500 米/小时设计。在湖边开凿一个新风井,净直径 4.8 米,井底标高－200 米。安装 G4-73-11№25D 型风机 2 台。

全井田除已结束的采区共划分为 23 个采区,其中东翼 8 个、西翼 13 个、中央 2 个。达到扩建设计年产量 300 万吨时,全矿井共布置 5 个采区,即东三下山采区、西六下山采区和新增加的东四上山采区、中央下山(一)采区、西九下山采区,其中湖区部分有 2 个采区,陆地部分有 3 个采区,共设 6 个综采工作面,其中 5 个生产,1 个备用。

开采顺序自上而下依次进行。前期开采上组煤,在第二水平生产时,逐步转入下组煤。采区内工作面一般均由上而下开采。采煤方法为走向长壁全部垮落法,当煤层较厚时采用放顶煤开采方法。煤炭运输全部实行带式输送机,掘进出煤通过溜煤眼随同采煤工作面出煤一起运往采区煤仓。掘进出研采用矿车运输。采区上(下)山辅助运输采用绞车提升 1 吨固定式矿车,工作面及中巷所用材料、设备由调度绞车运至使用地点。

(三)矿井改扩建工程

(1)工程管理。1990 年 12 月 20 日工程正式开工。承担施工任务的主要是公司所属的

矿建公司、建安公司、特基公司、铁路工程公司,姚桥煤矿承担部分井巷与安装工程。矿建公司主要承担主副井井筒、井底车场、东西大巷、采区上下山等大部分井巷工程,以及主副井绞车、井下主变电所、泵房、运输等安装工程;建安公司主要承担主副井绞车房、通风机房、原煤仓、胶带廊、筛分楼等土建与安装工程;特基公司主要承担风井井筒施工;铁路工程公司主要承担标准轨铁路的改建工程;姚桥煤矿从东西两翼向-650米水平掘进实现贯通,使用煤巷掘进机快速施工首采面上下两道及切眼,并承担采煤工作面的安装工程。少量的工程(如锅炉房及其安装工程等)以承包合同的方式外委施工(包括地方施工队伍)。

建设期间,为加强管理、确保工程质量、加快建设速度、保证安全生产,公司自1995年第四季度成立以公司主要领导为首的姚桥煤矿井改扩建工程领导小组和现场工作组,召开现场施工平衡会达70多次,加强工程平衡和调度。公司对各施工单位实行质量、工期、安全承包奖罚办法。1997年,矿区工程建设监理部成立并获得行业乙级资质后,对姚桥煤矿扩建工程剩余工程进行全面工程监理,确保工程质量、安全生产和建设速度。

(2)工程完成情况。姚桥煤矿扩建在保持原有生产系统设施的基础上,扩建19个生产系统。原有主、副井提升系统不变,仍为-400米水平服务。新建主、副井提升系统全部建成,主要为-650米水平服务,新副井亦服务于-400米水平。新主井采用JKMD4.5×4落地多绳提升机1台,新副井采用JKMD4-4落地多绳提升机1台。新副井装备一宽一窄双层四车(1吨矿车)四绳罐笼各1台,其宽罐笼内宽为1 670毫米,承担液压支架及大型设备的提运。

1996年2月,启用新东风井通风系统,与原有的西风井、东风井通风系统联网,3台主要通风机已联合运转成功。

矿井原有-400米水平中央泵房和水仓设施保留,为-400米水平服务;新增-650米水平中央泵房和水仓设施全部建成,为-650米水平服务;新增-850米泵房和水仓变电所设施,为中央下山采区及-850米水平服务。

矿井原有空气压缩机房安装4L-20/8型空气压缩机3台、5L-40/8型空气压缩机2台,总能力140立方米/分钟。本次扩建没有增加空压设备及冷却系统,用自筹资金建设一座压风机房,位于新建西风井场地。

矿井原有压缩空气管路由现有副井下井,经-400米水平东、西翼轨道大巷向掘进工作面送压风。本次扩建工程-400米水平仍利用原有管路;地面新增一趟直径89毫米×3.5毫米无缝钢管长900米,为主井井口设备供风,并在新主井井口附近设风包;井下至-650米水平东翼掘进工作面的压缩空气管路,由原有副井井底接管路沿-400米水平连接石门、新副井(-400～-650米一段)及-650米水平东翼轨道大巷敷设。

扩建工程在主井设箕斗装载硐室,井下设井底煤仓、中央煤仓(中央下山采区)或采区煤仓(东四采区)、溜煤眼。工作面出煤通过带式输送机逐级转载直至主井筒箕斗中提运升井。

原有3个落地煤仓为3×4 000吨及1个堆煤储料场,扩建后新建3个落地煤仓3×4 000吨,新老煤仓同样布置,储装合一。扩建新增1个装车点,装车方式与原有装车点相同。由于改为综采放顶煤生产,为提高煤质以适应煤炭市场的需求,新增地面选矸系统。

井下回采原煤由井底煤仓经仓下给煤机、胶带机、定量斗装入主井箕斗将煤提至地面井口受煤仓卸载,经仓下给煤机通过原煤胶带廊进入筛分楼、选矸楼,筛选矸石后,经转载输送机栈桥,由上仓胶带机运至原煤仓。在一号转载点215号溜槽设电动翻板裤衩溜槽,经带式

输送机运至锅炉房上煤仓,用电动犁式卸料器配装各炉前煤仓,供锅炉房用煤。

新副井井口桥台为双层布置。底层桥台主要用来提升矸石、上下设备和材料;人员升降时,人员可在上层桥台、底层桥台同时进出罐笼。副井口井口房附近还设液压支架中转站1个,可存放周转整体液压支架120架。

新老生产系统的手选矸石由副井提至地面,再由电机车牵引送至新建的矸石翻车机房翻卸运送矸石山。

新风井灌浆站建取土泵房1座,将蓄土场地的泥浆排至井口制浆站,配套建设地面及井下灌浆管路以及井下消防洒水管路。

扩建部分建成一套"煤矿智能调度装备系统",包括煤矿安全生产监测子系统、矿用数字程控调度子系统、煤矿光纤工业电视子系统、数字式大屏幕投影电视墙子系统、LED大屏幕显示子系统,终端实现图像资源共享,集生产安全监测、现代化通信、实时图像监视、现代化办公自动化于一体。

新建2座35/6千伏变电所,分别位于工业场地、新风井场地,由发电厂分别以双回35千伏输电线路供电。工业场地变电所2台主变压器,单机容量20 000千伏安;新风井场地变电所2台主变压器,单机容量为4 200千伏安。工业场地原有35/6千伏变电所拆除35千伏部分,保留6千伏部分,向原有工业场地车间及-400米水平供电。西风井35/6千伏变电所保留,目前设有1台3 200千伏安和1台4 200千伏安的变压器。

工业场地内6千伏高压用户有主井和副井提升机,其电源均由本场地35千伏变电所各用2回高压电缆供给。35千伏变电所以2回6千伏电缆向生产系统供电。根据扩建后新增低压负荷分布情况,在场地内增设6/0.4千伏变电所6座(主井1座、副井1座、锅炉房1座、生活区1座、生产系统2座),其电源分别由场地内35/6/0.4千伏变电所或主副井提升机车间6千伏母线引来。供新风井通风机2回6千伏高压和通风机房2回0.38/0.22千伏低压电源,均引自该场地35/6/0.4千伏变电所,该变电所还承担灌浆泵房和水源井等场地内其他负荷用电、井下东四采区及东三接替采区负荷用电。

全矿新增下井电缆共6回,其中4回由矿井工业场地35/6千伏变电所,经新副井至-650米水平中央变电所,2回由新风井场地35/6千伏变电所,经新风井至东四采区变电所及东三接替采区变电所。-650米水平中央变电所采用4回电源电缆同时工作,互为备用;各采区变电所采用2回电源电缆,同时工作互为备用。

-650米水平中央变电所设有KYGG-12型矿用高压真空开关柜向主排水泵、硅整流装置、胶带机头变电所及中央下山采区变电所和-650米水平东大巷掘进变电所供电;还设有2台KBSG型矿用隔爆型干式变压器,电压为6/0.69千伏,担负井底车场低压负荷用电。综采工作面及采区内掘进工作面均采用隔爆型移动变电站供电。供电距离较长的-650米水平东、西大巷带式输送机,-400米水平东大巷带式输送机,中央下山采区带式输送机,在各机头附近设机头变电所。东四、中央下山采区均设采区变电所,所内设有BGp23-6隔爆型高压真空配电装置向采区高压设备供电,并设KBSG隔爆型干式变压器向采区低压负荷供电。井下供电网络为中性点不接地系统。井底车场、井下各硐室、主石门、大巷、各采区上下山均采用NBS35/70型防爆防水高压钠灯照明;胶带机中巷、轨道中巷均采用KBY-20型防爆荧光灯照明;综采工作面选用KBY-62型自移支架隔爆荧光灯照明,每间隔1架支架装照明灯具1套。选用KSGA型电钻变压器综合保护装置供给照明电源。

扩建工程投产后所增加的用水量为 3 079 立方米/天,其中工业场地及矿内居住区用水 2 273 立方米,消防用水 288 立方米,新风井场地用水 518 立方米。新建 1 座群井水源地、二级供水方式,实行工业场地和矿内居住区集中供水、生产、生活和消防合并的给水系统。新增 3 眼深井,连同原有工人村深井形成供水系统。新风井场地设独立的水源井及供水系统,设置 2 眼深井,其中 1 眼备用。矿内居住区设置污水转输泵站 1 座,其生活污水由污水泵加压送至工业场地,然后与工业场地污水合并一起自流至污水处理站,经二级处理后排入场区排水沟。扩建后从新副井排出的井下水排入新设置的井下水沉淀池,经沉淀后溢流排放。

新建成 1 座工业场地锅炉房,设于铁路东侧,安装 4 台 10 吨/小时蒸汽锅炉,集中供热,取消原有的锅炉房。新副井设置 2 组空气加热机组担负副井井筒防冻任务。

新建 1 座生产指挥楼,总建筑面积为 6 053 平方米,由各科办公室、计算中心、调度安全监控室、环境监测站、化验室、会议室等组成。新建 1 座联合建筑,由任务交代室、浴室、矿灯房组成。一幢三层砖混结构的招待所(家属探亲房与之合建)。其他行政福利设施部分进行了补充配套可满足需要。

改扩建后主要的大气污染源为锅炉房烟囱排烟。锅炉烟尘经过麻石除尘器除尘后排入大气。凡有煤尘飞扬的地点(包括地面输煤栈桥)设置喷雾降尘系统;煤仓、筛分楼设置布袋除尘器捕尘。

对陆地部分塌陷区的治理,采取矸石回填于底部,上覆就地预取的耕土。在开采厚煤层时,采取部分造地还田,部分整治为水域区,改耕作为水产养殖。

井下建消防材料库,灭火设备按要求配备,井下煤炭运输全部采用阻燃胶带,井下各类电缆为阻燃型,井下采区电气设备均为隔爆型。生产的灾害预防措施已编制,生产工人按规定进行了技术安全培训,特种作业人员持证上岗。地面建有新风井灌浆站 1 座,专供井下注浆防灭火,符合《煤矿安全规程》有关规定。地面生产系统专设消防管道,工业场地按规定布置消防管道及消防栓。

增建单身宿舍 15 720 平方米、职工住宅 16 160 平方米,基本满足矿井扩建后的需要。

截至 1999 年底,姚桥煤矿改扩建工程矿建、土建、安装三类工程已全部建成。具体工程量完成情况见表 2-2-4。

表 2-2-4 1999 年姚桥煤矿改扩建工程量完成情况表

矿建工程				土建工程			
类别	单位	概算总量	完成	类别	单位	概算总量	完成
单位工程数	个	85	85	单位工程数	个	87	87
一、井巷工程量	米	28 283	29 253	一、建筑	平方米	143 843	55 517
1. 井筒	米	1 650	1 655	1. 工业建筑	立方米	68 929	68 929
2. 井底车场及硐室	米	2 282	4 596	2. 建筑总面积	平方米	143 843	55 517
3. 运输道及回风道	米	7 557	5 679	(1) 生产建筑	平方米	21 553	20 476
4. 采区	米	15 941	15 893	(2) 非生产建筑	平方米	122 290	35 041
5. 排水系统	米	853	1 080	其中:住宅	平方米	82 498	31 880
二、井下铺轨	米	10 160	10 160	3. 地面管沟	米	30 639	30 639
三、通风设施				4. 场外公路	平方米	18 718	6 718

表 2-2-4(续)

矿建工程				土建工程			
类别	单位	概算总量	完成	类别	单位	概算总量	完成
1. 风门	道	28	28	5. 专用场地	平方米	14 907	14 907
				6. 场内道路	平方米	19 454	19 454
				二、铁路专用线	米	1 295	1 295
				1. 道岔	副	7	7
				窄轨铁路	米	2 228	2 228

共完成投资 100 190 万元。投资完成情况见表 2-2-5。

表 2-2-5　1999 年姚桥煤矿改扩建工程建设投资完成情况表　　单位:万元

序号	名称	最终概算	累计完成
	合计	108 520	100 190
1	矿建	24 985	27 525
2	土建	12 863	15 429
3	安装	10 689	8 793
4	设备购置	21 847	18 401
5	其他投资	7 436	7 693
6	预备费	10 793	
7	贷款利息	19 907	22 349

矿井扩建初步设计以东四采区、中央下山采区作为扩建达产采区。矿井扩建投产前建成的东四采区已调整为生产接续采区,投产时建成的中央下山采区作为投产采区。中央下山采区采煤工作面特征及矿井扩建投产时全矿井"三个煤量"情况见表 2-2-6 和表 2-2-7。

表 2-2-6　1999 年姚桥煤矿中央下山采区采煤工作面特征表

工作面名称	工作面长度/米		煤层特征		回采煤量/万吨
	走向长	斜长	平均厚度/米	倾角/(°)	
7005 工作面	1 649	159	5.9	11	168.9

表 2-2-7　1999 年姚桥煤矿扩建投产时"三个煤量"情况表

开拓煤量		准备煤量		回采煤量	
万吨	可采时间/年	万吨	可采时间/年	万吨	可采时间/月
3 737.7	12.5	2 705.4	9.0	201.24	9.3

(四)矿井试生产

1997 年 12 月底,联合试运转一次成功并开始试生产。试生产期间,扩建部分放顶煤工作面最高日生产能力达到 7 500 吨/天。

（五）工程质量认证

大屯矿区质监站对三类工程质量等级进行评定认证。已竣工单位工程质量等级评定认证情况见表2-2-8。

表 2-2-8　1999 年姚桥煤矿已竣工单位工程质量等级评定认证

工程类别	竣工单位工程数量/个	合格品/个	合格品率/%	优良品率/个	优良品数/%	可用品数/个	已认证数合计/个
总　计	236	221	93.64	85	36.02	15	236
其中:主要工程	112	112	100.00	59	52.68	0	112
一、矿建工程	85	74	87.06	30	35.29	11	85
其中:主要工程	48	48	100.00	26	54.17	0	48
二、土建工程	87	83	95.40	18	20.69	4	87
其中:主要工程	40	40	100.00	15	37.50	0	40
三、机电设备安装工程	64	64	100.00	37	57.81	0	64
其中:主要工程	24	24	100.00	18	75.00	0	24

（六）竣工验收

姚桥煤矿井改扩建工程经中煤集团检查验组预验收,大屯矿区质监站对三类工程质量等级进行评定认证,并提出姚桥煤矿井改扩建工程单项工程质量认证书。

1999 年 9—12 月,通过劳动安全、环境保护、工业卫生和消防工程验收。

国家验收委员会听取关于工程建设预验收情况汇报,并经井上、下实地检查,认为各种工程档案资料比较齐全,立卷归档规范,符合国家档案管理的有关规定,是一个成功的建设项目,符合竣工验收标准要求,同意于 2000 年 3 月 10 日竣工投产。

（七）生产系统改造

1997 年,矿井采用综采放顶煤工艺后,矿井规模、矿井效率得以大幅度提升。采煤机逐步更新为 MG400/730-WD、MG400/930-WD、SL-300;工作面前后部刮板运输机逐步更新为 SGZ-800/1050;工作面支架更新为 ZFY9000/18/35;机巷转载机逐步更新为 SZZ-1000/400,并安装了 LY-1200 自动拉移装置;带式输送机逐步更新为 DSJ-1000/2×315 型,并安装了自动卷带和自动张紧装置;工作面两道均使用了连续牵引绞车;工作面电压升级为 3 300 伏,出口支护由原来的抬棚支护改为(简易)端头液压支架支护。

2018 年 8 月,7721 工作面首次采用 ZF9000 型及 ZF10000 型新支架,首次引进集水处理、自动配比、变频乳化泵、泵站控制系统、反冲洗过滤站、远距离供液管路为一体的全自动远距离供液系统及远距离供电系统,并获得成功应用,有效避免材料道上下山拉开关车的安全风险,确保回采安全。

同年 9 月,该矿在西九采区 7263 工作面开始设计大采高智能化工作面,相继进行井巷工程施工和工作面安装,2020 年 5 月底试运行回采,为姚桥煤矿智能化矿井提供有力保障。

该矿对采煤工作面参数及布置方式进行优化。东六上山采区北翼工作面长度由原来的185 米增加到 225 米;西九采区 7265 工作面由 145 米增加至 205 米;东三采区 7519 工作面由 150 米增加至 210 米。中央采区 7011 工作面跨东八采区布置,工作面走向长度增加至2 400 米。工作面储量由 100 万～150 万吨增加至 220 万吨左右,7011 工作面储量增加至

380万吨;工作面服务年限由8~10个月增加至15个月,7011工作面服务年限增加至24个月。加强采煤工作面层位、过断层及破碎带、日常放煤管理的监督、检查、考核。

（八）产能提升

1997年,2#主井设计提升循环时间为158秒;年提升天数为330天;由于未实现数控自动化运行,每天净提升时间选择为16小时;设计时富余系数取上限值1.2(2014年,新能力核定标准为1.15);2#主井井底有缓冲仓故不均匀系数取值1.1。经过计算取整,设计产能为180万吨。2000年,全矿井煤炭生产计划增至300万吨。

2009年,为充分释放2#主井产能,对提升系统进行全方位的改造,主电机由原2 200千瓦主电机更换为2 300千瓦主电机,将过去手动式外动力卸载方式改为曲轨扇形门卸载方式,电控系统升级为全数字直流调速控制、PLC行程控制和操作控制、双线制监视保护和安全回路、触摸屏、上位管理计算机系统。调速系统为全数字直流调速控制系统,其核心为ABB公司新一代的全数字化产品DCS800数字式直流传动控制单元,系统接线方式为三相全控桥逻辑无环流串联12脉动,可进行12脉/6脉切换,实现全载自动化运行。通过以上改造方式的时间优化,提升时间单勾从过去的158秒缩短为135秒。经核算,2#主井的产能从180万吨/年提升至261.8万吨/年,实际提升产能81.8万吨/年。2#主井基本参数见表2-2-9。

表2-2-9 2009年姚桥煤矿2#主井基本参数表

	型号	JKMD-4.5×4
提升机	滚筒直径/米	4.5
	变位重量/牛	240 000
	最大静张力/牛	882 600
	最大静张力差/牛	215 750
电动机	型号	ZKTD285/75
	容量/千瓦	2 300(原2 200千瓦,2009年后改造)
	电枢电压/伏	820
	电枢电流/安	3 195
	转速/(转/分钟)	40
	过载系数	2
	转动惯量/(千克·平方米)	26 812
提升容器	名称	箕斗
	型号	JDG-20
	最大载荷/吨	20
	实际载量/吨	20
	容器自重/吨	25
提升系统	提升高度/米	668
	卸载高度/米	14
	装载高度/米	−608
	最大绳速/(米/秒)	9.42

二、孔庄煤矿改扩建

（一）矿井概况

孔庄煤矿位于江苏省徐州市西北约 80 千米处,坐落于江苏省沛县和山东省微山县境内。孔庄煤矿初始设计生产能力为 60 万吨/年,通过 1992 年和 2012 年二、三期改扩建工程后,矿井设计生产能力依次增加到 105 万吨/年和 180 万吨/年。2019 年,根据国家煤矿安全监察局办公室《关于责令采深超千米冲击地压和煤与瓦斯突出煤矿立即停产进行安全论证的通知》(煤安监司办〔2019〕3 号)和《国家煤矿安全监察局办公室关于核减孔庄煤矿生产能力的函》(煤安监司函办〔2019〕55 号)文件要求,孔庄煤矿生产能力由 180 万吨/年调整为 144 万吨/年,核减 36 万吨/年。

（二）矿井建设

(1)二期改扩建情况。矿井于 1973 年 10 月动工,1977 年 7 月建成投产。根据孔庄煤矿的地质条件,1983 年北京煤炭设计规划总院编制的《大屯矿区二期工程建设可行性研究报告》中提出孔庄煤矿改水采工艺的建议。1989 年 1 月 1 日开工,选煤厂于同年 9 月开工。1991 年 11 月 30 日竣工。改扩建后的生产能力为年产原煤 105 万吨,年洗选能力为 105 万吨。二期改扩建工程(含选煤厂)投资 11 041 万元,其中矿井投资 7 724 万元,选煤厂投资 3 317 万元。

(2)三期改扩建情况。2000 年 4 月 29 日,国土资源部颁发孔庄煤矿采矿许可证。

2004 年 9 月,国家环境保护总局对该项目下发《关于上海大屯能源股份有限公司孔庄煤矿井改扩建工程环境影响报告书审查意见的复函初步设计的批复》(环审〔2004〕324 号)。同年 11 月,南京东图土地规划咨询有限公司提交《上海大屯能源股份有限公司孔庄煤矿井改扩建工程土地利用总体规划实施影响评价报告》。

2005 年 3 月 28 日,国家发展改革委《关于上海大屯能源股份有限公司孔庄煤矿井改扩建项目核准的批复》(发改能源〔2005〕496 号),同意孔庄煤矿井改扩建,生产能力由 105 万吨/年改扩建到 180 万吨/年,净增 75 万吨/年。同年 12 月,由江苏健峰认证中心编制《孔庄煤矿井改扩建工程安全预评价报告》。

2006 年 3 月,江苏煤矿安全监察局《上海大屯能源股份有限公司孔庄煤矿井改扩建工程安全预评价报告》(苏煤矿安函〔2006〕1 号)对备案请示复函。

2007 年 4 月,国土资源部《江苏省大屯矿区孔庄煤矿深部延深勘探报告》(国土资矿评储字〔2007〕070 号)对矿产资源储量评审备案证明。同年 6 月,中煤集团组织专家组,对《上海大屯能源股份有限公司孔庄煤矿井改扩建工程初步设计》评审。

同年 11 月 28 日,孔庄煤矿井改扩建项目正式开工建设,建井工期 56 个月。

2008 年 7 月,中煤集团下达《关于孔庄煤矿井改扩建工程开工报告的批复》(中煤股份建〔2008〕109 号)文件。同年 8 月,公司下发《关于孔庄煤矿井改扩建工程建设组织设计的批复》,并报中煤集团备案。同年 12 月,《孔庄煤矿井改扩建工程职业病危害预评价报告书》(职评 20080052)通过江苏省疾病预防控制中心的评审。

2009 年 4 月 24 日,国土资源部下发《国土资源部关于孔庄煤矿井改扩建工程建设用地的批复》(国土资函〔2009〕626 号)。项目按要求还取得建设工程规划许可证及建设工程施工许可证等。

矿井改扩建采用立井开拓,井筒净直径 8.1 米,井深 1 083 米。混合立井提升能力按

150 万吨/年设计。主运输系统设计采用带式输送机连续运输方式,运输能力 800 吨/小时。轨道运输大巷铺设双轨,采用 CTY-7/6P、ZK7/6 架线式电机车牵引 1 吨矿车运输。通风方式设计为中央边界单翼对角式,混合井、主井、副井进风,东风井和南风井回风,两风井通风系统相对独立,设计有完备的防尘、黄泥灌浆防灭火、降温及安全监测系统。

矿井改扩建水平为−1 015 米水平,布置−1 015 米水平轨道大巷和−1 015 米水平胶带大巷两条开拓巷道,巷道布置在 8 煤底板下。布置 $Ⅵ_1$ 和 $Ⅵ_3$ 两个采区,$Ⅵ_1$ 采区上部 7338 采空区,下部为−1 015 米胶带大巷、轨道大巷,西部至 F_{b8} 断层和工业广场保护煤柱,东部为 F_{c12} 断层。采区走向长度 3 300 米,倾斜长度 300～700 米,面积约 1.5 平方千米。双翼开采,共布置 4 条上山:$Ⅵ_1$ 回风上山长 694 米,$Ⅵ_1$ 胶带上山长 786 米,$Ⅵ_1$ 轨道上山长 794 米,$Ⅵ_1$ 人行上山长 79 米。$Ⅵ_1$ 采区 7 号煤层共布置 6 个工作面,其中 7431、7432、7433、7434、7435 为综放工作面。首采面 7431 综放工作面于 2007 年开始回采,2019 年 12 月 7434 综放工作面回采结束。7436 工作面为孔庄煤矿首个大采高一次采全高智能化工作面,工作面于 2020 年 1 月份开始进入刮板输送机道掘进,计划 2021 年投产。$Ⅵ_1$ 采区 8 号煤层,共布置 2 个工作面(8433 工作面、8435 工作面),首采面 8433 综采工作面刮板输送机道于 2019 年 7 月份开始掘进,计划于 2020 年 7 月份工作面投产。

$Ⅳ_3$ 采区位于矿井的深部,东到 F_{6-2} 断层,西至 F_{c11}、KF_1 断层,北到徐庄断层,南至−785 米轨道大巷。其上部为 $Ⅲ_3$ 采区的 8353E\7353W 工作面。采区的开采水平为−700～−1 100 米。走向长度 1 248 米,倾向长度 1 250 米,面积约 1.56 平方千米。$Ⅳ_3$ 采区地质储量为 1 680.8 万吨,可采储量为 972.5 万吨,其中 7 号煤层开采储量 541.4 万吨,8 号煤层开采储量 431.1 万吨。−1 015 米水平轨道大巷和−1 015 米水平胶带大巷自 $Ⅳ_1$ 采区下部车场附近沿方位角 62°分别向东延伸 2 112 米和 2 158 米至 $Ⅳ_3$ 采区西部边界 F_{c11} 断层附近,然后按方位角 94°30′布置一组上山(轨道上山、胶带上山、回风上山)连通−785 米水平和−1 015 米水平,将 $Ⅳ_3$ 采区分成南北两翼形成双翼布置。$Ⅵ_3$ 采区回风上山长 1 104 米,$Ⅵ_3$ 采区胶带上山长 1 132 米,$Ⅵ_3$ 采区轨道上山长 1 130 米,其中 $Ⅳ_3$ 采区胶带上山和 $Ⅵ_3$ 采区轨道上山于 2019 年施工结束,$Ⅵ_3$ 回风上山于 2020 年上半年完成施工。

矿井配套建有真空制冰降温系统,由供配电系统、集中控制系统、补水系统、制冷系统、制冰系统、输冰系统及井下供冷系统构成。该系统主要服务于深部 $Ⅵ_1$ 采区采煤工作面,已在 7433 工作面、7432 工作面以及 7435 工作面回采过程中使用。

矿井在深部采区掘进工作面生产过程中安装型号为 ZLF-450 的局部降温设备;在工业场地内新建一座日用消防给水站,总供水量 3 155 立方米/天。井上、下设计配备完整的消防洒水系统及消防栓,在地面主要建筑内和井下机电硐室内配备各种灭火器等防灭火设施。

矿井使用南昌煤矿仪器设备厂研制的 KJ65N 型煤矿安全生产监控系统。地面中心站装备 2 台工控机,1 主 1 备,对井下环境数据进行实时监测监控,同时采用 IBM 服务器作为数据存储、处理和发布,由地面计算机网络系统、信息传输系统、井下(地面)监控分站、各类传感器、控制器等部分构成。

矿井采用北京天一众合科技股份有限公司开发的 KJ133 矿井井下人员定位系统。系统硬件由地面计算机、打印机、监控主机和本安型读卡分站、无线收发器、定位器、信号避雷器、识别卡及网络传输设备组成,实现对井下人员位置信息的数据采集、定位跟踪、紧急呼救、考勤管理、实时分析与处理、实时显示、数据库存储、报表打印等功能。

矿井新建一套原煤输送、储装系统,主要由选矸楼、胶带廊、1个4 000吨精煤仓、1个4 000吨原煤仓、1个跨线装车站等组成,并与原系统衔接,新系统在功能上满足原煤入仓、火车外运、原煤入洗及精煤入仓、火车外运等要求。

矿井新建一座由办公室、会议室、通信调度中心、计算机室、图书室、阅览室及其附属用房、职工教育用房、安全检查办公用房及其他用房等组成的通信调度楼,建筑面积8 934.11平方米,为六层框架结构建筑。

随着矿井开采深度的不断延伸,深部区域瓦斯压力、瓦斯含量均有逐渐增大的趋势。2010年,孔庄煤矿委托中国矿业大学对深部Ⅵ₁采区进行瓦斯等级鉴定,孔庄煤矿Ⅵ₁采区(含混合井)－1 015米水平以上7号、8号煤层正常区域的破坏类型为Ⅰ～Ⅱ类,地质破坏带内破坏类型属于Ⅲ类;实测7号煤层最大煤层瓦斯压力为0.45兆帕(表压),8号煤层最大煤层瓦斯压力为0.65兆帕(表压),均小于突出临界值0.74兆帕(表压);7号煤层的普氏系数为1.03,8号煤层的普氏系数为1.0,均大于突出临界值0.5;7号煤层的瓦斯放散初速度为5毫米汞柱(约667帕),8号煤层的瓦斯放散初速度为6毫米汞柱(约800帕),小于突出临界值10毫米汞柱(约1 333帕)。认为孔庄煤矿Ⅵ₁采区(含混合井)－1 015米以上7号、8号煤层均无煤与瓦斯突出危险性。

2018年8月,该矿委托中国矿业大学按照《矿井瓦斯等级鉴定办法》对矿井进行了瓦斯等级鉴定,鉴定结果为:全矿井相对瓦斯涌出量为0.236 7立方米/吨,矿井相对瓦斯涌出量小于10立方米/吨;全矿井绝对瓦斯涌出量为0.931 3立方米/分钟,矿井绝对瓦斯涌出量小于40立方米/分钟;采煤工作面最大绝对瓦斯涌出量为0.371 7立方米/分钟,小于5立方米/分钟;掘进工作面最大绝对瓦斯涌出量为0.070 5立方米/分钟,小于3立方米/分钟。

矿井建立服务于Ⅵ₁采区的井下临时瓦斯抽采系统,抽采泵房建设在2#胶带一甩道内,泵站内共计5台瓦斯抽采泵,进行集中安装统一管理。2018年,该抽采系统安装一套KJ971瓦斯抽采自动控制系统,实现地面远程操控瓦斯抽采设备进行瓦斯抽采作业。该系统是公司第一次引进使用。

由于深部采区瓦斯赋存不均衡,受煤层赋存条件影响较大,工作面回采期间瓦斯涌出量变化表现出区段性差别,该矿在工作面回采期间选择采空区埋管与高位钻孔相结合的瓦斯抽采系统布置方式。经现场试验,为进一步确保采空区埋管瓦斯抽采系统效果,在工作面上隅角每间隔10米构筑1道密闭墙,保证埋管距底板的距离稳定在2.4米左右,最佳抽采距离为抽采管路埋进采空区10～20米位置;同时,为避免在高位钻场交替期间出现一定时间的抽采空白期,高位钻孔最佳终孔位置为距煤层顶板17～30米,压茬距离为50米。以上结论的研究成果均属于大屯矿区首次,并经中国煤炭工业协会专家组鉴定达到国内先进水平。

针对深部开采,矿井建立冲击地压防治安全技术管理制度、防治岗位安全责任制度、防冲会议制度、防冲培训制度、冲击危险性监测制度、实时预警制度、处置调度和处理结果反馈制度、事故报告制度、检查验收制度、防冲机具管理制度、冲击地压安全防护制度、奖惩制度等;设置专职防冲管理机构和专职防冲管理队伍;委托中国矿业大学开展煤岩冲击倾向性鉴定工作,完成矿井Ⅵ₁采区、Ⅲ₄采区、Ⅵ₃采区、Ⅲ₅采区的7号煤、8号煤及其顶、底板煤岩冲击倾向性鉴定工作,并委托辽宁工程技术大学根据鉴定结果,完成矿井(煤层)、采区的防冲评价和防冲设计编制工作,为矿井防冲工作开展提供理论基础。采取区域和局部相结合的防冲措施,根据地质与开采技术条件,采用综合指数法、多因素耦合法确定冲击危险性和冲击地压危险区划分,采用 SOS 微震监测系统进行区域监测。局部监测采用钻屑法辅以冲击地压应力在线监测系统,局部防冲措施主要是"四强五定",即强监测、强卸压、强支护、强防护、定作业人数、定作业时间、定作业地点、定作业人员进入与离开时间。矿井开展冲击变形能和 CT 反演研究工作,根据震动事件分布,分析开采过程中的应力演变规律,总结变化条件下采动影响与矿压规律之间的关系。

（三）工程质量

孔庄煤矿井改扩建项目质量监督委托煤炭工业大屯矿区建设工程质量监督站进行工程质量监督,并对该项目进行单项工程质量认证。项目通过大屯矿区站的单位工程质量认证,质量认证合格,将认证结果报中煤集团建设工程质量监督中心站备案。2013 年 1 月 13 日,中煤集团建设工程质量监督中心站以《关于对上海大屯能源股份有限公司孔庄煤矿改扩建工程项目单项工程质量认证的批复》（中煤质监〔2013〕1 号）,批准通过质量认证。

（四）工程竣工决算

在项目实施过程中,按照《中华人民共和国招标投标法》和中煤集团招标投标管理的有关规定,孔庄煤矿井改扩建项目施工合同金额 21 855.18 万元,通过招投标方式签订的合同金额 19 201.19 万元,占 87.9%。工程咨询公司承担本项目的工程监理。

2013 年 5 月,江苏金陵工程管理咨询有限公司对孔庄煤矿井改扩建项目进行工程结算外部审核,并出具《工程造价咨询报告书》。工程实际完成投资为 55 641.83 万元。

（五）专项验收

2012 年 5 月,中煤集团组织相关专家对改扩建工程进行竣工预验收。同年 8 月,改扩建工程项目主副提升系统、供电系统、排水系统、主运系统、辅助运输系统、通风系统、防灭火系统、安全监测监控系统、供风供水等系统全部安装调试结束,并进行单机试运行和单位工程竣工验收。

2013 年 5 月 2 日,江苏金陵工程管理咨询有限公司对工程项目进行工程结算外部审核,并出具审核报告;同年 9 月 26 日,江苏煤矿安全监察局组织相关专家对孔庄煤矿井改扩建工程项目职业病防护设施进行竣工验收,并以《关于孔庄矿井改扩建项目职业病防护设施竣工验收的批复》（苏煤安〔2013〕47 号）进行批复,同意孔庄煤矿井改扩建项目职业病防护设施通过竣工验收;同年 10 月,江苏煤矿安全监察局组织相关专家对孔庄煤矿井改扩建工程项目安全设施及条件进行竣工验收,并以《关于同意上海大屯能源股份有限公司孔庄煤矿改扩建工程安全设施及条件通过验收的通知》（苏煤安〔2013〕53 号）进行批复,同意孔庄煤矿改扩建工程安全设施及条件通过验收。同年 11 月 6 日,中煤集团组织相关专家对孔庄煤矿井改扩建项目档案进行了竣工验收,并以《关于印发〈孔庄煤矿井改扩建项目档案验收意见〉的通知》（中煤办〔2013〕623 号）进行批复,同意孔庄煤矿井改扩建项目档案通过验收。

2014 年 12 月 12 日,受国家环境保护部的委托,华东督查中心组织相关专家对孔庄煤矿井改扩建工程项目环境保护进行了现场验收;同年 12 月 30 日,徐州市公安消防支队下发《建设工程竣工验收消防备案凭证》（徐公消竣备字〔2014〕第 0067 号）。

2015 年 1 月 6 日,国家环境保护部以《关于上海大屯能源股份有限公司孔庄矿井改扩建工程竣工环境保护验收合格的函》（环验〔2015〕43 号）进行批复,同意环境保护验收合格,可以正式投入生产。

同年 4 月 24 日,根据《国家能源局综合司关于委托组织江苏大屯矿区孔庄矿井改扩建

项目竣工验收有关事宜的函》（国能综煤炭〔2015〕160号）的要求,江苏省发改委能源局会同江苏省经信委、江苏煤矿安全监察局组织相关部门、专家及项目建设、设计、施工、监理、质监等单位,共同组成孔庄煤矿井改扩建项目竣工验收委员会,对孔庄煤矿井改扩建项目进行竣工验收。工程组按照国家的有关法律、法规,听取孔庄矿井改扩建项目的建设情况和联合试运转情况的汇报,对工程实体、施工技术资料等进行了现场验收,形成孔庄矿井改扩建项目工程组竣工验收鉴定书。

（六）联合试运转

2012年11月21日,江苏煤矿安全监察局《关于上海大屯能源股份有限公司孔庄煤矿改扩建工程联合试运转申请备案的批复》（苏煤安〔2012〕66号）同意孔庄煤矿改扩建工程于2012年11月25日开始进行联合试运转。

孔庄煤矿井改扩建项目联合试运转期间,孔庄煤矿委托徐州大屯技术服务有限公司检测中心及山东公信安全科技有限公司对矿井提升、运输、排水、供电、压风、通风等系统进行性能检测,相关参数符合设计和有关规范的要求,各系统运转良好,达到预期效果。经联合试运转的检验,矿井采掘、提升、运输、供电、通风、防尘、排水、压风、安全、监测监控等各系统运行平稳可靠,未发生任何质量事故和安全运行事故,能够满足矿井安全生产需要,系统能力达到设计生产能力。

（七）主要参建单位

孔庄煤矿井改扩建工程由北京华宇工程有限公司负责设计,矿建工程由中煤第五建设有限公司和孔庄煤矿负责施工,土建工程、安装工程由建安公司和中煤第五建设有限公司施工,工程咨询公司负责工程监理,煤炭工业大屯矿区建设工程质量监督站负责质量监督。

三、徐庄煤矿改扩建

（一）矿井概况

徐庄煤矿位于大屯矿区东部,地处江苏省沛县和山东省微山县境内,距矿区服务中心5.7千米,距沛县县城约16千米,主井地理坐标为东经116°56′30″,北纬为34°50′20″。

矿井采用立井多水平开拓方式,共布置主井、副井、南风井、西风井4条立井以及3条暗斜井。共划分为两个水平,即-400米水平和-750米水平,两水平之间利用暗斜井连通。-400米水平和-750米水平均为生产水平,矿井总回风标高-151米。开采标高为-60～-1 300米,井底标高分别为主井-476米,副井-423米;南风井、西风井落底标高分别为-151米和-572米。

（二）矿井建设情况

矿井原设计生产能力90万吨/年,1970年10月建井,1979年12月投产,1985年达产,2006年核定生产能力为150万吨/年,2009年核定生产能力为180万吨/年。

矿井为竖井石门、分水平多阶段开拓方式,主井井底标高为-476.35米、井筒深511.85米,副井井底标高为-423.50米、井筒深459.00米,南风井位于8号煤层的南部露头处,井底标高为-151.50米、井筒深186.30米;西风井井底落于7号煤层底板,井底标高为-574.70米、井筒深611.20米。生产水平为-400米水平和-750米水平,上、下山开采。-400米水平开采下限为-550米,-750米水平开采下限为-1 030米。

1998年底,经公司研究决定采用暗斜井延深方式进行二水平开拓。二水平标高为

－750 米。从－400 米井底车场施工 3 条暗斜井至－750 米水平,其中 2 条为辅助暗斜井,一条为胶带暗斜井,担负深部水平的辅助运输和人员升降。全矿井辅助材料的下放、提矸、设备、人员的升降均由副井承担。胶带暗斜井把－750 米水平生产的煤炭上运至－400 米井底车场,由主井提升至地面,深部通风由保留的巷道回至南风井。水平阶段垂高为 350 米、阶段斜长为 1 023 米;上山部分阶段垂高 200 米,西翼局部 350 米;下山部分阶段垂高 250 米,上、下山部分储量分布比较均匀。根据开拓布置,二水平的煤炭通过带式输送机直接上仓和一水平合用原有的－400 米水平煤仓,其煤仓为圆形直仓,净直径 6 米,有效容积约750 吨。－750 米水平在胶带暗斜井下端设一集中转载煤仓,也为圆形直仓,煤仓漏斗采用双曲线形,净直径 6 米。

同年 9 月,主运系统集中控制系统建立。井下与地面的煤运控制系统由原来的带式输送机综合保护装置改造为带式输送机集中控制系统,带式输送机的启停控制实现地面集中控制。

1999 年 1 月—2002 年 5 月,施工一号轨道暗斜井。该井净宽 4.4 米,断面 13.3 平方米,长 1 023 米,倾角 20°。井筒内安装一部猴车,担负二水平的人员升降任务,兼作二水平安全出口。

2000 年 1—11 月,施工胶带暗斜井。该井净宽 4.5 米,净断面 13.7 平方米,长度 1 044 米,倾角 22°。井筒内铺设 $B=1 200$ 毫米大倾角强力带式输送机,并设置检修轨道,担负－750 米水平的煤炭运输,兼作二水平安全出口。

2001 年 1 月—2002 年 4 月,施工－750 米水平井底车场。该车场采用平车场布置形式,在轨道暗斜井井底附近布置主排水泵房、管子道、主变电所、等候室、医疗室和水仓等,在调车线附近设人车停车线、架线式电机车修理间、充电硐室和二水平炸药库,在大巷三角岔附近设消防材料库。井底车场主要巷道以挂网锚喷支护为主,主变电所、主排水泵房硐室用混凝土锚网锚索支护。于 2007 年 8 月全部施工结束。

2001 年 3 月—2003 年 3 月,施工二号轨道暗斜井。该井净宽 4.6 米,净断面 14.2 平方米,长 1 023 米,倾角 20°。井筒内布置双钩提升设备,担负二水平的辅助提升任务,兼作二水平安全出口。

2002 年 8 月,－400 米水平主运系统升级改造。将原有的吊挂式和 150 型小型带式输送机改造为运量更大的通用型滚筒驱动落地式带式输送机,解决运量不足的难题。

2003 年 10 月,主井 35 千伏变电所采用 PCS-9000 厂站监控系统运行,2015 年 12 月升级为 PCS-9700 厂站监控系统,值班员在监控室可随时查看变电所开关设备的运行状态,并能实现远程参数查看、整定、分合闸操作,具备无人值守功能。

2005 年,徐庄煤矿井下供电系统开始采用 KJ316 远程电力监测监控系统,对井下中央变电所及采区变电所的高低压开关实现远程监测、采集、控制、存储、查询等功能,实现井下各变电所无人值守功能,减少井下值班电工 3 人。

2009 年 3 月,暗斜井带式输送机投入运行,实现－750 米水平原煤向－400 米水平煤仓的运输。2011 年 12 月,－750 米水平东翼主运输系统全面建设完成。该条主运输系统包括 $Ⅱ_3$ 带式输送机、－750 米 1 号和 2 号带式输送机,运距达到 3 619 米。

2019 年 9 月,徐庄煤矿 $Ⅱ_3$ 下采区大倾角主运系统建立。同年,井下主运输胶带巷建立无线通信系统。同年,通过对东九、$Ⅱ_3$ 上、$Ⅱ_3$ 下架空乘人装置无人值守电控改造,统一了井下在用 6 部架空乘人装置无人值守电控系统。同年 8 月,空压机房实现无人值守。

2020 年,徐庄煤矿 7431 材料道建设成掘锚护一体化生产线,使用具备人员防误入和短距离遥控操作功能物探掘进机,成为首个智能化掘进工作面。同年,徐庄煤矿把 8331 综采工作面建设成首个该矿智能化工作面,引进成套国产智能化装备,以国内智能化开采技术为基础,采用"记忆割煤、视频监视、人工远程控制"等成熟技术,实现"自动控制为主,人工干预为辅,无人跟机作业,有人安全巡视,地面远程监控"的智能化开采模式,实现"自动化作业,有人巡视"。

矿井同步配套实施提升运输系统改造。采用主井双箕斗提升系统,箕斗型号为 JDS-10,最大载重量和最大载重差均为 9 吨,提升高度为 487 米。副井提升系统采用 GDG 型双车单层罐笼作为提升容器,最大载重量为 8 吨,最大载重差为 4.5 吨,提升高度为 435.5 米。−400 米水平主运输系统停运。建设 −400 米水平和 −750 米水平两级排水系统,排水系统设主、副水仓,−750 米水平排水系统容量为 4 900 立方米,−400 米水平排水系统容量为 6 600立方米。地面设有一座 35 千伏变电所,全矿井实际用电负荷 10 000 千瓦。矿井防尘系统由地面的静压水池、井下供水管路和各种喷雾、洒水装置、隔爆装置等组成,系统健全。

南风井地面有两个(主、辅)静压水池,容积 800 立方米;西风井有两个(主、辅)静压水池,容积 1 000 立方米。风流净化水幕 104 道,转载点喷雾 47 道,隔爆设施 49 组。建有注浆站,注浆管路由地面钻孔延伸至风井下口,敷设到各个采区,并建有一套液态二氧化碳(氮气)压注系统,通过注浆管路向井下采空区压注二氧化碳(氮气),防治煤自燃隐患。

地面及井下两个生产水平分别设置了消防材料库,消防用水与防尘用水共用,机电硐室、采煤工作面刮板输送机道等地点配备沙箱、灭火器等消防器材,井下使用的胶带、风筒、电缆、风门均为阻燃型材质。

四、龙东煤矿改扩建

(一)矿井概况

龙东煤矿位于江苏省徐州市北偏西大约 86 千米处,南距沛县 25 千米,距公司中心区 13 千米。井田内大部分属于江苏省沛县龙固镇与杨屯镇范围,小部分属山东省微山县张楼镇管辖,其东北方向与山东柴里矿隔湖相望,南、西与徐矿集团三河尖煤矿毗邻,东南与姚桥煤矿接壤,北西和江苏天能集团龙固煤矿相邻。主井地理坐标为:东经 116°48′07″,北纬 34°54′22″。

矿井 1981 年 4 月 20 日开工建设,1987 年 11 月 20 日建成投产,矿井地质储量 1.4 亿吨,可采储量 6 500 万吨。2008 年 12 月经专家评定 21 号煤层安全可采储量 1 290 万吨,服务年限 10 年左右。2009 年核定矿井生产能力 120 万吨/年。1991—2019 年底,矿井 7 号煤已开采 3 153.12 万吨,剩余可采储量 456.01 万吨。21 号煤层可采储量 1 992.7 万吨(其中 21 号煤层试采区开拓准备巷道都已施工完毕)。

(二)生产组织

(1)生产系统建设。矿井水平标高为 −285 米。自投产以后,一直在 7 号煤层开采。主井为立井箕斗提升,副井提升系统为立井罐笼提升。矿井通风方式为中央边界式,通风方法为抽出式,即主、副井进风,西风井回风。地面设 35 千伏变电所一座,2018 年实际用电最大负荷约 7 582 千瓦。煤炭主要是东大巷、西大巷带式输送机运输。2016 年,东大巷主运输系统暂时停运。矿井生产采区为西一采区,准备采区为东二采区。矿井为"一井一面一条生产系统"开采模式,有一个采煤工作面和三个掘进工作面,2019 年回采的工作面为西一采区 7161-2 工作面,接续工作面为东二采区 7212 工作面,矿井采掘比为 1∶3。

（2）掘进活动。1990 年以后，矿井引进综合机械化装备，煤巷选用 AM-50 型小功率掘进机、SGW-20 型刮板输送机和 SPJ-600 型带式输送机，钻眼工具选用 MQT-80 型锚杆机，MZ-1.2 等型号的煤电钻。岩巷选用 P-30 型耙装机、ZP-Ⅱ型喷浆机，钻眼工具选用 YT-21 型风钻。

2000 年以后，引进 EBZ-110S 型掘进机，并逐步淘汰管缝锚杆，开始选用圆钢锚杆配合菱形网进行支护。

2005 年，引进 EBZ-160TY 型掘进机，配合 SGW-40 型刮板输送机和 SPJ-800 型带式输送机出煤。

2019 年，开始选择锚网索进行支护，选用高强度锚杆，进一步提升支护效果。

（3）采煤活动。1990 年以后，矿井以高档普采、综合机械化采煤工作面为主，采用分层式开采，人工铺设假顶，后退式开采，全部垮落法处理顶板。

1991 年，龙东煤矿保留 1 个炮采队，矿井炮采工作面产能所占比例逐渐减小，主要采在一些边角煤柱以及较小工作面布置炮采面，以达到提高资源回收的目标。

同年，矿井开始进行综合机械化开采，矿成立综采队，布置一个综采工作面，以分层开采为主，分层开采期间使用金属网铺设假顶，走向长壁采煤法，后退式开采。

2002 年以后，开始尝试采用综采放顶煤采煤方法，矿井 7126 工作面为矿井首个综放工作面，自此矿井在采煤方法上均采用长壁综合机械化开采。矿井实现以综放工作面为主，综采工作面为辅，小块边角煤仍采用炮采工艺，逐步淘汰落后采煤工艺和设备，矿井机械化水平不断提高，产能不断增大。

2002 年，首次在 7126 工作面采用综放工艺，采用 YFJ2200-16/24 型放顶煤液压支架，匹配 MG2×200/925-AWD 型采煤机、SGZ-630/264 型刮板输送机。中部斜切进刀，双向割煤，往返割煤一刀，单轮顺序放煤。

2010 年，首次在西扩采区布置大倾角 7183 工作面，工作面平均煤厚 6.8 米，平均煤层倾角 25°，根据煤厚以及回采经验，结合大倾角工作面回采特点，回采工艺为上端头斜切进刀单向割煤，以 MG160/380-WD 型双滚筒采煤机、SDJ150 型胶带、SZZ-764/200 型装载机、SGZ-630/400 型刮板输送机、PCM110 型破碎机、ZF3200/16/26 等成套设备为主。单轮间隔顺序放煤。

2012 年，采取小块段工作面主采、大面配采，全年先后开采了 7120、7128、7130、7322 四个小块段工作面，四个小块段工作面实际采出煤量 44.5 万吨。

2014 年以后，矿井建成为一井一面一条生产系统。年产百万吨矿井，原煤成本创公司最大降幅，单产单进效率大幅度提升，矿井中长期生产接续得到延续。

2015 年以后，工作面综采设备继续向大功率、大型化发展，矿井在西翼采区布置的 7163 综放工作面，首次使用 ZF5200/16/28H 型综放液压支架支护顶板，采用 SGZ-764/630 型刮板输送机，落煤使用 MGTY300/730-1.1D 型双滚筒采煤机，提高支架工作阻力，提高煤机在大倾角工作面的爬坡能力。

2018 年，矿井西一采区布置的 7164 综放工作面，首次使用 ZF6200/16/28H 型综放液压支架支护顶板，采用 MGZ-764/630 型刮板输送机，落煤使用 MG400/930-WD 型双滚筒采煤机，首次将割煤步距由 0.6 米增加至 0.8 米，增加回采效率，该工作面首次使用 SZZ1000/400 型转载机自移装置，代替大链拉移转载机前移。

2019 年，矿井西一采区布置的 7161-2 综放工作面，首次使用 ZF9000/18/35 型综放液

压支架支护顶板,采用 SGZ800/1050 型刮板输送机,落煤使用 MG500/1130-WD1 型双滚筒采煤机,首次采用北京煤矿机械有限责任公司电液控制系统控制液压支架的推移、支撑、伸缩梁、护帮板等油缸的动作。向智能化矿井建成迈出第一步,积累了宝贵经验。

(三)矿井优化和走出去发展

1992 年,龙东煤矿将原来的两个综采队和一个炮采队合为一个综采队,采煤职工由 448 人减为 120 人。改造井下运输、主井提升、上仓胶带三大系统,通过合理优化劳动组织,大胆创新生产工艺等科学有效的手段,在矿区率先实现"一矿一面"突破百万吨的原煤生产记录。

2006 年 11 月,选派 56 名职工远赴内蒙古自治区罐子沟煤矿创业,这是龙东煤矿实现走出去战略的第一支队伍。

2007 年 11 月,综采一队奔赴山西东坡煤矿创业。同年,先后派出 189 人赴山西平朔创业。

2015 年,通过优化系统、收缩采区、调整劳动组织等有效措施,形成"一井一面一水平一条生产系统"的生产模式,生产系统简单顺畅、安全可靠。

2016 年,20 人赴东坡煤矿进行工作。同年派出 650 余人到门克庆煤矿创业。

2017 年以后,由于煤层倾角变大、断层减少,龙东煤矿采煤工艺、生产系统、供电系统发生较大变化,更换为高工作阻力液压支架,大功率大截深采煤机,大功率运煤机械,综采设备完成了全面升级。同年,输送 63 名职工到 106 煤矿创业。

2017 年 10 月 14 日,通过国家煤矿安全监察局验收考核,成为江苏省首家国家一级安全生产标准化矿井。

2018 年 11 月 18 日,以 92.8 分顺利通过国家煤矿安全监察局一级安全生产标准化煤矿抽查。

(四)"处僵治困"情况

龙东煤矿坚决贯彻落实中煤集团关于"处僵治困"工作部署和要求,以减亏脱困为中心,以重点工作考核为抓手,积极发挥潜能,狠抓落实不放松。

2014—2015 年,西一采区压煤村庄搬迁完毕,解放储量 810 万吨;另有 21 号煤层可采储量 1 993 万吨,已解决资源枯竭问题。东二采区经过上部探巷、东二回风下山的巷探等多种方法探查,基本探明采区地质构造、煤层赋存和储量及开采技术条件,解放储量 563 万吨。

2017 年,原煤产量计划 105 万吨,实际完成 105.49 万吨,与计划产量相比超产 0.49 万吨,完成年度计划 100.47%。

2018 年,原煤产量计划 95 万吨,实际完成 96.52 万吨,与计划产量相比超产 1.52 万吨,完成年度计划 101.6%。

2019 年,原煤产量计划调整为 83 万吨,受生产地质条件复杂等因素影响,实际完成 79.21 万吨,与计划产量相比欠产 3.79 万吨,完成年度计划 95.4%。

该矿牢固树立"过紧日子"的思想,推行全员、全过程、全方位预算,对各项专项费用重新梳理、对下达的费用压缩指标、明确责任、严格考核,努力减少不必要开支,促使各单位精打细算,杜绝各种浪费,坚决做到无预算不开支,超预算严处罚。通过严格成本管控、优化生产布局、实施材料成本与单位工资捆绑考核、严格煤质管理等举措实现了提质增效。2017 年盈利 1 463 万元;2018 年盈利 582 万元。截至 2020 年 6 月,矿井实现安全生产 12 周年零 78 天的历史最长周期。连续 27 年保持高产高效矿井荣誉称号,安全生产标准化连续 23 年达行业级标准。

第三篇

煤炭生产

Meitan Shengchan

煤炭生产是公司基础支柱产业之一。1990 年以后,公司下属矿井岩巷掘进大多采用炮掘工艺进行施工,煤巷施工主要采用综掘机掘进工艺。支护采用架棚支护、锚网(索)支护、长短锚杆+锚索桁架梁+十字铰接钢筋梁协调承载联合支护、高强螺纹钢预应力锚杆+高强 T 型梁+锚索不对称耦合支护、高预紧长锚固柔性支护等。岩巷掘进方面一直使用潮喷工艺对围岩进行加固,探索方面使用湿喷工艺和薄喷工艺对围岩进行加固。

1991—2002 年,大屯矿区工作面以高档普采、综合机械化采煤工作面为主。2002 年以后以综采(综放)一次采全高工艺为主,辅以水采和炮采工艺,均采取走向长壁采煤方法,全部垮落法处理顶板,后退式开采。外部矿井采区按照标高布置,先回采标高较高的浅部采区,再回采深部采区。采区内各煤层开采顺序为下行开采。

矿井提升方式有立井提升、斜井提升、平硐提升,主运输系统以带式输送机运输为主,辅助运输系统较为复杂,采用地面电机车运输、井下大巷电机车运输、采区上下山提升绞车运输(个别上下山采用卡轨车或单轨吊)、采区无极绳绞车运输(个别采区采用异型轨卡轨车解决运人问题)。通风方式均采用中央边界抽出式通风。

调度系统实行公司、矿(厂、处、中心、二级公司)、队三级管理。日常生产组织、指挥、协调由公司和矿(厂、处、中心、二级公司)二级进行。1998 年以后,公司总调度和矿(厂、处、中心、二级公司)调度进行多次升级改造,逐步实现调度系统现代化、信息化、智能化。

公司大力推进高产高效采掘队建设,采掘工作面单产单进水平逐年提高。单进水平1991 年平均进尺 145.17 米/月,提升到 2019 年 248.22 米/月。采煤工作面单产水平由1991 年平均 2.59 万吨/月,提升到 2019 年 15.79 万吨/月。年总产量由 1991 年的365.68 万吨提升到 2010 年的 909.22 万吨,之后年总产量稳定在 890 万吨以上,其中 2018年达到最高产量 920.78 万吨。

截至 2020 年 6 月,公司共有 5 座生产矿井,分别为大屯矿区 4 座矿井和新疆白杨河矿区 106 煤矿。5 座矿井先后通过国家一级安全生产标准化矿井验收。在建矿井 1 座,为新疆白杨河矿区苇子沟煤矿。开发矿井 2 座,为甘肃灵南煤业有限公司唐家河、南川河煤矿。挂牌转让山西玉泉煤业有限公司和中煤煜隆能源有限公司。

第一章　开拓与掘进

第一节　开　拓

一、立井开拓

（一）姚桥煤矿开拓

1974年,矿井大巷的布置分为运输大巷、胶带运输大巷、回风大巷,均采用分水平开拓,大巷布置在煤层上方,开拓回风下山、辅运下山、胶带下山,并陆续完善人行车场、变电所、水泵房、水仓等工程。

1988年矿井开始立项改扩建后,共有主井、副井、新主井、新副井、西风井、东风井和东二风井7个井筒。

1991—1998年,该矿实施一200米总回风巷开拓,全长4 953米。

1999年,该矿掘进一650米胶带大巷改造段、一400米胶带大巷、中央采区胶带下山、中央采区中部车场、中央采区一850米变电所等1 625米。

2000—2004年,该矿掘进一200米总回风巷、一850米西大巷、一650米西大巷、一400米胶带大巷等7 898米。

2005—2008年,该矿掘进一850米西轨道大巷、西胶带大巷、水仓扩容等5 106米。

2009—2014年,该矿掘进一181米水平补回风巷、一650米车场人行车库、东胶带集中巷、集运胶带回风通道,西五吊装硐室、一200米总回等6 001米。

2015—2019年,该矿掘进一850米回风改造巷、西十探煤下山、中央2轨道下山、采区集中回风巷、采区主水仓、轨道胶带下山等3 819米。

（二）孔庄煤矿开拓

1991—2004年,该矿主要在一375米水平进行采掘活动,矿井未进行开拓延伸。

2005—2006年,该矿一375米水平通过暗斜井开拓延伸至一785米水平,并完成暗斜井下口车场和硐室施工。

2008—2011年,该矿施工一785米轨道大巷和一785米胶带大巷,两条大巷同时掘进,其中一785米轨道大巷全长3 845米,一785米胶带大巷全长4 164米。

2007年,该矿三期改扩建工程开工建设,采用立井开拓方式。至2012年完成了混合井井筒、井底车场及硐室、一1 015米水平轨道大巷、一1 015米胶带大巷等工程。

井田内有主井、副井、混合井、东风井和南风井5个井筒,主井、副井和混合井位于井田中央,东风井和南风井位于井田南部浅部边界。其中混合井井筒1 083米,井底车场及硐室2 342米、一1 015米水平轨道大巷1 918米、一1 015米胶带大巷1 946米。

2017年一1 015米大巷向东开拓延伸,至2019年一1 015米轨道大巷全部竣工,全长

3 984 米,－1 015 米胶带大巷剩余 450 米未完成,设计全长 3 952 米。－1 015 米水平共布置 IV_1 和 IV_3 两个采区、四条上山。其中,IV_1 回风上山长 694 米,IV_1 胶带上山长 786 米,IV_1 轨道上山长 794 米,IV_1 人行上山长 794 米。IV_3 采区双翼开采,共布置三条上山。IV_3 回风上山长 1 104 米,IV_3 胶带上山长 1 132 米,IV_3 轨道上山长 1 130 米,其中 IV_3 胶带上山和 IV_3 轨道上山于 2019 年完工,IV_3 回风上山 2020 年完工。

（三）徐庄煤矿开拓

1990—1996 年,该矿－400 米水平东翼大巷掘进至设计位置,巷道及附属硐室工程量2 000 米。

1996—2004 年,该矿西翼暗斜井、西翼井底车场及其附属硐室、－750 米东翼大巷等完成,开拓工程量 8 600 米。

2004 年,该矿－750 米西翼水平大巷开始施工。截至 2020 年 2 月底,－750 米西翼轨道大巷已施工 4 940 米,－750 米西翼胶带大巷施工 4 100 米。

2017 年 1 月,西风井开始井筒冻结,同年 6 月开工建设;2018 年 8 月井筒到达落底标高位置。开拓工程量 612.5 米,井筒表土及风化基岩段采用差异冻结法施工。双层井壁厚度900 毫米和 1 000 毫米两种,内、外壁均为钢筋混凝土支护。基岩段采用普通法施工,单层井壁厚度 500 毫米,采用素混凝土支护。井筒内布置有玻璃钢梯子间以及管路。2019 年 11 月,西风井进行联合试运转。井田内有 4 个立井井筒,其中主井和副井井筒位于工业场地内,形成 2 个进风井、2 个回风井的通风格局,其中主井、副井进风,南风井和西风井回风。

（四）龙东煤矿开拓

1987 年,井田内 3 个井筒,一个主井、一个副井和一个风井,均采用立井开拓。主、副井位于井田中部,主井井筒深度为 371 米,负责提煤;副井井筒深度为 348 米,负责提升人员及物料;风井井筒深度为 257.8 米。大巷的布置分为运输大巷、胶带运输大巷、回风大巷,均采用单水平(－285 米)开拓,大巷布置在煤层上方,开拓回风下山、辅运下山、胶带下山,并陆续完善人行车场、变电所、水泵房、水仓等工程。

1991 年,开始西大巷开拓,全长 1 830 米。1991—1996 年分别掘进东辅轨道上山、东辅进风上山、东辅运输上山、东大巷、东一采区车场、西总回风巷等 9 712 米。

1997—2008 年,掘进西辅胶带集中巷、西一运输集中巷、西辅轨道石门、西一变电所、西一胶带下山、西风井井底车场以及东一轨道上山、－285 米机轨合一大巷等 4 020 米。

2014 年,开始向东二采区延伸,优化矿井设计后大巷均为全岩巷道,布置分为机轨合一大巷、回风大巷,较原来节约一条专用的胶带运输大巷。

2014—2019 年,掘进东翼机轨合一大巷、回风大巷、东二回风下山、辅运下山、胶带下山、人行车场等 6 320 米。

二、平硐开拓

2009 年,天山公司 106 煤矿开工建设。矿井采用平硐开拓,项目建设初期在呼图壁河东岸场地布置主平硐、副平硐,在浅部布置东翼回风斜井。主平硐布置一条 1.2 米宽带式输送机,担负矿井煤炭运输任务,兼作进风井及安全出口,并布置一趟消防洒水管路、一趟压风管路及动力电缆、通信电缆等。带式输送机的安装与检修则利用主、副平硐间的联络巷进行。副平硐内铺设 600 毫米双轨,轨型为 30 千克/米,采用蓄电池电机车牵引矿车担负矿井

设备、材料、矸石及人员运输任务,兼作进风井及安全出口,并设有消防洒水管路、压风管路、注氮管路及通信电缆等。东翼回风斜井内敷设黄泥灌浆管路,并布置有台阶及扶手,兼作矿井反风及水灾时的安全出口。井底车场硐室为井下主变电所及井下消防材料库。

主、副平硐到底后向东延伸布置东翼集中大巷,然后向南布置I₁采区集中上山。I₁采区集中运输上山沿7号煤层顶板布置,通过采区煤仓与东翼集中运输大巷沟通,铺设1.2米宽带式输送机,运量1 000吨/小时,担负采区煤炭运输。

I₁采区集中辅运上山沿7号煤层顶板布置,通过采区下部车场与东翼集中辅运大巷相连。采区下部车场采用煤层底板绕道,标高为+1 277米,上部车场采用平车场,标高为+1 586米。I₁采区集中辅运上山铺设30千克/米轨道,担负采区材料、设备、矸石等运输,另布置架空乘人装置,担负采区的人员运输任务。I₁采区回风上山靠近火烧区保护煤柱,沿6号煤层顶板布置,只担负采区回风任务。

2019年11月16日完成竣工验收。矿井通风、运输、供电、排水、防尘洒水、供风、降温、安全监控等主要生产系统以及井下开拓布置、采煤工作面安装和安全设施已按设计要求施工完成;各系统经监理及建设单位验收已具备安全生产要求。地面生产系统、环境保护设施、主要工业和行政福利建筑均按设计要求建成。

三、斜井开拓

2009年,中煤能源新疆鸿新煤业有限公司苇子沟煤矿开工建设,采用斜井开拓方式。初期共布置有3个井筒。工业场地内共布置2个井筒,分别为主斜井和副斜井,其中主斜井安装带式输送机和架空乘人装置,担负煤炭提升和人员升降任务,并兼作进风井和安全出口;副斜井采用双钩串车提升,担负全矿井设备、材料、矸石等辅助提升任务,并兼作进风井和安全出口。风井场地内布置有1个井筒,为回风井,担负矿井回风任务及安全出口。

截至2020年3月底,累计完成井巷工程5 786米。其中副斜井1 250米,回风斜井556米,总回风巷76米,回风联络巷102米;主斜井1 420米,副斜井底车场360米,井底内、外水仓355米,一水平集中回风巷604米,躲避硐、钻场、临时水仓、探巷、消防材料库等1 063米。预计至2020年6月底,累计完成井巷工程量6 082米。

第二节 掘 进

一、掘进工艺

(一)炮掘

1990年以前,公司下属矿井岩巷掘进大多采用炮掘工艺进行施工。采用凿岩机打眼;爆破采用水胶炸药、乳胶炸药、硝铵炸药和煤矿许用8#毫秒延期电雷管(1~5段)配合发爆器作业;大多数岩巷呈半圆拱形,使用锚网喷支护工艺进行支护;耙装机出矸,蓄电池电机车与1吨矿车进行材料运输和出矸工作。

1990年之后,在炮掘工艺中逐步推广应用了激光定向和光面爆破等技术。随着光面爆破技术的不断成熟,巷道成型相对于原有工艺有了很大改善,减少了落矸量,降低了出矸量,提高了工程质量及掘进效率,促进了炮掘工艺在矿区的推广应用,岩巷单进水平有了大幅

提高。

2011年开始,随着矿井开采深度不断加大,巷道开裂、变形现象增多,公司逐步推广了岩巷薄喷工艺,并于2013年在全矿区范围进行应用。薄喷工艺就是为了减少巷道喷浆体开裂现象,降低喷浆厚度,要求喷浆厚度不超过10厘米,巷道锚杆外露率不得低于60%。薄喷工艺的推广,不但降低了支护成本,而且减少了巷道修护量,提高了掘进效率,及光面爆破质量。2017年龙东煤矿创出月进尺147米的成绩。

炮掘工艺中出矸效率一直是影响巷道进尺的关键。2015年,龙东煤矿在传统出矸系统中使用了液压调车系统,大大提高出矸效率。2018年,孔庄煤矿在Ⅳ₃采区下山施工过程中对出矸系统进行了改造,取消传统的绞车运输出矸系统,构建了胶带出矸系统,实现Ⅳ₃采区两条下山掘进期间胶带排矸。掘进工作面矸石由P60B型耙装机装载至DSJ100/63/2×75型带式输送机,掘进头出矸时间由原来的每班2~3小时,减至0.6~1小时,每班节约出矸时间1~2小时,下山掘进尺由原来的55米/月提高至70米/月。

2012年,孔庄煤矿岩巷掘进全面推行初喷工艺,爆破后能及时喷浆封闭围岩,减轻围岩风化,锚杆支护在较平整喷层上,确保锚杆托盘与喷层密贴,受力均匀,提高锚杆的支护效果。

(二)机械化掘进

1990年以后,公司煤巷施工主要是综掘机掘进工艺。采用EBZ-200型或EBZ-160型掘进机落煤,沿煤层底板施工,巷道断面为矩形或梯形断面。QZP-160桥式转载机配合DSJ80胶带机、SGW-620/40吨刮板输送机出煤;MQT-120/130型气动锚杆机施工顶锚杆和锚索,ZQS-50/2.5S型手持式气动锚杆钻机施工帮锚杆;支护采用MQT120/130型气腿式(支腿式)锚杆机锚固。采用螺纹钢树脂锚杆及锚索配合金属网片、钢带梁进行联合支护。辅助运输采用JD-1绞车配合JWB-8无极绳连续牵引车进行运输,煤巷循环进度1.6米左右。2009年姚桥煤矿7711材料道实现月进尺798米;2010年姚桥煤矿7717刮板输送机道实现月进尺800米。

2007年7月,公司引进4台ZMC-30型侧卸式装煤机,先后在龙东煤矿、徐庄煤矿进行推广应用。使用装煤机可以有效解决迎头空顶作业问题,大大降低工人劳动强度,出煤速度显著提高,月进度可达到300米,比过去提高60米左右。在徐庄煤矿掘进四队施工的8153材料道过6米落差断层时,小班进尺提高近50%。

2013年4—7月,106煤矿引进一台EBZ260型大功率岩巷综掘机,先后应用于Ⅰ₁采区辅助运输上山四甩道车场、Ⅰ₁采区603进风巷车场、Ⅰ₁采区三甩道车场等关键巷道的掘进工作。

2018年,公司引入岩巷机械化掘进作业线。该机械化作业线使用液压钻车施工炮眼,挖掘装载机和转载带式输送机装运迎头矸石,带式输送机将迎头矸石运至卧式矸石仓,利用耙装机将矸石装车,最后用矿车将矸石运至井底车场。液压掘进钻车为CMJ2-17型双臂式,挖掘装载机为ZWY-150/55L防爆型履带式,挖掘装载机机架后部悬挂1台DZQ80/35/15型转载带式输送机配套DSJ100/63/2×75型带式输送机运输。掘进断面19平方米以上的大断面岩巷掘进尺由原来的70米/月提高至90米/月。

2019年,公司引入首台EBZ160M-2型掘锚一体机,在姚桥煤矿使用。EBZ160M-2型掘锚一体机在原悬臂式掘进机外形尺寸变化不大的情况下集成了锚杆液压钻机、临时支护、负压吸

尘风筒及高压水喷雾,结构紧凑,空间利用率高。掘锚一体机首次在姚桥煤矿 7703 刮板输送机道试用,单日最高掘进进尺达 25 米,日均 22 米,月度累计完成掘进进尺 628 米。

二、掘进装备

1990 年以后,公司各矿岩巷一直沿用炮掘工艺。使用 7655 型风锤施工炮眼,使用 MQT-120J 型锚杆机施工、安装顶板锚杆;帮部使用 7655 型风锤打眼,MQS-50/1.9 型风煤钻安装锚杆;使用耙装机出矸,耙装机由 P30B 型、P60B 型到 P90B 型逐步升级,主要使用 P60B 型耙装机。矸石运输主要采用蓄电池电机车和 1 吨矿车,蓄电池电机车主要有 CYT-5 型、CYT-8 型、CYL-8 型,其中 CYL-8 型电机车于 2016 年开始使用,两端均有驾驶室。2018 年引入岩巷掘进机械化作业线,打眼效率和出矸效率大幅提高,月均进尺提高 25%。

1990 年以后,煤巷掘进开始引进综合机械化装备,综掘机选用 AM-50 型小功率掘进机、SGW-20 型刮板输送机和 SPJ-600 型带式输送机,钻眼工具选用 MQT-80 型锚杆机、MZ-1.2 等型号的煤电钻。随着机械化水平的提高,公司在 2000 年以后引进 EBZ-100S 型掘进机,2005 年引进 EBZ-135 型掘进机,2007 年引进 EBZ-160 型掘进机,并于 2010 年开始在矿区进行全面推广。2018 年引进 EBZ-200 型掘进机,配合 SGW-40 型刮板输送机和 SPJ-800 型带式输送机;钻眼选用 MQT-120 型锚杆机和 ZMS60 风煤钻;岩巷选用 P-60 型耙装机、P-90 型耙装机、PC6I-J 型喷浆机、SLH-6 型上料机、YT-28 型气腿式风钻。2019 年引进 EBZ160M-2 型掘锚一体机,大大提高了掘进机械化水平。

第三节 支护管理

一、锚网(索)支护

1990 年,公司锚杆支护的巷道进尺占掘进总进尺的比例不断上升。1995 年,公司掘进总进尺 52 190 米,锚杆支护占掘进总进尺的 34.8%,其中岩巷锚、喷支护率达到 91.3%,煤巷锚网支护率 10%。随着锚网(索)支护的不断发展,开采深度的逐步加大,锚索的使用也逐步增多,开始时使用直径 15.24 毫米锚索。

1996 年以后,大屯矿区岩巷推广树脂锚固剂加螺纹钢、锚喷支护,煤巷支护方式采用螺纹钢锚杆配锚索或加钢带梁支护,由架棚巷道被动支护改为主动支护,改善围岩支护状况,提高支护质量和巷道掘进的单进水平。

1997 年,在全公司推广煤巷锚网支护,除下分层工作面巷道外全部为锚网(索)支护,岩巷掘进支护方式由砌碹、架棚支护,改为锚喷、锚网(索)支护。

1999 年,掘进巷道锚网支护由管缝式锚杆逐步向树脂锚杆演变。

2001 年,Q235 型圆钢树脂锚杆全部取代管缝锚杆,配合金属网进行支护,锚杆直径 16～18 毫米,锚杆长度 1.8 米。

2005 年,逐步淘汰圆钢锚杆,采用锚杆直径 18～22 毫米,锚杆长度 1.8～2.4 米左旋螺纹钢锚杆作为主要支护锚杆。

2005 年以后,由于直径 15.24 毫米锚索存在三径不匹配的问题,开始使用直径 17.8 毫米锚索取代直径 15.24 毫米锚索。

随着开采深度不断增加,开采压力增大,到 2010 年全矿区取消直径 15.24 毫米锚索的使用。

2016 年,根据公司《关于印发公司锚(杆)索支护技术管理规定的通知》(〔2016〕326 号)的要求,徐庄煤矿煤、岩巷主要支护方式采用锚杆(索)支护,锚杆(索)附件及网、梁(带)做到系统匹配。锚固形式采用全长锚固式和加长锚固式;巷道断面形状,优先选用超椭圆拱形、小曲率拱形或半圆拱形,矩形断面两肩成弧形。

2016—2019 年底,公司−700 米水平以上锚杆支护材料顶部锚杆优先选用锚杆杆体屈服强度不低于 335 兆帕Ⅱ级煤矿专用锚杆螺纹钢;−700 米水平以下锚杆杆体屈服强度不低于 500 兆帕Ⅳ级煤矿专用锚杆螺纹钢。巷道帮部锚杆参照顶部锚杆选用原则,根据巷道围岩条件、使用要求选择其他符合相应技术标准的锚杆种类。

2019 年,根据冲击地压管理要求,有冲击地压危险的巷道采用直径 21.6 毫米的锚索进行支护。

二、联合支护

2008 年,孔庄煤矿与中国矿业大学合作对受采动影响的−620 米软岩大巷,采用锚网索喷＋注浆锚杆联合支护,使用 LF-1 型注浆锚杆进行加强支护,注浆锚杆规格 ϕ22 毫米×1 800毫米,巷道得到有效控制。

2014 年,徐庄煤矿首条单轨吊车运行巷道 7332 材料道施工过程中,针对 7332 材料道高应力、倾斜、软弱煤岩层等复杂工程条件的现状,采用综合研究手段,分析巷道围岩变形机理,提出"一次支护和高预应力与预应力扩散"的支护原则,采用高强螺纹钢预应力锚杆＋高强吨型梁＋锚索不对称耦合支护。自 2014 年 4 月单轨吊车集中运输液压支架以后,运行正常,表明设计达到了预期的效果,煤岩巷道围岩得到了有效控制。

2016 年,徐庄煤矿东九通风下山扩巷掘进时,针对徐庄煤矿东九采区通风下山受重复采动影响下巷道矿压显现剧烈,破坏较为严重的情况,采用顶板桁架锚索＋帮部长短锚杆交替布置配钢筋网片、钢筋梯子梁的联合控制方案,以"全断面协同承载"为核心控制理念,通过对巷道采取长短锚杆协调承载、侧向生根桁架梁防切顶和巷道断面强化控制相结合的综合技术,有效控制巷道围岩在采动期间的变形。

2018 年,在姚桥煤矿实验应用了高强载荷显示让均压锚杆,随后徐庄煤矿也有使用。此锚杆是根据深部工程大变形巷道对锚杆的较高支护要求而设计出来的,是一种复合结构型可拉伸锚杆,能够通过恒阻装置的摩擦滑移变形来吸收围岩变形能,同时在围岩大变形条件下仍然保持恒定的支护作用以保证巷道围岩的稳定。

2019 年,基于高预紧长锚固为基础的跨界强化支护技术研究,在姚桥煤矿使用高预紧长锚固柔性支护锚杆,形成一套适合于厚煤层煤巷快速掘进理论技术体系,建立高效快速掘进模式。

三、架棚支护

1991 年以后,在施工下分层巷道以及巷道过地质构造带、老硐等特殊地点时,单独的锚网索支护往往不能满足支护要求,于是就有了锚架联合支护。架棚材料用 11 号工字钢在地面加工成棚梁、棚腿,棚梁长度为 3.6～4.4 米,棚腿长度 2.8～3.4 米。巷道断面呈梯形或斜梯形,棚距 0.8～1.0 米。架棚使用水泥背板或木背板,并用木楔将顶、帮背实,棚与棚之间用撑木或拉杆连接。架棚支护主要抵抗垂直应力,锚网索支护主要抵抗侧向水平应力,实现架棚支护与锚网索支护应力、空间上的耦合,提高支护系统的承载力。随着锚网工艺的不断改善,支护强度的不断提高,并且下分层巷道已经结束,近年来公司架棚巷道长度逐年降低。

由于开采深部不断加大,2018 年以后,在具有冲击危险性的地点开始使用可伸缩式刚性支架。可伸缩式刚性支架棚腿使用 29U 型钢,棚梁使用 11 号工字钢。卡缆使用高预紧力螺母,使棚梁与腿之间施加挤压力,既有一定支撑力,又有可缩量。支架之间使用三趟高强度联结拉钩,使支护成为一个整体,有效抵抗顶板翻转产生的非对称性应力。支架顶、帮侧空隙使用半圆木填实背严,起到良好支护作用。其支架为非拱形的梯形、矩形、斜梯形等金属支架,能够满足围岩带来的工作阻力,具备一定的可缩性,在动压显现剧烈的围岩巷道中优越性较为明显。经现场使用巷道围岩变形量得到有效控制,较大改善巷道围岩支护工程效果。

2019 年 3 月,在姚桥煤矿 7703 材料道掘进中,利用高预紧长锚固柔性锚杆构建巷道顶板厚锚固层连续梁的支护技术,采用单一支护取代组合支护、大排距支护代替中小间排距支护,锚杆工作效能达到普通锚杆 3 倍以上的高性能锚杆,形成较强承载力的锚固层,进一步提高了掘进效率。

四、喷浆支护

1990 年以后,公司岩巷掘进方面一直使用潮喷工艺对围岩进行加固。潮喷工艺就是将骨料预加少量水,使之处于潮湿状态,从而使上料、拌料、喷浆时减少粉尘。潮喷工艺技术成熟、经济可靠、机械设备结构简单、故障处理容易;缺点是施工时粉尘大、回弹料多、水灰比不易控制。

2011 年以后,推广薄喷封闭支护技术,采用 PS6I-J 型喷浆机,喷层厚度不超过 100 毫米。同时探索使用湿喷工艺,将骨料、水泥、水按设计比例搅拌均匀,通过湿喷机进行喷射,回弹率可控制在 10％以内,配套使用先喷后锚工艺,降低喷浆厚度。

2013 年 6 月 7 日,公司在姚桥煤矿召开岩巷喷浆支护工艺改革现场推进会。对先喷后锚工艺和锚网支护新工艺在该矿西十探煤下山创新应用进行推广。通过薄喷工艺的推广,有效降低支护成本及职工的劳动强度,提高掘进效率,减少深部巷道维修量,降低安全风险。

第二章　煤炭开采

第一节　采煤方法

1991年以后,大屯矿区工作面以高档普采、综合机械化采煤工作面为主,辅以水采和炮采工艺,均采取走向长壁采煤方法,后退式开采。

煤层开采顺序正常是先开采7号煤层,再开采8号煤层,工作面由上而下顺序布置,先回采浅部工作面,再回采深部工作面。绝大多数工作面为两道互相平行的正规工作面,同时有少数"刀把"式工作面、拐弯工作面。

原先受设备影响工作面长度一般都在120～150米之间,但随着科技的发展,公司逐步升级改造装备,提高了工作面的面长,逐渐从150米增加到180米,从180米增加到220米左右。2017年姚桥煤矿回采的7271工作面面长达到了260米,创造了公司面长布置记录。

1992年10月,孔庄煤矿首个水采工作面7215工作面开始投产,标志着公司水采工艺回采正式上马。水采工作面采用走向或倾向短壁采煤方法,全部垮落法管理顶板,水枪落煤、U形溜槽运输。巷道支护从木点柱、工字钢棚到U型钢可伸缩性支架,2004年以后,采用锚网(索)支护,由被动变主动,巷道支护强度大大提高。

1993年,龙东煤矿综采队以年产原煤100.6万吨的成绩,创下了华东地区一矿一队采煤新纪录。

1996年12月,姚桥煤矿7509综采放顶煤工作面开始投产,1998年徐庄煤矿首个综放工作面7235综放工作面投产。

1998年5月20日,公司为解决村庄下采煤问题,成功实施高潜水位大型户群村庄下采煤新技术。该项目获得原煤炭部1997年度科学技术进步三等奖。公司在西姚桥成功实施这项采煤新技术,解决400户农民异地搬迁问题,节约耕地395亩,企业节约投资543万元。

2002年,孔庄煤矿首个轻型放顶煤工艺工作面7338工作面投产;同年龙东煤矿首个综放工作面7126工作面投产;2002年以后公司大屯矿区进入了综采(综放)一次采全高采煤方法时期。2009年9月1日,原新疆建设兵团106团煤矿一井与二井合并成中煤能源新疆天山煤电有限责任公司106煤矿,并进行改扩建,关闭原有两个井,重新施工主平硐、副平硐和东翼回风斜井。矿井采区按照标高布置,先回采标高较高的浅部采区,再回采深部采区。采区内各煤层开采顺序为下行开采,即顺序开采5、6、7、8号煤层。工作面为两道互相平行的正规工作面,均采取走向长壁采煤方法,全部垮落法处理顶板,6号煤层采用综采一次采全高采煤方法,7号和8号煤层设计采用综采放顶煤一次采全高采煤方法。

2013年8月,106煤矿首采面11601综采工作面试生产。

2013年9月13日,由江苏省经济和信息委员会组织召开《大屯矿区微山湖下采煤安全性评价证论报告》评审会,论证分析研究湖区第四系松散地层分布规律、岩性结构及其阻水、

隔水性能;根据姚桥煤矿、徐庄煤矿、孔庄煤矿地质条件和开采工艺,计算湖下开采安全煤岩柱留设尺寸,通过留设防水(防砂)煤岩柱等措施实现湖下安全开采。

1973 年至 2020 年 6 月公司原煤产量统计见表 3-2-1。

表 3-2-1 1973 年至 2020 年 6 月公司原煤产量统计表 单位:万吨

时间	总产量	时间	总产量
1973—1990 年	3 129.16	2006 年	760.10
1991 年	365.68	2007 年	780.00
1992 年	363.70	2008 年	780.00
1993 年	387.58	2009 年	780.00
1994 年	405.22	2010 年	909.22
1995 年	410.06	2011 年	893.15
1996 年	460.92	2012 年	924.54
1997 年	460.47	2013 年	955.26
1998 年	520.89	2014 年	924.26
1999 年	616.57	2015 年	901.08
2000 年	665.99	2016 年	838.76
2001 年	707.29	2017 年	891.18
2002 年	706.24	2018 年	920.78
2003 年	726.41	2019 年	892.64
2004 年	718.62	2020 年 1—6 月	485.00
2005 年	712.53		
总合计		23 993.3	

第二节 采煤工艺

一、炮采工艺

1991 年以后,姚桥煤矿、孔庄煤矿、徐庄煤矿和龙东煤矿仍保留炮采工艺,采用钻爆法落煤、人工攉煤、可弯曲刮板输送机运煤,人工和机械相互配合,劳动强度较大。随矿井机械化水平不断提高,矿井炮采工作面产能所占比例逐渐减小,主要布置在一些边角煤柱以及较小工作面,以达到提高资源回收的目标。2014 年,徐庄煤矿最后一个炮采工作面 7196 下分层回采结束,全部淘汰炮采工艺。

二、水采工艺

1992 年,孔庄煤矿引进水采工艺,采用水枪落煤、U 形溜槽输运,解决地质构造复杂、断层多、煤层倾角大、顶板管理困难等难题。该工艺先后在 6 个采区应用，回采了 33 个工作面。回采过程中，巷道设计、顶板支护、煤炭运输等环节也在不断创新发展。

1996—2002 年，水采产量始终稳定在 50 万～60 万吨/年，将孔庄煤矿产量提升到 120 万吨/年。

2002 年开始，孔庄煤矿引进综采工艺，水采产量逐年减少，成为配采队伍。2017 年 8 月，最后一个水采工作面 7293 下工作面回采结束，水采工艺被淘汰。

三、高档普采工艺

1990 年以后，大屯矿区高档普采大多采用单滚筒或双滚筒采煤机、刮板输送机运输，单体液压支柱和铰接顶梁支护顶板，产量都在 60 万吨以上，占当时回采总产量 25% 以上。

1996 年 8 月，孔庄煤矿 7177 工作面采用高档普采放顶煤工艺，是公司首个高档普采放顶煤工作面。7177 工作面位于孔庄煤矿 I_4 采区，工作面煤层赋存稳定，倾角为 18°～22°，煤层厚度 4.18～5.13 米，工作面斜长 87～110 米。工作面采用 MG-150W 型双滚筒采煤机落煤，采用滑移网格迈步式支架。

四、综采一次采全高工艺

1997 年以前，由于 7 号煤层大部分厚度在 5 米左右，主要以分层开采为主。分层开采属于综采一次采全高工艺中前期比较主要的采煤方法。综采一般分层厚度 2.5～3.0 米，炮采分层厚度在 2.0～2.2 米。分层开采期间，上分层铺设人工假顶和注浆形成人工顶板，使用金属网或塑料网铺设下分层假顶，下分层开采在假顶的保护下进行作业。采用走向长壁采煤法，后退式开采。8 号煤层厚度在 3 米以下时，采用综采一次采全高；3.5 米以上时，采用炮采分层开采，分层厚度在 2 米左右。

1997 年以后，高新技术不断向采矿领域渗透，采掘装备的不断更新发展，出现适应不同煤层条件的大型综采设备，公司也逐步引进了综采一次采全高工艺，煤机在工作面中上部斜切进刀，采用采煤机落煤，自行装煤；移架在割煤时滞后采煤机后滚筒 4～6 架，进行分组追机移架；设专人推溜，滞后煤机 12～15 米开始；工作面刮板输送机推过之后，及时将支架底座前方、架间及电缆槽内的浮煤清理干净。逐步替代炮采、高档普采。

2005 年，在徐庄煤矿东三采区布置 8133 综采工作面，该工作面切眼长 145.5 米，布置 ZY3300-13/33 型掩护式液压支架支护顶板，采用 SGZ-764/500 型刮板输送机，割煤使用 MG200/475-W 型双滚筒采煤机，月产量达 6 万吨以上。

2014 年，在孔庄煤矿 8201 工作面首次采用 ZY6000/17.5/38 型液压支架，采用 MGTY-400/930 型采煤机，SGZ-800/1050 型可弯曲刮板输送机，月产量达 12 万吨。

2015 年，龙东煤矿最后一个分层开采工作面下分层 7140 工作面回采结束，分层开采工艺被淘汰。

五、综采放顶煤开采工艺

1996 年 11 月 14 日，大屯矿区第一个综采放顶煤工作面在姚桥煤矿 7509 工作面试采一次成功，当天生产原煤 1 700 吨。逐年对矿井工作面参数及矿井系统进行优化，使矿井能达到极大释放，连续十年矿井年产量维持在 440 万吨以上。

2002 年,孔庄煤矿首个轻型放顶煤工艺工作面 7338 工作面投产,工作面主要采用 MG160/380-WD 型采煤机落煤、YF2800-16/26 型轻型放顶煤支架支护,标志着孔庄煤矿步入水采和综采(综放)回采阶段。

同年,龙东煤矿首次在 7126 工作面采用综采放顶煤开采工艺,采用 YFJ2200-16/24 型放顶煤液压支架,匹配 MG2×200/925-AWD 型采煤机、SGZ-630/264 型刮板输送机,标志着龙东煤矿逐步进入综采(综放)回采阶段。

2004 年,徐庄煤矿 7152 综放工作面使用了公司改进型 ZFSB4400/16/28 型液压支架,提高了支架工作阻力,回采效率得到提高,标志着徐庄煤矿逐步进入综采(综放)回采阶段。

大屯矿区标准化采煤工作面见图 3-2-1。

图 3-2-1　标准化采煤工作面

第三节　采煤装备

一、炮采装备

20 世纪 90 年代,炮采工作面使用单体液压支柱与金属铰接顶梁配套支护顶板,SGZ80 型输送机运输,人工钻眼,人力装煤(俗称攉煤)和爆破装煤。此时,炮采工作面的装备比较简单,适应性强,各种条件下采煤工作面均可应用,且所需设备少、初期投资小。但回柱放顶作业不够安全,顶板事故多,产量及效率低,月产量低于 5 万吨,工人劳动强度大,危险性高。

二、网格式放顶煤装备

网格式放顶煤工作面采用 ZWM 型网格式放顶煤支架、MG-150 型双滚筒采煤机落煤、SGW-220 型刮板输送机运输。

三、水采装备

水采工作面采用 L-W 型水枪落煤,工作面内部采用 U 形溜槽自行溜煤,木点柱支护,

两帮使用竹笆腰帮，后改用工字钢刚性支护，后来又改用 U 型钢可缩性支架支护，配合回柱绞车回料。2004 年巷道采用锚网（索）支护，由被动支护变为主动支护，水枪后配 20 套液压单体加强支护，巷道支护强度大大提高。

四、高档普采装备

1996 年 8 月，公司首个高档普采放顶煤工作面——孔庄煤矿 7177 工作面采用 MG-150W 型双滚筒采煤机落煤，采用滑移网格迈步式支架。同年 12 月，创出月产量 30 983 吨的全国"高放"纪录。1997 年，全年共生产原煤 285 933 吨，年产量创出"高放"倾斜煤层全国纪录，质量标准化保持部级标准。

五、综采一次采全高装备

1990 年，在徐庄煤矿 7211 工作面使用 QY240-0.94/2.6 型支架，创造了月产 100 016 吨的矿区记录。同年 3 月，研发应用 BY3300/13/33 型综采液压支架，匹配 6MG200 型采煤机和 SGZ-760/400 型刮板输送机，在龙东煤矿 7114 工作面工业性试验，平均月产量达 69 996 吨，最高月产量达 107 442 吨。

1999 年，在姚桥煤矿 7004 和 7006 工作面使用 ZY3000-2.3/4.5 型采全高支架，最高月产量达 13.6 万吨。

2004 年，引进 ZY3600-16/36 型大采高支架。2006 年 4 月，在徐庄煤矿 8231 工作面回采中使用，在工作面限产情况下，最高月产量达 11 万吨。

公司以 BY3300/13/33 为原型，改造设计 ZY5200-16/33 型综采液压支架，改善支架结构，增加支护强度，解决龙东煤矿矿压大问题。匹配 MGTY300/730-1.1D 型采煤机和 SGZ-764/400 型双中链刮板输送机。2006 年以后，在该矿中央采区西辅块段 7141 工作面以及 7144、7140 等工作面使用，年产量不断提高。

2013 年 8 月，在新疆 106 煤矿结合 6 号煤的顶底板岩性和煤层厚度等情况，采用 ZY6000/17/34 型综采液压支架，匹配 MG400/930-WD 型无链电牵引采煤机和 SGZ900/1050 型刮板输送机，实现"一井一面生产模式"，年产量达 120 万吨。

2013 年，根据孔庄煤矿 8 号煤平均厚度、倾角等相关地质参数，通过支架选型以及刮板输送机、采煤机等参数确定，与其他厂家合作研制 ZY6000/17.5/38 型两柱新型较大采高综采液压支架及其配套装备。在矿区首次引入双伸缩两柱式较大采高液压支架，实现一次采全高综采循环进度达 800 毫米的新突破，日产量最高达 4 500 吨，煤炭资源回收率比 ZY3600/16/36 型液压支架配套装备多回收 12.5%。

2020 年，姚桥煤矿 7263 工作面安装智能化工作面，采用 ZY10000/24/50D 型液压支架，匹配 MG750/1860-GWD 型采煤机和 SGZ-1000/1710 型刮板输送机，为公司第一套智能化综采装备。

六、综采放顶煤装备

1996 年 11 月 14 日，首个综放工作面姚桥煤矿 7509 综采放顶煤工作面建成投产，采用 ZFSB4400/16/28（A）型综采液压支架，匹配 MGTY300/730-1.1D 型双滚筒采煤机、SGD-630/180 型单中链刮板输送机。当天生产原煤 1 700 吨。

1998年以后，公司与有关科研单位共同进行轻型综采放顶煤支架的研制，1999年底完成了ZFJ2200-16/24型低位轻放综采支架的研制，匹配MG2×200/925-AWD型采煤机和SGZ-630/264型刮板输送机，2000年由北京煤机厂、公司拓特厂加工制造了ZFJ2200-16/24型支架于2001年11月在徐庄煤矿安装使用。

ZY300-1.45/2.2型支架经过拓特厂改造为放顶煤支架，2000年10月—2001年9月在姚桥煤矿7515工作面使用，最高月产量达13万吨。

2002年，研发ZF2800/16/26型轻型放顶煤支架，匹配MG160/380-WD型采煤机和SGZ764/400型刮板输送机，在姚桥煤矿使用。2007年，研发ZF3200/16/26型轻型放顶煤支架，匹配MG160/380-WD型采煤机和SGZ764/400型刮板输送机。

2007年10月，在姚桥煤矿7519工作面应用ZF5200/16/28(H)型综放液压支架，匹配MGTY300/730-1.1D型双滚筒采煤机和SGZ-764/630型刮板输送机，首次采用3 300伏电压等级，月产量最高达18万吨。

2010年，针对姚桥煤矿工作面煤层的赋存特点，研究了适合7号煤层综放开采的新型配套装备，首次引进了两柱新型综放支架液压支架ZFY6800/16/28型放顶煤液压支架，匹配MG500/1130-WD型采煤机和SGZ800/1050型刮板输送机，实现工作面循环进度800毫米，月生产能力达到20万～30万吨，使工作面年产量接近或突破300万吨，基本实现矿井"一井一面"生产局面。

2011年，研发四柱式放顶煤液压支架ZF6200/16/28(H)型液压支架，及其匹配的MG400/930-WD型双滚筒采煤机和SGZ-800/1050型刮板输送机成套设备。设备配套能力达到国内综放开采的先进水平，填补了大屯矿区大功率综放设备使用缺乏的现状，适合姚桥煤矿和孔庄煤矿7号煤层地质条件。姚桥煤矿7709工作面平均月产量达20万吨以上，孔庄煤矿7433工作面平均月产量达10万吨以上，最高月产量13.6万吨。

2014年12月23日，公司在孔庄煤矿召开大采高综采支架推广现场会暨ZY6000型综采液压支架项目验收会。

2015年3月，ZY6000/17.5/38型两柱新型较大采高综采液压支架及其配套装备在孔庄煤矿得到成功应用。

2018年，在姚桥煤矿7721工作面研发应用了ZF9000/18/35型综放液压支架，匹配MG500/1130-WD1型双滚筒采煤机和SGZ800/1050型刮板输送机，2019年该工作面创造了月产量30万吨的历史单产记录。

2020年，公司在106煤矿引进应用智能感知、智能控制等技术，实现工作面前部开采以"记忆截割＋人员远程视频监控干预"、后部放煤以"时间控制＋人员干预"的方式，预留与惯性导航、工作面自动调直、精确三维地质模型等智能化开采技术接口。形成一套复杂条件下"智能感知、自动采煤、少人巡视、常态应用、减人提效"智能化工作面开采模式。在I₁采区703工作面安装综放智能化设备，配置ZFY10000/21/38D型液压支架、MG650/1510-WD型采煤机、SGZ1000/1400型前部可弯曲刮板输送机和SGZ1200/1400型后部可弯曲刮板输送机等设备，是大屯公司第一套智能化综放装备。

第四节　矿压和顶板控制

一、矿压监测

1995 年以后,公司各矿建立矿压观测定期报告制度,定期、定时采集数据,并对数据进行分析。

1999 年,公司将矿压观测工作纳入质量标准化考核范围。主要对工作面、材料道的刮板输送机道观测以及防冲监测。重点是加强支架阻力观测、巷道围岩表面位移观测、顶板离层观测、两道超前支护范围内单体液压支柱阻力观测、煤壁片帮观测、初次及周期来压观测等。并按照冲击地压防治要求,建立区域性监测的微震监测系统,在重点工作面安装应力在线监测系统,配备监测和分析人员,实行 24 小时不间断监测和分析。经过矿压观测和资料分析,矿区直接顶大部分属中等稳定顶板,初次垮落步距在 10～20 米,少数坚硬顶板工作面初次垮落步距大于 25 米,最大 60 米。也有些工作面顶板破碎,极不稳定,垮落步距小于 8 米。工作面基本顶初次来压步距一般为 25～45 米,周期来压步距为 10～16 米。

2006 年 10 月,公司与山东省优洛卡自动化仪表有限公司合作开发了综采支架工作阻力远距离监测系统,在龙东煤矿 7144 工作面应用,该系统与局域网相连,对工作面支架的工作阻力实现不间断的远距离监测,能掌握顶板来压时的压力数据,分析顶板来压规律,对工作面的顶板来压进行预测和预报。在成功应用后,2007 年 9 月姚桥煤矿两个工作面安装了两套此系统,孔庄煤矿和徐庄煤矿各安装了一套此系统。

2014 年 12 月,公司与煤科集团沈阳研究院有限公司合作,对新疆苇子沟煤矿副斜井井底车场揭 B8 煤层前区域突出危险性预测钻探,共设 5 个前探钻孔,打钻工程量 145 米,对各钻孔进行了封孔测压,同时对瓦斯含量、放散初速度、煤的普氏系数等指标进行了测试。

二、顶板控制

(一)大屯矿区顶板控制

1993 年,公司与中国矿业大学协作,对公司四座矿 7 号、8 号煤层顶、底板情况进行研究,根据原煤炭工业部《缓倾斜煤层采煤工作面顶板分类》,结合四座矿的煤层顶、底板资料,同年 7 月提出公司四座矿 7 号、8 号煤层顶板分类。姚桥煤矿 7 号煤直接顶为砂质泥岩时,顶板为Ⅱ级 2 类;直接顶为泥岩、砂质泥岩时,顶板为Ⅱ级 1 类;八号煤为Ⅱ级 2 类。孔庄煤矿 7 号煤直接顶以沙质泥岩为主,基本顶以细中粒砂岩为主,7 号煤一般为Ⅰ级 1 类;8 号顶板以细砂岩为主,为Ⅱ级 2 类。徐庄煤矿 7 号煤直接顶为砂质泥岩时,顶板为Ⅱ级 2 类,直接顶为砂岩时为Ⅳ级 4 类;8 号煤为Ⅰ级 1 类。龙东煤矿直接顶为粉砂岩时,顶板为Ⅱ级 2 类;顶板为砂质泥岩时,为Ⅱ级 1 类。顶板的分类为采煤工作面和巷道支护设计和支护材料的选择提供理论依据。

2012 年,公司与山东科技大学资源与环境工程学院合作开展大屯矿区顶、底板分类研究,形成《大屯矿区顶、底板分类研究报告》。矿区顶板以 2、3 类直接顶为主,龙东西一采区和徐庄东九采区下部为 4 类非常稳定顶板,对于坚硬顶板回采时都采取了深孔爆破、水力致裂等措施进行了软化顶板,保证回采期间的安全。大屯矿区顶、底板分类情况见表 3-2-2 和表 3-2-3。

表 3-2-2　2012 年大屯矿区顶板分类情况表

工作面	直接顶					基本顶		
	岩性	强度指数 U /(千克/平方厘米)	初次垮落步距 L_z/米	单向抗压强度 R_c/兆帕	分类	岩性	初次来压当量 p_c/兆帕	分级
龙东 7162	中砂岩	264.78	52.00	117.42	4 类/非常稳定	中砂岩+细砂岩	1 266.61	Ⅳb 级/非常强烈
姚桥 7717	砂质泥岩	65.48	11.00	55.97	2 类/中等稳定	中砂岩	1 187.89	Ⅳb 级/非常强烈
姚桥 7269	泥岩+细砂岩	71.43	12.00	61.05	2 类/中等稳定	中细砂岩	1 084.92	Ⅳa 级/非常强烈
姚桥 7541	砂质泥岩+中砂岩	117.14	14.00	72.76	3 类/稳定	中砂岩	1 204.83	Ⅳb 级/非常强烈
姚桥 8503	泥岩、碳质泥岩	45.24	15.00	38.67	2 类/中等稳定	7 煤采空区矸石层	925.30	Ⅱ 级/明显
徐庄 7199	砂质泥岩	71.12	18.00	66.28	2 类/中等稳定	中砂岩	1 305.37	Ⅳb 级/非常强烈
徐庄 8172	泥岩+细砂岩	73.89	20.00	56.32	3 类/稳定	砂质泥岩+7 煤采空区矸石层	962.98	Ⅱ 级/明显
徐庄 8230	砂质泥岩+中砂岩	140.78	21.80	99.21	4 类/非常稳定	砂质泥岩	1 064.16	Ⅲ 级/强烈
孔庄 7354	砂质泥岩	44.07	18.00	48.01	2 类/中等稳定	砂质泥岩+中细砂岩	1 255.55	Ⅳb 级/非常强烈
孔庄 8353	砂质泥岩	108.81	17.00	76.21	3 类/稳定	砂质泥岩	912.77	Ⅱ 级/明显

表 3-2-3　2012 年大屯矿区底板分类情况表

工作面	岩性	分类
龙东 7162	粉砂岩	Ⅴ类底板,坚硬
姚桥 7717	泥岩	Ⅴ类底板,坚硬
姚桥 7269	泥岩	Ⅳ类底板,中硬
姚桥 8503	泥岩	Ⅳ类底板,中硬
徐庄 7199	砂质泥岩	Ⅳ类底板,中硬
徐庄 8172	砂质泥岩	Ⅳ类底板,中硬
孔庄 7354	泥岩	Ⅱ类底板,松软
孔庄 8353	砂质泥岩	Ⅱ类底板,松软

（二）106煤矿顶板控制

106煤矿煤层顶板为碳质泥岩、细砂岩、粗砂岩，煤层底板岩性为粗砂岩、细砂岩、碳质泥岩。其中，首采6号煤可采指数为0.93，煤层厚度变化系数60.07%，属于较稳定煤层，与下部7号煤层间距22.75～43.01米，平均29.17米。为一走向东西、倾向北的单斜构造，倾角一般15°～22°。煤层底板标高为＋1 220～＋1 780米。

2014年，与中国矿业大学、四川大学合作，研究制定106煤矿可采煤层的采煤方法与顶板运动规律研究报告、近距离厚煤层群采掘巷道布置优化的研究报告以及106煤矿回采巷道围岩分类与顶板控制技术的研究，并根据井下煤层的情况开展可采煤层的煤岩物理力学性质测定。在掘进工作面优先改造优化液压超前支架作为掘进巷道的临时支护，提升矿井安全保障能力。

三、支护管理

大屯矿区投产以后，炮采工艺和高档普采采用单体和铰接顶梁进行工作面支护，综采（放顶煤）工艺采用液压支架对工作面进行支护。采用单体支护顶板布置方式一般分戴帽点柱支护、棚子支护。戴帽点柱是指用一根立柱和一个柱帽组成的工作面支护方式；棚子支护是指工作面采用一梁两柱或一梁三柱组成的框式支架支护工作面的方式。高档普采以及炮采工作面端头支护采用铰接梁或长钢梁配合单体支护。综采（综放）工作面最早端头支护也是铰接梁或长钢梁配合单体支护组合的抬棚进行支护。随着矿压显现越来越大，为提高端头支护效果，在上端头一般预留一台支架作为端头支护，提高支护质量。

1993年底，孔庄煤矿8135工作面试用NDZ-22型内注式单体液压支柱，但这种支柱仍需人工升柱，且机件容易损坏，在该面采完后停止使用。以后公司全部改为DZ型外注式单体液压支柱。

1996年，综采放顶煤工艺和综采一次采全高工艺逐步推广后，工作面超前支护一般采用铰接梁配合相应规格单体作为主要支护方式，辅以一般使用半圆木套棚进行支护，顶板下层较严重或顶板破碎时采用套工字钢棚方式加强顶板的支护。

2006年初和2007年初，公司与沈阳天安矿山机械股份有限公司合作研制ZFT14000-20/32轻放型和ZFT26000-22/32综放型放顶煤端头支架，2006年8月在姚桥煤矿7249工作面和2007年10月在姚桥煤矿7519工作面下端头进行支护，端头支架的整体性、高强度和自移性提高支护强度和安全系数，有效解决工作面出口容易冒顶、处理速度慢、劳动强度大等问题，从此以后，该矿条件允许的工作面下端头全部使用端头支架进行支护。

2007年，在姚桥煤矿7519工作面首次使用ZT2×3200型超前液压支架对刮板输送机道超前进行支护。

同年在姚桥煤矿7271工作面自主研发应用ZT6960型简易端头支架，该支架体积小、质量轻，较原先端头支架相比，在起到顶板支护的同时，安全操作空间更大，自移更方便，适用条件更广，在全矿区推广。

2008年，拓特厂制造经过改进的3套能放顶煤的综放端头支架，公司四座矿放顶煤工作面全部配备该端头支架。同年与沈阳天安矿山机械股份有限公司合作研制下分层工作面端头支架ZTZ16000/20/30型和ZT2×2500/18/29型超前液压支架，在龙东煤矿7142工作面使用，解决下分层开采出口支护和超前支护问题。

2019年7月,在徐庄煤矿Ⅱ₁采区7313工作面,首次引进超前垛式支架替代单体棚支护,材料道超前支护使用ZQ-4000/22/44型垛式支架进行支护。

2020年,姚桥煤矿7263智能化工作面两道安装ZQ-4000/22/44型垛式支架和ZH5600型滑移式超前支架进行超前顶板支护。同年,106煤矿Ⅰ₁采区703智能化工作面上下出口各安装5组ZH5600/25/38D系列超前支架进行超前顶板支护。

采煤工作面采用走向长壁全部垮落法管理顶板。一般情况下,工作面顶板随工作面推进随时垮落。由于在综采和综放工作面两道采用锚网锚索加钢带梁支护,待采用专用工具退锚杆和锚索后,上下隅角老塘侧顶板还不能及时垮落,造成悬顶面积超标时,一般采用人工强制放顶、砌墙和打设木垛等措施进行处理。

第三章 生产辅助

第一节 提升运输

一、立井提升

（一）姚桥煤矿提升系统

1996年10月，2#副井提升系统投运，井筒直径6.8米，提升机型号为JKMD4×4，电机功率为1 000千瓦，最大提升速度为8米/秒，双层罐笼，最大乘载人数北罐笼单层为40人，南罐笼单层O 32人，提升高度为683米。实现两个副井同时运行。

1997年12月，2#主井提升系统投运，井筒直径5.5米，提升机型号为JKMD4.5×4，电机功率为2 200千瓦，最大提升速度为9.42米/秒，单勾提升质量为20吨，提升高度为670米。该矿两个主井同时运行，提升能力增加180万吨/年。

2000年4月开始，耗时两个月对1#主井井筒加固，注浆范围为井深115～191米，注浆帷幕厚度：风化基岩及砂层中为3米以上，黏土层中为1米以上，井壁卸压槽部位在3米以上。井壁架圈喷浆加固后井筒安全间隙按280毫米管理，提高井壁稳定性，保证井壁与提升容器的安全间距。

2001年9月，实施1#主井改造，将两台主电机更换为直流电动机，将蛇形弹簧联轴器更换为棒销联轴器，液压站更换为TS164型中高压系统，盘型制动器更换为TP1-80型。实现提升机平滑经济调速，增大制动力矩，提升能力由120万吨/年增加到155万吨/年。

2004年12月，对1#副井机械及电控系统、2#副井电控系统改造。1#副井主轴中心提高150毫米，主电机更换为Z560A型800千瓦直流电动机，减速器更换为XP800型行星齿轮减速器，液压站更换为TK083DG型，盘型制动器更换为TP1型。2#副井调速系统为采用ABB公司新一代的DCS600数字式直流传动控制单元的全数字直流调速控制、PLC行程控制和操作控制、双线制监视保护和安全回路、触摸屏、上位管理计算机。系统接线方式为三相全控桥逻辑无环流并联12脉动，可进行12脉/6脉切换，实现全载半速运行。

2007年12月，2#主井电控系统、闸控系统、主电机和信号系统升级改造，主电机功率由2 200千瓦增加到2 300千瓦，传动采用ABB公司的DCS800系统，主控系统升级为西门子S7-300/400行程和操作控制系统，信号系统更换为KJD-7型提升信号及自动装卸载控制系统，更换主电机及液压站，提升能力由180万吨/年提升到225万吨/年。

2009年12月，1#主井通过系统优化，提升能力由155万吨/年增加到185万吨/年；2#主井通过系统优化，提升能力由225万吨/年提升到260万吨/年。

2018年12月，姚桥煤矿1#主井电控系统更新改造，升级改造完成后，系统构成为"全数字DCS800直流调速＋S7-1500PLC位置控制和工艺控制＋PROFINET网络＋远程以

太网诊断＋上位管理计算机",升级系统的通信功能,减少系统硬件环节,优化过程控制,系统完全数字化、模块化。

2019年11月,2#副井电控系统、闸控系统和高压柜升级改造,主要对传动系统、控制系统等进行升级。系统构成为"全数字DCS800直流调速＋S7-1500PLC位置控制和工艺控制＋PROFINET网络＋远程以太网诊断＋上位管理计算机"。

（二）孔庄煤矿提升系统

1991年11月和1992年3月,孔庄煤矿分别对老主井、老副井提升机电控系统进行改造,高压换向接触器更换为ZN-6-25D/5型交流高压真空型接触器,做到了频繁开合时的可靠灭弧。

1995年9月,老主井装载系统安装智能吨位称重仪,实现给煤机的自动控制和定量斗装载量的动态计量。

2001年10月,老主井提升机进行电控改造。老主井原采用JRZ630-10交流电机拖动,控制系统为JKD电路,拖动方式为转子10段电阻切换,减速为低频供电调压制动,爬行为低频爬行。改造后电机型号更换为Z560-2A直流电动机,采用全数字电控装置和晶闸管整流器构成直流传动系统,通过PLC控制,实现提升工艺控制、监视、保护等。

2003年10月,老副井提升机电控、机械、闸控、信号系统进行全方位改造。改造后电机型号为Z560-2A直流电动机,减速机为XP-800型,液压站型号为TS165型。系统采用全数字电控装置和晶闸管整流器构成直流传动系统,采用PLC实现提升工艺控制、监视、保护等,淘汰了低频供电调压制动、低频爬行等落后装备和技术,解决了运行速度低、控制性能和可靠性差、能耗大的问题。

2012年5月,矿井改扩建工程完成混合井副井提升系统的安装和调试,开始投入试运行,从此增加一套井上下连接的通道,人员可以直达井下－1 015米水平。

同年10月,矿井改扩建工程完成混合井主井提升系统设备的安装和调试,开始投入试运行。

2013年12月,老副井对在用直流提升机电控系统进行升级改造,安装采用DCS800直流调速装置构成的整流柜、励磁柜以及主回路切换柜;更换上位机监视系统,完善系统的监视显示和日常管理。

2018年12月,老主井提升机电控系统进行升级改造,使用全新的DCS800全数字直流调速装置,采用两台全新西门子S7-1500系列PLC,更换上位机监视系统,完善系统的监视显示和日常管理。

（三）徐庄煤矿提升系统

1997年6月,主井主电机由交流电机改为直流电机,将两台由东方电机厂制造的YR118/44(630千瓦×2)型主电机更换为由上海电机厂制造的Z500-2A(500千瓦×2)型直流电机,电控系统由继电器控制模拟系统改为基于西门子S5 PLC全数字直流控制系统。

1998年1月5日,徐庄煤矿主井采用西门子电控技术装备技术改造完成,年提升能力由120万吨达到150万吨。

2003年7月,副井电控系统由继电器控制模拟系统改造为全数字控制晶闸管整流拖动系统。电动机由YR118/44-10(630千瓦)型交流异步电动机改为上海电动机厂生产的直流电动机,功率提升为800千瓦。减速器由ZHD2R-120双输入轴圆弧减速器改为XP1000(Ⅱ)型行星

轮减速器,速比仍为 10.5,配套更换了 ZSCB-630/0.33 型干式变压器、KYGC-Z 型高压开关柜,信号系统主模块升级为 FN2X 系列 PLC。

2008 年 12 月,主井电控系统改造,更换了一体化操作台,电控系统更换为以西门子 S7-400 系列 PLC 为主控系统的自动化操作系统,整流柜更换为 ABB-DCS800 系列 12 脉动整流系统,并更换了主电机(上海电机厂制造,Z560-3A 型、750 千瓦×2)、减速箱、快开、整流变压器、辅助变压器、励磁变压器、三菱信号系统等,该系统于 2009 年 1 月 1 日正式投入运行。

2017 年 5 月,主井完成提升机卸载系统改造,更换 10 吨箕斗。卸载装置改为外动力直轨驱动扇形闸门卸载,减少卸载循环时间,提高卸载系统可靠性和装载容器耐磨性能。

同年 12 月,副井电控系统进行改造,主控柜和行控柜合并为一个主控柜,继电器柜和主控柜采用一体化制作;在电枢柜 1 和电枢柜 2 之间增加一台转换柜,用于传动系统 6/12 脉动切换,保留原操作台,操作台内 PLC S7-1500 和工控机全部更换为与主控配套使用的新设备。该系统为公司首套采用西门子 S7-1500 PLC 的提升机电控系统。

(四)龙东煤矿提升系统

2003 年 9 月和 2004 年 5 月,龙东煤矿先后更换主井绞车,实施主、副井绞车电控改造,淘汰继电器控制,改为交流电控系统,采用转子串电阻调速的有级调速方式。

2010 年 12 月和 2012 年 8 月,主、副井提升机直流电控改造。解决原电控系统串电阻有级调速方式落后、调速性能差、无法实现精确的速度控制等问题,实现主井绞车加速平稳、电控维护量小、节电效率达 30%～50%,提高主井绞车的安全性和经济性。

2012 年 4、5 月,主、副井井筒安装钢带式过卷过放缓冲装置,该装置利用金属材料的塑性变形实现吸能缓冲,不受环境、时间变化的影响,具有高度的防下滑、防坠落的可靠性。在公司本部四座矿率先进行钢带式过卷缓冲装置的安装。

2019 年 1、2 月,由江苏省第一工业设计院进行设计,主井下口防撞梁下移 1.5 米、更换轻型箕斗,过卷过放距离均为 5.3 米。主井最大提升速度由 5.42 米/秒下降至 4.5 米/秒,满足《煤矿安全规程》规定防撞梁的安全距离。

截至 2019 年,大屯矿区立井提升机具体情况见表 3-3-1。

表 3-3-1 2019 年大屯矿区立井提升机统计表

序号	名称	型号	生产厂家
1	姚桥煤矿 1 号主井	JKM2.8X4ZⅡ	中信重工机械股份有限公司
2	姚桥煤矿 1 号副井	JKM1.85X4	洛阳矿山机械厂
3	姚桥煤矿 2 号主井	JKMD4X4	洛阳矿山机器厂
4	姚桥煤矿 2 号副井	JKMD4.5X4	上海冶金矿山机械厂
5	孔庄煤矿混合井主井	JKMD4X4Ⅲ	上海冶金矿山机械厂
6	孔庄煤矿混合井副井	JKMD4X4Ⅲ	上海冶金矿山机械厂
7	孔庄煤矿老主井	JKM1.85X4	洛阳矿山机器厂
8	孔庄煤矿老副井	JKM1.85X4	洛阳矿山机器厂
9	徐庄煤矿主井	JKM2.8X4ZⅠ	中信重工机械股份有限公司
10	徐庄煤矿副井	JKM2.8X4ZⅠ	中信重工机械股份有限公司
11	龙东煤矿主井	2JK3.5/20	中信重工机械股份有限公司
12	龙东煤矿副井	JKM2.8X4ZⅠ	中信重工机械股份有限公司

二、斜井提升

（一）玉泉煤业有限公司斜井提升

2013 年 5 月 19 日，玉泉煤业有限公司启封副斜井，副斜井井筒直径 5.0 米，净断面积 17.3 平方米，斜长 318 米。2014 年 3 月，安装一台 JK-3×2.2 型单绳缠绕式矿井提升机，同年 8 月 31 日副斜井提升机正式运行。

2014 年 3 月，主斜井安装一台 DTL100/32/2×250 带式输送机，同年 4 月主斜井带式输送机主体安装完成，进行调试及试运行。

同年 5 月 29 日，安装一台 RJY45-24/1100（A）型固定抱索器架空乘人装置。

2015 年 4 月 9 日委托山西公信安全技术有限公司对带式输送机、乘人装置进行安全性能检测，检测结果合格。

同年 5 月 11 日，要求厂家按照自动延时方式，乘人装置实现无人值守功能。

2016 年 4 月，因玉泉煤业有限公司未获批初步设计变更手续，与周边兴寨村发生纠纷而被主管部门责令停建。

（二）苇子沟煤矿斜井提升

苇子沟煤矿为在建矿井，主斜井布置：14°23′段，斜长 1 075 米；16°段，斜长 375 米；2.5°～13.75°段，斜长 142 米；井口标高为＋1 393 米，井底煤仓中心底板标高为＋1 008 米，总斜长为 1 592 米。2020 年，井筒内将完成安装 DTL140/100/2×1120 钢绳芯带式输送机，担负矿井煤炭提升任务；安装 RJKY75-28/2800 架空检修装置，担负带式输送机检修任务；敷设消防洒水管、排水管路、通信电缆及信号电缆等。井筒内设有台阶，兼作矿井安全出口。副斜井布置：倾角 18°，井口标高＋1 392.5 米，落底标高＋1 010 米，斜长 1 250 米，安装 2 台 JK-2.5×2.5 提升机，牵引串车，担负矿井辅助提升任务。敷设有动力电缆、通信及信号电缆、压风管及注氮管。

三、主运输系统

（一）姚桥煤矿主运输系统

1990 年以后，姚桥煤矿－400 米、－650 米两个主要生产水平同时开采，井下煤流系统已经全部实现带式输送机运输。其中：1# 井由－400 米石门带式输送机，－400 米东大巷 1#、2#、3# 带式输送机，东六 1#、2#、下山带式输送机，新东三 3#、4#、5# 带式输送机，8 煤带式输送机，翻罐笼带式输送机，－200 米集运带式输送机等共计 13 部带式输送机组成。2# 井由－650 米石门带式输送机，－650 米东大巷、西大巷带式输送机，西九带式输送机，中央 1#、2# 带式输送机，新东三 1#、2# 带式输送机、上运带式输送机共计 9 部带式输送机组成。

1996 年，开始全面普及阻燃胶带，全面提升带式输送机防火能力。

2001 年，开始实行"大班小班化"管理，由原来的清理工、带式输送机司机、给煤机司机、检修工四个岗位合并为一个岗位，实现减人提效。

2004 年，首次使用变频器，2006 年全面推广使用变频器，实现带式输送机平缓启动，设备运行更可靠，有效降低事故率。

2012 年，集控系统升级改造，全部使用西门子 S7-300 系列产品，胶带集控由嵌入式改

为 PLC 控制模式,视频监控系统由多模光纤升级为单模光纤。

2013 年,姚桥煤矿－400 米新东四分煤系统建设使用,东六采区原煤进入－650 米煤流系统,经 2# 主井提升,进一步提升煤流系统保障工作面生产的能力。

2019 年,姚桥煤矿在带式输送机中使用智能伺服永磁直驱系统,该系统由智能永磁直驱电机、永磁伺服控制器组成,在控制带式输送机时,与传统带式输送机系统相比去掉了减速机、液力耦合器,是机械传动行业的一次技术革命。

(二)孔庄煤矿主运输系统

(1)胶带运输系统。2001 年 6 月,该矿第一部带式输送机投入运行,8 月第二部带式输送机投入运行,自老主井煤仓穿越－375 米水平和－620 米水平至－785 米大巷,形成井下皮带运输系统,改变矿车轨道运煤模式。

2001—2008 年,先后 7 部带式输送机投入运行,形成了老井胶带运输系统,将 I₆ 采区回采原煤运输至老主井提升,提高运煤效率。

2005 年,集控系统投入使用,实现地面操控井下胶带运输的功能。同时输入视频监控系统,对井下重点岗位实现远程监控。

2012 年,矿新井三期工程投产,新增 3 部带式输送机,形成了－1 015 米水平新井胶带运输系统,主要担负 Ⅳ₁ 采区运输。胶带运输总距离达到 13 333 米。

2013 年,Ⅳ₁ 转运带式输送机投入运行,架起新、老井胶带运输系统沟通桥梁,可将煤分流至新井胶带。

2015 年,完成 3# 带式输送机延伸改造,同年新增 4 部带式输送机,形成－785 米水平胶带运输系统。

2018 年,Ⅲ₄ 采区胶带投运,与 5# 带式输送机采用缓冲煤仓搭接运行,承担 Ⅲ₄ 采区原煤回采运输,保证了生产的接续。

2019 年,完成 Ⅲ₅ 采区带式输送机安装,与 5# 带式输送机采用缓冲煤仓搭接运行,为 Ⅲ 下部采区原煤回采做好运输准备,保证了生产的接续。

(2)水力提升系统。1991 年 11 月,水力提升系统作为水力采煤工艺配套的系统正式投产使用。

2000 年,I₄ 泵房及脱水硐室投产,采用水采煤分级提升技术,开创水采旱运模式。

2002 年,I₅ 脱水硐室投产。

2005 年,Ⅱ₁ 筛分硐室投入使用,实现旱采水运模式。

2009 年,Ⅱ₅ 泵房及脱水硐室投产。

2014 年,水采煤泥水压滤系统投入使用。

2017 年,水采关闭,水提系统同年关闭。

(3)电机车运煤。1977 年以后,孔庄煤矿一直沿用电机车运煤的煤炭运输方式。2002—2007 年,该矿电机车运煤达到高峰,有 6～8 组拉煤矿车,每组煤车由 36 个 1 吨矿车串联而成,自老主井翻罐笼往返于 I₄、I₅ 和 I₆ 煤仓进行煤炭运输,平均产量达到 3 240 吨/天,最高达到 4 400 吨/天。

随着带式输送机的延伸使用及采区工作面的回采位置原因,2012 年 1 月 25 日,该矿淘汰电机车运煤生产工序。

（三）徐庄煤矿主运输系统

1998年9月,徐庄煤矿主运系统集中控制系统建立。井下与地面的煤运控制系统由原来的带式输送机综合保护装置改造为带式输送机集中控制系统,带式输送机的启停控制实现地面集中控制。

2002年8月,−400米水平主运系统升级改造。−400米水平主运输系统全面改造工程完毕,将原有的吊挂式和150型小型带式输送机改造为运量更大的通用型滚筒驱动落地式带式输送机,解决了运量不足的问题。

2009年3月,暗斜井带式输送机投入运行。暗斜井22°上运1 031米带式输送机安装完毕,可实现−750米水平原煤向−400米水平煤仓的运输。

2011年12月,−750米水平主运输系统全面建设完成。该主运系统包括Ⅱ₃带式输送机和−750米1#、2#带式输送机,运距达到3 619米,保障了−750米水平工作面的正常原煤运输。

2015年7月、2016年10月和12月,分别对暗斜井22°带式输送机主驱动、主运集中控制系统、主运系统集控监控系统改造。

2019年9月,徐庄煤矿Ⅱ₃下采区28°大倾角主运系统建立。该带式输送机倾角为28°,长度811米,提升高度315米,运输能力700～800吨/小时,带速3.15米/秒,采用CST-1000KS型可控软启动,功率为3×560千瓦。该机是国内最长的一条大倾角上运带式输送机。

（四）龙东煤矿主运输系统

1992年,龙东煤矿投运东翼中段7#、11#、10#、12#带式输送机,南段8#带式输送机,均为150型带式输送机,保证了生产的接续。

1994年,投运北段9#、6#带式输送机,均为150型带式输送机,保证了生产的接续。

2001年,拆除东翼东6#带式输送机,均为150型带式输送机,保证了生产的接续。

2002年,投运井下胶带地面集控,实现井下胶带无人值守。

2004年,投运西1#、2#、3#、4#带式输送机。西1#、2#带式输送机,采用带宽为800毫米的150型带式输送机;西3#带式输送机使用带宽为1000毫米的200型带式输送机;西4#带式输送机首次使用变频器,并采用了钢丝绳芯强力胶带,实现带式输送机变频启动,并减少了胶带断带风险。

2005年,由原运输科皮带队分出,正式成立皮带管理科,组织机构更加健全,更有利于胶带的管理。

2007年和2014年,先后拆除东翼东11#、12#、7#,5#、3#、9#带式输送机,简化运输系统。

2012年,改造西翼西1#、2#带式输送机,由原带宽800毫米的150型带式输送机改造为带宽为1 000毫米的200型带式输送机,并首次采用软启动,实现胶带软启动。

2015年,拆除东翼10#带式输送机,进一步简化运输系统。

2019年,安装东翼东3#、4#、5#带式输送机,满足矿井接续要求。

（五）106煤矿主运输系统

2013年6月,106煤矿主平硐带式输送机延伸,总运输距离达到2 545米,同年7月投入试生产。

2019 年 10 月,按照安全生产标准化运输专业规范要求,I$_1$ 采区集中运输上山下运胶带安装了 KJ581 型矿用钢丝绳芯输送带无损检测装置。

2019 年 12 月,启动煤流系统智能化改造,进一步完善主运系统运行的自动化和安全可靠性。

四、辅助运输系统

(一)姚桥煤矿辅助运输系统

1999 年以后,姚桥煤矿安装斜巷提升机 9 部,分别安装于西九轨道、新东三 2$^\#$ 轨道、东六轨道下山、西六轨道、东六二轨道、中央轨道、新东三 1$^\#$ 轨道、新东三 3$^\#$ 轨道、东六轨道上山;卡轨车 1 部,安装在西五边界轨道。

2007—2008 年,地面、井下所有电阻调速的架线电机车全部更换为变频架线电机车。

2007—2012 年,安装 6 部架空乘人装置,分别安装于新东三 1$^\#$ 轨道、东六回风上山、西九回风下山、中央轨道下山、新东三 3$^\#$ 回风上山、西六回风下山。地面运输系统由矸石山和连接两对副井的地面轨道运输系统组成,全长约 1 000 米,轨道轨型为 30 千克/米钢轨,采用柴油机车和蓄电池电机车混合运输方式。

2014 年,首套巷道卡轨车在姚桥煤矿 8519 工作面材料道安装应用,有效提高工作面运输系统的运输能力和运输安全系数。

2018 年 12 月和 2019 年 10 月,—650 米大巷、—400 米大巷先后完成“去架线”工程,使用 8 台 CTL12-6P 型高性能蓄电池电机车代替架线电机车运送人员和物料。姚桥煤矿井下全部实现无架线运输,消除架线触电等安全风险。

2019 年,姚桥煤矿通过对矸石山提升机电控系统的改造,全面布置有效的传感器,视频监控等装置,实现矸石山提升机岗位无人化操作。

(二)孔庄煤矿辅助运输系统

1994 年,孔庄煤矿采用平巷人行车替代原矿车运输人员。

2004—2012 年,—375 米大巷安装了 KJ15A 和 KJ293A 信集闭系统,替代了原有的继电器信集闭控制系统,通过该系统,可以对井底车场及主要运输巷道进路、信号及道岔等各个运输系统环节,由一个控制中心控制和监督,调度员可以迅速、准确、及时地指挥站内发车和调车。

2005 年 6 月—2019 年 4 月,先后安装及改造斜巷提升机 6 部(含地面矸石山),由原来的液压绞车更换为变频绞车,增加了保护装置,斜巷运行更加安全可靠。

2007—2012 年,井下所有电阻调速的电机车全部更换为变频电机车,与传统的直流电机车比较,具有交流电机不易损坏(司控器无触头、无磨损),不用高耗能调速电阻,高可靠、高性能、高节电等特点,减少电能损耗,提高机车调速性能。

2012 年,—1 015 米水平大巷投运。—1 015 米大巷为公司第一个千米水平大巷,大巷连接混合井与 IV$_1$ 采区、IV$_3$ 采区,大巷采用双轨铺设,利用蓄电池机车运输人员及物料,是孔庄煤矿第一个采用蓄电池机车运输的主要运输大巷。

2013—2018 年,—785 米水平和—1 015 米水平安装了 KJ539 信集闭系统,使得信号区间的闭锁、进路的开放、转辙机的自动转换、信号灯的转换全部由系统控制。

2018 年,7303 材料道安装 1 部卡轨车,担负工作面巷道内物料、设备、人员的辅助运输

体系,提高工作面辅助运输系统的能力。

2019 年,地面运输系统首次使用柴油机车,取代架线电机车,杜绝地面架空牵引网络引起的触电事故,柴油机车具有动力强劲、安全、节能、高效、运行费用低、爬坡能力强等特点,提高车辆运行效率。

因《煤矿安全规程》规定,架空乘人装置不允许使用蜗杆减速机,驱动轮直径与钢丝绳直径最小比值不得低于 60。2014 年 10 月,对Ⅳ架空乘人装置改造;2016 年 6 月,对Ⅲ₅架空乘人装置改造;2017 年 2 月,对Ⅱ₁架空乘人装置改造。更换机头驱动部及回绳轮。

（三）徐庄煤矿辅助运输系统

1996 年,徐庄煤矿地面铺设架空线牵引网络,拆除充电房,使用架线电机车替代蓄电池机车。

2002 年,-400 米水平轨道大巷由 24 千克/米钢轨更换成 30 千克/米。

2004 年,东九轨道绞车投入使用,该绞车为徐庄煤矿井下使用的第一台防爆变频绞车。

2004 年 7 月,西翼Ⅰ号轨道暗斜井安装的架空乘人装置投入运行。该装置由德国沙尔夫矿山机械制造有限公司制造,安装长度 1 112 米,运行速度 1.2 米/秒,单向输送能力360 人/小时,是徐庄煤矿第一条斜巷专用乘人装置。

2012 年,徐庄煤矿-750 米水平轨道大巷 KJ539 机车监控系统安装并投入运行。该系统具有机车定位、信号灯调度、远程道岔控制等功能。

同年,徐庄煤矿取消了斜巷人车运人装置。

2013 年 7 月,徐庄煤矿开始在-750 米水平运行 CTL12/6P 永磁同步蓄电池机车。

同年 9 月 13 日,Ⅱ₃采区开始安装单轨吊,从Ⅱ₃换装硐室开始安装吊轨,经Ⅱ₃轨道上山至 7332 工作面切眼口。该工程于 2014 年 2 月 22 日完成,共安装轨道 786 节、2 350 米,专用气动道岔 3 副,这是徐庄煤矿首次采用单轨吊运输的新型辅助运输方式。

同年 12 月,徐庄煤矿开始单轨吊应用,在Ⅱ₃轨道上山分别进行空载及载人试运行,2014 年 2 月 18 日进行带载试运行,2014 年 3 月 4 日进行了一次全程模拟支架试运行。试运行过程中经历了因悬挂锚索头脱落造成液压支架坠落等问题和困难,经过现场调研分析,有针对性地制订解决方案并严格落实,于 2014 年 4 月 23 日在 7332 材料道吊运 5200 型液压支架试运行成功后开始应用。该项目提高了徐庄煤矿辅助运输装备水平和运输安全,为公司辅助运输方式的改变提供了有益的探索。

2014 年 9 月,徐庄煤矿拆除-750 米水平架空线,全部改为蓄电池机车运输,减少了人员触电的风险。

2018 年 7 月,徐庄煤矿地面拆除架空线,全部使用柴油动力机车替代架线电机车。

2019 年 6 月,徐庄煤矿在-400 米水平开始应用蓄电池机车,7 月全部拆除架线,使用蓄电池机车替代架线电机车。自此,徐庄煤矿成为公司第一个无架线电车机车运输的矿井。

（四）龙东煤矿辅助运输系统

1999 年 10—11 月,龙东煤矿西一采区安装 2 部 RJY37 系列架空乘人装置运送人员。

2000 年 9—10 月,西一轨道下山上车场安装液压绞车;西一轨道下山 15 千克/米轨道更换成 24 千克/米轨道。

2003 年 11—12 月,西一轨道下山 24 千克/米轨道更换成 30 千克/米轨道。

2005 年 3—12 月,对井底车场、西翼运输大巷、北段、东翼运输大巷的 24 千克/米轨道

更换成 30 千克/米轨道。

2008 年 12 月,西一采区两部猴车电控系统改造,实现猴车无人值守。2012 年 10—11 月,除更换机头、机尾机械设备外,再次对电控系统改造,实现猴车地面监控。

（五）106 煤矿辅助运输系统

2010 年 12 月,106 煤矿辅助运输系统工程开工建设,井下主要运输巷道全部采用 30 千克/米钢轨,工作面运输巷道采用 24 千克/米钢轨,材料道采用 30 千克/米钢轨。2013 年 7 月完成矿井运输系统建立和全部运输设备安装调试任务。

2013 年,将井下巷道掘进期间使用的 1 323 米轨道和 1 067 米轨道上山的 24 千克/米钢轨,全面更换为 30 千克/米钢轨。

同年,I_1采区集中辅运上山轨道安装投用 1 部功率为 450 千瓦、JKB-3×2.2P 型防爆单绳缠绕式提升机进行提升运输,并建立了完善的斜巷安全设施;安装 RJY45-30/1700（A）架空乘人装置,实现机械式运送人员。

2019 年,对井下副平硐水平运输大巷沿途所有车场道岔控制进行了升级改造,全部更换成风动司控道岔,更换后机车司机在机车内便可对道岔进行岔位控制,并通过道岔上方的岔位显示器显示其岔位状态。

同年 8 月,实现集中辅运上山架空乘人装置无人值守功能,同时进一步完善各种保护。

（六）玉泉煤业有限公司辅助运输系统

2014 年 6 月,井下掘进巷道施工全部采用 JD-1.6(25) 型和 JD-2.5(40) 型调度绞车及 JYB-4(55) 型运输绞车,轨道临时采用 18 千克/米梯子道。

2015 年 2 月 4 日,集中轨道大巷与轨道上山大巷贯通,开始铺设 30 千克/米钢轨,其中轨道大巷 396 米,一采区轨道上山及联络巷 817 米。

第二节　矿井供电

一、姚桥煤矿供电

1991 年,姚桥煤矿主井 6 千伏配电站投入使用模拟屏,加强变电站设备监测能力,直观显示设备运行状态及操作状态变换。

1995 年 3 月,主井 35 千伏变电所投运,安装两台常州变压器厂 SF7-20000/35 千伏安主变压器,主要担负姚桥煤矿 2# 井的生产供电任务。

1996 年,东二风井 35 千伏变电所完成建设,投入运行,满足了矿井供电需求。

1996—2003 年,井下 YJV 型铝芯高压电缆更换为 MYJV22 型铜芯高压电缆,增加电缆运行的稳定性和载流量。

2003 年,东二风井 35 千伏变电所改造全站保护器,全面改造为现代化微机保护,2 台 4 200 千伏安铝芯主变压器更换为 2 台 3 150 千伏安铜芯有载调压主变压器。

2003—2006 年,安装井下供电监控系统并投运,井下变电所实现"有人巡视、无人值守"。

2006 年 10 月,主井 35 千伏变电所 2# 主变压器扩容改造,将 2# 主变压器容量由 2.0 兆伏安增加为 2.5 兆伏安。

2008年，主井6千伏配电站整体改造切转，新建主井6千伏配电站投运，使用变电站监控系统实时监控设备运行数据；东二风井35千伏变电所2台3150千伏安主变压器更换为2台6300千伏安主变压器。

2010年，主井35千伏变电所整体改造切转，新建主井35千伏变电所投运，1#主变压器容量更换为2.5兆伏安，保证了矿井供电能力。

2013—2016年，先后对主井35千伏变电站、东二风井35千伏变电所进行改造，6千伏Ⅱ段、Ⅰ段安装SVG动态无功补偿装置，降低无功功率，提高有功功率，有效提高供电效率，降低电能消耗，全年运行可提高供电效能40%。

2018—2019年，井下变电所网络视频监控系统安装，主井35千伏变电站的35千伏高压开关柜改造，35千伏系统保护、主变压器保护、备自投、电压并列等装置升级改造，提高系统安全性能。

截至2020年6月，矿井有主井35千伏变电所、东二风井35千伏变电所、西风井35千伏变电所，3座变电所的两回电源线路全部来自本公司矿区自备发电厂两段母线，共五路：321#、302#、303#、304#、305#，均以架空线路引入。主井35千伏变电所安装2台主变压器，东二风井35千伏变电所安装2台主变压器，西风井35千伏变电所安装3台主变压器，主变压器运行方式均为分列运行，互为备用。矿井35千伏变电站的35千伏一段、二段运行切换方式为自动切换方式。

二、孔庄煤矿供电

1995年，孔庄煤矿建设东风井35千伏变电站，1996年建成投运，主要负责该矿和东风井供电以及部分农业灌溉。

2003年，在井底车场变电所、Ⅰ₅中央变电所安装了高压供电系统小电流接地选线装置，提高了供电系统的可靠性。同年，Ⅲ₃采区1#、2#两座变电所的投运，满足了矿井供电要求。

2006年，35千伏变电站监控系统改造，升级为IES-SL300变电站监控系统平台及配备CAT200变压器测控保护装置、CAL200线路测控保护装置、CAC200电容器测控保护装置、CAB200备用电源自投装置、CAN2000测控保护装置、CAM/CAE综合测控装置。安装井下电力集控系统，对Ⅲ₃采区上、中、下变电所，Ⅰ₆采区Ⅰ₆上变电所，Ⅰ₆车场变电所，Ⅱ₆上、下变电所，Ⅰ₅采区上、下变电所，Ⅲ₂泵房变电所，4#胶带变电所，共计11个井下变电所进行电力监控系统的安装，提高供电系统的可靠性。

2007年，更换井下所有国家禁止使用的馈电开关，井下低压开关更换为KBZ系列隔爆真空馈电开关，高压开关更换为PBG23-6隔爆型高压真空永磁开关，提高供电系统的可靠性。同年建设主井35千伏变电站，2009年建成投运，主要负责矿井\东风井站供电和部分农业灌溉。

2012年，完成三期改扩建系统供电；同年第一个3.3千伏工作面（7433工作面）供电系统设计、安装，实现工作面高压供电，减少线路损耗，提高系统稳定性。

2013年，孔庄煤矿第一个远距离供电工作面（7205工作面）供电系统设计、安装，减少频繁移动开关车的风险。

2015年，35千伏变电所的35千伏开关柜出现放电现象，更换35千伏母线套管，提高了

供电系统的可靠性。

2018年,井下电力集控系统升级改造,更换为KJ487电力监控系统。

2019年,35千伏变电站自动化监控系统升级为四腾电气的TX-5300自动化监控系统。

截至2020年6月,矿井有35千伏级变电站两座(主井35千伏站B、东风井35千伏站H)。主井电源由公司中心区110千伏变电站35千伏母线输出两路(336#、337#)35千伏架空线路分别输送至主井35千伏变电站Ⅰ、Ⅱ段母线;由徐庄35千伏变电站输出第三路(357#)35千伏架空线路输送至主井35千伏变电站。东风井电源由主井35千伏变电站分两路(342#、343#)35千伏架空线路分别输送至东风井35千伏变电站Ⅰ、Ⅱ段母线。

三、徐庄煤矿供电

1996年8月—1997年5月,徐庄煤矿井下变压器更换改造,将KSJ2-6系列油浸式变压器全部更换为KBSG系列矿用隔爆型干式变压器,实现井下变压器"无油化"。

1998年6—7月,徐庄煤矿地面工房及农网供电系统改造,将农网供电改接至矿内变电所,解决了农网用电对工房用电的影响。

1999年3—12月,徐庄煤矿井下PB2型矿用隔爆高压开关全部更换为PBG23-6型矿用隔爆高压配电装置,实现高压开关断路器"真空化"。

2003年10月,徐庄煤矿主井新35千伏变电所建设安装完成,主变压器容量由2×6 300千伏安增加为2×12 500千伏安。

2004年3月,老35千伏变电所负荷切换至新35千伏变电所。

2005年4月,徐庄煤矿井底车场变电所应用KJ316电力监测监控系统,成为首个在地面后台实现井下变电所高低压开关远程控制的变电所。

2006年12月,井下主要变电所全部实现远程检测监控,该系统的运用使送电时间由原来的一两个小时甚至几个小时缩短至几分钟、几秒钟,实现井下变电所无人值守的功能。

2015年3月,徐庄煤矿矿外35千伏变电所切转运行;同年12月完成主井35千伏变电所35台6千伏开关柜及交流屏、保护屏的更换工作,同时完成地方农用电的切转,消除农电对矿井供电系统的影响。

2015年12月,徐庄煤矿井下7333综放工作面成为首个采用3 300伏等级电压供电的工作面,从此徐庄煤矿进入3 300伏电压的大型综采机械化设备回采的时代。

2019年6月,徐庄煤矿Ⅱ₃下采区下部变电所安装运行,为Ⅱ₃下采区的排水、运输、开拓、回采提供动力电源。1991—2019年,徐庄煤矿井下累计安装采区变电所12处,回收采区变电所7处,井下变电所累计14处,为全矿井下提供动力。

2019年10月,徐庄煤矿西风井35千伏变电所正式投入运行,为徐庄煤矿西风井及−750米水平西翼采区提供动力。

截至2020年6月,矿井有主井35千伏变电站C、西风井35千伏变电站X。主井35千伏变电站电源来自发电厂307#、308#两回路的不同母线段,另外,又架设了C357#徐孔线作为徐庄、孔庄两矿保安负荷互备电源,电压等级均为35千伏。西风井35千伏变电站X电源线路为X327、X394两回路,分别来自电热公司和拓特厂的不同母线段。

主井、西风井35千伏变电站均采用分列运行方式。西风井35千伏变电站只为西风井的主通风机、地面工业广场及其站内供电,没有担负井下负荷。6千伏系统使用了谐波治理及功率补偿装置,功率因数在 0.9 以上,电压稳定,系统可靠,符合《煤矿安全规程》的要求。

井下供电系统分为-400 米和-750 米两水平,-400 米水平中央变电所四段母线,-750 米水平中央变电所两段母线,皆采用分段运行方式。中央变电所至下级变电所之间皆采用铠装高压电缆供电,共有井下变电所 14 个,均具备独立的回风系统。煤矿井下有 5 个电压等级,分别为 6 千伏、3.3 千伏、1.14 千伏、660 伏和 127 伏。入井电源电压为 6 千伏,井下采用中性点绝缘方式供电。采煤工作面采用 3 300 伏电压供电,井下各变电所采用 KJ316 供电远程控制系统,实现无人值守。

四、龙东煤矿供电

2004 年 5 月,完成井下 6 个变电所的 48 台高防开关技术更新改造,实现高防开关柜地面远程集控。

2007 年 7 月,完成井下 4 个变电所 25 台高防开关技术更新改造和井下变电所 35 台低防开关技术更新改造;从而实现井下 10 个变电所高低压开关地面远程集控。

2013 年 12 月,35 千伏变电所 6 千伏新开关站投入运行。新开关站采用 33 台 KYN28A-12 型 6 千伏金属封闭高压中置式开关柜,2 台 NNKA2003 型 6 千伏自动跟踪补偿消弧装置柜,2 台 HDX 型 6 千伏微机消弧消谐装置柜,2 套 KYGG-1200 型无功补偿高压电容器成套装置安装并运行,新开关站投入运行实现 6 千伏高压开关柜集控操作,进一步保障了矿井供电安全可靠。

2019 年 12 月以后,开展矿井智能化变电所改造。井下各变电所安装防越级跳闸保护、电能计量、远方漏电、小电流接地选线等装置,实现变电所智能控制,提高供电系统的可靠性。

截至 2020 年 6 月,矿井 35 千伏电源有 304#、309#、345# 三路电源进线。其中:309#、304# 进线分别引自发电厂 35 千伏I段及II段,345# 电源线路引自姚桥煤矿西风井 35 千伏变电所。三路供电均独立,电源线路上未分接任何负荷。矿内地面设有 35 千伏变电所一座,变电所内安装 2 台主变压器,正常情况下 2 台变压器分列运行。矿井电源架空线型号:35 千伏 LGJ-240、LGJ-185;主变压器型号:SZ9-8000;35 千伏高压开关柜型号:KYN61-40.5 型;6 千伏高压开关柜型号:KYN28A-12 型。

五、106 煤矿供电

2012 年,106 煤矿 35 千伏变电所建设并投入运行。

2013 年,完成 35 千伏变电所至生活区两条 10 千伏线路的架设;其中,线路一全长 3.579 千米、电杆 63 根、采用导线 LGJ-10-50;线路二全长 3.543 千米、电杆 63 根,采用导线 LGJ-10-50。

2013 年,主井 35 千伏变电站安装 SVG 动态无功补偿装置;SVG 动态无功补偿装置,降低无功功率,提高有功功率,有效提高供电效率,降低了电能消耗,全年运行可提高供电效能 40%。2019 年进行 SVG 动态无功补偿装置维护升级。

2016—2017 年,完成东风井供电变压器及 10 千伏线路改造工作。

2019—2020 年,106 煤矿安装井下远程供电自动化系统,井下变电所逐步实现"有人巡

视、无人值守"。

截至 2020 年 6 月,矿井地面有 35 千伏变电站一座,变电站内设置 2 台 SZ11-10000KFA/35KF 型主变压器,2 台主变压器分列运行。共有鸿新线、河中线 2 回电源进线线路,分别引自苇子沟 110 千伏变电所和雀尔沟 110 千伏河源变电所,分别采用 LGJ-185 平方毫米、LGJ-240 平方毫米钢芯铝绞线架空敷设,线路长度分别为 6 千米、18 千米。106 煤矿下井电缆共 2 回均沿主平硐敷设。2 回型号为 MYJV22-10kV-3×240 平方毫米电缆,单根长 1.5 千米;下井电缆采用并列运行方式为井下负荷供电。

六、苇子沟煤矿供电

2009 年,苇子沟煤矿确定为基建期用电为 6 千伏,矿井生产用电为 10 千伏。

2019 年 7 月,苇子沟煤矿 110 千伏变电所投运。

同年 9 月,苇子沟煤矿 35 千伏变电所投运。

2019 年 11 月,根据地方政府及相关规定要求,矿井必须达到双回路供电才能复工的要求,对供电方式进行改造,加设 2 台移动变压器,型号:KBSGZY-630/10/660,实现矿井基建设备 6 千伏供电要求。实现双回路供电,提高了供电系统的可靠性,保障了 6 千伏设备的安全运行。

截至 2020 年 6 月,矿井设有 110 千伏变电所、35 千伏变电所各 1 座:两回电源线路分别来自河源 110 千伏变电站、新建矿区 110 千伏变电站等不同两段母线,均以架空线路引入。110 千伏变电所安装 1 台 SFZ11-31500/110 主变压器。主井 35 千伏变电所安装 2 台主变压器,主变压器运行方式均为分列运行,互为备用。

七、玉泉煤业有限公司供电

2013 年 4 月 2 日,阳泉市供电局通过玉泉煤业有限公司 35 千伏变电所接入方案审查。

同年 8 月,中煤批复玉泉煤业有限公司 35 千伏变电所工程 2 800 万元招标采购计划,招标方式为邀请招标,项目完成形式为工程总承包(EPC)工程。

同年 11 月,通过招标确定阳泉市聚源电力实业有限公司为 35 千伏变电所工程中标单位。

2014 年 4 月 9 日,与阳泉市聚源电力实业有限公司签订玉泉煤业有限公司 35 千伏变电所 EPC 工程承包合同,同时项目开工建设。

2015 年 9 月 30 日,因玉泉煤业有限公司工程款支付问题,35 千伏变电所所有工程停止建设。

截至 2020 年 6 月,矿井在建一座 35 千伏变电站,采用双回 35 千伏架空线路引接矿井电源。根据山西省电力公司批复的供电接入方案,其中一回引自南面距矿井工业场地 2.9 千米新建的刘家村 110 千伏变电站,另一回引自东南面距矿井工业场地 9.8 千米的青崖头 110 千伏变电站(合计约 12.7 千米),沿线敷设避雷线和远动通信光缆。35 千伏变电站电压等级为 35 千伏、10 千伏,均采用单母分段接线方式。35 千伏侧均选用 KYN-40.5 型柜,共计 12 台,35 千伏侧设 2 台站用变压器 SC11-50/38/0.4;10 千伏侧均选用 KYN28A-12 型柜,共计 33 台。10 千伏侧设电容式无功补偿电容器,补偿总容量为 2×3 000 千乏;主变压器设 2 台 SZ11-12500/35/10 千伏型有载调压变压器,采用一用一备运行方式。采用分

区布置形式,占地面积约 2 400 平方米,为一层楼砖混建筑。

井下变电所如图 3-3-1 所示。

图 3-3-1　井下变电所

第三节　井下排水

一、专业机构

1991 年以后,公司各矿矿长为矿井防治水第一责任人,总工程师为第一技术负责人。主排水管理机构设在机电科,职责划分在运转车间,配置分管科长、工程技术人员若干,负责所辖主排水泵房及管路系统的日常维护、检修、应急处理及相关事务。

各矿主排水系统制度健全,具备《交接班制度》《设备巡回检查制度》《岗位责任制》《安全生产责任制》《领导干部上岗查岗责任制》《固定设备包机制度》《设备定期检修制度》《主排水泵房无人值守制度》等。根据规定,机电科定期对泵房、水仓、排水管路进行巡查;定期对大泵、电机、高压开关柜、控制系统等进行检修;定期对管路管壁进行测厚;根据管路状况进行更换或防腐;每年雨季前对泵房水仓进行清挖;每年委托有资质的单位对主排水系统设备进行一次安全性能检验,并出具检验报告,检验结果为合格。

二、矿井排水

(一)姚桥煤矿排水

1990 年 10 月,姚桥煤矿－400 米水平排水系统更换井筒北路排水管。

2009 年 9 月,－650 米水平泵房软启动柜改造安装,减少启动水泵时对电网的冲击;同年 11 月,－650 米水平泵房自动化改造安装,实现水泵自动启停。

2011 年 8 月,完成中央采区泵房自动化改造,使水泵具备自动启停功能。

2012 年 1 月、3 月,分别对－400 米水平排水系统、－400 米水平中央泵房环形管路、井筒南路排水管进行更换。

2016年5月,－400米水平泵房自动化控制系统改造安装,使水泵具备了无人值守功能。

2018年12月,－400米水平泵房自动防水密闭门改造,使防水密闭门可以自动关闭。

截至2020年6月,姚桥煤矿设置－400米水平主排水泵房和－650米水平主排水泵房,两水平独立排水。－400米水平采区的涌水汇集到－400米水平水仓,然后由多级泵经1#副井井筒直接排到地面;－650米水平采区的涌水汇集到－650米水平水仓,然后由多级泵经2#副井井筒直接排到地面。－400米水平中央泵房安装5台MD280-65×8型水泵,2台工作,2台备用,1台检修;－400米水平泵房配置2趟φ273×8排水管路,1趟工作,1趟备用;－400米水平配置2个水仓,主水仓容积1 566立方米,副仓容积868立方米,合计2 434立方米。－650米水平中央泵房安装5台MD420-96×8型水泵,2台工作,2台备用,1台检修;－650米泵房配置2趟φ325×8排水管路,1趟工作,1趟备用;－650米水平配置4个水仓,1#主仓容积1 457立方米,2#主仓容积1 457立方米,1#副仓容积1 577立方米,2#副仓容积913立方米,合计5 404立方米。

(二)孔庄煤矿排水

2005年8月,孔庄煤矿－375米水平泵房主排水泵由200D65×7型更换为MD280-65×7型,配套主电机由JSQ-158-4型更换为YB560M2-4型。

2011年8月,安装泵房集控系统,水泵自动化控制系统通过上位机可选择自动控制工况,水泵可以根据设定水位值,判断水位高低自动完成水泵开停工作。

2012年9月,完成－1 015米水平主排水系统主排水泵、电动机、自动控制系统和软启动设备的安装和调试,开始投入运行,增加一套排水系统。

截至2020年6月,孔庄煤矿设置－375米水平主排水泵房和－1 015米水平主排水泵房,两水平独立排水。－1 015米水平泵房安装MD420-96×12型水泵3台,1台工作,1台备用,1台检修;水泵通过混合井井筒中2趟DN325管路,连接地面1趟DN480管路,将水排至矿井水处理站;－1 015米泵房水仓分内、外环水仓,外环水仓容量2 907立方米,内环水仓容量1 583立方米,总容量约4 490立方米。－375米水平泵房安装MD280-65×7型水泵4台,1台使用,2台备用,1台检修;水泵通过敷设在副井筒内的2趟φ325×14管路,将水排出到矿井水处理站;－375米水平配置2个水仓,主仓容量为1 428立方米,副仓容量为1 400立方米,合计2 828立方米。

(三)徐庄煤矿排水

2004年7月,徐庄煤矿－400米水平泵房更换型号为MD280-65×8、电机型号为YB560M2-4的新型水泵5台,2台工作,2台备用,1台检修。

2006年4月,－750米水平泵房安装完毕,与－400米水平泵房同等配置。

2008年,－400米及－750米水平泵房集控系统进行升级改造,控制系统改为以西门子S7-300系列PLC为控制核心,配以地面远程控制计算机,辅以西门子WINCC6.2组态软件,实现泵房自动排水及远程控制排水功能。

2019年3—8月,－400米及－750米水平泵房控制系统改为以西门子S7-1200系列PLC为控制核心。

2019年7月30日,II₃下采区建立了采区永久排水系统,安装了5台MD280-43×8型水泵,2台工作,2台备用,1台检修,配置了2 590立方米的水仓。沿II₃下采区猴车道安装

铺设了 3 趟 ϕ273 毫米的水管,排水高度约 280 米。满足Ⅱ₃下采区排水需求。

2019 年 9 月,泵房集控系统调试完成,具备了运行条件,满足矿生产接续排水工作。

截至 2020 年 6 月,徐庄煤矿设置－400 米水平主排水泵房和－750 米水平主排水泵房,为二级接力排水,－750 米水平泵房将水排至－400 米水平水仓,－400 米水平泵房将水排至地面。沿副井井筒安装 ϕ273 毫米排水管路 4 趟,2 趟工作、2 趟备用,用于－400 米水平至地面排水,排水高度约 436 米;沿西翼暗斜井猴车道安装 ϕ273 毫米排水管路 3 趟,用于－750 米水平至－400 米水平排水,排水高度约 350 米。－400 米水平设主、副水仓,主仓容量为 4 000 立方米,副仓容量为 2 600 立方米,总容量为 6 600 立方米;－750 米水平设主、副水仓,主仓容量为 2 700 立方米,副仓容量为 2 200 立方米,总容量为 4 900 立方米。

(四)龙东煤矿排水

2007 年 6 月,龙东煤矿中央泵房远程自动化改造。采用中国矿业大学研发的矿井排水监控系统,该自动化控制系统软件基于 STEP7 编写,上位机监控程序采用组态软件 WINCC 进行开发。从此,水泵启停可以手动控制、近端和远端控制。

2019 年 7—12 月,该矿东二泵房安装。安装 3 台 MD155-30×3 型水泵,配置 2 趟 ϕ219 毫米排水管路,水仓容量为 844 立方米;安装排水集控系统,实现泵房自动排水及远程控制排水功能。

2019 年 12 月,西一泵房集控系统升级改造,采用中国矿业大学研发的矿井排水监控系统,安装新控制柜,实现现场数字监控操作。

截至 2020 年 6 月,龙东煤矿排水系统设置中央排水泵房、西一采区泵房和东二采区泵房,东、西翼排水均通过大巷水沟排入中央水仓。中央泵房安装 5 台 MD450-60×6 型水泵,配置 2 趟 ϕ325 毫米和 1 趟 ϕ480 毫米排水管路;中央泵房设有 3 个水仓,总容量为 9 283 立方米。西一采区泵房安装 3 台 MD280-43×9 型水泵,配置 2 趟 ϕ108 毫米排水管路,水仓容量为 1 200 立方米。

(五)苇子沟煤矿排水

主斜井分段设截水沟和中间临时水仓并安装 2 台 MD85-67×7 型排水泵(一用一备)。工作面涌水时,在工作面后 30～50 米处设一临时水箱(容量 2 立方米)配潜水泵 2 台(一用一备)。工作面积水由风泵排至临时水箱内,由临时水箱内潜水泵排至中间临时水仓(容积 50 立方米),然后中间临时水仓有 2 台 MD85 水泵将涌水排至地面。巷道排水管路选用一趟 ϕ159 毫米×5 毫米厚无缝钢管,管路排水能力 146 立方米/小时。

副斜井区设井下临时排水系统,临时泵房设在永久水仓的主水仓口,已施工部分的主水仓(有效容量约 1 000 立方米)作临时水仓。临时泵房内安装 2 台 MD155-67×9 型排水泵,1 台 MD85-67×7 型排水泵,其中 1 台 MD155-67×9 型排水泵作为工作泵,1 台 MD155-67×9 型排水泵作备用泵,MD85-67×7 型排水泵作为检修泵,井筒内敷设 2 趟 ϕ159 毫米×5 毫米厚排水管路(一用一备),单趟排水能力为 146 立方米/小时。水泵出水口附近 2 趟排水管路之间应连接管路相通,并安装 6 英寸(1 英寸=2.54 厘米,下同)阀门。排水管路沿巷帮管托架固定,每 3 米设 1 副管托架。临时排水系统设计满足施工排水要求。

回风斜井在井下井底车场变电硐室内设有临时排水系统建有临时泵房、水仓、配电所。水仓有效容量 400 立方米,泵房内安装 3 台 MD85-45×9 型排水泵,一用一备一检修。回风

斜井井筒内敷设一趟 ϕ159 毫米×5 毫米厚排水管路,作为工作排水管路,单趟排水能力为146 立方米/小时;沿用井筒施工时井壁固定的一趟 ϕ108 毫米×4 毫米厚供水管路,兼作备用排水管路,单趟排水能力 65 立方米/小时。水泵出水口附近两趟排水管路之间连接管路相通,并安装 4 英寸阀门。排水管路沿巷帮管托架固定,每 3 米设 1 副管托架。临时排水系统设计满足施工排水要求。

采区一水平施工集中回风巷,在巷道内分段设截水沟和中间临时水仓,并安装 2 台 D46-50×6 型排水泵(一用一备),分别与 2 趟 ϕ108 毫米×4 毫米厚排水管路连接。工作面涌水时,在工作面后 30~50 米处设一临时水箱(容积 1~2 立方米)配潜水泵 2 台(一用一备)。工作面积水由风泵排至临时水箱内,由临时水箱内潜水泵排至中间临时水仓,然后中间临时水仓 D46-50×6 型排水泵将涌水排至井底车场临时水仓内,最后由临时水仓处MD85-45×9 型排水泵排至地面。

(六)玉泉煤业有限公司排水

2014 年 9 月 10 日,与上海第一水泵厂有限公司签订 3 台 MD155-30×6 型主排水泵合同,12 月 13 日主排水泵主要设备到货。

2015 年 4 月 20 日,开始泵房施工和设备安装;6 月 25 日安装 1 台主排水泵,先期投入使用;12 月 3 日正式 3 台主排水泵排水。

2016 年 1 月 28 日,委托山西公信安全技术有限公司对主排水泵完成安全性能检测。

2017 年 8 月 7 日,完成对中央泵房联合排水能力进行测试。矿井主、副水仓容量1 726 立方米,采区的涌水汇集到水仓,然后由多级泵经副井井筒直接排到地面沉淀池。中央泵房安装 3 台 MD155-30×6 型水泵,配套功率为 132 千瓦的 YB2-315M-4(660V)型电机,1 台工作,1 台备用,1 台检修;泵房配置 2 趟排水管选用 ϕ194 毫米×5 毫米厚无缝钢管,吸水管选用 ϕ219 毫米×6 毫米厚无缝钢管。

(七)106 煤矿排水

矿井正常涌水量 50 立方米/小时,最大涌水量 80 立方米/小时。矿井首采区采用自流排水,矿井涌水通过主、副平硐自流出矿内,进入地面井下水处理站。故矿井初期不设排水设备,后期矿井在进入下山采区时,布置正常排水设备及具有独立供电系统,且排水能力不小于最大涌水量的潜水泵强排系统。

第四节 矿井通风

一、专业机构

1991 年以后,公司各矿主要通风机均由专业管理机构(机电科或风井工区)负责运行、维护管理。主通风机制度健全,具备《交接班制度》《设备巡回检查制度》《岗位责任制》《安全生产责任制》《领导干部上岗查岗责任制》《固定设备包机制度》《设备定期检修制度》等。主要通风机房设有专人值班,负责主要通风机运行的监护;机电维修工定期检查反风设施、调节风门、防爆门等设施;通风科每周检查和维护井下所有反风设施、调节风门。管制制度健全、人员配置齐全。具体主要通风机用工情况见表 3-3-2。

表 3-3-2　2019 年大屯矿区主要通风机用工统计表　　　单位:人

单　位	系统总人数	南风井	东风井	东一风井	东二风井	西风井
姚桥煤矿	27			9	9	9
孔庄煤矿	22	11	11			
徐庄煤矿	16	8				8
龙东煤矿	8					8

二、通风设备与管理

（一）姚桥煤矿通风设备与管理

1996 年,姚桥煤矿东二风井与原通风系统联网,形成了中央分列和两翼对角式通风。该矿对井下通风系统进行了调整,-400 米和-600 米两个水平进风,改-650 米水平胶带巷进风为回风,同时将东风西调,形成了 3 个风井独立回风系统。

2005 年,将东二回风下山至东一补回风巷、东一配风巷、东四回风下山与轨道下山的联络巷、7247 外通道、西五泵房通道等,全长 1 860 米永久封闭。

2008 年和 2009 年,制订老采区收缩和临时封闭废旧巷道的系统简化方案。完成对东六采区、新东四采区、东七采区(7539、7537 区域)、西五采区(7241、7251、7253 区域)、-400 米东胶带大巷通风系统简化、优化;对 7007 运煤通道、西五探煤下山上段以及-400 米西轨道大巷部分联络巷进行封闭,共简化封闭各类巷道 3 500 米。

2011 年和 2012 年,先后收缩西五采区、西三采区、西五边界采区废弃的甩道、运煤通道5 360 米;为解决东二风井主要通风机更换后的风速超限问题,补打-181 米补回风巷、西六回风巷,对-650 米车场进行了刷大,矿井通风质量、安全生产保障以及节能降耗方面都有极大改观。

2014 年,完成西风井风机整体改造切转对接、并网运行工作,由 G4-73-11№25D 型离心式主要通风机更换为 FBCDZ№28/2×450 型对旋式风机,电机频率 31 赫兹,主要通风机排风量 4 208 立方米/分钟。

截至 2020 年 6 月,姚桥煤矿有两对主副井(老主副井、新主副井)进风,三个风井(东一风井、东二风井、西风井)回风,形成了"四进三回"的通风格局,通风方式为中央分列和两翼对角混合式,通风方法为机械抽出式。三个回风井独立回风,各生产采区均实现分区通风,采区进、回风巷贯穿整个采区,每个生产采区均有专用回风巷,采掘工作面、机电硐室均实现独立通风。

（二）孔庄煤矿通风设备与管理

1996 年,孔庄煤矿对矿井通风系统进行调整,建立-375 米、-620 米、-785 米三个水平的三路进风。

2004 年 5 月,孔庄煤矿南风井主要通风机改造,具备自动分合闸功能,综合保护装置中设有短路、过流、欠电压、过压等保护功能。

2008 年上半年,实现 II_1 集中回风联络巷与-160 米总回贯通,降低南风井的通风阻力。同年开始总回通风降阻工程。

2010 年 5 月,I_5 补总回与东风井形成并联回风通路,东风井主要通风机负压下降26毫米水柱(约 255 帕)、总风量提升约 700 立方米/分钟。经通风系统调整,解决总回通风"瓶颈"和边缘 I₆ 采区的通风困难问题。

2010 年,−785 米大巷与 III₅ 人行下山贯通,完成−785 米水平与 III₅ 采区的首次贯通,贯通后−785 米大巷将向 III₅ 人行下山上风 1 958 立方米/分钟,向 4# 胶带进风 1 002 立方米/分钟,各采掘工作面和其他用风地点的风量都满足要求。

同年,孔庄煤矿三期改扩建后生产能力由 105 万吨/年增加到 180 万吨/年,净增 75 万吨/年。为满足改扩建工程后的矿井配风需要,确保矿井的正常生产和接续,东风井主要通风机由 G4-73-12№28D 型离心式主要通风机更换为 FBCDZ-8-№28D 型对旋式风机,矿井总进风量 13 850 立方米/分钟,东风井总回风量 10 483 立方米/分钟、静压 226 毫米水柱(约 2.216 千帕),达到预期效果。

同年,孔庄煤矿−1 015 米大巷与 IV₁ 人行下山贯通,新增加一个进风井(混合井)和一条主要进风大巷。−375 米轨道暗斜井、1# 胶带、−375 米主石门风量有所减少,而集中管子下山风量变化不大,新大井进风 1 936 立方米/分钟。

2011 年 3 月,南风井新主要通风机切换联网,由 G4-73-11№25D 型离心式主要通风机改为 FBCDZ-8-№26 型轴流式对旋风机,实测全矿总进风量 15 238 立方米/分钟,南风井总回风量 6 653 立方米/分钟,负压 1 680 帕;东风井总回风量 9 378 立方米/分钟,负压 2 026 帕。

2012—2014 年,孔庄煤矿制定简化优化通风系统方案并实施,完成 IV₁ 专用回风巷补套工程,将 II₁ 人行上山由回风改为独立通风,通风系统更加安全可靠;先后完成已采区 I₄、I₅、II₃、III₃ 采区的封闭工程,大大优化、简化矿井通风系统,提高矿井的防灾、抗灾能力。

截至 2020 年 6 月,孔庄煤矿共有主井、副井、东风井、南风井、混合井 5 个立井,主、副和混合井进风,东风井和南风井回风,两风井通风系统相对独立。采掘工作面、井下爆破材料库、机电硐室等均采取独立通风。

(三)徐庄煤矿通风设备与管理

1994 年,徐庄煤矿补打−210 米水平回风巷,形成双路回风。

2005 年 6 月,南风井将原离心式通风机改为轴流式通风机,配置 2 台 GAF-25-12.5-1 型轴流式风机,排风量为 8 238 立方米/分钟,矿井负压 2 644.6 帕,等积孔 3.18 平方米。将−550 米水平大巷进风改回风,矿井通风系统得到优化。

2006 年,根据通风阻力测试结果,将−400 米水平胶带大巷由进风改作回风,并将东九采区回风引入−400 米水平胶带大巷,形成东七、东九采区独立通风系统;在一号轨道下山上段补打−270 米水平回风副巷与 7114 岩石集中巷贯通,封闭东一回风副巷,将东翼部分回风经东三回风副巷引入 7502 回风巷;补打东三辅助回风巷,同时封闭东三回风副巷,增加东三辅助回风巷风量,进一步缓解−151 米水平东翼通风阻力。

2008 年,根据通风系统优化方案,将−550 米水平大巷由进风改作回风,形成 II₃ 采区开拓及回采期间的通风系统;在−270 米水平回风巷至−210 米水平回风巷之间补打西翼回风副巷,将形成西翼多路回风;在该回风巷形成后,将一号胶带下山改作回风巷,形成一号胶带下山与轨道巷并联回风系统,减小回风系统的通风阻力。

2010 年,完成西翼回风副巷补套工程,巷道为长度 470 米的岩巷,巷道断面为 12 平方米,西翼回风副巷贯通后,实现西翼多路回风系统,使 7502 回风巷风速显著下降,总进风量

增加 310 立方米/分钟,矿井负压下降 390 帕,等积孔增加 0.2 平方米,同时形成一号轨道巷与胶带下山并联回风系统,使矿井通风变得更加容易。

同年,根据通风阻力测定报告,对高阻巷道(-210 米水平回风巷、风井下口西翼总回段)进行扩巷降阻。扩巷后,在矿井总回风量不变的情况下,通过对西翼联巷至风井段进行扩巷,南风井风机风压由 2 507.9 帕下降到 2 309.9 帕,下降 198.0 帕。10 月,对主要通风机电控系统改造,实现主要通风机远程一键切换等功能。

2012 年,完成一号下山回风副巷补套工程,与一号胶带下山、-270 米水平回风副巷并联,同时对一号胶带下山上段进行密闭。

2019 年 5 月,对主要通风机控制系统及风门控制系统进行改造,将系统改为基于西门子 S7-300 集中控制的电控系统,系统可实现风机一键切换、风机远程操作控制,系统操作更方便、更稳定。

同年 11 月,徐庄煤矿西风井新风机投入使用,西风井通风方式为抽出式,西风井配置 2 台 FBCDZ-№28 型轴流式通风机,排风量为 4 644 立方米/分钟,矿井负压为 2 078.6 帕,等积孔 2.02 平方米。采用同南风井相同的电控系统。联网后,矿井总进风 11 510 立方米/分钟,矿井总回风 12 416 立方米/分钟,矿井总进风较联网前增加 1 948 立方米/分钟,矿井总回风较之前增加 2 350 立方米/分钟,达到预期效果。

截至 2020 年 6 月,徐庄煤矿通风方式为混合式,主、副井进风,南风井、西风井回风,通风方法为抽出式通风。矿井具有独立、完善、可靠的通风系统。各生产水平和采区均实行分区通风,所有采煤工作面均采用矿井全风压独立通风。

(四)龙东煤矿通风设备与管理

1991 年以后,龙东煤矿通风方式为中央边界式,具有完整独立的通风系统,全部实现分区通风。

2002 年,龙东煤矿完成东风井废除,西风井联网运行。西风井装有 2 台 GAF-22.4-13.3-1 轴流式通风机,其中 1 台正常运转,1 台备用。矿井计算需风量为 5 388 立方米/分钟,实际进风量为 5 838 立方米/分钟,矿井总回风量为 6 004 立方米/分钟,矿井负压 2 460 帕,矿井最长通风流程为 17 080 米,矿井等积孔 2.69 平方米,矿井有效风量率为 88.9%。

2005 年,矿井完成西辅采区回风巷与东总回风巷贯通、西总回(东段)改造巷与东总回风巷-250 米贯通等重点贯通工程,减小通风阻力;同年 5 月份,对东一下山进行了封闭,减少了矿井需风量,简化了矿井通风系统。

2008 年,调整西一及西一扩区通风系统,7183 切眼巷道与西一扩区探巷贯通后,两条巷道形成全负压通风,西一扩区进风流经 7183 切眼巷道、西一扩区探巷后与 7162 材料道风流汇合进入西一回风巷。贯通后,为进一步合理利用风量,在不改变整个西翼及采区通风系统的前提下对部分巷道风流路线进行调整,将原"两进一回"通风系统调整到西一扩区进风大巷为进风巷道(风流经 7183 切眼巷道及西一扩区探巷)、7162 材料道及 7162 刮板输送机道为回风巷道的"一进两回"通风系统,通风系统更为合理。

2009 年,对风机叶片角度进行调整,对 2 台主要通风机分别在-7°、-4°、+1°运转时的相关参数进行测定,其中 1# 主要通风机风量实测值 66~156 立方米/秒,风压实测值 216~3 290 帕,电动机输入功率最大实测值 504 千瓦,通风机运行效率实测值 63%~71%,2# 主要通风机风量实测值 75~172 立方米/秒,风压实测值 318~3 326 帕,电动机输入功率最大

实测值509千瓦,通风机运行效率实测值59%～73%;同时对全矿井进行整体降阻,矿井通风阻力从年初的2 429帕降至2 085帕。

2010年9月,主要通风机自动化控制系统改造。采用中国矿业大学研发的通风机全自动控制系统,S7-300控制器,集控室有控制计算器。实现主要通风机通风系统的手动控制和自动控制。

截至2020年6月,相继对井下通风系统实施优化工程,共计封闭巷道约1万米,大大简化通风系统,提高通风系统的稳定性和可靠性。

(五)106煤矿通风设备与管理

2012年进行通风系统建设安装,2013年5月投入使用,同年7月21日实现全矿井负压通风。主要通风机正常投入运转,额定最大风量9 300立方米/分钟。矿井总进风量4 682立方米/分钟,总回风量为4 719立方米/分钟,总排风量为4 836立方米/分钟,矿井有效风量率为88.1%,外部漏风率2.4%,等积孔为4.19平方米。矿井最大通风流程为5 904米,为通风容易矿井。

截至2020年6月,106煤矿共布置3个井筒,其中主平硐、副平硐进风,东翼回风斜井回风。通风方式为中央分列式,通风方法为机械抽出式通风,风井安设2台同等能力主要通风机,型号为FBDZ-8No24型轴流式通风机,1台使用,1台备用。风井防爆门、反风门、反风道设施齐全。

(六)苇子沟煤矿通风设备与管理

2019年7月,苇子沟煤矿主井井口房临时全负压通风系统建井风机风道基础开始施工。

同年11月,临时监测监控系统升级完成,升级后的安全监测监控系统为重庆梅安森科技股份有限公司研发的KJ73X型安全监控系统,并实现实时数据与县、州局联网。

同年12月6日,副井井底车场爆破掘进首次揭露B8号煤层。

截至2020年6月,井下巷道均采用地面局部通风机向井下供风。主斜井掘进工作面选用FBDNo6.3/2×30型局部通风机供风,供风距离1 420米,风筒直径800毫米;副斜井的集中回风上山下部联络巷工作面、副水仓工作面、井底车场工作面均选用FBDNo7.1/2×45型局部通风机供风,风筒直径1 000毫米;风井区一水平集中回风巷(上段)掘进工作面选用FBDNo7.1/2×45型局部通风机供风,供风距离1 260米,风筒直径1 000毫米。三套局部通风机均配备安装了同等能力的备用局部通风机,指定有专人负责管理。局部通风不存在循环风和串联通风现象。局部通风管理均执行"三专两闭锁""双风机、双电源"规定,制定有完善的测风制度。

(七)玉泉煤业有限公司通风设备与管理

玉泉煤业有限公司为高瓦斯矿井,矿井设计采用中央并列式通风方式,主斜井、副斜井进风,回风立井回风。通风方法为抽出式通风。

2013年2月23日,公司进驻玉泉煤业有限公司后,主要通风机房已建成,主要通风机及配电和控制系统已安装完毕,因立风井的井筒和大巷、采区巷道并未贯通而未投入使用。6月1日,完成主要通风机改造,增加了测试风道。6月14日,主要通风机投入运行。

2014年12月26日,进行反风演习,其反风能力达到《煤矿安全规程》要求。

2015年5月9日,委托山西公信安全技术有限公司对主要通风机完成安全性能检测。

截至 2016 年 4 月，回风立井安装 FBCDZ618-8-№26 型对旋式通风机两台。矿井需风量 4 607 立方米/分钟，实际进风量为 4 943 立方米/分钟，矿井回风量为 4 974 立方米/分钟，实际用风地点供风量 4 866 立方米/分钟，矿井有效风量利用率 98.4%。水柱计读数 51 毫米水柱（约 500 帕）；矿井等积孔 4.46 平方米。

三、矿井通风能力核定和反风

矿井每年组织反风演习，风井主要通风机均能在 10 分钟内改变巷道风流方向，矿井反风率不小于正常供风量的 40%，符合《煤矿安全规程》的规定。其中，姚桥煤矿全矿井反风率为 66%，孔庄煤矿全矿井反风率为 66%，徐庄煤矿全矿井反风率为 74%，龙东煤矿全矿井反风率为 54%。矿井进行了通风能力核定。

四、矿井主要通风机性能鉴定

按《煤矿安全规程》要求开展矿井主要通风机性能测定，主要内容包括：外观质量、安全保护及设施、风量、风压、通风机轴承温度及温升、电动机输入功率、通风机轴功率、通风机效率、电动机绝缘电阻、叶片径向间隙、振动速度及噪声等 12 个项目。2014 年和 2018 年，分别对姚桥煤矿东一、东二风井和西风井进行主要通风机性能测定；2016 年和 2017 年，分别对孔庄煤矿南风井和东风井进行风机性能测定；2017 年，对徐庄煤矿进行主要通风机性能测定；同年对龙东煤矿开展矿井主要通风机性能测定。检验结果全部合格。

第五节　压 风 系 统

一、姚桥煤矿压风系统

1998 年，东二风井压风机房建设完成并投入运行。

2002 年，主井压风机房建设完成并投入运行，满足新井压风需求。

同年 12 月，2# 副井井筒内压风管路改造，将原来三趟排水管路最西侧 1 趟改作压风管路使用，同时将下端延伸至—650 米西大巷，减少施工工期，确保进行压风的要求。

2009—2011 年，东二风井压风机房活塞式压风机更换为螺杆式压风机，少油开关柜更换为真空开关柜，监控系统改造，具备自动启停功能。

2019 年，东二风井压风机房空压机智能无人值守系统升级改扩建，使压风系统具备无人化的条件。

截至 2020 年 6 月，矿井地面安装压风机 8 台，其中 5 台 MM-250 型螺杆压风机并联，3 台 MM-200 型螺杆压风机并联。

二、孔庄煤矿压风系统

2006—2008 年，主井空气压缩机进行了设备更新，安装 5 台 MM200-2S-HV 型螺杆式空气压缩机，正常运行 4 台，采用直接启动方式，同时安装了空气压缩机集中控制系统，实现空气压缩机启停的自动控制。

2007 年 9 月，东风井空气压缩机进行设备更新，安装 3 台 MM200-2S-HV 型螺杆式空

气压缩机,正常运行 2 台,同时安装空气压缩机集中控制系统,实现空气压缩机启停的自动控制。

2019 年 9 月,孔庄煤矿主井空气压缩机安装 5 台压风机余热利用装置,提高能源利用率,降低空气压缩机运行温度,更有利于空气压缩机长期稳定运行。

截至 2020 年 6 月,主井压风机房安装 5 台 MM200-2S-HV 型螺杆式压风机,正常运行 4 台,东风井压风机房安装 3 台 MM200-2S-HV 型螺杆式压风机,正常运行 2 台。

三、徐庄煤矿压风系统

2008 年 7—8 月,徐庄煤矿压风机集控系统控制系统改造,引进 ACS4000 型集中控制系统对 4 台压风机联网控制,采用三菱 Q 系列 PLC 作为其控制核心,改造之后可以实现 4 台压风机的联网集中控制与远程控制。

2012 年 3 月,新增一台 MM200-2S(6 千伏)高压双机压缩 4 螺杆型(节能型)压风机,高压开关柜 1 台,保证矿井压风需求。

2012 年 8 月,对上海英格索兰压缩机有限公司生产的 ACS4000 型集中控制系统进行升级改造,此次升级改造对本地及远程控制上位机进行了系统升级、增加了控制柜的硬件(DCS 通信模块 Modbus RTU、电流互感器、电流变送器、连接电缆、软件程序)并升级以及网页的发布等,实现 5 台压风机的联网集中控制与远程控制。

2019 年 1 月,更换压风机房低压柜 8 台,确保低压空气压缩机运行安全可靠。

截至 2020 年 6 月,矿内压风机房安装 4 台 MM250 型螺杆式压风机,1 台 MM200-2S 型螺杆式压风机。西风井压风机房安装 3 台 M315-A8-2S 型螺杆式压风机,但没有投入运行。

四、龙东煤矿压风系统

2005 年 5 月,该矿将地面原有的 5 台 4L-20/7 水冷往复式空气压缩机更换为 3 台 M200-2S 型螺杆式压风机。

2008 年 4 月,压风机安装集控系统。采用上海英格索兰压缩机有限公司开发 ACS4000 型集中控制系统,工控机为华研 610,实现压风机的自动控制和手动控制。

2016 年 7 月,压风机集控系统升级。在原控制系统的基础上,将集控端移至机电调度,由调度员监控、操纵压风机,压风机房实现无人值守。

截至 2020 年 6 月,矿井地面压风机房安装 3 台 M200-2S 型螺杆式压风机,井下大巷压风管路为 $\phi219$ 毫米钢管,采掘面压风管路为 $\phi89$ 毫米钢管。

五、106 煤矿压风系统

2013 年,矿井压风机安装投入使用。截至 2020 年 6 月,矿井地面压风机房安装 4 台上海施耐德日盛机械(集团)有限公司生产的 SRC-330SA 型螺杆式压风机,排气量为 39.0 立方米/分钟,排气压力 0.85 兆帕;供电采用双回路供电,双电源分别引自矿井 35 千伏变电站 10 千伏不同母线段,压风机的控制装置由压缩机厂家配套。每台压风机控制系统预留现场总线通信接口,并具备完善的联机控制功能。

六、苇子沟煤矿压风系统

2019 年 10 月,施工方中煤一建 31 处主井压风机房建设完成,投入运行。截至 2020 年 6 月,矿井地面安装压风机 5 台,其中副井 3 台 DLG-132 型单螺杆压风机并联,回风井 2 台 DLG-132 型单螺杆压风机并联。

七、玉泉煤业有限公司压风系统

2013 年 11 月,玉泉煤业有限公司安装美国英格索兰压缩机有限公司生产的 ML250 型风冷式空气压缩机 1 台,M200-2S 型风冷式空气压缩机 2 台,该压风机型式为螺杆式,流量为 40.2 立方米/分钟,最高工作压力为 0.75 兆帕,冷却方式采用风冷。2014 年 1 月正式运行。

2015 年 4 月 9 日,该矿委托山西公信安全技术有限公司对 3 台空气压缩机进行安全性能检测,检测结果全部合格。

第四章 地质测量

第一节 矿井地质

一、大屯矿区矿井地质

大屯矿区地质条件相对复杂,区内构造主要受区域构造的控制,并受到新华夏系强烈改造的影响,断裂构造较发育。生产矿井 4 座,分别为姚桥煤矿、孔庄煤矿、徐庄煤矿、龙东煤矿,各矿井地质类型均为中等。

(一)构造

区内地质构造形态主要为断层、褶皱和岩浆岩。断层以张扭性正断层为主,延展方向以北东、北东东向为主,延展规模大,断层落差大,多是浅部上升向浅部倾斜的高角度正断层。姚桥断层、徐庄断层落差在数百米至千米以上,构成各井田沿走向的自然边界。褶皱主要为宽缓的短轴褶皱,主要由滕州复背斜和丰沛复向斜组成,在矿井内次一级褶皱较发育,由北向南主要的次一级褶皱有龙固背斜、小王庄背斜、刘官屯向斜、陶官屯背斜、徐庄张双楼背斜、孔庄向斜等。

本区火成岩活动剧烈,分布甚广,岩性以煌斑岩为主,其次为花岗岩、石英斑岩、闪长玢岩、辉绿岩、斜长斑岩,一般呈岩脉、岩床、岩盘状等,通过断层侵入煤层或岩层。火成岩侵后,受严重影响的煤层全变为天然焦或煤焦混合体。

(二)煤层

区内山西组、太原组为主要的含煤地层,可采煤层 4 层,分别为 7 号、8 号、17 号、21 号煤层。7 号煤层位于山西组中下部,下距 8 号煤层 0~50 米,煤层结构简单,平均厚度 4.88 米,煤层直接顶为砂质泥岩,基本顶为灰色~浅灰色石英砂岩,煤层底板为砂质泥岩、泥岩,局部发育有 1~3 层夹矸,为全区可采的稳定型厚煤层。8 号煤位于山西组的下部,主要发育在矿区姚桥煤矿、孔庄煤矿、徐庄煤矿湖下区域,由于古地理环境所致,煤层存在大面积变薄至尖灭,厚度变化较大,沉积不稳定,平均厚度 2.98 米左右,为局部可采的较稳定型中厚煤层。17 号煤位于太原组中下部,全区有局部分岔尖灭现象,为全区大部分可采的不稳定型薄煤层。21 号煤位于太原组下部,直接顶板为 L12 号灰岩,平均厚度 1.32 米,为全区大部分可采的较稳定型薄煤层。

矿区主要可采煤层特征、开采技术条件见表 3-4-1 和表 3-4-2。

表 3-4-1　大屯矿区主要可采煤层特征

煤层名称	煤层厚度/米 最薄～最厚 平均	稳定性 可采性	煤层结构	顶、底板岩性		主要分布井田
				顶板	底板	
7	$\dfrac{1.41\sim9.86}{4.88}$	稳定 可采	简单	泥岩、砂质泥岩、砂岩	砂质泥岩、泥岩	姚桥、孔庆、徐庄、龙东
8	$\dfrac{0\sim6.59}{2.98}$	较稳定 局部可采	较简单	砂质泥岩、泥岩	泥岩、砂质泥岩、砂岩	姚桥、徐庄、孔庄
17	$\dfrac{0\sim2.65}{0.92}$	较稳定 局部可采	简单	泥岩、砂质泥岩、砂岩	泥岩、灰岩、砂岩	姚桥、孔庄、徐庄、龙东
21	$\dfrac{0\sim2.68}{1.32}$	较稳定 可采	简单	灰岩	泥岩、砂质泥岩、砂岩	姚桥、孔庄、徐庄、龙东

表 3-4-2　大屯矿区开采技术条件

矿区	瓦斯	煤尘	煤的自燃性	煤层顶、底板	地温
大屯矿区	低瓦斯矿井	7 号、8 号煤层爆炸指数为 28.89%～40.5%，有爆炸危险	7 号、8 号煤层为Ⅱ类自燃煤层	以稳定、中等稳定型顶、底板为主	地温梯度正常

二、白杨河矿区矿井地质

本区总体上呈一单斜构造，倾角 10°～26°，区内中南部有煤层出露，形成火烧区，均为死火区。生产矿井 1 座、基建矿井 1 座，分别为 106 煤矿、苇子沟煤矿，井田内存在老窑采空区，106 煤矿地质类型为中等。

（一）构造

区内地质构造形态主要为断层、褶皱，未发现岩浆岩侵入现象。该区中新生代构造运动较强，断层较发育，中东部发育有石梯子—干沟逆断层 F_1 和与之平行的逆冲断层 F_2、北东向平移断层 F_3、西部有性质不明的断层 F_4，以上区域性大断层对 106 煤矿、苇子沟煤矿煤系地层影响较小。根据 106 煤矿采掘揭露情况，矿井建设生产过程中实际已揭露断层 30 余条，落差 0.7～30 米，基本为高角度正断层，对工作面的布置和推采有较大影响。

（二）煤层

区内可采煤层 4 层，分别为中侏罗统西山窑组 5 号、6 号、7 号、8 号煤层。5 号煤层位于西山窑组第一含煤段的上部，为井田内的最上层可采煤层，平均煤厚 2.22 米，结构简单，煤层顶板为泥岩、粉砂岩，煤层底板岩性为泥岩、粉砂岩、粗砂岩，属于大部～局部可采较稳定中厚煤层。6 号煤层位于西山窑组第一含煤段的中上部，平均煤厚 2.73 米，上距 5 号煤层 6.97～25.50 米，结构简单，局部含有 1～3 层夹矸，煤层顶板为碳质泥岩、细砂岩、粗砂岩，煤层底板岩性为粗砂岩、细砂岩、碳质泥岩，属于大部～局部可采较稳定中厚煤层。7 号煤层上距 6 号煤层 12.64～35.62 米，厚度变化较小，平均煤厚 9.24 米，结构简单，局部含有 1～

3 层夹矸,煤层顶板为碳质泥岩、泥质粉砂岩、粗砂岩,煤层底板岩性为碳质泥岩、细砂岩、粗砂岩,属于全区可采稳定型厚煤层。与下部 8 号煤层间距 15.03～33.97 米,平均23.40 米。矿区主要可采煤层特征、开采技术条件见表 3-4-3 和表 3-4-4。

表 3-4-3　白杨河矿区主要可采煤层特征

煤层编号	视密度/(立方米/吨)	煤层真厚/米 两极值 平均值	煤层间距/米 两极值 平均值	夹矸层数/层	顶、底板岩性		煤层结构类型	煤层稳定性
					顶板	底板		
5	1.30	0.14～4.33 2.22	6.97～25.50 13.56	0	泥岩、粉砂岩	泥岩、粉砂岩、粗砂岩	简单	较稳定
6	1.31	0.10～8.74 2.73	12.64～35.62 18.82	0～3	碳质泥岩、细砂岩、粗砂岩	粗砂岩、细砂岩、碳质泥岩	简单	较稳定
7	1.32	5.67～11.71 9.24	15.03～33.97 23.40	0～4	碳质泥岩、泥质粉砂岩、粗砂岩	碳质泥岩、细砂岩、粗砂岩	简单	稳定
8	1.31	1.97～7.14 5.03		0～1	粗砂岩、砂岩、细砂岩	细砂岩、粗砂岩	简单	稳定

表 3-4-4　白杨河矿区开采技术条件

矿区	瓦斯	煤尘	煤的自燃性	煤层顶、底板	地温
白杨河矿区	106 煤矿为低瓦斯矿井、苇子沟暂定为突出矿井	6 号、7 号、8 号煤层爆炸指数 31.81%～44.73%,有爆炸危险	大多数属Ⅰ类,部分属Ⅱ类,局部属Ⅲ类	以中等稳定型顶、底板为主	地温梯度正常

三、阳泉矿区矿井地质

本区总体上呈一单斜构造,地层比较平缓,倾角 3°～7°。有玉泉煤矿一座基建矿井,目前处于停建阶段,由于是整合矿井,井田内存在较多老窑采空区。

（一）构造

区域构造以东西向褶皱带并派生有近东西向断裂为基本特征,受区域构造影响,本井田构造以宽缓褶曲为主,发育有 2 条轴向北东东的背向斜构造和 1 条近东西向的背斜构造。根据地表出露和整合各矿井下巷道揭露,还发现 2 条大中型断层和 30 个小陷落柱。

（二）煤层

井田内含煤地层主要为太原组,太原组含煤 6 层,即 8 号、9 号、11 号、12 号、13 号和15 号煤层。其中,15 号煤层井田内层位稳定,全区可采;8 号、9 号煤层井田内大部被剥蚀,分布区厚度均达可采,但大都风氧化;其余煤层均不可采。太原组地层平均总厚 122.60 米,煤层平均总厚 13.29 米,含煤系数 10.8%,其中 8 号、9 号、15 号煤层平均总厚 12.35 米,可采含煤系数 10.1%。矿区主要可采煤层特征、开采技术条件见表 3-4-5 和表 3-4-6。

表 3-4-5 阳泉矿区主要可采煤层特征

含煤地层	煤层编号	煤层厚度/米 最小～最大 平均	煤层结构（含夹矸层数）	稳定性	可采程度	顶板岩性	底板岩性
太原组	15	$\frac{5.85～8.60}{6.91}$	较简单(0～2)	稳定	全区可采	石灰岩、泥岩	砂质泥岩、泥岩

表 3-4-6 阳泉矿区开采技术条件

矿区	瓦斯	煤尘	煤的自燃性	煤层顶、底板	地温
阳泉矿区	高瓦斯矿井	有爆炸危险性	15 号煤层为Ⅰ类自燃煤层，9 号煤层为Ⅲ类自燃煤层	以中等稳定型顶、底板为主	地温梯度正常

四、灵南矿区矿井地质

本区整体呈一大型单斜构造，单斜构造上发育一些宽缓的不连续褶皱，断层较少，地质构造简单，煤层倾角一般小于 15°，多为近水平煤层。

（一）构造

根据勘探阶段地质资料，本区构造主要为单斜构造上发育一些宽缓的不连续褶皱，在褶皱两翼发育有稀少断层，落差基本在 50 米以下；根据唐家河煤矿首采区三维地震勘探资料，共解释断层 17 条，其中 SDF_{12} 为正断层，其余均为逆断层，落差多在 0～20 米之间。

（二）煤层

含煤地层为侏罗纪延安组地层，含可采煤层 3 层，分别 5 号煤层（南川河矿区分岔为 5-1、5-2、5-3）、8-1 号煤层、8-2 号煤层。唐家河井田煤层情况见表 3-4-7。

表 3-4-7 唐家河井田煤层情况一览表

煤层名称		煤层真厚/米		煤层结构	夹矸层数/层
		全区 最小～最大 平均(点数)	可采范围内 最小～最大 平均(点数)		
5	组厚	$\frac{0.20～5.17}{1.68(116)}$	$\frac{0.80～5.17}{2.11(85)}$	简单～复杂	0～5
	单层	$\frac{0.12～5.17}{1.35(146)}$	$\frac{0.80～5.17}{1.98(84)}$		0～5
8-1	组厚	$\frac{0.08～6.65}{3.39(74)}$	$\frac{0.84～6.65}{3.65(68)}$	简单～复杂	0～4
	单层	$\frac{0.08～6.65}{3.07(83)}$	$\frac{0.80～6.65}{3.24(75)}$		0～4
8-2	组厚	$\frac{0.20～17.56}{5.00(132)}$	$\frac{0.81～17.56}{5.46(120)}$	简单～复杂	0～5
	单层	$\frac{0.20～17.56}{4.33(147)}$	$\frac{0.81～17.56}{4.91(128)}$		0～5

5号煤层可采厚度0.80～5.17米,平均2.13米。5号煤层属较稳定的局部可采煤层,也是井田区域的次要可采煤层。

8-1号煤层可采区厚度为0.80～6.65米,平均3.65米。8-1号煤层在井田东北区域分布较为稳定,为本井田局部可采的较稳定煤层。

8-2号煤层可采厚度为0.81～17.56米,平均5.46米。8-2号煤层在本井田内大部分区域内均有沉积发育,且分布较稳定,以厚～特厚煤层为主,因此属较稳定的大部分可采煤层。开采技术条件见表3-4-8。

表3-4-8　灵南矿区开采技术条件

矿区	瓦斯	煤尘	煤的自燃性	煤层顶、底板	地温
灵南矿区	高瓦斯矿井	具有爆炸危险性	煤的自燃倾向性等级为Ⅰ～Ⅱ类	以中等稳定型顶、底板为主	地温梯度正常

第二节　水文地质

一、大屯矿区水文地质

大屯矿区与丰沛煤田和滕州煤田处于一个四周为阻水边界断层所切割的、独立的水文地质单元,北起凫山断层、南至丰沛断层、东为峄山断层、西到嘉祥断层。边界断层落差都大于1 000米,第四系地层不整合地覆盖在全区基岩面上,是一个补给不良、排泄不畅的封闭、半封闭水文地质单元。由于矿区各矿第四系表土层厚,煤层埋藏深,是典型的华北型隐伏式煤田。

矿区主要含水层自上而下分别为:第四系松散砂砾含水层、侏罗系砾岩含水层、下石盒子组分界砂岩含水层、山西组煤层顶底板砂岩含水层、太原组灰岩含水层、奥陶系灰岩含水层。

大屯矿区各矿开采时间较长,采后老空积水区普遍较多,防治水工作难度较大。矿区各矿井局部区域构造裂隙发育,水源补给充沛,涌水量较大,水害风险较大。大屯矿区各矿水文地质条件均为中等类型。

二、白杨河矿区水文地质

矿区各煤层均有露头,煤层露头多数呈火烧区。矿区东、北、南三侧以地表分水岭为界,西以呼图壁河为界,区内地表、地下水主要向呼图壁河进行天然排泄;南部雪山一侧地表最高点构成南侧区域地表水分水岭;东部以干沟以东一侧地表最高点构成东侧区域地表水分水岭;北部齐古组、头屯河组等相对隔水层出露于地表的最高点构成了北侧区域地表水分水岭。呼图壁河为本区区域最低排泄基准面,呼图壁河建有大唐水库蓄水位标高为本区最低侵蚀基准面标高,其标高为1 250米。

矿区主要含水层包括:第四系含水层、中侏罗统西山窑组含水层、烧变岩裂隙潜水含水层。

白杨河矿区 106 煤矿、苇子沟煤矿主要受原老窑采空区积水、烧变岩裂隙潜水含水层、中侏罗统西山窑组下段砂岩含水层水害威胁,苇子沟煤矿水文地质类型划分为复杂类型,106 煤矿划分为一水平简单类型、二水平中等类型。

三、阳泉矿区水文地质

井田内主要河流为招山河,于井田东部由南向北流过,井田其他沟谷仅在雨季时有短暂洪水排泄,汇入招山河后向北流出井田。招山河平时水量很小,雨季时水量增大,属季节性河流。主要含水层有:第四系砂砾含水层、二叠系下石盒子组砂岩裂隙含水层、二叠系山西组砂岩裂隙含水层、太原组灰岩、砂岩岩溶裂隙含水层、奥陶系石灰岩岩溶裂隙含水层。

玉泉煤矿主要的水害威胁为采空区积水:井田内共分布 9 号煤层积水区 7 处,合计积水量 109 520 立方米;分布 15 号煤层积水区 7 处,合计积水量 161 728 立方米。另外,井田东部相邻路家村煤业有限公司和跃进煤业有限公司在本井田边界附近分布有积水区 3 处,合计积水量 38 801 立方米。上述积水区总积水量约 310 049 立方米。另外,井田南部原万泉煤矿、龙凤煤矿和西北部东庄头煤矿 9 号煤层采空区积水、井田东南部原刘家村煤矿 9 号煤层采空区积水,对该地段 15 号煤层开采均存在充水威胁。

四、灵南矿区水文地质

本区无较大的地表水体,井下含水层水以白垩系基岩裂隙承压水为主,第四系潜水及新近系甘肃群、侏罗系承压裂隙水次之,深部环河组、洛河组、直罗组、延安组普遍具有承压水分布,其中洛河组富水性较好,其他含水层的富水性差。由于地下水形成条件、含水层岩性的不同,其分布规律、富集条件及水质特征相差较大。

8 号主采煤层距离白垩系洛河组、宜君组主要含水层平均厚度 195 米,回采后导水裂隙带高度最大为 152.7 米,延伸不到下白垩统群洛河组、宜君组砂砾岩孔隙裂隙承压含水层,所以第四系、白垩系含水层对未来矿井开采影响小。侏罗系安定组、直罗组、延安组砂岩承压孔隙、裂隙承压复合含水层,是煤层开采后导水裂隙带直接影响含水层,含水层厚度 10～209 米,平均厚 83 米,单位涌水量 $q = 0.003\ 6 \sim 0.005\ 9$ 升/(秒·米),属弱富水岩层,是矿井未来开采时的直接充水含水层。

第三节　测量控制

一、专业机构

公司 1971 年 8 月成立地质勘探大队,负责地质、测绘工作。在地质勘探大队的基础上,1978 年成立地质测量处,1998 年地质测量处更名为地质测量部,2006 年公司测绘归生产管理部管理,2011 年 10 月再成立地质测量部管辖公司测绘工作。

公司下属测绘单位有 7 个,分别为:工程咨询公司测量队、孔庄煤矿、徐庄煤矿、姚桥煤矿、龙东煤矿、新疆 106 煤矿、苇子沟煤矿地测科。山西玉泉煤业有限公司 2013 年设置地测科,2019 年人员全部分流。

二、测绘队伍、装备

大屯矿区开发初期只有十余名测绘人员,随着矿区发展壮大,通过引进人才、接收学生,测绘队伍连年增加,至 2019 年底公司测绘人员 76 人,其中:注册测绘师 5 人、教授级高工 1 人、高级工程师 6 人、工程师 15 人、助理工程师 12 人、测量高级技师 7 人、技师 6 人、测量高级工 20 人。

1991 年以后,测绘装备逐步向全站仪、陀螺全站仪、数字水准仪、GPS 接收机、数字成图软件等新装备过渡。1991 年,引入电子经纬仪和测距仪。1994 年,测量队开始使用全站仪。1995 年 6 月,测量队获得国家国土资源系统乙级测绘资质和建设系统乙级测绘资质。1996 年,引入计算机和南方 CASS 数字成图软件,开始数字测图。1997 年,矿井开始配置全站仪及龙软微机成图软件。1998 年,测量队配置 3 台徕卡 GPS 接收机。2005 年,开始使用 GPS～RTK、1 台日本托普康 MS050.5″全站仪。2006 年,添置 2 台天宝 DiNi12 电子水准仪。2013 年,配备 1 台全自动陀螺全站仪。2019 年,在大屯矿区建设 1 座楼顶卫星连续运行基准站(CORS 站),大大提高了测绘作业效率。截至 2020 年 6 月,公司拥有 6 台 GPS 接收机、26 台全站仪、4 台数字水准仪、1 台全自动陀螺全站仪、7 台大型绘图仪、多套数字成图软件等现代技术装备。

三、控制网改造升级

(一)大屯矿区平面控制

1998 年,公司经纬测绘公司(公司测量队)施测大屯矿区 D、E 级 GPS 控制网,起算点为:大挖工庄、马寺、张古楼、朱王庄、谢庄、前场,共施测 D 级点 21 个,E 级点 41 个。

2006 年,公司测量队复测大屯矿区 GPS 控制网,由于张古楼点被破坏,起算点为:大挖工庄、马寺、朱王庄、谢庄、前场。2006 年复测与 1998 年施测的差距较大,后由徐州师范大学(现江苏师范大学)以朱王庄、马寺为基准,施测 C 级 GPS 控制网,计算出前场、大挖工庄、谢庄坐标,再以上 5 个点为起算点计算出矿区 GPS 控制网。

2013 年,以马寺、朱王庄、前场为起算点布设 C 级 GPS 控制网 6 个点,然后加密布设 D 级 GPS 控制网 24 个点,E 级 GPS 控制网 25 个点。

2019 年,以三角点马寺、朱王庄、GPS 点"孔污水"为起算点布设 C 级 GPS 控制网 9 个点,D 级 GPS 控制网 21 个点,E 级 GPS 控制网 23 个点,5 台南方银河 1 卫星接收同步观测。

(二)大屯矿区高程控制测量

从矿区筹建至 1996 年,矿区首级高程控制网先后以"BM8"和"电厂水"作为起算点进行三等水准测量,使用光学水准仪,采用国家南四湖环线上的三等水准点"BM8"加密而成。后因"BM8"被毁坏,改用"电厂水"作起算点。"电厂水"是以"BM8"为起算点求得的,因"电厂水"在以"BM8"为起算点的水准网中高程值变化较小,故后来作为起算点。

1996 年,公司测量队以国家一等水准点"I兖柳 35-1 基上"为基准施测滕州至大屯二等水准,求取矿区两个基岩点"BMJI 中(矿中)""电厂水"的 1956 年黄海高程系高程。1996—2000 年,每年矿区高程控制测量是以基岩点"BMJI 中(矿中)""电厂水"为已知点,使用光学水准仪和铟瓦尺(钢钢尺)施测三等水准网。2000 年,因"电厂水"破坏,大屯矿区在姚桥煤矿工业广场和孔庄煤矿工业广场分别建起"BMYJ"和"BMKJ"两个基岩水准点。此后一直到 2004 年,每年均以"BMJI 中(矿中)"、"BMYJ"和"BMKJ"三个基岩点为基础,施测矿区三等水准网,施测三等水准点 101 个。

2004 年和 2011 年,测量队两次均以国家一等水准点"徐怀 1"为起算点施测徐州至大屯二等水准;2011 年使用天宝电子水准仪施测二等水准,大大提高测量速度和精度。

(三)白杨河矿区平面控制

(1)106 煤矿 GPS 控制网。2009 年 6 月委托乌鲁木齐纬地测绘科技有限公司施测矿井 E 级 GPS 控制网,新建基础控制点 8 个,联测原有控制点 5 个,覆盖范围包括生活区、社区黄楼、联建工业广场、井口、东风井。

2012 年 3—5 月,再次委托乌鲁木齐纬地测绘科技有限公司施测矿井 D 级 GPS 控制网,主要对主平硐口和东翼回风井口的 7 个地面近井控制点进行测量。

(2)苇子沟煤矿 GPS 控制网。2010 年 8 月,委托乌鲁木齐纬地测绘科技有限公司施测矿井 E 级 GPS 控制网,控制点资料由自治区测绘局提供,获得了苇子沟煤矿的 8 个 E 级 GPS 控制点在北京 54 坐标系框架下的坐标及在西安 80 坐标系框架下的坐标,覆盖范围为整个矿井。

(四)白杨河矿区高程控制测量

2012 年 3—5 月,106 煤矿委托乌鲁木齐纬地测绘科技有限公司进行高程控制测量,分别使用 1956 黄海高程的萨尔乔阔(军)和 1985 国家高程的 T130 为起始点,对主平硐口和东翼回风井口的 6 个地面近井控制点施测了四等水准测量。2013 年 11 月,再次委托乌鲁木齐纬地测绘科技有限公司进行高程控制测量。

苇子沟煤矿分别采用了 1956 黄海高程基准和 1985 国家高程基准。1956 黄海高程基准起始点:萨尔乔阔(军)(Ⅳ等)、白杨沟大阪(Ⅲ等);1985 国家高程基准起始点:天 1~32(D 级)、天 1~30(D 级)、天 1~28(D 级)。

(五)坐标系统

2019 年,利用矿区周边"沛县""成官 32""张寨""董寨"4 个 2000 国家大地坐标系 GPS 控制点,对矿区 C、D、E 级 GPS 控制点进行联测,解算了 2000 国家大地坐标系成果,建立了矿区原有坐标系统与国家 2000 坐标系统的转换参数,并将相关坐标和图纸转换成国家 2000 坐标系统。大屯矿区 80 坐标系统、2000 坐标系统都是由 758 系统(近似于 1954 年北京坐标系)通过换算而得到。

新疆 106 煤矿、苇子沟煤矿平面坐标基准为北京 54 坐标系和国家 80 坐标系,计划 2020 年在国家 80 坐标系的基础上完成 2000 坐标系的转换。

(六)其他

山西玉泉煤业有限公司地面平面和高程控制在公司收购前的 2006 年已建成,收购后未重新施测。唐家河井田测区内及周围有甘肃省基础地理信息中心提供的 Ⅱ、Ⅲ 等三角点共 3 个(Ⅱ等点 2 个为 Ⅱ大户塬、Ⅱ苟家窑子,Ⅲ等点 1 个为 Ⅲ 同家坡);以及甘肃煤田地质局综合普查队于 2006 年在灵台南勘查区和 2010 年在灵台县独点勘查区布设的 E 级 GPS 控制网 41 个点,高程采用拟合法计算。这些点均有 1980 西安坐标系和 1954 北京坐标系两套成果,高程均为 1985 国家高程基准。2020 年,在国家 80 坐标系的基础上完成 2000 坐标系的转换。

四、地形图测量

（一）大屯矿区地形图

1987年3月—1989年11月，公司委托国家测绘局第一大地测量队进行全矿区航空摄影测量(含三河尖煤矿、张双楼煤矿)，合计成图：1：2 000地形图399幅，1：5 000地形图97幅，1：10 000正射影像图28幅，1：25 000正射影像图6.25幅。

2003年3—9月，公司委托西安煤航遥感信息有限公司(以下简称"西安煤航")进行大屯矿区航空摄影测量，合计成图：1：2 000地形图271幅，1：5 000地形图60幅，1：25 000正射影像图1幅。

2012年11月—2013年11月，公司委托西安煤航进行大屯矿区1：2 000比例尺数字地形图(航测)工程项目，合计成图：1：2 000地形图294幅，1：5 000缩编地形图60幅，1：10 000数字真彩正射影像图30幅，1：25 000数字正射影像图1幅，有效保证了矿区生产和基本建设用图。各矿工人村和工业广场平面图等日常用图由公司测量队完成。

（二）白杨河矿区地形图

106煤矿于2006年6月委托新疆地矿局第十一地质大队测量组完成1：5 000地形测量图10.96平方千米；2009年6月委托乌鲁木齐纬地测绘科技有限公司进行了东翼回风斜井工业场地1：500地形测量图和临时排矸场地1：500地形测量图。

苇子沟煤矿于2016年11月委托湖北煤炭地质勘查院完成1：5 000地形测量图27.74平方千米。

在日常地形测图中，用先进的GPS做控制、全站仪和RTK做图根和打点、用南方CASS软件直接成图取代传统的经纬仪加小平板的测图方式，在绘制测量图方面用龙软地理信息系统成图软件取代手工绘图，进一步提高了作业效率，降低劳动强度。

（三）唐家河井田地形图

唐家河井田于1984年由陕西省测绘地理信息局测绘1：10 000地形图18幅，2011年甘肃煤田地质局综合普查队对这些图进行修测，共计完成图幅22幅，总面积为304.23平方千米。

五、矿井贯通测量

1991年以后，对矿区三对井筒进行井上、下联系测量，共施测井下7秒和15秒级控制导线约260千米，施测陀螺方位角近50条，通过全站仪加陀螺边取代经纬仪加钢尺模式为各矿井下控制测量和贯通测量提供了基础保障。各矿井下大小贯通工程达2 500处无事故，其中：孔庄煤矿主副井与混合井贯通长度6 700余米两井贯通，姚桥煤矿−650米水平轨道大巷9 700米两井贯通，徐庄煤矿西风井6 700米两井贯通，龙东主副井～西总回～西风井贯通等多个两井重大贯通工程，都是运用地面GPS测量成果资料、全站加测陀螺边等新工艺、新设备，严格按《煤矿测量规程》要求进行了贯通测量方案误差预计，并按误差预计选定的测量方案，在提高贯通精度上下功夫，均实现高精度安全贯通。

六、开采沉陷预计监测

伴随矿区开采，地面发生大范围沉陷，对地面耕地、房屋建筑、铁路、公路、管线、渠坝等农田水利设施产生不同程度影响。大屯矿区从建矿之初就开展开采沉陷预计、变形监测与预警工作。

各矿的地表移动观测站由公司测量队观测，通过对各矿井筒、井架等重要建筑持续进行沉降、变形监测，特别是对孔庄混合井深大井筒的移动变形加强监测，确保矿井井筒的安全；对矿区内龙固、姚桥铁路专用线受开采塌陷影响情况提前预计，及时监测、指导恢复治理，有力保障矿区铁路安全运营。开展沉降预计，合理有效指导矿区煤炭开采、征地、搬迁、土地复垦和生态恢复治理工作为矿区多采出煤炭资源、安全生产提供保证。

第五章　生产调度

第一节　机构与制度

一、专业机构

公司调度系统根据生产建设发展的不同时期和需要,机构先后经历由独立、合并、分立再合并阶段。

1998 年 5 月以前,公司调度室为独立的组织机构,负责公司安全生产组织、指挥、协调职能。

1991 年 3 月,公司调度室被中国统配煤矿总公司命名为"特级局调度室"。

1992 年 3 月,被中国统配煤矿总公司认定为达质量标准化特级标准。

1998 年 5 月以后,调度室职能和人员并入生产调度处。

2000 年 3 月,机构变更为生产技术部;2003 年 5 月,变更为生产管理部。

2011 年 4 月 25 日,成立调度室,为独立的人员编制和机构。

2015 年 7 月管理职能和人员并入生产技术部至今。

公司调度室实行公司、矿(厂、处、中心、二级公司)、队三级管理。日常生产组织、指挥、协调由公司和矿、厂、处、中心、二级公司进行。二级调度室 9 个,煤矿调度室 6 个,铁路管理处、电热公司、选煤中心各 1 个。

二、职责制度

公司调度室主要负责组织、指挥、协调日常生产,以生产计划和重点工作为依据,全面、均衡组织班、日、月和年度生产指标和任务兑现。坚持 2 小时一调度掌握协调日常安全生产,通过日、周、月度安全生产会议,安排、下达生产计划,解决安全生产问题。掌握节假日生产组织安排、检修工作及检修项目工程进度和竣工;专题季节工作安排。做好上情下达和下情上报工作。履行调度指挥中心职能,协调事故处理和抢险救灾工作。

1999 年,调度管理工作纳入了公司质量标准化管理体系;2000 年 5 月,编制了《大屯煤电集团有限责任公司调度管理手册》《公司调度管理工作暂行规定》,建立和完善调度工作各项管理制度和工作规范,主要包括公司调度工作条例实施细则、公司企业调度规范、公司关于加强地面厂(处)调度汇报若干规定、调度室业务保安制度和工作规范等共 24 项。

2002 年,纳入公司质量、安全、环境三体系,进一步规范了管理业务流程和工作标准。

2011 年 9 月,下发了《公司调度管理工作暂行规定》,建立完善了调度会议制度、逐级汇报制度、专题季节性工作汇报制度、事故汇报制度、领导干部值班制度、调度通知通报指令管理制度和调度质量标准化制度等。

三、各矿井调度系统

（一）姚桥煤矿调度系统

1991—2011年，姚桥煤矿调度业务属矿生产管理科，主要业务职能包含采煤、掘进、巷修、运输、安装拆除等工作。2011年8月，将调度业务从原生产管理科划分出来组建独立机构，成立姚桥煤矿调度室。2017年调度专业标准化以86.5分成绩完成国家一级标准化验收；2018年和2019年接受江苏省经济和信息化委员会标准化验收抽查。

（二）孔庄煤矿调度系统

1991—2007年，孔庄煤矿调度业务属矿生产技术部管理；2007—2011年，调度业务属生产管理科管理；2011年9月，孔庄煤矿调度室划分为独立的组织机构。主要负责矿井采掘生产组织、指挥和协调，应急救援处置、机运通皮生产系统运行管理，工作面安装拆除准备和年久失修巷道的修复等工作。2017年10月17日，调度专业标准化以公司第一名的成绩顺利通过国家一级标准化验收。

（三）徐庄煤矿调度系统

1991年以后，徐庄煤矿调度室充分发挥调度平衡协调和现场管理的职能作用，积极组织原煤回采和综合进尺的有序生产，及时解决生产中出现的重大问题。2018年，矿调度室与生产技术科合并成立生产管理中心。

（四）龙东煤矿调度系统

1991年以后，调度室经过几次矿井机构改革调整之后，从独立的调度室，合并到生产科，之后又划为独立的调度室，负责全矿的生产协调工作、生产准备工作、生产安全突发事故应急处置工作。2019年初，调度室变更为调度指挥中心。

（五）106煤矿调度系统

建设初期调度业务归口于工程科管理。2011年10月，106煤矿正式成立调度室。2011—2013年，调度室主要职能是及时了解、协调矿井建设期间出现的问题，做好指挥和调度协调工作。2013年，随着矿井建设完成，开始试生产，调度室工作职能开始转变，主要职能转向负责组织日常生产。2018年11月，天山公司机构改革，调度室与办公室、科技信息环保科业务重组，将车辆（除小车班外）管理、维修、安全监测、信息网络业务并入调度室统一管理，调度室更名为生产调度指挥中心。

（六）苇子沟煤矿调度系统

建设初期调度业务归口于生产技术科。2018年12月，成立新疆鸿新煤业有限公司调度室，为独立调度机构。主要行使对项目部调度及监测监控日常管理职能，协调解决项目建设施工中出现的各类问题和安全生产应急管理工作，负责建立各项调度管理制度。

第二节　调度信息化

一、总调度信息化建设

1998年10月，总调度室网络版调度报表系统正式运行，该报表系统充分利用计算机网络，提高了矿级与公司数据传输的效率，丰富了报表数据。

2010年12月9日,公司调度室改造装修工程及监测信息传输工作启动。同年12月20日,孔庄煤矿、徐庄煤矿、龙东煤矿工作面视频监控系统运行,并将视频图像传输至公司总调度室。

2011年12月31日,公司生产调度信息管理系统正式上线运行。

2013年10月18日,公司调度室搬迁至研发中心,新的调度室正式启用,公司调度信息化系统一期、公司调度信息化系统二期会议室部分同步启用。

公司调度信息化系统一期DLP大屏显示系统安装60英寸3×9组合DLP拼接墙,调度信息化系统大屏部分主要由VisionPro® 60" DLP显示单元(3行九列)、Digicom® Ark3000多屏处理系统、VWAS拼墙管理软件组成。融合高清数字视频、DLP显示单元无缝拼接、多屏图像处理、多路视频切换和计算机网络等国内领先技术为一体,实现对网络信息、计算机数据和监控视频等信号的实时显示、综合监控和智能管理,满足调度管理工作"现代化、信息化、智能化"的要求。具有高亮度、高清晰度、高智能化控制、操作方便、性价比高的特点,为公司统一调度、统一管理提供显示平台。

同年,公司调度信息化系统二期项目实施,共分两块,一块为多媒体会议室与视频会议室项目,另一块为系统集成项目。会议室系统包含了音频扩声系统、桌面液晶升降系统、视频显示系统、电子会标系统、会议发言系统、视频会议系统等6个子系统。系统集成部分包含综合管理门户、调度业务管理、安全管理、生产运行管理、应急救援管理、系统监控等6大部分。

二、矿井调度信息化建设

（一）姚桥煤矿调度信息化建设

2004年,矿井安装KJ31-600安全监控系统,主要用于胶带开停、主副井提升(开停)、井下风水压力监测等生产系统的监测。

2005年,安装浙江大华生产的DH-2000型调度通信系统。

2006年,安全监控系统改造,由KJ31升级到KJ65n系统。

2007年,建成井下千兆工业环网。

2011年,在井下胶带运输巷道建设wifi无线通信网络系统。2012年和2013年,该系统进行扩容,建立起覆盖整个井下主要运输巷的无线通信网络系统。

2012年,对调度通信系统进行升级和扩容;同年井下千兆工业环网升级为ICOM4000型。同年,建设完成以矿井千兆工业环网作为传输的平台,基于网络的交互式双向广播调度系统(应急广播系统)。同年,建设完成矿井重点区域的井下人员定位系统,2013年初正式投入运行。

2013年,建设独立的千兆视频工业环网,建立海康威视8000视频监控平台,2018年,升级为8700视频监控平台。同年按照国家煤矿安全监察局要求,安全监控系统进行了数字化改造,使用KJ95X系统,于2019年1月完成改造。同年,应用AI人工智能技术,对井下相关违章行为数字建模、自动抓拍。该成果在行业中处于领先地位。同年程控调度交换机升级为大华KTJ220型。

（二）孔庄煤矿调度信息化建设

1991年以后,矿井监控系统使用模拟盘设备,使用核子秤计量装置。

1992年以后,使用DDK-1型程控调度总机。

2004年,安装KJ65型井下煤矿安全监测系统。

2005年,调度总机更换为DH-905A型。

2007年,安全监测系统升级为KJ65n型。

2008年7月,调度总机升级为DH-2000型。

2010年,开始建设工业环网。

2011年3月,安装并投入使用KJ133C型人员定位系统。

2012年12月,安装并投入使用KT199型井下应急广播系统。

2013年,安装投入使用KT156型井下无线通信系统。同年10月,升级调度显示系统为大屏显示设备。

2014年,对井下核子秤进行升级改造,数据传输由点对点升级为总线式传输;2018年,全部更换为ICS-ST型电子胶带秤。同年,对安全监控系统使用的KJ95X系统升级改造。同年,对工业环网进行优化改造。

2019年1月,调度交换机升级为KTJ220型。同年11月,大屏显示系统升级,实现网络编码视频输入、VGA信号输入、数字矩阵交换和网络IP矩阵交换输出。

（三）徐庄煤矿调度信息化建设

2004年,安装KJ65型井下煤矿安全监测系统,2007年升级为KJ65n型,2018年升级为KJ95X型。

2005年,安装地面、井下两套通信系统,2018年地面通信升级为中兴GEPON软交换设备,2019年调度交换机升级为KTJ220型。

2010年5月,完成视频会议系统安装并投入使用,实现矿调度与公司调度视频信号同步。

2013年1月,完成大屏幕显示系统安装并投入使用。

2014年,建设工业视频系统,2018年升级为数字高清工业视频系统。

2017年,建设调度信息化集成系统,完成对安全监控、人员定位、工业视频、胶带集控、主副井提升、压风、排水、水文检测等系统调度集成工作。

2018年,建设矿井灾害处置方案信息化及灾害处理调度指挥系统,事故发生后第一时间通过短信、电话、App、视频的形式向不同岗位的人员及时有效地传递事故内容、应急预案内规定的相关岗位职责和应对措施等信息,有效缩短事故响应时间、提高抢险救灾效率。

2019年,建设江苏煤矿安全生产风险监测预警系统;同年井下主运胶带巷建立无线通信系统。

（四）龙东煤矿调度信息化建设

2010年2月,安装ICS-ST电子胶带秤计量系统。同年3月,工业视频系统集成到生产监控与调度信息集成系统平台。同年5月,生产监控与调度信息集成系统正式投入使用。

2012年,KJ133C型人员定位系统安装并投入使用。同年11月,安装KT199型井下应急广播系统,2012年12月安装完毕。

2018年6月,以胶带无线通信系统为基础,对井下无线通信系统进行升级和扩容,实现手机用户和调度机用户的互联互通。同年8月,安装并投入使用了中兴GEPON软交换设备,无线通信系统采用KT109R。同年12月,安装并投入使用KJ95X安全监控系统。

2019 年 10 月,综合自动化监控平台逐步建设并使用,后期该平台将融合供电、压风、水文、信集闭、人员定位、安全监控等系统。

(五)106 煤矿调度信息化建设

2011 年,安装 KJ133 型矿井人员定位系统。

2013 年,安装 KJ379A-F 型矿井安全监控系统。

2014 年,采用 KT290 型矿用调度通信系统。同年,安装使用 KT106R 无线通信系统。同年,安装使用 KT175 应急广播系统。同年,安装生产调度监控系统和建设以太环网平台。

2019 年,升级改造成 KJ90X 型煤矿安全监控系统。同年,采用 KJ323D 系统对人员定位系统进行升级。同年,11 月完成通信联络系统升级改造工作。

2020 年,对以太环网进行升级改造,升级为万兆环网。

(六)苇子沟煤矿调度信息化建设

2014 年,采用 TX880 型矿用调度通信系统。

2015 年,安装 KJ353 型矿井人员定位系统。

2019 年,升级为 KJ75X 型矿井安全监控系统。

截至 2020 年 6 月,矿井为基建矿井,安全监测监控系统、人员定位系统、通信联络系统均为乙方临时系统。

第四篇

煤炭加工与购销

Meitan Jiagong Yu Gouxiao

煤炭产品质量和市场营销是企业的命脉，是经济效益的源泉。面对市场经济带来的挑战，大屯公司加强煤质运销、洗选加工和煤炭购销管理，以优良的品质、优质的服务、适销的品种、合理的价格占领市场，确保经济效益。公司实施品牌战略，"以稳定的煤质、精心的服务、良好的信誉向客户负责"，推行全面质量管理、健全质量保证体系，落实岗位责任制，打造"大屯煤"形象。1991年之后，煤炭质量在客户抽查、第三方检验和国家级抽查三方面一直保持100％的合格率。公司被评为"创中国名牌先进单位"、全国"煤炭质量信得过单位"、江苏省"最受尊敬的杰出'苏商'"；"大屯煤"也获得"国家免检产品""江苏名牌产品"等称号。

公司重视选煤厂建设，努力增加煤炭品种，确保产品质量。在抓好大屯选煤厂生产的同时，1991年之后又相继建成孔庄选煤厂、龙东选煤厂和姚桥选煤厂。2011年12月，公司成立大屯选煤中心，实行4家选煤厂的统一管理，煤炭洗选加工更加专业化、系统化、自动化。

选煤中心坚持"保障安全、精益生产、完善系统、规范管理、提升质量、确保效益"的工作思路，根据需要先后对大屯选煤厂、孔庄选煤厂和姚桥选煤厂进行改扩建，增加精煤品种，提高技术水平和产能，展示出"安全、绿色、四化、高效"的企业形象。1991年至2020年6月，选煤中心（四家选煤厂）累计入洗原煤13 977万吨，生产精煤8 059万吨。

公司自建矿以来，矿区煤质运销与煤炭营销始终统一管理。2008年，成立江苏大屯煤炭贸易有限公司，与煤炭贸易部合署办公，后因中煤集团煤炭营销体系重构，公司煤炭贸易部撤销，其业务由煤炭贸易有限公司和煤质运销管理中心分别负责。2018年10月，煤炭贸易有限公司根据中煤集团协同销售要求，负责矿区的煤炭销售、煤款回收和电厂燃料煤的外购。煤质运销管理中心负责矿区煤炭质量管理、调运、四座矿井入洗原煤管理、电厂用煤调配管理、煤炭副产品综合利用管理、煤炭销售协调等。2019年年底，煤质运销管理中心新增天山公司106煤矿煤质管理和煤炭营销。

面对市场变幻，管理部门坚持"以市场为导向，以客户为中心"，适时调整营销策略，科学组织合理调度，多措并举抓好煤炭营销。煤炭畅销时保质保量增效益，煤炭滞销时优化结构拓市场，及时回收煤款，为公司健康发展保驾护航。1991年至2020年6月，公司煤炭销售16 808.35万吨，销售收入799.3亿元。煤炭外购贸易量959万吨，赢得利润7 158万元。

第一章　煤质管理

第一节　煤质监管

一、管理体系

1991 年，公司下发《关于做好 1991 年煤质管理工作的通知》《关于进一步开展商品煤质量保证体系工作的通知》等 6 个文件，要求从品种质级相符、井下毛煤管理、质量保证体系三个方面搞好煤质管理，成立商品煤质量管理领导小组，明确相关部门的煤质管理职责，明确煤质管理具体措施、要求与考核奖惩办法。公司新增中心化验室筛分浮沉室，为煤炭可选性试验提供保证。广泛开展质量、品种、效益年活动，细化质量管理。同年 5 月，向中国统配煤矿总公司提交《大屯公司在煤炭销售中"重合同、守信誉"工作情况的报告》，汇报矿区保质量、讲诚信的做法与成效，受到总公司的肯定。

1993 年，公司下发《关于认真贯彻产品质量法努力提高煤炭产品质量的通知》，宣传贯彻《中华人民共和国产品质量法》提高全员质量意识，开展群众性煤质管理活动，完善矿、厂煤质监督检查，狠抓煤质管理措施落实，煤炭质量普遍提高。

1994 年，公司修订《大屯煤电公司煤炭质量抽查办法》，从抽查范围、抽查频率、抽查方法、综合考核等方面做出规定。抽查以灰分结果作为结算依据，以抽查灰分为煤质标准值，实现了煤质监管的常态化。

1995 年，公司下发《关于印发大屯煤电公司煤质运销工作质量标准化考核办法的通知》，明确运销工作质量标准化考核细则和运销工作质量标准化的部级、省级和局级三个等级的分数线与评分办法，按期组织检查考核，奖优罚劣。

二、品牌战略

1995 年 7 月，公司决定大屯选煤厂六级精煤出口销售。为确保煤质和效益，公司下发《关于加强出口煤质量管理并进行奖罚的通知》，要求增强品牌意识，细化煤质管理。当月，公司六级精煤首次出口日本。10 月，日本国丸红株式会社资源开发部长川原后土一行 4 人应中煤进出口集团邀请来大屯考察、洽谈业务。

1996 年，在国家质量技术监督局、国家经济贸易委员会、煤炭部联合组织的检查评比中，大屯公司被评定为"煤炭质量信得过单位"。

1997 年，公司印发《煤质管理补充规定》，要求加强井下煤质管理，严格洗选过程管理，降低洗精煤水分。

1998 年，公司召开孔庄煤矿出口煤炭专题会议，对孔庄煤矿下达向日本出口精煤的任务。

1999 年,公司贯彻 ISO 9002 标准,规范销售、调运、煤质管理和港口储销管理。

2000 年,公司下发《关于加强商品煤质量指标控制的通知》,明确各类煤种的质量控制指标和具体要求。印发《出口煤质量管理办法》,确保大屯煤炭质量品牌。1998—2000 年,公司累计向日本出口煤炭 49.25 万吨。

2001 年,公司下发《上海大屯能源股份有限公司煤质管理办法》,明确煤炭生产、加工、运销中的质量管理与预测预报工作要求,煤质考核内外有别,内控标准严于对外标准。公司煤炭质量稳中有升,获得江苏省出口煤炭质量许可证,冶炼精煤和动力煤经中国质量检验协会多次抽查合格,并荣获"创中国名牌先进单位"称号。

2002 年,公司提出"大屯煤"品牌课题。

2003 年,公司召集运需各方进行洽谈,广泛征集意见,确立"大屯煤"品牌战略的宗旨、理念和特征。突出市场导向,依据煤质要素合理布局;坚持分采、分装、分运、分仓、分贮,杜绝煤炭销售质量事故;力求"质量稳定"、价格平稳,与客户合作共赢,提升"大屯煤"品牌声誉。

同年 8 月,公司运销部更名为上海大屯能源股份有限公司煤炭贸易部。

2004 年,公司印发《关于煤质考核及奖罚办法的指导意见》,明确煤质考核内容和指标,以及煤质奖罚金额分配办法。

三、质量经济

2005 年,公司贯彻"质量经济"管理思路,推动质量管理由"保证型"向"控制型"转变。针对徐庄煤矿与姚桥煤矿地质条件差、原煤灰分高、管控难度大的困难,强调一要抓好生产过程管控,二要细化煤炭质量管理,三是要求自备电厂适当增加低质煤的燃用。落实"配采、配洗、配烧、配销"措施,举矿区之力用精细的质量管理谋取较高的经济效益,实现企业健康发展。

2006 年初,公司印发《年度煤质指标及考核细则》,对各矿主要考核商品煤灰分及大于 5 500 大卡(1 大卡≈4.186 千焦,下同)优质煤比例和商品煤批合格率。年底,大屯精煤及优质混煤产品获"国家免检产品"称号。

2007 年,经徐州市出入境检验检疫局现场考核和评议,公司被评定为 A 级出口煤炭企业,并荣获市质量管理奖。

2008 年,煤炭行业经济低迷,公司煤炭销售步入困境。为拓展市场,凝聚客户,公司印发《关于临时调整煤炭质量控制指标的通知》,要求商品煤按新的计价标准检测结算。

2009 年初,生产矿井相继过断层,煤质陡降。二季度略有好转。三季度姚桥选煤厂试生产,产品质量不稳定。公司发文要求,生产中严控层位、产量和煤质,确保煤炭入洗量。当年,精煤和原煤批合格率均为 100%,国家及省级抽验 11 批次商品煤全部合格。

2011 年,公司对姚桥选煤厂的原煤洗选进行调研,并制订产品质量不稳定解决方案。该厂落实整改,难题迎刃而解。年底,公司成立大屯选煤中心,印发《大屯选煤中心与矿井间煤炭数量质量管理办法的通知》,质量经济管理迈出新步伐。

四、过程控制

2012 年 8 月,中煤集团印发《关于加强煤质管理的通知》,要求煤质管理要严格过程控

制。9月份,大屯公司召开煤质管理座谈会,全面落实中煤集团精神。

2013年,公司下发《调整煤炭质量区间管理办法》,印发《公司内部单位供发电厂燃料煤数质量计量管理办法的通知》,统一对外、对内的结算标准与结算方法。为优化煤质过程控制,公司决定化验中心等三家化验室申报国家级实验室。次年3月,公司化验中心通过中国合格评定国家认可委员会(CNAS)专家评审,获得国家级实验室认可证书。

2014年,公司调整煤炭质量考核办法,矿厂间结算以发热量计价,煤炭质量奖励只用于煤质管理的考核。

2016年,煤炭贸易部与客户互动,推动煤质动态管理,加强"大屯煤"品牌宣传。

2017年,依据市场需求调整商品煤品种,5级、6级、8级精煤洗选随时切换。5月,公司通过CNAS专家组复审。

2018年,公司总经理直接分管煤质,成立煤质运销管理中心,主抓煤质管理、煤炭调运采制化管理、入洗原煤管理、电厂用煤调配管理、煤炭副产品综合利用管理、煤炭销售协调管理等。各矿、选煤中心加强煤质管理,细化过程控制。

2019年,矿区开展煤炭产品服务质量提升活动取得良好效果。

2020年,公司决定天山公司106煤矿的煤质管理考核由煤质运销管理中心统一负责,根据106煤矿实际情况下达年度煤质考核指标。

2015—2020年,公司的煤炭质量在中煤集团一直位居A级行列。

第二节　调运管理

一、健全调运制度

1991年,公司在煤炭"铁路外运"管理方面下发文件,要求强化三项管理:一是各矿、厂和铁路管理处进一步建立健全装车运输系统的岗位责任制;二是各矿、厂和铁路管理处要配备检查维护人员,确保煤炭及时外运销售;三是所有销售与装运系统人员,必须严格落实现场交接班制度,保证质量提高效率,要强化考核,奖优罚劣。

1994年,公司印发《大屯煤电公司煤炭装车管理办法》,规定火车装车必须使用平车器,车车过衡,每车按标重将误差严格控制在±0.4吨以内,规范填写并呈报过磅单,装车质量同个人经济利益挂钩,货运员协助把好装车质量关。调运管理的煤炭装车环节实现制度化、系统化。

1995年,煤炭部印发《关于严格执行煤炭调运计划统一管理的通知》,规定各种投资渠道、各种隶属关系、各种经营形式的煤矿煤炭运销管理都要由煤炭部进行控制和管理。有关煤炭运销问题,要及时报煤炭部,由煤炭部统一协调处理。

同年,公司印发《关于加强矿区煤炭储装运管理工作的通知》,将煤炭储装运协同进行体系化管理。印发《运销工作质量标准化考核办法》,对装车调运的管理制定具体考核内容及标准。自此,公司煤炭调运管理步入体系化、标准化建设轨道。公司运销处被煤炭部调运司评为"1994年度煤炭销售统计工作先进单位"。

二、严格调度管理

1996年,公司煤炭运量计划较1995年增加50万吨,运输能力紧张。公司加强内部煤炭调运管理,合理组织日常装车。上半年,适应煤炭运输新特点,采取多流向运输,始终把洗精煤和洗块煤的销售作为调运工作的重点来抓。下半年,徐州铁路分局为完成全年运量任务,要求公司增大运量,公司抓住机遇,减少管内及地销量,加大外运量,月月超额完成计划,经济效益大幅提升。

同年,公司印发《关于加强对矿区装、卸交车管理和考核的通知》,明确对装车质量、装车时间以及影响外运交接车的责任单位进行考核。铁路调运实现了"空车快对位、装车不误时、交车不晚点、整列不欠轴、整车不亏吨"的管理目标。

1997年,公司与中国矿业大学合作开发煤炭运销计算机网络信息系统,当年4月投入使用。该系统建成网络化的煤炭销售、调运、财务、煤质管理系统,实现公司内部数据共享,使销售、调运、财务、煤质业务的处理更加规范化、标准化、自动化。系统动态反映公司的业务数据,调运管理水平和服务质量进一步提高,为领导决策及时提供较全面、准确的信息。

同年,公司印发《煤炭装车数量、质量管理办法》和《煤炭质量管理补充办法》,对煤炭装车质量管理、质量抽查、奖罚办法和精煤产品灰分、水分的控制及清车管理的责任作出规定,把煤炭调运的装车环节与煤炭质量管理统筹安排,系统管理进一步完善。公司转发煤炭部《煤炭运销调度工作要求》的通知,对煤炭运销调度的性质、原则和基本任务提出要求,强调运销调度是运销业务的组织者和指挥者,对矿区运销调度工作提出具体要求,调度工作进一步强化。

1999年,公司积极开辟不通铁路的用户市场和水运费用低于火车运输费用的市场。在调运管理上加强转水发运管理,实行港口直销、代购代运和送货上门服务,当年实现水运53.98万吨。

2002年,为避免铁路运输单一途径的不确定性风险,公司确立了过口、连云港、管内、日照港4个主要外销途径。过口收益相对最高,日照港最低。年初煤炭订货会上,公司将过口比例确定为54%。上半年车皮供应相对宽松,加大外运力度,将任务向前赶,尤其加大过口销售数量。1—10月份,过口比例达62.5%,比计划增加8.5%,同比增加5.6%,规避了运输风险,实现了效益最大化。

2004年,公司采用新的煤炭运销网络信息系统,初步建立起局矿两级煤炭运销网络信息系统和运销门户网站,确保工作效率与工作质量的提升。

三、规范基础管理

2006年,配合全国铁路第六次大提速,公司煤炭贸易部印发《关于加强矿区内部储装运管理工作的通知》,从加强路矿(厂)工作的协调、服从工作安排、及时联系汇报、加强装卸车管理、清车管理、抄报核对车号、装车计量精准、加强设备保养与维护、职工思想品德和职业道德教育等11个方面全面部署,矿区煤炭调运基础管理更加规范。

2010年,公司抓好矿区储装运装车信息化项目的前期准备。由煤炭贸易部牵头,信息中心、铁路管理处参加,对装车信息化项目进行调研,形成调研报告,并对项目投资进行预算,提交技术规范书。矿区煤炭储装运系统信息化管理迈出坚实步伐。

2011年,《中国中煤能源集团有限公司调度统计工作管理办法(试行)》在公司实施,对调度统计工作的基本任务、体系建设、机构人员及职责、调度统计范围及统计口径、原始记录、统计台账、统计资料的管理、工作要求等管理要素,统一要求、规范管理。

2012年,公司印发《公司铁路货车停时考核办法》,对煤炭销售铁路运输的科学调运、加快铁路货车周转、降低运输成本、提高工作效率等提出具体要求。

2014年,公司改变使用装车实际计量并保留小数点确定煤炭重量的结算模式,采用铁路计费重量,使装车与制票平行作业,压缩货车停留时间,降低铁路货车车辆占用费的支出。

2016年,公司"煤矿装车车号自动识别及管理信息系统"项目历经6年竣工启用。该项目于2011年招标,深圳市远望谷信息技术股份有限公司中标,总费用380.579万元。项目建设曾因铁路施工和中煤集团修改数据接口规则与程序等先后延迟。

2017年,公司印发《上海大屯能源股份有限公司煤炭调运管理办法》。该制度对公司煤炭贸易易部、铁路管理处以及各有关单位在煤炭储装运过程中的具体责任分别作出明确规定,使矿区煤炭调运管理更加全面系统。公司被中国煤炭运销协会评为"2017年度全国煤炭地区间调入与调出统计工作先进单位"。

2018年,公司2×350兆瓦发电机组实现双投,热电厂的燃料煤外购工作启动。公司全面了解热电厂燃煤的各项数量、质量指标需求及到厂时间要求,与南京公司、新集公司充分对接,掌握可供资源情况。多次召开由发电厂、热电厂、选煤中心、实业公司、龙东煤矿等单位参加的协调对接会,为外购煤入厂做好充足准备。多次派人赴新集公司进行质量摸底、洽谈合同、制订方案,购进符合机组要求的煤炭10列共3.44万吨。

2019年,公司编制煤炭调运调度室信息化系统改扩建计划,2020年2月获批。

2020年春节前后,在抗击新冠肺炎疫情期间,面对严峻的防疫形势以及煤炭调运工作的巨大压力,矿区职工在公司党政的直接领导下,科学防疫、精准施策,及时复工复产,确保煤炭销售外运。运销部门积极组织、合理调度、共克时艰,确保销售合同的履行,进一步提升公司讲诚信、保质量的良好信誉,武汉钢铁集团鄂城钢铁有限责任公司和湖南华菱钢铁集团有限责任公司为此专门发来感谢信。

第三节 配煤与副产品综合利用

一、副产品综合利用

大屯开发建设之初,就坚持煤电运联营,走出了一条资源综合利用、循环发展之路,在全国煤炭行业被誉为"大屯模式"。

1991年,公司建设龙东选煤厂。为有效节约煤炭资源,公司大胆探索,将煤矸石、选煤厂中煤、劣质煤和煤泥用来发电,再将电力输出用于高耗能产业。

1996年,为缓解龙东煤矿产销矛盾,提高经济效益,公司制定《龙东矿末煤供电厂配煤发电的有关规定》,将部分龙东煤矿末煤调入电业分公司与姚桥煤矿煤配煤发电。考虑电业分公司在生产环节相应增加了工作量,公司提取奖励基金,用于对电业分公司和大屯选煤厂等单位在此项工作中做出贡献的职工进行奖励。

1997年3月,公司与江苏省电力设计院对大屯选煤厂生产经营状况进行调研,为新建

矸石热电厂的设计及煤炭综合利用提供基础数据。

1999年,公司制定政策鼓励用矿区部分劣质煤、中煤和滞销煤发电,奖励按《关于下发龙东矿末煤供电业公司配煤发电有关规定的通知》的标准执行。

2000年,公司对电业分公司充分利用低质煤的突出贡献给予奖励。同年,公司矸石热电厂投入运行,主要燃料为混煤、煤矸石、洗混煤和煤泥产品。10月,公司召开矸石热电厂工程收尾及冬季供热准备工作会,下发《电业分公司矸石热电厂燃料供应管理办法》,要求各单位向矸石热电厂供应燃料煤发热量必须在3 000大卡以下,明确奖罚措施。

2004年9月,公司煤炭贸易部拓展购销与运输渠道,通过火车、汽车两种运输方式购煤进电厂。至年底累计购煤4 772吨,增收节支18.57万元。

2005年,公司下发《关于印发大屯煤电(集团)有限公司掺烧劣质煤考核细则的通知》,对充分利用矿区洗选副产品及劣质煤炭资源提出具体要求,明确了对煤炭贸易部和发电厂的考核措施。当年,电业分公司全年用中煤15.13万吨,用龙东煤矿末煤和姚桥煤矿混煤共81.84万吨,较上年同期大幅提高,为公司增收867万元。

2006年,公司印发《煤炭副产品综合利用管理办法》,将主要指标纳入二级单位绩效考核。当年,发电厂综合利用煤矸石、劣质煤及少量破碎煤矸石,置换优质煤对外销售,公司增收3 424.2万元。

2010年起,公司在掺配发电用脏杂煤、末矸、煤泥的管理方面加大管理力度。利用姚桥与孔庄选煤厂煤泥、末矸、洗混掺配发电;支持与推进西集港配煤中心建设;把做好自备电厂掺烧劣质煤列为工作重点,先后印发《关于加强脏杂煤管理工作的通知》《实业公司配煤管理考核办法》《发电厂燃煤结构考核办法》《关于进一步加强配煤质量管理与考核工作的通知》等文件,对实业公司的配煤措施、要求与考核奖惩作出规定,对发电厂下达年度燃烧矿区自产煤数量考核指标,对发电厂(含矸石热电厂)配煤掺烧情况和选煤中心供发电厂煤泥的发热量分别实行月度考核。2010—2014年,公司有效利用煤炭副产品322万吨,替代优质煤233万吨,产生替代效益4.7亿元。

二、配煤销售

1997年,为满足客户需求,确保"大屯煤"站稳市场,公司决定成立配煤中心。

1998年5月,公司召开配煤工作会议,把煤质问题上升到企业生存与发展的高度来认识,坚定不移地抓好配煤工作。要求各矿千方百计稳定原煤质量,建立入仓煤质量的快灰检查制度,随时准确地掌握仓存煤的质量,从而保证配煤成功。要求树立"质量是企业生命"的意识,使质量管理融入全员参与、全过程控制之中。

1999年,为解决煤种单一和个别煤硫分升高问题,公司出台《配煤管理办法》,这是公司第一个全面系统规范配煤问题的管理文件。

2002年,公司实现多层次配煤。首先提出在保证精煤质量的前提下提高洗选效率的要求,对不同矿别、不同煤层的煤进行配洗。根据姚桥矿新、老井可选性不同,一般情况下以老井入洗为主。针对徐庄煤矿原煤粉尘含量大,影响浮选的特性,尽可能减少徐庄煤的入洗比例。根据两矿7号、8号煤层开采产量,合理调整入洗比例。其次是在港口进行不同矿别煤炭搭配,以保证交付质量。

2003年,公司建立龙东煤矿配煤中心,由龙东煤矿利用一块靠近铁路线的工业广场空

地,安装带式输送机和破碎机等,将本矿的洗选煤矸石、回末煤、煤矸石、劣质煤和煤泥等在此进行配比,破碎后再用火车运至自备电厂使用,龙东选煤厂的煤泥全部得到综合利用。

同年9月,公司召开配煤销售专题会议,原则同意煤炭贸易部采取配煤销售、稳定市场的举措。配煤品种有徐庄煤矿7172采煤工作面5 200～5 500大卡/千克及以下的混煤、姚桥煤矿5 200～5 500大卡/千克的混煤。

2007年3月,公司将龙东配煤中心移交实业公司管理。

2009年12月,实业公司召开配煤中心工作会,研究解决姚桥选煤厂、孔庄选煤厂等厂矿的煤泥、煤矸石充分利用问题。公司决定自备电厂燃料煤由实业公司供给,配煤中心将晾晒后的劣质煤、洗混煤和煤泥等副产品按比例混合,火车运到电厂,变废为宝,发挥最大效益。

2012年,公司认真解决配煤中心的原料调入、掺配和产成品调出过程的相关问题,下达年度80万吨的配煤任务。

2013年,公司根据自备电厂用煤情况,协调地方关系,尽力把洗煤副产品及脏杂煤用来配煤,供自备电厂作燃料,置换出自产优质煤外销,提高企业效益。当年利用脏杂煤5.13万吨,实现替代效益1 026万元。

2014年,四座矿的脏杂煤全部加工后用于配煤。当年,掺烧洗混煤、煤泥、末矸、脏杂煤等113.7万吨,替代优质煤量84.26万吨,替代效益12 188.6万元。

2016年,龙东选煤厂洗混中块、洗小块产品市场萎缩,生产开工率严重不足。公司决定龙东选煤厂中小块选煤系统当年7月停产,龙东煤矿配煤中心也相应停止配煤业务。

2018年7月,公司和中煤邯郸设计工程有限责任公司合作,依据矿区煤炭资源、配煤、运输基础条件,设计《中煤大屯热电"上大压小"新建项目原料煤掺配工程》,对煤泥和洗混煤进行干燥处理,然后按比例掺煤发电。

第二章 洗选加工

第一节 选煤厂及改扩建

一、选煤厂

1991 年前,大屯选煤厂是公司唯一的矿区型选煤厂,主要洗选姚桥煤矿、徐庄煤矿所产部分煤炭和外购煤。1991 年之后,适应市场需求,相继建成孔庄选煤厂、龙东选煤厂和姚桥选煤厂,各厂洗选本矿生产的原煤。

2011 年 12 月,公司整合矿区煤炭洗选企业,成立大屯选煤中心。负责大屯矿区的原煤准备、洗选加工、产品装车外运等。2016 年 7 月,龙东选煤厂因成本和效益低下,公司决定该厂停产,并于 2016 年底整体划转到龙东煤矿。

至 2020 年,大屯选煤中心总洗选能力 820 万吨/年,最高入洗能力 900 万吨/年。

（一）大屯选煤厂建设

1978 年由平顶山选煤设计院设计,1979 年 4 月由大屯建安公司施工建设,1982 年 9 月竣工投产。厂区总体布置紧凑,总面积 31.8 公顷。

1991—2005 年,大屯选煤厂的工艺流程为跳汰主再洗＋煤泥半直接浮选联合工艺,主要洗选精煤产品为 6 级和 9 级炼焦精煤(图 4-2-1)。入洗公司内部的姚桥煤矿、徐庄煤矿所产原煤,设计能力为 180 万吨/年。1998 年,大屯选煤厂精煤产品增加 14 级动力精煤。工艺为跳汰主再洗,煤泥为直接浮选工艺分选,尾煤泥采用浓缩后厂内压滤回收。

图 4-2-1　大屯选煤厂精煤仓

2006 年,工艺流程为无压不脱泥三产品重介旋流器分选、煤泥直接浮选工艺,设计洗选 5～12 级冶炼精煤,主要以洗选生产 6 级炼焦精煤为主。

2020 年 6 月底,大屯选煤厂在职在岗人员共 375 人,其中,生产、维修和煤质检查人员 329 人。

(二)孔庄选煤厂建设

该厂是矿井型选煤厂,1986 年由大屯公司设计研究所设计,中煤建安公司施工建设,1991 年投产。设计入洗能力 105 万吨/年,计划投资 2 342.29 万元,实际投资 3 305.39 万元。占地 4.89 公顷,主厂房建筑面积 9 944 平方米。经改扩建后洗选能力为 200 万吨/年,采用重介＋浮选联合生产工艺,生产 5、6、9 级冶炼精煤。

2011 年底,该厂划归选煤中心。

2020 年 6 月,孔庄选煤厂在职在岗人员共 228 人,其中,生产、维修和煤质检查人员 216 人。

(三)姚桥选煤厂建设

2008 年由北京华宇工程有限公司设计,中煤建安公司施工,2009 年 9 月建成投产。洗选能力为 300 万吨/年,主要洗选姚桥煤矿生产的原煤。计划投资 13 479.92 万元,实际投资 12 000 万元。该厂属姚桥煤矿生产经营地面补套工程,生产工艺总布局兼顾新、老矿井地面系统,充分考虑与原系统之间的协调与互联,在老井区东侧集中建厂,占地面积约 2.55 公顷。

2011 年底,该厂整体划归选煤中心。

2020 年 6 月,姚桥选煤厂在职在岗人员共 229 人,其中,生产、维修和煤质检查人员 214 人。

(四)龙东选煤厂建设

该厂是矿井型动力煤选煤厂,设计洗选能力为 60 万吨/年,核定入洗能力 75 万吨/年,主要承担龙东煤矿原煤的洗选加工任务。1993 年 11 月,龙东选煤厂洗煤系统投产,产品结构组成为洗混中块(直接销售)、洗小块煤和筛末煤,洗煤副产品有洗块矸、煤泥和中煤。

2011 年底,划归大屯选煤中心。

2016 年,该厂因产品滞销、效益低下,公司决定其停产,划归龙东煤矿。

1991 年至 2020 年 6 月,公司选煤中心各炼焦煤选煤厂共入洗原煤 1.39 亿吨,生产精煤 8 059.34 万吨,年产销率均在 98％以上。此期间,选煤中心炼焦煤产品产量情况见表4-2-1。

表 4-2-1　1991 年至 2020 年 6 月选煤中心炼焦煤产品产量统计表　　单位:万吨

时间	大屯选煤厂	孔庄选煤厂	姚桥选煤厂
1991 年	151.59	—	—
1992 年	136.96	33.90	—
1993 年	101.87	41.27	—
1994 年	118.72	49.01	—
1995 年	108.44	48.11	—
1996 年	104.12	59.72	—

表 4-2-1(续)

时间	大屯选煤厂	孔庄选煤厂	姚桥选煤厂
1997 年	87.98	57.18	—
1998 年	125.88	52.17	—
1999 年	85.54	49.02	—
2000 年	52.84	57.02	—
2001 年	67.83	56.84	—
2002 年	86.77	55.08	—
2003 年	98.50	65.99	—
2004 年	94.66	69.59	—
2005 年	91.04	69.18	—
2006 年	98.13	74.08	—
2007 年	11.67	78.03	—
2008 年	118.43	87.79	—
2009 年	145.85	99.02	161.75
2010 年	140.70	101.52	87.54
2011 年	169.46	102.13	103.57
2012 年	207.75	123.80	108.26
2013 年	231.59	105.97	107.43
2014 年	273.36	115.11	146.45
2015 年	249.79	169.82	193.08
2016 年	201.93	167.86	220.93
2017 年	219.18	130.37	192.06
2018 年	210.80	122.31	187.56
2019 年	229.16	99.48	171.33
2020 年 1—6 月	105.50	47.00	90.00
合计	3 901.01	2 388.37	1 769.96

二、改扩建

(一)大屯选煤厂改造

由于入洗原煤质量不够稳定,大屯选煤厂早期采用的跳汰洗选工艺,时常出现质量问题,影响洗选效率和生产效益。2004 年,公司委托石家庄设计研究院选煤分院,对该厂重介系统替代跳汰工艺改造进行可行性研究与初步设计,9 月设计完成,开始施工。改造工程于2006 年 1 月竣工投入运行。改造计划投资 3 133.95 万元,实际投资 2 802 万元。技术改造后,主要生产 5～9 级冶炼精煤,系统处理原煤能力增至 180 万吨/年,质量与效益有所提高。

2006—2011 年,大屯选煤厂处理能力难以满足入洗 320 万吨/年的需求,为此公司决定对大屯选煤厂进行升级改造。2011 年 4 月,公司委托中矿国际工程设计研究院有限公司进行改造设计,新增重介旋流器分选系统、原煤卸车系统各一套,新增两个原煤筒仓和一个精煤储存仓,对生产系统同时改造。改造计划投资 13 088.71 万元,实际投资 10 090.265 5 万元。2013 年 10 月,升级改造完成投入运行,洗选能力达到 320 万吨/年。后经过相关技术调整,年入洗量达到 381 万吨。2013 年大屯选煤厂扩能升级改造前后主要经济技术指标见表 4-2-2。

表 4-2-2　2013 年大屯选煤厂扩能升级改造前后主要经济技术指标比较

项目	升级改造后		升级改造前	
选煤工艺	重介＋浮选		重介＋浮选	
生产能力/(万吨/年)	320		180	
小时生产能力/(吨/小时)	606.06		407.20	
日生产能力/(吨/天)	9 696.97		6 515.15	
产品数质量(8 级精煤)	产率/%	灰分/%	产率/%	灰分/%
精煤	71.46	7.81	71.15	7.77
中煤	7.28	40.33	9.72	40.62
尾煤泥	5.64	54.03	11.02	81.14
矸石	15.63	77.84	7.81	42.19

2016 年,选煤中心在委托中国矿业大学对大屯选煤厂进行浮精精选工艺流程优化设计。改造计划投资 200 万元,实际投资 228 万元。2018 年 1 月,改造工程竣工。工程有效减少重介精煤的“背灰”现象,提高了综合精煤产率与综合经济效益。

（二）孔庄选煤厂改造

孔庄选煤厂主要产品为 5 级冶炼精煤,主要用户为宝钢。随着用户对产品质量要求的日益提高,而该厂生产中存在精煤产率过低、精煤质量波动大等问题。1999 年,公司决定对孔庄选煤厂的选煤工艺和设备进行技术改造。公司委托煤炭工业部选煤设计研究院对孔庄选煤厂的选煤方法进行可行性研究和设计,经国家经济贸易委员会批复,决定采用 ϕ1200/850 大直径三产品重介旋流器选煤方法。同年 11 月完成初步设计,开始施工。改造计划投资 1 154.66 万元,实际投资 1 154.66 万元。2002 年 9 月,技术改造竣工。改造后,精煤灰分下降、精煤产率提高,最大入洗量达到 145 万吨/年,获得可观的经济效益。

随着孔庄煤矿三期工程的完成,原煤生产能力达到 200 万吨/年,孔庄选煤厂洗选能力已不能适应。2013 年,公司决定对该厂升级改造,委托中矿国际工程设计研究院进行设计。改造由山西约翰芬雷华能设计工程有限公司负责施工,洗选设备大型化,粗精煤泥系统经优化自动化程度提升。工程计划投资为 2 898.62 万元,实际投资 5 266.27 万元,2014 年 3 月改造完成投入使用。年入洗能力达到 200 万吨,可以生产 5 级冶炼精煤,同时也能在上下两级浮动。2014 年孔庄选煤厂扩能改造后产品数、质量情况见表 4-2-3。

表 4-2-3 2014 年孔庄选煤厂扩能改造后产品数、质量情况表

产品名称		数量				灰分 A_d/%	水分 M_t/%
		r/%	吨/小时	吨/天	万吨/年		
精煤	重介精煤	44.70	169.33	2 709.24	89.40	7.29	8.00
	粗精煤泥	5.65	21.42	342.65	11.31	7.80	17.00
	浮选精煤	10.81	40.95	655.17	21.62	8.00	20.00
	合　计	61.17	231.69	3 707.06	122.33	7.46	11.24
中煤	重介中煤	7.95	30.12	481.91	15.90	29.93	15.00
	粗中煤泥	3.96	14.98	239.72	7.91	54.36	19.00
	合　计	11.91	45.10	721.63	23.81	38.04	16.37
煤泥	压滤煤泥	3.60	13.65	218.39	7.21	83.95	22.00
重介矸石		23.32	88.35	1 413.53	46.65	83.78	15.00
总　　计		100.00	378.79	6 060.61	200.00	—	—

由于孔庄选煤厂需入洗部分水提煤,加上处理量逐年提高,浮选煤泥水系统负荷增大,原煤质量波动较大,严重制约灰分平衡和均质化生产。2014 年,选煤中心决定对孔庄选煤厂的煤泥水处理系统进行优化改造。改造工程由大屯选煤中心自行设计、自行施工,采用的 TBS 粗煤泥预先脱泥＋浮选机粗选＋浮精再选联合分选工艺,将系统煤泥水进行分级处理。2014 年 8 月,对浮选系统进行改造,各项生产指标均有较大提高,取得可观的经济效益。

（三）姚桥选煤厂改造

姚桥选煤厂投产后,由于煤泥没有分选,影响洗选质量与产量,容易穿仓、窜仓污染环境,浪费资源,加上姚桥煤矿产能的提升,生产原煤难以全部入洗。2013 年,中煤集团提出大屯 1/3 焦煤应洗尽洗的要求,公司委托中矿国际工程设计研究院对该厂进行改扩建设计。同年 7 月,设计完成,决定在原重介质系统基本不动的基础上,新增浮选系统。改造项目由山西约翰芬雷华能设计工程有限公司负责施工。工程总投资 6 994 万元。2014 年 4 月,改造工程竣工投产,洗选能力达到 300 万吨/年;由块煤入选转变为全粒级入选,提高了精煤回收率,完善了煤泥水处理系统。2014 年姚桥选煤厂煤泥分选系统改造后产品数、质量平衡情况见表 4-2-4。

表 4-2-4 2014 年姚桥选煤厂煤泥分选系统改造后产品数、质量平衡情况表

产品名称		数量			灰分 A_d/%	水分 M_t/%
		r/%	吨/小时	吨/天		
精煤	重介精煤	41.26	234.43	3 750.93	7.48	8.00
	粗精煤泥	3.33	18.92	302.72	14.48	16.00
	浮选精煤	4.45	25.27	404.34	7.90	22.00
	合计	49.04	278.62	4 457.99	7.99	9.81

表 4-2-4(续)

产品名称		数量			灰分 $A_d/\%$	水分 $M_t/\%$
		$r/\%$	吨/小时	吨/天		
中煤	重介中煤	14.53	82.55	1 320.81	27.13	8.00
	粗中煤泥	1.88	10.66	170.63	52.79	16.00
	合计	16.41	93.22	1 491.44	30.06	8.92
压滤煤泥		11.01	62.54	1 000.68	47.32	22.00
重介矸石		23.56	133.86	2 141.72	82.14	15.00
总计		100.00	568.24	9 091.82	—	—

姚桥煤矿井下地质条件的变化,造成原煤质量不够稳定。姚桥选煤厂浮选工艺系统对洗选生产的制约愈显突出,致使粗精煤灰分偏高,浮选精煤灰分也不稳定,综合精煤产率下降;浮选尾煤泥系统处理能力较差,制约质量与产能。2016 年初,选煤中心决定对该厂浮选工艺系统优化改造。选煤中心自行设计、自行施工,采用 TBS 粗煤泥预先脱泥+浮选机粗选(浮精再选切换)+煤泥压滤联合分选工艺生产。当年 6 月,浮选工艺系统优化改造竣工。TBS 投入使用后,粗煤泥灰分由 12%以上降到了 9%左右,产率提升近 3%。二次浮选系统改造后精煤灰分降低了 2.06%,尾煤灰分明显提高。优化改造使工艺流程趋于成熟,可根据原料煤性质、旋流器操作的不同及配仓的运用,生产出不同级别的精煤产品,入洗量和精炼产量大幅提升。

随着井下地质条件的改变,姚桥煤矿原煤大块矸石量增多,人工手选效率较低,直接影响姚桥选煤厂的正常生产和经济技术指标完成。选煤中心经过充分的考察和论证,决定对姚桥选煤厂新井准备系统实施排矸系统改造。2017 年 1 月,委托中煤邯郸设计院对姚桥选煤厂新井 X 射线分选排矸系统设计和施工。计划投资 1 512.08 万元,实际投资 1 512 万元。改造于 2019 年底竣工,2020 年 1 月开始运行。新井准备系统原动筛车间增加了转载胶带、X 射线分选机和分级筛等,物料(粒度大于 50 毫米)不再手选,直接进入 X 射线分选系统,分选后煤炭进入原煤储运系统,矸石进入矸石转运系统,选矸效率进一步提升,相应减少了人力的投入。

第二节 工艺与装备

一、工艺

公司煤炭洗选主要采用筛分、跳汰、重介、浮选等洗选工艺。各选煤厂根据矿井生产的需求和市场的要求,不断进行技术革新和洗选工艺升级优化,针对洗选煤的特点,采取单一工艺或者联合工艺进行洗选,工艺流程如图 4-2-2 所示。

(一)大屯选煤厂工艺

(1)跳汰工艺。大屯选煤厂自 1982 年 9 月投产至 2005 年 12 月,工艺流程为 50~0 毫米原煤跳汰主再洗+煤泥半直接浮选工艺。原煤经过准备系统分级、手选、破碎后,成为粒度为 50 毫米以下原煤进入主洗跳汰机,洗选出精煤产品,主洗中煤产品进入再选跳汰机,分

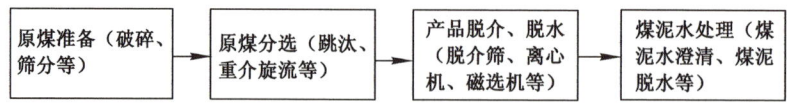

图 4-2-2　煤炭洗选加工基本工艺流程

选出精煤产品，中间物在进入再洗机分选，再洗第一段产品作为最终中煤产品，主洗一段作为最终矸石产品。跳汰精煤经过分级筛后，块精煤作为最终精煤的一部分，末精煤经过捞坑、脱泥筛和离心机脱水后成为最终精煤；脱泥筛下和离心机离心液由浓缩旋流器浓缩后，经过脱泥筛脱水回收粗精煤；浓缩旋流器溢流和煤泥脱水筛筛下再返回捞坑；捞坑溢流经过浓缩或不经过浓缩直接进入浮选系统进行浮选。浮选精煤由过滤机回收，浮选尾煤泥和中煤脱水筛下煤泥由浓缩机、压滤机、过滤机回收，滤液水进入煤泥沉淀池进一步沉淀、澄清，与浓缩机溢流水作为洗选循环水重复利用。

　　2000 年之前，大屯选煤厂主要以洗选 6 级、9 级精煤为主。入洗原煤灰分平均18.71％，±0.1 含量平均为 9.64％，洗选数量效率为 92.85％。2001—2005 年，洗选 5～14 级炼焦精煤。入洗原煤灰分平均 22.81％，±0.1 含量平均为 14.30％，洗选数量效率为 90.49％。1991—2005 年大屯选煤厂产品结构与质量指标见表 4-2-5。

表 4-2-5　1991—2005 年大屯选煤厂产品结构与质量指标表

时间	1991—2000 年			2001—2005 年		
原煤灰分/％	18.71			22.81		
产品结构与质量指标	产品结构	产率/％	灰分/％	产品结构	产率/％	灰分/％
	6 级精煤	24.38	7.77	5 级精煤	1.29	7.10
	9 级精煤	37.26	9.12	6 级精煤	25.45	7.60
	其他精煤	14.11	10.66	8 级精煤	5.31	8.54
	洗混煤	3.31	28.90	9 级精煤	16.13	9.09
	中煤	4.33	36.73	10 级精煤	0.42	9.58
	煤泥	3.08	47.86	11 级精煤	5.81	10.05
				14 级精煤	2.59	10.99
				洗混煤	2.23	22.15
				中煤	19.76	41.99
				煤泥	3.22	48.03

　　(2) 重介工艺。2006 年至 2020 年 6 月，大屯选煤厂主要工艺流程为 50～0 毫米原煤三产品重介旋流器分选＋煤泥直接浮选。50 毫米以下原煤全部进入三产品旋流器分选，分选洗选产品分别经过脱介筛脱介，精煤再进入离心机脱水成为最终精煤产品，中煤和矸石经过各自脱介筛脱介后成为最终产品装仓或落地，转运至热电厂发电利用。精煤脱介筛下合介段悬浮液部分通过煤泥重介旋流器分选后，分别由精煤和中煤磁选机脱除煤泥，磁性物会合介系统循环利用，精煤筛下稀阶段物料进入磁选机回收介质后，煤泥水通过精煤泥浓缩旋流器、弧形筛、煤泥离心机回收粗精煤，细粒级煤泥进入浮选系统回收细粒级精煤；中、矸脱介

筛稀阶段物料经过磁选机回收介质后,煤泥水经过中煤泥浓缩旋流器、离心机回收粗中煤泥,细粒级中煤与浮选尾矿进入浓缩机、尾煤压滤机系统回收尾煤泥,浓缩机溢流作为脱介筛喷水等循环利用。

在此期间,主要以洗选 6 级、5 级精煤为主。其次,洗选少量 7 级、8 级和 9 级精煤。入洗原煤灰分平均 22.81%,±0.1 含量平均为 11.34%,洗选数量效率为 94.25%。2006 年至 2020 年 6 月大屯选煤厂产品结构与质量指标见表 4-2-6。

表 4-2-6　2006 年至 2020 年 6 月大屯选煤厂产品结构与质量指标表

时间	2006 年至 2020 年 6 月	
原煤灰分/%	23.99	
产品结构	产率/%	灰分/%
5 级精煤	0.61	7.20
6 级精煤	67.47	7.67
7 级精煤	0.09	8.11
8 级精煤	0.34	8.60
11 级精煤	0.17	11.15
洗混煤	0.10	29.98
煤泥	6.24	44.12
煤矸石	10.00	48.48

(3)浮选工艺。1991—2017 年,大屯选煤厂浮选工艺为煤泥直接浮选,主洗系统中捞坑溢流煤泥水进入浮选机浮选,浮精经过滤机、压滤机回收,浮选尾矿进入浓缩机,浓缩底流由压滤机回收尾煤泥,浓缩机溢流做循环水应用。

浮选工艺系统的入浮原矿灰分累计为 21.59%,浮选精煤灰分平均为 10.77%,浮选精煤抽出率为 70.04%。

2018—2020 年,大屯选煤厂浮选工艺为煤泥直接浮选及二次浮选联合工艺;期间,大屯选煤厂数、质量平衡情况见表 4-2-7。

表 4-2-7　2018—2020 年大屯选煤厂数、质量平衡情况表

名称	灰分(A_d)/%	产率/%	数量		
			吨/小时	吨/天	吨/年
入浮煤泥	20.99	100.00	15.00	300	99 000
浮选精煤	9.50	70.89	10.63	212.67	70 181.1
浮选尾煤	48.97	29.11	4.37	87.33	28 818.9

(二)孔庄选煤厂工艺

(1)跳汰工艺。孔庄选煤厂自 1991 年投产至 2002 年,工艺流程为 50～0 毫米原煤跳汰主再洗＋煤泥直接浮选工艺,产品有跳汰精煤、末煤和矸石。工艺流程与大屯选煤厂相同。

孔庄选煤厂采用跳汰＋浮选工艺生产 11 年之久,主要洗选 6 级、9 级炼焦精煤,后期以洗 6 级精煤为主。1991—2002 年孔庄选煤厂入洗原煤及产品结构与质量指标见表 4-2-8。

表 4-2-8　1991—2002 年孔庄选煤厂入洗原煤及产品结构与质量指标表

品种	产率/%	灰分/%
原矿	100.00	16.41
浮选精煤	73.54	8.51
尾矿	26.46	50.67
浮选精煤抽出率/%	73.54	

（2）重介工艺。2002 年,孔庄选煤厂主要工艺流程为 50～0 毫米原煤三产品重介旋流器分选＋煤泥直接浮选。工艺流程与大屯选煤厂相同。在此期间,主要洗选 5 级精煤,洗选少量 6 级精煤。

2014 年,扩能升级改造后,孔庄选煤厂主要工艺流程为 50～0 毫米原煤三产品重介旋流器分选＋煤泥直接浮选。工艺流程与大屯选煤厂相同。2014 年孔庄选煤厂入洗原煤、产品结构与质量等见表 4-2-9。

表 4-2-9　2014 年孔庄选煤厂入洗原煤、产品结构与质量表

品种 1	产率/%	灰分/%	品种 2	产率/%	灰分/%
原煤	100	27.08	原煤	100	24.43
5 级精煤	70.57	6.63	6 级精煤	75.78	7.64
中煤（混煤）	10.22	25.47	中煤（混煤）	5.84	31.10
煤泥	4.98	41.22	煤泥	3.12	41.22
洗选矸石	14.21	81.42	洗选矸石	15.26	81.42

（3）浮选工艺。精煤分级旋流器溢流、精煤振动弧形筛筛下水、精煤卧式沉降离心机离心液汇入浮选入料池。浮选入料由浮选入料泵打入矿浆预处理器,经 2 台浮选机分选,浮选精煤流入浮选精矿池,浮选尾煤流入浓缩机。

浮选精煤通过精煤压滤机入料泵打入浮选精煤压滤机脱水,由刮板输送机运至滤饼转载刮板,经刮板转载至精煤转载胶带。

（三）姚桥选煤厂工艺

（1）重介工艺。2009 年至 2014 年 3 月,姚桥选煤厂主要工艺流程为 50～8 毫米原煤三产品重介旋流器分选。

2014 年 4 月—2020 年 6 月,姚桥选煤厂主要工艺流程为 50～0 毫米原煤三产品重介旋流器分选＋煤泥直接浮选。工艺流程与大屯选煤厂相同。2014 年 3 月—2020 年 6 月,姚桥选煤厂入洗原煤、产品结构与质量等见表 4-2-10。

表 4-2-10　2014 年 3 月—2020 年 6 月姚桥选煤厂入洗原煤、产品结构与质量表

品种	产率/%	灰分/%
原煤	100.00	28.88
6 级精煤	37.86	7.70
8 级精煤	25.29	8.74
中煤（混煤）	11.10	37.00
煤泥	6.46	45.71
洗选矸石	19.29	82.18

（2）浮选工艺。精煤分级旋流器溢流、精煤振动弧形筛筛下水、精煤卧式沉降离心机离心液汇入浮选入料池。浮选入料由浮选入料泵打入矿浆预处理器，经 3 台浮选机分选，浮选精煤流入浮选精矿池，浮选尾煤流入浓缩机。

浮选精煤通过精煤压滤机入料泵打入浮选精煤压滤机脱水，由刮板输送机运至滤饼转载刮板，刮板转载至精煤转载胶带。

2014 年 3 月至 2016 年 5 月，姚桥选煤厂浮选工艺为煤泥水直接浮选。2016 年 6 月至 2020 年 6 月，姚桥选煤厂浮选工艺为煤泥水直接及二次浮选联合工艺，浮选产品结构与质量见表 4-2-11。

表 4-2-11　2016 年 6 月至 2020 年 6 月姚桥选煤厂浮选产品结构与质量表

品种	产率/%	灰分/%
原矿	17.59	25.2
浮选精煤	11.35	8.52
尾煤泥	6.24	55.54

（四）龙东选煤厂工艺

1993 年 11 月至 2016 年，龙东选煤厂采用跳汰—煤泥直接回收工艺，主要入洗大于 13 毫米块煤。主选设备为 SKT-12 型跳汰机。产品结构组成为洗混中块（直接销售）、洗小块煤（只作配煤，不直接销售）和筛末煤，洗煤副产品有洗块矸、煤泥和中煤。

二、装备

选煤厂的装备以洗选设备为主，主要为筛分、分选、脱水和浓缩等设备。

2002 年前，大屯选煤厂、孔庄选煤厂、龙东选煤厂三座选煤厂因较早建设，跳汰机、浮选机、电动机等洗选装备主要使用国产设备。

2002 年、2005 年和 2014 年公司分别对孔庄选煤厂、大屯选煤厂、姚桥选煤厂进行了技术改造，用高效的重介旋流器替代跳汰机，在采用国内先进设备的同时，引进部分国外洗选设备。

2014 年后，公司所属四座选煤厂，除龙东选煤厂外均采用重介＋浮选联合洗选工艺，所有设备具有大型化、自动化、专业化的特点。

（一）大屯选煤厂装备

（1）筛分机。筛分作业是选煤工艺中的重要环节,大屯选煤厂自跳汰系统以后,一直使用准备筛分和脱水脱介筛分两种筛分工艺。准备筛分主要是满足跳汰分选或重介质分选对原煤粒度的要求,脱水脱介筛则是使重介质分选产品与介质分离,以回收介质,其设备情况如下。

1991—2005年,准备筛分使用2台DDM1740吊筛作为原煤分级筛。主要技术参数:原煤圆振筛设备型号DDM1740,筛孔尺寸φ60毫米,有效筛分面积为6平方米,振动频率为920次/分钟,处理量为240～360吨/小时,给料粒度≤400毫米,双振幅5～7毫米,功率10千瓦,倾角为17.5°。

脱水筛分使用ZSM2065A双轴振动筛。主要技术参数:工作面积为12平方米,筛孔尺寸φ13毫米,双振幅9毫米,倾角2°～10°,工作频率800次/分钟,生产能力为70～100吨/小时,电机功率17千瓦。

2005年,进行重介改造,2台原煤分级筛更换成1台XCG-50/14滚轴筛。主要技术参数:滚轴筛设备型号XCG-65/14,筛分粒度65毫米,处理量450吨/小时,功率22千瓦。

精煤脱水脱介筛更换成2台BRU-360/730-2×HEV100LS橡胶筛,中煤和矸石脱水脱介筛更换成BRU-1-300/610-2×HE65LS脱水脱介筛。主要技术参数:精煤脱介筛型号BRU-360/730-2×HEV100LS,喷水装置SBW36B、处理能力Q≥180吨/(小时·台)。产品带介量≤0.5千克/吨精煤、振幅A≥11毫米、频率990转/分钟。中煤和矸石脱介筛型号BRU-1-300/610-2×HE65LS,喷水装置SBW30B,处理能力Q≥180吨/(小时·台),产品水分≤9%。产品带介量≤0.3千克/吨矸石,振幅A≥11毫米、频率990转/分钟。

2014年扩能改造后,又把该设备更换成1台YSB20-172-65-G30型摆轴筛。主要技术参数:摆轴筛型号YSB20-172-65-G30,Q=780吨/小时,筛分粒度65毫米,功率11千瓦。

精煤脱水脱介筛又增加1台AHS3673直线脱介筛,中煤和矸石脱水脱介筛各增加1台AHS1861直线脱介筛。主要技术参数:精煤脱介筛设备型号AHS3673,激振器速度900转/分钟,双振幅11毫米,激振器倾角45°,筛缝0.5毫米。中煤、矸石脱介筛设备型号AHS1861,激振器速度900转/分钟,双振幅10.4毫米,激振器倾角45°,筛缝0.5毫米。

（2）跳汰机。1991—2005年使用水介质跳汰机。主要技术参数:设备型号SKT96-16;入洗粒度为0～100毫米;处理能力为10～20吨/平方米;跳汰面积为16平方米;跳汰频率为20～30次/分钟;跳汰振幅为40～130毫米。

（3）重介分选机。自2005年改造以后,一直使用无压三产品重介旋流器。主要技术参数:设备型号3GDMC1200/850A,入料粒度为80～0毫米,可能偏差E_1=0.03～0.05千克/升,E_2=0.06～0.08千克/升,处理能力Q≥250吨/(小时·台)。

（4）浮选机。大屯选煤厂在跳汰入洗阶段浮选系统使用浮选柱,在重介入洗阶段浮选系统使用搅拌式浮选机。

浮选柱主要技术参数:筒体直径(上部/下部)4 000/3 000毫米,入料浓度<120克/升,入料粒度<0.5毫米,处理能力矿浆150～250立方米/小时,干量10～15吨/小时,微泡发生器工作压力0.16～0.20兆帕,配套泵型号200ZJ-I-A58,功率75千瓦。

搅拌式浮选机主要技术参数:设备型号XJM-S16-4,处理量Q=500立方米/小时,转速25转/分钟,充气速度0.6～1.2立方米/(分钟·平方米)。

（5）浓缩设备。大屯选煤厂自采用跳汰入洗系统以后,一直使用耙式浓缩机。主要技术参数:设备型号 NJX30,深 3.97 米、沉淀面积 707 平方米,来料浓度<150 克/升,清水浓度<10 克/升,底流浓度 300～400 克/升。

(6)过滤与压滤设备。1991—2014 年,使用盘式真空过滤机。主要技术参数:设备型号 PG116-12,过滤盘直径 2 700 毫米,过滤面积 116 平方米,过滤盘数 12 个。

2014 年扩能改造后,增加 2 台加压过滤机。主要技术参数:设备型号 GPJ-120,过滤面积 120 平方米,滤盘直径 3 米,滤盘转速 0.4 转/分钟,总功率 47.4 千瓦,工作压力 0.30～0.35 兆帕,滤饼水分 16%～19%,入料浓度 200～300 克/升。

同年,盘式真空过滤机更换成精煤快开压滤机。主要技术参数:设备型号 HMZG450/2000-U,过滤面积 450 平方米,滤板规格 2 000 毫米×2 000 毫米,拉板数量 63 块,液压压紧压力 20 兆帕。尾煤快开压滤机型号 KM300/1600,$Q=25$ 吨/小时,滤板规格 1 600 毫米×1 600 毫米,滤板数量 66 个,额定进料压力 0.6～0.7 兆帕,额定压榨压力 0.7～0.8 兆帕。

(二)孔庄选煤厂装备

孔庄选煤厂全貌如图 4-2-3 所示。

图 4-2-3　孔庄选煤厂全貌

(1)筛分机。准备筛分机主要设备型号及技术参数:老井圆振筛型号 DD1740,筛面面积 1 750 毫米×4 000 毫米,振动频率 920 次/分钟,处理量 40～360 吨/小时,给料粒度≤400 毫米,双振幅 5～7 毫米,倾角 17.5°;新井圆振筛设备型号 ASC1848,处理能力 500 吨/小时,筛面宽度 1.8 米,筛面长度 4.8 米,筛缝尺寸 70 毫米,质量 6 334 千克,振幅 10.2 毫米,编号 GN10356-2,外形尺寸 5 546 毫米×2 610 毫米×2 903 毫米。

脱水脱介直线振动筛主要设备及技术参数为:水提脱水振动筛型号 2ZKB-1836,$S=6.5$ 平方米,双振幅 8～10 毫米,45～85 吨/小时,2 层,筛孔尺寸 13/0.5 毫米。

2000 年,重介改造后的设备型号及技术参数如下:332 精煤脱介筛型号 BRU-360/730-2×HEV100,激振速度 990 转/分钟,振幅 9 毫米。332A 精煤脱介筛型号 ZKB2448,筛面面积 12 平方米,振幅 9～11 毫米,分级粒度 0.5/13 毫米,质量 7 218 千克,处理量 8～125 吨/小时。中煤脱介筛和矸石脱介筛型号为 DMS2424,粒度<200 毫米,1 层,筛缝 0.5 毫米,双振幅 11 毫米,外形尺寸 2 400 毫米×2 400 毫米。

2013 年,重介扩能改造后的设备型号及技术参数如下:精煤筛型号 AHS3673,处理量 180 吨/小时,振幅 10.2 毫米,有效筛面宽度 3.6 米,有效筛面长度 6.1 米,有效筛面段数

5段,筛缝尺寸0.5毫米。中煤脱介筛和矸石脱介筛型号AHS3661,处理量180吨/小时,振幅10.2毫米,有效筛面宽度3.6米,有效筛面长度6.1米,有效筛面段数5段,筛缝尺寸0.5毫米。

高频筛设备型号GPS1431;筛缝0.25~1.0毫米,1层;双振幅3.0~3.8毫米;处理量15~25吨/小时;筛面面积4.34平方米;给料粒度≤20毫米;给料浓度≥40%。

(2)跳汰机。主要技术参数:设备型号LTG15;入洗粒度0~50毫米;处理能力9~13吨/平方米;跳汰面积:矸石段6平方米,中煤段9平方米;筛孔直径:矸石段15毫米,中煤段12毫米;跳汰频率41次/分钟、46次/分钟、55次/分钟、61次/分钟、68次/分;跳汰振幅100~150毫米;空气压力20~25千帕。

(3)重介分选机。2000年重介改造后,重介质旋流器主要技术参数:设备型号WT-MC1200/850,$Q=300~400$吨/小时,$D_1=1\,200$毫米,$D_2=850$毫米,倾角15°,入料粒度85~0毫米。

2013年升级改造后,设备型号WTMC1300/920,入料粒度50毫米,介质入料压力0.28~0.30兆帕,处理能力450吨/小时,介质循环量1\,600~1\,700立方米/小时,一段溢流口径390毫米,二段溢流口径360毫米,二段底流口径240\260\280毫米,质量8\,256千克。

FX850-GT旋流器及FX350-GJT×6旋流器组主要技术参数:设备型号FX850-GT,直径850毫米,溢流总管径450毫米,沉砂总管径300毫米,处理量600~800立方米/小时,分级粒度100~200微米,进料压力0.08~0.10兆帕。

设备型号FX350-GJT×6,直径350毫米,给矿总管径250毫米,溢流总管径400毫米,底流总管径300毫米,处理量450立方米/小时,分离粒度100~200微米,进料压力0.12~0.15兆帕,质量4\,700千克,外形尺寸4\,756毫米×3\,770毫米×3\,050毫米。

(4)浮选机。2000年重介改造后,采用3台喷射式浮选机。主要技术参数:设备型号XJM-S24,单槽容积24立方米,4槽,入料粒度范围0~0.5毫米,干燥泥处理能力0.6~1.0吨/(小时·立方米),矿浆处理能力6~10立方米/小时。

2013年扩容改造后,全部更换为喷射式浮选机。主要技术参数:设备型号XPM-8,$V=8$立方米。

(5)干扰床分选机。干扰床分选机(简称TBS)主要技术参数:设备型号XGR-3000,入料量110~130立方米/小时,入料浓度40~45克/升,分选密度1.35~1.80克/立方厘米,小时上升水量90~110立方米,上升水压70~110千帕,外形尺寸$\phi3\,872$毫米×4\,722毫米。

(6)浓缩机。主要技术参数:设备型号ITT70C,处理量小于1\,000立方米/小时,来料浓度小于150克/升,清水浓度小于10克/升,底流浓度300~400克/升。

(7)过滤与压滤设备。精煤及尾煤压滤机主要技术参数:434、435尾煤压滤机设备型号KMZG300/1600-U,总过滤面积300平方米,滤室容积6.09立方米,滤室数量70个,过滤压力≤0.8兆帕,压榨压力18兆帕,电动机功率18.5千瓦。432、433尾煤压滤机设备型号KM300/1600,过滤面积300平方米,$n=62$块,$V=5.6$立方米,$Q=25~30$吨/小时。

2013年扩容改造后新增设备:精煤压滤机设备型号HMZG450/2000-U,过滤面积450平方米,拉板数量63块,液压压紧压力20兆帕,鼓膜压力1.0兆帕。

2000—2013年采用盘式真空过滤机,主要技术参数:设备型号PG116-12,$D=2\,700$毫米,$F=116$平方米,$n=12$(过滤盘数)。

（三）姚桥选煤厂装备

（1）筛分机。原煤振动筛主要技术参数：1004 振动筛型号 QLS2050，入料粒度＜100 毫米，分级粒度 50 毫米，筛面倾角 20°，筛面尺寸 2 000 毫米×5 000 毫米，振幅 8～10 毫米，处理量 350～550 吨/小时，筛孔尺寸 50 毫米×50 毫米。2002 振动筛型号 4DLS2167，入料粒度 300 毫米，筛孔尺寸 50 毫米，筛面倾角 22°，筛面面积 14 平方米，双振幅 9～10 毫米，处理量 700 吨/小时。

脱介筛主要技术参数：309～312 脱介筛型号 SLG3661w，处理量 0～25 吨/小时，振幅（3±0.5）毫米，入料粒度 0～100 毫米，有效筛面宽度 3.6 米，有效筛面长度 6.1 米，筛缝尺寸 0.5 毫米。

（2）重介分选机。重介质旋流器主要技术参数：设备型号 WTMC1200/850，入料粒度 0～80 毫米，分选密度 1.3～1.8 克/立方厘米，分选上限 50 毫米，处理能力 200～300 立方米/小时，进料压力 0.20～0.25 兆帕。

旋流器组主要技术参数：设备型号 FX500-GT，直径 500 毫米，处理能力 180～250 立方米/小时，入料压力 0.08～0.15 兆帕，入料粒度 0～1.0 毫米，入料浓度 80～150 克/升，分级粒度 0.1～0.2 毫米，底流浓度 400 克/升。设备型号 FX350-GJT×6，直径 350 毫米，给矿总管径 250 毫米，溢流总管径 400 毫米，底流总管径 300 毫米，处理量 450 立方米/小时，分离粒度 100～200 微米，进料压力 0.12～0.15 兆帕，质量 4 700 千克，外形尺寸 4 756 毫米×3 770 毫米×3 050 毫米。

（3）浮选机。主要技术参数为：设备型号 XJM-S24，单槽容积 24 立方米，4 槽，入料粒度 0～0.5 毫米，干燥泥处理能力 0.6～1.0 吨/（小时·立方米），矿浆处理能力 6～10 立方米/小时。

（4）干扰床分选机（TBS）。主要技术参数：设备型号 XGR-3000，入料量 110～130 立方米/小时，入料浓度 40～45 克/升，入料粒度 0.15～2 毫米，分选密度 1.35～1.80 克/立方厘米，上升水量 90～110 立方米/小时，上升水压 70～110 千帕，外形尺寸 φ3 872 毫米×4 722 毫米。

（5）浓缩机。主要技术参数：601 浓缩机设备型号 HGNSJ-24K，浓缩池直径 24 米，浓缩池中心深度 4.65 米，沉淀面积 452 平方米，架桥每转时间 10～12 分钟，提耙行程 600 毫米，底流浓缩 300 克/升。602 浓缩机设备型号 GZN24，浓缩池直径 24 米，浓缩池中心深度 3.742 米，沉淀面积 452 平方米，耙架每转时间 11 分钟。

（6）过滤与压滤设备。尾煤压滤机设备型号 KZG250/1600-U，过滤面积 250 平方米，压紧压力 18 兆帕，过滤压力 0.784 兆帕，地脚尺寸 11 300 毫米，配板数 56 块，电动机功率 18.5 千瓦。精煤压滤机设备型号 HMZG500/2000-U，过滤面积 500 平方米，拉板数量 63 块，液压压紧压力 20 兆帕，鼓膜压力 1.0 兆帕。

加压过滤机主要技术参数：设备型号 GRJ120/3-C，工作压力 0.5 兆帕，过滤面积 120 立方米，滤盘直径 3 米，入料粒度 0～0.5 毫米，处理能力 60 吨/小时，最大工作压力 0.5 兆帕，滤盘转速 0～2.33 转/分钟，总功率 58 千瓦，产品编号 HJ2008-20；减速机：型号 ICS16-35.5-11，输入转速 5.5 转/分钟，功率 11 千瓦。

2020 年选煤中心各选煤厂主要洗选设备及工艺参数见表 4-2-12。

表 4-2-12   2020 年选煤中心各选煤厂主要洗选设备及工艺参数

选煤厂名称	设计能力/(万吨/年)	2019 年洗选能力/(万吨/年)	洗选设备	洗选参数/毫米
大屯选煤厂	320	320	无压三产品重介旋流器 ϕ1.2 米，16 立方米浮选机	旋流:0～50 浮选:0～0.5
孔庄选煤厂	200	200	无压三产品重介旋流器 ϕ1.3 米，24 立方米浮选机	旋流:0～50 浮选:0～0.5
姚桥选煤厂	300	300	超级三产品重介旋流器 ϕ1.1 米，24 立方米浮选机	旋流:0～50 浮选:0～0.5

第三节   生产管理

一、生产调度管理

（一）机构设置

1991—2011 年,大屯选煤厂、孔庄选煤厂、龙东选煤厂、姚桥选煤厂均设有生产调度部门,大屯选煤厂调度室由生产技术科管理,其他三个选煤厂调度室由各自所在矿生产部门管理。

2011 年 12 月,选煤中心整合后成立生产技术部,负责中心和各分厂调度室的管理,形成一个中心调度、三个分调度的矿区洗选两级调度管理模式,建立联络各生产环节和现场指挥的工作机制。

2016 年 12 月,因龙东选煤厂停产划出,大屯选煤中心调度室缩编为一个总调度室、二个分调度室。

（二）调度工作

2011 年 12 月,选煤中心调度室成立以后,大屯选煤厂、孔庄选煤厂、龙东选煤厂、姚桥选煤厂的调度室就负责选煤生产的调度协调工作,并根据需要分别制定各选煤厂的调度工作制度,建立领导值班制度和班、日、周、月生产及安全汇报制度,规范选煤生产的调度管理。随着产量的不断提升,各选煤厂的调度室成为洗选生产的指挥部和参谋部,成为组织、协调、平衡、生产的指挥中心。

选煤中心调度室为协调安排各选煤厂的生产,各厂调度室的主要职能转向以生产为中心,以作业计划为依据,组织指挥日常生产,全面、均衡地完成各时段的生产任务和检修计划,抓好洗选生产的正规循环和安全生产,做好上情下达、下情上报和专题调度与重点调度,掌握生产接续,指挥突发事故处理和抢险救灾工作,同时肩负"三防"指挥、应急预案的实施与领导职责。调度工作的重点是生产管理的指令在基层车间、班组的落实,日常工作中各厂调度人员落实三班责任制,实行下车间、到现场巡回检查,把问题解决在现场。

为抓好调度管理,选煤中心健全并下发调度管理制度、调度生产指挥管理责任、调度通信管理办法等文件,构建和完善基本调度制度和各种记录、台账、图表。调度管理制度主要包括调度基本工作职责、值班制度、调度会制度、调度零活制度、调度作业、对外的数据上报

等,使调度系统成为组织有力、运行协调、管理标准、信息共享的网络管理体系。

二、工艺技术管理

为保证产品质量合格,按计划完成生产任务,选煤中心各厂根据不同阶段的洗选工艺,制定和完善符合生产实际,适应生产管理需要且可操作性强的技术管理措施,进一步提升产品质量和工序质量。

(一)跳汰＋浮选工艺生产阶段

大屯选煤厂从 1991—2005 年采用跳汰＋浮选工艺,孔庄选煤厂从 1991—2002 年采用跳汰＋浮选工艺。大屯选煤厂用 2 个原煤仓,分仓储存不同矿井的原煤,按比例配煤入洗,保持入洗原煤质量稳定和跳汰机入料稳定。用全面质量管理方法加强工序管理,确定生产精煤等级的工艺流程、相应工序和内控质量指标,按生产班严格考核。同时,建立工序管理点,控制工序要素,提高跳汰和浮选的工序能力,稳定产品质量。不断完善产品质量和工序质量的检验制度,保证监测数据准确及时,为生产管理提供可靠信息。孔庄选煤厂分旱提和水提两种原煤准备方式,根据调度安排进行合理入仓储存,并按照标准化管理体系对工艺流程、产品结构、设备参数、技检制度、试验方法等进行管理,同时制定严格的工艺纪律和工作规范,确保生产稳定,保证产品质量。

(二)重介＋浮选洗选工艺生产阶段

2005 年以后,公司的三座炼焦型选煤厂均采用重介＋浮选洗选联合工艺,抓好工艺技术管理是确保选出用户满意产品的关键。公司要求各厂完善管理制度,搞好工艺技术管理,同时加强与矿井沟通,随时掌握井下原煤质量。在进入选煤厂原煤系统前,做好原煤准备的计量、除杂、筛分、破碎和质量指标的检测与记录,保证符合要求的原煤入仓、入洗和外运。生产车间根据粒度的不同要求,原煤破碎、筛分的粒度控制在规定范围;如确有变化,需及时向技术部门提出申请,总工程师同意后更改筛孔大小。生产车间搞好日常洗选检修,确保系统工艺完善、设备完好;明确分选原则,在保证质量的前提下,最大限度地提高洗选产品产率、减少矸石损失。

各厂选煤车间负责浮选工序的控制,原矿流量表读数小于 85。给矿一直到浮选机各室,做到各室液面有相应的泡沫层,而尾矿又不跑煤;浮选机采用二段加药方式,矿浆准备器加药和分室加药,加药量适当,泡沫不发虚、不发死;根据煤质情况调整起泡剂和捕收剂的用量,以保证浮选效果。使用其他药剂时,根据生产试验数据重新确定。

三、质量管理

(一)质量管理体系认证

选煤中心在集中管理之前,各选煤厂根据公司要求,统一进行质量管理体系认证。大屯选煤厂、孔庄选煤厂于 1995 年,姚桥选煤厂于 2009 年起先后贯彻 ISO 9000、ISO 14001 质量标准,并取得认证。

2006 年,公司开展管理体系整合,大屯选煤厂、孔庄选煤厂质量管理纳入公司体系认证。

2012 年起,选煤中心建立和完善《大屯选煤中心煤质管理办法》《大屯选煤中心煤质管理考核办法》《煤质例会制度》《煤质计划管理制度》《机电设备管理制度》等管理制度,推行

"严""细""实"的管理,每月召开煤质管理例会,系统分析煤质管理状况,找准成效与存在的问题,限期整改,优化产品结构,提升产品质量,严格考核、奖惩兑现。

2015年9月15日,公司正式发布ISO 9001:2015版标准和ISO 14001:2015版标准。选煤中心质量管理体系以ISO 9001:2015质量管理体系标准为主线,融合《卓越绩效评价准则》(GB/T 19580—2012),按照GB/T 15497—2003、GB/T 15498—2003标准要求及公司要求建立体系文件。每年组织内部审核,通过公司和第三方审核,选煤中心的质量管理体系符合有效性、充分性和适宜性的要求。

(二)生产技术检查

为推行全面质量管理,必须对工艺主要环节及原煤、产品进行数量和质量检查。数量检查主要是通过电子计量设备等手段进行。质量检查通过采样、制样、化验等手段进行。选煤厂采取煤样主要有两大类:一类为销售煤样,其主要用途是作为与用户经济结算的质量依据;另一类是生产煤样,主要检查工艺技术效果,以便指导生产,加强管理,提高经济效益。

(1)大屯选煤厂生产技术检查。1991—2006年,大屯选煤厂实施多层数量检测,在入洗原煤带式输送机上设电子胶带秤检查,在精、中煤上仓带式输送机上设电子胶带秤检查,各种销售煤设轨道衡检查,其余生产计量,按估量计算。

质量检查做法为:入厂原煤在原煤仓上胶带机机头取样,做月综合和生产化验。入洗原煤取样做月综合和生产指导样;水洗车间设块浮沉室指导跳汰机操作,水洗中煤、矸石取样浮沉化验和月综合;筛口取样化验、浮选精矿、尾矿取水样,精、尾煤过滤机滤饼取样化验;煤泥水水样化验检查。生产系统采取定期检查和临时性抽查;销煤取样检查化验。编制月综合报表试验样和入洗原煤矿井生产大样可选性定期检查;工业分析和小浮选试验,非常规化验和分析,由矿区中心化验室完成。

2006—2013年,数量检查维持原有方式不变。因生产工艺的变化质量检查也及时进行了更新。全厂设两类煤样室,销售煤样室设在精煤装车点,主要能对采来的样品进行烘干、筛分、破碎、磨矿缩分,最终提供化验标样。生产煤样室设在新建采制样化验室内,除上述试验外尚能进行浮沉试验、提供煤样各比重级产率。此外,主厂房内还设有快灰、快浮室,能够跟班作业,及时指导日常生产。化验室主要设在新建采制样化验室内,它的主要任务是能够进行工业分析和元素分析,如灰分、水分、硫分、挥发分、发热量等。

2013年以后,数量检查:入厂原煤采用新增轨道衡计量,入洗原煤和选后产品的数量检查,是利用原有设置在运送物料带式输送机上的电子胶带秤和701#精煤胶带上新增的电子胶带秤计量,产品火车外运,利用原有轨道衡计量。入厂生产用水,浓缩机底流及循环水等数量检查采用水表或电磁流量计量。

质量检查:在原煤和精煤带式输送机上新增在线测灰仪随时测量原煤和精煤的灰分。主厂房内设快灰、快浮等日常生产检查试验室。

(2)孔庄选煤厂生产技术检查。1992—2013年,孔庄选煤厂的数量检查:旱提煤胶带机设电子胶带秤检量,水提原煤胶带机设电子胶带秤检量,入洗原煤胶带设电子胶带秤检量。精、中煤和矸石上仓胶带机设电子胶带秤检量,各种销售产品设轨道衡检量,贮仓物料计量安设料位指示器检测,其他各项生产计量按装载车辆估量计算。

质量检查做法:入厂原煤在进仓原煤胶带机机头取样,做月综合和生产化验。入洗原煤

在入洗原煤胶带机机头取样,做月综合和生产指导样。水洗车间设快浮室指导跳汰机操作,水洗精煤、中煤、矸石取样浮沉、化验,并做月综合。煤泥水水样化验检查:筛口取样、化验、浮选精煤,尾煤取水样、筛网离心机、压滤机滤饼取样化验。生产系统定期检查和临时性检量,销售煤取样检查化验,编制月综合报表试验样和矿井原煤生产大样,可选性定期检查。非常规化验和分析,由矿区中心化验室承担。

2002 年以后,除期间水提煤系统停用后,将水提原煤胶带机设置的电子胶带秤拆除,其他数量检查和质量检查不变。

（3）姚桥选煤厂生产技术检查。2009—2013 年,入洗原煤和选后产品的数量检查,由设置在运送物料带式输送机上的电子胶带秤计量;产品火车外运,利用原有轨道衡计量;入厂生产用水,浓缩机底流及循环水等的数量检查采用水表或电磁流量计计量。

质量检查做法:日常的制样、化验等;化验室进行常规化验项目,如灰分、硫分、发热量等;在现有装车仓下设置在线灰分仪,用于在线监测选后产品灰分。

2013 年,姚桥选煤厂升级改造后,数量检查维持原有系统不变;仅将化验室与煤样室进行合建,并在精煤、中煤和原煤带式输送机上设置在线测灰仪,提升选后产品的煤质控制。

四、煤泥水管理

（一）大屯选煤厂煤泥水管理

1991—2005 年,大屯选煤厂生产系统产生的煤泥全部由 2 台直径 30 米浓缩机和尾煤泥压滤机厂内回收,做到不外排煤泥水,洗水全部循环利用。

2006 年以后,精煤泥振动弧形筛筛下水自流至浮选入料缓冲池后用泵打至浮选系统进行直接浮选,分选出精煤和尾煤,浮选精煤采用压滤机和真空过滤机脱水回收,滤液返回浮选入料,浮选尾矿自流到浓缩机;中煤、矸石磁选尾矿由尾矿桶收集后,用泵打到尾煤泥振动弧形筛进行一次脱水分级,振动弧形筛筛上物进入尾煤泥离心机进行二次脱水分级,其产品作为最终中煤产品。尾煤泥振动弧形筛筛下水自流到浓缩机,浓缩机底流用压滤机回收,浓缩机溢流和压滤机滤液作为循环水返回使用。

（二）孔庄选煤厂煤泥水管理

1991—2002 年,孔庄选煤厂水提原煤打进原煤捞坑,其溢流水进入原煤煤泥浓缩池,浓缩池溢流水用循环泵送至尾煤浓缩池,原煤煤泥浓缩池底流用泥浆泵送至主厂房缓冲水池。跳汰机溢流进脱水分级筛,筛下水进精煤捞坑,捞坑溢流直接进入缓冲水池。精煤捞坑斗子提升物进离心机,离心液返回捞坑,缓冲池内煤泥水用泵打入搅拌桶,再入浮选机进行浮选。浮选尾煤水自流入尾煤浓缩池,其溢流水进循环水池,用水泵送至主厂房,向跳汰机供水,部分循环水送至地面静压水池,供井下水力采煤用。尾煤浓缩池底流采用泥浆泵送至压滤机,压滤饼送晾干场,压滤机滤液进滤液池,用泵送至尾煤浓缩机循环水池。

2002—2013 年,孔庄选煤厂将工艺流程由跳汰＋浮选联合流程改为重介旋流器分选＋煤泥浮选流程。通过改造,解决了煤泥水浓度过高的问题,实现了洗水闭路循环。

2013 年,孔庄选煤厂在扩能改造中增加了 TBS 分选机。通过 TBS 分选机在粗煤泥回收系统中的应用,提高精煤回收率,且减少进入浮选系统的煤泥量,为煤泥水处理提供保障。

（三）姚桥选煤厂煤泥水管理

2009 年，姚桥选煤厂建成投产，采用 3 台直径 24 米浓缩机和 1 台直径 12 米的清水浓缩机净化循环水。生产废水主要为分级旋流器溢流、弧形筛筛下水等细粒煤泥水和建筑内设备滴、漏水，这些水均至场外浓缩机处理后，循环使用。主厂房细粒煤泥水通过泵加压输送至浓缩池，浓缩底流泵加压输送至主厂房加压过滤机入料水池，再经过加压过滤机脱水，滤液返回浓缩池。浓缩溢流返回主厂房循环复用。事故浓缩池与工作浓缩机池型相同，既可储存工作浓缩机事故放水，也可代替工作浓缩机工作，实现洗水闭路循环，做到不外排煤泥水，洗水全部循环利用。

第三章　煤　炭　购　销

第一节　机构与管理

一、管理机构

1991 年至 1993 年 4 月,公司的煤炭销售、煤炭质量管理工作由公司运销处负责。

1993 年 4 月,为适应社会主义市场经济要求,公司成立大屯煤电公司销售总公司(1996 年 7 月更名为销售分公司),与运销处合署办公。

2000 年,大屯煤电公司运销处更名为上海大屯能源股份有限公司运销部。

2002 年,因股份公司规范运作要求,销售分公司注销。

2003 年 8 月,上海大屯能源股份有限公司运销部更名为上海大屯能源股份有限公司煤炭贸易部,增加煤炭贸易业务,设党总支委员会,作为公司二级单位管理。

2008 年 6 月,成立江苏大屯煤炭贸易有限公司,为上海大屯能源股份有限公司的全资子公司,与煤炭贸易部合署办公。

2018 年 5 月,中煤集团启动煤炭营销体系重构工作。11 月,煤炭贸易部撤销,原煤炭贸易部所属业务分别由江苏大屯煤炭贸易有限公司及煤质运销管理中心负责。根据中煤集团有关要求,公司与中煤能源南京公司通过协同机构江苏大屯煤炭贸易有限公司平台来实现煤炭的协同销售。江苏大屯煤炭贸易有限公司按照中煤集团协同销售的统一要求,负责公司的煤炭产品销售、货款回收、煤炭应收账款管理及公司自备电厂燃料煤的外购工作。

二、管理制度

1993 年 7 月,公司印发《关于控制各矿销售地销煤炭的通知》,明确地销煤开票、报仓存、煤炭落地等控制措施,对各矿及相关职能部门提出要求。

1997 年,公司贯彻落实煤炭工业部《关于进一步加强煤炭销售管理工作的通知》精神,认真落实文件关于销售市场、销售份额、市场调查、销售服务等各方面的要求。2 月,公司印发《关于健全货款回收"三不"政策运行机制的通知》,制定陈欠款清收办法、考核标准及要求,全面推行货款结算承诺制。3 月,公司印发《关于进一步加强地销煤管理的通知》,重申落地煤炭集中销售的原则,对地销煤销售价格、煤款回收等提出要求。

1999 年 1 月,公司印发《煤炭销售管理办法》,明确煤炭销售实行统一领导,分级管理,对销售计划管理、销售合同管理、价格管理、货款回收、销售过程控制、火车外运销售管理、港口船板交货管理、矿及厂自销煤炭管理、售后服务、销售部门基础工作等方面作出统一规定。

2000 年 2 月,公司印发《地销煤炭管理考核办法》,对地销煤价格、质量、销售流程、装运、结算等制定相关考核措施。

2002 年 4 月,公司印发《煤炭用户资信评估暂行办法》,对评估程序、用户的评估条件作出规定,明确各有关单位及部门的职责。

2003 年 9 月,公司印发《煤炭客户反馈意见处理办法》,明确煤炭客户对煤炭数量、质量异议反馈意见的处理程序及有关要求,划分各相关单位、部门的任务与职责。

2004 年 1 月,公司印发《关于选择新增煤炭用户的若干规定》,对于选择新增煤炭用户依据的原则、新增煤炭用户具备的条件、资格审查的内容等做出相应规定。

2005 年 7 月,公司印发《煤炭用户资信评估办法》,对原有制度进行修订和完善。

2007 年 4 月,公司印发《关于接纳煤炭新客户的规定》,对接纳新客户原则、条件与需履行的程序做出具体规定。

2009 年,中煤集团销售公司对中煤集团部分煤炭、焦炭营销业务管理体系进行重组整合,公司贯彻落实《上海能源煤炭营销业务整合管理办法(试行)》。公司年度煤炭销售营销方案和月度煤炭销售建议计划、价格调整建议方案、合同以及新客户准入,均由销售公司审批。销售公司监督上海能源销售计划的执行情况、结算及应收账款回收、外销商品煤质量及售后服务情况。

2007—2010 年,公司发电用煤的外购,因市场疲软,为确保矿区自产煤炭销售的需要而停止。

2011 年 1 月,公司印发《关于启动外购发电用煤事宜的会议纪要》,重新启动外购电煤工作,要求煤炭贸易部在到厂价不高于龙东煤矿同期同质出矿价的前提下采购发电用煤。

2012 年 7 月,公司印发《煤炭贸易客户资信评估办法》,对原有制度进行修订和完善。

2013 年 4 月,公司印发《公司外购发电用煤内控制度》,明确外购电煤的内控原则,对货源选择及运输、合同签订、价格确定、数(质)量验收、煤款结算、信息反馈等事宜做出具体规定。

2016 年 3 月,公司印发《公司电煤外购管理暂行规定》,明确外购电煤的工作程序和管理职责。

2017 年 6 月,公司印发《煤炭客户信用风险管理办法(试行)》,对煤炭客户的信用评估、信用额度计算、授信额度控制等提出明确的要求。

2017 年 9 月,公司印发《公司煤炭销售管理办法》,对原有制度进行修订和完善。

2018—2020 年,公司的煤炭销售工作继续贯彻执行中煤集团销售公司、中煤能源南京公司及公司的有关制度。

第二节 计划与市场

一、针对市场编制计划

"五五"到"八五"期间,煤炭资源短缺是能源供求的主要矛盾。受国家计划经济体制影响,资源配置手段以行政审批和指令性计划为主。煤炭部在国家宏观政策的指导下,统一组织煤炭系统向运输部门提报铁路运输计划。公司作为煤炭部直属企业,负责在全国煤炭订货会上签订煤炭销售合同,制订年度运销计划、月度运销计划和增补计划。

作为建矿初期上海市的能源供给基地之一,公司所产煤炭主要供应上海及上海周边地

区。计划经济时期,主要客户有上海宝山钢铁总厂、上海焦化厂、上海煤气公司、上海梅山冶金公司、杭州钢铁厂、绍兴钢铁厂、上海燃料公司、上海铁路局、南京热电厂等。

1993 年,随着社会主义市场经济体制的逐渐建立,国家对煤炭资源的配置逐渐由指令性计划向指导性计划转变,煤炭销售逐渐走向市场化运作。为适应新时期的市场需要,当年成立大屯煤电公司销售总公司。1991—1997 年,公司累计销售煤炭 2 621.66 万吨。

1998 年,受亚洲金融危机影响,煤炭销售量快速下降。销售公司大力开拓新客户,全年共开发发运量较大、信誉好的客户 20 余家。姚桥新井混煤(工程煤)也被市场认可并接受,成为提高公司经济效益的新生力量。为拓展华南市场,销售公司在广州设立联络处,当年开发出广州珠江电力有限公司等客户。在国内煤炭市场不景气的情况下,公司又把目光转向国际市场,于当年 11 月初向日本出口孔庄精煤,为之后的精煤出口开辟出一条新通道。全年计划销售 310 万吨,实际完成 468 万吨,其中铁路外运计划 270 万吨,实际完成 379 万吨。

1999 年,煤炭市场持续低迷,煤炭资源产能过剩,销售工作困难重重。为拓展巩固华东市场,销售公司先后在上海、绍兴、江阴、苏州等地设立直销点,采取送货上门的销售形式。6 月,公司以参股的方式成立苏州工业园区大屯煤销售有限公司,开拓出苏南、浙江一带的混末煤、洗混中块煤市场。全年计划销售 534 万吨,实际完成 581 万吨,其中铁路外运计划 420 万吨,实际完成 452 万吨,销售计划超额完成。

2000 年,随着亚洲经济的复苏,国家经济结构调整逐渐到位,经济增长质量随之提高,同时带动煤炭需求量有所增加。加之关井压产、关闭非法和布局不合理小煤矿,供大于求的局面稍有缓解。姚桥煤矿二期工程正式投产,公司煤炭产量大增。销售公司成功开辟电煤市场,供宝钢、常熟电厂、上海电力燃料公司电煤列入需求计划。同时增加出口煤数量,全年出口煤炭 39.5 万吨。全年计划销售 540 万吨,实际完成 652 万吨,其中铁路外运计划 450 万吨,实际完成 498 万吨。

二、调整策略促进销售

2001 年,经过四年的低迷期,煤炭销售市场变暖,价格上涨幅度和资源紧张程度超出预期。运销处加强计划平衡工作,保证重点客户,压缩中间客户需求量,市场销售整体稳定。全年计划销售 585 万吨,实际完成 683 万吨,其中铁路外运计划 480 万吨,实际完成 480 万吨。

2002 年,为在稳定销量和效益最大化之间寻找最佳结合点,公司确立增加厂家直供和稳定经销商的供给、减少零散用户的销售策略。年度订货客户由 2001 年的 88 家减少到 63 家。铁路外运合同量也由 2001 年度的 625 万吨减少到 500 万吨。使合同量与实际外运量相当,减少大合同量带来的被动,确保合同的严肃性。公司在出口煤炭方面迈出一大步,进入日本长协,与两家客户签订单独合同。全年计划销售 590 万吨,实际完成 654 万吨,其中铁路外运计划 480 万吨,实际完成 490 万吨。

2003 年,煤炭市场高位运行。运销部以优化市场、优化用户、优化品种结构、优化服务的"四优化"战略指导煤炭销售工作,吸纳优秀新用户,大屯煤的市场占有率稳步提升。全年计划销售 581 万吨,实际完成 620 万吨,其中铁路外运计划 480 万吨,实际完成487 万吨。

2004 年,公司煤炭销售体系基本稳定,煤炭贸易部在选择用户时时刻注意防范、分散销售风险,对销售市场进行适当整合,在保证电煤供应的同时,重点开发效益好、有发展潜力的国有钢铁企业为主的精煤用户。全年商品煤外销量计划 580 万吨,实际完成 580.79 万吨,其中铁路外运计划 450 万吨,实际完成 458.95 万吨。

2005 年,受国家宏观调控影响,煤炭社会库存逐渐升高,销售出现困难。铁路运输的能力提升,使西部煤炭大量到达华东地区,低价煤严重冲击了华东煤炭市场。为促进销售,公司调整不同档次间的煤炭价差,根据产品结构变化采取量大优惠的政策。全年商品煤外销量计划 553 万吨,实际完成 569.86 万吨,其中铁路外运计划 450 万吨,实际完成 447.42 万吨。外运减少的主要原因是 4 月 16—25 日国铁陇海线电气化改造,影响沙塘站的外运。

2006 年,公司原煤质量参差不齐,给公司正常的煤炭销售造成很大影响。煤炭贸易部积极开发南京钢铁集团等专门购买低质煤用作电厂燃料为主的客户,有效缓解了生产及销售压力。全年商品煤外销量计划 550 万吨,实际完成 585.47 万吨,其中铁路外运计划 440 万吨,实际完成 452.55 万吨。

2007 年,煤炭市场运行基本平稳,冶炼精煤市场需求旺盛,精煤客户相对稳定。煤炭贸易部及时优化产品结构,提出在稳定精煤质量的基础上扩大精煤销量的策略。全年商品煤外销量计划 556 万吨,实际完成 585.92 万吨,其中铁路外运计划 419 万吨,实际完成442.28 万吨。

2008 年,公司外运形势发生较大变化,7 月份公司煤炭价格达到历史顶峰,各煤种出矿含税价累计上调幅度 35%～103%不等。8 月下旬,受国际金融危机的累及、国家宏观调控政策(国家发改委 6 月和 7 月两次发文限价)的影响,煤炭市场需求迅速下滑,产、运、装、卸、用各环节库存均大幅回升。11 月,公司煤炭产品价格回落至 2007 年底的价位。为应对急剧的市场变化,煤炭贸易部加大新客户的开发力度,加快引入新客户,适当放宽新客户的准入政策。8—10 月,接纳新客户 12 家,增加销量近 7 万吨。全年商品煤外销量计划 568 万吨,实际完成 585.31 万吨,其中铁路外运计划 420 万吨,实际完成 442.26 万吨。

2009 年,煤炭市场在理性回归后缓慢前行,冶炼精煤市场需求相对稳定,动力煤市场需求疲软。公司制定了"调结构、争优势、保销量、增收入"的策略,煤炭贸易部调整煤炭产品结构,加大原煤入洗量,多出精煤产品。全年商品煤外销量计划 603 万吨,实际完成 674.73 万吨。经铁路外运销售计划 420 万吨,实际完成 481.64 万吨。

三、突出重点提质增收

2010 年,姚桥选煤厂投产,因精煤市场需求稳定,产品售价高,公司精煤产量大幅增加。煤炭贸易部提出"控制电煤规模,增加精煤合同量,合同贴近实际需求"的订货思路,优化客户结构,开发精煤市场,冶炼精煤销售比例逐步上升。全年新开发精煤客户 9 家,增加精煤销量 40 余万吨。全年商品煤外销量计划 640 万吨,实际外销 624.71 万吨(主要原因是入洗原煤质量变差,洗耗增加,可外销的资源量减少),其中,精、块煤外销量完成 345.55 万吨。铁路外运计划 460 万吨,实际完成 460.46 万吨。

2011 年,煤炭市场运行相对平稳。煤炭贸易部在年度煤炭订货时,着手从合同量上控制电煤供应数量,增加精煤合同的签订量,开发精煤客户 2 家,意向需求量 40 万吨。电煤合同量 100 万吨,比 2010 年减少 57 万吨。全年商品煤外销量计划 616 万吨,实际完成 625.86 万吨,其中,精、块煤外销量完成 385.50 万吨。铁路外运计划 420 万吨,实际完成 501.09 万吨。

2012年,煤炭市场需求极度疲软,煤炭销售工作极其艰难。煤炭贸易部主动优化客户结构,继续培育精煤市场客户,巩固并扩大直销客户比例,压缩中间商。取消电煤代理制,与电力企业直接签订买卖合同,对不符合要求的电煤企业取消供需关系。全年新开发直供精煤客户5家,签订供货合同83万吨,逐渐巩固一批用量稳、用量大、信誉好的长期客户。全年商品煤外销量计划677万吨,实际完成730.55万吨,其中,精、块煤外销量完成460.25万吨。铁路外运计划440万吨,实际完成534.15万吨。

2013年,煤炭市场延续颓势。煤炭贸易部以培育精煤市场客户为主,年度新增精煤客户2家,均为周边直接生产厂商。全年商品煤外销量计划669万吨,实际完成701.10万吨,其中,精、块煤外销量完成463.15万吨。

2014年,煤炭市场维持低位运行,虽然下半年国家出台一系列促进煤炭工业发展的政策措施,但市场并未根本好转。煤炭贸易部优化客户结构,客户数量从2011年的106家压缩到48家,客户集中度进一步提高。扩大直接客户比例,压缩中间商,对于需求量大的客户实行"一户一议"的销售政策。全年商品煤外销量计划677万吨,实际完成719.83万吨,其中,精、块煤外销量完成550.23万吨。

2015年,随着国内经济进入新常态,煤炭市场运行极度疲弱,煤炭价格单边下行,全行业销量、价格、回款急速下降,应收账款、库存大幅增加。受铁路总公司上调铁路货物运价和煤炭价格大幅下降的影响,物流成本在用户采购成本中占比越来越大。部分客户为降低成本,由铁路运输变为经过内河港口转水路、公路运输。公司铁路外运销售占比由59%降至54%,管内销售占比由41%升至46%。全年有6家客户由铁路外运转到水运。煤炭贸易部加大市场开发力度,特别针对精煤市场,通过各种渠道,努力争取客户,且在新客户开发上主要是以直供户为主。年度开发新客户14家,增销煤炭70万吨,约占全年外销量的10%。全年商品煤外销量计划709万吨,实际完成734.70万吨,其中,精、块煤外销量完成622.23万吨。

2016年,在国家供给侧改革及"三去一降一补"政策作用下,煤炭供需矛盾缓解。煤炭贸易部逐步培养并形成以用量大、用量稳的直供大客户为主导,以中小客户为补充的客户结构。在销售过程中根据市场需求及效益,测算调整精煤品种结构及入洗原煤量,实现销量和效益的协同增长。全年商品煤外销量计划695万吨,实际完成679.18万吨,其中,精、块煤外销量完成585.91万吨,精煤外销量占总外销量的比重由2008年的35%上升到86%。

2017年,上半年煤炭市场需求宽松,价格回调,稳中趋弱。7—10月份,需求企稳,生产受限,供给量低于需求量,供求整体相对平衡、局部偏紧,煤炭价格上涨。11—12月上旬,受优质产能释放、环保要求加大等因素影响,价格回落。12月中旬以后市场又有所回暖。全年新开发精煤客户3家,增加精煤销量12万吨。全年商品煤外销量计划684万吨,实际完成591.09万吨,其中精煤外销量完成544.91万吨。

2018年,政府相关部门的煤炭行业政策频出,从加快先进产能的释放到安全、环保检查的推进,再到进口煤限制政策的收紧与适度放松,都影响煤炭行情的走势。徐州地区环保政策的收紧,直接影响公司煤炭销量。煤炭贸易部加强对战略客户、重点客户的维护,积极走访徐州地区以外的客户,争取增加精煤需求量。培育精煤市场客户,开发与公司产品品种、运输流向相适应、用量稳定、信誉好、有长远合作愿望的优质客户,开发了湖南、江西等地的临时客户。全年商品煤外销量计划549万吨,实际完成565.41万吨,其中精煤外销量完成523.0万吨。

2019年,煤炭市场上半年运行平稳,煤炭价格在个别时段小幅上涨。下半年国民经济

增速减缓,下游消费需求降低,进口煤量价冲击,新能源增长,煤炭先进产能释放,环保停(限)产力度加大,西部和浩吉(等运煤专线)铁路开通等,使煤炭市场加速进入下行通道。市场煤销量减少,价格下滑,甚至出现和长协价格倒挂问题,长协合同兑现率下降,产煤企业库存增加。为更好地优化客户群,煤炭贸易公司积极拓展其他地区客户,成功开发了地处华中地区的武钢集团有限公司等客户。全年商品煤外销量计划526万吨,实际完成494.0万吨,全部为精煤产品。

2020年,突如其来的新冠肺炎疫情对国内、国际经济及社会发展产生了巨大冲击。3月中旬以后,这种不利影响明显传导到煤炭市场。供应方面,随着产地煤矿恢复正常生产,煤炭产量不断增加,供应充足。需求方面,下游钢铁、焦化用户库存高起,对焦煤采购积极性普遍不高,多以消化库存、按需采购为主,焦煤市场供需矛盾逐步凸显并不断激化,煤价承压下行。煤炭贸易公司充分发挥中煤集团协同销售的优势,利用中煤集团冶金煤销售平台,先后开发了芜湖新兴铸管有限责任公司、马鞍山钢铁股份有限公司、武汉博筌工贸有限公司等精煤客户。全年商品煤外销量计划495万吨,上半年实际销售249万吨。

第三节 煤炭调运

一、运输途径

1994年以前,大屯矿区商品煤的销售与调运一直以铁路外运为主渠道,矿区周边地区偶有少量汽车运销,调运组织工作均围绕铁路外运开展相关工作。

1995年,公司首次提出"以铁路直达运输为主,努力提高运输计划兑现率,以水路运输为辅,弥补铁路直达不足"的煤炭调运指导思想。

1996年,公司在组织外运时调整运输流向,采取多流向运输。与徐州铁路分局联系,加强日照港方向和铁路分局管内特别是中云方向的运输,多发大过江(过嘉兴口)、小过江(过符离集口)去向的煤炭。利用公司自营铁路和自备车的优势,把煤炭运至郑集站中转万寨下水,有效缓解公司煤炭落地的压力和资金周转较困难的状况。积极与杨浦煤气厂、万寨港合作,使9级精煤通过万寨港中转下水运抵上海。7月底,首次发至万寨港9级精煤2 371吨,按到厂价计算费用与浦口港中转基本持平。新开辟西集港中转精煤和混末煤的销售渠道,发展马鞍山钢铁公司、南京钢铁厂等一批新用户,确保公司洗精煤生产的顺利进行。

1997年,煤炭市场疲软,由卖方市场转为买方市场。用户对煤炭的需求一改以往"数量大、品种单一、发运集中"的特点,呈现出"数量少、品种多、零散装车较多、随机性较大、对质量挑剔比较多"的趋势。经常出现一辆车有三四个品种,七八个用户。公司提出"按用户要求组织装车",煤炭调运管理策略随之调整。

1998年,煤炭市场进一步恶化。用户对煤炭的需求量减少,块煤、精煤销售比重下降,加之各矿务局之间的无序压价竞争,煤炭运销工作面临巨大困难。公司根据用户需求及时发运煤炭,灵活调整调运方案,必要时采取先请车后定用户的办法,多发多运。在7—8月份外运最困难的时候,提出"千方百计确保每天不低于3列火车"的口号。10月份,国铁排空任务重,车皮紧张,公司利用到卸的空车组织多装多运。

2000年,公司原煤产量计划660万吨。2月份姚桥煤矿二期工程投产,新增资源量

180万吨。公司与徐州铁路分局搞好路矿协作,每天多请车、多要车,取得他们的支持、理解和配合。在调运组织上压缩制票时间,加快各矿、厂装车时间,做到路用车及时、快速、准确地交出,降低外运车周转时间,减少公司费用支出。经过努力,当年共完成铁路外运498.5万吨,超计划48.5万吨。

2001年,针对市场变化,公司合理制订调运方案,以提高效益为中心,以销售计划为前提,合理组织装车外运。9月份之前,铁路车源管内多,过江少,设法加大连云港方向运量,侧重宝钢精煤、出口精煤多集港,最大限度地提高运输效率。9月份以后,资源异常紧张,公司在最低限度的保证生产、生活、发电用煤后,减少无效库存,多组织外运,防止因运量欠账过大而引起来年运量计划下调。在配合出口煤品种调整上,对冶炼精煤克服困难确保船期,按船期倒排车数,逐日保障。在配合对上海焦化厂的清欠上,做到既要对其停发,又要把精煤排出去,一旦谈判成功,迅速集港确保合同执行。在外运与地销与站搬发生冲突时,尽可能使外运实际数量向计划靠近。

2002年,公司混煤在连云港实行各矿混堆统价。由于孔庄煤矿的原煤质量及价格均高于其他矿,因此在调运安排上,非硫分或灰分不能保证时,尽可能安排孔庄煤矿原煤过江,每吨可多收入5～15元。由于从日照港中转比连云港运费高,公司确定以连云港中转为主,把日照港作备用港,保持最低限度的中转量。1—10月份,日照港年计划中转32万吨,实际12.79万吨。连云港年中转计划103万吨,实际100.81万吨。仅将宝钢精煤中转计划从日照港转入连云港,就增加效益630万元。

2004年,在流向安排上,公司按照运力流向结构,调整品种分布及合同兑现方式,争取最大效益。在具体发运安排上,3月份起,济南铁路局要求编制铁路运输旬计划,实行整列发送,公司在安排煤炭调运时,对同一到站用户集中发运,提高运输效率。

二、路矿协作

2005年,公司根据运输流向变化,合理、灵活安排调运工作。当年国铁车流变化较大。3月18日徐州铁路分局撤销后,请车计划(包括月、旬发运计划)全部由济南铁路局批给。而济南铁路局从运输效益等需要出发,调整装车流向,对公司的煤炭铁路外运工作带来了直接的影响和冲击(如济南铁路局管内与过口的比例为47∶53,而2004年同期比例为51∶49)。在品种上,公司按精煤、块煤、混煤的顺序发运。在流向上,优先发运过江客户,其次是路局管内客户,在公司管内与外运流向之间,优先发外运流向的煤炭。将发热量低的煤炭,外运方向尽量给电厂,公司管内供给电业分公司。在用户间的分配和矿、厂的装车安排上,尽量保持均衡。同时根据运力流向结构,调整品种分布及合同兑现方式,争取最大效益。为适应流向变化,上海焦化有限公司的合同兑现由连云港调整到南京港,由船板交货调整为车板交货。公司组织煤炭调运总体上按照全局相对稳定、局部灵活机动的原则,保持发运的动态平衡。

2007年,公司煤炭调运加强路矿协作,努力保持相对稳定的流向结构。当年,路局调整运输结构,对路局管内实行限装,公司的运输结构受到一定影响。面对这种变化,公司针对性采取三项措施:一是加强同路局方面的协调沟通,努力争取承认车;二是积极发运过口精煤和块煤,同时在发运上尽量平衡精煤与原煤的关系,做到全局稳定,局部机动;三是利用公司发运被铁道部列为直达列发运的有利条件,积极组织集港,保证船期。

2008年,是公司自建矿以来外运形势变动最大的一年。一季度由于受大雪及冻雨影响,停限

装频繁。二季度原徐州铁路分局管辖范围由济南铁路局划归上海铁路局管辖后,公司路用车配空严重不足。公司采取措施,多管齐下,将影响降到最低。加强同上海铁路局联系、沟通,在运输调整、磨合期间,在业务操作上与国铁尽量相配合,适应上海局的操作模式,根据各矿生产情况,合理安排日请求车和日外运计划的编排,尽量做到整列整送。在空车到达不足时,根据各矿(厂)资源及月度生产计划,适当增加管内用户运量,确保公司正常生产。三季度开行直通运输后,运输形势好转,但是进入10月份以后受市场行情走低影响,外运量有所下降。

2009年,公司加强路矿协作,确保外运通畅有序。一方面努力与国铁协调争取最大运力,另一方面积极与客户沟通,加强管内站搬组织,灵活机动调运。当年,铁路外运和站搬任务按进度均超额完成。

三、优先供货原则

2012年,公司在煤炭调运中提出"四个优先",即精煤客户优先发运、直供生产厂家、重点客户优先发运、现汇客户优先发运、市场疲软时期支持公司的客户优先发运。做到"四个匹配",即产品品种与市场用户需求相匹配、铁路批准的运力与公司生产节奏相匹配、客户需求与流向相匹配;自备车的站搬运输与入洗、发电需求相匹配。协调处理好"四个关系",即实际生产的不均衡与市场均衡需求的关系、生产与铁路运能运力变化的关系、生产实际与市场需求变化的关系、铁路外运销售与公司管内运输销售的关系。通过"四优先""四匹配""四协调",谋求公司效益最大化及销售、发运的整体平稳。

2013年,公司遵循服务于生产、服务于市场的原则,对外积极主动与上海铁路局、徐州车务段、沙塘站、煤炭用户等单位部门的联系沟通,争取多请车、多配空、多装车,努力使市场需求、公司产品结构、铁路运输流向合理匹配,确保公司生产和销售正常运转。对内克服管内自备车不足的影响,及时与铁路、矿、厂(中心)及港口联系,科学调度、合理安排、抢装抢卸、压缩停时,提高自备车周转率。

2018年,公司加强产销协调,确保正常生产。提出坚持两个"服务"、五个"优先"的发运原则,立足生产、面向需求、掌握变化、灵活调整。加强与各矿(厂)、铁路管理处、港口等相关单位联系,科学调度、合理安排、抢装抢卸、压缩停时,提高自备车周转率。主动与上海铁路局、煤炭客户等单位联系沟通,外运争取多请车、多配空、多装车,努力使市场需求、产品结构、铁路运输流向合理匹配。合理安排铁路外运与管内运输,尽最大可能做到发运的整体平稳。调整运输结构,鼓励客户通过国铁发运,当年国铁发运比例52%,比2017年提高16个百分点,管内运输压力有效缓解,企业收入也相应增加。

第四节 煤炭销售

公司煤炭销售从建矿初期即实行统一营销制,各生产矿、厂只负责煤炭产品的生产,公司运销处按规定统一办理煤炭销售手续和组织运输。

一、销售形式

(一)下水煤销售

公司主要下水煤客户为宝钢,20世纪80年代开始就与宝钢签订日照港下水煤合同。

1991年,公司与宝钢签订连云港下水煤合同,年度合同量共计40万吨。

1997年,公司开发南京浦口港业务,主要客户为上海焦化厂、上海浦东煤气厂、上海吴淞煤气厂等,年销售量约48万吨。2003年,因上海市环保政策要求,以上几家客户需求量较少,公司停止浦口港业务。

2015年6月,与宝钢湛江钢铁有限公司签订煤炭买卖合同,公司煤炭通过铁路运抵连云港,从连云港港口装船,通过海运到达湛江港。

从2015年起,宝钢系客户下水煤年销售量超过100万吨。

2016年,受国内铁路运费上涨等原因,公司暂停日照港的下水煤销售。

截至2019年底,公司下水煤销售港口只保留连云港港口。

（二）火车直达销售

火车直达销售是公司煤炭销售的重要组成部分,主要客户群为徐州地区周边电厂以及江浙等地几十家混煤、块煤、精煤客户。

（三）水运外销及地销

地销销售为公司销售的补充,地销煤销售主要由销售公司开具调拨单,各矿负责过磅、煤质、安全等工作。

1993年,为加强对地销煤工作的管理,确保火车外运计划的完成,公司印发了《关于控制各矿销售地销煤的通知》,规定从7月份开始各矿暂停对地销煤的销售工作。

1996年,公司开辟西集港精煤和混末煤的销售渠道,客户通过自营铁路将煤炭发往西集港,再经过内河水运抵达收货地。

2011年,自营铁路修至东原港,内河水运也从西集港改至东原港。

2005年,为进一步加强对地销煤工作的管理,公司制定《地销煤管理考核办法》,强化公司地销煤炭收款、价格、煤质、结算、奖惩等各相关的管理。

2006年,受火车外运直达量、管内运输量的增加以及地方收费项目的增加,再加上地销管理占用人员较多的影响,经公司办公会研究停止5吨以上的地销煤销售。

2012年,煤炭市场呈现惨淡行情,煤炭销售工作经历最为艰难的时期,公司煤炭库存最高达60万吨。面对严峻的市场形势,公司经研究决定重启地销煤销售。当年销售地销煤7.8万吨。随着库存的降低,地销煤销售再次停止。

（四）煤炭出口销售

1995年,为开发出口市场,经多方努力通过中煤进出口总公司代理,大屯选煤厂6级精煤出口日本1万吨,从1996年开始出口量逐年增加。1998年,公司对孔庄煤矿生产的精煤出口做出安排。2001年,公司精煤出口量达到44.15万吨。

2002年,国内煤炭行情逐渐转好,煤炭产量无法满足国内客户需求,加之国际煤价下降幅度较大,经效益测算,公司停止出口煤销售。

二、市场布局

1991—2015年,公司煤炭市场布局约96％在苏浙沪地区,销售产品主要为原煤。

2015年后,随着浙江及苏南地区环保要求的提高,公司原煤市场的布局发生较大变化,浙江地区的需求量越来越少。

2016—2020年,公司煤炭销售品种主要为精煤,市场布局也逐渐趋稳,主要集中在华东

地区,江苏占比约 24％,上海占比约 23％,山东占比约 20％,安徽占比约 16％,湖南占比 13％,湖北占比约 3％,其他地区占比 1％。

三、计价方式

2010 年以前,公司外销原煤采用的是以区间计价的方式,即每 400(4 801～5 200)大卡 或 300(5 201～5 500,5 501～5 800)大卡一个区间,每个区间执行不同的价格。这种计价方 式虽有简便、客户容易接受的特点,但在煤质波动时,控制难度就比较大,特别是容易出现发 运的煤炭质量"走上限",产生质量过剩的情况,无形中会给公司带来一定的损失。

2010 年 1 月,公司决定对外销商品煤计价方式进行调整,电煤按区间以质计价。混末 煤以约定区间计价,高于区间上限每大卡每吨加价 0.10 元,低于区间下限按相应区间计价。 姚桥洗混煤以 5 000 大卡作为基价,每升(降)1 大卡相应加(降)价。

2012 年,煤炭价格急速下滑,煤炭贸易部提出"一户一议"的销售模式并经公司同意,当 年 6 月份起对符合规定条件的大客户销售实行一事一议,对精煤大客户一户一谈、一户一 议,根据月度实际需求量确定初步销售价格报公司批准。

2017 年下半年,煤炭行情逐渐好转,公司从 2017 年 10 月起停止"一户一议"销售政策。

2018 年,根据中煤集团的要求,对签订长协合同进行初探。公司签订两家长协用户合 同,采用合同量兑现率不低于 90％季度锁价的形式,经过一年的检验取得良好的效果。 2019 年签订长协合同 6 家,2020 年签订长协合同 9 家,以签订长协合同形式锁定的销售市 场得以拓展。

第五节 煤炭采购

公司煤炭采购有三种业务模式,一是外购发电,二是外购入洗,三是外购外销。

一、外购发电

外购发电业务是通过采购外部动力煤资源,弥补公司自有资源的不足,保证电厂燃料煤 正常供应。

2003 年底至 2004 年,电业分公司 2 台 135 MW 机组相继投入运行,对动力煤资源的需 求逐年增加。公司面临三方面的问题:一是本部四座矿除龙东煤矿煤种为气煤,可作为动力 煤使用外,其余三座矿在煤种上都属于 1/3 焦煤,从煤种角度和资源配置的经济性角度考 虑,不宜作为动力煤使用;二是如果以"大屯煤"来满足发电用煤增长的缺口,在资源配置上 势必会减少"大屯煤"的外销总量,丢失已占领的市场,损害公司精煤的品牌形象;三是会造 成选煤中心、铁路管理处的洗选、运输资源部分闲置,影响公司整体规模效益。

为解决上述问题,公司认为有必要开展煤炭采购业务,通过外购煤炭资源,增加资源掌 控能力,获取经营利润,满足生产经营的需要。

2004 年,煤炭贸易部结合市场供需及公司煤炭销售实际情况,内外协调,多次到山东、 河南、陕西、山西、宁夏、内蒙古等地煤矿、港口、车站进行市场调研,全方位了解资源、价格、 煤质、运输、付款等情况。9 月份,外购煤工作迈出实质性的一步,实现了经火车、汽车两种 运输方式购煤进公司电厂,当年外购发电用煤 4 772 吨,将价格、铁路运费、铁路送车费等因

素计算在内,创造直接经济效益 18.57 万元。

外购发电用煤业务具体管理流程是:煤炭贸易部负责货源调研、采样化验、确定资源地及煤种,选定供应商、签订供货合同;供应商根据合同约定发运煤炭到大屯发电厂。大屯发电厂负责数、质量验收,煤炭贸易部现场指导监督并进行抽查比照,在抽查比照后误差不超出国标规定的情况下,以大屯发电厂的数、质量验收数据为结算依据。煤炭贸易部根据大屯发电厂的有效单据与供应商结算货款。在采购价格方面,遵循外购发电用煤送货到大屯发电厂一票结算价格,不高于公司同期同质量煤炭销售出矿价的原则。通过开展外购发电业务,既保证了电厂燃料煤的正常供应,同时又能提高铁路运输收益,提高公司的整体收入。

2004 年至 2018 年 5 月,共外购发电用煤 34.03 万吨。其中,由于受煤炭市场行情波动的影响,2007—2010 年、2013 年、2015 年、2017 年,未开展外购发电用煤业务。

2018 年 6 月,中煤集团成立中煤能源南京有限公司,公司的煤炭销售及外购业务由南京公司管理。按照职责分工,用煤单位将外购发电用煤的数量、质量指标及采购时间等要求报公司煤质运销管理中心,煤质运销管理中心负责与江苏大屯煤炭贸易公司就外购事宜进行对接,江苏大屯煤炭贸易公司负责与南京公司沟通联系货源、协调发运事宜。

2018 年 10 月,公司外购中煤集团新集公司动力煤 3.44 万吨,保证了热电厂烘炉及试运行期间的燃料煤供应。

2019 年,公司外购新集公司动力煤 12.7 万吨。

根据公司热电厂实际燃煤需求和自有资源状况,2020 年上半年公司无外购电煤计划。

二、外购入洗

外购入洗业务是通过采购外部原料煤入洗,增加公司可供外销精煤量,从而增加公司整体效益。

2005 年以后,华东地区冶炼精煤市场持续向好,到 2006 年已逐步演变成卖方市场,洗煤效益凸显。为充分利用选煤中心的洗选能力,提升整体效益,煤炭贸易部通过对姚桥煤矿、徐庄煤矿和山东枣庄、淄博、肥城等地国有煤矿企业的煤种详细调研、取样化验后,研究确定贸易煤入洗配比方案。2006 年 4 月,启动首批入洗原料煤的对外采购业务,当年实现外购煤入洗 2.54 万吨,实现利润 132.4 万元。

外购入洗用煤的具体管理流程是:煤炭贸易部进行货源调研、采样化验、确定资源地及煤种,选定供应商、签订供货合同;供应商根据合同约定发运煤炭到选煤中心;选煤中心进行数、质量验收,煤炭贸易部现场指导监督并进行抽查比照,在抽查比照后误差不超出国标规定的情况下,以选煤中心的数、质量验收数据为结算数据;煤炭贸易部根据选煤中心的有效单据与供应商结算货款。在采购价格方面,遵循送货到选煤中心一票结算价格,测算入洗后不亏损就可以操作的原则。通过开展外购入洗业务,选煤中心赚取加工费,铁路管理处赚取运输收益,公司既增加资源量,又增加销售收入。

2006 年至 2011 年 6 月,公司共外购入洗用煤 78.94 万吨。

从 2011 年 7 月份开始,公司停止煤炭外购入洗业务。

三、外购外销

煤炭外购外销业务是通过采购外部资源直接销售,达到增加公司销售额并获取差价的

目的。

2006年1月,公司首次开展外购外销业务,即采购外部煤炭资源直接销售给下游客户。当年完成直接贸易量18.35万吨,实现利润36.69万元,增加销售收入12 530万元。

2007年至2014年8月,共外购外销811.47万吨。2014年9月以后,公司的外购外销业务不再开展。

自2004年开展煤炭贸易业务后,公司共完成贸易量958.94万吨,其中:外购发电50.17万吨、外购入洗78.94万吨、外购外销829.83万吨,实现销售额79.09亿元,实现利润7 157.6万元。无论市场形势如何变化,公司始终坚持"采购不预付,销售不赊销"的原则,加强风险管控。煤炭采购业务自开展后,既没有形成应收账款风险,又增加了公司的销售收入和销售利润。

第六节 煤款结算

1991—1993年,计划内煤炭的销售价格,严格按照国家规定价格执行。计划外煤炭的销售价格,除特殊情况外,价格随行就市。

计划内煤款回收由公司财务处采取托收承付的方式。计划外煤款,驻外机构销售的煤炭采取先发煤后付款政策,其余均要先付款而后发煤,款项要汇到财务处统一账户。

1993年4月,成立大屯煤电公司销售总公司,与运销处合署办公。销售总公司设立财务结算部,负责公司四座矿、选煤厂除地销煤外的煤炭销售结算,统一收款,统一结算。

1993年,煤炭市场放开,煤炭价格逐步由计划价格过渡到市场价格,除精煤仍按灰分计价外,其余煤炭品种均按发热量计价。公司设价格管理委员会,负责煤炭价格政策制定。运销处根据市场变化,提出调整煤炭销售价格及政策的建议,报公司价格管理委员会审批后执行,销售总公司负责煤款结算回款。

1997—1999年,是煤炭销售困难时期。至1999年末,煤炭应收账款近3亿元。为减少欠款,公司成立由运销、财务、法律等部门组成的专门煤款清欠小组,通过追讨、以物抵债、法律诉讼、坏账核销等方式逐步清理陈欠款。至2007年底,所有陈欠款均清理完毕。

2002年,由上海大屯能源股份有限公司运销部财务统一外销煤款结算。

2003年,运销部更名为煤炭贸易部。煤炭价格调整由公司价格委员会制定,煤炭销售价格需上调时,由煤炭贸易部价格领导小组研究决定后执行,可不经公司价格委员会审定。公司经营管理部、监察审计部、财务部等部门对煤炭价格执行情况进行监督、检查。由煤炭贸易部财务科对四座矿及选煤厂之间的内部计价和外销煤款进行结算。

2008年,公司成立江苏大屯煤炭贸易有限公司,与煤炭贸易部合署办公,负责煤炭对外销售、外购电煤业务。煤炭贸易部负责四座矿入洗原煤、电厂用煤调配、煤炭副产品综合利用等内部销售结算业务。

2011年底,煤炭价格及销售政策的调整由公司价格委员会统一制定。

2012下半年至2015年,煤炭行情持续下滑,销售困难。公司启动"一事一议"销售政策,回款期延长,应收账款持续增加,到2015年底达3.45亿元。公司于2016年、2017年连续出台应收账款专项清收考核办法,建立落实催收责任制度,责任到人。至2019年4月份,逾期应收煤款全部清收。

2018年11月,公司安排江苏大屯煤炭贸易有限公司,配合中煤能源南京公司负责上海能源本部煤炭外销、外购电煤、煤炭货款回收工作。

2008—2020年,煤款结算分为内部结算与外部结算两种情况。

内部结算主要指上海能源江苏分公司内部四座矿、选煤厂和煤炭贸易公司等内部单位之间的结算业务。将自产煤销售给自备电厂和选煤厂,并通过内部银行划收煤款。上海能源江苏分公司将自产商品煤销售给煤炭贸易公司,并开具增值税专用发票,实现销售。

外部结算的最终用户为外部客户,分为两种结算模式:一是煤炭贸易公司将采购的自产煤直接销售给外部客户,并开具增值税专用发票;二是煤炭贸易公司将采购的煤炭销售给上海能源公司并开具增值税专用发票,再由上海能源公司对外销售。

内部销售情况下,对于四座矿入洗原煤及自备电厂用煤,煤炭贸易公司每月通过核对煤炭数量、煤炭质量、收货方、结算价格等信息,确认销售,进行结算。

外部销售情况下,对于经铁路发运煤炭的结算,煤炭贸易公司每月通过相关部门提供的铁路货票(运费发票)、发运数量、煤质化验单、客户信息、结算价格等相关资料,结算并开具增值税专用发票,同时对客户来款及时入账并反馈。煤炭发运后,运输费用先由煤炭贸易公司代垫,待结算完毕后,连同煤款一并确认为各客户的应收账款向客户收取。

对于客户从港口发运煤炭的结算,财务部门每月以港口所在地的质检部门所出具的煤质化验报告以及港方出具的装船单,经销售部门审核无误后,结合客户信息等其他资料,按照销售部门提供的价格进行结算。对各个港口费用的结算,按照港方及质检部门与煤炭贸易公司签订的有关协议,经销售部门核对无误后,统一通过银行支付。

外购电煤情况下,按供、需、用三方协商的原则,首先由自备电厂确定用煤计划,再由煤炭贸易公司向供应方采购煤炭,直接运输至电厂,就煤炭销售发票及运输发票、煤质化验单,核对煤炭数量、煤炭质量、结算价格等确认采购货款。

第七节　信息化建设

1986年起,公司煤炭运销部门一直高度重视信息化系统的建设,从自学编程建设信息系统到与国际知名公司合作建设,一直走在全国煤炭行业的前列,使煤炭的销售、发运和质量等系统管理更加科学、及时、精准。

一、信息化管理软件建设

1986年,运销处相关业务人员自学DBASEⅢ数据库及编程,建设单机运销业务系统,该系统包括销售、调运、煤质、煤炭结算。此后,该系统在使用的过程中不断完善和优化。

1997年,运销处与中国矿业大学合作,在Microsoft Windows和Microsoft Windows 95平台上利用MS Back Office建设客户/服务器系统,使用了Access数据库和当时先进的SQL Server,引用业务流程的概念,对原有的业务流程进行优化和梳理。该系统涵盖业务的全流程,包括五个子系统:一是销售子系统,由合同管理、销售计划管理、地销管理、客户管理、煤价管理、市场管理等组成;二是调运子系统,由要车计划、计划变更、运销安排、调运记录、产销存、综合查询、统计报表等组成;三是煤质子系统,由采制化管理、矿井生产质量管理、商品煤质量管理、综合查询、统计报表等组成;四是财务子系统,由开票系统、增值税系统、来款核算、应收账款核算、划矿核算、冲减应收账款、账务与报表、账龄分析等模块组成；五是综合统计查询子系统，由当日快报、本月情况、综合资料、图形制导查询等模块组成。该系统的开发为后来的煤炭运销信息系统建设起到了奠基石的作用。

2003年，公司与金蝶软件公司联合开发运销ERP信息系统，基于局域网、广域网范围的企业管理解决方案，它严格遵循微软Windows DNA框架结构，以三层结构技术为基石，结合先进的Web技术实现真正的分布式网络计算架构，从应用上将单一主体的会计核算转变成群体的财务管理，从分散的部门管理变为一体化的企业管理解决方案。面向煤炭企业运作的整个流程设计，以生产、计划、销售、调运、煤质、财务结算流程为核心，辅助以权限管理、工作流审批，通过进程管理贯穿全部业务范围，实现业务人员对业务工作的全面管理。以最合理的业务流程为出发点，兼顾煤炭企业的现行管理体制，做到既符合煤炭企业的实际状况，又保持一定的先进性，还能够适应企业采用严格的ISO标准管理方法的要求。

2010年，煤炭贸易部开发《大屯矿区煤质检测和实时数据分析综合管理系统》，系统包括服务器端和客户端两部分。涉及化验室运行管理中的人、机、料、法、环管理要素，涉及化验室30多项化验数据的录入及上传，涉及化验任务书的下达、化验数据的综合采集、统计、汇总、导出、打印等，功能齐全，运作自如。

2010年，根据中煤集团安排，公司与埃森哲(中国)有限公司合作开发"大屯公司煤炭销售综合信息管理系统"，在尽可能利用Oracle标准模块的基础上进行约40%的定制化开发，既优化当时的业务流程、又满足个性化的实际需要。系统涵盖煤炭销售全业务流程，实现无纸化办公。系统包括：煤炭销售、发运、煤炭贸易、煤质管理、结算管理等。系统实现销售发运过程中的煤款预警，做到欠款不销售，保证应收账款的安全。系统实现铁路货票的计算机开票，有效减轻岗位人员的工作量。系统还开发出金税接口，开具的应收发票可以从ERP传递到金税系统，在金税接口打印增值税发票。

二、计算机网络建设

1997年，运销处建设部门局域网，公司姚桥煤矿、徐庄煤矿、孔庄煤矿、龙东煤矿和选煤厂运销部门及驻外机构利用电话网通过调制解调器连接，实现运销煤质系统办公网络化，软硬件系统均由部门自己管理。在后续的网络建设升级过程中一直坚持相对独立且又与公司局域网及外网相对隔离的模式，以保证系统的安全运行。

2013年10月，煤炭贸易部办公地点迁入公司研发中心，统一公司局域网办公，部门原用局域网关闭。

由于煤质化验部门办公场所相对独立，1997年在建设运销处部门局域网的同时，单独建立起煤质化验网络管理系统，隔离安全运行，各类化验仪器的数据自动上传到服务器。该网络管理系统经过不断补充完善，一直沿用。

第五篇

电 力

Dianli

电力产业是公司的重要产业板块,大屯人在煤炭行业首创"煤电运"综合经营模式,摸索出了一套煤电联营的经验。

1990年8月,发电厂3号机组扩建工程破土动工,1992年5月并网发电,矿区电力装机容量达到135兆瓦,拉开了矿区电力二次开发建设的序幕。

20世纪90年代初,电力市场第一次出现供大于求的局面,1995年国家出台政策,关停小机组。公司开始寻求新的战略定位,发展壮大电力,组建成立电业分公司,作出全力推进发电厂技改工作的部署,初步形成发、供、销一体化的综合运营模式,增强了抵御市场风险的能力。

进入21世纪,公司电力板块贯彻落实煤电铝运发展战略,以科技创新为引领,一手抓发电,一手抓技改。有着全国第一批135兆瓦级循环流化床锅炉之称的6、7号机组分别于2003年12月、2005年3月投产发电。2006年9月,公司矸石热电厂资源综合利用型4、5号机组和热电联产型8、9号机组全部并网发电,用来消耗煤炭生产过程中的煤矸石、煤泥等副产品,产生洁净能源。2008年12月,1、2号机组技改工程项目竣工后,矿区自备机组发电能力由原来的80兆瓦增加到499兆瓦,发电量从最初的1.1亿千瓦·时/年,攀升至27.7亿千瓦·时/年。既保证了矿区生产用电、生活用电、供热和转供电的需要,也为地方经济发展做出了贡献,煤电一体化优势和经济效益明显。

"十三五"初期,公司加快售电侧改革试点推进,推动煤电产业转型升级。江苏大屯电热有限公司注册成立后,2018年11月28日获得国家能源局江苏监管办公室(以下简称"江苏省能监办")颁发的电力业务许可证(供电类)。大屯作为非电网企业,成为江苏省第一家获得售配电业务许可证的公司,对售配电领域有了新的规划和部署,业务开始向售电领域延伸。

2019年,公司提出了"整合发电、做强供暖、做优运维、做大售电、尝试储能"的电力板块发展思路,以优化和整合电力业务为契机,增强电力运维等业务拓展能力。2台135兆瓦机组及4台小机组全部关停,2×350兆瓦热电联产机组正式进入商业运行。矿区电力产业初步形成"发—供—售—运维"综合发展的新模式,为公司实现高质量转型发展和"五型"新大屯建设提供有力保障。

第一章 电 力 生 产

第一节 电 热 公 司

一、沿革

电热公司前身发电厂始建于 1970 年 9 月,位于姚桥煤矿东部,东邻昭阳湖和微山湖间的拦湖大坝,距姚桥煤矿 3 千米,厂矿间有铁路专用线连接。属于煤矿坑口自备电厂性质。1、2 号机组为 40 兆瓦纯凝式汽轮发电机组,1970 年 11 月 17 日开工建设,分别于 1971 年 12 月 26 日和 1972 年 12 月 26 日并网发电。

1990 年 8 月 11 日,发电厂 3 号机组扩建工程破土动工,1992 年 5 月并网发电。

1996 年 3 月 5 日,发电厂和电业处合并,成立电业分公司。实行发电、供电、售电一体化经营管理模式,主营发电、供电,并承担公司供电管理职能及周边地区部分转供电业务。

1998 年 4 月,大屯矸石热电厂筹建处划归电业分公司。同年 8 月,4、5 号机组正式开工,2000 年 10 月投产。

2002 年 2 月,第一台 135 兆瓦机组 6 号机组开工建设,2003 年 12 月投产发电。

2003 年 9 月,第二台 135 兆瓦机组 7 号机组开工建设,2005 年 3 月投产发电。

2005 年 5 月,电业分公司被上海大屯能源股份有限公司收购,更名为上海能源发电厂。

2005 年 9 月,大屯矸石热电厂 8、9 号机组开工建设,相继于 2006 年 8 月、9 月并网发电。

2006 年 5 月,发电厂新 1、2 号机组技改建设项目启动。2008 年 11—12 月,新 1、2 号机组通过试运行并交付生产。

2010 年 8 月,为配合公司筹建 2×350 兆瓦热电联产综合利用项目,发电厂 3 号机组拆除。

2014 年 6 月,为加快推进 2 台 350 兆瓦机组建设,发电厂与 2×350 兆瓦热电项目筹建处合署办公。

2015 年 7 月,以发电检修分场、热电检修分场、生产技术科、教育培训中心为基础,筹备成立上海能源电力技术中心,与发电厂合署办公。同年 7 月,成立发电一分厂(原发电厂)、发电二分厂(原矸石热电厂)。

2016 年 9 月 2 日,注册成立江苏大屯电热有限公司,开始进行存量配电网企业供电业务资质政策研究,逐步完善资料,推进售电资质获取工作。

2018 年 6 月,电热公司完成电力技术中心发电检修业务及人员向电力工程公司的划转工作。11 月 28 日,获得江苏省能监办颁发的电力业务许可证(供电类)。

2019 年 4—10 月,按照"上大压小"政策,电热公司 2 台 135 兆瓦机组及 4 台小机组全

部关停。12月17日,上海大屯能源股份有限公司发电厂撤销。

截至2020年6月,电热公司下辖1座自备发电厂,装机容量2×60兆瓦。拥有220千伏变电站2座,110千伏变电站4座,35千伏变电站18座。35千伏以上供电线路长度逾200千米,供电变压器总容量390 000千伏安,在册职工520人。负责矿区自备发电生产和矿井供热、直供区内电网运营和供电售电、参与江苏省内电量交易等工作。

电热公司发电运行部外景见图5-1-1。

图5-1-1　电热公司发电运行部外景

二、新建及改扩建

1988年6月18日,总公司批复大屯公司《大屯发电厂扩建工程项目建议书》,同意扩建一台50兆瓦的机组,满足矿区生产、建设用电需要,在可能的情况下对地方电力需求予以支援。该工程为大屯发电厂二期扩建工程暨3号汽轮发电机组建设项目。1990年8月11日开工建设,1992年5月14日完成试运行,5月25日移交生产。

1997年11月,煤炭部下发《关于大屯煤电集团公司煤矸石热电厂初步设计的批复》,批准大屯公司建设2台12兆瓦的抽凝式汽轮发电机组暨4、5号汽轮发电机组(热电联产)。该项目配套3台每小时蒸发量为75吨的循环流化床锅炉。1998年6月正式开工建设。2000年10月14日和20日,2台机组相继完成72+24小时试运行;10月28日,正式移交生产运营。

2001年11月8日、2002年1月24日,国家经贸委相继印发《第二批国家重点技术改造"双高一优"项目导向计划的通知》和《2002年第一批限额以上技术改造新开工项目计划的通知》,大屯公司建设2台135兆瓦机组项目被纳入第二批国家重点技术改造"双高优"项目导向计划,同意公司淘汰建厂初期的2台40兆瓦小发电机组(原1、2号机组),利用生产厂区现有场地新建2台135兆瓦发电机组(6、7号机组),配有当时最新的东方锅炉厂440吨循环流化床锅炉。

2001年12月,第一台135兆瓦机组(6号机组)开始筹备建设,2002年2月该机组开工建设,系中国第一台135兆瓦循环流化床锅炉发电机组。2003年12月,通过验收正式投产发电。2003年9月,第二台135兆瓦机组(7号机组)开工建设,2005年3月通过验收正式投产发电。

2003 年 10 月,委托中机中电设计研究院编制完成 2 台 15 兆瓦机组(8、9 号机组)扩建的可行性研究报告。2005 年 9 月,8、9 号机组正式开工建设,2006 年 8 月,8 号机组并网发电,同年 9 月,9 号机组并网发电。

2006 年 5 月,委托中国水电工程顾问集团有限公司西北勘测设计研究院完成 1、2 号机组技术改造初步设计。在拆除原 1、2 号机组(2×40 兆瓦)次高压机组的场地上,新建 2 台额定出力为 260 吨/小时的高温高压循环流化床锅炉和 2 台额定出力为 60 兆瓦的高压、单缸、单抽凝汽式汽轮机,配备 2 台额定出力为 60 兆瓦的空气冷却式发电机。同月,1、2 号机组技改建设项目正式启动。2008 年 11—12 月,新 1、2 号机组通过试运行并交付生产。

新建机组相继投产后,发电厂装机总容量由 1970 年一期工程时的 80 兆瓦增加到最高 499 兆瓦,是矿区建设初期的 6.1 倍,年自备发电量由建厂初期的 1.1 亿千瓦·时跃升至最高 27.7 亿千瓦·时。1991—2008 年新建机组情况及型号统计见表 5-1-1。

表 5-1-1　1991—2008 年新建机组情况及型号统计表

机组名称	装机容量	汽轮机型号	锅炉型号	发电机型号	机组主要参数
1、2 号机组	60 兆瓦	南京汽轮电机(集团)有限责任公司 C60-8.83/(1.233)型汽轮机	无锡锅炉厂 UG-260/9.8-M2 型循环流化床锅炉	上海汽轮发电机有限公司 QF-60-Ⅱ型发电机	额定功率:60 兆瓦;额定蒸发量:260 吨/小时;额定转速:3 000 转/分钟
3 号机组	50 兆瓦	武汉汽轮发电机厂 52-50-2 型高压凝汽式汽轮机	北京巴布科克威尔科克斯有限公司 BSLWB-220/9.81型高压煤粉锅炉	武汉汽轮发电机厂 QFQ-55-2 发电机	额定功率:50 兆瓦;额定蒸发量:220 吨/小时;额定转速:3 000 转/分钟
4、5 号机组	12 兆瓦	杭州汽轮机厂 C15-4.9/0.98 单缸直联调整抽凝式汽轮机	北京锅炉厂 BG-75/5.29-M "CIR-COFLUID"型循环流化床锅炉	克瓦纳(杭州)发电设备有限公司 QF-J15-2 发电机	额定功率:12 兆瓦;额定蒸发量:75 吨/小时;额定转速:3 000 转/分钟
6、7 号机组	135 兆瓦	上海电气集团股份有限公司 N135-13.24/535/535型高压、一次中间再热、单轴、双缸、双排汽、凝汽式汽轮机	东方锅炉(集团)股份有限公司 DG440/13.7-Ⅱ型亚临界中间再热自然循环汽包炉	济南电机成套设备厂 WX21Z-073LLT型发电机	额定功率:135 兆瓦;额定蒸发量:440 吨/小时;额定转速:3 000 转/分钟
8、9 号机组	15 兆瓦	杭州中能汽轮动力有限公司 C15-4.9/0.98 单缸直联调整抽凝式汽轮机	无锡华光锅炉股份有限公司 EG-75/5.3-M24次高压、中温掺烧煤泥循环流化床锅炉	山东济南发电设备厂 QFW-18-2 空冷发电机	额定功率:15 兆瓦;额定蒸发量:90 吨/小时;额定转速:3 000 转/分钟

三、技改大修

由于建厂初期投运的2台40兆瓦纯凝式汽轮发电机组运行年限长,设备陈旧落后、能耗高,安全运行水平明显下降,电业分公司于1996年开始谋划电力技改事宜。1997年,形成发电机组技改方案调研报告,同年11月向江苏省电力工业局上报1、2号机组技术改造项目申请。2000年以后,电业分公司逐步加大发电技术的研究和创新,利用技改、大修,不断优化发电机组设备和设施,提升各机组的运行稳定性和经济性。

2002年2月16日,3号机组锅炉掺烧煤泥综合利用技术改造工程通过江苏省经济贸易委员会批准立项。6月19日,工程环境评估报告通过徐州市环保局审查。8月16日,项目可研报告通过江苏省经济贸易委员会审查。9月9日,消防设计通过徐州市公安消防支队审查。2003年4月26日,初步设计得到江苏省经济贸易委员会批准。7月,3号机组完成技术改造,历时87天。主要开展锅炉掺烧煤泥综合利用、水膜除尘器更换电除尘、汽轮机调速系统和本体通流部分升级、发电机励磁系统改造等项目,改造后机组容量为55兆瓦、运行稳定性得到较大提高。

2005年9月,实施6号机组技改性大修,历时68天。完成一次风机轴承、锅炉风帽、"J"阀返料、点火通道和返料器回料腿浇注料、密相区水冷壁喷涂、气力除灰系统及双曲线原煤仓、锅炉中心筒改造等大修理项目。改造后机组连续稳定运行3个月以上,处于同类型循环流化床机组的前列。

2006年3—9月,组织实施0、8、9号锅炉MNS煤泥管道输送系统综合利用改造,增加对洗煤主要副产品煤泥的输送和使用。

2006年4—5月,在吸取6号机组成功技术改造的经验基础上,对7号机组实施技改性大修,历时41天。先后实施双曲线原煤仓、气力除灰系统、冷渣器、锅炉内衬、锅炉中心筒、锅炉水冷壁防磨喷涂层、汽轮机胶球系统、循环水二次滤网等改造项目,并对汽轮发电机进行解体大修。改造后机组安全运行天数超越国内同类型循环流化床机组。

2009年8月,2号机组实施大修。先后开展汽轮机本体大修、锅炉浇注料改造修复、锅炉炉膛内部水冷壁喷涂,1、2号锅炉空压机改造等工作,实现水压试验、锅炉点火、汽轮机冲转、发电机并网"四个一次成功"。

2010年10月,实施1号机组恢复性大修,相继完成汽轮发电机本体大修、抽汽逆止阀大修、电液转换器返厂校验、安全阀校验等项目。

2012年9月,8、9号机组汽轮机凝汽器进行低真空运行技术改造,实现供暖季低真空循环水直供供热模式。

2013年3—11月,4、5号锅炉实施锅炉本体掺烧煤泥改造,有效降低燃煤成本,实现综合利用,提升机组生存能力。

2015年3月,2号机组先后实施汽轮发电机本体大修、锅炉受热面喷涂、锅炉安全阀大修校验、炉膛风管及风帽检查更换、"J"阀风帽技术改造、石灰石系统改造、机端压变及共箱母线改造、发电机空冷器清洗等大修理项目。

2016年2月,实施1号机组大修,完成锅炉受热面喷涂、锅炉浇注料技术改造、空气预热器改造、安全阀大修及校验、炉膛风管及风帽改造、一次风及二次风系统非金属膨胀节改造、锅炉内检及压力容器检验、电除尘输灰管道等检修改造项目。

2017年12月—2018年4月,6、7号机组锅炉实施超低排放环保改造。改造后均达到环保超低排放标准要求。

2018年10月—2019年5月,1、2号机组锅炉实施超低排放改造,二氧化硫、氮氧化物、粉尘等主要污染物指标满足环保超低排放标准要求。

四、发电

1991年,发电厂自备机组为建厂初期投运的原1、2号机组(2×40兆瓦)。按照专业设置汽化、电热、锅炉、燃料、修配五大分场,其中汽化、电热、锅炉、燃料分场下设运行和检修班组。在生产厂长和总工程师领导下,建立以值长为首的生产现场指挥系统。现场运行由值长统一指挥,汽机、锅炉、电气、化学、燃料运行班长负责各自设备的安全可靠运行。运行岗位设置4个倒班值,实行"四值三运"模式,即把全体运行人员按专业分为4个运行班组,按照编排的顺序依次轮流值班。

1992—1995年,发电厂多次修订完善成套的运行管理制度、工作流程及岗位责任制,明确各岗位职责、权限、内容、数量、质量以及应承担的责任,出台相应的考核及奖惩管理办法。先后在运行岗位开展综合小指标竞赛、争创青年文明号生产线竞赛、节油、节煤、千次操作无差错竞赛等活动,认真做好节约汽耗、降低煤耗、减少油耗工作,降低单位成本。检修人员贯彻"预防为主、计划检修"的方针,坚持"应修必修、修必修好"和"质量第一"的原则,利用夜班用电负荷低谷、机组调峰时段进行设备及时消缺,强化设备维护,加强每日发电量管理,产生了良好的经济效益。

1996年,公司实施机构重组改革,成立电业分公司,作出全力推进发电厂技改工作部署。

1997年,大屯技改筹建处成立,按照公司构建"煤电铝运"战略部署,把热电联产机组纳入技改筹建计划。

1998年8月,随着4、5号机组正式开工,大屯电业新一轮升级改造加快推进。2000年10月,4、5号机组投产。

2003—2005年,2台135兆瓦机组6、7号机组相继投产。电业分公司下发《发电生产车间体制改革实施方案与办法》,撤销汽化、电热、锅炉、燃料、修配五大分场及值长室,划分合并设置为检修分场、运行分场。矸石热电厂发电生产延续检修分场与运行分场管理体系。

2005年9月,矸石热电厂8、9号机组开工建设,相继于2006年8月、9月并网发电。既补充了矿区电力不足,又消耗掉煤矸石、煤泥等副产品,产生洁净能源。

2007年,6、7号机组连续运行天数均超过130天,达到国内同类型机组连续安全运行先进水平。

2008年,2台60兆瓦的1、2号机组实施康复性大修后,如期并网投运。

2009—2014年,电网升级改造工作相继展开,保证了矿区生产、生活用电和转供电业务的需要。

2015年,发电厂以专业化管理为目标成立一分厂、二分厂,并落实管理职责。对电力调度中心和配网调度室进行业务整合,强化机组运行方式调整,提高机组负荷率。6号机组自2015年3月10日并网发电,至9月11日用电晚高峰后计划停机,累计发电4.95亿千瓦·时,创造连续安全稳定运行186天的历史纪录。

2016年9月,电热公司成立后,不断加大电力营销工作力度,全年自备机组外送江苏电网电量8.48亿千瓦·时,完成新价转供电量2.89亿千瓦·时。

2018年6月,6号机组连续运行271天,创造发电厂135兆瓦机组运行周期新纪录,累计发电6.6亿千瓦·时,完成地方新价转供电量6.12亿千瓦·时,再创历史新高。受2×350兆瓦机组接产人员选拔抽调影响,原有"五值三运"调整为"四值三运"模式。

2019年,电热公司根据"上大压小"政策要求,自备机组按期完成关停。一分厂2台135兆瓦机组分别于4月17日和10月31日解列停机,二分厂4、5、8、9号机组分别于10月2日和10月4日解列停机。机组停役过程实现"安全、平稳、有序",对电网和用户无重大影响。12月25日,江苏省发改委专家组现场进行核查,认为处置结果符合机组关停认定条件。

同年12月,上海大屯能源股份有限公司发电厂撤销,原一分厂运行分场更名发电运行部划归电热公司管理,运行人员实行"五值三运"模式。1、2号机组(2×60兆瓦)由发电运行部职工负责日常巡查、点检、运行操作,日常检修委托电力工程公司负责。自备机组发电平均利用小时保持高水平,累计(加权)平均利用小时数为6 507小时,大幅超过江苏省发电机组数据。

1991年至2020年6月各机组发电生产情况统计详见表5-1-2。

表5-1-2　1991年至2020年6月各机组发电生产情况统计表

时间	1,2号机组发电量/(亿千瓦·时)	3号机组发电量/(亿千瓦·时)	4,5号机组发电量/(亿千瓦·时)	6,7号机组发电量/(亿千瓦·时)	8,9号机组发电量/(亿千瓦·时)	合计发电量/(亿千瓦·时)	供电量/(亿千瓦·时)	装机容量/兆瓦	设备平均利用小时数/小时
1991年	4.917 4					4.917 4	4.511 2	8.0	6 147
1992年	4.938 7	1.176 2				6.114 9	5.554 4	11.2	5 460
1993年	4.749 5	2.666 7				7.416 2	6.729 1	13.5	5 493
1994年	4.843 6	3.540 0				8.383 6	7.612 9	13.5	6 210
1995年	4.914 5	3.456 1				8.370 6	7.605 4	13.5	6 200
1996年	4.750 9	2.858 7				7.609 6	6.889 3	13.5	5 637
1997年	4.125 1	3.008 8				7.133 9	6.413 4	13.5	5 284
1998年	4.244 3	2.513 2				6.757 5	6.069 5	13.5	5 006
1999年	4.473 8	2.281 7				6.755 5	6.069 7	13.5	5 004
2000年	4.814 6	2.286 1	0.137 7			7.238 4	6.590 3	11.6	6 240
2001年	5.107 0	2.476 3	1.059 7			8.643 0	7.698 1	15.9	5 436
2002年	5.350 8	2.711 1	1.730 0			9.791 9	8.705 8	15.9	6 158
2003年	6.121 8	2.745 8	1.836 0	0.274 8		10.978 4	9.856 3	15.9	6 905
2004年	5.483 0	4.111 6	1.936 7	4.305 5		15.836 8	14.255 6	29.4	5 387
2005年	2.739 9	3.612 7	1.828 1	12.321 2		20.501 9	18.178 8	39.8	5 151
2006年	0	3.538 5	1.698 2	17.327 9	0.047 8	22.612 4	20.395 2	34.9	6 479
2007年	0	2.292 5	1.791 4	17.926 5	1.605 2	23.615 6	21.300 5	36.4	6 488

表 5-1-2(续)

时间	1,2号 机组发电量 /(亿千瓦·时)	3号 机组发电量 /(亿千瓦·时)	4,5号 机组发电量 /(亿千瓦·时)	6,7号 机组发电量 /(亿千瓦·时)	8,9号 机组发电量 /(亿千瓦·时)	合计发电量 /(亿千瓦·时)	供电量 /(亿千瓦·时)	装机容量 /兆瓦	设备平均利用 小时数 /小时
2008 年	0.558 6	2.739 5	1.821 6	16.352 4	1.973 4	23.445 5	21.105 2	37.9	6 186
2009 年	5.823 1	2.123 6	1.959 2	16.066 6	1.769 3	27.741 8	24.711 6	49.9	5 559
2010 年	6.136 2	1.494 8	2.001 9	16.081 4	1.923 0	27.637 3	24.905 4	49.9	5 539
2011 年	6.796 2	0	1.972 1	15.501 1	2.064 0	26.333 4	23.641 8	44.4	5 931
2012 年	6.436 4	0	1.935 7	16.812 1	1.688 7	26.872 9	24.230 8	44.4	6 052
2013 年	5.644 3	0	1.173 8	14.796 8	1.601 5	23.216 4	20.941 8	44.4	5 229
2014 年	5.901 3	0	1.658 8	13.462 9	1.361 2	22.384 2	20.150 1	44.4	5 041
2015 年	5.838 3	0	1.547 6	14.199 1	1.544 2	23.129 2	20.444 4	44.4	5 209
2016 年	5.962 1	0	1.454 6	15.019 5	1.056 1	23.492 3	20.782 0	44.4	5 291
2017 年	7.442 2	0	1.408 3	14.121 2	1.051 0	24.022 7	21.242 0	44.4	5 411
2018 年	6.422 4	0	1.454 5	13.510 2	1.523 9	22.911 0	20.256 7	44.4	5 160
2019 年	6.537 8	0	1.394 6	9.708 2	1.229 5	18.870 1	16.502 7	31.8	5 934
2020 年 1—6 月	3.500 0					3.500 0	3.024 0	12.0	2 917
合计	144.573 8	51.633 9	31.800 5	227.787 4	20.438 8	476.234 4	426.374		

五、供热

由于热电联产具有能源综合利用效率高、节能环保等优势,2000 年以后,电业分公司开始通过新建机组、技改工程等途径加大供热生产,提高供热质量、增加电力供应等综合效益。

2000 年 10 月,电业分公司矸石热电厂 4、5 号机组(额定供热抽汽能力 2×50 吨/小时)投产。

2006 年 12 月,8、9 号机组(额定供热抽汽能力 2×50 吨/小时)投产。

2008 年 11—12 月,发电厂热电机组技改工程 1、2 号机组(额定供热抽汽能力 2×50 吨/小时)相继投产。

2009 年 10 月,发电厂 6、7 号机组(减温减压器容量 80 吨/小时)改造工程完成。以上 8 台机组累计额定供热抽汽能力 380 吨/小时。2009 年末,姚桥煤矿所属 4 台(4×10 吨/小时)、徐庄煤矿所属 3 台(1×20 吨/小时+2×10 吨/小时)SHU 型供热工业锅炉被替代关闭。

2013 年 4 月,发电厂矸石热电厂 8、9 号机组低真空循环水供热改造项目完成。在保证原有供热用户面积基础上,减少机组的冷源热损,新增供热面积 90 万平方米,提高整体热利用率。

发电厂 1、2、6、7 号机组主要承担电业新村、姚桥煤矿工人村、徐庄煤矿工人村、杨屯镇行政服务中心采暖及大屯临港工业园、徐州双丰纺织有限公司、实业公司锚杆厂等部分工业用户的用汽供应。

发电厂 4、5、8、9 号机组主要承担大屯矿区中心区、公司研发中心、新城嘉苑小区采暖及徐州露禾食品有限公司、徐州中大注浆有限公司、实业公司建材厂、大屯铝业公司、选煤中心、铁路管理处等部分工业用户的用汽供应。

2013 年,发电厂完成同大屯铝业公司、选煤中心、实业公司等单位供热协议签订,新增杨屯镇供暖业务,累计完成供热蒸汽量 80.857 万吨。

2014 年,发电厂新增矸石热电厂至公司新城嘉苑小区冬季低真空循环水直供供热业务,累计完成供热蒸汽量 76.118 万吨。

2015 年 1 月,江苏省发改委下发《关于核准中煤大屯热电"上大压小"新建项目的批复》(苏发改能源发〔2015〕114 号),明确发电厂二分厂 4、5、8、9 号机组承担的采暖供热和工业供汽,由公司新建 2×350 兆瓦热电机组接续。

2016 年,电热公司在巩固原有供暖用热用户的同时,积极拓展供热业务,新增中大公司、杨屯镇人民政府两家供暖用户,完成供热蒸汽量 77.9 万吨。

2019 年,公司把《2×350 兆瓦热电项目 1、2 号机组供热管网与配套设施工程》列入2019 年重点工作,由电热公司负责具体实施。

2019 年 1 月 29 日,工程咨询公司编制《热电厂 2×350 兆瓦机组新城区和大屯片区热力管网工程初步设计》。4 月 18 日,中煤建设管理部主持召开初设专业技术评审会议。6 月 27 日通过中煤集团业务办公会审查。6 月 30 日,电热公司 4、5、8、9 号机组停止所有采暖用户及工业用户的供热用汽。同日,2×350 兆瓦热电机组供热管网与配套设施工程项目开工建设。10 月 4 日,完成工程管道水压试验。11 月 20 日,开始对大屯片区、新城嘉苑小区供暖。

2003 年至 2020 年 6 月,各发电机组供热量统计见表 5-1-3。

表 5-1-3　2003 年至 2020 年 6 月各发电机组供热量统计表　　　单位:吉焦

时间	1、2、6、7 号机组	4、5、8、9 号机组	合　计	备注
2003 年	—	548 652	548 652	
2004 年	—	472 851	472 851	
2005 年	—	506 565	506 565	
2006 年	—	465 250	465 250	
2007 年	—	1 017 287	1 017 287	8、9 号机组投入运行
2008 年		1 550 689	1 550 689	
2009 年	647 953	1 581 326	2 229 279	
2010 年	788 030	1 445 585	2 233 615	开始按铁路 2 号生活区内计量端结算
2011 年	617 102	1 451 736	2 068 838	
2012 年	857 457	1 446 965	2 304 422	
2013 年	1 313 912	1 569 015	2 882 927	
2014 年	1 097 711	1 751 313	2 849 024	
2015 年	1 070 240	1 720 932	2 791 172	
2016 年	931 583	1 918 132	2 849 715	开始按徐庄煤矿内计量端结算
2017 年	517 642	1 704 800	2 222 442	开始按姚桥煤矿内计量端结算

表 5-1-3（续）

时间	1、2、6、7 号机组	4、5、8、9 号机组	合　计	备注
2018 年	583 183	1 798 654	2 381 837	
2019 年	615 509	1 157 855	1 773 364	
2020 年 1—6 月	406 387		406 387	1、2 号机组运行

第二节　热　电　厂

一、概况

上海大屯能源股份有限公司热电厂位于江苏省徐州市沛县经济开发区萧何路、汉润路路口，总占地面积 229 777 平方米，其中南侧厂区 48 959 平方米，北侧厂区 180 818 平方米，如图 5-1-2 所示。主要生产设施集中在北厂区。由东至西厂区整体布局为翻车机房、球形煤仓、脱硫除尘设施、锅炉、汽机、主变压器、循环水系统、辅助系统。现有 2 台 350 兆瓦循环流化床超临界发电机组，配套建有脱硫脱硝除尘环保设施。主要燃料来源于公司矿井、选煤厂的低热值煤及洗选副产品，由铁路运输至厂，水源取自微山湖，由管道输送至厂，形成年发电量 31.5 亿千瓦·时，工业供汽及采暖供热量 670 万吉焦生产能力，全厂废水零排放，主要环保技术指标符合超净排放要求。

图 5-1-2　热电厂厂区航拍图

热电厂下设综合管理部、人力资源部、经营管理部、预算管理部、物资管理部、纪委机关、党群工作部、发电运行部、设备管理部、燃料管理部、生产技术部、安全监察部和工程管理部等 13 个部门。截至 2020 年 6 月，热电厂在岗职工 223 名。

二、基本建设

2012 年 4 月 14 日，国家能源局下发《国家能源局关于同意江苏中煤大屯热电"上大压

小"新建项目开展前期工作的复函》(国能电力〔2012〕111 号),同意公司 2 台国产超临界循环流化床机组项目开展前期工作。

2013 年 2 月 22 日,根据中煤集团《转发〈国家能源局关于江苏中煤大屯热电"上大压小"新建项目开展前期工作的复函〉的通知》(中煤股份规〔2012〕268 号)要求,设置公司 2×350 兆瓦"上大压小"热电项目筹建处,负责项目前期工作。

2014 年 6 月 30 日,2×350 兆瓦热电项目筹建处和发电厂合署办公,负责项目前期工作及建设工作。

2015 年 1 月 28 日,江苏省发改委以《江苏省发展改革委关于核准中煤大屯热电"上大压小"新建项目的批复》(苏发改能源发〔2015〕114 号)对项目进行核准。

同年 11 月 3 日,中煤集团下发《关于中煤大屯 2×350 兆瓦"上大压小"新建热电项目初步设计的批复》(中煤股份基建〔2015〕245 号),批复项目概算总资金 337 725 万元,静态投资 321 799 万元(包含建设工程费 94 522 万元,安装工程费 60 494 万元,设备购置费 122 249 万元,其他费用 44 534 万元),建设期贷款利息 12 928 万元,铺底流动资金 2 998 万元。

热电厂 2×350 兆瓦热电项目于 2015 年 8 月 28 日开始桩基施工,2016 年 6 月 15 日开工建设。

2017 年 6 月,根据公司《关于 2×350 兆瓦热电项目筹建处更名为上海大屯能源股份有限公司热电厂的通知》要求,成立上海大屯能源股份有限公司热电厂,负责项目建设工作。

热电厂 2×350 兆瓦热电项目设计单位为华东电力设计院有限公司,监理单位为中南电力项目管理咨询(湖北)有限公司,主要施工单位为:1 号机组由西北电力建设第三工程有限公司承建,2 号机组由山西电力建设有限公司承建,烟囱冷却塔由广东电力工程局有限公司承建,生产辅助由黑龙江省火电第一工程有限公司承建,生活辅助由中煤大屯铁路工程有限公司承建,输煤系统由中煤邯郸设计工程有限公司 EPC 总承包,脱硫脱硝工程由北京国能中电节能环保技术股份有限公司 EPC 总承包。

"十三五"初,2×350 兆瓦热电项目工程进度缓慢。公司通过主动与相关政府部门及供货厂家沟通协商,取得了加快推进项目的支持,被列入江苏省加快推进项目行列,恢复了三大主机设备供货,保证了供货和供图进度。项目建设过程中克服了建材价格上涨、现场管理和外围项目协调难度大等困难,按期完成烟囱封顶、冷却塔筒壁等节点任务,实现了预期目标。1 号机组于 2019 年 1 月 19 日 8 点顺利通过 168 小时满负荷试运行,6 月 9 日正式并网进入商业运行。2 号机组于 2019 年 2 月 11 日正式被国家发改委和能源局确定为煤电应急调峰储备电源机组。5 月 24 日,2 号机组顺利 168 小时试运行。7 月 23 日,作为煤电应急调峰储备电源投入运行。8 月 10 日,作为煤电应急调峰储备电源启动参与江苏电网迎峰度夏。9 月 26 日,正式并网进入商业运行。

三、主设备选型

热电厂 1、2 号汽轮机型号为 CC350/301-24.2/1.2/0.5/566/566、超临界、一次中间再热、单轴、三缸双排汽、具有工业采暖双抽调整抽气的供热机组,由东方电气集团东方汽轮机有限公司制造。采用 9 级抽汽 8 级回热并配备 3 台高压加热器＋1 台除氧器＋4 台低压加热器,最大功率 384.89 兆瓦,蒸汽流量 1 146 吨/小时,工业抽汽流量 359 吨/小时,采暖抽汽流量 150 吨/小时,具备发供电、供暖、工业供汽工作。

热电厂 1、2 号锅炉系东方电气集团东方锅炉有限公司设计制造,型号为 DG1146/25.4-Ⅱ1 超临界参数、一次中间再热、汽冷旋风分离器、平衡通风、炉前给料、单炉膛 M 型布置锅炉,具备循环流化床燃烧技术和超临界参数蒸汽循环的特点,采取新一代循环流化床燃烧技术,得到较高的供电效率、烟气净化效果。

热电厂 1、2 号发电机为东方电机有限公司生产的 QFSN-350-2-20 发电机组,额定容量 412 000 千伏安,额定功率 350 兆瓦,效率保证值 99.00%,三相同步、水—氢—氢冷却方式,即发电机采用定子绕组水内冷、转子绕组氢内冷、定子铁心及其结构件氢气表面冷却,励磁方式为静态励磁。机组为单元布置,由主变压器升压至 220 千伏,经 GIS 开关输入电网。

四、发电供热管理

(一)生产准备

2016 年 7 月,成立 2×350 兆瓦机组生产准备工作小组(接产组),抽调首批集控接产人员 40 人赴上海电力学院进行电厂专业理论基础和专业技术知识培训,后至江苏华美热电有限公司跟班实习及仿真机操作培训。2017 年 3 月—2018 年 3 月,生产准备人员按照接产组分工,选派专业技术骨干收集相关资料数据,全过程参与热电厂 1、2 号机组现场安装调试,编写《运行操作规程》、系统图、操作票。

(二)生产管理

热电厂依据电力行业系统管理规范,机组运行采用集中控制、全能值班、全能管理方式。生产运行实行"五值三运"模式,即把全体运行人员分为五个运行班组,按照编排的顺序依次轮流值班。主要设备由热电厂职工负责运行操作,脱硫脱硝除尘及输煤系统外委电力工程公司负责运行。设备维护采用点检定修管理体制,即热电厂设备维护职工负责设备日常巡查点检,日常检修委托电力工程公司负责,技术部门负责技术支持,安全部门负责安全监督。

(三)生产系统

(1)输煤系统。燃煤通过公司自营铁路运输至翻车机房,采用 2 台 C 型单车翻车机进行卸煤,将来煤运送至储煤场。厂内设置 2 座直径 70 米气膜穹顶圆形煤场,每座贮煤场配置 1 台圆形料场刮板式堆取料机,煤场总储煤量约为 7 万吨,可满足生产约 7 天的耗煤量。

(2)热力系统。在热一次风作用下,将燃料及脱硫剂石灰石均匀送入炉。通过布置在布风板上的风帽使床料流化,并形成向上通过炉膛的气固两相流。从二次风机出来的空气,经空气预热器加热后为燃煤燃烧提供氧量。烟气及其携带的固体粒子离开炉膛,由分离器出口烟道引至尾部竖井烟道再进入电袋除尘器,经湿法电除尘再次除灰后,净烟气进入烟囱排入大气。煤在锅炉内燃烧,将锅炉里的水加热生成过热蒸汽,推动汽轮机转子旋转的机械能,通过联轴器驱动发电机发电。

(3)电气系统。发电机采用东方电机有限公司制造的 QFSN-350-2-20 型机端静态自并励励磁系统。热电厂 220 千伏系统为双母线并排运行,包括屯汪 4E39 开关间隔,1 号主变压器 2601 开关间隔,01 号启动变压器 2001 开关间隔,2 号主变压器 2602 开关间隔,母线压变和避雷器间隔,母联 2610 开关间隔,屯汪 4E40 开关间隔。发动机发出的电能由屯汪 4E39 开关和屯汪 4E40 开关经架空线路送往汪塘变电站接入江苏电网。

(4)水处理系统。原水来自微山湖,预处理采用混合絮凝沉淀处理工艺,经过絮凝反应沉淀池后作为电厂冷却塔补充水。锅炉补给水处理系统采用超滤＋反渗透＋一级除盐和混床的化学除盐处理工艺,经除盐水箱、除盐水泵输送至主厂房。辅助系统设有凝结水精处理、石灰处理系统、工业废水处理系统,确保厂内污水零排放。

（四）供热系统

（1）工业供汽系统。采用母管制,由旋转隔板调节供汽压力,由减温水装置调节温度,汽源来自汽轮机四级抽汽,减温水来自机组凝结水,供汽参数:压力1.2兆帕、温度350摄氏度、流量120吨/小时,经直径820毫米管道,可24小时向沛县经济开发区各工业用户提供蒸汽。2019年9月25日,开始向工业用户供汽,截至2020年6月,完成供汽量16.012 7万吨。

（2）居民供暖系统。来自汽轮机六级抽汽,采用3×50％容量的热网循环泵,2用1备,供暖参数:压力0.8兆帕,出水温度80摄氏度,回水温度50摄氏度,经直径720毫米管道,向沛县城区及矿区居民住户提供冬季供暖。2019年12月1日,开始向沛县城区居民用户供暖。2019—2020年,供暖季完成供热量95.724万吨。

五、主要经济技术指标

2019年,热电厂完成发电量19.78亿千瓦·时,超计划31.87％;实际外销电量18.67亿千瓦·时,超计划36.58％;工业用户供热量9.04万吨,居民用户供热量12.58万吨;综合厂用电率7.88％,比计划降低1.5％;供电标煤耗335克/(千瓦·时),比计划降低3.74％;实现销售收入63 648.47万元;供电单位成本0.367元/(千瓦·时),比计划降低11.78％。

2020年1—6月,热电厂完成发电量12.8亿千瓦·时,工业用户供热量10.935 8万吨,居民用户供热量28.46万吨,综合厂用电率7.5％,供电标煤耗318克/(千瓦·时),供电单位成本0.312元/(千瓦·时),实现销售收入45 975万元,利润1 300万元。

第二章　电网与输变电

第一节　电　网

一、概况

1991年，发电厂1、2号机组主变压器为三绕组变压器，大屯电网以110千伏系统为主网架与系统并网，110千伏侧均与发电厂110千伏母线联络向国网输送电力，35千伏侧与发电厂35千伏母线联络向大屯矿区各厂矿输送电力。拥有发电厂110千伏室外升压站一座，35千伏室内升压站一座。110千伏升压站内两回110千伏母线并列运行，35千伏升压站内两回35千伏母线分排运行。

1992年，大屯110千伏中心区站建成投运，站内110千伏母线接线方式为单母分段带旁母，110千伏一、二段母线并列运行，通过大中791、792两回联络线与发电厂110千伏升压站联络。

1998年，因徐州电网改造需要，110千伏大桃106、大沛107和大丰108线路改变接入方式，新命名大闫874、878与系统并网运行，大五876线路接入沛县五段变电站。

2000—2006年，6台新建机组相继投产。4、5、8、9号机组发电后通过热中391～394四回联络线与110千伏中心区变电站内35千伏母线并网运行。

6、7号机组配套建设220千伏户外升压站，新架设大闫4687、4688两回联络线，通过闫集变与江苏电网并网，架设大铝4929、4930两回220千伏馈线向大屯铝厂供电。期间因沛县地方电网增容，开断大闫874和大五876线路，大闫878线路接入奚阁变电站，新命名大奚878线，作为大屯电网紧急备用联络线路。

2006年10月，新建一座110千伏室内GIS开关站、一座35千伏室内GIS开关站，增建一台220千伏联络变压器。

2007年5月，实现新、老110/35千伏变电站及1、2号联变的无扰切转。同年12月15日，中龙线路技术改造工程完成，实现煤矿双电源供电。

2013年，因沛县地方转供负荷需要，发电厂35千伏母线室馈电线路301线路改送至姚桥煤矿外变电站，命名为大华301线。

2018年4月8日，由于公司2×350兆瓦热电机组建设需要，原220千伏大闫4687、4688两回联络线路双开断环接入汪塘变电站，改为220千伏大汪4687、4688线路与220千伏闫塘4E77、4E78线路。4月19日3时47分，大汪4687开关同期合闸，大屯电网实现双线路并入国网220千伏汪塘变电站运行。

2019年6月，完成110千伏大中791、792线路增容改造。10月，为增加矿区南网供电量，110千伏中心区变电站实施增容改造。

截至 2020 年 6 月,处于国网沛县电网东北部的大屯电网,有 220 千伏变电站 2 座,110 千伏变电站 4 座(其中 2 座是转供用户站),35 千伏变电站 18 座,6 千伏变配电站51 座。供电区域以 35 千伏主干网架为主,向大屯矿区及周边地方企业与居民生活供电。公司本部四对矿井变电站均为双电源进线。

二、内部接线

1992 年,110 千伏中心区站投运,2 台主变压器容量均为 50 000 千伏安,35 千伏母线接线方式为单母分段。110 千伏母线出线两回,791、792 线路连接中心区站 110 千伏母线与发电厂 110 千伏母线,35 千伏母线负荷馈供线七回:334、336、337、338、339、340、341 线,主供孔庄煤矿、大屯水泥厂、中心区企事业单位生产办公及居民生活用电。

2000 年 10 月,电业分公司矸石热电厂 4、5 号机组投运前,110 千伏中心区变电站新增391、392 两回 35 千伏联络线。

2006 年 9 月,110 千伏中心区变电站 35 千伏高压室实施改造,35 千伏母线接线方式改为双母分排。35 千伏母线负荷馈供线增至八回。

同时,发电厂矸石热电分厂 8、9 号机组投运前,110 千伏中心区变电站新增 393、394 两回 35 千伏联络线。

2006 年 10 月,建成首条南、北网备用联络线 35 千伏徐孔 357 线路。

2009 年 9 月,110 千伏中心区变电站 2 台主变压器实施改造,均增容至 63 000 千伏安。

2012 年,35 千伏中龙 321 线路开断,改为中西 321 线路,为大屯电网南、北网联络线路。

2015 年,为满足转供用户需要,110 千伏中心区站建成投运两回 793、794 线路。同年12 月,徐庄 35 千伏变电站 6 千伏转供用户切转至徐庄 35 千伏矿外变电站,323 线路实现向徐庄 35 千伏矿外变电站直供,矿井安全供电得到有效保障。

2016 年 3 月,西部 35 千伏变电站新增 332 线路。

2019 年 10 月,发电厂小机组关停后,110 千伏中心区站与二分厂四回联络线只维持392、393 线运行,391 线热备用,394 出线电缆开断。同月,35 千伏徐庄西风井变电站投运前,T394 开关改接入 35 千伏徐庄西风井变电站。

截至 2020 年 6 月,发电厂 220 千伏、110 千伏、35 千伏均为双母线接线方式。220 千伏母线出线四回,其中两回 4687、4688 线为电厂—汪塘变联络线,两回 4929、4930 线为大屯铝厂变电站馈供线。110 千伏出线三回,其中两回 791、792 线为电厂—大屯中心区变电站的联络线,一回 878 线为电厂—奚阁变电站备用联络线。35 千伏母线馈供线九回,供大屯电网北部姚桥煤矿主井、姚桥煤矿东风井、姚桥煤矿西风井、姚桥煤矿矿外 35 千伏变电站、龙东煤矿 35 千伏变电站、徐庄煤矿主井、徐庄煤矿矿外 35 千伏变电站、沛县中兴 35 千伏变电站、山东省微山县二级坝 35 千伏变电站、山东省鱼台县老砦镇 35 千伏变电站负荷。

第二节　输　电　线　路

1992 年,110 千伏中心区变电站建成投运,公司电网由此分为南北网运行,南网由110 千伏变电站供出,主供孔庄煤矿、中心区生产和生活用电;北网由发电厂供出,主供徐庄煤矿、姚桥煤矿和龙东煤矿生产及生活用电。

1992年9月，由110千伏中心区变电站至35千伏孔庄煤矿变电站的35千伏输电线路中孔336、337线路投运。

1995年10月，由姚桥煤矿35千伏主井变电站至姚桥煤矿35千伏东风井变电站的35千伏输电线路姚东347线路投运。

2007年，对110千伏中心区变电站进行改造，同年末架设一回110千伏中心区变电站至龙东煤矿变电站321线路投运，实现南北网35千伏并网运行。

2012年，110千伏中心区变电站至龙东煤矿35千伏变电站的中龙线321线路开断接入姚桥煤矿35千伏西风井变电站，开断后的线路由姚桥煤矿35千伏西风井变电站345出线开关接入龙东煤矿35千伏变电站，实现环网供电和对龙东煤矿供电，提高煤矿的供电安全性和可靠性。

2015年，由姚桥煤矿35千伏主井变电站至姚桥煤矿35千伏西风井变电站架设一回346线路，与321线路一起作为姚西变电站主供线路。

同年5月，110千伏中心区变电站增设两回110千伏中拓793、中泰794线路。拓中793线路馈供110千伏拓正茂源变电站，中泰793线路馈供110千伏泰鑫变电站。

2018年4月8日，对220千伏大闫4687、4688两条联网线路开断环入汪塘变电站，改为220千伏大汪4687、4688线路与220千伏塘闫4E77、4E78线路。该工程新建杆塔40基，架设电力导线10.8千米，更换通信保护光缆23千米，新架双路通信保护光缆8.4千米。

2019年6月、10月，先后完成110千伏大中791、792线路，中心区变电站110千伏母线增容改造。

2020年4月9日，山东省微山县供电公司申请并开断35千伏孔庄东风井变电站至赵庙354线路。

截至2020年6月，大屯电网有220千伏线路6回，其中4回负责网上输、配电业务，馈供铝厂变电站2回。有110千伏线路6回，大屯电网与江苏电网备用联络线1回，2回为110千伏中心区变电站主供线路，铝板带厂变电站1回，2回为转供电用户自营线路。有35千伏线路35回（其中地方转供电自营线路8回）。6千伏线路40回，主要负责中心区各生产单位、居民生活和地方用户供电。

大屯电网35千伏及以上电压等级的地方用电线路有：301电厂—姚桥矿外、306电厂—微山二级坝、322徐庄主井—大屯电石厂、323徐庄主井—徐庄矿外、326徐庄主井—沛县中兴公司、329龙东—鱼台老砦镇、332西部站—温暖纺织有限公司、334线路110千伏站—大屯水泥厂、793线路110千伏站—拓正茂源及江龙科技公司、794线路110千伏站—宏阳科技公司。

输电线路通过220千伏大闫4687、4688线路与江苏电网并网运行，110千伏大奚878线路作为大屯电网的备用联网通道。除了直供矿区，还向周边地区的沛县五个街道乡镇（大屯街道办事处、汉源街道办事处、沛北开发区、龙固镇、安国镇）、鱼台县老砦镇、微山县的两个乡镇（西平镇、张楼镇）进行供电。

大屯电网输电线路状况见表5-2-1。

表 5-2-1　大屯电网输电线路状况一览表

线路	起止地点	导线型号	铁塔基数	长度/千米	投运时间
301	电厂/华晟	JRLX/F1B-300/30	24	7.90	2004.09
302	电厂/姚桥	LGJ-185	43	4.20	2004.09
303	电厂/姚桥	LGJ-185	42	4.20	2004.09
304	电厂/龙东/T 接姚桥	LGJ-240/185	90	18.00	2009.06
305	电厂/姚东	LGJ-185	19	2.50	2006.12
307	电厂/徐庄	LGJ-240	17	2.65	2009.10
308	电厂/徐庄	LGJ-240	17	2.78	2009.10
309	电厂/龙东	LGJ-185	73	14.90	2007.06
321	110 千伏站/姚西	LGJ-240	31	4.18	2007.11
324	拓特厂/南部站	LGJ-185	11	1.50	1997.02
325	拓特厂/南部站	LGJ-185	11	1.50	1997.02
327	东部站/徐庄西风井	LGJ-240	8	1.10	2017.04
336	110 千伏站/孔庄	LGJ-240	71	12.20	2008.04
337	110 千伏站/孔庄	LGJ-185（JRLX/F1B-185/30）	59	12.00	2016.11
338	110 千伏站/西部站	LGJ-185	7	1.00	2009.10
339	110 千伏站/西部站	LGJ-185	9	1.05	2000.10
340	110 千伏站/南部站	LGJ-185	10	1.03	2006.09
341	110 千伏站/南部站	LGJ-185	10	1.01	2006.09
342	孔庄/孔庄东风井	LGJ-185	18	4.12	2007.06
343	孔庄/孔庄东风井	LGJ-185	18	4.00	2008.10
345	姚西/龙东	LGJ-240	58	10.20	2007.11
346	姚主/姚西	LGJ-120	43	7.00	2015.10
347	姚桥/姚桥东风井	LGJ-185	20	6.00	2007.07
357	徐庄/孔庄	LGJ-185	49	8.10	2006.10
391	110 千伏站/热电厂	LGJ-300	5	1.37	2006.10
392	110 千伏站/热电厂	LGJ-300	5	1.37	2006.10
393	110 千伏站/热电厂	LGJ-300	4	1.20	2006.10
394	110 千伏站/徐庄西风井	LGJ-240	20	3.50	2019.11
791	电厂/110 千伏站	JRLX/F1B-300/30	28	9.00	2019.05
792	电厂/110 千伏站	JRLX/F1B-300/30	30	9.00	2019.05
989	头堡/铝板带	LGJ-400	13	8.00	2018.07
4687	电厂/汪塘	LGJ-400	29	9.00	2018.07
4688	电厂/闫集	LGJ-400	29	9.00	2018.07
4E87	闫集/汪塘	LGJ-400	64	19.20	2018.07
4E88	闫集/汪塘	LGJ-400	64	19.20	2018.07
合计				222.96	

注:以上线路均为铁塔线路,直线塔绝缘子为复合型、耐张塔为悬式瓷横担,一览表内不含 5 条地方转供电自营线路。

第三节 变 电 站

一、6 千伏变电站

公司中心区采用 6 千伏供电系统,主要为中心区范围内的社会单位及居民生活提供电源。由 3 座 35 千伏变电站(东部站、西部站、南部站)引出 16 回 6 千伏线路,对 16 座 6 千伏变电站、35 座箱式变电站供电。

1991 年之前,中心区主要由大量的杆上变压器和建工变压器、三村站、六村 1 号、七村站、八村 1 号、十村站供电。

1997 年,腾飞新村建成后,新建 11 村 6 千伏变电站 3 座及体育场站。

2002 年 5 月,中心区架空线改电缆供电,增加 6 个分支箱、箱式变电站及公园配电站,实现环网供电。

2005 年,颐园新村建成后,增加箱式变电站 8 座。

2006 年 7 月 20 日,申江新村扩建后,增加箱式变电站 3 座,中二配电站,咨询公司箱式变电站,水厂箱式变电站。

2011 年,腾飞新村小高层建成后,增加箱式变电站 2 座,十一村配电站 1 座。

2012 年,团结新村扩建后,增加箱式变电站 3 座。

2013 年,增加五湖箱式变电站和四村箱式变电站。

二、35 千伏变电站

(一)35 千伏东部变电站

1976 年建成投运,主要为机修总厂提供电源。3 回 6 千伏馈出线为中心区东部居民生活及部分单位供电,两回 6 千伏馈出线为地方农业供电。站内设备包括 2 台主变压器,单母线分段运行方式,主变压器容量为 10 000 千伏安。2 回 35 千伏进线 N340、N341 分别来自110 千伏站,2 回 35 千伏出线 N324、N325 给南部站供电。6 千伏出线共 16 回,其中 3 回线路备用,2 回线路连接站内电容器设备。为改善 35 千伏母排放电问题,2017 年 7 月,对35 千伏设备进行更新改造,增加一回出线 N327 供给徐庄煤矿西风井。35 千伏和 6 千伏配电装置室内布置均为单母分段。35 千伏东部变电站主要设备明细见表 5-2-2。

表 5-2-2　35 千伏东部变电站主要设备明细表

名称	型号	制造厂家	数量/台
35 千伏开关柜	KYN61-40.5	中煤电气有限公司	14
6 千伏开关柜	KYN28A-12	上海中发电气(集团)有限公司	22
变压器	SZ9-10000/35	济南志友集团股份有限公司	2
Ⅰ 直流柜	GZDW	国电南京自动化股份有限公司	2
Ⅱ 充馈电柜	MA-STGZDM	陕西四腾科技设备有限公司	2
交流电源屏	GJD-380/220	威海天奥电气设备有限公司	1

表 5-2-2(续)

名称	型号	制造厂家	数量/台
电度表屏	PXR-2000D	西安西瑞控制技术股份有限公司	2
通信屏	SL200	中煤电气有限公司	1
保护屏	SAT31	中煤电气有限公司	6

（二）35 千伏西部变电站

1982 年建成投运,主要为公司中心区选煤厂提供厂用电源,另外提供 8 回 6 千伏馈出线为中心区西北部居民生活及部分单位供电,3 回 6 千伏馈出线为地方农业供电。6 千伏、35 千伏开关均为少油开关。2006 年,将少油开关全部改为真空开关。2010 年 9 月,西部站设备(主变压器、开关)设备更新,真空开关全部改为手车式。2011 年 1 月切转投运,2 台主变压器容量由原来的 6 300 千伏安改造为 20 000 千伏安。35 千伏开关采用金属铠装封闭式组合柜,6 千伏开关采用中置式组合电器。采用单母线分段运行方式,两回 35 千伏进线(338、339 来自 110 千伏变电站),35 千伏出线一回,供地方企业温暖纺织有限公司厂用电。35 千伏及 6 千伏配电装置均室内布置,6 千伏出线 17 回,总负荷约为 15 000 千瓦。35 千伏西部变电站主要设备明细见表 5-2-3。

表 5-2-3　35 千伏西部变电站主要设备明细表

名称	型号	制造厂家	数量/台
1# 变压器	SZ10-20000/35	山东泰开变压器有限公司	1
2# 变压器	SZ10-20000/35	陕西汉中变压器有限公司	1
6 千伏开关柜	KYN28A-12	中煤电气有限公司	30
35 千伏开关柜	KYN61-40.5	上海一开投资(集团)有限公司	10
直流屏 1	HQ-GZDW	西安宏庆电器设备公司	2
直流屏 2	HQ-GZDW	无锡军工电力电器有限公司	2
交流屏	KYD-1	无锡军工电力电器有限公司	1
保护屏	CAN2000H	山东鲁能积成电子股份有限公司	3
事故照明柜	XFEPS-58-A-3kW	上海恒力电源设备有限公司	1

（三）35 千伏南部变电站

1997 年 2 月建成投运,主要为公司中心区南部居民生活及部分单位供电,有三回 6 千伏馈出线为地方农业供电。2 台主变压器,单母线分段运行方式,主变压器容量为 10 000 千伏安,S324、S325 两回 35 千伏进线由东部 35 千伏站提供电源。6 千伏出线共 12 回,其中一回线路备用。2012 年,为增容转地方供电,在老站南 50 米处建成新南部站,老站设备淘汰,同年 12 月切转投运,仍为 2 台主变压器,单母线分段运行方式,每主变压器容量为 20 000 千伏安。6 千伏出线增加为 18 回,12 回投运,6 回备用。35 千伏南部变电站主要设备明细见表 5-2-4。

表 5-2-4　35 千伏南部变电站主要设备明细表

名称	型号	制造厂家	数量/台
6 千伏开关柜	KYN28A-12	中煤电气有限公司	28
6 千伏电容器柜	TK-TBB	山东泰开电力电子有限公司	4
35 千伏开关柜	KYN61-40.5	江苏东源电器集团股份有限公司	8
变压器	SZ11-20000/35	保定天威集团特变电气有限公司	2
远动柜	—	南京南瑞继保电气有限公司	1
交流屏	HL-JLP	鞍山市恒力电气设备制造有限公司	1
电池柜	—	上海恒力电源设备有限公司	2
充电柜	MK-M-100AH/220V	鞍山市恒力电气设备制造有限公司	2
逆变屏	—	鞍山市恒力电气设备制造有限公司	1
保护测控柜	—	南京南瑞继保电气有限公司	3
通信接口柜	—	南京南瑞继保电气有限公司	1

三、110 千伏变电站

（一）110 千伏中心区变电站

1992 年 9 月 18 日,110 千伏中心区变电站建成投运。110 千伏室外高压设备接线方式为单母线分段带旁母,35 千伏设备运行方式为单母线分段运行。T791 进线供 110 千伏 I 段母线,经 T11 开关供 1 号主变压器(50 000 千伏安),供 35 千伏 I 段母线。35 千伏 I 段母线出线有：T337 开关、T339 开关、T341 开关。T792 进线供 110 千伏 II 段母线,经 T12 开关供 2 号主变压器(50 000 千伏安),供 35 千伏 II 段母线。35 千伏 II 段母线出线有：T334 开关、T338 开关、T340 开关、T336 开关。

2000 年 5 月,从电业分公司矸石热电厂接入 T391、T392 两回线路,T391 接入 35 千伏一段母线,T392 接入 35 千伏二段母线。

2006 年 9 月,35 千伏高压室设备改造为厦门 ABB 开关有限公司的 35 千伏 SF6 断路器,增加 T393、T394 两回进线,其母线运行方式为双母线运行。

35 千伏 I 段母线出线有：T337、T339、T341、T321。35 千伏 I 段母线接入进线 T392、T391。

35 千伏 II 段母线出线有：T334、T338、T340、T336。35 千伏 I 段母线接入进线 T393、T394。

2009 年 9 月,1、2 号主变压器增容改造,主变压器容量 63 000 千伏安,为汉中变压器有限责任公司产品。

2013 年 9 月,110 千伏室外高压设备所有闸刀改造为山东泰开有限公司产品。

2015 年 5 月,增加 T793、T794 农用 110 千伏出线,日均为杨屯镇多晶硅产业园及泰鑫特种钢有限公司提供 10 余万千瓦·时供电负荷。

2016 年 5 月,110 千伏母线增容改造。

2019 年 10 月,发电厂小机组关停后,110 千伏中心区变电站与二分厂四回联络线只维持 392、393 线运行,391 线热备用,394 出线电缆开断。同月,35 千伏徐庄西风井变电站投

运前,T394 开关改接入 35 千伏徐庄西风井变电站。

110 千伏中心区变电站作为发电厂一分厂和二分厂的联络站,起到枢纽作用。除为高瓦斯矿井孔庄煤矿供电外,3 座 35 千伏变电站及其出线为 51 座 6 千伏变配电站输送电能,为中心区各企事业单位提供商业和居民生活用电。110 千伏中心区变电站主要设备明细见表 5-2-5。

表 5-2-5　110 千伏中心区变电站主要设备明细表

名称	型号	制造厂家	数量/台
变压器	SZ10-63000/35	陕西汉中变压器有限责任公司	2
主变压器 110 千伏开关	LW36-126/3150-40	西安高压电器研究院有限责任公司	2
110 千伏进线及母联开关	LW35-126	河南平高电气股份有限公司	3
110 千伏出线开关	LW30-126	山东泰开高压开关有限公司	2
110 千伏闸刀	GW4-126DW/2000	山东泰开隔离开关有限公司	24
35 千伏开关柜	ZX2	厦门 ABB 开关有限公司	17
直流屏	M-F-M-10MX2/220U	上海恒力电源设备有限公司	5
电度表屏	GDSSD-01	国电南京自动化股份有限公司	1
1#主变压器保护屏	GDST620-1101	国电南京自动化股份有限公司	1
2#主变压器保护屏	GDST620-1101	国电南京自动化股份有限公司	1
110 千伏母线保护屏	GPSR661-1102	国电南京自动化股份有限公司	1
T791、T792 线路及公用测控柜	GSGB750-B11AG	国电南京自动化股份有限公司	1
T151 母线及 110 千伏电压切换柜	GPSL621C-1101	国电南京自动化股份有限公司	1
线路主变压器导波测距装置	—	南京银山电子有限公司	1
应急电源柜	XF EPS-58-A-5KW	上海恒力电源设备有限公司	1
线路保护柜	PRCKG03	南京南瑞继保电气有限公司	1
站用柜		南京南瑞继保电气有限公司	1
公用测控柜	PRCKG03	南京南瑞继保电气有限公司	1
总控柜	PRCK905	南京南瑞继保电气有限公司	1

（二）110 千伏铝板带变电站

2010 年 11 月 10 日,110 千伏铝板带变电站投入运行,为两回 110 千伏进线提供电源。Ⅰ段电源为 988 线路,Ⅱ段电源 989 线路,2 台主变压器容量为 31 500 千伏安,下辖 12 回 10 千伏出线,为铝板带厂提供生产和生活用电。

110 千伏设备采用全封闭组合电器(GIS)系统,10 千伏开关为 ZN139-13 型真空开关(永磁)。站内综合自动化系统采用国电南京自动化股份有限公司的保护系统。铝板带 110 千伏变电站开关线路操作调度权限为中调管辖,10 千伏开关线路操作调度权限为大屯电调管辖。

2018 年 4 月 1 日,110 千伏铝板带变电站从铝板带厂划归发电厂送变电工区管理。

2019 年 12 月 19 日,发电厂送变电工区铝板带变电站变更为电热公司铝板带变电站。110 千伏铝板带变电站主要设备明细见表 5-2-6。

表 5-2-6 110 千伏铝板带变电站主要设备明细表

名称	型号	制造厂家	数量/台
10 千伏所用变开关柜	KYN28A-12	江苏南自通华电气集团有限公司	2
变压器	SFZ11-31500/110	陕西汉中变压器有限责任公司	2
10 千伏开关柜	HMS12	现代重工(中国)电气有限公司	27
10 千伏电容器补偿装置柜	N-NC-2000-10-6000	江苏南自电效科技有限公司	10
10 千伏消弧线圈柜	MHK-400/10	山东米诺电力科技有限公司	2
110 千伏 GIS 断路器	126SP-1	现代重工(中国)电气有限公司	5

除这 2 座 110 千伏变电站外,大屯电调还管辖 110 千伏拓正茂源变电站、110 千伏泰鑫变电站,站属资产归用电方所有。

四、220 千伏变电站

（一）电厂 220 千伏升压站

电厂 220 千伏升压站是发电厂 2 台 135 兆瓦机组建设配套工程,2002 年 2 月开工建设,2003 年 12 月投用。既用于电厂机组与江苏电网并网、馈供铝厂,也是发电厂 35 千伏系统、110 千伏系统和 220 千伏系统的联络枢纽。电厂 220 千伏升压站投运后,辖有两回 220 千伏母线、2 台 170 000 千伏安升压变压器(6、7 号机主变压器)、1 台 120 000 千伏安三绕组联络变压器(1 号联变)、8 台 220 千伏电压等级 SF6 断路器以及相关配套设备。站内 220 千伏设备均由江苏省调管辖,其中大铝 4929、4930 两台断路器由江苏省调委托徐州地调管辖。2007 年,2 号联变建成使用,配套新增一台 220 千伏断路器,大屯电网安全可靠性得到有效增强。2018 年 4 月,根据公司 2×350 兆瓦热电联供机组建设需要,该站 220 千伏两回与闫集变电站的联络线路双开断环接入汪塘变电站。

（二）220 千伏铝厂变电站

始建于 2002 年,历经两年建设、安装、调试,2004 年 9 月 7 日一次受电成功投入运行。是大屯铝业公司配套建设的用户变电站,主要为电解铝生产提供直流电源及各种生产交流电源。投运后辖有 2 台动力变压器(1、2 号主变压器),一备一用,容量 20 000 千伏安,变压器一次侧输入电压为 220 千伏,二次侧输出电压为 10 千伏,站内配有 10 千伏开关站,供往铝厂内生产用 10 千伏变电站。站内有 4 台整流变压器,容量皆为 84 670 千伏安,配套 4 台整流柜,给电解铝生产提供 230 千伏安直流电源。220 千伏开关室有 9 台 SF6 开关,其中两回进线铝大 4929 开关、4930 开关及母联 2610 开关,受徐州地调调度管辖,其余 6 台 SF6 开关受大屯电调调度管辖。

2017 年,拆除已停用的 1 号整流变压器,在原间隔新安装一台 80 000 千伏安的动力变压器(3 号主变电器),输出 110 千伏电压给铝板带厂交流供电。

2018 年 3 月,220 千伏铝厂站划入发电厂送变电工区管理。

2019 年 12 月 19 日,发电厂送变电工区铝厂变电站变更为电热公司铝厂变电站。220 千伏铝厂变电站主要设备明细见表 5-2-7。

表 5-2-7　220 千伏铝厂变电站主要设备明细表

名称	型号	制造厂家	数量/台
220 千伏断路器	LW31A-252,220K/4000A	上海华通开关厂有限公司	6
220 千伏电流互感器	LVQB-220W2	西安电力机械制造公司苏州销售公司	18
220 千伏压变压器	svs245	上海 MWB 互感器有限公司	12
220 千伏隔离闸刀	GW7-220W/1250A	上海华通开关厂有限公司	14
1、2 号主变压器	s9-20000/220	特变电工股份有限公司新疆变压器厂	2
3 号主变压器	SSZ11-80000/220	山东电力设备有限公司	1
110 千伏 GIS 断路器	ZFW42A-126/T2500-40	山东达驰高压开关有限公司	1
直流柜	GZDW42-2x220	江苏鑫富达集团公司	6
220 千伏保护柜	PRC31A-06	南京南瑞继保工程技术有限公司	6
综合自动化系统	VI-S2000	深圳市汇港科技有限公司	1
通信屏	—	山东鲁能积成电子股份有限公司	1
110 千伏线路保护柜	PRS700 型	长园深瑞继保自动化有限公司	1
综合自动化系统	PRS-700	长园深瑞继保自动化有限公司	1
变压器保护柜	PRSC78	长园深瑞继保自动化有限公司	1
保护辅助柜	PRSC	长园深瑞继保自动化有限公司	1

第三章 电 力 调 度

第一节 调 度 机 构

20世纪90年代初,大屯电网调度机构名称为电力调度室,隶属公司电业处,下设主任、副主任、调度员、继电保护员、远动通信员等电网运行管理人员。1996年3月和2005年5月,电力调度室先后划归电业分公司、发电厂管理。2007年7月,因组织结构优化和人事制度改革需要,原电力调度室、值长组、通信站等部门合并组成电力调度中心,业务范围扩至大屯电网,发电厂机组运行及所涉及的远动、网络、通信有线电视等方面调度管理。2019年12月,电力调度中心划归电热公司,逐步形成组织结构合理、管理职能明确的电网调度管理体系。

电力调度中心遵循"统一调度、分级管理"的原则,依法对大屯电网进行组织、指导和协调,指挥电力系统的运行、操作和事故处理,保证电网安全、可靠、连续供电,使电网最大限度地处于经济运行中。负责发电机组各设备的安全运行、机组发电能力的分配、运行方式制定、机组停复役申请的批复;负责与省调度、市调度、公司调度的联系沟通、汇报、申请;负责确定所辖范围内继电保护及安全自动装置运行方式、确定大屯电网系统中性点接地方式,继电保护定值的计算和实施监督管理;负责通信网络的检查和维护,远动通信、电视、电话、监视设备等系统的检查、检修和故障处理,确保通信畅通,为生产、生活提供通信信息服务等工作。

第二节 调 度 管 理

一、管辖范围

大屯电力调度受江苏省调、徐州中调、大屯公司总调的指挥,是大屯电网和发电机组运行、操作和事故处理的直接指挥机构,对大屯电网和发电机组的安全、稳定、经济运行负责。大屯电力调度有权向管辖范围内的所有生产人员发布调度指令,发出调度指令前需向上级调度汇报。在直接威胁人身或设备安全以及运行规程明确规定的特殊情况下,可先行紧急操作处理,但事后必须迅速逐级汇报。

大屯电力调度管辖范围:大屯电网110千伏大中791、792联络线;发电厂侧35千伏母线、母联开关及35千伏出线开关;1、2号联变35千伏、110千伏侧开关;公司各厂矿所有35千伏设备、相关6千伏设备及辅助设备、二次设备。铝厂220千伏变电站220千伏母线及以下相关设备、铝板带110千伏变电站10千伏母线及以下相关设备;各转供用户变电站包括110千伏拓正茂源变电站、110千伏江龙新能源变电站、110千伏泰鑫变电站;35千伏姚桥矿外变电站、温暖 35 千伏变电站、35 千伏徐庄矿外变电站等。

二、运行管理

电力调度以运行方式管理为重点,严格执行各项规程制度,围绕安全、经济和电能质量不断提高调度管理水平。自发电厂建厂初期,即做好电网日、月、年度运行方式及重大检修、设备投运、节日检修、雷雨天气等特殊环境下运行方式的编制,考虑电网出力裕度,做好事故预想。参与电网建设、调试投运管理及电网规划,加强电能质量、无功及网损管理。对电网内的电力电量进行全系统平衡,并测算系统潮流电压、稳定事宜,编制安全可靠的系统接线方式,确保大屯本部四座煤矿的安全可靠供电。

三、负荷管理

20 世纪 90 年代初,徐州地区只有茅村、韩庄、贾汪、徐塘、大屯等装机容量小的发电厂,徐州电网的用电供需矛盾比较突出,无法满足社会用电的需求。为支援地方经济发展的需求,公司开启自备电厂向地方转供用电的模式。

2000 年以后,随着公司和地方经济的发展,矿区的用电负荷大幅上升。电力调度严格执行用电计划制度,实行"谁超限谁"的原则,对转供负荷实施拉闸限电措施。同时,为缓解用户用电限制,与江苏省电力公司协调,争取更多发电量,每日按照发电曲线控制机组出力,保障不出现倒送电考核。

2014 年 3 月,大屯铝业公司关停后,为保障煤矿安全生产和大屯电网运行安全,经与江苏省电力公司沟通协调,合理安排机组运行方式,在满足自用及转供的基础上,多余发电量可以上网,提高了能源利用效率和企业经济效益。

2019 年,发电厂先后关闭 6 台自备机组,只剩下 1、2 号机组(2×60 兆瓦)运行,大屯矿区用电和地方转供负荷需求出现缺口。电力调度严格加强管理,保障机组长周期安全稳定运行,协调受进电量,促进电力资源的优化配置,保证电网的安全、稳定、经济运行和可靠有序供电,实现并网运行各方利益最大化。

四、继电保护和自动装置

继电保护和安全自动装置是避免电网事故扩大和防止电气设备损坏不可或缺的技术手段。20 世纪 90 年代,大屯电网中的继电保护配置主要以晶体管保护、电磁型保护为主,在110 千伏电压等级的主要线路上配置高频闭锁距离保护和零序保护,线路采用三相重合闸。2003 年,新建 2 台 135 兆瓦机组,220 千伏母线保护采用 WMZ-41A 微机保护装置,大汪4687、4688 和大铝 4929、4930 线路采用南瑞 RCS-931A 型微机光纤分相差动保护和南自PSL602A 型微机光纤分相差动保护。2007 年,新建 110 千伏 GIS 母线室和 35 千伏 GIS 母线室,110 千伏母线保护采用 RCS-915 型母线保护装置和 RCS-9611B-CD 型充电保护,110 千伏线路采用 RCS-941A 型和 RCS-943A 型两种保护装置,35 千伏线路采用 RCS-9612B 型保护装置。

第三节　调度自动化及通信系统

一、调度自动化

1990年,大屯电网采用烟台东方电子DF-8000系统,为第一代板机设计的调度自动化系统。该系统具有接收大屯电网35千伏姚桥主井变电站、姚桥煤矿西风井变电站、龙东煤矿变电站、徐庄煤矿变电站、东部变电站、西部变电站、南部变电站以及发电厂RTU数据和转发、上盘、显示、监视功能,实现数据处理、图像形成、记录打印、报表打印、越限告警、事故追忆等功能,为调度提供大屯电网实时运行情况的画面(潮流图、功率、系统频率、电压等)。

2003年,配套220千伏电网系统采用上海惠安RTU设备。

2004年,在DF-8000系统的基础上升级到DF-8900系统分布式的调度自动化系统,信息的传输主要为101/104规约。

2009年,对RTU进行升级,新增一台RTU,实现双机热备。大屯电力调度数据网原清华同方ATM设备由Cisco3800替代,操作系统升级至2003Sever。同年,与国网江苏省电力公司调度平台开展通信业务,实现负荷计划曲线上报、电网和机组检修管理、各类报表管理等功能。

2019年,鉴于DF-8900系统已不能满足大屯电网的自动化需求,为扩大实时信息量的采集、改造和新建通信通道,发电厂调度自动化系统实施改造,开始使用积成电子iES700系统。对数据交换格式、数据传输处理、配网自动化及网络拓扑、状态估计、调度员潮流、负荷预计等进行优化。

同年12月,大屯电网完成中心区35千伏东部变电站、35千伏西部变电站、35千伏南部变电站、110千伏铝板带变电站、220千伏铝厂变电站综合自动化系统改造,计算机综合监控系统投入使用。

二、通信系统

（一）电网通信部分

2007年,大屯35千伏电网架设OPGW通信光缆,大屯电网内部通信通道形成,电网通信、保护的灵敏性、可靠性有效提升。同年,引进杭州NEC、EVM光端机设备、上海朗讯SDH与PCM设备,实施远动通信业务分离,实现遥测、遥信、遥控、遥调、遥视功能。

2019年12月,初步建成覆盖110千伏中心站、铝板带站,35千伏西部站、东部站、南部站,220千伏铝厂站的SDH专有光纤网络,引进网管、GPS同步时钟等先进的信息支撑网技术,形成电力调度、自动化信息传输、生产建设、营运、管理等业务信息传输的综合信息网络,稳步提高矿区电力通信网运行管理水平。

（二）电厂通信部分

1990—2000年,大屯电力通信网以音频、载波、模拟微波等通信方式为主,实现电力调度通信、继电保护通道和遥信、遥测等基本功能。

2003年末,电业分公司220千伏升压站建成。大屯电网利用朗讯8M光端机和PCM复接设备,开通了至江苏省电网第一条光纤通道。实现以光纤通信为主,数字微波、载波和

程控交换多种通信方式并存的通信网络构架。

2009年起,发电厂逐步和江苏省内直辖电厂同步进行二次系统安全防护改造,依次完成双平面改造、安全分区、系统加固、防恶意代码、防入侵控制等工作。

2010年,为确保通信网络通道畅通和安全,增设二平面光纤通信通道。

2014年,大屯电力通信网陆续淘汰老旧设备和国外设备,更新为华为产品,实现涉网设备国产化。

2019年12月,初步建成覆盖110千伏中心站、铝板带站,35千伏西部站、东部站、南部站,220千伏铝厂站的SDH专有光纤网络。

截至2020年6月,大屯电力通信网已初具规模,以高频载波、微波、光纤等通信手段,形成覆盖公司本部四座煤矿、选煤中心、拓特厂及周边转供用户的现代化电力专用通信网。

第四章　供　用　电

第一节　供用电管理

一、运行管理

1991—1996 年,大屯电网供用电设备运行维护由公司电业处管理。主要承担矿区电网调度、供电设备及线路的运行、维修、调试、改造、校验及农村供用电管理职能。各厂矿负责本单位供用电及 6 千伏以下设备的日常管理工作。

1996 年 3 月,电业分公司对变电站实行统一管理。1996—2010 年,先后建成 35 千伏南部变电站、220 千伏铝厂变电站、35 千伏东部变电站(原 35 千伏拓特厂变电站)以及 110 千伏铝板带变电站。

35 千伏以上变电站采用一站一班组管理模式,站内设置运行班组,实行 24 小时值班制度,每班不少于 2 名值班员;中心区 6 千伏站实行巡查制。按照《电力安全工作规程》的管理要求,先后制定变电站运行值班制度、交接班制度、巡回检查制度、设备缺陷管理制度、设备定期试验及轮换等制度。

2000 年,为加强矿区供用电管理,确保安全供用电,公司劳动竞赛委员会组织开展矿区地面变电站流动红旗竞赛,推动和提高各变电站的管理水平。

2010—2019 年,各变电站以"星级班组"、新班组建设为抓手,运用"七大机制",深化班组创建,形成独具特色的变电站班组管理模式。

2020 年,为进一步规范变电站运行管理,电热公司对标电力行业先进管理模式,推行变电站无人值守工作。

截至 2020 年 6 月,电热公司辖有 35 千伏及以上变电站 6 座,变电运行班组 6 个,变电运行职工人数 67 人,归属电热公司供电运行部管理。

二、检修管理

20 世纪 90 年代初,变电检修专业由电业处供电所管辖。1996 年,业务划归电业分公司电气实验室管理。1998 年,成立修试一班、修试二班、修试三班 3 个班组,由变电检修、电气试验、继电保护专业人员组成。2008—2009 年,对修试 3 个班组进行优化调整,成立继保班和修试班。

根据《变压器有载分接开关现场试验导则》(DL/T 265—2012)、《电力变压器检修导则》(DL/T 573—2010)、《变压器分接开关运行维修导则》(DL/T 574—2010)、《电力设备预防性试验规程》(DL/T 596—2015)、《电力系统用蓄电池直流电源装置运行与维护技术规程》(DL/T 724—2018)、《继电保护和电网安全自动装置检验规程》(DL/T 995—2016),供

电生产技术部门先后制定《变压器现场检修技术标准》《电力设备预防性试验现场技术标准》《继电保护现场校验技术标准》《矿区变电站直流系统运行和检修标准》《矿区供电系统变电设备检修现场技术标准》等规程标准,组织开展供用电设备检修、定期维保、试验工作。

按照编制的《矿区供电设备检修计划》,电气实验室以行业规程、国家和企业标准为依据,做好中心区 6 千伏箱式变电站接地电阻测量,每年开展矿区变电站防雷设施预防性试验、接地电阻测量、主变压器、高压断路及附属设备的定期检修、预防性电气试验、继电保护定期校验、设备缺陷处理及事故抢修处理工作。2019 年 12 月,电气实验室更名为供电检修部。

三、增容改造

1992 年 9 月 18 日,110 千伏中心区变电站建成投入运行。1998 年,站内 5 台 110 千伏少油断路器、12 台 35 千伏少油断路器、18 台 110 千伏隔离开关等设备进行解体大修。2005 年,2 台主变压器 110 千伏开关更换为 SF6 断路器。2006 年,35 千伏开关柜更换为厦门 ABB 开关有限公司生产的 SF6 充气绝缘柜。2009 年,变压器单台容量 50 000 千伏安增容至 63 000 千伏安,实现矿区电网南北网并网要求。2012 年,2 台 110 千伏进线开关及 1 台 110 千伏母联开关更换为 SF6 断路器。2015 年,增加 2 台 110 千伏出线间隔。

1996 年,公司在腾飞新村东南角新建一座变电站,1997 年 2 月投运,命名为南部站,变压器容量为 2×10 000 千伏安。2012 年,在天津路路南新建一座变电站,变压器容量为 2×20 000 千伏安,南部站负荷全部切转至新南部站。

2002 年,大屯铝业公司配套建设的 220 千伏铝厂站开工建设,2004 年 9 月 7 日一次受电成功,正式投入运行。

2002 年,中心区用电负荷日趋增加,西部站 2 台变压器由单台容量 6 300 千伏安增容至 10 000 千伏安。

2006 年 10 月,35 千伏东部变电站切转投运,2007 年 4 月 1 日划归发电厂。

2010 年 11 月 10 日,110 千伏铝板带变电站投入运行。

2011 年,西部站 2 台变压器再次增容至 20 000 千伏安。

2018 年 4 月 8 日,220 千伏大闫线路停电改造工作开始。将原大闫 2 条联网线路双开断环入汪塘变后,改为 220 千伏大汪 4687、4688 线路与 220 千伏塘闫 4E77、4E78 线路,新建铁塔 40 基,架设电力导线 10.8 千米,更换通信保护光缆 23 千米,新架双路通信保护光缆 8.4 千米。4 月 19 日,大汪线路顺利实现双线路并网。

2019 年,110 千伏中心站 T791、T792 线路实施增容改造,改造后 T791、T792 双线路并列运行约带 26.8 兆瓦负荷,满足用户负荷需求。

第二节 电量及负荷

大屯电网电力用户主要分三部分:一是企业内部和居民用电;二是江苏省沛县、山东省微山县、鱼台县部分居民和工业企业用电;三是富余电量通过 220 千伏大屯—汪塘双回线路上网,110 千伏大奚 878 线路作为大屯电网的备用联网通道。按照省市电力调度"自备电厂自发自用,负荷零平衡"管理规定,大屯电网电量负荷主要满足公司内部企业用电需求,剩余电量直供地方用电和上网。

一、企业用户

20世纪80年代,大屯电网负责公司六座矿井(其中三河尖煤矿于1987年、张双楼煤矿于1990年移交徐州矿务局)、选煤厂、铁路管理处等单位生产、办公、生活供电。2005年,因产业结构调整,新增投产大屯铝业项目,同期配套投运2×135兆瓦自备机组项目,专供铝业生产使用。2019年底,根据国资委"三供一业"分离移交要求,矿区职工家属用电移交给国网沛县供电公司管理。截至2020年6月,大屯公司企业内主要用电负荷为龙东煤矿、姚桥煤矿、徐庄煤矿、孔庄煤矿、选煤中心、拓特厂、铁路管理处等厂矿生产、办公用电。

二、地方用户

20世纪70年代,公司为配合煤矿建设与生产,同步建设自备电厂与电网。应当时沛县人民政府及各乡镇请求,从支持地方经济发展愿望出发,向周边乡镇进行地方用户直接供电,供电方式由各二级单位根据自身地区情况自行转供。

1996年,《中华人民共和国电力法》《电力供应与使用条例》实施。根据一个地区只能有一个供电营业区要求,大屯供电范围划归沛县供电局。1996—1998年,在江苏省电力公司安排下,大屯公司同徐州(沛县)供电局开始供电营业区的商谈和切转工作,拟将沛县北部五个乡镇的地方用户切转归沛县供电局管理。由于沛县供电局北部地区尚未形成完整的供电网络,1998年12月4日,双方签订《关于供电营业区管理关系的协议》时,仍遗留部分用户由大屯公司供电,形成大屯公司直供地方现状。

随着农村及企业用电负荷的不断增长,原有供电负荷远远不能满足用户的用电需求,供需矛盾逐渐突出,严重影响煤矿的安全生产和电费的及时回收。2005年以后,发电厂开始按照老电老价、新电新价的营销思路,对地方用户在限定老电价电量的基础上,新增用电负荷实行新电新价政策,适当增加供电负荷。

2013—2014年,大屯铝业公司从最初的逐步降低产能,到最终主要生产系统关停。发电厂2台135兆瓦发电机组面临电往何处去的问题。电力营销部门依据国家电改精神,积极做好网上协调,加大对地方用户的供电,扩大用户供电市场占有,提升生存空间。

2019年10月,发电厂6台自备机组(4、5、6、7、8、9号机组)相继关停后,剩余1、2号自备机组(2×60兆瓦)所发电量仅可满足企业自用负荷,已无富余电量上网。

1991年至2020年6月发电机组上网电量情况统计见表5-4-1。

表5-4-1　1991年至2020年6月发电机组上网电量情况统计表 单位:亿千瓦·时

时间	企业内部	转供地方	上网	合计
1991年	1.70	1.41	0.92	4.03
1992年	1.80	0.24	1.02	3.06
1993年	1.92	1.43	3.21	6.56
1994年	2.19	1.74	3.51	7.44
1995年	2.19	1.87	3.36	7.42

表 5-4-1(续)

时间	企业内部	转供地方	上网	合计
1996 年	2.38	1.93	2.42	6.73
1997 年	2.43	1.69	2.13	6.25
1998 年	2.53	1.39	1.99	5.91
1999 年	2.67	1.20	2.09	5.96
2000 年	2.74	1.46	2.16	6.36
2001 年	2.84	1.79	2.99	7.62
2002 年	2.99	2.02	3.60	8.61
2003 年	2.81	2.11	4.78	9.70
2004 年	2.98	2.58	8.55	14.11
2005 年	9.76	2.62	5.48	17.86
2006 年	12.61	2.67	5.08	20.36
2007 年	17.69	3.46	1.52	22.67
2008 年	17.70	4.02	1.45	23.17
2009 年	18.60	4.50	1.72	24.82
2010 年	18.79	5.26	1.26	25.31
2011 年	19.13	5.03	0.27	24.43
2012 年	19.16	5.04	0.76	24.96
2013 年	11.66	5.32	3.44	20.42
2014 年	4.59	6.28	8.38	19.25
2015 年	3.58	6.98	9.51	20.07
2016 年	3.63	8.08	8.50	20.21
2017 年	3.76	9.57	7.24	20.57
2018 年	3.71	11.14	4.56	19.41
2019 年	3.60	12.40	2.42	18.42
2020 年 1—6 月	1.59	4.50	—	6.09

注:2020 年上半年受新冠肺炎疫情影响,转供地方电量大幅下降。

第三节 计量监督

一、机构

20 世纪 90 年代初,公司电业处电气实验室设置仪表班,主要负责对公司中心区各内部用户电能表、电流互感器、指示仪表的校验、维修,同时承接周边农电站用户外委电能表的校验工作。2020 年 1 月,电热公司计量中心成立,仪表班划归计量中心管理,增加低压装表接电、电能信息负控采集管理、热能计量管理等业务工作。

二、计量管理

随着质量体系认证和标准化工作开展,计量监督不断加强与系统的对标工作。2002 年至 2003 年 3 月,电业分公司先后组织计量人员到徐州市质量技术监督局、山东鱼台供电局、山东微山供电局考察学习,结合自身实际情况配置单相、三相电能表检定装置、电流互感器检定成套设备、电三表检定仪。经江苏省质量技术监督局考评验收,2005 年 3 月,取得电能表检定计量标准考核证书;2006 年 4 月,取得电流互感器检定计量标准考核证书。2008 年 10 月,经江苏省徐州市质量技术监督局考评验收合格,取得交直流电压、电流表及电阻表检定计量标准考核证书。2009—2014 年,按照规程规定,开展电能计量装置周期校验和轮换工作。2015—2018 年,按照计量检定标准开展周期性复核审查工作,保障量值传递与溯源的有序衔接。2019 年,持续加强电能计量工作,开展电能自动采集平台建设,对矿区 9 座 35 千伏及以上电压等级的变电站、中心区 7 座 6 千伏箱式变电站的采集装置进行更新改造,电度表电量信息纳入营销一体化平台管理,矿区高压用户电量全部实现自动采集功能。

三、校验演变

20 世纪 70 年代末,电气实验室电能校验装置为上海电表厂生产的单项电能表校验仪,用于内部用户电能表室内比对校验。1980—1990 年,购置九江仪表厂生产的电能表校验仪开展电能表现场校验工作。1990—2008 年,电能表检定装置升级为浙江海盐电力仪表厂生产的 HY5101C-22 型单项电能表检定装置及 HY5301C-22 三相电能表检定装置,开展电能表室内检定工作。2008—2019 年,电能表检定装置升级替换为深圳科陆电子科技股份有限公司生产的 CL10001D-12 型单相电能表检定装置、CL30005D-6 型三相电能表室内检定装置。2019 年 7 月,电能表检定装置升级为深圳市普禄科智能检测设备有限公司生产的 HY9153SC-12 型单相电能表检定装置和 HY9353SD-06 型三相电能表室内检定装置,在原来检定基本误差的基础上实现电能表的最大需量、分时计量、投切误差等多功能部分的检定。

四、表计类型

1980—1997 年,电气实验室使用的表计大部分为上海、江苏及深圳等地生产的 DD5、DD28、DT86 等型号的机械式电能表。1998 年,逐步开始引进使用龙电 DSSD 系列、深圳亿玛 DSSF 系列电子式电能表。2002—2003 年,引进深圳科陆电子科技股份有限公司生产的全电子电能表,将电力调度管辖范围各变电用户电能表统一更换。2019 年 6 月,电热公司用电信息采集负控管理平台调试投入运行,电能表逐步更换为青岛鼎信通讯股份有限公司生产的软加密智能电子式多功能电能表,并实现用户用电信息的采集与负控。

第五章 电力营销

第一节 电 价

20世纪70年代初,大屯公司自备电厂建成投产。由于周边农村地区缺电,为实现矿地共同发展,应沛县及乡镇人民政府请求,开始对地方用户直接供电。当时用电负荷较小,基本不收电费或象征性收取电费,该情况一直延续至20世纪90年代初。

1996—1998年,公司同徐州供电公司开始供电营业区的商谈和切转工作。1998年底,双方签订供电营业区管理关系协议时,仍遗留部分用户由大屯公司供电,一直延续至2019年底,形成大屯公司直供地方用电现状。

大屯公司以自备机组上网电价对部分地方用户收取电费,一部分用户执行江苏省电网销售电价。

1996年5月27日,江苏省物价局批复大屯公司转供地方电价表,自1996年6月1日执行,见表5-5-1。

表 5-5-1 1996 年大屯公司转供电价表

电价类别	电度电价/[元/(千瓦·时)]			基本电价	
	不满1千伏	1～10千伏	35千伏及以上	最大需量/[元/(千瓦·月)]	变压器容量/[元/(千伏安·月)]
居民生活	0.280	0.270	0.260	—	—
非居民照明	0.373	0.363	—	—	—
非普工业	0.307	0.300	0.290	—	—
电石	—	0.180	0.170	15	10
化肥	—	0.155	0.150	15	10
农业生产	0.215	0.210	0.205	—	—

1997年9月15日,江苏省物价局批复大屯自备电厂转供地方电价表,自1997年11月1日执行,见表5-5-2。

2000年4月7日,徐州市物价局批复沛县北网电价表,自2000年4月执行,见表5-5-3。

2004年4月19日,徐州市物价局批复沛县北网调整电价表,自2004年4月25日执行,见表5-5-4。

表 5-5-2　1997 年大屯自备电厂转供电价表

电价类别	电度电价/[元/(千瓦·时)]			基本电价	
	不满1千伏	1~10千伏	35千伏及以上	最大需量/[元/(千瓦·月)]	变压器容量/[元/(千伏安·月)]
居民生活	0.35	0.34	0.33	—	—
非居民生活	0.45	0.44	0.43	—	—
非普工业	0.34	0.33	0.32	—	—
电石	—	0.21	0.20	18.00	12.00
化肥	—	0.18	0.175	18.00	12.00
乡（镇）电管站	0.26	0.255	0.25	—	—

表 5-5-3　2000 年沛县北网电价表

电价类别	电度电价/[元/(千瓦·时)]						基本电价	
	直供、转供户			切转户			最大需量/[元/(千瓦·月)]	变压器容量/[元/(千伏安·月)]
	不满1千伏	1~10千伏	35千伏以上	不满1千伏	1~10千伏	35千伏以上		
居民生活	0.40	0.385	0.37	0.60	0.585	0.57	—	—
非居照明	0.60	0.585	0.57	0.80	0.785	0.77	—	—
非普工业	0.50	0.485	0.47	0.75	0.735	0.72	—	—
电石	—	0.28	0.265				27	18
农业生产	—	—	—	0.65	0.635	0.62	—	—
乡（镇）电管站	0.33						—	—

表 5-5-4　2004 年沛县北网销售电价

电价类别	电度电价/[元/(千瓦·时)]			基本电价	
	大屯公司供电			最大需量/[元/(千瓦·月)]	变压器容量/[元/(千伏安·月)]
	1千伏以下	1~10千伏	35千伏以上		
居民生活	0.400	0.390	—	—	—
商业照明	0.764	0.749	0.734	—	—
其他照明	0.679	0.664	0.649	—	—
非普工业	0.571	0.556	0.541	—	—
大工业	—	0.409	0.394	27	18
其中:电石	—	0.399	0.384	27	18
农业生产	—	—	—	—	—
乡（镇）电管站	0.35			—	—

2005年,为促进电力资源的优化利用、保护资源和环境、支持发电企业间的公平竞争,江苏省(市)物价局不再对大屯公司直供地方电价给予批复。2006年,根据《关于加强热电联产和资源综合利用管理的意见》(苏经贸电力〔2006〕329号)精神,对历史原因形成的15家大用户[乡(镇)电管站、镇办企业、事业单位]执行自备机组上网电价。2005年、2006年、2008年、2011年,随江苏省物价部门调整自备机组上网电价,同步上调地方用电价格。2011年后,自备机组上网电价开始逐步下调,因地方用户执行电价相较江苏省电网销售电价较低,大屯公司未同步下调地方用电价格。截至2019年年底,自备机组关停前,该部分用户一直执行2011年的自备机组上网电价0.439元/(千瓦·时)。新电部分,分别执行新价0.464元/(千瓦·时)、0.484元/(千瓦·时)、0.51元/(千瓦·时)。

2013年起,受大屯铝业公司逐步降低产能和关停影响,发电厂在确保边际效益的基础上,在可行的供电条件下,按照0.51元/(千瓦·时)的价格,加大对地方用户的供电,扩大用户供电市场占有,提升生存空间。截至2019年底,增加地方用户新价供电量约25.5亿千瓦·时,新增销售收入约13亿元。

2019年,随着6台自备发电机组相继关停,大屯公司购售电模式发生根本改变。2019年11月1日起,电热公司依据《沛县人民政府2019年第8次常务会议决定》精神,对直供地方用户进行电价调整(表5-5-5),执行为期五年的过渡期电价政策。截至2019年末,电价调整工作基本完成,彻底解决了低价给地方供电的历史性遗留问题。

大屯公司企业内电费通过内行划账收取,地方用电由电热公司按月分户催收。2019年大屯公司自供区销售电价见表5-5-5。

表5-5-5 2019年大屯公司自供区销售电价表

用电分类			电度电价/[元/(千瓦·时)]						基本电价	
			不满1千伏	1～10千伏	20～35千伏以下	35～110千伏以下	110千伏	220千伏及以上	最大需量/[元/(千瓦·月)]	变压器容量/[元/(千伏安·月)]
居民生活	阶梯电价	年用电量≤2760千瓦·时	0.528 3	0.518 3	—	—	—	—	—	—
		2760千瓦·时<年用电量≤4800千瓦·时	0.578 3	0.568 3	—	—	—	—	—	—
		年用电量>4800千瓦·时	0.828 3	0.818 3	—	—	—	—	—	—
	其他居民生活用电		0.548 3	0.538 3	—	—	—	—	—	—
一般工商业及其他用电			0.671 5	0.646 5	0.636 5	0.621 5	—	—	—	—
大工业用电			—	0.521 8	0.515 8	0.506 8	0.491 8	0.476 8	40	30

说明:此电价表中居民生活用电、一般工商业及其他用电为现行江苏省电网销售电价。如江苏省电网销售电价调整,大屯自供区居民生活用电、一般工商业及其他用电同步调整。

第二节　电力稽查

20 世纪 90 年代初,大屯矿区的供用电管理由电业处负责,下设用电监察室负责矿区内外电量电费报表统计、地方用户电费回收和业扩报装、用电监察等相关业务。

1996—1998 年,电业分公司持续开展矿区地方用电集中整治,主要解决地方村民生活用电不正常、不交电费和工业用电增量问题。

1998 年 4 月,公司印发《大屯煤电集团公司关于与沛县政府联合进行矿区用电秩序整顿的通知》,开展流失电量专项整治工作。所有地方用户统一安装关口计量装置,并按价缴费。

1999—2000 年,根据徐州市政法委、检察院、公安局和电业局四部门联合开展反窃电专项斗争要求,公司成立领导机构,组织开展反窃电工作。清除盗电线路 200 余处,收缴电线、电缆 5 000 余米。

2000 年 9 月,电业分公司制定地方供电用户委托大屯镇管理方案,地方用户委托大屯镇用电办管理。

2001 年,成立矿区电能计量普查整治工作小组,对所有关口电能表进行全面普查、整治,用电普查 203 个用户,计量装置 249 套,提出整改建议 300 余条。

2002 年 1 月,电业分公司用电监察室分设电力销售科和用电监察室,统计报表、电费回收、业扩报装和网上业务划入电力销售科,装表接电、抄表和用电监察业务划入用电监察室。

2004 年 10 月,抽调用电监察、电力营销、电力调度、保卫人员组成用户用电稽查管理组,开展工业用户用电稽查工作。

2007 年底,发电厂用电监察科并入电力营销科。

2008—2009 年,发电厂联合公安、保卫部门持续开展反窃电专项活动、"平安电力"创建活动,清理乱接线路 700 余条。

2010 年,开始建立远程抄表集中控制系统,对用户电量实施不间断监控。

2011—2016 年,通过对地方用户安装负荷控制开关,专线安装分段控制开关等技术措施,解决了地方用户专线过流跳闸频繁问题。

2017 年 3 月,电力稽查职能从发电厂电力营销科分离,成立用电监察科。

2018—2019 年,发电厂组织专人入户开展工业用户稽查,完成电量计量远程集抄系统升级改造。

2019 年,电热公司开展 35 千伏变电站及输电线路专项检查工作。

同年末,原委托大屯镇管理的地方用户全部移交电热公司管理,用电监察科并入新设立的电力营销中心。

第三节　热电整合

2016 年 3 月,根据《中共中央 国务院关于进一步深化电力体制改革的若干意见》(中发〔2015〕9 号),公司启动成立售电公司的相关工作。2016 年 9 月,江苏大屯电热有限公司取得工商营业执照。

2017 年 3 月,江苏省售电侧改革试点方案获批。2017 年 4 月,大屯公司向江苏省能监办递交办理供电业务许可证申请。7 月,申报第二批售电侧改革试点未成功。8 月,江苏省下发《江苏省售电侧改革试点实施细则》和《江苏省增量配电业务改革试点实施细则》。11 月,大屯公司电力专项规划评审会召开。同月,大屯公司申报第三批售电侧改革试点未成功。

2018 年 1 月,大屯公司向沛县人民政府递交《大屯矿区供电区域给予确认的请示》。2 月,大屯公司电力专项规划通过沛县规划委审核。3 月,沛县人民政府对大屯公司供电区域给予确认,大屯公司再次向江苏省能监办递交办理许可证申请。7 月,沛县人民政府就供电区域划分报送徐州市发展和改革委员会请求批复。8 月,徐州市发展和改革委员会批复关于大屯电网供电区域有关情况的意见。11 月,江苏大屯电热有限公司获取江苏省能监办颁发电力业务许可证(供电类)。

2019 年 3 月 7 日,沛县人民政府成立沛县热电整合工作指挥部,专题研究、解决大屯公司直供地方用电事宜。根据《关于核准中煤大屯热电"上大压小"新建项目的批复》(苏发改能源发〔2015〕114 号)和《徐州市打赢蓝天保卫战三年行动计划实施方案》要求,4 月 17 日,电热公司 7 号 135 兆瓦机组关停;8 月 16 日,经江苏省电力交易中心注册公示,江苏大屯电热有限公司正式运营。10 月,江苏大屯电热有限公司 4、5、8、9 号机组相继关停;10 月 31 日,6 号 135 兆瓦机组与电网解列。剩余在运的 1、2 号自备机组(2×60 兆瓦)只能满足企业自用,不再具备向地方供电的能力。

同年 11 月 5 日,江苏省发改委经省政府下发《省发改委关于明确大屯公司自备机组关停后地方用电的函》(苏发改价格函〔2019〕389 号),确定以降低输配电价的方式,由江苏大屯电热有限公司从电网购电向企业内和直供地方用户供电的购售电模式。实现了以往自备机组发售电方式向电热公司电网购售电方式的转变,基本解决了公司低价转供地方用电的历史遗留问题。

第四节　电力市场交易

2017 年 3 月 29 日,国家发改委、国家能源局下发《关于有序放开发用电计划的通知》(发改运行〔2017〕294 号),不再安排公用燃煤机组发电计划和政府定价,新投产公用机组一律纳入市场化交易和由市场形成价格。上海大屯能源股份有限公司热电厂新建 350 兆瓦机组发电计划由江苏大屯电热有限公司负责参与江苏省电力交易中心的电力市场交易,2020 年 3 月,因业务调整,热电厂发电计划交易业务划归热电厂自行参与,江苏大屯电热有限公司只负责购售电交易工作。

一、热电厂 1 号机组电力市场交易

2018 年 12 月,热电厂 1 号机组取得发电业务许可证,江苏大屯电热有限公司参与 2019 年江苏省电力交易中心年度长协挂牌交易,热电厂 1 号机组获得长协交易电量 10 亿千瓦·时,成交均价 372.01 元/(兆瓦·时)〔江苏省 2019 年年度长协交易均价为 369.18 元/(兆瓦·时)〕,为当年全省第一,结算电费约为 37 200 万元。同时,在参与 2019 年江苏省月度电力市场交易中,通过集中竞价全年成交热电厂 1 号机组电量 1.187 1 亿

千瓦·时,成交均价 371.36 元/(兆瓦·时)[2019 年 1—12 月份江苏省月度竞价成交均价 356.76 元/(兆瓦·时)],结算电费约为 4 408 万元。通过月内增量挂牌交易成交热电厂 1 号机组电量 2.307 9 亿千瓦·时,成交均价 365.32 元/(兆瓦·时)[2019 年 1—12 月份江苏省月度竞价成交均价 349.15 元/(兆瓦·时)],结算电费约为 8 431 万元。

二、热电厂 2 号机组电力市场交易

2019 年 8 月,热电厂 2 号机组取得发电业务许可证,江苏大屯电热有限公司参与江苏省电力交易中心月度电力市场交易,在 9—10 月份集中竞价中优先成交热电厂 2 号机组上网电量 1.614 19 亿千瓦·时,电价 373 元/(兆瓦·时),优先发电交易结算电费约 6 021 万元。

三、基数电量

根据《省发改委关于明确大屯公司自备机组关停后地方用电的函》(苏发改价格函〔2019〕389 号),2019 年 11 月从国网购买电力后,电热公司为热电厂 1、2 号机组争取到 11—12 月的基数发电计划 2 亿千瓦·时,结算电量 1.97 亿千瓦·时,结算电价为标杆上网电价 391 元/(兆瓦·时),结算电费为 7 691 万元。

四、合同电量转让

2019 年 10 月 8 日,江苏大屯电热有限公司办理完成交易中心入市协议和履约保函工作,正式启动独立售电公司售电业务工作,开始开展三类售电业务。

根据热电厂发电情况,通过与江苏省电力交易中心、江苏省能源局电力处、江苏省调度中心沟通,对多余发电计划,安排发电计划转让。2019 年,全年完成转让电量 5.8 亿千瓦·时,交易均价为 229 元/(兆瓦·时),合同转让收益 8 294 万元。

五、购售电交易

电力市场交易方面,2020 年江苏省年度双边协商平均价格为 365.56 元/(兆瓦·时),电热公司年度双边协商成交电量为 5 000 万千瓦·时,1—6 月份月内交易平均价格为 349.51 元/(兆瓦·时),电热公司成交电量 507 万千瓦·时。

2020 年 2 月 18 日,因新冠肺炎疫情影响,江苏省电力交易中心发布《关于 2020 年 1—3 月份江苏电力市场组织实施有关事项的通知》,暂停开展 2 月份月内挂牌交易、3 月份集中竞价、挂牌等各类交易。4—6 月交易价格按照当月市场价格结算,1—6 月电热公司实现微盈利。

第六篇

铝 业

Lüye

作为大屯公司煤电产业链的延伸，20世纪初铝业也成了公司产业板块的重要组成部分。伴随着公司改革发展的历程，江苏大屯铝业有限责任公司、江苏苏铝铝业有限责任公司、上海大屯能源股份有限公司铝板带厂在生产、经营、管理、改革等方面作出了艰辛的努力，走出了一条较为艰难的发展之路。

1998年，为优化产业结构布局，化解自备电厂的过剩产能，大屯公司依托自身优势，实施"煤电铝运"一体化经营战略模式，铝产业建设开始拉开序幕。2012年，基本建设总体完成，铝产业步入生产经营、产品研发、营销等发展阶段。

大屯铝业公司成立于2002年，是大屯公司铝板块产业首家单位，主要产品为铝锭、阳极碳素。为强化经营管理，确保产品质量，公司以准军事化管理为抓手，提升队伍素质，不断开拓市场，求生存谋发展。终因各种主客观因素，2014年关闭全部生产线；2019年3月完成企业注销。

2007年10月，四方铝业公司成为大屯公司全资子公司，主要产品为铝板、铝带、铝箔产品；2017年7月，改制成立苏铝铝业公司。作为1958年建厂的老国企，在进入大屯公司序列后，立足设备技术的更新改造，准确定位产品，做精做强"苏铝"产品和"博斯特"服务品牌，用主业和副业"两条腿"齐步走的方式，实现了生存、发展，同时，也为大屯公司铝板块产业的其他单位输送了管理、技术人才。

2003年9月，大屯公司为发挥大屯铝业公司电解铝液的作用及节能优势，更好地延伸和做精铝板块产业链，筹划建设10万吨高精度铝板带项目。2010年8月成立铝板带厂，用大屯铝业公司的电解铝液生产高精度铝板、带材。2014年，因大屯铝业公司关停生产线，铝板带厂在失去电解铝液供应优势的情况下，创新管理思路，推进精细化管理，逐步调整产品结构，提高生产经营效率，坚持从营销的传统渠道中发掘突破口，通过加大与国内外铝行业企业的产能合作，在机制、体制的不断改革创新中求生存、促发展。

公司铝产业板块企业作为两头在外的完全市场竞争主体，在市场竞争日趋激烈，盈利空间逐渐缩小的形势面前，于困境中求生存，窘境中抓机遇，逆境中求发展，为公司"4411"战略发展作出了贡献，也为企业的转型发展积累了一定的经验。

第一章 沿革与建设

一、大屯铝业公司建设

1998年,全国煤炭企业的经营体制改革正逐渐步入"深水区"。同年8月,大屯公司出于进一步化解自备电厂的剩余电力产能,优化企业的产业结构,发挥矿区资源优势的考虑,提出了实行"煤电铝运"一体化经营的发展战略思路,并开展经营战略调研。而当时徐州市地方国企四方铝业公司,已有实际产能2.5万吨,且早已向江苏省和徐州市政府有关部门请求扩建产能指标。因此,地方政府希望大屯公司与四方铝业公司之间,以合作建立股份制企业的方式,实现铝产能的扩展,也便于向国家发改委申请产能指标。1998年11月16日,由大屯公司牵头,组织江苏省和徐州市政府有关部门、国内的大型铝业企业、科研院所的专家、学者共同研讨,形成《合资建设电解铝节能与环境治理技术改造项目可行性研究报告》。1999年4月16日,该研究报告通过专家论证。2001年11月,大屯公司在总结完善已有研究报告的基础上,出台了《实施"煤电铝运"一体化经营发展战略的可行性报告》。从此,大屯公司铝板块产业建设逐步拉开序幕。

大屯铝业公司是大屯公司铝板块产业的首家单位。2002年1月,电解铝厂筹建处成立。同年3月,徐州市对外经济贸易合作局下文《关于同意设立合资企业江苏大屯铝业有限公司的批复》(徐外经贸资〔2002〕40号)。同年4月10日,大屯公司据此文宣布撤销电解铝厂筹建处,成立江苏大屯铝业有限公司。该公司为中外合资企业,中方投资方为大屯公司,外方投资方为华光资源有限公司,投资总额2 967万美元,注册资本2 366万美元;其中大屯公司占比75%、出资方式为人民币;华光资源公司占比25%、出资方式为美元。2003年3月,大屯铝业公司与沛县国土资源局签订《国有土地使用权出让合同》,厂区共计占地736 533.4平方米(1 105亩),使用期限50年。同年10月,进行股权变更,原中方投资方大屯公司将其持有的75%的股权转让给上海能源;原外方投资方华光资源有限公司将其持有的25%股权转让给香港环能贸易有限公司。投资总额、注册资本不变。企业经营范围:生产销售铝锭、铝棒、铝板材、铝线材、铝管材、铝挤压材、铝型材等铝制品及碳素阳极。厂址位于江苏省沛县经济开发区天津路西端。

2002年9月,大屯铝业公司电解铝项目一期工程破土动工,主要由中国有色工业第十一、第二十一和第二十三冶金建设公司承建。2004年10月22日电解铝项目一期工程投入生产。2005年8月30日,电解铝项目二期工程开工建设,2006年6月11日基本完工,开始试生产。2006年6月30日,6.4万吨配套阳极碳素工程破土动工,2006年12月28日,阳极碳素生产系统全面完工,进入试生产阶段。

2010年以后,由于受国际金融危机影响,国家宏观政策调整,全国电解铝企业全行业亏损。大屯铝业公司因沉重的政策性负担造成持续亏损,且无法产生边际贡献,根据中煤集团产业结构调整的政策,为确保大屯公司煤炭主业的健康发展和铝板块产业的止亏脱困,大屯

公司经充分调查论证后,决定大屯铝业公司自2013年12月底起,逐步关停10万吨电解铝生产线和6.4万吨配套阳极碳素生产线。2014—2018年,大屯铝业公司有序完成生产线关停和职工分流安置工作,2019年3月29日完成企业注销。

二、大屯铝板带厂建设

2003年,大屯公司为发挥大屯铝业公司自产电解铝液的作用和节能优势,更好地延伸和做精铝板块产业链,决定筹建铝加工生产单位。同年9月,成立10万吨高精度铝板带项目筹备处。该项目为中煤集团、徐州市政府重点建设项目,厂址初步定于徐州经济开发区。后基于综合区位优势和沛县政府许诺的优惠政策考虑,经徐州经济开发区和沛县经济开发区协商一致,决定置于沛县经济开发区铝产业园区内,与园区其他铝加工企业形成完整铝产业群。2007年9月,经江苏省发改委核准备案。2008年5月,经中煤能源股份公司批准,工程项目开始初步设计,并被确定为中煤集团及江苏省、徐州市重点建设项目。该项目占地534亩,总建筑面积90 532.3平方米。由大屯公司独资建设,一期建设规模为10万吨/年(规划预留二期10万吨/年),以大屯铝业公司生产的电解铝液为主要原料,采用单机架双卷取热轧、冷轧工艺。

2009年5月,铝板带厂一期工程开工建设,主要由中冶天工上海十三冶建设有限公司和中国有色工业第六冶金建设公司承建,监理单位为洛阳金诚建设监理有限公司。项目工程计划投资170 067万元,实际投资134 230.53万元。

2010年8月,大屯公司宣布撤销高精度铝板带项目筹备处,成立铝板带厂。

2011年底,项目工程全面完工。2012年2月,"10万吨高精度铝板带"项目工程通过中煤集团竣工验收,开始试生产。

2014年,因大屯铝业公司关停电解铝液生产线,铝板带厂原材料供应全部改从市场采购。

三、四方铝业公司并购

四方铝业公司原名徐州铝厂,始建于1958年,曾为江苏省级冶金重点骨干企业。1978年,在原有电解铝生产外,开始铝板材生产。1984—1987年,新建了铝板材生产线,并经核准由小型企业晋升为中型企业。1988年,更名为江苏铝厂,由中型企业核准晋升为国家大型二档企业。1996年,投资建设了冷轧板材生产线,年产能1.2万吨;同年,为延伸铝加工产品种类,配套建设了铸轧生产线。2001年,改制组建徐州四方铝业集团有限公司。2001年、2005年,分别投资新建高精度铝板带生产线、铝箔生产线,并配套建设了三条铸轧生产线。作为地方国有企业,先后归口徐州市经贸委、国资委管理。

四方铝业公司下辖江苏苏铝铝业公司、徐州博斯特机械有限公司2个子公司。

江苏苏铝铝业公司为四方铝业公司的主体企业,厂区占地面积167.28亩,注册资金4 000万元,主要产品为铝板、铝带、铝箔产品。博斯特机械公司是四方铝业公司的子公司,前身是江苏铝厂磨具车间。1996年,转型成为机加工分厂。2001年,改制为国有股份制企业。2003年,注册资金370万元,成立博斯特机械有限公司。2004年搬迁至徐州市金山桥开发区桃山路5号。2007年,新增投资1 508万元扩展产能,实际年产能为机械制造10万吨。

　　博斯特机械公司厂区占地面积 47.64 亩,主要生产工程机械的配件,为卡特彼勒(徐州)挖掘机公司的一级供应商,焊接认证通过卡特彼勒公司认可,为美国卡特彼勒总部的全球第二大供应商,后又成为美国爱科农机公司的产品供应商。厂区由厚板生产线、薄板生产线和焊接车间组成,均为线式生产。

　　2006 年,徐州市政府有意推动大屯公司整体收购四方铝业公司,意在使四方铝业公司在产能指标转让后能够得以生存、发展。同年 12 月,经徐州市政府常务会议讨论,决定将四方铝业公司的国有净资产无偿划转给大屯公司,实施改制重组。2007 年 3 月 17 日,四方铝业集团有限公司董事会讨论同意本公司净资产划转大屯公司。同年 10 月,国务院国资委行文批复,同意大屯公司并购徐州四方铝业公司。自此,四方铝业公司成为大屯公司全资子公司。

　　2009 年,四方铝业公司进入上海能源序列,妥善解决了大屯煤电(集团)有限责任公司与上海大屯能源股份有限公司之间关联交易的制度性障碍。

　　2011 年,大屯公司设立铝业管理部,统筹协调和专业化管理了铝板块产业的规划发展、产品结构、装备投入、市场营销策划等方面业务。2014 年,因机构改革,铝业管理部被撤销。

　　2015 年 1 月,上海能源决定由四方铝业公司和铝板带厂合并组建上海能源苏铝公司。

　　2016 年 4 月,中煤能源股份公司同意上海能源将持有的四方铝业公司 100％股权转让给大屯煤电(集团)有限责任公司。

　　2017 年 5 月注销四方铝业公司法人资格。同年 7 月,上海能源苏铝公司被撤销,在原四方铝业公司基础上注册成立新的江苏苏铝铝业有限公司,脱离上海能源序列,再次纳入大屯煤电(集团)有限责任公司体系,下辖博斯特机械有限公司。同时,铝板带厂重归上海能源序列。

第二章 装备与工艺

一、苏铝铝业公司

（一）本部的装备水平

2020 年，苏铝铝业公司本部配备 1 600 毫米双辊铸轧机 2 台，分别配套形成 2 条铸轧生产线，年产能 16 000 吨。配备铝板带箔轧机 4 台。其型号、制造厂家、产能见表 6-2-1。

表 6-2-1 本部的生产设备表

序号	型号	制造厂家	投产时间	产能/(吨/年)
1	ϕ360/ϕ800×1 400 冷轧机	中色科技股份有限公司	1996	10 000
2	ϕ380/ϕ960×1 500 冷轧机	涿神有色专用设备公司	2003	20 000
3	ϕ260/ϕ660×1 550 箔材铝箔轧机	中色科技股份有限公司	2005	10 000
4	1 850 毫米冷轧机	上海天重重型机器公司	2013	40 000

另：一分厂 3 台 1 350 毫米二辊轧机，1988 年投产，年产量 8 000 吨，属落后轧制工艺，于 2016 年关停。设备所占土地被鼓楼区政府收储。

（二）博斯特机械公司装的备水平

1. 普通生产设备（表 6-2-2）

表 6-2-2 普通生产设备表

序号	设备名称	数量/台
1	焊接设备	11
2	钣金设备	11
3	车床	3
4	钻床	13
5	铣床	5
6	铣边机	4
7	卷板机	2
8	磨床	2
9	铣镗床	3
10	电动单梁行车	34
11	螺杆空压机	3
12	旋臂吊	3
13	液压叉车	16
14	整平机	12
15	抛丸机	4

2. 智能生产设备(表 6-2-3)

表 6-2-3　智能生产设备表

序号	设备名称	数量/台	用途
1	数控火焰切割机	4	主要用于加工 40 毫米以上的钢板
2	数控等离子切割机	4	主要用于加工 45 毫米以下的钢板
3	数控激光切割机	1	主要用于加工 16C 毫米 以下的钢板
4	打坡口机器手	4	主要用于加工带弧度产品的倒角
5	焊接机器人系统	2	主要用于焊接大型结构件
6	数控折弯机	3	主要用于金属板冷作工艺折弯加工
7	加工中心	2	主要用于机械精密零件加工

3. 产品性能检测装备(表 6-2-4)

表 6-2-4　产品性能检测装备表

序号	设备名称	数量/台	用途
1	漆膜厚度仪	1	漆面检测
2	超声波探伤仪	1	焊接检测
3	三坐标检测仪	3	检测、质控

(三) 本部的生产工艺

1. 生产过程

原料→熔炼→精炼、扒渣→取样分析→倒炉→精炼、扒渣→添加铝钛硼丝→在线净化→铸轧→冷轧→按相应工序生产符合客户要求的产品→检验包装入库。

2. 各车间的生产工艺流程

各车间的生产工艺流程见图 6-2-1~图 6-2-5。

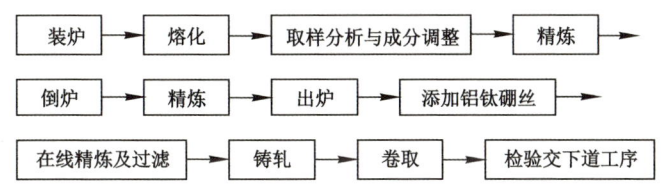

图 6-2-1　铸轧生产工艺流程图

(四) 博斯特机械公司的生产工艺

博斯特机械公司的生产工艺主要是等离子切割、火焰切割和简单的机加工。其主要的生产工艺流程见图 6-2-6,生产场景见图 6-2-7。

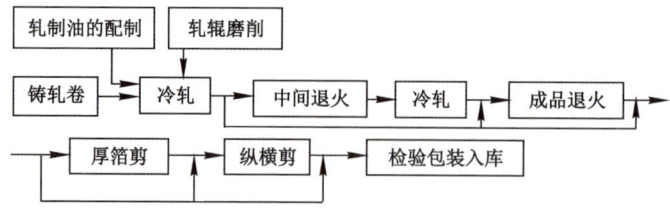

图 6-2-2　板材一车间的生产工艺流程图

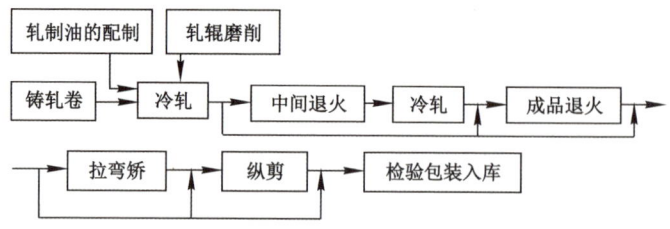

图 6-2-3　板材二车间的生产工艺流程图

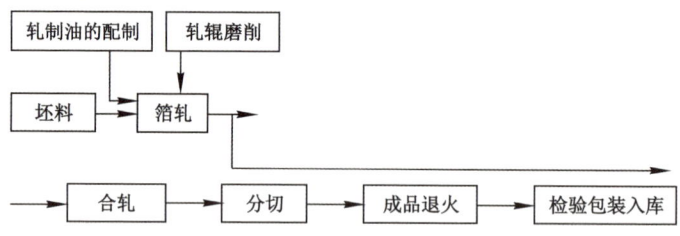

图 6-2-4　箔材生产工艺流程图

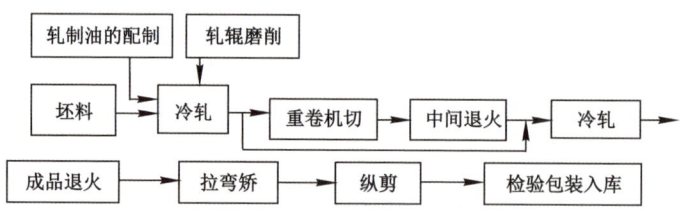

图 6-2-5　新材生产工艺流程图

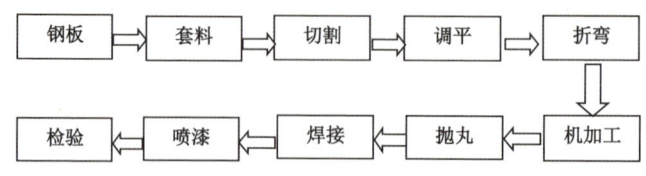

图 6-2-6　博斯特机械公司的主要生产工艺流程图

图 6-2-7　博斯特机械公司的生产场景

二、铝板带厂

（一）装备水平

1. 熔铸设备

有 75 吨固定式燃气熔炼炉 2 台（其生产场景见图 6-2-8），75 吨倾动式燃气保温炉 2 台，均为苏州新长光热能科技有限公司制造。有 75 吨内导式液压半连续铸造机 1 台，由美国 Almex 公司制造。有 VG700/2 300 毫米扁锭高速立式锯切机 1 台，由昆山合济机械有限公司制造。

图 6-2-8　铝板带厂熔铸车间 75 吨固定式燃气熔炼炉生产场景

2. 热轧设备

有 ϕ965/ϕ1 530 毫米×2 400 毫米四辊单机架双卷取可逆热轧机组 1 台（其生产场景见图 6-2-9），由中色科技股份有限公司制造。有 500 吨立推式铸锭加热炉 2 台，由苏州新长光热能科技有限公司制造。有 XKL2421/L60 型数控龙门铝锭组合铣床 1 台，由齐齐哈尔二机床（集团）有限责任公司制造。

3. 冷轧设备

有 CVC 6 辊 2 300 毫米冷轧机 1 台，由德国 SMS 西马克集团制造。2 300 毫米高速切变线 1 台，由德国达涅利集团设计制造。有 2 300 毫米铝带拉弯矫直机组 1 台，由中色科技股份有限公司制造。

图 6-2-9　铝板带厂 ϕ965/ϕ1 530 毫米×2 400 毫米四辊热轧机生产场景

4. 辅助设备

主要包括研磨、热处理和卷装设备。有 WS 450×5 000 重型轧辊磨床 1 台,由德国赫克力斯公司制造。有 60 吨铝卷材退火炉 8 台,其中 2 台可作为氮气退火炉,由苏州新长光热能科技有限公司制造。有 2 300 毫米重卷机(带油清洗装置)1 台,由辽宁机械技术研究所制造。

(二)生产工艺

1. 生产过程

铝锭、边角废料→装炉→熔化→调成分→转炉→精炼、在线处理→铸造→冷却→锯切→铣面→加热→热轧→冷却→冷轧→中间切边→清洗→中间退火→冷却→冷轧→拉矫→成品切边/倒卷→检验→计量→包装入库。

2. 生产工艺流程

铝板带厂的主要生产工艺流程见图 6-2-10。

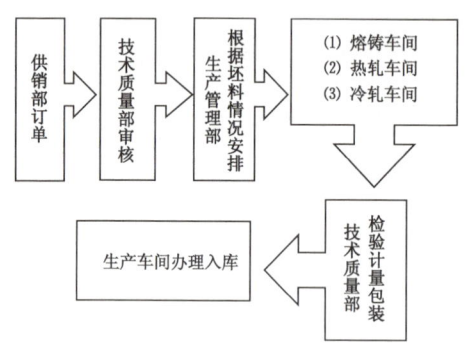

图 6-2-10　铝板带厂的主要生产工艺流程图

三、大屯铝业公司

(一)装备水平

大屯铝业公司在存续期间,拥有电解槽 178 台及相关配套设备、设施。拥有阳极碳素生产线系统 1 套。拥有余热发电设备 1 套(24.8 吨/小时余热锅炉和 3 兆瓦凝汽式汽轮发电机组各 1 台)。2004 年 10 月,分批启动电解槽,铝锭生产线投产;2014 年 3 月底全部停产。

2006 年 12 月,阳极碳素系统生产;2014 年 6 月,全部停产。2009 年 5 月,余热发电正式投产;2013 年 3 月,全部停产。

（二）生产工艺流程

1. 生产过程

大屯铝业公司主要为电解铝和阳极碳素两大生产系统。同时,还附有铝锭铸造工艺系统、氧化铝贮运系统、电解烟气净化系统、余热发电系统、220 千伏供电配电系统及环境保护设施等辅助生产系统。

电解铝生产线系统是大屯铝业公司生产的核心,其生产工艺采用的是国内同行业当时最先进的 230 千安预焙电解槽,配套烟气干法净化、物料浓相和超浓相输送系统及计算机控制技术,废气回收率达 98％以上,电流效率达 93％以上。铸造工艺系统是整个产品生产的终端环节,选用了 2 台 40 吨混合炉,单强功率 800 千瓦;配套 16 吨/小时铸造机 2 台,可同时进行小块标准铝锭浇铸及自动堆垛码放。

阳极碳素生产线系统由四个子系统构成,分别为煅烧系统、成型系统、焙烧系统和组装系统;其关键设备全部从国外进口,流水线全自动作业。同时,针对煅烧系统烟气余热的节能环保和综合利用,建有与余热锅炉相配套的汽轮发电机组,配套煅烧系统生产。

生产运行控制系统实行计算机集控管理。供电系统采用 220 千伏双回供电配电装置。

2. 生产工艺流程

（1）电解铝重熔铝锭系统生产工艺流程见图 6-2-11。

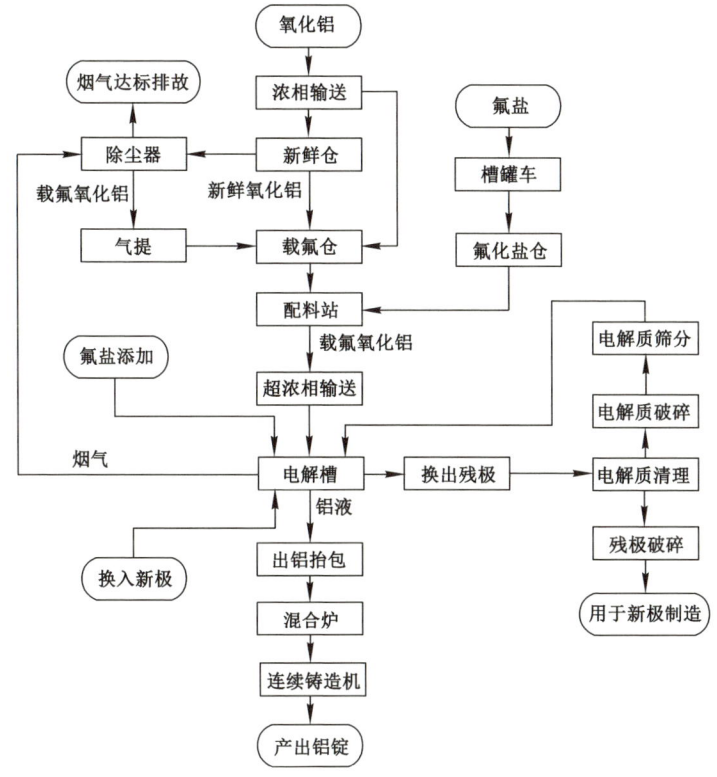

图 6-2-11　电解铝重熔铝锭系统生产工艺流程图

（2）阳极碳素系统生产工艺流程见图 6-2-12。

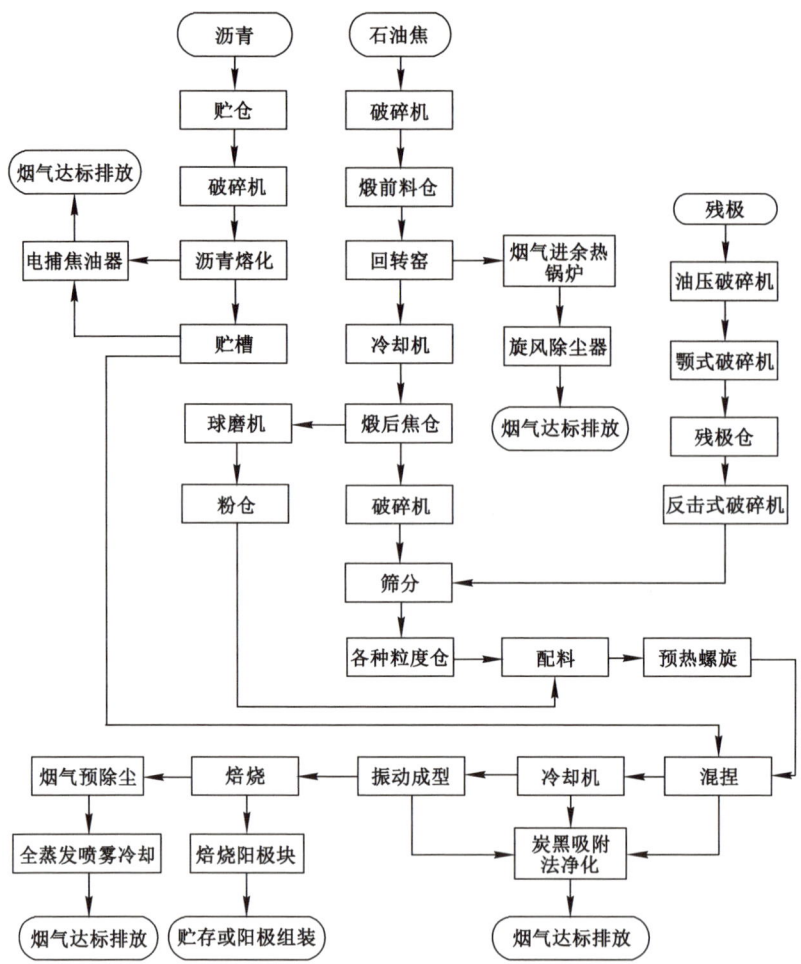

图 6-2-12 阳极碳素系统生产工艺流程图

第三章　产品与研发

一、苏铝铝业公司

（一）本部主要产品

主要产品为装饰板箔、空调箔、电容器料、铝箔坯料及包装箔等。各种产品的品种、规格、用途见表 6-3-1。

表 6-3-1　苏铝铝业公司本部主要产品一览表

产品名称	合金牌号	状态	厚度/毫米	宽度/毫米	执行标准	主要用途
幕墙板	1100 3003	H14、H24	1.0～3.0	800～1 700	GB/T 3880—2006	涂层后用于建筑物外墙装饰
合金板	3004 5052	H32、H34、H22、H24	0.5～3.0	800～1 600	GB/T 3880—2006	3004 涂层用于屋顶、屋面；5052 产品用于模具制造、交通运输、五金制品等行业
隔断料	3003	H22、H24、O	0.2～0.8	800～1 600	GB/T 3880—2006	分切、压型后用作中空玻璃隔条
铝箔坯料	8011 1235	H14、H16	0.2～0.5	800～1 700	YS/T 457—2012	用于铝箔生产
铝塑复合板用带材	1100 3003	O、H16、H18	0.2～0.8	800～1 600	YS/T 432—2000	经涂层、与 PVC 材料复合后用于室外装饰
电容器用铝带材	1060 1100	O、H22、H14	0.2～0.5	200～600	GB/T 3880—2006	用于冲压电子元器件
轧花料	8011 1100	H24、H26	0.2～0.8	800～1 700	GB/T 3880—2006	涂层后用于屋顶、屋面
装饰箔	1100	H18	0.02～0.2	800～1 300	GB/T 3198—2010	经涂层、与 PVC 材料复合后用于室内装饰

表 6-3-1(续)

产品名称	合金牌号	状态	厚度/毫米	宽度/毫米	执行标准	主要用途
空调箔	1100 8011 3102	O、H22、 H24、H26	0.09～0.15	500～1 300	YS/T 95.1—2009	涂层、分切后用于冲压空调散热器
容器箔	8011	O	0.06～0.1	300～1 300	GB/T 3198—2010	涂层、分切后用于冲压航空餐盒及糕点盒等
窗帘料	3105 3004	H19	0.12～0.2	200～600	YS/T 621—2007	分切、涂层后用于制作百叶窗
包装箔	8011	O、H22、H24	0.01～0.08	100～600	GB/T 3198—2010	用于化工、装饰、食品业等

（二）博斯特机械公司主要产品

主要产品为钣金件和少量结构焊接件、机加工件。

（三）产品研发

苏铝铝业公司遵循"从客户出发"的产品开发理念,积极倡导技术创新,推动技术进步。产品检验检测实现了标准化作业和精细化管理,商品符合国家标准、行业标准及顾客特殊标准要求。主要执行标准有国家及行业《铝及铝合金加工产品包装、运输、贮存》《一般工业用铝及铝合金板带材》《铝及铝合金箔》《空调器散热片用铝箔》《铝塑复合板用铝带》《铝及铝合金铸轧带材》《卡特彼勒公司 1E》等标准。

苏铝铝业公司先后成功研制出了压花板、电缆用铝箔、单零箔坯料、3102 空调箔、铝塑复合板用铝带、1100K 空调箔、装饰箔及电容器外壳用铝带材、汽车热交换器用铝合金复合带材、1235 双零箔坯料、3003 玻璃隔断料、3004 合金板、8011 容器箔、3105 优质铝箔、3004灯头料、花纹板、热封箔、高光板、5052 合金板等产品。其中,铝塑复合板用铝带的开发、3102 空调箔的开发与应用等研发项目获得大屯公司及中煤集团科技进步奖。博斯特机械公司组织实施的 CPS 的推广工作,其产品技术标准为卡特彼勒公司独创,高于国家标准。2009—2020 年,博斯特机械公司连续 11 年通过了卡特彼勒公司 SQEP(卡特彼勒优秀供应商)银牌认证。2018 年取得了平均 PPM(百万分之缺陷率)为 26 的好成绩,连续 4 个季度获得卡特彼勒公司颁发的"质量卓越奖",产品质量得到客户的高度认可。

二、铝板带厂

（一）主要产品

主要产品为装饰板、中厚板、合金板等,见表 6-3-2。

表 6-3-2　铝板带厂主要产品表

产品名称	合金牌号	状态	厚度/毫米	宽度/毫米	主要用途
铝扁锭	1××× 3××× 5××× 6××× 8×××		480～610	1 120～2 100	热轧坯料
热轧卷	1××× 3××× 5××× 6××× 8×××	F	4.5～18	1 120～2 100	冷轧坯料,中厚板卷坯
中厚板	5052 5083 6061	F	18～200	1 120～2 100	机械加工,模具加工等
铝塑复合板广告板	1100 3003 5005	H16 H24 H18	0.15～0.80	1 240～2 020	经涂层与 PVC 材料复合后用于室外装饰等
动力电池料	3003	O H14	1.02～2.00	1 120～1 850	新能源汽车动力电池壳
灯头料	3004	O H18	0.26～0.30	1 120～1 950	灯头用料
五金料	3104	H18	0.5～2.5	1 120～1 850	五金件
电子材	5052	H24 H32	0.3～1.2	1 120～1 850	电子材,五金结构件,机箱、机柜
电缆带	5754	H24	0.60～0.65	1 120～1 650	电缆带保护层
瓶盖料	8011	H14	0.19～0.23	780～1 800	酒瓶盖深冲用料
圆片料	1100 3003	O H14	0.45～3.00	700～1 950	深冲氧化圆片料,主要用于电饭锅生产

（二）产品研发

铝板带厂先后研发出了铝塑复合板广告板、动力电池料、灯头料、五金料、电子材、电缆带、瓶盖料、圆片料等多个品种产品。其中,热轧中厚板产品质量控制技术获得大屯公司科技进步二等奖;高强高韧性易拉罐盖及拉环料用铝带技术的研发与应用、屋面板的开发与应用(工程用)、8011 牌号深冲耐烘烤瓶盖料产品的开发均获得大屯公司科技进步三等奖。质量提升了产品的市场占有率和品牌效应,受到了客户的欢迎。

三、大屯铝业公司

（一）主要产品

主要产品为铝锭、铝液、阳极炭块。大屯铝业公司主要产品的品种、规格、用途见表 6-3-3。

表 6-3-3　大屯铝业公司主要产品表

产品名称	状态	规格	执行标准	主要用途
铝锭	固态	54 块/捆　约 20 千克/块	GB/T 1196—2002	用于铝及铝合金深加工
铝液	液态	约 5 吨/台包	GBT 1196—2002	用于铝及铝合金深加工
阳极炭块	固态	1 550 毫米×660 毫米×570 毫米	YS/T 285—2012	用于电解铝生产

（二）产品研发

大屯铝业公司拥有一流的生产设备和高素质的检验、化验队伍，对电解铝、铝锭、阳极碳素均实现了在线检验。质检化验中心从瑞士进口了光谱仪和 X 荧光衍射仪，实行标准化作业，精细化管理，确保产品符合国家、行业标准及客户个性化要求。产品主要执行标准为《重熔用铝锭》《铝电解用预焙阳极》等国家和行业标准。所生产的"大屯"牌铝锭全部达到或超过 99.70 A 的国际标准，是华东铝业市场的畅销商品。2005 年 7 月 15 日，首批 1 000 吨铝锭远销挪威；2007 年 2 月 6 日，首批 1 000 吨代焙阳极炭块出口阿联酋。曾多次被中铝网评为"中国十佳铝锭供应商"。

第四章 改扩建工程

一、项目

大屯公司铝板块产业的改扩建工程主要是苏铝铝业公司。1958—2007年,苏铝铝业公司虽经地方财政或国资部门批准,多次进行"局部改扩建",但由于产业方向转变、技术设备进步、政府职能改革等多种原因,长期追求"短平快"效果,处于低水平投入层次。由于设备落后陈旧、产品定位不高、经济效益起伏不定而越发不能适应市场环境。在其进入大屯公司体系以后,大屯公司多次开展调研,认为有必要增加投入,对老旧设备进行适度的改扩建,实现大屯公司铝板块产业的同步发展。

2010年,苏铝铝业公司决定对1400冷轧机进行更新改造,由1400冷轧机更换为1850冷轧机,该工程投资额度大、技术含量高,其设备更新改造和技改工程项目投资是苏铝铝业公司建厂以来最多的项目;建成后产品市场前景良好。经过调研,苏铝铝业公司以《关于1400冷轧机更新改造为1850冷轧机的请示》和《关于现厂区实施1850冷轧技改的请示》文件,分别请示大屯公司和徐州市政府。2010年10月21日该技改工程项目获得徐州市政府批复,10月28日完成企业投资项目备案(备案号:3203001005064)。2011年4月,由中色科技股份有限公司完成初步设计。建设规模为年产铝带材和铝合金带材四万吨,工程总投资1.26亿元。同年11月15日开工,由大屯建安公司负责承建。2012年1月底完成厂房基础桩工程,同年7月底完成厂房钢结构工程。同年9月10日,完成冷轧机牌坊安装工程,同年12月31日开工试生产,总工期为412天。2013年4月20日正式投产运行。

二、效果

1850冷轧机投产后,相比以往的1400冷轧机组,其产品最大加工宽幅由1 400毫米增至1 850毫米,不仅增加了产品的宽度和类别,而且使生产出来的"宽幅板"和"高光板"附加值得到了提高,市场品位、销售能力得以提升。由于1850冷轧机自动化程度高,设备的产能、速度、效率在放量生产的同时也得以逐渐释放,设备运行成本和人工成本逐步得到降低。

2013年,苏铝铝业公司以1850冷轧机组为基础,成立了新材车间。2018年10月份,月产量超过1 000吨,因此也标志着1850轧机产能已经得到顺利释放,装备优势逐渐体现。当年实现年产量21 539吨,比2017年增产3 000多吨,产品成材率提高了1.21%,每吨产品的消耗降低了15.77%,增效近200万元。2019年,该车间继续深入推行内部市场化管理,推进职工主动工作、高效工作,综合管理取得了明显成效,实现了全年增产3 860吨、减亏200万的良好业绩。

第五章　生产管理

一、生产管理流程

大屯公司铝板块各单位的生产管理体制体系基本一致。其流程是:销售部门获得订单后,交由法务部门组织合同评审,经评审合格即下达至生产协调部门,生产协调部门根据产品方向和各车间的设备、人员、技术、原材料的情况,将工作指令下达给相对应的车间和技术、质量等生产辅助部门。车间接到订单后从物料管理部门领用相关原材料、坯料(如氧化铝料、铸轧卷、大板锭、热轧卷),按技术、质量部门下达的工艺技术、质量标准组织生产。车间首先对产品例行自验,自检合格后,由技术、质量部门复检。复检合格后,包装入库,再由销售部门组织发货,交付客户。

博斯特机械公司由于生产管理相对独立,主要是按照生产周期控制、订单计划按时完成和交付及时率进行考核,其质量考核实施与母公司不同的机制,以 PPM(百万分之缺陷率)为依据。2014 年,通过调整工艺布局,实现了布局流水线型生产,形成了薄板、厚板两条生产线,由原来的推式生产转化为拉式生产。

二、生产计划管理

计划分年、月、日计划。年计划由铝板块各单位根据每年的生产经营目标来确定;月度计划根据季节特点,并结合年计划来细化、分解月度计划;日计划按照月度计划情况,再结合各客户的订单情况来确定,日计划的下达由销售部门根据客户的发货情况并结合各车间的生产情况来下达。

三、生产调度

根据企业发展战略和市场需求,生产协调部门具有较强的权威性。一般情况下,由生产协调部门牵头组织生产调度会、专题协调会,及时、随机协调处理生产中遇到的问题,严格执行生产过程管理考核和产品工期管理考核制度,不断加强生产计划和调度管理。2012 年,大屯公司铝板块各单位分别组织开发生产 ERP 系统(企业资源计划集成化管理信息系统),促进了生产管理工作程序化、规范化,生产管理关系得以更好地理顺,工作效率和工作质量得到了提高,确保了各项生产任务的完成。博斯特机械公司的日常调度涵盖安全、生产、质量、交货、成本等各大系统,实行独立的 CPS(卡特彼勒公司生产系统管理)生产体系。2011 年,博斯特机械公司将 EDI 生产系统(电子数据交换软件)应用于生产环节,保证了生产计划接收的准确性、有序性以及产品原材料购买和储备、产品交货的及时性。

(一)生产调度会

生产协调部门每周组织一次生产调度会,部署安排一周的生产情况并总结上周的生产完成情况。大屯铝业公司、铝板带厂每周按时召开碰头会,布置近日的安全、生产工作。苏铝铝业公司除召开碰头会外,每月中旬还由生产和销售部门结合客户订单及月度计划的情况,下达下月的原材料(如铸轧卷)需求计划。

（二）专题协调会

如遇需各部门集体协商解决的问题(如安全、质量、设备等),或由生产协调部门落实召开,或由相应的职能部门牵头召集。2012 年,铝板带厂逐步强化了生产经营计划、供销计划、批次生产计划的落实。2019 年颁发的《铝板带厂生产管理办法》对生产经营计划、供销计划等内容做了详细具体的规定,进一步理顺了生产流程,增强了生产计划性,提高了工作效率,确保了销售订单任务的顺利完成。

第六章　经营管理

第一节　苏铝铝业公司

一、经营管理体制

（一）体制改革

2007年以后，苏铝铝业公司的经营机制全面逐步纳入大屯公司的管理体系，但在内部管理上，却继续沿用企业隶属徐州时期的既定体制。2017年下半年，按照大屯公司内部市场化专题会议的要求，苏铝铝业公司以"铝板块要以推进内部市场化管理，向外部市场接轨，尽最大限度地减亏扭亏，赢得新的发展机遇"为指导思想，积极探索内部市场化改革思路，基本完成内部市场化管理体系的建设。博斯特机械公司以卡特彼勒公司精益化项目为指导，着力降低运营成本，主要原材料的采购由卡特彼勒公司指定供应商按照分配计划执行，一旦出现数量、质量和供货时间等问题，均由卡特彼勒公司协调解决；辅助材料按照大屯公司物资贸易体制统一采购调配。

（二）计划管理

2007年以后，苏铝铝业公司制定了《生产经营计划管理标准》。营销部负责编制产品销售计划；生产科负责编制产品生产计划；设备管理科负责编制修理计划；物资管理科负责编制物资需求计划；人力资源科负责编制人力资源计划；营运管理科（财务预算）负责资金计划平衡，编制资金经营预算计划，提供计划完成情况的有关数据；营运管理科（计划统计）负责汇总编制企业生产经营计划，总体分析计划完成情况，归口上报大屯公司经营部。博斯特机械公司生产经营计划通过实施看板管理落实到班组岗位，要求各班组及时关注生产、成本、营销计划的动态变化，高效合理地筹划生产准备、材料准备、物资准备等工作。

（三）统计管理

苏铝铝业公司按照《统计工作管理标准》，由营运管理科（计划统计）负责综合统计业务及信息对外发布与上报。同时，规范开展统计业务管理工作，检查各分公司、车间部门提供相关统计数据的及时准确性，指导基层分公司、车间部门开展统计业务工作，协助人力资源部门开展统计业务培训工作，履行企业统计工作的信息、咨询与服务职能，为公司领导决策和生产经营提供依据。

（四）预算管理

苏铝铝业公司执行《全面预算管理办法》，由全面预算管理领导小组和相应的办事机构履行预算管理职能。营运管理科（财务预算）对凡需支付款项的各项预算开支均实现预算管理，日常管理以编制月度资金预算和日资金预算进行严格控制，集中申报支付；企业下达的预算指标，包括对各车间部门领导的考核和对执行单位的考核，全部纳入各车间部门的经营责任书进行绩效考核。企业根据各车间部门预算指标完成的情况,核实并确定奖罚金额,通过结算平台落实考核,促进预算管理由静态向动态发展,保障内部市场化工作正常运行,提高经营管理水平。

（五）绩效管理

苏铝铝业公司根据铝加工产业的特点,制定个性化、差异化专项考核政策,重点考核安全、利润、差价收入、质量指标。同时,根据生产经营的不同特点将各分公司、车间部门分为生产经营单位、生产辅助单位、后勤服务单位、机关部室四个板块,按照管理层级分为四级市场主体,其中苏铝铝业公司总部为一级市场主体,车间、中心、部室为二级市场主体,班组为三级市场主体,职工为四级市场主体,发挥绩效考核的激励作用。

（六）销售管理

苏铝铝业公司的销售,2001 年以前为第一阶段,生产主要是"二人转"生产线、第一台四辊冷轧机产品,产品主要以厚板为主,产品较为单一;销售客户主要以经销商为主,主要分布在长三角、东北、山东等地。2001—2005 年为第二阶段,当时第二台四辊冷轧机投产后,开始调整产品结构,扩大装饰板产销量,形成以装饰板为拳头产品的格局。同时,经过不懈努力,逐步减少并淘汰经销商,形成"撇开中间商,直接供市场"的格局,实现与用户的无缝对接。2005 年以后为第三阶段,不断完善产品结构,创建"苏铝"品牌并做精做强"苏铝"品牌,先后制定了《产品价格管理制度》《来料加工管理标准》《销售业务内控管理标准》《外品销售管理办法》等一系列管理制度,不断创新、调整、改进对营销业务员的考核管理。对新客户,按照 1∶1.2 的销量予以考核、兑现,鼓励业务员努力开发新市场和新客户;对现款现货客户,按照 1∶1.2 的销量予以考核、兑现,对应收账款,按照回款时间设置递增扣罚台阶,鼓励客户减少账期、降低风险;博斯特机械公司加强与卡特彼勒公司各层级企业的沟通,实现产品交付后 60 天销售回款;2016 年以后,对每年销量达到 5 000 吨、6 000 吨、7 000 吨的业务员(后调整为按照销售差价考核),年终一次性分别给予 2 万元、3 万元、4 万元的奖励,调动了业务员的积极性,规范了销售行为。

二、经营指标状况

苏铝铝业公司历年产量利润见表 6-6-1。

表 6-6-1　苏铝铝业公司本部历年产量、利润统计表

年份	产量/吨	收入/万元	利润/万元
2007	49 707	96 417.28	−627.70
2008	56 951	80 735.62	−1 947.63
2009	49 850	57 583.26	−2 582.92
2010	64 938	83 630.87	−4 249.67
2011	56 939	80 438.89	−5 584.34
2012	50 948	63 800.72	−3 789.23
2013	49 792	55 554.91	−7 254.76
2014	48 384	54 386.50	−4 793.48

表 6-6-1(续)

年份	产量/吨	收入/万元	利润/万元
2015	42 090	41 253.44	−6 814.80
2016	38 761	40 969.72	−5 415.34
2017	47 947	51 083.70	−1 930.03
2018	55 424	56 002.85	675.22
2019	59 747	61 396.38	1 323.37

博斯特机械公司历年产量利润见表 6-6-2。

表 6-6-2　博斯特机械公司历年产量、利润表

年份	产量/吨	收入/万元	利润/万元
2007	342 077(件)	12 675.57	597.74
2008	102 696(件) 11 420(吨)	18 630.91	562.34
2009	7 257	8 924.03	425.46
2010	14 506	16 514.29	1 193.22
2011	22 317	25 366.56	1 809.37
2012	18 247	19 099.33	1 484.08
2013	13 411	11 984.01	938.16
2014	23 509	20 937.87	2 297.73
2015	16 589	12 801.84	1 495.62
2016	22 801	16 569.02	1 314.64
2017	44 777	40 318.34	745.54
2018	62 108	72 056.36	2 421.63
2019	43 598	49 266.27	1 870.08

三、管理措施

2007 年以后,苏铝铝业公司经营体制逐步对接大屯公司。2009 年,准确将产品定位于附加值较高的装饰板、箔,不断加大单零箔坯料、容器箔、3003 等产品产销量,实现了与格力、美的、海信、澳柯玛、日立等制冷行业以及上海华源、上海吉祥等装饰行业著名商标的配套,装饰板、箔经客户再加工后主要用于出口,占领了国内除广州以外的珠三角和上海、江阴、山东市场。

2010 年,坚持"大市场、大营销"战略,实施生产组织专业化、生产装备系统化和质量控制标准化的"三化管理",开展与铸轧卷和铝箔坯料生产销售企业的合作,提高单机商品销量,放量降本。探索组织机构、人才培养、薪酬考核分配和后勤服务市场化"四项新机制"改革,激发企业发展活力;同年,职工收入水平实现了较大幅度增长,工资总额 5 135 万元,较上年增幅 13.98%,在岗职工平均工资 35 866 元,较上年增幅 11.46%。

2012 年,重点抓好 1850 轧机的上马、110 千伏变电所的更新改造,加快推进熔炼炉"油

改气"工程进度和博斯特机械公司扩能增产三项工作,夯实基础。2013 年,按照"精简、高效、一专多能"的原则,结合 1850 轧机工程完工、投产,对标行业先进企业的管理模式,通过对新材车间定员定岗、绩效薪酬的改革,创新管理,增加销售收入 8 亿元。1850 轧机生产线由标准定额配置 217 人减少为 60 人,精简 157 人,实际使用仅 38 人;大中专以上学历职工占比 23.6 %;在绩效管理上,制定落实了《专项考核办法》,打破模式限制,按合格品产量计提绩效工资,以量增收、增效;车间内部逐层分解,冷轧、剪切机台按照通过量和工序进度计算绩效工资,多劳多得。

2014 年,通过对产供销一体化体制进行持续不断的改进、完善,各车间经营业绩逐步提升,车间管理人员的管理意识、市场意识、质量意识等逐步提高,一体化体制运行效果良好。新材车间全年完成产量 12 501 吨,综合成材率达到 83.03%,其中成材率由第一季度的81.1%提高到第三季度的 84.52%。博斯特机械公司以"产品最好、利润最佳、资产利用率最高"为目标,实施全面看板计划管理和精细化管理,通过调整工艺布局,实现了流转顺畅,库存降低,减少工件周转 6 915 千米/年,节约生产成本 42.9 万元/年。

2016 年,按照大屯公司改革要求,对标铝加工行业标准,启动内部市场化改革。重新梳理岗位职责和定员,开展"四定"工作与流程再造,实现管理扁平化。改革后精简管理科室,引导管理、辅助人员向一线车间流动,确保生产一线岗位的相对稳定。在干部管理上,建立《中层干部月度考核评价办法》,推行了生产职能中层干部集中联合办公,提高了工作效率。执行大屯公司科级干部提前离岗休养政策,稳妥推进劳动合同协议解除,同 111 名职工协解劳动合同,基本剥离历史遗留问题和陈旧包袱,为后续生产经营减轻了负担。2018 年,抓住"安全、减亏、改革"三条主线,对标行业先进,优化业务流程、强化管理提升,加快减亏步伐,劳动生产率、职工收入明显得到提高,同年实现了经营不亏损,彻底扭转了进入大屯公司体系后连续亏损的被动局面,成为"老国企"焕发"新生命"和"处僵治困"的典型。同年,博斯特机械公司通过深化产供销一体化体制,科学合理安排生产、物资和资金准备,材料利用率达到了 73.8%,是卡特彼勒特级供应商中利用率最高的企业,达到了世界一流水平,全年实现利润 2 400 多万元,经营业绩创历史新高。

2019 年,以减亏扭亏效果为价值分配导向,开展岗位货币化和行业对标,规范、深化、提升内部市场化管理,提质增效。同年 9 月份,企业借鉴子公司博斯特机械公司的工时结算政策,制定车间固化价格结算方法,建立"日清日结即所得工资"制度,规范二、三、四级市场"单项工程"机制,实现了减人不减资;实行动态数据考核,完善电、油、退货率等定额管理;深化二级对三级结算政策,为企业内部市场化在铝加工行业的实践应用和铝加工产业转型发展奠定了基础。成功引进徐州裕国铝业公司,开展租赁合作,学习民营企业在劳动组织、效率提升、产品结构、成本质量管控、设备能力发挥、管理模式与经营机制方面经验,盘活了存量资产。博斯特机械公司利用与美国卡特彼勒公司采购部长期良好的合作伙伴关系,积极扩大业务范围,先后与卡特彼勒公司北美、巴西、日本、欧洲等工厂建立了横向业务联系,与卡特彼勒公司徐州挖掘机工厂、上海配件中心、徐州路面机械工厂、日本工厂和北美工厂以及苏州物流、苏州吴江小型挖掘机工厂建立长期合作业务。机加工产能可达 10 万吨/年。2019 年,博斯特机械公司新开发了卡特彼勒公司山东工厂业务,获得供应商资格代码,正式成为其售后服务供应商,交货通道顺畅、回款良好。2020 年,博斯特机械公司开发卡特彼勒公司苏州售后服务区业务,已成为美国卡特彼勒公司银牌供应商和美国爱科农机公司产品供应商。

<h2 style="text-align:center">第二节　铝板带厂</h2>

一、经营状况

铝板带厂根据转型发展需要,2017 年以后,努力与市场接轨,落实"严、盯、细、实、高"工作要求,全力"开拓市场、调整结构、提质上量、降本增效",不断加强生产经营、财务预算、采购销售等方面的管理,积极推进内部市场化、对外合作经营、新班组建设、人力资源改革、全员销售等工作。

铝板带厂投产以后历年产销情况见表 6-6-3。

表 6-6-3　铝板带厂投产以后历年产销情况表

年份	产量/吨	销量/吨
2012	18 020	7 166
2013	40 515	21 986
2014	35 134	20 806
2015	35 040	22 747
2016	36 314	36 085
2017	64 998	56 942
2018	77 016	75 305
2019	76 064	72 679

二、管理措施

2012 年投产以后,铝板带厂不断加强经营管理,完善标准化体系建设,深入推动管理创新、内部市场化、对外合作等工作,严格考核兑现,提升了经营管理水平,实现了逐年减亏的良好局面。2017 年,被大屯公司授予减亏增效先进单位。

（一）开展重点、创新工作专项考核

2016 年以后,按月开展重点、创新工作专项考核。每月上旬,由人力经营部牵头组织召开考核会议,汇总、汇报各车间、部门每月提交的重点、创新工作完成情况,领导小组进行点评、审议,确定奖罚。通过点评、创新工作专项考核,促进了工作效率的提升与工作方法的改进,增强了干部、职工的工作责任心,提高了执行力和创新能力,激发了各车间、部门主动提出问题、解决问题和干部、职工大胆实践,敢于开拓的积极性。

（二）开展对外合作经营

2012 年投产以后,由于产品市场定位不合理和企业初创阶段管理机制不健全,职工操作技能不熟练,设备磨合、工艺成熟度低下等诸方面因素,在较长时间内,生产周期不正常,不能实现连续生产,产量始终在较低水平徘徊。2015 年 10 月后,铝板带厂通过信息搜集、分析,诚邀行业专家把脉会诊,并经过认真地市场调研和与有合作意向厂家的多次商务谈判后,选择了上海华峰日轻铝业股份有限公司、福建厦门泰呈铝业公司、山西隆希铝业有限公司三家合作企业,分别以不同的管理模式合作经营。

（1）与上海华峰日轻铝业股份有限公司的合作。合作双方采取由华峰日轻铝业提供坯料＋人员＋市场的合作模式。上海华峰日轻铝业股份有限公司由中国民营制造企业百强之一的华峰集团和日本轻金属株式会社联合投资组建。2016—2020年,由华峰公司提供板锭坯料,配备部分人员和机械设备,负责产品销售;铝板带厂负责热轧加工及必要冷轧加工,双方权责分明,合作关系良好。铝板带厂克服了人员少、任务重的困难,充分发挥了热轧设备性能好、工艺技术成熟的特点,短时间内产品量实现了最大化,月最高产量达6 000吨,产量、效益都创造了历史新高。2018年底,因华峰公司参与国家西部大开发项目而终止合作。

（2）与福建厦门泰呈铝业公司的合作。合作双方采取由厦门泰呈铝业公司提供设备＋技术＋市场,铝板带厂提供作业场所＋用工＋水、电等公用辅助＋后勤服务的合作模式。福建厦门泰呈铝业公司位于厦门市,1998年以后涉足铝加工行业,前期一直与福建福清南方铝业公司(属侨资企业)合作生产铝圆片料。主要经营铝材等轻金属材料制品,其中铝材圆片料年度销售额2亿元。2015年初,因南方铝业公司投资人产业转型停业,泰呈铝业公司开始在国内寻找新的合作伙伴。经业界推荐,泰呈铝业公司多次前来考察,认为铝板带厂具备中端氧化料的生产能力,生产条件成熟、稳定,是理想的合作伙伴。2017—2020年,泰呈铝业公司带设备、带技术、带市场,铝板带厂提供生产场地、生产工人、供配电等配套设施,负责组织生产,每月产量450吨。合作双方满意,效果良好。

（3）与山西隆希铝业有限公司的合作。合作双方采取由隆希铝业有限公司提供设备＋技术＋人员＋市场,铝板带厂提供作业场所＋计量检验＋水、电等公用辅助＋后勤服务的合作模式。山西隆希铝业有限公司位于山西省运城市,主要以热轧产品为主,是国内中厚板产品的知名厂家,且销售区域主要为长三角及其周边地区。隆希铝业有限公司为增大销量,扩大产能,积极谋划在销售区域周边寻求合作单位,经过多次考察,与铝板带厂展开合作。2017—2020年,隆希铝业有限公司自带锯切机、整平机等设备,并组织了20余名职工进场作业。而铝板带厂则专门抽调1名技术骨干到隆希铝业公司帮助协调管理。2019年,月产量在300吨左右,产品市场占有率大幅提高。

（三）推进内部市场化管理

铝板带厂为大屯公司内部市场化管理首批推进单位之一。2017年实施,经过运作,基础管理体系已日臻完善,支撑体系基本成熟,考核及其他配套措施也已具备,效果较好。内部市场化管理使职工的思想观念发生变化,由被动的"要我干"变成了主动的"我要干""抢着干",积极性空前高涨。

（1）开展管理创新,优化业务流程。设立物料流转段,将分属供应部、生产管理部的打包、装卸、叉运、成品收发等不同业务,通过业务流程再造,整合成一个"包装、转运、收发"的综合部门。段内部模拟市场化运作,简化、优化业务流程,打破班组、工种界限,通过为其他生产、辅助部门提供相应服务,收取服务费用作为工资收入。物料流转段设立后,效率大幅提高,成效显著,其中包装班由日平均包装产品不足30卷,提升到日平均包装73卷的水平(图6-6-1)。

（2）开展要素市场建设,建立人力资源要素市场。规范原有人力资源市场化的流程,完善运行办法等相关制度。厂内车间部门人员调动、流转均通过人力资源要素市场运作,公示招聘,公开竞聘,有效促进了人力资源优化配置,实现了人才向更需要的岗位有序流动。

图 6-6-1　铝板带厂转运铝卷场景

（3）借鉴同行业先进水平，全面对标有序展开。2016 年以后，两次修订了《铝板带厂全面对标管理办法》，优化调整管理组织机构，完善对标管理的层次和要求。2018 年，制定厂级对标管理指标 19 项、车间级对标管理指标 22 项和班组级对标管理指标 10 项，内容涵盖经营管理、生产管理、安全管理和节能环保、质量管理、技术研发、人力资源管理、生产成本管控、班组技术操作等各方面。

（4）创造性地开展阶梯综合单价，解决产量不稳定时期的结算问题。为妥善解决工资总额与产品产量增长不同步的问题，调动生产一线职工的积极性，在推进内部市场化建设过程中，创新推行了阶梯综合单价。在产量不稳定时期，这一结算方式运行效果良好。

（四）强化资金物料的预算管理

（1）材料物资收发管理。2013 年，通过实施《铝板带厂材料物资收发管理办法》等相关制度，优化了收货、退料等材料物资收、发、存流程，明确了物资发放管理责任，确保材料物资数量真实、质量可靠，控制了材料消耗，降低了成本费用，减少了资金占用，加速了资金周转。2015 年，成立采购管理委员会，下发《物资采购管理办法（试行）》，坚持提高物资性价比，实现将物资全生命周期最低总成本作为物资采购的准则，遵循"竞争择优、集体决策"的原则，推行"合理采购"理念，优化采购流程，明确物资采购职责，强化对物资采购的监督，有效提升采购管理、仓库管理的水平，保障了生产物资的正常及时供应。

（2）资金预算管理。2015 年，按照大屯公司财务管理制度，印发了《铝板带厂财务支出管理办法》，对工程项目及专项费用报批、资金预算管理等作了详细规定，进一步推进了全面预算管理，提升了财务管理水平，保证了各项业务活动有序进行。

（五）推进人力资源管理

（1）"四定"工作。2019 年，通过对中铝集团洛阳铝加工厂的调研，因地制宜，再次推进定编、定岗、定员、定责的"四定"工作。通过开展"四定"，组织机构由最初的 21 个精简为 12 个，定员 450 人。2020 年，用工 320 人，部门正职人员由 24 人减少到 14 人。优化了生产、管理、服务流程，明晰了工作职责，缩短了内部交易业务流程。

（2）组织机构再造。2019年下半年，铝板带厂利用大屯公司后勤体系整合契机，实施机构再造。再次在"四定"框架下，优化厂生产单位、辅助单位和机关科室人员配置，整合原有的待岗培训机构职能，成立厂5S服务工作站，组织编余人员在内部市场化的框架下，找米下锅，从事车间公共区域文明卫生和修旧利废。此举促进了人力资源优化配置，为企业安全生产、降本增效、转型升级等各项工作提供了有力的组织保障，激发了活力。

（六）销售管理

铝板带厂始终根据经营发展战略，不断完善营销管理制度，实施全员销售管理和销售专项考核，激发职工营销积极性，不断提升销量，提高产品市场占有率，产品销量实现逐年提高。2017年，加大了应收账款的风险管控力度，进一步规范了应收账款的管理流程，实施了《应收账款风险控制管理制度》，严格了客户评价管理，对应收账款流程作了具体规定，有效地防范资金风险，保证应收账款的及时回笼，资金周转效率得以提高。2019年，实施了销售专项考核政策，销售人员绩效工资按个人销售成果计提，多销多得，上不封顶，少销少得，直至托底。2019年，又积极实施以"自产商品为主，中厚板、装饰板优先"的销售策略，扩大自主产品销量，自主商品销量较2018年同期增长58.85%，同年实现销量72 341吨，较2016年增加36 594吨。

第三节　大屯铝业公司

一、经营概况

大屯铝业公司在存续期间，坚持秉承"以人为本、注重安全、合作双赢"的经营理念，按照"一流的技术、一流的管理、一流的设备、一流的产品、一流的人员素质"五个一流的管理目标，加强对组织管理、市场营销、成本控制、安全生产、客户服务、内外和谐等方面的管控与考核，不断提高企业经济运行质量。2007年，率先推行"准军事化管理"，将军队严密的管理制度、严谨的工作准则、严明的作风纪律、严格的考核手段借鉴到公司的具体工作中去，以提升企业的基础管理水平。2013年12月，因亏损因素，逐步关停10万吨电解铝生产线和6.4万吨配套阳极碳素生产线。2014—2018年，有序完成职工分流安置工作，2019年3月29日完成企业注销。

2004—2018年大屯铝业公司经营指标完成情况见表6-6-4。

表6-6-4　2004—2018年大屯铝业公司经营指标情况表

年份	产品产量/万吨		产品销售量/万吨			产品销售收入/万元	利润/万元
	原铝	阳极炭块	铝产品	阳极炭块销售量	阳极炭块委焙量		
2004	0.09		0.06			865.15	
2005	4.53		4.26			60 494.91	
2006	6.55		6.35			110 053.94	3 766.81
2007	9.85	5.07	9.63	0.72		161 710.90	12 697.93

表 6-6-4(续)

年份	产品产量/万吨		产品销售量/万吨			产品销售收入/万元	利润/万元
	原铝	阳极炭块	铝产品	阳极炭块销售量	阳极炭块委焙量		
2008	10.00	6.08	9.70	0.45	1.63	146 009.05	−12 488.99
2009	10.70	5.76	10.74		0.48	126 711.67	7 935.10
2010	10.87	6.48	10.77		0.98	143 968.65	9 013.00
2011	11.00	6.32	10.75		0.19	153 922.04	8 910.58
2012	11.25	6.15	11.23		0.03	149 032.11	10 828.64
2013	5.71	6.75	5.58		4.46	71 242.58	−4 392.65
2014	1.22	2.27	1.65	0.40	0.39	202 08.52	−11 983.55
2015				0.63		858.62	−15 523.63
2016				1.30		1 730.59	−14 098.10
2017				0.11		137.11	−2 852.45
2018							−5 586.82
合计	81.77	44.88	80.72	3.61	8.16	1 146 663.25	

二、销售管理

（一）铝锭销售定价方法及依据

大屯铝业公司铝锭销售定价基础是参考上海长江现货市场公布的铝锭现货挂牌价格。其价格每天上午定时通过上海有色网对外公布。在上海长江现货价格的基础上进行一定的价格下浮后,作为结算价格。

（二）铝液销售定价方法及依据

铝液的销售定价以铝锭的销售定价作参考。

三、亏损及关停

（一）亏损原因

一是受国家宏观政策影响,电解铝企业在短短的几年内,产能从不足到严重过剩,致使电解铝产品价格长期处于低位运行。尤其 2008 年,受全球金融危机、电解铝产能扩张过快及下游铝加工产业需求减缓等因素的影响,国际、国内电解铝价格也出现了大幅加速下跌趋势,跌幅达 42%,全国电解铝企业 95% 以上出现了亏损。

二是电解铝生产成本中用电成本约占 45%,由于大屯铝业公司用电成本高,导致电解铝生产成本高,经营亏损。以 2011—2013 年为例,铝业公司电解铝销量分别为 10.75 万吨、11.23 万吨、5.58 万吨(2013 年产量减半),营业收入分别为 15.39 亿元、14.90 亿元、7.12 亿元,按照 0.32 元/(千瓦·时)内部电价计算的账面利润分别为 0.89 亿元、1.08 亿元、−0.44 亿元。为了真实反映大屯铝业公司效益情况,将用电成本由内部价格还原到市场价格,还原后电价由上网电价、电力基金、容量费和过网费 4 部分组成,2011—2013 年综合含税价分别为 0.663 元/(千瓦·时)、0.590 元/(千瓦·时)、0.517 元/(千瓦·时),市场还

原后利润分别为－3.59 亿元、－2.53 亿元、－1.85 亿元,边际贡献分别为－2.22 亿元、－0.98 亿元、－0.36 亿元。

（二）关停时间

2013 年 3 月,余热发电系统全部关停。2014 年 3 月,电解铝生产线全部关停。同年 6 月,阳极碳素生产线全部关停。

四、产能指标转让

10 万吨电解铝生产线关停后,大屯铝业公司积极向江苏省经信委申报化解过剩产能项目,江苏省淘汰办、工信部分别进行了公告,将该项目列入了江苏省和国家 2015 年淘汰落后和过剩产能任务企业名单。2015 年 8 月,江苏省经信委转报江苏省政府批准同意、公告,并出具《江苏省经济和信息委员会关于江苏大屯铝业有限公司电解铝产能指标出让的通告》文件(苏经信产业〔2015〕593 号)。2015 年 9 月 11 日,江苏省经信委向工业和信息化部产业政策司提交了《关于申请发布江苏大屯铝业有限公司电解铝项目产能置换指标出让信息的函》(苏经信产业函〔2015〕160 号),申请在全国范围内出让产能指标并在全国产能置换指标供需平台发布。通过竞争性谈判方式,在 2016 年 9 月 18 日与内蒙古蒙泰煤电集团有限公司签订了《电解铝产能指标出让合同》,2016 年 10 月 15 日 10 018 万元的合同价款全部到账,完成产能指标交易。

五、企业注销

（一）原因

根据国务院国资委《关于开展中央企业“处僵治困”工作专项督导的预通知》、中煤集团《关于做好“处僵治困”专项督导准备工作的通知》的要求与安排,2016 年,大屯铝业公司因被列入国资委挂牌督导的“僵尸企业”而被注销。

（二）过程

2017 年,启动注销程序。同年 2 月,上海能源召开董事会,审议通过清算注销大屯铝业公司的议案。同年 3 月,成立大屯铝业公司清算工作组,启动清算注销工作。

（1）进行股权变更,合资转内资。2017 年 4 月 4 日,大屯公司以《关于收购大屯铝业公司 25% 股权暨吸收合并注销大屯铝业公司的请示》行文中煤集团,中煤集团于同年 4 月 14 日下发《关于大屯煤电(集团)有限责任公司吸收合并江苏大屯铝业有限公司有关事项的批复》(中煤管〔2017〕221 号)文件,同意变更大屯铝业公司清算注销方式:大屯公司先行协议收购中煤香港公司所持有的大屯铝业公司 25% 股权;股权收购完成后,由大屯公司吸收合并大屯铝业公司,注销大屯铝业公司法人。同年 7 月 17 日,与中煤香港公司签订《股权转让协议》,将大屯铝业公司变更为内资公司,大屯公司拥有大屯铝业公司 100% 股权,注册资本 24 557.678 7 万元整。同年 8 月,在徐州市场监管局完成外商投资企业变更备案,领取新的营业执照,完成了外资公司变更成内资公司的阶段性工作。根据工商行政管理法律法规规定,须待外资公司转内资公司满一年后,方可进行法人注销工作。

2018 年 8 月,经过一年等待期,大屯铝业公司法人注销工作继续进行。同月 12 日,上海能源以《关于大屯公司吸收合并大屯铝业公司的请示》请示中煤集团,中煤集团决定:大屯公司通过吸收合并方式,合并大屯铝业公司全部资产、业务、人员、负债及权益。本次吸收合

并完成后,大屯公司作为合并方存续经营,大屯铝业公司作为被合并方,其独立法人资格将予以注销。通过一系列具体操作,妥善了解决注销前的各项问题。2019 年 3 月 29 日,徐州市市场监管局发出"公司准予注销登记通知书"。至此,大屯铝业公司注销,完成历史使命。

(2)职工安置。2013 年下半年,随着电解铝生产线的逐步关停,如何保证职工收入水平不被大幅降低,确保队伍稳定,就成为大屯公司及大屯铝业公司的工作重点。2013 年 10 月和 2014 年 1 月,大屯铝业公司分别成立榆林项目部和重庆旗能项目部,用电解劳务承揽和设备维保两大业务"走出去"发展的模式,努力实现生产自救;大屯公司也将矿区新建居民小区和研发、商务中心的 251 部电梯的维保业务交予大屯铝业公司,尽力解决生产任务不饱满的问题。2014 年,大屯铝业公司全面完成生产线关停任务,期间多次召开会议,进行认真讨论,统一思想认识,表示坚决拥护并贯彻执行。同时,大屯铝业公司剩余职工的安置工作逐步展开。同年 12 月 16 日,大屯公司召开大屯铝业公司职工分流转岗专业会议,部署职工转岗竞聘和分流安置工作。要求大屯铝业公司在剩余职工的逐批次转岗竞聘和分流安置期间,顾全大局,遵守纪律,确保队伍稳定,一如既往开展善后期间各项工作,防止各种事故发生。2018 年初,大屯铝业公司所有人员均实现妥善安置。

2013—2018 年职工转岗竞聘和分流安置基本情况详见表 6-6-5。

表 6-6-5 大屯铝业公司 2013—2018 年职工转岗竞聘和分流安置基本情况表

序号	年度	分流人数(含内退)	分流至主要单位
1	2013	708	调离
2	2014	694	调离
3	2015	141	(1)年初转岗安置人员 650 人,详见注 1;(2)调离
4	2016	127	调离、内退
5	2017	120	调离、内退
6	2018	0	2 月,完成全部转岗,详见注 2

注:(1)2014 年底,大屯公司组织对分流转岗人员开展三个轮次竞聘上岗活动,共有 650 人通过竞聘分流至大屯公司其他单位上岗。其中,大屯发电厂 136 人、铁路管理处 70 人、孔庄矿 53 人、姚桥矿 49 人、徐庄矿 49 人、大屯选煤中心 49 人、物资贸易部 30 人、实业公司 24 人、拓特厂 21 人、铝板带厂 20 人、龙东矿 16 人、汽运分公司 7 人、建安公司 12 人、大屯铝业公司留置善后 114 人。

(2)2018 年 2 月,留置善后人员 120 人全部实现分流安置。其中,大屯电热公司 5 人、大屯公司机关 3 人、电力工程公司 20 人、实业公司 27 人、房产公司 65 人。

第七章　安全环保与质量体系建设

第一节　安全环保管理

一、安全管理体制

铝板块各单位安全管理体制体系与大屯公司保持一致。各单位自项目建设之日起,始终将安全工作放在各项工作的首位,不断完善安全管理规章制度,落实安全生产责任,强化安全主体的责任落实,加强现场安全监管,严格安全考核;坚持以风险预控为核心,以岗位安全风险预控手册为依托,全面推行岗位、班组、车间(部门)、厂部四级岗位安全风险预控管理;优化车间定置管理方案,完善"6S"管理办法,推动了安全管理水平的提升。

(一)安全管理体制

2017年下半年,大屯公司铝板块各单位落实大屯公司安全监管垂直管理的新体制要求,成立大屯公司安全监察管理部驻公司(厂)安监处,下设安全监察部(科),对厂区安全、防灭火履行监督管理、日常管理的职责。因为历史惯性因素,2007—2017年,苏铝铝业公司安全管理职能部门除履行企业内部的安全生产、消防职能管理外,还承担环保、劳保、工伤认定等多项职能,业务较为庞杂。2017年,严格落实大屯公司安全监管垂直管理的新体制要求,对职能业务作了规范。2020年,有专职安全管理人员5人,安全注册工程师5人,符合大屯公司要求。

(二)安全管理措施

(1)安全管理体系。2008年,大屯公司铝板块各单位逐步完善安全管理体系,分别建立、修订了《安全生产标准化检查考核细则》《冷轧机起火专项应急预案》《岗位安全操作规程》等,推行安全质量标准化管理工作。同时,成立由铝板块各单位主要领导牵头,各分公司和车间、部门第一责任人组成的安全生产委员会和"三违"界定专门委员会;并由安全生产职能部门牵头,组建了由各车间安全员(兼职)、专职消防员、工会群监员、团委青安岗员参与的安全网络体系,安全管理体系逐步完善。博斯特机械公司纳入母公司苏铝铝业公司安全管理总体体系,但在安全文化建设、安全指标考核、安全合理化建议、安全绩效考核、安全人机工程等体制、机制的具体操作上,充分体现机加工行业特有的安全管理制度。

(2)安全管理制度。2008年,大屯公司铝板块各单位通过不断完善《岗位责任制》和《安全责任制》,确定各岗位(职务)的安全职责;通过《个人安全账户考核办法》《安全绩效工资考核办法》《安全生产标准化工作考核办法》等,对全员、全过程落实安全考核。通过《安全生产事故隐患排查实施办法及责任追究规定》《工伤事故责任追究规定》《"三违"处罚实施办法》《非常规作业安全管理办法》《冷轧动火许可制度》等管理制度,使每项制度和规程严谨、科学、符合实际,强化了对生产过程的安全管理,弥补了管理制度上的漏洞。

在具体管理上,苏铝铝业公司通过加大安全检查频次,加大"三违"处罚力度,重点跟踪生产流程、工艺过程、生产进度、物料流转等产生变化的情况,彻底排查各岗位、各工艺过程及作业环境存在的安全风险和安全隐患,安排专职安全监管人员现场盯防,督促相关职能科室跟进管理,科学合理地作出安排。铝板带厂保持安全监管的全时段覆盖,有序推进"6S"管理,对设备、工件、物品实行定置定放管理,加强设备安全管理,安全生产标准化工作取得了一定的进步,以往长期存在的安全隐患得到了彻底消除,降低了一线岗位的安全风险,企业的安全基础逐渐得到夯实,安全形势有了根本好转。2019年,在大屯公司安全生产质量标准化检查中均达到了一级水平,被大屯公司授予2019年度安全生产标准化优秀单位。

(3)安全培训。2008年以后,大屯公司铝板块各单位严格落实大屯公司《安全培训制度》《岗位安全操作规程》《行车吊装安全操作标准》《吊索具安全使用管理规定》《特种作业安全管理制度》《冷轧机起火专项应急预案》等,定期培训职工。苏铝铝业公司抓好单项工程、零星工程、检修工程等"非常规作业"的规程教育,上好安全大课,算好安全账。苏铝铝业公司通过文化建设,不间断开展安全宣讲,使职工对安全技能有深刻反思,实现理念固化。铝板带厂以推进新班组建设为抓手,抓实"七大机制"的落地生根、开花结果,增强职工的安全技能,提高全员安全意识,企业"本质安全,确保安全"的目标正逐步得到实现。

二、节能和环保管理

大屯公司在铝产业项目筹备之初,就严格按照国家环保"三同时"原则,将环保理念融入工程项目设计、建设等各个环节。铝板块各单位均高度重视节能和环保工作,通过宣传引导、制度建设、基础建设、节能减排、危废处理等工作有序进行,杜绝了各类污染事故的发生,各类污染物排放均达到标准要求,履行了国有企业的社会责任。

(一)加强宣传引导,增强环保意识

铝板块各单位始终贯彻"绿水青山就是金山银山"的思想理念,遵照地方环保部门的要求,加强宣传、培训工作,落实责任,提高职工主动参与环境建设、依法维护自身环境权益的自觉性。2016年,铝板带厂通过组织职工开展义务绿化环境,强化了职工的环保意识。

(二)加强制度建设,提高节能环保管理能力

在大屯公司环保部门的支持下,铝板块各单位进一步完善环境管理体系,制定并严格执行《环境保护目标责任制》《环境保护管理办法》《建设项目环境保护管理制度》《保护设施运行管理制度》《环保培训教育制度》《环保奖惩管理制度》《环境治理管理制度》《废弃危险化学品管理制度》《岗位环保责任制》《环境卫生管理制度》《环境检查制度》《污染物排放及环保统计工作管理制度》《危险固体废弃物管理制度》等一系列文件,下达了环境保护工作目标任务,并按照国家和省级的环保标准要求开展工作。

(三)着力节能减排,杜绝污染事故

铝板块各单位不断加强环保管理,升级环保设备设施,切实减少环境污染。

2002年,大屯铝业公司在电解铝生产工艺中,采用了全封闭氧化铝物料输送系统和高能效烟气监控、净化和回收系统,各工艺流程紧凑,自动化程度高,实现与电解铝生产的全流程协同,烟气净化和回收排放指标符合国家最新的铝工业污染物排放标准的要求,处于全国同行业先进水平。

2006年7月,苏铝铝业公司根据地方环保部门的要求,关停并拆除了原有电解铝自焙

槽生产线,废水污染物、熔铝炉废气污染物等均为达标排放。

2007 年 6 月,大屯铝业公司针对阳极碳素煅烧系统烟气排放,筹划余热发电项目,多次考察、调研,开展可行性研究分析,并制订了各类技术方案。2008 年 2 月,逐步落实项目实施、工程设计及审查等工作,同年开工建设。2009 年 7 月,通过了由省内电力、环保专家组织的工程验收。余热年发电量达 $1.8×10^7$ 千瓦·时,综合节约标准煤 8 910 吨/年,提高能源利用率,实现了煅烧烟气的合格排放,实现经济效益和环境效益的"双赢",具有节能减排的实际意义。

2012 年以后,铝板带厂抓实各车间、各系统清洁生产工艺,按照标准要求落实清洁生产,重点抓好熔铸生产系统的烟气干法净化,实现合格排放。

2014 年,苏铝铝业公司对废水处理系统进行改造升级,生活污水经初步处理后,转接城市污水处理厂,经净化后合格排放。

2014 年,苏铝铝业公司和铝板带厂强化各环节事故防范和应急措施,再次对环境影响因素进行识别,修订了环境事故应急预案,对照预案逐项控制。

（四）加强危废处理,提升处置能力

大屯公司铝板块各单位严格执行转移联单制度,妥善处置各类危险废弃物。对固体废弃物处理,均先提请地方政府环保部门批准后,由地方政府环保部门落实相应资质的企业定期转运、处置。

2012 年,铝板带厂根据环境保护法律法规的相关要求,新建了危险废弃物物品库房。

2016 年,苏铝铝业公司对轧机集油系统进行改造,硬化了地面并加挖了集油沟、井,加大了环保投入。大屯铝业公司在企业存续期间,严格管控厂区固体废弃物（主要为废旧阳极碳素）,建设专有库房。

2019 年,铝板带厂处置废弃矿物油、含油废硅藻土、含油废活性炭、研磨污泥、废油泥及废含油过滤布等危险废弃物 224.38 吨。

第二节　技术研发创新与三体系建设

一、研发创新情况

大屯公司铝板块各单位坚持将技术研发创新作为发展战略决策的重中之重,牢固树立和贯彻落实"创新、协调、绿色"发展理念,积极推进新技术应用、设备技术改造。2007 年以后,苏铝铝业公司努力更新技术,着力对现有生产设备和生产工艺进行改革,相继完成铸轧前箱液面高度控制系统、数控下料丙烷供气加热系统设计、铸轧线铝液在线处理技术改造、20 吨退火炉差温比例控制的改进等一系列技改项目;1400 冷轧机的改造、二号轧机过程控制系统开发与应用等新技术应用、设备技术改造项目获得大屯公司科技进步奖,连续多年被江苏省、徐州市评为技术进步先进单位。博斯特机械公司不断加大技改资金的投入,加大技术攻关的力量。在技术方面分析改善工艺流程、合理分配加工工序,在保证卡特彼勒公司交货率、合格率的同时,扩大了出口规模;2018 年,通过对精细等离子的加工工艺的研究总结,成功减少了 80% 质量缺陷产品的产生,研发新产品 349 种,出口件规格型号达到 200 余种。

铝板带厂重视开展技术研发和技术攻关,建立了技术创新激励机制,积极引进和持续培

养人才,邀请专家对业务骨干进行授课指导,派出研发人员外出培训,参加同行业的学术交流活动。通过外聘技术专家来厂开展技术劳务服务,形成了一套较为符合实际的技术创新制度,充分激发和调动了科技人员的技术研发创新积极性。其中,热轧中厚板产品质量控制技术,获得大屯公司科技进步二等奖;高强高韧性易拉罐盖及拉环料用铝带技术研发与应用、冷轧产品质量缺陷解决方案的研究与应用、加热炉温度均匀性控制技术均获得大屯公司科技进步三等奖。通过研发成果的转化运用,降低了熔铸工艺的成本单耗(气耗、电耗),解决了热轧工艺加热炉炉温控制的均匀性问题,提高了热轧宽幅坯料(≧2 000毫米宽)板型质量,确保了冷轧产品成材率和质量稳定性,有效解决了制约生产和质量提升的瓶颈问题,提升了产品的市场占有率和品牌效应。

大屯铝业公司通过与高校或科研机构建立稳定的技术研发创新培养合作关系,确保企业技术的先进性。其中,组织、合作和参与的铝电解工艺优化与节能环保技术创新及应用项目获得中煤集团科技进步一等奖,铝电解全数字整流控制系统开发与应用项目获得中煤集团科学技术进步三等奖,超大容量高精度铝电解铝全数字电源系统与装备项目获得教育部二等奖,碳素成型系统糊料冷却新工艺研究与应用项目获得中煤集团科学技术进步三等奖、徐州市科学技术进步二等奖,石油焦煅烧烟气废热回收及就地转化利用技术项目获得中国煤炭工业协会科学技术三等奖。

二、三体系建设

在大屯公司推进、支持下,铝板块各单位通过三体系的有效运行和持续改进,规范、强化了管理工作,快速提升了核心竞争力,经营运行质量不断得到提高。

苏铝铝业公司注重发挥技术和人才优势,通过实施高技术、高质量、高附加值的"三高"战略,按照"简化、统一、协调、优化"的原则,以标准化管理体系规范安全、环境和质量管理等经营活动。管理体系涵盖了企业全部管理(包括产品设计开发、销售管理、计划管理、采购管理、物资管理、生产控制、工艺技术管理、质量管理等,以及设备管理、安全管理、环境管理、能源管理等生产保障)过程。贯彻落实《质量管理体系 要求》(GB/T 19001—2016/ISO 9001:2005)《环境管理体系 要求及使用指南》(GB/T 24001—2016/ISO 14001:2015)、《职业健康安全管理体系 要求》(GB/T 28001—2011)的要求,并参考了《卓越绩效评价准则》(GB/T 19580—2012),持续改进,推进了铝加工产品向"薄、特、精、宽"发展(薄:指厚度更薄,如铝箔系列产品。特:指用途更专业更特性,如航空餐盒料等。精:指工艺指标更高,如高光板等。宽:指宽幅产品,如1520宽幅装饰板材等),满足了客户需求。连续多年被江苏省、徐州市评为重合同守信用企业。博斯特机械公司坚持质量兴企,持久实施质量工程,实行ISO 9001质量体系、优秀供应商质量认证SQEP、6西格玛等质量管理。各工序严抓质量控制,对质量缺陷进行分析,对生产工序进行沟通、跟踪,及时调整加工工艺,确保卡特彼勒公司的质量标准要求。2011年6月,ISO 9001质量体系顺利通过了第三方审核,并长期保持质量体系正常运行状态。同时,组织实施CPS(卡特彼勒生产体系)的推广工作,2009—2020年连续11年通过了卡特彼勒公司SQEP(卡特彼勒优秀供应商)银牌认证。其中,2018年连续4个季度获得卡特彼勒公司颁发的"质量卓越奖",产品质量得到客户的高度认可。

2015年,铝板带厂建立了标准化管理体系。2016年,获得中质协质量保证中心质量管理体系、环境管理体系和职业健康安全管理体系三体系认证,且根据实际不断完善、更新,形成《铝板带厂标准化管理体系手册》。每年根据 GB/T 19001、GB/T 24001、GB/T 28001 标准要求,组织 1～2 次内审,接受一次外审,确保标准化管理体系运行的符合性和有效性。2018 年,铝板带厂在市场开拓调研过程中,发现本厂生产的铝加工材 5A05/5A06 产品被一部分军工企业用于武器装备制造,具备军工产品的运用前景。调研后发现,欲使产品进入军品行业,就必须获得国家武器装备质量管理体系认证。同年,铝板带厂就组织专业力量就 5A05/5A06 产品的生产可行性进行了研讨。论证认为,以现有设备和技术能力完全可以生产上述两款军工产品。为此,组织专业力量开始试制。经过努力,熔铸车间、热轧车间成功生产了 5A05/5A06 铝锭和热轧板。2019 年,经国家国防科工局相关部门的推荐,依托大屯公司支持,确定中军联合(北京)公司为铝板带厂产品武器装备质量管理体系资质认证企业。2019 年 4 月 10—13 日,铝板带厂组织了产品武器装备质量管理体系资质内部审核,于同年 5 月 7—9 日、5 月 10—12 日通过了国家武器装备质量管理体系第一阶段和第二阶段审核认证,获准推荐使用武器装备质量管理体系认证证书(图 6-7-1)。该证书的获得,标志着铝板带厂质量管理水平迈上了新台阶,已取得直接向国内军工产品生产企业的供货资格,为铝板带厂开发新产品、拓展市场份额奠定了基础。2020 年,成功地将 5A05/5A06 产品打入中船集团舰艇生产企业,实现了零的突破。

图 6-7-1 武器装备质量管理体系认证证书

　　大屯铝业公司通过建立标准化管理体系,规范了企业生产经营管理活动。体系管控涵盖了企业全部业程的控制管理(包括销售管理、计划管理、采购管理、物资管理、生产控制、工艺技术管理、质量管理等,以及设备管理、安全管理、环境管理、能源管理等生产保障过程),贯彻落实《质量管理体系 要求》(GB/T 19001—2016/ISO 9001:2015)、《环境管理体系 要求及使用指南》(GB/T 24001—2016/ISO 14001:2015)、《职业健康安全管理体系 要求》(GB/T 28001—2011)、适用的法律法规及其他要求,并参考了《卓越绩效评价准则》(GB/T 19580—2012),持续改进,追求卓越。企业连续多年被江苏省、徐州市评为重合同守信用企业、文明单位等。

ChinaCoal

第七篇

运　输

Yunshu

运输板块是公司产业链中的重要一环，主要包括铁路运输和汽车运输。公司的运输网络四通八达。1991 年以后，运输板块充分发挥企业经营发展的作用，货运、客运同步开展，有力地带动周边地区运输业的蓬勃发展。

铁路管理处作为公司的"煤电运"和"煤电铝运"产业支柱之一，主要担负公司本部的四矿、三厂，徐矿集团及周边地区地方煤炭、物资的运输业务，货物运输直达全国各运营车站。建路时，年设计运量为 600 万吨，随着设备不断投入、改造与更新，年均运量超 1 350 万吨，年运量曾经达到 1 607 万吨。徐州—沛屯间客运业务曾经纳入国家铁路旅客列车运行图，2012 年 7 月旅客运输业务停运。

为适应铁路运输发展变化，铁路管理处逐年对生产设备设施进行更新换代。2003 年起，逐步引入内燃机车，引进了 C64K 型、C70E 型等新型车辆，逐步报废了 C50、C62 等旧车型。截至 2005 年年底，蒸汽机车全部淘汰，实现了由蒸汽机车到内燃机车的转型。2011—2013 年，铁路管理处先后完成运输调度指挥系统各子项目建设，建成集行车指挥控制、通信、信号、无线调车作业管理与防护、货运管理、电力远程监控等为一体的现代化铁路指挥系统。绝大部分站场采用微机联锁，实行平面灯显调车系统、无线列调，通讯干线实现光缆传输，设施设备实现远程监控。矿区的铁路运输管理，由过去落后的人工模式，发展成了先进的信息化、数字化运输管理系统。

铁路管理处在多年的发展历程中，形成了具有大屯矿区铁路运输特色，机、车、工、电、辆等门类齐全的煤炭企业自营铁路，持续保持企业铁路 I 级标准，始终处于国内同行业领先水平。

汽运分公司始于 1975 年 2 月大屯煤矿工程指挥部汽车队，主要从事汽车运输、维修。2004 年进入上海能源。2011 年汽运分公司作为公司二级单位正级别管理。

汽运分公司针对本行业特点和安全管理现状，在车辆和司乘人员管理方面逐步探索出一套行之有效的安全管理办法，坚持"事故是可控的，有礼让三分"的安全理念，以全面落实安全主体责任为主线，坚持"一慢、二看、三通过"的通行原则。经过不断完善和实践运用，取得了较好的成果，得到上级领导的充分肯定。

通过组织机构优化和人事制度改革，汽运分公司专业化管理、集约化发展的规模效益已经得到初步显现。一个人力资源配置趋向合理、管理控制手段比较有效、内部环境稳定和谐的汽车运输企业已经初具规模。

第一章 铁 路 运 输

第一节 铁 路 建 设

徐沛铁路正线接轨于陇海线沙塘站,线路铺轨全长 188.29 千米,其中正线 72.46 千米,矿线及站线长 115.83 千米,共有道岔 204 组;桥梁 25 座;涵洞 247 座;道口 177 处。

徐沛铁路共连接 17 条矿、厂专用线,其中公司自有专用线 11 条;接轨专用线 6 条,总长 79.357 千米,形成以沛屯集配站为中心的专用线网络。同时,丰沛铁路线接轨于徐沛铁路沛县站。

一、自有专用线

姚桥煤矿铁路专用线于 1973 年 3 月开通使用,接轨于徐沛铁路正线 K65＋479 处。2000 年 11 月,姚桥煤矿站场南头延长改造,站场 3 道延长 186 米,4 道延长 254 米,3、4 道南头通过道岔统一连接于正线,新铺线路 440 米。2003 年 7 月,姚桥线站场 3、4 道煤仓南更换混凝土宽枕。2011 年 6 月,姚桥线 K4＋488 至 K6＋488 区段受姚桥煤矿采煤影响出现下沉。

发电厂铁路专用线,从姚桥煤矿铁路专用线尽头 K8＋538 处引出,于 1973 年 3 月开通使用。2003 年 4 月,发电厂线改造整体道床,2 号岔—挡车器间,设计为 C15 混凝土基础,C30 钢筋混凝土道床的整体道床轨道。2008 年 9 月,发电厂站场改造,新增 2 股道 (1.157 千米),新增 P43、9 号道岔 3 组、6 号道岔 1 组。

徐庄煤矿铁路专用线,于徐沛铁路正线 K62＋121 处接轨,1979 年 10 月开通使用。2000 年 5 月,徐庄煤矿装车站改造,新铺道岔 2 组、线路 454 米,拆除线路 46.8 米。2006 年 10 月,徐庄煤矿装车站煤仓下 2 股线路更换混凝土宽枕。

孔庄煤矿铁路专用线,于徐庄煤矿铁路专用线 K3 处出岔接轨,1977 年 12 月开通使用。2006 年 5 月,孔庄线装车站 1 道更换混凝土宽枕。

龙东煤矿铁路专用线,于徐沛铁路正线 K72＋460 处接轨,1986 年 9 月开通使用。2003 年 4 月,龙东线 K0＋000 至 K0＋550 区段受三河尖煤矿采煤影响出现下沉。

徐矿集团三河尖煤矿铁路专用线,于龙固集配站正线延伸至三河尖煤矿牵出线止,1988 年 9 月开通使用。2019 年 5 月因三河尖煤矿关停而暂停使用。

徐矿集团张双楼煤矿铁路专用线,于徐沛铁路正线 K62＋313 处接轨,1985 年 9 月开通使用。2018 年 8 月张双楼线 K1＋800 至 K3＋600 区段受张双楼煤矿采煤影响出现下沉。

总仓库铁路专用线,于徐沛正线 K60＋959 处接轨,1980 年 10 月开通使用。

选煤厂铁路专用线,从沛屯集配站南北两端各引一条联络线,相交于选煤厂外直线,1982 年 5 月开通使用。2005 年 10 月,选煤厂线 K0＋000 至 K1＋259.3 区段,北曲股

790米更换为P50钢轨、弹条Ⅰ型扣件、P50道岔及轨枕,分歧道岔更换为P50道岔。2014年12月,选煤厂部分线路改造及新建翻车机投入使用。

大屯铝业公司铁路专用线,于徐沛正线沛屯站南头K59+335处接轨,线路全长4.23千米,道岔7组,站内设装车线4股。2003年6月开工建设,2004年1月开通使用。2013年因大屯铝业公司关停而停止使用。

热电厂铁路专用线,于沛屯站接轨,总铺轨6.42千米。场内共设5股道,其中重车线2条、轻车线2条、机车走行线1条,均采用50千克/米新轨。2016年8月开工建设,2018年10月开通运行。

二、接轨专用线

张寨油库铁路专用线,于徐沛铁路正线K42+218处接轨。1976年4月建成使用,2005年12月停止使用。

徐矿集团张集煤矿铁路专用线,于徐沛铁路正线K6+377处接轨。1979年6月开通使用,2015年12月停止使用。

华润天能集团沛城煤矿铁路专用线,于沛县站9号道岔处接轨。1980年12月投入使用,2015年12月停止使用。

西集港铁路专用线,于沛屯站北场234号道岔处接轨,线路全长0.48千米。2001年8月投入使用。

芭田公司铁路专用线,于大屯铝业公司铁路专用线701号道岔处接轨,线路全长0.85千米,道岔3组。2005年3月开工建设,同年9月投入使用,2007年、2013年进行改扩建。

东原港铁路专用线,于徐庄线K5+881处接轨,铺轨5.89千米,道岔7组。2010年3月开工建设,2010年9月试运行,2012年1月投入使用。

三、丰沛铁路线

丰沛铁路于沛县站2号道岔处接轨,是由上海铁路局、丰县经济开发区投资发展有限责任公司、沛县国有资产经营有限公司、上海能源共同出资兴建的。其中上海能源出资0.56亿元,占股7.25%。2009年6月开工建设,2013年12月建成。

四、线路置换

2019年1月,徐州空军机场迁建办公室新建现有Ⅱ级线路标准1 356.040米与徐沛铁路正线K0+000至K1+337段既有1 283.147米线路进行置换,原K0+173无人道口撤销,K0+315处建1—9.0米立交涵。徐沛线起点位置由沙塘站内6号道岔更改为沙塘站内36号道岔。

第二节　铁　路　设　施

一、机车

1991年之前,徐沛铁路共有11台自备蒸汽机车,其中,上游型机车、建设型机车各2台,前进型机车7台。

2003 年起,铁路管理处逐步对机车进行换型,2003 年 11 月,从大连机车车辆厂购入东风 4B 型内燃机车 2 台;2004 年 12 月,从大连机车车辆厂购入东风 4B 型内燃机车 4 台;2005 年 3 月,从资阳机车厂购入东风 12 型调车内燃机车 2 台。2005 年年底,蒸汽机车全部淘汰。2010 年 12 月,从大连机车车辆厂购入东风 4D 型内燃机车 1 台。同时相继配备了机车三项设备(列车无线调度通信、机车信号、机车运行监控记录装置)、机车声像记录装置和机车燃整设施(电脑加油机 2 台、60 立方米油罐 2 个、油、水化验设备及备品)。2000 年、2003 年、2009 年从湖北襄樊重型轨道车厂购入 JY290-10 型号轨道车 3 台;2012 年 1 月,从奥地利购入 PLASSER 08-16 型号铁路线路综合维护车 1 台。

截至 2019 年 12 月,铁路管理处共有自备内燃机车 9 台、轨道车 3 台、线路综合维护车 1 台。

二、车辆

1991 年年初,铁路管理处有自备车辆 126 辆。其中,C50 型自备车 30 辆(2004 年 3 月全部报废);C62 型敞车 53 辆(2008 年底报废 35 辆;2000 年底报废 18 辆);C62AG 型敞车 18 辆(2001 年底报废 10 辆;2015 年底报废 8 辆);美制 K 型敞车 25 辆(1999 年底全部报废)。

1998 年 1 月,铁路管理处从济南机车车辆厂购入 C64G 型敞车 20 辆。1999 年 10 月,从重庆重型铸锻厂购入 C62A 型自备车(旧车)42 辆(2016 年 6 月底报废 26 辆,2018 年 12 月底报废 16 辆)。2002 年 11 月,从齐齐哈尔车辆厂购入 C64 型敞车 20 辆。2004 年 5 月,从济南机车车辆厂购入 C64 型敞车 30 辆。2005 年 5 月,从铜陵车辆厂购入 C64K 型敞车 20 辆。2006 年 5 月,从铜陵车辆厂购入 C64K 型敞车 20 辆。2007 年 10 月,从济南机车车辆厂购入 C64K 型敞车 20 辆。2008 年 11 月,从济南机车车辆厂购入 C64K 型敞车 50 辆。2014 年 1 月,从哈尔滨轨道交通装备有限责任公司购入 C70E 型敞车 50 辆。2014 年 6 月,从安徽阜淮铁路机电科技有限公司购入 C62 型自备车(旧车)50 辆。2017 年 10 月,从中车眉山车辆有限公司购入 C70E 型敞车 50 辆。

截至 2019 年 12 月底,徐沛铁路共有自备车 330 辆。其中,C64 型车辆 180 辆,C62 型车辆 50 辆,C70E 型敞车 100 辆。

三、轨道

1998 年 12 月,徐沛正线沙塘—郑集区间(14 千米)更换 P50 钢轨、弹条Ⅰ型扣件。2000 年 11 月,徐沛正线沛县—沛屯区间(7 千米)更换 P50 钢轨、弹条Ⅰ型扣件。2001 年 12 月,徐沛正线崔寨—沛县区间(17 千米)更换 P50 钢轨、弹条Ⅰ型扣件。2002 年徐沛正线沿线增补水准基点标。2002 年 12 月,徐沛正线郑集—崔寨区间(18 千米)更换 P50 钢轨、弹条Ⅰ型扣件。2003 年 3 月,徐沛正线郑集站 4 道更换为混凝土宽枕。2003 年 12 月,徐沛正线 K59—K65 更换 P50 钢轨、弹条Ⅰ型扣件。2005 年 10 月,徐沛正线各车站正线通过的 32 组道岔进行更新,更换为分离式铁垫板、弹条Ⅰ型扣件。2006 年 5 月,徐沛正线 K0—K13 进行大机清筛、捣固、换枕。2007 年 4 月,受沙塘站抬道影响,徐沛正线 K0—K1 平均抬道 200 毫米。2007 年 5 月,徐沛正线 K16—K33 进行大机清筛、捣固、换枕。2008 年 2 月,徐沛正线 K34—K59 进行大机清筛、捣固、换枕。2008 年 5 月,徐沛正线刘集站 1、2 道间新铺

2 组 P50、12 号单开木枕道岔。

四、通信

1990 年底,徐沛正线沙塘—龙固通信系统为架空明线路,架设有七位明线,完成对徐州三路载波长途通信及管内正线双音频区段通信、站场通信功能。地区通信为 400 门纵横制交换机,对徐州长途人工台 1 个。

1991 年,增设第四位铜线,开通正线环路载波通信;同时交换机更换为 ISDX-1000 线程控交换机。

1994 年,程控交换机更换为上海大唐 SP30 型 2000 线数字程控交换机。开通 TW-42 型 450 兆赫无线列车调度通信系统。架空通信线路总长 171 千米,其中徐沛正线通信架空线路 92 千米,矿线架空通信线路 79 千米。

1998 年,徐沛铁路开通正线光传输通信系统,区段调度通信系统更换为华为 CC-08 数字程控调度机。

2008 年,徐沛正线光传输系统更新改造为华为 OptiX 155/622H(Metro 1000)光传输设备,开通济南天龙 ZST-48 铁路数字调度专用通信系统。

2015 年,徐沛铁路运输调度指挥系统正式开通,沛屯中心站光传输设备更新改造为华为 Metro 3000 光传输设备;新设华为 BITS 时钟源设备;徐沛矿线开通华为 MSTP 622 兆字节/秒光传输分系统、济南天龙 ZST-48 铁路数字调度专用通信分系统、华为接入网 OUN 设备、北京世纪瑞尔电源及环境监测分系统;徐沛全线更新改造沙塘站(接轨站)—三河尖站 450 兆赫无线列车调度通信系统,线路总长 130 千米,涉及 15 个车站、一个调度中心、一个机务折返段,新设 20 米无线列调快速装配基站杆(含防雷接地网)14 处。徐沛全线新设海康威视视频监控系统,主要满足重要平交道口、车站咽喉区、重点防盗区、配电所、治安点视频监视需求,共计安装视频摄像机 88 套。徐沛全线各站新设北京动力源 48 伏/100 安培开关电源设备;沛屯中心站新设 48 伏/200 安培开关电源设备。

2016 年,新建沛屯以北各矿长途光缆通信线路,采用 GYTA53 36 芯单模光缆,敷设光缆共计 113.4 千米;新建道口视频光缆通信线路,采用 GYTA53 12 芯单模光缆,共计 87.2 千米。

2017 年,徐沛正线更新改造沙塘站、刘集站、郑集站、湾集站的华为传输接入网设备。

2018 年,徐沛正线更新改造北京世纪瑞尔通信电源及环境监测系统,共计 7 套;热电厂新设华为 MSTP 622 Mb/s ADM 设备 1 套及接入网设备 ONU 1 套、北京动力源开关电源 48 伏/60 安培 1 套、北京世纪瑞尔电源及环境监测分系统 1 套、济南天龙 ZST-48 铁路数字调度专用通信分系统 1 套、列检系统固定电台(建伍 NX-840,含天线、馈线 50 米、防雷器、控制盒、电台电源)1 套、天津七一二厂车站电台(含天线、馈线 50 米、防雷器、控制盒、控制电缆、录音仪)1 套、12 米无线列调天线水泥电杆(含防雷接地线)。

2019 年,徐沛正线更新改造 ZST-48 铁路数字调度专用通信系统,主系统 1 套、分系统 6 套;更新改造沛县站、张寨站、崔寨站的华为传输接入网设备。

五、信号

1995—1996 年,徐沛正线 6 站(刘集、郑集、湾集、崔寨、张寨、沛县)室内改造为上海亨均科技股份有限公司研制的微机联锁信号自动控制系统。室外共计 ZD6-A 转辙机 42 组，信号机 90 架，主干电缆 23.4 千米，5 千伏安信号电源屏 3 套，10 千伏安信号电源屏 3 套。1998 年，姚桥煤矿装车站室内改造为上海亨均科技股份有限公司研制的微机联锁信号自动控制系统。室外共计 ZD6-A 转辙机 8 组，信号机 18 架，主干电缆 3.5 千米，10 千伏安信号电源屏 1 套。

2000 年，沛屯一站三场室内技改为原铁道部通信信号研究设计院研制的 DS6-11 型微机联锁信号自动控制系统。室外共计 ZD6-A 型转辙机 67 组，信号机 103 架，电缆 81.6 千米，20 千伏安微机电源屏 1 套。

2001 年，徐沛正线六站及一站三场安装调度监督系统，主要设备有 7 台站场微机、1 台中心通信机、1 台中心处理机、1 套显示大屏。

2002 年，徐沛正线六站（刘集、郑集、湾集、崔寨、张寨、沛县）站室内技改为原铁道部通信信号研究设计院研制的 DS6-11 型微机联锁信号自动控制系统。

2003 年，徐庄煤矿装车站室内技改为原铁道部通信信号研究设计院研制的 DS6-11 型微机联锁信号自动控制系统；室外 ZD6-A 转辙机 6 组、信号机 16 架、电缆 3 千米。

2005—2009 年，对刘集、郑集、湾集、崔寨、张寨、沛县站信号设备采用 TJWX2000 型微机监测系统进行在线测试。对 10 处主要公路平交道口采用天水信号工厂的 DX2 型自动道口信号系统，主要设备有闭路控制器、开路控制器、继电器箱、道口信号机、控制盘等，主干电缆 20 千米。

2011 年，徐沛铁路调度指挥系统信号改造，主要包括：

（1）微机联锁系统。新设龙固站、三河尖站、姚桥站、孔庄站、张双楼站车站微机连锁设备，这 5 个站系统采用上海亨均科技股份有限公司公司研制的全电子双机热备微机连锁设备，主要有 25 赫兹相敏轨道组合轨道柜，室内点灯隔离变压器，室内防雷分线柜，轨道测试盘，系统采用接口柜及设备安全接地，站间联系为光电半自动设备等。该连锁控制系统采用 3 层结构：操作机、连锁上位机（双机热备）、连锁下位机（双机热备），实现了铁路信号自动控制、主要设备故障自动诊断报警及各站场运行画面实时监视。

（2）信号电源屏系统。郑集站、湾集站、崔寨站 3 个站配置 PZGWJ-20/220/50 智能电源屏；沛屯站、沛县站配置 PZGWJ-20/380/50 智能电源屏；孔庄站、徐庄站、张双楼站、三河尖站配置 PZGWJ-15/380/25 智能电源屏；龙固站、姚桥站配置 PZGWJ-25/380/25 智能电源屏，采用北京鼎汉技术股份有限公司研制的全智能电源屏设备，设备主要包括：继电器电源模块、道岔动作电源模块、道岔表示电源模块、信号点灯电源模块、轨道电路电源模块、计算机联锁设备电源模块、灯丝报警电源模块、半自动闭塞电源模块等。

（3）微机监测组网系统。姚桥站、三河尖站、孔庄站、张双楼站、龙固站、徐庄站的车站微机监测系统与既有 W2000 型微机监测组网。组网后，管内各站场所有信号状态、股道占用、道岔开通位置等实时信息均在调度大屏显示。

2013 年，丰沛铁路接轨徐沛线沛县站。公司对沛县站信号设备进行改造，敷设信号电缆 26.78 千米，增设各种信号机 33 架，箱盒 147 个，轨道电路 23 区段，连锁道岔 14 组，智能电源屏系统 1 套。

2016—2017 年，热电厂进厂铁路专用线——沛屯站场改造，并涉及沛屯站计算机连锁室内及监测信号设备扩容项目。增设大屯热电场（Ⅵ场），共 5 股道，7 组道岔，单线由下行

咽喉接入沛屯站 I 场。沛屯站 I 场拆除既有 5 组道岔,新设 10 组道岔,连锁由沛屯站控制,沛屯站维持既有徐沛线 64D 半自动闭塞制式不变,计算机联锁、微机监测设备同步改造。

2016 年,按照上海路局要求,铁路管理处 6 台直通机车电务车载设备更新为 JT-CZ2000 型机车信号车载系统。该系统主要由 JT-C 机车信号主机、机车信号双路接收线圈和机车信号机组成。

2018 年,徐沛正线 K13+912、K35+917、K49+2 767 处和公路平交道口自动报警信号系统进行更新为 YCDX-2 型,主要设备有磁电传感器,控制器箱,道口信号机,控制盘等。

2019 年,机务段微机联锁系统改造,采用先进的 HJ-EXHLS-1 全电子微机联锁系统,主要包括道岔 13 组,两显矮型调车信号机 19 架,两显高调车信号机 1 架;设置机务段同意接车一处,轨道电路 33 个区段。

六、供电

1990 年起,徐沛铁路先后修建了沛县—湾集,沛屯—沛县,湾集—郑集 3 处 10 千伏架空电线路。截至 2000 年,徐沛正线电力线路全线贯通,形成了由沛屯变电站和刘集变电站两端供电、以沛屯变电站为主供的格局。由于贯通线两端的电源电压为煤矿常用的 6 千伏电源,为降低线路压降和损耗,提高输送距离,在徐沛正线两端的沛屯和刘集 2 个变电站设立升压站,将徐沛正线的干线额定电压升至 10 千伏。

1999 年,徐沛铁路区间的瓷横担全部更换为柱式绝缘子和铁横担,导线由 LGJ-35 更换为 LGJ-50。2003 年起,分批对穿越树林区的架空裸导线更换为架空绝缘线;2004 年起,分批在室外架空线路上使用新型电杆,徐沛铁路供电网中架空线路上的耐张杆、转角杆、终端杆等特殊电杆更改为薄壁离心钢管混凝土电杆。

2006 年,沛屯变电所全面更新改造,构建沛屯变电所综合自动化系统。完成沛屯变电所一次设备全面更新,二次设备由电磁继电器式向无触点集成模块化的转变,完成了由常规变电所向自动化变电所的发展。

2009 年 10 月,刘集变电所进行全汉化变电站微机小型综合自动化系统改造,进线电源由徐矿集团张集煤矿提供专屏专线,高压电缆馈出至户外架空线。2011 年 2 月投入运行。

2015 年,徐沛铁路"铁九"电力远程控制系统正式投入运行。该系统线路接线方式为双电源手拉手供电方式,以沛屯变电所(6 千伏)为主供,刘集变电站(10 千伏)为二路电源(备用电源),具备远动功能。供电范围为铁路沿线车站及有人看守道口。线路加装 26 组 GW4-15/400 型柱上高压隔离开关,28 台 ZW20-12 型高压真空断路器,28 台户外 PT 及配套配电自动化终端装置进行线路分段。正常供电情况下,28 台真空开关位于断开位置。

2016 年 3 月,因为徐矿集团张集煤矿关闭,刘集变电所二路电源改为从铜山供电局刘集供电所向马庄供电的刘郭 115 线 10 千伏线路 T 接线。为匹配国网供电系统稳定,更换了高耗能落后机电设备,淘汰刘集站、刘集货场、刘集大道口、马坡道口、湾集站、36K 道口、49K 道口、沛县站、铝厂道口等 D7、D9、S9、SZ 系列变压器 9 台。

2017 年 12 月,沛屯变电所开展综自系统大修,更换保护测控装置、通信、后台、远动综合控制屏及所用交流电屏,更改接线及面板开孔的改造,控制回路、保护回路安装接线,整体更换远动综合控制屏及所用交流电屏,大修后恢复变电所遥控、遥测、遥信等功能。

2018 年 9 月,因沛城煤矿关闭,沛县火车站信号二路供电电源中断,改由国网沛县供电

分公司提供 10 千伏沛汤线路城区老火车站公用变压器为信号二路电源供电。

2018 年 10 月,热电厂项目建成,供电系统同步完成建设。该系统主要包括行车室低压配电计量箱 1 套、信号电源 1 进线电缆 550 米 VV22 3×95+1×50、信号电源 2 进线电缆 550 米 VV22 3×95+1×50,信号、通信机械室室内配电,行车室—南、中、北灯塔电源电缆 3 根 600 米 VV22 3×25+1×16。

2019 年 9 月,徐沛铁路对姚桥矿线 K4+819、K4+393 道口及杨屯下沉工区 3 处观测点进行低压线路改造,改造后由国网沛县供电分公司杨屯供电所负责低压供电。2019 年 12 月 4 日,原姚桥—杨屯 6 千伏高压架空线路正式退出运行。

2019 年 12 月,按照"三供一业"工作要求,铁路管理处的一、二、三村家属院供电全面分离,移交国网沛县供电分公司。

截至 2020 年 2 月,徐沛铁路供电系统在运行电力变压器 39 台,高压开关柜 27 面,低压开关柜 38 面,高、低电缆架空线路 80 千米,高、低电缆线路 32 千米。

七、供水

徐沛铁路供水设施主要负责沿线生产、生活用水,建有郑集、沛屯南、沛屯北 3 个给水所,均配置水鹤为蒸汽机车上水。

1995 年,沛县站建 300 吨清水池一座、90 米深井一眼,采用变频调速恒压供水设备为沛县火车站及居民小区生产、生活供水,沿线其余各站均采用 25 米深简易压水井和压力罐为各站生产、生活供水。

1997 年,新建沛屯中间给水所,配套 90 米深井一眼,井内安装 200QJ50-65/5 深井潜水泵一套,负责机务段以南各单位及铁路居民小区的生产、生活供水。

1998 年,沛屯北给水所建 150 吨水塔一座,负责机务段生产、生活供水。

2005 年,蒸汽机车淘汰,水鹤设备拆除。

八、道口

2019 年,徐沛铁路共有道口 177 处。其中,有人看守道口 33 处,无人看守道口及人行过道 144 处。

根据国铁安全监管要求,徐沛铁路加强道口安全设备设施配置,对铺面较宽、车流量较大的国道、省道道口设置上下行双道口房。道口栅栏、栏杆由人工开关改造成电动、遥控开关。配置了无线列调、自动报警、视频监控等设备设施。道口铺面材质由木枕制、钢筋混凝土预制板、扣轨式、钢板制、橡胶制逐步更新换代成混凝土整体道口铺面。无人看守道口配置道路交通标志("警 34"标志、"禁 40"标志)、铺面、连接平台、护桩、鸣笛标。

2017 年 6 月,徐沛正线 K32+262、K39+768、K43+445,孔庄线 K3+000、张双楼线 K2+210、姚桥线 K6+484 等 6 处无人看守道口信号联动检测监控系统项目启动。9 月,该项目建设设计方案初步完成。11 月,铁路管理处联合沛县交警大队、行业专家、高校教授等专业人士进行项目论证。2018 年 1 月,项目进入施工阶段。4 月,项目进入设备调试及试运行阶段。7 月,铁路管理处联合沛县交警大队、行业专家进行项目的试点路口试运行效果初验。2018 年 10 月,项目建设完成。2019 年 11 月,项目通过竣工验收。

九、机车车辆修理

1993年2月,公司撤销原负责机车车辆修理任务的机辆段,成立机车车辆修理厂,主要负责蒸汽机车洗修及自备车辆的厂修、段修、辅修和临修业务。2002年,机车车辆修理厂建立备用轮对整备库,对备用轮对进行集中管理。2003年,随着机车更新换代,机车车辆修理厂的职能发生改变,只负责自备车辆检修作业。2004年底,机车修理设备全部报废。机车换型后,内燃机车修理按照修程进行检修工作,大、中修采取公开招标方式由承修商检修,辅修由徐州机务段负责,小检由铁路管理处机务段自行检修。

十、调度指挥系统

2010年11月,中铁第四勘察设计院完成"徐沛铁路调度指挥系统技术改造工程项目"可行性研究报告。公司邀请上海路局、淮北铁运处有关专家和公司相关部门、铁路管理处技术人员一起组织召开项目可研报告论证审查会议。

2011年5月,中铁第四勘察设计院完成项目初步设计,铁路管理处邀请中煤集团、公司、上海铁路局、中国矿业大学等相关部门领导、专家对初步设计进行了审查。

2012年3月,铁路管理处召开项目优化调整专项会议,讨论并通过暂缓建设调度集中(CTC)子系统及道口无线视频系统,调整调度集中(CTC)及道口无线视频相关设备。公司通过《关于优化调整徐沛铁路运输调度指挥系统技术改造项目建设方案的批复》文件对项目优化调整方案给予了批复。

2015年1月,项目完成全部建设并投入使用,标志着徐沛铁路运输管理设备设施完成更新换代,由过去落后的人工模式,发展成了先进的信息化、数字化运输管理系统,减少了运输作业环节,有效提高了劳动生产率。

第三节 铁路运营

一、旅客运输

徐沛铁路客运主要承担徐州—沛屯铁路客运业务,纳入国家铁路局旅客列车运行图,每天开行2对客运列车,设有沛屯、沛县、张寨、崔寨、湾集、郑集、刘集7个客运营业站。客流主要来自铜、沛两县群众和大屯矿区职工,亦有山东省鱼台、微山县的部分旅客。1991—2012年,累计发送旅客556.74万人次,每年平均发送旅客量26.40万人次,客运正点率为84.70%。

1991年,郑集、刘集、湾集、张寨站房改造。

2006年,新建沛县站生产综合楼,建筑面积1 727.76平方米。

徐州—沛屯客运机车由铁路管理处内燃机车承担,租用徐州铁路分局客运车厢,每日每辆278元,按月度支付费用。

1991—2012年徐沛铁路旅客发送量及客运正点率见表7-1-1。

表 7-1-1　1991—2012 年徐沛铁路旅客发送量及客运正点率

年份	旅客发送量/人次	客运正点率/%
1991	251 555	95.30
1992	244 367	95.00
1993	219 212	98.00
1994	265 926	97.00
1995	375 567	97.00
1996	197 627	96.50
1997	203 596	97.10
1998	180 022	96.30
1999	175 841	99.30
2000	208 360	96.80
2001	222 305	91.10
2002	201 549	83.70
2003	204 515	82.40
2004	305 688	64.10
2005	277 350	65.90
2006	266 945	66.20
2007	273 402	55.40
2008	304 378	57.00
2009	330 298	75.10
2010	351 263	77.88
2011	329 696	89.36
2012	177 931	86.85
合计	5 567 393	

根据上海铁路局《关于徐州沛屯 7161/7162、7163/7164 次旅客列车停运的通知》(上铁客函〔2012〕870 号),自 2012 年 7 月 20 日至另有通知日止,徐州—沛屯 7163 次列车停运;自 2012 年 7 月 21 日至另有通知日止,徐州—沛屯 7161、7162、7164 次列车停运。

二、货物运输

1991—2009 年,徐沛铁路货运共设沛屯、沛县、张寨、崔寨、湾集、郑集、刘集等 7 个站。自 2009 年起,因业务量萎缩,逐步取消张寨、崔寨、湾集、郑集、刘集货运业务,保留沛屯、沛县办理货运业务。

(1)货运组织。徐沛各站发至国铁到站的货物,由托运人员分别提出徐沛铁路发站—沙塘和沙塘—国铁到站货物运单一份,运杂费由徐沛铁路发站一次结清。

国铁发至徐沛铁路各站的重车,经沙塘站确认到站和收货人后,将原货票自存,由铁路管理处驻沙塘联合办公室货运人员重新填制到付货票,并连同运单一并随重车递送徐沛铁

路到站。徐沛铁路到站根据到付货票,向收货人核收运杂费。

国铁发站到卸徐沛铁路的国际联运、水陆联运的货到付款以及因变更到站等原因,发生在国铁的其他运杂费和垫付款,均由沙塘站出具"货运杂费收据"并将乙联连同原票据一道随重车递交徐沛铁路到站,由铁路管理处印制"货运杂费收据"向收货人核收运杂费。

在沙塘站发生换装整理的货车,由铁路管理处进行换装整理。除国铁责任者外,所需费用由徐沛铁路发到站向托运人或收货人核收。对到卸重车在徐沛管内发生货损、货差,均由各车站按规定编制普通记录进行处理。

2012 年 8 月,国铁货运管理系统在铁路管理处推行运用。

2017 年 12 月,国铁货运票据电子化升级,徐沛铁路货运制票系统同步完成升级。

2017 年 12 月,上海能源取得国家铁路局颁发的铁路运输许可证。

1991 年至 2020 年 6 月徐沛铁路货运量见表 7-1-2。

表 7-1-2　1991 年至 2020 年 6 月徐沛铁路货运量

时间	货运量/吨	时间	货运量/吨
1991 年	7 261 993	2006 年	11 668 958
1992 年	6 764 716	2007 年	11 572 698
1993 年	7 169 354	2008 年	12 031 649
1994 年	7 628 957	2009 年	13 012 516
1995 年	7 507 937	2010 年	13 464 103
1996 年	8 097 702	2011 年	14 075 907
1997 年	8 296 408	2012 年	15 066 532
1998 年	8 745 814	2013 年	15 020 227
1999 年	9 385 130	2014 年	16 071 059
2000 年	10 362 453	2015 年	15 419 884
2001 年	10 595 548	2016 年	13 580 065
2002 年	11 219 354	2017 年	13 116 949
2003 年	11 879 901	2018 年	13 345 003
2004 年	11 595 966	2019 年	13 798 752
2005 年	11 383 003	2020 年 1—6 月	6 900 000
合计		336 038 538	

(2)货运价格。徐沛铁路管内各站核收的运费、杂费,按国家铁路运输收入规定,按旬或月汇总到铁路管理处预算管理科,统一与徐州货运中心沙塘站结算。

1997 年 7 月,根据《国家计委关于提高煤矿专用铁路、铁路专用线收费标准的批复》文件,"路矿交接线上"交货收费标准每吨千米由 0.23 元调整为 0.32 元,徐沛铁路站搬运价调整为 5.6 元/吨,外运煤炭管内运价调整为 25.40 元/吨。

2012 年 1 月 1 日,根据《江苏省物价局关于调整徐沛铁路专用线收费标准的批复》(苏价服〔2011〕401 号),"路矿交接线上"交货收费标准每吨千米由 0.32 元调整为 0.38 元,徐沛铁路站搬运价调整为 6.65 元/吨,外运煤炭管内运价调整为 30.20 元/吨。

2017 年 1 月,根据《关于重新公布徐沛铁路管内运输价格的通知》和公司文件精神,徐沛铁路站搬运价调整为 11.16 元/吨。

2019 年 9 月,根据《关于调整徐沛铁路管理处管内站搬运输价格的通知》和公司文件精神,徐沛铁路站搬运输价格调整为 13.36 元/吨。

三、行车管理

1997 年 12 月,铁路管理处直属二级单位车务段与沛屯站合并成立沛屯中心站,徐沛铁路行车业务归属沛屯中心站统一管理。1999 年 6 月,沛屯中心站更名为车务段。

（一）行车作业标准

2008 年之前,铁路管理处业务监管归口原铁道部济南铁路局,徐沛铁路行车作业标准执行原铁道部《铁路技术管理规程》、济南铁路局《行车组织规则》。2008 年 3 月,铁路管理处业务监管划归原铁道部上海铁路局。

徐沛铁路调车作业贯彻单一指挥原则。有调车组的车站,调车长是调车作业的指挥。2014 年 4 月 20 日开始,沛屯站、中心选煤厂、龙固站保留调车组,负责相应站厂调车作业。其他各站均由助理兼调车完成相应调车作业。

1994 年 12 月 1 日,根据原铁道部《车机联控作业标准》,徐沛铁路首次制定发布《车机联控执行标准实施办法》。2010 年、2012 年、2018 年,根据徐沛铁路实际现状,《车机联控执行标准实施办法》先后进行了修改与发布。

1995 年 3 月 2 日,实施到卸重车预确报制度。3 月 5 日,实施自备运用车和非运用车统计规定。

1998 年 2 月 15 日,根据济南铁路局《行车组织规则》修改的徐沛铁路《车站行车工作细则》,沛屯站区行车作业办法正式实施。2008 年 12 月,根据上海铁路局《行车组织规则》对徐沛铁路《车站行车工作细则》修改并发布。2018 年、2019 年再次对《车站行车工作细则》修改。沛屯站区行车作业办法分别于 2000 年、2014 年、2015 年先后进行了修改与发布。

2013 年 6 月 12 日,公司下发《关于启用孔庄车场微机联锁设备的通知(试行)》《关于启用双楼车场微机联锁设备的通知(试行)》。

2014 年 8 月 28 日,公司下发《关于开通使用沛屯站 iLOCK 型计算机联锁设的通知》。同年 10 月对下发通知进行修改,于 10 月 12 日下发《关于开通使用沛屯站 iLOCK 型计算机联锁设的通知》,同时废止前通知。

2014 年 9 月 29 日,公司下发《关于下发姚桥站启用技改后计算机联锁设备补充规定的通知》。

2018 年 1 月 5 日,公司下发《关于下发近期极端气象条件下安全生产特殊规定的通知》。

2018 年 2 月 6 日,沛屯Ⅰ场完成改造并正式开通使用,公司下发了《关于沛屯站Ⅰ场改造后开通使用的通知》。5 月 24 日,公司下发了《关于印发上海大屯能源热电厂行车作业办法的通知》。

2018 年,徐沛铁路根据中国铁路总公司《铁路技术管理规程》、中国铁路上海局集团有限公司《行车组织规则》,制定发布《徐沛铁路行车组织规定》,8 月 1 日正式执行。

2019 年 11 月 12 日,公司下发《徐沛铁路管理处列车运行速度规定》。

（二）路企直通运输

2008年4月，上海铁路局提出开通路企直通车方案。2008年6月11日，徐沛铁路7724号机车牵引一列重车在沙塘站办理交接后进入国铁线路，国铁1084号机车牵引一列空车进入徐沛线路，机车相互进入对方线路标志着路企直通正式开行。

2019年5月1日，中国铁路上海局集团有限公司通知铁路管理处直通运输停运。

（三）货车停时考核

1996年2月29日，修改沛屯站货车停时统计、考核办法，统计方法由号码制改为非号码制，统计、考核对象由单一货物作业车改成进出沛屯站所有货车。

1997年1月1日起，徐沛铁路管理处在全处范围内对货车停时进行考核，并印发《徐沛铁路管理处货车停时考核办法》。此后，该办法又进行了14次修订和完善。

2001年，公司印发《公司铁路货车停时考核办法》，对路车装卸单位实行铁路货车停时考核。自2002年起，该办法又进行了5次修订和完善。

（四）铁路交通事故处理

徐沛铁路交通事故调查处理按照国家、上海铁路监督管理局及公司有关规定办理。发生事故实行逐级报告制度，根据《徐沛铁路管理处安全生产应急预案》的要求，启动应急预案，开展事故救援和现场处理工作。上海铁路监督管理局组织有关部门、人员成立事故调查组。事故调查完成后，上海铁路监督管理局出具《铁路交通事故认定书》。当事人对事故责任认定存有争议的，可以申请行政复议或直接向人民法院提起诉讼。

（五）安全管理

徐沛铁路在安全管理上始终坚持以预防为主，严格执行安全风险全面管控和安全隐患排查治理双重预防制度。每旬召开安全风险分级管控与隐患排查分析会，对安全风险及隐患进行评价、评级，建立安全隐患排查治理台账，按照排查、建档、评估、整改、验收、销号的程序，实施隐患排查整改闭环管理。

在安全制度执行标准上，根据国家法律、法规、标准及铁路行业规章制度要求，结合徐沛铁路运输生产实际，持续开展规章制度修废补建，相继制订完善《徐沛铁路行车组织规则》《徐沛铁路管理处安全技术措施》《徐沛铁路管理处岗位责任制》《徐沛铁路管理处安全生产责任制》《徐沛铁路管理处安全生产委员会制度》《徐沛铁路管理处安全管理红线规定》《徐沛铁路管理处生产安全事故应急预案》等各项安全管理制度。

铁路管理处道口管理办公室负责全处道口日常安全管理及与地方道口的协调工作。每季度召开一次道口安全风险研判会议，总结、分析、协调、解决道口安全问题，研究部署下阶段工作。不定期召开专题会议，分析道口安全突出问题，制定措施重点整治。工务工程段作为道口管理单位，具体负责落实道口安全管理制度、措施，督促、检查道口执行规章制度情况，落实安全标准化道口的创建，定期组织检查验收。在道口安全管理上先后开展了视频监控系统、无人看守道口自动预警系统、智能化无人道口等科技项目，充分发挥科技在安全生产中的先导、保障作用。

在隐患排查治理上，发挥各类安全大检查、安全小分队突击检查、领导干部下现场督导、各单位定期安全自查等安全检查形式作用，运用定期不定期、动态静态相结合方式，全面查找安全隐患、安全风险、安全问题，做到横向到边、纵向到底、不留盲区与死角。保持反"三违"高压力度，重点防控中夜班、边远地带、单人岗位、班组长、特种作业人员等关键岗位和重点人群,重点打击典型"三违"、特别严重"三违"行为。重点抓好三处下沉区段和加油点等重点区域、要害部门的风险管控,落实防范措施责任,确保安全风险处于可控状态。

每年坚持投入安全工作专项费用,用于安全隐患整治、安全设施更新、安全知识宣传、事故应急救援、安全技能培训、先进个人奖励等,为安全生产提供必要的财力保证。严格落实职业卫生及职业健康各项规定,每年为从事高温、特殊工种和有毒有害工种的职工制定职业健康体检计划,防止危害因素在生产和作业过程中对职工安全健康造成危害,预防可能引发的职业病。在安全培训上严格落实年度、季度培训实施计划,实施培训考勤管理和"教考分离",推进安全培训内容规范化和监督日常化。

针对铁路沿线发生的偷盗铁路器材和哄抢运输物资现象,铁路管理处多年来坚持打击防范并举,与公司保卫部、相关单位保卫科、地方政府、公安机关协调配合,重点区段签订治安协助及安全协作协议,组织到铁路沿线村庄、学校、企业发布通告,宣传铁路法规。组织保卫人员采取定点守候、现场设防、巡逻布控等措施,对铁路沿线治安较乱的区段进行整治。联合公安机关开展打击哄抢运输物资治安专项行动,抓捕犯罪分子,形成震慑,取得了较好成效。徐沛铁路管理处调车场如图 7-1-1 所示。

图 7-1-1 徐沛铁路管理处调车场

第二章　汽车运输

第一节　组织机构

汽运分公司主要承担着大屯矿区生产建设所需物资的运输,职工上下班客车通勤运输、公务用车服务以及汽车、工程机械、公务车辆的维修任务。

汽运分公司的前身汽车队始建于 1975 年。1983 年 5 月 28 日,划归供应公司管理。1984 年 5 月 1 日,汽车队划归大屯煤电公司,按二级单位副级别管理。

1993 年 3 月,汽车队建立有货运队、客运队、大修厂、上海分队 4 个生产单位,设有政工科、劳财科、安全生产技术科、保卫科、办公室 5 个职能科室以及 1 家多种经营公司。

2004 年,汽车队进入上海大屯能源股份有限公司,更名为汽车运输分公司。

2011 年 11 月,汽运分公司纳入公司管理,按二级单位正级别管理。

2013 年 12 月,撤销汽运分公司党总支部,成立上海能源汽运分公司党委。

2019 年,汽运分公司设置办公室、党委工作科、生产调度室、预算管理科、人力资源科、工会、经营管理科、安全监察科、物资供应科等 9 个职能科室;下辖客运车队、货运车队、大修厂等 3 个生产单位。

汽运分公司通勤班车见图 7-2-1。

图 7-2-1　汽运分公司通勤班车

第二节 设施建设

一、自备加油站

加油站是 20 世纪 70 年代建队时作为自备油库设计建造。20 世纪 80 年代末,加油站被划给供应处管理。2006 年 9 月,根据公司统一安排,加油站交汽运分公司管理使用。截至 2019 年年底,油库拥有双枪税控加油机 1 台、油罐 2 只,容量达 6 万升。

二、大客车库项目

(一)钢结构大客车库项目

(1)项目决策。2018 年 5 月 15 日,受极端恶劣天气影响,原汽车棚夹芯板屋面损毁严重,且无修复价值,报公司批复后,同意汽运分公司实施钢结构大客车库工程,列入公司 2018 年年度专项工程计划。

(2)勘探设计。该工程委托工程咨询公司实施岩土工程勘察任务、钢结构部分设计及工程监理。

(3)施工建设。2018 年 9 月 17 日,项目列入年度专项工程计划。10 月 26 日,经工程招标,徐州天达网架幕墙有限公司为承包单位,总承包价为 93 万元。11 月 1 日,签订施工合同。11 月 2 日,办理工程开工备案表,由徐州天达网架幕墙有限公司组织施工。2019 年 10 月 15 日,在完成竣工验收及其他工作后交付使用。

(二)大客车库项目

(1)项目决策。2018 年 5 月 15 日,受极端恶劣天气影响,原汽车棚夹芯板屋面损毁严重,且无修复价值,报公司批复后,列入公司 2019 年公司固定资产投资计划。

(2)勘探设计。该工程由工程咨询公司设计及监理。

(3)施工建设。根据《关于下发〈公司工程建设管理规定(试行)〉的通知》要求,该工程交由中煤大屯铁路工程有限公司施工。2019 年 7 月 1 日,签订合同,施工造价为236.38 万元。7 月 1 日,办理工程开工备案表,由铁路工程公司组织施工。

三、大修厂地沟及地坪整修工程

(1)项目决策。大修厂地沟及地坪因使用年限过长,地沟及地坪损毁严重,地沟出现渗水现象,无修复价值。经汽运分公司提报,列入公司 2019 年度专项工程维修计划。

(2)勘探设计。该工程委托工程咨询公司设计及工程监理。

(3)施工建设。根据《关于下发〈公司工程建设管理规定(试行)〉的通知》要求,该工程交由徐州大屯工贸实业公司施工。2019 年 10 月 15 日,签订合同,施工造价为 44.94 万元。10 月 15 日,办理工程开工备案表,由实业公司组织施工。2019 年 12 月 27 日,完成竣工验收及其他工作并交付使用。

四、天泽道路运输定位系统建设

2019 年 9 月,为科学管理车辆,加强车辆的运行监控,汽运分公司决定在生产、通勤车

辆上安装车载主动安全防御系统。通过北斗车载终端对车辆运行过程中的位置、速度、运行轨迹、不良驾驶行为等状况实施监控，从而规范车辆运行，规避行车风险，有效遏制违章，预防交通事故的发生。

2019年10月，汽运分公司根据实际需要，上报物资贸易部集中采购，与多家设备供应商进行接洽，安装试用其产品。通过产品性能、价格和售后服务比较，最后决定在货运生产车辆、通勤客车上安装使用徐州中大美电智能科技有限公司提供的天泽道路运输系统。在汽运分公司客运车队上安装北斗主动安全监控设备共计43套，货运生产车辆安装北斗定位系统55套。

第三节 运 营

截至2019年12月，汽运分公司的固定资产净值为3 179.33万元，2019年销售收入还原市场后实际完成4 561万元。2019年调整增支因素后实现利润312万元，超年度计划282万元。建成生产厂房3 059平方米、大型车库3 106平方米、停车场地9 837平方米，拥有156部客、货运输、工程机械和129辆公务车辆装备。

1991年至2020年6月汽运分公司收入和利润见表7-2-1。

表 7-2-1　1991年至2020年6月汽运分公司收入和利润一览表

时间	收入/万元	利润/万元	时间	收入/万元	利润/万元
1991年	338.93	−92.51	2006年	3 251.85	−236.85
1992年	403.81	−102.94	2007年	3 651.38	−202.26
1993年	527.85	−156.91	2008年	3 972.70	−417.21
1994年	573.19	−168.20	2009年	3 594.48	−411.88
1995年	917.16	−256.76	2010年	3 666.83	−810.32
1996年	947.13	−253.11	2011年	4 289.52	−543.26
1997年	836.12	−357.15	2012年	4 731.21	227.55
1998年	855.51	−318.81	2013年	5 070.66	281.88
1999年	1 109.65	−379.09	2014年	4 629.88	509.62
2000年	1 246.34	−90.90	2015年	4 342.71	381.93
2001年	955.15	−393.76	2016年	4 373.79	759.77
2002年	1 947.49	388.83	2017年	4 371.74	428.72
2003年	2 173.93	354.45	2018年	4 389.93	636.18
2004年	2 056.62	588.74	2019年	4 560.53	312.00
2005年	2 124.33	−407.99	2020年1—6月	2 100.00	100.00

一、客运业务运营

客运队主要承担矿区内部职工上下班的通勤班车运营业务。20世纪90年代以来，随着客运线路的增加，乘坐通勤车辆上下班职工人数大幅增加。为解决职工通勤班车停靠、规范乘车秩序,汽运分公司与各单位沟通协调,陆续设立了公司中心区、十一村、十二村、姚桥、孔庄、徐庄、龙东、发电厂、新城嘉苑等 27 个停车站点,保障了职工通勤班车有序运行。

1991 年,随着张双楼煤矿的移交、孔庄煤矿二期工程、孔庄选煤厂工程的开工,通勤车班次由每日 40 个增加到每日 80 个,运营通勤车增至 25 辆。

1996 年,客运队在提高服务质量的同时,不断加强管理,实行燃料、材料费用包干制,节约开支、降低成本。同时还积极开通旅游包车项目,增加收入,全年收入达 154 万元。

1997 年,客运队全体职工以服务矿区为己任,加强各项管理,提高服务质量,在内部加强成本控制,对燃料材料费用严格考核,对外积极开拓客运市场。至年底,客运队共有车辆28 辆,日运行 100 个班次,客运量 241.8 万人次,全年收入 213 万元,与 1996 年的 154 万元相比,增加 59 万元,行驶总里程达 101.5 万千米。

1998 年,公司为方便业务人员去徐州市区办理业务,又开通了公司—徐州的公务车。

1999 年,客运队制定了《班组、个人安全、节油、售票额考核管理办法》《经营材料管理办法》等一系列行之有效的管理规定,积极开展修旧利废活动,进一步加强成本控管,当年减亏20 万元。

2001 年,客运队积极寻找利润增长点,努力创收,抓住了湖西中学高考用车、国庆长假等有利时机,精心组织、合理调度,取得较好的经济效益和社会效益,圆满完成了指标,减亏20 万元。

2003 年,客运队结合矿区实际情况,克服"非典"带来的不利因素影响,积极与有关单位协商,及时调整和增加班次,增加夜班车,日运行 180 余班次,全年实现收入 962 万元、利润41.6 万元。

2007 年,客运队致力于提高矿区通勤班车的正点率、方便性和可靠性,努力为矿区职工家属提供一流的服务,在个别线路上增设了停车站点,方便广大乘客的出行和休息。客运队2007 年有记录的好人好事达 90 人次,折合金额 3 万余元,为企业赢得良好的荣誉。

2014 年,是客运队开展"精品示范线路创建"活动的起始之年,全队职工上下合力,秉承"服务实现价值,服务创造价值,服务就是价值"理念,自觉提升驾乘服务水平,为广大职工家属营造了一个安全、舒适、满意的出行环境。11 部清洁能源 LNG 大客车同时投入使用,该型车辆在环保节能等方面优势突出,为推进节能减排工作打下坚实的基础。

2016 年 9 月至 2017 年 8 月,随着公司新城嘉苑各生活小区投入使用,汽运分公司根据公司统一安排,为保障各单位安全生产,陆续开通姚桥、孔庄、徐庄、龙东、发电厂、铝板带厂、热电厂、物资贸易部、拓特厂—新城嘉苑的通勤班车,日增加 70 余班次。

2018 年,客运队通过优化通勤班线、改善车内设施、提升服务品质等措施,为广大职工家属提供了便捷、安全的通勤保障服务。在公司承办的中煤集团安全生产标准化现场推进会期间,客运队做了大量周密细致的工作。

2019 年,客运队克服人员少、班次增加等实际困难,科学劳动组织,抓好工作落实,想方设法调剂运力,全年实现客运量 721.2 万人次。客运队共拥有车辆 50 辆(其中中型客车4 部、黄海 35~65 座大客车 6 部、宇通燃油 36~65 座大客车 22 部、宇通 ING65 座大客车18 部),矿区内部通勤营运线路 20 余条,日发班次 254 个,日营运里程达 6 000 多千米,营运网络覆盖中心区以外矿区所有建制单位,在职工通勤保障方面发挥着举足轻重的作用。

1991 年至 2020 年 6 月客运队运营情况见表 7-2-2。

表 7-2-2 1991 年至 2020 年 6 月客运队运营情况一览表

时间	收入/万元	利润/万元	客运量/万人次	行驶里程/万千米
1991 年	87.87	−61.90	214.79	112.38
1992 年	95.60	—	235.96	118.23
1993 年	103.20	−187.00	268.50	116.31
1994 年	—		277.99	107.90
1995 年	139.60	—	296.04	112.11
1996 年	154.00	−130.00	298.42	111.21
1997 年	213.00	−81.00	241.82	91.90
1998 年	265.00	−68.90	257.70	117.20
1999 年	273.00	−67.00	279.70	121.90
2000 年	288.00	−46.30	293.50	124.42
2001 年	331.00	−40.00	328.90	122.91
2002 年	810.79	31.00	427.39	135.43
2003 年	962.43	41.65	463.33	164.05
2004 年	1 080.41	106.95	527.99	179.92
2005 年	—	—	560.00	—
2006 年			—	—
2007 年	—			202.49
2008 年	1 955.00	343.00	718.00	216.31
2009 年	—	—	—	234.78
2010 年				236.32
2011 年	—	—	723.10	231.94
2012 年	2 772.50	729.36	711.00	258.64
2013 年	3 293.89	861.87	721.20	238.06
2014 年	3 283.98	776.54	721.20	233.21
2015 年	3 246.58	1 149.29	721.20	220.54
2016 年	3 112.66	1 128.16	684.00	222.03
2017 年	3 128.38	947.87	720.00	255.76
2018 年	3 085.91	1 706.03	720.00	242.29
2019 年	3 100.70	1 739.98	721.20	221.69
2020 年 1—6 月	1 400.00	700.00	360.00	92.00

二、货运业务运营

货运队主要负责矿区内部大型设备的吊装、运输,普通货物、氧化铝产品、粉煤灰的运输以及矿区内矸石回填等土石方工程。

1997年,货运队以抢占市场为导向,狠抓货运市场,积极开展外部联系,多方寻找货源,先后完成沛屯大道矸石工程、唐楼扶贫工程、姚桥二期工程的矸石搬迁,中心区热电厂矸石回填工程等几项较大的工程,获得了较好的经济收入。

1998年6月,根据公司经济运行紧急会议精神及要求和国家车辆报废有关规定,公司决定由汽运分公司对各单位货运车辆集中管理。1998年底,货运队共有货车和工程机械60台,全年货运周转量达390万吨千米。1999年,在煤炭市场出现市场疲软,各单位汽车货运业务量大大减少的情况下,货运队发挥吃苦、奉献的精神,顺利完成公司下达的徐庄矿湖西大坝防洪复堤工程任务。货运队被公司记集体二等功一次。

2001年,货运队面临的形势异常严峻,煤矸石停运,货运量明显不足,但货运队领导班子不等不靠,积极想办法,组织货运货源,开辟平板车运输任务,取得明显的成效。

2003年,货运队一手抓平板车运输,一手抓矸石工地运输,克服种种困难,完成了徐庄煤矿、孔庄煤矿矸石山的搬迁任务。

2006年4月,发电厂粉煤灰渣运输业务整建制划转汽运分公司,由货运队负责公司粉煤灰的运输任务。

2007年,货运队全体职工,急客户所急,想客户所想,以满足客户需要为己任,在公司安排的多次突击任务中,表现出了良好的敬业精神和组织能力。

2014年,货运队积极开展以单车为核心的节油降耗活动,根据不同的车型、路况、季节确定燃油定额考核指标,对汽运分公司下达的燃油定额考核指标按月进行考核。对超支、超耗的车辆和个人凡属非客观因素,坚持实行按考核制度规定予以处罚。对节约燃油以及为节约燃油提供建议性意见的职工予以奖励,降本增效工作取得阶段性成果。

2015年,货运队继续探索货运车辆长途返程配货管理机制,摸清返程配货特点、规律,兼顾企业与驾驶员个人利益,在确保行车安全前提下稳妥慎重推进返程配货工作,以期实现共赢。

2016年7月,根据公司关于矿区各单位生产车辆集中管理的要求,货运队集中管理皮卡、五十铃共计38辆。

2018年,货运队与各相关方密切协调,围绕公司2×350兆瓦热电项目施工建设以及各矿矸石运输、注浆用灰等重点任务,通过合理组织、工期倒排等措施,保证了矿区重点工程进度目标。依托中煤集团"两商"战略,理顺管理流程,研究落实内部激励政策,拓展外部运输市场,在返程配货方面取得了积极进展,全年实现收益42.2万元。

截至2019年年底,货运队共有车辆106辆(其中轻型普通货车31部、中型普通货车7部、中型专用客车1部、中型自卸货车1部、重型半挂牵引车16部、重型非载货专项作业车1部、重型普通半挂车8部、重型普通挂车6部、重型普通货车11部、重型专项作业车10部、重型自卸车货车10部、挖掘机1台、装载机2台、推土机1台),货物周转量达1 500万吨千米,年度行驶总里程达117.25万千米。

1991年至2020年6月货运队运营情况见表7-2-3。

表 7-2-3　1991 年至 2020 年 6 月货运队运营情况一览表

时间	收入/万元	利润/万元	货物周转量/万吨千米	行驶里程/万千米
1991 年	124.00	4.70	320.84	54.93
1992 年	127.70	—	332.21	53.77
1993 年	147.20	5.70	278.40	39.24
1994 年	—	—	213.12	33.43
1995 年	141.01		176.25	23.70
1996 年	167.00	20.00	224.16	34.72
1997 年	264.00	52.00	260.97	37.40
1998 年	314.00	11.70	386.10	73.50
1999 年	589.00	19.00	703.20	128.80
2000 年	482.00	−40.30	469.20	97.29
2001 年	445.00	−8.00	514.90	112.81
2002 年	552.38	36.00	548.36	130.54
2003 年	802.10	79.99	669.30	137.59
2004 年	714.41	78.18	644.10	124.61
2005 年	—	—	800.00	—
2006 年	—	—	—	—
2007 年	—	—	—	245.95
2008 年	1 933.00	164.00	—	244.55
2009 年	—	—	—	243.17
2010 年	—	—	—	230.41
2011 年	—	—	1 680.00	206.99
2012 年	1 384.82	−70.42	1 975.60	208.15
2013 年	1 269.84	−366.93	1 679.00	165.55
2014 年	961.51	−154.91	1 000.00	111.62
2015 年	786.39	−163.82	708.00	81.17
2016 年	911.57	−60.54	1 010.00	99.97
2017 年	970.44	−196.26	1 450.00	118.62
2018 年	1 134.06	−1.31	1 450.00	101.40
2019 年	1 232.16	5.90	1 500.00	117.25
2020 年 1—6 月	600.00	1.00	720.00	50.00

三、公务车辆业务运营

2017 年 2 月,按照中央公务用车制度改革领导小组《中央企业公务用车制度改革实施意见》、国务院国资委《关于推进中央企业公务用车制度改革有关事项的通知》和中煤集团《关于公务用车制度改革方案的批复》精神,为进一步规范公务用车运行管理,提高运营效

率,降低成本,公司决定将公务用车统一集中到汽运分公司管理运营。

四、车辆维修业务运营

大修厂主要从事矿区内部客车、汽车、轿车和各类型工程机械的大修和各级维护任务。

1992 年初,大修厂积极引进外部技术,对内改革分配机制,迅速提高修理服务质量,积极与上海驻军 83534 部队修理厂合作,开展公司乘用车及部分进口客货车的二级维护和小修业务,减少公司车辆外围修理和保养费用。

1993 年,大修厂不断加强修理人员的培训,职工整体素质有了较大提高。10 月、11 月在徐州市和江苏省汽车强制维护观摩会上,连续两次获得优胜奖,被公司工会记集体二等功。

1996 年 4 月,大修厂抽调修理技术比较好的职工成立轿车修理班,负责矿区轿车的修理保养业务。

1997 年,大修厂从提高修理质量和服务质量入手,规范修理工艺,缩短修理周期,制定服务承诺项目,开辟了五十铃车辆专修项目,拓宽了修理渠道,满足了矿区车辆修理的需要。

1998 年 5 月,为顺应公司改革的形势需要,寻找新的利润增长点,汽车队成立了枣庄车辆大修厂,对外开展汽车修理业务。但由于国内经济形势萧条等无法抗拒的客观原因的影响,于 1999 年 7 月停业,1999 年年底关闭。

1999 年,随着公司对货车的集中管理,大型货车大部分集中到汽车队,由货运队修理班修理,一部分年限较长的车辆报废,小型车辆由公司小车队修理。大修厂修理量急剧萎缩,大修厂收入、利润存在不同程度减少。

2003 年,大修厂在矿区汽车维修市场萎缩的情况下,一边积极提高服务质量,一边下现场争取货源,同时,加大分配制度的考核,当年实现收入 202.89 万元,利润 23.72 万元。

2006 年 1 月,为充分利用修理资源、规范修理业务,汽运分公司研究决定,将客运队、货运队维修班划入大修厂,客运队、货运队、大修厂车辆的维护保养由大修厂负责。

2014 年,大修厂内抓管理、外拓市场,着重培养职工"严精细实"的工作态度,积极寻求目标客户,狠抓修理周期,实行维修质量回访和责任倒追机制,全力营造管理更科学、工作更高效、服务更贴近的良好氛围。

2016 年初,汽车分公司与徐州沪彭合作成立了轿车维保中心,对外开展轿车维保业务。截至 2019 年 12 月底,实现营业收入 1 074.20 万元,根据合同约定,按营业收入 16％提成,合计为 171.87 万元,扣除汽运分公司投入厂房、设备、水电费及人工成本为 92.99 万元,利润为 78.88 万元。

2018 年,大修厂作为车辆维保单位,形成了一套安全、高效、优质的车辆维保服务体系。积极实施恶劣天气应急救援服务,做到随叫随到、随到随修,确保冰冻期间故障车辆能得到及时、快捷、方便的维修,为汽运分公司车辆安全正常运营提供了强有力的后勤保障。稳步实施与徐州沪彭达成的汽车维保中心深化合作的新一轮协议,新上马烤漆房等配套设施,在地方政府环保政策收紧的大背景下,保证了维保业务正常开展。同时,同太保沛县支公司建立业务联系,尝试引进事故车辆维修业务,扩大了维保中心知名度,私家车辆维保市场占有率逐年提高。

截至 2019 年年底,大修厂拥有各类维修设备(设施)40 余台套。技术力量雄厚,具有江苏省交通厅核准的一类甲级汽车维修资质的维修企业,2019 年车辆维修保养达到 2 800 余台次。

1991 年至 2020 年 6 月大修厂运营情况见表 7-2-4。

表 7-2-4 1991 年至 2020 年 6 月大修厂运营情况一览表

时间	收入/万元	利润/万元	年度维修量/台次
1991 年	99.87	−10.10	124
1992 年	165.70	—	150
1993 年	245.90	38.40	138
1994 年	—	—	—
1995 年	339.00	—	228
1996 年	469.00	114.00	238
1997 年	418.00	77.00	229
1998 年	284.00	20.00	186
1999 年	231.00	6.00	145
2000 年	175.00	7.80	66
2001 年	170.00	17.00	111
2002 年	168.67	21.00	99
2003 年	202.89	23.72	95
2004 年	174.44	7.38	113
2005 年	—	—	—
2006 年	—	—	—
2007 年	269.00	—	—
2008 年	283.00	—	—
2009 年	—	—	—
2010 年	—	—	—
2011 年	—	—	3 053
2012 年	582.87	−268.70	3 048
2013 年	461.59	−382.23	2 700
2014 年	374.28	−304.50	2 628
2015 年	306.47	−217.59	1 740
2016 年	192.33	−317.06	1 657
2017 年	148.99	−26.76	1 965
2018 年	66.46	−141.92	2 000
2019 年	138.71	−299.53	2 800
2020 年 1—6 月	70.00	−128.00	1 200

注:年度维修量 2004 年以前不包含小修。

第四节　安全管理

汽运分公司始终坚持"事故是可控的、有礼让三分"的安全理念,以全面落实安全主体责任为主线,以"警示天天行、安全人人行"主题教育为抓手,坚持"一慢、二看、三通过"的通行原则。严格贯彻执行各项安全管理制度,强化反"三违"治理,扎实开展系列安全活动,道路交通安全形势趋于稳定。主要做法有:

(1) 主体责任。严格执行党政同责、一岗双责、齐抓共管、失职追责,真正把安全生产拿在手上、放在心上、扛在肩上。建立了安全生产目标管理办法和考核机制,落实党政主要负责人、各层级管理人员、各岗位人员安全主体责任以及部门安全监管责任。

(2) 隐患整治。坚守底线,不越红线,牢固树立安全生产"零死亡"、隐患控制"零容忍"、现场作业"零伤害"、企业管理"零缺陷"、履职尽责"零失误"的"五零"理念。深入开展了道路交通安全隐患大检查、大整治行动,补齐安全短板,采取有力措施,坚决防范道路交通事故发生。

(3) 抓住关键。突出抓好"三不放心"这个高风险事项和关键少数人群。致力于规范职工行为,突出重点环节、重要时段、敏感时期,加大惩治力度,逐步建立起针对"不放心的人、不放心的事、不放心的路段"的长效管理机制,切实把"不放心的人"放在心上,从源头上减少和消除人的危险因素,筑牢安全生产防线。

(4) 单车预警。根据驾驶员"单人作业"的职业特点,在班组危险预知的基础上开展单车预警活动,在出车前对人、车、道路、天气、货物 5 个方面进行预知和判断,从而有针对性地采取相应措施。

(5) 过程监控。充分利用主动安全系统,加强车辆行驶过程实时监控,坚决遏制超速行驶、接打电话、抽烟等违章行为,进一步规范驾驶员的驾驶行为。

(6) 培训基础。重点对驾驶员雨雾冰雪等恶劣天气条件下行车安全知识、紧急避险应急处置能力、安全预案、车辆使用和维护知识等内容加强培训教育。针对雨雪雾等恶劣天气,及时启动应急预案,采取机关管理人员跟车盯防、提醒瞭望的方式,保障恶劣天气条件下的行车安全。深化以"警示天天行,安全人人行"为主题的安全教育,在落实、落细"一看、二慢、三通过,有理也要让三分,事故是可防、可控、可治的"等安全理念教育的基础上,进一步规范、强化"三个一"和全员安全考试活动,提高安全教育培训、考试质量,不断提升职工安全综合素质。

(7) 特色文化。开展安全文化进车厢、进车站活动,将道路交通安全知识宣传、普及到广大乘客。在客运班车、客运站台统一制作、安装图文并茂的安全标识,使客运班车成为流动的宣传栏,公司广大职工置身其中,感受到浓浓的文化气息,在不知不觉中受到了安全教育。在总结、提炼以往先进的安全理念及行之有效的安全管理方法的基础上,形成了独具大屯汽运特色的安全文化。安全管理上创新了安全准驾制度、长途安全告知、车辆维修保养责任倒推、"车辆四不出门"等方式方法。

第八篇

综合服务

Zonghe Fuwu

公司自全面建成投产，就是一个以清洁能源供应商和能源综合服务商（简称"两商"）为特色的典型企业。机械制修、工程设计、地测勘探、特基施工、建筑安装、综机租赁、多种经营等业务不断发展壮大，为保障煤矿生产建设，发挥了重要作用。随着改革的深入和经济的发展，新时代赋予了大屯公司"两商"新内涵，在综合服务领域大胆开拓、创新实践，倾力打造了11个特色品牌。工程监理、水灾防治、电力运维、铁路运维、水处理运维、环保工程、职教培训等众多非煤生产服务项目，面向中煤集团，服务社会大众，实施走出去战略、品牌战略，以生态经济、安全经济、循环经济和高质量发展为目标，不断提高产品服务项目的附加值、技术含量，延伸产业链，拓展新业务，成为能源综合服务商品牌企业。

拓特厂集设备加工制造与修理为一体，不断加大资金投入，改造升级，坚持走产品专业化道路，依靠科技创新求发展，承担公司安全生产机械设备制造加工和修理，逐步成长为行业内煤矿运输设备专业生产制造厂家，产品销往全国各地。

工程咨询公司拥有固体矿产勘查、地质钻探、工程监理等10项甲级资质、15项乙级资质、8项丙级资质，完成了大屯公司众多的工程设计、监理、地质勘探、测绘、地质灾害防治等项目，多次承接省市、国家重点工程项目，并走出国门承揽国外勘探施工项目。

电力工程公司实现专业化电力维保运营，具有电力工程施工总承包三级资质，从事电力设备维修、锅炉设备、汽轮机、电气设备运行，锅炉安装、改造、维修、调试，机电设备、压力管道安装、维修，环境污染治理设施管理、技术服务等。

水处理公司主营水处理、环保设施运营维保、环保项目施工和提标改造、设备制造集成及复合药剂生产销售等业务，成为中煤集团"具有专业技术和综合服务能力"的标杆企业。

铁路工程公司具有建筑工程施工、矿山工程施工、市政公用工程施工总承包二级资质，地基基础工程、建筑装修装饰工程、建筑机电安装工程专业承包二级资质，输变电工程专业承包三级资质，也是中煤集团唯一一家拥有铁路施工与运维铁路工程总承包三级资质的企业。在承担大屯矿区生产、生活设施基本建设任务的同时，施工足迹遍布江苏、上海、山西、内蒙古、新疆等地区，多次承接铁路、道路、隧道和桥梁等大型建设工程项目。

20世纪90年代，是大屯矿区建设发展突飞猛进的时期，公司多种经营应势而为，在大屯矿区发展史上留下了浓重的一笔。2000年以后，由各矿厂多种经营系统重组整合而成的实业公司，逐步改造构建成全新的股份制企业，主要经营矿山配件、支护材料、机械制造与维修、新型建材、劳务派遣、服装加工、印刷服务、技术服务、资源循环利用等业务。

中煤职院开展内培外培、长训短训、理论实操、技能鉴定。办学形式灵活多样，电大、夜大、函授，开展中专、大专、本科学历教育，办学水平逐步提高，技工、中技、高技、技师培训，办学资质不断升级。一批又一批学员经过学习培训深造后，走向企业管理岗位、生产一线，成为技术骨干、岗位能手、优秀管理者，实现了企业发展和职工成长的和谐共赢。

公司设备租赁管理在国内首创矿区综机设备统一租赁管理模式，实现一机多用，设备、配件在4座煤矿之间调剂周转使用，开展代储、融资租赁，减少设备配件库存备用，降低库存成本占用，最大限度发挥综机设备使用寿命、使用效率、使用性能。公司机构改革成立了设备管理中心，实现专业化一体化垂直管理，凸显出高效、协调、规范管理的职能优势。

第一章 机械制修

第一节 机械制造

一、制造中心

（一）资源配备

拓特厂制造中心由原金工车间和原铆焊车间组成，车间空间布局分为 8 跨，占地面积 10 000 平方米。

（1）金工车间设备投入。1991—1992 年，主要设备有数控卧式车床 1 台、半自动转塔车床 1 台、回轮式六角车床 2 台、普通车床 56 台、立式车床 1 台、单板数控车床 1 台、高精密车床 1 台、铲齿车床 1 台、液压单能车床 1 台、落地镗床 1 台、卧式镗床 3 台、各类磨床 21 台、各类钻床 12 台、插齿机 2 台、滚齿机 5 台、插床 4 台、各类铣床 17 台、液压龙门刨 1 台、单臂龙门刨 1 台、牛头刨 8 台、锯床 2 台以及高频淬火炉 1 台、埋入式盐浴炉 1 台、不同吨位行车 6 台以及场内电瓶车等。

1993 年，拓特厂发展模式转为"制修一体"，原有设备不能满足产品制造需要。金工车间逐步淘汰效率低、性能落后设备，更新、添置先进的机械加工设备卧式数控镗铣床 2 台、数控车床 4 台、单柱立式车床 1 台、卧式车床 3 台、普通车床 26 台、钻床 14 台、对头镗床 1 台、数显卧式铣镗床 1 台、各类磨床 6 台、插齿机 1 台、滚齿机 1 台、立式升降台铣床 2 台、绳槽数控加工铣床 1 台、龙门铣床 1 台、重型铣镗床 1 台、龙门刨床 1 台、牛头刨床 4 台、插床 2 台、锯床 8 台、数控打孔机床 1 台、数控铣端面打孔机床 1 台、激光打标机 1 台。

（2）铆焊车间设备投入。1991—1993 年，配备 350 吨油压机 1 台、四柱液压机 1 台、闭式压力机 3 台、双盘压力机 2 台、滚丝机 1 台、剪板机 5 台、联合冲剪机 3 台、三辊卷板机 3 台、折弯机 1 台、三星卷板机 1 台、直流焊机 30 台、不同吨位行车 6 台及场内电瓶车等设备。为满足液压支架、皮带机、刮板机、卡轨车、平板车、各类绞车等煤矿产品制造需要，拓特厂加大对铆焊车间设备升级，先后配备 500 吨压力机 1 台、铆接机 1 台、滚剪倒角机 2 台、折弯机 1 台、水平下调卷板机 1 台、自动弯管机 1 台、套丝机 1 台、数控切割机 2 台，同时改进焊接工艺，将普通手工焊条焊接改为二氧化碳气体保护焊，并配备 50 台气体保护焊机及乙炔气装置。

2007 年，随着外部市场的不断扩大，铆焊车间原有场地无法满足生产需要，经公司批准投资建设下料车间，专业从事板材下料，配备数控切割机 4 台、剪板机 2 台、等离子切割机 1 台等相关设备。

2012 年，随着外部市场风险不断累积和职工退休人员增加，拓特厂对发展战略进行调整，由"制修兼营"调整为"以修为主，制造为辅，打造行业内煤矿运输设备专业化生产厂家"。

下料车间并入铆焊车间,配备进口联合冲剪机1台、数控坡口机2台、数控焊接机器人1台,提升了设备制造专业化能力。

（3）技术力量。金工车间、铆焊车间分别于1970年、1977年由上海玻璃机械厂、上海化工机械厂、上海纺织机械厂技校、上海飞机制造厂技校等单位的一批工程技术人员援建,技术水平处于当时行业前列。经过几代人的努力,逐步建成专业化煤矿运输设备生产组织结构和专业化制造队伍,拥有工程师6人、高级工21人、技师4人、高级技师3人,主要有冷作工、电焊工、机床工、热处理工等工种,工种齐全,技术力量在行业内领先。

（二）主要产品

1991—1992年,主要加工制造耙斗装岩机,有P30B（A）和P60B（A）等型号,具有装载能力强、结构简单、使用效率高、适应性好等特点,均取得煤安标志证书。这两种型号的产品加工生产50余套,主要用于公司4个矿井下生产。

1993—1994年,开始加工制造皮带机（图8-1-1）。主要型号有:TD75型、DTⅡ型、DTⅡ（A）型可逆配仓带式输送机,转载带式输送机,DSJ伸缩带式输送机,DTL固定强力带式输送机。取得煤安标志证书70多个、国家专利1项、公司科技成果奖6项、国家实用新型专利3项。

图8-1-1　拓特厂加工制造的皮带机

1995—1996年,主要制造刮板输送机系列产品,型号有:SGB630/150C、SGB620/40、SGB630/400、SGB764/630、SGB764/400、SGB764/160B、SGB764/160A、SGB764/160B、SGB764/160A、GB1000/110（A）等。取得10个煤安标志证书,获得大屯公司科技进步奖项目3项,加工生产销售产品30余套。

1995—1997年,加工制造姚桥煤矿二期扩建工程新主、副井大型箱体结构井架,是拓特厂承担的最大单个整体钢架加工件。运输过程中,专门成立运输保障队伍,拆除车间大门,利用夜间运输,避开白天车流,经公路转运公司自备铁路,安全抵达姚桥煤矿二期扩建工地,如期完成井架安装,保障了工程的整体进度。

1997—2001年,制造液压支架系列产品。型号有:ZYG7200/18.5/32、ZQ4000/22/44、

ZF3200/16/26、ZT18560/18/32、ZF2800/16/26、ZY300-1.45/2.2、ZF3600/16/36、ZF6800/16/28Y、ZY6000/17.5/38、ZY5200/16/33、ZY5200/16/28Y、ZF6200/16/28H 等。取得煤安标志证书 10 余项、国家专利 4 项、大屯公司科技进步奖项目 6 项。

2002—2006 年,自主研发无级绳绞车系列产品。型号有:SQ-32/30Y 单速无极绳绞车;JWB55WJ、SQ-80/75WY、SQ-90/90WY、SQ-100/110WY 等 4 种机械调速无极绳绞车;JWB90DJ 电机调速无极绳绞车;SQ-80/55PY、SQ-90/75PY、SQ-100/90PY、SQ-110/110PY、SQ-120/132PY 等 5 种变频调速无极绳绞车。取得煤安标志证书 10 余项、国家专利 11 项、大屯公司科技进步奖项目 5 项。

2007 年,加工制造孔庄煤矿三期改扩建工程千吨级混合主井井架。井架结构为落地式多绳提升双斜撑式钢井架,斜架为钢框架结构,构件断面由钢板焊成封闭箱形;立架为钢桁架结构,杆件为型钢或钢板组合构件。主提升及副提升上、下天轮各一个,共 4 个天轮,直径均为 4 米。主、副提钢丝绳均为 4 根。主提升箕斗有 2 个,副提升大、小罐笼各一个。制作质量符合相关标准要求,按照孔庄煤矿总体工期要求按时完工,获得大屯公司科技进步成果二等奖。

2011 年,自主研发 PRC12-6/3 新型平巷人车产品,获得国家专利 2 项、大屯公司科技进步二等奖 1 项。加工、生产、销售产品 200 余辆。

2014 年,自主研发钢丝绳牵引卡轨车系列产品。型号有:KSY-100/90P、KSY-110/110P、KSY-120/132P 等 3 种型号产品。获得国家专利 1 项、大屯公司科技进步奖 1 项。产品除满足公司内部生产外还销往山西、内蒙古等地。

2017 年,研发平板车系列产品。型号有:MPC20-6 平板车、MPC32-6 平板车、MPC32-6(A)重型平板车、MPC26-6 重型平板车、MPC40-6 重型平板车等。获得煤安标志证书 4 项、大屯公司科技进步三等奖 1 项。产品主要用于大屯矿区,生产 800 余台。

2019 年,研发永磁直驱带式输送机系列产品。型号有:DSJ100/80/2×315、DSJ120/120/2×400、DSJ120/180/2×400、DTL100/90/2×315S、DTL100/90/2×250X 等固定带输送机。取得煤安标志证书 2 项,生产产品 6 套。

(三)产品展销

公司参加 2005 年山西太原全国煤机展、2006 年山东济南全国煤机展、2007 年四川成都全国煤机展,参展产品主要有 SQ-32/30Y 单速无极绳绞车、JWB55WJ 机械调速无极绳绞车。参加 2011 年江苏徐州全国煤机展、2012 年山西吕梁中煤集团系统煤机展,参展产品主要有 SQ-32/30Y 单速无极绳绞车,JWB55WJ、SQ-80/75WY、SQ-90/90WY、SQ-100/110WY 等 4 种机械调速无极绳绞车,JWB90DJ 电机调速无极绳绞车,SQ-80/55PY、SQ-90/75PY、SQ-100/90PY、SQ-110/110PY、SQ-120/132PY 等 5 种变频调速无极绳绞车。2015 年,江苏大屯中煤集团系统煤机展,参展产品除以上无极绳绞车还增加 PRC12-6/3 新型平巷人车、电缆拖挂单轨吊等新研发的产品。

(四)产品销售

1991—1997 年,制造产品的数量基本是按公司计划生产的,公司内部销售供应 4 个煤矿成台产品 3 700 多台。

1998 年,公司内部销售:皮带机 20 台、耙装机 6 台、刮板机 23 台、液压支架 114 台、平巷人车 18 台、调度绞车 33 台、罐笼 1 台、箕斗 2 台、阻车器 4 台、矿车 500 台、矸石侧卸车

7台、人行车1台。公司外部销售:耙装机3台。

1999年,公司内部销售:皮带机4台、耙装机11台、给煤机2台、刮板机16台、液压支架165台、平巷人车4台、调度绞车20台、罐笼1台、箕斗3台、阻车器2台、矿车420台、起重机9台。公司外部销售:耙装机3台。

2000年,公司内部销售:皮带机6台,耙装机10台,给煤机15台,刮板机26台,液压支架214台,平巷人车25台,调度绞车32台,罐笼2台,箕斗4台,矿车330台,起重机2台。公司外部销售:耙装机6台、矿车100台。

2001年,公司内部销售:皮带机21台、耙装机13台、给煤机15台、刮板机45台、液压支架326台、平巷人车21台、调度绞车45台、平板车70台、罐笼4台、箕斗1台、矿车210台、起重机2台、矸石侧卸车2台、人行车3台。外部销售:耙装机5台、刮板机1台、调度绞车4台。

2002年,公司内部销售:皮带机17台、耙装机19台、给煤机9台、刮板机33台、液压支架20台、无极绳绞车1台、调度绞车42台、平板车20台、阻车器1台、矿车400台、矸石侧卸车7台。公司外部销售:耙装机3台。

2003年,公司内部销售:皮带机18台、耙装机16台、给煤机1台、刮板机20台、液压支架40台、无极绳绞车4台、调度绞车26台、罐笼2台、箕斗3台、阻车器4台、矿车100台、起重机2台。公司外部销售:耙装机1台。

2004年,公司内部销售:皮带机8台、耙装机12台、给煤机12台、刮板机18台、平巷人车20台、无极绳绞车2台、罐笼1台、阻车器3台、推车机4台、矿车100台。

2005年,公司内部销售:皮带机11台、耙装机16台、给煤机18台、刮板机16台、液压支架150台、平巷人车3台、调度绞车62台、无极绳绞车4台。公司外部销售:无极绳绞车5台。

2006年,公司内部销售:皮带机23台、耙装机14台、刮板机27台、液压支架30台、无极绳绞车4台、罐笼3台。公司外部销售:皮带机2台、无极绳绞车14台。

2007年,公司内部销售:皮带机6台、耙装机22台、液压支架150台、无极绳绞车1台、调度绞车60台。公司外部销售:无极绳绞车18台。

2008年,公司内部销售:皮带机22台、耙装机14台、给煤机12台、刮板机36台、液压支架19台、无极绳绞车11台、调度绞车99台、罐笼3台、井架1套。公司外部销售:无极绳绞车35台。

2009年,公司内部销售:皮带机34台、给煤机1台、刮板机41台、液压支架8台、无极绳绞车16台、箕斗4台。公司外部销售:无极绳绞车67台。

2010年,公司内部销售:皮带机13台、给煤机5台、刮板机38台、液压支架282台、无极绳绞车21台。公司外部销售:无极绳绞车69台。

2011年,公司内部销售:皮带机29台、耙装机1台、给煤机2台、刮板机28台、液压支架208台、无极绳绞车8台。公司外部销售:皮带机2台、无极绳绞车50台。

2012年,公司内部销售:皮带机44台、耙装机35台、给煤机8台、刮板机38台、液压支架219台、平巷人车12台、无极绳绞车64台。公司外部销售:皮带机18台、刮板机5台、无极绳绞车25台。

2013年,公司内部销售:皮带机27台、耙装机21台、给煤机10台、刮板机38台、液压支架 162 台、平巷人车 103 台、无极绳绞车 9 台、回柱绞车 41 台、平板车 50 台。公司外部销售：皮带机 8 台、耙装机 1 台、给煤机 1 台、刮板机 7 台、平巷人车 8 台、无极绳绞车 23 台。

2014 年，公司内部销售：皮带机 4 台、耙装机 2 台、给煤机 3 台、刮板机 1 台、平巷人车 42 台、无极绳绞车 1 台、箕斗 2 台。公司外部销售：皮带机 9 台、耙装机 4 台、刮板机 1 台、无极绳绞车 23 台、回柱绞车 19 台。

2015 年，公司内部销售：皮带机 2 台、给煤机 11 台、液压支架 125 台、平巷人车 14 台、无极绳绞车 2 台、回柱绞车 1 台、平板车 40 台、箕斗 2 台、卡轨车 1 台。公司外部销售：皮带机 17 台、刮板机 4 台、无极绳绞车 16 台、井架 1 套。

2016 年，公司内部销售：皮带机 3 台、给煤机 11 台、刮板机 1 台、液压支架 105 台、平巷人车 25 台、平板车 37 台、罐笼 1 台、箕斗 3 台、卡轨车 1 台。公司外部销售：皮带机 13 台、刮板机 1 台、无极绳绞车 4 台、回柱绞车 7 台、罐笼 2 台。

2017 年，公司内部销售：皮带机 4 台、给煤机 16 台、刮板机 80 台、液压支架 170 台、平巷人车 10 台、无极绳绞车 3 台、回柱绞车 4 台、调度绞车 13 台、罐笼 1 台、卡轨车 1 台。公司外部销售：无极绳绞车 9 台、回柱绞车 16 台。

2018 年，公司内部销售：皮带机 21 台、给煤机 13 台、平巷人车 10 台、回柱绞车 8 台、平板车 80 台、卡轨车 1 台。公司外部销售：皮带机 3 台、无极绳绞车 4 台。

2019 年，公司内部销售：皮带机 16 台、耙装机 10 台、给煤机 14 台、刮板机 12 台、液压支架 140 台、平巷人车 10 台、无极绳绞车 4 台、回柱绞车 24 台、平板车 300 台。公司外部销售：无极绳绞车 5 台、卡轨车 1 台。

2020 年 1—6 月，公司内部销售：皮带机 10 台、耙装机 9 台、给煤机 12 台、刮板机 4 台、液压支架 127 台、无极绳绞车 6 台、回柱绞车 24 台、平板车 160 台。公司外部销售：无极绳绞车 3 台、卡轨车 2 台、回柱绞车 7 台、罐笼 2 台。

二、铸造车间

（一）资源配备

拓特厂铸造车间空间布局分为 4 跨，占地面积约 1.5 万平方米。

（1）设备投入。1991—2012 年，主要设备有带锯机 2 台、木工刨床 3 台、自动磨锯机 1 台、木模铣床 1 台、木工联合机床 2 台、混砂机 3 台、水爆清砂设备 1 套、抛丸机 1 台、铸铁冲天炉系统 1 套、铸件退火炉 2 台、1.5 吨电弧炉 1 台、行车 6 台以及场内电瓶车、电炉配电系统等。

2013 年，因水玻璃砂型铸造工艺粉尘污染大、人工成本高，经公司批准淘汰水玻璃砂型铸造工艺，原有相关设备设施报废清算。采用人工成本低、粉尘污染小的消失模铸造工艺，建造配置 1.5 吨电弧炉 1 台（每炉可出 5 吨钢水）、16 吨行车 1 台、10 吨行车 1 台、30 吨退火炉 1 台、5 吨退火炉 1 台、吊钩式抛丸机 1 台，配有光谱分析仪、洛氏硬度仪、探伤仪等多种化验检测设备，建成铸件生产能力 3 000 吨/年的消失模生产线。

（2）技术力量。1970 年，铸造车间成立，配置铸铁、铸钢两条生产线，技术人员是由上海锅炉厂技术工人、工程技术人员以及上海冶金工业学校毕业生等援建的。2006 年，铸铁生产线关闭，铸工车间对电弧炉实施技改，重点开发铸钢产品，铸钢件技术水平达到行业领先水平。铸造车间有职工 20 名，其中高级工程师 1 人、工程师 2 人、高级工 10 人、普工

7 人,主要工种有电炉冶炼工、造型工两大工种。

（二）主要产品

1991—1993 年,铸造车间主要为公司 4 个矿设备修理提供结构简单的毛坯配件,品种繁杂,主要是矿车平板车车轮、皮带机轴承座、碰头、支架柱窝等配件,年产量 600 吨左右。

1994 年,铸造车间增加成台产品制造,除提供修理铸件外还为成台产品提供所需铸件,主要产品有矿车、耙装机、箕斗罐笼、给煤机、皮带机、液压支架、绞车、煤水泵、中部槽等的配套零部件,年产量约 700 吨。

同年,铸造车间为孔庄煤矿铸造煤水泵泵壳,由拓特厂自主测绘、研发重量最重（单件重量达 2.5 吨）、结构最复杂、技术难度最大的铸件,拓特厂克服困难,保质保量完成公司下达的生产任务,得到公司表彰,此后陆续生产 50 多台煤水泵泵壳。

1995—2006 年,铸造车间以井下道岔、矿车、耙装机、箕斗罐笼、给煤机、皮带机、液压支架、无极绳绞车、中部槽、煤水泵等零部件铸造为主,产量以每年 10% 速度递增,2006 年产量达到 1 500 吨。

2007—2013 年,拓特厂根据生产需要对电弧炉实施技改,将每炉 3 吨出钢量增加到每炉 5 吨出钢量。对成本高、用工多、污染严重、产量低的铸铁生产线进行关闭,将人员合并到铸钢生产线,加大外部市场开拓,内外市场得到稳步发展,年产量由 1 500 吨逐步增长到 2 300 吨。主要产品有采煤机滑靴、支架柱窝和刮板机槽帮等。

2014—2016 年,经公司批准拓特厂采用消失模铸造工艺,该工艺具有人工成本低,粉尘污染小,机械化程度高,工艺技术稳定等特点。消失模生产线于 2013 年开始建设,2016 年建成投入使用,年生产能力达到 3 000 吨,较原水玻璃铸造工艺年降低人工成本 200 余万元。

2017 年以后,国家环保政策更加严格,新上马的消失模生产线申报环境评价,铸造车间根据沛县环保局要求对消失模排烟除尘系统进行改造,2019 年系统改造完成并通过环评验收,进入试生产阶段。主要产品有采煤机滑靴、支架柱窝和刮板机槽帮等,产量 700 吨左右。

（三）经营销售

1991—1993 年,铸造车间主要为公司 4 个矿设备修理提供简单配件毛坯,品种繁杂,平均年产量 600 吨,年产值 450 万元左右,年利润 45 万元。

1994 年,铸造车间增加成台产品制造,产量提高到 700 吨,年产值 500 万元,利润 50 万元。

2006 年,铸造车间产量达到 1 500 吨,年产值也由 500 万元提高到 1 100 万元,利润提高到 110 万元。

2006 年以后,刮板机中部槽、绞车配件等主要产品开始外销,陆续销往淮南长壁机械制造厂、郑州煤机厂长壁分厂、徐州苏煤矿山设备制造有限公司、山东久鼎机械制造有限公司、徐州三元矿山设备机械有限公司等。

2014 至 2020 年 6 月,主要产品有支架柱窝、阀门等,产品销往北京煤机厂、温州阀门厂等。

三、锻造车间

（一）资源配备

1991—2004 年,锻造车间主要有锻造操作机 1 台、高效弓锯床 1 台、75 公斤空气锤 2 台、250 公斤空气锤 1 台、闭式单点压力机 3 台、双盘摩擦压力机 2 台、联合冲剪机 1 台、液压自动推煤机 1 台、加热炉 1 台、不同吨位行车 3 台以及场内电瓶车等设备。

2005—2013 年,拓特厂不断开拓外部锻件市场,原有的设备已不能满足生产需要。为此,拓特厂加大设备投资,锻造车间陆续配置锻造操作机 2 台、2 吨单臂电液锤 1 台、锻造加热炉 1 台。车间共有职工 48 名,其中高级工程师 1 人,工程师 1 人,经济师 1 人,技师 1 人,高级工 8 人,中级工 25 人。主要工种有锻工、锻锤司机两大工种,锻件技术水平处行业较高水平。

2008 年以后,国内锻件市场竞争激烈,锻件设备日趋先进。拓特厂锻造车间规模小、设备落后的劣势凸显,经领导班子集体研究,萎缩锻造生产线,实施人员分流,保留职工 15 人。

2012 年底,持续低迷的锻件市场已不能维持锻造车间正常运营,产品单件多,批量小,车间亏损趋势不可避免,经领导班子集体研究,停止锻造车间运营,划属铸造车间。

2013 年 4 月,锻造车间关闭。

（二）主要产品

1991—1999 年,锻造车间主要为公司 4 个矿设备修理提供配件毛坯,主要是煤机轴承套、齿轮以及机床曲轴等配件,产品未销往外部市场,年产量 500 吨左右。

2000—2008 年,锻造车间主要产品是煤机轴承套、齿轮以及机床曲轴等毛坯配件。内部市场稳定,但外部市场销售量不断扩大,由 2000 年 50 吨增长到 2005 年 200 吨,2008 年跃升到 670 吨,车间总产量达到 1 200 吨。

2009—2012 年,锻造车间主要产品依然是煤机轴承套、齿轮以及机床曲轴等毛坯配件,但外部市场销售量逐年萎缩,从 2009 年 270 吨缩减到 2012 年 120 吨,车间总产量也萎缩到不足 400 吨。

第二节 设备修理

一、电修车间

（一）资源配备

（1）设备投入。1991—2003 年,电修车间的主要设备有电气综合试验台 1 个、压力滤油机 1 台、绕线机 2 台、烘箱 1 台、不同吨位行车 3 台及场内电瓶车等,设备配置比较简单。2004—2019 年,随着公司 4 座矿大功率电机和电器开关普遍使用,拓特厂加大对电修车间设备的投资,为车间增配真空浸漆烘干装置 1 套、电器综合试验台 1 台、电机加载试验台 1 个、3 吨电机转子动静平衡机 1 台。

（2）技术力量。1970 年,电修车间成立,工作队伍是由上海电机厂、上海五一电机厂、上海沪江机械厂一批工程技术人员援建的。1990 年以后,陆续有大中专和技校毕业生分配到电修车间。车间共有职工 25 人,其中高级工程师 1 人、工程师 2 人、助理工程师 2 人、高级技师1人、高级工10人,主要工种有电机装配工、维修电工两种。

(二)修理项目

1991—1996年,电动机修理主要是喷浆机、调度绞车、耙装机、乳化泵、40吨刮板机、150皮带机等设备所用电机,年修理各类电机500台左右;开关修理主要是防爆开关,380伏/660伏干式变压器40、80、120开关,127千伏安干式变压器开关,315千伏安移动变电站开关,年完成各类开关120台左右;MD-150采煤机、S100掘进机等采掘设备电控,年完成5台左右;厂内及矿区机床、行车等设备大修,年完成3台左右。

1997—2002年,随着公司4个矿煤炭年产量不断增加,采掘设备修理业务不断扩大,增加了MG-150采煤机、MG-200采煤机、MGTY-300采煤机,AM-50掘进机、EBZ-132掘进机、SGZ764/200刮板机、SGZ764/630垂直刮板机、PCM-110破碎机、PCM-160破碎机,配套电机功率达到110~300千瓦。年修理各类电机150台左右;修理250、300、315、400开关和500千伏安移动变电站开关,年修理各类开关120台左右;年修理各类采煤机、掘进机系列电控5台左右。

2003—2006年,公司4个矿开始使用有中文显示功能的真空磁力启动器、馈电开关、软启动开关、变频控制器、大型刮板机、掘进机、开关磁阻电牵引采煤机和四象限变频控制电牵引采煤机。年修理电机约170台、开关约130台、移动变电站约40台、采煤机掘进机电控10台。

2006年,公司4个矿开始使用具有变频器控制技术的二象限电牵引采煤机,车间开始修理MGTY-250/600采煤机及MG160/380电牵引采煤机电控。

2007—2011年,年修理各类电机约150台;年修理各类开关约100台;年修理移动变电站约30台;年修理采煤机电控4~6台;年修理掘进机电控1~2台。

2012—2014年,年修理各类电机约100台;年修理各类开关约25台;年修理移动变电站约20台;年修理采煤机电控2~4台;年修理掘进机电控2~6台。

2015—2019年,年修理各类电机约100台;年修理开关、变频器约100台;年修理移动变电站约20台;年修理采煤机电控3~5台、掘进机电控1~2台。

2020年1—6月,修理各类电机40台,修理开关、变频器70台,修理移动变电站8台,修理采煤机电控1台,修理掘进机电控1台

二、矿机车间

(一)资源配备

(1)设备投入。1991—1995年,主要设备有钻床1台、磨床4台、CAT综合试验台1台、乳化泵3台、不同吨位行车4台及场内电瓶车等设备,设备比较简陋。

1996—2019年,随着公司4个煤矿煤炭产量不断增长,综采设备修理业务量也不断扩大,拓特厂加大对修理设备的投资,矿修(现矿机车间)车间投入设备有20/5吨双梁行车4台、5吨单梁行车1台、100吨油压机1台、液压综合实验台1台、超声波清洗机2台、电磁加热器3台、电涡流测功机1台、气密性试验台1台、车床1台。

(2)技术力量。1970年,矿修车间(矿机车间前身)成立,由上海星火模具厂,上海劳动局第一、第二技校等单位一批技术工人和工程技术人员援建,技术水平较为成熟。1990年以后,矿修车间陆续分配一批大中专生和技校生。车间有职工25人,其中高级工程师1人、

工程师 3 人、助理工程师 1 人、钳工高级技师 2 人、钳工技师 3 人、高级工 12 人;主要有矿机修理钳工、装配钳工两大工种。

（二）主要修理项目

1991—1995 年,修理喷浆机 300 余台,调度绞车 100 余台,耙装机 100 余台,乳化泵 250 余台,40 吨刮板机 75 台、160 转载机 30 台、MD-150 采煤机 10 台,波兰煤机 12 台,S100 掘进机 14 台,QY240 支架、BY3300 支架各 80 台,ZY3300 支架 50 台。1995 年,因公司煤炭产能不断扩张,设备修理量不断加大,拓特厂对矿修车间进行拆分,支架修理业务独立,成立支架车间。

1996—2006 年,公司煤炭产能不断扩大,综采设备修理业务不断扩大,每年完成修理量:修理乳化泵 40 台、40 吨刮板机 15 台、160 转载机 6 台、MD-150 采煤机 2 台、S100 掘进机 4 台、AM-50 掘进机 3 台、MG-200/475 采煤机、AM-500 采煤机 2 台、EBZ-132 掘进机 2 台、SGZ764/400 垂直刮板机 10 台、SGZ630/264 垂直刮板机 10 台、PCM-110 破碎机 5 台、PCM-160 破碎机 6 台。

2007—2019 年,公司 4 个矿陆续引进大型刮板机、掘进机和采煤机,一些小型设备陆续淘汰,采掘设备逐步向智能化发展,采煤机由原先手动液压迁移改成遥控电迁移,设备体量和功率增加,修理复杂系数和劳动强度也随之增加。2017 年,矿修车间更名为矿机车间。每年完成修理量:MG400/930 采煤机 4 台,MG500/1130 采煤机 1 台,MG300/730 采煤机 4 台,EBZ-160 掘进机 4 台,EBZ-200 掘进机 1 台,SGZ800/1050 刮板机 6 台,SGZ764/630 刮板机 2 台,SZZ1000/400 转载机 2 台,PCM110 破碎机 2 台,PCM200 破碎机 5 台,无极绳绞车 3 台,以及全系列 SEW、弗兰德进口减速器 40 台。

2020 年 1—6 月,修理采煤机 2 台、掘进机 2 台、刮板机 3 台、转载机 2 台、破碎机 3 台、无极绳绞车 3 台、减速器 15 台。

三、支架车间

（一）资源配备

（1）设备投入。1995 年,公司 4 个煤矿液压支架修理量不断加大,拓特厂将液压支架修理业务从原矿修车间独立,成立支架车间,加大支架修理设备设施投入,主要设备有 32/16 吨双梁行车 1 台、20/5＋10 吨双小车双梁行车 1 台、20/5 吨双梁行车 2 台、16/5 吨双梁行车 1 台、10 吨双梁行车 2 台、2.8 吨单梁行车 1 台、整架压力试验台 1 台、液压元件综合试验台 1 台、立式立柱拆装机 1 台、自制卧式拆装机 1 台、自制卧式压缸机 1 台、自制简易千斤顶试验台 1 台、自制简易液压元件试验台 1 台、空气压缩机 1 台、400 乳化泵站 1 套、200 乳化泵站 1 套、630 车床 1 台,各类设备比较齐全。

（2）技术力量。车间有职工 44 人,其中高级工程师 2 人、工程师 2 人、高级技师 1 人,主要工种有钳工、电焊工、电镀工、车工、磨床工、行车工等。

（二）主要修理项目

1991—1995 年,公司煤炭产能减少,拓特厂支架修理量不足,支架修理归属于矿修车间,架型主要有 QY240、BY3300、ZY33003 种,年修理量约 80 台,各种架型约 25 台。

1995—1999 年,支架车间主力架型主要有 YFJ2200、ZF2800、ZY3300 3 种,年总修理量 250 台左右,各种架型 80 台左右。

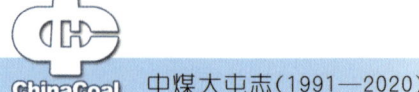

1996 年以后,公司 4 个矿 QY240、BY3300 支架不再使用,退出修理。

1999—2004 年,公司煤炭产能继续不断扩大,支架体量和功率相应增加,架型主要有 ZF2800、ZF3200、ZY3600、ZFSB3800 4 种,每年总修理量 380 台左右,各种架型 95 台左右。

2004—2010 年,公司 4 个矿的架型进一步扩大,主要有 ZF3200、ZY3600、ZFH5200、ZY5200、ZFG5600、ZFH6200 等 6 种,每年总修理量 550 台左右,各种架型 90 台左右。

2010—2015 年,公司 4 个矿的架型继续扩大,主要有 ZFH5200、ZFH6200、ZFY6800、ZY6000、ZY5200、ZFG5600、ZFG7200 等 7 种,每年总修理量约 600 台,各种架型约 85 台。

2015—2018 年,公司 4 个矿等架型继续使用 ZFH5200、ZFH6200、ZFY6800、ZY6000、ZY5200、ZFG5600、ZFG7200 等 7 种,每年总修理量约 630 台,各种架型 90 台。

2019 年,公司 4 个矿主要使用 ZFH5200、ZFH6200、ZFY6800、ZY6000 等 4 种架型,支架车间完成修理量 650 台,各种架型 150 台。

2020 年 1—6 月,完成修理量 400 台,各种架型 70 台。

第二章 工 程 咨 询

第一节 设 计

一、建筑设计

1993 年 9 月,设计处完成《第二中学初步设计说明书》。

1996 年 8 月,设计处设计完成公司群艺馆(电视台)项目,包括 400 平方米的演播大厅和六层办公楼以及楼顶的信号塔等,项目位于公司中心区一号路(上海路)公司老办大楼西侧,是设计处首次设计广播级传输系统,采用先进的隔音处理技术、灯光系统;消防设施首次采用雨淋消防系统。当月,设计处完成公司档案馆设计,公司档案馆位于公司群艺馆(电视台)北侧,共 4 层,建筑面积 1 745 平方米。

1998 年 4 月,设计处设计完成公司中心区六村复式住宅项目,共 5 层。这是设计处第一次设计复式住宅,首次采用无线远传水表。

1993 年 12 月,设计处设计完成公司第二中学(后改为公司第一中学)全部设计。公司二中是设计处承接的首个规模较大、配套设施齐全的学校类公共建筑,设有 30 个班级、1 500 人,校园占地 2.7 万平方米,建筑面积 13 058 平方米,概算投资 1 602.83 万元。项目位于北京路东段,在矿区内首次采用 UPVC 作为室内排水管。

2001 年 10 月,设计院完成中心选煤厂主厂房改造加固项目。中心选煤厂位于中心区西北、南京路最北端。本次改造主要是结构构件、梁板的加固,首次在矿区采用碳纤维加固技术。

2002 年 3 月,设计院设立昆山办事处,第一批派驻 8 名管理、设计人员。2017 年 1 月,昆山办事处撤销。2003 年 3 月 7 日,设计太仓市东城广场,是设计院在昆山设立办事处以来承接的第一座高层公共建筑,共 14 层,建筑面积近 4 万平方米(含附楼,与外院合作)。昆山办事处先后完成昆山京都电梯厂实验塔、昆山豪门世家小区、昆山巴城金龙渔家村、昆山巴城瑞典工业园区、昆山品青生物科技有限公司等大、中型设计项目上百项,建筑面积超过100 多万平方米。

2002 年 5 月,设计公司十二村经济适用房。十二村位于公司中心区幸福路以南、江苏路以西,共 38 栋楼,建筑面积 143 818 平方米。主体采用条基—刚性疏桩复合基础的型式,第一次取消院落,第一次设地下室。该项目获得公司 2005 年度科技进步奖一等奖。同年 7 月,设计院设计完成徐庄煤矿会议中心,建筑面积 2 946 平方米。

2003 年 3 月,设计公司职工活动中心(后改名颐园)和体育场工程。活动中心位于中心区的东南角,由两块三角地组成,西临二号路(即江苏路),北接一号路(即上海路),南与沛龙公路隔河相望,王桥河从两块地中间穿过,把颐园分成东西两地块,东地块规划用地 2.68 万

平方米,西地块规划用地 6.11 万平方米,总规划用地为 8.79 万平方米。项目获得 2003 年度大屯煤电(集团)科技进步奖二等奖。同年 10 月 27 日,设计院与沛县设计室合作设计客运中心综合楼(现沛龙大酒店),这是设计院与其他设计院第一次进行合作设计,设计院负责除建筑专业外所有设计,主楼 9 层,附楼 4 层,建筑面积接近 1 万平方米。项目位于沛县中心大道最南端,是大屯煤电设计院取得乙级建筑设计资质后承接的首个二类高层公共建筑设计项目。同年 11 月 11 日,设计完成徐庄煤矿办公综合楼,该办公楼主体 6 层,建筑面积 5 000 多平方米,是设计院第一次成功设计中央空调(水机)系统,配有消防栓、喷淋系统、烟感系统等。该项目获得 2006 年徐州市建设系统优秀勘察设计类三等奖。

2006 年 3 月,设计公司中心区新东一村,共 324 户,建筑面积 3 万平方米,占地 2 万多平方米,室内采暖第一次采用分户计量。同年 10 月,完成新十村扩建全套施工图设计。新十村共 636 户,建筑面积 84 381 平方米。

2007 年 5 月,设计拓特厂综合修理车间混凝土排架厂房,跨度 108 米,长度 78 米,建筑面积 5 424 平方米。采用预制混凝土牛腿柱、混凝土屋架和大型屋面板,首次引入预应力混凝土管桩技术。同年 8 月,设计总包大屯矿工俱乐部改扩建工程,项目位于上海路南、江苏路西交叉路口,建筑面积约 4 080 平方米。该工程项目由上海同济大学设计院协助建筑设计部分,是公司当年的重点工程之一,采用锚杆静压桩技术进行了加固。建成后,其设计标准在苏北地区首屈一指,成为大屯标志性建筑。同年 8 月,设计完成公司重点项目"电厂 6#、7# 机组输煤系统改造",主要包括 3 座直径 20 米、高 41 米的煤仓,300 米长的悬空皮带廊和长 30 米、宽 15 米、深 18 米的地下翻车机房。由于地质条件复杂,翻车机房全部采用沉井设计。

2009 年 3 月,设计公司中心区腾飞新村 31#、32# 小高层住宅,位于十一村以北、十二村以西,幸福路南侧。这是咨询工程成立以来第一次设计的小高层住宅,结束了大屯没有小高层的历史。该项目应用了如分户计量、阳台壁挂式太阳能等新技术,获得 2012 年度徐州市城乡建设系统优秀勘察设计建筑类三等奖。

2011 年 10 月,设计孔庄煤矿通讯调度楼,包括副楼 1 楼机房及调度、检测控制大厅,2 楼设 400 人会议室;主楼 1 至 6 层办公,建筑面积为 8 633 平方米,建筑高度 23.8 米,位于孔庄煤矿工业广场西南。

2012 年 5 月,设计设备租赁公司成品库简易库钢结构厂房,跨度 144 米,长度 132 米,檐口高 12.6 米,建筑面积 19 000 平方米。梁柱全部采用型钢,屋面板采用压型彩钢板。厂房的规模和吊车的吨位创矿区之最。

2013 年 3 月,设计姚桥煤矿食堂。该项目位于姚桥煤矿工业广场西南,建筑面积 7 262 平方米,主体结构 3 层,框架结构。同年 5 月,咨询公司设计山西中煤集团华晋能源有限公司王家岭煤矿原煤地销系统,包括总长达 384 米长的 161 皮带栈桥、地销仓等。采用型钢门架、桁架等结构,独基、条基、桩基等综合运用手段,是咨询公司对外承接的最大的工业设计项目。同年 6 月,咨询公司设计的新城嘉苑 B 区单体及 5 个区配套小区外网完成。该工程是徐州当年的重点项目,是公司从根本上解决职工住房的基础工程。总用地面积 411 752.68 平方米,建筑面积 1 075 800 平方米,分 A、B、C、D、E 5 个区,合计 6 426 户,配有幼儿园和商场等附属设施。新城嘉苑小区在徐州地区首次采用低温水作为采暖热源。

2014 年 10 月,设计新城嘉苑 B 区综合商业楼,位于 B 区南侧,为地上 4 层、地下 1 层的综合性商场。建筑面积为 13 417.73 平方米,其中地下室建筑面积为 3 619.30 平方米。该商业楼在矿区属于最大的商业建筑,采用框架结构。

2015 年 7 月,设计山西中煤集团华晋能源有限公司韩咀煤业混合煤输送至选煤厂皮带项目,线路总长 1 800 米。该项目首次采用新型管状皮带输送机工艺(与济南力博重工合作),配套的主桁架跨度 60 多米,获得 2016 年度公司科技进步三等奖。

2016 年 6 月,设计邳州尚景杉城工程(刘庄棚户区改造安置房,与外院合作),是咨询公司成立以后承接的最大一个民用建筑项目。该项目占地面积为 63 714.84 平方米,建筑面积为 208 613.22 平方米。项目包含 14 栋住宅楼,一栋 3 层睦邻中心和一栋 3 层大型超市共 16 栋单体,下设一层大底盘的地下车库,建筑面积为 41 837.21 平方米。

2017 年 4 月,设计徐州市贾汪区丰裕粮油安置房建设工程,规划用地面积为 81 443 平方米,建筑面积为 124 065 平方米,共 28 栋住宅楼。其中,12 栋为小高层,其余为多层和辅助用房,小高层采用筏板基础。

2018 年 9 月,承接枣庄盛隆化工有限公司皮带廊改造项目,这是咨询公司对外承接的第一个加固项目,共 13 条皮带。采取底部和侧面增设桁架这种新型的皮带廊加固方式。

2019 年 4 月 18 日,咨询公司设计的孔庄煤矿食堂通过审查。孔庄煤矿食堂为二层框架结构,建筑面积 4 582.73 平方米。当年 9 月,完成全部施工图设计。

2020 年 4 月 24 日,公司有关部门在研发中心 1305 会议室举行"国家救援中心新基地建设项目"专业会,会议同意新基地改址和咨询公司编写的可行性研究报告。新基地选址在上海路以北、红光路以西,规划占地 169.32 亩。

二、市政设计

1992 年,设计处设计完成《矿区煤气工程》。该项目获得徐州市建设局优秀勘察设计二等奖。

1993 年 2 月 10 日,孔庄煤矿给设计处下达"工业广场矿井水净化站"设计任务书,设计规模日处理 4 800 立方米(后改为日处理 3 000 立方米)。

1995 年 11 月,设计处完成中心区污水处理厂扩建初步设计,扩建部分位于污水厂内,净扩建规模 15 000 立方米/日。扩建完成后,与原处理能力 1 万立方米/日(实际处理能力 8 900 立方米/日)的设施一起形成总处理能力 2.5 万立方米/日(公称规模),总投资为 1 949.84 万元。

1996 年 9 月 13 日,孔庄煤矿给设计处再次下达"工业广场矿井水净化站"设计任务书,设计规模定为日处理 4 000 立方米。

1997 年 3 月 10 日,设计处完成"孔庄煤矿矿井水处理厂初步设计"并获得批复,是公司第一次对煤矿井下水进行处理再利用,设计规模 4 000 立方米。处于煤炭系统对煤矿井下水再利用的前列,概算总投资 374.07 万元。项目获得 2000 年度公司科技进步二等奖。

1998 年 6 月,设计处设计完成的中心区污水处理扩建工程投入使用,净扩规模 1.5 万立方米/日。首次将氧化沟技术应用于煤矿生活污水治理,在煤炭系统内属于首家,在江苏省内属于第二家,出水水质优于国家标准。氧化沟单沟长 72.8 米、宽 22.35 米、深约 4 米,采用 UEA 解决伸缩缝问题,用布置梳桩方法加固地基。项目获得 1998 年度江苏省煤炭工

业科技进步二等奖、大屯煤电(集团)二等奖。2002 年 3 月 5 日,项目被徐州市建设局评为 2001 年度徐州市城乡建设系统优秀勘察设计二等奖(市政公用工程类)。

1999 年 1 月 12 日,设计处设计的中心区以矸石电厂蒸汽为热源的供热系统,通过有关部门的论证。同年 8 月,中心区生活垃圾处理中转站进入立项调研环节,垃圾处理厂位于中心区污水处理厂西侧。2005 年 3 月 29 日,完成垃圾处理厂设计图纸。

2000 年 11 月,设计的以矸石电厂蒸汽为热源的中心区供热系统全线升压,共 5 个交换站(后增加到 7 个),整个系统全面贯通,最大主管管径为 DN700。

2001 年 10 月,设计完成散装蒸汽锅炉房(4 台,共 40 吨/小时),是设计院首次承接的最大散装蒸汽锅炉房设计项目。

2002 年 3 月,设计院参与设计的孔庄煤矿矿井水处理工程和姚桥煤矿矿井水示范工程的相关设备研究"矿井水净化及资源化成套技术与装备"获得 2002 年度煤炭工业十大科学技术成果一等奖。同年 5 月 10 日,设计院设计的中心区四号路(南京路南段)和二号路北段(江苏路)拓宽改造通过审查。四号路南段长 715 米,路面宽度 18 米;二号路北段长 440 米,路面宽度 12 米。同年 8 月,大屯煤电(集团)2 次召开专题会议就研究落实利用姚桥煤矿矿井水输送至大屯发电厂作为水源进行研究落实。设计院用 3 天完成设备清册及主材的选型,选定沿从姚桥煤矿至电厂的铁路线敷设线路。

2003 年 3 月 23 日,设计完成公司中心区一号路(上海路)拓宽设计。一号路全长 1 212 米,路面宽度由 12 米拓至 18 米,于同年 9 月 30 日完工,成为中心区主干道亮丽风景。同年 12 月 14 日,公司召开中心区恒压供水设计方案审查专题会议,决定取消屋顶水箱,改为由外管网直接供水,既解决水压过低问题,又可防止生活用水二次污染。设计院负责技术部分。

2004 年 6 月 30 日,设计中心区四号路北段(南京路)工程,长 456 米,宽 18 米。首次引进了高分子井圈、井盖,有效降低了井盖震动产生的噪音。同年 12 月 3 日,公司将徐庄煤矿矿井水补套工程(污水厂)设计任务下达设计院,设计规模 5 500 立方米/日。

2005 年 3 月 10 日,完成龙东煤矿污水处理厂方案设计并通过有关部门的审查,工程概算总投资 200 万元。同年 3 月 25 日,设计的徐庄煤矿矿井水补套工程(污水厂设计)方案,通过有关部门的审查,工程总投资 495 万。同年 8 月,完成龙东煤矿污水处理厂全部施工图,净扩建规模 1 650 立方米/日。工程位于龙东煤矿工业广场内,2006 年投产。项目首次采用 A/O 工艺,获得 2007 年度公司科技进步三等奖。同年 3 月,完成徐庄煤矿矿井水补套工程(污水厂)设计方案,工程位于徐庄煤矿西风井,设计规模定为 5 000 立方米/日。

2007 年 1 月,完成大屯发电厂余热利用工程可行性研究,对姚桥煤矿、徐庄煤矿和粉煤灰砖厂的用汽、凝结水回收进行了系统的研究。同年 4 月 9 日,公司就粉煤灰蒸压砖厂工程建设召开专题会议,确定该工程的蒸汽输配部分中矸石电厂以内由中国水电顾问集团西北勘测设计研究院设计,矸石电厂以外由工程咨询公司承担。同年 7 月,设计矸石电厂至粉煤灰砖厂蒸汽管道,沿矸石电厂东北侧铁路沿铁路线一直向东,到达粉煤灰砖厂,工程全长 3 500 米。在设计过河管道时,首次采用拱结构型跨河。这是第一次设计高温、高压蒸汽(1.6 兆帕/300 ℃),工程概算 170 万元。同年 10 月 19 日,股份公司召开发电厂 2×60 兆瓦机组供热及供水方案专题会议,要求咨询公司负责将姚桥和徐庄煤矿生活污水经过深度处理后,输送至发电厂用于 2×60 兆瓦发电机组的补充用水,供水管网和供热管网要求同时设

计、同时敷设。

2008年4月,设计发电厂至姚桥煤矿供汽管网,单线约4 300米,设计压力1.0兆帕、最高工作温度240℃。同年8月,咨询公司设计的徐庄煤矿矿井水补套工程(污水厂)施工图全部完成。扩建规模5 000立方米/日,首次采用大推力、智能型循环折流式氧化沟技术,自动化程度高,出水水质优于国家标准。项目获得2009年度公司科技进步三等奖。同年8月26日,江苏大屯铝业有限公司给咨询公司下达设计委托书,进行铝业公司中水回用工程设计。同年11月,咨询公司设计的大屯发电厂至徐庄煤矿供汽管网工程,单线长约4 200米,管径DN300。为不影响沛微公路通行,第一次将顶管技术应用于市政工程;在过港河一段,采用45米跨河桁架。

2009年8月,设计江苏大屯铝业有限公司污水处理站中水回用工程,是公司矿区第一次采用曝气生物滤池技术,整个工程概算290万元。工程位于江苏大屯铝业有限公司内,项目获得2010年度公司科技进步三等奖。

2011年11月,为充分利用中心区矸石电厂循环水热量,以集中供热代替小锅炉供热,公司决定利用矸石电厂低温水为正在建设的新城嘉苑小区供暖。咨询公司与济南市市政工程设计研究院合作设计。设计工作于2011年12月开始,于次年5月结束。工程单管总长9 750米,主管DN700,双管敷设,工程概算7 500万元。由于跨越比较大的河流,工程中采用深基坑顶管作业。

2012年7月,设计徐庄煤矿－750米井下水处理,项目功能是为了给井下设备、防尘及回用水提供优质供水,当年9月完成施工图设计,这是咨询公司首次设计井下水处理工程。

2019年1月2日,公司矸石电厂步入关停行列,因此由矸石电厂作为热源供给的管网系统,需要进行全面改造。咨询公司承担设计总包,全部施工图同年5月底完成,同年10月,工程施工全部结束。该工程是公司50年来最大的民生工程,概算投资5 025.07万元。

三、采矿设计

1993年10月12日,完成"龙东煤矿西风井工程"项目。项目获得2000年度公司科技进步二等奖。

1995年6月,完成孔庄选煤厂工程。工程位于孔庄煤矿工业广场,是设计处承接的第一座选煤厂。项目获得江苏省优秀设计三等奖。

1996年12月,完成十一村35千伏变电所项目,是设计处承接的第一座无人值守35千伏变电所,也是煤炭系统第一座无人值守变电所。获得公司科技进步三等奖。

1998年1月,设计完成徐庄煤矿地面生产系统改造和姚桥煤矿新老地面生产系统改造项目,姚桥煤矿和徐庄煤矿合计年产量450万吨。设计处通过对原系统关键部件的研究、改进,使动态跳汰机可连续运行14～18小时,项目被江苏省评为科技进步三等奖。同年7月22日,设计处完成"徐庄煤矿二水平开拓延伸初步设计"工程,徐庄煤矿设计生产能力由90万吨/年提高到120万吨/年。

2002年9月5日,公司召开矿区光纤通信工程专项会议,就工程设计、施工等工作进行研究,工程设计由设计院负责,通信计算机处、铁路工程处、电业分公司配合。

2003年4月6日,完成"孔庄煤矿三水平开拓设计"方案设计。同年8月,设计完成孔

庄煤矿副产品及煤泥烘干贮煤装车系统。该工程为原副产品仓扩建改造项目,其中包含两条皮带廊和一个 21×14 米的大煤仓,建筑高度 24.1 米。煤仓为 6 个 7×7 米的连体大煤仓,属于工业建筑中的特种结构。

2004 年 9 月,完成徐庄煤矿南风井扇风机房项目改造。改造后的风机房部分全部新建,为一层框架结构。项目获得公司 2005 年度科技进步奖三等奖。

2005 年 6 月 27 日,设计完成矸石热电厂 MNS 煤泥管道输送工程可行性研究,是公司当年节能减排重点项目,总投资 2 000 多万元。

2007 年 8 月 10 日,完成"龙东煤矿太原组 21 号煤开拓设计"项目方案,设计生产能力 45 万吨/年。这是大屯矿区首次决策对 21 号煤进行开采,也是咨询公司首次对矿区 21 号煤进行开拓设计工作。项目获得 2009 年度公司科技进步二等奖。同年 12 月,咨询公司设计的孔庄煤矿Ⅲ5 采区上、下山联合布置方式通过有关部门的审查。项目设计规模 90 万吨/年,获得 2013 年度公司科学技术进步奖三等奖。

2008 年 2 月 15 日,完成"山西中煤集团井东煤业有限公司矿井设计"项目初步设计,设计生产能力为 120 万吨/年,这是咨询公司首次在外部市场承揽整个矿井的设计工作。

2008 年 6 月,完成中心区及各矿居民用电计量改造工程,将人工抄表方式改为预付费射频卡电表计量。徐庄煤矿电改于 2010 年 10 月完成。

2009 年 12 月 15 日,完成"中煤集团榆林古城井田矿井设计"项目预可行性研究报告编制工作。

2010 年 4 月 13 日,完成"中煤集团平朔分公司安家岭二号井工矿 11 号煤开采设计"项目初步设计,设计生产能力 500 万吨/年。这是咨询公司在平朔市场承接的综合性矿井项目,设计充分利用该矿既有巷道,节省了巷道投资,并与中国矿业大学合作研究 11 号煤回采巷道布置方式及支护形式,是咨询公司对外项目中的一个亮点工程。项目获得 2017 年度公司科技进步三等奖。同年 7 月 20 日,咨询公司承担的"姚桥煤矿西风井改造设计"项目完成方案设计工作,工程概算投资 2 533.70 万元。

2012 年 3 月 12 日,完成"孔庄煤矿东翼深部开拓设计"项目方案设计。同年 5 月,设计的孔庄煤矿Ⅲ4 采区布置方式通过有关部门的审查。项目设计生产能力 180 万吨/年,获得 2013 年度公司科技进步二等奖。

2013 年 6 月,完成 106 煤矿井下安全避险"六大系统"方案,这是咨询公司第一次踏入新疆市场。同年 7 月 20 日,完成"徐庄煤矿西风井工程设计"项目初步设计。西风井建成后,最大通风能力超过 6 600 立方米/分钟。徐庄煤矿西风井建设项目概算投资为 17 781.00 万元。

2015 年 5 月,完成平朔安家岭井工一矿太西采区东翼优化设计。项目设计生产能力 500 万吨/年,获得 2015 年度公司科技进步二等奖。同年 12 月,设计完成孔庄煤矿Ⅳ3 采区布置方式。该项目获得 2018 年度公司科技进步三等奖。

2019 年 2 月,承揽山西华晋韩咀煤业有限责任公司二盘区开拓方案设计。这是第一次通过公开投标的方式获得的外部市场项目。项目获得 2016 年度公司科技进步三等奖。

2020 年 4 月,咨询公司完成姚桥矿－650 米储煤系统优化施工图设计。由于项目重要且现场技术条件复杂,中间经历了可行性研究与初步设计阶段,历时一年半。

第二节 监 理

一、矿山工程监理项目

1995 年 9 月，承揽姚桥煤矿二期改扩建工程，于 1996 年 10 月通过竣工验收。

1997 年 6 月，承揽龙东煤矿西风井井筒及安装工程，工程投资 4 583 万元，于 2002 年 5 月竣工验收。

2001 年 5 月，承揽姚桥煤矿副井井筒注浆加固工程，工程投资 380 万元，于 2002 年 9 月竣工验收。

2007 年 11 月 28 日，承揽孔庄煤矿矿井改扩建工程，概算总投资 70 779.56 万元，于 2015 年 4 月竣工验收。

二、房屋建筑工程监理项目

1997 年 3 月，承揽公司中心区十一村住宅小区工程，工程投资 1 100 万元，于 2000 年 6 月竣工验收。

1998 年 5 月，承揽公司中心区六村住宅小区工程，工程投资 550 万元，于 2000 年 11 月竣工验收。

2002 年 5 月，承揽公司颐园新村工程，工程投资 13 500 万元，于 2003 年 9 月竣工验收。

2004 年 3 月，与徐庄煤矿签订合同，承揽徐庄煤矿办公楼新建工程，工程投资 750 万元，于 2006 年 8 月竣工验收。

2006 年 12 月，承揽姚桥煤矿工人村扩建工程，工程投资 1 160 万元，于 2007 年 9 月竣工验收。

2007 年 2 月，承揽徐庄煤矿工人村扩建工程，工程投资 950 万元，于 2009 年 1 月竣工验收。

2010 年 8 月，承揽公司腾飞新村扩建工程，工程投资 471.29 万元，于 2010 年 11 月竣工验收。9 月，承揽公司研发中心工程，工程投资 10 000 万元，于 2012 年 9 月竣工验收。

2012 年 10 月，承揽综机管理中心钢结构成品库工程，工程投资 824 万元，于 2013 年 12 月竣工验收。11 月，承揽综机管理中心成品库土建工程，工程投资 500 万元，于 2013 年 4 月竣工验收。

2013 年 3 月，承揽行政研发中心附楼装修工程，工程投资 2 200 万元，于 2013 年 6 月竣工验收。7 月，承揽电器生产车间工程项目监理，工程规模为 7 344 平方米钢结构厂房，总投资 769 万元，于 2014 年 7 月 4 日竣工验收。11 月，承揽公司设备管理中心简易库钢结构工程项目监理，工程投资 769 万元，于 2014 年 1 月竣工验收。

2014 年 4 月，承揽金屯房地产公司发包的新城嘉苑 A、B 区地下车库工程项目监理，于 2015 年 12 月竣工验收。

2016 年 4 月，承揽大屯热电"上大压小"新建项目桩基工程，工程投资 7 686 万元，于 2018 年 12 月竣工验收。5 月，承揽公司发包的徐庄煤矿西风井工程，工程投资 16 900 万元，于 2019 年 12 月竣工验收。同年 10 月，承揽救护大队救援中心和应急演练培训基地配

套工程,工程投资 821 万元,于 2017 年 4 月竣工验收。

2019 年 3 月,承揽公司发包的孔庄煤矿新建食堂工程,工程总投资 2 269.14 万元。9 月,承揽姚桥煤矿－850 米水平大巷带式输送机安装工程,工程投资 270 万元。10 月,承揽新疆 106 矿单宿楼工程项目监理,工程总投资 1 378 万元。同年 10 月,承揽新疆 106 矿职工活动中心工程,工程总投资 799 万元。

三、市政工程监理项目

1999 年 7 月,承揽公司中心区蒸气供热外网工程,工程总投资 1 200 万元,于 2000 年 10 月竣工验收。

2000 年 6 月,承揽公司中心区环城道路及管道工程,工程总投资 1 960 万元,于 2001 年 11 月竣工验收。

2001 年 7 月,承揽公司发包的公司中心区 2#、4#、7#、1# 路改建工程,工程总投资 4 100 万元,于 2002 年 5 月竣工验收。

2002 年 4 月,承揽公司发包的公司中心区颐园园林工程,工程总投资 500 万元,于 2003 年 7 月竣工验收。

2008 年 5 月,承揽姚桥至发电厂输汽管网专项改造工程,工程投资 1 044.08 万元,于 2008 年 8 月竣工验收。

2016 年 4 月,承揽沛县滨河北路改造工程,工程投资 780 万元,于 2017 年 10 月竣工验收。

2019 年 3 月,承揽公司发包的研发中心室外环境整治工程,工程总投资 1 890 万元,于 10 月竣工验收。当月,承揽公司发包的发电厂 1#、2# 锅炉超低排放改造工程,工程总投资 2 147 万元,于 10 月竣工验收。2019 年 6 月,承揽公司发包的大屯片区和新城区供热管网与配套设施工程,工程总投资 3 400 万元,于 10 月竣工验收。2019 年 7 月,承揽公司发包的新城嘉苑 A、B、C、D、E 区热交换站工程,工程总投资 384.26 万元,于 2020 年 2 月竣工验收。

2019 年 9 月,承揽公司发包的供热管网与配套设施(汉源大道连接段)工程,工程总投资 320.89 万元,于 2019 年 11 月竣工验收。

四、机电安装工程监理项目

2002 年 5 月,承揽孔庄选煤厂重介改造工程,工程投资 1 280 万元,于 12 月竣工验收。2002 年 7 月,承揽选煤中心三厂升级改造工程,选煤中心工程投资 10 090.27 万元,姚桥煤矿工程投资 6 844.27 万元,孔庄煤矿工程投资 5 464.46 万元,于 2013 年 5 月竣工验收。2002 年 12 月,承揽发电厂 6#、7# 锅炉 SNCR 环保脱硝系统改造工程,工程投资 950.00 万元,于 2013 年 6 月竣工验收。

2013 年 12 月,承揽公司发电厂 1#、2#、6# 锅炉尾部烟气脱硫除尘改造项目(一标段)工程,工程投资 1 138 万元,于 2016 年 10 月竣工验收。2013 年 12 月,承揽公司发电厂 7# 锅炉尾部烟气脱硫除尘改造项目(二标段)工程,工程投资 980.11 万元,于 2014 年 11 月竣工验收。

2013 年 12 月,承揽公司发电厂锅炉尾部烟气脱硫除尘改造工程,工程投资 1 066 万元,于 2014 年 11 月竣工验收。

2014 年 10 月,承揽公司行政服务中心二级管网工程,工程投资 1 003.78 万元,于 2015 年 3 月竣工验收。2014 年 12 月,承揽公司发电厂锅炉尾部烟气脱硝(EPC)工程,工程投资 687 万元,于 2016 年 3 月竣工验收。

2016 年 9 月,承揽公司选煤中心孔庄选煤厂介质库整修工程,于 10 月竣工验收。11 月,承揽中煤集团平朔公司的平鲁园区输煤工程,工程投资 12 228.83 万元。

2017 年 11 月,承揽公司发电厂 2×135 兆瓦机组环保设备改造工程,工程总投资为 3 552.36 万元,2018 年 4 月竣工验收。

2019 年 4 月,承揽公司发包的选煤中心姚桥选煤厂 X 射线筛分工程,工程总投资 1 483.48 万元。2019 年 4 月,承揽公司发包的铝板带厂厚板横切机、纵切机设备安装工程,工程总投资 1 666.50 万元,于 12 月竣工验收。

五、电力工程监理项目

2008 年 3 月,承揽 791#110 千伏输电线路改造工程,工程投资 513 万元,于 6 月竣工验收。2008 年 8 月,承揽孔庄煤矿 35 千伏/6 千伏变电所改造工程,工程投资 403.04 万元,于 10 月竣工验收。2008 年 12 月,承揽 792#110 千伏输电线路大修改造工程,工程投资 629 万元,于 2009 年 1 月竣工验收。

2010 年 9 月 21 日,承揽 301#35 千伏输电线路大修工程,工程投资 439 万元,于 12 月竣工验收。

2011 年 12 月 27 日,承揽发电厂与铝板带厂间的供电线路架设工程,工程投资 1 199 万元,于 2012 年 6 月竣工验收。

2013 年 9 月,承揽四方铝业变电所改造(含电容器室)安装工程,工程投资 1 000 万元,于 2014 年 1 月竣工验收。2013 年 9 月,承揽公司发电厂 321#线路部分改造工程,工程投资 349.45 万元,于 10 月竣工验收。

2016 年 6 月,承揽公司热电"上大压小"新建项目生产辅助设施等建筑工程,于 2020 年 1 月竣工验收。同月,承揽发电厂 337#35 千伏线路更换导线工程,于 10 月竣工验收。

2017 年 4 月,承揽公司热电"上大压小"新建项目送出配套改造工程(220 千伏大阁线开断环入汪塘变),工程总投资 3 235.17 万元,于 9 月竣工验收。2017 年 12 月,承揽公司发电厂大阁线 4687、4688 线路整改工程,工程总投资 933.96 万元,于 12 月竣工验收。

六、铁路工程监理项目

2002 年 4 月,承揽铝业公司铁路专用线工程,工程总投资 500 万元,于 2003 年 2 月竣工验收。

2016 年 8 月,承揽公司热电"上大压小"新建项目进厂铁路专用线工程,工程概算投资额为 2 618.08 万,于 2018 年 5 月竣工验收。

七、外部监理项目

2004 年 4 月,承揽徐州市金山桥开发区北海溶剂厂工程项目监理,工程投资 3 100 万元,2005 年 6 月竣工验收。5 月,承揽徐州市金山桥开发区经三纬四市场道路工程项目监理,工程投资 4 600 万元,于 2005 年 12 月竣工验收。

2010 年 4 月,与徐州安冉房地产有限公司签订合同,承揽沛县安泰小区工程项目监理,工程规模建设 38 栋楼,于 2014 年 1 月竣工验收。

2011 年 6 月,与四方铝业公司签订合同,承揽四方铝业 1850 冷轧更新改造工程项目监理,工程投资 1 500 万元,于 2013 年 3 月竣工验收。

2012 年 3 月,与华润天能有限公司签订合同,承揽华润天能沛城煤矿改扩建工程项目监理,工程投资 22 000 万元,于 2014 年 6 月竣工验收。

2013 年 4 月,与徐州安冉房地产开发有限公司签订监理合同,承揽沛县安泰小区三期工程项目监理,建筑面积 118 000 平方米,于 8 月竣工验收。

2014 年 8 月,承揽沛县杨屯镇蒋海村附属工程项目监理,工程投资 1 362 万元,2015 年 8 月竣工验收。2014 年 10 月,承揽徐州东方运输实业集团发包的沛县东源选煤厂及附属设施工程项目监理,于 2015 年 4 月竣工验收。

2015 年 7 月,承揽江苏建筑职业技术学院青年教师周转公寓工程项目监理,工程投资为 2 000 万元,于 2018 年 1 月竣工验收。10 月,承揽内蒙古中煤集团蒙大新增倒班宿舍楼工程项目监理,建筑面积 20 767 平方米,于 2016 年 12 月竣工验收。

2016 年 2 月,承揽沛县政府投资项目代建中心发包的沛县阳光四期 1# 楼及超市工程项目监理,工程投资 2 200 万元,于 2017 年 6 月竣工验收。2016 年 9 月,承揽中天合创能源有限责任公司发包的矿井水深度处理工程项目监理,工程投资 84 937.47 万元,于 2019 年 11 月竣工验收。2016 年 10 月,承揽沛县歌风小学扩建工程工程项目监理,工程投资 4 000 万元,2017 年 8 月竣工验收。

2017 年 1 月,承揽中天合创能源有限责任公司图克倒班楼工程项目监理,工程投资为 7 000 万元,于 2018 年 6 月竣工验收。2017 年 4 月,承揽沛县歌风小区(Ⅰ标段)歌风小学扩建工程项目监理,工程投资 27 600 万元。

2018 年 1 月,承揽沛县滨湖花园小区(Ⅱ标段)工程项目监理,工程规模为 130 400 平方米,总投资 26 080 万元。

2019 年 3 月,承揽汉宁府二期工程项目监理,工程投资 60 000 万元。5 月,承揽徐州市贾汪区韩桥嘉苑安置房建设工程项目监理,工程规模建筑面积 72 万平方米。5 月,承揽山西灵石银源华强煤业有限公司发包的 9# 煤基本建设工程。6 月,承揽灵石县县城中心改造工程三(1)期工程项目监理。7 月,承揽徐州荣盛城麓山荣郡项目 B₃ 地块办公楼工程项目监理。7 月,承揽徐州市铜山区职工服务中心业务用房建设工程项目监理,工程总投资为 2 477 万元。7 月,承揽乌审旗蒙大矿业有限责任公司发包的纳林河二号矿井二盘区综合补充勘探工程项目监理。11 月,承揽中煤集团新集能源刘庄煤矿储煤系统技术改造工程项目监理,工程总投资 7 432 万元。12 月,承揽徐州市贾汪区汴塘镇中心初级中学教学楼工程项目监理,工程总投资 1 950 万元。12 月,承揽山西灵石银源华强煤业有限公司发包的 9#、10#、11# 煤井下配采工程项目监理。

第三节　地质勘探防治水

一、煤田地质资源勘探

（一）伊朗煤田地质勘探

1992年，大屯地质勘探队走出国门，承接伊朗塔巴斯矿区煤田地质勘探施工项目。5月11日，工程正式开工，1993年3月27日，最后一个钻孔通过验收，历时10个月零17天。共完成45个钻孔，钻探总进尺21 079.10米，施工速度和质量得到对方的好评，创造总产值超过1 200万元。

（二）姚桥煤矿煤田地质勘探

1982年11月—1990年7月，大屯地质队承接姚桥煤矿东部湖下扩区地质勘查，钻孔82个、工程量42 715.22米，提交姚桥井田扩区（山东微山湖区）勘查地质报告和补充勘查地质报告。

1992年10月，大屯地质队和姚桥煤矿共同提交大屯矿区姚桥煤矿矿井地质报告。

2003年12月，大屯公司设计院提交大屯矿区姚桥煤矿矿井地质报告。

2007年11月至2008年10月，工程咨询公司承接姚桥煤矿西部深部区地质勘查项目，钻孔3个、工程量2 634.15米，提交姚桥煤矿矿井地质报告。

（三）姚桥煤矿水文地质勘探

1990年，大屯地质队和一四七队共同承接姚桥煤矿水文地质项目，钻孔4个、工程量2 208.95米。

1998年6月至2000年8月，与其他勘探队伍共同承接姚桥煤矿湖区水文地质项目，钻孔20个、工程量7 853.95米，提交湖区开采水文地质补充勘探试验研究报告。

2000年3月，承接姚桥煤矿水文地质钻孔（ZJ-1号长观孔）1个，工程量180米。

2003年3月至2007年8月，工程咨询公司、建安公司、设计院共同承接姚桥煤矿水文地质钻孔（02-1、04-1、06-1、07-1）4个，工程量1 169.77米。

2016年至2019年，承接姚桥煤矿水文地质类型划分报告，承接姚桥煤矿水文地质钻孔（17-1号长观孔）1个，工程量195.09米，承接姚桥煤矿水文地质类型划分报告。

（四）孔庄煤矿煤田地质勘探

1990年8月、1991年1月、1993年2月，大屯地质队承接孔庄煤矿地质勘查钻孔（14-15勘探线）3个、工程量共611.27米，提交90-1、91-1、91-2号钻孔单孔资料和抽（注）水试验成果资料。

1991年1月至1992年3月，大屯地质队承接孔庄煤矿地质勘查钻孔（11-F6-2断层间三水平）8个、工程量6 808.12米，提交大屯矿区孔庄井田三水平11线-F6-2断层补充勘探地质资料。

2000年6—8月，工程咨询公司承接孔庄煤矿地质勘查钻孔（8-9勘探线间）1个，工程量200.45米，提交基准点孔单孔资料和孔内结构情况资料。

2005年12月，承接孔庄煤矿地质勘查钻孔（14-15勘探线）1个，工程量151.40米，提交DFJ-1号钻孔单孔资料。

2006年1月,承接孔庄煤矿深部改扩建地质勘查阶段资料。

2006年,承接孔庄煤矿矿井地质报告。

2008年11月至2009年6月,承接孔庄煤矿地质勘查钻孔(9#勘探线至矿井西界、煤层浅部露头至深部边界)3个、工程量2 946.7米,提交孔庄煤矿西翼补充地质勘探一期资料。

2015年,承接孔庄煤矿矿井生产地质报告、孔庄煤矿矿井类型划分报告。

2019年3月,承接孔庄煤矿水文地质类型划分报告。

(五)徐庄煤矿煤田地质勘探

2006年,承接徐庄煤矿矿井地质报告。

2009年5月,承接徐庄煤矿矿井地质报告。

2013年7月—2014年2月,承接徐庄煤矿地质勘探钻孔1个,工程量636.45米,提交徐庄煤矿西翼风井井筒检查孔地质报告。

2015年12月,承接徐庄煤矿矿井生产地质报告、地质类型划分报告。

(六)徐庄煤矿水文地质勘探

2000年承接徐庄煤矿湖下扩区水文地质钻孔2个,工程量230.58米,提交补1、补2两孔单孔资料。

2006年12月—2007年1月,承接徐庄煤矿工业广场水文地质钻孔1个,工程量为159.61米,提交07-1号底含长观孔钻孔资料。

2010年9月,承接徐庄煤矿水文地质钻孔1个,工程量198.10米,提交10-1号底含长观孔钻孔资料。

2012年10—12月,承接徐庄煤矿水文地质钻孔1个,工程量440米,提交侏罗白垩砾岩含水层长期水文观测孔(孔号JK-1)资料。

2016年8月,承接徐庄煤矿水文地质类型划分报告。

2019年8月,承接徐庄煤矿水文地质类型划分报告。

(七)龙东煤矿煤田地质勘探

1991年5月,大屯地质队承接龙东煤矿生产地质勘探钻孔3个,工程量966.6米。

1992—1993年,大屯地质队承接龙东煤矿工程地质勘探钻孔(西风井补勘)3个,工程量1 082.45米,提交龙东煤矿西风井附近补勘总结。

1988—1995年,大屯地质队承接龙东煤矿地质勘探钻孔(零星补孔)2个。

2008年6—7月承接龙东煤矿F8断层附近补充勘探钻孔2个,工程量905.92米。12月,承接龙东煤矿矿井地质报告、龙东煤矿矿井地质类型划分报告。

2010年4—7月,承接龙东煤矿21#煤层试采区地质勘查钻孔2个,工程量495.31米。提交龙东煤矿21#煤试采区开采上限研究施工钻孔工程施工总结。

2016年4月,承接龙东煤矿矿井地质报告、龙东煤矿矿井地质类型划分报告。

(八)龙东煤矿水文地质勘探

1989年1月—1991年1月,地质队承接龙东煤矿7121面补勘钻孔3个,工程量695.63米。

1991年3月—1994年7月,地质队承接龙东煤矿东翼补勘钻孔16个,工程量9 523.63米,提交龙东井田东部补充勘探地质报告。

1990年1月—1994年1月,地质队承接龙东煤矿西翼水文地质补勘钻孔14个,工程量

5 377.68 米,提交龙东煤矿西翼水文地质补充勘查报告。

2004 年 3—4 月,勘测分院承接龙东煤矿底含水文孔 1 个,工程量为 215.2 米。

2006 年 8 月—2007 年 7 月,承接龙东煤矿西一扩区补充勘探钻孔 5 个,工程量为 1 292.66 米,提交龙东煤矿西一扩区勘查地质报告。

2012 年 9 月,承接龙东煤矿底含水文孔 2 个,工程量 427.74 米,提交龙东煤矿西风井 Q-1 号底含水文观测孔施工总结。2013 年 8 月,承接龙东煤矿水文地质类型划分报告。2019 年 8 月,承接龙东煤矿水文地质类型划分报告。

(九)新疆煤田地质勘探

2017 年 9 月,地勘公司为开拓新疆市场成立新疆项目部,承接地面构造补充勘探与水文补充勘探工程,完成地面煤田地质勘探工程量近 1 万米。

二、矿井灾害防治

(1)大屯公司项目。咨询公司担负大屯矿区煤矿防治水、冲击地压防治及瓦斯治理的钻探任务。1991 年以后,分别在姚桥煤矿、徐庄煤矿、孔庄煤矿、龙东煤矿进行井下各类钻探施工,为 4 个矿的安全开采提供地质技术支撑。

(2)中煤集团平朔公司项目。2007 年 8 月,成立中煤集团平朔公司项目部,承接中煤集团平朔公司井工一、二、三、四矿和北岭矿的井下钻探任务。截至 2019 年年底,项目部施工总进尺达 110 万米,产值达 2 亿元。

(3)中煤集团华晋公司项目。2011 年 7 月,成立中煤集团华晋公司项目部,承接中煤集团公司王家岭矿井下钻探项目。截至 2019 年年底,项目部施工总进尺达 110 万米,产值达 2 亿元。

(4)中煤集团西北能源公司项目。2013 年 10 月,成立内蒙古项目部,先后承接该公司的母杜柴登煤矿、纳林河煤矿的顶板疏放水、超前探放水、泄压钻孔工程、地质构造探查等相关勘探项目,完成顶板疏放水 70 984 余立方米、泄压钻孔工程 35 万余米。产值达 4 800 万元。

(5)中天合创公司项目。2014 年,内蒙古项目部承接中天合创能源有限责任公司葫芦素煤矿、门克庆煤矿井下钻探工程。截至 2019 年底共施工超前探放水、顶板疏放水、构造探查、注浆堵水等相关钻探工程项目 15 余项。完成超前探放水工程完成工程量达 20 余万立方米、顶板疏放水工程完成工程量 6 万余立方米。创造总产值 5 500 余万元。

(6)中煤集团东坡煤业公司项目。2019 年 1 月,山西平朔项目部进入平朔东坡煤矿,主要承接施工井下超前探放水。2019 年施工总进尺达 3 万米,产值达 300 万元。

(7)中煤集团大屯新疆公司项目。2019 年,成立新疆项目部,承接苇子沟煤矿主、副井超前探放水工程,完成钻探进尺 5 731 米。

(8)中煤集团新集公司项目。2019 年 9 月,成立中煤集团新集项目部,在新集一矿施工"以孔代巷"瓦斯抽放钻孔,应用数字传输控制钻探设备施工采用最新钻探技术——定向钻进技术,为大屯地勘高质量发展开辟一条新路。图 8-2-1 为咨询公司使用的煤矿用双履带式液压定向钻机。

图 8-2-1　公司使用的煤矿用双履带式全液压定向钻机

三、地质灾害治理

（1）姚桥煤矿 1# 副井筒注浆治理项目。姚桥煤矿 1# 副井地层注浆的施工分两个阶段：第一阶段，2001 年 5 月 17 日—10 月 6 日；第二阶段，2002 年 4 月 17 日—8 月 11 日。

（2）龙东煤矿主副井筒注浆治理项目。龙东煤矿主副井注浆治理工程，注浆工程于 2003 年 4 月 16 日开工，2003 年 12 月 17 日按设计要求完成全部施工任务。

（3）徐庄煤矿主副井筒注浆治理项目。徐庄煤矿主副井注浆治理分两次进行：第一次主副注浆治理，2005 年 6 月 7 日开工，当年 6 月 25 日完工；第二次主副注浆治理，2013 年 2 月 20 日开工，2015 年 1 月 26 日完工。产值 1800 余万元。

（4）中煤集团东坡煤矿奥灰水注浆治理项目。山西中煤集团东坡煤业有限公司 912 工作面奥灰水治理工程于 2016 年 8 月 18 日开工，9 月 12 日竣工，产值 68 万元。依据该工程撰写的《井下注浆堵水技术防治奥灰水的应用与研究》获得公司 2016 年度科技进步二等奖。

（5）中煤集团平朔公司 1# 井奥灰注浆治理项目。平朔公司井工一矿 19109 工作面隐伏导水陷落柱治理工程于 2019 年 5 月 23 日开工，7 月 12 日完工，产值 318 万元。

（6）大宁煤矿注浆治理工程项目。华润公司大宁煤矿西区岩巷下部第三条老空巷道注浆充填工程于 2017 年 7 月 23 日开工，2017 年 9 月 25 日完工，产值 97 万元。

四、特殊建筑基础工程

（1）上海项目部。1994 年，公司成立上海项目部。截至 2001 年，先后完成 20 多项桩基工程，在上海施工期间没有发生质量、安全事故，取得良好的社会经济效益。

（2）江苏南京项目部。1993 年，成立南京项目部。截至 2001 年，先后完成龙江体育馆项目、新世纪广场项目、新街口百货大楼项目、徐州市建设银行综合楼项目、南京石鼓路德成大厦桩基工程、沿江高速江阴新桥段和宜兴段高架桥桩基工程。

（3）广东珠海项目部。1993 年，成立珠海横琴大桥桩基项目部。此项工程桩基直径均

为 3 米,在水上平台作业,施工难度高,大屯地勘人发挥特别能吃苦、特别能战斗的精神,圆满完成珠海横琴大桥的桩基工程施工任务。

(4)浙江上虞项目部。1993 年底,成立浙江上虞人民路大桥桩基项目部。该大桥横跨曹娥江,江中主桥墩直径达 3 米,又是水上施工,施工难度极大,项目部发挥设备、技术、人才、资金等优势,经过近两年的施工,圆满完成施工任务。

(5)浙江温州项目部。1994 年 7 月,成立浙江温州瓯江二桥桩基项目部。工程在瓯江水面作业平台上施工,钻孔、下放钢筋笼、浇筑混凝土等受到现场条件的制约,项目部全体职工共同努力,经过一年的施工顺利完工,取得较好的经济效益。

(6)山东曲阜项目部。1997 年 10 月,成立山东曲阜项目部,承接京福高速曲阜段的高架桥桩基工程,野外施工作业,工作生活条件艰苦,项目部人员克服困难圆满完成施工任务。

五、工程测绘

1996 年,测量队对山东滕县官桥至大屯矿区进行二等水准观测。

1998 年,测量队施测大屯矿区 D、E 级 GPS 控制网,起算点有大挖工庄、马寺、张古楼、朱王庄、谢庄、前场,共施测 D 级点 21 个、E 级点 41 个。

1996—2019 年,每年以矿区三个基岩点"BMJI 中(矿二中)""BMKJ(孔庄)""BMYJ(姚桥)"为已知点联测大屯矿区三等水准网,监测矿区下沉情况。

2004—2011 年,两次对徐州云龙山至大屯矿区进行二等水准观测。

2006 年,测量队复测大屯矿区 GPS 控制网,由于"张古楼"点被破坏,起算点有大挖工庄、马寺、朱王庄、谢庄、前场。2006 年复测结果与 1998 年施测值的差距较大,后由徐州师范大学以"朱王庄""马寺"为基准,施测 C 级 GPS 网,计算出"前场""大挖工庄""谢庄"坐标,测量队以上述 5 个点为起算点计算出矿区 GPS 控制网。

2008—2013 年,测量队先后对中心区、发电厂、姚桥煤矿、孔庄煤矿、徐庄煤矿、龙东煤矿工业广场及四矿工人村测绘 1∶500 数字地形图;2018 年测绘徐沛铁路正线 1∶1 000 数字地形图。

2010—2019 年,建立并观测姚桥煤矿西九采区地表移动观测站,获取了岩移参数。

2013 年以"马寺""朱王庄""前场"为起算点布设 C 级 GPS 网 6 个点,然后加密布设 D 级 GPS 网点 24 个、E 级 GPS 网点 25 个。

2019 年以"马寺""朱王庄""孔污水"为起算点布设 C 级 GPS 网点 9 个点、D 级 GPS 网点 21 个、E 级 GPS 网点 23 个。同时,利用"沛县""成官 32""张寨""董寨"4 个 2000 国家大地坐标系 GPS 控制点,对矿区 C,D,E 级 GPS 控制点测算了 2000 国家大地坐标系成果。

六、工程地质勘察

1987 年,承接上海宝山钢铁总厂 A 阶段工程,获冶金部优秀工程勘察一等奖。

1999 年,承接公司矸石热电厂勘察项目,获得徐州市建委优秀工程勘察项目二等奖。

2002 年,公司十二村住宅小区(获徐州市建委优秀工程勘察项目三等奖)、大屯矸石电厂 125 兆瓦级机组技改工程、江苏大屯铝业有限公司 10 万吨/年电解铝工程勘察项目。

2007 年,承接孔庄煤矿改扩建工程工业广场、上海大屯能源高精度铝板带工程勘察项目。

2010 年,承接江苏金屯房地产开发有限公司新城嘉苑住宅区工程勘察项目。

第三章 电力运维

第一节 资 质

2016 年 7 月 8 日,取得江苏省质量技术监督局《中华人民共和国特种设备安装改造维修许可证(压力管道安装 GB2(2)、GC2、GD2 级)》,证书编号 TS3832271-2020,许可范围为设计压力小于或者等于 2.5 兆帕的公用管道安装;GC2 级工业管道安装;设计压力小于 6.3 兆帕,且设计温度低于 400 ℃ 的动力管道安装,有效期至 2020 年 7 月 7 日。

2017 年 1 月 20 日,取得江苏省质量技术监督局《中华人民共和国特种设备安装改造维修许可证(锅炉安装改造 3 级、锅炉维修 1 级)》,证书编号 TS3132005-2021,许可范围为额定出口压力≤1.6 兆帕的整(组)装锅炉及现场安装、组装铸铁锅炉的安装改造及所有锅炉的维修。

2017 年 8 月 13 日,取得国家能源局江苏监管办公室《承装(修、试)电力设施许可证(承装类四级、承修类四级、承试类四级)》,证书编号 4-2-01404-2017,许可范围为可以从事 35 千伏以下电压等级电力设施的安装、维修或者试验活动。

2018 年 1 月 9 日,电力工程公司法人变更。沛县市场监督管理局重新颁发了营业执照,统一社会信用代码为 913203221368678697,注册资本 2 000 万元整,经营范围主要有电力设备维修、锅炉设备、汽轮机、电气设备的运行,锅炉安装、改造、维修、调试,机电设备、压力管道安装、维修、环境污染治理设施管理、技术服务等业务。

2018 年 9 月 28 日,取得徐州市城乡建设局《建筑业企业资质证书(建筑机电安装专业承包三级)》,证书编号 D332202706,许可范围为可承担单项合同额 1 000 万元以下的各类建筑工程项目的设备、线路、管道的安装,非标准钢结构件的制作、安装。

2018 年 12 月 21 日,取得江苏省住房和城乡建设厅建筑施工《安全生产许可证》,证书编号(苏)JZ 安许证字〔2018〕004157,许可范围为建筑施工。

2020 年 1 月 9 日,取得江苏省住房和城乡建设厅《建筑业企业资质证书》,证书编号 D232226499,资质类别及等级为电力工程施工总承包三级。

第二节 运 营

一、走向市场

1991—1992 年,发电厂火电设备维修任务主要由发电厂下属检修分厂承担。1993 年 7 月 15 日,根据《关于对技协服务站成立火电设备维修公司的批复》(屯电厂字〔1993〕066 号)文件,发电厂成立火电设备维修公司。2008 年 4 月 30 日,为加快公司多种经营系统重组整合步伐,根据公司《关于注销6家多种经营公司的批复》文件,发电厂多种经营公司资产、人员整体并入大屯工贸实业公司发电厂火电设备维修公司,尝试"走出去"承揽电力维保业务。2011年9月,公司分别与中天合创能源有限责任公司葫芦素煤矿、门克庆煤矿签订锅炉房及地面工业广场水、电、暖等后勤服务设备设施运行维护项目,产值分别为197.99万元和221.78万元。葫芦素煤矿、门克庆煤矿维保协议的签订,开辟了公司的外部市场,实现了"走出去"战略的第一步。

2013年4月,发电厂火电设备维修公司更名为江苏德信中大火电设备维修公司,承接火电设备维修业务。2013年5—8月,分期承揽了中煤集团能源新疆天山煤电有限责任公司106煤矿锅炉和水处理运行、井上煤流系统运行、变电站运行、食堂运行等合同,总产值为1 535.36万元。12月,江苏德信中大火电设备维修公司承揽中煤集团平朔公司20万吨粉煤灰项目供热工程,产值822万元。

2014年1月,江苏德信中大火电设备维修公司承揽中煤陕西榆林能源化工有限公司热电中心维护保运项目,签订维保合同,年产值5 400万元。

二、业务拓展

2016年4月,公司成立江苏大屯电力工程有限责任公司,将江苏德信中大火电设备维修公司人员业务划归电力工程公司。电力工程公司整合成立以后设立一分厂项目部、热电厂项目部、榆林项目部、内蒙古项目部、新疆项目部、东坡项目部6个正式项目部和山西项目部、淮南项目部等,接续中天合创能源有限责任公司葫芦素煤矿、门克庆煤矿、中煤集团新疆天山煤电有限责任公司106煤矿、中煤集团平朔公司等业务,依法变更合同主体,继续履行江苏德信中大火电设备维修公司签订的合同,同时开拓内外部市场新业务。

2017年2月,电力工程公司获得"江苏省工人先锋号"称号,同年11月获得"江苏省重质量守信誉施工单位"称号。

2018年4月,东坡项目部承接山西中煤集团东坡煤业有限公司格瑞特电厂2号机辅机检修项目,产值688万元。5月,新疆项目部续接中煤集团新疆天山煤电有限责任公司106煤矿锅炉、变电所、东风井、空压机房运维项目,产值479.86万元。一分厂项目部承接大屯发电厂全部机组检修维保项目,产值2 650万元。6月,热电项目部承接2×350兆瓦热电项目生产准备服务项目,产值645.12万元。内蒙古项目部续接中天合创能源有限责任公司葫芦素煤矿热交换站及地面供暖管网维护合同项目,年产值261.9万元。内蒙古项目部续接中天合创能源有限责任公司门克庆煤矿锅炉及地面供暖维保合同项目,年产值495.6万元。8月,一分厂项目部承接大屯发电厂锅炉清加床料等项目,产值186万元。9月,热电项目部承接热电厂机组性能试验设施基座项目,产值80.42万元。10月,榆林项目部续接中煤陕西榆林能源化工有限公司榆林热电中心1号、2号机组脱硝超低排放改造项目,产值304万元。11月,新疆项目部承接中煤新疆鸿新煤业有限公司苇子沟煤矿老风井供暖系统改造项目,产值12.8万元。12月,一分厂项目部承接大屯发电厂1号、2号锅炉SNCR脱硝系统优化改造项目,产值48万元。

2019年1月,新疆项目部承接中煤新疆鸿新煤业有限公司苇子沟煤矿锅炉运维合同项目,产值167万元;热电项目部承接热电厂2×350兆瓦机组保运合同项目,保运服务项目主要包括输煤系统、湖边补水泵、脱硫脱硝系统、除尘输灰系统的运行,创造产值2 366万元;

热电项目部承接热电厂 2×350 兆瓦机组检修维保合同项目,主要内容有检修维保机组的主辅所有设备、公用系统、热力系统、供热系统、循环水系统、消防系统、脱硫系统、脱硝系统、脱白系统、除尘及灰渣输送系统、电气系统、燃料系统(含采制样设备)、化水系统、暖通、照明等以及相关系统设备的附件等,产值 3 985 万元。

2019 年 1 月,榆林项目部承接中煤陕西榆林能源化工有限公司榆林热电中心维保及运营合同项目,年产值 1 432.15 万元,是电力工程公司整合以后年产值最高的外部项目部。该项目维护保运工作范围主要有热电中心锅炉系统、发电系统(含 2 台汽轮发电机组)、除灰脱硫装置、脱硝装置、湿煤泥装置、集控室、消防水系统(热电中心界区)等区域所属的动设备、静设备、仪器仪表、电气设备设施及界区内道路、场地各种公共辅助系统的所有设施等。榆林项目部建立项目经理负责制的三级质量管理网络,按照质量、环境、职业健康安全管理体系规范,对产品、过程和活动实施科学管理,抽调维护、检修及调试经验丰富的检修工程人员组成检修队伍,确保项目设备检修后运行正常,验收合格率达到 100% 的质量目标。

2019 年 3 月,东坡项目部承接山西中煤集团东坡煤业有限公司格瑞特电厂维护、检修合同项目,产值 860.81 万元,是电力工程公司成立以后年产值较高的外部项目。主要内容有格瑞特电厂维护、检修项目主要有汽机、化水系统、锅炉系统、脱硫脱硝电除尘系统、电气、自动化及通信信息系统、热工控制系统、输煤系统、除灰除渣系统、暖通土建系统、其他设备、设施等。在项目管理中严格按照各项制度、措施和标准执行操作,确保项目的稳定运营。

2019 年 4 月,榆林项目部承接中煤陕西榆林能源化工有限公司化工分公司公用工程中心水处理装置维护保运合同项目,年产值 787.59 万元。维护保运服务主要内容有负责脱盐水装置、污水处理装置(含 VOCS 治理装置和气化来水除硬装置)、回用水处理装置(含第三换热站)、第一循环水场、第二循环水场、第三循环水场、全厂事故水池以及界区范围所有动设备、静设备、管道及附件、阀门等设备以及电气、仪表设备的维护。榆林项目部结合服务范围,依据机械设备专业、电气专业、仪表专业执行技术标准、规程、规范和规定,制定管理制度及工作流程、维护保运施工进度管理和保证措施、技术管理和保证措施、质量管理规划和保证措施、安全、健康、环境管理规划和保证措施、综合管理规划和保证措施等详细的装置维护保运实施方案,确保了项目的稳定运行。

2019 年 6 月,新疆项目部承接中煤能源新疆天山煤电有限责任公司 106 煤矿 110 千伏变电所运维合同项目,产值 90 万元。

2019 年 7 月,一分厂项目部承接大屯发电厂全部机组及配套主辅机系统、公用系统检修维保合同项目,主要内容有:1 号、2 号、6 号机组的主辅所有设备,公用系统、热力系统、循环水系统、消防系统、脱硫系统、脱硝系统、除尘及灰渣输送系统,电气一次系统、燃料系统(含采制样设备)、化水系统,暖通、照明等以及相关系统设备的附件。主要工作有:在机组启停、运行、停机备用、机组检修、临修等全过程对责任范围内所有设备、系统、钢构支撑设施的恢复性处理以及为使所有责任设备、设施正常运行及部件、构件的完好或复原而进行的定期调整检测、一般性的预防性检查测试、消缺、加油、解体维修和更换等工作(热工及电气二次除外),产值 3 045 万元。

2019 年 7 月,新疆项目部承接新疆 106 矿 2 台锅炉及管道维修项目,产值 18 万元。9 月,承接中煤能源新疆鸿新煤业有限公司苇子沟煤矿锅炉大修项目,产值 91 万元。

2019年9月,山西项目部承接中煤大同能源有限责任公司煤矸石发电厂2号机组A级检修项目,产值554万元。

2019年12月,热电项目部承接热电厂1号机组标准C修项目,产值168万元。

2019年,电力工程公司强化内部管理,依托内部挖潜,不断拓展外部业务,企业年产值大幅提高。全年完成产值1.29亿元,较2018年翻了近一翻。

2020年,电力工程公司继续履行未到期项目合同,利用中煤集团"两商"平台,依托江苏省第一工业设计院有限责任公司、山东济南设计院、无锡华光锅炉股份有限公司、西安设计院等合作设计院,先后与中国能源建设集团江苏省电力建设第一工程有限公司、中国能源建设集团江苏省电力建设第三工程有限公司、上海亮翔电力工程有限公司等多家公司签订了战略合作框架协议。

2020年3月7日,承接中煤能源榆林能源化工有限公司大海则煤矿供热系统运维服务项目,年产值约388万元。

2020年4月21日,中标中煤陕西榆林能源化工有限公司化工分公司热电中心,2台100兆瓦汽轮机发电机组及主要辅机大修项目,中标金额172万元。

2020年5月1日,承接公司发电厂主机及附属设备维护服务项目,年产值约916万元。电力设备维护、检修如图8-3-1所示。

图 8-3-1　电力设备维护、检修

第四章　水处理运维

第一节　工艺设备

一、中心区污水处理

（1）一期工程。1991—1995年,中心区污水处理厂采用二级生物处理工艺,主要工艺设施有1座提升泵站、4座初次沉淀池、4座混合式表面曝气池。同时,配备1座化验室对工艺运行参数和处理后的水质进行化验分析监测,主要设备仪器有 BOD$_5$ 测定仪、COD 测定仪、流量计等。

（2）二期扩建工程。1993年,中心区污水处理厂二期扩建工程立项,采用先进的氧化沟污水处理工艺。1995年11月,公司设计处完成中心区污水处理扩建初步设计。1998年,工程竣工投入运行,主要工艺设施有1座新提升泵站、2台除砂器、1座(双槽)平流沉砂池、2座氧化沟、2座二次沉淀池。每座污泥沉淀池,1座污泥脱水车间配备2台污泥泵、2套加药装置、2台带式压滤机、1台皮带输送机、1台泥饼运输车。设计处理能力1.5万立方米/天。

（3）中水回用工程。2006年,投入运行的深度处理中水回用工程,将氧化沟二级处理后的污水进一步深度处理,满足热电厂用水的指标,发挥了污水的综合利用。生活污水回用零排放技术为煤炭行业首例。其工艺采用混凝、沉淀、过滤、臭氧氧化、活性炭吸附工艺,设计处理能力1万立方米/天。主要构筑物和设施有1座格栅井、1座调节池、1座提升泵站、2座高效澄清池(水力循环澄清池)、2座重力式无阀过滤池、1座臭氧消毒接触池、4组活性炭滤池、1座1000立方米的清水池、1座污泥沉淀池、2座供水泵站(1座供电厂、1座供选煤厂),并配套建设加药系统间、综合配电室及值班室。

（4）提标改造工程。2013年,利用报废的老污水处理构筑物进行改造,由实业公司水处理分公司承担设计和建设,新增SBR工艺处理系统4座;新增V型过滤系统两套,改造厌氧池4座,改造完成中水池及清水池各1座,并顺利取得污水排放许可证,处理后污水经地方环保部门检测合格并达标排放。截至2017年年底,自行设计建造3000立方米/天全自动一体化中水系统1套,3000立方米利普水仓1座,氧化沟节能改造工程2座,新增污泥浓缩池1座;设计制造了配套自动加药系统5套、A/O-MBR膜生物反应器1套。

二、4座煤矿水处理工艺设备

（一）龙东煤矿水处理

（1）生活污水处理系统。龙东污水厂作为龙东煤矿井的"三同时"项目之一,由江苏煤炭设计院设计,于1982年动工建设,1986年试运行,1987年与龙东煤矿同时投入生产使用。该处理设施采用传统的活性污泥法工艺,设计处理能力1350立方米/天;主要设施有1座集水井、1 座提升泵房与集水井合建、1 座调节池、2 座平流式沉淀池、2 座合建式曝气池、1 座消毒接触池、1 座排水泵房。同时,配套建设 1 套综合办公室及化验室。

2006 年,随着矿井规模的扩大及生活污水量的增加,龙东污水厂扩建并投入使用 A/O 接触氧化工艺。该工艺实施设计处理能力 1 600 立方米/天,主要处理设施有 1 座机械格栅、1 座集水调节池及提升泵房、2 座初沉池、2 座 A/O 氧化池、2 座二次沉淀池、2 座污泥浓缩池、1 座鼓风机房、2 套消毒接触池、1 座计量井。

(2) 矿井水处理系统。该系统于 2004 年建成投产。煤矿井下采掘生产过程中涌出的地下水,经井底水仓沉淀,提升到地面,经处理后用于洗煤、锅炉冲灰冲渣、厕所冲洗等工业用水和卫生用水。设计处理能力为 3 500 立方米/天。主要工艺设施有 2 座调节池、2 座水力循环澄清池、2 座无阀过滤池、1 座清水池、1 座污泥池、1 套板框压滤系统、1 座提升泵房和 1 座供水泵房,并配套有综合配电间、PLC 集控装置及消毒装置。

(二) 姚桥煤矿水处理

(1) 生活污水处理系统。该系统始建于 1997 年 8 月,1999 年 5 月建成。采用接触氧化工艺,深度处理采用混凝、沉淀、过滤工艺,设计处理能力 4 500 立方米/天,处理后的净水用于电厂冷却循环水补充。主要设施设备有 2 套机械格栅、2 座曝气沉砂调节池、3 座初沉池、3 组接触氧化池、1 座中水提升泵房、1 座高效澄清池、2 组无阀过滤池、1 座供水泵站、2 座污泥浓缩池和 1 套污泥压滤系统。

(2) 矿井水处理系统。该系统始建于 1997 年 8 月,1999 年 5 月建成并投产使用。设计处理能力为 9 000 立方米/天,主要设施设备 2 座调节池、2 座水力循环澄清池、2 座无阀过滤池、1 座清水池、1 座污泥池。2016 年 11 月升级改造深度处理,原电渗析系统升级为 RO 反渗透系统,深度处理系统设施有 1 座原水池、1 座提升泵房、2 台石英砂过滤器、3 台活性炭过滤器、6 台精密过滤器、2 组反渗透处理装置、1 座清水池、1 座浓水池、1 座供水泵房,配套有综合配电间、PLC 集控装置及消毒装置。

(三) 徐庄煤矿水处理

(1) 生活污水处理系统。该系统始建于 20 世纪 70 年代末,2007 年 3 月进行改造,由公司设计院设计,采用卡鲁塞尔氧化沟工艺,设计处理能力 5 000 立方米/天。2008 年 9 月,经环保部门验收合格,正式投入运行。在此基础上,增建深度曝气生物流化床工艺。二级处理后的清水经管道自流入曝气生物流化池罗茨风机曝气,经提升泵提升进入机械加速澄清池出水自流入清水池,供给用户,实现节能减排、水资源回收利用。主要处理设施有 1 座调节池、1 套机械格栅、1 座新提升泵站、1 座(双槽)平流沉砂池、2 座氧化沟、2 座二次沉淀池、2 组曝气生物流化池、2 组无阀过滤池、2 组消毒接触池、1 座鼓风机房及加药间、1 座污泥沉淀池、1 座污泥脱水车间配备 2 台污泥泵、1 套加药装置、1 台带式压滤机、1 台皮带输送机。

(2) 矿井水处理系统。该系统于 2004 年 6 月建成并投产使用,设计处理能力为 4 000 立方米/天。提供矿内绿化、冲厕和风井井下注浆、防尘用水及作为深度处理水源。深度处理能力为 1 000 立方米/天。主要设施设备有 2 座调节池、2 座水力循环澄清池、2 座无阀过滤池、1 座清水池、1 座污泥池。深度处理系统有 1 座提升泵房、2 台石英砂过滤器、2 台活性炭过滤器、3 台精密过滤器、2 组反渗透处理装置、1 座清水池、1 座供水泵房、配套有综合配电间、PLC 集控装置及消毒装置。

（四）孔庄煤矿水处理

（1）生活污水处理系统。该系统于 2011 年 2 月建成并投入运行。采用氧化沟处理工艺，承担孔庄煤矿生活区污水处理，处理后的水全部用于深度处理，采用曝气生物生化处理工艺，设计处理能力 4 500 立方米/天，处理后的净水全部回用于选煤厂作为洗煤用水。主要处理设施设备有 1 座调节池、1 套机械格栅、1 座新提升泵站、2 座旋流除砂器、2 座氧化沟、2 座二次沉淀池、2 组曝气生物流化池、2 组无阀过滤池、1 座清水池、1 座鼓风机房、1 座供水泵房、2 座污泥浓缩池、1 座污泥脱水车间配备 2 台污泥泵、1 套加药装置、1 台卧螺式离心脱水机、1 条皮带输送机，并配套有综合配电间、PLC 集控装置及消毒装置。

（2）矿井水处理系统。该系统于 2012 年 7 月改扩建后投入运行，设计处理量能力 1 万立方米/天，一级处理采用混凝、沉淀、过滤工艺。深度处理 2017 年 11 月升级改造，采用 RO 反渗透系统，主要设施设备有 2 座调节池、1 座二级调节池、2 座（四组）斜管澄清池、2 座无阀过滤池、1 座清水池、1 座污泥泵房、1 座上清液池和污泥池。深度处理系统有 1 座原水池、1 座提升泵房、2 台石英砂过滤器、2 台活性炭过滤器、6 台精密过滤器、3 组反渗透处理装置、1 座清水池、1 座浓水池，配套有综合配电间、PLC 集控装置及消毒装置。

三、外部承包经营水处理项目

（1）中天合创门克庆煤矿水处理项目。项目由生活污水处理站、纯净水处理站、自来水供应站和 100 方生活水处理站（EPC 项目）等 4 个部分组成。图 8-4-1 为水处理 EPC 项目。

图 8-4-1　水处理 EPC 项目

（2）中天合创葫芦素煤矿水处理项目。项目由生活污水处理站、纯净水处理站和自来水供应站等 3 个部分组成。

（3）中煤鄂尔多斯能源化工水处理项目。项目主要由矿井水深度处理装置、大牛地泵站、直线泵站、原水泵站、长输管线等单元组成。

（4）中煤蒙大新能源水处理项目。项目主要包含脱盐水、化学水及冷凝液精制装置、污水处理装置、回用水装置。

（5）中煤陕西公司榆林化工水处理项目。项目主要装置有污水、回用水、循环水、脱盐水装置,其中,污水装置包括污水处理装置、全厂事故水池、10万立方米与7万立方米事故暂存池、气化污水除硬降硅技改以及污水VOC环保处理技改;回用水装置包括第三换热站、回用水反渗透系统扩能技改以及回用水处理装置;循环水装置包括第一循环水场、第二循环水场、第三循环水场;脱盐水装置包括制备脱盐水与回收处理凝结水处理系统。

（6）新疆106煤矿水处理项目。项目于2013年建成,主要设施有生活区污水厂、工业区污水厂、矿井水厂、自来水厂等。

第二节 管理运营

一、初期阶段

1991—2012年,公司生活水处理业务由公司下属各单位分散管理。各水处理厂利用所属单位的环境保护配套设施,发挥着环境效益和社会效益。属于经费单位,没有对外开展经营性创收,水处理业务也没有形成系统性的经营核算。

二、业务整合阶段

2012年9月,实业公司对大屯公司水处理业务版块的人才、技术等资源整合,成立实业公司水处理分公司,负责姚桥煤矿、龙东煤矿、徐庄煤矿、孔庄煤矿等4个煤矿井水、生活污水及中心区生活污水的运营维保;承揽大屯公司所有环保工程的设计、施工和设备加工制作,实行专业化垂直管理。对大屯公司内部各单位的水处理设施进行有偿运营服务;同时积极开拓外部市场,实行走出去的发展战略,先后获取中煤鄂尔多斯能源化工有限公司、中煤蒙大新能源化工有限公司、中天合创能源有限责任公司、徐州医科大学附属医院、中煤新集能源股份有限公司等水处理业务。在此期间,中心区污水厂提标改造工程处于国内领先水平;氧化沟工艺改造申请了国家专利;取得了国家级生活污水和工业废水一级运营资质和环保工程专业承包三级资质。水处理运营业务全部纳入实业公司经营管理。对外经营活动中,水处理分公司严格履行合同的责任和义务,受到用户好评。

三、提格升级阶段

大屯公司于2018年4月对水处理板块提格升级,成立江苏大屯水处理科技有限公司,打造水处理品牌,加快企业转型发展的步伐,激发企业发展的活力和动力。

（1）组建经营管理团队。水处理科技公司配备专门的经营管理团队,制定一系列经营管理制度,不断提高经营风险管控能力,强化内部管理,提升职工专业技术水平,积极引进高端专业技术人才,加强水处理自身核心技术研发,加大培育产业结构力度,提升消耗材料、复合药剂生产研发销售能力。在稳定内外托管运营服务的同时,坚持自主研发,打造核心品牌的理念,创新水处理新技术、新工艺,不断向环保工程和环保设备集成与制造等领域迈进。

（2）推进内部市场化。2019年9月,根据公司内部市场化建设要求,积极推行内部市场

化运作,制定相关文件和实施细则,细化分解、各负其责,明确以建立"市场体系全覆盖、基础体系完善、支撑体系健全、运行成效彰显"的内部市场精细化管理为总体目标。依托计量、定额、定价、结算4大基础体系,做全做实二、三级结算,做精做准四级结算,加强内部市场化考核管控,实现目标责任考核与专项生产经营考核相融合的内部市场管理模式,突出激励杠杆的正向作用。通过推进内部市场化建设,提升精细化管理水平,初步形成具有水处理科技公司特色的内部市场化管理模式。

(3)开展"三体系"贯标认证。建立质量、环境、职业健康安全管理体系,实现质量、环境和职业健康安全管理活动的标准化、规范化操作,发挥资源效力,提高公司综合管理水平,促进公司发展。2019年11月8日首次通过了质量、环境、职业健康安全管理体系认证,取得中质协三体系认证证书,为企业经营管控、外部市场开拓打下了基础。

(4)建立经营绩效考核体系。水处理科技公司坚持以"经济效益"为中心,以"安全生产、降本增效、开拓市场、管理创新"等工作为重点的经营思路,与所属各项目部签订经营管理责任书,对经营指标进行分解,以安全、利润、成本费用、运营收入、应收账款为考核主体,明确各单位经营责任,通过建立健全薪酬与效益联动机制,体现"劳动、效率、效益、创新、贡献"优先,实现职工收入与个人业绩、贡献以及部门绩效相挂钩的较为完整的绩效考核体系。

(5)开拓市场高质量发展。依托中煤集团内部市场,以水处理运维业务为基础,积极打造水处理专业化服务品牌,努力获得市场认可。按照"内部保生存、外部求发展"的要求,开拓内外部市场。大屯公司内部水处理运营项目包括:4个煤矿矿井水处理运维业务、中心医院医疗废水处理站、原铝业公司污水处理运营业务铁路管理处水处理提标改造项目以及新疆天山106煤矿水处理系统运维项目等。在外部项目拓展上,按照公司"外部项目不得亏损"的总体要求,本着事前算赢的原则,开展项目前期调研工作,新增外部项目均实现了盈利。

2018年6月,通过公开招标获得中天合创门克庆煤矿地面生活水EPC项目。项目从设计、施工、安装、调试的全过程均由水处理科技公司组织实施,并一次性调试运转成功,是在生活污水处理项目上的"全参与""全体验"和"全亮相"。项目顺利竣工验收并投入使用。

2019年4月,通过招标谈判获得中煤陕西榆林能源公司化工水处理系统运营和药剂供应(含技术服务)项目,从根本上改变了以往单一运维模式,是水处理科技公司服务范围最广、规模最大、难度最高的运维项目,也是水处理科技公司业务向全产业链迈进的重要一步,形成了新的利润增长点。

2019年10月,通过参与政府采购招标,取得沛县大屯矿区5座生活污水厂及附属泵站运维管理项目,是水处理科技公司首次获得地方市政项目,参与市场竞争的能力得到增强,显示出整体实力,进一步得到市场的认可。

在外部项目运维中,蒙大运维部被中煤蒙大新能源化工有限公司评为"先进集体"。项目经理被评为中煤蒙大新能源公司的"先进工作者"。鄂能化运维部机电维修班被中煤集团鄂尔多斯能源化工有限公司评为"先进班组"。

第五章 铁 路 运 维

第一节 建 筑 施 工

一、矿区工程

1990 年 3 月，成立发电厂工程处。同年 8 月，承建发电厂二期 1×50 兆瓦机组扩建工程，主要工程有 2 000 平方米双曲线冷却塔、1 500 平方米主厂房、主控楼、800 平方米消防水池、消防水泵房和 6 号、7 号、8 号、9 号栈桥及 3 号、4 号、5 号转运站。1992 年 5 月 25 日，工程竣工，移交热力系统、燃料供应系统、除灰系统、水处理系统、电气系统、加热控制系统、辅助系统安装工程。1990 年 12 月，姚桥煤矿二期矿井扩建工程破土动工，矿建公司、建安公司共同参与施工建设，矿建公司承建井筒、井底车场巷道、运输大巷、采区巷道等项目；建安公司承建地面配套新副井煤仓、井口机房、副井提升机房、矸石翻车机房、矸石卸料平台及栈桥、矸石绞车房、联合办公设施、液压支架中转车间等单位工程，建筑面积 13 190.32 平方米。该工程历经 7 年施工，于 1997 年 12 月竣工试投产。

1991 年 10 月，承建孔庄选煤厂工程，主要有原煤仓及皮带廊、水体原煤车间、精煤皮带廊、中煤仓、中煤皮带廊、中煤转载点、中煤装车仓、任务交代室、热力网保温等单位工程。

1992 年 12 月，承建孔庄煤矿东风井工程，工程量有空压机房、扇风机房、锁口及井架基础、砂泵房、35/6 千伏变电所等。

1993 年，承建龙东选煤厂 400 平方米综合楼、主厂房、浓缩车间、压滤车间、工业场地给排水、供热管网、煤仓、皮带廊等生产生活设施，该工程入选 1996 年度煤炭工业部优质工程前 28 名。同年，承建矿建公司 2 201 平方米设备库，合同预算造价 88 万元，该工程 1994 年 8 月底竣工验收。

1994 年 1 月，承建公司单宿楼，项目建筑总面积 3 000 平方米。工程范围包括土建、水电暖安装，合同预算金额 158.5 万元。该工程于 1995 年 5 月竣工验收。

1995 年 1 月，承建中心区十一村住宅小区。该小区建筑面积约 15.8 万平方米，住宅楼 30 栋，该工程于 1997 年竣工验收。

2000 年 5 月，承建徐庄煤矿锅炉房及配套工程。工程主要包括锅炉房及附属工程的土建、安装；供热外网的土建、安装工程、工人村锅炉房原设备拆除、交换站土建施工、设备安装等。

2001 年 5 月，承建姚桥煤矿 1 号附井井壁地层注浆加固工程。工程量主要为地层注浆、井壁加固及辅助工程，合同金额 301.69 万元，12 月竣工验收。同年 11 月，承建矸石电厂 125 兆瓦机组技改工程的五通一平、预制基桩、打桩等前期工作，合同金额 880 万元。

2002 年 3 月，承建孔庄选煤厂无压重介开发项目。6 月，承建公司中心区十二村住宅小

区首期 2#、3#、4#、5#、6#、10#、12# 等 7 栋砖混住宅楼,工程内容为土建、安装。

2003 年 4 月,承建铝业公司污水处理站及排水泵站工程,建筑面积 1 176.08 平方米,主要用于电解铝 1 期工程污水处理及雨污水的排放。承建中心区一号路改造工程,施工内容主要是路面、桥涵、照明等,合同金额 300 万元。11 月,中标中心区十二村住宅小区 3 期 B 标段 27# 至 31# 楼,5 栋砖混住宅楼,建筑面积 3.72 万平方米,中标金额为 1 402.53 万元。

2005 年 4 月,承建中心区东一村扩建工程,合同金额 1 237.97 万元。7 月,承建徐庄煤矿主副井井筒修复工程,主要工程量为地层注浆、凿孔、射孔、井壁加固,合同金额 759 万元。10 月,承建姚桥煤矿东 2 风井机房改造工程,施工内容为土建、安装和新老系统切换。

2006 年 6 月,承建中心区十二村住宅小区的沿河绿化、沿河道路、小品景点等项目;龙东煤矿西 1 扩区回风斜巷及辅助下山工程,合同金额 324 万元。

2007 年 3 月,承建发电厂 1#、2# 机组技改工程主厂房、锅炉钢架、碎煤机室、灰库构筑物、烟囱、冷却塔淋水装置、冷却塔等项目的桩基工程。8 月,中标发电厂 6#、7# 机组输煤系统改造工程。该工程位于电厂厂区北部,由储煤仓及仓下胶带机房、输煤栈桥、转载站、翻车机房及控制室共 7 个单位工程组成。储煤仓高 40.8 米,翻车机房深 17.45 米,输煤栈桥总长 311.8 米,合同金额 2 699.79 万元。该工程于 2008 年 12 月底竣工验收。

2008 年 5 月,承建姚桥选煤厂原煤仓,混煤仓,主厂房,压滤车间,矸石卸料台点。3# 栈桥,1#、2# 矸石仓,1# 矸石仓—洗混仓带式输送机栈桥的桩基工程,煤仓工程的土建施工。7 月,中标高精度铝板带项目配套工程 2 标段,合同金额 570.11 万元。

2009 年,承建孔庄煤矿三期改扩建工程整体地面辅助项目。工程于 2012 年 12 月竣工验收。

2010 年 4 月,承建孔庄煤矿三期改扩建工程的原煤仓、精煤仓钻孔灌注桩桩基工程。

2011 年 8 月,承建公司行政研发中心、会议中心、客房楼工程。该工程为框架结构,其中会议中心建筑面积 10 700 平方米,客房楼建筑面积 8 260 平方米。9 月,承建高精度铝板带厂综合科技楼、原料及废品库。

2012 年 2 月,承建孔庄煤矿通信调度楼工程。该工程主楼层数为 6 层,副楼层数为 2 层,框架结构,合同金额 910 万元。3 月,承建铁路管理处运输指挥中心工程,施工内容包括基础、土建、安装和装修等。

2013 年 4 月,承建四方铝业 1850 轧机改造项目的纵剪机设备基础、重卷切边机设备基础、横剪机基础、轧辊磨床间、退火炉值班室钢结构控制室、1 号车间、10 千伏变电所、循环水泵站。5 月,承建新城嘉苑物管会所、商铺、供热混水站、门卫等工程。

2014 年 1 月,承建选煤中心孔庄选煤厂系统升级改造项目的主厂房浮选系统设备基础、主厂房煤泥水系统设备基础、主厂房旋流器基础平台、主厂房重介系统设备基础工程。12 月,承建新城嘉苑住宅工程 A、E 区门卫、物管服务用房、商铺、围墙等工程。

2015 年 4 月,承建新城嘉苑 B 区综合商铺。6 月,承建新城嘉苑幼儿园教学楼工程。该工程地上 3 层,建筑面积 3 468.28 平方米。

2016—2018 年,承建大屯公司热电项目桩基工程、生产生活辅助设施工程、河东输煤系统工程。

2018—2019 年,承建徐庄煤矿西风井地面生产项目,包含 5 千伏变电所、压风机房、注浆站厂房及扇风机房钢结构厂房、钢筋混凝土风道、单层框架结构配电室、—620 米风井井筒锁口及厂区道路、绿化工程等,合同价款 2 037.77 万元。承建发电厂干灰棚建筑工程,包括 2 个干灰棚,单个面积达 30 600 平方米,配套洗车平台、排水沟、厂区道路、雨水收集池等工程。承建姚桥煤矿智能物流系统仓储工程,建筑面积 1 299.11 平方米,主体结构为钢结构。

2020 年 1—6 月,克服"新冠肺炎"疫情影响,承建热电厂档案室整修工程、徐庄煤矿矿井水处理扩容工程、徐庄煤矿防冲研究院维修、孔庄煤矿生产准备车间。

二、外部工程

(1)南京项目部。1996 年 3 月,承建审计署驻南京办事处综合楼。该工程包含办公楼、住宅楼、附楼等,建筑面积 11 200 平方米,合同金额 1 200 万元,工程于 1997 年 12 月竣工。1998 年 1 月,承建南京市米兰住宅小区工程,包含土建、水电安装施工,合同金额 217.05 万元,建筑面积 5 480 平方米,工程于 1998 年 12 月竣工。1999 年 12 月,承建南京市半山世纪花园住宅小区 3 号、6 号楼,该工程位于南京市中山门半山世纪花园 10 号。2003 年 8 月,承建公司南京办事处招待所装修工程,合同金额 200 万元。2003 年 12 月,承建南京市揽翠苑住宅小区 13#、15#、17# 楼,合同金额 2 649.80 万元。2005 年 1 月,承建南京航空航天大学江宁校区教学楼。该工程位于江宁开发区胜太西路 169 号,框架 4 层,建筑面积 7 125.16 平方米,合同金额 720.58 万元。

(2)徐州项目部。1999 年 3 月,承建中国矿业大学教学楼南楼工程。该工程为地上 6 层,框架结构,合同金额 391.68 万元。5 月,承建徐州市金山桥农贸市场。该工程底部为框架结构,上部为砖混结构,建筑面积 6 300 平方米,合同金额 360 万元。9 月,承建张双楼煤矿徐州淮西组团 2 号、3 号经济适用房。该工程位于徐州市淮西延长段,砖混结构,建筑面积 5 047 平方米,合同金额 187.94 万元。12 月,承建徐州铁路分局。该工程位于徐州火车站副广场,框架结构,建筑面积 8 654.1 平方米,合同金额 556.32 万元。2000 年 5 月,承建徐州市云龙山隧道衬砌工程。该工程位于徐州市云龙山区域的三节山,合同金额 782.16 万元。10 月,承建徐州市碧螺山庄住宅小区 1 组团 A 号、C 号、6 号、19 号、20 号、21 号楼,5 组团 27—34 号楼工程,总合同金额 2 168.58 万元。2003 年 5 月,承建徐州市人防指挥所改造被覆安装工程。该工程位于徐州市云龙山第一节山下,合同金额 550 万元。2004 年 10 月,中标徐州人家生态居住区人防工程,施工范围为土建、安装,中标金额 843.67 万元。

(3)盱眙项目部。2010 年,中标盱眙县帝景国际住宅小区 1 标段、11 栋住宅楼和 2 标段、4 栋住宅楼。1 标段中,2 栋为多层砖混结构、9 栋为多层框架商住结构,建筑面积 42 694 平方米(其中人防 7 481 平方米);2 标段中,框架小高层商住楼 3 栋、多层砖混 1 栋,建筑面积 28 531 平方米。该工程于 2012 年 7 月竣工验收。

(4)阳泉项目部。2013 年,承建玉泉煤业地面生产生活辅助设施,施工完成副井绞车房、压风机房、副井井口房、联合建筑土建、综采设备库(机修车间)土建、器材库、主井井口房、职工食堂、办公区、生活区、锅炉房变电所、主副井工业场地开闭所、锅炉房及配套设施土建、安装、带式输送机栈桥及转载点等 18 个单位(项)工程。

(5)鄂尔多斯项目部。2014 年,中标中煤集团呼吉尔特矿区铁路专用线。该工程位于鄂尔多斯市境内,由中国煤炭销售运输有限责任公司投资开发建设,主要包括沙母巴站、图达巴站、图克站的生活配套设施及站场其他建筑物,合同金额为 7 863.5 万元。

第二节　机电安装

一、设备安装

1991年,承建发电厂二期1×50兆瓦机组扩建安装工程,完成1×50兆瓦机组及辅助设备安装,工程造价1 470万元。同年,承建孔庄选煤厂机电安装工程。

1992—1993年,承建龙东选煤厂机电设备安装工程,完成主厂房、压滤机车间、皮带廊的设备安装。2台NZ-20浓缩机安装采用"空中定向穿轴"技术,创造1天安装6榀钢桁架的公司新纪录,获得煤炭工业部优质工程奖。承建孔庄煤矿东风井安装工程,完成空压机房、扇风机房、砂泵房、35/6千伏变电所的设备安装。

1994—1995年,承建上海市虹扬宾馆通风空调安装工程和上海市浦发大厦管道安装工程。承建孔庄煤矿东风井安装工程,完成扇风机、压风机及配套的机电设备安装。

1996—1997年,承建姚桥煤矿二期扩建工程地面生产系统机电设备安装项目,完成副井、矸石系统、翻车机房、新风井地面生产系统机电设备安装。

1998—1999年,承建矸石热电厂机组设备安装,完成矸石热电厂一机一炉设备、电除尘和化学水处理设备安装。

2001—2004年,承建微山县昭阳煤矿安装工程、徐庄煤矿锅炉房安装调试工程。承建发电厂125兆瓦机组技改输煤系统皮带设备及污水处理系统安装工程。承建铝业公司生产辅助设施工程,完成提升泵房、雨水泵房、总体管网安装工程。承建徐庄煤矿扇风机、变电所机电设备安装工程、徐庄煤矿1号暗斜井猴车安装工程、孔庄煤矿锅炉房辅机安装工程。

2005年,承建徐庄煤矿－750～－400米水平2号暗斜井管路、3号暗斜井提升机、－750米水平主排水泵房机械设备安装工程。承建龙东煤矿矸石山绞车房、翻车机房安装工程。承建选煤厂重介系统机电设备安装工程,浮选工艺流程改造为全重介浮选工艺流程,保证5～9级精煤产品质量的稳定性和选煤技术的先进性。

2006年,承建姚桥煤矿1号主井更换电缆、姚桥煤矿东2风井通风机房改造工程。

2007年,承建姚桥煤矿改扩建工程新主井提升机房安装工程。安装1台JKMD4.5×4型落地式多胜摩擦轮提升机、1台ZKTD285/75-P型低速直流电动机,主要用于－650米水平的煤炭提升。同年,承建龙东煤矿主井井筒罐道及套架整修、铝业公司破碎及储运系统设备安装工程、孔庄选煤厂浮选机及给煤机更换工程、孔庄煤矿东风井压风机房更换工程。

2008—2009年,承建发电厂输煤系统改造,完成储煤仓及仓下胶带机房,输煤栈桥、转载站、翻车机房及控制室机电设备安装工程。承建姚桥煤矿东2风井压风机更换工程。承建孔庄煤矿三期排矸系统设备安装工程。

2010年,承建选煤厂浮选系统更新改造工程,安装2台GPJ-120加压过滤机,单台(套)设备总重91.8吨。

2011年,承建姚桥煤矿中央下山1号胶带输送机整修、－400米水平泵房环形管路更换、－650米水平改造大巷皮带机安装,姚桥煤矿1#、2#原煤仓装车带式输送机整修工程。

承建孔庄煤矿黄泥灌浆系统安装。承建选煤厂新井筛分楼捡矸破碎系统整修工程，1#、2#仓下装车皮带廊加固改造工程承建铝业公司成型车间循环水改造工程。

2012—2013年，承建孔庄煤矿三期生产系统设备安装工程，完成孔庄煤矿选矸楼设备，1号、2号转载点栈桥输送机设备、井口6千伏变电所机电设备、压风管路、制冰站降温系统、下排水处理站工程设备的安装，为孔庄煤矿三期改造工程顺利完成奠定了基础。

2014年，承建姚桥煤矿西风井地面系统设备安装，完成通风系统改造、注浆系统大型设备安装工程。同年，承建山西玉泉煤业设备安装工程及井下通风设备，完成副井绞车安装、带式输送机栈桥及转载点、井口660伏供电系统、瓦斯泵站、锅炉房2台箱变以及部分电缆敷设，保证了玉泉煤业工程建设速度。

2015—2017年，承建新疆天山煤电公司通风机安装工程。承建姚桥选煤厂浮选改造安装工程。承建选煤中心主厂房改造及2次浮选设备基础及安装工程。

2018年，承建徐庄煤矿煤仓落煤系统维修，姚桥选煤厂加压过滤机拆除工程。同年，承建中煤集团大屯公司热电项目输煤系统设备安装工程，完成安装2台型号为FZ1-2A的翻车机、4台活化式给煤机、2套180米长输煤皮带、4套牵车设备、2套拨车机系统、2套除尘系统及消防系统等，施工产值3 500万元。同年，承建徐庄煤矿西风井安装工程，完成35千伏变电所设备安装调试，安装2套扇风机(ANN-2500/1250AJM型，风量Q为150～192立方米/秒，质量为13.6吨/台)。

2019年，承建徐庄煤矿主井罐道绳更换工程、姚桥煤矿西风井主扇风机电机更换工程、新疆天山煤电公司地面输煤系统整修工程、选煤中心姚桥厂精煤压滤机基础及安装工程、徐庄煤矿西风井供水管路工程。

2020年1—6月，承建徐庄煤矿南风井注浆站设备安装工程。

二、电器安装

1992—2005年，承建孔庄煤矿东风井35/6千伏变电所设备安装工程、公司中心区110千伏变电所安装工程、发电厂湖边补给水泵房6千伏送电线路安装工程、孔庄煤矿东风井35千伏变电站设备安装、徐庄煤矿35千伏变电所、拓特厂35千伏变电所设备安装、龙东煤矿矸石山供电外网维修。

2007年，承建姚桥煤矿35千伏变电站2号主变压器更换工程、姚桥煤矿东风井35千伏变电站电器设备改造工程、姚桥煤矿西风井供电系统改造工程。

2011年，承建电业公司南部35千伏变电所增容改造工程，选6和选3供电线路整改工程、孔庄煤矿工业场地6/0.4千伏变电所安装工程。

2012年，承建孔庄煤矿动力照明线网、工业场地变电所设备安装、通信网络安装工程(弱电线网)、综机管理中心扩建线路工程。

2013年，承建公司中心区110千伏中心站设备改造工程、龙东煤矿6千伏开关站外网工程以及姚8和姚23线路改造工程。

2014年，承建公司老办公楼配电系统整修工程、实业公司沛县工业园区一期电器外网工程。

2015年，承建徐庄煤矿农网改造工程、新疆鸿新煤业公司110千伏变电所和河源间隔的土建及安装工程。

2015 年,承建公司中心区 110 千伏变电站改造工程,完成更换主母线、隔离开关、断路器、电流互感器等施工。

2016 年,承建徐庄煤矿西风井施工电源工程,发电厂 337 号、35 千伏线路更换导线工程,孔庄煤矿东风井 35 千伏变电所安装工程。

2017 年,承建大屯热电项目厂外补给水泵房输电线路工程、东部 35 千伏站开关柜改造工程、拓特厂厂区配电系统整修工程。

2018 年,承建徐庄煤矿西风井 35/6 千伏变电所、徐庄煤矿西风井 2 回路供电线路、发电厂大龙 35 千伏 304 线路局部改造、龙东煤矿 35/6 千伏电所变压器更换等工程。

2019 年,承建公司中心区 110 千伏变电站增容改造工程,更换了主母线、刀闸连接线、电流互感器、避雷器,主母线龙门架。

2019 年,承建新疆天山煤业公司新采区变电所工程,完成了 11 台高防开关、4 台变压器、2 台综保安装及电缆进出线敷设任务,按期保质完成采区供电任务。

2020 年 1—6 月,承建电热公司 309 线路修理,总长 15 千米,完成 76 基杆塔及塔杆金具更换。

三、市政管道

1993—2000 年,承建发电厂湖边补给水管道过四闸段安装工程、公司中心区污水厂安装工程、中心区十二村雨水管道改造工程、徐州市云龙山隧道安装工程。

2001—2010 年,承建六村热交换站改造安装工程,姚桥煤矿水处理主供水管网工程。承建公司 1 号路拓宽改造工程,该线路全长 1 212.97 米,先后完成雨水、污水、通信、电力电缆、生活给水、煤气、暖气等地下管线安装以及人行道、车行道、王桥河桥涵等项目施工。承建十二村高压供电安装工程、孔庄煤矿工业广场供暖管道大修工程、姚桥煤矿工业广场管网维修工程。承建选煤厂工业广场供暖管道大修工程。承建公司中心区 5 号路路灯通信工程、东一村扩建雨污水管道工程、发电厂中水利用工程。承建公司中心区采暖外网整修工程、7 号路公共照明系统整修工程。承建发电厂生产处理水系统工程、发电厂—姚桥蒸汽外网工程、徐庄煤矿污水厂安装工程、铝业公司中水回用安装工程、发电厂补充水安装工程。承建徐庄煤矿深度水处理安装工程。

2011 年,承建公司中心区供热蒸汽管网安装工程。同年,承建孔庄煤矿局部降温系统管路安装工程,敷设压风管、CO_2 管、供水管及注浆管各 1 趟,主要为孔庄煤矿深部开采降温使用。

2012 年,承建公司中心小区恒压供水工程、发电厂供热首站安装工程。承建孔庄煤矿生活污水深度处理设备安装工程,工业广场中水、矿井水回用管网工程。

2013 年,承建公司行政服务中心热交换站工程,完成 3 号热交换站 4 台交换器、2 号热交换站 2 台交换器、6 号热交换站 1 台新增交换器、7 号热交换站 9 台配电柜及各站相应的管道、水泵、补水箱、集水器等设备和电气拆除安装。

2014 年,承建新城嘉苑 A、B、C、D、E 区热力供暖二级管网工程,沛县工业园区给排水外网、采暖外网工程。

2014 年,承建鄂尔多斯市境内的母杜柴登矿井及选煤厂项目污水处理厂—大牛地提升站输送管线工程。该线路全长 15 千米,合同价款 3 988 万元。编制的《沙漠地区大口径长

输管道穿越等级公路顶管施工技术》和《沙漠和水网地段长输管道沉管施工技术》施工方案获得公司科技进步三等奖,为沙漠地区施工积累了经验。

2017—2018 年,承建大屯热电项目补给水管线及补充水泵房工程。项目起点为微山湖湖边补水泵房,终点为发电厂循环水池。敷设总长度厂外 3 千米,厂内 2 千米,采用 2 根 D610×8 焊接钢管直埋敷设方式,施工产值 1.2 亿元。

2019 年,承建大屯片区供热管网与配套设施工程。完成中心区及铁路管理处供暖主管道敷设,共铺设 DN300、DN400、DN450 共 3 种管道约 6.9 千米。同年,承建大屯热电项目 1 号、2 号机组供热管网与配套设施工程(新城嘉苑 A、B、C、D、E 区换热站配套补水管网)。拆除了 A、B、C、D、E 共 5 个小区的热交换站设备,安装 12 套换热机组、25 套配电柜及相应设备等,完成汉源大道连接段的管道敷设。

第三节 铁路建设运营

一、铁路运维品牌建设

2005 年 12 月,铁路工程处与建安公司进行重组,实行"两块牌子、一套机构"的管理模式。

2018 年 4 月,建安公司在原营业范围中增加铁路、道路、隧道和桥梁工程建筑,铁路货物运输,火车站(场)建设、运营,铁路运输维护活动,铁路运输辅助活动。

2018 年 6 月,铁路管理处所属鄂尔多斯铁路项目工作部共 32 人,成建制划入建安公司。

2018 年 6 月,成立建安公司蒙陕分公司,设立鄂尔多斯项目部、榆林项目部和工程项目部。鄂尔多斯项目部负责中煤集团尿素铁路专用线工务、电务运维任务,该线路全长 17.33 千米,从图克站引出经图达巴站后分别延伸到尿素站和烯烃站,主要承担中煤集团鄂尔多斯能源化工有限公司尿素项目产品(200 万吨/年)和中天合创烯烃项目产品(137 万吨/年)外运。维护的主要设备量有路基 10.5 千米、特大桥 1 座、框架小桥 2 座、涵洞 8 座、轨道 17.33 千米、道岔 24 组、电务设备 65 台(件)、光电缆 71.5 千米。榆林项目部负责中煤陕西榆林能源化工铁路专用线工务、电务运维,该线路全长 16.4 千米,从卸煤站、产品站引出后与榆横铁路液化厂站接轨。主要承担化工用煤(300 万吨/年)运输及化工产品(40 万吨/年)外运。维护的主要设备量有路基 9.2 千米、特大桥 1 座、简支大桥 1 座、框架桥 2 座、涵洞 17 座、轨道 16.6 千米、道岔 12 组、电务设备 66 台(件)、光电缆 68.252 千米。

2018 年 8 月,更名为中煤大屯铁路工程有限公司,铁路建设品牌被公司列入"4411"发展战略 11 个品牌建设项目之一。

二、公司内部铁路建设运营

2006—2007 年,承建铁路管理处沛屯变电所土建工程、机务段检修库工程、徐沛铁路 65K 至姚桥装车站通信电缆整修等铁路施工工程。

2008—2009 年,承建发电厂输煤铁路系统调整工程,铁路处沛屯站北场 1、2、3、4、6 道的换枕大修工程,铁路管理处生产区域及办公场所排水系统调整和铁路光传输系统维修工

程,徐沛铁路正线 K49＋735 道口整修以及张双楼煤矿矿内铁路线路更换宽枕整修工程等。

2011—2012 年,承建铁路管理处机关车库工程、铁 6 供电线路环网大修、修理厂 6 道整修、姚桥煤矿 K4＋800 至 K6＋800 线路下沉整修、龙东和三河尖线铁路线路养护维修、徐沛正线 K55＋160 平交道口铺设、孔庄线 K1—K4 换枕整修、运输指挥中心主体工程、沛屯站部分换岔大修和整修、地下供水管网整修、选煤厂站内 8 道整修等专项工程、大修工程和中小修工程。

2014—2015 年,承建丰沛铁路车载通信设备和站场无线通信系统以及无线列调系统工程,铁路管理处机关办公楼整修等建设工程。

2016 年,承建大屯公司热电项目进厂铁路专用线线下工程。2016 年 8 月 15 日,项目开工,于 2018 年 6 月 20 日竣工。其中,新填筑路基 DK0＋000 至 DK2＋421,填筑总长度为 2.42 千米。DK57＋229 新建盖板涵 56 米;DK59＋343 圆管涵接长 3 米;DK1＋225 至 DK1＋515 钢筋砼悬臂式挡土墙 290 米;干砌片石护脚 103 米;砼道路 6 000 平方米。总施工约 36 万立方米。

2017 年,承建大屯公司热电项目进厂铁路专用线房屋及其他生产建筑物工程。2017 年 9 月 15 日开工,2018 年 6 月 20 日竣工。其中,新建生产房屋建筑面积 515.36 平方米,改建生产房屋建筑面积 36.3 平方米,施工轨道衡 2 座、碴底式纵向盖板排水沟 1 477 米、浸塑钢丝网 950 米、围墙 950 米、砼道路 6 000 平方米。

2017 年,承建大屯公司热电项目进厂铁路专用线铺架工程,2017 年 11 月 10 日开工,2018 年 3 月 20 日竣工。期中,沛屯站铺轨 0.9 千米,许园电厂车场铺轨 5.52 千米,总铺轨 6.42 千米。拆除 P50-12 号道岔 5 组,新铺 P50-12 号道岔 10 组、P50-9 号道岔 7 组,铺道砟 24 311 立方米。

2018 年,承建大屯公司热电项目进厂铁路专用线三电工程,2018 年 1 月 5 日开工,2018 年 3 月 20 日竣工。干线通信线路沿线路埋设 8 芯长途光缆 1 条,站场(地区)通信线路采用 HYAT53 型市话电缆;大屯热电进厂铁路专用线的相关信号设备纳入沛屯站连锁控制、沛屯站计算机联锁系统利旧改造;许园电厂车场电力配套、沛屯站南场信号机械室电源改造。

2019 年,施工完成姚桥线 K6＋400 至 K7＋400、徐庄线 K3＋200 至 K4＋600、徐沛正线 K12 至 K14 线路清筛换枕大修和徐沛正线 K17＋373 大桥护坡整修等专项工程,产值为 1 400 万元。

2020 年 1—6 月,承建徐沛铁路正线 K13＋500 至 K15＋000、选煤厂 K0＋700 至 K1＋300、姚桥 K0 至 K1 和孔庄矿线 K1＋000 至 K3＋000 的破底清筛、更换失效轨枕、更换磨耗严重钢轨、翻修道口、整修路肩等工程,产值约 410 万元。

三、公司外部铁路建设运营

2013 年 10 月 20 日,承建鄂尔多斯市境内的中煤大牛地煤炭铁路专用线沙姆巴—母杜柴登装车场线下工程。该工程线路区间全长 1.4 千米,站场线路累计全长 5.02 千米,于 2015 年 11 月竣工验收。项目是建安公司首次在外部承接的铁路项目工程。

2018 年,承建鄂尔多斯市境内的母杜柴登铁路线路基排水修复、中煤集团尿素线铁路栅栏改造、大牛地铁路线路浸水路基加固工程、中煤集团尿素铁路专用线 K4＋860 至 898 处路基塌陷修复以及路基加固抢修工程等铁路运维工程。

2018 年,承接榆林市境内的中煤陕西榆林能化铁路专用线煤化工厂区(卸煤站、产品站)—液化厂段设备维护保养项目,委托管理:煤化工厂内两站—榆横铁路液化厂站接轨点(卸煤站—液化厂站,XK0＋000 至 K32＋050,线路全长 7.8 千米;产品站,HK0＋000 至 HK1＋861,线路全长 1.9 千米)的维修、养护、管理等工作,主要包括工务、电务、牵引供电(接触网看护)、后勤保卫等。图 8-5-1 为蒙陕分公司职工对铁路线进行专项整治。

图 8-5-1　蒙陕分公司职工对铁路线进行专项整治

2018 年,承接鄂尔多斯市境内中煤尿素铁路专用线维护保养项目,主要承担工务、信号、通信、电力、信息等设备设施维护保养工作。

2018 年 8 月 30 日,中煤集团尿素铁路专用线 K4＋865 路基护坡被暴雨冲刷,经过历时近 6 个小时的抢修,使用 800 多个防洪袋,回填土方 150 立方米,保证了铁路专用线安全运输。9 月上旬,中煤陕西榆林能化铁路专用线跨越包茂高速大桥护坡连续被暴雨冲刷,经过 60 多人次抢修,确保了铁路专用线安全畅通。

2019 年,承接中煤集团尿素铁路专用线运维保养项目,主要负责工务、信号、通信、电力、信息等设备设施维护保养工作。承担中煤集团尿素线 K6＋150 处有人看守道口的增设自动报警和电动栏杆工程、大牛地线路基修复加固工程、铁路专用线更换重伤钢轨、清筛换枕等专项工程和中小修施工任务。

2019 年,铁路工程公司与中煤陕西公司签订铁路专用线运行零星工程施工框架协议,有效扩大了维修工程量,完成了中煤陕西榆林化工铁路专用线运营零星工程近 170 万元。

2019 年 11 月,铁路工程公司承揽的中煤陕西榆林能化铁路专用线运维项目,通过西安铁路局检查验收,具备国铁车辆进入专用线通行条件。

2019 年 12 月,铁路工程公司被西北能源铁运中心评为"安全生产先进"维保单位。

2020 年 1—3 月,抗击"新冠肺炎"疫情,针对中煤陕西公司产品站新开通运营线路养护需求量大、铁路工程公司蒙陕分公司疫情值守期人员集中作业风险高以及在岗人员不足等

情况,统筹加强疫情防控,紧密对接业主及行车方,密切关注行车状态,保证了生产、防疫物资的安全运输。安全守护中煤尿素铁路专用线和中煤陕西公司发运列车200余列,累计检查铁路线路约120千米。5月,铁路工程公司与中煤西北能源公司签订铁路线路隐患整改抢险抢修框架协议,标志着铁路工程公司与甲方的合作空间更进一步。6月,承建中煤西北能源公司铁路燃煤取暖锅炉改造,预计产值约120万元。承建中煤尿素铁路专用线和大牛地铁路专用线栅栏的改造,预计产值约150万元。

第六章 综 合 经 营

第一节 创 业 发 展

一、安置就业服务矿区

20世纪80年代初,随着公司矿井先后投产达产用工增加,人口不断聚集,为解决职工家属和子女就业,矿区各单位相继开办一些集体性质的配套生产、服务生活项目。职工家属利用矿上原有的场地、厂房、旧设备等资源从事为煤炭等主业服务的项目,加工生产一些单件,开展小批量业务。

根据煤炭部1986年关于发展煤炭、建设三产"三个主题"有关政策,公司成立集体企业管理处,后改名为多种经营总公司。下属各二级单位也相应成立多种经营公司,扩大规模经营范围,进一步丰富煤炭企业产业结构,增强企业抵御市场风险,提升市场竞争意识与能力,解决矿区职工家属就业安置,多种经营蓬勃发展,群情激奋、各显其能。

1991年,多种经营总公司提出"三三三"奋斗目标,即实现年产值3 000万元,实现利税300万元,安置人员300人。同年,姚桥煤矿多种经营公司发展到600多人,累计安置待业青年195人,实现年产值400多万元、利税10多万元。龙东煤矿多种经营公司累计安置从业人员406人,创造产值394万元、利税42万元。当年,在风井开挖3 000多平方米的养鱼塘,建起100多头猪的养猪场。同年,中国煤炭报以《大屯矿区实现"两无"》为题报道大屯矿区多种经营实现矿区无待业、经营无亏损,维护社会稳定的经验做法。多种经营总公司全年实现总产值3 575.86万元、销售收入3 134万元、利税378.36万元。

1992年,徐庄煤矿多种经营公司下属金属网厂生产经营金属网、手套编织、电机修理,产品满足煤矿生产需求,并投放市场,年产值40余万元。6月,多种经营总公司对商业公司实行全员风险抵押经济承包。8月,龙东煤矿多种经营公司乳品加工厂生产加工的鲜牛奶投放市场,分别在龙东煤矿、姚桥煤矿、发电厂、中心区等11个居民区设立摊点供应矿区居民。8月26日,多种经营总公司参加在北京举办的首届全国煤炭系统多种经营1 400余家单位、4 000余种产品展销会,达美服装厂、大沪衬衫厂、芳龙牌羊毛衫和服装等产品参展。多种经营总公司全年实现总产值3 673.79万元、销售收入3 463.79万元、利税351.63万元。

1993年9月20日,大屯公司多种经营、第三产业工作会议在公司招待所举行。会议总结自1979年第一家集体企业创办以后的发展成就,肯定多种经营服务矿区、支援主业、安置人员、繁荣经济的四大功能发挥了重要作用,明确公司多种经营、第三产业发展向效益型、规模型、产业型转变。孔庄煤矿多种经营公司建设新型井下支护材料厂,当年投产。MF34/1600缝管锚杆产品经北京质量监督所检验测试达到行业标准,产品销售大屯矿区和徐州矿

区。11月,在煤炭部召开全煤多种经营工作会议上,龙东煤矿多种经营公司被煤炭部评为"全煤多种经营先进企业",在71家先进企业中名列第四。铁路管理处多种经营公司有职工400多人,拥有服装厂、油漆厂、大众快餐公司等10多个经营项目,年产值1 836.5万元,利润305.4万元,安置人员30多名。多种经营总公司全年实现总产值4 642.29万元、销售收入4 642.29万元、利税454.02万元。

1994年,大屯煤电公司将多种经营发展列入"九五"发展规划,调整扶持政策。多种经营总公司围绕"增收、安置、发展"三件大事,制定"11358"全年奋斗目标,创造产值1亿元,安置1 000人,上缴利税500万元,职工人均收入增加800元。综合厂生产拉丝、镀锌等产品1 000多吨,创造产值60多万元。孔庄煤矿多种经营公司效益、安置双丰收,创造产值160万元,上缴利税66万元,安置42人。多种经营总公司全年实现总产值16 052万元、销售收入11 703万元、利税6 604万元。

1995年1月20日,多种经营总公司新建天力植物油厂正式投产,设计能力日处理大豆30吨,年产精炼优质豆油1 015吨,安排待业青年40多人。龙东煤矿多种经营公司养殖业形成养鸡、养牛、养猪、养鱼及加工销售一条龙产业体系。11月,多种经营系统3 000名原集体工(含离退休人员)的养老保险统筹由大屯公司内部转为江苏省统筹,完成历史性的集体工养老保险由企业向社会统筹的交割划转,集体工福利待遇与正式工并轨。12月17日,铁路管理处多种经营公司综合修理厂副厂长赵学柱获煤炭部"青年岗位能手"称号。多种经营总公司全年实现总产值20 639万元、销售收入1 894万元、利税1 429万元。

1996年,大屯公司讨论通过《大屯公司"九五"计划和2010年远景规划纲要的报告》《大屯公司实行劳动合同制试行办法》,对多种经营发展提出指导性意见。

二、统筹管理主副分离

1996年,根据煤炭部关于"九五计划"构建"三个一格局、实现三条线管理"的文件精神,公司下发有关文件,把实行"三条线"管理和以产定人作为改革攻坚的重点工作。2月26日,公司召开首届第六次职工代表大会。公司与分公司各自独立核算,政策上统筹管理。实施主副业分离,分灶吃饭、自主经营、自负盈亏、自我发展政策,多种经营发展到空前规模鼎盛时期,有30多个法人单位、170多个经营网点、5 600多名从业人员。6月7日,在全国煤炭工业综合利用多种经营工作会议上,公司被煤炭部授予"全国煤炭工业综合利用多种经营先进公司"称号。12月18日,多种经营总公司梦彤洗衣粉厂正式挂牌成立,该项目是全国洗涤行业第一个获得环境标志的产品,也是全国第一个万吨级无磷洗衣粉厂。徐庄煤矿多种经营公司形成"一主两从"格局,走出一条以生产经营型为主,安置就业型和生活服务型为辅的发展之路。龙东煤矿多种经营公司固定资产达到1 000万元,产值3 000万元,经营网点26个,职工1 000余人,形成生产、加工、销售、养殖、餐饮服务、塑料制品、水上运输、皮革制品等十几个骨干厂点的规模经营。

1996年,多种经营总公司主要经营项目包括木器厂、印刷厂、服装厂、衬衫厂、食品厂、矿用机修厂、商业中心、植物油厂、硅铁厂、粉煤灰砖厂等。下属分公司及主要经营项目如下,①姚桥煤矿分公司:机修厂、矿用混凝土材料厂、锚杆厂、脏杂煤销售等;②孔庄煤矿分公司:羊毛衫厂、养殖场(养猪、养鸡场)、金属网片厂等;③徐庄煤矿分公司:丝毯厂、矿用材料厂、脏杂煤销售等;④龙东煤矿分公司:矿用材料厂、机修厂、龙升牛奶厂等;⑤发电厂分公司：主要从事发电设备综合维修保养项目；⑥铁路管理处分公司：油漆厂、钢窗厂、涂料厂、铁路工程经营等；⑦机修总厂、矿医、技校等单位开办经营规模不等、经营范围比较广泛的小型经营实体。多种经营总公司全年实现总产值1 988万元、销售收入17 488万元、利税1 385.12万元，固定资产达7 286万元。

1997年7月，天力植物油厂开始生产纯芝麻香油。经徐州卫生防疫站检测，其各项指标均符合国家标准。综合厂职工集资19万元，购置镀锌设备，自己动手建成镀锌车间于8月1日正式投产，当年生产镀锌铁丝700多吨。

1998年4月，徐庄煤矿多种经营公司研制成功矿车底盘，经有关部门鉴定符合使用标准，投入批量生产。特基公司多种经营公司集资10多万元，重装"四方客"酒家，兴办餐饮业，职工全部安排就业。9月，综合厂第一家试点股份制改造，成立徐州天翔机修有限公司（独立法人企业），注册资本120万元，其中多种经营总公司投资29.20万元，占24.33%，其余由职工投资。公司主要经营矿用机械设备维修、钢丝绳、镀锌铁丝、矿用设备配件及附属用品、标准件加工、防腐。姚桥煤矿多种经营公司试行内部租赁经营，与8名责任人签订厂、店租赁经营合同，实现年收入1 800万元。

1999年，多种经营总公司出台《多种经营企业合同管理办法》，规范合同管理工作，保证依法签订、履行、变更、终止合同。

2000年5月21日，多种经营总公司在招待所召开多种经营工作会议，传达山东淄博矿务局产权制度改革经验，传达《关于加快多种经营发展、成立多种经营管理处及有关干部任免职的通知》。明确多种经营管理处职责范围，出台多种经营年薪制试行办法；多种经营企业承包考核办法，下达2000年姚桥煤矿等13家多种经营分公司承包经营指标；与龙东煤矿、徐庄煤矿、孔庄煤矿、铁路管理处、拓特厂等6家多种经营分公司签订承包任务书。

2000年5月25日，大屯公司下发《关于加快多种经营发展、成立多种经营管理处及有关干部任免职的通知》，成立多种经营管理处。管理处下设办公室、经营管理科、财务科、人力资源科、生产技术科。

2001年7月，多种经营企业重组后，徐州天翔机修有限公司划归机修总厂多种经营公司管理。2001年公司召开多种经营工作会议（图8-6-1）。

图8-6-1　2001年公司召开多种经营工作会议

2000—2003 年,多种经营总公司相对独立经营,相关生产、经营厂等按行政单位划转归属到各二级单位并纳入各分公司管理。多种经营管理处统一管理全矿区集体企业。

2006 年 5 月,随着多种经营业务的重组整合,大屯公司多种经营管理处撤销。

第二节　重组整合

一、多种经营业务系统整合

2001 年 2 月 15 日,大屯公司出台《关于多种经营系统重组的议案》。2003 年 3 月 10 日,大屯公司出台《大屯公司多种经营系统改制重组的方案》。几经讨论、修改,形成《大屯煤电(集团)有限责任公司多种经营系统改制重组实施方案》(修订稿)。经过一系列布置安排,2004 年,多种经营总公司对多种经营基本情况、项目厂点分布、人员结构、资产及经营状况进行全面摸底排查。2004 年多种经营总公司经营厂点分布情况见表 8-6-1。

表 8-6-1　2004 年多种经营总公司经营厂点统计表　　单位:个

项　目	姚桥多经	徐庄多经	孔庄多经	龙东多经	铁路多经	总厂多经	发电多经	合　计
机电加工修理厂	1	1		1	1			4
水泥制品厂	1	1	1	1				4
铸造厂	1						1	2
编织厂	1	1	1					3
锚杆厂	1		1					2
次煤厂	1	1		1				3
井下更新厂	1							1
服装厂	1	1	1	1	1			5
灭火材料厂	1							1
市政材料厂	1							1
商店	1		4		3		1	9
养殖场	1		1	1				3
饭店	1				1			2
矿用设备修理厂		1				1		2
锚固剂厂		1	1					2
机械修理厂		1			1			2
劳务队		1	1	1				3
拉丝厂			1					1

表 8-6-1(续)

项 目	姚桥多经	徐庄多经	孔庄多经	龙东多经	铁路多经	总厂多经	发电多经	合 计
运输队		1						1
煤炭运销分公司					1			
油漆厂			1					1
乙炔气厂			1					1
机管车间						1		1
电镀车间						1		1
机加工车间						1		1
木器厂						1		1
回收队		1				1		2
招待所							1	1
火电设备维修厂							1	1
小 计	13	9	14	6	10	6	4	62

2006 年 11 月,公司下发《关于组建徐州大屯工贸实业公司的指导意见》。12 月,公司召开会议并下发《关于徐州大屯工贸实业公司有关事宜的会议纪要》。

2007 年 8 月,公司制定《关于矿区多种经营公司重组工作实施方案》,8 月底下发《关于印发公司多种经营系统重组整合工作指导意见的通知》,启动重组整合工作。

第一阶段,对原徐沛铁路管理处多种经营公司进行变更,成立徐州大屯工贸实业公司(简称实业公司)。按照大屯公司部署,2008 年 1 月 1 日,原徐沛铁路管理处多种经营公司、龙东煤矿多种经营公司、拓特厂多种经营公司三家单位整体划入实业公司。

第二阶段,2008 年 3 月 1 日开始,姚桥煤矿多种经营公司、徐庄煤矿多种经营公司、孔庄煤矿多种经营公司、发电厂多种经营公司、徐州科达电器厂等 5 家多种经营单位以及大屯公司存续部分的新闻中心所属印刷厂、铁路工程处所属塑钢厂和彩钢厂、物业分公司绿化管理等单位、部门的业务、人事、资产纳入实业公司管理体系,由实业公司统一经营管理。

实业公司按照"系统考虑、积极稳妥、逐步实施"的原则,对资产、业务、人员再重组,形成机关总部、分(子)公司、厂(车间)"三级管理模式",实行财务、销售、供应"三个集中"。重组整合后,按照实现矿区非煤产业规模化、专业化生产的原则,根据整合工作要求和业务需要,成立沛县孔庄分公司、沛县徐庄分公司、沛县姚桥分公司、沛县龙东分公司、沛县铁路煤炭运销分公司、沛县机械制造分公司、沛县建材分公司、沛县印务分公司、制衣分公司、沛县水处理分公司、商贸管理部、沛县机械维修分公司等 12 个分公司;成立徐州大屯园林工程有限公司、徐州大屯技术服务有限公司、徐州科达电器厂、大屯公司发电厂火电设备维修公司、徐州大屯劳动服务有限公司等 5 个子公司;成立办公室、党群工作部、人力资源部、财务部、生产安全部、经营管理部、技术开发部、销售供应部、地区保卫部等 9 个机关科室。

二、其他业务整合

（一）水处理业务整合

根据江苏省环保厅《关于进一步加强环境污染治理设施运营资质管理工作的通知》要求,在 2013 年底之前,江苏省境内所有国(省)控污染源的污染治理设施都要持证运营,非持证单位不得从事污染治理设施的第三方运营。实业公司取得环保部颁发的《环境污染治理设施运营资质》生活污水乙级证书,公司水处理设施委托实业公司实行第三方运营。

2012 年 9 月,姚桥煤矿等 4 个煤矿的污水处理厂成建制划入实业公司进行整体运营和管理,实业公司成立水处理分公司。

2018 年 3 月,公司成立江苏大屯水处理科技有限责任公司。

（二）检测检验业务整合

2011 年 10 月 1 日,公司将原与技术中心合署办公的检测中心业务、人员整体划入实业公司。公司将检测中心计量检定、通风安全检测、皮带检测、节能技术服务和资源综合利用检测等业务和人员与实业公司技术服务公司进行专业化整合;实业公司以大屯公司检测中心环境监测业务和人员为基础,整合设立实业公司中心化验室,负责矿区日常水质监测工作。

（三）设备制修、供暖业务整合

2017 年 12 月 31 日,大屯公司将龙东、徐庄、姚桥、孔庄等 4 个煤矿涉及机电设备维修及加工制造的 172 名人员整体划入实业公司。整合的业务范围包括:溜子机头(尾)、耙装机、喷浆机、皮带机、回柱机、电机车、绞车、电器开关等矿用机电设备的维修和工矿配件、非标件加工制造业务等。同时,将原物业管理分公司供暖队 94 人、铝业公司项目部 27 人划入实业公司。

第三节 运 营

一、整合初期

2006 年 11 月 20 日,以铁路管理处多种经营公司为平台组建徐州大屯工贸实业公司。作为依附主业输血而生存的多种经营主体,基础薄弱,成立之初,资产总额为 29.65 万元,净资产仅 17.06 万元。

2007—2008 年,实业公司持续业务整合重组,进一步扩大企业规模,实现销售收入3 627.37万元。

二、奠定基础期

2009 年,加大基本建设与基础设施投入。主要投资自动菱形网编制机、自动化点焊网生产线、管桩生产线设备更新与徐庄分公司铸造大棚、印务分公司新厂房、孔庄分公司 M 型钢带厂房、维修分公司厂区厂房扩建与整修等项目。创新分配和考核机制,在内部推行计件工资制,考核激励方式的转变,工作效率与职工收入均得到提升。外出创业迈出坚实的第一步,承揽中煤五建公司三十一处井筒适配项目,奠定了后期外出创业的基础。

2010 年 2 月,召开徐州大屯工贸实业公司首届一次职代会。申请将各生产系统全面纳入大屯公司安全质量标准化考核体系。组织编写实业公司"十二五"发展规划,明确工作发展定位。

2011 年,大屯公司首次提出"实业板块"战略目标。承接大屯矿区井下避险硐室建设任务并开工建设首个徐庄煤矿井下避险硐室。实业公司沛县产业园区建设规划立项、注册、报批、审核。

三、快速发展期

2012 年 2 月 18 日,孔庄煤矿Ⅰ6 避险硐室 100 人、48 小时载人试验圆满成功,并先后完成大屯矿区 15 个井下紧急避险硐室建设任务和山西阳泉,甘肃靖远,徐矿集团三河尖、张双楼、庞庄煤矿等 10 余个外部矿井的硐室建设。《密闭防爆门》《井下避难硐室压风供氧系统》等 11 项专利获得授权,取得国家知识产权局颁发的专利证书。

2012 年 5 月 18 日,实业公司沛县工业园区建设奠基,启动实业公司沛县工业园区一期建设工程,标志着由实业公司自筹资金、自我建设的 263 亩园区正式开工。

外部业务。完成葫芦素煤矿锅炉大修、106 煤矿的锅炉安装;设立鄂尔多斯、新疆两个项目部和山西朔州、河津销售办事处;筹建了新疆哈密实验室;中标鄂尔多斯支护材料、风筒、智能矿灯充电架项目;锚固剂等产品销往阳泉、大同、王家岭等地区。2012 年年末总资产为 3.48 亿元,销售收入 6.79 亿,同比增加 1 亿元,实现利润 840 万元。其中,外销实现 3 050 万元。

2013 年,先后在外部基地成立鄂尔多斯市中大宏昌矿山设备制造有限公司和山西中大海圣股份公司,引入股权合作经营模式,尝试混合制改制。成立新疆中大德信能源科技发展有限公司,设立榆林和朔州项目部。外部业务发展迅速,外销收入超 1 亿元,外销利润达 1 000 万元。成功取得商砼资质,引进高压胶管生产线。

2014 年,大屯公司提出"做强煤业、优化电业、改造铝业、做大实业、转型物业"的基本发展思路,并出台《关于进一步支持实业公司发展壮大的指导意见》,对实业公司进行负面清单管理。沛县工业园区一期建设完工,中大科技公司机加工、开关车间、密封件车间、矿灯车间顺利搬入园区,启动工业园区二期建设。完成中心区水处理提标改造工程第一阶段的工作,水质达标排放,为水处理项目发展、提升走出了第一步。承接中煤集团公司重点科研项目——矿井综合防尘系统,通过了国家安监总局和中煤集团共同组织的验收,共研发系列装备 19 种、获得专利 6 项、发表论文 2 篇、取得安标 16 个。

2014 年,智能矿灯充电架、劳保服装、防爆开关、风筒、道夹板、梯子道等产品全面销售到中天合创公司、内蒙古伊化矿业、中煤集团华晋公司等市场。机械制修、资源综合利用、技术服务、劳服贸易等 4 大板块整体推进。新疆、蒙陕、山西三个基地同步发展。全年取得各类资质 33 个,其中产品安标证 29 个。年销售收入 7 亿元,其中外部创收 1.52 亿元。

四、转型发展期

2015 年 10 月 18 日,成立中大洗选配件装备公司,这是大屯矿区首家股份制公司,洗选配件打开了外部市场,年销售额 1 000 万元。外部锅炉维保、煤矿地面非煤生产、水处理、技术检测和特种设备维保运营业务相对稳定,外部销售收入 1.63 亿元,利润 1 466.36 万元,

首次通过外部利润弥补本部亏损。商砼销量达历史最高,超 6 万立方米。全年完成销售收入 6.02 亿元,实现利润 552.15 万元。同年,编写实业公司"十三五"发展规划,确定下个五年发展定位目标。

2016 年,制定《建设中煤集团能源综合服务商的实施方案》,提出建立"双创"基地工作方案。首次建立内部风险防控体系,制定《实业公司企业风险防控方案》和《实业公司风险事件问责管理办法》,从物资采购、合作项目、产品质量、销售、经营、资金、安全、廉洁等 8 个方面建立子系统。6 月,中煤陕西榆林能化公司向江苏大屯电力工程有限公司颁发"工匠团队奖"。首次和东方锅炉(集团)合作并承接公司新建电厂锅炉的烟风道及平台扶梯加工订单。完成提标工程的验收和 3 000 吨蓄水池(GAC)过滤系统施工。拓展鄂能化公司的大牛地泵站和人工湖矿井水处理运营业务。中标榆林大化肥的水处理项目,标志着实业公司水处理业务从矿井水、生活污水处理延伸到化工水处理。江苏大屯检测检验有限公司与江苏省安监局安技中心的合作,将价值约 400 万的设备调拨并安装到位,开展陕西地区煤质化验业务。开展互联网电子商务采购。"铁镜"商标升级为省级"著名商标"。全年实现销售收入 6.61 亿元,实现利润 1 428 万元。其中,外部创收 1.87 亿元,外部利润 1 594 万元。

2017 年,承接徐州市第二人民医院医疗废水处理运维,标志着水处理业务范围的拓展扩大。胶管总成和密封件与北煤机配套,打开中煤集团市场。首次拓展中煤集团新集公司的水处理、行车维保及滑触线改造业务。商砼销售 15.3 万立方米,保障大屯公司新建热电厂重点工程。同年,信息化项目业务在新疆与本部同时推进实施。同年,搭建劳务平台,为公司选煤中心和龙东煤矿拓展东原港选煤承揽业务和山西华晋韩咀煤业的劳务业务,接管大屯公司在中天合创的劳务派遣业务。同年,编制完成电力维保、水处理、检测检验等品牌建设方案和大集体改制方案。同年,新增江苏省博士后实践创新基地。全年,实业公司实现资产总额 6.04 亿元,负债总额 3.89 亿元,资产负债率 64.27%,所有者权益 2.16 亿元,上交国家财政各项税费 6 830.51 万元,销售收入 8.39 亿元,利润 1 014.93 万元。其中,外销利润 1 624 万元,创历史新高。

2018 年,电力工程和水处理公司相继独立,主营业务收窄,退出了新集公司业务、外部硐室运营业务、中天合创部分劳务业务,关闭机关食堂、华联超市,清理移交出租商铺及闲置厂房和办公楼,重新界定贸易业务,历史遗留的三产辅助业务基本清理退出。7 月,回归大屯公司常归化管理。调整管理流程及内部考核依据,将生产销售收入考核调整为回款到账考核。与中煤集团建设公司达成战略合作,洗选配件业务不断扩大。恢复 106 煤矿地面综合服务业务,开拓煤流业务,启动支护材料生产。4 个煤矿机电业务整合后的维修业务量明显增加,成立江苏大屯科技产业园发展有限公司,产业重组整合后获得发展。挂牌成立以发展洗选设备配件、井下系统终端信息化、防爆电器、防尘系列等优势产业为主体的 6 个科技创新团队。推进主管技术员聘用考核制度,技术能力有所提升。推进厂办大集体改革工作持续推进,撤并注销部分法人机构及 8 个分支机构。全年,实业公司完成销售收入 7.93 亿元,利润 3 257.54 万元,外部累计创收 2.6 亿元。

2019 年,拓展新疆中大业务,苇子沟矿基建项目合同标的额达到 1 000 万元。上海浦大公司完成拆违清场工作并将场地出租,历史遗留问题妥善解决,重新调整上海区域的发展定位。山西中大海圣公司成立以后,实业公司分红 684 万余元,投资回报率及利润贡献率达到预期。受国家环保影响,煤矿化工产品生产启动绿色环保化工异地生产方案。

第四节 改 制

一、启动

2012 年初,根据《国务院办公厅关于在全国范围内开展厂办大集体改革工作的指导意见》文件精神,实业公司启动厂办大集体改革工作的前期调研。

2016 年 12 月,公司根据《国务院关于印发加快剥离国有企业办社会职能和解决历史遗留问题工作方案的通知》《关于加快推进厂办大集体改革工作的指导意见》和公司企业管理部《关于报送厂办大集体改革进展情况的通知》要求,向公司企业管理部提交《大屯公司关于厂办大集体改革工作进展情况的汇报》。

2017 年 4 月中旬,实业公司成立了深化改革工作领导小组,讨论通过《改制初步方案》。6 月 15 日,实业公司行文上报公司《关于报送实业公司改制方案的报告》。

2017 年 9 月 22 日,公司企业发展部和实业公司草拟《关于大屯公司厂办大集体改革方案的汇报》材料,建议实业公司首先改制为国有全资公司,再按国有全资公司政策进行混合所有制改制。

2018 年 1 月,根据大屯公司下发的《关于印发公司 2018 年"全面深化改革 促进创新发展"工作实施意见的通知》(屯能司〔2018〕2 号)的文件精神,实业公司启动新一轮厂办大集体改制工作:召开改制工作启动会,成立工作筹备小组,正式启动改制工作的前期筹备工作;编制《徐州大屯工贸实业公司项目分析与实施计划方案》和《关于大屯公司厂办大集体改革设想的汇报》;上报大屯公司《关于聘请专业中介机构编制公司厂办大集体改革总体方案的汇报(草案)》,建议聘请经验丰富的中介机构编制新改制方案。4 月 3 日,大屯公司党委会审议通过大屯公司厂办大集体改革总体方案,同意实业公司改制为国有大屯公司全资子公司,集体职工的身份转变为合同制工人,同意聘请中介机构按总体方案编制改制方案上报中煤集团。5 月 8 日,大屯公司聘请中美嘉伦国际咨询(北京)有限公司(简称中美嘉伦公司)作为本次改制的中介机构,编制大屯实业厂办大集体改革总体方案。

二、调研

2018 年 6 月 1 日,中美嘉伦公司进驻实业公司,正式开始厂办大集体改革项目前期调研,重点以项目访谈、查看资料、现场走访等方式对实业公司的组织架构、人员情况、生产现状、经营情况等工作进行全面的了解与资料整理。6 月 15 日,公司下发《关于成立公司厂办大集体改革工作领导小组的通知》,成立综合组、财务组、法律事务组、宣传维稳组和监督组等 5 个工作组,厂办大集体企业改制进入了实质操作阶段。7 月 20 日,实业公司印发《关于成立实业公司厂办大集体改革工作领导小组的通知》,成立实业公司改革领导小组,具体负责推进改制工作各项措施的落实。实业公司启动了改制前资产清查及改制中资产处置和改制后资产运营方案的编制工作和实物资产系统清查工作。对实业公司范围内的原材料、产成品、房屋等 7 大类实物资产系统的清查前期工作。重点清查门面房项目,对部分不良资产和低效、无效资产进行清查处置。8 月 7 日,大屯公司召开改制动员会。实业公司对应安排 3 个工作小组,分别编制《实业公司职工安置建议方案》《实业公司改制中资产处置及改制后

运营方案》及《改制后实业公司业务规划方案》。10月，中美嘉伦公司形成《大屯公司厂办大集体改制总体方案》并由公司党委会审议后报公司审核。11月15日，公司通过《大屯公司厂办大集体改制总体方案》，并上报中煤集团公司审核。年底，中煤集团公司召开关于厂办大集体改革专业会。实业公司根据专业会要求修改完善《人员安置方案》及《实业公司发展规划》；同时配合中介机构对股权设置进行修改。《大屯公司厂办大集体改制总体方案》由中煤集团公司上报国资委审批。

2019年，实业公司赴上海、北京等地就改制方式、改制实效等方面进行实地调研；修改完善《厂办大集体改革方案模板》《员工安置方案》《资产处置方案》及《改制后实业公司企业发展规划》，编制厂办大集体改制政策解答；咨询沛县市场监督管理局相关的工商变更流程。根据中煤集团下发的《关于加快推进厂办大集体改革工作有关事项的通知》，公司向中煤集团报送《关于大屯煤电（集团）有限责任公司厂办大集体改革总体方案的请示》。实业公司下发《关于开展资产清查工作的通知》，启动第二次资产清查编制厂办大集体改制方式比选方案，报公司审核。7月8日，公司党委会听取关于实业公司厂办大集体改革总体方案有关情况的汇报，同意实业公司厂办大集体改革总体方案，将实业公司由集体所有制企业改制为有限责任公司（法人独资），成为公司二级全资子公司。8月，实业公司参照全民所有制改制程序，编制厂办大集体改制工作计划。同时启动改制总体方案编制、职工安置方案编制、改制后新公司章程编制、经营范围梳理、公司名称变更等工作。8月19日，中联资产评估集团有限公司和天职国际会计师事务所两家中煤集团认可的第三方审计评估机构入驻实业公司，并正式开展工作。10月29日，经中煤集团公司研究，并报经国务院国有资产监督管理委员会、人力资源和社会保障部审批后，批复《关于同意大屯煤电（集团）有限责任公司厂办大集体改革总体方案的批复》（中煤集团管〔2019〕545号），同意公司厂办大集体改革总体方案，将徐州大屯工贸实业公司改制为全资子公司。

三、改革

2019年11月7日，正式启动实业公司厂办大集体改革实施工作。11月11日，实业公司召开党委（扩大）会，会议审议并通过《改制方案（草案）》《职工安置方案（草案）》《改制后新公司章程（草案）》。下午，实业公司召开厂办大集体改革总经理办公会，会议通过了《改制方案（草案）》《职工安置方案（草案）》《改制后新公司章程（草案）》。11月14日，实业公司召开三届二次（专题）职工代表大会，审议并通过实业公司改制方案、实业公司改制职工安置方案。江苏恒连盛律师事务所出具会议法律见证书。中联资产评估集团有限公司出具《徐州大屯工贸实业公司大集体改制评估项目资产评估报告》。天职国际会计师事务所出具了《徐州大屯工贸实业公司审计报告》。11月15日，实业公司上报《关于徐州大屯工贸实业公司厂办大集体改革的请示》。11月18日，大屯公司党委会分别审议了关于徐州大屯工贸实业公司厂办大集体改革的议案和关于徐州大屯工贸实业公司改制后管理层岗位设置及人选的议案。大屯公司董事会召开第六届董事会第四次会议，审议通过《关于徐州大屯工贸实业公司厂办大集体改革的方案》和《关于审议徐州大屯工贸实业公司改制后新公司章程的议案》（屯煤电司董〔2019〕3号），7名董事全票通过。大屯公司作出股东决定。11月21日，大屯公司下发《关于同意徐州大屯工贸实业公司厂办大集体改革的批复》，原则同意厂办大集体改制方案、职工安置方案和改制后的新公司章程，按有限公司性质进行改制前准备。11月

22日,沛县工商管理局即颁发变更核准通知书及改制后的营业执照。11月30日,江苏恒连盛律师事务所出具徐州大屯工贸实业公司改制法律意见书。

四、结果

改制后,公司名称为徐州大屯工贸实业有限公司(简称实业有限公司)。出资人为大屯煤电(集团)有限责任公司;注册资本为22 000万元,注册资本以中联资产评估集团有限公司出具的《徐州大屯工贸实业公司大集体改制评估项目资产评估报告》(中联评报字〔2019〕1880号),评估基准日:2019年7月31日)中母公司评估净资产22 922.96万元作为出资。其中,22 000万元作为注册资本金,剩余922.96万元调整至资本公积;实业公司的全部资产、债权债务及业务资质,由改制后的实业有限公司承继。至此,改制工作全部结束。经中煤集团认可的第三方机构评估审计,实业公司资产总额为60 984.41万元,比成立之初的29.65万元增长了2 056倍;净资产22 922.96万元,比成立之初的17.06万元增长了1 343倍;年收入从成立之初2007年的3 627.37万元增加到2019年的9.14亿元,13年期间增长了24倍。通过资本积累,以资本公积和未分配利润转增注册资本金的方式,将注册资金由组建时的180万元增加到改制后的2.2亿元。通过自筹资金完成了实业公司工业园区一、二期建设,建设了新疆、蒙陕和山西三个基地。运营姚桥分公司、徐庄分公司、龙东分公司、孔庄分公司、综合服务分公司、市政和建材分公司、江苏大屯科技产业发展有限公司、江苏大屯矿业设备有限公司、江苏大屯检测检验有限公司、新疆中大德信能源科技发展有限公司、山西中大海圣矿用产品有限公司、内蒙古分公司、鄂尔多斯市中大宏昌矿山设备制造有限公司等13家分(子)公司。

2020年1月1日,实业有限公司举行揭牌仪式,标志着公司圆满完成实业公司厂办大集体改制工作,原实业公司成为大屯公司全资子公司,1 129名集体职工重新签订劳动合同,大集体职工转成国企员工。

第七章 职 教 培 训

第一节 学 历 教 育

一、教育开展

1991 年以后,公司学历教育的主要合作学校有上海第二教育学院、上海职工医学院、上海南汇区教育学院、江苏广播电视大学、北京煤炭管理干部学院、江苏师范大学、徐州建筑职业技术学院、山东科技大学、中南大学、中国矿业大学。办学专业主要是大屯矿区急需的学前教育、中小学教育、医疗卫生、企业管理、煤矿机电、煤矿开采、发配电、交通运输、铝加工等专业。

1991 年 9 月,首次与中国矿业大学合作办学,招收矿山通信技术专业学员,学历为中专,学制 3 年,办学形式为函授,1994 年 7 月毕业 18 人。同年,首次和上海第二教育学院合作开办家电维修专业,教学形式为夜大,办学层次为中专,1994 年 7 月毕业 31 人,这是大屯公司的最后一届夜大毕业生。

1992 年 8 月,大屯公司下发《关于矿区在职职工报考成人大中专院校有关规定的通知》。文件规定,自 1993 年开始,不再采取全脱产的形式选送职工报考成人大中专院校,确因需要,应办理停薪留职手续,自费参加脱产学习。鼓励职工参加大中专自学考试,今后职工报考成人大中专院校仅限报函授或公司电大、夜大。积极筹建函授站。

1993 年 9 月,与上海职工医学院合作开办临床医学专业,办学层次为大专。1993 年 9 月招生 39 人,学制四年,1997 年 7 月毕业 36 人。

1994 年 9 月,中国矿业大学在大屯公司设立函授站,名称为"大屯煤电公司函授站";当年招收高起专 111 人,其中财会专业 37 人,机电专业 27 人,计算机应用 47 人。职工学历教育纳入正规化,每年按照规定时间上报招生计划,根据江苏教育考试院公布的报名时间和流程进行网上报名,由地方招生办公室进行信息采集,考生按时参加全国成人高考,统一录取。日常教学管理中执行"江苏省高等学校成人教育校外教学点管理办法",每年接受徐州市教育局组织的年度教学检查。同年,公司第一次和山东矿业学院合作开办专升本,专业为机电一体化,招生 27 人,于 1997 年 7 月毕业。

1995 年 9 月,与徐州工业学校合作办学,实行中专换证,有学员 32 人,于 1998 年 9 月毕业。

1996 年 9 月,与中国矿业大学北京校区合作,开办工商管理高起专,有学员 48 人;与中国矿业大学北京煤炭管理干部学院合作办学,为电业分公司举办发配电专业,学员 32 人。

1997 年 9 月,与徐州煤炭建筑工程学校合作办学,中专学历,其中,建筑施工专业招生 34 人,政工专业招生 71 人;与徐州工业学校合作办学,中专学历,其中机电专业招生 27 人;

采煤专业招生 19 人。

1998 年 9 月,与徐州师范大学合作办学,为姚桥煤矿举办中专学历,经管专业招生 50 人。与徐州煤炭建筑工程学校合作,为电业分公司举办中专学历教育,专业为企业管理,招生 40 人。

2000 年 9 月,与中国矿业大学合作开办会计学专升本学历教育。后续开办计算机、采矿工程、机械工程、工商管理、交通运输等专升本层次的专业。

2007 年,在和江苏广播电视大学合作高起专办学层次的基础上,举办工商管理专升本学历教育,又陆续举办了计算机、机电一体化等专升本学历教育。

2011 年 3 月,大屯煤电公司函授站被江苏省成人教育协会评为江苏省高校成人教育优秀校外教学点。

根据持续发展对专业技能人才的需要,公司采用不同的培养模式。2012 年 3 月,公司委托山东科技大学培养采矿工程专业学员 90 人;2013 年 3 月,培养地质工程专业学员 69 人。这两批专业专升本学员采用半脱产的方式,学制 3 年,每学期集中 45 天脱产学习,集中到山东科技大学继续教育学院学习。

2012 年、2014 年、2016 年、2018 年,大屯煤电公司函授站连续被中国矿业大学评为优秀函授站;2015 年被山东科技大学评为优秀函授站。

2014 年 4 月,公司下发《关于下发公司员工培训管理暂行办法的通知》,明确了职工学历教育中的备案管理和归档制度。

2015 年,中国矿业大学继续教育学院开始试行现代函授教育,2015 级函授专升本、高起专的学制从 3 年调整到 2.5 年,教学计划变动较大。学员参加"在线学习平台"的学习,不受时间和空间的限制,解决了工学矛盾。

2018 年 12 月,中煤职业技术学院被中国煤炭教育协会评为"第三届全国煤炭成人教育先进集体"。

2019 年,开设专业主要是根据煤矿企业的人力资源需求,开设矿山机电、矿井通风与安全、煤矿开采技术、经济管理、采矿工程、机械工程、地质工程、工商管理、材料工程、运输工程等企业需要的专业。

1991 年至 2020 年 6 月,职工学历教育共培养各层次学员 6 732 人。其中,中专 317 人,高起专 4 334 人,专升本 2 081 人。

二、业务拓展

2012 年 4 月,中煤职业技术学院成立。根据中煤集团对煤炭人才的需求,学院代表中煤集团与中国矿业大学启动校企双方共建培训基地、共同制定人才培养方案、共定课程体系的培养方式、共同实施教学及管理,实行"前校后厂"式的教学模式,培养与岗位直接对接的技能应用型人才。2012 年 4 月,中煤集团与中国矿业大学联合举办"乌金蓝领精英班",由中煤职业技术学院承办,首期开办矿山机电、煤矿开采、水文地质、通风安全 4 个专业、116 名专科生,按"技、工、学"人才培养模式开展教育与培养。2013 年 8 月,这批学员毕业回到工作岗位,快速成长。2012 年 4 月至 2019 年 12 月,先后开办 5 届"乌金蓝领精英班",总共培养了 407 位学生,他们经过学习,无论基础理论还是操作技能都得到了提高,有的走上了领导岗位。

2016年,根据中煤集团二级单位的需求,经中国矿业大学继续教育学院同意,在部分二级单位设立大屯公司函授站外教学点。2016年,为中天合创公司培养98人;2017年培养48人,均如期毕业。

2019年,为新疆天山公司106煤矿培养53人;为中天合创公司培养95人;为晋中能化公司培养175人;为西北能源公司培养35人;大屯本部培养154人。

2020年3月,为晋中能化公司培养117人;为大屯公司培养219人。在培养方式上实行网上学习+集中辅导的教学方式,实行服务一线、送教上门,积极发挥资源共享课程作用,利用资源共享的信息平台优势,推进教学与管理的信息化,做好函授教学和教学管理工作。

1991年至2020年6月学历教育情况汇总见表8-7-1。

表8-7-1　1991年至2020年6月学历教育情况汇总表　　单位:人

时间	中专	高起专	专升本	时间	中专	高起专	专升本
1991年	49	54	0	2007年	0	51	75
1992年	0	30	0	2008年	0	142	82
1993年	0	141	0	2009年	0	143	64
1994年	0	158	27	2010年	0	155	139
1995年	0	83	0	2011年	0	244	78
1996年	0	124	0	2012年	0	450	201
1997年	151	51	0	2013年	0	465	186
1998年	117	40	0	2014年	0	229	116
1999年	0	89	0	2015年	0	135	96
2000年	0	104	44	2016年	0	143	48
2001年	0	173	97	2017年	0	45	62
2002年	0	153	44	2018年	0	48	93
2004年	0	373	0	2019年	0	206	306
2005年	0	163	97	2020年1—6月	0	123	213
2006年	0	70	88	合计	317	4 334	2 081

第二节　技工教育

一、发展历程

1991年10月31日至11月1日,中国统配煤矿总公司技校专家评估组对大屯煤矿技校进行评估验收,经过逐项逐条的评估取得962.46分,评估得分列冀、苏、鲁、皖参评技校榜首,跨入了中国统配煤矿总公司一类技校的先进行列,成为煤炭行业21所省部级重点技校之一。1992年,正式建成省(部)级重点技校,同时更名为大屯煤电公司技工学校。

1995年5月,煤炭部办公厅发出《关于开展煤炭系统重点技校评估工作的通知》,开始重点技校评估升级。1996年11月20日,以劳动部职业技能开发司原司长李亨业为首的专家评审组一行 8 人,对大屯煤电公司技校申请国家级重点技校进行评估验收。验收顺利通过。评估专家组认为,大屯煤电公司技校办学指导思想明确,办出了煤矿技校的特色,已经达到较高的办学水平,在煤炭技校办学方面具有示范作用,成为煤炭行业 11 所重点技校之一。《职业教育研究》于 1997 年第 3 期刊发《抢抓机遇 苦练内功 力争外援 快速发展——江苏大屯煤电公司技校发展纪实》,对创建国家级重点技校做了专门介绍。

在加强学校硬件建设的同时,也在教书育人方面,办出了特色,公司技校常年开展序列教育活动。其中,1 月为科技文化活动月,3 月为学雷锋活动月,5 月为革命传统教育月,7 月为爱党月教育,8 月为国防教育月,9 月为尊师重教月,10 月为爱国主义教育月,12 月为继往开来总结月等。1998 年,被公司列为现代化管理项目。1999 年,《中国教育报》和《现代技能开发》杂志分别进行了报道。1998 年,《职业教育研究》第 6 期发表《耕耘是为了收获——记江苏大屯煤电公司技校军乐队》;1998 年,《现代技能开发》第 10 期发表《江苏大屯煤电公司技校开展"三为四学五爱"活动》,分别对大屯公司技校的第二课堂活动进行了专题报道。

1997 年 3 月,公司技校组织全体教师和教学管理人员,认真学习《江苏省技校教学管理规范(试行)》,并将它作为规范技校教学管理的标准。同年,劳动和社会保障部、国家计划委员会下发《关于申办高级技校有关事项的通知》,对 1995 年规定的办学标准进行了调整。

1999 年 11 月 25 日,江苏省劳动厅组织专家对大屯煤电公司技校申办高级技校进行可行性论证。在充分论证的基础上,经国家劳动和社会保障部组织的高级技校评审组评审,由劳动和社会保障部会同国家计划委员会审核批准为高级技校。

1999 年 12 月,国家劳社部下发《关于批准北京市化工职业技术学校等 72 所学校为高级技校的通知》(函〔1999〕222 号),并将"大屯煤电公司技校"更名为"江苏煤电高级技工学校"。文件还规定,批准为高级技工学校的,同时可挂高级技术学校牌子。

2000 年 1 月,江苏省劳动厅下发《关于公布我省新批准建立高级技术学校名单的通知》(以苏劳技〔2000〕2 号),公布江苏省 12 所高级技校公布为高级技术学校,技校的校名为江苏煤电高级技术学校。

2002,根据劳动和社会保障部下发的《国家重点技校质量管理标准(试行)》要求,江苏煤电高级技工学校依据质量管理标准建立面质量管理体系,迎接劳动和社会保障部组织的专家复查和评审。

2003 年 12 月,江苏煤电高级技术学校通过由劳动和社会保障部专家组织的国家重点技校质量管理体系认证,ISO 9001:2000 的管理方法模式引入技校的教学管理。在《关于公布 3 所国家重点技校和 24 所贯标复评合格国家重点技校名单的通知》(劳社部函〔2003〕163 号)又将 24 所贯标复评合格国家重点技校,公布为技工学校,校名恢复为江苏煤电高级技工学校。

2004 年 5 月 10 日,江苏省劳动和社会保障厅以苏劳社培函〔2004〕14 号文批复,同意江苏煤电高级技校增挂江苏煤电技师学院牌子,成为徐州市 5 所技师学院之一,被省编办列入事业法人单位,面向社会培养中、高级技术人才,开展中、高级技工、技师培训。2004 年 11 月 16 日,江苏煤电技师学院正式挂牌,培训职能和业务范围进一步扩大。

由于煤炭形势和人力资源需求发生变化,2014 年开始,公司不再下发招生文件。技校开始尝试对社会招生和订单式培养。

2016 年和 2017 年连续招收两届社会生源,实行推荐就业。

2018年,对中煤集团新集公司委培的"高技能人才储备班",按照企业、学校、学员三方协议,进行订单式的技能培养。截至2019年年底,共招收了两届"高技能人才储备班",共173人。

二、教育开展

1984年,技校的招生,一直由公司下发招生文件,技校配合公司进行招生,技工学校负责培养。1984—1999年,招生初中毕业生,学制三年;高中毕业生,学制二年。随着高级技校的创办和企业对于人才的需求,2000年以后开始实行"3+2"的培养模式,即招收初中毕业生,参加学制三年的中级工学习,经过考试,择优选拔,参加2年学制的高级工学习。2010年开始,实行"2+3"的培养模式,即中级工2年,高级工3年,目的是增加技能培养的针对性。

2012年4月,中煤集团和中国矿业大学联合培养的"乌金蓝领精英班"开班,首期开办矿山机电、煤矿开采、水文地质、通风安全4个专业、116名专科生,按"技、工、学"新的人才培养模式进行教育与培养。

2017年,大屯公司试点在职职工预备技师班培训,共招收3个工种、81人,其中维修电工18人、巷道掘砌工13人、矿山机电工50人。

2018年10月,为中煤集团新集公司订单培养高技能人才储备班128人;2019年10月招生45人。初中毕业生实行中专+技能证书,高中毕业生实行大专证书+技能证书的培养模式。

1991—2019年,在公司内部招生11 997人,其中中级工6 755人,高级工5 079人。1991—2019年公司内部招生人数汇总如表8-7-2所示。1991—2019年,公司对社会招生23人,中煤集团"乌金蓝领精英班"407人;中煤集团新集公司173人。

表8-7-2　1991—2019年公司内部招生人数汇总表　　　　　　　　　　　单位:人

年份	中级工	高级工	预备技师	年份	中级工	高级工	预备技师
1991	142	0	0	2006	448	431	0
1992	149	0	0	2007	404	483	0
1993	205	0	0	2008	398	573	0
1994	197	0	0	2009	362	454	0
1995	235	0	0	2010	296	408	0
1996	252	0	0	2011	217	679	0
1997	408	0	0	2012	191	395	0
1998	287	0	0	2013	195	127	0
1999	217	0	0	2014	0	59	0
2000	287	50	0	2015	0	48	0
2001	277	180	0	2016	0	0	0
2002	287	191	0	2017	0	0	82
2003	428	382	0	2018	0	0	0
2004	435	291	0	2019	0	0	81
2005	438	328	0	合计	6 755	5 079	163

第三节　技能培训

一、发展历程

公司职工培训初期,公司教育处、劳资处、技校、安全培训中心以及各二级单位根据各自职责分工开展相关培训工作。公司教育处综合管理职工教育培训,劳资处负责公司职业技能培训和鉴定工作计划制定,公司安全培训中心负责三级安全培训及发证工作,技校负责职业技能培训和鉴定计划具体实施,各二级单位培训中心(教育科)负责四级安全培训及其他相关培训工作。

1991年7月20日,公司出台加强工人培训考核工作的文件《关于加强工人培训考核工作的通知》,对职工的培训和考核做出规定。

2004年12月,根据《关于成立大屯公司职工安全技术培训中心及有关人员任职的通知》,成立公司职工安全技术培训中心。

2006年5月,根据《关于公司机关改革的通知》,成立公司培训中心。

2009年5月,根据《关于四级安全培训中心不再挂靠人力资源科的通知》,基层单位四级培训安全培训中心为本单位独立机构,不再挂靠人力资源科。

2012年,根据中煤集团公司下达《关于同意筹建中煤职业技术培训基地的批复》(中煤集团人〔2012〕13号)文件要求,批准公司筹建中煤职业技术培训学院(江苏)(简称中煤职院)。

2012年4月8日,中煤职院揭牌仪式在公司俱乐部举行。11月,为全面推进公司专业化人才队伍建设,有效调动公司各层级员工的积极性,促进企业又好又快发展,制定《公司员工职业发展规划指导意见(试行)》。

2013年11月,在天山煤电公司(106煤矿)挂牌成立中煤职院新疆培训基地。

2015年1月,根据《关于开展公司职工教育培训业务整合工作的通知》,公司对基层教育培训业务进行整合,以推进公司职工教育培训体制改革,实现公司职业教育培训专业化管理,有效使用职工教育经费,杜绝职教经费列支随意性,明确公司职业教育培训单位和各二级单位对职工教育培训的主体责任,确保公司职工教育培训质量,将各二级单位职工教育培训计划、教科研、考核发证和职工教育经费使用权统一划归到中煤职院,由中煤职院统一安排培训任务、统筹支出教育经费、统一开展教科研活动。2月,为切实做好公司职工教育培训业务整合工作,逐步适应"大培训"管理工作需要,制定下发《公司培训业务整合管理办法》。4月,中煤职院中天合创煤炭分公司安全技术培训中心正式挂牌,成立门克庆和葫芦素培训站。根据《关于启用全省煤矿安全生产培训考试中心考试点的通知》(苏煤安〔2015〕15号)文件,2015年5月1日,江苏煤矿安全监察局正式启用江苏省煤矿安全生产培训考试中心大屯考试点,对煤矿"三项岗位"人员进行培训考核。

2020年1月,根据《关于印发公司职工教育培训工作规划的通知》(屯能司〔2020〕16号)文件要求,为发挥党管培训和职业教育的优势,树立新时代新的发展理念,坚持人才需求导向,强化职业技能培训,打造职工教育培训品牌,用3年时间通过党管培训工作体系建设,探索出一条"强培训、提素质、保安全、促发展"的职工教育培训新路子。

二、培训开展

1991—2010 年,举办推广应用组合夹具培训班、中级主扇风机操作工职业资格培训班、高级采煤工职业资格培训班、高级采掘电钳工培训班、高级机修钳工职业资格培训班、中级输送机操作工职业资格培训班、变电站值班员职业资格培训班、高级汽轮机运行培训班、高级锅炉运行培训班、高级选煤技术检查工培训班、电焊工职业资格培训班、化学分析工职业资格培训、钢缆皮带操作工职业资格培训等。

2011—2015 年,举办瓦斯检查工职业资格培训班、中级废水处理工职业资格培训班、中级维修电工职业资格培训班;组织仓库保管员培训班到淮北参观学习智能化仓库管理;举办职业技能培训 21 期,举办岗位适应性培训班 19 期,举办职业技能培训 15 期,举办 36 期短期岗位适应性培训班,举办退伍军人岗前培训班,举办电力系统安全规程岗位资格培训班 6 期;召开复转军人班临时党支部党员大会和培训效果评价座谈会;举办中级采掘电钳工职业资格培训班;举办中级机修钳工职业资格培训班;举办公司退伍军人《适应形势变化、提升道德修为》形势任务目标信念报告会;举办中级重介质分选工职业资格培训;举办综机专业岗位适应性培训班三期;举办中级矿山火药库工职业资格培训班;举办测尘员岗位技能培训班。

2016—2019 年,举办职业技能培训班 33 期;举办岗位适应性培训班 81 期;举办物业转岗分流人员培训班 180 人、发电厂转岗人员培训班 227 人。图 8-7-1 为中煤职院教师给培训班学员讲解矿井通风原理。

图 8-7-1　中煤职院教师为培训班学员讲解矿井通风原理

1991 年至 2020 年 6 月技能培训情况汇总见表 8-7-3。

表 8-7-3　1991 年至 2020 年 6 月技能培训汇总表　　　　　　单位：人

时间	初级	中级	高级	技师	高级技师	合计
1991—2000 年	20	1 123	645	0	0	1 788
2001—2007 年	25	2 907	1 293	618	44	4 887
2008 年	0	658	277	175	7	1 117
2009 年	105	906	533	194	42	1 780
2010 年	113	808	840	239	44	2 044
2011 年	0	481	305	286	118	1 190
2012 年	0	387	235	301	80	1 003
2013 年	0	486	489	361	93	1 429
2014 年	0	245	680	157	67	1 149
2015 年	220	70	90	45		425
2016 年	0	249	41	125	85	500
2017 年	0	128	106	101	37	372
2018 年	0	110	81	80	21	292
2019 年	0	52	58	75	30	215
2020 年 1—6 月	0	47	82	36	42	207
合计	263	8 807	5 735	2 838	755	18 398

第四节　技 能 鉴 定

一、发展历程

1997 年 5 月 24 日，按照国家劳动部的批复《关于同意成立煤炭行业特有工种职业技能鉴定站的批复》，公司成立特有工种职业技能鉴定站，开展煤炭行业职业工种的职业技能鉴定工作。

2002 年 2 月，按照江苏省劳动和社会保障厅的批复《关于同意跃进等四家国家职业技能鉴定所的批复》，公司成立江苏大屯煤电国家职业技能鉴定所，开展维修电工等 20 个工种通用的职业技能鉴定工作。

2005 年 7 月，按照江苏省劳动和社会保障厅的文件《关于公布首批省直属企业内职业技能鉴定试点单位的通知》，公司成为江苏省直属首批企业内开展职业技能鉴定试点单位，准予开展江苏省职业技能鉴定职业工种目录内的各职业工种的职业技能鉴定工作。

2011 年 11 月，公司煤炭行业特有工种职业技能鉴定站通过人力资源和社会保障部的职业技能鉴定质量管理体系认证。

2019 年 3 月，按照《关于公布首批煤炭行业职业技能水平评价中心名单的通知》，公司煤炭行业职业技能水平评价中心正式建立。

2019 年 11 月，江苏省、徐州市职业技能鉴定中心批准，大屯煤电（集团）有限责任公司承建大屯煤电（集团）有限责任公司职业技能等级认定单位。

二、业务开展

1997年以后,公司职业技能鉴定机构客观公正、公平、公开的开展职业技鉴定工作,为公司提供聘用依据,为技术工人提供成长通道,助力公司的生产发展,完成各行业工种、通用工种共31 351人次的职业技能鉴定（评价）工作。其中,初级工1 499人次,中级工15 128人次,高级工11 209人次,技师2 802人次,高级技师713人次。

2012年4月至2019年12月,中煤集团在中煤职院举办乌金蓝领精英培训班5期,技能鉴定站为其开展职业技能鉴定1 335人次。发挥服务社会职能,组织实施完成地方企事业单位的职业技能鉴定181人次,为地方技能人才培养提供服务。2012年以后,公司职业技能鉴定站承担了中煤集团职业技能鉴定题库中心的管理工作,为中煤集团下属的其他二级单位组卷1 355套,为中煤集团职业技能鉴定工作的开展提供题库技术支持。

第八章　设备租赁

第一节　管理制度

设备管理中心的前身是 1981 年 4 月成立的大屯煤矿工程指挥部综机租赁站，是国内第一家在矿区实行综机设备统一租赁的管理部门。

1991 年以后，设备管理中心通过不断梳理完善相关管理制度，建立、健全《租赁设备管理办法》《综机设备转面自修管理办法》《综机配件管理办法》《设备管理中心库房管理办法》《设备管理中心报废设备处置办法》《设备管理中心综机设备补套配件管理办法》《设备管理中心综机设备安装回收管理办法》等 37 项相关制度并形成《设备管理中心管理制度汇编》。

1999 年，制定《综机配件回收复用管理办法》，对关键配件和大额配件以及各类轴、齿轮、链轮、千斤顶等实行交旧领新制度，统一回收、统一修理、统一调拨使用，鼓励使用修复件。

2000 年，规范综机配件采购供应管理，建立综机配件采购供应工作的监督和约束机制，建立"质量回避制度"，制定《综机配件质检管理办法》《综机配件质检实施细则》《综机配件质量代验管理办法》。由专业技术人员对到货的配件进行质量检验和验收，配件管理员办理入库或退货换货手续。通过实施质量回避制度，有效预防采购环节的违规违纪现象。制定《设备修理费用结算审核办法》，理顺了设备修理费用结算审核关系，加强了修理费用的监督，规范了承修单位完工设备的提货和费用结算相关工作流程，提高了工作效率。制定《综机配件清账查库制度》，每月配件管理员和仓库保管员共同进行日常盘点，每季度由各科室组成盘点小组共同盘点，每年末对所有供应商的代储库存进行盘点对账，并对盘点对账结果进行签字留存、备查，确保综机配件管理的账目无误、账物相符，保障各供应商代储配件的资产安全，降低代储经营风险。

2001 年，修订《综机设备租赁管理办法》，进一步明确设备租赁使用过程中的各方职责，加强对中间环节的管控，强化综机设备现场使用维护管理，延长设备使用寿命，降低设备使用成本，保证综机租赁设备可靠运转，确保国有资产的保值、增值。

2002 年，为适应生产经营管理需要，扎实开展统计分析工作，制定《设备租赁站统计分析试行办法》。同年，为加强预算管理，提高各部门的经营管理能力，保障设备租赁站各项经营指标有序进行，制定《预算管理试行办法》。

2003 年，根据大屯公司集中采购管理要求，油脂管理业务整体划归物资部，综机配件采购及结算职能移交物资部，实行统一管理、集中采购。设备租赁站负责综机配件需求计划申报、到货验收、入库调拨、仓储管理。

2004—2006 年，制定《资产台账管理办法》。加强资产台账管理，保证台账真实、准确地

反映企业资产状况及流转过程,确保了国有资产的安全完整。为了规范配面用综机配件的收、发、转管理程序,加强配面用综机配件的全过程管理。制定《配面用综机配件(暂行)管理办法》,规范配面补套件的申报、审批、领用、入库、发放流程,减少库存,杜绝浪费,提高了补套费用管理水平。制定实施《设备租赁站档案管理制度》,加强档案管理工作,规范档案的资料收集、分类、检索、保管、调阅、统计等流程。明确档案管理的岗位职责、工作纪律。对档案科学分类、规范整理、合理组卷、有序存放、高效利用,提升了档案管理水平,保证档案的完整性、全面性。

2007年,制定《设备租赁站合同管理办法》,加强合同管理工作,规范设备外协修理合同审批的工作流程,防范经济、技术交往的风险,达到合法、安全、快速、便捷的目的。

2008年,制定《综机设备日常维护管理办法》,进一步强化对设备使用环节的现场管理,指导使用单位建全综机设备的日常维修保养制度,提高矿区综机设备全面管理水平。

2009—2010年,根据中煤集团公司关于强化成本管理工作的要求,制定《综机配件单耗管理考核办法》,对矿井单位吨煤耗和掘进进尺配件单耗进行管控,降低设备配件费用。

2011年,根据《中国中煤集团能源集团有限公司合同管理办法》(中煤集团法〔2011〕36号)文件修订《设备租赁站合同管理办法》。加强和完善合同管理工作,明确合同管理主体和职责,加强合同专用章的管理,规范合同签订流程。制定《设备租赁站技术协议(要求)管理规定》。规范中心设备采购技术文件的内部审批范围及审批流程,明确各部门的职责,降低设备采购风险。大屯公司物资管理ERP系统上线运行,修订《综机配件管理办法》。规范综机配件管理流程,明确物资部和设备租赁站的部门职责,优化库存结构、合理储备,保证配件供应。

2012年,修订《公司综机设备管理办法》。加强综机设备管理,降低设备的周期费用,延长设备的使用寿命,确保综机设备安全、可靠、经济、高效运行。进一步对设备调研选型、计划编制、租赁管理、现场监管、设备修理、仓储管理、台账管理、对账盘点、档案管理等整个设备管理过程进行规范管理,设备管理水平得到提升。编制实施《综机管理中心由经营型向效益型转变实施方案》《综机管理中心节支降耗实施细则》。

2013年,围绕公司安全、发展、改革、民生工作目标,结合单位劳动用工管理实际,设备管理中心制定《综机管理中心优化劳动用工提高生产效率的实施方案》。制定《推进经营转型和降本增效实施方案》,从设备投资、设备配置、升级改造、盘活资产、回收修理、修旧利废、转面维护、配件代储代销管理、控制配件单耗、优化库存结构以及现场技术服务、技术培训、设备验收、新设备、新工艺的推广应用等各个环节提出具体要求,降低固定资产投资、设备大修理费用以及综机配件费用。根据《中华人民共和国民法通则》及《中华人民共和国合同法》等法律法规,修订《合同管理办法》。完善合同审查、保密、用章、履行、监督、评价、授权委托、归档等方面的管理,保证依法签订、履行、变更和解除合同,防范法律风险,维护单位的合法权益,变更审批方式实现线上审批,实现合同文本及附件材料永久保存,形成线上数据与纸质保存双重管理,细化合同审批流程,解决线下审批缓慢的问题。修订《随机配件管理办法》,加强随机配件的管理,规范管理程序,明确部门职责,确保随机配件的合理使用,进一步提高了随机配件管理水平。

2014年,根据公司《关于启动公司设备集中管理整合工作的通知》(屯能司〔2013

475 号）文件要求，制定《设备集中管理方案》《公司租赁设备管理办法》，对矿井 12 类设备进行集中管理。

2016 年，制定《设备管理中心降本增效、增收节支实施方案》，修订《设备管理中心预算管理制度》，推动预算管理工作的顺利实施，强化内部控制，防范经营风险，不断提升经营管理水平。

2017 年，制定实施《综机设备事故考核办法及降事故保障措施》。加强综机设备管理，降低设备事故率，保障设备、系统安全稳定运行，进一步提高设备维修和服务质量。制定实施《综机设备主要部件及关键性配件管理办法》，进一步明确主要部件及关键性配件集中管理的范围、流程和相关要求。加强综机设备的管理，加大对综机设备事故的考核力度，切实做好修旧利废和降本增效工作，对主要部件及关键配件实行集中管理，统一保管、统一回收、统一修理、优先领用。修订《设备管理中心报废设备处置办法》，规范报废设备残体处理工作流程，对过磅环节做出了详细规定，明确相关方安全责任，防止违规违纪，使报废设备残体处置工作公开、公正、合法、有序。

2019 年，制定《物资管理专项治理实施方案》《反盗窃专项行动实施方案》，强化物资管理。

第二节　租赁管理

一、业务开展

1991—1992 年，综机租赁站从单一租赁业务逐步转变成矿区采掘机械化生产管理职能机构和主要管理部门。4 个煤矿相继成立综机管理部门，明确工作职责与综机租赁站进行业务对接，提高综机设备租赁管理的工作效率和管理水平。

1993—1994 年，制定《关于综机站整编提效，扩充"三产"队伍的决定》，成立综机设备配件服务部，以市场为导向，发挥综机租赁站技术、资金、人才优势，利用闲置设备、仓库、场地，面向矿区及周边省份，开展"配件调剂、修理、仓储、加工等创收型业务"，实现自主经营、独立核算、自负盈亏。综机站全面负责配件原煤消耗及"四统一"的管理，实行月度报表制度，审核各单位"综耗"资金的使用，制定《配件工作管理办法》。通过统计 4 个煤矿每月综机配件的消耗，结合产量和进尺，制定合理的综机配件单耗标准，并严格考核。对不正常的单耗，从配件质量、地质条件、现场使用等方面分析原因，有效控制综机配件单耗，降低材料成本。

1995 年，公司决定在姚桥煤矿 7509 工作面采用综采放顶煤试点，进一步推广应用放顶煤新技术。工作面配置 ZFSB4400/16/28 型液压支架、SGZ764/400 型刮板机和 AM500 型采煤机。

1996 年，综机租赁站员工陈艳，通过自学，利用 FoxPro 数据库管理系统和中文 DOS，自行开发、设计、编写单机版的《综机配件管理系统》，从综机配件代储代销的采购管理、合同管理、质量检测、计划管理、验收入库、调拨出库、结算管理到库存盘点、消耗分析、报表管理全部实现了综机配件管理的信息化，后续进行了升级以适应 Windows95、98、NT 系统。2011 年，配件管理系统被纳入公司物资管理 ERP 平台。

1996—1998 年,综机租赁站探索实施综机配件代储代销管理,为公司节约储备资金,最大限度减少综机配件的积压、超储和报废。规范、有序开展设备租赁分公司各项工作,实行调度会议及生产工作会议制度,加强内部业务的有效沟通,及时为矿井生产解决设备修理、使用、配件供应等急需问题。

1999 年,加强综机配件回收、复用,降低综机配件吨煤消耗,节约原煤生产成本,减少综机配件储备资金占用,节约配件费约 100 万元。

2000 年,结合学"亚星"经验,制定《"五比"工作实施细则》,通过对代储配件供应商的"比质、比价、比供货速度、比不合格品频次、比售后服务",对供应商进行综合评价,建立供应商信息库,为综机配件的采购提供数据支持。

20 世纪 90 年代,综机设备主要有 MXA-300、AM500、MG200/475-W、MG300 等型号液压牵引采煤机,配套 SGZ764/264、SGZ630/220 型刮板机和 ZY3300/13/33 型掩护式液压支架、ZFSB4400/16/28 型轻型放顶煤液压支架。

2000 年以后,综机设备主要有 MG160/380、MG300/730 型无链电牵引采煤机,配套 SGZ764/630、SGZ630/400 型刮板机和 ZY5200/16/33 综采液压支架、ZF2800/16/26、ZF5200/16/28 轻型放顶煤液压支架。

2004—2006 年,调整配件库房实现科学合理布局,健全库房相关管理制度,物资按属性类别划分库位,配备库内各类明显的警示及引导标记图牌,各种制度、安全规定、操作流程实现牌板化。库内物资定位管理,排列规范,完备三防设备设施。严格执行物资搬运、吊装等安全操作规程,物资发放分级管理,存储物资建账管理,定期盘点并统计各种分析报表。环境整洁,安全通道畅通。库房管理实现"库房标准化,作业安全化",达到行业先进水平。

2009—2010 年,全面推行精细化管理,有效控制综机配件吨煤成本,降低生产成本,提高经济效益,按照公司下达的吨煤配件消耗指标,每月统计 4 个煤矿综机配件消耗以及产量和进尺,对超过标准的单位进行考核,有效控制 4 个煤矿吨煤配件成本。

2011 年,编制《大屯公司设备租赁站发展规划方案》,围绕"五高"目标,从人才队伍、管理定位、组织架构、管理职责、科技创新、基础设施等方面做出详细规划。

2012 年,梳理综机设备的管理流程,查找管理短板,实现综机设备专业化、一体化的管理,保证设备安全、可靠、高效运行,降低生产成本,提高生产效率和经济效益,推动公司高产高效矿井建设。

2013 年,挖掘潜能、降耗提效,增强效益意识、市场意识和竞争意识,全面提升综机管理水平,实现企业效益最大化。推行优化岗位布局和劳动组织,完善岗位退出机制,进行定岗定员,加强人员调配,严控管理人员总量和干部职数,应对严峻经济形势和市场竞争压力,提高工作效率。

2014 年,创新设备集中管理模式,增加矿井 12 类设备集中管理业务,统筹设备资源实行集中管理,降低设备库存量、提高设备利用率。对管理范围、实施步骤、职责划分、人员管理、资产管理、计划及采购管理、租赁管理、回收管理、使用管理、设备修理、费用结算、报废处置、设备运输、仓储管理等方面做出了具体规定。推广新设备、新技术、新工艺,加大转面维护工作,开展修旧利废,提高设备的完好率和利用率,降低矿井生产成本。

2017 年,启动建设设备信息化管理系统建设,搭建平台,导入所有设备数据参数,进行功能模块调试优化。

2018 年,设备管理信息化系统正式启用运行,设备管理目标、管理活动的执行过程和结果在系统中均参数化可测量,实现设备从计划、采购、验收、入库、租赁、回收、修理以及报废整个生命周期的全过程管理。依托先进的信息技术管理手段,提升综机设备管理水平。

2019 年,设备管理中心联合公司经营管理部、物资贸易部、保卫部等部门开展物资管理和反盗窃专项整治,进一步加强设备管理中心物资管理,防止国有资产流失,保障国有资产安全。开展 106 煤矿设备租赁管理业务,编制上报采煤辅助运输设备、岩巷掘进设备、开关电气设备、信息化设备购置计划;租赁设备选型、配套审核、招标评审、技术要求审核与上报、技术协议签订;资产台账和资产盘点管理工作;签订租赁合同、按期收取租赁费。根据《关于解决设备管理中心设备大修等相关问题的纪要》(屯能司纪要〔2019〕15 号)文件要求,综机配件库房及收、发、存业务移交物资贸易部管理。设备管理中心统一管理综机配件计划,对各单位计划进行审核、平衡,汇总后提报物资贸易部执行采购流程。

截至 2019 年年底,综机设备几经更新换代,主要有 MG500/1130、MG750/1860 型大功率采煤机,配套 SGZ800/1050、SGZ1000/1710 大功率变频驱动刮板机和 ZFY6800/16/28、ZF6200/16/28、ZF9000/18/35 型放顶煤液压支架、ZY6000/17.5/38、ZY10000/24/50D 型综采掩护式液压支架,大屯公司实现 100% 综合机械化采煤。

二、管理成效

2000 年,尝试突破传统设备管理模式,在国内首创"利用融资租赁为矿区引入采掘设备",与张家口煤机厂签订融资租赁合同,对刮板输送机、转载机和破碎机进行融资租赁,为公司节约固定资产投资 2 400 万元。

2014 年,开展设备集中管理模式,施行设备区域化集中、专业化管理,使设备资源达到优化配置,统一计划性采购、统一调拨,解决闲置设备问题,广泛开展修旧利废,注重盘活资产,优化库存结构,节约设备投资 3 467 万元。实施效果如下:

(1)提高设备管理水平和使用率。提高公司 4 个煤矿领导和设备管理人员使用设备的经济意识,合理安排矿生产接续计划,尽量减少设备占用量和占用时间,减少租金支出,降低生产成本。解决公司设备无偿使用和设备调剂难度大的问题,提高设备使用率,2016 年设备使用率提高到 60.5%,2017 年达到 64%。

2013 年设备资产状况见表 8-8-1,2014—2017 年集中管理后的设备资产状况见表 8-8-2。

表 8-8-1 2013 年设备资产状况表

	数量/台	资产原值/万元	资产净值/万元	使用原值/万元	综合使用率/%
姚桥煤矿	2097	9 053.96	3 217.66	5 967.44	0.66
徐庄煤矿	1 308	7 362.71	3 071.72	3 262.00	0.44
龙东煤矿	836	6 544.25	2 689.75	3 819.37	0.58
孔庄煤矿	1 958	10 257.55	4 174.14	4 961.12	0.48
合计	6 199	33 218.47	13 153.27	18 009.93	0.54

表 8-8-2 2014—2017 年(集中管理后)的设备资产状况表

项目	2014 年	2015 年	2016 年	2017 年
设备原值/万元	31 346	32 827	30 814	28 475
设备净值/万元	13 585	11 267	9 732	7 885
使用率/%	54.2	56.7	60.5	64
修理费/万元	732	1 427	1 880	2 300
4 个矿上报设备投资/万元	3 843	3 039	3 326	3 253
实际发生设备投资/万元	376	440	547	2 100
节约投资费用/万元	3 467	2 599	2 779	1 153

(2)减少设备采购资金。公司设备集中管理后,设备的日常管理逐步按照《租赁设备管理办法》推进,强化集中设备的统一调拨使用,减少设备闲置,降低设备库存,增强设备流动性,设备集中管理后减少设备投资约 9 998 万元。

(3)集中处置积压报废设备。梳理一批因长期积压闲置、技术落后而没有修理使用价值的设备,在设备资产划转前集中报废,确保划转设备的完好率和使用价值,减少设备库存占用,设备残体处理收益约 193 万元。

(4)有效降低修理费用。设备集中管理后,设备的大修、保养基本在公司内部完成,严格执行设备保养、大修标准,根据设备损坏情况将设备修理分为维护保养和大修,并培养专业的技术人员负责设备修理的指导和验收工作。同时,鼓励各矿承担本矿在用设备的大修,充分发挥各矿机厂的维修能力,保证设备的完好率。

2015—2016 年,煤炭形势持续低迷,为积极应对市场冲击,落实公司部署的工作任务,努力完成中心年度经营目标。通过设备集中管理、组合开关改造、升级,压缩投资 800 万元,盘活资产 360 万元,压缩成本 850 万元。对 100 台 ZY5200 进行增加采高技术改造,节约价值 2 000 万元的一套支架固定资产投资。

截至 2019 年年底,设备管理中心固定资产原值为 31.59 亿元。拥有综采成套设备 16 套、3 200 余台,综掘成套设备 20 套,矿井 12 类设备 8 400 余台。

截至 2019 年年底综机主要设备一览表如表 8-8-3 所示;截至 2019 年年底矿井 12 类设备一览表如表 8-8-4 所示;2003—2019 年经营指标完成情况如表 8-8-5 所示。

表 8-8-3 截至 2019 年年底综机主要设备一览表

设备名称	设备型号	设备数量	设备名称	设备型号	设备数量
采煤机	MG500/1130	13 台	液压支架	ZF5200/16/28H	220 台
	MG650/1510	1 台		ZY5200/16/33	120 台
	MG750/1860	1 台	掘进机	ZY6000/17/38	330 台
	SL300	2 台		ZFH6200/16/28	960 台
刮板机	SGZ764/630	4 套		ZFY6800/16/28	250 台
	SGZ630/400	2 套		ZF9000/18/35	280 台
	SGZ800/1050	28 套		ZFY10000/20/38D	118 台
	SGZ1000/1400	1 套		EBZ160	15 台
	SGZ1200/1400	1 套		EBZ200	6 台

表 8-8-4　截至 2019 年年底矿井 12 类设备一览表

序号	类别	设备数量/台	序号	类别	设备数量/台
1	绞车类	868	7	刮板运输机类	119
2	开关类	4 346	8	风机类	94
3	电动机类	1 226	9	喷浆机类	150
4	变频器、软启动类	293	10	耙装机类	137
5	变压器类	307	11	泵类	612
6	带式输送机类	92	12	电机车类	198
合计					8 442

表 8-8-5　2003—2019 年经营指标完成情况表

时间	2003 年	2004 年	2005 年	2006 年	2007 年	2008 年
利润指标/万元	−5 508	−6 281	−6 060	−2 500	−2 780	−3 700
完成情况/万元	−5 377.44	−6 185.2	−5 406.42	−2 330.17	−1 900.06	−3 122
时间	2009 年	2010 年	2011 年	2012 年	2013 年	2014 年
利润指标/万元	−1 500	1 220	770	6 000	5 300	2 317
完成情况/万元	−1 514.54	1 867.72	1 671.68	6 315.23	6 130.68	2 600.38
时间	2015 年	2016 年	2017 年	2018 年	2019 年	
利润指标/万元	3 184	6 500	5 660	2 630	100	
完成情况/万元	3 798.97	6 776.67	5 846.7	3 597	461.63	

第九篇

安全生产

Anquan Shengchan

公司认真贯彻执行《中华人民共和国安全生产法》《中华人民共和国矿山安全法》《煤矿安全监察条例》《煤矿安全规程》等法律法规和上级有关安全生产的各项要求，坚持"安全第一，预防为主，综合治理"的安全生产方针和"管理、装备、素质、系统"并重的原则，树立"零死亡、零超限、零涉险、零着火、零矿震"的"五零"安全目标理念，落实"严预防、严措施、严过程、严落实、严考核、严追责"的"六严"安全工作要求，经历了不断完善、持续加强、整体提高的发展历程，逐步实现安全生产从"被动管理"向"源头治理"、从"物的管理"向"人的管理"、从"事后追责"向"超前预防"的转变，努力创建本质安全型企业，推动安全生产实现长治久安。

随着矿井开采逐步转向深部，地质条件越来越复杂、生产条件越来越差，矿井冲击地压、水、火、瓦斯、地热等灾害威胁日益突出等问题，通过实施"一优二补三减四化"（即：优化系统，补欠账、补短板，减人、减头、减面，机械化、自动化、信息化、智能化）、持续完善风险分级管控和隐患排查治理"安全双重预防机制"，全面实施重大灾害超前预防和治理，完善应急管理体系建设，严守安全红线和底线，保持安全生产健康发展。

强化安全管理体制机制建设，全面落实安全责任。坚持安全生产"党政同责、一岗双责、齐抓共管、失职追责"，建立健全覆盖全员的安全生产责任制，层层签订安全责任书，实施安全目标管理，构建安全生产标准化建设的长效机制，推动"行为达标、一次达标、动态达标、过程达标、经济达标"，持续巩固提升达标水平，公司安全生产标准化水平总体处于煤炭行业先进水平和中煤集团领先水平。

坚持安全生产"党政工团齐抓共管"，形成了"安全是最大的政治、最高的责任、最佳的政绩、最好的和谐"等理念，坚持落实党管安全，总结出了"八管八抓"党管安全工作经验；推动安全文化建设落地生根，形成了安全生产群防群治的良好局面；加强安全教育培训；强化职业健康工作；杜绝重大职业危害事故。

1991 年至 2020 年 6 月，共有 10 年百万吨死亡率为 0，其中，2011—2013 年、2017—2019 年分别连续 3 年实现百万吨死亡率为 0。截至 2020 年 6 月，公司 5 座生产煤矿均达到并保持国家一级标准化矿井水平，各地面生产建设单位安全生产标准化均达到中煤集团或公司一级。

第一章 安全管理

第一节 组织机构

一、领导机构

（一）公司安全生产委员会

公司安全生产委员会（简称安委会）是公司安全生产工作的领导机构，负责统一领导公司安全生产工作，研究决策公司安全生产重大问题。

2010年9月27日，印发《关于进一步加强公司安全生产委员会工作的通知》，对公司安委会工作机构进行充实调整，公司安委会主任由公司董事长、总经理担任，副主任由公司党委书记、各分管领导担任，常务副主任由公司安监局局长担任；安委会成员涵盖各副总工程师、副总会计师、各部室中心主要负责人；安委会办公室设在安全监察部。公司安委会下设煤矿安全委员会、消防和交通安全委员会、职业健康安全管理体系委员会、灾害预防委员会4个专业委员会。2017年4月1日，印发《公司安全生产委员会制度（修订）》，安委会成员调整为公司其他领导班子成员、工会主席、各副总师、纪委副书记、安监局副局长、各部室中心主要负责人，新增安全风险管控事项。

（二）公司安监局局长（分管安全工作领导）

1991—2019年，公司设有安监局局长，负责公司的安全管理和安全监察工作，其中，2002年6月至2006年12月，由公司副总经理分管安全工作。

二、安全监察机构

1991年以后，公司均设有安全监察部门，负责公司具体的安全管理和安全监察业务。

1991年至2003年12月，公司设置安全监察局。1997年9月22日，制定《关于公司向四个矿、矿建公司、电业分公司、铁路管理处派驻安全监察站的决定》，撤销安检科，成立安全监察站，制定安全监察站的13条职责，公司经理授予安全监察站8大权力，并建立健全10项管理制度。2001年5月9日，下发《关于进一步加强安全监察工作的决定》，在原安全监察站13条职责基础上增加1条有关安监人员失职追责的职责。

2003年12月至2017年12月，撤销原安全监察局，设立安全监察部。公司于2009年将安全质量标准化业务划入安全监察部，于2011年1月将职业卫生监管业务划入安全监察部。2012年6月26日，印发《公司安全监察站（科）管理考核细则》，对安全监督管理体系设置、安监站站长职责、安监站（科）职责进行细化明确，优化了安监站站长及安监站（科）考核办法，公司每季度对安监站（科）综合考评一次，每半年对安监站站长综合考评一次。2015年2月15日，印发《公司安监队伍建设管理考核实施细则》，从人员准入、工作职责和要

求、考核评价等方面进行适度调整和优化,将各单位分管安全负责人综合考评调整为每年一次。

2017年12月,公司对安监系统实施垂直管理,撤销安全监察部,成立安全监察局。2018年8月7日,印发《公司安监局赋予驻矿(厂)安监处长安全监管六项权利》,明确安监处长对所驻单位具备安全生产相关的停职权、否决权、停产整顿权、各类事故独立调查权和建议处理权、直接经济处罚权、直接经济奖励权,强化公司安全生产严管理、严问责、严考核。2019年6月11日,经公司党委会研究决定,安全监察局及所驻姚桥煤矿、孔庄煤矿、徐庄煤矿安监科均增设防冲管理人员,强化专职防冲安全监察工作。

2020年4月22日,公司撤销安全监察局,成立安全监察管理部。

第二节　安　全　制　度

一、管理制度

1995年3月13日,公司转发《煤炭工业部煤炭工业企业职工伤亡事故报告和统计规定(试行)的通知》,初步建立事故报告制度,并按照有关规定认真统计,严格填报企业职工伤亡事故报表。

1996年9月11日,修订印发《大屯煤电公司安全生产责任制(修订本)》,明确安全生产管理实行行政"一把手"负总责,各专业安全生产管理"谁主管谁负责"的原则,规定公司负责人、机关各级各类人员、各职能部门应履行的安全职责。同时废止《大屯煤电公司安全生产责任制(1983版)》。

2000年,公司印发《安全生产责任制》,修订完善各级领导干部和各业务部门安全管理责任和职责。

2001年5月10日,公司印发《伤亡事故、非伤亡事故及事故隐患责任追究规定》,视各类事故、隐患性质、情节轻重,对责任人明确详细的责任追究条款。

2004年7月21日,印发《严禁违章指挥违章作业规定》。8月19日,印发《大屯煤电集团公司安全生产责任制》,进一步明确各单位、各部门业务保安范围,对落实各岗位的安全生产责任制做到有章可循。

2005年3月20日,印发《大屯煤电(集团)有限责任公司地面非伤亡事故处理规定》,首次细化明确公司地面各行业的非伤亡事故界定标准和处理程序,规范地面非伤亡事故的调查处理工作。10月25日,印发《大屯煤电(集团)有限责任公司煤矿企业负责人和生产经营管理人员带班下井的规定(试行)》,明确每班至少保证1名带班人员,带班人员与职工同上下井,实行井下8小时带班制,采煤、掘进、机电、运输、通风、准备、巷修等科队长、书记每月中、夜班带班不得少于3次等13条具体规定。12月10日,印发公司《煤矿重大安全生产隐患排查工作制度》,对照《国务院关于预防煤矿生产安全事故的特别规定》,从总经理到各矿层级明确5项工作职责,从排查频次、排查、认定、汇总建档、隐患消除等方面明确煤矿重大安全生产隐患排查程序。

2006年11月14日,公司下发《关于建立健全各级领导干部安全包点制度的通知》,首次明确公司领导实行安全包点,并明确包点领导定期或不定期深入包点单位检查指导安全

工作,参加安全工作会议及大型安全活动等内容。

2007年1月24日,印发《大屯煤电(集团)有限责任公司"三违"处罚实施办法》,首次成系统地规范"三违"考核管理及责任追究。1月25日,印发《大屯煤电(集团)有限责任公司非伤亡事故责任追究规定》。

2007年1月25日,印发《大屯煤电(集团)有限责任公司伤亡事故责任追究规定》,主要对公司2001年相关规定进行修订,事故责任追究力度加大,其中:矿井单位一次2人死亡责任事故,对单位分管负责人上调为直接撤职,党政正职处分上限上调为撤职;矿井单位一次3人(含3人)以上重特大死亡责任事故,单位党政正职上调为直接撤职。首次对地面单位重伤事故实行追责:地面单位1人重伤责任事故,事故车间党政正职撤职,业务科室负责人记过至撤职;地面单位1人死亡责任事故,单位分管负责人撤职,单位党政正职处分下限上调为记大过;地面单位一次2人(含2人)以上死亡责任事故,单位党政正职撤职。

2008年2月6日,印发《公司生产安全事故报告和调查处理规定》《公司伤亡事故责任追究规定》《公司"三违"处罚实施办法》,延长严重"三违"人员强制培训的最高时限至24个月,并对严重"三违"和一般"三违"界定标准根据实际情况进行微调。印发《公司非伤亡事故责任追究规定》,根据公司业务拓展,新增铝业生产事故分级规定;新增铁路交通、道路交通路外责任事故处理规定。根据《生产安全事故报告和调查处理条例》明确的事故等级划分、事故报告、事故调查、事故处理等方面的规定,对相关条款进行调整。

2010年5月13日,印发《中煤集团大屯公司安全会议制度》。7月26日,印发《中煤集团大屯公司安全生产管理制度(修订版)》。9月25日,印发《公司煤矿领导下井带班管理规定》,进一步明确带班下井领导人员范围、带班个数、带班记录与统计、井下交接班、8小时带班制等主要内容,其中:明确矿长、党委书记每月带班下井不得少于5个(中、夜班不得少于3个),其他矿领导、副总工程师带班下井次数不得少于矿长、党委书记。9月26日,印发《公司安全生产事故隐患排查治理实施办法及责任追究规定》,主要是在2008年制度基础上,成立了以董事长(总经理)任组长的公司事故隐患排查治理工作领导小组;对一般隐患按严重程度、解决难易调整为A、B、C、D四级;实行事故隐患排查、治理流程图管理。

2012年3月8日,印发《公司机关岗位责任制和安全生产责任制》。5月29日,印发《公司安全生产挂牌督办和约谈制度》,明确挂牌督办的5项情形、安全约谈的7项情形和相关工作要求。8月26日,印发《中煤集团大屯公司生产安全红线规定(试行)》,系统梳理明确安全管理,生产、技术管理,基本建设管理,劳动用工管理,发供电、建筑安装、选煤管理,铝加工管理,铁路、汽车运输管理等方面的红线。

2013年2月18日,为深入贯彻中央企业安全生产"九条禁令"、中煤集团"七条禁令"和公司安全生产"五条禁令",规范操作及管理行为,杜绝人身伤害事故,确保安全生产,印发《公司煤矿停头、停面、停设备管理规定》,明确通用、采掘、机运、"一通三防"、防治水等部分的具体停头、停面、停设备条款。6月24日,下发《公司安全生产事故隐患排查治理实施办法及责任追究规定》,在2010年制度的基础上,新增事故隐患信息报告有关事项。

2014年1月29日,印发《公司安全管理红线规定(试行)》《公司生产建设单位领导干部下井(现场)检查管理规定》,对各单位领导每月下井(现场)次数、任务、考核等进行了明确规范。11月13日,印发《公司外委队伍安全管理实施办法(试行)》,对劳务用工、外包工程等队伍人员,从管理职责、准入条件及录用流程、安全协议、施工(生产)过程管理等8个方面进

行明确规范,实行体系建设、生产调度、安全培训、监督检查、考核奖惩"五统一"管理。

2015年4月10日,印发《公司机关安全生产责任制》《安全生产责任制考核办法》《安全生产管理制度执行考核办法》《公司安全生产承诺和报告制度》,对安全承诺、安全责任书签订、安全生产年度报告等事项进行明确规范。

2016年8月23日,印发《公司煤矿井下劳动组织定员管理制度》,从劳动定员的原则、工作制度、基本要求三方面,明确19项具体工作制度和要求。

2017年2月17日,印发《公司非伤亡事故管理责任追究规定》,主要进一步明确非伤亡事故的上报时限,并实行报告流程图管理。4月4日,印发《公司生产安全伤亡事故责任追究办法》,加大追责力度,其中:矿井单位1人重伤事故,科队党政正职降职或撤职;矿井单位1人死亡责任事故,矿分管领导撤职,矿党政正职、分管安全负责人、安全副总降职;矿井单位一次2人及以上死亡责任事故,相关责任人至矿党政正职撤职。地面单位1人次重伤事故,对业务科室负责人处罚下限提高至记大过,对单位分管领导、分管副总处罚下限提高至记大过,对单位党政正职及分管安全负责人、安全副总记过;2人次重伤事故比照矿井单位1人死亡责任事故处理;1人死亡责任事故比照矿井单位2人死亡责任事故处理。5月17日,印发《公司安全生产"双42条"特别严重"三违"行为界定标准》,首次提出并确定特别严重"三违"的界定标准,追责标准为:造成重伤及以上事故的,解除劳动合同;未造成重伤以上事故的,留用察看2年或解除劳动合同。7月24日,印发《公司"三违"处罚实施办法》,在2008年制度的基础上,划分标准中新增特别严重"三违";明确各类"三违"的经济处罚标准;新增开展典型"三违"警示教育的有关条款;结合实际,对矿井、地面严重及一般"三违"行为界定标准进行再梳理和调整。8月2日,印发《公司安全风险分级管控实施办法》,成立以公司董事长、总经理任组长的领导小组,明确5项职责,对安全风险管理实行辨识评估、分级管控闭环管理流程等管理,并明确奖惩条款。8月17日,印发《公司生产安全事故隐患排查治理办法》。9月25日,印发《公司煤矿重大安全技术业务会商机制》,从组织机构与职责、会商范围等方面,明确了五章、九大条规定。

2018年1月11日,印发《公司生产安全伤亡事故责任追究办法》,进一步加大追责力度,其中:矿井单位1人重伤事故,科队党政负责人撤职;矿井单位1人及以上死亡责任事故,相关责任人直至矿党政主要负责人撤职。地面单位1人重伤事故,比照矿井单位2人重伤事故处理;地面单位1人及以上死亡责任事故,相关责任人直至单位党政主要负责人撤职。8月3日,印发《公司劳务派遣人员安全管理规定》,对劳务派遣单位、劳务派遣人员,从资质和能力审查、安全管理协议、"五统一"安全管理等方面,进一步进行细化和规范。8月15日,在2014版的基础上,修订印发《公司安全生产管理制度汇编》。9月20日,印发《公司安全督查包保管理办法》,成立安全督查包保组,由公司领导任各组组长,各职能部室参与,对各生产建设单位实行安全督查包保管理,明确5项职责和10项工作要求;包保单位的安全状况与包保人员实行联责考核管理。

2019年1月8日,印发《公司加强井下、地面非常规作业现场安全监管规定》,梳理井下、地面双40项非常规作业内容,实行职能科室干部全过程安全盯防管理。1月10日,下发《公司"三违"处罚实施办法》。1月11日,下发《公司安全生产"双42条"特别严重"三违"行为界定标准》。8月5日,印发《大屯公司矿井单位岗位安全红线及安全注意事项》,全面覆盖采煤、掘进主要生产工种,为严守安全红线提供指导标准。8月9日,印发《公司外委队

伍安全管理实施办法(修订)》,新增安全考核退出机制,符合 7 项情形之一的,对外委队伍实行清退。

二、实施办法

(一)安全检查罚款

2001 年,在《大屯煤电(集团)有限责任公司管理制度汇编》中,实施《安全检查罚款实施细则》,该细则包括采煤、掘进、机电、运输、"一通三防"、火工品、其他等章节,共 134 条具体的安全罚款内容及标准。

2007 年 1 月 24 日,印发《大屯煤电(集团)有限责任公司安全罚款实施细则》,在2001 年的基础上,根据安全生产实际变化,增加为 157 条具体的安全罚款内容及标准;新增一章井下停止作业安全罚款规定。

2009 年 6 月 5 日,修订印发《公司安全罚款实施细则》,首次新增地面专业 166 条安全罚款内容及标准,并对煤矿各专业增加为 218 条具体的安全罚款内容及标准。

(二)专业安全管理类

(1)顶板管理类。1991—1994 年,公司制定《顶板管理实施细则》。2011 年 2 月 17 日,印发《公司采煤工作面切眼施工及安装顶板管理规定》。2016 年 11 月 24 日,印发《公司锚杆(索)支护技术管理规定》。

(2)冲击地压防治管理类。2000 年 1 月 31 日,公司根据《煤矿安全规程》等有关规定,结合企业实际,首次制定《冲击地压防治暂行规定》。2011 年 6 月 23 日至 2018 年 7 月26 日,根据《防治煤矿冲击地压细则》,公司三次修订印发《公司冲击地压防治管理规定》。2017 年 11 月 17 日,印发《公司微震系统运行管理规定(暂行)》。2018 年 5 月 30 日,印发《公司应力在线监测系统运行管理规定(暂行)》。2019 年 6 月 4 日,印发《公司防治冲击地压禁令》。2019 年 6 月 12 日,印发《公司冲击地压防治专业例会制度》,明确会议组织、参加人员、会议内容等五方面的内容及要求。

(3)"一通三防"管理类。1991—1994 年,公司制定《矿井通风质量标准及检查评定办法》。1996 年,公司制定《"一通三防"管理规定》。2005 年 10 月 11 日,印发《矿井安全监测管理办法》,从组织机构和人员配备、装置的安全设施等 11 个方面提出具体的管理标准和要求;2006 年 1 月 23 日,修订印发《矿井安全监测管理办法》,对职责等方面的管理标准和要求进行细化。2011 年 5 月 23 日,印发《公司瓦斯超限追查处理规定》。2017 年 6 月 14 日,印发《公司"一通三防"责任制》,明确公司相关领导和职能部门的具体工作职责。

(4)地测防治水管理类。2006 年 5 月,公司制定《煤矿地质测量微机绘图图例及规定》,规范了地质测量微机绘图工作,实现地质测量图纸的数字化、标准化。2010 年 12 月,印发《公司矿井防治水工作管理制度》,编制矿井水害防治技术管理、水情水害预测预报等 10 项制度。2012 年 8 月,公司组织编制了《大屯公司煤矿防治水专项技术管理体系》,落实了公司、矿井、科室(区队)三级防治水管理体系,对机构设置与人员配置、管理制度、工作流程、专项考核提出了明确的要求。2012 年 6 月、2018 年 3 月,公司分别制定下发了《关于加强驻疆公司建井期间地测防治水管理工作的通知》《关于重申加强驻外煤矿地测防治水工作的通知》,对规范外部矿井地测防治水工作、发挥好业务保安职能提出明确要求与工作标准。2013 年 10 月,公司制定了《煤矿地质规程实施细则》《煤矿防治水规定实施细则》《煤矿测量

规程实施细则》《生产矿井储量管理规程实施细则》，使地测专业各项规程条款更加细化、具体、可操作，为地测工作开展提供了遵循。2019 年 3 月，在《煤矿防治水细则》颁布后，公司制定了《井下物探工作管理制度》，明确了物探工作实施要求、质量标准及"双探"验证措施。

（5）机电运输管理类。1996 年，制定《井下皮带运输机使用和管理的若干规定》。2001 年，《大屯煤电（集团）有限责任公司管理制度汇编》中，编印《矿井机电运输事故管理办法》。2010 年 6 月 4 日，印发《架空乘人装置乘坐人员上下人车场设置管理规定（试行）》。2012 年 3 月 21 日，印发《公司大、重型及特殊物件运输与装卸安全管理暂行规定》，明确托运方11 条工作要求、承运方 9 条工作要求；2019 年 6 月 14 日，修订印发《公司大、重型及特殊物件运输与装卸安全管理暂行规定》。2016 年 9 月 21 日，公司印发《矿井运输管理规定》。2017 年5 月 3 日，公司印发《井下主要进风大巷带式输送机安全管理规定》。2018 年 4 月 28 日，公司印发《高压线下施工作业管理规定》。2018 年 5 月 29 日，公司印发《煤矿井下设备振动源处管线防护规定》。2019 年 9 月 9 日，印发《公司矿用安全标志产品管理规定》。

（6）火工品管理类。2003 年 3 月 10 日，印发《煤矿爆破器材管理质量标准化考核评级办法》。2012 年 5 月 31 日，印发《公司火工品安全管理办法》；2016 年 6 月 3 日，修订印发《公司火工品安全管理办法》，并新增火工品使用管理流程图；2017 年 9 月 18 日，修订印发《公司火工品安全管理办法》。

（7）其他类。1995 年，印发《各级管理人员安全工作考核标准》，对矿长、党委书记到各岗位所有管理人员的安全工作考核项目作出明确要求。

1999 年 10 月 6 日，印发《大屯煤电（集团）有限责任公司职工安全生产十项权力实施办法》，提出坚持不安全不生产、隐患不排查不生产、安全措施不落实不生产、不达标不生产的"四不生产"原则，明确职工安全生产参与权、监督权等十项权力，并要求各级工会大力宣传，做到人人熟知十项权力。

2004 年 7 月 21 日，印发《加强班组安全管理规定》。2010 年 5 月 13 日，印发《公司建设项目安全设施"三同时"管理办法》。2014 年 9 月 15 日，印发《公司职工劳动防护用品管理办法》。2015 年 12 月 3 日，印发《公司电梯安全管理办法》。2016 年 9 月 26 日，印发《公司消防安全管理办法》和《公司危险化学品安全管理办法》。2017 年 3 月 15 日，印发《公司剧毒化学品管理办法》。2017 年 5 月 15 日，印发《公司危险化学品安全管理办法》。2018 年11 月 23 日，印发《公司压力容器管理规定》。2018 年 12 月 5 日，印发《公司煤矿井下油漆、油类等易燃易爆物品使用管理规定》。

2019 年 1 月 20 日，印发《公司职工教育培训经费提取与使用管理办法》。2019 年 1 月3 日，印发《恶劣天气条件下道路行车安全管理应急措施》。2019 年 4 月 4 日，印发《公司双重预防机制管理信息系统管理办法（试行）》。2019 年 6 月 4 日，印发《公司危险化学品安全管理办法》。

第三节　安 全 投 入

1996 年，公司下发《关于印发大屯煤电公司固定资产投资及安全技措资金管理办法的通知》，规定安全技措资金由两部分组成：从维简费中按吨煤 1 元额度投入，矿建公司按承包维简费 20％投入；从各矿成本中按吨煤不低于 2 元列支，矿建公司据实列支。1997 年，下发

《关于印发大屯煤电公司固定资产投资及安全技措资金管理办法的通知》,规定各矿从承包维简费中按吨煤 1 元额度投入,矿建公司按承包维简费 20% 投入;从各矿成本中按吨煤不低于 1 元列支,矿建公司据实列支。2006 年,下发《关于印发煤炭生产安全费用管理办法的通知》,规定公司所属四座矿吨煤提取 8 元作为安全费用。

2010 年,下发《关于印发公司专项支出管理办法(试行)的通知》(屯能司〔2010〕396 号),规定公司所属四座矿吨煤提取 12 元,在成本中按月提取安全费用。2012 年,下发《关于印发公司安全生产费用提取和使用管理办法的通知》,规定:

(1) 姚桥煤矿、孔庄煤矿、徐庄煤矿、龙东煤矿,依据原煤产量按月提取安全费用,计提标准为吨煤 20 元。

(2) 大屯铝业公司、苏铝铝业公司,按照上年度营业收入为计提依据;铝板带厂新建投产,2012 年度以当年营业收入、以后年度以上年度营业收入为计提依据。采取超额累退方式,按照以下标准平均逐月提取:营业收入不超过 1 000 万元的,按照 3% 提取;营业收入超过 1 000 万元至 1 亿元的部分,按照 1.5% 提取;营业收入超过 1 亿至 10 亿元的部分,按照 0.5% 提取;营业收入超过 10 亿元至 50 亿元的部分,按照 0.2% 提取;营业收入超过 50 亿元至 100 亿元的部分,按照 0.1% 提取;营业收入超过 100 亿元的部分,按照 0.05% 提取。

(3) 拓特厂、博斯特公司,以上年度外销营业收入为计提依据,采取超额累退方式,按照以下标准平均逐月提取:营业收入不超过 1 000 万元的,按照 2% 提取;营业收入超过 1 000 万元至 1 亿元的部分,按照 1% 提取;营业收入超过 1 亿至 10 亿元的部分,按照 0.2% 提取;营业收入超过 10 亿元至 50 亿元的部分,按照 0.1% 提取;营业收入超过 50 亿元的部分,按照 0.05% 提取。

(4) 铁路管理处、汽运分公司,以上年度外销营业收入为计提依据,按照以下标准平均逐月提取:普通货运业务按照 1% 提取;客运业务、管道运输、危险品等特殊货运业务按照 1.5% 提取。

(5) 工程咨询公司按当年地质勘查项目或者工程总费用的 2% 提取。

(6) 建安公司以当年建筑安装工程造价为计提依据。各建设工程类别安全费用提取标准如下:矿山工程为 2.5%;房屋建筑工程、水利水电工程、电力工程、铁路工程、城市轨道交通工程为 2.0%;市政公用工程、冶炼工程、机电安装工程、化工石油工程、港口与航道工程、公路工程、通信工程为 1.5%。

2019 年,公司下发《关于提高安全生产费用提取标准的通知》,公司本部四座矿安全生产费用由 20 元/吨提高为 25 元/吨。

1998—2019 年公司安全费用使用情况见表 9-1-1。

表 9-1-1　1998—2019 年公司安全费用使用情况表　　　　　单位:万元

年度	计划	实际完成
1998	2 776.60	2 013.25
1999	1 845.40	1 563.85
2000	1 642.00	1 535.35
2001	1 902.41	1 863.49
2002	5 412.80	2 747.32

表 9-1-1(续)

年度	计划	实际完成
2003	2 610.62	3 089.51
2004	3 578.00	4 355.364
2005	6 962.00	7 510.69
2006	6 611.10	5 736.10
2007	9 560.43	8 967.00
2008	10 299.00	6 629.94
2009	10 223.00	11 628.24
2010	14 982.00	12 048.70
2011	14 095.00	17 474.00
2012	19 629.20	22 199.10
2013	20 581.20	21 472.20
2014	21 367.80	3 520.90
2015	20 551.43	20 881.69
2016	21 251.00	18 602.98
2017	22 238.66	22 175.02
2018	19 447.37	17 339.28
2019	19 463.40	18 605.35

第四节 安全目标

1991—2006 年,公司以 1 号文附件的形式,把全年安全目标分解到各有关单位,落实安全目标管理;从 2007 年起,公司结合安全 1 号文确定的安全工作目标,通过年度安全工作会与各单位签订安全责任书的方式,把全年安全目标分解到各有关单位,落实安全目标管理。

2004—2007 年,公司每年安全 1 号文确定的安全工作目标基本与 2003 年保持一致,具体目标内容根据安全生产实际略有调整,其中:2004 年原煤百万吨死亡率控制调整为 0.9 以下,奋斗目标调整为 0.6 以下;首次把重伤人数控制指标变为千人重伤率,控制指标为0.8 以下。2005 年与 2004 年保持一致。2006 年原煤百万吨死亡率控制进一步下调为 0.8 以下,千人重伤率进一步下调为 0.5 以下。2007 年原煤百万吨死亡率控制再一步下调为 0.75 以下。

2008 年,首次以上海能源股份公司文件下发安全 1 号文,印发《关于切实做好 2008 年安全生产工作的决定》,全年安全工作目标为:总体目标为"三杜绝,两下降",即坚决杜绝较大及以上事故、瓦斯煤尘爆炸事故和危化品事故,努力实现零星伤亡事故和"三违"行为的大幅度下降。具体目标为:① 杜绝较大及以上事故、瓦斯煤尘爆炸事故和危化品事故;② 原煤百万吨死亡率控制在 0.70 以下,奋斗目标为零;③ 千人重伤率控制在 0.5 以下;④ 地面单位杜绝重伤及以上人身事故;⑤ 杜绝二级以上非伤亡事故;⑥ 杜绝重大交通、火灾事故;⑦ 杜绝行业重大及以上设备事故;⑧ 职业病检查率达 85% 以上。

2009 年,公司安全工作目标首次取消百万吨死亡率,明确提出杜绝死亡事故的目标,首次明确地面单位轻伤控制目标。印发《关于切实做好 2009 年安全生产工作的决定》1 号文件,全年安全工作目标为:① 杜绝死亡事故;② 矿井单位千人重伤率控制在 0.5 以下;③ 地面单位杜绝重伤事故,千人轻伤率控制在 1 以下;④ 杜绝二级以上非伤亡事故;⑤ 杜绝重大交通、火灾事故;⑥ 杜绝行业重大及以上设备事故;⑦ 职业健康监护率达 85% 以上;⑧ 公司达到质量标准化特级企业。

2010—2016 年,公司每年安全 1 号文确定的安全工作目标内容基本与 2009 年一致,具体目标和要求越来越高、越来越严,主要有:2010 年矿井单位千人重伤率控制降为 0.4 以下;公司安全质量标准化达到省级公司、中煤特级企业。2011 年矿井单位千人重伤率控制降为 0.35 以下。2012 年职业健康监护率升为 90% 以上,煤矿职业病发病率逐年下降;安全质量标准化目标新增本部四座矿、地面单位、新疆两座矿的具体达标目标。2013 年新增建成无尘化矿(厂)的目标。2014 年矿井单位千人重伤率进一步降为 0.3 以下;地面单位千人轻伤率降为 0.8 以下;职业健康监护率升为 92% 以上。2015 年新增杜绝严重违章指挥行为目标。2016 年职业健康监护率进一步升为 93% 以上;公司达到中煤集团"安保型"企业。

2017 年,为强化党管安全工作,公司安全 1 号文以党委、行政联合发文的形式,印发《中共大屯煤电集团公司委员会 大屯煤电集团公司 上海能源公司 关于切实做好 2017 年安全生产工作的决定》,安全工作目标与 2016 年保持一致。

2018 年,公司安全 1 号文首次提出零死亡、零超限、零涉险、零着火、零矿震的"五零"目标理念,印发《关于切实做好 2018 年安全生产工作的决定》,在 2017 年安全工作目标的基础上,根据国家新标准,调整为本部四座矿安全生产标准化全部保持国家一级水平。

2019 年,公司安全 1 号文在坚持"五零"目标理念的基础上,首次增加严预防、严措施、严过程、严落实、严考核、严追责的"六严"工作要求;首次取消矿井单位千人重伤率、地面单位千人轻伤率,明确提出矿井单位杜绝重伤事故、地面单位杜绝轻伤事故的目标;把安全工作目标分为安全生产、安全生产标准化、安全培训、职业健康四个部分。

2020 年,公司安全 1 号文确定的安全工作目标传承 2019 年,并根据公司的发展和重点工作,对相关具体指标进行调整,安全生产标准化目标中,明确生产矿井全部达到并保持国家一级,基建矿井达到中煤集团一级;安全培训目标中,明确推动实现生产岗位职工尽量掌握岗位知识的新"双百"目标,中煤职院申报建设国家安全生产教育培训示范职业院校。

第五节 监督检查

一、安全大检查

1991 年以后,根据《公司安全检查制度》,坚持公司每季度、矿每月组织开展一次全面的安全大检查。安全大检查由各级安全生产第一责任者组织,副总以上领导、有关处室(科室)和安全监察部门参加。主要检查内容有:一是党和国家安全生产方针、政策、法令、规程、条例的贯彻落实情况;二是规程的编制审批、各项规章制度及施工措施的贯彻落实情况;三是安全技措资金使用和工程进度情况,安全培训和安全教育情况;四是党、政、工、团、技、安、协各级组织齐抓共管安全生产情况;五是各级领导干部和职工安全生产责任制、岗位责任制的

贯彻落实情况；六是生产设备和设施、安全监测仪器仪表、个人劳动保护的安全状况和使用情况；七是工作现场环境污染、尘毒危害的治理情况；八是作业现场重点检查"一通三防"、顶板管理、斜巷运输和预防皮带着火；九是检查中发现现场有威胁职工生命健康的作业环境、设施，应立即停止作业，撤出人员。2010年，根据修订的《公司安全监督检查制度》，安全大检查内容新增以下部分：落实中煤集团、公司及各单位一号文、各种安全会议精神情况；各项安全管理制度的制定及落实情况；现场查隐患，反"三违"情况；对发生事故的单位追踪防范措施的落实情况；现场的质量标准化、精细化管理和文明生产情况；干部上岗、跟值班情况；重点岗位、要害部门上岗情况。

二、领导干部安全监督检查

1995年，根据《公司煤矿企业负责人和生产经营管理人员带班下井的规定（试行）》，各矿参加矿总值班且懂井下安全生产的煤矿企业负责人和生产经营管理人员实行井下8小时带班工作制，主要职责为：负责所带班的安全生产管理；负责检查现场的安全隐患，了解现场安全生产状况，掌握安全生产规律；遇到紧急情况时，及时做出处理决定，确保安全生产。

2010年，根据《公司煤矿领导下井带班管理规定》，对矿长、党委书记、其他矿领导和副总工程师的下井8小时带班管理、带班个数等进行规范和细化。实行井下现场交接班，现场处理和解决安全生产中出现的问题和隐患。

2014年，根据《中煤集团生产（基建）企业负责人下井（现场）检查管理规定（试行）》，每月下井（现场）指导和检查安全生产工作，对所属煤矿实现全覆盖，重点关注巷道贯通、排瓦斯、揭露煤层、处理火区、过断层等关键阶段和老窑采空区、瓦斯异常区域的现场管理。根据《公司生产建设单位领导干部下井（现场）检查管理规定》，分别对煤矿、地面单位的副总以上领导明确每月下井（现场）的个数，明确下井（现场）时的安全重点关注内容，要求结合分管业务，进行隐患排查或安全检查，及时制止"三违"行为，指导和帮助基层解决安全生产问题。

2018年，根据《公司安全督查包保管理办法》，参加安全督查包保的公司领导、生产职能部室人员，每月对包保单位进行一次安全检查；对包保新疆煤矿的每季度进行一次安全检查。

三、安监系统监督检查

1991年以后，根据《公司安全检查制度》，各单位安监部门对生产现场实行安全巡查。

1997年，根据《公司矿井单位安监站、地面单位安监站、科工作标准及检查评分办法》，明确由小班安检人员对井下危险性较大作业头面进行跟班蹲点检查；由安监部门井上下检查组对井上下各作业地点进行日常巡回检查；成立安全小分队开展突击检查；组织节假日及其他停期期间井下工作面停产、开工检查；组织日常的、阶段性的、季节性的安全检查。

2005—2010年，根据《公司矿井安全评估标准》，为从大的生产系统上堵塞安全漏洞，消除安全隐患，由安全监察部组织相关职能部室，每季度分采、掘、机、运、通、防治水六大专业，对四座矿进行全面的安全生产系统检查和安全评估工作，对评估提出的问题认真整改。

2011年，根据《大屯公司煤矿动态安全评估实施办法》《煤矿动态安全评估标准》，由公司安全监察部及各矿安监站、科具体实施，按照公司每季度1次、各矿每月1次的频率，对各矿采煤、掘进、机电、运输、"一通三防"、防治水六大系统，开展持表检查，全面评估矿井安全生产

状况,并实行打分奖罚考核管理。

2012 年,根据《公司安全监察站(科)管理考核细则》,对安监系统的日常监督检查工作推行"十问、十查、五对照、八抓、八闭环"安全检查法,实行带表检查。"十问":问生产、工作任务安排情况;生产条件与工艺变化情况;班前会召开情况;人员状态情况;作业环境变化情况;安全设施、安全保护使用情况;临时或特殊的工作安排情况;当班安全隐患排查处理情况;危险源、岗位风险、避灾路线掌握情况;人员出勤持证情况。"十查":查作业规程、安全措施是否学习掌握;跟班队长、班长是否到位、特殊工种是否持证上岗;井下班前会召开的程序是否合理;生产任务安排是否妥当;安全设施与安全保护是否齐全;井下各种图板是否齐全;工程质量是否符合要求;是否按标准化程序、按流程作业;特殊工作安排是否到位;职工抗灾救灾能力是否具备。"五对照":对照《煤矿安全规程》、作业规程、操作规程、工作流程、岗位责任。"八抓":重点抓工程开工前、工程结束前、放假前、复工前、工作程序变化时、特殊人员、特殊地质条件变化时、特殊时期。"八闭环":各种文件规定执行要闭环;工作安排有闭环;隐患排查治理要闭环;安全检查要闭环;"三违"人员查处要闭环;领导干部及管理人员下现场带值班管理要闭环;安全风险预控、危险源辨识管理要闭环;安全培训要闭环。

2013 年,根据《公司煤矿小班安检员管理考核指导意见》,在小班安检员 8 小时现场安全巡查的基础上,实行盯头、包面、管线、跑片式安全检查,重点检查井下作业现场的安全状况、工作质量、安全隐患排查治理、反"三违"、职工岗位职责落实等情况。公司安全监察部学习借鉴地方煤监部门精准执法的做法,根据相关单位安全状况、发生事故情况等,逐步推进"解剖式""体检式"安全检查,重点检查相关单位的突出问题和薄弱环节。

2017 年,根据《公司安监系统业务管理与考核实施细则(暂行)》,各驻矿(厂)安监处(科)根据所驻单位的实际情况,制订月度安全监督检查计划,且细化分解到每周,计划主要包括监督检查的内容、方式、负责人等方面;公司安监局定期或不定期监督检查落实情况,纳入业务考评,提升安监系统监督检查工作的针对性和效果。

四、业务保安检查

1991 年以后,根据生产、通风、机电、地测、基建等部门的职责和业务保安,一直坚持开展顶板、"一通三防"、防治水、机电运输、防冲、基本建设、雨季"三防"等系统专业专项检查考核、专项治理活动,并逐步形成年度、季度、月度等固定频率的检查机制。

2016 年,公司要求各生产职能部室立足系统和业务分管范围,每月排查掌握各单位容易造成人员伤亡和系统较大风险的安全重要事项,实行表格化建档和专人负责,逐项落实监督检查和跟踪管理,帮助基层单位切实解决实际安全问题。

2018 年,根据《公司加强井下非常规作业现场安全监管规定》《公司加强地面非常规作业现场安全监管规定》,梳理了双 40 项单项工程、零星工程、检修工程等非常规作业,根据业务范围和性质,由生产职能科室相关干部实行现场全过程跟班盯防管理。

五、安全生产例检

1991 年,根据《公司安全检查制度》,各单位专业系统、主管部门每旬对分管区域进行一次专项检查,车间、队组每周进行一次全面自检。

2014 年,根据《公司安全生产例检制度》,对日常安全生产巡检、各级职能科室日常深入

一线时的管理巡检等,按照检查周期梳理明确各类检查内容。每班详检内容:采煤工作面、掘进工作面安全设施、顶底板机电运输系统,提升系统的钢丝绳,主风机系统。每天巡检内容:主提升系统上的挡车栏、主运煤皮带系统、地面压风机;有害气体检查。每周自检内容:液压系统、绞车、风、瓦斯电闭锁装置;密闭、隔爆设施。每月例检内容:探眼、工作面下隅角通风效果、切换装置、瓦斯监控系统。季节性例检内容:视气候及季节性变化,对防暑降温、防雨防洪、防雷电、防风、防冻等进行预防性季节检查。每年例检内容:对锅炉和压力容器、危险品、电气装置、厂房建筑、运输车辆及防火、防爆和防尘工作分别进行专业检查。管理性例检内容:按职能分管范围对生产现场进行日常性管理检查。

第六节　考核奖惩

一、安全奖罚办法

1991—1995年,公司主要执行《安全风险抵押试行办法(矿井部分)》(1989年印发)和《地面单位安全奖罚办法》(1989年印发,1991年、1994年修订),每年根据安全指标完成情况分别对矿井单位、矿建公司、主要地面单位实行安全考核奖罚管理。期间,1993年,下发《一季度安全奖罚办法》《下半年安全奖罚办法》,根据死亡考核指标完成情况,按照矿井单位、建井单位实行加奖加罚考核,并提留一部分奖励安全生产管理人员;1995年,制定《公司1995年煤炭安全生产奖惩办法》,就煤炭工业部下达给公司的安全奋斗指标,对公司及四座矿、矿建公司承包集团实行奖罚。

1996年,公司印发《井下生产单位安全风险抵押奖承包试行办法》《地面单位安全奖罚办法》《公司机关有关部门安全风险抵押试行办法》,对矿井单位实行季度考核奖罚兑现。安全风险抵押范围涵盖承包集团成员和安监站长、副总至一线工人等下井人员,非抵押人员按年人均标准奖励并每半年考核1次;对各地面单位和公司机关非抵押部门人员,实行年度安全考核、半年计奖、季度兑现的奖励办法,分级明确奖励标准和罚款标准;对公司机关的公司领导、直接从事井下安全生产工作的管理干部实行季度风险抵押、季度上台阶的考核计奖,按职级设立抵押金标准,对四个季度实现安全目标的依次按抵押金的80％、100％、120％、150％给予奖励,对季度内未实现安全目标的,扣除并重新缴纳抵押金,从第一台阶重新上台阶。期间,1997年以安全奖罚补充规定的方式,按照年度安全目标,对公司及各矿、矿建公司和地面生产单位两级承包集团成员实行重奖重罚。

1998年,印发《公司机关及矿井单位安全奖罚办法和地面单位安全奖罚办法》,在1996年的基础上,新增重奖重罚办法,按照季度考核、季度兑现的方式,对公司及各矿、矿建公司两级承包集团成员和公司机关副总、有关处室人员实行重奖重罚;对主要地面生产单位承包集团成员、安监科科长、生产线职工按照年度考核、半年计奖的方式,实行年度一次性奖罚考核。

1999—2003年,公司安全奖罚主要模式基本固定,安全奖罚办法在1998年的基础上,剔除矿建公司,增加四座矿季度安全风险抵押奖励罚款标准,适当调整四座矿、公司机关有关人员的个人安全抵押、重奖重罚标准;按照地面单位的生产服务属性,分层级实施年度安全考核、半年计奖的奖罚考核。2000年起,首次把质量标准化达标纳入四座矿的安全风险抵押考核内容。

2004—2007 年,公司安全奖罚办法取消重奖重罚,取消安全风险抵押季度上台阶的考核计奖模式;对矿井单位及公司机关实行安全风险抵押,实行按季考核、季度兑现,按层级、职级调整并提高抵押标准。期间,2006 年起公司领导层安全奖罚由中煤集团统一实施;2007 年后地面单位考核周期调整为半年。

2007 年,首次把安全奖罚标准细化到井下一线职工,印发《大屯煤电(集团)有限责任公司采掘一线及井下辅助单位个人安全账户建立及考核办法》,从采掘一线和辅助工人至队(科)长、书记、技术员,设立 7 个层级标准,按照公司、个人 1∶1 出资的比例,每月计入个人安全账户,实行月度考核,半年兑现公司奖励部分、年终一次兑现,并从下井个数、各类事故等方面,制定 6 条考核标准。

2008 年,印发《公司安全生产奖罚管理办法》,对矿井单位实行季度安全生产风险抵押考核管理,首次把主要地面生产建设单位副总及以上领导纳入安全生产风险抵押,实行季度考核兑现管理;对矿井单位副总以上领导、公司机关中层和工作人员,按层级明确标准,采取预交安全生产风险抵押金的方式,实行安全生产重奖重罚管理考核,并明确矿井单位、公司机关的具体考核标准。印发《公司井下职工及地面直接从事生产的职工个人安全账户考核办法》,职工个人安全账户从井下一线辅助扩展到地面生产职工,并覆盖地面单位直接从事生产的人员。

2010 年,针对矿井单位和公司中层干部,印发《公司安全生产奖罚考核暂行办法》,在 2008 年基础上,对矿井单位、新疆公司、地面主要生产单位、地面非生产单位、公司机关(5 类)公司中层干部,按职级明确抵押标准,实现对地面单位领导全覆盖;首次将安全生产重奖重罚构成分为安全生产风险抵押占 70%、安全质量标准化抵押占 30%,分别进行考核;首次新增矿井单位动态安全评估考核,对采煤、掘进、机电、运输、“一通三防”、防治水 6 大部分,实行公司季度、矿月度动态评估,季度按总分、专业分和事故情况,实行分级奖惩考核。针对公司机关工作人员,印发《公司机关安全生产奖罚考核暂行办法》,根据从事安全生产管理相关程度,按照一、二、三类部室和职级分别明确抵押标准,以预缴安全生产风险抵押金的方式,实行重奖重罚季度考核、季度兑现。

2011 年,印发《公司安全生产奖罚考核办法》,在 2010 年基础上,取消对矿井单位的季度安全生产风险抵押考核管理;对所属各单位、部门领导班子成员(5 类)取消重奖重罚,并按照职级提高奖励标准,开始实施安全预奖,预奖周期为每半年一次。印发《公司职工个人安全风险账户考核管理办法》,在 2008 年基础上,对矿井、地面生产、地面非生产单位及其他没有执行安全风险抵押的职工,首次实行全员安全风险账户管理;明确各级月度安全风险账户标准;实行月度考核、半年度全额兑现。

2014 年,印发《公司安全生产奖罚考核办法》,在 2011 年基础上,对所属各单位、部门领导班子成员取消安全预奖,实施安全抵押金制度,调整相应的抵押标准和考核标准,实行半年度考核兑现。

2018 年,分级、分类修订覆盖公司全员的安全奖罚考核办法,按照安全风险抵押、个人安全风险账户统一名称,且根据实际全面提高安全奖罚的标准,印发《公司中层管理人员安全风险抵押管理考核办法》和《公司机关工作人员安全风险抵押管理考核办法》,实行半年度考核兑现;印发《公司职工个人安全风险账户管理考核办法》,按照岗位金额标准和公司、个

人 2:1 出资的比例,每月计入个人安全账户,实行月度考核、半年度全额兑现。

二、安全绩效工资考核

2006 年,印发《安全绩效工资考核办法》,每月将各矿月度绩效工资的 30%、其他单位(部门)月度绩效工资的 25% 作为安全绩效工资考核发放。当月发生矿井工亡、其他单位(部门)重伤的,扣发全部安全绩效工资;当月井下每重伤 1 人扣 30%。当月发生一级非伤亡事故或机电运输特大事故的,每次扣 40%;当月发生二级非伤亡事故或机电运输重大事故的,每次扣 30%。瞒报或虚报事故加倍扣罚。各类检查安全问题被处以挂黄牌警告的,每次扣 5%;被停头、停面、设备停止使用的,每次扣 10%。期间,2008 年进行修订,把当月煤矿井下发生二级非伤亡事故或机电运输重大事故,地面生产单位发生一般非伤亡责任事故(道路、火灾),每次扣发调整为 10%~30%。

三、安全长周期奖励

2012 年 1 月 6 日,印发《公司安全生产长周期考核办法》,对连续实现安全生产 3 周年、4 周年、5 周年、10 周年的生产矿井分别奖励 100 万元、150 万元、200 万元、300 万元;对连续实现安全生产 6~9 周年的生产矿井,以 200 万元为基数,增加 10% 的奖励额度;对连续实现安全生产 10 周年以上的生产矿井,以 300 万元为基数,增加 20% 的奖励额度;公司 4 个生产矿井全部实现安全生产 3 周年及以上,对公司有关管理部门给予 20 万元的安全嘉奖。

四、安全活动类奖罚考核

1994 年,制定下发《关于对安全生产季活动实行奖罚的通知》,按照生产矿井、矿建公司、各地面单位,对实现活动目标实行分级奖励,对活动期间的伤亡事故、非伤亡事故实行分级罚款。1996 年,公司在安全生产月、百日安全生产活动中,围绕活动安全目标的实现,对各单位实行考核奖惩。

2002 年起,公司在历年"安全生产月"活动中,围绕活动安全目标的实现,对各单位实行考核奖惩。2005 年起,公司在"决战后 50 天,确保安全生产"的活动中,对各单位实行安全目标考核奖惩。2007 年起,公司在历年"百日安全"活动中,围绕活动安全目标的实现,对各单位实行考核奖惩。2010 年起,公司在历年"平安一季度"活动中,围绕活动安全目标的实现,对各单位实行考核奖惩。2017 年起,公司在历年"安全大整顿"活动中,围绕活动安全目标的实现,对各单位实行考核奖惩。

第七节 安全活动

公司在多年开展安全活动的基础上,经过总结、归纳、提升,形成具有大屯公司特色的安全活动"五大品牌"。

一、"平安一季度"活动

2010 年 1 月 1 日至 3 月 31 日,为实现公司年初开好局、起好步的目标,确保元旦、春节及"两会"期间等重点时段安全稳定,根据中煤集团工作安排,公司首次开展"平安一季度"活

动。活动主要目标是：① 煤矿杜绝重伤以上事故；② 地面单位杜绝轻伤以上事故；③ 各单位杜绝二级及以上非伤亡事故。公司成立"平安一季度"活动领导小组，办公室设在公司安全监察部，负责具体组织、督促各单位开展活动，并对活动开展情况进行检查考核。

活动主要内容：一是拓展安全质量标准化工作；二是强化安全隐患排查治理；三是强化安全监督检查；四是强化现场安全管理。

各单位按照公司统一部署，结合自身实际，以"拓展安全质量标准化、实现首季安全上水平"为主题，认真组织开展具有各自特点的"平安一季度"活动。活动结束后，实现活动目标，公司给予奖励；未实现活动目标，除按公司有关文件的规定对事故单位进行处罚外，同时取消公司所有单位的上述奖励。

此后至 2020 年，公司连续 11 年开展"平安一季度"活动，根据各个不同时期安全生产形势和任务，注入活动新内容（图 9-1-1）。

图 9-1-1 算好安全三笔账，增强安全生产意识

二、"警示三月行"活动

2011 年，为深刻吸取中煤集团 2010 年 3 月份重特大事故多发的教训，切实加强安全生产工作，确保"两会"期间安全稳定，实现"平安一季度"，为全年安全生产打好基础、开好局，根据中煤集团工作安排，结合"平安一季度"活动，公司首次组织开展以"铭记教训、防范事故、人人有责"为主题的"警示三月行"活动。活动目标为：安全意识普遍提高、活动组织生动有效、全员参与执行有力、杜绝生产安全事故。

活动主要内容：主要开展"五个一"活动、启动一项重点工作，即：开展一次警示教育活动，开展一次反思活动，开展一次安全检查活动，开展一次危险预知和自查自纠违章活动，开展一次作业行为对标活动，启动生产系统安全性评估工作。活动结束后，公司对考评得分 85 分及以上的二级单位领导班子成员按标准给予奖励；考评得分不足 85 分的不予奖励；发生伤亡事故的按照《公司安全生产奖罚考核办法》进行处罚。

此后至 2020 年，公司连续 10 年开展"警示三月行"活动，深刻吸取事故教训，确保实现一季度安全生产目标。

2018年变更主题为"铭记事故教训,提升安全意识",活动内容增加了安全生产自警管理、党管安全专项行动、加强安全生产反思教育。2019年变更主题为"铭记事故教训,防范重大风险",活动内容增加了重大安全风险、重大隐患再辨识、再确认活动;对标国家安全工作新要求自查自改活动;学习推广"人人都是班组长"管理模式。2020年,公司为确保疫情期间安全稳定,将活动主题变为"安全复工复产";活动目标定为杜绝生产安全事故,打赢疫情防控阻击战,实现"平安一季度";活动内容重点针对风险隐患排查治理,开展对标对表自查自改和安全复工复产活动。

三、"安全大整顿"活动

2017年4月下旬至9月上旬,为深刻吸取安全事故教训,整顿安全生产中存在的问题和不足,遏制事故苗头,确保阶段性安全目标的实现,开展"安全大整顿"活动。

活动目标:① 煤矿杜绝重伤以上事故;② 地面单位杜绝轻伤以上事故;③ 各单位杜绝二级及以上非伤亡事故。

活动内容:一是安全思想大整顿;二是工作作风大整顿;三是"三违"治理大整顿;四是技术措施大整顿;五是系统建设大整顿;六是风险隐患大整顿。

2018—2020年,公司坚持在每年4—9月持续开展安全大整顿活动,将大整顿重点内容侧重于责任落实大整顿、行为规范大整顿、基础建设大整顿、系统保障大整顿和现场管理大整顿,做到安全意识时刻牢固、安全责任落实到位、职工行为有效规范、安全基础持续夯实、系统保障安全可靠、现场管理有序可控,严防各类安全事故的发生,确保公司安全形势平稳发展。

每年"安全大整顿"活动与"安全生产月"活动相结合,与安全生产标准化考评相结合,与月度安全重点工作相结合,与煤矿全面安全"体检"专项工作相结合,与安全专项治理工作相结合。活动结束后,视检查验收结果给予奖励,并对公司职能部门给予适当奖励。未实现活动目标的,取消奖励,并按公司有关规定对事故单位进行责任追究。层层抓好落实,确保各项工作稳步推进,确保与"百日安全"活动顺利衔接,为实现全年安全目标打好坚实基础。

四、"安全生产月"活动

1993年、1994年、1996年、2001年5月,公司根据煤炭部、劳动部及江苏省部署,从安全宣传教育、质量标准化达标、强化现场管理、狠抓隐患排查、认真开展"三不伤害"5个方面,组织开展《中华人民共和国矿山安全法》《煤矿安全规程》宣传月和"安全生产月"活动。

2002年,公司根据全国首个"安全生产月"活动安排,决定在6月份开展"安全生产月"活动。根据中煤集团要求,成立活动领导小组,系统开展以"安全责任重于泰山"为主题的首个"安全生产月"活动。

活动目标:矿井及地面单位杜绝重伤及以上人身事故;矿井单位杜绝一级非伤亡事故;地面单位杜绝重大非伤亡事故(经济损失不超过一万元)。

活动内容:一是认真开展好安全宣传教育工作;二是紧紧围绕"一通三防"工作;三是强化安全技术教育;四是加强现场管理,狠抓隐患整改;五是妥善处理好生产和农忙的关系,大力开展群众性反"三违"、反事故活动。活动结束后,杜绝死亡事故,公司将对各单位进行适当奖励,集团公司将对有关领导和有关处室人员给予适当奖励;对未实现活动目标的单位,

公司将按奖励标准等额加罚。

此后每年 6 月,公司都组织开展"安全生产月"活动,根据各个时期安全生产形势和任务,注入活动的新内容(图 9-1-2)。

图 9-1-2 井口安全知识竞赛

五、"百日安全"活动

1990 年 10 月至 1991 年 3 月,公司开展"冬春百日安全"活动。

1996 年 9 月 23 日至 12 月 31 日,公司从安全教育活动、隐患排查整改和反"三违"反事故三个方面,开展"百日安全"活动。1997 年同期开展"百日安全"活动。

2007 年 9 月 23 日至 12 月 31 日,根据中煤集团的工作安排,公司首次系统地开展"百日安全"活动。

活动主要目标为:① 公司实现零死亡;② 矿井单位杜绝死亡事故及二级非伤亡事故;③ 地面单位杜绝重伤及以上人身事故和二级非伤亡事故;④ 其他单位杜绝各类安全事故。

此后每年 9 月 23 日至 12 月 31 日,公司都坚持开展"百日安全"活动,根据各个不同时期安全生产形势和任务,注入活动的新内容,保障年底安全生产顺利收尾。

第二章 灾害防治

第一节 矿井火灾防治

一、煤层自燃倾向性鉴定

经自燃倾向性鉴定,本部四座矿 7#、8# 煤层均为Ⅱ类自燃煤层;106 煤矿 5#、6#、7# 煤层均为Ⅰ类自燃煤层;8# 煤层为Ⅱ类自燃煤层。

二、影响发火的因素

根据大屯矿区及新疆矿区的自燃倾向性鉴定报告及近年来的实际经验,影响发火的一般因素有:① 采空区密闭封闭不严造成漏风等均可导致煤层自然发火。② 采煤工作面采用综采放顶煤工艺开采,采空区留有一定量的遗煤,如不采取有效的治理措施,就有可能造成工作面自然发火。③ 采空区封闭不及时,密闭破坏后不及时维修,造成采空区漏风,有可能引起自然发火。④ 沿底掘进时顶煤破碎或遇断层等地质构造带时煤体破碎,如不采取有效措施处理,就有可能造成掘进工作面自然发火。⑤ 工作面违章爆破、瓦斯煤尘事故也会引起火灾。⑥ 井下烧焊电气设备过热、过流短路、皮带运转等原因也会引起外因火灾,等等。

根据不同矿井的条件不同还有以下因素对自然发火的影响亦不容忽视,主要包括:一是采深对煤层自然的影响,从近年来自然发火隐患与深度关系的分析,随着采深的增加,氧化点数目也在不断增加,该因素在姚桥煤矿、徐庄煤矿、孔庄煤矿表现较为突出;二是地温对煤层自燃的影响,地温增加,煤的化学活性增加,煤氧反应速率加快,地温越高,煤氧化升温过程中散热量越少,同时为了降温需增加工作面风量,风压越大,形成的漏风越严重,煤越容易自燃;三是煤层变质程度对煤层自燃的影响,煤的变质程度越高,煤层越容易自燃,该因素主要表现在新疆两个矿井。

三、火灾的成因

(一)外因火灾

外因火灾主要是在生产过程中,如爆破作业、机械摩擦、电气设备运转不良、电源短路、电缆老化击穿、电焊气焊、照明等明火引起的火灾。此类火灾人为因素较多,一旦疏忽管理,随时都会发生。外因火灾虽易于发现,但发展速度快,危害严重。采掘工作面运输皮带发生火灾时,将会影响本采掘工作面;处于进风的主运巷皮带发生火灾时,将会影响处于回风侧的所有采掘工作面、采区;进风井一旦发生火灾,将危及整个矿井的安全,对矿井安全威胁程度更大,这种事故的重点隐患点在主井皮带和主运输巷。

（二）内因火灾

内因火灾主要是煤层自然发火引起的火灾,主要发生在工作面开采线、停采线、断层带、综放工作面两巷附近、工作面采空区、支架顶部、封闭不良的采空区及掘进巷道高冒区等。此类火灾发火隐患,不易发现,危害严重。

四、危害程度

矿井火灾会消耗风流中的氧气,产生大量的热能,产生大量的有毒有害气体。矿井火灾事故是煤矿最严重的灾难事故之一,易造成群死群伤、矿毁人亡。外因火灾初期小,周围介质温度不高,较易扑灭,但处置不当,火势蔓延开来,会酿成重大事故。

矿井火灾事故危害主要包括:① 产生 CO 等有毒有害气体,造成人员中毒、窒息甚至死亡;② 产生高温气流,可能导致瓦斯、煤尘爆炸;③ 造成大量设备和资源被毁;④ 产生火风压,破坏通风系统,使井下风流紊乱,扩大事故;⑤ 使矿井局部或全部停产,破坏矿井生产,造成工作面停产、封闭,生产接续紧张;⑥ 扑灭井下火灾,消耗大量人力物力;⑦ 封闭火区,冻结大量可采煤量等。

五、火灾预兆

（一）外因火灾预兆

井下空气成分发生变化,CO 和 CO_2 等有害气体浓度大幅度升高;空气中有烟雾或燃烧物气味;看到明火;空气温度明显升高。

（二）内因火灾预兆

能尽早而又准确地识别矿井内因火灾的初期征兆,对于防止火灾的发生和及时扑灭火灾具有极其重要的意义。井下初期内因火灾主要从以下几方面进行识别:① 煤层的温度、火区附近的空气温度和来自火区的水温比正常情况高;② 火区附近的氧气浓度降低;③ 火区附近巷道中湿度增大;④ 火区附近巷道壁面和支架表面形成水珠;⑤ 有害气体增加,CO气体浓度持续升高;⑥ 巷道中出现煤油、汽油、松节油等气味;⑦ 出现明火或烟雾等。

六、火灾事故预防措施

（一）预防火灾的原则

预防为主,消防并举。

（二）内因火灾预防措施

预防内因火灾要贯彻以防为主的精神,在采矿设计中必须明确相应的防火措施;在编制采掘计划的同时,必须编制防灭火计划;自然发火矿井要掌握各煤层的发火期,采取加快回采速度的强化开采措施,使每个采区或盘区争取在发火期前采完。主要措施包括:① 开采方法方面的防火措施;② 通风方面的防火措施;③ 预防性灌浆措施;④ 喷涂阻化剂防灭火措施;⑤ 加强预测预报措施。

2018 年,公司各煤矿先后安装束管监测系统,对综采（放）工作面采空区进行不间断监测,及时掌握采空区的气体及发火情况。

（三）外因火灾预防措施

外因火灾的预防主要从两方面进行,一是防止失控的高温热源。二是采用不燃性支护材料,同时防止可燃物大量积存。及时发现火灾初期征兆,及时扑灭。

七、矿井灭火

矿井灭火有直接法、封闭法和联合法,主要根据火灾的性质、发生地点、范围、发展阶段以及现有的灭火器材,采取合适的灭火方法。

(1)直接灭火法。直接灭火法是采用水、灭火器、沙土、空气泡沫流等在火源附近直接扑灭,或者挖掘火源并将其运走的灭火方法。用水灭火时要保证供给足够的灭火用水,同时要使喷向火区的水能正常排出,以免高温水流到邻区促进矿石氧化。要保证灭火区的正常通风,将火烟和蒸汽排到回风道去,同时还应随时检测火区附近的空气成分。火势较猛时,先将水流射往火源外围,然后逐渐逼向火源中心。对于油类火灾有时可采用水雾灭火,其方法是在火源附近安设若干喷水器,形成扇形水幕,水很快化为蒸汽,隔断对火源的空气供给,而且也起冷却作用。灭火器主要用于扑灭各种硐室和巷道中的小型火灾。惰性沙土灭火方法简单、费用低,主要用于扑灭井下硐室中的电力设备和油料的小型火灾。挖出火源是指在火灾之初尚未出现明火或燃烧范围较小时,用长柄工具将高热物体或燃烧体取出,将其冷却、熄灭和运走,并用惰性物质将空洞填塞。

(2)封闭灭火法。封闭灭火法就是将火区封闭,以隔绝空气的流入,火灾将因缺氧而熄灭。一般当不能用直接法或其他方法将火扑灭时,可考虑采用封闭法。

(3)联合灭火法。当火灾不能用上述灭火法扑灭时,应采用联合灭火法。联合灭火法就是将火区封闭后,再向封闭火区注入泥浆或惰性气体,以提高灭火的效果和速度。

八、火区管理

必须绘制火区位置关系图,注明所有火区和曾经发火的地点。每一处火区都要按形成的先后顺序进行编号,并建立火区管理卡片。火区位置关系图和火区管理卡片必须永久保存。每个防火墙附近必须设置栅栏、警标,禁止人员入内,并悬挂说明牌。应定期测定和分析防火墙内的气体成分和空气温度。必须定期检查防火墙外的空气温度、瓦斯浓度,防火墙内外空气压差以及防火墙墙体,发现封闭不严或有其他缺陷或火区有异常变化时,必须采取措施及时处理。所有测定和检查结果,必须记入防火记录簿。矿井做大幅度风量调整时,应测定防火墙内的气体成分和空气温度。井下所有永久性防火墙都应编号,并在火区位置关系图中注明。防火墙的质量标准由煤矿企业统一制定。封闭的火区,只有经取样化验证实火已熄灭后,方可启封或注销。

火区同时具备下列条件时,方可认为火已熄灭:① 火区内的空气温度下降到 30 摄氏度以下,或与火灾发生前该区的日常空气温度相同。② 火区内空气中的氧气浓度降到 5.0%以下。③ 火区内空气中不含有乙烯、乙炔,一氧化碳浓度在封闭期间内逐渐下降,并稳定在0.001%以下。④ 火区的出水温度低于 25 摄氏度,或与火灾发生前该区的日常出水温度相同。⑤ 上述 4 项指标持续稳定 1 个月以上。

启封已熄灭的火区前,必须制定安全措施。启封火区时,应逐段恢复通风,同时测定回风流一氧化碳、瓦斯浓度和风流温度。发现复燃征兆时,必须立即停止向火区送风,并重新封闭火区。启封火区和恢复火区初期通风等工作,必须由矿山救护队负责进行,火区回风风流所经过巷道中的人员必须全部撤出。在启封火区工作完毕后的 3 天内,每班必须由矿山

救护队检查通风工作,并测定水温、空气温度和空气成分。只有在确认火区完全熄灭、通风等情况良好后,方可进行生产工作。

第二节 矿井瓦斯防治

一、瓦斯赋存

公司本部四座矿及 106 煤矿均为低瓦斯矿井。

根据 2011 年 10 月山西省煤炭工业局综合测试中心提供的《山西阳泉盂县玉泉煤业有限公司矿井瓦斯涌出量预测报告》和晋煤瓦发〔2011〕1579 号文,采用分源预测法对玉泉煤业矿井不同生产时期的矿井瓦斯涌出量进行预测,预测矿井在生产能力达到 120 万吨/年条件下,开采 15 号煤层一采区时最大绝对瓦斯涌出量为 59.68 立方米/分钟,最大相对瓦斯涌出量为 23.64 立方米/吨;二采区最大绝对瓦斯涌出量为 43.65 立方米/分钟,最大相对瓦斯涌出量为 17.29 立方米/吨。根据瓦斯鉴定和预测结果,矿井兼并重组整合后开采 15 号煤层属高瓦斯矿井。截至 2019 年玉泉煤业已停止建设。

根据中煤科工集团重庆研究院有限公司《煤层突出危险性评估报告》,苇子沟煤矿矿井开采范围内的 5、7 煤层不具有煤与瓦斯突出危险性;矿井开采范围+450 米以下的 6、$6_下$ 煤层具有煤与瓦斯突出危险性;矿井开采范围+1 000 米以下的 $8_上$、8 煤层具有煤与瓦斯突出危险性。

二、瓦斯灾害预防措施

(一)加强通风系统管理,消除瓦斯积聚

(1)矿井根据每月生产经营计划,认真编制月度工作计划。不断简化、优化通风系统,确保采掘工作面、硐室及其他用风地点风量符合《煤矿安全规程》以及公司《生产矿井配风量技术标准》和《通风设计》的要求。

(2)严格执行矿井测风制度,每 10 天至少对全矿井进行一次全面测风,采掘工作面应根据实际需要随时进行测风,每次测风结果都应写在测风地点的记录牌上和地面测风记录本上,通风科根据测风结果进行风量调控。

(3)采掘工作面应采用独立通风,确需采用串联通风时,必须编制串联通风安全技术措施,并严格执行报批程序。

(4)主要通风机至少每月由机电科负责检查一次,并有记录可查。改变通风机转数和叶片角度必须报矿总工程师批准,确保备用主要通风机应能在 10 分钟内启动。

(5)通风机反风设施由分管矿长组织有关部门每季度至少检查一次,机电部门对检查记录存档备查。矿井每年进行一次反风演习(救灾演习),反风结果要符合《煤矿安全规程》第一百五十九条的要求:必须装有反风设施,并能在 10 分钟内改变巷道中的风流方向,反风后主要通风机供风量不少于正常供风量的 40%。对反风演习中存在的问题,必须采取措施整改,反风演习报告及时上报公司通风管理部。

(6)矿井必须有完整独立的通风系统。改变全矿井通风系统时,必须编制通风设计及安全技术措施,由矿总工程师审批。

（7）进、回风井之间和主要进、回风巷之间的每条联络巷中，必须砌筑永久性风墙；需要使用的联络巷必须安装两道联锁正反向风门。

（8）从设计角度避免在斜巷设置风门，如果必须在倾斜运输巷道中设置风门时，应安装自动风门或设专人管理，并有防止矿车碰坏风门的安全措施，必要时应安排专人看守，严禁两道风门同时敞开。

（9）加强巷道维修，确保矿井正常通风，保证有效通风断面满足要求。

（10）巷道贯通前，通风科必须编制通风系统调整方案并做好风流调整准备工作；贯通时，通风科、生产科、安监科、掘进施工单位必须各派一名干部在现场统一指挥，以便组织协调安全技术措施的落实；贯通后，必须立即调整通风系统，防止瓦斯积聚，待通风系统风流稳定后，方可继续施工。

（二）加强局部通风管理

（1）局部通风机及其开关必须设在进风巷道内，距掘进巷道回风口不小于10米，全风压供给该处的风量必须大于局部通风机的吸入风量，局部通风机安装地点到回风口间的巷道中最低风速符合《煤矿安全规程》第一百三十六条规定。

（2）在局部通风机装置及安全设施未能正常运行前，禁止施工作业。

（3）严格执行《双电源双风机局部通风管理规定》：井下所有局部通风机供风的地点均要安装使用双风机双电源及自动切换装置，实现双风机自动切换和能力匹配。双风机的供电方式原则上必须是取自两条各自独立的电源线路（无论高压或低压）。当主风机停风时副风机担负掘进工作面通风，主、副风机间切换确保在10秒钟内自动完成。副风机通风时，掘进迎头不能进行任何作业，应抓紧排除主风机故障，主风机恢复通风后，才能进行正常生产。

（4）坚决杜绝无计划停风，确需停电影响局部通风机运行的必须由停电单位提交停电报告，并制定落实有关安全技术措施后方可执行。

（5）局部通风机无计划停电停风的管理措施。

（6）采掘区队应将所辖范围的局部通风设施（包括局部通风机、风筒等）的管理作为一项重要的日常管理工作，妥善保护，严禁损坏，并对局部通风设施所在地点的环境及安全管理全面负责；出现专业性问题，要会同通风、机电等部门共同处理。

（7）局部通风机安装和使用必须符合《煤矿安全规程》第一百六十四条规定，局部通风机必须挂牌管理。

（8）因检修、检查等原因需要停止局部通风机运转时，必须提前办理报批手续，并制定相应停电、停风措施，报矿总工程师批准后方可实施。凡没有停电、停风报告的一律按无计划停电、停风追查处理。

（9）矿通风部门必须建立局部通风的有关管理制度，负责对局部通风机供电系统"三专两闭锁"的安装、检修、维护工作，不准随意停电，保证局部通风机连续运转、闭锁灵敏可靠；对局部通风机无计划停电、停风的原因进行分析，并提出针对性的措施加以解决。

（10）无计划停电、停风要及时向矿调度指挥中心汇报，并记入无计划停电、停风台账。通风部门向总工程师及生产、机电、安监部门填发事故通知单；安监部门负责事故的分析追查，并对责任单位及责任者进行处理。

（11）发生局部通风机无计划停电、停风处理措施：① 当局部通风机发生无计划停电等原因停风时，当班瓦斯检查员和跟班队长、班组长必须立即组织撤出人员，切断电源，瓦斯检查员应在停风区巷道口设置栅栏,揭示警标,禁止人员入内,并及时向矿调度指挥中心汇报。② 发生无计划停电、停风,要组织追查分析,找出停电、停风原因,落实责任单位或责任人,提出处理意见。③ 恢复通风前,瓦斯检查员必须认真检查瓦斯浓度,停风区中最高瓦斯浓度不超过 0.8%和最高二氧化碳浓度不超过 1.5%,且局部通风机及其开关附近 10 米以内风流中甲烷浓度都不超过 0.5%时,方可人工启动局部通风机。如超过规定,则应由通风科负责编制排放瓦斯措施,报矿总工程师批准,并严格按照排放措施执行。④ 掘进风筒末端到迎头的距离必须符合作业规程的规定。

（三）加强瓦斯管理

（1）瓦斯检查员必须对井下所有有人工作的头面进行瓦斯巡回检查。瓦斯检查员必须执行瓦斯巡回检查制度和请示报告制度,并认真填写瓦斯检查班报,每次检查瓦斯的结果,都必须记入瓦斯检查员检查班报手册和检查地点的记录牌上,并通知现场工作人员。当瓦斯超过《煤矿安全规程》规定时,瓦斯检查员应通知现场人员停止工作,并撤至安全地点,严禁瓦斯超限作业。

（2）采、掘工作面每班检查瓦斯和二氧化碳浓度次数必须符合《煤矿安全规程》规定,瓦斯检查员要做到"三对口",严禁空班、漏检、假检。

（3）矿通风科值班人员必须审阅瓦斯班报,及时掌握井下瓦斯变化情况,发现问题及时处理。对重大通风、瓦斯等问题,通风科必须立即向矿调度指挥中心汇报,并制定措施,报矿总工程师批准进行处理。

（4）通风瓦斯日报和监测日报,必须送矿长、矿总工程师审阅。

（5）临时停止作业的地点,必须保持正常通风;临时停风的掘进工作面,必须在巷口设置栅栏、警标,瓦斯检查员和跟班队长、班长必须命令停风地点所有人员撤到新鲜风流中,禁止人员进入,并向矿调度指挥中心汇报,停风超过 24 小时的,要进行封闭。

（6）加强盲巷管理,已报废的巷道应及时封闭,定期检查密闭前瓦斯等气体情况,并建立管理台账;启封密闭必须由矿救护队执行。

（7）主要通风机停止运转时,受停风影响的地点,必须立即停止工作、切断电源,工作人员先撤到进风巷道中,由值班矿领导组织全矿井工作人员全部撤出。

（8）建立抽采系统。2012 年,孔庄煤矿为治理深部Ⅳ₁采区瓦斯,建立服务于Ⅳ₁采区的井下移动抽采泵站,抽采系统运转正常,保证了上隅角瓦斯不超限,确保安全生产。瓦斯抽采设备情况:ZWY-150/185-G 型 2 台,抽采泵最大抽气量为 150 立方米/分钟、电机功率 185 千瓦、泵转速 450 转/分钟;ZWY-200/220-G 型 1 台,抽采泵最大抽气量为 200 立方米/分钟、电机功率 220 千瓦、泵转速 340 转/分钟;ZWY-210/280-G 型 2 台,抽采泵最大抽气量为 210 立方米/分钟、电机功率 280 千瓦、泵转速 380 转/分钟。

（四）加强瓦斯监测监控

（1）井下各类传感类要及时、准确安装到位。

（2）使用安全监控装置断电的地点,严禁复电,只有当甲烷浓度降到《煤矿安全规程》规定以下并确定后,方可人工复电,复电工作由瓦斯检查员负责。

（3）对经常移动的传感器、声光信号、电缆,要按规定移动,严禁擅自停用,严禁人为破坏。

（4）对甲烷传感器每 15 天进行一次调试,确保瓦斯超限时能自动断电和发出声光报警,使各项指标符合规定,严禁调高、调低监测数据。

(5) 装置发生故障时,必须在 8 小时内更换和处理完毕,在处理故障期间应通知瓦斯检查员加强瓦斯检查。

(6) 充分发挥监测监控作用,安全监控中心站值班人员应严密监视矿井瓦斯变化情况,发生瓦斯超限或异常情况时,及时通知矿值班领导、矿调度指挥中心、通风调度人员和监测中心值班人员,矿调度员、通风调度员、监测中心值班人员及相关人员应及时查明原因,通知有关人员处理,并要有信息反馈。

(7) 安全监控中心站应 24 小时不间断正常监测,确保设备运行正常。安全监控装置在井下运行 6～12 个月必须上井全面检修,安全监控装置下井完好率必须达 100%,装置备用率不小于 20%,监测数据库保存 2 年以上。

(8) 安全监控设备必须有故障闭锁功能,监控分站应有能使用 1 小时以上的后备电源,不满足要求时及时更换。

(五)瓦斯排放

(1) 精确计算巷道排放瓦斯量、供风量、排放时间,以确立排放瓦斯时间和确立排放瓦斯方法。

(2) 瓦斯排放路线图,应注明排放瓦斯的流向,控制风流设施、电气设备等位置。

(3) 明确停电撤人范围和警戒位置。

(4) 瓦斯排放流经巷道的电气设备,要指定专人负责停送电工作。

(5) 瓦斯排放的组织领导包括跟班干部和排放人员要切实落实责任。

(6) 瓦斯排放由矿救护队负责实施,排放完毕后由救护队长及时向矿调度指挥中心汇报,调度员写好专门排放瓦斯记录。

(7) 严禁采用"一风吹",或利用局部通风机开关作间断启停的方法排放瓦斯。应采用局部通风机出风端大小头处加调节三通来调节局部通风机送风量,控制排出瓦斯浓度,确保排出的瓦斯在全负压风流混合处甲烷浓度不超过 0.8%、二氧化碳浓度不超过 1.5%。

第三节　矿井粉尘防治

一、煤尘爆炸性鉴定

公司所属矿井煤尘均具有爆炸性。姚桥煤矿煤尘爆炸性指数为 36.49%～40.5%;孔庄煤矿煤尘爆炸性指数为 26.81%～31.84%;徐庄煤矿煤尘爆炸性指数为 32.98%～35.27%;龙东煤矿煤尘爆炸性指数为 31.83%～33.13%;106 煤矿煤尘爆炸性指数为 31.8%～44.73%;苇子沟煤矿煤尘爆炸性指数为 23.36%～27.84%。

二、影响煤尘爆炸的因素

煤尘爆炸事故主要发生在采掘生产过程中,灾害的重点在采掘工作面,主要包括:

(1) 在采掘生产过程中,特别是在破煤、落煤、运输过程中,都会产生大量煤尘。

(2) 沿煤掘进产尘量较大,特别是放顶煤时,煤尘飞扬浓度可达到爆炸界限。

（3）风速过高会引起采掘工作面和运输巷道煤尘飞扬，而风速过低，产尘点产生的煤尘排不出去增加浮尘量。

（4）皮带运煤系统、采区运输机各转载点，如防尘不及时，也会造成煤尘飞扬。

（5）当煤尘含量达到爆炸界限，遇电气设备漏电产生的火花、爆破产生的火焰等引爆火源时，就会发生煤尘爆炸事故。

三、危害程度

煤尘爆炸时会产生高温、高压、有毒有害气体，造成人员伤亡、机械设备和巷道的破坏，强大的冲击波会造成风流逆转，破坏通风系统，可能引起连续爆炸。

四、煤尘灾害预兆

煤尘爆炸的下限为 45 克/立方米左右，上限为 2 000 克/立方米左右，爆炸威力最强烈在 300～400 克/立方米。井下监测到浮游煤尘浓度达到爆炸限度时要通知施工人员停止施工，采取措施进行处理，同时汇报矿调度指挥中心。爆炸前，事故地点浮游煤尘浓度达到爆炸界限，并且有引爆火源，爆炸时，一般都会有强大的爆炸声和连续的空气震动，产生很强的高温气浪。

五、煤尘爆炸预防措施

煤尘爆炸必须同时具备三个条件：煤尘本身具有爆炸性；煤尘必须悬浮于空气中，并达到一定的浓度，煤尘爆炸界限一般为 45～2 000 克/立方米；存在能引燃煤尘爆炸的高温热源（即爆破出现的火焰、电气火花、电弧、静电火花、撞击火花、摩擦高温、火灾和瓦斯爆炸等），因此预防煤尘爆炸应当从以下五个方面入手。

（一）采煤工作面的防尘

（1）工作面必须有完善的防尘管路系统。管路直径不小于 3 英寸（有水患地点不小于 4 英寸）。皮带运输巷道每隔 50 米设置一个三通阀门，并配齐把哨和消防软管，其他巷道每隔 100 米设置一个三通阀门，软管吊挂规范，无跑、漏、滴水现象。工作面及转载机以里每班至少冲洗一次，其他地点冲洗周期由各矿确定，确保无尘化交接班。

（2）工作面必须实行煤层注水，预湿煤体，从源头减少粉尘产生量。采用走向深孔动压注水方式，确保煤层注水后煤的水分在 4% 及以上。

（3）采煤机必须安装内、外喷雾装置，采煤机内、外喷雾使用加压泵并与采煤机联动，割煤时必须喷雾降尘，内喷雾工作压力不得小于 2 兆帕，外喷雾工作压力不得小于 4 兆帕，喷雾流量应当与机型相匹配。无水或喷雾装置不能正常使用时必须停机。

（4）工作面两道必须安装净化水幕。工作面距上、下出口不超过 30 米各设置一道风流净化水幕，回风巷水幕实现自动控制。水幕要求能封闭全断面、雾化好，并使用正常。

（5）液压支架和放顶煤工作面的放煤口，必须安装喷雾装置，降柱、移架或放煤时同步喷雾。采煤工作面煤流系统所有的转载点、装载点和卸载点必须安装喷雾装置，做到灵敏可靠，雾化效果好，并能正常使用。落差超过 0.5 米的转载点应设置导煤板或安装防尘罩，煤仓和溜煤眼上口应安装防尘罩。

（6）工作面刮板输送机机头（上行风工作面刮板输送机机尾）上风侧和工作面中间各安装一道捕尘网；回风巷在超前支护外口安装一道移动捕尘网装置（网和水幕），回风巷捕尘网上风侧1米范围内安装喷雾装置。捕尘网装置应当结构简单、挪移方便、网孔适宜、捕尘效果好，能封闭全断面，与净化水幕配合使用。捕尘装置随工作面推进而移动。

（二）炮掘工作面防尘

（1）工作面必须有完善的防尘管路系统。管路直径不小于4英寸。每隔50米安设一个三通阀门及把哨，并配备不少于25米的消防软管，吊挂规范，无跑、滴、漏水现象。工作面30米范围每班冲刷一次，其他地点冲洗周期由各矿确定，确保无尘化交接班。

（2）工作面应采取湿式钻眼法，使用水炮泥，在爆破前后必须对距离工作面30米范围内的巷道周边和煤堆洒水。在距工作面10～15米处安装使用爆破自动喷雾，实现爆破喷雾自动化。喷雾应覆盖全断面并在爆破后连续喷雾5分钟以上。在装煤过程中，边装边洒水。

（3）巷道内必须安装净化水幕。距工作面50米设置一道风流净化水幕，水幕要求能封闭全断面、雾化好，并使用正常。

（4）工作面使用捕尘网装置。在距离工作面100米范围内安装一道捕尘网装置，每道捕尘网上风侧1米范围内安装喷雾装置，并随工作面推进而移动。捕尘网装置应当结构简单、挪移方便、网孔适宜、捕尘效果好，能封闭全断面，与净化水幕配合使用。

（三）综掘工作面防尘

（1）综掘工作面必须有完善的防尘管路系统。管路直径不小于3英寸（有水患地点不小于4英寸）。每隔50米安设一个三通阀门及把哨，并配备不少于25米的消防软管，吊挂规范，无跑、滴、漏水现象。工作面30米范围内每班冲刷一次，其他地点冲洗周期由各矿确定，确保无尘化交接班。

（2）作业时应当使用内、外喷雾装置，内喷雾装置的工作压力不得小于2兆帕，外喷雾装置的工作压力不得小于4兆帕。外喷雾装置压力达不到要求，必须使用加压泵，并和综掘机联动。喷雾装置做到每天检修，确保喷嘴不堵塞、雾化效果好，无水或喷雾装置不能正常使用时必须停机。

（3）巷道内必须安装净化水幕。距工作面50米范围内设置一道风流净化水幕，水幕要求能封闭全断面、雾化好，并使用正常。

（4）综掘工作面所有的转载点、装载点和卸载点必须安装喷雾装置。落差超过0.5米的转载点应设置导煤板或安装防尘罩，煤仓和溜煤眼上口应安装防尘罩，所有转载点都必须实现自动化，所有喷雾装置做到灵敏可靠，雾化效果好，并能正常使用。

（5）在距离工作面100米范围内安装一道捕尘网装置，捕尘网装置上风侧1米范围内安装喷雾装置。捕尘网装置应当结构简单、挪移方便、网孔适宜、捕尘效果好，能封闭全断面，与净化水幕配合使用，并随工作面推进而移动。

（四）其他防尘措施

（1）矿井主要运输巷、采区回风巷、皮带暗斜井、皮带运输平巷、上下山、采煤面机巷煤仓、运输机转载点等处均要设置防尘管路，皮带巷和皮带上下山管路每隔50米设一个三通阀门，其他管路每隔100米设一个三通阀门。

（2）严格执行矿井巷道冲洗制度，矿井主要进回风巷每月至少冲洗一次，井底车场、水平大巷等主要巷道每年至少刷白一次。

（3）主要进风大巷、进风井、采区进回风巷道都必须安装净化水幕。

（4）井下接触粉尘人员都要佩戴口罩，采煤司机、掘进司机、支架工、爆破工、锚喷作业人员要佩戴防尘口罩。

（5）工作面所有的转载点、装载点和卸载点必须安装喷雾装置。落差超过 0.5 米的转载点应设置导煤板或安装防尘罩，煤仓和溜煤眼上口应安装防尘罩，所有转载点都必须实现自动化，所有喷雾装置做到灵敏可靠，雾化效果好，并能正常使用。

（6）由专职测尘人员对井下各作业地点、运输巷道、各相关硐室和采掘工作面各工序均按规定进行全面测尘，对粉尘超标的地点采取相应的措施。

（7）无尘化交接班管理。确保采掘工作面内及采煤工作面两道、掘进巷道内所有设备、管线表面无粉尘，顶底板、巷帮、煤壁无积尘；带式输送机机头、机尾、中间部位、防尘罩等部位清洁无粉尘；巷道内电缆、管路、照明、机电设备、开关、工具外表清洁无落尘；架棚、锚网巷道外表无粉尘，巷道底板不干燥；作业现场有明确的防尘人员，责任明确，防尘到位，能够实现动态达标。

（五）隔绝连续爆炸的措施

隔绝煤尘爆炸传播的主要措施是设置隔爆水袋棚（图 9-2-1），在下列地点设置隔爆水袋棚（注：前三项是主要隔爆棚，后四项是辅助隔爆棚）：

图 9-2-1 井下隔爆水袋棚

（1）矿井两翼与井筒相连通的主要运输大巷和回风大巷。

（2）相邻采区之间的集中运输巷道和回风巷道。

（3）相邻煤层之间的运输石门和回风石门。

（4）采煤工作面进、回风巷道。

（5）煤巷及半煤岩巷掘进巷道。

（6）煤仓同与其相连的巷道间。

（7）采用独立通风，并有爆炸危险的其他巷道。

<h2 style="text-align:center">第四节 冲击地压防治</h2>

一、冲击地压

大屯矿区开采历史较长,所属矿井已转向深部开采。深部煤层具有顶板坚硬、断层发育及开采应力水平较高的特点,并且开采遗留煤柱较多,开采布局相对比较复杂。公司4座生产矿井,经过40年的开采,地质条件越来越复杂,矿井开采逐步转向深部,最大开采深度达900多米,通过对-400米以下的煤岩冲击倾向性鉴定,各矿井不同煤层和顶底板、不同区域的冲击倾向性不尽相同,除孔庄煤矿7#煤层顶板、徐庄煤矿7#煤层和龙东煤矿7#煤层顶底板局部区域具有强冲击倾向性外,其他大部分区域煤层及煤层顶底板均为弱冲击倾向性。根据《防治煤矿冲击地压细则》要求,2018年,四座矿委托科研院校完成了矿井煤层冲击危险性评价,评价结果为四座矿煤层均有弱冲击危险。

公司根据《煤矿安全规程》《防治煤矿冲击地压细则》等完善了防冲管理制度,健全了组织机构。2012年3月,公司在生产技术部成立防冲科。姚桥煤矿于2016年11月4日成立防冲科。孔庄煤矿于2011年3月成立防冲科。徐庄煤矿于2011年1月成立防冲科。2014年10月,徐庄煤矿安装了第一套SOS微震监测系统,主要用于矿井的监测。2016年5月,孔庄煤矿安装了SOS微震监测系统。2017年2月,姚桥煤矿安装了SOS微震监测系统。2018年,四座矿均安装了应力在线监测监控系统,主要用于重点工作面的监测。公司按照"以防为先、源头控制、防治并举、重在落实"的冲击地压防治方针,坚持"区域先行、局部跟进、分区管理、分类防治"的原则,强化风险预控,以先进成熟技术与科研攻关相结合、区域防治与局部防治相结合为指导思想,采取综合防治手段,切实做到隐患超前预警和治理,有效杜绝了冲击地压事故的发生。

二、防冲措施

(一)建立冲击地压防治机构,配备足够的专业人员

公司生产技术部为公司防冲职能管理部门,设置了专职防冲副部长并配备了专职防冲人员。四座矿的防冲科,配齐了防冲专业技术人员。2019年5月,设置了专职防冲副总工程师、防冲科长,四座矿均按规定成立了专职的防冲卸压队伍。

(二)完善管理制度,明确各级职责

2000年1月31日,公司根据《煤矿安全规程》等有关规定,并结合实际,首次制定《冲击地压防治暂行规定》,规范了编制冲击地压防治专门设计、成立冲击地压防治领导小组应遵循的原则等20条。2012年5月,公司修订《冲击地压防治管理规定(暂行)》,经过不断的修改完善,形成了现行的管理规定《冲击地压防治管理规定》,并相继制定《公司冲击地压防治考核管理办法》《微震系统运行管理规定》《应力在线运行管理规定》《冲击地压防治禁令》《大屯公司冲击地压防治专业例会制度》等制度和规定,规范了公司的防冲管理工作。明确了公司董事长、总经理是公司冲击地压防治工作的第一责任人,对防治工作全面负责,公司总工程师是冲击地压的防治技术负责人,公司安全、生产分管领导和公司安全、生产、经营等职能部门对分管范围内的冲击地压防治工作负责。各矿井也相应

制定了各项制度,建立了以矿长为第一责任人、总工程师为技术负责人的防冲责任体系。

（三）建立监测监控系统

按照冲击地压防治要求,公司各矿建立了区域性监测的微震监测系统,在重点工作面安装了应力在线监测系统,配备了监测和分析人员,实行24小时不间断监测和分析,出现监测预警情况及时处理,为分析冲击危险趋势和编制防冲措施提供了科学依据。

（四）防冲装备的投入

2011年5月,徐庄煤矿采购了第一台手持风动钻机（德国哈泽玛格 TURMAG 腾马）用于冲击地压防治。2012年开始,公司在防冲装备上不断加大投入力度,配备了气动架柱式钻机、全液压钻机、坑道钻机、顶板水力致裂装备等防冲装备100多套（件）。公司新开采的工作面（姚桥煤矿7263工作面、徐庄煤矿7313工作面）均按要求安装了超前液压支架,超前支护强度能满足现场的防冲需要。2020年,公司继续加大防冲装备的投入,重点做好冲击地压多参量综合预警云平台、矿用冲击地压在线监测系统及大直径矿用卸压钻机（车）等防冲装备的采购、安装及应用,进一步提高了防冲装备水平。

（五）与科研院校合作,开展防冲科技攻关

一是2012年公司与专业院校开始合作进行冲击地压防治研究,开展科技攻关,有效地解决了生产过程中遇到的防冲难题。主要完成了《大屯矿区深部煤层开采冲击地压机理与监控防治技术研究》,该项目获得中国煤炭协会科技进步二等奖。

二是依托中国矿业大学冲击地压研究团队,将各矿 SOS 微震与中国矿业大学微震监测中心联网,能同步将监测数据传输至中国矿业大学微震监测中心,中国矿业大学专家能对异常数据及时分析、研判,提高了分析、预警的及时性和准确性。

三是不定期邀请科研团队的专家对危险区域或应力异常区域进行技术会商,指导矿井制定针对性的防冲措施,不定期邀请专家学者对公司防冲人员进行培训,学习了解先进的防冲技术,提高了公司对冲击地压的防治水平。

（六）冲击地压预警方法的研究和应用

公司建立了"微震—应力"多维信息监测预警体系,从动、静载力源监测角度,基于矿区各矿井 SOS 微震监测系统监测数据,分析矿井开采期间矿震频次、能量变化及震源时空演化特征,以及冲击变形能指标和冲击地压空间异常的震动波 CT 反演技术,结合钻屑法、矿压监测法、应力在线监测法等常规的监测方法,建立了深部开采冲击地压危险的"微震—应力"多维信息监测预警体系,为矿区多个冲击地压严重区域提供了及时、较准确的趋势变化。通过对预警区域采取综合防控措施,及时消除和缓解了冲击危险,为冲击地压防治提供了较为直观的科学依据。

（七）冲击地压类型的分析研究

大屯矿区以典型深部复杂地质及开采技术条件为研究对象,分析认为大屯矿区冲击地压致灾因素主要有煤岩层冲击倾向性、自重应力（开采深度）、构造应力（断层）、开采活动（覆岩运动、煤柱失稳、开采强度）,其中自重应力和构造应力是深部煤层冲击显现频发的主要静载力源,断层"活化"和厚硬顶板岩层的离层、破断、滑移等是诱发深部煤层冲击显现的主要动载力源,综合分析,将公司的冲击地压分为三种类型:煤柱应力集中型、坚硬顶板应力集中型、煤柱与坚硬顶板复合型,冲击类型的分析和研判为防冲措施的制定提供了依据。

（八）冲击地压日常分析和技术会诊

为贯彻落实各项防冲技术措施，提高冲击地压防治管理水平，公司建立了冲击地压日常分析和技术会诊制度，实现冲击地压管理制度化、规范化。一是公司每月召开冲击地压防治例会，由公司总工程师主持，生产技术部等相关部门负责人以及四座矿相关人员参加月度分析会，同时聘请有关防冲专家对重点问题进行技术会诊。公司月度分析会主要内容为：各重点头面冲击危险性分析；各重点头面采取的预卸压措施；各重点头面冲击危险性分析预判；下月各重点头面拟采取的治理方案；需要公司帮助解决的问题及有关建议等。二是各矿由监测分析人员对防冲采掘工作面进行日分析，矿总工程师每周召开分析会，对防冲危险区域进行分析研判，从而更有效地保证了冲击地压的防治工作有序开展。

（九）综合防治措施的应用和效果

一是强化防冲设计源头管控。加强采区及工作面设计审查，合理规划矿井的生产布局、采区划分、工作面巷道布置和开采顺序，最大限度地避免形成煤柱等大的应力集中区和叠加。在对工作面防冲专项设计审查中，重点考虑开采深度、煤层冲击倾向性等自然因素的同时，充分考虑切眼位置、停采线位置、巷道转弯、区段煤柱、断层和不规则工作面等影响冲击危险的技术因素，降低工作面因人为原因产生的冲击危险。

二是根据不同的冲击地压类型，采取不同的防治措施。公司的防治措施主要有大直径预卸压孔、煤体深孔卸压爆破、关键层顶板定向水力致裂、顶板超前深孔爆破等方法。

三是掘进工作面综合预卸压方法的实施。公司掘进工作面常规的预卸压方式是迎头施工两个大直径卸压孔，实体煤侧布置大直径卸压孔。徐庄煤矿 7313 材料道掘进期间地质条件复杂，沿断层掘进，前期掘进时采用常规的预卸压措施，当掘进至断层褶曲附近时，微震监测显示迎头 80 米区域能量事件较多且较集中，通过对微震能量事件震源集中度及显现位置分析，大能量事件多发生在顶板（万级以上能量事件 114 次，最大能量事件为 35 万焦耳），冲击危险较高，为此，及时调整预卸压方案，增加高位顶板深孔超前爆破卸压措施，每隔 20 米施工一组爆破孔，每组施工 2 个爆破孔，累计诱发能量 335 万焦耳，爆破后效果良好，将自然释放能量控制在 10 万焦耳以下。该措施的实施有效地保证了 7313 掘进工作面的安全掘进。

（十）强化综合防护措施

主要是对具有中等及以上冲击危险的区域及工作面采取"四强五定"综合防护措施。对危险区域进行"强监测"，根据危险等级不同分别或综合采取钻屑法、微震监测系统、应力在线监测系统进行监测；"强卸压"，就是根据危险等级分别或综合采取煤体爆破卸压、顶板定向水力预裂、深孔顶板爆破卸压方法；"强支护"，就是加强支护强度，采用防冲支架，加大锚杆(索)强度或密度，或加大工作面两道超前的支护长度和支护密度；"强防护"，就是要求在危险区域作业人员必须穿防冲服、戴防冲帽。"五定"，就是对危险区域定作业人数、定作业地点、定作业时间、定作业强度、定作业人员进入与离开的时间，从而更有效地保证了人员的安全。

第五节 矿井水害防治

一、矿井防治水管理体系

（一）建立了矿井防治水专项技术管理体系

强化防治水工作管理，2012年8月，根据中煤集团统一安排，按照"重技术、强管理、提标准"的理念和思路，公司组织编制了《大屯公司煤矿防治水专项技术管理体系》，落实了公司、矿井、科室（区队）三级防治水管理体系，对机构设置与人员配置、管理制度、工作流程、专项考核提出了明确的要求，明确了公司董事长、总经理是公司水害防治工作的第一责任人，对水害防治工作全面负责；公司总工程师是水害防治技术负责人；公司安全、生产分管领导和公司安全、生产、地测等职能部门对分管范围内的水害防治工作负责。各矿井也建立了以矿长为第一责任人、总工程师为技术负责人的水害防治责任体系。

（二）成立地测防治水管理机构，配备防治水专业人员

2011年10月，公司成立地质测量部，具体负责公司地测防治水管理工作。地质测量部设有8名管理人员，设部长、副部长、主任工程师各1名，设1名防治水主管进行防治水技术管理工作。公司各矿于2011年增设了矿井地测防治水副总岗位，各矿均设有地质测量科，并配置2名以上水文地质人员负责矿井水文地质的日常工作。2011年5月，公司成立了专业探放水队伍，由徐州大屯工程咨询公司管理，实施矿区井下探放水施工工作。公司本部四座矿于2012年成立了各矿探放水队，并按照要求配齐专用探放水钻机。徐州大屯工程咨询公司负责公司大型探放水工程施工，各矿探放水队伍负责矿井小型探放水工程施工。

（三）完善防治水管理制度，明确各级防治水岗位职责

按照《煤矿安全规程》《煤矿防治水细则》及中煤集团《煤矿防治水专项技术管理体系》要求，公司及矿井分别建立健全了矿井水害防治岗位责任制、水害防治技术管理制度、水害预测预报制度、水害隐患排查治理制度、探放水制度、重大水患停产撤人制度以及应急处置制度等防治水管理制度，并制定了13项矿井防治水管理工作流程，进一步规范了公司的矿井水害管理工作。

（四）加强矿井水害隐患排查治理

为杜绝水害事故发生，公司地质测量部每月组织开展水害风险、隐患排查，对水害情况进行分析。根据水害风险、隐患排查情况，各矿严格按照要求分别编制水害年报、季报、月报，公司对年度水害预报、季度水害预报汇总行文下发各矿，月度水害预报报公司备案。存在水害风险的，编制探放水设计及安全技术措施，并进行探放水。各矿地质测量科防治水专业技术人员负责编制专项探放水设计，施工单位根据探放水设计编制安全技术措施，经相关领导及部门审核通过后实施。一般探放水设计报公司备案，重大探放水设计报公司审批后实施。老空水探放结束后，巷道恢复掘进要进行检测验证，对探放老空水做到查明、探清、放尽、验证，保证探放水安全、有效。

（五）建立矿井水文监测系统

公司本部四座矿于2012—2013年先后建立了矿井水文监测系统，对井田范围内主要充

水含水层的水位等进行长期动态观测,对矿井涌水量进行动态监测,及时了解矿井涌水与含水层水位变化关系,为矿井水害防治提供技术支撑。

二、水害分类治理

大屯矿区主要水害类型有地表水、第四系底含水、煤层顶板砂岩裂隙水、太原组四灰水、奥灰水、老空水、断层水、钻孔水等。新疆两矿主要水害类型有地表水、西山窑组顶板砂岩水、小窑老空区水、烧变岩水等水害。

(一)地表水害防治

大屯矿区东临昭阳湖、微山湖,地表河流较多、水体面积大、水系发育,矿井开采受地表水威胁。

防治对策:开展湖区水文地质补充勘探,进行水体下开采安全论证,在工作面回采之前对受影响段湖堤进行加高、加固,做好雨季"三防"工作。

积累基础技术资料和开采经验:1989年2月至1990年9月,徐庄煤矿在东三采区7131上分层工作面进行微山湖大型水体下第一个工作面试采,公司各矿进入微山湖下开采积累基础技术资料和开采经验。

2011年,公司在各矿水文地质补充勘探及分析研究的基础上,结合矿井的开采实践,委托中国矿业大学(北京)进行了大屯矿区微山湖下采煤安全性评价论证工作,提交了《大屯矿区微山湖下采煤安全性评价论证报告》。2013年9月,江苏省经济和信息化委员会组织国内有关防治水专家对微山湖下安全开采评价报告进行评审,后作出批复,同意大屯公司在满足《煤矿安全规程》《煤矿防治水规定》等有关规定的前提下,进行微山湖下开采。该文件批复保证了公司在微山湖等大型水体下合法、合规开采。

2013—2014年,公司为确保微山湖等大型水体下实现安全开采,立项委托中国矿业大学(北京)开展了水体下近距离厚煤层组安全开采关键控制因素研究及微山湖下安全开采关键技术研究等科研工作,进一步分析、研究湖区下第四系松散层的阻隔水性、岩体结构、构造的导水性、上覆岩体"两带"发育规律、采动后第四系松散层变形移动规律,并从湖水进入井下途径、湖区开采地表移动变形、湖区下开采安全性三方面进行科学的分析、论证、评价,制定近距离煤层组联合开采防治水安全技术措施,实现湖下安全开采。《水体下薄基岩厚煤层组安全开采关键技术及微山湖矿区应用》获得国家安全生产监督管理总局2015年第六届安全生产科技成果一等奖、煤炭工业协会2014年科技进步二等奖。

(二)第四系松散层水害防治

大屯矿区煤系地层被巨厚第四系松散层覆盖,并存在5个隔水组,特别是3隔、4隔分布稳定,厚度大,塑性指数高,有效地阻隔了地表水及第四系中上部地下水与第四系底含水、基岩地下水的水力联系,第四系松散层水的防范重点是底含水。

防治对策:查明煤层露头区水文地质条件,开展"两带"高度探测,对矿井浅部露头区煤层留设煤柱,建立可靠排水系统。

1991年6—12月,龙东煤矿在以往开展提高开采上限研究的基础上,在中央采区北辅块段7121工作面将开采上限由原来的−200米提高到−180米(7号煤顶板),将防水煤柱改为防砂煤柱,工作面最小岩柱厚度为16.2米,实现了安全开采。7121工作面为龙东煤矿及大屯矿区首次提高上限工作面,该工作面的开采为大屯矿区提高开采上限积累了宝贵的

经验,同时为龙东煤矿解放煤柱压煤量530万吨。

2013年2月,姚桥煤矿与中国矿业大学(北京)合作完成了《姚桥煤矿新东四采区7、8号煤露头区安全煤(岩)柱的合理留设论证报告》,并通过江苏省经济和信息化委员会组织的专家评审。该报告将开采上限标高从-180米水平提高到-135米水平,为姚桥煤矿解放煤柱压煤量360万吨。

(三)煤层顶、底板水害防治

煤层顶、底板砂岩裂隙含水层是煤层开采直接充水含水层。大屯矿区该含水层富水性总体较弱,以静储量为主,补给条件差,水文地质条件较简单。构造裂隙发育、水源补给充沛条件下,煤层开采时,可能造成水文地质条件复杂,发生较大涌水,影响安全生产。

防治对策:利用钻探、物探对含水层富水区进行探放,工作面尽可能采用仰采,并布置放水巷,条件不允许时,回采前建立排水系统。

2002年1月28日,徐庄煤矿东九采区7172工作面平均推进56米发生突水,导致7172工作面放水巷淤堵,工作面刮板输送机道水位抬升,工作面被淹,停产5天。为做好工作面水害防治工作,加强涌水水源、通道分析,及时研究制订治理方案,在工作面建立排水系统,增大工作面排水能力;从工作面刮板输送机道向7173工作面采空区施工放水巷,形成自流系统进行排水,放水巷形成后,保证了工作面安全回采。

新疆苇子沟矿主副斜井掘进将遇到西山窑组8煤顶底板强含水层。2019年11—12月,设计在副斜井下部车场利用钻孔进行探放水,施工钻孔18个,探放水工程量1 931米,钻孔最大涌水量达到98立方米/小时,钻孔水量大于20立方米/小时的钻孔6个,累计总涌水量超过300立方米/小时,探放水过程中钻孔水量大、水压也较高,但水量、水压迅速衰减,至12月8日钻孔总涌水量减小至16立方米/小时,截至2019年12月底累计放水4.3万立方米,保证了巷道的安全施工。

(四)太原组四灰水害防治

太原组四灰含水层厚度8米左右,为岩溶裂隙含水层,岩溶裂隙发育极不均一,受地下水运动及断裂构造的影响,浅部区域以及构造影响区域含水比较丰富,往深部含水性逐渐减弱。

防治对策:采掘工程临近四灰含水层时,制定安全技术措施,利用物探、钻探手段进行超前探测,建立排水系统。

1993年6—7月,姚桥煤矿在东三上部车场-400米轨道大巷内施工2个四灰探放水钻孔,一个钻孔无水,一个钻孔孔深52米,涌水量最大达到300立方米/小时,水压达到2.5兆帕,直至1999年12月衰减到5立方米/小时,到2003年1月钻孔无水,疏放降压效果较好。

(五)奥灰(包括陷落柱)水害防治

奥灰含水层为区域性强含水层,奥陶系灰岩含水层距离山西组7、8号煤层较远,一般距7号煤层底板平均为220米左右,正常情况下对7煤开采无水害威胁,但在断裂构造发育、存在隐伏陷落柱时可能存在水害威胁。

防治对策:利用物探、钻探手段查明井田内的构造、陷落柱发育情况,对奥灰含水层进行水位观测,开展水害威胁评价,制定防范措施。

2017—2018年,公司立项开展大屯矿区煤层底板奥灰突水机理及评价预测研究,为大屯矿区煤层底板奥灰防治提供技术支撑,该成果获得2019年中国煤炭工业协会科技进步二

等奖。

（六）老空水害防治

各矿因开采时间较长,受断层、向斜构造、采掘布置影响,井田内局部存在大量老空积水。大量老空水的存在,威胁安全生产,放水时间长,同时也影响生产接续。

防治对策:采掘工作面临近老空积水区时,要认真分析积水区老空水体的空间位置、积水体最高点最低点标高、积水深度、老空水补径排条件,准确预计积水量,坚持"预测预报、有疑必探、先探后掘、先治后采"的原则,采取"查明、探清、放尽、验证"四步法,确保安全、有效探放老空积水。

2012年4月10日,孔庄煤矿Ⅳ$_1$采区7432材料道掘进迎头对7338老空区进行探放水,该积水区预计积水深度4.1米、积水量996立方米。4月10日早班施工一个钻孔进行探放水,钻孔孔深3米,钻孔流量12立方米/小时左右,该孔安装孔口管及控制阀门。地测科人员离开现场后,在老空积水未排尽的情况下,早班、中班掘进队将放水阀门关闭,向前掘进过程中,因煤壁松软、水压较大,造成突水,透水后巷道自迎头向后淹68米,突水810立方米,当班出勤11人,4人安全撤出,7人被困,经全力抢险,3人生还,4人遇难。

（七）断层水害防治

大屯矿区井田内断层大多不含水或含水微弱,断层导水性普遍较差,但有少部分断层具有一定的含、导水性,并在采掘过程中发生突水。

防治对策:利用物探、钻探手段查明断层含、导水性,对大的含导水断层留设防水煤柱,对涌水大的断层突水点采取注浆堵水方法进行水害治理。

2010年1月16日,姚桥煤矿井田西翼西风井附近－181补回风巷,由西三轨道上口开门向西风井方向施工76米,巷道迎头揭露落差15米的F7断层,断层上下盘为中砂岩地层,炮眼发生涌水,涌水量18立方米/小时,涌水喷出6米左右,由于水压较大,巷道停掘。其后在－181补回风巷迎头共施工3个探放水孔,钻孔稳定涌水量75立方米/小时。根据井田西翼露头区水文地质条件及－181补回风巷揭露水文地质特征,通过水害防治方案比较,选择"以堵为主、堵疏结合",对－181补回风巷进行帷幕注浆的治水方案,先采用破壁注浆方式对工作面迎头加固注浆,封堵炮眼出水点,增强"止浆垫"强度,再利用已有探水孔(其中4个有涌水)中的1$^\#$、2$^\#$和3$^\#$探水孔对F7导水断层进行有效堵水注浆(将4$^\#$孔保留作为放水观测孔),最后,利用钻机在迎头施工验证检查复注孔,验证注浆效果。原巷道涌水量75立方米/小时,注浆堵水后剩余涌水量3立方米/小时,堵水率为96%,不仅改善了巷道掘进的作业环境,也排除了－181补回风巷的水害威胁,保证了巷道的安全掘进。

（八）钻孔水害防治

封闭不良钻孔是连通不同含水层的导水通道,大屯矿区经过多次地质勘探,施工钻孔多,经历时间长,封闭不良钻孔较多,采掘工程临近封闭不良钻孔时,存在一定水害威胁。

防治对策:在地面对封闭不良钻孔进行启封。地面无法启封的,井下采掘工作面采取留设保护煤柱、加强超前探测、建立排水系统等措施。

2004年7月21日,孔庄煤矿Ⅲ$_3$采区7352工作面推进145米时,揭露K35钻孔发生涌水,涌水量由5立方米/小时逐渐增加,到7月27日增加到最大160立方米/小时,后稳定在160立方米/小时。钻孔出水后,刮板输送机道内低洼点不断增加排水能力,增加了2趟4英寸、1趟6英寸排水管路,增加2台100立方米/小时潜水泵和2台200立方米/小时离

心泵,同时,在一甩道Ⅲ₃探巷内补打一条长度 65 米的放水巷,在Ⅲ₃探巷内安装了 3 台流量 200 立方米/小时水泵和 2 趟 4 英寸管路,通过管路自流或排水将水排至－785 皮带大巷。至此,7352 工作面恢复了生产。由于工作面涌水造成刮板输送机道最低点被水封死,影响工作面回采 14 天。

第六节　矿井热害防治

一、地温现状

根据矿井热害等级的划分,平均地温梯度不超过 3 摄氏度/100 米的地区为地温正常区,超过 3 摄氏度/100 米的地区为地温异常区,原始岩温高于 31 摄氏度的地区为一级热害区,原始岩温高于 37 摄氏度的地区为二级热害区。

孔庄煤矿恒温带深度为 26～30 米,温度为 16 摄氏度。地温梯度平均为 2.2 摄氏度/100 米。－450～－620 米水平地温为 26～30 摄氏度,－620～－900 米水平地温为 30～37 摄氏度,为一级热害区,－900 米水平以下为二级热害区,－1 000 米水平地温为 38～39 摄氏度。

姚桥煤矿恒温带深度为 30 米,温度为 16 摄氏度。地温梯度平均为 2.35 摄氏度/100 米。－400～－650 米水平地温为 27～34 摄氏度,－650～－850 米水平地温为 31～42 摄氏度,－1 000 米水平地温为 36～43 摄氏度左右,矿井东翼－650～－850 米水平进入一级热害区,矿井西翼－850 米水平进入二级热害区。

徐庄煤矿恒温带深度为 30 米,温度为 16 摄氏度。地温梯度平均为 2.27 摄氏度/100 米。－450～－600 米水平地温为 25～30 摄氏度,－600～－900 米水平地温为 31～37 摄氏度,为一级热害区,－900 米水平以下为二级热害区,－1 000 米水平地温为 38～39 摄氏度。

龙东煤矿恒温带深度为 30 米,温度为 16 摄氏度。地温梯度平均为 2.35 摄氏度/100 米。－280 米水平地温为 20.8～27.4 摄氏度,－400 米水平地温为 24.1～29.7 摄氏度,相对较好。井下气温为 23～26 摄氏度,没有热害影响。

106 煤矿钻孔 0.0～107.0 米为变温带,温度 6.2～16.1 摄氏度;93.0～213.0 米为恒温带,温度 8.2～12.9 摄氏度;其下为增强带,地温梯度为 0.68～1.51 摄氏度/100 米,地温梯度正常。无地温异常区域。

截至 2019 年,苇子沟煤矿为新建矿井,玉泉煤业处于停建状态,均不存在热害问题。

二、矿井热害影响因素

根据矿井所处的地域、地质条件、开采工艺和生产技术水平等,矿井热害的影响因素如下:① 地质地热;② 井下生产环境;③ 矿用机电放热;④ 运输中的矿物、矸石放热,围岩散热;⑤ 风流向下运动时自重压缩热。

三、矿井高温的危害

（一）对人体的危害

在高温环境下作业会加剧人体的新陈代谢。正常环境下,健康人的体表组织温度大概在 36.9 摄氏度,人体深部组织温度在 37.2 摄氏度左右,体温波动不大,并且在一定温

度范围内人体会表现出一定的热适应,使产热量与散热量相平衡,但在恶劣的气候环境下或人体健康状况下降时,热量平衡难以维持,此时人体便会产生多方面生理功能的改变,甚至致病,主要表现在体温调节、水盐代谢、循环系统、消化系统、神经系统、泌尿系统等方面。

（二）对工作效率的影响

井下高温环境中作业,会使人们的中枢神经系统到影响,使其注意力分散,工作效率降低,从而降低劳动生产率。研究资料显示,井下工作地点的空气温度超过标准温度（26 摄氏度）时,工人的劳动效率便下降,如果这种状况得不到及时有效解决,还会导致事故的发生,同时这也是导致火灾发生的一个因素。

（三）对生产安全的影响

众所周知,在井下高温环境下作业,人体的神经系统受到抑制,对于周围环境及事物的注意力、判断力及反应能力都有所下降,并且随温湿度的加大,这种状况逐渐加剧,事故发生率也逐渐加大。

四、热害治理主要对策

（一）采用矿井局部降温措施

由于矿井产生热害的因素很多,所以要对其进行有效防治就需要采取针对性措施。2002 年,随着大屯矿区逐步进入深部开采,采掘工作地点受到热害影响。为了掌握现生产水平及－1 000 米水平深部高温热害状况,并寻求最佳解决途径,为煤矿安全生产提供一个良好的工作环境,自 2003 年大屯矿区就陆续开展了孔庄矿、姚桥矿相关热害调查研究工作,通过热害调查研究,完成了现水平热状况分析、深部水平热状况预测及分析、矿井降温初步方案（局部降温系统）的研究和制订工作,确定了孔庄矿的主要降温范围是－1 015 米水平;姚桥矿主要对－850 米水平采取局部降温;徐庄矿主要对－750 米西大巷采取局部降温。

（二）其他相关防暑降温措施

（1）加强监测监控,定期进行高温普查,掌握井下高温地点,及时采取措施。

（2）严格按照《煤矿安全规程》和公司配风细则要求对各作业地点配风,适当增大工作面供风量。

（3）加强作业地点净化水幕的管理和使用,利用冷水降低井下各地点的温度。

（4）定期给职工发放相关的劳保用品和防暑药品。

（5）加强作业时间和岗位管理,提高劳动生产率,缩短劳动时间,对体弱职工合理调整岗位。

（6）加大班前会对职工身体状况检查,发现有睡眠不足、易疲劳和中暑前兆等症状的职工,严禁井下作业。

（7）对高温作业人员加强防暑和中暑急救技能的宣传教育及培训,保证工人下班回家后能吃好、睡好、休息好和掌握简单的急救技能。

（8）定期检查作业地点的急救箱,及时补充和更换防高温中暑药品。

（9）各矿完善高温应急预案,提高应对高温作业突发情况的处置能力。

通过以上措施,公司防暑降温安全生产工作取得良好成效。

第三章 标 准 化

第一节 标准化体系

20 世纪 90 年代以后,公司按照国家对煤矿开展"质量标准化、安全创水平"的工作要求,成立了大屯煤电公司标准化委员会,公司总经理兼任委员会主任,逐步形成了以计划企管处牵头负责,生产、安全等职能部门分专业管理,覆盖煤矿采煤、掘进、机电、运输、通风 5 大系统的公司质量标准化管理体系。同期,各矿均建立了相应的质量标准化管理工作机构。公司主要执行煤炭部颁布的质量标准化标准。

1996 年 3 月,公司印发《关于加强矿井质量标准化管理的补充规定》,进一步明确了质量标准化建设的责任和目标(四座矿、矿建公司年内必须达到部级),强调把重点放在动态达标上,规定公司对各矿的检查每季不少于 3 次(2 次抽查,1 次季末检查验收),并制定了奖罚标准。

1998 年 9 月,公司印发《公司矿井质量标准化考核管理办法》,规定了质量标准化矿井的计分以 100 分为满分,采煤、掘进、机电、运输、通风 5 大系统的系数均为 0.16,并增加了地测和调度专业,系数均为 0.1,同时规定了"质量标准化、安全创水平"合格矿井的 4 项必备条件、检查验收方式、奖罚等内容。

2002 年 9 月,公司制定《大屯煤电公司质量标准化考核管理办法》,对前期的考核管理办法进行修改,规定质量标准化矿井的计分以 100 分为满分,采煤、掘进、机电、运输、通风 5 大系统的系数均为 0.2,取消地测和调度专业。

2003 年 10 月,国家安全生产监督管理总局和中国煤炭工业协会联合印发《关于在全国煤矿深入开展安全质量标准化活动的指导意见》,根据上级要求的变化,公司相应制定了《大屯煤电公司安全质量标准化考核评级办法》。

2004 年 6 月,制定《大屯煤电公司安全质量标准化标准及考核评级办法实施细则(试行)》(7 月 1 日正式实施),在原 5 个系统基础上增加地测防治水和矿井支护器材 2 项,形成了公司《采煤安全质量标准化标准及考核评级办法实施细则》《掘进安全质量标准化标准及考核评级办法实施细则》《机电安全质量标准化标准及考核评定办法》《矿井运输安全质量标准化标准及考核办法》《通风安全质量标准化标准及考核评级办法实施细则》《地测防治水安全质量标准化标准及考核评级办法实施细则》《矿井支护器材质量检验规定》7 个专业的安全质量标准化标准。至此,公司的标准化体系由"质量标准化"转变为"安全质量标准化"。

2005 年 1 月,印发《大屯煤电集团公司安全质量标准化考核办法》,明确了参加评级的7 个专业,分别为采煤、掘进、机电、运输、通风、地测防治水、调度,其中前 6 个专业参加计分,安全质量标准化矿井按得分分为一级(90 分以上)、二级(80 分以上)、三级(70 分以上);规定了 5 项安全质量标准化矿井的必备条件,同时对安全质量标准化矿井等级申报明确了

要求。

2006年1月，印发《大屯煤电集团公司安全质量标准化考核办法》，煤矿参评专业增加煤质、选煤、运销专业；考评方式增加年度考评评级；同时，把地面生产、建设单位纳入公司的安全质量标准化体系，对地面单位实行自检申报制度。3月，印发了《地面生产建设单位安全质量标准化标准及考核评级办法(试行)》，制定发电厂、铁路处、拓特厂、选煤厂、铝业公司、建安公司、物业公司、汽运公司8家单位及安全保卫专业的安全质量标准化标准。自此，公司的安全质量标准化体系覆盖公司的所有煤矿和地面生产建设单位。同年，公司机构改革，公司安全质量标准化的牵头管理部门由计划企管处更名为经营管理部。

2007年1月，印发《大屯煤电集团公司安全质量标准化考核办法》，提出公司安全质量标准化抓好基层和基础管理的"双基"建设，全面学习贯彻技术、管理、岗位工作"三大标准"，提出"精、细、严、实"工作要求，以岗位操作标准化、职工行为标准化促进安全质量标准化，确定突出抓好安全质量标准化组织体系、基层队伍、硬件系统和素质工程"四项建设"。在矿井采煤、掘进、机电、运输、通风新增设立精品工程奖；首次提出精细化流程图及管理制度。

2008年2月，首次以股份公司的名义印发《公司安全质量标准化管理考核办法》，煤矿检查考核的专业在采煤、掘进、机电、运输、通风、地测防治水、调度、煤质、选煤、运销的基础上新增矿山救护、安全培训、内部保卫、安全文化建设4个专业。自此，公司安全质量标准化体系覆盖的专业达到14个；对地面单位调整为安全质量标准化厂(处、分公司)，同时，对四方铝业公司、实业公司的安全质量标准化的试运行工作提出了要求。公司对矿井单位实现季度内一动态一静态相结合的方式进行检查验收，对地面单位实现季度静态检查验收。

2009年，公司对安全质量标准化工作的业务主管部门进行调整，将此工作划归安全监察部负责。3月，修订印发《公司安全质量标准化管理考核办法》，考核方式首次改为季度内"两动一静"；四方铝业公司、实业公司纳入考评；对精细化管理工作提出了初步的要求及考核。

2011年1月，修订印发《公司安全质量标准化管理考核办法》，考核专业和参评专业新增安全管理和地面设施，公司安全质量标准化体系覆盖的专业达到16个；12月，印发《公司无尘化矿、厂考核管理办法(试行)》，配套制定标准及考核评分办法，把无尘化工作纳入了安全质量标准化体系。同年，安全质量标准化体系中，还新增《公司精细化管理采掘区队评比细则》《公司安全质量标准化专项工程管理(暂行)办法》。

2012年1月，修订印发《公司安全质量标准化管理考核办法》，撤销选煤、运销专业，安全文化专业更替为党管安全，职业健康、信息化管理、物资管理专业纳入安全质量标准化体系试运行，公司安全质量标准化体系覆盖的专业达到17个；2月，印发《安全质量标准化检查验收暂行规定》，初步把新疆106煤矿、苇子沟煤矿纳入检查考核范围。同年，安全质量标准化体系中，还新增《公司精细化管理标准》《公司地面生产单位调度质量标准化考核评级办法(试行)》和修订后的《采煤安全质量标准化标准及考核评分办法》。

2013年2月，修订印发《公司安全质量标准化管理考核办法》，将职业健康、信息化管理、环境保护专业正式纳入安全质量标准化体系检查考核；铝板带厂、工程咨询公司、救护大队首次纳入地面单位考核。

2014年2月，修订印发《公司安全质量标准化管理考核办法》，矿井考核专业新增冲击地压，公司安全质量标准化体系覆盖的专业达到18个，天山公司纳入生产矿井、鸿新煤业和玉泉煤业纳入基建矿井考核管理,并提出了达标要求。

2015 年 2 月,修订印发《公司安全质量标准化管理考核办法》,公司安全质量标准化体系中明确了职工行为考核占专业总分的 10%,并把一级标准化矿井根据综合得分细分为初级、中级、高级三级。

2017 年 8 月,印发《公司安全生产标准化管理考核办法》,根据国家"三位一体"的安全生产标准化管理要求和相关标准,公司标准化体系煤矿考核专业变更为安全风险分级管控、事故隐患排查治理、通风、地质灾害防治与测量、采煤、掘进、机电、运输、职业卫生、安全培训和应急管理、调度和地面设施、煤质、保卫、党管安全、信息化管理、环境保护 16 个专业。自此,公司的标准化体系由"安全质量标准化"转变为"安全生产标准化"。

2018 年 1 月,修订印发《公司安全生产标准化管理考核办法》,在安全生产标准化体系中撤销对山西玉泉煤业的检查验收。

2019 年 1 月 14 日,修订印发《公司安全生产标准化管理考核办法》,对新疆 106 煤矿、苇子沟煤矿调整为执行《中国中煤能源集团有限公司建设矿井安全生产标准化考评标准及评级细则》。

2020 年 1 月,修订印发《公司安全生产标准化管理考核办法》,安全生产标准化体系煤矿考核专业新增物资管理;106 煤矿纳入生产矿井进行检查验收。

第二节　标准化建设

公司标准化工作历经了质量标准化、安全质量标准化、安全生产标准化三个阶段。

一、质量标准化阶段(1994—2003 年)

从公司推行质量标准化工作到 1994 年,公司的质量标准化标准执行煤炭工业部发布的首版《矿井质量标准化标准及检查评比办法》,进行检查、评比和考核。

1995 年,根据煤炭工业部《关于颁发国有重点煤矿生产矿井质量标准化、安全创水平标准及考核评级办法的通知》(煤生字〔1994〕第 231 号),公司起草印发《公司质量标准化奖罚办法》。其中:

(1)专业标准。采煤、掘进、机电、运输、通风 5 个专业执行国家标准,地测、调度专业执行公司下发的标准。

(2)定级和检查标准。以煤炭工业部 1994 年颁发的《国有重点煤矿生产矿井质量标准化安全创水平标准及考核评级办法》(煤生字〔1994〕231 号)为依据,分为部级、省级、局(企业)级 3 个等级,采取旬检、月考核、季度验收兑现的方法进行检查验收。

部级:矿井质量标准化平均得分为 90 分以上(不含 90 分),且采煤、掘进、机电、运输、通风、地测、调度 7 个专业中,达到部级的专业不低于 4 个,其他专业不低于省级。

省级:矿井质量标准化平均得分为 85 分以上(不含 85 分),且采煤、掘进、机电、运输、通风、地测、调度 7 个专业中,达到省级的专业不低于 4 个,其他专业不低于局(企业)级。

局(企业)级:矿井质量标准化平均得分为 80 分以上(不含 80 分),且采煤、掘进、机电、运输、通风、地测、调度 7 个专业中,没有不达标的专业。

(3)奖罚标准。凡经过公司季度检查验收和平时抽查综合评定达到部级标准的,每季人均给予奖励,对未达到局级标准的人均罚款。

1996 年,公司对原《公司质量标准化奖罚办法》进行补充修订,印发《关于加强矿井质量标准化管理的补充规定》,补充定级检查标准和奖罚标准。

1995—2002 年,根据国家对质量标准化的要求和企业实际,公司每年对标准化标准、定级、检查和奖罚标准进行修订。

二、安全质量标准化阶段(2004—2016 年)

2004 年 6 月,公司根据新标准对公司安全质量标准化进行了重新修订,制定印发《大屯煤电集团公司安全质量标准化考核评级办法实施细则(试行)》,对采煤、掘进、机电、运输、通风 5 大系统的专业标准进行了细化,并新增地测防治水专业。

2005 年,印发《安全质量标准化考核办法》,仅补充修改定级检查标准和奖罚标准。

(1)定级和检查标准。安全生产标准化煤矿按照矿井综合得分和有关专业得分情况划分为一级、二级和三级。煤矿单位标准化检查方式实行分级检查考核。矿井以动态检查为主,每月不少于 2 次;公司每季度进行一次检查,计算矿井总分时各占 50%;每季度动态检查一次以上时,每次按 30% 计入矿井总分(静态检查占总分比例不得少于 40%)。

一级:矿井安全质量标准化得分 90 分以上,且通风专业达到一级,采煤、掘进、机电、运输、地测防治水、调度 6 个专业中达到一级的专业不低于 4 个,其他专业不低于二级。

二级:矿井安全质量标准化得分 80 分以上,且通风专业达到二级,采煤、掘进、机电、运输、地测防治水、调度 6 个专业中达到二级的专业不低于 4 个,其他专业不低于三级。

三级:矿井安全质量标准化得分 70 分以上,且采煤、掘进、机电、运输、通风、地测防治水、调度 7 个专业中没有不达标的专业。

(2)奖罚标准。每季度达到安全质量标准化一级的矿井按人均 70 元进行奖励;6 个专业系统,每出现 1 个系统达不到一级扣除奖励总额 20%;达到二级以下的矿井,处以等额罚款,季度内每发生重伤 1 人扣除奖励总额的 10%,轻伤 1 人次扣除奖励总额的 2%;本季度内每发生死亡 1 人,矿井不得奖。

2006—2012 年,公司根据标准和企业实际,每年对公司标准化文件进行修订,并下发各单位执行。

三、安全生产标准化阶段(2017 年至今)

2017 年 7 月,国家煤矿安全监察局《煤矿安全生产标准化基本要求及评分方法(试行)》和《煤矿安全生产标准化考核定级办法(试行)》(煤安监行管〔2017〕5 号)实施。公司结合实际情况,于 2017 年 8 月下发《关于印发公司安全生产标准化管理考核办法的通知》。

(一)专业标准

(1)矿井单位。安全风险分级管控、事故隐患排查治理、通风、地质灾害防治与测量、采煤、掘进、机电、运输、职业卫生、安全培训和应急管理、调度和地面设施 11 个专业执行国家标准。党管安全、保卫、煤质、信息化、环境保护 5 个专业执行公司下发的实施标准,每半年检查验收 1 次。

(2)地面单位。发电厂、选煤中心、拓特机械制造厂、建安公司执行中煤集团印发的安全生产标准化标准。四方铝业、板带厂、铁路管理处、汽运分公司、物业管理分公司、工程咨询公司、救护大队等生产建设单位执行公司印发的安全生产标准化标准。

（二）定级和检查标准

（1）矿井单位。安全生产标准化煤矿按照矿井综合得分和有关专业得分情况划分为一级、二级和三级 3 个级别。安全生产标准化煤矿的评级计分以 100 分为满分。煤矿单位标准化检查方式实行小组预审制和检查方案制。公司每季度对各矿主要专业进行动态检查 2 次，静态检查 1 次；每次动态检查计分占总分的 35%，静态检查计分占总分的 30%。季度内静态检查得分与动态检查得分之和为考核期内各专业综合评级得分。

一级：煤矿安全生产标准化考核评分 90 分以上（含，以下同），安全风险分级管控、事故隐患排查治理、通风、地质灾害防治与测量、采煤、掘进、机电、运输专业的单项考核评分均不低于 90 分，其他专业的考核评分均不低于 80 分。

二级：煤矿安全生产标准化考核评分 80 分以上，安全风险分级管控、事故隐患排查治理、通风、地质灾害防治与测量、采煤、掘进、机电、运输专业的单项考核评分均不低于 80 分，其他专业的考核评分均不低于 70 分。

三级：煤矿安全生产标准化考核评分 70 分以上，事故隐患排查治理、通风、地质灾害防治与测量、采煤、掘进、机电、运输专业的单项考核评分均不低于 70 分，其他专业的考核评分均不低于 60 分。

公司对精细化管理采掘标杆区队每半年进行 1 次综合考核。

（2）地面单位。安全生产标准化厂（处、中心、分公司）按单位综合得分划分为一级、二级和三级 3 个级别。各单位安全生产标准化评分以 100 分为满分。一级：综合得分 90 分及以上；二级：综合得分 80 分及以上；三级：综合得分 70 分及以上。公司每季度对地面单位实行 1 次动态检查和 1 次静态检查。季度内动态检查、静态检查评级得分之和为考核期内各地面单位综合评级得分。静态检查得分为安全生产标准化现场检查得分的 75%、环境保护专业得分的 5%、安全培训专业得分的 5%、保卫专业得分的 5%、党管安全专业得分的 10% 的计分之和。

（三）奖罚标准

（1）矿井单位。公司对达到一级安全生产标准化的煤矿给予奖励，一级标准化煤矿分为初级、中级、高级，初级奖励基数为 15 万元，中级奖励基数为 20 万元，高级及以上奖励基数为 25 万元。各矿奖励系数分别定为：姚桥煤矿 1.2，孔庄煤矿 1.2，徐庄煤矿 1.0，龙东煤矿 0.9。季度内安全风险分级管控、事故隐患排查治理、通风、地质灾害防治与测量、采煤、掘进、机电、运输专业检查得分为专业第一名的，给予奖励 1.0 万元；季度内以上专业检查得分为最后一名的，给予罚款 0.5 万元。季度内发生死亡事故的，矿井不奖励；季度内每发生重伤 1 人，罚款奖励总额的 40%。精细化管理采掘区队平均得分前三名的，分别依次奖励 3 万元、2 万元、1 万元。

（2）地面单位。公司对达到一级安全生产标准化的厂（处、中心、分公司）给予奖励，一级标准化厂（处、中心、分公司）分为初级、中级、高级，初级奖励标准按 50 元/人核增考核工资，中级奖励标准按 60 元/人核增考核工资，高级奖励标准按 80 元/人核增考核工资（以上季度末在岗人数为准）。公司对二级安全生产标准化厂（处、中心、分公司）不进行奖励。三级安全生产标准化厂（处、中心、分公司）以在岗人数人均 50 元核减考核工资。地面单位发生重伤不核增考核工资。地面主要生产单位每发生一人次轻伤，核减考核工资总额的

20%；非主要生产单位每发生一人次轻伤，核减考核工资总额的30%。

2018年专业标准、定级及检查标准同2017年，奖罚标准为：

（1）矿井单位。① 达到一级安全生产标准化矿井的奖励标准为奖励基数乘以各自的系数。初级奖励基数为30万元，中级奖励基数为35万元，高级奖励基数为40万元。一级得分排名最后一名的矿井，取消标准化奖励；连续三个季度得分最后一名的矿井，罚款10万元。② 达不到国家一级只能达到二级煤矿的单位，除扣除标准化奖励外，每月考核党政一把手绩效工资20%，考核分管领导绩效工资15%，考核其他副职绩效工资10%；考核公司安全生产标准化相关专业部室主要负责人绩效工资10%，考核其他副职绩效工资8%。③ 季度检查验收，参加矿井评级的专业，第一名奖励1万元，最后一名罚款0.5万元；不参加矿井评级的专业，第一名奖励0.5万元，最后一名罚款0.3万元。④ 精细化管理区队，采煤队平均得分前三名的，分别依次奖励4万元、3万元、2万元；掘进队平均得分前三名的，分别依次奖励3万元、2万元、1万元。

（2）地面单位。初级奖励100元/人，中级奖励120元/人，高级奖励150元/人（按上季度末在岗人数为准）。二级安全生产标准化单位不进行奖励。三级安全生产标准化单位罚款100元/人。三级以下单位，停产整顿。

2019年专业标准、定级及检查标准同2018年，奖罚标准为：

（1）矿井单位。徐庄煤矿系数调整为1.05。达到一级安全生产标准化矿井的奖励标准为奖励基数乘以各自的系数。初级奖励基数为40万元，中级奖励基数为50万元，高级奖励基数为60万元。一级安全生产标准化矿井季度得分排名最后一名的矿井，取消标准化奖励；连续三个季度得分最后一名的矿井，罚款10万元。

（2）地面单位。初级奖励150元/人，中级奖励180元/人，高级奖励200元/人（按上季度末在岗人数为准）。二级安全生产标准化单位不进行奖励。三级安全生产标准化单位罚款100元/人。三级以下单位，停产整顿。

第三节　标准化活动

一、安全生产标准化活动意识养成

注重以安全文化建设培育职工的安全理念、安全价值观、安全作风和安全追求。通过新闻媒体的作用，宣传先进典型、报道先进人物、曝光典型"三违"现象，贯彻安全生产法规，形成良好的安全氛围。公司以《安全文化实用手册》为标准，在2008版的基础上，不断丰富完善，先后设计增加水文地质、地面厂房等安全标识警示视觉识别要素，做到安全标识警示视觉识别系统与新建、扩建工程同时投入使用。在每年6月"安全生产月"期间，开展学习安全生产标准，严格落实安全生产标准化达标活动，以"安全生产月"活动推动安全生产标准化的开展，进一步加强安全生产标准化建设。

二、安全质量（生产）标准化现场会

2008年，在龙东煤矿、姚桥煤矿召开中煤集团安全质量标准化现场会。2010年5月9日，在姚桥煤矿召开江苏省安全质量标准化现场会。2011年8月28日，在龙东煤矿召开

公司安全文化建设现场会和精细化推进会。公司本部四座矿相继召开安全生产标准化现场推进会。2017 年 7 月 18 日,在姚桥煤矿召开公司安全生产标准化现场推进会。2018 年 6 月 12 日,在姚桥煤矿和孔庄煤矿召开中煤集团安全生产标准化现场推进会。2018 年 11 月 18 日,在徐庄煤矿召开公司安全生产标准化现场推进会。自 2010 年以来,公司先后在龙东煤矿、姚桥煤矿、徐庄煤矿、孔庄煤矿召开公司安全质量标准化建设现场推进会,通过现场推进会,全面审视季度内各矿的建设进度、提炼建设亮点、总结建设经验。一是实现特色发展:龙东煤矿通过"三项创新"提高全员自主保安能力;徐庄煤矿坚持"一把手抓到底,一把尺量到底"的标准化整治法,实行全方位"划线"管理;姚桥煤矿坚持班组验收贯穿每道工序、科(队)验收具体到每班、矿井每旬考核验收一次的"三级验收"管理办法,以严格的奖优罚劣制度,全面落实建设责任;孔庄煤矿全面推行安全检查、整改、复查、考核"闭合"管理办法,实施采掘区队长经济效益与安全质量标准化工程进度、工程质量相挂钩的考核管理制度。二是形成竞争机制:"龙东的管线、姚桥的大巷、徐庄的作业环境、孔庄的等候硐室"等脍炙人口的特色亮点工程成为四座矿相互模仿、相互比拼、相互超越的热点,助推安全质量标准化的建设热情,营造良好的"比学赶超"竞争氛围,为公司的安全生产提供坚强保障。

三、精品工程

在采煤、掘进、机电、运输、通风等专业开展"精品工程"创建评比活动,选树"精品工程"标杆,召开创建经验交流会,并对采煤掘进精细化管理区队进行奖励。2014 年以来,要求矿井制订精品工程达标规划,采取激励约束机制,严格考核,对按照达标规划如期达标的单位进行奖励,对未按照达标规划如期达标的单位进行通报处罚。通过长期坚持,2017 年以来不断扩大创建范围,最终实现井上、下所有井巷工程、采煤工作面、车间等作业地点均达到"精品工程"标准,为实现本质安全化奠定基础。2018 年,安全生产标准化工作以每季度采煤、掘进、机电、运输、通风、地质灾害防治与测量等各专业查找薄弱环节,分别制定一个季度工作目标,并拟订工作计划,分阶段实施;同时,以安全生产标准化检查评分方法为基础,制定高于"标准"、严于"标准"的"季度目标"检查验收评分标准,每季度末验收一次,加大"季度目标"建设推进力度。通过长期坚持和巩固,弥补专业"短板",达到难点变亮点的要求,最终实现各专业均衡发展、矿井标准化水平总体提高、公司全面提升的战略。

井下标准化大巷如图 9-3-1 所示。

四、精细化管理

大屯矿区经过近 50 年的开发建设,面临系统老化、地质条件差、运输环节多等不利因素,四座矿结合矿井实际推行精细化管理,把质量标准化建设向采区、采掘工作面和工作岗位延伸。按照"安全、牢固、美观、节约、实用"的质量标准化原则,打造独具"大屯特色"、适合矿井实际的朴素标准化工程,在现有的标准化工程基础上,推行"人员操作程序化、施工作业流程化、质量监管常态化、管线吊挂线型化、设备管理责任化、材料码放定置化"的"六化"管理模式,煤巷队强化锚杆(索)一条线、电缆一条线、风水管路一条线、轨道一条线、皮带一条线"五条线管理",岩巷队重点抓好一次成巷和先喷后锚工作,保证光爆质量、锚杆外露率和直线度满足要求,增强动态达标意识,把精细化管理融入标准化建设的全过程和每一个环节;对各施工地点的检查实行菜单化、表格化,对重要事项进行提炼归纳,做到持表检查,防

图 9-3-1　井下标准化大巷

止因经验不足、责任心不强造成漏检、乱检，逐步把实践中有效的做法转变成标准、固化为制度，有效增强职工的质量标准化意识。

五、内涵达标

公司坚持人性化的安全管理观，层层签订安全目标责任书，形成"一级包一级，一级对一级负责"的安全管理机制，通过党员安全联保、设立"安全红线"、手指口述、师徒结对传帮带等形式，使每个岗位上的职工都知道自己"干什么、怎么干"，有效规范职工安全行为。认真执行好班队长带领集中上下井制度，班队长与本班职工同上同下，做到全程监控，保证各岗位有充足的时间完成工作任务，防止少数岗位因赶任务、抢时间可能出现的违章行为；对每个施工班组的最佳出勤人数进行明确规定，提高工时利用率，避免因职工出勤不均衡，造成人员浪费或人员紧张而影响安全生产；实行安全帽编号身份识别管理办法，在矿帽的两侧标清楚职工的单位编号和个人工号，作为职工下井的长久身份证，起到良好的监督、警示和约束作用，有效减少和遏制"三违"现象的发生。组织拍摄职工行为规范示范片，将各岗位工种的正确操作流程进行录像，并与错误的操作方法相互对照，在区队班前会和电视大屏上轮流播放，更加形象直观，易于接受，让职工知道怎样操作是正确的，怎样操作是错误的，逐步纠正部分职工的不规范行为；开设安全技术"大讲堂"，组织从事多年采掘一线工作并具有丰富实践经验的采掘区队长和跟班队长，定期对采掘一线职工进行专业知识讲课，提高职工现场操作技能和自保互保能力。2018 年，推进标准化内涵六大达标：① 行为达标：职工在行为上按标准、按规程去操作，行为达标要抓落实，抓措施规程的现场兑现。② 一次达标：上道工序为下道工序负责，杜绝返工活，一次做好，一次做到位。③ 动态达标：要做到动态和静态一个样，检查与不检查一个样。④ 过程达标：要把全过程的风险管控好，预防到位。⑤ 经济达标：标准化要简洁、实用、高效，不搞面子工程。⑥ 素质达标：围绕职工素质工程建设，充分发挥企业文化正向激励与引领作用，提高安全管理水平。

六、双重预防机制建设

公司推进安全风险分级管控与隐患排查治理双重预防机制建设。2018年,各单位认真按照标准建立健全"双重预防机制"工作责任体系和相关制度文件,针对不同的安全风险等级,实行分类分级监督管理,确保安全过程可防可控。充分利用双重预防管理信息化管理平台,利用班前会、媒体、宣传栏和条幅等形式展开宣传发动,让职工深刻领会"安全风险分级管控与隐患排查治理双重预防机制"的重要作用。

第四节　标准化成效

1991年3月31日,中国统配煤矿总公司在河北省开滦矿务局召开的"煤炭生产工作暨质量标准化、现代化局矿命名会议"上,公司调度室被命名为"特级局调度室"。

1992年7月22日,煤炭工业部命名614个矿(井)为1991年度质量标准化矿井,其中质量标准化特级矿(井)106个。孔庄煤矿和龙东煤矿获部质量标准化特级矿井称号。

1994年12月22日,煤炭部办公厅以煤厅字〔1994〕第394号文命名1993年度煤矿机修厂、发电厂质量标准化达标单位,拓特机械制造厂、发电厂分别被命名为1993年度矿务局机修厂质量标准化达标特级单位、煤矿发电厂质量标准化达标特级单位。

2005年3月31日,江苏煤矿安全监察局、江苏省经贸委、江苏省煤炭工业协会授予公司2004年度煤矿安全质量标准化公司称号。

2007年3月17日,公司获得2006年度江苏省煤矿安全质量标准化公司称号;公司安全监察部、龙东煤矿获2006年度江苏省煤矿安全生产工作先进单位称号。2007年4月30日,煤炭部发出《关于命名1996年度部级质量标准化局、矿、厂的通知》,大屯煤电公司获部级质量标准化矿务局称号;公司四座矿均荣获江苏省煤炭系统"2007年一级安全质量标准化煤矿"称号。

2008年3月14日,公司隆重召开安全质量标准化、高产高效建设推进会。

2008年,中煤集团首次在龙东煤矿举行中煤集团安全质量标准化现场推进会,中煤集团所有二级单位参加。

2010年5月10日,江苏省煤矿安全质量标准化现场会在公司姚桥煤矿召开,公司被评为江苏省安全质量标准化公司。

2015年,公司获得中煤集团"安全质量标准化企业(公司)"荣誉称号。

2016年,公司获得中煤集团"特级安全质量标准化企业(公司)"荣誉称号。

2018年6月12日,在姚桥煤矿和孔庄煤矿举行中煤集团安全质量标准化现场推进会。

2018年公司获得中煤集团"特级安全质量标准化企业"荣誉称号。

2019年12月17日,中煤天山公司一次性顺利通过国家安全生产标准化矿井验收,成为中煤及新疆兵团煤矿系统中首家国家一级安全生产标准化达标企业。至此,大屯内、外部已投产5座煤矿全部成为国家一级安全生产标准化矿井。

2019年度,公司获得中煤集团"特级安全质量标准化企业"荣誉称号。

2017—2020年,公司所有生产矿井均达到并保持国家一级标准化矿井水平。

2010—2020年公司国家一级安全生产煤矿一览表见表9-3-1。

表 9-3-1　2010—2020 年公司国家一级安全生产煤矿一览表

年度	姚桥煤矿	孔庄煤矿	徐庄煤矿	龙东煤矿
2010		一级	一级	一级
2011	一级	一级	一级	一级
2012			一级	一级
2013	一级	一级	一级	一级
2014	一级	一级	一级	一级
2015	一级	一级	一级	一级
2016	一级	一级		一级
2017	一级	一级	一级	一级
2018	一级	一级	一级	一级
2019	一级	一级	一级	一级
2020	一级	一级	一级	一级

第四章 应急救援

第一节 机构队伍

一、应急救援组织机构

1991年11月,根据《关于成立大屯煤电公司救护大队及聘任干部的通知》文件要求,救护大队科室、人员配置基本完成,大队下设办公室、战训科、后勤科、一中队和二中队,每个中队下设3支小队。

2001年3月,消防业务中的地面灭火救援工作从大屯煤电公司公安处划归救护大队,救护大队更名为大屯煤电(集团)有限责任公司救护消防大队,全大队人员共计118名。2002年12月,救护消防大队由大屯煤电(集团)有限责任公司划归上海大屯能源股份有限公司,更名为上海大屯能源股份有限公司救护大队。

2008年,根据《关于加强公司矿山救护体系建设的通知》文件要求,救护大队进行组织机构改革,由原来的5个科室合并为3个科室,即办公室与后勤科合并为综合办公室;一中队与二中队合并为直属中队,下辖5支小队;战训科不变。姚桥煤矿成立救护中队,隶属姚桥煤矿和救护大队双重领导。

2011年11月,救护大队消防业务中的地面灭火救援工作划转到保卫部管理。2014年9月17日,因公司业务整合,根据《关于保卫部消防队划归救护大队管理的通知》文件精神,将消防队划归救护大队管理。救护大队机构设置增设消防队和防火科,分别为综合办公室、战训科、防火科、直属中队和消防队。

2016年4月,为配合国家央企应急救援基地建设,根据《关于救护大队机构设置及有关人员职务任免的通知》文件批复,救护大队再次调整机构设置,增设后勤科和技术装备科,调整后大队下辖7个科室,分别为办公室、战训科、后勤科、技术装备科、防火科、直属中队和消防队。

2018年1月,国家安全生产应急救援指挥中心在《关于印发〈国家安全生产应急救援队伍规范名称〉的通知》(应指技装〔2018〕3号)文件中,命名大屯公司救护大队为"国家矿山应急救援中煤大屯队",简称"矿山救援大屯队";3月,根据《关于成立应急救援分队的通知》,成立3支应急救援分队,即在汽运分公司成立运输吊装分队、在工程咨询公司成立钻探分队、在实业公司成立气体化验分队;7月,配合新疆天山煤电公司(106矿),派遣3支小队27名队员与3名中队指挥员共30人成建制驻守106煤矿,组成新疆救护中队,每年轮换1次;8月,救护大队举行了"国家矿山应急救援中煤大屯队"揭牌仪式。

2019年,救护大队共组织小队高温浓烟演习32队次,258人次,万米演习15队次,120人次;负重急行军23队次,211人次;激烈行动10队次,97人次;小队一般技术操作训练 98 队次,711 人次;下井预防检查 176 队次,1 441 人次;救援准备 48 队次,422 人次;队列 53 队次,395 人次;仪器操作训练 533 队次,3 958 人次。

截至 2019 年年底,公司应急救援队伍共有 252 人。救护大队本部共有职工 105 人(救护消防指战员 75 人),机构设有办公室、战训科、技术装备科、后勤科、防火科、直属中队和消防队,姚桥煤矿驻矿中队 50 人、龙东煤矿兼职救护队 20 人、徐庄煤矿兼职救护队 28 人、孔庄煤矿兼职救护队 26 人、运输吊装分队 7 人、气体化验分队 4 人、钻探分队 12 人。

二、应急救援队伍建设

救护大队重视开展各种形式的技术竞赛,提出"以赛代训"的方式,促进队员加强自我训练,开展全方位个人岗位练兵、小队间对抗赛来提高队员训练积极性和队伍整体技战术水平。

2004 年 11 月,在江苏省徐州市举办的徐州市煤炭行业职工技能竞赛矿山救护工(工种)中,姚宏章获得一等奖和"技术能手"称号;2008 年 6 月,在江苏省徐州市举办的徐州市职业技能大赛中,张松获得总分第一名,被授予"徐州市技术能手"称号,并获得"徐州市五一劳动奖章"。

2006 年 5 月,在河南省平顶山市由国家安全生产监督管理总局举办的第六届全国矿山救援技术竞赛中,共有来自全国 30 支代表队的 300 余名指战员参加,救护大队代表中煤集团参赛。经过全体参赛队员顽强拼搏,救护大队获得模拟救灾项目三等奖、团体总分三等奖(第七名)的好成绩。

2017 年 9 月,第十一届全国矿山救援技术竞赛在河北省唐山市开滦集团救护大队落下帷幕,共有来自全国 32 支代表队的 320 名指战员参加。救护大队首次代表江苏省参加此次竞赛角逐,最终张磊获得指挥员战术运用第四名;集体获得 BG4 正压氧气呼吸器操作单项第五名、医疗急救项目单项第七名、模拟救灾单项第七名,团体总分第十二名,在中煤集团 3 支参赛队伍里排名第一。

2019 年 5 月,第二届中煤集团煤矿救援技术竞赛在安徽省淮南市中煤集团新集公司救护大队举行,共有来自中煤集团的 8 支代表队 72 名选手参加 7 个项目的激烈角逐。大屯队获团体总分第二名,并荣获集体医疗急救项目一等奖、综合体能二等奖、一般技术操作二等奖、BG4 呼吸器操作二等奖;赵军海、魏衍珍分别获得医疗急救个人单项一等奖和三等奖;王世鑫获得单兵救援个人单项二等奖;王爱辉分别获得综合体能个人单项三等奖、呼吸器操作个人单项三等奖、单兵救援个人单项三等奖、个人全能三等奖;姜园园获得综合体能个人单项三等奖;伊盟获得呼吸器操作个人单项三等奖。

2001—2012 年,救护大队多次组队参加全国矿山救援技术竞赛,在第四届全国矿山救援技术竞赛中获得团体优胜奖,在第五届全国矿山救援技术竞赛中获得团体优胜奖,在第七届全国矿山救援技术竞赛中获得医疗急救项目三等奖、团体优秀奖,在第八届全国矿山救援技术竞赛中获得团体优秀奖,在第九届全国矿山救援技术竞赛中获得医疗急救项目第八名、体能项目第八名。

1991—2019 年,救护大队连续 29 年被华东区矿山救护协作网评定为国家特级标准化矿山救护大队。2008—2019 年,救护大队连续 12 年被国家安全生产应急救援指挥中心评定为国家特级标准化矿山救护大队。公司内部季度标准化检查中,救护大队均达到一级(公

司最高级）。救护大队每季度对公司四座矿救护队开展一次质量标准化检查验收工作。

三、消防组织机构和队伍建设

1995年，根据消防安全工作需要，大屯煤电公司公安处设立消防科，负责全矿区的消防业务。

2001年3月，大屯煤电公司公安处2辆消防车、7名消防指战员及灭火救援任务划归救护大队管理，划归徐庄煤矿、孔庄煤矿各1辆消防车和10名消防指战员，充实两矿消防救援力量。防火安全监督管理仍由公司保卫处负责。

2011年11月，根据《关于公司消防队划拨有关事宜的会议纪要》文件精神，救护大队消防业务于2011年11月9日划归公司保卫部管理，保卫部增设消防队和防火科专门从事消防工作。同日，消防基地投入使用。消防基地投入建设资金800多万元，总占地面积8 400平方米，建筑面积约2 600平方米，综合楼1栋，辅助用房1栋（食堂、浴室、训练房、仓库），训练塔1座，篮球场1个。

2013年11月，徐州市开展多种形式消防队伍业务比武，大屯消防队获得消防车出水操单项团体第一名、团体总分第一名，邱龙、朱彬分别获得60米负重跑第一名、第二名，李新刚、宋平、陈佳伟获得手抬机动泵操第一名。

2014年10月，公司下发《关于保卫部消防队划归救护大队管理的通知》，消防队和防火科从保卫部重新划归救护大队管理。

2015年12月，经沛县消防大队批准，本着加强合作、互利双赢的原则，结合具体情况，公司救护大队与沛县大屯镇、杨屯镇、安国镇签订《灭火救援协议书》，约定每年续签一次。

2016年5月，公司防火领导小组制定《公司消防安全管理办法》《公司消防安全管理办法实施细则》。公司各二级单位，按照《公司消防安全管理办法》要求，成立消防安全组织管理机构，各单位消防业务管理部门配置专（兼）职防火专员，负责本单位的日常消防工作。

2017年4月，救护大队消防队代表徐州市到苏州市参加江苏省企业专职消防队伍比赛，获得团体优秀奖。

2019年3月，针对公司各单位建筑消防设施开展专项检查，发现部分消防控制室缺少持有《建（构）筑物消防员证》值班人员问题后，紧盯不放松，通过督促和多方协调，相关单位按要求派人员进行培训，做到值班人员持证上岗。12月，公司防火领导小组对《公司消防安全管理办法》条款进行补充完善。

2019年，消防队共接警出动156起，其中公司火灾13起、地方火灾143起；抢险救援9次；参与执勤20次累计监护368小时。共出动消防车182台次、消防指战员868人次，解救被困人员7人，成功扑救各类火灾104起，疏散保护物资财产2 750余万元，使火灾损失降到最低限度；防火科共开展消防安全检查32次，参加检查人数84人次，检查问题92条，隐患8条，并全部落实整改。

2019年11月9日，为强化消防安全责任制和岗位责任制，推进二级单位消防安全主体责任制认领与落实工作，细化公司与二级单位消防安全责任与任务，使消防安全管理职责和任务明确到人，公司与各二级单位签订《大屯煤电（集团）有限责任公司消防安全责任书》。

2006—2019 年,公司以"11·9 消防日"为契机,下发《关于组织开展 11·9 消防日宣传演练活动的通知》《公司 11·9 消防日宣传活动暨消防运动会活动方案》,积极组织开展消防安全知识教育培训、技能竞赛、灭火救援应急演练等宣传教育活动。

四、消防抢险案例

2001 年 3 月,消防业务从大屯煤电公司公安处划归救护大队。消防队始终秉承"有警必出、有灾必救、有险必抢"的工作理念,坚持与时俱进,牢固树立"以人为本、科学救援"的工作思路。

(一)沛县安国镇双福编织袋厂火灾事故

2008 年 10 月 11 日 1:35 接到报警,称江苏沛县安国镇双福编织袋厂发生火灾,立即出动 1 辆消防车,1:50 到场后,火势猛烈,厂房已经坍塌一半,扑救难度极大,指挥员立即命令铺设 4 盘水带出 2 支水枪进行灭火,1 枪灭火,1 枪控制火势蔓延,10 分钟后沛县到场 3 辆消防车,经分工后,确定由消防队负责扑救坍塌区火灾,经过近 2 个小时扑救,将火扑灭,3:30 归队备勤。此次火灾共出动消防车 1 辆、指战员 7 人。

(二)沛县杨屯镇纺织袋厂火灾事故

2009 年 4 月 5 日 11:09 接到报警,称杨屯镇纺织袋厂发生火灾,立即出动 1 辆水罐消防车,11:20 到场,5 分钟后,沛县消防大队赶到投入灭火,随后公司消防队车辆停靠水池吸水,向沛县消防大队供水灭火,14:20 明火扑灭,由于厂房内烟雾依然很大且大量面纱处于阴燃状态,公司消防队全体指战员佩戴空气呼吸器进入厂房灭火,15:40 结束战斗,16:10 归队备勤。此次火灾共出动消防车 1 辆、指战员 8 人。

(三)沛县大屯镇安冉小区超市火灾事故

2011 年 6 月 12 日 6:00 接到报警,称沛县大屯镇安冉小区超市发生火灾,有 1 人被困,出动 2 辆消防车前往救援,到场后迅速进行火情侦查,发现有人员被困,立即破拆防盗门窗,待搜救组将被困人员救出后,战斗小组铺设 3 盘 65 水带出 1 支直流水枪内攻灭火,经过 1 个小时 30 分钟的奋力扑救将火成功扑灭,7:30 归队备勤。此次火灾抢救财产价值约 30 万元,共出动消防车 2 辆、指战员 7 名。

(四)沛县安国镇纱厂火灾事故

2012 年 5 月 19 日 10:00 接到报警,称安国镇一纱厂发生火灾,立即出动 2 辆消防车,10:30 到达现场,与先期到达的沛县消防大队共同进行灭火,公司消防队出 3 盘水带 1 支水枪控制火势蔓延,由于大量棉包易燃扑救困难,需要大量水流,11:05 公司消防队又调集 1 辆 25 吨水罐消防车进行支援,经过约 1 小时 30 分钟的艰苦战斗,火灾于 12:10 被扑灭,移交沛县消防大队,12:30 归队备勤。此次火灾挽救经济损失 50 余万元,共出动消防车 2 辆、指战员 6 名。

(五)沛县大屯镇重庆巴王府火锅店爆炸

2017 年 7 月 17 日 13:11 接到报警,称公司中心区重庆巴王府火锅店发生爆炸并有受伤人员被困,立即出动 2 辆消防车,于 13:13 到达事故现场,经侦查,火锅店处于装修期间,爆炸致使门窗破碎严重,房内有明火,请求联系燃气公司进行总阀门关闭。待燃气公司人员到位,关闭总阀门后,指挥员安排对火场进行地毯式搜救,确认现场无人员被困、无其他隐患

后,移交派出所,于 14:47 归队执勤。此次救援出动消防车 2 辆、指战员 9 人,消耗水量 8 吨。

(六)沛县龙固镇天安化工厂应急救援

2019 年 12 月 31 日 20:32 接到报警,称沛县龙固镇天安化工厂在清理罐体时 3 人被困,情况不明。接警后,迅速赶赴现场,与沛县消防中队现场协作,队员们克服了地势险峻、空间狭小、刺激性味道重的困难,抢救出 3 名遇险人员,送医救治。此次救援,消耗空气瓶 8 罐,出动指战员 7 人、消防车 2 辆,解救被困人员 3 名,2020 年 1 月 1 日 0:26 归队执勤。

第二节　救护装备

根据《矿山救护规程》《矿山救护队质量标准化考核规范》要求,救护大队配齐了大队、中队、小队及个人所有应配装备。

1991 年 11 月,大队科室、人员配置完成后,在大队装备配置方面,每年申请专项资金,先后购置了惰气灭火装备、高倍数泡沫灭火机、高压脉冲灭火装备、便携式爆炸三角形测定仪、热成像仪等先进救护装备,使救护大队装备水平走在全国前列,极大提高了队伍救援能力。为了满足大队工作需要,1997 年,救护大队整体搬迁至现基地,基地基础设施包括大队办公楼、直属中队办公楼、演习巷道、汽车库、装备库、训练房、200 米跑道等,基本满足日常办公、训练、演习、就餐等需要。

2007 年 7 月,救护大队被国家安全生产监督管理总局评为二级资质救护大队。2011 年,救护大队在全国率先全部淘汰负压氧气呼吸器,全体指战员个人呼吸器使用 BG4 正压氧气呼吸器和 Biopak 240 正压氧气呼吸器。

2013 年 12 月,根据国家安全生产应急救援指挥中心总体部署,公司救护大队央企应急救援队伍建设项目专项资金 4 509 万元划拨至公司。根据国家相关文件要求,结合救护大队实际需要,2014 年以来,分别为矿山救援和消防分批采购多种先进装备和仪器,矿山救援类如应急指挥车、卫星通信指挥车、半挂牵引车、多功能集成式救援装备工具车、汽车起重机、移动排水供电车、应急电源车、集成式照明侦检车、野外生活保障车、救援宿营车、气体分析化验车、叉车、除雪车、液态二氧化碳灭火装置、灾区有毒有害气体智能排放系统、矿井救灾排沙泵、大型破拆工具、轻型钻机、井下无线宽带救灾通信系统、雷达生命探测仪、井下快速支护成套装置和救援指挥信息平台终端等大量先进救援装备,消防类如 8 吨水罐消防车、高清红外夜视现场记录仪、灭火救援图像采集器、切割锯、小型发电机和两瓶式充气用防爆箱等。

2016 年 10 月,为完成中央企业应急救援队伍建设项目基地建设配套工程,公司批准基地建设配套工程并开始建设,设有大型装备库、汽车库及灾区仿真模拟房,总建筑面积约 2 000 平方米,投资 900 余万元,于 2017 年 10 月竣工投入使用。

2018 年 3 月,为了充分、合理利用国补资金所购买装备,根据《关于成立应急救援分队的通知》文件要求,成立 3 支应急救援分队:一是汽运分公司运输吊装分队,二是工程咨询公司钻探分队,三是实业公司气体化验分队。每季度,至少开展 1 次对 3 支应急救援分队、直属中队、消防队、办公室所分管国补资金购买大型装备的联合检查。救护大队应急救援主要装备一览表见表 9-4-1。

表 9-4-1　救护大队应急救援主要装备一览表

类别	装备名称	单位	数量
矿山	矿山救护车	辆	4
	排水供电车	辆	1
	救援装备工具车	辆	1
	救援宿营车	辆	1
	生活保障车	辆	1
	照明侦检车	辆	1
	应急发电车	辆	1
	卫星通信车	辆	1
	除雪车	辆	1
	气体化验车	辆	1
	吊车	辆	1
	随车吊	辆	1
	半挂牵引车	辆	1
	叉车	辆	1
	应急指挥车	辆	2
	矿用潜水泵	台	6
	井下快速支护成套装置	套	2
	轻型钻机	台	1
	液态二氧化碳灭火系统	套	1
	智能排放系统	套	2
	BGP-400 高倍数泡沫灭火机	套	2
	井下无线宽带救灾通信系统	套	3
	应急平台终端	套	1
	四小时正压氧气呼吸器	台	90
	两小时氧气呼吸器	台	14
	自动苏生器	台	9
	隔热服	套	42
	推车式脉冲灭火装置	套	2
	生命探测雷达	套	1
	爆炸三角形	台	1

表 9-4-1(续)

类别	装备名称	单位	数量
消防	灭火救援图像采集器	台	1
	高清红外夜视现场记录仪	台	2
	高压呼吸空气压缩机	台	1
	空气呼吸器	台	14
	干粉泡沫联用消防车	辆	1
	3 吨水罐消防车	辆	1
	8 吨水罐消防车	辆	1
	25 吨水罐消防车	辆	1
	抢险救援车	辆	1
	燃油链条切割锯	台	2
	便携式液压剪	套	1
	手动燃油机动泵	台	2
	荷马特液压剪扩器	套	1
	小型发电机	台	1
	液压开门器	个	1
	两瓶式充气用防爆箱	台	1

第三节 应急救援预案

1991 年 11 月,公司救护大队根据《关于成立大屯煤电公司救护大队及聘任干部的通知》,逐步完成机构设置和有关人员的配备,负责承担公司的应急救援任务。姚桥煤矿、孔庄煤矿、徐庄煤矿、龙东煤矿建有不同规模的辅助救护队。

1991 年以后,救护大队在公司历任安监局局长和分管安全的副总经理的直接领导下开展应急救援工作。

1991—2002 年,公司矿井单位的应急管理工作,根据煤炭部的要求,每年由各矿制订灾害防治计划,经公司安监局审批后执行。公司和各矿总工程师领导灾害预防工作的实施,安监、通风、生产、机电、地测、调度等部门分别负责领导本业务范围内的灾害防治计划的落实。灾害预防的主要内容包括防顶板事故、防治瓦斯事故、防尘、防治水、防灭火、机电运输事故预防。

公司及各单位根据不同时期、不同板块的安全生产实际,逐步制定围绕生产、加工和服务过程中可能发生的重特大伤亡事故、特别重大事故以及性质特别严重、产生重大影响的事故或紧急情况的预防与处理的应急计划(预案)。

2002 年 6 月,公司制定《应急准备与响应控制程序》,规定应急准备、应急计划(预案)编制、应急保障、应急信息交流、应急指挥和实施、事故的调查与处理、应急培训、演习、应急预案的评审和修订等方面的内容,并明确各层级人员及各单位、部门的职责:总经理是重特大事故的总指挥;事故单位的行政正职担任重特大事故的现场总指挥;各单位总工程师负责组织应急计划(预案)的编制、审批和修订;抢险救灾指挥部设在生产技术部调度室,在总指挥的领导下组织、指挥、协调抢险救灾工作;矿山救护消防大队负责安全迅速地救援灾区遇险人员和地面火灾的灭火工作及事故处理工作;公司总工程师负责组织相关业务部门对各单位上报的应急计划(预案)进行会审并批准,安全监察局、技术中心负责监督应急计划(预案)的实施并监督实施;物资部、各单位供应部门负责及时准备好抢险救灾器材和物资;公司保卫部和各单位保卫科负责疏散地面事故影响范围内的人员及现场的保卫工作;各单位、部门负责完成总指挥指定的救灾工作;各单位、部门负责本单位和部门环境事故或紧急情况应急预案的制定、修订,应急处理和善后调查并对应急设备、设施进行管理。公司相关单位、部门所制定的应急计划(预案)主要有矿井灾害预防和处理计划,雨季三防计划,煤气厂、油库、火药库火灾和爆炸应急预案,油品、危险化学品泄漏和爆炸应急预案,重特大火灾事故预案,锅炉、压力容器爆炸事故应急预案,污水异常排放应急预案,废气异常排放应急预案,放射事故应急预案,洪涝灾害应急预案等。

2004年,根据《安全生产许可证条例》(国务院令第397号)的要求,公司编制相应的安全生产事故应急预案。

2006年,国务院发布《国家突发公共事件总体应急预案》《国家安全生产事故灾难应急预案》《国务院关于全面加强应急管理工作的意见》,国家安全生产监督管理总局发布《生产经营单位安全生产事故应急预案编制导则》(AQ/T 9002—2006),根据上级要求,安全监察部组织编制《大屯煤电(集团)有限责任公司安全生产事故应急预案》(DTYA 2006—01),并于12月颁布实施。该预案为公司的综合应急预案,制定了公司的应急工作原则,建立组织机构并明确职责、介绍公司的生产经营情况、对存在的主要危险源进行风险分析(煤矿)、制定预防与预警措施以及应急响应要求,并规定信息发布、后期处置、保障措施、培训与演练、奖惩等方面的内容。成立公司事故应急救援指挥部,地点设在公司调度室,董事长、总经理任总指挥,副总指挥由各副总经理、总工程师、工会主席、纪委书记担任,指挥部成员由各副总、各部室中心及有关单位主要负责人组成。

按照事故灾难的可控性、严重程度和影响范围,将公司事故应急响应级别分为Ⅰ级(特别重大事故)响应、Ⅱ级(重大事故)响应、Ⅲ级(较大事故)响应、Ⅳ级(一般事故)响应。当发生造成或可能造成30人以上死亡,或造成100人以上重伤(包括急性工业中毒,下同),或造成1亿元以上直接经济损失,或特别重大社会影响的事故时,启动Ⅰ级响应;当发生造成或可能造成10~29人死亡,或造成50~100人中毒、重伤,或造成5 000万~10 000万元直接经济损失,或重大社会影响的事故时,启动Ⅱ级响应;当发生造成或可能造成3~9人死亡,或造成30~50人中毒、重伤,或直接经济损失较大,或较大社会影响的事故时,启动Ⅲ级响应;当发生造成或可能造成1~3人死亡,或造成30人以下中毒、重伤,或一定社会影响的事故时,启动Ⅳ级响应。明确响应程序:当进行Ⅰ、Ⅱ、Ⅲ级响应行动时,公司应当按照相应的预案全力以赴组织救援,并及时向中煤能源集团及有关上级部门报告救援工作进展情况,并报请上一级应急救援指挥机构启动上一级应急预案实施救援。当进行Ⅳ级响应行动时,事故发生二级企业应当按照相应的预案全力以赴组织救援。

公司同时制定8个专项预案,作为该综合预案的支撑,分别为:① 公司煤矿冲击地压事故应急预案;② 公司煤矿瓦斯爆炸事故应急预案;③ 公司煤矿煤尘爆炸事故应急预案;④ 公司煤矿火灾事故应急预案;⑤ 公司煤矿透水事故应急预案;⑥ 公司大面积停电事故应

急预案;⑦ 公司地面防洪应急预案;⑧ 公司地面火灾事故应急预案。同时将公司各二级单位的综合应急预案纳入公司综合应急预案进行管理。

2007 年年底,公司各生产建设单位根据公司要求,建立了二级、三级应急救援机构网络,与公司应急救援指挥中心构成了自上而下、覆盖全公司各个行业的应急救援体系。公司预案体系包括公司综合应急预案、专项应急预案、各二级单位二级应急预案和现场处置方案。

2009 年,根据上级要求和公司生产经营等变化情况对《大屯煤电(集团)有限责任公司安全生产事故应急预案》进行修订,应急救援指挥部增设抢救、技术、医务后勤、治安保卫4 个专业组,组长分别由公司安监局局长、总工程师、分管医疗卫生和治安保卫工作的副总经理担任,成员由公司副总工程师和相关业务管理部门负责人组成,并明确各专业组的职责。同时,对有关内容进行补充和完善,并在信息上报和重大事故汇报程序增加向江苏省、徐州市地方政府有关部门汇报的要求及内容。对专项预案进行了调整,删减公司煤矿冲击地压事故应急预案,增加公司地震灾害应急预案。

2012 年,《大屯煤电(集团)有限责任公司安全生产事故应急预案》更名为《中煤集团大屯公司安全生产事故应急预案》,应急救援指挥部下设的专业组调整为抢险救灾组,技术保障组,后勤保障、治安保卫、医疗救护组,信息发布组,事故善后处理组和事故调查组 6 个专业组,并对其他有关内容进行修订和完善,同时增加煤矿井下安全避险"六大系统"的有关内容,增加公司煤矿顶板事故应急预案、冲击地压事故应急预案、立井提升事故应急预案和压力容器爆炸事故应急预案 4 个专项预案,配套的专项预案达到 12 个。2012 年年底,覆盖公司所有可能发生的事故的应急救援预案网络形成。

第四节 应急演练与事故救援

一、应急演练

2009 年以前,公司应急演练主要由各生产建设单位,根据本单位存在的安全风险和潜在的事故类型,自行组织本单位的应急演练。

2009 年,根据安全生产月的活动要求,公司统一组织开展应急救援演练周活动,各生产建设单位开展 10 多次不同类型的应急救援演练。每年的安全生产月期间,公司及各单位均组织开展应急演练。

2010 年 6 月 25 日,公司组织开展公司发供电系统应急演练。结合单位安全生产实际,累计进行 14 次不同类型的应急救援演练或演习,3 050 余人次参加应急救援演练。公司有关领导、安全监察部专业人员组成专家观摩组,共 97 人次参加演习或演练。

2011 年 6 月 28 日,江苏煤矿安全监察局、江苏省经信委和徐州市安委会在龙东煤矿开展江苏煤矿水害事故矿地联合应急演练,在模拟突水事故的短短 50 分钟内,公司圆满地完成了从发现灾情、汇报灾情、判断灾情、指挥救援、协调救援、实施救援到救援结束的全过程,有效地检验了公司应对突发事故的能力和应急预案的执行效果。安全生产月期间,各二级单位都相应开展有针对性的应急救援演练:姚桥煤矿开展矿井水灾事故现场处置演练,孔庄煤矿进行汛期大坝防洪应急演练,徐庄煤矿进行矿井火灾应急救援演练;其余地面生产建设

单位根据本单位的应急预案,结合单位安全生产实际,累计进行 36 次不同类型的应急救援演练或演习,1 267 人次参加应急救援演练。

2012 年 6 月 29 日,中煤集团在公司徐庄煤矿组织开展火灾事故应急演练。本次演练全面检验徐庄煤矿应急预案与公司应急预案、中煤集团预案的衔接以及各应急救援单位在应急响应、现场处置、伤员救治、社会动员、交通组织、通信运输保障、舆论引导、善后处理等方面的快速反应能力。安全生产月期间,各二级单位都相应开展有针对性的应急救援演练;同时,地面单位开展电力系统应急预案联合演练、油库火灾应急演练、道路工程硫化氢中毒事故应急演练、电解槽漏炉事故应急演练等。公司及所属单位进行 42 次不同类型的应急救援演练或演习,累计 2 321 人次参加应急救援演练。

2012 年开始,救护大队每年组织一次综合救援应急演练,每季度开展一次大型装备应急演练,直属中队每月组织一次井下"走位演练"和高温浓烟演练,消防队对公司消防重点单位和重点部位开展经常性实战演练。

2013 年 6 月 21 日,公司开展大屯矿区大面积停电事故的应急演练。各二级单位都相应开展有针对性的应急救援演练:姚桥煤矿开展 8505 材料道水灾事故演练;孔庄煤矿开展矿井火灾事故抢险救援演习;徐庄煤矿开展 7331 工作面透水事故演习;龙东煤矿开展西一皮带救灾系统应急救援演练;新疆苇子沟煤矿、106 煤矿也分别开展了矿井火灾、地面防洪应急演练。地面生产单位相继开展电气火灾、防洪抢险、停电事故等富有行业事故特色的应急演练。公司及 18 家单位累计进行 36 次不同类型的应急救援演练或演习,累计 2 510 人次参加应急救援演练。

2014 年 6 月 20 日,公司在姚桥煤矿开展煤尘爆炸事故的应急演练。本次演练模拟姚桥煤矿 8501 掘进工作面遇断层,爆破施工的冲击波引起粉尘悬浮,由于炮眼装药多、水炮泥安装不符合规定,爆破时出现火焰引起悬浮的煤尘爆炸,可能造成人员伤害和设备的损害危险。公司启动Ⅲ级应急响应和应急预案,通知救护大队赶赴现场救援,调集应急资源,协助开展救援工作;姚桥煤矿按照预案,组织人员安全撤离、侦查灾情、搜救被困人员及现场应急处置工作。安全生产月期间,各二级单位都相应开展有针对性的应急救援演练:孔庄煤矿开展矿井大面积停电事故演练;徐庄煤矿开展瓦斯爆炸事故演习;龙东煤矿开展东一轨道机轨合一突水事故演练;新疆苇子沟煤矿、106 煤矿分别开展炸药库火灾、地面防洪应急演练;山西玉泉煤业开展透水、停风停电等事故演练。地面生产单位相继开展设备火灾、防洪抢险、触电事故等富有行业事故特色的应急演练。公司及 18 家单位累计进行 33 次不同类型的应急救援演练或演习,累计 2 170 人次参加应急救援演练。

2014 年 9 月 19 日,江苏省安全生产监督管理局联合公司在孔庄煤矿开展徐州地区煤矿瓦斯爆炸重大涉险事故应急演练,省安监局(江苏煤监局)、徐州市和沛县安委会相关部门负责人、徐州监察分局负责人,各煤矿企业负责人和应急救援职能部门负责人,各煤矿企业救护队负责人参加应急演练活动。

2015 年 6 月 23 日,公司在龙东煤矿开展顶板事故应急演练。本次演练模拟龙东煤矿东翼机轨合一巷在掘进生产过程中,遇到地质条件变化断层带,发生重大冒顶事故,直接威胁到掘进迎头施工人员,需要及时撤出人员到安全巷道。公司启动Ⅲ级应急响应和应急预案,通知救护大队赶赴现场救援,调集应急资源,协助龙东煤矿开展救援工作。安全生产月期间,各二级单位都相应开展有针对性的应急救援演练:姚桥煤矿开展了矿井防洪应急演

练;孔庄煤矿开展煤尘爆炸事故演练;徐庄煤矿开展透水事故演习;新疆苇子沟煤矿、106煤矿分别开展突水、防汛应急演练;山西玉泉煤业开展雨季"三防"专项演练。地面生产单位相继开展火灾、爆炸、危化品泄漏等富有行业事故特点的应急演练。公司及17家单位累计进行30次不同类型的应急救援演练或演习,累计1 408人次参加应急救援演练。

2016年6月26日,公司在孔庄煤矿开展矿井大面积停电事故应急演练。本次演练模拟孔庄煤矿Ⅰ₅中央变电所Ⅰ₆采区Ⅰ段开关柜受潮短路,造成井下Ⅰ₆采区Ⅲ₅采区各场所全部停电,6个采掘头面停风、停电,需要及时撤出井下有关人员。公司及孔庄煤矿启动应急预案,调度、机电等部门严格按照应急预案组织人员安全撤离、侦查灾情、排除故障、恢复供电。安全生产月期间,各二级单位都相应开展有针对性的应急救援演练:姚桥煤矿开展大面积停电事故演练,徐庄煤矿和龙东煤矿开展透水事故演练;地面生产单位相继开展火灾、爆炸、危化品泄漏等富有行业事故特点的应急演练。公司及16家生产建设单位累计进行21次不同类型的应急救援演练或演习,累计994人次参加应急救援演练。

2017年6月15日,公司在孔庄煤矿开展煤矿瓦斯爆炸事故应急演练。本次演练模拟孔庄煤矿Ⅳ₁采区7434切眼处因采区中部变电所掉电,造成切眼主风机停止运转、副风机因故障不能开启导致切眼瓦斯浓度迅速升高,人员在撤离过程中发生瓦斯爆炸,需要开展事故救援并迅速撤出涉险人员。公司及孔庄煤矿启动应急预案,调度、通风、救护大队等部门严格按照应急预案,组织人员开展抢险救援、安全撤离、侦查灾情、处置事故。安全生产月期间,各二级单位都相应开展有针对性的应急救援演练:姚桥煤矿和徐庄煤矿开展透水事故演练,龙东煤矿开展矿井防洪事故演练;地面生产单位相继开展火灾、触电、危化品泄漏等富有行业事故特点的应急演练。公司及16家生产建设单位累计进行21次不同类型的应急救援演练或演习,累计965人次参加应急救援演练。

2018年6月27日,公司在徐庄煤矿开展煤矿透水事故应急预案演练。本次演练模拟徐庄煤矿8199工作面后侧老塘发生突水,突水量超过工作面最大排水能力,8199工作面随时有被淹没的危险,需要开展事故救援并迅速撤出涉险人员。公司及徐庄煤矿启动应急预案,调度、地测、救护大队等部门严格按照应急预案,组织人员开展抢险救援、安全撤离、侦查灾情、处置事故。安全生产月期间,各二级单位都相应开展有针对性的应急救援演练:姚桥煤矿和孔庄煤矿开展煤尘爆炸事故演练,龙东煤矿开展矿井水害事故演练;地面生产单位相继开展防洪、火灾、停电、机械伤害、危化品泄漏等富有行业事故特点的应急演练。公司及15家生产建设单位累计进行23次不同类型的应急救援演练或演习,累计1 336人次参加应急救援演练。

2019年,公司根据《生产安全事故应急条例》(国务院令第708号)要求,及时调整年度演练计划,由原来每年组织演练1次改成每半年组织应急演练1次。6月20日,公司在姚桥煤矿组织开展公司煤矿冲击地压事故应急演练。本次演练模拟姚桥煤矿采煤三队回采7013工作面材料道,在距离工作面约40米区域内发生冲击地压事故,针对此情况,开展应急救援演练。10月17日,公司在孔庄煤矿组织开展煤矿顶板事故应急演练。本次演练模拟孔庄煤矿7434工作面115#~130#支架在周期来压作用下出现大面积片帮,在运送物料准备维护期间发生大面积冒顶,此时现场可能有多人被困,针对此情况,开展应急救援演练。安全生产月期间,各二级单位都相应开展有针对性的应急救援演练:孔庄煤矿开展地面防洪应急抢险演练,徐庄煤矿开展防洪、井下透水、大面积掉电、轨道运输事故4项应急演练,龙

东煤矿开展东二LF19断层探巷Ⅱ透水应急救援演练;地面生产单位相继开展雨季"三防"、高空坠落、触电、火灾、机械伤害、危化品泄漏等富有行业事故特点的应急演练。公司及19家生产建设单位累计进行42次不同类型的应急救援演练或演习,累计1 580人次参加应急救援演练。

2020年3月16—20日,救护大队开展应急救援演练(图9-4-1)。演练情景为徐州某矿掘进巷道发生瓦斯爆炸事故,有1名遇险人员,局部通风机已停止运转,经侦查、救人后,小队采用远程控制矿用自动排风装置排除巷道内瓦斯,恢复巷道通风。演练分为闻警集合、入井准备、模拟灾区侦查、现场伤员医疗急救、矿用自动排风装置现场连接和接风筒6个项目,主要检验救护大队快速反应能力和指挥员现场决策指挥能力。

图9-4-1　救援演练,降尘和有害气体监测

二、事故救援

救护大队接到公司调度电话或公司领导事故电话通知后,电话值班员拉响事故出动铃,大队、中队、小队值班(待机)人员立即集合,根据事故灾害性质,中队指挥员带领值班队或值班队和待机队出动。大队值班人员电话通知大队相关人员立即归队,大队长启动救护大队应急预案,大队相关领导前往事故矿井。指挥员带领小队到达事故矿井后,指挥员前往指挥部了解事故现场情况、领取任务,小队长带领队员进行作战前检查、整理装备、做好救护准备,指挥员根据指挥部命令组织小队进行灾区侦查、启动救援预案、实施救援。

以下例举救护大队事故救援的典型案例。

(一)姚桥煤矿"12·5"皮带火灾事故

1995年12月5日16:55,接公司调度电话,姚桥煤矿东皮带大巷皮带着火,李平、郝大友带领值班二小队立即出动,随后王先鹤、徐宁斌带领待机五小队出动,19:00又组织2个小队下井侦查、救人。后来又调来龙东煤矿救护队2支队伍、徐庄煤矿救护队2支队伍和孔庄煤矿救护队2支队伍。6日早上,一支小队带领143人从东风井升井,其他小队根据指挥部任务安排分别进行侦查探险、灭火、发高泡、打砖墙、注浆灭火等。6日下午,孔庄煤矿救护队运出1名遇难人员,救护大队一小队运出2名遇难人员,23:30,救护大队及姚桥煤矿救护队、徐庄煤矿救护队各 1 支队伍下井运出 9 名遇难人员。7 日 0:30,徐州矿务局三河尖煤矿救护队一支小队运出 15 名遇难人员,至 7 日 1:00,27 名遇难人员全部抬出。至 16 日 5:00 停止下井监护。

（二）龙东煤矿 7131 下材料道火灾事故

1999 年 2 月 1 日 21:04,接公司调度电话,龙东煤矿 7131 下分层材料道采空区自然发火,21:05 值班小队四小队立即出动,21:10 救护大队长、总工程师带领待机小队一小队出发。到达事故矿井听取有关人员汇报后,经指挥部研究确定如下抢救方案:一是组织救护队下井全面侦查,探明火源,尽快扑灭;二是 7131 下材料道通风状态保持不变,7131 下刮板输送机道停电停风;三是在北段设立警戒和基地;四是严密监视火区回风流中瓦斯、一氧化碳、二氧化碳、氧气浓度和温度的变化情况,并做好记录。经侦查,未发现火源,现场温度 40 摄氏度。2 月 2 日 4:30 指挥部听取侦查汇报后,再次调整方案:一是再探查一次,若探明火源,采取直接灭火措施,以保住工作面;二是若仍不能探明火源,尽量靠近火源打一道板闭,然后在规定地点各建一道砖墙封闭火区;三是启开中段回风联络巷密闭,掘 7131 灭火注浆巷道,钻孔注黄泥粉煤灰浆灭火。至 2 月 5 日,分别完成板墙、砖墙封闭工作。3 月,掘灭火巷道。4 月,打孔注黄泥粉煤灰浆灭火。至 10 月工作面符合启封条件,恢复正常生产。

（三）华润天能集团沛城煤矿瓦斯爆炸事故

2001 年 5 月 12 日 2:45,接公司调度电话,沛城煤矿发生瓦斯爆炸事故,要求前去支援。随后,公司安监局局长带领救护大队长和总工程师到达事故矿井。由于冒落距离较长,短时间内清理不完,且现场人员过多,经请示指挥部,六小队于 7:30 升井,8:00 归队,一小队接替六小队在沛城煤矿地面值班。18:30,所有人员归队。

（四）徐州贾汪岗子村 5 号副井瓦斯爆炸事故

2001 年 7 月 22 日,接公司安监局局长电话通知,徐州贾汪岗子村 5 号副井发生爆炸事故。接到救援电话后,大队长、总工程师和值班小队三小队在公司安监局局长的带领下于当天 12:10 出动,13:40 到达事故矿井。由于爆炸已把罐笼炸坏,救护队无法下井,经请示于 19:45 返回大屯。7 月 23 日,大队长、副大队长率一、四小队在公司董事长、总经理和安监局局长带领下再次前往。至 28 日救灾结束,救护大队在整个救援行动中,历时 6 天,6 个小队交替前往救援,每日安排 2～3 支小队参与井下侦查、探险、救人任务,共出动 17 队次、220 人次,探查巷道 2 000 余米,搬运出遇难人员 35 人。

（五）电业分公司"1·23"集控室坍塌事故

2004 年 1 月 23 日 22:28,接公司调度电话,电业分公司 135 兆瓦集控室发生楼顶坍塌事故,值班小队三小队立即出动前往救援,随后,姚桥煤矿救护中队一支小队、大队六小队也赶到救援。至 24 日救灾结束,先后出动 4 个小队,经过 19 个多小时的奋战,救出遇险人员 3 人、遇难人员 5 人。

（六）孔庄煤矿 7431 工作面火灾事故

2007 年 2 月 26 日 6:30,接公司调度电话,孔庄煤矿 7431 工作面发生火灾事故,7:00,大队长、总工程师带领值班四小队、待机一小队出动,应矿方要求在材料道构筑砖密闭墙,至 12:00 密闭墙构筑完毕,12:10 升井。

（七）孔庄煤矿"4·10"透水事故

2012 年 4 月 10 日 18:30,接公司调度电话,孔庄煤矿掘进巷道 7432 材料道迎头透水。

救护大队副总工程师、中队长、值班小队四小队于19:23到达井口待命,20:30到达7432材料道外口。救援现场通过7338刮板输送机道破闭探险方案行不通后,21:30至11日凌晨,全体参战指战员与现场工人一起运送和安装水泵、开关及排水管路等。11日1:06,副中队长、战训科副科长带领三小队到达事故地点,2:36,抢救出3名遇险人员。此后,姚桥煤矿驻矿中队两支小队陆续来到事故地点,与大队、孔庄煤矿救护队一起搜救遇险人员,经全体指战员共同努力,至5:05,陆续将4名遇难人员抬出升井。

(八)江苏沛县文体中心脚手架坍塌事故

2013年11月25日17:30,接公司调度室电话,沛县文化中心东大门"高支模"施工脚手架工地发生坍塌事故,值班副大队长带领二小队9名指战员赶赴现场。因徐州市及沛县消防队员用生命探测仪搜寻受灾区域,暂时不能靠近塌方区域。19:30,在救援指挥部统一部署下,告知救护大队先归队。20:45,接公司电话通知,要求携带破拆工具参与救援,大队立即出动1辆指挥车、1辆装备车、13名指战员,前去增援。到达现场后,4辆挖掘机已经矗立在坍塌的废墟旁,因是钢筋网架混凝土结构,必须先切断主要钢构方可用挖掘机清理现场,领取任务后马上投入救援,指战员分成2组,互相搀扶着进行钢筋切割,经过1个多小时的紧张分割,主要钢构被分割完毕,挖掘机进入废墟开始清理。23:40,救援指挥部要求继续监护。26日6:40归队备勤。

(九)山东寿光抢险救灾

2018年8月26日8:41,国家应急管理部安全生产应急救援指挥中心向公司救护大队下达奔赴山东寿光参加抢险救灾的指令。救护大队接到救灾指令后,第一时间向公司领导汇报,同时紧急召集所有休班干部、2支休班小队指战员及休班司机迅速到单位集结,筹集救援装备。大队出动救援装备主要有500千瓦应急发电车1辆、救援宿营车1辆、抢险救援车1辆、大型货车2辆(1辆于28日返回)、移动式全方位升降灯1台、潜水排沙泵4台、排水管路2 500米、电缆545米、救生衣20套、铁锹10把等,共出动人员27人,分3批前往山东寿光。至9月5日救灾结束,共铺设电缆860米,连接排水管路1 640米,排水71 510立方米,解救大棚12个。

(十)江苏响水"3·21"化工爆炸救援

2019年3月25日14:10,江苏省应急管理厅向大屯煤电公司救护大队下达"奔赴盐城市响水县爆炸现场参加抢险救灾、排除污染废水"的指令。救护大队迅速部署调度,组织救援队伍驰援事故现场。大队出动的救援装备主要有救援宿营车1辆、应急发电车1辆、矿山救护车1辆、随车吊货车1辆、水泵2台、排水管路2 000米、电缆500米,共出动指战员29名,分3批前往事故现场,于当晚21:00全部到达响水爆炸现场救援指挥部。至3月31日16:50排水结束,参战指战员铺设管路总长度6 000米(因救灾方案调整,多次拆除、铺设),水泵运行总时间26小时30分钟,排水总量5 300立方米。

第五章　职业健康

第一节　职业病防治

一、组织机构

公司职业卫生工作大体经历两个发展时期。2006 年以前,公司的职业卫生工作处于起步时期;2006 年后为发展时期,根据江苏省煤矿安全监察局《关于做好煤矿职业卫生工作的指导意见》,公司成立职业卫生工作领导小组,由公司安全监察局局长任组长,下设职业卫生工作办公室,由教卫办公室、安全监察部、生产管理部、通风管理部、建设管理部、人力资源部、财务部、经营管理部、培训中心、工会、公司疾病预防控制中心、大屯卫生监督所等部门组成,配备专职职业卫生管理人员。各部门相互协作,分工明确。各煤矿的职业卫生工作领导小组由矿长任组长,安全副矿长任副组长,由安全部门牵头负责具体工作,相关部门配合。公司职业卫生工作形成一个部门主管、多个部门协作的二级管理体制。

1991—2010 年,大屯煤电公司卫生处(教卫办)承担职业病防治管理职能。

2011 年 1 月,根据中煤集团要求,将职业卫生监管工作调整到安全监督管理部门,教卫办负责职业健康监护、职业病诊断等工作。2011 年,根据江苏煤监局《关于贯彻〈煤矿作业场所职业危害防治规定(试行)〉的实施意见》的要求,各矿在安监科设置职业卫生副科长和 1 名专职管理人员。

二、管理制度

1991—2014 年,根据《中华人民共和国安全生产法》《中华人民共和国矿山安全法》《中华人民共和国劳动法》《中华人民共和国职业病防治法》《女职工劳动保护特别规定》等法律法规,先后制定完善安全生产、劳动保护用品管理发放、工作场所环境监测与污染防治、职业病防治与检查、健康检查、女职工劳动保护管理及劳动保护等管理、监督部门职责和管理、检查、监督、考核办法等一系列制度规定,并纳入质量标准化检查考核体系、企业“双文明”创建的检查考核体系和职业健康安全管理体系,为员工职业健康和劳动保护提供了法律、制度保障。

2015 年,根据国家安全生产监督管理总局令 73 号《煤矿作业场所职业病危害防治规定》,公司建立健全了 14 项管理制度,完善员工职业健康、劳动保护的制度体系。

三、管理机制

公司贯彻国务院、各级地方政府有关职业病防治的法规,采取有效措施防治职业病对职工健康的危害。2002 年 5 月 1 日,《中华人民共和国职业病防治法》正式实施。公司结合实

际情况,在预防、控制和消除职业病危害,保护员工健康及相关权益等方面作出明确规定,搞好宣传和贯彻实施工作,控制职业危害,防治职业病。

2005年,根据《中华人民共和国职业病防治法》的相关规定,公司成立职业卫生工作领导小组,并分别在2006年、2008年、2011年进行调整。公司总经理是本单位职业健康和职业卫生第一责任者,对本单位职业卫生和职业健康工作负全面领导责任;负责落实国家职业病防治的各项方针政策,按国家规定保证职业病管理的所需经费,有计划地解决职业病危害,不断改善劳动条件。公司每年度根据健康普检情况,组织常见病和健康生活方式讲座,提高员工的健康意识。锻炼员工的自救和互救能力,每年度定期组织急救知识再培训。

2010年,公司下发《关于印发中煤集团大屯公司2010—2015年职业健康规划的通知》,明确专人负责本单位的职业病防治工作,制订职业病防治计划和实施方案,建立健全职业卫生管理制度和操作规程,建立健全职业卫生档案和劳动者健康监护档案,建立健全工作场所职业病危害因素监测及评价制度,制定职业病危害事故应急救援预案,并组织演练。新建、改建、扩建工程项目的职业病防护设施,必须执行"三同时"的有关规定。采取有效的职业病防护设施,并为劳动者提供职业病防护用品,组织员工进行职业卫生教育培训,为员工提供职业健康检查、职业病诊断、康复等职业病防治服务,及时对疑似职业病病人进行诊断,依法为职业病病人提供必要的保障,确保用于预防和治理职业病危害、工作场所卫生检测、健康监护和职业卫生培训等费用的有效投入。

四、防治措施

2002年5月,《中华人民共和国职业病防治法》实施后,公司各煤矿和地面生产建设单位严格按照《中华人民共和国职业病防治法》的有关规定,加强对职业病防治工作的组织领导和职业病防治教育,健全完善各行业职业病防治管理制度和职业病防治实施方案,在劳动保护用品发放、管理、使用及作业场所粉尘、有害气体、噪声、高温、辐射监测、综合防治等方面都做了详细、明确、严格的规定,并将其纳入质量标准化和本质安全体系考核范畴。针对不同作业场所的特殊情况,采取洒水降尘、通风换气、消声降噪、防暑降温、远程控制、遥控操作、自动化作业、穿防护服和定期对作业场所有害物质(粉尘、噪声、有害气体、辐射等)进行监测、加强对职业病防治工作的监督检查等针对性防治措施,将各种职业病危害因素控制在国家规定的标准以内。

2010年后,公司将职业病防治纳入标准化体系考核,每季度逐级对各矿(厂)职业病防治工作进行考核。按照《建设项目职业卫生"三同时"监督管理暂行办法》要求,认真开展建设项目职业卫生"三同时"工作。2010年12月,完成2×350兆瓦超临界综合利用热电联产项目工程职业病危害预评价报告。2011年9月,完成10万吨高精度铝板带项目职业病防护设施竣工验收。2013年3月,完成孔庄煤矿矿井改扩建工程职业病危害控制效果评价报告。2013年9月,完成孔庄煤矿矿井改扩建项目职业病防护设施竣工验收。2014年7月,完成徐庄煤矿西风井职业卫生预评价工作。2015年5月,完成徐庄煤矿西风井建设项目职业病防护设施设计专篇。2019年12月,完成热电厂2×350兆瓦机组职业病防护设施竣工验收评价。

五、具体措施

（一）改善劳动（作业）环境

1991年，各生产单位根据不同行业劳动（作业）场所粉尘（煤尘）、噪声、高温、有害气体、辐射等对员工身体健康的影响，分别采取在煤矿井下采掘工作面、地面煤场、装煤车站、电厂运煤车间等安装降尘设备、洒水降尘、湿式作业、作业人员配备防尘口罩，在噪声较大的工作场所安装消声降噪设施、员工配备防噪耳塞，在高温作业场所安装空调设施，野外作业人员配备防暑降温设备、避开高温时间段作业，加强车间通风、作业人员配备防护口罩、远程操控等措施，降低作业场所中有害因素对作业人员身体健康的危害。

1999—2019年，公司未发生严重危害员工职业健康的事件。

（二）降低劳动强度

随着综采、综掘、综放等先进的机械化设备在各煤矿的装备和运用，公司各煤矿井下作业人员的劳动强度大幅度降低，作业时间随之减少，班次由以前的每天两班作业变为"三八制"作业，作业时间由以前的每班10小时以上降低到6～8小时。同时，铁路、电厂先后装备自动化装车、上煤系统，使以前地面劳动强度较大岗位作业人员的劳动强度也有较大幅度的降低。

（三）加强健康监护

为保护职工身体健康，减少尘肺病患者，减轻尘肺病患者的痛苦，公司从1991年起每年组织接触粉尘、从事有毒有害作业的职工和尘肺病患者及观察对象进行体检，建立健康档案，定期组织尘肺病患者进行肺灌洗治疗。

（四）职业危害告知

公司与所有从事职业危害作业的职工签订职业危害告知书，并纳入劳动合同中管理。各煤矿和地面生产单位在有职业危害的工作场所都设置职业危害告知牌，明确告知所在场所的职业危害因素的名称、危害情况、处理措施和防护措施等。

（五）宣传与培训

为普及职业病防治知识，提高劳动者自我防护的意识和能力，切实保护广大劳动者的职业健康权益，根据《中华人民共和国职业病防治法》要求，公司从2007年起，每年4月开展《中华人民共和国职业病防治法》宣传周活动，各单位也采取多种形式进行宣教，有的单位进行职业卫生知识竞赛，有的进行职业卫生知识闭卷考试。宣传教育形式多样，做到内容与形式的有机结合，营造良好的舆论氛围。根据《关于开展煤矿作业场所职业卫生全员培训的通知》要求，2007年起，公司对煤矿主要负责人、安全管理人员及从事职业危害作业的人员进行职业卫生培训，培训率达到100%。

六、检查及荣誉

1991—2019年，每年对接触职业病危害因素的职工进行职业健康体检。1991—1993年由各矿医院承担职业健康体检，1994—2002年由中心医院组织体检队到各矿进行职业健康体检，2004年开始各矿（厂）组织职工到中心医院进行职业健康体检，接触粉尘、物理因素的职工由大屯煤电公司医疗机构承担，接触其他有毒有害因素的职工委托江苏省疾病预防控制中心职业病防治所等体检机构承担，共体检20多万人次。

1991 年起,公司成立尘肺病诊断组,承担公司尘肺病诊断工作。1998 年,公司尘肺病诊断组撤销,1999—2005 年委托徐州市尘肺病诊断组进行尘肺病诊断,2006 年之后委托江苏省疾控中心职业病防治所进行尘肺病诊断。

1991—2019 年公司共进行职业健康体检 254 104 人次,共诊断尘肺病人 290 例。1991—2019 年公司职业健康体检和诊断人数一览表见表 9-5-1。

表 9-5-1　1991—2019 年公司职业健康体检和诊断人数一览表

年度	体检人数	诊断数例
1991	8 605	6
1992	7 898	6
1993	8 762	3
1994	8 986	2
1995	8 074	5
1996	6 548	19
1997	6 823	23
1998	8 596	20
1999	8 632	16
2000	7 256	5
2001	8 970	9
2002	8 879	12
2003	1 858	2
2004	12 015	1
2005	7 219	29
2006	3 458	0
2007	6 125	0
2008	14 479	31
2009	14 699	0
2010	18 032	38
2011	5 865	0
2012	10 647	14
2013	9 293	0
2014	11 167	27
2015	6 351	0
2016	8 449	17
2017	6 618	2
2018	11 384	3
2019	8 416	0
合计	254 104	290

1991—2012年,由徐州市疾控中心大屯煤电公司分中心承担公司所属单位职业病危害因素检测与评价工作,2012年后,公司每年聘请第三方检测评价机构对煤矿和地面生产单位进行作业场所职业病危害因素检测。

2008年2月,江苏煤矿安全监察局在公司召开全省煤矿职业病危害因素检测与评价工作现场会,学习推广公司的做法和经验。

2009年,公司获得"全国职业安全健康知识竞赛"优秀奖。

2010年,公司获得"全国煤矿职业安全健康先进单位"荣誉称号(为国家首次颁发职业安全先进奖)。

2007—2019年,公司连续13年获得"江苏省职业卫生管理先进单位"荣誉称号。

第二节 劳动保护

一、组织机构

公司成立以来,一直由公司劳资部门(人力资源部)作为劳动防护用品的业务主管部门,负责劳动防护用品相关的法律法规的宣贯执行、标准的制定调整、计划的制订和审批及协调管理等工作。安全监察局及工会负责劳动防护用品的监督检查。

1988年之前,劳动防护用品由供应部作为统一采购部门,集中采购。

1988年12月,公司下发《关于加强劳动防护用品采购管理和核定劳防费用计划的通知》,规定劳动防护用品下放各单位自行采购。

1996年9月,公司下发《关于进一步加强劳动防护用品管理的通知》,规定自1996年10月1日起,公司劳动防护用品由物资供应处集中统一采购、供应、发放。供应部再次成为劳动防护用品统一采购部门。

2002年,为加强劳动防护用品的全面管理,公司成立由劳资部门(人力资源部)作为业务主管部门,工会、安监局、供应部、财务部作为监督检查组成员的管理机构,负责公司范围内的劳动防护用品的全面管理和监督检查工作。公司各单位成立由劳资科(人力资源科)作为主管部门,安监局、工会、供应科等部门作为监督检查组成员的管理机构,负责本单位劳动防护用品的管理和监督检查工作。

二、管理制度和标准

1986年,公司下发《关于颁发〈煤炭工业职工劳动防护用品发放标准和管理办法〉的通知》,明确公司自1986年7月1日起,执行煤炭工业部《煤炭工业职工劳动防护用品发放标准和管理办法》(煤劳字〔1985〕第1107号)。在遇到有的工种没有发放标准时,由各单位根据实际工作需要提出意见,报公司批准后执行。铁路职工仍执行铁路的有关规定。电厂的综合工种执行煤炭部新的规定,特殊专业工种由电厂提出意见报公司批准后执行。原规定所发的劳防用品还没有到期的按新规定的使用期继续使用。采购方面,各单位要根据新的发放标准补报劳防用品计划,报公司劳资处汇总后,由供应公司负责统一采购,各单位不得自行采购劳防用品。《煤炭工业职工劳动防护用品发放标准和管理办法》规定,发放劳动防护用品所需费用计入成本。

1986年10月,煤炭工业部劳资司下发《关于煤矿井下职工工作服逐步实行公管的通知》(煤劳福字〔1986〕第161号),规定今后凡是新建和新投产的矿井,以及新建、改扩建的生产澡堂,都必须考虑实行工作服公管的设计和改造。煤矿井下职工升井以后将工作服(包括棉衣、绒衣、胶鞋等个人劳动防护用品)交由生产澡堂统一进行保管,是煤矿职工个人劳动防护用品发放、使用和管理工作的一项重要改革。

1996年4月,为了加强劳动防护用品管理,保证劳动防护用品质量,保障劳动者的安全和健康,劳动部颁布《劳动保护用品管理规定》(劳部发〔1996〕138号),首次规定将劳动防护用品分为一般劳动防护用品和特种劳动防护用品。特种劳动防护用品实行生产许可证制度。特种劳动防护用品应有相应的生产许可证编号、产品合格证和安全鉴定证。使用单位应当免费给劳动者提供符合国家规定的劳动防护用品,不准以货币或其他物品代替,应当建立健全劳动防护用品的购买、验收、保管、发放、使用、更换、报废等管理制度,并按使用要求,在使用前对防护功能进行必要的检测。

1996年9月,为贯彻落实公司关于矿用物资实行集中统一采购供应管理的决定,公司下发《关于进一步加强劳动防护用品管理的通知》,规定劳防用品集中统一管理的有关事项。公司劳防用品由物资供应处集中统一采购、供应、发放。各单位必须将需求计划报劳资处审批同意,然后报供应处由供应处集中采购。各单位多种经营企业生产的劳防用品经供应处检验质量合格、价格合理的,供应处应优先采购或委托加工。各单位物资部门不得擅自采购多种经营生产的劳防用品。劳防用品的计划审批发放标准仍由劳资部门负责。各单位月度季度劳防用品需求计划要提前10天报劳资处和供应处,年度需求可与供应处签订内部供需合同。特种劳动防护用品采购应选择上级指定的定点生产厂家和经营点。

1997年6月,公司转发劳动部、国家技术监督局《关于加强特种劳动防护用品质量管理的通知》(劳部发〔1997〕55号),加强特种劳动防护用品的生产、采购环节的质量管理。文件规定凡公司内部多种经营自制的劳防用品统一由物资供应处采购、内销,各单位不准擅自采购使用。公司内部生产劳防用品企业必须取得劳防用品生产许可证、定点生产证、免鉴证,对未取得以上"三证"企业生产的产品不得在矿区内销。物资供应处外购劳防用品,必须到定点生产厂家或定点经营单位采购。

2002年5月,公司下发《关于印发大屯煤电集团公司职工劳动防护用品管理办法的通知》,要求各单位仍按原煤炭工业部颁发的《煤炭工业职工劳动防护用品发放标准和管理办法》执行,不得擅自扩大范围和提高标准。对该办法中未列入但实际需要防护用品的工种,可由各单位根据实际劳动条件与生产作业环境提出具体意见,报劳资处批准后执行。对该办法中未包括的电业分公司、铁路管理处等单位特殊专业工种的劳防用品发放,由各单位按相关行业的有关规定并结合实际情况提出意见,报劳资处审核后执行。劳资处对劳防用品的质量、价格、采购渠道负有监督职能,并对劳防用品的需求计划实行宏观管理。各单位供应部门负责本单位劳防用品入库前的验收工作,对未经验收或验收不合格的劳防用品严禁入库或发给职工。各单位劳防用品需求计划的申报和发放手续的审批,由本单位劳资部门负责。劳防用品费用由供应处和劳资处共同负责,每年核定一次,作为考核指标分解到各单位,实行专款专用。各单位凡违反规定擅自采购和委托加工的劳防用品所发生的费用不得在公司核定的劳防用品费用中列支。给职工发放的任何福利不得挤占劳防用品资金。供应处必须从经有关部门审查批准的劳防用品定点生产厂家或定点经营单位采购劳防用品,所

购特殊劳防用品应有相应的生产许可证、产品合格证和安全鉴定证,一般劳防用品应有定点生产证、产品合格证。各单位多种经营公司及三产单位自行生产、加工的劳防用品,必须取得相应劳防用品证件,对未取得证件的多种经营企业和三产单位生产加工的产品不得作为劳防用品采购发给职工。对公司内部具有生产能力并取得相应证件的多种经营企业和三产单位生产、加工的劳防用品,在与外部市场比质比价同等条件下,应优先采购,但必须纳入供应处统一采购或委托加工管理,各单位不得自行采购或委托加工多种经营企业和三产单位生产的劳防用品。公司成立由工会、劳资处、安监局、财务处、供应处等部门人员组成的检查组,负责对职工劳防用品实行不定期专项检查。

2006 年 12 月,公司下发《关于加强劳动防护用品管理和调整部分发放标准的通知》,根据原煤炭工业部《煤炭工业职工劳动防护用品发放标准和管理办法》(煤劳字〔1985〕第 1107号),结合公司当时实际情况,对掘进、采煤、安装、巷修、带式输送机司机等工种的安全帽、胶靴、口罩等劳动防护用品的标准做了调整,缩短发放周期,提高发放标准。

2007 年 7 月,公司对救护队员、矿区保卫人员、专武干部等人员的服装和劳动防护用品的配发标准予以规范。

2009 年,为适应现场职业安全需要,根据劳动强度和现场职业环境等具体情况,对部分工种工作服、棉衣、透明皂、洗发水、手套、防砸鞋等标准进行调整。

2011—2012 年,公司煤矿单位开始执行国家安全生产监督管理总局发布的《煤矿职业安全卫生个体防护用品配备标准》(AQ 1051—2008)。该标准具体规定了煤矿职业安全卫生个体防护用品的种类、配备范围及使用期限。电力、铁路、建筑等行业仍参照行业标准执行。其他没有行业标准的单位参照煤矿及行业相近相似工种和实际需要,报公司批准后予以调整标准。公司各单位结合历史配发标准,按照"就高不就低"的原则,大幅度提高配发标准。

2011 年,公司劳动防护用品年度预算 500 万元左右,其中,煤矿单位 360 万元左右,并下一般职工平均预算每人每年 300 元左右。

2012 年 2 月 14 日,财政部、国家安全生产监督管理总局联合印发《企业安全生产费用提取和使用管理办法》(财企〔2012〕16 号),规定企业劳动防护用品费用由企业提取的安全费用列支,于颁布之日起施行。

2013 年,公司下发《关于加强劳动防护用品管理的通知》,要求各煤矿严格执行《煤矿职业安全卫生个体防护用品配备标准》(AQ 1051—2008),对劳动防护用品的执行标准、各环节专项制度、质量验收与反馈、监督检查等方面的管理进一步加强。

2014 年 9 月,下发《关于印发公司职工劳动防护用品管理办法的通知》,规定劳动防护用品发放依据及原则。劳动防护用品的发放,必须根据工作性质和劳动条件,对不同工种、不同劳动条件的职工发给相应的劳动防护用品。劳动防护用品是为劳动者提供防护的必要物资条件,劳动者上岗作业必须按规定使用。劳动防护用品不是生活福利待遇,应按规定标准以实物的形式发放给职工,不得以币代物发放,更不得以发放劳动防护用品的名义发放其他物资。人力资源部是公司劳动防护用品主管部门,负责制定劳动防护用品管理制度和配备标准、费用预算与控制、劳动防护用品计划的制订与审批,确保符合国家或行业要求,并对公司范围内劳动防护用品的采购、发放、使用情况实施综合监督管理。各单位人力资源科对本单位内劳动防护用品的配备标准、计划、采购、验收和使用情况实施综合监督管理。工会

负责对劳动防护用品配备标准的制定及各单位执行情况进行监督,定期开展劳动防护用品满意度调查,提出改进建议。监察审计部负责对劳动防护用品采购全过程进行监督检查。安全监察部负责对劳动防护用品的安全防护性能、质量、发放、使用情况进行监督检查。劳动防护用品一律由公司物资部集中采购,统一供应,专业管理,严禁擅自采购或委托加工。各单位物资供应部门负责本单位劳防用品的验收、保管和发放,对未经验收或验收不合格的劳防用品严禁入库或发给职工,全面完善和提升劳防用品的管理。

2019 年,公司劳防用品预算 3 000 万元左右,煤矿井下一般职工平均预算每人每年 1 800 元左右。公司不断提高机械化水平,改善作业环境,努力建设智慧化矿井,实现智能化开采,降低劳动强度和职业危害风险。公司根据现场劳动条件和生产环境变化适时调整劳防用品的配备标准,为广大职工预防人身伤害守好第一道防线,切实保障职业健康安全。

第六章 安全教育与培训

第一节 安全教育

公司始终重视加强安全宣传教育工作,引导职工牢固树立安全第一、安全生产常抓不懈的思想,克服松劲厌战情绪,组织职工上标准岗、干标准活,巩固质量标准化成果,重点抓好节假日和农忙期间安全宣传教育工作,确保职工集中精力投入生产,形成了公司安全宣传教育活动六大品牌。

一、安全文艺大赛

2003—2019 年连续举办十六届"安全文艺大赛",2018—2019 年进行安全文艺专场演出四场次。以歌舞、相声、小品、快板、评书等职工自编、自导、自演的原创作品话安全、演安全、颂安全、保安全,传播安全好声音,传播安全正能量。2018 年,组织安全文艺大赛获奖节目到内蒙古和新疆等地慰问演出,赢得了兄弟单位对"大屯公司安全文艺大赛"品牌的高度认可、对公司安全文化建设的广泛赞誉。

二、事故案例警示教育

坚持"把别人的事故当成自己的事故来对待,把过去的事故当成今天的事故来对待,把小事故当成大事故来对待,把隐患当成事故来对待"的安全警示教育理念,坚持每月开展事故案例警示教育。先后拍摄制作 13 部《大屯公司岗位风险警示教育片》、7 部安全警示教育片,先后举办安全警示日、安全警示教育展、"历史上的今天"警示教育、"说危险讲安全"等警示教育活动,编写《公司安全事故案例汇编》《身边的安全小故事》等事故案例书籍,引导干部职工铭记事故教训,提升安全意识。

三、女工家属协管安全

发挥女职工家属协管安全委员会作用,开展"走千米巷道,知亲人辛苦"亲人工作环境体验、"幸福照片墙"亲人安全嘱托、"好矿嫂情系矿山,知矿情共筑平安""大手拉小手幸福天天有"父亲节嘱安全等活动,开展《夫妻安全公约》签约履约和《家庭安全承诺》活动,安全宣讲小分队送《安全家书》进区队、进班组、进家庭"三进"活动,建立"家协联系卡",搭建"大家"与"小家"的沟通平台,开展"送温暖·嘱安全"慰问、"三违"职工"过妻关"帮扶活动,在"情"字上做文章、在"警"字上下功夫,形成了"候罐大厅亲情文化""安全教育亲子文化""安全教育暖心文化",用亲情温暖、感化、引领职工。

四、安全大家谈

充分发挥新媒体的传播作用和影响力,进一步提高职工安全意识,弘扬安全文化,创新安全宣传教育平台,利用"大屯之声"微信公众平台,全力打造"互联网＋安全"学习及管理模式,创办《大家说安全》有声安全教育栏目,力争做到打开手机就能听安全故事、学安全规章、守安全制度。

五、安全微视频

紧扣安全生产主旋律,开展安全微视频原创作品征集、展播活动,发动职工以微电影、纪实短片、视频剪辑、公益广告、动漫等形式讲身边人、身边故事,记录职工情系企业、希冀安全的愿望和情怀,优秀作品在微信公众号发布、在公司电视台展播。

六、"三个一"学习

通过"一日一题,一周一案,一月一考",提高职工安全意识和专业技术水平。

第二节 安全培训

一、组织机构

1996 年,公司为适应现代化发展和安全生产需要,贯彻"安全第一、预防为主、综合治理"的安全生产方针,坚持"管理、装备、培训并重",提出安全培训工作重点:一是企业负责人、安全管理人员和特种作业人员进行安全技术培训,严格安全准入;二是加强对工人职业技能培训与鉴定工作,将工人技术等级与工资挂钩。

2003 年,公司经江苏煤矿安全监察局批准,取得国家三级安全技术培训资质,标志着公司安全技术培训工作进入法制化、全员化和规范化的轨道。

2004 年,公司成立职工安全技术培训中心,由江苏煤电高级技工学校管理;2006 年,公司进行组织机构优化及人事制度改革,职工培训职能由教育处划入新成立的公司培训中心;2011 年,江苏煤电高级技工学校与培训中心合署。2012 年,中煤集团下发《关于同意筹建中煤职业技术培训基地的批复》(中煤人〔2012〕13 号),批准公司筹建"中煤职业技术培训学院(江苏)"。2015 年,为推进公司职工教育培训体制改革,实现公司职业教育培训专业化管理,有效使用职工教育经费,杜绝职教经费列支随意性,明确公司职业教育培训单位和各二级单位对职工教育培训的主体责任,对公司职工教育培训业务进行整合,将各二级单位职工教育培训业务和职工教育经费使用权统一划归到中煤职业技术学院,由学院统一组织培训任务,统筹支出教育经费。

2015 年 4 月,中煤职业技术学院、中天合创煤炭分公司安全技术培训中心正式挂牌,成立门克庆和葫芦素培训站。

二、管理目标

(1)企业负责人、安全生产管理人员和特种作业人员持证率 100%;

（2）矿井单位其他从业人员（普通工种）持证率和再培训率100％；

（3）新员工培训率达到100％；

（4）矿井与地面单位班组长培训持证率100％。

三、分级实施

安全培训按照考核权限，采用分级实施的原则进行。企业负责人和安全生产管理人员由公司组织上报，江苏省煤矿安全技术培训中心负责培训和考核发证；特种作业人员人员由公司培训中心统一组织培训，江苏省安全培训管理部门督导考核发证；煤矿其他作业人员和煤矿及地面单位班组长由公司培训中心统一培训考核发证；各类煤矿及地面单位专项安全培训由公司直属单位培训机构实施培训。

四、制度建设

公司根据国家法律法规要求，结合公司各个时期的实际情况，制定一系列安全培训管理制度，保证公司安全培训工作顺利开展，为公司安全生产提供有力保障。

2003年，公司印发《关于加强安全生产培训考核管理的通知》，促进公司两级培训机构的自身建设，把制度建设、考核标准、证书管理、培训大纲、师资队伍、教材教案等有关培训业务纳入正规化、制度化管理轨道。

2004年，依据《关于大屯煤电集团公司调整职工教育经费提取比例的批复》（中煤财字〔2004〕564号），公司教育经费按职工工资总额的2.5％提取。公司印发《关于加强安全培训管理的通知》，加强安全培训管理，增强安全培训工作责任意识，提高职工安全培训质量，提升职工安全防范能力和安全技术素质，促进企业长治久安，按照"加强领导、落实责任、明确目标、严格考核、保证质量"的工作思路开展培训工作。

2006年，制定《大屯公司煤矿"三级"安全培训机构章程》。机构依法自愿成立和登记，为公司职工提供非营利性安全技术服务并进行相关安全培训管理和考核发放证工作。

2007年，公司印发《中煤集团大屯公司培训中心管理制度》，建立管理科学、信息畅通、规范有序的安全培训管理网络，形成健全、高效的安全培训管理调控机制，建立公司安全培训例会制度和业务检查指导制度。

2009年，公司印发《公司职工教育培训经费提取与使用管理暂行办法的通知》，对培训经费的提取比例、列支范围、支出标准做明确的规定。

2014年，公司印发《公司员工培训管理暂行办法的通知》，对公司员工培训各部门管理职责、组织实施、培训项目开发、培训保障体系、外出培训管理、学历教育管理、经费管理、考试管理、培训检查考核和外委队伍管理均做明确规定。同年，公司印发《关于进一步加强安全培训管理工作的通知》，加强对安全培训的组织领导，量化安全培训的工作目标和考核标准，实行严格的安全培训准入制度。

2018年，公司印发《公司员工安全培训管理办法》，对员工安全培训的职责分工、计划管理、组织实施、经费管理、档案管理、监督考核等提出明确的管理要求，认真贯彻落实《煤矿安全培训规定》（国家安监总局92号令）。

五、培训实施

1991—1995年,公司共举办安全及技术培训班2 450期,培训职工9.8万人次。

2001—2005年,开展"三项岗位人员"(企业负责人、安全生产管理人员和特种作业人员)安全资格培(复)训705期,培(复)训3.3万人次。

2006—2008年,公司开展"三项岗位人员"安全资格培(复)训1.8万人次。

2008年3月,按照江苏煤矿安全监察局"教考分离"的统一要求,在井下电钳工和安全检查工培训班中率先实行计算机无纸化考试,有66名考生参加考试。62名考生成绩合格,合格率为94%。实行计算机无纸化考试是省局的规定和要求,由省培训中心统一在题库中自动生成试卷,每个考生的试卷各不相同,考试过程由省培训中心实时监控,考试结果由计算机自动判卷评分,考试成绩从网上传输给省培训中心。

2008年11月,公司顺利通过三级安全培训机构资质复审。

2011年,举办安全资格培训432期,培(复)训12 638人次,其中煤矿主要负责人、安全生产管理人员、特殊工种作业人员142期,培(复)训5 602人次;煤矿"三项岗位人员"持证上岗率和安全再教育(复训)率保持100%;精心组织江苏煤矿矿处级领导干部安全知识计算机无纸化统一考试,统一安排和部署,对公司19个二级单位的地面班组长进行安全培训考核,突出煤矿生产单位培训标准化建设,以规范培训过程管理为重点,把安全培训作为公司质量标准化管理子系统,坚持与采、掘、机、运、通等系统的标准化工作同布置、同检查、同考核、同奖罚;公司培训中心、四座煤矿顺利通过江苏煤矿三级、地面三级和煤矿四级安全培训资质评估复审。

2011年4月,公司与18个二级单位行政主要负责人,签订2011年《安全培训责任书》。

2011年5月,国家煤矿安全监察局行管司和煤炭行业煤矿安全标准化技术委员会在北京组织召开会议,对公司主编的《煤矿主要普工安全技能考核标准》进行审查。规范安全培训行为、明确培训目标、提升培训效果,并建议修改后形成报批稿,发布为推荐性标准。制定行业标准,对公司来说是首次,在中煤集团系统中也无先例,《煤矿主要普工安全技能考核标准》通过专家审查,标志着公司安全培训工作迈上一个新的台阶。

2012年10月,公司安全培训中心被国家安全生产监督管理总局确定为中央企业应急救援培训演练基地。11月5日,国家安全生产监督管理总局、国家煤矿安全监察局命名公司安全培训中心为"煤矿安全培训示范基地"。全年共完成安全资格培训8 424人次。

2013年,举办安全资格培训400期,培(复)训6 808人次,确保煤矿"三项岗位人员"、煤矿班组长、煤矿安全培训教师持证上岗率和安全再教育(复训)率保持100%。

2014年,开发编写《煤矿新员工培训教材》《煤矿新员工培训习题册》《煤矿机电设备实训指导书》《巷道掘进》《瓦斯监测监控》《井下电钳工》等安全培训教材和题库。

2015年4月,江苏煤矿安全培训考评员培训班开班典礼在大屯考点举行。此次培训班由江苏煤矿安全监察局徐州分局主办,大屯考点承办,来自全省各煤矿企业、培训中心从事煤矿安全培训考核工作人员90余人参加为期4天的培训,培训项目包括《中华人民共和国安全生产法》解读、煤矿安全培训考核形势及对考核员的要求、公共科目技能考核标准与实操考核(自救器操作、创伤急救)以及实操训练课等,培训期间进行分组研讨、座谈交流和结业考核。

2015年,完成安全资格培训600期,培(复)训13 943人次,确保煤矿"三项岗位"人员、班组长、煤矿井下从业人员持证上岗率及安全再教育(复训)率100%,保证新员工、转岗、复岗人员先培训后上岗。

2016年,完成安全培训11 310人次。2016年7月,按照《国家煤矿安监局办公室关于征求〈煤矿安全培训规定〉修订意见的函》(煤安监司函办〔2016〕23号)要求,公司在中煤职业技术学院召开"国家安监总局52号令修订建议讨论会"。设计研发《煤矿安全培训考试考核平台》《煤矿特种作业实操仿真培训系统》《煤矿安全合格证信息管理及终端查询系统》。

2017年10月,国家煤矿特种作业人员10大工种考试题库修订会在考试中心监控室召开。此项任务由国家煤矿安全监察局行管司培训处、国家煤矿安全监察局培训中心考试教材处委派。全年完成安全培训11 043人次。

2018年12月,公司在中煤职业技术学院举行煤矿防治水管理人员安全知识考试。公司组织防治水相关管理人员针对《煤矿防治水细则》掌握情况进行考试,进一步提高安全知识水平,实现"百日安全"活动目标,确保年底安全生产。公司防治水相关管理人员124人参加考试;全年完成安全培训11 662人次。

2019年5月,江苏煤矿安全监察局及徐州分局在龙东煤矿参加《煤矿其他从业人员安全培训大纲、考核标准及题库》终稿审定会。2019年,全年完成安全合格证类培训13 448人次,专项安全培训67 204人次。

第七章　安　全　事　故

第一节　事　故　统　计

一、事故概况

1991年至2020年6月,公司共发生各类生产安全死亡事故55起,死亡104人,直接经济损失2 157余万元。1991年至2020年6月,发生的重大事故和较大事故起数占比少,但死亡人数和事故损失大,共发生1起重大事故和5起较大事故,占事故总起数的10.9%,但死亡人数占总死亡人数的50.9%。1991年至2020年6月,顶板事故危害大,共发生15起顶板事故,死亡人数占总死亡人数的26.9%;运输事故多发,1991—2003年,共发生运输事故18起。之后,由于矿井加大资金投入、技术设备的升级改造、安全监测监控水平的提高、管理措施和手段的不断强化,2004年至2020年6月,共发生运输事故3起,同类事故也相对降低,各类安全事故得到有效管控。

注:根据地方政府事故调查报告,2005年之前只统计较大及以上事故的直接经济损失。1991年至2020年6月公司安全事故统计见表9-7-1。

表9-7-1　1991年至2020年6月公司安全事故统计表

年份	事故起数	日期	事故简况	事故类别	死亡人数	直接经济损失/万元
1991	1	11月11日	矿建工程公司主井队一班在姚桥新主井井筒工作面发生1起抓斗坠落事故,死亡2人	运输事故	2	
1992	2	1月23日	矿建工程公司副井队三班在姚桥新副井井筒工作面发生1起大罐撞人事故,死亡1人	运输事故	1	
		6月20日	徐庄煤矿采煤二队在东一采区7101(2)Ⅲ工作面回梁子时,发生单体击人事故,死亡1人	其他事故	1	
1993	3	10月7日	龙东煤矿井下东大巷4#带式输送机与电瓶车发生相撞事故,死亡1人	运输事故	1	
		10月23日	孔庄煤矿掘进五队在8157溜子道发生1起斜巷运输事故,死亡1人	运输事故	1	
		10月27日	姚桥煤矿东四采区7151(下)材料道切眼四岔门处发生1起冒顶事故,死亡1人	顶板事故	1	

表 9-7-1(续)

年份	事故起数	日期	事故简况	事故类别	死亡人数	直接经济损失/万元
1994	1	6月16日	龙东煤矿7114(下)工作面材料道机尾向外31米三岔门处,发生1起冒顶事故,死亡1人	顶板事故	1	
1995	4	2月28日	徐庄煤矿掘进准备队张召东班在7233材料道东段(3#0下山采区)拆移刮板输送机机头时,发生1起触电事故,死亡1人	机电事故	1	
		4月13日	徐庄煤矿多种经营水泥预制厂发生1起搅拌机伤人事故,死亡1人	机电事故	1	
		4月16日	矿建工程公司安装队在姚桥矿改扩建新副井井筒装备安装时,发生1起井筒坠人事故,死亡1人	坠落事故	1	2.6
		12月5日	姚桥煤矿－400米水平东翼皮带大巷发生1起皮带着火事故,死亡27人	火灾事故	27	130.0
1996	2	5月23日	姚桥煤矿西三轨道上山发生1起人车运输事故,炮采一队跟班队长刘某因伤势过重,在医院抢救15天后死亡	运输事故	1	
		10月22日	孔庄煤矿水采工区采后掘进队在7253水采面西801平巷,发生1起冒顶事故,死亡1人	顶板事故	1	
1997	5	3月18日	龙东煤矿综采队在南块进风上山发生1起运输事故,死亡1人	运输事故	1	
		4月8日	徐庄煤矿采煤准备队在8211材料道距切眼610米处发生1起冒顶事故,死亡1人	顶板事故	1	
		4月30日	孔庄煤矿洗煤厂集中水池西侧场地上发生1起触电事故,死亡1人	机电事故	1	
		7月15日	姚桥煤矿综放队在新东四回风小反坡发生1起绞车断绳放大滑事故,死亡1人	运输事故	1	
		11月24日	徐庄煤矿综采一队在8211工作面上出口发生1起冒顶事故,死亡1人	顶板事故	1	

表 9-7-1(续)

年份	事故起数	日期	事故简况	事故类别	死亡人数	直接经济损失/万元
1998	5	2月24日	姚桥煤矿 7513 综放面材料道发生 1 起超挂车跑车事故,1 名职工经现场抢救无效死亡	运输事故	1	
		3月25日	徐庄煤矿掘进五队在主井前煤仓翻滚筒处,发生 1 起运输事故,死亡 1 人	运输事故	1	
		6月19日	孔庄煤矿掘进五队在 -375 米大巷 I 4 小煤仓,发生 1 起煤水窜仓事故,死亡 1 人	水灾事故	1	
		8月24日	徐庄煤矿掘进十队在暗斜井轨道上车场五号交叉点发生 1 起顶板事故,死亡 1 人	顶板事故	1	
		12月11日	徐庄煤矿生产技术科在东七轨道上山发生 1 起运输(斜巷)事故,死亡 1 人	运输事故	1	
1999	6	4月9日	孔庄煤矿生产准备队在 II 3 溜煤下山四甩道处发生 1 起淹溺事故,死亡 1 人	水灾事故	1	
		5月20日	特殊基础工程公司特殊凿井工程处在龙东矿西风井工地发生 1 起重伤害事故(地面),死亡 1 人	其他事故	1	
		7月16日	徐庄煤矿掘进五队在一号下山 II 1 轨道下山下段发生 1 起顶板事故,死亡 1 人	顶板事故	1	
		8月8日	徐庄煤矿掘进二队在 7151(2) 抬高溜子道发生 1 起爆破事故,死亡 1 人	爆破事故	1	
		8月17日	孔庄煤矿 II 3 采区 8252 工作面溜煤下山发生 1 起淹溺事故,死亡 3 人	水灾事故	3	24.0
		9月17日	姚桥煤矿掘进三队在 7359 切眼刷帮作业时,发生 1 起冒顶事故,死亡 2 人	顶板事故	2	
2000	1	8月23日	孔庄煤矿掘进三队在 8254 工作面零号上山发生 1 起顶板事故,死亡 1 人	顶板事故	1	
2001	3	3月20日	孔庄煤矿 I 4 采区 8175 工作面发生 1 起冒顶事故,死亡 5 人	顶板事故	5	16.96
		5月29日	孔庄煤矿运输科所管理的 I 5 轨道上车场发生 1 起运输事故,死亡 1 人	运输事故	1	
		7月9日	龙东煤矿副井发生 1 起罐耳掉落,导致乘坐罐笼的 1 名职工死亡	运输事故	1	

表 9-7-1(续)

年份	事故起数	日期	事故简况	事故类别	死亡人数	直接经济损失/万元
2002	3	8月13日	孔庄煤矿运输科清理斜巷班在－375米水平主井清理斜巷下车场发生1起运输事故,死亡1人	运输事故	1	
		10月9日	孔庄煤矿运输科生产二班在－375米大巷二站Ⅱ号交叉点,发生1起运输事故,导致1名电车司机死亡	运输事故	1	
		11月18日	徐庄煤矿掘进七队在东九轨道下山发生1起运输事故,死亡1人	运输事故	1	
2003	4	2月26日	徐庄煤矿掘进五队施工的二号轨道暗斜井发生1起运输事故,死亡1人	运输事故	1	
		4月3日	孔庄煤矿－375米运输改造大巷东三岔门处发生1起电机车撞人事故,死亡1人	运输事故	1	
		7月26日	姚桥煤矿采煤二队在新东四采区轨道上山三甩道发生1起运输事故,死亡1人	运输事故	1	
		12月19日	姚桥煤矿掘进一队在新井西九回风下山发生1起顶板事故,死亡1人	顶板事故	1	
2004	1	1月23日	大屯电业分公司135兆瓦机组集中控制室发生1起屋面坍塌伤亡事故,死亡5人	坍塌事故	5	190.0
2005	3	5月9日	龙东煤矿运输科职工在西一轨道下山作业时,串车保险绳未挂到应挂的位置、站位不当,造成混凝土喷射机跑车伤人事故,死亡1人	运输事故	1	20.3
		5月29日	姚桥煤矿采煤二队7504工作面发生1起出口支护失稳,Ⅱ梁回弹伤人事故,死亡1人	物体打击事故	1	19.2
		10月7日	孔庄煤矿综采一队7431工作面发生1起因未正确佩戴安全帽,躲闪煤壁片帮摔倒时安全帽脱落,导致后脑严重受伤,造成1名职工抢救无效死亡	其他事故	1	20.6
2006	2	1月9日	姚桥煤矿采煤一队7359B工作面发生1起顶板事故,死亡1人	顶板事故	1	21.3
		11月14日	孔庄煤矿掘进七队在Ⅱ6采区－470米水平探煤巷发生1起机械伤害事故,死亡1人	机械伤害事故	1	15.0
2007	2	2月5日	孔庄煤矿运输科职工在处理－375米暗斜井掉道的平板车时,发生1起平板车上窜撞人事故,死亡1人	运输事故	1	39.0
		11月30日	大屯发电厂6#锅炉炉膛发生爆炸事故,造成1名职工因伤势过重、抢救无效死亡	锅炉爆炸事故	1	270.0

表 9-7-1（续）

年份	事故起数	日期	事故简况	事故类别	死亡人数	直接经济损失/万元
2008	1	4月23日	龙东煤矿掘进五队在7135-1工作面进行顶板预裂爆破作业时,发生1起煤壁片帮伤人事故,死亡1人	顶板事故	1	38.0
2009	0				0	
2010	1	12月10日	姚桥煤矿8503工作面发生1起顶板事故,死亡1人	顶板事故	1	20
2011	1	6月23日	设备租赁站在液压支架装卸作业过程中,发生1起液压支架下滑挤压事故,死亡1人	机械伤害事故	1	80.0
2012	1	4月10日	孔庄煤矿7432工作面材料道迎头发生1次透水事故,死亡4人	透水事故	4	295.0
2013	0				0	
2014	2	7月16日	姚桥矿掘进二队发生1起绞车绞人事故,死亡1人	运输事故	1	74.6
		10月13日	新疆106煤矿发生冒顶事故,死亡9人	顶板事故	9	776.0
2015	0				0	
2016	1	10月28日	徐庄煤矿8199溜子道掘进工作面发生1起机电事故,死亡1人	机电事故	1	105.0
2017	0				0	
2018	0				0	
2019	0				0	
合计	55				104	2 157.56

（一）按事故等级分

1991年至2020年6月公司无特别重大事故;重大事故1起(煤矿),死亡27人,直接经济损失130万元;较大事故5起(煤矿井下4起、地面1起),死亡26人(煤矿井下21人、地面5人),直接经济损失约1 301.96万元;一般事故49起(煤矿井下48起、地面1起),死亡51人(煤矿井下46人、地面5人),直接经济损失725.6万元。

（二）按事故类别分

顶板事故15起,死亡28人;机电事故4起,死亡4人;运输事故21起,死亡22人;火灾事故1起,死亡27人;水灾事故4起,死亡9人;爆破事故1起,死亡1人;坠落事故1起,死亡1人;瓦斯事故0起,死亡0人;其他事故8起,死亡12人。

1991年至2020年6月公司安全事故死亡人数一览表见表9-7-2,饼状图见图9-7-1。

表 9-7-2 1991 年至 2020 年 6 月公司安全事故死亡人数一览表

事故类型	顶板	机电	运输	火灾	水灾	爆破	坠落	瓦斯	其他	合计
死亡人数	28	4	22	27	9	1	1	0	12	104

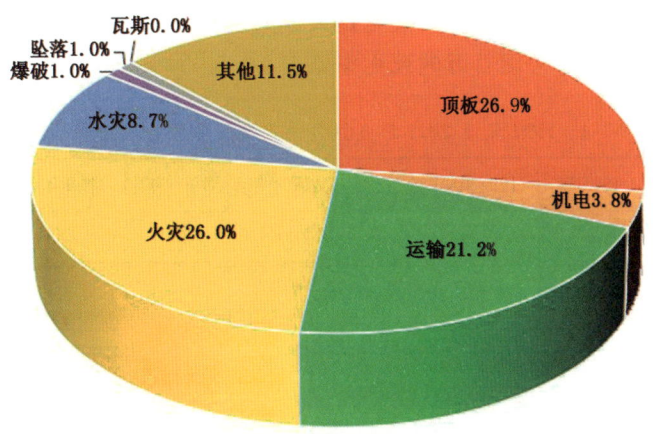

图 9-7-1 1991 年至 2020 年 6 月公司安全事故死亡人数饼状图

1991 年至 2020 年 6 月公司死亡事故起数见表 9-7-3，饼状图见图 9-7-2。

表 9-7-3 1991 年至 2020 年 6 月公司死亡事故起数一览表

事故类型	顶板	机电	运输	火灾	水灾	爆破	坠落	瓦斯	其他	合计
发生起数	15	4	21	1	4	1	1	0	8	55

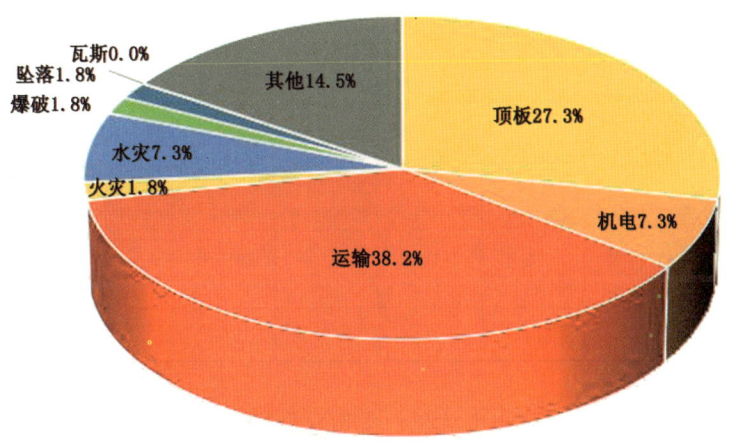

图 9-7-2 1991 年至 2020 年 6 月公司死亡事故起数饼状图

二、百万吨死亡率统计

1991—2019 年,公司原煤百万吨死亡率处于同期国家先进水平,其中共有 10 年百万吨死亡率为 0,2011—2013 年、2017—2019 年分别连续 3 年实现百万吨死亡率为 0。2017 年至 2020 年 6 月连续 3 年杜绝了煤矿死亡责任事故,安全生产创历史最好水平。

1991 年至 2020 年 6 月公司安全事故死亡人数见表 9-7-4。

1991 年至 2020 年 6 月公司百万吨死亡率见表 9-7-5。

表 9-7-4　1991 年至 2020 年 6 月公司安全事故死亡人数一览表

时间	1991 年	1992 年	1993 年	1994 年	1995 年	1996 年	1997 年	1998 年
死亡人数	2	2	3	1	30	2	5	5
时间	1999 年	2000 年	2001 年	2002 年	2003 年	2004 年	2005 年	2006 年
死亡人数	9	1	7	3	4	5	3	2
时间	2007 年	2008 年	2009 年	2010 年	2011 年	2012 年	2013 年	2014 年
死亡人数	2	1	0	1	1	4	0	10
时间	2015 年	2016 年	2017 年	2018 年	2019 年	2020 年 1—6 月		
死亡人数	0	1	0	0	0	0		

表 9-7-5　1991 年至 2020 年 6 月公司百万吨死亡率一览表

时间	1991 年	1992 年	1993 年	1994 年	1995 年	1996 年	1997 年	1998 年
百万吨死亡率	0	0.276	0.78	0.26	6.80	0.216	0.43	0.77
时间	1999 年	2000 年	2001 年	2002 年	2003 年	2004 年	2005 年	2006 年
百万吨死亡率	0.81	0.15	0.43	0.425	0.55	0	0.42	0.26
时间	2007 年	2008 年	2009 年	2010 年	2011 年	2012 年	2013 年	2014 年
百万吨死亡率	0.26	0.128	0	0.11	0	0	0	0.108
时间	2015 年	2016 年	2017 年	2018 年	2019 年	2020 年 1—6 月		
百万吨死亡率	0	0.12	0	0	0	0		

1991 年至 2020 年 6 月公司安全事故死亡人数柱状图见图 9-7-3。

1991 年至 2020 年 6 月公司百万吨死亡率曲线图见图 9-7-4。

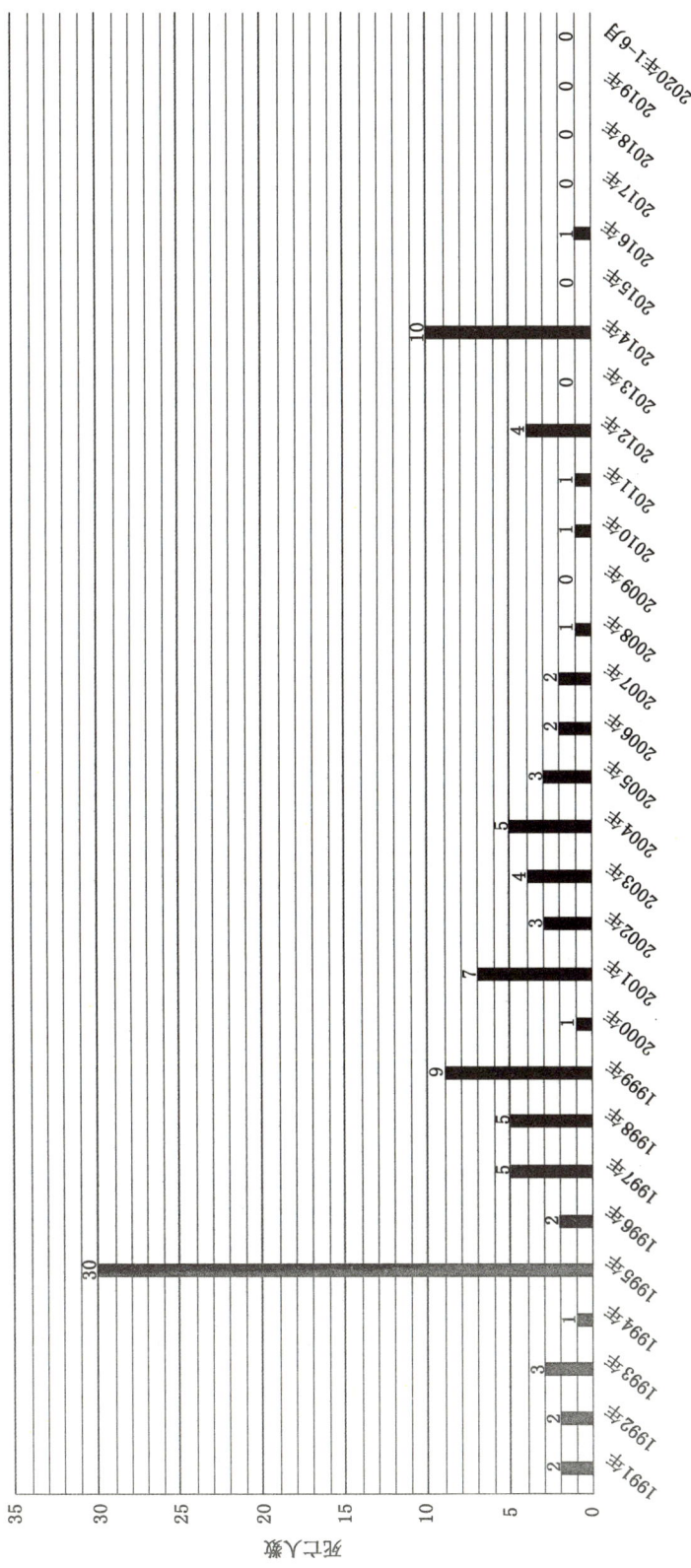

图9-7-3　1991年至2020年6月公司安全事故死亡人数柱状图

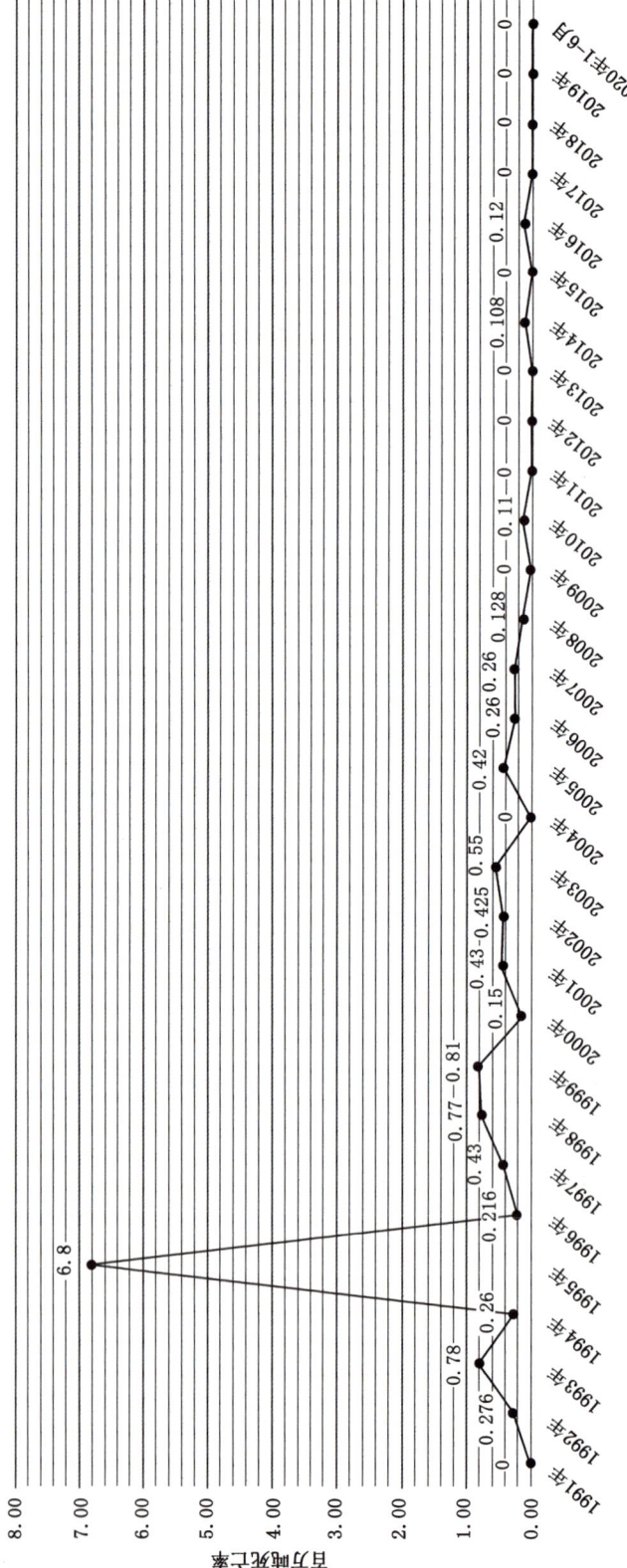

图9-7-4　1991年至2020年6月公司百万吨死亡率曲线图

第二节　事　故　案　例

以下例举 1991 年至 2020 年 6 月公司较大及以上事故案例。

一、姚桥煤矿"12·5"皮带火灾死亡事故

1995 年 12 月 5 日 15:55 许,姚桥煤矿－400 米水平东翼皮带大巷发生 1 起皮带着火事故,死亡 27 人,造成直接经济损失 130 多万元。

事故发生后,矿、公司立即组织灭火救灾工作,部、省、市、县领导及有关部门人员相继赶到现场,研究指导抢救工作。至 7 日 3:38,27 名遇难者全部升井。7 日 5:00 许,火势基本得到控制。8 日,由煤炭部,江苏省劳动厅、总工会、检察院,徐州市劳动局、总工会、检察院,沛县检察院,公司共 20 人成立事故调查组。调查组经过 9 天事故现场勘察、调查取证、分析论证,对事故的经过、原因、责任基本调查清楚。调查组通过现场认真勘察、调查、取证和分析认定:

（一）直接原因

使用的非阻燃皮带与矸石摩擦起火是这起皮带着火事故的直接原因。

（1）经现场勘察发现在着火点范围内距离皮带机机尾约 133 米处底皮带下面有一块 470 毫米×360 毫米的矸石靠在皮带的 H 架上,且高出架横梁 70 毫米。

（2）通过对矸石的勘察,发现摩擦面很光滑,并有 3 条钢丝绳摩擦沟痕。

（3）皮带边缘破损严重,钢丝绳芯外露,在矸石上磨出沟痕。

（4）底皮带与矸石摩擦造成矸石热量积聚,当皮带停运时,高温矸石集中烘烤皮带一处,造成皮带着火。

（二）重要原因

（1）该矿皮带管理不善,皮带损坏严重,更换不及时,皮带质量低劣。

（2）安全管理制度执行不力,少数职工劳动纪律松弛,皮带清理工未完成清理任务并提前升井,2# 皮带早班司机提前离岗,中班司机未按时到岗,没有现场交接班。

（3）该矿对"安全第一、预防为主、综合治理"的安全生产方针贯彻不认真、不得力,安全生产责任制不落实;安全培训质量不高,针对性不强。

（三）其他原因

当日掘进六队跟班队长在知道灾情和避灾路线的情况下,未组织本队人员撤离而自己一人撤离灾区。皮带机道存放的 4 车新皮带着火后,延长救火时间,造成这起皮带着火事故的扩大。

二、孔庄煤矿"8·17"淹溺伤亡事故

1999 年 8 月 17 日 9:50,孔庄煤矿Ⅱ₃采区 8252 工作面溜煤下山发生一起淹溺事故,造成 3 人死亡,直接经济损失约 24 万元。

事故原因:

（一）直接原因

Ⅱ₃采区溜煤下山出煤过程中,在三甩道上、下发生全断面煤水淤堵,当现场人员从四甩

道自下而上探查时,上方淤堵煤水突然溃下,致使 3 名探查人员淹溺死亡是造成这起事故的直接原因。

(二)间接原因

(1) Ⅱ₃采区溜煤下山巷道因受矿压影响,巷道断面缩小;旱采水运的开采运输方式,难以解决矸石多的状况;静压水运煤,煤水比不易掌握,当出煤量大时,煤多水少。上述三种情况均易发生淤堵。

(2)溜煤下山三甩道处有两处近似直角拐弯,煤水易在此发生淤堵。

(3) 8252 工作面采煤作业规程,未制定煤水淤堵地段中部可能存在隐性积水的处理措施。

(4)探查巷道淤堵情况的人员,当有人提出溜槽内仍有流水,不能上去的提示后,仍然坚持在上方探查时无积水的判断,继续自下而上探查。

(5)该矿 1999 年"4·9"淹溺死亡 1 人事故后,未能考虑到在探查情况时,会因煤水淤积地段中部隐性积水发生溃下淹溺事故。

综上所述,这是一起在探查淤堵时,对易于发生淤堵水运煤系统巷道隐性积水判断失误,无明显责任的伤亡事故。

三、孔庄煤矿"3·20"顶板伤亡事故

2001 年 3 月 20 日 7:50,孔庄煤矿 Ⅰ₄采区 8175 工作面发生一起冒顶事故,造成 5 人死亡,直接经济损失约 16.96 万元。

事故原因:

(一)直接原因

第三现场组作业人员吴某某、张某某严重违反作业规程关于"回柱放顶邻茬间距不得小于 15 米"的规定,在回柱间隔距离只有 4.4 米的情况下违章回柱,致使第二、第三现场组作业区域顶板活动加剧,造成支架失稳,发生推垮型冒顶,是这起事故的直接原因。

(二)重要原因

工作面规章制度、作业规程落实不到位,支护质量差。作业规程、初次放顶专项措施虽对顶板管理、支柱的支设质量、采高、特殊支护的戗柱与木垛进行明确规定,但根据现场勘察结果和事故现场调查:工作面支柱初撑力达不到规定,现场抽查两处均不合格;老塘侧约 35%的支柱缺少柱鞋;老塘侧约 60%的支柱超高使用;木垛架设未按规程和措施的规定接实打紧;抗棚数量只有规定数量的 48%,架设质量达不到规程规定;支柱迎山角约 26%不符合规程规定要求,存在迎山角过大或退山。工作面支护强度达不到规程规定,是造成这起大面积冒顶事故的重要原因。

(三)其他原因

(1)工作面顶板为复合顶板,并有一落差 1.2 米的断层;形成切眼距工作面回采间隔时间达 5 个月,间隔时间长;该工作面原设计为网格式高档放顶煤生产工艺,由于设备不到位,改用高档普采生产工艺,形成留顶煤回采,为事故发生留下了安全隐患;工作面生产过程中,没有及时采取有效的预防冒顶措施,是造成这起大面积冒顶事故的原因之一。

(2)对外包工队职工必要的培训和教育不到位,安全管理、检查、监督不力,岗位责任制落实不够,也是造成这起大面积冒顶事故的原因之一。

综上所述,这是一起违章作业、现场管理不严、技术管理不到位造成的一起责任事故。

四、电业分公司"1·23"坍塌伤亡事故

2004年1月23日22:15,电业分公司135兆瓦机组集中控制室发生一起屋面坍塌伤亡事故,死亡5人,伤3人,直接经济损失约190万元。

事故原因:这是一起因决策失误、违章指挥造成的重大责任事故。

(一)直接原因

集中控制室屋顶堆积的燃料煤重量超过屋面的承载极限,是造成这起死亡事故的直接原因。

(二)间接原因

(1)重效益轻安全。电业分公司有关领导重效益轻安全,安全生产意识不强,片面追求工作进度忽视了对安全生产工作的管理。

(2)决策失误。电业分公司有关领导在既未派人了解屋面结构及承载能力,也未制定安全措施的情况下盲目错误决策、违章指挥。

五、孔庄煤矿"4·10"透水事故

2012年4月10日17:36,孔庄煤矿在-1 015米水平三期工程首采掘进时发生透水事故,经全力抢救,7人生还,死亡4人,直接经济损失约295万元。

事故原因:

(一)直接原因

7432工作面材料道掘进至7338工作面溜子道第二积水体下方时,7338工作面溜子道老水仓处的4米煤柱在水压、矿压(有煤炮显现)共同作用下被破坏,积水瞬间溃入7432工作面材料道迎头巷道是这次水害事故的直接原因。

(二)间接原因

(1)7432工作面材料道在上方老空积水未排尽的情况下盲目向前掘进,是造成这次水害事故的主要原因。

(2)地质勘探程度不够,未查明老空区积水体的位置和范围,施工单位图纸中7338工作面溜子道第二积水体水仓位置与实际偏差7米,使7432工作面材料道加固段偏离水仓位置,导致积水区水仓处形成薄弱面。

(3)探放水作业没有安排专业队伍施工,安排未经专门培训的综掘队承担探放水工作,且未使用专用探放水设备。

(4)探放水技术管理工作不规范。7432工作面材料道探放水工作,只编制一项总措施,没有做到"一工程,一措施",没有专项探放水设计;探放水措施内容不具体,现场落实不力;没有对实际放水量小于预计积水量进行原因分析;没有建立对探放水效果进行评估评价的相关制度。

(5)部门及岗位人员安全责任制不落实,管理人员安全监督管理不到位,探放水工作违反规定,相关部门没有及时发现并制止。

综上所述,这是一起发生在该矿三期工程首采区,掘进时因探放水安全管理不到位,安全责任不落实造成的责任事故。

六、106煤矿"10·13"顶板事故

2014年10月13日12:47,106煤矿发生一起较大顶板事故,造成9人死亡,2人受伤,直接经济损失776万元。

事故原因:

(一)直接原因

由于原二号井8号煤层采用巷柱式开采,老空区形成时间较长,老空区煤柱在长期流变作用下失稳,引起上覆岩层断裂,造成山体剧烈活动,形成地表大面积塌陷与滑坡,对701溜子道顶板形成较大动载扰动,是引发本次顶板事故的直接原因。

(二)间接原因

(1)企业领导层依法治安、依法治矿意识淡薄。未认真落实豫新煤业大黄山煤矿"7·5"事故发生后兵团对所属煤矿停产整顿的工作要求;对六师安全监察局2014年9月26日下达的"未通过六师安全监察局、工业局组织的停产整顿验收"和"矿井未通过验收批准严禁采掘作业"的安全生产执法指令置若罔闻,不安排、不落实,没有制定措施和方案。

(2)思想麻痹,"红线"意识淡薄。701溜子道掘进在进入601工作面采空区下方63.1米处出现中层状构造,煤质酥软,容易垮落不稳定和锚网撕裂、钢带断裂等情况时,公司未深入分析研究查明原因,并制定具有针对性、操作性强的措施和方案。

(3)未认真贯彻落实国务院办公厅99号文件和兵团办公厅15号文件精神,开展隐蔽致灾因素的普查和治理防范工作。对掘进周边范围可能威胁安全生产的各种隐蔽致灾因素未开展普查。

(4)采掘布置不合理。开采顺序未严格按批准的初步设计进行,致使701工作面布置在应力集中、顶板破碎的区域。

(5)职工安全培训不到位。一是未认真开展全矿、全员警示教育活动。二是未认真落实调度晨会、班前会、安全办公会对安全工作的安排部署。三是外来施工人员安全培训工作薄弱,矿工自保互保能力不足。

通过技术分析和调查认定,106煤矿"10·13"较大顶板事故是一起责任事故。